2016 K리그 연감

1983~2015

이 도서의 국립중앙도서관 출판예정도서목록(CIP)은 서지정보유통지원시스템 홈페이지(http://seoji.nl.go.kr)와 국가자료공동목록시스템(http://www.nl.go.kr/kolisnet)에서 이용하실 수 있습니다. (CIP제어번호 : CIP2016004707)

K LEAGUE

2016 K리그 연감 1983-2015

K LEAGUE
Annual Report
2016

(사) 한국프로축구연맹

한울

차 례

Section 5 • K리그 승강 플레이오프 기록

Section 6 • 프로축구 역대 통산 기록

Section 7 • 2015년 경기기록부

Section 8 • 시즌별 기타 기록

연감을 보기 전에 알아두어야 할 축구 기록 용어

축구장 규격 규정

형태	직사각형
길이	최소 90m(100야드) ~ 최대 120m(130야드)
너비	최소 45m(50야드) ~ 최대 90m(100야드)
길이(국제경기 기준)	최소 100m(110야드) ~ 최대 110m(120야드)
너비(국제경기 기준)	최소 64m(70야드) ~ 최대 75m(80야드)
골대 높이	2.44m(8피트)

축구장 약어 표시

E.L	엔드라인(End Line)
C.KL	코너킥 왼쪽 지점
PAL EL	페널티 에어리어 왼쪽 엔드라인 부근
GAL EL	골 에어리어 왼쪽 엔드라인 부근
GAL 내 EL	골 에어리어 왼쪽 안 엔드라인 부근
GAR 내 EL	골 에어리어 오른쪽 안 엔드라인 부근
GAR EL	골 에이리어 오른쪽 엔드라인 부근
PAR EL	페널티 에이리어 오른쪽 엔드라인 부근
C.KR	코너킥 오른쪽 지점
PAL CK	페널티 에어리어 왼쪽 코너킥 지점 부근
PAR CK	페널티 에어리어 오른쪽 코너킥 지점 부근
GAL 내	골 에어리어 왼쪽 안
GA 정면 내	골 에어리어 정면 안
GAR 내	골 에어리어 오른쪽 안
PAL	페널티 에어리어 왼쪽
PAR	페널티 에어리어 오른쪽
PAL TL	페널티 에어리어 왼쪽 터치라인 부근
GAL	골 에어리어 왼쪽
GA 정면	골 에어리어 정면
GAR	골 에어리어 오른쪽
PAR TR	페널티 에어리어 오른쪽 터치라인 부근
TL	터치라인(Touch Line)
PAL 내	페널티 에어리어 왼쪽 안
PA 정면 내	페널티 에어리어 정면 안
PAR 내	페널티 에어리어 오른쪽 안
PAL	페널티 에어리어 왼쪽
PA 정면	페널티 에어리어 정면
PAR	페널티 에어리어 오른쪽
AKL	아크서클 왼쪽
AK 정면	아크서클 정면
AKR	아크서클 오른쪽
MFL TL	미드필드 왼쪽 터치라인 부근
MFR TL	미드필드 오른쪽 터치라인 부근
MFL	미드필드 왼쪽
MF 정면	미드필드 정면
MFR	미드필드 오른쪽
HLL	하프라인(Half Live) 왼쪽
HL 정면	하프라인 정면
HLR	하프라인 오른쪽
자기 측 MFL	자기 측 미드필드 왼쪽
자기 측 MF 정면	자기 측 미드필드 정면
자기 측 MFR	자기 측 미드필드 오른쪽

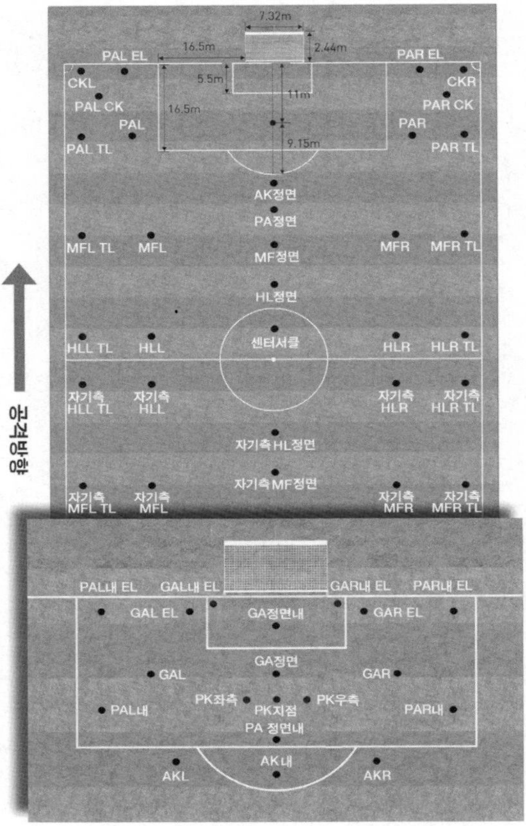

경기 기록 용어

1. 패스 종류	↷	머리 높이 이상의 패스
	→	무릎에서 가슴 높이 정도의 패스
	~	땅볼 패스
2. 기타 약어	B	공이 골대의 가로축(Cross Bar)에 맞을 때
	H	헤딩 패스나 슈팅 / Half time
	L	좌측(Left)
	P	공이 골대의 세로축(Post)에 맞을 때
	R	우측(Right)
	AK	아크서클(Arc Circle)
	CK	코너킥(Corner Kicks)
	FO	모든 종류의 파울
	GA	골 에어리어(Goal Area)
	GK	골키퍼 / 골킥(Goal Kick)
	MF	미드필더 / 미드필드(Midfield)
	OS	오프사이드(Offside)
	PA	페널티 에어리어(Penalty Area)
	PK	페널티킥(Penalty Kick)
	PSO	승부차기(Penalty Shoot-Out)
	GL	득점(Goal)
	AS	도움(Assist)
	ST	슈팅(Shoot)

감독상(클래식)_ **최강희**
전북 현대 모터스

감독상(챌린지)_ **조덕제**
수원FC

MVP(클래식)_ **이동국**
전북 현대 모터스

MVP(챌린지)_ **조나탄**
대구FC

영플레이어상_ **이재성**
전북 현대 모터스

월	일	내용
1월	5일	2015 연맹 시무식
	19일	2015 제 1차 이사회 및 총회 개최
	22일	K리그 심판 전담제 도입
	23일	2014 연맹 수입-지출 결산 경영공시
	30일	K리그 유소년 지도자 연수 보고서(라 리가 클럽 유스시스템 벤치마킹 리포트) 발간
2월	24일	2015 K리그 프로심판 간담회 실시
3월	5일	현대오일뱅크 K리그 클래식 2015 개막 미디어데이 개최
	5일	현대오일뱅크 K리그 2015 타이틀스폰서 조인식
	6일	2015 K리그 클래식 KBS 생중계 고정 편성
	7일	현대오일뱅크 K리그 클래식 2015 개막(공식개막전 전북-성남)
	19일	현대오일뱅크 K리그 챌린지 2015 개막 미디어데이 개최
	19일	모바일 2015 K리그 오피셜 가이드 오픈
	21일	축구산업아카데미 3기 개강
	21일	현대오일뱅크 K리그 챌린지 2015 개막
	21일	2015 아디다스 K리그 주니어 개막
	22일	K리그 챌린지 개막 역대 최다 관중 달성(5G, 34,853명)
4월	8~9일	K리그 연고 지자체 공무원-구단 직원 간담회 개최
	13일	2015 제 3차 이사회 개최
	17일	K리그-로보카폴리 안전캠페인 전개
	24일	2015 제 1차 GM 아카데미 개최
	30일	2015 제 1차 세일즈 아카데미 개최
5월	5일	K리그 클래식 50만 관중 돌파(1~9R, 54G, 51만 5,169명)
	14일	K리그 영상 통계 센터 설명회 개최
	15일	2015 제 2차 GM 아카데미 개최
	19일	SHILLA STAY 이달의 골 세리머니 상 신설
6월	1일	2015 제 1차 CEO 아카데미 개최
	6일	2015 아디다스 K리그 주니어 전기리그 A조 인천 U-18(대건고), B조 울산 U-18(현대고) 우승
	8일	클래식 1차 스타디움상, 팬 프렌들리 클럽 선정
	10일	메르스 관련 긴급 의무위원회 개최
	16일	챌린지 1차 스타디움상, 팬 프렌들리 클럽 선정
	17일	경기장 가변석 가이드라인 구단 배포
7월	2일	하나은행 K리그 올스타전 - 팀 최강희 vs 팀 슈틸리케 선수 명단 발표 기자회견 개최
	4일	축구산업아카데미 3기 수료식
	14일	2015 제 3차 GM 아카데미 개최
	14~15일	심판판정 가이드라인 재교육 및 체력측정 실시
	17일	2015 제 4차 이사회 개최
	17일	2015 하나은행 K리그 올스타전 - 팀 최강희 vs 팀 슈틸리케 개최
	26일	김병지 K리그 통산 최초 700경기 출장 달성
	27일	K리그 클래식 100만 관중 돌파(1~23R, 138G, 104만7,218명)
	28일	2015 제 2차 세일즈 아카데미 개최
	30일	K리그 심판 운영 및 상반기 판정 설명회 'Talk about Referee' 개최
8월	2일	추가 선수등록기간 70명 등록

월	일	내용
	7일	K리그 클래식 감독-심판 간담회 개최
	~10일	2015 K리그 U18 챔피언십 초대대회 개최(전남 U18 우승)(7월 28일~)
	20일	K리그-한국먼디파마 공식 후원사 협약 체결
	22일	축구산업아카데미 4기 개강
9월	1일	K리그 클래식 2차 스타디움상, 팬 프렌들리 클럽 선정 발표
	1~2일	2015 제 3차 세일즈 아카데미 개최
	4일	2015 제 4차 GM 아카데미 개최
	6일	챌린지 2차 스타디움상, 팬 프렌들리 클럽 선정
	23일	구단 홈경기장 그라운드 평점 최초 공개
10월	1일	2015 제 4차 세일즈 아카데미 개최
	8일	구단별 평균 유료관중수 및 유료관중 비율 최초 발표(클래식 33R, 챌린지36R기준)
	9일	K리그 & 인천 유나이티드 아카데미 SOCCER FESTIVAL 개최
	14일	K리그 챌린지 선발팀-청춘FC 자선경기 개최
	14일	2016 신인선수 선발 클럽 우선지명 선수 공시
	15일	현대오일뱅크 K리그 클래식 2015 스플릿 라운드 그룹A 미디어데이 개최
	21~22일	2015 K리그 연고 지자체 공무원-구단 직원 간담회 개최
	29일	2015 K리그 크리스마스씰 발행
11월	06일	수원월드컵경기장 관련 K리그 입장 발표
	6~7일	제 6회 K리그컵 여자대학클럽 축구대회 개최(이화여대 우승)
	10~12일	2015 제 5차 GM 아카데미(J리그 구단 벤치마킹) 개최
	11일	2015 제 5차 K리그 세일즈 아카데미 개최
	14일	2015 아디다스 K리그 주니어 후기리그 A조 인천 U-18(대건고), B조 포항 U-18(포철고) 우승
	20일	전 · 현직 프로심판 금품 수수 혐의 구속 관련 입장 발표
	21일	현대오일뱅크 K리그 클래식 우승(전북) 현장 시상식 거행
	30일	클래식 및 챌린지 3차 스타디움상 선정
12월	1일	2015 제 5차 이사회 개최
	1일	2015 현대오일뱅크 K리그 대상 개최
	3일	전직 구단관계자 및 전 · 현직 심판 기소에 따른 조치 발표
	3~15일	K리그 유소년 지도자 및 담당자 독일 연수
	5일	수원FC, 2016 K리그 클래식 승격 확정
	10일	통산 제2차 선수위원회 회의 개최
	12일	축구산업아카데미 4기 수료식
	12일	2015 K리그 의무세미나 개최
	14~15일	2016년도 K리그 신인선수 교육
	18일	반스포츠적 비위행위 척결 위한 범축구계 특별대책위원회 구성
	21일	2015년 K리그 구단별 유료관중 및 객단가 발표
	22일	2016년도 FA자격 취득 선수 공시
	21~22일	2015 제 2차 CEO 아카데미 개최
	24일	2015 K리그 구단별 연봉 현황 발표
	29일	클린축구위원회 1차 회의 개최

Section 1

구단별 2015 기록포인트

전북 현대 모터스
수원 삼성 블루윙즈
포항 스틸러스
FC서울
성남FC
제주 유나이티드
울산 현대
인천 유나이티드
전남 드래곤즈
광주FC
부산 아이파크
대전 시티즌

상주 상무
수원FC
대구FC
서울 이랜드 FC
부천FC 1995
FC안양
강원FC
고양 자이크로 FC
경남FC
안산 무궁화 프로축구단
충주 험멜

전북 현대 모터스

창단년도_ 1994년
전화_ 063-273-1763~5
팩스_ 063-273-1762
홈페이지_ www.hyundai-motorsfc.com
주소_ 우 54809 전라북도 전주시 기린대로 1055번지
전주월드컵경기장 2층
2F, Jeonju World Cup Stadium, 1055 Girin-daero,
Jeollabuk-do, KOREA 54809

연혁

1994 전북 다이노스 축구단 창단
1995 95 아디다스컵 4위 95 하이트배 코리안리그 7위
1996 96 아디다스컵 7위 96 라피도컵 프로축구대회 5위
96 프로축구 페어플레이상 수상
1997 구단명칭(전북 현대 다이노스 축구단) 및 심볼마크 변경
97 아디다스컵 9위 97 라피도컵 프로축구대회 6위
97 프로스펙스컵 9위 97 프로축구 공격상 수상
1998 98 아디다스코리아컵 B조 4위(B조 최다득점)
98 필립모리스코리아컵 7위
98 현대컵 K-리그 6위
1999 구단 CI 변경(엠블럼 제작 및 마스코트 변경)
제47회 대통령배 축구대회 준우승(2군)
현대자동차 직영 체제로 전환
새 경영진 체제 출범: 정몽구 구단주, 이용훈 단장(4대) 취임
99 대한화재컵 B조 3위(최다득점)
99 바이코리아컵 K-리그 7위
99 아디다스컵 5위
제4회 삼보컴퓨터 FA컵 준우승
2000 구단 명칭(전북 현대 다이노스 → 전북 현대 모터스) 및 엠블럼 변경
2000 대한화재컵 A조 3위
2000 삼성 디지털 K-리그 4위
제5회 서울은행 FA컵 우승
2001 제3회 2001 포스데이타 수퍼컵 준우승
2001 아디다스컵 B조 2위
중국 친선경기 독일 브레멘 친선경기
2001 포스코 K-리그 9위 제6회 서울은행 FA컵 3위
2002 제12회 아시안컵 위너스컵 준우승
아디다스컵 2002 A조 4위
2002 삼성 파브 K-리그 7위
제7회 서울-하나은행 FA컵 4위
2003 삼성 하우젠 K-리그 2003 5위
제8회 하나은행 FA컵 우승
2004 AFC 챔피언스리그 4강(총 10전 6승 1무 3패)
제5회 2004 K-리그 수퍼컵 우승
삼성 하우젠 K-리그 2004 전기 2위
삼성 하우젠컵 2004 3위
삼성 하우젠 K-리그 후기 12위(정규리그 통합 5위)
제9회 하나은행 FA컵 8강
2005 통영컵 국제프로축구대회(총 3전 1승 2패)
삼성 하우젠컵 2005 12위
삼성 하우젠 K-리그 2005 전기 11위
중국 노능태산 친선경기(총 1전 1패)
삼성 하우젠 K-리그 후기 12위(정규리그 통합 12위)
제10회 하나은행 FA컵 우승
2006 구단 엠블럼 변경
AFC 챔피언스리그 우승(총 12전 7승 1무 4패)
삼성 하우젠컵 2006 6위
삼성 하우젠 K-리그 2006 전기 7위
삼성 하우젠 K-리그 2006 후기 13위(정규리그 통합 11위)
제11회 하나은행 FA컵 8강(총 2전 1승 1패)
FIFA 클럽월드컵: 클럽 아메리카전(멕시코)
2007 삼성 하우젠컵 2007 6위 제12회 하나은행 FA컵 16강(0 : 1 패)
AFC 챔피언스리그 8강 삼성 하우젠 K-리그 8위
2008 삼성 하우젠컵 2008 B조 1위
제13회 하나은행 FA컵 8강 삼성 하우젠 K-리그 2008 4위
2009 피스컵 코리아 2009 B조 3위
2009 K-리그 정규리그 1위 / K-리그 챔피언십 우승
2010 쏘나타 K리그 정규 3위(총 28전 15승 6무 7패), 플레이오프 3위
포스코컵 2010(A조 1위) 준우승(7전 5승 2무 1패)
AFC 챔피언스리그 2010 (F조 2위) 8강(총 9전 6승 3패)
2011 현대오일뱅크 K리그 정규 1위 / 챔피언십 우승
AFC 챔피언스리그 2011 준우승
2012 현대오일뱅크 K리그 2012 준우승
제17회 하나은행 FA컵 8강
AFC 챔피언스리그 2012 H조 3위
2013 구단 CI 변경(엠블럼 및 캐릭터 변경)
현대오일뱅크 K리그 클래식 2013 3위
제18회 하나은행 FA컵 준우승
AFC 챔피언스리그 2013 16강
2014 현대오일뱅크 K리그 클래식 2014 우승
제19회 하나은행 FA컵 4강
AFC 챔피언스리그 2014 16강
2015 현대오일뱅크 K리그 클래식 2015 우승
제20회 KEB하나은행 FA컵 16강
AFC 챔피언스리그 2015 8강

전북 현대 모터스 2015년 선수명단

대표이사_ 김충호 단장_ 이철근 사무국장_ 김동탁
감독_ 최강희 코치_ 박충균 코치_ 김상식 피지컬코치_ 파비오 GK코치_ 최은성 주무_ 김상수
스카우터_ 차종복 의무_ 김병우 의무_ 김재오 의무_ 김병선 통역_ 김민수 장비_ 이민호 분석관_ 김용신

포지션	선수명		생년월일	출신교	키(cm) / 몸무게(kg)
GK	권 순 태	權 純 泰	1984.09.11	전주대	184 / 85
	홍 정 남	洪 正 男	1988.05.21	제주상업고	186 / 79
	김 태 호	金 鮐 壕	1992.06.05	단국대	186 / 81
	황 병 근	黃 秉 根	1994.06.14	국제사이버대	193 / 93
DF	김 형 일	金 亨 鎰	1984.04.27	경희대	187 / 88
	조 성 환	趙 晟 桓	1982.04.09	남부대	184 / 78
	윌 킨 슨	Alexander William Wilkinson	1984.08.13	*호주	187 / 83
	최 철 순	崔 喆 淳	1987.02.08	충북대	175 / 68
	이 재 명	李 在 明	1991.07.25	진주고	182 / 74
	이 규 로	李 奎 魯	1988.08.20	광양제철고	180 / 68
	김 영 찬	金 英 讚	1993.09.04	고려대	189 / 80
	이 주 용	李 周 勇	1992.09.26	동아대	180 / 76
	옹 동 균	邕 東 均	1991.11.23	건국대	175 / 68
	고 민 국	高 民 國	1993.05.10	명지대	184 / 76
	이 원 우	李 元 雨	1996.03.07	제주중앙고	181 / 75
	김 재 환	金 載 桓	1988.05.27	전주대	184 / 76
	김 기 희	金 基 熙	1989.07.13	홍익대	188 / 80
MF	이 호	李 浩	1984.10.22	울산과학대	182 / 75
	최 보 경	崔 普 慶	1988.04.12	동국대	184 / 79
	한 교 원	韓 敎 元	1990.06.15	조선이공대	182 / 73
	루 이 스	Luiz Henrique da Silva Alves	1981.07.02	*브라질	170 / 76
	이 승 현	李 昇 鉉	1985.07.25	한양대	176 / 69
	정 훈	鄭 勳	1985.08.31	동아대	175 / 70
	박 희 도	朴 禧 燾	1986.03.20	동국대	183 / 71
	이 재 성	李 在 城	1992.08.10	고려대	180 / 70
	장 윤 호	張 潤 鎬	1996.08.25	영생고	178 / 68
	문 상 윤	文 相 閏	1991.01.09	아주대	178 / 75
FW	우르코베라	Urko Vera Mateos	1987.05.14	*스페인	189 / 86
	이 동 국	李 同 國	1979.04.29	위덕대	185 / 80
	유 창 현	柳 昌 鉉	1985.05.14	대구대	181 / 75
	이 승 렬	李 昇 烈	1989.03.06	신갈고	182 / 74
	이 근 호	李 根 鎬	1985.04.11	한중대	177 / 73

전북 현대 모터스 2015년 개인기록 _ K리그 클래식

위치	배번	경기번호	01	07	18	21	30	31	38	46	50	58
		날 짜	03.07	03.14	03.22	04.04	04.12	04.15	04.18	04.26	05.02	05.10
		홈/원정	홈	원정	원정	홈	원정	원정	홈	원정	홈	원정
		장 소	전주W	서울W	인천	전주W	목포C	부산A	전주W	광양	전주W	문수
		상 대	성남	서울	인천	포항	광주	부산	제주	전남	수원	울산
		결 과	승	승	무	승	승	승	승	패	승	승
		점 수	2 : 0	2 : 1	0 : 0	1 : 0	3 : 2	2 : 1	1 : 0	1 : 2	2 : 0	2 : 1
		승 점	3	6	7	10	13	16	19	19	22	25
		순 위	1	1	3	1	1	1	1	1	1	1
		슈팅수	20 : 6	10 : 8	9 : 9	12 : 10	12 : 5	12 : 11	14 : 13	15 : 11	13 : 10	15 : 10
GK	1	권 순 태	○ 0/0	○ 0/0	○ 0/0	○ 0/0	○ 0/0 C	○ 0/0	○ 0/0	○ 0/0	○ 0/0	○ 0/0
	21	홍 정 남										
DF	3	김 형 일	○ 0/0 C	○ 0/0		○ 0/0	○ 0/0		○ 0/0	○ 0/0	○ 0/0	○ 0/0
	16	조 성 환			○ 0/0 C	○ 0/0	○ 0/0	○ 0/0	○ 0/0	○ 0/0 C	○ 0/0 C	
	18	윌 킨 슨			○ 0/0			○ 0/0				○ 0/0
	19	박 원 재										
	25	최 철 순	○ 0/0	○ 0/0 CC								○ 0/0
	26	이 재 명									○ 0/0	
	30	김 영 찬										
	35	옹 동 균										
MF	4	김 기 희	○ 0/0	○ 0/0 C	○ 0/0	○ 0/0	○ 0/0	○ 0/0 C	○ 0/0	○ 0/0	○ 0/0	○ 0/0
	5	이 호	○ 0/0	○ 0/0 C	▽ 0/0 C					▽ 0/0 C		
	6	최 보 경	△ 0/0	△ 0/0		△ 0/0	○ 0/0		○ 0/0 C		▽ 0/0 C	○ 0/0
	7	한 교 원	○ 0/0	▽ 0/0	▽ 0/0	△ 0/0	○ 1/1 C	▽ 0/0	▽ 0/1	△ 0/0	△ 0/0	▽ 0/0
	8	에 닝 요	▽ 0/0	▽ 1/0	○ 0/0 C	○ 0/0	△ 0/0 C	▽ 0/0	△ 0/0	▽ 0/0	○ 0/0	△ 0/0
	10	레오나르도	▽ 0/0	△ 0/1	▽ 0/0	▽ 0/0	▽ 2/0	△ 1/0	▽ 1/0	▽ 0/0	▽ 1/0	▽ 0/0
	11	이 승 현		▽ 0/0	△ 0/0							
	13	정 훈				▽ 0/0		▽ 0/0		○ 0/0	△ 0/0	○ 0/0
	17	이 재 성	○ 0/0	○ 0/0	○ 0/0	○ 0/0	○ 0/1	○ 0/0	○ 0/0	○ 1/0	○ 0/0	○ 0/0
	22	서 상 민										
	29	이 규 로						○ 0/0				
	30	최 치 원										
	32	이 주 용	○ 0/0	○ 0/0	○ 0/0	○ 0/0	○ 0/0	○ 0/0	○ 0/0	○ 0/0 C		
	47	문 상 윤				▽ 0/0	▽ 0/0					
FW	8	루 이 스										
	9	에 두	○ 2/0	○ 1/0	○ 0/0	○ 1/0	△ 0/0	○ 0/1	○ 0/0 C	△ 0/0	○ 1/0	▽ 1/0
	9	우르코 베라										
	11	이 상 협						△ 0/0	△ 0/0 C	△ 0/0 C	△ 0/0	△ 0/0
	20	이 동 국		△ 0/0	△ 0/0	△ 0/1	▽ 0/0	△ 1/0 C	○ 0/0	○ 0/0	▽ 0/0	△ 1/1
	23	김 동 찬			△ 0/0		△ 0/0					
	24	유 창 현	△ 0/0									
	27	이 승 렬										
	33	이 근 호										
	34	장 윤 호										

선수자료 : 득점/도움 ○ = 선발출장 △ = 교체 IN ▽ = 교체 OUT ◈ = 교체 IN/OUT C = 경고 S = 퇴장

위치	배번	경기번호	63	68	76	81	85	91	101	108	110	120
		날 짜	05.16	05.23	05.31	06.03	06.06	06.17	06.21	06.28	07.01	07.05
		홈/원정	홈	홈	원정	원정	홈	홈	원정	홈	홈	원정
		장 소	전주W	전주W	탄천	포항	전주W	전주W	수원W	전주W	전주W	대전W
		상 대	대전	인천	성남	포항	서울	울산	수원	전남	부산	대전
		결 과	승	승	패	무	패	승	무	무	승	승
		점 수	2 : 1	1 : 0	1 : 2	0 : 0	1 : 2	2 : 1	2 : 2	2 : 2	2 : 1	4 : 3
		승 점	28	31	31	32	32	35	36	37	40	43
		순 위	1	1	1	1	1	1	1	1	1	1
		슈팅수	14 : 7	4 : 8	13 : 20	8 : 9	6 : 15	20 : 7	16 : 19	18 : 12	17 : 3	16 : 14
GK	1	권 순 태	○ 0/0	○ 0/0 C	○ 0/0	○ 0/0 C		○ 0/0	○ 0/0	○ 0/0	○ 0/0	○ 0/0
	21	홍 정 남					○ 0/0					
DF	3	김 형 일	○ 0/0 C	○ 0/0	▽ 0/0		○ 0/0 C		○ 0/0		○ 0/0	
	16	조 성 환			○ 0/0 C	○ 0/0 C	○ 0/0	○ 0/0	○ 0/0	▽ 0/0	△ 0/0	
	18	윌 킨 슨	○ 0/0	○ 0/0		○ 0/0				▽ 0/0		○ 0/0
	19	박 원 재										○ 0/0
	25	최 철 순	▽ 0/0		○ 0/0	○ 0/0	○ 0/0	○ 0/0	○ 0/0	○ 0/0	○ 0/0	○ 0/0
	26	이 재 명						▽ 1/0	○ 0/0			
	30	김 영 찬						○ 0/0 C				
	35	옹 동 균										
MF	4	김 기 희	○ 0/0	○ 0/0	○ 0/0	○ 0/0	▽ 0/0			○ 0/0	○ 0/0	○ 0/0
	5	이 호			○ 0/0	▽ 0/0						
	6	최 보 경	○ 0/0	○ 0/0 C		○ 0/0	○ 0/0		○ 0/0 C	○ 0/0	○ 0/0	▽ 0/0
	7	한 교 원		○ 0/0 S								
	8	에 닝 요	▽ 0/1	▽ 0/0	△ 0/0	▽ 0/0		▽ 0/1	▽ 0/0	△ 0/0 C		
	10	레오나르도	○ 1/0	△ 0/0	▽ 0/0	▽ 0/0	△ 0/0	○ 0/0	○ 1/0 C	○ 0/1	▽ 0/0	○ 0/0
	11	이 승 현	△ 0/0			△ 0/0	△ 0/0		△ 0/0	▽ 0/0	△ 0/0	
	13	정 훈	△ 0/0	△ 0/0	○ 0/0 C			○ 0/0	▽ 0/0			△ 0/0
	17	이 재 성	○ 0/0	△ 0/0	○ 0/0 C	○ 0/0	○ 0/1		○ 0/0	○ 1/0	○ 0/0	○ 0/1
	22	서 상 민										
	29	이 규 로										
	30	최 치 원						△ 0/0				
	32	이 주 용		○ 0/0	△ 0/0		○ 0/0			△ 0/0	○ 0/0	
	47	문 상 윤		▽ 0/0 C			▽ 0/0	△ 0/0			▽ 0/1	▽ 0/1
FW	8	루 이 스										
	9	에 두	○ 0/1	○ 1/0	○ 0/0	△ 0/0	○ 0/0 C	○ 1/0	▽ 1/0	○ 0/0 C		○ 2/1
	9	우르코베라										
	11	이 상 협				△ 0/0	▽ 0/0	△ 0/0				
	20	이 동 국	▽ 1/0		△ 0/0	○ 0/0	△ 1/0	○ 0/0	△ 0/1	○ 0/0	○ 2/0	△ 2/0 C
	23	김 동 찬							△ 0/0			
	24	유 창 현	△ 0/0	▽ 0/0	▽ 1/0							△ 0/0
	27	이 승 렬									△ 0/0	
	33	이 근 호										
	34	장 윤 호						▽ 0/0		△ 1/0	▽ 0/0	▽ 0/0

위치	배번	경기번호	121	127	136	140	146	152	160	166	171	175
		날 짜	07.08	07.11	07.26	08.12	08.15	08.19	08.22	08.30	09.09	09.12
		홈/원정	홈	원정	홈	홈	원정	홈	홈	원정	원정	홈
		장 소	전주W	제주W	전주W	전주W	포항	전주W	전주W	탄천	문수	전주W
		상 대	광주	제주	수원	부산	포항	전남	인천	성남	울산	서울
		결 과	무	승	승	승	패	승	패	승	패	승
		점 수	1 : 1	3 : 0	2 : 1	2 : 0	0 : 3	2 : 1	0 : 1	1 : 0	0 : 2	3 : 0
		승 점	44	47	50	53	53	56	56	59	59	62
		순 위	1	1	1	1	1	1	1	1	1	1
		슈팅수	19 : 6	14 : 10	15 : 11	9 : 9	15 : 18	20 : 8	15 : 12	14 : 9	17 : 8	6 : 9
GK	1	권순태	○ 0/0	○ 0/0	○ 0/0	○ 0/0	○ 0/0	○ 0/0	○ 0/0	○ 0/0		○ 0/0
	21	홍정남									○ 0/0	
DF	3	김형일		○ 0/0		○ 0/0	○ 0/0				○ 0/0	○ 0/0
	16	조성환	○ 0/0 C		△ 0/0							
	18	윌킨슨		○ 0/0	○ 0/0	○ 0/0	▽ 0/0	○ 0/0		○ 0/0		
	19	박원재				△ 0/0		○ 0/0		○ 0/0		○ 0/0
	25	최철순	○ 0/0	○ 0/0	○ 0/0	○ 0/0	○ 0/0 C	○ 0/0	○ 0/0	○ 0/0	○ 0/0	○ 0/0
	26	이재명										
	30	김영찬							○ 0/0		○ 0/0	△ 0/0
	35	옹동균				▽ 0/0						
MF	4	김기희	○ 0/0	▽ 0/0	○ 0/0 C		○ 0/0	○ 0/0	○ 0/0	○ 0/0 C		○ 0/0 C
	5	이호			▽ 0/0		○ 0/0	▽ 0/0				
	6	최보경	△ 0/0	○ 0/0 C	▽ 0/0					○ 0/0	○ 0/0	▽ 0/0 C
	7	한교원	○ 0/0	○ 0/0	○ 0/0	▽ 0/0		▽ 0/0	○ 0/0	○ 0/0		○ 0/1
	8	에닝요										
	10	레오나르도	△ 0/0	△ 0/0	○ 0/0 C	○ 1/0	○ 0/0	○ 1/0	○ 0/0	△ 0/0	○ 0/0	△ 1/0
	11	이승현		▽ 0/0			▽ 0/0					
	13	정훈	▽ 0/0	○ 0/0 C		○ 0/0			▽ 0/0	△ 0/0		△ 0/1
	17	이재성	○ 0/0	○ 1/1	○ 1/0		○ 0/0	○ 0/0	○ 0/0	▽ 0/0		▽ 1/1
	22	서상민										
	29	이규로										
	30	최치원										
	32	이주용	○ 1/0	△ 0/0	▽ 0/0 C				○ 0/0 C		○ 0/0	
	47	문상윤									△ 0/0	
FW	8	루이스			△ 1/1	○ 0/0	△ 0/0	▽ 0/0	△ 0/0 C	▽ 0/0	△ 0/0	○ 0/0 C
	9	에두	△ 0/0									
	9	우르코 베라					△ 0/0	△ 0/0	▽ 0/0		▽ 0/0	
	11	이상협										
	20	이동국	○ 0/0 C		○ 0/0	○ 0/0	○ 0/0		△ 0/0	○ 1/0	△ 0/0	○ 1/0
	23	김동찬		△ 0/0	△ 0/1	△ 0/1	△ 0/0	△ 0/0	△ 0/0	△ 0/0	▽ 0/0	
	24	유창현	▽ 0/0	▽ 1/0								
	27	이승렬	▽ 0/0 C									
	33	이근호				△ 0/0	▽ 0/0	○ 1/0	▽ 0/0	▽ 0/0	○ 0/0	▽ 0/0
	34	장윤호				▽ 0/0 C		△ 0/0			▽ 0/0	

선수자료 : 득점/도움 ○ = 선발출장 △ = 교체 IN ▽ = 교체 OUT ◈ = 교체 IN/OUT C = 경고 S = 퇴장

위치	배번	경기번호	186	188	198	199	207	212	217	223		
		날 짜	09.20	09.23	10.04	10.17	10.25	11.08	11.21	11.29		
		홈/원정	홈	원정	원정	홈	원정	원정	홈	원정		
		장 소	전주W	광주W	제주W	전주W	서울W	제주W	전주W	수원W		
		상 대	대전	광주	제주	포항	서울	제주	성남	수원		
		결 과	승	승	패	패	무	승	무	패		
		점 수	3 : 1	2 : 1	2 : 3	0 : 1	0 : 0	1 : 0	1 : 1	1 : 2		
		승 점	65	68	68	68	69	72	73	73		
		순 위	1	1	1	1	1	1	1	1		
		슈팅수	12 : 8	9 : 3	19 : 18	12 : 10	10 : 8	13 : 13	15 : 14	18 : 12		
GK	1	권순태	○ 0/0	○ 0/0	○ 0/0	○ 0/0	○ 0/0	○ 0/0 C	○ 0/0	○ 0/0		
	21	홍정남										
DF	3	김형일		○ 0/0	△ 0/0	○ 0/0		○ 0/0 C	○ 0/0			
	16	조성환		▽ 0/0 C								
	18	윌킨슨	○ 0/0	△ 0/0	○ 0/0	○ 0/0 C	○ 0/0	○ 0/0		○ 0/0		
	19	박원재	○ 0/0		▽ 0/1		○ 0/0		○ 0/0 C			
	25	최철순	○ 0/0 C	○ 0/0	○ 0/0	○ 0/0 C		○ 0/0	○ 0/0	○ 0/0		
	26	이재명										
	30	김영찬				△ 0/0						
	35	옹동균										
MF	4	김기희	○ 0/0		○ 0/0	○ 0/0	○ 0/0	○ 0/0	○ 0/0	○ 0/0 C		
	5	이 호					▽ 0/0 C	△ 0/0				
	6	최보경		○ 0/0	▽ 0/0	▽ 0/0	○ 0/0 C	○ 0/0				
	7	한교원	○ 0/0	▽ 0/1	▽ 0/0	▽ 0/0		▽ 0/0 C	▽ 0/0	▽ 0/0 C		
	8	에닝요										
	10	레오나르도	△ 0/0	△ 0/1	○ 0/0	△ 0/0	△ 0/0 C		▽ 0/0	△ 0/0		
	11	이승현										
	13	정 훈						▽ 0/0	○ 0/0	▽ 0/0		
	17	이재성	▽ 0/0		○ 0/0 C	○ 0/0	○ 0/0	○ 1/0	○ 0/0	○ 1/0		
	22	서상민						△ 0/0 C	△ 1/0 C	△ 0/0		
	29	이규로					○ 0/0					
	30	최치원										
	32	이주용		○ 0/0 C						○ 0/0		
	47	문상윤								○ 0/0		
FW	8	루이스	○ 0/1	△ 0/0	△ 0/0	▽ 0/0	△ 0/0	△ 0/0	▽ 0/0	△ 0/0		
	9	에 두										
	9	우르코베라	△ 0/0	▽ 0/0								
	11	이상협										
	20	이동국	▽ 1/1	○ 2/0 C	○ 0/1	○ 0/0	○ 0/0	▽ 0/0	△ 0/0			
	23	김동찬	△ 0/0		△ 0/0	△ 0/0			△ 0/0			
	24	유창현										
	27	이승렬								▽ 0/0 S		
	33	이근호	▽ 1/1	○ 0/0	○ 2/0	○ 0/0	▽ 0/0	○ 0/0	○ 0/0	○ 0/0		
	34	장윤호	○ 1/0 C	○ 0/0			○ 0/0					

수원 삼성 블루윙즈

창단년도_ 1995년
전화_ 031-247-2002
팩스_ 031-257-0766
홈페이지_ www.bluewings.kr
주소_ 우 16230 경기도 수원시 팔달구 월드컵로 310(우만동)
수원월드컵경기장 4층
4F, Suwon World Cup Stadium, 310, World cup-ro(Uman-dong),
Paldal-gu, Suwon- si, Gyeonggi-do, KOREA 16230

연혁

1995 수원 삼성 블루윙즈 축구단 창단식
제1대 윤성규 단장 취임
1996 라피도컵 프로축구대회 후기리그 우승
1998 제2대 허영호 단장 취임
98 현대컵 K-리그 우승
1999 시즌 전관왕 달성
제1회 99 티켓링크 수퍼컵 우승
대한화재컵 우승
아디다스컵 우승
99 K-리그 우승
2000 제2회 2000 티켓링크 수퍼컵 우승
2000 아디다스컵 우승
2001 아디다스컵 2001 우승
제20회 아시안 클럽 챔피언십 우승
제7회 아시안 슈퍼컵 우승
K리그 사상 최단기간 100승 달성(3/31)
2002 제21회 아시안 클럽 챔피언십 우승
제8회 아시안 슈퍼컵 우승
제7회 서울-하나은행 FA컵 우승
2004 제3대 안기헌 단장 취임, 차범근 감독 취임
삼성 하우젠 K-리그 2004 후기 우승
삼성 하우젠 K-리그 2004 우승
2005 A3 챔피언스컵 우승
제6회 K-리그 수퍼컵 2005 우승
삼성 하우젠컵 2005 우승
2006 삼성 하우젠 K-리그 2006 후기 우승
제11회 하나은행 FA컵 준우승
2007 K리그 사상 최단기간 200승 달성(3/17)
K리그 사상 최단기간 총관중 400만 기록(234경기)
2008 삼성 하우젠컵 2008 우승
삼성 하우젠 K리그 2008 우승
2009 제14회 하나은행 FA컵 우승
2010 윤성효 감독 취임
제15회 하나은행 FA컵 우승
2011 제4대 오근영 단장 취임
수원월드컵경기장 첫 만석(10/3 서울전, 44,537명)
2012 제5대 이석명 단장 취임(6/1)
수원월드컵경기장 최다 관중 경신(4/1 서울전 45,192명)
K리그 최초 30경기 홈 연속득점(6/27 전남전, 3 : 2 승)
K리그 최단기간 300승 달성(10/3 서울전, 1 : 0 승)
K리그 연고도시 최초 600만 관중 달성(11/25 부산전, 2 : 1 승)
2013 서정원 감독 취임
풀 스타디움상 수상
2014 박찬형 대표이사 취임
구단 통산 1000호골 기록 (4/1 포항전 고차원)
풀 스타디움상, 팬프렌들리 클럽상 수상
2015 현대오일뱅크 K리그 클래식 2015 준우승
K리그 페어플레이상 수상
2016 김준식 대표이사, 제6대 박창수 단장 취임

수원 삼성 블루윙즈 2015년 선수명단

대표이사_ 박찬형 단장_ 이석명

감독_ 서정원 수석코치_ 이병근 코치_ 최성용 코치_ 고종수 피지컬코치_ 반델레이 GK코치_ 신범철

주무_ 정동은 의무_ 유환모 의무_ 김광태 의무_ 윤청구 장비_ 김중호 비디오분석_ 전택수 통역_ 김민석

포지션	선수명		생년월일	출신교	키(cm) / 몸무게(kg)
GK	정성룡	鄭成龍	1985.01.04	대구사이버대	190 / 90
	노동건	盧東健	1991.10.04	고려대	190 / 88
	이상욱	李相旭	1990.03.09	호남대	190 / 89
	함석민	咸錫敏	1994.02.14	숭실대	190 / 80
DF	양상민	梁相珉	1984.02.24	숭실대	182 / 78
	조성진	趙成眞	1990.12.14	유성생명고	187 / 78
	구자룡	具滋龍	1992.04.06	매탄고	182 / 75
	홍 철	洪 喆	1990.09.17	단국대	176 / 69
	신세계	申世界	1990.09.16	성균관대	178 / 73
	민상기	閔尙基	1991.08.27	매탄고	185 / 81
	오범석	吳範錫	1984.07.29	포철공고	181 / 78
	연제민	延濟民	1993.05.28	매탄고	183 / 72
	곽희주	郭熙柱	1981.10.05	광운대	184 / 77
MF	김은선	金恩宣	1988.03.30	대구대	181 / 78
	이상호	李相湖	1987.05.09	현대고	174 / 67
	오장은	吳章銀	1985.07.24	조천중학교	175 / 73
	산토스	Natanael de Sousa Santos Junior	1985.12.25	*브라질	165 / 64
	고차원	高次願	1986.04.30	아주대학교	170 / 68
	서정진	徐訂晋	1989.09.06	보인고	175 / 68
	조찬호	趙澯鎬	1986.04.10	연세대	170 / 68
	조지훈	趙志焄	1990.05.29	연세대	188 / 80
	권창훈	權昶勳	1994.06.30	매탄고	174 / 66
	고민성	高旼成	1995.11.20	매탄고	175 / 65
	백지훈	白智勳	1985.02.28	안동고	175 / 65
	장현수	張鉉洙	1993.01.01	용인대	179 / 73
	박현범	朴玹範	1987.05.07	연세대	194 / 86
	박종진	朴宗眞	1987.06.24	숭실대	177 / 74
	전현욱	田鉉煜	1992.03.16	전주대	177 / 68
	한성규	韓成圭	1993.01.27	광운대	180 / 70
	이용래	李容來	1986.04.17	고려대	175 / 71
	염기훈	廉基勳	1983.03.30	호남대	182 / 78
FW	카이오	Kaio Felipe Goncalves	1987.07.06	*브라질	187 / 77
	레 오	Leonardo de Oliveira Clemente Marins	1989.04.12	*브라질	171 / 63
	일리안	Micanski Ilian Emilov	1985.12.20	*불가리아	183 / 79
	방찬준	方讚晙	1994.04.15	한남대	184 / 78
	정대세	鄭大世	1984.03.02	도쿄조선대	180 / 79

수원 삼성 블루윙즈 2015년 개인기록 _ K리그 클래식

위치	배번	경기번호	05	08	17	20	29	33	37	48	50	55
		날 짜	03.08	03.14	03.22	04.04	04.12	04.15	04.18	04.26	05.02	05.09
		홈/원정	홈	홈	원정	홈	원정	원정	홈	홈	원정	원정
		장 소	수원W	수원W	탄천	수원W	광양	문수	수원W	수원W	전주W	광주W
		상 대	포항	인천	성남	부산	전남	울산	서울	대전	전북	광주
		결 과	패	승	승	승	무	무	승	패	패	승
		점 수	0 : 1	2 : 1	3 : 1	2 : 1	1 : 1	1 : 1	5 : 1	1 : 2	0 : 2	2 : 0
		승 점	0	3	6	9	10	11	14	14	14	17
		순 위	9	5	4	2	3	4	2	2	3	2
		슈팅수	12 : 14	10 : 7	10 : 6	12 : 6	12 : 9	5 : 7	12 : 9	21 : 5	10 : 13	6 : 6
GK	1	정성룡								○ 0/0		○ 0/0 C
	21	노동건	○ 0/0	○ 0/0	○ 0/0	○ 0/0	○ 0/0	○ 0/0	○ 0/0		○ 0/0	
DF	3	양상민		○ 0/0	△ 0/0		○ 1/0	○ 0/0	○ 0/0	○ 0/0	○ 0/0 C	○ 0/0
	4	오범석	○ 0/0 CC		○ 0/0 C		○ 0/0 C	○ 0/0	▽ 0/0			○ 0/0
	5	조성진	○ 0/0 C	○ 0/0	○ 0/0	○ 0/0		○ 0/0 C	▽ 0/0 C		○ 0/0 C	○ 1/0
	15	구자룡										
	26	최재수										
	29	곽희주										
	30	신세계	△ 0/0	○ 0/0	○ 0/0	○ 0/0			△ 0/0	○ 0/0 C	○ 0/0	
	33	홍 철	○ 0/0		○ 0/0	○ 0/0	○ 0/0	○ 0/0	○ 0/0	○ 0/0	○ 0/0	○ 0/0
	34	연제민					△ 0/0		△ 0/0	○ 0/0		
	39	민상기	○ 0/0	○ 0/0	○ 0/0	○ 1/0	▽ 0/0					
MF	6	김은선	○ 0/0	○ 0/0		○ 1/0 C	○ 0/0	○ 0/0	○ 0/0	○ 0/0	▽ 0/0	
	7	이상호	△ 0/0		○ 0/1	△ 0/0	△ 0/0		○ 2/0		▽ 0/0	▽ 0/0
	10	산토스	▽ 0/0	▽ 1/0	▽ 0/0	▽ 0/0	▽ 0/0	▽ 0/0				
	12	고차원		○ 0/0						△ 0/0	▽ 0/0 C	▽ 0/0
	13	서정진			▽ 0/0	△ 0/0	△ 0/0		○ 0/0	▽ 0/0	△ 0/0	△ 0/0
	14	조찬호										
	16	조지훈								△ 0/0		
	19	장현수						▽ 0/0				
	20	백지훈		△ 0/0				△ 0/0		▽ 0/0	△ 0/0	○ 0/0 C
	22	권창훈	▽ 0/0	▽ 0/0		▽ 0/0	○ 0/0	○ 0/0	▽ 0/0	▽ 0/0	○ 0/0	○ 0/0
	24	고민성										
	26	염기훈	○ 0/0	△ 1/0	○ 2/0	○ 0/1 C	○ 0/1	△ 0/1	○ 1/2	○ 1/0	○ 0/0	○ 0/1
	42	박현범										
FW	8	일리안										
	11	레 오	○ 0/0	▽ 0/0	△ 0/0	▽ 0/0	▽ 0/0	▽ 0/0				△ 1/0
	14	정대세	▽ 0/0	△ 0/1	▽ 0/1	○ 0/0 C		△ 0/0	○ 2/2	△ 0/0 C	○ 0/0	▽ 0/0
	18	카이오	△ 0/0	○ 0/0	△ 1/0 C	△ 0/0	○ 0/0	○ 1/0 C	△ 0/0	○ 0/0	△ 0/0	△ 0/0
	32	방찬준										

선수자료 : 득점/도움 ○ = 선발출장 △ = 교체 IN ▽ = 교체 OUT ◈ = 교체 IN/OUT C = 경고 S = 퇴장

위치	11	경기번호	61	77	82	90	69	96	101	106	112	115
		날 짜	05.16	05.31	06.03	06.07	06.13	06.17	06.21	06.27	07.01	07.04
		홈/원정	홈	원정	원정	홈	홈	원정	홈	원정	홈	원정
		장 소	수원 W	인천	대전 W	수원 W	수원 W	제주 W	수원 W	서울 W	수원 W	포항
		상 대	제주	인천	대전	광주	성남	제주	전북	서울	울산	포항
		결 과	승	무	승	패	무	승	무	무	승	승
		점 수	1 : 0	1 : 1	2 : 1	0 : 1	1 : 1	4 : 3	2 : 2	0 : 0	3 : 1	1 : 0
		승 점	20	21	24	24	25	28	29	30	33	36
		순 위	2	2	2	2	2	2	2	2	2	2
		슈팅수	12 : 7	10 : 10	11 : 3	6 : 5	9 : 6	21 : 10	19 : 16	12 : 8	10 : 6	5 : 7
GK	1	정 성 룡	○ 0/0	○ 0/0	○ 0/0	○ 0/0			○ 0/0	○ 0/0	○ 0/0	○ 0/0
	21	노 동 건					○ 0/0	○ 0/0 C				
DF	3	양 상 민	○ 0/0	○ 1/0		○ 0/0	○ 0/0	△ 0/0	○ 0/0	△ 0/0	△ 0/0	
	4	오 범 석	○ 0/0		○ 0/0	○ 0/0	○ 0/0	○ 0/0	▽ 0/0 C		○ 0/0	○ 0/0
	5	조 성 진		○ 0/0 C	○ 0/0		○ 0/0 C		○ 0/0	○ 0/0	○ 0/0	○ 0/0
	15	구 자 룡	○ 0/0		○ 0/0 C	○ 0/0	○ 0/0	○ 0/0	○ 0/0	○ 0/0 C	○ 0/0	▽ 0/0
	26	최 재 수			○ 0/1	○ 0/0		▽ 0/0	○ 0/0	▽ 0/0 C		
	29	곽 희 주		△ 0/0	△ 0/0			○ 1/0		▽ 0/0	▽ 0/0	△ 0/0
	30	신 세 계	○ 0/0	○ 0/0			▽ 0/0	△ 0/0		○ 0/0		
	33	홍 철				△ 0/0	△ 0/0	○ 0/3	▽ 0/0	○ 0/0	○ 0/0	○ 0/0
	34	연 제 민	▽ 0/0								△ 0/0	○ 0/0
	39	민 상 기	△ 0/0 C	○ 0/0								
MF	6	김 은 선										
	7	이 상 호	○ 0/0 C	○ 0/0	△ 0/0	△ 0/0	▽ 0/0		▽ 0/0	▽ 0/0	△ 0/0	▽ 0/1
	10	산 토 스		△ 0/0	▽ 1/0	▽ 0/0	△ 0/0	○ 2/0	○ 2/0	○ 0/0	▽ 0/0	
	12	고 차 원	○ 0/0	▽ 0/0			▽ 0/0	○ 0/0	△ 0/0		○ 0/0	▽ 0/0
	13	서 정 진		▽ 0/0	○ 0/0	▽ 0/0	○ 0/0		△ 0/0			○ 0/0
	14	조 찬 호										
	16	조 지 훈		▽ 0/0			△ 0/0					
	19	장 현 수										
	20	백 지 훈	△ 0/0		▽ 0/0	▽ 0/0		▽ 0/0				△ 0/0
	22	권 창 훈	▽ 0/0	○ 0/0	○ 0/0	○ 0/0	○ 0/0	○ 1/0	△ 0/0	△ 0/0	○ 1/0	○ 0/0
	24	고 민 성										
	26	염 기 훈	○ 1/0		○ 1/0	○ 0/0			○ 0/1	○ 0/0	○ 0/1	△ 0/0
	42	박 현 범										
FW	8	일 리 안										
	11	레 오		△ 0/0		△ 0/0		▽ 0/0		△ 0/0		
	14	정 대 세	△ 0/0	○ 0/0	▽ 0/0	○ 0/0	○ 1/0	△ 0/0	○ 0/1	○ 0/0	▽ 2/0	○ 1/0
	18	카 이 오	▽ 0/0									
	32	방 찬 준			△ 0/0							

위치	배번	경기번호	122	132	136	142	150	156	157	168	170	177
		날 짜	07.08	07.12	07.26	08.12	08.16	08.19	08.22	08.30	09.09	09.12
		홈/원정	홈	원정	원정	홈	원정	홈	홈	원정	원정	홈
		장 소	수원W	부산A	전주W	수원W	제주W	수원W	수원W	포항	부산A	수원W
		상 대	전남	부산	전북	대전	제주	성남	울산	포항	부산	인천
		결 과	승	무	패	승	승	패	승	무	무	승
		점 수	1 : 0	1 : 1	1 : 2	2 : 1	4 : 2	0 : 1	3 : 1	0 : 0	2 : 2	1 : 0
		승 점	39	40	40	43	46	46	49	50	51	54
		순 위	2	2	2	2	2	2	2	2	2	2
		슈팅수	15 : 3	9 : 9	11 : 15	18 : 6	11 : 16	23 : 9	8 : 6	4 : 11	13 : 12	13 : 11
GK	1	정성룡	○ 0/0	○ 0/0	○ 0/0							○ 0/0
	21	노동건				○ 0/0	○ 0/0	○ 0/0	○ 0/0	○ 0/0	○ 0/0	
DF	3	양상민			△ 0/0	○ 0/0	▽ 0/0		△ 0/0		○ 0/0	△ 0/0
	4	오범석	○ 0/0	○ 0/0	○ 0/0	○ 0/0	○ 0/0 C	○ 0/0	○ 0/1	○ 0/0	○ 1/0	
	5	조성진	○ 0/0	○ 0/0 C	○ 0/0	○ 1/0 C				△ 0/0 C		○ 0/0 C
	15	구자룡	▽ 0/0	○ 0/0	○ 0/0 CC		○ 0/0	○ 0/0	○ 0/0	○ 0/0	○ 0/0	○ 0/0
	26	최재수										
	29	곽희주	△ 0/0			▽ 0/0						
	30	신세계	△ 0/0				△ 0/0	▽ 0/0				
	33	홍 철	▽ 0/0	○ 0/0	○ 0/0			△ 0/0	○ 0/0	○ 0/0 C		○ 0/0
	34	연제민	○ 0/0	○ 0/0	○ 0/0	○ 0/0	○ 0/0	○ 0/0	○ 0/0	○ 0/0	○ 0/0	○ 0/0
	39	민상기										
MF	6	김은선										
	7	이상호	▽ 0/0	▽ 0/0		▽ 0/0	○ 1/0	△ 0/0	○ 1/0	○ 0/0	○ 1/0 C	○ 0/0
	10	산토스	○ 0/0	▽ 0/0	▽ 1/0	○ 0/0		▽ 0/0			▽ 0/0	▽ 1/0
	12	고차원		△ 0/0	○ 0/0	○ 0/0	△ 0/0 C	△ 0/0	○ 0/0	△ 0/0	△ 0/0	○ 0/0
	13	서정진	○ 1/0	▽ 0/0	▽ 0/0	▽ 0/0	○ 0/0	○ 0/0	△ 0/0		▽ 0/0	
	14	조찬호					▽ 2/2	▽ 0/0	▽ 0/0	▽ 0/0 C	▽ 0/0	
	16	조지훈									△ 0/1 C	
	19	장현수										▽ 0/1
	20	백지훈	△ 0/0	△ 0/0	△ 0/0	△ 0/0	▽ 0/0	○ 0/0	▽ 0/0	▽ 0/0	○ 0/0	
	22	권창훈		△ 1/0	▽ 0/0	△ 1/0	○ 1/0	○ 0/0	○ 2/0 C	○ 0/0		△ 0/0
	24	고민성					△ 0/0					
	26	염기훈	○ 0/1	○ 0/0	○ 0/1	○ 0/0	○ 0/1	○ 0/0	△ 0/0	○ 0/0	○ 0/0	○ 0/0
	42	박현범										
FW	8	일리안			△ 0/0	△ 0/0			▽ 0/0 C	▽ 0/0		▽ 0/0
	11	레 오										
	14	정대세	○ 0/0	○ 0/0								
	18	카이오								△ 0/0	△ 0/0	△ 0/0
	32	방찬준										

선수자료 : 득점/도움 ○ = 선발출장 △ = 교체 IN ▽ = 교체 OUT ◈ = 교체 IN/OUT C = 경고 S = 퇴장

위치	배번	경기번호	185	187	197	200	206	211	219	223		
		날 짜	09.19	09.23	10.04	10.18	10.24	11.07	11.22	11.29		
		홈/원정	홈	원정	원정	홈	원정	원정	홈	홈		
		장 소	수원W	광양	광주W	수원W	탄천	서울W	수원W	수원W		
		상 대	서울	전남	광주	제주	성남	서울	포항	전북		
		결 과	패	승	승	패	무	패	승	승		
		점 수	0 : 3	2 : 0	4 : 2	0 : 1	0 : 0	3 : 4	2 : 1	2 : 1		
		승 점	54	57	60	60	61	61	64	67		
		순 위	2	2	2	2	3	3	2	2		
		슈팅수	15 : 10	13 : 11	13 : 11	15 : 5	15 : 12	13 : 14	7 : 11	12 : 18		
GK	1	정 성 룡	○ 0/0	○ 0/0	○ 0/0	○ 0/0	○ 0/0	○ 0/0	○ 0/0 C	○ 0/0		
	21	노 동 건										
DF	3	양 상 민	△ 0/0	△ 0/0	○ 1/0	○ 0/0	△ 0/0	○ 0/0 C				
	4	오 범 석	▽ 0/0 C	○ 0/0	○ 0/0	▽ 0/0	○ 0/0 C		▽ 0/0 C			
	5	조 성 진	○ 0/0	○ 0/0 C	○ 0/0	○ 0/0	○ 0/0	○ 0/0	○ 1/0	○ 0/0		
	15	구 자 룡	○ 0/0	○ 0/0	△ 0/0	○ 0/0	○ 0/0		△ 0/0	△ 0/0		
	26	최 재 수										
	29	곽 희 주			△ 0/0	△ 0/0		△ 0/0	▽ 0/0 C	○ 0/0		
	30	신 세 계						○ 1/0	△ 0/0	○ 0/0 C		
	33	홍 철	○ 0/0	○ 0/0	▽ 0/0		○ 0/0	○ 0/0	○ 0/0	○ 0/0		
	34	연 제 민	○ 0/0 C	○ 0/0	▽ 0/0	○ 0/0	▽ 0/0	▽ 0/0				
	39	민 상 기										
MF	6	김 은 선		△ 0/0								
	7	이 상 호	○ 0/0		△ 0/0		○ 0/0 C		○ 0/0	○ 0/0		
	10	산 토 스	△ 0/0	▽ 0/0	▽ 3/0	○ 0/0	▽ 0/0	△ 1/1	▽ 0/0	▽ 0/0		
	12	고 차 원	▽ 0/0	▽ 0/0	○ 0/0	▽ 0/0		▽ 0/0				
	13	서 정 진				△ 0/0	△ 0/0	○ 0/0				
	14	조 찬 호					▽ 0/0					
	16	조 지 훈										
	19	장 현 수		△ 0/0				△ 0/0				
	20	백 지 훈							○ 0/0 C	○ 0/0		
	22	권 창 훈	○ 0/0	▽ 1/0	○ 0/0	○ 0/0	△ 0/0	○ 1/0	○ 1/0	▽ 0/0		
	24	고 민 성										
	26	염 기 훈	○ 0/0	○ 0/1	○ 0/3	○ 0/0	○ 0/0	○ 0/1	○ 0/1	○ 1/0		
	42	박 현 범							△ 0/0	△ 0/0 C		
FW	8	일 리 안	▽ 0/0		○ 0/0	▽ 0/0						
	11	레 오										
	14	정 대 세										
	18	카 이 오	△ 0/0	○ 1/0 C		△ 0/0	○ 0/0	▽ 0/0	○ 0/0	○ 1/0		
	32	방 찬 준										

포 항 스 틸 러 스

창단년도_ 1973년

전화_ 054-282-2002

팩스_ 054-282-9500

홈페이지_ www.steelers.co.kr

주소_ 우 37751 포항시 북구 중흥로 231 동양빌딩 7층
Dongyang Building 7F, 231 Jungheungro, Bukgu
Pohang- City, Gyeongbuk, KOREA 37751

연혁

1973 실업축구단 창단
1974 제22회 대통령배 전국축구대회 우승
1982 코리안리그 우승
1984 프로축구단 전환
1985 구단 명칭 변경(돌핀스 → 아톰즈)
1986 86 축구대제전 종합우승
1988 87 한국프로축구대회 우승
1990 국내 최초 축구전용구장 준공(11월 1일)
1992 92 한국프로축구대회 우승
1993 93 아디다스컵 우승
1995 95 하이트배 코리안리그 후기 우승
1996 제1회 FA컵 우승
1997 구단 명칭 변경(아톰즈 → 스틸러스)
제16회 아시안 클럽 챔피언십 우승
1998 국내 최초 프로팀 통산 200승 달성(8월 26일)
제17회 아시안 클럽 챔피언십 우승(2연패)
2000 송라 스틸러스 클럽하우스 준공(북구 송라면)
2001 제6회 서울은행 FA컵 우승
2002 제7회 서울-하나은행 FA컵 준우승
2003 사명 변경[(주)포항프로축구 → (주)포항 스틸러스]
유소년 클럽시스템 도입(U-18, U-15, U-12 클럽)
축구장 2면 준공
2004 삼성 하우젠 K-리그 2004 준우승
2005 A3 챔피언스컵 준우승
삼성하우젠 K-리그 2005 통합 5위(전기 4위, 후기 6위)
K리그 최초 팀 통산 1,000호 골 달성(10월 29일 울산전)
2006 삼성 하우젠 K-리그 2006 우승(전기 2위, 후기 2위)
2007 삼성 하우젠 K-리그 2007 통합 3위(전기 2위, 후기 2위)
제12회 하나은행 FA컵 준우승
2008 제13회 하나은행 FA컵 우승
2009 AFC 챔피언스리그 2009 우승
피스컵 코리아 2009 우승
FIFA 클럽월드컵 3위
2009 K-리그 통합 2위
2010 AFC 챔피언스리그 2010 8강
쏘나타 K리그 2010 9위
2011 제16회 하나은행 FA컵 4강
러시앤캐시컵 2011 8강
현대오일뱅크 K리그 2011 정규리그 2위 / 챔피언십 3위
2012 제17회 하나은행 FA컵 우승
현대오일뱅크 K리그 2012 3위
2013 현대오일뱅크 K리그 클래식 2013 우승
제18회 하나은행 FA컵 우승
2014 현대오일뱅크 K리그 클래식 2014 4위
2015 현대오일뱅크 K리그 클래식 2015 3위

포항 스틸러스 2015년 선수명단

대표이사_ 신영권 단장_ 이재열 성장기획실장_ 류호성
감독_ 황선홍 수석코치_ 강철 코치_ 윤희준 피지컬코치_ 플라비오 GK코치_ 김일진 주무_ 정태영 재활트레이너_ 김태수 · 이인철
장비_ 이상열 통역_ 한재형

포지션	선수명		생년월일	출신교	키(cm) / 몸무게(kg)
GK	신 화 용	申 和 容	1983.04.13	청주대	183 / 78
	김 진 영	金 珍 英	1992.03.02	건국대	195 / 85
	강 현 무	姜 賢 茂	1995.03.13	포철고	185 / 78
	이 준 희	李 俊 喜	1993.12.10	인천대	192 / 89
DF	김 광 석	金 光 碩	1983.02.12	청평공고	183 / 73
	김 대 호	金 大 虎	1988.05.15	숭실대	180 / 78
	김 원 일	金 源 一	1986.10.18	숭실대	185 / 77
	이 재 원	李 哉 沅	1983.03.04	고려대	182 / 74
	이 남 규	李 南 揆	1993.03.18	한양대	179 / 74
	박 선 용	朴 宣 勇	1989.03.12	호남대	173 / 67
	박 준 희	朴 俊 熙	1991.03.01	건국대	184 / 77
	김 준 수	金 俊 洙	1991.07.29	영남대	185 / 78
	배 슬 기	裵 슬 기	1985.06.09	광양제철고	183 / 78
	최 재 수	催 在 洙	1983.05.02	연세대	174 / 70
	박 선 주	朴 宣 住	1993.03.26	연세대	174 / 62
	길 영 태	吉 永 泰	1991.06.15	관동대	185 / 79
MF	김 태 수	金 泰 樹	1981.08.25	광운대	180 / 76
	황 지 수	黃 智 秀	1981.03.17	호남대	175 / 72
	문 창 진	文 昶 辰	1993.07.12	포철공고	170 / 63
	강 상 우	姜 傷 佑	1993.10.07	경희대	176 / 62
	신 진 호	申 塡 灝	1988.09.07	영남대	177 / 72
	손 준 호	孫 準 浩	1992.05.12	영남대	178 / 62
	이 광 혁	李 侊 赫	1995.09.11	포철고	169 / 60
	박 은 철	朴 恩 哲	1989.11.17	안동고	177 / 70
	오 창 현	吳 昌 炫	1993.03.02	단국대	178 / 70
FW	김 승 대	金 承 大	1991.04.01	영남대	175 / 64
	티 아 고	Tiago Alves Sales	1993.01.12	*브라질	182 / 72
	고 무 열	高 武 烈	1990.09.05	숭실대	185 / 78
	유 제 호	劉 濟 湖	1992.08.10	아주대	172 / 63
	라 자 르	Lazar Veselinović	1986.08.04	*세르비아	187 / 87
	모 리 츠	Andre Francisco Moritz	1986.08.06	*브라질	187 / 83
	박 성 호	朴 成 鎬	1982.07.27	부평고	193 / 83
	심 동 운	沈 東 雲	1990.03.03	홍익대	169 / 67
	유 강 현	柳 康 鉉	1996.04.27	서해고	182 / 64
	최 호 주	崔 浩 周	1992.03.10	단국대	186 / 78

포항 스틸러스 2015년 개인기록_ K리그 클래식

위치	배번	경기번호	05	11	16	21	27	32	42	43	54	60
		날 짜	03.08	03.15	03.22	04.04	04.11	04.15	04.19	04.25	05.05	05.10
		홈/원정	원정	홈	홈	원정	원정	홈	원정	원정	홈	홈
		장 소	수원W	포항	포항	전주W	제주W	포항	대전W	인천	포항	포항
		상 대	수원	울산	서울	전북	제주	전남	대전	인천	부산	성남
		결 과	승	패	승	패	패	승	승	무	패	무
		점 수	1 : 0	2 : 4	2 : 1	0 : 1	0 : 1	4 : 1	2 : 0	1 : 1	1 : 2	2 : 2
		승 점	3	3	6	6	6	9	12	13	13	14
		순 위	3	6	5	5	8	5	4	4	5	5
		슈팅수	14 : 12	11 : 6	8 : 8	10 : 12	10 : 11	14 : 12	16 : 12	9 : 7	13 : 4	10 : 7
GK	1	신화용	○ 0/0	○ 0/0	○ 0/0 C	○ 0/0	○ 0/0	○ 0/0	○ 0/0	○ 0/0	○ 0/0	○ 0/0
DF	2	박선용	○ 0/0 C	○ 0/0	○ 0/0	○ 0/0		○ 0/1	▽ 0/0 C	○ 0/0	○ 0/0	○ 0/0
	3	김광석										
	6	김준수	△ 0/0	○ 0/0						○ 0/0	○ 0/0	
	13	김원일	○ 0/0 CC		○ 0/0	○ 0/0	○ 0/0	○ 0/0	○ 0/0	○ 0/0	○ 0/0	○ 0/0
	14	박준희										
	15	이재원							△ 0/0			△ 0/0
	22	김대호	○ 0/0 C	○ 0/0 C			○ 0/0	○ 0/0	○ 0/0	▽ 0/0		
	24	배슬기	○ 0/0 C	○ 0/0	○ 0/0	○ 0/0 C	○ 0/0	○ 0/0	○ 0/0			○ 0/0
	26	최재수										
	27	박선주			○ 0/0 C	○ 0/0	○ 0/0			△ 0/0	○ 0/0 C	▽ 0/0 C
MF	4	신진호										
	5	김태수		▽ 0/0	△ 0/0	△ 0/0	○ 0/0	▽ 0/0	○ 0/0	○ 0/0	▽ 0/0	
	9	황지수	○ 0/0	○ 0/0 C	○ 0/1	▽ 0/0		△ 0/0	△ 0/0			○ 0/0
	10	모리츠	▽ 0/0			△ 0/0 C					△ 0/0	▽ 0/0 C
	14	조찬호		△ 0/0	▽ 0/1	▽ 0/0	△ 0/0	△ 0/0				○ 0/0
	19	문창진						○ 1/0	○ 1/1	○ 0/1	▽ 0/0	▽ 0/0
	28	손준호	○ 1/0	○ 1/0 C	○ 0/0 C	○ 0/0	○ 0/0	○ 2/1	○ 0/0	○ 0/0	○ 0/0	○ 1/0 C
FW	7	티아고		△ 1/0		△ 0/0		▽ 0/0 C	▽ 1/1	▽ 1/0	▽ 0/0	
	8	라자르	▽ 0/0	○ 0/0	▽ 0/0	▽ 0/0	▽ 0/0				△ 0/0	
	11	박성호		△ 0/0	△ 0/0		△ 0/0 C	△ 0/0		△ 0/0	△ 1/0	△ 0/0
	12	김승대	△ 0/0		○ 2/0	○ 0/0	○ 0/0	○ 1/0	○ 0/0	▽ 0/0	○ 0/0	
	16	심동운	○ 0/0	▽ 0/1	△ 0/0		▽ 0/0			△ 0/0		
	17	강상우										
	18	고무열	△ 0/0 C	▽ 0/1	▽ 0/0	○ 0/0	▽ 0/0		△ 0/0			○ 0/1 S
	23	유제호										
	39	이광혁	▽ 0/0				△ 0/0	▽ 0/0	▽ 0/0	○ 0/0	○ 0/0	△ 1/0

선수자료 : 득점/도움 ○ = 선발출장 △ = 교체 IN ▽ = 교체 OUT ◈ = 교체 IN/OUT C = 경고 S = 퇴장

위치	배번	경기번호	65	71	73	81	89	94	97	103	111	115
		날 짜	05.17	05.25	05.30	06.03	06.07	06.17	06.20	06.27	07.01	07.04
		홈/원정	원정	원정	홈	홈	원정	홈	원정	홈	원정	홈
		장 소	광주W	문수	포항	포항	탄천	포항	부산A	포항	광양	포항
		상 대	광주	울산	대전	전북	성남	인천	부산	광주	전남	수원
		결 과	무	무	승	무	승	패	승	승	무	패
		점 수	0 : 0	2 : 2	2 : 1	0 : 0	2 : 0	0 : 2	2 : 1	2 : 1	0 : 0	0 : 1
		승 점	15	16	19	20	23	23	26	29	30	30
		순 위	4	4	3	4	3	4	3	3	3	3
		슈팅수	9 : 6	11 : 6	29 : 6	9 : 8	14 : 11	10 : 6	8 : 9	8 : 15	3 : 8	7 : 5
GK	1	신화용	○ 0/0	○ 0/0	○ 0/0	○ 0/0	○ 0/0	○ 0/0	○ 0/0	○ 0/0	○ 0/0	○ 0/0
DF	2	박선용		○ 0/0	○ 0/0 C		○ 0/0	○ 0/0	▽ 0/0			
	3	김광석	○ 0/0	○ 0/0	○ 0/0	○ 0/0	○ 0/0	○ 0/0	○ 0/0	○ 0/0	○ 0/0	○ 0/0
	6	김준수				○ 0/0	△ 0/0		○ 0/0		○ 0/0 C	○ 0/0
	13	김원일	○ 0/0 C	○ 0/0				○ 0/0		○ 0/0		
	14	박준희										
	15	이재원	○ 0/0						△ 0/0	○ 0/0		
	22	김대호								○ 0/0	○ 0/0	○ 0/0
	24	배슬기	○ 0/0		○ 0/0	○ 0/0	○ 0/0 C		○ 0/1		○ 0/0	○ 0/0
	26	최재수										
	27	박선주		○ 0/0	○ 0/0 C	○ 0/0 C	▽ 0/0	▽ 0/0				
MF	4	신진호										○ 0/0
	5	김태수	○ 0/0	○ 0/0			△ 0/0		○ 0/0 C	△ 0/0	▽ 0/0 C	
	9	황지수		△ 0/0	▽ 0/0	○ 0/0	▽ 0/0	○ 0/0		○ 0/1	△ 0/0	○ 0/0
	10	모리츠	▽ 0/0		○ 0/0	▽ 0/0	○ 0/1	▽ 0/0			△ 0/0	▽ 0/0
	14	조찬호	△ 0/0		▽ 0/0	△ 0/0		▽ 0/0	△ 0/0			▽ 0/0
	19	문창진	○ 0/0 C	▽ 0/0					▽ 1/0	▽ 1/0	○ 0/0	
	28	손준호		○ 0/1	○ 0/0	○ 0/0 C	○ 0/1	○ 0/0	○ 0/1 C	○ 1/0	○ 0/0	○ 0/0
FW	7	티아고	▽ 0/0	▽ 1/0 C	△ 0/1 C		▽ 0/0	△ 0/0	▽ 0/0	▽ 0/0 C	▽ 0/0	
	8	라자르	▽ 0/0									
	11	박성호	△ 0/0	△ 0/0	△ 1/0	△ 0/0		△ 0/0		△ 0/0	△ 0/0	△ 0/0
	12	김승대		○ 1/0	○ 0/1	○ 0/0	○ 0/0	○ 0/0	○ 0/0 C	○ 0/0	▽ 0/0	△ 0/0
	16	심동운	△ 0/0	▽ 0/0		▽ 0/0		△ 0/0	△ 0/0	▽ 0/0	○ 0/0	
	17	강상우										
	18	고무열			▽ 0/0	▽ 0/0	○ 2/0	○ 0/0	○ 1/0	△ 0/0		▽ 0/0
	23	유제호										
	39	이광혁	○ 0/0	△ 0/0	△ 1/0	△ 0/0	△ 0/0					△ 0/0

위치	배번	경기번호	125	129	135	141	146	154	162	168	172	176
		날 짜	07.08	07.11	07.25	08.12	08.15	08.19	08.23	08.30	09.09	09.12
		홈/원정	홈	원정	홈	원정	홈	원정	원정	홈	원정	홈
		장 소	포항	서울W	포항	인천	포항	문수	광양	포항	서울W	포항
		상 대	제주	서울	광주	인천	전북	울산	전남	수원	서울	성남
		결 과	패	승	무	승	승	무	무	무	무	승
		점 수	3 : 4	3 : 1	0 : 0	2 : 0	3 : 0	1 : 1	0 : 0	0 : 0	0 : 0	2 : 1
		승 점	30	33	34	37	40	41	42	43	44	47
		순 위	6	3	4	5	3	3	5	5	5	3
		슈팅수	14 : 13	15 : 13	12 : 3	17 : 6	18 : 15	10 : 14	10 : 6	11 : 4	8 : 8	8 : 5
GK	1	신 화 용	○ 0/0	○ 0/0	○ 0/0	○ 0/0	○ 0/0	○ 0/0	○ 0/0	○ 0/0	○ 0/0	○ 0/0 C
DF	2	박 선 용		▽ 0/0	○ 0/0	○ 0/0	○ 0/0		○ 0/0			
	3	김 광 석	○ 0/0	○ 0/0	○ 0/0	○ 0/0	○ 0/0	○ 0/0	○ 0/0			
	6	김 준 수	○ 1/0							○ 0/0	○ 0/0	○ 0/0
	13	김 원 일		△ 0/0	○ 0/0	○ 0/0	○ 0/0	○ 0/0	○ 0/0 C	○ 0/0	○ 0/0	○ 0/0 C
	14	박 준 희								○ 0/0		
	15	이 재 원	△ 0/0	○ 0/0								
	22	김 대 호	▽ 0/0 C		▽ 0/0 C		△ 1/0	○ 0/0				
	24	배 슬 기	○ 0/0 C	○ 0/0						○ 0/0	○ 0/0	○ 0/0 C
	26	최 재 수			△ 0/0	○ 0/0	▽ 1/0	○ 0/0 C	○ 0/0	○ 0/0	○ 0/0	○ 0/0
	27	박 선 주										
MF	4	신 진 호	○ 0/0	○ 1/0	○ 0/0	○ 1/0 C	○ 0/1 C	○ 0/0	○ 0/0 C		○ 0/0	○ 0/0
	5	김 태 수	▽ 0/0					△ 0/0	▽ 0/0	○ 0/0	○ 0/0	▽ 0/0
	9	황 지 수		△ 0/0	▽ 0/0	▽ 0/0	▽ 0/0	▽ 0/0		○ 0/0	▽ 0/0	
	10	모 리 츠										
	14	조 찬 호	▽ 0/0									
	19	문 창 진										
	28	손 준 호	○ 1/0	○ 0/0	○ 0/0	○ 0/0	○ 0/0	▽ 0/0	▽ 0/0 C		△ 0/0 C	○ 0/0
FW	7	티 아 고			▽ 0/0	○ 0/0 C	▽ 0/0		▽ 0/0	▽ 0/0		▽ 0/1 C
	8	라 자 르				▽ 0/0	○ 0/0 C	▽ 0/0		▽ 0/0	△ 0/0	▽ 0/0
	11	박 성 호		▽ 1/0		△ 0/0 C			△ 0/0		▽ 0/0	△ 0/0
	12	김 승 대	○ 0/0	○ 0/2	○ 0/0	△ 1/0	△ 1/0	△ 0/0	○ 0/0	△ 0/0		△ 0/0
	16	심 동 운	△ 0/0	○ 1/0 C	△ 0/0	△ 0/0	△ 0/1	○ 0/1	△ 0/0	△ 0/0	○ 0/0	△ 0/0
	17	강 상 우									▽ 0/0	
	18	고 무 열	○ 0/0	△ 0/0	○ 0/0	▽ 0/0	○ 0/0	○ 1/0	○ 0/0	△ 0/0	△ 0/0 C	○ 1/0
	23	유 제 호										
	39	이 광 혁	△ 0/0	▽ 0/0	△ 0/0			△ 0/0	△ 0/0	▽ 0/0		

선수자료 : 득점/도움 ○ = 선발출장 △ = 교체 IN ▽ = 교체 OUT ◈ = 교체 IN/OUT C = 경고 S = 퇴장

위치	배번	경기번호	183	190	193	199	205	213	219	224		
		날짜	09.19	09.23	10.04	10.17	10.24	11.08	11.22	11.29		
		홈/원정	원정	원정	홈	원정	홈	홈	원정	홈		
		장소	제주W	대전W	포항	전주W	포항	포항	수원W	포항		
		상대	제주	대전	부산	전북	제주	성남	수원	서울		
		결과	승	승	승	승	승	무	패	승		
		점수	1 : 0	1 : 0	2 : 0	1 : 0	2 : 1	0 : 0	1 : 2	2 : 1		
		승점	50	53	56	59	62	63	63	66		
		순위	3	3	3	3	2	2	3	3		
		슈팅수	9 : 11	10 : 7	11 : 2	10 : 12	12 : 6	10 : 3	11 : 7	9 : 5		
GK	1	신화용	○ 0/0	○ 0/0	○ 0/0	○ 0/0	○ 0/0	○ 0/0	○ 0/0	○ 0/0 C		
DF	2	박선용		○ 0/1				○ 0/0		△ 0/0		
	3	김광석	○ 0/0		○ 0/0	○ 0/0	○ 0/0	○ 0/0	○ 0/0	○ 0/0		
	6	김준수	○ 0/0		○ 0/0 C	○ 0/0	○ 0/0 C		○ 1/0			
	13	김원일		○ 0/0			○ 0/0					
	14	박준희	△ 0/0	△ 0/0								
	15	이재원	△ 0/0	○ 0/0								
	22	김대호			○ 0/0	○ 0/0 C	○ 0/0 C		○ 0/0 C	○ 0/0		
	24	배슬기	○ 0/0	○ 0/0	○ 0/0	○ 0/0 C		○ 0/0	○ 0/0 C	○ 0/0 C		
	26	최재수	○ 0/0 C					○ 0/0 CC		▽ 1/0 C		
	27	박선주										
MF	4	신진호	○ 0/0 C	○ 0/0 C	○ 0/0	○ 1/0	○ 0/1	○ 0/0	○ 0/1			
	5	김태수			△ 0/0	▽ 0/0	▽ 1/0	▽ 0/0	▽ 0/0	▽ 0/0		
	9	황지수	▽ 0/0	▽ 0/0	▽ 0/2	▽ 0/0 C	▽ 0/0	▽ 0/0	○ 0/0	○ 0/0		
	10	모리츠										
	14	조찬호										
	19	문창진								△ 0/0		
	28	손준호	○ 1/0	○ 0/0	○ 0/0	○ 0/0	○ 1/0 C	○ 0/0 C		○ 0/0		
FW	7	티아고		▽ 0/0	△ 0/0	▽ 0/0		△ 0/0		▽ 0/0		
	8	라자르			△ 0/0			△ 0/0	△ 0/0			
	11	박성호	▽ 0/0	▽ 0/0 C		△ 0/0	△ 0/0	△ 0/0	△ 0/0			
	12	김승대	○ 0/0	○ 1/0	○ 1/0	○ 0/1	○ 0/0	○ 0/0	○ 0/0	○ 0/0		
	16	심동운	△ 0/0	△ 0/0	▽ 0/0	△ 0/0	△ 0/0		△ 0/0			
	17	강상우				△ 0/0	△ 0/0		▽ 0/0	○ 1/0		
	18	고무열	▽ 0/0	△ 0/0	▽ 1/0 C		▽ 0/0	▽ 0/0	▽ 0/0			
	23	유제호								△ 0/0		
	39	이광혁										

FC서울

창단년도_ 1983년

전화_ 02-306-5050

팩스_ 02-306-1620

홈페이지_ www.fcseoul.com

주소_ 우 03932 서울특별시 마포구 월드컵로 240
서울월드컵경기장 내
Seoul World Cup Stadium, 240, World Cup-ro, Mapo-gu, Seoul, KOREA 03932

연혁

1983 럭키금성황소축구단 창단
제1대 구자경 구단주 취임
1985 85 축구대제전 수퍼리그 우승
1986 86 축구대제전 준우승
1987 제1회 윈풀라이컵 준우승
1988 제6회 홍콩 구정컵 3위
제43회 전국축구선수권대회 우승
1989 89 한국프로축구대회 준우승
1990 90 한국프로축구대회 우승
서울 연고지 이전
1991 구단명칭 'LG치타스'로 변경(마스코트: 황소 → 치타)
제2대 구본무 구단주 취임
1992 92 아디다스컵 준우승
1993 93 한국프로축구대회 준우승
1994 94 아디다스컵 준우승
1996 안양 연고지 이전(구단명칭 '안양LG치타스'로 변경)
1997 제2회 FA컵 3위
1998 제3대 허창수 구단주 취임
제3회 삼보체인지업 FA컵 우승
1999 99 아디다스컵 준우승
99 티켓링크 수퍼컵 준우승
2000 2000 삼성 디지털 K-리그 우승
2001 2001 포스데이타 수퍼컵 우승
2001 포스코 K-리그 준우승
2002 2001-02 아시안 클럽 챔피언십 준우승
2004 서울 연고지 복귀(구단명칭 'FC서울'로 변경)
2005 보카 주니어스 친선경기
K리그 단일 시즌 최다 관중 신기록 수립(45만 8,605명)
문화관광부 제정 제1회 스포츠산업대상 수상
2006 삼성 하우젠컵 2006 우승
FC 도쿄 친선경기
2007 삼성 하우젠컵 2007 준우승
프로스포츠 단일 경기 최다 관중 기록 수립(5만 5,397명)
맨체스터 유나이티드 친선경기, FC 도쿄 친선경기
2008 삼성 하우젠 K-리그 2008 준우승
LA 갤럭시 친선경기
2009 AFC 챔피언스리그 2009 8강
맨체스터 유나이티드 친선경기
2010 쏘나타 K리그 2010 우승
포스코컵 2010 우승
프로스포츠 단일 경기 최다 관중 신기록 수립(6만 747명)
K리그 단일 시즌 최다 총관중 신기록(54만 6,397명)
K리그 최다 홈 18연승 타이기록 수립
2011 AFC 챔피언스리그 2011 8강
구단 최다 7연승 신기록 수립
K리그 최초 2시즌 연속 50만 총관중 달성
2012 현대오일뱅크 K리그 2012 우승
K리그 단일 정규리그 최다 승점 신기록 수립(96점)
K리그 단일 정규리그 최다 승수 신기록 수립(29승)
K리그 3시즌 연속 최다 총관중 달성
2013 AFC 챔피언스리그 2013 준우승
K리그 통산 400승 달성
2014 제19회 하나은행 FA컵 준우승
AFC 챔피언스리그 2014 4강
K리그 최초 2년 연속 AFC 챔피언스리그 4강 진출
AFC 클럽랭킹 K리그 1위(아시아 2위)
K리그 역대 최다 관중 1~10위 석권
(7/12 對수원 46,549명 입장/K리그 역대 최다 관중 9위 기록)
바이엘 04 레버쿠젠 친선경기
2015 제20회 KEB하나은행 FA컵 우승
AFC 클럽랭킹 K리그 1위(아시아 4위)
K리그 최초 6년 연속 30만 관중 돌파
구단 통산 1,500호 골 달성(K리그 기준)

FC서울 2015년 선수명단

대표이사_ 장기주 단장_ 이재하
감독_ 최용수 수석코치_ 김성재 코치_ 송경섭·김한윤·아디 피지컬코치_ 바그너 GK코치_ 레안드로
트레이너_ 박성률·황보현·최규정 전력분석_ 김정훈·신준용 통역_ 김현수·박재호 장비담당_ 이천길 주무_ 이재일

포지션	선수명		생년월일	출신학교	키(cm) / 몸무게(kg)
GK	김 용 대	金 龍 大	1979.10.11	연세대	189 / 82
	유 상 훈	柳 相 勳	1989.05.25	홍익대	194 / 84
	양 한 빈	梁 韓 彬	1991.08.30	백암고	195 / 90
	김 철 호	金 喆 鎬	1995.10.25	오산고	190 / 83
DF	이 웅 희	李 雄 熙	1988.07.18	배재대	182 / 78
	차 두 리	車 두 리	1980.07.25	고려대	181 / 79
	김 진 규	金 珍 圭	1985.02.16	안동고	183 / 84
	김 치 우	金 致 佑	1983.11.11	중앙대	175 / 68
	심 상 민	沈 相 旼	1993.05.21	중앙대	172 / 70
	황 현 수	黃 賢 秀	1995.07.22	오산고	183 / 80
	김 남 춘	金 南 春	1989.04.19	광운대	184 / 78
	김 동 우	金 東 佑	1988.02.05	조선대	189 / 87
MF	다카하기	高萩洋次郎	1986.08.02	*일본	183 / 72
	오스마르	Osmar Barba Ibanez	1988.06.05	*스페인	192 / 86
	이 석 현	李 碩 賢	1990.06.13	선문대	177 / 68
	몰 리 나	Mauricio Alejandro Molina Uribe	1980.04.30	*콜롬비아	176 / 66
	고 요 한	高 요 한	1988.03.10	토월중	170 / 65
	최 정 한	崔 正 漢	1989.06.03	연세대	178 / 73
	정 승 용	鄭 昇 勇	1991.03.25	동북고	182 / 76
	김 민 혁	金 珉 赫	1992.08.16	광운대	183 / 71
	고 광 민	高 光 民	1988.09.21	아주대	172 / 63
	이 상 협	李 相 協	1990.01.01	고려대	177 / 63
	이 재 권	李 在 權	1987.07.30	고려대	176 / 69
	유 로 몬	庾 로 몬	1991.12.04	류츠케이자대(일본)	178 / 73
	박 용 우	朴 鎔 宇	1993.09.10	건국대	186 / 80
	윤 승 원	尹 勝 圓	1995.02.11	오산고	186 / 74
FW	박 희 성	朴 喜 成	1990.04.07	고려대	188 / 80
	윤 일 록	尹 日 錄	1992.03.07	진주고	178 / 65
	김 현 성	金 賢 聖	1989.09.27	동북고	186 / 77
	윤 주 태	尹 柱 泰	1990.06.22	연세대	181 / 78
	아드리아노	Carlos Adriano De Sousa Cruz	1987.09.28	*브라질	171 / 68
	정 조 국	鄭 조 국	1984.04.23	대신고	186 / 77
	심 제 혁	沈 帝 赫	1995.03.05	오산고	176 / 74
	박 주 영	朴 主 永	1985.07.10	고려대	182 / 75

FC서울 2015년 개인기록 _ K리그 클래식

위치	배번	경기번호	06	07	16	19	28	35	37	47	49	59
		날 짜	03.08	03.14	03.22	04.04	04.12	04.15	04.18	04.26	05.02	05.10
		홈/원정	원정	홈	원정	홈	원정	홈	원정	원정	홈	원정
		장 소	문수	서울W	포항	서울W	인천	서울W	수원W	목포C	서울W	부산A
		상 대	울산	전북	포항	제주	인천	대전	수원	광주	성남	부산
		결 과	패	패	패	승	무	승	패	무	무	승
		점 수	0 : 2	1 : 2	1 : 2	1 : 0	1 : 1	1 : 0	1 : 5	1 : 1	1 : 1	1 : 0
		승 점	0	0	0	3	4	7	7	8	9	12
		순 위	11	12	11	10	10	8	9	9	9	10
		슈팅수	7 : 11	8 : 10	8 : 8	10 : 14	6 : 11	13 : 7	9 : 12	6 : 10	5 : 12	5 : 12
GK	1	김 용 대	○ 0/0	○ 0/0		○ 0/0	○ 0/0		○ 0/0			
	31	유 상 훈			○ 0/0			○ 0/0		○ 0/0	○ 0/0	○ 0/0
DF	3	이 웅 희	○ 0/0	○ 0/0	○ 0/0	○ 0/0		○ 0/0	○ 0/0	○ 0/0	○ 0/0	○ 0/0
	5	차 두 리	○ 0/0	○ 0/0		○ 0/0	○ 0/0		▽ 0/0		○ 0/0	○ 0/1
	6	김 진 규	○ 0/0	○ 0/0	△ 0/0	○ 0/0	○ 0/0	△ 0/0	○ 0/0 C	◈ 0/0		
	7	김 치 우	○ 0/0	▽ 0/0	○ 0/0	○ 0/0	○ 0/0			○ 0/1	○ 0/0 C	○ 0/0
	20	김 원 균		△ 0/0 C								
	21	심 상 민										
	26	김 남 춘								▽ 0/0	○ 0/0	○ 0/0
	28	김 동 우			▽ 0/0							
MF	2	다카하기										
	4	오스마르	○ 0/0	○ 0/0	○ 0/0	○ 0/0	○ 0/0	○ 0/0	○ 0/0	○ 0/0	○ 0/0	○ 0/0
	8	이 석 현				△ 0/0	△ 0/0					
	11	몰 리 나	△ 0/0 C	△ 0/0	△ 0/1	○ 0/0 C	○ 0/0 C		▽ 1/0	○ 0/0	○ 0/1	▽ 0/0
	13	고 요 한		▽ 0/0	○ 0/0 C	▽ 0/0	▽ 0/0	○ 0/0	○ 0/0	○ 1/0	○ 0/0	○ 0/0
	22	고 명 진	○ 0/0 C	○ 0/0	○ 0/0 C	○ 0/0	○ 0/0	○ 0/0	○ 0/0 C			○ 1/0
	23	김 민 혁	▽ 0/0		▽ 0/0					▽ 0/0		
	27	고 광 민		○ 0/0	○ 0/0			○ 0/0	○ 0/0	○ 0/0		
	29	이 상 협	△ 0/0		▽ 0/0			▽ 0/0		△ 0/0	▽ 0/0	△ 0/0
	34	박 용 우					▽ 0/0	△ 0/0		○ 0/0	△ 0/0	▽ 0/0
FW	14	박 희 성									△ 0/0 C	
	17	윤 일 록	▽ 0/0	▽ 0/0		▽ 0/0	△ 0/0	○ 0/1	○ 0/0		▽ 0/0 C	
	18	김 현 성		○ 1/0	○ 0/0	▽ 0/0	△ 0/0	△ 1/0	▽ 0/0	○ 0/0	▽ 1/0 C	▽ 0/0
	19	윤 주 태			△ 1/0			▽ 0/0	△ 0/0		△ 0/0	
	25	아드리아노										
	36	정 조 국	○ 0/0									△ 0/0
	40	심 제 혁	△ 0/0 C	△ 0/0								
	86	에 벨 톤	▽ 0/0			△ 1/0	▽ 0/0	○ 0/0	△ 0/0	△ 0/0		△ 0/0
	91	박 주 영				△ 0/0	○ 1/0	▽ 0/0 C	△ 0/0			

선수자료 : 득점 / 도움 ○ = 선발출장 △ = 교체 IN ▽ = 교체 OUT ◈ = 교체 IN / OUT C = 경고 S = 퇴장

위치	배번	경기번호	62	78	83	85	67	95	98	106	114	118
		날 짜	05.16	05.31	06.03	06.06	06.10	06.17	06.20	06.27	07.01	07.05
		홈/원정	홈	홈	홈	원정	원정	홈	원정	홈	원정	홈
		장 소	서울W	서울W	서울W	전주W	대전W	서울W	광양	서울W	제주W	서울W
		상 대	전남	울산	인천	전북	대전	부산	전남	수원	제주	광주
		결 과	승	무	승	승	승	무	패	무	승	무
		점 수	3 : 0	0 : 0	1 : 0	2 : 1	2 : 1	0 : 0	0 : 2	0 : 0	4 : 2	1 : 1
		승 점	15	16	19	22	25	26	26	27	30	31
		순 위	5	10	6	3	2	3	5	4	4	4
		슈팅수	3 : 8	10 : 9	7 : 7	15 : 6	13 : 8	13 : 10	13 : 9	8 : 12	19 : 3	12 : 5
GK	1	김 용 대								○ 0/0	○ 0/0	○ 0/0
	31	유 상 훈	○ 0/0	○ 0/0	○ 0/0	○ 0/0 C	○ 0/0	○ 0/0	○ 0/0			
DF	3	이 웅 희		○ 0/0	○ 0/0	○ 0/0	○ 0/0	○ 0/0 CC		○ 0/0 C	○ 0/0	○ 0/0
	5	차 두 리	○ 0/1	○ 0/0 C	○ 0/0							
	6	김 진 규										
	7	김 치 우	○ 0/0	○ 0/0		○ 1/0	○ 0/0	○ 0/0	○ 0/0	○ 0/0		○ 0/0 C
	20	김 원 균										
	21	심 상 민									▽ 0/1	
	26	김 남 춘	○ 0/0						▽ 0/0			
	28	김 동 우	○ 0/0 C	○ 0/0 C	○ 0/0	○ 0/0	○ 0/0	○ 0/0	○ 0/0	○ 0/0	○ 0/0	○ 0/0 C
MF	2	다카하기										
	4	오스마르	○ 0/0	○ 0/0	○ 0/0	○ 0/0	○ 0/0	○ 0/0	○ 0/0	○ 0/0	○ 0/0	○ 0/0
	8	이 석 현										
	11	몰 리 나	△ 0/0			△ 0/0	△ 0/1	△ 0/0	△ 0/0	△ 0/0	○ 1/1	○ 0/0
	13	고 요 한	▽ 0/0	△ 0/0	○ 0/0	○ 0/0	▽ 0/0	▽ 0/0	○ 0/0	▽ 0/0	△ 0/0 C	▽ 0/0
	22	고 명 진	○ 0/0	○ 0/0	▽ 0/0	▽ 0/0	▽ 0/0	▽ 0/0	○ 0/0	▽ 0/0 C	△ 0/0	△ 0/0
	23	김 민 혁										
	27	고 광 민			○ 0/0	○ 0/1	○ 0/0	○ 0/0	○ 0/0	○ 0/0	○ 0/0 C	○ 0/0
	29	이 상 협	△ 0/0		◈ 0/0	△ 0/0					▽ 0/0	
	34	박 용 우		○ 0/0	○ 0/0	○ 0/0	○ 0/0	○ 0/0 C	○ 0/0	○ 0/0		
FW	14	박 희 성										
	17	윤 일 록	○ 0/0	▽ 0/0		△ 0/0					○ 0/0	○ 1/0
	18	김 현 성	▽ 0/0 C		△ 0/0						△ 1/0	△ 0/0
	19	윤 주 태		▽ 0/0	△ 0/0		△ 1/0	△ 0/0	▽ 0/0	△ 0/0		△ 0/0
	25	아드리아노										
	36	정 조 국		△ 0/0	▽ 1/0	▽ 0/1	▽ 0/0	▽ 0/0	▽ 0/0	▽ 0/0		
	40	심 제 혁		△ 0/0								
	86	에 벨 톤	▽ 1/0				△ 1/0	△ 0/0	△ 0/0	△ 0/0	○ 1/0	▽ 0/0
	91	박 주 영	△ 1/0	▽ 0/0	○ 0/0	▽ 1/0	○ 0/1 C	○ 0/0	△ 0/0	○ 0/0	▽ 1/0	▽ 0/0

위치	배번	경기번호	123	129	133	144	151	158	167	172	175	185
		날 짜	07.08	07.11	07.25	08.12	08.19	08.22	08.29	09.09	09.12	09.19
		홈/원정	원정	홈	홈	원정	원정	홈	원정	홈	원정	원정
		장 소	탄천	서울 W	서울 W	문수	부산 A	서울 W	제주 W	서울 W	전주 W	수원 W
		상 대	성남	포항	인천	울산	부산	대전	제주	포항	전북	수원
		결 과	무	패	승	승	승	승	패	무	패	승
		점 수	1 : 1	1 : 3	2 : 0	2 : 1	4 : 2	2 : 0	1 : 2	0 : 0	0 : 3	3 : 0
		승 점	32	32	35	38	41	44	44	45	45	48
		순 위	3	4	3	4	5	4	4	4	5	5
		슈팅수	9 : 12	13 : 15	19 : 13	12 : 10	15 : 12	11 : 11	11 : 10	8 : 8	9 : 6	10 : 15
GK	1	김 용 대	○ 0/0	○ 0/0							○ 0/0	
	31	유 상 훈			○ 0/0	○ 0/0	○ 0/0	○ 0/0	○ 0/0	○ 0/0		○ 0/0
DF	3	이 웅 희	○ 0/0	○ 0/0	○ 0/0 C	▽ 0/1	○ 0/0	○ 0/0	○ 0/0	○ 0/0	○ 0/0 C	
	5	차 두 리	○ 0/0	○ 1/0 C	△ 0/0	○ 0/0 C		▽ 0/0	○ 0/0	△ 0/0	○ 0/0 C	○ 1/0 C
	6	김 진 규			○ 0/0	○ 0/0	○ 0/0	○ 0/0	▽ 0/0	○ 0/0	○ 0/0	
	7	김 치 우		○ 0/0								
	20	김 원 균										
	21	심 상 민	○ 0/0		○ 0/0	○ 0/0	○ 0/1	○ 0/0	▽ 0/0	▽ 0/0		
	26	김 남 춘	○ 0/0		○ 0/0	○ 1/0	▽ 0/0	○ 0/0	○ 0/0	○ 0/0 C	○ 0/0	○ 0/0
	28	김 동 우		○ 0/0								○ 0/0
MF	2	다카하기			△ 0/0	▽ 0/0	▽ 1/0	▽ 0/0	▽ 0/0		▽ 0/0	▽ 0/0 C
	4	오스마르	○ 0/0	○ 0/0	○ 0/0	○ 0/0	○ 0/0	○ 1/0	○ 0/0	○ 0/0	○ 0/0 C	○ 0/0
	8	이 석 현			▽ 0/0		△ 0/0			△ 0/0		
	11	몰 리 나	△ 0/0	△ 0/0	○ 1/0 C	○ 0/0 C	○ 0/0	○ 0/2	○ 0/0	○ 0/0	△ 0/0	○ 0/1
	13	고 요 한	▽ 0/0	▽ 0/0		△ 0/0		△ 0/0	△ 0/0	▽ 0/0	▽ 0/0	△ 0/0
	22	고 명 진	○ 0/0	▽ 0/0 C								
	23	김 민 혁										
	27	고 광 민			▽ 0/1		○ 0/0	△ 0/0	△ 0/0	○ 0/0	○ 0/0	○ 0/0
	29	이 상 협										
	34	박 용 우	○ 0/0	○ 0/0		△ 0/0	△ 0/0				△ 0/0	○ 0/0
FW	14	박 희 성								▽ 0/0		
	17	윤 일 록	▽ 0/0								▽ 0/0	▽ 0/0
	18	김 현 성	▽ 0/0									
	19	윤 주 태		△ 0/0	△ 0/0	△ 0/0	△ 1/0	△ 1/0	△ 0/0	△ 0/0	△ 0/0	△ 0/0
	25	아드리아노				▽ 1/0	○ 2/1		○ 1/0	○ 0/0	○ 0/0	▽ 2/0 C
	36	정 조 국		▽ 0/0								△ 0/0
	40	심 제 혁			▽ 0/0			▽ 0/0				
	86	에 벨 톤	△ 0/0	△ 0/0								
	91	박 주 영	△ 1/0	○ 0/0	○ 1/0	○ 0/1	▽ 0/0	○ 0/0	○ 0/0			

선수자료 : 득점/도움 ○ = 선발출장 △ = 교체 IN ▽ = 교체 OUT ◈ = 교체 IN/OUT C = 경고 S = 퇴장

위치	배번	경기번호	191	148	196	201	207	211	218	224		
		날 짜	09.23	09.28	10.04	10.18	10.25	11.07	11.21	11.29		
		홈/원정	홈	홈	홈	원정	홈	홈	원정	원정		
		장 소	서울W	서울W	서울W	탄천	서울W	서울W	제주W	포항		
		상 대	성남	광주	전남	성남	전북	수원	제주	포항		
		결 과	패	승	승	승	무	승	무	패		
		점 수	0 : 1	3 : 1	3 : 2	2 : 1	0 : 0	4 : 3	1 : 1	1 : 2		
		승 점	48	51	54	57	58	61	62	62		
		순 위	5	5	5	4	4	4	4	4		
		슈팅수	16 : 7	10 : 11	12 : 8	11 : 13	8 : 10	14 : 13	8 : 11	5 : 9		
GK	1	김 용 대							○ 0/0			
	31	유 상 훈	○ 0/0	○ 0/0	○ 0/0	○ 0/0 C	○ 0/0	○ 0/0		○ 0/0		
DF	3	이 웅 희		○ 0/0	○ 0/0	○ 0/0	○ 0/0	○ 0/0		○ 0/0		
	5	차 두 리	△ 0/0	○ 0/0	○ 0/0	○ 0/0	○ 0/0 C					
	6	김 진 규										
	7	김 치 우										
	20	김 원 균										
	21	심 상 민	▽ 0/0					○ 0/0	▽ 0/0	▽ 0/0		
	26	김 남 춘	○ 0/0					○ 0/0 C	○ 0/0			
	28	김 동 우	○ 0/0	○ 1/0	○ 0/0	▽ 0/0	○ 0/0		○ 0/0	○ 0/0		
MF	2	다카하기	○ 0/0	▽ 0/0	▽ 0/0 C	○ 0/0	▽ 0/0	△ 0/0	○ 1/0			
	4	오스마르	○ 0/0	○ 1/0	○ 1/0	○ 0/1	○ 0/0	○ 0/0	○ 0/0 C	○ 0/0		
	8	이 석 현		△ 0/0	△ 0/0			▽ 0/0		▽ 0/0		
	11	몰 리 나	○ 0/0	▽ 0/2	○ 0/2	▽ 0/0	△ 0/0	△ 0/0	▽ 0/0	△ 1/0		
	13	고 요 한	△ 0/0			△ 1/0	○ 0/0	▽ 0/1	△ 0/0	○ 0/0		
	22	고 명 진										
	23	김 민 혁		△ 0/0					△ 0/0	△ 0/0 C		
	27	고 광 민	▽ 0/0	○ 0/0	○ 0/1	○ 0/0	○ 0/0	○ 0/0	○ 0/0	○ 0/0		
	29	이 상 협										
	34	박 용 우	▽ 0/0	○ 0/0	○ 0/0	○ 0/0	○ 0/0	○ 0/0 C	○ 0/0	○ 0/0 C		
FW	14	박 희 성										
	17	윤 일 록	○ 0/0			▽ 0/0	▽ 0/0 C	○ 0/1	▽ 0/1			
	18	김 현 성		△ 0/0	▽ 0/0 C					△ 0/0		
	19	윤 주 태			△ 1/0	△ 0/1	△ 0/0	▽ 4/0	△ 0/0	▽ 0/0		
	25	아드리아노	○ 0/0	○ 0/0	▽ 1/0	○ 1/0	○ 0/0 C		○ 0/0	○ 0/0 C		
	36	정 조 국										
	40	심 제 혁			△ 0/0	△ 0/0		△ 0/0				
	86	에 벨 톤										
	91	박 주 영	△ 0/0	▽ 1/0								

성 남 FC

창단년도_ 1989년
전화_ 031-709-4133
팩스_ 031-709-4443
홈페이지_ www.seongnamfc.com
주소_ 우 13495 경기도 성남시 분당구 탄천로 215(야탑동)
탄천종합운동장
Tancheon Sports Complex, 215, Tancheon-Ro(Yatap-dong)
Bundang- gu, Seongnam-si, Gyeonggi-do, KOREA 13495

연혁

1988 일화프로축구단 창단인가(9월 20일)
㈜통일스포츠 설립(10월 28일)
1989 창단식(3월 18일)
89 한국프로축구대회 5위
1992 92 아디다스컵 우승
92 한국프로축구대회 준우승
1993 92 한국프로축구대회 우승
1994 94 하이트배 코리안리그 우승
1995 95 하이트배 코리안리그 챔피언결정전 우승
제15회 아시안 클럽 챔피언십 우승
95 하이트배 코리안리그 전기 우승
1996 제11회 아프로-아시안 클럽 챔피언십 우승, 그랜드슬램 달성
제2회 아시안 슈퍼컵 우승
연고지 이전(3월 27일, 서울 강북 → 충남 천안)
96 AFC 선정 최우수클럽상 수상
1997 제16회 아시안 클럽 챔피언십 준우승
제2회 FA컵 준우승
1999 제4회 삼보컴퓨터 FA컵 우승
제47회 대통령배 전국축구대회 우승(2군)
연고지 이전(12월 27일, 충남 천안 → 경기 성남)
2000 제2회 2000 티켓링크 수퍼컵 준우승
대한화재컵 3위
아디다스컵 축구대회 준우승
삼성 디지털 K-리그 3위
제5회 서울은행 FA컵 3위
2001 2001 포스코 K-리그 우승
2군리그 우승
아디다스컵 축구대회 3위
제6회 서울은행 FA컵 8강
2002 삼성 파브 K-리그 우승
아디다스컵 우승
제3회 2001 포스데이타 수퍼컵 우승
제7회 서울-하나은행 FA컵 3위
2003 삼성 하우젠 K-리그 우승
2군리그 우승(중부)
2004 삼성 하우젠컵 2004 우승
A3 챔피언스컵 우승
AFC 챔피언스리그 준우승
제5회 2004 K-리그 수퍼컵 준우승
2군리그 준우승
2005 삼성 하우젠 K-리그 2005 후기리그 우승
2006 삼성 하우젠 K-리그 2006 우승(전기 1위 / 후기 9위)
삼성 하우젠컵 2006 준우승
2007 삼성 하우젠 K-리그 2007 준우승(정규리그 1위)
2008 삼성 하우젠 K-리그 2008 5위(정규리그 3위)
2009 2009 K-리그 준우승(정규리그 4위)
제14회 2009 하나은행 FA컵 준우승
2군리그 준우승
2010 AFC 챔피언스리그 2010 우승
FIFA클럽월드컵 4강
쏘나타 K리그 2010 4위(정규리그 5위)
AFC '올해의 클럽' 수상
2011 제16회 2011 하나은행 FA컵 우승
R리그 A조 1위
2012 홍콩 아시안챌린지컵 우승
2012 피스컵수원 준우승
2013 현대오일뱅크 K리그 클래식 2013 8위
성남시민프로축구단 창단발표
성남시와 통일그룹 간 양해각서 체결
시민구단 지원조례 제정
성남일화천마프로축구단 인수계약서 체결
초대 박종환 감독 취임, 초대 신문선 대표이사 취임
2014 구단명칭 법원 등기 이전 완료, 엠블럼 및 마스코트 확정
창단식 개최
제2대 김학범 감독 취임
제19회 하나은행 FA컵 우승
현대오일뱅크 K리그 클래식 2014 9위
2015 제2대 곽선우 대표이사 취임
시민구단 최초 AFC 챔피언스리그 16강 진출
김학범 감독 K리그 통산 100승 달성
현대오일뱅크 K리그 클래식 2015 5위

성남FC 2015년 선수명단

대표이사_ 곽선우 경영지원실장_ 신귀영 홍보마케팅실장_ 이석훈
감독_ 김학범 수석코치_ 이영진 코치_ 김해운 코치_ 김영철 코치_ 김호영 트레이너_ 김정훈 · 고봉종 주무_ 김동호 통역_ 김주환

포지션	선수명		생년월일	출신교	키(cm) / 몸무게(kg)
GK	전 상 욱	全 相 昱	1979.09.22	단국대	193 / 83
	박 준 혁	朴 俊 赫	1987.04.11	전주대	180 / 84
	정 산	鄭 山	1989.02.10	경희대	190 / 83
DF	곽 해 성	郭 海 盛	1991.12.06	광운대	178 / 70
	김 태 윤	金 台 潤	1986.07.25	풍생고	181 / 76
	심 우 연	沈 愚 燃	1985.04.03	건국대	195 / 88
	윤 영 선	尹 榮 善	1988.10.04	단국대	185 / 78
	장 석 원	張 碩 元	1989.08.11	단국대	185 / 79
	임 채 민	林 採 民	1990.11.18	영남대	180 / 75
	박 태 민	朴 太 民	1986.01.21	연세대	180 / 73
	이 태 희	李 台 熙	1992.06.16	숭실대	183 / 75
	강 진 욱	姜 珍 旭	1986.02.13	중동고	183 / 74
	이 원 규	李 原 圭	1992.07.16	인천대	180 / 75
	장 학 영	張 學 榮	1981.08.24	경기대	170 / 63
	한 상 현	韓 相 眼	1991.08.25	성균관대	189 / 85
	유 청 윤	柳 清 潤	1992.09.07	경희대	184 / 76
MF	김 철 호	金 喆 淏	1983.09.26	강원관광대	177 / 68
	김 두 현	金 斗 炫	1982.07.14	용인대	175 / 66
	레 이 나	Reina Calvo Javier Arley	1989.01.04	*콜롬비아	173 / 77
	정 선 호	鄭 先 皓	1989.03.25	동의대	182 / 76
	김 성 준	金 聖 埈	1988.04.08	홍익대	174 / 70
	이 종 원	李 鐘 元	1989.03.14	경신고	177 / 72
	남 준 재	南 濬 在	1988.04.07	연세대	183 / 75
	염 유 신	廉 裕 申	1992.08.10	선문대	186 / 74
	이 승 민	李 承 民	1996.11.16	풍생고	177 / 69
	이 요 한	李 曜 漢	1985.12.18	동북고	184 / 76
FW	김 동 희	金 東 熙	1989.05.06	연세대	169 / 62
	황 의 조	黃 義 助	1992.08.28	연세대	184 / 73
	이 상 협	李 相 俠	1986.08.03	동북고	179 / 87
	루 카 스	Pajeu de Sousa Lucas Douglas	1994.01.19	*브라질	180 / 77
	박 용 지	朴 勇 智	1992.10.09	중앙대	183 / 70
	성 봉 재	成 奉 宰	1993.04.29	동국대	183 / 76
	문 창 현	文 昶 現	1992.11.12	명지대	181 / 78

성남FC 2015년 개인기록 _ K리그 클래식

위치	배번	경기번호	01	09	17	22	26	34	39	45	49	60
		날 짜	03.07	03.14	03.22	04.04	04.11	04.15	04.18	04.26	05.02	05.10
		홈/원정	원정	홈	홈	원정	홈	홈	원정	홈	원정	원정
		장 소	전주W	탄천	탄천	대전W	탄천	탄천	목포C	탄천	서울W	포항
		상 대	전북	전남	수원	대전	부산	인천	광주	제주	서울	포항
		결 과	패	무	패	승	승	무	무	무	무	무
		점 수	0 : 2	0 : 0	1 : 3	4 : 1	1 : 0	0 : 0	0 : 0	1 : 1	1 : 1	2 : 2
		승 점	0	1	1	4	7	8	9	10	11	12
		순 위	6	10	10	7	6	6	6	7	7	7
		슈팅수	6 : 20	8 : 15	6 : 10	21 : 10	10 : 16	9 : 10	4 : 5	12 : 16	12 : 5	7 : 10
GK	1	전 상 욱										○ 0/0
	29	박 준 혁	○ 0/0	○ 0/0	○ 0/0	○ 0/0	○ 0/0	○ 0/0	○ 0/0	○ 0/0	○ 0/0	
DF	2	곽 해 성	△ 0/0			○ 0/0	○ 0/0	○ 0/0	○ 0/0	○ 0/0	○ 0/0	△ 0/1
	3	심 우 연										
	4	이 요 한										
	5	임 채 민	○ 0/0	○ 0/0	○ 0/0	○ 0/0	○ 0/0	○ 0/0	○ 0/0 C	○ 0/0	○ 0/1 C	○ 0/0
	6	김 태 윤	▽ 0/0	○ 0/0 C	○ 0/0 C							
	17	박 태 민	○ 0/0	○ 0/0	○ 0/0	○ 0/0	○ 0/0	○ 0/0 C	○ 0/0	○ 0/0	○ 0/0	○ 0/0
	20	윤 영 선	○ 0/0	○ 0/0	○ 0/0 C	○ 0/0	○ 0/0	○ 0/0	○ 0/0	○ 0/0 C	○ 0/0 C	
	24	장 석 원										○ 0/0 C
	33	장 학 영										
MF	7	김 철 호	○ 0/0		△ 0/0	○ 0/0 C	○ 0/0	○ 0/0		△ 0/0	○ 0/0	○ 0/0 C
	8	김 두 현	○ 0/0	○ 0/0	▽ 0/0	▽ 3/1	△ 0/0	○ 0/0	△ 0/0	△ 1/0	○ 0/0	○ 0/0
	10	조르징요				△ 0/0	△ 0/0 C	▽ 0/0 C	○ 0/0	○ 0/0	△ 0/0	○ 1/0
	13	김 동 희	△ 0/0	△ 0/0	▽ 0/0	○ 0/1 C		△ 0/0	△ 0/0		△ 0/0	
	14	정 선 호			△ 0/0	▽ 0/0	○ 0/0	○ 0/0	○ 0/0		▽ 0/0	○ 0/0
	18	김 성 준	▽ 0/0	○ 0/0	○ 0/0	△ 0/1	▽ 0/0		○ 0/0	▽ 0/0	△ 0/0	
	22	이 종 원	○ 0/0	○ 0/0	○ 0/0					○ 0/0		
	25	이 태 희										▽ 0/0
FW	9	김 동 섭	△ 0/0				▽ 0/0 C	▽ 0/0				▽ 0/0
	10	레 이 나										
	11	이 상 협										
	11	히카르도	▽ 0/0	○ 0/0	▽ 0/0	△ 0/0	△ 1/0	△ 0/0	▽ 0/0 C	△ 0/0		△ 1/1
	16	황 의 조	○ 0/0	▽ 0/0	○ 1/0	▽ 1/0	○ 0/0	○ 0/0	△ 0/0	○ 0/0	○ 0/0	
	19	루 카 스		△ 0/0	△ 0/0	○ 0/0	▽ 0/0		▽ 0/0	▽ 0/0	▽ 0/0	△ 0/0
	23	남 준 재		▽ 0/0						▽ 0/0	▽ 1/0	▽ 0/0 C
	30	성 봉 재							▽ 0/0			
	31	박 용 지										

선수자료 : 득점/도움 ○ = 선발출장 △ = 교체 IN ▽ = 교체 OUT ◈ = 교체 IN/OUT C = 경고 S = 퇴장

위치	배번	경기번호	64	76	84	89	69	93	99	104	113	116
		날 짜	05.16	05.31	06.03	06.07	06.13	06.17	06.20	06.27	07.01	07.04
		홈/원정	홈	홈	원정	홈	원정	원정	홈	원정	홈	원정
		장 소	탄천	탄천	제주W	탄천	수원W	광양	탄천	문수	탄천	부산A
		상 대	울산	전북	제주	포항	수원	전남	광주	울산	대전	부산
		결 과	승	승	패	패	무	패	무	승	승	승
		점 수	1 : 0	2 : 1	3 : 4	0 : 2	1 : 1	1 : 2	1 : 1	1 : 0	3 : 1	1 : 0
		승 점	15	18	18	18	19	19	20	23	26	29
		순 위	4	5	7	9	9	10	8	8	7	5
		슈팅수	13 : 3	20 : 13	8 : 10	11 : 14	6 : 9	15 : 11	10 : 8	12 : 10	14 : 5	6 : 16
GK	1	전 상 욱	○ 0/0 C	○ 0/0 C	○ 0/0							
	29	박 준 혁				○ 0/0	○ 0/0 C	○ 0/0	○ 0/0	○ 0/0 C	○ 0/0	○ 0/0
DF	2	곽 해 성	○ 0/0	▽ 0/0		○ 0/0	○ 0/1	○ 0/0	△ 0/0	○ 0/1	○ 0/0	○ 0/0
	3	심 우 연										
	4	이 요 한			△ 0/0					△ 0/0	△ 0/0	△ 0/0
	5	임 채 민	○ 0/0	○ 0/0 C		○ 0/0						
	6	김 태 윤										
	17	박 태 민	○ 0/0	○ 0/0	○ 0/1 C	○ 0/0	○ 0/0	○ 0/0	▽ 0/0 C			△ 0/0
	20	윤 영 선	○ 0/0	○ 0/0	○ 1/0 C	○ 0/0	○ 0/0 C	○ 0/0	○ 0/0	○ 0/0	○ 1/0	○ 0/0
	24	장 석 원			○ 0/0		○ 0/0	○ 0/0	○ 0/0	○ 0/0	○ 0/0 C	○ 0/0
	33	장 학 영										
MF	7	김 철 호	○ 0/0 C		○ 0/0	▽ 0/0	○ 0/0	○ 0/0		▽ 0/0	○ 0/0 C	○ 0/0
	8	김 두 현	▽ 0/0	○ 0/1	△ 0/1	○ 0/0	▽ 1/0	○ 0/0	○ 0/1	○ 0/0	○ 0/1	▽ 1/0
	10	조르징요	○ 0/0	▽ 0/0 C		▽ 0/0	▽ 0/0					
	13	김 동 희	△ 0/1	△ 0/0	▽ 0/0			△ 0/0	△ 0/0	△ 0/0	△ 0/0	○ 0/0
	14	정 선 호	○ 1/0	○ 0/0 C	○ 0/0	○ 0/0 C	△ 0/0	▽ 0/0	○ 0/0	○ 0/0	△ 0/0	▽ 0/0
	18	김 성 준	△ 0/0	○ 0/0	▽ 0/0	△ 0/0	▽ 0/0 C	○ 1/0	○ 0/0	△ 1/0 C	▽ 0/0	
	22	이 종 원		△ 0/0	○ 0/0		△ 0/0		○ 0/0	○ 0/0 C	○ 0/0	○ 0/0
	25	이 태 희										
FW	9	김 동 섭							▽ 0/0			
	10	레 이 나										
	11	이 상 협										
	11	히카르도	△ 0/0	△ 0/0	△ 0/0	△ 0/0	△ 0/0	△ 0/0	△ 0/0			
	16	황 의 조		○ 2/0 C	○ 1/0	○ 0/0 C	○ 0/0	○ 0/0	○ 1/0	○ 0/0	○ 1/1	○ 0/0
	19	루 카 스				△ 0/0				▽ 0/0	▽ 0/0	▽ 0/0
	23	남 준 재	▽ 0/0	▽ 0/0	▽ 0/0	▽ 0/0	○ 0/0	▽ 0/1 C	▽ 0/0	▽ 0/0	▽ 1/0 C	
	30	성 봉 재	▽ 0/0									△ 0/0
	31	박 용 지										

위치	배번	경기번호	123	130	134	143	145	156	159	166	169	176
		날 짜	07.08	07.12	07.25	08.12	08.15	08.19	08.22	08.30	09.09	09.12
		홈/원정	홈	원정	원정	홈	원정	원정	홈	홈	원정	원정
		장 소	탄천	인천	문수	탄천	대전W	수원W	탄천	탄천	광양	포항
		상 대	서울	인천	울산	제주	대전	수원	부산	전북	전남	포항
		결 과	무	승	무	무	승	승	승	패	무	패
		점 수	1 : 1	1 : 0	0 : 0	1 : 1	2 : 0	1 : 0	1 : 0	0 : 1	1 : 1	1 : 2
		승 점	30	33	34	35	38	41	44	44	45	45
		순 위	7	5	5	6	4	4	3	3	3	4
		슈팅수	12 : 9	10 : 12	14 : 11	16 : 9	6 : 10	9 : 23	13 : 9	9 : 14	9 : 18	5 : 8
GK	1	전 상 욱							○ 0/0			
	29	박 준 혁	○ 0/0	○ 0/0	○ 0/0	○ 0/0	○ 0/0	○ 0/0 C		○ 0/0	○ 0/0	○ 0/0
DF	2	곽 해 성	○ 0/0	○ 0/0	○ 0/0	○ 0/0						
	3	심 우 연										
	4	이 요 한	△ 0/0	△ 0/0								
	5	임 채 민										
	6	김 태 윤			○ 0/0	○ 0/0	○ 0/0	○ 0/0	○ 0/0	○ 0/0	○ 0/0	○ 0/0
	17	박 태 민										
	20	윤 영 선	○ 0/0	○ 0/0 C		○ 0/0	○ 0/0	○ 0/0	○ 0/0 C	○ 0/0 C	○ 0/0 C	
	24	장 석 원	○ 0/0	○ 0/0	○ 0/0							○ 0/0
	33	장 학 영	△ 0/0	△ 0/0	○ 0/0	○ 0/0 C	○ 0/0	○ 0/0 C	○ 0/0	○ 0/0	○ 0/0	○ 0/0
MF	7	김 철 호	○ 0/0	○ 0/0	▽ 0/0	○ 0/0	○ 0/0	○ 0/0	○ 0/0	▽ 0/0	○ 0/0 C	○ 0/0
	8	김 두 현	▽ 0/0	○ 1/0	○ 0/0	▽ 0/0	▽ 0/1	▽ 0/0	▽ 0/0	▽ 0/0		
	10	조르징요										
	13	김 동 희		△ 0/0	△ 0/0	△ 0/0		△ 0/0	△ 1/0	△ 0/0	△ 0/0	△ 0/0
	14	정 선 호	○ 0/0	○ 0/0	○ 0/0	▽ 0/0	△ 0/0		△ 0/0	△ 0/0	▽ 0/0	△ 0/0
	18	김 성 준			△ 0/0	△ 0/0	○ 0/0 C		○ 0/1	○ 0/0	○ 0/0	○ 0/0
	22	이 종 원	○ 0/1	▽ 0/0				△ 0/0 C	△ 0/0		△ 0/0	▽ 0/0
	25	이 태 희					○ 0/1	○ 0/0	○ 0/0	○ 0/0	○ 0/0	○ 0/0
FW	9	김 동 섭										
	10	레 이 나			△ 0/0 C	○ 1/0	▽ 0/0	○ 0/1	▽ 0/0 C	○ 0/0	○ 0/1	○ 0/0
	11	이 상 협				△ 0/0	△ 0/0	△ 0/0				
	11	히카르도										
	16	황 의 조	○ 1/0 C		○ 0/0	○ 0/1	○ 2/0	○ 0/0	○ 0/0 C	○ 0/0		△ 1/0
	19	루 카 스	▽ 0/0	▽ 0/0							△ 0/0	
	23	남 준 재	▽ 0/0	○ 0/0	▽ 0/0		▽ 0/0	▽ 1/0	▽ 0/0	▽ 0/0	▽ 1/0	▽ 0/0
	30	성 봉 재										
	31	박 용 지	△ 0/0	▽ 0/1	▽ 0/0	▽ 0/0	△ 0/0 C	▽ 0/0		△ 0/0	▽ 0/0	▽ 0/0

선수자료 : 득점/도움 ○ = 선발출장 △ = 교체 IN ▽ = 교체 OUT ◈ = 교체 IN/OUT C = 경고 S = 퇴장

위치	배번	경기번호	184	191	195	201	206	213	217	225		
		날 짜	09.19	09.23	10.04	10.18	10.24	11.08	11.21	11.29		
		홈/원정	홈	원정	홈	홈	홈	원정	원정	홈		
		장 소	탄천	서울W	탄천	탄천	탄천	포항	전주W	탄천		
		상 대	광주	서울	인천	서울	수원	포항	전북	제주		
		결 과	승	승	승	패	무	무	무	승		
		점 수	2 : 1	1 : 0	1 : 0	1 : 2	0 : 0	0 : 0	1 : 1	2 : 1		
		승 점	48	51	54	54	55	56	57	60		
		순 위	4	4	4	5	5	5	5	5		
		슈팅수	10 : 13	7 : 16	6 : 4	13 : 11	12 : 15	3 : 10	14 : 15	13 : 19		
GK	1	전 상 욱		○ 0/0 C								
	29	박 준 혁	○ 0/0		○ 0/0	○ 0/0	○ 0/0	○ 0/0	○ 0/0	○ 0/0 C		
DF	2	곽 해 성			○ 0/0	△ 0/0						
	3	심 우 연			△ 0/0							
	4	이 요 한										
	5	임 채 민										
	6	김 태 윤	○ 0/0	○ 0/0 C		○ 0/0			○ 0/0	○ 0/0		
	17	박 태 민			○ 0/0			○ 0/0				
	20	윤 영 선	○ 0/0 C	○ 0/0	▽ 0/0	○ 0/0	○ 0/0	○ 0/0	○ 0/0	○ 0/0 C		
	24	장 석 원	△ 0/0	△ 0/0	○ 0/0		○ 0/0	○ 0/0		△ 0/0		
	33	장 학 영	○ 0/0	○ 0/1 C		○ 0/0	○ 0/0	○ 0/0	○ 0/0	○ 0/0		
MF	7	김 철 호	○ 0/0	○ 0/0	○ 0/0	○ 0/0	○ 0/0	△ 0/0				
	8	김 두 현		△ 0/0	△ 0/1	▽ 0/0	△ 0/0	▽ 0/0	▽ 0/0	○ 0/1		
	10	조르징요										
	13	김 동 희	△ 1/0		△ 0/0	△ 0/0 C		△ 0/0	△ 0/0			
	14	정 선 호	▽ 0/0 C				○ 0/0	○ 0/0 C	○ 0/0	○ 0/0		
	18	김 성 준	○ 0/0	○ 0/0	○ 0/0	○ 1/0	▽ 0/0	○ 0/0		△ 0/0		
	22	이 종 원		△ 0/0		△ 0/0			○ 0/0	▽ 0/0		
	25	이 태 희	○ 0/0	○ 0/0		○ 0/0	○ 0/0		○ 0/0	○ 1/0		
FW	9	김 동 섭										
	10	레 이 나	▽ 0/0	▽ 0/0	○ 0/0 C		○ 0/0	▽ 0/0	○ 0/1	▽ 0/0		
	11	이 상 협										
	11	히카르도										
	16	황 의 조	○ 1/0	○ 0/0	○ 1/0	○ 0/1	○ 0/0	○ 0/0	○ 1/0	○ 1/0		
	19	루 카 스										
	23	남 준 재	▽ 0/1	▽ 0/0	▽ 0/0	▽ 0/0	▽ 0/0	▽ 0/0	▽ 0/0	▽ 0/0		
	30	성 봉 재										
	31	박 용 지	△ 0/1 C	▽ 1/0	▽ 0/0	▽ 0/0	△ 0/0	△ 0/0	△ 0/0	△ 0/1		

제주 유나이티드

창단년도_ 1982년

전화_ 064-738-0934~6

팩스_ 064-738-0600

홈페이지_ www.jeju-utd.com

주소_ 우 63558 제주특별자치도 서귀포시 일주서로 166-31 (강정동)

166-31, Iljuseo-ro(Gangjeong-dong, Seogwipo-si, Jeju-do, KOREA 63558

연혁

1982 유공 코끼리 축구단 창단
(프로축구단 제2호)
초대 최종현 구단주, 조규향 단장 취임
초대 이종환 감독 취임

1983 프로축구 원년 구단으로 리그 참가
(연고지: 서울, 인천, 경기)
83 수퍼리그 3위

1984 84 축구대제전 수퍼리그 전반기 우승
84 축구대제전 수퍼리그 챔피언결정전 준우승

1985 제2대 김정남 감독 취임
제1회 일본 국제평화기원 축구대회 우승

1989 89 한국프로축구대회 우승

1990 2군 창설(함흥철 감독, 조윤환 코치 취임)
제21회 태국 킹스컵 축구대회 3위
90 한국프로축구 2군리그 준우승
인천, 경기 → 서울 연고지 이전 (12월)

1992 제2대 이계원 단장 취임
제3대 박성화 감독 취임

1993 제2대 김항덕 구단주 취임

1994 94 아디다스컵 우승
94 하이트배 코리안리그 준우승
제4대 니폼니시 감독(러시아) 취임

1996 서울 → 부천 연고지 이전 (1월)
유공 코끼리 → 부천 유공 구단명칭 변경
96 아디다스컵 우승

1997 부천 유공 → 부천 SK 구단명칭 변경(10월)

1998 98 아디다스컵 코리아컵 준우승
98 필립모리스코리아컵 준우승
제5대 조윤환 감독 취임

1999 제3대 강성길 단장 취임
99 바이코리아컵 K-리그 3위

2000 2000 대한화재컵 우승
2000 삼성 디지털 K-리그 준우승

2001 제6대 최윤겸 감독 취임

2002 제7대 트나즈 트르판 감독(터키) 취임

2003 제8대 하재훈 감독 취임

2004 제9대 정해성 감독 취임
제9회 하나은행 FA컵 준우승

2005 제4대 정순기 단장 취임
제3대 신헌철 SK(주) 대표이사 구단주 취임

2006 부천 → 제주 연고지 이전
부천 SK → 제주 유나이티드 FC 구단명칭 변경

2007 제주 유나이티드 FC 클럽하우스 준공

2008 제10대 알툴 감독 취임
제주유나이티드에프씨 주식회사로 독립법인 전환

2009 제1대 변명기 대표이사 취임
제11대 박경훈 감독 취임
코리안 풋볼 드림매치 2009 연변FC 초청경기

2010 제4대 구자영 구단주 취임
쏘나타 K리그 2010 준우승
제15회 하나은행 FA컵 공동 3위 및 페어플레이상 수상
K리그 개인상 수상(감독상, MVP, 'FAN'tastic Player)

2011 AFC 챔피언스리그 2011 조별예선 3위

2012 축구단 창단 30주년
제17회 하나은행 FA컵 페어플레이상 수상

2013 팬 프렌들리 클럽 수상

2014 대한민국 스포츠산업대상 대통령표창 수상(프로구단 최초)

2015 제12대 조성환 감독 취임
송진형, K리그 대상 '베스트11' 선정

제주 유나이티드 2015년 선수명단

감독_ 박경훈　수석코치_ 이도영　코치_조성환　피지컬코치_ 니시가타　GK코치_ 정기동　주무_ 정진하
스카우터_ 박동우　분석관_ 권혁수　AT_ 김장열·정상록·김우중

포지션	성명	한자명	생년월일	출신교	키(cm) / 몸무게(kg)
GK	김 호 준	金 鎬 浚	1984.06.21	고려대	190 / 89
	김 경 민	金 耿 民	1991.11.01	한양대	190 / 78
	전 태 현	錢 太 儇	1986.08.18	울산대	196 / 86
	김 인 석	金 仁 錫	1992.04.23	군장대	182 / 80
DF	정 다 훤	鄭 多 烜	1987.12.22	충북대	181 / 74
	김 상 원	金 相 元	1992.02.20	울산대	175 / 71
	오 반 석	吳 반 석	1988.05.20	건국대	189 / 79
	한 용 수	韓 龍 洙	1990.05.05	한양대	184 / 80
	알 렉 스	Aleksandar Jovanović	1989.08.04	*호주	196 / 85
	김 수 범	金 洙 範	1990.10.02	상지대	174 / 66
	강 준 우	康 準 佑	1982.06.03	인천대	186 / 78
	김 태 호	金 台 昊	1992.04.02	중앙대	173 / 65
	김 봉 래	金 鳳 來	1990.07.02	명지대	178 / 65
	배 재 우	裵 栽 釪	1993.05.17	용인대	174 / 71
	백 동 규	白 棟 圭	1991.05.30	동아대	186 / 79
MF	허 범 산	許 範 山	1989.09.14	우석대	180 / 70
	송 진 형	宋 進 炯	1987.08.13	당산서중	176 / 69
	윤빛가람	尹빛가람	1990.05.07	중앙대	178 / 70
	김 영 신	金 映 伸	1985.02.28	연세대	175 / 63
	박 수 창	朴 壽 昶	1989.06.20	경희대	173 / 70
	양 준 아	梁 準 我	1989.06.13	고려대	188 / 81
	배 세 현	裵 世 玄	1995.03.27	제주 U-18	175 / 73
	권 순 형	權 純 亨	1986.06.16	고려대	177 / 71
	장 은 규	張 殷 圭	1992.08.15	건국대	173 / 70
FW	로 페 즈	Ricardo Lopes Pereira	1990.10.28	*브라질	185 / 78
	심 영 성	沈 永 星	1987.01.15	제주제일고	178 / 73
	김　현	金　玄	1993.05.03	전주영생고	189 / 85
	송 수 영	宋 修 映	1991.07.08	연세대	172 / 67
	진 대 성	晋 大 星	1989.09.19	전주대	179 / 73
	서 동 현	徐 東 鉉	1985.06.05	건국대	188 / 77
	까 랑 가	Fernando Karanga	1991.04.14	*브라질	190 / 80
	심 광 욱	沈 侊 昱	1994.01.03	아주대	175 / 65
	배 기 종	裵 起 鐘	1983.05.26	광운대	180 / 75
	정 영 총	鄭 永 寵	1992.06.24	한양대	180 / 72
	시　로	Ciro Henrique Alves Ferreira E Silva	1989.04.18	*브라질	177 / 75

제주 유나이티드 2015년 개인기록 _ K리그 클래식

위치	배번	경기번호	04	12	15	19	27	36	38	45	53	57
		날 짜	03.08	03.15	03.21	04.04	04.11	04.15	04.18	04.26	05.05	05.09
		홈/원정	원정	홈	홈	원정	홈	홈	원정	원정	홈	원정
		장 소	광양	제주W	제주W	서울W	제주W	제주W	전주W	탄천	제주W	인천
		상 대	전남	부산	대전	서울	포항	광주	전북	성남	울산	인천
		결 과	무	무	승	패	승	승	패	무	승	패
		점 수	1 : 1	0 : 0	5 : 0	0 : 1	1 : 0	2 : 1	0 : 1	1 : 1	2 : 1	0 : 1
		승 점	1	2	5	5	8	11	11	12	15	15
		순 위	7	7	4	6	4	3	4	6	2	3
		슈팅수	10 : 14	17 : 9	12 : 14	14 : 10	11 : 10	16 : 6	13 : 14	16 : 12	9 : 9	10 : 7
GK	1	김호준	○ 0/0	○ 0/0	○ 0/0	○ 0/0	○ 0/0	○ 0/0	○ 0/0			
	21	김경민								○ 0/0	○ 0/0	○ 0/0
DF	4	오반석	○ 0/0	○ 0/0	▽ 0/0	○ 0/0 C	○ 0/0	○ 0/0	○ 0/0	○ 0/0	▽ 0/0	
	15	알렉스	○ 0/0	○ 0/0	▽ 0/0	○ 0/0	○ 0/0	○ 0/0	○ 0/0 C	○ 0/0	○ 0/0	○ 0/0
	19	이용	○ 0/0 C	○ 0/0				○ 0/0				
	22	김수범			○ 0/0	○ 0/0 C	○ 0/0		○ 0/0		○ 0/0	○ 0/0
	25	강준우										
	27	김봉래						○ 0/0		○ 0/0	○ 0/0	△ 0/0
	40	백동규										
MF	2	정다훤	○ 1/0 C	○ 0/0	△ 0/0	○ 0/0	○ 1/0		○ 0/0	▽ 0/0		
	3	김상원			△ 0/0 C					△ 0/0		○ 0/0
	6	허범산			△ 0/0							
	10	송진형	▽ 0/0	○ 0/0	○ 1/0	○ 0/0	▽ 0/0	△ 0/0	▽ 0/0			
	14	윤빛가람	○ 0/0	○ 0/0	▽ 0/1	○ 0/0	○ 0/0	○ 0/0	○ 0/0	▽ 0/0	○ 1/0	○ 0/0 C
	16	김영신	△ 0/0		○ 1/0		△ 0/0	▽ 0/0				
	17	진대성	△ 0/0				△ 0/0					
	18	박수창	△ 0/0			△ 0/0		△ 0/0				
	23	양준아	○ 0/0	○ 0/0	○ 0/0	○ 0/0	○ 0/0		▽ 0/0	○ 0/0	○ 0/0	○ 0/0
	24	배세현										
	29	권순형										
	30	심광욱								△ 0/0	△ 0/0	△ 0/0
	33	배기종	▽ 0/0 C	△ 0/0	○ 1/1		△ 0/0 C	▽ 1/1	△ 0/0	▽ 0/1	▽ 0/0	▽ 0/0
	33	김선우										
	34	정영총							△ 0/0	○ 0/0	▽ 0/0	▽ 0/0
	37	장은규						○ 0/0 C	△ 0/0	△ 0/0	△ 0/0	▽ 0/0 C
FW	7	로페즈		○ 0/0	○ 1/2	○ 0/0	▽ 0/0	○ 0/0	○ 0/0	○ 1/0	○ 0/2	○ 0/0
	9	김현	▽ 0/0	▽ 0/0		▽ 0/0 C	▽ 0/0	△ 0/0 C	○ 0/0		△ 0/0	△ 0/0
	11	강수일		△ 0/0	○ 1/1	△ 0/0	○ 0/0	▽ 1/0	▽ 0/0	○ 0/0	○ 1/0 C	○ 0/0
	13	송수영										
	19	서동현										
	20	까랑가	○ 0/0	▽ 0/0		▽ 0/0						
	28	배재우										
	99	시로										

선수자료 : 득점/도움 ○ = 선발출장 △ = 교체 IN ▽ = 교체 OUT ◈ = 교체 IN/OUT C = 경고 S = 퇴장

위치	배번	경기번호	61	72	74	84	88	96	102	105	114	117
		날 짜	05.16	05.23	05.30	06.03	06.07	06.17	06.21	06.27	07.01	07.04
		홈/원정	원정	홈	원정	홈	원정	홈	원정	원정	홈	홈
		장 소	수원 W	제주 W	광주 W	제주 W	문수	제주 W	대전 W	부산 A	제주 W	제주 W
		상 대	수원	전남	광주	성남	울산	수원	대전	부산	서울	인천
		결 과	패	승	패	승	패	패	무	승	패	무
		점 수	0 : 1	3 : 2	0 : 1	4 : 3	0 : 2	3 : 4	2 : 2	3 : 1	2 : 4	0 : 0
		승 점	15	18	18	21	21	21	22	25	25	26
		순 위	3	3	4	3	6	7	7	6	8	8
		슈팅수	7 : 12	24 : 18	3 : 12	10 : 8	12 : 9	10 : 21	15 : 19	11 : 6	3 : 19	22 : 12
GK	1	김 호 준			○ 0/0	○ 0/0	○ 0/0	○ 0/0	○ 0/0	○ 0/0	○ 0/0	○ 0/0
	21	김 경 민	○ 0/0	○ 0/0 C								
DF	4	오 반 석	○ 0/0 C	○ 0/0	○ 0/0	○ 0/0	○ 0/0	○ 0/0	○ 0/0	○ 0/0	○ 0/0	○ 0/0
	15	알 렉 스	○ 0/0	○ 0/0	▽ 0/0			○ 0/0 C	○ 0/0			
	19	이 용		△ 1/0	○ 0/0							
	22	김 수 범	○ 0/0	▽ 0/0	△ 0/0	○ 0/0	▽ 0/0 C	○ 0/0	○ 0/0 C		○ 0/0 C	
	25	강 준 우				△ 0/0				○ 0/0	○ 0/0	
	27	김 봉 래	○ 0/0	○ 0/0	○ 0/0 C	△ 0/0			○ 0/0 C	▽ 1/0	▽ 0/0	
	40	백 동 규										
MF	2	정 다 훤								△ 0/0	△ 0/0 C	○ 0/0
	3	김 상 원				○ 0/0	○ 0/0	○ 0/1		○ 1/0	○ 0/1 C	○ 0/0 C
	6	허 범 산	○ 0/0			▽ 0/0	○ 0/0	▽ 0/1 C	▽ 0/0 C	○ 0/0 C		▽ 0/0
	10	송 진 형						△ 0/0	△ 0/0	△ 0/2	△ 0/0	▽ 0/0
	14	윤빛가람	○ 0/0	○ 0/1	○ 0/0 C	○ 2/0	○ 0/0	○ 0/0	○ 0/0	○ 0/0 C		○ 0/0
	16	김 영 신		▽ 0/0	▽ 0/0		△ 0/0	▽ 0/0	▽ 0/0	○ 1/0		▽ 0/0
	17	진 대 성	△ 0/0	○ 0/1	▽ 0/0	▽ 1/0	▽ 0/0	△ 0/0				
	18	박 수 창	△ 0/0	△ 0/0	○ 0/0	○ 0/1	○ 0/0	▽ 1/0 C	△ 1/0	△ 0/0	△ 1/0	△ 0/0
	23	양 준 아		△ 0/0		○ 0/0 C	○ 0/0	○ 0/0	○ 0/0 C	○ 0/0	○ 0/0	○ 0/0
	24	배 세 현										
	29	권 순 형										
	30	심 광 욱	◈ 0/0		△ 0/0							
	33	배 기 종										
	33	김 선 우									○ 0/0	△ 0/0
	34	정 영 총	▽ 0/0				△ 0/0				▽ 0/0 C	△ 0/0
	37	장 은 규		○ 0/0	○ 0/0 C				△ 0/0		▽ 0/0	
FW	7	로 페 즈	○ 0/0	○ 0/0	△ 0/0 C	○ 0/1	○ 0/0 C	○ 2/0	○ 1/0	▽ 0/0		○ 0/0
	9	김 현				△ 1/0	△ 0/0	△ 0/0	▽ 0/0	▽ 0/0	○ 1/1	○ 0/0
	11	강 수 일	○ 0/0	▽ 2/0	○ 0/0	▽ 0/1	▽ 0/0					
	13	송 수 영										
	19	서 동 현										
	20	까 랑 가	▽ 0/0									
	28	배 재 우										
	99	시 로										

위치	배번	경기번호	125	127	138	143	150	153	161	167	174	178
		날 짜	07.08	07.11	07.26	08.12	08.16	08.19	08.23	08.29	09.09	09.13
		홈/원정	원정	홈	원정	원정	홈	원정	원정	홈	원정	홈
		장 소	포항	제주W	광양	탄천	제주W	인천	광주W	제주W	대전W	제주W
		상 대	포항	전북	전남	성남	수원	인천	광주	서울	대전	울산
		결 과	승	패	패	무	패	패	승	승	승	무
		점 수	4 : 3	0 : 3	1 : 3	1 : 1	2 : 4	0 : 1	1 : 0	2 : 1	4 : 2	2 : 2
		승 점	29	29	29	30	30	30	33	36	39	40
		순 위	8	8	9	9	9	9	8	8	8	8
		슈팅수	13 : 14	10 : 14	9 : 14	9 : 16	16 : 11	11 : 7	8 : 4	10 : 11	16 : 12	10 : 10
GK	1	김 호 준	○ 0/0 C	○ 0/0		○ 0/0	○ 0/0	○ 0/0	○ 0/0	○ 0/0	○ 0/0	○ 0/0
	21	김 경 민			○ 0/0							
DF	4	오 반 석	○ 0/0 S			○ 0/0	○ 0/0	○ 0/0 C		○ 0/0	○ 0/0	○ 0/0 C
	15	알 렉 스										△ 0/0 C
	19	이 용	△ 0/0 C	▽ 0/0								
	22	김 수 범	○ 0/0	▽ 0/0	○ 0/0							
	25	강 준 우		○ 0/0 C					▽ 0/0	▽ 0/0	△ 0/0	▽ 0/0
	27	김 봉 래	△ 0/0			△ 0/0		▽ 0/0	△ 0/0	△ 0/0		
	40	백 동 규		△ 0/0 C	○ 0/0	○ 0/0	○ 0/0	○ 0/0	○ 0/0	○ 0/0	○ 0/0	○ 0/0
MF	2	정 다 훤	○ 0/0	○ 0/0 C		○ 0/0	○ 0/0 C	○ 0/0	○ 0/0	○ 0/0	○ 0/0 C	○ 0/0
	3	김 상 원		○ 0/0	○ 0/0	○ 0/0	○ 0/1	△ 0/0	○ 0/0	○ 0/0 C	○ 0/0 C	○ 0/0
	6	허 범 산	○ 0/0 C	○ 0/0	▽ 0/0	△ 0/0 C			△ 0/0	△ 0/0	△ 0/0	
	10	송 진 형	▽ 2/0	▽ 0/0	△ 0/0 C	▽ 0/0	○ 1/0 C	▽ 0/0	○ 1/0	○ 1/0	○ 0/2	▽ 0/1
	14	윤빛가람	○ 1/0	○ 0/0 C	○ 1/0 C	○ 0/0 C		○ 0/0	○ 0/0	○ 1/0	○ 0/1	○ 0/1
	16	김 영 신					△ 0/0				▽ 0/0	
	17	진 대 성										
	18	박 수 창	△ 0/0	△ 0/0	▽ 0/0		△ 0/0	△ 0/0		△ 0/0		
	23	양 준 아	○ 0/0 C		○ 0/0	○ 0/0	○ 0/0	○ 0/0 C	○ 0/0	▽ 0/0	▽ 0/0	○ 0/0
	24	배 세 현										
	29	권 순 형										
	30	심 광 욱	▽ 0/1 C	△ 0/0	△ 0/0							
	33	배 기 종										
	33	김 선 우										
	34	정 영 총					△ 0/0	○ 0/0	▽ 0/0	▽ 0/0		△ 0/0
	37	장 은 규										
FW	7	로 페 즈	▽ 1/2	○ 0/0	○ 0/0	○ 1/0	○ 0/1	○ 0/0	○ 0/1 C		○ 3/0	▽ 0/0
	9	김 현	○ 0/0	○ 0/0	▽ 0/0	△ 0/0	▽ 1/0					
	11	강 수 일										
	13	송 수 영									△ 0/0	
	19	서 동 현										
	20	까 랑 가			○ 0/0	▽ 0/1	▽ 0/0	△ 0/0	○ 0/0	○ 0/0	▽ 1/0 C	○ 2/0
	28	배 재 우										
	99	시 로			△ 0/0	▽ 0/0	▽ 0/0	▽ 0/0	◈ 0/0 C			△ 0/0

선수자료 : 득점/도움 ○ = 선발출장 △ = 교체 IN ▽ = 교체 OUT ◈ = 교체 IN/OUT C = 경고 S = 퇴장

위치	배번	경기번호	183	189	198	200	205	212	218	225		
		날 짜	09.19	09.23	10.04	10.18	10.24	11.08	11.21	11.29		
		홈/원정	홈	원정	홈	원정	원정	홈	홈	원정		
		장 소	제주W	부산A	제주W	수원W	포항	제주W	제주W	탄천		
		상 대	포항	부산	전북	수원	포항	전북	서울	성남		
		결 과	패	승	승	승	패	패	무	패		
		점 수	0 : 1	2 : 0	3 : 2	1 : 0	1 : 2	0 : 1	1 : 1	1 : 2		
		승 점	40	43	46	49	49	49	50	50		
		순 위	8	7	6	6	6	6	6	6		
		슈팅수	11 : 9	14 : 8	18 : 19	5 : 15	6 : 12	13 : 13	11 : 8	19 : 13		
GK	1	김호준	○ 0/0	○ 0/0	○ 0/0	○ 0/0	○ 0/0	○ 0/0	○ 0/0			
	21	김경민								○ 0/0		
DF	4	오반석	○ 0/0	○ 0/0	○ 0/0	○ 1/0	○ 0/0	○ 0/0	○ 0/0	○ 0/0		
	15	알렉스			△ 0/0	▽ 0/0	○ 0/0	○ 0/0	○ 0/0 C	▽ 0/0		
	19	이 용										
	22	김수범										
	25	강준우				△ 0/0 C				△ 0/0		
	27	김봉래				△ 0/0	△ 0/0	○ 0/0	△ 0/0	○ 0/1		
	40	백동규	○ 0/0	○ 0/0	○ 0/0	○ 0/0 C	▽ 0/0	○ 0/0	○ 0/0 C			
MF	2	정다훤	○ 0/0	○ 0/0	○ 0/0	○ 0/0	○ 0/0 CC		○ 0/0 C			
	3	김상원	○ 0/0 C		○ 2/0	▽ 0/0						
	6	허범산							▽ 0/0 C			
	10	송진형	○ 0/0	○ 0/1	▽ 0/0	▽ 0/0	▽ 0/0	▽ 0/0 C		○ 0/0		
	14	윤빛가람	○ 0/0	○ 0/1	○ 0/0	○ 0/1 C	○ 0/0	○ 0/0	○ 0/1	△ 0/0		
	16	김영신								○ 0/0 C		
	17	진대성						▽ 0/0	△ 0/0	○ 1/0		
	18	박수창							△ 0/0			
	23	양준아	▽ 0/0	▽ 0/0	▽ 0/0		▽ 0/0		▽ 0/0			
	24	배세현								▽ 0/0		
	29	권순형					△ 0/0	△ 0/0	○ 1/0	○ 0/0		
	30	심광욱										
	33	배기종										
	33	김선우										
	34	정영총	▽ 0/0	△ 0/0					▽ 0/0	△ 0/0		
	37	장은규		△ 0/0 C								
FW	7	로페즈	○ 0/0	▽ 0/0	○ 1/1 C	○ 0/0 C	○ 0/1	○ 0/0 C				
	9	김 현	△ 0/0	△ 0/0	△ 0/0	△ 0/0	△ 0/0	△ 0/0 C				
	11	강수일										
	13	송수영	△ 0/0	▽ 0/0	△ 0/0							
	19	서동현					○ 1/0	○ 0/0 C	○ 0/0	○ 0/0		
	20	까랑가	▽ 0/0	○ 2/0	○ 0/2 C	○ 0/0 C						
	28	배재우		○ 0/0 C	▽ 0/0	○ 0/0	○ 0/0 C	○ 0/0 C		▽ 0/0		
	99	시 로	△ 0/0									

울산 현대

창단년도_ 1983년
전화_ 052-209-7000
숙소전화_ 052-209-7114
팩스_ 052-202-6145
홈페이지_ www.uhfc.tv
트위터_ twitter.com/@ulsanfc
페이스북_ www.facebook.com/ulsanfc
주소_ 우 44018 울산광역시 동구 봉수로 507(서부동) 현대스포츠클럽
Hyundai Sports Club, 507, Bongsuro(Seobu-dong), Dong-gu, Ulsan, KOREA 44018

연혁

1983 12월 6일 현대 호랑이 축구단 창단(인천/경기 연고)
1984 84 축구대제전 수퍼리그 종합 3위
1985 85 축구대제전 수퍼리그 종합 4위
1986 86 프로축구선수권대회 우승, 86 축구대제전 종합 3위
1987 강원도로 연고지 이전
87 한국프로축구대회 4위
1988 88 한국프로축구대회 2위
1989 89 한국프로축구대회 6위
1990 울산광역시로 연고지 이전
90 한국프로축구대회 5위
1991 91 한국프로축구대회 2위
1992 92 한국프로축구대회 3위, 92 아디다스컵 5위
1993 93 한국프로축구대회 3위, 93 아디다스컵 2위
1994 94 하이트배 코리안리그 4위
94 아디다스컵 5위
1995 95 하이트배 코리안리그 3위(전기 2위, 후기 3위)
95 아디다스컵 우승
1996 96 라피도컵 프로축구대회 통합우승(전기 우승, 후기 9위)
96 아디다스컵 4위, 아시안컵 위너스컵 3위
1997 97 라피도컵 프로축구대회 전기리그 우승
97 아디다스컵 3위, 97 프로스펙스컵 A조 4위
1998 모기업 현대자동차에서 현대중공업으로 이전
98 아디다스코리아컵 우승
98 필립모리스코리아컵 8위
98 현대컵 K-리그 준우승
제3회 삼보체인지업 FA컵 준우승
1999 99 바이코리아컵 K-리그 6위
99 대한화재컵 3위
99 아디다스컵 8강
제4회 삼보컴퓨터 FA컵 3위
2000 2000 삼성 디지털 K-리그 10위
2000 대한화재컵 B조 3위
2000 아디다스컵 8강 6위
2001 2001 포스코 K-리그 6위
아디다스컵 2001 B조 4위
2002 2002 삼성 파브 K-리그 준우승
아디다스컵 2002 준우승
2003 삼성 하우젠 K-리그 2003 준우승
제8회 하나은행 FA컵 3위
2004 삼성 하우젠 K-리그 2004 통합순위 1위(전기 3위, 후기 3위)
삼성 하우젠컵 2004 5위
2005 삼성 하우젠 K-리그 2005 우승(전기 3위, 후기 3위)
삼성 하우젠컵 2005 준우승
2006 제7회 삼성 하우젠 수퍼컵 2006 우승(3월 4일)
A3 챔피언스컵 2006 우승 / AFC 챔피언스리그 공동 3위
2007 삼성 하우젠컵 2007 우승
삼성 하우젠 K-리그 2007 정규리그 4위
2008 법인설립 (주)울산 현대 축구단
'울산 현대 호랑이 축구단'에서 '울산 현대 축구단'으로 구단명칭 변경
삼성 하우젠컵 2008 B조 3위
삼성 하우젠 K-리그 2008 플레이오프 최종 3위(정규리그 4위)
2009 '(주)울산 현대 축구단'에서 '(주)현대중공업 스포츠'로 법인 변경
아시아축구연맹 챔피언스리그 E조 3위
피스컵 코리아 2009 4강
2009 K-리그 8위
2010 포스코컵 2010 8강
쏘나타 K리그 2010 플레이오프 최종 5위(정규리그 4위)
2011 제16회 하나은행 FA컵 4강
러시앤캐시컵 2011 우승, 득점왕(김신욱), 도움왕(최재수) 배출
현대오일뱅크 K리그 2011 6위
현대오일뱅크 K리그 2011 챔피언십 준우승
K리그 통산 최초 400승 달성(7월 16일 강원전, 강릉종합운동장)
곽태휘 · 김영광 2011 K리그 대상 베스트 11 선정
2012 제17회 하나은행 FA컵 4강
현대오일뱅크 K리그 2012 5위
2012 K리그 대상 페어플레이상 수상, 이근호 · 곽태휘 베스트 11 선정
김호곤 감독 통산 100승 달성(8월 8일 성남전, 탄천종합운동장)
AFC 챔피언스리그 2012 우승(10승 2무) / 페어플레이상 / MVP(이근호)
AFC 올해의 클럽상 / 올해의 감독상(김호곤) / 올해의 선수상(이근호)
FIFA 클럽 월드컵 6위
2013 현대오일뱅크 K리그 클래식 2013 준우승
김신욱 · 김치곤 · 김승규 · 이용, 2013 K리그 대상 베스트 11 선정
김신욱, 2013 K리그 대상 MVP, 아디다스 올인 팬타스틱 플레이어 선정
2014 현대오일뱅크 K리그 클래식 2014 6위
2015 제20회 KEB하나은행 FA컵 4강
2015 K리그 대상 김신욱(득점상) / 유소년 클럽상
K리그 최다 474승 기록 중

울산 현대 2015년 선수명단

대표이사_ 권오갑 단장_ 김광국 사무국장_ 김현희
감독_ 윤정환 수석코치_ 이민성 코치_ 김도균 코치_ 이성재 피지컬코치_ 나카무라 GK코치_ 권찬수 주무_ 김광수·장민기
주치의_ 염윤석 트레이너_ 안덕수·송영식·정성덕 통역_ 박용수·신향 기술이사_ 신현호 전력분석관_ 사토시

포지션	선수명		생년월일	출신교	키(cm) / 몸무게(kg)
GK	김 승 규	金 承 奎	1990.09.30	현대고	187 / 80
	송 유 걸	宋 裕 傑	1985.02.16	경희대	187 / 84
	이 희 성	李 熹 性	1990.05.27	현대고	184 / 80
	장 대 희	張 大 熙	1994.04.19	현대고	187 / 75
DF	김 근 환	金 根 煥	1986.08.12	경희대	193 / 86
	김 영 삼	金 英 三	1982.04.04	고려대	174 / 71
	김 치 곤	金 致 坤	1983.07.29	동래고	183 / 76
	손 세 범	孫 世 凡	1992.03.07	용인대	180 / 70
	이 명 재	李 明 載	1993.11.04	홍익대	182 / 68
	이 재 성	李 宰 誠	1988.07.05	고려대	187 / 75
	임 성 국	林 成 國	1994.01.13	숭실대	183 / 70
	임 창 우	任 倉 佑	1992.02.13	현대고	183 / 72
	장 지 훈	張 智 薰	1995.02.13	동국대	173 / 61
	전 인 환	全 茵 喚	1992.12.10	예원예술대	182 / 73
	정 동 호	鄭 東 浩	1990.03.07	부경고	174 / 68
	정 승 현	鄭 昇 炫	1994.04.03	현대고	188 / 74
MF	고 창 현	高 昌 賢	1983.09.15	초당대	170 / 69
	구 본 상	九 本 上	1989.10.04	명지대	179 / 70
	김 민 균	金 民 均	1988.11.30	명지대	173 / 68
	따 르 따	Vinicius Silva Soares	1989. 04.13	*브라질	171 / 67
	마 스 다	Masuda Chikashi	1985.06.19	*일본	179 / 75
	서 용 덕	徐 庸 德	1989.09.10	연세대	175 / 65
	안 현 범	安 鉉 範	1994.12.21	동국대	178 / 72
	이 영 재	李 英 才	1994.09.13	용인대	178 / 72
	이 창 용	李 昌 勇	1990.08.27	용인대	180 / 75
	제파로프	Server Jeparov	1982.10.03	*우즈베키스탄	172 / 68
	박 승 일	朴 乘 一	1989.01.08	경희대	178 / 75
	하 성 민	河 成 敏	1987.06.13	부평고	184 / 78
FW	김 승 준	金 承 俊	1994.09.11	숭실대	180 / 70
	김 신 욱	金 信 煜	1988.04.14	중앙대	196 / 93
	김 태 환	金 太 煥	1989.07.24	울산대	177 / 72
	양 동 현	梁 東 炫	1986.03.28	동북고	186 / 80
	에 벨 톤	Everton Leandro Dos Santos Pinto	1986.10.14	*브라질	178 / 71
	유 준 수	柳 俊 秀	1988.05.08	고려대	184 / 80
	조 영 철	曺 永 哲	1989.05.31	학성고	181 / 83
	카 사	Filip Kasalica	1988.12.17	*몬테네그로	179 / 75
	코 바	Kovacec Ivan	1988.06.27	*크로아티아	188 / 84

울산 현대 2015년 개인기록 _ K리그 클래식

위치	배번	경기번호	06	11	13	23	25	33	40	44	53	58
		날 짜	03.08	03.15	03.21	04.05	04.11	04.15	04.19	04.25	05.05	05.10
		홈/원정	홈	원정	홈	홈	원정	홈	원정	홈	원정	홈
		장 소	문수	포항	문수	문수	대전W	문수	인천	문수	제주W	문수
		상 대	서울	포항	전남	광주	대전	수원	인천	부산	제주	전북
		결 과	승	승	무	승	무	무	무	무	패	패
		점 수	2 : 0	4 : 2	0 : 0	2 : 0	1 : 1	1 : 1	1 : 1	1 : 1	1 : 2	1 : 2
		승 점	3	6	7	10	11	12	13	14	14	14
		순 위	1	1	1	1	1	2	3	3	3	4
		슈팅수	11 : 7	6 : 11	7 : 9	12 : 22	10 : 13	7 : 5	9 : 11	10 : 10	9 : 9	10 : 15
GK	1	김승규	○ 0/0	○ 0/0 C	○ 0/0	○ 0/0 C	○ 0/0	○ 0/0	○ 0/0	○ 0/0	○ 0/0	○ 0/0
	21	송유걸										
	31	이희성										
	41	장대희										
DF	2	정동호	○ 0/0	○ 0/1	○ 0/0					○ 0/0	○ 0/0 C	○ 0/0 C
	5	정승현							△ 0/0	○ 0/0	○ 0/0	○ 0/0
	13	임창우	○ 0/0	○ 0/0 C	○ 0/0	○ 0/0	○ 0/0	○ 1/0	○ 0/0	○ 0/0	○ 0/0 C	○ 0/0
	15	이재성	○ 0/0	○ 0/0	○ 0/0 C	○ 0/0	○ 0/0	○ 0/0	○ 0/0 C			
	22	김치곤	○ 0/0	▽ 0/0 C		△ 0/0	△ 0/0					
	24	이명재				○ 0/1	▽ 0/0	○ 0/0	○ 0/0			
	34	김영삼										
	39	김근환		△ 0/0	○ 0/0	○ 0/0	○ 0/0	○ 0/0	○ 0/1	○ 0/0	○ 0/0	○ 0/0
MF	4	구본상	△ 0/0		△ 0/0	△ 0/0	○ 0/0	△ 0/0	○ 0/0 C	○ 0/0 C		○ 0/0 C
	6	마스다	▽ 0/0	○ 1/0	▽ 0/0	○ 0/0		▽ 0/0	△ 0/0		○ 0/0	○ 1/0
	7	고창현			△ 0/0		△ 0/0			△ 0/1		△ 0/0
	8	하성민	○ 0/0	○ 0/0	○ 0/0	○ 0/0 C	○ 0/0 C	○ 0/0	○ 0/0	○ 0/0	○ 0/0 C	
	10	제파로프	○ 1/0	○ 1/0	▽ 0/0	▽ 0/0	▽ 0/1 C	○ 0/0	▽ 0/0	▽ 0/0	○ 1/0 C	▽ 0/0
	11	따르따	▽ 0/1	▽ 0/1 C	▽ 0/0	▽ 0/0 C	○ 0/0	▽ 0/0		▽ 0/0	▽ 0/0	
	14	서용덕										
	16	김태환	○ 0/0	▽ 0/0	○ 0/0 S			○ 0/1	○ 1/0	○ 0/0	○ 0/0	▽ 0/0
	20	이창용										
	27	안현범	△ 0/0	△ 0/0 C		△ 0/0 C		△ 0/0	▽ 0/0		△ 0/0	△ 0/0
	32	이영재										
FW	3	카사										
	9	김신욱	△ 0/0	△ 1/0	△ 0/0	○ 1/0	○ 0/0	△ 0/0 C	△ 0/0	○ 1/0	○ 0/0	○ 0/0
	11	조영철										
	17	유준수					△ 0/0					
	18	양동현	▽ 1/1	○ 1/0	○ 0/0	▽ 0/0	▽ 1/0	▽ 0/0	▽ 0/0	△ 0/0		○ 0/1
	19	김승준										
	44	코바										
	86	에벨톤										

선수자료 : 득점/도움 ○ = 선발출장 △ = 교체 IN ▽ = 교체 OUT ◈ = 교체 IN/OUT C = 경고 S = 퇴장

위치	배번	경기번호	64	71	78	79	88	91	100	104	112	119
		날 짜	05.16	05.25	05.31	06.03	06.07	06.17	06.21	06.27	07.01	07.05
		홈/원정	원정	홈	원정	원정	홈	원정	홈	홈	원정	원정
		장 소	탄천	문수	서울W	부산A	문수	전주W	문수	문수	수원W	광양
		상 대	성남	포항	서울	부산	제주	전북	인천	성남	수원	전남
		결 과	패	무	무	패	승	패	무	패	패	패
		점 수	0 : 1	2 : 2	0 : 0	0 : 1	2 : 0	1 : 2	1 : 1	0 : 1	1 : 3	1 : 2
		승 점	14	15	16	16	19	19	20	20	20	20
		순 위	6	5	7	9	8	8	8	9	10	10
		슈팅수	3 : 13	6 : 11	9 : 10	8 : 12	9 : 12	7 : 20	8 : 13	10 : 12	6 : 10	4 : 11
GK	1	김 승 규	○ 0/0 C		○ 0/0	○ 0/0	○ 0/0	△ 0/0	○ 0/0	○ 0/0	○ 0/0	○ 0/0
	21	송 유 걸		○ 0/0								
	31	이 희 성						▽ 0/0				
	41	장 대 희										
DF	2	정 동 호	▽ 0/0	○ 0/0	○ 0/0	○ 0/0	○ 0/0 C		○ 0/1	○ 0/0	○ 0/0 C	○ 0/0
	5	정 승 현				△ 0/0	△ 0/0		△ 0/0	○ 0/0	○ 0/0	
	13	임 창 우	○ 0/0	○ 0/0	○ 0/0	▽ 0/0 C			△ 0/0		△ 0/0	○ 0/0
	15	이 재 성										
	22	김 치 곤						▽ 0/0	○ 0/0	○ 0/0	○ 0/0 C	○ 0/0
	24	이 명 재	△ 0/0					○ 0/1	▽ 0/0	▽ 0/0	▽ 0/0	
	34	김 영 삼					▽ 0/0	○ 0/0 C				
	39	김 근 환	○ 0/0	○ 0/0	○ 0/0	○ 0/0	○ 0/0	△ 0/0		△ 0/0		○ 0/0
MF	4	구 본 상		○ 0/0 C	○ 0/0 C	○ 0/0	○ 0/0	○ 0/0 C		△ 0/0	○ 0/0 CC	
	6	마 스 다	○ 0/0		△ 0/0	○ 0/0	△ 0/0		○ 0/0	○ 0/0 C		▽ 0/0
	7	고 창 현	▽ 0/0	△ 0/0		△ 0/0 C						
	8	하 성 민	○ 0/0	○ 0/0	▽ 0/0		○ 0/0 C	○ 0/0	○ 0/0	○ 0/0 C	○ 0/0	▽ 0/0 C
	10	제파로프	○ 0/0	▽ 0/1	○ 0/0	▽ 0/0						○ 1/0
	11	따 르 따	△ 0/0 C		△ 0/0	▽ 0/0	△ 0/0	△ 0/0	▽ 0/0	▽ 0/0		
	14	서 용 덕							△ 0/0	△ 0/0	▽ 0/1	▽ 0/0
	16	김 태 환		▽ 0/0	▽ 0/0 C	○ 0/0	○ 0/1	○ 0/0	○ 0/0	○ 0/0	○ 0/0	○ 0/0
	20	이 창 용										△ 0/0 C
	27	안 현 범	▽ 0/0	△ 0/0								
	32	이 영 재										△ 0/0
FW	3	카 사		△ 0/0 C	▽ 0/0							
	9	김 신 욱	△ 0/0	▽ 0/0	△ 0/0	△ 0/0	○ 1/0	○ 0/0	○ 1/0	○ 0/0	○ 1/0	○ 0/0
	11	조 영 철										
	17	유 준 수	○ 0/0	○ 0/0	○ 0/0	○ 0/0	○ 0/0 C	○ 0/0	○ 0/0 S			
	18	양 동 현	○ 0/0 C	○ 2/0	○ 0/0	○ 0/0	▽ 1/0	▽ 1/0	▽ 0/0	▽ 0/0	○ 0/0	
	19	김 승 준					▽ 0/0	○ 0/0			△ 0/0	△ 0/0
	44	코 바										
	86	에 벨 톤										

위치	배번	경기번호	124	128	134	144	149	154	157	164	171	178
		날 짜	07.08	07.11	07.25	08.12	08.16	08.19	08.22	08.29	09.09	09.13
		홈/원정	홈	홈	홈	홈	원정	홈	원정	원정	홈	원정
		장 소	문수	문수	문수	문수	부산A	문수	수원W	광주W	문수	제주W
		상 대	대전	광주	성남	서울	부산	포항	수원	광주	전북	제주
		결 과	승	패	무	패	무	무	패	승	승	무
		점 수	4 : 1	0 : 1	0 : 0	1 : 2	2 : 2	1 : 1	1 : 3	2 : 1	2 : 0	2 : 2
		승 점	23	23	24	24	25	26	26	29	32	33
		순 위	10	10	10	10	10	10	10	10	10	10
		슈팅수	17 : 8	16 : 7	11 : 14	10 : 12	5 : 12	14 : 10	6 : 8	5 : 6	8 : 17	10 : 10
GK	1	김승규	○ 0/0	○ 0/0	○ 0/0	○ 0/0	○ 0/0	○ 0/0	○ 0/0	○ 0/0		○ 0/0
	21	송유걸										
	31	이희성										
	41	장대희									○ 0/0	
DF	2	정동호	○ 0/1	○ 0/0	○ 0/0	○ 0/1	○ 0/0	○ 0/0 C	○ 0/0	○ 1/0	○ 0/0 C	
	5	정승현									△ 0/0	△ 0/0
	13	임창우	○ 0/0 C	○ 0/0	○ 0/0		○ 0/0	○ 0/0	○ 0/0 C	○ 0/0 C		
	15	이재성				○ 0/0 C						
	22	김치곤	○ 0/0	○ 0/0	○ 0/0	○ 0/0	○ 0/0 C		○ 1/0 C	○ 0/0	○ 0/0	○ 0/0
	24	이명재	○ 0/0	▽ 0/0		▽ 0/0		▽ 0/0				▽ 0/0 C
	34	김영삼						△ 0/0	▽ 0/0			
	39	김근환						○ 0/0				
MF	4	구본상	○ 0/0 C	○ 0/0	△ 0/0	▽ 0/0	△ 0/0		○ 0/0 C	△ 0/0	▽ 0/0 C	
	6	마스다	△ 0/0	△ 0/0	△ 0/0		△ 0/0	○ 0/0	○ 0/0	○ 0/0	○ 0/0	○ 0/0
	7	고창현										
	8	하성민			○ 0/0 C	○ 0/0	▽ 0/0	○ 0/0		▽ 0/0 C		
	10	제파로프	△ 0/0	○ 0/0				○ 1/0	▽ 0/1			△ 1/0
	11	따르따										
	14	서용덕	△ 0/0									
	16	김태환	▽ 0/1	○ 0/0	○ 0/0 C	○ 0/0	○ 0/1	△ 0/0 C		▽ 0/1	○ 0/0	○ 0/0 C
	20	이창용	○ 0/0	○ 0/0 C	▽ 0/0	○ 0/0	○ 0/0		△ 0/0	△ 0/0	△ 0/0	○ 0/0 C
	27	안현범							△ 0/0		▽ 0/0	○ 0/0
	32	이영재	▽ 0/1		▽ 0/0		▽ 0/0					
FW	3	카사										
	9	김신욱	○ 2/1	▽ 0/0	△ 0/0	△ 1/0	△ 0/0	△ 0/0	○ 0/0	○ 1/0	○ 1/0	○ 0/0
	11	조영철				△ 0/0						
	17	유준수			○ 0/0		○ 0/0 S			○ 0/0	○ 0/0	○ 1/0
	18	양동현		△ 0/0	▽ 0/0	○ 0/0	▽ 1/1	○ 0/0	△ 0/0	▽ 0/0	▽ 0/0	▽ 0/0
	19	김승준	▽ 2/0	▽ 0/0								
	44	코바		△ 0/0	○ 0/0	▽ 0/0	○ 1/0	▽ 0/0	○ 0/0	○ 0/1	○ 1/1	▽ 0/1
	86	에벨톤				△ 0/0		▽ 0/0	▽ 0/0	△ 0/0	△ 0/0	△ 0/0

선수자료 : 득점/도움 ○ = 선발출장 △ = 교체 IN ▽ = 교체 OUT ◈ = 교체 IN/OUT C = 경고 S = 퇴장

위치	배번	경기번호	182	192	194	203	209	215	221	228		
		날 짜	09.19	09.23	10.04	10.17	10.25	11.07	11.22	11.28		
		홈/원정	홈	원정	원정	원정	원정	홈	원정	홈		
		장 소	문수	인천	대전W	인천	광양	문수	광주W	문수		
		상 대	전남	인천	대전	인천	전남	대전	광주	부산		
		결 과	승	승	무	무	승	승	승	승		
		점 수	3 : 2	2 : 1	0 : 0	2 : 2	5 : 2	2 : 1	1 : 0	2 : 1		
		승 점	36	39	40	41	44	47	50	53		
		순 위	9	9	9	9	8	8	8	7		
		슈팅수	14 : 15	7 : 7	16 : 10	13 : 7	17 : 13	18 : 17	10 : 7	17 : 7		
GK	1	김승규	○ 0/0	○ 0/0	○ 0/0	○ 0/0	○ 0/0	○ 0/0				
	21	송유걸										
	31	이희성										
	41	장대희							○ 0/0	○ 0/0		
DF	2	정동호	○ 0/0	○ 0/0	○ 0/0 C	○ 1/0						
	5	정승현	△ 0/0		△ 0/0	○ 0/0	○ 0/0 C	○ 0/0	○ 0/0	○ 0/0		
	13	임창우				○ 0/0	○ 0/0	○ 0/0				
	15	이재성	△ 0/0	○ 0/0	▽ 0/0							
	22	김치곤	▽ 0/0						▽ 0/0			
	24	이명재				○ 0/0 C	○ 0/0	▽ 0/1	○ 0/0	○ 0/0		
	34	김영삼						△ 0/0				
	39	김근환										
MF	4	구본상	▽ 0/0	▽ 1/0		△ 0/0	▽ 0/0 C	▽ 0/0 C	○ 0/0	○ 0/0		
	6	마스다	○ 1/0	○ 0/0	○ 0/0		○ 0/0	○ 0/0	○ 0/0	▽ 0/0		
	7	고창현								△ 0/0		
	8	하성민				▽ 0/0	△ 0/0	△ 0/0	△ 0/0	△ 0/0		
	10	제파로프	△ 0/0	△ 0/0								
	11	따르따										
	14	서용덕							△ 0/0	△ 0/0		
	16	김태환	○ 0/0 C	○ 0/1	○ 0/0 C		○ 0/0	○ 0/0 C	○ 0/0	○ 0/1		
	20	이창용		△ 0/0	○ 0/0	▽ 0/0	△ 0/0	△ 0/0	△ 0/0	○ 0/0		
	27	안현범	▽ 0/1	▽ 0/0	▽ 0/0	▽ 0/0	△ 0/0					
	32	이영재			△ 0/0	○ 0/1	▽ 1/0	▽ 0/0	○ 0/0	▽ 0/0		
FW	3	카사										
	9	김신욱	○ 2/1	○ 1/0	○ 0/0	○ 1/0	○ 1/2	○ 1/0	○ 0/0	○ 1/0		
	11	조영철				△ 0/0						
	17	유준수	○ 0/0	○ 0/0	○ 0/0							
	18	양동현	○ 0/0	○ 0/0 C	▽ 0/0							
	19	김승준				○ 0/0	▽ 0/0	○ 1/0	▽ 0/0	▽ 1/0		
	44	코바	○ 0/1	▽ 0/0	○ 0/0	△ 0/1	○ 3/0	○ 0/1	▽ 1/0	○ 0/0 C		
	86	에벨톤		△ 0/0	△ 0/0							

인 천 유 나 이 티 드

창단년도_ 2003년
전화_ 032-880-5500
팩스_ 032-423-1509
홈페이지_ www.incheonutd.com
주소_ 우 22328 인천광역시 중구 참외전로 246
(도원동 7-1) 인천축구전용경기장 내
Incheon Football Stadium, 246, Chamoejeon-ro(7-1, Dowon-dong), Jung-gu, Incheon, KOREA 22328

연혁

2003 인천시민프로축구단 창단발표(안상수 인천광역시장)
인천시민프로축구단 발기인 총회, (주)인천시민프로축구단 법인 설립
안종복 단장 임용
'인천 유나이티드' 명칭 공모 최우수작 선정
인천시민프로축구단 1차 시민주 공모 실시
한국프로축구연맹 창단 승인
베르너 로란트 초대감독 선임

2004 2차 시민주 공모
캐치프레이즈 'Blue Hearts 2004', 캐릭터 '유티' 확정
창단식 및 일본 감바 오사카 초청경기(문학경기장)
K-리그 데뷔, 장외룡 감독대행체제 출범
삼성 하우젠 K-리그 2004 통합 12위(전기 13위, 후기 4위)
삼성 하우젠컵 2004 8위

2005 캐치프레이즈 '푸른물결 2005' 확정
장외룡 감독 취임
일본 감바 오사카 초청경기
삼성 하우젠 K-리그 2005 정규리그 통합 1위(전기 2위, 후기 4위)로 플레이오프 진출, 삼성 하우젠 K-리그 2005 준우승
삼성 하우젠 K-리그 2005 정규리그 관중 1위
(총 관중 31만 6,591명, 평균관중 2만 4,353명)
삼성 하우젠컵 2005 8위
장외룡 감독 삼성 하우젠 K-리그 대상, 올해의 감독상 수상
삼성 하우젠 K-리그 2005 베스트11 수비수 부문 수상(임중용)
인천 유나이티드 서포터즈 삼성 하우젠 K-리그 대상 공로상 수상

2006 프로축구 최초의 23억여 원 경영흑자 달성
캐치프레이즈 '시민속으로(into the community)' 확정
인천 유나이티드 소재 다큐멘터리 영화 〈비상〉 개봉
'아이(i)-유나이티드' 어린이 축구교실 운영 실시
U-12팀 창단
2군리그 우승
삼성 하우젠 K-리그 2006 통합 13위(전기 10위, 후기 6위)
삼성 하우젠컵 2006 14위 / 제11회 하나은행 FA컵 3위

2007 안종복 사장 취임, 7억여 원 경영흑자 달성
캐치프레이즈 'My Pride My United' 확정
장외룡 감독 잉글랜드 프리미어리그 유학, 박이천 감독대행 취임
기사자료집 'My Pride My United 창단에서 흑자경영까지' 발간
삼성 하우젠 K-리그 2007 9위, 삼성 하우젠컵 2007 3위
제12회 하나은행 FA컵 3위

2008 3년 연속 경영흑자 달성
'인천축구전용경기장' (가칭) 착공
장외룡 감독 복귀
U-18 대건고 창단
인천지역 유치원 순회 무료 축구교실
인천UTD 영화 '비상' MBC 특선 방영
일본 감바 오사카와 한일프로축구 교류전
온두라스 올림픽 대표팀과 친선경기
2군리그 우승
삼성 하우젠 K-리그 7위 / 삼성 하우젠컵 A조 6위

2009 일리야 페트코비치 감독 선임
2009 K-리그 5위(플레이오프 진출),
피스컵 코리아 A조 2위(플레이오프 진출)
2군리그 2년 연속 우승
인천 '히딩크 축구센터' 기공
U-15팀 광성중 창단

2010 2010남아공 월드컵 대표 감독 출신 허정무 감독 선임
쏘나타 K리그 2010 11위 / 포스코컵 2010 C조 4위
프랑스 AS모나코와 친선경기
U-12 제8회 MBC꿈나무리그 전국 결선 우승
U-15 광성중 11회 오룡기 전국 중등 축구대회 우승
2010 K리그 득점왕 수상(유병수)

2011 조건도 대표이사 취임
현대오일뱅크 K리그 2011 13위, 러시앤캐시컵 2011 A조 4위
U-12 제9회 MBC 꿈나무리그 전국 결승 우승

2012 인천축구전용경기장 준공 및 개막전(2012년 3월 11일 VS 수원)
조동암 대표이사 취임, 김봉길 감독 취임
현대오일뱅크 K리그 2012 B그룹 1위(통합 9위)
현대오일뱅크 K리그 2012 베스트11 수비수 부문 수상(정인환)
19경기 연속 무패 팀최다 기록 수립

2013 현대 오일뱅크 K-리그 클래식 상위스플릿 진출
인천유나이티드 주주명판 및 주주동산 건립
창단 10주년 기념 경기 개최 (2013년 10월 6일, 인천 vs 서울)
현대오일뱅크 K리그 클래식 2013 그룹A 7위 (통합 7위)
캐치프레이즈 '인천축구지대본' 확정
U-15 광성중 2013 금강대기 전국중학생축구대회 우승
U-18 대건고 제94회 전국체육대회 준우승

2014 캐치프레이즈 '승리, 그 이상의 감동' 확정
김광석 대표이사 취임
현대오일뱅크 K리그 클래식 2014 B그룹 4위(통합 10위)
2014년도 2차(13~25R) 그린스타디움상 수상

2015 김도훈 감독 선임, 정의석 단장 취임
캐치프레이즈 'Play, Together!' 확정
현대오일뱅크 K리그 클래식 2015 B그룹 2위(통합 8위)
2015 KEB하나은행 FA컵 준우승
U-18 대건고 2015 아디다스 K리그 주니어 A조 전, 후기 통합 우승
U-15 광성중 2015 대교눈높이 전국중등축구리그 왕중왕전 우승
현대오일뱅크 K리그 클래식 2015 베스트11 수비수 부문 수상(요니치)

인천 유나이티드 2015년 선수명단

대표이사_ 김광석 단장_ 정의석
감독_ 김도훈 수석코치_ 이기형 코치_ 김성일 코치_ 박성철 GK코치_ 김이섭 주무_ 최영상 의무트레이너_ 이승재 · 이동원 · 양승민

포지션	선수명		생년월일	출신교	키(cm) / 몸무게(kg)
GK	유 현	劉 鉉	1984.08.01	중앙대	184 / 82
	조 수 혁	趙 秀 赫	1987.03.18	건국대	187 / 80
	이 태 희	李 太 熙	1995.04.26	대건고	187 / 78
DF	권 완 규	權 完 逵	1991.11.20	성균관대	181 / 73
	김 용 환	金 容 奐	1993.05.25	숭실대	176 / 68
	김 진 환	金 眞 奐	1989.03.01	경희대	186 / 78
	용 재 현	龍 재 현	1988.07.19	건국대	179 / 75
	김 대 중	金 大 中	1992.10.13	홍익대	188 / 83
	요 니 치	Matej Jonjić	1991.01.29	*크로아티아	187 / 83
	박 대 한	朴 大 韓	1991.05.01	성균관대	175 / 70
	백 승 원	白 承 原	1992.04.18	광운대	180 / 69
	지 병 주	池 秉 珠	1990.03.20	인천대	179 / 73
	이 윤 표	李 允 杓	1984.09.04	한남대	184 / 79
	김 경 민	金 耿 民	1990.08.15	연세대	184 / 72
	김 창 훈	金 彰 勳	1987.04.03	고려대	183 / 76
MF	김 원 식	金 元 植	1991.11.05	동북고	186 / 78
	김 도 혁	金 鍍 爀	1992.02.08	연세대	174 / 69
	안 진 범	安 進 範	1992.03.10	고려대	170 / 68
	와 다	Wada Tomoki	1994.10.30	*일본	172 / 57
	김 대 경	金 大 景	1991.09.02	숭실대	179 / 69
	김 동 석	金 東 錫	1987.03.26	용강중	174 / 68
	윤 상 호	尹 相 皡	1992.06.04	호남대	178 / 67
	조 수 철	趙 秀 哲	1990.10.30	우석대	180 / 67
	이 슬 기	李 슬 기	1986.09.24	동국대	186 / 76
FW	이 효 균	李 孝 均	1988.03.12	동아대	185 / 80
	이 천 수	李 天 秀	1981.07.09	고려대	174 / 65
	김 인 성	金 人 性	1989.09.09	성균관대	180 / 77
	이 성 우	李 誠 祐	1992.07.11	단국대	175 / 70
	진 성 욱	陳 成 昱	1993.12.16	대건고	183 / 82
	케 빈	Kevin Oris	1984.12.06	*벨기에	192 / 95
	박 세 직	朴 世 直	1989.05.25	한양대	178 / 79
	이 진 욱	李 鎭 旭	1992.09.11	관동대	177 / 73

인천 유나이티드 2015년 개인기록 _ K리그 클래식

위치	배번	경기번호	02	08	18	24	28	34	40	43	51	57
		날 짜	03.07	03.14	03.22	04.05	04.12	04.15	04.19	04.25	05.03	05.09
		홈/원정	홈	원정	홈	원정	홈	원정	홈	홈	원정	홈
		장 소	인천	수원W	인천	광양	인천	탄천	인천	인천	대전W	인천
		상 대	광주	수원	전북	전남	서울	성남	울산	포항	대전	제주
		결 과	무	패	무	패	무	무	무	무	승	승
		점 수	2 : 2	1 : 2	0 : 0	0 : 1	1 : 1	0 : 0	1 : 1	1 : 1	2 : 1	1 : 0
		승 점	1	1	2	2	3	4	5	6	9	12
		순 위	3	9	9	11	11	10	10	10	9	7
		슈팅수	4 : 8	7 : 10	9 : 9	11 : 12	11 : 6	10 : 9	11 : 9	7 : 9	12 : 11	7 : 10
GK	1	유 현	○ 0/0	○ 0/0	○ 0/0	○ 0/0	▽ 0/0					
	21	조수혁					△ 0/0	○ 0/0	○ 0/0	○ 0/0	○ 0/0	○ 0/0
	31	이태희										
DF	2	권완규	○ 0/0	○ 0/0	○ 0/0 CC		○ 0/0	○ 0/0	○ 0/0	○ 0/0	○ 0/0	○ 0/0
	3	김용환			△ 0/0 C							
	5	김진환					▽ 0/0	○ 0/0		○ 1/0	○ 0/0 C	○ 0/0
	13	용재현										
	15	김대중	○ 0/0	○ 0/0	○ 0/0	○ 0/0	○ 0/0		○ 0/0		△ 0/0	△ 0/0
	20	요니치	○ 0/0	○ 0/0	○ 0/0	○ 0/0	○ 0/0	○ 0/0	○ 0/0	○ 0/0	○ 0/0	○ 0/0 C
	27	이진욱				△ 0/0	△ 0/0					
	30	김경민										
	43	김창훈										
	44	지병주										
	77	이윤표										
MF	4	김원식	○ 0/0 C	▽ 0/0 C	○ 0/0	○ 0/0 C		○ 0/0 C	○ 0/0	○ 0/0	○ 0/0	○ 0/0 C
	6	와 다										
	7	김도혁	○ 1/0 C	○ 0/0	△ 0/0							▽ 0/0
	8	안진범					△ 0/0	▽ 0/0	△ 0/0	▽ 0/0		
	14	이슬기										
	22	김동석	▽ 0/0		▽ 0/0	▽ 0/0	○ 0/0	○ 0/0 C	▽ 0/0 C		▽ 0/0	△ 1/0
	23	윤상호										
	24	박세직	△ 0/0	▽ 0/0		▽ 0/0		▽ 0/0	△ 1/0	△ 0/0	△ 0/0	
	25	박대한	○ 0/0 C	○ 0/0	○ 0/0	▽ 0/0	○ 0/0 C	○ 0/0 C		○ 0/0	○ 1/0	○ 0/0
	26	조수철	△ 0/0	○ 0/1	○ 0/0	○ 0/0	○ 0/0 CC		○ 0/0	○ 0/0	○ 0/0	○ 0/0
	28	백승원				△ 0/0 C						
	99	김재웅								△ 0/0 C		
FW	10	이천수	▽ 0/1	△ 0/0	▽ 0/0	△ 0/0	▽ 0/0	▽ 0/0	▽ 0/0	▽ 0/0	○ 0/0 C	▽ 0/0
	11	김인성	▽ 0/0	△ 1/0	▽ 0/0 C	○ 0/0	○ 1/0	△ 0/0 C	○ 0/0	▽ 0/0	▽ 1/0	○ 0/0
	16	이성우	△ 0/0	▽ 0/0	△ 0/0						△ 0/0	△ 0/0
	17	김대경		△ 0/0		○ 0/0		△ 0/0	○ 0/0			
	18	진성욱						△ 0/0	△ 0/0	△ 0/0	▽ 0/0	
	19	케 빈	○ 0/0	○ 0/0	○ 0/0 C	○ 0/0	○ 0/1 C	○ 0/0	▽ 0/0	○ 0/0 C		▽ 0/0
	33	이효균										

선수자료 : 득점/도움 ○ = 선발출장 △ = 교체 IN ▽ = 교체 OUT ◈ = 교체 IN/OUT C = 경고 S = 퇴장

위치	배번	경기번호	66	68	77	83	87	94	100	107	109	117
		날 짜	05.17	05.23	05.31	06.03	06.06	06.17	06.21	06.28	07.01	07.04
		홈/원정	원정	원정	홈	원정	홈	원정	원정	홈	홈	원정
		장 소	부산 A	전주 W	인천	서울 W	인천	포항	문수	인천	인천	제주 W
		상 대	부산	전북	수원	서울	전남	포항	울산	대전	광주	제주
		결 과	승	패	무	패	패	승	무	승	승	무
		점 수	2 : 1	0 : 1	1 : 1	0 : 1	1 : 2	2 : 0	1 : 1	2 : 0	1 : 0	0 : 0
		승 점	15	15	16	16	16	19	20	23	26	27
		순 위	5	6	8	10	10	9	9	8	6	7
		슈팅수	13 : 6	8 : 4	10 : 10	7 : 7	11 : 8	6 : 10	13 : 8	12 : 4	7 : 14	12 : 22
GK	1	유 현	○ 0/0	○ 0/0	○ 0/0	○ 0/0	○ 0/0	○ 0/0	○ 0/0	○ 0/0	○ 0/0 C	○ 0/0
	21	조 수 혁										
	31	이 태 희										
DF	2	권 완 규	○ 0/0	○ 0/0 C	○ 0/0 C	○ 0/0	○ 0/0	○ 0/0	○ 0/0 C		○ 0/0 C	○ 0/0
	3	김 용 환										
	5	김 진 환	○ 1/0	○ 0/0	○ 0/0	○ 0/0 C	▽ 0/0	○ 0/0	○ 1/0	○ 0/0	○ 0/0	○ 0/0
	13	용 재 현					○ 0/0 C					
	15	김 대 중								△ 0/0	△ 0/0	
	20	요 니 치	○ 0/0	○ 0/0	○ 0/0	○ 0/0	○ 0/0	○ 0/0 C	○ 0/0	○ 0/0	○ 0/0	○ 0/0
	27	이 진 욱				△ 0/0						
	30	김 경 민										
	43	김 창 훈										
	44	지 병 주										
	77	이 윤 표				○ 0/0	△ 0/0	△ 0/0				
MF	4	김 원 식	○ 0/0	▽ 0/0	○ 0/0 C		○ 0/0	○ 0/0	○ 0/0	○ 0/0 C	○ 0/0	○ 0/0
	6	와 다										
	7	김 도 혁	△ 0/0	▽ 0/0	○ 0/0	○ 0/0	○ 0/0		◈ 0/0	△ 0/0	△ 0/0	
	8	안 진 범									▽ 0/0	▽ 0/0 C
	14	이 슬 기										
	22	김 동 석	▽ 0/0	△ 0/0				○ 1/1	▽ 0/0	○ 0/0	▽ 0/0	○ 0/0
	23	윤 상 호						▽ 0/1	▽ 0/0			
	24	박 세 직		▽ 0/0	△ 0/0	▽ 0/0			△ 0/0	▽ 0/0	▽ 0/0	▽ 0/0
	25	박 대 한	○ 0/0 C	○ 0/0 C	▽ 0/0	○ 0/0 C		○ 0/0	○ 0/0	○ 0/0	○ 0/0	○ 0/0
	26	조 수 철	○ 0/0	○ 0/0	○ 1/0	○ 0/0	○ 0/0	○ 0/0	○ 0/0	▽ 1/0		△ 0/0
	28	백 승 원								○ 0/0 C		
	99	김 재 웅										
FW	10	이 천 수	▽ 1/0	△ 0/0	▽ 0/0		▽ 0/1					
	11	김 인 성	○ 0/0	○ 0/0	▽ 0/0	△ 0/0	▽ 0/0	▽ 0/0	○ 0/0	▽ 1/0	○ 0/0	○ 0/0
	16	이 성 우					△ 0/0					
	17	김 대 경	△ 0/0		△ 0/0	▽ 0/0		△ 0/0	△ 0/0	△ 0/0		
	18	진 성 욱	▽ 0/0	△ 0/0	△ 0/0	▽ 0/0	△ 0/0	△ 0/0			△ 0/0	△ 0/0
	19	케 빈	△ 0/0	○ 0/0	○ 0/1	△ 0/0	○ 1/0	▽ 1/0	○ 0/0 C	○ 0/1	○ 1/0 C	○ 0/0
	33	이 효 균										

위치	배번	경기번호	126	130	133	141	147	153	160	163	173	177
		날 짜	07.08	07.12	07.25	08.12	08.15	08.19	08.22	08.29	09.09	09.12
		홈/원정	홈	홈	원정	홈	원정	홈	원정	홈	원정	원정
		장 소	인천	인천	서울W	인천	광양	인천	전주W	인천	광주W	수원W
		상 대	부산	성남	서울	포항	전남	제주	전북	대전	광주	수원
		결 과	승	패	패	패	승	승	승	승	패	패
		점 수	3 : 1	0 : 1	0 : 2	0 : 2	2 : 0	1 : 0	1 : 0	2 : 1	0 : 1	0 : 1
		승 점	30	30	30	30	33	36	39	42	42	42
		순 위	5	7	7	8	7	7	6	6	6	6
		슈팅수	9 : 12	12 : 10	13 : 19	6 : 17	6 : 8	7 : 11	12 : 15	8 : 8	6 : 5	11 : 13
GK	1	유 현	○ 0/0	○ 0/0	○ 0/0	○ 0/0			○ 0/0 C	○ 0/0	○ 0/0	○ 0/0
	21	조 수 혁					○ 0/0 C	○ 0/0				
	31	이 태 희										
DF	2	권 완 규	○ 1/0	○ 0/0	○ 0/0	○ 0/0	○ 0/0	○ 0/0	○ 0/0 C	○ 0/0 C		○ 0/0
	3	김 용 환		△ 0/0	△ 0/0							
	5	김 진 환	○ 0/0 C		○ 0/0	○ 0/0						
	13	용 재 현									○ 0/0	
	15	김 대 중		○ 0/0		△ 0/0					△ 0/0	
	20	요 니 치	○ 0/0	○ 0/0	○ 0/0	○ 0/0	○ 0/0 C		○ 0/0	○ 0/0	○ 0/0	○ 0/0
	27	이 진 욱										
	30	김 경 민										
	43	김 창 훈										
	44	지 병 주										
	77	이 윤 표					○ 0/0	○ 0/0	○ 0/0 C	○ 0/0 C	○ 0/0	○ 0/0
MF	4	김 원 식	○ 0/0 C	○ 0/0 C		○ 0/0 CC		○ 0/0	○ 0/0 C	○ 0/0	○ 0/0	▽ 0/0 C
	6	와 다										
	7	김 도 혁			○ 0/0		△ 0/0	△ 0/0	○ 0/0	▽ 0/0	○ 0/0	△ 0/0
	8	안 진 범	▽ 0/0									
	14	이 슬 기			○ 0/0							
	22	김 동 석	○ 0/0	○ 0/0		○ 0/0	○ 0/0	▽ 0/0 C		△ 0/0 C	▽ 0/0	○ 0/0
	23	윤 상 호					▽ 0/0	▽ 0/0	▽ 0/0			▽ 0/0
	24	박 세 직	○ 1/1	▽ 0/0	▽ 0/0		△ 0/1	○ 0/0	▽ 0/0		△ 0/0	△ 0/0
	25	박 대 한	○ 0/0	○ 0/0	○ 0/0 C	○ 0/0	○ 0/0	○ 0/0	○ 0/0	○ 0/0	○ 0/0	○ 0/0 C
	26	조 수 철	△ 0/0	○ 0/0 C	▽ 0/0	○ 0/0 C	▽ 0/0	○ 0/0	○ 0/0	○ 0/0		○ 0/0
	28	백 승 원										
	99	김 재 웅										
FW	10	이 천 수	▽ 0/0 C			▽ 0/0	▽ 0/0 C			▽ 1/0	▽ 0/0 C	△ 0/0
	11	김 인 성		▽ 0/0	○ 0/0	△ 0/0			◆ 1/0	○ 0/0	○ 0/0	▽ 0/0
	16	이 성 우									◆ 0/0	
	17	김 대 경				△ 0/0	○ 0/0	○ 0/0	△ 0/0			
	18	진 성 욱	△ 0/1 C	△ 0/0	△ 0/0	▽ 0/0	△ 2/0	△ 1/0	△ 0/0	△ 0/0 C		
	19	케 빈	▽ 0/0	▽ 0/0	▽ 0/0	▽ 0/0 C		△ 0/0	○ 0/1	▽ 1/0	○ 0/0	○ 0/0
	33	이 효 균	△ 1/0	△ 0/0	△ 0/0		○ 0/1 C	▽ 0/0		△ 0/0		

선수자료 : 득점/도움 ○ = 선발출장 △ = 교체 IN ▽ = 교체 OUT ◆ = 교체 IN/OUT C = 경고 S = 퇴장

위치	배번	경기번호	181	192	195	203	210	216	220	227		
		날 짜	09.19	09.23	10.04	10.17	10.25	11.08	11.21	11.28		
		홈/원정	홈	홈	원정	홈	원정	홈	원정	홈		
		장 소	인천	인천	탄천	인천	광주W	인천	대전W	인천		
		상 대	부산	울산	성남	울산	광주	부산	대전	전남		
		결 과	승	패	패	무	무	무	승	패		
		점 수	2 : 1	1 : 2	0 : 1	2 : 2	0 : 0	0 : 0	2 : 0	0 : 1		
		승 점	45	45	45	46	47	48	51	51		
		순 위	6	6	7	7	7	7	7	8		
		슈팅수	9 : 8	7 : 7	4 : 6	7 : 13	1 : 5	5 : 5	6 : 18	4 : 6		
GK	1	유 현		○ 0/0			○ 0/0			○ 0/0		
	21	조수혁	○ 0/0 C		▽ 0/0							
	31	이태희			△ 0/0	○ 0/0		○ 0/0	○ 0/0			
DF	2	권완규	○ 0/0	○ 0/0	○ 0/0	○ 0/0	○ 0/0		○ 0/0	○ 0/0		
	3	김용환										
	5	김진환	○ 0/0	△ 0/0								
	13	용재현				○ 0/0 C	△ 0/0	○ 0/0 C				
	15	김대중				○ 0/0		○ 0/0		△ 0/0		
	20	요니치	○ 0/0	○ 0/0	○ 0/0	○ 0/0	○ 0/0	○ 0/0 C	○ 0/0	○ 0/0		
	27	이진욱							▽ 1/0			
	30	김경민					○ 0/0 C					
	43	김창훈						○ 0/0				
	44	지병주						▽ 0/0 C				
	77	이윤표	△ 0/0	○ 0/0	○ 0/0		○ 0/0		○ 0/0	○ 0/0		
MF	4	김원식	○ 0/0	○ 0/0		○ 0/0 C			○ 0/0	○ 0/0 C		
	6	와 다	△ 0/0						△ 1/0	△ 0/0		
	7	김도혁	○ 0/1	○ 0/0	○ 0/0 C				▽ 0/0 C			
	8	안진범				○ 0/0	▽ 0/0					
	14	이슬기										
	22	김동석	▽ 0/1 C	○ 0/0	○ 0/0			○ 0/0		▽ 0/0		
	23	윤상호		▽ 0/0	▽ 0/0	○ 0/0 C	○ 0/0 C	○ 0/0	○ 0/0	▽ 0/0		
	24	박세직	▽ 1/0	▽ 0/0	△ 0/0	▽ 1/0	△ 0/0	○ 0/0	▽ 0/0	▽ 0/0		
	25	박대한	○ 0/0	○ 0/1	○ 0/0		○ 0/0	△ 0/0	○ 0/0	○ 0/0		
	26	조수철										
	28	백승원						△ 0/0				
	99	김재웅										
FW	10	이천수										
	11	김인성	▽ 0/0 C		○ 0/0	△ 0/0	▽ 0/0			○ 0/0		
	16	이성우										
	17	김대경			▽ 0/0	○ 0/1	▽ 0/0		△ 0/0			
	18	진성욱	△ 0/0	△ 0/0 C		△ 1/0	△ 0/0	▽ 0/0	△ 0/0	△ 0/0		
	19	케 빈	○ 1/0	▽ 1/0	○ 0/0	◈ 0/0	○ 0/0	△ 0/0	○ 0/0 CC			
	33	이효균		△ 0/0	△ 0/0	▽ 0/0		▽ 0/0		○ 0/0		

전남 드래곤즈

창단년도_ 1994년

전화_ 061-815-0114

팩스_ 061-815-0119

홈페이지_ www.dragons.co.kr

주소_ 우 57807 전라남도 광양시 백운로 1641 광양축구전용구장 내
1641 Baegun-ro, Gwangyang-Si, Jeonnam, KOREA 57807

연혁

1994	(주)전남 프로축구 설립(11월 1일)
	전남 드래곤즈 프로축구단 창단(12월 16일)
	(사장: 한경식, 단장: 서정복, 감독: 정병탁)
1995	95 하이트배 코리안리그 전기 6위, 후기 5위
1996	제2대 단장 및 감독 이취임식(단장: 조병옥 감독: 허정무)
	96 라피도컵 프로축구대회 전기 6위, 후기 6위
1997	제2대 사장 및 3대 단장 이취임식(사장: 박종태, 단장: 김영석)
	97 아디다스컵 준우승, 페어플레이상
	97 라피도컵 프로축구대회 준우승
	제2회 FA컵 우승, 페어플레이상
1998	제3회 삼보체인지 FA컵 3위
	제3대 감독 취임(감독: 이회택)
1999	제9회 아시안컵 위너스컵 준우승
	바이코리아컵 K-리그 3위
	제3대 사장 취임(사장: 한경식)
	프로축구 올해의 페어플레이팀
2000	대한화재컵 준우승
	아디다스컵 공동 3위
2001	2001 포스코 K-리그 8위
	제4대 사장, 단장 취임(사장: 김문순, 단장: 서정복)
2002	삼성 파브 K-리그 5위
2003	삼성 하우젠 K-리그 4위
	제8회 하나은행 FA컵 준우승, 페어플레이상
	대한민국 최초 클럽시스템 도입
	U-15 광양제철중학교 전국대회 2관왕
	U-12 광양제철남초등학교 동원컵 왕중왕전 우승
2004	제4대 감독 취임(감독: 이장수)
	제1회 통영컵 대회 우승
	제5대 사장, 단장 취임(사장: 박성주, 단장: 김종대)
	삼성 하우젠 K-리그 3위
2005	제5대 감독 취임(감독: 허정무)
	J리그 오이타 트리니타와 자매결연(8월 4일)
	삼성 하우젠 K-리그 11위
	11월 6일 창단멤버 김태영 통산 250경기 출장 뒤 은퇴
	제10회 하나은행 FA컵 3위
2006	제6대 사장 취임(사장: 공윤찬)
	삼성 하우젠 K-리그 6위
	제11회 하나은행 FA컵 우승
	올해의 프로축구대상 특별상
	팀 통산 500득점 달성
2007	제7대 사장 취임(사장: 이건수)
	제12회 하나은행 FA컵 우승(사상 최초 2연패)
	삼성 하우젠 K-리그 10위
	AFC 챔피언스리그 출전
	팀 통산 홈 구장 100승 달성
	허정무 감독 국가대표 감독 선임
2008	제6대 감독 취임(감독: 박항서)
	제6대 단장 취임(단장: 김영훈)
	AFC 챔피언스리그 출전
	삼성 하우젠 K-리그 9위
	삼성 하우젠컵 준우승
2009	2009 K-리그 4위
2010	쏘나타 K리그 10위
	2010 하나은행 FA컵 3위
	지동원, 윤석영 2010 광저우아시안게임 동메달
	제7대 감독 취임(감독: 정해성)
2011	제8대 사장 취임(사장: 유종호)
	현대오일뱅크 K리그 2011 7위
	팀 통산 200승 달성
	팀 통산 700골 달성(지동원)
	유스 출신 지동원 잉글랜드 프리미어리그 선더랜드 이적
2012	윤석영 2012 런던 올림픽 동메달
	제8대 감독 취임(감독: 하석주/ 08.16)
	감사나눔운동 시작
	현대오일뱅크 K리그 2012 11위
2013	유스 출신 윤석영 잉글랜드 프리미어리그 QPR 이적
	제9대 사장 취임(사장: 박세연 / 8월)
	현대오일뱅크 K리그 클래식 2013 10위
	팀 통산 800호골 달성(임경현)
2014	현대오일뱅크 K리그 클래식 2014 7위
	제9대 감독 취임(감독: 노상래 / 11.29)
2015	현대오일뱅크 K리그 클래식 2015 9위
	제20회 KEB하나은행 FA컵 4강
	2015 광양제철고 전국대회 2연패
	(K리그 U-18 챔피언십 우승, 백운기 전구고교축구대회 우승)
	광양제철중 제51회 춘계중등연맹전 우승
	광양제철남초 제주칠십리배 우승

전남 드래곤즈 2015년 선수명단

대표이사_ 박세연　사무국장_ 백형군
감독_ 노상래　수석코치_ 김태영　코치_ 임관식　코치_ 이정효　GK코치_ 이광석　주무_ 김승호
의무_ 강훈·남기원·박정우　통역_ 안영재　분석관_ 심기웅　장비사_ 김현중

포지션	성명		생년월일	출신교	키(cm) / 몸무게(kg)
GK	김 병 지	金 秉 址	1970.04.08	알로이시오 기계공고	184 / 78
	김 민 식	金 民 植	1985.10.29	호남대	187 / 83
	한 유 성	韓 侑 成	1991.06.09	경희대	190 / 75
DF	최 효 진	崔 孝 鎭	1983.08.18	아주대	172 / 70
	김 태 호	金 台 鎬	1989.09.22	아주대	182 / 76
	홍 진 기	洪 眞 基	1990.10.20	홍익대	182 / 82
	임 종 은	林 宗 垠	1990.06.18	현대고	192 / 85
	이 지 남	李 指 南	1984.11.21	안양공고	186 / 72
	현 영 민	玄 泳 民	1979.12.25	건국대	179 / 73
	방 대 종	方 大 鍾	1985.01.28	전남유소년(광양제철고)	184 / 80
	이 재 억	李 在 億	1989.06.03	아주대	178 / 77
	김 동 철	金 東 徹	1990.10.01	고려대	180 / 75
	이 지 민	李 智 玟	1993.09.04	아주대	171 / 65
	이 슬 찬	李 슬 찬	1993.08.15	전남유소년(광양제철고)	172 / 65
MF	레안드리뉴	George Leandro Abreu De Lima	1985.11.09	*브라질	167 / 67
	김 평 래	金 平 來	1987.11.09	중앙대	180 / 75
	김 영 욱	金 泳 旭	1991.04.29	전남유소년(광양제철고)	177 / 70
	정 석 민	鄭 錫 珉	1988.01.27	인제대	183 / 75
	이 창 민	李 昌 珉	1994.01.20	중앙대	178 / 72
	고 병 욱	高 炳 郁	1992.08.21	전남유소년(광양제철고)	175 / 68
	오 영 준	吳 泳 俊	1993.01.16	전남유소년(광양제철고)	178 / 72
	서 민 환	徐 民 煥	1992.05.09	전남유소년(광양제철고)	177 / 72
FW	이 종 호	李 宗 浩	1992.02.24	전남유소년(광양제철고)	180 / 77
	전 현 철	全 玄 哲	1990.07.03	아주대	174 / 70
	스 테 보	Pnctnk Ristik Tebnlia Stevica	1982.05.23	*마케도니아	188 / 90
	안 용 우	安 庸 佑	1991.08.10	동의대	176 / 69
	오 르 샤	Mislav Orsic	1992.12.29	*크로아티아	178 / 72
	안 수 현	安 壽 賢	1992.06.13	조선대	187 / 77
	이 광 열	李 光 熱	1992.02.15	연세대	169 / 66

전남 드래곤즈 2015년 개인기록 _ K리그 클래식

위치	배번	경기번호	04	09	13	24	29	32	41	46	52	56
		날 짜	03.08	03.14	03.21	04.05	04.12	04.15	04.19	04.26	05.03	05.09
		홈/원정	홈	원정	원정	홈	홈	원정	원정	홈	원정	홈
		장 소	광양	탄천	문수	광양	광양	포항	부산A	광양	광주W	광양
		상 대	제주	성남	울산	인천	수원	포항	부산	전북	광주	대전
		결 과	무	무	무	승	무	패	승	승	패	무
		점 수	1 : 1	0 : 0	0 : 0	1 : 0	1 : 1	1 : 4	2 : 0	2 : 1	2 : 3	0 : 0
		승 점	1	2	3	6	7	7	10	13	13	14
		순 위	7	6	7	5	5	9	6	5	5	5
		슈팅수	14 : 10	15 : 8	9 : 7	12 : 11	9 : 12	12 : 14	9 : 7	11 : 15	6 : 12	18 : 5
GK	1	김 병 지	○ 0/0	○ 0/0	○ 0/0	○ 0/0	○ 0/0		○ 0/0	○ 0/0	○ 0/0	○ 0/0
	21	김 민 식						○ 0/0				
	30	한 유 성										
DF	2	최 효 진	○ 0/0	○ 0/0	○ 0/0 C	○ 0/0	○ 0/0	○ 0/0 C	○ 0/0	○ 0/0	○ 0/0	○ 0/0
	3	김 태 호						▽ 0/0				
	4	홍 진 기										
	5	임 종 은			△ 0/0		△ 0/0	○ 0/0	○ 0/0	○ 0/0	○ 0/0	○ 0/0
	6	이 지 남							△ 0/0	○ 0/0 C		
	13	현 영 민	○ 0/0 C	○ 0/0	○ 0/0	○ 0/0	○ 0/0 C		○ 0/0 C		○ 0/1	○ 0/0
	15	방 대 종	○ 0/0	○ 0/0	○ 0/0	○ 0/0	○ 0/0				△ 0/0	○ 0/0
	19	이 재 억										
	20	김 동 철	○ 0/0	○ 0/0	○ 0/0 C	○ 0/0	○ 0/0	○ 0/0	○ 0/0 C	○ 0/0	▽ 0/0 C	
	24	이 지 민		△ 0/0	△ 0/0			△ 0/0		△ 0/0		△ 0/0
	27	이 슬 찬							△ 0/0	○ 0/0 C		
MF	7	레안드리뉴	▽ 0/0		▽ 0/0		△ 0/0	△ 0/0	△ 0/0		△ 0/0	△ 0/0
	12	김 평 래	○ 0/0	○ 0/0	○ 0/0	○ 0/0	○ 0/0	▽ 0/0			▽ 0/0	○ 0/0
	14	김 영 욱	▽ 0/0		○ 0/0	△ 0/0	▽ 0/1	△ 1/0	▽ 0/0		▽ 1/0	△ 0/0
	16	정 석 민				▽ 0/0			○ 0/0	▽ 0/0	○ 0/0	▽ 0/0
	18	이 창 민	△ 0/0	○ 0/0		△ 0/0	○ 0/0	○ 0/0	▽ 0/0	○ 2/0	○ 0/0	▽ 0/0
	22	고 병 욱										
	25	안 수 현										
	26	오 영 준								△ 0/0		
FW	8	이 종 호	▽ 0/0	○ 0/0	▽ 0/0	▽ 1/0	▽ 1/0 C	○ 0/0	○ 0/1	▽ 0/0		
	9	전 현 철	△ 0/0	▽ 0/0		△ 0/0	△ 0/0	○ 0/0			△ 1/0	
	10	스 테 보	○ 1/0	▽ 0/0	○ 0/0	○ 0/0	○ 0/0		○ 1/0	○ 0/1	○ 0/0	○ 0/0
	11	안 용 우	○ 0/1	○ 0/0	▽ 0/0	○ 0/0	▽ 0/0	○ 0/0	▽ 1/0	▽ 0/0	○ 0/0	○ 0/0
	17	오 르 샤	△ 0/0	△ 0/0	△ 0/0 C	▽ 0/0		▽ 0/0 C		△ 0/1		▽ 0/0

선수자료 : 득점/도움 ○ = 선발출장 △ = 교체 IN ▽ = 교체 OUT ◈ = 교체 IN/OUT C = 경고 S = 퇴장

위치	배번	경기번호	62	72	75	80	87	93	98	108	111	119
		날 짜	05.16	05.23	05.30	06.03	06.06	06.17	06.20	06.28	07.01	07.05
		홈/원정	원정	원정	홈	홈	원정	홈	홈	원정	홈	홈
		장 소	서울W	제주W	광양	광양	인천	광양	광양	전주W	광양	광양
		상 대	서울	제주	부산	광주	인천	성남	서울	전북	포항	울산
		결 과	패	패	승	패	승	승	승	무	무	승
		점 수	0 : 3	2 : 3	3 : 1	1 : 2	2 : 1	2 : 1	2 : 0	2 : 2	0 : 0	2 : 1
		승 점	14	14	17	17	20	23	26	27	28	31
		순 위	8	9	5	8	6	6	4	4	5	3
		슈팅수	8 : 3	18 : 24	16 : 9	3 : 14	8 : 11	11 : 15	9 : 13	12 : 18	8 : 3	11 : 4
GK	1	김 병 지	○ 0/0	○ 0/0	○ 0/0	○ 0/0	○ 0/0	○ 0/0	○ 0/0		○ 0/0	○ 0/0
	21	김 민 식								○ 0/0		
	30	한 유 성										
DF	2	최 효 진	▽ 0/0 C		○ 0/0	○ 0/0				○ 0/0 C		
	3	김 태 호					○ 0/0	○ 0/0 C	○ 0/0			
	4	홍 진 기										
	5	임 종 은	○ 0/0	○ 0/0	○ 0/0	○ 0/0	○ 0/0 C	○ 0/0	○ 1/0 C	○ 0/0	○ 0/0	○ 0/0 C
	6	이 지 남					▽ 0/0 C		▽ 0/0	○ 0/0	○ 0/0	○ 0/0
	13	현 영 민	○ 0/0		○ 0/0		○ 0/0	○ 0/0	○ 0/0	○ 0/1	○ 0/0	○ 0/0
	15	방 대 종		○ 0/0	○ 0/0 C	▽ 0/0	△ 0/0	○ 0/0 C	△ 0/0 C			
	19	이 재 억				△ 0/0 C						
	20	김 동 철	○ 0/0	▽ 0/0	△ 0/0		△ 0/0	△ 0/0	▽ 0/0	○ 0/0	△ 0/0	
	24	이 지 민		○ 0/0								
	27	이 슬 찬	△ 0/0 C	○ 0/0		○ 0/0			▽ 0/0 C		○ 0/0	○ 0/0
MF	7	레안드리뉴	▽ 0/0	◈ 1/0				△ 0/0		△ 0/0		
	12	김 평 래	▽ 0/0	△ 0/0	△ 0/0	○ 0/0 C	○ 0/0	○ 0/0	○ 0/0	○ 0/0	○ 0/0	○ 0/0
	14	김 영 욱	○ 0/0	▽ 0/0		△ 0/0		△ 0/0	△ 0/0	△ 0/0	▽ 0/0 C	△ 0/0
	16	정 석 민	○ 0/0		▽ 0/0	▽ 0/0	○ 0/0	▽ 0/0		▽ 0/0		○ 0/0
	18	이 창 민	○ 0/0	○ 0/0	▽ 0/0		▽ 0/2 C					
	22	고 병 욱				△ 0/0	▽ 0/0				△ 0/0	
	25	안 수 현										
	26	오 영 준										
FW	8	이 종 호			△ 0/0	▽ 0/0	○ 1/0	▽ 0/0	○ 0/1	▽ 1/0	○ 0/0 C	▽ 1/0 C
	9	전 현 철		△ 0/0	▽ 0/0						△ 0/0	△ 0/0
	10	스 테 보	○ 0/0	○ 0/0	○ 2/0	○ 1/0		○ 1/0	○ 0/0	○ 0/0	○ 0/0	○ 0/1
	11	안 용 우	△ 0/0	○ 0/0	○ 1/0	○ 0/1	△ 0/0	▽ 0/0	△ 0/0	△ 0/0	▽ 0/0	○ 1/0
	17	오 르 샤	△ 0/0	○ 1/1	○ 0/1	○ 0/0	○ 1/0	○ 1/0	○ 1/1	▽ 1/0	▽ 0/0	▽ 0/1 C

위치	배번	경기번호	122	131	138	139	147	152	162	165	169	180
		날 짜	07.08	07.12	07.26	08.12	08.15	08.19	08.23	08.29	09.09	09.13
		홈/원정	원정	원정	홈	원정	홈	원정	홈	원정	홈	홈
		장 소	수원W	대전W	광양	광주W	광양	전주W	광양	부산A	광양	광양
		상 대	수원	대전	제주	광주	인천	전북	포항	부산	성남	대전
		결 과	패	승	승	무	패	패	무	무	무	무
		점 수	0 : 1	3 : 2	3 : 1	0 : 0	0 : 2	1 : 2	0 : 0	1 : 1	1 : 1	1 : 1
		승 점	31	34	37	38	38	38	39	40	41	42
		순 위	4	3	3	3	5	6	7	7	7	7
		슈팅수	3 : 15	25 : 10	14 : 9	8 : 3	8 : 6	8 : 20	6 : 10	11 : 13	18 : 9	17 : 5
GK	1	김 병 지	○ 0/0	○ 0/0	○ 0/0		○ 0/0	○ 0/0	○ 0/0	○ 0/0		○ 0/0
	21	김 민 식				○ 0/0					○ 0/0	
	30	한 유 성										
DF	2	최 효 진		○ 0/0	○ 0/0	○ 0/0	○ 0/0	▽ 0/0				
	3	김 태 호	○ 0/0 C								▽ 0/0	
	4	홍 진 기										
	5	임 종 은		○ 0/0	▽ 0/0	○ 0/0	○ 0/0	○ 0/0	○ 0/0	○ 0/0	○ 0/0 C	
	6	이 지 남	○ 0/0	○ 0/0	○ 0/0	○ 0/0	○ 0/0	○ 0/0	○ 0/0 C		○ 0/0	
	13	현 영 민		○ 0/0	○ 0/0 C		○ 0/0	○ 0/0 C	○ 0/0	○ 0/0	○ 0/0	○ 0/0
	15	방 대 종	▽ 0/0		△ 0/0	△ 0/0				○ 0/0		○ 0/0
	19	이 재 억										
	20	김 동 철	○ 0/0		△ 0/0	○ 0/0		○ 0/0	△ 0/0	○ 0/0	▽ 0/0	○ 0/0
	24	이 지 민		△ 0/0 C			▽ 0/0			△ 0/0		△ 0/0
	27	이 슬 찬	○ 0/0	△ 0/0		○ 0/0	△ 0/0	○ 0/0 C	○ 0/0	○ 0/0 C		○ 0/0
MF	7	레안드리뉴	○ 0/0	△ 0/1 C							○ 0/0	○ 0/0 C
	12	김 평 래	○ 0/0	▽ 0/0							△ 0/0	○ 0/0
	14	김 영 욱			○ 0/0	○ 0/0 C	○ 0/0	△ 0/0	○ 0/0		○ 0/0	△ 0/0
	16	정 석 민	▽ 0/0	▽ 0/0	○ 0/0		▽ 0/0	△ 0/0	▽ 0/0	▽ 0/0	△ 0/0	
	18	이 창 민	△ 0/0		▽ 0/0	▽ 0/0	△ 0/0 C	▽ 0/0	△ 0/0	◈ 0/0		
	22	고 병 욱	△ 0/0									
	25	안 수 현										
	26	오 영 준										
FW	8	이 종 호		▽ 0/0	▽ 1/0	△ 0/0 C	▽ 0/0	▽ 1/0	○ 0/0	○ 0/0	○ 0/0 C	○ 1/0
	9	전 현 철	▽ 0/0			▽ 0/0			△ 0/0	△ 0/0		▽ 0/0
	10	스 테 보	△ 0/0	○ 2/0 C	○ 0/0	△ 0/0	○ 0/0	○ 0/0	▽ 0/0 C	○ 1/0	▽ 0/0	▽ 0/0
	11	안 용 우	○ 0/0	○ 0/0	△ 0/0	▽ 0/0	△ 0/0	○ 0/1	▽ 0/0	○ 0/0	△ 0/0	△ 0/0
	17	오 르 샤		○ 1/1	○ 2/1	○ 0/0	○ 0/0 C	△ 0/0	○ 0/0	▽ 0/0	○ 1/0	▽ 0/0

선수자료 : 득점/도움 ○ = 선발출장 △ = 교체 IN ▽ = 교체 OUT ◈ = 교체 IN/OUT C = 경고 S = 퇴장

위치	배번	경기번호	182	187	196	204	209	214	222	227		
		날 짜	09.19	09.23	10.04	10.18	10.25	11.07	11.22	11.28		
		홈/원정	원정	홈	원정	원정	홈	홈	원정	원정		
		장 소	문수	광양	서울W	대전W	광양	광양	구덕	인천		
		상 대	울산	수원	서울	대전	울산	광주	부산	인천		
		결 과	패	패	패	패	패	승	무	승		
		점 수	2 : 3	0 : 2	2 : 3	0 : 1	2 : 5	2 : 1	1 : 1	1 : 0		
		승 점	42	42	42	42	42	45	46	49		
		순 위	7	8	8	8	9	9	9	9		
		슈팅수	15 : 14	11 : 13	8 : 12	13 : 15	13 : 17	12 : 9	9 : 15	6 : 4		
GK	1	김 병 지		○ 0/0								
	21	김 민 식	○ 0/0		○ 0/0	○ 0/0	○ 0/0	○ 0/0	○ 0/0			
	30	한 유 성								○ 0/0 C		
DF	2	최 효 진	○ 0/0	○ 0/0	△ 0/0	○ 0/0	○ 1/0	○ 0/0 C	○ 0/0	○ 1/0		
	3	김 태 호										
	4	홍 진 기		△ 0/0	○ 0/0	▽ 0/0		○ 0/0	○ 0/0	○ 0/0 C		
	5	임 종 은	▽ 0/0			△ 0/0 C	○ 0/0					
	6	이 지 남	○ 0/0	○ 0/0	○ 0/0		○ 0/0					
	13	현 영 민	○ 0/0	○ 0/0			▽ 0/0	○ 0/0	○ 0/0 C			
	15	방 대 종	△ 0/0	▽ 0/0 C		○ 0/0		○ 0/0 C	○ 0/0	○ 0/0		
	19	이 재 억								△ 0/0		
	20	김 동 철			▽ 0/0	○ 0/0			○ 0/0 C	○ 0/0		
	24	이 지 민			○ 0/0	○ 0/0			▽ 1/0	▽ 0/1		
	27	이 슬 찬	△ 0/0		○ 0/0 C		△ 0/0	△ 0/0	○ 0/0 C	△ 0/0		
MF	7	레안드리뉴	△ 0/0	▽ 0/0	▽ 0/0	○ 0/0	▽ 0/0 C					
	12	김 평 래	○ 0/0 C	○ 0/0	○ 0/0 C		○ 0/0	△ 0/0	△ 0/0	▽ 0/0		
	14	김 영 욱		△ 0/0	○ 0/1 C		▽ 0/0	▽ 0/0 C				
	16	정 석 민	○ 0/0	▽ 0/0		▽ 0/0 C	△ 0/0	○ 0/0 C	▽ 0/0 C			
	18	이 창 민								△ 0/0		
	22	고 병 욱										
	25	안 수 현							△ 0/0			
	26	오 영 준				△ 0/0			△ 0/0	○ 0/0		
FW	8	이 종 호	○ 0/1	○ 0/0	○ 2/0	○ 0/0	○ 0/0	○ 2/0 C				
	9	전 현 철		△ 0/0	▽ 0/0	△ 0/0			▽ 0/0	▽ 0/0		
	10	스 테 보	○ 2/0	○ 0/0	△ 0/0	▽ 0/0	○ 1/0	○ 0/1 C		○ 0/0		
	11	안 용 우	▽ 0/0			○ 0/0 C	○ 0/0	▽ 0/1				
	17	오 르 샤	▽ 0/0	○ 0/0	△ 0/0		△ 0/0	○ 0/0	○ 0/0	○ 0/0		

광주 FC

창단년도_ 2010년
전화_ 062-373-7733
팩스_ 062-371-7734
홈페이지_ www.gwangjuifc.com
주소_ 우 62048 광주광역시 서구 금화로 240(풍암동) 월드컵경기장 2층
2F, Gwangju World Cup Stadium, 240, Geumhwa-ro, Seo-gu, Gwangju, KOREA 62048

연혁

2010	광주시민프로축구단 창단발표
	범시민 창단준비위원회 발족
	(주)광주시민프로축구단 법인 설립
	시민주 공모 2,146백만 원, 430,376주(40,432명)
	축구단 명칭 공모(881명, 10월 말 선정)
	→ 구단 명칭 선정: 광주FC
	축구단 창단신청 및 승인(프로축구연맹)
	단장 및 감독 선임
	창단식
2011	현대오일뱅크 K리그 2011 시즌 11위
	시·도민구단 창단 최다승 달성
	러시앤캐시컵 2011 시즌 11위
	이승기 선수 2011 신인상 수상
2012	현대오일뱅크 K리그 2012 15위
	제17회 하나은행 FA컵 16강
	U-18 14회 백운기 전국고등학교 축구대회 우승
	U-18 2012 챌린지리그 2위(금호고)
	U-18 2012 챌린지리그 페어플레이상(금호고)
	U-15 금석배 전국학생 축구대회 저학년부 우승(광덕중)
	U-15 금석배 전국학생 축구대회 고학년부 준우승(광덕중)
	U-15 2012 권역별 초중고 주말리그 3위(광덕중)
2013	현대오일뱅크 K리그 챌린지 2013 3위
	광주시민프로축구단 창단 첫 3연승 달성
	광주시민프로축구단 창단 첫 100호골 기록
	제18회 하나은행 FA컵 16강
	U-18 금호고 아디다스 올인 챌린지리그 5위(왕중왕전)
	U-15 광덕중 추계중등축구연맹회장배 준우승(청룡)
	U-15 광덕중 제42회 전국소년체육대회 동메달
2014	현대오일뱅크 K리그 챌린지 2014 정규리그 4위
	현대오일뱅크 K리그 승강 플레이오프 우승
	(2015 클래식 승격)
	제19회 하나은행 FA컵 16강
	U-18 2014 아디다스 올인 K리그 주니어 우승(금호고)
	U-18 제22회 백록기 전국고등학교축구대회 우승(금호고)
	U-15 2014 금석배 전국 중학생 축구대회 3위(광덕중)
	U-15 제15회 오룡기 전국 중학교 축구대회 3위(광덕중)
2015	현대오일뱅크 K리그 클래식 정규리그 10위
	현대오일뱅크 K리그 클래식 승격팀 최초 잔류
	광주FC 팀 창단 최다승 달성 (10승)
	제20회 KEB하나은행 FA컵 32강
	U-18 제17회 백운기 전국고교축구대회 3위(금호고)
	U-18 제96회 전국체육대회 고등부 3위 동메달(금호고)
	U-15 제51회 추계중등축구연맹전 프로산하 3위(광덕중)

광주FC 2015년 선수명단

대표이사_ 정원주 단장_ 기영옥 감독_ 남기일 수석코치_ 장기봉 플레잉코치_ 마철준 피지컬코치_ 길레미 GK코치_ 기우성
주무_ 정민화 주치의_ 이준영 트레이너_ 김범수·김용호 분석관_ 정재선 통역_ 서주항 스카우터_ 정철호

포지션	선수명		생년월일	출신교	키(cm) / 몸무게(kg)
GK	최봉진	崔鳳珍	1992.04.06	중앙대	193 / 83
	제종현	諸鐘炫	1991.12.06	숭실대	191 / 88
	주정우	朱正祐	1992.03.24	경기대	180 / 71
	권정혁	權正赫	1978.08.02	고려대	193 / 83
DF	정준연	鄭俊硯	1989.04.03	광양제철고	178 / 70
	이으뜸	李으뜸	1989.09.02	용인대	178 / 68
	마철준	馬哲俊	1980.11.16	경희대	180 / 70
	김영빈	金榮彬	1991.09.20	광주대	184 / 79
	이종민	李宗珉	1983.09.01	서귀포고	175 / 68
	오도현	吳到鉉	1994.12.06	금호고	188 / 82
	정호정	鄭好正	1988.09.01	광운대	180 / 76
	권영호	權英鎬	1992.07.31	명지대	190 / 80
	송성범	宋成範	1992.06.10	호원대	185 / 79
	이용준	李鎔駿	1990.04.03	현대고	180 / 75
	안영규	安泳奎	1989.12.04	울산대	185 / 73
	조철인	趙哲仁	1990.09.15	영남대	185 / 73
	류범희	柳範熙	1991.07.29	광주대	180 / 77
MF	여 름	呂 름	1989.06.22	광주대	175 / 69
	홍태곤	洪兌坤	1992.05.05	홍익대	180 / 69
	권수현	權修鉉	1991.03.26	아주대	178 / 70
	조용태	趙容泰	1986.03.31	연세대	180 / 69
	이찬동	李燦東	1993.01.10	인천대	183 / 80
	박일권	朴一權	1995.03.04	금호고	172 / 70
	박선홍	朴善洪	1993.11.05	전주대	175 / 72
	허재녕	許財寧	1992.05.14	아주대	181 / 73
	주현우	朱眩吁	1990.09.12	동신대	173 / 70
	김의신	金義信	1992.11.26	호원대	182 / 70
	안성남	安成男	1984.04.17	중앙대	174/ 68
FW	임선영	林善永	1988.03.21	수원대	185 / 78
	김호남	金浩男	1989.06.14	광주대	178 / 72
	김성현	金聖賢	1990.07.01	남부대	175 / 68
	파비오	Fabio Neves Florentino	1986.10.04	*브라질	171 / 66
	질베르토	Gilberto Valdenesio Fortunato	1987.07.11	*브라질	186 / 84
	까시아노	Dias Moreira Cassiano	1989.06.16	*브라질	184 / 79
	다니엘	Oliveira Moreira Daniel	1991.03.14	*브라질	175 / 69
	송승민	宋承珉	1992.01.11	인천대	188 / 77

광주FC 2015년 개인기록 _ K리그 클래식

위치	배번	경기번호	02	10	14	23	30	36	39	47	52	55
		날 짜	03.07	03.15	03.21	04.05	04.12	04.15	04.18	04.26	05.03	05.09
		홈/원정	원정	원정	원정	원정	홈	원정	홈	홈	홈	홈
		장 소	인천	대전W	부산A	문수	목포C	제주W	목포C	목포C	광주W	광주W
		상 대	인천	대전	부산	울산	전북	제주	성남	서울	전남	수원
		결 과	무	승	승	패	패	패	무	무	승	패
		점 수	2 : 2	2 : 0	3 : 2	0 : 2	2 : 3	1 : 2	0 : 0	1 : 1	3 : 2	0 : 2
		승 점	1	4	7	7	7	7	8	9	12	12
		순 위	3	3	2	4	6	7	7	8	7	8
		슈팅수	8 : 4	15 : 4	7 : 6	22 : 12	5 : 12	6 : 16	5 : 4	10 : 6	12 : 6	6 : 6
GK	1	제종현	○ 0/0	○ 0/0	○ 0/0	○ 0/0						○ 0/0
	31	권정혁					○ 0/0	○ 0/0	○ 0/0	○ 0/0	○ 0/0	
	41	최봉진										
DF	3	김영빈			△ 0/0		○ 0/0 C				○ 1/0 C	
	4	정준연	○ 0/0	○ 0/0 C	○ 0/0	○ 0/0	○ 0/0	○ 0/0	○ 0/0	○ 0/0		○ 0/0
	6	오도현							△ 0/0	△ 0/0 C	△ 0/0	△ 0/0
	17	이종민	○ 1/0	○ 0/1	○ 1/1	○ 0/0	○ 0/0	△ 0/0	○ 0/0	○ 0/0	○ 0/1	○ 0/0
	20	송성범										
	26	안영규	○ 0/0	○ 1/0 C	○ 0/0	○ 0/0		○ 0/0	○ 0/0 C	○ 0/0	○ 0/0	○ 0/0
	29	마철준										
	33	정호정	○ 0/0	○ 0/0	○ 0/0	△ 0/0	○ 0/0	○ 0/0	○ 0/0	○ 0/0	○ 0/0	○ 0/0
	35	류범희										
MF	5	임선영	○ 0/0	▽ 0/0	○ 1/0	○ 0/0	▽ 0/0		○ 0/0	○ 0/0	○ 1/0	○ 0/0
	7	여름	△ 0/0	○ 0/0	▽ 0/0	○ 0/0	○ 0/1	○ 0/1 C	▽ 0/0	○ 0/0	○ 0/0	▽ 0/0
	13	허재녕								▽ 0/0		
	14	이으뜸		△ 0/0	○ 0/0	▽ 0/0		▽ 0/0				
	18	권영호										
	19	박선홍	△ 0/0						△ 0/0	△ 0/0		△ 0/0
	22	조용태	▽ 0/0	▽ 0/0	△ 0/0	▽ 0/0	▽ 1/0	△ 0/0	○ 0/0	▽ 0/1	▽ 0/0	▽ 0/0
	28	김의신										
	30	주현우			△ 0/0		△ 0/0	○ 0/0	○ 0/0	○ 0/0	△ 0/0 C	
	34	안성남					▽ 0/0	▽ 0/0				
	37	박일권										
	40	이찬동	○ 0/0 C	○ 0/0		○ 0/0 C	○ 0/0	○ 0/0	▽ 0/0 C		○ 0/0	○ 0/0
FW	9	질베르토	▽ 0/0	▽ 0/0		▽ 0/0	○ 0/0	▽ 1/0	▽ 0/0 C			
	10	파비오	▽ 0/0	△ 0/0	▽ 0/1	△ 0/0	△ 0/0	○ 0/0	△ 0/0	▽ 1/0	▽ 1/0	▽ 0/0
	11	김호남	○ 0/0	○ 1/1	○ 1/0	○ 0/0					△ 0/0	△ 0/0
	12	김성현					△ 0/0	△ 0/0		△ 0/0		
	16	송승민	△ 0/0	△ 0/0	▽ 0/0	△ 0/0					▽ 0/1	○ 0/0
	36	까시아노										
	38	다니엘										

선수자료 : 득점/도움 ○ = 선발출장 △ = 교체 IN ▽ = 교체 OUT ◈ = 교체 IN/OUT C = 경고 S = 퇴장

위치	배번	경기번호	65	70	74	80	90	92	99	103	109	118
		날 짜	05.17	05.24	05.30	06.03	06.07	06.17	06.20	06.27	07.01	07.05
		홈/원정	홈	홈	홈	원정	원정	원정	원정	원정	원정	원정
		장 소	광주W	광주W	광주W	광양	수원W	대전W	탄천	포항	인천	서울W
		상 대	포항	부산	제주	전남	수원	대전	성남	포항	인천	서울
		결 과	무	패	승	승	승	무	무	패	패	무
		점 수	0 : 0	0 : 1	1 : 0	2 : 1	1 : 0	0 : 0	1 : 1	1 : 2	0 : 1	1 : 1
		승 점	13	13	16	19	22	23	24	24	24	25
		순 위	10	10	6	5	4	5	6	7	9	9
		슈팅수	6 : 9	7 : 9	12 : 3	14 : 3	5 : 6	13 : 5	8 : 10	15 : 8	14 : 7	5 : 12
GK	1	제종현										
	31	권정혁	○ 0/0	○ 0/0	○ 0/0	○ 0/0	○ 0/0	○ 0/0	○ 0/0	○ 0/0	○ 0/0	○ 0/0
	41	최봉진										
DF	3	김영빈		△ 0/0	○ 0/0	○ 1/0	○ 0/0	○ 0/0	○ 0/0 C		○ 0/0 C	○ 0/0
	4	정준연	○ 0/0 C	○ 0/0	○ 0/0 C		○ 0/0 CC		○ 0/0	▽ 0/0		△ 0/0
	6	오도현	△ 0/0	△ 0/0	△ 0/0	△ 0/0	△ 0/0		△ 0/0		△ 0/0	△ 0/0
	17	이종민	○ 0/0	○ 0/0	○ 1/0 C	○ 0/0	○ 0/0	○ 0/0	○ 0/0	○ 0/0 C	○ 0/0	○ 1/0 C
	20	송성범				△ 0/0 C						
	26	안영규	○ 0/0	▽ 0/0 C		▽ 0/0	○ 0/0	▽ 0/0 C		○ 1/0	△ 0/0	○ 0/0
	29	마철준										
	33	정호정	○ 0/0 C	○ 0/0				○ 0/0 C		△ 0/0	○ 0/0	○ 0/0
	35	류범희								△ 0/0 C		
MF	5	임선영	○ 0/0	○ 0/0	▽ 0/0	○ 0/0	○ 0/0	○ 0/0	▽ 0/0	▽ 0/0		
	7	여름	▽ 0/0 C	▽ 0/0	○ 0/0	○ 1/0	○ 0/0	○ 0/0	○ 0/0 C		○ 0/0	○ 0/0
	13	허재녕										
	14	이으뜸			○ 0/0	○ 0/1	○ 0/0	○ 0/0	○ 0/0 C	○ 0/1	○ 0/0 CC	
	18	권영호										
	19	박선홍								△ 0/0		
	22	조용태	▽ 0/0		△ 0/0	△ 0/0		▽ 0/0				
	28	김의신										
	30	주현우	▽ 0/0	▽ 0/0			◈ 0/0	△ 0/0	▽ 0/0	▽ 0/0	▽ 0/0	▽ 0/0
	34	안성남			△ 0/0			△ 0/0	△ 0/0	○ 0/0	▽ 0/0	△ 0/0
	37	박일권					△ 0/0		△ 0/0			
	40	이찬동	○ 0/0 C	○ 0/0 C	○ 0/0	○ 0/0 C		△ 0/0	○ 0/0	○ 0/0	○ 0/0	○ 0/0
FW	9	질베르토										
	10	파비오	△ 0/0	△ 0/0	▽ 0/0	▽ 0/0	▽ 0/0	▽ 0/0	▽ 0/0	○ 0/0	▽ 0/0	▽ 0/0
	11	김호남	△ 0/0	○ 0/0 C	○ 0/0	▽ 0/0	▽ 0/0 C				△ 0/0	▽ 0/0 C
	12	김성현										
	16	송승민	○ 0/0	○ 0/0	▽ 0/0	○ 0/0	○ 0/0 C	○ 0/0	○ 1/0	○ 0/0	○ 0/0	○ 0/0
	36	까시아노										
	38	다니엘										

위치	배번	경기번호	121	128	135	139	155	161	164	173	179	184
		날 짜	07.08	07.11	07.25	08.12	08.19	08.23	08.29	09.09	09.13	09.19
		홈/원정	원정	원정	원정	홈	홈	홈	홈	홈	홈	원정
		장 소	전주W	문수	포항	광주W	광주W	광주W	광주W	광주W	광주W	탄천
		상 대	전북	울산	포항	전남	대전	제주	울산	인천	부산	성남
		결 과	무	승	무	무	패	패	패	승	무	패
		점 수	1 : 1	1 : 0	0 : 0	0 : 0	1 : 2	0 : 1	1 : 2	1 : 0	0 : 0	1 : 2
		승 점	26	29	30	31	31	31	31	34	35	35
		순 위	9	9	8	7	8	9	9	9	9	10
		슈팅수	6 : 19	7 : 16	3 : 12	3 : 8	8 : 7	4 : 8	6 : 5	5 : 6	5 : 6	13 : 10
GK	1	제 종 현										
	31	권 정 혁	○ 0/0	○ 0/0								
	41	최 봉 진			○ 0/0 C	○ 0/0	○ 0/0	○ 0/0	○ 0/0	○ 0/0	○ 0/0	○ 0/0
DF	3	김 영 빈	○ 0/0	○ 0/0	○ 0/0	○ 0/0	△ 0/0	○ 0/0	○ 0/0	○ 0/0	○ 0/0	○ 0/0
	4	정 준 연	○ 0/0				○ 0/0		△ 0/0	▽ 0/0		○ 0/0
	6	오 도 현	△ 0/0	△ 0/0	◈ 0/0					△ 0/0	△ 0/0	△ 0/0
	17	이 종 민		○ 0/0	○ 0/0	○ 0/0 C	○ 0/0	○ 0/0	▽ 1/0 C		△ 0/0	
	20	송 성 범										
	26	안 영 규	○ 0/0	○ 0/0	○ 0/0	○ 0/0	○ 0/0	○ 0/0	○ 0/0	○ 0/0	○ 0/0	○ 0/0 C
	29	마 철 준										
	33	정 호 정	△ 0/0	△ 0/0	○ 0/0	△ 0/0	○ 0/0	△ 0/0	○ 0/0	○ 0/0	○ 0/0	▽ 0/0
	35	류 범 희	▽ 0/0									
MF	5	임 선 영				△ 0/0	△ 0/0	▽ 0/0		○ 0/0	○ 0/0	○ 0/0
	7	여 름	○ 0/0	○ 0/0	○ 0/0	○ 0/0	▽ 0/0	△ 0/0	○ 0/0			
	13	허 재 녕										
	14	이 으 뜸	○ 0/1 C	○ 0/0 C		○ 0/0		▽ 0/0		△ 0/0	○ 0/0	○ 0/1
	18	권 영 호							△ 0/0			
	19	박 선 홍									△ 0/0	
	22	조 용 태	◈ 1/0	△ 0/0	△ 0/0		▽ 0/1					
	28	김 의 신										
	30	주 현 우	▽ 0/0	▽ 0/0	△ 0/0	△ 0/0			△ 0/0	△ 0/0		◈ 0/0
	34	안 성 남										
	37	박 일 권									▽ 0/0	
	40	이 찬 동	○ 0/0	○ 0/0 C	○ 0/0	▽ 0/0	▽ 0/0	○ 0/0 C	○ 0/0	○ 0/1 C		○ 0/0
FW	9	질베르토										
	10	파 비 오	○ 0/0	▽ 0/0	▽ 0/0	▽ 0/0	○ 0/0	○ 0/0	○ 0/0	▽ 0/0 C	▽ 0/0	▽ 0/0
	11	김 호 남		▽ 1/0	○ 0/0	○ 0/0	○ 0/0	▽ 0/0	▽ 0/0	▽ 1/0	○ 0/0 C	○ 1/0
	12	김 성 현										
	16	송 승 민	○ 0/0	○ 0/0	○ 0/0 C	○ 0/0 C		○ 0/0	○ 0/0	○ 0/0	○ 0/0 C	○ 0/0
	36	까시아노			▽ 0/0	▽ 0/0	○ 1/0	○ 0/0	▽ 0/0 C	○ 0/0	▽ 0/0 C	△ 0/0
	38	다 니 엘					△ 0/0	△ 0/0				

선수자료 : 득점/도움 ○ = 선발출장 △ = 교체 IN ▽ = 교체 OUT ◈ = 교체 IN/OUT C = 경고 S = 퇴장

위치	배번	경기번호	188	148	197	202	210	214	221	226		
		날 짜	09.23	09.28	10.04	10.17	10.25	11.07	11.22	11.28		
		홈/원정	홈	원정	홈	원정	홈	원정	홈	홈		
		장 소	광주W	서울W	광주W	부산A	광주W	광양	광주W	광주W		
		상 대	전북	서울	수원	부산	인천	전남	울산	대전		
		결 과	패	패	패	승	무	패	패	승		
		점 수	1 : 2	1 : 3	2 : 4	1 : 0	0 : 0	1 : 2	0 : 1	2 : 1		
		승 점	35	35	35	38	39	39	39	42		
		순 위	10	10	10	10	10	10	10	10		
		슈팅수	3 : 9	11 : 10	11 : 13	8 : 5	5 : 1	9 : 12	7 : 10	7 : 8		
GK	1	제 종 현					○ 0/0	○ 0/0		○ 0/0 C		
	31	권 정 혁										
	41	최 봉 진	○ 0/0	○ 0/0	○ 0/0	○ 0/0			○ 0/0			
DF	3	김 영 빈	○ 0/0	○ 0/0	○ 0/0	○ 0/0	○ 0/0	○ 0/0 C	○ 0/0 C			
	4	정 준 연	○ 0/0	○ 0/0	▽ 0/0 C				○ 0/0 C	○ 0/0		
	6	오 도 현	○ 0/0			△ 0/0	△ 0/0	△ 0/0	○ 0/0			
	17	이 종 민	△ 0/0	○ 0/0	○ 0/0	○ 0/1	▽ 0/0 C			○ 0/0		
	20	송 성 범					○ 0/0	▽ 0/0				
	26	안 영 규	○ 0/0	△ 0/0	△ 0/0	○ 0/0		○ 0/0 C		○ 0/0		
	29	마 철 준								△ 0/0		
	33	정 호 정				○ 0/0		○ 0/0				
	35	류 범 희										
MF	5	임 선 영	▽ 0/1	○ 0/0	▽ 1/0	▽ 0/0	○ 0/0	○ 1/0				
	7	여 름				○ 0/0 C	○ 0/0	○ 0/0 C	○ 0/0	○ 0/0 C		
	13	허 재 녕					▽ 0/0 C			▽ 0/0		
	14	이 으 뜸	○ 0/0	▽ 0/0			○ 0/0	○ 0/0	○ 0/0	○ 0/0		
	18	권 영 호						△ 0/0	○ 0/0	△ 0/0		
	19	박 선 홍			△ 0/0			△ 0/1	▽ 0/0	▽ 1/0 C		
	22	조 용 태			△ 0/0	▽ 0/0	▽ 0/0		△ 0/0			
	28	김 의 신					△ 0/0					
	30	주 현 우	△ 0/0	▽ 0/0	○ 0/0	△ 0/0		▽ 0/0	○ 0/0	▽ 0/1		
	34	안 성 남										
	37	박 일 권		△ 0/0 C					△ 0/0			
	40	이 찬 동	▽ 0/0	○ 0/0	○ 0/0 C	○ 0/0						
FW	9	질베르토										
	10	파 비 오	○ 0/0	▽ 0/0	○ 0/0	△ 0/0	△ 0/0 C	▽ 0/0	◆ 0/0			
	11	김 호 남	○ 1/0	○ 1/0	○ 0/0	▽ 0/0	○ 0/0		▽ 0/0	○ 1/0		
	12	김 성 현								△ 0/0		
	16	송 승 민	▽ 0/0	○ 0/1	○ 1/1	○ 1/0	○ 0/0	○ 0/0	○ 0/0	○ 0/1		
	36	까시아노	△ 0/0	△ 0/0	▽ 0/0							
	38	다 니 엘										

부산 아이파크

창단년도_ 1983년

전화_ 051-941-1100

팩스_ 051-941-6715

홈페이지_ www.busanipark.com

주소_ 우 46703 부산광역시 강서구 체육공원로 43(대저1동, 강서체육공원)
43, Cheyukgongwon-ro, Gangseo-gu, Busan, KOREA 46703

연혁

1983 대우 로얄즈 프로축구단 창단(전신)
1984 84 축구대제전 수퍼리그 종합우승
1986 제5회 아시안 클럽 챔피언십 우승
1987 제1회 아프로 - 아시안 클럽 챔피언십 우승
87 한국프로축구대회 종합우승
1989 전국축구선수권대회(왕중왕전) 우승
1990 전국축구선수권대회(왕중왕전) 우승
1991 91 한국프로축구대회 종합우승
1997 97 아디다스컵 우승
97 라피도컵 프로축구대회 우승
97 프로스펙스컵 우승
1998 98 필립모리스코리아컵 우승
1999 99 바이코리아컵 K-리그 준우승
2000 구단 인수(현대산업개발)
부산 아이콘스 프로축구단 창단
제5회 서울은행 FA컵 3위 입상
2001 아디다스컵 2001 준우승
2003 부산 아이콘스 클럽하우스 완공
주식회사 부산 아이콘스 독립 법인 출범
2004 삼성 하우젠 K-리그 2004 통합 7위
제9회 하나은행 FA컵 우승
2005 구단명 부산 아이파크, 사명 아이파크 스포츠㈜ 변경
삼성 하우젠 K-리그 2004 전기리그 우승
AFC 챔피언스리그 4강 진출
삼성 하우젠 K-리그 2005 공동 3위
2006 삼성 하우젠 K-리그 2006 전기 6위 / 후기 8위
2007 삼성 하우젠 K-리그 2007 13위
2008 삼성 하우젠컵 2008 6강 진출
삼성 하우젠 K리그 2008 12위
2009 2009 K리그 12위
피스컵 코리아 2009 2위
2010 쏘나타 K-리그 2010 8위
제15회 하나은행 FA컵 준우승
2011 러시엔캐시컵 2011 준우승
현대오일뱅크 K리그 2011 정규 5위 / 챔피언십 6위
2012 현대오일뱅크 K리그 2012 그룹A(상위 스플릿), 7위
2013 현대오일뱅크 K리그 클래식 2013 그룹A(상위 스플릿), 6위
2014 현대오일뱅크 K리그 클래식 2014 그룹B 8위
2015 변명기 대표이사 취임
데니스 감독 대행 취임
최영준 감독 취임
현대오일뱅크 K리그 클래식 2015 11위

부산 아이파크 2015년 선수명단

대표이사_ 변명기　사무국장_ 김병석
감독_ 최영준　코치_ 김희호　코치_ 김용호　GK코치_ 이충호　피지컬코치_ 데니스
스카우터_ 김정찬　통역_ 김민수　트레이너_ 박해일·김정원　주무_ 박성민

포지션	선수명		생년월일	출신교	키(cm) / 몸무게(kg)
GK	이 범 영	李 範 永	1989.04.02	신갈고	190 / 32
	이 창 근	李 昌 根	1993.08.30	동래고	186 / 78
	윤 정 규	尹 正 奎	1991.12.04	명지대	189 / 82
	김 기 용	金 基 聳	1990.12.07	고려대	191 / 84
DF	박 준 강	朴 埈 江	1991.06.06	상지대	175 / 68
	서 홍 민	徐 洪 旻	1991.12.23	한양대	174 / 68
	김 종 혁	金 鐘 赫	1994.05.13	영남대	183 / 76
	노 행 석	魯 幸 錫	1988.11.17	동국대	186 / 82
	이 경 렬	李 京 烈	1988.01.16	고려대	186 / 81
	유 지 노	柳 志 砮	1989.11.06	광양제철고	178 / 72
	이 청 웅	李 淸 熊	1993.03.15	영남대	185 / 76
	김 찬 영	金 燦 榮	1989.04.01	경희대	190 / 88
	구 현 준	具 賢 俊	1993.12.13	동래고	183 / 74
	유 지 훈	柳 志 訓	1988.06.09	한양대	171 / 67
	이 규 성	李 奎 成	1994.05.10	홍익대	173 / 68
	정 석 화	鄭 錫 華	1991.05.17	고려대	171 / 63
	김 진 규	金 鎭 圭	1997.02.24	개성고	177 / 68
	김 용 태	金 龍 泰	1984.05.20	울산대	176 / 68
MF	전 성 찬	全 成 贊	1987.12.27	광운대	181 / 76
	주 세 종	朱 世 鐘	1990.10.30	건국대	176 / 70
	홍 동 현	洪 東 賢	1991.10.30	숭실대	181 / 75
	이 주 용	李 周 勇	1992.05.18	홍익대	181 / 76
	김 태 연	金 泰 燃	1988.06.27	장훈고	183 / 75
	김 익 현	金 益 現	1989.04.30	고려대	177 / 72
	최 광 희	崔 光 熙	1984.05.17	울산대	174 / 64
	한 지 호	韓 志 皓	1988.12.15	홍익대	180 / 73
	윤 동 민	尹 東 民	1988.07.24	경희대	176 / 72
	김 동 섭	金 東 燮	1989.03.29	장훈고	188 / 80
FW	웨 슬 리	Alves Feitosa Weslley Smith	1992.04.21	*브라질	180 / 73
	엘리아스	Fernandes de Oliveira Elias	1992.05.22	*브라질	177 / 71
	이 정 협	李 庭 協	1991.06.24	숭실대	186 / 76
	배 천 석	裵 千 奭	1990.04.27	숭실대	187 / 80
	김 지 민	金 智 珉	1993.06.05	동래고	181 / 68
	빌	Amancio Rosimar	1984.07.02	*브라질	185 / 80

부산 아이파크 2015년 개인기록 _ K리그 클래식

위치	배번	경기번호	03	12	14	20	26	31	41	44	54	59
		날 짜	03.07	03.15	03.21	04.04	04.11	04.15	04.19	04.25	05.05	05.10
		홈/원정	홈	원정	홈	원정	원정	홈	홈	원정	원정	홈
		장 소	부산A	제주W	부산A	수원W	탄천	부산A	부산A	문수	포항	부산A
		상 대	대전	제주	광주	수원	성남	전북	전남	울산	포항	서울
		결 과	승	무	패	패	패	패	패	무	승	패
		점 수	1 : 0	0 : 0	2 : 3	1 : 2	0 : 1	1 : 2	0 : 2	1 : 1	2 : 1	0 : 1
		승 점	3	4	4	4	4	4	4	5	8	8
		순 위	2	4	5	8	9	11	11	11	11	11
		슈팅수	16 : 2	9 : 17	6 : 7	6 : 12	16 : 10	11 : 12	7 : 9	10 : 10	4 : 13	12 : 5
GK	1	이범영	○ 0/0	○ 0/0	○ 0/0	○ 0/1				○ 0/0	○ 0/0	○ 0/0
	21	이창근					○ 0/0	○ 0/0	○ 0/0			
DF	2	박준강					△ 0/0	○ 0/0	○ 0/0	▽ 0/0		
	4	김종혁								○ 0/0	○ 0/0	○ 0/0
	5	노행석	○ 0/0	○ 0/0	○ 0/0		○ 0/0 C	○ 0/0	△ 0/0	○ 0/0	△ 1/0	○ 0/0
	6	이경렬	○ 0/0	○ 0/0	○ 0/0	○ 0/0 C	○ 0/0		○ 0/0	○ 0/0 C	○ 0/0	○ 0/0 C
	15	유지노	○ 0/0	○ 0/0	○ 0/0	○ 0/0 C	○ 0/0	○ 0/0	○ 0/0	○ 0/0	○ 0/0	○ 0/0
	17	이청웅										
	23	김찬영	△ 0/0		△ 0/0	○ 0/0	○ 0/0	○ 0/0	▽ 0/0			
	25	닐손주니어	○ 0/0	○ 0/0	▽ 0/0	▽ 0/0	▽ 0/0	○ 0/0	○ 0/0		▽ 0/0	
	30	안세희										
	32	구현준									△ 0/0	
MF	13	이규성										
	14	정석화		△ 0/0		○ 0/0						△ 0/0
	19	김진규										
	20	김용태	▽ 0/0	▽ 0/0	▽ 0/0		○ 0/0					
	22	전성찬	○ 0/0	○ 0/0	○ 0/0	△ 0/0	▽ 0/0			○ 0/0	○ 0/0 C	▽ 0/0
	24	주세종	○ 0/0	○ 0/0	○ 1/0	○ 0/0 CC		○ 0/1	○ 0/0	○ 0/0 C	○ 0/1	○ 0/0
	26	홍동현						▽ 0/0	▽ 0/0			
	28	이주용										
	33	유지훈	○ 0/1 C	○ 0/0	○ 0/0 C	○ 0/0					▽ 0/0	○ 0/0 C
	71	김익현										
	77	최광희			△ 0/0		○ 0/0	△ 0/0		△ 0/0	○ 0/0	▽ 0/0
FW	7	한지호	△ 0/0	△ 0/0		△ 0/0	○ 0/0	▽ 0/0	△ 0/0	▽ 0/0	▽ 1/0	○ 0/0
	8	윤동민					△ 0/0					△ 0/0
	9	김동섭										
	10	웨슬리	△ 1/0 C	△ 0/0	△ 0/0	○ 1/0		△ 0/0	○ 0/0 C	○ 1/0		
	11	베르손	▽ 0/0	▽ 0/0	▽ 0/0			△ 0/0	△ 0/0	▽ 0/0		
	11	엘리아스										
	18	배천석				○ 0/0	▽ 0/0	○ 0/0	○ 0/0	△ 0/0	○ 0/0	▽ 0/0
	25	이정협										
	29	김지민										
	31	박용지	▽ 0/0	▽ 0/0	○ 0/0	▽ 0/0	△ 0/0	▽ 1/0	▽ 0/0	△ 0/0	△ 0/0	△ 0/0
	99	빌										

선수자료 : 득점/도움 ○ = 선발출장 △ = 교체 IN ▽ = 교체 OUT ◈ = 교체 IN/OUT C = 경고 S = 퇴장

위치	배번	경기번호	66	70	75	79	86	95	97	105	110	116
		날 짜	05.17	05.24	05.30	06.03	06.06	06.17	06.20	06.27	07.01	07.04
		홈/원정	홈	원정	원정	홈	원정	원정	홈	홈	원정	홈
		장 소	부산A	광주W	광양	부산A	대전W	서울W	부산A	부산A	전주W	부산A
		상 대	인천	광주	전남	울산	대전	서울	포항	제주	전북	성남
		결 과	패	승	패	승	무	무	패	패	패	패
		점 수	1 : 2	1 : 0	1 : 3	1 : 0	0 : 0	0 : 0	1 : 2	1 : 3	1 : 2	0 : 1
		승 점	8	11	11	14	15	16	16	16	16	16
		순 위	11	11	11	11	11	11	11	11	11	11
		슈팅수	6 : 13	9 : 7	9 : 16	12 : 8	9 : 13	10 : 13	9 : 8	6 : 11	3 : 17	16 : 6
GK	1	이범영	○ 0/0	○ 0/0	○ 0/0	○ 0/0 C	○ 0/0	○ 0/0	○ 0/0	○ 0/0	○ 0/0	○ 0/0
	21	이창근										
DF	2	박준강									△ 0/0	○ 0/0
	4	김종혁	○ 0/0 C	○ 0/0 C	▽ 0/0			▽ 0/0	▽ 0/0			
	5	노행석	○ 0/0 C	○ 0/0	○ 0/0 C		△ 0/0	○ 0/0	○ 0/0	▽ 0/0		
	6	이경렬		○ 0/0 C	○ 0/0	○ 0/0	○ 0/0	○ 0/0	○ 0/0	○ 0/0	○ 0/0	○ 0/0 C
	15	유지노	○ 0/0	○ 1/0	○ 0/0	○ 0/0	○ 0/0	○ 0/0 C	○ 0/0	○ 0/0	○ 0/0 C	
	17	이청웅										
	23	김찬영							△ 0/0			
	25	닐손주니어	○ 0/0 C									
	30	안세희				○ 0/0	○ 0/0 S			△ 0/0	○ 0/0	○ 0/0 C
	32	구현준	○ 0/0 C									
MF	13	이규성								▽ 1/0	▽ 0/1	○ 0/0
	14	정석화			△ 0/0	○ 0/0 C	○ 0/0	△ 0/0			△ 0/0	
	19	김진규										▽ 0/0 C
	20	김용태	○ 0/0	○ 0/0	▽ 0/0	▽ 0/0	▽ 0/0	△ 0/0	▽ 0/0	△ 0/0	○ 0/0	○ 0/0
	22	전성찬	▽ 0/0	▽ 0/0	○ 0/0	△ 0/0		○ 0/0	△ 0/0 C	▽ 0/0	△ 0/0	
	24	주세종	○ 0/0	○ 0/1	○ 0/0 C	○ 0/0	○ 0/0		○ 0/1	○ 0/0	○ 0/0	○ 0/0
	26	홍동현										
	28	이주용										
	33	유지훈		○ 0/0	○ 1/0	▽ 0/0	○ 0/0 C	○ 0/0	○ 0/0	○ 0/0	▽ 0/0 C	○ 0/0
	71	김익현										
	77	최광희				△ 0/0 C	△ 0/0	▽ 0/0	△ 0/0	○ 0/0 C	○ 1/0	△ 0/0
FW	7	한지호	○ 0/0	△ 0/0	○ 0/0		△ 0/0	▽ 0/0	▽ 0/0			
	8	윤동민	△ 0/0	▽ 0/0	▽ 0/0					△ 0/0	▽ 0/0	△ 0/0
	9	김동섭										
	10	웨슬리		△ 0/0	△ 0/0	○ 1/0	▽ 0/0	○ 0/0	○ 0/0	○ 0/1 C		▽ 0/0
	11	베르손		△ 0/0 C								
	11	엘리아스										△ 0/0
	18	배천석	▽ 0/0			○ 0/0	○ 0/0	○ 0/0	○ 1/0	○ 0/0	○ 0/0	▽ 0/0
	25	이정협										
	29	김지민										
	31	박용지	△ 0/0	▽ 0/0	△ 0/0	○ 0/0	▽ 0/0	△ 0/0				
	99	빌										

위치	배번	경기번호	126	132	137	140	149	151	159	165	170	179
		날 짜	07.08	07.12	07.26	08.12	08.16	08.19	08.22	08.29	09.09	09.13
		홈/원정	원정	홈	홈	원정	홈	홈	원정	홈	홈	원정
		장 소	인천	부산 A	부산 A	전주 W	부산 A	부산 A	탄천	부산 A	부산 A	광주 W
		상 대	인천	수원	대전	전북	울산	서울	성남	전남	수원	광주
		결 과	패	무	승	패	무	패	패	무	무	무
		점 수	1 : 3	1 : 1	2 : 1	0 : 2	2 : 2	2 : 4	0 : 1	1 : 1	2 : 2	0 : 0
		승 점	16	17	20	20	21	21	21	22	23	24
		순 위	11	11	11	11	11	11	11	11	11	11
		슈팅수	12 : 9	9 : 9	20 : 7	9 : 9	12 : 5	12 : 15	9 : 13	13 : 11	12 : 13	6 : 5
GK	1	이 범 영		○ 0/0	○ 0/0	○ 0/0	○ 0/0 C	○ 0/0				
	21	이 창 근	○ 0/0						○ 0/0	○ 0/0	○ 0/0	○ 0/0
DF	2	박 준 강	○ 0/0	▽ 0/0		○ 0/0	○ 0/0			○ 0/0	○ 0/0	○ 0/0
	4	김 종 혁				○ 0/0	○ 0/0	○ 1/0 C		○ 0/0 C		
	5	노 행 석	○ 0/0	○ 0/0					▽ 0/0	○ 0/0 C	○ 0/0 C	○ 0/0
	6	이 경 렬	○ 1/0	○ 0/0	○ 0/0	○ 0/0	○ 0/0 C		○ 0/0 CC		○ 1/0	○ 0/0
	15	유 지 노	○ 0/0	○ 0/0	○ 0/0		△ 0/0		○ 0/0			
	17	이 청 웅							△ 0/0			
	23	김 찬 영						○ 0/0				
	25	닐손주니어										
	30	안 세 희										
	32	구 현 준					▽ 0/0		○ 0/0	○ 0/0	○ 0/0	○ 0/0
MF	13	이 규 성	▽ 0/0		○ 0/1 C	○ 0/0	△ 0/0	○ 0/0	○ 0/0	△ 0/0	△ 0/0	▽ 0/0
	14	정 석 화	▽ 0/0	○ 0/0	△ 0/1	△ 0/0	△ 0/0	△ 0/0	△ 0/0	○ 1/0	▽ 1/0	▽ 0/0
	19	김 진 규	○ 0/0 C	○ 0/0	△ 1/0	△ 0/0	▽ 0/1	△ 0/1	○ 0/0	▽ 0/0	▽ 0/0	△ 0/0 C
	20	김 용 태	▽ 0/0		▽ 0/0				▽ 0/0			
	22	전 성 찬			▽ 0/0			▽ 0/0		○ 0/1	○ 0/0	○ 0/0 C
	24	주 세 종	○ 0/1	○ 1/0	○ 0/0	○ 0/0	○ 0/0	○ 0/0 C		○ 0/0	○ 0/1	○ 0/0
	26	홍 동 현										
	28	이 주 용										
	33	유 지 훈		△ 0/0	○ 0/0	○ 0/0		○ 0/0 C				
	71	김 익 현				○ 0/0	○ 0/0	▽ 0/0	○ 0/0		△ 0/0	
	77	최 광 희			○ 0/0	▽ 0/0		○ 0/0			△ 0/0	
FW	7	한 지 호										
	8	윤 동 민	△ 0/0	△ 0/0			▽ 0/0		▽ 0/0		▽ 0/0	
	9	김 동 섭	○ 0/0	▽ 0/0	▽ 0/0	▽ 0/0	○ 0/0	△ 0/0				
	10	웨 슬 리	△ 0/0	▽ 0/0	○ 1/0 C	▽ 0/0	○ 2/0	○ 1/0 C	○ 0/0	○ 0/0 C		○ 0/0
	11	베 르 손										
	11	엘리아스	△ 0/0	△ 0/0					△ 0/0	△ 0/0		△ 0/0 C
	18	배 천 석		○ 0/0						▽ 0/0	○ 0/1	○ 0/0
	25	이 정 협										
	29	김 지 민										
	31	박 용 지										
	99	빌			△ 0/0	△ 0/0		▽ 0/0				

선수자료 : 득점/도움 ○ = 선발출장 △ = 교체 IN ▽ = 교체 OUT ◈ = 교체 IN/OUT C = 경고 S = 퇴장

위치	배번	경기번호	181	189	193	202	208	216	222	228	승강PO 01	승강PO 02
		날 짜	09.19	09.23	10.04	10.17	10.24	11.08	11.22	11.28	12.02	12.05
		홈/원정	원정	홈	원정	홈	원정	원정	홈	원정	원정	홈
		장 소	인천	부산A	포항	부산A	대전W	인천	구덕	문수	수원	구덕
		상 대	인천	제주	포항	광주	대전	인천	전남	울산	수원FC	수원FC
		결 과	패	패	패	패	패	무	무	패	패	패
		점 수	1 : 2	0 : 2	0 : 2	0 : 1	1 : 2	0 : 0	1 : 1	1 : 2	0 : 1	0 : 2
		승 점	24	24	24	24	24	25	26	26	0	0
		순 위	11	11	11	11	11	11	11	11	2	2
		슈팅수	8 : 9	8 : 14	2 : 11	5 : 8	8 : 8	5 : 5	15 : 9	7 : 17	5 : 13	8 : 8
GK	1	이 범 영			○ 0/0	○ 0/0		○ 0/0	○ 0/0	○ 0/0	○ 0/0	○ 0/0
	21	이 창 근	○ 0/0	○ 0/0			○ 0/0					
DF	2	박 준 강	▽ 0/0	○ 0/0	△ 0/0	○ 0/0	○ 0/0	△ 0/0 C		○ 0/0	○ 0/0 C	▽ 0/0
	4	김 종 혁			○ 0/0			○ 0/0	○ 0/0	○ 0/0	○ 0/0	▽ 0/0 C
	5	노 행 석	○ 0/0								○ 0/0	○ 0/0 C
	6	이 경 렬	○ 1/0	○ 0/0 C	○ 0/0	○ 0/0	○ 0/0	○ 0/0	○ 0/0	○ 0/0 C		
	15	유 지 노						○ 0/0	▽ 0/0			△ 0/0
	17	이 청 웅		○ 0/0		○ 0/0		○ 0/0	○ 0/0 C	○ 0/0	○ 0/0 C	○ 0/0
	23	김 찬 영					○ 0/0					
	25	닐손주니어										
	30	안 세 희										
	32	구 현 준	○ 0/1	○ 0/0		○ 0/0	○ 0/0					
MF	13	이 규 성	▽ 0/0	▽ 0/0			○ 0/0 C	▽ 0/0	○ 0/0	○ 0/0	▽ 0/0	▽ 0/0
	14	정 석 화	▽ 0/0	△ 0/0	▽ 0/0	▽ 0/0	△ 0/0			▽ 0/0		△ 0/0
	19	김 진 규				○ 0/0	▽ 0/0	▽ 0/0			△ 0/0	
	20	김 용 태	○ 0/0 C	△ 0/0	▽ 0/0	△ 0/0						
	22	전 성 찬		○ 0/0	○ 0/0					▽ 0/0	▽ 0/0 C	
	24	주 세 종	○ 0/0	○ 0/0 C	○ 0/0	○ 0/0 C	○ 0/0	△ 0/0	△ 1/0	△ 0/0		○ 0/0
	26	홍 동 현						△ 0/0	▽ 0/0	▽ 1/0 C	○ 0/0 CC	
	28	이 주 용					△ 0/0					
	33	유 지 훈			○ 0/0 C			○ 0/0	○ 0/0	○ 0/0	○ 0/0 C	○ 0/0 C
	71	김 익 현				▽ 0/0	△ 0/0 CC				△ 0/0	
	77	최 광 희	△ 0/0	▽ 0/0	○ 0/0	△ 0/0	○ 0/0	○ 0/0	○ 0/0 C		○ 0/0	○ 0/0
FW	7	한 지 호			△ 0/0		▽ 1/0	▽ 0/0	△ 0/0 C	△ 0/0		△ 0/0
	8	윤 동 민	△ 0/0						△ 0/0	△ 0/0	△ 0/0	
	9	김 동 섭			△ 0/0	▽ 0/0						
	10	웨 슬 리	○ 0/0 C	○ 0/0	○ 0/0 C	○ 0/0			○ 0/0	○ 0/0 CC	▽ 0/0	○ 0/0 C
	11	베 르 손										
	11	엘리아스	△ 0/0			△ 0/0						
	18	배 천 석	○ 0/0	▽ 0/0								
	25	이 정 협					▽ 0/1	○ 0/0	▽ 0/0			
	29	김 지 민		△ 0/0								
	31	박 용 지										
	99	빌			▽ 0/0							○ 0/0

대전 시티즌

창단년도_ 1997년
전화_ 042-824-2002
팩스_ 042-824-7048
홈페이지_ www.DCFC.co.kr
트위터_ http://twitter.com/daejeonfc (@daejeonfc)
페이스북_ http://www.facebook.com/dcfc1997
유튜브_ http://www.youtube.com/user/1997dcfc
주소_ 우 34148 대전광역시 유성구 월드컵대로 32(노은동) 대전 월드컵경기장 서관 3층
3F, West Gate, Daejeon World Cup Stadium, 32, World Cup-daero(Noeun-dong), Yuseong-gu, Daejeon, KOREA 34148

연혁

1996 (주)대전프로축구 창설
1997 대전 시티즌 프로축구단 창설
97 라피도컵 프로축구대회 7위
97 아디다스컵 페어플레이팀 수상
97 라피도컵 '올해의 페어플레이'팀 수상
1998 98 현대컵 K-리그 9위
1999 99 바이코리아컵 K-리그 8위
2000 2000 삼성 디지털 K-리그 8위
2001 2001 포스코 K-리그 10위
제6회 서울은행 FA컵 우승
2002 2002 삼성 파브 K-리그 10위
제7회 하나-서울은행 FA컵 4강
2003 AFC 챔피언스리그 본선진출
삼성 하우젠 K-리그 6위
제8회 하나은행 FA컵 8강
2004 삼성 하우젠 K-리그 2004 통합 11위(전기 11위, 후기 11위)
삼성 하우젠컵 2004 준우승
제9회 하나은행 FA컵 4강
2005 삼성 하우젠컵 2005 10위
삼성 하우젠 K-리그 2005 10위
삼성 하우젠 K-리그 2005 전기 8위, 후기 7위
1차 시민주 공모
2006 2차 시민주 공모
삼성 하우젠 K-리그 2006 전기 3위, 후기 12위
삼성 하우젠컵 2006 4위 (B조 5위)
2007 삼성 하우젠컵 2007 10위 (B조 5위)
삼성 하우젠 K-리그 6위 (6강 진출)
2008 삼성 하우젠컵 2008년 B조 4위
삼성 하우젠 K-리그 13위
2009 2009 K-리그 9위
피스컵 A조 5위
제14회 하나은행 FA컵 4강
제14회 하나은행 FA컵 페어플레이팀 수상
2010 쏘나타 K리그 2010 13위
포스코컵 2010 C조 5위
2011 현대오일뱅크 K리그 2011 15위
러시앤캐시컵 2011 A조 6위
2012 현대오일뱅크 K리그 2012 13위
2013 현대오일뱅크 K리그 클래식 2013 14위
2014 현대오일뱅크 K리그 챌린지 2014 우승
2015 현대오일뱅크 K리그 클래식 2015 12위

대전 시티즌 2015년 선수명단

대표이사_ 전득배

감독_ 최문식 수석코치_ 이창원 코치_ 윤균상 GK코치_ 양영민 주무_ 윤영재

스카우터_ 김영근 전력분석관_ 안재섭 재활트레이너_ 이규성·노진상 통역_ 이찬호 장비_ 김선기

포지션	선수명		생년월일	출신교	키(cm) / 몸무게(kg)
GK	김다솔	金다솔	1989.01.04	연세대	188 / 77
	박주원	朴柱元	1990.10.19	홍익대	191 / 77
	오승훈	吳承訓	1988.06.30	호남대	192 / 75
	한상혁	韓祥赫	1991.11.19	배재대	188 / 72
DF	김기수	金起秀	1987.12.13	선문대	173 / 65
	김상필	金相必	1989.04.26	성균관대	189 / 87
	김영승	金泳勝	1993.02.22	호원대	178 / 65
	김창현	金昌炫	1993.02.09	배재대	176 / 72
	김태봉	金泰奉	1988.02.08	한민대	175 / 65
	금교진	琴敎眞	1992.01.03	영남대	175 / 67
	박영수	朴永洙	1995.06.19	충남기계공고	192 / 74
	박재우	朴宰祐	1995.10.11	건국대	176 / 70
	실바	Silva Alvaro	1984.03.30	*필리핀	187 / 82
	안세희	安世熙	1991.02.08	한라대	186 / 79
	완델손	Carvalho Oliveira Wanderson	1989.03.31	*브라질	171 / 68
	윤신영	尹信榮	1987.05.22	경기대	184 / 78
	윤원일	尹遠溢	1986.10.23	선문대	182 / 70
	윤준성	尹峻聖	1989.09.28	경희대	187 / 82
	이강진	李康珍	1986.04.25	중동중	181 / 70
	정재성	鄭在星	1992.02.21	홍익대	177 / 70
	조원득	造元得	1991.06.21	단국대	177 / 69
	허영철	許榮哲	1992.09.07	한남대	177 / 60
MF	고민혁	高敏赫	1996.02.10	현대고	171 / 63
	공용석	孔用錫	1995.11.15	건국대	188 / 75
	김병석	金秉析	1985.09.17	숭실대	182 / 76
	김성수	金聖洙	1992.12.26	배재대	177 / 66
	김연수	金淵水	1995.01.16	충남기계공고	180 / 65
	김종국	金鐘局	1989.01.08	울산대	179 / 71
	손설민	孫雪旼	1990.04.26	관동대	175 / 70
	안상현	安相炫	1986.03.05	능곡중	182 / 78
	유연승	兪燕昇	1991.12.21	연세대	176 / 73
	이정근	李禎根	1990.02.02	건국대	182 / 78
	이현승	李弦昇	1988.12.14	수원공고	171 / 72
	이형진	李炯瑨	1992.08.30	성균관대	178 / 72
	한덕희	韓德熙	1987.02.20	아주대	172 / 68
	황인범	黃仁範	1996.09.20	충남기계공고	177 / 67
FW	공태하	孔泰賀	1987.05.09	연세대	180 / 76
	김찬희	金燦熙	1990.06.25	한양대	183 / 76
	남윤재	南潤宰	1996.05.31	충남기계공고	180 / 67
	닐톤	Soares Rodrigues Nilton	1993.09.11	*브라질	175 / 70
	서명원	徐明原	1995.04.19	신평고	180 / 76
	윤준하	尹俊河	1987.01.04	대구대	174 / 74
	이광훈	李侊勳	1993.11.26	포철공고	172 / 65
	이현호	李賢皓	1988.11.29	탐라대	170 / 64
	정서운	鄭署運	1993.12.08	서남대	178 / 72
	하피냐	Lima Pereira Rafael	1993.04.01	*브라질	164 / 60
	한의권	韓義權	1994.06.30	관동대	181 / 72
	한경인	韓京仁	1987.05.28	명지대	180 / 76
	황지웅	黃址雄	1989.04.30	동국대	178 / 65

대전 시티즌 2015년 개인기록 _ K리그 클래식

위치	배번	경기번호	03	10	15	22	25	35	42	48	51	56
		날 짜	03.07	03.15	03.21	04.04	04.11	04.15	04.19	04.26	05.03	05.09
		홈/원정	원정	홈	원정	홈	홈	원정	홈	원정	홈	원정
		장 소	부산A	대전W	제주W	대전W	대전W	서울W	대전W	수원W	대전W	광양
		상 대	부산	광주	제주	성남	울산	서울	포항	수원	인천	전남
		결 과	패	패	패	패	무	패	패	승	패	무
		점 수	0 : 1	0 : 2	0 : 5	1 : 4	1 : 1	0 : 1	0 : 2	2 : 1	1 : 2	0 : 0
		승 점	0	0	0	0	1	1	1	4	4	5
		순 위	5	12	12	12	12	12	12	12	12	12
		슈팅수	2 : 16	4 : 15	14 : 12	10 : 21	13 : 10	7 : 13	12 : 16	5 : 21	11 : 12	5 : 18
GK	1	박주원					○ 0/0	○ 0/0	○ 0/0	○ 0/0	○ 0/0	○ 0/0
	31	오승훈	○ 0/0 C	○ 0/0	○ 0/0	○ 0/0						
DF	2	조원득			△ 0/0	○ 0/0	○ 0/0	▽ 0/0	○ 0/0			
	3	윤신영	○ 0/0	○ 0/0	○ 0/0 C	○ 0/0	○ 0/0	○ 0/0	○ 0/0	△ 0/0		○ 0/0
	4	윤준성	○ 0/0			○ 0/0	○ 0/0	○ 0/0		○ 0/0	○ 0/0	
	5	실바										
	22	송주한	○ 0/0	▽ 0/0	▽ 0/0							○ 0/0
	23	허영철										
	24	박영수										
	26	김창현										
	26	서명식		○ 0/0	○ 0/0							
	27	박재우	△ 0/0	○ 0/0	○ 0/0							
	29	김상필					○ 0/0	○ 0/0	○ 0/0	○ 0/0	○ 0/0	○ 0/0
	30	안세희										
	33	윤원일	○ 0/0	○ 0/0		○ 0/0 C						
	38	이정근										
	43	이강진				△ 0/0						△ 0/0
	55	김태봉										
	72	금교진										
	77	완델손										
MF	6	김기수					○ 0/0	○ 0/0	○ 0/0	○ 0/0 C	○ 0/0 C	
	7	김종국	○ 0/0	○ 0/0	○ 0/0	△ 0/0 C	○ 0/0	▽ 0/0	▽ 0/0	○ 0/0 C	○ 0/0	○ 0/0
	8	김병석										
	12	유연승		▽ 0/0		▽ 0/0				○ 0/1 C	○ 0/0	▽ 0/0 C
	13	황인범			○ 0/0		△ 0/0		△ 0/0 C			△ 0/0
	15	한덕희										
	15	김영승										
	17	김성수										
	20	안상현	▽ 0/0 C	△ 0/0	○ 0/0	▽ 0/0	○ 0/0	○ 0/0 CC		○ 0/0 C	○ 0/0	○ 0/0
	35	이형진										
	37	정서운				△ 0/0		△ 0/0	○ 0/0	◈ 0/0		▽ 0/0
	39	정재성										
	71	손설민										
	77	이광진										
	99	이현승										
FW	9	사싸				○ 0/0 C	○ 0/0	▽ 0/0	○ 0/0	▽ 0/0 C	○ 0/0 C	
	10	닐톤										
	11	히칼딩요	△ 0/0	○ 0/0	▽ 0/0			△ 0/0	▽ 0/0	△ 0/1	△ 0/0	
	11	하피냐										
	14	서명원	▽ 0/0	▽ 0/0	△ 0/0 C	○ 0/0	▽ 1/0	○ 0/0	▽ 0/0	▽ 0/0	▽ 0/0	○ 0/0
	16	이광훈										
	19	김찬희	▽ 0/0	△ 0/0	△ 0/0						△ 0/0	△ 0/0
	22	이현호	△ 0/0		▽ 0/0			△ 0/0	△ 0/0		△ 0/0	
	25	아드리아노	○ 0/0	○ 0/0 C	○ 0/0	○ 1/0	▽ 0/0	○ 0/0	○ 0/0	○ 2/0 C	▽ 1/0	○ 0/0
	28	황지웅	○ 0/0	△ 0/0		▽ 0/1	△ 0/0		△ 0/0	○ 0/0	▽ 0/0	▽ 0/0
	73	한의권										
	81	공태하										
	88	고민혁										

선수자료 : 득점/도움 ○ = 선발출장 △ = 교체 IN ▽ = 교체 OUT ◈ = 교체 IN/OUT C = 경고 S = 퇴장

위치	배번	경기번호	63	73	82	86	67	92	102	107	113	120
		날 짜	05.16	05.30	06.03	06.06	06.10	06.17	06.21	06.28	07.01	07.05
		홈/원정	원정	원정	홈	홈	홈	홈	홈	원정	원정	홈
		장 소	전주W	포항	대전W	대전W	대전W	대전W	대전W	인천	탄천	대전W
		상 대	전북	포항	수원	부산	서울	광주	제주	인천	성남	전북
		결 과	패	패	패	무	패	무	무	패	패	패
		점 수	1 : 2	1 : 2	1 : 2	0 : 0	1 : 2	0 : 0	2 : 2	0 : 2	1 : 3	3 : 4
		승 점	5	5	5	6	6	7	8	8	8	8
		순 위	12	12	12	12	12	12	12	12	12	12
		슈팅수	7 : 14	6 : 29	3 : 11	13 : 9	8 : 13	5 : 13	19 : 15	4 : 12	5 : 14	14 : 16
GK	1	박주원	○ 0/0	○ 0/0	○ 0/0	○ 0/0	○ 0/0	○ 0/0	○ 0/0 C	○ 0/0	○ 0/0	○ 0/0
	31	오승훈										
DF	2	조원득	▽ 0/0 C	△ 0/0								
	3	윤신영	○ 0/0	▽ 0/0				△ 0/0	△ 0/0			
	4	윤준성					○ 0/0	○ 0/0	○ 0/0	○ 0/0	○ 0/0 C	▽ 0/0
	5	실바										
	22	송주한	○ 0/0	○ 0/0	○ 0/0	○ 0/0 C	○ 0/0		△ 0/0	○ 0/0	○ 0/0	
	23	허영철								○ 0/0		
	24	박영수		△ 0/0		△ 0/0				△ 0/0		
	26	김창현			▽ 0/0 C						△ 0/0	
	26	서명식			▽ 0/0			▽ 0/0	▽ 0/0	○ 0/0	○ 0/0	
	27	박재우										
	29	김상필	○ 0/0	○ 0/0	○ 0/0	○ 0/0	▽ 0/0					
	30	안세희										
	33	윤원일										
	38	이정근			○ 0/0	○ 0/0	○ 0/0 C	○ 0/0	○ 0/0	○ 0/0	○ 0/0	○ 0/0
	43	이강진		○ 0/0	○ 0/0 C	○ 0/0 C	△ 0/0	○ 0/0	▽ 0/0			
	55	김태봉										○ 0/0
	72	금교진										
	77	완델손										
MF	6	김기수	△ 0/0 C		○ 0/0							
	7	김종국	○ 0/0	○ 0/1		○ 0/0	○ 0/1	○ 0/0	○ 0/0 C		○ 0/0	△ 0/0 C
	8	김병석										
	12	유연승		▽ 0/0 C			△ 0/0	▽ 0/0	△ 1/0 C	○ 0/0	○ 0/1	△ 0/0
	13	황인범		▽ 1/0	○ 0/0 C	▽ 0/0	○ 1/0	○ 0/0	○ 0/0	○ 0/0	▽ 1/0	○ 1/1
	15	한덕희										
	15	김영승	△ 0/0									
	17	김성수		△ 0/0						▽ 0/0	▽ 0/0	
	20	안상현	○ 0/0	○ 0/0 C		○ 0/0	○ 0/0 C	▽ 0/0	○ 0/0			○ 0/0
	35	이형진			△ 0/0						△ 0/0	
	37	정서운	△ 0/0	○ 0/0	△ 0/0	△ 0/0 C				▽ 0/0	▽ 0/0	
	39	정재성								△ 0/0	△ 0/0	
	71	손설민										▽ 0/0
	77	이광진						△ 0/0				
	99	이현승										○ 0/0
FW	9	사싸	▽ 0/0									
	10	닐톤										
	11	히칼딩요										
	11	하피냐										
	14	서명원	○ 0/0	○ 0/0	▽ 0/0	▽ 0/0	○ 0/0	○ 0/0	▽ 0/0			
	16	이광훈										
	19	김찬희										
	22	이현호			△ 0/0 C	△ 0/0	▽ 0/0					△ 0/0
	25	아드리아노	○ 1/0 C		○ 1/0	○ 0/0	△ 0/0	○ 0/0 C	○ 1/1	○ 0/0 S		
	28	황지웅	▽ 0/1			▽ 0/0	▽ 0/0	△ 0/0	○ 0/0	◆ 0/0	○ 0/0	○ 0/1
	73	한의권										○ 1/0
	81	공태하										
	88	고민혁										▽ 1/0

위치	배번	경기번호	124	131	137	142	145	155	158	163	174	180
		날 짜	07.08	07.12	07.26	08.12	08.15	08.19	08.22	08.29	09.09	09.13
		홈/원정	원정	홈	원정	원정	홈	원정	원정	원정	홈	원정
		장 소	문수	대전W	부산A	수원W	대전W	광주W	서울W	인천	대전W	광양
		상 대	울산	전남	부산	수원	성남	광주	서울	인천	제주	전남
		결 과	패	패	패	패	패	승	패	패	패	무
		점 수	1 : 4	2 : 3	1 : 2	1 : 2	0 : 2	2 : 1	0 : 2	1 : 2	2 : 4	1 : 1
		승 점	8	8	8	8	8	11	11	11	11	12
		순 위	12	12	12	12	12	12	12	12	12	12
		슈팅수	8 : 17	10 : 25	7 : 20	6 : 18	10 : 6	7 : 8	11 : 11	8 : 8	12 : 16	5 : 17
GK	1	박주원	○ 0/0					○ 0/0 C	○ 0/0	○ 0/0	○ 0/0	
	31	오승훈		○ 0/0	○ 0/0	○ 0/0	○ 0/0					○ 0/0
DF	2	조원득										
	3	윤신영										
	4	윤준성		○ 0/0			○ 0/0					○ 0/0 C
	5	실 바			○ 0/0	○ 0/0	○ 0/0	○ 0/0	○ 0/0		○ 0/0	
	22	송주한										
	23	허영철	△ 0/0									
	24	박영수										
	26	김창현										
	26	서명식										
	27	박재우										
	29	김상필			○ 0/0	○ 0/0		○ 0/0	▽ 0/0	○ 0/0		
	30	안세희										○ 0/0
	33	윤원일										
	38	이정근	○ 0/0	○ 0/0								
	43	이강진						△ 0/0	○ 0/0	○ 0/0	○ 0/0	○ 0/0 C
	55	김태봉	○ 1/0	○ 0/0	○ 0/0	○ 0/0 C	○ 0/0	○ 0/1	○ 0/0	○ 0/0	○ 1/0	○ 0/0
	72	금교진			△ 0/0	○ 0/0	○ 0/0	○ 0/0	○ 0/0 C	○ 0/0	△ 0/0	○ 0/0
	77	완델손		○ 2/0	○ 0/0 C	○ 1/0	○ 0/0	○ 2/0	○ 0/0		○ 0/1	○ 0/0
MF	6	김기수										
	7	김종국						○ 0/1	○ 0/0	○ 0/0	○ 1/0	○ 0/0
	8	김병석										
	12	유연승	○ 0/0	○ 0/0		▽ 0/0					▽ 0/0	
	13	황인범		▽ 0/0								
	15	한덕희										
	15	김영승										
	17	김성수	▽ 0/0									
	20	안상현	○ 0/0	○ 0/0	○ 0/0	○ 0/0 C	○ 0/0	○ 0/0 C		▽ 0/0	▽ 0/0	△ 0/0
	35	이형진	△ 0/0									
	37	정서운										
	39	정재성										
	71	손설민	○ 0/0 CC		▽ 0/0		▽ 0/0 C	○ 0/0 C	○ 0/0	○ 0/0	▽ 0/0	
	77	이광진	▽ 0/0									
	99	이현승	○ 0/0		○ 0/1	△ 0/0	△ 0/0		△ 0/0	▽ 0/0	○ 0/0 C	
FW	9	사 싸										
	10	닐 톤				△ 0/0 C	○ 0/0	▽ 0/0	▽ 0/0			
	11	히칼딩요										
	11	하피냐			△ 0/0	▽ 0/0	△ 0/0		▽ 0/0	△ 0/0		◆ 0/0
	14	서명원				△ 0/0						▽ 1/0 C
	16	이광훈							△ 0/0			
	19	김찬희										
	22	이현호	△ 0/0	△ 0/1								△ 0/0
	25	아드리아노										
	28	황지웅	▽ 0/0	○ 0/0	▽ 0/0		△ 0/0			△ 0/0		
	73	한의권	○ 0/0	○ 0/1	○ 1/0	▽ 0/0	▽ 0/0	△ 0/0	△ 0/0	○ 1/0	○ 0/0	○ 0/0 C
	81	공태하			△ 0/0			▽ 0/0		△ 0/0	△ 0/0	▽ 0/0
	88	고민혁		○ 0/0 C	▽ 0/0	○ 0/0	▽ 0/0			▽ 0/0	△ 0/1	

선수자료 : 득점/도움 ○ = 선발출장 △ = 교체 IN ▽ = 교체 OUT ◆ = 교체 IN/OUT C = 경고 S = 퇴장

위치	배번	경기번호	186	190	194	204	208	215	220	226		
		날 짜	09.20	09.23	10.04	10.18	10.24	11.07	11.21	11.28		
		홈/원정	원정	홈	홈	홈	홈	원정	홈	원정		
		장 소	전주W	대전W	대전W	대전W	대전W	문수	대전W	광주W		
		상 대	전북	포항	울산	전남	부산	울산	인천	광주		
		결 과	패	패	무	승	승	패	패	패		
		점 수	1 : 3	0 : 1	0 : 0	1 : 0	2 : 1	1 : 2	0 : 2	1 : 2		
		승 점	12	12	13	16	19	19	19	19		
		순 위	12	12	12	12	12	12	12	12		
		슈팅수	8 : 12	7 : 10	10 : 16	15 : 13	8 : 8	17 : 18	18 : 6	8 : 7		
GK	1	박 주 원								○ 0/0		
	31	오 승 훈	○ 0/0	○ 0/0	○ 0/0	○ 0/0	○ 0/0	○ 0/0	○ 0/0			
DF	2	조 원 득										
	3	윤 신 영							○ 0/0	○ 0/0		
	4	윤 준 성										
	5	실 바								△ 0/0		
	22	송 주 한										
	23	허 영 철										
	24	박 영 수										
	26	김 창 현										
	26	서 명 식										
	27	박 재 우	○ 0/0	△ 0/0	△ 0/0	△ 0/0		△ 0/0	△ 0/0	○ 0/0		
	29	김 상 필	○ 0/0 C	▽ 0/0	○ 0/0	○ 0/0	○ 0/0	○ 0/0	▽ 0/0	△ 0/0		
	30	안 세 희	○ 0/0	○ 0/0	○ 0/0 C							
	33	윤 원 일										
	38	이 정 근										
	43	이 강 진		○ 0/0	○ 0/0	○ 0/0	○ 0/0	○ 0/0	○ 0/0	▽ 0/0		
	55	김 태 봉	○ 0/0	○ 0/0	○ 0/0	○ 1/0	○ 0/1	○ 0/0	○ 0/0	○ 0/0 C		
	72	금 교 진	○ 0/0	○ 0/0	○ 0/0	▽ 0/0	▽ 0/0	▽ 0/0	○ 0/0			
	77	완 델 손	▽ 0/0		△ 0/0	○ 0/0	○ 0/0	○ 0/0	○ 0/0	○ 1/0 C		
MF	6	김 기 수										
	7	김 종 국	○ 0/0	○ 0/0	▽ 0/0	○ 0/0	○ 0/0	○ 0/0	▽ 0/0			
	8	김 병 석			○ 0/0 C	○ 0/0	○ 0/0	○ 1/0	○ 0/0	○ 0/0		
	12	유 연 승										
	13	황 인 범										
	15	한 덕 희				▽ 0/0	○ 0/0 C	○ 0/0	▽ 0/0			
	15	김 영 승										
	17	김 성 수										
	20	안 상 현										
	35	이 형 진										
	37	정 서 운										
	39	정 재 성										
	71	손 설 민		▽ 0/0 C								
	77	이 광 진										
	99	이 현 승	△ 0/0	▽ 0/0 C	▽ 0/0		△ 0/0	◈ 0/0		○ 0/0		
FW	9	사 싸										
	10	닐 톤	△ 0/0	△ 0/0 C	△ 0/0	△ 0/0	△ 0/1	▽ 0/0	△ 0/0	▽ 0/0		
	11	히칼딩요										
	11	하 피 냐						△ 0/0				
	14	서 명 원	▽ 1/0	○ 0/0 C		▽ 0/0	▽ 2/0	○ 0/0				
	16	이 광 훈										
	19	김 찬 희										
	22	이 현 호										
	25	아드리아노										
	28	황 지 웅										
	73	한 의 권	○ 0/0	○ 0/0	▽ 0/0	○ 0/0 C	▽ 0/0 C		○ 0/0 C	○ 0/0		
	81	공 태 하	▽ 0/0		○ 0/0	△ 0/0	△ 0/0			△ 0/0 C		
	88	고 민 혁	△ 0/0	△ 0/0					△ 0/0	▽ 0/0		

상 주 상 무

창단년도_ 2011년
전화_ 054-537-7220
팩스_ 054-534-8170
홈페이지_ www.sangjufc.co.kr
주소_ 우 37159 경상북도 상주시 북상주로 24-7(계산동 474-1)
24-7, Buksangju-ro(474-1, Gyesan-dong), Sangju-si, Gyeongsangbuk-do, KOREA 37159

연혁

2010 상주 연고 프로축구단 유치 신청(12월)
한국프로축구연맹 상무축구팀 상주시 연고 확정

2011 상주시와 국군체육부대 연고 협약
한국프로축구연맹 대의원총회 인가 신청
상무축구단 운영주체를 상주시로 결정
성백영 구단주 취임, 이재철 단장 취임
상주상무피닉스프로축구단 K리그 참가
현대오일뱅크 K리그 2011 14위

2012 사단법인 상주시민프로축구단 법인 설립(11.26)
이재철 대표이사 취임
현대오일뱅크 K리그 2012 16위

2013 '상주상무피닉스프로축구단'에서 '상주상무프로축구단'으로 구단명칭 변경
현대오일뱅크 K리그 챌린지 우승
K리그 최초 11연승 (13.09.01 vs안양 ~13.11.10 vs고양)
현대오일뱅크 K리그 챌린지 초대 감독상 박항서, 득점왕 이근호
K리그 최초 클래식 승격

2014 현대오일뱅크 K리그 클래식 2014 참가
제2대 이정백 구단주 취임
제19회 하나은행 FA컵 4강
현대오일뱅크 K리그 클래식 2014 12위

2015 현대오일뱅크 K리그 챌린지 2015 참가
백만흠 대표이사 취임
현대오일뱅크 K리그 챌린지 2015 우승(K리그 클래식 승격)

상주 상무 2015년 선수명단

대표이사_ 백만흠

감독_ 박항서　수석코치_ 이영익　코치_ 김태완·김도근　GK코치_ 곽상득　재활트레이너_ 이종규·한진욱　주무_ 조형채

포지션	선수명		생년월일	출신교	키(cm) / 몸무게(kg)	전 소속팀
GK	김근배 *	金根培	1986.08.07	고려대	187 / 79	강원
	박지영 *	朴至永	1987.02.07	건국대	190 / 82	안양
	양동원	梁棟原	1987.02.05	백암고	189 / 85	강원
	윤평국	尹平國	1992.02.08	인천대	189 / 85	인천
DF	이후권 *	李厚權	1990.10.30	광운대	180 / 73	부천
	김창훈 *	金昶勳	1987.04.03	고려대	183 / 76	인천
	최호정 *	崔皓程	1989.12.08	관동대	182 / 75	대구
	안재훈 *	安在勳	1988.02.01	건국대	187 / 83	대구
	김지웅 *	金智雄	1990.05.19	광운대	180 / 72	성남
	김경민 *	張現宇	1993.05.26	동북고	175 / 68	인천
	장현우 *	金耿民	1990.08.15	연세대	184 / 80	서울
	곽광선	郭珖善	1886.03.28	숭실대	187 / 77	수원
	강민수	姜敏壽	1986.02.14	고양고	186 / 76	울산
	박진포	朴珍鋪	1987.08.13	대구대	173 / 72	성남
	이　용	李　鎔	1986.12.24	중앙대	180 / 74	울산
	여성해	呂成海	1987.08.06	한양대	189 / 81	경남
	최종환	催鍾桓	1987.08.12	부경대	178 / 66	인천
	김오규	金吾奎	1989.06.20	관동대	183 / 70	강원
	권진영	權鎭永	1991.10.23	숭실대	180 / 72	부산
MF	권순형 *	權純亨	1986.06.16	고려대	176 / 73	제주
	서상민 *	徐相民	1986.07.25	연세대	178 / 71	전북
	박경익 *	朴慶益	1991.08.13	광주대	175 / 69	울산
	이현웅	李鉉雄	1988.04.27	연세대	175 / 68	수원
	유수현	柳秀賢	1986.05.13	선문대	175 / 68	수원FC
	김성환	金城煥	1986.12.15	동아대	184 / 78	울산
	최현태	崔玹態	1987.09.15	동아대	178 / 75	서울
	김대열	金大烈	1987.04.12	단국대	175 / 68	대구
FW	한경인 *	韓京仁	1987.05.28	명지대	180 / 76	대전
	이정협 *	李廷記	1991.06.24	숭실대	186 / 76	부산
	송제헌 *	宋制憲	1986.07.17	선문대	177 / 76	전북
	박승일 *	朴乘一	1989.01.08	경희대	178 / 75	울산
	조동건	趙東建	1986.04.16	건국대	180 / 77	수원
	한상운	韓相云	1986.05.03	단국대	182 / 76	울산
	이승기	李承琪	1988.06.02	울산대	177 / 67	전북
	임상협	林相協	1988.07.08	류츠케이자이대	180 / 73	부산
	박기동	朴基東	1988.11.01	숭실대	191 / 83	전남
	김도엽	金度燁	1988.11.26	선문대	180 / 74	경남
	황일수	黃一琇	1987.08.08	동아대	173 / 72	제주
	배일환	裵日換	1988.07.20	단국대	178 / 77	제주
	박준태	朴俊泰	1989.12.20	고려대	172 / 63	전남
	이창훈	李昶勳	1986.12.17	인천대	173 / 67	성남

* 2015.10.12 전역.

상주 상무 2015년 개인기록 _ K리그 챌린지

위치	배번	경기번호	03	15	17	22	29	35	37	45	48	53
		날 짜	03.21	04.05	04.15	04.18	04.26	05.05	05.09	05.13	05.17	05.23
		홈/원정	홈	원정	홈	원정	원정	원정	홈	원정	홈	원정
		장 소	상주	창원C	상주	부천	수원	안산	상주	고양	상주	충주
		상 대	강원	경남	서울E	부천	수원FC	안산	대구	고양	안양	충주
		결 과	승	승	승	패	무	승	패	승	승	무
		점 수	3 : 1	3 : 1	3 : 2	1 : 3	1 : 1	3 : 0	0 : 2	5 : 0	3 : 2	3 : 3
		승 점	3	6	9	9	10	13	13	16	19	20
		순 위	2	1	1	1	3	2	3	2	1	1
		슈팅수	11 : 5	15 : 7	20 : 6	5 : 9	12 : 14	20 : 10	9 : 8	13 : 7	12 : 11	17 : 10
GK	1	박 지 영										
	21	김 근 배						○ 0/0	○ 0/0	○ 0/0	○ 0/0	○ 0/0
	31	양 동 원	○ 0/0	○ 0/0	○ 0/0	○ 0/0	○ 0/0					
	41	윤 평 국										
DF	2	이 용	○ 0/0	○ 0/0	○ 0/0 C	○ 0/1 C	○ 0/0 C		○ 0/0	○ 0/0		○ 0/0
	3	박 진 포	○ 0/1	○ 0/0	▽ 0/0	○ 0/0 C	○ 0/0	○ 0/0	○ 0/0	○ 0/0	○ 0/0	○ 1/0
	4	강 민 수									△ 0/0	
	6	여 성 해	○ 0/0	○ 1/0	○ 1/0	○ 0/0	○ 0/0	○ 0/0	○ 0/0			
	22	곽 광 선	○ 0/0		○ 0/0	△ 0/0 CC		○ 0/0	○ 0/0 C	○ 0/0	○ 0/0 C	○ 0/0
	24	장 현 우										
	30	김 오 규										
	30	김 경 민										
	35	권 진 영										
	43	김 창 훈										
	55	안 재 훈		○ 0/0		▽ 0/0						
MF	5	김 성 환	○ 1/0	○ 1/0	○ 0/0	○ 0/0	▽ 0/0 C	△ 0/0	▽ 0/0	▽ 1/0		
	7	이 현 웅										
	9	이 승 기	○ 0/0		△ 0/1	○ 0/0						
	11	임 상 협	○ 0/0 C	▽ 0/0	○ 1/0	▽ 0/0	○ 0/0	▽ 0/0	△ 0/0	○ 1/1	○ 0/0	▽ 1/0
	16	최 현 태	△ 0/0					▽ 0/0	△ 0/0	○ 0/0	○ 1/1	○ 0/0
	22	서 상 민										
	23	최 종 환			△ 0/0		△ 0/0	○ 0/0	▽ 0/0 C		○ 0/0	
	27	박 경 익										
	29	권 순 형	▽ 0/0	○ 0/1	○ 0/1 C	○ 0/0	○ 0/0	○ 0/0	○ 0/0	△ 0/0	▽ 1/1	○ 1/0
	34	김 대 열										
	42	유 수 현										
	89	최 호 정					○ 0/0			○ 0/0	○ 0/0	○ 0/0
FW	10	조 동 건										
	15	이 창 훈								▽ 0/0	△ 0/0	▽ 0/0
	17	황 일 수	▽ 0/1	△ 0/0	▽ 0/0	△ 0/0	▽ 0/0			○ 0/1	▽ 0/0	
	19	송 제 헌										
	20	한 상 운		▽ 0/0	△ 0/0		▽ 0/0	○ 1/1	▽ 0/0	△ 1/0		▽ 0/0
	25	박 기 동	△ 1/0	▽ 0/0	▽ 1/0	△ 0/0	△ 1/0	△ 1/0	△ 0/0 C	▽ 1/0 C	△ 0/0	△ 0/0
	25	이 정 협	▽ 1/0	○ 0/1	○ 0/1	▽ 0/0	○ 0/0	○ 0/0	○ 0/0		○ 1/0	○ 0/2
	26	김 도 엽		△ 1/0				△ 1/0				△ 0/0
	29	배 일 환	△ 0/0	△ 0/0		○ 1/0	△ 0/0	▽ 0/1	○ 0/0	△ 1/0	▽ 0/0	△ 0/0
	32	박 준 태										
	39	한 경 인										

선수자료 : 득점/도움 ○ = 선발출장 △ = 교체 IN ▽ = 교체 OUT ◈ = 교체 IN/OUT C = 경고 S = 퇴장

위치	배번	경기번호	58	62	66	73	76	82	90	92	100	109
		날 짜	05.30	06.03	06.06	06.10	06.13	06.20	06.28	07.01	07.05	07.12
		홈/원정	원정	홈	홈	원정	홈	원정	원정	홈	원정	홈
		장 소	속초J	상주	상주	안양	상주	잠실	수원	상주	대구	상주
		상 대	강원	경남	부천	안양	충주	서울E	수원FC	고양	대구	안산
		결 과	승	승	승	승	승	승	패	무	무	승
		점 수	2 : 1	4 : 2	1 : 0	5 : 1	4 : 0	3 : 2	0 : 1	0 : 0	2 : 2	2 : 0
		승 점	23	26	29	32	35	38	38	39	40	43
		순 위	1	1	1	1	1	1	1	1	1	1
		슈팅수	13 : 18	11 : 5	10 : 10	16 : 12	22 : 10	11 : 13	9 : 7	21 : 8	14 : 18	13 : 7
GK	1	박지영										
	21	김근배		○ 0/0		○ 0/0	○ 0/0	○ 0/0 C	○ 0/0	○ 0/0	○ 0/0	○ 0/0
	31	양동원	○ 0/0		○ 0/0							
	41	윤평국										
DF	2	이 용	○ 0/0	○ 0/0	○ 0/0	○ 0/0	○ 0/1	○ 0/1 C	○ 0/0 C	○ 0/0 C		○ 0/0
	3	박진포	○ 0/0 C	○ 0/0	○ 0/0	▽ 0/0	○ 0/0	○ 0/0	○ 0/0 C		○ 1/0	○ 0/0
	4	강민수		△ 0/0	○ 0/0 C	○ 0/0	▽ 0/1	○ 0/0	○ 0/0 C	○ 0/0	○ 0/0	○ 0/0
	6	여성해										
	22	곽광선	○ 0/0	○ 0/0		○ 0/0	○ 0/0	▽ 0/0	○ 0/0	○ 0/0		○ 0/0 C
	24	장현우										
	30	김오규										
	30	김경민										
	35	권진영										
	43	김창훈										
	55	안재훈					△ 0/0	△ 0/0		○ 0/0	○ 0/0	
MF	5	김성환	△ 0/0	○ 1/0		○ 2/1 C	○ 1/0	○ 0/0		○ 0/0 C		○ 0/0 C
	7	이현웅										
	9	이승기			△ 0/0	▽ 2/0	▽ 0/0	▽ 1/0	○ 0/0	○ 0/0	○ 0/0	▽ 0/0
	11	임상협	▽ 0/0	△ 0/0	▽ 0/0	○ 1/2	▽ 1/0	○ 1/0	▽ 0/0	○ 0/0	○ 0/0	▽ 2/0
	16	최현태	○ 0/0		○ 1/0	○ 0/0		▽ 0/0	▽ 0/0		▽ 0/0	△ 0/0
	22	서상민										
	23	최종환	▽ 0/0			△ 0/0				▽ 0/0	○ 0/0	
	27	박경익										
	29	권순형		○ 0/0	○ 0/0		○ 0/0	△ 0/0	○ 0/0 C	▽ 0/0	▽ 0/0	
	34	김대열										
	42	유수현										
	89	최호정	○ 0/0	○ 0/0	○ 0/0	○ 0/0 C	○ 0/0	○ 0/0	○ 0/0		○ 0/0	○ 0/1
FW	10	조동건										
	15	이창훈	△ 0/0	▽ 0/1					△ 0/0		△ 1/0	
	17	황일수		▽ 0/0		△ 0/0	△ 0/1		△ 0/0	△ 0/0	△ 0/0	△ 0/0
	19	송제헌										
	20	한상운	△ 1/0	○ 0/2	○ 0/0 C		○ 2/0	○ 0/0		▽ 0/0	▽ 0/0	○ 0/0
	25	박기동	▽ 0/0	△ 0/0	△ 0/0	▽ 0/0	△ 0/0		▽ 0/0	△ 0/0	△ 0/0	▽ 0/1
	25	이정협	○ 1/0	▽ 3/0	▽ 0/0			△ 1/2				△ 0/0
	26	김도엽			△ 0/0	△ 0/0				△ 0/0		
	29	배일환	○ 0/1		▽ 0/0				△ 0/0			
	32	박준태										
	39	한경인										

위치	배번	경기번호	115	118	125	127	137	141	149	151	157	162
		날 짜	07.27	08.02	08.09	08.12	08.22	08.26	08.30	09.05	09.09	09.12
		홈/원정	원정	원정	홈	홈	홈	원정	홈	원정	홈	원정
		장 소	충주	고양	상주	상주	상주	창원C	상주	안산	상주	부천
		상 대	충주	고양	강원	서울E	수원FC	경남	대구	안산	안양	부천
		결 과	패	승	패	무	무	패	승	무	패	패
		점 수	1 : 4	4 : 0	0 : 3	1 : 1	0 : 0	0 : 1	2 : 1	2 : 2	1 : 2	1 : 2
		승 점	43	46	46	47	48	48	51	52	52	52
		순 위	1	1	1	1	1	1	1	1	1	1
		슈팅수	20 : 14	9 : 13	9 : 12	15 : 12	10 : 15	14 : 10	11 : 8	10 : 7	14 : 7	17 : 6
GK	1	박지영										
	21	김근배	○ 0/0			○ 0/0	○ 0/0		○ 0/0	○ 0/0		○ 0/0
	31	양동원		○ 0/0	○ 0/0			○ 0/0			○ 0/0	
	41	윤평국										
DF	2	이 용	○ 0/0	○ 0/1 C	○ 0/0	○ 0/0	○ 0/0	○ 0/0	○ 0/0	▽ 0/0 C		○ 0/0 C
	3	박진포	▽ 0/0					○ 0/0	○ 0/0	○ 0/1		
	4	강민수	○ 0/0	○ 0/0	○ 0/0	○ 0/0	○ 0/0	○ 0/0	△ 0/0	○ 0/0	○ 0/0 C	
	6	여성해		○ 0/0	○ 0/0	○ 0/0	○ 0/0	○ 0/0	○ 0/0	△ 0/0	○ 0/0 C	
	22	곽광선		○ 0/0	▽ 0/0 C				○ 0/0	○ 0/0		○ 0/0
	24	장현우										
	30	김오규									○ 0/0	○ 0/0 C
	30	김경민										
	35	권진영										
	43	김창훈										
	55	안재훈	○ 0/0									
MF	5	김성환	▽ 0/0		▽ 0/0 C	○ 0/0	▽ 0/0	△ 0/0	○ 0/0 C		○ 1/0 C	○ 1/0
	7	이현웅										
	9	이승기	○ 0/0	▽ 0/0					○ 0/0			
	11	임상협	○ 1/0	○ 1/0	○ 0/0	▽ 1/0	△ 0/0	▽ 0/0	▽ 0/0	△ 0/0 C	▽ 0/0	▽ 0/0
	16	최현태	△ 0/0	▽ 0/0		○ 0/0	○ 0/0	▽ 0/0	△ 0/0	▽ 0/0	▽ 0/0	
	22	서상민										▽ 0/0
	23	최종환				○ 0/0 C	○ 0/0			△ 0/0	▽ 0/0 C	
	27	박경익		○ 0/0 C	△ 0/0							
	29	권순형	▽ 0/0		○ 0/0			○ 0/0		○ 0/0 C		○ 0/0
	34	김대열										
	42	유수현										
	89	최호정	○ 0/0			○ 0/0	○ 0/0					○ 0/0
FW	10	조동건		△ 1/0	▽ 0/0	▽ 0/0	△ 0/0	○ 0/0			○ 0/0	△ 0/0
	15	이창훈	△ 0/0	▽ 1/0	○ 0/0		△ 0/0	△ 0/0	▽ 0/0	○ 1/0	○ 0/0 C	△ 0/0
	17	황일수										
	19	송제헌										
	20	한상운	○ 0/0 C	△ 0/0	○ 0/0	△ 0/0	▽ 0/0		▽ 2/0	▽ 0/0	△ 0/0	
	25	박기동	△ 0/0	○ 0/2	△ 0/0 C		▽ 0/0	△ 0/0	○ 0/1	○ 0/1	△ 0/0 C	○ 0/0 C
	25	이정협				△ 0/0	○ 0/0	▽ 0/0				
	26	김도엽				△ 0/0				○ 1/0	○ 0/0 C	△ 0/0
	29	배일환		△ 0/0	△ 0/0	▽ 0/0		○ 0/0	△ 0/0		△ 0/0	▽ 0/0
	32	박준태										
	39	한경인										

선수자료 : 득점/도움 ○ = 선발출장 △ = 교체 IN ▽ = 교체 OUT ◈ = 교체 IN/OUT C = 경고 S = 퇴장

위치	배번	경기번호	169	173	180	191	181	200	204	208	190	213
		날 짜	09.20	09.23	10.04	10.17	10.20	10.26	11.01	11.07	11.11	11.14
		홈/원정	원정	원정	원정	홈	원정	홈	홈	홈	홈	홈
		장 소	잠실	대구	춘천	상주	안양	상주	상주	상주	상주	상주
		상 대	서울E	대구	강원	부천	안양	고양	경남	충주	수원FC	안산
		결 과	패	패	승	승	패	승	승	패	패	승
		점 수	0 : 1	1 : 5	2 : 0	2 : 1	1 : 2	4 : 1	1 : 0	1 : 2	2 : 5	3 : 0
		승 점	52	52	55	58	58	61	64	64	64	67
		순 위	1	2	2	2	2	2	2	2	2	1
		슈팅수	15 : 7	13 : 13	22 : 16	7 : 7	11 : 9	10 : 12	9 : 15	16 : 7	20 : 11	16 : 9
GK	1	박 지 영			○ 0/0							
	21	김 근 배	○ 0/0									
	31	양 동 원		○ 0/0		○ 0/0 C		○ 0/0	○ 0/0	○ 0/0	○ 0/0	
	41	윤 평 국					○ 0/0					○ 0/0 C
DF	2	이 용		○ 0/0		○ 0/0	○ 0/0	○ 0/0	○ 0/0		○ 0/0	○ 0/0
	3	박 진 포	○ 0/0	○ 0/0		○ 1/0	○ 0/0	○ 0/1 C	○ 0/0	○ 0/0	○ 0/0	○ 0/0
	4	강 민 수	○ 0/0	▽ 0/0		△ 0/0	△ 0/0 CC		○ 0/0	○ 0/0	○ 0/0	○ 0/0
	6	여 성 해		△ 0/0 C				○ 0/0	○ 0/0			○ 0/0
	22	곽 광 선	○ 0/0	○ 0/0 C		○ 0/0	▽ 0/0					
	24	장 현 우			▽ 0/0							
	30	김 오 규	○ 0/0	○ 0/0 C		○ 0/0	○ 0/0	○ 0/0	△ 0/0	○ 0/0	○ 0/0	○ 0/1
	30	김 경 민			△ 0/0							
	35	권 진 영			▽ 0/0							
	43	김 창 훈			○ 0/0							
	55	안 재 훈			○ 0/0 C							
MF	5	김 성 환	▽ 0/0			△ 0/0	○ 0/0	○ 0/1 CC		▽ 0/0		
	7	이 현 웅									△ 0/0	
	9	이 승 기	▽ 0/0	○ 1/0		○ 0/1	▽ 0/1 C	▽ 0/0		△ 0/0	○ 1/0	○ 0/2
	11	임 상 협	▽ 0/0	○ 0/0 C							○ 1/0 C	△ 0/0
	16	최 현 태	△ 0/0	▽ 0/0 C				△ 0/0	▽ 0/0		○ 0/0	
	22	서 상 민	○ 0/0									
	23	최 종 환								○ 0/0		
	27	박 경 익			○ 0/1							
	29	권 순 형			○ 0/0							
	34	김 대 열	△ 0/0 C			○ 0/0 C	○ 0/0	○ 0/0	○ 0/0	○ 0/0 C		○ 0/0
	42	유 수 현			○ 0/0							
	89	최 호 정			○ 0/0							
FW	10	조 동 건				▽ 1/0	△ 0/0	▽ 2/0 C	▽ 1/0	○ 1/0	▽ 0/0	△ 0/0
	15	이 창 훈	△ 0/0	○ 0/0 C		▽ 0/0	○ 1/0		▽ 0/0		▽ 0/0	
	17	황 일 수						△ 1/0	△ 0/0	△ 0/1	△ 0/0	△ 1/0
	19	송 제 헌			△ 0/1							
	20	한 상 운		△ 0/0 C			△ 0/0	▽ 0/2	○ 0/1	○ 0/0	▽ 0/0	
	25	박 기 동	○ 0/0	▽ 0/0 C		△ 0/0	▽ 0/0		△ 0/0	△ 0/0		▽ 1/0
	25	이 정 협										
	26	김 도 엽	○ 0/0	△ 0/0	○ 2/0	○ 0/0	○ 0/0 S			▽ 0/0	△ 0/0 C	▽ 1/0
	29	배 일 환				▽ 0/0		○ 1/0	○ 0/0	▽ 0/0		▽ 0/0
	32	박 준 태			▽ 0/0			△ 0/0 C				
	39	한 경 인			△ 0/0							

수 원 FC

창단년도_ 2003년
전화_ 031-228-4521~3
팩스_ 031-228-4458
홈페이지_ www.suwonfc.com
주소_ 우 16308 경기도 수원시 장안구 경수대로 893 수원종합운동장 내
Suwon Sports Complex, 893, Gyeongsu-daero, Jangan-gu, Suwon-si, Gyeonggi-do, KOREA 16308

연혁

2003 수원시청축구단 창단
제49회 경기도체육대회 우승
인터막스 K2 전기리그 6위
인터막스 K2 후기리그 3위
제8회 하나은행 FA컵 16강

2004 제52회 대통령배 전국축구대회 16강
제50회 경기도체육대회 우승
현대자동차 K2 전기리그 5위
2004 K2 선수권대회 준우승
제9회 하나은행 FA컵 16강
현대자동차 K2 후기리그 3위

2005 제53회 대통령배 전국축구대회 16강
제51회 경기도체육대회 우승
국민은행 K2 전기리그 우승
생명과학기업 STC 2005 K2 선수권대회 우승
국민은행 K2 챔피언결정전 준우승 / 후기리그 5위

2006 제54회 대통령배 전국축구대회 8강
제52회 경기도체육대회 우승
STC내셔널리그 전기리그 6위
제87회 전국체육대회 축구 준우승
STC내셔널리그 후기리그 3위

2007 제55회 대통령배 전국축구대회 우승
제53회 경기도체육대회 우승
KB국민은행 내셔널리그 전기리그 4위
한국수력원자력 2007내셔널축구 선수권대회 우승
제88회 전국체육대회 축구 준우승
KB국민은행 내셔널리그 챔피언결정전 준우승
KB국민은행 내셔널리그 후기리그 우승

2008 제56회 대통령배 전국축구대회 16강
제54회 경기도 체육대회 우승
KB국민은행 내셔널리그 전기리그 3위
KB국민은행 내셔널리그 챔피언결정전 준우승
KB국민은행 내셔널리그 후기리그 우승

2009 교보생명 내셔널리그 통합1위 / 후기리그 준우승

2010 제56회 경기도 체육대회 축구 준우승
대한생명 내셔널리그 통합우승 / 후기리그 준우승

2011 제57회 경기도 체육대회 축구 우승
제92회 전국체육대회 일반부 우승

2012 우리은행 2012 내셔널축구선수권대회 우승
프로축구 2부 리그 참가 확정

2013 현대오일뱅크 K리그 챌린지 참가
제18회 하나은행 FA컵 8강 진출(챌린지팀 중 유일)
현대오일뱅크 K리그 챌린지 4위

2014 2014 하나은행 FA컵 16강 진출
현대오일뱅크 K리그 챌린지 정규리그 6위

2015 제4대 김춘호 이사장 취임
현대오일뱅크 K리그 챌린지 2위(K리그 클래식 승격)

수원FC 2015년 선수명단

이사장_ 김춘호 단장_ 김응렬
감독_ 조덕제 수석코치_ 조종화 코치_ 양종후 GK코치_ 이승준 의무트레이너_ 김동영 주무_ 정원엽

포지션	선수명		생년월일	출신교	키(cm) / 몸무게(kg)
GK	박형순	朴炯淳	1989.10.23	광운대	185 / 78
	이인수	李寅洙	1993.11.16	선문대	191 / 78
DF	손시헌	孫時憲	1992.09.18	숭실대	187 / 86
	블라단	Vladan Adzić	1987.07.05	*몬테네그로	192 / 85
	이준호	李俊號	1989.01.27	중앙대	180 / 74
	김창훈	金昶訓	1990.02.17	광운대	189 / 84
	오광진	吳光珍	1987.06.04	울산대	172 / 66
	임하람	林하람	1990.11.18	연세대	186 / 87
	차준엽	車俊燁	1992.02.20	조선대	188 / 69
	김윤재	金潤載	1992.05.14	홍익대	186 / 82
MF	김서준	金胥寯	1989.03.24	한남대	173 / 71
	김혁진	金奕辰	1991.03.06	경희대	175 / 72
	김정빈	金禎彬	1987.08.23	선문대	176 / 70
	권용현	權容玄	1991.10.23	호원대	170 / 70
	김홍일	金弘一	1987.09.29	연세대	178 / 69
	임성택	林成澤	1988.07.19	아주대	178 / 74
	배신영	裵信泳	1992.06.11	단국대	180 / 72
	최명훈	崔明訓	1993.01.03	숭실대	173 / 65
	김부관	金附罐	1990.09.03	광주대	170 / 68
	김민철	金珉徹	1992.10.01	경기대	170 / 73
	김현태	金鉉泰	1992.05.13	용인대	174 / 68
	엄태연	嚴泰然	1994.09.23	제주국제대	183 / 75
	황재훈	黃在焄	1990.11.25	진주고	178 / 71
	김종우	金鍾佑	1993.10.01	선문대	180 / 73
	이관표	李官表	1994.09.07	중앙대	182 / 74
	김재웅	金裁雄	1998.01.01	경희대	173 / 68
	시 시	Sisinio Gonzalez Martinez	1986.04.22	*스페인	166 / 63
FW	김한원	金漢元	1981.08.06	세경대	181 / 75
	박종찬	朴鐘燦	1981.10.02	한남대	176 / 65
	자 파	Japa (Jonas Augusto Bouvie)	1986.10.05	*브라질	180 / 79
	정민우	鄭珉優	1992.12.01	호남대	177 / 73
	조인형	趙仁衡	1990.02.01	인천대	175 / 74
	정기운	鄭氣云	1992.07.05	광운대	186 / 78

수원FC 2015년 개인기록 _ K리그 챌린지

위치	배번	경기번호	01	06	14	18	24	29	31	38	49	55
		날 짜	03.21	03.28	04.05	04.15	04.19	04.26	05.02	05.09	05.17	05.24
		홈/원정	원정	홈	원정	홈	원정	홈	홈	홈	원정	홈
		장 소	안양	수원	충주	수원	창원C	수원	수원	수원	대구	수원
		상 대	안양	부천	충주	안산	경남	상주	서울E	고양	대구	강원
		결 과	패	승	승	무	승	무	패	승	승	승
		점 수	0 : 3	3 : 2	2 : 0	2 : 2	2 : 1	1 : 1	1 : 5	2 : 0	4 : 1	2 : 1
		승 점	0	3	6	7	10	11	11	14	17	20
		순 위	6	6	3	3	1	2	2	2	3	2
		슈팅수	8 : 12	19 : 16	10 : 19	15 : 12	12 : 15	14 : 12	14 : 13	11 : 11	16 : 18	12 : 15
GK	19	이상기		○ 0/0								
	21	이인수	○ 0/0		○ 0/0	○ 0/0	○ 0/0	○ 0/0	○ 0/0		○ 0/0	○ 0/0
	23	박형순								○ 0/0		
DF	2	임하람		○ 0/0	○ 0/0 C		△ 0/0				△ 0/0	○ 0/0
	5	블라단				○ 0/0 C	○ 0/0 C	○ 0/0	○ 0/0 C		○ 0/0 C	○ 0/0
	14	이준호	△ 0/0			○ 0/0 C	○ 0/1	○ 1/0	○ 0/0	○ 0/0	○ 0/0	○ 0/0 C
	17	김창훈	○ 0/0	○ 0/0	○ 0/0	○ 0/0	○ 0/0	○ 0/0	○ 0/0	○ 0/0	○ 0/0	
	19	오광진	○ 0/0			▽ 0/0						
	25	김윤재										
MF	3	김혁진					▽ 0/0	▽ 0/0				
	6	조인형		▽ 0/0	▽ 0/0	▽ 0/0						
	7	김서준	▽ 0/0		△ 0/0					○ 0/0	○ 1/1	○ 0/1 C
	8	시시										
	13	배신영	△ 0/0 C	△ 0/0		○ 0/0	○ 1/0	○ 0/0 C	○ 0/0		▽ 1/0	○ 1/0
	15	김정빈	○ 0/0	○ 0/1 C	○ 0/0					○ 0/0 C	○ 0/0 C	
	16	권용현	○ 0/0	△ 0/0	△ 0/0	△ 0/1	△ 0/0		○ 1/0	▽ 0/0	○ 0/2	▽ 0/0
	22	최명훈							△ 0/0			
	24	김부관	▽ 0/0 C			▽ 0/0 C		△ 0/0		▽ 0/0	△ 0/0	
	30	임성택	○ 0/0	○ 0/1	▽ 1/0			△ 0/0	▽ 0/0	△ 0/0	▽ 0/1	○ 1/0
	31	황재훈		○ 0/0	○ 0/0							
	36	김종우				○ 0/0	▽ 1/0	▽ 0/0	▽ 0/0	○ 0/0	△ 0/0	
	37	이관표		▽ 0/0	▽ 0/0	○ 0/0	○ 0/0	○ 0/1	○ 0/0 C	○ 0/0	▽ 0/0 C	▽ 0/0
	99	김재웅										
FW	9	자파	○ 0/0	○ 2/0	○ 1/0	△ 0/0	○ 0/0	○ 0/0	○ 0/0	▽ 2/0 C	○ 2/0	○ 0/1
	10	김한원	○ 0/0	○ 0/0 C	○ 0/0	△ 1/0	○ 0/0	○ 0/0	○ 0/0	○ 0/0		○ 0/0
	11	박종찬								△ 0/0		
	18	정민우	△ 0/0	▽ 0/0	○ 0/0		△ 0/0	△ 0/0 C				△ 0/0
	33	정기운	▽ 0/0	△ 1/0	△ 0/1	○ 1/0	▽ 0/1	▽ 0/0	△ 0/1	△ 0/0		△ 0/0

선수자료 : 득점/도움 ○ = 선발출장 △ = 교체 IN ▽ = 교체 OUT ◆ = 교체 IN/OUT C = 경고 S = 퇴장

위치	배번	경기번호	56	64	69	74	83	90	93	97	103	106
		날 짜	05.30	06.03	06.07	06.10	06.20	06.28	07.01	07.04	07.08	07.11
		홈/원정	원정	홈	원정	홈	원정	홈	원정	홈	원정	홈
		장 소	잠실	수원	고양	수원	속초J	수원	부천	수원	안산	수원
		상 대	서울E	충주	고양	경남	강원	상주	부천	안양	안산	대구
		결 과	패	패	승	패	패	승	무	무	패	무
		점 수	0 : 2	2 : 3	3 : 2	0 : 1	1 : 3	1 : 0	2 : 2	0 : 0	0 : 1	2 : 2
		승 점	20	20	23	23	23	26	27	28	28	29
		순 위	2	3	2	3	4	4	4	4	4	4
		슈팅수	17 : 9	18 : 13	12 : 12	29 : 4	9 : 13	7 : 9	10 : 18	19 : 15	13 : 7	21 : 13
GK	19	이 상 기										
	21	이 인 수	○ 0/0	○ 0/0		○ 0/0	○ 0/0					
	23	박 형 순			○ 0/0			○ 0/0	○ 0/0	○ 0/0	○ 0/0	○ 0/0 C
DF	2	임 하 람	○ 0/0 C	○ 0/0	○ 0/0	○ 0/0	○ 0/0	▽ 0/0 C		○ 0/0 C	○ 0/0 C	○ 0/0
	5	블 라 단	○ 0/0	○ 0/0	○ 0/0	○ 0/0	○ 0/0 C	○ 0/0	○ 0/0	○ 0/0	○ 0/0 C	
	14	이 준 호	○ 0/0	○ 0/0	○ 0/0 C		▽ 0/0 C				○ 0/0	▽ 0/0
	17	김 창 훈							△ 0/0 C		△ 0/0	○ 0/0
	19	오 광 진						○ 0/0 C	○ 0/0	○ 0/0	○ 0/0	▽ 0/0 C
	25	김 윤 재						△ 0/0	▽ 1/0 C			
MF	3	김 혁 진		▽ 0/1	△ 0/0	○ 0/0 C	▽ 0/0				△ 0/0	○ 0/1
	6	조 인 형	△ 0/0						▽ 0/0			
	7	김 서 준	○ 0/0		○ 0/0	○ 0/0 C	○ 0/1	○ 0/0	○ 0/0	○ 0/0	○ 0/0	
	8	시 시										
	13	배 신 영	○ 0/0		○ 0/0	○ 0/0	▽ 0/0	○ 0/0	○ 0/0	▽ 0/0	▽ 0/0	
	15	김 정 빈		▽ 0/0 C			○ 0/0					△ 0/0
	16	권 용 현	○ 0/0	○ 1/0	▽ 0/0	▽ 0/0 C	○ 1/0 C	○ 0/0	○ 0/0	○ 0/0 C		○ 1/0
	22	최 명 훈						△ 0/0	◈ 0/0	△ 0/0		
	24	김 부 관	△ 0/0			△ 0/0	△ 0/0	▽ 0/0 C		▽ 0/0	▽ 0/0	△ 0/0
	30	임 성 택	▽ 0/0	△ 0/0	▽ 0/0							
	31	황 재 훈			○ 0/0	○ 0/0	△ 0/0	○ 0/0	○ 0/0	○ 0/0		
	36	김 종 우		○ 0/0		▽ 0/0				△ 0/0	○ 0/0	○ 0/0
	37	이 관 표		○ 1/0	▽ 0/0 C		○ 0/0	○ 1/0	○ 0/2	▽ 0/0	△ 0/0	○ 0/0
	99	김 재 웅										○ 1/0
FW	9	자 파	▽ 0/0		○ 2/0	○ 0/0	○ 0/0	▽ 0/0				△ 0/1
	10	김 한 원	○ 0/0 C	○ 0/0								
	11	박 종 찬		△ 0/0	△ 1/0	△ 0/0			△ 0/0			▽ 0/0
	18	정 민 우	▽ 0/0	△ 0/0		▽ 0/0				△ 0/0	▽ 0/0	
	33	정 기 운	△ 0/0	▽ 0/0	△ 0/1	△ 0/0	△ 0/0	△ 0/0	○ 1/0	○ 0/0	○ 0/0	

위치	배번	경기번호	114	116	121	130	135	137	148	155	159	164
		날 짜	07.26	08.01	08.08	08.12	08.17	08.22	08.30	09.06	09.09	09.13
		홈/원정	원정	홈	홈	원정	홈	원정	홈	원정	원정	원정
		장 소	진주J	수원	수원	충주	수원	상주	수원	대구	안산	안양
		상 대	경남	부천	서울E	충주	강원	상주	고양	대구	안산	안양
		결 과	무	패	승	승	승	무	무	승	승	패
		점 수	0 : 0	1 : 2	3 : 1	3 : 1	3 : 2	0 : 0	0 : 0	2 : 1	1 : 0	2 : 3
		승 점	30	30	33	36	39	40	41	44	47	47
		순 위	4	4	4	4	4	3	4	4	3	3
		슈팅수	9 : 10	17 : 12	27 : 7	18 : 14	19 : 7	15 : 10	10 : 14	15 : 9	10 : 8	15 : 8
GK	19	이 상 기										
	21	이 인 수		○ 0/0		○ 0/0						
	23	박 형 순	○ 0/0		○ 0/0		○ 0/0	○ 0/0	○ 0/0	○ 0/0	○ 0/0	○ 0/0
DF	2	임 하 람	○ 0/0	▽ 0/0 C		○ 0/0 C	○ 0/0	○ 0/0	○ 0/0	○ 0/0	○ 0/0 C	○ 0/0
	5	블 라 단										
	14	이 준 호										
	17	김 창 훈	○ 0/0	○ 0/0	○ 0/0	○ 0/0	○ 0/0	○ 0/0	○ 0/0 C	○ 0/0	○ 0/0	○ 0/0
	19	오 광 진	○ 0/0	○ 0/0	▽ 0/0	○ 0/0	▽ 0/0			○ 0/0	○ 0/1	▽ 0/0
	25	김 윤 재		△ 0/0								
MF	3	김 혁 진			△ 0/0 C			△ 0/0	△ 0/0		△ 0/0	
	6	조 인 형										
	7	김 서 준	▽ 0/0		○ 0/0 C		○ 0/0			△ 0/0		
	8	시 시		△ 0/0 C	△ 0/0	○ 0/1	○ 0/0	○ 0/0	▽ 0/0	▽ 0/0	○ 0/0	▽ 0/0
	13	배 신 영	○ 0/0	△ 0/0						△ 0/0		
	15	김 정 빈			○ 0/0 C	▽ 0/0	○ 0/0	○ 0/0	○ 0/0	○ 0/0	○ 0/0	○ 0/1
	16	권 용 현	▽ 0/0	○ 0/0	○ 0/0	○ 0/0	○ 1/1 C	○ 0/0	○ 0/0	○ 0/0	▽ 0/0	○ 0/0
	22	최 명 훈										
	24	김 부 관	△ 0/0		▽ 0/0	▽ 1/0	▽ 0/1	▽ 0/0	▽ 0/0	▽ 0/1	▽ 1/0	○ 0/0
	30	임 성 택								△ 0/0		
	31	황 재 훈	○ 0/0	○ 0/0 C								
	36	김 종 우	▽ 0/0	▽ 1/0	○ 0/1	○ 0/1	▽ 0/1	▽ 0/0	▽ 0/0 C	▽ 0/1 C	○ 0/0	○ 0/1
	37	이 관 표		▽ 0/0			△ 0/0	△ 0/0	△ 0/0			
	99	김 재 웅	○ 0/0 C	○ 0/1 C	○ 1/0	○ 2/0 C		○ 0/0 C	○ 0/0 C	○ 0/0	○ 0/0	○ 0/0
FW	9	자 파	○ 0/0	○ 0/0	▽ 2/0 C	▽ 0/0	○ 1/0	▽ 0/0	○ 0/0 C		△ 0/0	○ 2/0
	10	김 한 원			○ 0/0	△ 0/0	△ 0/0	○ 0/0	○ 0/0		△ 0/0	△ 0/0
	11	박 종 찬				△ 0/0						
	18	정 민 우	△ 0/0									
	33	정 기 운	△ 0/0	○ 0/0	△ 0/0	△ 0/0	△ 1/0	△ 0/0	△ 0/0	○ 2/0	▽ 0/0	△ 0/0

선수자료 : 득점/도움 ○ = 선발출장 △ = 교체 IN ▽ = 교체 OUT ◈ = 교체 IN/OUT C = 경고 S = 퇴장

166	172	179	182	194	198	206	190	215	218	승강PO 01	승강PO 02
09.19	09.23	10.04	10.07	10.18	10.25	11.07	11.11	11.15	11.22	12.02	12.05
원정	홈	홈	원정	원정	홈	홈	원정	원정	홈	홈	원정
고양	수원	수원	춘천	잠실	수원	수원	상주	부천	수원	수원	구덕
고양	충주	안산	강원	서울E	대구	안양	상주	부천	경남	부산	부산
무	승	승	무	승	패	패	승	무	승	승	승
1 : 1	2 : 1	2 : 1	1 : 1	4 : 1	0 : 2	1 : 2	5 : 2	0 : 0	3 : 1	1 : 0	2 : 0
48	51	54	55	58	58	58	61	62	65	0	0
3	3	3	3	3	4	4	3	3	3	1	1
13 : 13	11 : 8	16 : 7	14 : 12	11 : 14	15 : 23	17 : 9	11 : 20	11 : 12	13 : 15	13 : 5	8 : 8
○ 0/0	○ 0/0		○ 0/0		○ 0/0	○ 0/0					
		○ 0/0		○ 0/0			○ 0/0	○ 0/0	○ 0/0	○ 0/0	○ 0/0
▽ 0/0 C			○ 0/0		○ 0/0	△ 0/0	▽ 0/0 C	○ 0/0		○ 0/0 S	
	△ 0/0		○ 0/0	○ 0/0 CC		○ 0/0	○ 0/0	○ 0/0	○ 0/0	○ 0/0	○ 0/0
○ 0/0 C	○ 0/0	○ 0/0	○ 0/0 C		○ 0/0	○ 0/0 C	○ 0/0	○ 0/0	○ 0/0	○ 0/0 C	○ 0/0
○ 0/0	○ 0/0	○ 0/0 C		○ 0/0 C	△ 0/0	○ 0/0	△ 0/0	△ 0/0	○ 0/0	△ 0/0	○ 0/0
	○ 0/1	○ 0/0	▽ 0/0		▽ 0/0		△ 0/0	○ 0/0			
						△ 0/0 C			△ 0/0		
○ 0/1 C			○ 0/0				○ 0/0		○ 0/0		
○ 0/0	▽ 0/0 C	▽ 0/0	○ 0/0 C		○ 0/0 C			▽ 0/0 C	○ 0/0	○ 0/0	▽ 0/0
△ 0/0		△ 0/0		○ 1/0	▽ 0/0	▽ 0/0	△ 0/0			△ 0/0	△ 0/0
○ 0/0			△ 0/0 C		△ 0/0				▽ 0/0		
○ 1/0	○ 0/0	○ 0/1	○ 0/0	△ 0/0	○ 0/0	○ 0/0 C	○ 1/0	○ 0/0	○ 0/1	○ 0/0	▽ 0/0
○ 0/0	△ 0/0	△ 0/0	▽ 1/0	▽ 0/1	△ 0/0						
	▽ 1/0	▽ 0/0	△ 0/0	▽ 1/0	○ 0/0 CC		○ 2/0	○ 0/0	▽ 2/0	▽ 0/0	○ 1/0
				○ 0/0			▽ 0/0 C			○ 0/0	○ 0/0
▽ 0/0	○ 0/0	○ 1/0	○ 0/1	○ 0/1 C		▽ 0/0	○ 1/0	▽ 0/0	○ 0/1	▽ 0/0	▽ 0/1
	○ 0/0	○ 0/0									
				○ 0/0	○ 0/0	○ 0/0	▽ 0/0	○ 0/0 C		○ 0/0	○ 0/0 C
▽ 0/0	▽ 1/1			▽ 2/1	○ 0/0	○ 1/0	○ 1/3	▽ 0/0	▽ 0/0	▽ 0/1	○ 1/0 C
△ 0/0	○ 0/0	○ 0/0 C		○ 0/0 C	▽ 0/0	○ 0/0 C			△ 0/0		△ 0/0
	△ 0/0 C	△ 1/0	▽ 0/0	△ 0/0		▽ 0/0 C		△ 0/0	△ 1/0	△ 1/0	△ 0/0
△ 0/0		▽ 0/0	△ 0/0	△ 0/0		△ 0/0		△ 0/0 C			

대구 FC

창단년도_ 2002년

전화_ 053-256-2003

팩스_ 053-746-9199

홈페이지_ www.daegufc.co.kr

주소_ 우 42250 대구광역시 수성구 유니버시아드로 180(대흥동 504) 대구스타디움
Daegu Stadium, 180, Universiade-ro(504, Daeheung-dong), Suseong-gu, Daegu, KOREA 42250

연혁

2002	발기인 총회
	(주)대구시민프로축구단 창립총회
	대표이사 노희찬 선임
	초대 감독 박종환 선임
	1차 시민주 공모
	대구FC로 구단명칭 결정
	한국프로축구연맹 창단 인가 승인
2003	초대단장 이대섭 선임
	2차 시민주 공모
	엠블럼 및 유니폼 선정
	대구FC 창단식
	삼성 하우젠 K-리그 2003 11위
2004	주주동산 건립
	삼성 하우젠 K-리그 2004 통합 10위
	삼성 하우젠컵 2004 9위
2005	대구스포츠기념관 개관
	대구FC컵 달구벌 축구대회 창설
	삼성 하우젠 K-리그 2005 전기 12위, 후기 3위
2006	대구FC 통영컵 우승
	제2기 이인중 대표이사 취임
	제2기 최종준 단장 취임
	김범일(대구광역시 시장) 구단주 취임
	제3기 최종준 대표이사 취임
	삼성 하우젠 K-리그 2006 통합 7위
	삼성 하우젠컵 2006 13위
	제2대 변병주 감독 취임
2007	삼성 하우젠 K-리그 2007 12위
	삼성 하우젠컵 2007 A조 3위
	유소년 클럽 창단
	'삼성 하우젠 K-리그 대상' 페어플레이팀상 수상
2008	삼성 하우젠 K-리그 2008 11위
	삼성 하우젠컵 2008 B조 5위
	대구FC U-18클럽 창단(현풍고)
	대구FC U-15 청소년 축구대회 개최
2009	제3기 박종선 단장 취임
	제4기 박종선 대표이사 취임
	2009 K-리그 15위
	피스컵 코리아 2009 A조 3위
	대구FC 유소년축구센터 개관
	제3대 이영진 감독 취임
2010	쏘나타 K리그 2010 15위
	포스코컵 2010 C조 2위(8강 진출)
	U-12 '2010 동원컵 전국초등축구리그' 왕중왕전 32강
2011	제4기 김재하 단장 취임
	제5기 김재하 대표이사 취임
	현대오일뱅크 K리그 2011 12위
	러시앤캐시컵 2011 B조 5위
	U-12 제21회 히로시마 유소년 축구대회 우승
	U-18 제52회 청룡기 전국고교축구대회 우승(현풍고등학교)
	대구FC U-15클럽 창단(율원중학교)
	제4대 모아시르 페레이라(브라질) 감독 취임
2012	2012년 제1차(1R~15R) 플러스 스타디움상 수상
	U-18 대구시 축구협회장기 우승(현풍고)
	U-15 대구시 축구협회장기 준우승(율원중)
	현대오일뱅크 K리그 2012 10위(역대 최다승 기록)
2013	교육기부 인증기관 선정(교육과학기술부)
	대구사랑나눔 교육기부 감사패 수여(대구광역시교육청)
	경북교육기부기관 선정(경상북도 교육청)
	2013년 제2차 팬 프렌들리 클럽 수상 (프로축구연맹)
	적십자회원 유공장 금장 수상 (대한적십자사)
	공로상: 사랑나눔상 수상(프로축구연맹)
	현대오일뱅크 K리그 클래식 2013 13위
2014	제7대 최덕주 감독 취임
	U-18 문체부장관기 준우승(현풍고)
	제5기 조광래 단장 취임
	제6기 조광래 대표이사 취임
	현대오일뱅크 K리그 챌린지 2014 7위
2015	제8대 감독 이영진 선임
	K리그 챌린지 한 경기 최다관중 기록(3.29 對강원FC / 20,157명)
	제4회 영남일보 국제축구대회 개최
	제1차 풀스타디움상, 플러스스타디움상, 그린스타디움상 수상
	K리그 팀통산 최다 연속득점 타이기록 달성(2014.9.14~2015.7. 22)
	U-10(신흥초) 화랑대기 전국 유소년 축구대회 우승
	U-15(율원중) 무학기 전국 중학교 축구대회 우승, 전국 중등 축구리그 권역 우승, 제34회 대구시협회장기 축구대회 우승
	조나탄 팀 내 최다득점 기록 경신(40득점)
	조현우 국가대표 발탁
	이영진 감독 10월 K리그 'danill 테일러 이달의 감독' 선정
	제3차 풀스타디움상, 플러스스타디움상
	K리그 대상 2015 '득점왕, MVP, 베스트일레븐 FW' 수상(조나탄),
	조현우 K리그 대상 2015 '베스트일레븐 GK' 수상

대구FC 2015년 선수명단

대표이사·단장_ 조광래

감독_ 이영진 코치_ 손현준 코치_ 안드레 GK코치_ 이용발 주무_ 김태철 트레이너_ 노현욱 트레이너_ 박해승 통역/전력분석_ 이종현 장비_ 한대성

포지션	선수명		생년월일	출신교	신장(cm)/체중(kg)
GK	이 양 종	李 洋 鍾	1989.07.17	관동대	191 / 86
	조 현 우	趙 賢 祐	1991.09.25	선문대	189 / 73
	박 민 선	朴 玟 宣	1991.04.04	용인대	187 / 83
DF	감 한 솔	甘 한 솔	1993.11.19	경희대	174 / 65
	박 성 용	朴 成 庸	1991.06.26	단국대	187 / 80
	문 진 용	文 眞 勇	1991.12.14	경희대	192 / 85
	허 재 원	許 宰 源	1984.07.01	광운대	188 / 83
	조 영 훈	趙 榮 勳	1989.04.13	동국대	178 / 63
	김 동 진	金 東 珍	1992.12.28	아주대	178 / 70
	이 원 재	李 源 在	1986.02.24	포철공고	185 / 81
	이 준 희	李 準 熙	1988.06.01	경희대	182 / 78
	신 희 재	申 熙 梓	1992.12.27	선문대	174 / 73
	김 주 빈	金 周 彬	1990.12.07	관동대	184 / 75
	최 원 권	崔 源 權	1981.11.08	동북고	175 / 70
	안 재 훈	安 在 勳	1988.02.01	건국대	187 / 81
	최 호 정	崔 皓 程	1989.12.08	관동대	182 / 75
MF	이 종 성	李 宗 成	1992.08.05	매탄고	187 / 72
	황 순 민	黃 順 旻	1990.09.14	카미무라고	178 / 69
	문 기 한	文 記 韓	1989.03.17	동북고	177 / 72
	신 창 무	申 昶 武	1992.09.17	우석대	170 / 67
	김 현 수	金 顯 秀	1992.04.05	연세대	176 / 68
	김 래 훈	金 來 勳	1993.01.26	명지대	175 / 72
	류 재 문	柳 在 文	1993.11.08	영남대	184 / 72
	이 광 진	李 廣 鎭	1991.07.23	동북고	179 / 66
	세르징요	Sergio Paulo Nascimento Filho	1988.04.27	*브라질	183 / 77
FW	조 나 탄	Jonathan Aparecido Da Silva Vilela	1990.03.29	*브라질	184 / 74
	장 백 규	張 伯 圭	1991.10.09	선문대	175 / 61
	레 오	Leo Jaime Da Silva Pinheiro	1986.03.28	*브라질	160 / 60
	노 병 준	盧 炳 俊	1979.09.29	한양대	177 / 67
	김 진 혁	金 鎭 爀	1993.06.03	숭실대	185 / 71
	에 델	Eder Luiz Lima Da Sousa	1987.01.09	*팔레스타인	179 / 71
	정 대 교	政 代 敎	1992.04.27	영남대	178 / 72
	이 진 재	李 眞 在	1993.02.10	대경대	180 / 76

대구FC 2015년 개인기록 _ K리그 챌린지

위치	배번	경기번호	02	09	12	20	25	28	32	37	41	49
		날 짜	03.21	03.29	04.04	04.15	04.20	04.25	05.02	05.09	05.13	05.17
		홈/원정	원정	홈	원정	홈	원정	홈	홈	원정	원정	홈
		장 소	부천	대구	잠실	대구	고양	대구	대구	상주	안산	대구
		상 대	부천	강원	서울E	안양	고양	충주	경남	상주	안산	수원FC
		결 과	패	승	무	무	승	승	승	승	무	패
		점 수	1 : 2	2 : 1	1 : 1	2 : 2	2 : 0	2 : 1	1 : 0	2 : 0	1 : 1	1 : 4
		승 점	0	3	4	5	8	11	14	17	18	18
		순 위	4	6	5	6	4	1	1	1	1	2
		슈팅수	7 : 13	11 : 18	14 : 7	11 : 10	10 : 15	10 : 13	13 : 15	8 : 9	12 : 12	18 : 16
GK	1	이양종										
	21	조현우	○ 0/0	○ 0/0	○ 0/0	○ 0/0	○ 0/0	○ 0/0	○ 0/0	○ 0/0	○ 0/0	○ 0/0
DF	5	박성용				○ 0/0 C	○ 0/0	○ 0/0	○ 0/0	○ 0/0	○ 0/0	▽ 0/0
	6	문진용	○ 0/0									
	8	허재원	○ 0/0	○ 0/0	○ 0/0	○ 0/0	○ 0/0	○ 0/0	○ 0/0	○ 0/0	○ 1/0	○ 0/0
	13	조영훈										
	20	이원재	○ 0/0	○ 0/0	○ 0/0	○ 0/0	○ 0/0	○ 0/0	○ 0/0 C	○ 0/0	○ 0/0	○ 0/0 C
	22	이준희	○ 0/0	○ 0/0	○ 0/0	○ 0/0 C	○ 0/0 C	○ 1/0	○ 0/0 C		○ 0/0 C	○ 0/0 C
	23	신희재										
	55	안재훈										
	72	금교진										
	81	최원권		○ 0/0	○ 0/0							
MF	3	감한솔										
	4	이종성	△ 0/0	○ 0/1	▽ 0/0							
	10	황순민	▽ 0/0	▽ 0/0		△ 0/0						△ 0/0
	14	문기한	▽ 0/0	△ 0/0	△ 0/1	△ 0/0	△ 0/0	△ 0/1	△ 0/0	△ 0/0	△ 0/0 C	△ 0/0 C
	16	김동진								○ 0/0 C	○ 0/0 C	
	19	신창무	○ 0/0 C				△ 0/0	△ 0/0		△ 0/0		
	25	김현수							△ 0/0			
	29	류재문				○ 0/0 C	○ 0/0	○ 0/0	○ 0/1	○ 0/0	○ 0/0	○ 0/0
	77	이광진										
	88	세르징요	○ 0/1	▽ 0/0	○ 0/0	▽ 0/0	▽ 0/0	▽ 0/0	▽ 0/0	▽ 0/0	▽ 0/0 C	▽ 0/0
	89	최호정										
FW	7	조나탄	○ 1/0	△ 0/0 C	○ 0/0	○ 1/0	○ 1/1	○ 0/0	○ 1/0	○ 2/0	○ 0/0	○ 1/0
	9	장백규	△ 0/0	▽ 0/0	▽ 0/0	▽ 1/0	▽ 0/0	▽ 0/1	▽ 0/0 C	▽ 0/1	○ 0/1	○ 0/0
	11	레오		○ 1/0	○ 0/0	○ 0/0 C	○ 0/0	○ 0/0	○ 0/0	○ 0/0 CC		○ 0/0
	17	노병준	△ 0/0 C	△ 0/0	△ 1/0	△ 0/0	△ 1/0	△ 1/0	△ 0/0	△ 0/0	△ 0/0	△ 0/0
	18	김진혁										
	28	에델	▽ 0/0	○ 1/0	○ 0/0	▽ 0/2	▽ 0/0	▽ 0/0	▽ 0/0	▽ 0/0	▽ 0/0	▽ 0/0

선수자료 : 득점/도움 ○ = 선발출장 △ = 교체 IN ▽ = 교체 OUT ◈ = 교체 IN/OUT C = 경고 S = 퇴장

위치	배번	경기번호	57	63	68	80	81	88	95	100	102	106
		날 짜	05.30	06.03	06.06	06.15	06.20	06.27	07.01	07.05	07.08	07.11
		홈/원정	원정	홈	원정	홈	홈	원정	홈	홈	원정	원정
		장 소	안양	대구	속초J	대구	대구	충주	대구	대구	창원C	수원
		상 대	안양	고양	강원	안산	부천	충주	서울E	상주	경남	수원FC
		결 과	무	패	승	승	승	무	승	무	승	무
		점 수	1 : 1	1 : 2	2 : 1	3 : 0	2 : 0	1 : 1	1 : 0	2 : 2	1 : 0	2 : 2
		승 점	19	19	22	25	28	29	32	33	36	37
		순 위	4	4	3	3	3	2	2	2	2	2
		슈팅수	12 : 16	11 : 13	10 : 13	11 : 7	12 : 15	15 : 11	10 : 15	18 : 14	16 : 5	13 : 21
GK	1	이양종										
	21	조현우	○ 0/0	○ 0/0	○ 0/0	○ 0/0	○ 0/0	○ 0/0	○ 0/0	○ 0/0	○ 0/0	○ 0/0 C
DF	5	박성용	○ 0/0 C	○ 0/0								
	6	문진용										
	8	허재원	○ 0/0 C	○ 0/0			○ 0/0	○ 0/0	○ 0/0	○ 0/0	○ 0/0	○ 1/0
	13	조영훈			○ 0/0 C	○ 0/0 C	○ 0/0	○ 0/0	○ 0/0	○ 0/0	○ 0/0	○ 0/0
	20	이원재			○ 0/0	○ 0/0 C		△ 0/0		△ 0/0		△ 0/0
	22	이준희	○ 0/0		○ 0/0	○ 0/0	○ 0/0 C		○ 0/0	○ 0/0 C		○ 0/0 C
	23	신희재										
	55	안재훈										
	72	금교진				△ 0/0	△ 0/0					
	81	최원권										
MF	3	감한솔										
	4	이종성	○ 0/0 C	○ 0/0	○ 0/0 C	○ 0/0	○ 0/0	○ 0/0	○ 0/0	▽ 0/0	○ 0/0	○ 0/0
	10	황순민				△ 0/0	△ 0/0				△ 0/1	△ 0/0
	14	문기한	○ 0/0	△ 0/0	▽ 0/0	▽ 0/0	○ 0/1	▽ 0/1	○ 0/0	○ 0/1	▽ 0/0	▽ 0/0
	16	김동진		○ 0/0				○ 0/0			▽ 0/0	
	19	신창무			△ 0/0							
	25	김현수						△ 0/0				
	29	류재문	○ 1/0	○ 0/0	○ 0/1	○ 0/0	○ 0/0	○ 0/0	○ 0/0	○ 0/0	○ 1/0	○ 0/0
	77	이광진										
	88	세르징요	▽ 0/0	▽ 0/0	○ 0/0	▽ 2/0	▽ 0/0	▽ 0/0	▽ 0/0	▽ 0/0	▽ 0/0	▽ 0/0 C
	89	최호정										
FW	7	조나탄	○ 0/0	○ 0/1	○ 0/0	○ 0/0 C	○ 1/1	○ 1/0	○ 1/0	○ 1/0	○ 0/0	○ 0/0
	9	장백규	▽ 0/1	▽ 1/0				△ 0/0				
	11	레오	○ 0/0 C	○ 0/0	○ 1/0	○ 1/1	▽ 0/0	○ 0/0	○ 0/0	○ 0/0	○ 0/0	○ 1/0
	17	노병준	△ 0/0	△ 0/0	○ 1/0	▽ 0/1 C	▽ 1/0 C		○ 0/1	○ 1/1 C	○ 0/0	▽ 0/0
	18	김진혁		△ 0/0							△ 0/0	
	28	에델	△ 0/0	▽ 0/0		△ 0/0	△ 0/0	▽ 0/0	△ 0/0	△ 0/0	△ 0/0	△ 0/0

위치	배번	경기번호	112	117	123	134	140	144	149	155	158	161
		날 짜	07.25	08.01	08.08	08.16	08.23	08.26	08.30	09.06	09.09	09.12
		홈/원정	홈	원정	홈	원정	홈	원정	원정	홈	원정	홈
		장 소	대구	안산	대구	고양	대구	부천	상주	대구	잠실	대구
		상 대	강원	안산	안양	고양	경남	부천	상주	수원FC	서울E	충주
		결 과	패	무	패	무	승	승	패	패	승	무
		점 수	0 : 1	0 : 0	2 : 4	3 : 3	3 : 0	1 : 0	1 : 2	1 : 2	2 : 0	1 : 1
		승 점	37	38	38	39	42	45	45	45	48	49
		순 위	2	2	3	3	2	2	2	2	2	2
		슈팅수	14 : 14	17 : 15	10 : 10	16 : 11	9 : 11	14 : 7	8 : 11	9 : 15	15 : 11	13 : 12
GK	1	이 양 종										
	21	조 현 우	○ 0/0	○ 0/0	○ 0/0	○ 0/0	○ 0/0	○ 0/0 C	○ 0/0	○ 0/0	○ 0/0	○ 0/0
DF	5	박 성 용				▽ 0/0						
	6	문 진 용										
	8	허 재 원	○ 0/0	○ 0/0	▽ 0/0							
	13	조 영 훈	○ 0/0 C		○ 0/0	○ 0/0	○ 0/0	○ 0/0	○ 0/0	○ 0/0	○ 0/0 C	○ 0/0
	20	이 원 재		○ 0/0 C	▽ 0/0	○ 0/0	○ 1/0	○ 0/0	○ 0/0	○ 0/0 C	○ 0/0	▽ 0/0
	22	이 준 희	▽ 0/0	○ 0/0	○ 0/0	○ 1/0	○ 0/0	○ 0/1	▽ 0/0 C			
	23	신 희 재				△ 0/0						
	55	안 재 훈										
	72	금 교 진										
	81	최 원 권										
MF	3	감 한 솔				△ 0/0 C		△ 0/0	△ 0/0	△ 0/0		△ 0/0
	4	이 종 성	○ 0/0	○ 0/0 C		○ 0/0	○ 0/0 C	○ 0/0	○ 0/0	○ 0/0	○ 0/0 C	○ 0/0
	10	황 순 민	△ 0/0		△ 0/0							
	14	문 기 한	▽ 0/0	▽ 0/0	○ 0/0 CC		▽ 0/1	▽ 0/0 C		▽ 0/0 C	▽ 0/0	▽ 0/0
	16	김 동 진								○ 0/0	○ 0/0	○ 0/1
	19	신 창 무										
	25	김 현 수				△ 0/0						
	29	류 재 문	○ 0/0	○ 0/0	▽ 0/0		○ 0/0	○ 0/0	○ 0/0	▽ 0/0 C	○ 1/0	○ 0/0
	77	이 광 진				▽ 0/0	△ 0/0		△ 0/0	▽ 0/0		
	88	세르징요	▽ 0/0	○ 0/0	○ 0/1 C		△ 0/0		▽ 0/0		○ 0/0	○ 0/0
	89	최 호 정										
FW	7	조 나 탄	○ 0/0	○ 0/0	○ 1/0 C		○ 1/1	○ 1/0	○ 1/0	○ 0/0	▽ 0/1	○ 0/0
	9	장 백 규	△ 0/0	△ 0/0	△ 0/1	○ 0/1	▽ 0/0	▽ 0/0	▽ 0/0	△ 0/0		
	11	레 오	○ 0/0	○ 0/0	○ 0/0	○ 0/0	▽ 0/0	○ 0/0	○ 0/0	○ 0/1	○ 0/0	▽ 0/0
	17	노 병 준	○ 0/0	▽ 0/0 C	△ 0/0		△ 0/0	△ 0/0	△ 0/0	△ 0/0	△ 0/0	△ 0/0
	18	김 진 혁				▽ 0/0		△ 0/0			△ 0/0	△ 0/0
	28	에 델	△ 0/0	△ 0/0	○ 1/0	○ 2/0 C	○ 1/0	▽ 0/0	○ 0/0	○ 1/0	○ 1/0	○ 1/0

선수자료 : 득점/도움 ○ = 선발출장 △ = 교체 IN ▽ = 교체 OUT ◈ = 교체 IN/OUT C = 경고 S = 퇴장

경기번호	170	173	178	185	193	198	203	209	212	219	222
날 짜	09.20	09.23	10.03	10.07	10.18	10.25	10.31	11.08	11.14	11.22	11.28
홈/원정	원정	홈	원정	홈	홈	원정	홈	원정	원정	홈	홈
장 소	안양	대구	창원C	대구	대구	수원	대구	원주	충주	대구	대구
상 대	안양	상주	경남	안산	고양	수원FC	서울E	강원	충주	부천	수원FC
결 과	승	승	승	승	패	승	무	패	무	무	패
점 수	2 : 0	5 : 1	3 : 1	1 : 0	2 : 3	2 : 0	3 : 3	2 : 3	1 : 1	1 : 1	1 : 2
승 점	52	55	58	61	61	64	65	65	66	67	67
순 위	2	1	1	1	1	1	1	1	2	2	3
슈팅수	15 : 6	13 : 13	17 : 11	8 : 8	17 : 10	23 : 15	14 : 8	15 : 22	20 : 9	17 : 7	7 : 13
이 양 종						△ 0/0					
조 현 우	○ 0/0	○ 0/0	○ 0/0	○ 0/0	○ 0/0	▽ 0/0	○ 0/1	○ 0/0	○ 0/0	○ 0/0	○ 0/0
박 성 용											
문 진 용											
허 재 원		○ 0/0	○ 0/0	○ 0/0	▽ 0/0					○ 0/1 C	○ 0/0
조 영 훈	○ 0/0	○ 0/1	▽ 0/0	○ 0/0 C	○ 0/0 C		▽ 0/0	△ 0/0	○ 0/0	○ 0/0	▽ 0/0 C
이 원 재	○ 0/0 C										△ 0/0 C
이 준 희		○ 0/0	△ 0/0			○ 1/0	○ 0/0	▽ 0/0			○ 0/0 C
신 희 재											
안 재 훈						○ 0/0	○ 0/0	○ 0/0			
금 교 진											
최 원 권											
감 한 솔			▽ 0/0								○ 0/0
이 종 성	○ 0/0 C		○ 0/1	○ 0/0	○ 0/0 CC	○ 0/0 C	○ 0/0	○ 0/0	○ 0/0	○ 0/0 C	
황 순 민											
문 기 한	▽ 0/0 C	▽ 1/1 C		▽ 0/1	▽ 0/0	△ 0/0	△ 0/0	▽ 0/1	△ 0/0 C	△ 0/0	○ 0/1
김 동 진	○ 0/0	○ 0/0	○ 0/0	○ 0/0	○ 0/0	○ 0/0 C		○ 0/0	○ 0/0	○ 0/0	○ 0/0 C
신 창 무	△ 0/0	△ 0/0 C	▽ 0/0	△ 0/0							▽ 0/0 C
김 현 수											
류 재 문	○ 0/1	○ 0/0	○ 0/0	○ 0/0	○ 0/0	○ 1/0	○ 1/0	○ 1/0	○ 0/0	○ 0/0 C	
이 광 진											○ 0/0
세르징요	○ 0/0	▽ 1/0 C	○ 0/0	○ 0/0 C	○ 0/0	○ 0/0	▽ 1/0 C		○ 0/0	▽ 0/0	
최 호 정						○ 0/0	○ 1/0	○ 0/0	○ 0/0	▽ 0/0	
조 나 탄	▽ 2/0	○ 3/0	○ 2/0	○ 1/0	○ 1/0	▽ 0/0	○ 0/0	○ 1/1 C	○ 1/0	○ 0/0	
장 백 규	△ 0/0	△ 0/1	△ 0/0		△ 0/0		△ 0/0	△ 0/0	▽ 0/0		△ 0/0
레 오	○ 0/1	○ 0/0 C		○ 0/0	○ 0/0	○ 0/0	▽ 0/0	▽ 0/0	○ 0/0	▽ 1/0	○ 0/0 C
노 병 준		△ 0/0	△ 0/1	△ 0/0	△ 0/0					△ 0/0	▽ 1/0
김 진 혁	△ 0/0					△ 0/0 C	△ 0/0	△ 0/0		△ 0/0	△ 0/0
에 델	▽ 0/0	▽ 0/0	○ 1/0 C	▽ 0/0	○ 1/0	▽ 0/0	○ 0/2	○ 0/0	○ 0/0	○ 0/0 C	

서울 이랜드 FC

창단년도_ 2014년

전화_ 02-3431-5470

팩스_ 02-3431-5480

홈페이지_ www.seoulelandfc.com

주소_ 우 05500 서울 송파구 올림픽로25 잠실종합운동장 내 주경기장 B-03

B-03 Main Staium, Sports Complex, 25 Olympic-ro, Songpa-gu, Seoul, KOREA 05500

연혁

2014	창단 의향서 제출(4월)
	제1대 박상균 대표이사 취임
	서울시와 프로축구연고협약 체결
	초대감독 '마틴 레니' 선임(7월)
	프로축구연맹 이사회 축구단 가입 승인(8월)
	팀명칭 '서울 이랜드 FC' 확정(8월)
2015	공식 엠블럼 발표(2월)
	창단 유니폼 발표(2월)
	K리그 챌린지 참가
	현대오일뱅크 K리그 챌린지 2015 4위

서울 이랜드 FC 2015년 선수명단

대표이사_ 박상균 단장_ 김태완
감독_ 마틴 레니 코치_ 김희호 피지컬코치_ 댄 해리스 의무트레이너_ 안승훈·조민우 통역_ 박준영 주무_ 김동연

포지션	선수명		생년월일	출신교	키(cm) / 몸무게(kg)
GK	김 영 광	金 永 光	1983.06.28	광양제철고	184 / 85
	이 범 수	李 範 守	1990.12.10	경희대	190 / 85
	김 현 성	金 炫 成	1993.03.28	광주대	191 / 86
DF	칼라일 미첼	Carlyle Deon Mitchell	1987.08.08	*트리니다드 토바고	188 / 80
	조 향 기	趙 香 氣	1992.03.23	광운대	188 / 81
	양 기 훈	梁 期 勳	1992.04.09	성균관대	189 / 83
	구 대 엽	具 代 爗	1992.11.17	광주대	182 / 73
	전 민 광	全 珉 洸	1993.01.17	중원대	186 / 73
	황 도 연	黃 道 然	1991.02.27	광양제철고	183 / 74
	김 민 제	金 旼 弟	1989.09.12	중앙대	169 / 71
	오 창 현	吳 昌 炫	1989.05.04	광운대	182 / 73
	전 현 재	全 玄 載	1992.07.12	광운대	175 / 72
	이 정 필	李 定 弼	1992.07.28	울산대	184 / 74
	김 태 은	金 泰 恩	1989.09.21	배재대	179 / 77
MF	조 원 희	趙 源 熙	1983.04.17	배재고	177 / 72
	김 재 성	金 在 成	1983.10.03	아주대	180 / 70
	윤 성 열	尹 誠 悅	1987.12.22	배재대	180 / 72
	김 성 주	金 永 根	1990.11.15	숭실대	179 / 72
	전 기 성	全 起 成	1993.04.29	광주대	182 / 68
	김 창 욱	金 滄 旭	1992.12.04	동아대	169 / 63
	신 일 수	申 壹 守	1994.09.04	고려대	188 / 83
	오 규 빈	吳 圭 彬	1992.09.04	가톨릭관동대	182 / 75
	최 치 원	確 致 遠	1993.06.11	연세대	179 / 72
FW	타라바이	Tarabai(Edison Luis Dos Santos)	1985.12.09	*브라질	168 / 68
	최 오 백	崔 午 白	1992.03.10	광주대	176 / 69
	최 유 상	崔 柳 尙	1989.08.25	관동대	179 / 69
	조 우 진	趙 佑 辰	1993.11.25	한남대	182 / 69
	라이언존슨	Ryan D. Johnson	1984.11.26	*미국	185/ 82
	보 비	Robert Cullen	1985.06.07	*일본	180/ 75
	주 민 규	朱 珉 奎	1990.04.13	한양대	183/ 82
	이 재 안	李 宰 安	1988.06.21	한라대	180/ 80

서울 이랜드 FC 2015년 개인기록 _ K리그 챌린지

위치	배번	경기번호	08	12	17	21	26	31	39	44	46	51
		날 짜	03.29	04.04	04.15	04.18	04.25	05.02	05.10	05.13	05.16	05.23
		홈/원정	홈	홈	원정	원정	홈	원정	원정	홈	홈	원정
		장 소	잠실	잠실	상주	안산	잠실	수원	거제	잠실	잠실	고양
		상 대	안양	대구	상주	안산	부천	수원FC	경남	강원	충주	고양
		결 과	무	무	패	무	무	승	승	패	승	승
		점 수	1 : 1	1 : 1	2 : 3	2 : 2	0 : 0	5 : 1	3 : 2	2 : 4	4 : 0	4 : 2
		승 점	1	2	2	3	4	7	10	10	13	16
		순 위	9	10	10	10	9	7	5	6	4	4
		슈팅수	12 : 12	7 : 14	6 : 20	11 : 16	13 : 10	13 : 14	11 : 13	21 : 15	12 : 11	13 : 8
GK	1	김 영 광	○ 0/0	○ 0/0	○ 0/0	○ 0/0	○ 0/0	○ 0/0	○ 0/0	○ 0/0	○ 0/0	○ 0/0
	25	이 범 수										
	41	김 현 성										
DF	2	김 민 제	○ 0/0 C	○ 0/0	○ 0/0	○ 0/0	○ 0/0 C	▽ 0/0				
	5	칼라일미첼	○ 0/0	○ 0/0	○ 1/0			○ 1/0	○ 0/0	○ 0/0	▽ 0/0	
	6	이 정 필				○ 0/0 C						
	14	황 도 연	○ 0/0	○ 1/0	○ 0/0	○ 0/0	○ 0/0	○ 0/0	○ 0/0	○ 0/0	○ 0/0	○ 0/0
	15	조 향 기			△ 0/0		△ 0/0					
	17	오 창 현						△ 0/0	▽ 0/0	▽ 0/0		
	20	양 기 훈									△ 0/0	
	28	신 일 수	○ 0/0	△ 0/0	○ 0/0 CC		○ 0/0	○ 0/0	▽ 0/0 C	▽ 0/0		○ 0/0 C
	32	김 태 은										
MF	4	조 원 희	○ 0/0	○ 0/0	○ 0/0	○ 0/0 C	○ 0/0	○ 1/0	○ 1/0	○ 0/0 C	○ 0/0	○ 1/0
	7	김 재 성	○ 1/0 C	○ 0/1	○ 0/2	○ 0/0	○ 0/0	○ 2/1	○ 0/2	○ 0/0	○ 0/0	○ 0/1
	8	윤 성 열	○ 0/0	○ 0/0	○ 0/0	○ 0/0	○ 0/0	○ 0/0	○ 0/0	○ 0/0	○ 0/0	○ 0/0
	21	김 성 주	○ 0/0	○ 0/0	▽ 0/0	▽ 0/1	○ 0/0	△ 1/0	△ 0/0	△ 0/1	○ 0/2 C	○ 2/0
	23	최 오 백										△ 0/0
	24	전 기 성										
	26	김 창 욱			▽ 0/0	▽ 0/0		△ 0/1	△ 0/0		○ 0/0	○ 0/0
	30	최 치 원										
FW	9	라이언존슨	▽ 0/0	▽ 0/0	△ 0/0	△ 0/1	▽ 0/0		△ 0/0	△ 0/0	△ 0/0	△ 0/0
	10	보 비	▽ 0/0		△ 0/0	○ 0/0 C	▽ 0/0			△ 0/0	○ 0/0	▽ 0/0
	11	타라바이	△ 0/0				△ 0/0	○ 0/1	▽ 1/0 C	○ 1/0	○ 2/0	▽ 0/0
	18	주 민 규	△ 0/0	▽ 0/0	▽ 1/0 C	○ 2/0	▽ 0/0	▽ 0/1	○ 1/0 C	○ 1/0	▽ 1/0	▽ 1/1
	19	이 재 안		○ 0/0 CC		△ 0/0	△ 0/0	▽ 0/0	○ 0/0	▽ 0/0		
	22	전 민 광		△ 0/0								△ 0/0
	27	최 유 상										

선수자료 : 득점/도움 ○ = 선발출장 △ = 교체 IN ▽ = 교체 OUT ◈ = 교체 IN/OUT C = 경고 S = 퇴장

위치	배번	경기번호	56	65	72	77	82	89	95	96	105	108
		날 짜	05.30	06.03	06.10	06.13	06.20	06.28	07.01	07.04	07.08	07.12
		홈/원정	홈	원정	원정	원정	홈	원정	원정	원정	홈	홈
		장 소	잠실	부천	충주	안양	잠실	안산	대구	속초J	잠실	잠실
		상 대	수원FC	부천	충주	안양	상주	안산	대구	강원	고양	경남
		결 과	승	승	승	승	패	승	패	패	승	무
		점 수	2 : 0	3 : 0	2 : 1	1 : 0	2 : 3	1 : 0	0 : 1	1 : 3	2 : 0	1 : 1
		승 점	19	22	25	28	28	31	31	31	34	35
		순 위	3	2	2	2	2	2	3	3	3	3
		슈팅수	9 : 17	20 : 17	18 : 16	15 : 10	13 : 11	9 : 14	15 : 10	10 : 11	16 : 15	14 : 21
GK	1	김영광	○ 0/0 C	○ 0/0	○ 0/0	○ 0/0	○ 0/0	○ 0/0	○ 0/0	○ 0/0	○ 0/0	○ 0/0
	25	이범수										
	41	김현성										
DF	2	김민제					▽ 0/0 C			○ 0/0		
	5	칼라일미첼						○ 0/0	○ 0/0	○ 0/0 C	▽ 0/0	
	6	이정필										
	14	황도연	○ 0/0	○ 0/0	○ 0/0	○ 0/0	○ 0/0 C	○ 0/0	○ 0/0	▽ 0/0	○ 0/0	○ 0/0
	15	조향기							△ 0/0			
	17	오창현										
	20	양기훈	△ 0/0	○ 0/0	○ 0/0	○ 0/0 C	○ 0/0				△ 0/0 C	○ 0/0
	28	신일수	▽ 0/0									
	32	김태은										
MF	4	조원희	○ 0/0	○ 0/0	○ 0/0	○ 0/0 C		○ 0/0	○ 0/0	○ 1/0	○ 0/0	○ 0/0 C
	7	김재성	○ 0/0	○ 0/0	○ 0/1	○ 0/0	○ 0/0	○ 0/0	○ 0/0	○ 0/0	○ 0/0 C	○ 0/0 C
	8	윤성열	○ 0/0	○ 0/0	○ 0/0	○ 0/0	○ 0/1	○ 0/0	○ 0/0	○ 0/0	○ 0/1	○ 0/0
	21	김성주	○ 0/1	○ 0/0	○ 0/0	○ 0/0	○ 0/0	○ 0/0	○ 0/0	○ 0/0	○ 0/0	○ 1/0
	23	최오백							△ 0/0			
	24	전기성										
	26	김창욱	○ 0/0	○ 0/0	▽ 0/0	▽ 0/0	▽ 0/0	△ 0/0	△ 0/0	○ 0/0	○ 0/0	▽ 0/0
	30	최치원										
FW	9	라이언존슨	△ 0/0	△ 0/0	△ 0/1	△ 0/0	△ 0/0	△ 0/0	▽ 0/0	△ 0/0		△ 0/0
	10	보 비	○ 0/0	▽ 0/1	○ 1/0 C	○ 0/0	○ 0/0	○ 0/1	▽ 0/0		○ 0/0	○ 0/0
	11	타라바이	▽ 1/0 C	○ 0/1	○ 0/0	○ 1/0	○ 0/0	▽ 0/0 C		○ 0/0 C	▽ 1/0	○ 0/0 C
	18	주민규	○ 1/0	▽ 3/0	○ 1/0	○ 0/0	○ 2/0	○ 1/0	○ 0/0	○ 0/0	○ 1/0	○ 0/0
	19	이재안		△ 0/0	◆ 0/0							
	22	전민광					△ 0/0	▽ 0/0	▽ 0/0			
	27	최유상									△ 0/0	

위치	배번	경기번호	120	121	127	133	138	145	147	153	158	165
		날 짜	08.03	08.08	08.12	08.16	08.22	08.26	08.29	09.05	09.09	09.14
		홈/원정	홈	원정	원정	원정	홈	원정	홈	원정	홈	원정
		장 소	잠실	수원	상주	부천	잠실	고양	잠실	충주	잠실	창원C
		상 대	안양	수원FC	상주	부천	강원	고양	안산	충주	대구	경남
		결 과	승	패	무	패	무	패	무	승	패	무
		점 수	1 : 0	1 : 3	1 : 1	1 : 3	0 : 0	1 : 2	2 : 2	3 : 1	0 : 2	0 : 0
		승 점	38	38	39	39	40	40	41	44	44	45
		순 위	2	2	2	2	2	3	3	3	4	4
		슈팅수	12 : 8	7 : 27	12 : 15	9 : 19	11 : 11	9 : 16	12 : 7	13 : 15	11 : 15	10 : 16
GK	1	김 영 광	○ 0/0	○ 0/0 S			○ 0/0	○ 0/0	○ 0/0 C	○ 0/0	○ 0/0	○ 0/0
	25	이 범 수			○ 0/0	○ 0/0						
	41	김 현 성										
DF	2	김 민 제		△ 0/0	○ 0/0			○ 0/0	△ 0/0	△ 0/0	△ 0/0	
	5	칼라일미첼	○ 0/0	○ 0/0	○ 0/0 C	○ 0/0 C		○ 0/0	○ 0/0	○ 1/0	○ 0/0 C	○ 0/0
	6	이 정 필										
	14	황 도 연	○ 0/0	○ 0/0	○ 0/0	○ 0/0			▽ 0/0	○ 0/0	○ 0/0	○ 0/0
	15	조 향 기						△ 0/0				
	17	오 창 현										
	20	양 기 훈	△ 0/0		○ 0/0	○ 0/0	○ 0/0 C					
	28	신 일 수					▽ 0/0	▽ 0/0	▽ 0/0 C			
	32	김 태 은	○ 0/0	○ 0/0	○ 0/0	▽ 0/0 C	○ 0/0 C	○ 0/0		○ 0/0 C		○ 0/0
MF	4	조 원 희	○ 0/1	○ 1/0	○ 0/0	○ 0/1		○ 0/0	○ 0/0	○ 0/0	○ 0/0	○ 0/0
	7	김 재 성		○ 0/0	○ 0/0	○ 0/0	○ 0/0 C	△ 0/0	○ 0/0	○ 1/0	○ 0/0	○ 0/0 C
	8	윤 성 열	○ 0/0	○ 0/0 CC		○ 0/0	○ 0/0	○ 0/0	○ 0/0	○ 0/0	○ 0/0	○ 0/0
	21	김 성 주	○ 0/0	○ 0/0	△ 0/0	△ 0/0 CC		○ 0/1 C	○ 0/0	△ 0/0	▽ 0/0	▽ 0/0
	23	최 오 백					△ 0/0		△ 0/1		△ 0/0	
	24	전 기 성										
	26	김 창 욱	○ 0/0	▽ 0/0 C			△ 0/0	▽ 0/0				
	30	최 치 원	△ 0/0		▽ 1/0	▽ 0/0	▽ 0/0		▽ 0/0 C	▽ 0/0	▽ 0/0	
FW	9	라이언존슨				△ 0/0	△ 0/0	▽ 0/0	△ 1/1	△ 0/0	△ 0/0	
	10	보 비	▽ 0/0	△ 0/0	○ 0/0	△ 0/0	○ 0/0	△ 0/0	○ 0/0	○ 0/2	▽ 0/0	○ 0/0
	11	타라바이	▽ 0/0	▽ 0/0		○ 1/0	○ 0/0	○ 1/0 C		▽ 0/0	○ 0/0	△ 0/0
	18	주 민 규	○ 1/0	○ 0/1	○ 0/1	▽ 0/0	▽ 0/0 C		○ 1/0	▽ 1/1	○ 0/0 C	○ 0/0
	19	이 재 안										
	22	전 민 광					○ 0/0					○ 0/0
	27	최 유 상										

선수자료 : 득점/도움 ○ = 선발출장 △ = 교체 IN ▽ = 교체 OUT ◈ = 교체 IN/OUT C = 경고 S = 퇴장

경기번호	169	174	177	184	188	194	199	203	207	220	221
날 짜	09.20	09.23	10.03	10.07	10.10	10.18	10.25	10.31	11.07	11.22	11.25
홈/원정	홈	홈	원정	홈	홈	홈	홈	원정	홈	원정	원정
장 소	잠실	잠실	안양	잠실	잠실	잠실	잠실	대구	잠실	원주	수원
상 대	상주	안산	안양	고양	충주	수원FC	부천	대구	경남	강원	수원FC
결 과	승	무	승	무	승	패	승	무	패	무	무
점 수	1 : 0	1 : 1	4 : 3	1 : 1	4 : 2	1 : 4	1 : 0	3 : 3	0 : 1	4 : 4	3 : 3
승 점	48	49	52	53	56	56	59	60	60	61	61
순 위	3	4	3	4	2	4	2	3	3	4	1
슈팅수	7 : 15	10 : 7	11 : 19	4 : 12	10 : 14	14 : 11	11 : 6	8 : 14	10 : 11	12 : 18	13 : 21
김 영 광	○ 0/0	○ 0/0	○ 0/0	○ 0/0	○ 0/0	○ 0/0	○ 0/0	○ 0/0	○ 0/0		○ 0/0
이 범 수											
김 현 성										○ 0/0	
김 민 제	○ 0/1	▽ 0/0	△ 1/0		▽ 0/0 C			△ 0/0	△ 0/0	○ 0/0	▽ 0/0
칼라일미첼	○ 0/0 C	○ 0/0	○ 0/0 C		○ 1/0 C	○ 0/0	○ 0/0	○ 0/0	▽ 0/0		○ 0/0 C
이 정 필											
황 도 연	○ 0/0	○ 0/0	○ 0/0	○ 0/0		○ 0/0			○ 0/0		
조 향 기										▽ 1/0	△ 0/0
오 창 현											
양 기 훈				○ 0/0	○ 0/1		○ 0/0	○ 0/0		○ 0/0 C	
신 일 수											
김 태 은	○ 0/0	▽ 0/0		○ 0/0			○ 0/0	○ 0/0 C	○ 0/0		○ 0/0
조 원 희	○ 0/0	○ 0/0	○ 0/0	○ 0/0	○ 0/0	○ 0/0	○ 0/0	○ 0/0	○ 0/0		○ 0/1
김 재 성	▽ 0/0	○ 0/0	○ 0/1 C		○ 0/1	○ 0/0	▽ 0/0 C	○ 0/1	○ 0/0	△ 0/0	○ 0/1
윤 성 열	○ 0/0	○ 0/0	○ 0/0	○ 0/1	△ 0/0	○ 0/0	△ 0/0	△ 0/0			○ 1/0
김 성 주		△ 0/0		△ 0/0	○ 1/0	▽ 0/0	○ 0/0	▽ 0/0	○ 0/0		○ 0/0
최 오 백			△ 0/0	△ 0/0							
전 기 성										○ 0/0	
김 창 욱	△ 0/0 C		○ 0/0	▽ 0/0	△ 0/0	△ 0/1	○ 0/0	○ 0/0	▽ 0/0	○ 0/0	
최 치 원										▽ 0/1	
라이언존슨		△ 0/0	△ 0/0	△ 0/0	△ 0/0	△ 0/0		△ 0/0	△ 0/0		
보 비	○ 1/0	▽ 0/0	▽ 0/0	▽ 0/0		△ 0/0	△ 0/0		△ 0/0	▽ 0/0	▽ 0/0
타라바이	△ 0/0	△ 1/0	▽ 3/0	○ 1/0	▽ 1/0	○ 0/0	▽ 1/0	▽ 1/1	○ 0/0 C	△ 0/0	○ 1/0
주 민 규	▽ 0/0	○ 0/0	▽ 0/0	○ 0/0	○ 0/2	○ 1/0	○ 0/0	▽ 2/0 C	▽ 0/0	△ 1/0	△ 0/0
이 재 안										○ 1/1	
전 민 광	○ 0/0	○ 0/0	○ 0/0	▽ 0/0	○ 0/0	▽ 0/0	○ 0/0 C	○ 0/1	○ 0/0	○ 0/0	○ 1/0
최 유 상					▽ 1/0	▽ 0/0				○ 1/0	

부 천 FC 1995

창단년도_ 2007년
전화_ 032-655-1995
팩스_ 032-655-1996
홈페이지_ www.bfc1995.com
주소_ 우 14655 경기도 부천시 원미구 소사로 482(춘의동 8)
482, Sosa-ro, Wonmi-gu, Bucheon-si, Gyounggi-do, KOREA 14655

연혁

2006	새로운 부천축구클럽 창단 시민모임 발족
2007	창단 캠페인 'BUCHEON IS BACK' 시작
	부천시와 연고지 협약
	부천FC1995 창단
	제1대 배기선 구단주 취임
	정해춘 단장 취임
	곽경근 감독 취임
2008	K3리그 데뷔
	KFA 2008 풋살대회 3위
	부천FC 사랑의 자선경기 개최
2009	AFC Wimbledon과 자매결연
	FC United of Manchester 월드풋볼드림매치 개최
2010	(주)부천에프씨1995 발기인 총회
	원미구내 부천FC 거리 탄생
	(주)부천에프씨1995 법인 설립
	1차 시민주 공모
	정해춘 대표이사 취임
2011	U-10 클럽팀 창단
	챌린저스 컵대회 3위
	곽경근 2대 감독 취임
2012	프로축구단 가입 신청서 제출
	부천시의회 부천FC 지원 조례안 가결
	프로축구연맹 가입 승인
2013	2차 시민주 공모
	2013 프로시즌 출정식
	U-18 클럽팀 창단
	K리그 데뷔
	현대오일뱅크 K리그 챌린지 2013 7위
	U-12 클럽팀 창단
	U-15 클럽팀 창단
2014	신경학 대표이사 취임
	최진한 감독 취임
	정홍연 선수 K리그 100경기 출장 기록
	U-12 2014 전국 초등 축구리그 경기서부권역 준우승
	2014 전국 초등 축구리그 경기서부권역 수비상, 이재하
	제12회 MBC 꿈나무축구리그 전국결선 3위
	김종구 단장 취임
	현대오일뱅크 K리그 챌린지 2014 10위
2015	제9회 MBC 꿈나무축구 윈터리그 전국 결선 3위
	정해춘 대표이사 취임
	K리그 최초 CGV 브랜드관 오픈(CGV 부천역점 부천FC관)
	부천FC VS 뒤셀도르프 U-23 아프리카 어린이를 위한 솔라등 기부 자선경기
	2015'영천대마(馬)컵 전국유소년축구대회 U-12 준우승 (U-11 3위)
	K리그 3개년 운영성과보고회
	온라인쇼핑몰 오픈
	부천FC K리그 통산 100경기
	부천역CGV 멤버십시사회
	제4대 송선호 감독 선임
	K리그 최초 프로스포츠발전을 위한 업무협약 (부천FC1995 – 넥센히어로즈)
	부천FC 2015 제1회 레이디스 월드컵 인 풋살 개최
	현대오일뱅크 K리그 챌린지 2015 5위

부천FC 1995 2015년 선수명단

대표이사_ 정해춘 단장_ 김종구
감독_ 송선호 수석코치_ 정갑석 GK코치_ 박종문 피지컬코치_ 셀소 실바 의무트레이너_ 엄성현 · 심명보
통역_ 강샛별 전력분석원_ 박성동 스카우터_ 박재홍 주무_ 이창민

포지션	선수명		생년월일	출신교	키(cm) / 몸무게(kg)
GK	류원우	申和容	1990.08.05	광양제철고	186 / 84
	이기현	李起現	1993.12.16	동국대	192 / 82
	강 훈	姜 訓	1991.05.15	광운대	188 / 75
DF	전광환	田廣煥	1982.07.29	울산대	173 / 66
	박재홍	朴栽弘	1990.04.06	연세대	189 / 87
	최병도	崔柄燾	1984.01.18	경기대	185 / 77
	강지용	姜地龍	1989.11.23	한양대	187 / 85
	이학민	李學玟	1991.03.11	상지대	175 / 68
	정주일	鄭柱佚	1991.03.06	조선대	179 / 70
	김영남	金泳男	1996.12.04	부천FC U-18	178 / 65
	유창균	劉昶均	1992.07.02	울산대	175 / 68
	최성민	崔晟旼	1991.08.20	동국대	185 / 80
	석동우	石東祜	1990.05.27	용인대	175 / 63
	이희찬	李熙燦	1995.03.02	포항제철고	178 / 77
	정홍연	鄭洪然	1983.08.18	동의대	185 / 77
MF	안일주	安一柱	1988.05.02	동국대	187 / 76
	주광선	朱廣先	1991.04.13	전주대	179 / 72
	송원재	宋愿宰	1989.02.21	고려대	175 / 73
	김영남	金榮男	1991.03.24	중앙대	178 / 75
	유대현	柳大鉉	1990.02.28	홍익대	175 / 68
	오재혁	吳宰赫	1989.02.20	건동대	174 / 63
	이후권	李厚權	1990.10.30	광운대	180 / 75
	임경현	林京鉉	1986.10.06	숭실대	181 / 76
FW	공민현	孔敏懸	1990.01.19	청주대	182 / 70
	이민우	李珉雨	1991.12.01	광주대	177 / 72
	호드리고	Rodrigo Domingos Dos Santos	1987.01.25	*브라질	180 / 78
	박용준	朴鏞埈	1993.06.21	선문대	177 / 73
	황신영	黃信永	1994.04.04	동북고	172 / 70
	김륜도	金侖度	1991.07.09	광운대	187 / 76
	신현준	申賢儁	1992.06.15	세종대	173 / 68
	김신철	金伸哲	1990.11.29	연세대	178 / 76
	루키안	Lukian Araujo de Almeida	1991.09.21	*브라질	182 / 80
	알미르	Jose Almir Barros Neto	1985.08.22	*브라질	179 / 75

부천FC 1995 2015년 개인기록 _ K리그 챌린지

위치	배번	경기번호	02	06	11	19	22	26	34	40	42	52
		날 짜	03.21	03.28	04.04	04.15	04.18	04.25	05.03	05.10	05.13	05.23
		홈/원정	홈	원정	원정	홈	홈	원정	원정	홈	원정	홈
		장 소	부천	수원	속초J	부천	부천	잠실	고양	부천	안양	부천
		상 대	대구	수원FC	강원	충주	상주	서울E	고양	안산	안양	경남
		결 과	승	패	패	무	승	무	패	패	무	패
		점 수	2 : 1	2 : 3	0 : 4	0 : 0	3 : 1	0 : 0	0 : 1	0 : 1	1 : 1	1 : 2
		승 점	3	3	3	4	7	8	8	8	9	9
		순 위	3	4	9	8	4	5	6	8	8	9
		슈팅수	13 : 7	16 : 19	6 : 13	14 : 8	9 : 5	10 : 13	18 : 10	14 : 9	5 : 9	15 : 12
GK	1	류 원 우			○ 0/0	○ 0/0	○ 0/0	○ 0/0	○ 0/0	○ 0/0	○ 0/0	○ 0/0
	18	이 기 현	○ 0/0	○ 0/0								
DF	2	전 광 환			△ 0/0	○ 0/0	○ 0/0	○ 0/0	○ 0/0 C	○ 0/0	○ 0/0	○ 0/0
	3	박 재 홍							△ 0/0		△ 0/0	
	5	최 병 도	○ 0/0	○ 0/1	○ 0/0 C	○ 0/0	○ 0/0	○ 0/0 C		○ 0/0	○ 0/0	○ 0/0
	6	강 지 용	○ 0/0	○ 0/0	○ 0/0	○ 0/0	○ 0/0 C	○ 0/0	○ 0/0 C	○ 0/0	○ 0/0	○ 0/0
	14	이 학 민	○ 0/0	○ 0/0 C	○ 0/0	○ 0/0	○ 0/1		○ 0/0 C	○ 0/0	○ 0/0	○ 0/0
	28	최 성 민										
	55	정 홍 연	○ 1/0	○ 0/0	▽ 0/0		△ 0/0					
MF	4	안 일 주	△ 0/0	▽ 0/0								
	7	주 광 선			△ 0/0		△ 0/0	△ 0/0	△ 0/0			△ 0/0
	8	송 원 재	△ 0/0	△ 0/0			▽ 0/0	▽ 0/0	▽ 0/0 C	▽ 0/0 C	▽ 0/0	
	13	김 영 남	▽ 0/0								△ 0/0	○ 0/0 CC
	22	유 대 현				△ 0/0	▽ 0/0	○ 0/0	○ 0/0			
	26	이 후 권										
	90	임 경 현										
	99	이 현 승	○ 0/0	▽ 0/0	○ 0/0	○ 0/0	○ 1/0 C	○ 0/0	○ 0/0	○ 0/0	○ 1/0	▽ 1/0
FW	2	유 준 영		△ 0/0		△ 0/0			△ 0/0			
	9	공 민 현	○ 0/1	○ 0/0	○ 0/0 C	▽ 0/0				▽ 0/0	△ 0/0	△ 0/0
	10	이 민 우	○ 1/0 C	▽ 0/0	▽ 0/0	▽ 0/0	△ 0/0	△ 0/0	▽ 0/0	△ 0/0		△ 0/0
	11	호드리고	▽ 0/0	○ 2/0	○ 0/0 C	○ 0/0 C	○ 2/0	○ 0/0		○ 0/0	▽ 0/0	▽ 0/0
	15	박 용 준				▽ 0/0		▽ 0/0	▽ 0/0	△ 0/0	▽ 0/0	▽ 0/0
	16	황 신 영								△ 0/0		
	20	김 륜 도	○ 0/0	○ 0/0	○ 0/0	○ 0/0	▽ 0/0	○ 0/0	○ 0/0	○ 0/0	○ 0/0	○ 0/0
	91	루 키 안										
	99	알 미 르	◈ 0/0	△ 0/0	○ 0/0	△ 0/0	○ 0/1 C	○ 0/0	○ 0/0	▽ 0/0	○ 0/0	○ 0/0

선수자료 : 득점/도움 ○ = 선발출장 △ = 교체 IN ▽ = 교체 OUT ◈ = 교체 IN/OUT C = 경고 S = 퇴장

위치	배번	경기번호	60	65	66	71	78	81	86	93	104	110
		날 짜	05.31	06.03	06.06	06.10	06.14	06.20	06.27	07.01	07.08	07.13
		홈/원정	원정	홈	원정	원정	홈	원정	원정	홈	홈	홈
		장 소	충주	부천	상주	안산	부천	대구	창원C	부천	부천	부천
		상 대	충주	서울E	상주	안산	고양	대구	경남	수원FC	안양	강원
		결 과	승	패	패	무	승	패	승	무	무	승
		점 수	1 : 0	0 : 3	0 : 1	0 : 0	2 : 1	0 : 2	2 : 1	2 : 2	1 : 1	3 : 2
		승 점	12	12	12	13	16	16	19	20	21	24
		순 위	7	8	9	9	8	8	6	6	7	6
		슈팅수	8 : 19	17 : 20	10 : 10	19 : 4	13 : 9	15 : 12	10 : 10	18 : 10	15 : 17	10 : 12
GK	1	류원우	○ 0/0 C	○ 0/0								
	18	이기현			○ 0/0	○ 0/0	○ 0/0	○ 0/0	○ 0/0	○ 0/0	○ 0/0	○ 0/0
DF	2	전광환	○ 0/0	○ 0/0	○ 0/0	○ 0/0	○ 0/0	○ 0/0	○ 0/0	▽ 0/0	○ 0/0	○ 0/0
	3	박재홍										
	5	최병도	○ 0/0		○ 0/0	○ 0/0	○ 0/0 C		○ 0/0	○ 0/0 C	○ 0/0	○ 0/0
	6	강지용	○ 0/0	○ 0/0	○ 0/0	▽ 0/0	○ 0/0		○ 0/0	○ 0/0	○ 0/0	○ 0/0 S
	14	이학민	○ 0/0	○ 0/0	○ 0/0	○ 0/0	▽ 0/0	▽ 0/0	○ 1/0	○ 0/0	○ 0/0 C	
	28	최성민										
	55	정홍연	△ 0/0	○ 0/0		△ 0/0	△ 0/0	○ 0/0 C	△ 0/0	△ 0/0		○ 0/0
MF	4	안일주										
	7	주광선			△ 0/0			△ 0/0				
	8	송원재					△ 0/0	○ 0/0 C		△ 0/0	△ 0/0	
	13	김영남		△ 0/0		○ 0/0	○ 0/0 C	▽ 0/0	▽ 1/0	○ 0/0	▽ 0/0	▽ 0/0
	22	유대현	▽ 0/0	▽ 0/0	○ 0/0	○ 0/0	○ 0/0	○ 0/0 C	○ 0/0	▽ 0/0 C	▽ 0/0	○ 0/0 C
	26	이후권										
	90	임경현									△ 0/0	△ 2/0
	99	이현승	○ 0/0	▽ 0/0	▽ 0/0	▽ 0/0	▽ 0/0	▽ 0/0	○ 0/0			
FW	2	유준영	◈ 0/0									
	9	공민현	○ 1/0	○ 0/0	▽ 0/0 C	○ 0/0	○ 0/0	○ 0/0	▽ 0/0	○ 1/0	▽ 0/0	○ 1/0
	10	이민우		△ 0/0				△ 0/0				
	11	호드리고	○ 0/1	○ 0/0	○ 0/0	○ 0/0	▽ 1/0 C		○ 0/0 C	▽ 1/0	○ 0/1	▽ 0/0
	15	박용준	▽ 0/0									
	16	황신영		▽ 0/0	△ 0/0	△ 0/0		△ 0/0		△ 0/0		△ 0/0
	20	김륜도	○ 0/0 C	○ 0/0 C	○ 0/0	○ 0/0	○ 1/0	○ 0/0	○ 0/1	○ 0/0	○ 0/0	○ 0/0
	91	루키안									△ 0/0	△ 0/1
	99	알미르	△ 0/0	△ 0/0	○ 0/0	◈ 0/0	△ 0/0	○ 0/0 C	△ 0/0	○ 0/1	○ 1/0	▽ 0/0

위치	배번	경기번호	111	116	124	128	133	139	144	150	152	162
		날 짜	07.25	08.01	08.08	08.12	08.16	08.23	08.26	08.31	09.05	09.12
		홈/원정	원정	원정	홈	원정	홈	홈	홈	원정	홈	홈
		장 소	고양	수원	부천	속초J	부천	부천	부천	안양	부천	부천
		상 대	고양	수원FC	안산	강원	서울E	충주	대구	안양	경남	상주
		결 과	승	승	패	무	승	승	패	무	승	승
		점 수	3 : 2	2 : 1	0 : 1	1 : 1	3 : 1	2 : 0	0 : 1	0 : 0	1 : 0	2 : 1
		승 점	27	30	30	31	34	37	37	38	41	44
		순 위	5	5	5	5	5	5	5	5	5	5
		슈팅수	14 : 15	12 : 17	12 : 10	4 : 7	19 : 9	12 : 17	7 : 14	9 : 5	7 : 4	6 : 17
GK	1	류 원 우		○ 0/0 C	○ 0/0	○ 0/0	○ 0/0	○ 0/0	○ 0/0	○ 0/0	○ 0/0	○ 0/0
	18	이 기 현	○ 0/0									
DF	2	전 광 환	○ 0/0	○ 0/0 C	○ 0/0 C		○ 0/0	○ 0/0	○ 0/0	○ 0/0 C	○ 0/0	
	3	박 재 홍										
	5	최 병 도	○ 0/0	○ 0/0	○ 0/0		○ 0/0	○ 0/0	○ 0/0	○ 0/0	○ 0/0	○ 0/0
	6	강 지 용				○ 0/0	○ 0/0	○ 0/0 C		▽ 0/0 C	○ 0/0	○ 0/0
	14	이 학 민	○ 0/1	○ 0/1	○ 0/0	○ 0/0 C	○ 1/1	○ 0/1	○ 0/0	○ 0/0	○ 0/0	○ 0/0
	28	최 성 민	△ 0/0				△ 0/0					
	55	정 홍 연	○ 0/0	○ 0/0		○ 0/0			○ 0/0	△ 0/0 C		▽ 0/0
MF	4	안 일 주			○ 0/0	○ 0/0 C		△ 0/0	○ 0/0	▽ 0/0	○ 0/0	○ 0/0
	7	주 광 선										
	8	송 원 재	▽ 0/0	△ 0/0	▽ 0/0	▽ 0/0	○ 0/0	▽ 0/0 C		○ 0/0		▽ 0/0
	13	김 영 남	▽ 0/0	▽ 0/0	○ 0/0	○ 1/0	▽ 0/0 C	▽ 0/0		○ 0/0	○ 1/0	○ 1/0
	22	유 대 현		○ 0/0	○ 0/0	○ 0/0	▽ 0/0		▽ 0/0			△ 0/0 C
	26	이 후 권										
	90	임 경 현	△ 0/0	△ 0/0 C	△ 0/0 C	△ 0/0 C		△ 0/0 C	▽ 0/0		△ 0/0	
	99	이 현 승										
FW	2	유 준 영										
	9	공 민 현	○ 0/0	○ 0/0	▽ 0/0 C		○ 0/0	○ 1/0	△ 0/0	○ 0/0	○ 0/0	▽ 0/0
	10	이 민 우	▽ 0/0									
	11	호드리고	○ 1/1	▽ 0/0		○ 0/0	△ 1/0	○ 0/0 C	○ 0/0	△ 0/0	▽ 0/0	△ 1/1 C
	15	박 용 준			▽ 0/0	▽ 0/0	▽ 0/0			▽ 0/0	▽ 0/0	
	16	황 신 영		▽ 0/0	△ 0/0	△ 0/0	△ 1/0	▽ 0/0	▽ 0/0			
	20	김 륜 도	○ 1/1	○ 1/0	○ 0/0	▽ 0/0 C		○ 0/1	△ 0/0 C	○ 0/0 C	△ 0/0	○ 0/0
	91	루 키 안	△ 1/0	△ 1/0 C	△ 0/0	△ 0/0	○ 0/2	△ 1/0	○ 0/0	△ 0/0	▽ 0/0	△ 0/0
	99	알 미 르							△ 0/0		△ 0/0	○ 0/1

선수자료 : 득점/도움 ○ = 선발출장 △ = 교체 IN ▽ = 교체 OUT ◈ = 교체 IN/OUT C = 경고 S = 퇴장

위치	배번	경기번호	168	171	176	189	191	199	201	210	215	219
		날 짜	09.19	09.23	10.03	10.11	10.17	10.25	10.31	11.08	11.15	11.22
		홈/원정	원정	원정	홈	홈	원정	원정	홈	원정	홈	원정
		장 소	충주	창원C	부천	부천	상주	잠실	부천	안산	부천	대구
		상 대	충주	경남	고양	강원	상주	서울E	안양	안산	수원FC	대구
		결 과	패	패	승	승	패	패	패	승	무	무
		점 수	0 : 2	0 : 1	1 : 0	4 : 2	1 : 2	0 : 1	0 : 1	2 : 0	0 : 0	1 : 1
		승 점	44	44	47	50	50	50	50	53	54	55
		순 위	5	5	5	5	5	5	5	5	5	5
		슈팅수	10 : 13	12 : 6	14 : 10	11 : 8	7 : 7	6 : 11	10 : 11	18 : 11	12 : 11	7 : 17
GK	1	류원우	○ 0/0	○ 0/0	○ 0/0	○ 0/0	○ 0/0 C		○ 0/0	○ 0/0	○ 0/0	○ 0/0 C
	18	이기현						○ 0/0				
DF	2	전광환	○ 0/0	○ 0/0	○ 0/0	○ 0/0	○ 0/0 C	○ 0/0	○ 0/0			
	3	박재홍										
	5	최병도	▽ 0/0	○ 0/0				○ 0/0	○ 0/0	○ 0/0	○ 0/0	○ 0/0
	6	강지용	○ 0/0	○ 0/0	○ 0/0 C	○ 0/0	○ 0/0	○ 0/0	○ 0/0 C		○ 0/0	○ 0/0
	14	이학민	○ 0/0	○ 0/0	○ 0/0	○ 0/0 C	○ 0/1	○ 0/0	○ 0/0	○ 0/0	○ 0/0	○ 0/0
	28	최성민										
	55	정홍연										
MF	4	안일주	○ 0/0	○ 0/0	○ 0/0	○ 0/0	○ 0/0	○ 0/0 C	▽ 0/0			
	7	주광선										
	8	송원재	○ 0/0	▽ 0/0	○ 0/0 C	▽ 0/0	○ 0/0 C		○ 0/0	○ 0/0	○ 0/0	▽ 0/0
	13	김영남	○ 0/0	○ 0/0	○ 0/1	○ 0/1	▽ 0/0	▽ 0/0 C		○ 0/1	○ 0/0 C	○ 0/0 C
	22	유대현				△ 0/0	△ 0/0	△ 0/0	△ 0/0	○ 0/0	○ 0/0	○ 0/0
	26	이후권								△ 0/0	△ 0/0	△ 0/0
	90	임경현	△ 0/0 C		▽ 0/0	▽ 0/1	▽ 0/0					
	99	이현승										
FW	2	유준영										
	9	공민현	▽ 0/0	△ 0/0	▽ 0/0	○ 2/0	▽ 0/0	▽ 0/0	○ 0/0	○ 0/0	○ 0/0 C	▽ 0/0
	10	이민우						△ 0/0	△ 0/0	▽ 1/0	▽ 0/0	△ 0/0
	11	호드리고		○ 0/0	○ 0/0 C	○ 0/0	○ 1/0	○ 0/0	○ 0/0	▽ 0/0	○ 0/0 C	○ 1/0 C
	15	박용준	▽ 0/0									
	16	황신영		▽ 0/0	△ 0/0					◈ 0/0		
	20	김륜도	○ 0/0	▽ 0/0	○ 1/0	○ 1/0	○ 0/0	○ 0/0	○ 0/0	○ 0/0	▽ 0/0	○ 0/0
	91	루키안	△ 0/0	△ 0/0	△ 0/0	△ 0/0	△ 0/0	▽ 0/0	▽ 0/0	○ 1/1	△ 0/0	○ 0/0
	99	알미르	△ 0/0	△ 0/0			△ 0/0	△ 0/0		△ 0/0		

FC 안 양

창단년도_ 2013년
전화_ 031-476-3377
팩스_ 031-476-2020
홈페이지_ www.fc-anyang.com
주소_ 우 13918 경기도 안양시 동안구 평촌대로 389
389, Pyeongchon-daero, Dongan-gu, Anyang-si, Gyeonggi-do, KOREA 13918

연혁

2012 창단 및 지원 조례안 가결
프로축구연맹 리그 참가 승인
재단법인 설립 승인
초대 이우형 감독 선임
구단명 확정

2013 초대 오근영 단장 선임
프로축구단 창단식
현대오일뱅크 K리그 챌린지 2013 5위(12승 9무 14패)
K리그 대상 챌린지 베스트 11(최진수, MF)

2014 현대오일뱅크 K리그 챌린지 2014 5위(15승 6무 15패)
K리그대상 사랑나눔상
챌린지 베스트 11(최진수, MF)
제2대 이필운 구단주, 박영조 단장 선임

2015 현대오일뱅크 K리그 챌린지 6위(13승 15무 12패)
K리그대상 챌린지 베스트 11(고경민, MF) 수상
제3대 이강호 단장 취임 / 제4대 김기용 단장 취임

FC안양 2015년 선수명단

구단주_ 이필운 단장_ 김기용
감독_ 이영민 코치_ 유병훈 GK코치_ 최익형 스카우터_ 이상욱 AT(팀장)_ 고영재 AT_ 서준석 주무_ 우수광

포지션	선수명		생년월일	출신교	키(cm) / 몸무게(kg)
GK	남 지 훈	南 知 訓	1992.12.19	수원대	185 / 81
	김 선 규	金 善 奎	1987.10.07	동아대	185 / 82
	최 필 수	崔 弼 守	1991.06.20	성균관대	191 / 88
	박 지 영	朴 至 永	1987.02.07	건국대	190 / 84
DF	가 솔 현	價 率 賢	1991.02.12	고려대	192 / 86
	김 남 탁	金 南 卓	1992.09.28	광운대	188 / 82
	박 태 수	朴 太 洙	1989.12.01	홍익대	185 / 85
	김 기 태	金 基 太	1993.11.10	홍익대	185 / 74
	유 종 현	劉 宗 賢	1988.03.14	건국대	196 / 92
	구 대 영	具 大 榮	1992.05.09	홍익대	177 / 72
	베 리	Greggory Austin Berry	1988.10.06	*미국	188 / 82
MF	안 동 혁	安 東 赫	1988.11.11	광운대	175 / 70
	김 종 성	金 鐘 成	1988.03.12	아주대	187 / 82
	최 진 수	崔 津 樹	1990.06.17	현대고	178 / 68
	박 승 렬	朴 丞 烈	1994.01.07	동북고	177 / 70
	주 현 재	周 鉉 宰	1989.05.26	홍익대	180 / 74
	김 선 민	金 善 民	1991.12.12	예원예대	168 / 65
	최 동 혁	崔 東 爀	1993.12.25	우석대	180 / 76
	정 다 슬	鄭 다 슬	1987.04.18	한양대	183 / 75
	이 태 영	李 泰 英	1992.05.15	관동대	170 / 64
	이 하 늘	李 하 늘	1993.02.08	원광대	171 / 68
	정 재 용	鄭 宰 容	1990.09.14	고려대	188 / 78
	모 세 스	Seth Soma Moses	1993.08.02	*미국	171 / 67
FW	조 성 준	趙 聖 俊	1990.11.27	청주대	176 / 70
	이 동 현	李 東 炫	1989.11.19	경희대	186 / 84
	김 효 기	金 孝 基	1986.07.03	조선대	179 / 75
	안 성 빈	安 聖 彬	1988.10.03	수원대	178 / 75
	고 경 민	高 敬 旻	1987.04.11	한양대	177 / 73
	김 동 기	金 東 期	1989.05.27	경희대	187 / 80
	김 대 한	金 大 韓	1994.04.21	선문대	182 / 72

FC안양 2015년 개인기록 _ K리그 챌린지

위치	배번	경기번호	01	08	13	20	23	30	33	42	48	54
		날 짜	03.21	03.29	04.04	04.15	04.19	04.26	05.02	05.13	05.17	05.24
		홈/원정	홈	원정	홈	원정	원정	홈	원정	홈	원정	홈
		장 소	안양	잠실	안양	대구	충주	안양	속초J	안양	상주	안양
		상 대	수원FC	서울E	고양	대구	충주	경남	강원	부천	상주	안산
		결 과	승	무	패	무	무	무	무	무	패	패
		점 수	3 : 0	1 : 1	1 : 2	2 : 2	1 : 1	0 : 0	0 : 0	1 : 1	2 : 3	0 : 1
		승 점	3	4	4	5	6	7	8	9	9	9
		순 위	1	1	2	4	5	6	5	7	7	8
		슈팅수	12 : 8	12 : 12	20 : 14	10 : 11	12 : 20	8 : 8	9 : 3	9 : 5	11 : 12	12 : 4
GK	21	최필수						○ 0/0	○ 0/0	○ 0/0	○ 0/0	○ 0/0
	31	김선규	○ 0/0	○ 0/0	○ 0/0	○ 0/0	○ 0/0					
DF	3	가솔현				○ 0/0 C	○ 0/0		○ 0/0	○ 0/0 C	○ 0/0	○ 0/0 C
	15	박태수	△ 0/0					○ 0/0	△ 0/0			
	29	베리	○ 0/0	○ 0/0	○ 0/0			○ 0/0 C	○ 0/0	○ 0/0	○ 0/0 C	○ 0/0
	35	유종현								△ 0/0		△ 0/0
	40	백동규	○ 0/0	○ 0/0 C	○ 0/0	○ 0/0 C	○ 0/0	○ 0/0 C				
	55	김태봉	○ 0/0 C	○ 0/0	○ 0/0	○ 1/0	○ 0/0	○ 0/0	○ 0/0 C	○ 0/0	○ 0/0	○ 0/0
	90	구대영			△ 0/0	△ 0/0	○ 0/0 C	○ 0/0	○ 0/0	○ 0/0	○ 0/0	○ 0/0
MF	5	안동혁	○ 0/0	○ 0/0	○ 0/0	○ 0/0	▽ 0/0	△ 0/0		△ 0/1	△ 0/0	△ 0/0
	6	김종성								▽ 0/0	○ 0/0	○ 0/0 C
	7	조성준	▽ 0/0	△ 0/0	○ 0/0	△ 0/0	△ 0/0	▽ 0/0	○ 0/0	○ 0/0	▽ 0/0	▽ 0/0
	8	최진수	○ 0/2	○ 0/0	○ 0/0	○ 0/0	○ 0/1	△ 0/0	○ 0/0 C	○ 0/0	▽ 0/0	
	14	박승렬		▽ 0/0		▽ 0/0	▽ 0/0			▽ 0/0		
	16	주현재	○ 1/0	▽ 0/0	▽ 0/0	○ 0/1	△ 0/0	○ 0/0	▽ 0/0 C	△ 1/0	▽ 0/1	▽ 0/0 C
	17	김선민	○ 0/0	○ 1/0	○ 0/0 C	○ 0/0	○ 0/0	○ 0/0	○ 0/0	○ 0/0	△ 0/0	
	18	최동혁										
	23	이태영										
	42	정재용	△ 0/0	△ 0/0	△ 0/0				△ 0/0		△ 0/0	○ 0/0
FW	9	이동현				△ 0/0	△ 0/0					
	10	김효기										
	11	안성빈	○ 1/0	○ 0/0	▽ 1/0 C	▽ 1/0	○ 1/0 C	○ 0/0	○ 0/0 C		○ 0/1	▽ 0/0
	13	김대한										
	19	고경민									○ 2/0	○ 0/0
	28	김동기										
	33	이효균	▽ 1/1	○ 0/0	○ 0/0	▽ 0/0	▽ 0/0	▽ 0/0	▽ 0/0 C	▽ 0/0		△ 0/0

선수자료 : 득점/도움 ○ = 선발출장 △ = 교체 IN ▽ = 교체 OUT ◈ = 교체 IN/OUT C = 경고 S = 퇴장

위치	배번	경기번호	57	67	73	77	84	87	94	97	104	107
		날 짜	05.30	06.06	06.10	06.13	06.21	06.27	07.01	07.04	07.08	07.11
		홈/원정	홈	원정	홈	홈	원정	원정	홈	원정	원정	홈
		장 소	안양	양산	안양	안양	안산	고양	안양	수원	부천	안양
		상 대	대구	경남	상주	서울E	안산	고양	강원	수원FC	부천	충주
		결 과	무	무	패	패	무	패	무	무	무	승
		점 수	1 : 1	1 : 1	1 : 5	0 : 1	0 : 0	1 : 2	2 : 2	0 : 0	1 : 1	2 : 1
		승 점	10	11	11	11	12	12	13	14	15	18
		순 위	8	10	11	11	11	11	11	11	11	11
		슈팅수	16 : 12	16 : 13	12 : 16	10 : 15	14 : 10	14 : 9	18 : 15	15 : 19	17 : 15	17 : 12
GK	21	최 필 수	○ 0/0	○ 0/0	○ 0/0	○ 0/0	○ 0/0	○ 0/0	○ 0/0	○ 0/0	○ 0/0	○ 0/0
	31	김 선 규										
DF	3	가 솔 현				○ 0/0	○ 0/0	○ 0/0	○ 0/0 C		○ 0/0	○ 0/0
	15	박 태 수	△ 0/0 C	○ 0/0	○ 0/0	○ 0/0 C	○ 0/0	○ 0/0			○ 0/0	△ 0/0
	29	베 리	○ 0/0	○ 0/0	○ 0/0	○ 0/0	○ 0/0	○ 0/0		○ 0/0	○ 0/0	○ 0/0
	35	유 종 현										
	40	백 동 규	○ 0/0	○ 0/0	○ 0/0	○ 0/0 C			○ 0/0	○ 0/0		
	55	김 태 봉	○ 0/0	○ 0/0 C		○ 0/0 C	○ 0/0	○ 0/0 C				
	90	구 대 영	○ 0/0	○ 0/0	○ 0/0 C	▽ 0/0	○ 0/0 C		○ 0/0	○ 0/0	○ 0/0	○ 0/0 C
MF	5	안 동 혁	○ 0/0	▽ 0/0	○ 0/0	△ 0/0	△ 0/0	○ 0/0	○ 0/0	△ 0/0	○ 0/0 C	
	6	김 종 성	▽ 0/0						○ 0/0	○ 0/0		
	7	조 성 준	○ 0/0	△ 0/0	△ 0/0		○ 0/0 C	○ 0/0 C	▽ 0/0	△ 0/0		
	8	최 진 수			▽ 0/0	▽ 0/0	○ 0/0	▽ 0/0	○ 0/1 C	△ 0/0	○ 0/1	△ 0/0
	14	박 승 렬									▽ 0/0	
	16	주 현 재	○ 1/0	○ 0/0	○ 0/0	△ 0/0 C		△ 0/0	△ 0/0	○ 0/0	△ 0/0	○ 0/1
	17	김 선 민							△ 0/0	▽ 0/0	○ 0/0	▽ 1/0
	18	최 동 혁										
	23	이 태 영										
	42	정 재 용	○ 0/0	○ 0/0	△ 0/0	○ 0/0	▽ 0/0	○ 0/0		○ 0/0		○ 0/0
FW	9	이 동 현			△ 0/0			△ 0/0			▽ 0/0 C	▽ 0/0
	10	김 효 기										
	11	안 성 빈	▽ 0/0 C	▽ 1/0	○ 0/0	○ 0/0	▽ 0/0	△ 0/0	△ 0/0	▽ 0/0	▽ 1/0	○ 0/0 C
	13	김 대 한						▽ 0/0 C	▽ 0/0	▽ 0/0		▽ 0/0
	19	고 경 민		○ 0/1 C	▽ 1/0	○ 0/0	○ 0/0 C		○ 2/0	○ 0/0	△ 0/0	○ 1/0
	28	김 동 기									△ 0/0	△ 0/0
	33	이 효 균	△ 0/0	△ 0/0	▽ 0/0 C		△ 0/0	▽ 1/0	▽ 0/0			

위치	배번	경기번호	113	120	123	129	132	143	150	154	157	164
		날 짜	07.26	08.03	08.08	08.12	08.15	08.26	08.31	09.06	09.09	09.13
		홈/원정	홈	원정	원정	홈	홈	원정	홈	원정	원정	홈
		장 소	안양	잠실	대구	안양	안양	충주	안양	속초J	상주	안양
		상 대	안산	서울E	대구	고양	경남	충주	부천	강원	상주	수원FC
		결 과	승	패	승	승	승	무	무	패	승	승
		점 수	2 : 1	0 : 1	4 : 2	3 : 0	2 : 0	2 : 2	0 : 0	1 : 4	2 : 1	3 : 2
		승 점	21	21	24	27	30	31	32	32	35	38
		순 위	10	11	8	9	6	8	7	9	8	8
		슈팅수	10 : 13	8 : 12	10 : 10	17 : 8	16 : 7	10 : 10	5 : 9	9 : 20	7 : 14	8 : 15
GK	21	최 필 수	○ 0/0	○ 0/0	○ 0/0	○ 0/0	○ 0/0	○ 0/0	○ 0/0	○ 0/0	○ 0/0	○ 0/0 C
	31	김 선 규										
DF	3	가 솔 현	○ 0/0 C	○ 0/0	△ 0/0	○ 0/0 C				○ 0/0	○ 0/0 C	
	15	박 태 수				○ 0/0	○ 0/0	○ 0/1			○ 0/0	▽ 0/0
	29	베 리	○ 0/0	○ 0/0	○ 0/0	○ 0/0	○ 0/0	○ 1/0	○ 0/0		△ 0/0	○ 0/0
	35	유 종 현			▽ 0/0		○ 0/0 C	○ 0/0	○ 0/0 C	○ 0/0	○ 0/0	○ 0/0
	40	백 동 규										
	55	김 태 봉										
	90	구 대 영	○ 0/0	○ 0/0	○ 0/1	○ 0/0	○ 0/0	○ 0/0	○ 0/0	○ 0/0	○ 0/0 C	○ 0/0 C
MF	5	안 동 혁	▽ 0/0		○ 0/0	○ 0/0	○ 0/0	▽ 0/0		▽ 0/1		
	6	김 종 성	○ 0/0	▽ 0/0 C	○ 0/0				○ 0/0	○ 0/0 C		
	7	조 성 준	▽ 0/1	△ 0/0	▽ 0/0	△ 0/1	▽ 0/0	△ 1/0	○ 0/0 C		○ 0/0	○ 0/0
	8	최 진 수	○ 0/0	▽ 0/0		△ 0/0	△ 0/0		▽ 0/0 C		○ 0/0	○ 1/0 C
	14	박 승 렬		▽ 0/0								
	16	주 현 재	△ 0/0	○ 0/0	△ 0/0		△ 1/0	△ 0/0 C	○ 0/0	△ 0/0	○ 0/0	▽ 0/0
	17	김 선 민	○ 0/0	○ 0/0	○ 1/0	○ 1/0	▽ 0/1	○ 0/0	△ 0/0	○ 0/0	▽ 0/0 C	○ 0/0
	18	최 동 혁										
	23	이 태 영										
	42	정 재 용	△ 0/0	○ 0/0		△ 0/0			△ 0/0	△ 0/0	△ 0/0	
FW	9	이 동 현								△ 0/0		
	10	김 효 기						△ 0/0	△ 0/0	○ 1/0 C	△ 0/0	△ 1/0
	11	안 성 빈	△ 0/0	△ 0/0	△ 2/0	▽ 0/2	△ 0/0	▽ 0/0		▽ 0/0		△ 0/0
	13	김 대 한			▽ 0/1	▽ 0/0	▽ 0/0	▽ 0/0	▽ 0/0	▽ 0/0		▽ 0/0
	19	고 경 민	○ 2/0	○ 0/0	○ 1/0	▽ 2/0	○ 1/0	○ 0/0	○ 0/0	○ 0/0	▽ 1/0	△ 0/0 C
	28	김 동 기	▽ 0/0	△ 0/0	○ 0/1 C	○ 0/0	○ 0/0	○ 0/1	▽ 0/0		▽ 1/0	○ 0/0 C
	33	이 효 균										

선수자료 : 득점/도움 ○ = 선발출장 △ = 교체 IN ▽ = 교체 OUT ◈ = 교체 IN/OUT C = 경고 S = 퇴장

위치	배번	경기번호	170	175	177	187	181	197	201	206	214	217
		날 짜	09.20	09.23	10.03	10.10	10.20	10.24	10.31	11.07	11.15	11.22
		홈/원정	홈	원정	홈	원정	홈	홈	원정	원정	홈	원정
		장 소	안양	고양	안양	창원C	안양	안양	부천	수원	안양	안산
		상 대	대구	고양	서울E	경남	상주	충주	부천	수원FC	강원	안산
		결 과	패	패	패	무	승	승	승	승	패	승
		점 수	0 : 2	0 : 1	3 : 4	2 : 2	2 : 1	1 : 0	1 : 0	2 : 1	1 : 2	2 : 1
		승 점	38	38	38	39	42	45	48	51	51	54
		순 위	8	8	8	9	7	7	6	5	6	6
		슈팅수	6 : 15	9 : 9	19 : 11	14 : 12	9 : 11	10 : 10	11 : 10	9 : 17	14 : 20	12 : 11
GK	21	최 필 수	○ 0/0	○ 0/0	○ 0/0		○ 0/0	○ 0/0	○ 0/0	○ 0/0	○ 0/0	○ 0/0
	31	김 선 규				○ 0/0 S						
DF	3	가 솔 현		○ 0/0		○ 0/0	○ 0/0	○ 0/0	○ 0/0	○ 0/0	○ 0/0	○ 1/0
	15	박 태 수	○ 0/0		△ 0/0		△ 0/0		△ 0/0	△ 0/0 C		△ 0/0
	29	베 리	○ 0/0	○ 0/0	○ 0/0	○ 0/0			○ 0/0	○ 0/0	○ 0/0	○ 0/0
	35	유 종 현	○ 0/0	△ 0/0	○ 0/0		○ 0/0	○ 0/0 C			△ 0/0	
	40	백 동 규										
	55	김 태 봉										
	90	구 대 영		○ 0/0 C	△ 0/0	▽ 0/0		△ 0/0	○ 0/0 C	○ 0/0	○ 0/0 C	
MF	5	안 동 혁										
	6	김 종 성	△ 0/0				○ 0/0 C	▽ 0/0			○ 0/0	△ 0/0
	7	조 성 준	○ 0/0	△ 0/0	▽ 0/0	△ 1/1	▽ 0/0	△ 0/0	△ 0/0	△ 0/0	▽ 0/0	▽ 0/0
	8	최 진 수	○ 0/0 C	○ 0/0	▽ 0/0	○ 0/0	▽ 0/0	△ 0/0	△ 0/0	○ 0/1	▽ 0/0	○ 0/1 C
	14	박 승 렬			▽ 0/0	▽ 0/0		▽ 0/0 C				
	16	주 현 재		○ 0/0	○ 0/0	○ 0/0	○ 0/0 C	○ 0/0	○ 0/0	○ 0/0	○ 0/0 C	
	17	김 선 민	○ 0/0	○ 0/0 C		△ 0/0	○ 0/0	○ 0/0	▽ 0/1	▽ 1/0	○ 1/0	▽ 0/0
	18	최 동 혁							▽ 0/0 C			
	23	이 태 영										▽ 0/0
	42	정 재 용	▽ 0/0		○ 0/0 C	○ 0/0	○ 0/0 C	○ 0/0	○ 0/0	○ 0/0	○ 0/0	○ 0/0 C
FW	9	이 동 현	△ 0/0		△ 1/0	△ 0/0	△ 0/0			△ 0/0		
	10	김 효 기	○ 0/0	△ 0/0	○ 1/1	○ 1/1	▽ 2/0	○ 1/0 C	○ 0/0	▽ 1/0	○ 0/0	○ 0/0 C
	11	안 성 빈	○ 0/0	▽ 0/0	○ 0/1	○ 0/0	○ 0/0	○ 0/0	○ 0/0	○ 0/0 C		○ 0/0
	13	김 대 한		▽ 0/0						▽ 0/0		△ 0/0
	19	고 경 민		○ 0/0	○ 1/0	▽ 0/0					△ 0/0	○ 1/0
	28	김 동 기	▽ 0/0	▽ 0/0 C			△ 0/1 C	▽ 0/0	▽ 1/0			
	33	이 효 균										

강 원 FC

창단년도_ 2008년

전화_ 033-655-0500

팩스_ 033-655-6660

홈페이지_ www.gangwon-fc.com

주소_ 우 25611 강원도 강릉시 남부로 222 강남축구공원 강원FC 사무국
GangwonFC in Gangnam Football Park, 222, Nambu-ro, Gangneung-si, Gangwon-do, KOREA 25611

연혁

2008 강원도민프로축구단 창단추진 발표
강원도민프로축구단 창단준비팀 구성
강원도민프로축구단 창단준비위원회 발족
강원도민프로축구단 발기인 총회, 김병두 초대 대표이사 취임
(주)강원도민프로축구단 법인 설립
도민주 공모
한국프로축구연맹 창단승인
제4차 이사회 - 신임 김원동 대표이사 취임
초대 최순호 감독 선임
창단식 및 엠블럼 공개

2009 김영후 조모컵 2009 한일올스타전 선발
2009 K-리그 홈경기 20만 관중(관중동원 3위) 돌파
2009 K-리그 13위
제5회 대한민국 스포츠산업대상 프로스포츠 부문 최우수마케팅상 대상 수상
2009 K-리그 대상 김영후 신인선수상, 페어플레이상, 서포터스 나르샤 공로상 수상
김원동 대표이사 2009 대한축구협회 특별공헌상 수상

2010 캐치프레이즈 '무한비상' 확정
선수단 숙소 '오렌지하우스' 개관
유소년클럽 창단
소나타 K리그 2010 12위
2010 K리그 대상 페어플레이상 수상

2011 캐치프레이즈 '강원천하' 확정
김상호 감독 선임
마스코트 '강웅이' 탄생
남종현 대표이사 취임
U-15 및 U-18 유스팀 창단
R리그 정성민 득점왕 수상
현대오일뱅크 K리그 2011 16위

2012 캐치프레이즈 'stand up! 2012!!' 확정
오재석 2012 런던올림픽 최종멤버 선발
김학범 감독 선임
김은중 K리그 통산 8번째 400경기 출장
현대오일뱅크 K리그 2012 14위

2013 캐치프레이즈'투혼 2013'확정
임은주 대표이사 취임
김용갑 감독 선임
현대오일뱅크 K리그 클래식 2013 12위

2014 캐치프레이즈 'Power of Belief 2014 Born again GWFC' 확정
알툴 감독 선임
현대오일뱅크 K리그 챌린지 2014 4위

2015 캐치프레이즈 'Power of GangwonFC 2015' 확정
최윤겸 감독 선임
현대오일뱅크 K리그 챌린지 2015 7위

강원FC 2015년 선수명단

대표이사_ 임은주 사무국장_ 전용수
감독_ 최윤겸 수석코치_ 박효진 코치_ 안승인 GK코치_ 정길용 주무_ 한준석

포지션	선수명		생년월일	출신교	키(cm) / 몸무게(kg)
GK	황 교 충	黃 敎 忠	1985.04.09	한양대	186 / 77
	이 상 기	李 相 基	1987.03.08	성균관대	191 / 83
	강 성 관	姜 聖 觀	1987.11.06	상지대	184 / 80
	김 근 배	金 根 培	1986.08.07	고려대	187 / 80
	홍 상 준	洪 尙 儁	1990.05.10	건국대	187 / 81
DF	최 우 재	確 佑 在	1990.03.27	중앙대	184 / 75
	이 재 훈	李 在 勳	1990.01.10	연세대	178 / 70
	정 우 인	鄭 愚 仁	1988.02.01	경희대	185 / 79
	이 완	李 宛	1984.05.03	연세대	181 / 75
	박 용 호	朴 容 昊	1981.03.25	부평고	183 / 76
	김 원 균	金 原 均	1992.05.01	고려대	186 / 76
	김 용 진	金 勇 辰	1993.06.10	건국대	192 / 80
	서 명 식	徐 明 植	1992.05.31	관동대	184 / 72
	이 한 샘	李 한 샘	1989.10.18	건국대	187 / 80
	백 종 환	白 宗 桓	1985.04.18	인천대	178 / 70
MF	장 혁 진	張 赫 鎭	1989.12.06	대경대	179 / 73
	이 우 혁	李 愚 赫	1993.02.24	문성고	185 / 76
	서 보 민	徐 寶 民	1990.06.22	관동대	177 / 69
	한 석 종	韓 石 鐘	1992.07.19	숭실대	186 / 79
	정 찬 일	丁 粲 佾	1991.04.27	동국대	176 / 71
	이 동 재	李 動 在	1996.07.20	문성고	189 / 77
	안 성 남	安 成 男	1984.04.17	중앙대	174 / 68
	김 윤 호	金 倫 滸	1990.09.21	관동대	176 / 73
FW	최 진 호	崔 鎭 虎	1989.09.22	관동대	172 / 70
	벨 루 소	Jonatas Belusso	1988.06.10	*브라질	176 / 76
	전 병 수	全 昞 壽	1992.03.14	동국대	184 / 78
	신 영 준	辛 映 俊	1989.09.06	호남대	179 / 71
	이 한 음	李 漢 音	1991.02.22	광운대	180 / 73
	최 승 인	崔 承 仁	1991.03.05	동래고	179 / 75
	헤 난	Henan Faria Silveira	1987.04.03	*브라질	182 / 75
	지 우	Martins Ferreira Givanilton	1991.04.13	*브라질	174 / 64

강원FC 2015년 개인기록 _ K리그 챌린지

위치	배번	경기번호	03	09	11	16	27	33	36	44	50	55
		날 짜	03.21	03.29	04.04	04.15	04.25	05.02	05.09	05.13	05.18	05.24
		홈/원정	원정	원정	홈	홈	홈	홈	원정	원정	홈	원정
		장 소	상주	대구	속초J	속초J	속초J	속초J	충주	잠실	속초J	수원
		상 대	상주	대구	부천	고양	안산	안양	충주	서울E	경남	수원FC
		결 과	패	패	승	패	무	무	패	승	패	패
		점 수	1 : 3	1 : 2	4 : 0	0 : 1	1 : 1	0 : 0	1 : 3	4 : 2	0 : 1	1 : 2
		승 점	0	0	3	3	4	5	5	8	8	8
		순 위	5	11	7	9	8	9	9	9	9	11
		슈팅수	5 : 11	18 : 11	13 : 6	2 : 13	20 : 9	3 : 9	9 : 14	15 : 21	12 : 9	15 : 12
GK	1	황교충	○ 0/0	○ 0/0	○ 0/0 C	○ 0/0	○ 0/0 C	○ 0/0	○ 0/0			○ 0/0
	19	이상기										
	21	김근배										
	23	강성관								○ 0/0	○ 0/0	
	41	홍상준										
DF	2	최우재										
	3	이재훈			○ 0/0 C	○ 0/0 C	○ 0/0	○ 0/0	○ 0/0	○ 0/0 C		○ 0/0
	4	정우인			○ 0/0	○ 0/0	○ 0/0 C	○ 0/0 C				
	5	이 완	○ 0/0	○ 0/0								
	6	박용호	○ 0/0	○ 0/0 C	○ 0/0	○ 0/0		○ 0/0	▽ 0/0	△ 0/0	△ 0/0	
	20	김원균										
	26	서명식										
	30	김오규	○ 0/0	○ 0/0		○ 0/0	○ 0/0		○ 0/0	○ 0/0	○ 0/0	○ 0/0
	33	이한샘			○ 0/0 C		○ 0/0	○ 0/0 C	○ 0/0 CC		○ 0/0	△ 0/0 C
	77	백종환	○ 0/0 C	○ 0/0 C	○ 0/0 C		○ 0/0	○ 0/0	○ 0/0 C	▽ 1/0	○ 0/0	○ 0/0
MF	7	장혁진	○ 0/0			○ 0/0 C	○ 0/0	○ 0/0	○ 0/0	○ 0/1	○ 0/0	
	8	이우혁	▽ 0/0	○ 0/0	○ 0/1	▽ 0/0						△ 0/0
	11	서보민	▽ 0/0	○ 0/0	▽ 0/0		▽ 0/0		○ 0/0	△ 0/1	△ 0/0	○ 0/1
	16	한석종		▽ 0/0						○ 1/0 C	○ 0/0	▽ 0/0
	17	정찬일						△ 0/0				
	18	이동재										
	34	안성남										
	57	김윤호		△ 0/0			▽ 0/0			▽ 1/0	▽ 0/0 C	▽ 0/0
	71	손설민	△ 0/0			△ 0/0	▽ 0/0	▽ 0/0				
FW	9	최승인			△ 2/0	△ 0/0	△ 1/0	▽ 0/0	△ 0/0	○ 1/0	○ 0/0	○ 0/0 CC
	10	최진호	△ 0/0	△ 0/0	▽ 0/0 C	○ 0/0	○ 0/0	○ 0/0 C	▽ 0/0	○ 0/0	▽ 0/0	○ 0/0
	12	벨루소	○ 0/0	○ 1/0	○ 2/0 C	▽ 0/0	△ 0/0	○ 0/0 C	○ 1/0		△ 0/0	△ 1/0
	14	전병수	△ 0/0	△ 0/0						△ 0/0		
	15	신영준	○ 0/0	▽ 0/0		▽ 0/0		△ 0/0		○ 0/1	○ 0/0	▽ 0/0
	22	이한음			△ 0/0	△ 0/0						
	25	김용진			△ 0/0		△ 0/1		△ 0/0	▽ 0/0	▽ 0/0	○ 0/0 C
	28	김동기	▽ 1/0	▽ 0/0	▽ 0/1	○ 0/0 S			○ 0/0			
	89	헤 난										
	91	지 우										

선수자료 : 득점/도움 ○ = 선발출장 △ = 교체 IN ▽ = 교체 OUT ◈ = 교체 IN/OUT C = 경고 S = 퇴장

위치	배번	경기번호	58	61	68	75	79	83	94	96	101	110
		날 짜	05.30	06.03	06.06	06.10	06.14	06.20	07.01	07.04	07.08	07.13
		홈/원정	홈	원정	홈	원정	원정	홈	원정	홈	홈	원정
		장 소	속초J	안산	속초J	고양	창원C	속초J	안양	속초J	속초J	부천
		상 대	상주	안산	대구	고양	경남	수원FC	안양	서울E	충주	부천
		결 과	패	승	패	패	무	승	무	승	패	패
		점 수	1 : 2	2 : 0	1 : 2	0 : 1	0 : 0	3 : 1	2 : 2	3 : 1	0 : 1	2 : 3
		승 점	8	11	11	11	12	15	16	19	19	19
		순 위	11	9	11	10	10	9	10	8	10	10
		슈팅수	18 : 13	14 : 6	13 : 10	12 : 12	15 : 9	13 : 9	15 : 18	11 : 10	12 : 7	12 : 10
GK	1	황교충	○ 0/0 C			○ 0/0			○ 0/0			○ 0/0
	19	이상기										
	21	김근배										
	23	강성관					○ 0/0	○ 0/0		○ 0/0	○ 0/0	
	41	홍상준		○ 0/0	○ 0/0							
DF	2	최우재								△ 0/0		○ 0/0
	3	이재훈	○ 0/0	○ 0/0	○ 0/0	○ 0/0 C	○ 0/0	○ 0/0	○ 0/0	○ 0/0	○ 0/0	○ 0/0
	4	정우인										
	5	이완										
	6	박용호							○ 0/0			△ 0/0
	20	김원균										
	26	서명식								▽ 0/0	○ 0/0	
	30	김오규	○ 0/0 C	○ 0/0	○ 0/0	○ 0/0	○ 0/0	○ 0/0				
	33	이한샘		○ 0/0	○ 0/0 C	○ 0/0	○ 0/0	○ 0/0	○ 0/0	○ 0/0	○ 0/0	○ 0/0 CC
	77	백종환	○ 0/0	○ 0/1	○ 0/0	○ 0/0 C	○ 0/0	○ 0/0	○ 1/0	○ 0/0	○ 0/0	○ 0/0
MF	7	장혁진	△ 0/0		△ 0/0	△ 0/0	○ 0/0	▽ 0/0 C	○ 0/0 C		△ 0/0	○ 1/0
	8	이우혁		△ 0/0			△ 0/0	○ 0/1	▽ 0/0	▽ 0/1	▽ 0/0	▽ 0/0
	11	서보민	○ 0/0	○ 1/0	○ 1/0	○ 0/0	○ 0/0	○ 0/0		○ 0/0 C	○ 0/0	○ 0/1
	16	한석종	○ 0/0				○ 0/0	○ 0/0 C	○ 0/0	△ 0/0		△ 0/0
	17	정찬일	▽ 0/0 C	▽ 0/0	△ 0/0	▽ 0/0						
	18	이동재										
	34	안성남										
	57	김윤호	▽ 0/0	○ 0/0	▽ 0/0	▽ 0/0		△ 0/0 C	△ 0/0	○ 0/0	○ 0/0 C	
	71	손설민										
FW	9	최승인		△ 1/0	○ 0/1	△ 0/0	△ 0/0	▽ 1/1	○ 0/0	▽ 0/0	▽ 0/0	
	10	최진호	△ 1/0	△ 0/0	▽ 0/0	△ 0/0	△ 0/0	△ 0/0 C		○ 0/0	▽ 0/0	▽ 0/0
	12	벨루소	○ 0/0	▽ 0/0	△ 0/0	○ 0/0		▽ 2/0	▽ 0/0	△ 1/0	△ 0/0	
	14	전병수	▽ 0/0	▽ 0/0	▽ 0/0	▽ 0/0						
	15	신영준	△ 0/0				▽ 0/0	△ 0/0	▽ 0/1			▽ 1/0
	22	이한음							△ 0/0			
	25	김용진	○ 0/0	○ 0/0	○ 0/0	○ 0/0	▽ 0/0					
	28	김동기					▽ 0/0		△ 1/0			
	89	헤난								○ 2/0	○ 0/0	○ 0/0
	91	지우									△ 0/0	△ 0/0

위치	배번	경기번호	112	119	125	128	135	138	142	154	156	163
		날 짜	07.25	08.02	08.09	08.12	08.17	08.22	08.26	09.06	09.09	09.13
		홈/원정	원정	홈	원정	홈	원정	원정	홈	홈	원정	홈
		장 소	대구	속초J	상주	속초J	수원	잠실	속초J	속초J	충주	속초J
		상 대	대구	경남	상주	부천	수원FC	서울E	안산	안양	충주	고양
		결 과	승	무	승	무	패	무	승	승	승	무
		점 수	1 : 0	1 : 1	3 : 0	1 : 1	2 : 3	0 : 0	2 : 0	4 : 1	2 : 0	2 : 2
		승 점	22	23	26	27	27	28	31	34	37	38
		순 위	8	9	8	8	9	9	7	7	7	7
		슈팅수	14 : 14	11 : 14	12 : 9	7 : 4	7 : 19	11 : 11	13 : 13	20 : 9	11 : 10	23 : 12
GK	1	황교충										
	19	이상기			▽ 0/0	○ 0/0	○ 0/0	○ 0/0	○ 0/0	○ 0/0	○ 0/0	○ 0/0
	21	김근배										
	23	강성관	○ 0/0	○ 0/0	△ 0/0							
	41	홍상준										
DF	2	최우재	△ 0/0						△ 0/0			
	3	이재훈	○ 0/0	○ 0/0	○ 0/0 C	△ 0/0	○ 0/0	○ 0/0	○ 0/0	○ 0/0	○ 0/0	○ 0/0
	4	정우인	○ 1/0	▽ 0/0 C								
	5	이 완										
	6	박용호										
	20	김원균			○ 0/0	○ 0/0	○ 0/0	○ 0/0	○ 0/0	○ 0/0	○ 0/0	○ 0/0 C
	26	서명식	▽ 0/0	○ 0/0	△ 0/0	○ 0/0	△ 0/0	○ 0/0				○ 0/0
	30	김오규										
	33	이한샘		○ 0/0	○ 0/0	○ 0/0	○ 0/0	○ 0/0 C	○ 0/0	○ 0/0	○ 0/0	○ 0/0
	77	백종환	○ 0/0	○ 0/0	○ 0/0	▽ 0/0	▽ 0/0			○ 0/0	○ 0/0 C	
MF	7	장혁진	○ 0/0	○ 0/0	○ 1/0	△ 0/0		△ 0/0	○ 0/0	▽ 0/0 C	○ 0/1 C	▽ 0/0
	8	이우혁	○ 0/1	○ 0/0 C		▽ 0/0	▽ 0/0	○ 0/0 C		▽ 0/0	○ 0/0	▽ 0/1
	11	서보민	○ 0/0	○ 0/1	○ 1/1	○ 0/0		△ 0/0	○ 0/0	○ 0/1	○ 0/1	○ 0/0
	16	한석종	○ 0/0	△ 0/0	○ 0/0 CC		○ 0/1 C		○ 0/0	△ 1/0		△ 0/0
	17	정찬일									▽ 0/0	▽ 0/0
	18	이동재										
	34	안성남			▽ 0/0	○ 0/0 C	○ 0/0 C	○ 0/0		▽ 0/0		
	57	김윤호			△ 0/0	△ 0/0		▽ 0/0 C			△ 0/0	
	71	손설민										
FW	9	최승인	△ 0/0 C	△ 0/0			○ 0/0 C	△ 0/0		○ 2/0	▽ 1/0	○ 1/0
	10	최진호	△ 0/0	△ 0/0					▽ 0/0			
	12	벨루소	▽ 0/0				○ 0/0		△ 1/0	△ 1/0	△ 0/0	△ 1/0
	14	전병수							△ 0/0			
	15	신영준		▽ 1/0	▽ 1/0 C	○ 0/0	▽ 0/0	▽ 0/0				
	22	이한음							▽ 0/0			
	25	김용진										
	28	김동기										
	89	헤 난	▽ 0/0	▽ 0/0	○ 0/0	○ 0/0	△ 1/0	○ 0/0	▽ 0/0	△ 0/0	△ 0/0	△ 0/0
	91	지 우				▽ 1/0	△ 1/0 C	▽ 0/0 C	○ 1/1	○ 0/2	▽ 1/0	○ 0/0

선수자료 : 득점/도움 ○ = 선발출장 △ = 교체 IN ▽ = 교체 OUT ◈ = 교체 IN/OUT C = 경고 S = 퇴장

위치	배번	경기번호	167	180	182	189	192	196	205	209	214	220
		날 짜	09.19	10.04	10.07	10.11	10.17	10.24	11.01	11.08	11.15	11.22
		홈/원정	원정	홈	홈	원정	홈	원정	원정	홈	원정	홈
		장 소	안산	춘천	춘천	부천	원주	거제	파주	원주	안양	원주
		상 대	안산	상주	수원FC	부천	충주	경남	고양	대구	안양	서울E
		결 과	패	패	무	패	무	무	승	승	승	무
		점 수	0 : 1	0 : 2	1 : 1	2 : 4	3 : 3	0 : 0	4 : 2	3 : 2	2 : 1	4 : 4
		승 점	38	38	39	39	40	41	44	47	50	51
		순 위	7	7	7	8	7	8	8	8	7	7
		슈팅수	7 : 13	16 : 22	12 : 14	8 : 11	28 : 13	12 : 13	13 : 9	22 : 15	20 : 14	18 : 12
GK	1	황교충			○ 0/0	○ 0/0 C						
	19	이상기	○ 0/0	○ 0/0			▽ 0/0					▽ 0/0 C
	21	김근배					△ 0/0	○ 0/0	○ 0/0			
	23	강성관								○ 0/0	○ 0/0	△ 0/0
	41	홍상준										
DF	2	최우재		○ 0/0	○ 0/0	○ 0/0		○ 0/0				
	3	이재훈	○ 0/0	○ 0/0			○ 0/0		○ 0/0			
	4	정우인					○ 0/0	○ 0/0 C	○ 0/0	▽ 0/0	▽ 0/0	
	5	이 완									○ 0/0	○ 0/0
	6	박용호										
	20	김원균	○ 0/0	▽ 0/0				○ 0/0	○ 0/0	○ 0/0	○ 0/0	○ 0/0 C
	26	서명식	△ 0/0	△ 0/0	○ 0/0	○ 0/0				○ 0/1		
	30	김오규										
	33	이한샘	○ 0/0	○ 0/0	○ 0/0 C		○ 1/0 C	○ 0/0	○ 0/0	○ 0/0	○ 0/0	○ 0/0 C
	77	백종환	▽ 0/0		○ 0/0	○ 0/0	○ 0/0	○ 0/0	○ 0/0 C	○ 0/0	○ 0/0 CC	
MF	7	장혁진	▽ 0/0 C		○ 0/0	○ 0/0		○ 0/0				△ 0/0
	8	이우혁			▽ 0/0							
	11	서보민	△ 0/0	○ 0/0	○ 0/0	○ 0/1	○ 0/0	○ 0/0	▽ 0/0 C	○ 0/0	○ 0/0	○ 0/1
	16	한석종	○ 0/0	○ 0/0 C	△ 0/0 C	▽ 0/0			△ 0/0	△ 0/0	○ 0/0	△ 2/0
	17	정찬일			△ 0/0 C		▽ 0/0		○ 1/1	○ 0/0	○ 0/0	○ 0/0
	18	이동재										▽ 0/0
	34	안성남	▽ 0/0	▽ 0/0								
	57	김윤호			▽ 0/0	▽ 0/0				△ 0/0		▽ 0/0
	71	손설민										
FW	9	최승인	○ 0/0	○ 0/0	▽ 0/1	△ 0/0	△ 0/0	△ 0/0			△ 0/0	○ 1/0
	10	최진호			○ 0/0	▽ 0/0	△ 0/0	△ 0/0				
	12	벨루소	○ 0/0	△ 0/0		△ 1/0	▽ 1/1	▽ 0/0	○ 1/0	▽ 1/0	▽ 0/0	
	14	전병수										
	15	신영준							△ 0/0		△ 0/1	
	22	이한음										
	25	김용진		△ 0/0		○ 0/0 C	○ 0/1					
	28	김동기										
	89	헤 난	△ 0/0	▽ 0/0		○ 0/1	○ 1/0	▽ 0/0	○ 0/1	○ 1/0 C	○ 2/0	○ 1/1
	91	지 우	○ 0/0	○ 0/0	△ 1/0	△ 1/0	○ 0/0	○ 0/0	▽ 2/1	○ 1/1		○ 0/0

고 양 자 이 크 로 FC

창단년도_ 1999년

전화_ 031-923-4642/4630

팩스_ 031-923-4631

홈페이지_ www.gyhifc.com

주소_ 우 10223 경기도 고양시 일산서구 중앙로 1601(대화동 2320) 고양종합운동장 내
Goyang Sports Complex, 1601 Joongang-ro, Ilsanseo-gu, Kyeonggi-do, KOREA 10223

연혁

2006 제54회 대통령배 전국축구대회 우승
생명과학기업 STC 컵 2006 내셔널 후기리그 우승
생명과학기업 STC 컵 2006 내셔널리그 통합 준우승

2007 안산 연고지 이전 (안산 할렐루야)
안산할렐루야축구단 유소년 창단

2008 내셔널 선수권 대회 준우승

2009 제33회 태국 퀸스컵 국제축구대회 우승

2010 다문화가정과 함께하는 자선축구경기
(국가대표 올스타팀 vs 안산할렐루야축구단)

2010 다문화 M키즈 유소년FC 창단

2012 안산 H FC 팀 명칭 변경
고양시 연고지 체결
K리그(챌린저) 고양 Hi FC 출범

2013 프로구단 최초 예비 사회적 기업 인증
삼성 꿈나무 장학재단 후원 지역저소득층 가정 어린이 축구단 '하이드림' 시작

2014 고양 Hi FC 유소년 U-12, 15, 18 육성반 창단
기획재정부지정 지정기부금단체 선정
스포츠마케팅어워드코리아 2014 '올해의 스포츠 마케터 대상' 수상

2015 태국 PAT INVITATION 2015 우승
독일 포르투나 뒤셀도르프1895 U23 친선경기 개최
(아프리카 솔라등 기부 자선경기)
스페인 레알마드리드 재단 & YKK 아시아 그룹 어린이 축구클리닉 개최
스페인 유소년 축구 클럽 초청 '국제축구교류전' 개최
한민족 통합축구대회 개최

2016 '고양 자이크로 FC'로 팀 명칭 변경

고양 자이크로 FC 2015년 선수명단

대표이사_ 정성진 단장_ 이웅규
감독_ 이영무 코치_ 이성길 주무_ 김학수 의무트레이너_ 윤찬희 팀닥터_ 김창원·조현우·박정준

포지션	선수명		생년월일	출신교	키(cm)/ 몸무게(kg)
GK	강 진 웅	姜 珍 熊	1985.05.01	선문대	184 / 82
	여 명 용	呂 明 龍	1987.06.11	한양대	190 / 82
	이 승 규	李 承 圭	1992.01.27	선문대	192 / 82
DF	황 규 범	黃 圭 範	1989.08.30	경희고	176 / 66
	여 효 진	余 孝 珍	1983.04.25	고려대	188 / 82
	안 현 식	安 現 植	1987.04.24	연세대	182 / 74
	김 성 식	金 星 式	1992.05.24	연세대	190 / 85
	안 동 은	安 東 銀	1988.10.01	경운대	185 / 80
	하 인 호	河 仁 鎬	1989.10.10	인천대	180 / 78
	오 주 호	吳 周 昊	1992.04.02	동아대	188 / 83
	김 성 훈	金 盛 勳	1991.05.24	경희대	177 / 71
	이 상 돈	李 相 燉	1985.08.12	울산대	180 / 72
	송 한 기	宋 漢 基	1988.08.07	우석대	188 / 77
MF	박 태 형	朴 泰 炯	1992.04.07	단국대	184 / 77
	오 기 재	吳 起 在	1983.09.26	영남대	182 / 75
	이 도 성	李 道 成	1984.03.22	배재대	170 / 60
	김 준 태	金 俊 泰	1985.05.31	한남대	180 / 73
	박 정 수	朴 庭 秀	1987.01.13	상지대	182 / 73
	박 정 훈	朴 正 勳	1988.06.28	고려대	180 / 74
	김 훈 성	金 勳 成	1991.05.20	고려대	178 / 67
	홍 순 학	洪 淳 學	1980.09.19	연세대	178 / 70
	진 창 수	秦 昌 守	1985.10.26	도쿄조선고	175 / 67
FW	윤 석 희	尹 錫 熙	1993.07.21	울산대	186 / 78
	이 광 재	李 珖 載	1980.01.01	대구대	185 / 77
	박 성 호	朴 成 皞	1992.05.18	호남대	178 / 74
	서 형 승	徐 亨 承	1992.09.22	한남대	180 / 74
	김 유 성	金 侑 聖	1988.12.04	경희대	182 / 76
	배 해 민	裵 海 珉	1988.04.25	마산중앙중	184 / 80

고양 자이크로 FC 2015년 개인기록 _ K리그 챌린지

위치	배번	경기번호	04	07	13	16	25	34	38	45	47	51
		날 짜	03.22	03.28	04.04	04.15	04.20	05.03	05.09	05.13	05.16	05.23
		홈/원정	원정	홈	원정	원정	홈	홈	원정	홈	원정	홈
		장 소	충주	고양	안양	속초J	고양	고양	수원	고양	안산	고양
		상 대	충주	경남	안양	강원	대구	부천	수원FC	상주	안산	서울E
		결 과	승	패	승	승	패	승	패	패	무	패
		점 수	1 : 0	0 : 1	2 : 1	1 : 0	0 : 2	1 : 0	0 : 2	0 : 5	1 : 1	2 : 4
		승 점	3	3	6	9	9	12	12	12	13	13
		순 위	4	5	1	2	3	2	4	4	5	5
		슈팅수	5 : 14	15 : 12	14 : 20	13 : 2	15 : 10	10 : 18	11 : 11	7 : 13	10 : 7	8 : 13
GK	1	강진웅	○ 0/0	○ 0/0	○ 0/0	○ 0/0	○ 0/0	○ 0/0	○ 0/0	○ 0/0	○ 0/0	○ 0/0
	21	이승규										
	23	여명용										
DF	3	김성식										▽ 0/0
	4	김성훈										
	5	오주호		△ 0/0	○ 0/0			○ 0/0	○ 0/0	▽ 0/0	○ 0/0	
	6	안동은								○ 0/0	○ 0/0	○ 0/0 C
	12	이상돈	○ 0/0	○ 0/0	○ 0/0	○ 0/0	○ 0/0	○ 0/0	○ 0/0	○ 0/0		○ 0/0
	14	하인호						○ 0/0	○ 0/0	○ 0/0	○ 0/0	○ 0/0
	22	황규범	○ 0/0	○ 0/0 C	○ 0/0	○ 0/0	○ 0/0			△ 0/0 C	○ 0/0	△ 0/0
	25	송한기	○ 0/0	▽ 0/0								
	26	안현식	○ 0/0 C	○ 0/0	○ 0/0	○ 0/0	○ 0/0	○ 0/0	○ 0/0	▽ 0/0		
	30	여효진										
MF	7	이도성	○ 0/0 CC		○ 0/0	○ 0/0	○ 0/0	○ 0/0	○ 0/0	○ 0/0 C	○ 0/0	○ 0/0 C
	8	김준태	○ 0/0	○ 0/0 C	○ 0/1	○ 0/0 C	○ 0/0	○ 0/0	○ 0/0 C		○ 0/0	○ 0/0
	10	박정수										
	15	박태형				○ 0/0 C	○ 0/0					
	16	진창수	△ 0/0	▽ 0/0		▽ 0/0	▽ 0/0	○ 0/1 C	▽ 0/0	▽ 0/0	▽ 0/0	○ 1/0
	20	오기재	○ 0/0	○ 0/0	○ 0/0 C	○ 0/0	▽ 0/0	▽ 0/0		○ 0/0	○ 0/0	○ 0/1
	31	홍순학		△ 0/0				△ 0/0	△ 0/0			
	33	김훈성										
FW	9	서형승	△ 0/0	△ 0/0	△ 0/0	△ 0/0	△ 0/0 C		△ 0/0		△ 0/0	
	10	김지웅			△ 1/0 C	△ 0/0	△ 0/0			△ 0/0	△ 0/1	
	11	박정훈	▽ 0/0	○ 0/0	▽ 0/0			△ 0/0	○ 0/0	○ 0/0	▽ 0/0	▽ 0/0
	17	이광재	△ 0/0		△ 0/0	△ 0/0	△ 0/0	△ 0/0	▽ 0/0	△ 0/0	△ 1/0	△ 0/0
	18	배해민										
	19	윤석희	▽ 1/0	▽ 0/0	▽ 0/0	▽ 0/0	▽ 0/0	▽ 1/0				
	24	김유성	▽ 0/1	○ 0/0	▽ 1/0	▽ 1/0	○ 0/0	○ 0/0	○ 0/0 C	○ 0/0	▽ 0/0	○ 1/0

선수자료 : 득점/도움 ○ = 선발출장 △ = 교체 IN ▽ = 교체 OUT ◈ = 교체 IN/OUT C = 경고 S = 퇴장

위치	배번	경기번호	59	63	69	75	78	85	87	92	98	105
		날 짜	05.31	06.03	06.07	06.10	06.14	06.21	06.27	07.01	07.04	07.08
		홈/원정	원정	원정	홈	홈	원정	홈	홈	원정	홈	원정
		장 소	삼천포	대구	고양	고양	부천	고양	고양	상주	고양	잠실
		상 대	경남	대구	수원FC	강원	부천	충주	안양	상주	안산	서울E
		결 과	승	승	패	승	패	무	승	무	패	패
		점 수	1 : 0	2 : 1	2 : 3	1 : 0	1 : 2	2 : 2	2 : 1	0 : 0	1 : 2	0 : 2
		승 점	16	19	19	22	22	23	26	27	27	27
		순 위	5	5	5	5	5	5	4	5	5	5
		슈팅수	11 : 8	13 : 11	12 : 12	12 : 12	9 : 13	11 : 14	9 : 14	8 : 21	11 : 8	15 : 16
GK	1	강 진 웅						○ 0/0		○ 0/0	○ 0/0	
	21	이 승 규										
	23	여 명 용	○ 0/0 C	○ 0/0	○ 0/0 C	○ 0/0	○ 0/0		○ 0/0 C			○ 0/0
DF	3	김 성 식	○ 0/0 C	△ 0/0	△ 0/0	○ 0/0			△ 0/0	△ 0/0	○ 0/0	○ 0/0 C
	4	김 성 훈										
	5	오 주 호										
	6	안 동 은										
	12	이 상 돈	○ 0/0	○ 0/0	○ 0/0	○ 0/0	○ 0/0	○ 0/0	○ 0/0 C	○ 0/0	○ 0/0	○ 0/0 C
	14	하 인 호	○ 0/0 C	○ 0/0	▽ 0/0 C	○ 0/0	○ 0/0	○ 0/0 C		△ 0/0	○ 0/0	○ 0/0
	22	황 규 범			△ 0/0 C		△ 0/1	△ 0/0	○ 0/0 C	▽ 0/0	△ 0/0	△ 0/0
	25	송 한 기										
	26	안 현 식	○ 0/0	○ 0/0	○ 0/0 C	○ 0/0	○ 0/0					
	30	여 효 진	△ 0/0	○ 0/0	○ 0/0 C		○ 0/0	○ 0/0	○ 0/0 C	○ 0/0	○ 0/0	○ 0/0
MF	7	이 도 성	▽ 0/0	○ 0/0	○ 0/0	▽ 0/0 C		○ 0/1	○ 0/0	○ 0/0	▽ 0/0	○ 0/0
	8	김 준 태	○ 0/0	▽ 0/1	○ 0/0	○ 0/0	○ 0/0	○ 0/0	▽ 0/0	○ 0/0	○ 0/0 CC	
	10	박 정 수										
	15	박 태 형						○ 0/0	○ 0/0	○ 0/0		○ 0/0
	16	진 창 수	○ 0/1	▽ 1/0	○ 1/1	▽ 0/0	○ 0/0	▽ 0/0	○ 1/0	▽ 0/0	○ 0/0	▽ 0/0
	20	오 기 재	○ 0/0 C	○ 0/0 C		○ 0/0 C	○ 0/0	○ 1/0	○ 0/0	○ 0/0	○ 0/0	○ 0/0
	31	홍 순 학	△ 0/0 C		▽ 0/0	△ 0/0	○ 0/0	▽ 0/1	▽ 0/0 C	▽ 0/0	△ 0/0	
	33	김 훈 성										
FW	9	서 형 승				△ 0/0 CC					△ 0/0	△ 0/0
	10	김 지 웅										
	11	박 정 훈	○ 1/0	○ 1/0	○ 1/0	○ 0/0						
	17	이 광 재		△ 0/0	○ 0/0		▽ 0/0					
	18	배 해 민					△ 0/0	△ 0/0	△ 0/0	△ 0/0	▽ 0/0	▽ 0/0
	19	윤 석 희										
	24	김 유 성	▽ 0/0	○ 0/0		○ 1/0	▽ 1/0	○ 1/0	○ 1/0	○ 0/0	▽ 1/0	○ 0/0

위치	배번	경기번호	111	118	122	129	134	136	145	148	160	163
		날 짜	07.25	08.02	08.08	08.12	08.16	08.22	08.26	08.30	09.09	09.13
		홈/원정	홈	홈	원정	원정	홈	원정	홈	원정	홈	원정
		장 소	고양	고양	충주	안양	고양	안산	고양	수원	고양	속초J
		상 대	부천	상주	충주	안양	대구	안산	서울E	수원FC	경남	강원
		결 과	패	패	승	패	무	무	승	무	승	무
		점 수	2 : 3	0 : 4	2 : 1	0 : 3	3 : 3	2 : 2	2 : 1	0 : 0	2 : 1	2 : 2
		승 점	27	27	30	30	31	32	35	36	39	40
		순 위	6	6	6	7	6	6	6	6	6	6
		슈팅수	15 : 14	13 : 9	15 : 10	8 : 17	11 : 16	16 : 11	16 : 9	14 : 10	14 : 10	12 : 23
GK	1	강 진 웅										
	21	이 승 규										
	23	여 명 용	○ 0/0	○ 0/0	○ 0/0	○ 0/0	○ 0/0	○ 0/0	○ 0/0	○ 0/0	○ 0/0	○ 0/0
DF	3	김 성 식		○ 0/0 S								
	4	김 성 훈		○ 0/0								
	5	오 주 호		○ 0/0								
	6	안 동 은										
	12	이 상 돈	○ 0/0	○ 0/0	○ 0/0	○ 0/0	○ 0/0	○ 0/0				○ 0/0
	14	하 인 호							○ 0/0	○ 0/0	○ 0/0	○ 0/0
	22	황 규 범	○ 0/0		○ 0/0	○ 0/0	○ 0/0 C	○ 0/0	○ 0/0	○ 0/0	○ 0/1	
	25	송 한 기										
	26	안 현 식			○ 0/0	○ 0/0 C		○ 0/0	○ 0/0 C	○ 0/0	○ 0/0	○ 0/0
	30	여 효 진	○ 0/0 C		○ 0/0	○ 0/0	○ 0/0	○ 0/0	○ 0/0 C	○ 0/0	○ 0/0	○ 0/0
MF	7	이 도 성	▽ 0/0	○ 0/0	○ 0/0 C	○ 0/0	○ 0/0 C	▽ 0/0 C		▽ 0/0	○ 0/0	▽ 0/0
	8	김 준 태	○ 1/0	▽ 0/0	○ 0/0	▽ 0/0	○ 0/0	○ 0/0	○ 0/1	○ 0/0 C	○ 0/1	○ 0/0
	10	박 정 수		△ 0/0	○ 1/0	○ 0/0 C	○ 0/0 CC		○ 1/0 C	○ 0/0 C		○ 0/0
	15	박 태 형	○ 0/0	○ 0/0 C			○ 0/0 C		△ 0/0			
	16	진 창 수	○ 0/1	○ 0/0	○ 1/0	▽ 0/0	▽ 0/0	○ 0/0	▽ 0/0	▽ 0/0	▽ 0/0	○ 2/0 C
	20	오 기 재	○ 0/0	▽ 0/0	▽ 0/1	○ 0/0	○ 2/0	▽ 0/0	○ 0/0	○ 0/0 C	○ 0/0	▽ 0/0
	31	홍 순 학						△ 0/0				
	33	김 훈 성				△ 0/0						
FW	9	서 형 승	△ 1/0	△ 0/0	△ 0/0		△ 0/0	△ 0/0	△ 1/0		△ 1/0	△ 0/1
	10	김 지 웅										
	11	박 정 훈									△ 1/0 C	△ 0/0
	17	이 광 재	△ 0/0	△ 0/0	△ 0/0	△ 0/0	△ 1/0 C	▽ 1/0	▽ 0/0 C	△ 0/0	▽ 0/0	
	18	배 해 민	▽ 0/0					△ 0/0		△ 0/0		
	19	윤 석 희										
	24	김 유 성	○ 0/0	▽ 0/0	▽ 0/1	○ 0/0	▽ 0/0	○ 1/0	○ 0/0	○ 0/0	○ 0/0	○ 0/1

선수자료 : 득점/도움 ○ = 선발출장 △ = 교체 IN ▽ = 교체 OUT ◈ = 교체 IN/OUT C = 경고 S = 퇴장

위치	배번	경기번호	166	175	176	184	186	193	200	205	211	216
		날 짜	09.19	09.23	10.03	10.07	10.10	10.18	10.26	11.01	11.14	11.22
		홈/원정	홈	홈	원정	원정	홈	원정	원정	홈	원정	홈
		장 소	고양	고양	부천	잠실	고양	대구	상주	파주	창원C	고양
		상 대	수원FC	안양	부천	서울E	안산	대구	상주	강원	경남	충주
		결 과	무	승	패	무	패	승	패	패	무	패
		점 수	1 : 1	1 : 0	0 : 1	1 : 1	0 : 1	3 : 2	1 : 4	2 : 4	0 : 0	2 : 5
		승 점	41	44	44	45	45	48	48	48	49	49
		순 위	6	6	6	6	6	6	6	7	7	8
		슈팅수	13 : 13	9 : 9	10 : 14	12 : 4	19 : 5	10 : 17	12 : 10	9 : 13	5 : 8	10 : 13
GK	1	강 진 웅						○ 0/0	○ 0/0	▽ 0/0	○ 0/0	○ 0/0
	21	이 승 규								△ 0/0		
	23	여 명 용	○ 0/0	○ 0/0	○ 0/0	○ 0/0	○ 0/0					
DF	3	김 성 식										△ 0/0
	4	김 성 훈										
	5	오 주 호										
	6	안 동 은										
	12	이 상 돈	○ 0/0	○ 0/0				○ 0/0	△ 0/0	○ 1/0 C		○ 0/0
	14	하 인 호	○ 0/0	○ 1/0	○ 0/0	○ 0/0	○ 0/0 C	○ 0/1	▽ 0/0		○ 0/0	
	22	황 규 범			○ 0/0	○ 0/0 C			○ 0/0	○ 0/0	○ 0/0	○ 0/0 C
	25	송 한 기										
	26	안 현 식	○ 0/0	○ 0/0	○ 0/0	○ 0/0	○ 0/0	○ 0/0	○ 0/0	○ 0/0 C	○ 0/0	○ 0/0 S
	30	여 효 진	○ 0/0	○ 0/0	○ 0/0	○ 0/0	○ 0/0	○ 0/0 C	○ 0/0	○ 0/0	○ 0/0 C	
MF	7	이 도 성	△ 0/0	○ 0/0 C	○ 0/0 C	▽ 0/0	○ 0/0	○ 0/0	▽ 0/0			
	8	김 준 태	▽ 0/0	▽ 0/0	○ 0/0	△ 0/0	○ 0/0	○ 1/0	○ 0/0	○ 0/0	○ 0/0 C	○ 0/0 C
	10	박 정 수	○ 0/0 CC		○ 0/0 C	○ 0/0 C		▽ 0/0	○ 0/0	○ 0/0	▽ 0/0	○ 0/0
	15	박 태 형		△ 0/0			○ 0/0	△ 0/0			△ 0/0	○ 0/0 C
	16	진 창 수	○ 0/0	○ 0/0	○ 0/0	○ 0/1	▽ 0/0	○ 0/1	▽ 0/0	○ 0/0	○ 0/0	▽ 0/0
	20	오 기 재	○ 0/0	○ 0/0 C		○ 0/0	▽ 0/0	▽ 1/0	○ 0/0	○ 0/0	○ 0/0	○ 0/0
	31	홍 순 학										
	33	김 훈 성					△ 0/0					
FW	9	서 형 승	△ 0/0	△ 0/0	△ 0/0	△ 0/0	△ 0/0	△ 0/0			△ 0/0	△ 0/0
	10	김 지 웅										
	11	박 정 훈	▽ 0/0		△ 0/0	○ 0/0	○ 0/0	○ 1/0 C	○ 0/0	○ 0/0	▽ 0/0 C	
	17	이 광 재		○ 0/0	▽ 0/0		△ 0/0					▽ 0/0
	18	배 해 민				▽ 1/0	▽ 0/0		△ 0/0	▽ 0/0		
	19	윤 석 희										
	24	김 유 성	○ 1/0 C	▽ 0/0	▽ 0/0				△ 0/0	△ 0/0	○ 0/0	○ 2/0

경남 FC

창단년도_ 2006년

전화_ 055-283-2020

팩스_ 055-283-2992

홈페이지_ www.gyeongnamfc.com

주소_ 우 51460 경상남도 창원시 성산구 비음로 97
창원축구센터
1F Changwon Football Center, 97, Bieum-ro (Sapajeong-dong), Seongsan-gu, Changwon-si, Gyeongsangnam-do, KOREA 51460

연혁

2005 발기인 총회 및 이사회 개최(대표이사 박창식 취임)
법인설립 등기
법인설립 신고 및 사업자 등록
제1차 공개 선수선발 테스트 실시
구단 홈페이지 및 주주관리 시스템 운영
(주)STX와 메인스폰서 계약
구단CI 공모작 발표(명칭, 엠블럼, 캐릭터)
도민주 공모 실시
제2차 공개 선수선발 테스트 실시
경남FC 창단 만장일치 승인(한국프로축구연맹 이사회)

2006 창단식(창원경륜경기장)
K-리그 데뷔

2007 제2대 대표이사 전형두 취임
삼성 하우젠 K-리그 2006 6강 플레이오프 진출, 종합 4위
제3대 김영조 대표이사 취임
제4대 김영만 대표이사 취임

2008 제13회 하나은행 FA컵 준우승

2010 새 엠블럼 및 유니폼 발표
제2대 김두관 구단주 취임
제5대 전형두 대표이사 취임

2011 사무국 이전 및 메가스토어 오픈

2012 제6대 권영민 대표이사 취임
제17회 하나은행 FA컵 준우승
제3대 홍준표 구단주 취임

2013 제7대 안종복 대표이사 취임
대우조선해양과 메인스폰서 계약
플러스 스타디움 상, 팬 프랜들리 상 수상
현대오일뱅크 K리그 2013 대상 플러스 스타디움상 수상
현대오일뱅크 K리그 대상 팬 프렌들리 클럽상 수상

2014 경남FC vs 아인트호벤(박지성 선수 은퇴)경기 개최

2015 제8대 김형동 대표이사 취임
제9대 박치근 대표이사 취임

경남FC 2015년 선수명단

대표이사_ 박치근

감독_ 박성화　수석코치_ 조정현　코치_ 김진우　GK코치_ 박철우　주무_ 강병무　트레이너_ 김도완　트레이너_ 김진욱

포지션	선수명		생년월일	출신교	키(cm)/ 몸무게(kg)
GK	김 교 빈	金 敎 彬	1987.12.29	광운대	193 / 85
	김 형 록	金 洞 錄	1991.06.17	동아대	184 / 78
	손 정 현	孫 政 玄	1991.11.25	광주대	191 / 87
DF	김 봉 진	金 奉 眞	1990.07.18	동의대	181 / 74
	김 준 엽	金 俊 燁	1988.05.10	홍익대	178 / 72
	배 효 성	裵 曉 星	1982.0101	관동대	183 / 82
	최 성 환	崔 誠 桓	1981.10.06	전주대	185 / 80
	전 상 훈	田 尙 勳	1989.09.10	연세대	175 / 69
	우 주 성	禹 周 成	1993.06.08	중앙대	184 / 75
	강 민 혁	康 珉 赫	1982.07.10	대구대	180 / 76
	정 현 철	鄭 鉉 哲	1993.04.26	동국대	187 / 74
	송 주 한	宋 柱 韓	1993.06.16	인천대	180 / 76
	고 대 서	高 大 舒	1989.03.30	관동대	180 / 68
	최 인 후	崔 仁 厚	1995.05.04	동부고	179 / 68
	이 상 현	李 相 賢	1996.03.13	진주고	170 / 60
	박 지 수	朴 志 水	1994.06.13	대건고	187 / 77
	류 범 희	柳 範 熙	1991.07.29	광주대	180 / 75
MF	이 호 석	李 鎬 碩	1991.05.21	동국대	173 / 65
	진 경 선	陳 慶 先	1980.04.10	아주대	178 / 72
	고 재 성	高 在 成	1985.01.28	대구대	175 / 70
	신 학 영	申 學 榮	1994.03.04	동북고	173 / 62
	손 형 준	孫 亨 準	1995.01.13	진주고	178 / 70
	임 창 균	林 昌 均	1990.04.19	경희대	173 / 70
	허 영 석	許 榮 碩	1993.04.29	마산공고	188 / 77
	조 재 철	趙 載 喆	1986.05.18	아주대	178 / 64
	유 호 준	柳 好 俊	1985.01.14	광운대	184 / 87
	차 태 영	車 泰 泳	1991.02.06	울산대	177 / 70
	김 선 우	金 善 佑	1993.04.19	울산대	174 / 72
FW	유 준 영	柳 晙 永	1990.02.17	경희대	177 / 77
	스토야노비치	Milos Stojanović	1984.12.25	*세르비아	183 / 80
	루 아 티	Imed Louati	1993.08.11	*튀니지	192 / 88
	김 슬 기	金 슬 기	1992.11.06	전주대	174 / 69
	정 성 민	鄭 成 民	1989.05.02	광운대	184 / 81
	강 종 국	姜 種 麴	1991.11.12	홍익대	192 / 75
	김 영 욱	金 永 旭	1994.10.29	한양대	187 / 80
	프 랭 크	Mendes Braga Fauver Frank	1994.09.14	*브라질	172 / 68

경남FC 2015년 개인기록 _ K리그 챌린지

위치	배번	경기번호	05	07	15	24	30	32	39	43	50	52
		날 짜	03.22	03.28	04.05	04.19	04.26	05.02	05.10	05.13	05.18	05.23
		홈/원정	홈	원정	홈	홈	원정	원정	홈	홈	원정	원정
		장 소	창원C	고양	창원C	창원C	안양	대구	거제	창원C	속초J	부천
		상 대	안산	고양	상주	수원FC	안양	대구	서울E	충주	강원	부천
		결 과	무	승	패	패	무	패	패	패	승	승
		점 수	0 : 0	1 : 0	1 : 3	1 : 2	0 : 0	0 : 1	2 : 3	0 : 1	1 : 0	2 : 1
		승 점	1	4	4	4	5	5	5	5	8	11
		순 위	5	1	7	8	8	10	11	11	10	7
		슈팅수	5 : 12	12 : 15	7 : 15	15 : 12	8 : 8	15 : 13	13 : 11	14 : 4	9 : 12	12 : 15
GK	1	김교빈										
	31	손정현	○ 0/0	○ 0/0	○ 0/0	○ 0/0	○ 0/0	○ 0/0	○ 0/0	○ 0/0	○ 0/0	○ 0/0
DF	3	김준엽		△ 0/0	○ 0/0	▽ 0/0 C	○ 0/0 C			○ 0/0	○ 0/1	○ 0/0
	5	배효성									○ 0/0	○ 0/0
	6	최성환	○ 0/0	○ 0/0	○ 1/0	○ 0/0 C	○ 0/0	▽ 0/0 C	○ 0/0	○ 0/0	▽ 0/0	○ 0/0
	8	고재성										
	12	전상훈	○ 0/0	○ 0/0	▽ 0/0	○ 0/0	△ 0/0	▽ 0/0	○ 0/0	△ 0/0	○ 0/0	▽ 0/0
	15	우주성				○ 0/0	○ 0/0	○ 0/0	○ 1/0	○ 0/0	○ 0/0	○ 0/0 C
	20	정현철	○ 0/0	△ 0/0 C	△ 0/0	▽ 0/0 C				▽ 0/0	△ 0/0	△ 0/0 C
	22	송주한										
	24	최인후										
	27	이상현	△ 0/0				▽ 0/0	△ 0/0	○ 0/0	△ 0/0		△ 0/0
	28	박지수	○ 0/0	○ 0/0	○ 0/0 C	○ 0/0	△ 0/0	△ 0/0	○ 0/0		△ 0/0	△ 0/0
	28	최성민	○ 0/0 C	○ 0/1	○ 0/0		▽ 0/0	○ 0/0		▽ 0/0		
	35	류범희										
MF	4	이호석	△ 0/0	▽ 0/0	▽ 0/0 C	△ 0/0 C		▽ 0/0	▽ 0/0 C		○ 1/0	▽ 0/0
	7	진경선	○ 0/0	○ 0/0	○ 0/0	○ 0/0	○ 0/0	○ 0/0	○ 0/0	○ 0/0	○ 0/0	○ 0/0
	13	신학영										
	14	손형준		▽ 0/0								
	19	임창균			▽ 0/0	△ 0/1	○ 0/0	○ 0/0	▽ 0/1		▽ 0/0	○ 0/1
	23	고대서			△ 0/0				△ 0/0 C			▽ 0/0
	25	김봉진					○ 0/0	○ 0/0		○ 0/0		
	26	허영석										
	30	차태영										
	33	김선우										
	34	유호준										
	86	조재철										
FW	2	유준영										
	9	스토야노비치	○ 0/0	○ 1/0 C	○ 0/0	△ 1/0	▽ 0/0	△ 0/0 C			○ 0/0	○ 2/0
	10	루아티										
	11	김슬기		▽ 0/0								
	13	송수영	▽ 0/0	○ 0/0	○ 0/1 C	○ 0/0			△ 0/0	▽ 0/0	▽ 0/0	
	17	정성민	△ 0/0						△ 0/0	△ 0/0		
	18	김영욱	▽ 0/0			▽ 0/0	△ 0/0	○ 0/0	○ 1/0	○ 0/0	△ 0/0	
	32	강종국										
	49	프랭크										
	73	한의권	▽ 0/0 C	△ 0/0	△ 0/0	○ 0/0	○ 0/0	○ 0/0	▽ 0/1 C	○ 0/0		

선수자료 : 득점/도움 ○ = 선발출장 △ = 교체 IN ▽ = 교체 OUT ◈ = 교체 IN/OUT C = 경고 S = 퇴장

위치	배번	경기번호	59	62	67	74	79	86	91	99	102	108
		날 짜	05.31	06.03	06.06	06.10	06.14	06.27	07.01	07.05	07.08	07.12
		홈/원정	홈	원정	홈	원정	홈	홈	원정	원정	홈	원정
		장 소	삼천포	상주	양산	수원	창원C	창원C	안산	충주	창원C	잠실
		상 대	고양	상주	안양	수원FC	강원	부천	안산	충주	대구	서울E
		결 과	패	패	무	승	무	패	승	무	패	무
		점 수	0 : 1	2 : 4	1 : 1	1 : 0	0 : 0	1 : 2	1 : 0	1 : 1	0 : 1	1 : 1
		승 점	11	11	12	15	16	16	19	20	20	21
		순 위	8	10	8	7	7	9	7	6	9	7
		슈팅수	8 : 11	5 : 11	13 : 16	4 : 29	9 : 15	10 : 10	3 : 17	12 : 5	5 : 16	21 : 14
GK	1	김교빈										
	31	손정현	○ 0/0	○ 0/0	○ 0/0	○ 0/0 C	○ 0/0	○ 0/0	○ 0/0	○ 0/0	○ 0/0	○ 0/0 C
DF	3	김준엽	○ 0/0 C		○ 0/0	○ 0/0	○ 0/0	△ 0/0	○ 0/0	○ 0/0 C	○ 0/0	○ 0/0
	5	배효성	○ 0/0	▽ 0/0		○ 0/0	○ 0/0	○ 0/0	○ 0/0 C	▽ 0/0 C		△ 0/0
	6	최성환	○ 0/0 C		○ 0/0 C	○ 0/0	○ 0/0	○ 0/0	▽ 0/0	○ 0/0	○ 0/0	○ 0/0
	8	고재성										
	12	전상훈	▽ 0/0	○ 0/0	△ 0/0			○ 0/0	○ 0/1	○ 0/0 C	○ 0/0	
	15	우주성	○ 0/0	○ 0/0	○ 0/0 C	○ 0/0	○ 0/0	○ 0/0	○ 0/0	○ 0/1	○ 0/0	○ 0/0
	20	정현철			△ 0/0	○ 1/0	○ 0/0	○ 0/0 C				
	22	송주한								○ 0/0	○ 0/0	○ 0/0 C
	24	최인후		▽ 0/0			△ 0/0				▽ 0/0	
	27	이상현				△ 0/0					△ 0/0	
	28	박지수		○ 0/0 C	▽ 0/0			△ 0/0	△ 0/0	△ 1/0 C		
	28	최성민	△ 0/0	○ 0/0							▽ 0/0	
	35	류범희										▽ 0/0
MF	4	이호석	▽ 0/0	○ 1/0 C	○ 0/0	▽ 0/0	○ 0/0			△ 0/0		
	7	진경선	○ 0/0 C	○ 0/0	○ 0/0	○ 0/0	○ 0/0	○ 0/0	○ 0/0 C	▽ 0/0	○ 0/0	▽ 0/0
	13	신학영										
	14	손형준		○ 0/0	○ 0/0				○ 0/0		△ 0/0	○ 0/0
	19	임창균	▽ 0/0	△ 1/0	▽ 0/1	▽ 0/0	▽ 0/0	▽ 0/1	▽ 0/0	△ 0/0		○ 1/0
	23	고대서			△ 0/0							
	25	김봉진										△ 0/0 C
	26	허영석										
	30	차태영										
	33	김선우										
	34	유호준										
	86	조재철										
FW	2	유준영										
	9	스토야노비치	○ 0/0	△ 0/0	○ 1/0 C		▽ 0/0	○ 1/0	▽ 0/0			
	10	루아티										
	11	김슬기					△ 0/0	▽ 0/0	○ 1/0	○ 0/0	▽ 0/0	○ 0/0
	13	송수영	○ 0/0	△ 0/0	▽ 0/0	▽ 0/0	▽ 0/0	▽ 0/0		▽ 0/0		▽ 0/0
	17	정성민				○ 0/0 CC		△ 0/0	△ 0/0	○ 0/0 C	△ 0/0	
	18	김영욱	△ 0/0	▽ 0/0		△ 0/0	△ 0/0		△ 0/0		○ 0/0 S	
	32	강종국										
	49	프랭크										△ 0/0
	73	한의권	△ 0/0 C			△ 0/0						

위치	배번	경기번호	114	119	126	132	140	141	146	152	160	165
		날 짜	07.26	08.02	08.12	08.15	08.23	08.26	08.29	09.05	09.09	09.14
		홈/원정	홈	원정	홈	원정	원정	홈	홈	원정	원정	홈
		장 소	진주J	속초J	창원C	안양	대구	창원C	창원C	부천	고양	창원C
		상 대	수원FC	강원	안산	안양	대구	상주	충주	부천	고양	서울E
		결 과	무	무	패	패	패	승	승	패	패	무
		점 수	0 : 0	1 : 1	0 : 1	0 : 2	0 : 3	1 : 0	1 : 0	0 : 1	1 : 2	0 : 0
		승 점	22	23	23	23	23	26	29	29	29	30
		순 위	9	10	11	11	11	11	10	10	10	10
		슈팅수	10 : 9	14 : 11	25 : 9	7 : 16	11 : 9	10 : 14	14 : 13	4 : 7	10 : 14	16 : 10
GK	1	김 교 빈										
	31	손 정 현	○ 0/0	○ 0/0	○ 0/0	○ 0/0	○ 0/0	○ 0/0	○ 0/0	○ 0/0	○ 0/0	○ 0/0
DF	3	김 준 엽	○ 0/0	○ 0/0	○ 0/0	○ 0/0	○ 0/0	○ 0/0	○ 0/0	○ 0/0 C		○ 0/0
	5	배 효 성			○ 0/0	○ 0/0	○ 0/0	○ 0/0 CC				
	6	최 성 환	▽ 0/0	○ 0/0				○ 0/0	○ 0/0 C	○ 0/0 S		
	8	고 재 성								△ 0/0	○ 1/0	○ 0/0
	12	전 상 훈				○ 0/0	▽ 0/0					○ 0/0 C
	15	우 주 성	○ 0/0	○ 0/0	○ 0/0 C		○ 0/0	○ 0/0	○ 0/0	○ 0/0	○ 0/0	○ 0/0
	20	정 현 철				△ 0/0					△ 0/0	
	22	송 주 한	○ 0/0	○ 0/0	○ 0/0	▽ 0/0 C	▽ 0/0	△ 0/0	○ 0/0	○ 0/0	▽ 0/0	
	24	최 인 후										
	27	이 상 현						△ 0/0			○ 0/0	
	28	박 지 수	△ 0/0	△ 0/0		○ 0/0	△ 0/0	△ 0/0	△ 0/0	△ 0/0	○ 0/0	○ 0/0
	28	최 성 민										
	35	류 범 희	○ 0/0	○ 0/0	○ 0/0	○ 0/0	○ 0/0 C	▽ 0/0	△ 0/0	▽ 0/0	▽ 0/0	△ 0/0
MF	4	이 호 석										
	7	진 경 선	○ 0/0	▽ 0/0								
	13	신 학 영		△ 0/0	▽ 0/0		○ 0/0					
	14	손 형 준	▽ 0/0					▽ 0/0 C	△ 0/0		○ 0/0	
	19	임 창 균	○ 0/0	▽ 0/0 C	▽ 0/0	△ 0/0	△ 0/0	▽ 0/0	▽ 0/0	△ 0/0	▽ 0/1 C	○ 0/0
	23	고 대 서							▽ 0/0			
	25	김 봉 진	△ 0/0							○ 0/0	△ 0/0	
	26	허 영 석										
	30	차 태 영										
	33	김 선 우		○ 0/0 C	○ 0/0	○ 0/0	○ 0/0	○ 0/0	○ 0/1	○ 0/0	○ 0/0	○ 0/0
	34	유 호 준										
	86	조 재 철										
FW	2	유 준 영									△ 0/0	
	9	스토야노비치			△ 0/0 C		△ 0/0	○ 1/0	○ 0/0	▽ 0/0		○ 0/0
	10	루 아 티			○ 0/0	○ 0/0	▽ 0/0 C	○ 0/0	○ 1/0 C			
	11	김 슬 기	○ 0/0	▽ 0/1	▽ 0/0	▽ 0/0	○ 0/0		▽ 0/0	▽ 0/0		▽ 0/0
	13	송 수 영										
	17	정 성 민	▽ 0/0									○ 0/0
	18	김 영 욱		○ 1/0	△ 0/0	△ 0/0				○ 0/0	○ 0/0	
	32	강 종 국										
	49	프 랭 크	△ 0/0	△ 0/0	△ 0/0	▽ 0/0						
	73	한 의 권										

선수자료 : 득점/도움 ○ = 선발출장 △ = 교체 IN ▽ = 교체 OUT ◈ = 교체 IN/OUT C = 경고 S = 퇴장

위치	배번	경기번호	171	178	183	187	195	196	204	207	211	218
		날 짜	09.23	10.03	10.07	10.10	10.19	10.24	11.01	11.07	11.14	11.22
		홈/원정	홈	홈	원정	홈	원정	홈	원정	원정	홈	원정
		장 소	창원C	창원C	충주	창원C	안산	거제	상주	잠실	창원C	수원
		상 대	부천	대구	충주	안양	안산	강원	상주	서울E	고양	수원FC
		결 과	승	패	승	무	무	무	패	승	무	패
		점 수	1 : 0	1 : 3	2 : 0	2 : 2	2 : 2	0 : 0	0 : 1	1 : 0	0 : 0	1 : 3
		승 점	33	33	36	37	38	39	39	42	43	43
		순 위	10	10	10	10	10	10	10	10	9	9
		슈팅수	6 : 12	11 : 17	7 : 12	12 : 14	14 : 8	13 : 12	15 : 9	11 : 10	8 : 5	15 : 13
GK	1	김 교 빈							○ 0/0			
	31	손 정 현	○ 0/0	○ 0/0	○ 0/0	○ 0/0	○ 0/0	○ 0/0 C		○ 0/0	○ 0/0	○ 0/0
DF	3	김 준 엽	○ 0/0 C		○ 0/0	○ 0/0	○ 0/0	○ 0/0	○ 0/0	○ 0/0	○ 0/0	○ 0/0
	5	배 효 성			○ 0/0	○ 0/0	○ 0/0	○ 0/0	○ 0/0	○ 0/0	○ 0/0	○ 0/0 C
	6	최 성 환	△ 0/0	▽ 0/0						○ 0/0	○ 0/0 C	
	8	고 재 성	▽ 0/0	▽ 0/0	▽ 0/1	○ 1/0	▽ 0/0	◈ 0/0		▽ 0/0	▽ 0/0	
	12	전 상 훈	○ 0/0	○ 0/0	○ 0/0	▽ 0/0		○ 0/0 C			○ 0/0	
	15	우 주 성	○ 0/0 C	○ 0/0	○ 0/0	○ 1/0 C	○ 0/0	○ 0/0	○ 0/0			
	20	정 현 철								△ 0/0		
	22	송 주 한		△ 0/0			○ 0/1 C		○ 0/0 C	○ 0/0 C		○ 0/0
	24	최 인 후					△ 0/0	△ 0/0	△ 0/0			▽ 0/0
	27	이 상 현		△ 0/0								○ 1/0
	28	박 지 수	○ 0/0	○ 0/0	△ 0/0	△ 0/0						○ 0/1 C
	28	최 성 민										
	35	류 범 희	▽ 0/0	▽ 0/0 C	△ 0/0	▽ 0/0			△ 0/0	△ 0/0	△ 0/0	△ 0/0 C
MF	4	이 호 석				△ 0/0	▽ 0/1					
	7	진 경 선										
	13	신 학 영					△ 0/0	▽ 0/0			△ 0/0	▽ 0/0
	14	손 형 준										
	19	임 창 균	▽ 1/0	○ 0/1	▽ 0/1	▽ 0/1	○ 1/0	○ 0/0	○ 0/0	▽ 0/0	○ 0/0 C	
	23	고 대 서										△ 0/0
	25	김 봉 진										
	26	허 영 석								○ 0/0	△ 0/0	▽ 0/0
	30	차 태 영	△ 0/0						▽ 0/0			
	33	김 선 우	○ 0/0 C	○ 0/0	○ 1/0	○ 0/0	○ 0/0 C		○ 0/0	○ 0/0	○ 0/0	○ 0/0
	34	유 호 준							△ 0/0 C			
	86	조 재 철				○ 0/0 C	▽ 0/0	○ 0/0	▽ 0/0	○ 1/0	▽ 0/0 C	
FW	2	유 준 영			△ 0/0	△ 0/0						
	9	스토야노비치	○ 0/0 C	○ 1/0	○ 1/0							
	10	루 아 티		△ 0/0	▽ 0/0	○ 0/0	○ 1/0	▽ 0/0			▽ 0/0	○ 0/0
	11	김 슬 기										
	13	송 수 영										
	17	정 성 민	○ 0/0 C	○ 0/0	○ 0/0 C			○ 0/0	▽ 0/0	○ 0/0	○ 0/0	△ 0/0
	18	김 영 욱					△ 0/0	○ 0/0	○ 0/0			
	32	강 종 국						△ 0/0				
	49	프 랭 크	△ 0/0									
	73	한 의 권										

안 산 무 궁 화 프 로 축 구 단

창단년도_ 1996년
전화_ 031-480-2002
팩스_ 031-480-2055
홈페이지_ www.ansanfc.com
주소_ 우 15396 경기도 안산시 단원구 화랑로 260 와 스타디움 3층
Wa Stadium 3F, 260, Hwarang-ro, Danwon-gu, Ansan-si, Gyeonggi-do, KOREA 15396

연혁

1995	경찰축구단 창단 결정
	경찰과 대한축구협회 간 약정서 체결
1996	축구협회로부터 선수 20명 추천받아 의무경찰로 배치
	경찰축구단 창단
	제15회 서울시장기 겸 제77회 전국체전 서울시 예선 우승
1997	제78회 전국체육대회 3위
1998	제46회 대통령배 축구대회 3위
1998	1998년 한국추계실업축구연맹전 준우승
1999	1999년 한국춘계실업축구연맹전 3위
	제80회 전국체육대회 3위
2000	제48회 대통령배 축구대회 3위
	제10회 전국실업축구선수권대회 3위
	2000년 한국추계실업축구연맹전 3위
	제81회 전국체육대회 준우승
2001	2001년 한국춘계실업축구연맹전 준우승
	제11회 전국실업축구선수권대회 3위
	2001년 한국추계실업축구연맹전 준우승
2002	한국춘계실업축구연맹전 3위
	제12회 전국실업축구선수권대회 3위
	한국추계실업축구연맹전 우승(PK 7 : 6)
	제83회 전국체육대회 3위(동메달)
2003	제51회 대통령배 전국축구대회 준우승
	제8회 하나은행 FA컵 8강
2004	제52회 대통령배 전국축구대회 8강
2005	K2 축구선수권대회 준우승
2006	상반기 프로2군리그 조 1위
2007	제55회 대통령배 전국축구대회 8강
2008	제89회 전국체육대회 준우승
2009	R-리그(프로2군) 전체 2위
2011	NATIONAL 축구선수권대회 3위
	R리그(프로2군) 조 2위
2012	NATIONAL 축구선수권대회 3위
	R리그(프로2군) A조 1위 우승
2013	현대오일뱅크 K리그 챌린지 2013 2위 준우승
2014	안산시와 경찰축구단 연고협약
	안산 경찰청 프로축구단 창단
	제1대 구단주 취임(김철민 안산시장)
	제1대 대표이사 취임(함정대)
	제2대 구단주 취임(제종길 안산시장)
	현대오일뱅크 K리그 챌린지 2014 3위
2015	이흥실 감독 취임
	제2대 대표이사 취임(김필호)
	현대오일뱅크 K리그 챌린지 2015 10위
	제20회 KEB하나은행 FA컵 32강
	2015한중일 포럼 개최
2016	'안산 무궁화 프로축구단'으로 팀 명칭 변경

안산 무궁화 프로축구단 2015년 선수명단

대표이사_ 김필호
감독_ 이흥실 수석코치_ 임완섭 코치_ 서동원 GK코치_ 김동훈 의무트레이너_ 최종욱 주무_ 김영진

포지션	선수명		생년월일	출신교	키(cm) / 몸무게(kg)	전 소속팀
GK	전 태 현	全 泰 譞	1986.08.18	울산대	196 / 90	제주
	이 진 형	李 鎭 亨	1988.02.22	단국대	188 / 88	안양
	김 대 호	金 大 乎	1986.04.15	숭실대	185 / 80	전남
DF	김 성 현	金 成 炫	1993.06.25	진주고	183 / 76	경남
	신 광 훈	申 光 勳	1987.03.18	포항제철고	177 / 77	포항
	신 형 민	辛 炯 旼	1986.07.18	홍익대	182 / 77	전북
	배 승 진	裵 乘 振	1987.11.03	울산대	183 / 78	인천
	안 재 준	安 宰 晙	1986.02.08	고려대	186 / 78	인천
	박 희 철	朴 喜 撤	1986.01.07	홍익대	178 / 75	포항
MF	박 종 진 *	朴 宗 眞	1987.06.24	숭실대	177 / 76	수원
	이 용 래 **	李 容 來	1986.04.17	고려대	175 / 72	수원
	박 현 범 **	朴 玹 範	1987.05.07	연세대	194 / 85	수원
	조 재 철 **	趙 載 喆	1986.05.18	아주대	177 / 65	경남
	박 희 도 **	朴 禧 燾	1986.03.20	동국대	181 / 74	전북
	한 덕 희 **	韓 德 熙	1987.02.20	중대부고	172 / 68	대전
	유 호 준 **	柳 好 俊	1985.01.14	광운대	184 / 87	경남
	김 병 석 **	金 秉 析	1985.09.17	숭실대	183 / 76	대전
	이 재 권 **	李 在 權	1987.07.30	고려대	176 / 72	서울
	좌 준 협	左 峻 協	1991.05.07	전주대	178 / 77	제주
	정 혁	鄭 赫	1986.05.21	전주대	175 / 70	전북
	송 창 호	宋 昌 鎬	1986.02.20	동아대	180 / 77	전남
	최 영 준	崔 榮 峻	1991.12.15	건국대	180 / 76	경남
	강 승 조	康 承 助	1986.01.20	단국대	182 / 73	서울
	하 정 헌	河 廷 憲	1987.10.14	국제디지털대	178 / 68	수원FC
	이 준 호	李 準 鎬	1991.11.07	홍익대	175 / 65	충주
FW	고 경 민 *	高 敬 旻	1987.04.11	한양대	174 / 72	안양
	서 동 현 **	徐 東 鉉	1985.06.05	건국대	188 / 78	제주
	강 종 국 **	姜 鐘 鞠	1991.11.12	홍익대	191 / 75	경남
	김 신 철 **	金 伸 哲	1990.11.29	연세대	180 / 78	부천
	윤 준 하 **	尹 俊 河	1987.01.04	대구대	174 / 80	대전
	박 세 환	朴 世 桓	1993.06.05	배재고	170 / 66	충주
	한 홍 규	韓 洪 奎	1990.07.26	성균관대	183 / 78	충주

* : 2015.05.15 전역 **: 2015.09.25 전역

안산 무궁화 프로축구단 2015년 개인기록 _ K리그 챌린지

위치	배번	경기번호	05	10	18	21	27	35	40	41	47	54
		날 짜	03.22	03.29	04.15	04.18	04.25	05.05	05.10	05.13	05.16	05.24
		홈/원정	원정	홈	원정	홈	원정	홈	원정	홈	홈	원정
		장 소	창원C	안산	수원	안산	속초J	안산	부천	안산	안산	안양
		상 대	경남	충주	수원FC	서울E	강원	상주	부천	대구	고양	안양
		결 과	무	승	무	무	무	패	승	무	무	승
		점 수	0 : 0	1 : 0	2 : 2	2 : 2	1 : 1	0 : 3	1 : 0	1 : 1	1 : 1	1 : 0
		승 점	1	4	5	6	7	7	10	11	12	15
		순 위	5	2	5	5	6	8	6	5	6	5
		슈팅수	12 : 5	6 : 5	12 : 15	16 : 11	9 : 20	10 : 20	9 : 14	12 : 12	7 : 10	4 : 12
GK	21	이 진 형							○ 0/0	○ 0/0 C	○ 0/0	○ 0/0
	31	김 대 호										
	31	전 태 현	○ 0/0	○ 0/0	○ 0/0	○ 0/0	○ 0/0	○ 0/0				
DF	2	배 승 진		▽ 0/0	△ 0/0		△ 0/0 CC		○ 0/0	○ 0/0	○ 0/0	○ 0/0
	3	김 성 현										
	4	신 형 민	○ 0/0	○ 0/0 C	○ 2/0	○ 1/0	○ 0/0	○ 0/0	○ 0/0	○ 0/0	○ 0/0	○ 0/0
	5	안 재 준	○ 0/0	○ 0/0	○ 0/0	○ 0/0	○ 0/0 CC	○ 0/0	○ 0/0	○ 0/0 C	○ 0/0	○ 0/0
	6	정 혁	○ 0/0 C	△ 0/0	▽ 0/1	▽ 0/0	△ 0/0	△ 0/0 C	△ 0/0	▽ 0/0 C		△ 0/0
	17	신 광 훈	○ 0/0	○ 0/0	○ 0/0 C	○ 0/0		○ 0/0	○ 0/0 C	○ 0/0	○ 0/0	
	25	박 희 철	△ 0/0	○ 0/0	○ 0/0	○ 0/0	○ 0/0 C	▽ 0/0	○ 0/0 C		▽ 0/0	△ 0/0
MF	8	김 병 석	▽ 0/0 C									△ 0/0
	14	박 희 도	△ 0/0	▽ 0/0	△ 0/0	△ 0/0		○ 0/0	▽ 1/0	○ 0/0	△ 0/0	○ 1/0
	15	한 덕 희					○ 0/0		▽ 0/0	▽ 0/0	▽ 0/0 C	▽ 0/0
	17	박 종 진	▽ 0/0	○ 0/0	▽ 0/0	○ 0/0	○ 0/0	▽ 0/0	△ 0/0	△ 0/0		
	24	강 승 조										
	26	최 영 준										
	28	좌 준 협									△ 0/0	▽ 0/0 C
	30	송 창 호	▽ 0/0	△ 0/1	▽ 0/0	△ 0/0	○ 1/0	○ 0/0	○ 0/0 C	○ 0/0	▽ 0/0	○ 0/0
	32	이 재 권						▽ 0/0				
	32	하 정 헌										
	34	유 호 준										
	42	박 현 범				△ 0/0	▽ 0/0	△ 0/0				
	44	이 용 래	○ 0/0	○ 0/0	○ 0/0	▽ 0/0				△ 0/0	○ 0/0	○ 0/0 C
	86	조 재 철	△ 0/0	△ 0/0	△ 0/1	▽ 0/0	▽ 0/0		▽ 0/0		○ 0/1	▽ 0/1
FW	13	박 세 환										
	19	서 동 현	○ 0/0	○ 1/0	○ 0/0	○ 0/0 C	○ 0/0	○ 0/0 C	○ 0/1	○ 1/0	○ 1/0	○ 0/0
	19	윤 준 하									△ 0/0	
	19	고 경 민	○ 0/0	▽ 0/0	○ 0/0	○ 1/0	○ 0/0	○ 0/0	△ 0/0	○ 0/0		
	29	한 홍 규						△ 0/0				
	32	강 종 국										
	34	이 준 호										
	77	김 신 철										

선수자료 : 득점/도움 ○ = 선발출장 △ = 교체 IN ▽ = 교체 OUT ◈ = 교체 IN/OUT C = 경고 S = 퇴장

위치	배번	경기번호	61	70	71	80	84	89	91	98	103	109
		날 짜	06.03	06.07	06.10	06.15	06.21	06.28	07.01	07.04	07.08	07.12
		홈/원정	홈	원정	홈	원정	홈	홈	홈	원정	홈	원정
		장 소	안산	충주	안산	대구	안산	안산	안산	고양	안산	상주
		상 대	강원	충주	부천	대구	안양	서울E	경남	고양	수원FC	상주
		결 과	패	패	무	패	무	패	패	승	승	패
		점 수	0 : 2	2 : 3	0 : 0	0 : 3	0 : 0	0 : 1	0 : 1	2 : 1	1 : 0	0 : 2
		승 점	15	15	16	16	17	17	17	20	23	23
		순 위	6	6	6	7	6	7	8	6	6	6
		슈팅수	6 : 14	11 : 14	4 : 19	7 : 11	10 : 14	14 : 9	17 : 3	8 : 11	7 : 13	7 : 13
GK	21	이 진 형	○ 0/0									
	31	김 대 호										
	31	전 태 현		○ 0/0	○ 0/0	○ 0/0	○ 0/0	○ 0/0	○ 0/0	○ 0/0	○ 0/0	○ 0/0
DF	2	배 승 진	○ 0/0		○ 0/0	○ 0/0		○ 0/0	○ 0/0	○ 0/0 C	○ 0/0	○ 0/0 C
	3	김 성 현										
	4	신 형 민	○ 0/0 C	○ 0/0 C		○ 0/0	○ 0/0 C	○ 0/0	○ 0/0	○ 1/0	○ 0/0 C	○ 0/0
	5	안 재 준	○ 0/0	○ 1/0	○ 0/0	○ 0/0	○ 0/0	○ 0/0 C		○ 0/0 C	○ 0/0	○ 0/0
	6	정 혁	▽ 0/0	○ 0/0	△ 0/0	△ 0/0	▽ 0/0					
	17	신 광 훈	○ 0/0	○ 0/0	○ 0/0	○ 0/0	○ 0/0			△ 0/0 C		○ 0/0 C
	25	박 희 철			○ 0/0	○ 0/0	○ 0/0	△ 0/0	▽ 0/0			
MF	8	김 병 석	△ 0/0	▽ 0/0	○ 0/0 C	○ 0/0	▽ 0/0	○ 0/0	○ 0/0	○ 0/1	○ 0/0	○ 0/0
	14	박 희 도	△ 0/0			▽ 0/0	○ 0/0	○ 0/0	△ 0/0	○ 0/0 C	○ 0/0	○ 0/0 C
	15	한 덕 희	○ 0/0	○ 0/0	▽ 0/0	▽ 0/0	△ 0/0	○ 0/0	○ 0/0			
	17	박 종 진										
	24	강 승 조		△ 0/0	▽ 0/0	○ 0/0	○ 0/0 C	▽ 0/0	○ 0/0		▽ 1/0	▽ 0/0
	26	최 영 준						○ 0/0	○ 0/0 C			
	28	좌 준 협			○ 0/0			▽ 0/0		▽ 0/0		
	30	송 창 호	○ 0/0	○ 0/0	▽ 0/0			▽ 0/0	○ 0/0	○ 0/0 C	○ 0/0	○ 0/0
	32	이 재 권						△ 0/0	△ 0/0	▽ 0/1 C	○ 0/0	△ 0/0
	32	하 정 헌										
	34	유 호 준		△ 0/0 C					▽ 0/0		▽ 0/0	▽ 0/0
	42	박 현 범	△ 0/0	▽ 0/0	○ 0/0		○ 0/0			○ 1/0	▽ 0/0	▽ 0/0
	44	이 용 래	○ 0/0 C	○ 1/1 C		○ 0/0	○ 0/0				△ 0/0	△ 0/0
	86	조 재 철	▽ 0/0				◆ 0/0			▽ 0/0		
FW	13	박 세 환										
	19	서 동 현	▽ 0/0									
	19	윤 준 하		▽ 0/0	△ 0/0 C	△ 0/0	△ 0/0	△ 0/0 C	▽ 0/0	△ 0/0 C		
	19	고 경 민										
	29	한 홍 규			△ 0/0					△ 0/0	△ 0/0 C	△ 0/0 C
	32	강 종 국		△ 0/0					△ 0/0			
	34	이 준 호										
	77	김 신 철									△ 0/0	

위치	배번	경기번호	113	117	124	126	131	136	142	147	151	159
		날 짜	07.26	08.01	08.08	08.12	08.15	08.22	08.26	08.29	09.05	09.09
		홈/원정	원정	홈	원정	원정	홈	홈	원정	원정	홈	홈
		장 소	안양	안산	부천	창원C	안산	안산	속초J	잠실	안산	안산
		상 대	안양	대구	부천	경남	충주	고양	강원	서울E	상주	수원FC
		결 과	패	무	승	승	패	무	패	무	무	패
		점 수	1 : 2	0 : 0	1 : 0	1 : 0	0 : 1	2 : 2	0 : 2	2 : 2	2 : 2	0 : 1
		승 점	23	24	27	30	30	31	31	32	33	33
		순 위	7	8	7	6	7	7	9	7	7	9
		슈팅수	13 : 10	15 : 17	10 : 12	9 : 25	8 : 12	11 : 16	13 : 13	7 : 12	7 : 10	8 : 10
GK	21	이 진 형			○ 0/0 C	○ 0/0	○ 0/0	○ 0/0	○ 0/0	○ 0/0	○ 0/0	○ 0/0
	31	김 대 호										
	31	전 태 현	○ 0/0 C	○ 0/0								
DF	2	배 승 진	○ 0/0 C		○ 0/0	○ 0/0	○ 0/0	○ 0/0 CC		△ 0/0	△ 0/0	○ 0/0
	3	김 성 현										
	4	신 형 민	○ 0/0	○ 0/0	○ 0/0	○ 0/0	○ 0/0	○ 0/0	○ 0/0	○ 0/0	○ 0/0	○ 0/0
	5	안 재 준	○ 0/0	○ 0/0 C	○ 0/0 C		○ 0/0 C	○ 0/0	○ 0/0 C	○ 0/0	○ 0/0	
	6	정 혁	△ 1/0	▽ 0/0	○ 0/0	▽ 0/0						
	17	신 광 훈							○ 0/0 C	○ 0/0	○ 0/1	○ 0/0
	25	박 희 철							○ 0/0			
MF	8	김 병 석	○ 0/0	○ 0/0	○ 0/0	○ 1/0	▽ 0/0	○ 0/1	○ 0/0	▽ 0/1	△ 0/0 C	
	14	박 희 도	▽ 0/0	○ 0/0	○ 1/0	▽ 0/0	△ 0/0	○ 0/0 C		○ 0/0	○ 1/0	
	15	한 덕 희	△ 0/0	○ 0/0	▽ 0/0	○ 0/0 C	○ 0/0	○ 0/0 C		▽ 0/0	○ 0/0	○ 0/0
	17	박 종 진										
	24	강 승 조	▽ 0/0								▽ 0/0	○ 0/0 C
	26	최 영 준		○ 0/0	○ 0/0	△ 0/0 C	▽ 0/0	△ 0/0	▽ 0/0	▽ 1/0	▽ 0/0	△ 0/0
	28	좌 준 협							△ 0/0			△ 0/0
	30	송 창 호	○ 0/0	▽ 0/0		○ 0/0			△ 0/0	○ 0/0	○ 1/0	○ 0/0
	32	이 재 권	○ 0/0 C		△ 0/0 C		○ 0/0 C	▽ 0/0				
	32	하 정 헌		△ 0/0 C	△ 0/0	△ 0/0	△ 0/0 C					
	34	유 호 준						△ 0/0	○ 0/0	△ 0/0		△ 0/0 C
	42	박 현 범		○ 0/0	▽ 0/0	○ 0/0	○ 0/0	○ 0/0	▽ 0/0	○ 0/0	△ 0/0	▽ 0/0 C
	44	이 용 래	○ 0/0									
	86	조 재 철		△ 0/0		▽ 0/0	▽ 0/0	▽ 0/0	○ 0/0	△ 0/0	▽ 0/0 C	▽ 0/0
FW	13	박 세 환										▽ 0/0
	19	서 동 현				△ 0/0	△ 0/0	○ 1/1	△ 0/0	○ 1/0	○ 0/0	○ 0/0 C
	19	윤 준 하	▽ 0/0	▽ 0/0	▽ 0/0 C	○ 0/1	○ 0/0	◆ 1/0	▽ 0/0			
	19	고 경 민										
	29	한 홍 규										
	32	강 종 국	△ 0/0	△ 0/0	△ 0/0 C							
	34	이 준 호										
	77	김 신 철										

선수자료 : 득점/도움 ○ = 선발출장 △ = 교체 IN ▽ = 교체 OUT ◆ = 교체 IN/OUT C = 경고 S = 퇴장

위치	배번	경기번호	167	174	179	185	186	195	202	210	213	217
		날 짜	09.19	09.23	10.04	10.07	10.10	10.19	10.31	11.08	11.14	11.22
		홈/원정	홈	원정	원정	원정	원정	홈	원정	홈	원정	홈
		장 소	안산	잠실	수원	대구	고양	안산	충주	안산	상주	안산
		상 대	강원	서울E	수원FC	대구	고양	경남	충주	부천	상주	안양
		결 과	승	무	패	패	승	무	무	패	패	패
		점 수	1 : 0	1 : 1	1 : 2	0 : 1	1 : 0	2 : 2	0 : 0	0 : 2	0 : 3	1 : 2
		승 점	36	37	37	37	40	41	42	42	42	42
		순 위	9	9	9	9	7	7	8	10	10	10
		슈팅수	13 : 7	7 : 10	7 : 16	8 : 8	5 : 19	8 : 14	8 : 12	11 : 18	9 : 16	11 : 12
GK	21	이 진 형	○ 0/0	○ 0/0	○ 0/0	○ 0/0	○ 0/0	○ 0/0	○ 0/0	○ 0/0	▽ 0/0	○ 0/0
	31	김 대 호									△ 0/0	
	31	전 태 현										
DF	2	배 승 진	○ 0/0	○ 0/0	○ 0/0	△ 0/0	○ 0/0	○ 0/0	○ 0/0	○ 0/0	○ 0/0 C	○ 0/0 CC
	3	김 성 현			△ 0/0			△ 0/0				
	4	신 형 민	○ 0/0 C		○ 0/0	○ 0/0	○ 0/0 C	○ 0/0	○ 0/0	○ 0/0	○ 0/0	○ 0/0 C
	5	안 재 준		○ 0/0	○ 0/0	○ 0/0	○ 0/0 C		○ 0/0	○ 0/0	○ 0/0	○ 0/0
	6	정 혁										△ 0/0
	17	신 광 훈	○ 0/0 C		○ 0/0 C	○ 0/0	○ 0/0	▽ 1/0	○ 0/0 C	○ 0/0	○ 0/0	○ 0/0 C
	25	박 희 철			○ 0/0	○ 0/0 C		○ 0/0 C	△ 0/0	△ 0/0 C	○ 0/0	○ 0/0
MF	8	김 병 석	▽ 0/0	○ 0/0								
	14	박 희 도	○ 0/0	○ 0/0								
	15	한 덕 희	○ 0/0 C	○ 0/0								
	17	박 종 진										
	24	강 승 조	○ 0/0	○ 0/0 C		▽ 0/0 C	○ 0/0	○ 0/2	○ 0/0	○ 0/0 CC		○ 1/0 C
	26	최 영 준	▽ 0/0 C		○ 0/0 C	▽ 0/0	○ 0/0	▽ 0/0	▽ 0/0	○ 0/0	○ 0/0	○ 0/0
	28	좌 준 협			▽ 0/0	○ 0/0	▽ 0/0	○ 0/0 C	○ 0/0	▽ 0/0	▽ 0/0	◈ 0/0
	30	송 창 호	○ 0/0 C		○ 0/0	○ 0/0	○ 0/0	○ 1/0	○ 0/0	○ 0/0 C	○ 0/0	○ 0/0
	32	이 재 권										
	32	하 정 헌	△ 1/0	△ 0/0 C		○ 0/0	▽ 1/0	▽ 0/0	○ 0/0 C	○ 0/0	○ 0/0 C	▽ 0/0
	34	유 호 준	△ 0/0	○ 0/0								
	42	박 현 범										
	44	이 용 래										
	86	조 재 철	▽ 0/0	○ 0/0								
FW	13	박 세 환			▽ 0/0		△ 0/0	△ 0/0	▽ 0/0		△ 0/0	△ 0/0
	19	서 동 현		○ 1/0								
	19	윤 준 하										
	19	고 경 민										
	29	한 홍 규			○ 1/0	○ 0/0	○ 0/0	○ 0/0 C		○ 0/0	○ 0/0 C	▽ 0/0
	32	강 종 국	△ 0/1									
	34	이 준 호			△ 0/0	△ 0/0	△ 0/0	△ 0/0	△ 0/0 C			
	77	김 신 철		▽ 0/0								

충 주 험 멜

창단년도_ 1999년

전화_ 043-723-2090~1

팩스_ 043-723-2092

홈페이지_ www.hummelfc.com

주소_ 우 27371 충청북도 충주시 예성로 266 충주종합운동장
Chungju Sports Complex, 266, Yeseong-ro, Chungju-si, Chungcheongbuk-do, KOREA 27371

연혁

1999 험멜코리아 축구단 창단
제1대 구단주 취임

2000 대통령배 8강
서울시장기배 우승
전국체전 서울대표

2001 대통령배 8강

2002 덴마크 험멜컵 준우승

2003 대통령배 24강
K2리그 참가, K2 후기리그 6위
전국체전 3위(동메달)

2010 충주시와 연고체결

2012 1만 4,000여 명 관중동원(내셔널리그 역대 최다기록)
프로 전환 선언
프로축구연맹으로부터 공식2부리그 참가 승인

2013 충주 험멜 프로축구단 창단식
초대 이재철 감독 취임
제2대 김종필 감독 취임

2014 마스코트 '충이 & 메리' 탄생

충주 험멜 2015년 선수명단

대표이사_ 변석화 단장_ 한규정 사무국장_ 장재현
감독_ 김종필 코치_ 이창엽 플레잉GK코치_ 이정래 의무트레이너_ 이로운 주무_ 이형민 통역_ 이영훈

포지션	선수명		생년월일	출신교	키(cm) / 몸무게(kg)
GK	황 성 민	黃 聖 珉	1991.06.23	한남대	188 / 83
	박 청 효	朴 青 孝	1990.02.13	연세대	189 / 73
	이 영 창	李 伶 昶	1993.01.10	홍익대	188 / 78
DF	정 우 재	鄭 宇 宰	1992.06.28	예원예술대	179 / 70
	이 현 창	李 炫 昌	1985.11.02	영남대	174 / 70
	노 형 구	盧 亨 求	1992.04.29	매탄고	184 / 78
	박 요 한	朴 요 한	1989.01.16	연세대	177 / 73
	김 한 빈	金 漢 彬	1991.03.31	선문대	173 / 63
	김 용 찬	金 容 燦	1990.04.08	아주대	173 / 67
	황 수 남	黃 秀 南	1993.02.22	관동대	183 / 74
	이 용 기	李 龍 起	1985.05.30	연세대	189 / 86
	이 택 기	李 宅 基	1989.03.31	아주대	185 / 78
	황 재 원	黃 載 元	1981.04.13	아주대	186 / 80
	송 민 국	宋 旻 鞠	1985.04.25	광운대	182 / 70
MF	엄 진 태	嚴 鎭 泰	1992.03.28	경희대	181 / 63
	양 세 운	梁 世 運	1990.12.23	남부대	181 / 74
	최 승 호	最 勝 湖	1992.03.31	예원예술대	182 / 73
	노 연 빈	盧 延 貧	1990.04.02	청주대	182 / 72
	정 해 승	丁 海 承	1992.11.19	동국대	181 / 74
	오 승 범	吳 承 範	1981.02.26	오현고	174 / 69
	마르싱유	Amarel De Oliveira Junior Marcio	1991.03.24	*브라질	170 / 76
	김 정 훈	金 正 訓	1991.12.23	관동대	175 / 62
	이 명 준	李 明 俊	1992.05.28	청주대	178 / 70
	박 진 수	朴 鎭 秀	1987.03.01	고려대	181 / 78
	한 동 욱	韓 棟 旭	1992.10.13	전주대	175 / 67
	김 규 남	金 奎 男	1992.11.26	전주대	177 / 68
	정 해 성	鄭 海 成	1992.09.16	고려대	181 / 67
FW	이 완 희	李 完 熙	1987.07.10	홍익대	188 / 84
	박 지 민	朴 智 敏	1994.03.07	경희대	183 / 70
	심 진 의	沈 眞 意	1992.04.16	선문대	173 / 63
	임 진 욱	林 珍 旭	1991.04.22	동국대	182 / 74
	노 재 승	盧 載 承	1990.04.19	경희대	178 / 73
	양 상 준	梁 相 俊	1988.11.21	홍익대	178 / 72
	김 병 오	金 炳 旿	1989.06.26	성균관대	181 / 78
	강 민 성	姜 旼 成	1993.04.28	홍익대	185 / 77
	김 도 형	金 度 亨	1990.10.06	동아대	182 / 75
	장 조 윤	張 朝 潤	1988.01.01	보인정보고	185 / 77
	조 석 재	趙 錫 宰	1993.03.24	건국대	180 / 80

충주 험멜 2015년 개인기록 _ K리그 챌린지

위치	배번	경기번호	04	10	14	19	23	28	36	43	46	53
		날 짜	03.22	03.29	04.05	04.15	04.19	04.25	05.09	05.13	05.16	05.23
		홈/원정	홈	원정	홈	원정	홈	원정	홈	원정	원정	홈
		장 소	충주	안산	충주	부천	충주	대구	충주	창원C	잠실	충주
		상 대	고양	안산	수원FC	부천	안양	대구	강원	경남	서울E	상주
		결 과	패	패	패	무	무	패	승	승	패	무
		점 수	0 : 1	0 : 1	0 : 2	0 : 0	1 : 1	1 : 2	3 : 1	1 : 0	0 : 4	3 : 3
		승 점	0	0	0	1	2	2	5	8	8	9
		순 위	8	10	11	11	11	11	10	10	10	10
		슈팅수	14 : 5	5 : 6	19 : 10	8 : 14	20 : 12	13 : 10	14 : 9	4 : 14	11 : 12	10 : 17
GK	1	황성민	○ 0/0	○ 0/0	○ 0/0				○ 0/0	○ 0/0	○ 0/0	○ 0/0 C
	13	박청효				○ 0/0	○ 0/0	○ 0/0				
	26	이영창										
DF	2	정우재	○ 0/0	○ 0/0	○ 0/0	○ 0/0	▽ 0/0					
	3	이현창						○ 0/0	○ 0/0	○ 0/0	○ 0/0	○ 0/0
	5	노형구						▽ 0/0	△ 0/0	○ 0/0	○ 0/0	▽ 0/0
	11	박요한	○ 0/0	○ 0/0	○ 0/0	○ 0/0 C	○ 0/0	○ 0/0	○ 0/0 C	○ 0/0	○ 0/0	○ 0/0 C
	14	김한빈										
	16	김용찬					△ 0/0	○ 0/0	○ 0/1	▽ 0/0		
	18	황수남										△ 0/0
	20	이용기	○ 0/0	○ 0/0 C	○ 0/0	○ 0/0	▽ 0/0		○ 0/0	○ 0/0	○ 0/0 C	○ 0/0
	23	이택기	○ 0/0	○ 0/0	○ 0/0	○ 0/0	○ 0/0	○ 0/0	▽ 0/0			
	24	황재원					△ 0/0	△ 0/0				
MF	4	엄진태							△ 0/0	△ 0/0		▽ 0/0
	7	최승호	△ 0/0 C	○ 0/0	○ 0/0	▽ 0/0 C	○ 0/0	○ 0/0		△ 1/0	○ 0/0	○ 0/0
	8	노연빈	▽ 0/0									
	17	심진의	▽ 0/0	△ 0/0				△ 0/0		△ 0/0	△ 0/0	△ 0/0
	21	오승범	○ 0/0	▽ 0/0	▽ 0/0 C	△ 0/0	○ 0/0		▽ 0/0	○ 0/0	○ 0/0	○ 0/0
	27	마르싱유	△ 0/0		△ 0/0	△ 0/0 C	○ 0/0	▽ 0/0	○ 0/0	▽ 0/0	○ 0/0	△ 0/0
	28	김정훈	○ 0/0	▽ 0/0	▽ 0/0	▽ 0/0	△ 0/0	▽ 0/0	▽ 0/0	▽ 0/0	▽ 0/0	
	31	박진수		△ 0/0	△ 0/0	○ 0/0						
	33	김규남										
FW	9	이완희	△ 0/0									
	10	박지민	▽ 0/0	▽ 0/0	▽ 0/0						△ 0/0	
	19	임진욱		○ 0/0	○ 0/0	○ 0/0	▽ 0/0	△ 0/1	△ 0/0 C		▽ 0/0	
	22	노재승										
	30	양상준				▽ 0/0						▽ 0/1
	35	김병오	○ 0/0	○ 0/0	○ 0/0	△ 0/0	○ 0/0	○ 0/0	○ 1/0	○ 0/0	△ 0/0	○ 2/1
	77	김도형										
	88	장조윤										
	99	조석재		△ 0/0	△ 0/0	○ 0/0	○ 1/0	○ 1/0	○ 2/0	○ 0/0	▽ 0/0 C	○ 1/0

선수자료 : 득점/도움 ○ = 선발출장 △ = 교체 IN ▽ = 교체 OUT ◈ = 교체 IN/OUT C = 경고 S = 퇴장

위치	배번	경기번호	60	64	70	72	76	85	88	99	101	107
		날 짜	05.31	06.03	06.07	06.10	06.13	06.21	06.27	07.05	07.08	07.11
		홈/원정	홈	원정	홈	홈	원정	원정	홈	홈	원정	원정
		장 소	충주	수원	충주	충주	상주	고양	충주	충주	속초J	안양
		상 대	부천	수원FC	안산	서울E	상주	고양	대구	경남	강원	안양
		결 과	패	승	승	패	패	무	무	무	승	패
		점 수	0 : 1	3 : 2	3 : 2	1 : 2	0 : 4	2 : 2	1 : 1	1 : 1	1 : 0	1 : 2
		승 점	9	12	15	15	15	16	17	18	21	21
		순 위	10	7	7	8	8	9	8	10	8	8
		슈팅수	19 : 8	13 : 18	14 : 11	16 : 18	10 : 22	14 : 11	11 : 15	5 : 12	7 : 12	12 : 17
GK	1	황 성 민		○ 0/0	○ 0/0	○ 0/0	○ 0/0	○ 0/0	○ 0/0	○ 0/0	○ 0/0	○ 0/0
	13	박 청 효	○ 0/0									
	26	이 영 창										
DF	2	정 우 재	○ 0/0	○ 0/0	○ 0/0 C	○ 0/0	▽ 0/0		○ 1/0	○ 0/0	○ 0/0	○ 0/0
	3	이 현 창	○ 0/0	○ 0/0	○ 1/2	○ 0/0	○ 0/0	▽ 0/0	○ 0/0	△ 0/0	△ 0/0	△ 0/0
	5	노 형 구		○ 0/0				○ 0/0 C	△ 0/0	○ 0/0	○ 0/0	○ 0/0
	11	박 요 한		○ 0/0	○ 0/0	○ 0/0	△ 0/0 C	○ 0/0	○ 0/0	△ 0/0 C	▽ 0/0	▽ 0/0
	14	김 한 빈										
	16	김 용 찬					○ 0/0 C	○ 0/0				
	18	황 수 남			○ 0/0	○ 0/0	○ 0/0		▽ 0/0			
	20	이 용 기	○ 0/0									
	23	이 택 기	○ 0/0	○ 0/0	○ 0/0	○ 0/0	○ 0/0	○ 0/0	○ 0/0	○ 0/0 C	○ 0/0	○ 0/0
	24	황 재 원					△ 0/0	△ 1/0	△ 0/0	△ 1/0 CC		△ 0/0
MF	4	엄 진 태										
	7	최 승 호	○ 0/0	△ 0/0	△ 0/0			△ 0/0	○ 0/0	▽ 0/0	○ 0/0	▽ 0/0
	8	노 연 빈								▽ 0/0	○ 0/0 C	○ 0/0
	17	심 진 의	▽ 0/0	△ 0/0	△ 1/0	△ 0/0	△ 0/0	○ 0/0	○ 0/0	○ 0/1	▽ 0/0	△ 0/0
	21	오 승 범	○ 0/0	○ 1/0	○ 0/0	○ 0/1	○ 0/0 C	○ 0/0 C		○ 0/0	○ 0/1	○ 0/0
	27	마르싱유	△ 0/0	▽ 0/0	▽ 0/0	▽ 0/0		▽ 0/0	△ 0/0	▽ 0/0		
	28	김 정 훈	△ 0/0	▽ 0/0	▽ 0/1	▽ 0/0						
	31	박 진 수										
	33	김 규 남									△ 0/0 C	
FW	9	이 완 희										
	10	박 지 민	▽ 0/0				▽ 0/0				△ 0/0	
	19	임 진 욱	△ 0/0	△ 0/0	△ 0/0		○ 0/0					
	22	노 재 승										
	30	양 상 준				△ 0/0		△ 0/0	▽ 0/0			
	35	김 병 오	▽ 0/0 C	○ 0/1	○ 0/0	○ 0/0	○ 0/0	○ 1/1	○ 0/0	○ 0/0	○ 0/0	○ 0/0
	77	김 도 형										▽ 0/0
	88	장 조 윤										
	99	조 석 재	○ 0/0	▽ 2/0	▽ 1/0	○ 1/0	▽ 0/0	▽ 0/0 C	▽ 0/0	○ 0/0	▽ 1/0	○ 1/0

위치	배번	경기번호	115	122	130	131	139	143	146	153	156	161
		날 짜	07.27	08.08	08.12	08.15	08.23	08.26	08.29	09.05	09.09	09.12
		홈/원정	홈	홈	홈	원정	원정	홈	원정	홈	홈	원정
		장 소	충주	충주	충주	안산	부천	충주	창원C	충주	충주	대구
		상 대	상주	고양	수원FC	안산	부천	안양	경남	서울E	강원	대구
		결 과	승	패	패	승	패	무	패	패	패	무
		점 수	4 : 1	1 : 2	1 : 3	1 : 0	0 : 2	2 : 2	0 : 1	1 : 3	0 : 2	1 : 1
		승 점	24	24	24	27	27	28	28	28	28	29
		순 위	7	9	10	10	10	10	11	11	11	11
		슈팅수	14 : 20	10 : 15	14 : 18	12 : 8	17 : 12	10 : 10	13 : 14	15 : 13	10 : 11	12 : 13
GK	1	황성민	○ 0/0 C	○ 0/0	○ 0/0	○ 0/0	○ 0/0	○ 0/0	○ 0/0	○ 0/0	○ 0/0	○ 0/0
	13	박청효										
	26	이영창										
DF	2	정우재	○ 0/0	○ 0/0	○ 0/1	○ 0/0 C	▽ 0/0	○ 0/0	○ 0/0			
	3	이현창	▽ 0/0 C	▽ 0/0		○ 0/0	△ 0/0		△ 0/0	○ 0/0 C		
	5	노형구			△ 0/0	○ 0/0	○ 0/0 C	○ 0/0		△ 0/0	○ 0/0	△ 0/0
	11	박요한				○ 0/0	▽ 0/0	○ 0/0	▽ 0/0	○ 0/0 C		○ 0/1
	14	김한빈										
	16	김용찬										
	18	황수남										
	20	이용기									○ 0/0 C	
	23	이택기	○ 0/0	○ 0/0	○ 0/0		○ 0/0		○ 0/0	○ 0/0		○ 0/0
	24	황재원	○ 0/0	○ 0/0 C	○ 0/0 C	○ 0/0		○ 0/0	○ 0/0	○ 0/0 C		○ 0/0 CC
MF	4	엄진태	△ 0/0			○ 0/0 C		△ 0/0		▽ 0/0	○ 0/0	
	7	최승호	△ 0/0	△ 0/0	○ 0/0 C		○ 0/0		△ 0/0		▽ 0/0	○ 0/0
	8	노연빈	○ 0/0	○ 0/0 C	○ 0/0 C		○ 0/0	○ 0/0 C	○ 0/0	○ 0/0	○ 0/0 C	○ 0/0
	17	심진의	△ 0/0	△ 0/0	△ 1/0	△ 0/0		△ 0/0	△ 0/0	△ 0/0	△ 0/0	
	21	오승범	○ 0/0	○ 0/0	○ 0/0 C	○ 0/1	○ 0/0	○ 0/0	▽ 0/0	○ 1/0	○ 0/0	○ 0/0 C
	27	마르싱유	▽ 0/0	○ 0/1	○ 0/0	▽ 0/0	○ 0/0	△ 0/0	▽ 0/0	○ 0/0	○ 0/0	▽ 0/0
	28	김정훈					△ 0/0			○ 0/0	▽ 0/0	○ 1/0
	31	박진수									△ 0/0	
	33	김규남										
FW	9	이완희										
	10	박지민			▽ 0/0							
	19	임진욱										△ 0/0
	22	노재승										
	30	양상준										
	35	김병오	○ 1/0	▽ 1/0	▽ 0/0	△ 0/0		▽ 0/0 C	○ 0/0			
	77	김도형	▽ 1/1	△ 0/0	▽ 0/0	▽ 0/0	▽ 0/0	▽ 0/1			○ 0/0	▽ 0/0
	88	장조윤		▽ 0/0	△ 0/0	△ 0/0	△ 0/0	▽ 1/0	○ 0/0	▽ 0/0	△ 0/0	△ 0/0
	99	조석재	○ 2/1	○ 0/0 CC		▽ 1/0	○ 0/0	○ 1/1	○ 0/0		▽ 0/0	▽ 0/0

선수자료 : 득점/도움 ○ = 선발출장 △ = 교체 IN ▽ = 교체 OUT ◈ = 교체 IN/OUT C = 경고 S = 퇴장

위치	배번	경기번호	168	172	183	188	192	197	202	208	212	216
		날 짜	09.19	09.23	10.07	10.10	10.17	10.24	10.31	11.07	11.14	11.22
		홈/원정	홈	원정	홈	원정	원정	원정	홈	원정	홈	원정
		장 소	충주	수원	충주	잠실	원주	안양	충주	상주	충주	고양
		상 대	부천	수원FC	경남	서울E	강원	안양	안산	상주	대구	고양
		결 과	승	패	패	패	무	패	무	승	무	승
		점 수	2 : 0	1 : 2	0 : 2	2 : 4	3 : 3	0 : 1	0 : 0	2 : 1	1 : 1	5 : 2
		승 점	32	32	32	32	33	33	34	37	38	41
		순 위	10	11	11	11	11	11	11	11	11	11
		슈팅수	13 : 10	8 : 11	12 : 7	14 : 10	13 : 28	10 : 10	12 : 8	7 : 16	9 : 20	13 : 10
GK	1	황 성 민	○ 0/0	○ 0/0	○ 0/0	○ 0/0	○ 0/0	○ 0/0	○ 0/0			
	13	박 청 효										
	26	이 영 창								○ 0/0	○ 0/0	○ 0/0
DF	2	정 우 재			○ 0/0		○ 0/0	○ 0/0	○ 0/0			△ 0/0
	3	이 현 창				○ 0/0	▽ 0/0	△ 0/0				
	5	노 형 구	▽ 0/0 C					○ 0/0	○ 0/0 C	○ 0/0	▽ 0/0 C	
	11	박 요 한				▽ 0/0 C						
	14	김 한 빈								○ 0/0	○ 0/0 C	○ 0/0
	16	김 용 찬										
	18	황 수 남										
	20	이 용 기	△ 0/0	○ 0/0	○ 0/0	○ 0/0 C	○ 0/0					
	23	이 택 기	○ 0/0	○ 0/0	○ 0/0	○ 0/0					△ 0/0	
	24	황 재 원		△ 0/0	△ 0/0		○ 0/0	○ 0/0 C	○ 0/0	○ 0/0	○ 0/0	○ 0/0
MF	4	엄 진 태	○ 0/1	○ 0/0	○ 0/0	△ 0/0	○ 0/0	△ 0/0				○ 0/0
	7	최 승 호	▽ 0/0	▽ 0/0		▽ 0/1		▽ 0/0	○ 0/0	○ 0/0	○ 0/0	○ 0/0
	8	노 연 빈	○ 0/0	○ 0/0	○ 0/0	○ 0/0 C		○ 0/0	○ 0/0	○ 0/0	○ 0/0	○ 0/0 C
	17	심 진 의					△ 0/0	△ 0/0		△ 0/0	△ 0/0	
	21	오 승 범	○ 0/0	○ 0/1	○ 0/0 C		○ 1/0	○ 0/0	▽ 0/0	○ 0/0	○ 0/0	○ 0/0
	27	마르싱유			▽ 0/0		▽ 0/0		△ 0/0	▽ 0/1	▽ 0/0	○ 1/0
	28	김 정 훈	○ 0/0	▽ 0/0	▽ 0/0	○ 0/0		▽ 0/0	▽ 0/0			
	31	박 진 수	△ 0/0	△ 0/0		△ 0/0	△ 0/0		△ 0/0	△ 0/0		△ 0/0
	33	김 규 남										
FW	9	이 완 희										
	10	박 지 민							△ 0/0	▽ 1/0	△ 0/0	△ 0/0
	19	임 진 욱	○ 2/0	▽ 0/0 C	△ 0/0	○ 0/0	△ 0/0	○ 0/0				
	22	노 재 승				▽ 0/0						
	30	양 상 준										
	35	김 병 오	△ 0/0	△ 0/0			○ 1/0 C		○ 0/0 C	○ 1/0	○ 1/0	▽ 0/0
	77	김 도 형	▽ 0/1	○ 1/0	○ 0/0 C	△ 1/0	○ 1/0	○ 0/0 C	○ 0/0	▽ 0/0	○ 0/0	▽ 1/1
	88	장 조 윤			△ 0/0					△ 0/0		
	99	조 석 재	○ 0/0	○ 0/0	▽ 0/0	○ 1/0	▽ 0/1	▽ 0/0	▽ 0/0 C		▽ 0/1 C	▽ 3/1

Section 2

2015 시즌 기록

2015년 구단별 관중 기록 _ K리그 클래식

구단	총관중	경기수	평균관중	전년 대비 증감률	비고
전 북	330,856	19	17,413	32.4%	*
서 울	326,269	19	17,172	0.9%	
수 원	250,702	19	13,195	-32.7%	
포 항	175,700	19	9,247	-5.6%	
제 주	117,754	18	6,542	-2.5%	
울 산	119,309	19	6,279	-10.7%	
성 남	107,619	19	5,664	50.8%	
인 천	97,250	20	4,863	6.4%	
전 남	82,407	19	4,337	28.9%	
부 산	63,440	19	3,339	2.6%	
대 전	47,370	19	2,493	-22.0%	'15시즌 승격
광 주	41,567	19	2,188	62.8%	'15시즌 승격
계	1,760,243	228	7,720	-2.7%	

* 전북: '03년 대전 이후 12년 만에 지방 구단 평균관중 1위

2015년 구단별 관중 기록 _ K리그 챌린지

구단	총관중	경기수	평균관중	전년 대비 증감률	비고
대 구	62,393	21	2,971	535.1%	
경 남	37,835	20	1,892	-58.3%	'15시즌 강등
서울E	36,510	20	1,826	-	'15시즌 신생팀
안 양	34,003	20	1,700	8.2%	
부 천	33,943	20	1,697	57.7%	
안 산	33,298	20	1,665	133.8%	
강 원	27,137	20	1,357	34.2%	
수원FC	28,346	21	1,350	36.3%	
상 주	24,692	20	1,235	-51.7%	'15시즌 강등
충 주	24,553	20	1,228	58.6%	
고 양	13,764	20	688	17.8%	
계	356,474	222	1,606	31.7%	

2015년 구단별 관중 기록 _ 승강 플레이오프

구분	관중수	경기수	평균관중	전년 대비 증감률	비고
부 산	6,135	1	6,135		2014년 승강 플레이오프: 경남 vs 광주
수원FC	2,347	1	2,347		
계	8,482	2	4,241	83.0%	

2015년 전 경기 전 시간 출장자

구분	출장 내용	선수명	소속	출장수	교체수
클래식	전 경기·전 시간 출장	오스마르	포항	38	0
클래식		신 화 용	서울	36	0
클래식	전 경기 출장	김 신 욱	울산	38	14
챌린지		조 현 우	대구	41	1

2015년 심판배정 기록

성명	심판구분	대회명	배정
강동호	부심	클래식	4
		챌린지	36
	합계		40
고형진	주심	클래식	21
		챌린지	2
	대기심	클래식	13
		챌린지	2
	합계		38
곽승순	부심	클래식	24
		챌린지	20
		승강PO	1
	합계		45
김경민	부심	챌린지	23
		합계	23
김계용	부심	클래식	16
		챌린지	23
	합계		39
김기현	대기심	챌린지	1
		합계	1
김대용	주심	클래식	11
		챌린지	9
	추가심	챌린지	1
	대기심	클래식	8
		챌린지	6
	합계		35
김덕철	대기심	챌린지	3
		합계	3
김동인	대기심	챌린지	2
	합계		2
김동진	주심	클래식	23
		챌린지	2
	대기심	클래식	14
		챌린지	2
	합계		41
김상우	주심	클래식	22
		챌린지	2
	대기심	클래식	12
		챌린지	2
	합계		38
김성일	부심	클래식	24
		챌린지	17
		승강PO	1
	합계		42

성명	심판구분	대회명	배정
김성호	주심	클래식	21
		챌린지	4
	대기심	클래식	11
		챌린지	1
	합계		37
김연승	대기심	챌린지	1
	합계		1
김영수	주심	챌린지	19
	추가심	챌린지	1
	대기심	클래식	5
		챌린지	17
	합계		42
김영하	부심	클래식	4
		챌린지	30
	합계		34
김완태	대기심	챌린지	2
	합계		2
김우성	주심	챌린지	18
	대기심	클래식	7
		챌린지	15
	합계		40
김종혁	주심	클래식	18
		챌린지	2
	추가심	챌린지	1
		승강PO	1
	대기심	클래식	9
	합계		31
김지욱	부심	챌린지	17
	합계		17
김희곤	주심	클래식	18
		챌린지	2
	추가심	챌린지	1
		승강PO	1
	대기심	클래식	12
		챌린지	1
	합계		35
노수용	부심	클래식	38
		챌린지	2
		승강PO	1
	합계		41
노태식	부심	클래식	39
		챌린지	2
	합계		41

성명	심판구분	대회명	배정
매호영	주심	챌린지	21
	추가심	승강PO	1
	대기심	클래식	10
		챌린지	18
	합계		50
박병진	주심	클래식	8
		챌린지	14
	대기심	클래식	13
		챌린지	14
	합계		49
박상준	부심	클래식	6
		챌린지	28
	합계		34
박영록	주심	챌린지	7
	대기심	클래식	2
		챌린지	12
	합계		21
박인선	부심	클래식	2
		챌린지	32
	합계		34
박진호	주심	클래식	1
		챌린지	20
	추가심	승강PO	1
	대기심	클래식	10
		챌린지	17
	합계		49
박필준	주심	챌린지	17
	대기심	클래식	5
		챌린지	17
	합계		39
방기열	부심	클래식	31
		합계	31
배일수	부심	챌린지	1
	합계		1
서동진	주심	챌린지	18
	대기심	클래식	11
		챌린지	16
	합계		45
서무희	부심	클래식	1
		챌린지	32
	합계		33
설귀선	부심	챌린지	1
	합계		1
성덕효	주심	챌린지	7
	대기심	클래식	1
		챌린지	10
	합계		18
손재선	부심	클래식	33
		챌린지	1
	합계		34
송민석	주심	클래식	18
		챌린지	3
	대기심	클래식	15
		챌린지	4
	합계		40
송봉근	부심	클래식	16
		챌린지	22
	합계		38
양병은	부심	클래식	1
		챌린지	14
	합계		15
양재용	부심	클래식	3
		챌린지	35
	합계		38
우상일	주심	클래식	22
		챌린지	3
		승강PO	1
	대기심	클래식	17
		챌린지	1
	합계		44
유선호	대기심	챌린지	1
	합계		1
윤광열	부심	클래식	29
		챌린지	2
	합계		31
이규환	부심	클래식	37
		챌린지	4
	합계		41
이동준	주심	클래식	21
		챌린지	3
		승강PO	1
	대기심	클래식	14
		챌린지	2
	합계		41
이민후	주심	클래식	15
	대기심	클래식	13
		챌린지	1
	합계		29
이영운	부심	챌린지	18
	합계		18
이정민	부심	클래식	38
		챌린지	4
	합계		42
임원택	주심	챌린지	9
	대기심	클래식	3
		챌린지	8
	합계		20
임정수	주심	챌린지	19
	대기심	클래식	8
		챌린지	21
		승강PO	1
	합계		49
장종필	부심	클래식	1
		챌린지	37
	합계		38
장준모	부심	클래식	39
		챌린지	2
		승강PO	1
	합계		42
정동식	주심	클래식	9
		챌린지	13
	대기심	클래식	13
		챌린지	7
		승강PO	1
	합계		43
정해상	부심	클래식	32
	합계		32
지승민	부심	클래식	3
		챌린지	39
	합계		42
최광호	대기심	챌린지	3
	합계		3
최대우	주심	챌린지	8
	대기심	클래식	2
		챌린지	13
	합계		23
최민병	부심	클래식	35
		챌린지	2
	합계		37
홍창기	대기심	챌린지	2
	합계		2

2015년 구단별 신인선수선발 기록

구단별 자유선발 / 우선지명 선수

구단	자유선발		우선지명				이전년도(2009~2014) 우선지명선수 프로입단
	이름	계	학교명	프로 입단	대학 진학 예정	계	
광주	박선홍 류범희 송성범	3	금호고	박일권	김대승 이승환 박기표 임승혁 박인서 김남수 채현기 고명훈 나상호 주종대 한화성 최재원 김현석	14	권영호(2011: 명지대) 주정우(2011: 경기대)
대전	서명식 박재우	2	충남기계공고	황인범 박영수 남윤재		3	
부산	김종혁 이규성	2	개성고	김진규	신창렬 양진모 이동준 이수빈 이태화 한준규 윤영민	8	이청웅(2012: 영남대)
서울	김민혁 김원균 박용우	3	오산고		이영찬 김민준 이정기 황기욱	4	
성남	성봉재 이태희	2	풍생고		전종혁 오승훈 이정철	3	

구단	자유선발		우선지명				이전년도(2009~2014) 우선지명선수 프로입단
	이름	계	학교명	프로 입단	대학 진학 예정	계	
수원	장현수 한성규 전현욱	3	매탄고	최주용	주현호 정훈우 장원빈 권지완 윤용호 송준평 김강국 김민석	9	김종우(2012: 선문대) 방찬준(2012: 한남대)
울산	안현범 이영재 김승준	3	현대고	고민혁	김기영 유원종 이호진 안은산 황문기 김태윤	7	장대희(2013: 중앙대) 정승현(2013: 연세대)
인천	백승원 이성우	2	대건고		정대영 임은수 김종학	3	
전남	정재혁 이지민 안수현	3	광양제철고		박대한 양경진 이유현 한창우 신호진 강우진 김성건 백종현 이환욱 변형섭	10	고병욱(2011: 강릉시청) 오영준(2012: 한양대)
전북	조석재 최치원 김준호	3	영생고	장윤호	나성은 황민웅 강민재 김민엽 이희성 하충수	7	
제주	배재우 정영총	2	U-18		김우재 박주성 박한근 오창일 김창준 성민제 황인경	7	김선우(2012: 울산대) 심광옥(2012: 아주대) 이관표(2013: 중앙대)
포항	오창현 최호주 유강현	3	포항제철고	박찬길 황희찬	전상오 이상기 이승준 김동현 박재섭 김윤성 김재형 김덕중 이광준 김경우	12	이남규(2012: 한양대) 이준희(2012: 인천대)
강원		0	강릉제일고		오재준 정재영 김상우 유경완	4	
경남	최봉진 정현철 김영욱	3	진주고	이상현	강영종 박성열 전현근	3	
고양	윤석희	1				0	
대구	김진혁 류재문 강한솔	3	현풍고		김태한 이지환 장희웅 조수철	4	
부천		0				0	
상주		0	용문고		박성환 정록희 김종진 여준수 장용수 장용수 김정범 최규진 이기현 박진현 강동완 유동균	12	
서울E	양기훈 김창욱 전기성 김현성 신일수	5				0	
안양	김남탁 이태영 김대한	3	안양공고		남수용 최광렬 강해인 김태경	4	
충주		0	충주상고		정경훈 강태우 신광렬 이건우 김원중 김태용 정연호 백제호	8	
계		46				122	

구단별 드래프트 지명 선수

구단	1순위	2순위	3순위	4순위	5순위	6순위	번외지명					계
선발인원	1	2	4	2	6	7	26					48
광주	허재녕		주현우	김성현	김의신	박성용						5
대전												0
부산						서홍민	이주용					2
서울							유로몬					1
성남			문창현		이원규		이승민					3
수원				함석민								1
울산			유창균				임성국	장지훈	손세범	전인환		5
인천			윤주열									1
전남						이광열	서민환					2
전북					옹동균		고민국	이원우				3
제주							김태호					1
포항												0
강원						전병수	이동재	김이삭				3
경남												0
고양							박태형					1
대구		김현수			신희재	김래훈						3
부천						주광선	이기현	신현준	김영남			4
서울E		오규빈										1
수원FC					김부관		정기운	김현태	김민철			4
안양						남지훈	최동혁					2
충주					이영창		황수남	정해승	노재승	심진의	염진태	6

Section 3

K리그 클래식 기록

현대오일뱅크 K리그 클래식 2015 경기일정표

번호	라운드	일자	시간	대진	장소	경기구분
1	1	2015.03.07(토)	15:00	전북 - 성남	전주W	스플릿일반
2	1	2015.03.07(토)	14:00	인천 - 광주	인천	스플릿일반
3	1	2015.03.07(토)	16:00	부산 - 대전	부산A	스플릿일반
4	1	2015.03.08(일)	14:00	전남 - 제주	광양	스플릿일반
5	1	2015.03.08(일)	14:00	수원 - 포항	수원W	스플릿일반
6	1	2015.03.08(일)	16:00	울산 - 서울	문수	스플릿일반
7	2	2015.03.14(토)	14:00	서울 - 전북	서울W	스플릿일반
8	2	2015.03.14(토)	14:00	수원 - 인천	수원W	스플릿일반
9	2	2015.03.14(토)	16:00	성남 - 전남	탄천	스플릿일반
10	2	2015.03.15(일)	14:00	대전 - 광주	대전W	스플릿일반
11	2	2015.03.15(일)	14:15	포항 - 울산	포항	스플릿일반
12	2	2015.03.15(일)	16:00	제주 - 부산	제주W	스플릿일반
13	3	2015.03.21(토)	14:00	울산 - 전남	문수	스플릿일반
14	3	2015.03.21(토)	14:00	부산 - 광주	부산A	스플릿일반
15	3	2015.03.21(토)	16:00	제주 - 대전	제주W	스플릿일반
16	3	2015.03.22(일)	14:00	포항 - 서울	포항	스플릿일반
17	3	2015.03.22(일)	14:00	성남 - 수원	탄천	스플릿일반
18	3	2015.03.22(일)	16:00	인천 - 전북	인천	스플릿일반
19	4	2015.04.04(토)	14:00	서울 - 제주	서울W	스플릿일반
20	4	2015.04.04(토)	14:00	수원 - 부산	수원W	스플릿일반
21	4	2015.04.04(토)	14:00	전북 - 포항	전주W	스플릿일반
22	4	2015.04.04(토)	16:00	대전 - 성남	대전W	스플릿일반
23	4	2015.04.05(일)	14:00	울산 - 광주	문수	스플릿일반
24	4	2015.04.05(일)	16:00	전남 - 인천	광양	스플릿일반
25	5	2015.04.11(토)	14:00	대전 - 울산	대전W	스플릿일반
26	5	2015.04.11(토)	14:00	성남 - 부산	탄천	스플릿일반
27	5	2015.04.11(토)	16:00	제주 - 포항	제주W	스플릿일반
28	5	2015.04.12(일)	14:00	인천 - 서울	인천	스플릿일반
29	5	2015.04.12(일)	14:00	전남 - 수원	광양	스플릿일반
30	5	2015.04.12(일)	16:00	광주 - 전북	목포C	스플릿일반
31	6	2015.04.15(수)	19:00	부산 - 전북	부산A	스플릿일반
32	6	2015.04.15(수)	19:30	포항 - 전남	포항	스플릿일반
33	6	2015.04.15(수)	19:30	울산 - 수원	문수	스플릿일반
34	6	2015.04.15(수)	19:30	성남 - 인천	탄천	스플릿일반
35	6	2015.04.15(수)	19:30	서울 - 대전	서울W	스플릿일반
36	6	2015.04.15(수)	19:30	제주 - 광주	제주W	스플릿일반
37	7	2015.04.18(토)	15:00	수원 - 서울	수원W	스플릿일반
38	7	2015.04.18(토)	14:00	전북 - 제주	전주W	스플릿일반
39	7	2015.04.18(토)	16:00	광주 - 성남	목포C	스플릿일반
40	7	2015.04.19(일)	14:00	인천 - 울산	인천	스플릿일반
41	7	2015.04.19(일)	16:00	부산 - 전남	부산A	스플릿일반
42	7	2015.04.19(일)	16:00	대전 - 포항	대전W	스플릿일반
43	8	2015.04.25(토)	15:00	인천 - 포항	인천	스플릿일반
44	8	2015.04.25(토)	16:00	울산 - 부산	문수	스플릿일반
45	8	2015.04.26(일)	14:00	성남 - 제주	탄천	스플릿일반
46	8	2015.04.26(일)	14:00	전남 - 전북	광양	스플릿일반
47	8	2015.04.26(일)	14:00	광주 - 서울	목포C	스플릿일반
48	8	2015.04.26(일)	16:00	수원 - 대전	수원W	스플릿일반
49	9	2015.05.02(토)	14:00	서울 - 성남	서울W	스플릿일반
50	9	2015.05.02(토)	15:00	전북 - 수원	전주W	스플릿일반
51	9	2015.05.03(일)	14:00	대전 - 인천	대전W	스플릿일반
52	9	2015.05.03(일)	13:30	광주 - 전남	광주W	스플릿일반
53	9	2015.05.05(화)	14:00	제주 - 울산	제주W	스플릿일반
54	9	2015.05.05(화)	14:00	포항 - 부산	포항	스플릿일반
55	10	2015.05.09(토)	14:00	광주 - 수원	광주W	스플릿일반
56	10	2015.05.09(토)	14:00	전남 - 대전	광양	스플릿일반
57	10	2015.05.09(토)	16:00	인천 - 제주	인천	스플릿일반
58	10	2015.05.10(일)	14:00	울산 - 전북	문수	스플릿일반
59	10	2015.05.10(일)	14:00	부산 - 서울	부산A	스플릿일반
60	10	2015.05.10(일)	16:00	포항 - 성남	포항	스플릿일반
61	11	2015.05.16(토)	14:00	수원 - 제주	수원W	스플릿일반
62	11	2015.05.16(토)	14:00	서울 - 전남	서울W	스플릿일반
63	11	2015.05.16(토)	15:00	전북 - 대전	전주W	스플릿일반
64	11	2015.05.16(토)	16:00	성남 - 울산	탄천	스플릿일반
65	11	2015.05.17(일)	14:00	광주 - 포항	광주W	스플릿일반
66	11	2015.05.17(일)	14:00	부산 - 인천	부산A	스플릿일반
67	12	2015.06.10(수)	19:00	대전 - 서울	대전W	스플릿일반
68	12	2015.05.23(토)	16:00	전북 - 인천	전주W	스플릿일반
69	12	2015.06.13(토)	18:00	수원 - 성남	수원W	스플릿일반
70	12	2015.05.24(일)	14:00	광주 - 부산	광주W	스플릿일반
71	12	2015.05.25(월)	14:00	울산 - 포항	문수	스플릿일반
72	12	2015.05.23(토)	15:00	제주 - 전남	제주W	스플릿일반
73	13	2015.05.30(토)	14:00	포항 - 대전	포항	스플릿일반
74	13	2015.05.30(토)	14:00	광주 - 제주	광주W	스플릿일반
75	13	2015.05.30(토)	16:00	전남 - 부산	광양	스플릿일반
76	13	2015.05.31(일)	14:00	성남 - 전북	탄천	스플릿일반
77	13	2015.05.31(일)	14:00	인천 - 수원	인천	스플릿일반
78	13	2015.05.31(일)	16:00	서울 - 울산	서울W	스플릿일반
79	14	2015.06.03(수)	19:00	부산 - 울산	부산A	스플릿일반
80	14	2015.06.03(수)	19:00	전남 - 광주	광양	스플릿일반
81	14	2015.06.03(수)	19:30	포항 - 전북	포항	스플릿일반
82	14	2015.06.03(수)	19:30	대전 - 수원	대전W	스플릿일반

번호	라운드	일자	시간	대진	장소	경기구분
83	14	2015.06.03(수)	19:30	서울 - 인천	서울W	스플릿일반
84	14	2015.06.03(수)	20:00	제주 - 성남	제주W	스플릿일반
85	15	2015.06.06(토)	19:00	전북 - 서울	전주W	스플릿일반
86	15	2015.06.06(토)	19:00	대전 - 부산	대전W	스플릿일반
87	15	2015.06.06(토)	19:00	인천 - 전남	인천	스플릿일반
88	15	2015.06.07(일)	16:00	울산 - 제주	문수	스플릿일반
89	15	2015.06.07(일)	17:00	성남 - 포항	탄천	스플릿일반
90	15	2015.06.07(일)	18:00	수원 - 광주	수원W	스플릿일반
91	16	2015.06.17(수)	19:00	전북 - 울산	전주W	스플릿일반
92	16	2015.06.17(수)	19:30	대전 - 광주	대전W	스플릿일반
93	16	2015.06.17(수)	19:00	전남 - 성남	광양	스플릿일반
94	16	2015.06.17(수)	19:30	포항 - 인천	포항	스플릿일반
95	16	2015.06.17(수)	19:30	서울 - 부산	서울W	스플릿일반
96	16	2015.06.17(수)	20:00	제주 - 수원	제주W	스플릿일반
97	17	2015.06.20(토)	19:00	부산 - 포항	부산A	스플릿일반
98	17	2015.06.20(토)	19:00	전남 - 서울	광양	스플릿일반
99	17	2015.06.20(토)	16:00	성남 - 광주	탄천	스플릿일반
100	17	2015.06.21(일)	18:00	울산 - 인천	문수	스플릿일반
101	17	2015.06.21(일)	18:00	수원 - 전북	수원W	스플릿일반
102	17	2015.06.21(일)	19:00	대전 - 제주	대전W	스플릿일반
103	18	2015.06.27(토)	19:00	포항 - 광주	포항	스플릿일반
104	18	2015.06.27(토)	19:00	울산 - 성남	문수	스플릿일반
105	18	2015.06.27(토)	19:00	부산 - 제주	부산A	스플릿일반
106	18	2015.06.27(토)	17:00	서울 - 수원	서울W	스플릿일반
107	18	2015.06.28(일)	18:00	인천 - 대전	인천	스플릿일반
108	18	2015.06.28(일)	19:00	전북 - 전남	전주W	스플릿일반
109	19	2015.07.01(수)	19:30	인천 - 광주	인천	스플릿일반
110	19	2015.07.01(수)	19:00	전북 - 부산	전주W	스플릿일반
111	19	2015.07.01(수)	19:00	전남 - 포항	광양	스플릿일반
112	19	2015.07.01(수)	19:30	수원 - 울산	수원W	스플릿일반
113	19	2015.07.01(수)	19:30	성남 - 대전	탄천	스플릿일반
114	19	2015.07.01(수)	20:00	제주 - 서울	제주W	스플릿일반
115	20	2015.07.04(토)	19:00	포항 - 수원	포항	스플릿일반
116	20	2015.07.04(토)	19:00	부산 - 성남	부산A	스플릿일반
117	20	2015.07.04(토)	19:00	제주 - 인천	제주W	스플릿일반
118	20	2015.07.05(일)	18:00	서울 - 광주	서울W	스플릿일반
119	20	2015.07.05(일)	19:00	전남 - 울산	광양	스플릿일반
120	20	2015.07.05(일)	19:00	대전 - 전북	대전W	스플릿일반
121	21	2015.07.08(수)	19:00	전북 - 광주	전주W	스플릿일반
122	21	2015.07.08(수)	19:30	수원 - 전남	수원W	스플릿일반
123	21	2015.07.08(수)	19:30	성남 - 서울	탄천	스플릿일반
124	21	2015.07.08(수)	19:30	울산 - 대전	문수	스플릿일반

번호	라운드	일자	시간	대진	장소	경기구분
125	21	2015.07.08(수)	19:30	포항 - 제주	포항	스플릿일반
126	21	2015.07.08(수)	19:30	인천 - 부산	인천	스플릿일반
127	22	2015.07.11(토)	19:00	제주 - 전북	제주W	스플릿일반
128	22	2015.07.11(토)	19:00	울산 - 광주	문수	스플릿일반
129	22	2015.07.11(토)	19:00	서울 - 포항	서울W	스플릿일반
130	22	2015.07.12(일)	18:00	인천 - 성남	인천	스플릿일반
131	22	2015.07.12(일)	19:00	대전 - 전남	대전W	스플릿일반
132	22	2015.07.12(일)	19:00	부산 - 수원	부산A	스플릿일반
133	23	2015.07.25(토)	19:00	서울 - 인천	서울W	스플릿일반
134	23	2015.07.25(토)	19:00	울산 - 성남	문수	스플릿일반
135	23	2015.07.25(토)	19:00	포항 - 광주	포항	스플릿일반
136	23	2015.07.26(일)	19:00	전북 - 수원	전주W	스플릿일반
137	23	2015.07.26(일)	19:00	부산 - 대전	부산A	스플릿일반
138	23	2015.07.26(일)	19:00	전남 - 제주	광양	스플릿일반
139	24	2015.08.12(수)	19:00	광주 - 전남	광주W	스플릿일반
140	24	2015.08.12(수)	19:00	전북 - 부산	전주W	스플릿일반
141	24	2015.08.12(수)	19:30	인천 - 포항	인천	스플릿일반
142	24	2015.08.12(수)	19:00	수원 - 대전	수원W	스플릿일반
143	24	2015.08.12(수)	19:30	성남 - 제주	탄천	스플릿일반
144	24	2015.08.12(수)	19:30	울산 - 서울	문수	스플릿일반
145	25	2015.08.15(토)	19:00	대전 - 성남	대전W	스플릿일반
146	25	2015.08.15(토)	19:00	포항 - 전북	포항	스플릿일반
147	25	2015.08.15(토)	19:00	전남 - 인천	광양	스플릿일반
148	25	2015.09.28(월)	17:00	서울 - 광주	서울W	스플릿일반
149	25	2015.08.16(일)	19:00	부산 - 울산	부산A	스플릿일반
150	25	2015.08.16(일)	19:00	제주 - 수원	제주W	스플릿일반
151	26	2015.08.19(수)	19:00	부산 - 서울	부산A	스플릿일반
152	26	2015.08.19(수)	19:00	전북 - 전남	전주W	스플릿일반
153	26	2015.08.19(수)	19:30	인천 - 제주	인천	스플릿일반
154	26	2015.08.19(수)	19:30	울산 - 포항	문수	스플릿일반
155	26	2015.08.19(수)	19:00	광주 - 대전	광주W	스플릿일반
156	26	2015.08.19(수)	19:30	수원 - 성남	수원W	스플릿일반
157	27	2015.08.22(토)	19:00	수원 - 울산	수원W	스플릿일반
158	27	2015.08.22(토)	19:00	서울 - 대전	서울W	스플릿일반
159	27	2015.08.22(토)	19:00	성남 - 부산	탄천	스플릿일반
160	27	2015.08.22(토)	19:00	전북 - 인천	전주W	스플릿일반
161	27	2015.08.23(일)	19:00	광주 - 제주	광주W	스플릿일반
162	27	2015.08.23(일)	19:00	전남 - 포항	광양	스플릿일반
163	28	2015.08.29(토)	19:00	인천 - 대전	인천	스플릿일반
164	28	2015.08.29(토)	19:00	광주 - 울산	광주W	스플릿일반
165	28	2015.08.29(토)	19:00	부산 - 전남	부산A	스플릿일반
166	28	2015.08.30(일)	17:00	성남 - 전북	탄천	스플릿일반

번호	라운드	일자	시간	대진	장소	경기구분
167	28	2015.08.29(토)	19:00	제주 - 서울	제주W	스플릿일반
168	28	2015.08.30(일)	19:00	포항 - 수원	포항	스플릿일반
169	29	2015.09.09(수)	19:00	전남 - 성남	광양	스플릿일반
170	29	2015.09.09(수)	19:00	부산 - 수원	부산A	스플릿일반
171	29	2015.09.09(수)	19:30	울산 - 전북	문수	스플릿일반
172	29	2015.09.09(수)	19:30	서울 - 포항	서울W	스플릿일반
173	29	2015.09.09(수)	19:00	광주 - 인천	광주W	스플릿일반
174	29	2015.09.09(수)	19:30	대전 - 제주	대전W	스플릿일반
175	30	2015.09.12(토)	15:05	전북 - 서울	전주W	스플릿일반
176	30	2015.09.12(토)	14:00	포항 - 성남	포항	스플릿일반
177	30	2015.09.12(토)	16:00	수원 - 인천	수원W	스플릿일반
178	30	2015.09.13(일)	16:30	제주 - 울산	제주W	스플릿일반
179	30	2015.09.13(일)	14:00	광주 - 부산	광주W	스플릿일반
180	30	2015.09.13(일)	16:00	전남 - 대전	광양	스플릿일반
181	31	2015.09.19(토)	14:00	인천 - 부산	인천	스플릿일반
182	31	2015.09.19(토)	17:00	울산 - 전남	문수	스플릿일반
183	31	2015.09.19(토)	16:00	제주 - 포항	제주W	스플릿일반
184	31	2015.09.19(토)	16:00	성남 - 광주	탄천	스플릿일반
185	31	2015.09.19(토)	15:05	수원 - 서울	수원W	스플릿일반
186	31	2015.09.20(일)	16:00	전북 - 대전	전주W	스플릿일반
187	32	2015.09.23(수)	19:00	전남 - 수원	광양	스플릿일반
188	32	2015.09.23(수)	19:00	광주 - 전북	광주W	스플릿일반
189	32	2015.09.23(수)	19:00	부산 - 제주	부산A	스플릿일반
190	32	2015.09.23(수)	19:30	대전 - 포항	대전W	스플릿일반
191	32	2015.09.23(수)	19:30	서울 - 성남	서울W	스플릿일반
192	32	2015.09.23(수)	19:30	인천 - 울산	인천	스플릿일반
193	33	2015.10.04(일)	14:00	포항 - 부산	포항	스플릿일반
194	33	2015.10.04(일)	14:00	대전 - 울산	대전W	스플릿일반
195	33	2015.10.04(일)	14:00	성남 - 인천	탄천	스플릿일반
196	33	2015.10.04(일)	14:00	서울 - 전남	서울W	스플릿일반
197	33	2015.10.04(일)	14:00	광주 - 수원	광주W	스플릿일반
198	33	2015.10.04(일)	14:00	제주 - 전북	제주W	스플릿일반
199	34	2015.10.17(토)	15:00	전북 - 포항	전주W	스플릿A
200	34	2015.10.18(일)	14:00	수원 - 제주	수원W	스플릿A
201	34	2015.10.18(일)	16:00	성남 - 서울	탄천	스플릿A
202	34	2015.10.17(토)	14:00	부산 - 광주	부산A	스플릿B
203	34	2015.10.17(토)	16:00	인천 - 울산	인천	스플릿B
204	34	2015.10.18(일)	14:00	대전 - 전남	대전W	스플릿B
205	35	2015.10.24(토)	14:00	포항 - 제주	포항	스플릿A
206	35	2015.10.24(토)	16:00	성남 - 수원	탄천	스플릿A
207	35	2015.10.25(일)	16:00	서울 - 전북	서울W	스플릿A
208	35	2015.10.24(토)	14:00	대전 - 부산	대전W	스플릿B
209	35	2015.10.25(일)	14:00	전남 - 울산	광양	스플릿B
210	35	2015.10.25(일)	16:00	광주 - 인천	광주W	스플릿B
211	36	2015.11.07(토)	15:00	서울 - 수원	서울W	스플릿A
212	36	2015.11.08(일)	14:00	제주 - 전북	제주W	스플릿A
213	36	2015.11.08(일)	16:00	포항 - 성남	포항	스플릿A
214	36	2015.11.07(토)	14:00	전남 - 광주	광양	스플릿B
215	36	2015.11.07(토)	16:00	울산 - 대전	문수	스플릿B
216	36	2015.11.08(일)	14:00	인천 - 부산	인천	스플릿B
217	37	2015.11.21(토)	15:00	전북 - 성남	전주W	스플릿A
218	37	2015.11.21(토)	16:00	제주 - 서울	제주W	스플릿A
219	37	2015.11.22(일)	14:00	수원 - 포항	수원W	스플릿A
220	37	2015.11.21(토)	14:00	대전 - 인천	대전W	스플릿B
221	37	2015.11.22(일)	14:00	광주 - 울산	광주W	스플릿B
222	37	2015.11.22(일)	14:00	부산 - 전남	구덕	스플릿B
223	38	2015.11.29(일)	14:00	수원 - 전북	수원W	스플릿A
224	38	2015.11.29(일)	14:00	포항 - 서울	포항	스플릿A
225	38	2015.11.29(일)	14:00	성남 - 제주	탄천	스플릿A
226	38	2015.11.28(토)	14:00	광주 - 대전	광주W	스플릿B
227	38	2015.11.28(토)	14:00	인천 - 전남	인천	스플릿B
228	38	2015.11.28(토)	14:00	울산 - 부산	문수	스플릿B

2015년 클래식 팀별 연속 승패 · 득실점 기록 | 전북

일자	상대	홈/원정	승	무	패	득점	실점	연속기록 승	무	패	득점	실점	무득점	무실점
03.07	성남	H	▲			2	0							
03.14	서울	A	▲			2	1							
03.22	인천	A		■		0	0							
04.04	포항	H	▲			1	0							
04.12	광주	A	▲			3	2							
04.15	부산	A	▲			2	1							
04.18	제주	H	▲			1	0							
04.26	전남	A			▼	1	2							
05.02	수원	H	▲			2	0							
05.10	울산	A	▲			2	1							
05.16	대전	H	▲			2	1							
05.23	인천	H	▲			1	0							
05.31	성남	A			▼	1	2							
06.03	포항	A		■		0	0							
06.06	서울	H			▼	1	2							
06.17	울산	H	▲			2	1							
06.21	수원	A		■		2	2							
06.28	전남	H		■		2	2							
07.01	부산	H	▲			2	1							
07.05	대전	A	▲			4	3							
07.08	광주	H		■		1	1							
07.11	제주	A	▲			3	0							
07.26	수원	H	▲			2	1							
08.12	부산	H	▲			2	0							
08.15	포항	A			▼	0	3							
08.19	전남	H	▲			2	1							
08.22	인천	H			▼	0	1							
08.30	성남	A	▲			1	0							
09.09	울산	A			▼	0	2							
09.12	서울	H	▲			3	0							
09.20	대전	H	▲			3	1							
09.23	광주	A	▲			2	1							
10.04	제주	A			▼	2	3							
10.17	포항	H			▼	0	1							
10.25	서울	A		■		0	0							
11.08	제주	A	▲			1	0							
11.21	성남	H		■		1	1							
11.29	수원	A			▼	1	2							

2015년 클래식 팀별 연속 승패 · 득실점 기록 | 수원

일자	상대	홈/원정	승	무	패	득점	실점	연속기록 승	무	패	득점	실점	무득점	무실점
03.08	포항	H			▼	0	1							
03.14	인천	H	▲			2	1							
03.22	성남	A	▲			3	1							
04.04	부산	H	▲			2	1							
04.12	전남	A		■		1	1							
04.15	울산	A		■		1	1							
04.18	서울	H	▲			5	1							
04.26	대전	H			▼	1	2							
05.02	전북	A			▼	0	2							
05.09	광주	A	▲			2	0							
05.16	제주	H	▲			1	0							
05.31	인천	A		■		1	1							
06.03	대전	A	▲			2	1							
06.07	광주	H			▼	0	1							
06.13	성남	H		■		1	1							
06.17	제주	A	▲			4	3							
06.21	전북	H		■		2	2							
06.27	서울	A		■		0	0							
07.01	울산	H	▲			3	1							
07.04	포항	A	▲			1	0							
07.08	전남	H	▲			1	0							
07.12	부산	A		■		1	1							
07.26	전북	A			▼	1	2							
08.12	대전	H	▲			2	1							
08.16	제주	A	▲			4	2							
08.19	성남	H			▼	0	1							
08.22	울산	H	▲			3	1							
08.30	포항	A		■		0	0							
09.09	부산	A		■		2	2							
09.12	인천	H	▲			1	0							
09.19	서울	H			▼	0	3							
09.23	전남	A	▲			2	0							
10.04	광주	A	▲			4	2							
10.18	제주	H			▼	0	1							
10.24	성남	A		■		0	0							
11.07	서울	A			▼	3	4							
11.22	포항	H	▲			2	1							
11.29	전북	H	▲			2	1							

2015년 클래식 팀별 연속 승패 · 득실점 기록 | 포항

일자	상대	홈.원정	승	무	패	득점	실점	연속기록 승	연속기록 무	연속기록 패	연속기록 득점	연속기록 실점	연속기록 무득점	연속기록 무실점
03.08	수원	A	▲			1	0							
03.15	울산	H			▼	2	4							
03.22	서울	H	▲			2	1							
04.04	전북	A			▼	0	1							
04.11	제주	A			▼	0	1							
04.15	전남	H	▲			4	1							
04.19	대전	A	▲			2	0							
04.25	인천	A		■		1	1							
05.05	부산	H			▼	1	2							
05.10	성남	H		■		2	2							
05.17	광주	A		■		0	0							
05.25	울산	A		■		2	2							
05.30	대전	H	▲			2	1							
06.03	전북	H		■		0	0							
06.07	성남	A	▲			2	0							
06.17	인천	H			▼	0	2							
06.20	부산	A	▲			2	1							
06.27	광주	H	▲			2	1							
07.01	전남	A		■		0	0							
07.04	수원	H			▼	0	1							
07.08	제주	H			▼	3	4							
07.11	서울	A	▲			3	1							
07.25	광주	H		■		0	0							
08.12	인천	A	▲			2	0							
08.15	전북	H	▲			3	0							
08.19	울산	A		■		1	1							
08.23	전남	A		■		0	0							
08.30	수원	H		■		0	0							
09.09	서울	A		■		0	0							
09.12	성남	H	▲			2	1							
09.19	제주	A	▲			1	0							
09.23	대전	A	▲			1	0							
10.04	부산	H	▲			2	0							
10.17	전북	A	▲			1	0							
10.24	제주	H	▲			2	1							
11.08	성남	H		■		0	0							
11.22	수원	A			▼	1	2							
11.29	서울	H	▲			2	1							

2015년 클래식 팀별 연속 승패 · 득실점 기록 | 서울

일자	상대	홈.원정	승	무	패	득점	실점	연속기록 승	연속기록 무	연속기록 패	연속기록 득점	연속기록 실점	연속기록 무득점	연속기록 무실점
03.08	울산	A			▼	0	2							
03.14	전북	H			▼	1	2							
03.22	포항	A			▼	1	2							
04.04	제주	H	▲			1	0							
04.12	인천	A		■		1	1							
04.15	대전	H	▲			1	0							
04.18	수원	A			▼	1	5							
04.26	광주	A		■		1	1							
05.02	성남	H		■		1	1							
05.10	부산	A	▲			1	0							
05.16	전남	H	▲			3	0							
05.31	울산	H		■		0	0							
06.03	인천	H	▲			1	0							
06.06	전북	A	▲			2	1							
06.10	대전	A	▲			2	1							
06.17	부산	H		■		0	0							
06.20	전남	A			▼	0	2							
06.27	수원	H		■		0	0							
07.01	제주	A	▲			4	2							
07.05	광주	H		■		1	1							
07.08	성남	A		■		1	1							
07.11	포항	H			▼	1	3							
07.25	인천	H	▲			2	0							
08.12	울산	A	▲			2	1							
08.19	부산	A	▲			4	2							
08.22	대전	H	▲			2	0							
08.29	제주	A			▼	1	2							
09.09	포항	H		■		0	0							
09.12	전북	A			▼	0	3							
09.19	수원	A	▲			3	0							
09.23	성남	H			▼	0	1							
09.28	광주	H	▲			3	1							
10.04	전남	H	▲			3	2							
10.18	성남	A	▲			2	1							
10.25	전북	H		■		0	0							
11.07	수원	H	▲			4	3							
11.21	제주	A		■		1	1							
11.29	포항	A			▼	1	2							

2015년 클래식 팀별 연속 승패 · 득실점 기록 | 성남

일자	상대	홈. 원정	승	무	패	득점	실점	연속기록						
								승	무	패	득점	실점	무득점	무실점
03.07	전북	A			▼	0	2							
03.14	전남	H		■		0	0							
03.22	수원	H			▼	1	3							
04.04	대전	A	▲			4	1							
04.11	부산	H	▲			1	0							
04.15	인천	H		■		0	0							
04.18	광주	A		■		0	0							
04.26	제주	H		■		1	1							
05.02	서울	A		■		1	1							
05.10	포항	A		■		2	2							
05.16	울산	H	▲			1	0							
05.31	전북	H	▲			2	1							
06.03	제주	A			▼	3	4							
06.07	포항	H			▼	0	2							
06.13	수원	A		■		1	1							
06.17	전남	A			▼	1	2							
06.20	광주	H		■		1	1							
06.27	울산	A	▲			1	0							
07.01	대전	H	▲			3	1							
07.04	부산	A	▲			1	0							
07.08	서울	H		■		1	1							
07.12	인천	A	▲			1	0							
07.25	울산	A		■		0	0							
08.12	제주	H		■		1	1							
08.15	대전	A	▲			2	0							
08.19	수원	A	▲			1	0							
08.22	부산	H	▲			1	0							
08.30	전북	H			▼	0	1							
09.09	전남	A		■		1	1							
09.12	포항	A			▼	1	2							
09.19	광주	H	▲			2	1							
09.23	서울	A	▲			1	0							
10.04	인천	H	▲			1	0							
10.18	서울	H			▼	1	2							
10.24	수원	H		■		0	0							
11.08	포항	A		■		0	0							
11.21	전북	A		■		1	1							
11.29	제주	H	▲			2	1							

2015년 클래식 팀별 연속 승패 · 득실점 기록 | 제주

일자	상대	홈. 원정	승	무	패	득점	실점	연속기록						
								승	무	패	득점	실점	무득점	무실점
03.08	전남	A		■		1	1							
03.15	부산	H		■		0	0							
03.21	대전	H	▲			5	0							
04.04	서울	A			▼	0	1							
04.11	포항	H	▲			1	0							
04.15	광주	H	▲			2	1							
04.18	전북	A			▼	0	1							
04.26	성남	A		■		1	1							
05.05	울산	H	▲			2	1							
05.09	인천	A			▼	0	1							
05.16	수원	A			▼	0	1							
05.23	전남	H	▲			3	2							
05.30	광주	A			▼	0	1							
06.03	성남	H	▲			4	3							
06.07	울산	A			▼	0	2							
06.17	수원	H			▼	3	4							
06.21	대전	A		■		2	2							
06.27	부산	A	▲			3	1							
07.01	서울	H			▼	2	4							
07.04	인천	H		■		0	0							
07.08	포항	A	▲			4	3							
07.11	전북	H			▼	0	3							
07.26	전남	A			▼	1	3							
08.12	성남	A		■		1	1							
08.16	수원	H			▼	2	4							
08.19	인천	A			▼	0	1							
08.23	광주	A	▲			1	0							
08.29	서울	H	▲			2	1							
09.09	대전	A	▲			4	2							
09.13	울산	H		■		2	2							
09.19	포항	H			▼	0	1							
09.23	부산	A	▲			2	0							
10.04	전북	H	▲			3	2							
10.18	수원	A	▲			1	0							
10.24	포항	A			▼	1	2							
11.08	전북	H			▼	0	1							
11.21	서울	H		■		1	1							
11.29	성남	A			▼	1	2							

2015년 클래식 팀별 연속 승패 · 득실점 기록 | 울산

일자	상대	홈. 원정	승	무	패	득점	실점	연속기록 승	무	패	득점	실점	무득점	무실점
03.08	서울	H	▲			2	0							
03.15	포항	A	▲			4	2							
03.21	전남	H		■		0	0							
04.05	광주	H	▲			2	0							
04.11	대전	A		■		1	1							
04.15	수원	H		■		1	1							
04.19	인천	A		■		1	1							
04.25	부산	H		■		1	1							
05.05	제주	A			▼	1	2							
05.10	전북	H			▼	1	2							
05.16	성남	A			▼	0	1							
05.25	포항	H		■		2	2							
05.31	서울	A		■		0	0							
06.03	부산	A			▼	0	1							
06.07	제주	H	▲			2	0							
06.17	전북	A			▼	1	2							
06.21	인천	H		■		1	1							
06.27	성남	H			▼	0	1							
07.01	수원	A			▼	1	3							
07.05	전남	A			▼	1	2							
07.08	대전	H	▲			4	1							
07.11	광주	H			▼	0	1							
07.25	성남	H		■		0	0							
08.12	서울	H			▼	1	2							
08.16	부산	A		■		2	2							
08.19	포항	H		■		1	1							
08.22	수원	A			▼	1	3							
08.29	광주	A	▲			2	1							
09.09	전북	H	▲			2	0							
09.13	제주	A		■		2	2							
09.19	전남	H	▲			3	2							
09.23	인천	A	▲			2	1							
10.04	대전	A		■		0	0							
10.17	인천	A		■		2	2							
10.25	전남	A	▲			5	2							
11.07	대전	H	▲			2	1							
11.22	광주	A	▲			1	0							
11.28	부산	H	▲			2	1							

2015년 클래식 팀별 연속 승패 · 득실점 기록 | 인천

일자	상대	홈. 원정	승	무	패	득점	실점	연속기록 승	무	패	득점	실점	무득점	무실점
03.07	광주	H		■		2	2							
03.14	수원	A			▼	1	2							
03.22	전북	H		■		0	0							
04.05	전남	A			▼	0	1							
04.12	서울	H		■		1	1							
04.15	성남	A		■		0	0							
04.19	울산	H		■		1	1							
04.25	포항	H		■		1	1							
05.03	대전	A	▲			2	1							
05.09	제주	H	▲			1	0							
05.17	부산	A	▲			2	1							
05.23	전북	A			▼	0	1							
05.31	수원	H		■		1	1							
06.03	서울	A			▼	0	1							
06.06	전남	H			▼	1	2							
06.17	포항	A	▲			2	0							
06.21	울산	A		■		1	1							
06.28	대전	H	▲			2	0							
07.01	광주	H	▲			1	0							
07.04	제주	A		■		0	0							
07.08	부산	H	▲			3	1							
07.12	성남	H			▼	0	1							
07.25	서울	A			▼	0	2							
08.12	포항	H			▼	0	2							
08.15	전남	A	▲			2	0							
08.19	제주	H	▲			1	0							
08.22	전북	A	▲			1	0							
08.29	대전	H	▲			2	1							
09.09	광주	A			▼	0	1							
09.12	수원	A			▼	0	1							
09.19	부산	H	▲			2	1							
09.23	울산	H			▼	1	2							
10.04	성남	A			▼	0	1							
10.17	울산	H		■		2	2							
10.25	광주	A		■		0	0							
11.08	부산	H		■		0	0							
11.21	대전	A	▲			2	0							
11.28	전남	H			▼	0	1							

2015년 클래식 팀별 연속 승패 · 득실점 기록 | 전남

일자	상대	홈.원정	승	무	패	득점	실점	연속기록 승	무	패	득점	실점	무득점	무실점
03.08	제주	H		■		1	1							
03.14	성남	A		■		0	0							
03.21	울산	A		■		0	0							
04.05	인천	H	▲			1	0							
04.12	수원	H		■		1	1							
04.15	포항	A			▼	1	4							
04.19	부산	A	▲			2	0							
04.26	전북	H	▲			2	1							
05.03	광주	A			▼	2	3							
05.09	대전	H		■		0	0							
05.16	서울	A			▼	0	3							
05.23	제주	A			▼	2	3							
05.30	부산	H	▲			3	1							
06.03	광주	H			▼	1	2							
06.06	인천	A	▲			2	1							
06.17	성남	H	▲			2	1							
06.20	서울	H	▲			2	0							
06.28	전북	A		■		2	2							
07.01	포항	H		■		0	0							
07.05	울산	H	▲			2	1							
07.08	수원	A			▼	0	1							
07.12	대전	A	▲			3	2							
07.26	제주	H	▲			3	1							
08.12	광주	A		■		0	0							
08.15	인천	H			▼	0	2							
08.19	전북	A			▼	1	2							
08.23	포항	H		■		0	0							
08.29	부산	A		■		1	1							
09.09	성남	H		■		1	1							
09.13	대전	H		■		1	1							
09.19	울산	A			▼	2	3							
09.23	수원	H			▼	0	2							
10.04	서울	A			▼	2	3							
10.18	대전	A			▼	0	1							
10.25	울산	H			▼	2	5							
11.07	광주	H	▲			2	1							
11.22	부산	A		■		1	1							
11.28	인천	A	▲			1	0							

2015년 클래식 팀별 연속 승패 · 득실점 기록 | 광주

일자	상대	홈.원정	승	무	패	득점	실점	연속기록 승	무	패	득점	실점	무득점	무실점
03.07	인천	A		■		2	2							
03.15	대전	A	▲			2	0							
03.21	부산	A	▲			3	2							
04.05	울산	A			▼	0	2							
04.12	전북	H			▼	2	3							
04.15	제주	A			▼	1	2							
04.18	성남	H		■		0	0							
04.26	서울	H		■		1	1							
05.03	전남	H	▲			3	2							
05.09	수원	H			▼	0	2							
05.17	포항	H		■		0	0							
05.24	부산	H			▼	0	1							
05.30	제주	H	▲			1	0							
06.03	전남	A	▲			2	1							
06.07	수원	A	▲			1	0							
06.17	대전	A		■		0	0							
06.20	성남	A		■		1	1							
06.27	포항	A			▼	1	2							
07.01	인천	A			▼	0	1							
07.05	서울	A		■		1	1							
07.08	전북	A		■		1	1							
07.11	울산	A	▲			1	0							
07.25	포항	A		■		0	0							
08.12	전남	H		■		0	0							
08.19	대전	H			▼	1	2							
08.23	제주	H			▼	0	1							
08.29	울산	H			▼	1	2							
09.09	인천	H	▲			1	0							
09.13	부산	H		■		0	0							
09.19	성남	A			▼	1	2							
09.23	전북	H			▼	1	2							
09.28	서울	A			▼	1	3							
10.04	수원	H			▼	2	4							
10.17	부산	A	▲			1	0							
10.25	인천	H		■		0	0							
11.07	전남	A			▼	1	2							
11.22	울산	H			▼	0	1							
11.28	대전	H	▲			2	1							

2015년 클래식 팀별 연속 승패 · 득실점 기록 | 부산

일자	상대	홈.원정	승	무	패	득점	실점	연속기록 승	연속기록 무	연속기록 패	연속기록 득점	연속기록 실점	연속기록 무득점	연속기록 무실점
03.07	대전	H	▲			1	0							
03.15	제주	A		■		0	0							
03.21	광주	H			▼	2	3							
04.04	수원	A			▼	1	2							
04.11	성남	A			▼	0	1							
04.15	전북	H			▼	1	2							
04.19	전남	H			▼	0	2							
04.25	울산	A		■		1	1							
05.05	포항	A	▲			2	1							
05.10	서울	H			▼	0	1							
05.17	인천	H			▼	1	2							
05.24	광주	A	▲			1	0							
05.30	전남	A			▼	1	3							
06.03	울산	H	▲			1	0							
06.06	대전	A		■		0	0							
06.17	서울	A		■		0	0							
06.20	포항	H			▼	1	2							
06.27	제주	H			▼	1	3							
07.01	전북	A			▼	1	2							
07.04	성남	H			▼	0	1							
07.08	인천	A			▼	1	3							
07.12	수원	H		■		1	1							
07.26	대전	H	▲			2	1							
08.12	전북	A			▼	0	2							
08.16	울산	H		■		2	2							
08.19	서울	H			▼	2	4							
08.22	성남	A			▼	0	1							
08.29	전남	H		■		1	1							
09.09	수원	H		■		2	2							
09.13	광주	A		■		0	0							
09.19	인천	A			▼	1	2							
09.23	제주	H			▼	0	2							
10.04	포항	A			▼	0	2							
10.17	광주	H			▼	0	1							
10.24	대전	A			▼	1	2							
11.08	인천	A		■		0	0							
11.22	전남	H		■		1	1							
11.28	울산	A			▼	1	2							

2015년 클래식 팀별 연속 승패 · 득실점 기록 | 대전

일자	상대	홈.원정	승	무	패	득점	실점	연속기록 승	연속기록 무	연속기록 패	연속기록 득점	연속기록 실점	연속기록 무득점	연속기록 무실점
03.07	부산	A			▼	0	1							
03.15	광주	H			▼	0	2							
03.21	제주	A			▼	0	5							
04.04	성남	H			▼	1	4							
04.11	울산	H		■		1	1							
04.15	서울	A			▼	0	1							
04.19	포항	H			▼	0	2							
04.26	수원	A	▲			2	1							
05.03	인천	H			▼	1	2							
05.09	전남	A		■		0	0							
05.16	전북	A			▼	1	2							
05.30	포항	A			▼	1	2							
06.03	수원	H			▼	1	2							
06.06	부산	H		■		0	0							
06.10	서울	H			▼	1	2							
06.17	광주	H		■		0	0							
06.21	제주	H		■		2	2							
06.28	인천	A			▼	0	2							
07.01	성남	A			▼	1	3							
07.05	전북	H			▼	3	4							
07.08	울산	A			▼	1	4							
07.12	전남	H			▼	2	3							
07.26	부산	A			▼	1	2							
08.12	수원	A			▼	1	2							
08.15	성남	H			▼	0	2							
08.19	광주	A	▲			2	1							
08.22	서울	A			▼	0	2							
08.29	인천	A			▼	1	2							
09.09	제주	H			▼	2	4							
09.13	전남	A		■		1	1							
09.20	전북	A			▼	1	3							
09.23	포항	H			▼	0	1							
10.04	울산	H		■		0	0							
10.18	전남	H	▲			1	0							
10.24	부산	H	▲			2	1							
11.07	울산	A			▼	1	2							
11.21	인천	H			▼	0	2							
11.28	광주	A			▼	1	2							

2015년 클래식 팀 간 경기 기록

팀명	승점	상대팀	승	무	패	득점	실점	자책	득실	도움	코너킥	파울	파울득	오프사이드	슈팅(유효)	PK득점	PK실패	경고	퇴장
전 북	73	합계	22	7	9	57	39	1	18	31	197	494	517	74	516(246)	6	0	74	2
	7	광주	2	1	0	6	4	1	2	4	20	54	37	5	40(17)	0	0	9	0
	9	대전	3	0	0	9	5	0	4	8	12	49	38	5	42(22)	0	0	4	0
	9	부산	3	0	0	6	2	0	4	3	12	42	36	8	38(20)	1	0	3	0
	7	서울	2	1	1	6	3	0	3	5	15	65	49	7	32(13)	0	0	12	0
	7	성남	2	1	1	5	3	0	2	0	20	61	50	4	62(34)	2	0	7	0
	7	수원	2	1	1	7	5	0	2	3	23	45	54	9	62(29)	0	0	9	1
	6	울산	2	0	1	4	4	0	0	2	17	22	39	5	52(23)	1	0	1	0
	4	인천	1	1	1	1	1	0	0	0	16	33	46	7	28(15)	1	0	8	1
	4	전남	1	1	1	5	5	0	0	1	18	29	36	7	53(25)	1	0	6	0
	9	제주	3	0	1	7	3	0	4	4	25	40	59	10	60(28)	0	0	10	0
	4	포항	1	1	2	1	4	0	-3	1	19	54	73	7	47(20)	0	0	5	0

팀명	승점	상대팀	승	무	패	득점	실점	자책	득실	도움	코너킥	파울	파울득	오프사이드	슈팅(유효)	PK득점	PK실패	경고	퇴장
수 원	67	합계	19	10	9	60	43	1	17	34	168	488	512	65	453(232)	5	0	55	0
	6	광주	2	0	1	6	3	1	3	4	14	43	37	3	25(14)	1	0	2	0
	6	대전	2	0	1	5	4	0	1	1	20	41	41	7	50(25)	2	0	4	0
	5	부산	1	2	0	5	4	0	1	2	16	49	33	6	34(19)	0	0	6	0
	4	서울	1	1	2	8	8	0	0	6	14	45	46	9	52(26)	0	0	6	0
	5	성남	1	2	1	4	3	0	1	2	24	63	44	4	57(32)	0	0	5	0
	7	울산	2	1	0	7	3	0	4	3	7	36	46	3	23(17)	1	0	4	0
	7	인천	2	1	0	4	2	0	2	2	14	33	53	9	33(19)	1	0	2	0
	7	전남	2	1	0	4	1	0	3	3	9	30	41	8	40(14)	0	0	3	0
	4	전북	1	1	2	5	7	0	-2	3	23	55	43	5	52(24)	0	0	8	0
	9	제주	3	0	1	9	6	0	3	6	20	36	55	7	59(32)	0	0	5	0
	7	포항	2	1	1	3	2	0	1	2	7	57	73	4	28(10)	0	0	10	0

팀명	승점	상대팀	승	무	패	득점	실점	자책	득실	도움	코너킥	파울	파울득	오프사이드	슈팅(유효)	PK득점	PK실패	경고	퇴장
포 항	62	합계	0	11	10	52	44	0	8	30	141	457	507	93	391(205)	5	0	55	0
	5	광주	0	2	0	5	3	0	2	3	7	35	32	6	28(13)	0	0	2	0
	9	대전	0	0	0	5	1	0	4	5	17	23	30	1	37(22)	0	0	2	0
	7	부산	0	1	0	5	2	0	3	3	12	36	36	14	33(15)	1	0	3	0
	5	성남	0	2	1	4	4	0	0	3	8	50	42	5	41(15)	0	0	5	0
	7	수원	0	1	1	8	8	0	0	3	11	47	42	7	41(22)	1	0	9	0
	4	울산	0	1	1	2	3	0	-1	2	14	38	34	6	29(22)	0	0	7	0
	7	인천	0	1	0	4	1	0	3	1	11	31	41	15	32(13)	1	0	3	0
	6	전남	0	0	1	6	4	0	2	4	16	42	59	3	28(11)	0	0	4	0
	4	전북	0	1	2	3	6	0	-3	2	13	50	64	5	40(26)	0	0	8	0
	7	제주	0	1	1	7	5	0	2	3	17	42	61	16	48(27)	2	0	4	0
	1	포항	0	1	3	3	7	0	-4	1	15	63	66	15	34(19)	0	0	8	0

팀명	승점	상대팀	승	무	패	득점	실점	자책	득실	도움	코너킥	파울	파울득	오프사이드	슈팅(유효)	PK득점	PK실패	경고	퇴장
서 울	62	합계	0	11	10	52	44	0	8	30	141	457	507	93	391(205)	5	0	55	0
	5	광주	0	2	0	5	3	0	2	3	7	35	32	6	28(13)	0	0	2	0
	9	대전	0	0	0	5	1	0	4	5	17	23	30	1	37(22)	0	0	2	0
	7	부산	0	1	0	5	2	0	3	3	12	36	36	14	33(15)	1	0	3	0
	5	성남	0	2	1	4	4	0	0	3	8	50	42	5	41(15)	0	0	5	0
	7	수원	0	1	1	8	8	0	0	3	11	47	42	7	41(22)	1	0	9	0
	4	울산	0	1	1	2	3	0	-1	2	14	38	34	6	29(22)	0	0	7	0
	7	인천	0	1	0	4	1	0	3	1	11	31	41	15	32(13)	1	0	3	0
	6	전남	0	0	1	6	4	0	2	4	16	42	59	3	28(11)	0	0	4	0
	4	전북	0	1	2	3	6	0	-3	2	13	50	64	5	40(26)	0	0	8	0
	7	제주	0	1	1	7	5	0	2	3	17	42	61	16	48(27)	2	0	4	0
	1	포항	0	1	3	3	7	0	-4	1	15	63	66	15	34(19)	0	0	8	0

팀명	승점	상대팀	승	무	패	득점	실점	자책	득실	도움	코너킥	파울	파울득	오프사이드	슈팅(유효)	PK득점	PK실패	경고	퇴장
성 남	60	합계	15	15	8	41	33	1	8	32	184	519	530	77	391(199)	4	0	65	0
	5	광주	1	2	0	3	2	0	1	3	13	47	45	9	24(16)	0	0	6	0
	9	대전	3	0	0	9	2	0	7	7	17	56	28	3	41(20)	0	0	7	0
	9	부산	3	0	0	3	0	0	3	1	13	43	31	5	29(18)	2	0	5	0
	5	서울	1	2	1	4	4	0	0	4	11	46	47	8	44(20)	0	0	7	0
	5	수원	1	2	1	3	4	0	-1	2	23	45	59	9	33(15)	1	0	8	0
	7	울산	2	1	0	2	0	0	2	2	14	35	52	6	39(20)	0	0	6	0
	7	인천	2	1	0	2	0	0	2	2	17	42	46	6	25(12)	0	0	4	0
	2	전남	0	2	1	2	3	0	-1	2	8	44	40	5	32(13)	0	0	4	0
	4	전북	1	1	2	3	5	0	-2	2	27	55	56	9	49(28)	0	0	6	0
	5	제주	1	2	1	7	7	0	0	5	23	45	53	10	49(26)	1	0	6	0
	2	포항	0	2	2	3	6	1	-3	2	18	61	73	7	26(11)	0	0	6	0

팀명	승점	상대팀	승	무	패	득점	실점	자책	득실	도움	코너킥	파울	파울득	오프사이드	슈팅(유효)	PK득점	PK실패	경고	퇴장
제 주	50	합계	14	8	16	55	56	3	-1	41	160	527	426	66	454(197)	2	1	85	1
	6	광주	2	0	1	3	2	0	1	2	13	42	33	7	27(16)	0	0	8	0
	7	대전	2	1	0	11	4	0	7	8	13	44	31	8	43(22)	1	0	8	0
	7	부산	2	1	0	5	1	0	4	4	16	36	49	5	42(16)	0	0	4	0
	4	서울	1	1	2	5	7	0	-2	3	13	62	39	6	38(16)	0	0	12	0
	5	성남	1	2	1	7	7	1	0	6	19	55	43	7	54(27)	0	0	4	0
	3	수원	1	0	3	6	9	0	-3	5	21	58	35	9	38(19)	1	0	11	0
	4	울산	1	1	1	4	5	0	-1	4	6	35	41	9	31(15)	0	0	5	0
	1	인천	0	1	2	0	2	0	-2	0	17	37	35	3	43(12)	0	0	5	0
	4	전남	1	1	1	5	6	0	-1	2	8	46	33	7	43(19)	0	0	6	0
	3	전북	1	0	3	3	7	1	-4	3	19	61	37	1	54(20)	0	0	12	0
	6	포항	2	0	2	6	6	1	0	4	15	51	50	4	41(15)	0	1	10	1

팀명	승점	상대팀	승	무	패	득점	실점	자책	득실	도움	코너킥	파울	파울득	오프사이드	슈팅(유효)	PK득점	PK실패	경고	퇴장
울 산	53	합계	13	14	11	54	45	0	9	38	154	522	439	91	375(200)	3	2	73	3
	9	광주	3	0	1	5	2	0	3	3	19	53	54	12	43(23)	0	0	7	0
	8	대전	2	2	0	7	3	0	4	7	22	72	34	8	61(30)	0	0	8	0
	5	부산	1	2	1	5	5	0	0	4	12	50	55	10	40(23)	0	1	5	1
	4	서울	1	1	1	3	2	0	1	3	11	35	36	13	30(15)	0	0	3	0
	1	성남	0	1	2	0	2	0	-2	0	15	53	34	8	24(11)	0	0	7	0
	1	수원	0	1	2	3	7	0	-4	3	13	47	33	5	19(10)	0	0	8	0
	6	인천	1	3	0	6	5	0	1	5	15	48	55	6	37(25)	0	0	4	1
	7	전남	2	1	1	9	6	0	3	5	10	54	52	10	42(19)	2	0	6	1
	3	전북	1	0	2	4	4	0	0	3	9	39	21	7	25(14)	0	0	6	0
	4	제주	1	1	1	5	4	0	1	2	16	43	33	6	28(15)	1	1	10	0
	5	포항	1	2	0	7	5	0	2	3	12	28	32	6	26(15)	0	0	9	0

팀명	승점	상대팀	승	무	패	득점	실점	자책	득실	도움	코너킥	파울	파울득	오프사이드	슈팅(유효)	PK득점	PK실패	경고	퇴장
인 천	51	합계	13	12	13	35	32	2	3	17	108	611	404	63	321(170)	2	1	87	0
	5	광주	1	2	1	3	3	1	0	1	9	60	43	6	18(12)	0	0	9	0
	12	대전	4	0	0	8	2	0	6	1	11	68	33	7	38(27)	0	0	11	0
	10	부산	3	1	0	7	3	1	4	4	20	89	46	5	36(19)	1	0	11	0
	1	서울	0	1	2	1	4	0	-3	1	6	42	29	5	31(13)	0	1	7	0
	1	성남	0	1	2	0	2	0	-2	0	5	48	41	5	26(14)	0	0	7	0
	1	수원	0	1	2	2	4	0	-2	2	15	57	30	8	28(12)	0	0	5	0
	3	울산	0	3	1	5	6	0	-1	2	9	55	42	9	38(26)	1	0	7	0
	3	전남	1	0	3	3	4	0	-1	3	12	57	41	3	32(13)	0	0	8	0
	4	전북	1	1	1	1	1	0	0	1	9	50	32	9	29(11)	0	0	11	0
	7	제주	2	1	0	2	0	0	2	0	6	39	33	4	26(12)	0	0	4	0
	4	포항	1	1	1	3	3	0	0	2	6	46	34	2	19(11)	0	0	7	0

팀명	승점	상대팀	승	무	패	득점	실점	자책	득실	도움	코너킥	파울	파울득	오프사이드	슈팅(유효)	PK득점	PK실패	경고	퇴장
전 남	49	합계	12	13	13	46	51	1	-5	25	195	502	499	66	424(193)	5	1	70	0
	4	광주	1	1	2	5	6	0	-1	4	22	64	49	11	29(16)	0	0	11	0
	5	대전	1	2	1	4	4	0	0	2	28	52	49	3	73(25)	0	0	7	0
	8	부산	2	2	0	7	3	0	4	2	25	53	69	5	45(23)	2	0	8	0
	3	서울	1	0	2	4	6	1	-2	3	15	60	41	3	25(12)	0	0	8	0
	5	성남	1	2	0	3	2	0	1	0	22	40	42	4	44(22)	1	0	4	0
	1	수원	0	1	2	1	4	0	-3	1	7	42	28	6	23(10)	0	0	4	0
	4	울산	1	1	2	6	9	0	-3	3	18	53	53	6	48(28)	2	0	8	0
	9	인천	3	0	1	4	3	0	1	3	10	42	57	10	34(21)	0	0	7	0
	4	전북	1	1	1	5	5	0	0	4	15	37	29	6	31(13)	0	0	5	0
	4	제주	1	1	1	6	5	0	1	3	22	33	45	3	46(18)	0	1	2	0
	2	포항	0	2	1	1	4	0	-3	0	11	26	37	9	26(5)	0	0	6	0

팀명	승점	상대팀	승	무	패	득점	실점	자책	득실	도움	코너킥	파울	파울득	오프사이드	슈팅(유효)	PK득점	PK실패	경고	퇴장
광 주	42	합계	10	12	16	35	44	3	-9	22	158	512	522	65	316(141)	2	4	70	0
	7	대전	2	1	1	5	3	0	2	5	17	66	52	7	43(16)	0	0	7	0
	7	부산	2	1	1	4	3	1	1	3	17	64	42	4	27(11)	0	1	7	0
	2	서울	0	2	1	3	5	0	-2	2	15	33	34	8	26(13)	1	0	4	0
	2	성남	0	2	1	2	3	0	-1	1	6	47	44	5	26(10)	0	1	7	0
	3	수원	1	0	2	3	6	0	-3	1	10	39	41	11	22(12)	0	1	6	0
	3	울산	1	0	3	2	5	1	-3	0	13	56	51	7	42(24)	0	0	7	0
	5	인천	1	2	1	3	3	1	0	1	21	47	58	8	32(10)	0	0	9	0
	7	전남	2	1	1	6	5	0	1	4	18	50	63	5	38(14)	0	0	9	0
	1	전북	0	1	2	4	6	0	-2	3	11	39	51	4	14(11)	0	0	2	0
	3	제주	1	0	2	2	3	0	-1	1	18	35	40	5	22(9)	1	0	4	0
	2	포항	0	2	1	1	2	0	-1	1	12	36	46	1	24(11)	0	1	8	0

팀명	승점	상대팀	승	무	패	득점	실점	자책	득실	도움	코너킥	파울	파울득	오프사이드	슈팅(유효)	PK득점	PK실패	경고	퇴장
부 산	26	합계	5	11	22	30	55	1	-25	18	185	533	531	51	358(175)	3	3	72	1
	4	광주	1	1	2	3	4	0	-1	1	17	47	60	8	26(14)	0	2	8	0
	7	대전	2	1	1	4	3	0	1	4	18	65	51	4	53(24)	0	0	8	1
	1	서울	0	1	2	2	5	0	-3	1	16	37	35	4	34(14)	1	0	7	0
	0	성남	0	0	3	0	3	0	-3	0	15	35	40	1	41(20)	0	0	6	0
	2	수원	0	2	1	4	5	0	-1	3	17	33	47	3	27(13)	1	1	5	0
	5	울산	1	2	1	5	5	0	0	1	19	56	49	6	41(25)	1	0	11	0
	1	인천	0	1	3	3	7	0	-4	2	26	51	85	6	31(15)	0	0	8	0
	2	전남	0	2	2	3	7	0	-4	1	19	70	52	3	44(17)	0	0	9	0
	0	전북	0	0	3	2	6	1	-4	2	11	40	37	3	23(15)	0	0	2	0
	1	제주	0	1	2	1	5	0	-4	1	16	50	34	4	23(11)	0	0	4	0
	3	포항	1	0	2	3	5	0	-2	2	11	49	41	9	15(7)	0	0	4	0

팀명	승점	상대팀	승	무	패	득점	실점	자책	득실	도움	코너킥	파울	파울득	오프사이드	슈팅(유효)	PK득점	PK실패	경고	퇴장
대 전	19	합계	4	7	27	32	72	0	-40	19	112	456	555	67	342(151)	2	2	71	1
	4	광주	1	1	2	3	5	0	-2	2	12	54	61	7	24(10)	0	0	8	0
	4	부산	1	1	2	3	4	0	-1	3	15	54	63	3	30(14)	0	0	8	0
	0	서울	0	0	3	1	5	0	-4	1	3	32	23	5	26(12)	0	0	5	0
	0	성남	0	0	3	2	9	0	-7	2	9	32	55	9	25(10)	0	0	5	0
	3	수원	1	0	2	4	5	0	-1	2	5	45	40	9	14(11)	1	0	13	0
	2	울산	0	2	2	3	7	0	-4	0	15	36	70	6	48(27)	0	1	4	0
	0	인천	0	0	4	2	8	0	-6	0	16	36	66	7	41(18)	0	1	3	1
	5	전남	1	2	1	4	4	0	0	2	11	53	49	7	35(11)	0	0	7	0
	0	전북	0	0	3	5	9	0	-4	3	3	39	48	5	29(12)	1	0	5	0
	1	제주	0	1	2	4	11	0	-7	3	17	34	43	5	45(14)	0	0	6	0
	0	포항	0	0	3	1	5	0	-4	1	6	41	37	4	25(12)	0	0	7	0

2015년 클래식 팀별 경기기록 및 승률

팀명		전북		수원		포항		서울		성남		제주		울산		인천		전남		광주		부산		대전	
합산	승점	73		67		66		62		60		53		51		50		49		42		26		19	
	승	22		19		18		17		15		13		13		14		12		10		5		4	
	무	7		10		12		11		15		14		12		8		13		12		11		7	
	패	9		9		8		10		8		11		13		16		13		16		22		27	
	득	57		60		49		52		41		54		35		55		46		35		30		32	
	실	39		43		32		44		33		45		32		56		51		44		55		72	
	차	18		17		17		8		8		9		3		-1		-5		-9		-25		-40	
	승률	67.1		63.2		63.2		59.2		59.2		52.6		50		47.4		48.7		42.1		27.6		19.7	
홈/원정	구분	홈	원정	홈	원정	홈	원정	홈	원정	홈	원정	홈	원정	홈	원정	홈	원정	홈	원정	홈	원정	홈	원정	홈	원정
	승	13	9	11	8	9	9	9	8	8	7	8	5	7	6	8	6	8	4	4	6	3	2	2	2
	무	3	4	2	8	5	7	7	4	7	8	7	7	8	4	4	4	7	6	6	6	5	6	5	2
	패	3	6	6	3	5	3	3	7	4	4	4	7	5	8	6	10	4	9	9	7	11	11	12	15
	득	30	27	28	32	29	20	24	28	19	22	27	27	22	13	32	23	24	22	15	20	19	11	17	15
	실	14	25	20	23	22	10	14	30	16	17	17	28	19	13	30	26	21	30	22	22	31	24	34	38
	차	16	2	8	9	7	10	10	-2	3	5	10	-1	3	0	2	-3	3	-8	-7	-2	-12	-13	-17	-23
	승률	76.3	57.9	63.2	63.2	60.5	65.8	65.8	52.6	60.5	57.9	60.5	44.7	55.0	44.4	55.6	40.0	60.5	36.8	36.8	47.4	28.9	26.3	23.7	15.8

2015년 클래식 팀별 개인 기록 | 전북

선수명	대회	출장	교체	득점	도움	코너킥	파울	파울득	오프사이드	슈팅	유효슈팅	경고	퇴장	실점	자책
권순태	클	36	0	0	0	0	2	4	0	0	0	4	0	35	0
김기희	클	33	2	0	0	0	31	8	1	13	4	6	0	0	1
김동찬	클	15	15	0	2	0	4	13	2	12	5	0	0	0	0
김영찬	클	5	2	0	0	0	3	5	0	2	0	1	0	0	0
김형일	클	24	2	0	0	0	29	49	0	7	4	4	0	0	0
레오나르도	클	37	25	10	3	107	11	45	8	104	55	3	0	0	0
루이스	클	16	13	1	2	11	9	20	2	16	10	2	0	0	0
문상윤	클	9	8	0	2	0	15	4	0	5	2	1	0	0	0
박원재	클	9	2	0	1	0	13	7	1	2	1	1	0	0	0
박희도	클	0	0	0	0	0	0	0	0	0	0	0	0	0	0
	챌	27	12	4	0	14	34	51	4	38	16	3	0	0	0
	계	27	12	4	0	14	34	51	4	38	16	3	0	0	0
서상민	클	3	3	1	0	0	5	1	0	1	1	2	0	0	0
	챌	2	1	0	0	0	2	8	1	2	0	0	0	0	0
	계	5	4	1	0	0	7	9	1	3	1	2	0	0	0
에닝요	클	17	14	1	2	43	9	14	3	31	7	3	0	0	0
에 두	클	20	6	11	3	0	23	33	16	44	27	3	0	0	0
옹동균	클	1	1	0	0	0	1	0	0	0	0	0	0	0	0
우르코베라	클	6	6	0	0	0	7	4	0	12	2	0	0	0	0
윌킨슨	클	21	3	0	0	0	9	7	0	3	2	1	0	0	0
유창현	클	7	7	2	0	0	10	8	1	5	4	0	0	0	0
이규로	클	2	0	0	0	0	3	5	0	4	0	0	0	0	0
이근호	클	15	7	4	1	0	14	32	8	24	11	0	0	0	0
이동국	클	33	17	13	5	0	26	40	13	98	49	4	0	0	0
이승렬	클	3	3	0	0	1	2	5	0	5	1	1	1	0	0
이승현	클	10	10	0	0	0	11	9	6	2	1	0	0	0	0
이재명	클	3	1	1	0	0	3	2	0	4	2	0	0	0	0
이재성	클	34	4	7	5	29	37	71	1	40	22	2	0	0	0
이주용	클	20	4	1	0	3	36	20	0	16	4	4	0	0	0
이 호	클	11	7	0	0	0	17	3	0	2	2	4	0	0	0
장윤호	클	10	7	2	0	2	20	14	1	10	6	2	0	0	0
정 훈	클	20	13	0	1	0	27	10	0	5	3	2	0	0	0
조성환	클	17	4	0	0	0	17	8	0	3	1	7	0	0	0
최보경	클	26	10	0	0	0	40	17	0	11	3	7	0	0	0
최철순	클	29	1	0	0	0	40	30	1	10	4	5	0	0	0
한교원	클	26	16	1	4	0	15	23	10	23	11	3	1	0	0
홍정남	클	2	0	0	0	0	0	0	0	0	0	0	0	4	0

클: K리그 클래식 / 챌: K리그 챌린지

2015년 클래식 팀별 개인 기록 | 수원

선수명	대회	출장	교체	득점	도움	코너킥	파울	파울득	오프사이드	슈팅	유효슈팅	경고	퇴장	실점	자책
고민성	클	1	1	0	0	0	0	0	0	0	0	0	0	0	0
고차원	클	25	16	0	0	0	18	22	3	30	13	2	0	0	0
곽희주	클	13	11	1	0	0	14	10	0	2	2	1	0	0	0
구자룡	클	25	5	0	0	0	15	24	0	4	1	4	0	0	0
권창훈	클	35	15	10	0	16	25	50	2	62	39	1	0	0	0
김은선	클	9	2	1	0	0	13	14	1	6	3	1	0	0	0
노동건	클	16	0	0	0	0	0	2	0	0	0	1	0	20	0
레 오	클	11	10	1	0	0	10	9	2	9	5	0	0	0	0
민상기	클	7	2	1	0	0	8	10	0	3	3	1	0	0	0
박종진	클	0	0	0	0	0	0	0	0	0	0	0	0	0	0
	챌	8	5	0	0	4	9	9	0	8	2	0	0	0	0
	계	8	5	0	0	4	9	9	0	8	2	0	0	0	0
박현범	클	2	2	0	0	0	0	0	0	0	0	1	0	0	0
	챌	19	11	1	0	0	13	1	0	8	4	1	0	0	0
	계	21	13	1	0	0	13	1	0	8	4	2	0	0	0
방찬준	클	1	1	0	0	0	0	0	0	0	0	0	0	0	0
백지훈	클	21	16	0	0	0	11	11	0	12	3	2	0	0	0
산토스	클	29	23	12	1	1	23	21	3	66	38	0	0	0	0
서정진	클	24	16	1	0	3	14	26	16	13	3	0	0	0	0
신세계	클	18	8	1	0	0	21	17	1	5	2	2	0	0	0
양상민	클	28	11	3	0	0	16	11	0	16	6	2	0	0	1
연제민	클	22	7	0	0	0	23	13	0	4	3	1	0	0	0
염기훈	클	35	4	8	17	141	26	86	7	44	25	1	0	0	0
오범석	클	29	5	1	1	0	53	42	0	9	2	9	0	0	0
이상호	클	30	17	5	2	0	30	31	0	32	16	3	0	0	0
이용래	챌	14	4	1	1	21	23	10	1	11	4	3	0	0	0
일리안	클	8	7	0	0	0	11	13	4	9	4	1	0	0	0
장현수	클	4	4	0	1	0	2	5	0	4	2	0	0	0	0
정대세	클	21	10	6	5	0	42	20	13	42	20	2	0	0	0
정성룡	클	22	0	0	0	0	0	4	0	0	0	2	0	23	0
조성진	클	29	2	3	0	0	56	15	1	13	7	11	0	0	0
조지훈	클	4	4	0	1	0	0	0	0	3	0	1	0	0	0
조찬호	클	19	18	2	3	1	11	7	2	18	11	1	0	0	0
카이오	클	21	13	4	0	0	14	19	12	41	24	3	0	0	0
홍 철	클	30	6	0	3	7	30	30	0	14	4	1	0	0	0

2015년 클래식 팀별 개인 기록 | 포항

선수명	대회	출장	교체	득점	도움	코너킥	파울	파울득	오프사이드	슈팅	유효슈팅	경고	퇴장	실점	자책
강상우	클	5	4	1	0	1	6	12	1	13	9	0	0	0	0
고무열	클	30	19	6	2	0	42	38	11	43	26	3	1	0	0
김광석	클	24	0	0	0	0	14	16	1	8	4	0	0	0	0
김대호	클	18	4	1	0	0	30	15	1	7	5	7	0	0	0
김승대	클	34	9	8	4	42	17	27	13	41	22	1	0	0	0
김원일	클	24	1	0	0	0	36	17	0	8	1	5	0	0	0
김준수	클	18	2	2	0	0	34	18	1	4	2	3	0	0	0
김태수	클	26	18	1	0	0	19	14	0	9	4	2	0	0	0
라자르	클	16	14	0	0	0	15	20	4	16	8	1	0	0	0
모리츠	클	11	9	0	1	28	12	13	2	16	8	2	0	0	0
문창진	클	11	6	4	2	6	10	20	2	14	10	1	0	0	0
박선용	클	22	4	0	2	0	28	27	0	6	1	3	0	0	0
박선주	클	11	4	0	0	0	19	11	0	3	1	5	0	0	0
박성호	클	26	26	3	0	0	18	6	2	15	6	3	0	0	0
박준희	클	3	2	0	0	2	4	2	0	2	1	0	0	0	0
배슬기	클	27	0	0	1	0	42	24	0	7	2	8	0	0	0
손준호	클	35	3	9	4	10	87	66	5	55	28	9	0	0	0
신진호	클	17	0	3	3	73	39	32	3	28	11	5	0	0	0
신화용	클	38	0	0	0	0	0	9	0	0	0	3	0	32	0
심동운	클	28	23	1	3	0	14	16	1	31	15	1	0	0	0
유제호	클	1	1	0	0	0	1	3	0	1	1	0	0	0	0
이광혁	클	19	16	2	0	1	11	17	1	16	11	0	0	0	0
이재원	클	9	5	0	0	0	7	5	0	3	1	0	0	0	0
최재수	클	16	5	2	1	0	23	18	0	4	2	6	0	0	0
티아고	클	25	24	4	3	36	12	15	3	62	26	6	0	0	0
황지수	클	30	19	0	4	0	48	22	1	8	3	2	0	0	0

2015년 클래식 팀별 개인 기록 | 서울

선수명	대회	출장	교체	득점	도움	코너킥	파울	파울득	오프사이드	슈팅	유효슈팅	경고	퇴장	실점	자책
고광민	클	28	4	0	3	0	20	42	2	12	4	1	0	0	0
고명진	클	20	8	1	0	21	18	25	2	18	7	5	0	0	0
고요한	클	33	22	2	1	0	34	47	4	16	12	2	0	0	0
김남춘	클	17	3	1	0	0	12	9	1	4	3	2	0	0	0
김동우	클	20	2	1	0	0	19	13	0	6	1	3	0	0	0
김민혁	클	6	6	0	0	0	8	4	0	0	0	1	0	0	0
김용대	클	12	0	0	0	0	0	3	0	0	0	0	0	21	0
김진규	클	15	5	0	0	0	15	3	0	7	1	1	0	0	0
김치우	클	17	1	1	1	10	15	28	4	12	5	2	0	0	0
김현성	클	17	14	4	0	0	18	23	5	18	12	3	0	0	0
다카하기	클	14	11	2	0	1	15	6	0	13	3	2	0	0	0
몰리나	클	35	20	4	11	90	23	37	3	48	22	5	0	0	0
박용우	클	26	8	0	0	1	23	9	0	6	2	3	0	0	0
박주영	클	23	13	7	2	0	24	27	20	41	28	2	0	0	0
박희성	클	2	2	0	0	0	2	3	0	1	1	1	0	0	0
심상민	클	12	6	0	2	0	14	23	1	5	1	0	0	0	0
심제혁	클	8	8	0	0	0	11	3	0	2	0	1	0	0	0
아드리아노	클	30	6	15	2	9	53	78	45	68	41	7	1	0	0
오스마르	클	38	0	3	1	0	42	20	1	29	13	2	0	0	0
유상훈	클	26	0	0	0	0	0	6	0	0	0	2	0	23	0
윤일록	클	20	13	1	3	8	27	25	6	24	12	2	0	0	0
윤주태	클	26	26	9	1	0	17	14	6	34	23	0	0	0	0
이상협	클	10	11	0	0	7	7	4	0	3	2	0	0	0	0
이석현	클	9	9	0	0	2	4	6	0	3	0	0	0	0	0
이웅희	클	32	1	0	1	0	29	38	1	13	7	5	0	0	0
이재권	챌	10	7	0	1	2	9	17	0	9	2	4	0	0	0
정조국	클	11	10	1	1	0	4	8	6	17	11	0	0	0	0
차두리	클	24	5	2	2	0	23	18	2	12	5	6	0	0	0

클: K리그 클래식 / 챌: K리그 챌린지

2015년 클래식 팀별 개인 기록 | 성남

선수명	대회	출장	교체	득점	도움	코너킥	파울	파울득	오프사이드	슈팅	유효슈팅	경고	퇴장	실점	자책
곽해성	클	23	5	0	3	0	10	9	0	10	5	0	0	0	0
김동희	클	28	26	2	2	0	13	14	1	18	12	2	0	0	0
김두현	클	35	21	7	8	94	29	33	4	54	33	0	0	0	0
김성준	클	31	15	3	2	18	35	23	3	35	14	3	0	0	0
김철호	클	32	7	0	0	0	63	31	0	14	8	5	0	0	0
김태윤	클	16	1	0	0	0	17	6	1	3	0	3	0	0	1
남준재	클	30	28	4	2	1	45	54	9	26	16	3	0	0	0
레이나	클	15	7	1	3	32	28	29	3	17	11	3	0	0	0
루카스	클	15	14	0	0	0	15	21	3	6	1	0	0	0	0
박용지	클	33	31	2	3	0	20	47	3	26	13	2	0	0	0
박준혁	클	32	0	0	0	0	0	4	0	0	0	4	0	26	0
박태민	클	20	2	0	1	0	30	9	0	2	1	3	0	0	0
성봉재	클	3	3	0	0	0	6	4	1	0	0	0	0	0	0
심우연	클	1	1	0	0	0	0	0	0	0	0	0	0	0	0
윤영선	클	35	1	2	0	0	37	33	1	8	6	11	0	0	0
이상협	클	11	11	0	0	1	5	7	0	5	3	2	0	0	0
이요한	클	6	6	0	0	0	1	0	0	0	0	0	0	0	0
이종원	클	21	10	0	1	4	24	21	1	14	2	2	0	0	0
이태희	클	13	1	1	1	0	23	15	1	5	3	0	0	0	0
임채민	클	13	0	0	1	0	13	25	0	2	0	3	0	0	0
장석원	클	18	3	0	0	0	14	20	0	2	0	2	0	0	0
장학영	클	17	2	0	1	0	14	14	0	3	2	3	0	0	0
전상욱	클	6	0	0	0	0	0	0	0	0	0	3	0	7	0
정선호	클	31	14	1	0	35	23	20	0	22	6	4	0	0	0
조르징요	클	11	7	1	0	0	12	17	2	12	5	3	0	0	0
황의조	클	34	4	15	3	0	42	71	36	108	56	4	0	0	0
히카르도	클	16	15	2	1	0	9	19	7	11	7	1	0	0	0

2015년 클래식 팀별 개인 기록 | 제주

선수명	대회	출장	교체	득점	도움	코너킥	파울	파울득	오프사이드	슈팅	유효슈팅	경고	퇴장	실점	자책
강수일	클	14	7	5	2	0	8	20	7	27	13	1	0	0	0
강준우	클	10	7	0	0	0	6	6	0	0	0	2	0	0	1
권순형	클	4	2	1	0	1	5	5	0	8	2	0	0	0	0
	챌	23	7	2	3	39	16	21	0	39	17	3	0	0	0
	계	27	9	3	3	40	21	26	0	47	19	3	0	0	0
김경민	클	7	0	0	0	0	1	0	0	0	0	1	0	11	0
김봉래	클	21	12	1	1	0	9	22	0	5	2	2	0	0	0
김상원	클	21	4	3	3	0	25	13	0	10	6	6	0	0	0
김수범	클	17	4	0	0	0	27	29	1	8	2	4	0	0	0
김영신	클	14	11	2	0	0	8	9	4	12	5	1	0	0	0
김 현	클	26	21	3	1	0	34	18	3	36	17	3	0	0	0
김호준	클	31	0	0	0	0	0	3	0	0	0	1	0	45	0
까랑가	클	16	8	5	3	0	34	11	13	30	14	3	0	0	0
로페즈	클	33	6	11	11	1	44	54	8	94	43	6	0	0	0
박수창	클	20	17	3	1	0	13	11	7	15	6	1	0	0	0
배기종	클	9	8	2	3	0	11	20	1	10	5	2	0	0	0
배세현	클	1	1	0	0	2	2	0	0	0	0	0	0	0	0
배재우	클	6	2	0	0	0	8	6	0	2	0	3	0	0	0
백동규	클	16	2	0	0	0	27	5	0	3	0	3	0	0	0
	챌	12	0	0	0	0	19	7	1	4	1	4	0	0	0
	계	28	2	0	0	0	46	12	1	7	1	7	0	0	0
서동현	클	4	0	1	0	0	7	5	1	6	4	1	0	0	0
	챌	19	4	6	2	0	31	18	13	27	11	3	0	0	0
	계	23	4	7	2	0	38	23	14	33	15	4	0	0	0
송수영	클	4	4	0	0	0	1	3	0	4	1	0	0	0	0
	챌	15	11	0	1	33	12	20	10	23	11	1	0	0	0
	계	19	15	0	1	33	13	23	10	27	12	1	0	0	0
송진형	클	29	19	6	6	3	25	16	1	47	20	3	0	0	0
시 로	클	7	8	0	0	0	6	1	4	7	4	1	0	0	0
심광욱	클	8	9	0	1	0	6	4	1	3	3	1	0	0	0
알렉스	클	22	6	0	0	0	16	4	0	6	4	4	0	0	0
양준아	클	31	9	0	0	23	35	26	4	11	2	4	0	0	1
오반석	클	34	2	1	0	0	32	27	2	16	4	4	1	0	1
윤빛가람	클	36	3	6	7	113	31	42	1	49	21	7	0	0	0
이 용	클	7	3	1	0	0	8	2	0	1	1	2	0	0	0
장은규	클	10	7	0	0	1	14	11	0	2	1	4	0	0	0
전태현	클	0	0	0	0	0	0	0	0	0	0	0	0	0	0
	챌	17	0	0	0	0	0	2	0	0	0	1	0	21	0
	계	17	0	0	0	0	0	2	0	0	0	1	0	21	0
정다훤	클	25	4	2	0	0	38	22	1	10	5	8	0	0	0
정영총	클	17	15	0	0	0	15	10	3	8	2	1	0	0	0
진대성	클	11	9	2	1	0	8	7	3	15	6	0	0	0	0
허범산	클	16	11	0	1	15	23	14	0	9	4	6	0	0	0

2015년 클래식 팀별 개인 기록 | 울산

선수명	대회	출장	교체	득점	도움	코너킥	파울	파울득	오프사이드	슈팅	유효슈팅	경고	퇴장	실점	자책
고창현	클	8	8	0	1	8	3	1	0	5	2	1	0	0	0
구본상	클	30	15	1	0	11	43	17	0	18	11	13	0	0	0
김근환	클	18	3	0	1	0	10	10	2	3	1	0	0	0	0
김승규	클	34	1	0	0	0	0	4	0	0	0	3	0	42	0
김승준	클	11	8	4	0	0	5	12	1	8	5	0	0	0	0
김신욱	클	38	14	18	4	0	41	53	28	85	49	1	0	0	0
김영삼	클	5	4	0	0	0	5	2	0	1	0	1	0	0	0
김치곤	클	20	6	1	0	0	18	15	0	5	2	4	0	0	0
김태환	클	33	7	1	7	2	50	31	12	15	7	7	1	0	0
따르따	클	15	14	0	2	0	23	10	8	7	1	3	0	0	0
마스다	클	31	12	3	0	4	32	23	0	23	13	1	0	0	0
서용덕	클	7	7	0	1	11	5	6	2	4	3	0	0	0	0
송유걸	클	1	0	0	0	0	0	0	0	0	0	0	0	2	0
안현범	클	17	16	0	1	0	16	14	.3	10	4	2	0	0	0
양동현	클	30	18	8	3	0	51	42	13	48	27	2	0	0	0
에벨톤	클	24	22	4	0	2	8	35	7	18	13	0	0	0	0
유준수	클	16	1	1	0	0	7	6	0	7	3	1	2	0	0
이명재	클	19	10	0	3	13	23	12	0	5	3	2	0	0	0
이영재	클	10	8	1	2	14	7	10	1	19	11	0	0	0	0
이재성	클	11	2	0	0	0	8	7	1	0	0	3	0	0	0
이창용	클	17	10	0	0	0	16	11	1	5	1	3	0	0	0
이희성	클	1	1	0	0	0	0	0	0	0	0	0	0	0	0
임창우	클	27	3	1	0	2	25	28	1	11	5	6	0	0	0
장대희	클	3	0	0	0	0	0	0	0	0	0	0	0	1	0
정동호	클	28	1	2	4	2	40	35	1	10	5	7	0	0	0
정승현	클	18	8	0	0	0	24	8	1	4	2	1	0	0	0
제파로프	클	22	13	6	3	49	17	27	6	27	14	2	0	0	0
조영철	클	2	2	0	0	0	0	1	0	0	0	0	0	0	0
카 사	클	2	2	0	0	0	3	4	1	0	0	1	0	0	0
코 바	클	17	7	6	6	35	7	18	9	48	28	1	0	0	0
하성민	클	28	9	0	0	2	39	22	0	5	2	8	0	0	0

2015년 클래식 팀별 개인 기록 | 인천

선수명	대회	출장	교체	득점	도움	코너킥	파울	파울득	오프사이드	슈팅	유효슈팅	경고	퇴장	실점	자책
권완규	클	34	0	1	0	0	50	23	3	19	6	8	0	0	0
김경민	클	1	0	0	0	0	2	1	0	0	0	1	0	0	0
	챌	1	1	0	0	0	0	0	0	0	0	0	0	0	0
	계	2	1	0	0	0	2	1	0	0	0	1	0	0	0
김대경	클	18	13	0	1	7	10	3	4	4	3	0	0	0	0
김대중	클	16	7	0	0	0	8	2	0	1	1	0	0	0	1
김도혁	클	23	13	1	1	3	43	20	0	11	5	3	0	0	0
김동석	클	28	15	2	2	19	30	32	1	13	8	5	0	0	0
김용환	클	3	3	0	0	0	0	2	0	0	0	1	0	0	0
김원식	클	31	3	0	0	0	83	30	0	21	6	15	0	0	0
김인성	클	32	19	5	0	0	58	40	12	36	20	3	0	0	0
김진환	클	20	3	3	0	0	17	9	1	4	3	3	0	0	0
김창훈	클	1	0	0	0	0	1	0	0	0	0	0	0	0	0
	챌	1	0	0	0	0	0	2	0	0	0	0	0	0	0
	계	2	0	0	0	0	1	2	0	0	0	0	0	0	0
박대한	클	35	3	1	1	0	44	21	2	10	3	8	0	0	0
박세직	클	30	27	4	2	35	16	23	8	23	16	0	0	0	0
백승원	클	3	2	0	0	0	7	1	0	1	0	2	0	0	0
안진범	클	9	8	0	0	2	10	12	0	2	1	1	0	0	0
와 다	클	3	3	1	0	0	0	0	0	1	1	0	0	0	0
요니치	클	37	0	0	0	0	23	26	0	6	2	4	0	0	1
용재현	클	5	1	0	0	0	3	1	1	1	1	3	0	0	0
유 현	클	26	1	0	0	0	2	4	0	0	0	2	0	25	0
윤상호	클	13	9	0	1	0	16	12	2	3	1	2	0	0	0
이성우	클	7	8	0	0	0	3	3	0	3	2	0	0	0	0
이슬기	클	1	0	0	0	1	3	2	0	0	0	0	0	0	0
이윤표	클	15	3	0	0	0	10	15	0	1	0	2	0	0	0
이진욱	클	4	4	1	0	0	0	3	0	3	2	0	0	0	0
이천수	클	20	19	2	2	39	22	16	7	28	16	4	0	0	0
이태희	클	4	1	0	0	0	0	0	0	0	0	0	0	3	0
이효균	클	11	9	1	1	0	13	10	1	6	2	1	0	0	0
	챌	15	13	2	1	0	28	23	5	27	12	2	0	0	0
	계	26	22	3	2	0	41	33	6	33	14	3	0	0	0
조수철	클	27	6	2	1	2	28	13	1	24	9	4	0	0	0
조수혁	클	10	2	0	0	0	0	2	0	0	0	2	0	4	0
지병주	클	1	1	0	0	0	2	0	0	0	0	1	0	0	0
진성욱	클	27	27	4	1	0	31	31	1	19	14	3	0	0	0
케 빈	클	35	15	6	4	0	75	47	19	81	48	8	0	0	0

클: K리그 클래식 / 챌: K리그 챌린지

2015년 클래식 팀별 개인 기록 | 전남

선수명	대회	출장	교체	득점	도움	코너킥	파울	파울득	오프사이드	슈팅	유효슈팅	경고	퇴장	실점	자책
고병욱	클	4	4	0	0	0	1	2	2	1	1	0	0	0	0
김동철	클	29	11	0	0	0	37	29	0	6	3	4	0	0	1
김민식	클	10	0	0	0	0	0	0	0	0	0	0	0	21	0
김병지	클	27	0	0	0	0	1	3	0	0	0	0	0	30	0
김영욱	클	27	19	2	2	6	24	28	0	11	5	4	0	0	0
김태호	클	6	2	0	0	0	12	4	0	0	0	2	0	0	0
김평래	클	29	10	0	0	0	26	29	2	10	4	3	0	0	0
레안드리뉴	클	20	17	1	1	6	26	22	0	18	12	3	0	0	0
방대종	클	24	9	0	0	0	16	31	1	1	1	5	0	0	0
스테보	클	35	8	12	3	0	42	47	23	79	46	3	0	0	0
안수현	클	1	1	0	0	0	1	1	0	0	0	0	0	0	0
안용우	클	34	18	3	4	85	22	21	5	51	26	1	0	0	0
오르샤	클	33	17	9	7	46	29	22	10	70	25	4	0	0	0
오영준	클	4	3	0	0	0	0	0	0	1	0	0	0	0	0
이슬찬	클	22	9	0	0	0	40	42	1	14	7	7	0	0	0
이재억	클	2	2	0	0	0	3	0	0	0	0	1	0	0	0
이종호	클	31	15	12	3	0	54	71	3	59	27	6	0	0	0
이지남	클	19	3	0	0	0	22	11	0	2	1	3	0	0	0
이지민	클	14	11	1	1	5	9	21	2	7	3	1	0	0	0
이창민	클	21	15	2	2	5	13	6	1	28	10	2	0	0	0
임종은	클	28	5	1	0	0	24	6	4	10	3	5	0	0	0
전현철	클	20	19	1	0	1	7	4	12	16	8	0	0	0	0
정석민	클	26	18	0	0	0	27	36	0	20	3	3	0	0	0
최효진	클	27	3	2	0	0	33	28	0	13	6	5	0	0	0
한유성	클	1	0	0	0	0	0	0	0	0	0	1	0	0	0
현영민	클	29	1	0	2	41	28	31	0	7	2	6	0	0	0
홍진기	클	6	2	0	0	0	5	4	0	0	0	1	0	0	0

2015년 클래식 팀별 개인 기록 | 광주

선수명	대회	출장	교체	득점	도움	코너킥	파울	파울득	오프사이드	슈팅	유효슈팅	경고	퇴장	실점	자책
권영호	클	4	3	0	0	0	2	0	0	1	0	0	0	0	0
권정혁	클	17	0	0	0	0	1	2	0	0	0	0	0	16	0
김성현	클	4	4	0	0	0	3	1	1	1	1	0	0	0	0
김영빈	클	28	3	2	0	0	23	15	2	4	3	6	0	0	0
김의신	클	1	1	0	0	0	0	0	0	0	0	0	0	0	0
김호남	클	29	13	8	1	41	27	27	13	39	26	4	0	0	0
까시아노	클	11	8	1	0	0	16	11	7	6	3	2	0	0	0
다니엘	클	2	2	0	0	0	1	1	0	1	0	0	0	0	0
마철준	클	1	1	0	0	0	0	0	0	0	0	0	0	0	0
박선홍	클	10	10	1	1	1	1	1	1	4	2	1	0	0	0
박일권	클	5	5	0	0	0	2	1	0	0	0	1	0	0	0
송성범	클	3	2	0	0	0	2	1	0	2	0	1	0	0	0
송승민	클	33	7	3	4	0	47	46	11	53	24	4	0	0	0
안영규	클	33	6	2	0	0	36	19	0	6	3	6	0	0	0
여 름	클	31	8	1	2	0	48	39	2	21	5	6	0	0	0
오도현	클	23	22	0	0	0	17	7	1	4	2	1	0	0	0
이으뜸	클	24	6	0	4	25	27	32	0	15	7	5	0	0	0
이종민	클	33	5	5	4	82	41	48	1	24	14	6	0	0	0
이찬동	클	30	5	0	1	0	57	59	0	13	2	10	0	0	0
임선영	클	29	11	4	1	0	31	41	6	25	10	0	0	0	0
정준연	클	26	5	0	0	0	29	31	0	1	0	7	0	0	2
정호정	클	28	7	0	0	0	18	21	0	10	3	2	0	0	0
제종현	클	8	0	0	0	0	0	1	0	0	0	1	0	11	1
조용태	클	22	22	2	2	0	9	21	2	16	10	0	0	0	0
주현우	클	28	25	0	1	3	14	35	6	14	4	1	0	0	0
질베르토	클	6	5	1	0	0	19	6	2	5	3	1	0	0	0
최봉진	클	13	0	0	0	0	0	3	0	0	0	1	0	17	0
	챌	0	0	0	0	0	0	0	0	0	0	0	0	0	0
	계	13	0	0	0	0	0	3	0	0	0	1	0	17	0
파비오	클	37	30	2	1	5	31	46	5	46	17	2	0	0	0
허재녕	클	3	3	0	0	0	5	2	0	0	0	1	0	0	0

2015년 클래식 팀별 개인 기록 | 부산

선수명	대회	출장	교체	득점	도움	코너킥	파울	파울득	오프사이드	슈팅	유효슈팅	경고	퇴장	실점	자책
구현준	클	11	2	0	1	9	13	9	0	5	2	1	0	0	0
김동섭	클	13	11	0	0	0	10	18	7	15	8	1	0	0	0
김용태	클	21	15	0	0	0	10	23	0	10	5	1	0	0	0
김익현	클	7	4	0	0	0	7	5	0	1	1	2	0	0	0
김종혁	클	16	3	1	0	0	21	10	0	6	3	4	0	0	0
김지민	클	1	1	0	0	0	2	2	0	0	0	0	0	0	0
김진규	클	14	10	1	2	7	11	5	0	16	6	3	0	0	0
김찬영	클	9	4	0	0	0	9	8	0	0	0	0	0	0	0
노행석	클	23	5	1	0	0	36	16	0	8	3	5	0	0	0
닐손주니어	클	9	4	0	0	0	10	4	0	1	1	1	0	0	0
박준강	클	20	7	0	0	0	13	22	0	2	1	1	0	0	0
배천석	클	21	7	1	1	0	36	19	4	30	17	0	0	0	0
베르손	클	7	7	0	0	0	9	11	1	12	7	1	0	0	0
빌	클	4	4	0	0	0	5	4	2	2	1	0	0	0	0
엘리아스	클	8	8	0	0	0	3	4	1	6	1	1	0	0	0
웨슬리	클	30	11	8	1	1	58	50	18	57	33	10	0	0	0
유지노	클	26	2	1	0	0	35	41	4	8	3	3	0	0	0
유지훈	클	23	4	1	1	3	37	21	0	15	7	7	0	0	1
윤동민	클	16	16	0	0	1	7	12	4	7	2	0	0	0	0
이경렬	클	34	0	3	0	0	31	24	0	11	5	10	0	0	0
이규성	클	18	10	1	2	1	14	11	0	13	9	2	0	0	0
이범영	클	27	0	0	1	0	0	3	0	0	0	2	0	37	0
이정협	클	3	2	0	1	0	2	2	0	3	1	0	0	0	0
	챌	17	8	7	6	0	19	29	9	36	18	0	0	0	0
	계	20	10	7	7	0	21	31	9	39	19	0	0	0	0
이주용	클	1	1	0	0	0	2	0	0	0	0	0	0	0	0
이창근	클	11	0	0	0	0	1	3	0	0	0	0	0	18	0
이청웅	클	6	1	0	0	0	10	1	0	2	1	1	0	0	0
전성찬	클	24	12	0	1	3	20	35	1	15	6	3	0	0	0
정석화	클	24	19	2	1	0	11	11	0	14	9	1	0	0	0
주세종	클	35	3	3	6	148	60	68	1	36	19	7	0	0	0
최광희	클	24	14	1	0	9	16	35	6	15	7	3	0	0	0
한지호	클	20	16	2	0	0	14	28	3	24	9	1	0	0	0
홍동현	클	5	5	1	0	3	6	13	0	6	2	1	0	0	0

2015년 클래식 팀별 개인 기록 | 대전

선수명	대회	출장	교체	득점	도움	코너킥	파울	파울득	오프사이드	슈팅	유효슈팅	경고	퇴장	실점	자책
고민혁	클	11	9	1	1	8	6	9	0	12	4	1	0	0	0
공태하	클	10	9	0	0	0	4	14	1	4	2	1	0	0	0
금교진	클	15	5	0	0	2	14	11	0	12	6	1	0	0	0
	챌	2	2	0	0	0	0	0	0	0	0	0	0	0	0
	계	17	7	0	0	2	14	11	0	12	6	1	0	0	0
김기수	클	7	1	0	0	0	8	8	0	1	0	3	0	0	0
김병석	클	6	0	1	0	0	4	9	0	6	3	1	0	0	0
	챌	23	9	1	3	1	28	30	7	36	17	3	0	0	0
	계	29	9	2	3	1	32	39	7	42	20	4	0	0	0
김상필	클	24	5	0	0	0	9	8	0	2	1	1	0	0	0
김성수	클	4	4	0	0	0	2	8	0	0	0	0	0	0	0
김영승	클	1	1	0	0	0	0	1	0	0	0	0	0	0	0
김종국	클	30	6	1	3	17	37	27	0	20	7	4	0	0	0
김찬희	클	5	5	0	0	0	7	3	2	3	0	0	0	0	0
김창현	클	2	2	0	0	2	5	0	1	0	0	1	0	0	0
김태봉	클	19	0	3	2	0	13	16	0	9	3	2	0	0	0
	챌	15	0	1	0	0	7	15	0	5	4	5	0	0	0
	계	34	0	4	2	0	20	31	0	14	7	7	0	0	0
닐 톤	클	12	11	0	1	10	13	42	4	22	9	2	0	0	0
박영수	클	3	3	0	0	0	0	0	1	0	0	0	0	0	0
박재우	클	10	6	0	0	0	1	3	0	0	0	0	0	0	0
박주원	클	22	0	0	0	0	0	8	0	0	0	2	0	41	0
사 싸	클	7	3	0	0	0	11	14	8	12	6	3	0	0	0
서명원	클	24	15	5	0	2	27	32	4	28	11	3	0	0	0
손설민	클	9	5	0	0	4	14	13	1	3	0	5	0	0	0
	챌	4	4	0	0	2	3	3	0	1	0	0	0	0	0
	계	13	9	0	0	6	17	16	1	4	0	5	0	0	0
실 바	클	7	1	0	0	0	2	1	0	1	1	0	0	0	0
안상현	클	25	7	0	0	0	30	47	0	4	2	8	0	0	0
안세희	클	9	1	0	0	0	11	6	0	9	3	2	1	0	0
오승훈	클	16	0	0	0	0	2	2	0	0	0	1	0	31	0
완델손	클	15	2	6	1	11	25	26	9	45	20	2	0	0	0
유연승	클	16	10	1	2	24	17	9	2	23	10	4	0	0	0
윤신영	클	15	4	0	0	0	10	10	0	2	1	1	0	0	0
윤원일	클	3	0	0	0	0	3	4	0	0	0	1	0	0	0
윤준성	클	15	1	0	0	0	9	7	2	1	0	2	0	0	0
윤준하	클	0	0	0	0	0	0	0	0	0	0	0	0	0	0
	챌	15	14	1	1	0	18	19	6	8	3	4	0	0	0
	계	15	14	1	1	0	18	19	6	8	3	4	0	0	0
이강진	클	20	6	0	0	0	8	5	1	1	1	3	0	0	0
이광훈	클	1	1	0	0	0	1	2	0	0	0	0	0	0	0
이정근	클	10	0	0	0	0	5	8	0	6	0	1	0	0	0

클: K리그 클래식 / 챌: K리그 챌린지:

선수명	대회	출장	교체	득점	도움	코너킥	파울	파울득	오프사이드	슈팅	유효슈팅	경고	퇴장	실점	자책
이현승	클	14	10	0	1	4	7	38	1	10	3	2	0	0	0
	챌	17	7	3	0	49	24	27	5	26	13	1	0	0	0
	계	31	17	3	1	53	31	65	6	36	16	3	0	0	0
이현호	클	12	12	0	1	0	3	4	0	7	3	1	0	0	0
이형진	클	3	3	0	0	0	0	0	0	0	0	0	0	0	0
정서운	클	11	10	0	0	1	7	3	1	11	7	1	0	0	0
정재성	클	2	2	0	0	0	0	2	0	0	0	0	0	0	0
조원득	클	7	4	0	0	0	7	2	0	1	0	1	0	0	0
하피냐	클	7	8	0	0	2	3	2	0	3	2	0	0	0	0
한경인	챌	1	1	0	0	0	0	0	0	0	0	0	0	0	0
한덕희	클	4	2	0	0	0	6	6	0	0	0	1	0	0	0
	챌	23	10	0	0	6	36	36	2	9	1	4	0	0	0
	계	27	12	0	0	6	42	42	2	9	1	5	0	0	0
한의권	클	18	6	3	1	1	41	29	3	19	10	4	0	0	0
	챌	10	6	0	1	0	13	21	1	16	2	3	0	0	0
	계	28	12	3	2	1	54	50	4	35	12	7	0	0	0
허영철	클	2	1	0	0	0	0	0	0	0	0	0	0	0	0
황인범	클	14	7	4	1	3	16	14	0	13	7	2	0	0	0
황지웅	클	21	16	0	3	0	24	37	1	13	8	0	0	0	0
히칼딩요	클	7	6	0	1	5	13	6	1	8	1	0	0	0	0

2015년 클래식 득점 순위

순위	선수명	소속	경기수	득점수	경기당 득점률	교체 IN/OUT
1	김 신 욱	울산	38	18	47.4	14
2	아드리아노	서울	30	15	50	6
3	황 의 조	성남	34	15	44.1	4
4	이 동 국	전북	33	13	39.4	17
5	산 토 스	수원	29	12	41.4	23
6	이 종 호	전남	31	12	38.7	15
7	스 테 보	전남	35	12	34.3	8
8	에 두	전북	20	11	55	6
9	로 페 즈	제주	33	11	33.3	6
10	권 창 훈	수원	35	10	28.6	15
11	레오나르도	전북	37	10	27	25
12	윤 주 태	서울	26	9	34.6	26
13	오 르 샤	전남	33	9	27.3	17
14	손 준 호	포항	35	9	25.7	3
15	김 호 남	광주	29	8	27.6	13
16	양 동 현	울산	30	8	26.7	18
17	웨 슬 리	부산	30	8	26.7	11
18	김 승 대	포항	34	8	23.5	9
19	염 기 훈	수원	35	8	22.9	4
20	박 주 영	서울	23	7	30.4	13
21	이 재 성	전북	34	7	20.6	4
22	김 두 현	성남	35	7	20	21
23	완 델 손	대전	15	6	40	2
24	코 바	울산	17	6	35.3	7
25	정 대 세	수원	21	6	28.6	10
26	제파로프	울산	22	6	27.3	13
27	송 진 형	제주	29	6	20.7	19
28	고 무 열	포항	30	6	20	19
29	케 빈	인천	35	6	17.1	15
30	윤빛가람	제주	36	6	16.7	3
31	강 수 일	제주	14	5	35.7	7
32	까 랑 가	제주	16	5	31.3	8
33	서 명 원	대전	24	5	20.8	15
34	이 상 호	수원	30	5	16.7	17
35	김 인 성	인천	32	5	15.6	19
36	이 종 민	광주	33	5	15.2	5
37	김 승 준	울산	11	4	36.4	8
38	문 창 진	포항	11	4	36.4	6
39	황 인 범	대전	14	4	28.6	7
40	이 근 호	전북	15	4	26.7	7
41	김 현 성	서울	17	4	23.5	14
42	카 이 오	수원	21	4	19.1	13
43	에 벨 톤	울산	24	4	16.7	22
44	티 아 고	포항	25	4	16	24
45	진 성 욱	인천	27	4	14.8	27
46	임 선 영	광주	29	4	13.8	11
47	남 준 재	성남	30	4	13.3	28
48	박 세 직	인천	30	4	13.3	27
49	몰 리 나	서울	35	4	11.4	20
50	신 진 호	포항	17	3	17.7	0
51	한 의 권	대전	18	3	16.7	6
52	김 태 봉	대전	19	3	15.8	0
53	박 수 창	제주	20	3	15	17

순위	선수명	소속	경기수	득점수	경기당 득점률	교체 IN/OUT
54	김진환	인천	20	3	15	3
55	김상원	제주	21	3	14.3	4
56	박성호	포항	26	3	11.5	26
57	김현	제주	26	3	11.5	21
58	양상민	수원	28	3	10.7	11
59	조성진	수원	29	3	10.3	2
60	김성준	성남	31	3	9.7	15
61	마스다	울산	31	3	9.7	12
62	송승민	광주	33	3	9.1	7
63	안용우	전남	34	3	8.8	18
64	이경렬	부산	34	3	8.8	0
65	주세종	부산	35	3	8.6	3
66	오스마르	서울	38	3	7.9	0
67	유창현	전북	7	2	28.6	7
68	배기종	제주	9	2	22.2	8
69	장윤호	전북	10	2	20	7
70	진대성	제주	11	2	18.2	9
71	김영신	제주	14	2	14.3	11
71	다카하기	서울	14	2	14.3	11
73	히카르도	성남	16	2	12.5	15
74	최재수	포항	16	2	12.5	5
75	김준수	포항	18	2	11.1	2
76	조찬호	수원	19	2	10.5	18
77	이광혁	포항	19	2	10.5	16
78	이천수	인천	20	2	10	19
79	한지호	부산	20	2	10	16
80	이창민	전남	21	2	9.5	15
81	조용태	광주	22	2	9.1	22
82	정석화	부산	24	2	8.3	19
83	차두리	서울	24	2	8.3	5
84	정다훤	제주	25	2	8	4
85	김영욱	전남	27	2	7.4	19
86	조수철	인천	27	2	7.4	6
87	최효진	전남	27	2	7.4	3
88	김동희	성남	28	2	7.1	26
89	김동석	인천	28	2	7.1	15
90	김영빈	광주	28	2	7.1	3
91	정동호	울산	28	2	7.1	1
92	박용지	성남	33	2	6.1	31
93	고요한	서울	33	2	6.1	22
94	안영규	광주	33	2	6.1	6
95	윤영선	성남	35	2	5.7	1
96	파비오	광주	37	2	5.4	30
97	서상민	전북	3	1	33.3	3
97	와다	인천	3	1	33.3	3
99	이재명	전북	3	1	33.3	1
100	이진욱	인천	4	1	25	4
101	권순형	제주	4	1	25	2
102	서동현	제주	4	1	25	0
103	홍동현	부산	5	1	20	5
104	강상우	포항	5	1	20	4
105	질베르토	광주	6	1	16.7	5
106	김병석	대전	6	1	16.7	0
107	이용	제주	7	1	14.3	3

순위	선수명	소속	경기수	득점수	경기당 득점률	교체 IN/OUT
108	민상기	수원	7	1	14.3	2
109	김은선	수원	9	1	11.1	2
110	박선홍	광주	10	1	10	10
111	이영재	울산	10	1	10	8
112	레오	수원	11	1	9.1	10
112	정조국	서울	11	1	9.1	10
114	이효균	인천	11	1	9.1	9
114	고민혁	대전	11	1	9.1	9
116	까시아노	광주	11	1	9.1	8
117	조르징요	성남	11	1	9.1	7
118	곽희주	수원	13	1	7.7	11
119	이태희	성남	13	1	7.7	1
120	이지민	전남	14	1	7.1	11
121	김진규	부산	14	1	7.1	10
122	레이나	성남	15	1	6.7	7
123	루이스	전북	16	1	6.3	13
124	유연승	대전	16	1	6.3	10
125	김종혁	부산	16	1	6.3	3
126	유준수	울산	16	1	6.3	1
127	에닝요	전북	17	1	5.9	14
128	김남춘	서울	17	1	5.9	3
129	김치우	서울	17	1	5.9	1
130	이규성	부산	18	1	5.6	10
131	신세계	수원	18	1	5.6	8
132	김대호	포항	18	1	5.6	4
133	전현철	전남	20	1	5	19
134	레안드리뉴	전남	20	1	5	17
135	윤일록	서울	20	1	5	13
136	고명진	서울	20	1	5	8
137	김치곤	울산	20	1	5	6
138	이주용	전북	20	1	5	4
139	김동우	서울	20	1	5	2
140	김봉래	제주	21	1	4.8	12
141	배천석	부산	21	1	4.8	7
142	김도혁	인천	23	1	4.4	13
143	노행석	부산	23	1	4.4	5
144	유지훈	부산	23	1	4.4	4
145	서정진	수원	24	1	4.2	16
146	최광희	부산	24	1	4.2	14
147	김태수	포항	26	1	3.9	18
148	한교원	전북	26	1	3.9	16
149	유지노	부산	26	1	3.9	2
150	임창우	울산	27	1	3.7	3
151	심동운	포항	28	1	3.6	23
152	임종은	전남	28	1	3.6	5
153	오범석	수원	29	1	3.5	5
154	구본상	울산	30	1	3.3	15
155	김종국	대전	30	1	3.3	6
156	정선호	성남	31	1	3.2	14
157	여름	광주	31	1	3.2	8
158	김태환	울산	33	1	3	7
159	오반석	제주	34	1	2.9	2
160	권완규	인천	34	1	2.9	0
161	박대한	인천	35	1	2.9	3

2015년 클래식 도움 순위

순위	선수명	소속	경기수	득점수	경기당 도움률	교체 IN/OUT
1	염 기 훈	수원	35	17	48.6	4
2	로 페 즈	제주	33	11	33.3	6
3	몰 리 나	서울	35	11	31.4	20
4	김 두 현	성남	35	8	22.9	21
5	오 르 샤	전남	33	7	21.2	17
6	김 태 환	울산	33	7	21.2	7
7	윤빛가람	제주	36	7	19.4	3
8	코 바	울산	17	6	35.3	7
9	송 진 형	제주	29	6	20.7	19
10	주 세 종	부산	35	6	17.1	3
11	정 대 세	수원	21	5	23.8	10
12	이 동 국	전북	33	5	15.2	17
13	이 재 성	전북	34	5	14.7	4
14	이 으 뜸	광주	24	4	16.7	6
15	한 교 원	전북	26	4	15.4	16
16	정 동 호	울산	28	4	14.3	1
17	황 지 수	포항	30	4	13.3	19
18	송 승 민	광주	33	4	12.1	7
19	이 종 민	광주	33	4	12.1	5
20	안 용 우	전남	34	4	11.8	18
21	김 승 대	포항	34	4	11.8	9
22	케 빈	인천	35	4	11.4	15
23	손 준 호	포항	35	4	11.4	3
24	김 신 욱	울산	38	4	10.5	14
25	배 기 종	제주	9	3	33.3	8
26	레 이 나	성남	15	3	20	7
27	까 랑 가	제주	16	3	18.8	8
28	신 진 호	포항	17	3	17.7	0
29	조 찬 호	수원	19	3	15.8	18
30	이 명 재	울산	19	3	15.8	10
31	윤 일 록	서울	20	3	15	13
32	에 두	전북	20	3	15	6
33	황 지 웅	대전	21	3	14.3	16
34	김 상 원	제주	21	3	14.3	4
35	제파로프	울산	22	3	13.6	13
36	곽 해 성	성남	23	3	13	5
37	티 아 고	포항	25	3	12	24
38	심 동 운	포항	28	3	10.7	23
39	고 광 민	서울	28	3	10.7	4
40	양 동 현	울산	30	3	10	18
41	김 종 국	대전	30	3	10	6
41	홍 철	수원	30	3	10	6
43	이 종 호	전남	31	3	9.7	15
44	박 용 지	성남	33	3	9.1	31
45	황 의 조	성남	34	3	8.8	4
46	스 테 보	전남	35	3	8.6	8
47	레오나르도	전북	37	3	8.1	25
48	문 상 윤	전북	9	2	22.2	8
49	이 영 재	울산	10	2	20	8
50	문 창 진	포항	11	2	18.2	6
51	심 상 민	서울	12	2	16.7	6
52	김 진 규	부산	14	2	14.3	10
53	강 수 일	제주	14	2	14.3	7
54	김 동 찬	전북	15	2	13.3	15
55	따 르 따	울산	15	2	13.3	14
56	루 이 스	전북	16	2	12.5	13
57	유 연 승	대전	16	2	12.5	10
58	에 닝 요	전북	17	2	11.8	14
59	이 규 성	부산	18	2	11.1	10
60	김 태 봉	대전	19	2	10.5	0
61	이 천 수	인천	20	2	10	19
62	이 창 민	전남	21	2	9.5	15
63	조 용 태	광주	22	2	9.1	22
64	박 선 용	포항	22	2	9.1	4
65	박 주 영	서울	23	2	8.7	13
66	차 두 리	서울	24	2	8.3	5
67	김 영 욱	전남	27	2	7.4	19
68	김 동 희	성남	28	2	7.1	26
69	김 동 석	인천	28	2	7.1	15
70	현 영 민	전남	29	2	6.9	1
71	남 준 재	성남	30	2	6.7	28
72	박 세 직	인천	30	2	6.7	27
73	고 무 열	포항	30	2	6.7	19
74	이 상 호	수원	30	2	6.7	17
75	아드리아노	서울	30	2	6.7	6
76	김 성 준	성남	31	2	6.5	15
77	여 름	광주	31	2	6.5	8
78	이 정 협	부산	3	1	33.3	2
79	조 지 훈	수원	4	1	25	4
79	장 현 수	수원	4	1	25	4
81	서 용 덕	울산	7	1	14.3	7
82	히칼딩요	대전	7	1	14.3	6
83	심 광 욱	제주	8	1	12.5	9
84	고 창 현	울산	8	1	12.5	8
85	박 원 재	전북	9	1	11.1	2
86	박 선 홍	광주	10	1	10	10
87	정 조 국	서울	11	1	9.1	10
88	진 대 성	제주	11	1	9.1	9
88	이 효 균	인천	11	1	9.1	9
88	모 리 츠	포항	11	1	9.1	9
88	고 민 혁	대전	11	1	9.1	9
92	구 현 준	부산	11	1	9.1	2
93	이 현 호	대전	12	1	8.3	12
94	닐 톤	대전	12	1	8.3	11
95	윤 상 호	인천	13	1	7.7	9
96	이 태 희	성남	13	1	7.7	1
97	임 채 민	성남	13	1	7.7	0
98	이 지 민	전남	14	1	7.1	11
99	이 현 승	대전	14	1	7.1	10
100	황 인 범	대전	14	1	7.1	7
101	이 근 호	전북	15	1	6.7	7
102	완 델 손	대전	15	1	6.7	2
103	히카르도	성남	16	1	6.3	15
104	허 범 산	제주	16	1	6.3	11
105	최 재 수	포항	16	1	6.3	5
106	안 현 범	울산	17	1	5.9	16

순위	선수명	소속	경기수	득점수	경기당 도움률	교체 IN/OUT
107	장 학 영	성남	17	1	5.9	2
108	김 치 우	서울	17	1	5.9	1
109	김 대 경	인천	18	1	5.6	13
110	한 의 권	대전	18	1	5.6	6
111	김 근 환	울산	18	1	5.6	3
112	레안드리뉴	전남	20	1	5	17
112	박 수 창	제주	20	1	5	17
114	정 훈	전북	20	1	5	13
115	박 태 민	성남	20	1	5	2
116	김 봉 래	제주	21	1	4.8	12
117	이 종 원	성남	21	1	4.8	10
118	배 천 석	부산	21	1	4.8	7
119	김 도 혁	인천	23	1	4.4	13
120	유 지 훈	부산	23	1	4.4	4
121	정 석 화	부산	24	1	4.2	19
122	전 성 찬	부산	24	1	4.2	12
123	윤 주 태	서울	26	1	3.9	26
124	김 현	제주	26	1	3.9	21
125	진 성 욱	인천	27	1	3.7	27
126	조 수 철	인천	27	1	3.7	6
127	배 슬 기	포항	27	1	3.7	0
127	이 범 영	부산	27	1	3.7	0
129	주 현 우	광주	28	1	3.6	25
130	산 토 스	수원	29	1	3.5	23
131	김 호 남	광주	29	1	3.5	13
132	임 선 영	광주	29	1	3.5	11
133	오 범 석	수원	29	1	3.5	5
134	웨 슬 리	부산	30	1	3.3	11
135	이 찬 동	광주	30	1	3.3	5
136	이 웅 희	서울	32	1	3.1	1
137	고 요 한	서울	33	1	3	22
138	박 대 한	인천	35	1	2.9	3
139	파 비 오	광주	37	1	2.7	30
140	오스마르	서울	38	1	2.6	0

2015년 클래식 골키퍼 실점 기록

선수명	소속	경기수	출전경기	실점	1경기당 실점
신 화 용	포항	38	38	32	0.84
권 순 태	전북	38	36	35	0.97
김 승 규	울산	38	34	42	1.24
박 준 혁	성남	38	32	26	0.81
김 호 준	제주	38	31	45	1.45
김 병 지	전남	38	27	30	1.11
이 범 영	부산	38	27	37	1.37
유 상 훈	서울	38	26	23	0.88
유 현	인천	38	26	25	0.96
정 성 룡	수원	38	22	23	1.05
박 주 원	대전	38	22	41	1.86
권 정 혁	광주	38	17	16	0.94
노 동 건	수원	38	16	20	1.25
오 승 훈	대전	38	16	31	1.94
최 봉 진	광주	38	13	17	1.31
김 용 대	서울	38	12	21	1.75
이 창 근	부산	38	11	18	1.64
조 수 혁	인천	38	10	4	0.4
김 민 식	전남	38	10	21	2.1
제 종 현	광주	38	8	11	1.38
김 경 민	제주	38	7	11	1.57
전 상 욱	성남	38	6	7	1.17
이 태 희	인천	38	4	3	0.75
장 대 희	울산	38	3	1	0.33
홍 정 남	전북	38	2	4	2
이 희 성	울산	38	1	0	0
한 유 성	전남	38	1	0	0
송 유 걸	울산	38	1	2	2

클래식 통산 팀 간 경기기록

팀명	상대팀	승	무	패	득점	실점	도움	코너킥	파울	파울득	오프사이드	슈팅(유효)	PK득점	경고	퇴장
전 북	강원	2	0	0	7	2	7	14	33	25	5	34(25)	0	4	0
	경남	4	1	0	14	3	8	21	72	77	4	74(35)	2	7	0
	광주	2	1	0	6	4	4	20	54	37	5	40(17)	0	9	0
	대구	2	0	0	3	0	1	8	31	40	2	28(15)	0	4	0
	대전	4	1	0	13	7	10	23	85	70	7	69(34)	0	7	0
	부산	8	1	1	19	10	11	45	162	133	17	124(65)	2	14	0
	상주	2	1	0	8	0	8	12	48	37	3	48(18)	0	5	0
	서울	4	5	3	13	12	9	46	197	168	23	128(62)	2	35	0
	성남	5	1	3	13	8	6	37	126	133	19	124(70)	2	18	1
	수원	5	2	5	18	17	11	49	148	200	27	170(84)	1	17	1
	울산	6	3	2	12	10	8	56	149	177	21	148(75)	2	15	0
	인천	5	3	2	11	6	9	44	147	184	18	122(54)	1	19	1
	전남	4	2	2	13	9	9	40	105	106	13	123(52)	1	17	0
	제주	7	1	2	18	7	13	54	128	146	25	155(78)	0	17	0
	포항	4	3	5	11	15	8	40	215	239	30	136(69)	2	26	1
	소계	64	25	25	179	110	122	509	1700	1772	219	1,523(753)	15	214	4

팀명	상대팀	승	무	패	득점	실점	도움	코너킥	파울	파울득	오프사이드	슈팅(유효)	PK득점	경고	퇴장
포 항	강원	2	0	0	7	0	6	3	37	32	7	26(16)	0	2	0
	경남	1	3	1	5	3	2	13	65	60	4	42(15)	0	12	0
	광주	1	2	0	2	1	1	18	47	35	3	29(12)	1	4	0
	대구	2	0	0	5	2	2	7	32	23	2	28(16)	0	4	0
	대전	5	0	0	9	1	8	29	67	69	9	83(46)	1	10	0
	부산	4	3	3	14	11	10	62	169	143	14	97(44)	1	17	0
	상주	3	0	0	9	2	6	11	58	34	6	29(13)	0	6	0
	서울	6	4	2	14	9	8	31	197	154	23	103(48)	1	27	0
	성남	5	3	1	12	8	8	44	150	122	9	85(49)	3	23	1
	수원	5	2	5	14	15	10	46	191	147	20	115(54)	1	21	0
	울산	3	4	4	14	16	13	56	187	145	16	120(67)	0	26	0
	인천	3	4	3	13	11	8	53	178	153	8	108(58)	5	18	0
	전남	5	3	0	15	7	8	31	131	81	7	82(43)	1	14	0
	전북	5	3	4	15	11	13	54	251	204	20	114(72)	0	27	0
	제주	5	2	3	14	12	7	51	143	128	24	107(46)	3	23	0
	소계	55	33	26	162	109	110	509	1903	1530	172	1,168(599)	17	234	1

팀명	상대팀	승	무	패	득점	실점	도움	코너킥	파울	파울득	오프사이드	슈팅(유효)	PK득점	경고	퇴장
수 원	강원	1	0	1	2	2	1	9	28	29	3	38(20)	0	7	0
	경남	2	3	0	6	2	4	24	67	65	9	62(26)	0	3	0
	광주	2	0	1	6	3	4	14	43	37	3	25(14)	1	2	0
	대구	2	0	0	5	1	4	7	41	26	5	29(17)	1	7	0
	대전	4	0	1	12	6	7	30	84	63	8	80(38)	2	7	0
	부산	5	3	2	13	8	6	44	165	116	20	112(57)	1	16	0
	상주	1	2	0	4	3	2	24	45	37	3	46(21)	0	2	0
	서울	3	2	7	14	17	11	54	176	126	28	145(65)	0	27	0
	성남	2	5	2	11	11	6	40	143	121	20	122(61)	0	9	0
	울산	5	3	3	19	12	11	33	153	148	21	108(62)	1	11	0
	인천	5	3	2	15	11	11	40	138	186	16	124(67)	2	9	0
	전남	4	2	2	8	6	6	35	103	91	12	106(49)	1	12	1
	전북	5	2	5	17	18	11	48	206	141	21	119(58)	0	26	0
	제주	7	1	2	15	9	10	51	108	128	19	129(61)	0	10	0
	포항	5	2	5	15	14	11	34	158	181	25	117(60)	0	22	0
	소계	53	28	33	162	123	105	487	1658	1495	213	1,362(676)	9	170	1

팀명	상대팀	승	무	패	득점	실점	도움	코너킥	파울	파울득	오프사이드	슈팅(유효)	PK득점	경고	퇴장
서 울	강원	2	0	0	4	2	4	12	28	24	6	30(19)	0	4	0
	경남	0	5	0	4	4	3	25	63	76	10	59(23)	0	5	0
	광주	1	2	0	5	3	3	7	35	32	6	28(13)	0	2	0
	대구	2	0	0	5	0	4	6	26	32	1	25(14)	1	6	0
	대전	5	0	0	10	4	9	25	40	53	8	71(35)	0	3	0
	부산	5	3	2	12	7	7	45	119	141	29	108(57)	5	9	0
	상주	1	0	2	3	4	2	16	45	48	2	29(14)	0	6	0
	성남	4	3	2	11	7	6	35	125	106	8	96(43)	1	9	0
	수원	7	2	3	17	14	12	42	132	167	27	134(68)	1	21	0
	울산	2	3	6	10	15	9	47	150	154	21	129(57)	0	20	0
	인천	5	3	2	19	11	12	40	100	170	25	118(66)	2	11	0
	전남	5	1	2	15	9	11	38	87	124	6	99(42)	1	10	0
	전북	3	5	4	12	13	7	50	175	191	13	132(76)	0	22	0
	제주	5	4	1	17	11	11	50	110	132	31	125(55)	3	8	0
	포항	2	4	6	9	14	6	41	160	186	32	116(61)	1	14	0
	소계	49	35	30	153	118	106	479	1395	1636	225	1,299(643)	15	150	0

팀명	상대팀	승	무	패	득점	실점	도움	코너킥	파울	파울득	오프사이드	슈팅(유효)	PK득점	경고	퇴장
울 산	강원	2	0	0	5	1	2	2	31	15	5	20(10)	0	1	0
	경남	5	0	0	13	3	8	20	65	67	7	56(30)	1	7	0
	광주	3	0	1	5	2	3	19	53	54	12	43(23)	0	7	0
	대구	1	0	1	5	6	4	14	26	30	4	25(11)	2	4	0
	대전	4	2	0	12	3	12	30	99	56	10	87(41)	0	12	0
	부산	4	4	3	13	9	8	47	169	166	19	108(61)	2	19	1
	상주	2	1	0	6	2	4	15	47	35	8	40(22)	2	5	0
	서울	6	3	2	15	10	10	40	161	144	39	102(47)	0	21	1
	성남	1	2	5	6	11	3	38	121	108	14	89(48)	1	12	0
	수원	3	3	5	12	19	9	47	159	144	28	96(53)	1	17	0
	인천	4	6	1	17	13	15	45	149	178	15	127(66)	0	17	1
	전남	5	2	2	15	9	11	33	126	129	15	103(47)	2	14	1
	전북	2	3	6	10	12	9	43	183	144	19	113(52)	0	22	0
	제주	2	2	5	11	11	5	41	125	108	23	94(45)	6	20	1
	포항	4	4	3	16	14	8	39	153	179	25	105(59)	1	27	0
	소계	48	32	34	161	125	111	473	1667	1557	243	1,208(615)	18	205	5

팀명	상대팀	승	무	패	득점	실점	도움	코너킥	파울	파울득	오프사이드	슈팅(유효)	PK득점	경고	퇴장
제 주	강원	2	1	1	9	4	7	18	65	49	12	51(27)	0	8	0
	경남	3	2	2	10	8	6	27	97	126	13	82(37)	2	7	0
	광주	2	0	1	3	2	2	13	42	33	7	27(16)	0	8	0
	대구	1	2	1	4	4	4	13	60	59	7	45(10)	0	9	0
	대전	4	2	1	16	8	12	33	105	99	15	88(42)	2	14	0
	부산	5	2	1	12	6	9	40	90	102	15	98(44)	0	13	0
	상주	2	0	1	5	4	3	16	40	30	8	47(21)	1	1	0
	서울	1	4	5	11	17	6	37	135	107	17	113(45)	2	24	1
	성남	4	5	2	16	14	9	40	159	140	14	115(50)	2	20	2
	수원	2	1	7	9	15	7	40	134	105	33	99(37)	1	14	0
	울산	5	2	2	11	11	9	34	117	118	20	92(41)	0	12	0
	인천	1	4	3	2	5	0	41	131	120	6	107(38)	1	15	0
	전남	7	2	1	18	9	13	34	142	106	19	125(56)	0	16	0
	전북	2	1	7	7	18	6	45	151	124	8	114(46)	0	25	1
	포항	3	2	5	12	14	9	43	136	137	15	103(44)	1	21	1
	소계	44	30	40	145	139	102	474	1604	1455	209	1,306(554)	12	207	5

팀명	상대팀	승	무	패	득점	실점	도움	코너킥	파울	파울득	오프사이드	슈팅(유효)	PK득점	경고	퇴장
성 남	강원	2	0	2	6	4	4	26	69	56	9	50(30)	1	10	1
	경남	6	1	1	11	4	4	50	112	129	14	92(45)	1	13	0
	광주	1	2	0	3	2	3	13	47	45	9	24(16)	0	6	0
	대구	0	3	1	2	3	1	21	84	70	6	42(20)	0	13	0
	대전	5	1	1	16	6	12	43	116	87	12	95(45)	1	17	0
	부산	5	0	4	7	8	3	53	131	122	16	93(53)	2	17	1
	상주	0	4	0	3	3	3	25	52	56	8	51(28)	0	2	0
	서울	2	3	4	7	11	7	24	111	120	16	88(44)	0	16	1
	수원	2	5	2	11	11	7	47	124	137	18	79(40)	1	17	0
	울산	5	2	1	11	6	8	45	111	119	16	94(53)	1	22	0
	인천	5	3	1	11	5	7	46	141	137	16	104(51)	1	20	0
	전남	2	4	5	6	10	4	56	154	157	17	120(50)	2	22	0
	전북	3	1	5	8	13	4	47	142	120	17	95(49)	0	18	1
	제주	2	5	4	14	16	10	72	144	154	27	130(61)	5	19	0
	포항	1	3	5	8	12	4	42	135	144	16	69(30)	1	11	0
	소계	41	37	36	124	114	81	610	1673	1653	217	1,226(615)	16	223	4

팀명	상대팀	승	무	패	득점	실점	도움	코너킥	파울	파울득	오프사이드	슈팅(유효)	PK득점	경고	퇴장
전남	강원	1	2	1	3	3	1	25	65	54	10	46(19)	0	12	0
	경남	4	2	2	12	11	10	42	107	111	7	90(37)	0	14	0
	광주	1	1	2	5	6	4	22	64	49	11	29(16)	0	11	0
	대구	1	2	1	4	4	2	19	62	65	4	45(20)	0	2	1
	대전	3	3	2	11	10	7	38	107	120	11	125(50)	0	15	0
	부산	5	4	1	16	10	9	51	142	143	13	110(56)	3	19	0
	상주	3	0	1	9	6	7	23	53	53	7	46(23)	0	4	0
	서울	2	1	5	9	15	6	34	126	85	8	81(29)	1	21	0
	성남	5	4	2	10	6	4	47	157	151	13	117(58)	2	15	0
	수원	2	2	4	6	8	4	29	95	99	22	65(30)	0	14	0
	울산	2	2	5	9	15	6	37	133	118	8	95(49)	2	15	0
	인천	3	5	2	9	9	5	34	134	150	17	96(45)	1	20	0
	전북	2	2	4	9	13	7	28	109	103	9	75(32)	0	12	0
	제주	1	2	7	9	18	5	68	107	141	13	138(53)	2	10	0
	포항	0	3	5	7	15	5	26	86	128	17	75(26)	0	13	0
	소계	35	35	44	128	149	82	523	1547	1570	170	1,233(543)	11	197	1

팀명	상대팀	승	무	패	득점	실점	도움	코너킥	파울	파울득	오프사이드	슈팅(유효)	PK득점	경고	퇴장
인천	강원	2	0	0	3	1	2	15	39	41	6	21(13)	1	3	0
	경남	1	3	2	3	3	1	32	112	114	7	55(24)	1	9	0
	광주	1	2	1	3	3	1	9	60	43	6	18(12)	0	9	0
	대구	2	0	0	5	2	2	10	52	34	3	23(13)	1	3	0
	대전	5	0	1	10	4	3	21	102	72	16	65(42)	0	16	0
	부산	5	4	3	16	9	11	56	215	153	17	110(53)	2	22	0
	상주	1	2	1	5	5	4	17	60	61	6	60(31)	1	2	0
	서울	2	3	5	11	19	9	28	176	96	18	103(55)	1	24	1
	성남	1	3	5	5	11	3	26	143	135	13	85(40)	0	16	0
	수원	2	3	5	11	15	8	35	197	130	29	106(46)	0	17	0
	울산	1	6	4	13	17	8	50	180	140	20	109(59)	1	18	1
	전남	2	5	3	9	9	6	44	154	132	14	90(44)	0	16	0
	전북	2	3	5	6	11	4	38	195	142	15	105(50)	1	27	0
	제주	3	4	1	5	2	2	33	125	123	16	88(43)	0	16	0
	포항	3	4	3	11	13	6	35	168	169	22	72(40)	0	20	1
	소계	33	42	39	116	124	70	449	1978	1585	208	1,110(565)	9	218	3

팀명	상대팀	승	무	패	득점	실점	도움	코너킥	파울	파울득	오프사이드	슈팅(유효)	PK득점	경고	퇴장
부산	강원	0	2	0	4	4	3	10	32	37	8	29(17)	1	3	0
	경남	3	2	1	13	5	9	22	80	101	8	62(33)	0	12	0
	광주	1	1	2	3	4	1	17	47	60	8	26(14)	2	8	0
	대구	2	0	0	2	0	2	2	24	25	4	22(9)	0	3	0
	대전	2	3	1	5	4	4	24	96	83	13	79(36)	1	13	1
	상주	1	2	1	5	6	4	23	53	60	3	50(21)	0	4	2
	서울	2	3	5	7	12	3	35	148	117	22	92(40)	1	26	0
	성남	4	0	5	8	7	2	30	129	121	12	87(40)	2	25	0
	수원	2	3	5	8	13	4	72	123	157	22	96(51)	2	18	0
	울산	3	4	4	9	13	5	52	175	162	24	100(60)	1	28	0
	인천	3	4	5	9	16	5	60	165	207	16	111(52)	2	21	0
	전남	1	4	5	10	16	6	49	145	138	8	94(44)	0	22	1
	전북	1	1	8	10	19	8	37	140	152	18	96(55)	1	19	0
	제주	1	2	5	6	12	4	34	110	83	16	69(28)	0	8	0
	포항	3	3	4	11	14	7	33	146	164	28	65(33)	0	17	0
	소계	29	34	51	110	145	67	500	1613	1667	210	1,078(533)	13	227	4

팀명	상대팀	승	무	패	득점	실점	도움	코너킥	파울	파울득	오프사이드	슈팅(유효)	PK득점	경고	퇴장
경 남	강원	0	2	2	4	6	2	16	68	68	4	50(17)	1	5	0
	대구	2	1	1	8	4	2	12	71	55	5	35(18)	4	14	0
	대전	2	2	0	9	2	6	15	87	69	10	50(18)	1	12	0
	부산	1	2	3	5	13	4	37	106	79	17	61(36)	0	10	0
	상주	2	1	1	5	4	1	14	61	51	6	59(24)	1	7	0
	서울	0	5	0	4	4	1	25	79	58	10	46(19)	0	14	1
	성남	1	1	6	4	11	1	26	132	107	12	59(20)	1	10	0
	수원	0	3	2	2	6	2	24	70	65	12	56(22)	1	7	0
	울산	0	0	5	3	13	3	20	69	58	12	50(14)	0	8	0
	인천	2	3	1	3	3	0	17	122	105	11	61(29)	1	8	0
	전남	2	2	4	11	12	4	43	115	102	5	90(34)	4	15	0
	전북	0	1	4	3	14	3	15	80	72	9	42(17)	0	13	0
	제주	2	2	3	8	10	5	30	130	90	16	93(36)	3	19	0
	포항	1	3	1	3	5	1	16	63	62	8	43(15)	2	11	0
	소계	15	28	33	72	107	35	310	1253	1041	137	795(319)	19	153	1

팀명	상대팀	승	무	패	득점	실점	도움	코너킥	파울	파울득	오프사이드	슈팅(유효)	PK득점	경고	퇴장
대 전	강원	2	1	1	7	5	2	10	63	65	7	52(28)	2	5	0
	경남	0	2	2	2	9	2	12	73	84	4	43(9)	0	6	0
	광주	1	1	2	3	5	2	12	54	61	7	24(10)	0	8	0
	대구	1	2	1	6	7	2	29	73	54	3	74(27)	0	11	1
	부산	1	3	2	4	5	4	20	90	93	6	55(23)	0	9	0
	서울	0	0	5	4	10	4	11	60	40	6	51(26)	0	6	0
	성남	1	1	5	6	16	5	25	92	113	17	60(30)	1	15	0
	수원	1	0	4	6	12	4	13	67	83	16	43(24)	1	16	0
	울산	0	2	4	3	12	0	27	60	97	11	70(33)	1	7	0
	인천	1	0	5	4	10	2	26	75	99	9	70(29)	1	7	1
	전남	2	3	3	10	11	7	31	124	103	11	77(21)	0	21	0
	전북	0	1	4	7	13	5	9	73	83	6	53(24)	1	10	0
	제주	1	2	4	8	16	5	40	104	100	18	112(32)	0	9	0
	포항	0	0	5	1	9	1	14	72	63	8	48(19)	0	10	0
	소계	11	18	47	71	140	45	279	1080	1138	129	832(335)	7	140	2

팀명	상대팀	승	무	패	득점	실점	도움	코너킥	파울	파울득	오프사이드	슈팅(유효)	PK득점	경고	퇴장
광 주	대전	2	1	1	5	3	5	17	66	52	7	43(16)	0	7	0
	부산	2	1	1	4	3	3	17	64	42	4	27(11)	1	7	0
	서울	0	2	1	3	5	2	15	33	34	8	26(13)	1	4	0
	성남	0	2	1	2	3	1	6	47	44	5	26(10)	1	7	0
	수원	1	0	2	3	6	1	10	39	41	11	22(12)	1	6	0
	울산	1	0	3	2	5	0	13	56	51	7	42(24)	0	7	0
	인천	1	2	1	3	3	1	21	47	58	8	32(10)	0	9	0
	전남	2	1	1	6	5	4	18	50	63	5	38(14)	0	9	0
	전북	0	1	2	4	6	3	11	39	51	4	14(11)	0	2	0
	제주	1	0	2	2	3	1	18	35	40	5	22(9)	1	4	0
	포항	0	2	1	1	2	1	12	36	46	1	24(11)	1	8	0
	소계	10	12	16	35	44	22	158	512	522	65	316(141)	6	70	0

팀명	상대팀	승	무	패	득점	실점	도움	코너킥	파울	파울득	오프사이드	슈팅(유효)	PK득점	경고	퇴장
강 원	경남	2	2	0	6	4	5	12	74	64	11	29(14)	1	6	0
	대구	0	4	0	3	3	3	11	86	52	3	31(13)	0	10	0
	대전	1	1	2	5	7	4	16	71	62	9	56(22)	0	10	0
	부산	0	2	0	4	4	3	10	38	30	3	14(10)	1	4	1
	서울	0	0	2	2	4	1	10	25	27	9	20(12)	0	3	0
	성남	2	0	2	4	6	2	11	59	65	12	35(19)	3	10	0
	수원	1	0	1	2	2	0	6	30	28	5	17(7)	1	5	0
	울산	0	0	2	1	5	1	7	18	30	3	17(10)	0	4	0

팀명	상대팀	승	무	패	득점	실점	도움	코너킥	파울	파울득	오프사이드	슈팅(유효)	PK득점	경고	퇴장
	인천	0	0	2	1	3	1	1	41	38	2	15(13)	0	8	0
	전남	1	2	1	3	3	1	14	57	63	7	42(17)	2	11	0
	전북	0	0	2	2	7	2	8	25	33	4	23(15)	0	6	0
	제주	1	1	2	4	9	1	16	53	62	13	44(17)	0	8	0
	포항	0	0	2	0	7	0	7	33	37	6	18(6)	0	4	1
	소계	8	12	18	37	64	24	129	610	591	87	361(175)	8	89	2

팀명	상대팀	승	무	패	득점	실점	도움	코너킥	파울	파울득	오프사이드	슈팅(유효)	PK득점	경고	퇴장
상 주	경남	1	1	2	4	5	4	13	55	58	4	51(18)	0	6	1
	부산	1	2	1	6	5	5	19	62	52	6	51(25)	1	8	1
	서울	2	0	1	4	3	4	14	49	45	7	26(14)	0	10	2
	성남	0	4	0	3	3	1	12	58	49	2	40(13)	1	8	0
	수원	0	2	1	3	4	3	8	40	44	7	28(14)	0	5	0
	울산	0	1	2	2	6	1	16	37	43	4	48(19)	0	10	0
	인천	1	2	1	5	5	3	18	65	58	2	37(13)	2	9	0
	전남	1	0	3	6	9	4	25	54	51	0	47(21)	0	10	0
	전북	0	1	2	0	8	0	9	41	45	0	24(14)	0	7	1
	제주	1	0	2	4	5	2	18	32	38	3	43(16)	0	3	0
	포항	0	0	3	2	9	1	10	37	56	7	21(9)	0	5	0
	소계	7	13	18	39	62	28	162	530	539	42	416(176)	4	81	5

팀명	상대팀	승	무	패	득점	실점	도움	코너킥	파울	파울득	오프사이드	슈팅(유효)	PK득점	경고	퇴장
대 구	강원	0	4	0	3	3	2	19	55	80	4	47(20)	0	6	0
	경남	1	1	2	4	8	3	18	62	68	11	47(18)	3	10	0
	대전	1	2	1	7	6	3	15	54	71	12	66(24)	0	3	0
	부산	0	0	2	0	2	0	8	29	23	2	17(1)	0	3	0
	서울	0	0	2	0	5	0	8	33	26	10	32(8)	0	6	0
	성남	1	3	0	3	2	3	17	73	84	8	39(15)	0	7	0
	수원	0	0	2	1	5	0	8	29	40	5	22(9)	0	3	1
	울산	1	0	1	6	5	5	7	34	25	3	19(12)	0	4	0
	인천	0	0	2	2	5	1	13	34	49	4	26(14)	0	6	0
	전남	1	2	1	4	4	3	15	71	60	7	52(13)	0	10	0
	전북	0	0	2	0	3	0	4	42	30	2	25(9)	0	3	0
	제주	1	2	1	4	4	3	15	62	60	7	51(16)	0	8	0
	포항	0	0	2	2	5	2	15	24	29	1	28(12)	1	5	0
	소계	6	14	18	36	57	25	162	602	645	76	471(171)	4	74	1

클래식 통산 팀 최다 기록

기록구분	기록	구단명
승 리	64	전북
패 전	51	부산
무승부	42	인천
득 점	179	전북
실 점	149	전남
도 움	122	전북
코너킥	610	성남
파 울	1978	인천
오프사이드	243	울산
슈 팅	1523	전북
페널티킥	19	경남
페널티킥 득점	15	경남
페널티킥 실축	8	포항
경 고	234	포항
퇴 장	5	상주, 울산, 제주

클래식 통산 팀 최소 기록

기록구분	기록	구단명
승 리	6	대구
패 전	16	광주
무승부	12	강원, 광주
득 점	35	광주
실 점	44	광주
도 움	22	광주
코너킥	129	강원
파 울	512	광주
오프사이드	42	상주
슈 팅	316	광주
페널티킥	4	대구, 상주
페널티킥 득점	1	대구
페널티킥 실축	0	상주, 수원
경 고	70	광주
퇴 장	0	광주, 서울

클래식 통산 팀 최다 연속 기록

기록구분	기록	구단명(기간)
연속 승	9	전북 (2014.10.01 ~ 2014.11.22)
연속 무승부	5	경남 (2013.03.16 ~ 2013.04.21) 성남 (2015.04.15 ~ 2015.05.10) 인천 (2013.09.11 ~ 2013.10.27)
연속 패	8	강원 (2013.07.16 ~ 2013.09.01) 대전 (2015.06.28 ~ 2015.08.15)
연속 정규승	9	전북 (2014.10.01 ~ 2014.11.22)
연속 정규패	8	강원 (2013.07.16 ~ 2013.09.01) 대전 (2015.06.28 ~ 2015.08.15)
연속 득점	26	전북 (2013.03.03 ~ 2013.09.01)
연속 무득점	9	인천 (2014.03.15 ~ 2014.04.27)
연속 무승	19	대전 (2013.04.07 ~ 2013.08.15)
연속 무패	22	전북 (2014.09.06 ~ 2015.04.18)
연속 실점	20	강원 (2013.07.13 ~ 2013.11.27)
연속 무실점	8	전북 (2014.10.01 ~ 2014.11.15)

클래식 통산 선수 득점 순위

순위	선수명	팀명	득점	경기수	교체수	경기당득점
1	김 신 욱	울산	46	94	20	0.49
2	이 동 국	전북	39	94	42	0.41
3	산 토 스	수원	34	83	57	0.41
4	스 테 보	전남	30	83	19	0.36
5	이 종 호	전남	28	94	54	0.30

클래식 통산 선수 도움 순위

순위	선수명	팀명	득점	경기수	교체수	경기당도움
1	몰 리 나	서울	27	89	43	0.3
2	염 기 훈	수원	26	79	10	0.33
3	레오나르도	전북	26	109	75	0.24
4	김 승 대	포항	18	85	27	0.21
5	김 태 환	울산	15	103	14	0.15

클래식 통산 선수 공격포인트 순위

순위	선수명	팀명	공격포인트	경기수	경기당공격P
1	김 신 욱	울산	58	94	0.62
2	이 동 국	전북	52	94	0.55
3	레오나르도	전북	49	109	0.45
4	몰 리 나	서울	45	89	0.51
5	산 토 스	수원	43	83	0.52

클래식 통산 골키퍼 무실점 순위

순위	선수명	팀명	무실점 경기수
1	신 화 용	포항	44
2	권 순 태	전북	32
3	박 준 혁	성남	32
4	김 승 규	울산	31
5	정 성 룡	수원	31

클래식 통산 선수 파울 순위

순위	선수명	팀명	파울	경기수	경기당파울
1	김 신 욱	울산	58	94	0.62
2	이 동 국	전북	52	94	0.55
3	레오나르도	전북	49	109	0.45
4	몰 리 나	서울	45	89	0.51
5	산 토 스	수원	43	83	0.52

클래식 통산 선수 경고 순위

순위	선수명	팀명	경고	경기수	경기당경고
1	구 본 상	울산	25	93	0.27
2	현 영 민	전남	24	92	0.26
3	이 경 렬	부산	22	86	0.26
4	김 남 일	전북	21	45	0.47
5	김 성 환	상주	21	62	0.34

클래식 통산 선수 연속 득점 순위

순위	선수명	연속경기수	비고
1	이 동 국	7	2013.05.11 ~ 2013.07.13
2	김 승 대	5	2014.03.26 ~ 2014.04.20
3	데 얀	4	2013.11.20 ~ 2013.12.01
	진 성 욱	4	2014.08.02 ~ 2014.08.16
	스 테 보	4	2014.08.17 ~ 2014.09.06
	임 상 협	4	2014.10.12 ~ 2014.11.02
	오 르 샤	4	2015.06.06 ~ 2015.06.28

클래식 통산 선수 연속 도움 순위

순위	선수명	연속경기수	비고
1	레오나르도	4	2013.08.04 ~ 2013.08.24
	에스쿠데로	4	2013.11.02 ~ 2013.11.24
	유 지 훈	4	2014.04.27 ~ 2014.07.06
	염 기 훈	4	2015.04.04 ~ 2015.04.18
	코 바	4	2015.08.29 ~ 2015.09.19

클래식 통산 선수 연속 공격포인트 순위

순위	선수명	연속경기수	비고
1	이 명 주	10	2014.03.15 ~ 2014.05.10
2	이 동 국	7	2013.05.11 ~ 2013.07.13
	김 동 섭	7	2013.07.31 ~ 2013.09.07
	염 기 훈	7	2015.03.14 ~ 2015.04.26
5	김 승 대	6	2014.03.26 ~ 2014.04.27

클래식 통산 골키퍼 연속 무실점 순위

순위	선수명	연속경기수	비고
1	신 화 용	6	2014.07.05 ~ 2014.08.09
1	권 순 태	6	2014.10.01 ~ 2014.11.15
3	신 화 용	5	2013.07.16 ~ 2013.08.18
4	김 용 대	4	2013.09.01 ~ 2013.10.06
	신 화 용	4	2014.04.09 ~ 2014.04.27
	유 상 훈	4	2015.05.10 ~ 2015.06.03
	신 화 용	4	2015.09.19 ~ 2015.10.17

Section 4

K 리그 챌린지 기록

현대오일뱅크 K리그 챌린지 2015 경기일정표

번호	라운드	일자	시간	대진	장소	경기구분
1	1	2015.03.21(토)	14:00	안양 - 수원FC	안양	일반
2	1	2015.03.21(토)	14:00	부천 - 대구	부천	일반
3	1	2015.03.21(토)	16:00	상주 - 강원	상주	일반
4	1	2015.03.22(일)	13:30	충주 - 고양	충주	일반
5	1	2015.03.22(일)	16:00	경남 - 안산	창원C	일반
6	2	2015.03.28(토)	14:00	수원FC - 부천	수원	일반
7	2	2015.03.28(토)	14:00	고양 - 경남	고양	일반
8	2	2015.03.29(일)	12:00	서울E - 안양	잠실	일반
9	2	2015.03.29(일)	14:00	대구 - 강원	대구	일반
10	2	2015.03.29(일)	16:00	안산 - 충주	안산	일반
11	3	2015.04.04(토)	14:00	강원 - 부천	속초J	일반
12	3	2015.04.04(토)	14:00	서울E - 대구	잠실	일반
13	3	2015.04.04(토)	16:00	안양 - 고양	안양	일반
14	3	2015.04.05(일)	14:00	충주 - 수원FC	충주	일반
15	3	2015.04.05(일)	16:00	경남 - 상주	창원C	일반
16	4	2015.04.15(수)	19:00	강원 - 고양	속초J	일반
17	4	2015.04.15(수)	19:00	상주 - 서울E	상주	일반
18	4	2015.04.15(수)	19:30	수원FC - 안산	수원	일반
19	4	2015.04.15(수)	19:30	부천 - 충주	부천	일반
20	4	2015.04.15(수)	19:30	대구 - 안양	대구	일반
21	5	2015.04.18(토)	14:00	안산 - 서울E	안산	일반
22	5	2015.04.18(토)	16:00	부천 - 상주	부천	일반
23	5	2015.04.19(일)	14:00	충주 - 안양	충주	일반
24	5	2015.04.19(일)	16:00	경남 - 수원FC	창원C	일반
25	5	2015.04.20(월)	20:00	고양 - 대구	고양	일반
26	6	2015.04.25(토)	14:00	서울E - 부천	잠실	일반
27	6	2015.04.25(토)	14:00	강원 - 안산	속초J	일반
28	6	2015.04.25(토)	14:00	대구 - 충주	대구	일반
29	6	2015.04.26(일)	14:00	수원FC - 상주	수원	일반
30	6	2015.04.26(일)	16:00	안양 - 경남	안양	일반
31	7	2015.05.02(토)	14:00	수원FC - 서울E	수원	일반
32	7	2015.05.02(토)	14:00	대구 - 경남	대구	일반
33	7	2015.05.02(토)	16:00	강원 - 안양	속초J	일반
34	7	2015.05.03(일)	16:00	고양 - 부천	고양	일반
35	7	2015.05.05(화)	14:00	안산 - 상주	안산	일반
36	8	2015.05.09(토)	14:00	충주 - 강원	충주	일반
37	8	2015.05.09(토)	14:00	상주 - 대구	상주	일반
38	8	2015.05.09(토)	16:00	수원FC - 고양	수원	일반
39	8	2015.05.10(일)	14:00	경남 - 서울E	거제	일반
40	8	2015.05.10(일)	16:00	부천 - 안산	부천	일반
41	9	2015.05.13(수)	19:00	안산 - 대구	안산	일반
42	9	2015.05.13(수)	19:00	안양 - 부천	안양	일반
43	9	2015.05.13(수)	19:00	경남 - 충주	창원C	일반
44	9	2015.05.13(수)	19:30	서울E - 강원	잠실	일반
45	9	2015.05.13(수)	20:00	고양 - 상주	고양	일반
46	10	2015.05.16(토)	18:00	서울E - 충주	잠실	일반
47	10	2015.05.16(토)	16:00	안산 - 고양	안산	일반
48	10	2015.05.17(일)	14:00	상주 - 안양	상주	일반
49	10	2015.05.17(일)	16:00	대구 - 수원FC	대구	일반
50	10	2015.05.18(월)	19:00	강원 - 경남	속초J	일반
51	11	2015.05.23(토)	14:00	고양 - 서울E	고양	일반
52	11	2015.05.23(토)	14:00	부천 - 경남	부천	일반
53	11	2015.05.23(토)	16:00	충주 - 상주	충주	일반
54	11	2015.05.24(일)	18:00	안양 - 안산	안양	일반
55	11	2015.05.24(일)	16:00	수원FC - 강원	수원	일반
56	12	2015.05.30(토)	18:00	서울E - 수원FC	잠실	일반
57	12	2015.05.30(토)	14:00	안양 - 대구	안양	일반
58	12	2015.05.30(토)	16:00	강원 - 상주	속초J	일반
59	12	2015.05.31(일)	14:00	경남 - 고양	삼천포	일반
60	12	2015.05.31(일)	16:00	충주 - 부천	충주	일반
61	13	2015.06.03(수)	19:00	안산 - 강원	안산	일반
62	13	2015.06.03(수)	19:00	상주 - 경남	상주	일반
63	13	2015.06.03(수)	19:30	대구 - 고양	대구	일반
64	13	2015.06.03(수)	19:30	수원FC - 충주	수원	일반
65	13	2015.06.03(수)	19:30	부천 - 서울E	부천	일반
66	14	2015.06.06(토)	19:00	상주 - 부천	상주	일반
67	14	2015.06.06(토)	19:00	경남 - 안양	양산	일반
68	14	2015.06.06(토)	19:00	강원 - 대구	속초J	일반
69	14	2015.06.07(일)	19:00	고양 - 수원FC	고양	일반
70	14	2015.06.07(일)	19:00	충주 - 안산	충주	일반
71	15	2015.06.10(수)	19:00	안산 - 부천	안산	일반
72	15	2015.06.10(수)	19:00	충주 - 서울E	충주	일반
73	15	2015.06.10(수)	19:30	안양 - 상주	안양	일반
74	15	2015.06.10(수)	19:30	수원FC - 경남	수원	일반
75	15	2015.06.10(수)	20:00	고양 - 강원	고양	일반
76	16	2015.06.13(토)	19:00	상주 - 충주	상주	일반
77	16	2015.06.13(토)	19:00	안양 - 서울E	안양	일반
78	16	2015.06.14(일)	19:00	부천 - 고양	부천	일반
79	16	2015.06.14(일)	19:00	경남 - 강원	창원C	일반
80	16	2015.06.15(월)	19:30	대구 - 안산	대구	일반
81	17	2015.06.20(토)	16:00	대구 - 부천	대구	일반
82	17	2015.06.20(토)	19:00	서울E - 상주	잠실	일반
83	17	2015.06.20(토)	19:00	강원 - 수원FC	속초J	일반
84	17	2015.06.21(일)	19:00	안산 - 안양	안산	일반
85	17	2015.06.21(일)	19:00	고양 - 충주	고양	일반
86	18	2015.06.27(토)	19:00	경남 - 부천	창원C	일반
87	18	2015.06.27(토)	19:00	고양 - 안양	고양	일반
88	18	2015.06.27(토)	19:00	충주 - 대구	충주	일반

번호	라운드	일자	시간	대진	장소	경기구분
89	18	2015.06.28(일)	19:00	안산 - 서울E	안산	일반
90	18	2015.06.28(일)	19:00	수원FC - 상주	수원	일반
91	19	2015.07.01(수)	19:00	안산 - 경남	안산	일반
92	19	2015.07.01(수)	19:00	상주 - 고양	상주	일반
93	19	2015.07.01(수)	19:30	부천 - 수원FC	부천	일반
94	19	2015.07.01(수)	19:30	안양 - 강원	안양	일반
95	19	2015.07.01(수)	19:30	대구 - 서울E	대구	일반
96	20	2015.07.04(토)	19:00	강원 - 서울E	속초J	일반
97	20	2015.07.04(토)	19:00	수원FC - 안양	수원	일반
98	20	2015.07.04(토)	19:00	고양 - 안산	고양	일반
99	20	2015.07.05(일)	20:00	충주 - 경남	충주	일반
100	20	2015.07.05(일)	19:30	대구 - 상주	대구	일반
101	21	2015.07.08(수)	19:00	강원 - 충주	속초J	일반
102	21	2015.07.08(수)	19:00	경남 - 대구	창원C	일반
103	21	2015.07.08(수)	19:00	안산 - 수원FC	안산	일반
104	21	2015.07.08(수)	19:30	부천 - 안양	부천	일반
105	21	2015.07.08(수)	19:30	서울E - 고양	잠실	일반
106	22	2015.07.11(토)	19:00	수원FC - 대구	수원	일반
107	22	2015.07.11(토)	19:00	안양 - 충주	안양	일반
108	22	2015.07.12(일)	19:00	서울E - 경남	잠실	일반
109	22	2015.07.12(일)	19:00	상주 - 안산	상주	일반
110	22	2015.07.13(월)	19:30	부천 - 강원	부천	일반
111	23	2015.07.25(토)	19:00	고양 - 부천	고양	일반
112	23	2015.07.25(토)	19:30	대구 - 강원	대구	일반
113	23	2015.07.26(일)	19:00	안양 - 안산	안양	일반
114	23	2015.07.26(일)	19:00	경남 - 수원FC	진주J	일반
115	23	2015.07.27(월)	19:00	충주 - 상주	충주	일반
116	24	2015.08.01(토)	19:00	수원FC - 부천	수원	일반
117	24	2015.08.01(토)	19:00	안산 - 대구	안산	일반
118	24	2015.08.02(일)	19:00	고양 - 상주	고양	일반
119	24	2015.08.02(일)	19:00	강원 - 경남	속초J	일반
120	24	2015.08.03(월)	19:30	서울E - 안양	잠실	일반
121	25	2015.08.08(토)	19:00	수원FC - 서울E	수원	일반
122	25	2015.08.08(토)	19:00	충주 - 고양	충주	일반
123	25	2015.08.08(토)	19:30	대구 - 안양	대구	일반
124	25	2015.08.08(토)	19:00	부천 - 안산	부천	일반
125	25	2015.08.09(일)	19:00	상주 - 강원	상주	일반
126	26	2015.08.12(수)	19:00	경남 - 안산	창원C	일반
127	26	2015.08.12(수)	19:00	상주 - 서울E	상주	일반
128	26	2015.08.12(수)	19:00	강원 - 부천	속초J	일반
129	26	2015.08.12(수)	19:00	안양 - 고양	안양	일반
130	26	2015.08.12(수)	19:00	충주 - 수원FC	충주	일반
131	27	2015.08.15(토)	19:00	안산 - 충주	안산	일반
132	27	2015.08.15(토)	19:00	안양 - 경남	안양	일반
133	27	2015.08.16(일)	19:00	부천 - 서울E	부천	일반
134	27	2015.08.16(일)	19:00	고양 - 대구	고양	일반
135	27	2015.08.17(월)	19:30	수원FC - 강원	수원	일반
136	28	2015.08.22(토)	19:00	안산 - 고양	안산	일반
137	28	2015.08.22(토)	19:00	상주 - 수원FC	상주	일반
138	28	2015.08.22(토)	19:30	서울E - 강원	잠실	일반
139	28	2015.08.23(일)	19:00	부천 - 충주	부천	일반
140	28	2015.08.23(일)	19:30	대구 - 경남	대구	일반
141	29	2015.08.26(수)	19:00	경남 - 상주	창원C	일반
142	29	2015.08.26(수)	19:00	강원 - 안산	속초J	일반
143	29	2015.08.26(수)	19:00	충주 - 안양	충주	일반
144	29	2015.08.26(수)	19:30	부천 - 대구	부천	일반
145	29	2015.08.26(수)	20:00	고양 - 서울E	고양	일반
146	30	2015.08.29(토)	19:00	경남 - 충주	창원C	일반
147	30	2015.08.29(토)	19:30	서울E - 안산	잠실	일반
148	30	2015.08.30(일)	19:00	수원FC - 고양	수원	일반
149	30	2015.08.30(일)	19:00	상주 - 대구	상주	일반
150	30	2015.08.31(월)	19:00	안양 - 부천	안양	일반
151	31	2015.09.05(토)	14:00	안산 - 상주	안산	일반
152	31	2015.09.05(토)	17:00	부천 - 경남	부천	일반
153	31	2015.09.05(토)	16:00	충주 - 서울E	충주	일반
154	31	2015.09.06(일)	14:00	강원 - 안양	속초J	일반
155	31	2015.09.06(일)	14:00	대구 - 수원FC	대구	일반
156	32	2015.09.09(수)	19:00	충주 - 강원	충주	일반
157	32	2015.09.09(수)	19:00	상주 - 안양	상주	일반
158	32	2015.09.09(수)	19:30	서울E - 대구	잠실	일반
159	32	2015.09.09(수)	19:00	안산 - 수원FC	안산	일반
160	32	2015.09.09(수)	20:00	고양 - 경남	고양	일반
161	33	2015.09.12(토)	14:00	대구 - 충주	대구	일반
162	33	2015.09.12(토)	16:00	부천 - 상주	부천	일반
163	33	2015.09.13(일)	14:00	강원 - 고양	속초J	일반
164	33	2015.09.13(일)	16:00	안양 - 수원FC	안양	일반
165	33	2015.09.14(월)	19:00	경남 - 서울E	창원C	일반
166	34	2015.09.19(토)	14:00	고양 - 수원FC	고양	일반
167	34	2015.09.19(토)	14:00	안산 - 강원	안산	일반
168	34	2015.09.19(토)	16:00	충주 - 부천	충주	일반
169	34	2015.09.20(일)	16:00	서울E - 상주	잠실	일반
170	34	2015.09.20(일)	16:00	안양 - 대구	안양	일반
171	35	2015.09.23(수)	19:00	경남 - 부천	창원C	일반
172	35	2015.09.23(수)	19:30	수원FC - 충주	수원	일반
173	35	2015.09.23(수)	19:30	대구 - 상주	대구	일반
174	35	2015.09.23(수)	19:30	서울E - 안산	잠실	일반
175	35	2015.09.23(수)	20:00	고양 - 안양	고양	일반
176	36	2015.10.03(토)	16:00	부천 - 고양	부천	일반
177	36	2015.10.03(토)	14:00	안양 - 서울E	안양	일반
178	36	2015.10.03(토)	16:00	경남 - 대구	창원C	일반

번호	라운드	일자	시간	대진	장소	경기구분
179	36	2015.10.04(일)	14:00	수원FC - 안산	수원	일반
180	36	2015.10.04(일)	16:00	강원 - 상주	춘천	일반
181	37	2015.10.20(화)	19:00	안양 - 상주	안양	일반
182	37	2015.10.07(수)	19:00	강원 - 수원FC	춘천	일반
183	37	2015.10.07(수)	19:00	충주 - 경남	충주	일반
184	37	2015.10.07(수)	19:30	서울E - 고양	잠실	일반
185	37	2015.10.07(수)	19:30	대구 - 안산	대구	일반
186	38	2015.10.10(토)	14:00	고양 - 안산	고양	일반
187	38	2015.10.10(토)	14:00	경남 - 안양	창원C	일반
188	38	2015.10.10(토)	16:00	서울E - 충주	잠실	일반
189	38	2015.10.11(일)	14:00	부천 - 강원	부천	일반
190	38	2015.11.11(수)	19:00	상주 - 수원FC	상주	일반
191	39	2015.10.17(토)	14:00	상주 - 부천	상주	일반
192	39	2015.10.17(토)	14:00	강원 - 충주	원주	일반
193	39	2015.10.18(일)	14:00	대구 - 고양	대구	일반
194	39	2015.10.18(일)	16:00	서울E - 수원FC	잠실	일반
195	39	2015.10.19(월)	19:00	안산 - 경남	안산	일반
196	40	2015.10.24(토)	14:00	경남 - 강원	거제	일반
197	40	2015.10.24(토)	16:00	안양 - 충주	안양	일반
198	40	2015.10.25(일)	14:00	수원FC - 대구	수원	일반
199	40	2015.10.25(일)	16:00	서울E - 부천	잠실	일반
200	40	2015.10.26(월)	19:00	상주 - 고양	상주	일반
201	41	2015.10.31(토)	14:00	부천 - 안양	부천	일반
202	41	2015.10.31(토)	13:40	충주 - 안산	충주	일반
203	41	2015.10.31(토)	16:00	대구 - 서울E	대구	일반
204	41	2015.11.01(일)	14:00	상주 - 경남	상주	일반
205	41	2015.11.01(일)	14:00	고양 - 강원	파주	일반
206	42	2015.11.07(토)	14:00	수원FC - 안양	수원	일반
207	42	2015.11.07(토)	14:00	서울E - 경남	잠실	일반
208	42	2015.11.07(토)	16:00	상주 - 충주	상주	일반
209	42	2015.11.08(일)	14:00	강원 - 대구	원주	일반
210	42	2015.11.08(일)	16:00	안산 - 부천	안산	일반
211	43	2015.11.14(토)	14:00	경남 - 고양	창원C	일반
212	43	2015.11.14(토)	14:00	충주 - 대구	충주	일반
213	43	2015.11.14(토)	16:00	상주 - 안산	상주	일반
214	43	2015.11.15(일)	14:00	안양 - 강원	안양	일반
215	43	2015.11.15(일)	16:00	부천 - 수원FC	부천	일반
216	44	2015.11.22(일)	14:00	고양 - 충주	고양	일반
217	44	2015.11.22(일)	14:00	안산 - 안양	안산	일반
218	44	2015.11.22(일)	14:00	수원FC - 경남	수원	일반
219	44	2015.11.22(일)	14:00	대구 - 부천	대구	일반
220	44	2015.11.22(일)	14:00	강원 - 서울E	원주	일반
221	45	2015.11.25(수)	19:00	수원FC - 서울E	수원	Play Off
222	46	2015.11.28(토)	14:00	대구 - 수원FC	대구	Play Off

2015년 챌린지 팀별 연속 승패 · 득실점 기록 | 상주

일자	상대	홈. 원정	승	무	패	득점	실점	연속기록						
								승	무	패	득점	실점	무득점	무실점
03.21	강원	H	▲			3	1							
04.05	경남	A	▲			3	1							
04.15	서울E	H	▲			3	2							
04.18	부천	A			▼	1	3							
04.26	수원FC	A		■		1	1							
05.05	안산	A	▲			3	0							
05.09	대구	H			▼	0	2							
05.13	고양	A	▲			5	0							
05.17	안양	H	▲			3	2							
05.23	충주	A		■		3	3							
05.30	강원	A	▲			2	1							
06.03	경남	H	▲			4	2							
06.06	부천	H	▲			1	0							
06.10	안양	A	▲			5	1							
06.13	충주	H	▲			4	0							
06.20	서울E	A	▲			3	2							
06.28	수원FC	A			▼	0	1							
07.01	고양	H		■		0	0							
07.05	대구	A		■		2	2							
07.12	안산	H	▲			2	0							
07.27	충주	A			▼	1	4							
08.02	고양	A	▲			4	0							
08.09	강원	H			▼	0	3							
08.12	서울E	H		■		1	1							
08.22	수원FC	H		■		0	0							
08.26	경남	A			▼	0	1							
08.30	대구	H	▲			2	1							
09.05	안산	A		■		2	2							
09.09	안양	H			▼	1	2							
09.12	부천	A			▼	1	2							
09.20	서울E	A			▼	0	1							
09.23	대구	A			▼	1	5							
10.04	강원	A	▲			2	0							
10.17	부천	H	▲			2	1							
10.20	안양	A			▼	1	2							
10.26	고양	H	▲			4	1							
11.01	경남	H	▲			1	0							
11.07	충주	H			▼	1	2							
11.11	수원FC	H			▼	2	5							
11.14	안산	H	▲			3	0							

2015년 챌린지 팀별 연속 승패 · 득실점 기록 | 수원FC

일자	상대	홈. 원정	승	무	패	득점	실점	연속기록						
								승	무	패	득점	실점	무득점	무실점
03.21	안양	A			▼	0	3							
03.28	부천	H	▲			3	2							
04.05	충주	A	▲			2	0							
04.15	안산	H		■		2	2							
04.19	경남	A	▲			2	1							
04.26	상주	H		■		1	1							
05.02	서울E	H			▼	1	5							
05.09	고양	H	▲			2	0							
05.17	대구	A	▲			4	1							
05.24	강원	H	▲			2	1							
05.30	서울E	A			▼	0	2							
06.03	충주	H			▼	2	3							
06.07	고양	A	▲			3	2							
06.10	경남	H			▼	0	1							
06.20	강원	A			▼	1	3							
06.28	상주	H	▲			1	0							
07.01	부천	A		■		2	2							
07.04	안양	H		■		0	0							
07.08	안산	A			▼	0	1							
07.11	대구	H		■		2	2							
07.26	경남	A		■		0	0							
08.01	부천	H			▼	1	2							
08.08	서울E	H	▲			3	1							
08.12	충주	A	▲			3	1							
08.17	강원	H	▲			3	2							
08.22	상주	A		■		0	0							
08.30	고양	H		■		0	0							
09.06	대구	A	▲			2	1							
09.09	안산	A	▲			1	0							
09.13	안양	A			▼	2	3							
09.19	고양	A		■		1	1							
09.23	충주	H	▲			2	1							
10.04	안산	H	▲			2	1							
10.07	강원	A		■		1	1							
10.18	서울E	A	▲			4	1							
10.25	대구	H			▼	0	2							
11.07	안양	H			▼	1	2							
11.11	상주	A	▲			5	2							
11.15	부천	A		■		0	0							
11.22	경남	H	▲			3	1							
11.25	서울E	H		■		3	3							
11.28	대구	A	▲			2	1							

2015년 챌린지 팀별 연속 승패 · 득실점 기록 | 대구

일자	상대	홈. 원정	승	무	패	득점	실점	연속기록						
								승	무	패	득점	실점	무득점	무실점
03.21	부천	A			▼	1	2							
03.29	강원	H	▲			2	1							
04.04	서울E	A		■		1	1							
04.15	안양	H		■		2	2							
04.20	고양	A	▲			2	0							
04.25	충주	H	▲			2	1							
05.02	경남	H	▲			1	0							
05.09	상주	A	▲			2	0							
05.13	안산	A		■		1	1							
05.17	수원FC	H			▼	1	4							
05.30	안양	A		■		1	1							
06.03	고양	H			▼	1	2							
06.06	강원	A	▲			2	1							
06.15	안산	H	▲			3	0							
06.20	부천	H	▲			2	0							
06.27	충주	A		■		1	1							
07.01	서울E	H	▲			1	0							
07.05	상주	H		■		2	2							
07.08	경남	A	▲			1	0							
07.11	수원FC	A		■		2	2							
07.25	강원	H			▼	0	1							
08.01	안산	A		■		0	0							
08.08	안양	H			▼	2	4							
08.16	고양	A		■		3	3							
08.23	경남	H	▲			3	0							
08.26	부천	A	▲			1	0							
08.30	상주	A			▼	1	2							
09.06	수원FC	H			▼	1	2							
09.09	서울E	A	▲			2	0							
09.12	충주	H		■		1	1							
09.20	안양	A	▲			2	0							
09.23	상주	H	▲			5	1							
10.03	경남	A	▲			3	1							
10.07	안산	H	▲			1	0							
10.18	고양	H			▼	2	3							
10.25	수원FC	A	▲			2	0							
10.31	서울E	H		■		3	3							
11.08	강원	A			▼	2	3							
11.14	충주	A		■		1	1							
11.22	부천	H		■		1	1							
11.28	수원FC	H			▼	1	2							

2015년 챌린지 팀별 연속 승패 · 득실점 기록 | 서울E

일자	상대	홈.원정	승	무	패	득점	실점	연속기록 승	무	패	득점	실점	무득점	무실점
03.29	안양	H		■		1	1							
04.04	대구	H		■		1	1							
04.15	상주	A			▼	2	3							
04.18	안산	A		■		2	2							
04.25	부천	H		■		0	0							
05.02	수원FC	A	▲			5	1							
05.10	경남	A	▲			3	2							
05.13	강원	H			▼	2	4							
05.16	충주	H	▲			4	0							
05.23	고양	A	▲			4	2							
05.30	수원FC	H	▲			2	0							
06.03	부천	A	▲			3	0							
06.10	충주	A	▲			2	1							
06.13	안양	A	▲			1	0							
06.20	상주	H			▼	2	3							
06.28	안산	A	▲			1	0							
07.01	대구	A			▼	0	1							
07.04	강원	A			▼	1	3							
07.08	고양	H	▲			2	0							
07.12	경남	H		■		1	1							
08.03	안양	H	▲			1	0							
08.08	수원FC	A			▼	1	3							
08.12	상주	A		■		1	1							
08.16	부천	A			▼	1	3							
08.22	강원	H		■		0	0							
08.26	고양	A			▼	1	2							
08.29	안산	H		■		2	2							
09.05	충주	A	▲			3	1							
09.09	대구	H			▼	0	2							
09.14	경남	A		■		0	0							
09.20	상주	H	▲			1	0							
09.23	안산	H		■		1	1							
10.03	안양	A	▲			4	3							
10.07	고양	H		■		1	1							
10.10	충주	H	▲			4	2							
10.18	수원FC	H			▼	1	4							
10.25	부천	H	▲			1	0							
10.31	대구	A		■		3	3							
11.07	경남	H			▼	0	1							
11.22	강원	A		■		4	4							
11.25	수원FC	A		■		3	3							

2015년 챌린지 팀별 연속 승패 · 득실점 기록 | 부천

일자	상대	홈.원정	승	무	패	득점	실점	연속기록 승	무	패	득점	실점	무득점	무실점
03.21	대구	H	▲			2	1							
03.28	수원FC	A			▼	2	3							
04.04	강원	A			▼	0	4							
04.15	충주	H		■		0	0							
04.18	상주	H	▲			3	1							
04.25	서울E	A		■		0	0							
05.03	고양	A			▼	0	1							
05.10	안산	H			▼	0	1							
05.13	안양	A		■		1	1							
05.23	경남	H			▼	1	2							
05.31	충주	A	▲			1	0							
06.03	서울E	H			▼	0	3							
06.06	상주	A			▼	0	1							
06.10	안산	A		■		0	0							
06.14	고양	H	▲			2	1							
06.20	대구	A			▼	0	2							
06.27	경남	A	▲			2	1							
07.01	수원FC	H		■		2	2							
07.08	안양	H		■		1	1							
07.13	강원	H	▲			3	2							
07.25	고양	A	▲			3	2							
08.01	수원FC	A	▲			2	1							
08.08	안산	H			▼	0	1							
08.12	강원	A		■		1	1							
08.16	서울E	H	▲			3	1							
08.23	충주	H	▲			2	0							
08.26	대구	H			▼	0	1							
08.31	안양	A		■		0	0							
09.05	경남	H	▲			1	0							
09.12	상주	H	▲			2	1							
09.19	충주	A			▼	0	2							
09.23	경남	A			▼	0	1							
10.03	고양	H	▲			1	0							
10.11	강원	H	▲			4	2							
10.17	상주	A			▼	1	2							
10.25	서울E	A			▼	0	1							
10.31	안양	H			▼	0	1							
11.08	안산	A	▲			2	0							
11.15	수원FC	H		■		0	0							
11.22	대구	A		■		1	1							

2015년 챌린지 팀별 연속 승패 · 득실점 기록 | 안양

일자	상대	홈. 원정	승	무	패	득점	실점	연속기록 승	연속기록 무	연속기록 패	연속기록 득점	연속기록 실점	연속기록 무득점	연속기록 무실점
03.21	수원FC	H	▲			3	0							
03.29	서울E	A		■		1	1							
04.04	고양	H			▼	1	2							
04.15	대구	A		■		2	2							
04.19	충주	A		■		1	1							
04.26	경남	H		■		0	0							
05.02	강원	A		■		0	0							
05.13	부천	H		■		1	1							
05.17	상주	A			▼	2	3							
05.24	안산	H			▼	0	1							
05.30	대구	H		■		1	1							
06.06	경남	A		■		1	1							
06.10	상주	H			▼	1	5							
06.13	서울E	H			▼	0	1							
06.21	안산	A		■		0	0							
06.27	고양	A			▼	1	2							
07.01	강원	H		■		2	2							
07.04	수원FC	A		■		0	0							
07.08	부천	A		■		1	1							
07.11	충주	H	▲			2	1							
07.26	안산	H	▲			2	1							
08.03	서울E	A			▼	0	1							
08.08	대구	A	▲			4	2							
08.12	고양	H	▲			3	0							
08.15	경남	H	▲			2	0							
08.26	충주	A		■		2	2							
08.31	부천	H		■		0	0							
09.06	강원	A			▼	1	4							
09.09	상주	A	▲			2	1							
09.13	수원FC	H	▲			3	2							
09.20	대구	H			▼	0	2							
09.23	고양	A			▼	0	1							
10.03	서울E	H			▼	3	4							
10.10	경남	A		■		2	2							
10.20	상주	H	▲			2	1							
10.24	충주	H	▲			1	0							
10.31	부천	A	▲			1	0							
11.07	수원FC	A	▲			2	1							
11.15	강원	H			▼	1	2							
11.22	안산	A	▲			2	1							

2015년 챌린지 팀별 연속 승패 · 득실점 기록 | 강원

일자	상대	홈. 원정	승	무	패	득점	실점	연속기록 승	연속기록 무	연속기록 패	연속기록 득점	연속기록 실점	연속기록 무득점	연속기록 무실점
03.21	상주	A			▼	1	3							
03.29	대구	A			▼	1	2							
04.04	부천	H	▲			4	0							
04.15	고양	H			▼	0	1							
04.25	안산	H		■		1	1							
05.02	안양	H		■		0	0							
05.09	충주	A			▼	1	3							
05.13	서울E	A	▲			4	2							
05.18	경남	H			▼	0	1							
05.24	수원FC	A			▼	1	2							
05.30	상주	H			▼	1	2							
06.03	안산	A	▲			2	0							
06.06	대구	H			▼	1	2							
06.10	고양	A			▼	0	1							
06.14	경남	A		■		0	0							
06.20	수원FC	H	▲			3	1							
07.01	안양	A		■		2	2							
07.04	서울E	H	▲			3	1							
07.08	충주	H			▼	0	1							
07.13	부천	A			▼	2	3							
07.25	대구	A	▲			1	0							
08.02	경남	H		■		1	1							
08.09	상주	A	▲			3	0							
08.12	부천	H		■		1	1							
08.17	수원FC	A			▼	2	3							
08.22	서울E	A		■		0	0							
08.26	안산	H	▲			2	0							
09.06	안양	H	▲			4	1							
09.09	충주	A	▲			2	0							
09.13	고양	H		■		2	2							
09.19	안산	A			▼	0	1							
10.04	상주	H			▼	0	2							
10.07	수원FC	H		■		1	1							
10.11	부천	A			▼	2	4							
10.17	충주	H		■		3	3							
10.24	경남	A		■		0	0							
11.01	고양	A	▲			4	2							
11.08	대구	H	▲			3	2							
11.15	안양	A	▲			2	1							
11.22	서울E	H		■		4	4							

2015년 챌린지 팀별 연속 승패 · 득실점 기록 | 고양

일자	상대	홈.원정	승	무	패	득점	실점	연속기록 승	연속기록 무	연속기록 패	연속기록 득점	연속기록 실점	연속기록 무득점	연속기록 무실점
03.22	충주	A	▲			1	0							
03.28	경남	H			▼	0	1							
04.04	안양	A	▲			2	1							
04.15	강원	A	▲			1	0							
04.20	대구	H			▼	0	2							
05.03	부천	H	▲			1	0							
05.09	수원FC	A			▼	0	2							
05.13	상주	H			▼	0	5							
05.16	안산	A		■		1	1							
05.23	서울E	H			▼	2	4							
05.31	경남	A	▲			1	0							
06.03	대구	A	▲			2	1							
06.07	수원FC	H			▼	2	3							
06.10	강원	H	▲			1	0							
06.14	부천	A			▼	1	2							
06.21	충주	H		■		2	2							
06.27	안양	H	▲			2	1							
07.01	상주	A		■		0	0							
07.04	안산	H			▼	1	2							
07.08	서울E	A			▼	0	2							
07.25	부천	H			▼	2	3							
08.02	상주	H			▼	0	4							
08.08	충주	A	▲			2	1							
08.12	안양	A			▼	0	3							
08.16	대구	H		■		3	3							
08.22	안산	A		■		2	2							
08.26	서울E	H	▲			2	1							
08.30	수원FC	A		■		0	0							
09.09	경남	H	▲			2	1							
09.13	강원	A		■		2	2							
09.19	수원FC	H		■		1	1							
09.23	안양	H	▲			1	0							
10.03	부천	A			▼	0	1							
10.07	서울E	A		■		1	1							
10.10	안산	H			▼	0	1							
10.18	대구	A	▲			3	2							
10.26	상주	A			▼	1	4							
11.01	강원	H			▼	2	4							
11.14	경남	A		■		0	0							
11.22	충주	H			▼	2	5							

2015년 챌린지 팀별 연속 승패 · 득실점 기록 | 경남

일자	상대	홈.원정	승	무	패	득점	실점	연속기록 승	연속기록 무	연속기록 패	연속기록 득점	연속기록 실점	연속기록 무득점	연속기록 무실점
03.22	안산	H		■		0	0							
03.28	고양	A	▲			1	0							
04.05	상주	H			▼	1	3							
04.19	수원FC	H			▼	1	2							
04.26	안양	A		■		0	0							
05.02	대구	A			▼	0	1							
05.10	서울E	H			▼	2	3							
05.13	충주	H			▼	0	1							
05.18	강원	A	▲			1	0							
05.23	부천	A	▲			2	1							
05.31	고양	H			▼	0	1							
06.03	상주	A			▼	2	4							
06.06	안양	H		■		1	1							
06.10	수원FC	A	▲			1	0							
06.14	강원	H		■		0	0							
06.27	부천	H			▼	1	2							
07.01	안산	A	▲			1	0							
07.05	충주	A		■		1	1							
07.08	대구	H			▼	0	1							
07.12	서울E	A		■		1	1							
07.26	수원FC	H		■		0	0							
08.02	강원	A		■		1	1							
08.12	안산	H			▼	0	1							
08.15	안양	A			▼	0	2							
08.23	대구	A			▼	0	3							
08.26	상주	H	▲			1	0							
08.29	충주	H	▲			1	0							
09.05	부천	A			▼	0	1							
09.09	고양	A			▼	1	2							
09.14	서울E	H		■		0	0							
09.23	부천	H	▲			1	0							
10.03	대구	H			▼	1	3							
10.07	충주	A	▲			2	0							
10.10	안양	H		■		2	2							
10.19	안산	A		■		2	2							
10.24	강원	H		■		0	0							
11.01	상주	A			▼	0	1							
11.07	서울E	A	▲			1	0							
11.14	고양	H		■		0	0							
11.22	수원FC	A			▼	1	3							

2015년 챌린지 팀별 연속 승패 · 득실점 기록 | 안산

일자	상대	홈. 원정	승	무	패	득점	실점	연속기록						
								승	무	패	득점	실점	무득점	무실점
03.22	경남	A		■		0	0							
03.29	충주	H	▲			1	0							
04.15	수원FC	A		■		2	2							
04.18	서울E	H		■		2	2							
04.25	강원	A		■		1	1							
05.05	상주	H			▼	0	3							
05.10	부천	A	▲			1	0							
05.13	대구	H		■		1	1							
05.16	고양	H		■		1	1							
05.24	안양	A	▲			1	0							
06.03	강원	H			▼	0	2							
06.07	충주	A			▼	2	3							
06.10	부천	H		■		0	0							
06.15	대구	A			▼	0	3							
06.21	안양	H		■		0	0							
06.28	서울E	H			▼	0	1							
07.01	경남	H			▼	0	1							
07.04	고양	A	▲			2	1							
07.08	수원FC	H	▲			1	0							
07.12	상주	A			▼	0	2							
07.26	안양	A			▼	1	2							
08.01	대구	H		■		0	0							
08.08	부천	A	▲			1	0							
08.12	경남	A	▲			1	0							
08.15	충주	H			▼	0	1							
08.22	고양	H		■		2	2							
08.26	강원	A			▼	0	2							
08.29	서울E	A		■		2	2							
09.05	상주	H		■		2	2							
09.09	수원FC	H			▼	0	1							
09.19	강원	H	▲			1	0							
09.23	서울E	A		■		1	1							
10.04	수원FC	A			▼	1	2							
10.07	대구	A			▼	0	1							
10.10	고양	A	▲			1	0							
10.19	경남	H		■		2	2							
10.31	충주	A		■		0	0							
11.08	부천	H			▼	0	2							
11.14	상주	A			▼	0	3							
11.22	안양	H			▼	1	2							

2015년 챌린지 팀별 연속 승패 · 득실점 기록 | 충주

일자	상대	홈. 원정	승	무	패	득점	실점	연속기록						
								승	무	패	득점	실점	무득점	무실점
03.22	고양	H			▼	0	1							
03.29	안산	A			▼	0	1							
04.05	수원FC	H			▼	0	2							
04.15	부천	A		■		0	0							
04.19	안양	H		■		1	1							
04.25	대구	A			▼	1	2							
05.09	강원	H	▲			3	1							
05.13	경남	A	▲			1	0							
05.16	서울E	A			▼	0	4							
05.23	상주	H		■		3	3							
05.31	부천	H			▼	0	1							
06.03	수원FC	A	▲			3	2							
06.07	안산	H	▲			3	2							
06.10	서울E	H			▼	1	2							
06.13	상주	A			▼	0	4							
06.21	고양	A		■		2	2							
06.27	대구	H		■		1	1							
07.05	경남	H		■		1	1							
07.08	강원	A	▲			1	0							
07.11	안양	A			▼	1	2							
07.27	상주	H	▲			4	1							
08.08	고양	H			▼	1	2							
08.12	수원FC	H			▼	1	3							
08.15	안산	A	▲			1	0							
08.23	부천	A			▼	0	2							
08.26	안양	H		■		2	2							
08.29	경남	A			▼	0	1							
09.05	서울E	H			▼	1	3							
09.09	강원	H			▼	0	2							
09.12	대구	A		■		1	1							
09.19	부천	H	▲			2	0							
09.23	수원FC	A			▼	1	2							
10.07	경남	H			▼	0	2							
10.10	서울E	A			▼	2	4							
10.17	강원	A		■		3	3							
10.24	안양	A			▼	0	1							
10.31	안산	H		■		0	0							
11.07	상주	A	▲			2	1							
11.14	대구	H		■		1	1							
11.22	고양	A	▲			5	2							

2015년 챌린지 팀 간 경기 기록

팀명	승점	상대팀	승	무	패	득점	실점	자책	득실	도움	코너킥	파울	파울득	오프사이드	슈팅(유효)	PK득점	PK실패	경고	퇴장
상 주	67	합계	20	7	13	77	57	1	20	50	209	521	615	81	542(248)	8	4	74	1
	9	강원	3	0	1	7	5	0	2	5	11	58	67	6	55(26)	1	1	6	0
	9	경남	3	0	1	8	4	0	4	6	28	46	58	11	49(20)	2	0	0	0
	10	고양	3	1	0	13	1	1	12	9	19	56	51	14	53(28)	1	0	10	0
	4	대구	1	1	2	5	10	0	-5	1	26	47	62	8	47(21)	1	1	12	0
	6	부천	2	0	2	5	6	0	-1	2	20	52	59	5	39(21)	2	0	11	0
	7	서울E	2	1	1	7	6	0	1	6	16	51	61	8	61(28)	0	0	6	0
	2	수원FC	0	2	2	3	7	0	-4	0	22	65	69	9	51(21)	0	0	8	0
	10	안산	3	1	0	10	2	0	8	9	19	57	65	5	59(29)	0	0	6	0
	6	안양	2	0	2	10	7	0	3	6	28	46	65	0	53(23)	1	1	13	1
	4	충주	1	1	2	9	9	0	0	6	20	43	58	15	75(31)	0	1	2	0

팀명	승점	상대팀	승	무	패	득점	실점	자책	득실	도움	코너킥	파울	파울득	오프사이드	슈팅(유효)	PK득점	PK실패	경고	퇴장
수원FC	65	합계	19	12	11	69	58	1	11	48	203	646	690	74	607(304)	7	1	92	0
	7	강원	2	1	1	7	7	0	0	7	23	67	78	1	54(25)	0	0	9	0
	7	경남	2	1	1	5	3	0	2	4	25	52	46	7	63(35)	0	0	5	0
	8	고양	2	2	0	6	3	0	3	2	13	73	65	16	46(28)	2	0	11	0
	7	대구	3	1	1	10	7	0	3	9	28	64	103	7	80(37)	0	0	11	0
	5	부천	1	2	1	6	6	0	0	5	14	57	65	8	57(23)	1	0	11	0
	8	상주	2	2	0	7	3	0	4	4	12	71	61	3	47(22)	1	0	8	0
	6	서울E	2	1	2	11	12	0	-1	6	27	72	67	12	90(51)	3	0	14	0
	7	안산	2	1	1	5	4	0	1	3	19	72	78	4	54(27)	0	0	8	0
	1	안양	0	1	3	3	8	1	-5	2	14	60	79	8	59(24)	0	1	9	0
	9	충주	3	0	1	9	5	0	4	6	28	58	48	8	57(32)	0	0	6	0

팀명	승점	상대팀	승	무	패	득점	실점	자책	득실	도움	코너킥	파울	파울득	오프사이드	슈팅(유효)	PK득점	PK실패	경고	퇴장
대 구	67	합계	18	13	10	68	49	0	19	47	191	649	497	69	533(253)	3	3	86	0
	6	강원	2	0	2	6	6	0	0	4	23	52	44	1	50(17)	1	0	5	0
	12	경남	4	0	0	8	1	0	7	6	21	56	45	6	55(29)	0	2	5	0
	4	고양	1	1	2	8	8	0	0	3	11	64	55	14	54(27)	0	1	6	0
	7	부천	2	1	1	5	3	0	2	5	18	69	60	5	50(23)	0	0	10	0
	7	상주	2	1	1	10	5	0	5	6	13	65	40	5	47(25)	1	0	10	0
	8	서울E	2	2	0	7	4	0	3	6	26	53	46	10	53(29)	0	0	3	0
	4	수원FC	1	1	3	7	10	0	-3	2	16	110	60	7	70(36)	1	0	18	0
	8	안산	2	2	0	5	1	0	4	4	11	67	57	9	48(21)	0	0	13	0
	5	안양	1	2	1	7	7	0	0	7	20	58	49	6	48(21)	0	0	15	0
	6	충주	1	3	0	5	4	0	1	4	32	55	41	6	58(25)	0	0	1	0

팀명	승점	상대팀	승	무	패	득점	실점	자책	득실	도움	코너킥	파울	파울득	오프사이드	슈팅(유효)	PK득점	PK실패	경고	퇴장
서 울 E	61	합계	16	14	11	72	61	1	11	49	174	523	496	70	474(246)	8	2	66	1
	2	강원	0	2	2	7	11	0	-4	3	21	43	44	4	54(23)	1	0	8	0
	5	경남	1	2	1	4	4	0	0	2	25	35	39	7	45(23)	0	0	8	0
	7	고양	2	1	1	8	5	0	3	5	16	54	59	8	42(24)	1	0	5	0
	2	대구	0	2	2	4	7	0	-3	4	17	50	50	3	41(22)	0	0	6	0
	7	부천	2	1	1	5	3	0	2	3	11	49	44	7	53(28)	0	1	7	0
	4	상주	1	1	2	6	7	0	-1	5	14	63	46	5	38(19)	0	0	8	0
	6	수원FC	2	1	2	12	11	1	1	9	22	74	70	12	56(33)	2	0	6	1
	6	안산	1	3	0	6	5	0	1	5	15	57	50	4	42(23)	1	0	7	0
	10	안양	3	1	0	7	4	0	3	2	19	47	47	8	50(21)	2	0	6	0
	12	충주	4	0	0	13	4	0	9	11	14	51	47	12	53(30)	1	1	5	0

팀명	승점	상대팀	승	무	패	득점	실점	자책	득실	도움	코너킥	파울	파울득	오프사이드	슈팅(유효)	PK득점	PK실패	경고	퇴장
부 천	55	합계	15	10	15	43	45	0	-2	26	172	603	526	63	464(235)	4	2	73	1
	7	강원	2	1	1	8	9	0	-1	3	13	55	58	6	31(21)	0	1	9	1

팀명	승점	상대팀	승	무	패	득점	실점	자책	득실	도움	코너킥	파울	파울득	오프사이드	슈팅(유효)	PK득점	PK실패	경고	퇴장
	6	경남	2	0	2	4	4	0	0	1	21	43	51	10	44(19)	0	0	3	0
	9	고양	3	0	1	6	4	0	2	4	16	76	58	5	59(28)	1	0	10	0
	4	대구	1	1	2	3	5	0	-2	1	17	62	65	3	42(18)	0	0	9	0
	6	상주	2	0	2	6	5	0	1	5	9	65	49	8	32(15)	1	0	9	0
	4	서울E	1	1	2	3	5	0	-2	3	21	47	47	11	52(29)	0	0	5	0
	5	수원FC	1	2	1	6	6	0	0	3	19	65	54	10	58(31)	2	0	10	0
	4	안산	1	1	2	2	2	0	0	2	15	62	59	2	63(32)	0	1	4	0
	3	안양	0	3	1	2	3	0	-1	1	21	69	51	3	39(25)	0	0	6	0
	7	충주	2	1	1	3	2	0	1	3	20	59	34	5	44(17)	0	0	8	0
팀명	승점	상대팀	승	무	패	득점	실점	자책	득실	도움	코너킥	파울	파울득	오프사이드	슈팅(유효)	PK득점	PK실패	경고	퇴장
안 양	54	합계	13	15	12	53	52	0	1	31	173	600	507	67	477(219)	7	4	82	1
	2	강원	0	2	2	4	8	0	-4	2	14	67	54	4	50(26)	0	0	11	0
	6	경남	1	3	0	5	3	0	2	4	21	50	50	4	54(23)	0	0	5	1
	3	고양	1	0	3	5	5	0	0	3	21	62	48	8	60(26)	0	1	9	0
	5	대구	1	2	1	7	7	0	0	4	18	52	52	7	42(20)	1	0	6	0
	6	부천	1	3	0	3	2	0	1	3	12	56	65	2	42(19)	0	1	8	0
	6	상주	2	0	2	7	10	0	-3	3	12	65	40	6	39(17)	2	0	10	0
	1	서울E	0	1	3	4	7	0	-3	2	17	51	44	13	49(22)	1	0	7	0
	10	수원FC	3	1	0	8	3	0	5	4	24	81	57	6	44(22)	0	1	8	0
	7	안산	2	1	1	4	3	0	1	2	21	53	62	3	48(25)	2	0	10	0
	8	충주	2	2	0	6	4	0	2	4	13	63	35	14	49(19)	1	1	8	0
팀명	승점	상대팀	승	무	패	득점	실점	자책	득실	도움	코너킥	파울	파울득	오프사이드	슈팅(유효)	PK득점	PK실패	경고	퇴장
강 원	51	합계	13	12	15	64	56	2	8	38	174	609	515	68	532(279)	7	3	79	1
	3	경남	0	3	1	1	2	0	-1	1	18	58	42	5	50(20)	0	1	4	0
	4	고양	1	1	2	6	6	1	0	4	17	82	52	14	50(28)	1	0	7	1
	6	대구	2	0	2	6	6	0	0	4	22	47	49	4	67(31)	0	0	5	0
	4	부천	1	1	2	9	8	1	1	5	12	59	52	0	40(20)	2	0	11	0
	3	상주	1	0	3	5	7	0	-2	1	11	68	57	5	51(23)	1	0	9	0
	8	서울E	2	2	0	11	7	0	4	6	16	47	41	7	55(36)	1	0	10	0
	4	수원FC	1	1	2	7	7	0	0	5	18	80	65	7	47(25)	0	1	15	0
	7	안산	2	1	1	5	2	0	3	3	17	66	56	3	54(30)	1	0	3	0
	8	안양	2	2	0	8	4	0	4	5	23	56	61	7	58(36)	0	0	8	0
	4	충주	1	1	2	6	7	0	-1	4	20	46	40	16	60(30)	1	1	7	0
팀명	승점	상대팀	승	무	패	득점	실점	자책	득실	도움	코너킥	파울	파울득	오프사이드	슈팅(유효)	PK득점	PK실패	경고	퇴장
고 양	49	합계	13	10	17	46	68	1	-22	22	168	580	609	75	462(206)	6	1	83	2
	7	강원	2	1	1	6	6	0	0	2	15	57	78	2	46(21)	0	0	9	0
	7	경남	2	1	1	3	2	0	1	3	14	52	56	12	45(18)	0	0	11	0
	7	대구	2	1	1	8	8	0	0	3	22	59	62	6	49(23)	1	0	10	0
	3	부천	1	0	3	4	6	0	-2	3	22	62	72	4	44(22)	0	0	4	0
	1	상주	0	1	3	1	13	1	-12	0	11	51	54	7	40(16)	0	0	3	1
	4	서울E	1	1	2	5	8	0	-3	3	16	62	50	13	51(20)	0	0	10	0
	2	수원FC	0	2	2	3	6	0	-3	1	15	70	68	4	50(22)	0	1	13	0
	2	안산	0	2	2	4	6	0	-2	1	17	59	65	8	56(28)	2	0	4	0
	9	안양	3	0	1	5	5	0	0	1	21	49	57	2	40(18)	1	0	11	0
	7	충주	2	1	1	7	8	0	-1	5	15	59	47	17	41(18)	2	0	8	1
팀명	승점	상대팀	승	무	패	득점	실점	자책	득실	도움	코너킥	파울	파울득	오프사이드	슈팅(유효)	PK득점	PK실패	경고	퇴장
경 남	43	합계	10	13	17	30	43	0	-13	21	150	512	461	72	433(178)	4	0	79	2
	6	강원	1	3	0	2	1	0	1	2	12	45	57	3	45(16)	0	0	4	0
	4	고양	1	1	2	2	3	0	-1	2	17	57	49	12	38(14)	0	0	10	0
	0	대구	0	0	4	1	8	0	-7	1	10	49	52	2	42(10)	0	0	5	1
	6	부천	2	0	2	4	4	0	0	2	19	54	39	10	32(16)	1	0	9	1
	3	상주	1	0	3	4	8	0	-4	1	10	60	43	10	37(18)	2	0	10	0

	5	서울E	1	2	1	4	4	0	0	2	23	43	31	8	61(33)	0	0	8	0
	4	수원FC	1	1	2	3	5	0	-2	2	20	50	49	12	44(20)	0	0	10	0
	5	안산	1	2	1	3	3	0	0	3	12	48	53	3	47(19)	0	0	8	0
	3	안양	0	3	1	3	5	0	-2	2	15	53	47	6	40(16)	1	0	7	0
	7	충주	2	1	1	4	2	0	2	4	12	53	41	6	47(16)	0	0	8	0

팀명	승점	상대팀	승	무	패	득점	실점	자책	득실	도움	코너킥	파울	파울득	오프사이드	슈팅(유효)	PK득점	PK실패	경고	퇴장
안 산	42	합계	9	15	16	31	48	0	-17	17	131	629	566	70	376(158)	4	1	104	0
	4	강원	1	1	2	2	5	0	-3	1	18	56	63	3	41(19)	0	0	14	0
	5	경남	1	2	1	3	3	0	0	3	11	56	46	11	46(14)	0	0	8	0
	8	고양	2	2	0	6	4	0	2	5	15	68	56	7	31(20)	0	0	14	0
	2	대구	0	2	2	1	5	0	-4	0	16	61	64	6	42(16)	0	1	7	0
	7	부천	2	1	1	2	2	0	0	1	5	63	60	4	34(15)	1	0	14	0
	1	상주	0	1	3	2	10	0	-8	1	11	67	56	6	33(14)	0	0	11	0
	3	서울E	0	3	1	5	6	0	-1	1	20	54	54	8	44(17)	2	0	5	0
	4	수원FC	1	1	2	4	5	0	-1	2	13	81	69	7	34(16)	0	0	9	0
	4	안양	1	1	2	3	4	0	-1	1	6	65	52	5	38(17)	1	0	12	0
	4	충주	1	1	2	3	4	0	-1	2	16	58	46	13	33(10)	0	0	10	0

팀명	승점	상대팀	승	무	패	득점	실점	자책	득실	도움	코너킥	파울	파울득	오프사이드	슈팅(유효)	PK득점	PK실패	경고	퇴장
충 주	41	합계	10	11	19	49	65	1	-16	29	187	463	509	39	477(201)	1	1	66	0
	7	강원	2	1	1	7	6	0	1	3	15	40	43	4	44(20)	0	0	7	0
	4	경남	1	1	2	2	4	0	-2	1	20	41	50	7	34(10)	0	0	6	0
	4	고양	1	1	2	8	7	0	1	4	17	49	54	4	51(20)	0	0	9	0
	3	대구	0	3	1	4	5	0	-1	3	20	44	50	2	45(20)	0	0	6	0
	4	부천	1	1	2	2	3	0	-1	2	18	37	58	2	57(26)	0	0	6	0
	7	상주	2	1	1	9	9	0	0	5	14	62	41	3	41(18)	0	0	7	0
	0	서울E	0	0	4	4	13	1	-9	2	23	50	46	5	56(16)	1	0	8	0
	3	수원FC	1	0	3	5	9	0	-4	3	25	52	54	3	54(24)	0	0	6	0
	7	안산	2	1	1	4	3	0	1	4	16	49	55	4	43(21)	0	1	7	0
	2	안양	0	2	2	4	6	0	-2	2	19	39	58	5	52(26)	0	0	4	0

2015년 챌린지 팀별 경기기록 및 승률

팀명		상주		수원FC		대구		서울E		부천		안양		강원		고양		경남		안산		충주	
합산	승	20		19		18		16		15		13		13		13		10		9		10	
	무	7		12		13		14		10		15		12		10		13		15		11	
	패	13		11		10		11		15		12		15		17		17		16		19	
	득	77		69		68		72		43		53		64		46		30		31		49	
	실	57		58		49		61		45		52		56		68		43		48		65	
	차	20		11		19		11		-2		1		8		-22		-13		-17		-16	
	승률	58.8		59.5		59.8		56.1		50.0		51.3		47.5		45.0		41.3		41.3		38.8	
홈/원정	구분	홈	원정	홈	원정	홈	원정	홈	원정	홈	원정	홈	원정	홈	원정	홈	원정	홈	원정	홈	원정	홈	원정
	승	12	8	9	10	9	9	7	9	10	5	8	5	6	7	6	7	3	7	3	6	4	6
	무	3	4	6	6	5	8	8	6	4	6	5	10	8	4	3	7	8	5	9	6	7	4
	패	5	8	6	5	7	3	5	6	6	9	7	5	6	9	11	6	9	8	8	8	9	10
	득	37	40	34	35	37	31	27	45	27	16	28	25	34	30	26	20	12	18	14	17	25	24
	실	25	32	32	26	30	19	23	38	21	24	26	26	27	29	43	25	20	23	23	25	31	34
	차	12	8	2	9	7	12	4	7	6	-8	2	-1	7	1	-17	-5	-8	-5	-9	-8	-6	-10
	승률	67.5	50.0	57.1	61.9	54.8	65.0	55.0	57.1	60.0	40.0	52.5	50.0	50.0	45.0	37.5	52.5	35.0	47.5	37.5	45.0	37.5	40.0

2015년 챌린지 팀별 개인 기록 | 상주

선수명	대회	출장	교체	득점	도움	코너킥	파울	파울득	오프사이드	슈팅	유효슈팅	경고	퇴장	실점	자책
강민수	챌	27	7	0	1	0	28	30	2	5	1	5	0	0	0
곽광선	챌	25	4	0	0	0	30	13	2	4	0	7	0	0	0
권진영	챌	1	1	0	0	0	2	1	0	0	0	0	0	0	0
김대열	챌	7	1	0	0	1	13	14	0	3	0	3	0	0	0
김도엽	챌	18	12	6	0	1	16	10	2	37	22	2	1	0	0
김성환	챌	28	12	9	2	0	46	31	1	34	21	9	0	0	0
김오규	챌	25	1	0	1	0	29	26	0	4	2	3	0	0	0
박경익	챌	3	1	0	1	3	7	1	0	3	2	1	0	0	0
박기동	챌	35	30	6	5	0	40	45	24	57	30	6	0	0	0
박준태	챌	2	2	0	0	1	3	2	2	5	0	1	0	0	0
박진포	챌	32	3	3	3	1	35	76	3	12	7	4	0	0	0
배일환	챌	24	18	3	2	0	24	37	3	30	11	0	0	0	1
송제헌	챌	1	1	0	1	0	2	1	0	3	1	0	0	0	0
양동원	챌	17	0	0	0	0	0	3	0	0	0	1	0	29	0
여성해	챌	19	2	2	0	0	27	8	1	8	3	2	0	0	0
유수현	챌	1	0	0	0	0	2	1	0	1	0	0	0	0	0
윤평국	챌	2	0	0	0	0	0	2	0	0	0	1	0	2	0
이승기	챌	22	11	5	5	38	18	41	2	41	15	1	0	0	0
이 용	챌	33	1	0	4	1	31	29	0	16	7	9	0	0	0
이창훈	챌	22	17	4	1	43	20	25	4	17	9	2	0	0	0
이현웅	챌	1	1	0	0	0	1	2	0	0	0	0	0	0	0
임상협	챌	34	20	12	3	2	29	60	13	52	27	4	0	0	0
장현우	챌	1	1	0	0	0	3	0	0	2	2	0	0	0	0
조동건	챌	14	11	6	0	0	11	16	8	31	13	1	0	0	0
최종환	챌	14	8	0	0	11	12	8	0	5	2	3	0	0	0
최현태	챌	26	17	2	1	0	23	17	0	21	7	1	0	0	0
한상운	챌	29	19	7	6	52	21	20	2	45	24	3	0	0	0
황일수	챌	19	18	2	4	15	7	13	1	20	8	0	0	0	0

2015년 챌린지 팀별 개인 기록 | 수원FC

선수명	대회	출장	교체	득점	도움	코너킥	파울	파울득	오프사이드	슈팅	유효슈팅	경고	퇴장	실점	자책
권용현	챌	40	12	7	6	0	69	80	10	60	30	5	0	0	0
김부관	챌	27	25	3	3	0	26	50	3	28	11	3	0	0	0
김서준	챌	21	4	1	4	51	31	31	0	19	11	4	0	0	0
김윤재	챌	3	3	1	0	0	0	1	0	2	2	1	0	0	0
	클	1	1	0	0	0	1	0	0	0	0	1	0	0	0
김재웅	챌	17	1	4	1	21	46	77	2	35	12	7	0	0	1
	계	18	1	4	1	21	47	77	2	35	12	8	0	0	1
김정빈	챌	20	6	0	2	0	31	19	2	16	8	6	0	0	0
김종우	챌	32	15	4	9	52	48	64	2	57	29	3	0	0	0
김창훈	챌	33	6	0	0	0	23	20	0	15	6	4	0	0	0
김한원	챌	26	9	1	0	19	22	24	1	30	14	5	0	0	0
김혁진	챌	14	12	0	2	0	12	10	2	8	5	3	0	0	0
박종찬	챌	7	7	1	0	0	3	4	5	8	5	0	0	0	0
박형순	챌	22	0	0	0	0	1	3	0	0	0	1	0	23	0
배신영	챌	26	14	5	0	8	21	21	2	41	17	2	0	0	0
블라단	챌	24	1	0	1	0	39	31	2	8	6	8	0	0	0
시 시	챌	17	9	0	1	0	25	28	0	12	6	6	0	0	0
오광진	챌	22	8	0	2	1	26	25	1	1	1	2	0	0	0
이관표	챌	23	11	2	3	49	25	20	1	26	11	3	0	0	0
이인수	챌	19	0	0	0	0	0	5	0	0	0	0	0	33	0
이관표	챌	23	11	2	3	49	25	20	1	26	11	3	0	0	0
이인수	챌	19	0	0	0	0	0	5	0	0	0	0	0	33	0
이준호	챌	25	3	1	1	1	34	34	1	19	7	7	0	0	0
임성택	챌	22	14	9	2	0	14	18	5	29	18	2	0	0	0
임하람	챌	31	8	0	0	0	50	31	0	6	0	10	0	0	0
자 파	챌	35	15	21	7	0	31	43	25	111	64	3	0	0	0
정기운	챌	35	29	6	4	1	17	16	6	47	25	2	0	0	0
정민우	챌	20	19	2	0	0	24	24	4	18	10	3	0	0	0
조인형	챌	5	5	0	0	0	7	3	0	4	2	0	0	0	0
최명훈	챌	4	5	0	0	0	3	1	0	4	1	0	0	0	0
황재훈	챌	13	3	0	0	0	18	7	0	3	3	2	0	0	0

클: K리그 클래식 / 챌: K리그 챌린지

2015년 챌린지 팀별 개인 기록 | 대구

선수명	대회	출장	교체	득점	도움	코너킥	파울	파울득	오프사이드	슈팅	유효슈팅	경고	퇴장	실점	자책
감한솔	챌	7	6	0	0	0	5	4	0	1	0	1	0	0	0
김동진	챌	18	1	0	1	1	24	28	4	9	4	4	0	0	0
김진혁	챌	12	12	0	0	0	4	9	1	5	2	1	0	0	0
김현수	챌	3	3	0	0	0	0	1	1	0	0	0	0	0	0
노병준	챌	34	29	7	4	12	22	44	12	47	24	5	0	0	0
레 오	챌	38	6	5	3	0	45	50	7	53	20	6	0	0	0
류재문	챌	36	2	6	3	0	54	25	0	27	13	3	0	0	0
문기한	챌	38	32	1	10	103	56	16	0	29	10	9	0	0	0
문진용	챌	1	0	0	0	0	2	0	0	0	0	0	0	0	0
박성용	챌	10	2	0	0	0	15	3	1	3	1	2	0	0	0
세르징요	챌	36	23	4	2	0	73	56	2	31	14	6	0	0	0
신창무	챌	10	9	0	0	2	15	3	0	3	1	3	0	0	0
신희재	챌	1	1	0	0	0	0	0	0	0	0	0	0	0	0
안재훈	챌	11	3	0	0	0	10	7	1	9	1	1	0	0	0
에 델	챌	39	24	10	4	8	59	47	9	59	31	3	0	0	0
이광진	클	2	2	0	0	0	2	8	1	1	0	0	0	0	0
	챌	5	4	0	0	0	4	5	0	0	0	0	0	0	0
	계	7	6	0	0	0	6	13	1	1	0	0	0	0	0
이양종	챌	1	1	0	0	0	0	0	0	0	0	0	0	0	0
이원재	챌	26	6	1	0	0	23	8	1	8	5	7	0	0	0
이종성	챌	31	3	0	2	0	51	31	0	18	5	10	0	0	0
이준희	챌	29	4	3	1	0	47	27	2	14	6	10	0	0	0
장백규	챌	29	26	2	7	58	16	19	6	16	8	1	0	0	0
조나탄	챌	39	4	26	6	0	77	59	22	185	100	4	0	0	0
조영훈	챌	27	4	0	1	0	30	20	1	3	0	7	0	0	0
조현우	챌	41	1	0	1	0	0	13	0	0	0	2	0	49	0
최원권	챌	2	0	0	0	2	1	5	0	2	1	0	0	0	0
최호정	챌	23	1	1	1	1	18	40	0	11	3	1	0	0	0
허재원	챌	27	2	2	1	0	15	8	0	8	4	2	0	0	0
황순민	챌	10	10	0	1	5	4	4	0	4	0	0	0	0	0

2015년 챌린지 팀별 개인 기록 | 서울E

선수명	대회	출장	교체	득점	도움	코너킥	파울	파울득	오프사이드	슈팅	유효슈팅	경고	퇴장	실점	자책
김민제	챌	22	12	1	1	5	22	13	1	7	2	4	0	0	0
김성주	챌	37	14	5	6	73	30	35	2	48	23	4	0	0	0
김영광	챌	38	0	0	0	0	2	11	0	0	0	2	1	52	1
김재성	챌	39	4	4	12	90	48	44	1	33	18	7	0	0	0
김창욱	챌	29	18	0	2	0	27	27	0	18	6	2	0	0	0
김태은	챌	15	2	0	0	0	11	10	1	6	3	4	0	0	0
김현성	챌	1	0	0	0	0	0	0	0	0	0	0	0	4	0
라이언존슨	챌	31	31	1	3	0	16	3	6	19	12	0	0	0	0
보 비	챌	35	20	2	4	0	37	17	8	42	22	2	0	0	0
신일수	챌	12	7	0	0	0	20	6	0	6	1	5	0	0	0
양기훈	챌	17	4	0	1	0	17	19	1	5	1	4	0	0	0
오창현	챌	3	3	0	0	0	2	3	0	1	0	0	0	0	0
윤성열	챌	38	3	1	3	1	14	10	0	13	3	2	0	0	0
이범수	챌	2	0	0	0	0	0	0	0	0	0	0	0	4	0
이재안	챌	9	7	1	1	0	4	6	0	5	3	2	0	0	0
이정필	챌	1	0	0	0	0	4	2	0	0	0	1	0	0	0
전기성	챌	1	0	0	0	0	1	0	0	0	0	0	0	0	0
전민광	챌	18	7	1	1	1	14	15	0	6	3	1	0	0	0
조원희	챌	38	0	5	3	0	41	69	1	46	18	4	0	0	0
조향기	챌	6	6	1	0	0	3	4	0	3	2	0	0	0	0
주민규	챌	40	17	23	7	0	66	79	21	97	59	5	0	0	0
최오백	챌	7	7	0	1	0	4	0	0	0	0	0	0	0	0
최유상	챌	4	3	2	0	0	3	6	1	4	4	0	0	0	0
최치원	클	1	1	0	0	0	1	0	0	0	0	0	0	0	0
	챌	8	8	1	1	3	11	7	0	6	2	1	0	0	0
	계	9	9	1	1	3	12	7	0	6	2	1	0	0	0
칼라일미첼	챌	29	3	4	0	0	32	17	1	17	6	8	0	1	0
타라바이	챌	35	18	18	3	1	75	78	26	85	56	7	0	0	0
황도연	챌	34	2	1	0	0	19	15	0	7	2	1	0	0	0

K리그 클래식 / 챌: K리그 챌린지

2015년 챌린지 팀별 개인 기록 I 부천

선수명	대회	출장	교체	득점	도움	코너킥	파울	파울득	오프사이드	슈팅	유효슈팅	경고	퇴장	실점	자책
강지용	챌	34	2	0	0	0	37	32	0	7	1	6	1	0	0
공민현	챌	36	16	6	1	0	80	42	4	46	24	4	0	0	0
김륜도	챌	39	6	5	3	0	56	34	15	38	23	5	0	0	0
김신철	챌	2	2	0	0	0	2	3	0	2	1	0	0	0	0
김영남	챌	29	13	4	3	30	29	23	0	34	16	7	0	0	0
루키안	챌	22	18	4	4	0	25	41	11	30	18	1	0	0	0
류원우	챌	28	0	0	0	0	1	10	0	0	0	4	0	28	0
박용준	챌	13	13	0	0	7	11	11	0	7	5	0	0	0	0
박재홍	챌	2	2	0	0	0	0	1	0	0	0	0	0	0	0
송원재	챌	28	19	0	0	11	45	22	0	12	4	6	0	0	0
안일주	챌	16	5	0	0	0	16	16	0	2	1	2	0	0	0
알미르	챌	28	19	1	3	0	43	35	11	35	20	2	0	0	0
유대현	챌	27	13	0	0	20	31	25	1	22	10	4	0	0	0
이기현	챌	12	0	0	0	0	0	3	0	0	0	0	0	17	0
이민우	챌	17	16	2	0	9	16	25	1	40	15	1	0	0	0
이학민	챌	38	2	2	6	7	37	40	0	15	3	5	0	0	0
이후권	챌	3	3	0	0	0	1	1	0	1	0	0	0	0	0
임경현	챌	13	13	2	1	27	19	13	0	25	11	5	0	0	0
전광환	챌	33	2	0	0	1	21	26	0	7	5	5	0	0	0
정홍연	챌	18	9	1	0	0	7	8	0	2	1	2	0	0	0
주광선	챌	7	7	0	0	5	5	2	0	2	2	0	0	0	0
최병도	챌	33	1	0	1	0	28	34	3	15	6	4	0	0	0
최성민	챌	11	6	0	1	0	10	4	0	5	2	1	0	0	0
호드리고	챌	36	12	11	4	0	64	42	11	82	47	9	0	0	0
황신영	챌	16	17	1	0	6	6	10	1	13	8	0	0	0	0

2015년 챌린지 팀별 개인 기록 I 안양

선수명	대회	출장	교체	득점	도움	코너킥	파울	파울득	오프사이드	슈팅	유효슈팅	경고	퇴장	실점	자책
가솔현	챌	26	1	1	0	0	28	8	0	5	2	7	0	0	0
고경민	챌	33	9	16	1	0	28	65	11	72	45	3	0	0	0
구대영	챌	34	6	0	1	0	31	35	1	8	1	9	0	0	0
김대한	챌	14	14	0	1	0	7	11	1	15	6	1	0	0	0
김동기	챌	23	16	4	4	2	28	37	7	33	15	4	1	0	0
김선규	챌	6	0	0	0	0	1	1	0	0	0	0	1	8	0
김선민	챌	32	11	6	2	31	34	19	4	50	24	3	0	0	0
김종성	챌	16	6	0	0	0	19	17	0	6	2	4	0	0	0
김효기	챌	15	7	8	2	0	35	27	5	30	16	3	0	0	0
박승렬	챌	9	9	0	0	0	12	8	1	8	2	1	0	0	0
박지영	챌	1	0	0	0	0	0	0	0	0	0	0	0	0	0
박태수	챌	22	10	0	1	0	28	25	0	12	5	3	0	0	0
베리	챌	34	1	1	0	0	34	23	0	10	4	2	0	0	0
안동혁	챌	24	12	0	2	11	35	18	3	20	7	1	0	0	0
안성빈	챌	36	19	8	4	1	66	35	15	48	21	6	0	0	0
유종현	챌	15	5	0	0	0	13	6	1	2	0	3	0	0	0
이동현	챌	12	12	1	0	0	10	7	2	7	2	1	0	0	0
이태영	챌	1	1	0	0	0	1	0	0	0	0	0	0	0	0
정재용	챌	29	13	0	0	12	33	21	1	31	13	3	0	0	0
조성준	챌	36	26	2	3	0	29	38	4	27	14	3	0	0	0
주현재	챌	36	17	4	3	2	50	46	7	37	13	6	0	0	0
최동혁	챌	1	1	0	0	0	1	0	0	0	0	1	0	0	0
최진수	챌	34	16	1	7	114	39	34	1	47	23	6	0	0	0
최필수	챌	34	0	0	0	0	0	8	0	0	0	1	0	44	0

2015년 챌린지 팀별 개인 기록 | 강원

선수명	대회	출장	교체	득점	도움	코너킥	파울	파울득	오프사이드	슈팅	유효슈팅	경고	퇴장	실점	자책
강성관	챌	12	2	0	0	0	0	3	0	0	0	0	0	11	0
김근배	챌	23	1	0	0	0	1	2	0	0	0	1	0	29	0
김용진	챌	14	7	0	2	0	10	8	0	9	5	2	0	0	0
김원균	클	1	1	0	0	0	1	0	0	0	0	1	0	0	0
	챌	15	1	0	0	0	21	2	1	1	1	2	0	0	1
	계	16	2	0	0	0	22	2	1	1	1	3	0	0	1
김윤호	챌	21	18	1	0	0	27	16	0	15	5	4	0	0	0
박용호	챌	10	4	0	0	0	7	9	0	3	3	1	0	0	0
백종환	챌	34	4	2	1	4	54	37	1	18	5	9	0	0	0
벨루소	챌	31	21	15	1	52	31	41	11	72	41	2	0	0	0
서명식	클	7	3	0	0	0	7	4	0	0	0	0	0	0	0
	챌	14	6	0	1	0	11	15	0	1	1	0	0	0	1
	계	21	9	0	1	0	18	19	0	1	1	0	0	0	1
서보민	챌	36	8	3	9	14	31	18	0	74	34	2	0	0	0
신영준	챌	19	15	3	3	23	12	14	2	31	17	1	0	0	0
안성남	클	8	7	0	0	1	3	5	4	4	2	0	0	0	0
	챌	7	4	0	0	1	12	12	0	0	0	2	0	0	0
	계	15	11	0	0	2	15	17	4	4	2	2	0	0	0
이동재	챌	1	1	0	0	0	1	0	0	0	0	0	0	0	0
이상기	챌	13	3	0	0	0	0	1	0	0	0	1	0	17	0
이 완	챌	4	0	0	0	0	3	3	0	0	0	0	0	0	0
이우혁	챌	21	14	0	5	42	29	5	0	13	5	2	0	0	0
이재훈	챌	31	1	0	0	0	65	45	0	5	4	5	0	0	0
이한샘	챌	33	1	1	0	0	57	27	1	12	3	12	0	0	0
이한음	챌	4	4	0	0	0	2	7	0	0	0	0	0	0	0
장혁진	챌	29	11	2	2	27	43	63	0	28	12	6	0	0	0
전병수	챌	8	8	0	0	0	16	3	2	8	3	0	0	0	0
정우인	챌	11	3	1	0	0	24	11	0	3	2	4	0	0	0
정찬일	챌	13	9	1	1	0	9	11	1	11	7	2	0	0	0
지 우	챌	18	9	9	5	2	10	17	16	62	42	2	0	0	0
최승인	챌	31	20	11	3	0	34	34	14	49	30	4	0	0	0
최우재	챌	8	3	0	0	0	5	8	0	4	1	0	0	0	0
최진호	챌	26	19	1	0	7	15	25	5	21	13	3	0	0	0
한석종	챌	25	12	4	1	0	34	23	0	20	5	7	0	0	0
헤 난	챌	22	10	8	3	0	15	25	14	59	35	1	0	0	0
홍상준	챌	2	0	0	0	0	0	0	0	0	0	0	0	2	0
황교충	챌	14	0	0	0	0	1	4	0	0	0	4	0	25	0

2015년 챌린지 팀별 개인 기록 | 고양

선수명	대회	출장	교체	득점	도움	코너킥	파울	파울득	오프사이드	슈팅	유효슈팅	경고	퇴장	실점	자책
강진웅	챌	18	1	0	0	0	0	6	0	0	0	0	0	35	0
김성식	챌	11	6	0	0	0	9	5	0	1	0	2	1	0	0
김성훈	챌	1	0	0	0	0	0	2	0	0	0	0	0	0	0
김유성	챌	36	14	12	3	0	65	81	12	64	33	2	0	0	0
김준태	챌	38	7	2	4	106	48	46	0	65	28	8	0	0	0
김지웅	챌	5	5	1	1	0	1	2	0	4	2	1	0	0	0
김훈성	챌	2	2	0	0	0	0	0	0	2	2	0	0	0	0
박정수	챌	15	3	2	0	0	26	22	1	11	2	9	0	0	0
박정훈	챌	22	10	5	0	1	23	42	7	29	16	3	0	0	0
박태형	챌	15	4	0	0	0	10	12	1	5	2	4	0	0	0
배해민	챌	13	13	1	0	0	3	11	4	15	8	0	0	0	0
서형승	챌	26	26	3	1	0	16	10	3	22	11	3	0	0	0
송한기	챌	2	1	0	0	0	0	1	0	2	0	0	0	0	0
안동은	챌	3	0	0	0	0	6	1	0	0	0	1	0	0	0
안현식	챌	30	1	0	0	0	30	15	0	9	4	5	1	0	0
여명용	챌	22	0	0	0	0	0	3	0	0	0	3	0	33	0
여효진	챌	27	1	0	0	0	31	20	0	4	3	6	0	0	0
오기재	챌	37	8	4	2	1	47	75	11	45	15	6	0	0	0
오주호	챌	7	2	0	0	0	11	4	0	5	1	0	0	0	0
윤석희	챌	6	6	2	0	0	3	0	2	5	4	0	0	0	0
이광재	챌	25	24	3	0	0	21	17	2	20	8	2	0	0	0
이도성	챌	34	10	0	1	34	48	56	0	33	10	10	0	0	0
이상돈	챌	32	1	1	0	5	18	26	1	14	5	3	0	0	0
이승규	챌	1	1	0	0	0	0	0	0	0	0	0	0	0	0
진창수	챌	39	20	7	6	11	60	51	29	77	40	2	0	0	1
하인호	챌	26	3	1	1	0	45	43	1	16	3	4	0	0	0
홍순학	챌	12	11	0	1	9	13	17	0	9	6	2	0	0	0
황규범	챌	29	8	0	2	1	46	41	1	5	3	7	0	0	0

K리그 클래식 / 챌: K리그 챌린지

2015년 챌린지 팀별 개인 기록 | 경남

선수명	대회	출장	교체	득점	도움	코너킥	파울	파울득	오프사이드	슈팅	유효슈팅	경고	퇴장	실점	자책
강종국	챌	7	7	0	1	0	4	1	1	1	1	1	0	0	0
고대서	챌	6	6	0	0	5	5	4	0	3	2	1	0	0	0
고재성	챌	11	9	2	1	1	14	12	1	17	9	0	0	0	0
김교빈	챌	1	0	0	0	0	0	1	0	0	0	0	0	1	0
김봉진	챌	7	3	0	0	0	9	6	0	3	0	1	0	0	0
김선우	클	2	1	0	0	1	0	0	1	0	0	0	0	0	0
	챌	18	0	1	1	11	14	16	0	23	9	3	0	0	0
	계	20	1	1	1	12	14	16	1	23	9	3	0	0	0
김슬기	챌	15	10	1	1	5	10	15	3	11	3	0	0	0	0
김영욱	챌	21	12	2	0	0	12	23	2	27	16	0	1	0	0
김준엽	챌	34	3	0	1	0	41	20	1	16	3	6	0	0	0
루아티	챌	12	5	2	0	0	23	15	8	35	19	2	0	0	0
류범희	클	2	2	0	0	0	2	0	1	1	0	1	0	0	0
	챌	19	14	0	0	0	18	14	3	21	13	3	0	0	0
	계	21	16	0	0	0	20	14	4	22	13	4	0	0	0
박지수	챌	28	16	1	1	0	17	18	0	6	3	4	0	0	0
배효성	챌	22	3	0	0	0	21	10	0	0	0	5	0	0	0
손정현	챌	39	0	0	0	0	2	8	0	0	0	3	0	42	0
손형준	챌	10	5	0	0	0	5	12	0	3	1	1	0	0	0
송주한	클	12	3	0	0	7	6	10	0	1	0	1	0	0	0
	챌	17	5	0	1	0	20	12	0	3	2	5	0	0	0
	계	29	8	0	1	7	26	22	0	4	2	6	0	0	0
스토아노비치	챌	23	9	9	0	0	53	32	19	31	16	5	0	0	0
신학영	챌	7	6	0	0	0	8	13	1	2	0	0	0	0	0
우주성	챌	33	0	2	1	0	26	24	0	23	8	5	0	0	0
유준영	챌	7	8	0	0	0	2	3	0	3	2	0	0	0	0
유호준	챌	11	9	0	0	0	16	9	1	8	2	3	0	0	0
이상현	챌	12	9	1	0	0	7	5	1	6	2	0	0	0	0
이호석	챌	16	12	2	1	2	21	12	5	21	10	4	0	0	0
임창균	챌	35	24	4	9	83	18	56	8	74	24	3	0	0	0
전상훈	챌	26	9	0	1	3	21	12	0	10	1	3	0	0	0
정성민	챌	18	9	0	0	0	12	13	0	13	3	5	0	0	0
정현철	챌	14	10	1	0	0	19	4	0	3	3	4	0	0	0
조재철	챌	27	22	1	3	20	28	32	5	25	12	3	0	0	0
진경선	챌	22	3	0	0	6	31	25	3	9	5	2	0	0	0
차태영	챌	2	2	0	0	0	0	1	0	0	0	0	0	0	0
최성환	챌	28	6	1	0	0	33	22	3	9	2	6	1	0	0
최인후	챌	7	7	0	0	1	0	0	1	1	0	0	0	0	0
프랭크	챌	6	6	0	0	0	3	3	0	8	4	0	0	0	0
허영석	챌	3	2	0	0	0	4	1	1	4	2	0	0	0	0

2015년 챌린지 팀별 개인 기록 | 안산

선수명	대회	출장	교체	득점	도움	코너킥	파울	파울득	오프사이드	슈팅	유효슈팅	경고	퇴장	실점	자책
강승조	챌	19	8	2	2	26	27	23	4	12	5	1	0	7	0
김대호	챌	1	1	0	0	0	0	0	0	0	0	0	0	0	0
김성현	챌	2	2	0	0	0	0	0	0	0	0	0	0	0	0
박세환	챌	7	7	0	0	0	5	3	0	1	0	0	0	0	0
박희철	챌	22	8	0	0	0	30	5	0	2	1	0	0	5	0
배승진	챌	33	6	0	0	0	58	38	1	7	4	0	0	10	0
송창호	챌	34	9	3	1	24	35	40	3	29	11	0	0	4	0
신광훈	챌	28	2	1	1	0	45	33	1	8	5	0	0	9	0
신형민	챌	38	0	4	0	0	35	52	0	23	13	1	1	8	0
안재준	챌	35	0	1	0	0	55	17	3	13	6	0	0	10	0
이준호	챌	5	5	0	0	0	5	2	0	1	0	0	0	1	0
이진형	챌	23	1	0	0	0	0	5	0	0	0	0	0	2	0
정 혁	챌	19	16	1	1	12	15	26	1	30	12	0	0	3	0
좌준협	챌	15	12	0	0	1	17	13	1	12	5	0	0	2	0
최영준	챌	20	11	1	0	0	12	20	0	11	1	0	0	4	0
하정헌	챌	13	9	2	0	0	23	21	3	14	7	0	0	5	0
한홍규	챌	12	6	1	0	0	18	21	11	12	6	0	0	4	0

2015년 챌린지 팀별 개인 기록 | 충주

선수명	대회	출장	교체	득점	도움	코너킥	파울	파울득	오프사이드	슈팅	유효슈팅	경고	퇴장	실점	자책
김규남	챌	1	1	0	0	0	0	0	0	0	0	1	0	0	0
김도형	챌	19	12	5	4	15	10	28	2	51	29	2	0	0	0
김병오	챌	33	10	9	3	14	49	35	4	69	23	4	0	0	0
김용찬	챌	6	2	0	1	4	8	4	0	0	0	1	0	0	0
김정훈	챌	23	18	1	1	32	27	20	3	28	8	0	0	0	0
김한빈	챌	3	0	0	0	0	7	3	0	1	1	1	0	0	0
노연빈	챌	22	2	0	0	0	33	37	0	12	3	7	0	0	0
노재승	챌	1	1	0	0	0	0	0	0	0	0	0	0	0	0
노형구	챌	23	9	0	0	0	24	19	0	1	1	5	0	0	1
마르싱유	챌	32	23	1	2	56	24	30	3	45	13	1	0	0	0
박요한	챌	26	7	0	1	0	21	16	1	3	2	7	0	0	0
박지민	챌	12	12	1	0	0	6	7	1	14	5	0	0	0	0
박진수	챌	11	10	0	0	0	3	5	0	5	2	0	0	0	0
박청효	챌	4	0	0	0	0	0	0	0	0	0	0	0	4	0
심진의	챌	28	25	2	1	1	11	21	1	25	14	0	0	0	0
양상준	챌	5	5	0	1	0	10	3	1	2	1	0	0	0	0
엄진태	챌	15	8	0	1	0	14	15	1	4	1	1	0	0	0
오승범	챌	37	6	3	4	9	44	56	0	22	10	6	0	0	0
이영창	챌	3	0	0	0	0	1	1	0	0	0	0	0	4	0
이완희	챌	1	1	0	0	0	1	2	0	0	0	0	0	0	0
이용기	챌	16	2	0	0	0	11	26	0	2	2	4	0	0	0
이택기	챌	29	2	0	0	0	17	12	0	9	1	1	0	0	0
이현창	챌	24	10	1	2	0	25	24	0	19	5	2	0	0	0
임진욱	챌	18	11	2	1	0	9	13	1	17	9	2	0	0	0
장조윤	챌	11	10	1	0	0	4	12	3	14	8	0	0	0	0
정우재	챌	26	4	1	1	0	23	44	0	13	7	2	0	0	0
조석재	챌	36	18	19	5	1	44	17	17	75	37	6	0	0	0
최승호	챌	32	16	1	1	55	17	31	1	23	9	3	0	0	0
황성민	챌	33	0	0	0	0	0	0	0	0	0	2	0	57	0
황수남	챌	5	2	0	0	0	2	3	0	4	2	0	0	0	0
황재원	챌	23	9	2	0	0	18	25	0	19	8	8	0	0	0

K리그 클래식 / 챌: K리그 챌린지

2015년 챌린지 득점 순위

순위	선수명	소속	경기수	득점수	경기당 득점률	교체 IN/OUT
1	조나탄	대구	39	26	66.7	4
2	주민규	서울E	40	23	57.5	17
3	자파	수원FC	35	21	60	15
4	조석재	충주	36	19	52.8	18
5	타라바이	서울E	35	18	51.4	18
6	고경민	안양	33	16	48.5	9
7	벨루소	강원	31	15	48.4	21
8	임상협	상주	34	12	35.3	20
9	김유성	고양	36	12	33.3	14
10	최승인	강원	31	11	35.5	20
11	호드리고	부천	36	11	30.6	12
12	에델	대구	39	10	25.6	24
13	지우	강원	18	9	50	9
14	임성택	수원FC	22	9	40.9	14
15	스토야노비치	경남	23	9	39.1	9
16	김성환	상주	28	9	32.1	12
17	김병오	충주	33	9	27.3	10
18	김효기	안양	15	8	53.3	7
19	헤난	강원	22	8	36.4	10
20	안성빈	안양	36	8	22.2	19
21	이정협	상주	17	7	41.2	8
22	한상운	상주	29	7	24.1	19
23	노병준	대구	34	7	20.6	29
24	진창수	고양	39	7	18	20
25	권용현	수원FC	40	7	17.5	12
26	조동건	상주	14	6	42.9	11
27	김도엽	상주	18	6	33.3	12
28	서동현	안산	19	6	31.6	4
29	김선민	안양	32	6	18.8	11
30	박기동	상주	35	6	17.1	30
31	정기운	수원FC	35	6	17.1	29
32	공민현	부천	36	6	16.7	16
33	류재문	대구	36	6	16.7	2
34	김도형	충주	19	5	26.3	12
35	이승기	상주	22	5	22.7	11
36	박정훈	고양	22	5	22.7	10
37	배신영	수원FC	26	5	19.2	14
38	김성주	서울E	37	5	13.5	14
39	레오	대구	38	5	13.2	6
40	조원희	서울E	38	5	13.2	0
41	김륜도	부천	39	5	12.8	6
42	김재웅	수원FC	17	4	23.5	1
43	루키안	부천	22	4	18.2	18
44	이창훈	상주	22	4	18.2	17
45	김동기	안양	23	4	17.4	16
46	한석종	강원	25	4	16	12
47	박희도	안산	27	4	14.8	12
48	김영남	부천	29	4	13.8	13
49	칼라일미첼	서울E	29	4	13.8	3
50	김종우	수원FC	32	4	12.5	15
51	임창균	경남	35	4	11.4	24
52	세르징요	대구	36	4	11.1	23
53	주현재	안양	36	4	11.1	17
54	오기재	고양	37	4	10.8	8
55	신형민	안산	38	4	10.5	0
56	김재성	서울E	39	4	10.3	4

순위	선수명	소속	경기수	득점수	경기당 득점률	교체 IN/OUT
57	이현승	부천	17	3	17.7	7
58	신영준	강원	19	3	15.8	15
59	배일환	상주	24	3	12.5	18
60	이광재	고양	25	3	12	24
61	서형승	고양	26	3	11.5	26
62	김부관	수원FC	27	3	11.1	25
63	이준희	대구	29	3	10.3	4
64	박진포	상주	32	3	9.4	3
65	송창호	안산	34	3	8.8	9
66	서보민	강원	36	3	8.3	8
67	오승범	충주	37	3	8.1	6
68	최유상	서울E	4	2	50	3
69	윤석희	고양	6	2	33.3	6
70	고재성	경남	11	2	18.2	9
71	루아티	경남	12	2	16.7	5
72	임경현	부천	13	2	15.4	13
73	하정헌	안산	13	2	15.4	9
74	이효균	안양	15	2	13.3	13
75	박정수	고양	15	2	13.3	3
76	이호석	경남	16	2	12.5	12
77	이민우	부천	17	2	11.8	16
78	임진욱	충주	18	2	11.1	11
79	황일수	상주	19	2	10.5	18
80	강승조	안산	19	2	10.5	8
81	여성해	상주	19	2	10.5	2
82	정민우	수원FC	20	2	10	19
83	김영욱	경남	21	2	9.5	12
84	이관표	수원FC	23	2	8.7	11
85	황재원	충주	23	2	8.7	9
86	권순형	상주	23	2	8.7	7
87	최현태	상주	26	2	7.7	17
88	허재원	대구	27	2	7.4	2
89	심진의	충주	28	2	7.1	25
90	장백규	대구	29	2	6.9	26
91	장혁진	강원	29	2	6.9	11
92	우주성	경남	33	2	6.1	0
93	백종환	강원	34	2	5.9	4
94	보 비	서울E	35	2	5.7	20
95	조성준	안양	36	2	5.6	26
96	김준태	고양	38	2	5.3	7
97	이학민	부천	38	2	5.3	2
98	김윤재	수원FC	3	1	33.3	3
99	김지웅	고양	5	1	20	5
100	조향기	서울E	6	1	16.7	6
101	박종찬	수원FC	7	1	14.3	7
102	최치원	서울E	8	1	12.5	8
103	이재안	서울E	9	1	11.1	7
104	장조윤	충주	11	1	9.1	10
105	정우인	강원	11	1	9.1	3
106	이동현	안양	12	1	8.3	12
106	박지민	충주	12	1	8.3	12
108	이상현	경남	12	1	8.3	9
109	한홍규	안산	12	1	8.3	6
110	배해민	고양	13	1	7.7	13
111	정찬일	강원	13	1	7.7	9
112	정현철	경남	14	1	7.1	10
113	이용래	안산	14	1	7.1	4
114	윤준하	안산	15	1	6.7	14

순위	선수명	소속	경기수	득점수	경기당 득점률	교체 IN/OUT
115	김슬기	경남	15	1	6.7	10
116	김태봉	안양	15	1	6.7	0
117	황신영	부천	16	1	6.3	17
118	정홍연	부천	18	1	5.6	9
119	전민광	서울E	18	1	5.6	7
120	김선우	경남	18	1	5.6	0
121	정 혁	안산	19	1	5.3	16
122	박현범	안산	19	1	5.3	11
123	최영준	안산	20	1	5	11
124	김윤호	강원	21	1	4.8	18
125	김서준	수원FC	21	1	4.8	4
126	김민제	서울E	22	1	4.6	12
127	김정훈	충주	23	1	4.4	18
128	김병석	안산	23	1	4.4	9
129	최호정	대구	23	1	4.4	1
130	이현창	충주	24	1	4.2	10
131	이준호	수원FC	25	1	4	3
132	최진호	강원	26	1	3.9	19
133	김한원	수원FC	26	1	3.9	9
134	이원재	대구	26	1	3.9	6
135	정우재	충주	26	1	3.9	4
136	하인호	고양	26	1	3.9	3
137	가솔현	안양	26	1	3.9	1
138	조재철	경남	27	1	3.7	22
139	알미르	부천	28	1	3.6	19
140	박지수	경남	28	1	3.6	16
141	최성환	경남	28	1	3.6	6
142	신광훈	안산	28	1	3.6	2
143	라이언존슨	서울E	31	1	3.2	31
144	마르싱유	충주	32	1	3.1	23
145	최승호	충주	32	1	3.1	16
146	이상돈	고양	32	1	3.1	1
147	이한샘	강원	33	1	3	1
148	최진수	안양	34	1	2.9	16
149	황도연	서울E	34	1	2.9	2
150	베 리	안양	34	1	2.9	1
151	안재준	안산	35	1	2.9	0
152	문기한	대구	38	1	2.6	32
153	윤성열	서울E	38	1	2.6	3

2015년 챌린지 도움 순위

순위	선수명	소속	경기수	득점수	경기당 도움률	교체 IN/OUT
1	김재성	서울E	39	12	30.8	4
2	문기한	대구	38	10	26.3	32
3	김종우	수원FC	32	9	28.1	15
4	임창균	경남	35	9	25.7	24
5	서보민	강원	36	9	25	8
6	장백규	대구	29	7	24.1	26
7	최진수	안양	34	7	20.6	16
8	자 파	수원FC	35	7	20	15
9	주민규	서울E	40	7	17.5	17
10	이정협	상주	17	6	35.3	8
11	한상운	상주	29	6	20.7	19
12	김성주	서울E	37	6	16.2	14
13	이학민	부천	38	6	15.8	2
14	진창수	고양	39	6	15.4	20
15	조나탄	대구	39	6	15.4	4

순위	선수명	소속	경기수	득점수	경기당 도움률	교체 IN/OUT
16	권용현	수원FC	40	6	15	12
17	지우	강원	18	5	27.8	9
18	이우혁	강원	21	5	23.8	14
19	이승기	상주	22	5	22.7	11
20	박기동	상주	35	5	14.3	30
21	조석재	충주	36	5	13.9	18
22	황일수	상주	19	4	21.1	18
23	김도형	충주	19	4	21.1	12
24	김서준	수원FC	21	4	19.1	4
25	루키안	부천	22	4	18.2	18
26	김동기	안양	23	4	17.4	16
27	이용	상주	33	4	12.1	1
28	노병준	대구	34	4	11.8	29
29	정기운	수원FC	35	4	11.4	29
30	보비	서울E	35	4	11.4	20
31	안성빈	안양	36	4	11.1	19
32	호드리고	부천	36	4	11.1	12
33	오승범	충주	37	4	10.8	6
34	김준태	고양	38	4	10.5	7
35	에델	대구	39	4	10.3	24
36	신영준	강원	19	3	15.8	15
37	헤난	강원	22	3	13.6	10
38	이관표	수원FC	23	3	13	11
39	김병석	안산	23	3	13	9
40	권순형	상주	23	3	13	7
41	김부관	수원FC	27	3	11.1	25
42	조재철	경남	27	3	11.1	22
43	알미르	부천	28	3	10.7	19
44	김영남	부천	29	3	10.3	13
45	라이언존슨	서울E	31	3	9.7	31
46	최승인	강원	31	3	9.7	20
47	박진포	상주	32	3	9.4	3
48	김병오	충주	33	3	9.1	10
49	임상협	상주	34	3	8.8	20
50	타라바이	서울E	35	3	8.6	18
51	조성준	안양	36	3	8.3	26
52	주현재	안양	36	3	8.3	17
53	김유성	고양	36	3	8.3	14
54	류재문	대구	36	3	8.3	2
55	레오	대구	38	3	7.9	6
56	윤성열	서울E	38	3	7.9	3
57	조원희	서울E	38	3	7.9	0
58	김륜도	부천	39	3	7.7	6
59	김혁진	수원FC	14	2	14.3	12
60	김용진	강원	14	2	14.3	7
61	김효기	안양	15	2	13.3	7
62	강승조	안산	19	2	10.5	8
63	서동현	안산	19	2	10.5	4
64	김정빈	수원FC	20	2	10	6
65	임성택	수원FC	22	2	9.1	14
66	오광진	수원FC	22	2	9.1	8
67	배일환	상주	24	2	8.3	18
68	안동혁	안양	24	2	8.3	12
69	이현창	충주	24	2	8.3	10
70	김성환	상주	28	2	7.1	12
71	김창욱	서울E	29	2	6.9	18
72	장혁진	강원	29	2	6.9	11
73	황규범	고양	29	2	6.9	8

순위	선수명	소속	경기수	득점수	경기당 도움률	교체 IN/OUT
74	이종성	대구	31	2	6.5	3
75	마르싱유	충주	32	2	6.3	23
76	김선민	안양	32	2	6.3	11
77	세르징요	대구	36	2	5.6	23
78	오기재	고양	37	2	5.4	8
79	송제헌	상주	1	1	100	1
80	박경익	상주	3	1	33.3	1
81	김지웅	고양	5	1	20	5
81	양상준	충주	5	1	20	5
83	김용찬	충주	6	1	16.7	2
84	강종국	경남	7	1	14.3	7
84	최오백	서울E	7	1	14.3	7
86	최치원	서울E	8	1	12.5	8
87	이재안	서울E	9	1	11.1	7
88	황순민	대구	10	1	10	10
89	이재권	안산	10	1	10	7
90	한의권	경남	10	1	10	6
91	고재성	경남	11	1	9.1	9
92	최성민	부천	11	1	9.1	6
93	홍순학	고양	12	1	8.3	11
94	임경현	부천	13	1	7.7	13
95	정찬일	강원	13	1	7.7	9
96	김대한	안양	14	1	7.1	14
97	서명식	강원	14	1	7.1	6
98	이용래	안산	14	1	7.1	4
99	윤준하	안산	15	1	6.7	14
100	이효균	안양	15	1	6.7	13
101	송수영	경남	15	1	6.7	11
102	김슬기	경남	15	1	6.7	10
103	엄진태	충주	15	1	6.7	8
104	이호석	경남	16	1	6.3	12
105	시시	수원FC	17	1	5.9	9
106	송주한	경남	17	1	5.9	5
107	양기훈	서울E	17	1	5.9	4
108	김재웅	수원FC	17	1	5.9	1
109	임진욱	충주	18	1	5.6	11
110	전민광	서울E	18	1	5.6	7
111	김동진	대구	18	1	5.6	1
112	김선우	경남	18	1	5.6	0
113	정혁	안산	19	1	5.3	16
114	이창훈	상주	22	1	4.6	17
115	김민제	서울E	22	1	4.6	12
116	박태수	안양	22	1	4.6	10
117	김정훈	충주	23	1	4.4	18
118	최호정	대구	23	1	4.4	1
119	블라단	수원FC	24	1	4.2	1
120	한석종	강원	25	1	4	12
121	이준호	수원FC	25	1	4	3
122	김오규	상주	25	1	4	1
123	서형승	고양	26	1	3.9	26
124	최현태	상주	26	1	3.9	17
125	전상훈	경남	26	1	3.9	9
126	박요한	충주	26	1	3.9	7
127	정우재	충주	26	1	3.9	4
128	하인호	고양	26	1	3.9	3
129	강민수	상주	27	1	3.7	7
130	조영훈	대구	27	1	3.7	4
131	허재원	대구	27	1	3.7	2

순위	선수명	소속	경기수	득점수	경기당 도움률	교체 IN/OUT
132	심 진 의	충주	28	1	3.6	25
133	박 지 수	경남	28	1	3.6	16
134	신 광 훈	안산	28	1	3.6	2
135	이 준 희	대구	29	1	3.5	4
136	벨 루 소	강원	31	1	3.2	21
137	최 승 호	충주	32	1	3.1	16
138	고 경 민	안양	33	1	3	9
139	최 병 도	부천	33	1	3	1
140	우 주 성	경남	33	1	3	0
141	이 도 성	고양	34	1	2.9	10
142	송 창 호	안산	34	1	2.9	9
143	구 대 영	안양	34	1	2.9	6
144	백 종 환	강원	34	1	2.9	4
145	김 준 엽	경남	34	1	2.9	3
146	공 민 현	부천	36	1	2.8	16
147	조 현 우	대구	41	1	2.4	1

2015년 챌린지 골키퍼 실점 기록

선수명	소속	경기수	출전경기	실점	1경기당 실점
조 현 우	대 구	41	41	49	1.2
손 정 현	경 남	40	39	42	1.08
김 영 광	서울E	41	38	52	1.37
최 필 수	안 양	40	34	44	1.29
황 성 민	충 주	40	33	57	1.73
류 원 우	부 천	40	28	28	1
이 진 형	안 산	40	23	26	1.13
여 명 용	고 양	40	22	33	1.5
박 형 순	수원FC	42	22	23	1.05
김 근 배	상 주	40	20	26	1.3
이 인 수	수원FC	42	19	33	1.74
강 진 웅	고 양	40	18	35	1.94
양 동 원	상 주	40	17	29	1.71
전 태 현	안 산	40	17	21	1.24
황 교 충	강 원	40	14	25	1.79
이 기 현	부 천	40	12	17	1.42
이 상 기	강 원	40	12	15	1.25
강 성 관	강 원	40	12	11	0.92
김 선 규	안 양	40	6	8	1.33
박 청 효	충 주	40	4	4	1
이 영 창	충 주	40	3	4	1.33
김 근 배	강 원	40	3	3	1
이 범 수	서울E	41	2	4	2
윤 평 국	상 주	40	2	2	1
홍 상 준	강 원	40	2	2	1
김 현 성	서울E	41	1	4	4
이 상 기	수원FC	42	1	2	2
김 교 빈	경 남	40	1	1	1
김 대 호	안 산	40	1	1	1
칼라일미첼	서울E	41	1	1	1
박 지 영	상 주	40	1	0	0
이 승 규	고 양	40	1	0	0
이 양 종	대 구	41	1	0	0

챌린지 통산 팀 간 경기기록

팀명	상대팀	승	무	패	득점	실점	도움	코너킥	파울	파울득	오프사이드	슈팅(유효)	PK득점	경고	퇴장
안 산	강원	3	1	4	8	11	3	42	110	130	12	81(40)	1	21	0
	경남	1	2	1	3	3	3	11	56	46	11	46(14)	0	8	0
	고양	5	5	3	21	12	16	56	205	181	25	126(70)	2	37	1
	광주	5	1	4	13	14	9	30	173	169	21	89(42)	2	29	2
	대구	3	3	2	10	11	7	36	120	137	14	84(44)	1	12	0
	대전	1	2	1	7	4	4	16	67	57	7	63(34)	1	9	0
	부천	8	3	2	23	13	15	45	184	204	15	178(90)	1	41	1
	상주	1	2	6	7	20	5	33	145	123	17	93(38)	0	30	0
	서울E	0	3	1	5	6	1	20	54	54	8	44(17)	2	5	0
	수원FC	7	1	5	21	20	11	49	250	216	28	144(73)	2	32	1
	안양	6	2	5	13	18	9	34	229	223	23	141(71)	1	38	0
	충주	5	5	3	18	14	10	53	202	166	28	140(61)	1	27	0
	소계	45	30	37	149	146	93	425	1795	1706	209	1,229(594)	14	289	5

팀명	상대팀	승	무	패	득점	실점	도움	코너킥	파울	파울득	오프사이드	슈팅(유효)	PK득점	경고	퇴장
수원FC	강원	2	2	4	10	13	9	48	122	150	14	112(57)	1	19	0
	경남	2	1	1	5	3	4	25	52	46	7	63(35)	0	5	0
	고양	4	6	3	15	12	7	70	224	231	34	154(79)	3	31	2
	광주	3	2	4	11	12	9	47	137	176	17	96(40)	0	18	0
	대구	4	3	2	15	13	13	49	127	163	16	134(58)	2	19	0
	대전	1	1	2	8	10	3	25	48	74	11	60(23)	2	6	0
	부천	6	5	2	26	22	19	44	208	225	31	162(80)	3	32	1
	상주	2	4	3	10	11	6	30	154	143	17	95(37)	1	20	0
	서울E	2	1	2	11	12	6	27	72	67	12	90(51)	3	14	0
	안산	5	1	7	20	21	13	61	219	243	52	169(87)	1	28	0

	안양	6	3	4	21	17	12	52	203	254	27	181(86)	2	31	1
	충주	7	3	3	22	12	14	83	200	234	29	166(79)	0	16	0
	소계	44	32	37	174	158	115	561	1766	2006	267	1,482(712)	18	239	4

팀명	상대팀	승	무	패	득점	실점	도움	코너킥	파울	파울득	오프사이드	슈팅(유효)	PK득점	경고	퇴장
상 주	강원	3	0	1	7	5	5	11	58	67	6	55(26)	2	6	0
	경남	3	0	1	8	4	6	28	46	58	11	49(20)	2	0	0
	고양	6	2	1	20	6	16	47	130	122	22	124(57)	1	17	0
	광주	4	0	1	10	5	6	15	68	82	6	47(26)	2	12	1
	대구	1	1	2	5	10	1	26	47	62	8	47(21)	2	12	0
	부천	5	2	2	14	10	6	48	131	111	16	118(57)	3	17	1
	서울E	2	1	1	7	6	6	16	51	61	8	61(28)	0	6	0
	수원FC	3	4	2	11	10	6	57	151	149	15	126(56)	2	18	0
	안산	6	2	1	20	7	15	46	129	141	24	123(49)	0	12	0
	안양	5	1	3	21	13	12	64	131	124	7	128(60)	3	17	1
	충주	5	2	2	19	12	13	43	134	142	23	144(67)	1	10	0
	소계	43	15	17	142	88	92	401	1076	1119	146	1,022(467)	18	127	3

팀명	상대팀	승	무	패	득점	실점	도움	코너킥	파울	파울득	오프사이드	슈팅(유효)	PK득점	경고	퇴장
안 양	강원	2	3	3	7	11	3	40	127	133	8	85(42)	1	21	1
	경남	1	3	0	5	3	4	21	50	50	4	54(23)	0	5	1
	고양	6	2	5	16	12	12	82	175	216	22	166(78)	2	24	0
	광주	3	2	4	12	17	7	43	128	159	10	81(50)	2	19	0
	대구	3	4	1	14	11	8	31	118	121	20	88(41)	1	15	0
	대전	1	1	2	6	9	5	10	51	50	9	58(26)	0	6	0
	부천	6	4	3	15	12	12	54	207	225	17	141(63)	3	29	0
	상주	3	1	5	13	21	7	32	128	124	16	75(34)	2	16	0
	서울E	0	1	3	4	7	2	17	51	44	13	49(22)	1	7	0
	수원FC	4	3	6	17	21	9	68	259	193	21	135(68)	2	31	0
	안산	5	2	6	18	13	11	57	230	222	31	152(89)	3	28	0
	충주	6	4	3	25	18	17	55	217	182	36	152(68)	5	20	0
	소계	40	30	41	152	155	97	510	1741	1719	207	1,236(604)	22	221	2

팀명	상대팀	승	무	패	득점	실점	도움	코너킥	파울	파울득	오프사이드	슈팅(유효)	PK득점	경고	퇴장
고 양	강원	3	2	3	9	10	4	29	110	140	12	78(33)	1	17	0
	경남	2	1	1	3	2	3	14	52	56	12	45(18)	0	11	0
	광주	3	3	3	13	11	6	29	148	155	16	88(42)	0	19	0
	대구	4	1	3	13	14	4	42	122	124	17	101(53)	3	19	1
	대전	0	2	2	3	7	1	20	65	60	13	48(19)	1	9	1
	부천	4	3	6	16	19	8	54	213	212	14	158(72)	2	22	0
	상주	1	2	6	6	20	1	28	129	126	18	96(37)	0	8	1
	서울E	1	1	2	5	8	3	16	62	50	13	51(20)	0	10	0
	수원FC	3	6	4	12	15	6	53	241	212	29	142(70)	3	27	0
	안산	3	5	5	12	21	8	53	192	198	41	171(82)	2	20	0
	안양	5	2	6	12	16	6	63	223	163	14	150(73)	1	31	0
	충주	5	7	1	21	16	16	41	205	170	49	135(71)	2	27	2
	소계	34	35	42	125	159	66	442	1762	1666	248	1,263(590)	15	220	5

팀명	상대팀	승	무	패	득점	실점	도움	코너킥	파울	파울득	오프사이드	슈팅(유효)	PK득점	경고	퇴장
대 구	강원	5	0	3	16	11	10	36	121	104	9	105(41)	2	10	0
	경남	4	0	0	8	1	6	21	56	45	6	55(29)	2	5	0
	고양	3	1	4	14	13	8	30	129	114	18	98(49)	1	12	0
	광주	1	1	2	4	5	0	19	61	74	6	27(13)	1	6	0
	대전	1	1	2	3	4	2	21	65	39	4	44(18)	0	10	0
	부천	5	1	2	9	4	8	30	131	123	10	85(36)	0	17	0
	상주	2	1	1	10	5	6	13	65	40	5	47(25)	1	10	0
	서울E	2	2	0	7	4	6	26	53	46	10	53(29)	0	3	0

	수원FC	2	3	4	13	15	6	33	176	120	14	122(54)	2	28	0
	안산	2	3	3	11	10	7	27	142	112	26	97(39)	0	18	0
	안양	1	4	3	11	14	11	42	128	114	18	104(44)	0	22	0
	충주	3	4	1	12	10	7	38	126	107	16	107(48)	1	10	0
	소계	31	21	25	118	96	77	336	1253	1038	142	944(425)	10	151	0

팀명	상대팀	승	무	패	득점	실점	도움	코너킥	파울	파울득	오프사이드	슈팅(유효)	PK득점	경고	퇴장
광 주	강원	3	1	1	9	5	7	17	94	71	17	40(20)	1	6	1
	고양	3	3	3	11	13	6	49	162	136	17	109(52)	2	14	0
	대구	2	1	1	5	4	5	20	75	60	9	48(19)	0	9	0
	대전	2	0	2	2	6	2	22	74	62	15	51(19)	0	7	0
	부천	5	3	1	13	9	10	46	164	161	19	108(47)	2	14	0
	상주	1	0	4	5	10	4	24	88	63	9	73(32)	1	8	0
	수원FC	4	2	3	12	11	9	47	178	136	25	109(52)	1	23	0
	안산	4	1	5	14	13	10	43	174	167	50	120(63)	0	21	1
	안양	4	2	3	17	12	10	56	165	123	10	107(47)	1	13	0
	충주	3	4	2	11	6	6	47	179	130	22	107(59)	2	14	0
	소계	31	17	25	99	89	69	371	1353	1109	193	872(410)	10	129	2

팀명	상대팀	승	무	패	득점	실점	도움	코너킥	파울	파울득	오프사이드	슈팅(유효)	PK득점	경고	퇴장
강 원	경남	0	3	1	1	2	1	18	58	42	5	50(20)	1	4	0
	고양	3	2	3	10	9	7	30	148	102	23	101(59)	1	14	1
	광주	1	1	3	5	9	4	19	72	94	4	48(29)	0	4	1
	대구	3	0	5	11	16	7	33	108	115	13	116(49)	1	16	0
	대전	0	1	3	4	10	4	11	64	58	6	38(15)	0	7	1
	부천	3	2	3	14	12	9	23	105	107	4	79(45)	2	18	1
	상주	1	0	3	5	7	1	11	68	57	5	51(23)	1	9	0
	서울E	2	2	0	11	7	6	16	47	41	7	55(36)	1	10	0
	수원FC	4	2	2	13	10	10	30	155	118	24	102(52)	1	24	0
	안산	4	1	3	11	8	5	30	134	108	15	101(56)	4	12	0
	안양	3	3	2	11	7	5	35	136	119	12	113(63)	2	18	2
	충주	5	1	2	16	10	10	37	108	94	20	106(57)	2	13	0
	소계	29	18	30	112	107	69	293	1203	1055	138	960(504)	16	149	6

팀명	상대팀	승	무	패	득점	실점	도움	코너킥	파울	파울득	오프사이드	슈팅(유효)	PK득점	경고	퇴장
부 천	강원	3	2	3	12	14	5	31	114	103	12	71(36)	2	14	2
	경남	2	0	2	4	4	1	21	43	51	10	44(19)	0	3	0
	고양	6	3	4	19	16	13	65	222	207	19	184(82)	1	25	0
	광주	1	3	5	9	13	5	34	169	158	14	81(37)	1	16	0
	대구	2	1	5	4	9	1	33	127	127	13	85(35)	0	12	0
	대전	0	1	3	2	5	2	13	63	58	10	45(17)	0	5	0
	상주	2	2	5	10	14	6	31	117	126	22	85(40)	2	17	0
	서울E	1	1	2	3	5	3	21	47	47	11	52(29)	0	5	0
	수원FC	2	5	6	22	26	10	61	229	203	26	183(95)	5	30	0
	안산	2	3	8	13	23	10	41	214	179	34	163(85)	3	22	0
	안양	3	4	6	12	15	9	56	233	190	15	168(85)	1	25	0
	충주	5	3	5	11	14	8	55	227	178	16	150(68)	1	29	0
	소계	29	28	54	121	158	73	462	1805	1627	202	1,311(628)	16	203	2

팀명	상대팀	승	무	패	득점	실점	도움	코너킥	파울	파울득	오프사이드	슈팅(유효)	PK득점	경고	퇴장
충 주	강원	2	1	5	10	16	4	26	96	103	13	90(39)	0	13	0
	경남	1	1	2	2	4	1	20	41	50	7	34(10)	0	6	0
	고양	1	7	5	16	21	10	46	176	194	16	152(65)	2	23	0
	광주	2	4	3	6	11	3	30	136	173	14	87(37)	1	19	1
	대구	1	4	3	10	12	8	52	112	119	6	92(40)	0	11	0
	대전	0	1	3	1	9	1	17	58	69	11	42(19)	0	5	0
	부천	5	3	5	14	11	11	42	187	217	20	155(78)	0	36	0

팀명	상대팀	승	무	패	득점	실점	도움	코너킥	파울	파울득	오프사이드	슈팅(유효)	PK득점	경고	퇴장
	상주	2	2	5	12	19	8	27	152	130	9	89(33)	0	19	0
	서울E	0	0	4	4	13	2	23	50	46	5	56(16)	1	8	0
	수원FC	3	3	7	12	22	7	71	242	192	17	187(78)	0	23	0
	안산	3	5	5	14	18	10	41	174	195	31	167(81)	3	21	0
	안양	3	4	6	18	25	11	61	190	209	13	181(84)	1	26	0
	소계	23	35	53	119	181	76	456	1614	1697	162	1,332(580)	8	210	1

팀명	상대팀	승	무	패	득점	실점	도움	코너킥	파울	파울득	오프사이드	슈팅(유효)	PK득점	경고	퇴장
대 전	강원	3	1	0	10	4	9	25	64	62	14	52(28)	0	5	0
	고양	2	2	0	7	3	3	14	65	61	4	50(22)	0	3	0
	광주	2	0	2	6	2	4	18	65	69	12	34(15)	0	6	0
	대구	2	1	1	4	3	4	22	39	64	14	42(16)	0	3	0
	부천	3	1	0	5	2	3	19	63	61	8	47(19)	0	5	0
	수원FC	2	1	1	10	8	4	17	77	47	9	42(24)	3	9	0
	안산	1	2	1	4	7	3	15	60	62	19	59(28)	0	5	0
	안양	2	1	1	9	6	7	26	58	49	4	65(33)	0	5	0
	충주	3	1	0	9	1	6	18	72	55	10	57(21)	0	3	0
	소계	20	10	6	64	36	43	174	563	530	94	448(206)	3	44	0

팀명	상대팀	승	무	패	득점	실점	도움	코너킥	파울	파울득	오프사이드	슈팅(유효)	PK득점	경고	퇴장
서울E	강원	0	2	2	7	11	3	21	43	44	4	54(23)	1	8	0
	경남	1	2	1	4	4	2	25	35	39	7	45(23)	0	8	0
	고양	2	1	1	8	5	5	16	54	59	8	42(24)	1	5	0
	대구	0	2	2	4	7	4	17	50	50	3	41(22)	0	6	0
	부천	2	1	1	5	3	3	11	49	44	7	53(28)	1	7	0
	상주	1	1	2	6	7	5	14	63	46	5	38(19)	0	8	0
	수원FC	2	1	2	12	11	9	22	74	70	12	56(33)	2	6	1
	안산	1	3	0	6	5	5	15	57	50	4	42(23)	1	7	0
	안양	3	1	0	7	4	2	19	47	47	8	50(21)	2	6	0
	충주	4	0	0	13	4	11	14	51	47	12	53(30)	2	5	0
	소계	16	14	11	72	61	49	174	523	496	70	474(246)	10	66	1

팀명	상대팀	승	무	패	득점	실점	도움	코너킥	파울	파울득	오프사이드	슈팅(유효)	PK득점	경고	퇴장
경 남	강원	1	3	0	2	1	2	12	45	57	3	45(16)	0	4	0
	고양	1	1	2	2	3	2	17	57	49	12	38(14)	0	10	0
	대구	0	0	4	1	8	1	10	49	52	2	42(10)	0	5	1
	부천	2	0	2	4	4	2	19	54	39	10	32(16)	1	9	1
	상주	1	0	3	4	8	1	10	60	43	10	37(18)	2	10	0
	서울E	1	2	1	4	4	2	23	43	31	8	61(33)	0	8	0
	수원FC	1	1	2	3	5	2	20	50	49	12	44(20)	0	10	0
	안산	1	2	1	3	3	3	12	48	53	3	47(19)	0	8	0
	안양	0	3	1	3	5	2	15	53	47	6	40(16)	1	7	0
	충주	2	1	1	4	2	4	12	53	41	6	47(16)	0	8	0
	소계	10	13	17	30	43	21	150	512	461	72	433(178)	4	79	2

챌린지 통산 팀 최다 기록

기록구분	기록	구단명
승 점	165	안산(45승 30무 37패)
승 리	45	안산
패 전	54	부천
무승부	35	고양, 충주
득 점	174	수원FC
실 점	181	충주
도 움	115	수원FC
코너킥	561	수원FC

기록구분	기록	구단명
파 울	1805	부천
오프사이드	267	수원FC
슈 팅	1482	수원FC
페널티킥	22	안양
페널티킥 득점	17	안양
페널티킥 실축	5	대구, 상주, 안양
경 고	289	안산
퇴 장	6	강원

챌린지 통산 팀 최소 기록

기록구분	기록	구단명
승 점	43	경남(10승 13무 17패)
승 리	10	경남
패 전	6	대전
무승부	10	대전
득 점	30	경남
실 점	36	대전
도 움	21	경남
코너킥	150	경남
파 울	512	경남
오프사이드	70	서울E
슈 팅	433	경남
페널티킥	3	대전
페널티킥 득점	3	대전
페널티킥 실축	0	경남, 대전
경 고	44	대전
퇴 장	0	대구, 대전

챌린지 통산 팀 최다 연속 기록

기록구분	기록	구단명(기간)
연속 승	11	상주 (2013.09.01 ~ 2013.11.10)
연속 무승부	5	고양 (2013.04.20 ~ 2013.05.19) 안양 (2015.04.15 ~ 2015.05.13)
연속 패	6	부천 (2014.06.07 ~ 2014.07.13) 충주 (2013.07.06 ~ 2013.08.25)
연속 정규승	11	상주 (2013.09.01 ~ 2013.11.10)
연속 정규패	6	부천 (2014.06.07 ~ 2014.07.13) 충주 (2013.07.06 ~ 2013.08.25)
연속 득점	31	대구 (2014.09.14 ~ 2015.07.11)
연속 무득점	5	부천 (2014.08.23 ~ 2014.09.17) 안산 (2015.06.10 ~ 2015.07.01) 충주 (2014.08.16 ~ 2014.09.13)
연속 무승	18	안양 (2015.03.29 ~ 2015.07.08)
연속 무패	14	대전 (2014.03.30 ~ 2014.06.21)
연속 실점	16	안산 (2013.08.19 ~ 2013.11.30)
연속 무실점	6	상주 (2013.09.01 ~ 2013.10.05)

챌린지 통산 선수 득점 순위

순위	선수명	팀명	득점	경기수	교체수	경기당득점
1	조나탄	대구	40	68	21	0.59
2	고경민	안양	35	94	31	0.37
3	알렉스	강원	31	61	15	0.51
4	주민규	서울E	30	96	40	0.31
5	자 파	수원FC	28	53	20	0.53

챌린지 통산 선수 도움 순위

순위	선수명	팀명	득점	경기수	교체수	경기당도움
1	최진수	안양	23	96	36	0.24
2	문기한	대구	18	87	54	0.21
3	권용현	수원FC	17	89	44	0.19
4	임창균	경남	16	67	34	0.24
5	김재성	서울E	14	65	19	0.22

챌린지 통산 선수 공격포인트 순위

순위	선수명	팀명	공격포인트	경기수	경기당공격P
1	조나탄	대구	48	68	0.71
2	고경민	안양	42	94	0.45
3	알렉스	강원	41	61	0.67
4	주민규	서울E	39	96	0.41
5	자 파	수원FC	36	53	0.68

챌린지 통산 골키퍼 무실점 순위

순위	선수명	팀명	무실점 경기수
1	박형순	수원FC	21
2	이진형	안산	18
3	조현우	대구	17
4	손정현	경남	16
	여명용	고양	16
	제종현	광주	16

챌린지 통산 선수 파울 순위

순위	선수명	팀명	파울	경기수	경기당파울
1	공민현	부천	203	95	2.14
2	이도성	고양	185	100	1.85
3	주민규	서울E	171	96	1.78
4	문기한	대구	145	87	1.67
5	호드리고	부천	141	67	2.10

챌린지 통산 선수 경고 순위

순위	선수명	팀명	경고	경기수	경기당경고
1	이도성	고양	28	100	0.28
2	최진수	안양	27	96	0.28
3	김한원	수원FC	25	80	0.31
4	문기한	대구	22	87	0.25
5	김종성	안양	20	66	0.3

챌린지 통산 선수 연속 득점 순위

순위	선수명	연속경기수	비고
1	주민규	7	2015.05.10 ~ 2015.06.10
2	아드리아노	6	2014.03.22 ~ 2014.04.27
3	알렉스	5	2013.08.10 ~ 2013.09.08
	김한원	5	2014.09.01 ~ 2014.09.28
	조나탄	5	2015.09.20 ~ 2015.10.18

챌린지 통산 선수 연속 도움 순위

순위	선수명	연속경기수	비고
1	염 기 훈	3	2013.04.06 ~ 2013.05.05
	이 근 호	3	2013.05.12 ~ 2013.06.30
	백 종 환	3	2013.06.01 ~ 2013.06.17
	이 상 호	3	2013.08.04 ~ 2013.11.10
	임 선 영	3	2013.11.10 ~ 2013.11.30
	송 주 한	3	2014.04.05 ~ 2014.04.19
	이 광 재	3	2014.06.21 ~ 2014.07.05
	김 종 우	3	2015.08.08 ~ 2015.08.17
	임 창 균	3	2015.10.03 ~ 2015.10.10

챌린지 통산골키퍼 연속 무실점 순위

순위	선수명	연속경기수	비고
1	김 호 준	6	2013.09.01 ~ 2013.10.05
2	김 선 규	5	2014.05.18 ~ 2014.06.16
3	제 종 현	4	2014.08.10 ~ 2014.08.31
	제 종 현	4	2014.11.08 ~ 2014.11.29
5	이 진 형	3	2013.11.17 ~ 2013.11.30
	이 진 형	3	2014.03.29 ~ 2014.04.12
	강 훈	3	2014.05.10 ~ 2014.05.18
	양 동 원	3	2014.08.09 ~ 2014.08.23
	손 정 현	3	2015.10.24 ~ 2015.11.14

챌린지 통산 선수 연속 공격포인트 순위

순위	선수명	연속경기수	비고
1	이 근 호	9	2013.04.13 ~ 2013.08.04
2	주 민 규	8	2015.05.02 ~ 2015.06.10
3	아드리아노	6	2014.03.22 ~ 2014.04.27
4	알 렉 스8	5	2013.08.10 ~ 2013.09.08
	김 한 원	5	2013.10.26 ~ 2014.03.22
	임 선 영	5	2013.11.10 ~ 2014.03.30
	김 한 원	5	2014.09.01 ~ 2014.09.28
	노 병 준	5	2015.06.06 ~ 2015.07.05
	조 나 탄	5	2015.09.20 ~ 2015.10.18
	임 창 균	5	2015.09.23 ~ 2015.10.19

Section 5

K리그 승강 플레이오프 기록

현대오일뱅크 K리그 승강 플레이오프 2015 경기일정표

날짜	시간	대진	장소
12.2(수)	19:00	수원FC - 부산	수원종합
12.5(토)	16:00	부산 - 수원FC	부산 구덕

2015년 승강 플레이오프 팀 간 경기 기록

팀명	상대팀	승	무	패	득점	실점	자책	득실	도움	코너킥	파울	파울득	오프사이드	슈팅(유효)	PK득점	PK실패	경고	퇴장
부산	수원FC	0	0	2	0	3	0	-3	0	2	46	31	4	13(6)	0	0	10	0
수원FC	부산	2	0	0	3	0	0	3	2	11	31	45	6	21(8)	0	0	3	1

2015년 승강 플레이오프 팀별 연속 승패 · 득실점 기록 | 부산

상대	홈/원정	승	무	패	득점	실점	연속기록						
							승	무	패	득점	실점	무득점	무실점
수원FC	A			▼	0	1			↕		↕	↕	
수원FC	H			▼	0	2			↕		↕	↕	

2015년 승강 플레이오프 팀별 연속 승패 · 득실점 기록 | 수원FC

상대	홈/원정	승	무	패	득점	실점	연속기록						
							승	무	패	득점	실점	무득점	무실점
부산	H	▲			1	0	↕			↕			↕
부산	A	▲			2	0	↕			↕			↕

2015년 승강 플레이오프 팀별 개인 기록 | 수원FC

선수명	출장	교체	득점	도움	코너킥	파울	파울득	오프사이드	슈팅	유효슈팅	경고	퇴장	실점	자책
권용현	2	1	0	0	0	2	6	1	1	0	0	0	0	0
김서준	0	0	0	0	0	0	0	0	0	0	0	0	0	0
김재웅	2	0	0	0	6	6	6	0	1	0	1	0	0	0
김종우	2	2	0	1	5	2	6	2	0	0	0	0	0	0
김창훈	2	1	0	0	0	1	1	0	1	1	0	0	0	0
김한원	1	1	0	0	0	0	0	0	0	0	0	0	0	0
박형순	2	0	0	0	0	0	1	0	0	0	0	0	0	0
배신영	2	2	0	0	0	0	0	0	0	0	0	0	0	0
블라단	2	0	0	0	0	2	3	0	2	1	0	0	0	0
시 시	2	1	0	0	0	1	7	1	4	1	0	0	0	0
오광진	0	0	0	0	0	0	0	0	0	0	0	0	0	0
이인수	0	0	0	0	0	0	0	0	0	0	0	0	0	0
이인수	0	0	0	0	0	0	0	0	0	0	0	0	0	0
이준호	2	0	0	0	0	2	3	0	1	0	1	0	0	0
임성택	2	1	1	0	0	8	3	0	3	1	0	0	0	0
임하람	1	0	0	0	0	2	0	0	0	0	0	1	0	0
자 파	2	1	1	1	0	2	6	2	6	3	1	0	0	0
정기운	0	0	0	0	0	0	0	0	0	0	0	0	0	0
정민우	2	2	1	0	0	1	1	0	2	1	0	0	0	0
황재훈	2	0	0	0	0	2	2	0	0	0	0	0	0	0

2015년 승강 플레이오프 팀별 개인 기록 | 부산

선수명	출장	교체	득점	도움	코너킥	파울	파울득	오프사이드	슈팅	유효슈팅	경고	퇴장	실점	자책
구현준	0	0	0	0	0	0	0	0	0	0	0	0	0	0
김익현	1	1	0	0	0	2	0	0	0	0	0	0	0	0
김종혁	2	1	0	0	0	6	1	0	0	0	1	0	0	0
김진규	1	1	0	0	0	1	0	0	1	1	0	0	0	0
박준강	2	1	0	0	0	2	6	0	1	0	1	0	0	0
빌	1	0	0	0	0	1	3	0	1	1	0	0	0	0
엘리아스	0	0	0	0	0	0	0	0	0	0	0	0	0	0
웨슬리	2	1	0	0	0	4	3	3	4	3	1	0	0	0
유지노	1	1	0	0	0	1	0	0	0	0	0	0	0	0
유지훈	2	0	0	0	0	5	2	0	2	0	2	0	0	0
윤동민	1	1	0	0	0	0	0	0	0	0	0	0	0	0
이경렬	2	0	0	0	0	5	0	0	1	0	1	0	0	0
이규성	2	2	0	0	0	2	2	0	0	0	0	0	0	0
이범영	2	0	0	0	0	0	1	0	0	0	0	0	3	0
이창근	0	0	0	0	0	0	0	0	0	0	0	0	0	0
이청웅	2	0	0	0	0	3	2	0	0	0	1	0	0	0
전성찬	1	1	0	0	0	2	0	0	0	0	1	0	0	0
정석화	1	1	0	0	0	0	0	0	0	0	0	0	0	0
주세종	1	0	0	0	2	5	2	0	0	0	0	0	0	0
최광희	2	0	0	0	0	3	3	1	2	0	0	0	0	0
한지호	1	1	0	0	0	1	0	0	1	1	0	0	0	0
홍동현	1	0	0	0	0	3	6	0	0	0	2	0	0	0

2015년 승강 플레이오프 선수 득점 기록

성명	소속	경기수	득점수	경기당득점	교체 IN/OUT
정민우	수원FC	2	1	50	2
자 파	수원FC	2	1	50	1
임성택	수원FC	2	1	50	1

2015년 승강 플레이오프 선수 도움 기록

성명	소속	경기수	도움수	경기당도움 율	교체 IN/OUT
김종우	수원FC	2	1	50	2
자파	수원FC	2	1	50	1

2015년 승강 플레이오프 골키퍼 실점 기록

구단	선수명	총경기수	경기수	실점	1경기당 실점
수원FC	박형순	2	2	0	0
부산	이범영	2	2	3	1.5

Section 6

프로축구 역대 통산 기록

역대 프로통산 팀별 경기 기록

팀명	상대팀	승	무	패	득점	실점	도움	경고	퇴장
포항	강원	7	1	2	19	6	15	19	0
	경남	14	6	4	42	23	27	48	0
	광주	4	3	0	10	3	7	12	0
	광주상무	16	4	1	37	17	22	40	0
	국민은행	4	1	3	14	9	11	5	0
	대구	15	10	6	51	33	37	63	1
	대전	27	17	8	76	39	54	79	1
	버팔로	4	2	0	13	5	10	4	1
	부산	49	47	54	174	179	120	194	3
	상무	2	1	0	4	2	3	3	0
	상주	6	0	1	18	8	14	14	0
	서울	54	47	46	214	188	146	212	7
	성남	52	33	31	154	123	108	160	1
	수원	30	22	28	95	88	62	141	3
	울산	56	48	46	179	177	132	221	6
	인천	12	13	10	51	47	35	66	2
	전남	27	22	20	83	74	56	135	2
	전북	30	20	27	107	93	71	131	3
	제주	58	42	51	200	189	138	186	5
	한일은행	5	4	2	12	8	7	3	0
	할렐루야	5	3	3	15	11	8	6	0
	소계	477	346	343	1568	1322	1083	1742	35

팀명	상대팀	승	무	패	득점	실점	도움	경고	퇴장
울산	강원	8	1	2	21	13	14	20	1
	경남	16	3	4	39	17	30	40	1
	광주	7	1	1	12	5	8	12	0
	광주상무	15	6	3	35	13	26	40	0
	국민은행	4	0	0	14	3	11	0	0
	대구	17	8	6	49	30	34	66	0
	대전	32	17	11	98	52	74	97	2
	버팔로	3	2	1	10	5	7	10	0
	부산	53	45	53	169	167	117	207	13
	상무	2	1	0	4	1	2	0	0
	상주	6	2	0	19	10	13	10	0
	서울	55	47	48	186	174	126	201	10
	성남	40	35	41	136	136	91	163	4
	수원	25	18	25	81	87	65	120	2
	인천	17	10	9	52	35	38	75	2
	전남	31	21	19	92	71	61	137	3
	전북	34	19	28	118	106	75	141	4
	제주	54	49	43	172	154	116	190	5
	포항	46	48	56	177	179	126	207	4
	한일은행	5	5	1	16	8	14	9	0
	할렐루야	4	2	1	13	7	10	1	0
	소계	474	340	352	1513	1273	1058	1746	51

팀명	상대팀	승	무	패	득점	실점	도움	경고	퇴장
서울	강원	9	0	1	26	12	17	19	1
	경남	12	9	6	33	23	26	58	0
	광주	4	2	1	14	8	10	8	0
	광주상무	15	5	4	38	14	19	33	0
	국민	2	2	0	6	2	4	0	0
	대구	13	7	8	47	27	32	47	2
	대전	25	18	12	77	54	49	85	1
	버팔로	6	0	0	17	5	12	4	0
	부산	54	47	44	184	162	119	179	9
	상무	1	2	0	3	2	3	1	0
	상주	5	0	2	13	9	10	16	0
	성남	34	40	40	137	148	95	192	6
	수원	27	17	32	88	104	57	173	0
	울산	48	47	55	174	186	123	222	10
	인천	15	14	7	57	37	41	67	2
	전남	30	23	18	100	76	64	135	2
	전북	31	23	21	114	98	69	141	1
	제주	57	48	42	196	168	130	187	5
	포항	46	47	54	188	214	134	208	10
	한일은행	8	1	2	26	9	20	7	0
	할렐루야	3	1	3	9	7	8	4	0
	소계	445	353	352	1547	1365	1042	1786	49

팀명	상대팀	승	무	패	득점	실점	도움	경고	퇴장
부산	강원	5	5	1	15	8	8	25	0
	경남	10	4	14	31	32	23	68	3
	광주	3	3	3	10	9	6	18	1
	광주상무	8	7	9	25	24	21	29	1
	국민은행	6	2	0	18	6	11	3	0
	대구	10	7	11	42	48	26	54	2
	대전	37	11	16	102	69	67	112	1
	버팔로	3	0	3	13	12	9	10	0
	상무	1	0	2	5	6	4	0	0
	상주	4	4	1	14	12	11	12	2
	서울	44	47	54	162	184	87	226	12
	성남	35	36	41	123	138	77	199	4
	수원	17	21	41	82	120	51	166	5
	수원FC	0	0	2	0	3	0	10	0
	울산	53	45	53	167	169	111	249	15
	인천	8	17	12	31	41	16	71	0
	전남	25	16	31	93	109	62	150	7
	전북	21	17	31	79	102	48	142	2
	제주	50	50	50	152	162	79	224	3
	포항	54	47	49	179	174	107	225	7
	한일은행	8	1	2	22	11	17	5	0
	할렐루야	3	5	3	13	10	7	9	1
	소계	405	345	429	1378	1449	848	2007	66

팀명	상대팀	승	무	패	득점	실점	도움	경고	퇴장
제주	강원	7	2	3	28	12	18	20	0
	경남	8	12	8	34	35	19	52	0
	광주	3	1	3	9	10	7	14	0
	광주상무	13	5	5	29	14	19	36	1
	국민은행	5	1	2	13	7	8	4	0
	대구	14	10	7	42	28	24	58	0
	대전	25	12	19	77	60	55	94	2
	버팔로	6	0	0	16	5	11	4	1
	부산	50	50	50	162	152	109	204	4
	상무	1	1	1	4	2	3	2	0
	상주	3	2	2	12	11	6	8	0
	서울	42	48	57	168	196	115	211	8
	성남	32	42	43	145	167	93	178	10
	수원	21	14	37	84	119	51	133	3
	울산	43	49	54	154	172	98	200	4
	인천	9	14	10	27	29	15	57	3
	전남	32	19	15	100	76	73	115	5

	전북	24	16	38	95	116	61	136	4
	포항	51	42	58	189	200	134	187	5
	한일은행	4	4	3	15	9	11	6	0
	할렐루야	4	5	2	22	16	15	4	0
	소계	397	349	417	1425	1436	945	1723	50

팀명	상대팀	승	무	패	득점	실점	도움	경고	퇴장
성남	강원	9	1	5	25	15	16	35	1
	경남	14	5	5	40	25	18	45	0
	광주	4	2	3	16	16	10	17	1
	광주상무	13	5	6	34	21	24	26	2
	대구	19	9	7	56	34	37	66	0
	대전	39	13	8	101	51	78	105	3
	버팔로	4	1	1	8	5	4	8	1
	부산	41	36	35	138	123	101	144	7
	상주	4	5	1	16	8	9	6	0
	서울	40	40	34	148	137	103	179	4
	수원	19	24	25	90	102	51	135	2
	울산	41	35	40	136	136	98	185	7
	인천	14	15	6	48	27	29	75	1
	전남	30	25	21	84	69	53	154	3
	전북	28	17	29	95	100	65	133	3
	제주	43	42	32	167	145	101	157	5
	포항	31	33	52	123	154	79	182	7
	소계	393	308	310	1325	1168	876	1652	47

팀명	상대팀	승	무	패	득점	실점	도움	경고	퇴장
수원	강원	7	2	2	21	10	15	24	2
	경남	11	9	7	36	26	26	46	2
	광주	5	1	1	15	7	9	15	0
	광주상무	15	4	4	33	13	23	25	1
	대구	19	6	2	45	23	30	51	0
	대전	29	16	11	87	45	55	99	1
	부산	41	21	17	120	82	69	144	7
	상주	4	2	1	13	5	6	10	0
	서울	32	17	27	104	88	69	172	4
	성남	25	24	19	102	90	66	125	0
	울산	25	18	25	87	81	44	131	3
	인천	20	8	5	50	29	31	64	0
	전남	29	15	18	88	70	50	102	3
	전북	29	19	20	100	101	66	135	4
	제주	37	14	21	119	84	84	110	5
	포항	28	22	30	88	95	55	150	4
	소계	356	198	210	1108	849	698	1403	36

팀명	상대팀	승	무	패	득점	실점	도움	경고	퇴장
전북	강원	9	0	2	27	15	19	30	0
	경남	16	4	6	54	31	34	53	2
	광주	5	2	0	21	8	16	19	0
	광주상무	13	7	4	36	21	25	37	0
	대구	17	7	7	55	33	33	58	1
	대전	20	15	17	71	64	48	89	2
	부산	31	17	21	102	79	70	100	4
	상주	6	1	0	21	1	16	9	0
	서울	21	23	31	98	114	60	158	2
	성남	29	17	28	100	95	62	160	4
	수원	20	19	29	101	100	67	137	3
	울산	28	19	34	106	118	71	161	5
	인천	11	10	12	39	36	28	79	1

	전남	25	24	20	92	77	54	146	2
	제주	38	16	24	116	95	76	154	2
	포항	27	20	30	93	107	58	153	2
	소계	316	201	265	1132	994	737	1543	30

팀명	상대팀	승	무	패	득점	실점	도움	경고	퇴장
전남	강원	8	7	2	28	20	19	38	0
	경남	12	5	7	32	27	24	47	0
	광주	2	4	5	10	18	8	25	0
	광주상무	12	6	3	27	14	16	34	0
	대구	14	10	8	54	44	40	72	4
	대전	25	17	17	77	57	48	90	1
	부산	31	16	25	109	93	70	111	2
	상주	8	1	2	17	8	10	11	0
	서울	18	23	30	76	100	52	123	3
	성남	21	25	30	69	84	42	150	4
	수원	18	15	29	70	88	43	116	2
	울산	19	21	31	71	92	43	137	2
	인천	8	16	11	29	30	19	74	3
	전북	20	24	25	77	92	56	121	3
	제주	15	19	32	76	100	47	94	3
	포항	20	22	27	74	83	42	132	1
	소계	251	231	284	896	950	579	1375	28

팀명	상대팀	승	무	패	득점	실점	도움	경고	퇴장
대전	강원	10	4	5	36	30	25	41	1
	경남	4	10	8	19	37	13	42	0
	고양	2	2	0	7	3	3	3	0
	광주	6	3	5	17	13	11	31	0
	광주상무	10	10	5	30	20	12	35	0
	대구	13	17	10	57	50	38	101	3
	부산	16	11	37	69	102	45	116	3
	부천	3	1	0	5	2	3	5	0
	상주	3	2	1	9	6	5	10	0
	서울	12	18	25	54	77	38	100	3
	성남	8	13	39	51	101	33	105	3
	수원	11	16	29	45	87	31	113	3
	수원FC	2	1	1	10	8	4	9	0
	안산	1	2	1	4	7	3	5	0
	안양	2	1	1	9	6	7	5	0
	울산	11	17	32	52	98	24	107	1
	인천	5	6	21	23	46	11	65	1
	전남	17	17	25	57	77	38	120	4
	전북	17	15	20	64	71	44	98	1
	제주	19	12	25	60	77	36	84	1
	충주	3	1	0	9	1	6	3	0
	포항	8	17	27	39	76	19	92	2
	소계	183	196	317	726	995	449	1290	26

팀명	상대팀	승	무	패	득점	실점	도움	경고	퇴장
인천	강원	8	1	4	22	16	16	20	0
	경남	4	11	9	25	27	16	47	0
	광주	3	6	1	11	9	6	15	0
	광주상무	7	4	6	20	17	11	24	0
	대구	12	11	7	44	41	26	69	2
	대전	21	6	5	46	23	24	79	1
	부산	12	17	8	41	31	26	68	0
	상주	4	3	3	10	8	5	9	0
	서울	7	14	15	37	57	25	75	2

	성남	6	15	14	27	48	19	76	1
	수원	5	8	20	29	50	15	74	4
	울산	9	10	17	35	52	21	69	1
	전남	11	16	8	30	29	15	69	4
	전북	12	10	11	36	39	25	80	0
	제주	10	14	9	29	27	12	60	1
	포항	10	13	12	47	51	25	77	3
	소계	141	159	149	489	525	287	911	19

팀명	상대팀	승	무	패	득점	실점	도움	경고	퇴장
대구	강원	9	7	7	32	29	21	41	0
	경남	7	2	15	27	46	19	51	1
	고양	3	1	4	14	13	8	12	0
	광주	2	4	4	13	14	4	21	0
	광주상무	14	5	4	42	25	26	43	0
	대전	10	17	13	50	57	34	82	2
	부산	11	7	10	48	42	30	62	2
	부천	5	1	2	9	4	8	17	0
	상주	6	3	1	19	8	8	18	0
	서울	8	7	13	27	47	17	69	0
	서울E	2	2	0	7	4	6	3	0
	성남	7	9	19	34	56	18	72	1
	수원	2	6	19	23	45	13	58	2
	수원FC	2	3	4	13	15	6	28	0
	안산	2	3	3	11	10	7	18	0
	안양	1	4	3	11	14	11	22	0
	울산	6	8	17	30	49	16	60	2
	인천	7	11	12	41	44	26	80	0
	전남	8	10	14	44	54	27	69	3
	전북	7	7	17	33	55	24	72	0
	제주	7	10	14	28	42	19	63	2
	충주	3	4	1	12	10	7	10	0
	포항	6	10	15	33	51	24	61	1
	소계	135	141	211	601	734	379	1032	16

팀명	상대팀	승	무	패	득점	실점	도움	경고	퇴장
경남	강원	7	7	3	20	12	16	25	0
	고양	1	1	2	2	3	2	10	0
	광주	4	1	1	8	5	7	12	0
	광주상무	7	4	3	14	9	9	20	0
	대구	15	2	7	46	27	24	44	3
	대전	8	10	4	37	19	22	46	1
	부산	14	4	10	32	31	24	55	1
	부천	2	0	2	4	4	2	9	1
	상주	4	1	7	14	18	7	23	0
	서울	6	9	12	23	33	12	58	1
	서울E	1	2	1	4	4	2	8	0
	성남	5	5	14	25	40	13	42	0
	수원	7	9	11	26	36	18	50	0
	수원FC	1	1	2	3	5	2	10	0
	안산	1	2	1	3	3	3	8	0
	안양	0	3	1	3	5	2	7	0
	울산	4	3	16	17	39	14	39	1
	인천	9	11	4	27	25	16	36	1
	전남	7	5	12	27	32	17	56	1
	전북	6	4	16	31	54	20	58	1
	제주	8	12	8	35	34	18	60	0
	충주	2	1	1	4	2	4	8	0
	포항	4	6	14	23	42	13	58	0
	소계	123	103	152	428	482	267	742	11

팀명	상대팀	승	무	패	득점	실점	도움	경고	퇴장
강원	경남	3	7	7	12	20	7	24	0
	고양	3	2	3	10	9	7	14	1
	광주	3	4	5	13	14	10	17	1
	광주상무	1	1	2	4	6	3	4	0
	대구	7	7	9	29	32	20	47	0
	대전	5	4	10	30	36	23	35	1
	부산	1	5	5	8	15	6	17	1
	부천	3	2	3	14	12	9	18	1
	상주	5	1	7	15	18	6	20	0
	서울	1	0	9	12	26	6	19	0
	서울E	2	2	0	11	7	6	10	0
	성남	5	1	9	15	25	10	20	0
	수원	2	2	7	10	21	5	13	0
	수원FC	4	2	2	13	10	10	24	0
	안산	4	1	3	11	8	5	12	0
	안양	3	3	2	11	7	5	18	2
	울산	2	1	8	13	21	11	15	0
	인천	4	1	8	16	22	13	30	0
	전남	2	7	8	20	28	11	35	0
	전북	2	0	9	15	27	10	25	0
	제주	3	2	7	12	28	5	21	0
	충주	5	1	2	16	10	10	13	0
	포항	2	1	7	6	19	3	17	1
	소계	72	57	132	316	421	201	468	8

팀명	상대팀	승	무	패	득점	실점	도움	경고	퇴장
상주	강원	7	1	5	18	15	13	17	0
	경남	7	1	4	18	14	14	22	1
	고양	6	2	1	20	6	16	17	0
	광주	5	1	6	14	14	9	22	1
	대구	1	3	6	8	19	4	19	0
	대전	1	2	3	6	9	4	5	0
	부산	1	4	4	12	14	8	17	1
	부천	5	2	2	14	10	6	17	1
	서울	2	0	5	9	13	6	18	3
	서울E	2	1	1	7	6	6	6	0
	성남	1	5	4	8	16	4	18	0
	수원	1	2	4	5	13	5	12	0
	수원FC	3	4	2	11	10	6	18	0
	안산	6	2	1	20	7	15	12	0
	안양	5	1	3	21	13	12	17	1
	울산	0	2	6	10	19	8	21	0
	인천	3	3	4	8	10	4	19	0
	전남	2	1	8	8	17	5	22	0
	전북	0	1	6	1	21	1	13	2
	제주	2	2	3	11	12	6	13	0
	충주	5	2	2	19	12	13	10	0
	포항	1	0	6	8	18	4	19	0
	소계	66	42	86	256	288	169	354	10

팀명	상대팀	승	무	패	득점	실점	도움	경고	퇴장
광주	강원	5	4	3	14	13	9	20	1
	경남	1	1	4	5	8	3	14	0
	고양	3	3	3	11	13	6	14	0
	대구	4	4	2	14	13	10	23	0

팀명	상대팀	승	무	패	득점	실점	도움	경고	퇴장
	대전	5	3	6	13	17	11	25	1
	부산	3	3	3	9	10	8	22	0
	부천	5	3	1	13	9	10	14	0
	상주	6	1	5	14	14	8	23	0
	서울	1	2	4	8	14	5	17	0
	성남	3	2	4	16	16	10	23	0
	수원	1	1	5	7	15	1	19	0
	수원FC	4	2	3	12	11	9	23	0
	안산	4	1	5	14	13	10	21	1
	안양	4	2	3	17	12	10	13	0
	울산	1	1	7	5	12	3	18	0
	인천	1	6	3	9	11	5	23	0
	전남	5	4	2	18	10	14	23	0
	전북	0	2	5	8	21	7	11	0
	제주	3	1	3	10	9	6	9	0
	충주	3	4	2	11	6	6	14	0
	포항	0	3	4	3	10	2	24	0
	소계	62	53	77	231	257	153	393	3

팀명	상대팀	승	무	패	득점	실점	도움	경고	퇴장
수원FC	강원	2	2	4	10	13	9	19	0
	경남	2	1	1	5	3	4	5	0
	고양	4	6	3	15	12	7	31	2
	광주	3	2	4	11	12	9	18	0
	대구	4	3	2	15	13	13	19	0
	대전	1	1	2	8	10	3	6	0
	부산	2	0	0	3	0	2	3	1
	부천	6	5	2	26	22	19	32	1
	상주	2	4	3	10	11	6	20	0
	서울E	2	1	2	11	12	6	14	0
	안산	5	1	7	20	21	13	28	0
	안양	6	3	4	21	17	12	31	1
	충주	7	3	3	22	12	14	16	0
	소계	46	32	37	177	158	117	242	5

팀명	상대팀	승	무	패	득점	실점	도움	경고	퇴장
안산	강원	3	1	4	8	11	3	21	0
	경남	1	2	1	3	3	3	8	0
	고양	5	5	3	21	12	16	37	1
	광주	5	1	4	13	14	9	29	2
	대구	3	3	2	10	11	7	12	0
	대전	1	2	1	7	4	4	9	0
	부천	8	3	2	23	13	15	41	1
	상주	1	2	6	7	20	5	30	0
	서울E	0	3	1	5	6	1	5	0
	수원FC	7	1	5	21	20	11	32	1
	안양	6	2	5	13	18	9	38	0
	충주	5	5	3	18	14	10	27	0
	소계	45	30	37	149	146	93	289	5

팀명	상대팀	승	무	패	득점	실점	도움	경고	퇴장
안양	강원	2	3	3	7	11	3	21	1
	경남	1	3	0	5	3	4	5	1
	고양	6	2	5	16	12	12	24	0
	광주	3	2	4	12	17	7	19	0
	대구	3	4	1	14	11	8	15	0
	대전	1	1	2	6	9	5	6	0
	부천	6	4	3	15	12	12	29	0
	상주	3	1	5	13	21	7	16	0
	서울E	0	1	3	4	7	2	7	0
	수원FC	4	3	6	17	21	9	31	0
	안산	5	2	6	18	13	11	28	0
	충주	6	4	3	25	18	17	20	0
	소계	40	30	41	152	155	97	221	2

팀명	상대팀	승	무	패	득점	실점	도움	경고	퇴장
고양	강원	3	2	3	9	10	4	17	0
	경남	2	1	1	3	2	3	11	0
	광주	3	3	3	13	11	6	19	0
	대구	4	1	3	13	14	4	19	1
	대전	0	2	2	3	7	1	9	1
	부천	4	3	6	16	19	8	22	0
	상주	1	2	6	6	20	1	8	1
	서울E	1	1	2	5	8	3	10	0
	수원FC	3	6	4	12	15	6	27	0
	안산	3	5	5	12	21	8	20	0
	안양	5	2	6	12	16	6	31	0
	충주	5	7	1	21	16	16	27	2
	소계	34	35	42	125	159	66	220	5

팀명	상대팀	승	무	패	득점	실점	도움	경고	퇴장
부천	강원	3	2	3	12	14	5	14	2
	경남	2	0	2	4	4	1	3	0
	고양	6	3	4	19	16	13	25	0
	광주	1	3	5	9	13	5	16	0
	대구	2	1	5	4	9	1	12	0
	대전	0	1	3	2	5	2	5	0
	상주	2	2	5	10	14	6	17	0
	서울E	1	1	2	3	5	3	5	0
	수원FC	2	5	6	22	26	10	30	0
	안산	2	3	8	13	23	10	22	0
	안양	3	4	6	12	15	9	25	0
	충주	5	3	5	11	14	8	29	0
	소계	29	28	54	121	158	73	203	2

팀명	상대팀	승	무	패	득점	실점	도움	경고	퇴장
충주	강원	2	1	5	10	16	4	13	0
	경남	1	1	2	2	4	1	6	0
	고양	1	7	5	16	21	10	23	0
	광주	2	4	3	6	11	3	19	1
	대구	1	4	3	10	12	8	11	0
	대전	0	1	3	1	9	1	5	0
	부천	5	3	5	14	11	11	36	0
	상주	2	2	5	12	19	8	19	0
	서울E	0	0	4	4	13	2	8	0
	수원FC	3	3	7	12	22	7	23	0
	안산	3	5	5	14	18	10	21	0
	안양	3	4	6	18	25	11	26	0
	소계	23	35	53	119	181	76	210	1

팀명	상대팀	승	무	패	득점	실점	도움	경고	퇴장
서울E	강원	0	2	2	7	11	3	8	0
	경남	1	2	1	4	4	2	8	0
	고양	2	1	1	8	5	5	5	0
	대구	0	2	2	4	7	4	6	0
	부천	2	1	1	5	3	3	7	0
	상주	1	1	2	6	7	5	8	0
	수원FC	2	1	2	12	11	9	6	1

	안산	1	3	0	6	5	5	7	0
	안양	3	1	0	7	4	2	6	0
	충주	4	0	0	13	4	11	5	0
	소계	16	14	11	72	61	49	66	1

팀명	상대팀	승	무	패	득점	실점	도움	경고	퇴장
광주상무	강원	2	1	1	6	4	2	9	0
	경남	3	4	7	9	14	8	24	0
	대구	4	5	14	25	42	18	34	0
	대전	5	10	10	20	30	13	41	0
	부산	9	7	8	24	25	18	38	1
	서울	4	5	15	14	38	9	38	0
	성남	6	5	13	21	34	17	45	0
	수원	4	4	15	13	33	6	37	2
	울산	3	6	15	13	35	7	35	0
	인천	6	4	7	17	20	13	23	1
	전남	3	6	12	14	27	11	30	0
	전북	4	7	13	21	36	11	35	0
	제주	5	5	13	14	29	7	32	3
	포항	1	4	16	17	37	9	27	0
	소계	59	73	159	228	404	149	448	7

팀명	상대팀	승	무	패	득점	실점	도움	경고	퇴장
할렐루야	국민은행	6	2	-	17	4	9	1	0
	부산	3	5	3	10	13	8	8	0
	상무	1	-	2	5	4	3	2	0
	서울	3	1	3	7	9	7	4	0
	울산	1	2	4	7	13	6	3	0
	제주	2	5	4	16	22	10	9	1
	포항	3	3	5	11	15	11	3	1
	한일은행	-	6	1	4	5	3	3	0
	소계	19	24	22	77	85	57	33	2

팀명	상대팀	승	무	패	득점	실점	도움	경고	퇴장
한일은행	국민은행	1	2	1	6	7	4	2	0
	부산	2	1	8	11	22	7	10	0
	상무	0	2	1	5	6	4	1	0
	서울	2	1	8	9	26	7	8	0
	울산	1	5	5	8	16	4	7	0
	제주	3	4	4	9	15	8	6	0
	포항	2	4	5	8	12	8	4	0
	할렐루야	1	6	0	5	4	3	2	0
	소계	12	25	32	61	108	45	40	0

팀명	상대팀	승	무	패	득점	실점	도움	경고	퇴장
국민은행	부산	0	2	6	6	18	2	2	0
	서울	0	2	2	2	6	2	2	0
	울산	0	0	4	3	14	3	1	0
	제주	2	1	5	7	13	4	9	1
	포항	3	1	4	9	14	6	4	0
	한일은행	1	2	1	7	6	5	3	0
	할렐루야	0	2	6	4	17	3	3	1
	소계	6	10	28	38	88	25	24	2

팀명	상대팀	승	무	패	득점	실점	도움	경고	퇴장
상무	부산	2	-	1	6	5	6	1	0
	서울	0	2	1	2	3	2	2	0
	울산	0	1	2	1	4	0	4	0
	제주	1	1	1	2	4	1	0	0
	포항	0	1	2	2	4	2	3	0
	한일은행	1	2	0	6	5	6	1	0
	할렐루야	2	0	1	4	5	2	0	0
	소계	6	7	8	23	30	19	11	0

팀명	상대팀	승	무	패	득점	실점	도움	경고	퇴장
전북버팔로	부산	3	0	3	12	13	7	12	0
	서울	0	0	6	5	17	4	6	1
	성남	1	1	4	5	8	4	10	1
	울산	1	2	3	5	10	4	10	0
	제주	0	0	6	5	16	2	6	1
	포항	0	2	4	5	13	4	4	1
	소계	5	5	26	37	77	25	48	4

역대 프로통산 팀 최다 연승

순위	연속	팀명	기록 내용	비고
1	11경기	상주	2013.09.01~2013.11.10	챌린지
2	9경기	울산	2002.10.19~2003.03.23	BC
		성남	2002.11.10~2003.04.30	BC
		전북	2014.10.01~2014.11.22	클래식
5	8경기	부산	1998.05.23~1998.07.26	BC
		수원	1999.07.29~1999.08.29	BC
		울산	2003.05.24~2003.07.06	BC
		성남	2003.08.03~2003.09.14	BC
		수원	2008.03.19~2008.04.26	BC
		포항	2009.06.21~2009.07.25	BC
		전북	2010.06.06~2010.08.08	BC
		전북	2012.05.11~2012.07.01	BC
13	7경기	전남	1997.05.18~1997.07.09	BC
		대구	2004.08.01~2004.08.29	BC
		포항	2005.03.16~2005.04.27	BC

*BC(Before Classic, 1983~2012년)

역대 프로통산 팀 최다 연패

순위	연속	팀명	기록 내용	비고
1	14경기	상주	2012.09.16~2012.12.01	기권패/BC
2	10경기	전북버팔로	1994.09.10~1994.11.12	BC
3	8경기	대우[부산]	1994.08.13~1994.09.10	BC
		광주상무	2008.08.24~2008.09.28	BC
		광주상무	2009.09.13~2009.11.01	BC
		강원	2010.05.05~2010.07.24	BC
		강원	2011.06.18~2011.08.13	BC
		강원	2013.07.16~2013.09.01	클래식
		대전	2015.06.28~2015.08.15	챌린지

역대 프로통산 팀 최다 연속 무승

순위	연속	팀명	기록 내용	비고
1	23경기	광주상무	2008.04.30~2008.10.18	BC
2	22경기	대전	1997.05.07~1997.10.12	BC
		부천[제주]	2002.11.17~2003.07.12	BC
		부산	2005.07.06~2006.04.05	BC
3	21경기	안양[서울]	1997.03.22~1997.07.13	BC
		광주상무	2010.05.23~2010.11.07	BC
4	20경기	대전	2002.08.04~2003.03.23	BC
5	19경기	상주	2012.08.08~2012.12.01	기권패 포함/BC
		대전	2013.04.07~2013.08.15	클래식

역대 프로통산 팀 최다 연속 무패

순위	연속	팀명	기록 내용	비고
1	21경기	대우[부산]	1991.05.08~1991.08.31	BC
		전남	1997.05.10~1997.09.27	BC
3	20경기	전북	2011.07.03~2012.03.17	BC
4	19경기	성남	2006.10.22~2007.05.26	BC
		울산	2007.05.09~2007.09.29	BC
		인천	2012.08.04~2012.11.28	BC
		포항	2012.10.28~2013.05.11	BC
8	18경기	수원	2008.03.09~2008.06.28	BC
9	17경기	안양[서울]	2000.05.14~2000.07.29	BC
		서울	2008.06.28~2008.10.29	BC

역대 프로통산 팀 최다 연속 무승부

순위	연속	팀명	기록 내용	비고
1	10경기	안양[서울]	1997.05.10~1997.07.13	BC
2	9경기	일화[성남]	1992.05.09~1992.06.20	BC
		전남	2006.03.18~2006.04.29	BC

역대 프로통산 팀 최다 연속 득점

순위	연속	팀명	기록 내용	비고
1	31경기	럭키금성[서울]	1989.09.23~1990.09.01	BC
		대구	2014.09.14~2015.07.11	챌린지
3	26경기	수원	2011.07.02~2012.04.14	BC
		전북	2013.03.03~2013.09.01	클래식
5	25경기	안양[서울]	2000.04.29~2000.09.30	BC
6	24경기	대구	2008.05.05~2008.10.29	BC
		전북	2009.12.06~2010.08.22	BC
		포항	2012.10.28~2013.07.03	BC

역대 프로통산 팀 최다 연속 실점

순위	연속	팀명	기록 내용	비고
1	27경기	부산	2005.07.06~2006.05.05	BC
2	24경기	강원	2009.04.26~2009.10.24	BC
3	23경기	천안[성남]	1996.07.04~1996.10.30	BC
4	22경기	전북	2005.05.08~2005.10.23	BC
		대구	2010.04.11~2010.10.03	BC

역대 프로통산 팀 최다 연속 무득점

순위	연속	팀명	기록 내용	비고
1	15경기	상주	2012.08.26~2012.12.01	기권패 포함/BC
2	7경기	대전	2008.10.19~2009.03.14	BC
3	6경기	대우[부산]	1992.09.02~1992.09.26	BC
		인천	2005.03.13~2005.04.09	BC
		제주	2009.09.19~2009.11.01	BC
		부산	2013.09.08~2013.10.27	클래식

역대 프로통산 팀 최다 연속 무실점

순위	연속	팀명	기록 내용	비고
1	8경기	일화[성남]	1993.04.10~1993.05.29	BC
		전북	2014.10.01~2014.11.15	클래식
2	7경기	수원	2008.03.19~2008.04.20	BC
3	6경기	대우[부산]	1987.04.04~1987.04.19	BC
		일화[성남]	1993.08.14~1993.09.08	BC
		성남	2008.07.12~2008.08.30	BC
		상주	2013.09.01~2013.10.05	챌린지

역대 프로통산 팀 200승 · 300승 · 400승 기록

구분	구단명	일자	경기수	비고
200승	포항	98.08.26	516경기	천안 : 포항
	부산	98.08.29	516경기	포항 : 부산
	울산	99.06.26	527경기	울산 : 천안
	부천[제주]	99.10.06	560경기	부천SK : 천안
	안양[서울]	01.08.29	610경기	안양LG : 울산
	성남	03.09.03	547경기	성남 : 울산
	수원	07.03.17	433경기	수원 : 부산
	전북	10.07.28	572경기	전북 : 경남
	전남	11.07.10	595경기	전남 : 수원
300승	울산	05.10.02	772경기	부산 : 울산
	포항	05.10.23	792경기	광주상무 : 포항
	부산	06.07.19	820경기	제주 : 부산
	서울	08.08.30	876경기	서울 : 광주상무
	제주	09.04.22	912경기	제주 : 광주상무
	성남	09.05.23	758경기	성남 : 전남
	수원	12.10.03	640경기	수원 : 서울
	전북	15.04.18	751경기	전북 : 제주
400승	울산	11.07.16	991경기	강원 : 울산
	포항	12.03.25	1,021경기	상주 : 포항
	서울	13.06.01	1,049경기	서울 : 전남
	부산	14.11.22	1,138경기	부산 : 경남

역대 프로통산 선수 최다 기록

구분	기록	선수명	소속팀	소속팀별 득점	비고
최다 득점	180골	이동국	포항	47	
			전북	116	
			성남	2	
			광주상무	15	
최다 도움	73개	염기훈	울산	4	
			수원	50	
			전북	8	
			경찰	11	
최다 페널티킥	30번	이동국	광주상무	5	
			성남	1	
			전북	20	
			포항	4	
최다 코너킥	847개	신태용	성남	847	
최다 슛	1261개	이동국	포항	370	
			전북	699	
			성남	39	
			광주상무	153	

최다 오프사이드	398개	샤 샤	수원	152	
			부산	83	
			성남	163	
최다 파울	970개	김 상 식	전북	260	
			성남	593	
			광주상무	117	
최다 경고	143개	김 한 윤	포항	5	
			부천SK	48	
			부산	30	
			성남	12	
			서울	48	
1게임 최다 득점	5골	샤 샤	성남	5	2002.03.17 (성남) 성남: vs 부천SK
가장 빠른 골		방 승 환	인천	0:11 (분:초)	2007.05.23(인천W) 인천 vs 포항
가장 늦은 골		이 성 재	부천SK	119:34 (분:초)	1999.10.13(구덕) 부산 vs 부천SK

역대 프로통산 선수 출전 순위

순위	선수명	최종 소속	출전				
			프로통산	BC	클래식	챌린지	승강PO
1	김병지	전남	706	605	101	-	-
2	최은성	전북	532	498	34	-	-
3	김기동	포항	501	501	-	-	-
4	김상식	전북	458	438	20	-	-
5	김은중	대전	444	405	22	17	-
6	우성용	인천	439	439	-	-	-
7	김한윤	성남	430	403	27	-	-
8	이동국	전북	412	318	94	-	-
9	이운재	전남	410	410	-	-	-
10	신태용	성남	401	401	-	-	-

역대 프로통산 선수 득점 순위

순위	선수명	최종 소속	득점				
			프로통산	BC	클래식	챌린지	승강PO
1	이 동 국	전북	180	141	39	-	-
2	데 얀	서울	141	122	19	-	-
3	김 은 중	대전	123	119	1	3	-
4	우 성 용	인천	116	116	-	-	-
5	김 도 훈	성남	114	114	-	-	-

역대 프로통산 선수 도움 순위

순위	선수명	최종 소속	도움				
			프로통산	BC	클래식	챌린지	승강PO
1	염 기 훈	수원	73	36	26	11	-
2	몰 리 나	서울	69	42	27	-	-
3	신 태 용	성남	68	68	-	-	-
4	에 닝 요	전북	66	53	13	-	-
5	이 동 국	전북	66	58	8	-	-

역대 프로통산 선수 공격포인트 순위

순위	선수명	최종 소속	공격포인트				
			프로통산	BC	클래식	챌린지	승강PO
1	이 동 국	전북	246	194	52	-	-
2	김 은 중	대전	179	173	2	4	-
3	데 얀	서울	177	153	24	-	-
4	신 태 용	성남	167	167	-	-	-
5	김 현 석	울산	164	164	-	-	-

역대 프로통산 선수 파울 순위

순위	선수명	최종 소속	파울				
			프로통산	BC	클래식	챌린지	승강PO
1	김 상 식	전북	970	936	34	-	-
2	김 한 윤	성남	905	853	52	-	-
3	김 진 우	경남	795	795	-	-	-
4	유 경 렬	대구	741	705	36	-	-
5	오 범 석	수원	710	535	70	105	-

역대 프로통산 선수 경고 순위

순위	선수명	최종 소속	경고				
			프로통산	BC	클래식	챌린지	승강PO
1	김한윤	성남	143	131	12	-	-
2	양상민	수원	83	61	3	19	-
3	오범석	수원	80	50	11	19	-
4	김상식	전북	79	73	6	-	-
5	강민수	상주	77	57	15	5	-
	현영민	전북		53	24	-	-

역대 프로통산 골키퍼 무실점 순위

순위	선수명	최종 소속	무실점경기				
			프로통산	BC	클래식	챌린지	승강PO
1	김병지	전남	229	202	27	-	-
2	최은성	전북	152	140	12	-	-
3	이운재	전남	140	140	-	-	-
4	김용대	서울	115	94	21	-	-
5	신의손	부산	114	114	-	-	-

역대 프로통산 선수 연속 득점 순위

순위	선수명	소속팀	구분	연속	기간
1	황선홍	포항	BC	8경기	95.08.19 ~ 95.10.04
	김도훈	전북	BC		00.06.17 ~ 00.07.16
2	안정환	부산	BC	7경기	99.07.24 ~ 99.09.04
	이동국	전북	BC		13.05.11 ~ 13.07.13
	주민규	서울E	챌린지		15.05.10 ~ 15.06.10

역대 프로통산 선수 연속 도움 순위

순위	선수명	소속팀	구분	연속	기간
1	라 데	포항	BC	6경기	96.07.28 ~ 96.09.04
2	몰리나	서울	BC	5경기	12.04.29 ~ 12.05.28
3	김 용 세 외 1 8 명			4경기	

역대 프로통산 선수 연속 공격포인트 순위

순위	선수명	소속팀	구분	연속	기간
1	이명주	포항	클래식	10경기	14.03.15 ~ 14.05.10
2	마니치	부산	BC	9경기	97.09.07 ~ 97.10.19
	까보레	경남	BC		07.08.15 ~ 07.10.06
	에닝요	대구	BC		08.07.12 ~ 08.09.28
	이근호	상주	챌린지		13.04.13 ~ 13.08.04

역대 프로통산 골키퍼 연속 무실점 순위

순위	선수명	소속팀	구분	연속 경기수	비고
1	신의손	일화	BC	8	93.04.10 ~ 93.05.29
2	조병득	할렐루야	BC	7	85.04.20 ~ 85.06.18
	이운재	수원	BC	7	08.03.19 ~ 08.04.20
4	김풍주	대우	BC	6	87.07.25 ~ 87.09.26
	신의손	일화	BC	6	93.08.14 ~ 93.09.08
	김대환	수원	BC	6	04.08.04 ~ 04.10.31
	김승규	울산	BC	6	10.06.06 ~ 12.04.11
	김호준	상주	챌린지	6	13.09.01 ~ 13.10.05
	신화용	포항	클래식	6	14.07.05 ~ 14.08.09
	권순태	전북	클래식	6	14.10.01 ~ 14.11.15

역대 프로통산 선수 연속 무교체 순위

순위	선수명	소속팀	구분	기록	기간
1	김병지	서울	BC	153경기	04.04.03 ~ 07.10.14
2	이용발	전북	BC	151경기	99.03.31 ~ 02.11.17
3	신의손	일화	BC	136경기	92.03.28 ~ 95.09.06
4	조준호	제주	BC	93경기	04.04.03 ~ 06.07.09
5	신의손	안양LG	BC	70경기	01.03.25 ~ 02.11.13

역대 프로통산 최단시간 골 순위

순위	경기일자	대회구분	시간	선수	소속	구분
1	07.05.23	BC / 리그컵	전반 00:11	방승환	인천	BC
2	13.10.05	BC / 리그	전반 00:17	곽광선	포항	클래식
3	86.04.12	BC / 리그	전반 00:19	권혁표	한일은행	BC
4	09.10.07	BC / 리그	전반 00:22	스테보	포항	BC
5	03.04.13	BC / 리그	전반 00:23	노정윤	부산	BC

역대 프로통산 최장거리 골 순위

순위	기록	선수명	소속팀	구분	일자
1	85m	권정혁	인천	클래식	13.07.21
2	65m	도화성	부산	BC	05.05.29
3	57m	고종수	수원	BC	02.09.04
4	54m	김종건	울산	BC	99.07.21
5	52m	김재웅	안양	챌린지	14.06.06

역대 시즌별 최다 득점 기록

연도	대회명	득점(경기수)	선수명(소속팀)
83	수퍼리그	9(14)	박윤기(유공)
84	축구대제전 수퍼리그	16(28)	백종철(현대)
85	축구대제전 수퍼리그	12(21)	피아퐁(럭금), 김용세(유공)
86	축구대제전	10(19)	정해원(대우)
	프로축구선수권대회	9(15)	함현기(현대)
87	한국프로축구대회	15(30)	최상국(포철)
88	한국프로축구대회	12(23)	이기근(포철)
89	한국프로축구대회	20(39)	조긍연(포철)
90	한국프로축구대회	12(30)	윤상철(럭금)
91	한국프로축구대회	16(37)	이기근(포철)
92	한국프로축구대회	10(30)	임근재(LG)
	아디다스컵	5 (6)	노수진(유공)
93	한국프로축구대회	10(23)	차상해(포철)
	아디다스컵	3 (5)	임근재(LG), 강재훈(현대)
		3 (2)	최문식(포철)
94	하이트배 코리안리그	21(28)	윤상철(LG)
	아디다스컵	4 (6)	라데(포철)
95	하이트배 코리안리그	15(26)	노상래(전남)
	아디다스컵	6 (7)	김현석(현대)
96	라피도컵 프로축구대회	18(24)	신태용(천안)
	아디다스컵	5 (8)	세르게이(부천SK)
		5 (6)	이원식(부천SK)
97	라피도컵 프로축구대회	9(17)	김현석(울산)
	아디다스컵	8 (9)	서정원(안양LG)
	프로스펙스컵	6 (7)	마니치(부산)
98	현대컵 K-리그	14(20)	유상철(울산)
	필립모리스코리아컵	7 (9)	김종건(울산)
	아디다스코리아컵	11(10)	김현석(울산)
99	바이코리아컵 K-리그	18(26)	샤샤(수원)
	대한화재컵	6 (9)	안정환(부산)
		6 (8)	김종건(울산)
	아디다스컵	3 (3)	데니스(수원)
00	삼성 디지털 K-리그	12(20)	김도훈(전북)
	대한화재컵	6(10)	이원식(부천SK)
	아디다스컵	2 (3)	서정원(수원), 김현수(성남),
		2 (2)	이상윤(성남), 고종수(수원), 왕정현(안양LG)
01	포스코 K-리그	13(22)	산드로(수원)
	아디다스컵	7 (9)	김도훈(전북)
02	삼성 파브 K-리그	14(27)	에드밀손(전북)
	아디다스컵	10(11)	샤샤(성남)
03	삼성 하우젠 K-리그	28(40)	김도훈(성남)
04	삼성 하우젠 K-리그	14(22)	모따(전남)
	삼성 하우젠컵	7 (7)	카르로스(울산)
05	삼성 하우젠 K-리그	13(17)	마차도(울산)
	삼성 하우젠컵	7(12)	산드로(대구)
06	삼성 하우젠 K-리그	16(28)	우성용(성남)
	삼성 하우젠컵	8(13)	최성국(울산)
07	삼성 하우젠 K-리그	18(26)	까보레(경남)
	삼성 하우젠컵	7 (9)	루이지뉴(대구)
08	삼성 하우젠 K-리그	16(27)	두두(성남)
	삼성 하우젠컵	9 (8)	에닝요(대구)
09	K-리그	21(29)	이동국(전북)
	피스컵 코리아	4 (5)	유창현(포항), 노병준(포항)

Section 6 역대통산 기록

10	쏘나타 K리그	22(28)	유병수(인천)
	포스코컵	6 (7)	데얀(서울)
11	현대오일뱅크 K리그	24(30)	데얀(서울)
	러시앤캐시컵	11 (8)	김신욱(울산)
12	현대오일뱅크 K리그	31(42)	데얀(서울)
13	현대오일뱅크 K리그 클래식	19(29)	데얀(서울)
		19(36)	김신욱(울산)
	현대오일뱅크 K리그 챌린지	15(25)	이근호(상주)
		15(29)	이상협(상주)
		15(32)	알렉스(고양)
14	현대오일뱅크 K리그 클래식	14(35)	산토스(수원)
	현대오일뱅크 K리그 챌린지	27(32)	아드리아노(대전)
15	현대오일뱅크 K리그 클래식	18(38)	김신욱(울산)
	현대오일뱅크 K리그 챌린지	26(39)	조나탄(대구)

역대 시즌별 최다 도움 기록

연도	대회명	도움(경기수)	선수명(소속팀)
83	수퍼리그	6(15)	박창선(할렐루야)
84	축구대제전 수퍼리그	9(27)	렌스베르겐(현대)
85	축구대제전 수퍼리그	6(21)	피아퐁(럭키금성)
86	축구대제전	8(15)	강득수(럭키금성)
	프로축구선수권대회	4(12)	전영수(현대)
		4(14)	여범규(대우)
		4(16)	신동철(유공)
87	한국프로축구대회	8(30)	최상국(포항)
88	한국프로축구대회	5(15)	김종부(포항)
		5(23)	함현기(현대), 황보관(유공), 강득수(럭키금성)
89	한국프로축구대회	11(39)	이흥실(포항)
90	한국프로축구대회	7(29)	송주석(현대)
91	한국프로축구대회	8(29)	김준현(유공)
92	한국프로축구대회	8(25)	신동철(유공)
	아디다스컵	3 (6)	이기근(포항)
		3 (7)	이인재(LG)
93	한국프로축구대회	8(27)	윤상철(LG)
	아디다스컵	2 (5)	루벤(대우) 外3명
94	하이트배 코리안리그	10(21)	고정운(일화)
	아디다스컵	4 (5)	조정현(유공)
95	하이트배 코리안리그	7(26)	아미르(대우)
	아디다스컵	3 (5)	윤정환(유공)
		3 (6)	아미르(대우)
96	라피도컵 프로축구대회	14(32)	라데(포항)
	아디다스컵	3 (7)	윤정환(부천SK)
		3 (8)	윤정춘(부천SK)
97	라피도컵 프로축구대회	5(10)	이성남(수원)
		5(14)	정정수(울산)
		5(16)	신홍기(울산)
	아디다스컵	4 (8)	고종수(수원)
		4 (9)	김범수(전북), 박건하(수원), 김현석(울산)
	프로스펙스컵	5 (7)	올레그(안양LG)
98	현대컵 K-리그	9(19)	정정수(울산)
	필립모리스코리아컵	4 (8)	윤정환(부천SK)
	아디다스코리아컵	3 (9)	장철민(울산), 강준호(안양LG)
99	바이코리아컵 K-리그	8(25)	변재섭(전북)
	대한화재컵	4 (8)	서혁수(전북), 조성환(부천SK)
	아디다스컵	3 (3)	이성남(수원)
00	삼성 디지털 K-리그	10(29)	안드레(안양LG)
	대한화재컵	4 (9)	전경준(부천SK)
	아디다스컵	4(10)	최문식(전남)
		4 (3)	이성남(수원)
01	포스코 K-리그	10(23)	우르모브(부산)
	아디다스컵	5(11)	마니치(부산)
02	삼성 파브 K-리그	9(18)	이천수(울산)
		9(27)	김대의(성남)
	아디다스컵	4 (9)	안드레(안양LG)
		4(11)	샤샤(성남)
03	삼성 하우젠 K-리그	14(39)	에드밀손(전북)
04	삼성 하우젠 K-리그	6(18)	홍순학(대구)
	삼성 하우젠컵	5(11)	따바레즈(포항)
05	삼성 하우젠 K-리그	9	히칼도(서울)
	삼성 하우젠컵	5	세자르(전북), 히칼도(서울)
06	삼성 하우젠 K-리그	8(24)	슈바(대전)
	삼성 하우젠컵	5 (9)	두두(성남)
07	삼성 하우젠 K-리그	11(23)	따바레즈(포항)
	삼성 하우젠컵	5 (8)	이청용(서울)
08	삼성 하우젠 K-리그	6(14)	브라질리아(울산)
	삼성 하우젠컵	9 (3)	변성환(제주)
09	K-리그	12(30)	루이스(전북)
	피스컵 코리아	3 (4)	조찬호(포항), 이슬기(대구), 오장은(울산)
10	쏘나타 K리그	11(26)	구자철(제주)
	포스코컵	4 (5)	장남석(대구)
11	현대오일뱅크 K리그	15(29)	이동국(전북)
	러시앤캐시컵	4 (6)	최재수(울산)
12	현대오일뱅크 K리그	19(41)	몰리나(서울)
13	현대오일뱅크 K리그 클래식	13(35)	몰리나(서울)
	현대오일뱅크 K리그 챌린지	11(21)	염기훈(경찰)
14	현대오일뱅크 K리그 클래식	10(26)	이승기(전북)
		10(35)	레오나르도(전북)
	현대오일뱅크 K리그 챌린지	9(33)	최진호(강원)
		9(36)	권용현(수원FC)
15	현대오일뱅크 K리그 클래식	17(35)	염기훈(수원)
	현대오일뱅크 K리그 챌린지	12(39)	김재성(서울E)

역대 득점 해트트릭 기록_ K리그 BC

번호	경기일자	선수명	소속	상대팀	경기장	대회구분	득점
1	83.08.25	김 희 철	포철	유공	동대문	정규리그	3
2	83.09.22	박 윤 기	유공	국민은	동대문	정규리그	3
3	84.07.22	정 해 원	대우	럭금	부산 구덕	정규리그	3
4	84.07.28	이 태 호	대우	한일은	동대문	정규리그	3
5	84.08.26	백 종 철	현대	국민은	울산 공설	정규리그	3

Section 6 역대통산 기록

번호	경기일자	선수명	소속	상대팀	경기장	대회구분	득점
6	86.10.19	정 해 원	대우	유공	대구 시민	정규리그	3
7	86.10.22	정 해 원	대우	한일은	포항 종합	정규리그	3
8	87.07.27	이 태 호	대우	럭금	대전 한밭	정규리그	3
9	88.06.04	조 긍 연	포철	럭금	포항 종합	정규리그	3
10	89.05.20	조 긍 연	포철	대우	포항 종합	정규리그	3
11	89.10.21	조 긍 연	포철	현대	강릉 종합	정규리그	3
12	92.06.13	임 근 재	LG	대우	마산	정규리그	3
13	93.07.07	차 상 해	포철	대우	광양 전용	정규리그	3
14	93.08.25	윤 상 철	LG	유공	동대문	정규리그	3
15	93.09.28	강 재 순	현대	일화	동대문	정규리그	3
16	93.11.06	최 문 식	포철	일화	목동	리그컵	3
17	94.05.25	윤 상 철	LG	버팔로	동대문	리그컵	3
18	94.06.01	라 데	포철	버팔로	포항 스틸야드	리그컵	3
19	94.07.23	이 상 윤	일화	LG	동대문	정규리그	3
20	94.07.30	라 데	포철	LG	동대문	정규리그	4
21	94.08.27	김 상 훈	LG	대우	부산 구덕	정규리그	3
22	94.10.22	황 보 관	유공	버팔로	동대문	정규리그	3
23	94.11.05	라 데	포철	LG	동대문	정규리그	4
24	94.11.05	윤 상 철	LG	포철	동대문	정규리그	3
25	95.08.30	노 상 래	전남	대우	광양 전용	정규리그	3
26	95.09.06	황 선 홍	포항	대우	부산 구덕	정규리그	3
27	96.04.07	김 도 훈	전북	안양LG	안양	리그컵	3
28	96.04.24	세르게이	부천SK	부산	속초	리그컵	3
29	96.06.22	조 셉	부천SK	천안	목동	정규리그	3
30	96.08.18	신 태 용	천안	울산	보령	정규리그	3
31	96.08.22	신 태 용	천안	포항	포항 스틸야드	정규리그	3
32	96.08.25	조 정 현	부천SK	천안	목동	정규리그	3
33	96.08.25	홍 명 보	포항	전북	전주	정규리그	3
34	96.09.12	세르게이	부천SK	안양LG	동대문	정규리그	3
35	96.11.02	세르게이	부천SK	안양LG	목동	정규리그	3
36	97.04.12	윤 정 춘	부천SK	안양LG	목동	리그컵	3
37	97.04.16	이 원 식	부천SK	울산	목동	리그컵	3
38	97.09.27	김 현 석	울산	천안	울산 공설	정규리그	3
39	98.03.31	김 현 석	울산	대전	대전 한밭	리그컵	4
40	98.04.22	제 용 삼	안양LG	부산	부산 구덕	리그컵	3
41	98.05.23	김 종 건	울산	천안	울산 공설	리그컵	3
42	98.07.25	최 진 철	전북	천안	전주	정규리그	3
43	98.08.26	유 상 철	울산	대전	울산 공설	정규리그	3
44	98.09.26	샤 샤	수원	대전	수원 종합	정규리그	3
45	99.06.23	안 정 환	부산	대전	속초	정규리그	3
46	99.07.28	이 성 재	부천SK	전북	목동	정규리그	3
47	99.08.18	고 정 운	포항	울산	울산 공설	정규리그	3
48	99.08.18	최 용 수	안양LG	전북	안양	정규리그	3
49	99.08.21	샤 샤	수원	부천SK	목동	정규리그	4
50	99.08.25	김 종 건	울산	부산	부산 구덕	정규리그	3
51	99.10.13	샤 샤	수원	대전	대전 한밭	정규리그	3
52	00.06.21	김 도 훈	전북	대전	대전 한밭	정규리그	3
53	00.08.19	왕 정 현	안양LG	전북	안양	정규리그	3
54	00.08.30	데 니 스	수원	대전	대전 한밭	정규리그	3
55	00.09.03	이 상 윤	성남	부천SK	목동	정규리그	3
56	00.10.11	데 니 스	수원	전남	광양 전용	정규리그	3
57	00.10.11	산드로C	수원	전남	광양 전용	정규리그	3
58	01.06.24	샤 샤	성남	부천SK	부천 종합	정규리그	3
59	01.06.27	코 난	포항	대전	대전 한밭	정규리그	3
60	01.07.11	샤 샤	성남	대전	대전 한밭	정규리그	3
61	01.09.09	산드로C	수원	전북	수원 월드컵	정규리그	3
62	01.09.26	박 정 환	안양LG	부산	부산 구덕	정규리그	3
63	02.03.17	샤 샤	성남	부천SK	성남 종합	리그컵	5
64	02.04.10	뚜 따	안양LG	부산	부산 구덕	리그컵	3
65	02.11.17	서 정 원	수원	부천SK	부천 종합	정규리그	3
66	02.11.17	유 상 철	울산	부산	울산 문수	정규리그	4
67	03.03.26	마 그 노	전북	부산	전주 월드컵	정규리그	3
68	03.05.04	이 동 국	광주상무	부산	부산 아시아드	정규리그	3
69	03.08.06	김 도 훈	성남	부천SK	부천 종합	정규리그	3
70	03.09.03	이따마르	전남	포항	포항 스틸야드	정규리그	3
71	03.10.05	김 도 훈	성남	안양LG	성남 종합	정규리그	3
72	03.11.09	김 도 훈	성남	대구	대구 시민	정규리그	3
73	03.11.16	도 도	울산	광주상무	울산 문수	정규리그	4
74	04.04.10	훼 이 종	대구	광주상무	대구 스타디움	정규리그	3
75	04.06.13	나 드 손	수원	광주상무	수원 월드컵	정규리그	3
76	04.08.04	제 칼 로	울산	부산	울산 문수	리그컵	3
77	04.08.21	코 난	포항	서울	포항 스틸야드	리그컵	3
78	04.11.20	우 성 용	포항	광주상무	광주 월드컵	정규리그	3
79	05.03.06	노 나 또	서울	전남	광양 전용	리그컵	3
80	05.05.05	나 드 손	수원	대구	대구 스타디움	리그컵	3
81	05.05.15	네 아 가	전남	대구	광양 전용	정규리그	3
82	05.05.18	박 주 영	서울	광주상무	서울 월드컵	정규리그	3
83	05.05.29	산 드 로	대구	수원	대구 스타디움	정규리그	3
84	05.07.03	남 기 일	성남	서울	탄천 종합	정규리그	3
85	05.07.10	박 주 영	서울	포항	서울 월드컵	정규리그	3
86	05.08.31	김 도 훈	성남	인천	탄천 종합	정규리그	3
87	05.11.27	이 천 수	울산	인천	인천 월드컵	정규리그	3
88	06.09.23	오 장 은	대구	전북	전주 월드컵	정규리그	3
89	07.03.14	안 정 환	수원	대전	수원 월드컵	리그컵	3
90	07.03.21	박 주 영	서울	수원	서울 월드컵	리그컵	3
91	07.05.20	스 테 보	전북	대구	전주 월드컵	정규리그	3
92	07.09.22	데 닐 손	대전	대구	대전 월드컵	정규리그	3
93	08.04.27	라돈치치	인천	대구	대구 스타디움	정규리그	3
94	08.05.24	호 물 로	제주	광주상무	제주 월드컵	정규리그	3
95	08.07.05	데 얀	서울	포항	서울 월드컵	정규리그	3
96	08.08.27	에 닝 요	대구	대전	대구 시민	리그컵	3
97	09.04.04	최 태 욱	전북	성남	전주 월드컵	정규리그	3
98	09.05.02	이 동 국	전북	제주	제주 종합	정규리그	3
99	09.07.04	이 동 국	전북	광주상무	광주 월드컵	정규리그	3
100	09.08.26	노 병 준	포항	서울	포항 스틸야드	리그컵	3
101	10.03.20	모 따	포항	강원	포항 스틸야드	정규리그	3
102	10.03.28	김 영 후	강원	전남	강릉 종합	정규리그	3
103	10.04.18	유 병 수	인천	포항	인천 월드컵	정규리그	4
104	10.05.05	데 얀	서울	성남	서울 월드컵	정규리그	3
105	10.08.14	몰 리 나	성남	인천	인천 월드컵	정규리그	3
106	10.08.29	한 상 운	부산	전남	부산 아시아드	정규리그	3
107	10.10.02	오르티고사	울산	대전	대전 월드컵	정규리그	3
108	10.10.09	유 병 수	인천	대전	인천 월드컵	정규리그	3
109	11.05.08	데 얀	서울	상주	상주 시민	정규리그	3

번호	경기일자	선수명	소속	상대팀	경기장	대회구분	득점
110	11.06.18	염 기 훈	수원	대구	수원 월드컵	정규리그	3
111	11.07.06	김 신 욱	울산	경남	울산 문수	리그컵	4
112	11.08.06	김 동 찬	전북	강원	강릉 종합	정규리그	3
113	11.08.21	이 동 국	전북	포항	전주 월드컵	정규리그	3
114	11.08.27	몰 리 나	서울	강원	서울 월드컵	정규리그	3
115	11.09.24	데 얀	서울	대전	서울 월드컵	정규리그	3
116	11.10.30	하 대 성	서울	경남	진주 종합	정규리그	3
117	12.03.16	이 근 호	울산	성남	울산 문수	정규리그	3
118	12.04.22	에 벨 톤	성남	광주	탄천 종합	정규리그	3
119	12.05.13	자 일	제주	강원	제주 월드컵	정규리그	3
120	12.06.24	이 동 국	전북	경남	전주 월드컵	정규리그	3
121	12.07.11	웨 슬 리	강원	대전	대전 월드컵	정규리그	3
122	12.07.21	서 동 현	제주	전남	제주 월드컵	정규리그	3
123	12.08.04	까 이 끼	경남	대구	창원 축구센터	정규리그	3
124	12.08.22	김 신 욱	울산	상주	상주 시민	정규리그	3
125	12.10.07	지 쿠	강원	대전	대전 월드컵	정규리그	3
126	12.10.07	케 빈	대전	강원	대전 월드컵	정규리그	3
127	12.11.29	조 찬 호	포항	서울	포항 스틸야드	정규리그	3

※ 단일 라운드 2회 해트트릭:
조정현(부천SK), 홍명보(포항): 부천SK vs 천안 / 전북 vs 포항 96.08.25
유상철(울산), 서정원(수원): 울산 vs 부산 / 부천SK vs 수원 02.11.17

※ 단일 경기 양 팀 선수 동시 해트트릭:
윤상철(LG), 라데(포철): LG vs 포철 94.11.05
케빈(대전), 지쿠(강원): 대전 vs 강원 12.10.07

※ 단일 경기 한 팀 선수 동시 해트트릭:
데니스(수원), 산드로C(수원): 전남 vs 수원 00.10.11

※ 단일 경기 한 팀 선수 득점 - 도움 해트트릭
박주영(서울 / 득점), 히칼도(서울 / 도움): 서울 vs 포항 05.07.10

※ 단일 경기 한 선수 득점 - 도움 해트트릭
몰리나(서울): 서울 vs 강원 11.08.27

※ 한 시즌 개인 최다 해트트릭(3회):
라데(포항,1994), 세르게이(부천SK,1996), 김도훈(성남,2003)

역대 득점 해트트릭 기록_ K리그 클래식

번호	경기일자	선수명	소속	상대팀	경기장	대회구분	득점
1	13.04.20	정 대 세	수원	대전	대전 월드컵	클래식(일반)	3
2	13.05.26	페 드 로	제주	서울	제주 월드컵	클래식(일반)	3
3	13.07.06	페 드 로	제주	경남	창원 축구센터	클래식(일반)	3
4	13.07.31	조 찬 호	포항	강원	포항 스틸야드	클래식(일반)	3
5	13.08.03	임 상 협	부산	경남	부산 아시아드	클래식(일반)	3
6	13.10.30	김 형 범	경남	전남	창원 축구센터	클래식(스B)	3
7	13.11.20	데 얀	서울	전북	서울 월드컵	클래식(스A)	3
8	13.11.30	김 동 기	강원	제주	강릉 종합	클래식(스B)	3
9	14.09.06	박 수 창	제주	전남	제주 월드컵	클래식(일반)	4
10	15.04.04	김 두 현	성남	대전	대전 월드컵	클래식(일반)	3
11	15.09.09	로 페 즈	제주	대전	대전 월드컵	클래식(일반)	3
12	15.10.04	산 토 스	수원	광주	광주 월드컵	클래식(일반)	3
13	15.10.25	코 바	울산	전남	광양 전용	클래식(스B)	3
14	15.11.07	윤 주 태	서울	수원	서울 월드컵	클래식(스A)	4

※ 단일 경기 한 팀 선수 득점 - 도움 해트트릭:
산토스(수원/득점), 염기훈(수원/도움): 광주 vs 수원 15.10.04

역대 득점 해트트릭 기록_ K리그 챌린지

번호	경기일자	선수명	소속	상대팀	경기장	대회구분	득점
1	13.09.29	정 성 민	충주	부천	부천 종합	챌린지	3
2	14.03.29	이 재 권	안산	대구	안산 와스타디움	챌린지	3
3	14.05.14	최 진 호	강원	고양	고양 종합	챌린지	3
4	14.05.25	최 진 호	강원	충주	춘천 송암	챌린지	3
5	14.06.15	조 엘 손	강원	안산	강릉 종합	챌린지	3
6	14.07.13	아드리아노	대전	안양	대전 월드컵	챌린지	3
7	14.09.17	최 진 호	강원	대구	춘천 송암	챌린지	3
8	14.11.02	조 나 탄	대구	강원	대구 스타디움	챌린지	4
9	15.06.03	이 정 협	상주	경남	상주 시민	챌린지	3
10	15.06.03	주 민 규	서울E	부천	부천 종합	챌린지	3
11	15.09.23	조 나 탄	대구	상주	대구 스타디움	챌린지	3
12	15.10.03	타라바이	서울E	안양	안양 종합	챌린지	3
13	15.11.22	조 석 재	충주	고양	고양 종합	챌린지	3

※ 한 시즌 개인 최다 해트트릭(3회): 최진호(강원, 2014)

역대 도움 해트트릭 기록_ K리그 BC

번호	경기일자	선수명	소속	상대팀	경기장	대회구분	도움
1	83.07.02	김 창 호	유공	포철	대전 한밭	정규리그	3
2	84.06.17	노 인 호	현대	할렐	전주	정규리그	3
3	84.11.03	김 한 봉	현대	국민은	동대문	정규리그	3
4	86.10.12	강 득 수	럭금	포철	안동	정규리그	3
5	91.05.11	강 득 수	현대	LG	울산 공설	정규리그	3
6	91.09.11	이 영 진	LG	일화	동대문	정규리그	3
7	93.09.28	김 종 건	현대	일화	동대문	정규리그	3
8	93.10.16	김 용 갑	일화	포철	동대문	정규리그	3
9	96.06.19	신 홍 기	울산	전남	울산 공설	정규리그	3
10	97.08.13	올 레 그	안양LG	전북	안양	리그컵	3
11	97.08.23	샤 샤	부산	포항	포항 스틸야드	정규리그	3
12	98.08.26	정 정 수	울산	대전	울산 공설	정규리그	3
13	00.10.15	데 니 스	수원	포항	동대문	리그컵	3
14	01.06.27	박 태 하	포항	대전	대전 한밭	정규리그	3
15	02.11.17	이 천 수	울산	부산	울산 문수	정규리그	3
16	03.03.26	에드밀손	전북	부산	전주 월드컵	정규리그	3
17	03.05.11	김 도 훈	성남	안양LG	안양	정규리그	3
18	03.09.03	마 리 우	안양LG	부천SK	부천 종합	정규리그	3
19	05.05.05	세 자 르	전북	서울	전주 월드컵	리그컵	3
20	05.07.10	히 칼 도	서울	포항	서울 월드컵	정규리그	3
21	05.08.28	김 도 훈	성남	전북	전주 월드컵	정규리그	3
22	06.03.25	최 원 권	서울	제주	제주 월드컵	정규리그	3
23	07.04.04	이 현 승	전북	포항	전주 월드컵	리그컵	3
24	08.07.19	이 근 호	대구	부산	부산 아시아드	정규리그	3
25	09.03.07	이 청 용	서울	전남	광양 전용	정규리그	3
26	09.07.22	오 장 은	울산	제주	울산 문수	리그컵	3
27	10.04.04	데 얀	서울	수원	서울 월드컵	정규리그	3
28	10.09.10	김 영 후	강원	전북	전주 월드컵	정규리그	3
29	11.04.16	이 동 국	전북	광주	전주 월드컵	정규리그	3
30	11.06.18	모 따	포항	상주	포항 스틸야드	정규리그	3
31	11.08.27	몰 리 나	서울	강원	서울 월드컵	정규리그	3
32	12.06.23	이 승 기	광주	전남	광주 월드컵	정규리그	3

※ 단일 경기 한 선수 득점 - 도움 해트트릭
몰리나(서울): 서울 vs 강원 11.08.27

역대 도움 해트트릭 기록_ K리그 클래식

번호	경기일자	선수명	소속	상대팀	경기장	대회구분	도움
1	13.04.20	홍 철	수원	대전	대전 월드컵	클래식(일반)	3
2	15.06.17	홍 철	수원	제주	제주 월드컵	클래식(일반)	3
3	15.10.04	염기훈	수원	광주	광주 월드컵	클래식(일반)	3

※ 단일 경기 한 팀 선수 득점 - 도움 해트트릭:
산토스(수원/득점), 염기훈(수원/도움): 광주 vs 수원 15.10.04

역대 득점 해트트릭 기록_ K리그 챌린지

번호	경기일자	선수명	소속	상대팀	경기장	대회구분	도움
1	13.06.06	유수현	수원FC	경찰	수원 종합	챌린지	3
2	13.09.08	알렉스	고양	광주	고양 종합	챌린지	3
3	15.11.11	자 파	수원FC	상주	상주 시민	챌린지	3

역대 자책골 기록_ K리그 BC

경기일자	선수명	소속	상대팀	경기구분			시간
83.06.25	강신우	대우	유공	원정	정규리그	전기	후반 44
83.09.10	김형남	포철	유공	원정	정규리그	후기	후반 10
84.05.12	김광훈	럭금	대우	원정	정규리그	전기	후반 16
84.06.28	김경식	한일	럭금	홈	정규리그	전기	후반 30
84.06.28	문영서	할렐	대우	원정	정규리그	전기	후반 40
84.06.30	주영만	국민	럭금	홈	정규리그	전기	후반 29
84.08.17	김경식	한일	현대	홈	정규리그	후기	전반 19
84.11.04	정태영	럭금	대우	원정	정규리그	후기	후반 08
85.07.02	이돈철	현대	럭금	원정	정규리그	일반	후반 44
86.03.23	김흥권	현대	유공	홈	정규리그	전기	전반 34
86.07.06	박경훈	포철	현대	홈	리그컵	일반	전반 41
86.09.11	손형선	대우	현대	홈	리그컵	일반	후반 04
86.09.14	이재희	대우	럭금	원정	리그컵	일반	전반 38
86.10.26	박연혁	유공	현대	원정	정규리그	후기	전반 13
87.04.11	조영증	럭금	대우	원정	정규리그	일반	전반 15
87.08.17	김문경	현대	포철	원정	정규리그	일반	전반 40
87.09.20	남기영	포철	현대	원정	정규리그	일반	후반 13
88.04.02	강태식	포철	럭금	홈	정규리그	일반	후반 45
88.07.10	정종수	유공	포철	홈	정규리그	일반	전반 17
89.04.16	이화열	포철	럭금	원정	정규리그	일반	후반 23
89.10.25	공문배	포철	유공	홈	정규리그	일반	전반 31
90.04.08	이영진	럭금	현대	원정	정규리그	일반	후반 18
90.04.22	안익수	일화	유공	원정	정규리그	일반	후반 23
91.05.04	하성준	일화	유공	원정	정규리그	일반	후반 39
91.06.22	최윤겸	유공	현대	홈	정규리그	일반	전반 45
91.09.07	박현용	대우	LG	원정	정규리그	일반	후반 33
91.09.14	권형정	포철	현대	원정	정규리그	일반	전반 14
92.09.30	이재일	현대	포철	원정	리그컵	일반	전반 35
92.11.07	조민국	LG	현대	원정	정규리그	일반	후반 10
93.05.08	김삼수	LG	현대	홈	정규리그	일반	전반 30
93.07.07	차석준	유공	일화	원정	정규리그	일반	후반 40
93.08.14	알미르	대우	LG	홈	정규리그	일반	후반 26
94.05.21	유동관	포철	LG	홈	리그컵	일반	전반 21
94.08.13	조덕제	대우	일화	원정	정규리그	일반	후반 27
94.08.27	정인호	유공	현대	홈	정규리그	일반	후반 43
94.09.10	최영희	대우	일화	홈	정규리그	일반	후반 27
94.09.24	김판근	LG	현대	홈	정규리그	일반	후반 26
94.11.09	이종화	일화	유공	홈	정규리그	일반	전반 09
95.03.25	손종찬	유공	LG	홈	리그컵	일반	전반 38
95.06.21	김경래	전북	포항	홈	정규리그	전기	전반 07
95.08.30	이영진	일화	전북	홈	정규리그	후기	전반 26
95.08.30	정인호	유공	포항	원정	정규리그	후기	후반 22
96.04.18	신성환	수원	부천SK	홈	리그컵	일반	후반 31
96.05.12	박광현	천안	포항	홈	정규리그	전기	전반 40
96.05.15	정영호	전남	안양LG	원정	정규리그	전기	후반 36
96.06.29	하상수	부산	부천SK	홈	정규리그	전기	전반 44
96.07.06	이민성	부산	전남	홈	정규리그	전기	후반 28
97.04.12	김주성	부산	수원	원정	리그컵	일반	후반 16
97.05.10	신성환	수원	울산	원정	정규리그	일반	전반 45
97.07.12	최영일	부산	포항	홈	정규리그	일반	후반 38
97.07.13	무탐바	안양LG	천안	홈	정규리그	일반	후반 38
97.07.23	마시엘	전남	안양LG	홈	리그컵	A조	후반 21
97.09.24	김현수	전남	울산	원정	리그컵	A조	후반 43
98.06.06	김봉현	전북	부천SK	홈	리그컵	일반	전반 30
98.07.25	김태영	전남	안양LG	홈	정규리그	일반	전반 43
98.08.01	신성환	수원	천안	원정	정규리그	일반	전반 03
98.08.19	김재형	부산	안양LG	홈	정규리그	일반	전반 21
98.08.29	무탐바	안양LG	전북	원정	정규리그	일반	후반 43
98.09.23	이영상	포항	부천SK	홈	정규리그	일반	후반 47
98.10.14	보리스	부천SK	수원	홈	정규리그	일반	전반 19
99.06.27	유동우	대전	수원	홈	정규리그	일반	후반 13
99.07.03	호제리오	전북	울산	원정	정규리그	일반	후반 25
99.07.07	이임생	부천SK	전남	홈	정규리그	일반	전반 35
99.07.17	김학철	안양LG	전남	원정	정규리그	일반	후반 14
99.07.28	장민석	전북	부천SK	원정	정규리그	일반	전반 36
99.08.18	이경춘	전북	안양LG	원정	정규리그	일반	후반 15
99.08.25	이기형	수원	포항	홈	정규리그	일반	전반 29
99.10.09	김영철	천안	대전	홈	정규리그	일반	연(후) 01
99.10.31	손현준	부산	수원	원정	정규리그	PO	후반 36
00.03.19	이창엽	대전	부산	홈	리그컵	B조	후반 05
00.05.17	이정효	부산	포항	홈	정규리그	일반	후반 33
00.10.01	호제리오	전북	포항	중립	정규리그	일반	전반 29
00.10.07	최진철	전북	성남	홈	정규리그	일반	전반 13
01.05.05	졸 리	수원	전북	홈	리그컵	4강전	후반 08
01.08.01	이창원	전남	부천SK	홈	정규리그	일반	후반 16
01.09.08	박종문	전남	울산	원정	정규리그	일반	후반 24
01.09.26	이싸빅	포항	울산	원정	정규리그	일반	후반 52
02.04.06	이임생	부천SK	전북	원정	리그컵	A조	전반 33
02.04.27	윤희준	부산	울산	원정	리그컵	B조	전반 28
02.07.28	김현수	성남	수원	원정	정규리그	일반	후반 16
02.08.28	심재원	부산	전북	홈	정규리그	일반	전반 38
02.11.06	왕정현	안양LG	대전	원정	정규리그	일반	후반 13
03.04.30	윤원철	부천SK	대구	홈	정규리그	일반	전반 08
03.05.21	김치곤	안양LG	광주상무	원정	정규리그	일반	전반 03
03.05.21	박준홍	광주상무	안양LG	홈	정규리그	일반	후반 32
03.09.07	조병국	수원	부산	원정	정규리그	일반	전반 42
03.09.24	보리스	부천SK	안양LG	원정	정규리그	일반	전반 26
03.09.24	유경렬	울산	성남	홈	정규리그	일반	전반 42

경기일자	선수명	소속	상대팀	경기구분			시간
03.10.05	김 치 곤	안양LG	성남	원정	정규리그	일반	후반 02
03.11.09	이 응 제	전북	부산	원정	정규리그	일반	후반 22
04.04.10	곽 희 주	수원	전북	원정	정규리그	전기	전반 24
04.04.17	쏘 우 자	서울	부천SK	원정	정규리그	전기	전반 13
04.04.17	이 싸 빅	성남	인천	원정	정규리그	전기	후반 10
04.04.24	조 병 국	수원	성남	원정	정규리그	전기	전반 34
04.05.08	이 싸 빅	성남	포항	홈	정규리그	전기	전반 20
04.07.11	성 한 수	전남	전북	원정	리그컵	일반	전반 27
04.07.18	한 정 국	대전	부산	홈	리그컵	일반	전반 22
04.07.25	김 현 수	전북	성남	원정	리그컵	일반	전반 25
04.09.11	강 용	포항	서울	홈	정규리그	후기	전반 06
05.04.13	윤 희 준	부산	부천SK	원정	리그컵	일반	전반 45
05.05.01	산 토 스	포항	부산	원정	리그컵	일반	전반 10
05.05.05	이 상 호	부천SK	포항	원정	리그컵	일반	전반 08
05.05.08	김 한 윤	부천SK	전남	홈	리그컵	일반	전반 38
05.08.31	유 경 렬	울산	부천SK	홈	정규리그	후기	후반 14
05.09.04	이 창 원	전남	부천SK	홈	정규리그	후기	전반 47
05.10.16	마 토	수원	전북	홈	정규리그	후기	후반 00
05.10.30	박 재 홍	전남	전북	원정	정규리그	후기	후반 35
05.11.09	장 경 진	인천	광주상무	홈	정규리그	후기	후반 18
06.04.01	박 규 선	울산	수원	홈	정규리그	전기	후반 34
06.05.10	김 광 석	광주상무	대구	원정	정규리그	전기	전반 45
06.05.10	전 광 환	전북	수원	원정	정규리그	전기	후반 37
06.05.27	마 토	수원	인천	원정	리그컵	일반	후반 42
06.07.26	김 윤 식	포항	울산	홈	리그컵	일반	전반 21
06.08.30	이 장 관	부산	대구	홈	정규리그	후기	후반 11
06.09.09	김 영 선	전북	인천	홈	정규리그	후기	후반 08
06.09.23	이 동 원	전남	부산	홈	정규리그	후기	후반 01
06.09.30	이 민 성	서울	대구	원정	정규리그	후기	전반 16
06.09.30	조 성 환	포항	인천	원정	정규리그	후기	후반 18
06.10.04	유 경 렬	울산	서울	원정	정규리그	후기	전반 18
07.03.10	니 콜 라	제주	성남	홈	정규리그	일반	후반 07
07.05.05	김 진 규	전남	포항	홈	정규리그	일반	전반 36
07.05.05	김 동 규	광주상무	수원	홈	정규리그	일반	전반 42
07.08.15	이 준 기	전남	인천	원정	정규리그	일반	후반 40
07.08.18	심 재 원	부산	포항	홈	정규리그	일반	후반 30
07.08.29	김 성 근	포항	서울	원정	정규리그	일반	전반 12
07.08.29	황 재 원	포항	서울	원정	정규리그	일반	전반 22
07.09.01	조 네 스	포항	대구	원정	정규리그	일반	전반 21
07.09.02	배 효 성	부산	전북	원정	정규리그	일반	후반 40
08.04.16	김 영 철	성남	전북	원정	리그컵	B조	전반 05
08.05.03	김 영 철	성남	포항	홈	정규리그	일반	후반 26
08.05.25	이 상 일	전남	대구	홈	정규리그	일반	전반 45
08.06.25	김 주 환	대구	성남	원정	리그컵	B조	전반 23
08.06.25	아 디	서울	경남	홈	리그컵	A조	전반 43
08.07.02	강 민 수	전북	울산	원정	리그컵	B조	전반 02
08.07.12	진 경 선	대구	경남	홈	정규리그	일반	전반 38
08.08.23	강 선 규	대전	전남	홈	정규리그	일반	후반 42
08.08.24	김 명 중	광주상무	부산	홈	정규리그	일반	전반 32
08.09.13	현 영 민	울산	수원	홈	정규리그	일반	후반 07
08.09.20	안 현 식	인천	대구	홈	정규리그	일반	전반 15
08.10.25	알렉산더	전북	인천	홈	정규리그	일반	후반 28
08.11.01	김 민 오	울산	경남	원정	정규리그	일반	후반 25
08.11.02	송 한 복	광주상무	인천	홈	정규리그	일반	전반 43
08.11.09	김 태 영	부산	울산	원정	정규리그	일반	전반 17
09.05.09	김 정 겸	포항	제주	홈	정규리그	일반	후반 07
09.05.27	김 상 식	전북	제주	원정	리그컵	B조	후반 05
09.05.27	김 형 호	전남	강원	원정	리그컵	A조	후반 07
09.06.21	챠 디	인천	포항	홈	정규리그	일반	전반 47
09.07.12	김 한 섭	대전	강원	홈	정규리그	일반	전반 02
09.07.12	김 주 영	경남	성남	원정	정규리그	일반	후반 12
09.09.06	김 승 현	전남	경남	원정	정규리그	일반	전반 38
09.09.06	이 원 재	울산	부산	홈	정규리그	일반	후반 47
09.09.20	이 강 진	부산	전북	원정	정규리그	일반	전반 01
09.10.02	곽 태 휘	전남	전북	원정	정규리그	일반	후반 27
09.10.24	황 선 필	광주상무	포항	홈	정규리그	일반	후반 25
09.11.01	이 범 영	부산	인천	홈	정규리그	일반	전반 48
10.03.06	이 요 한	전북	제주	원정	정규리그	일반	전반 07
10.04.11	안 현 식	인천	부산	원정	정규리그	일반	후반 32
10.04.18	김 인 호	제주	수원	홈	정규리그	일반	후반 39
10.07.28	김 진 규	서울	수원	홈	리그컵	PO	후반 17
10.07.28	심 우 연	전북	경남	홈	리그컵	PO	후반 36
10.08.07	안 재 준	인천	수원	홈	정규리그	일반	전반 37
10.08.15	양 승 원	대구	포항	홈	정규리그	일반	후반 48
10.08.22	신 광 훈	포항	인천	홈	정규리그	일반	후반 24
10.08.28	김 진 규	서울	수원	원정	정규리그	일반	전반 03
10.09.01	김 형 일	포항	서울	홈	정규리그	일반	후반 46
10.09.04	안 현 식	인천	부산	홈	정규리그	일반	후반 27
10.09.04	모 따	수원	강원	원정	정규리그	일반	후반 46
10.10.30	유 지 노	전남	전북	원정	정규리그	일반	전반 10
10.11.03	김 종 수	경남	포항	원정	정규리그	일반	전반 11
11.03.12	황 재 훈	대전	서울	홈	정규리그	일반	전반 34
11.03.16	강 민 수	울산	부산	홈	리그컵	B조	후반 18
11.03.20	백 종 환	강원	제주	원정	정규리그	일반	후반 22
11.04.24	이 용 기	경남	수원	원정	정규리그	일반	후반 20
11.04.24	김 성 환	성남	제주	원정	정규리그	일반	후반 29
11.04.30	이 용 기	경남	성남	홈	정규리그	일반	전반 12
11.05.08	박 용 호	서울	상주	원정	정규리그	일반	전반 18
11.05.21	김 한 윤	부산	수원	원정	정규리그	일반	후반 19
11.05.21	김 인 한	경남	상주	홈	정규리그	일반	후반 36
11.06.11	이 정 호	부산	강원	원정	정규리그	일반	전반 41
11.06.11	윤 시 호	대구	대전	홈	정규리그	일반	후반 12
11.06.18	김 인 호	제주	전북	원정	정규리그	일반	후반 37
11.07.09	유 경 렬	대구	부산	홈	정규리그	일반	후반 15
11.07.10	사 샤	성남	인천	홈	정규리그	일반	후반 01
11.07.10	배 효 성	인천	성남	원정	정규리그	일반	후반 11:
11.07.16	김 수 범	광주	전북	홈	정규리그	일반	후반 17
11.07.24	정 호 정	성남	전북	원정	정규리그	일반	전반 15
11.08.06	이 동 원	부산	포항	원정	정규리그	일반	전반 15
12.03.10	김 창 수	부산	제주	홈	정규리그	스일반	후반 13
12.04.11	김 기 희	대구	경남	홈	정규리그	스일반	전반 45
12.05.13	유 종 현	광주	수원	원정	정규리그	스일반	후반 17
12.05.13	황 순 민	대구	부산	원정	정규리그	스일반	후반 48
12.06.17	송 진 형	제주	수원	원정	정규리그	스일반	전반 24

경기일자	선수명	소속	상대팀	경기구분			시간
12.06.24	고 슬 기	울산	서울	원정	정규리그	스일반	전반 39
12.06.30	한 그 루	대전	부산	원정	정규리그	스일반	전반 03
12.07.01	양 상 민	수원	포항	원정	정규리그	스일반	전반 09
12.10.06	에 델	부산	수원	홈	정규리그	스A	전반 33
12.10.27	마르케스	제주	부산	홈	정규리그	스A	전반 45
12.11.18	마다스치	제주	부산	원정	정규리그	스A	후반 30
12.11.21	이 명 주	포항	부산	원정	정규리그	스A	전반 05

역대 자책골 기록_ K리그 클래식

경기일자	선수명	소속	상대팀	경기구분			시간
13.03.09	박 진 포	성남	제주	원정	클래식	스일반	전반 43
13.04.06	보 스 나	수원	대구	홈	클래식	스일반	전반 43
13.04.07	윤 영 선	성남	부산	원정	클래식	스일반	후반 26
13.04.13	이 윤 표	인천	대구	원정	클래식	스일반	후반 28
13.04.28	아 디	서울	강원	원정	클래식	스일반	전반 38
13.05.18	신 광 훈	포항	울산	홈	클래식	스일반	전반 24
13.06.23	이 강 진	대전	경남	원정	클래식	스일반	전반 02
13.07.03	이 웅 희	대전	수원	원정	클래식	스일반	전반 24
13.07.03	최 은 성	전북	성남	홈	클래식	스일반	후반 34
13.09.01	최 우 재	강원	울산	롬	클래식	스일반	전반 32
13.09.28	윤 영 선	성남	경남	원정	클래식	스B	전반 29
13.10.05	곽 광 선	수원	포항	원정	클래식	스A	전반 00
13.10.09	이 용	제주	강원	홈	클래식	스B	후반 24
13.10.20	황 도 연	제주	대전	홈	클래식	스B	후반 34
13.11.10	김 평 래	성남	제주	원정	클래식	스B	전반 19
14.03.09	이 용	제주	수원	홈	클래식	스일반	후반 24
14.03.16	이 용	제주	전남	원정	클래식	스일반	후반 17
14.03.16	우 주 성	경남	울산	원정	클래식	스일반	후반 25
14.03.29	최 철 순	상주	포항	원정	클래식	스일반	전반 37
14.04.26	알 렉 스	제주	부산	홈	클래식	스일반	전반 12
14.04.26	스 레 텐	경남	전북	원정	클래식	스일반	전반 28
14.05.04	이 경 렬	부산	경남	홈	클래식	스일반	후반 23
14.05.10	이 근 호	상주	수원	홈	클래식	스일반	후반 49
14.09.10	김 근 환	울산	수원	원정	클래식	스일반	전반 28
14.11.01	이 재 원	울산	수원	홈	클래식	스A	후반 11
15.03.07	정 준 연	광주	인천	원정	클래식	스일반	후반 46
15.03.21	제 종 현	광주	부산	원정	클래식	스일반	전반 23
15.04.05	정 준 연	광주	울산	원정	클래식	스일반	전반 15
15.04.12	김 기 희	전북	광주	원정	클래식	스일반	후반 45
15.05.16	김 동 철	전남	서울	원정	클래식	스일반	전반 31
15.05.17	요 니 치	인천	부산	원정	클래식	스일반	전반 12
15.06.03	양 준 아	제주	성남	홈	클래식	스일반	전반 31
15.06.07	양 상 민	수원	광주	홈	클래식	스일반	후반 33
15.07.08	오 반 석	제주	포항	원정	클래식	스일반	후반 24
15.07.11	강 준 우	제주	전북	홈	클래식	스일반	후반 45
15.08.12	유 지 훈	부산	전북	원정	클래식	스일반	후반 40
15.09.12	김 태 윤	성남	포항	원정	클래식	스일반	후반 30
15.03.07	김 대 중	인천	광주	홈	클래식	스일반	전반 32

역대 자책골 기록_ K리그 챌린지

경기일자	선수명	소속	상대팀	경기구분		시간
13.05.12	방 대 종	상주	부천	원정	챌린지	후반 09
13.05.13	백 성 우	안양	광주	원정	챌린지	후반 47
13.07.06	김 동 우	경찰	수원FC	원정	챌린지	후반 12
13.07.13	윤 성 우	고양	경찰	홈	챌린지	전반 16
13.07.13	김 태 준	고양	경찰	홈	챌린지	전반 40
13.08.25	유 현	경찰	상주	원정	챌린지	후반 31
13.09.09	가 솔 현	안양	경찰	홈	챌린지	후반 36
13.11.30	송 승 주	경찰	안양	원정	챌린지	후반 38
14.04.27	양 상 민	안산	광주	원정	챌린지	전반 27
14.05.24	이 준 희	대구	안양	원정	챌린지	전반 42
14.06.21	장 원 석	대전	대구	원정	챌린지	전반 40
14.07.05	임 선 영	광주	고양	원정	챌린지	후반 23
14.07.26	허 재 원	대구	안양	홈	챌린지	전반 39
14.11.01	마 철 준	광주	안산	원정	챌린지	후반 17
15.05.16	노 형 구	충주	서울E	원정	챌린지	후반 08
15.08.02	진 창 수	고양	상주	홈	챌린지	전반 20
15.09.13	김 재 웅	수원FC	안양	원정	챌린지	후반 29
15.10.11	서 명 식	강원	부천	원정	챌린지	후반 22
15.10.26	배 일 환	상주	고양	홈	챌린지	후반 32
15.11.01	김 원 균	강원	고양	원정	챌린지	후반 14

역대 자책골 기록_ K리그 승강 플레이오프

경기일자	선수명	소속	상대팀	경기구분		시간
14.12.03	스 레 텐	경남	광주	원정	승강 플레이오프	후반 40
15.11.25	김 영 광	서울E	수원FC	원정	승강 플레이오프	후반 10

역대 한 시즌 득점 · 도움 10-10 기록

선수명	구단	출장-득점-도움	연도	기록달성	비고
라 데	포항	39-13-16	1996	28경기째	BC
비 탈 리	수원	36-10-10	1999	35경기째	BC
최 용 수	안양	34-14-10	2000	33경기째	BC
김 대 의	성남	38-17-12	2002	26경기째	BC
에드밀손	전북	39-17-14	2003	32경기째	BC
김 도 훈	성남	40-28-13	2003	37경기째	BC
에 닝 요	전북	28-10-12	2009	28경기째	BC
데 얀	서울	35-19-10	2010	28경기째(10.09)	BC
김 은 중	제주	34-17-11	2010	32경기째(10.31)	BC
루 시 오	경남	32-15-10	2010	31경기째(11.07)	BC
에 닝 요	전북	33-18-10	2010	31경기째(11.20)	2년연속/BC
이 동 국	전북	29-16-15	2011	20경기째(08.06)	BC
몰 리 나	서울	29-10-12	2011	27경기째(10.23)	BC
몰 리 나	서울	41-19-10	2012	22경기째(07.28)	2년연속/BC
에 닝 요	전북	38-15-13	2012	26경기째(08.23)	BC
산 토 스	제주	35-14-11	2012	31경기째(11.18)	BC
루 시 오	광주	32-13-10	2013	32경기째(11.10)	챌린지
로 페 즈	제주	33-11-11	2015	30경기째(10.04)	클래식

역대 대회별 전 경기, 전 시간 출장자

연도	시즌	경기수	전 경기 전 시간	전 경기
83	수퍼리그	16	최기봉, 이강조(이상 유공), 유태목(대우), 김성부(포철)	최종덕,홍성호,박상인,오석재, 이강석(이상 할렐루야), 김용세(유공), 이춘석(대우), 최상국(포항제철)
84	축구대제전 수퍼리그	28	최기봉, 오연교(이상 유공), 김평석(현대), 조병득(할렐루야), 박창선(대우)	신문선, 김용세(이상 유공), 조영증(럭키금성), 백종철(현대), 박상인(할렐루야), 이재희(대우)
85	축구대제전 수퍼리그	21	최강희, 김문경(이상 현대), 전차식(포항제철), 김현태, 강득수(이상 럭키금성), 김풍주(대우) 최영희(한일은행), 황정현(할렐루야)	한문배, 이상래, 피아퐁(이상 럭키금성), 신문선(유공), 김영세(유공) 박상인(할렐루야), 신제경(상무), 김대흠(상무), 최태진(대우), 조성규(한일은행), 이흥실(포항제철)
86	축구대제전	20	박노봉(대우)	민진홍(유공), 함현기(현대), 윤성효(한일은행)
	프로축구선수권대회	16	최기봉(유공)	민진홍,신동철(이상 유공), 권오손, 구상범, 박항서, 이상래(이상 럭키금성)
87	한국프로축구대회	32	최기봉(유공)	
88	한국프로축구대회	24	이문영(유공)	이광종(유공), 김문경(현대)
89	한국프로축구대회	40	임종헌(일화), 강재순(현대)	
90	한국프로축구대회	30		윤상철(럭키금성)
91	한국프로축구대회	40		고정운(일화)
92	한국프로축구대회	30	사리체프(일화), 정종선(현대)	신홍기(현대), 임근재(LG)
	아디다스컵	10	사리체프(일화), 정용환(대우)	
93	한국프로축구대회	30	사리체프(일화), 최영일(현대)	이광종(유공)
	아디다스컵	5	사리체프(일화)	
94	하이트배 코리안리그	30	사리체프(일화), 이명열(포항제철)	
	아디다스컵	6	사리체프(일화) 外 다수	
95	하이트배 코리안리그	28	샤샤(유공)	
	아디다스컵	7	샤샤(유공) 外 다수	
96	라피도컵 프로축구대회	32		라데(포항)
	아디다스컵	8	공문배(포항) 外 다수	박태하(포항) 外 다수
97	라피도컵 프로축구대회	18	김봉현(전북), 최은성(대전)	황연석(천안)
	아디다스컵	9	아보라(천안) 外 다수	정성천(대전) 外 다수
	프로스펙스컵	11	김이섭(포항)	
98	현대컵 K-리그	22	김병지(울산)	이문석(울산) 外 다수
	필립모리스코리아컵	9	박태하(포항) 外 다수	무탐바(안양LG) 外 다수
	아디다스코리아컵	11	김상훈(울산) 外 다수	김기동(부천SK) 外 다수
99	바이코리아컵 K-리그	32~27	이용발(부천SK)	이원식(부천SK), 김정혁(전남), 김현석(울산), 황승주(울산)
	대한화재컵	8~11	김봉현(전북) 外 다수	김기동(부천SK) 外 다수
	아디다스컵	1~4	곽경근(부천SK) 外 다수	공오균(대전) 外 다수
00	삼성 디지털 K-리그	32~27	이용발(부천SK), 조성환(부천SK)	박남열(성남), 신홍기(수원), 안드레(안양LG), 세자르(전남), 김종천(포항)
	대한화재컵	8~11	이용발(부천SK), 조성환(부천SK) 外 다수	신의손(안양LG) 外 다수
	아디다스컵	1~4	이용발(부천SK), 조성환(부천SK) 外 다수	김대환(수원) 外 다수
01	포스코 K-리그	27	김기동(부천SK), 이용발(부천SK), 신의손(안양LG)	남기일(부천SK), 신태용(성남), 이기형(수원)
	아디다스컵	8~11	심재원(부산), 산드로(수원) 外 다수	하리(부산), 윤희준(부산) 外 다수
02	삼성파브 K-리그	27	김기동(부천SK), 이용발(부천SK), 박종문(전남)	이영수(전남), 김대의(성남), 이병근(수원), 에드밀손(전북), 추운기(전북)
	아디다스컵	8~11	신태용(성남), 서정원(수원) 外 다수	김현수(성남), 신의손(안양LG) 外 다수
03	삼성 하우젠 K-리그	44		마그노(전북), 도도(울산)
04	삼성 하우젠 K-리그	24~27	김병지(포항), 유경렬(울산), 서동명(울산), 조준호(부천SK), 윤희준(부산)	김은중(서울)
	삼성 하우젠컵	12	김병지(포항), 곽희주(수원), 이용발(전북), 조준호(부천SK), 한태유(서울), 이반(성남), 박우현(성남)	최성용(수원), 임중용(인천), 김기형(부천SK), 손대호(수원), 김경량(전북) 外 다수
05	삼성 하우젠 K-리그	24~27	김병지(포항), 조준호(부천SK), 임중용(인천)	산드로(대구), 김기동(포항)
	삼성 하우젠컵	12	김병지(포항), 조준호(부천SK), 김성근(포항), 산토스(포항), 주승진(대전), 김영철(성남), 배효성(성남), 송정현(대구), 산드로(대구), 전재호(인천)	현영민(울산) 外 다수

연도	시즌	경기수	전 경기 전 시간	전 경기
06	삼성 하우젠 K-리그	26~29	김병지(서울), 최은성(대전), 이정래(경남)	장학영(성남), 박진섭(성남), 박종진(대구), 루시아노(경남)
	삼성 하우젠컵	13	배효성(부산), 장학영(성남), 김병지(서울), 최은성(대전), 이정래(경남)	박동혁(울산), 이종민(울산), 김치우(인천), 박용호(광주상무), 이정수(수원), 최성국(울산), 장남석(대구), 이승현(부산), 우성용(성남), 박재현(인천), 최영훈(전북), 주광윤(전남)
07	삼성 하우젠 K-리그	31~26	김용대(성남), 장학영(성남), 김영철(성남), 염동균(전남), 김병지(서울)	데얀(인천), 산드로(전남), 송정현(전남), 김상록(인천)
	삼성 하우젠컵	10~12	김병지(서울), 김현수(대구) 外 다수	아디(서울), 데닐손(대전), 박성호(부산)
08	삼성 하우젠 K-리그	28~26	이운재(수원), 정성룡(포항), 백민철(대구)	데얀(서울), 두두(성남), 이근호(대구), 라돈치치(인천), 김영빈(인천)
	삼성 하우젠컵	10~12	백민철(대구)	서동현(수원), 김상식(성남), 박진섭(성남), 장학영(성남), 김영삼(울산), 현영민(울산), 이승렬(서울), 조형익(대구)
09	K-리그	28~30	김영광(울산)	김상식(전북), 루이스(전북), 윤준하(강원)
	피스컵 코리아	2~10	조병국(성남), 이호(성남), 신형민(포항), 백민철(대구) 外 다수	박희도(부산), 장학영(성남), 구자철(제주) 外 다수
10	쏘나타 K리그	28~31	김호준(제주), 김용대(서울), 정성룡(성남), 김병지(경남), 백민철(대구)	김영후(강원), 유병수(인천)
	포스코컵	4~7	김용대(서울) 외 다수	아디(서울) 外 다수
11	현대오일뱅크 K리그	30~35	박호진(광주), 김병지(경남), 이운재(전남) 外 다수	김신욱(울산) 外 다수
	러시앤캐시컵	1~8	윤시호(대구), 조동건(성남), 박준혁(대구) 外 다수	고슬기(울산), 김신욱(울산) 外 다수
12	현대오일뱅크 K리그	44	김용대(서울)	자일(제주), 한지호(부산)
13	현대오일뱅크 K리그 클래식	38	권정혁(인천)	전상욱(성남), 김치곤(울산)
14	현대오일뱅크 K리그 클래식	38	김병지(전남)	
	현대오일뱅크 K리그 챌린지	36		권용현(수원FC)
15	현대오일뱅크 K리그 클래식	38	신화용(포항), 오스마르(서울)	김신욱(울산)
	현대오일뱅크 K리그 챌린지	41		조현우(대구)

역대 감독별 승 · 무 · 패 기록

감독명	기간 / 구단명 / 재임년도			승	무	패	비고
고 재 욱	통산			154	134	126	
	BC	럭키금성	1988	6	11	7	
	BC	럭키금성	1989	15	17	8	
	BC	럭키금성	1990	14	11	5	
	BC	LG	1991	9	15	16	
	BC	LG	1992	12	16	12	
	BC	LG	1993	11	12	12	
	BC	현대	1995	16	14	5	
	BC	울산	1996	19	5	16	
	BC	울산	1997	13	13	9	
	BC	울산	1998	20	10	12	
	BC	울산	1999	15	6	16	
	BC	울산	2000	4	4	8	~00.06.14
곽 경 근	통산			8	9	18	
	챌린지	부천	2013	8	9	18	
귀 네 슈	통산			51	37	22	
	BC	서울	2007	14	17	7	
	BC	서울	2008	20	12	7	
	BC	서울	2009	17	8	8	
김 귀 화	통산			5	5	5	
	BC	경남	2010	5	5	5	10.08.01~10.11.29
김 기 복	통산			40	31	107	
	BC	전북버팔로	1994	5	5	26	
	BC	대전	1997	4	12	19	
	BC	대전	1998	11	3	21	
	BC	대전	1999	12	1	23	
	BC	대전	2000	8	10	18	
김 도 훈	통산			13	12	13	
	클래식	인천	2015	13	12	13	15.01.03~
김 봉 길	통산			36	44	38	
	BC	인천	2010	0	0	5	10.06.09~10.08.22
	BC	인천	2012	16	14	7	12.04.12~
	클래식	인천	2013	12	14	12	
	클래식	인천	2013	8	16	14	
김 상 호	통산			8	8	32	
	BC	강원	2011	3	6	20	11.04.08~
	BC	강원	2012	5	2	12	~12.07.01
김 용 갑	통산			7	3	8	
	클래식	강원	2013	6	3	7	13.08.14~13.12.10
	승강PO	강원	2013	1	0	1	13.08.14~~13.12.10
김 인 완	통산			2	9	19	
	클래식	대전	2013	2	9	19	~13.10.02
김 정 남	통산			210	168	159	
	BC	유공	1985	3	1	3	85.07.22~

	BC	유공	1986	11	12	13	
	BC	유공	1987	9	9	14	
	BC	유공	1988	8	8	8	
	BC	유공	1989	17	15	8	
	BC	유공	1990	8	12	10	
	BC	유공	1991	10	17	13	
	BC	유공	1992	1	0	6	~92.05.12
	BC	울산	2000	3	3	4	00.08.22~
	BC	울산	2001	13	6	16	
	BC	울산	2002	18	11	9	
	BC	울산	2003	20	13	11	
	BC	울산	2004	15	13	9	
	BC	울산	2005	21	9	9	
	BC	울산	2006	14	14	11	
	BC	울산	2007	20	13	7	
	BC	울산	2008	19	12	8	
김종필	통산			10	21	23	
	챌린지	충주	2013	4	5	9	13.07.22~
	챌린지	충주	2014	6	16	14	
김태수	통산			5	6	6	
	BC	부산	1996	5	6	6	96.07.22~
김태완	통산			2	2	9	
	BC	상주	2011	2	2	9	11.07.14~11.12.28
김판곤	통산			10	7	16	
	BC	부산	2006	8	3	9	06.04.04~06.08.22
	BC	부산	2007	2	4	7	07.08.07~
김학범	통산			106	156	69	
	BC	성남	2005	15	12	10	05.01.05~
	BC	성남	2006	23	11	8	
	BC	성남	2007	16	7	6	
	BC	성남	2008	21	7	10	
	BC	강원	2012	9	5	11	12.07.09~
	클래식	강원	2013	2	9	11	~13.08.10
	클래식	성남	2014	5	5	5	14.09.05~
	클래식	성남	2015	15	15	8	
김형렬	통산			2	1	4	
	BC	전북	2005	2	1	4	05.06.13~05.07.10
김 호	통산			207	154	180	
	BC	한일은행	1984	5	11	12	
	BC	한일은행	1985	3	10	8	
	BC	한일은행	1986	4	4	12	
	BC	현대	1988	10	5	9	
	BC	현대	1989	7	15	18	
	BC	현대	1990	6	14	10	
	BC	수원	1996	21	11	8	
	BC	수원	1997	14	13	9	
	BC	수원	1998	18	7	12	
	BC	수원	1999	31	4	8	
	BC	수원	2000	15	11	12	
	BC	수원	2001	19	6	13	
	BC	수원	2002	16	10	10	
	BC	수원	2003	19	15	10	
	BC	대전	2007	8	0	6	07.07.01~
	BC	대전	2008	7	14	15	
	BC	대전	2009	4	4	8	~09.06.26
김호곤	통산			126	76	95	
	BC	부산	2000	13	10	14	
	BC	부산	2001	16	13	9	
	BC	부산	2002	8	8	15	~02.11.05
	BC	울산	2009	11	9	12	
	BC	울산	2010	16	7	11	
	BC	울산	2011	22	8	13	
	BC	울산	2012	18	14	12	
	클래식	울산	2013	22	7	9	~13.12.04
김희태	통산			11	6	13	
	BC	대우	1994	4	0	5	94.09.08~
	BC	대우	1995	7	6	8	~95.08.03
남기일	통산			35	25	34	
	챌린지	광주	2013	9	0	7	13.08.18~
	챌린지	광주	2014	15	12	11	
	승강PO	광주	2014	1	1	0	
	클래식	광주	2015	10	12	6	
남대식	통산			2	6	6	
	BC	전북	2001	2	6	6	01.07.19~01.10.03
노상래	통산			12	13	13	
	클래식	전남	2015	12	13	13	
노흥섭	통산			3	2	11	
	BC	국민은행	1983	3	2	11	
니폼니시	통산			57	38	53	
	BC	유공	1995	11	11	13	
	BC	부천SK	1996	18	11	11	
	BC	부천SK	1997	8	12	15	
	BC	부천SK	1998	20	4	14	
당성증	통산			0	3	5	
	클래식	대구	2013	0	3	5	~13.04.22
데니스	통산			1	4	6	
	클래식	부산	2015	1	4	6	15.07.13~15.10.07
레 네	통산			14	18	30	
	BC	천안	1997	8	13	14	97.03.01~
	BC	천안	1998	6	5	16	~98.09.08
레모스	통산			2	3	6	
	BC	포항	2010	2	3	6	~10.05.10
로란트	통산			5	9	10	
	BC	인천	2004	5	9	10	04.03.01~04.08.30
마틴레니	통산			16	14	11	
	챌린지	서울E	2015	16	14	11	
모아시르	통산			16	13	15	
	BC	대구	2012	16	13	15	~12.12.01
문정식	통산			25	18	16	
	BC	현대	1984	13	10	5	
	BC	현대	1985	10	4	7	
	BC	현대	1986	2	4	4	~86.04.22
민동성	통산			1	0	2	

	챌린지	충주	2013	1	0	2	13.06.20~13.07.21
박경훈	통산			76	59	56	
	BC	부산	2002	0	0	4	02.11.06~02.11.21
	BC	제주	2010	20	11	5	
	BC	제주	2011	10	11	10	
	BC	제주	2012	16	15	13	
	클래식	제주	2013	16	10	12	
	클래식	제주	2014	14	12	12	
박병주	통산			20	22	29	
	BC	안양LG	1997	3	18	14	
	BC	안양LG	1998	17	4	15	
박성화	통산			118	94	110	
	BC	유공	1992	10	10	13	92.05.13~
	BC	유공	1993	7	15	13	
	BC	유공	1994	15	9	8	~94.10.29
	BC	포항	1996	20	13	7	
	BC	포항	1997	15	15	8	
	BC	포항	1998	18	6	15	
	BC	포항	1999	16	4	18	
	BC	포항	2000	7	9	11	~00.07.31
	챌린지	경남	2015	10	13	17	15.01.06~15.11.23
박세학	통산			39	32	46	
	BC	럭키금성	1984	8	6	14	
	BC	럭키금성	1985	10	7	4	
	BC	럭키금성	1986	14	12	10	
	BC	럭키금성	1987	7	7	18	
박이천	통산			15	11	12	
	BC	인천	2007	15	11	12	
박종환	통산			126	157	137	
	BC	일화	1989	6	21	13	89.03.19~
	BC	일화	1990	7	10	13	
	BC	일화	1991	13	11	16	
	BC	일화	1992	13	19	8	
	BC	일화	1993	14	12	9	
	BC	일화	1994	17	11	8	
	BC	일화	1995	16	13	6	
	BC	대구	2003	7	16	21	03.03.19~
	BC	대구	2004	9	16	11	
	BC	대구	2005	12	9	15	
	BC	대구	2006	10	16	13	
	클래식	성남	2014	2	3	4	~14.04.22
박창현	통산			7	8	6	
	BC	포항	2010	7	8	6	10.05.11~10.12.12
박항서	통산			118	75	138	
	BC	경남	2006	14	6	19	
	BC	경남	2007	14	10	13	
	BC	전남	2008	10	5	14	
	BC	전남	2009	13	11	11	
	BC	전남	2010	9	9	14	~10.11.09
	BC	상주	2012	7	6	31	
	챌린지	상주	2013	23	8	4	
	승강PO	상주	2013	1	0	1	
	클래식	상주	2014	7	13	18	
	챌린지	상주	2015	20	7	13	
박효진	통산			5	0	5	
	챌린지	강원	2014	5	0	5	14.09.19~
백종철	통산			6	11	13	
	클래식	대구	2013	6	11	13	13.04.23~13.11.30
변병주	통산			28	20	57	
	BC	대구	2007	10	7	19	
	BC	대구	2008	11	4	21	
	BC	대구	2009	7	9	17	
브랑코	통산			5	7	8	
	클래식	경남	2014	5	6	7	14.08.15~
	승강PO	경남	2014	0	1	1	
비츠케이	통산			17	18	5	
	BC	대우	1991	17	18	5	
빙가다	통산			25	6	6	
	BC	서울	2010	25	6	6	~10.12.13
샤키(세큘라리치)	통산			7	6	10	
	BC	부산	1996	7	6	10	~96.07.21
서정원	통산			53	28	33	
	클래식	수원	2013	15	8	15	
	클래식	수원	2014	19	10	9	
	클래식	수원	2015	19	10	9	
송광환	통산			0	1	1	
	클래식	경남	2013	0	1	1	13.05.23~13.06.01
송선호	통산			13	7	10	
	챌린지	부천	2015	13	7	10	15.05.29~15.12.31
신우성	통산			4	2	8	
	BC	대우	1995	4	2	8	1995.08.04~
신윤기	통산			6	3	8	
	BC	부산	1999	6	3	8	99.06.10~99.09.08
신진원	통산			0	0	2	
	BC	대전	2011	0	0	2	11.07.06~11.07.17
신태용	통산			58	42	53	
	BC	성남	2009	19	10	11	
	BC	성남	2010	14	12	8	
	BC	성남	2011	11	10	14	
	BC	성남	2012	14	10	20	~12.12.08
신홍기	통산			0	0	1	
	클래식	전북	2013	0	0	1	13.06.20~13.06.27
안익수	통산			49	30	42	
	BC	부산	2011	19	7	13	
	BC	부산	2012	13	14	17	~12.12.13
	클래식	성남	2013	17	9	12	~13.12.22
알툴	통산			30	23	41	
	BC	제주	2008	9	10	17	
	BC	제주	2009	10	7	14	~09.10.14
	챌린지	강원	2014	11	6	10	~14.09.18
앤디 에글리	통산			9	12	15	
	BC	부산	2006	5	3	5	06.08.23~
	BC	부산	2007	4	9	10	~07.06.30

엥 겔	통산			12	11	7	
	BC	대우	1990	12	11	7	
여 범 규	통산			7	5	7	
	챌린지	광주	2013	7	5	7	~13.08.16
왕 선 재	통산			15	20	35	
	BC	대전	2009	6	5	6	09.06.27~
	BC	대전	2010	6	8	18	
	BC	대전	2011	3	7	11	~11.07.05
유 상 철	통산			16	14	26	
	BC	대전	2011	3	3	6	11.07.18~
	BC	대전	2012	13	11	20	~12.12.01
윤 덕 여	통산			0	0	1	
	BC	전남	2012	0	0	1	12.08.12~~12.08.12
윤 성 효	통산			76	52	67	
	BC	수원	2010	10	5	4	10.06.08~
	BC	수원	2011	18	6	10	
	BC	수원	2012	20	13	11	~12.12.11
	클래식	부산	2013	14	10	14	
	클래식	부산	2014	10	13	15	
	클래식	부산	2015	13	14	11	~15.07.12
윤 정 환	통산			13	14	11	
	클래식	울산	2015	13	14	11	
이 강 조	통산			59	72	157	
	BC	광주상무	2003	13	7	24	
	BC	광주상무	2004	10	13	13	
	BC	광주상무	2005	7	8	21	
	BC	광주상무	2006	9	10	20	
	BC	광주상무	2007	5	9	22	
	BC	광주상무	2008	3	10	23	
	BC	광주상무	2009	9	4	19	
	BC	광주상무	2010	3	11	15	~10.10.27
이 상 윤	통산			2	4	7	
	클래식	성남	2014	2	4	7	14.04.23~14.08.26
이 성 길	통산			4	9	5	14.07.25~
	챌린지	고양	2014	2	4	7	14.04.23~14.08.26
이 수 철	통산			6	7	12	
	BC	광주상무	2010	0	1	2	10.10.28~
	BC	상주	2011	6	6	10	11.01.12~11.07.13
이 영 무	통산			30	26	37	
	챌린지	고양	2013	10	11	14	
	챌린지	고양	2014	7	5	6	~14.07.24
	챌린지	고양	2015	13	10	17	15.02.16~
이 영 민	통산			12	7	7	
	챌린지	안양	2015	12	7	7	15.06.16~
이 영 진	통산			34	29	46	
	BC	대구	2010	7	5	21	
	BC	대구	2011	9	11	15	~11.11.01
	챌린지	대구	2015	18	13	10	
이 영 진	통산			0	1		
	클래식	성남	2014	0	1	0	14.08.27~14.09.04
이 우 형	통산			28	23	34	
	챌린지	안양	2013	12	9	14	
	챌린지	안양	2014	15	6	15	
	챌린지	안양	2015	1	8	5	~15.06.16
이 장 수	통산			55	46	52	
	BC	천안	1996	11	10	19	
	BC	전남	2004	14	11	12	~04.12.13
	BC	서울	2005	13	10	13	05.01.03~
	BC	서울	2006	17	15	8	
이 재 철	통산			2	3	9	
	챌린지	충주	2013	2	3	9	~13.06.19
이 종 환	통산			22	20	16	
	BC	유공	1983	5	7	4	
	BC	유공	1984	13	9	6	
	BC	유공	1985	4	4	6	~85.07.21
이 차 만	통산			90	74	65	
	BC	대우	1987	16	14	2	
	BC	대우	1988	8	5	11	
	BC	대우	1989	14	14	12	
	BC	대우	1992	4	13	9	~92.09.23
	BC	부산	1997	22	11	5	
	BC	부산	1998	17	6	12	
	BC	부산	1999	7	2	5	~99.06.09
	클래식	경남	2014	2	9	9	~14.08.14
이 태 호	통산			13	22	35	
	BC	대전	2001	9	10	16	
	BC	대전	2002	4	12	19	
이 회 택	통산			139	129	130	
	BC	포항제철	1987	16	8	8	
	BC	포항제철	1988	9	9	6	
	BC	포항제철	1989	13	14	13	
	BC	포항제철	1990	9	10	11	
	BC	포항제철	1991	12	15	13	
	BC	포항제철	1992	16	14	10	
	BC	전남	1998	0	1	0	98.10.15~
	BC	전남	1999	14	6	18	
	BC	전남	2000	14	10	15	
	BC	전남	2001	8	11	16	
	BC	전남	2002	11	11	13	
	BC	전남	2003	17	20	7	
이 흥 실	통산			31	28	25	
	BC	전북	2012	22	13	9	12.01.05~12.12.12
	챌린지	안산	2015	9	15	16	15.02.14~
임 창 수	통산			3	8	17	
	BC	국민은행	1984	3	8	17	
장 외 룡	통산			50	42	47	
	BC	부산	1999	8	0	5	99.09.09~
	BC	인천	2004	4	5	3	04.08.31~
	BC	인천	2005	19	9	11	
	BC	인천	2006	8	16	15	
	BC	인천	2008	11	12	13	
장 운 수	통산			45	23	25	
	BC	대우	1983	6	7	3	

	BC	대우	1984	13	5	2	84.06.21~
	BC	대우	1985	9	7	5	
	BC	대우	1986	17	4	15	
장종대	통산			6	7	8	
	BC	상무	1985	6	7	8	
정병탁	통산			10	12	23	
	BC	전남	1995	9	10	16	
	BC	전남	1996	1	2	7	~96.05.27
정종수	통산			4	3	4	
	BC	울산	2000	4	3	4	00.06.15~00.08.21
정해성	통산			63	67	78	
	BC	부천SK	2004	6	19	11	
	BC	부천SK	2005	17	9	10	
	BC	제주	2006	11	12	16	
	BC	제주	2007	10	8	18	
	BC	전남	2011	14	11	10	
	BC	전남	2012	5	8	13	~12.08.10
정해원	통산			1	1	7	
	BC	대우	1994	1	1	7	94.06.22~94.09.07
조광래	통산			140	119	125	
	BC	대우	1992	5	6	3	92.09.24~
	BC	대우	1993	8	15	12	
	BC	대우	1994	4	8	6	~94.06.21
	BC	안양LG	1999	14	6	19	
	BC	안양LG	2000	20	9	10	
	BC	안양LG	2001	14	11	10	
	BC	안양LG	2002	17	9	10	
	BC	안양LG	2003	14	14	16	
	BC	서울	2004	9	16	11	
	BC	경남	2008	13	9	14	
	BC	경남	2009	11	11	10	
	BC	경남	2010	11	5	4	~10.07.31
조덕제	통산			46	32	37	
	챌린지	수원FC	2013	13	8	14	
	챌린지	수원FC	2014	12	12	12	
	챌린지	수원FC	2015	19	12	11	
	승강PO	수원FC	2015	2	0	0	
조동현	통산			36	15	21	
	챌린지	경찰	2013	20	4	11	
	챌린지	안산	2014	16	11	10	
조민국	통산			13	11	14	
	클래식	울산	2014	13	11	14	~14.11.30
조성환	통산			14	8	16	
	클래식	제주	2015	14	8	16	
조영증	통산			31	33	47	
	BC	LG	1994	15	9	12	
	BC	LG	1995	6	13	16	
	BC	안양LG	1996	10	11	19	
조윤옥	통산			4	1	3	
	BC	대우	1984	4	1	3	~84.06.20
조윤환	통산			94	67	81	
	BC	유공	1994	2	2	0	94.11.01~
	BC	부천SK	1999	22	0	16	
	BC	부천SK	2000	19	11	13	
	BC	부천SK	2001	4	6	10	~01.08.14
	BC	전북	2001	3	2	0	01.10.04~
	BC	전북	2002	11	12	12	
	BC	전북	2003	18	15	11	
	BC	전북	2004	13	12	11	
	BC	전북	2005	2	7	8	~05.06.13
조중연	통산			22	19	17	
	BC	현대	1986	15	7	4	86.04.23~
	BC	현대	1987	7	12	13	
조진호	통산			26	15	17	
	BC	제주	2009	0	1	2	09.10.15~09.11.01
	클래식	대전	2013	5	2	1	13.10.05~
	챌린지	대전	2014	20	10	6	
	클래식	대전	2015	1	2	8	~15.05.21
차경복	통산			131	83	101	
	BC	전북	1995	11	6	18	
	BC	전북	1996	12	10	18	~96.12.05
	BC	천안	1998	2	1	5	98.09.09~
	BC	천안	1999	12	7	18	
	BC	성남	2000	19	12	10	
	BC	성남	2001	16	13	7	
	BC	성남	2002	19	12	7	
	BC	성남	2003	27	10	7	
	BC	성남	2004	13	12	11	
차범근	통산			157	119	116	
	BC	현대	1991	13	16	11	
	BC	현대	1992	16	8	16	
	BC	현대	1993	14	10	11	
	BC	현대	1994	12	16	8	
	BC	수원	2004	17	14	8	
	BC	수원	2005	13	14	9	
	BC	수원	2006	14	16	12	
	BC	수원	2007	21	8	10	
	BC	수원	2008	25	8	7	
	BC	수원	2009	8	8	14	
	BC	수원	2010	4	1	10	~10.06.07
최강희	통산			161	82	88	
	BC	전북	2005	2	3	7	05.07.11~
	BC	전북	2006	11	13	15	
	BC	전북	2007	12	12	12	
	BC	전북	2008	17	8	14	
	BC	전북	2009	19	8	7	
	BC	전북	2010	22	7	9	
	BC	전북	2011	20	9	4	~11.12.21
	클래식	전북	2013	12	6	6	13.06.27~
	클래식	전북	2014	24	9	5	
	클래식	전북	2015	22	7	9	
최덕주	통산			13	8	15	
	챌린지	대구	2014	13	8	15	~14.11.18

최 만 희	통산			73	55	111	
	BC	전북	1997	7	14	14	
	BC	전북	1998	14	4	17	
	BC	전북	1999	14	5	17	
	BC	전북	2000	14	6	17	
	BC	전북	2001	4	3	10	~01.07.18
	BC	광주	2011	10	8	17	
	BC	광주	2012	10	15	19	~12.12.02
최 문 식	통산			3	5	18	
	클래식	대전	2015	3	5	18	15.06.01~
최 순 호	통산			74	61	99	
	BC	포항	2000	2	2	6	00.08.01~
	BC	포항	2001	14	8	13	
	BC	포항	2002	11	11	13	
	BC	포항	2003	17	13	14	
	BC	포항	2004	13	13	13	
	BC	강원	2009	8	7	18	
	BC	강원	2010	8	6	18	
	BC	강원	2011	1	1	4	~11.04.07
최 영 준	통산			0	2	5	
	클래식	부산	2015	0	2	3	15.10.12~
	승강PO	부산	2015	0	0	2	
최 용 수	통산			93	48	42	
	BC	서울	2011	15	4	6	11.04.27~
	BC	서울	2012	29	9	6	
	클래식	서울	2013	17	11	10	
	클래식	서울	2014	15	13	10	
	클래식	서울	2015	17	11	10	
최 윤 겸	통산			80	93	81	
	BC	부천SK	2001	5	9	1	01.08.15~
	BC	부천	2002	8	4	9	~02.09.01
	BC	대전	2003	18	11	15	03.01.03~
	BC	대전	2004	11	13	12	
	BC	대전	2005	9	16	11	
	BC	대전	2006	12	16	11	
	BC	대전	2007	4	12	7	~07.06.30
	챌린지	강원	2015	13	12	15	
최 은 택	통산			20	16	21	
	BC	포항제철	1985	9	7	5	
	BC	포항제철	1986	11	9	16	
최 진 한	통산			40	33	65	
	BC	경남	2011	16	7	14	
	BC	경남	2012	14	8	22	
	클래식	경남	2013	2	6	3	~13.05.22
	챌린지	부천	2014	6	9	21	14.02.06~
	챌린지	부천	2015	2	3	5	~15.05.29
트 나 즈 트 르 판	통산			3	7	13	
	BC	부천SK	2002	3	6	5	02.09.02~
	BC	부천SK	2003	0	1	8	~03.05.15
파리아스	통산			83	55	43	
	BC	포항	2005	15	15	6	
	BC	포항	2006	19	9	12	
	BC	포항	2007	17	12	12	
	BC	포항	2008	14	7	8	
	BC	포항	2009	18	12	5	
파 비 오	통산			6	3	4	
	클래식	전북	2013	6	3	4	~13.06.19
페 트 코 비 치	통산			26	23	28	
	BC	인천	2009	13	15	8	
	BC	인천	2010	7	2	7	~10.06.08
	클래식	경남	2013	6	6	13	13.06.02~13.12.16
포터필드	통산			30	40	53	
	BC	부산	2003	13	10	21	
	BC	부산	2004	8	16	12	
	BC	부산	2005	9	11	17	
	BC	부산	2006	0	3	3	~06.04.03
하 석 주	통산			31	28	34	
	BC	전남	2012	8	6	3	12.08.14~
	클래식	전남	2013	9	13	16	
	클래식	전남	2014	14	9	15	~14.11.30
하 재 훈	통산			3	11	21	
	BC	부천SK	2003	3	11	21	03.05.16~03.11.20
한 홍 기	통산			16	11	17	
	BC	포항제철	1983	6	4	6	
	BC	포항제철	1984	10	7	11	
함 흥 철	통산			19	24	22	
	BC	할렐루야	1983	6	8	2	
	BC	할렐루야	1984	10	9	9	
	BC	할렐루야	1985	3	7	11	
허 정 무	통산			121	128	113	
	BC	포항제철	1993	12	14	9	
	BC	포항제철	1994	14	13	9	
	BC	포항	1995	16	13	6	
	BC	전남	1996	9	9	12	96.05.28~
	BC	전남	1997	17	15	4	
	BC	전남	1998	13	5	17	~98.10.14
	BC	전남	2005	10	11	15	05.01.03~
	BC	전남	2006	13	15	11	
	BC	전남	2007	7	9	11	
	BC	인천	2010	2	6	3	10.08.23~
	BC	인천	2011	7	16	12	
	BC	인천	2012	1	2	4	~12.04.11
황 보 관	통산			1	3	3	
	BC	서울	2011	1	3	3	11.01.05~11.04.26
황 선 홍	통산			132	78	93	
	BC	부산	2008	10	8	19	
	BC	부산	2009	12	11	15	
	BC	부산	2010	11	10	12	~10.12.12
	BC	포항	2011	21	8	8	
	BC	포항	2012	23	8	13	
	클래식	포항	2013	21	11	6	
	클래식	포항	2014	16	10	12	
	클래식	포항	2015	18	12	8	

가브리엘 (Gabriel Lima) 브라질 1978.06.13

리그	연도	소속	출장	교체	득점	도움	파울	경고	퇴장
BC	2006	대구	17	15	2	3	35	3	0
	합계		17	15	2	3	35	3	0
프로통산			17	15	2	3	35	3	0

가비 (Gabriel Popescu) 루마니아 1973.12.25

리그	연도	소속	출장	교체	득점	도움	파울	경고	퇴장
BC	2002	수원	24	10	6	1	59	8	0
	2003	수원	31	4	6	2	61	6	0
	2004	수원	4	4	0	1	2	0	0
	합계		59	18	12	4	122	14	0
프로통산			59	18	12	4	122	14	0

가솔현 (賈率賢) 고려대 1991.02.12

리그	연도	소속	출장	교체	득점	도움	파울	경고	퇴장
챌	2013	안양	20	0	3	0	37	5	0
	2014	안양	26	1	1	2	35	6	0
	2015	안양	26	1	1	0	28	7	0
	합계		72	2	5	2	100	18	0
프로통산			72	2	5	2	100	18	0

가우초 (Eric Freire Gomes) 브라질 1972.09.22

리그	연도	소속	출장	교체	득점	도움	파울	경고	퇴장
BC	2004	부산	13	8	4	0	26	3	0
	합계		13	8	4	0	26	3	0
프로통산			13	8	4	0	26	3	0

가이모토 (Kaimoto Kojiro) 일본 1977.10.14

리그	연도	소속	출장	교체	득점	도움	파울	경고	퇴장
BC	2001	성남	1	1	0	0	4	1	0
	2002	성남	21	11	0	1	36	2	0
	합계		22	12	0	1	40	3	0
프로통산			22	12	0	1	40	3	0

감한솔 (甘한솔) 경희대 1993.11.19

리그	연도	소속	출장	교체	득점	도움	파울	경고	퇴장
챌	2015	대구	7	6	0	0	5	1	0
	합계		7	6	0	0	5	1	0
프로통산			7	6	0	0	5	1	0

강경호 (姜京昊) 한양대 1957.02.02

리그	연도	소속	출장	교체	득점	도움	파울	경고	퇴장
BC	1983	국민	5	4	0	0	1	0	0
	1984	국민	11	3	3	0	11	1	0
	합계		16	7	3	0	12	1	0
프로통산			16	7	3	0	12	1	0

강구남 (姜求南) 경희대 1987.07.31

리그	연도	소속	출장	교체	득점	도움	파울	경고	퇴장
BC	2008	대전	4	4	0	1	3	0	0
	2009	광주상	2	2	0	0	4	0	0
	2010	광주상	6	5	0	0	8	0	0
	2011	대전	6	5	0	0	5	1	0
	합계		18	16	0	1	20	1	0
프로통산			18	16	0	1	20	1	0

강금철 (姜錦哲) 전주대 1972.03.19

리그	연도	소속	출장	교체	득점	도움	파울	경고	퇴장
BC	1995	전북	2	2	0	0	5	0	0
	1996	전북	0	0	0	0	0	0	0
	1999	전북	10	9	1	1	10	1	0
	2000	전북	5	4	0	0	5	2	0
	2001	전북	13	3	0	0	28	1	0
	합계		30	18	1	1	48	4	0
프로통산			30	18	1	1	48	4	0

강기원 (康己源) 고려대 1981.10.07

리그	연도	소속	출장	교체	득점	도움	파울	경고	퇴장
BC	2004	울산	11	10	0	0	11	1	0
	2005	울산	4	2	0	0	4	0	0
	2006	경남	18	11	0	0	23	2	0
	2007	경남	30	15	0	0	30	5	0
	2008	경남	2	1	0	0	1	1	0
	합계		65	39	0	0	69	9	0
프로통산			65	39	0	0	69	9	0

강대희 (姜大熙) 경희고 1977.02.02

리그	연도	소속	출장	교체	득점	도움	파울	경고	퇴장
BC	2000	수원	15	11	0	0	18	0	0
	2003	대구	4	4	0	0	2	0	0
	합계		19	15	0	0	20	0	0
프로통산			19	15	0	0	20	0	0

강동구 (姜冬求) 관동대 1983.08.04

리그	연도	소속	출장	교체	득점	도움	파울	경고	퇴장
BC	2007	제주	4	2	0	0	5	1	0
	2008	제주	12	7	0	0	7	0	0
	합계		16	9	0	0	12	1	0
프로통산			16	9	0	0	12	1	0

강두호 (康斗豪) 건국대 1978.03.28

리그	연도	소속	출장	교체	득점	도움	파울	경고	퇴장
BC	2007	제주	4	3	0	0	8	1	0
	합계		4	3	0	0	8	1	0
프로통산			4	3	0	0	8	1	0

강득수 (姜得壽) 연세대 1961.08.16

리그	연도	소속	출장	교체	득점	도움	파울	경고	퇴장
BC	1984	럭금	27	4	2	6	25	1	0
	1985	럭금	21	0	5	3	18	1	0
	1986	럭금	17	1	2	10	19	0	0
	1987	럭금	31	7	4	3	24	0	0
	1988	럭금	23	1	3	5	19	2	0
	1989	럭금	20	1	4	7	21	1	0
	1990	현대	20	1	1	4	24	0	0
	1991	현대	19	14	1	4	19	0	0
	합계		178	29	22	42	169	5	0
프로통산			178	29	22	42	169	5	0

강만영 (姜萬永) 인천대 1962.06.14

리그	연도	소속	출장	교체	득점	도움	파울	경고	퇴장
BC	1988	럭금	15	7	2	1	13	1	0
	1989	럭금	12	12	0	1	7	0	0
	합계		27	19	2	2	20	1	0
프로통산			27	19	2	2	20	1	0

강명철 (姜明鐵) 경희대 1984.06.20

리그	연도	소속	출장	교체	득점	도움	파울	경고	퇴장
BC	2007	서울	1	1	0	0	1	0	0
	합계		1	1	0	0	1	0	0
프로통산			1	1	0	0	1	0	0

강민 (康忞) 건국대 1989.06.07

리그	연도	소속	출장	교체	득점	도움	파울	경고	퇴장
챌	2013	광주	6	2	0	0	2	0	0
	합계		6	2	0	0	2	0	0
프로통산			6	2	0	0	2	0	0

강민수 (姜敏壽) 고양고 1986.02.14

리그	연도	소속	출장	교체	득점	도움	파울	경고	퇴장
BC	2005	전남	13	4	0	0	33	6	0
	2006	전남	28	3	0	0	38	9	0
	2007	전남	18	0	1	0	27	3	1
	2008	전북	28	6	0	0	48	8	0
	2009	제주	22	2	0	0	35	11	0
	2010	수원	24	5	2	0	40	6	0
	2011	울산	32	10	2	0	34	7	0
	2012	울산	32	7	2	0	40	7	0
	합계		197	37	7	0	295	57	1
클	2013	울산	37	0	2	1	47	5	0
	2014	울산	11	0	0	1	15	4	0
	2014	상주	19	2	1	0	25	6	0
	합계		67	2	3	2	87	15	0
챌	2015	상주	27	7	0	1	28	5	0
	합계		27	7	0	1	28	5	0
프로통산			291	46	10	3	410	77	1

강민우 (姜民右) 동국대 1987.03.26

리그	연도	소속	출장	교체	득점	도움	파울	경고	퇴장
BC	2010	강원	0	0	0	0	0	0	0
	2011	상주	2	2	0	0	0	0	0
	2012	상주	0	0	0	0	0	0	0
	합계		2	2	0	0	0	0	0
프로통산			2	2	0	0	0	0	0

강민혁 (康珉赫) 대구대 1982.07.10

리그	연도	소속	출장	교체	득점	도움	파울	경고	퇴장
BC	2006	경남	35	1	1	0	59	9	0
	2007	제주	18	2	1	0	17	3	0
	2008	광주상	19	3	0	0	11	1	0
	2009	광주상	27	1	0	0	25	3	0
	2009	제주	2	0	0	0	2	0	0
	2010	제주	29	4	0	0	26	2	0
	2011	제주	21	3	0	0	21	3	1
	2012	경남	41	6	0	2	57	8	0
	합계		192	20	2	2	218	29	1
클	2013	경남	27	6	0	0	37	3	0
	합계		27	6	0	0	37	3	0
프로통산			219	26	2	2	255	32	1

강상우 (姜傷佑) 경희대 1993.10.07

리그	연도	소속	출장	교체	득점	도움	파울	경고	퇴장
클	2014	포항	8	8	0	0	10	1	0
	2015	포항	5	4	1	0	6	0	0
	합계		13	12	1	0	16	1	0
프로통산			13	12	1	0	16	1	0

강상진 (姜相珍) 중앙대 1970.12.03

리그	연도	소속	출장	교체	득점	도움	파울	경고	퇴장
BC	1993	대우	9	6	0	0	15	3	0
	1994	대우	2	2	0	0	0	0	0
	합계		11	8	0	0	15	3	0
프로통산			11	8	0	0	15	3	0

강상협 (姜尙協) 동래고 1977.12.17

리그	연도	소속	출장	교체	득점	도움	파울	경고	퇴장
BC	1995	포항	0	0	0	0	0	0	0
	1996	포항	0	0	0	0	0	0	0
	합계		0	0	0	0	0	0	0
프로통산			0	0	0	0	0	0	0

강선규 (康善圭) 건국대 1986.04.20

리그	연도	소속	출장	교체	득점	도움	파울	경고	퇴장
BC	2008	대전	17	4	0	1	36	3	0
	2010	강원	5	0	0	1	10	0	0
	합계		22	4	0	2	46	3	0
프로통산			22	4	0	2	46	3	0

강성관 (姜聖觀) 상지대 1987.11.06

리그	연도	소속	출장	교체	실점	도움	파울	경고	퇴장
BC	2010	성남	3	0	4	0	0	0	0
	2011	성남	4	0	4	0	1	0	0
	2012	상주	0	0	0	0	0	0	0
	합계		7	0	8	0	1	0	0
클	2013	성남	0	0	0	0	0	0	0
	합계		0	0	0	0	0	0	0
챌	2013	상주	0	0	0	0	0	0	0
	2014	강원	1	0	2	0	0	0	0
	2015	강원	12	2	11	0	0	0	0
	합계		13	2	13	0	0	0	0
프로통산			20	2	21	0	1	0	0

강성민 (姜成敏) 경희대 1974.04.24

리그	연도	소속	출장	교체	득점	도움	파울	경고	퇴장
BC	1995	전북	10	6	2	0	4	1	0
	1996	전북	7	7	0	0	1	0	0

리그	연도	소속	출장	교체	득점	도움	파울	경고	퇴장
	1998	전북	2	2	0	1	0	0	0
	합계		19	15	2	1	5	1	0
프로통산			19	15	2	1	5	1	0

강성일 (姜成一) 한양대 1979.06.04

리그	연도	소속	출장	교체	실점	도움	파울	경고	퇴장
BC	2002	대전	1	0	2	0	0	0	0
	2003	대전	0	0	0	0	0	0	0
	2004	대전	0	0	0	0	0	0	0
	합계		1	0	2	0	0	0	0
프로통산			1	0	2	0	0	0	0

강성호 (姜聲浩) 여주상고 1971.02.22

리그	연도	소속	출장	교체	득점	도움	파울	경고	퇴장
BC	1998	전북	9	7	0	0	14	0	0
	합계		9	7	0	0	14	0	0
프로통산			9	7	0	0	14	0	0

강수일 (姜修一) 상지대 1987.07.15

리그	연도	소속	출장	교체	득점	도움	파울	경고	퇴장
BC	2007	인천	2	2	0	1	0	0	0
	2008	인천	5	4	0	0	3	0	0
	2009	인천	26	17	5	1	12	5	0
	2010	인천	25	21	4	1	15	2	0
	2011	제주	25	20	3	1	17	1	0
	2012	제주	32	23	3	2	27	2	0
	합계		115	87	15	6	74	10	0
클	2013	제주	27	20	1	3	21	4	0
	2014	포항	29	21	6	3	36	2	0
	2015	제주	14	7	5	2	8	1	0
	합계		70	48	12	8	65	7	0
프로통산			185	135	27	14	139	17	0

강승조 (康承助) 단국대 1986.01.20

리그	연도	소속	출장	교체	득점	도움	파울	경고	퇴장
BC	2008	부산	5	4	0	0	7	2	0
	2009	부산	22	13	4	1	36	8	0
	2010	전북	29	15	5	2	43	7	0
	2011	전북	4	4	0	0	2	1	0
	2011	경남	9	1	1	1	17	6	0
	2012	경남	32	9	5	4	57	4	1
	합계		101	46	15	8	162	28	1
클	2013	경남	26	14	4	6	26	4	1
	2014	서울	17	14	0	1	18	2	0
	합계		43	28	4	7	44	6	1
챌	2015	안산	19	8	2	2	27	7	0
	합계		19	8	2	2	27	7	0
프로통산			163	82	21	17	233	41	2

강신우 (姜信寓) 서울대 1959.03.18

리그	연도	소속	출장	교체	득점	도움	파울	경고	퇴장
BC	1983	대우	15	1	0	0	26	2	0
	1984	대우	27	6	5	3	29	2	0
	1985	대우	13	2	1	1	14	0	0
	1986	대우	29	11	1	0	36	0	0
	1987	럭금	18	8	0	0	11	1	0
	합계		102	28	7	4	116	5	0
프로통산			102	28	7	4	116	5	0

강영철 (姜英喆)

리그	연도	소속	출장	교체	득점	도움	파울	경고	퇴장
BC	1983	대우	1	2	0	0	0	0	0
	합계		1	2	0	0	0	0	0
프로통산			1	2	0	0	0	0	0

강용 (康勇) 고려대 1979.01.14

리그	연도	소속	출장	교체	득점	도움	파울	경고	퇴장
BC	2001	포항	10	3	0	1	23	2	0
	2002	포항	7	6	0	0	6	2	0
	2003	포항	37	6	2	4	73	3	1
	2004	포항	31	13	1	1	52	4	0
	2005	전남	12	6	0	0	27	1	0
	2006	광주상	25	6	4	2	45	3	0
	2007	광주상	26	3	0	1	50	2	1
	2008	전남	0	0	0	0	0	0	0
	2009	강원	14	1	0	1	20	0	0
	2011	대구	9	1	0	0	15	3	0
	2012	대구	10	6	1	0	14	5	0
	합계		181	51	8	10	325	25	2
클	2013	인천	4	1	0	0	5	1	0
	합계		4	1	0	0	5	1	0
프로통산			185	52	8	10	330	26	2

강용국 (康龍國) 동국대 1961.11.17

리그	연도	소속	출장	교체	득점	도움	파울	경고	퇴장
BC	1985	한일	19	11	1	1	22	0	0
	1986	한일	5	5	0	1	3	0	0
	합계		24	16	1	2	25	0	0
프로통산			24	16	1	2	25	0	0

강우람 (姜우람) 광운대 1986.05.04

리그	연도	소속	출장	교체	득점	도움	파울	경고	퇴장
BC	2012	대전	0	0	0	0	0	0	0
	합계		0	0	0	0	0	0	0
프로통산			0	0	0	0	0	0	0

강원길 (姜源吉) 전북대 1968.03.17

리그	연도	소속	출장	교체	득점	도움	파울	경고	퇴장
BC	1994	버팔로	26	7	0	0	31	1	0
	1995	전북	25	5	1	0	31	4	0
	합계		51	12	1	0	62	5	0
프로통산			51	12	1	0	62	5	0

강인준 (康仁準) 호남대 1987.10.27

리그	연도	소속	출장	교체	득점	도움	파울	경고	퇴장
BC	2010	제주	0	0	0	0	0	0	0
	2011	제주	0	0	0	0	0	0	0
	2011	대전	1	1	0	0	1	0	1
	합계		1	1	0	0	1	0	1
프로통산			1	1	0	0	1	0	1

강재순 (姜才淳) 성균관대 1964.12.15

리그	연도	소속	출장	교체	득점	도움	파울	경고	퇴장
BC	1987	현대	5	5	0	0	0	0	0
	1988	현대	22	3	4	3	32	3	0
	1989	현대	40	0	6	6	52	0	0
	1991	현대	27	19	3	1	19	1	0
	1992	현대	29	22	4	3	39	1	0
	1993	현대	32	8	9	3	43	2	0
	1994	현대	25	10	0	3	25	0	0
	1995	현대	16	17	2	2	12	1	0
	합계		196	84	28	21	222	8	0
프로통산			196	84	28	21	222	8	0

강재욱 (姜宰旭) 홍익대 1985.04.05

리그	연도	소속	출장	교체	득점	도움	파울	경고	퇴장
BC	2009	서울	0	0	0	0	0	0	0
	합계		0	0	0	0	0	0	0
프로통산			0	0	0	0	0	0	0

강정대 (姜征大) 한양대 1971.08.22

리그	연도	소속	출장	교체	득점	도움	파울	경고	퇴장
BC	1997	대전	17	0	0	0	25	2	0
	1998	대전	20	6	0	1	26	3	0
	1999	대전	19	9	1	1	26	1	0
	2000	대전	3	3	0	0	1	0	0
	합계		59	18	1	2	78	6	0
프로통산			59	18	1	2	78	6	0

강정훈 (姜正勳) 건국대 1987.12.16

리그	연도	소속	출장	교체	득점	도움	파울	경고	퇴장
BC	2010	서울	4	3	0	0	9	1	0
	2011	서울	9	10	2	1	7	1	0
	2012	서울	3	2	0	0	3	0	0
	합계		16	15	2	1	19	2	0
클	2013	서울	0	0	0	0	0	0	0
	2013	강원	13	11	0	1	10	2	0
	합계		13	11	0	1	10	2	0
프로통산			29	26	2	2	29	4	0

강정훈 (姜政勳) 한양대 1976.02.20

리그	연도	소속	출장	교체	득점	도움	파울	경고	퇴장
BC	1998	대전	21	20	1	1	13	3	0
	1999	대전	25	21	1	2	28	1	0
	2000	대전	27	20	1	3	25	2	0
	2001	대전	6	6	0	0	10	1	0
	2002	대전	25	8	0	1	39	5	0
	2003	대전	28	12	1	2	52	1	0
	2004	대전	33	8	1	1	71	8	0
	2005	대전	34	4	2	2	92	5	0
	2006	대전	34	6	1	0	72	6	0
	2007	대전	26	10	0	0	51	4	0
	합계		259	115	8	12	453	36	0
프로통산			259	115	8	12	453	36	0

강종구 (姜宗求) 동의대 1989.05.08

리그	연도	소속	출장	교체	득점	도움	파울	경고	퇴장
BC	2011	포항	1	1	0	0	0	0	0
	합계		1	1	0	0	0	0	0
프로통산			1	1	0	0	0	0	0

강종국 (姜種麴) 홍익대 1991.11.12

리그	연도	소속	출장	교체	득점	도움	파울	경고	퇴장
클	2013	경남	14	13	2	1	18	2	0
	합계		14	13	2	1	18	2	0
챌	2014	안산	12	9	0	0	5	1	0
	2015	안산	6	6	0	1	4	1	0
	2015	경남	1	1	0	0	0	0	0
	합계		19	16	0	1	9	2	0
프로통산			33	29	2	2	27	4	0

강주호 (姜周澔) 경희대 1989.03.26

리그	연도	소속	출장	교체	득점	도움	파울	경고	퇴장
BC	2012	전북	2	2	0	0	2	0	0
	합계		2	2	0	0	2	0	0
챌	2013	충주	31	19	3	3	58	9	0
	합계		31	19	3	3	58	9	0
프로통산			33	21	3	3	60	9	0

강준우 (康準佑) 인천대 1982.06.03

리그	연도	소속	출장	교체	득점	도움	파울	경고	퇴장
BC	2007	제주	15	10	0	0	20	1	0
	2008	제주	19	3	1	0	23	6	0
	2009	제주	19	4	0	1	27	6	0
	2010	제주	4	0	0	0	10	1	0
	2011	제주	23	5	0	1	28	9	0
	합계		80	22	1	2	108	23	0
클	2014	제주	4	4	0	0	0	0	0
	2015	제주	10	7	0	0	6	2	0
	합계		14	11	0	0	6	2	0
프로통산			94	33	1	2	114	25	0

강준호 (姜俊好) 제주제일고 1971.11.27

리그	연도	소속	출장	교체	득점	도움	파울	경고	퇴장
BC	1994	LG	21	9	0	5	27	4	0
	1995	LG	10	5	0	1	11	1	0
	1996	안양LG	22	18	0	1	15	2	0
	1997	안양LG	26	3	0	0	51	5	1
	1998	안양LG	29	2	1	4	61	11	0
	1999	안양LG	11	8	0	1	7	1	0
	2000	안양LG	10	7	1	2	9	1	0
	2001	안양LG	2	2	0	0	1	0	0
	합계		131	54	2	14	182	25	1
프로통산			131	54	2	14	182	25	1

강지용 (姜地龍 / 강대호) 한양대 1989.11.23

리그	연도	소속	출장	교체	득점	도움	파울	경고	퇴장
BC	2009	포항	0	0	0	0	0	0	0
	2010	포항	5	2	0	0	13	2	0
	2011	포항	0	0	0	0	0	0	0
	2012	부산	1	1	0	0	0	0	0
	합계		6	3	0	0	13	2	0
챌	2014	부천	30	2	5	1	55	8	0

리그	연도	소속	출장	교체	득점	도움	파울	경고	퇴장
	2015	부천	34	2	0	0	37	6	1
	합계		64	4	5	1	92	14	1
프로통산			70	7	5	1	105	16	1

강진규 (康晉奎) 중앙대 1983.09.10

리그	연도	소속	출장	교체	득점	도움	파울	경고	퇴장
BC	2006	전남	0	0	0	0	0	0	0
	2008	광주상	8	6	0	0	5	0	0
	2009	광주상	22	17	3	1	5	0	0
	2009	전남	0	0	0	0	0	0	0
	2010	전남	3	2	0	0	3	1	0
	2011	전남	1	0	0	0	1	0	0
	합계		34	25	3	1	14	1	0
프로통산			34	25	3	1	14	1	0

강진욱 (姜珍旭) 중동고 1986.02.13

리그	연도	소속	출장	교체	득점	도움	파울	경고	퇴장
BC	2006	제주	3	1	0	0	6	0	0
	2008	광주상	14	3	0	0	34	2	0
	2009	울산	11	3	0	1	12	1	0
	2010	울산	16	12	0	1	11	1	0
	2011	울산	17	7	1	3	15	4	0
	2012	울산	19	6	0	2	19	3	0
	합계		80	32	1	7	97	11	0
클	2013	성남	6	2	0	0	4	1	0
	2015	성남	0	0	0	0	0	0	0
	합계		6	2	0	0	4	1	0
프로통산			86	34	1	7	101	12	0

강진웅 (姜珍熊) 선문대 1985.05.01

리그	연도	소속	출장	교체	실점	도움	파울	경고	퇴장
챌	2013	고양	13	1	15	0	1	0	0
	2014	고양	17	1	19	0	0	0	0
	2015	고양	18	1	35	0	0	0	0
	합계		48	3	69	0	1	0	0
프로통산			48	3	69	0	1	0	0

강창근 (姜昌根) 울산대 1956.04.28

리그	연도	소속	출장	교체	실점	도움	파울	경고	퇴장
BC	1983	국민	8	0	13	0	0	0	0
	합계		8	0	13	0	0	0	0
프로통산			8	0	13	0	0	0	0

강철 (姜喆) 연세대 1971.11.02

리그	연도	소속	출장	교체	득점	도움	파울	경고	퇴장
BC	1993	유공	9	1	1	1	15	2	0
	1994	유공	13	3	0	2	12	1	0
	1995	유공	17	0	1	2	41	2	0
	1998	부천SK	30	5	2	4	64	5	0
	1999	부천SK	34	2	1	1	46	3	0
	2000	부천SK	35	1	4	3	55	3	0
	2001	전남	18	8	1	2	25	1	0
	2002	전남	29	2	0	0	21	3	0
	2003	전남	22	3	0	0	15	1	0
	합계		207	25	10	15	294	21	0
프로통산			207	25	10	15	294	21	0

강철민 (姜澈珉) 단국대 1988.08.09

리그	연도	소속	출장	교체	득점	도움	파울	경고	퇴장
BC	2011	경남	5	1	0	0	6	0	0
	합계		5	1	0	0	6	0	0
챌	2013	경찰	4	4	0	0	1	0	0
	2014	안산	1	1	0	0	0	0	0
	합계		5	5	0	0	1	0	0
프로통산			10	6	0	0	7	0	0

강태식 (姜太植) 한양대 1963.03.15

리그	연도	소속	출장	교체	득점	도움	파울	경고	퇴장
BC	1986	포철	22	2	0	5	31	3	0
	1987	포철	30	1	3	2	52	5	0
	1988	포철	23	2	0	1	42	2	0
	1989	포철	25	7	0	2	42	1	0
	합계		100	12	3	10	167	11	0
프로통산			100	12	3	10	167	11	0

강한상 (姜漢相) 안동대 1966.03.20

리그	연도	소속	출장	교체	득점	도움	파울	경고	퇴장
BC	1988	유공	12	0	0	0	21	4	0
	1989	유공	17	1	0	0	9	2	0
	합계		29	1	0	0	30	6	0
프로통산			29	1	0	0	30	6	0

강현무 (姜賢茂) 포철고 1995.03.13

리그	연도	소속	출장	교체	득점	도움	파울	경고	퇴장
클	2015	포항	0	0	0	0	0	0	0
	합계		0	0	0	0	0	0	0
프로통산			0	0	0	0	0	0	0

강현영 (姜鉉映) 중앙대 1989.05.20

리그	연도	소속	출장	교체	득점	도움	파울	경고	퇴장
BC	2012	대구	0	0	0	0	0	0	0
	합계		0	0	0	0	0	0	0
프로통산			0	0	0	0	0	0	0

강현욱 (姜鉉旭) 충주험멜 1985.11.04

리그	연도	소속	출장	교체	득점	도움	파울	경고	퇴장
BC	2008	대전	1	0	0	0	1	0	0
	합계		1	0	0	0	1	0	0
프로통산			1	0	0	0	1	0	0

강호광 (姜鎬光) 경상대 1961.01.22

리그	연도	소속	출장	교체	득점	도움	파울	경고	퇴장
BC	1984	국민	6	3	0	0	4	0	0
	합계		6	3	0	0	4	0	0
프로통산			6	3	0	0	4	0	0

강훈 (姜訓) 광운대 1991.05.15

리그	연도	소속	출장	교체	실점	도움	파울	경고	퇴장
챌	2014	부천	19	0	26	0	2	1	0
	2015	부천	0	0	0	0	0	0	0
	합계		19	0	26	0	2	1	0
프로통산			19	0	26	0	2	1	0

게인리히 (Alexander Geynrikh) 우즈베키스탄 1984.10.06

리그	연도	소속	출장	교체	득점	도움	파울	경고	퇴장
BC	2011	수원	20	19	3	0	38	5	0
	합계		20	19	3	0	38	5	0
프로통산			20	19	3	0	38	5	0

겐나디 (Gennadi Styopushkin) 러시아 1964.06.20

리그	연도	소속	출장	교체	득점	도움	파울	경고	퇴장
BC	1995	일화	24	14	1	0	24	7	1
	1996	천안	31	2	0	1	30	8	0
	1997	안양LG	4	2	0	0	5	1	0
	합계		59	18	1	1	59	16	1
프로통산			59	18	1	1	59	16	1

견희재 (甄熙材) 고려대 1988.11.27

리그	연도	소속	출장	교체	득점	도움	파울	경고	퇴장
BC	2012	성남	0	0	0	0	0	0	0
	합계		0	0	0	0	0	0	0
프로통산			0	0	0	0	0	0	0

경재윤 (慶宰允) 동국대 1988.04.06

리그	연도	소속	출장	교체	득점	도움	파울	경고	퇴장
챌	2013	고양	0	0	0	0	0	0	0
	2014	부천	4	4	0	0	4	0	0
	합계		4	4	0	0	4	0	0
프로통산			4	4	0	0	4	0	0

고경민 (高敬旻) 한양대 1987.04.11

리그	연도	소속	출장	교체	득점	도움	파울	경고	퇴장
BC	2010	인천	2	2	0	0	0	0	0
	합계		2	2	0	0	0	0	0
챌	2013	안양	18	11	6	2	24	4	0
	2013	경찰	9	0	2	0	12	2	0
	2014	안산	34	11	11	4	40	3	0
	2015	안산	8	2	1	0	7	0	0
	2015	안양	25	7	15	1	21	3	0
	합계		94	31	35	7	104	12	0
프로통산			96	33	35	7	104	12	0

고경준 (高敬竣) 제주제일고 1987.03.07

리그	연도	소속	출장	교체	득점	도움	파울	경고	퇴장
BC	2006	수원	9	4	1	0	19	4	0
	2008	경남	0	0	0	0	0	0	0
	합계		9	4	1	0	19	4	0
프로통산			9	4	1	0	19	4	0

고광민 (高光民) 아주대 1988.09.21

리그	연도	소속	출장	교체	득점	도움	파울	경고	퇴장
BC	2011	서울	7	6	0	1	10	1	0
	2012	서울	11	12	0	0	5	0	0
	합계		18	18	0	1	15	1	0
클	2013	서울	3	3	0	0	1	0	0
	2014	서울	20	9	1	3	12	2	0
	2015	서울	28	4	0	3	20	1	0
	합계		51	16	1	6	33	3	0
프로통산			69	34	1	7	48	4	0

고기구 (高基衢) 숭실대 1980.07.31

리그	연도	소속	출장	교체	득점	도움	파울	경고	퇴장
BC	2004	부천SK	18	7	0	2	24	1	0
	2005	부천SK	30	16	5	1	56	5	0
	2006	포항	27	18	9	3	42	0	0
	2007	포항	24	18	2	0	45	2	0
	2008	전남	18	13	3	2	14	1	0
	2009	전남	12	10	0	0	15	0	0
	2010	포항	7	6	1	0	5	1	0
	2010	대전	6	5	0	1	12	0	0
	합계		142	93	20	9	213	10	0
프로통산			142	93	20	9	213	10	0

고대서 (高大舒) 관동대 1991.11.10

리그	연도	소속	출장	교체	득점	도움	파울	경고	퇴장
챌	2015	경남	6	6	0	0	5	1	0
	합계		6	6	0	0	5	1	0
프로통산			6	6	0	0	5	1	0

고대우 (高大佑) 배재대 1987.02.09

리그	연도	소속	출장	교체	득점	도움	파울	경고	퇴장
BC	2010	대전	1	1	0	0	0	0	0
	2011	대전	5	5	0	0	1	1	0
	2012	대전	2	2	0	0	0	0	0
	합계		8	8	0	0	1	1	0
챌	2014	안양	0	0	0	0	0	0	0
	합계		0	0	0	0	0	0	0
프로통산			8	8	0	0	1	1	0

고란 (Goran Jevtić) 유고슬라비아 1970.08.10

리그	연도	소속	출장	교체	득점	도움	파울	경고	퇴장
BC	1993	현대	13	8	0	0	13	2	0
	1994	현대	18	1	0	0	21	4	0
	1995	현대	16	14	0	1	18	6	0
	합계		47	23	0	1	52	12	0
프로통산			47	23	0	1	52	12	0

고래세 (高來世) 진주고 1992.03.23

리그	연도	소속	출장	교체	득점	도움	파울	경고	퇴장
BC	2011	경남	1	1	0	0	0	0	0
	2012	경남	2	3	0	0	0	0	0
	합계		3	4	0	0	0	0	0
클	2013	경남	2	1	0	0	0	1	0
	2014	경남	1	1	0	0	0	0	0
	합계		3	2	0	0	0	1	0
프로통산			6	6	0	0	0	1	0

고메스 (Anicio Gomes) 브라질 1982.04.01

리그	연도	소속	출장	교체	득점	도움	파울	경고	퇴장
BC	2010	제주	6	6	1	0	1	0	0
	합계		6	6	1	0	1	0	0
프로통산			6	6	1	0	1	0	0

고메즈 (Andre Gomes) 브라질 1975.12.23

리그	연도	소속	출장	교체	득점	도움	파울	경고	퇴장
BC	2004	전북	26	7	2	1	56	5	1

리그	연도	소속	출장	교체	득점	도움	파울	경고	퇴장
	2005	포항	7	6	0	0	9	0	1
	합계		33	13	2	1	65	5	2
프로통산			33	13	2	1	65	5	2

고명진 (高明振) 석관중 1988.01.09

리그	연도	소속	출장	교체	득점	도움	파울	경고	퇴장
BC	2004	서울	5	3	0	0	4	0	0
	2005	서울	1	0	0	0	1	0	0
	2006	서울	19	7	1	0	30	2	0
	2007	서울	12	6	1	1	15	3	0
	2008	서울	14	10	1	0	15	1	0
	2009	서울	23	16	2	1	14	4	0
	2010	서울	9	8	0	0	9	1	0
	2011	서울	24	4	2	7	42	6	0
	2012	서울	39	9	1	3	61	1	0
	합계		146	63	8	12	191	18	0
클	2013	서울	30	4	3	2	27	8	0
	2014	서울	31	4	2	1	31	3	0
	2015	서울	20	8	1	0	18	5	0
	합계		81	16	6	3	76	16	0
프로통산			227	79	14	15	267	34	0

고무열 (高武烈) 포철공고 1990.09.05

리그	연도	소속	출장	교체	득점	도움	파울	경고	퇴장
BC	2011	포항	28	16	10	3	29	2	0
	2012	포항	39	32	6	6	61	2	0
	합계		67	48	16	9	90	4	0
클	2013	포항	34	23	8	5	48	5	0
	2014	포항	27	19	5	1	47	2	0
	2015	포항	30	19	6	2	42	3	1
	합계		91	61	19	8	137	10	1
프로통산			158	109	35	17	227	14	1

고민기 (高旼奇) 고려대 1978.07.01

리그	연도	소속	출장	교체	득점	도움	파울	경고	퇴장
BC	2001	전북	1	1	0	0	1	0	0
	합계		1	1	0	0	1	0	0
프로통산			1	1	0	0	1	0	0

고민성 (高旼成) 매탄고 1995.11.20

리그	연도	소속	출장	교체	득점	도움	파울	경고	퇴장
클	2014	수원	0	0	0	0	0	0	0
	2015	수원	1	1	0	0	0	0	0
	합계		1	1	0	0	0	0	0
프로통산			1	1	0	0	0	0	0

고민혁 (高敏赫) 현대고 1996.02.10

리그	연도	소속	출장	교체	득점	도움	파울	경고	퇴장
클	2015	대전	11	9	1	1	6	1	0
	합계		11	9	1	1	6	1	0
프로통산			11	9	1	1	6	1	0

고백진 (高白鎭) 건국대 1966.05.03

리그	연도	소속	출장	교체	득점	도움	파울	경고	퇴장
BC	1989	유공	1	1	0	0	0	0	0
	합계		1	1	0	0	0	0	0
프로통산			1	1	0	0	0	0	0

고범수 (高範壽) 선문대 1980.04.16

리그	연도	소속	출장	교체	득점	도움	파울	경고	퇴장
BC	2006	광주상	8	2	0	0	12	1	0
	합계		8	2	0	0	12	1	0
프로통산			8	2	0	0	12	1	0

고병욱 (高竝旭) 광양제철고 1992.08.21

리그	연도	소속	출장	교체	득점	도움	파울	경고	퇴장
클	2015	전남	4	4	0	0	1	0	0
	합계		4	4	0	0	1	0	0
프로통산			4	4	0	0	1	0	0

고병운 (高炳運) 광운대 1973.09.28

리그	연도	소속	출장	교체	득점	도움	파울	경고	퇴장
BC	1996	포항	29	12	0	0	38	3	0
	1997	포항	33	10	0	0	57	4	0
	1998	포항	32	9	0	1	45	3	0
	2001	포항	23	11	0	1	28	1	0
	2002	포항	34	0	0	1	68	3	0
	2003	포항	42	4	0	2	90	4	0
	2005	대전	13	7	0	0	14	0	0
	2006	대전	32	8	0	1	53	4	0
	합계		238	61	0	6	393	22	0
프로통산			238	61	0	6	393	22	0

고보연 (高輔演) 아주대 1991.07.11

리그	연도	소속	출장	교체	득점	도움	파울	경고	퇴장
챌	2014	부천	11	11	1	0	13	1	0
	합계		11	11	1	0	13	1	0
프로통산			11	11	1	0	13	1	0

고봉현 (高奉玄) 홍익대 1979.07.02

리그	연도	소속	출장	교체	득점	도움	파울	경고	퇴장
BC	2003	대구	18	8	2	1	46	2	0
	2004	대구	11	7	2	0	18	1	0
	2005	대구	10	10	1	0	13	2	0
	합계		39	25	5	1	77	5	0
프로통산			39	25	5	1	77	5	0

고성민 (高成敏) 명지대 1972.09.07

리그	연도	소속	출장	교체	득점	도움	파울	경고	퇴장
BC	1995	전북	23	15	2	1	29	5	0
	1996	전북	29	20	2	1	36	2	0
	1997	전북	16	9	0	2	27	3	0
	1998	전북	1	1	0	0	0	0	0
	합계		69	45	4	4	92	10	0
프로통산			69	45	4	4	92	10	0

고슬기 (高슬기) 오산고 1986.04.21

리그	연도	소속	출장	교체	득점	도움	파울	경고	퇴장
BC	2007	포항	0	0	0	0	0	0	0
	2008	광주상	28	13	3	1	37	3	0
	2009	광주상	20	16	2	2	26	3	0
	2009	포항	1	0	0	0	4	1	0
	2010	울산	15	11	1	1	26	5	0
	2011	울산	37	10	7	2	72	10	0
	2012	울산	40	13	4	8	51	4	0
	합계		141	63	17	14	216	26	0
프로통산			141	63	17	14	216	26	0

고요한 (高요한) 토월중 1988.03.10

리그	연도	소속	출장	교체	득점	도움	파울	경고	퇴장
BC	2006	서울	1	0	0	0	0	0	0
	2007	서울	6	6	0	0	14	1	0
	2008	서울	4	3	0	0	9	2	0
	2009	서울	16	11	0	0	26	5	0
	2010	서울	7	7	1	0	11	0	0
	2011	서울	19	6	3	0	29	4	0
	2012	서울	38	4	1	2	45	7	0
	합계		91	37	5	2	134	19	0
클	2013	서울	37	25	5	3	52	3	0
	2014	서울	32	19	4	3	38	3	0
	2015	서울	33	22	2	1	34	2	0
	합계		102	66	11	7	124	8	0
프로통산			193	103	16	9	258	27	0

고은성 (高銀成) 단국대 1988.06.23

리그	연도	소속	출장	교체	득점	도움	파울	경고	퇴장
BC	2011	광주	1	0	0	0	0	1	0
	합계		1	0	0	0	0	1	0
프로통산			1	0	0	0	0	1	0

고의석 (高義錫) 명지대 1962.10.15

리그	연도	소속	출장	교체	득점	도움	파울	경고	퇴장
BC	1983	대우	4	3	0	0	5	0	0
	1983	유공	6	3	0	1	1	1	0
	1984	유공	2	1	0	0	0	0	0
	1985	상무	14	2	0	1	17	1	0
	합계		26	9	0	2	23	2	0
프로통산			26	9	0	2	23	2	0

고재성 (高在成) 대구대 1985.01.28

리그	연도	소속	출장	교체	득점	도움	파울	경고	퇴장
BC	2009	성남	25	8	1	1	49	9	0
	2010	성남	17	6	0	1	30	3	0
	2012	경남	31	18	2	5	42	5	0
	합계		73	32	3	7	121	17	0
클	2014	상주	12	10	0	1	8	0	0
	2014	경남	12	6	1	0	14	2	0
	합계		24	16	1	1	22	2	0
챌	2013	상주	28	18	3	2	33	2	0
	2015	경남	11	9	2	1	14	0	0
	합계		39	27	5	3	47	2	0
승	2013	상주	1	1	0	0	0	0	0
	2014	경남	2	2	0	1	1	0	0
	합계		3	3	0	1	1	0	0
프로통산			139	78	9	12	191	21	0

고정빈 (高正彬) 한남대 1984.02.09

리그	연도	소속	출장	교체	득점	도움	파울	경고	퇴장
BC	2007	대구	0	0	0	0	0	0	0
	합계		0	0	0	0	0	0	0
프로통산			0	0	0	0	0	0	0

고정운 (高正云) 건국대 1966.06.27

리그	연도	소속	출장	교체	득점	도움	파울	경고	퇴장
BC	1989	일화	31	3	4	8	51	0	0
	1990	일화	21	3	4	3	46	2	0
	1991	일화	40	3	13	7	82	0	0
	1992	일화	33	3	7	4	67	4	0
	1993	일화	2	1	0	0	2	0	0
	1994	일화	21	3	4	10	29	1	0
	1995	일화	29	3	5	4	65	2	0
	1996	천안	12	2	4	1	20	2	0
	1998	포항	16	1	5	6	39	4	0
	1999	포항	21	8	9	5	39	1	0
	2001	포항	4	4	0	0	2	0	0
	합계		230	34	55	48	442	16	0
프로통산			230	34	55	48	442	16	0

고종수 (高宗秀) 금호고 1978.10.30

리그	연도	소속	출장	교체	득점	도움	파울	경고	퇴장
BC	1996	수원	14	15	1	4	5	0	0
	1997	수원	15	10	3	5	30	2	1
	1998	수원	20	2	3	4	38	3	0
	1999	수원	21	4	4	7	29	1	0
	2000	수원	13	6	7	3	21	3	0
	2001	수원	20	10	10	6	29	2	0
	2002	수원	20	16	4	3	10	0	0
	2004	수원	5	5	0	0	2	0	0
	2005	전남	16	13	2	0	12	0	0
	2007	대전	11	5	1	1	12	1	0
	2008	대전	16	2	2	1	17	3	1
	합계		171	88	37	34	205	15	2
프로통산			171	88	37	34	205	15	2

고차원 (高次願) 아주대 1986.04.30

리그	연도	소속	출장	교체	득점	도움	파울	경고	퇴장
BC	2009	전남	22	14	2	2	20	3	0
	2010	전남	9	8	0	1	2	0	0
	2011	상주	33	22	4	1	41	2	0
	2012	상주	18	15	3	1	26	2	0
	2012	전남	4	3	2	0	1	0	0
	합계		86	62	11	5	90	7	0
클	2013	수원	1	1	0	0	0	0	0
	2014	수원	26	21	3	1	14	1	0
	2015	수원	25	16	0	0	18	2	0
	합계		52	38	3	1	32	3	0
프로통산			138	100	14	6	122	10	0

고창현 (高昌賢) 초당대 1983.09.15

리그	연도	소속	출장	교체	득점	도움	파울	경고	퇴장
BC	2002	수원	5	4	0	0	5	0	0
	2003	수원	17	15	0	1	26	0	0
	2004	수원	6	6	0	1	4	0	0

	2005	부산	9	7	0	0	7	1	0
	2006	부산	19	15	2	0	25	2	0
	2007	광주상	24	11	0	1	29	4	0
	2008	광주상	29	16	4	1	27	4	0
	2009	대전	23	6	12	3	18	12	0
	2010	대전	12	2	4	1	19	4	1
	2010	울산	18	8	6	4	16	2	0
	2011	울산	32	26	3	5	27	6	0
	2012	울산	19	14	2	1	15	0	1
	합계		213	130	33	18	218	35	2
클	2013	울산	10	10	0	1	5	2	0
	2014	울산	25	21	4	3	31	5	0
	2015	울산	8	8	0	1	3	1	0
	합계		43	39	4	5	39	8	0
프로통산			256	169	37	23	257	43	2

고티 (Petr Gottwald) 체코 1973.04.28

리그	연도	소속	출장	교체	득점	도움	파울	경고	퇴장
BC	1998	전북	9	9	0	0	11	2	0
	합계		9	9	0	0	11	2	0
프로통산			9	9	0	0	11	2	0

고현 (高賢) 대구대 1973.02.01

리그	연도	소속	출장	교체	득점	도움	파울	경고	퇴장
BC	1996	안양LG	2	2	0	0	0	1	0
	합계		2	2	0	0	0	1	0
프로통산			2	2	0	0	0	1	0

공문배 (孔文培) 건국대 1964.08.28

리그	연도	소속	출장	교체	득점	도움	파울	경고	퇴장
BC	1987	포철	5	4	0	0	3	0	0
	1988	포철	14	2	0	0	26	5	0
	1989	포철	34	7	0	2	65	1	0
	1990	포철	27	5	0	0	25	1	0
	1991	포철	28	6	0	1	37	1	1
	1992	포철	11	7	0	0	20	4	0
	1993	포철	28	12	0	0	40	4	0
	1994	포철	22	6	0	0	25	4	0
	1995	포항	24	20	0	1	23	5	0
	1996	포항	32	4	0	0	24	3	0
	1997	포항	28	4	0	1	28	4	0
	1998	포항	15	9	0	0	24	3	0
	합계		268	86	0	5	340	35	1
프로통산			268	86	0	5	340	35	1

공민현 (孔敏懸) 청주대 1990.01.19

리그	연도	소속	출장	교체	득점	도움	파울	경고	퇴장
챌	2013	부천	28	14	7	0	47	4	0
	2014	부천	31	6	4	2	76	3	0
	2015	부천	36	16	6	1	80	4	0
	합계		95	36	17	3	203	11	0
프로통산			95	36	17	3	203	11	0

공오균 (孔吳均) 관동대 1974.09.10

리그	연도	소속	출장	교체	득점	도움	파울	경고	퇴장
BC	1997	대전	33	10	1	2	64	4	0
	1998	대전	25	15	5	2	56	3	0
	1999	대전	31	13	6	3	44	5	0
	2000	대전	24	19	2	0	37	4	0
	2001	대전	29	19	9	2	57	8	0
	2002	대전	20	19	1	0	37	3	0
	2003	대전	31	19	5	6	49	4	0
	2004	대전	32	24	4	1	53	2	0
	2005	대전	30	22	3	2	54	4	0
	2006	대전	36	30	2	0	49	5	0
	2007	경남	14	13	2	0	13	4	0
	2008	경남	14	14	3	0	29	3	0
	합계		319	217	43	18	542	49	0
프로통산			319	217	43	18	542	49	0

공용석 (孔用錫) 건국대 1995.11.15

리그	연도	소속	출장	교체	득점	도움	파울	경고	퇴장
클	2015	대전	0	0	0	0	0	0	0
	합계		0	0	0	0	0	0	0
프로통산			0	0	0	0	0	0	0

공태하 (孔泰賀/ 공영선) 연세대 1987.05.09

리그	연도	소속	출장	교체	득점	도움	파울	경고	퇴장
BC	2010	전남	5	3	2	0	9	0	0
	2011	전남	8	4	1	0	15	0	0
	2012	전남	10	8	0	0	17	1	0
	합계		23	15	3	0	41	1	0
클	2013	전남	7	5	0	0	1	0	0
	2015	대전	10	9	0	0	4	1	0
	합계		17	14	0	0	5	1	0
프로통산			40	29	3	0	46	2	0

곽경근 (郭慶根) 고려대 1972.10.10

리그	연도	소속	출장	교체	득점	도움	파울	경고	퇴장
BC	1998	부천SK	30	14	9	2	57	5	0
	1999	부천SK	36	12	13	8	72	3	0
	2000	부천SK	39	11	9	4	94	2	0
	2001	부천SK	29	13	2	6	41	1	0
	2002	부천SK	21	15	3	0	29	3	1
	2003	부산	27	14	0	3	36	2	0
	2004	부산	30	3	0	0	28	3	0
	합계		212	82	36	23	357	19	1
프로통산			212	82	36	23	357	19	1

곽광선 (郭珖善) 숭실대 1986.03.28

리그	연도	소속	출장	교체	득점	도움	파울	경고	퇴장
BC	2009	강원	28	0	3	0	36	3	0
	2010	강원	30	1	2	0	39	6	0
	2011	강원	27	1	0	0	28	6	0
	2012	수원	30	4	0	0	28	11	0
	합계		115	6	5	0	131	26	0
클	2013	수원	23	5	0	0	26	5	0
	2014	수원	4	0	0	0	4	0	0
	2014	상주	18	5	0	0	25	5	0
	합계		45	10	0	0	55	10	0
챌	2015	상주	25	4	0	0	30	7	0
	합계		25	4	0	0	30	7	0
프로통산			185	20	5	0	216	43	0

곽기훈 (郭奇勳) 중앙대 1979.11.05

리그	연도	소속	출장	교체	득점	도움	파울	경고	퇴장
BC	2002	울산	1	1	0	0	1	1	0
	합계		1	1	0	0	1	1	0
프로통산			1	1	0	0	1	1	0

곽래승 (郭來昇) 우석대 1990.09.11

리그	연도	소속	출장	교체	득점	도움	파울	경고	퇴장
챌	2014	부천	4	4	0	0	3	0	0
	합계		4	4	0	0	3	0	0
프로통산			4	4	0	0	3	0	0

곽성호 (郭星浩) 한양대 1961.12.24

리그	연도	소속	출장	교체	득점	도움	파울	경고	퇴장
BC	1985	현대	9	7	0	0	1	0	0
	합계		9	7	0	0	1	0	0
프로통산			9	7	0	0	1	0	0

곽완섭 (郭完燮) 경일대 1980.07.07

리그	연도	소속	출장	교체	득점	도움	파울	경고	퇴장
BC	2003	울산	0	0	0	0	0	0	0
	합계		0	0	0	0	0	0	0
프로통산			0	0	0	0	0	0	0

곽재민 (郭在旻) 한남대 1991.10.23

리그	연도	소속	출장	교체	득점	도움	파울	경고	퇴장
챌	2014	대전	1	1	0	0	1	0	0
	합계		1	1	0	0	1	0	0
프로통산			1	1	0	0	1	0	0

곽정술 (郭釘술) 울산대 1990.03.11

리그	연도	소속	출장	교체	득점	도움	파울	경고	퇴장
챌	2013	고양	2	2	0	0	1	0	0
	합계		2	2	0	0	1	0	0
프로통산			2	2	0	0	1	0	0

곽창규 (郭昌奎) 아주대 1962.09.01

리그	연도	소속	출장	교체	득점	도움	파울	경고	퇴장
BC	1986	대우	10	5	1	0	19	1	0
	1987	대우	21	17	0	1	25	1	0
	1988	대우	11	7	0	1	17	0	0
	1989	대우	20	14	0	0	22	2	0
	1990	대우	6	3	0	0	3	1	0
	1991	대우	6	6	0	1	5	0	0
	합계		74	52	1	3	91	5	0
프로통산			74	52	1	3	91	5	0

곽창희 (郭昌熙) 조선대 1987.07.26

리그	연도	소속	출장	교체	득점	도움	파울	경고	퇴장
BC	2010	대전	19	16	2	1	27	1	0
	2011	대전	5	3	0	0	13	1	0
	합계		24	19	2	1	40	2	0
프로통산			24	19	2	1	40	2	0

곽철호 (郭喆鎬) 명지대 1986.05.08

리그	연도	소속	출장	교체	득점	도움	파울	경고	퇴장
BC	2008	대전	13	9	1	0	24	4	0
	2009	대전	5	6	0	0	5	1	0
	2010	광주상	1	1	0	0	0	0	0
	2011	상주	7	6	0	1	7	1	0
	합계		26	22	1	1	36	6	0
프로통산			26	22	1	1	36	6	0

곽태휘 (郭泰輝) 중앙대 1981.07.08

리그	연도	소속	출장	교체	득점	도움	파울	경고	퇴장
BC	2005	서울	19	6	1	1	42	8	1
	2006	서울	23	8	1	1	37	1	0
	2007	서울	12	5	0	0	16	3	0
	2007	전남	13	0	1	0	26	2	0
	2008	전남	13	5	2	1	13	2	0
	2009	전남	10	2	0	1	20	0	0
	2011	울산	41	0	9	2	39	4	0
	2012	울산	32	4	3	0	26	4	0
	합계		163	30	17	6	219	24	1
프로통산			163	30	17	6	219	24	1

곽해성 (郭海盛) 광운대 1991.12.06

리그	연도	소속	출장	교체	득점	도움	파울	경고	퇴장
클	2014	성남	15	6	1	0	9	1	0
	2015	성남	23	5	0	3	10	0	0
	합계		38	11	1	3	19	1	0
프로통산			38	11	1	3	19	1	0

곽희주 (郭熙柱) 광운대 1981.10.05

리그	연도	소속	출장	교체	득점	도움	파울	경고	퇴장
BC	2003	수원	11	4	0	0	13	0	0
	2004	수원	37	0	0	0	106	7	0
	2005	수원	30	3	4	1	98	5	0
	2006	수원	20	3	1	1	53	4	0
	2007	수원	26	6	1	1	40	3	0
	2008	수원	35	1	3	1	58	5	0
	2009	수원	22	1	0	0	45	5	1
	2010	수원	26	0	3	1	54	8	0
	2011	수원	19	6	3	0	39	3	0
	2012	수원	33	11	1	1	54	10	0
	합계		259	35	16	6	560	50	1
클	2013	수원	26	10	1	0	40	5	0
	2015	수원	13	11	1	0	14	1	0
	합계		39	21	2	0	54	6	0
프로통산			298	56	18	6	614	56	1

구경현 (具景炫) 전주대 1981.04.30

리그	연도	소속	출장	교체	득점	도움	파울	경고	퇴장
BC	2003	안양LG	4	1	0	0	9	0	0
	2004	서울	10	5	0	0	9	0	0
	2005	서울	1	1	0	0	2	0	0
	2006	광주상	24	8	1	0	20	3	0
	2007	광주상	28	4	0	1	30	5	0
	2008	서울	10	8	1	0	6	0	1

	2009	제주	17	11	0	1	11	0	0
	2010	제주	9	4	0	0	1	0	0
	합계		103	42	2	2	88	8	1
프로통산			103	42	2	2	88	8	1

구대령 (具大領) 동국대 1979.10.24

리그	연도	소속	출장	교체	득점	도움	파울	경고	퇴장
BC	2003	대구	10	10	1	0	14	3	0
	합계		10	10	1	0	14	3	0
프로통산			10	10	1	0	14	3	0

구대엽 (具代燁) 광주대 1992.11.17

리그	연도	소속	출장	교체	득점	도움	파울	경고	퇴장
챌	2015	서울E	0	0	0	0	0	0	0
	합계		0	0	0	0	0	0	0
프로통산			0	0	0	0	0	0	0

구대영 (具大榮) 홍익대 1992.05.09

리그	연도	소속	출장	교체	득점	도움	파울	경고	퇴장
챌	2014	안양	14	6	0	0	18	5	0
	2015	안양	34	6	0	1	31	9	0
	합계		48	12	0	1	49	14	0
프로통산			48	12	0	1	49	14	0

구본상 (九本上) 명지대 1989.10.04

리그	연도	소속	출장	교체	득점	도움	파울	경고	퇴장
BC	2012	인천	20	7	0	0	35	5	0
	합계		20	7	0	0	35	5	0
클	2013	인천	30	14	0	1	56	6	0
	2014	인천	33	7	0	3	86	6	0
	2015	울산	30	15	1	0	43	13	0
	합계		93	36	1	4	185	25	0
프로통산			113	43	1	4	220	30	0

구본석 (具本錫) 경남상고 1962.09.05

리그	연도	소속	출장	교체	득점	도움	파울	경고	퇴장
BC	1985	유공	11	6	2	1	5	1	0
	1986	유공	33	8	10	3	28	1	0
	1987	유공	18	10	2	2	8	0	0
	1988	유공	6	2	1	1	4	0	0
	1989	유공	9	6	1	0	5	0	0
	1990	유공	10	5	2	0	9	2	0
	1991	유공	37	4	0	1	20	2	1
	1992	유공	22	0	0	0	6	0	0
	1993	유공	9	0	0	0	3	0	0
	1994	유공	19	6	4	0	8	1	0
	합계		174	47	22	8	96	7	1
프로통산			174	47	22	8	96	7	1

구상민 (具相敏) 상지대 1976.04.04

리그	연도	소속	출장	교체	득점	도움	파울	경고	퇴장
BC	1999	전남	0	0	0	0	0	0	0
	합계		0	0	0	0	0	0	0
프로통산			0	0	0	0	0	0	0

구상범 (具相範) 인천대 1964.06.15

리그	연도	소속	출장	교체	득점	도움	파울	경고	퇴장
BC	1986	럭금	26	1	5	0	34	2	0
	1987	럭금	31	1	3	1	21	4	0
	1988	럭금	10	0	2	0	11	0	0
	1989	럭금	9	0	0	0	9	1	0
	1990	럭금	9	1	1	0	12	1	0
	1991	LG	36	5	2	5	41	1	0
	1992	LG	26	4	1	5	20	3	0
	1993	LG	11	1	1	1	9	1	0
	1994	대우	24	4	0	6	21	2	0
	1995	포항	16	11	1	2	18	3	0
	합계		198	28	16	20	196	18	0
프로통산			198	28	16	20	196	18	0

구아라 (Paulo Roberto Chamon de Castilho) 브라질 1979.08.29

리그	연도	소속	출장	교체	득점	도움	파울	경고	퇴장
BC	2008	부산	7	3	2	1	7	0	0
	2009	부산	5	3	0	0	4	0	0
	합계		12	6	2	1	11	0	0
프로통산			12	6	2	1	11	0	0

구자룡 (具滋龍) 매탄고 1992.04.06

리그	연도	소속	출장	교체	득점	도움	파울	경고	퇴장
클	2013	수원	3	2	0	0	3	0	0
	2014	수원	7	6	0	0	2	0	0
	2015	수원	25	5	0	0	15	4	0
	합계		35	13	0	0	20	4	0
챌	2013	경찰	6	5	0	0	3	0	0
	합계		6	5	0	0	3	0	0
BC	2011	수원	1	1	0	0	2	0	0
	합계		1	1	0	0	2	0	0
프로통산			42	19	0	0	25	4	0

구자철 (具慈哲) 보인정보산업고 1989.02.27

리그	연도	소속	출장	교체	득점	도움	파울	경고	퇴장
BC	2007	제주	16	11	1	2	20	2	0
	2008	제주	14	5	0	1	36	5	0
	2009	제주	28	7	2	4	66	8	0
	2010	제주	30	6	5	12	50	5	0
	합계		88	29	8	19	172	20	0
프로통산			88	29	8	19	172	20	0

구즈노프 (Yevgeni Kuznetsov) 러시아 1961.08.30

리그	연도	소속	출장	교체	득점	도움	파울	경고	퇴장
BC	1996	전남	15	7	1	2	10	1	1
	합계		15	7	1	2	10	1	1
프로통산			15	7	1	2	10	1	1

구한식 (具漢湜) 전남체고 1962.04.08

리그	연도	소속	출장	교체	득점	도움	파울	경고	퇴장
BC	1987	유공	3	3	0	0	2	0	0
	합계		3	3	0	0	2	0	0
프로통산			3	3	0	0	2	0	0

구현서 (具鉉書) 중앙대 1982.05.13

리그	연도	소속	출장	교체	득점	도움	파울	경고	퇴장
BC	2005	전북	3	3	0	0	1	0	0
	2006	전남	9	9	2	2	7	1	0
	합계		12	12	2	2	8	1	0
프로통산			12	12	2	2	8	1	0

구현준 (具賢俊) 동래고 1993.12.13

리그	연도	소속	출장	교체	득점	도움	파울	경고	퇴장
클	2013	부산	1	0	0	0	2	0	0
	2014	부산	2	0	0	0	2	0	0
	2015	부산	11	2	0	1	13	1	0
	합계		14	2	0	1	17	1	0
승	2015	부산	0	0	0	0	0	0	0
	합계		0	0	0	0	0	0	0
BC	2012	부산	1	1	0	0	1	0	0
	합계		1	1	0	0	1	0	0
프로통산			15	3	0	1	18	1	0

권경원 (權敬源) 동아대 1992.01.31

리그	연도	소속	출장	교체	득점	도움	파울	경고	퇴장
클	2013	전북	20	8	0	1	37	6	0
	2014	전북	5	4	0	0	4	1	0
	합계		25	12	0	1	41	7	0
프로통산			25	12	0	1	41	7	0

권경호 (權景昊) 동국대 1986.07.12

리그	연도	소속	출장	교체	득점	도움	파울	경고	퇴장
BC	2009	강원	3	2	0	0	3	0	0
	합계		3	2	0	0	3	0	0
프로통산			3	2	0	0	3	0	0

권기보 (權寄補) 운봉공고 1982.05.04

리그	연도	소속	출장	교체	실점	도움	파울	경고	퇴장
BC	2004	수원	0	0	0	0	0	0	0
	2005	수원	0	0	0	0	0	0	0
	2006	수원	1	0	1	0	0	0	0
	2007	수원	0	0	0	0	0	0	0
	2008	수원	0	0	0	0	0	0	0
	합계		1	0	1	0	0	0	0
프로통산			1	0	1	0	0	0	0

권덕용 (權德容) 인천대 1982.05.03

리그	연도	소속	출장	교체	득점	도움	파울	경고	퇴장
BC	2005	대전	2	2	0	0	1	1	0
	합계		2	2	0	0	1	1	0
프로통산			2	2	0	0	1	1	0

권석근 (權錫根) 고려대 1983.05.08

리그	연도	소속	출장	교체	득점	도움	파울	경고	퇴장
BC	2006	울산	3	3	0	0	0	0	0
	2007	울산	1	1	0	0	1	0	0
	합계		4	4	0	0	1	0	0
프로통산			4	4	0	0	1	0	0

권세진 (權世鎭) 명지대 1973.05.20

리그	연도	소속	출장	교체	득점	도움	파울	경고	퇴장
BC	1996	안양LG	22	9	0	1	28	5	0
	1997	안양LG	14	4	0	0	24	3	0
	1999	포항	0	0	0	0	0	0	0
	합계		36	13	0	1	52	8	0
프로통산			36	13	0	1	52	8	0

권수현 (權修鉉) 아주대 1991.03.26

리그	연도	소속	출장	교체	득점	도움	파울	경고	퇴장
챌	2014	광주	2	1	0	0	7	0	0
	합계		2	1	0	0	7	0	0
프로통산			2	1	0	0	7	0	0

권순태 (權純泰) 전주대 1984.09.11

리그	연도	소속	출장	교체	실점	도움	파울	경고	퇴장
BC	2006	전북	30	1	17	0	0	2	0
	2007	전북	27	1	19	0	1	1	0
	2008	전북	33	0	35	0	0	2	0
	2009	전북	33	1	71	0	0	3	0
	2010	전북	30	2	33	0	0	1	0
	2011	상주	17	1	29	0	2	3	0
	2012	상주	16	1	41	0	1	2	0
	2012	전북	2	0	40	0	0	0	0
	합계		188	7	28	0	4	14	0
클	2013	전북	8	1	34	0	0	0	0
	2014	전북	34	2	19	0	1	2	0
	2015	전북	36	0	2	0	2	4	0
	합계		78	3	226	0	3	6	0
프로통산			266	10	297	0	7	20	0

권순학 (權純鶴) 전주대 1987.09.02

리그	연도	소속	출장	교체	득점	도움	파울	경고	퇴장
BC	2010	전북	1	1	0	0	0	0	0
	합계		1	1	0	0	0	0	0
프로통산			1	1	0	0	0	0	0

권순형 (權純亨) 고려대 1986.06.16

리그	연도	소속	출장	교체	득점	도움	파울	경고	퇴장
BC	2009	강원	18	6	0	2	14	2	0
	2010	강원	26	10	1	0	19	1	0
	2011	강원	25	10	1	0	31	3	0
	2012	제주	40	28	1	0	34	5	0
	합계		109	54	3	2	98	11	0
클	2013	제주	14	9	0	0	10	2	0
	2014	상주	27	9	2	3	20	4	0
	2015	제주	4	2	1	0	5	0	0
	합계		45	20	3	3	35	6	0
챌	2015	상주	23	7	2	3	16	3	0
	합계		23	7	2	3	16	3	0
프로통산			177	81	8	8	149	20	0

권영대 (權寧大) 호남대 1963.03.13

리그	연도	소속	출장	교체	득점	도움	파울	경고	퇴장
BC	1989	현대	15	5	0	0	17	2	0
	1990	현대	13	8	0	0	4	1	0
	합계		28	13	0	0	21	3	0
프로통산			28	13	0	0	21	3	0

권영진 (權永秦) 성균관대 1991.01.23

리그	연도	소속	출장	교체	득점	도움	파울	경고	퇴장

클	2013	전북	2	1	0	0	7	2	0
	2014	전북	1	1	0	0	0	0	0
	합계		3	2	0	0	7	2	0
프로통산			3	2	0	0	7	2	0

권영호 (權英鎬) 1992.07.31

리그	연도	소속	출장	교체	득점	도움	파울	경고	퇴장
클	2015	광주	4	3	0	0	2	0	0
	합계		4	3	0	0	2	0	0
프로통산			4	3	0	0	2	0	0

권오손 (權五孫) 서울시립대 1959.02.03

리그	연도	소속	출장	교체	득점	도움	파울	경고	퇴장
BC	1983	국민	1	0	0	0	0	0	0
	1984	럭금	12	2	0	0	7	0	0
	1985	럭금	16	1	0	1	13	2	0
	1986	럭금	26	2	0	0	29	1	0
	1987	럭금	2	2	0	0	0	0	0
	1988	현대	3	1	0	0	3	1	0
	합계		60	8	0	1	52	4	0
프로통산			60	8	0	1	52	4	0

권완규 (權完規) 성균관대 1991.11.20

리그	연도	소속	출장	교체	득점	도움	파울	경고	퇴장
클	2014	경남	17	3	1	0	27	3	0
	2015	인천	34	0	1	0	50	8	0
	합계		51	3	2	0	77	11	0
프로통산			51	3	2	0	77	11	0

권용남 (權容南) 단국대 1985.12.02

리그	연도	소속	출장	교체	득점	도움	파울	경고	퇴장
BC	2009	제주	6	5	0	0	6	0	0
	2011	제주	11	11	2	1	1	0	0
	2012	제주	8	9	0	0	4	1	0
	합계		25	25	2	1	11	1	0
챌	2013	광주	10	10	0	1	5	0	0
	합계		10	10	0	1	5	0	0
프로통산			35	35	2	2	16	1	0

권용현 (權容賢) 호원대 1991.10.23

리그	연도	소속	출장	교체	득점	도움	파울	경고	퇴장
챌	2013	수원fc	13	8	4	2	15	2	0
	2014	수원fc	36	24	2	9	33	1	0
	2015	수원fc	40	12	7	6	69	5	0
	합계		89	44	13	17	117	8	0
승	2015	수원fc	2	1	0	0	2	0	0
	합계		2	1	0	0	2	0	0
프로통산			91	45	13	17	119	8	0

권재곤 (權在坤) 광운대 1961.09.19

리그	연도	소속	출장	교체	득점	도움	파울	경고	퇴장
BC	1984	현대	6	4	2	1	4	0	0
	합계		6	4	2	1	4	0	0
프로통산			6	4	2	1	4	0	0

권정혁 (權正赫) 고려대 1978.08.02

리그	연도	소속	출장	교체	실점	도움	파울	경고	퇴장
BC	2001	울산	14	0	26	0	0	0	0
	2002	울산	8	0	9	0	0	0	0
	2003	울산	2	0	4	0	0	1	0
	2004	울산	1	0	3	0	0	0	0
	2005	광주상	0	0	0	0	0	0	0
	2006	광주상	22	1	21	0	1	0	0
	2007	포항	2	2	1	0	0	0	0
	2011	인천	14	0	18	0	0	0	0
	2012	인천	7	0	8	0	0	0	0
	합계		70	3	90	0	1	1	0
클	2013	인천	38	0	46	0	0	1	0
	2014	인천	28	0	35	0	0	0	0
	2015	광주	17	0	16	0	1	0	0
	합계		83	0	97	0	1	1	0
프로통산			153	3	187	0	2	2	0

* 득점: 2013년 1 / 통산 1

권중화 (權重華) 강원대 1968.02.11

리그	연도	소속	출장	교체	득점	도움	파울	경고	퇴장
BC	1990	유공	8	8	3	0	12	1	0
	1991	유공	9	9	1	0	11	1	0
	1992	유공	13	7	1	2	13	1	0
	1993	LG	17	14	1	0	15	1	0
	1994	LG	20	18	3	0	11	1	0
	1995	전남	6	5	0	1	2	0	0
	1996	전남	11	6	0	0	13	2	0
	합계		84	67	9	3	77	7	0
프로통산			84	67	9	3	77	7	0

권진영 (權鎭永) 숭실대 1991.10.23

리그	연도	소속	출장	교체	득점	도움	파울	경고	퇴장
클	2013	부산	3	1	0	0	1	0	0
	2014	부산	6	4	0	0	13	3	0
	합계		9	5	0	0	14	3	0
챌	2015	상주	1	1	0	0	2	0	0
	합계		1	1	0	0	2	0	0
프로통산			10	6	0	0	16	3	0

권집 (權輯) 동북고 1984.02.13

리그	연도	소속	출장	교체	득점	도움	파울	경고	퇴장
BC	2003	수원	14	2	0	1	28	1	0
	2004	수원	3	1	0	0	5	0	0
	2005	전남	2	2	0	0	3	0	0
	2005	전북	13	4	0	0	21	0	0
	2006	전북	18	4	2	1	36	5	0
	2007	전북	23	14	0	2	49	3	0
	2008	포항	3	3	0	0	2	0	0
	2008	대전	13	4	0	0	15	4	0
	2009	대전	26	11	0	1	33	5	0
	2010	대전	25	11	1	3	40	4	0
	합계		140	56	3	8	232	22	0
프로통산			140	56	3	8	232	22	0

권찬수 (權贊修) 단국대 1974.05.30

리그	연도	소속	출장	교체	실점	도움	파울	경고	퇴장
BC	1999	천안	22	4	33	0	0	0	0
	2000	성남	14	0	21	0	0	2	0
	2001	성남	7	1	4	0	0	0	0
	2002	성남	15	1	15	0	0	0	0
	2003	성남	22	0	27	0	1	1	0
	2004	인천	8	0	13	0	1	2	0
	2005	인천	4	0	2	0	0	0	0
	2005	성남	10	0	11	0	0	2	0
	2006	인천	3	0	6	0	0	0	0
	2007	인천	12	0	18	0	1	1	0
	합계		117	6	150	0	3	8	0
클	2013	성남	0	0	0	0	0	0	0
	합계		0	0	0	0	0	0	0
프로통산			117	6	150	0	3	8	0

권창훈 (權昶勳) 매탄고 1994.06.30

리그	연도	소속	출장	교체	득점	도움	파울	경고	퇴장
클	2013	수원	8	8	0	1	5	0	0
	2014	수원	20	19	1	2	12	1	0
	2015	수원	35	15	10	0	25	1	0
	합계		63	42	11	3	42	2	0
프로통산			63	42	11	3	42	2	0

권태규 (權泰圭) 상지대 1971.02.14

리그	연도	소속	출장	교체	득점	도움	파울	경고	퇴장
BC	1990	유공	4	5	0	0	1	0	0
	1991	유공	8	8	1	0	1	0	0
	1992	유공	7	7	1	0	5	1	0
	1993	유공	10	10	0	0	8	0	0
	1994	유공	9	9	1	2	5	0	0
	1995	유공	11	9	2	1	9	0	0
	1996	부천SK	14	10	2	1	13	1	0
	1997	안양LG	16	14	1	1	19	4	0
	합계		79	72	8	5	61	6	0
프로통산			79	72	8	5	61	6	0

권태안 (權泰安) 매탄고 1992.04.09

리그	연도	소속	출장	교체	득점	도움	파울	경고	퇴장
BC	2011	수원	0	0	0	0	0	0	0
	2012	수원	0	0	0	0	0	0	0
	합계		0	0	0	0	0	0	0
프로통산			0	0	0	0	0	0	0

권해창 (權海昶) 동아대 1972.09.02

리그	연도	소속	출장	교체	득점	도움	파울	경고	퇴장
BC	1995	대우	26	24	0	1	13	2	0
	1996	부산	14	12	0	1	16	4	0
	1998	부산	9	8	0	0	4	1	0
	1999	부산	15	15	2	0	6	0	0
	2000	부산	16	14	0	0	8	2	0
	합계		80	73	2	2	47	9	0
프로통산			80	73	2	2	47	9	0

권혁관 (權赫寬) 관동대 1990.09.09

리그	연도	소속	출장	교체	득점	도움	파울	경고	퇴장
챌	2013	충주	6	6	0	0	4	2	0
	합계		6	6	0	0	4	2	0
프로통산			6	6	0	0	4	2	0

권혁진 (權赫珍) 숭실대 1988.03.23

리그	연도	소속	출장	교체	득점	도움	파울	경고	퇴장
BC	2011	인천	2	2	0	0	2	0	0
	합계		2	2	0	0	2	0	0
클	2013	인천	0	0	0	0	0	0	0
	2014	인천	6	6	0	0	4	1	0
	합계		6	6	0	0	4	1	0
챌	2013	경찰	17	14	0	2	17	2	0
	합계		17	14	0	2	17	2	0
프로통산			25	22	0	2	23	3	0

권혁진 (權赫辰) 울산대 1984.12.25

리그	연도	소속	출장	교체	득점	도움	파울	경고	퇴장
BC	2007	울산	9	8	1	0	10	0	0
	2008	대전	18	12	2	3	30	1	0
	2009	광주상	3	2	0	0	2	0	0
	2010	대전	2	2	0	0	0	0	0
	합계		32	24	3	3	42	1	0
프로통산			32	24	3	3	42	1	0

권혁태 (權赫台) 경희대 1985.08.28

리그	연도	소속	출장	교체	득점	도움	파울	경고	퇴장
BC	2008	대전	0	0	0	0	0	0	0
	합계		0	0	0	0	0	0	0
프로통산			0	0	0	0	0	0	0

권혁표 (權赫杓) 중앙대 1962.05.25

리그	연도	소속	출장	교체	득점	도움	파울	경고	퇴장
BC	1985	한일	17	7	2	0	15	0	0
	1986	한일	15	3	2	0	28	0	0
	합계		32	10	4	0	43	0	0
프로통산			32	10	4	0	43	0	0

권현민 (權賢旼) 대구대 1991.04.11

리그	연도	소속	출장	교체	득점	도움	파울	경고	퇴장
챌	2014	충주	0	0	0	0	0	0	0
	합계		0	0	0	0	0	0	0
프로통산			0	0	0	0	0	0	0

권형선 (權亨宣) 단국대 1987.05.22

리그	연도	소속	출장	교체	득점	도움	파울	경고	퇴장
BC	2010	제주	1	1	0	0	0	0	0
	2011	전남	0	0	0	0	0	0	0
	합계		1	1	0	0	0	0	0
프로통산			1	1	0	0	0	0	0

권형정 (權衡正) 한양대 1967.05.19

리그	연도	소속	출장	교체	득점	도움	파울	경고	퇴장
BC	1990	포철	21	3	1	0	26	1	0
	1991	포철	37	9	1	0	26	1	0
	1992	포철	35	4	0	1	33	3	0
	1993	포철	33	1	0	0	30	3	0
	1994	포철	19	3	1	3	16	1	0

	합계		145	20	3	4	131	9	0
프로통산			145	20	3	4	131	9	0

금교진 (琴敎眞) 영남대 1992.01.03

리그	연도	소속	출장	교체	득점	도움	파울	경고	퇴장
클	2015	대전	15	5	0	0	14	1	0
	합계		15	5	0	0	14	1	0
챌	2014	대구	15	1	2	0	21	3	0
	2015	대구	2	2	0	0	0	0	0
	합계		17	3	2	0	21	3	0
프로통산			32	8	2	0	35	4	0

기가 (Ivan Giga Vuković) 몬테네그로 1987.02.09

리그	연도	소속	출장	교체	득점	도움	파울	경고	퇴장
클	2013	성남	11	12	3	0	10	3	0
	2014	성남	1	1	0	0	0	0	0
	합계		12	13	3	0	10	3	0
프로통산			12	13	3	0	10	3	0

기성용 (奇誠庸) 금호고 1989.01.24

리그	연도	소속	출장	교체	득점	도움	파울	경고	퇴장
BC	2006	서울	0	0	0	0	0	0	0
	2007	서울	22	11	0	0	49	4	0
	2008	서울	27	10	4	2	44	10	0
	2009	서울	31	8	4	10	50	6	0
	합계		80	29	8	12	143	20	0
프로통산			80	29	8	12	143	20	0

기현서 (奇賢舒) 고려대 1984.05.06

리그	연도	소속	출장	교체	득점	도움	파울	경고	퇴장
BC	2007	경남	4	1	0	0	7	1	0
	2008	경남	0	0	0	0	0	0	0
	합계		4	1	0	0	7	1	0
프로통산			4	1	0	0	7	1	0

기호영 (奇豪榮) 경기대 1977.01.20

리그	연도	소속	출장	교체	득점	도움	파울	경고	퇴장
BC	1999	부산	0	0	0	0	0	0	0
	합계		0	0	0	0	0	0	0
프로통산			0	0	0	0	0	0	0

길영태 (吉永泰) 관동대 1991.06.15

리그	연도	소속	출장	교체	득점	도움	파울	경고	퇴장
클	2014	포항	1	0	0	0	3	1	0
	합계		1	0	0	0	3	1	0
프로통산			1	0	0	0	3	1	0

김강남 (金岡南) 고려대 1954.07.19

리그	연도	소속	출장	교체	득점	도움	파울	경고	퇴장
BC	1983	유공	13	5	1	2	9	1	0
	1984	대우	3	3	0	0	0	1	0
	합계		16	8	1	2	9	2	0
프로통산			16	8	1	2	9	2	0

김강선 (金强善) 호남대 1979.05.23

리그	연도	소속	출장	교체	득점	도움	파울	경고	퇴장
BC	2002	전남	5	4	0	0	7	0	0
	2003	전남	1	1	0	0	1	0	0
	합계		6	5	0	0	8	0	0
프로통산			6	5	0	0	8	0	0

김건형 (金建衡) 경희대 1979.09.11

리그	연도	소속	출장	교체	득점	도움	파울	경고	퇴장
BC	2000	울산	25	10	1	2	43	2	1
	2001	울산	1	1	0	0	1	0	0
	2002	울산	2	2	0	0	3	0	0
	2003	대구	8	8	2	0	11	1	0
	2004	대구	5	5	1	0	6	1	0
	합계		41	26	4	2	64	4	1
프로통산			41	26	4	2	64	4	1

김건호 (金乾鎬) 단국대 1990.11.28

리그	연도	소속	출장	교체	득점	도움	파울	경고	퇴장
챌	2013	부천	22	3	0	0	32	2	0
	2014	부천	4	0	0	0	10	3	0
	합계		26	3	0	0	42	5	0
프로통산			26	3	0	0	42	5	0

김경국 (金慶國) 부경대 1988.10.29

리그	연도	소속	출장	교체	득점	도움	파울	경고	퇴장
BC	2011	대전	1	1	0	0	0	0	0
	합계		1	1	0	0	0	0	0
프로통산			1	1	0	0	0	0	0

김경도 (金炅度) 경기대 1985.06.02

리그	연도	소속	출장	교체	득점	도움	파울	경고	퇴장
BC	2009	대전	1	1	0	0	0	0	0
	2010	대전	1	1	0	0	0	0	0
	합계		2	2	0	0	0	0	0
프로통산			2	2	0	0	0	0	0

김경래 (金京來) 명지대 1964.03.18

리그	연도	소속	출장	교체	득점	도움	파울	경고	퇴장
BC	1988	대우	11	9	0	0	2	0	0
	1989	대우	10	9	0	0	3	0	0
	1990	대우	5	5	0	0	3	0	0
	1991	대우	16	7	0	0	13	0	0
	1992	대우	11	8	0	1	5	1	0
	1993	대우	8	8	0	0	6	0	0
	1994	버팔로	35	1	11	3	20	4	0
	1995	전북	29	4	1	0	25	1	0
	1996	전북	19	8	2	1	17	2	0
	1997	전북	24	15	0	0	27	3	0
	합계		168	74	14	5	121	11	0
프로통산			168	74	14	5	121	11	0

김경량 (金京亮) 숭실대 1973.12.22

리그	연도	소속	출장	교체	득점	도움	파울	경고	퇴장
BC	1996	전북	21	15	0	1	29	6	0
	1997	전북	4	3	0	0	3	1	0
	1998	전북	32	8	0	2	61	4	0
	1999	전북	24	7	0	2	46	1	1
	2000	전북	36	9	1	1	55	3	0
	2001	전북	26	12	0	0	40	3	0
	2002	전북	31	2	0	2	77	6	1
	2003	전북	41	6	0	4	139	7	0
	2004	전북	32	7	1	2	78	6	0
	2005	전북	14	5	0	0	39	2	0
	2006	전북	0	0	0	0	0	0	0
	합계		261	74	2	14	567	39	2
프로통산			261	74	2	14	567	39	2

김경렬 (金敬烈) 영남대 1974.05.15

리그	연도	소속	출장	교체	득점	도움	파울	경고	퇴장
BC	1997	울산	3	3	0	0	3	1	0
	1998	전남	6	7	0	0	4	0	0
	합계		9	10	0	0	7	1	0
프로통산			9	10	0	0	7	1	0

김경민 (金耿民) 연세대 1990.08.15

리그	연도	소속	출장	교체	득점	도움	파울	경고	퇴장
클	2014	상주	0	0	0	0	0	0	0
	2015	인천	1	0	0	0	2	1	0
	합계		1	0	0	0	2	1	0
챌	2013	부천	13	2	1	0	16	4	0
	2015	상주	1	1	0	0	0	0	0
	합계		14	3	1	0	16	4	0
프로통산			15	3	1	0	18	5	0

김경민 (金耿民) 한양대 1991.11.01

리그	연도	소속	출장	교체	실점	도움	파울	경고	퇴장
클	2014	제주	2	1	0	0	0	0	0
	2015	제주	7	0	11	0	1	1	0
	합계		9	1	11	0	1	1	0
프로통산			9	1	11	0	1	1	0

김경범 (金暻範) 여주상고 1965.03.05

리그	연도	소속	출장	교체	득점	도움	파울	경고	퇴장
BC	1985	유공	16	5	0	1	10	2	0
	1986	유공	32	1	1	2	24	3	0
	1989	일화	37	2	1	1	33	3	0
	1990	일화	29	0	1	3	21	3	0
	1991	일화	34	7	3	3	31	4	0
	1992	일화	29	11	0	3	23	2	0
	1993	일화	18	9	0	0	10	0	0
	1994	일화	17	4	1	2	18	2	0
	1995	일화	29	6	1	2	35	2	0
	1996	천안	34	4	0	8	28	4	0
	1997	천안	27	9	1	1	18	5	0
	1998	부천SK	36	7	0	7	34	2	0
	합계		338	65	9	33	285	32	0
프로통산			338	65	9	33	285	32	0

김경식 (金京植) 중앙대 1961.09.15

리그	연도	소속	출장	교체	득점	도움	파울	경고	퇴장
BC	1984	한일	25	0	0	1	23	2	0
	1985	한일	14	1	1	0	17	0	0
	합계		39	1	1	1	40	2	0
프로통산			39	1	1	1	40	2	0

김경일 (金景一) 광양제철고 1980.08.30

리그	연도	소속	출장	교체	득점	도움	파울	경고	퇴장
BC	1999	전남	3	2	0	0	3	0	0
	2000	전남	8	7	0	0	2	1	0
	2001	전남	12	11	0	0	8	1	0
	2004	대구	6	6	0	1	4	1	0
	합계		29	26	0	1	17	3	0
프로통산			29	26	0	1	17	3	0

김경진 (金慶鎭) 숭실대 1978.03.15

리그	연도	소속	출장	교체	득점	도움	파울	경고	퇴장
BC	2002	부산	0	0	0	0	0	0	0
	합계		0	0	0	0	0	0	0
프로통산			0	0	0	0	0	0	0

김경춘 (金敬春) 부경대 1984.01.27

리그	연도	소속	출장	교체	득점	도움	파울	경고	퇴장
BC	2010	강원	2	1	0	0	0	0	0
	합계		2	1	0	0	0	0	0
프로통산			2	1	0	0	0	0	0

김경태 (金炅泰) 경북산업대(경일대) 1973.07.05

리그	연도	소속	출장	교체	득점	도움	파울	경고	퇴장
BC	1997	부천SK	16	3	0	0	30	4	0
	1998	부천SK	6	6	0	0	4	1	0
	2000	부천SK	1	1	0	0	1	0	0
	2001	부천SK	4	2	0	0	3	0	0
	합계		27	12	0	0	38	5	0
프로통산			27	12	0	0	38	5	0

김경호 (金景浩) 영남대 1961.10.17

리그	연도	소속	출장	교체	득점	도움	파울	경고	퇴장
BC	1983	포철	14	1	1	0	7	0	1
	1984	포철	26	1	7	3	13	0	0
	1985	포철	12	5	0	0	11	0	0
	1988	포철	5	5	0	0	0	0	0
	합계		57	12	8	3	31	0	1
프로통산			57	12	8	3	31	0	1

김관규

리그	연도	소속	출장	교체	득점	도움	파울	경고	퇴장
BC	1995	대우	1	1	1	0	3	1	0
	합계		1	1	1	0	3	1	0
프로통산			1	1	1	0	3	1	0

김관규 (金官奎) 명지대 1976.10.10

리그	연도	소속	출장	교체	득점	도움	파울	경고	퇴장
BC	2000	부산	0	0	0	0	0	0	0
	2002	부산	1	1	0	0	2	0	0
	2003	대구	1	1	0	0	0	0	0
	합계		2	2	0	0	2	0	0
프로통산			2	2	0	0	2	0	0

김광명 (金光明) 경상대 1961.09.09

리그	연도	소속	출장	교체	득점	도움	파울	경고	퇴장
BC	1985	상무	7	4	1	0	10	0	0
	합계		7	4	1	0	10	0	0
프로통산			7	4	1	0	10	0	0

김광석 (金光奭) 청평고 1983.02.12

리그	연도	소속	출장	교체	득점	도움	파울	경고	퇴장
BC	2003	포항	9	1	0	0	15	3	0
	2004	포항	0	0	0	0	0	0	0
	2005	광주상	10	1	1	0	16	1	0
	2006	광주상	14	2	0	0	11	1	0
	2007	포항	17	10	0	1	29	2	0
	2008	포항	21	3	1	3	42	5	0
	2009	포항	19	5	0	0	13	1	0
	2010	포항	16	6	0	0	12	1	0
	2011	포항	34	1	0	0	30	0	0
	2012	포항	41	0	1	0	51	4	0
	합계		181	29	3	4	219	18	0
클	2013	포항	36	0	0	0	35	2	0
	2014	포항	33	0	2	0	37	2	0
	2015	포항	24	0	0	0	14	0	0
	합계		93	0	2	0	86	4	0
프로통산			274	29	5	4	305	22	0

김광선 (金光善) 안양공고 1983.06.17

리그	연도	소속	출장	교체	득점	도움	파울	경고	퇴장
BC	2002	대전	7	7	0	0	8	2	0
	합계		7	7	0	0	8	2	0
프로통산			7	7	0	0	8	2	0

김광수 (金光洙) 경신고 1977.03.10

리그	연도	소속	출장	교체	득점	도움	파울	경고	퇴장
BC	1996	수원	0	0	0	0	0	0	0
	2002	수원	0	0	0	0	0	0	0
	2003	수원	0	0	0	0	0	0	0
	합계		0	0	0	0	0	0	0
프로통산			0	0	0	0	0	0	0

김광훈 (金光勳) 한양대 1961.02.20

리그	연도	소속	출장	교체	득점	도움	파울	경고	퇴장
BC	1983	유공	2	2	0	0	1	0	0
	1984	럭금	23	4	0	1	23	2	0
	1985	럭금	13	3	0	0	25	1	0
	합계		38	9	0	1	49	3	0
프로통산			38	9	0	1	49	3	0

김굉명 (金宏明) 서산시민 1984.02.25

리그	연도	소속	출장	교체	득점	도움	파울	경고	퇴장
BC	2008	경남	1	1	0	0	0	0	0
	합계		1	1	0	0	0	0	0
프로통산			1	1	0	0	0	0	0

김교빈 (金敎彬) 광운대 1987.12.29

리그	연도	소속	출장	교체	실점	도움	파울	경고	퇴장
BC	2011	전남	0	0	0	0	0	0	0
	2012	대구	3	1	2	0	0	0	0
	합계		3	1	2	0	0	0	0
클	2014	경남	0	0	0	0	0	0	0
	합계		0	0	0	0	0	0	0
챌	2015	경남	1	0	1	0	0	0	0
	합계		1	0	1	0	0	0	0
프로통산			4	1	3	0	0	0	0

김국진 (金國鎭) 동의대 1978.02.09

리그	연도	소속	출장	교체	득점	도움	파울	경고	퇴장
BC	2002	대전	13	9	1	0	14	2	0
	2003	대전	2	2	0	0	2	0	0
	합계		15	11	1	0	16	2	0
프로통산			15	11	1	0	16	2	0

김국환 (金國煥) 청주대 1972.09.13

리그	연도	소속	출장	교체	득점	도움	파울	경고	퇴장
BC	1995	일화	2	2	1	1	2	1	0
	1996	천안	3	2	0	0	2	0	0
	1997	천안	4	3	1	0	5	1	0
	합계		9	7	2	1	9	2	0
프로통산			9	7	2	1	9	2	0

김귀현 (金貴鉉) 남해해성중 1990.01.04

리그	연도	소속	출장	교체	득점	도움	파울	경고	퇴장
클	2013	대구	0	0	0	0	0	0	0
	합계		0	0	0	0	0	0	0
챌	2014	대구	18	11	1	0	36	4	0
	합계		18	11	1	0	36	4	0
프로통산			18	11	1	0	36	4	0

김귀화 (金貴華) 아주대 1970.03.15

리그	연도	소속	출장	교체	득점	도움	파울	경고	퇴장
BC	1991	대우	19	19	1	0	3	0	0
	1992	대우	21	3	0	1	15	1	0
	1993	대우	31	13	2	5	16	1	0
	1994	대우	34	10	9	3	28	2	0
	1997	부산	10	5	1	1	9	0	0
	1998	안양LG	26	20	1	4	33	4	0
	1999	안양LG	29	12	2	5	21	1	0
	2000	안양LG	33	23	0	1	27	1	0
	합계		203	105	16	20	152	10	0
프로통산			203	105	16	20	152	10	0

김규남 (金奎男) 전주대 1992.11.26

리그	연도	소속	출장	교체	득점	도움	파울	경고	퇴장
챌	2015	충주	1	1	0	0	0	1	0
	합계		1	1	0	0	0	1	0
프로통산			1	1	0	0	0	1	0

김근배 (金根培) 고려대 1986.08.07

리그	연도	소속	출장	교체	실점	도움	파울	경고	퇴장
BC	2009	강원	4	0	10	0	0	0	0
	2010	강원	6	2	10	0	0	0	0
	2011	강원	12	0	18	0	1	1	0
	2012	강원	17	1	34	0	2	5	0
	합계		39	3	72	0	3	6	0
클	2013	강원	23	0	34	0	0	0	0
	2014	상주	5	0	12	0	0	1	0
	합계		28	0	46	0	0	1	0
챌	2015	상주	20	0	26	0	1	1	0
	2015	강원	3	1	3	0	0	0	0
	합계		23	1	29	0	1	1	0
승	2013	강원	2	0	4	0	0	0	0
	합계		2	0	4	0	0	0	0
프로통산			92	4	151	0	4	8	0

김근철 (金根哲) 배재대 1983.06.24

리그	연도	소속	출장	교체	득점	도움	파울	경고	퇴장
BC	2005	대구	7	7	0	1	4	0	0
	2006	경남	25	14	3	3	27	3	0
	2007	경남	27	8	1	2	40	5	0
	2008	경남	17	4	1	0	39	3	0
	2009	경남	5	5	0	0	3	0	0
	2010	부산	30	15	2	5	48	8	0
	2011	부산	6	6	0	0	6	2	0
	2012	전남	13	11	0	0	10	2	0
	합계		130	70	7	11	177	23	0
프로통산			130	70	7	11	177	23	0

김근환 (金根煥) 경희대 1986.08.12

리그	연도	소속	출장	교체	득점	도움	파울	경고	퇴장
클	2014	울산	17	6	0	0	11	0	0
	2015	울산	18	3	0	1	10	0	0
	합계		35	9	0	1	21	0	0
프로통산			35	9	0	1	21	0	0

김기남 (金期南) 울산대 1973.07.20

리그	연도	소속	출장	교체	득점	도움	파울	경고	퇴장
BC	1996	울산	20	14	5	3	13	3	0
	1997	울산	29	28	6	2	24	0	0
	1998	울산	36	34	4	5	38	3	0
	1999	울산	31	25	5	3	39	0	0
	2000	울산	8	8	4	0	5	0	0
	2001	울산	19	15	2	0	12	0	0
	합계		143	124	26	13	131	6	0
프로통산			143	124	26	13	131	6	0

김기남 (金起南) 중앙대 1971.01.18

리그	연도	소속	출장	교체	득점	도움	파울	경고	퇴장
BC	1993	포철	10	7	0	2	14	0	0
	1994	포철	22	11	1	1	34	3	0
	1995	포항	30	7	2	5	44	8	0
	1998	안양LG	17	13	0	0	31	3	0
	1999	부천SK	25	17	1	4	51	6	0
	2000	포항	27	18	1	2	47	1	0
	2001	포항	18	6	1	2	41	1	0
	2002	포항	31	13	1	0	46	2	0
	합계		180	92	7	16	308	24	0
프로통산			180	92	7	16	308	24	0

김기동 (金基東) 신평고 1972.01.12

리그	연도	소속	출장	교체	득점	도움	파울	경고	퇴장
BC	1993	유공	7	4	0	0	8	0	0
	1994	유공	15	12	0	0	12	0	0
	1995	유공	29	2	0	1	39	3	0
	1996	부천SK	33	0	2	3	38	2	1
	1997	부천SK	14	1	5	0	15	2	0
	1998	부천SK	34	7	1	3	32	3	1
	1999	부천SK	36	19	3	3	47	2	0
	2000	부천SK	41	7	1	3	67	6	0
	2001	부천SK	30	0	1	2	28	1	0
	2002	부천SK	35	0	4	2	56	2	0
	2003	포항	30	5	3	1	57	2	0
	2004	포항	25	12	1	0	28	0	0
	2005	포항	36	20	3	5	75	2	0
	2006	포항	25	12	0	7	33	3	0
	2007	포항	36	10	4	1	69	3	0
	2008	포항	19	12	3	3	30	1	0
	2009	포항	23	15	4	5	25	1	0
	2010	포항	13	11	0	0	16	2	0
	2011	포항	20	17	4	1	13	0	0
	합계		501	166	39	40	688	35	2
프로통산			501	166	39	40	688	35	2

김기범 (金起範) 동아대 1976.08.14

리그	연도	소속	출장	교체	득점	도움	파울	경고	퇴장
BC	1999	수원	1	1	0	0	1	0	0
	2000	수원	12	7	1	1	25	5	0
	2001	수원	21	13	0	3	42	3	0
	2002	수원	11	6	0	0	24	3	0
	2003	수원	8	7	0	0	11	0	0
	2004	수원	1	1	0	0	1	0	0
	합계		54	35	1	4	104	11	0
프로통산			54	35	1	4	104	11	0

김기선 (金基善) 숭실대 1969.02.27

리그	연도	소속	출장	교체	득점	도움	파울	경고	퇴장
BC	1992	유공	14	5	2	0	14	1	0
	1993	유공	26	6	1	1	15	1	0
	1994	유공	26	15	6	1	15	1	0
	1995	유공	17	11	0	0	12	0	0
	1996	부천SK	9	7	0	1	7	0	0
	1996	전남	13	12	3	1	4	1	0
	1997	전남	32	21	8	1	19	5	0
	1998	전남	33	25	2	3	27	1	0
	합계		170	102	22	8	113	10	0
프로통산			170	102	22	8	113	10	0

김기수 (金起秀) 선문대 1987.12.13

리그	연도	소속	출장	교체	득점	도움	파울	경고	퇴장
BC	2009	부산	9	6	0	0	12	1	0
	2010	부산	3	2	0	0	5	1	0
	합계		12	8	0	0	17	2	0
클	2015	대전	7	1	0	0	8	3	0
	합계		7	1	0	0	8	3	0
프로통산			19	9	0	0	25	5	0

김기완 (金起完) 건국대 1966.03.16

리그	연도	소속	출장	교체	득점	도움	파울	경고	퇴장
BC	1989	일화	9	8	1	0	7	1	0

리그	연도	소속	출장	교체	실점	도움	파울	경고	퇴장
	합계		9	8	1	0	7	1	0
프로통산			9	8	1	0	7	1	0

김기용 (金基鎔) 고려대 1990.12.07

리그	연도	소속	출장	교체	실점	도움	파울	경고	퇴장
클	2013	부산	2	0	3	0	1	1	0
	2014	부산	0	0	0	0	0	0	0
	2015	부산	0	0	0	0	0	0	0
	합계		2	0	3	0	1	1	0
프로통산			2	0	3	0	1	1	0

김기윤 (金基潤) 관동대 1961.05.05

리그	연도	소속	출장	교체	득점	도움	파울	경고	퇴장
BC	1984	대우	15	6	4	2	13	1	0
	1985	대우	16	0	0	0	24	0	1
	1987	럭금	1	1	0	0	0	0	0
	합계		32	7	4	2	37	1	1
프로통산			32	7	4	2	37	1	1

김기종 (金基鍾) 숭실대 1975.05.22

리그	연도	소속	출장	교체	득점	도움	파울	경고	퇴장
BC	2001	부산	3	4	0	0	5	0	0
	2002	부산	7	6	0	0	5	0	0
	합계		10	10	0	0	10	0	0
프로통산			10	10	0	0	10	0	0

김기태 (金基太) 홍익대 1993.11.10

리그	연도	소속	출장	교체	득점	도움	파울	경고	퇴장
챌	2015	안양	0	0	0	0	0	0	0
	합계		0	0	0	0	0	0	0
프로통산			0	0	0	0	0	0	0

김기현 (金基鉉) 경희대 1978.10.07

리그	연도	소속	출장	교체	득점	도움	파울	경고	퇴장
BC	1999	안양LG	1	1	0	0	0	0	0
	2000	안양LG	1	1	0	0	0	0	0
	2003	대구	16	10	0	0	12	3	0
	합계		18	12	0	0	12	3	0
프로통산			18	12	0	0	12	3	0

김기형 (金基炯) 아주대 1977.07.10

리그	연도	소속	출장	교체	득점	도움	파울	경고	퇴장
BC	2000	부천SK	1	1	1	0	0	0	0
	2001	부천SK	4	4	0	0	4	0	0
	2002	부천SK	8	5	1	0	13	3	0
	2003	부천SK	17	9	0	1	30	3	0
	2004	부천SK	28	7	6	1	44	2	0
	2005	부천SK	29	13	2	3	32	3	0
	2006	제주	26	16	4	2	39	1	0
	2007	제주	19	13	1	1	22	2	0
	합계		132	68	15	8	184	14	0
프로통산			132	68	15	8	184	14	0

김기홍 (金基弘) 울산대 1981.03.21

리그	연도	소속	출장	교체	득점	도움	파울	경고	퇴장
BC	2004	대전	6	5	0	0	5	1	0
	2005	대전	1	1	0	0	0	0	0
	합계		7	6	0	0	5	1	0
프로통산			7	6	0	0	5	1	0

김기효 (金基孝) 진주고 1958.02.09

리그	연도	소속	출장	교체	득점	도움	파울	경고	퇴장
BC	1983	국민	8	1	1	0	5	0	0
	1984	국민	2	1	0	0	1	0	0
	합계		10	2	1	0	6	0	0
프로통산			10	2	1	0	6	0	0

김기희 (金基熙) 홍익대 1989.07.13

리그	연도	소속	출장	교체	득점	도움	파울	경고	퇴장
BC	2011	대구	14	3	0	0	14	1	0
	2012	대구	17	2	2	0	17	2	1
	합계		31	5	2	0	31	3	1
클	2013	전북	19	1	0	0	21	5	0
	2014	전북	28	1	0	2	41	4	0
	2015	전북	33	2	0	0	31	6	0
	합계		80	4	0	2	93	15	0
프로통산			111	9	2	2	124	18	1

김길식 (金吉植) 단국대 1978.08.24

리그	연도	소속	출장	교체	득점	도움	파울	경고	퇴장
BC	2001	전남	6	4	1	0	6	0	0
	2003	전남	6	6	1	0	3	0	0
	2004	부천SK	24	14	1	0	30	4	0
	2005	부천SK	31	24	5	2	38	2	0
	2006	제주	31	19	3	0	61	2	0
	2008	대전	10	8	0	0	20	2	0
	합계		108	75	11	2	158	10	0
프로통산			108	75	11	2	158	10	0

김남건 (金南建) 선문대 1990.08.06

리그	연도	소속	출장	교체	득점	도움	파울	경고	퇴장
클	2014	성남	2	2	0	0	0	0	0
	합계		2	2	0	0	0	0	0
프로통산			2	2	0	0	0	0	0

김남우 (金南佑) 전주대 1980.05.14

리그	연도	소속	출장	교체	득점	도움	파울	경고	퇴장
BC	2003	대구	7	1	0	0	20	3	0
	합계		7	1	0	0	20	3	0
프로통산			7	1	0	0	20	3	0

김남일 (金南一) 한양대 1977.03.14

리그	연도	소속	출장	교체	득점	도움	파울	경고	퇴장
BC	2000	전남	30	19	1	1	57	2	0
	2001	전남	25	5	0	3	79	2	0
	2002	전남	15	6	0	2	44	2	1
	2003	전남	23	3	6	1	65	6	0
	2004	전남	10	2	1	2	30	3	0
	2005	수원	6	2	0	0	18	1	0
	2006	수원	26	2	0	0	77	9	0
	2007	수원	28	6	0	0	51	9	0
	2012	인천	34	10	0	3	78	12	0
	합계		197	55	8	12	499	46	1
클	2013	인천	25	11	0	0	60	13	0
	2014	전북	20	13	2	0	42	8	0
	합계		45	24	2	0	102	21	0
프로통산			242	79	10	12	601	67	1

김남춘 (金南春) 광운대 1989.04.19

리그	연도	소속	출장	교체	득점	도움	파울	경고	퇴장
클	2013	서울	0	0	0	0	0	0	0
	2014	서울	7	2	1	0	5	1	0
	2015	서울	17	3	1	0	12	2	0
	합계		24	5	2	0	17	3	0
프로통산			24	5	2	0	17	3	0

김남탁 (金南卓) 1992.09.28

리그	연도	소속	출장	교체	득점	도움	파울	경고	퇴장
챌	2015	안양	0	0	0	0	0	0	0
	합계		0	0	0	0	0	0	0
프로통산			0	0	0	0	0	0	0

김남호 (金南浩) 연세대 1965.10.17

리그	연도	소속	출장	교체	득점	도움	파울	경고	퇴장
BC	1988	럭금	8	6	0	0	4	1	0
	1989	럭금	1	1	0	0	0	0	0
	합계		9	7	0	0	4	1	0
프로통산			9	7	0	0	4	1	0

김다빈 (金茶彬) 고려대 1989.08.29

리그	연도	소속	출장	교체	득점	도움	파울	경고	퇴장
BC	2009	대전	3	3	0	0	3	0	0
	2010	대전	1	1	0	0	0	0	0
	2010	울산	3	3	0	0	2	0	0
	2011	울산	0	0	0	0	0	0	0
	2012	울산	2	2	0	0	0	0	0
	합계		9	9	0	0	5	0	0
챌	2013	충주	4	4	0	0	3	0	0
	합계		4	4	0	0	3	0	0
프로통산			13	13	0	0	8	0	0

김다솔 (金다솔) 연세대 1989.01.04

리그	연도	소속	출장	교체	실점	도움	파울	경고	퇴장
BC	2010	포항	1	1	1	0	0	1	0
	2011	포항	8	0	8	0	0	0	0
	2012	포항	12	0	14	0	0	0	0
	합계		21	1	23	0	0	1	0
클	2013	포항	5	0	7	0	0	1	0
	2014	포항	7	0	9	0	0	0	0
	2015	대전	0	0	0	0	0	0	0
	합계		12	0	16	0	0	1	0
프로통산			33	1	39	0	0	2	0

김대건 (金大健) 배재대 1977.04.27

리그	연도	소속	출장	교체	득점	도움	파울	경고	퇴장
BC	2001	부천SK	2	1	0	0	5	0	0
	2002	전북	9	4	1	0	12	2	0
	2003	광주상	35	6	0	1	48	3	0
	2004	광주상	27	4	0	1	33	1	0
	2005	전북	8	1	1	0	24	0	0
	2006	경남	19	4	1	0	31	2	0
	2007	경남	29	3	0	0	36	3	0
	2008	경남	27	8	1	1	40	6	0
	2009	수원	1	1	0	0	3	0	0
	2010	부산	7	6	0	0	17	3	0
	합계		164	38	4	3	249	20	0
프로통산			164	38	4	3	249	20	0

김대경 (金大景) 숭실대 1991.09.02

리그	연도	소속	출장	교체	득점	도움	파울	경고	퇴장
클	2013	수원	22	21	1	1	12	3	0
	2014	수원	1	1	0	0	0	0	0
	2015	인천	18	13	0	1	10	0	0
	합계		41	35	1	2	22	3	0
프로통산			41	35	1	2	22	3	0

김대경 (金大慶) 부평고 1987.10.17

리그	연도	소속	출장	교체	득점	도움	파울	경고	퇴장
BC	2007	제주	0	0	0	0	0	0	0
	2008	제주	1	1	0	0	4	0	0
	합계		1	1	0	0	4	0	0
프로통산			1	1	0	0	4	0	0

김대성 (金大成) 대구대 1972.05.10

리그	연도	소속	출장	교체	득점	도움	파울	경고	퇴장
BC	1995	LG	23	8	4	2	23	1	0
	1996	안양LG	38	12	1	3	40	5	0
	1997	안양LG	30	12	4	0	28	2	1
	1998	안양LG	31	10	0	4	39	2	0
	1999	안양LG	22	14	1	0	15	2	0
	합계		144	56	10	9	145	12	1
프로통산			144	56	10	9	145	12	1

김대수 (金大樹) 울산대 1975.03.20

리그	연도	소속	출장	교체	득점	도움	파울	경고	퇴장
BC	1997	대전	5	1	0	0	6	1	0
	1998	대전	8	5	0	0	8	0	1
	1999	대전	9	6	0	0	7	0	0
	2000	대전	8	2	0	0	10	0	0
	2001	대전	3	2	0	0	0	0	0
	2002	대전	11	1	0	0	13	2	0
	2003	대구	11	2	0	0	11	2	0
	2004	부천SK	11	5	0	0	16	1	0
	합계		66	24	0	0	71	6	1
프로통산			66	24	0	0	71	6	1

김대식 (金大植) 인천대 1973.03.02

리그	연도	소속	출장	교체	득점	도움	파울	경고	퇴장
BC	1995	전북	27	4	1	1	20	4	0
	1996	전북	34	4	0	2	31	4	0
	1999	전북	22	7	0	2	9	1	0
	2000	전북	32	9	1	2	33	3	0
	2001	전북	28	2	0	2	20	1	0
	합계		143	26	2	9	113	13	0
프로통산			143	26	2	9	113	13	0

김대열 (金大烈) 단국대 1987.04.12

리그	연도	소속	출장	교체	득점	도움	파울	경고	퇴장
BC	2010	대구	6	6	0	0	12	4	0
	2011	대구	8	2	0	0	14	2	1
	2012	대구	37	23	1	0	43	5	0
	합계		51	31	1	0	69	11	1
클	2013	대구	19	13	0	0	24	2	0
	합계		19	13	0	0	24	2	0
챌	2014	대구	26	6	3	2	51	3	0
	2015	상주	7	1	0	0	13	3	0
	합계		33	7	3	2	64	6	0
프로통산			103	51	4	2	157	19	1

김대영 (金大英)

리그	연도	소속	출장	교체	득점	도움	파울	경고	퇴장
BC	1988	대우	9	6	0	0	13	1	0
	합계		9	6	0	0	13	1	0
프로통산			9	6	0	0	13	1	0

김대욱 (金大旭) 호남대 1978.04.02

리그	연도	소속	출장	교체	득점	도움	파울	경고	퇴장
BC	2001	전남	4	4	0	0	9	1	0
	2003	광주상	0	0	0	0	0	0	0
	합계		4	4	0	0	9	1	0
프로통산			4	4	0	0	9	1	0

김대욱 (金旲昱) 조선대 1987.11.23

리그	연도	소속	출장	교체	득점	도움	파울	경고	퇴장
BC	2010	대전	2	1	0	0	2	1	0
	합계		2	1	0	0	2	1	0
프로통산			2	1	0	0	2	1	0

김대의 (金大儀) 고려대 1974.05.30

리그	연도	소속	출장	교체	득점	도움	파울	경고	퇴장
BC	2000	성남	24	23	5	4	23	0	0
	2001	성남	30	24	2	3	36	3	0
	2002	성남	38	6	17	12	53	2	0
	2003	성남	25	17	3	2	25	3	0
	2004	수원	36	10	7	3	49	3	0
	2005	수원	25	10	5	2	28	1	0
	2006	수원	36	12	5	2	45	2	0
	2007	수원	27	18	5	3	30	1	0
	2008	수원	30	17	1	4	29	2	0
	2009	수원	26	12	1	4	24	2	0
	2010	수원	11	7	0	2	6	1	0
	합계		308	156	51	41	348	20	0
프로통산			308	156	51	41	348	20	0

김대중 (金大中) 홍익대 1992.10.13

리그	연도	소속	출장	교체	득점	도움	파울	경고	퇴장
클	2015	인천	16	7	0	0	8	0	0
	합계		16	7	0	0	8	0	0
챌	2014	대전	8	6	0	0	3	0	0
	합계		8	6	0	0	3	0	0
프로통산			24	13	0	0	11	0	0

김대진 (金大鎭) 강원대 1969.05.10

리그	연도	소속	출장	교체	득점	도움	파울	경고	퇴장
BC	1992	일화	17	13	0	0	21	1	0
	1993	일화	4	4	0	0	2	0	0
	합계		21	17	0	0	23	1	0
프로통산			21	17	0	0	23	1	0

김대철 (金大哲) 인천대 1977.08.26

리그	연도	소속	출장	교체	득점	도움	파울	경고	퇴장
BC	2000	부천SK	7	6	0	0	13	2	0
	2001	전남	1	1	0	0	2	0	0
	합계		8	7	0	0	15	2	0
프로통산			8	7	0	0	15	2	0

김대한 (金大韓) 선문대 1994.04.21

리그	연도	소속	출장	교체	득점	도움	파울	경고	퇴장
챌	2015	안양	14	14	0	1	7	1	0
	합계		14	14	0	1	7	1	0
프로통산			14	14	0	1	7	1	0

김대현 (金大顯) 대신고 1981.09.02

리그	연도	소속	출장	교체	득점	도움	파울	경고	퇴장
BC	2000	수원	0	0	0	0	0	0	0
	합계		0	0	0	0	0	0	0
프로통산			0	0	0	0	0	0	0

김대호 (金大乎) 숭실대 1986.04.15

리그	연도	소속	출장	교체	실점	도움	파울	경고	퇴장
BC	2012	전남	1	0	1	0	0	0	0
	합계		1	0	1	0	0	0	0
클	2013	포항	0	0	0	0	0	0	0
	2014	전남	0	0	0	0	0	0	0
	합계		0	0	0	0	0	0	0
챌	2015	안산	1	1	1	0	0	0	0
	합계		1	1	1	0	0	0	0
프로통산			2	1	2	0	0	0	0

김대호 (金大虎) 숭실대 1988.05.15

리그	연도	소속	출장	교체	득점	도움	파울	경고	퇴장
BC	2010	포항	5	4	0	0	9	2	0
	2011	포항	13	4	0	0	22	1	0
	2012	포항	16	7	5	0	28	3	0
	합계		34	15	5	0	59	6	0
클	2013	포항	25	6	0	3	42	6	0
	2014	포항	24	8	0	1	33	6	0
	2015	포항	18	4	1	0	30	7	0
	합계		67	18	1	4	105	19	0
프로통산			101	33	6	4	164	25	0

김대환 (金大煥) 경성고 1959.10.23

리그	연도	소속	출장	교체	득점	도움	파울	경고	퇴장
BC	1983	국민	4	4	0	0	2	0	0
	합계		4	4	0	0	2	0	0
프로통산			4	4	0	0	2	0	0

김대환 (金大桓) 한양대 1976.01.01

리그	연도	소속	출장	교체	실점	도움	파울	경고	퇴장
BC	1998	수원	4	1	6	0	0	0	0
	1999	수원	4	0	4	0	0	0	0
	2000	수원	37	0	55	0	2	2	0
	2003	수원	2	0	2	0	0	0	0
	2004	수원	13	0	9	0	1	1	0
	2005	수원	6	0	7	0	1	1	0
	2006	수원	3	0	5	0	0	0	0
	2007	수원	0	0	0	0	0	0	0
	2008	수원	1	0	1	0	0	1	0
	2009	수원	0	0	0	0	0	0	0
	2010	수원	6	0	13	0	0	0	0
	2011	수원	0	0	0	0	0	0	0
	합계		76	1	102	0	4	5	0
프로통산			76	1	102	0	4	5	0

김대흠 (金大欽) 경희대 1961.07.08

리그	연도	소속	출장	교체	득점	도움	파울	경고	퇴장
BC	1985	상무	21	1	4	3	31	1	0
	합계		21	1	4	3	31	1	0
프로통산			21	1	4	3	31	1	0

김덕수 (金德洙) 우석대 1987.04.24

리그	연도	소속	출장	교체	실점	도움	파울	경고	퇴장
챌	2013	부천	28	0	51	0	1	1	0
	합계		28	0	51	0	1	1	0
프로통산			28	0	51	0	1	1	0

김덕일 (金德一) 풍생고 1990.07.11

리그	연도	소속	출장	교체	득점	도움	파울	경고	퇴장
BC	2011	성남	6	6	1	0	5	1	0
	2012	성남	7	7	0	0	4	1	0
	합계		13	13	1	0	9	2	0
프로통산			13	13	1	0	9	2	0

김덕중 (金德重) 연세대 1980.06.05

리그	연도	소속	출장	교체	득점	도움	파울	경고	퇴장
BC	2003	대구	30	10	0	1	14	3	0
	2004	대구	3	2	0	0	1	0	0
	합계		33	12	0	1	15	3	0
프로통산			33	12	0	1	15	3	0

김도균 (金徒均) 울산대 1977.01.13

리그	연도	소속	출장	교체	득점	도움	파울	경고	퇴장
BC	1999	울산	11	6	0	0	9	1	0
	2000	울산	14	2	1	1	21	1	0
	2001	울산	27	9	1	1	31	1	0
	2002	울산	18	4	1	3	21	1	0
	2003	울산	34	11	0	2	41	4	0
	2005	성남	7	3	0	0	22	1	0
	2005	전남	10	1	0	0	19	1	0
	2006	전남	7	5	0	0	17	3	0
	합계		128	41	3	7	181	13	0
프로통산			128	41	3	7	181	13	0

김도근 (金道根) 한양대 1972.03.02

리그	연도	소속	출장	교체	득점	도움	파울	경고	퇴장
BC	1995	전남	10	6	0	0	12	1	1
	1996	전남	36	7	10	2	60	4	0
	1997	전남	21	1	7	3	29	3	0
	1998	전남	20	3	6	3	40	3	0
	1999	전남	25	18	2	4	51	1	0
	2000	전남	11	1	5	2	26	2	0
	2001	전남	3	2	0	0	3	0	0
	2002	전남	30	16	3	2	58	4	0
	2003	전남	41	20	1	5	72	5	0
	2004	전남	5	2	0	0	4	0	0
	2005	전남	4	4	0	1	4	0	0
	2005	수원	12	9	0	0	14	0	0
	2006	경남	23	21	0	2	12	1	0
	합계		241	110	34	24	385	24	1
프로통산			241	110	34	24	385	24	1

김도연 (金度延) 예원예술대 1989.01.01

리그	연도	소속	출장	교체	득점	도움	파울	경고	퇴장
BC	2011	대전	9	9	0	0	6	2	0
	합계		9	9	0	0	6	2	0
프로통산			9	9	0	0	6	2	0

김도엽 (金度燁 / 김인한) 선문대 1988.11.26

리그	연도	소속	출장	교체	득점	도움	파울	경고	퇴장
BC	2010	경남	23	17	7	2	33	2	0
	2011	경남	29	18	5	1	20	2	0
	2012	경남	40	25	10	2	38	4	0
	합계		92	60	22	5	91	8	0
클	2013	경남	8	6	0	1	7	1	0
	2014	경남	27	18	1	0	19	3	0
	합계		35	24	1	1	26	4	0
챌	2015	상주	18	12	6	0	16	2	1
	합계		18	12	6	0	16	2	1
프로통산			145	96	29	6	133	14	1

김도용 (金道瑢) 홍익대 1976.05.28

리그	연도	소속	출장	교체	득점	도움	파울	경고	퇴장
BC	1999	안양LG	23	12	0	2	43	6	0
	2000	안양LG	13	7	0	0	22	5	0
	2001	안양LG	0	0	0	0	0	0	0
	2003	안양LG	14	8	0	0	22	2	0
	2004	성남	13	9	0	0	25	2	0
	2005	전남	24	3	0	1	51	7	0
	2006	전남	12	7	0	1	21	2	0
	합계		99	46	0	4	184	24	0
프로통산			99	46	0	4	184	24	0

김도혁 (金鍍爀) 연세대 1992.02.08

리그	연도	소속	출장	교체	득점	도움	파울	경고	퇴장
클	2014	인천	26	20	2	2	37	6	0
	2015	인천	23	13	1	1	43	3	0
	합계		49	33	3	3	80	9	0
프로통산			49	33	3	3	80	9	0

김도형 (金度亨) 동아대 1990.10.06

리그	연도	소속	출장	교체	득점	도움	파울	경고	퇴장

클	2013	부산	2	2	0	0	0	0	0
	합계		2	2	0	0	0	0	0
챌	2015	충주	19	12	5	4	10	2	0
	합계		19	12	5	4	10	2	0
프로통산			21	14	5	4	10	2	0

김도훈 (金度勳) 한양대 1988.07.26

리그	연도	소속	출장	교체	득점	도움	파울	경고	퇴장
챌	2013	경찰	10	6	0	0	19	0	0
	2014	안산	4	4	0	0	3	1	0
	합계		14	10	0	0	22	1	0
프로통산			14	10	0	0	22	1	0

김도훈 (金明坤) 연세대 1970.07.21

리그	연도	소속	출장	교체	득점	도움	파울	경고	퇴장
BC	1995	전북	25	5	9	5	37	3	0
	1996	전북	22	9	10	3	23	0	0
	1997	전북	14	2	4	1	31	2	0
	2000	전북	27	2	15	0	68	2	0
	2001	전북	35	1	15	5	80	5	0
	2002	전북	30	11	10	4	50	2	0
	2003	성남	40	1	28	13	87	2	0
	2004	성남	32	6	10	3	63	3	0
	2005	성남	32	18	13	7	58	3	0
	합계		257	55	114	41	497	22	0
프로통산			257	55	114	41	497	22	0

김동건 (金東建) 단국대 1990.05.07

리그	연도	소속	출장	교체	득점	도움	파울	경고	퇴장
챌	2013	수원fc	0	0	0	0	0	0	0
	합계		0	0	0	0	0	0	0
프로통산			0	0	0	0	0	0	0

김동군 (金東君) 호남대 1971.07.22

리그	연도	소속	출장	교체	득점	도움	파울	경고	퇴장
BC	1994	일화	5	5	1	0	2	0	0
	1995	일화	9	9	2	1	11	0	0
	1996	천안	3	4	0	0	3	0	0
	1997	천안	17	8	0	0	29	2	0
	1998	천안	28	12	3	2	37	5	0
	2000	전북	0	0	0	0	0	0	0
	합계		62	38	6	3	82	7	0
프로통산			62	38	6	3	82	7	0

김동권 (金東權) 청구고 1992.04.04

리그	연도	소속	출장	교체	득점	도움	파울	경고	퇴장
챌	2013	충주	21	0	0	0	39	9	0
	2014	충주	6	0	0	0	10	5	0
	합계		27	0	0	0	49	14	0
프로통산			27	0	0	0	49	14	0

김동규 (金東奎) 경희대 1980.04.19

리그	연도	소속	출장	교체	득점	도움	파울	경고	퇴장
BC	2003	부천SK	12	7	0	1	9	1	0
	2004	부천SK	30	5	0	1	40	2	0
	합계		42	12	0	2	49	3	0
프로통산			42	12	0	2	49	3	0

김동규 (金東圭) 연세대 1981.05.13

리그	연도	소속	출장	교체	득점	도움	파울	경고	퇴장
BC	2004	울산	8	6	0	0	13	3	0
	2005	울산	0	0	0	0	0	0	0
	2006	광주상	11	5	0	0	21	2	0
	2007	광주상	10	4	0	0	7	2	0
	2008	울산	7	2	0	0	9	1	0
	2009	울산	0	0	0	0	0	0	0
	합계		36	17	0	0	50	8	0
프로통산			36	17	0	0	50	8	0

김동근 (金東根) 중대부속고 1961.05.20

리그	연도	소속	출장	교체	득점	도움	파울	경고	퇴장
BC	1985	상무	6	1	1	0	5	0	0
	합계		6	1	1	0	5	0	0
프로통산			6	1	1	0	5	0	0

김동기 (金東期) 경희대 1989.05.27

리그	연도	소속	출장	교체	득점	도움	파울	경고	퇴장
BC	2012	강원	7	7	0	0	17	0	0
	합계		7	7	0	0	17	0	0
클	2013	강원	22	14	5	4	62	9	0
	합계		22	14	5	4	62	9	0
챌	2014	강원	27	21	4	0	45	7	1
	2015	강원	7	5	2	1	9	0	1
	2015	안양	16	11	2	3	19	4	0
	합계		50	37	8	4	73	11	2
승	2013	강원	2	1	0	0	2	0	0
	합계		2	1	0	0	2	0	0
프로통산			81	59	13	8	154	20	2

김동기 (金東基) 한성대 1971.05.22

리그	연도	소속	출장	교체	득점	도움	파울	경고	퇴장
BC	1994	대우	22	8	0	0	22	6	1
	1995	포항	4	3	0	0	1	0	0
	1996	포항	3	3	0	0	3	1	0
	1997	포항	17	6	0	1	23	2	0
	1998	포항	6	5	0	0	7	0	0
	합계		52	25	0	1	56	9	1
프로통산			52	25	0	1	56	9	1

김동룡 (金東龍) 홍익대 1975.05.08

리그	연도	소속	출장	교체	득점	도움	파울	경고	퇴장
BC	1999	전북	0	0	0	0	0	0	0
	합계		0	0	0	0	0	0	0
프로통산			0	0	0	0	0	0	0

김동민 (金東敏) 연세대 1987.06.23

리그	연도	소속	출장	교체	득점	도움	파울	경고	퇴장
BC	2009	울산	0	0	0	0	0	0	0
	합계		0	0	0	0	0	0	0
프로통산			0	0	0	0	0	0	0

김동석 (金東錫) 용강중 1987.03.26

리그	연도	소속	출장	교체	득점	도움	파울	경고	퇴장
BC	2006	서울	7	6	0	1	11	1	0
	2007	서울	28	20	2	2	37	4	0
	2008	울산	6	5	0	0	3	0	0
	2010	대구	19	9	1	0	31	4	0
	2011	울산	10	8	0	0	5	1	0
	2012	울산	23	16	0	2	19	2	0
	합계		93	64	3	5	106	12	0
클	2013	울산	4	4	0	0	1	0	0
	2014	서울	3	3	0	0	4	1	0
	2015	인천	28	15	2	2	30	5	0
	합계		35	22	2	2	35	6	0
프로통산			128	86	5	7	141	18	0

김동선 (金東先) 명지대 1978.03.15

리그	연도	소속	출장	교체	득점	도움	파울	경고	퇴장
BC	2001	대전	15	15	1	1	11	1	0
	2002	대전	8	8	0	0	8	0	0
	합계		23	23	1	1	19	1	0
프로통산			23	23	1	1	19	1	0

김동섭 (金東燮) 장훈고 1989.03.29

리그	연도	소속	출장	교체	득점	도움	파울	경고	퇴장
BC	2011	광주	27	22	7	2	70	3	0
	2012	광주	32	25	7	0	64	6	0
	합계		59	47	14	2	134	9	0
클	2013	성남	36	7	14	3	80	4	0
	2014	성남	34	29	4	0	30	2	0
	2015	성남	5	5	0	0	6	1	0
	2015	부산	8	6	0	0	4	0	0
	합계		83	47	18	3	120	7	0
프로통산			142	94	32	5	254	16	0

김동우 (金東佑) 한양대 1975.07.27

리그	연도	소속	출장	교체	득점	도움	파울	경고	퇴장
BC	1998	전남	6	5	0	1	9	0	0
	1999	전남	17	11	0	0	11	2	0
	합계		23	16	0	1	20	2	0
프로통산			23	16	0	1	20	2	0

김동우 (金東佑) 조선대 1988.02.05

리그	연도	소속	출장	교체	득점	도움	파울	경고	퇴장
BC	2010	서울	10	4	0	0	17	2	0
	2011	서울	16	1	0	0	24	2	0
	2012	서울	23	6	0	0	25	2	0
	합계		49	11	0	0	66	6	0
클	2014	서울	0	0	0	0	0	0	0
	2015	서울	20	2	1	0	19	3	0
	합계		20	2	1	0	19	3	0
챌	2013	경찰	27	7	3	0	26	2	1
	2014	안산	11	1	1	0	6	3	1
	합계		38	8	4	0	32	5	2
프로통산			107	21	5	0	117	14	2

김동욱 (金東煜) 예원예술대 1991.03.10

리그	연도	소속	출장	교체	득점	도움	파울	경고	퇴장
챌	2013	충주	0	0	0	0	0	0	0
	합계		0	0	0	0	0	0	0
프로통산			0	0	0	0	0	0	0

김동진 (金東珍) 아주대 1992.12.28

리그	연도	소속	출장	교체	득점	도움	파울	경고	퇴장
챌	2014	대구	10	3	0	0	18	2	0
	2015	대구	18	1	0	1	24	4	0
	합계		28	4	0	1	42	6	0
프로통산			28	4	0	1	42	6	0

김동진 (金東進) 안양공고 1982.01.29

리그	연도	소속	출장	교체	득점	도움	파울	경고	퇴장
BC	2000	안양LG	7	2	1	1	10	1	0
	2001	안양LG	6	3	0	0	7	2	0
	2002	안양LG	8	6	0	0	11	1	0
	2003	안양LG	35	15	5	2	60	3	0
	2004	서울	18	5	3	2	51	2	0
	2005	서울	32	5	3	1	79	6	0
	2006	서울	13	1	1	0	33	2	0
	2010	울산	23	3	0	1	31	5	0
	2011	서울	9	6	1	0	8	1	0
	합계		151	46	14	7	290	23	0
프로통산			151	46	14	7	290	23	0

김동진 (金東珍) 상지대 1989.07.13

리그	연도	소속	출장	교체	득점	도움	파울	경고	퇴장
BC	2010	성남	0	0	0	0	0	0	0
	합계		0	0	0	0	0	0	0
프로통산			0	0	0	0	0	0	0

김동찬 (金東燦) 호남대 1986.04.19

리그	연도	소속	출장	교체	득점	도움	파울	경고	퇴장
BC	2006	경남	3	3	0	0	5	0	0
	2007	경남	10	7	1	0	13	1	0
	2008	경남	25	11	7	3	29	3	0
	2009	경남	30	21	12	8	15	2	0
	2010	경남	21	17	2	4	16	2	0
	2011	전북	23	23	10	3	16	3	0
	2012	전북	20	21	2	0	13	1	0
	합계		132	103	34	18	107	12	0
클	2014	상주	17	15	2	0	13	1	0
	2014	전북	5	5	2	1	2	0	0
	2015	전북	15	15	0	2	4	0	0
	합계		37	35	4	3	19	1	0
챌	2013	상주	27	18	6	4	26	0	0
	합계		27	18	6	4	26	0	0
승	2013	상주	2	2	0	0	1	0	0
	합계		2	2	0	0	1	0	0
프로통산			198	158	44	25	153	13	0

김동철 (金東徹) 고려대 1990.10.01

리그	연도	소속	출장	교체	득점	도움	파울	경고	퇴장
BC	2012	전남	9	3	0	0	19	1	0
	합계		9	3	0	0	19	1	0
클	2013	전남	21	2	0	0	26	6	0

	2014	전남	11	7	0	0	10	3	0
	2015	전남	29	11	0	0	37	4	0
	합계		61	20	0	0	73	13	0
프로통산			70	23	0	0	92	14	0

김동철 (金東鐵) 한양대 1972.04.19

리그	연도	소속	출장	교체	득점	도움	파울	경고	퇴장
BC	1994	대우	4	4	0	0	3	3	0
	합계		4	4	0	0	3	3	0
프로통산			4	4	0	0	3	3	0

김동해 (金東海) 한양대 1966.03.16

리그	연도	소속	출장	교체	득점	도움	파울	경고	퇴장
BC	1989	럭금	23	16	0	2	19	0	0
	1990	럭금	8	8	0	0	2	0	0
	1992	LG	10	6	0	1	10	2	0
	1993	LG	33	8	4	0	33	3	0
	1994	LG	30	12	2	5	22	3	0
	1995	LG	25	11	3	1	35	6	0
	1996	수원	10	3	0	1	19	2	0
	합계		139	64	9	10	140	16	0
프로통산			139	64	9	10	140	16	0

김동혁 (金東奕) 조선대 1991.01.25

리그	연도	소속	출장	교체	득점	도움	파울	경고	퇴장
클	2013	대전	0	0	0	0	0	0	0
	합계		0	0	0	0	0	0	0
프로통산			0	0	0	0	0	0	0

김동현 (金東眩) 경희고 1980.08.17

리그	연도	소속	출장	교체	득점	도움	파울	경고	퇴장
BC	1999	수원	3	3	0	0	3	1	0
	2003	수원	2	2	0	0	6	0	0
	2005	수원	1	1	0	0	1	0	0
	2007	전북	6	5	0	0	14	0	0
	합계		12	11	0	0	24	1	0
프로통산			12	11	0	0	24	1	0

김동현 (金東炫) 한양대 1984.05.20

리그	연도	소속	출장	교체	득점	도움	파울	경고	퇴장
BC	2004	수원	26	22	4	1	51	1	0
	2005	수원	29	12	6	5	95	4	0
	2007	성남	26	14	5	2	69	6	0
	2008	성남	30	26	4	4	33	1	0
	2009	경남	15	12	1	0	33	2	0
	2010	광주상	19	12	3	0	37	5	0
	2011	상주	10	7	2	2	11	1	0
	합계		155	105	25	14	329	20	0
프로통산			155	105	25	14	329	20	0

김동환 (金東煥) 울산대 1983.01.17

리그	연도	소속	출장	교체	득점	도움	파울	경고	퇴장
BC	2004	울산	2	2	0	0	3	1	0
	2005	수원	1	0	0	0	3	1	0
	합계		3	2	0	0	6	2	0
프로통산			3	2	0	0	6	2	0

김동효 (金桐孝) 동래고 1990.04.05

리그	연도	소속	출장	교체	득점	도움	파울	경고	퇴장
BC	2009	경남	2	2	0	0	2	0	0
	합계		2	2	0	0	2	0	0
프로통산			2	2	0	0	2	0	0

김동훈 (金東勳) 한양대 1966.09.11

리그	연도	소속	출장	교체	**실점**	도움	파울	경고	퇴장
BC	1988	대우	11	2	13	0	0	0	0
	1989	대우	27	1	28	0	1	2	0
	1990	대우	22	0	18	0	0	0	0
	1992	대우	19	0	14	0	1	3	0
	1993	대우	8	1	7	0	0	0	0
	1994	버팔로	15	4	29	0	1	0	0
	합계		102	8	109	0	3	5	0
프로통산			102	8	109	0	3	5	0

김동휘 (金東輝) 수원대 1989.12.23

리그	연도	소속	출장	교체	득점	도움	파울	경고	퇴장
챌	2013	안양	0	0	0	0	0	0	0
	합계		0	0	0	0	0	0	0
프로통산			0	0	0	0	0	0	0

김동희 (金東熙) 연세대 1989.05.06

리그	연도	소속	출장	교체	득점	도움	파울	경고	퇴장
BC	2011	포항	1	1	0	0	1	0	0
	2012	대전	9	9	0	0	5	1	0
	합계		10	10	0	0	6	1	0
클	2014	성남	32	25	5	2	26	2	0
	2015	성남	28	26	2	2	13	2	0
	합계		60	51	7	4	39	4	0
프로통산			70	61	7	4	45	5	0

김두함 (金豆咸) 안동대 1970.03.08

리그	연도	소속	출장	교체	득점	도움	파울	경고	퇴장
BC	1996	수원	1	1	0	0	0	0	0
	합계		1	1	0	0	0	0	0
프로통산			1	1	0	0	0	0	0

김두현 (金斗炫) 용인대학원 1982.07.14

리그	연도	소속	출장	교체	득점	도움	파울	경고	퇴장
BC	2001	수원	15	16	0	1	16	2	0
	2002	수원	20	16	2	1	29	2	0
	2003	수원	34	18	4	2	61	4	0
	2004	수원	22	5	1	4	46	6	0
	2005	수원	9	1	1	1	13	4	0
	2005	성남	21	7	2	3	41	1	0
	2006	성남	33	2	8	4	82	4	0
	2007	성남	28	14	7	2	51	3	0
	2009	수원	12	3	4	4	18	0	0
	2010	수원	19	13	3	1	30	4	0
	2012	수원	8	8	1	1	13	1	0
	합계		221	103	33	24	400	31	0
클	2013	수원	6	5	1	0	2	1	0
	2014	수원	31	20	3	4	37	1	0
	2015	성남	35	21	7	8	29	0	0
	합계		72	46	11	12	68	2	0
프로통산			293	149	44	36	468	33	0

김륜도 (金侖度) 광운대 1991.07.09

리그	연도	소속	출장	교체	득점	도움	파울	경고	퇴장
챌	2014	부천	34	5	1	0	47	5	0
	2015	부천	39	6	5	3	56	5	0
	합계		73	11	6	3	103	10	0
프로통산			73	11	6	3	103	10	0

김만수 (金萬壽) 광운대 1961.06.19

리그	연도	소속	출장	교체	득점	도움	파울	경고	퇴장
BC	1983	포철	4	4	0	0	0	0	0
	1985	포철	1	1	0	0	0	0	0
	합계		5	5	0	0	0	0	0
프로통산			5	5	0	0	0	0	0

김만중 (金萬中) 명지대 1978.11.04

리그	연도	소속	출장	교체	득점	도움	파울	경고	퇴장
BC	2001	부천SK	2	2	0	0	0	0	0
	합계		2	2	0	0	0	0	0
프로통산			2	2	0	0	0	0	0

김만태 (金萬泰) 광운대 1964.01.30

리그	연도	소속	출장	교체	득점	도움	파울	경고	퇴장
BC	1990	현대	3	3	0	0	2	0	0
	합계		3	3	0	0	2	0	0
프로통산			3	3	0	0	2	0	0

김명곤 (金明坤) 중앙대 1974.04.15

리그	연도	소속	출장	교체	득점	도움	파울	경고	퇴장
BC	1997	포항	31	25	1	2	46	4	0
	1998	포항	17	16	2	0	17	2	0
	1999	포항	13	7	1	3	18	1	0
	2000	포항	31	10	5	4	47	5	0
	2002	전남	4	4	0	0	2	1	0
	합계		96	62	9	9	130	13	0
프로통산			96	62	9	9	130	13	0

김명관 (金明寬) 광운전자공고 1959.11.27

리그	연도	소속	출장	교체	득점	도움	파울	경고	퇴장
BC	1983	유공	15	2	0	1	10	0	0
	1984	유공	26	8	1	0	24	1	0
	1985	유공	16	4	0	2	17	1	0
	1986	유공	29	1	0	0	67	0	0
	1987	유공	18	10	0	1	12	2	0
	합계		104	25	1	4	130	4	0
프로통산			104	25	1	4	130	4	0

김명광 (金明光) 대구대 1984.05.07

리그	연도	소속	출장	교체	득점	도움	파울	경고	퇴장
BC	2007	대구	0	0	0	0	0	0	0
	합계		0	0	0	0	0	0	0
프로통산			0	0	0	0	0	0	0

김명규 (金明奎) 수원대 1990.08.29

리그	연도	소속	출장	교체	득점	도움	파울	경고	퇴장
챌	2013	부천	1	1	0	0	0	0	0
	합계		1	1	0	0	0	0	0
프로통산			1	1	0	0	0	0	0

김명운 (金明雲) 숭실대 1987.11.01

리그	연도	소속	출장	교체	득점	도움	파울	경고	퇴장
BC	2007	전남	2	2	0	0	0	0	0
	2008	전남	18	15	1	0	19	0	0
	2009	전남	20	19	2	2	18	2	0
	2010	전남	3	2	0	0	5	0	0
	2011	인천	12	11	1	1	22	0	0
	2012	상주	15	10	1	1	19	0	0
	합계		70	59	5	4	83	2	0
챌	2013	상주	5	5	2	0	2	0	0
	합계		5	5	2	0	2	0	0
프로통산			75	64	7	4	85	2	0

김명중 (金明中) 동국대 1985.02.06

리그	연도	소속	출장	교체	득점	도움	파울	경고	퇴장
BC	2005	포항	8	7	0	0	26	2	0
	2006	포항	13	12	0	0	16	3	0
	2007	포항	11	7	0	0	19	3	0
	2008	광주상	31	8	7	2	67	5	0
	2009	광주상	26	6	8	5	74	1	0
	2009	포항	2	2	1	0	0	0	0
	2010	전남	26	20	3	3	52	4	0
	2011	전남	27	14	5	1	65	6	0
	2012	강원	22	22	2	1	28	1	0
	합계		166	98	26	12	347	25	0
프로통산			166	98	26	12	347	25	0

김명진 (金明眞) 부평고 1985.03.23

리그	연도	소속	출장	교체	득점	도움	파울	경고	퇴장
BC	2006	포항	0	0	0	0	0	0	0
	합계		0	0	0	0	0	0	0
프로통산			0	0	0	0	0	0	0

김명환 (金名煥) 정명고 1987.03.06

리그	연도	소속	출장	교체	득점	도움	파울	경고	퇴장
BC	2006	제주	2	2	0	0	1	0	0
	2007	제주	5	1	0	0	8	1	0
	2008	제주	13	5	0	0	14	1	0
	2009	제주	12	3	0	1	16	0	0
	2010	제주	8	4	0	0	1	0	0
	합계		40	15	0	1	40	2	0
프로통산			40	15	0	1	40	2	0

김명휘 (金明輝) 일본 하쓰시바하시모고 1981.05.08

리그	연도	소속	출장	교체	득점	도움	파울	경고	퇴장
BC	2002	성남	0	0	0	0	0	0	0
	합계		0	0	0	0	0	0	0
프로통산			0	0	0	0	0	0	0

김문경 (金文經) 단국대 1960.01.06

리그	연도	소속	출장	교체	득점	도움	파울	경고	퇴장
BC	1984	현대	13	0	0	0	3	0	0

리그	연도	소속	출장	교체	득점	도움	파울	경고	퇴장
	1985	현대	21	0	0	0	5	0	0
	1987	현대	16	1	0	1	7	0	0
	1988	현대	24	1	0	2	11	1	0
	1989	현대	11	3	0	1	9	1	0
	합계		85	5	0	4	35	2	0
프로통산			85	5	0	4	35	2	0

김문수 (金文殊) 관동대 1989.07.14

리그	연도	소속	출장	교체	득점	도움	파울	경고	퇴장
BC	2011	강원	1	0	0	0	4	1	0
	합계		1	0	0	0	4	1	0
챌	2013	경찰	1	0	0	0	0	1	0
	합계		1	0	0	0	0	1	0
프로통산			2	0	0	0	4	2	0

김문주 (金汶柱) 건국대 1990.03.24

리그	연도	소속	출장	교체	득점	도움	파울	경고	퇴장
클	2013	대전	0	0	0	0	0	0	0
	합계		0	0	0	0	0	0	0
프로통산			0	0	0	0	0	0	0

김민구 (金敏九) 영남대 1964.01.29

리그	연도	소속	출장	교체	득점	도움	파울	경고	퇴장
BC	1988	포철	19	6	0	2	32	1	0
	1989	포철	6	1	0	0	11	2	0
	1990	포철	3	3	0	0	4	0	0
	합계		28	10	0	2	47	3	0
프로통산			28	10	0	2	47	3	0

김민구 (金旻九) 연세대 1985.06.06

리그	연도	소속	출장	교체	득점	도움	파울	경고	퇴장
BC	2008	인천	1	1	0	0	0	0	0
	합계		1	1	0	0	0	0	0
프로통산			1	1	0	0	0	0	0

김민구 (金玟究) 관동대 1984.05.07

리그	연도	소속	출장	교체	득점	도움	파울	경고	퇴장
BC	2011	대구	21	17	1	1	22	2	1
	합계		21	17	1	1	22	2	1
프로통산			21	17	1	1	22	2	1

김민규 (金閔圭) 숭실대 1982.12.24

리그	연도	소속	출장	교체	득점	도움	파울	경고	퇴장
BC	2005	전북	0	0	0	0	0	0	0
	합계		0	0	0	0	0	0	0
프로통산			0	0	0	0	0	0	0

김민균 (金民均) 명지대 1988.11.30

리그	연도	소속	출장	교체	득점	도움	파울	경고	퇴장
BC	2009	대구	31	12	1	2	43	3	0
	2010	대구	15	15	1	1	5	0	0
	합계		46	27	2	3	48	3	0
클	2014	울산	14	10	2	0	10	0	0
	합계		14	10	2	0	10	0	0
프로통산			60	37	4	3	58	3	0

김민기 (金珉基) 건국대 1990.06.21

리그	연도	소속	출장	교체	득점	도움	파울	경고	퇴장
챌	2014	수원fc	4	3	0	0	4	2	0
	합계		4	3	0	0	4	2	0
프로통산			4	3	0	0	4	2	0

김민섭 (金民燮) 숭실대 1987.09.22

리그	연도	소속	출장	교체	득점	도움	파울	경고	퇴장
BC	2009	대전	18	9	0	0	19	2	0
	합계		18	9	0	0	19	2	0
프로통산			18	9	0	0	19	2	0

김민수 (金旼洙) 한남대 1984.12.14

리그	연도	소속	출장	교체	득점	도움	파울	경고	퇴장
BC	2008	대전	17	14	2	2	19	2	1
	2009	인천	21	11	2	3	21	2	0
	2010	인천	4	3	0	1	4	0	0
	2011	상주	16	12	2	3	8	3	0
	2012	상주	10	10	0	1	6	1	0
	2012	인천	1	1	0	0	0	0	0
	합계		69	51	6	10	58	8	1
클	2013	경남	16	14	0	0	19	1	0
	합계		16	14	0	0	19	1	0
챌	2014	광주	19	18	2	2	26	2	0
	합계		19	18	2	2	26	2	0
프로통산			104	83	8	12	103	11	1

김민수 (金頤洙) 용인대 1989.07.13

리그	연도	소속	출장	교체	득점	도움	파울	경고	퇴장
챌	2013	부천	0	0	0	0	0	0	0
	합계		0	0	0	0	0	0	0
프로통산			0	0	0	0	0	0	0

김민식 (金敏植) 호남대 1985.10.29

리그	연도	소속	출장	교체	실점	도움	파울	경고	퇴장
BC	2008	전북	0	0	0	0	0	0	0
	2009	전북	2	1	3	0	0	0	0
	2010	전북	7	0	11	0	0	0	0
	2011	전북	17	0	17	0	0	2	0
	2012	전북	9	1	11	0	0	0	0
	합계		35	2	42	0	0	2	0
클	2014	상주	18	0	29	0	0	2	0
	2014	전북	3	1	0	0	0	0	0
	2015	전남	10	0	21	0	0	0	0
	합계		31	1	50	0	0	2	0
챌	2013	상주	3	0	5	0	0	0	0
	합계		3	0	5	0	0	0	0
승	2013	상주	2	0	2	0	0	0	0
	합계		2	0	2	0	0	0	0
프로통산			71	3	0	0	0	4	0

김민오 (金敏吾) 울산대 1983.05.08

리그	연도	소속	출장	교체	득점	도움	파울	경고	퇴장
BC	2006	울산	9	4	0	0	16	0	0
	2007	울산	18	16	0	0	27	5	0
	2008	울산	18	14	0	0	27	2	0
	2009	울산	1	1	0	0	1	0	0
	2010	광주상	4	2	0	0	2	0	0
	2011	상주	10	0	0	0	8	2	0
	합계		60	37	0	0	81	9	0
프로통산			60	37	0	0	81	9	0

김민제 (金旼第) 중앙대 1989.09.12

리그	연도	소속	출장	교체	득점	도움	파울	경고	퇴장
챌	2015	서울E	22	12	1	1	22	4	0
	합계		22	12	1	1	22	4	0
프로통산			22	12	1	1	22	4	0

김민철 (金敏哲) 건국대 1972.03.01

리그	연도	소속	출장	교체	실점	도움	파울	경고	퇴장
BC	1994	유공	5	0	5	0	0	1	0
	1996	전남	16	0	34	0	1	1	0
	합계		21	0	39	0	1	2	0
프로통산			21	0	39	0	1	2	0

김민학 (金民學) 선문대 1988.10.04

리그	연도	소속	출장	교체	득점	도움	파울	경고	퇴장
BC	2010	전북	5	1	1	0	7	0	0
	2011	전북	1	1	0	0	2	1	0
	합계		6	2	1	0	9	1	0
프로통산			6	2	1	0	9	1	0

김민혁 (金珉赫) 광운대 1992.08.16

리그	연도	소속	출장	교체	득점	도움	파울	경고	퇴장
클	2015	서울	6	6	0	0	8	1	0
	합계		6	6	0	0	8	1	0
프로통산			6	6	0	0	8	1	0

김민혜 (金敏慧) 영동고 1954.12.04

리그	연도	소속	출장	교체	득점	도움	파울	경고	퇴장
BC	1983	대우	9	3	0	3	5	0	0
	1984	할렐	8	4	0	0	4	0	0
	1985	할렐	9	0	0	0	13	0	0
	합계		26	7	0	3	22	0	0
프로통산			26	7	0	3	22	0	0

김민호 (金敏浩) 인천대 1990.10.01

리그	연도	소속	출장	교체	득점	도움	파울	경고	퇴장
챌	2013	부천	19	2	1	1	28	1	0
	합계		19	2	1	1	28	1	0
프로통산			19	2	1	1	28	1	0

김민호 (金珉浩) 건국대 1985.05.13

리그	연도	소속	출장	교체	득점	도움	파울	경고	퇴장
BC	2007	성남	7	7	0	0	2	1	0
	2008	성남	1	1	0	0	0	0	0
	2008	전남	13	5	1	2	26	3	0
	2009	전남	9	7	1	0	8	2	0
	2010	대구	2	2	0	0	0	0	0
	합계		32	22	2	2	36	6	0
프로통산			32	22	2	2	36	6	0

김바우 (金바우) 한양대 1984.01.12

리그	연도	소속	출장	교체	득점	도움	파울	경고	퇴장
BC	2007	서울	1	1	0	0	1	0	0
	2008	대전	1	1	0	0	1	1	0
	2009	포항	2	2	0	0	3	1	0
	2010	포항	1	1	0	0	1	1	0
	2011	대전	9	6	0	0	15	1	0
	합계		14	11	0	0	21	4	0
프로통산			14	11	0	0	21	4	0

김백근 (金伯根) 동아대 1975.10.12

리그	연도	소속	출장	교체	득점	도움	파울	경고	퇴장
BC	1998	부산	10	7	0	1	4	0	0
	합계		10	7	0	1	4	0	0
프로통산			10	7	0	1	4	0	0

김범기 (金範基) 호남대 1974.03.01

리그	연도	소속	출장	교체	득점	도움	파울	경고	퇴장
BC	1996	전남	3	3	0	0	2	0	0
	합계		3	3	0	0	2	0	0
프로통산			3	3	0	0	2	0	0

김범수 (金範洙) 고려대 1972.05.16

리그	연도	소속	출장	교체	득점	도움	파울	경고	퇴장
BC	1995	전북	25	5	7	3	45	8	0
	1996	전북	33	9	3	5	49	7	0
	1997	전북	28	10	2	7	51	8	0
	1998	전북	23	17	2	1	39	4	1
	1999	전북	12	12	0	1	10	1	0
	2000	안양LG	2	2	0	0	0	0	0
	합계		123	55	14	17	194	28	1
프로통산			123	55	14	17	194	28	1

김범수 (金範洙) 관동대 1986.01.13

리그	연도	소속	출장	교체	득점	도움	파울	경고	퇴장
BC	2010	광주상	5	5	0	0	1	1	0
	합계		5	5	0	0	1	1	0
프로통산			5	5	0	0	1	1	0

김범준 (金汎峻) 경희대 1988.07.14

리그	연도	소속	출장	교체	득점	도움	파울	경고	퇴장
BC	2011	상주	10	6	0	0	9	0	0
	합계		10	6	0	0	9	0	0
프로통산			10	6	0	0	9	0	0

김병관 (金炳官) 광운대 1966.02.16

리그	연도	소속	출장	교체	득점	도움	파울	경고	퇴장
BC	1984	한일	11	1	0	0	8	2	0
	1985	한일	2	0	0	0	0	0	0
	1990	현대	3	3	0	0	0	0	0
	합계		16	4	0	0	8	2	0
프로통산			16	4	0	0	8	2	0

김병석 (金秉析) 숭실대 1985.09.17

리그	연도	소속	출장	교체	득점	도움	파울	경고	퇴장
BC	2012	대전	18	13	4	0	32	3	0
	합계		18	13	4	0	32	3	0
클	2013	대전	31	14	2	3	39	5	1
	2015	대전	6	0	1	0	4	1	0
	합계		37	14	3	3	43	6	1
챌	2014	안산	28	5	0	0	21	1	0

	2015	안산	23	9	1	3	28	3	0
	합계		51	14	1	3	49	4	0
프로통산			106	41	8	6	124	13	1

김병오 (金炳旿) 성균관대 1989.06.26

리그	연도	소속	출장	교체	득점	도움	파울	경고	퇴장
챌	2013	안양	17	16	1	1	18	0	0
	2015	충주	33	10	9	3	49	4	0
	합계		50	26	10	4	67	4	0
프로통산			50	26	10	4	67	4	0

김병지 (金秉址) 알로이시오기계공고 1970.04.08

리그	연도	소속	출장	교체	실점	도움	파울	경고	퇴장
BC	1992	현대	10	1	11	0	0	0	0
	1993	현대	25	2	19	0	0	1	0
	1994	현대	27	0	27	0	2	1	0
	1995	현대	35	1	26	0	2	1	0
	1996	울산	30	0	37	0	1	1	0
	1997	울산	20	0	17	0	0	1	0
	1998	울산	25	0	33	0	2	2	0
	1999	울산	20	0	32	0	1	1	0
	2000	울산	31	0	38	0	1	2	0
	2001	포항	25	1	24	0	1	1	0
	2002	포항	21	0	27	0	1	1	0
	2003	포항	43	1	43	0	1	2	0
	2004	포항	39	0	39	0	0	1	0
	2005	포항	36	0	31	0	1	1	0
	2006	서울	40	0	34	0	0	0	0
	2007	서울	38	0	25	0	0	0	0
	2008	서울	6	0	7	0	0	0	0
	2009	경남	29	1	30	0	0	1	0
	2010	경남	35	0	41	0	0	2	0
	2011	경남	33	0	44	0	1	2	0
	2012	경남	37	0	44	0	1	2	0
	합계		605	7	629	0	15	23	0
클	2013	전남	36	0	42	0	2	2	0
	2014	전남	38	0	53	0	0	0	0
	2015	전남	27	0	30	0	1	0	0
	합계		101	0	125	0	3	2	0
프로통산			706	7	754	0	18	25	0

* 득점: 1998년 1, 2000년 2 / 통산 3

김병채 (金昞蔡) 동북고 1981.04.14

리그	연도	소속	출장	교체	득점	도움	파울	경고	퇴장
BC	2000	안양LG	1	1	0	0	1	0	0
	2001	안양LG	2	2	0	0	0	0	0
	2002	안양LG	0	0	0	0	0	0	0
	2003	광주상	39	20	3	1	37	4	0
	2004	광주상	33	29	4	1	9	1	0
	2005	서울	7	4	0	0	16	0	0
	2006	경남	5	5	0	0	3	0	0
	2007	부산	3	3	0	0	6	0	0
	합계		90	64	7	2	72	5	0
프로통산			90	64	7	2	72	5	0

김병탁 (金丙卓) 동아대 1970.09.18

리그	연도	소속	출장	교체	득점	도움	파울	경고	퇴장
BC	1997	부산	6	5	0	0	2	1	0
	1998	부산	16	8	0	0	18	0	0
	합계		22	13	0	0	20	1	0
프로통산			22	13	0	0	20	1	0

김병환 (金秉桓) 국민대 1956.10.10

리그	연도	소속	출장	교체	득점	도움	파울	경고	퇴장
BC	1984	국민	18	4	3	0	19	2	0
	합계		18	4	3	0	19	2	0
프로통산			18	4	3	0	19	2	0

김보성 (金保成) 동아대 1989.04.04

리그	연도	소속	출장	교체	득점	도움	파울	경고	퇴장
BC	2012	경남	3	3	0	0	1	1	0
	합계		3	3	0	0	1	1	0
프로통산			3	3	0	0	1	1	0

김본광 (金本光) 탐라대 1988.09.30

리그	연도	소속	출장	교체	득점	도움	파울	경고	퇴장
챌	2013	수원fc	18	8	3	4	28	3	0
	2014	수원fc	29	8	3	0	39	9	0
	합계		47	16	6	4	67	12	0
프로통산			47	16	6	4	67	12	0

김봉겸 (金奉謙) 고려대 1984.05.01

리그	연도	소속	출장	교체	득점	도움	파울	경고	퇴장
BC	2009	강원	17	2	2	0	13	3	0
	2010	강원	9	2	0	1	5	0	0
	합계		26	4	2	1	18	3	0
프로통산			26	4	2	1	18	3	0

김봉길 (金奉吉) 연세대 1966.03.15

리그	연도	소속	출장	교체	득점	도움	파울	경고	퇴장
BC	1989	유공	24	21	5	0	15	1	0
	1990	유공	27	17	5	2	19	0	0
	1991	유공	6	3	0	0	5	0	0
	1992	유공	34	18	4	2	31	2	1
	1993	유공	30	16	8	4	23	0	0
	1994	유공	30	23	1	2	11	0	0
	1995	전남	32	5	8	3	21	4	0
	1996	전남	36	18	7	2	25	1	1
	1997	전남	33	29	6	1	26	2	0
	1998	전남	13	12	0	0	16	2	0
	합계		265	162	44	16	192	12	2
프로통산			265	162	44	16	192	12	2

김봉래 (金奉來) 명지대 1990.07.02

리그	연도	소속	출장	교체	득점	도움	파울	경고	퇴장
클	2013	제주	23	5	1	0	23	3	0
	2014	제주	7	6	0	1	1	0	0
	2015	제주	21	12	1	1	9	2	0
	합계		51	23	2	2	33	5	0
프로통산			51	23	2	2	33	5	0

김봉성 (金峯成) 아주대 1962.11.28

리그	연도	소속	출장	교체	득점	도움	파울	경고	퇴장
BC	1986	대우	5	5	0	0	5	0	0
	1988	대우	13	9	0	0	12	0	0
	1989	대우	7	8	0	0	5	0	0
	합계		25	22	0	0	22	0	0
프로통산			25	22	0	0	22	0	0

김봉수 (金奉洙) 고려대 1970.12.05

리그	연도	소속	출장	교체	실점	도움	파울	경고	퇴장
BC	1992	LG	14	0	13	0	0	0	0
	1993	LG	7	1	5	0	0	0	0
	1994	LG	18	2	25	0	2	1	0
	1995	LG	14	0	18	0	1	1	0
	1996	안양LG	12	0	23	0	1	1	0
	1997	안양LG	10	0	22	0	0	0	0
	1998	안양LG	19	2	23	0	0	2	0
	1999	안양LG	12	0	26	0	1	3	0
	2000	울산	3	1	4	0	0	0	0
	합계		109	6	159	0	5	8	0
프로통산			109	6	159	0	5	8	0

김봉진 (金奉眞) 동의대 1990.07.18

리그	연도	소속	출장	교체	득점	도움	파울	경고	퇴장
클	2013	강원	12	1	2	1	16	3	0
	합계		12	1	2	1	16	3	0
챌	2015	경남	7	3	0	0	9	1	0
	합계		7	3	0	0	9	1	0
승	2013	강원	1	0	0	0	0	0	0
	합계		1	0	0	0	0	0	0
프로통산			20	4	2	1	25	4	0

김봉현 (金奉鉉) 호남대 1974.07.07

리그	연도	소속	출장	교체	득점	도움	파울	경고	퇴장
BC	1995	전북	6	5	0	0	4	2	0
	1996	전북	26	4	1	1	53	7	0
	1997	전북	33	2	4	0	82	7	0
	1998	전북	33	0	3	1	72	7	0
	1999	전북	30	3	2	3	31	3	0
	2001	전북	5	0	0	0	7	2	0
	2002	전북	1	1	0	0	1	0	0
	합계		134	15	10	5	250	28	0
프로통산			134	15	10	5	250	28	0

김부관 (金附罐) 광주대 1990.09.03

리그	연도	소속	출장	교체	득점	도움	파울	경고	퇴장
챌	2015	수원fc	27	25	3	3	26	3	0
	합계		27	25	3	3	26	3	0
프로통산			27	25	3	3	26	3	0

김부만 (金富萬) 영남대 1965.05.07

리그	연도	소속	출장	교체	득점	도움	파울	경고	퇴장
BC	1988	포철	4	4	1	0	2	1	0
	1989	포철	34	11	0	0	26	1	0
	1990	포철	8	7	0	0	3	0	0
	1991	포철	3	3	0	0	0	0	0
	합계		49	25	1	0	31	2	0
프로통산			49	25	1	0	31	2	0

김삼수 (金三秀) 동아대 1963.02.08

리그	연도	소속	출장	교체	득점	도움	파울	경고	퇴장
BC	1986	현대	13	2	3	5	20	1	0
	1987	현대	29	4	2	2	40	2	0
	1988	현대	13	8	0	0	13	0	0
	1989	럭금	30	16	1	0	43	3	0
	1990	럭금	14	9	1	0	22	2	0
	1991	LG	17	10	1	0	19	2	0
	1992	LG	28	10	1	2	35	4	0
	1993	LG	19	9	0	1	29	7	0
	1994	대우	25	14	1	0	24	4	1
	합계		188	82	10	10	245	25	1
프로통산			188	82	10	10	245	25	1

김상규 (金相圭) 광운대 1973.11.02

리그	연도	소속	출장	교체	득점	도움	파울	경고	퇴장
BC	1996	부천SK	2	2	0	0	1	0	0
	합계		2	2	0	0	1	0	0
프로통산			2	2	0	0	1	0	0

김상균 (金相均) 동신대 1991.02.13

리그	연도	소속	출장	교체	득점	도움	파울	경고	퇴장
챌	2013	고양	2	1	0	0	1	1	0
	2014	고양	2	2	0	0	0	0	0
	합계		4	3	0	0	1	1	0
프로통산			4	3	0	0	1	1	0

김상기 (金尙基) 광운대 1982.04.05

리그	연도	소속	출장	교체	득점	도움	파울	경고	퇴장
BC	2005	수원	0	0	0	0	0	0	0
	2006	수원	2	2	0	0	0	0	0
	합계		2	2	0	0	0	0	0
프로통산			2	2	0	0	0	0	0

김상덕 (金相德) 주문진중 1985.01.01

리그	연도	소속	출장	교체	득점	도움	파울	경고	퇴장
BC	2005	수원	1	1	0	0	2	1	0
	2010	대전	0	0	0	0	0	0	0
	합계		1	1	0	0	2	1	0
프로통산			1	1	0	0	2	1	0

김상록 (金相綠) 고려대 1979.02.25

리그	연도	소속	출장	교체	득점	도움	파울	경고	퇴장
BC	2001	포항	34	16	4	1	23	1	0
	2002	포항	15	12	1	2	23	0	0
	2003	포항	28	20	2	2	32	2	0
	2004	광주상	31	10	1	1	29	3	0
	2005	광주상	30	14	5	5	19	0	0
	2006	제주	32	8	6	3	35	0	0
	2007	인천	37	16	10	6	24	2	0
	2008	인천	27	25	1	2	19	0	0
	2009	인천	15	14	1	0	8	0	0
	2010	부산	13	12	0	0	6	0	0

리그	연도	소속	출장	교체	득점	도움	파울	경고	퇴장
	합계		262	147	31	22	218	8	0
챌	2013	부천	19	19	1	1	6	0	0
	합계		19	19	1	1	6	0	0
프로통산			281	166	32	23	224	8	0

김상문 (金相文) 고려대 1967.04.08

리그	연도	소속	출장	교체	득점	도움	파울	경고	퇴장
BC	1990	유공	26	4	1	2	35	4	0
	1991	유공	37	4	2	2	53	3	1
	1992	유공	18	5	2	2	30	1	0
	1993	유공	34	5	3	0	54	2	0
	1994	유공	14	6	3	0	14	0	0
	1995	유공	5	5	0	0	1	0	0
	1995	대우	12	8	2	0	18	1	0
	1996	부산	17	7	0	0	27	3	0
	1997	부산	30	13	2	2	28	4	0
	1998	부산	28	13	3	3	48	0	0
	합계		221	70	18	11	308	18	1
프로통산			221	70	18	11	308	18	1

김상식 (金相植) 대구대 1976.12.17

리그	연도	소속	출장	교체	득점	도움	파울	경고	퇴장
BC	1999	천안	36	4	1	2	73	5	0
	2000	성남	27	2	3	1	62	6	0
	2001	성남	32	1	0	0	93	6	0
	2002	성남	36	0	4	4	88	6	0
	2003	광주상	42	1	2	2	69	4	0
	2004	광주상	31	2	2	1	48	2	0
	2005	성남	30	0	1	1	65	3	1
	2006	성남	29	4	1	0	58	4	0
	2007	성남	28	1	4	2	68	4	0
	2008	성남	37	2	0	1	86	6	0
	2009	전북	33	2	0	0	51	3	0
	2010	전북	28	9	0	2	82	11	0
	2011	전북	22	5	0	0	56	9	0
	2012	전북	27	13	0	1	37	4	0
	합계		438	46	18	17	936	73	1
클	2013	전북	20	6	1	0	34	6	1
	합계		20	6	1	0	34	6	1
프로통산			458	52	19	17	970	79	2

김상원 (金相沅) 울산대 1992.02.20

리그	연도	소속	출장	교체	득점	도움	파울	경고	퇴장
클	2014	제주	1	1	0	0	0	0	0
	2015	제주	21	4	3	3	25	6	0
	합계		22	5	3	3	25	6	0
프로통산			22	5	3	3	25	6	0

김상진 (金尙鎭) 한양대 1967.02.15

리그	연도	소속	출장	교체	득점	도움	파울	경고	퇴장
BC	1990	럭금	26	18	2	2	58	3	0
	1991	LG	27	17	6	2	39	7	1
	1992	LG	29	20	6	0	35	4	0
	1993	LG	3	3	0	0	3	0	0
	1994	LG	11	11	1	1	11	3	1
	1995	유공	14	14	0	0	13	3	0
	1996	부천SK	1	1	0	0	2	1	0
	합계		111	84	15	5	161	21	2
프로통산			111	84	15	5	161	21	2

김상필 (金相泌) 성균관대 1989.04.26

리그	연도	소속	출장	교체	득점	도움	파울	경고	퇴장
클	2015	대전	24	5	0	0	9	1	0
	합계		24	5	0	0	9	1	0
챌	2014	대전	1	0	0	0	0	0	0
	합계		1	0	0	0	0	0	0
프로통산			25	5	0	0	9	1	0

김상호 (金相鎬) 동아대 1964.10.05

리그	연도	소속	출장	교체	득점	도움	파울	경고	퇴장
BC	1987	포철	29	11	3	1	23	2	0
	1988	포철	15	4	0	4	10	0	0
	1989	포철	14	5	0	2	8	0	0
	1990	포철	22	2	2	2	20	0	0
	1991	포철	36	9	5	6	21	0	0
	1992	포철	9	1	0	0	7	0	0
	1993	포철	14	6	0	3	1	0	0
	1994	포철	10	7	0	0	3	0	0
	1995	전남	25	5	1	3	8	2	0
	1996	전남	27	17	0	2	8	1	0
	1997	전남	27	21	3	1	19	1	0
	1998	전남	4	4	1	0	1	1	0
	합계		232	92	15	24	129	7	0
프로통산			232	92	15	24	129	7	0

김상화 (金相華) 동국대 1968.08.25

리그	연도	소속	출장	교체	득점	도움	파울	경고	퇴장
BC	1991	유공	2	1	0	0	0	1	0
	1994	대우	2	2	0	0	0	0	0
	합계		4	3	0	0	0	1	0
프로통산			4	3	0	0	0	1	0

김상훈 (金相勳) 고려대 1967.12.19

리그	연도	소속	출장	교체	득점	도움	파울	경고	퇴장
BC	1990	럭금	2	3	0	0	0	0	0
	1991	LG	12	6	5	0	23	2	0
	1993	LG	17	9	1	1	25	2	2
	1994	LG	25	24	3	0	15	1	0
	1995	LG	7	6	1	0	8	3	0
	합계		63	48	10	1	71	8	2
프로통산			63	48	10	1	71	8	2

김상훈 (金湘勳) 숭실대 1973.06.08

리그	연도	소속	출장	교체	득점	도움	파울	경고	퇴장
BC	1996	울산	15	5	0	0	26	2	0
	1997	울산	20	3	2	0	53	1	1
	1998	울산	36	1	0	2	57	8	0
	1999	울산	32	5	1	1	82	6	0
	2000	울산	34	2	1	0	87	7	0
	2001	울산	17	6	0	1	33	3	0
	2002	포항	11	2	0	1	22	5	0
	2003	포항	37	13	1	1	57	4	0
	2004	성남	10	4	0	0	18	2	0
	합계		212	41	5	6	435	38	1
프로통산			212	41	5	6	435	38	1

김서준 (金鉉基/ 김현기) 한남대 1989.03.24

리그	연도	소속	출장	교체	득점	도움	파울	경고	퇴장
챌	2013	수원FC	19	12	2	2	32	2	0
	2014	수원FC	32	11	6	6	32	5	0
	2015	수원FC	21	4	1	4	31	4	0
	합계		72	27	9	12	95	11	0
승	2015	수원FC	0	0	0	0	0	0	0
	합계		0	0	0	0	0	0	0
프로통산			72	27	9	12	95	11	0

김석만 (金石萬) 호남대 1982.07.01

리그	연도	소속	출장	교체	득점	도움	파울	경고	퇴장
BC	2005	전남	1	1	0	0	1	0	0
	합계		1	1	0	0	1	0	0
프로통산			1	1	0	0	1	0	0

김석우 (金錫佑) 중경고 1983.05.06

리그	연도	소속	출장	교체	득점	도움	파울	경고	퇴장
BC	2004	포항	14	5	0	0	11	0	0
	2005	광주상	4	3	0	0	3	0	0
	2007	부산	6	5	0	0	6	1	0
	2008	부산	5	0	0	0	8	0	0
	합계		29	13	0	0	28	1	0
프로통산			29	13	0	0	28	1	0

김석원 (金錫垣) 고려대 1960.11.07

리그	연도	소속	출장	교체	득점	도움	파울	경고	퇴장
BC	1983	유공	9	2	3	0	2	0	0
	1984	유공	17	6	5	1	8	0	0
	1985	유공	2	0	0	0	3	1	0
	합계		28	8	8	1	13	1	0
프로통산			28	8	8	1	13	1	0

김선규 (金善奎) 동아대 1987.10.07

리그	연도	소속	출장	교체	실점	도움	파울	경고	퇴장
BC	2010	경남	0	0	0	0	0	0	0
	2011	경남	0	0	0	0	0	0	0
	2012	대전	35	1	55	0	1	3	0
	합계		35	1	55	0	1	3	0
클	2013	대전	22	0	38	0	0	0	0
	합계		22	0	38	0	0	0	0
챌	2014	대전	21	1	24	1	0	0	0
	2015	안양	6	0	8	0	1	0	1
	합계		27	1	32	1	1	0	1
프로통산			84	2	125	1	2	3	1

김선민 (金善民) 예원예술대 1991.12.12

리그	연도	소속	출장	교체	득점	도움	파울	경고	퇴장
클	2014	울산	18	16	0	0	10	0	0
	합계		18	16	0	0	10	0	0
챌	2015	안양	32	11	6	2	34	3	0
	합계		32	11	6	2	34	3	0
프로통산			50	27	6	2	44	3	0

김선우 (金善友) 동국대 1983.10.17

리그	연도	소속	출장	교체	득점	도움	파울	경고	퇴장
BC	2007	인천	9	8	0	1	13	1	0
	2008	인천	1	1	0	0	0	0	0
	2011	포항	1	1	0	0	0	0	0
	2012	포항	6	6	0	1	5	1	0
	합계		17	16	0	2	18	2	0
클	2013	성남	2	2	0	0	0	0	0
	합계		2	2	0	0	0	0	0
프로통산			19	18	0	2	18	2	0

김선우 (金善佑) 울산대 1993.04.19

리그	연도	소속	출장	교체	득점	도움	파울	경고	퇴장
클	2015	제주	2	1	0	0	0	0	0
	합계		2	1	0	0	0	0	0
챌	2015	경남	18	0	1	1	14	3	0
	합계		18	0	1	1	14	3	0
프로통산			20	1	1	1	14	3	0

김선우 (金宣羽) 한양대 1986.01.23

리그	연도	소속	출장	교체	득점	도움	파울	경고	퇴장
BC	2008	인천	6	4	0	0	4	1	0
	2010	광주상	6	6	0	0	11	0	0
	2011	상주	7	5	0	0	10	2	0
	합계		19	15	0	0	25	3	0
챌	2013	수원fc	6	3	0	0	10	1	0
	합계		6	3	0	0	10	1	0
프로통산			25	18	0	0	35	4	0

김선일 (金善壹) 동국대 1985.06.11

리그	연도	소속	출장	교체	득점	도움	파울	경고	퇴장
BC	2009	수원	0	0	0	0	0	0	0
	합계		0	0	0	0	0	0	0
프로통산			0	0	0	0	0	0	0

김선진 (金善進) 전주대 1990.10.01

리그	연도	소속	출장	교체	득점	도움	파울	경고	퇴장
BC	2012	제주	0	0	0	0	0	0	0
	합계		0	0	0	0	0	0	0
프로통산			0	0	0	0	0	0	0

김선태 (金善泰) 중앙대 1971.05.29

리그	연도	소속	출장	교체	득점	도움	파울	경고	퇴장
BC	1994	현대	3	3	0	0	1	0	0
	합계		3	3	0	0	1	0	0
프로통산			3	3	0	0	1	0	0

김성경 (金成經) 한양대 1976.05.15

리그	연도	소속	출장	교체	득점	도움	파울	경고	퇴장
BC	1999	전남	5	5	0	0	7	1	0
	합계		5	5	0	0	7	1	0
프로통산			5	5	0	0	7	1	0

김성구 (金聖求) 숭실대 1969.03.15

리그	연도	소속	출장	교체	득점	도움	파울	경고	퇴장
BC	1992	현대	20	20	2	1	9	1	0
	1993	현대	24	24	1	0	7	0	0
	1994	현대	22	13	2	3	17	0	0
	1995	현대	4	4	0	0	3	0	0
	1997	전북	25	19	4	0	18	1	0
	1998	전북	34	3	1	3	52	4	0
	1999	전북	6	6	0	0	0	0	0
	합계		135	89	10	7	106	6	0
프로통산			135	89	10	7	106	6	0

김성국 (金成國) 광운대 1990.03.01

리그	연도	소속	출장	교체	득점	도움	파울	경고	퇴장
챌	2013	안양	1	0	0	0	3	0	0
	합계		1	0	0	0	3	0	0
프로통산			1	0	0	0	3	0	0

김성국 (金成國) 충북대 1980.03.01

리그	연도	소속	출장	교체	득점	도움	파울	경고	퇴장
BC	2003	부산	0	0	0	0	0	0	0
	합계		0	0	0	0	0	0	0
프로통산			0	0	0	0	0	0	0

김성규 (金星圭) 현대고 1981.06.05

리그	연도	소속	출장	교체	득점	도움	파울	경고	퇴장
BC	2000	울산	9	8	0	0	1	0	0
	2001	울산	3	2	0	0	2	0	0
	합계		12	10	0	0	3	0	0
프로통산			12	10	0	0	3	0	0

김성근 (金成根) 연세대 1977.06.20

리그	연도	소속	출장	교체	득점	도움	파울	경고	퇴장
BC	2000	대전	17	3	1	0	12	1	0
	2001	대전	27	3	0	0	37	1	0
	2002	대전	32	2	1	0	40	5	0
	2003	대전	40	0	2	0	42	8	0
	2004	포항	24	1	0	0	19	2	0
	2005	포항	33	1	0	0	53	7	0
	2006	포항	31	0	0	0	47	3	0
	2007	포항	23	3	0	0	33	5	0
	2008	전북	10	2	0	0	9	2	0
	2008	수원	7	5	0	0	2	0	0
	합계		244	20	4	0	294	34	0
프로통산			244	20	4	0	294	34	0

김성기 (金聖基) 한양대 1961.11.21

리그	연도	소속	출장	교체	득점	도움	파울	경고	퇴장
BC	1985	유공	17	0	1	1	29	4	0
	1986	유공	14	7	0	0	15	2	0
	1987	유공	27	7	4	1	33	3	0
	1988	유공	13	3	0	0	28	2	0
	1989	유공	9	2	0	0	15	0	1
	1990	유공	1	2	0	0	0	0	0
	1990	대우	17	2	0	0	37	5	0
	1991	대우	34	3	0	0	45	5	1
	1992	대우	8	4	0	1	17	4	0
	합계		140	30	5	3	219	25	2
프로통산			140	30	5	3	219	25	2

김성길 (金聖吉) 일본동명고 1983.07.08

리그	연도	소속	출장	교체	득점	도움	파울	경고	퇴장
BC	2003	울산	1	1	0	0	0	0	0
	2004	광주상	12	6	0	0	11	1	0
	2005	광주상	20	17	0	1	19	0	0
	2006	경남	30	17	2	4	50	2	0
	2007	경남	26	15	1	3	38	3	0
	2008	경남	12	8	1	1	14	3	0
	2009	경남	5	3	0	0	3	1	0
	합계		106	67	4	9	135	10	0
프로통산			106	67	4	9	135	10	0

김성남 (金星南) 고려대 1954.07.19

리그	연도	소속	출장	교체	득점	도움	파울	경고	퇴장
BC	1983	유공	9	5	0	0	7	1	0
	1984	대우	6	6	0	0	2	0	0
	1985	대우	3	3	1	0	4	0	0
	합계		18	14	1	0	13	1	0
프로통산			18	14	1	0	13	1	0

김성민 (金成珉) 고려대 1981.02.06

리그	연도	소속	출장	교체	실점	도움	파울	경고	퇴장
BC	2005	부천SK	0	0	0	0	0	0	0
	2006	광주상	3	0	4	0	0	0	0
	2007	광주상	2	0	5	0	0	0	0
	2008	제주	0	0	0	0	0	0	0
	2009	제주	16	0	28	0	0	1	0
	합계		21	0	37	0	0	1	0
프로통산			21	0	37	0	0	1	0

김성민 (金成民) 고려대 1985.04.19

리그	연도	소속	출장	교체	득점	도움	파울	경고	퇴장
챌	2014	충주	1	1	0	0	0	0	0
	합계		1	1	0	0	0	0	0
BC	2008	울산	7	6	1	0	3	0	0
	2009	울산	2	2	0	0	1	0	0
	2011	광주	4	4	1	0	3	0	0
	2012	상주	1	1	0	0	0	0	0
	합계		14	13	2	0	7	0	0
프로통산			15	14	2	0	7	0	0

김성민 (金聖民) 호남대 1987.05.11

리그	연도	소속	출장	교체	득점	도움	파울	경고	퇴장
BC	2011	광주	2	1	1	0	1	0	0
	합계		2	1	1	0	1	0	0
프로통산			2	1	1	0	1	0	0

김성배 (金成培) 배재대 1975.05.25

리그	연도	소속	출장	교체	득점	도움	파울	경고	퇴장
BC	1998	부산	19	7	0	0	42	6	1
	1999	부산	20	5	0	0	47	5	0
	2000	부산	7	1	0	0	8	1	0
	합계		46	13	0	0	97	12	1
프로통산			46	13	0	0	97	12	1

김성부 (金成富) 진주고 1954.07.09

리그	연도	소속	출장	교체	득점	도움	파울	경고	퇴장
BC	1983	포철	16	0	0	0	6	0	0
	1984	포철	17	4	0	0	10	0	0
	합계		33	4	0	0	16	0	0
프로통산			33	4	0	0	16	0	0

김성수 (金聖洙) 배재대 1992.12.26

리그	연도	소속	출장	교체	득점	도움	파울	경고	퇴장
클	2013	대전	11	10	0	0	13	3	0
	2015	대전	4	4	0	0	2	0	0
	합계		15	14	0	0	15	3	0
챌	2014	대전	4	4	0	0	0	0	0
	합계		4	4	0	0	0	0	0
프로통산			19	18	0	0	15	3	0

김성수 (金星洙) 연세대 1963.03.12

리그	연도	소속	출장	교체	실점	도움	파울	경고	퇴장
BC	1986	한일	16	1	23	0	1	0	0
	합계		16	1	23	0	1	0	0
프로통산			16	1	0	0	1	0	0

김성식 (金星式) 1992.05.24

리그	연도	소속	출장	교체	득점	도움	파울	경고	퇴장
챌	2015	고양	11	6	0	0	9	2	1
	합계		11	6	0	0	9	2	1
프로통산			11	6	0	0	9	2	1

김성일 (河今眞) 연세대 1973.04.13

리그	연도	소속	출장	교체	득점	도움	파울	경고	퇴장
BC	1998	안양LG	27	7	0	1	70	10	0
	1999	안양LG	35	1	0	0	49	5	0
	2000	안양LG	32	1	0	1	56	1	0
	2001	안양LG	25	2	0	0	24	2	0
	2002	안양LG	0	0	0	0	0	0	0
	2003	안양LG	14	1	0	0	24	8	0
	2004	성남	22	12	0	1	29	1	0
	2005	성남	3	1	0	0	6	1	0
	합계		158	25	0	3	258	28	0
프로통산			158	25	0	3	258	28	0

김성일 (河成鎰) 홍익대 1975.11.02

리그	연도	소속	출장	교체	득점	도움	파울	경고	퇴장
BC	1998	대전	11	11	0	1	8	0	0
	1999	대전	6	5	0	0	8	0	0
	합계		17	16	0	1	16	0	0
프로통산			17	16	0	1	16	0	0

김성재 (金聖宰) 한양대 1976.09.17

리그	연도	소속	출장	교체	득점	도움	파울	경고	퇴장
BC	1999	안양LG	34	15	5	1	33	2	0
	2000	안양LG	34	15	3	6	44	4	0
	2001	안양LG	29	5	2	1	53	6	0
	2002	안양LG	29	11	3	0	41	2	0
	2003	안양LG	29	14	0	1	45	3	0
	2004	서울	21	10	0	1	28	4	0
	2005	서울	27	16	0	0	40	3	0
	2006	경남	23	11	0	0	35	4	0
	2007	전남	16	10	0	0	30	1	0
	2008	전남	25	9	0	1	28	3	0
	2009	전남	2	2	0	0	0	0	0
	합계		269	118	13	11	377	32	0
프로통산			269	118	13	11	377	32	0

김성주 (金成柱/ 김영근) 숭실대 1990.11.15

리그	연도	소속	출장	교체	득점	도움	파울	경고	퇴장
챌	2015	서울E	37	14	5	6	30	4	0
	합계		37	14	5	6	30	4	0
프로통산			37	14	5	6	30	4	0

김성준 (金聖埈) 홍익대 1988.04.08

리그	연도	소속	출장	교체	득점	도움	파울	경고	퇴장
클	2013	성남	26	15	4	3	37	7	0
	2014	성남	5	5	0	0	3	0	0
	2015	성남	31	15	3	2	35	3	0
	합계		62	35	7	5	75	10	0
BC	2009	대전	15	7	1	1	34	3	0
	2010	대전	26	14	1	1	52	6	0
	2011	대전	30	3	2	5	46	4	0
	2012	성남	37	7	3	5	49	6	0
	합계		108	31	7	12	181	19	0
프로통산			170	66	14	17	256	29	0

김성진 (金成珍) 명지대 1990.07.02

리그	연도	소속	출장	교체	득점	도움	파울	경고	퇴장
챌	2013	광주	2	2	0	0	0	0	0
	합계		2	2	0	0	0	0	0
프로통산			2	2	0	0	0	0	0

김성진 (金成陳) 중동고 1975.05.06

리그	연도	소속	출장	교체	득점	도움	파울	경고	퇴장
BC	1993	LG	1	1	0	0	0	0	0
	합계		1	1	0	0	0	0	0
프로통산			1	1	0	0	0	0	0

김성철 (金成喆) 숭실대 1980.05.12

리그	연도	소속	출장	교체	득점	도움	파울	경고	퇴장
BC	2003	부천SK	15	2	0	0	23	5	0
	2004	부천SK	15	3	0	0	36	4	0
	합계		30	5	0	0	59	9	0
프로통산			30	5	0	0	59	9	0

김성현 (金成炫) 진주고 1993.06.25

리그	연도	소속	출장	교체	득점	도움	파울	경고	퇴장
BC	2012	경남	5	2	0	0	9	1	0
	합계		5	2	0	0	9	1	0
클	2013	경남	11	7	0	0	17	3	0
	합계		11	7	0	0	17	3	0
챌	2014	충주	3	1	0	0	2	0	0
	2014	안산	9	1	0	0	13	3	0
	2015	안산	2	2	0	0	0	0	0

리그	연도	소속	출장	교체	득점	도움	파울	경고	퇴장
	합계		14	4	0	0	15	3	0
프로통산			30	13	0	0	41	7	0

김성현 (金成賢) 남부대 1990.07.01

리그	연도	소속	출장	교체	득점	도움	파울	경고	퇴장
클	2015	광주	4	4	0	0	3	0	0
	합계		4	4	0	0	3	0	0
프로통산			4	4	0	0	3	0	0

김성호 (金聖昊) 국민대 1970.05.16

리그	연도	소속	출장	교체	득점	도움	파울	경고	퇴장
BC	1994	버팔로	33	11	5	5	42	1	0
	1995	전북	19	14	1	1	28	0	0
	합계		52	25	6	6	70	1	0
프로통산			52	25	6	6	70	1	0

김성환 (金城煥) 동아대 1986.12.15

리그	연도	소속	출장	교체	득점	도움	파울	경고	퇴장
BC	2009	성남	33	6	4	3	56	8	0
	2010	성남	32	1	1	0	46	7	0
	2011	성남	34	3	1	2	69	5	0
	2012	성남	23	2	2	1	42	7	0
	합계		122	12	8	6	213	27	0
클	2013	울산	34	7	2	2	56	9	0
	2014	울산	28	6	1	1	42	12	0
	합계		62	13	3	3	98	21	0
챌	2015	상주	28	12	9	2	46	9	0
	합계		28	12	9	2	46	9	0
프로통산			212	37	20	11	357	57	0

김성훈 (金盛勳) 경희대 1991.05.24

리그	연도	소속	출장	교체	득점	도움	파울	경고	퇴장
챌	2015	고양	1	0	0	0	0	0	0
	합계		1	0	0	0	0	0	0
프로통산			1	0	0	0	0	0	0

김세인 (金世仁) 영남대 1976.10.02

리그	연도	소속	출장	교체	득점	도움	파울	경고	퇴장
BC	1999	포항	30	20	4	4	24	1	0
	합계		30	20	4	4	24	1	0
프로통산			30	20	4	4	24	1	0

김세일 (金世一) 동국대 1958.07.25

리그	연도	소속	출장	교체	득점	도움	파울	경고	퇴장
BC	1984	한일	19	8	2	1	10	1	0
	합계		19	8	2	1	10	1	0
프로통산			19	8	2	1	10	1	0

김세준 (金世埈) 청구고 1992.04.11

리그	연도	소속	출장	교체	득점	도움	파울	경고	퇴장
BC	2012	경남	0	0	0	0	0	0	0
	합계		0	0	0	0	0	0	0
프로통산			0	0	0	0	0	0	0

김수길 (金秀吉) 명지대 1959.03.06

리그	연도	소속	출장	교체	득점	도움	파울	경고	퇴장
BC	1983	국민	14	4	3	0	14	0	0
	1984	국민	5	1	0	1	5	0	0
	1985	럭금	2	2	0	0	0	0	0
	합계		21	7	3	1	19	0	0
프로통산			21	7	3	1	19	0	0

김수범 (金洙範) 상지대 1990.10.02

리그	연도	소속	출장	교체	득점	도움	파울	경고	퇴장
BC	2011	광주	23	6	0	3	44	7	0
	2012	광주	38	2	0	4	80	11	0
	합계		61	8	0	7	124	18	0
클	2014	제주	31	8	1	1	46	10	0
	2015	제주	17	4	0	0	27	4	0
	합계		48	12	1	1	73	14	0
챌	2013	광주	31	2	2	0	42	2	0
	합계		31	2	2	0	42	2	0
프로통산			140	22	3	8	239	34	0

김수연 (金水連) 동국대 1983.04.17

리그	연도	소속	출장	교체	득점	도움	파울	경고	퇴장
BC	2006	포항	4	1	0	0	8	1	0
	2007	포항	13	2	2	0	45	6	1
	2008	포항	2	1	0	0	3	0	0
	2009	광주상	4	3	0	0	10	1	0
	2010	광주상	3	1	1	0	6	1	0
	합계		26	8	3	0	72	9	1
프로통산			26	8	3	0	72	9	1

김수진 (金壽珍) 대구대 1977.06.13

리그	연도	소속	출장	교체	득점	도움	파울	경고	퇴장
BC	2000	포항	0	0	0	0	0	0	0
	합계		0	0	0	0	0	0	0
프로통산			0	0	0	0	0	0	0

김수현 (金樹炫) 고려대 1967.07.28

리그	연도	소속	출장	교체	득점	도움	파울	경고	퇴장
BC	1990	현대	1	1	0	0	0	0	0
	합계		1	1	0	0	0	0	0
프로통산			1	1	0	0	0	0	0

김수형 (金洙亨) 부경대 1983.03.26

리그	연도	소속	출장	교체	득점	도움	파울	경고	퇴장
BC	2003	부산	4	4	0	1	2	1	0
	2004	부산	4	4	0	0	1	0	0
	2006	광주상	13	7	0	0	22	1	0
	합계		21	15	0	1	25	2	0
프로통산			21	15	0	1	25	2	0

김순호 (金淳昊) 경신고 1982.10.08

리그	연도	소속	출장	교체	득점	도움	파울	경고	퇴장
BC	2004	성남	1	1	0	0	0	0	0
	합계		1	1	0	0	0	0	0
프로통산			1	1	0	0	0	0	0

김슬기 (金슬기) 전주대 1992.11.06

리그	연도	소속	출장	교체	득점	도움	파울	경고	퇴장
클	2014	경남	20	18	0	1	8	1	0
	합계		20	18	0	1	8	1	0
챌	2015	경남	15	10	1	1	10	0	0
	합계		15	10	1	1	10	0	0
승	2014	경남	0	0	0	0	0	0	0
	합계		0	0	0	0	0	0	0
프로통산			35	28	1	2	18	1	0

김승규 (金承奎) 현대고 1990.09.30

리그	연도	소속	출장	교체	실점	도움	파울	경고	퇴장
BC	2008	울산	2	2	0	0	0	0	0
	2009	울산	0	0	0	0	0	0	0
	2010	울산	7	1	7	0	0	1	0
	2011	울산	2	1	0	0	0	0	0
	2012	울산	12	0	20	0	0	0	0
	합계		23	4	27	0	0	1	0
클	2013	울산	32	0	27	0	1	2	0
	2014	울산	29	0	28	0	1	3	0
	2015	울산	34	1	42	0	0	3	0
	합계		95	1	97	0	2	8	0
프로통산			118	5	124	0	2	9	0

김승대 (金承大) 영남대 1991.04.01

리그	연도	소속	출장	교체	득점	도움	파울	경고	퇴장
클	2013	포항	21	12	3	6	27	1	0
	2014	포항	30	6	10	8	34	4	0
	2015	포항	34	9	8	4	17	1	0
	합계		85	27	21	18	78	6	0
프로통산			85	27	21	18	78	6	0

김승명 (金承明) 전주대 1987.09.01

리그	연도	소속	출장	교체	득점	도움	파울	경고	퇴장
BC	2010	강원	3	2	0	0	2	0	0
	합계		3	2	0	0	2	0	0
프로통산			3	2	0	0	2	0	0

김승민 (金承敏) 매탄고 1992.09.16

리그	연도	소속	출장	교체	득점	도움	파울	경고	퇴장
BC	2011	수원	0	0	0	0	0	0	0
	합계		0	0	0	0	0	0	0
프로통산			0	0	0	0	0	0	0

김승안 (金承安) 한양대 1972.09.24

리그	연도	소속	출장	교체	실점	도움	파울	경고	퇴장
BC	1994	포철	1	0	3	0	0	0	0
	1995	포항	1	0	1	0	0	0	0
	1997	대전	2	2	5	0	0	0	0
	합계		4	2	9	0	0	0	0
프로통산			4	2	9	0	0	0	0

김승용 (金承龍) 방송대 1985.03.14

리그	연도	소속	출장	교체	득점	도움	파울	경고	퇴장
BC	2004	서울	14	8	0	2	23	0	0
	2005	서울	20	11	1	2	30	1	0
	2006	서울	13	12	1	2	16	0	0
	2007	광주상	23	11	0	2	25	1	0
	2008	광주상	19	16	3	2	28	1	0
	2008	서울	1	1	1	1	2	0	0
	2009	서울	27	22	1	4	25	4	1
	2010	전북	5	5	1	0	9	1	0
	2012	울산	34	26	3	6	47	6	0
	합계		156	112	11	21	205	14	1
클	2013	울산	27	27	2	3	15	2	0
	합계		27	27	2	3	15	2	0
프로통산			183	139	13	24	220	16	1

김승준 (金承俊) 숭실대 1994.09.11

리그	연도	소속	출장	교체	득점	도움	파울	경고	퇴장
클	2015	울산	11	8	4	0	5	0	0
	합계		11	8	4	0	5	0	0
프로통산			11	8	4	0	5	0	0

김승한 (金昇漢) 울산대 1974.05.11

리그	연도	소속	출장	교체	득점	도움	파울	경고	퇴장
BC	1997	대전	22	20	2	1	20	2	0
	1998	대전	24	22	2	1	18	1	0
	1999	대전	13	14	0	1	11	1	0
	합계		59	56	4	3	49	4	0
프로통산			59	56	4	3	49	4	0

김승현 (金承鉉) 호남대 1979.08.18

리그	연도	소속	출장	교체	득점	도움	파울	경고	퇴장
BC	2002	전남	16	8	3	0	11	3	0
	2003	전남	9	8	0	2	18	1	0
	2004	광주상	13	10	3	0	21	1	0
	2005	광주상	12	9	0	0	10	0	0
	2006	전남	8	7	0	0	11	0	0
	2007	전남	5	5	0	0	3	1	0
	2008	부산	25	16	5	2	35	1	1
	2009	전남	24	9	4	5	34	5	0
	2010	전남	9	6	2	0	9	1	0
	합계		121	78	17	9	152	13	1
프로통산			121	78	17	9	152	13	1

김승호 (金承鎬) 명지대 1978.05.19

리그	연도	소속	출장	교체	득점	도움	파울	경고	퇴장
BC	2001	안양LG	2	2	0	0	1	0	0
	합계		2	2	0	0	1	0	0
프로통산			2	2	0	0	1	0	0

김승호 (金承湖) 예원예술대 1989.04.24

리그	연도	소속	출장	교체	득점	도움	파울	경고	퇴장
BC	2011	인천	0	0	0	0	0	0	0
	합계		0	0	0	0	0	0	0
프로통산			0	0	0	0	0	0	0

김시만 (金時萬) 홍익대 1975.03.03

리그	연도	소속	출장	교체	득점	도움	파울	경고	퇴장
BC	1998	전남	3	4	0	0	5	0	0
	합계		3	4	0	0	5	0	0
프로통산			3	4	0	0	5	0	0

김신 (金信) 영생고 1995.03.30

리그	연도	소속	출장	교체	득점	도움	파울	경고	퇴장
클	2014	전북	1	1	0	0	1	0	0
	합계		1	1	0	0	1	0	0
프로통산			1	1	0	0	1	0	0

김신영 (金信泳) 한양대 1983.06.16

리그	연도	소속	출장	교체	득점	도움	파울	경고	퇴장
BC	2012	전남	11	7	1	2	9	0	0
	2012	전북	11	11	0	0	9	1	0
	합계		22	18	1	2	18	1	0
프로통산			47	41	2	2	40	5	0
클	2013	전북	17	16	1	0	18	3	0
	2014	부산	8	7	0	0	4	1	0
	합계		25	23	1	0	22	4	0

김신영 (金信榮) 관동대 1958.07.29

리그	연도	소속	출장	교체	득점	도움	파울	경고	퇴장
BC	1986	유공	16	9	0	2	8	1	0
	합계		16	9	0	2	8	1	0
프로통산			16	9	0	2	8	1	0

김신욱 (金信煜) 중앙대 1988.04.14

리그	연도	소속	출장	교체	득점	도움	파울	경고	퇴장
BC	2009	울산	27	12	7	1	58	5	0
	2010	울산	33	21	10	3	36	1	0
	2011	울산	43	22	19	4	80	1	0
	2012	울산	35	13	13	2	89	5	0
	합계		138	68	49	10	263	12	0
클	2013	울산	36	2	19	6	86	6	0
	2014	울산	20	4	9	2	33	2	0
	2015	울산	38	14	18	4	41	1	0
	합계		94	20	46	12	160	9	0
프로통산			232	88	95	22	423	21	0

김신철 (金伸哲) 연세대 1990.11.29

리그	연도	소속	출장	교체	득점	도움	파울	경고	퇴장
챌	2013	부천	25	24	2	2	34	3	0
	2014	안산	11	8	0	2	11	1	0
	2015	안산	2	2	0	0	2	0	0
	2015	부천	0	0	0	0	0	0	0
	합계		38	34	2	4	47	4	0
프로통산			38	34	2	4	47	4	0

김연건 (金演健) 단국대 1981.03.12

리그	연도	소속	출장	교체	득점	도움	파울	경고	퇴장
BC	2002	전북	14	14	0	0	28	1	0
	2003	전북	2	2	0	0	3	0	0
	2004	전북	16	15	0	0	28	2	0
	2005	전북	6	6	0	0	22	2	0
	2008	성남	5	5	0	0	5	1	0
	합계		43	42	0	0	86	6	0
프로통산			43	42	0	0	86	6	0

김연수 (金演收) 충남기계공고 1995.01.16

리그	연도	소속	출장	교체	득점	도움	파울	경고	퇴장
챌	2014	대전	0	0	0	0	0	0	0
	합계		0	0	0	0	0	0	0
프로통산			0	0	0	0	0	0	0

김영광 (金永光) 한려대 1983.06.28

리그	연도	소속	출장	교체	실점	도움	파울	경고	퇴장
BC	2002	전남	0	0	0	0	0	0	0
	2003	전남	11	0	15	0	1	0	0
	2004	전남	22	0	19	0	1	2	0
	2005	전남	32	0	34	1	2	3	0
	2006	전남	13	0	16	0	1	1	0
	2007	울산	36	0	26	0	1	4	1
	2008	울산	33	2	33	0	2	2	0
	2009	울산	32	0	33	0	0	1	0
	2010	울산	28	1	35	0	0	2	0
	2011	울산	34	1	36	0	1	5	0
	2012	울산	32	0	32	0	1	4	0
	합계		273	4	279	1	10	24	1
클	2013	울산	6	0	10	0	0	0	0
	2014	경남	32	0	43	0	0	2	0
	합계		38	0	53	0	0	2	0
챌	2015	서울E	38	0	52	0	2	2	1
	합계		38	0	52	0	2	2	1
승	2014	경남	1	0	1	0	0	0	0
	합계		1	0	1	0	0	0	0
프로통산			350	4	385	1	12	28	2

김영규 (金泳奎) 국민대 1962.03.01

리그	연도	소속	출장	교체	득점	도움	파울	경고	퇴장
BC	1985	유공	8	2	0	0	7	0	0
	1986	유공	23	11	2	2	24	1	0
	1987	유공	27	14	0	2	29	1	0
	합계		58	27	2	4	60	2	0
프로통산			58	27	2	4	60	2	0

김영근 (金榮根) 경희대 1978.10.12

리그	연도	소속	출장	교체	득점	도움	파울	경고	퇴장
BC	2001	대전	32	5	1	0	54	6	0
	2002	대전	23	5	1	1	45	4	0
	2003	대전	26	9	1	1	51	4	1
	2004	대전	19	2	0	0	25	0	0
	2005	대전	10	3	0	0	29	2	0
	2006	광주상	23	8	1	0	28	1	0
	2007	광주상	29	6	0	0	37	1	0
	2008	경남	1	1	0	0	0	0	0
	합계		163	39	4	2	269	18	1
프로통산			163	39	4	2	269	18	1

김영기 (金永奇) 안동대 1973.12.25

리그	연도	소속	출장	교체	득점	도움	파울	경고	퇴장
BC	1998	수원	2	1	0	0	4	1	0
	합계		2	1	0	0	4	1	0
프로통산			2	1	0	0	4	1	0

김영남 (金榮男) 중앙대 1991.03.24

리그	연도	소속	출장	교체	득점	도움	파울	경고	퇴장
클	2013	성남	3	2	0	0	4	0	0
	2014	성남	4	2	0	0	4	2	0
	합계		7	4	0	0	8	2	0
챌	2015	부천	29	13	4	3	29	7	0
	합계		29	13	4	3	29	7	0
프로통산			36	17	4	3	37	9	0

김영남 (金榮男) 초당대 1986.04.02

리그	연도	소속	출장	교체	득점	도움	파울	경고	퇴장
챌	2013	안양	6	5	0	1	7	1	0
	합계		6	5	0	1	7	1	0
프로통산			6	5	0	1	7	1	0

김영무 (金英務) 숭실대 1984.03.19

리그	연도	소속	출장	교체	실점	도움	파울	경고	퇴장
BC	2007	대구	3	0	11	0	0	0	0
	2008	대구	0	0	0	0	0	0	0
	합계		3	0	11	0	0	0	0
프로통산			3	0	11	0	0	0	0

김영빈 (金榮彬) 고려대 1984.04.08

리그	연도	소속	출장	교체	득점	도움	파울	경고	퇴장
BC	2007	인천	6	2	0	0	15	1	0
	2008	인천	28	7	3	0	53	4	0
	2009	인천	27	16	0	0	34	4	0
	2010	인천	12	4	1	0	25	2	0
	2011	인천	2	1	0	0	2	0	0
	2011	대전	9	4	0	0	11	1	0
	합계		84	34	4	0	140	12	0
클	2014	경남	6	0	0	0	8	0	0
	합계		6	0	0	0	8	0	0
승	2014	경남	1	1	0	0	0	0	0
	합계		1	1	0	0	0	0	0
프로통산			91	35	4	0	148	12	0

김영빈 (金榮彬) 광주대 1991.09.20

리그	연도	소속	출장	교체	득점	도움	파울	경고	퇴장
클	2015	광주	28	3	2	0	23	6	0
	합계		28	3	2	0	23	6	0
챌	2014	광주	26	2	1	1	39	6	0
	합계		26	2	1	1	39	6	0
승	2014	광주	2	0	0	0	1	0	0
	합계		2	0	0	0	1	0	0
프로통산			56	5	3	1	63	12	0

김영삼 (金英三) 고려대 1982.04.04

리그	연도	소속	출장	교체	득점	도움	파울	경고	퇴장
클	2013	울산	26	3	1	1	45	5	0
	2014	울산	24	2	0	0	31	6	0
	2015	울산	5	4	0	0	5	1	0
	합계		55	9	1	1	81	12	0
BC	2005	울산	16	12	2	0	18	1	0
	2006	울산	29	8	0	0	53	5	0
	2007	울산	33	15	1	2	63	6	0
	2008	울산	34	1	0	1	35	4	0
	2009	울산	1	1	0	0	1	0	0
	2010	광주상	19	1	0	0	14	3	0
	2011	상주	16	2	0	0	23	3	0
	2011	울산	3	0	0	0	3	2	0
	2012	울산	28	9	0	2	29	4	0
	합계		179	49	3	5	239	28	0
프로통산			234	58	4	6	320	40	0

김영삼 (金泳三) 연세대 1980.03.12

리그	연도	소속	출장	교체	득점	도움	파울	경고	퇴장
BC	2003	전북	1	1	0	0	2	0	0
	2004	전북	1	1	0	0	0	0	0
	합계		2	2	0	0	2	0	0
프로통산			2	2	0	0	2	0	0

김영선 (金永善) 경희대 1975.04.03

리그	연도	소속	출장	교체	득점	도움	파울	경고	퇴장
BC	1998	수원	33	0	0	0	68	5	0
	1999	수원	24	4	0	0	55	4	0
	2000	수원	7	2	0	0	14	3	0
	2001	수원	21	6	0	0	17	2	0
	2002	수원	30	0	0	0	33	3	0
	2003	수원	29	1	0	2	35	2	1
	2005	수원	0	0	0	0	0	0	0
	2006	전북	19	0	0	0	24	1	0
	2007	전북	22	0	0	0	30	5	0
	합계		185	13	0	2	276	25	1
프로통산			185	13	0	2	276	25	1

김영섭 (金永燮) 숭실대 1970.08.13

리그	연도	소속	출장	교체	득점	도움	파울	경고	퇴장
BC	1993	대우	1	1	0	0	1	0	0
	1994	버팔로	17	3	0	0	18	3	0
	합계		18	4	0	0	19	3	0
프로통산			18	4	0	0	19	3	0

김영승 (金泳勝) 호원대 1993.02.22

리그	연도	소속	출장	교체	득점	도움	파울	경고	퇴장
클	2015	대전	1	1	0	0	0	0	0
	합계		1	1	0	0	0	0	0
챌	2014	대전	5	4	1	0	0	0	0
	합계		5	4	1	0	0	0	0
프로통산			6	5	1	0	0	0	0

김영신 (金映伸) 연세대 1986.02.28

리그	연도	소속	출장	교체	득점	도움	파울	경고	퇴장
BC	2006	전북	8	8	0	0	15	1	0
	2007	전북	6	4	0	0	12	2	0
	2008	제주	9	6	0	1	9	0	0
	2009	제주	24	18	1	0	25	5	0
	2010	제주	33	22	2	4	26	2	0
	2011	제주	23	13	1	0	17	3	0
	2012	상주	20	3	1	0	21	2	0
	합계		123	74	5	5	125	15	0
클	2014	제주	6	2	0	0	6	1	0
	2015	제주	14	11	2	0	8	1	0
	합계		20	13	2	0	14	2	0
챌	2013	상주	12	4	0	1	15	1	0
	합계		12	4	0	1	15	1	0
프로통산			155	91	7	6	154	18	0

김영우 (金永佑) 경기대 1984.06.15

리그	연도	소속	출장	교체	득점	도움	파울	경고	퇴장
BC	2007	경남	6	3	0	0	10	1	0
	2008	경남	26	24	3	1	14	3	0
	2009	경남	24	13	1	5	23	2	0
	2010	경남	28	12	2	2	40	6	0
	2011	경남	16	8	3	3	15	4	0
	2011	전북	7	0	0	0	11	0	0
	합계		107	60	9	11	113	16	0
클	2013	전북	3	0	0	0	8	0	0
	2014	전남	19	16	0	0	13	3	0
	합계		22	16	0	0	21	3	0
챌	2013	경찰	2	2	0	0	2	0	0
	합계		2	2	0	0	2	0	0
프로통산			131	78	9	11	136	19	0

김영욱 (金泳旭) 광양제철고 1991.04.29

리그	연도	소속	출장	교체	득점	도움	파울	경고	퇴장
BC	2010	전남	4	4	0	0	5	0	0
	2011	전남	23	18	1	0	24	2	0
	2012	전남	35	10	3	5	65	5	0
	합계		62	32	4	5	94	7	0
클	2013	전남	14	11	0	0	15	1	0
	2014	전남	11	10	0	0	12	1	0
	2015	전남	27	19	2	2	24	4	0
	합계		52	40	2	2	51	6	0
프로통산			114	72	6	7	145	13	0

김영욱 (金永旭) 한양대 1994.10.29

리그	연도	소속	출장	교체	득점	도움	파울	경고	퇴장
챌	2015	경남	21	12	2	0	12	0	1
	합계		21	12	2	0	12	0	1
프로통산			21	12	2	0	12	0	1

김영주 (金榮珠) 서울시립대 1964.01.01

리그	연도	소속	출장	교체	득점	도움	파울	경고	퇴장
BC	1989	일화	35	18	6	5	36	0	0
	1990	일화	24	17	3	0	23	1	0
	1991	일화	21	20	0	0	7	0	0
	합계		80	55	9	5	66	1	0
프로통산			80	55	9	5	66	1	0

김영준 (金榮俊) 홍익대 1985.07.15

리그	연도	소속	출장	교체	득점	도움	파울	경고	퇴장
BC	2009	광주상	0	0	0	0	0	0	0
	합계		0	0	0	0	0	0	0
프로통산			0	0	0	0	0	0	0

김영진 (金永眞) 전주대 1970.06.16

리그	연도	소속	출장	교체	득점	도움	파울	경고	퇴장
BC	1994	버팔로	24	10	0	1	22	3	2
	합계		24	10	0	1	22	3	2
프로통산			24	10	0	1	22	3	2

김영찬 (金榮讚) 고려대 1993.09.04

리그	연도	소속	출장	교체	득점	도움	파울	경고	퇴장
클	2013	전북	1	0	0	0	0	0	0
	2013	대구	6	1	0	0	5	0	0
	2015	전북	5	2	0	0	3	1	0
	합계		12	3	0	0	8	1	0
챌	2014	수원fc	19	5	0	1	24	5	0
	합계		19	5	0	1	24	5	0
프로통산			31	8	0	1	32	6	0

김영철 (金泳徹) 건국대 1976.06.30

리그	연도	소속	출장	교체	득점	도움	파울	경고	퇴장
BC	1999	천안	33	1	0	1	38	3	0
	2000	성남	38	3	0	3	33	4	0
	2001	성남	35	0	0	1	47	4	0
	2002	성남	36	0	0	0	53	2	0
	2003	광주상	35	1	0	0	40	7	0
	2004	광주상	30	0	0	0	28	4	0
	2005	성남	36	1	0	0	49	3	0
	2006	성남	32	2	0	0	38	5	0
	2007	성남	29	0	1	2	28	3	0
	2008	성남	32	1	0	0	40	3	0
	2009	전남	20	9	0	0	13	2	0
	합계		356	18	1	7	407	40	0
프로통산			356	18	1	7	407	40	0

김영철 (金永哲) 광운전자공고 1960.04.28

리그	연도	소속	출장	교체	득점	도움	파울	경고	퇴장
BC	1984	국민	21	6	3	3	12	1	1
	합계		21	6	3	3	12	1	1
프로통산			21	6	3	3	12	1	1

김영철 (金榮哲) 아주대 1967.10.10

리그	연도	소속	출장	교체	득점	도움	파울	경고	퇴장
BC	1990	현대	2	2	0	0	0	0	0
	1996	수원	1	1	0	0	0	0	0
	합계		3	3	0	0	0	0	0
프로통산			3	3	0	0	0	0	0

김영철 (金永哲) 풍생고 1984.04.08

리그	연도	소속	출장	교체	득점	도움	파울	경고	퇴장
BC	2003	전남	7	7	0	0	4	1	0
	2005	광주상	2	2	0	0	0	0	0
	2007	경남	3	3	0	0	2	1	0
	합계		12	12	0	0	6	2	0
프로통산			12	12	0	0	6	2	0

김영호 (金榮浩) 단국대 1961.04.20

리그	연도	소속	출장	교체	실점	도움	파울	경고	퇴장
BC	1985	유공	13	0	14	0	0	0	0
	1986	유공	24	0	28	0	0	0	0
	1989	일화	18	2	25	0	0	0	0
	1990	일화	21	0	25	0	0	2	0
	1991	일화	22	3	35	0	1	2	0
	합계		98	5	127	0	1	4	0
프로통산			98	5	127	0	1	4	0

김영호 (金永湖) 주문진수도공고 1972.06.06

리그	연도	소속	출장	교체	득점	도움	파울	경고	퇴장
BC	1995	포항	0	0	0	0	0	0	0
	1996	포항	0	0	0	0	0	0	0
	합계		0	0	0	0	0	0	0
프로통산			0	0	0	0	0	0	0

김영후 (金泳厚) 숭실대 1983.03.11

리그	연도	소속	출장	교체	득점	도움	파울	경고	퇴장
BC	2009	강원	30	6	13	8	29	4	0
	2010	강원	32	2	14	5	39	1	0
	2011	강원	31	19	6	0	36	0	0
	합계		93	27	33	13	104	5	0
클	2013	강원	5	4	1	0	7	0	0
	합계		5	4	1	0	7	0	0
챌	2013	경찰	23	15	10	3	19	3	0
	2014	강원	23	17	4	1	27	3	1
	합계		46	32	14	4	46	6	1
승	2013	강원	1	0	0	0	3	0	0
	합계		1	0	0	0	3	0	0
프로통산			145	63	48	17	160	11	1

김오규 (金吾奎) 관동대 1989.06.20

리그	연도	소속	출장	교체	득점	도움	파울	경고	퇴장
BC	2011	강원	1	0	0	0	2	0	0
	2012	강원	33	6	0	0	44	4	0
	합계		34	6	0	0	46	4	0
클	2013	강원	34	1	0	0	35	8	0
	합계		34	1	0	0	35	8	0
챌	2014	강원	31	0	1	0	28	6	1
	2015	강원	14	0	0	0	18	1	0
	2015	상주	11	1	0	1	11	2	0
	합계		56	1	1	1	57	9	1
승	2013	강원	2	0	0	1	7	2	0
	합계		2	0	0	1	7	2	0
프로통산			126	8	1	2	145	23	1

김오성 (金五星) 고려대 1986.08.16

리그	연도	소속	출장	교체	득점	도움	파울	경고	퇴장
BC	2009	대구	5	5	0	0	3	0	0
	2010	대구	1	1	0	0	2	0	0
	합계		6	6	0	0	5	0	0
프로통산			6	6	0	0	5	0	0

김완수 (金完洙) 전북대 1962.01.13

리그	연도	소속	출장	교체	득점	도움	파울	경고	퇴장
BC	1983	포철	7	3	2	0	5	0	0
	1984	포철	9	4	1	0	5	1	0
	1985	포철	16	0	0	1	36	1	0
	1986	포철	22	4	4	1	25	1	0
	합계		54	11	7	2	71	3	0
프로통산			54	11	7	2	71	3	0

김완수 (金完秀) 중앙대 1981.06.05

리그	연도	소속	출장	교체	득점	도움	파울	경고	퇴장
BC	2004	대구	12	11	0	0	14	2	0
	2005	대구	9	7	0	0	9	1	0
	합계		21	18	0	0	23	3	0
프로통산			21	18	0	0	23	3	0

김왕주 (金旺珠) 연세대 1968.06.12

리그	연도	소속	출장	교체	득점	도움	파울	경고	퇴장
BC	1991	일화	10	10	0	0	5	1	0
	1993	일화	3	5	0	0	1	0	0
	합계		13	15	0	0	6	1	0
프로통산			13	15	0	0	6	1	0

김요환 (金耀煥) 연세대 1977.05.23

리그	연도	소속	출장	교체	득점	도움	파울	경고	퇴장
BC	2002	전남	8	8	0	0	4	0	0
	2003	전남	5	5	0	0	3	0	0
	2004	전남	6	7	0	0	3	0	0
	2005	전남	9	10	0	0	7	0	0
	합계		28	30	0	0	17	0	0
프로통산			28	30	0	0	17	0	0

김용갑 (金龍甲) 동국대 1969.10.29

리그	연도	소속	출장	교체	득점	도움	파울	경고	퇴장
BC	1991	일화	10	10	0	1	7	1	0
	1992	일화	6	3	0	0	5	0	0
	1993	일화	8	6	0	3	3	0	0
	1994	일화	6	7	1	0	6	2	0
	1995	일화	6	7	0	1	2	0	0
	1996	전북	35	13	9	5	29	2	0
	1997	전북	27	21	4	3	12	0	0
	1998	전북	22	19	3	3	15	0	0
	1999	전북	1	1	0	0	1	0	0
	합계		121	87	17	16	80	5	0
프로통산			121	87	17	16	80	5	0

김용구 (金勇九) 인천대 1981.03.08

리그	연도	소속	출장	교체	득점	도움	파울	경고	퇴장
BC	2004	인천	8	8	0	0	9	1	0
	합계		8	8	0	0	9	1	0
프로통산			8	8	0	0	9	1	0

김용대 (金龍大) 연세대 1979.10.11

리그	연도	소속	출장	교체	실점	도움	파울	경고	퇴장
BC	2002	부산	9	1	10	0	0	0	0
	2003	부산	36	0	54	0	0	1	0
	2004	부산	29	0	29	0	1	2	0
	2005	부산	29	1	36	0	2	0	0
	2006	성남	28	0	28	0	0	2	0
	2007	성남	29	0	26	0	0	0	0
	2008	광주상	25	0	46	0	0	0	0
	2009	광주상	26	0	34	0	0	0	0
	2009	성남	2	1	0	0	0	0	0
	2010	서울	37	0	35	0	0	0	0
	2011	서울	29	1	37	0	2	1	0
	2012	서울	44	0	42	0	0	2	0
	합계		323	4	385	0	5	8	0
클	2013	서울	35	0	42	0	0	1	0

	2014	서울	24	1	19	0	0	0	0
	2015	서울	12	0	21	0	0	0	0
	합계		71	1	82	0	0	1	0
프로통산			394	5	467	0	5	9	0

김용범 (金龍凡) 고려대 1971.06.16

리그	연도	소속	출장	교체	득점	도움	파울	경고	퇴장
BC	1998	대전	29	5	0	1	32	3	0
	1999	대전	26	8	0	1	31	2	0
	2000	대전	15	5	0	0	14	1	0
	2001	대전	1	0	0	0	1	0	0
	합계		71	18	0	2	78	6	0
프로통산			71	18	0	2	78	6	0

김용세 (金鏞世) 중동고 1960.04.21

리그	연도	소속	출장	교체	득점	도움	파울	경고	퇴장
BC	1983	유공	16	2	2	4	10	1	0
	1984	유공	28	2	14	2	40	1	0
	1985	유공	21	1	12	0	19	1	0
	1986	유공	13	0	6	7	17	2	0
	1987	유공	18	4	1	2	16	1	0
	1988	유공	11	1	4	1	23	2	0
	1989	일화	21	9	6	0	27	3	1
	1990	일화	24	9	7	1	18	0	0
	1991	일화	13	10	1	1	9	1	0
	합계		165	38	53	18	179	12	1
프로통산			165	38	53	18	179	12	1

김용진 (金勇辰) 1993.06.10

리그	연도	소속	출장	교체	득점	도움	파울	경고	퇴장
챌	2015	강원	14	7	0	2	10	2	0
	합계		14	7	0	2	10	2	0
프로통산			14	7	0	2	10	2	0

김용찬 (金容燦) 아주대 1990.04.08

리그	연도	소속	출장	교체	득점	도움	파울	경고	퇴장
클	2013	경남	23	7	0	0	41	6	0
	2014	인천	0	0	0	0	0	0	0
	합계		23	7	0	0	41	6	0
챌	2015	충주	6	2	0	1	8	1	0
	합계		6	2	0	1	8	1	0
프로통산			29	9	0	1	49	7	0

김용태 (金龍泰) 울산대 1984.05.20

리그	연도	소속	출장	교체	득점	도움	파울	경고	퇴장
BC	2006	대전	28	19	2	3	25	0	0
	2007	대전	22	16	0	0	26	3	0
	2008	대전	22	14	1	1	27	2	0
	2009	울산	21	13	0	0	13	2	0
	2010	울산	4	5	0	0	0	0	0
	2011	상주	18	5	1	0	16	2	0
	2012	상주	21	13	1	4	12	2	0
	2012	울산	7	5	0	1	3	0	0
	합계		143	90	5	9	122	11	0
클	2013	울산	27	22	2	3	16	1	0
	2014	울산	12	6	2	0	8	3	0
	2014	부산	14	8	1	1	11	0	0
	2015	부산	21	15	0	0	10	1	0
	합계		74	51	5	4	45	5	0
프로통산			217	141	10	13	167	16	0

김용한 (金容漢) 수원대 1990.07.30

리그	연도	소속	출장	교체	득점	도움	파울	경고	퇴장
챌	2013	수원fc	8	9	0	0	5	0	0
	합계		8	9	0	0	5	0	0
프로통산			8	9	0	0	5	0	0

김용한 (金龍漢) 강릉농공고 1986.06.28

리그	연도	소속	출장	교체	득점	도움	파울	경고	퇴장
BC	2006	인천	3	3	0	0	3	1	0
	합계		3	3	0	0	3	1	0
프로통산			3	3	0	0	3	1	0

김용해 (金龍海) 동국대 1958.05.24

리그	연도	소속	출장	교체	득점	도움	파울	경고	퇴장
BC	1983	유공	2	2	0	0	0	0	0
	1984	럭금	9	8	0	1	4	0	0
	1985	럭금	2	2	1	0	0	0	0
	합계		13	12	1	1	4	0	0
프로통산			13	12	1	1	4	0	0

김용호 (金龍虎) 수도전기공고 1971.03.20

리그	연도	소속	출장	교체	득점	도움	파울	경고	퇴장
BC	1990	대우	2	2	0	0	1	0	0
	1994	대우	4	4	0	0	1	0	0
	합계		6	6	0	0	2	0	0
프로통산			6	6	0	0	2	0	0

김용환 (金容奐) 숭실대 1993.05.25

리그	연도	소속	출장	교체	득점	도움	파울	경고	퇴장
클	2014	인천	14	2	0	0	23	1	0
	2015	인천	3	3	0	0	0	1	0
	합계		17	5	0	0	23	2	0
프로통산			17	5	0	0	23	2	0

김용훈 (金龍勳) 경북산업대(경일대) 1969.09.15

리그	연도	소속	출장	교체	득점	도움	파울	경고	퇴장
BC	1994	버팔로	1	1	0	0	0	0	0
	합계		1	1	0	0	0	0	0
프로통산			1	1	0	0	0	0	0

김용희 (金容熙) 중앙대 1978.10.15

리그	연도	소속	출장	교체	득점	도움	파울	경고	퇴장
BC	2001	성남	27	1	1	0	37	4	0
	2002	성남	18	8	0	1	19	3	0
	2003	성남	2	1	0	0	6	0	0
	2004	부산	31	3	0	1	47	9	0
	2005	광주상	34	6	1	0	43	5	0
	2006	광주상	32	11	3	2	27	2	0
	2007	부산	6	3	0	0	5	1	0
	2008	전북	1	0	0	0	1	0	0
	합계		151	33	5	4	185	24	0
프로통산			151	33	5	4	185	24	0

김우경 (金祐經) 묵호고 1991.12.04

리그	연도	소속	출장	교체	득점	도움	파울	경고	퇴장
BC	2011	강원	0	0	0	0	0	0	0
	합계		0	0	0	0	0	0	0
프로통산			0	0	0	0	0	0	0

김우재 (金佑載) 경희대 1976.09.13

리그	연도	소속	출장	교체	득점	도움	파울	경고	퇴장
BC	1999	천안	7	7	0	0	5	0	0
	2000	성남	2	2	0	0	3	0	0
	2001	성남	1	1	0	0	2	0	0
	2002	성남	8	8	0	0	8	0	0
	2003	성남	30	7	2	0	60	8	0
	2004	인천	32	6	1	1	93	8	0
	2005	전남	15	8	0	1	28	3	0
	합계		95	39	3	2	199	19	0
프로통산			95	39	3	2	199	19	0

김우진 (金佑鎭) 경기대 1989.09.17

리그	연도	소속	출장	교체	득점	도움	파울	경고	퇴장
챌	2013	부천	1	1	0	0	0	0	0
	합계		1	1	0	0	0	0	0
BC	2012	대전	1	1	0	0	1	0	0
	합계		1	1	0	0	1	0	0
프로통산			2	2	0	0	1	0	0

김우철 (金禹哲) 단국대 1989.07.04

리그	연도	소속	출장	교체	득점	도움	파울	경고	퇴장
클	2013	전북	0	0	0	0	0	0	0
	합계		0	0	0	0	0	0	0
챌	2014	광주	4	3	0	0	8	0	0
	합계		4	3	0	0	8	0	0

김우철 (金禹喆) 상지대 1982.10.01

리그	연도	소속	출장	교체	득점	도움	파울	경고	퇴장
BC	2007	전북	1	1	0	0	0	0	0
	합계		1	1	0	0	0	0	0
프로통산			1	1	0	0	0	0	0

김우철 (金禹哲) 단국대 1989.07.04

리그	연도	소속	출장	교체	득점	도움	파울	경고	퇴장
BC	2012	전북	2	2	0	0	1	0	0
	합계		2	2	0	0	1	0	0
프로통산			6	5	0	0	9	0	0

김우현 동아대 1974.01.01

리그	연도	소속	출장	교체	득점	도움	파울	경고	퇴장
BC	1996	부천SK	0	0	0	0	0	0	0
	합계		0	0	0	0	0	0	0
프로통산			0	0	0	0	0	0	0

김운오 (金雲五) 고려대 1961.04.14

리그	연도	소속	출장	교체	득점	도움	파울	경고	퇴장
BC	1984	한일	6	2	0	0	1	0	0
	합계		6	2	0	0	1	0	0
프로통산			6	2	0	0	1	0	0

김원균 (金原均) 고려대 1992.05.01

리그	연도	소속	출장	교체	득점	도움	파울	경고	퇴장
클	2015	서울	1	1	0	0	1	1	0
	합계		1	1	0	0	1	1	0
챌	2015	강원	15	1	0	0	21	2	0
	합계		15	1	0	0	21	2	0
프로통산			16	2	0	0	22	3	0

김원근 (金元根) 성균관대 1958.07.28

리그	연도	소속	출장	교체	득점	도움	파울	경고	퇴장
BC	1984	한일	5	4	0	0	1	0	0
	합계		5	4	0	0	1	0	0
프로통산			5	4	0	0	1	0	0

김원민 (金元敏) 건국대 1987.08.12

리그	연도	소속	출장	교체	득점	도움	파울	경고	퇴장
챌	2013	안양	29	26	4	4	31	1	0
	2014	안양	25	25	2	2	17	1	0
	합계		54	51	6	6	48	2	0
프로통산			54	51	6	6	48	2	0

김원식 (金元植) 동북고 1991.11.05

리그	연도	소속	출장	교체	득점	도움	파울	경고	퇴장
클	2015	인천	31	3	0	0	83	15	0
	합계		31	3	0	0	83	15	0
챌	2013	경찰	8	7	0	0	11	2	0
	2014	안산	2	2	0	0	0	0	0
	합계		10	9	0	0	11	2	0
프로통산			41	12	0	0	94	17	0

김원일 (金源一) 숭실대 1986.10.18

리그	연도	소속	출장	교체	득점	도움	파울	경고	퇴장
클	2013	포항	34	1	3	0	56	8	0
	2014	포항	18	2	1	0	40	5	0
	2015	포항	24	1	0	0	36	5	0
	합계		76	4	4	0	132	18	0
BC	2010	포항	13	2	0	0	21	2	0
	2011	포항	23	5	0	1	44	8	0
	2012	포항	32	3	4	0	63	5	0
	합계		68	10	4	1	128	15	0
프로통산			144	14	8	1	260	33	0

김유성 (金侑聖) 경희대 1988.12.04

리그	연도	소속	출장	교체	득점	도움	파울	경고	퇴장
BC	2010	경남	3	1	0	0	3	0	0
	2011	경남	4	2	0	1	11	0	0
	2011	대구	6	4	0	0	7	1	0
	2012	대구	12	11	2	0	7	1	1
	합계		25	18	2	1	28	2	1
클	2013	대구	0	0	0	0	0	0	0
	합계		0	0	0	0	0	0	0
챌	2014	광주	11	10	0	0	9	2	0
	2015	고양	36	14	12	3	65	2	0
	합계		47	24	12	3	74	4	0
프로통산			72	42	14	4	102	6	1

김유진 (金裕晋) 부산정보산업고 1983.06.19

리그	연도	소속	출장	교체	득점	도움	파울	경고	퇴장
BC	2002	수원	0	0	0	0	0	0	0
	2005	부산	25	1	0	0	27	3	0
	2007	부산	11	0	1	0	10	0	0
	2008	부산	25	5	2	0	33	5	0
	2009	부산	10	3	0	1	13	0	0
	합계		71	9	3	1	83	8	0
프로통산			71	9	3	1	83	8	0

김윤구 (金潤求) 경희대 1979.09.01

리그	연도	소속	출장	교체	득점	도움	파울	경고	퇴장
BC	2002	울산	4	2	0	0	5	0	0
	2003	울산	2	2	0	0	1	0	0
	2004	울산	2	2	0	0	1	0	0
	합계		8	6	0	0	7	0	0
프로통산			8	6	0	0	7	0	0

김윤구 (金允求) 광운대 1985.02.25

리그	연도	소속	출장	교체	득점	도움	파울	경고	퇴장
BC	2007	광주상	14	3	0	0	14	2	0
	합계		14	3	0	0	14	2	0
프로통산			14	3	0	0	14	2	0

김윤근 (金允根) 동아대 1972.09.22

리그	연도	소속	출장	교체	득점	도움	파울	경고	퇴장
BC	1995	유공	15	15	2	0	17	0	0
	1996	부천SK	25	19	7	2	18	1	0
	1999	부천SK	0	0	0	0	0	0	0
	합계		40	34	9	2	35	1	0
프로통산			40	34	9	2	35	1	0

김윤식 (金潤植) 홍익대 1984.01.29

리그	연도	소속	출장	교체	득점	도움	파울	경고	퇴장
BC	2006	포항	22	18	0	1	31	2	0
	2007	포항	13	9	0	1	24	1	0
	2008	포항	2	2	0	0	1	0	0
	합계		37	29	0	2	56	3	0
프로통산			37	29	0	2	56	3	0

김윤재 (金潤載) 홍익대 1992.05.14

리그	연도	소속	출장	교체	득점	도움	파울	경고	퇴장
챌	2014	대전	0	0	0	0	0	0	0
	2015	수원fc	3	3	1	0	0	1	0
	합계		3	3	1	0	0	1	0
프로통산			3	3	1	0	0	1	0

김윤호 (金倫譮) 관동대 1990.09.21

리그	연도	소속	출장	교체	득점	도움	파울	경고	퇴장
클	2013	강원	4	4	0	0	5	0	0
	합계		4	4	0	0	5	0	0
챌	2014	강원	25	15	0	2	29	5	0
	2015	강원	21	18	1	0	27	4	0
	합계		46	33	1	2	56	9	0
승	2013	강원	1	1	0	0	2	0	0
	합계		1	1	0	0	2	0	0
프로통산			51	38	1	2	63	9	0

김은석 (金恩奭) 경기대 1972.03.14

리그	연도	소속	출장	교체	득점	도움	파울	경고	퇴장
BC	1999	포항	23	3	0	0	17	1	0
	2000	포항	22	1	0	0	19	2	0
	2001	포항	22	5	1	1	21	1	0
	2002	포항	26	5	0	0	50	5	0
	합계		93	14	1	1	107	9	0
프로통산			93	14	1	1	107	9	0

김은선 (金恩宣) 대구대 1988.03.30

리그	연도	소속	출장	교체	득점	도움	파울	경고	퇴장
BC	2011	광주	27	4	0	1	79	9	0
	2012	광주	34	4	8	1	78	10	0
	합계		61	8	8	2	157	19	0
클	2014	수원	37	5	3	0	80	4	0
	2015	수원	9	2	1	0	13	1	0
	합계		46	7	4	0	93	5	0
챌	2013	광주	27	2	7	2	82	9	0
	합계		27	2	7	2	82	9	0
프로통산			134	17	19	4	332	33	0

김은중 (金殷中) 동북고 1979.04.08

리그	연도	소속	출장	교체	득점	도움	파울	경고	퇴장
BC	1997	대전	14	14	0	0	3	0	0
	1998	대전	29	8	6	2	32	0	0
	1999	대전	24	9	4	1	38	1	0
	2000	대전	20	8	5	2	18	2	0
	2001	대전	31	5	9	5	60	4	0
	2002	대전	27	1	7	1	35	2	1
	2003	대전	22	4	11	2	38	5	0
	2004	서울	29	11	8	2	58	3	0
	2005	서울	30	18	7	7	59	0	0
	2006	서울	37	26	14	5	59	2	0
	2007	서울	16	10	4	2	26	1	0
	2008	서울	21	17	5	4	21	1	0
	2010	제주	34	4	17	11	43	4	0
	2011	제주	30	11	6	8	32	1	0
	2012	강원	41	21	16	2	48	3	0
	합계		405	167	119	54	570	29	1
클	2013	강원	13	11	0	1	13	0	0
	2013	포항	9	9	1	0	4	0	0
	합계		22	20	1	1	17	0	0
챌	2014	대전	17	16	3	1	6	0	0
	합계		17	16	3	1	6	0	0
프로통산			444	203	123	56	593	29	1

김은철 (金恩徹) 경희대 1968.05.29

리그	연도	소속	출장	교체	득점	도움	파울	경고	퇴장
BC	1991	유공	31	15	1	2	32	3	0
	1992	유공	11	8	2	1	8	0	0
	1993	유공	9	9	0	0	3	0	0
	1996	부천SK	31	12	0	1	24	2	0
	1997	부천SK	16	11	0	0	14	3	0
	1998	부천SK	2	2	0	0	0	0	0
	합계		100	57	3	4	81	8	0
프로통산			100	57	3	4	81	8	0

김은후 (金琨候 / 김의범) 신갈고 1990.05.23

리그	연도	소속	출장	교체	득점	도움	파울	경고	퇴장
BC	2010	전북	1	1	0	0	1	0	0
	2011	강원	6	6	0	1	5	1	0
	합계		7	7	0	1	6	1	0
프로통산			7	7	0	1	6	1	0

김응진 (金應鎭) 광양제철고 1987.03.09

리그	연도	소속	출장	교체	득점	도움	파울	경고	퇴장
BC	2007	전남	1	1	0	0	1	0	0
	2008	전남	4	2	0	0	2	2	0
	2009	전남	8	0	1	0	14	3	0
	2010	부산	26	4	2	0	40	9	0
	2011	부산	17	3	1	0	17	3	0
	합계		56	10	4	0	74	17	0
클	2013	부산	8	1	0	0	9	0	0
	2014	부산	5	2	0	1	8	2	0
	합계		13	3	0	1	17	2	0
프로통산			69	13	4	1	91	19	0

김의섭 (金義燮) 경기대 1987.09.22

리그	연도	소속	출장	교체	득점	도움	파울	경고	퇴장
BC	2010	전북	1	1	0	0	0	0	0
	합계		1	1	0	0	0	0	0
프로통산			1	1	0	0	0	0	0

김의신 (金義信) 1992.11.26

리그	연도	소속	출장	교체	득점	도움	파울	경고	퇴장
클	2015	광주	1	1	0	0	0	0	0
	합계		1	1	0	0	0	0	0
프로통산			1	1	0	0	0	0	0

김이섭 (金利燮) 전주대 1974.04.27

리그	연도	소속	출장	교체	실점	도움	파울	경고	퇴장
BC	1997	포항	28	0	28	0	0	1	0
	1998	포항	31	1	47	0	1	0	0
	1999	포항	13	0	20	0	0	0	0
	2000	포항	5	0	8	0	1	0	0
	2002	전북	0	0	0	0	0	0	0
	2003	전북	19	0	28	0	0	0	0
	2004	인천	15	0	15	0	0	0	0
	2005	인천	20	0	25	0	1	2	0
	2006	인천	11	0	9	0	0	0	0
	2007	인천	26	0	31	0	0	0	0
	2008	인천	13	1	13	0	0	0	0
	2009	인천	24	0	24	0	0	0	0
	2010	인천	12	1	25	0	0	0	0
	합계		217	3	273	0	3	3	0
프로통산			217	3	273	0	3	3	0

김이주 (金利主) 전주대 1966.03.01

리그	연도	소속	출장	교체	득점	도움	파울	경고	퇴장
BC	1989	일화	36	23	3	3	30	1	0
	1990	일화	24	18	2	2	24	2	0
	1991	일화	35	27	8	5	36	1	0
	1992	일화	34	28	2	1	49	0	0
	1993	일화	29	17	7	3	36	1	0
	1994	일화	30	18	7	1	39	1	0
	1995	일화	27	24	2	3	32	0	0
	1996	수원	5	6	0	1	7	0	0
	1997	수원	1	1	0	0	2	0	0
	1997	천안	18	10	8	2	26	2	0
	1998	천안	27	21	0	2	38	0	0
	합계		266	193	39	23	319	8	0
프로통산			266	193	39	23	319	8	0

김익현 (金益現) 고려대 1989.04.30

리그	연도	소속	출장	교체	득점	도움	파울	경고	퇴장
BC	2009	부산	2	1	0	0	2	0	0
	2010	부산	0	0	0	0	0	0	0
	2011	부산	6	6	0	0	4	3	0
	2012	부산	6	6	0	0	8	2	0
	합계		14	13	0	0	14	5	0
클	2013	부산	22	7	1	1	16	6	0
	2014	부산	19	14	1	0	24	4	0
	2015	부산	7	4	0	0	7	2	0
	합계		48	25	2	1	47	12	0
승	2015	부산	1	1	0	0	2	0	0
	합계		1	1	0	0	2	0	0
프로통산			63	39	2	1	63	17	0

김익형 (金翼亨) 한양대 1958.06.17

리그	연도	소속	출장	교체	득점	도움	파울	경고	퇴장
BC	1985	포철	16	0	0	1	12	1	0
	1986	포철	25	7	0	0	20	0	0
	합계		41	7	0	1	32	1	0
프로통산			41	7	0	1	32	1	0

김인석 (金仁錫) 군장대 1992.04.23

리그	연도	소속	출장	교체	득점	도움	파울	경고	퇴장
클	2015	제주	0	0	0	0	0	0	0
	합계		0	0	0	0	0	0	0
프로통산			0	0	0	0	0	0	0

김인섭 (金仁燮) 동국대 1972.07.09

리그	연도	소속	출장	교체	득점	도움	파울	경고	퇴장
BC	1995	포항	1	1	0	0	0	0	0
	합계		1	1	0	0	0	0	0
프로통산			1	1	0	0	0	0	0

김인성 (金仁成) 성균관대 1989.09.09

리그	연도	소속	출장	교체	득점	도움	파울	경고	퇴장
클	2013	성남	31	31	2	2	23	1	0
	2014	전북	11	10	0	0	13	1	0
	2015	인천	32	19	5	0	58	3	0
	합계		74	60	7	2	94	5	0
프로통산			74	60	7	2	94	5	0

김인완 (金仁完) 경희대 1971.02.13

리그	연도	소속	출장	교체	득점	도움	파울	경고	퇴장
BC	1995	전남	24	14	2	4	33	2	1
	1996	전남	31	19	3	2	46	4	0
	1997	전남	22	7	6	4	31	2	0
	1998	전남	33	11	8	2	52	3	0
	1999	전남	15	11	1	2	22	1	0
	1999	천안	11	2	3	1	29	0	0
	2000	성남	10	9	0	0	16	1	0
	합계		146	73	23	15	229	13	1
프로통산			146	73	23	15	229	13	1

김인호 (金仁鎬) 마산공고 1983.06.09

리그	연도	소속	출장	교체	득점	도움	파울	경고	퇴장
BC	2006	전북	28	11	0	0	41	5	1
	2007	전북	18	6	0	0	27	6	0
	2008	전북	17	8	0	2	18	0	0
	2009	전북	1	1	0	0	2	1	0
	2009	제주	6	2	0	0	9	2	0
	2010	제주	10	3	0	0	14	2	0
	2011	제주	11	1	2	0	23	4	0
	합계		91	32	2	2	134	20	1
프로통산			91	32	2	2	134	20	1

김일진 (金一鎭) 영남대 1970.04.05

리그	연도	소속	출장	교체	실점	도움	파울	경고	퇴장
BC	1993	포철	2	0	3	0	0	0	0
	1998	포항	9	1	5	0	1	0	0
	1999	포항	0	0	0	0	0	0	0
	2000	포항	2	0	5	0	0	0	0
	합계		13	1	13	0	1	0	0
프로통산			13	1	13	0	1	0	0

김재구 (金在九) 단국대 1977.03.12

리그	연도	소속	출장	교체	득점	도움	파울	경고	퇴장
BC	2000	성남	1	0	0	0	3	0	0
	2001	성남	1	1	0	0	0	0	0
	합계		2	1	0	0	3	0	0
프로통산			2	1	0	0	3	0	0

김재성 (金在成) 아주대 1983.10.03

리그	연도	소속	출장	교체	득점	도움	파울	경고	퇴장
BC	2005	부천SK	35	10	2	1	69	4	0
	2006	제주	31	4	2	2	53	6	0
	2007	제주	24	4	2	4	52	6	0
	2008	포항	26	16	2	2	26	6	0
	2009	포항	26	15	1	4	52	4	0
	2010	포항	24	11	1	2	45	6	0
	2011	포항	30	5	5	4	44	8	0
	2012	상주	24	0	4	2	34	10	0
	합계		220	65	19	21	375	50	0
클	2013	포항	3	1	0	1	5	2	0
	2014	포항	29	15	7	4	36	6	0
	합계		32	16	7	5	41	8	0
챌	2013	상주	26	15	3	2	43	6	0
	2015	서울E	39	4	4	12	48	7	0
	합계		65	19	7	14	91	13	0
프로통산			317	100	33	40	507	71	0

김재소 (金在昭) 경희고 1965.11.06

리그	연도	소속	출장	교체	득점	도움	파울	경고	퇴장
BC	1989	일화	20	11	0	1	22	1	0
	1990	일화	10	6	0	1	15	2	0
	1991	일화	29	18	0	0	37	2	0
	1992	일화	10	7	0	0	11	0	0
	1993	일화	1	1	0	0	0	0	0
	합계		70	43	0	2	85	5	0
프로통산			70	43	0	2	85	5	0

김재신 (金在新) 숭실대 1975.03.03

리그	연도	소속	출장	교체	득점	도움	파울	경고	퇴장
BC	1999	전북	1	1	0	0	0	0	0
	2000	전북	18	16	0	1	20	2	0
	2001	전북	10	10	0	0	7	1	0
	합계		29	27	0	1	27	3	0
프로통산			29	27	0	1	27	3	0

김재신 (金在信) 건국대 1973.08.30

리그	연도	소속	출장	교체	득점	도움	파울	경고	퇴장
BC	1998	수원	7	5	1	0	8	0	0
	1999	수원	7	5	0	0	7	0	0
	2000	수원	6	2	0	0	9	0	0
	합계		20	12	1	0	24	0	0
프로통산			20	12	1	0	24	0	0

김재연 (金載淵) 연세대 1989.02.08

리그	연도	소속	출장	교체	득점	도움	파울	경고	퇴장
챌	2013	수원fc	8	3	0	0	12	2	0
	2014	수원fc	15	8	0	0	17	0	0
	합계		23	11	0	0	29	2	0
프로통산			23	11	0	0	29	2	0

김재웅 (金裁雄) 경희대 1988.01.01

리그	연도	소속	출장	교체	득점	도움	파울	경고	퇴장
BC	2011	인천	17	10	4	1	49	7	0
	2012	인천	18	16	0	4	47	4	0
	합계		35	26	4	5	96	11	0
클	2013	인천	7	7	1	0	10	1	0
	2015	인천	1	1	0	0	1	1	0
	합계		8	8	1	0	11	2	0
챌	2014	안양	27	23	7	0	67	7	0
	2015	수원fc	17	1	4	1	46	7	0
	합계		44	24	11	1	113	14	0
승	2015	수원fc	2	0	0	0	6	1	0
	합계		2	0	0	0	6	1	0
프로통산			89	58	16	6	226	28	0

김재윤 (金재윤 / 김성균) 서귀포고 1990.09.04

리그	연도	소속	출장	교체	득점	도움	파울	경고	퇴장
BC	2009	성남	4	5	0	0	4	2	0
	2010	강원	1	1	0	0	0	0	0
	2011	전남	0	0	0	0	0	0	0
	합계		5	6	0	0	4	2	0
프로통산			5	6	0	0	4	2	0

김재형 (金載瀅 / 김재영) 아주대 1973.09.02

리그	연도	소속	출장	교체	득점	도움	파울	경고	퇴장
BC	1996	부산	32	8	6	2	46	5	0
	1997	부산	24	10	0	1	31	8	0
	1998	부산	7	5	0	0	12	2	0
	1999	부산	31	17	0	2	68	1	0
	2000	부산	19	12	0	1	29	1	1
	2001	부산	32	19	1	2	42	3	0
	2002	부산	16	9	0	0	33	3	0
	2004	부산	18	13	2	0	26	3	1
	2005	부산	21	6	1	0	50	3	1
	2006	전북	14	7	0	1	38	1	0
	2007	전북	15	14	0	0	21	0	0
	합계		229	120	10	9	396	30	3
프로통산			229	120	10	9	396	30	3

김재홍 (金在鴻) 숭실대 1984.08.10

리그	연도	소속	출장	교체	득점	도움	파울	경고	퇴장
BC	2007	대구	1	0	0	1	2	0	0
	합계		1	0	0	1	2	0	0
프로통산			1	0	0	1	2	0	0

김재환 (金載桓) 전주대 1988.05.27

리그	연도	소속	출장	교체	득점	도움	파울	경고	퇴장
BC	2011	전북	3	0	0	0	11	3	0
	2012	전북	1	0	0	0	2	0	0
	합계		4	0	0	0	13	3	0
클	2013	전북	5	2	0	0	6	1	0
	합계		5	2	0	0	6	1	0
챌	2014	수원fc	4	1	0	0	1	0	0
	합계		4	1	0	0	1	0	0
프로통산			13	3	0	0	20	4	0

김재환 (金才煥) 마산공고 1958.08.10

리그	연도	소속	출장	교체	득점	도움	파울	경고	퇴장
BC	1985	현대	4	1	0	1	3	0	0
	합계		4	1	0	1	3	0	0
프로통산			4	1	0	1	3	0	0

김재훈 (金載薰) 건국대 1988.02.21

리그	연도	소속	출장	교체	득점	도움	파울	경고	퇴장
BC	2011	전남	1	1	0	0	1	1	0
	2012	대전	7	1	0	0	7	3	0
	합계		8	2	0	0	8	4	0
챌	2014	충주	19	4	1	1	21	2	0
	합계		19	4	1	1	21	2	0
프로통산			27	6	1	1	29	6	0

김정겸 (金正謙) 동국대 1976.06.09

리그	연도	소속	출장	교체	득점	도움	파울	경고	퇴장
BC	1999	전남	13	13	0	0	6	0	0
	2000	전남	29	6	1	1	57	3	0
	2001	전남	16	6	0	0	25	4	0
	2002	전남	5	5	0	0	1	0	0
	2003	전남	27	4	0	2	39	4	0
	2004	전남	26	5	1	2	43	3	0
	2005	전북	34	3	1	0	52	3	0
	2006	전북	13	0	0	0	16	2	0
	2007	전북	12	5	0	0	26	2	1
	2008	포항	3	2	0	1	2	0	0
	2009	포항	23	3	1	1	38	4	0
	2010	포항	16	2	1	0	23	3	0
	2011	포항	9	2	0	0	9	2	0
	합계		226	56	5	7	337	30	1
프로통산			226	56	5	7	337	30	1

김정광 (金正光) 영남대 1988.03.14

리그	연도	소속	출장	교체	득점	도움	파울	경고	퇴장
BC	2011	성남	0	0	0	0	0	0	0
	합계		0	0	0	0	0	0	0
프로통산			0	0	0	0	0	0	0

김정빈 (金楨彬) 선문대 1987.08.23

리그	연도	소속	출장	교체	득점	도움	파울	경고	퇴장
BC	2012	상주	2	2	0	0	8	0	0
	합계		2	2	0	0	8	0	0
챌	2014	수원fc	31	6	4	2	53	2	0
	2015	수원fc	20	6	0	2	31	6	0
	합계		51	12	4	4	84	8	0
프로통산			53	14	4	4	92	8	0

김정수 (金廷洙) 중앙대 1975.01.17

리그	연도	소속	출장	교체	득점	도움	파울	경고	퇴장
BC	1997	대전	25	1	3	0	9	1	0
	1999	대전	4	3	0	1	6	0	0
	2000	대전	0	0	0	0	0	0	0
	2001	대전	29	1	0	0	12	1	0
	2002	대전	30	1	0	0	12	4	0
	2003	대전	36	13	0	2	36	1	0
	2004	부천SK	30	6	0	0	27	2	0
	2005	부천SK	4	2	0	0	2	0	0
	합계		158	27	3	3	104	9	0
프로통산			158	27	3	3	104	9	0

김정우 (金正友) 고려대 1982.05.09

리그	연도	소속	출장	교체	득점	도움	파울	경고	퇴장
BC	2003	울산	34	8	1	3	38	7	0
	2004	울산	18	4	0	0	49	4	1
	2005	울산	32	4	0	2	91	9	0
	2008	성남	30	26	5	4	41	3	0
	2009	성남	35	11	5	4	63	10	0
	2010	광주상	19	2	3	0	19	3	0
	2011	상주	26	6	18	1	30	5	0
	2011	성남	2	3	0	0	3	0	0
	2012	전북	33	14	5	2	50	4	0
	합계		229	78	37	16	384	45	1
클	2013	전북	8	4	0	1	8	1	0

리그	연도	소속	출장	교체	득점	도움	파울	경고	퇴장
	합계		8	4	0	1	8	1	0
프로통산			237	82	37	17	392	46	1

김정욱 (金晶昱) 아주대 1976.03.01

리그	연도	소속	출장	교체	득점	도움	파울	경고	퇴장
BC	1998	부산	3	3	1	0	4	0	0
	2000	울산	4	4	0	0	1	0	0
	합계		7	7	1	0	5	0	0
프로통산			7	7	1	0	5	0	0

김정은 (金政銀) 동국대 1963.11.27

리그	연도	소속	출장	교체	득점	도움	파울	경고	퇴장
BC	1986	한일	10	5	0	0	10	0	0
	합계		10	5	0	0	10	0	0
프로통산			10	5	0	0	10	0	0

김정재 (金正才) 경희대 1974.05.22

리그	연도	소속	출장	교체	득점	도움	파울	경고	퇴장
BC	1997	천안	20	8	0	0	37	4	0
	1998	천안	24	9	0	0	47	5	0
	1999	천안	11	2	0	1	30	6	0
	2000	성남	23	7	1	1	53	7	0
	2001	성남	14	12	0	0	16	2	0
	2002	성남	24	16	0	0	27	2	0
	2003	성남	14	12	0	0	25	2	0
	2004	인천	9	4	1	0	25	4	0
	합계		139	70	2	2	260	32	0
프로통산			139	70	2	2	260	32	0

김정주 (金正柱) 강릉제일고 1991.09.26

리그	연도	소속	출장	교체	득점	도움	파울	경고	퇴장
BC	2010	강원	7	7	0	0	3	0	0
	2011	강원	5	2	0	0	7	1	0
	2012	강원	3	1	0	0	1	0	0
	합계		15	10	0	0	11	1	0
프로통산			15	10	0	0	11	1	0

김정혁 (金正赫) 명지대 1968.11.30

리그	연도	소속	출장	교체	득점	도움	파울	경고	퇴장
BC	1992	대우	34	9	2	2	50	6	0
	1993	대우	10	7	0	0	15	2	0
	1994	대우	11	12	0	0	15	1	0
	1996	부산	11	8	0	0	13	0	0
	1996	전남	21	8	0	3	39	10	0
	1997	전남	34	3	1	3	66	6	0
	1998	전남	26	10	0	2	42	2	0
	1999	전남	35	3	1	3	44	1	0
	2000	전남	23	2	0	2	30	1	0
	2001	전남	28	6	0	0	22	1	0
	2002	전남	6	3	0	0	5	1	0
	합계		239	71	4	15	341	31	0
프로통산			239	71	4	15	341	31	0

김정현 (金正炫) 호남대 1979.04.01

리그	연도	소속	출장	교체	득점	도움	파울	경고	퇴장
BC	2003	부천SK	0	0	0	0	0	0	0
	합계		0	0	0	0	0	0	0
프로통산			0	0	0	0	0	0	0

김정현 (金正炫) 강릉제일고 1988.05.16

리그	연도	소속	출장	교체	득점	도움	파울	경고	퇴장
BC	2007	인천	0	0	0	0	0	0	0
	2008	인천	1	1	0	0	1	0	0
	합계		1	1	0	0	1	0	0
프로통산			1	1	0	0	1	0	0

김정훈 (金正訓) 관동대 1991.12.23

리그	연도	소속	출장	교체	득점	도움	파울	경고	퇴장
챌	2014	충주	29	19	3	1	28	4	0
	2015	충주	23	18	1	1	27	0	0
	합계		52	37	4	2	55	4	0
프로통산			52	37	4	2	55	4	0

김정훈 (金正勳) 독일 FSV Mainz05 1989.02.13

리그	연도	소속	출장	교체	득점	도움	파울	경고	퇴장
BC	2008	대전	5	5	1	0	7	1	0
	2009	대전	0	0	0	0	0	0	0
	합계		5	5	1	0	7	1	0
프로통산			5	5	1	0	7	1	0

김정희 (金正熙) 한양대 1956.01.13

리그	연도	소속	출장	교체	득점	도움	파울	경고	퇴장
BC	1983	할렐	15	4	2	1	6	1	0
	1984	할렐	26	7	1	3	8	1	0
	1985	할렐	9	3	0	0	4	0	0
	합계		50	14	3	4	18	2	0
프로통산			50	14	3	4	18	2	0

김제환 (金濟煥) 명지대 1985.06.07

리그	연도	소속	출장	교체	득점	도움	파울	경고	퇴장
챌	2013	경찰	17	13	2	1	11	2	0
	합계		17	13	2	1	11	2	0
프로통산			17	13	2	1	11	2	0

김종건 (金鍾建) 서울시립대 1964.03.29

리그	연도	소속	출장	교체	득점	도움	파울	경고	퇴장
BC	1985	현대	17	4	2	1	15	1	0
	1986	현대	28	10	2	4	38	3	0
	1987	현대	27	3	2	3	38	2	0
	1988	현대	15	7	0	2	18	1	0
	1989	현대	18	3	8	2	41	2	0
	1990	현대	5	5	0	0	4	0	0
	1991	현대	5	5	0	0	2	0	0
	1991	일화	1	2	0	0	0	0	0
	1992	일화	11	11	0	0	8	1	0
	합계		127	50	14	12	164	10	0
프로통산			127	50	14	12	164	10	0

김종건 (金鐘建) 한양대 1969.05.10

리그	연도	소속	출장	교체	득점	도움	파울	경고	퇴장
BC	1992	현대	12	13	1	0	11	0	0
	1993	현대	14	15	2	4	11	3	0
	1994	현대	26	15	9	0	21	1	0
	1995	현대	27	21	4	1	22	0	0
	1996	울산	18	11	4	2	20	0	0
	1997	울산	19	13	4	0	36	3	0
	1998	울산	31	20	12	2	41	3	0
	1999	울산	33	18	15	5	32	0	0
	2000	울산	13	10	1	1	14	0	0
	합계		193	136	52	15	208	10	0
프로통산			193	136	52	15	208	10	0

김종경 (金種慶) 홍익대 1982.05.09

리그	연도	소속	출장	교체	득점	도움	파울	경고	퇴장
BC	2004	광주상	5	2	0	0	3	2	0
	2005	광주상	1	0	0	0	0	0	0
	2006	경남	23	7	4	0	67	9	0
	2007	전북	17	9	1	0	27	6	0
	2008	대구	2	1	0	0	2	0	0
	합계		48	19	5	0	99	17	0
프로통산			48	19	5	0	99	17	0

김종국 (金鐘局) 울산대 1989.01.08

리그	연도	소속	출장	교체	득점	도움	파울	경고	퇴장
BC	2011	울산	3	2	0	0	0	0	0
	2012	울산	0	0	0	0	0	0	0
	2012	강원	16	7	0	4	20	3	0
	합계		19	9	0	4	20	3	0
클	2013	울산	5	5	0	0	1	0	0
	2015	대전	30	6	1	3	37	4	0
	합계		35	11	1	3	38	4	0
챌	2014	대전	22	9	1	1	26	5	0
	합계		22	9	1	1	26	5	0
프로통산			76	29	2	8	84	12	0

김종만 (金鍾萬) 동아대 1959.06.30

리그	연도	소속	출장	교체	득점	도움	파울	경고	퇴장
BC	1983	국민	11	0	0	0	15	1	1
	1984	국민	3	0	0	0	2	0	0
	1986	럭금	15	2	0	0	19	0	0
	1987	럭금	13	4	0	0	10	1	0
	합계		42	6	0	0	46	2	1
프로통산			42	6	0	0	46	2	1

김종민 (金鍾珉) 한양대 1965.01.06

리그	연도	소속	출장	교체	득점	도움	파울	경고	퇴장
BC	1987	럭금	10	3	2	0	9	1	0
	1988	럭금	3	3	0	0	3	0	0
	1989	럭금	1	1	0	0	0	0	0
	1990	럭금	1	1	0	0	0	0	0
	합계		15	8	2	0	12	1	0
프로통산			15	8	2	0	12	1	0

김종복 (金鍾福) 중앙대 1984.11.10

리그	연도	소속	출장	교체	득점	도움	파울	경고	퇴장
BC	2006	대구	0	0	0	0	0	0	0
	합계		0	0	0	0	0	0	0
프로통산			0	0	0	0	0	0	0

김종부 (金鍾夫) 고려대 1965.01.13

리그	연도	소속	출장	교체	득점	도움	파울	경고	퇴장
BC	1988	포철	15	7	0	5	17	0	0
	1989	포철	18	14	1	2	19	1	0
	1990	대우	22	5	5	1	19	1	0
	1991	대우	7	7	0	0	6	0	0
	1992	대우	6	6	0	0	5	0	0
	1993	대우	2	2	0	0	0	0	0
	1993	일화	3	3	0	0	1	0	0
	1994	일화	3	2	0	0	0	0	0
	1995	대우	5	5	0	0	5	0	0
	합계		81	51	6	8	72	2	0
프로통산			81	51	6	8	72	2	0

김종석 (金宗錫) 경상대 1963.05.31

리그	연도	소속	출장	교체	득점	도움	파울	경고	퇴장
BC	1986	럭금	27	13	0	0	8	0	0
	1987	럭금	7	4	0	0	2	0	0
	합계		34	17	0	0	10	0	0
프로통산			34	17	0	0	10	0	0

김종설 (金鐘卨) 중앙대 1960.03.16

리그	연도	소속	출장	교체	득점	도움	파울	경고	퇴장
BC	1983	국민	1	0	0	0	2	1	0
	합계		1	0	0	0	2	1	0
프로통산			1	0	0	0	2	1	0

김종성 (金鍾城) 아주대 1988.03.12

리그	연도	소속	출장	교체	득점	도움	파울	경고	퇴장
챌	2013	수원fc	24	9	2	0	41	8	1
	2014	안양	26	9	1	0	49	8	0
	2015	안양	16	6	0	0	19	4	0
	합계		66	24	3	0	109	20	1
프로통산			66	24	3	0	109	20	1

김종수 (金鐘洙) 동국대 1986.07.25

리그	연도	소속	출장	교체	득점	도움	파울	경고	퇴장
BC	2009	경남	17	2	1	0	50	5	0
	2010	경남	7	4	0	0	12	1	0
	2011	경남	1	0	0	0	2	0	0
	2012	경남	19	9	0	0	17	4	0
	합계		44	15	1	0	81	10	0
클	2013	대전	5	2	0	1	8	3	0
	합계		5	2	0	1	8	3	0
프로통산			49	17	1	1	89	13	0

김종식 (金鍾植) 울산대 1967.03.18

리그	연도	소속	출장	교체	득점	도움	파울	경고	퇴장
BC	1990	현대	1	1	0	0	0	0	0
	1991	현대	8	6	0	0	18	2	0
	1992	현대	17	12	0	1	29	1	0
	1993	현대	10	6	0	0	14	2	0
	1994	현대	17	12	0	0	15	3	0
	1995	현대	25	19	1	1	35	6	0
	1996	울산	13	9	0	1	16	1	0
	1997	울산	2	1	0	0	3	1	0

리그	연도	소속	출장	교체	득점	도움	파울	경고	퇴장
	합계		93	66	1	3	130	16	0
프로통산			93	66	1	3	130	16	0

김종연 (金鍾然) 조선대 1975.11.11

리그	연도	소속	출장	교체	득점	도움	파울	경고	퇴장
BC	1997	안양LG	16	13	3	0	21	1	0
	1998	안양LG	20	19	2	1	15	2	0
	1999	안양LG	6	7	1	1	9	1	0
	합계		42	39	6	2	45	4	0
프로통산			42	39	6	2	45	4	0

김종우 (金鍾佑) 선문대 1993.10.01

리그	연도	소속	출장	교체	득점	도움	파울	경고	퇴장
챌	2015	수원fc	32	15	4	9	48	3	0
	합계		32	15	4	9	48	3	0
승	2015	수원fc	2	2	0	1	2	0	0
	합계		2	2	0	1	2	0	0
프로통산			34	17	4	10	50	3	0

김종천 (金鍾天) 중앙대 1976.07.07

리그	연도	소속	출장	교체	득점	도움	파울	경고	퇴장
BC	1999	포항	30	23	1	3	20	1	0
	2000	포항	36	17	5	2	30	1	0
	2001	포항	9	7	0	0	2	0	0
	2003	광주상	34	8	1	2	46	1	0
	2004	포항	15	13	0	0	9	0	0
	2005	포항	2	1	0	0	1	0	0
	2006	전북	2	1	0	0	1	0	0
	합계		128	70	7	7	109	3	0
프로통산			128	70	7	7	109	3	0

김종철 (金鍾哲) 인천대 1983.11.09

리그	연도	소속	출장	교체	득점	도움	파울	경고	퇴장
BC	2006	울산	1	1	0	0	3	0	0
	합계		1	1	0	0	3	0	0
프로통산			1	1	0	0	3	0	0

김종필 (金宗弼) 동국대 1967.11.11

리그	연도	소속	출장	교체	득점	도움	파울	경고	퇴장
BC	1994	대우	4	5	0	1	0	0	0
	합계		4	5	0	1	0	0	0
프로통산			4	5	0	1	0	0	0

김종혁 (金鐘赫) 영남대 1994.05.13

리그	연도	소속	출장	교체	득점	도움	파울	경고	퇴장
클	2015	부산	16	3	1	0	21	4	0
	합계		16	3	1	0	21	4	0
승	2015	부산	2	1	0	0	6	1	0
	합계		2	1	0	0	6	1	0
프로통산			18	4	1	0	27	5	0

김종현 (金宗賢) 충북대 1973.07.10

리그	연도	소속	출장	교체	득점	도움	파울	경고	퇴장
BC	1998	전남	24	18	3	3	18	1	0
	1999	전남	34	18	4	8	33	3	0
	2000	전남	37	26	5	3	31	1	0
	2001	전남	33	24	2	9	26	1	0
	2002	전남	12	12	1	0	3	0	0
	2003	대전	42	25	10	2	31	0	0
	2004	대전	26	22	4	1	19	2	1
	2005	대전	31	27	1	2	19	0	0
	합계		239	172	30	28	180	8	1
프로통산			239	172	30	28	180	8	1

김종환 (金鍾煥) 서울대 1962.11.15

리그	연도	소속	출장	교체	득점	도움	파울	경고	퇴장
BC	1985	현대	15	2	4	3	27	1	0
	1986	현대	22	12	2	3	16	0	0
	1988	유공	15	13	0	1	12	0	0
	합계		52	27	6	7	55	1	0
프로통산			52	27	6	7	55	1	0

김종훈 (金鐘勳) 홍익대 1980.12.17

리그	연도	소속	출장	교체	득점	도움	파울	경고	퇴장
BC	2007	경남	14	6	0	0	24	2	0
	2008	경남	21	4	1	0	39	3	0
	2009	경남	5	3	0	0	3	1	0
	2010	부산	7	5	0	0	6	2	0
	합계		47	18	1	0	72	8	0
프로통산			47	18	1	0	72	8	0

김주봉 (金胄奉) 숭실대 1986.04.07

리그	연도	소속	출장	교체	득점	도움	파울	경고	퇴장
BC	2009	강원	3	1	0	0	2	1	0
	합계		3	1	0	0	2	1	0
프로통산			3	1	0	0	2	1	0

김주빈 (金周彬) 관동대 1990.12.07

리그	연도	소속	출장	교체	득점	도움	파울	경고	퇴장
챌	2014	대구	14	8	1	1	14	2	0
	합계		14	8	1	1	14	2	0
프로통산			14	8	1	1	14	2	0

김주성 (金鑄城) 조선대 1966.01.17

리그	연도	소속	출장	교체	득점	도움	파울	경고	퇴장
BC	1987	대우	28	5	10	4	52	4	0
	1988	대우	10	4	3	0	18	0	0
	1989	대우	8	1	2	1	22	0	0
	1990	대우	9	4	2	0	27	3	0
	1991	대우	37	10	14	5	88	4	0
	1992	대우	9	4	0	1	23	1	0
	1994	대우	3	1	0	0	6	0	0
	1995	대우	30	10	2	1	46	6	0
	1996	부산	26	0	2	2	49	5	0
	1997	부산	34	0	0	1	33	3	0
	1998	부산	28	1	0	1	45	6	1
	1999	부산	33	5	0	1	57	5	0
	합계		255	45	35	17	466	37	1
프로통산			255	45	35	17	466	37	1

김주영 (金周榮) 연세대 1988.07.09

리그	연도	소속	출장	교체	득점	도움	파울	경고	퇴장
BC	2009	경남	21	1	0	0	26	4	0
	2010	경남	30	1	0	0	31	4	0
	2011	경남	4	0	1	0	2	0	0
	2012	서울	33	7	0	0	12	4	0
	합계		88	9	1	0	71	12	0
클	2013	서울	31	2	2	1	24	4	0
	2014	서울	29	1	2	0	21	5	0
	합계		60	3	4	1	45	9	0
프로통산			148	12	5	1	116	21	0

김주영 (金周寧) 건국대 1977.06.06

리그	연도	소속	출장	교체	득점	도움	파울	경고	퇴장
BC	2000	안양LG	1	1	0	0	0	0	0
	합계		1	1	0	0	0	0	0
프로통산			1	1	0	0	0	0	0

김주일 (金住鎰) 대구대 1974.03.05

리그	연도	소속	출장	교체	득점	도움	파울	경고	퇴장
BC	1997	천안	6	3	0	0	7	2	0
	합계		6	3	0	0	7	2	0
프로통산			6	3	0	0	7	2	0

김주형 (金柱亨) 동의대 1989.08.23

리그	연도	소속	출장	교체	득점	도움	파울	경고	퇴장
BC	2010	대전	2	2	0	0	1	0	0
	2011	대전	2	2	0	0	2	0	0
	합계		4	4	0	0	3	0	0
챌	2014	충주	0	0	0	0	0	0	0
	합계		0	0	0	0	0	0	0
프로통산			4	4	0	0	3	0	0

김주환 (金周奐) 아주대 1982.04.24

리그	연도	소속	출장	교체	득점	도움	파울	경고	퇴장
BC	2005	대구	15	7	1	2	23	2	0
	2006	대구	19	9	0	0	34	4	0
	2007	대구	22	6	1	4	29	2	0
	2008	대구	10	3	2	1	11	0	0
	2009	대구	17	2	1	0	26	7	0
	2010	광주상	1	1	0	0	0	0	0
	2011	상주	9	2	0	0	10	3	0
	2011	대구	0	0	0	0	0	0	0
	합계		93	30	5	7	133	18	0
프로통산			93	30	5	7	133	18	0

김주훈 (金柱薰) 동아대 1959.02.27

리그	연도	소속	출장	교체	득점	도움	파울	경고	퇴장
BC	1983	국민	5	1	0	1	3	0	0
	합계		5	1	0	1	3	0	0
프로통산			5	1	0	1	3	0	0

김준 (金俊) 대월중 1986.12.09

리그	연도	소속	출장	교체	득점	도움	파울	경고	퇴장
BC	2003	수원	0	0	0	0	0	0	0
	합계		0	0	0	0	0	0	0
프로통산			0	0	0	0	0	0	0

김준민 (金俊旻) 동의대 1983.09.07

리그	연도	소속	출장	교체	득점	도움	파울	경고	퇴장
BC	2007	대전	1	1	0	0	0	0	0
	합계		1	1	0	0	0	0	0
프로통산			1	1	0	0	0	0	0

김준범 (金峻範) 강릉시청 1986.06.23

리그	연도	소속	출장	교체	득점	도움	파울	경고	퇴장
BC	2012	강원	1	1	0	0	0	0	0
	합계		1	1	0	0	0	0	0
프로통산			1	1	0	0	0	0	0

김준석 (金俊錫) 고려대 1976.04.21

리그	연도	소속	출장	교체	실점	도움	파울	경고	퇴장
BC	1999	부산	6	1	11	0	0	0	0
	2000	부산	0	0	0	0	0	0	0
	합계		6	1	11	0	0	0	0
프로통산			6	1	11	0	0	0	0

김준수 (金俊洙) 영남대 1991.07.29

리그	연도	소속	출장	교체	득점	도움	파울	경고	퇴장
클	2013	포항	7	4	1	0	2	1	0
	2014	포항	10	4	0	0	14	4	0
	2015	포항	18	2	2	0	34	3	0
	합계		35	10	3	0	50	8	0
프로통산			35	10	3	0	50	8	0

김준엽 (金俊燁) 홍익대 1988.05.10

리그	연도	소속	출장	교체	득점	도움	파울	경고	퇴장
BC	2010	제주	1	1	0	0	0	0	0
	2011	제주	2	0	0	0	3	0	0
	2012	제주	11	5	0	0	12	3	0
	합계		14	6	0	0	15	3	0
클	2014	경남	13	4	0	0	18	2	0
	합계		13	4	0	0	18	2	0
챌	2013	광주	29	13	5	2	50	3	0
	2015	경남	34	3	0	1	41	6	0
	합계		63	16	5	3	91	9	0
승	2014	경남	2	1	0	0	1	1	0
	합계		2	1	0	0	1	1	0
프로통산			92	27	5	3	125	15	0

김준태 (金俊泰) 한남대 1985.05.31

리그	연도	소속	출장	교체	득점	도움	파울	경고	퇴장
BC	2010	강원	4	3	0	0	3	0	0
	합계		4	3	0	0	3	0	0
챌	2015	고양	38	7	2	4	48	8	0
	합계		38	7	2	4	48	8	0
프로통산			42	10	2	4	51	8	0

김준현 (金俊鉉) 연세대 1964.01.20

리그	연도	소속	출장	교체	득점	도움	파울	경고	퇴장
BC	1986	대우	11	9	3	0	8	2	0
	1987	유공	26	13	3	4	22	3	1
	1988	유공	10	8	0	0	14	0	0
	1989	유공	33	33	5	4	20	3	0
	1990	유공	17	16	1	0	12	1	0
	1991	유공	29	25	0	8	23	3	0
	1992	유공	2	2	0	0	1	0	0

	합계		128	106	12	16	100	12	1
프로통산			128	106	12	16	100	12	1

김준협 (金俊協) 오현고 1978.11.11

리그	연도	소속	출장	교체	득점	도움	파울	경고	퇴장
BC	2004	울산	1	1	0	0	1	0	0
	합계		1	1	0	0	1	0	0
프로통산			1	1	0	0	1	0	0

김지민 (金智珉) 동래고 1993.06.05

리그	연도	소속	출장	교체	득점	도움	파울	경고	퇴장
클	2013	부산	3	3	0	0	0	0	0
	2014	부산	3	3	0	0	2	0	0
	2015	부산	1	1	0	0	2	0	0
	합계		7	7	0	0	4	0	0

김지민 (金智敏) 한양대 1984.11.27

리그	연도	소속	출장	교체	득점	도움	파울	경고	퇴장
BC	2007	울산	0	0	0	0	0	0	0
	2008	포항	1	1	0	0	0	0	0
	2009	대전	7	5	0	0	10	2	0
	2010	광주상	2	0	0	0	2	0	0
	2011	상주	8	3	0	0	7	2	0
	합계		18	9	0	0	19	4	0
챌	2013	수원fc	0	0	0	0	0	0	0
	합계		0	0	0	0	0	0	0
프로통산			18	9	0	0	19	4	0

김지민 (金智珉) 동래고 1993.06.05

리그	연도	소속	출장	교체	득점	도움	파울	경고	퇴장
BC	2012	부산	7	6	0	0	6	1	0
	합계		7	6	0	0	6	1	0
프로통산			14	13	0	0	10	1	0

김지성 (金志成) 동의대 1987.11.08

리그	연도	소속	출장	교체	실점	도움	파울	경고	퇴장
챌	2013	광주	25	0	39	0	2	1	0
	합계		25	0	39	0	2	1	0
프로통산			25	0	39	0	2	1	0

김지운 (金지운) 아주대 1976.11.13

리그	연도	소속	출장	교체	실점	도움	파울	경고	퇴장
BC	1999	부천SK	0	0	0	0	0	0	0
	2000	부천SK	0	0	0	0	0	0	0
	2001	부천SK	0	0	0	0	0	0	0
	2003	광주상	0	0	0	0	0	0	0
	2004	부천SK	0	0	0	0	0	0	0
	2006	대구	6	1	5	0	0	0	0
	합계		6	1	5	0	0	0	0
프로통산			6	1	5	0	0	0	0

김지웅 (金知雄) 경희대 1989.01.14

리그	연도	소속	출장	교체	득점	도움	파울	경고	퇴장
BC	2010	전북	16	15	1	2	23	4	0
	2011	전북	13	12	3	0	27	6	0
	2012	경남	2	2	1	0	1	0	0
	합계		31	29	5	2	51	10	0
클	2013	부산	2	2	0	0	2	1	0
	합계		2	2	0	0	2	1	0
챌	2014	고양	4	1	1	0	8	0	1
	2015	고양	5	5	1	1	1	1	0
	합계		9	6	2	1	9	1	1
프로통산			42	37	7	3	62	12	1

김지웅 (金智雄) 광운대 1990.05.19

리그	연도	소속	출장	교체	득점	도움	파울	경고	퇴장
클	2014	상주	0	0	0	0	0	0	0
	합계		0	0	0	0	0	0	0
챌	2013	부천	4	4	0	0	1	0	0
	2015	상주	0	0	0	0	0	0	0
	합계		4	4	0	0	1	0	0
프로통산			4	4	0	0	1	0	0

김지혁 (金志赫) 경남상고 1981.10.26

리그	연도	소속	출장	교체	실점	도움	파울	경고	퇴장
BC	2001	부산	3	0	4	0	0	0	0
	2002	부산	0	0	0	0	0	0	0
	2003	부산	0	0	0	0	0	0	0
	2004	부산	2	0	8	0	0	0	0
	2005	울산	4	1	4	0	0	0	0
	2006	울산	29	2	27	0	0	1	0
	2007	울산	5	1	3	0	0	0	0
	2008	포항	21	1	25	0	0	1	0
	2009	포항	10	1	14	0	1	0	0
	2010	광주상	26	1	39	0	0	2	0
	2011	상주	11	0	12	0	0	2	0
	합계		111	7	136	0	1	6	0
프로통산			111	7	136	0	1	6	0

김지환 (金智煥) 영동대 1988.04.21

리그	연도	소속	출장	교체	득점	도움	파울	경고	퇴장
BC	2011	부산	0	0	0	0	0	0	0
	합계		0	0	0	0	0	0	0
프로통산			0	0	0	0	0	0	0

김진국 (金鎭國) 건국대 1951.09.14

리그	연도	소속	출장	교체	득점	도움	파울	경고	퇴장
BC	1984	국민	15	10	2	3	5	0	0
	합계		15	10	2	3	5	0	0
프로통산			15	10	2	3	5	0	0

김진규 (金珍圭) 안동고 1985.02.16

리그	연도	소속	출장	교체	득점	도움	파울	경고	퇴장
BC	2003	전남	11	4	1	0	12	2	0
	2004	전남	15	0	1	1	22	5	0
	2007	전남	9	0	2	0	14	4	0
	2007	서울	9	1	0	0	19	1	0
	2008	서울	29	4	0	0	51	7	1
	2009	서울	32	4	0	3	45	6	0
	2010	서울	30	4	1	0	33	3	1
	2012	서울	37	2	4	1	49	7	0
	합계		172	19	9	5	245	35	2
클	2013	서울	35	1	6	1	25	3	0
	2014	서울	33	3	2	2	43	3	0
	2015	서울	15	5	0	0	15	1	0
	합계		83	9	8	3	83	7	0
프로통산			255	28	17	8	328	42	2

김진규 (金鎭圭) 개성고 1997.02.24

리그	연도	소속	출장	교체	득점	도움	파울	경고	퇴장
클	2015	부산	14	10	1	2	11	3	0
	합계		14	10	1	2	11	3	0
승	2015	부산	1	1	0	0	1	0	0
	합계		1	1	0	0	1	0	0
프로통산			15	11	1	2	12	3	0

김진만 (金眞萬) 선문대 1990.05.03

리그	연도	소속	출장	교체	득점	도움	파울	경고	퇴장
BC	2011	대전	1	1	0	0	0	0	0
	합계		1	1	0	0	0	0	0
프로통산			1	1	0	0	0	0	0

김진솔 (金眞率) 우석대 1989.01.11

리그	연도	소속	출장	교체	득점	도움	파울	경고	퇴장
BC	2010	대전	4	4	0	0	4	1	0
	2011	대전	4	3	0	0	8	2	0
	합계		8	7	0	0	12	3	0
프로통산			8	7	0	0	12	3	0

김진수 (金珍洙) 창원기계공고 1984.07.02

리그	연도	소속	출장	교체	득점	도움	파울	경고	퇴장
BC	2006	인천	0	0	0	0	0	0	0
	2007	인천	0	0	0	0	0	0	0
	합계		0	0	0	0	0	0	0
프로통산			0	0	0	0	0	0	0

김진식 (金珍植) 전주대 1977.03.16

리그	연도	소속	출장	교체	실점	도움	파울	경고	퇴장
BC	2003	대구	22	1	33	0	1	0	0
	2004	대구	2	0	4	0	1	0	0
	2005	대구	16	0	21	0	0	2	0
	합계		40	1	58	0	2	2	0
프로통산			40	1	58	0	2	2	0

김진영 (金珍英) 건국대 1992.03.02

리그	연도	소속	출장	교체	실점	도움	파울	경고	퇴장
클	2014	포항	1	1	1	0	0	0	0
	2015	포항	0	0	0	0	0	0	0
	합계		1	1	1	0	0	0	0
프로통산			1	1	1	0	0	0	0

김진옥 (金鎭玉) 영남대 1952.12.17

리그	연도	소속	출장	교체	득점	도움	파울	경고	퇴장
BC	1983	할렐	5	2	0	0	5	0	0
	1984	할렐	17	0	0	0	22	2	0
	1985	할렐	18	3	0	0	35	2	0
	합계		40	5	0	0	62	4	0
프로통산			40	5	0	0	62	4	0

김진용 (金鎭用) 대구대 1973.05.05

리그	연도	소속	출장	교체	득점	도움	파울	경고	퇴장
BC	1996	안양LG	12	12	0	1	7	0	0
	1997	안양LG	1	1	0	0	0	0	0
	2000	안양LG	1	1	0	0	0	0	0
	합계		14	14	0	1	7	0	0
프로통산			14	14	0	1	7	0	0

김진용 (金珍龍) 한양대 1982.10.09

리그	연도	소속	출장	교체	득점	도움	파울	경고	퇴장
BC	2004	울산	29	22	3	3	34	2	0
	2005	울산	27	24	8	2	27	1	0
	2006	경남	30	16	7	4	41	3	0
	2008	경남	31	26	6	3	36	1	0
	2009	성남	37	34	7	5	43	4	0
	2010	성남	11	11	0	2	8	1	0
	2011	성남	13	13	2	0	9	2	0
	2011	강원	12	9	2	0	15	3	0
	2012	포항	21	21	1	1	28	8	0
	합계		211	176	36	20	241	25	0
클	2013	강원	7	6	0	0	7	0	0
	합계		7	6	0	0	7	0	0
프로통산			218	182	36	20	248	25	0

김진우 (金珍友) 대구대 1975.10.09

리그	연도	소속	출장	교체	득점	도움	파울	경고	퇴장
BC	1996	수원	23	10	0	1	60	5	0
	1997	수원	30	8	0	0	59	8	0
	1998	수원	33	6	0	2	93	7	0
	1999	수원	41	2	0	4	142	7	0
	2000	수원	34	0	1	3	99	8	0
	2001	수원	27	1	1	2	64	3	0
	2002	수원	13	4	0	0	15	0	0
	2003	수원	26	8	0	2	56	2	0
	2004	수원	35	4	0	3	105	3	0
	2005	수원	18	8	0	0	34	1	0
	2006	수원	22	12	0	0	48	1	0
	2007	수원	8	5	0	1	20	1	0
	합계		310	68	2	18	795	46	0
프로통산			310	68	2	18	795	46	0

김진일 (金鎭一) 마산공고 1985.10.26

리그	연도	소속	출장	교체	득점	도움	파울	경고	퇴장
BC	2009	강원	5	3	1	0	8	0	0
	2010	강원	1	1	0	0	1	0	0
	합계		6	4	1	0	9	0	0
프로통산			6	4	1	0	9	0	0

김진혁 (金鎭爀) 숭실대 1993.06.03

리그	연도	소속	출장	교체	득점	도움	파울	경고	퇴장
챌	2015	대구	12	12	0	0	4	1	0
	합계		12	12	0	0	4	1	0
프로통산			12	12	0	0	4	1	0

김진현 (金眞賢) 광양제철고 1987.07.29

리그	연도	소속	출장	교체	득점	도움	파울	경고	퇴장
BC	2007	전남	0	0	0	0	0	0	0

리그	연도	소속	출장	교체	득점	도움	파울	경고	퇴장
	2008	전남	8	1	2	0	9	2	0
	2009	전남	8	4	0	0	9	1	0
	2010	경남	12	11	0	1	6	1	0
	2011	경남	8	6	0	1	8	0	0
	합계		36	22	2	2	32	4	0
클	2013	대전	2	0	0	1	3	1	0
	합계		2	0	0	1	3	1	0
프로통산			38	22	2	3	35	5	0

김진형 (金鎭亨) 한양대 1969.04.10

리그	연도	소속	출장	교체	득점	도움	파울	경고	퇴장
BC	1992	유공	22	10	0	0	19	1	0
	1993	유공	33	4	0	0	39	2	0
	1994	유공	14	5	0	0	10	2	0
	1995	유공	22	8	0	0	44	6	0
	1996	부천SK	29	23	1	0	40	3	0
	1997	부천SK	1	1	0	0	0	0	0
	1997	천안	10	5	0	0	5	0	0
	1998	전남	1	1	0	0	0	0	0
	1998	포항	11	11	0	0	12	3	0
	1999	포항	20	11	1	0	26	3	0
	합계		163	79	2	0	195	20	0
프로통산			163	79	2	0	195	20	0

김진환 (金眞煥) 경희대 1989.03.01

리그	연도	소속	출장	교체	득점	도움	파울	경고	퇴장
BC	2011	강원	19	1	0	0	27	2	0
	2012	강원	19	3	0	0	23	4	0
	합계		38	4	0	0	50	6	0
클	2013	강원	12	3	0	0	15	3	0
	2014	인천	2	1	0	0	0	0	0
	2015	인천	20	3	3	0	17	3	0
	합계		34	7	3	0	32	6	0
프로통산			72	11	3	0	82	12	0

김찬영 (金燦榮) 경희대 1989.04.01

리그	연도	소속	출장	교체	득점	도움	파울	경고	퇴장
클	2014	부산	23	13	0	0	16	3	0
	2015	부산	9	4	0	0	9	0	0
	합계		32	17	0	0	25	3	0
프로통산			32	17	0	0	25	3	0

김찬중 (金燦中) 건국대 1976.06.14

리그	연도	소속	출장	교체	득점	도움	파울	경고	퇴장
BC	1999	대전	27	13	0	0	37	2	0
	2000	대전	28	11	0	0	24	1	0
	2001	대전	2	1	0	1	3	0	0
	2002	대전	2	2	0	0	0	1	0
	2003	대전	2	1	0	0	3	0	0
	합계		61	28	0	1	67	4	0
프로통산			61	28	0	1	67	4	0

김찬희 (金燦喜) 한양대 1990.06.25

리그	연도	소속	출장	교체	득점	도움	파울	경고	퇴장
BC	2012	포항	2	2	0	0	4	0	0
	합계		2	2	0	0	4	0	0
클	2015	대전	5	5	0	0	7	0	0
	합계		5	5	0	0	7	0	0
챌	2014	대전	27	19	8	5	79	6	0
	합계		27	19	8	5	79	6	0
프로통산			34	26	8	5	90	6	0

김창대 (金昌大) 한남대 1992.11.02

리그	연도	소속	출장	교체	득점	도움	파울	경고	퇴장
챌	2013	충주	19	17	0	1	8	1	0
	합계		19	17	0	1	8	1	0
프로통산			19	17	0	1	8	1	0

김창수 (金昌洙) 동명정보고 1985.09.12

리그	연도	소속	출장	교체	득점	도움	파울	경고	퇴장
BC	2004	울산	1	1	0	0	2	1	0
	2006	대전	10	5	0	0	5	1	0
	2007	대전	23	4	1	3	42	8	0
	2008	부산	28	3	1	2	48	5	0
	2009	부산	29	1	1	2	36	6	0
	2010	부산	32	1	2	3	62	8	0
	2011	부산	35	0	1	5	49	6	0
	2012	부산	28	2	2	0	25	2	0
	합계		186	17	8	15	269	37	0
프로통산			186	17	8	15	269	37	0

김창오 (金昌五) 연세대 1978.01.10

리그	연도	소속	출장	교체	득점	도움	파울	경고	퇴장
BC	2002	부산	18	15	2	1	29	1	0
	2003	부산	5	4	0	0	8	0	0
	합계		23	19	2	1	37	1	0
프로통산			23	19	2	1	37	1	0

김창욱 (金滄旭) 1992.12.04

리그	연도	소속	출장	교체	득점	도움	파울	경고	퇴장
챌	2015	서울E	29	18	0	2	27	2	0
	합계		29	18	0	2	27	2	0
프로통산			29	18	0	2	27	2	0

김창원 (金昌源) 국민대 1971.06.22

리그	연도	소속	출장	교체	득점	도움	파울	경고	퇴장
BC	1994	일화	8	3	0	0	8	1	0
	1995	일화	2	1	0	0	2	1	0
	1997	천안	31	15	2	1	19	3	0
	1998	천안	34	5	0	1	43	4	0
	1999	천안	3	0	0	0	2	0	0
	2000	성남	18	2	0	0	22	0	0
	합계		96	26	2	2	96	9	0
프로통산			96	26	2	2	96	9	0

김창현 (金昌炫) 1993.02.09

리그	연도	소속	출장	교체	득점	도움	파울	경고	퇴장
클	2015	대전	2	2	0	0	5	1	0
	합계		2	2	0	0	5	1	0
프로통산			2	2	0	0	5	1	0

김창호 (金昌浩) 전남기공 1956.06.06

리그	연도	소속	출장	교체	득점	도움	파울	경고	퇴장
BC	1983	유공	11	8	0	3	4	0	0
	1984	유공	10	8	0	2	7	1	0
	합계		21	16	0	5	11	1	0
프로통산			21	16	0	5	11	1	0

김창효 (金昌孝) 고려대 1959.05.07

리그	연도	소속	출장	교체	득점	도움	파울	경고	퇴장
BC	1984	한일	19	7	0	0	11	0	0
	1985	한일	13	0	1	0	17	3	0
	1986	포철	13	2	0	0	13	0	0
	1987	럭금	2	1	0	0	0	0	0
	합계		47	10	1	0	41	3	0
프로통산			47	10	1	0	41	3	0

김창훈 (金彰勳) 고려대 1987.04.03

리그	연도	소속	출장	교체	득점	도움	파울	경고	퇴장
BC	2008	제주	1	1	0	0	1	0	0
	2009	포항	8	2	1	0	18	0	0
	2010	포항	1	1	0	0	3	0	0
	2011	대전	29	0	1	0	25	4	0
	2012	대전	38	0	2	4	39	8	0
	합계		77	4	4	4	86	12	0
클	2013	인천	14	0	0	2	13	2	0
	2014	상주	13	8	1	1	12	2	0
	2015	인천	1	0	0	0	1	0	0
	합계		28	8	1	3	26	4	0
챌	2015	상주	1	0	0	0	0	0	0
	합계		1	0	0	0	0	0	0
프로통산			106	12	5	7	112	16	0

김창훈 (金暢訓) 광운대 1990.02.17

리그	연도	소속	출장	교체	득점	도움	파울	경고	퇴장
챌	2014	수원fc	20	1	1	0	24	4	0
챌	2015	수원fc	33	6	0	0	23	4	0
	합계		53	7	1	0	47	8	0
승	2015	수원fc	2	1	0	0	1	0	0
	합계		2	1	0	0	1	0	0
프로통산			55	8	1	0	48	8	0

김창희 (金昌熙) 건국대 1986.12.05

리그	연도	소속	출장	교체	득점	도움	파울	경고	퇴장
BC	2009	대구	12	12	0	0	8	1	0
	2010	대구	0	0	0	0	0	0	0
	합계		12	12	0	0	8	1	0
프로통산			12	12	0	0	8	1	0

김창희 (金昌希) 영남대 1987.06.08

리그	연도	소속	출장	교체	득점	도움	파울	경고	퇴장
BC	2010	강원	10	3	0	0	9	0	0
	합계		10	3	0	0	9	0	0
프로통산			10	3	0	0	9	0	0

김철기 (金哲起) 강동고 1977.12.27

리그	연도	소속	출장	교체	득점	도움	파울	경고	퇴장
BC	2001	대전	3	3	0	0	5	1	0
	합계		3	3	0	0	5	1	0
프로통산			3	3	0	0	5	1	0

김철명 (金喆明) 인천대 1972.10.24

리그	연도	소속	출장	교체	득점	도움	파울	경고	퇴장
BC	1993	포철	1	1	0	0	1	0	0
	합계		1	1	0	0	1	0	0
프로통산			1	1	0	0	1	0	0

김철수 (金哲洙) 한양대 1952.07.06

리그	연도	소속	출장	교체	득점	도움	파울	경고	퇴장
BC	1983	포철	15	0	0	0	13	3	0
	1984	포철	10	1	0	0	10	1	0
	1985	포철	18	1	0	1	5	1	0
	1986	포철	4	0	0	0	2	0	0
	합계		47	2	0	1	30	5	0
프로통산			47	2	0	1	30	5	0

김철웅 (金哲雄) 한성대 1979.12.19

리그	연도	소속	출장	교체	득점	도움	파울	경고	퇴장
BC	2004	울산	14	9	0	0	11	1	0
	합계		14	9	0	0	11	1	0
프로통산			14	9	0	0	11	1	0

김철호 (金喆淏) 강원관광대 1983.09.26

리그	연도	소속	출장	교체	득점	도움	파울	경고	퇴장
BC	2004	성남	18	4	0	2	53	3	0
	2005	성남	33	8	1	0	96	4	0
	2006	성남	26	8	1	1	80	5	0
	2007	성남	9	4	1	0	18	2	0
	2008	성남	29	14	0	2	52	6	0
	2009	성남	32	22	0	0	56	3	0
	2010	성남	27	19	3	2	50	3	0
	2011	상주	29	7	1	4	48	4	0
	2012	상주	19	10	2	0	23	1	0
	2012	성남	7	5	0	1	16	3	0
	합계		229	101	9	12	492	34	0
클	2013	성남	29	9	1	2	45	5	1
	2014	성남	29	9	2	1	43	2	0
	2015	성남	32	7	0	0	63	5	0
	합계		90	25	3	3	151	12	1
프로통산			319	126	12	15	643	46	1

김철호 (金喆鎬) 오산고 1995.10.25

리그	연도	소속	출장	교체	득점	도움	파울	경고	퇴장
클	2014	서울	0	0	0	0	0	0	0
	합계		0	0	0	0	0	0	0
프로통산			0	0	0	0	0	0	0

김충환 (金忠煥) 연세대 1961.01.29

리그	연도	소속	출장	교체	득점	도움	파울	경고	퇴장
BC	1985	유공	1	1	0	0	1	1	0
	1985	한일	5	3	1	0	6	0	0
	1986	한일	12	9	1	1	5	1	0
	합계		18	13	2	1	12	2	0
프로통산			18	13	2	1	12	2	0

김치곤 (金致坤) 동래고 1983.07.29

리그	연도	소속	출장	교체	득점	도움	파울	경고	퇴장
BC	2002	안양LG	14	3	1	0	34	3	1
	2003	안양LG	20	4	0	0	43	6	0
	2004	서울	19	2	0	0	38	7	0
	2005	서울	20	4	0	2	49	8	0
	2006	서울	24	4	0	0	41	7	0
	2007	서울	33	4	1	0	39	4	0
	2008	서울	30	6	0	0	38	10	0
	2009	서울	22	5	1	0	34	7	0
	2010	울산	33	5	0	0	27	4	0
	2011	상주	19	4	0	0	32	3	1
	2012	상주	23	1	1	0	31	3	0
	2012	울산	13	3	0	0	11	0	0
	합계		270	45	4	2	417	62	2
클	2013	울산	38	3	3	0	43	3	0
	2014	울산	34	2	2	0	37	3	1
	2015	울산	20	6	1	0	18	4	0
	합계		92	11	6	0	98	10	1
프로통산			362	56	10	2	515	72	3

김치우 (金致佑) 중앙대 1983.11.11

리그	연도	소속	출장	교체	득점	도움	파울	경고	퇴장
BC	2004	인천	19	11	1	0	22	0	0
	2005	인천	11	8	0	0	10	1	0
	2006	인천	37	2	2	4	34	6	0
	2007	전남	25	0	1	4	28	3	1
	2008	전남	13	2	1	1	10	2	0
	2008	서울	14	6	3	2	16	2	0
	2009	서울	22	5	3	4	26	3	1
	2010	서울	23	18	2	0	13	2	0
	2011	상주	28	5	2	0	29	5	0
	2012	상주	12	1	0	5	11	4	0
	2012	서울	8	6	0	0	4	0	0
	합계		212	64	15	20	203	28	2
클	2013	서울	24	2	1	2	14	3	0
	2014	서울	25	6	1	3	15	1	0
	2015	서울	17	1	1	1	15	2	0
	합계		66	9	3	6	44	6	0
프로통산			278	73	18	26	247	34	2

김태근 (金泰根) 아주대 1961.02.23

리그	연도	소속	출장	교체	득점	도움	파울	경고	퇴장
BC	1985	포철	4	1	0	1	8	2	0
	합계		4	1	0	1	8	2	0
프로통산			4	1	0	1	8	2	0

김태민 (金泰民) 고려대 1960.08.10

리그	연도	소속	출장	교체	득점	도움	파울	경고	퇴장
BC	1984	할렐	3	3	0	0	0	0	0
	1985	할렐	2	2	0	0	0	0	0
	합계		5	5	0	0	0	0	0
프로통산			5	5	0	0	0	0	0

김태민 (金泰敏) 청구고 1982.05.25

리그	연도	소속	출장	교체	득점	도움	파울	경고	퇴장
BC	2002	부산	0	0	0	0	0	0	0
	2003	부산	35	11	1	1	54	2	0
	2004	부산	28	11	1	2	36	6	0
	2005	부산	27	14	2	0	32	3	0
	2006	부산	20	11	0	0	23	4	0
	2007	부산	20	14	0	0	25	5	0
	2008	제주	16	10	0	0	32	8	0
	2009	광주상	20	9	2	0	29	5	0
	2010	광주상	12	3	0	0	15	3	0
	2010	제주	0	0	0	0	0	0	0
	2011	제주	4	3	0	0	5	2	0
	2012	강원	26	15	0	0	42	7	0
	합계		208	101	6	3	293	45	0
프로통산			208	101	6	3	293	45	0

김태봉 (金泰奉) 한민대 1988.02.28

리그	연도	소속	출장	교체	득점	도움	파울	경고	퇴장
클	2015	대전	19	0	3	2	13	2	0
	합계		19	0	3	2	13	2	0
챌	2013	안양	24	1	0	1	17	1	0
	2014	안양	35	3	1	5	21	1	0
	2015	안양	15	0	1	0	7	5	0
	합계		74	4	2	6	45	7	0
프로통산			93	4	5	8	58	9	0

김태수 (金泰洙) 광운대 1981.08.25

리그	연도	소속	출장	교체	득점	도움	파울	경고	퇴장
BC	2004	전남	21	15	0	0	31	3	0
	2005	전남	28	5	1	0	75	8	0
	2006	전남	33	8	3	1	43	4	0
	2007	전남	24	3	3	0	54	3	0
	2008	전남	21	8	1	0	35	4	0
	2009	포항	27	9	6	0	55	3	0
	2010	포항	23	8	0	2	32	3	0
	2011	포항	24	13	2	1	28	3	0
	2012	포항	8	5	0	2	7	0	0
	합계		209	74	16	6	360	31	0
클	2013	포항	18	10	0	0	24	3	0
	2014	포항	28	11	0	1	37	1	0
	2015	포항	26	18	1	0	19	2	0
	합계		72	39	1	1	80	6	0
프로통산			281	113	17	7	440	37	0

김태수 (金泰洙) 연세대 1958.02.25

리그	연도	소속	출장	교체	득점	도움	파울	경고	퇴장
BC	1983	대우	12	7	0	0	7	2	0
	1984	대우	7	7	0	0	2	0	0
	1985	대우	5	3	0	0	5	0	0
	합계		24	17	0	0	14	2	0
프로통산			24	17	0	0	14	2	0

김태수 (金泰洙) 관동대 1975.11.15

리그	연도	소속	출장	교체	실점	도움	파울	경고	퇴장
BC	2003	안양LG	1	0	3	0	0	0	0
	2004	서울	0	0	0	0	0	0	0
	합계		1	0	3	0	0	0	0
프로통산			1	0	3	0	0	0	0

김태연 (金泰燃) 장훈고 1988.06.27

리그	연도	소속	출장	교체	득점	도움	파울	경고	퇴장
BC	2011	대전	11	1	0	0	17	1	0
	2012	대전	34	6	3	0	37	7	0
	합계		45	7	3	0	54	8	0
클	2013	대전	34	4	2	1	33	6	0
	2015	부산	0	0	0	0	0	0	0
	합계		34	4	2	1	33	6	0
프로통산			79	11	5	1	87	14	0

김태엽 (金泰燁) 아주대 1972.03.02

리그	연도	소속	출장	교체	득점	도움	파울	경고	퇴장
BC	1995	전남	6	6	0	0	7	2	0
	1996	전남	12	7	0	0	8	3	0
	1997	전남	1	0	1	0	1	0	0
	1998	전남	18	14	0	0	13	1	0
	합계		37	27	1	0	29	6	0
프로통산			37	27	1	0	29	6	0

김태영 (金兌映) 예원예술대 1987.09.14

리그	연도	소속	출장	교체	득점	도움	파울	경고	퇴장
챌	2013	부천	24	5	1	1	39	4	0
	2014	부천	15	14	1	1	8	1	0
	합계		39	19	2	2	47	5	0
프로통산			39	19	2	2	47	5	0

김태영 (金泰映) 동아대 1970.11.08

리그	연도	소속	출장	교체	득점	도움	파울	경고	퇴장
BC	1995	전남	32	0	2	0	60	8	0
	1996	전남	28	2	1	0	57	5	0
	1997	전남	17	0	1	0	26	3	0
	1998	전남	19	4	0	2	55	3	0
	1999	전남	30	7	0	2	73	5	0
	2000	전남	31	6	0	4	53	2	1
	2001	전남	26	4	1	1	40	3	0
	2002	전남	24	9	0	1	41	2	0
	2003	전남	29	5	0	1	42	5	0
	2004	전남	12	3	0	1	26	1	0
	2005	전남	2	2	0	0	4	0	0
	합계		250	42	5	12	477	37	1
프로통산			250	42	5	12	477	37	1

김태영 (金兌炯) 협성고 1962.01.13

리그	연도	소속	출장	교체	득점	도움	파울	경고	퇴장
BC	1986	럭금	3	3	0	0	1	0	0
	합계		3	3	0	0	1	0	0
프로통산			3	3	0	0	1	0	0

김태영 (金泰榮) 건국대 1982.01.17

리그	연도	소속	출장	교체	득점	도움	파울	경고	퇴장
BC	2004	전북	28	6	0	0	68	4	0
	2005	전북	6	1	0	0	13	1	0
	2006	부산	18	8	0	1	24	4	0
	2007	부산	6	0	0	0	7	2	0
	2008	부산	13	1	0	0	26	4	1
	2009	부산	9	1	0	0	19	3	0
	합계		80	17	0	1	157	18	1
프로통산			80	17	0	1	157	18	1

김태완 (金泰完) 홍익대 1971.06.01

리그	연도	소속	출장	교체	득점	도움	파울	경고	퇴장
BC	1997	대전	21	6	1	0	18	1	0
	1998	대전	30	1	1	1	13	2	0
	1999	대전	26	7	3	1	32	4	0
	2000	대전	24	4	0	0	27	4	0
	2001	대전	14	4	0	0	17	6	0
	합계		115	22	5	2	107	17	0
프로통산			115	22	5	2	107	17	0

김태왕 (金泰旺) 상지대 1988.11.16

리그	연도	소속	출장	교체	득점	도움	파울	경고	퇴장
BC	2011	성남	1	2	0	0	0	0	0
	합계		1	2	0	0	0	0	0
프로통산			1	2	0	0	0	0	0

김태욱 (金兌昱) 선문대 1987.07.09

리그	연도	소속	출장	교체	득점	도움	파울	경고	퇴장
BC	2009	경남	27	10	2	0	45	2	0
	2010	경남	32	3	2	2	59	3	0
	2011	경남	16	4	1	0	33	5	0
	합계		75	17	5	2	137	10	0
프로통산			75	17	5	2	137	10	0

김태윤 (金台潤) 풍생고 1986.07.25

리그	연도	소속	출장	교체	득점	도움	파울	경고	퇴장
BC	2005	성남	18	12	0	0	16	1	0
	2006	성남	21	14	1	0	31	2	0
	2007	성남	1	1	0	0	1	0	0
	2008	광주상	28	6	0	0	30	4	0
	2009	광주상	18	12	0	0	17	2	0
	2009	성남	1	0	0	0	3	1	0
	2010	성남	9	1	0	0	11	0	0
	2011	성남	28	2	0	3	39	3	0
	2012	인천	16	5	1	0	11	0	0
	합계		140	53	2	3	159	13	0
클	2013	인천	15	6	0	0	15	2	0
	2015	성남	16	1	0	0	17	3	0
	합계		31	7	0	0	32	5	0
프로통산			171	60	2	3	191	18	0

김태은 (金兌恩) 배재대 1989.09.21

리그	연도	소속	출장	교체	득점	도움	파울	경고	퇴장
BC	2011	인천	1	1	0	0	1	0	0
	합계		1	1	0	0	1	0	0
챌	2015	서울E	15	2	0	0	11	4	0
	합계		15	2	0	0	11	4	0
프로통산			16	3	0	0	12	4	0

김태인 (金泰仁) 영남대 1972.05.21

리그	연도	소속	출장	교체	득점	도움	파울	경고	퇴장
BC	1995	전북	1	1	0	0	1	0	0
	1997	전북	1	1	0	0	0	0	0
	합계		2	2	0	0	1	0	0
프로통산			2	2	0	0	1	0	0

김태종 (金泰鍾) 단국대 1982.10.29

리그	연도	소속	출장	교체	득점	도움	파울	경고	퇴장
BC	2006	제주	2	0	0	0	2	0	0
	2007	제주	3	2	0	0	4	0	0
	합계		5	2	0	0	6	0	0
프로통산			5	2	0	0	6	0	0

김태준 (金泰俊) 류츠케이자이대 1989.04.25

리그	연도	소속	출장	교체	득점	도움	파울	경고	퇴장
BC	2011	부산	2	2	0	0	0	0	0
	2012	부산	1	2	0	0	1	1	0
	합계		3	4	0	0	1	1	0
챌	2013	고양	5	1	0	0	10	2	0
	합계		5	1	0	0	10	2	0
프로통산			8	5	0	0	11	3	0

김태진 (金泰眞) 동아대 1969.08.09

리그	연도	소속	출장	교체	득점	도움	파울	경고	퇴장
BC	1992	대우	4	3	0	0	3	0	0
	1993	대우	20	20	2	1	12	1	0
	1994	대우	11	8	2	1	7	1	0
	1995	대우	5	5	0	1	0	0	0
	합계		40	36	4	3	22	2	0
프로통산			40	36	4	3	22	2	0

김태진 (金泰鎭) 경희대 1977.04.02

리그	연도	소속	출장	교체	실점	도움	파울	경고	퇴장
BC	2000	전남	0	0	0	0	0	0	0
	2001	전남	9	1	10	0	1	0	0
	2003	대구	23	1	27	0	0	2	0
	2004	대구	34	0	47	0	0	4	0
	2005	대구	18	0	27	0	1	2	0
	2006	대구	11	1	20	0	1	3	0
	합계		95	3	131	0	3	11	0
프로통산			95	3	131	0	3	11	0

김태진 (金泰振) 강릉농공고 1984.08.30

리그	연도	소속	출장	교체	득점	도움	파울	경고	퇴장
BC	2006	수원	1	1	0	0	0	0	0
	합계		1	1	0	0	0	0	0
클	2013	대구	0	0	0	0	0	0	0
	합계		0	0	0	0	0	0	0
프로통산			1	1	0	0	0	0	0

김태진 (金泰鎭) 연세대 1984.10.29

리그	연도	소속	출장	교체	득점	도움	파울	경고	퇴장
BC	2006	서울	1	0	0	0	3	0	0
	2007	서울	14	8	0	0	27	2	0
	2008	인천	15	12	0	0	28	3	0
	합계		30	20	0	0	58	5	0
프로통산			30	20	0	0	58	5	0

김태형 (金兌炯) 진주상고 1960.02.18

리그	연도	소속	출장	교체	실점	도움	파울	경고	퇴장
BC	1983	국민	5	0	10	0	0	0	0
	1984	국민	13	0	32	0	0	0	0
	합계		18	0	42	0	0	0	0
프로통산			18	0	42	0	0	0	0

김태호 (金台鎬) 아주대 1989.09.22

리그	연도	소속	출장	교체	득점	도움	파울	경고	퇴장
클	2013	전남	26	2	0	1	30	6	0
	2014	전남	32	6	0	3	43	5	0
	2015	전남	6	2	0	0	12	2	0
	합계		64	10	0	4	85	13	0
프로통산			64	10	0	4	85	13	0

김태호 (金鮐壕 / 김준호) 단국대 1992.06.05

리그	연도	소속	출장	교체	득점	도움	파울	경고	퇴장
클	2015	전북	0	0	0	0	0	0	0
	합계		0	0	0	0	0	0	0
프로통산			0	0	0	0	0	0	0

김태호 (金泰昊) 숭실대 1985.01.26

리그	연도	소속	출장	교체	득점	도움	파울	경고	퇴장
BC	2010	강원	0	0	0	0	0	0	0
	합계		0	0	0	0	0	0	0
프로통산			0	0	0	0	0	0	0

김태환 (金太煥) 울산대 1989.07.24

리그	연도	소속	출장	교체	득점	도움	파울	경고	퇴장
BC	2010	서울	19	15	0	3	20	3	0
	2011	서울	17	14	1	0	27	2	0
	2012	서울	19	19	1	0	11	3	0
	합계		55	48	2	3	58	8	0
클	2013	성남	34	4	3	4	65	4	1
	2014	성남	36	3	5	4	71	7	0
	2015	울산	33	7	1	7	50	7	1
	합계		103	14	9	15	186	18	2
프로통산			158	62	11	18	244	26	2

김태환 (金泰煥) 연세대 1958.03.20

리그	연도	소속	출장	교체	득점	도움	파울	경고	퇴장
BC	1984	할렐	7	6	0	1	5	0	0
	1985	할렐	18	6	0	1	9	1	0
	1987	유공	15	11	0	0	6	1	0
	합계		40	23	0	2	20	2	0
프로통산			40	23	0	2	20	2	0

김판곤 (金判坤) 호남대 1969.05.01

리그	연도	소속	출장	교체	득점	도움	파울	경고	퇴장
BC	1992	현대	10	7	0	1	12	2	1
	1993	현대	29	15	0	0	38	7	0
	1995	현대	6	1	0	0	12	3	0
	1996	울산	2	1	0	0	0	0	0
	1997	전북	6	4	0	0	11	2	0
	합계		53	28	0	1	73	14	1
프로통산			53	28	0	1	73	14	1

김판근 (金判根) 고려대 1966.03.05

리그	연도	소속	출장	교체	득점	도움	파울	경고	퇴장
BC	1987	대우	30	5	2	3	41	1	0
	1988	대우	3	1	2	0	0	0	0
	1989	대우	30	17	2	5	25	1	0
	1990	대우	20	3	0	2	21	0	0
	1991	대우	37	6	2	2	46	3	0
	1992	대우	23	9	1	0	27	1	0
	1993	대우	24	10	2	2	29	2	0
	1994	LG	23	4	0	3	21	4	0
	1995	LG	35	2	1	1	22	2	0
	1996	안양LG	15	2	0	0	17	1	0
	1997	안양LG	27	6	1	3	16	1	0
	합계		267	65	13	21	265	16	0
프로통산			267	65	13	21	265	16	0

김평래 (金平來) 중앙대 1987.11.09

리그	연도	소속	출장	교체	득점	도움	파울	경고	퇴장
BC	2011	성남	1	1	0	0	1	0	0
	2012	성남	18	8	0	0	24	1	0
	합계		19	9	0	0	25	1	0
클	2013	성남	22	15	0	1	30	3	0
	2014	성남	22	9	0	0	15	4	0
	2015	전남	29	10	0	0	26	3	0
	합계		73	34	0	1	71	10	0
프로통산			92	43	0	1	96	11	0

김평석 (金平錫) 광운대 1958.09.22

리그	연도	소속	출장	교체	득점	도움	파울	경고	퇴장
BC	1984	현대	28	0	0	5	27	1	0
	1985	현대	10	0	0	0	20	0	0
	1986	현대	13	0	0	2	17	1	0
	1987	현대	27	0	0	2	40	4	1
	1988	현대	8	1	0	0	14	1	0
	1989	유공	21	4	0	0	31	2	0
	1990	유공	20	1	0	0	10	1	0
	합계		127	6	0	9	159	10	1
프로통산			127	6	0	9	159	10	1

김평진 (金平鎭) 한남대 1990.08.11

리그	연도	소속	출장	교체	득점	도움	파울	경고	퇴장
클	2013	대전	2	1	0	0	2	1	0
	합계		2	1	0	0	2	1	0
프로통산			2	1	0	0	2	1	0

김풍주 (金豊柱) 양곡종고 1964.10.01

리그	연도	소속	출장	교체	실점	도움	파울	경고	퇴장
BC	1983	대우	1	0	0	0	0	0	0
	1984	대우	17	0	9	0	0	0	0
	1985	대우	21	0	16	0	0	1	0
	1986	대우	24	0	21	0	0	0	0
	1987	대우	15	1	9	0	1	0	0
	1988	대우	7	1	5	0	0	0	0
	1989	대우	6	1	5	0	0	0	0
	1990	대우	8	0	7	0	0	1	0
	1991	대우	37	0	27	0	0	0	0
	1993	대우	24	0	23	0	0	1	0
	1994	대우	17	1	29	0	0	0	0
	1996	부산	4	0	7	0	0	1	0
	합계		181	4	158	0	1	4	0
프로통산			181	4	158	0	1	4	0

김풍해 (金豊海) 고려대 1960.07.13

리그	연도	소속	출장	교체	득점	도움	파울	경고	퇴장
BC	1985	상무	1	0	0	0	0	0	0
	합계		1	0	0	0	0	0	0
프로통산			1	0	0	0	0	0	0

김학범 (金鶴範) 명지대 1960.03.01

리그	연도	소속	출장	교체	득점	도움	파울	경고	퇴장
BC	1984	국민	13	4	1	0	9	0	0
	합계		13	4	1	0	9	0	0
프로통산			13	4	1	0	9	0	0

김학범 (金學範) 조선대 1962.06.07

리그	연도	소속	출장	교체	득점	도움	파울	경고	퇴장
BC	1986	유공	1	1	0	0	1	0	0
	합계		1	1	0	0	1	0	0
프로통산			1	1	0	0	1	0	0

김학수 (金鶴守) 경희대 1958.10.18

리그	연도	소속	출장	교체	득점	도움	파울	경고	퇴장
BC	1985	대우	13	8	0	0	18	0	0
	1986	대우	10	7	0	0	5	0	0
	합계		23	15	0	0	23	0	0
프로통산			23	15	0	0	23	0	0

김학순 (金鶴淳) 전주대 1972.03.09

리그	연도	소속	출장	교체	득점	도움	파울	경고	퇴장
BC	1995	LG	0	0	0	0	0	0	0
	합계		0	0	0	0	0	0	0
프로통산			0	0	0	0	0	0	0

김학진 (金學鎭) 광운대 1988.10.25

리그	연도	소속	출장	교체	득점	도움	파울	경고	퇴장
BC	2011	전북	1	1	0	0	1	1	0
	합계		1	1	0	0	1	1	0
프로통산			1	1	0	0	1	1	0

김학철 (金學哲) 중앙대 1959.10.19

리그	연도	소속	출장	교체	득점	도움	파울	경고	퇴장
BC	1984	한일	21	9	1	2	15	0	0
	1985	한일	2	2	0	0	4	0	0
	합계		23	11	1	2	19	0	0
프로통산			23	11	1	2	19	0	0

김학철 (金學喆) 국민대 1972.11.04

리그	연도	소속	출장	교체	득점	도움	파울	경고	퇴장
BC	1995	대우	7	2	0	0	16	4	0
	1996	부산	15	5	1	0	38	2	1
	1997	부산	32	6	0	1	40	6	0

	2000	부산	29	1	0	0	32	5	0
	2001	부산	16	1	0	0	28	1	0
	2002	부산	25	4	0	1	40	1	0
	2003	대구	35	2	0	2	49	7	0
	2004	인천	28	4	0	0	40	3	0
	2005	인천	36	2	0	0	47	5	0
	2006	인천	32	1	0	0	57	5	0
	2007	인천	26	9	0	0	44	8	0
	2008	인천	3	1	0	0	4	0	0
	합계		284	38	1	4	435	47	1
프로통산			284	38	1	4	435	47	1

김학철 (金學喆) 인천대 1970.05.05

리그	연도	소속	출장	교체	득점	도움	파울	경고	퇴장
BC	1992	일화	8	7	0	0	4	0	0
	1993	일화	22	9	0	0	33	2	0
	1994	일화	17	3	0	0	19	2	0
	1996	천안	15	7	0	0	22	1	0
	1997	포항	3	1	0	0	2	0	0
	1998	안양LG	31	13	0	1	49	2	0
	1999	안양LG	18	5	1	0	24	3	1
	합계		114	45	1	1	153	10	1
프로통산			114	45	1	1	153	10	1

김한봉 (金漢奉) 부산상고 1957.12.15

리그	연도	소속	출장	교체	득점	도움	파울	경고	퇴장
BC	1984	현대	27	0	3	5	19	2	0
	1985	현대	18	1	4	5	20	0	0
	1986	현대	2	1	0	0	5	0	0
	합계		47	2	7	10	44	2	0
프로통산			47	2	7	10	44	2	0

김한빈 (金漢彬) 선문대 1991.03.31

리그	연도	소속	출장	교체	득점	도움	파울	경고	퇴장
챌	2014	충주	19	3	0	2	14	1	0
	2015	충주	3	0	0	0	7	1	0
	합계		22	3	0	2	21	2	0
프로통산			22	3	0	2	21	2	0

김한섭 (金翰燮) 동국대 1982.05.08

리그	연도	소속	출장	교체	득점	도움	파울	경고	퇴장
BC	2009	대전	11	0	1	0	25	1	0
	2010	대전	18	3	0	0	29	2	0
	2011	대전	19	0	0	1	25	5	0
	2011	인천	8	1	0	0	9	2	0
	2012	인천	15	3	0	0	20	2	0
	합계		71	7	1	1	108	12	0
클	2013	대전	11	6	0	1	11	3	0
	합계		11	6	0	1	11	3	0
챌	2014	대전	18	15	1	2	13	0	0
	합계		18	15	1	2	13	0	0
프로통산			100	28	2	4	132	15	0

김한욱 (金漢旭) 숭실대 1972.06.08

리그	연도	소속	출장	교체	득점	도움	파울	경고	퇴장
BC	1999	포항	22	19	0	1	36	3	0
	2000	포항	25	8	0	2	48	3	0
	2001	성남	5	2	0	0	2	0	0
	합계		52	29	0	3	86	6	0
프로통산			52	29	0	3	86	6	0

김한원 (金漢元) 세경대 1981.08.06

리그	연도	소속	출장	교체	득점	도움	파울	경고	퇴장
BC	2006	인천	15	12	3	1	20	2	0
	2007	전북	10	9	0	0	12	1	0
	2008	전북	4	2	0	0	11	0	0
	합계		29	23	3	1	43	3	0
챌	2013	수원fc	30	13	8	6	33	9	0
	2014	수원fc	24	4	8	3	30	11	0
	2015	수원fc	26	9	1	0	22	5	0
	합계		80	26	17	9	85	25	0
승	2015	수원fc	1	1	0	0	0	0	0
	합계		1	1	0	0	0	0	0
프로통산			110	50	20	10	128	28	0

김한윤 (金漢潤) 광운대 1974.07.11

리그	연도	소속	출장	교체	득점	도움	파울	경고	퇴장
BC	1997	부천SK	28	14	1	0	73	7	0
	1998	부천SK	24	11	1	0	36	4	0
	1999	부천SK	8	8	0	0	16	2	0
	1999	포항	14	7	0	0	33	1	0
	2000	포항	22	19	1	0	25	4	0
	2001	부천SK	16	6	0	0	34	3	0
	2002	부천SK	15	4	1	0	32	4	0
	2003	부천SK	34	0	0	1	72	10	0
	2004	부천SK	20	4	0	0	47	7	0
	2005	부천SK	28	2	1	0	63	11	0
	2006	서울	31	4	0	0	69	11	1
	2007	서울	29	9	0	0	61	12	0
	2008	서울	26	11	0	0	54	9	0
	2009	서울	25	10	0	1	70	11	0
	2010	서울	20	16	0	1	33	5	1
	2011	부산	27	6	3	1	53	12	0
	2012	부산	36	2	2	0	82	18	1
	합계		403	133	10	4	853	131	3
클	2013	성남	27	16	1	2	52	12	0
	합계		27	16	1	2	52	12	0
프로통산			430	149	11	6	905	143	3

김해국 (金海國) 경상대 1974.05.20

리그	연도	소속	출장	교체	득점	도움	파울	경고	퇴장
BC	1997	전남	21	10	2	0	29	3	0
	1998	전남	6	0	0	0	17	2	0
	1999	전남	7	4	0	0	3	0	0
	2000	전남	3	2	0	0	7	0	0
	합계		37	16	2	0	56	5	0
프로통산			37	16	2	0	56	5	0

김해년 (金海年) 중앙대 1964.07.05

리그	연도	소속	출장	교체	득점	도움	파울	경고	퇴장
BC	1986	한일	8	1	0	0	11	1	0
	합계		8	1	0	0	11	1	0
프로통산			8	1	0	0	11	1	0

김해운 (金海雲) 대구대 1973.12.25

리그	연도	소속	출장	교체	실점	도움	파울	경고	퇴장
BC	1996	천안	1	0	1	0	0	0	0
	1997	천안	7	1	5	0	0	0	0
	1998	천안	30	0	39	0	5	3	0
	1999	천안	19	4	25	0	0	0	0
	2000	성남	27	0	33	0	1	1	0
	2001	성남	30	1	24	0	1	0	0
	2002	성남	24	1	30	0	0	1	0
	2003	성남	22	0	21	0	2	1	0
	2004	성남	22	2	25	0	1	0	0
	2005	성남	9	0	7	0	2	1	0
	2006	성남	6	1	4	0	0	1	0
	2007	성남	0	0	0	0	0	0	0
	2008	성남	4	0	5	0	0	0	0
	합계		201	10	219	0	12	8	0
프로통산			201	10	219	0	12	8	0

김해원 (金海元) 한남대 1986.05.23

리그	연도	소속	출장	교체	득점	도움	파울	경고	퇴장
BC	2009	전남	9	2	1	0	16	2	0
	2010	대구	1	1	0	0	1	0	0
	합계		10	3	1	0	17	2	0
프로통산			10	3	1	0	17	2	0

김해출 (金海出) 광양제철고 1981.02.03

리그	연도	소속	출장	교체	득점	도움	파울	경고	퇴장
BC	1999	전남	2	2	0	0	0	0	0
	2000	전남	1	1	0	0	0	0	0
	합계		3	3	0	0	0	0	0
프로통산			3	3	0	0	0	0	0

김혁 (金赫) 연세대 1985.05.04

리그	연도	소속	출장	교체	득점	도움	파울	경고	퇴장
BC	2008	인천	7	3	0	0	12	0	0
	합계		7	3	0	0	12	0	0
프로통산			7	3	0	0	12	0	0

김혁진 (金奕辰) 경희대 1991.03.06

리그	연도	소속	출장	교체	득점	도움	파울	경고	퇴장
챌	2014	수원FC	27	20	0	0	27	4	0
	2015	수원FC	14	12	0	2	12	3	0
	합계		41	32	0	2	39	7	0
프로통산			41	32	0	2	39	7	0

김현 (金玄) 영생고 1993.05.03

리그	연도	소속	출장	교체	득점	도움	파울	경고	퇴장
BC	2012	전북	9	9	1	0	11	3	0
	합계		9	9	1	0	11	3	0
클	2013	성남	4	4	0	0	1	0	0
	2014	제주	33	23	2	5	60	2	0
	2015	제주	26	21	3	1	34	3	0
	합계		63	48	5	6	95	5	0
프로통산			72	57	6	6	106	8	0

김현관 (金賢官) 동국대 1985.04.20

리그	연도	소속	출장	교체	득점	도움	파울	경고	퇴장
BC	2008	서울	1	1	0	0	0	0	0
	합계		1	1	0	0	0	0	0
프로통산			1	1	0	0	0	0	0

김현기 (金賢技) 상지대 1985.12.16

리그	연도	소속	출장	교체	득점	도움	파울	경고	퇴장
BC	2006	포항	2	2	0	0	0	0	0
	합계		2	2	0	0	0	0	0
프로통산			2	2	0	0	0	0	0

김현동 (金鉉東) 강원대 1972.08.25

리그	연도	소속	출장	교체	득점	도움	파울	경고	퇴장
BC	1996	안양LG	14	14	1	1	14	0	0
	1997	안양LG	11	7	0	0	15	0	0
	합계		25	21	1	1	29	0	0
프로통산			25	21	1	1	29	0	0

김현민 (金鉉敏) 한성대 1970.04.09

리그	연도	소속	출장	교체	득점	도움	파울	경고	퇴장
BC	1997	대전	28	21	5	4	47	2	0
	1998	대전	4	5	0	1	3	0	0
	1999	대전	17	16	2	0	10	3	0
	2000	대전	12	13	2	1	17	2	0
	합계		61	55	9	6	77	7	0
프로통산			61	55	9	6	77	7	0

김현배 (金賢培) 고려대 1976.06.09

리그	연도	소속	출장	교체	득점	도움	파울	경고	퇴장
BC	1999	울산	0	0	0	0	0	0	0
	2000	울산	3	1	1	0	9	1	0
	합계		3	1	1	0	9	1	0
프로통산			3	1	1	0	9	1	0

김현복 (金顯福) 중앙대 1954.12.09

리그	연도	소속	출장	교체	득점	도움	파울	경고	퇴장
BC	1983	할렐	12	9	2	1	4	0	0
	1984	할렐	19	5	0	0	28	0	0
	1985	할렐	16	5	0	1	25	3	0
	합계		47	19	2	2	57	3	0
프로통산			47	19	2	2	57	3	0

김현석 (金賢錫) 서울시립대 1966.09.14

리그	연도	소속	출장	교체	득점	도움	파울	경고	퇴장
BC	1989	일화	27	6	0	0	50	5	0
	1990	일화	14	2	0	0	21	4	0
	합계		41	8	0	0	71	9	0
프로통산			41	8	0	0	71	9	0

김현석 (金鉉錫) 연세대 1967.05.05

리그	연도	소속	출장	교체	득점	도움	파울	경고	퇴장
BC	1990	현대	28	1	5	3	41	3	0
	1991	현대	39	10	14	4	50	2	0
	1992	현대	37	12	13	7	62	2	0

	1993	현대	11	8	1	1	12	0	0
	1995	현대	33	2	18	7	34	5	0
	1996	울산	34	5	9	9	43	4	0
	1997	울산	30	2	13	5	54	5	0
	1998	울산	37	8	17	5	84	6	0
	1999	울산	36	3	8	6	41	2	0
	2001	울산	31	9	6	5	41	3	1
	2002	울산	35	3	6	2	30	5	0
	2003	울산	20	8	0	0	16	3	0
	합계		371	71	110	54	508	40	1
프로통산			371	71	110	54	508	40	1

김현성 (金賢聖) 동북고 1989.09.27

리그	연도	소속	출장	교체	득점	도움	파울	경고	퇴장
BC	2010	대구	10	6	1	0	13	1	0
	2011	대구	29	9	7	2	63	2	0
	2012	서울	13	13	1	0	13	1	0
	합계		52	28	9	2	89	4	0
클	2013	서울	17	16	1	1	13	0	0
	2014	서울	6	4	0	1	6	0	0
	2015	서울	17	14	4	0	18	3	0
	합계		40	34	5	2	37	3	0
프로통산			92	62	14	4	126	7	0

김현성 (金炫成) 광주대 1993.03.28

리그	연도	소속	출장	교체	실점	도움	파울	경고	퇴장
챌	2015	서울E	1	0	4	0	0	0	0
	합계		1	0	4	0	0	0	0
프로통산			1	0	4	0	0	0	0

김현수 (金顯秀) 연세대 1992.04.05

리그	연도	소속	출장	교체	득점	도움	파울	경고	퇴장
챌	2015	대구	3	3	0	0	0	0	0
	합계		3	3	0	0	0	0	0
프로통산			3	3	0	0	0	0	0

김현수 (金鉉洙) 아주대 1973.03.13

리그	연도	소속	출장	교체	득점	도움	파울	경고	퇴장
BC	1995	대우	32	3	1	0	44	4	0
	1996	부산	29	7	2	1	22	1	0
	1997	부산	29	6	3	0	31	3	0
	1998	부산	19	4	2	0	21	1	0
	1999	부산	27	4	1	0	35	2	0
	2000	성남	40	0	3	1	60	5	0
	2001	성남	35	1	2	0	42	3	0
	2002	성남	36	2	4	0	49	3	0
	2003	성남	38	7	3	1	42	2	0
	2004	인천	30	0	1	0	23	6	0
	2005	전남	5	3	0	0	6	0	0
	2006	대구	35	2	1	2	20	5	0
	2007	대구	28	2	1	0	43	3	0
	합계		383	41	24	5	438	38	0
프로통산			383	41	24	5	438	38	0

김현수 (金鉉洙) 연세대 1973.02.14

리그	연도	소속	출장	교체	득점	도움	파울	경고	퇴장
BC	1995	전남	26	0	1	2	52	3	0
	1996	전남	20	8	0	2	26	5	0
	1997	전남	30	10	0	1	20	1	1
	2000	전남	8	8	0	0	3	0	0
	2001	전남	17	8	0	0	25	4	0
	2002	전남	30	3	1	2	65	4	0
	2003	전북	42	20	0	1	76	3	0
	2004	전북	29	7	0	0	26	4	0
	2005	전북	25	5	0	0	35	2	0
	2006	전북	24	5	1	1	58	6	0
	2007	전북	25	6	0	0	51	7	1
	2008	전북	15	10	1	0	28	2	0
	합계		291	90	4	9	465	41	2
프로통산			291	90	4	9	465	41	2

김현승 (金炫承) 홍익대 1984.11.16

리그	연도	소속	출장	교체	득점	도움	파울	경고	퇴장
BC	2008	광주상	4	5	0	0	5	0	0
	2009	광주상	1	1	0	0	1	0	0
	합계		5	6	0	0	6	0	0
프로통산			5	6	0	0	6	0	0

김현우 (金玄雨) 광운대 1989.04.17

리그	연도	소속	출장	교체	득점	도움	파울	경고	퇴장
BC	2012	성남	8	7	0	0	11	3	0
	합계		8	7	0	0	11	3	0
프로통산			8	7	0	0	11	3	0

김현태 (金鉉泰) 용인대 1992.05.13

리그	연도	소속	출장	교체	득점	도움	파울	경고	퇴장
챌	2015	수원fc	0	0	0	0	0	0	0
	합계		0	0	0	0	0	0	0
프로통산			0	0	0	0	0	0	0

김현태 (金顯泰) 고려대 1961.05.01

리그	연도	소속	출장	교체	실점	도움	파울	경고	퇴장
BC	1984	럭금	23	1	37	0	0	0	0
	1985	럭금	21	0	19	0	0	1	0
	1986	럭금	30	1	32	0	0	0	0
	1987	럭금	18	0	36	0	1	0	1
	1988	럭금	8	0	12	0	0	0	0
	1989	럭금	9	1	9	0	0	0	0
	1990	럭금	2	0	2	0	0	0	0
	1991	LG	3	2	4	0	0	0	0
	1996	안양LG	0	0	0	0	0	0	0
	합계		114	5	151	0	1	1	1
프로통산			114	5	151	0	1	1	1

김현호 (金鉉浩) 신평고 1981.09.30

리그	연도	소속	출장	교체	득점	도움	파울	경고	퇴장
BC	1995	포항	0	0	0	0	0	0	0
	합계		0	0	0	0	0	0	0
프로통산			0	0	0	0	0	0	0

김형남 (金炯男) 중대부속고 1956.12.18

리그	연도	소속	출장	교체	득점	도움	파울	경고	퇴장
BC	1983	포철	13	2	0	0	17	2	0
	1984	포철	13	6	0	0	11	0	0
	합계		26	8	0	0	28	2	0
프로통산			26	8	0	0	28	2	0

김형록 (金泂錄) 동아대 1991.06.17

리그	연도	소속	출장	교체	득점	도움	파울	경고	퇴장
클	2014	제주	0	0	0	0	0	0	0
	2015	제주	0	0	0	0	0	0	0
	합계		0	0	0	0	0	0	0
챌	2015	경남	0	0	0	0	0	0	0
	합계		0	0	0	0	0	0	0
프로통산			0	0	0	0	0	0	0

김형범 (金炯氾) 건국대 1984.01.01

리그	연도	소속	출장	교체	득점	도움	파울	경고	퇴장
BC	2004	울산	29	25	1	5	36	2	0
	2005	울산	14	13	4	1	5	1	0
	2006	전북	28	12	7	4	35	4	0
	2007	전북	6	5	2	0	6	1	0
	2008	전북	31	25	7	4	20	2	0
	2009	전북	1	1	0	0	0	0	0
	2010	전북	9	8	1	0	8	1	0
	2011	전북	4	4	0	0	3	0	0
	2012	대전	32	18	5	10	35	3	0
	합계		154	111	27	24	148	14	0
클	2013	경남	21	17	8	0	27	1	0
	합계		21	17	8	0	27	1	0
프로통산			175	128	35	24	175	15	0

김형일 (金亨鎰) 경희대 1984.04.27

리그	연도	소속	출장	교체	득점	도움	파울	경고	퇴장
BC	2007	대전	29	2	0	1	68	11	0
	2008	대전	16	3	0	0	22	7	0
	2008	포항	3	0	0	0	7	1	0
	2009	포항	30	1	2	1	40	9	0
	2010	포항	22	2	2	1	27	8	0
	2011	포항	21	2	0	0	26	3	0
	2012	상주	17	2	1	0	19	3	0
	합계		138	12	5	3	209	42	0
클	2013	포항	2	2	0	0	0	0	0
	2014	포항	14	3	1	0	13	3	0
	2015	전북	24	2	0	0	29	4	0
	합계		40	7	1	0	42	7	0
챌	2013	상주	26	0	0	0	29	3	1
	합계		26	0	0	0	29	3	1
프로통산			204	19	6	3	280	52	1

김형철 (金亨哲) 동아대 1983.10.02

리그	연도	소속	출장	교체	득점	도움	파울	경고	퇴장
BC	2006	수원	1	1	0	0	0	1	0
	합계		1	1	0	0	0	1	0
프로통산			1	1	0	0	0	1	0

김형필 (金炯必) 경희대 1987.01.13

리그	연도	소속	출장	교체	득점	도움	파울	경고	퇴장
BC	2010	전남	11	10	3	0	5	1	0
	2011	전남	3	3	0	0	0	0	0
	2012	부산	1	1	0	0	2	1	0
	합계		15	14	3	0	7	2	0
프로통산			15	14	3	0	7	2	0

김형호 (金瀅鎬) 광양제철고 1987.03.25

리그	연도	소속	출장	교체	득점	도움	파울	경고	퇴장
BC	2009	전남	21	2	0	1	25	2	0
	2010	전남	23	3	1	1	35	7	0
	2011	전남	9	0	0	0	7	0	0
	합계		53	5	1	2	67	9	0
프로통산			53	5	1	2	67	9	0

김호남 (金浩男) 광주대 1989.06.14

리그	연도	소속	출장	교체	득점	도움	파울	경고	퇴장
BC	2011	광주	2	2	0	0	2	1	0
	2012	광주	1	1	0	0	3	0	0
	합계		3	3	0	0	5	1	0
클	2015	광주	29	13	8	1	27	4	0
	합계		29	13	8	1	27	4	0
챌	2013	광주	28	15	7	6	36	4	0
	2014	광주	35	13	7	5	51	5	0
	합계		63	28	14	11	87	9	0
승	2014	광주	2	0	1	0	4	0	0
	합계		2	0	1	0	4	0	0
프로통산			97	44	23	12	123	14	0

김호유 (金浩猷) 성균관대 1981.02.19

리그	연도	소속	출장	교체	득점	도움	파울	경고	퇴장
BC	2003	전남	0	0	0	0	0	0	0
	2004	전남	14	4	1	0	20	2	0
	2005	전남	10	6	0	0	13	0	0
	2006	전남	10	3	1	0	15	3	0
	2007	제주	14	6	0	2	17	3	0
	합계		48	19	2	2	65	8	0
프로통산			48	19	2	2	65	8	0

김호준 (金鎬浚) 고려대 1984.06.21

리그	연도	소속	출장	교체	실점	도움	파울	경고	퇴장
BC	2005	서울	3	0	6	0	1	0	0
	2007	서울	0	0	0	0	0	0	0
	2008	서울	31	0	32	0	0	2	0
	2009	서울	24	1	26	0	1	2	0
	2010	제주	35	0	32	0	2	2	0
	2011	제주	24	0	36	0	0	2	0
	2012	상주	9	0	17	0	0	0	0
	합계		126	1	149	0	4	8	0
클	2014	제주	37	1	37	1	0	1	0
	2015	제주	31	0	45	0	0	1	0
	합계		68	1	82	1	0	2	0
챌	2013	상주	30	0	23	0	0	2	0
	합계		30	0	23	0	0	2	0

리그	연도	소속	출장	교체	득점	도움	파울	경고	퇴장
프로통산			224	2	254	1	4	12	0

김호철 (金虎喆) 숭실대 1971.01.05

리그	연도	소속	출장	교체	득점	도움	파울	경고	퇴장
BC	1993	유공	1	1	0	0	1	0	0
	1995	유공	2	2	0	0	3	0	0
	1996	부천SK	0	0	0	0	0	0	0
	합계		3	3	0	0	4	0	0
프로통산			3	3	0	0	4	0	0

김홍기 (金弘冀) 중앙대 1976.03.14

리그	연도	소속	출장	교체	득점	도움	파울	경고	퇴장
BC	1999	전북	2	2	0	0	0	0	0
	2000	전북	4	4	0	0	2	0	0
	합계		6	6	0	0	2	0	0
프로통산			6	6	0	0	2	0	0

김홍운 (金弘運) 건국대 1964.03.21

리그	연도	소속	출장	교체	득점	도움	파울	경고	퇴장
BC	1987	포철	26	20	9	3	19	3	0
	1988	포철	21	7	1	2	24	1	0
	1989	포철	7	7	1	0	2	0	0
	1990	포철	15	11	1	2	23	2	0
	1991	포철	3	3	0	0	1	0	0
	1991	유공	8	7	0	0	3	0	0
	1992	LG	8	7	1	0	13	0	0
	1993	현대	5	5	0	0	1	1	0
	합계		93	67	13	7	86	7	0
프로통산			93	67	13	7	86	7	0

김홍일 (金弘一) 연세대 1987.09.29

리그	연도	소속	출장	교체	득점	도움	파울	경고	퇴장
BC	2009	수원	5	2	0	0	7	0	0
	2011	광주	2	2	0	1	2	0	0
	합계		7	4	0	1	9	0	0
챌	2014	수원fc	5	5	0	0	4	1	0
	합계		5	5	0	0	4	1	0
프로통산			12	9	0	1	13	1	0

김홍주 (金洪柱) 한양대 1955.03.21

리그	연도	소속	출장	교체	득점	도움	파울	경고	퇴장
BC	1983	국민	13	0	0	0	7	2	0
	1984	국민	7	2	0	0	3	1	0
	합계		20	2	0	0	10	3	0
프로통산			20	2	0	0	10	3	0

김홍철 (金弘哲) 한양대 1979.06.02

리그	연도	소속	출장	교체	득점	도움	파울	경고	퇴장
BC	2002	전남	6	1	1	0	4	0	0
	2003	전남	25	9	0	3	17	1	0
	2004	전남	17	6	0	0	24	3	0
	2005	포항	22	14	1	0	21	0	0
	2006	부산	2	2	0	0	1	0	0
	합계		72	32	2	3	67	4	0
프로통산			72	32	2	3	67	4	0

김황정 (金晃正) 한남대 1975.11.19

리그	연도	소속	출장	교체	득점	도움	파울	경고	퇴장
BC	2001	울산	7	7	0	0	7	0	0
	합계		7	7	0	0	7	0	0
프로통산			7	7	0	0	7	0	0

김황호 (金黃鎬) 경희대 1954.08.15

리그	연도	소속	출장	교체	실점	도움	파울	경고	퇴장
BC	1984	현대	7	1	3	0	0	0	0
	1985	현대	18	1	18	0	0	0	0
	1986	현대	2	0	3	0	0	0	0
	합계		27	2	24	0	0	0	0
프로통산			27	2	24	0	0	0	0

김효기 (金孝基) 조선대 1986.07.03

리그	연도	소속	출장	교체	득점	도움	파울	경고	퇴장
BC	2010	울산	1	1	0	0	0	0	0
	2011	울산	0	0	0	0	0	0	0
	2012	울산	4	4	0	0	2	0	0
	합계		5	5	0	0	2	0	0
챌	2015	안양	15	7	8	2	35	3	0
	합계		15	7	8	2	35	3	0
프로통산			20	12	8	2	37	3	0

김효일 (金孝日) 경상대 1978.09.07

리그	연도	소속	출장	교체	득점	도움	파울	경고	퇴장
BC	2003	전남	19	11	0	0	24	2	0
	2004	전남	16	9	0	0	23	0	0
	2005	전남	17	3	0	0	41	3	0
	2006	전남	35	10	1	2	67	6	0
	2007	경남	29	11	1	0	45	1	0
	2008	경남	25	8	1	1	32	5	0
	2009	부산	12	4	0	0	18	0	0
	2010	부산	11	8	0	0	5	0	0
	합계		164	64	3	3	255	17	0
챌	2014	충주	0	0	0	0	0	0	0
	합계		0	0	0	0	0	0	0
프로통산			164	64	3	3	255	17	0

김효준 (金孝埈) 경일대 1978.10.13

리그	연도	소속	출장	교체	득점	도움	파울	경고	퇴장
BC	2006	경남	8	3	0	0	12	1	0
	2007	경남	5	3	0	0	8	1	0
	합계		13	6	0	0	20	2	0
챌	2013	안양	25	0	2	0	33	3	0
	2014	안양	11	2	0	0	7	3	0
	합계		36	2	2	0	40	6	0
프로통산			49	8	2	0	60	8	0

김효진 (金孝鎭) 연세대 1990.10.22

리그	연도	소속	출장	교체	득점	도움	파울	경고	퇴장
클	2013	강원	1	1	0	0	1	0	0
	합계		1	1	0	0	1	0	0
프로통산			1	1	0	0	1	0	0

김후석 (金厚奭) 영남대 1974.03.20

리그	연도	소속	출장	교체	득점	도움	파울	경고	퇴장
BC	1997	포항	7	7	0	0	4	2	0
	1998	포항	6	5	0	0	6	0	0
	합계		13	12	0	0	10	2	0
프로통산			13	12	0	0	10	2	0

김훈성 (金勳成) 1991.05.20

리그	연도	소속	출장	교체	득점	도움	파울	경고	퇴장
챌	2015	고양	2	2	0	0	0	0	0
	합계		2	2	0	0	0	0	0
프로통산			2	2	0	0	0	0	0

김흥권 (金興權) 전남대 1963.12.02

리그	연도	소속	출장	교체	득점	도움	파울	경고	퇴장
BC	1984	현대	9	2	1	2	8	0	0
	1985	현대	11	1	0	0	7	0	0
	1986	현대	31	1	2	1	41	4	0
	1987	현대	4	4	0	0	1	1	0
	1989	현대	19	8	1	2	18	0	0
	합계		74	16	4	5	75	5	0
프로통산			74	16	4	5	75	5	0

김흥일 (金興一) 동아대 1992.11.02

리그	연도	소속	출장	교체	득점	도움	파울	경고	퇴장
클	2013	대구	14	14	0	0	6	0	0
	합계		14	14	0	0	6	0	0
챌	2014	대구	9	8	0	0	4	0	0
	합계		9	8	0	0	4	0	0
프로통산			23	22	0	0	10	0	0

김희철 (金熙澈) 충북대 1960.09.03

리그	연도	소속	출장	교체	득점	도움	파울	경고	퇴장
BC	1983	포철	13	4	5	3	4	0	0
	1984	포철	8	6	0	1	4	0	0
	1985	상무	11	6	2	1	8	0	0
	합계		32	16	7	5	16	0	0
프로통산			32	16	7	5	16	0	0

김희태 (金熙泰) 연세대 1953.07.10

리그	연도	소속	출장	교체	득점	도움	파울	경고	퇴장
BC	1983	대우	2	2	0	0	0	0	0
	합계		2	2	0	0	0	0	0
프로통산			2	2	0	0	0	0	0

까랑가 (da Silva Monte Luiz Fernando) 브라질 1991.04.14

리그	연도	소속	출장	교체	득점	도움	파울	경고	퇴장
클	2015	제주	16	8	5	3	34	3	0
	합계		16	8	5	3	34	3	0
프로통산			16	8	5	3	34	3	0

까르멜로 (Carmelo Enrique Valencia Chaverra) 콜롬비아 1984.0

리그	연도	소속	출장	교체	득점	도움	파울	경고	퇴장
BC	2010	울산	24	20	8	3	20	1	0
	합계		24	20	8	3	20	1	0
프로통산			24	20	8	3	20	1	0

까를로스 (Jose Carlos Santos da Silva) 브라질 1975.03.19

리그	연도	소속	출장	교체	득점	도움	파울	경고	퇴장
BC	2004	포항	25	20	4	2	48	3	0
	합계		25	20	4	2	48	3	0
프로통산			25	20	4	2	48	3	0

까를로스 (Jean Carlos Donde) 브라질 1983.08.12

리그	연도	소속	출장	교체	득점	도움	파울	경고	퇴장
BC	2011	성남	3	3	0	0	1	0	0
	합계		3	3	0	0	1	0	0
프로통산			3	3	0	0	1	0	0

까밀로 (Camilo da Silva Sanvezzo) 브라질 1988.07.21

리그	연도	소속	출장	교체	득점	도움	파울	경고	퇴장
BC	2010	경남	9	8	0	1	22	1	0
	합계		9	8	0	1	22	1	0
프로통산			9	8	0	1	22	1	0

까보레 (Everaldo de Jesus Pereira) 브라질 1980.02.19

리그	연도	소속	출장	교체	득점	도움	파울	경고	퇴장
BC	2007	경남	31	5	18	8	48	5	0
	합계		31	5	18	8	48	5	0
프로통산			31	5	18	8	48	5	0

까시아노 (Dias Moreira Cassiano) 브라질 1989.06.16

리그	연도	소속	출장	교체	득점	도움	파울	경고	퇴장
클	2015	광주	11	8	1	0	16	2	0
	합계		11	8	1	0	16	2	0
프로통산			11	8	1	0	16	2	0

까시아노 (Cassiano Mendes da Rocha) 브라질 1975.12.04

리그	연도	소속	출장	교체	득점	도움	파울	경고	퇴장
BC	2003	포항	15	13	4	0	15	1	0
	합계		15	13	4	0	15	1	0
프로통산			15	13	4	0	15	1	0

까이끼 (Caique Silva Rocha) 브라질 1987.01.10

리그	연도	소속	출장	교체	득점	도움	파울	경고	퇴장
클	2013	울산	18	14	3	4	19	2	0
	2014	울산	1	1	0	0	0	0	0
	합계		19	15	3	4	19	2	0
BC	2012	경남	41	10	12	7	60	5	0
	합계		41	10	12	7	60	5	0
프로통산			60	25	15	11	79	7	0

까이오 (Antonio Caio Silva Souza) 브라질 1980.10.11

리그	연도	소속	출장	교체	득점	도움	파울	경고	퇴장
BC	2004	전남	15	14	0	2	18	0	0
	합계		15	14	0	2	18	0	0
프로통산			15	14	0	2	18	0	0

까이용 (Herlison Caion) 브라질 1990.10.05

리그	연도	소속	출장	교체	득점	도움	파울	경고	퇴장
BC	2009	강원	9	7	1	2	14	1	0

리그	연도	소속	출장	교체	득점	도움	파울	경고	퇴장
	합계		9	7	1	2	14	1	0
프로통산			9	7	1	2	14	1	0

깔레오 (Coelho Goncalves) 브라질 1995.09.22

리그	연도	소속	출장	교체	득점	도움	파울	경고	퇴장
챌	2014	충주	4	4	0	0	1	0	0
	합계		4	4	0	0	1	0	0
프로통산			4	4	0	0	1	0	0

꼬레아 (Nestor Correa) 우루과이 1974.08.23

리그	연도	소속	출장	교체	득점	도움	파울	경고	퇴장
BC	2000	전북	23	15	3	4	45	1	1
	2002	전남	15	12	0	2	36	3	0
	합계		38	27	3	6	81	4	1
프로통산			38	27	3	6	81	4	1

끌레베르 (Cleber Arildo da Silva) 브라질 1969.01.21

리그	연도	소속	출장	교체	득점	도움	파울	경고	퇴장
BC	2001	울산	30	2	2	2	53	7	0
	2002	울산	34	6	0	0	63	7	0
	2003	울산	33	5	1	1	54	6	1
	합계		97	13	3	3	170	20	1
프로통산			97	13	3	3	170	20	1

끌레오 (Cleomir Mala dos Santos) 브라질 1972.02.02

리그	연도	소속	출장	교체	득점	도움	파울	경고	퇴장
BC	1997	전남	5	3	0	2	6	1	0
	합계		5	3	0	2	6	1	0
프로통산			5	3	0	2	6	1	0

끼리노 (Thiago Quirino da Silva) 브라질 1985.01.04

리그	연도	소속	출장	교체	득점	도움	파울	경고	퇴장
BC	2011	대구	14	10	3	1	24	2	1
	합계		14	10	3	1	24	2	1
프로통산			14	10	3	1	24	2	1

나광현 (羅光鉉) 명지대 1982.06.21

리그	연도	소속	출장	교체	득점	도움	파울	경고	퇴장
BC	2006	대전	1	1	0	0	0	0	0
	2007	대전	8	7	1	0	10	1	0
	2008	대전	18	9	1	0	26	7	0
	2009	대전	14	11	0	1	8	2	0
	합계		41	28	2	1	44	10	0
프로통산			41	28	2	1	44	10	0

나드손 (Nadson Rodrigues de Souza) 브라질 1982.01.30

리그	연도	소속	출장	교체	득점	도움	파울	경고	퇴장
BC	2003	수원	18	9	14	1	25	2	0
	2004	수원	38	27	14	4	66	5	0
	2005	수원	15	14	7	1	17	1	0
	2007	수원	15	14	8	5	10	2	0
	합계		86	64	43	11	118	10	0
프로통산			86	64	43	11	118	10	0

나승화 (羅承和) 한양대 1969.10.08

리그	연도	소속	출장	교체	득점	도움	파울	경고	퇴장
BC	1991	포철	17	4	0	3	14	0	0
	1992	포철	16	5	0	1	18	0	0
	1993	포철	16	9	0	2	13	2	0
	1994	포철	25	7	0	3	26	2	0
	합계		74	25	0	9	71	4	0
프로통산			74	25	0	9	71	4	0

나일균 (羅一均) 경일대 1977.08.02

리그	연도	소속	출장	교체	득점	도움	파울	경고	퇴장
BC	2000	울산	1	1	0	0	2	0	0
	합계		1	1	0	0	2	0	0
프로통산			1	1	0	0	2	0	0

나지 (Naji Mohammed A Majrashi) 사우디아라비아 1984.02.02

리그	연도	소속	출장	교체	득점	도움	파울	경고	퇴장
BC	2011	울산	9	9	0	1	2	1	0
	합계		9	9	0	1	2	1	0
프로통산			9	9	0	1	2	1	0

나치선 (羅治善) 국민대 1966.03.07

리그	연도	소속	출장	교체	실점	도움	파울	경고	퇴장
BC	1989	일화	23	2	26	0	1	1	0
	1990	일화	1	0	3	0	0	0	0
	합계		24	2	29	0	1	1	0
프로통산			24	2	29	0	1	1	0

나희근 (羅熙根) 아주대 1979.05.05

리그	연도	소속	출장	교체	득점	도움	파울	경고	퇴장
BC	2001	포항	1	1	0	0	1	0	0
	2003	포항	0	0	0	0	0	0	0
	2004	대구	12	3	0	0	23	1	0
	2005	대구	21	11	1	0	48	1	0
	2006	대구	5	2	2	0	6	0	1
	2007	대구	1	1	0	0	0	0	0
	합계		40	18	3	0	78	2	1
프로통산			40	18	3	0	78	2	1

난도 (Ferdinando) 브라질 1980.04.22

리그	연도	소속	출장	교체	득점	도움	파울	경고	퇴장
BC	2012	인천	19	4	0	0	31	2	0
	합계		19	4	0	0	31	2	0
프로통산			19	4	0	0	31	2	0

남광현 (南侊炫) 경기대 1987.08.25

리그	연도	소속	출장	교체	득점	도움	파울	경고	퇴장
BC	2010	전남	5	2	1	1	17	1	0
	합계		5	2	1	1	17	1	0
프로통산			5	2	1	1	17	1	0

남궁도 (南宮道) 경희고 1982.06.04

리그	연도	소속	출장	교체	득점	도움	파울	경고	퇴장
BC	2001	전북	6	6	0	0	9	1	0
	2002	전북	3	3	0	1	4	0	0
	2003	전북	18	16	5	2	16	2	0
	2004	전북	21	16	3	1	35	0	0
	2005	전북	2	1	0	0	3	0	0
	2005	전남	24	17	2	4	31	2	0
	2006	광주상	30	27	4	2	48	5	0
	2007	광주상	28	19	9	1	48	2	0
	2008	포항	25	21	6	1	28	4	0
	2009	포항	5	4	1	0	9	0	0
	2010	성남	22	20	2	0	13	1	0
	2011	성남	20	19	3	1	20	1	0
	2012	대전	18	16	0	1	22	3	0
	합계		222	185	35	14	286	21	0
챌	2013	안양	29	29	1	1	19	2	0
	2014	안양	3	3	0	0	4	0	0
	합계		32	32	1	1	23	2	0
프로통산			254	217	36	15	309	23	0

남궁웅 (南宮雄) 경희고 1984.03.29

리그	연도	소속	출장	교체	득점	도움	파울	경고	퇴장
BC	2003	수원	22	20	1	3	21	0	0
	2004	수원	5	5	0	0	2	0	0
	2005	광주상	29	23	0	2	31	1	0
	2006	광주상	30	20	0	3	43	6	0
	2006	수원	1	1	0	0	0	0	0
	2007	수원	9	9	1	0	6	1	0
	2008	수원	15	14	0	1	26	2	0
	2011	성남	5	5	0	0	1	1	0
	2012	성남	30	15	0	1	38	7	0
	합계		146	112	2	10	168	18	0
클	2013	강원	21	8	0	2	16	3	0
	합계		21	8	0	2	16	3	0
승	2013	강원	1	1	0	0	2	0	0
	합계		1	1	0	0	2	0	0
프로통산			168	121	2	12	186	21	0

남기설 (南起雪) 영남대 1970.12.08

리그	연도	소속	출장	교체	득점	도움	파울	경고	퇴장
BC	1993	대우	16	14	1	0	18	3	0
	1994	LG	20	17	3	1	17	1	0
	1995	LG	4	4	0	0	2	1	0
	합계		40	35	4	1	37	5	0
프로통산			40	35	4	1	37	5	0

남기성 (南基成) 한양대 1977.10.10

리그	연도	소속	출장	교체	득점	도움	파울	경고	퇴장
BC	2000	수원	2	1	0	0	1	0	0
	합계		2	1	0	0	1	0	0
프로통산			2	1	0	0	1	0	0

남기영 (南基永) 경희대 1962.07.10

리그	연도	소속	출장	교체	득점	도움	파울	경고	퇴장
BC	1986	포철	23	2	0	0	26	3	0
	1987	포철	30	7	0	0	43	4	0
	1988	포철	6	2	0	0	9	0	0
	1989	포철	21	12	0	0	30	3	1
	1990	포철	19	9	0	0	36	3	0
	1991	포철	32	11	1	0	43	5	1
	1992	포철	14	7	0	1	18	4	0
	합계		145	50	1	1	205	22	2
프로통산			145	50	1	1	205	22	2

남기일 (南基一) 경희대 1974.08.17

리그	연도	소속	출장	교체	득점	도움	파울	경고	퇴장
BC	1997	부천SK	18	14	0	3	14	0	0
	1998	부천SK	15	16	1	1	17	2	0
	1999	부천SK	20	18	1	3	23	1	0
	2000	부천SK	11	9	1	1	12	0	0
	2001	부천SK	35	15	9	2	41	2	0
	2002	부천SK	32	3	4	6	50	5	1
	2003	부천SK	30	8	5	5	50	4	1
	2004	전남	29	22	2	2	40	3	0
	2005	성남	28	22	7	4	47	0	0
	2006	성남	32	27	8	2	51	1	0
	2007	성남	20	19	2	4	27	3	0
	2008	성남	7	7	0	1	8	1	0
	합계		277	180	40	34	380	22	2
프로통산			277	180	40	34	380	22	2

남대식 (南大植) 건국대 1990.03.07

리그	연도	소속	출장	교체	득점	도움	파울	경고	퇴장
챌	2013	충주	20	2	2	0	14	2	0
	2014	안양	0	0	0	0	0	0	0
	합계		20	2	2	0	14	2	0
프로통산			20	2	2	0	14	2	0

남민호 (南民浩) 동국대 1980.12.17

리그	연도	소속	출장	교체	득점	도움	파울	경고	퇴장
BC	2003	부천SK	1	0	0	0	0	0	0
	합계		1	0	0	0	0	0	0
프로통산			1	0	0	0	0	0	0

남설현 (남설현) 부경대 1990.02.10

리그	연도	소속	출장	교체	득점	도움	파울	경고	퇴장
BC	2012	경남	2	2	0	0	1	0	0
	합계		2	2	0	0	1	0	0
프로통산			2	2	0	0	1	0	0

남세인 (南世仁) 동의대 1993.01.15

리그	연도	소속	출장	교체	득점	도움	파울	경고	퇴장
챌	2014	대구	0	0	0	0	0	0	0
	합계		0	0	0	0	0	0	0
프로통산			0	0	0	0	0	0	0

남영열 (南永烈) 한남대 1981.07.10

리그	연도	소속	출장	교체	득점	도움	파울	경고	퇴장
BC	2005	대구	24	9	1	0	39	6	0
	합계		24	9	1	0	39	6	0
프로통산			24	9	1	0	39	6	0

남영훈 (男泳勳) 명지대 1979.09.22

리그	연도	소속	출장	교체	득점	도움	파울	경고	퇴장
BC	2003	광주상	16	12	0	1	8	3	0
	2004	포항	15	15	0	0	17	2	0

리그	연도	소속	출장	교체	득점	도움	파울	경고	퇴장
	2005	포항	7	7	0	0	6	2	0
	2006	경남	15	8	1	0	25	6	0
	2007	경남	12	6	0	0	13	2	0
	합계		65	48	1	1	69	15	0
프로통산			65	48	1	1	69	15	0

남웅기 (南雄基) 동국대 1976.05.20

리그	연도	소속	출장	교체	득점	도움	파울	경고	퇴장
BC	1999	전북	5	5	1	0	3	0	0
	합계		5	5	1	0	3	0	0
프로통산			5	5	1	0	3	0	0

남익경 (南翼璟) 포철공고 1983.01.26

리그	연도	소속	출장	교체	득점	도움	파울	경고	퇴장
BC	2002	포항	0	0	0	0	0	0	0
	2003	포항	8	8	1	0	3	0	0
	2004	포항	12	11	1	1	8	1	0
	2005	포항	13	12	0	0	15	0	0
	2006	포항	3	3	1	0	2	0	0
	2007	광주상	18	14	0	0	17	0	0
	2008	광주상	20	14	2	4	19	1	0
	합계		74	62	5	5	64	2	0
프로통산			74	62	5	5	64	2	0

남일우 (南溢祐) 광주대 1989.08.28

리그	연도	소속	출장	교체	득점	도움	파울	경고	퇴장
BC	2012	인천	1	1	0	0	0	0	0
	합계		1	1	0	0	0	0	0
프로통산			1	1	0	0	0	0	0

남준재 (南濬在) 연세대 1988.04.07

리그	연도	소속	출장	교체	득점	도움	파울	경고	퇴장
BC	2010	인천	28	26	3	5	18	3	0
	2011	전남	9	8	1	0	16	1	0
	2011	제주	3	3	0	0	1	0	0
	2012	제주	0	0	0	0	0	0	0
	2012	인천	22	11	8	1	37	5	0
	합계		62	48	12	6	72	9	0
클	2013	인천	32	19	4	1	42	3	0
	2014	인천	17	13	3	0	18	0	0
	2015	성남	30	28	4	2	45	3	0
	합계		79	60	11	3	105	6	0
프로통산			141	108	23	9	177	15	0

남지훈 (南知訓) 1992.12.19

리그	연도	소속	출장	교체	득점	도움	파울	경고	퇴장
챌	2015	안양	0	0	0	0	0	0	0
	합계		0	0	0	0	0	0	0
프로통산			0	0	0	0	0	0	0

남현성 (南縣成) 성균관대 1985.05.06

리그	연도	소속	출장	교체	득점	도움	파울	경고	퇴장
BC	2008	대구	4	2	0	0	3	2	0
	2009	대구	10	8	0	1	10	0	0
	합계		14	10	0	1	13	2	0
프로통산			14	10	0	1	13	2	0

남현우 (南賢宇) 인천대 1979.04.20

리그	연도	소속	출장	교체	득점	도움	파울	경고	퇴장
BC	2002	부천SK	0	0	0	0	0	0	0
	합계		0	0	0	0	0	0	0
프로통산			0	0	0	0	0	0	0

남호상 (南虎相) 동아대 1966.01.17

리그	연도	소속	출장	교체	득점	도움	파울	경고	퇴장
BC	1989	일화	1	2	0	0	2	0	0
	합계		1	2	0	0	2	0	0
프로통산			1	2	0	0	2	0	0

내마냐 (Nemanja Dancetović) 유고슬라비아 1973.07.25

리그	연도	소속	출장	교체	득점	도움	파울	경고	퇴장
BC	2000	울산	6	5	0	1	6	1	0
	합계		6	5	0	1	6	1	0
프로통산			6	5	0	1	6	1	0

네또 (Euvaldo Jose de Aguiar Neto) 브라질 1982.09.17

리그	연도	소속	출장	교체	득점	도움	파울	경고	퇴장
BC	2005	전북	30	15	8	1	121	9	0
	합계		30	15	8	1	121	9	0
프로통산			30	15	8	1	121	9	0

네벨톤 (Neverton Inacio Dionizio) 브라질 1992.06.07

리그	연도	소속	출장	교체	득점	도움	파울	경고	퇴장
챌	2014	대구	1	1	0	0	0	0	0
	합계		1	1	0	0	0	0	0
프로통산			1	1	0	0	0	0	0

네아가 (Adrian Constantin Neaga) 루마니아 1979.06.04

리그	연도	소속	출장	교체	득점	도움	파울	경고	퇴장
BC	2005	전남	26	6	11	2	47	6	1
	2006	전남	21	12	2	3	36	1	0
	2006	성남	15	8	4	1	29	3	0
	2007	성남	11	9	0	1	13	3	0
	합계		73	35	17	7	125	13	1
프로통산			73	35	17	7	125	13	1

네코 (Danilo Montecino Neco) 브라질 1986.01.27

리그	연도	소속	출장	교체	득점	도움	파울	경고	퇴장
BC	2010	제주	32	28	6	5	45	2	0
	합계		32	28	6	5	45	2	0
프로통산			32	28	6	5	45	2	0

노경민 (魯京旻) 숭실대 1987.11.01

리그	연도	소속	출장	교체	득점	도움	파울	경고	퇴장
BC	2009	대전	5	4	0	0	4	1	0
	합계		5	4	0	0	4	1	0
프로통산			5	4	0	0	4	1	0

노경태 (盧炅兌) 전주대 1986.09.20

리그	연도	소속	출장	교체	득점	도움	파울	경고	퇴장
BC	2009	강원	7	3	0	0	6	0	0
	합계		7	3	0	0	6	0	0
프로통산			7	3	0	0	6	0	0

노경환 (盧慶煥) 한양대 1967.05.06

리그	연도	소속	출장	교체	득점	도움	파울	경고	퇴장
BC	1989	대우	37	26	4	2	38	2	0
	1990	대우	26	17	4	2	34	3	0
	1991	대우	19	18	1	0	9	1	0
	1992	대우	22	16	0	4	29	1	0
	1994	대우	27	20	9	3	30	1	0
	1995	대우	18	19	3	1	16	2	0
	합계		149	116	21	12	156	10	0
프로통산			149	116	21	12	156	10	0

노나또 (Raimundo Nonato de Lima Ribeiro) 브라질 1979.07.05

리그	연도	소속	출장	교체	득점	도움	파울	경고	퇴장
BC	2004	대구	32	9	19	3	48	6	0
	2005	서울	17	16	7	0	19	0	0
	합계		49	25	26	3	67	6	0
프로통산			49	25	26	3	67	6	0

노대호 (盧大鎬) 광운대 1990.01.26

리그	연도	소속	출장	교체	득점	도움	파울	경고	퇴장
챌	2013	부천	14	14	3	1	11	3	0
	합계		14	14	3	1	11	3	0
프로통산			14	14	3	1	11	3	0

노동건 (盧東件) 고려대 1991.10.04

리그	연도	소속	출장	교체	실점	도움	파울	경고	퇴장
클	2014	수원	4	0	4	0	0	0	0
	2015	수원	16	0	20	0	0	1	0
	합계		20	0	24	0	0	1	0
프로통산			20	0	24	0	0	1	0

노병준 (盧炳俊) 한양대 1979.09.29

리그	연도	소속	출장	교체	득점	도움	파울	경고	퇴장
클	2013	포항	26	26	6	1	21	1	0
	합계		26	26	6	1	21	1	0
챌	2014	대구	19	12	4	3	15	4	0
	2015	대구	34	29	7	4	22	5	0
	합계		53	41	11	7	37	9	0
BC	2002	전남	5	5	0	0	4	0	0
	2003	전남	39	36	7	4	19	6	0
	2004	전남	28	27	3	3	24	4	1
	2005	전남	29	27	6	1	37	1	0
	2008	포항	21	19	5	0	16	1	0
	2009	포항	27	19	7	5	27	3	0
	2010	포항	6	5	1	0	10	1	0
	2010	울산	14	14	1	1	7	0	0
	2011	포항	34	29	5	2	39	2	0
	2012	포항	35	33	7	2	24	1	0
	합계		238	214	42	18	207	19	1
프로통산			317	281	59	26	265	29	1

노상래 (盧相來) 숭실대 1970.12.15

리그	연도	소속	출장	교체	득점	도움	파울	경고	퇴장
BC	1995	전남	33	2	16	6	68	4	0
	1996	전남	32	14	13	7	47	5	1
	1997	전남	17	9	7	3	18	2	0
	1998	전남	31	8	10	8	71	7	0
	1999	전남	36	11	11	6	50	1	0
	2000	전남	37	21	9	5	44	0	0
	2001	전남	27	19	5	4	31	0	0
	2002	전남	6	5	0	0	9	1	0
	2003	대구	21	18	4	1	31	4	1
	2004	대구	6	5	1	0	8	1	0
	합계		246	112	76	40	377	25	2
프로통산			246	112	76	40	377	25	2

노수만 (魯秀晩) 울산대 1975.12.22

리그	연도	소속	출장	교체	실점	도움	파울	경고	퇴장
BC	1998	울산	2	0	5	0	0	0	0
	1999	전남	3	0	4	0	0	0	0
	합계		5	0	9	0	0	0	0
프로통산			5	0	9	0	0	0	0

노수진 (魯壽珍) 고려대 1962.02.10

리그	연도	소속	출장	교체	득점	도움	파울	경고	퇴장
BC	1986	유공	13	4	4	1	14	1	0
	1987	유공	30	4	12	6	37	4	0
	1988	유공	10	3	2	1	10	1	0
	1989	유공	30	4	16	7	27	3	0
	1990	유공	13	3	1	1	11	0	0
	1991	유공	20	10	5	1	10	1	0
	1992	유공	19	7	5	2	10	2	0
	1993	유공	1	1	0	0	0	0	0
	합계		136	36	45	19	119	12	0
프로통산			136	36	45	19	119	12	0

노연빈 (盧延貧) 청주대 1990.04.02

리그	연도	소속	출장	교체	득점	도움	파울	경고	퇴장
챌	2014	충주	25	3	1	0	48	4	0
	2015	충주	22	2	0	0	33	7	0
	합계		47	5	1	0	81	11	0
프로통산			47	5	1	0	81	11	0

노용훈 (盧勇勳) 연세대 1986.03.29

리그	연도	소속	출장	교체	득점	도움	파울	경고	퇴장
BC	2009	경남	10	5	0	0	13	3	0
	2011	부산	1	1	0	0	1	1	0
	2011	대전	10	3	0	1	20	4	0
	2012	대전	9	8	0	0	18	4	0
	합계		30	17	0	1	52	12	0
프로통산			30	17	0	1	52	12	0

노인호 (盧仁鎬) 명지대 1960.09.10

리그	연도	소속	출장	교체	득점	도움	파울	경고	퇴장
BC	1984	현대	14	9	0	5	4	0	0
	1985	현대	4	1	2	0	6	0	0
	1986	유공	5	4	0	0	6	1	0
	1987	현대	5	4	0	1	3	0	0

리그	연도	소속	출장	교체	득점	도움	파울	경고	퇴장
	합계		28	18	2	6	19	1	0
프로통산			28	18	2	6	19	1	0

노재승 (盧載承) 경희대 1990.04.19

리그	연도	소속	출장	교체	득점	도움	파울	경고	퇴장
챌	2015	충주	1	1	0	0	0	0	0
	합계		1	1	0	0	0	0	0
프로통산			1	1	0	0	0	0	0

노정윤 (盧廷潤) 고려대 1971.03.28

리그	연도	소속	출장	교체	득점	도움	파울	경고	퇴장
BC	2003	부산	27	13	2	5	64	2	0
	2004	부산	30	17	4	6	41	5	0
	2005	울산	35	35	0	5	31	4	0
	2006	울산	8	8	0	0	7	0	0
	합계		100	73	6	16	143	11	0
프로통산			100	73	6	16	143	11	0

노종건 (盧鍾健) 인천대 1981.02.24

리그	연도	소속	출장	교체	득점	도움	파울	경고	퇴장
BC	2004	인천	7	2	0	0	15	0	0
	2005	인천	30	8	1	0	67	6	0
	2006	인천	28	10	0	0	62	7	0
	2007	인천	23	14	0	0	51	5	0
	2008	인천	23	9	0	2	44	7	0
	2009	인천	19	9	0	0	36	3	0
	2010	인천	2	2	0	0	5	0	0
	합계		132	54	1	2	280	28	0
프로통산			132	54	1	2	280	28	0

노주섭 (盧周燮) 전주대 1970.09.13

리그	연도	소속	출장	교체	득점	도움	파울	경고	퇴장
BC	1994	버팔로	33	2	0	0	23	3	0
	1995	포항	7	5	0	1	4	2	0
	1996	포항	1	1	0	0	0	0	0
	1996	안양LG	5	2	1	0	13	1	0
	1997	안양LG	4	4	0	0	3	0	0
	합계		50	14	1	1	43	6	0
프로통산			50	14	1	1	43	6	0

노진호 (盧振鎬) 광운대 1969.04.09

리그	연도	소속	출장	교체	득점	도움	파울	경고	퇴장
BC	1992	대우	2	2	0	0	0	0	0
	합계		2	2	0	0	0	0	0
프로통산			2	2	0	0	0	0	0

노태경 (盧泰景) 포철공고 1972.04.22

리그	연도	소속	출장	교체	득점	도움	파울	경고	퇴장
BC	1992	포철	7	4	0	1	6	1	0
	1993	포철	26	5	0	3	25	4	0
	1994	포철	17	3	0	0	18	2	0
	1995	포항	24	6	1	0	25	5	0
	1996	포항	39	2	1	1	31	4	0
	1997	포항	27	5	1	4	25	2	0
	2000	포항	15	10	0	1	5	2	0
	합계		155	35	3	10	135	20	0
프로통산			155	35	3	10	135	20	0

노행석 (魯幸錫) 동국대 1988.11.17

리그	연도	소속	출장	교체	득점	도움	파울	경고	퇴장
BC	2011	광주	1	0	0	0	1	0	0
	2012	광주	11	1	1	0	32	7	0
	합계		12	1	1	0	33	7	0
클	2015	부산	23	5	1	0	36	5	0
	합계		23	5	1	0	36	5	0
챌	2014	대구	31	5	3	0	58	7	0
	합계		31	5	3	0	58	7	0
프로통산			66	11	5	0	127	19	0

노형구 (盧亨求) 매탄고 1992.04.29

리그	연도	소속	출장	교체	득점	도움	파울	경고	퇴장
BC	2011	수원	2	0	0	0	3	1	0
	2012	수원	0	0	0	0	0	0	0
	합계		2	0	0	0	3	1	0
챌	2015	충주	23	9	0	0	24	5	0
	합계		23	9	0	0	24	5	0
프로통산			25	9	0	0	27	6	0

논코비치 (Nonković) 유고슬라비아 1970.10.01

리그	연도	소속	출장	교체	득점	도움	파울	경고	퇴장
BC	1996	천안	18	15	3	0	22	4	0
	합계		18	15	3	0	22	4	0
프로통산			18	15	3	0	22	4	0

니콜라 (Nikola Vasiljević) 보스니아 헤르체고비나 1983.12.19

리그	연도	소속	출장	교체	득점	도움	파울	경고	퇴장
BC	2006	제주	13	1	0	0	29	2	0
	2007	제주	11	4	0	1	23	2	0
	합계		24	5	0	1	52	4	0
프로통산			24	5	0	1	52	4	0

니콜리치 (Stefan Nikolić) 몬테네그로 1990.04.16

리그	연도	소속	출장	교체	득점	도움	파울	경고	퇴장
클	2014	인천	7	5	0	0	11	0	1
	합계		7	5	0	0	11	0	1
프로통산			7	5	0	0	11	0	1

닐손주니어 (Nilson Ricardo da Silva Junior) 브라질 1989.03.31

리그	연도	소속	출장	교체	득점	도움	파울	경고	퇴장
클	2014	부산	30	4	2	0	42	2	0
	2015	부산	9	4	0	0	10	1	0
	합계		39	8	2	0	52	3	0
프로통산			39	8	2	0	52	3	0

닐톤 (Soares Rodrigues Nilton) 브라질 1993.09.11

리그	연도	소속	출장	교체	득점	도움	파울	경고	퇴장
클	2015	대전	12	11	0	1	13	2	0
	합계		12	11	0	1	13	2	0
프로통산			12	11	0	1	13	2	0

다니엘 (Oliveira Moreira Daniel) 브라질 1991.03.14

리그	연도	소속	출장	교체	득점	도움	파울	경고	퇴장
클	2015	광주	2	2	0	0	1	0	0
	합계		2	2	0	0	1	0	0
프로통산			2	2	0	0	1	0	0

다니엘 (Daniel Freire Mendes) 브라질 1981.01.18

리그	연도	소속	출장	교체	득점	도움	파울	경고	퇴장
BC	2004	울산	10	9	0	1	8	1	0
	합계		10	9	0	1	8	1	0
프로통산			10	9	0	1	8	1	0

다닐요 (Damilo da Cruz Oliveira) 브라질 1979.02.25

리그	연도	소속	출장	교체	득점	도움	파울	경고	퇴장
BC	2004	대구	3	3	0	1	3	0	0
	합계		3	3	0	1	3	0	0
프로통산			3	3	0	1	3	0	0

다보 (Cheick Oumar Dabo) 말리 1981.01.12

리그	연도	소속	출장	교체	득점	도움	파울	경고	퇴장
BC	2002	부천SK	28	20	10	4	41	0	0
	2003	부천SK	28	23	5	2	34	2	0
	2004	부천SK	21	11	6	0	38	1	0
	합계		77	54	21	6	113	3	0
프로통산			77	54	21	6	113	3	0

다실바 (Cleonesio Carlos da Silva) 브라질 1976.04.12

리그	연도	소속	출장	교체	득점	도움	파울	경고	퇴장
BC	2005	포항	24	11	8	1	33	1	0
	2005	부산	12	6	4	1	19	3	0
	2006	제주	14	7	4	1	18	0	0
	합계		50	24	16	3	70	4	0
프로통산			50	24	16	3	70	4	0

다오 (Dao Cheick Tidiani) 말리 1982.09.25

리그	연도	소속	출장	교체	득점	도움	파울	경고	퇴장
BC	2002	부천SK	4	2	0	0	7	3	0
	합계		4	2	0	0	7	3	0
프로통산			4	2	0	0	7	3	0

다이치 (Jusuf Dajić) 보스니아 헤르체고비나 1984.08.21

리그	연도	소속	출장	교체	득점	도움	파울	경고	퇴장
BC	2008	전북	14	12	7	1	23	1	0
	합계		14	12	7	1	23	1	0
프로통산			14	12	7	1	23	1	0

다카하기 (Takahagi Yojiro) 일본 1986.08.02

리그	연도	소속	출장	교체	득점	도움	파울	경고	퇴장
클	2015	서울	14	11	2	0	15	2	0
	합계		14	11	2	0	15	2	0
프로통산			14	11	2	0	15	2	0

다카하라 (Takahara Naohiro, 高原直泰) 일본 1979.06.04

리그	연도	소속	출장	교체	득점	도움	파울	경고	퇴장
BC	2010	수원	12	7	4	0	18	1	0
	합계		12	7	4	0	18	1	0
프로통산			12	7	4	0	18	1	0

당성증 (唐聖增) 국민대 1966.01.04

리그	연도	소속	출장	교체	득점	도움	파울	경고	퇴장
BC	1991	LG	1	1	0	0	0	0	0
	합계		1	1	0	0	0	0	0
프로통산			1	1	0	0	0	0	0

데니스 ([Denis Laktionov /이성남(李城南)] 1977.09.04

리그	연도	소속	출장	교체	득점	도움	파울	경고	퇴장
BC	1996	수원	20	23	5	0	16	2	0
	1997	수원	20	20	3	6	31	2	0
	1998	수원	18	9	5	4	46	5	1
	1999	수원	20	16	7	10	38	4	0
	2000	수원	27	13	10	7	54	7	0
	2001	수원	36	12	7	3	76	5	0
	2002	수원	20	15	5	7	31	5	0
	2003	성남	38	16	9	10	67	6	0
	2004	성남	21	10	4	2	27	1	0
	2005	성남	20	6	1	6	39	6	0
	2005	부산	5	4	0	0	9	1	0
	2006	수원	16	14	0	2	19	4	0
	2012	강원	10	10	1	2	7	1	0
	합계		271	168	57	59	460	49	1
클	2013	강원	1	1	0	0	0	0	0
	합계		1	1	0	0	0	0	0
프로통산			272	169	57	59	460	49	1

데닐손 (Denilson Martins Nascimento) 브라질 1976.09.04

리그	연도	소속	출장	교체	득점	도움	파울	경고	퇴장
BC	2006	대전	26	11	9	3	79	4	0
	2007	대전	34	4	19	5	80	7	0
	2008	포항	19	9	6	6	27	4	0
	2009	포항	28	14	10	3	43	6	0
	합계		107	38	44	17	229	21	0
프로통산			107	38	44	17	229	21	0

데얀 (Dejan Damjanović) 몬테네그로 1981.07.27

리그	연도	소속	출장	교체	득점	도움	파울	경고	퇴장
BC	2007	인천	36	6	19	3	58	4	1
	2008	서울	33	13	15	6	47	2	0
	2009	서울	25	12	14	1	46	9	1
	2010	서울	35	12	19	10	51	5	0
	2011	서울	30	5	24	7	46	4	0
	2012	서울	42	8	31	4	57	5	0
	합계		201	56	122	31	305	29	2
클	2013	서울	29	5	19	5	46	2	0
	합계		29	5	19	5	46	2	0
프로통산			230	61	141	36	351	31	2

델리치 (Mateas Delić) 크로아티아 1988.06.17

리그	연도	소속	출장	교체	득점	도움	파울	경고	퇴장
BC	2011	강원	13	11	0	0	10	0	0

리그	연도	소속	출장	교체	득점	도움	파울	경고	퇴장
	합계		13	11	0	0	10	0	0
프로통산			13	11	0	0	10	0	0

도도 (Ricardo Lucas Dodo) 브라질 1974.02.05

리그	연도	소속	출장	교체	득점	도움	파울	경고	퇴장
BC	2003	울산	44	12	27	3	34	2	0
	2004	울산	18	8	6	1	24	0	0
	합계		62	20	33	4	58	2	0
프로통산			62	20	33	4	58	2	0

도재준 (都在俊) 배재대 1980.05.06

리그	연도	소속	출장	교체	득점	도움	파울	경고	퇴장
BC	2003	성남	0	0	0	0	0	0	0
	2004	성남	12	4	1	0	14	2	0
	2005	성남	16	13	1	0	21	2	0
	2006	성남	2	2	0	0	0	0	0
	2008	인천	3	3	0	0	3	1	0
	2009	인천	1	1	0	0	0	0	0
	합계		34	23	2	0	38	5	0
프로통산			34	23	2	0	38	5	0

도화성 (都和成) 숭실대 1980.06.27

리그	연도	소속	출장	교체	득점	도움	파울	경고	퇴장
BC	2003	부산	24	10	0	0	42	5	1
	2004	부산	30	9	2	0	69	9	0
	2005	부산	26	8	1	3	43	4	1
	2006	부산	10	4	0	0	14	2	0
	2008	부산	17	5	0	2	28	6	0
	2009	인천	26	14	2	2	44	3	0
	2010	인천	13	8	2	2	17	3	0
	합계		146	58	7	9	257	32	2
프로통산			146	58	7	9	257	32	2

돈지덕 (頓智德) 인천대 1980.04.28

리그	연도	소속	출장	교체	득점	도움	파울	경고	퇴장
챌	2013	안양	15	1	0	1	26	4	0
	합계		15	1	0	1	26	4	0
프로통산			15	1	0	1	26	4	0

두경수 (杜敬秀) 관동대 1974.10.17

리그	연도	소속	출장	교체	득점	도움	파울	경고	퇴장
BC	1997	천안	1	0	0	0	2	0	0
	합계		1	0	0	0	2	0	0
프로통산			1	0	0	0	2	0	0

두두 (Eduardo Francisco de Silva Neto) 브라질 1980.02.02

리그	연도	소속	출장	교체	득점	도움	파울	경고	퇴장
BC	2004	성남	17	4	7	2	18	0	0
	2005	성남	29	13	10	6	24	2	0
	2006	성남	22	4	4	6	28	4	0
	2006	서울	13	4	3	2	14	1	0
	2007	서울	20	9	6	1	14	1	0
	2008	성남	37	14	18	7	18	1	0
	합계		138	48	48	24	116	9	0
프로통산			138	48	48	24	116	9	0

둘카 (Cristian Alexandru Dulca) 루마니아 1972.10.25

리그	연도	소속	출장	교체	득점	도움	파울	경고	퇴장
BC	1999	포항	17	10	1	2	27	1	0
	합계		17	10	1	2	27	1	0
프로통산			17	10	1	2	27	1	0

드라간 (Dragan Skrba) 세르비아 1965.08.26

리그	연도	소속	출장	교체	실점	도움	파울	경고	퇴장
BC	1995	포항	32	0	25	0	3	4	0
	1996	포항	17	2	22	0	1	2	0
	1997	포항	10	0	11	0	0	2	0
	합계		59	2	58	0	4	8	0
프로통산			59	2	58	0	4	8	0

드라간 (Dragan Stojisavljević) 세르비아 몬테네그로 1974.01.

리그	연도	소속	출장	교체	득점	도움	파울	경고	퇴장
BC	2000	안양LG	19	5	2	4	35	2	0
	2001	안양LG	29	19	4	6	47	5	0
	2003	안양LG	18	9	5	5	40	2	0
	2004	인천	4	4	0	0	2	1	0
	합계		70	37	11	15	124	10	0
프로통산			70	37	11	15	124	10	0

드라간 (Dragan Mladenović) 세르비아 몬테네그로 1976.02.16

리그	연도	소속	출장	교체	득점	도움	파울	경고	퇴장
BC	2006	인천	12	4	2	2	26	1	0
	2007	인천	29	7	3	3	62	13	1
	2008	인천	25	4	2	4	41	6	0
	2009	인천	6	4	0	0	5	1	0
	합계		72	19	7	9	134	21	1
프로통산			72	19	7	9	134	21	1

드라젠 (Drazen Podunavac) 유고슬라비아 1969.04.30

리그	연도	소속	출장	교체	득점	도움	파울	경고	퇴장
BC	1996	부산	16	8	0	0	13	4	0
	합계		16	8	0	0	13	4	0
프로통산			16	8	0	0	13	4	0

드로겟 (Droguett Diocares Hugo Patrici) 칠레 1982.09.02

리그	연도	소속	출장	교체	득점	도움	파울	경고	퇴장
BC	2012	전북	37	19	10	9	42	3	0
	합계		37	19	10	9	42	3	0
클	2014	제주	36	11	10	3	27	2	0
	합계		36	11	10	3	27	2	0
프로통산			73	30	20	12	69	5	0

디디 (Sebastiao Pereira do Nascimento) 브라질 1976.02.24

리그	연도	소속	출장	교체	득점	도움	파울	경고	퇴장
BC	2002	부산	23	10	5	3	58	2	0
	합계		23	10	5	3	58	2	0
프로통산			23	10	5	3	58	2	0

디마 (Dmitri Karsakov) 러시아 1971.12.29

리그	연도	소속	출장	교체	득점	도움	파울	경고	퇴장
BC	1996	부천SK	3	3	0	0	1	0	0
	합계		3	3	0	0	1	0	0
프로통산			3	3	0	0	1	0	0

디마스 (Dimas Roberto da Silva) 브라질 1977.08.01

리그	연도	소속	출장	교체	득점	도움	파울	경고	퇴장
BC	2000	전남	1	1	0	0	1	0	0
	합계		1	1	0	0	1	0	0
프로통산			1	1	0	0	1	0	0

디아스 에쿠아도르 1969.09.15

리그	연도	소속	출장	교체	득점	도움	파울	경고	퇴장
BC	1996	전남	9	6	1	1	12	0	0
	합계		9	6	1	1	12	0	0
프로통산			9	6	1	1	12	0	0

디에고 (Diego da Silva Giaretta) 이탈리아 1983.11.27

리그	연도	소속	출장	교체	득점	도움	파울	경고	퇴장
BC	2011	인천	9	3	1	0	13	1	0
	합계		9	3	1	0	13	1	0
프로통산			9	3	1	0	13	1	0

디에고 (Diego Oliveira de Queiroz) 브라질 1990.06.22

리그	연도	소속	출장	교체	득점	도움	파울	경고	퇴장
BC	2011	수원	4	4	0	0	2	0	0
	합계		4	4	0	0	2	0	0
프로통산			4	4	0	0	2	0	0

디에고 (Diego Pelicles da Silva) 브라질 1982.10.23

리그	연도	소속	출장	교체	득점	도움	파울	경고	퇴장
챌	2014	광주	14	8	3	2	27	3	0
	합계		14	8	3	2	27	3	0
승	2014	광주	2	2	1	0	0	0	0
	합계		2	2	1	0	0	0	0
프로통산			16	10	4	2	27	3	0

디오고 (Diogo da Silva Farias) 브라질 1990.06.13

리그	연도	소속	출장	교체	득점	도움	파울	경고	퇴장
클	2013	인천	32	26	7	2	57	6	0
	2014	인천	11	9	1	0	24	1	0
	합계		43	35	8	2	81	7	0
프로통산			43	35	8	2	81	7	0

따르따 (Vinicius Silva Soares) 브라질 1989.04.13

리그	연도	소속	출장	교체	득점	도움	파울	경고	퇴장
클	2014	울산	20	11	3	3	46	0	0
	2015	울산	15	14	0	2	23	3	0
	합계		35	25	3	5	69	3	0
프로통산			35	25	3	5	69	3	0

따바레즈 (Andre Luiz Tavares) 브라질 1983.07.30

리그	연도	소속	출장	교체	득점	도움	파울	경고	퇴장
BC	2004	포항	34	11	6	9	47	4	0
	2005	포항	19	10	5	3	22	0	1
	2006	포항	25	17	6	4	26	3	0
	2007	포항	35	14	3	13	41	1	1
	합계		113	52	20	29	136	8	2
프로통산			113	52	20	29	136	8	2

뚜따 (Moacir Bastosa) 브라질 1974.06.20

리그	연도	소속	출장	교체	득점	도움	파울	경고	퇴장
BC	2002	안양LG	26	9	13	4	76	8	0
	2003	수원	31	12	14	6	68	3	0
	합계		57	21	27	10	144	11	0
프로통산			57	21	27	10	144	11	0

뚜레 (Dzevad Turković) 크로아티아 1972.08.17

리그	연도	소속	출장	교체	득점	도움	파울	경고	퇴장
BC	1996	부산	6	5	0	1	16	2	0
	1997	부산	28	17	3	3	59	9	0
	1998	부산	30	13	6	6	65	8	0
	1999	부산	26	16	2	2	34	4	0
	2000	부산	21	16	0	0	32	5	0
	2001	부산	2	3	0	0	6	0	0
	2001	성남	2	2	0	0	3	0	0
	합계		115	72	11	12	215	28	0
프로통산			115	72	11	12	215	28	0

뚜찡야 (Bruno Marques Ostapenco) 브라질 1992.05.20

리그	연도	소속	출장	교체	득점	도움	파울	경고	퇴장
챌	2013	충주	13	13	1	0	5	1	0
	합계		13	13	1	0	5	1	0
프로통산			13	13	1	0	5	1	0

라경호 (羅勁皓) 인천대 1981.03.15

리그	연도	소속	출장	교체	득점	도움	파울	경고	퇴장
BC	2004	인천	6	5	0	0	2	0	0
	2005	인천	1	1	0	0	0	0	0
	합계		7	6	0	0	2	0	0
프로통산			7	6	0	0	2	0	0

라데 (Rade Bogdanović) 유고슬라비아 1970.05.21

리그	연도	소속	출장	교체	득점	도움	파울	경고	퇴장
BC	1992	포철	17	11	3	3	14	1	0
	1993	포철	27	7	9	4	37	2	1
	1994	포철	33	10	22	6	47	2	0
	1995	포항	31	10	8	6	65	5	1
	1996	포항	39	6	13	16	55	2	0
	합계		147	44	55	35	218	12	2
프로통산			147	44	55	35	218	12	2

라덱 (Radek Divecky) 체코 1974.03.21

리그	연도	소속	출장	교체	득점	도움	파울	경고	퇴장
BC	2000	전남	9	9	2	0	18	1	0
	합계		9	9	2	0	18	1	0
프로통산			9	9	2	0	18	1	0

라돈치치 (Dzenan Radoncić) 몬테네그로 1983.08.02

리그	연도	소속	출장	교체	득점	도움	파울	경고	퇴장
BC	2004	인천	16	13	0	1	50	4	0
	2005	인천	27	12	13	2	91	5	0
	2006	인천	31	20	2	2	69	4	1
	2007	인천	16	12	2	2	39	2	0
	2008	인천	32	7	14	2	102	3	0
	2009	성남	32	23	5	2	86	8	0
	2010	성남	31	12	13	6	96	7	0
	2011	성남	10	9	3	2	19	2	0
	2012	수원	31	21	12	5	77	6	0
	합계		226	129	64	24	629	41	1
클	2013	수원	12	8	4	0	22	2	0
	합계		12	8	4	0	22	2	0
프로통산			238	137	68	24	651	43	1

라이언존슨 (Ryan Johnson) 미국 1984.11.26

리그	연도	소속	출장	교체	득점	도움	파울	경고	퇴장
챌	2015	서울E	31	31	1	3	16	0	0
	합계		31	31	1	3	16	0	0
프로통산			31	31	1	3	16	0	0

라임 (Rahim Besirović) 유고슬라비아 1971.01.02

리그	연도	소속	출장	교체	득점	도움	파울	경고	퇴장
BC	1998	부산	12	10	2	0	18	3	0
	1999	부산	9	8	2	0	13	0	0
	합계		21	18	4	0	31	3	0
프로통산			21	18	4	0	31	3	0

라자르 (Lazar Veselinović) 세르비아 1986.08.04

리그	연도	소속	출장	교체	득점	도움	파울	경고	퇴장
클	2015	포항	16	14	0	0	15	1	0
	합계		16	14	0	0	15	1	0
프로통산			16	14	0	0	15	1	0

라피치 (Stipe Lapić) 크로아티아 1983.01.22

리그	연도	소속	출장	교체	득점	도움	파울	경고	퇴장
BC	2009	강원	11	1	2	0	12	2	0
	2010	강원	20	1	0	1	18	8	0
	2011	강원	1	0	0	0	0	0	0
	합계		32	2	2	1	30	10	0
프로통산			32	2	2	1	30	10	0

라힘 (Rahim Zafer) 터키 1971.01.25

리그	연도	소속	출장	교체	득점	도움	파울	경고	퇴장
BC	2003	대구	14	4	0	0	21	2	0
	합계		14	4	0	0	21	2	0
프로통산			14	4	0	0	21	2	0

란코비치 (Ljubisa Ranković) 유고슬라비아 1973.12.10

리그	연도	소속	출장	교체	득점	도움	파울	경고	퇴장
BC	1996	천안	17	17	0	1	7	1	0
	합계		17	17	0	1	7	1	0
프로통산			17	17	0	1	7	1	0

레스 (Leszek Iwanicki) 폴란드 1959.08.12

리그	연도	소속	출장	교체	득점	도움	파울	경고	퇴장
BC	1989	유공	8	9	0	0	3	0	0
	합계		8	9	0	0	3	0	0
프로통산			8	9	0	0	3	0	0

레안드로 (Leandro Bernardi Silva) 브라질 1979.10.06

리그	연도	소속	출장	교체	득점	도움	파울	경고	퇴장
BC	2008	대구	13	1	0	0	21	4	0
	합계		13	1	0	0	21	4	0
프로통산			13	1	0	0	21	4	0

레안드롱 (Leandro Costa Miranda) 브라질 1983.07.18

리그	연도	소속	출장	교체	득점	도움	파울	경고	퇴장
BC	2005	대전	30	2	9	2	94	8	0
	2006	울산	33	19	6	1	79	7	0
	2007	전남	13	13	1	1	26	1	0
	합계		76	34	16	4	199	16	0
프로통산			76	34	16	4	199	16	0

레안드리뉴 (George Leandro Abreu de Lima) 브라질 1985.11.09

리그	연도	소속	출장	교체	득점	도움	파울	경고	퇴장
클	2013	대구	21	9	1	3	33	2	1
	2014	전남	30	30	3	3	26	2	0
	2015	전남	20	17	1	1	26	3	0
	합계		71	56	5	7	85	7	1
BC	2012	대구	29	14	4	2	42	5	0
	합계		29	14	4	2	42	5	0
프로통산			100	70	9	9	127	12	1

레오 (Leonardo de Oliveira Clemente Marins) 브라질 1989.04.1

리그	연도	소속	출장	교체	득점	도움	파울	경고	퇴장
클	2015	수원	11	10	1	0	10	0	0
	합계		11	10	1	0	10	0	0
프로통산			11	10	1	0	10	0	0

레오 (Leo Jaime da Silva Pinheiro) 브라질 1986.03.28

리그	연도	소속	출장	교체	득점	도움	파울	경고	퇴장
챌	2015	대구	38	6	5	3	45	6	0
	합계		38	6	5	3	45	6	0
프로통산			38	6	5	3	45	6	0

레오 (Leopoldo Roberto Markovsky) 브라질 1983.08.29

리그	연도	소속	출장	교체	득점	도움	파울	경고	퇴장
BC	2009	대구	14	2	4	1	41	2	0
	2010	대구	22	17	5	0	41	6	0
	합계		36	19	9	1	82	8	0
프로통산			36	19	9	1	82	8	0

레오 (Santos de Souza Leonardo Henrique) 브라질 1990.03.10

리그	연도	소속	출장	교체	득점	도움	파울	경고	퇴장
BC	2010	제주	2	2	0	0	0	0	0
	합계		2	2	0	0	0	0	0
프로통산			2	2	0	0	0	0	0

레오 (Leonardo Ferreira) 브라질 1988.06.07

리그	연도	소속	출장	교체	득점	도움	파울	경고	퇴장
BC	2012	대전	9	5	0	0	10	1	0
	합계		9	5	0	0	10	1	0
프로통산			9	5	0	0	10	1	0

레오 (Cesar Leonardo Torres) 아르헨티나 1975.10.27

리그	연도	소속	출장	교체	득점	도움	파울	경고	퇴장
BC	2001	전북	3	3	0	0	5	0	0
	합계		3	3	0	0	5	0	0
프로통산			3	3	0	0	5	0	0

레오 (Leonard Bisaku) 크로아티아 1974.10.22

리그	연도	소속	출장	교체	득점	도움	파울	경고	퇴장
BC	2002	포항	13	12	3	0	21	3	0
	2003	성남	9	10	1	0	19	2	0
	합계		22	22	4	0	40	5	0
프로통산			22	22	4	0	40	5	0

레오나르도 (Rodrigues Pereira Leonard) 브라질 1986.09.22

리그	연도	소속	출장	교체	득점	도움	파울	경고	퇴장
BC	2012	전북	17	13	5	2	11	3	0
	합계		17	13	5	2	11	3	0
클	2013	전북	37	22	7	13	43	2	0
	2014	전북	35	28	6	10	24	5	0
	2015	전북	37	25	10	3	11	3	0
	합계		109	75	23	26	78	10	0
프로통산			126	88	28	28	89	13	0

레오마르 (Leomar Leiria) 브라질 1971.06.26

리그	연도	소속	출장	교체	득점	도움	파울	경고	퇴장
BC	2002	전북	10	5	0	0	11	1	0
	합계		10	5	0	0	11	1	0
프로통산			10	5	0	0	11	1	0

레이나 (Javier Arley Reina Calvo) 콜롬비아 1989.01.04

리그	연도	소속	출장	교체	득점	도움	파울	경고	퇴장
클	2013	성남	0	0	0	0	0	0	0
	2015	성남	15	7	1	3	28	3	0
	합계		15	7	1	3	28	3	0
BC	2011	전남	22	13	3	2	39	2	0
	2012	성남	20	7	5	3	28	5	0
	합계		42	20	8	5	67	7	0
프로통산			57	27	9	8	95	10	0

렌스베르겐 (Rob Landsberge) 네덜란드 1960.02.25

리그	연도	소속	출장	교체	득점	도움	파울	경고	퇴장
BC	1984	현대	27	4	9	9	37	2	0
	1985	현대	11	7	2	1	20	0	0
	합계		38	11	11	10	57	2	0
프로통산			38	11	11	10	57	2	0

로만 (Gibala Roman) 체코 1972.10.05

리그	연도	소속	출장	교체	득점	도움	파울	경고	퇴장
BC	2003	대구	19	16	1	1	15	2	0
	합계		19	16	1	1	15	2	0
프로통산			19	16	1	1	15	2	0

로브렉 (Lovrek Kruno Hrvatsko) 크로아티아 1979.09.11

리그	연도	소속	출장	교체	득점	도움	파울	경고	퇴장
BC	2010	전북	30	25	13	1	36	4	0
	2011	전북	25	19	2	2	37	4	0
	합계		55	44	15	3	73	8	0
프로통산			55	44	15	3	73	8	0

로시 (Ruben Dario Rossi) 아르헨티나 1973.10.28

리그	연도	소속	출장	교체	득점	도움	파울	경고	퇴장
BC	1994	대우	7	4	1	0	7	0	0
	합계		7	4	1	0	7	0	0
프로통산			7	4	1	0	7	0	0

로저 (Roger Rodrigues da Silva) 브라질 1985.01.07

리그	연도	소속	출장	교체	득점	도움	파울	경고	퇴장
클	2014	수원	32	19	7	2	62	6	0
	합계		32	19	7	2	62	6	0
프로통산			32	19	7	2	62	6	0

로페즈 (Lopes Pereira Ricardo) 브라질 1990.10.28

리그	연도	소속	출장	교체	득점	도움	파울	경고	퇴장
클	2015	제주	33	6	11	11	44	6	0
	합계		33	6	11	11	44	6	0
프로통산			33	6	11	11	44	6	0

로페즈 (Vinicius Silva Souto Lopes) 브라질 1988.01.29

리그	연도	소속	출장	교체	득점	도움	파울	경고	퇴장
BC	2011	광주	5	5	0	0	2	0	0
	합계		5	5	0	0	2	0	0
프로통산			5	5	0	0	2	0	0

롤란 (Kartchemarkis Rolandas) 리투아니아 1980.09.07

리그	연도	소속	출장	교체	득점	도움	파울	경고	퇴장
BC	2000	부천SK	15	15	3	1	26	3	0
	2001	부천SK	8	7	1	0	11	1	0
	2002	부천SK	2	2	0	0	3	0	0
	합계		25	24	4	1	40	4	0
프로통산			25	24	4	1	40	4	0

루벤 (Ruben Bernuncio) 아르헨티나 1976.01.19

리그	연도	소속	출장	교체	득점	도움	파울	경고	퇴장
BC	1993	대우	5	2	1	2	15	1	0
	1994	대우	4	5	0	0	1	0	0
	합계		9	7	1	2	16	1	0
프로통산			9	7	1	2	16	1	0

루비 (Rubenilson Monteiro Ferreira) 브라질 1972.08.07

리그	연도	소속	출장	교체	득점	도움	파울	경고	퇴장

리그	연도	소속	출장	교체	득점	도움	파울	경고	퇴장
BC	1997	천안	25	12	6	1	25	4	0
	1998	천안	29	12	7	0	33	5	1
	합계		54	24	13	1	58	9	1
프로통산			54	24	13	1	58	9	1

루사르도 (Arsenio Luzardo) 우루과이 1959.09.03

리그	연도	소속	출장	교체	득점	도움	파울	경고	퇴장
BC	1992	LG	7	3	2	1	10	0	0
	1993	LG	11	9	1	1	4	1	0
	합계		18	12	3	2	14	1	0
프로통산			18	12	3	2	14	1	0

루시아노 (Luciano Valente de Deus) 브라질 1981.06.12

리그	연도	소속	출장	교체	득점	도움	파울	경고	퇴장
BC	2004	대전	20	2	5	0	52	0	0
	2005	부산	31	12	9	3	75	1	0
	2006	경남	36	9	7	2	79	2	0
	2007	부산	30	12	5	1	71	0	0
	합계		117	35	26	6	277	3	0
프로통산			117	35	26	6	277	3	0

루시오 (Lucio Teofilo da Silva) 브라질 1984.07.02

리그	연도	소속	출장	교체	득점	도움	파울	경고	퇴장
BC	2010	경남	32	10	15	10	68	5	0
	2011	경남	10	6	6	3	10	2	0
	2011	울산	15	10	0	2	12	2	0
	합계		57	26	21	15	90	9	0
챌	2013	광주	32	10	13	10	47	2	0
	합계		32	10	13	10	47	2	0
프로통산			89	36	34	25	137	11	0

루시오 (Lucio Filomelo) 아르헨티나 1980.05.08

리그	연도	소속	출장	교체	득점	도움	파울	경고	퇴장
BC	2005	부산	8	7	0	1	22	1	0
	합계		8	7	0	1	22	1	0
프로통산			8	7	0	1	22	1	0

루시오 (Lucio Flavio da Silva Oliva) 브라질 1986.08.29

리그	연도	소속	출장	교체	득점	도움	파울	경고	퇴장
BC	2012	전남	15	14	6	1	28	2	0
	합계		15	14	6	1	28	2	0
클	2013	대전	7	6	1	0	11	2	0
	합계		7	6	1	0	11	2	0
프로통산			22	20	7	1	39	4	0

루시우 (Lucenble Pereira da Silva) 브라질 1975.01.14

리그	연도	소속	출장	교체	득점	도움	파울	경고	퇴장
BC	2003	울산	14	14	0	3	12	0	0
	합계		14	14	0	3	12	0	0
프로통산			14	14	0	3	12	0	0

루아티 (Louati Imed) 튀니지 1993.08.11

리그	연도	소속	출장	교체	득점	도움	파울	경고	퇴장
챌	2015	경남	12	5	2	0	23	2	0
	합계		12	5	2	0	23	2	0
프로통산			12	5	2	0	23	2	0

루이 (Rui Manuel Guerreiro Nobre Esteves) 포르투갈 1967.01.

리그	연도	소속	출장	교체	득점	도움	파울	경고	퇴장
BC	1997	부산	5	5	1	1	5	0	0
	1998	부산	17	14	2	3	27	1	1
	합계		22	19	3	4	32	1	1
프로통산			22	19	3	4	32	1	1

루이스 (Marques Lima Luiz Carlos) 브라질 1989.05.30

리그	연도	소속	출장	교체	득점	도움	파울	경고	퇴장
클	2014	제주	7	7	1	0	7	0	0
	합계		7	7	1	0	7	0	0
프로통산			7	7	1	0	7	0	0

루이스 브라질 1962.03.16

리그	연도	소속	출장	교체	득점	도움	파울	경고	퇴장
BC	1984	포철	17	3	0	0	31	4	0
	합계		17	3	0	0	31	4	0
프로통산			17	3	0	0	31	4	0

루이스 (da Silva Alves Luiz Henrique) 브라질 1981.07.02

리그	연도	소속	출장	교체	득점	도움	파울	경고	퇴장
BC	2008	수원	7	7	0	0	6	0	0
	2008	전북	16	5	5	2	10	4	0
	2009	전북	34	10	9	13	40	3	0
	2010	전북	28	12	5	3	15	3	0
	2011	전북	24	18	4	2	22	2	0
	2012	전북	15	11	3	4	18	1	0
	합계		124	63	26	24	111	13	0
클	2015	전북	16	13	1	2	9	2	0
	합계		16	13	1	2	9	2	0
프로통산			140	76	27	26	120	15	0

루이지뉴 (Luis Carlos Fernandes) 브라질 1985.07.25

리그	연도	소속	출장	교체	득점	도움	파울	경고	퇴장
BC	2007	대구	32	11	18	0	50	5	0
	2008	울산	24	21	11	3	31	1	0
	2009	울산	2	2	0	0	0	0	0
	2011	인천	10	9	2	1	18	4	0
	합계		68	43	31	4	99	10	0
챌	2013	광주	4	4	1	0	4	0	0
	합계		4	4	1	0	4	0	0
프로통산			72	47	32	4	103	10	0

루츠 (Ion Ionut Lutu) 루마니아 1975.08.03

리그	연도	소속	출장	교체	득점	도움	파울	경고	퇴장
BC	2000	수원	19	13	2	3	28	2	1
	2001	수원	9	7	1	4	10	0	0
	2002	수원	9	7	3	2	11	0	0
	합계		37	27	6	9	49	2	1
프로통산			37	27	6	9	49	2	1

루카스 (Lucas Douglas) 브라질 1994.01.19

리그	연도	소속	출장	교체	득점	도움	파울	경고	퇴장
클	2015	성남	15	14	0	0	15	0	0
	합계		15	14	0	0	15	0	0
프로통산			15	14	0	0	15	0	0

루카스 (Waldir Lucas Pereira Filho) 브라질 1982.02.05

리그	연도	소속	출장	교체	득점	도움	파울	경고	퇴장
BC	2008	수원	6	7	0	1	11	0	0
	합계		6	7	0	1	11	0	0
프로통산			6	7	0	1	11	0	0

루크 (Luke Ramon de Vere) 호주 1989.11.05

리그	연도	소속	출장	교체	득점	도움	파울	경고	퇴장
BC	2011	경남	34	2	2	0	34	3	0
	2012	경남	26	3	3	1	23	3	0
	합계		60	5	5	1	57	6	0
클	2013	경남	9	4	0	0	3	1	0
	2014	경남	13	3	1	0	12	5	0
	합계		22	7	1	0	15	6	0
프로통산			82	12	6	1	72	12	0

루키 (Lucky Isibor) 나이지리아 1977.01.01

리그	연도	소속	출장	교체	득점	도움	파울	경고	퇴장
BC	2000	수원	5	3	1	0	6	0	0
	합계		5	3	1	0	6	0	0
프로통산			5	3	1	0	6	0	0

루키안 (Araujo de Almeida Lukian) 브라질 1991.09.21

리그	연도	소속	출장	교체	득점	도움	파울	경고	퇴장
챌	2015	부천	22	18	4	4	25	1	0
	합계		22	18	4	4	25	1	0
프로통산			22	18	4	4	25	1	0

류범희 (柳範熙) 광주대 1991.07.29

리그	연도	소속	출장	교체	득점	도움	파울	경고	퇴장
클	2015	광주	2	2	0	0	2	1	0
	합계		2	2	0	0	2	1	0
챌	2015	경남	19	14	0	0	18	3	0
	합계		19	14	0	0	18	3	0
프로통산			21	16	0	0	20	4	0

류봉기 (柳奉基) 단국대 1968.09.02

리그	연도	소속	출장	교체	득점	도움	파울	경고	퇴장
BC	1991	일화	16	8	0	0	21	1	1
	1992	일화	28	6	0	1	46	3	0
	1993	일화	17	10	0	0	15	3	0
	1994	일화	1	1	0	0	0	0	0
	1995	일화	1	2	0	0	1	1	0
	1996	천안	23	5	1	0	31	4	0
	1997	천안	29	8	0	0	61	2	0
	1998	천안	25	7	0	0	45	4	0
	1999	천안	6	3	0	0	8	0	0
	합계		146	50	1	1	228	18	1
프로통산			146	50	1	1	228	18	1

류영록 (柳永祿) 건국대 1969.08.04

리그	연도	소속	출장	교체	실점	도움	파울	경고	퇴장
BC	1992	포철	1	0	4	0	0	0	0
	1993	대우	1	0	2	0	0	0	0
	1994	대우	9	1	12	0	1	1	0
	1995	대우	0	0	0	0	0	0	0
	1996	전남	0	0	0	0	0	0	0
	합계		11	1	18	0	1	1	0
프로통산			11	1	18	0	1	1	0

류웅렬 (柳雄烈) 명지대 1968.04.25

리그	연도	소속	출장	교체	득점	도움	파울	경고	퇴장
BC	1993	대우	21	8	3	0	26	6	0
	1994	대우	10	4	1	0	15	2	0
	1995	대우	8	3	0	0	12	5	0
	1996	부산	11	4	0	0	12	2	0
	1997	부산	24	7	2	0	28	4	0
	1998	부산	11	3	1	0	15	0	0
	1999	부산	16	1	3	0	26	1	1
	2000	부산	16	3	1	0	21	3	0
	2000	수원	10	3	3	2	17	2	1
	2001	수원	13	7	0	0	9	2	0
	합계		140	43	14	2	181	27	2
프로통산			140	43	14	2	181	27	2

류원우 (流垣宇) 광양제철고 1990.08.05

리그	연도	소속	출장	교체	실점	도움	파울	경고	퇴장
BC	2009	전남	0	0	0	0	0	0	0
	2010	전남	0	0	0	0	0	0	0
	2011	전남	1	0	1	0	0	0	0
	2012	전남	8	0	21	0	1	2	0
	합계		9	0	22	0	1	2	0
클	2013	전남	2	0	3	0	0	0	0
	합계		2	0	3	0	0	0	0
챌	2014	광주	8	0	11	0	0	0	0
	2015	부천	28	0	28	0	1	4	0
	합계		36	0	39	0	1	4	0
프로통산			47	0	64	0	2	6	0

류재문 (柳在文) 영남대 1993.11.08

리그	연도	소속	출장	교체	득점	도움	파울	경고	퇴장
챌	2015	대구	36	2	6	3	54	3	0
	합계		36	2	6	3	54	3	0
프로통산			36	2	6	3	54	3	0

류제식 (柳濟植) 인천대 1972.01.03

리그	연도	소속	출장	교체	실점	도움	파울	경고	퇴장
BC	1991	대우	3	0	5	0	2	1	0
	1992	대우	7	1	9	0	0	0	0
	1993	대우	1	1	0	0	0	0	0
	합계		11	2	14	0	2	1	0
프로통산			11	2	14	0	2	1	0

류형렬 (柳亨烈) 선문대 1985.11.02

리그	연도	소속	출장	교체	득점	도움	파울	경고	퇴장
BC	2009	성남	0	0	0	0	0	0	0
	합계		0	0	0	0	0	0	0
프로통산			0	0	0	0	0	0	0

리마 (Joao Maria Lima do Nascimento) 브라질 1982.09.04

리그	연도	소속	출장	교체	득점	도움	파울	경고	퇴장
BC	2010	서울	0	0	0	0	0	0	0
	합계		0	0	0	0	0	0	0
프로통산			0	0	0	0	0	0	0

리웨이펑 (Li Weifeng) 중국 1978.01.26

리그	연도	소속	출장	교체	득점	도움	파울	경고	퇴장
BC	2009	수원	26	0	1	0	42	7	0
	2010	수원	29	0	1	1	62	9	0
	합계		55	0	2	1	104	16	0
프로통산			55	0	2	1	104	16	0

리챠드 (Richard Offiong Edet) 영국 1983.12.17

리그	연도	소속	출장	교체	득점	도움	파울	경고	퇴장
BC	2005	전남	1	1	0	0	1	0	0
	합계		1	1	0	0	1	0	0
프로통산			1	1	0	0	1	0	0

리춘유 (Li Chun Yu) 중국 1986.10.09

리그	연도	소속	출장	교체	득점	도움	파울	경고	퇴장
BC	2010	강원	7	2	0	2	15	2	0
	합계		7	2	0	2	15	2	0
프로통산			7	2	0	2	15	2	0

리치 (Cunha Reche Vinivius) 브라질 1984.01.28

리그	연도	소속	출장	교체	득점	도움	파울	경고	퇴장
클	2014	전북	2	2	0	0	4	0	0
	합계		2	2	0	0	4	0	0
프로통산			2	2	0	0	4	0	0

링꼰 (Joao Paulo da Silva Neto Rincon) 브라질 1975.10.27

리그	연도	소속	출장	교체	득점	도움	파울	경고	퇴장
BC	2001	전북	6	4	0	0	11	0	0
	합계		6	4	0	0	11	0	0
프로통산			6	4	0	0	11	0	0

마그노 (Magno Alves de Araujo) 브라질 1976.01.13

리그	연도	소속	출장	교체	득점	도움	파울	경고	퇴장
BC	2003	전북	44	8	27	8	25	2	0
	합계		44	8	27	8	25	2	0
프로통산			44	8	27	8	25	2	0

마니 (Jeannot Giovanny) 모리셔스 1975.09.25

리그	연도	소속	출장	교체	득점	도움	파울	경고	퇴장
BC	1996	울산	11	10	3	0	5	0	0
	1997	울산	12	10	2	1	10	0	0
	합계		23	20	5	1	15	0	0
프로통산			23	20	5	1	15	0	0

마니치 (Radivoje Manic) 세르비아 몬테네그로 1972.01.16

리그	연도	소속	출장	교체	득점	도움	파울	경고	퇴장
BC	1996	부산	24	16	8	0	25	6	0
	1997	부산	28	15	13	6	20	5	0
	1999	부산	39	11	9	9	46	7	1
	2000	부산	34	19	8	9	27	5	0
	2001	부산	27	17	8	8	18	5	0
	2002	부산	20	13	7	2	11	3	1
	2004	인천	16	4	7	1	15	5	0
	2005	인천	17	17	2	4	11	3	0
	합계		205	112	62	39	173	39	2
프로통산			205	112	62	39	173	39	2

마다스치 (Adrian Anthony Madaschi) 호주 1982.07.11

리그	연도	소속	출장	교체	득점	도움	파울	경고	퇴장
BC	2012	제주	26	2	0	1	33	10	0
	합계		26	2	0	1	33	10	0
클	2013	제주	9	4	0	1	9	1	0
	합계		9	4	0	1	9	1	0
프로통산			35	6	0	2	42	11	0

마라냥 (Luis Carlos dos Santos Martins) 브라질 1984.06.19

리그	연도	소속	출장	교체	득점	도움	파울	경고	퇴장
BC	2012	울산	39	33	13	4	48	5	0
	합계		39	33	13	4	48	5	0
클	2013	제주	31	20	7	7	33	4	0
	합계		31	20	7	7	33	4	0
프로통산			70	53	20	11	81	9	0

마라냥 (Francinilson Santos Meirelles) 브라질 1990.05.03

리그	연도	소속	출장	교체	득점	도움	파울	경고	퇴장
챌	2014	대전	16	8	0	1	17	0	0
	합계		16	8	0	1	17	0	0
프로통산			16	8	0	1	17	0	0

마르셀 (Marcel Augusto Ortolan) 브라질 1981.11.12

리그	연도	소속	출장	교체	득점	도움	파울	경고	퇴장
BC	2004	수원	36	20	12	2	106	4	0
	2011	수원	11	8	3	2	21	2	0
	합계		47	28	15	4	127	6	0
프로통산			47	28	15	4	127	6	0

마르셀 (Marcelo de Paula Pinheiro) 브라질 1983.05.11

리그	연도	소속	출장	교체	득점	도움	파울	경고	퇴장
BC	2009	경남	6	1	0	0	11	0	0
	합계		6	1	0	0	11	0	0
프로통산			6	1	0	0	11	0	0

마르셀로 (Marcelo Macedo) 브라질 1983.02.01

리그	연도	소속	출장	교체	득점	도움	파울	경고	퇴장
BC	2004	성남	13	11	4	1	30	0	0
	합계		13	11	4	1	30	0	0
프로통산			13	11	4	1	30	0	0

마르셀로 (Marcelo Bras Ferreira da Silva) 브라질 1981.02.03

리그	연도	소속	출장	교체	득점	도움	파울	경고	퇴장
BC	2010	경남	4	5	0	0	1	0	0
	합계		4	5	0	0	1	0	0
프로통산			4	5	0	0	1	0	0

마르시오 (Marcio Diogo Lobato Rodrigues) 브라질 1985.09.22

리그	연도	소속	출장	교체	득점	도움	파울	경고	퇴장
BC	2010	수원	9	9	1	0	12	0	0
	합계		9	9	1	0	12	0	0
프로통산			9	9	1	0	12	0	0

마르싱요 (Maxsuel Rodrigo Lino) 브라질 1985.09.08

리그	연도	소속	출장	교체	득점	도움	파울	경고	퇴장
클	2013	전남	1	1	0	0	2	0	0
	합계		1	1	0	0	2	0	0
프로통산			1	1	0	0	2	0	0

마르싱유 (Amarel de Oliveira Junior Marcio) 브라질 1991.03.2

리그	연도	소속	출장	교체	득점	도움	파울	경고	퇴장
챌	2015	충주	32	23	1	2	24	1	0
	합계		32	23	1	2	24	1	0
프로통산			32	23	1	2	24	1	0

마르첼 (Marcel Lazareanu) 루마니아 1959.06.21

리그	연도	소속	출장	교체	실점	도움	파울	경고	퇴장
BC	1990	일화	8	0	12	0	0	1	0
	1991	일화	21	3	28	0	1	1	1
	합계		29	3	40	0	1	2	1
프로통산			29	3	40	0	1	2	1

마르케스 (Agustinho Marques Renanl) 브라질 1983.03.08

리그	연도	소속	출장	교체	득점	도움	파울	경고	퇴장
BC	2012	제주	13	12	1	1	13	0	0
	합계		13	12	1	1	13	0	0
프로통산			13	12	1	1	13	0	0

마르코 (Marco Aurelio Wagner Pereira) 브라질 1980.04.22

리그	연도	소속	출장	교체	득점	도움	파울	경고	퇴장
BC	2006	제주	1	0	0	0	4	0	0
	합계		1	0	0	0	4	0	0
프로통산			1	0	0	0	4	0	0

마르코 (Marco Aurelio Martins Ivo) 브라질 1976.12.03

리그	연도	소속	출장	교체	득점	도움	파울	경고	퇴장
BC	2002	안양LG	32	25	9	1	26	1	0
	합계		32	25	9	1	26	1	0
프로통산			32	25	9	1	26	1	0

마르코스 (Marcos Aurelio de Oliveira Lima) 브라질 1984.02.10

리그	연도	소속	출장	교체	득점	도움	파울	경고	퇴장
클	2014	전북	5	5	0	0	1	0	0
	합계		5	5	0	0	1	0	0
프로통산			5	5	0	0	1	0	0

마르코스 (Marcos Antonio da Silva) 브라질 1977.04.07

리그	연도	소속	출장	교체	득점	도움	파울	경고	퇴장
BC	2001	울산	31	23	4	3	24	2	0
	2002	울산	2	2	0	0	0	0	0
	합계		33	25	4	3	24	2	0
프로통산			33	25	4	3	24	2	0

마르크 (Benie Bolou Jean Marck) 코트디부아르 1982.11.09

리그	연도	소속	출장	교체	득점	도움	파울	경고	퇴장
BC	2000	성남	5	5	0	0	11	1	0
	합계		5	5	0	0	11	1	0
프로통산			5	5	0	0	11	1	0

마리우 (Luis Mario Miranda da Silva) 브라질 1976.11.01

리그	연도	소속	출장	교체	득점	도움	파울	경고	퇴장
BC	2003	안양LG	20	8	4	8	26	3	0
	합계		20	8	4	8	26	3	0
프로통산			20	8	4	8	26	3	0

마말리 (Emeka Esanga Mamale) DR콩고 1977.10.21

리그	연도	소속	출장	교체	득점	도움	파울	경고	퇴장
BC	1996	포항	5	5	0	0	9	0	0
	1997	포항	3	2	1	0	7	0	0
	합계		8	7	1	0	16	0	0
프로통산			8	7	1	0	16	0	0

마사 (Ohasi Masahiro) 일본 1981.06.23

리그	연도	소속	출장	교체	득점	도움	파울	경고	퇴장
BC	2009	강원	22	11	4	2	11	0	0
	2011	강원	5	5	0	1	1	0	0
	합계		27	16	4	3	12	0	0
프로통산			27	16	4	3	12	0	0

마상훈 (馬相訓) 순천고 1991.07.25

리그	연도	소속	출장	교체	득점	도움	파울	경고	퇴장
BC	2012	강원	0	0	0	0	0	0	0
	합계		0	0	0	0	0	0	0
클	2014	전남	1	1	0	0	0	0	0
	합계		1	1	0	0	0	0	0
프로통산			1	1	0	0	0	0	0

마스다 (Masuda Chikashi) 일본 1985.06.19

리그	연도	소속	출장	교체	득점	도움	파울	경고	퇴장
클	2013	울산	35	12	4	3	43	3	0
	2014	울산	0	0	0	0	0	0	0
	2015	울산	31	12	3	0	32	1	0
	합계		66	24	7	3	75	4	0
프로통산			66	24	7	3	75	4	0

마스덴 (Christopher Marsden) 영국 1969.01.03

리그	연도	소속	출장	교체	득점	도움	파울	경고	퇴장
BC	2004	부산	2	0	1	0	4	2	0
	합계		2	0	1	0	4	2	0
프로통산			2	0	1	0	4	2	0

마시엘 (Maciel Luiz Franco) 브라질 1972.03.15

리그	연도	소속	출장	교체	득점	도움	파울	경고	퇴장
BC	1997	전남	19	0	3	0	42	1	0
	1998	전남	27	3	1	1	66	9	0
	1999	전남	36	2	2	1	78	3	0
	2000	전남	36	2	1	0	78	7	0
	2001	전남	29	1	0	0	60	7	0
	2002	전남	27	5	2	1	57	3	0
	2003	전남	10	4	1	0	17	4	0
	합계		184	17	10	3	398	34	0
프로통산			184	17	10	3	398	34	0

마에조노 (Maezono Masakiyo) 일본 1973.10.29

리그	연도	소속	출장	교체	득점	도움	파울	경고	퇴장
BC	2003	안양LG	16	10	0	4	11	1	0
	2004	인천	13	8	1	1	13	2	0
	합계		29	18	1	5	24	3	0
프로통산			29	18	1	5	24	3	0

마우리 (Mauricio de Oliveira Anastacio) 브라질 1962.09.29

리그	연도	소속	출장	교체	득점	도움	파울	경고	퇴장
BC	1994	현대	14	11	2	2	8	0	0
	1995	현대	4	4	0	1	3	0	0
	합계		18	15	2	3	11	0	0
프로통산			18	15	2	3	11	0	0

마우리시오 (Mauricio Fernandes) 브라질 1976.07.05

리그	연도	소속	출장	교체	득점	도움	파울	경고	퇴장
BC	2007	포항	8	3	0	0	23	3	0
	합계		8	3	0	0	23	3	0
프로통산			8	3	0	0	23	3	0

마이콘 (Maycon Carvalho Inez) 브라질 1986.07.21

리그	연도	소속	출장	교체	득점	도움	파울	경고	퇴장
챌	2014	고양	3	3	0	0	0	0	0
	합계		3	3	0	0	0	0	0
프로통산			3	3	0	0	0	0	0

마징요 (Marcio de Souza Gregorio Junio) 브라질 1986.05.14

리그	연도	소속	출장	교체	득점	도움	파울	경고	퇴장
BC	2010	경남	3	3	0	0	7	0	0
	합계		3	3	0	0	7	0	0
프로통산			3	3	0	0	7	0	0

마차도 (Leandro Machado) 브라질 1976.03.22

리그	연도	소속	출장	교체	득점	도움	파울	경고	퇴장
BC	2005	울산	17	8	13	1	42	5	0
	2006	울산	26	18	1	3	34	2	0
	2007	울산	10	9	2	0	8	3	0
	합계		53	35	16	4	84	10	0
프로통산			53	35	16	4	84	10	0

마철준 (馬哲俊) 경희대 1980.11.16

리그	연도	소속	출장	교체	득점	도움	파울	경고	퇴장
BC	2004	부천SK	22	12	1	0	30	2	0
	2005	부천SK	18	7	1	0	22	4	0
	2006	제주	33	7	0	0	71	4	0
	2007	광주상	25	7	0	0	47	3	0
	2008	광주상	16	8	0	1	15	4	0
	2009	제주	25	10	0	0	50	9	0
	2010	제주	29	9	0	0	42	9	0
	2011	제주	16	9	0	0	19	5	0
	2012	제주	0	0	0	0	0	0	0
	2012	전북	7	6	0	0	7	2	0
	합계		191	75	2	1	303	42	0
클	2015	광주	1	1	0	0	0	0	0
	합계		1	1	0	0	0	0	0
챌	2013	광주	12	3	0	2	13	3	1
	2014	광주	16	4	1	0	11	3	0
	합계		28	7	1	2	24	6	1
승	2014	광주	0	0	0	0	0	0	0
	합계		0	0	0	0	0	0	0
프로통산			220	83	3	3	327	48	1

마테우스 (Matheus Humberto Maximiano) 브라질 1989.05.31

리그	연도	소속	출장	교체	득점	도움	파울	경고	퇴장
BC	2011	대구	9	8	1	0	6	0	0
	2012	대구	23	15	2	2	37	5	0
	합계		32	23	3	2	43	5	0
챌	2014	대구	18	14	2	1	32	2	0
	합계		18	14	2	1	32	2	0
프로통산			50	37	5	3	75	7	0

마토 (Mato Neretljak) 크로아티아 1979.06.03

리그	연도	소속	출장	교체	득점	도움	파울	경고	퇴장
BC	2005	수원	31	2	10	2	102	7	0
	2006	수원	37	1	4	2	96	7	0
	2007	수원	35	1	7	0	87	7	0
	2008	수원	29	1	0	4	46	3	0
	2011	수원	25	0	8	0	39	6	0
	합계		157	5	29	8	370	30	0
프로통산			157	5	29	8	370	30	0

막스 유고슬라비아 1965.12.10

리그	연도	소속	출장	교체	득점	도움	파울	경고	퇴장
BC	1994	일화	11	10	2	0	15	5	0
	합계		11	10	2	0	15	5	0
프로통산			11	10	2	0	15	5	0

매그넘 (Magnum Rafael Farias Tavares) 브라질 1982.03.24

리그	연도	소속	출장	교체	득점	도움	파울	경고	퇴장
BC	2011	울산	5	5	0	0	3	0	0
	합계		5	5	0	0	3	0	0
프로통산			5	5	0	0	3	0	0

맥카이 (Matthew Graham Mckay) 호주 1983.01.11

리그	연도	소속	출장	교체	득점	도움	파울	경고	퇴장
BC	2012	부산	27	8	1	6	45	7	0
	합계		27	8	1	6	45	7	0
프로통산			27	8	1	6	45	7	0

맹수일 (孟秀一) 동아대 1961.03.22

리그	연도	소속	출장	교체	득점	도움	파울	경고	퇴장
BC	1985	럭금	8	5	1	0	4	0	0
	1986	유공	21	6	1	1	21	2	0
	1987	유공	1	1	0	0	0	0	0
	합계		30	12	2	1	25	2	0
프로통산			30	12	2	1	25	2	0

맹진오 (孟珍吾) 호남대 1986.03.06

리그	연도	소속	출장	교체	득점	도움	파울	경고	퇴장
BC	2009	포항	0	0	0	0	0	0	0
	2010	대구	3	3	0	0	5	0	0
	합계		3	3	0	0	5	0	0
프로통산			3	3	0	0	5	0	0

메도 (Ivan Medvid) 크로아티아 1977.10.13

리그	연도	소속	출장	교체	득점	도움	파울	경고	퇴장
BC	2002	포항	18	3	1	7	53	6	0
	2003	포항	29	13	0	4	47	4	0
	합계		47	16	1	11	100	10	0
프로통산			47	16	1	11	100	10	0

메조이 (Geza Meszoly) 헝가리 1967.02.25

리그	연도	소속	출장	교체	득점	도움	파울	경고	퇴장
BC	1990	포철	12	1	2	1	28	1	0
	1991	포철	4	2	0	0	11	0	0
	합계		16	3	2	1	39	1	0
프로통산			16	3	2	1	39	1	0

멘도사 (Mendoza Renreria Mauricio) 콜롬비아 1981.12.28

리그	연도	소속	출장	교체	득점	도움	파울	경고	퇴장
BC	2011	경남	1	1	0	1	1	0	0
	합계		1	1	0	1	1	0	0
프로통산			1	1	0	1	1	0	0

명재용 (明載容) 조선대 1973.02.26

리그	연도	소속	출장	교체	득점	도움	파울	경고	퇴장
BC	1997	전북	9	4	1	0	18	2	0
	1998	전북	26	19	2	1	41	2	0
	1999	전북	29	22	2	2	31	2	0
	2000	전북	23	11	4	1	35	1	0
	2001	전북	12	7	1	1	16	2	0
	2002	전북	6	6	0	0	7	1	0
	합계		105	69	10	5	148	10	0
프로통산			105	69	10	5	148	10	0

명진영 (明珍榮) 아주대 1973.05.20

리그	연도	소속	출장	교체	득점	도움	파울	경고	퇴장
BC	1996	부산	9	6	1	1	9	2	0
	1997	부산	3	3	0	0	2	0	0
	1998	부산	9	9	1	1	8	1	1
	1999	부산	9	10	0	0	7	1	0
	합계		30	28	2	2	26	4	1
프로통산			30	28	2	2	26	4	1

모나또 (Andrew Erick Feitosa) 브라질 1992.09.01

리그	연도	소속	출장	교체	득점	도움	파울	경고	퇴장
BC	2011	경남	6	5	0	0	5	0	0
	합계		6	5	0	0	5	0	0
프로통산			6	5	0	0	5	0	0

모따 (Joao Soares da Mota Neto) 브라질 1980.11.21

리그	연도	소속	출장	교체	득점	도움	파울	경고	퇴장
BC	2004	전남	29	11	14	2	65	12	0
	2005	성남	9	3	7	4	29	5	1
	2006	성남	19	11	7	2	19	1	0
	2007	성남	21	7	9	2	39	9	0
	2008	성남	30	6	9	5	48	12	0
	2009	성남	11	2	2	4	17	1	0
	2010	포항	28	9	9	7	42	7	0
	2011	포항	31	19	14	8	56	10	0
	합계		178	68	71	34	315	57	1
프로통산			178	68	71	34	315	57	1

모따 (Jose Rorberto Rodrigues Mota) 브라질 1979.05.10

리그	연도	소속	출장	교체	득점	도움	파울	경고	퇴장
BC	2010	수원	25	14	11	0	29	5	1
	2012	부산	2	2	0	0	0	0	0
	합계		27	16	11	0	29	5	1
프로통산			27	16	11	0	29	5	1

모리츠 (Andre Francisco Moritz) 이탈리아 1986.08.06

리그	연도	소속	출장	교체	득점	도움	파울	경고	퇴장
클	2015	포항	11	9	0	1	12	2	0
	합계		11	9	0	1	12	2	0
프로통산			11	9	0	1	12	2	0

몰리나 (Mauricio Alejandro Molina Uribe) 콜롬비아 1980.04.30

리그	연도	소속	출장	교체	득점	도움	파울	경고	퇴장
BC	2009	성남	17	5	10	3	17	4	0
	2010	성남	33	13	12	8	28	6	0
	2011	서울	29	8	10	12	30	5	0
	2012	서울	41	6	18	19	45	4	0
	합계		120	32	50	42	120	19	0
클	2013	서울	35	13	9	13	24	3	0
	2014	서울	19	10	5	3	9	1	0
	2015	서울	35	20	4	11	23	5	0
	합계		89	43	18	27	56	9	0
프로통산			209	75	68	69	176	28	0

무사 (Javier Martin Musa) 아르헨티나 1979.01.15

리그	연도	소속	출장	교체	득점	도움	파울	경고	퇴장
BC	2004	수원	19	6	1	1	47	1	0
	2005	수원	9	1	0	0	16	3	0
	2005	울산	7	0	0	0	18	1	0
	합계		35	7	1	1	81	5	0
프로통산			35	7	1	1	81	5	0

무삼파 (Kizito Musampa) 네덜란드 1977.07.20

리그	연도	소속	출장	교체	득점	도움	파울	경고	퇴장
BC	2008	서울	5	3	0	0	7	0	0
	합계		5	3	0	0	7	0	0
프로통산			5	3	0	0	7	0	0

무스타파 (Gonden Mustafa) 터키 1975.08.01

리그	연도	소속	출장	교체	득점	도움	파울	경고	퇴장
BC	2002	부천SK	6	6	0	0	3	0	0
	2003	부천SK	1	1	0	0	3	0	0
	합계		7	7	0	0	6	0	0
프로통산			7	7	0	0	6	0	0

무탐바 (Mutamba Kabongo) DR콩고 1972.12.09

리그	연도	소속	출장	교체	득점	도움	파울	경고	퇴장
BC	1997	안양LG	32	5	3	0	55	4	0
	1998	안양LG	34	4	4	2	59	5	0
	1999	안양LG	28	6	2	1	45	5	0
	2000	안양LG	15	6	0	0	26	5	0
	합계		109	21	9	3	185	19	0
프로통산			109	21	9	3	185	19	0

문기한 (文記韓) 영남사이버대 1989.03.17

리그	연도	소속	출장	교체	득점	도움	파울	경고	퇴장
BC	2008	서울	3	2	0	0	3	0	0
	2009	서울	0	0	0	0	0	0	0
	2010	서울	0	0	0	0	0	0	0
	2011	서울	13	12	0	0	14	2	0
	2012	서울	1	1	0	0	1	0	0
	합계		17	15	0	0	18	2	0
챌	2013	경찰	28	7	2	6	57	7	0
	2014	안산	21	15	1	2	32	6	0
	2015	대구	38	32	1	10	56	9	0
	합계		87	54	4	18	145	22	0
프로통산			104	69	4	18	163	24	0

문대성 (文大成) 중앙대 1986.03.15

리그	연도	소속	출장	교체	득점	도움	파울	경고	퇴장
BC	2007	전북	4	4	0	1	3	1	0
	2008	전북	11	9	1	2	15	2	0
	2009	성남	14	11	0	0	12	3	0
	2010	성남	9	9	2	0	4	1	0
	2011	울산	2	2	0	0	0	0	0
	합계		40	35	3	3	34	7	0
프로통산			40	35	3	3	34	7	0

문동주 (文棟柱) 대구대 1990.07.08

리그	연도	소속	출장	교체	득점	도움	파울	경고	퇴장
클	2013	서울	0	0	0	0	0	0	0
	합계		0	0	0	0	0	0	0
프로통산			0	0	0	0	0	0	0

문민귀 (文民貴) 호남대 1981.11.15

리그	연도	소속	출장	교체	득점	도움	파울	경고	퇴장
BC	2004	포항	35	8	1	2	39	4	0
	2005	포항	17	11	0	1	20	4	0
	2006	경남	12	2	0	0	18	3	0
	2006	수원	10	3	0	1	15	1	0
	2007	수원	7	5	0	1	11	0	0
	2008	수원	5	2	0	0	14	1	0
	2009	수원	9	4	0	1	16	2	0
	2010	수원	4	1	0	0	14	1	0
	2011	제주	2	1	0	0	4	0	0
	합계		101	37	1	6	151	16	0
프로통산			101	37	1	6	151	16	0

문민호 (文敏鎬) 광운대 1958.09.18

리그	연도	소속	출장	교체	득점	도움	파울	경고	퇴장
BC	1985	유공	5	5	1	0	1	0	0
	합계		5	5	1	0	1	0	0
프로통산			5	5	1	0	1	0	0

문병우 (文炳祐) 명지대 1986.05.03

리그	연도	소속	출장	교체	득점	도움	파울	경고	퇴장
BC	2009	강원	3	3	0	0	4	0	0
	합계		3	3	0	0	4	0	0
클	2013	강원	9	9	0	1	8	1	0
	합계		9	9	0	1	8	1	0
프로통산			12	12	0	1	12	1	0

문삼진 (文三鎭) 성균관대 1973.03.03

리그	연도	소속	출장	교체	득점	도움	파울	경고	퇴장
BC	1999	천안	29	9	0	0	48	3	0
	2000	성남	31	13	1	4	43	4	0
	2001	성남	11	10	0	0	4	0	0
	2002	성남	19	10	0	2	45	2	0
	2003	성남	0	0	0	0	0	0	0
	합계		90	42	1	6	140	9	0
프로통산			90	42	1	6	140	9	0

문상윤 (文相閏) 대건고 1991.01.09

리그	연도	소속	출장	교체	득점	도움	파울	경고	퇴장
BC	2012	인천	26	19	1	1	18	1	0
	합계		26	19	1	1	18	1	0
클	2013	인천	29	18	3	2	29	1	0
	2014	인천	31	17	3	3	17	2	0
	2015	전북	9	8	0	2	15	1	0
	합계		69	43	6	7	61	4	0
프로통산			95	62	7	8	79	5	0

문영래 (文永來) 국민대 1964.03.06

리그	연도	소속	출장	교체	득점	도움	파울	경고	퇴장
BC	1988	유공	15	15	0	1	19	3	0
	1989	유공	33	25	2	5	49	4	0
	1990	유공	15	13	1	1	18	0	0
	1991	유공	14	7	0	0	19	3	0
	1992	유공	1	1	0	0	1	0	0
	1993	유공	10	10	0	1	10	1	0
	1994	버팔로	32	9	3	3	47	8	0
	1995	전북	16	12	0	0	17	2	0
	합계		136	92	6	11	180	21	0
프로통산			136	92	6	11	180	21	0

문영서 (文永瑞) 안양공고 1956.12.20

리그	연도	소속	출장	교체	득점	도움	파울	경고	퇴장
BC	1984	할렐	15	2	0	1	20	1	0
	1985	할렐	12	0	0	1	21	0	0
	합계		27	2	0	2	41	1	0
프로통산			27	2	0	2	41	1	0

문원근 (文元根) 동아대 1963.09.16

리그	연도	소속	출장	교체	득점	도움	파울	경고	퇴장
BC	1989	일화	18	5	0	4	36	4	0
	1990	일화	2	1	0	0	3	1	0
	합계		20	6	0	4	39	5	0
프로통산			20	6	0	4	39	5	0

문정주 (文禎珠) 선문대 1990.03.22

리그	연도	소속	출장	교체	득점	도움	파울	경고	퇴장
챌	2013	충주	29	24	2	1	41	4	0
	합계		29	24	2	1	41	4	0
프로통산			29	24	2	1	41	4	0

문주원 (文周元) 경희대 1983.05.08

리그	연도	소속	출장	교체	득점	도움	파울	경고	퇴장
BC	2006	대구	19	13	1	1	33	3	0
	2007	대구	18	13	1	0	40	1	0
	2008	대구	26	19	2	2	34	3	0
	2009	강원	12	11	1	0	8	0	0
클	2013	경남	4	4	0	0	3	1	0
	2014	경남	7	3	0	0	11	1	0
	합계		11	7	0	0	14	2	0
	합계		75	56	5	3	115	7	0
프로통산			86	63	5	3	129	9	0

문진용 (文眞勇) 경희대 1991.12.14

리그	연도	소속	출장	교체	득점	도움	파울	경고	퇴장
클	2013	전북	4	4	0	0	5	1	0
	합계		4	4	0	0	5	1	0
챌	2015	대구	1	0	0	0	2	0	0
	합계		1	0	0	0	2	0	0
프로통산			5	4	0	0	7	1	0

문창진 (文昶眞) 위덕대 1993.07.12

리그	연도	소속	출장	교체	득점	도움	파울	경고	퇴장
BC	2012	포항	4	4	0	0	0	0	0
	합계		4	4	0	0	0	0	0
클	2013	포항	7	7	1	0	3	0	0
	2014	포항	24	17	2	2	20	1	0
	2015	포항	11	6	4	2	10	1	0
	합계		42	30	7	4	33	2	0
프로통산			46	34	7	4	33	2	0

문창현 (文昶現) 명지대 1992.11.12

리그	연도	소속	출장	교체	득점	도움	파울	경고	퇴장
클	2015	성남	0	0	0	0	0	0	0
	합계		0	0	0	0	0	0	0
프로통산			0	0	0	0	0	0	0

문태권 (文泰權) 명지대 1968.05.14

리그	연도	소속	출장	교체	득점	도움	파울	경고	퇴장
BC	1993	현대	9	1	0	0	12	2	0
	1994	현대	11	5	0	0	12	2	0
	1995	전남	2	2	0	1	3	0	0
	1996	전남	4	4	0	0	4	0	0
	합계		26	12	0	1	31	4	0
프로통산			26	12	0	1	31	4	0

문태혁 (文泰赫) 광양제철고 1983.03.31

리그	연도	소속	출장	교체	득점	도움	파울	경고	퇴장
BC	2000	수원	0	0	0	0	0	0	0
	합계		0	0	0	0	0	0	0
프로통산			0	0	0	0	0	0	0

미구엘 (Miguel Antonio Bianconi Kohl) 브라질 1992.05.14

리그	연도	소속	출장	교체	득점	도움	파울	경고	퇴장
챌	2013	충주	8	7	0	0	12	1	0
	합계		8	7	0	0	12	1	0
프로통산			8	7	0	0	12	1	0

미니치 유고슬라비아 1966.10.24

리그	연도	소속	출장	교체	득점	도움	파울	경고	퇴장
BC	1995	전남	22	7	1	2	22	4	0
	합계		22	7	1	2	22	4	0
프로통산			22	7	1	2	22	4	0

미르코 (Mirko Jovanović) 유고슬라비아 1971.03.14

리그	연도	소속	출장	교체	득점	도움	파울	경고	퇴장
BC	1999	전북	14	8	4	1	22	0	0
	2000	전북	7	7	0	1	2	0	0
	합계		21	15	4	2	24	0	0
프로통산			21	15	4	2	24	0	0

미샤 (Miodrag Vasiljevic) 유고슬라비아 1980.08.21

리그	연도	소속	출장	교체	득점	도움	파울	경고	퇴장
BC	2001	성남	4	5	0	0	4	0	0
	합계		4	5	0	0	4	0	0
프로통산			4	5	0	0	4	0	0

미셀 (Michel Neves Dias) 브라질 1980.07.13

리그	연도	소속	출장	교체	득점	도움	파울	경고	퇴장
BC	2003	전남	13	9	4	3	17	3	0
	합계		13	9	4	3	17	3	0
프로통산			13	9	4	3	17	3	0

미첼 (Michel Pensee Billong) 카메룬 1973.06.16

리그	연도	소속	출장	교체	득점	도움	파울	경고	퇴장
BC	1997	천안	3	2	1	0	7	0	1
	1998	천안	15	3	1	0	29	4	0

리그	연도	소속	출장	교체	득점	도움	파울	경고	퇴장
	1999	천안	32	0	0	0	66	5	0
	합계		50	5	2	0	102	9	1
프로통산			50	5	2	0	102	9	1

미카엘 (Karapet Mikaelyan) 아르메니아 1968.09.27

리그	연도	소속	출장	교체	득점	도움	파울	경고	퇴장
BC	1997	부천SK	15	15	1	2	11	1	0
	합계		15	15	1	2	11	1	0
프로통산			15	15	1	2	11	1	0

미트로 (Slavisa Mitrović) 보스니아 헤르체고비나 1977.07.05

리그	연도	소속	출장	교체	득점	도움	파울	경고	퇴장
BC	2002	수원	7	6	0	1	25	3	0
	합계		7	6	0	1	25	3	0
프로통산			7	6	0	1	25	3	0

미하이 (Dragus Mihai) 루마니아 1973.03.13

리그	연도	소속	출장	교체	득점	도움	파울	경고	퇴장
BC	1998	수원	21	17	6	2	45	3	1
	합계		21	17	6	2	45	3	1
프로통산			21	17	6	2	45	3	1

미하일 (Radmilo Mihajlović) 유고슬라비아 1964.11.19

리그	연도	소속	출장	교체	득점	도움	파울	경고	퇴장
BC	1997	포항	3	3	0	0	2	1	0
	합계		3	3	0	0	2	1	0
프로통산			3	3	0	0	2	1	0

민경인 (閔庚仁) 고려대 1979.05.09

리그	연도	소속	출장	교체	득점	도움	파울	경고	퇴장
BC	2003	성남	1	1	0	0	2	0	0
	합계		1	1	0	0	2	0	0
프로통산			1	1	0	0	2	0	0

민병욱

리그	연도	소속	출장	교체	득점	도움	파울	경고	퇴장
BC	1983	대우	5	6	1	0	2	0	0
	합계		5	6	1	0	2	0	0
프로통산			5	6	1	0	2	0	0

민상기 (閔尙基) 매탄고 1991.08.27

리그	연도	소속	출장	교체	득점	도움	파울	경고	퇴장
BC	2010	수원	1	0	0	0	1	0	0
	2011	수원	1	1	0	0	0	0	0
	2012	수원	5	4	0	0	8	0	0
	합계		7	5	0	0	9	0	0
클	2013	수원	30	6	0	0	41	3	0
	2014	수원	20	4	0	1	30	2	0
	2015	수원	7	2	1	0	8	1	0
	합계		57	12	1	1	79	6	0
프로통산			64	17	1	1	88	6	0

민영기 (閔榮基) 경상대 1976.03.28

리그	연도	소속	출장	교체	득점	도움	파울	경고	퇴장
BC	1999	울산	5	1	0	0	7	0	0
	2000	울산	14	5	0	0	16	1	0
	2004	대구	25	1	0	0	48	9	0
	2005	대구	28	4	0	0	37	8	0
	2006	대전	37	3	1	0	27	5	0
	2007	대전	32	6	0	0	33	2	0
	2008	대전	23	5	0	1	31	2	0
	2009	부산	18	14	1	0	13	3	0
	합계		182	39	2	1	212	30	0
프로통산			182	39	2	1	212	30	0

민진홍 (閔鎭泓) 동대문상고 1960.03.11

리그	연도	소속	출장	교체	득점	도움	파울	경고	퇴장
BC	1983	대우	2	1	0	0	0	0	0
	1984	럭금	16	8	0	1	5	0	0
	1985	유공	2	1	0	0	1	0	0
	1986	유공	36	4	2	2	35	3	0
	1987	유공	15	6	0	0	21	0	1
	1988	유공	3	3	0	0	0	0	0
	합계		74	23	2	3	62	3	1
프로통산			74	23	2	3	62	3	1

밀톤 (Milton Fabian Rodriguez Suarez) 콜롬비아 1976.04.28

리그	연도	소속	출장	교체	득점	도움	파울	경고	퇴장
BC	2005	전북	11	7	4	0	25	1	0
	2006	전북	10	8	2	0	14	0	0
	합계		21	15	6	0	39	1	0
프로통산			21	15	6	0	39	1	0

바그너 (Qerino da Silva Wagner) 브라질 1987.01.31

리그	연도	소속	출장	교체	득점	도움	파울	경고	퇴장
BC	2011	대전	27	17	7	1	29	2	0
	합계		27	17	7	1	29	2	0
챌	2014	안양	17	16	1	0	7	1	0
	합계		17	16	1	0	7	1	0
프로통산			44	33	8	1	36	3	0

바그너 (Wagner Luiz da Silva) 브라질 1981.09.13

리그	연도	소속	출장	교체	득점	도움	파울	경고	퇴장
BC	2009	포항	5	5	0	0	1	1	0
	합계		5	5	0	0	1	1	0
프로통산			5	5	0	0	1	1	0

바데아 (Pavel Badea) 루마니아 1967.06.10

리그	연도	소속	출장	교체	득점	도움	파울	경고	퇴장
BC	1996	수원	32	6	4	4	41	4	0
	1997	수원	33	3	3	4	45	7	0
	1998	수원	15	2	4	2	17	4	0
	합계		80	11	11	10	103	15	0
프로통산			80	11	11	10	103	15	0

바락신 러시아 1974.08.03

리그	연도	소속	출장	교체	득점	도움	파울	경고	퇴장
BC	1995	유공	7	5	1	0	10	0	0
	합계		7	5	1	0	10	0	0
프로통산			7	5	1	0	10	0	0

바바 (Baba Yuta, 馬場憂太) 일본 1984.01.22

리그	연도	소속	출장	교체	득점	도움	파울	경고	퇴장
BC	2011	대전	6	5	1	0	7	0	0
	2012	대전	30	9	4	2	44	9	0
	합계		36	14	5	2	51	9	0
클	2013	대전	7	5	0	0	4	1	0
	합계		7	5	0	0	4	1	0
프로통산			43	19	5	2	55	10	0

바바라데 (Ajibade Kunde Babalade) 나이지리아 1972.03.29

리그	연도	소속	출장	교체	득점	도움	파울	경고	퇴장
BC	1997	안양LG	3	2	0	0	4	2	0
	합계		3	2	0	0	4	2	0
프로통산			3	2	0	0	4	2	0

바벨 (Vaber Mendes Ferreira) 브라질 1981.09.22

리그	연도	소속	출장	교체	득점	도움	파울	경고	퇴장
BC	2009	대전	24	3	1	3	49	4	0
	2010	대전	12	6	0	0	12	0	0
	합계		36	9	1	3	61	4	0
프로통산			36	9	1	3	61	4	0

바우지비아 (Ferreira da Silva Leite Caique) 브라질 1992.10.2

리그	연도	소속	출장	교체	득점	도움	파울	경고	퇴장
클	2014	성남	13	12	1	1	16	1	0
	합계		13	12	1	1	16	1	0
프로통산			13	12	1	1	16	1	0

바우텔 (Walter Junio da Silva Clementino) 브라질 1982.01.12

리그	연도	소속	출장	교체	득점	도움	파울	경고	퇴장
BC	2008	대전	9	3	1	1	12	1	0
	합계		9	3	1	1	12	1	0
프로통산			9	3	1	1	12	1	0

바울 (Valdeir da Silva Santos) 브라질 1977.04.12

리그	연도	소속	출장	교체	득점	도움	파울	경고	퇴장
BC	2009	대구	15	8	2	0	24	2	0
	합계		15	8	2	0	24	2	0
프로통산			15	8	2	0	24	2	0

바이아노 (Claudio Celio Cunha Defensor) 브라질 1974.02.19

리그	연도	소속	출장	교체	득점	도움	파울	경고	퇴장
BC	2001	울산	6	6	0	0	3	0	0
	합계		6	6	0	0	3	0	0
프로통산			6	6	0	0	3	0	0

바이야 (Santos Fabio Junior Nascimento) 브라질 1983.11.02

리그	연도	소속	출장	교체	득점	도움	파울	경고	퇴장
BC	2011	인천	31	12	2	1	32	1	0
	합계		31	12	2	1	32	1	0
프로통산			31	12	2	1	32	1	0

바조 (Blaze Ilijoski) 마케도니아 1984.07.09

리그	연도	소속	출장	교체	득점	도움	파울	경고	퇴장
BC	2006	인천	14	12	3	0	28	2	0
	2010	강원	7	5	1	1	8	2	0
	합계		21	17	4	1	36	4	0
프로통산			21	17	4	1	36	4	0

바티스타 (Edinaldo Batista Libanio) 브라질 1979.04.02

리그	연도	소속	출장	교체	득점	도움	파울	경고	퇴장
BC	2003	안양LG	9	4	0	0	39	4	0
	합계		9	4	0	0	39	4	0
프로통산			9	4	0	0	39	4	0

바하 (Mahmadu Alphajor Bah) 시에라리온 1977.01.01

리그	연도	소속	출장	교체	득점	도움	파울	경고	퇴장
BC	1997	전남	12	13	0	1	23	2	0
	1998	전남	18	18	0	2	30	2	1
	합계		30	31	0	3	53	4	1
프로통산			30	31	0	3	53	4	1

박강조 (朴康造) 일본 다키가와다고 1980.01.24

리그	연도	소속	출장	교체	득점	도움	파울	경고	퇴장
BC	2000	성남	31	8	0	1	41	1	0
	2001	성남	20	15	1	2	12	1	0
	2002	성남	18	17	0	0	19	2	0
	합계		69	40	1	3	72	4	0
프로통산			69	40	1	3	72	4	0

박건영 (朴建映) 영남대 1987.03.14

리그	연도	소속	출장	교체	득점	도움	파울	경고	퇴장
BC	2011	대전	9	3	0	0	6	1	0
	2012	대전	0	0	0	0	0	0	0
	합계		9	3	0	0	6	1	0
프로통산			9	3	0	0	6	1	0

박건하 (朴建夏) 경희대 1971.07.25

리그	연도	소속	출장	교체	득점	도움	파울	경고	퇴장
BC	1996	수원	34	0	14	6	56	2	0
	1997	수원	19	3	2	4	38	2	0
	1998	수원	22	9	2	0	45	6	0
	1999	수원	39	18	12	6	59	5	0
	2000	수원	19	2	6	5	31	2	0
	2001	수원	30	15	4	4	41	2	0
	2002	수원	26	12	2	2	29	1	0
	2003	수원	31	11	0	0	50	3	0
	2004	수원	31	9	1	0	49	3	0
	2005	수원	26	1	1	0	47	5	0
	2006	수원	15	4	0	0	15	2	1
	합계		292	84	44	27	460	33	1
프로통산			292	84	44	27	460	33	1

박건희 (朴建熙) 한라대 1990.08.27

리그	연도	소속	출장	교체	득점	도움	파울	경고	퇴장
챌	2013	부천	0	0	0	0	0	0	0

	합계		0	0	0	0	0	0	0
프로통산			0	0	0	0	0	0	0

박경규 (朴景奎) 연세대 1977.03.10

리그	연도	소속	출장	교체	득점	도움	파울	경고	퇴장
BC	2000	대전	12	12	1	0	6	0	0
	2001	대전	17	17	3	0	11	1	0
	2002	대전	6	6	1	0	2	0	0
	2003	대전	5	5	0	0	6	0	0
	합계		40	40	5	0	25	1	0
프로통산			40	40	5	0	25	1	0

박경삼 (朴瓊三) 한성대 1978.06.06

리그	연도	소속	출장	교체	득점	도움	파울	경고	퇴장
BC	2001	울산	7	3	0	0	5	1	0
	2002	울산	1	1	0	0	2	0	0
	2003	광주상	22	7	1	0	34	3	0
	2009	제주	1	0	0	0	3	1	0
	합계		31	11	1	0	44	5	0
프로통산			31	11	1	0	44	5	0

박경순 (朴敬淳) 인천대 1988.09.30

리그	연도	소속	출장	교체	득점	도움	파울	경고	퇴장
BC	2011	인천	0	0	0	0	0	0	0
	합계		0	0	0	0	0	0	0
프로통산			0	0	0	0	0	0	0

박경완 (朴景浣) 아주대 1988.07.22

리그	연도	소속	출장	교체	득점	도움	파울	경고	퇴장
챌	2014	부천	5	5	0	0	4	1	0
	합계		5	5	0	0	4	1	0
프로통산			5	5	0	0	4	1	0

박경익 (朴慶益) 광주대 1991.08.13

리그	연도	소속	출장	교체	득점	도움	파울	경고	퇴장
BC	2012	울산	0	0	0	0	0	0	0
	합계		0	0	0	0	0	0	0
클	2014	상주	10	10	1	1	7	3	0
	합계		10	10	1	1	7	3	0
챌	2015	상주	3	1	0	1	7	1	0
	합계		3	1	0	1	7	1	0
프로통산			13	11	1	2	14	4	0

박경환 (朴景晥) 고려대 1976.12.29

리그	연도	소속	출장	교체	득점	도움	파울	경고	퇴장
BC	2001	전북	8	8	1	0	6	2	0
	2003	대구	19	1	0	2	37	8	0
	2004	대구	22	5	0	0	33	5	1
	2005	포항	0	0	0	0	0	0	0
	합계		49	14	1	2	76	15	1
프로통산			49	14	1	2	76	15	1

박경훈 (朴景勳) 한양대 1961.01.19

리그	연도	소속	출장	교체	득점	도움	파울	경고	퇴장
BC	1984	포철	21	4	0	2	13	1	0
	1985	포철	4	0	0	0	6	0	0
	1986	포철	3	1	0	0	4	0	0
	1987	포철	31	0	0	3	31	2	0
	1988	포철	12	2	0	0	15	2	0
	1989	포철	5	1	1	0	1	0	0
	1990	포철	8	3	0	0	13	1	0
	1991	포철	23	13	3	0	22	2	0
	1992	포철	27	10	0	3	35	0	0
	합계		134	34	4	8	140	8	0
프로통산			134	34	4	8	140	8	0

박공재 (朴攻在) 조선대 1964.03.06

리그	연도	소속	출장	교체	득점	도움	파울	경고	퇴장
BC	1986	한일	4	2	0	0	6	1	0
	합계		4	2	0	0	6	1	0
프로통산			4	2	0	0	6	1	0

박광민 (朴光民) 배재대 1982.05.14

리그	연도	소속	출장	교체	득점	도움	파울	경고	퇴장
BC	2006	성남	5	4	1	1	4	0	0
	2007	성남	1	1	0	0	0	0	0
	2008	광주상	3	3	0	0	4	0	0
	2009	광주상	1	1	0	0	1	0	0
	합계		10	9	1	1	9	0	0
프로통산			10	9	1	1	9	0	0

박광현 (朴光鉉) 구룡포종고 1967.07.24

리그	연도	소속	출장	교체	득점	도움	파울	경고	퇴장
BC	1989	현대	14	6	0	0	26	3	0
	1990	현대	7	3	0	0	9	0	0
	1991	현대	10	7	0	0	14	1	0
	1992	일화	17	6	0	0	25	5	0
	1993	일화	23	14	1	0	36	7	0
	1994	일화	14	7	1	0	19	2	1
	1995	일화	29	6	0	0	52	9	1
	1996	천안	30	6	3	0	66	9	2
	1997	천안	30	7	0	0	63	9	0
	1998	천안	23	9	0	0	55	6	1
	1999	천안	11	8	0	0	13	3	0
	합계		208	79	5	0	378	54	5
프로통산			208	79	5	0	378	54	5

박국창 (朴國昌) 조선대 1963.08.15

리그	연도	소속	출장	교체	득점	도움	파울	경고	퇴장
BC	1985	유공	8	8	0	0	6	0	0
	1986	유공	3	3	0	0	3	0	0
	1986	럭금	6	6	1	0	9	0	0
	1987	럭금	11	10	0	1	13	0	0
	합계		28	27	1	1	31	0	0
프로통산			28	27	1	1	31	0	0

박규선 (朴圭善) 서울체고 1981.09.24

리그	연도	소속	출장	교체	득점	도움	파울	경고	퇴장
BC	2000	울산	11	11	1	0	12	1	0
	2001	울산	26	20	0	0	13	1	0
	2002	울산	25	11	0	2	17	3	0
	2003	울산	8	6	0	0	4	0	0
	2004	전북	17	4	1	0	15	1	0
	2005	전북	21	9	1	0	30	4	0
	2006	울산	28	13	0	3	37	4	0
	2007	부산	18	16	0	2	26	3	0
	2008	광주상	32	13	4	3	38	3	0
	합계		186	103	7	10	192	20	0
프로통산			186	103	7	10	192	20	0

박금렬 (朴錦烈) 단국대 1972.05.05

리그	연도	소속	출장	교체	득점	도움	파울	경고	퇴장
BC	1998	천안	5	5	0	0	1	0	0
	합계		5	5	0	0	1	0	0
프로통산			5	5	0	0	1	0	0

박기동 (朴己東) 숭실대 1988.11.01

리그	연도	소속	출장	교체	득점	도움	파울	경고	퇴장
BC	2011	광주	31	15	3	5	60	2	0
	2012	광주	31	16	5	5	50	1	0
	합계		62	31	8	10	110	3	0
클	2013	제주	6	6	0	0	4	0	0
	2013	전남	18	12	1	1	18	0	0
	2014	전남	7	5	0	0	4	1	0
	합계		31	23	1	1	26	1	0
챌	2015	상주	35	30	6	5	40	6	0
	합계		35	30	6	5	40	6	0
프로통산			128	84	15	16	176	10	0

박기욱 (朴起旭) 울산대 1978.12.22

리그	연도	소속	출장	교체	득점	도움	파울	경고	퇴장
BC	2001	울산	28	11	0	3	44	5	0
	2002	울산	5	5	0	0	6	0	0
	2003	광주상	8	8	0	0	10	0	0
	2004	광주상	9	9	1	0	7	0	0
	2005	부천SK	14	15	1	1	24	2	0
	2006	제주	13	12	0	2	16	2	0
	합계		77	60	2	6	107	9	0
프로통산			77	60	2	6	107	9	0

박기필 (朴起必) 건국대 1984.07.29

리그	연도	소속	출장	교체	득점	도움	파울	경고	퇴장
BC	2005	부산	1	0	0	0	2	1	0
	2006	부산	9	8	1	1	6	1	0
	합계		10	8	1	1	8	2	0
프로통산			10	8	1	1	8	2	0

박기형 (朴基亨) 천안농고 1963.04.21

리그	연도	소속	출장	교체	득점	도움	파울	경고	퇴장
BC	1983	포철	4	5	0	0	0	0	0
	1989	포철	1	1	0	0	0	0	0
	합계		5	6	0	0	0	0	0
프로통산			5	6	0	0	0	0	0

박남열 (朴南烈) 대구대 1970.05.04

리그	연도	소속	출장	교체	득점	도움	파울	경고	퇴장
BC	1993	일화	27	23	3	1	13	2	0
	1994	일화	27	19	4	2	34	4	0
	1995	일화	24	20	2	2	26	2	0
	1996	천안	35	5	9	8	45	2	1
	1999	천안	27	11	4	2	48	5	0
	2000	성남	41	14	13	3	63	2	0
	2001	성남	24	11	3	3	27	3	0
	2002	성남	31	28	1	3	53	3	0
	2003	성남	11	9	1	0	26	2	0
	2004	수원	3	3	0	0	0	0	0
	합계		250	143	40	24	335	25	1
프로통산			250	143	40	24	335	25	1

박내인 (朴來仁) 전북대 1962.08.20

리그	연도	소속	출장	교체	득점	도움	파울	경고	퇴장
BC	1985	상무	6	1	0	0	4	0	0
	합계		6	1	0	0	4	0	0
프로통산			6	1	0	0	4	0	0

박노봉 (朴魯鳳) 고려대 1961.06.19

리그	연도	소속	출장	교체	득점	도움	파울	경고	퇴장
BC	1985	대우	16	0	1	0	18	1	0
	1986	대우	32	0	1	0	36	4	0
	1987	대우	29	1	0	0	14	0	0
	1988	대우	17	3	1	0	14	0	0
	1989	대우	38	9	1	0	41	3	0
	1990	대우	21	0	0	2	14	1	0
	1991	대우	1	1	0	0	0	0	0
	합계		154	14	4	2	137	9	0
프로통산			154	14	4	2	137	9	0

박대식 (朴大植) 중앙대 1984.03.03

리그	연도	소속	출장	교체	득점	도움	파울	경고	퇴장
BC	2007	부산	1	0	0	0	1	0	0
	합계		1	0	0	0	1	0	0
프로통산			1	0	0	0	1	0	0

박대제 (朴大濟) 서울시립대 1958.10.14

리그	연도	소속	출장	교체	득점	도움	파울	경고	퇴장
BC	1984	한일	14	6	1	0	8	1	0
	1985	한일	4	3	0	0	7	0	0
	합계		18	9	1	0	15	1	0
프로통산			18	9	1	0	15	1	0

박대한 (朴大韓) 성균관대 1991.05.01

리그	연도	소속	출장	교체	득점	도움	파울	경고	퇴장
클	2015	인천	35	3	1	1	44	8	0
	합계		35	3	1	1	44	8	0
챌	2014	강원	3	1	0	0	5	0	0
	합계		3	1	0	0	5	0	0
프로통산			38	4	1	1	49	8	0

박도현 (朴度賢) 배재대 1980.07.04

리그	연도	소속	출장	교체	득점	도움	파울	경고	퇴장
BC	2003	부천SK	2	2	0	0	0	0	0
	2007	대전	15	15	0	0	18	2	0
	합계		17	17	0	0	18	2	0
프로통산			17	17	0	0	18	2	0

박동균 (朴東均) 중앙대 1964.10.15

리그	연도	소속	출장	교체	득점	도움	파울	경고	퇴장
BC	1988	럭금	15	3	0	0	11	4	0
	합계		15	3	0	0	11	4	0
프로통산			15	3	0	0	11	4	0

박동석 (朴東錫) 아주대 1981.05.03

리그	연도	소속	출장	교체	실점	도움	파울	경고	퇴장
BC	2002	안양LG	1	0	1	0	0	0	0
	2003	안양LG	25	0	39	0	0	0	0
	2004	서울	12	0	7	0	1	0	0
	2005	서울	21	0	25	0	0	1	0
	2006	서울	0	0	0	0	0	0	0
	2007	광주상	19	1	22	0	1	1	0
	2008	광주상	8	0	10	0	0	0	0
	2009	서울	10	1	9	0	0	0	0
	합계		96	2	113	0	2	2	0
프로통산			96	2	113	0	2	2	0

박동수 (朴東洙) 서귀포고 1982.02.25

리그	연도	소속	출장	교체	득점	도움	파울	경고	퇴장
BC	2000	포항	6	5	0	0	3	1	0
	합계		6	5	0	0	3	1	0
프로통산			6	5	0	0	3	1	0

박동우 (朴東佑) 국민대 1970.11.03

리그	연도	소속	출장	교체	실점	도움	파울	경고	퇴장
BC	1995	일화	1	0	2	0	0	0	0
	1996	천안	12	0	22	0	0	0	0
	1997	부천SK	15	0	28	0	1	1	0
	1998	부천SK	36	0	48	0	0	1	0
	1999	부천SK	0	0	0	0	0	0	0
	2000	전남	27	0	30	0	0	0	0
	합계		91	0	130	0	1	2	0
프로통산			91	0	130	0	1	2	0

박동혁 (朴東赫) 고려대 1979.04.18

리그	연도	소속	출장	교체	득점	도움	파울	경고	퇴장
BC	2002	전북	21	3	2	0	35	2	0
	2003	전북	31	12	1	0	65	8	0
	2004	전북	22	5	4	0	42	7	0
	2005	전북	27	2	5	0	49	7	0
	2006	울산	34	4	4	0	54	5	1
	2007	울산	32	5	4	1	39	4	0
	2008	울산	37	3	1	2	55	5	0
	합계		204	34	21	3	339	38	1
클	2013	울산	25	19	0	0	5	1	0
	2014	울산	15	11	1	0	14	2	0
	합계		40	30	1	0	19	3	0
프로통산			244	64	22	3	358	41	1

박동혁 (朴東爀) 현대고 1992.03.11

리그	연도	소속	출장	교체	득점	도움	파울	경고	퇴장
BC	2012	울산	0	0	0	0	0	0	0
	합계		0	0	0	0	0	0	0
프로통산			0	0	0	0	0	0	0

박두흥 (朴斗興) 성균관대 1964.04.01

리그	연도	소속	출장	교체	득점	도움	파울	경고	퇴장
BC	1989	일화	27	10	1	0	40	2	0
	1990	일화	2	1	0	0	2	0	0
	1991	일화	24	12	0	4	26	1	0
	1992	일화	9	5	1	1	11	1	0
	합계		62	28	2	5	79	4	0
프로통산			62	28	2	5	79	4	0

박래철 (朴徠徹) 호남대 1977.08.20

리그	연도	소속	출장	교체	득점	도움	파울	경고	퇴장
BC	2000	대전	7	2	0	0	10	1	0
	2001	대전	10	8	0	0	16	4	0
	2002	대전	10	7	0	0	12	1	0
	2005	대전	1	1	0	0	0	0	0
	2006	대전	1	1	0	0	0	0	0
	합계		29	19	0	0	38	6	0
프로통산			29	19	0	0	38	6	0

박무홍 (朴武洪) 영남대 1957.08.19

리그	연도	소속	출장	교체	득점	도움	파울	경고	퇴장
BC	1983	포철	6	6	0	1	2	1	0
	1984	포철	2	1	0	0	1	0	0
	합계		8	7	0	1	3	1	0
프로통산			8	7	0	1	3	1	0

박문기 (朴雯璣) 전주대 1983.11.15

리그	연도	소속	출장	교체	득점	도움	파울	경고	퇴장
BC	2006	전남	1	1	0	0	0	0	0
	합계		1	1	0	0	0	0	0
프로통산			1	1	0	0	0	0	0

박민 (朴愍) 대구대 1986.05.06

리그	연도	소속	출장	교체	득점	도움	파울	경고	퇴장
BC	2009	경남	21	5	2	0	38	5	0
	2010	경남	4	1	0	0	3	0	0
	2011	경남	8	7	1	0	19	3	0
	2012	광주	21	1	2	0	41	3	0
	합계		54	14	5	0	101	11	0
클	2013	강원	20	12	1	0	17	2	0
	합계		20	12	1	0	17	2	0
챌	2014	안양	23	1	2	1	19	0	0
	합계		23	1	2	1	19	0	0
승	2013	강원	1	1	0	0	1	0	0
	합계		1	1	0	0	1	0	0
프로통산			98	28	8	1	138	13	0

박민근 (朴敏根) 한남대 1984.02.27

리그	연도	소속	출장	교체	득점	도움	파울	경고	퇴장
BC	2011	대전	18	13	1	1	30	5	0
	2012	대전	6	3	0	0	12	3	0
	합계		24	16	1	1	42	8	0
프로통산			24	16	1	1	42	8	0

박민서 (朴玟緖) 고려대 1976.08.24

리그	연도	소속	출장	교체	득점	도움	파울	경고	퇴장
BC	1999	부산	27	10	0	0	38	5	0
	2000	부산	26	10	2	0	29	2	2
	2001	부산	14	10	0	0	3	0	0
	2002	포항	11	8	0	0	17	3	0
	2003	부천SK	7	1	0	0	13	3	0
	2004	부천SK	1	1	0	0	0	0	0
	합계		86	40	2	0	100	13	2
프로통산			86	40	2	0	100	13	2

박민선 (朴玟宣) 용인대 1991.04.04

리그	연도	소속	출장	교체	실점	도움	파울	경고	퇴장
챌	2014	대구	3	1	5	0	0	0	0
	합계		3	1	5	0	0	0	0
프로통산			3	1	5	0	0	0	0

박민영 (朴民迥) 원주 학성중 1987.04.02

리그	연도	소속	출장	교체	득점	도움	파울	경고	퇴장
BC	2004	성남	0	0	0	0	0	0	0
	합계		0	0	0	0	0	0	0
프로통산			0	0	0	0	0	0	0

박병규 (朴炳圭) 고려대 1982.03.01

리그	연도	소속	출장	교체	득점	도움	파울	경고	퇴장
BC	2005	울산	34	0	0	1	22	5	0
	2006	울산	28	0	0	1	18	7	0
	2007	울산	38	0	0	1	46	3	0
	2008	울산	18	2	0	0	9	2	0
	2009	광주상	8	2	0	1	10	1	0
	2010	광주상	26	4	0	0	19	2	0
	2010	울산	0	0	0	0	0	0	0
	2011	울산	10	5	0	0	2	0	0
	합계		162	13	0	4	126	20	0
프로통산			162	13	0	4	126	20	0

박병원 (朴炳垣) 경희대 1983.09.02

리그	연도	소속	출장	교체	득점	도움	파울	경고	퇴장
챌	2013	안양	29	15	6	1	47	2	0
	2014	고양	34	16	3	3	51	2	0
	합계		63	31	9	4	98	4	0
프로통산			63	31	9	4	98	4	0

박병주 (朴秉柱) 한성대 1977.10.05

리그	연도	소속	출장	교체	득점	도움	파울	경고	퇴장
BC	2003	대구	10	3	0	1	20	3	0
	합계		10	3	0	1	20	3	0
프로통산			10	3	0	1	20	3	0

박병주 (朴炳柱) 단국대 1985.03.24

리그	연도	소속	출장	교체	득점	도움	파울	경고	퇴장
BC	2011	광주	23	4	0	0	50	6	1
	2012	제주	19	7	0	0	16	4	0
	합계		42	11	0	0	66	10	1
챌	2013	광주	4	0	0	0	4	0	0
	합계		4	0	0	0	4	0	0
프로통산			46	11	0	0	70	10	1

박병철 (朴炳澈) 한양대 1954.11.25

리그	연도	소속	출장	교체	득점	도움	파울	경고	퇴장
BC	1984	럭금	16	0	0	0	7	2	0
	합계		16	0	0	0	7	2	0
프로통산			16	0	0	0	7	2	0

박복준 (朴福濬) 연세대 1960.04.21

리그	연도	소속	출장	교체	득점	도움	파울	경고	퇴장
BC	1983	대우	3	1	0	0	2	0	0
	1984	현대	9	1	1	0	9	0	0
	1986	럭금	4	2	0	0	2	1	0
	합계		16	4	1	0	13	1	0
프로통산			16	4	1	0	13	1	0

박상록 (朴相錄) 경희대 1957.03.18

리그	연도	소속	출장	교체	득점	도움	파울	경고	퇴장
BC	1984	국민	2	2	0	0	1	0	0
	합계		2	2	0	0	1	0	0
프로통산			2	2	0	0	1	0	0

박상록 (朴常綠) 안동대 1965.08.13

리그	연도	소속	출장	교체	득점	도움	파울	경고	퇴장
BC	1989	일화	16	12	0	0	17	1	0
	1990	일화	2	2	0	0	2	0	0
	합계		18	14	0	0	19	1	0
프로통산			18	14	0	0	19	1	0

박상신 (朴相信) 동아대 1978.01.23

리그	연도	소속	출장	교체	득점	도움	파울	경고	퇴장
BC	2000	부산	3	3	0	0	1	0	0
	2001	부산	3	4	0	0	2	0	0
	2003	광주상	5	5	1	0	6	0	0
	2004	부산	11	11	0	0	4	1	0
	합계		22	23	1	0	13	1	0
프로통산			22	23	1	0	13	1	0

박상욱 (朴相旭) 대구예술대 1986.01.30

리그	연도	소속	출장	교체	득점	도움	파울	경고	퇴장
BC	2009	광주상	2	2	0	0	0	0	0
	2010	광주상	1	0	0	0	0	0	0
	2011	대전	1	1	0	0	4	0	0
	합계		4	3	0	0	4	0	0
프로통산			4	3	0	0	4	0	0

박상인 (朴商寅) 동래고 1952.11.15

리그	연도	소속	출장	교체	득점	도움	파울	경고	퇴장
BC	1983	할렐	16	4	4	3	1	1	0
	1984	할렐	28	5	7	2	10	0	0
	1985	할렐	21	5	6	2	9	1	0
	1986	현대	20	12	3	0	6	1	0
	1987	현대	1	1	0	0	1	0	0
	합계		86	27	20	7	27	3	0
프로통산			86	27	20	7	27	3	0

박상인 (朴相麟) 제주제일고 1976.03.10

리그	연도	소속	출장	교체	득점	도움	파울	경고	퇴장
BC	1995	포항	1	1	1	0	1	0	0
	1998	포항	2	3	0	0	1	0	0
	1999	포항	11	11	3	1	7	0	0

	2000	포항	4	6	0	0	0	0	0
	2001	포항	5	6	0	2	3	0	0
	2002	포항	8	8	0	0	8	0	0
		합계	31	35	4	3	20	0	0
프로통산			31	35	4	3	20	0	0

박상진 (朴相珍) 경희대 1987.03.03

리그	연도	소속	출장	교체	득점	도움	파울	경고	퇴장
BC	2010	강원	22	3	0	1	21	1	0
	2011	강원	24	8	0	0	12	3	0
	2012	강원	15	5	0	0	4	0	0
		합계	61	16	0	1	37	4	0
클	2013	강원	18	4	0	1	19	2	0
		합계	18	4	0	1	19	2	0
챌	2014	강원	4	1	0	0	5	2	0
	2015	강원	0	0	0	0	0	0	0
		합계	4	1	0	0	5	2	0
승	2013	강원	1	0	0	0	1	0	0
		합계	1	0	0	0	1	0	0
프로통산			84	21	0	2	62	8	0

박상철 (朴相澈) 배재대 1984.02.03

리그	연도	소속	출장	교체	실점	도움	파울	경고	퇴장
BC	2004	성남	8	0	11	0	0	0	0
	2005	성남	17	0	16	0	0	0	0
	2006	성남	6	0	4	0	0	0	0
	2008	전남	4	1	2	0	0	0	0
	2009	전남	11	0	16	0	0	4	0
	2010	전남	9	1	10	0	0	2	0
	2011	상주	2	0	4	0	0	1	0
		합계	57	2	63	0	0	7	0
프로통산			57	2	63	0	0	7	0

박상현 (朴相泫) 고려대 1987.02.11

리그	연도	소속	출장	교체	득점	도움	파울	경고	퇴장
BC	2011	광주	0	0	0	0	0	0	0
		합계	0	0	0	0	0	0	0
프로통산			0	0	0	0	0	0	0

박상희 (朴商希) 상지대 1987.12.02

리그	연도	소속	출장	교체	득점	도움	파울	경고	퇴장
챌	2013	상주	1	1	0	0	0	0	0
		합계	1	1	0	0	0	0	0
BC	2010	성남	6	6	0	0	5	0	0
	2011	성남	3	3	0	0	1	0	0
	2012	상주	12	11	2	0	21	2	0
		합계	21	20	2	0	27	2	0
프로통산			22	21	2	0	27	2	0

박석호 (朴石浩) 청주대 1961.05.20

리그	연도	소속	출장	교체	실점	도움	파울	경고	퇴장
BC	1989	포철	1	0	3	0	0	0	0
		합계	1	0	3	0	0	0	0
프로통산			1	0	3	0	0	0	0

박선용 (朴宣勇) 호남대 1989.03.12

리그	연도	소속	출장	교체	득점	도움	파울	경고	퇴장
BC	2012	전남	36	3	2	0	55	5	0
		합계	36	3	2	0	55	5	0
클	2013	전남	31	9	0	2	30	5	0
	2014	전남	9	1	0	0	13	0	0
	2015	포항	22	4	0	2	28	3	0
		합계	62	14	0	4	71	8	0
프로통산			98	17	2	4	126	13	0

박선우 (朴善禹) 건국대 1986.09.08

리그	연도	소속	출장	교체	득점	도움	파울	경고	퇴장
BC	2010	대전	1	1	0	0	0	0	0
		합계	1	1	0	0	0	0	0
프로통산			1	1	0	0	0	0	0

박선주 (朴宣柱) 연세대 1992.03.26

리그	연도	소속	출장	교체	득점	도움	파울	경고	퇴장
클	2013	포항	3	2	0	0	5	2	0
	2014	포항	18	12	0	0	27	4	0
	2015	포항	11	4	0	0	19	5	0
		합계	32	18	0	0	51	11	0
프로통산			32	18	0	0	51	11	0

박선홍 (朴善洪) 1993.11.05

리그	연도	소속	출장	교체	득점	도움	파울	경고	퇴장
클	2015	광주	10	10	1	1	1	1	0
		합계	10	10	1	1	1	1	0
프로통산			10	10	1	1	1	1	0

박성배 (朴成培) 숭실대 1975.11.28

리그	연도	소속	출장	교체	득점	도움	파울	경고	퇴장
BC	1998	전북	32	6	12	3	47	5	1
	1999	전북	30	10	11	1	30	2	0
	2000	전북	32	7	11	3	49	2	1
	2001	전북	23	11	3	4	26	1	0
	2002	전북	25	19	4	1	28	1	0
	2003	광주상	26	19	2	1	44	2	0
	2004	광주상	31	15	3	4	55	2	0
	2005	부산	25	19	7	2	56	2	0
	2007	수원	19	18	2	1	33	6	0
		합계	243	124	55	20	368	23	2
프로통산			243	124	55	20	368	23	2

박성용 (朴成庸) 단국대 1991.06.26

리그	연도	소속	출장	교체	득점	도움	파울	경고	퇴장
챌	2014	대구	11	5	1	0	8	1	0
	2015	대구	10	2	0	0	15	2	0
		합계	21	7	1	0	23	3	0
프로통산			21	7	1	0	23	3	0

박성진 (朴省珍) 동국대 1985.01.28

리그	연도	소속	출장	교체	득점	도움	파울	경고	퇴장
챌	2013	안양	32	7	6	7	32	2	0
	2014	안양	34	6	8	6	40	3	0
		합계	66	13	14	13	72	5	0
프로통산			66	13	14	13	72	5	0

박성철 (朴聖哲) 동아대 1975.03.16

리그	연도	소속	출장	교체	득점	도움	파울	경고	퇴장
BC	1997	부천SK	18	14	4	0	18	1	0
	1998	부천SK	15	13	0	0	27	0	0
	1999	부천SK	10	10	3	0	13	1	0
	2002	부천SK	22	22	3	3	21	2	0
	2003	부천SK	30	18	5	0	39	2	0
	2004	부천SK	7	6	0	0	21	1	0
	2005	성남	0	0	0	0	0	0	0
	2006	경남	16	12	1	0	24	4	0
	2007	경남	14	10	1	0	20	0	0
		합계	132	105	17	3	183	11	0
프로통산			132	105	17	3	183	11	0

박성호 (朴成鎬) 부평고 1982.07.27

리그	연도	소속	출장	교체	득점	도움	파울	경고	퇴장
BC	2001	안양LG	5	4	0	0	12	0	0
	2003	안양LG	2	2	0	0	0	0	0
	2006	부산	27	18	2	1	53	3	0
	2007	부산	33	13	5	2	68	2	1
	2008	대전	31	3	7	4	79	7	0
	2009	대전	28	6	9	2	69	3	0
	2010	대전	15	1	6	3	30	3	0
	2011	대전	29	6	8	1	75	7	0
	2012	포항	39	32	9	8	58	2	0
		합계	209	85	46	21	444	27	1
클	2013	포항	32	24	8	2	44	3	0
	2015	포항	26	26	3	0	18	3	0
		합계	58	50	11	2	62	6	0
프로통산			267	135	57	23	506	33	1

박성호 (朴成皓) 호남대 1992.05.18

리그	연도	소속	출장	교체	득점	도움	파울	경고	퇴장
챌	2014	고양	5	5	0	0	3	0	0
	2015	고양	0	0	0	0	0	0	0
		합계	5	5	0	0	3	0	0
프로통산			5	5	0	0	3	0	0

박성홍 (朴成弘) 호남대 1980.03.01

리그	연도	소속	출장	교체	득점	도움	파울	경고	퇴장
BC	2003	대구	26	5	0	2	52	4	0
		합계	26	5	0	2	52	4	0
프로통산			26	5	0	2	52	4	0

박성화 (朴成華) 고려대 1955.05.07

리그	연도	소속	출장	교체	득점	도움	파울	경고	퇴장
BC	1983	할렐	14	2	3	1	4	0	0
	1984	할렐	23	2	6	2	8	0	0
	1986	포철	29	3	0	1	8	0	0
	1987	포철	16	10	0	0	4	0	0
		합계	82	17	9	4	24	0	0
프로통산			82	17	9	4	24	0	0

박세영 (朴世英) 동아대 1989.10.03

리그	연도	소속	출장	교체	득점	도움	파울	경고	퇴장
BC	2012	성남	4	3	2	0	0	0	0
		합계	4	3	2	0	0	0	0
프로통산			4	3	2	0	0	0	0

박세직 (朴世直) 한양대 1989.05.25

리그	연도	소속	출장	교체	득점	도움	파울	경고	퇴장
BC	2012	전북	15	11	0	1	8	1	0
		합계	15	11	0	1	8	1	0
클	2013	전북	11	9	1	0	6	1	0
	2015	인천	30	27	4	2	16	0	0
		합계	41	36	5	2	22	1	0
프로통산			56	47	5	3	30	2	0

박세환 (朴世桓) 고려사이버대 1993.06.05

리그	연도	소속	출장	교체	득점	도움	파울	경고	퇴장
챌	2014	충주	4	4	0	0	2	0	0
	2014	안산	3	2	0	0	3	0	0
	2015	안산	7	7	0	0	5	0	0
		합계	14	13	0	0	10	0	0
프로통산			14	13	0	0	10	0	0

박수창 (朴壽昶) 경희대 1989.06.20

리그	연도	소속	출장	교체	득점	도움	파울	경고	퇴장
BC	2012	대구	1	1	0	0	1	0	0
		합계	1	1	0	0	1	0	0
클	2014	제주	21	16	6	1	19	1	0
	2015	제주	20	17	3	1	13	1	0
		합계	41	33	9	2	32	2	0
챌	2013	충주	29	10	0	2	41	3	0
		합계	29	10	0	2	41	3	0
프로통산			71	44	9	4	74	5	0

박순배 (朴淳培) 인천대 1969.04.22

리그	연도	소속	출장	교체	득점	도움	파울	경고	퇴장
BC	1997	포항	6	3	0	3	9	1	0
	1998	포항	2	2	0	0	3	0	0
		합계	8	5	0	3	12	1	0
프로통산			8	5	0	3	12	1	0

박승광 (朴承光) 광운대 1981.02.13

리그	연도	소속	출장	교체	득점	도움	파울	경고	퇴장
BC	2003	부천SK	3	0	0	0	6	0	0
		합계	3	0	0	0	6	0	0
프로통산			3	0	0	0	6	0	0

박승국 (朴勝國) 경희대 1969.08.08

리그	연도	소속	출장	교체	득점	도움	파울	경고	퇴장
BC	1994	버팔로	8	7	0	1	7	0	0
	1995	전북	1	1	0	0	2	0	0
		합계	9	8	0	1	9	0	0
프로통산			9	8	0	1	9	0	0

박승기 (朴昇基) 동아대 1960.09.03

리그	연도	소속	출장	교체	득점	도움	파울	경고	퇴장
BC	1984	국민	26	0	1	1	12	3	0
		합계	26	0	1	1	12	3	0
프로통산			26	0	1	1	12	3	0

박승렬 (朴丞烈) 동북고 1994.01.07

리그	연도	소속	출장	교체	득점	도움	파울	경고	퇴장
챌	2015	안양	9	9	0	0	12	1	0
	합계		9	9	0	0	12	1	0
프로통산			9	9	0	0	12	1	0

박승민 (朴昇敏) 경희대 1983.04.21

리그	연도	소속	출장	교체	득점	도움	파울	경고	퇴장
BC	2006	인천	14	14	1	0	7	1	0
	2007	인천	7	7	0	0	2	0	0
	2008	인천	11	9	0	0	21	4	0
	2009	광주상	5	5	0	0	6	0	0
	2010	광주상	12	10	0	0	7	0	0
	합계		49	45	1	0	43	5	0
프로통산			49	45	1	0	43	5	0

박승수 (朴昇洙) 호남대 1972.05.13

리그	연도	소속	출장	교체	득점	도움	파울	경고	퇴장
BC	1995	전남	0	0	0	0	0	0	0
	합계		0	0	0	0	0	0	0
프로통산			0	0	0	0	0	0	0

박승일 (朴乘一) 경희대 1989.01.08

리그	연도	소속	출장	교체	득점	도움	파울	경고	퇴장
BC	2010	울산	0	0	0	0	0	0	0
	2011	울산	21	16	2	1	21	0	0
	2012	울산	6	4	0	0	3	0	0
	합계		27	20	2	1	24	0	0
클	2013	전남	1	1	0	0	1	0	0
	2013	제주	3	3	0	1	1	0	0
	2014	상주	11	9	0	1	9	0	0
	합계		15	13	0	2	11	0	0
챌	2015	상주	0	0	0	0	0	0	0
	합계		0	0	0	0	0	0	0
프로통산			42	33	2	3	35	0	0

박신영 (朴信永) 조선대 1977.12.21

리그	연도	소속	출장	교체	득점	도움	파울	경고	퇴장
BC	2004	인천	3	1	0	0	8	1	0
	합계		3	1	0	0	8	1	0
프로통산			3	1	0	0	8	1	0

박양하 (朴良夏) 고려대 1962.05.28

리그	연도	소속	출장	교체	득점	도움	파울	경고	퇴장
BC	1986	대우	20	1	1	6	19	0	0
	1987	대우	5	2	0	1	1	0	0
	1988	대우	14	3	1	2	25	1	0
	1989	대우	5	5	0	0	1	0	0
	1990	대우	5	5	0	0	5	0	0
	합계		49	16	2	9	51	1	0
프로통산			49	16	2	9	51	1	0

박연혁 (朴鍊赫) 광운대 1960.04.25

리그	연도	소속	출장	교체	실점	도움	파울	경고	퇴장
BC	1986	유공	9	0	11	0	0	0	0
	합계		9	0	11	0	0	0	0
프로통산			9	0	11	0	0	0	0

박영근 (朴永根) 고려대 1981.09.13

리그	연도	소속	출장	교체	득점	도움	파울	경고	퇴장
BC	2004	부천SK	2	2	0	0	1	0	0
	2005	부천SK	3	3	0	0	1	0	0
	합계		5	5	0	0	2	0	0
프로통산			5	5	0	0	2	0	0

박영섭 (朴榮燮) 성균관대 1972.07.29

리그	연도	소속	출장	교체	득점	도움	파울	경고	퇴장
BC	1995	포항	20	12	2	0	26	3	0
	1996	포항	11	12	1	0	5	1	0
	1997	포항	9	9	1	0	4	0	0
	1998	포항	13	8	0	1	18	1	1
	합계		53	41	4	1	53	5	1
프로통산			53	41	4	1	53	5	1

박영수 (朴泳洙) 충남기계공고 1995.06.19

리그	연도	소속	출장	교체	득점	도움	파울	경고	퇴장
클	2015	대전	3	3	0	0	0	0	0
	합계		3	3	0	0	0	0	0
프로통산			3	3	0	0	0	0	0

박영수 (朴英洙) 경희고 1959.01.18

리그	연도	소속	출장	교체	실점	도움	파울	경고	퇴장
BC	1983	유공	7	0	12	0	0	0	0
	1985	유공	3	0	7	0	0	0	0
	합계		10	0	19	0	0	0	0
프로통산			10	0	19	0	0	0	0

박영순 (朴榮淳) 아주대 1977.03.25

리그	연도	소속	출장	교체	득점	도움	파울	경고	퇴장
BC	1995	대우	0	0	0	0	0	0	0
	2000	부산	0	0	0	0	0	0	0
	2001	부산	0	0	0	0	0	0	0
	합계		0	0	0	0	0	0	0
프로통산			0	0	0	0	0	0	0

박영준 (朴榮埈) 의정부고 1990.05.04

리그	연도	소속	출장	교체	득점	도움	파울	경고	퇴장
BC	2011	전남	2	2	0	0	0	0	0
	2012	전남	1	1	0	0	1	0	0
	합계		3	3	0	0	1	0	0
프로통산			3	3	0	0	1	0	0

박요셉 (朴요셉) 전주대 1980.12.03

리그	연도	소속	출장	교체	득점	도움	파울	경고	퇴장
BC	2002	안양LG	19	1	0	0	10	0	0
	2003	안양LG	16	10	3	0	28	1	0
	2004	서울	25	6	1	1	37	5	0
	2005	광주상	15	1	1	1	15	2	0
	2006	광주상	34	2	0	0	27	6	0
	2007	서울	3	3	0	0	8	0	0
	2008	서울	0	0	0	0	0	0	0
	합계		112	23	5	2	125	14	0
프로통산			112	23	5	2	125	14	0

박요한 (朴요한) 연세대 1989.01.16

리그	연도	소속	출장	교체	득점	도움	파울	경고	퇴장
BC	2011	광주	0	0	0	0	0	0	0
	2012	광주	5	3	0	0	5	1	0
	합계		5	3	0	0	5	1	0
챌	2013	충주	11	0	0	0	9	5	0
	2014	충주	26	4	0	2	20	2	0
	2015	충주	26	7	0	1	21	7	0
	합계		63	11	0	3	50	14	0
프로통산			68	14	0	3	55	15	0

박용우 (朴鎔宇) 건국대 1993.09.10

리그	연도	소속	출장	교체	득점	도움	파울	경고	퇴장
클	2015	서울	26	8	0	0	23	3	0
	합계		26	8	0	0	23	3	0
프로통산			26	8	0	0	23	3	0

박용재 (朴容材) 아주대 1989.11.28

리그	연도	소속	출장	교체	득점	도움	파울	경고	퇴장
BC	2012	수원	0	0	0	0	0	0	0
	합계		0	0	0	0	0	0	0
클	2013	전남	4	3	0	0	5	0	0
	2014	전남	2	2	0	1	2	0	0
	합계		6	5	0	1	7	0	0
프로통산			6	5	0	1	7	0	0

박용주 (朴龍柱) 한양대 1954.10.13

리그	연도	소속	출장	교체	득점	도움	파울	경고	퇴장
BC	1984	대우	4	2	0	0	3	0	0
	1985	대우	10	6	0	1	11	0	0
	합계		14	8	0	1	14	0	0
프로통산			14	8	0	1	14	0	0

박용준 (朴鏞峻) 선문대 1993.06.21

리그	연도	소속	출장	교체	득점	도움	파울	경고	퇴장
클	2013	수원	0	0	0	0	0	0	0
	합계		0	0	0	0	0	0	0
챌	2014	부천	5	5	1	0	3	0	0
	2015	부천	13	13	0	0	11	0	0
	합계		18	18	1	0	14	0	0
프로통산			18	18	1	0	14	0	0

박용지 (朴勇智) 중앙대 1992.10.09

리그	연도	소속	출장	교체	득점	도움	파울	경고	퇴장
클	2013	울산	16	15	1	1	21	4	0
	2014	울산	6	6	0	0	7	0	0
	2014	부산	21	14	2	0	29	6	0
	2015	부산	16	14	1	0	11	0	0
	2015	성남	17	17	1	3	9	2	0
	합계		76	66	5	4	77	12	0
프로통산			76	66	5	4	77	12	0

박용호 (朴容昊) 부평고 1981.03.25

리그	연도	소속	출장	교체	득점	도움	파울	경고	퇴장
BC	2000	안양LG	8	0	0	0	9	0	0
	2001	안양LG	23	8	2	0	16	1	0
	2002	안양LG	9	3	1	0	11	1	0
	2003	안양LG	21	5	2	0	14	2	0
	2004	서울	5	5	0	0	1	1	0
	2005	광주상	28	2	3	0	24	3	0
	2006	광주상	37	5	2	1	41	3	0
	2007	서울	9	4	0	0	5	1	0
	2008	서울	26	8	0	0	16	2	0
	2009	서울	23	3	2	0	33	3	0
	2010	서울	24	7	0	1	19	2	0
	2011	서울	18	4	1	0	14	2	0
	2012	부산	32	9	2	1	20	2	0
	합계		263	63	15	3	223	23	0
클	2013	부산	25	5	2	1	12	3	0
	합계		25	5	2	1	12	3	0
챌	2015	강원	10	4	0	0	7	1	0
	합계		10	4	0	0	7	1	0
프로통산			298	72	17	4	242	27	0

박우현 (朴雨賢) 인천대 1980.04.28

리그	연도	소속	출장	교체	득점	도움	파울	경고	퇴장
BC	2004	성남	24	1	0	1	53	3	0
	2005	성남	12	8	1	0	18	2	0
	2006	성남	14	3	1	0	17	6	0
	2008	성남	17	5	0	0	29	3	0
	2009	성남	11	5	0	0	10	1	0
	2010	부산	15	4	0	1	34	4	0
	2011	강원	6	1	0	0	9	5	0
	2012	강원	34	9	0	0	40	4	0
	합계		133	36	2	2	210	28	0
프로통산			133	36	2	2	210	28	0

박원길 (朴元吉) 울산대 1977.08.13

리그	연도	소속	출장	교체	득점	도움	파울	경고	퇴장
BC	2000	울산	1	1	0	0	1	0	0
	합계		1	1	0	0	1	0	0
프로통산			1	1	0	0	1	0	0

박원재 (朴源載) 위덕대 1984.05.28

리그	연도	소속	출장	교체	득점	도움	파울	경고	퇴장
BC	2003	포항	1	1	0	0	0	0	0
	2004	포항	29	20	0	1	22	0	0
	2005	포항	21	9	0	3	34	2	0
	2006	포항	24	10	3	3	28	2	0
	2007	포항	25	7	3	1	28	2	0
	2008	포항	26	5	4	3	32	4	0
	2010	전북	20	7	0	5	47	6	0
	2011	전북	27	0	1	4	49	6	0
	2012	전북	31	3	0	1	49	6	0
	합계		204	62	11	21	289	28	0
클	2013	전북	15	0	0	2	20	3	1
	2014	전북	3	1	0	0	5	0	0
	2015	전북	9	2	0	1	13	1	0
	합계		27	3	0	3	38	4	1
프로통산			231	65	11	24	327	32	1

박원홍 (朴元弘) 울산대 1984.04.07

리그	연도	소속	출장	교체	득점	도움	파울	경고	퇴장
BC	2006	울산	1	1	0	0	0	0	0
	2007	울산	0	0	0	0	0	0	0
	2009	광주상	6	5	0	0	4	0	0
	2010	광주상	9	9	1	0	3	0	0
	합계		16	15	1	0	7	0	0
프로통산			16	15	1	0	7	0	0

박윤기 (朴潤基) 서울시립대 1960.06.10

리그	연도	소속	출장	교체	득점	도움	파울	경고	퇴장
BC	1983	유공	14	2	9	2	12	0	0
	1984	유공	27	6	5	5	30	0	0
	1985	유공	18	9	2	2	20	1	0
	1986	유공	25	11	3	1	23	1	0
	1987	럭금	13	4	2	0	16	1	0
	합계		97	32	21	10	101	3	0
프로통산			97	32	21	10	101	3	0

박윤화 (朴允和) 숭실대 1978.06.13

리그	연도	소속	출장	교체	득점	도움	파울	경고	퇴장
BC	2001	안양LG	3	1	0	1	9	1	0
	2002	안양LG	15	13	1	0	14	1	0
	2003	안양LG	9	6	0	1	10	0	0
	2004	광주상	23	21	1	1	26	1	0
	2005	광주상	24	12	0	1	27	3	0
	2007	대구	28	3	0	4	49	5	0
	2008	경남	2	2	0	0	1	1	0
	2009	경남	1	0	0	0	4	0	0
	합계		105	58	2	8	140	12	0
프로통산			105	58	2	8	140	12	0

박인철 (朴仁哲) 영남대 1976.04.17

리그	연도	소속	출장	교체	실점	도움	파울	경고	퇴장
BC	1999	전남	5	0	8	0	0	0	0
	합계		5	0	8	0	0	0	0
프로통산			5	0	8	0	0	0	0

박일권 (朴一權) 1995.03.04

리그	연도	소속	출장	교체	득점	도움	파울	경고	퇴장
클	2015	광주	5	5	0	0	2	1	0
	합계		5	5	0	0	2	1	0
프로통산			5	5	0	0	2	1	0

박임수 (朴林洙) 아주대 1989.02.07

리그	연도	소속	출장	교체	득점	도움	파울	경고	퇴장
챌	2013	수원fc	1	1	0	0	0	0	0
	합계		1	1	0	0	0	0	0
프로통산			1	1	0	0	0	0	0

박재권 (朴在權) 한양대

리그	연도	소속	출장	교체	득점	도움	파울	경고	퇴장
BC	1988	대우	5	2	0	0	3	0	0
	합계		5	2	0	0	3	0	0
프로통산			5	2	0	0	3	0	0

박재성 (朴財成) 대구대 1991.06.19

리그	연도	소속	출장	교체	득점	도움	파울	경고	퇴장
클	2014	성남	1	1	0	0	0	0	0
	합계		1	1	0	0	0	0	0
프로통산			1	1	0	0	0	0	0

박재용 (朴宰用) 명지대 1985.12.30

리그	연도	소속	출장	교체	득점	도움	파울	경고	퇴장
BC	2006	성남	3	0	0	0	2	2	0
	2007	성남	0	0	0	0	0	0	0
	2008	성남	3	3	0	0	0	0	0
	합계		6	3	0	0	2	2	0
프로통산			6	3	0	0	2	2	0

박재우 (朴宰佑) 건국대 1995.10.11

리그	연도	소속	출장	교체	득점	도움	파울	경고	퇴장
클	2015	대전	10	6	0	0	1	0	0
	합계		10	6	0	0	1	0	0
프로통산			10	6	0	0	1	0	0

박재철 (朴宰徹) 한양대 1990.03.29

리그	연도	소속	출장	교체	득점	도움	파울	경고	퇴장
챌	2014	부천	8	6	1	0	5	0	0
	합계		8	6	1	0	5	0	0
프로통산			8	6	1	0	5	0	0

박재현 (朴栽賢) 상지대 1980.10.29

리그	연도	소속	출장	교체	득점	도움	파울	경고	퇴장
BC	2003	대구	3	3	0	0	6	0	0
	2005	인천	4	4	0	0	7	0	0
	2006	인천	17	11	0	1	30	3	0
	2007	인천	31	24	5	2	60	5	0
	2008	인천	29	27	0	2	42	1	0
	2009	인천	16	8	0	4	39	4	0
	합계		100	77	5	9	184	13	0
프로통산			100	77	5	9	184	13	0

박재홍 (朴載泓) 명지대 1978.11.10

리그	연도	소속	출장	교체	득점	도움	파울	경고	퇴장
BC	2003	전북	35	5	2	1	78	10	0
	2004	전북	15	1	0	2	41	4	0
	2005	전남	23	2	0	0	66	9	0
	2006	전남	30	4	0	1	63	5	1
	2008	경남	27	1	0	0	46	5	0
	2009	경남	5	1	0	0	4	1	0
	2011	경남	24	5	0	0	28	4	0
	합계		159	19	2	4	326	38	1
프로통산			159	19	2	4	326	38	1

박재홍 (朴栽弘) 연세대 1990.04.06

리그	연도	소속	출장	교체	득점	도움	파울	경고	퇴장
챌	2013	부천	32	0	1	0	46	7	0
	2014	부천	18	6	0	0	21	4	0
	2015	부천	2	2	0	0	0	0	0
	합계		52	8	1	0	67	11	0
프로통산			52	8	1	0	67	11	0

박정민 (朴正珉) 한남대 1988.10.25

리그	연도	소속	출장	교체	득점	도움	파울	경고	퇴장
BC	2012	광주	8	8	1	1	8	2	0
	합계		8	8	1	1	8	2	0
챌	2013	광주	14	14	3	1	19	2	0
	합계		14	14	3	1	19	2	0
프로통산			22	22	4	2	27	4	0

박정민 (朴廷珉) 고려대 1973.05.04

리그	연도	소속	출장	교체	득점	도움	파울	경고	퇴장
BC	1998	울산	13	11	0	0	11	0	0
	1999	울산	7	6	0	0	7	1	0
	2000	울산	1	0	0	0	3	1	0
	합계		21	17	0	0	21	2	0
프로통산			21	17	0	0	21	2	0

박정배 (朴正倍) 성균관대 1967.02.19

리그	연도	소속	출장	교체	득점	도움	파울	경고	퇴장
BC	1990	럭금	26	6	1	0	30	1	0
	1991	LG	38	2	4	4	51	3	0
	1992	LG	35	1	3	0	35	2	0
	1993	LG	12	2	1	0	16	1	0
	1994	대우	14	2	1	0	12	1	0
	1995	대우	23	5	0	1	25	4	0
	1996	부산	17	7	0	0	21	7	0
	1997	울산	22	2	0	0	26	4	0
	1998	울산	37	3	2	0	55	4	0
	1999	울산	3	3	0	0	0	0	0
	합계		227	33	12	5	271	27	0
프로통산			227	33	12	5	271	27	0

박정석 (朴庭奭) 동북고 1977.04.19

리그	연도	소속	출장	교체	득점	도움	파울	경고	퇴장
BC	2001	안양LG	31	1	1	0	69	5	0
	2002	안양LG	9	3	0	0	26	2	0
	2003	안양LG	19	1	0	0	67	5	0
	2004	서울	28	0	0	2	85	8	0
	2005	서울	18	6	0	0	55	9	0
	2006	서울	3	1	0	0	5	0	0
	합계		108	12	1	2	307	29	0
프로통산			108	12	1	2	307	29	0

박정수 (朴庭秀) 1987.01.13

리그	연도	소속	출장	교체	득점	도움	파울	경고	퇴장
챌	2015	고양	15	3	2	0	26	9	0
	합계		15	3	2	0	26	9	0
프로통산			15	3	2	0	26	9	0

박정식 (朴正植) 광운대 1988.01.20

리그	연도	소속	출장	교체	득점	도움	파울	경고	퇴장
챌	2013	안양	23	6	1	1	28	6	0
	2014	안양	13	7	0	0	10	0	0
	합계		36	13	1	1	38	6	0
프로통산			36	13	1	1	38	6	0

박정식 (朴正植) 호남대 1983.03.07

리그	연도	소속	출장	교체	득점	도움	파울	경고	퇴장
BC	2006	대구	11	7	0	0	17	0	0
	2007	대구	18	3	1	0	41	7	0
	2008	대구	21	7	0	1	26	4	0
	2009	대구	12	5	0	1	8	4	0
	2010	광주상	0	0	0	0	0	0	0
	2011	상주	0	0	0	0	0	0	0
	합계		62	22	1	2	92	15	0
프로통산			62	22	1	2	92	15	0

박정일 (朴晶一) 건국대 1959.11.19

리그	연도	소속	출장	교체	득점	도움	파울	경고	퇴장
BC	1984	럭금	18	11	4	2	10	0	0
	합계		18	11	4	2	10	0	0
프로통산			18	11	4	2	10	0	0

박정주 (朴廷柱) 한양대 1979.06.26

리그	연도	소속	출장	교체	득점	도움	파울	경고	퇴장
BC	2003	부천SK	4	4	0	0	3	1	0
	합계		4	4	0	0	3	1	0
프로통산			4	4	0	0	3	1	0

박정현 동아대 1974.05.28

리그	연도	소속	출장	교체	득점	도움	파울	경고	퇴장
BC	1999	전북	0	0	0	0	0	0	0
	합계		0	0	0	0	0	0	0
프로통산			0	0	0	0	0	0	0

박정혜 (朴炡慧) 숭실대 1987.04.21

리그	연도	소속	출장	교체	득점	도움	파울	경고	퇴장
BC	2009	대전	27	5	1	0	42	3	0
	2010	대전	23	6	1	0	34	4	0
	2011	대전	10	1	0	0	14	1	0
	합계		60	12	2	0	90	8	0
프로통산			60	12	2	0	90	8	0

박정환 (朴晶煥) 인천대 1977.01.14

리그	연도	소속	출장	교체	득점	도움	파울	경고	퇴장
BC	1999	안양LG	0	0	0	0	0	0	0
	2000	안양LG	5	5	1	0	6	1	0
	2001	안양LG	16	10	9	2	25	2	0
	2002	안양LG	18	18	2	1	25	1	0
	2004	광주상	28	22	6	2	65	3	0
	2005	광주상	18	15	2	0	28	0	0
	2006	전북	4	4	0	0	9	0	0
	2007	전북	5	5	1	0	5	1	0
	합계		94	79	21	5	163	8	0
프로통산			94	79	21	5	163	8	0

박정훈 (朴正勳) 고려대 1988.06.28

리그	연도	소속	출장	교체	득점	도움	파울	경고	퇴장
챌	2014	부천	7	6	0	0	6	2	0
	2015	고양	22	10	5	0	23	3	0
	합계		29	16	5	0	29	5	0
BC	2011	전북	1	0	1	0	1	0	0
	2012	강원	3	4	1	0	7	1	0
	합계		4	4	2	0	8	1	0
프로통산			33	20	7	0	37	6	0

박종대 (朴鍾大) 동아대 1966.01.12

리그	연도	소속	출장	교체	득점	도움	파울	경고	퇴장
BC	1989	일화	10	8	2	0	7	1	0
	1990	일화	24	15	3	1	12	0	0
	1991	일화	13	6	4	1	9	0	0
	합계		47	29	9	2	28	1	0
프로통산			47	29	9	2	28	1	0

박종문 전주대 1970.10.02

리그	연도	소속	출장	교체	실점	도움	파울	경고	퇴장
BC	1995	전남	10	4	11	0	0	0	0
	1997	전남	28	0	22	0	0	0	0
	1998	전남	21	0	32	0	2	0	0
	1999	전남	12	1	11	0	0	0	0
	2000	전남	12	0	17	0	1	1	0
	2001	전남	27	1	35	0	1	0	0
	2002	전남	33	0	29	0	0	0	0
	2003	전남	33	0	33	0	0	1	0
	2004	전남	13	0	16	0	1	1	0
	2005	전남	3	0	5	0	0	0	0
	2006	전남	0	0	0	0	0	0	0
	합계		192	6	211	0	5	3	0
프로통산			192	6	211	0	5	3	0

박종오 (朴宗吾) 한양대 1991.04.12

리그	연도	소속	출장	교체	득점	도움	파울	경고	퇴장
챌	2014	부천	2	2	0	0	1	0	0
	합계		2	2	0	0	1	0	0
프로통산			2	2	0	0	1	0	0

박종우 (朴鍾佑) 연세대 1989.03.10

리그	연도	소속	출장	교체	득점	도움	파울	경고	퇴장
클	2013	부산	31	1	2	6	81	9	0
	합계		31	1	2	6	81	9	0

박종우 (朴鐘佑) 숭실대 1979.04.11

리그	연도	소속	출장	교체	득점	도움	파울	경고	퇴장
BC	2002	전남	24	4	1	2	32	2	0
	2003	전남	26	7	0	4	26	4	0
	2004	광주상	32	8	3	1	41	5	0
	2005	광주상	28	9	1	3	35	1	0
	2006	전남	31	8	0	2	48	5	0
	2007	경남	29	11	3	3	43	3	0
	2008	경남	28	7	1	2	34	7	0
	2009	경남	1	0	0	0	3	1	0
	합계		199	54	9	17	262	28	0
프로통산			199	54	9	17	262	28	0

박종우 (朴鍾佑) 연세대 1989.03.10

리그	연도	소속	출장	교체	득점	도움	파울	경고	퇴장
BC	2010	부산	13	7	0	1	20	1	0
	2011	부산	30	5	2	3	49	9	0
	2012	부산	28	13	3	5	61	10	0
	합계		71	25	5	9	130	20	0
프로통산			102	26	7	15	211	29	0

박종욱 (朴鍾旭) 울산대 1975.01.11

리그	연도	소속	출장	교체	득점	도움	파울	경고	퇴장
BC	1997	울산	20	6	1	0	34	4	0
	1998	울산	1	1	0	0	0	0	0
	1999	울산	21	9	0	0	30	3	0
	2000	울산	18	2	0	1	29	3	0
	2001	울산	7	7	0	0	3	1	0
	2002	울산	9	8	0	0	7	1	0
	합계		76	33	1	1	103	12	0
프로통산			76	33	1	1	103	12	0

박종원 (朴鍾遠) 연세대 1955.04.12

리그	연도	소속	출장	교체	득점	도움	파울	경고	퇴장
BC	1983	대우	10	6	0	1	7	0	0
	1984	대우	9	5	1	0	10	0	0
	1985	대우	3	2	0	0	3	0	0
	합계		22	13	1	1	20	0	0
프로통산			22	13	1	1	20	0	0

박종윤 (朴鐘允) 호남대 1987.12.17

리그	연도	소속	출장	교체	득점	도움	파울	경고	퇴장
BC	2010	경남	3	1	0	0	0	0	0
	합계		3	1	0	0	0	0	0
프로통산			3	1	0	0	0	0	0

박종인 (朴鍾仁) 호남대 1988.11.12

리그	연도	소속	출장	교체	득점	도움	파울	경고	퇴장
BC	2012	광주	1	1	0	0	0	0	0
	합계		1	1	0	0	0	0	0
챌	2013	광주	10	10	0	1	12	2	0
	합계		10	10	0	1	12	2	0
프로통산			11	11	0	1	12	2	0

박종인 (朴鍾仁) 동아대 1974.04.10

리그	연도	소속	출장	교체	득점	도움	파울	경고	퇴장
BC	1997	안양LG	8	6	2	0	5	0	0
	1998	안양LG	18	11	2	1	29	2	0
	1999	안양LG	15	15	2	1	10	3	0
	2000	안양LG	3	3	0	0	1	0	0
	합계		44	35	6	2	45	5	0
프로통산			44	35	6	2	45	5	0

박종진 (朴宗眞) 숭실대 1987.06.24

리그	연도	소속	출장	교체	득점	도움	파울	경고	퇴장
BC	2009	강원	26	23	1	3	9	1	0
	2010	강원	4	4	0	0	2	0	0
	2010	수원	12	11	0	0	13	0	0
	2011	수원	21	17	1	2	21	3	0
	2012	수원	17	17	1	2	13	0	0
	합계		80	72	3	7	58	4	0
클	2013	수원	4	4	0	0	2	0	0
	2015	수원	0	0	0	0	0	0	0
	합계		4	4	0	0	2	0	0
챌	2013	경찰	5	1	0	0	8	0	0
	2014	안산	25	11	0	1	24	6	0
	2015	안산	8	5	0	0	9	0	0
	합계		38	17	0	1	41	6	0
프로통산			122	93	3	8	101	10	0

박종진 (朴鍾珍) 호남대 1980.05.04

리그	연도	소속	출장	교체	득점	도움	파울	경고	퇴장
BC	2003	대구	39	5	0	1	47	4	0
	2004	대구	27	4	0	0	27	4	0
	2005	대구	30	9	0	1	54	5	0
	2006	대구	36	3	0	1	76	7	0
	2007	대구	28	1	1	0	24	3	0
	2008	광주상	28	3	0	0	36	7	0
	2009	대구	1	1	0	0	1	0	0
	2010	대구	21	7	0	1	31	5	0
	2011	대구	18	6	0	0	17	3	0
	2012	대구	24	2	0	0	36	6	0
	합계		252	41	1	4	349	44	0
클	2013	대구	11	1	0	0	14	2	0
	합계		11	1	0	0	14	2	0
챌	2014	대구	7	3	0	0	3	0	0
	합계		7	3	0	0	3	0	0
프로통산			270	45	1	4	366	46	0

박종찬 (朴鐘燦) 한남대 1981.10.02

리그	연도	소속	출장	교체	득점	도움	파울	경고	퇴장
BC	2005	인천	1	1	0	0	0	0	0
	합계		1	1	0	0	0	0	0
챌	2013	수원fc	31	11	11	1	46	7	1
	2014	수원fc	20	15	3	1	21	3	0
	2015	수원fc	7	7	1	0	3	0	0
	합계		58	33	15	2	70	10	1
프로통산			59	34	15	2	70	10	1

박종찬 (朴鍾瓚) 서울시립대 1971.02.08

리그	연도	소속	출장	교체	득점	도움	파울	경고	퇴장
BC	1993	일화	22	18	0	0	7	1	0
	1994	일화	1	1	0	0	0	0	0
	1995	일화	3	2	0	0	0	0	0
	1996	천안	1	1	0	0	0	0	0
	합계		27	22	0	0	7	1	0
프로통산			27	22	0	0	7	1	0

박종필 (朴鍾弼) 한양공고 1976.10.17

리그	연도	소속	출장	교체	득점	도움	파울	경고	퇴장
BC	1995	전북	3	3	0	0	0	0	0
	1996	전북	3	3	0	0	0	0	0
	1997	전북	2	2	0	0	0	0	0
	합계		8	8	0	0	0	0	0
프로통산			8	8	0	0	0	0	0

박주성 (朴住成) 마산공고 1984.02.20

리그	연도	소속	출장	교체	득점	도움	파울	경고	퇴장
BC	2003	수원	11	9	0	0	12	0	0
	2004	수원	7	5	0	1	8	2	0
	2005	광주상	3	1	0	0	2	0	0
	2006	광주상	25	12	0	1	29	6	1
	2006	수원	1	1	0	0	0	0	0
	2007	수원	6	1	0	0	7	0	0
	2008	수원	1	1	0	0	0	0	0
	합계		54	30	0	2	58	8	1
클	2013	경남	17	9	0	0	33	3	0
	2014	경남	35	2	1	0	36	2	0
	합계		52	11	1	0	69	5	0
승	2014	경남	1	0	0	0	0	0	0
	합계		1	0	0	0	0	0	0
프로통산			107	41	1	2	127	13	1

박주영 (朴主永) 고려대 1985.07.10

리그	연도	소속	출장	교체	득점	도움	파울	경고	퇴장
BC	2005	서울	30	5	18	4	35	2	0
	2006	서울	30	16	8	1	25	0	0
	2007	서울	14	7	5	0	7	0	0
	2008	서울	17	7	2	4	19	2	0
	합계		91	35	33	9	86	4	0
클	2015	서울	23	13	7	2	24	2	0
	합계		23	13	7	2	24	2	0
프로통산			114	48	40	11	110	6	0

박주원 (朴株元) 홍익대 1990.10.19

리그	연도	소속	출장	교체	실점	도움	파울	경고	퇴장
클	2013	대전	0	0	0	0	0	0	0
	2015	대전	22	0	41	0	0	2	0
	합계		22	0	41	0	0	2	0
챌	2014	대전	16	1	12	0	2	2	0
	합계		16	1	12	0	2	2	0
프로통산			38	1	53	0	2	4	0

박주원 (朴周元) 부경대(부산공대) 1960.01.28

리그	연도	소속	출장	교체	득점	도움	파울	경고	퇴장
BC	1984	현대	5	4	0	0	0	0	0
	합계		5	4	0	0	0	0	0
프로통산			5	4	0	0	0	0	0

박주현 (朴株炫) 관동대 1984.09.29

리그	연도	소속	출장	교체	득점	도움	파울	경고	퇴장
BC	2007	대전	6	5	1	0	11	0	0
	2008	대전	8	4	2	0	14	3	0
	2010	대전	2	2	1	0	0	0	0
	합계		16	11	4	0	25	3	0
프로통산			16	11	4	0	25	3	0

박준강 (朴埈江) 상지대 1991.06.06

리그	연도	소속	출장	교체	득점	도움	파울	경고	퇴장
클	2013	부산	30	0	1	0	35	8	0
	2014	부산	14	1	0	1	20	5	0
	2015	부산	20	7	0	0	13	1	0
	합계		64	8	1	1	68	14	0
승	2015	부산	2	1	0	0	2	1	0
	합계		2	1	0	0	2	1	0
프로통산			66	9	1	1	70	15	0

박준성 (朴俊成) 조선대 1984.09.11

리그	연도	소속	출장	교체	득점	도움	파울	경고	퇴장

리그	연도	소속	출장	교체	득점	도움	파울	경고	퇴장
BC	2007	제주	6	5	0	0	10	1	0
	합계		6	5	0	0	10	1	0
프로통산			6	5	0	0	10	1	0

박준승 (朴俊勝) 홍익대 1990.02.27

리그	연도	소속	출장	교체	득점	도움	파울	경고	퇴장
챌	2013	경찰	6	6	0	0	0	0	0
	합계		6	6	0	0	0	0	0
프로통산			6	6	0	0	0	0	0

박준영 (朴俊英) 광양제철고 1981.07.08

리그	연도	소속	출장	교체	실점	도움	파울	경고	퇴장
BC	2000	전남	0	0	0	0	0	0	0
	2003	대구	0	0	0	0	0	0	0
	2004	대구	0	0	0	0	0	0	0
	2005	대구	2	0	6	0	0	0	0
	합계		2	0	6	0	0	0	0
프로통산			2	0	6	0	0	0	0

박준오 (朴俊五) 대구대 1986.03.01

리그	연도	소속	출장	교체	득점	도움	파울	경고	퇴장
BC	2010	대구	0	0	0	0	0	0	0
	합계		0	0	0	0	0	0	0
프로통산			0	0	0	0	0	0	0

박준태 (朴俊泰) 고려대 1989.12.02

리그	연도	소속	출장	교체	득점	도움	파울	경고	퇴장
BC	2009	울산	8	8	0	0	4	0	0
	2010	울산	1	1	0	0	0	0	0
	2011	인천	26	25	5	1	10	2	0
	2012	인천	27	26	3	0	21	2	0
	합계		62	60	8	1	35	4	0
클	2013	전남	27	17	1	1	22	1	0
	2014	전남	7	9	0	0	3	0	0
	합계		34	26	1	1	25	1	0
챌	2015	상주	2	2	0	0	3	1	0
	합계		2	2	0	0	3	1	0
프로통산			98	88	9	2	63	6	0

박준혁 (朴俊赫) 전주대 1987.04.11

리그	연도	소속	출장	교체	실점	도움	파울	경고	퇴장
클	2013	제주	31	0	38	0	1	4	0
	2014	성남	35	0	33	0	0	2	0
	2015	성남	32	0	26	0	0	4	0
	합계		98	0	97	0	1	10	0
BC	2010	경남	0	0	0	0	0	0	0
	2011	대구	24	0	32	0	1	4	1
	2012	대구	38	0	53	0	2	2	0
	합계		62	0	85	0	3	6	1
프로통산			160	0	182	0	4	16	1

박준홍 (朴竣弘) 연세대 1978.04.13

리그	연도	소속	출장	교체	득점	도움	파울	경고	퇴장
BC	2001	부산	7	7	0	0	4	0	0
	2002	부산	10	6	0	0	10	0	0
	2003	광주상	20	7	0	0	13	3	0
	2004	광주상	15	1	0	0	25	1	0
	2005	부산	16	3	0	0	26	3	0
	2006	부산	5	4	0	0	3	1	0
	합계		73	28	0	0	81	8	0
프로통산			73	28	0	0	81	8	0

박준희 (朴畯熙) 건국대 1991.03.01

리그	연도	소속	출장	교체	득점	도움	파울	경고	퇴장
클	2014	포항	1	0	0	0	3	0	0
	2015	포항	3	2	0	0	4	0	0
	합계		4	2	0	0	7	0	0
프로통산			4	2	0	0	7	0	0

박중천 (朴重天) 명지대 1983.10.11

리그	연도	소속	출장	교체	득점	도움	파울	경고	퇴장
BC	2006	제주	0	0	0	0	0	0	0
	2009	제주	0	0	0	0	0	0	0
	합계		0	0	0	0	0	0	0
프로통산			0	0	0	0	0	0	0

박지민 (朴智敏) 1994.03.07

리그	연도	소속	출장	교체	득점	도움	파울	경고	퇴장
클	2014	경남	4	4	0	0	0	1	0
	합계		4	4	0	0	0	1	0
챌	2015	충주	12	12	1	0	6	0	0
	합계		12	12	1	0	6	0	0
프로통산			16	16	1	0	6	1	0

박지수 (朴志水) 대건고 1994.06.13

리그	연도	소속	출장	교체	득점	도움	파울	경고	퇴장
챌	2015	경남	28	16	1	1	17	4	0
	합계		28	16	1	1	17	4	0
프로통산			28	16	1	1	17	4	0

박지영 (朴至永) 건국대 1987.02.07

리그	연도	소속	출장	교체	실점	도움	파울	경고	퇴장
BC	2010	수원	0	0	0	0	0	0	0
	합계		0	0	0	0	0	0	0
클	2014	상주	1	0	0	0	1	0	0
	합계		1	0	0	0	1	0	0
챌	2013	안양	2	0	0	0	0	0	0
	2015	상주	1	0	0	0	0	0	0
	2015	안양	0	0	0	0	0	0	0
	합계		3	0	0	0	0	0	0
프로통산			4	0	0	0	1	0	0

박지용 (朴志容) 대전상업정보고 1983.05.28

리그	연도	소속	출장	교체	득점	도움	파울	경고	퇴장
BC	2004	전남	3	2	0	0	2	0	0
	2007	전남	8	4	0	0	19	5	0
	2008	전남	12	3	0	0	16	5	0
	2009	전남	23	6	0	1	30	7	0
	2010	전남	4	2	0	0	1	0	0
	2011	강원	12	0	0	0	26	7	0
	합계		62	17	0	1	94	24	0
프로통산			62	17	0	1	94	24	0

박지호 (朴志鎬) 인천대 1970.07.04

리그	연도	소속	출장	교체	득점	도움	파울	경고	퇴장
BC	1993	LG	26	22	0	0	18	4	0
	1994	LG	4	4	0	1	5	1	0
	1995	포항	6	5	0	1	13	0	0
	1996	포항	9	7	1	0	7	3	0
	1997	포항	20	14	5	0	31	3	0
	1999	천안	5	5	0	1	6	0	0
	합계		70	57	6	3	80	11	0
프로통산			70	57	6	3	80	11	0

박진섭 (朴珍燮) 고려대 1977.03.11

리그	연도	소속	출장	교체	득점	도움	파울	경고	퇴장
BC	2002	울산	33	10	2	4	51	3	1
	2003	울산	41	10	1	6	65	6	0
	2004	울산	28	2	0	2	42	6	0
	2005	울산	14	0	0	2	17	3	0
	2005	성남	21	5	0	1	25	3	0
	2006	성남	35	18	0	3	34	2	0
	2007	성남	24	8	0	4	27	7	0
	2008	성남	35	3	0	2	31	6	0
	2009	부산	27	1	0	1	29	8	0
	2010	부산	26	3	0	2	27	9	0
	합계		284	60	3	27	348	53	1
프로통산			284	60	3	27	348	53	1

박진수 (朴鎭秀) 고려대 1987.03.01

리그	연도	소속	출장	교체	득점	도움	파울	경고	퇴장
챌	2013	충주	33	3	3	1	63	7	0
	2014	충주	30	13	1	2	34	2	0
	2015	충주	11	10	0	0	3	0	0
	합계		74	26	4	3	100	9	0
프로통산			74	26	4	3	100	9	0

박진옥 (朴鎭玉) 경희대 1982.05.28

리그	연도	소속	출장	교체	득점	도움	파울	경고	퇴장
BC	2005	부천SK	29	25	1	0	15	1	0
	2006	제주	24	11	0	0	28	4	0
	2007	제주	28	4	1	0	36	1	0
	2008	제주	15	10	0	0	14	0	0
	2009	광주상	11	8	0	0	15	0	0
	2010	광주상	10	7	0	0	9	0	0
	2010	제주	0	0	0	0	0	0	0
	2011	제주	21	6	0	1	27	2	0
	2012	제주	16	9	0	0	16	3	0
	합계		154	80	2	1	160	11	0
클	2013	대전	30	5	0	0	31	2	0
	합계		30	5	0	0	31	2	0
챌	2014	광주	8	2	0	0	16	1	0
	합계		8	2	0	0	16	1	0
프로통산			192	87	2	1	207	14	0

박진이 (朴眞伊) 아주대 1983.04.05

리그	연도	소속	출장	교체	득점	도움	파울	경고	퇴장
BC	2007	경남	7	5	0	0	4	1	0
	2008	경남	20	4	0	1	26	2	0
	2009	경남	3	2	0	0	4	0	0
	합계		30	11	0	1	34	3	0
프로통산			30	11	0	1	34	3	0

박진포 (朴珍鋪) 대구대 1987.08.13

리그	연도	소속	출장	교체	득점	도움	파울	경고	퇴장
BC	2011	성남	32	2	0	3	62	6	0
	2012	성남	40	0	0	3	74	7	0
	합계		72	2	0	6	136	13	0
클	2013	성남	35	3	1	5	55	8	0
	2014	성남	32	2	1	2	45	6	0
	합계		67	5	2	7	100	14	0
챌	2015	상주	32	3	3	3	35	4	0
	합계		32	3	3	3	35	4	0
프로통산			171	10	5	16	271	31	0

박창선 (朴昌善) 경희대 1954.02.02

리그	연도	소속	출장	교체	득점	도움	파울	경고	퇴장
BC	1983	할렐	15	1	3	6	24	3	0
	1984	대우	28	0	6	7	29	0	0
	1985	대우	5	0	0	2	6	1	0
	1986	대우	12	4	0	1	16	0	0
	1987	유공	13	3	2	1	24	0	0
	합계		73	8	11	17	99	4	0
프로통산			73	8	11	17	99	4	0

박창주 (朴昌宙) 단국대 1972.09.30

리그	연도	소속	출장	교체	실점	도움	파울	경고	퇴장
BC	1999	울산	2	1	5	0	0	0	0
	2000	울산	0	0	0	0	0	0	0
	2001	울산	0	0	0	0	0	0	0
	합계		2	1	5	0	0	0	0
프로통산			2	1	5	0	0	0	0

박창헌 (朴昌憲) 동국대 1985.12.12

리그	연도	소속	출장	교체	득점	도움	파울	경고	퇴장
BC	2008	인천	14	6	0	0	21	3	0
	2009	인천	14	11	0	0	16	1	0
	2010	인천	11	10	0	0	12	1	0
	2011	경남	4	3	0	0	5	0	0
	합계		43	30	0	0	54	5	0
프로통산			43	30	0	0	54	5	0

박창현 (朴昶鉉) 한양대 1966.06.08

리그	연도	소속	출장	교체	득점	도움	파울	경고	퇴장
BC	1989	포철	29	13	3	2	23	3	0
	1992	포철	28	8	7	4	26	1	0
	1993	포철	23	16	4	2	27	0	0
	1994	포철	20	15	1	0	15	2	0
	1995	전남	8	7	0	0	6	0	0
	합계		108	59	15	8	97	6	0
프로통산			108	59	15	8	97	6	0

박천신 (朴天申) 동의대 1983.11.04

리그	연도	소속	출장	교체	득점	도움	파울	경고	퇴장

리그	연도	소속	출장	교체	득점	도움	파울	경고	퇴장
BC	2006	전남	2	2	0	0	4	1	0
	2007	전남	3	3	0	0	2	0	0
	합계		5	5	0	0	6	1	0
프로통산			5	5	0	0	6	1	0

박철 (朴徹) 대구대 1973.08.20

리그	연도	소속	출장	교체	득점	도움	파울	경고	퇴장
BC	1994	LG	25	2	2	0	22	3	0
	1995	LG	23	0	2	1	47	5	0
	1996	안양LG	19	10	1	0	18	2	0
	1999	부천SK	27	2	0	0	32	5	0
	2000	부천SK	32	2	1	1	27	1	0
	2001	부천SK	27	2	0	1	24	1	0
	2002	부천SK	27	3	1	0	15	1	0
	2003	대전	25	5	0	0	14	2	0
	2004	대전	24	1	0	0	10	1	0
	2005	대전	16	3	0	1	15	0	0
	합계		245	30	7	4	224	21	0
프로통산			245	30	7	4	224	21	0

박철우 (朴哲祐) 청주상고 1965.09.29

리그	연도	소속	출장	교체	실점	도움	파울	경고	퇴장
BC	1985	포철	11	0	7	0	0	0	0
	1986	포철	3	0	5	0	0	0	0
	1991	포철	28	1	31	0	2	0	0
	1992	LG	13	1	17	0	0	0	0
	1993	LG	29	1	30	0	2	1	0
	1994	LG	20	2	30	0	1	0	0
	1995	전남	11	5	15	0	0	0	0
	1996	수원	22	0	18	0	2	2	0
	1997	수원	19	0	23	0	1	2	0
	1998	전남	15	0	12	0	0	1	0
	1999	전남	19	1	29	0	0	0	0
	합계		190	11	217	0	8	6	0
프로통산			190	11	217	0	8	6	0

박철웅 (朴鐵雄) 영남대 1958.04.15

리그	연도	소속	출장	교체	득점	도움	파울	경고	퇴장
BC	1983	포철	4	4	0	0	0	0	0
	1984	포철	1	0	0	0	0	0	0
	합계		5	4	0	0	0	0	0
프로통산			5	4	0	0	0	0	0

박철형 (朴哲亨) 울산대 1982.03.17

리그	연도	소속	출장	교체	득점	도움	파울	경고	퇴장
BC	2005	부천SK	2	2	0	0	0	0	0
	2006	제주	4	4	0	0	2	0	0
	합계		6	6	0	0	2	0	0
프로통산			6	6	0	0	2	0	0

박청효 (朴青孝) 연세대 1990.02.13

리그	연도	소속	출장	교체	실점	도움	파울	경고	퇴장
클	2013	경남	10	0	21	0	0	1	0
	2014	경남	0	0	0	0	0	0	0
	합계		10	0	21	0	0	1	0
챌	2014	충주	8	0	14	0	0	1	0
	2015	충주	4	0	4	0	0	0	0
	합계		12	0	18	0	0	1	0
프로통산			22	0	39	0	0	2	0

박충균 (朴忠均) 건국대 1973.06.20

리그	연도	소속	출장	교체	득점	도움	파울	경고	퇴장
BC	1996	수원	10	3	0	0	14	1	0
	1997	수원	12	4	0	0	30	3	0
	1998	수원	2	1	0	0	3	0	0
	2001	수원	2	1	0	0	0	0	0
	2001	성남	9	4	1	1	12	2	0
	2002	성남	10	4	0	1	14	2	0
	2003	성남	25	9	0	1	45	4	0
	2004	부산	14	9	0	0	12	3	0
	2005	부산	10	1	0	0	16	0	0
	2006	대전	22	8	0	0	43	4	0
	2007	부산	10	6	0	0	14	2	0
	합계		126	50	1	3	203	21	0
프로통산			126	50	1	3	203	21	0

박태민 (朴太民) 연세대 1986.01.21

리그	연도	소속	출장	교체	득점	도움	파울	경고	퇴장
BC	2008	수원	6	3	0	0	12	0	0
	2009	수원	2	1	0	0	3	0	0
	2010	수원	2	1	0	0	3	0	0
	2011	부산	23	7	1	1	34	4	0
	2012	인천	40	5	0	4	44	3	0
	합계		73	17	1	5	96	7	0
클	2013	인천	36	1	3	0	46	6	0
	2014	인천	36	1	1	2	37	4	0
	2015	성남	20	2	0	1	30	3	0
	합계		92	4	4	3	113	13	0
프로통산			165	21	5	8	209	20	0

박태수 (朴太洙) 홍익대 1989.12.01

리그	연도	소속	출장	교체	득점	도움	파울	경고	퇴장
BC	2011	인천	6	3	0	0	10	2	0
	2012	인천	2	1	0	0	3	0	0
	합계		8	4	0	0	13	2	0
클	2013	대전	14	5	0	0	33	5	0
	합계		14	5	0	0	33	5	0
챌	2014	충주	25	1	1	4	59	10	0
	2015	안양	22	10	0	1	28	3	0
	합계		47	11	1	5	87	13	0
프로통산			69	20	1	5	133	20	0

박태웅 (朴泰雄) 숭실대 1988.01.30

리그	연도	소속	출장	교체	득점	도움	파울	경고	퇴장
BC	2010	경남	2	1	0	0	2	1	0
	2011	강원	14	5	0	1	30	5	0
	2012	강원	8	6	0	0	16	3	0
	2012	수원	8	5	0	1	14	3	0
	합계		32	17	0	2	62	12	0
클	2013	수원	0	0	0	0	0	0	0
	2014	상주	0	0	0	0	0	0	0
	합계		0	0	0	0	0	0	0
챌	2013	상주	2	0	0	0	5	2	0
	합계		2	0	0	0	5	2	0
승	2013	상주	0	0	0	0	0	0	0
	합계		0	0	0	0	0	0	0
프로통산			34	17	0	2	67	14	0

박태원 (朴泰元) 순천고 1977.04.12

리그	연도	소속	출장	교체	득점	도움	파울	경고	퇴장
BC	2000	전남	1	1	0	0	1	0	0
	합계		1	1	0	0	1	0	0
프로통산			1	1	0	0	1	0	0

박태윤 (朴泰潤) 중앙대 1991.04.05

리그	연도	소속	출장	교체	득점	도움	파울	경고	퇴장
클	2014	울산	0	0	0	0	0	0	0
	합계		0	0	0	0	0	0	0
프로통산			0	0	0	0	0	0	0

박태하 (朴泰夏) 대구대 1968.05.29

리그	연도	소속	출장	교체	득점	도움	파울	경고	퇴장
BC	1991	포철	31	6	3	0	52	4	0
	1992	포철	35	11	5	7	55	4	0
	1993	포철	5	4	0	0	2	0	0
	1996	포항	36	7	9	4	64	3	0
	1997	포항	18	0	6	4	15	1	0
	1998	포항	38	9	9	10	65	3	0
	1999	포항	31	4	5	4	53	3	0
	2000	포항	35	4	8	2	42	2	0
	2001	포항	32	14	1	6	37	5	0
	합계		261	59	46	37	385	25	0
프로통산			261	59	46	37	385	25	0

박태형 (朴泰炯) 단국대 1992.04.07

리그	연도	소속	출장	교체	득점	도움	파울	경고	퇴장
챌	2015	고양	15	4	0	0	10	4	0
	합계		15	4	0	0	10	4	0
프로통산			15	4	0	0	10	4	0

박한석

리그	연도	소속	출장	교체	득점	도움	파울	경고	퇴장
BC	1995	대우	0	0	0	0	0	0	0
	1996	부산	0	0	0	0	0	0	0
	합계		0	0	0	0	0	0	0
프로통산			0	0	0	0	0	0	0

박항서 (朴恒緖) 한양대 1959.01.04

리그	연도	소속	출장	교체	득점	도움	파울	경고	퇴장
BC	1984	럭금	21	3	2	1	21	2	0
	1985	럭금	19	3	4	3	32	3	0
	1986	럭금	35	3	6	3	65	4	0
	1987	럭금	28	1	7	0	39	3	1
	1988	럭금	12	5	1	1	18	2	0
	합계		115	15	20	8	175	14	1
프로통산			115	15	20	8	175	14	1

박헌균 (朴憲均) 안양공고 1971.05.29

리그	연도	소속	출장	교체	득점	도움	파울	경고	퇴장
BC	1990	유공	4	4	0	0	1	0	0
	합계		4	4	0	0	1	0	0
프로통산			4	4	0	0	1	0	0

박혁순 (朴赫淳) 연세대 1980.03.06

리그	연도	소속	출장	교체	득점	도움	파울	경고	퇴장
BC	2003	안양LG	7	7	0	0	4	1	0
	2006	광주상	15	11	1	0	7	0	0
	2007	경남	5	4	1	1	9	1	0
	2008	경남	2	1	0	0	1	0	0
	합계		29	23	2	1	21	2	0
프로통산			29	23	2	1	21	2	0

박현 (朴賢) 인천대 1988.09.24

리그	연도	소속	출장	교체	득점	도움	파울	경고	퇴장
BC	2011	광주	4	1	0	2	7	0	0
	2012	광주	13	13	2	0	10	0	0
	합계		17	14	2	2	17	0	0
챌	2013	광주	23	17	4	3	25	3	0
	2014	광주	12	9	0	0	12	1	0
	합계		35	26	4	3	37	4	0
프로통산			52	40	6	5	54	4	0

박현범 (朴玹範) 연세대 1987.05.07

리그	연도	소속	출장	교체	득점	도움	파울	경고	퇴장
BC	2008	수원	18	10	2	2	19	0	0
	2009	수원	14	11	1	0	8	0	0
	2010	제주	26	4	3	2	28	3	1
	2011	제주	18	1	6	2	20	0	0
	2011	수원	13	3	0	2	23	2	0
	2012	수원	38	8	4	0	63	6	0
	합계		127	37	16	8	161	11	1
클	2013	수원	14	6	0	0	15	0	0
	2015	수원	2	2	0	0	0	1	0
	합계		16	8	0	0	15	1	0
챌	2014	안산	21	15	0	0	28	3	0
	2015	안산	19	11	1	0	13	1	0
	합계		40	26	1	0	41	4	0
프로통산			183	71	17	8	217	16	1

박현순 경북산업대(경일대) 1972.01.02

리그	연도	소속	출장	교체	득점	도움	파울	경고	퇴장
BC	1995	포항	0	0	0	0	0	0	0
	합계		0	0	0	0	0	0	0
프로통산			0	0	0	0	0	0	0

박현용 (朴鉉用) 아주대 1964.04.06

리그	연도	소속	출장	교체	득점	도움	파울	경고	퇴장
BC	1987	대우	12	10	0	0	7	0	0
	1988	대우	10	10	1	0	10	0	0
	1989	대우	17	3	2	0	28	1	0
	1990	대우	28	3	3	0	46	2	0
	1991	대우	39	0	7	2	35	3	0

	1992	대우	29	0	1	0	36	3	1
	1993	대우	34	0	3	2	37	3	0
	1994	대우	10	0	0	0	6	0	0
	1995	대우	19	5	0	0	21	3	0
	합계		198	31	17	4	226	15	1
프로통산			198	31	17	4	226	15	1

박형근 (朴亨根) 경희대 1985.12.14

리그	연도	소속	출장	교체	득점	도움	파울	경고	퇴장
BC	2008	인천	5	5	0	0	1	0	0
	합계		5	5	0	0	1	0	0
프로통산			5	5	0	0	1	0	0

박형순 (朴炯淳) 광운대 1989.10.23

리그	연도	소속	출장	교체	실점	도움	파울	경고	퇴장
챌	2013	수원fc	16	0	20	0	1	1	1
	2014	수원fc	18	1	21	1	0	0	0
	2015	수원fc	22	0	23	0	1	1	0
	합계		56	1	64	1	2	2	1
승	2015	수원fc	2	0	0	0	0	0	0
	합계		2	0	0	0	0	0	0
프로통산			58	1	64	1	2	2	1

박형주 (朴亨珠) 한양대 1972.02.02

리그	연도	소속	출장	교체	득점	도움	파울	경고	퇴장
BC	1999	포항	23	7	0	1	23	0	0
	2000	포항	27	8	0	2	34	4	0
	2001	포항	17	10	0	0	27	5	0
	합계		67	25	0	3	84	9	0
프로통산			67	25	0	3	84	9	0

박호용 (朴鎬用) 안동고 1991.06.30

리그	연도	소속	출장	교체	득점	도움	파울	경고	퇴장
BC	2011	인천	3	2	0	0	6	2	0
	합계		3	2	0	0	6	2	0
프로통산			3	2	0	0	6	2	0

박호진 (朴虎珍) 연세대 1976.10.22

리그	연도	소속	출장	교체	실점	도움	파울	경고	퇴장
BC	1999	수원	0	0	0	0	0	0	0
	2000	수원	1	0	1	0	1	0	0
	2001	수원	11	0	13	0	0	0	0
	2002	수원	5	0	3	0	0	0	0
	2003	광주상	6	0	9	0	0	0	0
	2004	광주상	17	1	16	0	0	0	0
	2005	수원	4	0	3	0	0	0	0
	2006	수원	25	1	19	0	0	0	0
	2007	수원	4	0	6	0	0	0	0
	2009	수원	4	0	10	0	0	0	0
	2011	광주	31	0	44	0	1	2	0
	2012	광주	35	0	52	0	0	2	0
	합계		143	2	176	0	2	4	0
클	2013	강원	15	0	30	0	1	1	0
	합계		15	0	30	0	1	1	0
승	2013	강원	0	0	0	0	0	0	0
	합계		0	0	0	0	0	0	0
프로통산			158	2	206	0	3	5	0

박효빈 (朴孝彬) 한양대 1972.01.07

리그	연도	소속	출장	교체	득점	도움	파울	경고	퇴장
BC	1995	유공	18	12	0	0	16	1	0
	1996	부천SK	11	7	0	0	8	3	0
	1997	부천SK	21	20	1	1	15	3	0
	1998	부천SK	7	6	3	0	6	0	0
	1999	안양LG	3	3	0	0	5	0	0
	합계		60	48	4	1	50	7	0
프로통산			60	48	4	1	50	7	0

박효진 (朴孝鎭) 한양대 1972.07.22

리그	연도	소속	출장	교체	득점	도움	파울	경고	퇴장
BC	1999	천안	1	1	0	0	0	0	0
	합계		1	1	0	0	0	0	0
프로통산			1	1	0	0	0	0	0

박훈 (朴勳) 성균관대 1978.02.02

리그	연도	소속	출장	교체	득점	도움	파울	경고	퇴장
BC	2000	대전	6	5	0	0	10	3	0
	2001	대전	1	1	0	0	5	0	0
	합계		7	6	0	0	15	3	0
프로통산			7	6	0	0	15	3	0

박희도 (朴禧燾) 동국대 1986.03.20

리그	연도	소속	출장	교체	득점	도움	파울	경고	퇴장
클	2013	전북	34	31	3	3	49	2	0
	2015	전북	0	0	0	0	0	0	0
	합계		34	31	3	3	49	2	0
챌	2014	안산	22	11	4	4	27	4	0
	2015	안산	27	12	4	0	34	3	0
	합계		49	23	8	4	61	7	0
BC	2008	부산	26	19	4	4	48	4	0
	2009	부산	35	10	8	7	66	10	0
	2010	부산	22	10	7	6	46	3	0
	2011	부산	14	8	2	1	24	3	0
	2012	서울	17	17	1	1	18	3	0
	합계		114	64	22	19	202	23	0
프로통산			197	118	33	26	312	32	0

박희성 (朴喜成) 고려대 1990.04.07

리그	연도	소속	출장	교체	득점	도움	파울	경고	퇴장
클	2013	서울	15	15	1	1	11	1	0
클	2014	서울	19	19	2	0	21	1	0
	2015	서울	2	2	0	0	2	1	0
	합계		36	36	3	1	34	3	0
프로통산			36	36	3	1	34	3	0

박희성 (朴熙成) 호남대 1987.04.07

리그	연도	소속	출장	교체	득점	도움	파울	경고	퇴장
BC	2011	광주	27	9	0	1	29	2	0
	2012	광주	23	3	2	0	31	2	0
	합계		50	12	2	1	60	4	0
클	2014	성남	22	4	0	1	8	3	0
	합계		22	4	0	1	8	3	0
챌	2013	광주	23	2	0	1	37	2	0
	합계		23	2	0	1	37	2	0
프로통산			95	18	2	3	105	9	0

박희성 (朴喜成) 원광대 1990.03.22

리그	연도	소속	출장	교체	득점	도움	파울	경고	퇴장
챌	2014	충주	1	0	0	0	5	1	0
	합계		1	0	0	0	5	1	0
프로통산			1	0	0	0	5	1	0

박희완 (朴喜完) 단국대 1975.05.09

리그	연도	소속	출장	교체	득점	도움	파울	경고	퇴장
BC	1999	전남	2	2	0	0	2	0	0
	2006	대구	2	2	0	0	1	1	0
	합계		4	4	0	0	3	1	0
프로통산			4	4	0	0	3	1	0

박희원 (朴喜遠) 영남대 1962.03.06

리그	연도	소속	출장	교체	득점	도움	파울	경고	퇴장
BC	1986	포철	1	0	0	0	1	0	0
	합계		1	0	0	0	1	0	0
프로통산			1	0	0	0	1	0	0

박희철 (朴喜撤) 홍익대 1986.01.07

리그	연도	소속	출장	교체	득점	도움	파울	경고	퇴장
BC	2006	포항	6	5	0	0	15	0	0
	2007	포항	6	5	0	0	5	1	0
	2008	경남	1	0	0	0	1	0	0
	2008	포항	6	3	0	2	12	2	0
	2009	포항	11	2	0	0	37	2	0
	2010	포항	11	7	0	1	30	5	0
	2011	포항	16	4	0	1	38	4	0
	2012	포항	32	1	0	2	74	14	0
	합계		89	27	0	6	212	28	0
클	2013	포항	22	7	0	0	24	5	0
	2014	포항	19	9	0	0	39	6	0
	합계		41	16	0	0	63	11	0
챌	2015	안산	22	8	0	0	30	5	0
	합계		22	8	0	0	30	5	0
프로통산			152	51	0	6	305	44	0

박희탁 (朴熙卓) 한양대 1967.05.18

리그	연도	소속	출장	교체	득점	도움	파울	경고	퇴장
BC	1990	대우	4	4	0	1	2	1	0
	1992	대우	7	6	0	0	7	3	0
	합계		11	10	0	1	9	4	0
프로통산			11	10	0	1	9	4	0

반데르 (Wander Luiz Bitencourt Junior) 브라질 1987.05.30

리그	연도	소속	출장	교체	득점	도움	파울	경고	퇴장
클	2014	울산	4	3	0	1	4	0	0
	합계		4	3	0	1	4	0	0
프로통산			4	3	0	1	4	0	0

반덴브링크 (Sebastiaan Van Den Brink) 네덜란드 1982.09.11

리그	연도	소속	출장	교체	득점	도움	파울	경고	퇴장
BC	2011	부산	3	3	0	0	1	0	0
	합계		3	3	0	0	1	0	0
프로통산			3	3	0	0	1	0	0

반델레이 (Vanderlei Francisco) 브라질 1987.09.25

리그	연도	소속	출장	교체	득점	도움	파울	경고	퇴장
챌	2014	대전	23	20	7	3	34	1	0
	합계		23	20	7	3	34	1	0
프로통산			23	20	7	3	34	1	0

반도 (Wando da Costa Silva) 브라질 1980.05.18

리그	연도	소속	출장	교체	득점	도움	파울	경고	퇴장
BC	2011	수원	0	0	0	0	0	0	0
	합계		0	0	0	0	0	0	0
프로통산			0	0	0	0	0	0	0

발라웅 (Balao Junior Cavalcante da Costa) 브라질 1975.05.08

리그	연도	소속	출장	교체	득점	도움	파울	경고	퇴장
BC	2003	울산	17	14	4	1	22	2	0
	합계		17	14	4	1	22	2	0
프로통산			17	14	4	1	22	2	0

발랑가 (Bollanga Priso Gustave) 카메룬 1972.02.13

리그	연도	소속	출장	교체	득점	도움	파울	경고	퇴장
BC	1996	전북	10	9	2	1	4	1	0
	합계		10	9	2	1	4	1	0
프로통산			10	9	2	1	4	1	0

발레리 (Valery Vyalichka) 벨라루스 1966.09.12

리그	연도	소속	출장	교체	득점	도움	파울	경고	퇴장
BC	1996	천안	2	2	0	0	2	0	0
	합계		2	2	0	0	2	0	0
프로통산			2	2	0	0	2	0	0

발렌찡 (Francisco de Assis Clarentino Valentim) 브라질 1977.06.20

리그	연도	소속	출장	교체	득점	도움	파울	경고	퇴장
BC	2004	서울	6	3	0	0	5	0	0
	합계		6	3	0	0	5	0	0
프로통산			6	3	0	0	5	0	0

방대종 (方大鍾) 동아대 1985.01.28

리그	연도	소속	출장	교체	득점	도움	파울	경고	퇴장
BC	2008	대구	7	5	0	0	5	2	0
	2009	대구	25	4	2	0	31	6	0
	2010	대구	23	2	0	1	31	4	0
	2011	전남	14	5	0	0	17	3	0
	2012	상주	19	2	2	1	17	2	0
	합계		88	18	4	2	101	17	0
클	2013	전남	2	0	0	0	0	1	0
	2014	전남	32	3	1	0	36	3	0
	2015	전남	24	9	0	0	16	5	0
	합계		58	12	1	0	52	9	0
챌	2013	상주	15	1	1	0	18	0	1

리그	연도	소속	출장	교체	득점	도움	파울	경고	퇴장
	합계		15	1	1	0	18	0	1
프로통산			161	31	6	2	171	26	1

방승환 (方承奐) 동국대 1983.02.25

리그	연도	소속	출장	교체	득점	도움	파울	경고	퇴장
BC	2004	인천	25	18	4	0	46	3	0
	2005	인천	31	21	5	2	67	4	0
	2006	인천	30	22	3	0	65	5	0
	2007	인천	28	15	6	5	69	9	0
	2008	인천	13	8	1	2	22	2	1
	2009	제주	27	16	5	0	63	6	0
	2010	서울	21	18	4	3	31	6	0
	2011	서울	16	14	2	1	18	3	0
	2012	부산	33	25	5	2	73	3	0
	합계		224	157	35	15	454	41	1
클	2013	부산	14	11	0	0	22	2	0
	합계		14	11	0	0	22	2	0
프로통산			238	168	35	15	476	43	1

방윤출 (方允出) 대신고 1957.05.15

리그	연도	소속	출장	교체	득점	도움	파울	경고	퇴장
BC	1984	한일	17	13	0	2	2	0	0
	합계		17	13	0	2	2	0	0
프로통산			17	13	0	2	2	0	0

방인웅 (方寅雄) 인천대 1962.01.31

리그	연도	소속	출장	교체	득점	도움	파울	경고	퇴장
BC	1986	유공	7	1	0	0	18	1	0
	1987	유공	6	1	0	0	8	1	0
	1989	일화	19	4	0	0	39	4	0
	1991	일화	23	5	0	0	35	5	1
	1992	일화	26	7	1	1	41	6	0
	1993	일화	28	6	0	0	33	5	1
	1994	일화	9	5	0	0	12	1	0
	1995	일화	10	0	0	1	15	0	0
	합계		128	29	1	2	201	23	2
프로통산			128	29	1	2	201	23	2

방찬준 (方讚晙) 한남대 1994.04.15

리그	연도	소속	출장	교체	득점	도움	파울	경고	퇴장
클	2015	수원	1	1	0	0	0	0	0
	합계		1	1	0	0	0	0	0
프로통산			1	1	0	0	0	0	0

배관영 (裵寬榮) 울산대 1982.04.13

리그	연도	소속	출장	교체	득점	도움	파울	경고	퇴장
BC	2005	울산	0	0	0	0	0	0	0
	2006	울산	0	0	0	0	0	0	0
	2007	울산	0	0	0	0	0	0	0
	2008	울산	0	0	0	0	0	0	0
	합계		0	0	0	0	0	0	0
프로통산			0	0	0	0	0	0	0

배기종 (裵起鐘) 광운대 1983.05.26

리그	연도	소속	출장	교체	득점	도움	파울	경고	퇴장
BC	2006	대전	27	22	7	3	50	3	0
	2007	수원	17	13	0	2	19	0	0
	2008	수원	16	16	5	3	28	1	0
	2009	수원	19	14	2	1	29	3	0
	2010	제주	24	18	5	1	40	1	0
	2011	제주	26	15	3	6	40	2	0
	합계		129	98	22	16	206	10	0
클	2013	제주	8	2	2	1	15	2	0
	2014	수원	14	12	3	1	12	0	0
	2015	제주	9	8	2	3	11	2	0
	합계		31	22	7	5	38	4	0
챌	2013	경찰	18	10	3	4	15	3	1
	합계		18	10	3	4	15	3	1
프로통산			178	130	32	25	259	17	1

배민호 (裵珉鎬) 한양대 1991.10.25

리그	연도	소속	출장	교체	득점	도움	파울	경고	퇴장
챌	2014	고양	19	6	0	0	14	1	0
	합계		19	6	0	0	14	1	0
프로통산			19	6	0	0	14	1	0

배성재 (裵城裁) 한양대 1979.07.01

리그	연도	소속	출장	교체	득점	도움	파울	경고	퇴장
BC	2002	대전	8	6	0	0	14	2	0
	2003	대전	4	0	0	0	4	0	0
	2004	대전	6	4	0	0	7	0	0
	합계		18	10	0	0	25	2	0
프로통산			18	10	0	0	25	2	0

배세현 (裵世玹) 제주 U-18 1995.03.27

리그	연도	소속	출장	교체	득점	도움	파울	경고	퇴장
클	2015	제주	1	1	0	0	2	0	0
	합계		1	1	0	0	2	0	0
프로통산			1	1	0	0	2	0	0

배수한 (裵洙漢) 예원예술대 1988.09.15

리그	연도	소속	출장	교체	득점	도움	파울	경고	퇴장
챌	2013	수원fc	2	2	0	0	2	0	0
	합계		2	2	0	0	2	0	0
프로통산			2	2	0	0	2	0	0

배수현 (裵洙鉉) 건국대 1969.10.30

리그	연도	소속	출장	교체	득점	도움	파울	경고	퇴장
BC	1992	현대	2	2	0	0	2	0	0
	합계		2	2	0	0	2	0	0
프로통산			2	2	0	0	2	0	0

배슬기 (裵슬기) 광양제철고 1985.06.09

리그	연도	소속	출장	교체	득점	도움	파울	경고	퇴장
BC	2012	포항	0	0	0	0	0	0	0
	합계		0	0	0	0	0	0	0
클	2013	포항	3	1	0	0	4	1	0
	2014	포항	14	3	1	0	22	3	0
	2015	포항	27	0	0	1	42	8	0
	합계		44	4	1	1	68	12	0
프로통산			44	4	1	1	68	12	0

배승진 (裵乘振) 울산대 1987.11.03

리그	연도	소속	출장	교체	득점	도움	파울	경고	퇴장
클	2014	인천	11	2	0	0	26	3	0
	합계		11	2	0	0	26	3	0
챌	2015	안산	33	6	0	0	58	10	0
	합계		33	6	0	0	58	10	0
프로통산			44	8	0	0	84	13	0

배신영 (裵信泳) 단국대 1992.06.11

리그	연도	소속	출장	교체	득점	도움	파울	경고	퇴장
챌	2015	수원fc	26	14	5	0	21	2	0
	합계		26	14	5	0	21	2	0
승	2015	수원fc	2	2	0	0	0	0	0
	합계		2	2	0	0	0	0	0
프로통산			28	16	5	0	21	2	0

배실용 (裵實龍) 광운대 1962.04.11

리그	연도	소속	출장	교체	득점	도움	파울	경고	퇴장
BC	1985	한일	4	2	0	0	3	0	0
	1986	한일	9	1	0	0	18	0	0
	합계		13	3	0	0	21	0	0
프로통산			13	3	0	0	21	0	0

배인영 (裵仁英) 영남대 1990.03.12

리그	연도	소속	출장	교체	득점	도움	파울	경고	퇴장
클	2013	대구	0	0	0	0	0	0	0
	합계		0	0	0	0	0	0	0
프로통산			0	0	0	0	0	0	0

배일환 (裵日換) 단국대 1988.07.20

리그	연도	소속	출장	교체	득점	도움	파울	경고	퇴장
클	2013	제주	31	22	2	6	46	2	0
	2014	제주	26	22	0	2	22	1	0
	합계		57	44	2	8	68	3	0
챌	2015	상주	24	18	3	2	24	0	0
	합계		24	18	3	2	24	0	0
BC	2011	제주	2	2	0	0	2	0	0
	2012	제주	40	29	5	2	56	1	0
	합계		42	31	5	2	58	1	0
프로통산			123	93	10	12	150	4	0

배재우 (裵栽釪) 용인대 1993.05.17

리그	연도	소속	출장	교체	득점	도움	파울	경고	퇴장
클	2015	제주	6	2	0	0	8	3	0
	합계		6	2	0	0	8	3	0
프로통산			6	2	0	0	8	3	0

배주익 (裵住翊) 서울시립대 1976.09.09

리그	연도	소속	출장	교체	득점	도움	파울	경고	퇴장
BC	1999	천안	2	2	0	0	2	0	0
	합계		2	2	0	0	2	0	0
프로통산			2	2	0	0	2	0	0

배진수 (裵眞誰) 중앙대 1976.01.25

리그	연도	소속	출장	교체	득점	도움	파울	경고	퇴장
BC	2001	성남	2	3	0	0	4	0	0
	2004	성남	1	1	0	0	3	0	0
	합계		3	4	0	0	7	0	0
프로통산			3	4	0	0	7	0	0

배창근 (裵昌根) 영남대 1971.03.16

리그	연도	소속	출장	교체	득점	도움	파울	경고	퇴장
BC	1994	포철	9	9	0	1	4	0	0
	1995	포항	6	5	1	0	3	1	0
	합계		15	14	1	1	7	1	0
프로통산			15	14	1	1	7	1	0

배천석 (裵千奭) 숭실대 1990.04.27

리그	연도	소속	출장	교체	득점	도움	파울	경고	퇴장
클	2013	포항	20	17	4	2	19	0	0
	2014	포항	4	4	0	0	5	0	0
	2015	부산	21	7	1	1	36	0	0
	합계		45	28	5	3	60	0	0
프로통산			45	28	5	3	60	0	0

배해민 (裵海珉) 중앙중 1988.04.25

리그	연도	소속	출장	교체	득점	도움	파울	경고	퇴장
BC	2007	서울	0	0	0	0	0	0	0
	2008	서울	1	1	0	0	1	0	0
	2011	서울	4	4	0	0	1	0	0
	합계		5	5	0	0	2	0	0
챌	2015	고양	13	13	1	0	3	0	0
	합계		13	13	1	0	3	0	0
프로통산			18	18	1	0	5	0	0

배효성 (裵曉星) 관동대 1982.01.01

리그	연도	소속	출장	교체	득점	도움	파울	경고	퇴장
BC	2004	부산	12	2	0	1	15	2	0
	2005	부산	34	0	0	0	44	2	0
	2006	부산	38	0	1	0	42	3	0
	2007	부산	29	0	0	0	36	7	1
	2008	부산	12	3	0	0	17	4	0
	2009	광주상	25	2	0	0	41	9	0
	2010	광주상	26	1	0	1	28	6	0
	2011	인천	31	2	1	0	28	5	0
	2012	강원	27	2	2	2	22	4	0
	합계		234	12	4	4	273	42	1
클	2013	강원	34	0	4	0	32	5	1
	합계		34	0	4	0	32	5	1
챌	2014	강원	27	3	2	0	29	9	1
	2015	경남	22	3	0	0	21	5	0
	합계		49	6	2	0	50	14	1
승	2013	강원	2	0	0	0	5	2	0
	합계		2	0	0	0	5	2	0
프로통산			319	18	10	4	360	63	3

백기홍 (白起洪) 경북산업대(경일대) 1971.03.11

리그	연도	소속	출장	교체	득점	도움	파울	경고	퇴장
BC	1990	포철	1	1	0	0	0	0	0
	1991	포철	1	1	0	1	1	0	0
	1992	포철	15	11	2	1	16	1	0
	1993	포철	26	15	0	4	35	4	0
	1994	포철	22	11	1	1	20	1	0
	1996	포항	19	16	0	2	24	1	0

리그	연도	소속	출장	교체	득점	도움	파울	경고	퇴장
	1997	포항	5	3	0	0	2	0	0
	1997	천안	17	12	0	0	20	2	0
	1998	천안	11	10	0	0	11	0	0
	1999	안양LG	4	2	0	1	3	0	0
	합계		121	82	3	10	132	9	0
프로통산			121	82	3	10	132	9	0

백남수 (白南秀) 한양대 1961.11.10

리그	연도	소속	출장	교체	득점	도움	파울	경고	퇴장
BC	1983	유공	14	6	0	1	11	2	0
	1984	유공	17	11	1	2	13	0	0
	1985	유공	8	3	1	0	11	2	0
	1986	포철	19	10	1	0	14	0	0
	합계		58	30	3	3	49	4	0
프로통산			58	30	3	3	49	4	0

백동규 (白棟圭) 동아대 1991.05.30

리그	연도	소속	출장	교체	득점	도움	파울	경고	퇴장
클	2015	제주	16	2	0	0	27	3	0
	합계		16	2	0	0	27	3	0
챌	2014	안양	24	9	0	0	30	4	0
	2015	안양	12	0	0	0	19	4	0
	합계		36	9	0	0	49	8	0
프로통산			52	11	0	0	76	11	0

백민철 (白珉喆) 동국대 1977.07.28

리그	연도	소속	출장	교체	실점	도움	파울	경고	퇴장
BC	2000	안양LG	0	0	0	0	0	0	0
	2002	안양LG	0	0	0	0	0	0	0
	2003	광주상	5	0	0	0	0	0	0
	2004	광주상	6	0	0	0	0	0	0
	2005	서울	0	0	0	0	0	0	0
	2006	대구	23	0	26	0	1	1	0
	2007	대구	33	0	51	1	1	2	0
	2008	대구	36	0	77	0	2	2	0
	2009	대구	20	1	22	0	0	0	0
	2010	대구	33	0	68	0	0	3	0
	2011	대구	10	0	18	0	0	1	0
	2012	경남	8	1	16	0	0	0	0
	합계		174	2	291	1	4	9	0
클	2013	경남	21	0	20	0	0	1	0
	합계		21	0	20	0	0	1	0
챌	2014	광주	6	0	7	0	0	1	0
	합계		6	0	7	0	0	1	0
승	2014	광주	0	0	0	0	0	0	0
	합계		0	0	0	0	0	0	0
프로통산			201	2	318	1	4	11	0

백선규 (白善圭) 한남대 1989.05.02

리그	연도	소속	출장	교체	실점	도움	파울	경고	퇴장
BC	2011	인천	1	0	4	0	0	0	0
	2012	인천	0	0	0	0	0	0	0
	합계		1	0	4	0	0	0	0
프로통산			1	0	4	0	0	0	0

백성우 (白成右) 단국대 1990.04.08

리그	연도	소속	출장	교체	실점	도움	파울	경고	퇴장
챌	2013	안양	2	0	4	0	0	0	0
	합계		2	0	4	0	0	0	0
프로통산			2	0	4	0	0	0	0

백성진 (白聖辰) 중앙대 1954.05.12

리그	연도	소속	출장	교체	득점	도움	파울	경고	퇴장
BC	1983	국민	14	3	0	0	10	0	0
	합계		14	3	0	0	10	0	0
프로통산			14	3	0	0	10	0	0

백송 (白松) 아주대 1966.08.15

리그	연도	소속	출장	교체	득점	도움	파울	경고	퇴장
BC	1989	유공	15	12	0	0	18	2	0
	1990	유공	1	1	0	0	0	0	0
	1993	유공	12	11	0	0	12	0	0
	1994	버팔로	30	19	8	2	20	8	0
	1995	전북	11	12	1	0	19	2	0
	합계		69	55	9	2	69	12	0
프로통산			69	55	9	2	69	12	0

백수현 (白守鉉) 상지대 1986.07.20

리그	연도	소속	출장	교체	득점	도움	파울	경고	퇴장
BC	2010	경남	1	1	0	0	1	0	0
	합계		1	1	0	0	1	0	0
프로통산			1	1	0	0	1	0	0

백승대 (白承大) 아주대 1970.03.02

리그	연도	소속	출장	교체	득점	도움	파울	경고	퇴장
BC	1991	현대	9	2	0	0	10	0	0
	1992	현대	33	6	0	2	35	1	0
	1993	현대	26	6	1	0	30	3	0
	1997	안양LG	11	5	0	0	16	2	0
	합계		79	19	1	2	91	6	0
프로통산			79	19	1	2	91	6	0

백승민 (白承敏) 백암고 1986.03.12

리그	연도	소속	출장	교체	득점	도움	파울	경고	퇴장
BC	2006	전남	18	15	0	1	25	0	0
	2007	전남	16	13	0	0	18	1	0
	2008	전남	17	4	0	1	29	4	0
	2009	전남	20	7	0	1	24	3	0
	2010	전남	21	12	3	2	32	2	0
	2011	전남	1	1	0	0	0	0	0
	합계		93	52	3	5	128	10	0
프로통산			93	52	3	5	128	10	0

백승우 (白承祐) 동아대 1973.05.28

리그	연도	소속	출장	교체	득점	도움	파울	경고	퇴장
BC	1996	부천SK	5	3	0	0	3	0	0
	1997	부천SK	3	3	0	0	1	0	0
	합계		8	6	0	0	4	0	0
프로통산			8	6	0	0	4	0	0

백승원 (白承原) 광운대 1992.04.18

리그	연도	소속	출장	교체	득점	도움	파울	경고	퇴장
클	2015	인천	3	2	0	0	7	2	0
	합계		3	2	0	0	7	2	0
프로통산			3	2	0	0	7	2	0

백승철 (白承哲) 영남대 1975.03.09

리그	연도	소속	출장	교체	득점	도움	파울	경고	퇴장
BC	1998	포항	35	21	12	3	65	3	0
	1999	포항	21	11	8	1	42	1	0
	합계		56	32	20	4	107	4	0
프로통산			56	32	20	4	107	4	0

백영철 (白榮喆) 경희대 1978.11.11

리그	연도	소속	출장	교체	득점	도움	파울	경고	퇴장
BC	2001	성남	11	6	2	1	24	3	0
	2002	성남	18	16	0	2	26	1	1
	2003	성남	1	1	0	0	0	0	0
	2004	성남	7	7	0	0	13	0	0
	2005	포항	22	20	0	1	18	2	0
	2006	경남	21	13	1	2	46	5	1
	2007	경남	16	11	0	0	20	2	0
	2008	대구	28	8	0	1	54	8	0
	2009	대구	25	5	1	2	43	7	1
	2010	대구	8	1	0	0	15	2	0
	합계		157	88	4	9	259	30	3
프로통산			157	88	4	9	259	30	3

백자건 (Zijian Bai, 白子建) 중국 1992.10.16

리그	연도	소속	출장	교체	득점	도움	파울	경고	퇴장
BC	2011	대전	14	14	0	1	4	1	0
	합계		14	14	0	1	4	1	0
프로통산			14	14	0	1	4	1	0

백종철 (白鍾哲) 경희대 1961.03.09

리그	연도	소속	출장	교체	득점	도움	파울	경고	퇴장
BC	1984	현대	28	9	16	4	19	0	0
	1985	현대	6	4	0	0	5	0	0
	1986	현대	12	12	3	0	10	0	0
	1987	현대	25	19	3	2	11	0	0
	1988	현대	20	15	2	1	16	0	0
	1989	일화	22	6	10	2	19	1	0
	1990	일화	26	13	1	2	16	1	0
	1991	일화	4	2	1	0	4	0	0
	합계		143	80	36	11	100	2	0
프로통산			143	80	36	11	100	2	0

백종환 (白鐘煥) 인천대 1985.04.18

리그	연도	소속	출장	교체	득점	도움	파울	경고	퇴장
클	2014	상주	16	8	1	0	31	4	0
	합계		16	8	1	0	31	4	0
챌	2013	상주	32	7	0	7	49	6	0
	2014	강원	9	2	0	0	21	2	0
	2015	강원	34	4	2	1	54	9	0
	합계		75	13	2	8	124	17	0
승	2013	상주	2	0	0	0	1	0	0
	합계		2	0	0	0	1	0	0
BC	2008	제주	7	6	0	0	7	2	0
	2009	제주	5	3	0	0	7	1	0
	2010	제주	0	0	0	0	0	0	0
	2010	강원	7	6	1	1	8	1	0
	2011	강원	20	13	0	0	24	2	0
	2012	강원	36	20	2	0	56	7	0
	합계		75	48	3	1	102	13	0
프로통산			168	69	6	9	258	34	0

백주현 (白周俔) 조선대 1984.02.09

리그	연도	소속	출장	교체	득점	도움	파울	경고	퇴장
BC	2006	수원	6	5	0	0	10	2	0
	2008	광주상	1	1	0	0	0	0	0
	합계		7	6	0	0	10	2	0
프로통산			7	6	0	0	10	2	0

백지훈 (白智勳) 안동고 1985.02.28

리그	연도	소속	출장	교체	득점	도움	파울	경고	퇴장
클	2014	울산	19	19	2	0	5	0	0
	2015	수원	21	16	0	0	11	2	0
	합계		40	35	2	0	16	2	0
챌	2013	상주	11	11	1	0	6	0	0
	합계		11	11	1	0	6	0	0
BC	2003	전남	4	4	0	0	1	0	0
	2004	전남	18	10	1	0	32	1	1
	2005	서울	22	16	2	0	33	2	0
	2006	서울	15	10	1	0	19	3	0
	2006	수원	14	4	5	0	27	2	0
	2007	수원	23	6	6	1	27	3	0
	2008	수원	22	12	4	2	19	2	0
	2009	수원	23	15	1	2	19	4	0
	2010	수원	15	8	2	3	10	1	0
	2012	상주	14	13	0	1	8	2	0
	합계		170	98	22	9	195	20	1
프로통산			221	144	25	9	217	22	1

백진철 (白進哲) 중앙대 1982.02.03

리그	연도	소속	출장	교체	득점	도움	파울	경고	퇴장
BC	2006	전남	2	2	1	0	0	0	0
	합계		2	2	1	0	0	0	0
프로통산			2	2	1	0	0	0	0

백치수 (白致守) 한양대 1962.09.03

리그	연도	소속	출장	교체	득점	도움	파울	경고	퇴장
BC	1984	포철	23	4	0	0	22	1	0
	1985	포철	20	3	0	2	20	0	0
	1986	포철	20	8	0	1	17	0	0
	1987	포철	6	6	0	0	3	0	0
	1988	포철	18	3	1	0	23	2	0
	1989	포철	20	13	1	0	17	1	0
	합계		107	37	2	3	102	4	0
프로통산			107	37	2	3	102	4	0

백현영 (白鉉英) 고려대 1958.07.29

리그	연도	소속	출장	교체	득점	도움	파울	경고	퇴장
BC	1984	유공	19	17	0	0	8	0	0

	1985	유공	12	5	4	0	7	0	0
	1986	유공	21	10	4	1	11	0	0
	합계		52	32	8	1	26	0	0
프로통산			52	32	8	1	26	0	0

백형진 (白亨珍) 건국대 1970.07.01

리그	연도	소속	출장	교체	득점	도움	파울	경고	퇴장
BC	1998	안양LG	19	16	2	1	20	3	0
	1999	안양LG	20	21	1	0	16	2	0
	합계		39	37	3	1	36	5	0
프로통산			39	37	3	1	36	5	0

번즈 (Nathan Joel Burns) 호주 1988.05.07

리그	연도	소속	출장	교체	득점	도움	파울	경고	퇴장
BC	2012	인천	3	3	0	0	4	0	0
	합계		3	3	0	0	4	0	0
프로통산			3	3	0	0	4	0	0

베르손 (Bergson Gustavo Silveira da Silva) 브라질 1991.02.0

리그	연도	소속	출장	교체	득점	도움	파울	경고	퇴장
클	2015	부산	7	7	0	0	9	1	0
	합계		7	7	0	0	9	1	0
BC	2011	수원	8	8	0	0	5	2	0
	합계		8	8	0	0	5	2	0
프로통산			15	15	0	0	14	3	0

베리 (Greggory Austin Berry) 미국 1988.10.06

리그	연도	소속	출장	교체	득점	도움	파울	경고	퇴장
챌	2015	안양	34	1	1	0	34	2	0
	합계		34	1	1	0	34	2	0
프로통산			34	1	1	0	34	2	0

베리발두 (Perivaldo Lucio Dantas) 브라질 1953.07.12

리그	연도	소속	출장	교체	득점	도움	파울	경고	퇴장
BC	1987	유공	1	1	0	0	0	0	0
	합계		1	1	0	0	0	0	0
프로통산			1	1	0	0	0	0	0

베크리치 (Samir Bekrić) 보스니아 헤르체고비나 1984.10.20

리그	연도	소속	출장	교체	득점	도움	파울	경고	퇴장
BC	2010	인천	16	7	2	0	7	0	0
	합계		16	7	2	0	7	0	0
프로통산			16	7	2	0	7	0	0

베하 헝가리 1963.10.26

리그	연도	소속	출장	교체	득점	도움	파울	경고	퇴장
BC	1990	포철	10	4	0	0	12	0	0
	1991	포철	5	5	0	1	4	0	0
	합계		15	9	0	1	16	0	0
프로통산			15	9	0	1	16	0	0

벨루소 (Jonatas Belusso) 브라질 1988.06.10

리그	연도	소속	출장	교체	득점	도움	파울	경고	퇴장
챌	2015	강원	31	21	15	1	31	2	0
	합계		31	21	15	1	31	2	0
프로통산			31	21	15	1	31	2	0

변병주 (邊炳柱) 연세대 1961.04.26

리그	연도	소속	출장	교체	득점	도움	파울	경고	퇴장
BC	1983	대우	4	0	1	1	8	0	0
	1984	대우	19	9	4	1	18	1	0
	1985	대우	4	1	1	2	7	0	0
	1986	대우	12	5	2	3	13	0	0
	1987	대우	30	15	5	4	43	1	0
	1988	대우	11	6	2	3	12	0	0
	1989	대우	19	5	7	1	33	0	0
	1990	현대	10	3	3	0	10	1	0
	1991	현대	22	15	3	1	31	1	0
	합계		131	59	28	16	175	4	0
프로통산			131	59	28	16	175	4	0

변성환 (卞盛煥) 울산대 1979.12.22

리그	연도	소속	출장	교체	득점	도움	파울	경고	퇴장
챌	2013	안양	21	2	0	0	36	3	0
	2014	안양	1	1	0	0	0	0	0
	합계		22	3	0	0	36	3	0
BC	2002	울산	25	12	0	0	40	1	0
	2003	울산	14	7	0	0	15	0	1
	2004	울산	15	3	0	0	14	1	0
	2005	울산	5	1	0	0	6	1	0
	2006	울산	27	17	0	0	25	1	1
	2007	부산	23	3	0	1	22	3	0
	2008	제주	25	9	1	3	28	1	0
	2012	성남	5	1	0	0	10	4	0
	합계		139	53	1	4	160	12	2
프로통산			161	56	1	4	196	15	2

변웅 (卞雄) 울산대 1986.05.07

리그	연도	소속	출장	교체	득점	도움	파울	경고	퇴장
클	2013	울산	1	1	1	0	1	0	0
	합계		1	1	1	0	1	0	0
챌	2014	충주	16	7	1	0	31	4	0
	합계		16	7	1	0	31	4	0
BC	2009	울산	0	0	0	0	0	0	0
	2010	광주상	10	5	0	1	13	0	0
	2011	상주	9	7	0	0	6	0	0
	합계		19	12	0	1	19	0	0
프로통산			36	20	2	1	51	4	0

변일우 (邊一雨) 경희대 1959.03.01

리그	연도	소속	출장	교체	득점	도움	파울	경고	퇴장
BC	1984	할렐	23	13	3	1	21	0	0
	1985	할렐	14	7	2	1	15	1	0
	합계		37	20	5	2	36	1	0
프로통산			37	20	5	2	36	1	0

변재섭 (邊載燮) 전주대 1975.09.17

리그	연도	소속	출장	교체	득점	도움	파울	경고	퇴장
BC	1997	전북	26	9	2	2	31	0	0
	1998	전북	25	12	3	4	36	6	0
	1999	전북	34	13	2	8	27	4	0
	2000	전북	32	21	0	5	24	0	0
	2001	전북	25	11	2	3	33	3	0
	2002	전북	7	7	0	0	3	0	0
	2003	전북	0	0	0	0	0	0	0
	2004	부천SK	15	6	1	1	22	3	0
	2005	부천SK	33	21	1	2	36	4	0
	2006	제주	25	17	2	0	26	2	0
	2007	전북	8	3	0	1	9	2	0
	합계		230	120	13	26	247	24	0
프로통산			230	120	13	26	247	24	0

보그단 (Bogdan Milić/복이) 몬테네그로 1987.11.24

리그	연도	소속	출장	교체	득점	도움	파울	경고	퇴장
BC	2012	광주	36	20	5	3	74	6	0
	합계		36	20	5	3	74	6	0
챌	2013	수원fc	28	16	3	5	38	2	0
	합계		28	16	3	5	38	2	0
프로통산			64	36	8	8	112	8	0

보띠 (Raphael Jose Botti Zacarias Sena) 브라질 1981.02.23

리그	연도	소속	출장	교체	득점	도움	파울	경고	퇴장
BC	2002	전북	19	19	0	0	28	1	0
	2003	전북	29	15	5	1	71	1	0
	2004	전북	21	4	3	2	51	5	0
	2005	전북	30	8	2	4	68	3	1
	2006	전북	30	16	4	0	51	5	0
	합계		129	62	14	7	269	15	1
프로통산			129	62	14	7	269	15	1

보로 (Boro Janicić) 유고슬라비아 1967

리그	연도	소속	출장	교체	득점	도움	파울	경고	퇴장
BC	1994	LG	28	7	0	3	30	5	0
	1995	LG	15	9	0	0	15	1	0
	합계		43	16	0	3	45	6	0
프로통산			43	16	0	3	45	6	0

보르코 (Borko Veselinović) 세르비아 1986.01.06

리그	연도	소속	출장	교체	득점	도움	파울	경고	퇴장
BC	2008	인천	30	16	7	3	30	3	0
	2009	인천	19	13	1	0	36	1	0
	합계		49	29	8	3	66	4	0
프로통산			49	29	8	3	66	4	0

보리스 (Boris Yakovlevich Tropanets) 몰도바 1964.10.11

리그	연도	소속	출장	교체	득점	도움	파울	경고	퇴장
BC	1996	부천SK	1	1	0	0	0	0	0
	합계		1	1	0	0	0	0	0
프로통산			1	1	0	0	0	0	0

보리스 (Boris Vostrosablin) 러시아 1968.10.07

리그	연도	소속	출장	교체	득점	도움	파울	경고	퇴장
BC	1997	부천SK	28	0	5	0	34	3	1
	1998	부천SK	19	15	1	0	16	4	0
	합계		47	15	6	0	50	7	1
프로통산			47	15	6	0	50	7	1

보리스 (Boris Raić) 크로아티아 1976.12.03

리그	연도	소속	출장	교체	득점	도움	파울	경고	퇴장
BC	2003	부천SK	15	1	0	0	18	5	0
	2004	부천SK	26	3	0	0	49	7	0
	2005	부천SK	7	1	0	0	13	2	0
	합계		48	5	0	0	80	14	0
프로통산			48	5	0	0	80	14	0

보비 (Robert Cullen) 일본 1985.06.07

리그	연도	소속	출장	교체	득점	도움	파울	경고	퇴장
챌	2015	서울E	35	20	2	4	37	2	0
	합계		35	20	2	4	37	2	0
프로통산			35	20	2	4	37	2	0

보산치치 (Milos Bosancić) 세르비아 1988.05.22

리그	연도	소속	출장	교체	득점	도움	파울	경고	퇴장
클	2013	경남	31	10	9	1	43	5	0
	2014	경남	10	9	0	1	8	0	0
	합계		41	19	9	2	51	5	0
프로통산			41	19	9	2	51	5	0

보스나 (Eddy Bosnar) 호주 1980.04.29

리그	연도	소속	출장	교체	득점	도움	파울	경고	퇴장
클	2013	수원	10	2	0	1	11	3	0
	합계		10	2	0	1	11	3	0
BC	2012	수원	36	6	2	0	38	7	1
	합계		36	6	2	0	38	7	1
프로통산			46	8	2	1	49	10	1

보야델 (Ricardo Resende Silva) 브라질 1976.02.18

리그	연도	소속	출장	교체	득점	도움	파울	경고	퇴장
BC	2001	포항	10	7	2	1	9	1	0
	합계		10	7	2	1	9	1	0
프로통산			10	7	2	1	9	1	0

부발로 (Milan Bubalo) 세르비아 1990.08.05

리그	연도	소속	출장	교체	득점	도움	파울	경고	퇴장
클	2013	경남	34	11	6	0	39	3	0
	합계		34	11	6	0	39	3	0
프로통산			34	11	6	0	39	3	0

부영태 (夫英太) 탐라대 1985.09.02

리그	연도	소속	출장	교체	득점	도움	파울	경고	퇴장
BC	2003	부산	2	2	0	0	1	0	0
	2004	부산	1	1	0	0	1	1	0
	2005	부산	0	0	0	0	0	0	0
	2008	대전	6	4	0	1	5	0	0
	2009	대전	1	1	0	0	2	0	0
	합계		10	8	0	1	9	1	0
프로통산			10	8	0	1	9	1	0

뷔텍 (Witold Bendkowski) 폴란드 1961.09.02

리그	연도	소속	출장	교체	득점	도움	파울	경고	퇴장
BC	1990	유공	21	5	1	0	32	1	0
	1991	유공	11	0	1	0	18	1	0
	1992	유공	20	6	0	0	35	5	0

리그	연도	소속	출장	교체	득점	도움	파울	경고	퇴장
	합계		52	11	2	0	85	7	0
프로통산			52	11	2	0	85	7	0

브라운 (Greg Brown) 호주 1962.07.29

리그	연도	소속	출장	교체	득점	도움	파울	경고	퇴장
BC	1991	포철	2	1	0	1	1	0	0
	합계		2	1	0	1	1	0	0
프로통산			2	1	0	1	1	0	0

브라질리아 (Cristiano Pereira de Souza) 브라질 1977.07.28

리그	연도	소속	출장	교체	득점	도움	파울	경고	퇴장
BC	2007	대전	13	5	3	2	33	3	0
	2008	울산	19	10	3	6	32	5	0
	2009	포항	6	6	0	0	4	0	0
	2009	전북	15	12	6	2	7	1	0
	합계		53	33	12	10	76	9	0
프로통산			53	33	12	10	76	9	0

브랑코 (Branko Radovanović) 유고슬라비아 1969.10.21

리그	연도	소속	출장	교체	득점	도움	파울	경고	퇴장
BC	1996	울산	14	11	0	3	26	3	0
	합계		14	11	0	3	26	3	0
프로통산			14	11	0	3	26	3	0

브랑코 (Branko Bradovanović) 유고슬라비아 1981.02.18

리그	연도	소속	출장	교체	득점	도움	파울	경고	퇴장
BC	1999	부산	4	4	0	0	5	1	0
	합계		4	4	0	0	5	1	0
프로통산			4	4	0	0	5	1	0

브루노 (Bruno Cazarine Constantino) 브라질 1985.05.06

리그	연도	소속	출장	교체	득점	도움	파울	경고	퇴장
BC	2009	경남	3	2	0	0	4	0	0
	합계		3	2	0	0	4	0	0
프로통산			3	2	0	0	4	0	0

브루노 (Bruno Cesar) 브라질 1986.03.22

리그	연도	소속	출장	교체	득점	도움	파울	경고	퇴장
BC	2010	인천	19	17	1	3	17	1	0
	합계		19	17	1	3	17	1	0
프로통산			19	17	1	3	17	1	0

블라단 (Vladan Adzić) 몬테네그로 1987.07.05

리그	연도	소속	출장	교체	득점	도움	파울	경고	퇴장
챌	2014	수원fc	14	1	0	0	22	3	0
	2015	수원fc	24	1	0	1	39	8	0
	합계		38	2	0	1	61	11	0
승	2015	수원fc	2	0	0	0	2	0	0
	합계		2	0	0	0	2	0	0
프로통산			40	2	0	1	63	11	0

비니시우스 (Vinicius Conceicao da Silva) 브라질 1977.03.07

리그	연도	소속	출장	교체	득점	도움	파울	경고	퇴장
BC	2006	울산	29	14	1	1	68	9	0
	합계		29	14	1	1	68	9	0
프로통산			29	14	1	1	68	9	0

비니시우스 (Marcos Vinicius dos Santod Ros) 브라질 1988.09.1

리그	연도	소속	출장	교체	득점	도움	파울	경고	퇴장
BC	2011	울산	1	1	0	0	0	0	0
	합계		1	1	0	0	0	0	0
프로통산			1	1	0	0	0	0	0

비에라 (Julio Cesar Gouveia Vieira) 브라질 1974.02.25

리그	연도	소속	출장	교체	득점	도움	파울	경고	퇴장
BC	2001	전북	14	2	3	1	24	1	0
	2002	전북	31	16	4	5	61	5	0
	2003	전남	33	19	0	10	75	6	0
	2004	전남	19	3	2	2	44	5	0
	합계		97	40	9	18	204	17	0
프로통산			97	40	9	18	204	17	0

비에리 (Jorge Luis Barbieri) 브라질 1979.05.01

리그	연도	소속	출장	교체	득점	도움	파울	경고	퇴장
BC	2005	울산	3	3	0	1	1	0	0
	합계		3	3	0	1	1	0	0
프로통산			3	3	0	1	1	0	0

비케라 (Gilvan Gomes Vieira) 브라질 1984.04.09

리그	연도	소속	출장	교체	득점	도움	파울	경고	퇴장
BC	2009	제주	9	4	0	1	14	2	0
	합계		9	4	0	1	14	2	0
프로통산			9	4	0	1	14	2	0

비탈리 (Vitaliy Parakhnevych) 우크라이나 1969.05.04

리그	연도	소속	출장	교체	득점	도움	파울	경고	퇴장
BC	1995	전북	10	2	4	0	6	2	0
	1996	전북	33	9	10	3	25	6	0
	1997	전북	29	13	7	2	24	6	0
	1998	전북	9	6	1	0	10	1	0
	1998	수원	21	7	7	4	39	5	0
	1999	수원	36	22	10	10	35	5	0
	2000	수원	8	7	5	0	4	3	0
	2001	안양LG	9	6	2	0	6	0	0
	2002	부천SK	8	7	4	1	6	1	0
	합계		163	79	50	20	155	29	0
프로통산			163	79	50	20	155	29	0

빅 (Victor Rodrigues da Silva) 브라질 1976.02.10

리그	연도	소속	출장	교체	득점	도움	파울	경고	퇴장
BC	2003	안양LG	3	3	0	0	0	0	0
	합계		3	3	0	0	0	0	0
프로통산			3	3	0	0	0	0	0

빅토르 (Victor Shaka) 나이지리아 1975.05.01

리그	연도	소속	출장	교체	득점	도움	파울	경고	퇴장
BC	1997	안양LG	19	6	5	2	48	7	0
	1998	안양LG	32	19	8	2	67	4	0
	1999	안양LG	15	15	1	1	37	2	0
	1999	울산	11	0	7	3	23	1	1
	2000	울산	22	8	1	2	65	4	0
	2001	부산	5	2	2	0	9	1	1
	2002	부산	4	4	1	0	4	0	0
	합계		108	54	25	10	253	19	2
프로통산			108	54	25	10	253	19	2

빌 (Amancio Rosimar) 브라질 1984.07.02

리그	연도	소속	출장	교체	득점	도움	파울	경고	퇴장
클	2015	부산	4	4	0	0	5	0	0
	합계		4	4	0	0	5	0	0
승	2015	부산	1	0	0	0	1	0	0
	합계		1	0	0	0	1	0	0
프로통산			5	4	0	0	6	0	0

빌라 (Ricardo Villar) 브라질 1979.08.11

리그	연도	소속	출장	교체	득점	도움	파울	경고	퇴장
BC	2005	전남	4	4	0	0	10	1	0
	합계		4	4	0	0	10	1	0
프로통산			4	4	0	0	10	1	0

빠울로 (Paulo Roberto Morais Junior) 브라질 1984.02.25

리그	연도	소속	출장	교체	득점	도움	파울	경고	퇴장
BC	2012	인천	5	5	1	0	5	0	0
	합계		5	5	1	0	5	0	0
프로통산			5	5	1	0	5	0	0

빠찌 (Rafael Sobreira da Costa) 브라질 1981.03.15

리그	연도	소속	출장	교체	득점	도움	파울	경고	퇴장
BC	2008	제주	9	3	1	1	12	0	0
	합계		9	3	1	1	12	0	0
프로통산			9	3	1	1	12	0	0

빼드롱 (Christiano Florencio da Silva) 브라질 1978.04.05

리그	연도	소속	출장	교체	득점	도움	파울	경고	퇴장
BC	2008	성남	3	2	1	0	2	0	0
	합계		3	2	1	0	2	0	0
프로통산			3	2	1	0	2	0	0

뽀뽀 (Adilson Rerreira de Souza) 브라질 1978.09.01

리그	연도	소속	출장	교체	득점	도움	파울	경고	퇴장
BC	2005	부산	30	8	4	6	66	7	1
	2006	부산	36	5	20	8	47	6	0
	2007	경남	25	10	8	10	23	3	1
	합계		91	23	32	24	136	16	2
프로통산			91	23	32	24	136	16	2

삐레스 (Jose Sebastiao Pires Neto) 브라질 1956.02.03

리그	연도	소속	출장	교체	득점	도움	파울	경고	퇴장
BC	1994	현대	16	11	0	2	9	1	0
	합계		16	11	0	2	9	1	0
프로통산			16	11	0	2	9	1	0

삥요 (Felipe Barreto da Silva) 브라질 1992.01.29

리그	연도	소속	출장	교체	득점	도움	파울	경고	퇴장
BC	2011	제주	2	2	0	0	0	0	0
	합계		2	2	0	0	0	0	0
프로통산			2	2	0	0	0	0	0

사디크 (Sadiq Saadoun Abdul Ridha) 이라크 1973.10.01

리그	연도	소속	출장	교체	득점	도움	파울	경고	퇴장
BC	1996	안양LG	16	2	1	0	38	7	0
	합계		16	2	1	0	38	7	0
프로통산			16	2	1	0	38	7	0

사브첸코 (Volodymyr Savchenko) 우크라이나 1973.09.09

리그	연도	소속	출장	교체	실점	도움	파울	경고	퇴장
BC	1996	안양LG	12	0	22	0	1	1	0
	합계		12	0	22	0	1	1	0
프로통산			12	0	22	0	1	1	0

사샤 (Sasa Ognenovski) 호주 1979.04.03

리그	연도	소속	출장	교체	득점	도움	파울	경고	퇴장
BC	2009	성남	31	3	2	1	75	11	2
	2010	성남	29	1	3	0	49	7	1
	2011	성남	28	1	5	0	47	10	1
	2012	성남	11	1	0	0	18	3	0
	합계		99	6	10	1	189	31	4
프로통산			99	6	10	1	189	31	4

사싸 (Jefferson Gomes de Oliveira) 브라질 1988.01.26

리그	연도	소속	출장	교체	득점	도움	파울	경고	퇴장
클	2015	대전	7	3	0	0	11	3	0
	합계		7	3	0	0	11	3	0
프로통산			7	3	0	0	11	3	0

사이먼 (Matthew Blake Simon) 호주 1986.01.22

리그	연도	소속	출장	교체	득점	도움	파울	경고	퇴장
BC	2012	전남	6	2	0	0	19	2	0
	합계		6	2	0	0	19	2	0
프로통산			6	2	0	0	19	2	0

산델 (Marcelo Sander Lima de Souza) 브라질 1972.12.28

리그	연도	소속	출장	교체	득점	도움	파울	경고	퇴장
BC	1998	부천SK	7	7	0	0	10	1	0
	합계		7	7	0	0	10	1	0
프로통산			7	7	0	0	10	1	0

산드로 (Sandro Hiroshi Parreao Oi) 브라질 1979.11.19

리그	연도	소속	출장	교체	득점	도움	파울	경고	퇴장
BC	2005	대구	36	7	17	3	49	2	0
	2006	전남	3	2	2	0	4	0	0
	2007	전남	27	6	8	1	36	1	0
	2008	전남	1	0	0	0	0	0	0
	2009	수원	8	7	0	0	10	0	0

	합계		75	22	27	4	99	3	0
프로통산			75	22	27	4	99	3	0

산드로 (Sandro da Silva Mendonca) 브라질 1983.10.01

리그	연도	소속	출장	교체	득점	도움	파울	경고	퇴장
클	2013	대구	15	13	1	2	18	0	0
	합계		15	13	1	2	18	0	0
프로통산			15	13	1	2	18	0	0

산드로C (Sandro Cardoso dos Santos) 브라질 1980.03.22

리그	연도	소속	출장	교체	득점	도움	파울	경고	퇴장
BC	2000	수원	11	5	5	4	10	2	0
	2001	수원	33	1	17	3	46	8	1
	2002	수원	29	1	10	2	63	8	1
	2005	수원	26	16	5	1	22	3	1
	2006	수원	15	6	0	3	11	2	0
	2006	전남	13	12	3	0	3	1	0
	2007	전남	4	3	1	0	3	1	0
	합계		131	44	41	13	158	25	3
프로통산			131	44	41	13	158	25	3

산타나 (Rinaldo Santana dos Santos) 브라질 1975.08.24

리그	연도	소속	출장	교체	득점	도움	파울	경고	퇴장
BC	2004	서울	15	7	2	0	14	0	0
	합계		15	7	2	0	14	0	0
프로통산			15	7	2	0	14	0	0

산토스 (Natanael de Sousa Santos Junior) 브라질 1985.12.25

리그	연도	소속	출장	교체	득점	도움	파울	경고	퇴장
BC	2010	제주	28	18	14	5	45	0	0
	2011	제주	29	6	14	4	33	2	0
	2012	제주	35	12	14	11	33	0	0
	합계		92	36	42	20	111	2	0
클	2013	수원	19	7	8	1	25	1	0
	2014	수원	35	27	14	7	27	2	0
	2015	수원	29	23	12	1	23	0	0
	합계		83	57	34	9	75	3	0
프로통산			175	93	76	29	186	5	0

산토스 (Diogo Santos Rangel) 브라질 1991.08.19

리그	연도	소속	출장	교체	득점	도움	파울	경고	퇴장
챌	2014	대전	1	1	0	0	3	0	0
	2014	강원	1	1	0	0	1	0	0
	합계		2	2	0	0	4	0	0
프로통산			2	2	0	0	4	0	0

산토스 (Remerson dos Santos) 브라질 1972.07.13

리그	연도	소속	출장	교체	득점	도움	파울	경고	퇴장
BC	1999	울산	4	3	0	0	4	0	0
	2000	울산	28	2	1	0	51	7	0
	합계		32	5	1	0	55	7	0
프로통산			32	5	1	0	55	7	0

산토스 (Rogerio Pinheiro dos Santos) 브라질 1972.04.21

리그	연도	소속	출장	교체	득점	도움	파울	경고	퇴장
BC	2003	포항	29	1	3	0	55	5	0
	2004	포항	33	6	2	0	58	10	0
	2005	포항	33	1	1	0	71	8	0
	2006	경남	34	0	2	0	67	7	0
	2007	경남	25	1	1	2	18	5	0
	2008	경남	30	4	1	0	42	3	0
	합계		184	13	10	2	311	38	0
프로통산			184	13	10	2	311	38	0

산토스 (Alexandre Zacarias dos Santos) 브라질 1982.10.23

리그	연도	소속	출장	교체	득점	도움	파울	경고	퇴장
BC	2010	대전	16	5	0	0	31	4	0
	합계		16	5	0	0	31	4	0
프로통산			16	5	0	0	31	4	0

산티아고 (Petrony Santiago de Barros) 브라질 1980.02.18

리그	연도	소속	출장	교체	득점	도움	파울	경고	퇴장
BC	2004	대구	10	5	0	0	20	3	0
	2005	대구	17	4	0	2	37	6	0
	합계		27	9	0	2	57	9	0
프로통산			27	9	0	2	57	9	0

살람쇼 (Abdule Salam Sow) 기니 1970.08.13

리그	연도	소속	출장	교체	득점	도움	파울	경고	퇴장
BC	1996	전남	3	3	0	0	5	1	0
	합계		3	3	0	0	5	1	0
프로통산			3	3	0	0	5	1	0

샤리 (Yary David Silvera) 우루과이 1976.02.20

리그	연도	소속	출장	교체	득점	도움	파울	경고	퇴장
BC	2000	부천SK	32	30	3	6	24	3	0
	2001	부천SK	14	13	2	1	8	2	0
	2003	부천SK	23	14	2	1	17	1	0
	합계		69	57	7	8	49	6	0
프로통산			69	57	7	8	49	6	0

샤샤 (Aleksandr Podshivalov) 러시아 1964.09.06

리그	연도	소속	출장	교체	실점	도움	파울	경고	퇴장
BC	1994	유공	2	0	2	0	0	0	0
	1995	유공	35	0	41	0	3	1	0
	1996	부천SK	26	1	38	0	0	1	0
	1997	부천SK	10	0	13	0	0	0	0
	합계		73	1	94	0	3	2	0
프로통산			73	1	94	0	3	2	0

샤샤 (Sasa Drakulić) 유고슬라비아 1972.08.28

리그	연도	소속	출장	교체	득점	도움	파울	경고	퇴장
BC	1995	대우	31	18	8	0	45	4	0
	1996	부산	20	12	3	5	51	5	0
	1997	부산	28	14	11	5	57	5	0
	1998	부산	13	4	4	0	38	6	0
	1998	수원	18	6	8	1	36	4	0
	1999	수원	37	6	23	4	78	7	1
	2000	수원	14	3	5	1	30	3	0
	2001	성남	34	11	15	4	40	3	0
	2002	성남	37	10	19	8	71	4	0
	2003	성남	39	27	8	9	58	2	1
	합계		271	111	104	37	504	43	2
프로통산			271	111	104	37	504	43	2

샤샤 (Sasa Milaimović) 크로아티아 1975.08.27

리그	연도	소속	출장	교체	득점	도움	파울	경고	퇴장
BC	2000	포항	12	9	6	0	24	3	0
	2001	포항	13	9	2	0	20	1	0
	합계		25	18	8	0	44	4	0
프로통산			25	18	8	0	44	4	0

샤흐트 (Dietmar Schacht) 독일 1960.04.06

리그	연도	소속	출장	교체	득점	도움	파울	경고	퇴장
BC	1985	포철	7	0	2	0	5	1	0
	합계		7	0	2	0	5	1	0
프로통산			7	0	2	0	5	1	0

샘 (Same Nkwelle Corentin) 카메룬 1979.04.30

리그	연도	소속	출장	교체	득점	도움	파울	경고	퇴장
BC	2002	대전	27	13	1	1	59	2	0
	합계		27	13	1	1	59	2	0
프로통산			27	13	1	1	59	2	0

서경조 (徐庚祚) 동아대 1969.09.28

리그	연도	소속	출장	교체	득점	도움	파울	경고	퇴장
BC	1988	현대	2	2	0	0	0	0	0
	합계		2	2	0	0	0	0	0
프로통산			2	2	0	0	0	0	0

서관수 (徐冠秀) 단국대 1980.02.25

리그	연도	소속	출장	교체	득점	도움	파울	경고	퇴장
BC	2003	성남	3	2	0	0	4	0	0
	2005	성남	1	1	0	0	1	0	0
	2006	대구	1	1	0	0	3	0	0
	합계		5	4	0	0	8	0	0
프로통산			5	4	0	0	8	0	0

서기복 (徐基復) 연세대 1979.01.28

리그	연도	소속	출장	교체	득점	도움	파울	경고	퇴장
BC	2003	전북	17	17	0	3	11	1	0
	2004	인천	19	17	0	3	26	4	0
	2005	인천	13	10	1	1	11	4	0
	2006	인천	17	17	1	0	24	1	0
	2007	인천	9	8	0	0	17	2	0
	합계		75	69	2	7	89	12	0
프로통산			75	69	2	7	89	12	0

서덕규 (徐德圭) 숭실대 1978.10.22

리그	연도	소속	출장	교체	득점	도움	파울	경고	퇴장
BC	2001	울산	32	2	0	0	48	5	0
	2002	울산	29	6	0	0	44	5	0
	2003	울산	8	4	0	0	4	0	0
	2004	광주상	32	1	0	0	39	2	0
	2005	광주상	16	5	0	0	19	3	0
	2006	울산	11	8	0	0	18	0	0
	2007	울산	18	10	0	0	19	1	0
	2008	울산	7	4	0	0	8	2	0
	합계		153	40	0	0	199	18	0
프로통산			153	40	0	0	199	18	0

서동명 (徐東明) 울산대 1974.05.04

리그	연도	소속	출장	교체	실점	도움	파울	경고	퇴장
BC	1996	울산	7	0	17	0	0	0	0
	1997	울산	15	0	26	0	0	1	0
	2000	전북	30	1	43	0	0	0	0
	2001	전북	27	3	32	0	0	2	0
	2002	울산	26	0	27	0	0	1	0
	2003	울산	42	0	40	0	0	2	0
	2004	울산	36	0	25	0	0	1	0
	2005	울산	26	1	25	0	1	1	0
	2006	울산	12	2	7	0	1	1	0
	2007	부산	9	1	9	0	1	0	0
	2008	부산	9	0	13	0	0	1	0
	합계		239	8	264	0	3	10	0
프로통산			239	8	264	0	3	10	0

* 득점: 2000년 1 / 통산 1

서동욱 (徐東煜) 대신고 1993.10.15

리그	연도	소속	출장	교체	득점	도움	파울	경고	퇴장
챌	2013	부천	0	0	0	0	0	0	0
	합계		0	0	0	0	0	0	0
프로통산			0	0	0	0	0	0	0

서동원 (徐東源) 연세대 1975.08.14

리그	연도	소속	출장	교체	득점	도움	파울	경고	퇴장
BC	1998	대전	29	0	1	0	48	6	0
	1999	대전	28	2	3	1	53	7	0
	2000	대전	28	9	4	4	51	5	0
	2001	수원	10	9	0	0	11	0	0
	2001	전북	15	5	1	1	18	5	0
	2002	전북	7	4	0	0	6	1	0
	2003	광주상	19	9	0	0	22	2	0
	2004	광주상	29	10	1	1	42	5	0
	2005	인천	30	13	5	3	53	2	0
	2006	인천	8	5	0	0	11	2	0
	2006	성남	13	13	0	0	14	3	0
	2007	성남	7	7	0	0	3	0	0
	2008	부산	18	6	1	2	32	7	0
	2009	부산	27	13	0	2	51	9	0
	2010	부산	5	4	0	0	3	1	0
	합계		273	109	16	14	418	55	0
프로통산			273	109	16	14	418	55	0

서동원 (徐東元) 고려대 1973.12.12

리그	연도	소속	출장	교체	득점	도움	파울	경고	퇴장
BC	1997	울산	20	19	2	0	31	1	0

	1998	울산	1	1	0	0	2	0	0
	1999	울산	1	1	0	0	0	0	0
	합계		22	21	2	0	33	1	0
프로통산			22	21	2	0	33	1	0

서동현 (徐東鉉) 건국대 1985.06.05

리그	연도	소속	출장	교체	득점	도움	파울	경고	퇴장
BC	2006	수원	26	18	2	2	51	1	0
	2007	수원	12	7	4	1	21	0	0
	2008	수원	35	22	13	2	50	7	0
	2009	수원	15	11	0	1	30	2	0
	2010	수원	12	8	2	0	21	4	0
	2010	강원	13	9	5	0	30	4	0
	2011	강원	28	15	4	1	29	6	0
	2012	제주	43	20	12	3	49	5	0
	합계		184	110	42	10	281	29	0
클	2013	제주	24	13	5	6	32	5	0
	2015	제주	4	0	1	0	7	1	0
	합계		28	13	6	6	39	6	0
챌	2014	안산	30	19	7	2	50	8	0
	2015	안산	19	4	6	2	31	3	0
	합계		49	23	13	4	81	11	0
프로통산			261	146	61	20	401	46	0

서명식 (徐明植) 1992.05.31

리그	연도	소속	출장	교체	득점	도움	파울	경고	퇴장
클	2015	대전	7	3	0	0	7	0	0
	합계		7	3	0	0	7	0	0
챌	2015	강원	14	6	0	1	11	0	0
	합계		14	6	0	1	11	0	0
프로통산			21	9	0	1	18	0	0

서명원 (徐明原) 신평고 1995.04.19

리그	연도	소속	출장	교체	득점	도움	파울	경고	퇴장
클	2015	대전	24	15	5	0	27	3	0
	합계		24	15	5	0	27	3	0
챌	2014	대전	26	14	4	5	27	0	0
	합계		26	14	4	5	27	0	0
프로통산			50	29	9	5	54	3	0

서민국 (徐愍國) 인천대 1983.11.23

리그	연도	소속	출장	교체	득점	도움	파울	경고	퇴장
BC	2006	인천	9	8	0	1	4	0	0
	2007	인천	19	13	1	2	30	5	0
	2008	인천	1	1	0	0	1	1	0
	2009	광주상	5	4	0	0	7	1	0
	2010	광주상	23	17	0	1	21	1	0
	2010	인천	1	1	0	0	0	0	0
	합계		58	44	1	4	63	8	0
프로통산			58	44	1	4	63	8	0

서민환 (徐民煥) 1992.05.09

리그	연도	소속	출장	교체	득점	도움	파울	경고	퇴장
클	2015	전남	0	0	0	0	0	0	0
	합계		0	0	0	0	0	0	0
프로통산			0	0	0	0	0	0	0

서병환 (徐炳煥) 고려대 1984.06.01

리그	연도	소속	출장	교체	득점	도움	파울	경고	퇴장
BC	2008	울산	2	2	0	0	0	0	0
	합계		2	2	0	0	0	0	0
프로통산			2	2	0	0	0	0	0

서보민 (徐保閔) 관동대 1990.06.22

리그	연도	소속	출장	교체	득점	도움	파울	경고	퇴장
챌	2014	강원	31	26	3	1	15	2	0
	2015	강원	36	8	3	9	31	2	0
	합계		67	34	6	10	46	4	0
프로통산			67	34	6	10	46	4	0

서상민 (徐相民) 연세대 1986.07.25

리그	연도	소속	출장	교체	득점	도움	파울	경고	퇴장
BC	2008	경남	32	11	5	0	78	10	0
	2009	경남	18	14	1	1	26	3	1
	2010	경남	32	26	4	2	60	5	0
	2011	경남	21	16	2	2	32	2	1
	2012	전북	22	11	4	5	49	4	0
	합계		125	78	16	10	245	24	2
클	2013	전북	25	19	3	1	38	7	0
	2014	상주	30	14	2	1	48	5	0
	2015	전북	3	3	1	0	5	2	0
	합계		58	36	6	2	91	14	0
챌	2015	상주	2	1	0	0	2	0	0
	합계		2	1	0	0	2	0	0
프로통산			185	115	22	12	338	38	2

서석범 (徐錫範) 건국대 1960.09.12

리그	연도	소속	출장	교체	실점	도움	파울	경고	퇴장
BC	1984	럭금	6	1	8	0	0	0	0
	합계		6	1	8	0	0	0	0
프로통산			6	1	8	0	0	0	0

서석원 (徐錫元) 류츠케이자이대 1985.05.19

리그	연도	소속	출장	교체	득점	도움	파울	경고	퇴장
BC	2009	성남	3	3	0	0	2	1	0
	합계		3	3	0	0	2	1	0
프로통산			3	3	0	0	2	1	0

서승훈 (徐承勳) 중원대 1991.08.31

리그	연도	소속	출장	교체	득점	도움	파울	경고	퇴장
챌	2014	대전	0	0	0	0	0	0	0
	합계		0	0	0	0	0	0	0
프로통산			0	0	0	0	0	0	0

서영덕 (徐營德) 고려대 1987.05.09

리그	연도	소속	출장	교체	득점	도움	파울	경고	퇴장
BC	2010	경남	0	0	0	0	0	0	0
	합계		0	0	0	0	0	0	0
프로통산			0	0	0	0	0	0	0

서용덕 (徐庸德) 연세대 1989.09.10

리그	연도	소속	출장	교체	득점	도움	파울	경고	퇴장
클	2014	울산	13	12	1	0	14	0	0
	2015	울산	7	7	0	1	5	0	0
	합계		20	19	1	1	19	0	0
프로통산			20	19	1	1	19	0	0

서정원 (徐正源) 고려대 1970.12.17

리그	연도	소속	출장	교체	득점	도움	파울	경고	퇴장
BC	1992	LG	21	2	4	0	17	0	0
	1993	LG	11	5	2	1	14	2	0
	1994	LG	4	2	1	0	5	0	0
	1995	LG	4	2	0	1	5	0	0
	1996	안양LG	27	15	6	5	23	1	0
	1997	안양LG	17	0	9	1	26	1	0
	1999	수원	27	5	11	5	32	1	0
	2000	수원	25	13	4	1	17	1	0
	2001	수원	33	10	11	2	31	3	0
	2002	수원	32	15	9	1	42	1	0
	2003	수원	43	7	10	5	58	1	0
	2004	수원	25	16	1	3	18	1	0
	합계		269	92	68	25	288	12	0
프로통산			269	92	68	25	288	12	0

서정진 (徐訂晋) 보인정보산업고 1989.09.06

리그	연도	소속	출장	교체	득점	도움	파울	경고	퇴장
클	2013	수원	35	12	6	5	39	4	0
	2014	수원	29	21	2	4	27	1	0
	2015	수원	24	16	1	0	14	0	0
	합계		88	49	9	9	80	5	0
BC	2008	전북	22	15	1	2	30	7	0
	2009	전북	15	13	2	1	17	1	0
	2010	전북	17	12	0	0	17	2	0
	2011	전북	9	8	1	2	7	0	0
	2012	수원	39	21	3	6	58	9	0
	합계		102	69	7	11	129	19	0
프로통산			190	118	16	20	209	24	0

서지원 (徐志源) 천안농고 1967.09.15

리그	연도	소속	출장	교체	득점	도움	파울	경고	퇴장
BC	1986	포철	1	2	0	0	0	0	0
	합계		1	2	0	0	0	0	0
프로통산			1	2	0	0	0	0	0

서진섭 (徐震燮) 울산대 1967.11.25

리그	연도	소속	출장	교체	득점	도움	파울	경고	퇴장
BC	1990	현대	1	1	0	0	1	0	0
	합계		1	1	0	0	1	0	0
프로통산			1	1	0	0	1	0	0

서창호 (徐彰浩) 국민대 1960.03.16

리그	연도	소속	출장	교체	득점	도움	파울	경고	퇴장
BC	1985	상무	2	2	0	0	3	0	0
	합계		2	2	0	0	3	0	0
프로통산			2	2	0	0	3	0	0

서혁수 (徐赫秀) 경희대 1973.10.01

리그	연도	소속	출장	교체	득점	도움	파울	경고	퇴장
BC	1998	전북	26	4	0	1	29	5	0
	1999	전북	34	0	5	8	91	5	0
	2000	전북	32	2	0	6	72	2	0
	2001	전북	34	1	0	2	76	3	0
	2002	전북	31	4	0	2	73	6	0
	2003	전북	31	9	2	4	68	4	0
	2004	성남	28	4	0	0	60	5	0
	합계		216	24	7	23	469	30	0
프로통산			216	24	7	23	469	30	0

서형승 (徐亨承) 한남대 1992.09.22

리그	연도	소속	출장	교체	득점	도움	파울	경고	퇴장
챌	2015	고양	26	26	3	1	16	3	0
	합계		26	26	3	1	16	3	0
프로통산			26	26	3	1	16	3	0

서효원 (徐孝源) 숭실대 1967.09.15

리그	연도	소속	출장	교체	득점	도움	파울	경고	퇴장
BC	1994	포철	23	11	4	3	31	2	1
	1995	포항	29	5	4	2	60	4	0
	1996	포항	33	8	2	2	55	4	0
	1997	포항	34	7	1	1	43	2	1
	1998	포항	38	7	2	6	60	1	0
	합계		157	38	13	14	249	13	2
프로통산			157	38	13	14	249	13	2

석동우 (石東祐) 용인대 1990.05.27

리그	연도	소속	출장	교체	득점	도움	파울	경고	퇴장
챌	2014	부천	17	6	0	1	21	2	0
	합계		17	6	0	1	21	2	0
프로통산			17	6	0	1	21	2	0

선명진 (宣明辰) 건국대 1986.12.15

리그	연도	소속	출장	교체	득점	도움	파울	경고	퇴장
BC	2010	인천	2	1	0	0	0	0	0
	합계		2	1	0	0	0	0	0
프로통산			2	1	0	0	0	0	0

설기현 (薛琦鉉) 광운대 1979.01.08

리그	연도	소속	출장	교체	득점	도움	파울	경고	퇴장
BC	2010	포항	16	4	7	3	38	0	0
	2011	울산	41	16	7	10	80	8	0
	2012	인천	40	14	7	3	113	4	0
	합계		97	34	21	16	231	12	0
클	2013	인천	26	19	4	4	88	2	0
	2014	인천	7	7	0	0	18	0	0
	합계		33	26	4	4	106	2	0
프로통산			130	60	25	20	337	14	0

설익찬 (薛益贊) 학성고 1978.03.25

리그	연도	소속	출장	교체	득점	도움	파울	경고	퇴장
BC	1996	수원	0	0	0	0	0	0	0
	1999	수원	7	6	1	1	15	0	0
	2000	수원	8	3	0	0	7	2	0
	합계		15	9	1	1	22	2	0
프로통산			15	9	1	1	22	2	0

설정현 (薛廷賢) 단국대 1959.03.06

리그	연도	소속	출장	교체	득점	도움	파울	경고	퇴장

BC	1984	한일	26	1	2	0	17	0	0
	1985	한일	10	0	0	0	8	2	0
	1986	한일	14	3	0	0	16	0	0
	합계		50	4	2	0	41	2	0
프로통산			50	4	2	0	41	2	0

성경모 (成京模) 동의대 1980.06.26

리그	연도	소속	출장	교체	실점	도움	파울	경고	퇴장
BC	2003	전북	0	0	0	0	0	0	0
	2004	전북	0	0	0	0	0	0	0
	2005	인천	15	0	15	0	1	1	0
	2006	인천	25	0	30	0	0	0	0
	2007	인천	0	0	0	0	0	0	0
	2008	인천	12	0	16	0	0	0	0
	2009	인천	2	0	2	0	0	0	0
	2010	인천	1	0	2	0	0	0	0
	2011	광주	4	0	11	0	0	1	0
	합계		59	0	76	0	1	2	0
프로통산			59	0	76	0	1	2	0

성경일 (成京一) 건국대 1983.03.01

리그	연도	소속	출장	교체	실점	도움	파울	경고	퇴장
BC	2005	전북	0	0	0	0	0	0	0
	2006	전북	8	1	10	0	0	1	0
	2007	전북	10	1	13	0	0	0	0
	2008	경남	3	0	6	0	1	1	0
	2009	광주상	2	0	6	0	1	1	0
	2010	광주상	6	0	6	0	1	1	1
	합계		29	2	41	0	3	4	1
프로통산			29	2	41	0	3	4	1

성봉재 (成奉宰) 동국대 1993.04.29

리그	연도	소속	출장	교체	득점	도움	파울	경고	퇴장
클	2015	성남	3	3	0	0	6	0	0
	합계		3	3	0	0	6	0	0
프로통산			3	3	0	0	6	0	0

성원종 (成元鍾) 경상대 1970.09.27

리그	연도	소속	출장	교체	실점	도움	파울	경고	퇴장
BC	1992	대우	15	1	20	0	1	1	0
	1994	버팔로	25	3	48	0	2	3	1
	1995	전북	16	1	22	0	2	3	0
	1996	전북	14	1	23	0	2	2	0
	1997	전북	17	0	31	0	1	1	0
	1998	부산	5	1	4	0	0	0	0
	1999	대전	4	0	9	0	2	1	0
	2000	대전	0	0	0	0	0	0	0
	합계		96	7	157	0	10	11	1
프로통산			96	7	157	0	10	11	1

성은준 (成殷準) 호남대 1970.08.20

리그	연도	소속	출장	교체	득점	도움	파울	경고	퇴장
BC	1994	버팔로	16	7	0	0	4	1	0
	합계		16	7	0	0	4	1	0
프로통산			16	7	0	0	4	1	0

성종현 (成宗鉉) 울산대 1979.04.02

리그	연도	소속	출장	교체	득점	도움	파울	경고	퇴장
BC	2004	전북	3	1	0	0	4	0	0
	2005	전북	13	2	0	1	31	3	0
	2006	광주상	0	0	0	0	0	0	0
	2007	광주상	6	2	0	0	2	0	0
	2008	전북	7	2	1	1	15	1	0
	2009	전북	5	2	0	0	8	0	0
	2010	전북	9	3	0	1	15	4	0
	합계		43	12	1	3	75	8	0
프로통산			43	12	1	3	75	8	0

성한수 (成漢洙) 연세대 1976.03.10

리그	연도	소속	출장	교체	득점	도움	파울	경고	퇴장
BC	1999	대전	14	7	4	2	16	2	0
	2000	대전	13	11	2	0	18	3	0
	2001	대전	12	12	0	0	10	1	0
	2002	전남	7	5	2	0	9	0	0
	2003	전남	6	6	0	1	4	0	0
	2004	전남	7	7	0	0	6	0	0
	합계		59	48	8	3	63	6	0
프로통산			59	48	8	3	63	6	0

세르게이 (Sergey Burdin) 러시아 1970.03.02

리그	연도	소속	출장	교체	득점	도움	파울	경고	퇴장
BC	1996	부천SK	36	12	22	5	47	9	0
	1997	부천SK	27	8	6	1	37	7	0
	1999	천안	33	22	7	4	58	6	0
	2000	성남	0	0	0	0	0	0	0
	합계		96	42	35	10	142	22	0
프로통산			96	42	35	10	142	22	0

세르지오 (Sergio Luis Cogo) 브라질 1960.09.28

리그	연도	소속	출장	교체	득점	도움	파울	경고	퇴장
BC	1983	포철	2	2	0	0	0	0	0
	합계		2	2	0	0	0	0	0
프로통산			2	2	0	0	0	0	0

세르지오 (Sergio Ricardo dos Santos Vieira) 브라질 1975.05.

리그	연도	소속	출장	교체	득점	도움	파울	경고	퇴장
BC	2001	안양LG	13	13	2	0	15	1	0
	합계		13	13	2	0	15	1	0
프로통산			13	13	2	0	15	1	0

세르징요 (Sergio Paulo Nascimento Filho) 브라질 1988.04.27

리그	연도	소속	출장	교체	득점	도움	파울	경고	퇴장
챌	2015	대구	36	23	4	2	73	6	0
	합계		36	23	4	2	73	6	0
프로통산			36	23	4	2	73	6	0

세바스티안 (Sebastjan Cimirotić) 슬로베니아 1974.09.14

리그	연도	소속	출장	교체	득점	도움	파울	경고	퇴장
BC	2005	인천	3	3	1	0	3	0	0
	합계		3	3	1	0	3	0	0
프로통산			3	3	1	0	3	0	0

세베로 브라질

리그	연도	소속	출장	교체	득점	도움	파울	경고	퇴장
BC	1995	현대	18	9	4	4	43	6	0
	합계		18	9	4	4	43	6	0
프로통산			18	9	4	4	43	6	0

세이트 (Seyit Cem Unsal) 터키 1975.10.09

리그	연도	소속	출장	교체	득점	도움	파울	경고	퇴장
BC	1997	안양LG	3	2	0	1	3	0	0
	1998	안양LG	6	5	0	0	5	0	0
	합계		9	7	0	1	8	0	0
프로통산			9	7	0	1	8	0	0

세자르 브라질 1959.02.21

리그	연도	소속	출장	교체	득점	도움	파울	경고	퇴장
BC	1984	포철	12	6	0	1	20	2	0
	합계		12	6	0	1	20	2	0
프로통산			12	6	0	1	20	2	0

세자르 (Cezar da Costa Oliveira) 브라질 1973.12.09

리그	연도	소속	출장	교체	득점	도움	파울	경고	퇴장
BC	1999	전남	31	9	13	2	82	2	0
	2000	전남	39	13	11	0	77	2	0
	2001	전남	32	14	12	4	57	2	0
	2002	전남	6	4	0	0	9	1	0
	합계		108	40	36	6	225	7	0
프로통산			108	40	36	6	225	7	0

세자르 (Paulo Cesar de Souza) 브라질 1979.02.16

리그	연도	소속	출장	교체	득점	도움	파울	경고	퇴장
BC	2005	전북	12	11	0	5	30	2	0
	합계		12	11	0	5	30	2	0
프로통산			12	11	0	5	30	2	0

세지오 (Sergio Guimaraes da Silva Junior) 브라질 1979.02.19

리그	연도	소속	출장	교체	득점	도움	파울	경고	퇴장
BC	2005	부천SK	11	6	2	3	18	1	0
	합계		11	6	2	3	18	1	0
프로통산			11	6	2	3	18	1	0

셀린 (Alessandro Padovani Celin) 브라질 1989.09.11

리그	연도	소속	출장	교체	득점	도움	파울	경고	퇴장
BC	2011	광주	1	1	0	0	0	0	0
	합계		1	1	0	0	0	0	0
프로통산			1	1	0	0	0	0	0

셀미르 (Selmir dos Santos Bezerra) 브라질 1979.08.23

리그	연도	소속	출장	교체	득점	도움	파울	경고	퇴장
BC	2005	인천	31	17	9	6	84	3	0
	2006	인천	13	4	5	0	34	2	0
	2006	전남	14	4	5	1	29	0	0
	2007	대구	18	16	3	0	21	2	0
	2008	대전	12	8	4	1	25	1	0
	합계		88	49	26	8	193	8	0
프로통산			88	49	26	8	193	8	0

소광호 (蘇光鎬) 한양대 1961.03.27

리그	연도	소속	출장	교체	득점	도움	파울	경고	퇴장
BC	1984	럭금	13	7	0	2	5	0	0
	1985	상무	20	2	0	3	22	1	0
	합계		33	9	0	5	27	1	0
프로통산			33	9	0	5	27	1	0

소말리아 (Waderson de Paula Sabino) 브라질 1977.06.22

리그	연도	소속	출장	교체	득점	도움	파울	경고	퇴장
BC	2006	부산	22	12	9	6	56	3	1
	합계		22	12	9	6	56	3	1
프로통산			22	12	9	6	56	3	1

소우자 (Jose Augusto Freitas Sousa) 브라질 1978.08.02

리그	연도	소속	출장	교체	득점	도움	파울	경고	퇴장
BC	2008	부산	3	3	0	0	0	0	0
	합계		3	3	0	0	0	0	0
프로통산			3	3	0	0	0	0	0

소콜 (Cikalleshi Sokol) 알바니아 1990.07.27

리그	연도	소속	출장	교체	득점	도움	파울	경고	퇴장
BC	2012	인천	6	6	0	0	10	0	0
	합계		6	6	0	0	10	0	0
프로통산			6	6	0	0	10	0	0

손국회 (孫國會) 초당대 1987.05.15

리그	연도	소속	출장	교체	득점	도움	파울	경고	퇴장
챌	2013	충주	18	2	1	0	19	0	0
	합계		18	2	1	0	19	0	0
프로통산			18	2	1	0	19	0	0

손대원 (孫大源) 강원대 1975.02.10

리그	연도	소속	출장	교체	득점	도움	파울	경고	퇴장
BC	1997	울산	4	3	0	0	3	0	0
	1999	울산	2	2	0	0	1	0	0
	2000	울산	24	3	1	2	24	4	0
	2001	울산	2	2	0	0	1	0	0
	합계		32	10	1	2	29	4	0
프로통산			32	10	1	2	29	4	0

손대호 (孫大鎬) 명지대 1981.09.11

리그	연도	소속	출장	교체	득점	도움	파울	경고	퇴장
클	2013	인천	23	13	1	2	27	2	0
	합계		23	13	1	2	27	2	0
BC	2002	수원	14	4	0	0	28	3	0
	2003	수원	8	7	1	0	10	2	0
	2004	수원	20	6	0	1	54	4	0
	2005	전남	6	5	0	0	8	1	0
	2005	성남	6	1	0	0	17	1	0
	2006	성남	10	6	0	0	29	4	0
	2007	성남	26	16	2	1	71	7	0

	2008	성남	29	12	1	1	83	5	0
	2009	인천	10	5	0	0	15	2	1
	2012	인천	22	20	0	0	11	4	0
	합계		151	82	4	3	326	33	1
프로통산			174	95	5	5	353	35	1

손상호 (孫祥豪) 울산대 1974.05.04

리그	연도	소속	출장	교체	득점	도움	파울	경고	퇴장
BC	1997	울산	3	3	0	0	1	0	0
	2001	울산	5	1	0	0	10	0	1
	2002	울산	12	6	0	0	20	2	0
	합계		20	10	0	0	31	2	1
프로통산			20	10	0	0	31	2	1

손설민 (孫雪旼) 관동대 1990.04.26

리그	연도	소속	출장	교체	득점	도움	파울	경고	퇴장
BC	2012	전남	15	13	2	1	17	2	0
	합계		15	13	2	1	17	2	0
클	2015	대전	9	5	0	0	14	5	0
	합계		9	5	0	0	14	5	0
챌	2015	강원	4	4	0	0	3	0	0
	합계		4	4	0	0	3	0	0
프로통산			28	22	2	1	34	7	0

손승준 (孫昇準) 통진종고 1982.05.16

리그	연도	소속	출장	교체	득점	도움	파울	경고	퇴장
BC	2001	수원	9	8	0	0	9	2	0
	2002	수원	17	6	0	2	41	1	0
	2003	수원	22	12	0	0	37	5	0
	2005	광주상	19	2	1	2	52	6	0
	2007	수원	4	2	0	0	14	0	0
	2008	수원	1	1	0	0	1	0	0
	2009	전북	9	1	0	0	37	2	1
	2010	전북	22	11	3	0	79	17	0
	2011	전북	9	4	0	0	26	6	0
	합계		112	47	4	4	296	39	1
프로통산			112	47	4	4	296	39	1

손시헌 (孫時憲) 숭실대 1992.09.18

리그	연도	소속	출장	교체	득점	도움	파울	경고	퇴장
챌	2013	수원fc	6	3	0	0	4	0	0
	2014	수원fc	0	0	0	0	0	0	0
	합계		6	3	0	0	4	0	0
프로통산			6	3	0	0	4	0	0

손웅정 (孫雄政) 명지대 1966.06.16

리그	연도	소속	출장	교체	득점	도움	파울	경고	퇴장
BC	1985	상무	7	5	0	0	5	1	0
	1987	현대	16	14	5	0	11	1	0
	1988	현대	4	4	0	0	2	1	0
	1989	일화	10	11	2	0	10	0	0
	합계		37	34	7	0	28	3	0
프로통산			37	34	7	0	28	3	0

손일표 (孫一杓) 선문대 1981.03.29

리그	연도	소속	출장	교체	득점	도움	파울	경고	퇴장
BC	2004	대구	0	0	0	0	0	0	0
	합계		0	0	0	0	0	0	0
프로통산			0	0	0	0	0	0	0

손재영 (孫材榮) 숭실대 1991.09.09

리그	연도	소속	출장	교체	득점	도움	파울	경고	퇴장
클	2014	울산	0	0	0	0	0	0	0
	합계		0	0	0	0	0	0	0
프로통산			0	0	0	0	0	0	0

손정탁 (孫禎鐸) 울산대 1976.05.31

리그	연도	소속	출장	교체	득점	도움	파울	경고	퇴장
BC	1999	울산	16	16	2	2	14	0	0
	2000	울산	18	17	2	2	16	0	0
	2001	울산	1	1	0	0	4	0	0
	2003	광주상	34	25	4	1	49	3	0
	2004	전북	15	12	2	1	24	1	0
	2005	전북	12	7	1	1	18	2	0
	2005	수원	4	4	0	0	4	0	0
	2006	수원	6	6	0	0	4	1	0
	합계		106	88	11	7	133	7	0
프로통산			106	88	11	7	133	7	0

손정현 (孫政玄) 광주대 1991.11.25

리그	연도	소속	출장	교체	실점	도움	파울	경고	퇴장
클	2014	경남	6	0	9	0	1	1	0
	합계		6	0	9	0	1	1	0
챌	2015	경남	39	0	42	0	2	3	0
	합계		39	0	42	0	2	3	0
승	2014	경남	1	0	3	0	0	0	0
	합계		1	0	3	0	0	0	0
프로통산			46	0	54	0	3	4	0

손종석 (孫宗錫) 서울시립대 1954.03.10

리그	연도	소속	출장	교체	득점	도움	파울	경고	퇴장
BC	1984	현대	3	3	0	0	0	0	0
	합계		3	3	0	0	0	0	0
프로통산			3	3	0	0	0	0	0

손종찬 (孫宗贊) 아주대 1966.11.01

리그	연도	소속	출장	교체	득점	도움	파울	경고	퇴장
BC	1989	대우	6	4	0	0	4	1	0
	1990	유공	3	3	0	0	1	0	0
	1991	유공	15	8	0	1	10	1	0
	1992	유공	29	17	0	0	28	1	0
	1993	유공	22	20	0	1	8	1	0
	1994	유공	23	15	0	1	14	2	0
	1995	유공	10	7	0	0	11	1	0
	합계		108	74	0	3	76	7	0
프로통산			108	74	0	3	76	7	0

손준호 (孫準浩) 영남대 1992.05.12

리그	연도	소속	출장	교체	득점	도움	파울	경고	퇴장
클	2014	포항	25	4	1	2	66	8	0
	2015	포항	35	3	9	4	87	9	0
	합계		60	7	10	6	153	17	0
프로통산			60	7	10	6	153	17	0

손창후 (孫昌厚) 우신고 1957.02.05

리그	연도	소속	출장	교체	득점	도움	파울	경고	퇴장
BC	1983	할렐	10	4	0	1	1	0	0
	합계		10	4	0	1	1	0	0
프로통산			10	4	0	1	1	0	0

손현준 (孫鉉俊) 동아대 1972.03.20

리그	연도	소속	출장	교체	득점	도움	파울	경고	퇴장
BC	1995	LG	20	6	1	0	57	8	0
	1996	안양LG	37	3	0	0	66	4	0
	1997	안양LG	22	8	0	0	32	3	0
	1998	안양LG	17	12	0	0	28	1	0
	1999	부산	13	8	0	0	29	4	0
	2000	안양LG	20	15	0	0	37	8	0
	2001	안양LG	16	8	0	0	33	1	0
	2002	안양LG	25	6	0	0	43	0	0
	합계		170	66	1	0	325	29	0
프로통산			170	66	1	0	325	29	0

손형선 (孫炯先) 광운대 1964.02.22

리그	연도	소속	출장	교체	득점	도움	파울	경고	퇴장
BC	1986	대우	27	2	1	0	36	2	0
	1987	대우	24	2	1	0	44	2	0
	1988	대우	23	4	3	1	33	1	0
	1989	대우	34	3	1	1	62	2	0
	1990	포철	23	1	1	4	44	1	0
	1991	포철	21	9	0	0	42	3	0
	1992	LG	20	1	1	0	38	6	0
	1993	LG	10	3	0	0	20	1	0
	합계		182	25	8	6	319	18	0
프로통산			182	25	8	6	319	18	0

손형준 (孫亨準) 진주고 1995.01.13

리그	연도	소속	출장	교체	득점	도움	파울	경고	퇴장
클	2013	경남	0	0	0	0	0	0	0
	합계		0	0	0	0	0	0	0
챌	2015	경남	10	5	0	0	5	1	0
	합계		10	5	0	0	5	1	0
프로통산			10	5	0	0	5	1	0

솔로 (Andrei Solomatin) 러시아 1975.09.09

리그	연도	소속	출장	교체	득점	도움	파울	경고	퇴장
BC	2004	성남	4	4	0	0	2	0	0
	합계		4	4	0	0	2	0	0
프로통산			4	4	0	0	2	0	0

솔로비 러시아 1968.12.23

리그	연도	소속	출장	교체	득점	도움	파울	경고	퇴장
BC	1992	일화	6	6	0	0	4	0	0
	합계		6	6	0	0	4	0	0
프로통산			6	6	0	0	4	0	0

송경섭 (宋京燮) 단국대 1971.02.25

리그	연도	소속	출장	교체	득점	도움	파울	경고	퇴장
BC	1996	수원	2	2	0	0	2	0	0
	합계		2	2	0	0	2	0	0
프로통산			2	2	0	0	2	0	0

송광환 (宋光煥) 연세대 1966.02.01

리그	연도	소속	출장	교체	득점	도움	파울	경고	퇴장
BC	1989	대우	31	18	1	2	30	0	0
	1990	대우	25	5	0	1	27	3	0
	1991	대우	1	1	0	0	1	0	0
	1992	대우	17	3	0	1	30	2	0
	1993	대우	14	4	0	0	27	3	0
	1994	대우	14	2	0	0	25	3	0
	1995	전남	34	2	0	2	43	3	0
	1996	전남	32	8	0	1	43	3	0
	1997	전남	32	8	0	3	53	2	0
	1998	전남	26	12	0	1	41	1	0
	합계		226	63	1	11	320	20	0
프로통산			226	63	1	11	320	20	0

송근수 (宋根琇) 창원기계공고 1984.05.06

리그	연도	소속	출장	교체	득점	도움	파울	경고	퇴장
BC	2005	부산	3	2	0	0	1	0	0
	2006	광주상	1	2	0	0	3	0	0
	2008	경남	0	0	0	0	0	0	0
	합계		4	4	0	0	4	0	0
프로통산			4	4	0	0	4	0	0

송덕균 (宋德均) 홍익대 1970.03.13

리그	연도	소속	출장	교체	실점	도움	파울	경고	퇴장
BC	1995	전북	10	1	15	0	1	1	0
	1999	전북	0	0	0	0	0	0	0
	합계		10	1	15	0	1	1	0
프로통산			10	1	15	0	1	1	0

송동진 (宋東晉) 포철공고 1984.05.12

리그	연도	소속	출장	교체	실점	도움	파울	경고	퇴장
BC	2008	포항	0	0	0	0	0	0	0
	2009	포항	0	0	0	0	0	0	0
	2010	포항	1	0	5	0	0	0	0
	합계		1	0	5	0	0	0	0
프로통산			1	0	5	0	0	0	0

송만호 (宋萬浩) 고려대 1969.07.06

리그	연도	소속	출장	교체	득점	도움	파울	경고	퇴장
BC	1991	유공	2	2	0	0	2	0	0
	1992	유공	1	1	0	0	0	0	0
	합계		3	3	0	0	2	0	0
프로통산			3	3	0	0	2	0	0

송민국 (宋旻鞠) 광운대 1985.04.25

리그	연도	소속	출장	교체	득점	도움	파울	경고	퇴장
BC	2008	경남	2	1	0	0	0	0	0
	합계		2	1	0	0	0	0	0
챌	2013	충주	1	0	0	0	1	0	0
	2014	충주	0	0	0	0	0	0	0
	합계		1	0	0	0	1	0	0
프로통산			3	1	0	0	1	0	0

송병용 (宋炳龍) 한남대 1991.03.03

리그	연도	소속	출장	교체	득점	도움	파울	경고	퇴장
챌	2014	안양	0	0	0	0	0	0	0
	합계		0	0	0	0	0	0	0
프로통산			0	0	0	0	0	0	0

송선호 (宋先浩) 인천대 1966.01.24

리그	연도	소속	출장	교체	득점	도움	파울	경고	퇴장
BC	1988	유공	16	7	1	0	27	2	0
	1989	유공	35	19	3	3	40	5	0
	1990	유공	24	16	0	2	30	2	0
	1991	유공	19	17	0	0	21	2	0
	1992	유공	11	5	0	0	11	5	0
	1993	유공	21	8	0	0	31	3	1
	1994	유공	15	7	0	0	15	4	0
	1995	유공	15	8	0	0	18	4	0
	1996	부천SK	10	8	0	0	10	3	0
	합계		166	95	4	5	203	30	1
프로통산			166	95	4	5	203	30	1

송성범 (宋成範) 호원대 1992.06.10

리그	연도	소속	출장	교체	득점	도움	파울	경고	퇴장
클	2015	광주	3	2	0	0	2	1	0
	합계		3	2	0	0	2	1	0
프로통산			3	2	0	0	2	1	0

송성현 (宋性玄) 광운대 1988.02.14

리그	연도	소속	출장	교체	득점	도움	파울	경고	퇴장
BC	2011	성남	0	0	0	0	0	0	0
	합계		0	0	0	0	0	0	0
프로통산			0	0	0	0	0	0	0

송수영 (宋修映) 연세대 1991.07.08

리그	연도	소속	출장	교체	득점	도움	파울	경고	퇴장
클	2014	경남	33	26	4	3	22	1	0
	2015	제주	4	4	0	0	1	0	0
	합계		37	30	4	3	23	1	0
챌	2015	경남	15	11	0	1	12	1	0
	합계		15	11	0	1	12	1	0
승	2014	경남	2	0	1	0	2	0	0
	합계		2	0	1	0	2	0	0
프로통산			54	41	5	4	37	2	0

송승민 (宋承珉) 인천대 1992.01.11

리그	연도	소속	출장	교체	득점	도움	파울	경고	퇴장
클	2015	광주	33	7	3	4	47	4	0
	합계		33	7	3	4	47	4	0
챌	2014	광주	19	11	0	2	22	1	0
	합계		19	11	0	2	22	1	0
승	2014	광주	2	2	0	0	3	1	0
	합계		2	2	0	0	3	1	0
프로통산			54	20	3	6	72	6	0

송승주 (宋承柱) 동북고 1991.04.26

리그	연도	소속	출장	교체	득점	도움	파울	경고	퇴장
BC	2011	서울	1	1	0	0	1	1	0
	합계		1	1	0	0	1	1	0
챌	2013	경찰	12	8	0	0	19	2	0
	2014	안산	2	2	1	0	0	0	0
	합계		14	10	1	0	19	2	0
프로통산			15	11	1	0	20	3	0

송시영 (宋時永) 한양대 1962.08.15

리그	연도	소속	출장	교체	득점	도움	파울	경고	퇴장
BC	1986	한일	2	2	0	0	3	0	0
	합계		2	2	0	0	3	0	0
프로통산			2	2	0	0	3	0	0

송영록 (宋永錄) 조선대 1961.03.13

리그	연도	소속	출장	교체	득점	도움	파울	경고	퇴장
BC	1984	국민	18	3	0	0	13	0	0
	합계		18	3	0	0	13	0	0
프로통산			18	3	0	0	13	0	0

송용진 (宋勇眞) 안동고 1985.01.01

리그	연도	소속	출장	교체	득점	도움	파울	경고	퇴장
BC	2004	부산	1	1	0	0	2	0	0
	합계		1	1	0	0	2	0	0
프로통산			1	1	0	0	2	0	0

송원재 (宋原宰) 고려대 1989.02.21

리그	연도	소속	출장	교체	득점	도움	파울	경고	퇴장
클	2014	상주	13	9	0	0	3	0	0
	합계		13	9	0	0	3	0	0
챌	2013	부천	4	0	0	0	2	0	0
	2013	상주	2	0	0	1	4	0	0
	2015	부천	28	19	0	0	45	6	0
	합계		34	19	0	1	51	6	0
승	2013	상주	2	0	0	0	3	0	0
	합계		2	0	0	0	3	0	0
프로통산			49	28	0	1	57	6	0

송유걸 (宋裕傑) 경희대 1985.02.16

리그	연도	소속	출장	교체	실점	도움	파울	경고	퇴장
BC	2006	전남	1	0	4	0	0	0	0
	2007	전남	0	0	0	0	0	0	0
	2007	인천	0	0	0	0	0	0	0
	2008	인천	12	1	12	0	1	0	0
	2009	인천	10	0	11	0	0	0	0
	2010	인천	19	1	31	0	1	0	0
	2011	인천	13	0	17	0	0	1	0
	2012	강원	25	1	33	0	0	2	0
	합계		80	3	108	0	2	3	0
클	2015	울산	1	0	2	0	0	0	0
	합계		1	0	2	0	0	0	0
챌	2013	경찰	11	1	15	0	1	2	0
	2014	안산	3	0	7	0	0	0	0
	합계		14	1	22	0	1	2	0
프로통산			95	4	132	0	3	5	0

송윤석 (宋允石) 호남대 1977.09.20

리그	연도	소속	출장	교체	득점	도움	파울	경고	퇴장
BC	2000	전남	12	9	0	0	9	1	0
	2001	전남	4	3	0	0	1	0	0
	2003	광주상	0	0	0	0	0	0	0
	합계		16	12	0	0	10	1	0
프로통산			16	12	0	0	10	1	0

송재용

리그	연도	소속	출장	교체	실점	도움	파울	경고	퇴장
BC	1983	국민	1	0	3	0	0	0	0
	합계		1	0	3	0	0	0	0
프로통산			1	0	3	0	0	0	0

송재한 (宋在漢) 동아대 1987.11.24

리그	연도	소속	출장	교체	득점	도움	파울	경고	퇴장
BC	2010	전북	0	0	0	0	0	0	0
	합계		0	0	0	0	0	0	0
프로통산			0	0	0	0	0	0	0

송정우 (宋楨佑) 아주대 1982.03.22

리그	연도	소속	출장	교체	득점	도움	파울	경고	퇴장
BC	2005	대구	12	13	1	1	14	2	0
	2006	대구	20	18	2	1	20	2	0
	2007	대구	8	8	0	2	8	1	0
	합계		40	39	3	4	42	5	0
프로통산			40	39	3	4	42	5	0

송정현 (宋町賢) 아주대 1976.05.28

리그	연도	소속	출장	교체	득점	도움	파울	경고	퇴장
BC	1999	전남	5	5	1	1	6	0	0
	2000	전남	13	11	2	0	11	1	0
	2001	전남	5	5	0	0	1	0	0
	2003	대구	37	26	3	1	59	4	0
	2004	대구	25	16	1	2	44	3	0
	2005	대구	34	1	3	6	61	3	0
	2006	전남	35	13	6	5	85	4	0
	2007	전남	27	7	3	2	34	2	0
	2008	전남	20	13	4	2	30	3	0
	2009	울산	6	6	0	0	4	0	0
	2009	전남	15	9	2	2	20	3	0
	2010	전남	17	11	2	2	22	1	0
	2011	전남	12	9	0	0	12	3	0
	합계		251	132	27	23	389	27	0
프로통산			251	132	27	23	389	27	0

송제헌 (宋制憲) 선문대 1986.07.17

리그	연도	소속	출장	교체	득점	도움	파울	경고	퇴장
BC	2009	포항	3	2	0	0	6	0	0
	2010	대구	19	13	2	1	31	0	0
	2011	대구	25	10	8	0	33	6	1
	2012	대구	36	25	11	1	54	7	0
	합계		83	50	21	2	124	13	1
클	2013	전북	14	15	1	0	2	0	0
	2014	상주	6	6	0	0	4	1	0
	합계		20	21	1	0	6	1	0
챌	2015	상주	1	1	0	1	2	0	0
	합계		1	1	0	1	2	0	0
프로통산			104	72	22	3	132	14	1

송종국 (宋鍾國) 연세대 1979.02.20

리그	연도	소속	출장	교체	득점	도움	파울	경고	퇴장
BC	2001	부산	35	12	2	1	42	2	0
	2002	부산	10	4	2	0	8	3	0
	2005	수원	20	7	1	1	52	2	0
	2006	수원	27	6	0	3	55	2	0
	2007	수원	33	4	0	4	70	3	0
	2008	수원	29	2	2	1	59	1	1
	2009	수원	22	4	0	0	49	3	0
	2010	수원	10	3	0	1	17	1	0
	2011	울산	18	4	0	0	21	4	0
	합계		204	46	7	11	373	21	1
프로통산			204	46	7	11	373	21	1

송주석 (宋柱錫) 고려대 1967.02.26

리그	연도	소속	출장	교체	득점	도움	파울	경고	퇴장
BC	1990	현대	29	4	3	7	68	3	0
	1991	현대	30	17	3	0	45	3	1
	1992	현대	30	17	5	1	44	4	1
	1993	현대	26	16	3	1	26	2	1
	1994	현대	15	8	2	1	15	3	0
	1995	현대	29	4	10	4	56	5	1
	1996	울산	32	13	8	4	57	8	0
	1997	울산	28	11	10	3	71	6	0
	1998	울산	20	14	3	0	37	4	1
	1999	울산	9	9	0	1	9	0	0
	합계		248	113	47	22	428	38	5
프로통산			248	113	47	22	428	38	5

송주한 (宋柱韓) 인천대 1993.06.16

리그	연도	소속	출장	교체	득점	도움	파울	경고	퇴장
클	2015	대전	12	3	0	0	6	1	0
	합계		12	3	0	0	6	1	0
챌	2014	대전	30	12	1	5	19	2	0
	2015	경남	17	5	0	1	20	5	0
	합계		47	17	1	6	39	7	0
프로통산			59	20	1	6	45	8	0

송지용 (宋智庸) 고려대 1989.04.12

리그	연도	소속	출장	교체	득점	도움	파울	경고	퇴장
BC	2012	전남	0	0	0	0	0	0	0
	합계		0	0	0	0	0	0	0
프로통산			0	0	0	0	0	0	0

송진형 (宋珍炯) 당산서중 1987.08.13

리그	연도	소속	출장	교체	득점	도움	파울	경고	퇴장
BC	2004	서울	1	1	0	0	0	0	0
	2006	서울	8	8	0	0	9	1	0
	2007	서울	11	10	0	0	5	1	0
	2012	제주	39	9	10	5	41	6	0
	합계		59	28	10	5	55	8	0
클	2013	제주	33	11	3	4	15	3	0
	2014	제주	36	15	3	3	23	3	0
	2015	제주	29	19	6	6	25	3	0

리그	연도	소속	출장	교체	득점	도움	파울	경고	퇴장
	합계		98	45	12	13	63	9	0
프로통산			157	73	22	18	118	17	0

송창남 (宋昌南) 배재대 1977.12.31

리그	연도	소속	출장	교체	득점	도움	파울	경고	퇴장
BC	2000	대전	1	1	0	0	1	0	0
	2001	부천SK	6	4	0	0	2	1	0
	2002	부천SK	1	1	0	0	0	0	0
	2003	부천SK	0	0	0	0	0	0	0
	합계		8	6	0	0	3	1	0
프로통산			8	6	0	0	3	1	0

송창좌 (宋昌左) 관동대 1977.04.26

리그	연도	소속	출장	교체	득점	도움	파울	경고	퇴장
BC	2000	대전	0	0	0	0	0	0	0
	합계		0	0	0	0	0	0	0
프로통산			0	0	0	0	0	0	0

송창호 (宋昌鎬) 동아대 1986.02.20

리그	연도	소속	출장	교체	득점	도움	파울	경고	퇴장
BC	2009	포항	12	10	1	3	6	1	0
	2010	포항	11	6	0	0	5	0	0
	2011	대구	26	8	2	3	31	6	0
	2012	대구	37	13	0	1	36	4	0
	합계		86	37	3	7	78	11	0
클	2013	대구	34	13	5	1	23	5	0
	2014	전남	28	14	4	1	23	4	0
	합계		62	27	9	2	46	9	0
챌	2015	안산	34	9	3	1	35	4	0
	합계		34	9	3	1	35	4	0
프로통산			182	73	15	10	159	24	0

송치훈 (宋致勳) 광운대 1991.09.24

리그	연도	소속	출장	교체	득점	도움	파울	경고	퇴장
챌	2013	부천	20	12	2	1	17	2	0
	합계		20	12	2	1	17	2	0
프로통산			20	12	2	1	17	2	0

송태림 (宋泰林) 중앙대 1984.02.20

리그	연도	소속	출장	교체	득점	도움	파울	경고	퇴장
BC	2006	전남	3	0	0	0	9	0	0
	2007	전남	4	4	0	0	1	0	0
	2008	부산	1	1	0	0	3	1	0
	합계		8	5	0	0	13	1	0
프로통산			8	5	0	0	13	1	0

송태철 (宋泰喆) 중앙대 1961.11.12

리그	연도	소속	출장	교체	득점	도움	파울	경고	퇴장
BC	1986	한일	6	2	0	0	2	0	0
	합계		6	2	0	0	2	0	0
프로통산			6	2	0	0	2	0	0

송한기 (宋漢基) 우석대 1988.08.07

리그	연도	소속	출장	교체	득점	도움	파울	경고	퇴장
챌	2015	고양	2	1	0	0	0	0	0
	합계		2	1	0	0	0	0	0
프로통산			2	1	0	0	0	0	0

송한복 (宋韓福) 배재고 1984.04.12

리그	연도	소속	출장	교체	득점	도움	파울	경고	퇴장
BC	2005	전남	0	0	0	0	0	0	0
	2006	전남	4	2	0	0	4	1	0
	2007	전남	1	1	0	0	1	0	0
	2008	광주상	21	14	0	1	29	4	0
	2009	광주상	16	11	0	1	35	4	0
	2009	전남	3	1	0	0	7	1	0
	2010	전남	14	13	0	1	19	4	0
	2011	대구	24	11	0	2	55	7	0
	2012	대구	11	4	0	0	30	4	0
	합계		94	57	0	5	180	25	0
클	2013	대구	6	3	0	0	9	1	0
	합계		6	3	0	0	9	1	0
챌	2014	광주	6	5	0	0	13	0	0
	합계		6	5	0	0	13	0	0
프로통산			106	65	0	5	202	26	0

송호영 (宋號營) 한양대 1988.01.21

리그	연도	소속	출장	교체	득점	도움	파울	경고	퇴장
BC	2009	경남	26	20	3	3	26	2	0
	2010	성남	29	28	0	0	17	3	0
	2011	성남	16	11	2	0	12	1	0
	2012	제주	3	3	0	0	1	0	0
	합계		74	62	5	3	56	6	0
클	2013	전남	5	5	1	0	3	0	0
	2014	경남	3	3	0	0	2	0	0
	합계		8	8	1	0	5	0	0
프로통산			82	70	6	3	61	6	0

송홍섭 (宋洪燮) 경희대 1976.11.28

리그	연도	소속	출장	교체	득점	도움	파울	경고	퇴장
BC	1999	수원	1	1	0	0	0	0	0
	2003	대구	4	2	0	0	5	0	0
	합계		5	3	0	0	5	0	0
프로통산			5	3	0	0	5	0	0

수호자 (Mario Sergio Aumarante Santana) 브라질 1977.01.30

리그	연도	소속	출장	교체	득점	도움	파울	경고	퇴장
BC	2004	울산	31	21	2	1	24	4	0
	합계		31	21	2	1	24	4	0
프로통산			31	21	2	1	24	4	0

슈마로프 (Valeri Schmarov) 러시아 1965.02.23

리그	연도	소속	출장	교체	득점	도움	파울	경고	퇴장
BC	1996	전남	4	2	0	0	7	0	0
	합계		4	2	0	0	7	0	0
프로통산			4	2	0	0	7	0	0

슈바 (Adriano Neves Pereira) 브라질 1979.05.24

리그	연도	소속	출장	교체	득점	도움	파울	경고	퇴장
BC	2006	대전	32	9	6	10	110	7	0
	2007	대전	14	2	8	1	52	3	0
	2008	전남	22	8	10	3	67	3	0
	2009	전남	30	5	16	4	83	6	0
	2010	전남	19	7	6	3	40	4	0
	2011	포항	15	10	6	3	25	1	1
	2012	광주	3	4	1	0	0	0	0
	합계		135	45	53	24	377	24	1
프로통산			135	45	53	24	377	24	1

슈벵크 (Cleber Schwenck Tiene) 브라질 1979.02.28

리그	연도	소속	출장	교체	득점	도움	파울	경고	퇴장
BC	2007	포항	17	12	4	1	50	4	0
	합계		17	12	4	1	50	4	0
프로통산			17	12	4	1	50	4	0

스레텐 (Sreten Sretenović) 세르비아 1985.01.12

리그	연도	소속	출장	교체	득점	도움	파울	경고	퇴장
클	2013	경남	33	1	0	0	68	11	0
	2014	경남	32	0	2	1	62	7	0
	합계		65	1	2	1	130	18	0
승	2014	경남	2	0	0	0	5	1	0
	합계		2	0	0	0	5	1	0
프로통산			67	1	2	1	135	19	0

스카첸코 (Serhiy Skachenko) 우크라이나 1972.11.18

리그	연도	소속	출장	교체	득점	도움	파울	경고	퇴장
BC	1996	안양LG	39	3	15	3	55	4	0
	1997	안양LG	12	3	3	1	19	1	0
	1997	전남	17	14	7	2	17	1	0
	합계		68	20	25	6	91	6	0
프로통산			68	20	25	6	91	6	0

스테반 (Stevan Racić) 세르비아 1984.01.17

리그	연도	소속	출장	교체	득점	도움	파울	경고	퇴장
BC	2009	대전	13	12	0	2	22	4	0
	합계		13	12	0	2	22	4	0
프로통산			13	12	0	2	22	4	0

스테보 (Stevica Ristić) 마케도니아 1982.05.23

리그	연도	소속	출장	교체	득점	도움	파울	경고	퇴장
BC	2007	전북	29	9	15	5	75	2	0
	2008	전북	14	6	4	2	23	3	1
	2008	포항	14	11	6	4	34	1	0
	2009	포항	24	20	8	4	48	5	0
	2011	수원	13	4	9	1	28	2	0
	2012	수원	35	20	10	3	61	6	0
	합계		129	70	52	19	269	19	1
클	2013	수원	13	7	5	2	25	3	0
	2014	전남	35	4	13	4	64	2	0
	2015	전남	35	8	12	3	42	3	0
	합계		83	19	30	9	131	8	0
프로통산			212	89	82	28	400	27	1

스토야노비치 (Milos Stojanović) 세르비아 1984.12.25

리그	연도	소속	출장	교체	득점	도움	파울	경고	퇴장
클	2014	경남	30	19	7	0	51	4	0
	합계		30	19	7	0	51	4	0
챌	2015	경남	23	9	9	0	53	5	0
	합계		23	9	9	0	53	5	0
승	2014	경남	2	0	1	0	4	0	0
	합계		2	0	1	0	4	0	0
프로통산			55	28	17	0	108	9	0

스토키치 (Joco Stokić) 보스니아 1987.07.04

리그	연도	소속	출장	교체	득점	도움	파울	경고	퇴장
클	2014	제주	5	5	0	0	7	1	0
	합계		5	5	0	0	7	1	0
프로통산			5	5	0	0	7	1	0

슬라브코 (Seorgievski Slavcho) 마케도니아 1980.03.30

리그	연도	소속	출장	교체	득점	도움	파울	경고	퇴장
BC	2009	울산	29	9	3	3	17	5	0
	합계		29	9	3	3	17	5	0
프로통산			29	9	3	3	17	5	0

시로 (Alves Ferreira E Silva Ciro Henrique) 브라질 1989.04.1

리그	연도	소속	출장	교체	득점	도움	파울	경고	퇴장
클	2015	제주	7	8	0	0	6	1	0
	합계		7	8	0	0	6	1	0
프로통산			7	8	0	0	6	1	0

시마다 (Shimada Yusuke) 일본 1982.01.19

리그	연도	소속	출장	교체	득점	도움	파울	경고	퇴장
BC	2012	강원	23	10	1	2	34	2	0
	합계		23	10	1	2	34	2	0
프로통산			23	10	1	2	34	2	0

시모 (Simo Krunić) 보스니아 헤르체고비나 1969.01.03

리그	연도	소속	출장	교체	득점	도움	파울	경고	퇴장
BC	1996	포항	6	6	2	0	14	2	0
	합계		6	6	2	0	14	2	0
프로통산			6	6	2	0	14	2	0

시몬 (Victor Simoes de Oliveira) 브라질 1981.03.23

리그	연도	소속	출장	교체	득점	도움	파울	경고	퇴장
BC	2007	전남	10	5	1	3	21	0	0
	2008	전남	14	11	2	1	20	3	0
	합계		24	16	3	4	41	3	0
프로통산			24	16	3	4	41	3	0

시미치 (Dusan Simić) 세르비아 몬테네그로 1980.07.22

리그	연도	소속	출장	교체	득점	도움	파울	경고	퇴장
BC	2003	부산	28	16	0	0	19	5	0
	합계		28	16	0	0	19	5	0
프로통산			28	16	0	0	19	5	0

시미치 (Josip Simić) 크로아티아 1977.09.16

리그	연도	소속	출장	교체	득점	도움	파울	경고	퇴장
BC	2004	울산	25	24	2	2	26	1	0
	합계		25	24	2	2	26	1	0

리그	연도	소속	출장	교체	득점	도움	파울	경고	퇴장
프로통산			25	24	2	2	26	1	0

시시 (Gonzalez Martinez Sisinio) 스페인 1986.04.22

리그	연도	소속	출장	교체	득점	도움	파울	경고	퇴장
챌	2015	수원fc	17	9	0	1	25	6	0
	합계		17	9	0	1	25	6	0
승	2015	수원fc	2	1	0	0	1	0	0
	합계		2	1	0	0	1	0	0
프로통산			19	10	0	1	26	6	0

신경모 (辛景模) 중앙대 1987.12.12

리그	연도	소속	출장	교체	득점	도움	파울	경고	퇴장
BC	2011	수원	2	2	0	0	4	0	0
	합계		2	2	0	0	4	0	0
프로통산			2	2	0	0	4	0	0

신광훈 (申光勳) 포철공고 1987.03.18

리그	연도	소속	출장	교체	득점	도움	파울	경고	퇴장
BC	2006	포항	10	6	1	1	23	5	0
	2007	포항	5	4	1	0	2	3	0
	2008	포항	4	4	0	1	5	1	0
	2008	전북	19	1	1	3	31	3	0
	2009	전북	14	5	0	0	26	3	0
	2010	전북	12	0	0	1	32	3	0
	2010	포항	8	0	0	0	17	3	0
	2011	포항	26	0	1	4	62	10	0
	2012	포항	37	0	0	3	48	7	1
	합계		135	20	4	13	246	38	1
클	2013	포항	33	1	0	4	53	10	0
	2014	포항	33	0	3	2	46	8	0
	합계		66	1	3	6	99	18	0
챌	2015	안산	28	2	1	1	45	9	0
	합계		28	2	1	1	45	9	0
프로통산			229	23	8	20	390	65	1

신대경 (申大京) 경희대 1982.04.15

리그	연도	소속	출장	교체	득점	도움	파울	경고	퇴장
BC	2005	부천SK	0	0	0	0	0	0	0
	2006	제주	0	0	0	0	0	0	0
	합계		0	0	0	0	0	0	0
프로통산			0	0	0	0	0	0	0

신동근 (申東根) 연세대 1981.02.15

리그	연도	소속	출장	교체	득점	도움	파울	경고	퇴장
BC	2004	성남	3	3	0	0	2	0	0
	2005	성남	1	1	0	0	1	0	0
	2006	성남	7	7	0	0	4	0	0
	2008	광주상	22	12	0	0	15	2	0
	2009	광주상	5	2	0	0	3	0	0
	합계		38	25	0	0	25	2	0
프로통산			38	25	0	0	25	2	0

신동빈 (申東彬) 선문대 1985.06.11

리그	연도	소속	출장	교체	득점	도움	파울	경고	퇴장
BC	2008	전북	1	1	0	0	1	0	0
	합계		1	1	0	0	1	0	0
프로통산			1	1	0	0	1	0	0

신동철 (申東喆) 명지대 1962.11.09

리그	연도	소속	출장	교체	득점	도움	파울	경고	퇴장
BC	1983	국민	2	0	1	1	3	0	0
	1986	유공	29	6	2	6	16	1	0
	1987	유공	4	3	0	1	1	1	0
	1988	유공	23	3	8	3	13	2	0
	1989	유공	9	6	0	0	1	0	0
	1990	유공	10	5	1	0	4	0	0
	1991	유공	24	17	1	1	7	1	0
	1992	유공	34	3	3	10	16	3	0
	1993	유공	13	5	0	0	3	0	0
	합계		148	48	16	22	64	8	0
프로통산			148	48	16	22	64	8	0

신동혁 (新洞革) 대화중 1987.07.17

리그	연도	소속	출장	교체	득점	도움	파울	경고	퇴장
BC	2011	인천	4	5	0	0	1	0	0
	합계		4	5	0	0	1	0	0
챌	2014	대전	3	4	0	0	2	0	0
	합계		3	4	0	0	2	0	0
프로통산			7	9	0	0	3	0	0

신문선 (辛文善) 연세대 1958.03.11

리그	연도	소속	출장	교체	득점	도움	파울	경고	퇴장
BC	1983	유공	15	5	1	1	9	2	0
	1984	유공	28	2	2	1	11	0	0
	1985	유공	21	3	0	2	22	0	0
	합계		64	10	3	4	42	2	0
프로통산			64	10	3	4	42	2	0

신범철 (申凡喆) 아주대 1970.09.27

리그	연도	소속	출장	교체	실점	도움	파울	경고	퇴장
BC	1993	대우	2	0	3	0	0	0	0
	1994	대우	11	0	20	0	0	0	0
	1995	대우	6	1	6	0	1	1	0
	1997	부산	21	0	15	0	0	1	0
	1998	부산	31	1	36	0	2	3	0
	1999	부산	36	3	41	0	2	2	0
	2000	부산	16	1	26	0	1	0	0
	2000	수원	0	0	0	0	0	0	0
	2001	수원	27	0	33	0	0	2	0
	2002	수원	12	0	20	0	0	0	0
	2003	수원	1	0	0	0	0	0	0
	2004	인천	13	0	15	0	2	1	0
	합계		176	6	215	0	8	10	0
프로통산			176	6	215	0	8	10	0

신병호 (申秉澔) 건국대 1977.04.26

리그	연도	소속	출장	교체	득점	도움	파울	경고	퇴장
BC	2002	울산	7	6	1	0	12	1	0
	2002	전남	26	8	8	1	42	0	0
	2003	전남	42	22	16	4	61	3	0
	2004	전남	21	14	3	2	37	3	0
	2005	전남	8	7	0	0	13	0	0
	2006	경남	26	21	5	0	51	3	0
	2007	제주	14	12	0	0	25	1	0
	2008	제주	6	6	2	0	1	0	0
	합계		150	96	35	7	242	11	0
프로통산			150	96	35	7	242	11	0

신상근 (申相根) 청주상고 1961.04.24

리그	연도	소속	출장	교체	득점	도움	파울	경고	퇴장
BC	1984	포철	21	10	3	7	17	0	0
	1985	포철	11	6	1	0	5	1	0
	1986	포철	6	6	0	1	2	0	0
	1987	럭금	31	7	3	3	27	1	0
	1988	럭금	15	12	1	0	15	1	0
	1989	럭금	5	5	0	0	5	0	0
	합계		89	46	8	11	71	3	0
프로통산			89	46	8	11	71	3	0

신상우 (申相又) 광운대 1976.03.10

리그	연도	소속	출장	교체	득점	도움	파울	경고	퇴장
BC	1999	대전	31	8	5	0	67	4	0
	2000	대전	30	7	1	2	59	4	0
	2001	대전	32	2	1	1	70	7	0
	2004	대전	15	4	0	0	32	0	0
	2005	성남	1	1	0	0	0	0	0
	2006	성남	1	1	0	0	0	0	0
	합계		110	23	7	3	228	15	0
프로통산			110	23	7	3	228	15	0

신상훈 (申相훈) 중앙대 1983.06.20

리그	연도	소속	출장	교체	득점	도움	파울	경고	퇴장
BC	2006	전북	4	2	0	0	5	0	0
	2007	전북	0	0	0	0	0	0	0
	합계		4	2	0	0	5	0	0
프로통산			4	2	0	0	5	0	0

신성환 (申聖煥) 인천대 1968.10.10

리그	연도	소속	출장	교체	득점	도움	파울	경고	퇴장
BC	1992	포철	16	10	0	0	17	1	0
	1993	포철	15	11	0	0	9	0	0
	1994	포철	27	13	0	0	35	8	0
	1995	포항	22	10	1	0	28	3	0
	1996	수원	32	0	1	1	75	8	2
	1997	수원	30	3	3	0	79	9	0
	1998	수원	15	6	1	0	27	3	0
	합계		157	53	6	1	270	32	2
프로통산			157	53	6	1	270	32	2

신세계 (申世界) 성균관대 1990.09.16

리그	연도	소속	출장	교체	득점	도움	파울	경고	퇴장
BC	2011	수원	11	5	0	0	25	6	0
	2012	수원	7	5	0	0	13	2	0
	합계		18	10	0	0	38	8	0
클	2013	수원	16	2	0	0	24	3	0
	2014	수원	20	4	0	0	28	2	0
	2015	수원	18	8	1	0	21	2	0
	합계		54	14	1	0	73	7	0
프로통산			72	24	1	0	111	15	0

신수진 (申洙鎭) 고려대 1982.10.26

리그	연도	소속	출장	교체	득점	도움	파울	경고	퇴장
BC	2005	부산	6	3	0	0	5	0	0
	2006	부산	1	0	0	0	3	0	0
	2008	광주상	5	1	0	0	4	0	0
	합계		12	4	0	0	12	0	0
프로통산			12	4	0	0	12	0	0

신승경 (辛承庚) 호남대 1981.09.07

리그	연도	소속	출장	교체	실점	도움	파울	경고	퇴장
BC	2004	부산	5	0	9	0	0	1	0
	2005	부산	9	1	11	0	0	1	0
	2006	부산	3	0	7	0	0	0	0
	2007	부산	2	0	2	0	1	0	0
	2008	부산	1	0	2	0	0	0	0
	2008	경남	0	0	0	0	0	0	0
	2009	경남	2	0	4	0	0	1	0
	합계		22	1	35	0	1	3	0
프로통산			22	1	35	0	1	3	0

신승호 (申陞昊) 아주대 1975.05.13

리그	연도	소속	출장	교체	득점	도움	파울	경고	퇴장
BC	1999	전남	9	10	0	1	3	0	0
	2000	부천SK	2	1	0	0	4	0	0
	2001	부천SK	0	0	0	0	0	0	0
	2002	부천SK	27	8	0	0	43	5	0
	2003	부천SK	22	3	0	0	20	1	0
	2004	부천SK	22	12	0	0	31	0	0
	2005	부천SK	23	7	1	0	32	3	0
	2006	경남	33	2	1	3	59	7	0
	합계		138	43	2	4	192	16	0
프로통산			138	43	2	4	192	16	0

신연수 (申燃秀) 매탄고 1992.04.06

리그	연도	소속	출장	교체	득점	도움	파울	경고	퇴장
BC	2011	수원	1	1	0	0	0	0	0
	2012	상주	1	1	0	0	0	0	0
	합계		2	2	0	0	0	0	0
클	2014	부산	1	1	0	0	2	1	0
	합계		1	1	0	0	2	1	0
프로통산			3	3	0	0	2	1	0

신연호 (申連浩) 고려대 1964.05.08

리그	연도	소속	출장	교체	득점	도움	파울	경고	퇴장
BC	1987	현대	9	5	0	0	5	1	0
	1988	현대	21	2	1	0	22	2	0
	1989	현대	21	7	3	2	31	0	0
	1990	현대	17	4	3	0	26	0	0
	1991	현대	36	4	0	1	30	1	0
	1992	현대	23	9	2	0	13	0	0
	1993	현대	28	10	2	3	19	2	1

리그	연도	소속	출장	교체	득점	도움	파울	경고	퇴장
	1994	현대	15	13	1	1	16	1	0
	합계		170	54	12	7	162	7	1
프로통산			170	54	12	7	162	7	1

신영록 (辛泳錄) 세일중 1987.03.27

리그	연도	소속	출장	교체	득점	도움	파울	경고	퇴장
BC	2003	수원	3	4	0	0	0	0	0
	2004	수원	6	6	0	0	2	0	0
	2005	수원	7	7	1	0	7	1	0
	2006	수원	12	12	2	1	20	2	0
	2007	수원	3	1	2	0	11	1	0
	2008	수원	23	16	7	4	43	0	0
	2010	수원	9	4	3	1	24	3	0
	2011	제주	8	7	0	0	16	2	0
	합계		71	57	15	6	123	9	0
프로통산			71	57	15	6	123	9	0

신영록 (申榮祿) 호남대 1981.09.07

리그	연도	소속	출장	교체	득점	도움	파울	경고	퇴장
BC	2003	부산	7	4	0	0	12	0	0
	2004	부산	1	1	0	0	1	0	0
	2005	부산	14	0	0	0	24	5	0
	합계		22	5	0	0	37	5	0
프로통산			22	5	0	0	37	5	0

신영준 (辛映俊) 호남대 1989.09.06

리그	연도	소속	출장	교체	득점	도움	파울	경고	퇴장
BC	2011	전남	20	17	3	1	14	0	0
	2012	전남	20	19	3	1	18	0	0
	합계		40	36	6	2	32	0	0
클	2013	전남	3	3	0	0	1	0	0
	2013	포항	13	13	2	2	5	0	0
	2014	포항	15	14	0	0	11	3	0
	합계		31	30	2	2	17	3	0
챌	2015	강원	19	15	3	3	12	1	0
	합계		19	15	3	3	12	1	0
프로통산			90	81	11	7	61	4	0

신영철 (申映哲) 풍생고 1986.03.14

리그	연도	소속	출장	교체	득점	도움	파울	경고	퇴장
BC	2005	성남	3	3	0	0	0	0	0
	2006	성남	4	4	1	0	7	0	0
	2009	성남	0	0	0	0	0	0	0
	2010	성남	0	0	0	0	0	0	0
	합계		7	7	1	0	7	0	0
프로통산			7	7	1	0	7	0	0

신완희 (申頑熙) 탐라대 1988.05.12

리그	연도	소속	출장	교체	득점	도움	파울	경고	퇴장
BC	2011	부산	0	0	0	0	0	0	0
	합계		0	0	0	0	0	0	0
프로통산			0	0	0	0	0	0	0

신우식 (申友植) 연세대 1968.03.25

리그	연도	소속	출장	교체	득점	도움	파울	경고	퇴장
BC	1990	럭금	3	3	0	0	0	0	0
	1991	LG	2	1	0	0	1	0	0
	1994	LG	12	2	0	0	16	1	0
	1995	LG	1	0	0	0	1	1	0
	합계		18	6	0	0	18	2	0
프로통산			18	6	0	0	18	2	0

신윤기 (辛允基) 영남상고 1957.03.23

리그	연도	소속	출장	교체	득점	도움	파울	경고	퇴장
BC	1983	유공	8	2	0	1	5	1	0
	합계		8	2	0	1	5	1	0
프로통산			8	2	0	1	5	1	0

신의손 (申宜孫, Valeri Sarychev) 1960.01.12

리그	연도	소속	출장	교체	실점	도움	파울	경고	퇴장
BC	1992	일화	40	0	31	0	0	1	0
	1993	일화	35	0	33	0	0	0	0
	1994	일화	36	0	33	0	1	0	0
	1995	일화	34	0	27	0	2	3	0
	1996	천안	27	0	51	0	0	0	0
	1997	천안	16	2	28	0	1	0	0
	1998	천안	5	0	16	0	0	0	0
	2000	안양LG	32	1	35	0	0	1	0
	2001	안양LG	35	0	29	0	1	0	0
	2002	안양LG	35	0	36	0	1	1	0
	2003	안양LG	18	0	26	0	0	1	0
	2004	서울	7	0	12	0	0	0	0
	합계		320	3	357	0	6	7	0
프로통산			320	3	357	0	6	7	0

신인섭 (申仁燮) 건국대 1989.06.01

리그	연도	소속	출장	교체	득점	도움	파울	경고	퇴장
BC	2011	부산	0	0	0	0	0	0	0
	합계		0	0	0	0	0	0	0
프로통산			0	0	0	0	0	0	0

신일수 (申一守) 고려대 1994.09.04

리그	연도	소속	출장	교체	득점	도움	파울	경고	퇴장
챌	2015	서울E	12	7	0	0	20	5	0
	합계		12	7	0	0	20	5	0
프로통산			12	7	0	0	20	5	0

신재필 (申栽必) 안양공고 1982.05.25

리그	연도	소속	출장	교체	득점	도움	파울	경고	퇴장
BC	2002	안양LG	0	0	0	0	0	0	0
	2003	안양LG	1	2	0	0	2	1	0
	합계		1	2	0	0	2	1	0
챌	2013	고양	26	10	0	0	43	7	0
	2014	고양	14	12	0	0	9	1	1
	합계		40	22	0	0	52	8	1
프로통산			41	24	0	0	54	9	1

신재흠 (申在欽) 연세대 1959.03.26

리그	연도	소속	출장	교체	득점	도움	파울	경고	퇴장
BC	1983	대우	1	1	0	0	2	1	0
	1984	럭금	27	3	1	2	21	1	0
	합계		28	4	1	2	23	2	0
프로통산			28	4	1	2	23	2	0

신정환 (申正桓) 관동대 1986.08.18

리그	연도	소속	출장	교체	득점	도움	파울	경고	퇴장
BC	2008	제주	0	0	0	0	0	0	0
	2011	전남	0	0	0	0	0	0	0
	합계		0	0	0	0	0	0	0
프로통산			0	0	0	0	0	0	0

신제경 (辛齊耕) 중앙대 1961.01.25

리그	연도	소속	출장	교체	득점	도움	파울	경고	퇴장
BC	1985	상무	21	2	0	0	26	0	0
	합계		21	2	0	0	26	0	0
프로통산			21	2	0	0	26	0	0

신제호 (辛齊虎) 중앙대 1962.10.03

리그	연도	소속	출장	교체	득점	도움	파울	경고	퇴장
BC	1985	한일	14	0	0	0	24	2	0
	1986	한일	10	0	0	0	12	1	0
	합계		24	0	0	0	36	3	0
프로통산			24	0	0	0	36	3	0

신종혁 (辛鍾赫) 대구대 1976.03.04

리그	연도	소속	출장	교체	득점	도움	파울	경고	퇴장
BC	1999	포항	0	0	0	0	0	0	0
	2000	포항	5	3	0	1	8	0	0
	합계		5	3	0	1	8	0	0
프로통산			5	3	0	1	8	0	0

신준배 (辛俊培) 선문대 1985.10.26

리그	연도	소속	출장	교체	실점	도움	파울	경고	퇴장
BC	2009	대전	3	0	4	0	0	0	0
	2010	대전	9	0	14	0	1	1	0
	2011	대전	3	1	4	0	0	0	0
	합계		15	1	22	0	1	1	0
프로통산			15	1	22	0	1	1	0

신진원 (申晉遠) 연세대 1974.09.27

리그	연도	소속	출장	교체	득점	도움	파울	경고	퇴장
BC	1997	대전	32	19	6	1	52	3	0
	1998	대전	32	12	8	3	41	5	0
	1999	대전	7	6	1	1	3	1	0
	2000	대전	30	20	1	6	38	2	0
	2001	전남	26	20	2	1	29	2	0
	2002	전남	8	8	0	0	2	1	0
	2003	대전	10	10	0	0	7	0	0
	2004	대전	2	2	0	0	6	1	0
	합계		147	97	18	12	178	15	0
프로통산			147	97	18	12	178	15	0

신진호 (申塡灝) 영남대 1988.09.07

리그	연도	소속	출장	교체	득점	도움	파울	경고	퇴장
BC	2011	포항	6	6	0	1	5	2	0
	2012	포항	23	10	1	6	49	5	1
	합계		29	16	1	7	54	7	1
클	2013	포항	20	6	2	2	34	3	0
	2015	포항	17	0	3	3	39	5	0
	합계		37	6	5	5	73	8	0
프로통산			66	22	6	12	127	15	1

신창무 (申昶武) 우석대 1992.09.17

리그	연도	소속	출장	교체	득점	도움	파울	경고	퇴장
챌	2014	대구	12	11	0	1	12	0	0
	2015	대구	10	9	0	0	15	3	0
	합계		22	20	0	1	27	3	0
프로통산			22	20	0	1	27	3	0

신태용 (申台龍) 영남대 1970.10.11

리그	연도	소속	출장	교체	득점	도움	파울	경고	퇴장
BC	1992	일화	23	10	9	5	39	0	0
	1993	일화	33	5	6	7	43	2	0
	1994	일화	29	11	8	4	33	0	0
	1995	일화	33	9	6	4	40	4	0
	1996	천안	29	3	21	3	48	3	0
	1997	천안	19	7	3	2	34	1	1
	1998	천안	24	9	3	6	36	2	0
	1999	천안	35	14	9	2	54	3	0
	2000	성남	34	13	9	7	43	4	0
	2001	성남	36	8	5	10	43	0	0
	2002	성남	37	5	6	7	60	4	0
	2003	성남	38	9	8	7	60	3	0
	2004	성남	31	11	6	4	39	4	1
	합계		401	114	99	68	572	30	2
프로통산			401	114	99	68	572	30	2

*실점: 2002년 2 / 통산 2

신학영 (申學榮) 동북고 1994.03.04

리그	연도	소속	출장	교체	득점	도움	파울	경고	퇴장
챌	2015	경남	7	6	0	0	8	0	0
	합계		7	6	0	0	8	0	0
프로통산			7	6	0	0	8	0	0

신현준 (申鉉俊) 명지대 1986.03.08

리그	연도	소속	출장	교체	득점	도움	파울	경고	퇴장
BC	2009	강원	0	0	0	0	0	0	0
	합계		0	0	0	0	0	0	0
프로통산			0	0	0	0	0	0	0

신현호 (申鉉浩) 한양대 1953.09.21

리그	연도	소속	출장	교체	득점	도움	파울	경고	퇴장
BC	1984	할렐	26	16	1	4	7	0	0
	1985	할렐	10	7	1	2	5	0	0
	합계		36	23	2	6	12	0	0
프로통산			36	23	2	6	12	0	0

신현호 (辛賢浩) 연세대 1977.07.07

리그	연도	소속	출장	교체	득점	도움	파울	경고	퇴장
BC	2000	부천SK	3	3	0	0	1	0	0
	2001	부천SK	0	0	0	0	0	0	0
	2002	부천SK	10	9	0	0	11	0	0
	2003	부천SK	20	9	0	0	31	6	0
	합계		33	21	0	0	43	6	0
프로통산			33	21	0	0	43	6	0

신형민 (辛炯旼) 홍익대 1986.07.18

리그	연도	소속	출장	교체	득점	도움	파울	경고	퇴장
BC	2008	포항	24	12	3	1	40	4	0
	2009	포항	28	6	4	2	50	5	0
	2010	포항	22	1	0	0	50	11	0
	2011	포항	28	1	4	1	45	7	0
	2012	포항	25	0	1	2	47	8	0
	합계		127	20	12	6	232	35	0
클	2014	전북	25	2	0	0	39	4	0
	합계		25	2	0	0	39	4	0
챌	2015	안산	38	0	4	0	35	8	0
	합계		38	0	4	0	35	8	0
프로통산			190	22	16	6	306	47	0

신호은 (申鎬殷) 영남대 1991.06.16

리그	연도	소속	출장	교체	득점	도움	파울	경고	퇴장
챌	2014	부천	1	1	0	0	0	0	0
	합계		1	1	0	0	0	0	0
프로통산			1	1	0	0	0	0	0

신홍기 (辛弘基) 한양대 1968-05-04

리그	연도	소속	출장	교체	득점	도움	파울	경고	퇴장
BC	1991	현대	39	5	1	4	33	3	0
	1992	현대	39	2	8	6	56	1	0
	1993	현대	12	2	2	1	6	2	0
	1994	현대	20	6	1	2	16	1	0
	1995	현대	34	3	4	6	37	4	0
	1996	울산	30	1	4	8	51	7	0
	1997	울산	30	6	2	6	33	5	0
	1998	수원	26	2	5	3	60	1	0
	1999	수원	39	0	3	5	69	7	0
	2000	수원	37	0	4	1	57	4	0
	2001	수원	30	14	1	0	41	3	1
	합계		336	41	35	42	459	38	1
프로통산			336	41	35	42	459	38	1

신화용 (申和容) 청주대 1983.04.13

리그	연도	소속	출장	교체	실점	도움	파울	경고	퇴장
BC	2004	포항	0	0	0	0	0	0	0
	2005	포항	0	0	0	0	0	0	0
	2006	포항	13	0	21	0	0	0	0
	2007	포항	26	3	25	0	0	2	0
	2008	포항	9	1	9	0	0	0	0
	2009	포항	26	1	26	0	0	2	0
	2010	포항	27	1	43	0	0	2	0
	2011	포항	29	1	29	0	1	2	0
	2012	포항	32	0	33	0	1	1	1
	합계		162	7	186	0	2	9	1
클	2013	포항	33	0	31	0	0	2	0
	2014	포항	31	1	29	0	1	3	0
	2015	포항	38	0	32	0	0	3	0
	합계		102	1	92	0	1	8	0
프로통산			264	8	278	0	3	17	1

신희재 (申熙梓) 선문대 1992.12.27

리그	연도	소속	출장	교체	득점	도움	파울	경고	퇴장
챌	2015	대구	1	1	0	0	0	0	0
	합계		1	1	0	0	0	0	0
프로통산			1	1	0	0	0	0	0

실바 (Silva Alvaro) 필리핀 1984.03.30

리그	연도	소속	출장	교체	득점	도움	파울	경고	퇴장
클	2015	대전	7	1	0	0	2	0	0
	합계		7	1	0	0	2	0	0
프로통산			7	1	0	0	2	0	0

실바 (Alexandre Capelin E. Silva) 브라질 1989.01.11

리그	연도	소속	출장	교체	득점	도움	파울	경고	퇴장
BC	2012	전남	1	1	0	0	1	0	0
	합계		1	1	0	0	1	0	0
프로통산			1	1	0	0	1	0	0

실바 (Marcelo da Silva Santos) 브라질 1978.11.30

리그	연도	소속	출장	교체	득점	도움	파울	경고	퇴장
BC	2000	성남	7	4	0	0	18	2	0
	합계		7	4	0	0	18	2	0
프로통산			7	4	0	0	18	2	0

실바 (Antonio Marcos da Silva) 브라질 1977.06.20

리그	연도	소속	출장	교체	득점	도움	파울	경고	퇴장
BC	2002	전남	10	8	0	0	6	0	0
	합계		10	8	0	0	6	0	0
프로통산			10	8	0	0	6	0	0

실바 (Valdenir da Silva Vitalino) 브라질 1977.02.21

리그	연도	소속	출장	교체	득점	도움	파울	경고	퇴장
BC	2005	서울	8	1	0	0	20	3	0
	합계		8	1	0	0	20	3	0
프로통산			8	1	0	0	20	3	0

실바 (Elpidio Pereira da Silva Fihlo) 브라질 1975.07.19

리그	연도	소속	출장	교체	득점	도움	파울	경고	퇴장
BC	2006	수원	14	14	2	1	15	0	0
	합계		14	14	2	1	15	0	0
프로통산			14	14	2	1	15	0	0

실바 (Welington da Silva de Souza) 브라질 1987.05.27

리그	연도	소속	출장	교체	득점	도움	파울	경고	퇴장
BC	2008	경남	7	6	0	0	11	0	0
	합계		7	6	0	0	11	0	0
프로통산			7	6	0	0	11	0	0

실반 (Silvan Lopes) 브라질 1973.07.20

리그	연도	소속	출장	교체	득점	도움	파울	경고	퇴장
BC	1994	포철	16	4	2	3	31	2	0
	1995	포항	22	8	0	3	37	4	0
	합계		38	12	2	6	68	6	0
프로통산			38	12	2	6	68	6	0

심광욱 (深光昱) 아주대 1994.01.03

리그	연도	소속	출장	교체	득점	도움	파울	경고	퇴장
클	2015	제주	8	9	0	1	6	1	0
	합계		8	9	0	1	6	1	0
프로통산			8	9	0	1	6	1	0

심규선 (沈規善) 명지대 1962.01.14

리그	연도	소속	출장	교체	득점	도움	파울	경고	퇴장
BC	1986	포철	22	14	1	1	15	1	0
	합계		22	14	1	1	15	1	0
프로통산			22	14	1	1	15	1	0

심동운 (沈東雲) 홍익대 1990.03.03

리그	연도	소속	출장	교체	득점	도움	파울	경고	퇴장
BC	2012	전남	30	19	4	0	22	2	0
	합계		30	19	4	0	22	2	0
클	2013	전남	29	3	5	3	22	4	0
	2014	전남	20	11	2	1	16	1	0
	2015	포항	28	23	1	3	14	1	0
	합계		77	37	8	7	52	6	0
프로통산			107	56	12	7	74	8	0

심민석 (沈敏錫) 관동대 1977.10.21

리그	연도	소속	출장	교체	득점	도움	파울	경고	퇴장
BC	2000	성남	0	0	0	0	0	0	0
	2004	성남	1	1	0	0	2	0	0
	합계		1	1	0	0	2	0	0
프로통산			1	1	0	0	2	0	0

심봉섭 (沈鳳燮) 한양대 1966.09.10

리그	연도	소속	출장	교체	득점	도움	파울	경고	퇴장
BC	1989	대우	23	11	2	3	27	0	0
	1990	대우	24	19	1	1	23	1	0
	1991	대우	30	32	3	1	30	2	0
	1992	대우	28	21	5	1	24	2	0
	1993	대우	27	17	2	0	25	3	0
	1994	대우	18	16	0	1	9	2	0
	1995	LG	6	7	0	0	5	0	0
	합계		156	123	13	7	143	10	0
프로통산			156	123	13	7	143	10	0

심상민 (沈相旼) 중앙대 1993.05.21

리그	연도	소속	출장	교체	득점	도움	파울	경고	퇴장
클	2014	서울	2	2	0	0	1	0	0
	2015	서울	12	6	0	2	14	0	0
	합계		14	8	0	2	15	0	0
프로통산			14	8	0	2	15	0	0

심영성 (沈永星) 제주제일고 1987.01.15

리그	연도	소속	출장	교체	득점	도움	파울	경고	퇴장
BC	2004	성남	7	7	0	0	7	0	0
	2005	성남	2	2	0	0	1	0	0
	2006	성남	7	5	0	0	15	1	0
	2006	제주	8	4	0	1	10	1	0
	2007	제주	25	14	5	1	20	0	0
	2008	제주	23	14	7	3	14	1	0
	2009	제주	25	17	2	1	14	1	0
	2011	제주	8	8	0	0	0	0	0
	2012	제주	1	1	0	0	0	0	0
	2012	강원	9	8	1	0	8	2	0
	합계		115	80	15	6	89	6	0
클	2015	제주	0	0	0	0	0	0	0
	합계		0	0	0	0	0	0	0
프로통산			115	80	15	6	89	6	0

심우연 (沈愚燃) 건국대 1985.04.03

리그	연도	소속	출장	교체	득점	도움	파울	경고	퇴장
BC	2006	서울	9	9	2	0	7	0	0
	2007	서울	15	12	2	0	13	0	0
	2008	서울	0	0	0	0	0	0	0
	2009	서울	2	2	0	0	2	0	0
	2010	전북	29	11	2	1	28	2	0
	2011	전북	21	4	2	0	30	5	0
	2012	전북	31	7	0	1	29	8	0
	합계		107	45	8	2	109	15	0
클	2013	성남	11	4	0	0	5	2	0
	2014	성남	5	3	0	0	2	0	0
	2015	성남	1	1	0	0	0	0	0
	합계		17	8	0	0	7	2	0
프로통산			124	53	8	2	116	17	0

심재명 (沈載明) 중앙대 1989.06.07

리그	연도	소속	출장	교체	득점	도움	파울	경고	퇴장
BC	2011	성남	10	10	0	1	5	0	0
	2012	성남	2	2	0	0	2	0	0
	합계		12	12	0	1	7	0	0
프로통산			12	12	0	1	7	0	0

심재원 (沈載源) 연세대 1977.03.11

리그	연도	소속	출장	교체	득점	도움	파울	경고	퇴장
BC	2000	부산	13	4	0	0	19	2	0
	2001	부산	18	0	1	0	19	1	0
	2002	부산	14	3	0	0	21	2	0
	2003	부산	25	7	0	2	30	7	0
	2004	광주상	7	2	0	0	11	1	0
	2005	광주상	29	1	2	1	71	5	0
	2006	부산	28	2	1	0	50	3	0
	2007	부산	25	1	0	1	43	5	1
	2008	부산	7	4	0	1	7	2	0
	합계		166	24	4	5	271	28	1
프로통산			166	24	4	5	271	28	1

심제혁 (沈帝赫) 오산고 1995.03.05

리그	연도	소속	출장	교체	득점	도움	파울	경고	퇴장
클	2014	서울	4	4	0	0	6	0	0
	2015	서울	8	8	0	0	11	1	0
	합계		12	12	0	0	17	1	0
프로통산			12	12	0	0	17	1	0

심종보 (沈宗輔) 진주국제대 1984.05.21

리그	연도	소속	출장	교체	득점	도움	파울	경고	퇴장
BC	2007	경남	4	3	0	0	4	0	0
	합계		4	3	0	0	4	0	0
프로통산			4	3	0	0	4	0	0

심진의 (沈眞意) 선문대 1992.04.16

리그	연도	소속	출장	교체	득점	도움	파울	경고	퇴장
챌	2015	충주	28	25	2	1	11	0	0
	합계		28	25	2	1	11	0	0
프로통산			28	25	2	1	11	0	0

심진형 (沈珍亨) 연세대 1987.03.18

리그	연도	소속	출장	교체	득점	도움	파울	경고	퇴장
BC	2011	경남	1	1	0	0	0	0	0
	합계		1	1	0	0	0	0	0
프로통산			1	1	0	0	0	0	0

싸비치 (Dusan Savić) 마케도니아 1985.10.01

리그	연도	소속	출장	교체	득점	도움	파울	경고	퇴장
BC	2010	인천	2	2	0	0	3	0	0
	합계		2	2	0	0	3	0	0
프로통산			2	2	0	0	3	0	0

싼더 (Sander Oostrom) 네덜란드 1967.07.14

리그	연도	소속	출장	교체	득점	도움	파울	경고	퇴장
BC	1997	포항	20	16	4	2	24	3	0
	1998	포항	1	1	0	0	1	0	0
	합계		21	17	4	2	25	3	0
프로통산			21	17	4	2	25	3	0

쏘우자 (Marcelo Tome de Souza) 브라질 1969.04.21

리그	연도	소속	출장	교체	득점	도움	파울	경고	퇴장
BC	2004	서울	30	2	0	0	27	5	0
	합계		30	2	0	0	27	5	0
프로통산			30	2	0	0	27	5	0

쏘자 (Ednilton Souza de Brito) 브라질 1981.06.04

리그	연도	소속	출장	교체	득점	도움	파울	경고	퇴장
BC	2008	제주	10	7	0	0	8	0	0
	합계		10	7	0	0	8	0	0
프로통산			10	7	0	0	8	0	0

씨마오 (Simao Pedro Goncalves de Figueiredo Costa) 포르투갈

리그	연도	소속	출장	교체	득점	도움	파울	경고	퇴장
BC	2001	대전	5	5	0	0	1	0	0
	합계		5	5	0	0	1	0	0
프로통산			5	5	0	0	1	0	0

씨엘 (Jociel Ferreira da Silva) 브라질 1982.03.31

리그	연도	소속	출장	교체	득점	도움	파울	경고	퇴장
BC	2007	부산	13	9	1	1	29	1	0
	합계		13	9	1	1	29	1	0
프로통산			13	9	1	1	29	1	0

아가시코프 러시아 1962.11.06

리그	연도	소속	출장	교체	득점	도움	파울	경고	퇴장
BC	1992	포철	4	3	1	0	3	0	0
	합계		4	3	1	0	3	0	0
프로통산			4	3	1	0	3	0	0

아고스 (Agostinho Petronilo de Oliveira Filho) 브라질 1978.1

리그	연도	소속	출장	교체	득점	도움	파울	경고	퇴장
BC	2005	부천SK	19	13	2	1	45	1	1
	합계		19	13	2	1	45	1	1
프로통산			19	13	2	1	45	1	1

아그보 (Agbo Alex) 나이지리아 1977.07.01

리그	연도	소속	출장	교체	득점	도움	파울	경고	퇴장
BC	1996	천안	6	6	1	0	18	2	0
	1997	천안	17	12	1	0	47	2	0
	합계		23	18	2	0	65	4	0
프로통산			23	18	2	0	65	4	0

아기치 (Jasmin Agić) 크로아티아 1974.12.26

리그	연도	소속	출장	교체	득점	도움	파울	경고	퇴장
BC	2005	인천	33	10	3	4	72	8	0
	2006	인천	16	4	2	3	36	4	0
	합계		49	14	5	7	108	12	0
프로통산			49	14	5	7	108	12	0

아다오 (Jose Adao Fonseca) 브라질 1972.11.30

리그	연도	소속	출장	교체	득점	도움	파울	경고	퇴장
BC	1998	전남	22	20	7	0	30	4	0
	합계		22	20	7	0	30	4	0
프로통산			22	20	7	0	30	4	0

아데마 (Adhemar Ferreira de Camargo Neto) 브라질 1972.04.27

리그	연도	소속	출장	교체	득점	도움	파울	경고	퇴장
BC	2004	성남	10	8	0	0	18	0	0
	합계		10	8	0	0	18	0	0
프로통산			10	8	0	0	18	0	0

아도 (Agnaldo Cordeiro Pereira) 브라질 1975.01.25

리그	연도	소속	출장	교체	득점	도움	파울	경고	퇴장
BC	2003	안양LG	17	14	5	1	40	1	0
	합계		17	14	5	1	40	1	0
프로통산			17	14	5	1	40	1	0

아드리아노 (Carlos Adriano de Sousa Cruz) 브라질 1987.09.28

리그	연도	소속	출장	교체	득점	도움	파울	경고	퇴장
클	2015	대전	17	3	7	1	25	4	1
	2015	서울	13	3	8	1	28	3	0
	합계		30	6	15	2	53	7	1
챌	2014	대전	32	5	27	4	76	5	0
	합계		32	5	27	4	76	5	0
프로통산			62	11	42	6	129	12	1

아드리아노 (Adriano Bizerra Melo) 브라질 1981.03.07

리그	연도	소속	출장	교체	득점	도움	파울	경고	퇴장
BC	2004	부산	13	7	2	1	36	0	0
	합계		13	7	2	1	36	0	0
프로통산			13	7	2	1	36	0	0

아드리아노 (Antonio Adriano Antunes de Pau) 브라질 1987.04.21

리그	연도	소속	출장	교체	득점	도움	파울	경고	퇴장
클	2013	대구	9	9	0	0	14	0	0
	합계		9	9	0	0	14	0	0
프로통산			9	9	0	0	14	0	0

아드리안 (Zazi Chaminga Adrien) DR콩고 1975.03.26

리그	연도	소속	출장	교체	득점	도움	파울	경고	퇴장
BC	1997	천안	9	8	1	1	12	2	0
	합계		9	8	1	1	12	2	0
프로통산			9	8	1	1	12	2	0

아드리안 (Dumitru Adrian Mihalcea) 루마니아 1976.05.24

리그	연도	소속	출장	교체	득점	도움	파울	경고	퇴장
BC	2005	전남	3	3	0	0	5	0	0
	합계		3	3	0	0	5	0	0
프로통산			3	3	0	0	5	0	0

아디 (Adnan Ocell) 알바니아 1966.03.06

리그	연도	소속	출장	교체	득점	도움	파울	경고	퇴장
BC	1996	수원	16	2	1	0	27	7	1
	합계		16	2	1	0	27	7	1
프로통산			16	2	1	0	27	7	1

아디 (Adilson dos Santos) 브라질 1976.05.12

리그	연도	소속	출장	교체	득점	도움	파울	경고	퇴장
BC	2006	서울	34	3	1	2	67	4	0
	2007	서울	36	4	2	1	56	5	0
	2008	서울	34	4	3	1	32	5	0
	2009	서울	28	1	3	1	34	2	1
	2010	서울	31	4	5	1	48	5	0
	2011	서울	30	0	0	1	14	5	0
	2012	서울	38	5	1	3	27	4	0
	합계		231	21	15	10	278	30	1
클	2013	서울	33	3	3	2	27	5	0
	합계		33	3	3	2	27	5	0
프로통산			264	24	18	12	305	35	1

아르체 (Jusan Carlos Arce Justiniano) 볼리비아 1985.04.10

리그	연도	소속	출장	교체	득점	도움	파울	경고	퇴장
BC	2008	성남	15	15	0	1	10	2	0
	합계		15	15	0	1	10	2	0
프로통산			15	15	0	1	10	2	0

아리넬송 (Arinelson Freire Nunes) 브라질 1973.01.27

리그	연도	소속	출장	교체	득점	도움	파울	경고	퇴장
BC	2001	전북	11	9	2	3	5	3	0
	2002	울산	8	10	0	2	7	2	0
	합계		19	19	2	5	12	5	0
프로통산			19	19	2	5	12	5	0

아리아스 (Arias Moros Cesar Augusto) 콜롬비아 1988.04.02

리그	연도	소속	출장	교체	득점	도움	파울	경고	퇴장
클	2013	대전	15	4	6	0	37	3	0
	합계		15	4	6	0	37	3	0
프로통산			15	4	6	0	37	3	0

아미르 (Amir Teljigović) 보스니아 헤르체고비나 1966.08.07

리그	연도	소속	출장	교체	득점	도움	파울	경고	퇴장
BC	1994	대우	24	12	1	3	38	5	2
	1995	대우	32	14	2	10	50	7	0
	1996	부산	18	11	0	2	22	4	0
	합계		74	37	3	15	110	16	2
프로통산			74	37	3	15	110	16	2

아보라 (Stanley Aborah) 가나 1969.08.25

리그	연도	소속	출장	교체	득점	도움	파울	경고	퇴장
BC	1997	천안	30	3	2	1	80	8	1
	1998	천안	6	2	0	0	14	2	0
	합계		36	5	2	1	94	10	1
프로통산			36	5	2	1	94	10	1

아사모아 (Derek Asamoah) 영국 1981.05.01

리그	연도	소속	출장	교체	득점	도움	파울	경고	퇴장
클	2013	대구	33	13	4	1	49	5	0
	합계		33	13	4	1	49	5	0
BC	2011	포항	31	22	7	5	60	3	0
	2012	포항	30	25	6	1	46	1	0
	합계		61	47	13	6	106	4	0
프로통산			94	60	17	7	155	9	0

아지마 (Mohamed Semida Abdel Azim) 이집트 1968.10.17

리그	연도	소속	출장	교체	득점	도움	파울	경고	퇴장
BC	1996	울산	18	14	1	1	21	3	0
	합계		18	14	1	1	21	3	0
프로통산			18	14	1	1	21	3	0

아지송 (Waldison Rodrigues de Souza) 브라질 1984.06.17

리그	연도	소속	출장	교체	득점	도움	파울	경고	퇴장
클	2013	제주	3	3	0	0	4	0	0
	합계		3	3	0	0	4	0	0
프로통산			3	3	0	0	4	0	0

아첼 (Zoltan Aczel) 헝가리 1967.03.13

리그	연도	소속	출장	교체	득점	도움	파울	경고	퇴장
BC	1991	대우	6	0	0	1	4	2	0
	합계		6	0	0	1	4	2	0
프로통산			6	0	0	1	4	2	0

아키 (Ienaga Akihiro) 일본 1986.06.13

리그	연도	소속	출장	교체	득점	도움	파울	경고	퇴장
BC	2012	울산	12	12	1	1	8	1	0
	합계		12	12	1	1	8	1	0
프로통산			12	12	1	1	8	1	0

아킨슨 (Dalian Robert Atkinson) 영국 1968.03.21

리그	연도	소속	출장	교체	득점	도움	파울	경고	퇴장
BC	2001	대전	4	5	1	0	6	2	0
	2001	전북	4	4	0	0	1	0	0
	합계		8	9	1	0	7	2	0

프로통산			8	9	1	0	7	2	0

아톰 (Artem Yashkin) 우크라이나 1975.04.29

리그	연도	소속	출장	교체	득점	도움	파울	경고	퇴장
BC	2004	부천SK	23	17	0	2	36	3	0
	합계		23	17	0	2	36	3	0
프로통산			23	17	0	2	36	3	0

아트 (Gefferson da Silva Goulart) 브라질 1978.01.09

리그	연도	소속	출장	교체	득점	도움	파울	경고	퇴장
BC	2006	부산	5	2	1	1	5	0	0
	합계		5	2	1	1	5	0	0
프로통산			5	2	1	1	5	0	0

아틸라 (Attila Kaman) 헝가리 1969.11.20

리그	연도	소속	출장	교체	득점	도움	파울	경고	퇴장
BC	1994	유공	12	8	1	1	20	1	1
	1995	유공	3	3	1	0	1	0	0
	합계		15	11	2	1	21	1	1
프로통산			15	11	2	1	21	1	1

안광호 (安光鎬) 연세대 1968.12.19

리그	연도	소속	출장	교체	득점	도움	파울	경고	퇴장
BC	1992	대우	10	5	0	0	8	1	0
	1993	대우	4	3	0	0	8	1	0
	합계		14	8	0	0	16	2	0
프로통산			14	8	0	0	16	2	0

안광호 (安光鎬) 배재대 1979.01.10

리그	연도	소속	출장	교체	득점	도움	파울	경고	퇴장
BC	2002	전북	1	1	0	0	1	0	0
	합계		1	1	0	0	1	0	0
프로통산			1	1	0	0	1	0	0

안기철 (安基喆) 아주대 1962.04.24

리그	연도	소속	출장	교체	득점	도움	파울	경고	퇴장
BC	1986	대우	17	9	2	1	17	2	0
	1987	대우	27	23	1	1	17	2	0
	1988	대우	23	10	1	3	20	0	0
	1989	대우	18	16	0	1	10	1	0
	합계		85	58	4	6	64	5	0
프로통산			85	58	4	6	64	5	0

안대현 (安大賢) 전주대 1977.08.20

리그	연도	소속	출장	교체	득점	도움	파울	경고	퇴장
BC	2000	전북	3	3	0	0	3	0	0
	2001	전북	13	8	0	0	16	2	0
	2002	전북	1	1	0	0	1	0	0
	2003	전북	0	0	0	0	0	0	0
	합계		17	12	0	0	20	2	0
프로통산			17	12	0	0	20	2	0

안데르손 (Anderson Ricardo dos Santos) 브라질 1983.03.22

리그	연도	소속	출장	교체	득점	도움	파울	경고	퇴장
BC	2009	서울	13	10	4	1	24	2	0
	합계		13	10	4	1	24	2	0
프로통산			13	10	4	1	24	2	0

안델손 (Anderson Andrade Antunes) 브라질 1981.11.15

리그	연도	소속	출장	교체	득점	도움	파울	경고	퇴장
BC	2010	대구	11	4	2	1	28	0	0
	합계		11	4	2	1	28	0	0
프로통산			11	4	2	1	28	0	0

안동은 (安東銀) 경운대 1988.10.01

리그	연도	소속	출장	교체	득점	도움	파울	경고	퇴장
챌	2013	고양	28	9	0	0	52	4	0
	2014	안산	6	5	0	0	4	1	0
	2015	고양	3	0	0	0	6	1	0
	합계		37	14	0	0	62	6	0
프로통산			37	14	0	0	62	6	0

안동혁 (安東赫) 광운대 1988.11.11

리그	연도	소속	출장	교체	득점	도움	파울	경고	퇴장
챌	2013	광주	20	19	1	1	23	0	0
	2015	안양	24	12	0	2	35	1	0
	합계		44	31	1	3	58	1	0
BC	2011	광주	23	15	0	1	17	2	0
	2012	광주	28	11	1	2	42	7	0
	합계		51	26	1	3	59	9	0
프로통산			95	57	2	6	117	10	0

안드레 (Andre Luis Alves Santos) 브라질 1972.11.16

리그	연도	소속	출장	교체	득점	도움	파울	경고	퇴장
BC	2000	안양LG	38	4	9	14	74	4	0
	2001	안양LG	27	19	2	4	36	3	0
	2002	안양LG	31	19	7	9	41	4	1
	합계		96	42	18	27	151	11	1
프로통산			96	42	18	27	151	11	1

안드레이 (Andriy Sydelnykov) 우크라이나 1967.09.27

리그	연도	소속	출장	교체	득점	도움	파울	경고	퇴장
BC	1995	전남	28	7	4	1	60	9	1
	1996	전남	29	5	3	0	31	8	0
	합계		57	12	7	1	91	17	1
프로통산			57	12	7	1	91	17	1

안병태 (安炳泰) 한양대 1959.02.22

리그	연도	소속	출장	교체	득점	도움	파울	경고	퇴장
BC	1983	포철	10	2	0	0	10	0	0
	1984	포철	14	5	0	0	6	1	0
	1986	포철	12	4	0	0	12	1	0
	합계		36	11	0	0	28	2	0
프로통산			36	11	0	0	28	2	0

안상현 (安相炫) 능곡중 1986.03.05

리그	연도	소속	출장	교체	득점	도움	파울	경고	퇴장
클	2013	대구	33	6	0	1	49	11	0
	2015	대전	25	7	0	0	30	8	0
	합계		58	13	0	1	79	19	0
챌	2014	대구	32	2	1	1	50	7	0
	합계		32	2	1	1	50	7	0
BC	2003	안양LG	0	0	0	0	0	0	0
	2004	서울	1	1	0	0	3	0	0
	2005	서울	1	1	0	0	0	0	0
	2006	서울	1	1	1	0	1	1	0
	2007	서울	11	10	1	0	9	1	0
	2008	서울	1	0	0	0	1	1	1
	2009	경남	9	8	0	0	14	1	0
	2010	경남	24	18	0	1	31	5	1
	2011	대구	15	11	0	0	33	8	0
	2012	대구	32	10	0	1	57	14	0
	합계		95	60	2	2	149	31	2
프로통산			185	75	3	4	278	57	2

안선진 (安鮮鎭) 고려대 1975.09.19

리그	연도	소속	출장	교체	득점	도움	파울	경고	퇴장
BC	2003	포항	16	14	0	0	15	0	0
	합계		16	14	0	0	15	0	0
프로통산			16	14	0	0	15	0	0

안성규 (安聖奎) 충북대

리그	연도	소속	출장	교체	득점	도움	파울	경고	퇴장
BC	1995	대우	1	1	0	0	2	1	0
	합계		1	1	0	0	2	1	0
프로통산			1	1	0	0	2	1	0

안성남 (安成男) 중앙대 1984.04.17

리그	연도	소속	출장	교체	득점	도움	파울	경고	퇴장
클	2015	광주	8	7	0	0	3	0	0
	합계		8	7	0	0	3	0	0
챌	2014	광주	8	5	2	1	14	0	0
	2015	강원	7	4	0	0	12	2	0
	합계		15	9	2	1	26	2	0
승	2014	광주	0	0	0	0	0	0	0
	합계		0	0	0	0	0	0	0
BC	2009	강원	21	15	1	1	9	2	0
	2010	강원	26	22	5	3	14	2	0
	2011	광주	22	18	2	0	17	3	0
	2012	광주	25	24	0	1	22	5	0
	합계		94	79	8	5	62	12	0
프로통산			117	95	10	6	91	14	0

안성민 (安成民) 건국대 1985.11.03

리그	연도	소속	출장	교체	득점	도움	파울	경고	퇴장
BC	2007	부산	18	13	1	1	29	1	0
	2008	부산	17	14	1	0	28	4	0
	2009	부산	20	10	1	0	37	8	0
	2010	대구	28	9	3	1	33	5	0
	2011	대구	11	7	3	0	21	4	0
	합계		94	53	9	2	148	22	0
프로통산			94	53	9	2	148	22	0

안성빈 (安聖彬) 수원대 1988.10.03

리그	연도	소속	출장	교체	득점	도움	파울	경고	퇴장
클	2014	경남	7	3	1	0	9	1	0
	합계		7	3	1	0	9	1	0
챌	2013	경찰	23	13	1	2	31	2	0
	2014	안산	15	15	1	3	13	3	0
	2015	안양	36	19	8	4	66	6	0
	합계		74	47	10	9	110	11	0
승	2014	경남	2	1	0	0	3	1	0
	합계		2	1	0	0	3	1	0
BC	2010	경남	8	8	1	0	6	1	0
	2011	경남	5	5	0	0	2	0	0
	2012	경남	11	10	1	0	12	1	0
	합계		24	23	2	0	20	2	0
프로통산			107	74	13	9	142	15	0

안성열 (安星烈) 국민대 1958.08.01

리그	연도	소속	출장	교체	득점	도움	파울	경고	퇴장
BC	1983	국민	10	4	0	1	8	1	0
	1985	상무	18	2	0	0	10	1	0
	합계		28	6	0	1	18	2	0
프로통산			28	6	0	1	18	2	0

안성일 (安聖逸) 아주대 1966.09.10

리그	연도	소속	출장	교체	득점	도움	파울	경고	퇴장
BC	1989	대우	21	13	6	0	17	1	0
	1990	대우	14	8	1	0	23	1	0
	1991	대우	36	7	2	3	49	5	1
	1992	대우	35	12	5	0	49	7	0
	1993	대우	24	18	1	2	25	3	0
	1994	포철	22	15	0	3	19	2	0
	1995	대우	30	11	4	0	52	11	0
	1996	부산	18	12	0	0	35	3	0
	합계		200	96	19	8	269	33	1
프로통산			200	96	19	8	269	33	1

안성호 (安成皓) 대구대 1976.03.30

리그	연도	소속	출장	교체	득점	도움	파울	경고	퇴장
BC	1999	수원	1	1	0	0	2	0	0
	합계		1	1	0	0	2	0	0
프로통산			1	1	0	0	2	0	0

안성훈 (安成勳) 한려대 1982.09.11

리그	연도	소속	출장	교체	득점	도움	파울	경고	퇴장
BC	2002	안양LG	11	5	0	0	11	2	0
	2003	안양LG	11	6	0	0	8	0	0
	2004	인천	19	10	0	0	30	1	0
	2005	인천	10	6	0	0	3	1	0
	2006	인천	9	7	0	2	19	1	0
	2007	인천	4	4	0	0	4	2	0
	합계		64	38	0	2	75	7	0
프로통산			64	38	0	2	75	7	0

안세희 (安世熙) 1991.02.08

리그	연도	소속	출장	교체	득점	도움	파울	경고	퇴장
클	2015	부산	5	1	0	0	9	1	1
	2015	대전	4	0	0	0	2	1	0
	합계		9	1	0	0	11	2	1

프로통산			9	1	0	0	11	2	1

안수현 (安壽賢) 1992.06.13

리그	연도	소속	출장	교체	득점	도움	파울	경고	퇴장
클	2015	전남	1	1	0	0	1	0	0
	합계		1	1	0	0	1	0	0
프로통산			1	1	0	0	1	0	0

안승인 (安承仁) 경원대학원 1973.03.14

리그	연도	소속	출장	교체	득점	도움	파울	경고	퇴장
BC	1999	부천SK	15	15	0	2	7	0	0
	2000	부천SK	9	9	1	0	13	2	0
	2001	부천SK	25	20	3	1	24	0	0
	2002	부천SK	25	18	2	2	47	0	0
	2003	부천SK	38	25	1	3	55	4	0
	2004	부천SK	5	5	0	0	3	0	0
	합계		117	92	7	8	149	6	0
프로통산			117	92	7	8	149	6	0

안영규 (安泳奎) 울산대 1989.12.04

리그	연도	소속	출장	교체	득점	도움	파울	경고	퇴장
클	2015	광주	33	6	2	0	36	6	0
	합계		33	6	2	0	36	6	0
챌	2014	대전	34	2	1	1	45	5	0
	합계		34	2	1	1	45	5	0
BC	2012	수원	0	0	0	0	0	0	0
	합계		0	0	0	0	0	0	0
프로통산			67	8	3	1	81	11	0

안영진 (安映珍) 울산대 1988.04.01

리그	연도	소속	출장	교체	득점	도움	파울	경고	퇴장
챌	2013	부천	7	7	0	0	1	0	0
	합계		7	7	0	0	1	0	0
프로통산			7	7	0	0	1	0	0

안영학 (安英學, An Yong Hak) 북한 1978.10.25

리그	연도	소속	출장	교체	득점	도움	파울	경고	퇴장
BC	2006	부산	29	8	3	2	57	0	0
	2007	부산	30	3	4	0	65	2	0
	2008	수원	9	7	0	0	13	2	0
	2009	수원	14	6	2	0	24	1	0
	합계		82	24	9	2	159	5	0
프로통산			82	24	9	2	159	5	0

안용우 (安庸佑) 동의대 1991.08.10

리그	연도	소속	출장	교체	득점	도움	파울	경고	퇴장
클	2014	전남	31	7	6	6	19	4	0
	2015	전남	34	18	3	4	22	1	0
	합계		65	25	9	10	41	5	0
프로통산			65	25	9	10	41	5	0

안원응 (安元應) 성균관대 1961.01.14

리그	연도	소속	출장	교체	득점	도움	파울	경고	퇴장
BC	1984	한일	6	2	0	0	5	2	0
	합계		6	2	0	0	5	2	0
프로통산			6	2	0	0	5	2	0

안익수 (安益秀) 인천대 1965.05.06

리그	연도	소속	출장	교체	득점	도움	파울	경고	퇴장
BC	1989	일화	22	6	0	0	23	3	0
	1990	일화	29	1	0	1	35	2	0
	1991	일화	12	4	0	0	19	1	0
	1992	일화	27	3	0	0	46	6	0
	1993	일화	26	3	0	0	37	2	1
	1994	일화	20	3	1	1	31	3	0
	1995	일화	17	3	0	0	25	4	0
	1996	포항	30	11	0	0	39	3	0
	1997	포항	34	6	1	0	52	6	0
	1998	포항	36	1	0	1	63	6	0
	합계		253	41	2	3	370	36	1
프로통산			253	41	2	3	370	36	1

안일주 (安一柱) 동국대 1988.05.02

리그	연도	소속	출장	교체	득점	도움	파울	경고	퇴장
챌	2013	상주	0	0	0	0	0	0	0
	2014	부천	20	1	0	0	21	2	0
	2015	부천	16	5	0	0	16	2	0
	합계		36	6	0	0	37	4	0
BC	2011	포항	0	0	0	0	0	0	0
	2012	상주	1	1	0	0	0	0	0
	합계		1	1	0	0	0	0	0
프로통산			37	7	0	0	37	4	0

안재곤 (安載坤) 아주대 1984.08.15

리그	연도	소속	출장	교체	득점	도움	파울	경고	퇴장
BC	2008	인천	4	1	0	0	9	1	0
	2010	인천	1	1	0	0	0	0	0
	2011	인천	5	4	0	0	12	1	0
	2012	인천	0	0	0	0	0	0	0
	합계		10	6	0	0	21	2	0
프로통산			10	6	0	0	21	2	0

안재준 (安宰晙) 고려대 1986.02.08

리그	연도	소속	출장	교체	득점	도움	파울	경고	퇴장
클	2013	인천	31	0	4	0	64	8	0
	2014	인천	36	1	0	0	49	5	0
	합계		67	1	4	0	113	13	0
챌	2015	안산	35	0	1	0	55	10	0
	합계		35	0	1	0	55	10	0
BC	2008	인천	28	1	0	0	44	9	0
	2009	인천	33	1	0	1	50	6	0
	2010	인천	28	0	1	3	58	4	1
	2011	전남	27	2	1	0	35	5	0
	2012	전남	32	1	1	0	40	4	0
	합계		148	5	3	4	227	28	1
프로통산			250	6	8	4	395	51	1

안재훈 (安在勳) 건국대 1988.02.01

리그	연도	소속	출장	교체	득점	도움	파울	경고	퇴장
클	2013	대구	5	1	0	0	5	1	0
	2014	상주	22	3	1	0	25	4	1
	합계		27	4	1	0	30	5	1
챌	2013	수원fc	16	1	0	0	18	2	0
	2015	상주	8	3	0	0	8	1	0
	2015	대구	3	0	0	0	2	0	0
	합계		27	4	0	0	28	3	0
BC	2011	대구	20	1	0	2	27	2	0
	2012	대구	9	3	1	0	11	2	0
	합계		29	4	1	2	38	4	0
프로통산			83	12	2	2	96	12	1

안정환 (安貞桓) 아주대 1976.01.27

리그	연도	소속	출장	교체	득점	도움	파울	경고	퇴장
BC	1998	부산	33	8	13	4	31	4	0
	1999	부산	34	9	21	7	26	3	1
	2000	부산	20	8	10	0	20	0	0
	2007	수원	25	20	5	0	22	4	0
	2008	부산	27	8	6	3	47	6	1
	합계		139	53	55	14	146	17	2
프로통산			139	53	55	14	146	17	2

안젤코비치 (Miodrag Andjelković) 세르비아 몬테네그로 1977.12

리그	연도	소속	출장	교체	득점	도움	파울	경고	퇴장
BC	2004	인천	11	5	4	0	26	1	1
	합계		11	5	4	0	26	1	1
프로통산			11	5	4	0	26	1	1

안종관 (安種官) 광운대 1966.08.30

리그	연도	소속	출장	교체	득점	도움	파울	경고	퇴장
BC	1989	현대	28	6	0	1	31	2	0
	1990	현대	20	6	0	1	21	0	0
	합계		48	12	0	2	52	2	0
프로통산			48	12	0	2	52	2	0

안종훈 (安鐘薰) 조선대 1989.07.05

리그	연도	소속	출장	교체	득점	도움	파울	경고	퇴장
클	2013	제주	15	14	1	0	17	0	0
	합계		15	14	1	0	17	0	0
챌	2014	광주	15	8	0	2	17	1	0
	합계		15	8	0	2	17	1	0
BC	2011	제주	2	2	0	0	3	0	0
	합계		2	2	0	0	3	0	0
프로통산			32	24	1	2	37	1	0

안준원 (安俊垣) 부산상고 1961.03.10

리그	연도	소속	출장	교체	득점	도움	파울	경고	퇴장
BC	1985	상무	20	0	1	0	11	2	0
	1986	포철	7	2	0	0	8	1	0
	합계		27	2	1	0	19	3	0
프로통산			27	2	1	0	19	3	0

안진규 (安眞圭) 연세대 1970.10.18

리그	연도	소속	출장	교체	득점	도움	파울	경고	퇴장
BC	1994	현대	4	4	0	0	2	0	0
	1995	현대	7	7	0	0	4	0	1
	1996	울산	3	1	0	0	2	1	0
	1996	전남	3	3	0	0	1	0	0
	합계		17	15	0	0	9	1	1
프로통산			17	15	0	0	9	1	1

안진범 (安進範) 고려대 1992.03.10

리그	연도	소속	출장	교체	득점	도움	파울	경고	퇴장
클	2014	울산	24	18	2	2	23	1	0
	2015	인천	9	8	0	0	10	1	0
	합계		33	26	2	2	33	2	0
프로통산			33	26	2	2	33	2	0

안태은 (安太銀) 조선대 1985.09.17

리그	연도	소속	출장	교체	득점	도움	파울	경고	퇴장
BC	2006	서울	26	7	0	0	39	4	0
	2007	서울	4	3	0	0	3	0	0
	2008	서울	10	3	0	1	19	4	0
	2009	서울	19	8	0	1	24	3	0
	2010	포항	8	3	0	0	13	3	1
	2011	인천	9	8	0	1	13	0	0
	합계		76	32	0	3	111	14	1
프로통산			76	32	0	3	111	14	1

안토니오 (Marco Antonio de Freitas Filho) 브라질 1978.10.23

리그	연도	소속	출장	교체	득점	도움	파울	경고	퇴장
BC	2005	전북	5	4	1	0	4	0	0
	합계		5	4	1	0	4	0	0
프로통산			5	4	1	0	4	0	0

안툰 (Antun Matthew Kovacić) 호주 1981.07.10

리그	연도	소속	출장	교체	득점	도움	파울	경고	퇴장
BC	2009	울산	4	3	0	0	2	1	0
	합계		4	3	0	0	2	1	0
프로통산			4	3	0	0	2	1	0

안현범 (安鉉範) 동국대 1994.12.21

리그	연도	소속	출장	교체	득점	도움	파울	경고	퇴장
클	2015	울산	17	16	0	1	16	2	0
	합계		17	16	0	1	16	2	0
프로통산			17	16	0	1	16	2	0

안현식 (安顯植) 연세대 1987.04.24

리그	연도	소속	출장	교체	득점	도움	파울	경고	퇴장
BC	2008	인천	21	4	0	0	41	3	0
	2009	인천	2	0	0	0	0	0	0
	2010	인천	12	3	0	0	13	3	0
	2011	경남	14	1	1	0	23	5	1
	합계		49	8	1	0	77	11	1
챌	2014	고양	25	4	0	0	34	4	0
	2015	고양	30	1	0	0	30	5	1
	합계		55	5	0	0	64	9	1
프로통산			104	13	1	0	141	20	2

안홍민 (安洪珉) 관동대 1971.09.06

리그	연도	소속	출장	교체	득점	도움	파울	경고	퇴장
BC	1996	울산	25	16	10	1	40	2	0
	1997	울산	24	23	2	3	41	3	1
	1998	울산	23	22	3	2	38	3	0
	1999	울산	28	24	2	5	42	3	0

	2000	울산	19	14	1	3	36	2	0
	2001	전북	18	18	1	0	9	2	0
	합계		137	117	19	14	206	15	1
프로통산			137	117	19	14	206	15	1

안효연 (安孝鍊) 동국대 1978.04.16

리그	연도	소속	출장	교체	득점	도움	파울	경고	퇴장
BC	2003	부산	14	12	0	2	8	0	0
	2004	부산	30	20	6	3	22	1	0
	2005	수원	30	20	3	5	24	1	0
	2006	성남	28	26	1	1	13	1	0
	2007	수원	12	10	1	2	3	0	0
	2008	수원	15	15	2	2	9	0	0
	2009	전남	5	5	0	0	0	0	0
	합계		134	108	13	15	79	3	0
프로통산			134	108	13	15	79	3	0

안효철 (安孝哲) 성균관대 1965.05.15

리그	연도	소속	출장	교체	실점	도움	파울	경고	퇴장
BC	1989	일화	1	0	1	0	0	0	0
	합계		1	0	1	0	0	0	0
프로통산			1	0	1	0	0	0	0

알도 (Clodoaldo Paulino de Lima) 브라질 1978.11.25

리그	연도	소속	출장	교체	득점	도움	파울	경고	퇴장
BC	2008	포항	2	1	0	0	5	0	0
	합계		2	1	0	0	5	0	0
프로통산			2	1	0	0	5	0	0

알라올 (Alaor) 브라질 1968.12.12

리그	연도	소속	출장	교체	득점	도움	파울	경고	퇴장
BC	1996	수원	9	8	1	0	14	1	0
	합계		9	8	1	0	14	1	0
프로통산			9	8	1	0	14	1	0

알란 (Allan Rodrigo Aal) 브라질 1979.03.12

리그	연도	소속	출장	교체	득점	도움	파울	경고	퇴장
BC	2004	대전	4	1	0	0	11	1	0
	합계		4	1	0	0	11	1	0
프로통산			4	1	0	0	11	1	0

알랭 (Noudjeu Mbianda Nicolas Alain) 카메룬 1976.07.12

리그	연도	소속	출장	교체	득점	도움	파울	경고	퇴장
BC	2000	전북	17	13	0	0	25	0	0
	합계		17	13	0	0	25	0	0
프로통산			17	13	0	0	25	0	0

알레 (Alexandre Garcia Ribeiro) 브라질 1984.05.08

리그	연도	소속	출장	교체	득점	도움	파울	경고	퇴장
BC	2009	대전	10	8	0	4	20	0	0
	2010	대전	21	10	1	3	40	2	1
	합계		31	18	1	7	60	2	1
프로통산			31	18	1	7	60	2	1

알렉산더 (Aleksandar Petrović) 세르비아 1983.03.22

리그	연도	소속	출장	교체	득점	도움	파울	경고	퇴장
BC	2008	전북	15	1	0	0	22	6	0
	2009	전북	9	5	0	0	11	2	0
	2009	전남	6	5	1	0	13	2	0
	합계		30	11	1	0	46	10	0
프로통산			30	11	1	0	46	10	0

알렉산드로 (Alessandro Lopes Pereira) 브라질 1984.02.13

리그	연도	소속	출장	교체	득점	도움	파울	경고	퇴장
BC	2012	대전	21	2	0	0	51	8	0
	합계		21	2	0	0	51	8	0
챌	2013	충주	11	1	0	0	26	2	0
	합계		11	1	0	0	26	2	0
프로통산			32	3	0	0	77	10	0

알렉산드로 (Alexsandro Ribeiro da Silva) 브라질 1980.04.13

리그	연도	소속	출장	교체	득점	도움	파울	경고	퇴장
BC	2008	대구	14	9	1	1	11	0	0
	합계		14	9	1	1	11	0	0
프로통산			14	9	1	1	11	0	0

알렉산드로 (Alexandro da Silva Batista) 브라질 1986.11.06

리그	연도	소속	출장	교체	득점	도움	파울	경고	퇴장
BC	2010	포항	9	6	1	1	20	2	0
	합계		9	6	1	1	20	2	0
프로통산			9	6	1	1	20	2	0

알렉세이 (Alexey Sudarikov) 러시아 1971.05.01

리그	연도	소속	출장	교체	득점	도움	파울	경고	퇴장
BC	1994	LG	3	3	0	0	4	0	0
	합계		3	3	0	0	4	0	0
프로통산			3	3	0	0	4	0	0

알렉세이 (Aleksei Prudnikov) 러시아 1960.03.20

리그	연도	소속	출장	교체	실점	도움	파울	경고	퇴장
BC	1995	전북	10	0	11	0	0	0	0
	1996	전북	27	1	34	0	2	2	0
	1997	전북	18	0	23	0	0	0	0
	1998	전북	1	0	2	0	0	0	0
	합계		56	1	70	0	2	2	0
프로통산			56	1	70	0	2	2	0

알렉세이 (Aleksey Shichogolev) 러시아 1972.09.18

리그	연도	소속	출장	교체	득점	도움	파울	경고	퇴장
BC	1996	부천SK	22	5	0	0	16	5	0
	합계		22	5	0	0	16	5	0
프로통산			22	5	0	0	16	5	0

알렉스 (Aleksandar Jovanovic) 호주 1989.08.04

리그	연도	소속	출장	교체	득점	도움	파울	경고	퇴장
클	2014	제주	31	3	1	1	36	4	1
	2015	제주	22	6	0	0	16	4	0
	합계		53	9	1	1	52	8	1
챌	2013	수원fc	24	3	0	0	30	6	0
	합계		24	3	0	0	30	6	0
프로통산			77	12	1	1	82	14	1

알렉스 (Aleksandar Jozević) 유고슬라비아

리그	연도	소속	출장	교체	득점	도움	파울	경고	퇴장
BC	1993	대우	6	4	0	0	9	2	0
	합계		6	4	0	0	9	2	0
프로통산			6	4	0	0	9	2	0

알렉스 (Aleksandar Vlahović) 유고슬라비아 1969.07.24

리그	연도	소속	출장	교체	득점	도움	파울	경고	퇴장
BC	1997	부산	1	1	1	0	1	0	0
	합계		1	1	1	0	1	0	0
프로통산			1	1	1	0	1	0	0

알렉스 (Alexander Popovich) 몰도바 1977.04.09

리그	연도	소속	출장	교체	득점	도움	파울	경고	퇴장
BC	2001	성남	6	5	0	0	3	0	0
	합계		6	5	0	0	3	0	0
프로통산			6	5	0	0	3	0	0

알렉스 (Alex Oliveira) 브라질 1977.12.21

리그	연도	소속	출장	교체	득점	도움	파울	경고	퇴장
BC	2003	대전	28	23	4	2	60	1	0
	합계		28	23	4	2	60	1	0
프로통산			28	23	4	2	60	1	0

알렉스 (Alexsandro Marques de Oliveira) 브라질 1978.06.17

리그	연도	소속	출장	교체	득점	도움	파울	경고	퇴장
BC	2007	제주	1	1	0	0	0	0	0
	합계		1	1	0	0	0	0	0
프로통산			1	1	0	0	0	0	0

알렉스 (Alex Asamoah) 가나 1986.08.28

리그	연도	소속	출장	교체	득점	도움	파울	경고	퇴장
BC	2010	경남	2	3	0	0	2	1	0
	합계		2	3	0	0	2	1	0
프로통산			2	3	0	0	2	1	0

알렉스 (Wesley Alex Maiolino) 브라질 1988.02.10

리그	연도	소속	출장	교체	득점	도움	파울	경고	퇴장
챌	2013	고양	32	10	15	6	44	4	0
	2014	고양	14	0	11	3	24	1	0
	2014	강원	15	5	5	1	20	1	0
	합계		61	15	31	10	88	6	0
프로통산			61	15	31	10	88	6	0

알렌 (Alen Avdić) 보스니아 헤르체고비나 1977.04.03

리그	연도	소속	출장	교체	득점	도움	파울	경고	퇴장
BC	2001	수원	5	5	1	0	6	1	0
	2002	수원	3	3	0	0	10	1	0
	2003	수원	2	2	0	0	6	0	0
	합계		10	10	1	0	22	2	0
프로통산			10	10	1	0	22	2	0

알리 (Marian Aliuta) 루마니아 1978.02.04

리그	연도	소속	출장	교체	득점	도움	파울	경고	퇴장
BC	2005	전남	0	0	0	0	0	0	0
	합계		0	0	0	0	0	0	0
프로통산			0	0	0	0	0	0	0

알리송 (Alison Barros Moraes) 브라질 1982.06.30

리그	연도	소속	출장	교체	득점	도움	파울	경고	퇴장
BC	2002	울산	10	11	2	3	9	0	0
	2003	울산	7	8	0	0	3	1	0
	2003	대전	19	18	5	2	10	1	0
	2004	대전	24	23	1	1	15	3	0
	2005	대전	18	18	2	0	14	2	0
	합계		78	78	10	6	51	7	0
프로통산			78	78	10	6	51	7	0

알미르 (Jose Almir Barros Neto) 브라질 1985.08.22

리그	연도	소속	출장	교체	득점	도움	파울	경고	퇴장
BC	2008	경남	7	4	1	1	18	1	0
	합계		7	4	1	1	18	1	0
클	2014	울산	2	2	0	0	3	0	0
	합계		2	2	0	0	3	0	0
챌	2013	고양	18	6	6	3	40	3	0
	2014	강원	12	7	3	0	30	2	0
	2015	부천	28	19	1	3	43	2	0
	합계		58	32	10	6	113	7	0
프로통산			67	38	11	7	134	8	0

알미르 (Almir Lopes de Luna) 브라질 1982.05.20

리그	연도	소속	출장	교체	득점	도움	파울	경고	퇴장
BC	2007	울산	36	24	8	6	69	3	0
	2008	울산	17	8	6	2	31	0	0
	2009	울산	29	13	7	2	61	5	0
	2010	포항	25	18	4	4	16	1	0
	2011	인천	5	3	0	0	2	0	0
	합계		112	66	25	14	179	9	0
프로통산			112	66	25	14	179	9	0

알미르 (Almir Kayumov) 러시아 1964.12.30

리그	연도	소속	출장	교체	득점	도움	파울	경고	퇴장
BC	1993	대우	18	3	0	0	35	8	0
	합계		18	3	0	0	35	8	0
프로통산			18	3	0	0	35	8	0

알베스 (Jorge Luiz Alves Justino) 브라질 1982.04.02

리그	연도	소속	출장	교체	득점	도움	파울	경고	퇴장
BC	2009	수원	4	2	0	0	10	1	0
	합계		4	2	0	0	10	1	0
프로통산			4	2	0	0	10	1	0

알파이 (Fehmi Alpay Özalan) 터키 1973.05.29

리그	연도	소속	출장	교체	득점	도움	파울	경고	퇴장
BC	2004	인천	8	0	0	0	17	2	1
	합계		8	0	0	0	17	2	1
프로통산			8	0	0	0	17	2	1

알핫산 (George Alhassan) 가나 1955.11.11

리그	연도	소속	출장	교체	득점	도움	파울	경고	퇴장
BC	1984	현대	11	4	4	3	2	0	0
	합계		11	4	4	3	2	0	0
프로통산			11	4	4	3	2	0	0

애드깔로스 (Edcarlos Conceicao Santos) 브라질 1985.05.10

리그	연도	소속	출장	교체	득점	도움	파울	경고	퇴장
클	2013	성남	17	6	0	0	14	2	0
	합계		17	6	0	0	14	2	0
프로통산			17	6	0	0	14	2	0

얀 (Kraus Jan) 체코 1979.08.28

리그	연도	소속	출장	교체	득점	도움	파울	경고	퇴장
BC	2003	대구	28	24	5	1	43	6	0
	합계		28	24	5	1	43	6	0
프로통산			28	24	5	1	43	6	0

양기훈 (梁瑛勳) 성균관대 1992.04.09

리그	연도	소속	출장	교체	득점	도움	파울	경고	퇴장
챌	2015	서울E	17	4	0	1	17	4	0
	합계		17	4	0	1	17	4	0
프로통산			17	4	0	1	17	4	0

양동연 (梁東燕) 경희대 1970.04.30

리그	연도	소속	출장	교체	득점	도움	파울	경고	퇴장
BC	1995	전남	12	7	0	0	9	0	1
	1996	전남	35	5	0	0	54	8	0
	1997	전남	25	2	0	2	48	4	0
	1998	전남	23	9	1	0	52	4	0
	2000	전남	4	4	0	0	1	0	0
	합계		99	27	1	2	164	16	1
프로통산			99	27	1	2	164	16	1

양동원 (梁棟原) 백암고 1987.02.05

리그	연도	소속	출장	교체	실점	도움	파울	경고	퇴장
BC	2005	대전	0	0	0	0	0	0	0
	2006	대전	0	0	0	0	0	0	0
	2007	대전	3	1	1	0	0	0	0
	2008	대전	6	1	10	0	0	1	0
	2009	대전	1	0	3	0	0	0	0
	2010	대전	10	0	21	0	0	1	0
	2011	수원	3	0	4	0	0	0	0
	2012	수원	11	0	13	0	0	1	0
	합계		34	2	52	0	0	3	0
클	2013	수원	3	0	2	0	0	1	0
	합계		3	0	2	0	0	1	0
챌	2014	강원	16	1	26	0	0	0	0
	2015	상주	17	0	29	0	0	1	0
	합계		33	1	55	0	0	1	0
프로통산			70	3	109	0	0	5	0

양동철 (梁東哲) 부경대 1985.08.26

리그	연도	소속	출장	교체	득점	도움	파울	경고	퇴장
BC	2010	전북	3	1	0	0	7	1	0
	합계		3	1	0	0	7	1	0
프로통산			3	1	0	0	7	1	0

양동현 (梁東炫) 동북고 1986.03.28

리그	연도	소속	출장	교체	득점	도움	파울	경고	퇴장
BC	2005	울산	0	0	0	0	0	0	0
	2006	울산	13	13	1	0	19	0	0
	2007	울산	16	13	6	0	31	2	0
	2008	울산	14	13	0	2	18	0	0
	2009	부산	33	18	8	5	38	2	0
	2010	부산	27	23	1	4	16	2	0
	2011	부산	31	25	11	4	30	5	0
	합계		134	105	27	15	152	11	0
클	2013	부산	9	2	3	3	19	2	0
	2014	부산	14	2	4	1	25	2	0
	2014	울산	16	7	5	2	20	3	0
	2015	울산	30	18	8	3	51	2	0
	합계		69	29	20	9	115	9	0
챌	2013	경찰	21	10	11	4	39	3	0
	합계		21	10	11	4	39	3	0
프로통산			224	144	58	28	306	23	0

양동협 (梁棟硤) 관동대 1989.04.25

리그	연도	소속	출장	교체	득점	도움	파울	경고	퇴장
챌	2013	충주	20	14	1	4	21	3	0
	2014	충주	7	6	1	1	14	0	0
	합계		27	20	2	5	35	3	0
프로통산			27	20	2	5	35	3	0

양상민 (梁相珉) 숭실대 1984.02.24

리그	연도	소속	출장	교체	득점	도움	파울	경고	퇴장
BC	2005	전남	29	6	1	5	66	6	0
	2006	전남	26	2	3	2	54	9	0
	2007	전남	2	0	0	0	7	1	0
	2007	수원	31	2	0	5	55	3	0
	2008	수원	22	7	0	2	36	3	1
	2009	수원	18	5	0	0	23	5	1
	2010	수원	23	4	0	3	51	10	0
	2011	수원	24	8	0	1	40	10	0
	2012	수원	29	5	2	3	62	14	0
	합계		204	39	6	21	394	61	2
클	2014	수원	3	2	0	0	3	1	0
	2015	수원	28	11	3	0	16	2	0
	합계		31	13	3	0	19	3	0
챌	2013	경찰	27	1	1	2	46	15	0
	2014	안산	14	1	1	0	30	4	0
	합계		41	2	2	2	76	19	0
프로통산			276	54	11	23	489	83	2

양상준 (梁相俊) 홍익대 1988.11.21

리그	연도	소속	출장	교체	득점	도움	파울	경고	퇴장
BC	2010	경남	4	4	0	0	8	0	0
	합계		4	4	0	0	8	0	0
챌	2014	충주	7	5	0	0	12	0	0
	2015	충주	5	5	0	1	10	0	0
	합계		12	10	0	1	22	0	0
프로통산			16	14	0	1	30	0	0

양세근 (梁世根) 탐라대 1988.10.08

리그	연도	소속	출장	교체	득점	도움	파울	경고	퇴장
BC	2009	제주	7	4	0	0	11	2	0
	2010	제주	3	3	0	0	3	0	0
	합계		10	7	0	0	14	2	0
프로통산			10	7	0	0	14	2	0

양세운 (梁世運) 남부대 1990.12.23

리그	연도	소속	출장	교체	득점	도움	파울	경고	퇴장
챌	2013	광주	1	1	0	0	0	0	0
	2015	충주	0	0	0	0	0	0	0
	합계		1	1	0	0	0	0	0
프로통산			1	1	0	0	0	0	0

양승원 (梁勝源) 대구대 1985.07.15

리그	연도	소속	출장	교체	득점	도움	파울	경고	퇴장
BC	2008	대구	10	5	1	0	14	3	0
	2009	대구	20	3	0	1	33	4	0
	2010	대구	16	5	0	0	26	3	0
	합계		46	13	1	1	73	10	0
클	2013	대구	1	1	0	0	0	0	0
	합계		1	1	0	0	0	0	0
프로통산			47	14	1	1	73	10	0

양영민 (楊泳民) 명지대 1974.07.19

리그	연도	소속	출장	교체	실점	도움	파울	경고	퇴장
BC	1999	천안	0	0	0	0	0	0	0
	2000	성남	0	0	0	0	0	0	0
	2002	성남	0	0	0	0	0	0	0
	2003	성남	0	0	0	0	0	0	0
	2004	성남	8	2	6	0	1	0	0
	2005	성남	1	0	1	0	0	0	0
	합계		9	2	7	0	1	0	0
프로통산			9	2	7	0	1	0	0

양익전 (梁益銓) 서울대 1966.03.20

리그	연도	소속	출장	교체	득점	도움	파울	경고	퇴장
BC	1989	유공	2	2	0	0	0	0	0
	합계		2	2	0	0	0	0	0
프로통산			2	2	0	0	0	0	0

양정민 (梁正玟) 부경대 1986.05.21

리그	연도	소속	출장	교체	득점	도움	파울	경고	퇴장
BC	2009	대전	22	6	0	0	64	5	0
	2010	대전	21	4	0	0	55	12	0
	2011	대전	5	3	0	0	10	4	1
	합계		48	13	0	0	129	21	1
프로통산			48	13	0	0	129	21	1

양정민 (梁政民) 대신고 1992.07.22

리그	연도	소속	출장	교체	득점	도움	파울	경고	퇴장
BC	2011	강원	1	1	0	0	0	0	0
	합계		1	1	0	0	0	0	0
프로통산			1	1	0	0	0	0	0

양정원 (梁政元) 단국대 1976.05.22

리그	연도	소속	출장	교체	득점	도움	파울	경고	퇴장
BC	1999	부산	3	3	0	0	1	0	0
	합계		3	3	0	0	1	0	0
프로통산			3	3	0	0	1	0	0

양정환 (梁禎桓) 고려대 1966.07.26

리그	연도	소속	출장	교체	득점	도움	파울	경고	퇴장
BC	1988	럭금	9	8	0	2	6	0	0
	1989	럭금	5	5	0	0	3	0	0
	합계		14	13	0	2	9	0	0
프로통산			14	13	0	2	9	0	0

양종후 (梁鍾厚) 고려대 1974.04.05

리그	연도	소속	출장	교체	득점	도움	파울	경고	퇴장
BC	1998	수원	4	3	0	0	4	1	0
	1999	수원	26	3	1	0	47	5	0
	2000	수원	29	4	3	0	81	11	0
	2001	수원	5	2	0	0	7	2	0
	합계		64	12	4	0	139	19	0
프로통산			64	12	4	0	139	19	0

양준아 (梁準我) 고려대 1989.06.13

리그	연도	소속	출장	교체	득점	도움	파울	경고	퇴장
BC	2010	수원	9	7	0	1	13	3	0
	2011	수원	7	3	2	0	15	2	0
	2011	제주	6	3	1	0	17	3	1
	2012	제주	0	0	0	0	0	0	0
	2012	전남	9	4	0	1	12	2	0
	합계		31	17	3	2	57	10	1
클	2013	제주	2	0	1	0	7	2	0
	2014	상주	30	3	3	1	47	6	1
	2015	제주	31	9	0	0	35	4	0
	합계		63	12	4	1	89	12	1
챌	2013	상주	4	1	0	0	7	1	0
	합계		4	1	0	0	7	1	0
승	2013	상주	2	0	0	0	0	0	0
	합계		2	0	0	0	0	0	0
프로통산			100	30	7	3	153	23	2

양지원 (梁志源) 울산대 1974.04.28

리그	연도	소속	출장	교체	실점	도움	파울	경고	퇴장
BC	1998	울산	15	0	20	0	3	0	0
	1999	울산	16	1	22	0	0	0	0
	2000	울산	4	0	8	0	1	0	1
	2001	울산	21	0	26	0	2	3	0
	2002	울산	0	0	0	0	0	0	0
	합계		56	1	76	0	6	3	1
프로통산			56	1	76	0	6	3	1

양진웅 (梁眞熊) 울산대 1991.01.24

리그	연도	소속	출장	교체	실점	도움	파울	경고	퇴장
챌	2013	부천	7	0	10	0	0	0	0
	2014	부천	4	0	8	0	0	0	0
	합계		11	0	18	0	0	0	0
프로통산			11	0	18	0	0	0	0

양한빈 (梁韓彬) 백암고 1991.08.30

리그	연도	소속	출장	교체	실점	도움	파울	경고	퇴장
BC	2011	강원	0	0	0	0	0	0	0
	2012	강원	1	0	1	0	0	0	0
	합계		1	0	1	0	0	0	0
클	2013	성남	1	1	1	0	0	0	0
	2014	서울	0	0	0	0	0	0	0
	2015	서울	0	0	0	0	0	0	0
	합계		1	1	1	0	0	0	0
프로통산			2	1	2	0	0	0	0

양현정 (梁鉉正) 단국대 1977.07.25

리그	연도	소속	출장	교체	득점	도움	파울	경고	퇴장
BC	2000	전북	32	23	6	7	27	3	0
	2001	전북	23	20	2	2	22	0	0
	2002	전북	25	24	3	4	36	7	0
	2003	전북	1	1	0	0	1	0	0
	2005	대구	5	5	0	0	7	0	0
	합계		86	73	11	13	93	10	0
프로통산			86	73	11	13	93	10	0

얀 (Yan Song) 중국 1981.03.20

리그	연도	소속	출장	교체	득점	도움	파울	경고	퇴장
BC	2010	제주	0	0	0	0	0	0	0
	합계		0	0	0	0	0	0	0
프로통산			0	0	0	0	0	0	0

어경준 (漁慶俊) 용강중 1987.12.10

리그	연도	소속	출장	교체	득점	도움	파울	경고	퇴장
BC	2009	성남	11	10	0	0	10	2	0
	2009	서울	1	1	0	0	1	0	0
	2010	서울	1	1	0	0	1	0	0
	2010	대전	16	4	4	1	11	2	0
	2011	서울	9	10	0	0	7	0	0
	합계		38	26	4	1	30	4	0
프로통산			38	26	4	1	30	4	0

엄영식 (嚴泳植) 풍기고 1970.06.23

리그	연도	소속	출장	교체	득점	도움	파울	경고	퇴장
BC	1994	LG	1	1	0	0	0	0	0
	1995	전남	6	6	0	0	3	0	0
	1996	전남	11	6	0	0	8	1	0
	1997	전남	3	3	0	0	2	0	0
	합계		21	16	0	0	13	1	0
프로통산			21	16	0	0	13	1	0

엄진태 (嚴鎭泰) 경희대 1992.03.28

리그	연도	소속	출장	교체	득점	도움	파울	경고	퇴장
챌	2015	충주	15	8	0	1	14	1	0
	합계		15	8	0	1	14	1	0
프로통산			15	8	0	1	14	1	0

에니키 (Henrique Dias de Carvalho) 브라질 1984.05.23

리그	연도	소속	출장	교체	득점	도움	파울	경고	퇴장
BC	2004	대전	15	11	2	2	39	1	0
	2005	대전	14	14	1	0	22	3	0
	합계		29	25	3	2	61	4	0
프로통산			29	25	3	2	61	4	0

에닝요 (Oliveira Junior Enio / 에니오) 브라질 1981.05.16

리그	연도	소속	출장	교체	득점	도움	파울	경고	퇴장
BC	2003	수원	21	19	2	2	20	2	1
	2007	대구	28	7	4	8	34	7	0
	2008	대구	27	13	17	8	25	6	1
	2009	전북	28	17	10	12	17	4	1
	2010	전북	33	12	18	10	23	6	0
	2011	전북	26	17	11	5	23	4	0
	2012	전북	38	17	15	13	34	11	0
	합계		201	102	77	58	176	40	3
클	2013	전북	13	11	3	6	10	2	0
	2015	전북	17	14	1	2	9	3	0
	합계		30	25	4	8	19	5	0
프로통산			231	127	81	66	195	45	3

에델 (Eder Luiz Lima da Sousa) 팔레스타인 1987.01.09

리그	연도	소속	출장	교체	득점	도움	파울	경고	퇴장
챌	2015	대구	39	24	10	4	59	3	0
	합계		39	24	10	4	59	3	0
프로통산			39	24	10	4	59	3	0

에델 (Eder Luis Carvalho) 브라질 1984.05.14

리그	연도	소속	출장	교체	득점	도움	파울	경고	퇴장
BC	2011	부산	12	0	1	0	20	1	0
	2012	부산	41	1	0	0	54	10	0
	합계		53	1	1	0	74	11	0
프로통산			53	1	1	0	74	11	0

에두 (Goncalves de Oliveira Eduardo) 브라질 1981.11.30

리그	연도	소속	출장	교체	득점	도움	파울	경고	퇴장
BC	2007	수원	34	15	7	4	71	3	1
	2008	수원	38	8	16	7	57	6	0
	2009	수원	23	7	7	4	40	3	1
	합계		95	30	30	15	168	12	2
클	2015	전북	20	6	11	3	23	3	0
	합계		20	6	11	3	23	3	0
프로통산			115	36	41	18	191	15	2

에듀 (Eduardo J. Salles) 브라질 1977.12.13

리그	연도	소속	출장	교체	득점	도움	파울	경고	퇴장
BC	2004	전북	21	19	4	1	34	2	0
	합계		21	19	4	1	34	2	0
프로통산			21	19	4	1	34	2	0

에듀 (Eduardo Marques de Jesus Passos) 브라질 1976.06.26

리그	연도	소속	출장	교체	득점	도움	파울	경고	퇴장
BC	2006	대구	28	15	3	1	61	5	0
	합계		28	15	3	1	61	5	0
프로통산			28	15	3	1	61	5	0

에드밀손 (Edmilson Dias de Lucena) 포르투갈 1968.05.29

리그	연도	소속	출장	교체	득점	도움	파울	경고	퇴장
BC	2002	전북	27	9	14	3	36	2	0
	2003	전북	39	4	17	14	59	7	1
	2004	전북	1	1	0	0	0	0	0
	2005	전북	3	3	0	0	0	0	0
	합계		70	17	31	17	95	9	1
프로통산			70	17	31	17	95	9	1

에드손 (Edson Araujo da Silva) 브라질 1980.07.26

리그	연도	소속	출장	교체	득점	도움	파울	경고	퇴장
BC	2008	대전	10	5	0	1	22	2	0
	합계		10	5	0	1	22	2	0
프로통산			10	5	0	1	22	2	0

에디 (Edmilson Akves) 브라질 1976.02.17

리그	연도	소속	출장	교체	득점	도움	파울	경고	퇴장
BC	2002	울산	19	4	4	0	27	3	0
	2003	울산	22	16	0	0	20	0	0
	합계		41	20	4	0	47	3	0
프로통산			41	20	4	0	47	3	0

에딘 (Edin Junuzović) 크로아티아 1986.04.28

리그	연도	소속	출장	교체	득점	도움	파울	경고	퇴장
클	2014	경남	15	14	2	0	26	1	0
	합계		15	14	2	0	26	1	0
프로통산			15	14	2	0	26	1	0

에릭 (Eriks Pelcis) 라트비아 1978.06.25

리그	연도	소속	출장	교체	득점	도움	파울	경고	퇴장
BC	1999	안양LG	22	15	4	0	32	1	0
	2000	안양LG	1	1	0	0	1	0	0
	합계		23	16	4	0	33	1	0
프로통산			23	16	4	0	33	1	0

에릭 (Eric Obinna) 프랑스 1981.06.10

리그	연도	소속	출장	교체	득점	도움	파울	경고	퇴장
BC	2008	대전	18	15	2	0	21	0	0
	합계		18	15	2	0	21	0	0
프로통산			18	15	2	0	21	0	0

에벨찡요 (Heverton Duraes Coutinho Alves) 브라질 1985.10.28

리그	연도	소속	출장	교체	득점	도움	파울	경고	퇴장
BC	2011	성남	12	5	6	2	22	2	0
	2012	성남	18	12	1	1	27	5	0
	합계		30	17	7	3	49	7	0
프로통산			30	17	7	3	49	7	0

에벨톤 (Everton Leandro dos Santos Pinto) 브라질 1986.10.14

리그	연도	소속	출장	교체	득점	도움	파울	경고	퇴장
BC	2011	성남	28	11	5	1	31	3	0
	2012	성남	36	7	12	2	51	2	0
	합계		64	18	17	3	82	5	0
클	2014	서울	16	7	3	1	22	0	0
	2015	서울	16	14	4	0	4	0	0
	2015	울산	8	8	0	0	4	0	0
	합계		40	29	7	1	30	0	0
프로통산			104	47	24	4	112	5	0

에벨톤C (Everton Cardoso da Silva) 브라질 1988.12.11

리그	연도	소속	출장	교체	득점	도움	파울	경고	퇴장
BC	2012	수원	29	18	7	4	55	6	0
	합계		29	18	7	4	55	6	0
프로통산			29	18	7	4	55	6	0

에스쿠데로 (Sergio Escudero) 일본 1988.09.01

리그	연도	소속	출장	교체	득점	도움	파울	경고	퇴장
BC	2012	서울	20	18	4	3	48	1	0
	합계		20	18	4	3	48	1	0
클	2013	서울	34	23	4	7	56	2	0
	2014	서울	32	20	6	4	42	2	0
	합계		66	43	10	11	98	4	0
프로통산			86	61	14	14	146	5	0

에스테베즈 (Ricardo Felipe dos Santos Esteves) 포르투갈 1979.09.16

리그	연도	소속	출장	교체	득점	도움	파울	경고	퇴장
BC	2010	서울	14	4	4	5	30	4	0
	합계		14	4	4	5	30	4	0
프로통산			14	4	4	5	30	4	0

에스티벤 (Juan Estiven Velez Upegui) 콜롬비아 1982.02.09

리그	연도	소속	출장	교체	득점	도움	파울	경고	퇴장
BC	2010	울산	32	10	1	1	32	2	0
	2011	울산	35	12	0	0	53	6	0
	2012	울산	39	13	0	0	42	3	0
	합계		106	35	1	1	127	11	0
클	2014	제주	12	8	0	0	11	0	0
	합계		12	8	0	0	11	0	0
프로통산			118	43	1	1	138	11	0

엔리끼 (Luciano Henrique de Gouvea) 브라질 1978.10.10

리그	연도	소속	출장	교체	득점	도움	파울	경고	퇴장
BC	2006	포항	29	19	7	6	33	3	0
	합계		29	19	7	6	33	3	0
프로통산			29	19	7	6	33	3	0

엘리아스 (Fernandes de Oliveira Elias) 브라질 1992.05.22

리그	연도	소속	출장	교체	득점	도움	파울	경고	퇴장
클	2015	부산	8	8	0	0	3	1	0
	합계		8	8	0	0	3	1	0
승	2015	부산	0	0	0	0	0	0	0
	합계		0	0	0	0	0	0	0
프로통산			8	8	0	0	3	1	0

엘리오 (Eionar Nascimento Ribeiro) 브라질 1982.06.10

리그	연도	소속	출장	교체	득점	도움	파울	경고	퇴장
BC	2011	인천	6	4	1	0	7	0	0
	합계		6	4	1	0	7	0	0
프로통산			6	4	1	0	7	0	0

엘리치 (Ahmad Elrich) 호주 1981.05.30

리그	연도	소속	출장	교체	득점	도움	파울	경고	퇴장
BC	2004	부산	10	3	1	3	24	4	0
	합계		10	3	1	3	24	4	0
프로통산			10	3	1	3	24	4	0

여름 (呂름) 광주대 1989.06.22

리그	연도	소속	출장	교체	득점	도움	파울	경고	퇴장
클	2015	광주	31	8	1	2	48	6	0
	합계		31	8	1	2	48	6	0
챌	2013	광주	29	22	2	1	50	8	0
	2014	광주	27	11	0	2	46	5	0
	합계		56	33	2	3	96	13	0
승	2014	광주	2	0	0	2	2	0	0
	합계		2	0	0	2	2	0	0
프로통산			89	41	3	7	146	19	0

여명용 (呂明龍) 한양대 1987.06.11

리그	연도	소속	출장	교체	실점	도움	파울	경고	퇴장
챌	2013	고양	23	1	35	0	1	1	0
	2014	고양	20	1	22	0	0	4	0
	2015	고양	22	0	33	0	0	3	0
	합계		65	2	90	0	1	8	0
프로통산			65	2	90	0	1	8	0

여범규 (余範奎) 연세대 1962.06.24

리그	연도	소속	출장	교체	득점	도움	파울	경고	퇴장
BC	1986	대우	27	1	1	5	30	5	0
	1987	대우	27	11	3	0	25	0	0
	1988	대우	12	5	1	0	16	0	0
	1989	대우	38	15	4	3	69	1	0
	1990	대우	10	7	1	0	18	3	0
	1991	대우	16	14	1	0	24	3	0
	1992	대우	11	8	0	0	13	1	0
	합계		141	61	11	8	195	13	0
프로통산			141	61	11	8	195	13	0

여성해 (呂成海) 한양대 1987.08.06

리그	연도	소속	출장	교체	득점	도움	파울	경고	퇴장
클	2014	경남	20	3	1	0	28	3	0
	합계		20	3	1	0	28	3	0
챌	2015	상주	19	2	2	0	27	2	0
	합계		19	2	2	0	27	2	0
승	2014	경남	1	0	0	0	3	1	0
	합계		1	0	0	0	3	1	0
프로통산			40	5	3	0	58	6	0

여승원 (呂承垣) 광운대 1984.05.01

리그	연도	소속	출장	교체	득점	도움	파울	경고	퇴장
BC	2004	인천	9	4	1	0	20	0	0
	2005	인천	4	4	0	0	5	0	0
	2006	광주상	21	16	2	2	32	4	0
	2007	광주상	27	21	2	1	48	4	0
	2008	인천	12	10	0	0	12	2	0
	2010	수원	5	4	0	0	3	0	0
	합계		78	59	5	3	120	10	0
프로통산			78	59	5	3	120	10	0

여재항 (余在恒) 서울시립대 1962.06.28

리그	연도	소속	출장	교체	득점	도움	파울	경고	퇴장
BC	1985	상무	2	0	0	0	3	0	0
	합계		2	0	0	0	3	0	0
프로통산			2	0	0	0	3	0	0

여효진 (余孝珍) 고려대 1983.04.25

리그	연도	소속	출장	교체	득점	도움	파울	경고	퇴장
챌	2013	고양	14	6	0	0	19	2	0
	2014	고양	30	5	1	1	54	12	0
	2015	고양	27	1	0	0	31	6	0
	합계		71	12	1	1	104	20	0
BC	2007	광주상	27	6	2	1	55	7	0
	2008	광주상	4	3	0	0	3	1	0
	2011	서울	9	2	0	1	22	5	0
	2012	부산	0	0	0	0	0	0	0
	합계		40	11	2	2	80	13	0
프로통산			111	23	3	3	184	33	0

연재천 (延才千) 울산대 1978.01.17

리그	연도	소속	출장	교체	득점	도움	파울	경고	퇴장
BC	2000	울산	2	1	0	0	3	0	0
	2001	울산	2	1	0	0	3	0	0
	2003	광주상	1	1	0	0	1	0	0
	합계		5	3	0	0	7	0	0
프로통산			5	3	0	0	7	0	0

연제민 (延濟民) 한남대 1993.05.28

리그	연도	소속	출장	교체	득점	도움	파울	경고	퇴장
클	2013	수원	4	4	0	0	2	0	0
	2014	수원	0	0	0	0	0	0	0
	2014	부산	20	0	0	0	28	2	0
	2015	수원	22	7	0	0	23	1	0
	합계		46	11	0	0	53	3	0
프로통산			46	11	0	0	53	3	0

염기훈 (廉基勳) 호남대 1983.03.30

리그	연도	소속	출장	교체	득점	도움	파울	경고	퇴장
BC	2006	전북	31	7	7	5	37	1	0
	2007	전북	18	3	5	3	23	1	0
	2007	울산	3	3	1	0	1	0	0
	2008	울산	19	11	5	1	11	0	0
	2009	울산	20	10	3	3	24	0	0
	2010	수원	19	4	1	10	23	0	0
	2011	수원	29	11	9	14	24	0	0
	합계		139	49	31	36	143	2	0
클	2013	수원	9	1	1	1	8	0	0
	2014	수원	35	5	4	8	15	1	0
	2015	수원	35	4	8	17	26	1	0
	합계		79	10	13	26	49	2	0
챌	2013	경찰	21	1	7	11	14	1	0
	합계		21	1	7	11	14	1	0
프로통산			239	60	51	73	206	5	0

염동균 (廉東均) 강릉상고 1983.09.06

리그	연도	소속	출장	교체	실점	도움	파울	경고	퇴장
BC	2002	전남	1	1	0	0	0	0	0
	2003	전남	0	0	0	0	0	0	0
	2005	광주상	9	0	15	0	1	2	0
	2006	전남	25	0	18	0	1	2	0
	2007	전남	27	0	29	0	0	0	0
	2008	전남	26	1	41	0	0	2	0
	2009	전남	24	0	35	0	1	1	0
	2010	전남	24	1	44	0	0	2	0
	2011	전북	14	0	17	0	0	0	0
	합계		150	3	199	0	3	9	0
프로통산			150	3	199	0	3	9	0

염유신 (廉裕申) 선문대 1992.08.10

리그	연도	소속	출장	교체	득점	도움	파울	경고	퇴장
클	2014	성남	0	0	0	0	0	0	0
	합계		0	0	0	0	0	0	0
프로통산			0	0	0	0	0	0	0

염호덕 (廉晧德) 연세대 1992.04.13

리그	연도	소속	출장	교체	득점	도움	파울	경고	퇴장
챌	2013	안양	1	1	0	0	0	0	0
	합계		1	1	0	0	0	0	0
프로통산			1	1	0	0	0	0	0

옐라 (Josko Jelicić) 크로아티아 1971.01.05

리그	연도	소속	출장	교체	득점	도움	파울	경고	퇴장
BC	2002	포항	5	4	0	0	3	0	0
	합계		5	4	0	0	3	0	0
프로통산			5	4	0	0	3	0	0

오경석 (吳敬錫) 동아대 1973.02.24

리그	연도	소속	출장	교체	득점	도움	파울	경고	퇴장
BC	1995	전남	22	15	4	0	15	2	0
	1996	전남	15	12	2	0	8	2	0
	1996	부천SK	2	3	0	1	2	0	0
	1997	부천SK	16	15	2	0	12	1	0
	합계		55	45	8	1	37	5	0
프로통산			55	45	8	1	37	5	0

오광진 (吳光珍) 울산대 1987.06.04

리그	연도	소속	출장	교체	득점	도움	파울	경고	퇴장
챌	2013	수원fc	20	6	0	0	23	2	0
	2014	수원fc	2	1	0	0	3	0	0
	2015	수원fc	22	8	0	2	26	2	0
	합계		44	15	0	2	52	4	0
승	2015	수원fc	0	0	0	0	0	0	0
	합계		0	0	0	0	0	0	0
프로통산			44	15	0	2	52	4	0

오광훈 (吳侊勳) 단국대 1973.12.12

리그	연도	소속	출장	교체	득점	도움	파울	경고	퇴장
BC	1999	전북	31	23	3	0	20	0	0
	2000	전북	14	13	1	0	9	1	0
	2001	전북	4	4	0	0	5	1	0
	합계		49	40	4	0	34	2	0
프로통산			49	40	4	0	34	2	0

오규빈 (吳圭彬) 가톨릭관동대 1992.09.04

리그	연도	소속	출장	교체	득점	도움	파울	경고	퇴장
챌	2015	서울E	0	0	0	0	0	0	0
	합계		0	0	0	0	0	0	0
프로통산			0	0	0	0	0	0	0

오규찬 (吳圭贊) 수원공고 1982.08.28

리그	연도	소속	출장	교체	득점	도움	파울	경고	퇴장
BC	2001	수원	3	3	0	0	1	0	0
	2003	수원	6	6	1	0	8	0	0
	합계		9	9	1	0	9	0	0
프로통산			9	9	1	0	9	0	0

오기재 (吳起在) 영남대 1983.09.26

리그	연도	소속	출장	교체	득점	도움	파울	경고	퇴장
챌	2013	고양	32	9	3	2	47	2	0
	2014	고양	22	12	0	1	29	5	0
	2015	고양	37	8	4	2	47	6	0
	합계		91	29	7	5	123	13	0
프로통산			91	29	7	5	123	13	0

오까야마 (Okayama Kazunari, 岡山一成) 일본 1978.04.24

리그	연도	소속	출장	교체	득점	도움	파울	경고	퇴장
BC	2009	포항	9	5	1	0	11	2	0
	2010	포항	8	2	0	0	10	1	0
	합계		17	7	1	0	21	3	0
프로통산			17	7	1	0	21	3	0

오도현 (吳到炫) 금호고 1994.12.06

리그	연도	소속	출장	교체	득점	도움	파울	경고	퇴장
클	2015	광주	23	22	0	0	17	1	0
	합계		23	22	0	0	17	1	0
챌	2013	광주	13	7	0	0	22	2	0
	2014	광주	20	15	0	0	26	3	0
	합계		33	22	0	0	48	5	0
승	2014	광주	2	2	0	0	1	0	0
	합계		2	2	0	0	1	0	0
프로통산			58	46	0	0	66	6	0

오동천 (吳東天) 영남상고 1966.01.20

리그	연도	소속	출장	교체	득점	도움	파울	경고	퇴장
BC	1989	일화	27	13	1	2	26	1	0
	1990	일화	25	10	0	1	27	1	0
	1991	일화	37	14	6	6	49	4	0
	1992	일화	33	19	3	2	37	6	0
	1993	일화	30	19	4	3	35	1	1
	1994	일화	24	18	2	0	21	1	0
	1995	전북	28	15	1	2	28	2	0

리그	연도	소속	출장	교체	득점	도움	파울	경고	퇴장
	1996	전북	23	20	3	1	12	0	0
	합계		227	128	20	17	235	16	1
프로통산			227	128	20	17	235	16	1

오르샤 (Mislav Oršić) 크로아티아 1992.12.29

리그	연도	소속	출장	교체	득점	도움	파울	경고	퇴장
클	2015	전남	33	17	9	7	29	4	0
	합계		33	17	9	7	29	4	0
프로통산			33	17	9	7	29	4	0

오르티고사 (Jose Maria Ortigoza Ortiz) 파라과이 1987.04.01

리그	연도	소속	출장	교체	득점	도움	파울	경고	퇴장
BC	2010	울산	27	13	17	3	65	5	0
	합계		27	13	17	3	65	5	0
프로통산			27	13	17	3	65	5	0

오명관 (吳明官) 한양대 1974.04.29

리그	연도	소속	출장	교체	득점	도움	파울	경고	퇴장
BC	1997	안양LG	24	9	0	0	42	5	0
	1998	안양LG	10	6	0	1	17	1	1
	1998	포항	3	2	0	1	8	1	0
	1999	포항	14	5	0	0	18	2	0
	2000	포항	18	8	0	0	13	2	1
	2001	포항	24	3	0	0	42	3	0
	2002	포항	1	2	0	0	0	0	0
	2003	부천SK	11	2	0	0	20	2	0
	2004	부천SK	1	1	0	0	1	0	0
	합계		106	38	0	2	161	16	2
프로통산			106	38	0	2	161	16	2

오민엽 (吳民曄) 명지대 1990.06.23

리그	연도	소속	출장	교체	득점	도움	파울	경고	퇴장
챌	2013	충주	3	1	0	0	1	0	0
	합계		3	1	0	0	1	0	0
프로통산			3	1	0	0	1	0	0

오반석 (吳反錫) 건국대 1988.05.20

리그	연도	소속	출장	교체	득점	도움	파울	경고	퇴장
BC	2012	제주	25	5	1	0	32	6	0
	합계		25	5	1	0	32	6	0
클	2013	제주	30	3	1	0	48	8	0
	2014	제주	36	4	0	1	40	4	0
	2015	제주	34	2	1	0	32	4	1
	합계		100	9	2	1	120	16	1
프로통산			125	14	3	1	152	22	1

오범석 (吳範錫) 포철공고 1984.07.29

리그	연도	소속	출장	교체	득점	도움	파울	경고	퇴장
BC	2003	포항	1	1	0	0	1	0	0
	2004	포항	25	7	1	0	49	3	0
	2005	포항	33	2	2	0	78	7	0
	2006	포항	33	7	2	2	128	10	0
	2007	포항	16	8	0	0	42	6	0
	2009	울산	14	1	0	0	37	2	0
	2010	울산	21	3	4	2	33	5	0
	2011	수원	29	3	0	1	66	6	0
	2012	수원	39	1	0	1	101	11	0
	합계		211	33	9	6	535	50	0
클	2014	수원	11	0	0	0	17	2	0
	2015	수원	29	5	1	1	53	9	0
	합계		40	5	1	1	70	11	0
챌	2013	경찰	23	3	2	2	69	10	0
	2014	안산	16	1	2	0	36	9	0
	합계		39	4	4	2	105	19	0
프로통산			290	42	14	9	710	80	0

오베라 (Jobson Leandro Pereira de Oliv) 브라질 1988.02.15

리그	연도	소속	출장	교체	득점	도움	파울	경고	퇴장
BC	2009	제주	23	9	7	4	46	3	0
	합계		23	9	7	4	46	3	0
프로통산			23	9	7	4	46	3	0

오병민 (吳秉旻) 선문대 1988.06.28

리그	연도	소속	출장	교체	득점	도움	파울	경고	퇴장
BC	2012	경남	0	0	0	0	0	0	0
	합계		0	0	0	0	0	0	0
프로통산			0	0	0	0	0	0	0

오봉진 (吳鳳鎭) 유성생명과학고 1989.06.30

리그	연도	소속	출장	교체	득점	도움	파울	경고	퇴장
BC	2008	제주	0	0	0	0	0	0	0
	2009	제주	4	2	1	0	15	1	0
	2011	상주	2	1	0	0	3	0	0
	2012	상주	0	0	0	0	0	0	0
	합계		6	3	1	0	18	1	0
클	2013	대전	1	1	0	0	0	0	0
	합계		1	1	0	0	0	0	0
프로통산			7	4	1	0	18	1	0

오봉철 (吳奉哲) 건국대 1966.12.17

리그	연도	소속	출장	교체	득점	도움	파울	경고	퇴장
BC	1989	현대	25	8	0	2	27	2	0
	1991	현대	3	2	0	0	3	0	0
	합계		28	10	0	2	30	2	0
프로통산			28	10	0	2	30	2	0

오비나 (Obinna John Nkedoi) 나이지리아 1980.06.03

리그	연도	소속	출장	교체	득점	도움	파울	경고	퇴장
BC	2002	대전	2	2	0	0	2	0	0
	합계		2	2	0	0	2	0	0
프로통산			2	2	0	0	2	0	0

오석재 (吳錫載) 건국대 1958.10.13

리그	연도	소속	출장	교체	득점	도움	파울	경고	퇴장
BC	1983	할렐	16	2	6	2	19	0	0
	1984	할렐	22	5	9	3	24	0	0
	1985	할렐	17	4	3	1	35	3	0
	합계		55	11	18	6	78	3	0
프로통산			55	11	18	6	78	3	0

오세종 (吳世宗) 경기대 1976.03.09

리그	연도	소속	출장	교체	득점	도움	파울	경고	퇴장
BC	1999	대전	1	1	0	0	0	0	0
	합계		1	1	0	0	0	0	0
프로통산			1	1	0	0	0	0	0

오셀리 (Adnan Ocelli) 알바니아 1966.03.06

리그	연도	소속	출장	교체	득점	도움	파울	경고	퇴장
BC	1996	수원	0	0	0	0	0	0	0
	합계		0	0	0	0	0	0	0
프로통산			0	0	0	0	0	0	0

오스마르 (Osmar Barba Ibañez) 스페인 1988.06.05

리그	연도	소속	출장	교체	득점	도움	파울	경고	퇴장
클	2014	서울	34	3	2	1	33	5	0
	2015	서울	38	0	3	1	42	2	0
	합계		72	3	5	2	75	7	0
프로통산			72	3	5	2	75	7	0

오승범 (吳承範) 오현고 1981.02.26

리그	연도	소속	출장	교체	득점	도움	파울	경고	퇴장
BC	1999	천안	0	0	0	0	0	0	0
	2003	광주상	40	4	2	1	73	3	0
	2004	성남	14	7	0	0	26	1	0
	2005	포항	29	19	2	0	28	4	0
	2006	포항	34	20	2	0	40	0	0
	2007	포항	35	20	1	0	40	3	0
	2008	제주	24	15	1	1	29	2	0
	2009	제주	29	6	1	2	51	2	0
	2010	제주	32	18	1	2	45	6	0
	2011	제주	29	1	0	4	55	5	0
	2012	제주	37	22	0	3	32	2	0
	합계		303	132	10	13	419	28	0
클	2013	제주	31	12	0	1	24	2	0
	2014	제주	15	12	0	0	12	0	0
	합계		46	24	0	1	36	2	0
챌	2015	충주	37	6	3	4	44	6	0
	합계		37	6	3	4	44	6	0
프로통산			386	162	13	18	499	36	0

오승인 (吳承仁) 광운대 1965.12.20

리그	연도	소속	출장	교체	득점	도움	파울	경고	퇴장
BC	1988	포철	1	1	0	0	0	0	0
	1991	유공	4	4	0	0	8	0	0
	1992	유공	27	18	2	0	14	1	0
	1993	유공	14	5	0	0	11	1	0
	1994	유공	15	3	0	0	13	1	0
	합계		61	31	2	0	46	3	0
프로통산			61	31	2	0	46	3	0

오승혁 (吳昇爀) 중앙대 1961.02.08

리그	연도	소속	출장	교체	득점	도움	파울	경고	퇴장
BC	1985	상무	4	1	0	0	1	0	0
	합계		4	1	0	0	1	0	0
프로통산			4	1	0	0	1	0	0

오승훈 (吳承訓) 호남대 1988.06.30

리그	연도	소속	출장	교체	실점	도움	파울	경고	퇴장
클	2015	대전	16	0	31	0	2	1	0
	합계		16	0	31	0	2	1	0
프로통산			16	0	31	0	2	1	0

오연교 (吳連敎) 한양대 1960.05.25

리그	연도	소속	출장	교체	실점	도움	파울	경고	퇴장
BC	1983	유공	9	0	10	0	0	0	0
	1984	유공	28	0	22	0	1	0	0
	1985	유공	5	0	5	0	0	0	0
	1986	유공	3	0	3	0	0	0	0
	1987	유공	3	1	8	0	0	0	0
	1988	현대	17	0	12	0	0	0	0
	1989	현대	13	1	13	0	1	1	0
	1990	현대	19	0	24	1	1	0	0
	합계		97	2	97	1	3	1	0
프로통산			97	2	97	1	3	1	0

오영섭 (吳榮燮) 전남대 1962.05.12

리그	연도	소속	출장	교체	득점	도움	파울	경고	퇴장
BC	1984	국민	17	7	1	6	15	0	0
	합계		17	7	1	6	15	0	0
프로통산			17	7	1	6	15	0	0

오영준 (吳泳俊) 광양제철고 1993.01.16

리그	연도	소속	출장	교체	득점	도움	파울	경고	퇴장
클	2015	전남	4	3	0	0	0	0	0
	합계		4	3	0	0	0	0	0
프로통산			4	3	0	0	0	0	0

오원종 (吳源鍾) 연세대 1983.06.17

리그	연도	소속	출장	교체	득점	도움	파울	경고	퇴장
BC	2006	경남	8	6	0	0	9	0	0
	2009	강원	19	19	4	1	7	0	0
	2010	강원	9	8	0	1	4	1	0
	2011	상주	5	4	0	0	1	1	0
	합계		41	37	4	2	21	2	0
프로통산			41	37	4	2	21	2	0

오유진 (吳柳珍) 국민대 1970.07.30

리그	연도	소속	출장	교체	득점	도움	파울	경고	퇴장
BC	1994	버팔로	4	4	0	0	4	0	0
	합계		4	4	0	0	4	0	0
프로통산			4	4	0	0	4	0	0

오윤기 (吳潤基) 전주대학원 1971.04.13

리그	연도	소속	출장	교체	득점	도움	파울	경고	퇴장
BC	1998	수원	1	1	0	0	1	0	0
	1999	수원	1	1	0	0	1	0	0
	합계		2	2	0	0	2	0	0
프로통산			2	2	0	0	2	0	0

오인환 (吳仁煥) 홍익대 1976.11.30

리그	연도	소속	출장	교체	득점	도움	파울	경고	퇴장
BC	1999	포항	3	2	0	0	2	0	0
	합계		3	2	0	0	2	0	0

프로통산			3	2	0	0	2	0	0

오장은 (吳章銀) 조천중 1985.07.24

리그	연도	소속	출장	교체	득점	도움	파울	경고	퇴장
BC	2005	대구	23	13	3	2	40	1	0
	2006	대구	32	9	6	2	51	3	0
	2007	울산	24	9	0	1	45	5	0
	2008	울산	33	3	2	1	66	5	0
	2009	울산	28	4	4	6	57	5	0
	2010	울산	33	3	2	3	74	4	0
	2011	수원	30	5	4	2	48	2	0
	2012	수원	26	5	1	0	40	5	0
	합계		229	51	22	17	421	30	0
클	2013	수원	34	6	1	4	60	6	0
	2014	수원	12	2	0	0	16	2	0
	합계		46	8	1	4	76	8	0
프로통산			275	59	23	21	497	38	0

오재석 (吳宰碩) 경희대 1990.01.04

리그	연도	소속	출장	교체	득점	도움	파울	경고	퇴장
BC	2010	수원	7	5	0	0	10	1	0
	2011	강원	24	1	1	1	41	5	0
	2012	강원	31	4	2	3	43	3	0
	합계		62	10	3	4	94	9	0
프로통산			62	10	3	4	94	9	0

오재혁 (吳宰赫) 건동대 1989.02.20

리그	연도	소속	출장	교체	득점	도움	파울	경고	퇴장
챌	2013	부천	8	3	0	0	13	1	0
	합계		8	3	0	0	13	1	0
프로통산			8	3	0	0	13	1	0

오정석 (吳政錫) 아주대 1978.09.05

리그	연도	소속	출장	교체	득점	도움	파울	경고	퇴장
BC	2001	부산	6	6	1	0	4	1	0
	2002	부산	5	5	0	0	4	1	0
	2003	부산	1	1	0	0	2	0	0
	2004	광주상	1	1	0	0	0	0	0
	2005	광주상	3	3	0	0	1	0	0
	합계		16	16	1	0	11	2	0
프로통산			16	16	1	0	11	2	0

오종철 (吳宗哲) 한양대 1988.08.21

리그	연도	소속	출장	교체	득점	도움	파울	경고	퇴장
BC	2012	전북	0	0	0	0	0	0	0
	합계		0	0	0	0	0	0	0
챌	2013	충주	3	1	0	0	2	2	0
	합계		3	1	0	0	2	2	0
프로통산			3	1	0	0	2	2	0

오주포 (吳柱捕) 건국대 1973.06.21

리그	연도	소속	출장	교체	득점	도움	파울	경고	퇴장
BC	1995	일화	6	5	0	0	11	3	0
	1996	천안	1	1	0	0	1	0	0
	1998	전남	8	5	0	0	19	4	0
	1999	전남	6	3	0	0	9	0	0
	2000	전남	7	5	0	0	8	1	0
	2003	대구	16	12	1	1	25	3	0
	2004	대구	3	2	0	0	6	1	0
	2006	대구	2	2	0	0	3	0	0
	합계		49	35	1	1	82	12	0
프로통산			49	35	1	1	82	12	0

오주현 (吳周炫) 고려대 1987.04.02

리그	연도	소속	출장	교체	득점	도움	파울	경고	퇴장
BC	2010	대구	19	6	0	2	32	5	1
	2011	대구	4	0	0	0	4	2	0
	합계		23	6	0	2	36	7	1
클	2013	제주	18	3	0	0	32	4	0
	합계		18	3	0	0	32	4	0
프로통산			41	9	0	2	68	11	1

오주호 (吳周昊) 동아대 1992.04.02

리그	연도	소속	출장	교체	득점	도움	파울	경고	퇴장
챌	2015	고양	7	2	0	0	11	0	0
	합계		7	2	0	0	11	0	0
프로통산			7	2	0	0	11	0	0

오창식 (吳昶食) 건국대 1984.03.27

리그	연도	소속	출장	교체	득점	도움	파울	경고	퇴장
BC	2007	울산	1	0	0	0	3	0	0
	2008	울산	14	0	0	0	20	3	0
	2009	울산	4	1	0	0	1	0	0
	2010	광주상	2	0	0	0	5	0	0
	2011	상주	3	1	0	0	2	1	0
	합계		24	2	0	0	31	4	0
프로통산			24	2	0	0	31	4	0

오창현 (吳昌炫) 단국대 1989.05.04

리그	연도	소속	출장	교체	득점	도움	파울	경고	퇴장
챌	2015	서울E	3	3	0	0	2	0	0
	합계		3	3	0	0	2	0	0
프로통산			3	3	0	0	2	0	0

오철석 (吳哲錫) 연세대 1982.03.23

리그	연도	소속	출장	교체	득점	도움	파울	경고	퇴장
BC	2005	부산	0	0	0	0	0	0	0
	2006	부산	20	17	1	3	31	2	0
	2008	부산	6	6	0	0	10	0	0
	2009	부산	14	14	0	0	21	1	0
	합계		40	37	1	3	62	3	0
프로통산			40	37	1	3	62	3	0

오태동 (吳太東) 전주대 1972.07.14

리그	연도	소속	출장	교체	득점	도움	파울	경고	퇴장
BC	1995	전남	0	0	0	0	0	0	0
	합계		0	0	0	0	0	0	0
프로통산			0	0	0	0	0	0	0

오필환 (吳必煥) 청주상고 1958.11.12

리그	연도	소속	출장	교체	득점	도움	파울	경고	퇴장
BC	1983	할렐	12	9	2	1	5	0	0
	1984	할렐	13	11	1	0	6	0	0
	1985	할렐	9	5	2	0	7	0	0
	합계		34	25	5	1	18	0	0
프로통산			34	25	5	1	18	0	0

온병훈 (溫炳勳) 숭실대 1985.08.07

리그	연도	소속	출장	교체	득점	도움	파울	경고	퇴장
BC	2006	포항	1	1	0	0	0	0	0
	2007	포항	1	1	0	0	4	1	0
	2008	전북	9	9	2	0	11	1	0
	2009	전북	3	3	0	0	1	0	0
	2010	대구	28	18	4	2	30	5	0
	2011	대구	13	8	0	1	17	1	0
	합계		55	40	6	3	63	8	0
클	2013	대구	2	2	0	0	3	1	0
	합계		2	2	0	0	3	1	0
프로통산			57	42	6	3	66	9	0

올레그 (Oleg Elyshev) 러시아 1971.05.30

리그	연도	소속	출장	교체	득점	도움	파울	경고	퇴장
BC	1997	안양LG	18	2	2	6	31	5	1
	1998	안양LG	34	9	7	4	53	5	0
	1999	안양LG	31	14	5	5	43	5	0
	합계		83	25	14	15	127	15	1
프로통산			83	25	14	15	127	15	1

올리 (Aurelian Cosmi Olaroiu) 루마니아 1969.06.10

리그	연도	소속	출장	교체	득점	도움	파울	경고	퇴장
BC	1997	수원	32	4	5	0	61	9	0
	1998	수원	25	11	0	1	55	6	1
	1999	수원	30	0	2	0	76	11	1
	2000	수원	11	3	0	1	15	3	0
	합계		98	18	7	2	207	29	2
프로통산			98	18	7	2	207	29	2

올리베 (Alcir de Oliveira Fonseca) 브라질 1977.11.14

리그	연도	소속	출장	교체	득점	도움	파울	경고	퇴장
BC	2002	성남	18	18	0	2	38	5	0
	합계		18	18	0	2	38	5	0
프로통산			18	18	0	2	38	5	0

올리베라 (Juan Manuel Olivera Lopez) 우루과이 1981.08.14

리그	연도	소속	출장	교체	득점	도움	파울	경고	퇴장
BC	2006	수원	15	12	5	0	25	1	0
	합계		15	12	5	0	25	1	0
프로통산			15	12	5	0	25	1	0

옹동균 (邕東均) 건국대 1991.11.23

리그	연도	소속	출장	교체	득점	도움	파울	경고	퇴장
클	2015	전북	1	1	0	0	1	0	0
	합계		1	1	0	0	1	0	0
프로통산			1	1	0	0	1	0	0

와다 (Wada Tomoki) 일본 1994.10.30

리그	연도	소속	출장	교체	득점	도움	파울	경고	퇴장
클	2015	인천	3	3	1	0	0	0	0
	합계		3	3	1	0	0	0	0
프로통산			3	3	1	0	0	0	0

완델손 (Carvalho Oliveira Wanderson) 브라질 1989.03.31

리그	연도	소속	출장	교체	득점	도움	파울	경고	퇴장
클	2015	대전	15	2	6	1	25	2	0
	합계		15	2	6	1	25	2	0
프로통산			15	2	6	1	25	2	0

완호우량 (Wan Houliang) 중국 1986.02.25

리그	연도	소속	출장	교체	득점	도움	파울	경고	퇴장
BC	2009	전북	4	1	0	0	18	3	0
	합계		4	1	0	0	18	3	0
프로통산			4	1	0	0	18	3	0

왕선재 (王善財) 연세대 1959.03.16

리그	연도	소속	출장	교체	득점	도움	파울	경고	퇴장
BC	1984	한일	27	6	7	8	20	0	0
	1985	럭금	14	6	1	5	9	0	0
	1986	럭금	7	6	0	2	5	0	0
	1987	포철	2	2	0	0	4	0	0
	1988	포철	1	1	0	0	2	0	0
	1988	현대	5	5	0	0	4	0	1
	1989	현대	18	16	0	1	13	2	0
	합계		74	42	8	16	57	2	1
프로통산			74	42	8	16	57	2	1

왕정현 (王淨鉉) 배재대 1976.08.30

리그	연도	소속	출장	교체	득점	도움	파울	경고	퇴장
BC	1999	안양LG	13	13	0	2	16	0	0
	2000	안양LG	25	21	9	2	32	2	0
	2001	안양LG	18	16	0	0	22	1	0
	2002	안양LG	25	8	1	2	28	3	0
	2003	안양LG	24	6	1	1	27	1	0
	2004	서울	14	14	2	0	11	2	0
	2005	전북	24	19	3	2	26	1	0
	2006	전북	23	7	0	1	24	3	0
	합계		166	104	16	10	186	13	0
프로통산			166	104	16	10	186	13	0

외슬 (Wesley Braz de Almeida) 브라질 1981.05.07

리그	연도	소속	출장	교체	득점	도움	파울	경고	퇴장
BC	2011	대전	2	2	0	0	1	1	0
	합계		2	2	0	0	1	1	0
프로통산			2	2	0	0	1	1	0

요니치 (Matej Jonjić) 크로아티아 1991.01.29

리그	연도	소속	출장	교체	득점	도움	파울	경고	퇴장
클	2015	인천	37	0	0	0	23	4	0
	합계		37	0	0	0	23	4	0
프로통산			37	0	0	0	23	4	0

요반치치 (Jovancić) 세르비아 1987.05.31

리그	연도	소속	출장	교체	득점	도움	파울	경고	퇴장
BC	2012	성남	16	11	3	0	26	5	0
	합계		16	11	3	0	26	5	0

리그	연도	소속	출장	교체	득점	도움	파울	경고	퇴장
프로통산			16	11	3	0	26	5	0

요한 (Jovan Sarcević) 유고슬라비아 1966.01.07

리그	연도	소속	출장	교체	득점	도움	파울	경고	퇴장
BC	1994	LG	11	2	1	0	22	3	0
	1995	LG	24	4	0	1	43	2	1
	합계		35	6	1	1	65	5	1
프로통산			35	6	1	1	65	5	1

용재현 (龍재현 / 용현진) 건국대 1988.07.19

리그	연도	소속	출장	교체	득점	도움	파울	경고	퇴장
BC	2010	성남	7	1	0	1	20	4	0
	2011	성남	16	7	0	0	23	4	0
	2012	상주	12	2	0	0	29	4	0
	합계		35	10	0	1	72	12	0
클	2014	인천	24	3	0	0	33	6	0
	2015	인천	5	1	0	0	3	3	0
	합계		29	4	0	0	36	9	0
챌	2013	상주	1	1	0	0	0	0	0
	합계		1	1	0	0	0	0	0
프로통산			65	15	0	1	108	21	0

우르모브 (Zoran Urumov) 유고슬라비아 1977.08.30

리그	연도	소속	출장	교체	득점	도움	파울	경고	퇴장
BC	1999	부산	12	8	1	0	20	4	0
	2000	부산	21	13	3	2	31	7	0
	2001	부산	33	12	3	11	46	11	0
	2002	부산	25	9	3	3	24	4	1
	2003	부산	14	7	7	1	8	2	1
	2003	수원	8	8	1	0	6	0	0
	2004	수원	21	20	1	3	15	2	0
	합계		134	77	19	20	150	30	2
프로통산			134	77	19	20	150	30	2

우르코 베라 (Vera Mateos Urko) 스페인 1987.05.14

리그	연도	소속	출장	교체	득점	도움	파울	경고	퇴장
클	2015	전북	6	6	0	0	7	0	0
	합계		6	6	0	0	7	0	0
프로통산			6	6	0	0	7	0	0

우성문 (禹成汶) 경희대 1975.10.19

리그	연도	소속	출장	교체	득점	도움	파울	경고	퇴장
BC	1998	부산	28	19	1	1	50	2	1
	1999	부산	30	11	1	0	34	4	0
	2000	성남	38	9	2	5	62	3	0
	2005	부산	3	1	0	0	4	0	0
	합계		99	40	4	6	150	9	1
프로통산			99	40	4	6	150	9	1

우성용 (禹成用) 아주대 1973.08.18

리그	연도	소속	출장	교체	득점	도움	파울	경고	퇴장
BC	1996	부산	31	21	4	2	34	2	0
	1997	부산	30	13	2	1	37	3	0
	1998	부산	25	20	4	3	41	2	0
	1999	부산	38	24	9	2	52	4	0
	2000	부산	34	10	6	3	51	3	0
	2001	부산	33	8	16	3	37	1	0
	2002	부산	26	4	13	3	31	3	0
	2003	포항	40	3	15	8	78	4	0
	2004	포항	27	2	10	0	50	4	0
	2005	성남	30	21	3	2	60	0	0
	2006	성남	41	17	19	5	72	3	0
	2007	울산	35	15	9	8	55	5	0
	2008	울산	31	26	5	3	30	6	0
	2009	인천	18	16	1	0	15	1	0
	합계		439	200	116	43	643	41	0
프로통산			439	200	116	43	643	41	0

우승제 (禹承濟) 배재대 1982.10.23

리그	연도	소속	출장	교체	득점	도움	파울	경고	퇴장
BC	2005	대전	6	3	0	0	6	0	0
	2006	대전	12	12	0	0	14	1	0
	2007	대전	20	17	1	2	26	3	0
	2008	대전	25	6	0	0	32	5	0
	2009	대전	28	10	1	1	30	2	0
	2010	대전	24	0	1	1	33	4	1
	2011	수원	15	11	0	0	6	0	0
	합계		130	59	3	4	147	15	1
프로통산			130	59	3	4	147	15	1

우제원 (禹濟元) 성보고 1972.08.09

리그	연도	소속	출장	교체	득점	도움	파울	경고	퇴장
BC	1998	안양LG	1	1	0	0	0	0	0
	1999	안양LG	4	4	0	0	4	0	0
	합계		5	5	0	0	4	0	0
프로통산			5	5	0	0	4	0	0

우주성 (禹周成) 중앙대 1993.06.08

리그	연도	소속	출장	교체	득점	도움	파울	경고	퇴장
클	2014	경남	9	0	0	0	6	1	0
	합계		9	0	0	0	6	1	0
챌	2015	경남	33	0	2	1	26	5	0
	합계		33	0	2	1	26	5	0
프로통산			42	0	2	1	32	6	0

우치체 (Nebojsa Vucicevic) 유고슬라비아 1962.07.30

리그	연도	소속	출장	교체	득점	도움	파울	경고	퇴장
BC	1991	대우	6	6	0	0	3	2	0
	1992	대우	26	22	1	0	35	4	0
	1993	대우	13	11	0	1	15	3	0
	합계		45	39	1	1	53	9	0
프로통산			45	39	1	1	53	9	0

우홍균 (郵弘均) 전주대 1969.07.21

리그	연도	소속	출장	교체	득점	도움	파울	경고	퇴장
BC	1997	포항	1	1	0	0	1	0	0
	합계		1	1	0	0	1	0	0
프로통산			1	1	0	0	1	0	0

원종덕 (元鍾悳) 홍익대 1977.08.16

리그	연도	소속	출장	교체	실점	도움	파울	경고	퇴장
BC	2001	안양LG	0	0	0	0	0	0	0
	2004	서울	17	0	16	0	0	0	0
	2005	서울	12	0	19	0	0	0	0
	2007	서울	0	0	0	0	0	0	0
	합계		29	0	35	0	0	0	0
프로통산			29	0	35	0	0	0	0

월신요 브라질 1956.10.03

리그	연도	소속	출장	교체	득점	도움	파울	경고	퇴장
BC	1984	포철	7	5	1	1	7	1	0
	합계		7	5	1	1	7	1	0
프로통산			7	5	1	1	7	1	0

웨슬리 (Alves Feitosa Weslley Smith) 브라질 1992.04.21

리그	연도	소속	출장	교체	득점	도움	파울	경고	퇴장
BC	2011	전남	25	12	4	1	72	6	0
	2012	강원	36	13	9	4	101	9	0
	합계		61	25	13	5	173	15	0
클	2013	전남	23	15	5	3	58	7	0
	2015	부산	30	11	8	1	58	10	0
	합계		53	26	13	4	116	17	0
승	2015	부산	2	1	0	0	4	1	0
	합계		2	1	0	0	4	1	0
프로통산			116	52	26	9	293	33	0

웨슬리 (Wesley Barbosa de Morais) 브라질 1981.11.10

리그	연도	소속	출장	교체	득점	도움	파울	경고	퇴장
BC	2009	전남	26	11	3	4	57	5	0
	합계		26	11	3	4	57	5	0
클	2013	강원	32	16	2	1	70	8	0
	합계		32	16	2	1	70	8	0
프로통산			58	27	5	5	127	13	0

웰링턴 (Welington Goncalves Amorim) 브라질 1977.01.23

리그	연도	소속	출장	교체	득점	도움	파울	경고	퇴장
BC	2005	포항	12	7	2	2	30	2	0
	합계		12	7	2	2	30	2	0
프로통산			12	7	2	2	30	2	0

윌리안 (William Junior Salles de Lima Souza) 브라질 1983.05.

리그	연도	소속	출장	교체	득점	도움	파울	경고	퇴장
BC	2007	부산	4	3	0	0	14	2	0
	합계		4	3	0	0	14	2	0
프로통산			4	3	0	0	14	2	0

윌리암 (William Fernando da Silva) 브라질 1986.11.20

리그	연도	소속	출장	교체	득점	도움	파울	경고	퇴장
클	2013	부산	25	25	2	0	34	4	0
	합계		25	25	2	0	34	4	0
프로통산			25	25	2	0	34	4	0

윌킨슨 (Wilkinson Alexander William) 호주 1984.08.13

리그	연도	소속	출장	교체	득점	도움	파울	경고	퇴장
BC	2012	전북	15	3	0	0	8	0	0
	합계		15	3	0	0	8	0	0
클	2013	전북	25	1	2	2	18	3	0
	2014	전북	25	1	0	0	23	4	0
	2015	전북	21	3	0	0	9	1	0
	합계		71	5	2	2	50	8	0
프로통산			86	8	2	2	58	8	0

유경렬 (柳俓烈) 단국대 1978.08.15

리그	연도	소속	출장	교체	득점	도움	파울	경고	퇴장
BC	2003	울산	34	0	1	1	83	7	0
	2004	울산	36	0	2	0	72	3	0
	2005	울산	32	0	2	0	72	8	0
	2006	울산	34	2	1	1	75	10	0
	2007	울산	38	1	2	0	94	6	0
	2008	울산	35	2	4	1	83	5	0
	2009	울산	26	2	1	0	49	5	0
	2010	울산	28	2	1	2	58	9	1
	2011	대구	21	1	2	0	31	4	0
	2012	대구	31	1	1	2	88	8	0
	합계		315	11	17	7	705	65	1
클	2013	대구	20	2	1	0	36	5	0
	합계		20	2	1	0	36	5	0
프로통산			335	13	18	7	741	70	1

유대순 (劉大淳) 고려대 1965.03.04

리그	연도	소속	출장	교체	실점	도움	파울	경고	퇴장
BC	1989	유공	23	0	22	0	1	1	0
	1990	유공	22	0	18	0	0	0	0
	1991	유공	12	0	9	0	1	1	0
	1992	유공	13	0	21	0	2	1	0
	1993	유공	27	1	31	0	1	0	0
	1994	유공	5	0	7	0	1	0	0
	합계		102	1	108	0	6	3	0
프로통산			102	1	108	0	6	3	0

유대현 (柳大鉉) 홍익대 1990.02.28

리그	연도	소속	출장	교체	득점	도움	파울	경고	퇴장
챌	2014	부천	29	5	0	3	37	2	0
	2015	부천	27	13	0	0	31	4	0
	합계		56	18	0	3	68	6	0
프로통산			56	18	0	3	68	6	0

유동관 (柳東官) 한양대 1963.05.12

리그	연도	소속	출장	교체	득점	도움	파울	경고	퇴장
BC	1986	포철	15	6	0	1	18	1	0
	1987	포철	25	10	1	1	18	0	0
	1988	포철	16	5	1	2	19	2	0
	1989	포철	30	9	0	0	29	3	0
	1990	포철	13	3	0	0	26	3	0
	1991	포철	34	4	2	0	52	6	0
	1992	포철	20	10	0	0	37	2	0

리그	연도	소속	출장	교체	득점	도움	파울	경고	퇴장
	1993	포철	29	4	1	0	45	5	0
	1994	포철	19	8	0	0	27	3	0
	1995	포항	6	3	0	0	14	0	0
	합계		207	62	5	4	285	25	0
프로통산			207	62	5	4	285	25	0

유동민 (柳東玟) 초당대 1989.03.27

리그	연도	소속	출장	교체	득점	도움	파울	경고	퇴장
BC	2011	광주	18	18	2	0	12	0	0
	2012	광주	2	2	0	0	0	0	0
	합계		20	20	2	0	12	0	0
프로통산			20	20	2	0	12	0	0

유동우 (柳東雨) 한양대 1968.03.07

리그	연도	소속	출장	교체	득점	도움	파울	경고	퇴장
BC	1995	전남	34	3	0	0	30	3	0
	1996	전남	24	2	0	0	14	1	1
	1997	전남	22	12	0	1	9	2	0
	1998	전남	31	7	0	0	17	0	0
	1999	대전	32	3	0	0	18	2	0
	2000	대전	32	0	0	1	23	2	0
	2001	대전	5	1	0	0	5	0	0
	합계		180	28	0	2	116	10	1
프로통산			180	28	0	2	116	10	1

유리 (Yuri Matveev) 러시아 1967.06.08

리그	연도	소속	출장	교체	득점	도움	파울	경고	퇴장
BC	1996	수원	10	2	2	2	32	4	0
	1997	수원	20	16	4	0	40	6	0
	합계		30	18	6	2	72	10	0
프로통산			30	18	6	2	72	10	0

유리쉬쉬킨 러시아 1963.09.01

리그	연도	소속	출장	교체	실점	도움	파울	경고	퇴장
BC	1995	전남	19	1	26	0	1	1	0
	합계		19	1	26	0	1	1	0
프로통산			19	1	26	0	1	1	0

유만기 (劉萬基) 성균관대 1988.03.22

리그	연도	소속	출장	교체	득점	도움	파울	경고	퇴장
챌	2013	고양	28	25	3	0	25	0	0
	합계		28	25	3	0	25	0	0
프로통산			28	25	3	0	25	0	0

유민철 (柳敏哲) 중앙대 1984.09.16

리그	연도	소속	출장	교체	득점	도움	파울	경고	퇴장
BC	2009	대전	1	1	0	0	1	0	0
	합계		1	1	0	0	1	0	0
프로통산			1	1	0	0	1	0	0

유병수 (兪炳守) 홍익대 1988.03.26

리그	연도	소속	출장	교체	득점	도움	파울	경고	퇴장
BC	2009	인천	34	19	14	4	67	7	0
	2010	인천	31	9	22	0	73	4	0
	2011	인천	13	6	4	2	22	3	0
	합계		78	34	40	6	162	14	0
프로통산			78	34	40	6	162	14	0

유병옥 (兪炳玉) 한양대 1964.03.02

리그	연도	소속	출장	교체	득점	도움	파울	경고	퇴장
BC	1987	포철	27	5	0	0	13	1	0
	1988	포철	14	1	0	0	16	0	0
	1989	포철	29	4	0	1	28	2	0
	1990	포철	8	5	0	0	6	0	0
	1991	포철	23	17	0	0	13	0	0
	1992	LG	18	9	0	1	19	2	0
	1993	LG	19	4	0	0	10	1	0
	1994	LG	28	7	0	2	36	3	0
	1995	LG	17	8	0	0	31	3	0
	합계		183	60	0	4	172	12	0
프로통산			183	60	0	4	172	12	0

유병훈 (柳炳勳) 원주공고 1976.07.03

리그	연도	소속	출장	교체	득점	도움	파울	경고	퇴장
BC	1995	대우	2	2	0	0	4	1	0
	1996	부산	13	7	0	0	19	3	0
	1997	부산	10	9	1	0	6	1	0
	1998	부산	12	7	0	0	14	2	0
	1999	부산	8	5	0	0	6	0	0
	2000	부산	11	7	0	0	6	0	0
	2001	부산	0	0	0	0	0	0	0
	2002	부산	10	6	0	0	6	0	1
	2003	부산	20	8	0	0	19	1	1
	합계		86	51	1	0	80	8	2
프로통산			86	51	1	0	80	8	2

유상수 (柳商秀) 고려대 1973.08.28

리그	연도	소속	출장	교체	득점	도움	파울	경고	퇴장
BC	1996	부천SK	33	5	0	2	83	7	0
	1997	부천SK	30	4	0	2	58	10	0
	1998	부천SK	38	1	0	0	51	1	0
	1999	안양LG	11	6	0	0	17	3	0
	2000	안양LG	15	13	0	1	22	1	1
	2001	안양LG	15	13	0	0	26	2	0
	2002	안양LG	21	13	0	1	34	2	0
	2003	전남	39	12	3	1	59	6	0
	2004	전남	31	3	0	0	41	4	1
	2005	전남	33	2	3	1	32	4	0
	2006	전남	31	4	0	1	25	6	0
	합계		297	76	6	9	448	46	2
프로통산			297	76	6	9	448	46	2

유상철 (柳想鐵) 건국대 1971.10.18

리그	연도	소속	출장	교체	득점	도움	파울	경고	퇴장
BC	1994	현대	26	9	5	1	29	2	0
	1995	현대	33	1	2	2	40	5	0
	1996	울산	6	2	1	0	11	2	0
	1997	울산	17	1	1	0	18	1	0
	1998	울산	23	2	15	3	49	2	1
	2002	울산	8	1	9	0	19	0	0
	2003	울산	10	2	3	2	23	1	1
	2005	울산	18	8	1	1	15	1	0
	2006	울산	1	1	0	0	1	0	0
	합계		142	27	37	9	205	14	2
프로통산			142	27	37	9	205	14	2

유상훈 (柳相勳) 홍익대 1989.05.25

리그	연도	소속	출장	교체	실점	도움	파울	경고	퇴장
BC	2011	서울	1	1	0	0	0	0	0
	합계		1	1	0	0	0	0	0
클	2013	서울	3	0	4	0	0	0	0
	2014	서울	15	1	9	0	0	0	0
	2015	서울	26	0	23	0	0	2	0
	합계		44	1	36	0	0	2	0
프로통산			45	2	36	0	0	2	0

유성민 (柳聖敏) 호남대 1972.05.11

리그	연도	소속	출장	교체	득점	도움	파울	경고	퇴장
BC	1995	전남	1	1	0	0	0	0	0
	합계		1	1	0	0	0	0	0
프로통산			1	1	0	0	0	0	0

유성우 (劉成佑) 서울시립대 1971.05.23

리그	연도	소속	출장	교체	득점	도움	파울	경고	퇴장
BC	1994	대우	5	1	0	0	7	1	0
	1995	전북	9	8	0	1	10	1	0
	1996	전북	1	1	0	0	2	0	0
	1997	전북	11	7	0	1	15	1	0
	1998	전북	1	1	0	0	1	0	0
	합계		27	18	0	2	35	3	0
프로통산			27	18	0	2	35	3	0

유성조 (兪誠朝) 동국대 1957.12.27

리그	연도	소속	출장	교체	득점	도움	파울	경고	퇴장
BC	1985	한일	13	4	0	0	13	3	0
	합계		13	4	0	0	13	3	0
프로통산			13	4	0	0	13	3	0

유수상 (柳秀相) 연세대 1967.12.10

리그	연도	소속	출장	교체	득점	도움	파울	경고	퇴장
BC	1990	대우	18	11	2	0	10	0	0
	1991	대우	35	25	2	5	22	1	0
	1992	대우	13	8	2	0	12	0	0
	1995	대우	25	13	1	1	15	1	0
	1996	부산	28	13	0	2	25	2	0
	1997	부산	9	8	0	1	5	1	0
	1998	부산	1	1	0	0	1	0	0
	합계		129	79	7	9	90	5	0
프로통산			129	79	7	9	90	5	0

유수현 (柳秀賢) 선문대 1986.05.13

리그	연도	소속	출장	교체	득점	도움	파울	경고	퇴장
BC	2010	전남	1	1	0	0	1	0	0
	합계		1	1	0	0	1	0	0
클	2014	상주	3	3	0	0	2	0	0
	합계		3	3	0	0	2	0	0
챌	2013	수원fc	34	4	5	6	67	5	0
	2014	수원fc	7	1	1	0	8	1	0
	2015	상주	1	0	0	0	2	0	0
	합계		42	5	6	6	77	6	0
프로통산			46	9	6	6	80	6	0

유순열 (柳洵烈) 청주대 1959.01.07

리그	연도	소속	출장	교체	득점	도움	파울	경고	퇴장
BC	1983	포철	1	1	0	0	0	0	0
	합계		1	1	0	0	0	0	0
프로통산			1	1	0	0	0	0	0

유승관 (劉承官) 건국대 1966.01.22

리그	연도	소속	출장	교체	득점	도움	파울	경고	퇴장
BC	1989	일화	25	22	5	1	16	0	0
	1990	일화	11	12	0	0	6	0	0
	1991	일화	1	1	0	0	0	0	0
	1994	버팔로	17	16	2	1	5	0	0
	1995	전북	5	5	0	0	4	0	0
	합계		59	56	7	2	31	0	0
프로통산			59	56	7	2	31	0	0

유양준 (兪亮濬) 경기대 1985.09.22

리그	연도	소속	출장	교체	득점	도움	파울	경고	퇴장
BC	2008	수원	1	0	0	0	1	0	0
	합계		1	0	0	0	1	0	0
프로통산			1	0	0	0	1	0	0

유연승 (兪盛棋 / 유성기) 연세대 1991.12.21

리그	연도	소속	출장	교체	득점	도움	파울	경고	퇴장
클	2015	대전	16	10	1	2	17	4	0
	합계		16	10	1	2	17	4	0
챌	2014	대전	9	6	0	2	19	1	0
	합계		9	6	0	2	19	1	0
프로통산			25	16	1	4	36	5	0

유우람 (兪우람) 인천대 1984.03.16

리그	연도	소속	출장	교체	득점	도움	파울	경고	퇴장
BC	2009	대전	4	3	0	0	7	2	0
	2012	대전	0	0	0	0	0	0	0
	합계		4	3	0	0	7	2	0
프로통산			4	3	0	0	7	2	0

유인 (劉人) 연세대 1975.08.08

리그	연도	소속	출장	교체	득점	도움	파울	경고	퇴장
BC	1998	천안	15	11	1	1	16	1	0
	1999	울산	1	1	0	0	0	0	0
	합계		16	12	1	1	16	1	0
프로통산			16	12	1	1	16	1	0

유재영 (劉在永) 성균관대 1958.12.06

리그	연도	소속	출장	교체	득점	도움	파울	경고	퇴장
BC	1985	한일	17	12	2	1	10	0	0
	1986	한일	19	2	0	0	27	1	0
	합계		36	14	2	1	37	1	0
프로통산			36	14	2	1	37	1	0

유재원 (柳在垣) 고려대 1990.02.24

리그	연도	소속	출장	교체	득점	도움	파울	경고	퇴장
클	2013	강원	2	2	0	0	0	0	0

리그	연도	소속	출장	교체	득점	도움	파울	경고	퇴장
	합계		2	2	0	0	0	0	0
프로통산			2	2	0	0	0	0	0

유재형 (劉在炯) 명지대 1977.08.24

리그	연도	소속	출장	교체	득점	도움	파울	경고	퇴장
BC	2002	울산	5	5	0	0	7	1	0
	합계		5	5	0	0	7	1	0
프로통산			5	5	0	0	7	1	0

유재호 (柳載澔) 우석대 1989.05.07

리그	연도	소속	출장	교체	득점	도움	파울	경고	퇴장
클	2013	인천	3	3	0	0	0	0	0
	합계		3	3	0	0	0	0	0
프로통산			3	3	0	0	0	0	0

유재훈 (兪在勳) 울산대 1983.07.07

리그	연도	소속	출장	교체	실점	도움	파울	경고	퇴장
BC	2006	대전	0	0	0	0	0	0	0
	2007	대전	3	0	2	0	0	0	0
	2008	대전	0	0	0	0	0	0	0
	2009	대전	1	0	3	0	0	0	0
	합계		4	0	5	0	0	0	0
프로통산			4	0	5	0	0	0	0

유제호 (劉齊昊) 아주대 1992.08.10

리그	연도	소속	출장	교체	득점	도움	파울	경고	퇴장
클	2014	포항	0	0	0	0	0	0	0
	2015	포항	1	1	0	0	1	0	0
	합계		1	1	0	0	1	0	0
프로통산			1	1	0	0	1	0	0

유종완 (兪鍾完) 경희대 1959.08.12

리그	연도	소속	출장	교체	득점	도움	파울	경고	퇴장
BC	1983	대우	7	3	0	0	4	1	1
	1984	대우	2	1	0	0	1	0	0
	1985	대우	4	2	0	0	5	0	0
	합계		13	6	0	0	10	1	1
프로통산			13	6	0	0	10	1	1

유종현 (劉宗賢) 건국대 1988.03.14

리그	연도	소속	출장	교체	득점	도움	파울	경고	퇴장
챌	2013	광주	20	2	1	1	32	6	0
	2014	충주	30	2	2	0	42	3	0
	2015	안양	15	5	0	0	13	3	0
	합계		65	9	3	1	87	12	0
BC	2011	광주	26	4	2	1	36	13	0
	2012	광주	21	10	0	0	30	6	0
	합계		47	14	2	1	66	19	0
프로통산			112	23	5	2	153	31	0

유준수 (柳俊秀) 고려대 1988.05.08

리그	연도	소속	출장	교체	득점	도움	파울	경고	퇴장
클	2014	울산	23	10	3	1	19	1	0
	2015	울산	16	1	1	0	7	1	2
	합계		39	11	4	1	26	2	2
BC	2011	인천	18	14	0	1	27	4	0
	2012	인천	9	8	0	0	14	0	0
	합계		27	22	0	1	41	4	0
프로통산			66	33	4	2	67	6	2

유준영 (柳晙永) 경희대 1990.02.17

리그	연도	소속	출장	교체	득점	도움	파울	경고	퇴장
챌	2013	부천	15	9	3	1	14	1	0
	2014	부천	31	24	3	5	23	3	0
	2015	부천	4	5	0	0	0	0	0
	2015	경남	3	3	0	0	2	0	0
	합계		53	41	6	6	39	4	0
프로통산			53	41	6	6	39	4	0

유지노 (柳志弩) 광양제철고 1989.11.06

리그	연도	소속	출장	교체	득점	도움	파울	경고	퇴장
BC	2008	전남	11	2	0	1	6	1	0
	2009	전남	16	5	0	0	15	1	0
	2010	전남	13	5	0	0	12	3	0
	2011	전남	20	3	0	1	13	3	0
	2012	전남	12	2	0	0	19	4	0
	합계		72	17	0	2	65	12	0
클	2013	부산	6	1	0	0	8	1	0
	2014	부산	19	1	0	0	23	3	0
	2015	부산	26	2	1	0	35	3	0
	합계		51	4	1	0	66	7	0
승	2015	부산	1	1	0	0	1	0	0
	합계		1	1	0	0	1	0	0
프로통산			124	22	1	2	132	19	0

유지훈 (柳志訓) 한양대 1988.06.09

리그	연도	소속	출장	교체	득점	도움	파울	경고	퇴장
BC	2010	경남	2	2	0	0	3	0	0
	2011	부산	5	3	0	0	8	2	0
	2012	부산	31	16	1	0	28	2	0
	합계		38	21	1	0	39	4	0
클	2014	상주	18	2	1	4	25	6	2
	2014	부산	9	0	0	0	9	0	0
	2015	부산	23	4	1	1	37	7	0
	합계		50	6	2	5	71	13	2
챌	2013	상주	5	2	0	0	7	0	0
	합계		5	2	0	0	7	0	0
승	2013	상주	0	0	0	0	0	0	0
	2015	부산	2	0	0	0	5	2	0
	합계		2	0	0	0	5	2	0
프로통산			95	29	3	5	122	19	2

유진오 (兪鎭午) 연세대 1976.03.10

리그	연도	소속	출장	교체	득점	도움	파울	경고	퇴장
BC	1999	안양LG	14	7	0	0	42	3	0
	2000	안양LG	2	2	0	0	0	0	0
	합계		16	9	0	0	42	3	0
프로통산			16	9	0	0	42	3	0

유창균 (劉昶均) 울산대 1992.07.02

리그	연도	소속	출장	교체	득점	도움	파울	경고	퇴장
챌	2015	부천	0	0	0	0	0	0	0
	합계		0	0	0	0	0	0	0
프로통산			0	0	0	0	0	0	0

유창현 (柳昌鉉) 대구대 1985.05.14

리그	연도	소속	출장	교체	득점	도움	파울	경고	퇴장
BC	2009	포항	25	18	11	5	24	0	0
	2010	포항	15	12	2	2	6	0	0
	2011	상주	21	13	2	2	16	4	0
	2012	상주	24	16	4	2	33	5	0
	2012	포항	10	9	1	1	6	0	0
	합계		95	68	20	12	85	9	0
클	2013	포항	4	4	0	0	3	0	0
	2014	포항	28	27	4	3	25	1	0
	2015	전북	7	7	2	0	10	0	0
	합계		39	38	6	3	38	1	0
프로통산			134	106	26	15	123	10	0

유청윤 (柳淸潤) 경희대 1992.09.07

리그	연도	소속	출장	교체	득점	도움	파울	경고	퇴장
클	2014	성남	2	1	0	0	1	0	0
	2015	성남	0	0	0	0	0	0	0
	합계		2	1	0	0	1	0	0
프로통산			2	1	0	0	1	0	0

유카 (Jukka Koskinen) 핀란드 1972.11.29

리그	연도	소속	출장	교체	득점	도움	파울	경고	퇴장
BC	1999	안양LG	14	5	0	0	14	1	0
	합계		14	5	0	0	14	1	0
프로통산			14	5	0	0	14	1	0

유태목 (柳泰穆) 연세대 1957.04.30

리그	연도	소속	출장	교체	득점	도움	파울	경고	퇴장
BC	1983	대우	16	0	1	0	7	0	0
	1984	대우	22	5	2	0	23	1	0
	1985	대우	9	3	0	0	6	0	0
	1986	현대	29	1	0	1	27	0	0
	1987	현대	19	9	1	0	7	1	0
	합계		95	18	4	1	70	2	0
프로통산			95	18	4	1	70	2	0

유현 (劉賢) 중앙대 1984.08.01

리그	연도	소속	출장	교체	실점	도움	파울	경고	퇴장
BC	2009	강원	29	0	56	1	0	0	0
	2010	강원	28	2	51	0	0	0	0
	2011	강원	23	0	33	0	0	0	0
	2012	인천	35	0	32	0	1	1	0
	합계		115	2	172	1	1	1	0
클	2014	인천	10	0	11	0	1	0	0
	2015	인천	26	1	25	0	2	2	0
	합계		36	1	36	0	3	2	0
챌	2013	경찰	23	2	31	0	0	1	0
	2014	안산	20	1	23	0	3	2	0
	합계		43	3	54	0	3	3	0
프로통산			194	6	262	1	7	6	0

유현구 (柳鉉口) 보인정보산업고 1983.01.25

리그	연도	소속	출장	교체	득점	도움	파울	경고	퇴장
BC	2005	부천SK	7	7	0	0	8	0	0
	2006	제주	11	9	1	0	10	2	0
	2007	광주상	19	18	0	1	17	1	0
	2008	광주상	7	6	1	0	6	1	0
	합계		44	40	2	1	41	4	0
프로통산			44	40	2	1	41	4	0

유호준 (柳好俊) 광운대 1985.01.14

리그	연도	소속	출장	교체	득점	도움	파울	경고	퇴장
BC	2008	울산	31	16	2	3	38	5	0
	2009	울산	6	5	0	0	2	0	0
	2010	부산	29	5	5	3	53	4	0
	2011	부산	18	10	0	0	23	1	0
	2012	경남	17	16	0	0	16	3	0
	합계		101	52	7	6	132	13	0
클	2013	경남	5	5	0	1	3	1	0
	합계		5	5	0	1	3	1	0
챌	2014	안산	13	9	0	0	17	1	0
	2015	안산	10	8	0	0	14	2	0
	2015	경남	1	1	0	0	2	1	0
	합계		24	18	0	0	33	4	0
프로통산			130	75	7	7	168	18	0

유홍열 (柳弘烈) 숭실대 1983.12.30

리그	연도	소속	출장	교체	득점	도움	파울	경고	퇴장
BC	2006	전남	4	4	0	0	5	0	0
	2007	전남	0	0	0	0	0	0	0
	2008	전남	9	6	1	2	9	1	0
	2009	전남	6	6	0	0	5	0	0
	2010	전남	1	1	0	0	1	0	0
	합계		20	17	1	2	20	1	0
프로통산			20	17	1	2	20	1	0

윤광복 (尹光卜) 조선대 1989.01.25

리그	연도	소속	출장	교체	득점	도움	파울	경고	퇴장
BC	2011	광주	0	0	0	0	0	0	0
	합계		0	0	0	0	0	0	0
프로통산			0	0	0	0	0	0	0

윤근호 (尹根鎬) 동국대 1977.11.08

리그	연도	소속	출장	교체	득점	도움	파울	경고	퇴장
BC	2000	전북	1	1	0	0	0	1	0
	2001	전북	1	1	0	0	0	0	0
	합계		2	2	0	0	0	1	0
프로통산			2	2	0	0	0	1	0

윤기원 (尹基源) 아주대 1987.05.20

리그	연도	소속	출장	교체	실점	도움	파울	경고	퇴장
BC	2010	인천	1	0	0	0	0	1	0
	2011	인천	7	0	7	0	0	0	0
	합계		8	0	7	0	0	1	0
프로통산			8	0	7	0	0	1	0

윤기해 (尹期海) 초당대 1991.02.09

리그	연도	소속	출장	교체	실점	도움	파울	경고	퇴장
BC	2012	광주	5	0	9	0	1	0	0

리그	연도	소속	출장	교체	득점	도움	파울	경고	퇴장
	합계		5	0	9	0	1	0	0
챌	2013	광주	5	0	11	0	0	0	0
	합계		5	0	11	0	0	0	0
프로통산			10	0	20	0	1	0	0

윤덕여 (尹德汝) 성균관대 1961.03.25

리그	연도	소속	출장	교체	득점	도움	파울	경고	퇴장
BC	1984	한일	26	4	0	0	23	2	0
	1985	한일	19	0	0	0	23	1	0
	1986	현대	5	1	0	0	2	0	0
	1987	현대	18	7	1	0	14	0	0
	1988	현대	17	2	1	1	31	2	0
	1989	현대	8	1	1	0	7	2	0
	1990	현대	10	0	0	0	13	0	0
	1991	현대	14	3	0	0	16	2	0
	1992	포철	12	9	0	0	14	1	0
	합계		129	27	3	1	143	10	0
프로통산			129	27	3	1	143	10	0

윤동민 (尹東民) 경희대 1988.07.24

리그	연도	소속	출장	교체	득점	도움	파울	경고	퇴장
BC	2011	부산	18	16	2	0	8	0	0
	2012	부산	22	22	4	0	19	1	0
	합계		40	38	6	0	27	1	0
클	2013	부산	14	15	0	3	8	1	0
	2014	부산	2	2	0	0	2	0	0
	2015	부산	16	16	0	0	7	0	0
	합계		32	33	0	3	17	1	0
승	2015	부산	1	1	0	0	0	0	0
	합계		1	1	0	0	0	0	0
프로통산			73	72	6	3	44	2	0

윤동민 (尹東珉) 성균관대 1986.07.18

리그	연도	소속	출장	교체	득점	도움	파울	경고	퇴장
챌	2013	수원fc	8	7	1	1	3	0	0
	합계		8	7	1	1	3	0	0
프로통산			8	7	1	1	3	0	0

윤동헌 (尹東憲) 고려대 1983.05.02

리그	연도	소속	출장	교체	득점	도움	파울	경고	퇴장
BC	2007	울산	1	0	0	0	2	0	0
	합계		1	0	0	0	2	0	0
챌	2013	고양	32	6	2	3	23	3	0
	2014	고양	33	20	3	5	18	1	0
	합계		65	26	5	8	41	4	0
프로통산			66	26	5	8	43	4	0

윤병기 (尹炳基) 숭실대 1973.04.22

리그	연도	소속	출장	교체	득점	도움	파울	경고	퇴장
BC	1999	전남	12	9	0	1	14	3	0
	2000	전남	11	8	0	0	7	1	0
	2001	전남	2	1	0	0	4	1	0
	합계		25	18	0	1	25	5	0
프로통산			25	18	0	1	25	5	0

윤보영 (尹寶營) 울산대 1978.04.29

리그	연도	소속	출장	교체	득점	도움	파울	경고	퇴장
BC	2001	포항	4	4	0	0	0	0	0
	2002	포항	30	13	5	2	28	2	0
	2003	포항	11	11	0	1	4	0	0
	합계		45	28	5	3	32	2	0
프로통산			45	28	5	3	32	2	0

윤빛가람 (尹빛가람) 중앙대 1990.05.07

리그	연도	소속	출장	교체	득점	도움	파울	경고	퇴장
BC	2010	경남	29	5	9	7	28	1	0
	2011	경남	32	9	8	7	38	10	0
	2012	성남	31	20	1	3	34	5	1
	합계		92	34	18	17	100	16	1
클	2013	제주	31	14	1	2	30	5	0
	2014	제주	37	11	4	4	28	3	0
	2015	제주	36	3	6	7	31	7	0
	합계		104	28	11	13	89	15	0
프로통산			196	62	29	30	189	31	1

윤상철 (尹相喆) 건국대 1965.06.14

리그	연도	소속	출장	교체	득점	도움	파울	경고	퇴장
BC	1988	럭금	18	6	4	1	23	0	0
	1989	럭금	38	10	17	6	60	3	0
	1990	럭금	30	4	12	2	45	0	0
	1991	LG	31	16	7	2	38	0	0
	1992	LG	34	22	7	2	43	2	0
	1993	LG	32	6	9	8	50	0	1
	1994	LG	34	6	24	1	34	3	0
	1995	LG	31	19	4	2	20	0	0
	1996	안양LG	33	21	14	4	23	1	0
	1997	안양LG	19	13	3	3	15	0	0
	합계		300	123	101	31	351	9	1
프로통산			300	123	101	31	351	9	1

윤상호 (尹相皓) 호남대 1992.06.04

리그	연도	소속	출장	교체	득점	도움	파울	경고	퇴장
클	2015	인천	13	9	0	1	16	2	0
	합계		13	9	0	1	16	2	0
챌	2014	광주	13	12	0	0	16	1	0
	합계		13	12	0	0	16	1	0
승	2014	광주	0	0	0	0	0	0	0
	합계		0	0	0	0	0	0	0
프로통산			26	21	0	1	32	3	0

윤석 (尹石) 전북대 1985.02.28

리그	연도	소속	출장	교체	득점	도움	파울	경고	퇴장
BC	2007	제주	1	1	0	0	0	0	0
	합계		1	1	0	0	0	0	0
프로통산			1	1	0	0	0	0	0

윤석영 (尹錫榮) 광양제철고 1990.02.13

리그	연도	소속	출장	교체	득점	도움	파울	경고	퇴장
BC	2009	전남	21	4	1	0	17	0	0
	2010	전남	19	5	0	5	16	1	0
	2011	전남	21	2	1	1	11	6	0
	2012	전남	25	1	2	4	14	4	0
	합계		86	12	4	10	58	11	0
프로통산			86	12	4	10	58	11	0

윤석희 (尹錫熙) 울산대 1993.07.21

리그	연도	소속	출장	교체	득점	도움	파울	경고	퇴장
챌	2015	고양	6	6	2	0	3	0	0
	합계		6	6	2	0	3	0	0
프로통산			6	6	2	0	3	0	0

윤성열 (尹誠悅) 배재대 1987.12.22

리그	연도	소속	출장	교체	득점	도움	파울	경고	퇴장
챌	2015	서울E	38	3	1	3	14	2	0
	합계		38	3	1	3	14	2	0
프로통산			38	3	1	3	14	2	0

윤성우 (尹星宇) 상지대 1989.11.08

리그	연도	소속	출장	교체	득점	도움	파울	경고	퇴장
BC	2012	서울	1	1	0	0	0	0	0
	합계		1	1	0	0	0	0	0
챌	2013	고양	22	21	0	1	2	2	0
	합계		22	21	0	1	2	2	0
프로통산			23	22	0	1	2	2	0

윤성효 (尹星孝) 연세대 1962.05.18

리그	연도	소속	출장	교체	득점	도움	파울	경고	퇴장
BC	1986	한일	20	1	5	1	31	3	0
	1987	포철	20	8	2	1	21	0	0
	1988	포철	7	1	1	0	12	1	0
	1989	포철	22	9	1	2	31	1	0
	1990	포철	25	7	0	0	35	2	0
	1991	포철	21	10	0	1	28	2	0
	1992	포철	33	10	0	3	54	4	0
	1993	포철	34	21	2	1	23	1	0
	1994	대우	20	4	2	1	34	2	0
	1995	대우	27	7	0	2	40	7	0
	1996	수원	34	2	5	1	72	9	0
	1997	수원	26	2	3	1	53	3	0
	1998	수원	19	16	2	0	37	2	0
	2000	수원	3	3	0	0	2	1	0
	합계		311	101	23	14	473	38	0
프로통산			311	101	23	14	473	38	0

윤승현 (尹勝鉉) 연세대 1988.12.13

리그	연도	소속	출장	교체	득점	도움	파울	경고	퇴장
BC	2012	서울	1	1	0	0	1	0	0
	2012	성남	5	5	0	0	7	0	0
	합계		6	6	0	0	8	0	0
프로통산			6	6	0	0	8	0	0

윤시호 (尹施淏 / 윤홍창) 동북고 1984.05.12

리그	연도	소속	출장	교체	득점	도움	파울	경고	퇴장
BC	2007	서울	7	7	0	0	5	2	0
	2008	서울	11	10	0	0	10	1	0
	2009	서울	0	0	0	0	0	0	0
	2010	서울	0	0	0	0	0	0	0
	2011	대구	25	3	0	3	23	4	0
	2012	서울	3	3	0	0	1	0	0
	합계		46	23	0	3	39	7	0
프로통산			46	23	0	3	39	7	0

윤신영 (尹信榮) 경기대 1987.05.22

리그	연도	소속	출장	교체	득점	도움	파울	경고	퇴장
BC	2009	대전	6	5	0	0	4	1	0
	2010	광주상	2	2	0	0	1	0	0
	2011	상주	17	8	0	0	20	5	0
	2012	경남	31	0	0	0	44	6	0
	합계		56	15	0	0	69	12	0
클	2013	경남	32	2	2	2	51	7	0
	2015	대전	15	4	0	0	10	1	0
	합계		47	6	2	2	61	8	0
프로통산			103	21	2	2	130	20	0

윤여산 (尹如山) 한남대 1982.07.09

리그	연도	소속	출장	교체	득점	도움	파울	경고	퇴장
BC	2005	인천	0	0	0	0	0	0	0
	2006	대구	11	3	0	0	22	0	0
	2007	대구	18	12	0	0	29	3	0
	2008	대구	13	6	1	0	22	1	0
	2009	대구	24	3	0	1	50	7	0
	2010	광주상	16	4	0	0	23	7	0
	2011	상주	12	1	0	0	22	6	1
	합계		94	29	1	1	168	24	1
프로통산			94	29	1	1	168	24	1

윤영노 (尹英老) 숭실대 1989.05.01

리그	연도	소속	출장	교체	득점	도움	파울	경고	퇴장
BC	2012	부산	1	1	0	0	2	0	0
	합계		1	1	0	0	2	0	0
프로통산			1	1	0	0	2	0	0

윤영선 (尹榮善) 단국대 1988.10.04

리그	연도	소속	출장	교체	득점	도움	파울	경고	퇴장
BC	2010	성남	5	2	0	0	6	0	0
	2011	성남	18	3	0	0	31	2	0
	2012	성남	34	5	0	0	45	3	1
	합계		57	10	0	0	82	5	1
클	2013	성남	36	6	2	0	41	7	0
	2014	성남	19	3	0	0	17	2	0
	2015	성남	35	1	2	0	37	11	0
	합계		90	10	4	0	95	20	0
프로통산			147	20	4	0	177	25	1

윤영승 (Youn Young Seong) 일본 1991.08.13

리그	연도	소속	출장	교체	득점	도움	파울	경고	퇴장
클	2013	대구	1	1	0	0	0	0	0
	합계		1	1	0	0	0	0	0
챌	2014	대구	8	8	0	0	9	2	0
	합계		8	8	0	0	9	2	0
프로통산			9	9	0	0	9	2	0

윤영종 (尹英鍾) 인천대 1979.01.23

리그	연도	소속	출장	교체	득점	도움	파울	경고	퇴장

BC	2001	전남	1	1	0	0	0	0	0
	합계		1	1	0	0	0	0	0
프로통산			1	1	0	0	0	0	0

윤용구 (尹勇九) 건국대 1977.08.08

리그	연도	소속	출장	교체	득점	도움	파울	경고	퇴장
BC	2000	전남	13	13	0	0	3	0	0
	2001	전남	2	2	1	0	1	0	0
	2004	부천SK	20	14	0	1	25	2	0
	합계		35	29	1	1	29	2	0
프로통산			35	29	1	1	29	2	0

윤원일 (尹遠溢) 선문대 1986.10.23

리그	연도	소속	출장	교체	득점	도움	파울	경고	퇴장
클	2013	대전	20	3	1	0	14	3	0
	2015	대전	3	0	0	0	3	1	0
	합계		23	3	1	0	17	4	0
챌	2014	대전	27	3	0	0	23	1	0
	합계		27	3	0	0	23	1	0

윤원일 (尹元一) 포철공고 1983.03.31

리그	연도	소속	출장	교체	득점	도움	파울	경고	퇴장
BC	2003	수원	0	0	0	0	0	0	0
	2004	대구	23	12	1	1	54	5	0
	2005	대구	6	2	0	0	9	1	0
	2006	인천	18	11	0	1	34	2	0
	2007	인천	20	8	0	0	49	6	0
	2008	인천	17	7	0	0	33	4	0
	2009	인천	18	3	1	0	34	7	0
	2010	인천	17	3	0	2	28	4	1
	2011	포항	1	1	0	0	2	1	0
	2012	포항	1	1	0	0	2	1	0
	합계		121	48	2	4	245	31	1
프로통산			121	48	2	4	245	31	1

윤원일 (尹遠溢) 선문대 1986.10.23

리그	연도	소속	출장	교체	득점	도움	파울	경고	퇴장
BC	2008	제주	5	5	0	0	7	1	0
	2009	제주	2	3	0	0	2	0	0
	2011	제주	6	4	0	0	8	2	0
	2012	제주	2	2	0	0	0	0	0
	합계		15	14	0	0	17	3	0
프로통산			65	20	1	0	57	8	0

윤원철 (尹元喆) 경희대 1979.01.06

리그	연도	소속	출장	교체	득점	도움	파울	경고	퇴장
BC	2001	부천SK	4	4	0	0	9	0	0
	2002	부천SK	2	2	0	0	1	0	0
	2003	부천SK	13	6	0	0	33	2	0
	2004	부천SK	9	8	1	0	16	2	0
	합계		28	20	1	0	59	4	0
프로통산			28	20	1	0	59	4	0

윤일록 (尹日錄) 진주고 1992.03.07

리그	연도	소속	출장	교체	득점	도움	파울	경고	퇴장
BC	2011	경남	26	15	4	6	34	2	0
	2012	경남	42	18	6	2	40	5	0
	합계		68	33	10	8	74	7	0
클	2013	서울	29	23	2	0	19	1	0
	2014	서울	27	15	7	2	35	0	0
	2015	서울	20	13	1	3	27	2	0
	합계		76	51	10	5	81	3	0
프로통산			144	84	20	13	155	10	0

윤재훈 (尹在訓) 울산대 1973.12.25

리그	연도	소속	출장	교체	득점	도움	파울	경고	퇴장
BC	1996	울산	30	3	0	1	78	8	0
	1997	울산	22	6	0	0	51	6	0
	1998	울산	25	6	0	3	74	7	0
	1999	울산	23	10	0	1	35	9	0
	2000	전북	26	4	0	1	54	7	0
	2001	전북	0	0	0	0	0	0	0
	합계		126	29	0	6	292	37	0
프로통산			126	29	0	6	292	37	0

윤정규 (尹正奎) 명지대 1991.12.04

리그	연도	소속	출장	교체	득점	도움	파울	경고	퇴장
클	2014	부산	0	0	0	0	0	0	0
	합계		0	0	0	0	0	0	0
프로통산			0	0	0	0	0	0	0

윤정춘 (尹晶椿) 순천고 1973.02.18

리그	연도	소속	출장	교체	득점	도움	파울	경고	퇴장
BC	1994	유공	1	1	0	0	0	0	0
	1995	유공	9	8	2	0	7	0	0
	1996	부천SK	30	18	3	5	23	2	0
	1997	부천SK	29	10	8	5	41	3	0
	1998	부천SK	32	22	5	3	30	2	0
	1999	부천SK	35	18	5	3	41	4	0
	2000	부천SK	41	24	4	3	59	5	0
	2001	부천SK	32	17	1	3	36	6	0
	2002	부천SK	27	13	1	4	29	2	0
	2003	부천SK	32	16	1	1	32	0	0
	2004	부천SK	5	3	0	0	8	0	0
	2005	대전	12	11	1	0	13	1	0
	합계		285	161	31	27	319	25	0
프로통산			285	161	31	27	319	25	0

윤정환 (宋善榮) 동아대 1973.02.16

리그	연도	소속	출장	교체	득점	도움	파울	경고	퇴장
BC	1995	유공	24	7	3	5	47	9	0
	1996	부천SK	22	1	2	8	42	2	0
	1997	부천SK	16	10	3	3	38	4	0
	1998	부천SK	28	13	4	8	41	4	0
	1999	부천SK	18	3	3	4	37	1	0
	2003	성남	30	26	1	3	44	2	0
	2004	전북	34	5	2	8	76	6	0
	2005	전북	31	20	2	5	45	6	0
	합계		203	85	20	44	370	34	0
프로통산			203	85	20	44	370	34	0

윤종현 (尹鐘玄) 동아대 1961.07.03

리그	연도	소속	출장	교체	득점	도움	파울	경고	퇴장
BC	1984	국민	1	1	0	0	0	0	0
	합계		1	1	0	0	0	0	0
프로통산			1	1	0	0	0	0	0

윤주열 (尹周烈) 인천대 1992.05.10

리그	연도	소속	출장	교체	득점	도움	파울	경고	퇴장
클	2015	인천	0	0	0	0	0	0	0
	합계		0	0	0	0	0	0	0
프로통산			0	0	0	0	0	0	0

윤주일 (尹柱日) 동아대 1980.03.10

리그	연도	소속	출장	교체	득점	도움	파울	경고	퇴장
BC	2003	대구	36	16	5	3	74	8	0
	2004	대구	29	8	3	3	56	5	0
	2005	대구	26	10	1	2	34	4	0
	2006	대구	13	9	1	1	19	2	0
	2007	인천	6	5	0	0	7	0	0
	2007	전남	8	6	0	0	15	1	0
	2008	전남	4	1	0	0	4	0	0
	2009	전남	4	2	0	0	10	2	0
	2010	부산	0	0	0	0	0	0	0
	합계		126	57	10	9	219	22	0
프로통산			126	57	10	9	219	22	0

윤주태 (尹柱泰) 연세대 1990.06.22

리그	연도	소속	출장	교체	득점	도움	파울	경고	퇴장
클	2014	서울	10	9	2	0	2	0	0
	2015	서울	26	26	9	1	17	0	0
	합계		36	35	11	1	19	0	0
프로통산			36	35	11	1	19	0	0

윤준성 (尹准聖) 경희대 1989.09.28

리그	연도	소속	출장	교체	득점	도움	파울	경고	퇴장
BC	2012	포항	1	0	0	0	1	1	0
	합계		1	0	0	0	1	1	0
클	2013	포항	1	1	0	0	0	0	0
	2014	포항	11	11	0	1	2	1	0
	2015	대전	15	1	0	0	9	2	0
	합계		27	13	0	1	11	3	0
프로통산			28	13	0	1	12	4	0

윤준수 (尹晙洙) 경기대 1986.03.28

리그	연도	소속	출장	교체	득점	도움	파울	경고	퇴장
BC	2007	전남	1	1	0	0	1	0	0
	합계		1	1	0	0	1	0	0
프로통산			1	1	0	0	1	0	0

윤준하 (尹俊河) 대구대 1987.01.04

리그	연도	소속	출장	교체	득점	도움	파울	경고	퇴장
BC	2009	강원	30	20	7	5	21	2	0
	2010	강원	17	14	0	1	12	1	0
	2011	강원	30	23	1	4	32	2	0
	2012	인천	3	3	0	0	8	1	0
	합계		80	60	8	10	73	6	0
클	2013	대전	6	6	0	0	1	0	0
	2015	대전	0	0	0	0	0	0	0
	합계		6	6	0	0	1	0	0
챌	2014	안산	23	18	4	3	42	1	0
	2015	안산	15	14	1	1	18	4	0
	합계		38	32	5	4	60	5	0
프로통산			124	98	13	14	134	11	0

윤중희 (尹重熙) 중앙대 1975.12.08

리그	연도	소속	출장	교체	득점	도움	파울	경고	퇴장
BC	1999	부천SK	9	7	0	0	4	0	0
	2000	부천SK	11	6	0	0	20	1	0
	2001	부천SK	22	8	1	0	30	3	0
	2002	부천SK	5	3	0	0	7	1	0
	2003	부천SK	21	3	0	1	23	6	0
	2004	부천SK	2	2	0	0	1	0	0
	합계		70	29	1	1	85	11	0
프로통산			70	29	1	1	85	11	0

윤평국 (尹平國) 인천대 1992.02.08

리그	연도	소속	출장	교체	실점	도움	파울	경고	퇴장
챌	2015	상주	2	0	2	0	0	1	0
	합계		2	0	2	0	0	1	0
프로통산			2	0	2	0	0	1	0

윤화평 (尹和平) 강릉농공고 1983.03.26

리그	연도	소속	출장	교체	득점	도움	파울	경고	퇴장
BC	2002	수원	1	1	0	0	0	0	0
	2006	수원	4	4	0	0	3	0	0
	합계		5	5	0	0	3	0	0
프로통산			5	5	0	0	3	0	0

윤희준 (尹熙俊) 연세대 1972.11.01

리그	연도	소속	출장	교체	득점	도움	파울	경고	퇴장
BC	1995	대우	8	1	0	1	21	2	0
	1996	부산	23	3	1	0	48	8	2
	1997	부산	22	8	0	2	36	3	0
	2000	부산	24	3	1	0	39	6	0
	2001	부산	33	5	3	2	58	6	0
	2002	부산	31	4	1	1	56	6	0
	2003	부산	36	5	2	1	52	7	0
	2004	부산	34	0	1	0	69	6	0
	2005	부산	15	1	0	0	11	6	1
	2006	전남	26	20	1	1	23	4	0
	합계		252	50	10	8	413	54	3
프로통산			252	50	10	8	413	54	3

율리안 (Archire Iulian) 루마니아 1976.03.17

리그	연도	소속	출장	교체	득점	도움	파울	경고	퇴장
BC	1999	포항	7	6	0	0	6	2	0
	합계		7	6	0	0	6	2	0
프로통산			7	6	0	0	6	2	0

은종구 (殷鍾九) 전주대 1968.08.01

리그	연도	소속	출장	교체	득점	도움	파울	경고	퇴장
BC	1993	현대	17	15	0	2	10	0	0
	1994	현대	1	1	0	0	1	0	0

		합계	18	16	0	2	11	0	0
프로통산			18	16	0	2	11	0	0

음밤바 (Emile Bertrand Mbamba) 카메룬 1982.10.27

리그	연도	소속	출장	교체	득점	도움	파울	경고	퇴장
BC	2009	대구	7	6	0	0	12	1	0
		합계	7	6	0	0	12	1	0
프로통산			7	6	0	0	12	1	0

이강민 (李康敏) 연세대 1954.07.21

리그	연도	소속	출장	교체	득점	도움	파울	경고	퇴장
BC	1984	현대	10	8	3	1	2	0	0
		합계	10	8	3	1	2	0	0
프로통산			10	8	3	1	2	0	0

이강민 (李康敏) 경희대 1985.08.29

리그	연도	소속	출장	교체	득점	도움	파울	경고	퇴장
BC	2009	강원	10	7	0	1	7	0	0
		합계	10	7	0	1	7	0	0
프로통산			10	7	0	1	7	0	0

이강석 (李康錫) 서울대 1958.05.21

리그	연도	소속	출장	교체	득점	도움	파울	경고	퇴장
BC	1983	할렐	16	7	2	3	11	1	0
	1984	할렐	15	10	1	1	20	2	0
	1985	할렐	11	8	1	0	12	0	0
		합계	42	25	4	4	43	3	0
프로통산			42	25	4	4	43	3	0

이강욱 (李康旭) 서울대 1963.05.07

리그	연도	소속	출장	교체	득점	도움	파울	경고	퇴장
BC	1986	유공	5	5	0	0	3	0	0
		합계	5	5	0	0	3	0	0
프로통산			5	5	0	0	3	0	0

이강일 (李康一) 광운대 1981.06.26

리그	연도	소속	출장	교체	득점	도움	파울	경고	퇴장
BC	2004	대전	1	1	0	0	0	0	0
		합계	1	1	0	0	0	0	0
프로통산			1	1	0	0	0	0	0

이강조 (李康助) 고려대 1954.10.27

리그	연도	소속	출장	교체	득점	도움	파울	경고	퇴장
BC	1983	유공	16	0	2	3	6	0	0
	1984	유공	27	0	4	5	19	0	0
	1985	유공	7	5	1	3	3	0	0
		합계	50	5	7	11	28	0	0
프로통산			50	5	7	11	28	0	0

이강진 (李康珍) 중동중 1986.04.25

리그	연도	소속	출장	교체	득점	도움	파울	경고	퇴장
클	2013	대전	32	5	1	0	29	2	0
	2014	전북	2	1	0	0	2	1	0
	2015	대전	20	6	0	0	8	3	0
		합계	54	12	1	0	39	6	0
BC	2003	수원	1	1	0	0	2	0	0
	2006	부산	20	0	0	1	20	0	0
	2007	부산	6	2	0	0	11	2	0
	2008	부산	21	6	0	0	21	1	0
	2009	부산	32	3	2	1	42	4	0
	2012	전북	0	0	0	0	0	0	0
		합계	80	12	2	2	96	7	0
프로통산			134	24	3	2	135	13	0

이겨레 (李겨레) 동북중 1985.08.22

리그	연도	소속	출장	교체	득점	도움	파울	경고	퇴장
BC	2008	대전	1	1	0	0	0	0	0
		합계	1	1	0	0	0	0	0
프로통산			1	1	0	0	0	0	0

이경근 (李景根) 숭실고 1978.06.16

리그	연도	소속	출장	교체	득점	도움	파울	경고	퇴장
BC	1999	수원	1	0	0	0	5	0	0
	2000	수원	6	1	0	0	10	2	0
		합계	7	1	0	0	15	2	0
프로통산			7	1	0	0	15	2	0

이경남 (李敬男) 경희대 1961.11.04

리그	연도	소속	출장	교체	득점	도움	파울	경고	퇴장
BC	1985	현대	10	9	1	0	3	0	0
	1986	현대	1	1	0	0	0	0	0
		합계	11	10	1	0	3	0	0
프로통산			11	10	1	0	3	0	0

이경렬 (李京烈) 고려대 1988.01.16

리그	연도	소속	출장	교체	득점	도움	파울	경고	퇴장
BC	2010	경남	6	2	0	0	8	1	0
	2011	경남	26	7	2	0	20	4	0
	2012	부산	39	6	1	0	25	6	0
		합계	71	15	3	0	53	11	0
클	2013	부산	22	3	0	1	35	4	0
	2014	부산	30	1	2	0	39	8	0
	2015	부산	34	0	3	0	31	10	0
		합계	86	4	5	1	105	22	0
승	2015	부산	2	0	0	0	5	1	0
		합계	2	0	0	0	5	1	0
프로통산			159	19	8	1	163	34	0

이경수 (李經受) 수원대 1991.07.21

리그	연도	소속	출장	교체	득점	도움	파울	경고	퇴장
챌	2014	부천	9	8	0	0	7	2	0
		합계	9	8	0	0	7	2	0
프로통산			9	8	0	0	7	2	0

이경수 (李慶洙) 숭실대 1973.10.28

리그	연도	소속	출장	교체	득점	도움	파울	경고	퇴장
BC	1996	수원	6	2	0	0	7	1	0
	1998	울산	25	15	0	0	37	4	0
	1999	천안	16	11	1	0	22	0	0
	2000	전북	3	2	0	0	8	0	0
	2001	전북	14	11	1	0	37	2	0
	2003	대구	22	17	1	0	34	4	0
	2004	대구	13	8	1	0	19	3	0
	2005	대전	29	10	1	1	52	6	0
		합계	128	76	5	1	216	20	0
프로통산			128	76	5	1	216	20	0

이경수 (李炅秀) 천안제일고 1992.10.23

리그	연도	소속	출장	교체	득점	도움	파울	경고	퇴장
BC	2011	강원	0	0	0	0	0	0	0
		합계	0	0	0	0	0	0	0
프로통산			0	0	0	0	0	0	0

이경우 (李庚祐) 주문진수도공고 1977.05.03

리그	연도	소속	출장	교체	득점	도움	파울	경고	퇴장
BC	1999	수원	3	3	0	0	1	0	0
	2000	수원	13	9	3	1	18	2	0
	2001	수원	0	0	0	0	0	0	0
	2004	수원	1	1	0	0	1	1	0
		합계	17	13	3	1	20	3	0
프로통산			17	13	3	1	20	3	0

이경춘 (李炅春) 아주대 1969.04.14

리그	연도	소속	출장	교체	득점	도움	파울	경고	퇴장
BC	1992	대우	14	12	0	0	11	2	0
	1993	대우	4	4	0	0	2	0	0
	1994	버팔로	23	1	2	0	38	5	0
	1995	전북	31	2	0	0	70	8	0
	1996	전북	33	2	0	0	62	5	0
	1997	전북	31	1	2	0	62	7	0
	1998	전북	32	5	1	2	81	5	0
	1999	전북	16	6	0	0	39	4	0
	2000	전북	1	1	0	0	3	0	0
		합계	185	34	5	2	368	36	0
프로통산			185	34	5	2	368	36	0

이경환 (李京煥) 명신대 1988.03.21

리그	연도	소속	출장	교체	득점	도움	파울	경고	퇴장
BC	2009	대전	22	16	0	1	30	7	0
	2010	대전	20	15	1	1	31	4	0
	2011	수원	2	1	0	0	1	0	0
		합계	44	32	1	2	62	11	0
프로통산			44	32	1	2	62	11	0

이계원 (李啓源) 인천대 1965.03.16

리그	연도	소속	출장	교체	득점	도움	파울	경고	퇴장
BC	1985	상무	17	2	2	2	19	1	0
	1988	포철	19	13	0	0	11	0	0
	1989	포철	20	11	1	2	19	1	0
	1990	포철	26	5	4	2	30	1	0
	1991	포철	30	11	2	2	26	1	0
	1992	포철	16	10	1	0	14	0	0
	1993	포철	13	11	1	1	8	1	0
		합계	141	63	11	9	127	5	0
프로통산			141	63	11	9	127	5	0

이관우 (李官雨) 한양대 1978.02.25

리그	연도	소속	출장	교체	득점	도움	파울	경고	퇴장
BC	2000	대전	12	9	1	1	14	2	0
	2001	대전	12	8	6	4	15	2	0
	2002	대전	19	8	2	1	15	6	0
	2003	대전	38	30	4	5	47	5	0
	2004	대전	29	19	5	2	34	8	0
	2005	대전	32	10	4	5	64	9	0
	2006	대전	23	12	3	3	28	2	0
	2006	수원	15	7	2	4	18	2	0
	2007	수원	35	23	4	5	50	2	0
	2008	수원	28	28	2	3	24	3	0
	2009	수원	3	2	0	0	4	1	0
	2010	수원	5	5	0	0	9	2	0
		합계	251	161	33	33	322	44	0
프로통산			251	161	33	33	322	44	0

이관표 (李官表) 중앙대 1994.09.07

리그	연도	소속	출장	교체	득점	도움	파울	경고	퇴장
챌	2015	수원fc	23	11	2	3	25	3	0
		합계	23	11	2	3	25	3	0
프로통산			23	11	2	3	25	3	0

이관호 (李寬鎬) 명지대 1960.06.28

리그	연도	소속	출장	교체	실점	도움	파울	경고	퇴장
BC	1985	상무	18	1	24	0	0	0	0
		합계	18	1	24	0	0	0	0
프로통산			18	1	24	0	0	0	0

이광래 (李光來) 중앙고 1972.05.24

리그	연도	소속	출장	교체	득점	도움	파울	경고	퇴장
BC	1992	LG	2	2	0	0	7	1	0
	1993	LG	2	2	0	0	0	0	0
		합계	4	4	0	0	7	1	0
프로통산			4	4	0	0	7	1	0

이광석 (李光錫) 중앙대 1975.03.05

리그	연도	소속	출장	교체	실점	도움	파울	경고	퇴장
BC	1998	전북	34	0	58	0	4	2	0
	1999	전북	33	0	54	0	1	1	0
	2000	전북	8	1	12	0	1	1	0
	2001	전북	11	1	14	0	0	0	0
	2003	광주상	33	0	43	0	2	2	0
	2004	전북	5	0	5	0	0	1	0
	2005	전북	20	1	28	0	1	0	0
	2006	전북	2	0	4	0	0	0	0
	2007	경남	8	1	10	0	0	0	0
	2008	경남	33	0	45	0	2	3	0
	2009	경남	2	1	4	0	0	0	0
		합계	189	5	277	0	11	10	0
프로통산			189	5	277	0	11	10	0

이광재 (李珖載) 대구대 1980.01.01

리그	연도	소속	출장	교체	득점	도움	파울	경고	퇴장
BC	2003	광주상	17	5	5	1	33	4	0
	2004	전남	9	10	0	0	7	0	0
	2005	전남	15	14	1	2	31	4	0
	2006	전남	22	17	5	1	43	3	0
	2007	포항	29	24	7	1	36	4	0

	2008	포항	9	10	0	1	5	2	0
	2009	포항	4	4	0	0	5	0	0
	2009	전북	11	10	1	1	10	3	0
	2010	전북	12	11	1	1	10	2	0
	2012	대구	8	8	0	0	7	1	0
	합계		136	113	20	8	187	23	0
챌	2013	고양	12	9	0	0	17	1	0
	2014	고양	28	18	2	4	29	3	0
	2015	고양	25	24	3	0	21	2	0
	합계		65	51	5	4	67	6	0
프로통산			201	164	25	12	254	29	0

이광조 (李光照) 한양대 1962.08.20

리그	연도	소속	출장	교체	득점	도움	파울	경고	퇴장
BC	1986	현대	3	2	0	0	2	0	0
	1987	현대	2	1	0	0	2	0	0
	1988	현대	8	5	0	0	11	1	0
	1989	유공	24	7	0	0	17	2	0
	1990	유공	20	2	0	0	31	2	0
	1991	유공	16	6	0	0	12	1	0
	1992	유공	9	1	0	0	4	1	0
	1993	LG	20	3	0	0	4	4	0
	합계		102	27	0	0	83	11	0
프로통산			102	27	0	0	83	11	0

이광종 (李光鍾) 중앙대 1964.04.01

리그	연도	소속	출장	교체	득점	도움	파울	경고	퇴장
BC	1988	유공	24	5	1	2	34	1	0
	1989	유공	37	7	2	6	40	1	1
	1990	유공	25	8	4	1	35	1	0
	1991	유공	11	6	1	0	8	1	0
	1992	유공	28	15	5	1	33	1	0
	1993	유공	35	10	4	2	48	1	0
	1994	유공	35	14	9	3	54	2	0
	1995	유공	28	3	4	2	49	2	0
	1996	수원	30	16	5	4	51	3	0
	1997	수원	13	14	1	0	17	0	0
	합계		266	98	36	21	369	13	1
프로통산			266	98	36	21	369	13	1

이광진 (李廣鎭) 동북고 1991.07.23

리그	연도	소속	출장	교체	득점	도움	파울	경고	퇴장
BC	2010	서울	0	0	0	0	0	0	0
	2011	서울	0	0	0	0	0	0	0
	2011	대구	0	0	0	0	0	0	0
	2012	대구	1	1	0	0	0	0	0
	합계		1	1	0	0	0	0	0
클	2015	대전	2	2	0	0	2	0	0
	합계		2	2	0	0	2	0	0
챌	2013	광주	16	3	4	2	29	2	0
	2014	대전	7	1	0	0	9	1	0
	2015	대구	5	4	0	0	4	0	0
	합계		28	8	4	2	42	3	0
프로통산			31	11	4	2	44	3	0

이광진 (李光振) 경일대 1972.05.27

리그	연도	소속	출장	교체	득점	도움	파울	경고	퇴장
BC	2002	대전	7	7	0	0	7	0	0
	합계		7	7	0	0	7	0	0
프로통산			7	7	0	0	7	0	0

이광혁 (李侊赫) 포철고 1995.09.11

리그	연도	소속	출장	교체	득점	도움	파울	경고	퇴장
클	2014	포항	9	9	0	0	6	1	0
	2015	포항	19	16	2	0	11	0	0
	합계		28	25	2	0	17	1	0
프로통산			28	25	2	0	17	1	0

이광현 (李光鉉) 중앙대 1973.03.16

리그	연도	소속	출장	교체	득점	도움	파울	경고	퇴장
BC	1996	천안	9	9	1	0	3	1	0
	1997	천안	12	8	0	0	8	0	0
	합계		21	17	1	0	11	1	0
프로통산			21	17	1	0	11	1	0

이광현 (李光鉉) 고려대 1981.07.18

리그	연도	소속	출장	교체	득점	도움	파울	경고	퇴장
BC	2004	전북	2	1	0	0	3	0	0
	2005	전북	7	2	0	0	11	0	0
	2006	전북	9	4	0	0	7	0	0
	2008	광주상	7	0	0	0	7	2	0
	2009	전북	4	2	0	0	2	1	0
	2010	전북	6	4	0	0	5	0	0
	2011	전북	4	2	0	0	5	0	0
	2012	대전	2	0	0	0	2	1	0
	합계		41	15	0	0	42	4	0
프로통산			41	15	0	0	42	4	0

이광호 (李光好) 상지대 1977.05.24

리그	연도	소속	출장	교체	득점	도움	파울	경고	퇴장
BC	2000	수원	1	0	0	0	2	0	0
	합계		1	0	0	0	2	0	0
프로통산			1	0	0	0	2	0	0

이광훈 (李侊勳) 포철공고 1993.11.26

리그	연도	소속	출장	교체	득점	도움	파울	경고	퇴장
BC	2012	포항	0	0	0	0	0	0	0
	합계		0	0	0	0	0	0	0
클	2013	포항	1	1	0	0	0	0	0
	2014	포항	4	4	0	0	4	0	0
	2015	대전	1	1	0	0	1	0	0
	합계		6	6	0	0	5	0	0
프로통산			6	6	0	0	5	0	0

이규로 (李奎魯) 광양제철고 1988.08.20

리그	연도	소속	출장	교체	득점	도움	파울	경고	퇴장
BC	2007	전남	8	3	1	0	9	0	0
	2008	전남	19	11	1	1	19	2	0
	2009	전남	28	6	5	0	34	7	0
	2010	서울	2	1	0	0	2	0	0
	2011	서울	14	6	0	1	23	2	0
	2012	인천	23	3	1	2	39	5	0
	합계		94	30	8	4	126	16	0
클	2013	전북	15	5	0	0	17	1	0
	2014	전북	14	4	0	1	16	3	0
	2015	전북	2	0	0	0	3	0	0
	합계		31	9	0	1	36	4	0
프로통산			125	39	8	5	162	20	0

이규성 (李奎成) 홍익대 1994.05.10

리그	연도	소속	출장	교체	득점	도움	파울	경고	퇴장
클	2015	부산	18	10	1	2	14	2	0
	합계		18	10	1	2	14	2	0
승	2015	부산	2	2	0	0	2	0	0
	합계		2	2	0	0	2	0	0
프로통산			20	12	1	2	16	2	0

이규철 (李揆喆) 울산대 1982.05.01

리그	연도	소속	출장	교체	득점	도움	파울	경고	퇴장
BC	2006	대전	5	3	0	0	5	0	0
	합계		5	3	0	0	5	0	0
프로통산			5	3	0	0	5	0	0

이규칠 (李圭七) 영남대 1975.11.28

리그	연도	소속	출장	교체	득점	도움	파울	경고	퇴장
BC	1998	포항	7	7	0	0	8	1	0
	1999	포항	5	4	0	0	8	0	0
	합계		12	11	0	0	16	1	0
프로통산			12	11	0	0	16	1	0

이규호 (李圭鎬) 연세대 1979.07.13

리그	연도	소속	출장	교체	득점	도움	파울	경고	퇴장
BC	2002	부산	24	3	0	0	15	3	0
	2004	부산	0	0	0	0	0	0	0
	합계		24	3	0	0	15	3	0
프로통산			24	3	0	0	15	3	0

이근표 (李根杓) 수원대 1992.02.06

리그	연도	소속	출장	교체	득점	도움	파울	경고	퇴장
BC	2012	경남	0	0	0	0	0	0	0
	합계		0	0	0	0	0	0	0
클	2013	강원	0	0	0	0	0	0	0
	합계		0	0	0	0	0	0	0
프로통산			0	0	0	0	0	0	0

이근호 (李根鎬) 한중대 1985.04.11

리그	연도	소속	출장	교체	득점	도움	파울	경고	퇴장
BC	2005	인천	5	5	0	0	3	0	0
	2006	인천	3	3	0	0	3	0	0
	2007	대구	27	5	10	3	32	3	0
	2008	대구	32	4	13	6	31	2	0
	2012	울산	33	11	8	6	41	3	0
	합계		100	28	31	15	110	8	0
클	2014	상주	18	6	4	2	13	1	0
	2015	전북	15	7	4	1	14	0	0
	합계		33	13	8	3	27	1	0
챌	2013	상주	25	6	15	6	26	3	0
	합계		25	6	15	6	26	3	0
승	2013	상주	2	0	0	1	2	1	0
	합계		2	0	0	1	2	1	0
프로통산			160	47	54	25	165	13	0

이기근 (李基根) 한양대 1965.08.13

리그	연도	소속	출장	교체	득점	도움	파울	경고	퇴장
BC	1987	포철	26	19	6	0	18	2	0
	1988	포철	23	6	12	1	22	1	0
	1989	포철	33	16	6	2	32	4	0
	1990	포철	21	17	3	0	11	0	0
	1991	포철	37	19	16	1	38	1	0
	1992	포철	16	10	2	3	9	1	0
	1993	대우	28	21	7	2	32	3	0
	1994	대우	23	22	4	4	21	0	0
	1996	수원	32	27	11	6	49	3	0
	1997	수원	25	24	3	0	27	1	0
	합계		264	181	70	19	259	16	0
프로통산			264	181	70	19	259	16	0

이기동 (李期東) 연세대 1984.05.11

리그	연도	소속	출장	교체	득점	도움	파울	경고	퇴장
BC	2010	포항	3	2	1	0	3	2	0
	2011	포항	1	1	0	0	0	0	0
	합계		4	3	1	0	3	2	0
프로통산			4	3	1	0	3	2	0

이기범 (李基汎) 경북산업대(경일대) 1970.08.08

리그	연도	소속	출장	교체	득점	도움	파울	경고	퇴장
BC	1993	일화	10	7	1	2	14	0	1
	1994	일화	21	16	2	2	12	1	0
	1995	일화	7	5	1	0	11	1	0
	1996	천안	34	25	5	0	45	3	0
	1997	천안	20	11	1	3	41	3	0
	1998	천안	26	18	0	3	37	8	0
	1999	울산	27	26	1	4	34	1	0
	2000	수원	14	12	0	0	21	3	0
	합계		159	120	11	14	215	20	1
프로통산			159	120	11	14	215	20	1

이기부 (李基富) 아주대 1976.03.16

리그	연도	소속	출장	교체	득점	도움	파울	경고	퇴장
BC	1999	부산	17	14	1	0	25	1	0
	2000	부산	34	11	8	4	64	5	0
	2001	부산	26	17	1	0	28	2	0
	2002	포항	6	6	1	1	13	1	0
	2004	인천	1	1	0	0	0	0	0
	합계		84	49	11	5	130	9	0
프로통산			84	49	11	5	130	9	0

이기현 (李起現) 동국대 1993.12.16

리그	연도	소속	출장	교체	실점	도움	파울	경고	퇴장
챌	2015	부천	12	0	17	0	0	0	0
	합계		12	0	17	0	0	0	0
프로통산			12	0	17	0	0	0	0

이기형 (李祺炯) 고려대 1974.09.28

리그	연도	소속	출장	교체	득점	도움	파울	경고	퇴장
BC	1996	수원	22	0	3	2	31	0	0
	1997	수원	15	3	1	0	24	3	0
	1998	수원	24	10	4	4	48	1	0
	1999	수원	36	6	3	4	55	3	0
	2000	수원	3	4	0	0	2	0	0
	2001	수원	27	12	1	1	30	1	0
	2002	수원	29	7	6	3	38	4	0
	2003	성남	38	1	3	4	53	5	0
	2004	성남	27	5	2	2	37	5	0
	2005	서울	16	8	0	1	30	4	0
	2006	서울	17	10	0	2	13	0	0
	합계		254	66	23	23	361	26	0
프로통산			254	66	23	23	361	26	0

이기형 (李奇炯) 한양대 1957.06.11

리그	연도	소속	출장	교체	실점	도움	파울	경고	퇴장
BC	1984	한일	4	0	4	0	0	0	0
	합계		4	0	4	0	0	0	0
프로통산			4	0	4	0	0	0	0

이기형 (李基炯) 동국대 1981.05.09

리그	연도	소속	출장	교체	득점	도움	파울	경고	퇴장
BC	2004	수원	2	2	0	0	3	0	0
	2005	수원	0	0	0	0	0	0	0
	합계		2	2	0	0	3	0	0
프로통산			2	2	0	0	3	0	0

이길용 (李吉龍) 고려대 1959.09.29

리그	연도	소속	출장	교체	득점	도움	파울	경고	퇴장
BC	1983	포철	13	3	7	1	15	2	0
	1984	포철	22	10	5	7	15	1	0
	1985	포철	13	11	0	1	19	1	0
	1986	포철	14	11	2	0	10	1	0
	1987	포철	18	16	3	3	12	3	0
	1988	포철	7	8	0	0	1	0	0
	1989	포철	5	5	0	0	1	0	0
	합계		92	64	17	12	73	8	0
프로통산			92	64	17	12	73	8	0

이길용 (李佶勇) 광운대 1976.03.30

리그	연도	소속	출장	교체	득점	도움	파울	경고	퇴장
BC	1999	울산	21	17	5	2	19	1	0
	2000	울산	18	15	1	0	17	1	0
	2001	울산	15	11	5	0	11	0	0
	2002	울산	34	20	8	1	40	1	0
	2003	포항	26	22	2	3	31	1	1
	2004	포항	1	1	0	0	1	0	0
	2004	부천SK	11	11	1	0	7	0	0
	합계		126	97	22	6	126	4	1
프로통산			126	97	22	6	126	4	1

이길훈 (李吉薰) 고려대 1983.03.06

리그	연도	소속	출장	교체	득점	도움	파울	경고	퇴장
BC	2006	수원	21	15	0	1	32	2	0
	2007	광주상	33	24	0	1	58	1	0
	2008	광주상	13	11	1	0	11	2	0
	2009	수원	10	8	1	2	6	2	0
	2010	수원	5	5	0	0	8	0	0
	2010	부산	1	1	0	0	1	0	0
	2011	부산	1	1	0	0	1	0	0
	합계		84	65	2	4	117	7	0
프로통산			84	65	2	4	117	7	0

이남규 (李南揆) 1993.03.18

리그	연도	소속	출장	교체	득점	도움	파울	경고	퇴장
클	2015	포항	0	0	0	0	0	0	0
	합계		0	0	0	0	0	0	0
프로통산			0	0	0	0	0	0	0

이남수 (李南洙) 광운대 1987.03.15

리그	연도	소속	출장	교체	득점	도움	파울	경고	퇴장
BC	2010	전북	0	0	0	0	0	0	0
	합계		0	0	0	0	0	0	0
프로통산			0	0	0	0	0	0	0

이남용 (李南容) 중앙대 1988.06.13

리그	연도	소속	출장	교체	득점	도움	파울	경고	퇴장
BC	2011	전남	0	0	0	0	0	0	0
	합계		0	0	0	0	0	0	0
프로통산			0	0	0	0	0	0	0

이대명 (李大明) 홍익대 1991.01.08

리그	연도	소속	출장	교체	득점	도움	파울	경고	퇴장
클	2013	인천	0	0	0	0	0	0	0
	합계		0	0	0	0	0	0	0
프로통산			0	0	0	0	0	0	0

이대희 (李大喜) 아주대 1974.04.26

리그	연도	소속	출장	교체	실점	도움	파울	경고	퇴장
BC	1997	부천SK	10	0	22	0	1	0	0
	1998	부천SK	2	0	3	0	0	0	0
	2001	포항	0	0	0	0	0	0	0
	2002	포항	8	0	11	0	0	0	0
	2003	포항	0	0	0	0	0	0	0
	합계		20	0	36	0	1	0	0
프로통산			20	0	36	0	1	0	0

이도권 (李度權) 성균관대 1979.08.08

리그	연도	소속	출장	교체	득점	도움	파울	경고	퇴장
BC	2006	전북	5	4	0	0	3	1	0
	합계		5	4	0	0	3	1	0
프로통산			5	4	0	0	3	1	0

이도성 (李道成) 배재대 1984.03.22

리그	연도	소속	출장	교체	득점	도움	파울	경고	퇴장
BC	2007	대전	2	1	0	0	4	0	0
	합계		2	1	0	0	4	0	0
챌	2013	고양	33	10	0	0	74	8	0
	2014	고양	33	3	1	1	63	10	0
	2015	고양	34	10	0	1	48	10	0
	합계		100	23	1	2	185	28	0
프로통산			102	24	1	2	189	28	0

이돈철 (李敦哲) 동아대 1961.01.13

리그	연도	소속	출장	교체	득점	도움	파울	경고	퇴장
BC	1985	현대	14	1	0	0	12	0	0
	1986	현대	17	0	0	1	25	1	0
	1988	현대	6	3	0	0	6	0	0
	합계		37	4	0	1	43	1	0
프로통산			37	4	0	1	43	1	0

이동국 (李同國) 위덕대 1979.04.29

리그	연도	소속	출장	교체	득점	도움	파울	경고	퇴장
BC	1998	포항	24	10	11	2	25	1	0
	1999	포항	19	5	8	4	28	1	0
	2000	포항	8	1	4	1	9	0	0
	2001	포항	17	5	3	1	23	1	0
	2002	포항	21	12	7	3	24	4	0
	2003	광주상	27	4	11	6	33	1	0
	2004	광주상	23	7	4	5	32	2	0
	2005	광주상	1	1	0	0	0	0	0
	2005	포항	24	4	7	4	40	3	0
	2006	포항	10	4	7	1	17	1	0
	2008	성남	13	10	2	2	20	0	0
	2009	전북	32	5	22	0	46	2	0
	2010	전북	30	8	13	3	20	2	1
	2011	전북	29	6	16	15	33	2	0
	2012	전북	40	12	26	6	69	7	0
	합계		318	94	141	53	419	27	1
클	2013	전북	30	10	13	2	32	2	0
	2014	전북	31	15	13	6	25	1	0
	2015	전북	33	17	13	5	26	4	0
	합계		94	42	39	13	83	7	0
프로통산			412	136	180	66	502	34	1

이동근 (李東根) 경희대 1981.01.23

리그	연도	소속	출장	교체	득점	도움	파울	경고	퇴장
BC	2003	부천SK	21	9	2	1	26	3	0
	2004	부천SK	6	6	0	0	3	1	0
	2005	광주상	2	2	0	0	2	0	0
	2006	광주상	5	3	0	0	3	1	0
	2008	대전	16	8	0	2	18	1	0
	2009	울산	3	3	0	0	4	0	0
	합계		53	31	2	3	56	6	0
프로통산			53	31	2	3	56	6	0

이동근 (李東根) 울산대 1988.11.28

리그	연도	소속	출장	교체	득점	도움	파울	경고	퇴장
BC	2011	경남	3	3	1	0	0	0	0
	합계		3	3	1	0	0	0	0
프로통산			3	3	1	0	0	0	0

이동명 (李東明) 부평고 1987.10.04

리그	연도	소속	출장	교체	득점	도움	파울	경고	퇴장
BC	2006	제주	5	4	0	0	2	0	0
	2007	제주	10	8	0	0	8	0	0
	2008	부산	8	8	0	0	6	1	0
	2009	부산	5	5	0	0	7	1	0
	합계		28	25	0	0	23	2	0
클	2013	대구	2	1	0	0	2	0	0
	합계		2	1	0	0	2	0	0
챌	2014	대구	4	1	0	0	5	1	0
	합계		4	1	0	0	5	1	0
프로통산			34	27	0	0	30	3	0

이동식 (李東植) 홍익대 1979.03.15

리그	연도	소속	출장	교체	득점	도움	파울	경고	퇴장
BC	2002	포항	0	0	0	0	0	0	0
	2003	포항	0	0	0	0	0	0	0
	2004	부천SK	18	10	1	1	39	4	0
	2005	부천SK	26	10	3	1	50	3	0
	2006	광주상	28	6	0	0	70	5	0
	2007	광주상	18	9	2	2	44	3	1
	2008	제주	27	2	0	1	91	11	0
	2009	제주	21	8	0	0	42	7	0
	2010	수원	4	3	0	0	11	1	0
	합계		142	48	6	5	347	34	1
프로통산			142	48	6	5	347	34	1

이동우 (李東雨) 동국대 1985.07.31

리그	연도	소속	출장	교체	득점	도움	파울	경고	퇴장
챌	2013	충주	11	1	0	0	10	3	0
	합계		11	1	0	0	10	3	0
프로통산			11	1	0	0	10	3	0

이동욱 (李東昱) 연세대 1976.04.10

리그	연도	소속	출장	교체	득점	도움	파울	경고	퇴장
BC	2001	수원	3	3	0	0	1	0	0
	2002	수원	1	1	0	0	0	0	0
	합계		4	4	0	0	1	0	0
프로통산			4	4	0	0	1	0	0

이동원 (李東遠) 숭실대 1983.11.07

리그	연도	소속	출장	교체	득점	도움	파울	경고	퇴장
BC	2005	전남	10	3	0	2	18	0	0
	2006	전남	24	9	2	0	45	3	0
	2007	인천	30	13	1	1	60	4	0
	2008	대전	28	2	3	0	55	6	0
	2009	울산	27	7	1	0	53	6	0
	2010	울산	4	1	0	0	7	1	0
	2011	울산	0	0	0	0	0	0	0
	2011	부산	6	1	0	0	7	2	0
	합계		129	36	7	3	245	22	0
프로통산			129	36	7	3	245	22	0

이동재 (李動在) 문성고 1996.07.20

리그	연도	소속	출장	교체	득점	도움	파울	경고	퇴장
챌	2015	강원	1	1	0	0	1	0	0
	합계		1	1	0	0	1	0	0
프로통산			1	1	0	0	1	0	0

이동현 (李東炫) 경희대 1989.11.19

리그	연도	소속	출장	교체	득점	도움	파울	경고	퇴장
BC	2010	강원	5	5	0	0	1	1	0
	합계		5	5	0	0	1	1	0
클	2013	대전	27	23	3	3	33	3	0
	합계		27	23	3	3	33	3	0
챌	2014	대전	2	1	0	0	2	0	0
	2015	안양	12	12	1	0	10	1	0
	합계		14	13	1	0	12	1	0
프로통산			46	41	4	3	46	5	0

이따마르 (Itamar Batista da Silva) 브라질 1980.04.12

리그	연도	소속	출장	교체	득점	도움	파울	경고	퇴장
BC	2003	전남	34	6	23	5	67	9	1
	2004	전남	31	10	11	3	64	9	0
	2005	포항	16	10	4	2	30	3	0
	2005	수원	10	1	4	0	23	2	0
	2006	수원	17	9	4	0	33	4	0
	2006	성남	14	8	3	2	26	3	0
	2007	성남	20	15	5	2	37	3	0
	합계		142	59	54	14	280	33	1
프로통산			142	59	54	14	280	33	1

이레마 (Oleg Eremin) 러시아 1967.10.28

리그	연도	소속	출장	교체	득점	도움	파울	경고	퇴장
BC	1997	포항	4	3	0	0	11	1	0
	합계		4	3	0	0	11	1	0
프로통산			4	3	0	0	11	1	0

이리네 (Irineu Ricardo) 브라질 1977.07.12

리그	연도	소속	출장	교체	득점	도움	파울	경고	퇴장
BC	2001	성남	15	3	3	0	55	2	0
	2002	성남	20	13	8	4	43	3	0
	2003	성남	38	22	9	5	90	3	0
	2004	성남	16	9	5	1	28	2	0
	2004	부천SK	15	2	4	0	45	2	0
	2005	부천SK	9	1	4	1	26	1	0
	2006	제주	19	10	6	0	25	0	0
	2007	제주	31	16	6	1	59	9	0
	합계		163	76	45	12	371	22	0
프로통산			163	76	45	12	371	22	0

이명열 (李明烈) 인천대 1968.06.25

리그	연도	소속	출장	교체	실점	도움	파울	경고	퇴장
BC	1991	포철	1	0	2	0	0	0	0
	1992	포철	6	0	4	0	0	1	0
	1993	포철	26	0	22	0	0	1	0
	1994	포철	35	0	42	0	1	0	0
	1995	포항	2	0	4	0	0	1	0
	1996	포항	25	2	24	0	2	1	0
	1999	포항	5	0	10	0	0	0	0
	합계		100	2	108	0	3	4	0
프로통산			100	2	108	0	3	4	0

이명재 (李明載) 홍익대 1993.11.04

리그	연도	소속	출장	교체	득점	도움	파울	경고	퇴장
클	2014	울산	2	2	0	0	2	0	0
	2015	울산	19	10	0	3	23	2	0
	합계		21	12	0	3	25	2	0
프로통산			21	12	0	3	25	2	0

이명주 (李明周) 영남대 1990.04.24

리그	연도	소속	출장	교체	득점	도움	파울	경고	퇴장
클	2013	포항	34	4	7	4	61	7	0
	2014	포항	11	2	5	9	19	3	0
	합계		45	6	12	13	80	10	0
BC	2012	포항	35	12	5	6	71	4	0
	합계		35	12	5	6	71	4	0
프로통산			80	18	17	19	151	14	0

이명철 (李明哲) 인제대 1989.05.29

리그	연도	소속	출장	교체	득점	도움	파울	경고	퇴장
BC	2011	대전	2	1	0	0	4	0	0
	합계		2	1	0	0	4	0	0
프로통산			2	1	0	0	4	0	0

이무형 (李武炯) 배재대 1980.11.08

리그	연도	소속	출장	교체	득점	도움	파울	경고	퇴장
BC	2003	대전	2	2	0	0	1	0	0
	2004	대전	10	6	0	0	13	1	0
	합계		12	8	0	0	14	1	0
프로통산			12	8	0	0	14	1	0

이문석 (李文奭) 인천대 1970.03.06

리그	연도	소속	출장	교체	득점	도움	파울	경고	퇴장
BC	1993	현대	3	3	0	0	1	0	0
	1994	현대	10	8	0	0	4	0	0
	1995	현대	12	12	0	1	4	0	0
	1996	울산	31	8	0	0	24	2	1
	1997	울산	22	6	0	1	15	2	1
	1998	울산	42	13	2	1	72	2	0
	1999	울산	31	17	0	1	41	6	0
	2000	부산	0	0	0	0	0	0	0
	합계		151	67	2	4	161	12	2
프로통산			151	67	2	4	161	12	2

이문선 (李文善) 단국대 1983.01.21

리그	연도	소속	출장	교체	득점	도움	파울	경고	퇴장
BC	2005	대구	7	3	0	0	5	2	0
	2006	대구	12	6	0	1	19	1	0
	합계		19	9	0	1	24	3	0
프로통산			19	9	0	1	24	3	0

이문영 (李文榮) 서울시립대 1965.05.05

리그	연도	소속	출장	교체	실점	도움	파울	경고	퇴장
BC	1987	유공	30	1	35	0	0	2	0
	1988	유공	24	0	24	0	0	1	0
	1989	유공	17	0	18	0	0	1	0
	1990	유공	8	0	12	0	0	2	0
	1991	유공	28	0	31	0	0	1	0
	1992	유공	27	0	31	0	1	0	0
	합계		134	1	151	0	1	7	0
프로통산			134	1	151	0	1	7	0

이민규 (李敏圭) 홍익대 1989.01.06

리그	연도	소속	출장	교체	득점	도움	파울	경고	퇴장
챌	2013	충주	16	0	0	1	26	4	1
	2014	충주	11	4	0	0	12	2	0
	합계		27	4	0	1	38	6	1
BC	2011	강원	14	2	0	0	13	2	0
	2012	강원	9	5	0	0	2	2	0
	합계		23	7	0	0	15	4	0
프로통산			50	11	0	1	53	10	1

이민선 (李珉善) 선문대 1983.10.21

리그	연도	소속	출장	교체	득점	도움	파울	경고	퇴장
BC	2004	대구	4	4	0	0	2	1	0
	2006	대전	0	0	0	0	0	0	0
	합계		4	4	0	0	2	1	0
프로통산			4	4	0	0	2	1	0

이민섭 (李珉攝) 동아대 1990.08.24

리그	연도	소속	출장	교체	득점	도움	파울	경고	퇴장
클	2013	대구	0	0	0	0	0	0	0
	합계		0	0	0	0	0	0	0
프로통산			0	0	0	0	0	0	0

이민성 (李敏成) 아주대 1973.06.23

리그	연도	소속	출장	교체	득점	도움	파울	경고	퇴장
BC	1996	부산	29	3	3	0	64	8	0
	1997	부산	12	2	0	1	30	3	0
	1998	부산	10	7	1	0	13	3	0
	2001	부산	22	2	1	0	19	3	0
	2002	부산	22	13	1	0	20	4	0
	2003	포항	39	7	1	1	53	11	0
	2004	포항	26	4	2	2	34	1	1
	2005	서울	32	6	0	0	45	8	0
	2006	서울	34	3	0	1	27	4	0
	2007	서울	7	2	0	1	11	1	0
	2008	서울	14	5	0	0	19	2	0
	합계		247	54	9	6	335	48	1
프로통산			247	54	9	6	335	48	1

이민우 (李珉雨) 광주대 1991.12.01

리그	연도	소속	출장	교체	득점	도움	파울	경고	퇴장
클	2014	성남	15	15	0	0	6	0	0
	합계		15	15	0	0	6	0	0
챌	2015	부천	17	16	2	0	16	1	0
	합계		17	16	2	0	16	1	0
프로통산			32	31	2	0	22	1	0

이바노프 (Dimitre Vladev Ivanov) 불가리아 1970.10.07

리그	연도	소속	출장	교체	득점	도움	파울	경고	퇴장
BC	1998	부천SK	12	13	2	1	13	0	0
	합계		12	13	2	1	13	0	0
프로통산			12	13	2	1	13	0	0

이반 (Ivan Perić) 세르비아 1982.05.05

리그	연도	소속	출장	교체	득점	도움	파울	경고	퇴장
BC	2007	제주	7	6	0	0	22	2	0
	합계		7	6	0	0	22	2	0
프로통산			7	6	0	0	22	2	0

이반 (Testemitanu Ivan) 몰도바 1974.04.27

리그	연도	소속	출장	교체	득점	도움	파울	경고	퇴장
BC	2001	성남	30	7	2	2	42	5	0
	2004	성남	27	9	1	0	41	3	0
	합계		57	16	3	2	83	8	0
프로통산			57	16	3	2	83	8	0

이반 (Ivan Ricardo Alves de Oliveira) 브라질 1974.10.27

리그	연도	소속	출장	교체	득점	도움	파울	경고	퇴장
BC	2001	전남	15	9	4	1	10	0	0
	2002	전남	27	21	0	1	22	1	0
	합계		42	30	4	2	32	1	0
프로통산			42	30	4	2	32	1	0

이반코비치 (Mario Ivanković) 크로아티아 1975.02.08

리그	연도	소속	출장	교체	득점	도움	파울	경고	퇴장
BC	2001	수원	3	3	0	0	2	0	0
	2002	수원	2	2	0	0	0	0	0
	합계		5	5	0	0	2	0	0
프로통산			5	5	0	0	2	0	0

이범수 (李範守) 경희대 1990.12.10

리그	연도	소속	출장	교체	실점	도움	파울	경고	퇴장
BC	2010	전북	1	0	3	0	0	0	0
	2011	전북	2	0	4	0	0	0	0
	2012	전북	0	0	0	0	0	0	0
	합계		3	0	7	0	0	0	0
클	2013	전북	0	0	0	0	0	0	0
	2014	전북	0	0	0	0	0	0	0
	합계		0	0	0	0	0	0	0
챌	2015	서울E	2	0	4	0	0	0	0
	합계		2	0	4	0	0	0	0
프로통산			5	0	11	0	0	0	0

이범수 (李範洙) 울산대 1978.01.27

리그	연도	소속	출장	교체	득점	도움	파울	경고	퇴장
BC	2000	울산	6	6	0	1	7	0	0
	2001	울산	2	2	0	0	2	0	0
	합계		8	8	0	1	9	0	0
프로통산			8	8	0	1	9	0	0

이범영 (李範永) 신갈고 1989.04.02

리그	연도	소속	출장	교체	실점	도움	파울	경고	퇴장
BC	2008	부산	16	0	25	0	0	1	0
	2009	부산	6	1	7	0	0	0	0
	2010	부산	6	0	8	0	0	0	0
	2011	부산	18	0	29	0	0	1	0
	2012	부산	12	0	17	0	0	0	0
	합계		58	1	86	0	0	2	0

리그	연도	소속	출장	교체	득점	도움	파울	경고	퇴장
클	2013	부산	31	0	33	0	1	1	0
	2014	부산	31	0	38	0	0	3	0
	2015	부산	27	0	37	1	0	2	0
	합계		89	0	108	1	1	6	0
승	2015	부산	2	0	3	0	0	0	0
	합계		2	0	3	0	0	0	0
프로통산			149	1	197	1	1	8	0

이병근 (李昞根) 한양대 1973.04.28

리그	연도	소속	출장	교체	득점	도움	파울	경고	퇴장
BC	1996	수원	30	10	0	1	57	7	1
	1997	수원	33	14	2	1	43	4	0
	1998	수원	29	13	1	1	47	5	0
	1999	수원	39	21	2	2	57	2	0
	2000	수원	25	3	0	1	40	1	0
	2001	수원	31	5	0	0	55	5	0
	2002	수원	36	8	0	2	39	2	0
	2003	수원	38	2	2	5	81	4	0
	2004	수원	16	9	0	0	24	3	0
	2005	수원	28	15	0	1	38	3	0
	2006	수원	4	3	0	0	4	0	0
	2006	대구	10	3	2	1	23	3	0
	2007	대구	5	2	1	0	7	0	0
	합계		324	108	10	15	515	39	1
프로통산			324	108	10	15	515	39	1

이병기 (李丙基) 고려대 1963.02.22

리그	연도	소속	출장	교체	득점	도움	파울	경고	퇴장
BC	1986	대우	11	11	0	1	2	0	0
	1988	대우	8	7	0	0	14	0	0
	합계		19	18	0	1	16	0	0
프로통산			19	18	0	1	16	0	0

이병윤 (李炳允) 예산fc 1986.04.26

리그	연도	소속	출장	교체	득점	도움	파울	경고	퇴장
BC	2011	전남	7	6	1	0	8	1	0
	합계		7	6	1	0	8	1	0
프로통산			7	6	1	0	8	1	0

이보 (Olivio da Rosa) 브라질 1986.10.02

리그	연도	소속	출장	교체	득점	도움	파울	경고	퇴장
BC	2012	인천	27	16	4	6	26	2	0
	합계		27	16	4	6	26	2	0
클	2014	인천	33	12	7	6	39	2	0
	합계		33	12	7	6	39	2	0
프로통산			60	28	11	12	65	4	0

이봉준 (李奉埈) 삼일고 1992.04.11

리그	연도	소속	출장	교체	득점	도움	파울	경고	퇴장
BC	2012	강원	1	1	0	0	0	0	0
	합계		1	1	0	0	0	0	0
프로통산			1	1	0	0	0	0	0

이부열 (李富烈) 마산공고 1958.10.16

리그	연도	소속	출장	교체	득점	도움	파울	경고	퇴장
BC	1983	국민	15	3	1	1	9	2	0
	1984	국민	28	3	3	3	12	0	0
	1985	럭금	19	6	1	0	20	0	0
	1986	럭금	30	5	1	0	20	1	0
	1987	럭금	10	4	0	0	4	1	0
	1988	럭금	7	4	0	0	4	0	0
	합계		109	25	6	4	69	4	0
프로통산			109	25	6	4	69	4	0

이삭 (Victor Issac Acosta) 아르헨티나 1986.12.04

리그	연도	소속	출장	교체	득점	도움	파울	경고	퇴장
BC	2010	대구	3	3	0	0	7	0	0
	합계		3	3	0	0	7	0	0
프로통산			3	3	0	0	7	0	0

이상규 (李相奎) 광운대 1977.09.05

리그	연도	소속	출장	교체	득점	도움	파울	경고	퇴장
BC	2000	대전	6	6	0	0	1	0	0
	2001	대전	11	7	0	0	11	1	0
	2002	대전	2	1	0	0	1	0	0
	합계		19	14	0	0	13	1	0
프로통산			19	14	0	0	13	1	0

이상기 (李相基) 성균관대 1987.03.08

리그	연도	소속	출장	교체	실점	도움	파울	경고	퇴장
BC	2011	상주	4	1	7	0	0	0	0
	2012	상주	6	1	10	0	0	1	0
	합계		10	2	17	0	0	1	0
클	2013	수원	1	0	0	0	0	0	0
	합계		1	0	0	0	0	0	0
챌	2013	상주	0	0	0	0	0	0	0
	2014	수원fc	19	1	28	0	0	2	0
	2015	수원fc	1	0	2	0	0	0	0
	2015	강원	12	3	15	0	0	1	0
	합계		32	4	45	0	0	3	0
프로통산			43	6	62	0	0	4	0

이상기 (李相紀) 관동대 1970.03.20

리그	연도	소속	출장	교체	득점	도움	파울	경고	퇴장
BC	1992	포철	8	7	0	0	10	0	0
	합계		8	7	0	0	10	0	0
프로통산			8	7	0	0	10	0	0

이상덕 (李相德) 동아대 1986.11.05

리그	연도	소속	출장	교체	득점	도움	파울	경고	퇴장
BC	2009	대구	7	3	3	0	2	0	0
	2010	대구	26	6	1	1	31	3	0
	2011	대구	16	1	1	0	18	3	0
	합계		49	10	5	1	51	6	0
프로통산			49	10	5	1	51	6	0

이상돈 (李相燉) 울산대 1985.08.12

리그	연도	소속	출장	교체	득점	도움	파울	경고	퇴장
BC	2008	울산	8	5	0	0	15	1	0
	2009	울산	8	7	0	1	11	2	0
	2010	수원	5	2	1	0	2	2	0
	2010	강원	16	1	0	1	12	1	0
	2011	강원	23	1	0	2	24	2	0
	2012	강원	11	4	0	0	8	1	0
	합계		71	20	1	4	72	9	0
챌	2015	고양	32	1	1	0	18	3	0
	합계		32	1	1	0	18	3	0
프로통산			103	21	2	4	90	12	0

이상래 (李相來) 중앙고 1961.07.12

리그	연도	소속	출장	교체	득점	도움	파울	경고	퇴장
BC	1984	럭금	15	15	0	0	9	1	0
	1985	럭금	21	6	7	5	17	0	0
	1986	럭금	35	11	7	6	39	1	0
	1987	럭금	19	8	0	1	24	0	0
	1988	유공	15	8	0	0	24	3	0
	합계		105	48	14	12	113	5	0
프로통산			105	48	14	12	113	5	0

이상민 (李相敏) 묵호중 1986.09.14

리그	연도	소속	출장	교체	득점	도움	파울	경고	퇴장
BC	2008	경남	7	6	0	0	11	1	0
	합계		7	6	0	0	11	1	0
프로통산			7	6	0	0	11	1	0

이상석 (李相錫) 고려대 1985.01.06

리그	연도	소속	출장	교체	득점	도움	파울	경고	퇴장
BC	2007	대구	1	1	0	0	1	0	0
	합계		1	1	0	0	1	0	0
프로통산			1	1	0	0	1	0	0

이상용 (李相容) 연세대 1986.01.09

리그	연도	소속	출장	교체	득점	도움	파울	경고	퇴장
BC	2008	전남	1	1	0	0	0	0	0
	합계		1	1	0	0	0	0	0
프로통산			1	1	0	0	0	0	0

이상용 (李相龍) 조선대 1963.04.29

리그	연도	소속	출장	교체	득점	도움	파울	경고	퇴장
BC	1985	럭금	5	5	0	0	4	0	0
	1986	럭금	5	6	0	0	4	0	0
	1987	유공	1	1	0	0	0	0	0
	합계		11	12	0	0	8	0	0
프로통산			11	12	0	0	8	0	0

이상용 (李相龍) 고려대 1961.01.25

리그	연도	소속	출장	교체	득점	도움	파울	경고	퇴장
BC	1984	유공	11	5	2	0	8	0	0
	1985	유공	7	6	0	0	4	1	0
	1987	유공	5	5	0	0	4	0	0
	합계		23	16	2	0	16	1	0
프로통산			23	16	2	0	16	1	0

이상우 (李相禹) 한양대 1976.08.01

리그	연도	소속	출장	교체	득점	도움	파울	경고	퇴장
BC	1999	안양LG	0	0	0	0	0	0	0
	합계		0	0	0	0	0	0	0
프로통산			0	0	0	0	0	0	0

이상우 (李相雨) 홍익대 1985.04.10

리그	연도	소속	출장	교체	득점	도움	파울	경고	퇴장
BC	2008	서울	3	3	0	0	2	1	0
	합계		3	3	0	0	2	1	0
챌	2013	안양	18	2	2	1	16	3	0
	합계		18	2	2	1	16	3	0
프로통산			21	5	2	1	18	4	0

이상욱 (李相旭) 호남대 1990.03.09

리그	연도	소속	출장	교체	득점	도움	파울	경고	퇴장
클	2014	수원	0	0	0	0	0	0	0
	2015	수원	0	0	0	0	0	0	0
	합계		0	0	0	0	0	0	0
프로통산			0	0	0	0	0	0	0

이상욱 (李商旭) 연세대 1973.05.27

리그	연도	소속	출장	교체	득점	도움	파울	경고	퇴장
BC	1999	수원	5	5	0	0	3	0	0
	합계		5	5	0	0	3	0	0
프로통산			5	5	0	0	3	0	0

이상원 (李相元) 아주대 1991.04.24

리그	연도	소속	출장	교체	득점	도움	파울	경고	퇴장
챌	2014	안양	2	2	0	0	2	1	0
	합계		2	2	0	0	2	1	0
프로통산			2	2	0	0	2	1	0

이상윤 (李相潤) 건국대 1969.04.10

리그	연도	소속	출장	교체	득점	도움	파울	경고	퇴장
BC	1990	일화	14	7	4	1	16	1	0
	1991	일화	35	15	15	5	41	4	0
	1992	일화	35	22	12	2	35	3	0
	1993	일화	32	15	7	6	34	3	0
	1994	일화	31	15	6	5	29	2	0
	1995	일화	24	16	1	5	39	2	0
	1996	천안	25	16	5	7	28	1	0
	1997	천안	12	0	1	0	19	2	0
	1998	천안	13	1	3	0	36	3	1
	1999	천안	16	5	3	2	17	2	0
	2000	성남	36	14	13	6	44	4	0
	2001	부천SK	20	20	1	4	17	0	0
	합계		293	146	71	43	355	27	1
프로통산			293	146	71	43	355	27	1

이상일 (李相一) 중앙대 1979.05.25

리그	연도	소속	출장	교체	득점	도움	파울	경고	퇴장
BC	2003	대구	28	7	2	1	43	2	0
	2004	대구	17	4	1	3	18	2	0
	2005	대구	14	14	1	0	10	1	0
	2006	대구	32	14	1	4	49	5	0
	2007	전남	16	6	0	1	16	2	0
	2008	전남	18	7	1	0	22	3	0
	합계		125	52	6	9	158	15	0
프로통산			125	52	6	9	158	15	0

이상철 (李相哲) 고려대 1958.08.04

리그	연도	소속	출장	교체	득점	도움	파울	경고	퇴장
BC	1984	현대	12	9	2	2	4	0	0

리그	연도	소속	출장	교체	득점	도움	파울	경고	퇴장
	1985	현대	15	7	5	0	12	0	0
	1986	현대	28	16	7	3	28	2	0
	1987	현대	28	13	8	1	16	2	0
	합계		83	45	22	6	60	4	0
프로통산			83	45	22	6	60	4	0

이상태 (李相泰) 대구대 1977.10.25

리그	연도	소속	출장	교체	득점	도움	파울	경고	퇴장
BC	2000	수원	4	3	0	0	4	2	0
	2004	수원	10	5	0	0	22	3	0
	2005	수원	1	1	0	0	0	0	0
	2006	수원	5	4	0	0	9	0	0
	2006	경남	5	4	0	0	7	2	0
	합계		25	17	0	0	42	7	0
프로통산			25	17	0	0	42	7	0

이상헌 (李相憲) 동국대 1975.10.11

리그	연도	소속	출장	교체	득점	도움	파울	경고	퇴장
BC	1998	안양LG	3	3	0	0	3	0	0
	1999	안양LG	19	4	0	0	34	6	0
	2000	안양LG	31	8	2	0	58	6	0
	2001	안양LG	1	1	0	0	3	1	0
	2002	안양LG	1	1	0	0	1	1	0
	2003	안양LG	20	5	1	1	46	4	0
	2004	인천	20	8	1	0	35	3	0
	2005	인천	8	6	1	0	6	1	0
	2006	인천	11	2	1	0	21	1	1
	합계		114	38	6	1	207	23	1
프로통산			114	38	6	1	207	23	1

이상현 (李相賢) 진주고 1996.03.13

리그	연도	소속	출장	교체	득점	도움	파울	경고	퇴장
챌	2015	경남	12	9	1	0	7	0	0
	합계		12	9	1	0	7	0	0
프로통산			12	9	1	0	7	0	0

이상협 (李相協) 고려대 1990.01.01

리그	연도	소속	출장	교체	득점	도움	파울	경고	퇴장
클	2013	서울	5	4	0	0	4	0	0
클	2014	서울	21	19	1	0	16	2	0
클	2015	서울	10	11	0	0	7	0	0
	합계		36	34	1	0	27	2	0
프로통산			36	34	1	0	27	2	0

이상협 (李相俠) 동북고 1986.08.03

리그	연도	소속	출장	교체	득점	도움	파울	경고	퇴장
BC	2006	서울	2	1	1	0	8	0	0
	2007	서울	24	19	6	2	60	5	0
	2008	서울	17	16	3	1	19	3	0
	2009	서울	21	19	2	1	26	5	0
	2010	제주	17	14	6	1	29	4	0
	2011	제주	3	3	0	0	5	1	0
	2011	대전	7	7	1	0	6	1	1
	2012	상주	9	6	3	1	20	3	0
	합계		100	85	22	6	173	22	1
클	2014	상주	1	1	0	0	1	1	0
	2014	전북	23	22	3	0	17	0	0
	2015	전북	8	8	0	0	4	2	0
	2015	성남	3	3	0	0	1	0	0
	합계		35	34	3	0	23	3	0
챌	2013	상주	29	25	15	3	34	3	0
	합계		29	25	15	3	34	3	0
승	2013	상주	2	2	2	0	1	0	0
	합계		2	2	2	0	1	0	0
프로통산			166	146	42	9	231	28	1

이상호 (李相湖) 울산대 1987.05.09

리그	연도	소속	출장	교체	득점	도움	파울	경고	퇴장
BC	2006	울산	17	9	2	2	39	4	0
	2007	울산	22	14	4	1	49	3	0
	2008	울산	20	7	5	0	50	4	0
	2009	수원	20	10	1	1	32	1	0
	2010	수원	20	9	1	3	29	3	0
	2011	수원	29	13	6	3	51	5	0
	2012	수원	16	2	2	0	25	4	0
	합계		144	64	21	10	275	24	0
클	2014	상주	17	5	5	2	18	2	0
	2014	수원	9	8	1	1	10	0	0
	2015	수원	30	17	5	2	30	3	0
	합계		56	30	11	5	58	5	0
챌	2013	상주	21	10	3	4	36	1	0
	합계		21	10	3	4	36	1	0
승	2013	상주	2	2	1	1	2	0	0
	합계		2	2	1	1	2	0	0
프로통산			223	106	36	20	371	30	0

이상호 (李尙浩) 단국대 1981.11.18

리그	연도	소속	출장	교체	득점	도움	파울	경고	퇴장
클	2013	전남	3	1	0	0	1	0	0
	합계		3	1	0	0	1	0	0
BC	2004	부천SK	0	0	0	0	0	0	0
	2005	부천SK	27	1	0	1	44	4	0
	2006	제주	23	0	1	0	33	4	1
	2007	제주	30	1	0	0	33	8	0
	2008	제주	20	6	0	0	17	6	1
	2009	제주	30	10	0	0	39	6	1
	2010	제주	33	4	0	1	37	4	0
	2011	전남	9	2	0	0	7	0	0
	2012	전남	16	3	0	0	19	3	0
	합계		188	27	1	2	229	35	3
프로통산			191	28	1	2	230	35	3

이상홍 (李相洪) 연세대 1979.02.04

리그	연도	소속	출장	교체	득점	도움	파울	경고	퇴장
BC	2003	부천SK	11	4	0	1	33	3	0
	2004	부천SK	22	8	0	0	56	3	0
	2005	부천SK	6	1	0	1	12	1	0
	2006	제주	25	18	0	0	35	1	0
	2007	경남	31	1	0	0	57	3	0
	2008	경남	26	5	0	1	47	4	0
	2009	경남	24	3	0	0	51	4	0
	2010	전남	25	5	0	1	65	6	0
	2011	부산	11	3	0	0	9	3	0
	합계		181	48	0	4	365	28	0
프로통산			181	48	0	4	365	28	0

이상희 (李祥喜) 홍익대 1988.05.18

리그	연도	소속	출장	교체	득점	도움	파울	경고	퇴장
BC	2011	대전	6	2	0	0	11	1	1
	합계		6	2	0	0	11	1	1
클	2014	인천	0	0	0	0	0	0	0
	합계		0	0	0	0	0	0	0
프로통산			6	2	0	0	11	1	1

이석 (李錫) 전주대 1979.02.01

리그	연도	소속	출장	교체	득점	도움	파울	경고	퇴장
BC	2001	전북	8	8	1	0	3	0	0
	2002	대전	11	10	0	0	9	0	0
	합계		19	18	1	0	12	0	0
프로통산			19	18	1	0	12	0	0

이석경 (李錫景) 경희대 1969.01.19

리그	연도	소속	출장	교체	득점	도움	파울	경고	퇴장
BC	1991	유공	3	3	0	0	2	0	0
	1991	포철	4	4	0	0	2	0	0
	1992	유공	3	3	0	0	0	0	0
	1993	유공	5	5	0	0	5	0	0
	1994	유공	12	12	0	0	12	0	0
	1995	유공	15	6	2	0	19	5	0
	1996	부천SK	7	6	1	2	6	2	0
	1997	부천SK	12	12	0	0	12	1	0
	1998	천안	28	17	9	3	44	4	0
	1999	천안	15	14	4	1	17	2	0
	2000	성남	3	4	0	0	1	0	0
	합계		107	86	16	6	120	14	0
프로통산			107	86	16	6	120	14	0

이석종 (李碩鐘) 광운대 1960.02.20

리그	연도	소속	출장	교체	득점	도움	파울	경고	퇴장
BC	1984	한일	6	4	0	0	5	0	0
	합계		6	4	0	0	5	0	0
프로통산			6	4	0	0	5	0	0

이석현 (李碩賢) 선문대 1990.06.13

리그	연도	소속	출장	교체	득점	도움	파울	경고	퇴장
클	2013	인천	33	15	7	3	19	1	0
	2014	인천	25	21	1	1	6	0	0
	2015	서울	9	9	0	0	4	0	0
	합계		67	45	8	4	29	1	0
프로통산			67	45	8	4	29	1	0

이선우 (李善雨) 일본 모모야마대 1978.04.01

리그	연도	소속	출장	교체	득점	도움	파울	경고	퇴장
BC	2002	수원	7	8	0	1	12	0	0
	2003	수원	3	3	0	0	3	0	0
	2006	수원	3	4	0	0	2	0	0
	합계		13	15	0	1	17	0	0
프로통산			13	15	0	1	17	0	0

이선재 (李善宰) 대구대 1972.03.28

리그	연도	소속	출장	교체	득점	도움	파울	경고	퇴장
BC	1997	부산	1	0	0	0	2	0	0
	1999	부산	0	0	0	0	0	0	0
	합계		1	0	0	0	2	0	0
프로통산			1	0	0	0	2	0	0

이성길 (李聖吉) 동아대 1958.04.20

리그	연도	소속	출장	교체	득점	도움	파울	경고	퇴장
BC	1983	국민	9	5	0	0	4	0	0
	1985	상무	5	4	0	1	4	0	0
	합계		14	9	0	1	8	0	0
프로통산			14	9	0	1	8	0	0

이성덕 (李成德) 동국대 1976.05.09

리그	연도	소속	출장	교체	득점	도움	파울	경고	퇴장
BC	1999	울산	4	5	0	0	1	1	0
	2000	울산	0	0	0	0	0	0	0
	합계		4	5	0	0	1	1	0
프로통산			4	5	0	0	1	1	0

이성민 (李聖敏) 호남대 1986.05.16

리그	연도	소속	출장	교체	득점	도움	파울	경고	퇴장
BC	2009	강원	16	15	2	0	28	2	0
	2011	대구	1	1	0	0	2	1	0
	합계		17	16	2	0	30	3	0
프로통산			17	16	2	0	30	3	0

이성우 (安成佑) 단국대 1992.07.11

리그	연도	소속	출장	교체	득점	도움	파울	경고	퇴장
클	2015	인천	7	8	0	0	3	0	0
	합계		7	8	0	0	3	0	0
프로통산			7	8	0	0	3	0	0

이성운 (李城芸) 경기대 1978.12.25

리그	연도	소속	출장	교체	득점	도움	파울	경고	퇴장
BC	2001	성남	0	0	0	0	0	0	0
	2002	성남	1	1	0	0	2	0	0
	2003	성남	10	10	0	0	17	0	0
	2004	성남	4	4	0	0	5	1	0
	2007	대전	24	14	0	2	51	4	0
	2008	대전	26	7	1	0	57	6	0
	2009	대전	16	10	1	0	25	1	0
	2011	부산	6	6	0	0	7	2	0
	2012	부산	9	7	0	0	10	1	0
	합계		96	59	2	2	174	15	0
클	2013	부산	1	0	0	0	1	0	0
	합계		1	0	0	0	1	0	0
프로통산			97	59	2	2	175	15	0

이성재 (李成宰) 고려대 1976.05.16

리그	연도	소속	출장	교체	득점	도움	파울	경고	퇴장
BC	1999	부천SK	32	32	9	2	41	1	0

	2000	부천SK	39	37	7	2	46	2	0
	2001	부천SK	9	8	1	0	8	0	0
	2002	부천SK	15	8	1	0	35	3	0
	2003	부천SK	20	17	1	0	15	0	0
	2004	부산	18	14	2	2	20	1	0
	2006	울산	6	4	0	0	7	0	0
	합계		139	120	21	6	172	7	0
프로통산			139	120	21	6	172	7	0

이성재 (李成宰) 고양고 1987.09.16

리그	연도	소속	출장	교체	득점	도움	파울	경고	퇴장
BC	2007	포항	0	0	0	0	0	0	0
	2008	포항	1	1	0	0	0	1	0
	2009	인천	1	1	0	0	1	0	0
	2010	포항	5	5	0	0	6	0	0
	2011	상주	12	12	2	0	17	3	0
	2012	상주	17	17	3	1	12	0	0
	합계		36	36	5	1	36	4	0
챌	2013	수원fc	6	6	0	0	7	1	0
	2014	고양	15	13	2	0	25	5	0
	합계		21	19	2	0	32	6	0
프로통산			57	55	7	1	68	10	0

이성현 (李聖賢) 연세대 1989.10.09

리그	연도	소속	출장	교체	득점	도움	파울	경고	퇴장
클	2013	제주	3	1	0	0	4	0	0
	합계		3	1	0	0	4	0	0
프로통산			3	1	0	0	4	0	0

이성환 (李星煥) 건국대 1984.05.28

리그	연도	소속	출장	교체	득점	도움	파울	경고	퇴장
BC	2007	대구	0	0	0	0	0	0	0
	합계		0	0	0	0	0	0	0
프로통산			0	0	0	0	0	0	0

이세인 (李世仁) 한양대 1980.06.16

리그	연도	소속	출장	교체	득점	도움	파울	경고	퇴장
BC	2005	대전	3	2	0	0	4	0	0
	2006	대전	10	4	0	0	21	3	0
	2007	대전	8	3	0	0	14	4	0
	2008	부산	5	4	0	0	6	1	0
	2009	강원	10	2	1	0	4	0	0
	합계		36	15	1	0	49	8	0
프로통산			36	15	1	0	49	8	0

이세주 (李世周) 주엽공고 1987.10.02

리그	연도	소속	출장	교체	득점	도움	파울	경고	퇴장
BC	2006	인천	1	1	0	0	0	0	0
	2007	인천	4	2	0	0	2	0	0
	2008	인천	3	1	0	0	2	1	0
	2009	인천	13	4	0	1	18	3	0
	2010	인천	15	8	1	0	10	2	0
	합계		36	16	1	1	32	6	0
프로통산			36	16	1	1	32	6	0

이세준 (李世侏) 포철공고 1984.07.24

리그	연도	소속	출장	교체	득점	도움	파울	경고	퇴장
BC	2004	포항	5	5	0	1	3	0	0
	합계		5	5	0	1	3	0	0
프로통산			5	5	0	1	3	0	0

이세환 (李世煥) 고려대 1986.04.21

리그	연도	소속	출장	교체	득점	도움	파울	경고	퇴장
BC	2008	울산	16	13	0	0	15	3	0
	2009	울산	7	3	0	1	10	1	0
	합계		23	16	0	1	25	4	0
챌	2013	고양	25	4	3	0	27	4	0
	2014	고양	25	3	1	0	28	5	0
	합계		50	7	4	0	55	9	0
프로통산			73	23	4	1	80	13	0

이수길 (李秀吉) 경일대 1979.04.09

리그	연도	소속	출장	교체	득점	도움	파울	경고	퇴장
챌	2013	수원fc	9	6	0	0	9	1	0
	합계		9	6	0	0	9	1	0
프로통산			9	6	0	0	9	1	0

이수철 (李壽澈) 영남대 1966.05.20

리그	연도	소속	출장	교체	득점	도움	파울	경고	퇴장
BC	1989	현대	27	15	4	1	24	2	0
	1990	현대	3	3	0	0	1	0	0
	1991	현대	8	7	1	0	2	1	0
	1992	현대	7	8	2	0	1	0	0
	1993	현대	26	18	1	2	23	3	0
	1994	현대	13	3	1	1	14	1	0
	1995	현대	7	7	0	0	1	0	0
	합계		91	61	9	4	66	7	0
프로통산			91	61	9	4	66	7	0

이수철 (李洙澈) 단국대 1979.05.26

리그	연도	소속	출장	교체	득점	도움	파울	경고	퇴장
BC	2002	전북	1	1	0	0	1	0	0
	합계		1	1	0	0	1	0	0
프로통산			1	1	0	0	1	0	0

이수환 (李受奐) 포철공고 1984.03.03

리그	연도	소속	출장	교체	득점	도움	파울	경고	퇴장
BC	2004	포항	6	4	0	0	5	0	0
	2005	포항	1	1	0	0	0	0	0
	2006	포항	0	0	0	0	0	0	0
	2008	광주상	1	1	0	0	1	0	0
	합계		8	6	0	0	6	0	0
프로통산			8	6	0	0	6	0	0

이순석 (李淳碩) 여의도고 1991.12.22

리그	연도	소속	출장	교체	득점	도움	파울	경고	퇴장
챌	2013	부천	6	4	0	0	12	2	0
	합계		6	4	0	0	12	2	0
프로통산			6	4	0	0	12	2	0

이순우 (李淳雨) 건국대 1974.08.23

리그	연도	소속	출장	교체	득점	도움	파울	경고	퇴장
BC	1999	부천SK	0	0	0	0	0	0	0
	합계		0	0	0	0	0	0	0
프로통산			0	0	0	0	0	0	0

이순행 (李順行) 국민대 1974.04.02

리그	연도	소속	출장	교체	득점	도움	파울	경고	퇴장
BC	2000	포항	6	6	0	0	7	0	0
	합계		6	6	0	0	7	0	0
프로통산			6	6	0	0	7	0	0

이스트반 (Istvan Nyul) 헝가리 1961.02.25

리그	연도	소속	출장	교체	득점	도움	파울	경고	퇴장
BC	1990	럭금	6	4	2	0	10	0	0
	합계		6	4	2	0	10	0	0
프로통산			6	4	2	0	10	0	0

이슬기 (李슬기) 동국대 1986.09.24

리그	연도	소속	출장	교체	득점	도움	파울	경고	퇴장
BC	2009	대구	29	1	3	7	50	4	0
	2010	대구	23	20	1	4	36	2	0
	2011	포항	5	3	0	0	12	2	0
	2012	대전	1	1	0	0	0	0	0
	합계		58	25	4	11	98	8	0
클	2013	대전	4	2	0	0	7	1	0
	2015	인천	1	0	0	0	3	0	0
	합계		5	2	0	0	10	1	0
프로통산			63	27	4	11	108	9	0

이슬찬 (李슬찬) 광양제철고 1993.08.15

리그	연도	소속	출장	교체	득점	도움	파울	경고	퇴장
BC	2012	전남	4	4	0	0	6	0	0
	합계		4	4	0	0	6	0	0
클	2013	전남	3	3	0	0	3	0	0
	2014	전남	1	1	0	0	1	0	0
	2015	전남	22	9	0	0	40	7	0
	합계		26	13	0	0	44	7	0
프로통산			30	17	0	0	50	7	0

이승규 (李承圭) 선문대 1992.07.27

리그	연도	소속	출장	교체	득점	도움	파울	경고	퇴장
챌	2015	고양	1	1	0	0	0	0	0
	합계		1	1	0	0	0	0	0
프로통산			1	1	0	0	0	0	0

이승규 (李承奎) 중앙대 1970.01.17

리그	연도	소속	출장	교체	득점	도움	파울	경고	퇴장
BC	1994	버팔로	35	0	0	1	29	3	0
	1995	전남	1	1	0	0	0	0	0
	합계		36	1	0	1	29	3	0
프로통산			36	1	0	1	29	3	0

이승근 (李昇根) 한남대 1981.11.10

리그	연도	소속	출장	교체	득점	도움	파울	경고	퇴장
BC	2004	대구	22	10	0	0	26	4	0
	2005	대구	6	4	0	0	4	1	0
	합계		28	14	0	0	30	5	0
프로통산			28	14	0	0	30	5	0

이승기 (李承琪) 울산대 1988.06.02

리그	연도	소속	출장	교체	득점	도움	파울	경고	퇴장
BC	2011	광주	27	4	8	2	33	0	0
	2012	광주	40	6	4	12	49	1	0
	합계		67	10	12	14	82	1	0
클	2013	전북	21	5	5	3	19	2	0
	2014	전북	26	8	5	10	30	0	0
	합계		47	13	10	13	49	2	0
챌	2015	상주	22	11	5	5	18	1	0
	합계		22	11	5	5	18	1	0
프로통산			136	34	27	32	149	4	0

이승렬 (李昇烈) 신갈고 1989.03.06

리그	연도	소속	출장	교체	득점	도움	파울	경고	퇴장
BC	2008	서울	31	24	5	1	43	1	0
	2009	서울	26	20	7	1	33	6	0
	2010	서울	28	21	10	6	32	6	0
	2011	서울	19	20	1	0	22	2	0
	2012	울산	14	9	2	1	24	2	0
	합계		118	94	25	9	154	17	0
클	2013	성남	23	16	3	1	39	6	0
	2014	전북	9	9	0	1	13	2	0
	2015	전북	3	3	0	0	2	1	1
	합계		35	28	3	2	54	9	1
프로통산			153	122	28	11	208	26	1

이승렬 (李承烈) 한라대 1983.09.28

리그	연도	소속	출장	교체	득점	도움	파울	경고	퇴장
BC	2007	포항	1	1	0	0	0	0	0
	합계		1	1	0	0	0	0	0
프로통산			1	1	0	0	0	0	0

이승목 (李昇穆) 관동대 1984.07.18

리그	연도	소속	출장	교체	득점	도움	파울	경고	퇴장
BC	2007	제주	5	4	0	0	11	1	0
	2010	대전	0	0	0	0	0	0	0
	합계		5	4	0	0	11	1	0
프로통산			5	4	0	0	11	1	0

이승엽 (李昇燁) 연세대 1975.10.12

리그	연도	소속	출장	교체	득점	도움	파울	경고	퇴장
BC	1998	포항	11	9	0	1	17	3	0
	1999	포항	25	9	0	1	36	2	0
	2000	포항	26	5	0	2	45	4	0
	2001	포항	29	9	1	0	53	4	0
	2002	포항	22	10	0	1	42	2	1
	2003	부천SK	2	2	0	0	1	0	0
	합계		115	44	1	5	194	15	1
프로통산			115	44	1	5	194	15	1

이승원 (李昇元) 숭실대 1986.10.14

리그	연도	소속	출장	교체	득점	도움	파울	경고	퇴장
BC	2010	대전	2	1	0	0	3	0	0
	합계		2	1	0	0	3	0	0
프로통산			2	1	0	0	3	0	0

이승재 광운대 1971.11.02

리그	연도	소속	출장	교체	득점	도움	파울	경고	퇴장

리그	연도	소속	출장	교체	득점	도움	파울	경고	퇴장
BC	1999	전북	14	14	0	0	9	2	0
	합계		14	14	0	0	9	2	0
프로통산			14	14	0	0	9	2	0

이승준 (李承俊) 성균관대 1972.09.01

리그	연도	소속	출장	교체	**실점**	도움	파울	경고	퇴장
BC	2000	대전	4	1	5	0	0	1	0
	2001	대전	2	0	4	0	0	0	0
	2002	대전	9	0	14	0	0	0	0
	2003	대전	8	1	12	0	0	0	0
	2004	대전	4	0	9	0	0	0	0
	2005	대전	4	1	5	0	0	0	0
	2006	부산	2	0	4	0	0	0	0
	합계		33	3	53	0	0	1	0
프로통산			33	3	53	0	0	1	0

이승태 (李承泰) 연세대 1972.03.28

리그	연도	소속	출장	교체	**실점**	도움	파울	경고	퇴장
BC	1996	부산	9	0	19	0	0	0	0
	합계		9	0	19	0	0	0	0
프로통산			9	0	19	0	0	0	0

이승현 (李昇鉉) 한양대 1985.07.25

리그	연도	소속	출장	교체	득점	도움	파울	경고	퇴장
BC	2006	부산	36	22	7	3	38	1	0
	2007	부산	18	15	0	0	16	0	0
	2008	부산	19	14	3	1	20	0	0
	2009	부산	33	20	5	1	42	1	0
	2010	부산	19	16	1	1	14	1	0
	2011	전북	29	21	7	3	27	1	0
	2012	전북	32	24	5	5	25	4	0
	합계		186	132	28	14	182	8	0
클	2014	상주	17	14	2	2	18	1	0
	2014	전북	7	6	1	0	4	0	0
	2015	전북	10	10	0	0	11	0	0
	합계		34	30	3	2	33	1	0
챌	2013	상주	26	22	4	0	17	1	0
	합계		26	22	4	0	17	1	0
승	2013	상주	2	2	1	0	2	0	0
	합계		2	2	1	0	2	0	0
프로통산			248	186	36	16	234	10	0

이승협 (李承協) 연세대 1971.04.15

리그	연도	소속	출장	교체	득점	도움	파울	경고	퇴장
BC	1995	포항	10	6	0	1	7	2	0
	1996	포항	2	1	0	0	1	0	0
	1997	포항	8	2	0	0	11	0	0
	1998	포항	20	6	0	0	28	4	0
	합계		40	15	0	1	47	6	0
프로통산			40	15	0	1	47	6	0

이승호 (李承鎬) 충북대 1970.08.25

리그	연도	소속	출장	교체	득점	도움	파울	경고	퇴장
BC	1997	대전	18	18	1	0	9	0	0
	합계		18	18	1	0	9	0	0
프로통산			18	18	1	0	9	0	0

이승희 (李承熙) 홍익대 1988.06.10

리그	연도	소속	출장	교체	득점	도움	파울	경고	퇴장
BC	2010	전남	21	7	0	1	22	7	0
	2011	전남	28	2	0	1	56	9	0
	2012	전남	7	4	0	0	6	1	0
	2012	제주	10	6	0	0	19	2	0
	합계		66	19	0	2	103	19	0
클	2013	전남	33	1	0	1	43	6	0
	2014	전남	31	6	1	0	51	9	0
	합계		64	7	1	1	94	15	0
프로통산			130	26	1	3	197	34	0

이싸빅 (李싸빅 / Jasenko Sabitović) 1973.03.29

리그	연도	소속	출장	교체	득점	도움	파울	경고	퇴장
BC	1998	포항	32	6	1	1	62	6	0
	1999	포항	29	0	0	0	47	5	0
	2000	포항	34	1	1	1	46	5	0
	2001	포항	33	0	3	0	59	3	0
	2002	포항	24	4	1	0	83	4	0
	2003	성남	33	7	2	1	67	4	0
	2004	성남	34	22	0	2	47	4	0
	2005	성남	9	1	0	0	17	1	0
	2005	수원	8	1	0	1	34	2	0
	2006	수원	20	7	1	1	22	2	0
	2007	수원	10	3	0	0	25	3	0
	2008	전남	5	2	0	0	9	2	0
	합계		271	54	9	7	518	41	0
프로통산			271	54	9	7	518	41	0

이안 (Iain Stuart Fyfe) 호주 1982.04.03

리그	연도	소속	출장	교체	득점	도움	파울	경고	퇴장
BC	2011	부산	15	4	1	0	20	1	0
	합계		15	4	1	0	20	1	0
프로통산			15	4	1	0	20	1	0

이양종 (李洋鍾) 관동대 1989.07.17

리그	연도	소속	출장	교체	**실점**	도움	파울	경고	퇴장
BC	2011	대구	1	0	1	0	0	1	0
	2012	대구	2	1	1	0	0	0	0
	합계		3	1	2	0	0	1	0
클	2013	대구	24	0	35	0	1	1	0
	합계		24	0	35	0	1	1	0
챌	2014	대구	19	1	21	0	0	0	0
	2015	대구	1	1	0	0	0	0	0
	합계		20	2	21	0	0	0	0
프로통산			47	3	58	0	1	2	0

이여성 (李如星) 대신고 1983.01.05

리그	연도	소속	출장	교체	득점	도움	파울	경고	퇴장
BC	2002	수원	3	2	0	0	4	0	0
	2006	부산	11	9	0	0	11	0	0
	2007	부산	24	12	1	4	25	0	0
	2008	대전	26	17	1	1	27	3	0
	2009	대전	4	4	0	0	3	1	0
	합계		68	44	2	5	70	4	0
프로통산			68	44	2	5	70	4	0

이영길 (李永吉) 경희대 1957.03.01

리그	연도	소속	출장	교체	득점	도움	파울	경고	퇴장
BC	1983	할렐	1	1	0	0	0	0	0
	1984	할렐	1	1	0	0	0	0	0
	합계		2	2	0	0	0	0	0
프로통산			2	2	0	0	0	0	0

이영덕 (李永德) 동국대 1990.03.18

리그	연도	소속	출장	교체	득점	도움	파울	경고	퇴장
챌	2013	충주	22	13	0	2	22	0	0
	합계		22	13	0	2	22	0	0
프로통산			22	13	0	2	22	0	0

이영배 (李映培) 명지대 1975.03.25

리그	연도	소속	출장	교체	득점	도움	파울	경고	퇴장
BC	1999	천안	16	16	3	1	22	1	0
	2000	성남	2	2	0	0	0	0	0
	합계		18	18	3	1	22	1	0
프로통산			18	18	3	1	22	1	0

이영상 (李永相) 한양대 1967.02.24

리그	연도	소속	출장	교체	득점	도움	파울	경고	퇴장
BC	1990	포철	18	11	0	0	14	1	0
	1991	포철	4	2	0	0	8	0	0
	1992	포철	27	12	1	0	36	2	0
	1993	포철	27	3	1	0	48	6	0
	1994	포철	31	5	1	0	54	8	0
	1995	포항	27	2	1	0	42	4	1
	1996	포항	30	8	2	1	38	7	0
	1997	포항	20	11	0	0	24	3	0
	1998	포항	30	7	0	0	34	6	0
	1999	포항	22	6	0	0	28	3	0
	합계		236	67	6	1	326	40	1
프로통산			236	67	6	1	326	40	1

이영수 (李榮洙) 호남대 1978.07.30

리그	연도	소속	출장	교체	득점	도움	파울	경고	퇴장
BC	2001	전남	7	6	0	1	3	0	0
	2002	전남	27	2	0	4	47	1	0
	2003	전남	18	6	0	0	37	3	0
	2004	전남	14	2	0	0	33	4	0
	2007	전남	8	3	0	0	9	2	0
	합계		74	19	0	5	129	10	0
프로통산			74	19	0	5	129	10	0

이영우 (李英雨) 동아대 1972.01.19

리그	연도	소속	출장	교체	득점	도움	파울	경고	퇴장
BC	1994	대우	1	0	0	0	1	0	0
	합계		1	0	0	0	1	0	0
프로통산			1	0	0	0	1	0	0

이영익 (李榮益) 고려대 1966.08.30

리그	연도	소속	출장	교체	득점	도움	파울	경고	퇴장
BC	1989	럭금	39	1	3	0	56	3	0
	1990	럭금	26	5	1	2	31	1	0
	1991	LG	17	4	0	0	27	3	0
	1992	LG	9	2	1	1	13	2	0
	1993	LG	33	2	1	0	43	1	0
	1994	LG	2	2	0	0	3	0	0
	1995	LG	32	12	0	3	52	5	0
	1996	안양LG	21	8	0	0	10	1	0
	1997	안양LG	11	7	0	0	6	0	0
	합계		190	43	6	6	241	16	0
프로통산			190	43	6	6	241	16	0

이영재 (李英才) 용인대 1994.09.13

리그	연도	소속	출장	교체	득점	도움	파울	경고	퇴장
클	2015	울산	10	8	1	2	7	0	0
	합계		10	8	1	2	7	0	0
프로통산			10	8	1	2	7	0	0

이영진 (李永眞) 인천대 1963.10.27

리그	연도	소속	출장	교체	득점	도움	파울	경고	퇴장
BC	1986	럭금	28	6	3	3	19	4	0
	1987	럭금	26	11	2	1	18	2	1
	1988	럭금	19	0	1	2	37	4	0
	1989	럭금	13	0	0	2	28	1	0
	1990	럭금	5	0	0	2	13	2	0
	1991	LG	34	1	3	7	57	8	0
	1992	LG	32	5	2	3	38	7	1
	1993	LG	22	5	0	3	32	4	0
	1994	LG	15	1	0	3	22	3	1
	1995	LG	17	8	0	1	16	1	0
	1997	안양LG	9	9	0	1	14	3	0
	합계		220	46	11	28	294	39	3
프로통산			220	46	11	28	294	39	3

이영진 (李永鎭) 대구대 1972.03.27

리그	연도	소속	출장	교체	득점	도움	파울	경고	퇴장
BC	1994	일화	31	6	1	3	39	6	0
	1995	일화	31	4	0	0	37	8	0
	1996	천안	17	6	1	0	28	5	0
	1999	천안	17	10	0	0	20	3	1
	2000	성남	0	0	0	0	0	0	0
	2002	성남	4	4	0	0	5	1	0
	2003	성남	27	7	0	1	27	3	0
	2004	성남	4	2	0	0	7	0	0
	합계		131	39	2	4	163	26	1
프로통산			131	39	2	4	163	26	1

이영창 (李侖秵) 홍익대 1993.01.10

리그	연도	소속	출장	교체	**실점**	도움	파울	경고	퇴장
챌	2015	충주	3	0	4	0	1	0	0
	합계		3	0	4	0	1	0	0
프로통산			3	0	4	0	1	0	0

이영표 (李榮杓) 건국대 1977.04.23

리그	연도	소속	출장	교체	득점	도움	파울	경고	퇴장
BC	2000	안양LG	18	0	2	1	26	2	0

리그	연도	소속	출장	교체	득점	도움	파울	경고	퇴장
	2001	안양LG	29	3	0	1	47	2	0
	2002	안양LG	23	2	1	5	24	3	0
	합계		70	5	3	7	97	7	0
프로통산			70	5	3	7	97	7	0

이영훈 (李映勳) 광양제철고 1980.03.23

리그	연도	소속	출장	교체	득점	도움	파울	경고	퇴장
BC	1999	전남	3	2	0	0	6	0	0
	2001	전남	2	2	0	0	2	0	0
	2003	광주상	0	0	0	0	0	0	0
	2004	전남	1	1	0	0	1	1	0
	2005	전남	4	3	0	0	3	1	0
	합계		10	8	0	0	12	2	0
프로통산			10	8	0	0	12	2	0

이완 (李宛) 연세대 1984.05.03

리그	연도	소속	출장	교체	득점	도움	파울	경고	퇴장
BC	2006	전남	4	4	0	0	7	2	0
	2007	전남	6	4	0	0	10	0	0
	2008	광주상	5	0	1	0	7	0	0
	2009	광주상	29	12	1	2	27	1	0
	2009	전남	4	1	0	1	7	0	0
	2010	전남	18	3	0	1	14	4	0
	2011	전남	18	3	1	2	17	6	0
	2012	전남	8	4	0	0	9	1	0
	합계		92	31	3	6	98	14	0
클	2013	울산	4	2	0	0	3	1	0
	합계		4	2	0	0	3	1	0
챌	2014	광주	19	4	3	2	27	2	0
	2015	강원	4	0	0	0	3	0	0
	합계		23	4	3	2	30	2	0
승	2014	광주	2	0	0	0	2	1	0
	합계		2	0	0	0	2	1	0
프로통산			121	37	6	8	133	18	0

이완희 (李完熙) 홍익대 1987.07.10

리그	연도	소속	출장	교체	득점	도움	파울	경고	퇴장
챌	2013	안양	14	12	1	1	15	0	0
	2014	충주	17	15	3	1	16	1	0
	2015	충주	1	1	0	0	1	0	0
	합계		32	28	4	2	32	1	0
프로통산			32	28	4	2	32	1	0

이요한 (李曜漢) 동북고 1985.12.18

리그	연도	소속	출장	교체	득점	도움	파울	경고	퇴장
BC	2004	인천	8	7	0	0	8	0	0
	2005	인천	17	9	0	0	22	4	0
	2006	인천	17	9	0	0	17	1	1
	2007	제주	21	7	0	1	36	5	0
	2008	전북	15	1	1	0	27	3	1
	2009	전북	13	4	0	0	11	2	0
	2010	전북	10	4	2	0	18	2	0
	2011	부산	18	9	0	1	20	3	0
	2012	부산	0	0	0	0	0	0	0
	합계		119	50	3	2	159	20	2
클	2013	성남	3	2	0	0	6	2	0
	2014	성남	17	12	0	0	10	5	0
	2015	성남	6	6	0	0	1	0	0
	합계		26	20	0	0	17	7	0
프로통산			145	70	3	2	176	27	2

이용 (李龍) 고려대 1989.01.21

리그	연도	소속	출장	교체	득점	도움	파울	경고	퇴장
BC	2011	광주	29	1	0	0	25	4	0
	2012	광주	18	7	1	1	24	7	0
	합계		47	8	1	1	49	11	0
클	2013	제주	27	2	2	0	31	4	0
	2014	제주	18	8	0	0	10	2	1
	2015	제주	7	3	1	0	8	2	0
	합계		52	13	3	0	49	8	1
프로통산			99	21	4	1	98	19	1

이용 (李鎔) 중앙대 1986.12.24

리그	연도	소속	출장	교체	득점	도움	파울	경고	퇴장
BC	2010	울산	25	3	0	3	31	5	0
	2011	울산	28	12	0	1	26	1	0
	2012	울산	22	5	0	5	24	1	0
	합계		75	20	0	9	81	7	0
클	2013	울산	37	1	1	2	36	3	0
	2014	울산	31	5	0	3	32	4	0
	합계		68	6	1	5	68	7	0
챌	2015	상주	33	1	0	4	31	9	0
	합계		33	1	0	4	31	9	0
프로통산			176	27	1	18	180	23	0

이용 (李龍) 명지대 1960.03.16

리그	연도	소속	출장	교체	득점	도움	파울	경고	퇴장
BC	1984	국민	9	4	3	0	4	0	0
	합계		9	4	3	0	4	0	0
프로통산			9	4	3	0	4	0	0

이용기 (李龍起) 연세대 1985.05.30

리그	연도	소속	출장	교체	득점	도움	파울	경고	퇴장
BC	2009	경남	0	0	0	0	0	0	0
	2010	경남	20	6	0	0	35	7	0
	2011	경남	9	4	0	0	11	5	0
	2012	경남	7	3	0	0	14	2	1
	합계		36	13	0	0	60	14	1
클	2014	상주	5	3	0	0	8	4	0
	합계		5	3	0	0	8	4	0
챌	2013	상주	1	1	0	0	1	0	0
	2015	충주	16	2	0	0	11	4	0
	합계		17	3	0	0	12	4	0
승	2013	상주	0	0	0	0	0	0	0
	합계		0	0	0	0	0	0	0
프로통산			58	19	0	0	80	22	1

이용래 (李容來) 고려대 1986.04.17

리그	연도	소속	출장	교체	득점	도움	파울	경고	퇴장
BC	2009	경남	30	3	6	6	38	4	0
	2010	경남	32	4	4	1	33	4	0
	2011	수원	28	2	0	3	53	5	0
	2012	수원	25	1	2	2	41	5	0
	합계		115	10	12	12	165	18	0
프로통산			182	26	17	17	249	28	0
클	2013	수원	20	9	1	1	24	1	0
	합계		20	9	1	1	24	1	0
챌	2014	안산	33	3	3	3	37	6	0
	2015	안산	14	4	1	1	23	3	0
	합계		47	7	4	4	60	9	0

이용발 (李容跋) 동아대 1973.03.15

리그	연도	소속	출장	교체	실점	도움	파울	경고	퇴장
BC	1994	유공	2	0	3	0	0	0	0
	1995	유공	0	0	0	0	0	0	0
	1996	부천SK	14	1	19	0	2	1	0
	1999	부천SK	38	0	55	0	1	1	0
	2000	부천SK	43	0	59	3	3	1	0
	2001	부천SK	35	0	42	0	2	1	0
	2002	전북	35	0	48	0	0	1	0
	2003	전북	25	0	30	0	0	0	0
	2004	전북	31	0	25	0	0	1	0
	2005	전북	17	1	27	0	0	1	0
	2006	경남	0	0	0	0	0	0	0
	합계		240	2	308	3	8	7	0
프로통산			240	2	308	3	8	7	0

*득점: 2000년 1 / 통산 1

이용설 (李容設) 중앙대 1958.01.26

리그	연도	소속	출장	교체	득점	도움	파울	경고	퇴장
BC	1983	대우	2	1	0	0	1	0	0
	1984	럭금	2	1	0	0	1	0	0
	합계		4	2	0	0	2	0	0
프로통산			4	2	0	0	2	0	0

이용성 (李龍成) 단국대 1956.03.27

리그	연도	소속	출장	교체	득점	도움	파울	경고	퇴장
BC	1983	국민	6	1	0	0	3	0	0
	합계		6	1	0	0	3	0	0
프로통산			6	1	0	0	3	0	0

이용수 (李容秀) 서울대 1959.12.27

리그	연도	소속	출장	교체	득점	도움	파울	경고	퇴장
BC	1984	럭금	25	3	8	0	8	0	0
	1985	할렐	10	8	0	2	4	0	0
	합계		35	11	8	2	12	0	0
프로통산			35	11	8	2	12	0	0

이용승 (李勇承) 영남대 1984.08.28

리그	연도	소속	출장	교체	득점	도움	파울	경고	퇴장
BC	2007	경남	29	23	1	2	60	6	0
	2008	경남	11	9	0	0	16	2	0
	합계		40	32	1	2	76	8	0
클	2013	전남	3	2	0	0	2	1	0
	합계		3	2	0	0	2	1	0
프로통산			43	34	1	2	78	9	0

이용우 (李鎔宇) 수원공고 1977.07.20

리그	연도	소속	출장	교체	득점	도움	파울	경고	퇴장
BC	1998	수원	2	1	0	0	9	0	0
	2001	수원	2	2	0	0	0	0	0
	2002	수원	4	4	0	0	6	0	0
	2003	수원	3	3	0	0	7	0	0
	합계		11	10	0	0	22	0	0
프로통산			11	10	0	0	22	0	0

이용재 (李龍宰) 관동대 1971.03.30

리그	연도	소속	출장	교체	득점	도움	파울	경고	퇴장
BC	1996	전남	1	0	0	0	2	0	0
	합계		1	0	0	0	2	0	0
프로통산			1	0	0	0	2	0	0

이용준 (李鎔駿) 현대고 1990.04.03

리그	연도	소속	출장	교체	득점	도움	파울	경고	퇴장
BC	2010	울산	0	0	0	0	0	0	0
	합계		0	0	0	0	0	0	0
프로통산			0	0	0	0	0	0	0

이용하 (李龍河) 전북대 1973.12.15

리그	연도	소속	출장	교체	득점	도움	파울	경고	퇴장
BC	1997	부산	1	1	0	0	1	0	0
	1998	부산	13	11	2	0	12	4	0
	1999	부산	33	30	1	1	29	4	0
	2000	부산	14	13	1	0	16	1	0
	2001	부산	31	27	3	2	33	7	0
	2002	부산	14	11	0	0	29	1	0
	2003	부산	20	16	0	0	25	5	0
	2004	인천	13	11	1	1	10	1	0
	합계		139	120	8	4	155	23	0
프로통산			139	120	8	4	155	23	0

이우영 (李宇瑛) 연세대 1973.08.19

리그	연도	소속	출장	교체	득점	도움	파울	경고	퇴장
BC	1998	안양LG	2	3	0	0	0	0	0
	합계		2	3	0	0	0	0	0
프로통산			2	3	0	0	0	0	0

이우찬 (李又燦) 영남상고 1963.06.09

리그	연도	소속	출장	교체	득점	도움	파울	경고	퇴장
BC	1984	대우	2	2	0	0	0	0	0
	1985	대우	9	5	2	1	5	2	0
	1986	대우	11	8	3	1	11	0	0
	합계		22	15	5	2	16	2	0
프로통산			22	15	5	2	16	2	0

이우혁 (李愚赫) 강릉문성고 1993.02.24

리그	연도	소속	출장	교체	득점	도움	파울	경고	퇴장
BC	2011	강원	7	7	0	0	5	1	0
	2012	강원	8	6	0	0	3	1	0
	합계		15	13	0	0	8	2	0
클	2013	강원	12	8	1	1	12	3	0
	합계		12	8	1	1	12	3	0

리그	연도	소속	출장	교체	득점	도움	파울	경고	퇴장
챌	2014	강원	30	8	2	5	38	0	0
	2015	강원	21	14	0	5	29	2	0
	합계		51	22	2	10	67	2	0
승	2013	강원	2	2	0	0	1	0	0
	합계		2	2	0	0	1	0	0
프로통산			80	45	3	11	88	7	0

이운재 (李雲在) 경희대 1973.04.26

리그	연도	소속	출장	교체	실점	도움	파울	경고	퇴장
BC	1996	수원	13	0	14	0	1	1	0
	1997	수원	17	0	27	0	2	1	0
	1998	수원	34	1	31	0	2	0	1
	1999	수원	39	0	37	0	2	2	0
	2002	수원	19	0	17	0	0	0	0
	2003	수원	41	0	44	0	2	0	0
	2004	수원	26	0	24	0	0	0	0
	2005	수원	26	0	33	0	0	0	0
	2006	수원	14	1	14	0	0	1	0
	2007	수원	35	0	33	0	0	1	0
	2008	수원	39	0	29	0	1	0	0
	2009	수원	26	0	26	0	1	2	0
	2010	수원	14	0	29	0	0	0	0
	2011	전남	34	0	29	0	0	0	0
	2012	전남	33	0	38	0	0	0	0
	합계		410	2	425	0	11	8	1
프로통산			410	2	425	0	11	8	1

이웅희 (李雄熙) 배재대 1988.07.18

리그	연도	소속	출장	교체	득점	도움	파울	경고	퇴장
BC	2011	대전	17	11	1	0	8	1	0
	2012	대전	34	5	0	0	52	9	0
	합계		51	16	1	0	60	10	0
클	2013	대전	32	3	3	1	29	2	0
	2014	서울	24	1	0	1	28	2	0
	2015	서울	32	1	0	1	29	5	0
	합계		88	5	3	3	86	9	0
프로통산			139	21	4	3	146	19	0

이원규 (李源規) 연세대 1988.05.01

리그	연도	소속	출장	교체	득점	도움	파울	경고	퇴장
BC	2011	부산	3	1	1	0	3	0	0
	2012	부산	1	2	0	0	1	0	0
	합계		4	3	1	0	4	0	0
프로통산			4	3	1	0	4	0	0

이원식 (李元植) 한양대 1973.05.16

리그	연도	소속	출장	교체	득점	도움	파울	경고	퇴장
BC	1996	부천SK	21	21	7	1	19	2	0
	1997	부천SK	29	14	11	2	38	4	1
	1998	부천SK	26	19	10	3	22	1	0
	1999	부천SK	38	31	9	4	33	2	0
	2000	부천SK	32	33	13	1	24	1	0
	2001	부천SK	29	27	5	2	21	3	0
	2002	부천SK	29	27	4	2	17	2	0
	2003	부천SK	38	35	10	2	29	4	0
	2004	서울	10	8	1	1	8	0	0
	2005	서울	17	17	3	0	11	5	0
	2006	대전	1	1	0	0	2	1	0
	합계		270	233	73	18	224	25	1
프로통산			270	233	73	18	224	25	1

이원영 (李元煐 / 이정호) 보인정보산업고 1981.03.13

리그	연도	소속	출장	교체	득점	도움	파울	경고	퇴장
BC	2005	포항	20	9	2	0	37	2	0
	2006	포항	21	3	3	0	60	7	0
	2007	전북	25	11	2	1	33	5	0
	2008	제주	32	3	2	0	41	6	0
	2009	부산	25	3	3	2	39	4	0
	2010	부산	27	3	1	1	42	4	0
	2011	부산	14	2	2	1	18	3	0
	합계		164	34	15	5	270	31	0
클	2013	부산	32	7	2	1	40	7	0
	2014	부산	14	5	0	0	14	4	0
	합계		46	12	2	1	54	11	0
프로통산			210	46	17	6	324	42	0

이원재 (李源在) 포철공고 1986.02.24

리그	연도	소속	출장	교체	득점	도움	파울	경고	퇴장
BC	2005	포항	2	2	0	0	1	0	0
	2006	포항	9	1	0	0	12	5	0
	2007	포항	5	0	1	0	7	0	0
	2008	전북	6	5	0	0	4	1	0
	2009	울산	18	5	2	0	20	3	0
	2010	울산	0	0	0	0	0	0	0
	2010	포항	3	0	0	0	3	1	0
	2011	포항	2	2	0	0	0	0	0
	2012	포항	3	1	0	0	4	1	0
	합계		48	16	3	0	51	11	0
챌	2013	경찰	28	6	0	0	34	9	0
	2014	안산	11	3	1	0	8	1	0
	2015	대구	26	6	1	0	23	7	0
	합계		65	15	2	0	65	17	0
프로통산			113	31	5	0	116	28	0

이원준 (李元準) 중앙대 1972.04.02

리그	연도	소속	출장	교체	득점	도움	파울	경고	퇴장
BC	1995	LG	15	13	0	0	5	1	0
	1996	안양LG	11	11	0	0	4	1	0
	1997	안양LG	8	5	0	0	7	1	0
	1998	안양LG	1	1	0	0	1	0	0
	합계		35	30	0	0	17	3	0
프로통산			35	30	0	0	17	3	0

이원철 (李元哲) 전주대 1967.05.10

리그	연도	소속	출장	교체	득점	도움	파울	경고	퇴장
BC	1990	포철	16	14	1	1	26	1	0
	1991	포철	34	14	7	1	43	2	0
	1992	포철	25	11	8	3	42	1	1
	1993	포철	30	17	4	1	49	1	0
	1994	포철	18	13	3	0	24	0	0
	1995	포항	19	16	3	1	29	1	0
	1996	포항	14	14	0	1	17	1	0
	합계		156	99	26	8	230	7	1
프로통산			156	99	26	8	230	7	1

이유민 (李裕珉) 동국대 1971.01.09

리그	연도	소속	출장	교체	득점	도움	파울	경고	퇴장
BC	1995	포항	2	2	0	0	6	0	0
	합계		2	2	0	0	6	0	0
프로통산			2	2	0	0	6	0	0

이유성 (李有成) 중앙대 1977.05.20

리그	연도	소속	출장	교체	득점	도움	파울	경고	퇴장
BC	2000	전북	0	0	0	0	0	0	0
	2001	전북	2	2	0	0	1	0	0
	합계		2	2	0	0	1	0	0
프로통산			2	2	0	0	1	0	0

이윤규 (李允揆) 관동대 1989.05.29

리그	연도	소속	출장	교체	실점	도움	파울	경고	퇴장
챌	2013	충주	1	0	3	0	0	0	0
	합계		1	0	3	0	0	0	0
BC	2012	대구	0	0	0	0	0	0	0
	합계		0	0	0	0	0	0	0
프로통산			1	0	3	0	0	0	0

이윤섭 (李允燮) 순천향대학원 1979.07.30

리그	연도	소속	출장	교체	득점	도움	파울	경고	퇴장
BC	2002	울산	0	0	0	0	0	0	0
	2003	울산	6	2	0	0	6	0	0
	2004	울산	15	5	1	0	16	1	0
	2005	울산	1	1	0	0	0	0	0
	2006	광주상	9	2	1	0	15	2	0
	2007	광주상	25	5	2	0	35	9	0
	합계		56	15	4	0	72	12	0
프로통산			56	15	4	0	72	12	0

이윤의 (李阮儀) 광운대 1987.07.25

리그	연도	소속	출장	교체	득점	도움	파울	경고	퇴장
BC	2010	강원	0	0	0	0	0	0	0
	2011	상주	4	3	0	0	4	0	0
	2012	상주	1	2	0	0	0	0	0
	2012	강원	4	4	0	0	7	0	0
	합계		9	9	0	0	11	0	0
챌	2013	부천	21	3	2	3	27	4	0
	합계		21	3	2	3	27	4	0
프로통산			30	12	2	3	38	4	0

* 실점: 2011년 3 / 총실점 3

이윤표 (李允杓) 한남대 1984.09.04

리그	연도	소속	출장	교체	득점	도움	파울	경고	퇴장
BC	2008	전남	1	1	0	0	0	0	0
	2009	대전	17	4	0	0	34	6	0
	2010	서울	0	0	0	0	0	0	0
	2011	인천	24	5	0	1	40	7	0
	2012	인천	37	1	3	1	70	12	0
	합계		79	11	3	2	144	25	0
클	2013	인천	30	1	1	1	57	10	0
	2014	인천	37	1	0	1	56	2	0
	2015	인천	15	3	0	0	10	2	0
	합계		82	5	1	2	123	14	0
프로통산			161	16	4	4	267	39	0

이윤호 (李尹鎬) 고려대 1990.03.20

리그	연도	소속	출장	교체	득점	도움	파울	경고	퇴장
BC	2011	제주	0	0	0	0	0	0	0
	합계		0	0	0	0	0	0	0
프로통산			0	0	0	0	0	0	0

이으뜸 (李으뜸) 용인대 1989.09.02

리그	연도	소속	출장	교체	득점	도움	파울	경고	퇴장
클	2015	광주	24	6	0	4	27	5	0
	합계		24	6	0	4	27	5	0
챌	2013	안양	10	1	0	1	12	2	0
	2014	안양	31	3	1	2	33	4	0
	합계		41	4	1	3	45	6	0
프로통산			65	10	1	7	72	11	0

이을용 (李乙容) 강릉상고 1975.09.08

리그	연도	소속	출장	교체	득점	도움	파울	경고	퇴장
BC	1998	부천SK	33	6	3	0	74	7	0
	1999	부천SK	25	5	1	0	49	2	0
	2000	부천SK	37	6	5	1	71	4	0
	2001	부천SK	26	4	2	1	39	3	0
	2002	부천SK	7	3	0	1	5	1	0
	2003	안양LG	17	2	0	2	38	5	0
	2004	서울	10	1	0	0	25	3	0
	2006	서울	14	0	0	0	34	4	0
	2007	서울	30	8	1	2	42	6	0
	2008	서울	30	16	0	2	40	3	0
	2009	강원	24	3	0	2	26	3	0
	2010	강원	17	10	0	0	16	2	0
	2011	강원	20	10	1	1	27	2	0
	합계		290	74	13	12	486	45	0
프로통산			290	74	13	12	486	45	0

이응제 (李應濟) 고려대 1980.04.07

리그	연도	소속	출장	교체	득점	도움	파울	경고	퇴장
BC	2003	전북	3	1	0	0	5	1	0
	2004	전북	3	1	0	0	6	0	0
	2005	광주상	13	8	0	0	18	4	0
	2006	광주상	6	2	0	0	3	1	0
	2007	전북	5	3	0	0	6	0	0
	합계		30	15	0	0	38	6	0
프로통산			30	15	0	0	38	6	0

이인규 (李寅圭) 남부대 1992.09.16

리그	연도	소속	출장	교체	득점	도움	파울	경고	퇴장
클	2014	전남	4	4	0	0	2	0	0

	합계		4	4	0	0	2	0	0
프로통산			4	4	0	0	2	0	0

이인수 (李寅洙) 선문대 1993.11.16

리그	연도	소속	출장	교체	실점	도움	파울	경고	퇴장
챌	2015	수원fc	19	0	33	0	0	0	0
	합계		19	0	33	0	0	0	0
승	2015	수원fc	0	0	0	0	0	0	0
	합계		0	0	0	0	0	0	0
프로통산			19	0	33	0	0	0	0

이인식 (李仁植) 중앙대 1991.09.20

리그	연도	소속	출장	교체	득점	도움	파울	경고	퇴장
챌	2014	대전	6	5	0	0	11	1	0
	합계		6	5	0	0	11	1	0
프로통산			6	5	0	0	11	1	0

이인식 (李仁植) 단국대 1983.02.14

리그	연도	소속	출장	교체	득점	도움	파울	경고	퇴장
BC	2005	전북	0	0	0	0	0	0	0
	2006	전북	2	1	0	0	5	0	0
	2008	제주	2	1	0	0	3	0	0
	2010	제주	3	3	0	0	0	0	0
	합계		7	5	0	0	8	0	0
프로통산			7	5	0	0	8	0	0

이인재 (李仁載) 중앙대 1967.01.02

리그	연도	소속	출장	교체	득점	도움	파울	경고	퇴장
BC	1989	럭금	30	19	5	3	27	2	0
	1990	럭금	17	16	2	2	5	0	0
	1991	LG	14	13	0	0	3	0	0
	1992	LG	21	16	0	3	18	1	0
	1993	LG	21	21	1	0	22	2	0
	1994	LG	19	8	4	1	15	3	0
	1996	안양LG	11	10	0	1	5	0	0
	1997	안양LG	4	5	0	0	4	1	0
	합계		137	108	12	10	99	9	0
프로통산			137	108	12	10	99	9	0

이임생 (李林生) 고려대학원 1971.11.18

리그	연도	소속	출장	교체	득점	도움	파울	경고	퇴장
BC	1994	유공	13	0	0	0	19	1	0
	1995	유공	24	5	0	1	30	3	0
	1996	부천SK	22	7	0	0	38	6	0
	1997	부천SK	2	2	0	0	0	0	0
	1998	부천SK	26	3	0	1	47	2	0
	1999	부천SK	34	3	2	0	62	4	0
	2000	부천SK	39	0	5	2	77	4	1
	2001	부천SK	11	0	1	0	16	1	0
	2002	부천SK	29	2	3	0	44	6	0
	2003	부산	29	2	0	1	38	6	0
	합계		229	24	11	5	371	33	1
프로통산			229	24	11	5	371	33	1

이장관 (李將寬) 아주대 1974.07.04

리그	연도	소속	출장	교체	득점	도움	파울	경고	퇴장
BC	1997	부산	26	20	2	0	30	3	0
	1998	부산	32	5	0	2	53	4	0
	1999	부산	34	7	0	1	62	8	0
	2000	부산	33	6	1	1	59	8	0
	2001	부산	32	22	0	0	39	2	0
	2002	부산	25	21	0	1	26	2	0
	2003	부산	41	1	0	1	55	4	1
	2004	부산	34	2	0	1	50	6	0
	2005	부산	32	1	0	0	33	5	0
	2006	부산	33	3	1	1	44	3	0
	2007	부산	26	3	0	1	25	2	0
	2008	인천	6	3	0	0	11	0	0
	합계		354	94	4	9	487	47	1
프로통산			354	94	4	9	487	47	1

이장군 (李長君) 조선대 1971.03.15

리그	연도	소속	출장	교체	득점	도움	파울	경고	퇴장
BC	1994	유공	1	1	0	0	0	0	0
	1995	유공	0	0	0	0	0	0	0
	합계		1	1	0	0	0	0	0
프로통산			1	1	0	0	0	0	0

이장수 (李章洙) 연세대 1956.10.15

리그	연도	소속	출장	교체	득점	도움	파울	경고	퇴장
BC	1983	유공	10	0	6	1	9	3	0
	1984	유공	24	9	2	1	20	0	0
	1985	유공	12	2	0	0	17	1	0
	1986	유공	12	3	0	1	7	1	0
	합계		58	14	8	3	53	5	0
프로통산			58	14	8	3	53	5	0

이장욱 (李章旭) 통진종고 1970.07.02

리그	연도	소속	출장	교체	득점	도움	파울	경고	퇴장
BC	1989	럭금	19	17	1	0	7	2	0
	1990	럭금	8	6	0	0	5	0	0
	1991	LG	27	21	2	0	23	3	0
	합계		54	44	3	0	35	5	0
프로통산			54	44	3	0	35	5	0

이재광 (李在光) 인천대 1989.10.19

리그	연도	소속	출장	교체	득점	도움	파울	경고	퇴장
BC	2012	성남	3	2	0	0	3	0	0
	합계		3	2	0	0	3	0	0
프로통산			3	2	0	0	3	0	0

이재권 (李在權) 고려대 1987.07.30

리그	연도	소속	출장	교체	득점	도움	파울	경고	퇴장
BC	2010	인천	30	8	1	1	53	5	0
	2011	인천	29	6	0	4	43	9	0
	2012	서울	6	6	0	0	5	1	0
	합계		65	20	1	5	101	15	0
클	2013	서울	1	1	0	0	0	0	0
	합계		1	1	0	0	0	0	0
챌	2014	안산	35	12	6	2	49	10	0
	2015	안산	10	7	0	1	9	4	0
	합계		45	19	6	3	58	14	0
프로통산			111	40	7	8	159	29	0

이재명 (李在明) 진주고 1991.07.25

리그	연도	소속	출장	교체	득점	도움	파울	경고	퇴장
BC	2010	경남	9	4	0	0	11	1	0
	2011	경남	18	6	0	0	33	3	0
	2012	경남	33	1	0	3	35	2	0
	합계		60	11	0	3	79	6	0
클	2013	전북	23	1	0	2	32	4	0
	2014	전북	8	1	0	2	12	2	0
	2015	전북	3	1	1	0	3	0	0
	합계		34	3	1	4	47	6	0
프로통산			94	14	1	7	126	12	0

이재민 (李載珉) 명지대 1991.02.05

리그	연도	소속	출장	교체	득점	도움	파울	경고	퇴장
클	2013	경남	3	2	0	0	2	0	0
	합계		3	2	0	0	2	0	0
프로통산			3	2	0	0	2	0	0

이재성 (李宰誠) 고려대 1988.07.05

리그	연도	소속	출장	교체	득점	도움	파울	경고	퇴장
BC	2009	수원	11	2	1	0	16	3	0
	2010	울산	15	9	0	0	10	1	0
	2011	울산	27	5	2	1	31	5	0
	2012	울산	35	9	2	0	46	4	0
	합계		88	25	5	1	103	13	0
클	2014	상주	10	1	0	0	7	0	1
	2014	울산	9	1	1	0	8	0	0
	2015	울산	11	2	0	0	8	3	0
	합계		30	4	1	0	23	3	1
챌	2013	상주	27	3	2	1	21	3	0
	합계		27	3	2	1	21	3	0
승	2013	상주	2	0	0	0	3	0	0
	합계		2	0	0	0	3	0	0
프로통산			147	32	8	2	150	19	1

이재성 (李在成) 고려대 1992.08.10

리그	연도	소속	출장	교체	득점	도움	파울	경고	퇴장
클	2014	전북	26	4	4	3	25	2	0
클	2015	전북	34	4	7	5	37	2	0
	합계		60	8	11	8	62	4	0
프로통산			60	8	11	8	62	4	0

이재성 (李在成) 한양대 1985.06.06

리그	연도	소속	출장	교체	득점	도움	파울	경고	퇴장
BC	2008	전남	3	3	0	0	3	0	0
	2009	전남	1	1	0	0	1	0	0
	합계		4	4	0	0	4	0	0
프로통산			4	4	0	0	4	0	0

이재안 (李宰安) 한라대 1988.06.21

리그	연도	소속	출장	교체	득점	도움	파울	경고	퇴장
BC	2011	서울	7	7	0	0	0	0	0
	2012	경남	24	20	3	0	14	2	0
	합계		31	27	3	0	14	2	0
클	2013	경남	37	14	7	1	15	3	0
	2014	경남	26	15	3	3	19	0	0
	합계		63	29	10	4	34	3	0
챌	2015	서울E	9	7	1	1	4	2	0
	합계		9	7	1	1	4	2	0
승	2014	경남	1	1	0	0	0	0	0
	합계		1	1	0	0	0	0	0
프로통산			104	64	14	5	52	7	0

이재억 (李在億) 아주대 1989.06.03

리그	연도	소속	출장	교체	득점	도움	파울	경고	퇴장
클	2013	전남	5	3	0	0	9	1	0
	2014	전남	6	2	0	0	7	1	0
	2015	전남	2	2	0	0	3	1	0
	합계		13	7	0	0	19	3	0
프로통산			13	7	0	0	19	3	0

이재원 (李哉沅) 고려대 1983.03.04

리그	연도	소속	출장	교체	득점	도움	파울	경고	퇴장
BC	2006	울산	8	8	0	1	5	1	0
	2007	울산	1	1	0	0	2	0	0
	합계		9	9	0	1	7	1	0
클	2014	울산	13	3	1	0	17	5	1
	2015	포항	9	5	0	0	7	0	0
	합계		22	8	1	0	24	5	1
프로통산			31	17	1	1	31	6	1

이재일 (李在日) 성균관대 1988.11.16

리그	연도	소속	출장	교체	득점	도움	파울	경고	퇴장
BC	2011	수원	2	0	0	0	3	1	0
	합계		2	0	0	0	3	1	0
프로통산			2	0	0	0	3	1	0

이재일 (李裁一) 이리고 1955.05.30

리그	연도	소속	출장	교체	실점	도움	파울	경고	퇴장
BC	1983	할렐	1	0	1	0	0	0	1
	1984	포철	13	0	16	0	0	1	0
	합계		14	0	17	0	0	1	1
프로통산			14	0	17	0	0	1	1

이재일 (李在日) 건국대 1968.03.15

리그	연도	소속	출장	교체	득점	도움	파울	경고	퇴장
BC	1990	현대	7	1	0	0	13	0	0
	1991	현대	11	8	0	1	9	2	0
	1992	현대	9	5	0	0	8	2	0
	합계		27	14	0	1	30	4	0
프로통산			27	14	0	1	30	4	0

이재천 한성대 1977.03.08

리그	연도	소속	출장	교체	득점	도움	파울	경고	퇴장
BC	2000	안양LG	0	0	0	0	0	0	0
	합계		0	0	0	0	0	0	0
프로통산			0	0	0	0	0	0	0

이재철 (李在哲) 광운대 1975.12.25

리그	연도	소속	출장	교체	득점	도움	파울	경고	퇴장
BC	1999	수원	3	2	0	0	2	0	0

	합계		3	2	0	0	2	0	0
프로통산			3	2	0	0	2	0	0

이재현 (李在玹) 건국대 1981.01.25

리그	연도	소속	출장	교체	득점	도움	파울	경고	퇴장
BC	2003	전북	1	0	0	0	5	0	0
	2004	전북	1	0	0	0	1	0	0
	합계		2	0	0	0	6	0	0
프로통산			2	0	0	0	6	0	0

이재현 (李在玄) 전주대 1983.05.13

리그	연도	소속	출장	교체	득점	도움	파울	경고	퇴장
BC	2006	전북	2	1	0	0	3	1	0
	합계		2	1	0	0	3	1	0
프로통산			2	1	0	0	3	1	0

이재형 (李宰馨) 한양대 1976.09.06

리그	연도	소속	출장	교체	득점	도움	파울	경고	퇴장
BC	1998	대전	1	1	0	0	0	0	0
	합계		1	1	0	0	0	0	0
프로통산			1	1	0	0	0	0	0

이재훈 (李在勳) 연세대 1990.01.10

리그	연도	소속	출장	교체	득점	도움	파울	경고	퇴장
BC	2012	강원	10	2	0	0	15	1	0
	합계		10	2	0	0	15	1	0
클	2013	강원	7	4	0	0	8	1	0
	합계		7	4	0	0	8	1	0
챌	2014	강원	34	1	0	3	39	3	0
	2015	강원	31	1	0	0	65	5	0
	합계		65	2	0	3	104	8	0
승	2013	강원	1	0	0	0	2	0	0
	합계		1	0	0	0	2	0	0
프로통산			83	8	0	3	129	10	0

이재희 (李在熙) 경희대 1959.04.15

리그	연도	소속	출장	교체	득점	도움	파울	경고	퇴장
BC	1983	대우	13	2	0	1	15	1	0
	1984	대우	28	4	0	4	38	2	0
	1985	대우	1	0	0	0	3	0	0
	1986	대우	23	4	0	0	49	7	0
	1987	대우	26	2	1	1	54	5	0
	1988	대우	13	2	0	0	24	3	0
	1989	대우	27	5	0	0	39	4	0
	1990	대우	27	8	0	1	45	5	0
	1991	대우	28	7	0	0	57	3	0
	1992	대우	12	6	0	0	22	2	0
	합계		198	40	1	7	346	32	0
프로통산			198	40	1	7	346	32	0

이정국 (李政國) 한양대 1973.03.22

리그	연도	소속	출장	교체	득점	도움	파울	경고	퇴장
BC	1999	포항	4	3	0	0	4	2	0
	합계		4	3	0	0	4	2	0
프로통산			4	3	0	0	4	2	0

이정근 (李禎根) 건국대 1990.02.02

리그	연도	소속	출장	교체	득점	도움	파울	경고	퇴장
클	2015	대전	10	0	0	0	5	1	0
	합계		10	0	0	0	5	1	0
프로통산			10	0	0	0	5	1	0

이정래 (李廷來) 건국대 1979.11.12

리그	연도	소속	출장	교체	실점	도움	파울	경고	퇴장
BC	2002	전남	2	1	2	0	0	0	0
	2003	전남	0	0	0	0	0	0	0
	2004	전남	2	0	3	0	0	0	0
	2005	전남	1	0	2	0	0	0	0
	2006	경남	39	0	49	0	1	1	0
	2007	경남	29	1	32	0	0	2	0
	2008	광주상	3	0	7	0	0	0	0
	2009	광주상	4	0	9	0	0	0	0
	2010	경남	0	0	0	0	0	0	0
	2011	경남	4	0	2	0	0	0	0
	2012	광주	2	0	6	0	0	0	0
	합계		86	2	112	0	1	3	0
챌	2014	충주	7	0	11	0	0	1	0
	2015	충주	0	0	0	0	0	0	0
	합계		7	0	11	0	0	1	0
프로통산			93	2	123	0	1	4	0

이정문 (李廷文) 숭실대 1971.03.05

리그	연도	소속	출장	교체	실점	도움	파울	경고	퇴장
BC	1994	현대	3	0	5	0	0	0	0
	1995	현대	0	0	0	0	0	0	0
	1996	울산	3	0	8	0	1	0	0
	합계		6	0	13	0	1	0	0
프로통산			6	0	13	0	1	0	0

이정수 (李正秀) 경희대 1980.01.08

리그	연도	소속	출장	교체	득점	도움	파울	경고	퇴장
BC	2002	안양LG	11	12	1	2	10	0	1
	2003	안양LG	18	1	1	0	22	2	0
	2004	서울	2	2	0	0	1	0	0
	2004	인천	20	1	0	0	41	9	0
	2005	인천	17	3	1	1	37	1	0
	2006	수원	36	7	2	0	63	5	0
	2007	수원	10	2	0	0	19	6	0
	2008	수원	24	0	1	1	50	7	0
	합계		138	28	6	4	243	30	1
프로통산			138	28	6	4	243	30	1

이정열 (李正烈) 숭실대 1981.08.16

리그	연도	소속	출장	교체	득점	도움	파울	경고	퇴장
BC	2004	서울	20	4	0	0	14	0	0
	2005	서울	19	3	0	0	33	3	0
	2007	서울	21	10	0	0	16	2	0
	2008	인천	8	4	0	0	4	0	0
	2008	성남	1	1	0	0	1	0	0
	2009	전남	7	2	1	0	8	1	0
	2010	서울	5	2	0	0	1	0	0
	2011	서울	3	2	0	0	0	0	0
	2012	서울	0	0	0	0	0	0	0
	2012	대전	12	0	0	0	1	1	0
	합계		96	28	1	0	78	7	0
클	2013	대전	1	1	0	0	0	0	0
	합계		1	1	0	0	0	0	0
프로통산			97	29	1	0	78	7	0

이정용 (李貞龍) 연세대 1983.07.06

리그	연도	소속	출장	교체	득점	도움	파울	경고	퇴장
BC	2004	울산	4	1	0	1	11	0	0
	합계		4	1	0	1	11	0	0
프로통산			4	1	0	1	11	0	0

이정운 (李正雲) 호남대 1978.04.19

리그	연도	소속	출장	교체	득점	도움	파울	경고	퇴장
BC	2001	포항	11	11	1	2	14	2	1
	2002	포항	21	15	0	2	27	2	0
	2005	광주상	0	0	0	0	0	0	0
	합계		32	26	1	4	41	4	1
프로통산			32	26	1	4	41	4	1

이정운 (李楨雲) 성균관대 1980.05.05

리그	연도	소속	출장	교체	득점	도움	파울	경고	퇴장
BC	2003	전남	1	1	0	0	0	0	0
	2004	전남	8	6	1	0	7	0	0
	2005	전남	22	15	4	0	47	4	0
	2010	강원	1	1	0	0	0	1	0
	2011	강원	11	5	1	0	8	0	0
	2012	강원	0	0	0	0	0	0	0
	합계		43	28	6	0	62	5	0
프로통산			43	28	6	0	62	5	0

이정인 (李正寅) 안동대 1973.02.10

리그	연도	소속	출장	교체	득점	도움	파울	경고	퇴장
BC	1996	전북	3	3	0	0	3	0	0
	1997	전북	1	1	0	0	1	0	0
	합계		4	4	0	0	4	0	0
프로통산			4	4	0	0	4	0	0

이정일 (李正日) 고려대 1956.11.04

리그	연도	소속	출장	교체	득점	도움	파울	경고	퇴장
BC	1983	할렐	9	2	3	0	5	0	0
	1984	할렐	21	9	2	4	11	1	0
	1985	할렐	12	3	0	0	12	0	0
	합계		42	14	5	4	28	1	0
프로통산			42	14	5	4	28	1	0

이정필 (李正泌) 울산대 1992.07.28

리그	연도	소속	출장	교체	득점	도움	파울	경고	퇴장
챌	2015	서울E	1	0	0	0	4	1	0
	합계		1	0	0	0	4	1	0
프로통산			1	0	0	0	4	1	0

이정헌 (李柾憲) 조선대 1990.05.16

리그	연도	소속	출장	교체	득점	도움	파울	경고	퇴장
챌	2013	수원fc	17	5	0	0	28	3	0
	합계		17	5	0	0	28	3	0
프로통산			17	5	0	0	28	3	0

이정협 (李庭協 / 이정기) 숭실대 1991.06.24

리그	연도	소속	출장	교체	득점	도움	파울	경고	퇴장
클	2013	부산	27	25	2	2	18	2	0
	2014	상주	25	23	4	0	15	2	0
	2015	부산	3	2	0	1	2	0	0
	합계		55	50	6	3	35	4	0
챌	2015	상주	17	8	7	6	19	0	0
	합계		17	8	7	6	19	0	0
프로통산			72	58	13	9	54	4	0

이정형 (李正螢) 고려대 1981.04.16

리그	연도	소속	출장	교체	실점	도움	파울	경고	퇴장
챌	2013	수원fc	9	0	13	0	0	1	0
	2014	수원fc	0	0	0	0	0	0	0
	합계		9	0	13	0	0	1	0
프로통산			9	0	13	0	0	1	0

이정호 (李正鎬) 명지대 1972.11.10

리그	연도	소속	출장	교체	득점	도움	파울	경고	퇴장
BC	1995	LG	24	13	2	0	17	1	0
	1996	안양LG	33	4	0	5	37	5	0
	1997	안양LG	4	1	0	0	5	0	0
	합계		61	18	2	5	59	6	0
프로통산			61	18	2	5	59	6	0

이정환 (李楨桓) 경기대 1988.12.02

리그	연도	소속	출장	교체	득점	도움	파울	경고	퇴장
클	2013	경남	2	2	0	0	4	0	0
	합계		2	2	0	0	4	0	0
프로통산			2	2	0	0	4	0	0

이정환 (李政桓) 숭실대 1991.03.23

리그	연도	소속	출장	교체	득점	도움	파울	경고	퇴장
클	2014	부산	0	0	0	0	0	0	0
	합계		0	0	0	0	0	0	0
프로통산			0	0	0	0	0	0	0

이정효 (李正孝) 아주대 1975.07.23

리그	연도	소속	출장	교체	득점	도움	파울	경고	퇴장
BC	1999	부산	15	5	0	0	23	1	0
	2000	부산	9	1	0	0	12	0	0
	2001	부산	22	17	0	0	23	0	0
	2002	부산	32	8	2	1	58	5	0
	2003	부산	19	9	0	0	29	4	0
	2004	부산	22	12	3	0	39	4	0
	2005	부산	32	9	2	3	64	5	0
	2006	부산	28	12	3	3	49	6	0
	2007	부산	32	13	3	2	47	6	0
	2008	부산	11	2	0	0	17	3	0
	합계		222	88	13	9	361	34	0
프로통산			222	88	13	9	361	34	0

이제규 (李濟圭) 청주대 1986.07.10

리그	연도	소속	출장	교체	득점	도움	파울	경고	퇴장
BC	2009	대전	12	11	1	0	15	0	1

리그	연도	소속	출장	교체	득점	도움	파울	경고	퇴장
	2010	광주상	0	0	0	0	0	0	0
	2011	상주	8	6	0	0	15	2	0
	합계		20	17	1	0	30	2	1
프로통산			20	17	1	0	30	2	1

이제승 (李濟昇) 청주대 1991.11.29

리그	연도	소속	출장	교체	득점	도움	파울	경고	퇴장
챌	2014	부천	28	21	1	2	40	1	0
	합계		28	21	1	2	40	1	0
프로통산			28	21	1	2	40	1	0

이제승 (李濟承) 중앙대 1973.04.25

리그	연도	소속	출장	교체	득점	도움	파울	경고	퇴장
BC	1996	전남	3	2	0	0	6	1	0
	합계		3	2	0	0	6	1	0
프로통산			3	2	0	0	6	1	0

이종광 (李鍾光) 광운대 1961.04.19

리그	연도	소속	출장	교체	득점	도움	파울	경고	퇴장
BC	1984	럭금	17	10	0	1	6	0	0
	1985	럭금	4	4	0	0	2	0	0
	합계		21	14	0	1	8	0	0
프로통산			21	14	0	1	8	0	0

이종묵 (李鍾默) 강원대 1973.06.16

리그	연도	소속	출장	교체	득점	도움	파울	경고	퇴장
BC	1998	안양LG	4	4	0	0	6	1	0
	합계		4	4	0	0	6	1	0
프로통산			4	4	0	0	6	1	0

이종민 (李宗珉) 서귀포고 1983.09.01

리그	연도	소속	출장	교체	득점	도움	파울	경고	퇴장
BC	2002	수원	0	0	0	0	0	0	0
	2003	수원	16	12	0	2	16	0	0
	2004	수원	5	5	0	0	3	0	0
	2005	울산	35	25	5	3	52	5	0
	2006	울산	24	4	2	4	37	4	0
	2007	울산	33	5	2	4	46	8	0
	2008	울산	3	0	0	1	3	0	0
	2008	서울	15	4	0	1	16	2	0
	2009	서울	10	4	0	0	12	1	0
	2010	서울	6	4	0	1	4	2	0
	2011	상주	23	14	0	1	15	2	0
	2012	상주	15	11	0	0	12	4	0
	2012	서울	3	2	0	0	3	0	0
	합계		188	90	9	17	219	28	0
클	2013	수원	7	2	1	0	10	1	0
	2015	광주	33	5	5	4	41	6	0
	합계		40	7	6	4	51	7	0
챌	2014	광주	28	2	3	6	40	4	1
	합계		28	2	3	6	40	4	1
승	2014	광주	2	0	0	0	2	0	0
	합계		2	0	0	0	2	0	0
프로통산			258	99	18	27	312	39	1

이종민 (李鍾敏) 정명고 1983.08.01

리그	연도	소속	출장	교체	득점	도움	파울	경고	퇴장
BC	2003	부천SK	7	6	0	0	2	1	0
	2004	부천SK	4	3	0	0	4	0	0
	합계		11	9	0	0	6	1	0
프로통산			11	9	0	0	6	1	0

이종성 (李宗成) 매탄고 1992.08.05

리그	연도	소속	출장	교체	득점	도움	파울	경고	퇴장
BC	2011	수원	2	0	0	0	8	1	0
	2012	상주	0	0	0	0	0	0	0
	합계		2	0	0	0	8	1	0
클	2014	수원	3	3	0	0	1	0	0
	합계		3	3	0	0	1	0	0
챌	2015	대구	31	3	0	2	51	10	0
	합계		31	3	0	2	51	10	0
프로통산			36	6	0	2	60	11	0

이종원 (李鍾元) 경신고 1989.03.14

리그	연도	소속	출장	교체	득점	도움	파울	경고	퇴장
클	2013	부산	11	2	0	0	17	5	0
	2013	성남	13	12	4	1	19	1	0
	2014	성남	22	8	0	0	34	2	0
	2015	성남	21	10	0	1	24	2	0
	합계		67	32	4	2	94	10	0
BC	2011	부산	4	3	1	1	1	1	0
	2012	부산	37	17	2	3	69	9	0
	합계		41	20	3	4	70	10	0
프로통산			108	52	7	6	164	20	0

이종인 (李鍾仁) 오산중 1989.09.26

리그	연도	소속	출장	교체	득점	도움	파울	경고	퇴장
클	2013	강원	10	7	0	0	3	0	0
	합계		10	7	0	0	3	0	0
챌	2014	강원	2	2	0	0	1	0	0
	합계		2	2	0	0	1	0	0
프로통산			12	9	0	0	4	0	0

이종찬 (李種讃) 단국대 1989.08.17

리그	연도	소속	출장	교체	득점	도움	파울	경고	퇴장
클	2013	강원	6	4	0	0	2	0	0
	합계		6	4	0	0	2	0	0
프로통산			6	4	0	0	2	0	0

이종찬 (李鍾贊) 배재대 1987.05.26

리그	연도	소속	출장	교체	득점	도움	파울	경고	퇴장
BC	2007	제주	0	0	0	0	0	0	0
	2008	제주	0	0	0	0	0	0	0
	2010	대전	2	2	0	1	6	1	0
	2011	상주	5	0	0	0	5	0	0
	2012	상주	1	1	0	0	0	0	0
	합계		8	3	0	1	11	1	0
프로통산			8	3	0	1	11	1	0

이종현 (李鍾賢) 브라질 파울리스치나 축구학교 1987.01.08

리그	연도	소속	출장	교체	득점	도움	파울	경고	퇴장
BC	2011	인천	5	4	0	0	5	0	0
	합계		5	4	0	0	5	0	0
프로통산			5	4	0	0	5	0	0

이종호 (李宗浩) 광양제철고 1992.02.24

리그	연도	소속	출장	교체	득점	도움	파울	경고	퇴장
클	2013	전남	32	21	6	4	50	3	0
	2014	전남	31	18	10	2	43	2	0
	2015	전남	31	15	12	3	54	6	0
	합계		94	54	28	9	147	11	0
BC	2011	전남	21	20	2	3	24	5	0
	2012	전남	33	24	6	2	63	3	1
	합계		54	44	8	5	87	8	1
프로통산			148	98	36	14	234	19	1

이종화 (李鍾和) 인천대 1963.07.20

리그	연도	소속	출장	교체	득점	도움	파울	경고	퇴장
BC	1986	현대	6	1	1	0	6	0	0
	1989	현대	35	8	4	1	64	7	1
	1990	현대	16	8	2	1	26	6	0
	1991	현대	1	1	0	0	0	1	0
	1991	일화	15	11	1	0	20	3	0
	1992	일화	31	2	0	0	28	3	0
	1993	일화	32	0	0	0	28	6	0
	1994	일화	21	3	0	1	23	3	0
	1995	일화	25	2	1	0	22	5	1
	1996	천안	9	3	0	0	8	2	0
	합계		191	39	9	3	225	36	2
프로통산			191	39	9	3	225	36	2

이종훈 (李鍾勳) 중앙대 1970.09.03

리그	연도	소속	출장	교체	득점	도움	파울	경고	퇴장
BC	1994	버팔로	11	8	0	0	16	1	0
	합계		11	8	0	0	16	1	0
프로통산			11	8	0	0	16	1	0

이주상 (李柱尙) 전주대 1981.11.11

리그	연도	소속	출장	교체	득점	도움	파울	경고	퇴장
BC	2006	제주	10	9	0	1	12	0	0
	합계		10	9	0	1	12	0	0
프로통산			10	9	0	1	12	0	0

이주영 (李柱永) 영남대 1970.07.25

리그	연도	소속	출장	교체	득점	도움	파울	경고	퇴장
BC	1994	버팔로	26	22	3	0	5	1	0
	합계		26	22	3	0	5	1	0
프로통산			26	22	3	0	5	1	0

이주영 (李柱永) 관동대 1977.09.15

리그	연도	소속	출장	교체	득점	도움	파울	경고	퇴장
BC	2000	성남	6	6	0	1	2	0	0
	합계		6	6	0	1	2	0	0
프로통산			6	6	0	1	2	0	0

이주용 (李周勇) 동아대 1992.09.26

리그	연도	소속	출장	교체	득점	도움	파울	경고	퇴장
클	2014	전북	22	0	1	1	42	4	0
클	2015	전북	20	4	1	0	36	4	0
	합계		42	4	2	1	78	8	0
프로통산			42	4	2	1	78	8	0

이주용 (李周勇) 홍익대 1992.05.18

리그	연도	소속	출장	교체	득점	도움	파울	경고	퇴장
클	2015	부산	1	1	0	0	2	0	0
	합계		1	1	0	0	2	0	0
프로통산			1	1	0	0	2	0	0

이주한 (李柱翰) 동국대 1962.04.27

리그	연도	소속	출장	교체	실점	도움	파울	경고	퇴장
BC	1985	한일	14	1	16	0	0	0	0
	1986	한일	5	1	10	0	0	0	0
	합계		19	2	26	0	0	0	0
프로통산			19	2	26	0	0	0	0

이준 (李俊) 고려대 1974.05.28

리그	연도	소속	출장	교체	득점	도움	파울	경고	퇴장
BC	1997	대전	14	9	4	0	22	4	0
	1998	대전	15	14	0	0	13	2	0
	합계		29	23	4	0	35	6	0
프로통산			29	23	4	0	35	6	0

이준근 (李埈根) 초당대 1987.03.30

리그	연도	소속	출장	교체	득점	도움	파울	경고	퇴장
BC	2010	대전	0	0	0	0	0	0	0
	합계		0	0	0	0	0	0	0
프로통산			0	0	0	0	0	0	0

이준기 (李俊基) 단국대 1982.04.25

리그	연도	소속	출장	교체	득점	도움	파울	경고	퇴장
BC	2002	안양LG	2	2	0	0	1	0	0
	2006	서울	0	0	0	0	0	0	0
	2006	전남	6	5	0	0	2	1	0
	2007	전남	16	6	0	0	16	2	0
	2008	전남	17	4	0	0	20	2	0
	2009	전남	9	1	0	0	13	1	0
	2010	전남	20	12	0	0	11	1	0
	2011	전남	8	7	0	0	6	0	0
	합계		78	37	0	0	69	7	0
프로통산			78	37	0	0	69	7	0

이준식 (李俊植) 남부대 1991.10.14

리그	연도	소속	출장	교체	실점	도움	파울	경고	퇴장
클	2014	울산	1	1	1	0	1	1	0
	합계		1	1	1	0	1	1	0
프로통산			1	1	1	0	1	1	0

이준엽 (李埈燁) 명지대 1990.05.21

리그	연도	소속	출장	교체	득점	도움	파울	경고	퇴장
클	2013	강원	27	20	1	1	36	4	0
	합계		27	20	1	1	36	4	0
챌	2014	강원	1	1	0	0	2	0	0
	합계		1	1	0	0	2	0	0
프로통산			28	21	1	1	38	4	0

이준영 (李俊永) 경희대 1982.12.26

리그	연도	소속	출장	교체	득점	도움	파울	경고	퇴장

리그	연도	소속	출장	교체	득점	도움	파울	경고	퇴장
BC	2003	안양LG	33	23	7	1	42	1	0
	2004	서울	22	20	0	1	31	3	0
	2005	인천	14	14	1	0	13	1	0
	2006	인천	25	21	2	0	22	0	0
	2007	인천	26	20	2	1	20	6	0
	2008	인천	28	6	2	2	39	4	0
	2009	인천	12	9	0	1	6	2	0
	2010	인천	29	15	4	3	33	3	0
	합계		189	128	18	9	206	20	0
프로통산			189	128	18	9	206	20	0

이준택 (李濬澤) 울산대 1966.01.24

리그	연도	소속	출장	교체	득점	도움	파울	경고	퇴장
BC	1989	현대	17	17	0	1	12	1	0
	1990	현대	11	10	2	0	15	2	0
	1992	현대	14	11	0	0	12	1	0
	1993	현대	4	4	0	0	2	0	0
	1994	현대	2	1	0	0	4	0	0
	합계		48	43	2	1	45	4	0
프로통산			48	43	2	1	45	4	0

이준협 (李俊協) 관동대 1989.03.30

리그	연도	소속	출장	교체	득점	도움	파울	경고	퇴장
BC	2010	강원	3	3	0	0	3	1	0
	합계		3	3	0	0	3	1	0
프로통산			3	3	0	0	3	1	0

이준형 (李濬榮) 조선대 1988.08.24

리그	연도	소속	출장	교체	득점	도움	파울	경고	퇴장
BC	2011	강원	3	3	0	0	1	0	0
	2012	강원	1	1	0	0	0	0	0
	합계		4	4	0	0	1	0	0
프로통산			4	4	0	0	1	0	0

이준호 (李俊浩) 중앙대 1989.01.27

리그	연도	소속	출장	교체	득점	도움	파울	경고	퇴장
챌	2013	수원fc	22	4	3	0	28	5	0
	2014	수원fc	19	2	0	1	20	1	0
	2015	수원fc	25	3	1	1	34	7	0
	합계		66	9	4	2	82	13	0
승	2015	수원fc	2	0	0	0	2	1	0
	합계		2	0	0	0	2	1	0
프로통산			68	9	4	2	84	14	0

이준호 (李準鎬) 중앙대 1991.11.07

리그	연도	소속	출장	교체	득점	도움	파울	경고	퇴장
챌	2014	충주	10	10	0	0	3	1	0
	2015	안산	5	5	0	0	5	1	0
	합계		15	15	0	0	8	2	0
프로통산			15	15	0	0	8	2	0

이준호 (李峻豪) 연세대 1967.06.06

리그	연도	소속	출장	교체	득점	도움	파울	경고	퇴장
BC	1990	대우	5	1	0	0	6	2	0
	합계		5	1	0	0	6	2	0
프로통산			5	1	0	0	6	2	0

이준희 (李準熙) 경희대 1988.06.01

리그	연도	소속	출장	교체	득점	도움	파울	경고	퇴장
BC	2012	대구	19	2	0	0	44	6	0
	합계		19	2	0	0	44	6	0
클	2013	대구	30	1	0	2	34	5	0
	합계		30	1	0	2	34	5	0
챌	2014	대구	31	2	1	4	49	8	0
	2015	대구	29	4	3	1	47	10	0
	합계		60	6	4	5	96	18	0
프로통산			109	9	4	7	174	29	0

이준희 (李俊喜) 인천대 1993.12.10

리그	연도	소속	출장	교체	득점	도움	파울	경고	퇴장
클	2015	포항	0	0	0	0	0	0	0
	합계		0	0	0	0	0	0	0
프로통산			0	0	0	0	0	0	0

이중갑 (李中甲) 명지대 1962.07.06

리그	연도	소속	출장	교체	득점	도움	파울	경고	퇴장
BC	1983	국민	2	0	0	0	0	0	0
	1986	현대	19	1	0	0	11	0	0
	1987	현대	25	6	1	0	17	0	0
	1988	현대	6	3	0	1	7	2	0
	합계		52	10	1	1	35	2	0
프로통산			52	10	1	1	35	2	0

이중권 (李重券) 명지대 1992.01.01

리그	연도	소속	출장	교체	득점	도움	파울	경고	퇴장
클	2013	전남	11	7	0	1	8	1	0
	2014	전남	1	1	0	0	0	0	0
	합계		12	8	0	1	8	1	0
프로통산			12	8	0	1	8	1	0

이중원 (李重元) 숭실대 1989.07.27

리그	연도	소속	출장	교체	득점	도움	파울	경고	퇴장
BC	2010	대전	7	7	0	0	2	0	0
	2011	대전	8	6	0	0	4	1	0
	합계		15	13	0	0	6	1	0
프로통산			15	13	0	0	6	1	0

이중재 (李重宰) 경성고 1963.01.27

리그	연도	소속	출장	교체	득점	도움	파울	경고	퇴장
BC	1985	상무	11	4	1	3	10	0	0
	합계		11	4	1	3	10	0	0
프로통산			11	4	1	3	10	0	0

이지남 (李指南) 안양공고 1984.11.21

리그	연도	소속	출장	교체	득점	도움	파울	경고	퇴장
BC	2004	서울	4	1	0	0	2	0	0
	2008	경남	8	5	1	0	18	2	0
	2009	경남	7	3	0	0	7	0	0
	2010	경남	23	8	1	0	32	7	0
	2011	대구	28	7	2	1	33	4	0
	2012	대구	32	0	3	0	41	13	0
	합계		102	24	7	1	133	26	0
클	2013	대구	28	2	2	0	31	1	0
	2015	전남	19	3	0	0	22	3	0
	합계		47	5	2	0	53	4	0
프로통산			149	29	9	1	186	30	0

이지민 (李智旼) 아주대 1993.09.04

리그	연도	소속	출장	교체	득점	도움	파울	경고	퇴장
클	2015	전남	14	11	1	1	9	1	0
	합계		14	11	1	1	9	1	0
프로통산			14	11	1	1	9	1	0

이진규 (李眞奎) 동의대 1988.05.20

리그	연도	소속	출장	교체	득점	도움	파울	경고	퇴장
BC	2012	성남	0	0	0	0	0	0	0
	합계		0	0	0	0	0	0	0
프로통산			0	0	0	0	0	0	0

이진석 (李振錫) 영남대 1991.09.10

리그	연도	소속	출장	교체	득점	도움	파울	경고	퇴장
클	2013	포항	0	0	0	0	0	0	0
	2014	포항	1	1	0	0	1	0	0
	합계		1	1	0	0	1	0	0
프로통산			1	1	0	0	1	0	0

이진우 (李鎭宇) 고려대 1982.09.03

리그	연도	소속	출장	교체	득점	도움	파울	경고	퇴장
BC	2007	울산	8	8	0	1	12	1	0
	2008	울산	3	3	0	0	2	0	0
	2009	대전	1	1	0	0	3	0	0
	합계		12	12	0	1	17	1	0
프로통산			12	12	0	1	17	1	0

이진욱 (李眞旭) 관동대 1992.09.11

리그	연도	소속	출장	교체	득점	도움	파울	경고	퇴장
클	2015	인천	4	4	1	0	0	0	0
	합계		4	4	1	0	0	0	0
프로통산			4	4	1	0	0	0	0

이진행 (李晉行) 연세대 1971.07.10

리그	연도	소속	출장	교체	득점	도움	파울	경고	퇴장
BC	1996	수원	21	16	4	0	27	3	0
	1997	수원	25	14	3	3	31	2	0
	1998	수원	23	16	2	0	31	2	0
	1999	수원	14	10	2	1	17	0	0
	2000	수원	1	0	0	0	2	0	0
	합계		84	56	11	4	108	7	0
프로통산			84	56	11	4	108	7	0

이진형 (李鎭亨) 단국대 1988.02.22

리그	연도	소속	출장	교체	실점	도움	파울	경고	퇴장
BC	2011	제주	0	0	0	0	0	0	0
	2012	제주	0	0	0	0	0	0	0
	합계		0	0	0	0	0	0	0
챌	2013	안양	25	1	31	0	2	1	0
	2014	안양	34	0	50	0	0	1	0
	2015	안산	23	1	26	0	0	2	0
	합계		82	2	107	0	2	4	0
프로통산			82	2	107	0	2	4	0

이진호 (李鎭鎬) 호남대 1969.03.01

리그	연도	소속	출장	교체	득점	도움	파울	경고	퇴장
BC	1992	대우	17	4	0	0	11	1	0
	1993	대우	12	3	0	0	20	6	0
	1995	대우	10	3	0	0	15	3	0
	1996	부산	4	2	0	0	8	1	0
	합계		43	12	0	0	54	11	0
프로통산			43	12	0	0	54	11	0

이진호 (李珍浩) 울산과학대 1984.09.03

리그	연도	소속	출장	교체	득점	도움	파울	경고	퇴장
BC	2003	울산	1	2	0	0	1	0	0
	2004	울산	3	3	0	0	8	0	0
	2005	울산	25	24	5	1	30	1	0
	2006	광주상	11	9	2	1	18	1	0
	2007	광주상	24	17	2	0	27	2	0
	2008	울산	34	28	7	6	47	8	0
	2009	울산	23	20	6	0	41	2	0
	2010	울산	10	9	2	0	14	2	0
	2010	포항	12	10	4	1	18	4	1
	2011	울산	26	23	5	0	29	3	0
	2012	대구	39	23	9	1	94	9	0
	합계		208	168	42	10	327	32	1
클	2013	대구	10	7	0	0	19	4	0
	2013	제주	17	14	3	3	23	2	1
	합계		27	21	3	3	42	6	1
챌	2014	광주	7	4	0	0	17	1	0
	합계		7	4	0	0	17	1	0
프로통산			242	193	45	13	386	39	2

이찬동 (李燦東) 인천대 1993.01.10

리그	연도	소속	출장	교체	득점	도움	파울	경고	퇴장
클	2015	광주	30	5	0	1	57	10	0
	합계		30	5	0	1	57	10	0
챌	2014	광주	31	13	1	0	75	11	0
	합계		31	13	1	0	75	11	0
승	2014	광주	2	1	0	0	5	0	0
	합계		2	1	0	0	5	0	0
프로통산			63	19	1	1	137	21	0

이찬행 (李粲行) 단국대 1968.07.14

리그	연도	소속	출장	교체	득점	도움	파울	경고	퇴장
BC	1991	유공	6	4	0	0	7	2	0
	1992	유공	1	1	0	0	1	0	0
	1993	유공	8	6	0	0	11	0	0
	1994	유공	11	8	2	0	7	1	0
	1995	유공	9	6	0	0	4	2	0
	1996	부천SK	17	5	1	1	22	1	0
	1997	부천SK	11	3	1	1	18	5	0
	합계		63	33	4	2	70	11	0
프로통산			63	33	4	2	70	11	0

이창근 (李昌根) 동래고 1993.08.30

리그	연도	소속	출장	교체	실점	도움	파울	경고	퇴장
BC	2012	부산	0	0	0	0	0	0	0

	합계		0	0	0	0	0	0	0
클	2013	부산	5	0	5	0	0	1	0
	2014	부산	7	0	11	0	0	0	0
	2015	부산	11	0	18	0	1	0	0
	합계		23	0	34	0	1	1	0
승	2015	부산	0	0	0	0	0	0	0
	합계		0	0	0	0	0	0	0
프로통산			23	0	34	0	1	1	0

이창덕 (李昌德) 수원공고 1981.06.05

리그	연도	소속	출장	교체	득점	도움	파울	경고	퇴장
BC	2000	수원	0	0	0	0	0	0	0
	2001	수원	0	0	0	0	0	0	0
	합계		0	0	0	0	0	0	0
프로통산			0	0	0	0	0	0	0

이창민 (李昌珉) 중앙대 1994.01.20

리그	연도	소속	출장	교체	득점	도움	파울	경고	퇴장
클	2014	경남	32	11	2	3	26	3	0
	2015	전남	21	15	2	2	13	2	0
	합계		53	26	4	5	39	5	0
승	2014	경남	2	2	0	0	7	0	0
	합계		2	2	0	0	7	0	0
프로통산			55	28	4	5	46	5	0

이창민 (李昌民) 울산대 1980.01.25

리그	연도	소속	출장	교체	득점	도움	파울	경고	퇴장
BC	2002	전북	0	0	0	0	0	0	0
	합계		0	0	0	0	0	0	0
프로통산			0	0	0	0	0	0	0

이창민 (李昌珉) 진주고 1984.06.01

리그	연도	소속	출장	교체	득점	도움	파울	경고	퇴장
BC	2004	부산	0	0	0	0	0	0	0
	2005	부산	0	0	0	0	0	0	0
	2006	부산	0	0	0	0	0	0	0
	합계		0	0	0	0	0	0	0
프로통산			0	0	0	0	0	0	0

이창엽 (李昌燁) 홍익대 1974.11.19

리그	연도	소속	출장	교체	득점	도움	파울	경고	퇴장
BC	1997	대전	34	1	0	3	60	3	0
	1998	대전	30	3	0	3	43	2	0
	1999	대전	14	5	0	1	13	0	0
	2000	대전	31	2	0	0	27	4	0
	2001	대전	11	7	0	1	19	3	0
	2002	대전	19	14	1	3	32	2	0
	2003	대전	33	15	2	3	62	3	0
	2004	대전	27	18	2	1	41	2	0
	2005	대전	8	8	0	0	8	3	0
	2006	경남	6	5	0	0	12	0	0
	합계		213	78	5	15	317	22	0
프로통산			213	78	5	15	317	22	0

이창용 (李昌勇) 용인대 1990.08.27

리그	연도	소속	출장	교체	득점	도움	파울	경고	퇴장
클	2013	강원	15	6	0	0	25	6	0
	2015	울산	17	10	0	0	16	3	0
	합계		32	16	0	0	41	9	0
챌	2014	강원	22	4	1	1	41	3	1
	합계		22	4	1	1	41	3	1
프로통산			54	20	1	1	82	12	1

이창원 (李昌源) 영남대 1975.07.10

리그	연도	소속	출장	교체	득점	도움	파울	경고	퇴장
BC	2001	전남	15	2	0	0	11	0	0
	2002	전남	11	3	0	0	20	3	0
	2003	전남	8	2	0	0	18	0	0
	2004	전남	29	3	0	1	43	3	0
	2005	전남	26	1	1	0	70	7	0
	2006	포항	27	8	0	0	60	8	0
	2007	포항	22	6	0	0	35	3	0
	2008	포항	5	0	0	0	7	1	0
	2009	포항	0	0	0	0	0	0	0
	합계		143	25	1	1	264	25	0
프로통산			143	25	1	1	264	25	0

이창호 (李昶浩) 숭실대 1989.04.05

리그	연도	소속	출장	교체	득점	도움	파울	경고	퇴장
챌	2013	수원fc	22	13	1	3	29	0	0
	합계		22	13	1	3	29	0	0
프로통산			22	13	1	3	29	0	0

이창훈 (李昶勳) 인천대 1986.12.17

리그	연도	소속	출장	교체	득점	도움	파울	경고	퇴장
BC	2009	강원	24	18	1	4	20	3	0
	2010	강원	25	23	2	1	13	0	0
	2011	강원	16	12	1	2	12	0	0
	2011	성남	9	9	0	2	7	1	0
	2012	성남	23	19	2	2	25	2	0
	합계		97	81	6	11	77	6	0
클	2013	성남	7	7	0	0	4	2	0
	2014	성남	21	14	0	1	21	4	0
	합계		28	21	0	1	25	6	0
챌	2015	상주	22	17	4	1	20	2	0
	합계		22	17	4	1	20	2	0
프로통산			147	119	10	13	122	14	0

이천수 (李天秀) 고려대 1981.07.09

리그	연도	소속	출장	교체	득점	도움	파울	경고	퇴장
BC	2002	울산	18	5	7	9	35	2	0
	2003	울산	18	8	8	6	24	0	0
	2005	울산	14	6	7	5	34	5	0
	2006	울산	24	5	7	1	58	6	1
	2007	울산	26	12	7	3	52	4	0
	2008	수원	4	3	1	0	5	0	0
	2009	전남	8	6	4	1	13	1	0
	합계		112	45	41	25	221	18	1
클	2013	인천	19	13	2	5	18	2	0
	2014	인천	28	23	1	3	41	5	1
	2015	인천	20	19	2	2	22	4	0
	합계		67	55	5	10	81	11	1
프로통산			179	100	46	35	302	29	2

이천흥 (李千興) 명지대 1960.10.22

리그	연도	소속	출장	교체	득점	도움	파울	경고	퇴장
BC	1983	대우	1	1	0	0	0	0	0
	1984	대우	10	6	0	0	2	0	0
	1985	대우	13	8	0	0	5	0	0
	1986	대우	13	5	1	2	14	2	0
	합계		37	20	1	2	21	2	0
프로통산			37	20	1	2	21	2	0

이철희 (李喆熙) 배재대 1985.08.06

리그	연도	소속	출장	교체	득점	도움	파울	경고	퇴장
BC	2008	대전	2	2	0	0	2	0	0
	합계		2	2	0	0	2	0	0
프로통산			2	2	0	0	2	0	0

이청용 (李靑龍) 도봉중 1988.07.02

리그	연도	소속	출장	교체	득점	도움	파울	경고	퇴장
BC	2004	서울	0	0	0	0	0	0	0
	2006	서울	4	2	0	1	9	2	0
	2007	서울	23	11	3	6	39	6	0
	2008	서울	25	5	6	6	36	5	2
	2009	서울	16	5	3	4	9	0	0
	합계		68	23	12	17	93	13	2
프로통산			68	23	12	17	93	13	2

이청웅 (李淸熊) 영남대 1993.03.15

리그	연도	소속	출장	교체	득점	도움	파울	경고	퇴장
클	2015	부산	6	1	0	0	10	1	0
	합계		6	1	0	0	10	1	0
승	2015	부산	2	0	0	0	3	1	0
	합계		2	0	0	0	3	1	0
프로통산			8	1	0	0	13	2	0

이총희 (李聰熙) 통진고 1992.04.21

리그	연도	소속	출장	교체	득점	도움	파울	경고	퇴장
BC	2011	수원	1	1	0	0	3	0	0
	합계		1	1	0	0	3	0	0
프로통산			1	1	0	0	3	0	0

이춘석 (李春錫) 연세대 1959.02.03

리그	연도	소속	출장	교체	득점	도움	파울	경고	퇴장
BC	1983	대우	16	3	8	1	10	0	0
	1985	상무	19	3	5	1	24	2	0
	1986	대우	9	4	0	0	9	0	0
	1987	대우	23	22	3	2	15	0	0
	합계		67	32	16	4	58	2	0
프로통산			67	32	16	4	58	2	0

이춘섭 (李春燮) 동국대 1958.11.17

리그	연도	소속	출장	교체	실점	도움	파울	경고	퇴장
BC	1984	한일	24	0	41	0	0	0	0
	1985	한일	8	1	14	0	1	1	0
	합계		32	1	55	0	1	1	0
프로통산			32	1	55	0	1	1	0

이충호 (李忠昊) 한양대 1968.07.04

리그	연도	소속	출장	교체	실점	도움	파울	경고	퇴장
BC	1991	현대	5	1	10	0	0	0	0
	합계		5	1	10	0	0	0	0
프로통산			5	1	10	0	0	0	0

이치준 (李治準) 중앙대 1985.01.20

리그	연도	소속	출장	교체	득점	도움	파울	경고	퇴장
BC	2009	성남	1	1	0	0	0	0	0
	2010	성남	0	0	0	0	0	0	0
	2011	성남	0	0	0	0	0	0	0
	합계		1	1	0	0	0	0	0
챌	2013	경찰	20	9	0	1	37	8	1
	2014	수원fc	21	9	0	0	26	5	0
	합계		41	18	0	1	63	13	1
프로통산			42	19	0	1	63	13	1

이칠성 (李七星) 서울시립대 1963.08.25

리그	연도	소속	출장	교체	득점	도움	파울	경고	퇴장
BC	1987	유공	20	5	4	3	12	0	0
	1988	유공	5	4	0	1	3	0	0
	1989	유공	2	1	0	0	0	0	0
	합계		27	10	4	4	15	0	0
프로통산			27	10	4	4	15	0	0

이태권 (李泰權) 연세대 1980.07.14

리그	연도	소속	출장	교체	득점	도움	파울	경고	퇴장
BC	2005	수원	1	1	0	0	1	0	0
	합계		1	1	0	0	1	0	0
프로통산			1	1	0	0	1	0	0

이태엽 (李太燁) 서울시립대 1959.06.16

리그	연도	소속	출장	교체	득점	도움	파울	경고	퇴장
BC	1983	국민	15	2	1	0	7	1	0
	1984	국민	17	10	2	0	15	3	0
	합계		32	12	3	0	22	4	0
프로통산			32	12	3	0	22	4	0

이태영 (李泰英) 관동대 1992.05.15

리그	연도	소속	출장	교체	득점	도움	파울	경고	퇴장
챌	2015	안양	1	1	0	0	1	0	0
	합계		1	1	0	0	1	0	0
프로통산			1	1	0	0	1	0	0

이태영 (李太永) 풍생고 1987.07.01

리그	연도	소속	출장	교체	득점	도움	파울	경고	퇴장
BC	2007	포항	0	0	0	0	0	0	0
	합계		0	0	0	0	0	0	0
프로통산			0	0	0	0	0	0	0

이태우 (李泰雨) 경희대 1984.01.08

리그	연도	소속	출장	교체	득점	도움	파울	경고	퇴장
BC	2006	대구	2	2	0	0	2	1	0
	2007	대구	3	2	0	0	1	0	0
	합계		5	4	0	0	3	1	0
프로통산			5	4	0	0	3	1	0

이태형 (李太炯) 한양대 1963.06.04

리그	연도	소속	출장	교체	득점	도움	파울	경고	퇴장
BC	1987	대우	19	18	1	0	23	0	0
	1988	대우	18	14	1	1	18	1	0
	1989	대우	19	15	2	0	20	1	0
	1990	대우	8	6	1	0	13	2	0
	합계		64	53	5	1	74	4	0
프로통산			64	53	5	1	74	4	0

이태형 (李太炯) 한양대 1964.09.01

리그	연도	소속	출장	교체	득점	도움	파울	경고	퇴장
BC	1991	포철	8	6	1	1	9	0	0
	1992	포철	6	4	0	0	9	1	0
	1994	버팔로	8	6	0	0	4	1	0
	합계		22	16	1	1	22	2	0
프로통산			22	16	1	1	22	2	0

이태호 (李泰昊) 고려대 1961.01.29

리그	연도	소속	출장	교체	득점	도움	파울	경고	퇴장
BC	1983	대우	8	2	3	3	13	2	0
	1984	대우	20	1	11	3	15	4	0
	1985	대우	5	1	4	0	3	0	0
	1986	대우	12	2	3	4	18	2	0
	1987	대우	19	14	6	2	10	0	1
	1988	대우	12	6	5	3	12	0	0
	1989	대우	25	7	8	3	34	1	0
	1990	대우	19	1	6	3	19	0	0
	1991	대우	33	26	5	5	28	0	0
	1992	대우	28	24	6	1	28	1	0
	합계		181	84	57	27	180	10	1
프로통산			181	84	57	27	180	10	1

이태홍 (李太洪) 대구대 1971.10.01

리그	연도	소속	출장	교체	득점	도움	파울	경고	퇴장
BC	1992	일화	32	27	2	2	39	4	0
	1993	일화	27	6	6	4	55	4	0
	1994	일화	18	14	1	0	30	6	0
	1995	일화	26	20	3	1	24	3	1
	1996	천안	32	13	3	0	60	5	0
	1997	부천SK	11	4	1	0	24	3	1
	1999	부천SK	16	15	4	1	19	2	0
	합계		162	99	20	8	251	27	2
프로통산			162	99	20	8	251	27	2

이태훈 (李太勳) 전북대 1971.06.07

리그	연도	소속	출장	교체	득점	도움	파울	경고	퇴장
BC	1994	버팔로	17	5	1	1	11	0	0
	1996	전북	9	7	0	0	14	0	0
	1997	전북	7	3	0	1	13	1	0
	1998	전북	6	5	1	0	2	1	0
	합계		39	20	2	2	40	2	0
프로통산			39	20	2	2	40	2	0

이태희 (李太凞) 대건고 1995.04.26

리그	연도	소속	출장	교체	실점	도움	파울	경고	퇴장
클	2015	인천	4	1	3	0	0	0	0
	합계		4	1	3	0	0	0	0
프로통산			4	1	3	0	0	0	0

이태희 (李台熙) 숭실대 1992.06.16

리그	연도	소속	출장	교체	득점	도움	파울	경고	퇴장
클	2015	성남	13	1	1	1	23	0	0
	합계		13	1	1	1	23	0	0
프로통산			13	1	1	1	23	0	0

이태희 (李台熙) 서울시립대 1959.08.10

리그	연도	소속	출장	교체	득점	도움	파울	경고	퇴장
BC	1983	국민	14	7	1	0	9	2	0
	1984	국민	14	7	1	1	15	0	0
	합계		28	14	2	1	24	2	0
프로통산			28	14	2	1	24	2	0

이택기 (李宅基) 아주대 1989.03.31

리그	연도	소속	출장	교체	득점	도움	파울	경고	퇴장
BC	2012	서울	1	0	0	0	1	1	0
	합계		1	0	0	0	1	1	0
클	2013	서울	1	1	0	0	1	0	0
	합계		1	1	0	0	1	0	0
챌	2014	충주	15	1	0	0	5	1	0
	2015	충주	29	2	0	0	17	1	0
	합계		44	3	0	0	22	2	0
프로통산			46	4	0	0	24	3	0

이평재 (李平宰) 동아대 1969.03.24

리그	연도	소속	출장	교체	득점	도움	파울	경고	퇴장
BC	1991	현대	8	6	0	0	9	1	0
	1995	전남	6	5	0	0	7	1	0
	1996	전남	19	13	3	1	15	2	0
	합계		33	24	3	1	31	4	0
프로통산			33	24	3	1	31	4	0

이필주 (李泌周) 동아대 1982.03.11

리그	연도	소속	출장	교체	득점	도움	파울	경고	퇴장
BC	2005	대전	1	1	0	0	2	0	0
	합계		1	1	0	0	2	0	0
프로통산			1	1	0	0	2	0	0

이하늘 (李하늘) 원광대 1993.02.08

리그	연도	소속	출장	교체	득점	도움	파울	경고	퇴장
챌	2015	안양	0	0	0	0	0	0	0
	합계		0	0	0	0	0	0	0
프로통산			0	0	0	0	0	0	0

이학민 (李學玟) 상지대 1991.03.11

리그	연도	소속	출장	교체	득점	도움	파울	경고	퇴장
클	2014	경남	19	8	1	0	32	5	0
	합계		19	8	1	0	32	5	0
챌	2015	부천	38	2	2	6	37	5	0
	합계		38	2	2	6	37	5	0
승	2014	경남	1	0	0	0	1	0	0
	합계		1	0	0	0	1	0	0
프로통산			58	10	3	6	70	10	0

이학종 (李學種) 고려대 1961.02.17

리그	연도	소속	출장	교체	득점	도움	파울	경고	퇴장
BC	1985	한일	19	0	1	3	21	2	0
	1986	한일	10	0	4	2	12	1	0
	1986	현대	3	2	0	1	3	0	0
	1987	현대	6	6	0	0	1	0	0
	1988	현대	17	3	7	1	18	2	0
	1989	현대	16	1	2	1	32	2	0
	1990	현대	3	1	0	0	2	0	0
	1991	현대	16	12	0	1	9	0	0
	합계		90	25	14	9	98	7	0
프로통산			90	25	14	9	98	7	0

이한샘 (李한샘) 건국대 1989.10.18

리그	연도	소속	출장	교체	득점	도움	파울	경고	퇴장
BC	2012	광주	29	3	2	0	87	14	0
	합계		29	3	2	0	87	14	0
클	2013	경남	16	7	0	2	47	6	0
	2014	경남	12	4	0	0	14	4	0
	합계		28	11	0	2	61	10	0
챌	2015	강원	33	1	1	0	57	12	0
	합계		33	1	1	0	57	12	0
프로통산			90	15	3	2	205	36	0

이한수 (李韓洙) 동의대 1986.12.17

리그	연도	소속	출장	교체	득점	도움	파울	경고	퇴장
BC	2009	경남	3	1	0	0	4	0	0
	합계		3	1	0	0	4	0	0
프로통산			3	1	0	0	4	0	0

이한음 (李漢音) 광운대 1991.02.22

리그	연도	소속	출장	교체	득점	도움	파울	경고	퇴장
챌	2015	강원	4	4	0	0	2	0	0
	합계		4	4	0	0	2	0	0
프로통산			4	4	0	0	2	0	0

이행수 (李桁守) 남부대 1990.08.27

리그	연도	소속	출장	교체	득점	도움	파울	경고	퇴장
BC	2012	대구	6	6	0	0	3	0	0
	합계		6	6	0	0	3	0	0
프로통산			6	6	0	0	3	0	0

이헌구 (李憲球) 한양대 1961.04.13

리그	연도	소속	출장	교체	득점	도움	파울	경고	퇴장
BC	1985	상무	4	4	0	0	2	0	0
	합계		4	4	0	0	2	0	0
프로통산			4	4	0	0	2	0	0

이현규 (李鉉奎) 강원대 1970.08.16

리그	연도	소속	출장	교체	득점	도움	파울	경고	퇴장
BC	1993	대우	2	2	0	0	0	0	0
	합계		2	2	0	0	0	0	0
프로통산			2	2	0	0	0	0	0

이현도 (李泫都) 영남대 1989.03.06

리그	연도	소속	출장	교체	득점	도움	파울	경고	퇴장
BC	2012	부산	0	0	0	0	0	0	0
	합계		0	0	0	0	0	0	0
프로통산			0	0	0	0	0	0	0

이현동 (李炫東) 청주대 1976.03.30

리그	연도	소속	출장	교체	득점	도움	파울	경고	퇴장
BC	1999	포항	3	2	0	1	10	0	0
	2000	포항	13	9	1	0	33	2	0
	2001	포항	9	8	0	1	11	2	0
	2003	광주상	7	8	0	0	8	1	0
	2004	대구	3	2	0	0	7	0	0
	합계		35	29	1	2	69	5	0
프로통산			35	29	1	2	69	5	0

이현민 (李賢民) 예원예술대 1991.05.21

리그	연도	소속	출장	교체	득점	도움	파울	경고	퇴장
챌	2013	충주	15	1	0	1	9	0	0
	합계		15	1	0	1	9	0	0
프로통산			15	1	0	1	9	0	0

이현민 (李賢民) 울산대 1984.07.09

리그	연도	소속	출장	교체	득점	도움	파울	경고	퇴장
BC	2006	울산	4	4	0	0	4	0	0
	2007	울산	3	3	0	0	0	0	0
	2008	광주상	7	3	0	0	9	0	0
	합계		14	10	0	0	13	0	0
프로통산			14	10	0	0	13	0	0

이현석 (李玄錫) 서울대 1968.05.17

리그	연도	소속	출장	교체	득점	도움	파울	경고	퇴장
BC	1991	현대	9	9	0	0	4	0	0
	1992	현대	1	1	0	0	0	0	0
	1996	울산	18	19	4	1	5	0	0
	1997	울산	15	15	3	0	7	0	0
	합계		43	44	7	1	16	0	0
프로통산			43	44	7	1	16	0	0

이현승 (李弦昇) 수원공고 1988.12.14

리그	연도	소속	출장	교체	득점	도움	파울	경고	퇴장
BC	2006	전북	17	13	3	1	21	2	0
	2007	전북	28	21	1	6	41	3	0
	2008	전북	19	15	2	2	30	1	0
	2009	전북	20	21	4	2	10	1	0
	2010	서울	3	3	0	0	2	1	0
	2011	전남	28	14	4	2	47	2	0
	2012	전남	32	15	1	4	63	6	0
	합계		147	102	15	17	214	16	0
클	2013	전남	27	23	1	1	29	1	0
	2014	전남	19	11	2	2	20	3	0
	2015	대전	14	10	0	1	7	2	0
	합계		60	44	3	4	56	6	0
챌	2015	부천	17	7	3	0	24	1	0
	합계		17	7	3	0	24	1	0
프로통산			224	153	21	21	294	23	0

이현웅 (李鉉雄) 연세대 1988.04.27

리그	연도	소속	출장	교체	득점	도움	파울	경고	퇴장
BC	2010	대전	28	21	2	1	30	1	0
	2011	대전	5	4	0	1	6	0	0

리그	연도	소속	출장	교체	득점	도움	파울	경고	퇴장
	2012	대전	36	13	0	4	68	8	0
	합계		69	38	2	6	104	9	0
클	2013	수원	3	3	0	0	0	0	0
	2014	상주	5	5	0	1	2	0	0
	합계		8	8	0	1	2	0	0
챌	2015	상주	1	1	0	0	1	0	0
	합계		1	1	0	0	1	0	0
프로통산			78	47	2	7	107	9	0

이현진 (李炫珍) 고려대 1984.05.15

리그	연도	소속	출장	교체	득점	도움	파울	경고	퇴장
BC	2005	수원	10	10	0	1	10	1	0
	2006	수원	23	14	2	0	29	1	0
	2007	수원	15	12	1	1	19	0	0
	2008	수원	2	2	0	0	5	0	0
	2009	수원	2	2	0	0	3	0	0
	2010	수원	25	24	3	2	20	3	0
	2011	수원	6	6	0	0	4	0	0
	2012	수원	11	11	0	0	2	0	0
	합계		94	81	6	4	92	5	0
클	2013	제주	7	7	0	0	9	2	0
	합계		7	7	0	0	9	2	0
프로통산			101	88	6	4	101	7	0

이현창 (李炫昌) 영남대 1985.11.02

리그	연도	소속	출장	교체	득점	도움	파울	경고	퇴장
BC	2009	대구	21	6	1	0	43	3	0
	2010	대구	22	3	1	0	30	2	0
	합계		43	9	2	0	73	5	0
챌	2013	고양	12	0	0	1	13	3	0
	2015	충주	24	10	1	2	25	2	0
	합계		36	10	1	3	38	5	0
프로통산			79	19	3	3	111	10	0

이현호 (李賢皓) 탐라대 1988.11.29

리그	연도	소속	출장	교체	득점	도움	파울	경고	퇴장
BC	2010	제주	31	31	4	3	15	1	0
	2011	제주	28	24	2	2	8	1	0
	2012	성남	10	9	0	1	4	0	0
	합계		69	64	6	6	27	2	0
클	2013	성남	6	6	0	0	3	0	0
	2014	제주	11	9	0	0	1	0	0
	2015	대전	12	12	0	1	3	1	0
	합계		29	27	0	1	7	1	0
프로통산			98	91	6	7	34	3	0

이현호 (李賢虎) 인천대 1984.02.08

리그	연도	소속	출장	교체	득점	도움	파울	경고	퇴장
BC	2006	수원	0	0	0	0	0	0	0
	합계		0	0	0	0	0	0	0
프로통산			0	0	0	0	0	0	0

이현호 (李賢虎) 동아대 1987.05.11

리그	연도	소속	출장	교체	득점	도움	파울	경고	퇴장
BC	2010	대전	0	0	0	0	0	0	0
	2011	대전	1	1	0	0	2	0	0
	합계		1	1	0	0	2	0	0
프로통산			1	1	0	0	2	0	0

이형기 (李炯奇) 한라대 1989.07.22

리그	연도	소속	출장	교체	득점	도움	파울	경고	퇴장
BC	2012	전북	0	0	0	0	0	0	0
	합계		0	0	0	0	0	0	0
프로통산			0	0	0	0	0	0	0

이형상 (李形象) 1985.05.05

리그	연도	소속	출장	교체	득점	도움	파울	경고	퇴장
BC	2006	대전	1	1	0	0	0	0	0
	2007	대전	0	0	0	0	0	0	0
	2011	대구	7	7	0	1	11	1	0
	합계		8	8	0	1	11	1	0
프로통산			8	8	0	1	11	1	0

이형진 (李炯瑨) 성균관대 1992.08.30

리그	연도	소속	출장	교체	득점	도움	파울	경고	퇴장
클	2015	대전	3	3	0	0	0	0	0
	합계		3	3	0	0	0	0	0
프로통산			3	3	0	0	0	0	0

이혜강 (李慧剛) 동의대 1987.03.28

리그	연도	소속	출장	교체	득점	도움	파울	경고	퇴장
BC	2010	경남	4	4	0	0	3	1	0
	2011	경남	7	5	0	0	5	0	0
	합계		11	9	0	0	8	1	0
프로통산			11	9	0	0	8	1	0

이호 (李浩) 울산과학대 1984.10.22

리그	연도	소속	출장	교체	득점	도움	파울	경고	퇴장
BC	2003	울산	9	5	1	0	9	2	0
	2004	울산	29	5	1	0	57	5	1
	2005	울산	36	3	1	3	84	9	0
	2006	울산	7	0	1	2	17	1	1
	2009	성남	35	3	2	2	93	10	0
	2011	울산	40	14	0	3	46	5	0
	2012	울산	30	9	0	0	44	4	0
	합계		186	39	6	10	350	36	2
클	2014	상주	17	2	2	1	13	3	0
	2014	울산	10	1	1	0	10	1	0
	2015	전북	11	7	0	0	17	4	0
	합계		38	10	3	1	40	8	0
챌	2013	상주	32	7	0	2	44	6	0
	합계		32	7	0	2	44	6	0
승	2013	상주	2	0	0	0	2	0	0
	합계		2	0	0	0	2	0	0
프로통산			258	56	9	13	436	50	2

이호 (李虎) 경희대 1986.01.06

리그	연도	소속	출장	교체	득점	도움	파울	경고	퇴장
챌	2013	경찰	25	18	2	2	27	8	0
	2014	안산	3	2	0	0	2	1	0
	2014	대전	5	1	0	0	5	1	0
	합계		33	21	2	2	34	10	0
BC	2009	강원	1	0	0	0	1	0	0
	2010	대전	7	4	0	0	9	2	0
	2011	대전	25	3	1	1	41	9	0
BC	2012	대전	23	5	0	0	47	10	0
	합계		56	12	1	1	98	21	0
프로통산			89	33	3	3	132	31	0

이호석 (李鎬碩) 동국대 1991.05.21

리그	연도	소속	출장	교체	득점	도움	파울	경고	퇴장
클	2014	경남	12	11	0	0	21	3	0
	합계		12	11	0	0	21	3	0
챌	2015	경남	16	12	2	1	21	4	0
	합계		16	12	2	1	21	4	0
승	2014	경남	1	1	0	0	0	0	0
	합계		1	1	0	0	0	0	0
프로통산			29	24	2	1	42	7	0

이호성 (李浩成) 중앙대 1974.09.12

리그	연도	소속	출장	교체	득점	도움	파울	경고	퇴장
BC	1997	대전	18	16	1	0	25	1	0
	1998	대전	15	15	2	0	11	0	0
	1999	대전	23	15	5	1	23	2	0
	2000	대전	13	12	1	0	27	1	0
	2001	대전	5	5	0	0	7	0	0
	합계		74	63	9	1	93	4	0
프로통산			74	63	9	1	93	4	0

이호창 (李浩昌) 동국대 1988.10.11

리그	연도	소속	출장	교체	득점	도움	파울	경고	퇴장
BC	2011	인천	2	1	0	0	2	1	0
	합계		2	1	0	0	2	1	0
프로통산			2	1	0	0	2	1	0

이화열 (李化烈) 관동대 1962.11.20

리그	연도	소속	출장	교체	득점	도움	파울	경고	퇴장
BC	1986	포철	1	1	0	0	0	0	0
	1989	포철	13	6	2	0	13	2	0
	합계		14	7	2	0	13	2	0
프로통산			14	7	2	0	13	2	0

이효균 (李孝均) 동아대 1988.03.12

리그	연도	소속	출장	교체	득점	도움	파울	경고	퇴장
클	2013	인천	13	13	3	0	2	0	0
	2014	인천	29	20	4	1	31	4	0
	2015	인천	11	9	1	1	13	1	0
	합계		53	42	8	2	46	5	0
챌	2015	안양	15	13	2	1	28	2	0
	합계		15	13	2	1	28	2	0
BC	2011	경남	13	8	3	0	31	2	0
	2012	인천	1	1	0	0	1	0	0
	합계		14	9	3	0	32	2	0
프로통산			82	64	13	3	106	9	0

이효용 (李孝用) 창신고 1970.06.06

리그	연도	소속	출장	교체	득점	도움	파울	경고	퇴장
BC	1989	현대	14	12	1	2	5	0	0
	1990	현대	4	4	0	0	2	1	0
	합계		18	16	1	2	7	1	0
프로통산			18	16	1	2	7	1	0

이후권 (李厚權) 광운대 1990.10.30

리그	연도	소속	출장	교체	득점	도움	파울	경고	퇴장
클	2014	상주	15	9	0	0	18	5	0
	합계		15	9	0	0	18	5	0
챌	2013	부천	31	3	3	3	98	8	0
	2015	상주	0	0	0	0	0	0	0
	2015	부천	3	3	0	0	1	0	0
	합계		34	6	3	3	99	8	0
프로통산			49	15	3	3	117	13	0

이훈 (李訓) 아주대 1991.04.02

리그	연도	소속	출장	교체	득점	도움	파울	경고	퇴장
챌	2014	고양	9	6	0	0	8	0	0
	합계		9	6	0	0	8	0	0
프로통산			9	6	0	0	8	0	0

이훈 (李勳) 성균관대 1970.04.07

리그	연도	소속	출장	교체	득점	도움	파울	경고	퇴장
BC	1993	LG	5	5	0	1	1	0	0
	합계		5	5	0	1	1	0	0
프로통산			5	5	0	1	1	0	0

이훈 (李訓) 연세대 1986.04.29

리그	연도	소속	출장	교체	득점	도움	파울	경고	퇴장
BC	2009	경남	20	15	3	0	38	0	0
	2010	경남	23	18	1	0	26	1	0
	2011	경남	18	10	3	1	29	1	0
	합계		61	43	7	1	93	2	0
프로통산			61	43	7	1	93	2	0

이훈 (李訓) 제주중앙고 1991.09.22

리그	연도	소속	출장	교체	득점	도움	파울	경고	퇴장
BC	2011	강원	0	0	0	0	0	0	0
	합계		0	0	0	0	0	0	0
프로통산			0	0	0	0	0	0	0

이휘수 (李輝洙) 대구대 1990.05.28

리그	연도	소속	출장	교체	득점	도움	파울	경고	퇴장
클	2013	전남	0	0	0	0	0	0	0
	합계		0	0	0	0	0	0	0
프로통산			0	0	0	0	0	0	0

이흥실 (李興實) 한양대 1961.07.10

리그	연도	소속	출장	교체	득점	도움	파울	경고	퇴장
BC	1985	포철	21	5	10	2	19	1	0
	1986	포철	28	3	6	3	17	0	0
	1987	포철	29	4	12	6	20	3	0
	1988	포철	16	6	1	2	14	2	0
	1989	포철	39	6	4	11	33	3	0
	1990	포철	19	1	7	5	17	1	0
	1991	포철	15	11	4	6	6	0	0
	1992	포철	15	7	4	0	16	0	0
	합계		182	43	48	35	142	10	0

프로통산			182	43	48	35	142	10	0

이희성 (李熹性) 숭실대 1990.05.27

리그	연도	소속	출장	교체	실점	도움	파울	경고	퇴장
클	2014	울산	9	1	14	0	0	1	0
	2015	울산	1	1	0	0	0	0	0
	합계		10	2	14	0	0	1	0
프로통산			10	2	14	0	0	1	0

이희찬 (李熙燦) 포철고 1995.03.02

리그	연도	소속	출장	교체	득점	도움	파울	경고	퇴장
챌	2014	고양	0	0	0	0	0	0	0
	2014	부천	6	4	0	0	11	2	1
	2015	부천	0	0	0	0	0	0	0
	합계		6	4	0	0	11	2	1
프로통산			6	4	0	0	11	2	1

이희현 (李熙鉉) 한려대 1986.10.07

리그	연도	소속	출장	교체	득점	도움	파울	경고	퇴장
챌	2014	부천	0	0	0	0	0	0	0
	합계		0	0	0	0	0	0	0
프로통산			0	0	0	0	0	0	0

인디오 (Antonio Rogerio Silva Oliveira) 브라질 1981.11.21

리그	연도	소속	출장	교체	득점	도움	파울	경고	퇴장
BC	2008	경남	27	12	10	6	24	2	0
	2009	경남	30	12	9	5	27	2	0
	2010	전남	25	11	8	5	17	1	0
	2011	전남	17	17	2	1	5	1	0
	합계		99	52	29	17	73	6	0
프로통산			99	52	29	17	73	6	0

인준연 (印峻延) 신평고 1991.03.12

리그	연도	소속	출장	교체	득점	도움	파울	경고	퇴장
챌	2013	충주	14	11	2	1	17	3	0
	2014	대구	2	2	0	0	1	0	0
	합계		16	13	2	1	18	3	0
BC	2012	대구	11	8	1	0	16	1	0
	합계		11	8	1	0	16	1	0
프로통산			27	21	3	1	34	4	0

인지오 (Jose Satiro do Nascimento) 브라질 1975.04.03

리그	연도	소속	출장	교체	득점	도움	파울	경고	퇴장
BC	2003	대구	19	2	3	3	28	1	0
	2004	대구	29	8	1	3	62	4	0
	2005	대구	15	8	0	1	14	2	0
	합계		63	18	4	7	104	7	0
프로통산			63	18	4	7	104	7	0

일리안 (Micanski Ilian Emilov) 불가리아 1985.12.20

리그	연도	소속	출장	교체	득점	도움	파울	경고	퇴장
클	2015	수원	8	7	0	0	11	1	0
	합계		8	7	0	0	11	1	0
프로통산			8	7	0	0	11	1	0

일리치 (Sasa Ilić) 마케도니아 1970.09.05

리그	연도	소속	출장	교체	실점	도움	파울	경고	퇴장
BC	1995	대우	30	1	42	0	0	0	0
	1996	부산	27	0	35	0	0	1	0
	1997	부산	17	0	11	0	0	1	0
	합계		74	1	88	0	0	2	0
프로통산			74	1	88	0	0	2	0

임 호 (林虎) 경상대 1979.04.25

리그	연도	소속	출장	교체	득점	도움	파울	경고	퇴장
BC	2000	전남	4	4	0	1	2	0	0
	2001	전남	3	3	0	0	0	0	0
	2005	대구	11	5	0	0	35	3	0
	합계		18	12	0	1	37	3	0
프로통산			18	12	0	1	37	3	0

임경현 (林京鉉) 숭실대 1986.10.06

리그	연도	소속	출장	교체	득점	도움	파울	경고	퇴장
BC	2009	부산	9	10	0	0	10	1	0
	2010	부산	1	1	0	0	1	0	0
	2010	수원	6	5	0	0	7	2	0
	2011	수원	3	2	0	1	10	2	0
	2012	수원	1	1	0	0	1	1	0
	합계		20	19	0	1	29	6	0
클	2013	수원	2	2	0	0	0	0	0
	2013	전남	13	10	2	3	28	1	0
	합계		15	12	2	3	28	1	0
챌	2015	부천	13	13	2	1	19	5	0
	합계		13	13	2	1	19	5	0
프로통산			48	44	4	5	76	12	0

임경훈 (林敬勳) 포철공고 1984.03.19

리그	연도	소속	출장	교체	득점	도움	파울	경고	퇴장
BC	2004	포항	0	0	0	0	0	0	0
	2006	경남	0	0	0	0	0	0	0
	2007	경남	0	0	0	0	0	0	0
	합계		0	0	0	0	0	0	0
프로통산			0	0	0	0	0	0	0

임고석 (林告石) 성균관대 1960.02.18

리그	연도	소속	출장	교체	득점	도움	파울	경고	퇴장
BC	1983	대우	9	8	0	0	9	2	0
	1984	대우	11	8	4	0	4	0	0
	1985	대우	13	6	2	0	17	0	0
	1986	대우	25	8	5	2	35	1	0
	1987	현대	14	4	4	0	26	3	0
	1988	현대	19	10	4	1	31	1	0
	1989	유공	15	12	5	1	22	0	0
	1990	유공	5	5	0	0	5	2	0
	합계		111	61	24	4	149	9	0
프로통산			111	61	24	4	149	9	0

임관식 (林官植) 호남대 1975.07.28

리그	연도	소속	출장	교체	득점	도움	파울	경고	퇴장
BC	1998	전남	27	14	0	1	39	4	0
	1999	전남	35	4	3	1	60	2	0
	2000	전남	34	9	1	2	61	4	0
	2001	전남	24	10	0	0	34	4	0
	2002	전남	27	14	0	0	55	1	0
	2003	전남	8	6	1	0	13	0	0
	2004	부산	28	16	0	3	65	2	0
	2005	부산	26	11	1	0	48	4	0
	2006	부산	29	15	0	3	55	2	0
	2007	전남	14	13	0	0	21	2	1
	2008	전남	3	3	0	0	3	1	0
	합계		255	115	6	10	454	26	1
프로통산			255	115	6	10	454	26	1

임규식 (林奎植) 중앙대 1975.05.09

리그	연도	소속	출장	교체	득점	도움	파울	경고	퇴장
BC	1998	천안	11	10	0	0	6	2	0
	합계		11	10	0	0	6	2	0
프로통산			11	10	0	0	6	2	0

임근영 (林根永) 울산현대고 1995.05.15

리그	연도	소속	출장	교체	득점	도움	파울	경고	퇴장
챌	2014	대구	0	0	0	0	0	0	0
	합계		0	0	0	0	0	0	0
프로통산			0	0	0	0	0	0	0

임근재 (林根載) 연세대 1969.11.05

리그	연도	소속	출장	교체	득점	도움	파울	경고	퇴장
BC	1992	LG	37	20	10	2	34	0	0
	1993	LG	24	20	6	1	20	1	0
	1994	LG	24	22	2	1	8	0	0
	1995	포항	2	2	0	0	1	0	0
	1996	포항	4	4	0	0	3	1	0
	합계		91	68	18	4	66	2	0
프로통산			91	68	18	4	66	2	0

임기한 (林基漢) 대구대 1973.11.20

리그	연도	소속	출장	교체	득점	도움	파울	경고	퇴장
BC	1994	유공	5	5	2	0	1	0	0
	1995	유공	1	1	0	0	0	0	0
	1999	부천SK	6	6	0	0	2	0	0
	합계		12	12	2	0	3	0	0
프로통산			12	12	2	0	3	0	0

임동준 (任東俊) 단국대 1987.07.13

리그	연도	소속	출장	교체	득점	도움	파울	경고	퇴장
BC	2011	전북	1	1	0	0	1	0	0
	합계		1	1	0	0	1	0	0
프로통산			1	1	0	0	1	0	0

임동진 (任東鎭) 명지대 1976.03.21

리그	연도	소속	출장	교체	득점	도움	파울	경고	퇴장
BC	1999	천안	6	2	0	0	14	1	0
	합계		6	2	0	0	14	1	0
프로통산			6	2	0	0	14	1	0

임동천 (林東天) 고려대 1992.11.13

리그	연도	소속	출장	교체	득점	도움	파울	경고	퇴장
클	2014	울산	0	0	0	0	0	0	0
	합계		0	0	0	0	0	0	0
프로통산			0	0	0	0	0	0	0

임상협 (林相協) 류츠케이자이대 1988.07.08

리그	연도	소속	출장	교체	득점	도움	파울	경고	퇴장
BC	2009	전북	17	16	1	1	10	1	0
	2010	전북	7	5	0	0	4	0	0
	2011	부산	34	11	10	2	66	9	0
	2012	부산	39	19	3	1	41	6	0
	합계		97	51	14	4	121	16	0
클	2013	부산	36	6	9	4	36	5	0
	2014	부산	35	5	11	2	64	4	1
	합계		71	11	20	6	100	9	1
챌	2015	상주	34	20	12	3	29	4	0
	합계		34	20	12	3	29	4	0
프로통산			202	82	46	13	250	29	1

임석현 (林錫炫) 연세대 1960.10.13

리그	연도	소속	출장	교체	득점	도움	파울	경고	퇴장
BC	1983	국민	12	6	3	2	7	0	0
	1984	국민	22	7	3	1	10	1	0
	1985	상무	2	2	0	0	1	0	0
	합계		36	15	6	3	18	1	0
프로통산			36	15	6	3	18	1	0

임선영 (林善永) 수원대 1988.03.21

리그	연도	소속	출장	교체	득점	도움	파울	경고	퇴장
BC	2011	광주	20	14	0	1	14	2	0
	2012	광주	23	23	1	0	19	0	0
	합계		43	37	1	1	33	2	0
클	2015	광주	29	11	4	1	31	0	0
	합계		29	11	4	1	31	0	0
챌	2013	광주	21	11	4	5	27	3	0
	2014	광주	22	6	7	1	33	1	0
	합계		43	17	11	6	60	4	0
승	2014	광주	2	1	0	0	4	0	0
	합계		2	1	0	0	4	0	0
프로통산			117	66	16	8	128	6	0

임성근 (林聖根) 경상대 1963.10.01

리그	연도	소속	출장	교체	득점	도움	파울	경고	퇴장
BC	1987	럭금	11	11	1	0	3	0	0
	합계		11	11	1	0	3	0	0
프로통산			11	11	1	0	3	0	0

임성택 (林成澤) 아주대 1988.07.19

리그	연도	소속	출장	교체	득점	도움	파울	경고	퇴장
BC	2011	대구	0	0	0	0	0	0	0
	합계		0	0	0	0	0	0	0
챌	2013	수원fc	28	18	4	4	28	2	0
	2014	수원fc	34	17	6	3	35	2	0
	2015	수원fc	22	14	9	2	14	2	0
	합계		84	49	19	9	77	6	0
승	2015	수원fc	2	1	1	0	8	0	0
	합계		2	1	1	0	8	0	0
프로통산			86	50	20	9	85	6	0

임세진 (任世鎭) 성균관대 1977.09.20

리그	연도	소속	출장	교체	득점	도움	파울	경고	퇴장
BC	2000	수원	0	0	0	0	0	0	0
	합계		0	0	0	0	0	0	0
프로통산			0	0	0	0	0	0	0

임세현 (任世賢) 선문대 1988.05.30

리그	연도	소속	출장	교체	득점	도움	파울	경고	퇴장
BC	2011	성남	5	5	0	0	3	0	0
	합계		5	5	0	0	3	0	0
프로통산			5	5	0	0	3	0	0

임영주 (林暎周) 동국대 1976.03.08

리그	연도	소속	출장	교체	득점	도움	파울	경고	퇴장
BC	1999	대전	27	21	3	2	24	0	0
	2000	대전	21	21	0	0	17	2	0
	2001	대전	4	2	0	2	2	0	0
	2002	대전	9	5	0	0	14	0	0
	2003	대전	26	17	2	0	29	2	0
	2004	대전	18	10	0	0	25	0	0
	2005	대전	20	16	0	0	16	3	0
	2006	대전	24	20	0	1	26	1	0
	2007	대전	25	13	1	1	31	2	0
	합계		174	125	6	6	184	10	0
프로통산			174	125	6	6	184	10	0

임용주 (林龍柱) 경원고 1959.03.08

리그	연도	소속	출장	교체	실점	도움	파울	경고	퇴장
BC	1983	포철	4	0	3	0	0	0	0
	합계		4	0	3	0	0	0	0
프로통산			4	0	3	0	0	0	0

임유환 (林裕煥) 한양대 1983.12.02

리그	연도	소속	출장	교체	득점	도움	파울	경고	퇴장
BC	2004	전북	12	3	1	0	29	1	0
	2005	전북	16	6	0	0	20	2	1
	2006	전북	3	0	1	0	10	2	0
	2007	울산	16	5	0	0	19	2	0
	2007	전북	7	2	0	0	13	1	0
	2008	전북	34	1	3	0	50	6	0
	2009	전북	23	3	0	0	16	5	0
	2010	전북	19	3	0	1	35	3	0
	2011	전북	11	1	2	0	14	2	0
	2012	전북	27	3	2	0	32	5	0
	합계		168	27	9	1	238	29	1
클	2013	전북	8	0	0	1	16	4	0
	합계		8	0	0	1	16	4	0
프로통산			176	27	9	2	254	33	1

임인성 (林忍星) 홍익대 1985.07.23

리그	연도	소속	출장	교체	실점	도움	파울	경고	퇴장
BC	2010	광주상	1	0	3	0	0	0	0
	2011	상주	1	0	2	0	0	0	0
	합계		2	0	5	0	0	0	0
프로통산			2	0	5	0	0	0	0

임장묵 (林張默) 경희대 1961.05.10

리그	연도	소속	출장	교체	득점	도움	파울	경고	퇴장
BC	1985	한일	4	4	0	0	1	0	0
	1986	한일	1	0	0	0	0	0	0
	합계		5	4	0	0	1	0	0
프로통산			5	4	0	0	1	0	0

임재선 (林財善) 인천대 1968.06.10

리그	연도	소속	출장	교체	득점	도움	파울	경고	퇴장
BC	1991	LG	3	3	0	0	3	0	0
	1991	현대	16	11	1	1	16	2	0
	1992	현대	27	5	3	2	49	2	0
	1993	현대	31	7	6	3	50	5	0
	1994	현대	23	7	7	1	31	5	0
	1995	현대	21	21	1	1	21	2	0
	1996	울산	23	18	4	4	25	1	0
	1997	전남	22	17	1	1	31	2	0
	1998	천안	9	9	0	1	7	0	0
	합계		175	98	23	14	233	19	0
프로통산			175	98	23	14	233	19	0

임재훈 (林在勳) 명지대 1987.01.01

리그	연도	소속	출장	교체	득점	도움	파울	경고	퇴장
BC	2009	성남	2	2	0	0	0	0	0
	합계		2	2	0	0	0	0	0
프로통산			2	2	0	0	0	0	0

임종국 (林鍾國) 단국대학원 1968.04.13

리그	연도	소속	출장	교체	실점	도움	파울	경고	퇴장
BC	1991	LG	4	1	6	0	0	0	0
	1992	LG	14	1	16	0	0	0	0
	1995	LG	6	0	13	0	0	0	0
	1996	안양LG	16	0	21	0	0	0	0
	1997	안양LG	25	0	38	0	1	2	0
	1998	안양LG	19	2	20	0	2	1	0
	1999	안양LG	27	0	41	0	3	3	0
	2001	부산	0	0	0	0	0	0	0
	합계		111	4	155	0	6	6	0
프로통산			111	4	155	0	6	6	0

임종욱 (林鐘旭) 경희대 1986.08.26

리그	연도	소속	출장	교체	득점	도움	파울	경고	퇴장
챌	2013	충주	30	23	4	2	50	10	0
	합계		30	23	4	2	50	10	0
프로통산			30	23	4	2	50	10	0

임종은 (林宗垠) 현대고 1990.06.18

리그	연도	소속	출장	교체	득점	도움	파울	경고	퇴장
BC	2009	울산	19	1	0	0	25	3	1
	2012	성남	38	5	2	1	30	4	0
	합계		57	6	2	1	55	7	1
클	2013	전남	34	3	2	0	24	4	0
	2014	전남	29	6	0	0	19	2	0
	2015	전남	28	5	1	0	24	5	0
	합계		91	14	3	0	67	11	0
프로통산			148	20	5	1	122	18	1

임종헌 (林鍾憲) 고려대 1966.03.08

리그	연도	소속	출장	교체	득점	도움	파울	경고	퇴장
BC	1989	일화	40	0	0	1	19	0	0
	1990	일화	28	1	0	2	23	4	0
	1991	일화	30	4	0	0	19	2	0
	1992	일화	15	8	0	0	8	1	0
	1993	일화	7	6	0	0	1	0	0
	1994	현대	16	4	0	0	8	3	0
	1995	현대	29	6	0	1	14	4	0
	1996	울산	13	6	1	0	7	4	0
	합계		178	35	1	4	99	18	0
프로통산			178	35	1	4	99	18	0

임종훈 (林鍾勳) 배재대 1976.06.14

리그	연도	소속	출장	교체	득점	도움	파울	경고	퇴장
BC	1999	전북	0	0	0	0	0	0	0
	2002	전북	11	4	0	1	12	3	0
	2003	전북	21	9	1	0	23	4	0
	2004	인천	3	1	0	0	5	1	0
	2004	전북	17	4	0	0	26	4	0
	2005	전북	7	3	0	0	10	3	0
	합계		59	21	1	1	76	15	0
프로통산			59	21	1	1	76	15	0

임준식 (林俊植) 영남대 1981.09.13

리그	연도	소속	출장	교체	득점	도움	파울	경고	퇴장
BC	2004	전남	1	0	0	0	0	1	0
	합계		1	0	0	0	0	1	0
프로통산			1	0	0	0	0	1	0

임중용 (林重容) 성균관대 1975.04.21

리그	연도	소속	출장	교체	득점	도움	파울	경고	퇴장
BC	1999	부산	34	14	1	2	53	5	0
	2000	부산	24	14	0	1	33	3	1
	2001	부산	2	1	0	0	0	0	0
	2003	대구	15	9	1	0	33	2	0
	2004	인천	29	4	1	0	29	3	1
	2005	인천	39	1	3	2	31	2	0
	2006	인천	32	0	1	0	18	3	0
	2007	인천	33	2	0	0	27	3	1
	2008	인천	25	3	0	0	21	4	0
	2009	인천	34	0	1	0	44	7	0
	2010	인천	26	2	0	0	21	4	0
	2011	인천	1	1	0	0	0	0	0
	합계		294	51	8	5	310	36	3
프로통산			294	51	8	5	310	36	3

임진영 (林眞穎) 울산과학대 1980.05.11

리그	연도	소속	출장	교체	득점	도움	파울	경고	퇴장
BC	2006	성남	7	5	0	0	13	1	0
	합계		7	5	0	0	13	1	0
프로통산			7	5	0	0	13	1	0

임진욱 (林珍旭) 동국대 1991.04.22

리그	연도	소속	출장	교체	득점	도움	파울	경고	퇴장
챌	2014	충주	21	11	7	0	22	0	0
	2015	충주	18	11	2	1	9	2	0
	합계		39	22	9	1	31	2	0
프로통산			39	22	9	1	31	2	0

임창균 (林昌均) 경희대 1990.04.19

리그	연도	소속	출장	교체	득점	도움	파울	경고	퇴장
클	2014	경남	5	5	0	0	4	1	0
	합계		5	5	0	0	4	1	0
챌	2013	부천	32	10	5	7	24	6	0
	2015	경남	35	24	4	9	18	3	0
	합계		67	34	9	16	42	9	0
프로통산			72	39	9	16	46	10	0

임창우 (任倉佑) 현대고 1992.02.13

리그	연도	소속	출장	교체	득점	도움	파울	경고	퇴장
BC	2011	울산	0	0	0	0	0	0	0
	2012	울산	6	1	0	0	5	1	0
	합계		6	1	0	0	5	1	0
클	2013	울산	0	0	0	0	0	0	0
	2015	울산	27	3	1	0	25	6	0
	합계		27	3	1	0	25	6	0
챌	2014	대전	28	3	2	0	29	1	0
	합계		28	3	2	0	29	1	0
프로통산			61	7	3	0	59	8	0

임채민 (林採民) 영남대 1990.11.18

리그	연도	소속	출장	교체	득점	도움	파울	경고	퇴장
클	2013	성남	21	3	3	0	20	5	2
	2014	성남	34	1	0	1	37	9	0
	2015	성남	13	0	0	1	13	3	0
	합계		68	4	3	2	70	17	2
프로통산			68	4	3	2	70	17	2

임충현 (林忠炫) 광운대 1983.07.20

리그	연도	소속	출장	교체	득점	도움	파울	경고	퇴장
BC	2007	대전	15	2	0	0	38	3	0
	합계		15	2	0	0	38	3	0
프로통산			15	2	0	0	38	3	0

임태섭 (林太燮) 홍익대 1990.06.23

리그	연도	소속	출장	교체	득점	도움	파울	경고	퇴장
챌	2013	충주	12	12	2	1	12	1	0
	합계		12	12	2	1	12	1	0
프로통산			12	12	2	1	12	1	0

임하람 (林하람) 연세대 1990.11.18

리그	연도	소속	출장	교체	득점	도움	파울	경고	퇴장
BC	2011	광주	14	4	0	0	34	5	0
	2012	광주	12	2	0	0	20	2	0
	합계		26	6	0	0	54	7	0
클	2014	인천	12	8	0	0	10	1	0
	합계		12	8	0	0	10	1	0
챌	2013	광주	28	3	0	0	46	3	0
	2015	수원fc	31	8	0	0	50	10	0
	합계		59	11	0	0	96	13	0

리그	연도	소속	출장	교체	득점	도움	파울	경고	퇴장
승	2015	수원fc	1	0	0	0	2	0	1
	합계		1	0	0	0	2	0	1
프로통산			98	25	0	0	162	21	1

임현우 (林炫佑) 아주대 1983.03.26

리그	연도	소속	출장	교체	득점	도움	파울	경고	퇴장
BC	2005	대구	1	1	0	0	0	0	0
	2006	대구	2	2	0	0	2	0	0
	2007	대구	19	12	0	1	8	0	0
	2008	대구	20	11	0	1	14	1	0
	2009	대구	3	3	0	0	0	0	0
	합계		45	29	0	2	24	1	0
프로통산			45	29	0	2	24	1	0

자심 (Abbas Obeid Jassim) 이라크 1973.12.10

리그	연도	소속	출장	교체	득점	도움	파울	경고	퇴장
BC	1996	안양LG	31	18	4	5	26	3	0
	1997	안양LG	5	5	0	0	7	0	0
	1997	포항	15	11	2	1	12	3	0
	1998	포항	26	19	2	2	34	6	0
	1999	포항	19	18	2	4	14	0	0
	2000	포항	27	18	3	1	34	0	0
	2001	포항	7	5	2	1	3	1	0
	합계		130	94	15	14	130	13	0
프로통산			130	94	15	14	130	13	0

자엘 (Jael Ferreira Vieira) 브라질 1988.10.30

리그	연도	소속	출장	교체	득점	도움	파울	경고	퇴장
BC	2012	성남	15	4	2	4	41	5	0
	합계		15	4	2	4	41	5	0
프로통산			15	4	2	4	41	5	0

자일 (Jair Eduardo Britto da Silva) 브라질 1988.06.10

리그	연도	소속	출장	교체	득점	도움	파울	경고	퇴장
BC	2011	제주	11	10	2	2	11	3	0
	2012	제주	44	16	18	9	49	0	0
	합계		55	26	20	11	60	3	0
프로통산			55	26	20	11	60	3	0

자크미치 (Muhamed Dzakmić) 보스니아 헤르체고비나 1985.08.23

리그	연도	소속	출장	교체	득점	도움	파울	경고	퇴장
BC	2011	강원	17	8	0	2	27	4	0
	2012	강원	21	9	0	0	41	3	0
	합계		38	17	0	2	68	7	0
프로통산			38	17	0	2	68	7	0

자파 (Jonas Augusto Bouvie) 브라질 1986.10.05

리그	연도	소속	출장	교체	득점	도움	파울	경고	퇴장
챌	2014	수원fc	18	5	7	1	27	2	0
	2015	수원fc	35	15	21	7	31	3	0
	합계		53	20	28	8	58	5	0
승	2015	수원fc	2	1	1	1	2	1	0
	합계		2	1	1	1	2	1	0
프로통산			55	21	29	9	60	6	0

잔코 (Zanko Savov) 마케도니아 1965.10.14

리그	연도	소속	출장	교체	득점	도움	파울	경고	퇴장
BC	1995	전북	8	1	1	1	17	2	0
	1996	전북	32	15	3	2	33	2	0
	1997	전북	28	13	8	3	36	2	0
	1998	전북	25	21	4	0	19	1	0
	합계		93	50	16	6	105	7	0
프로통산			93	50	16	6	105	7	0

장경영 (張景寧) 선문대 1982.03.12

리그	연도	소속	출장	교체	득점	도움	파울	경고	퇴장
BC	2006	인천	1	1	0	0	0	0	0
	합계		1	1	0	0	0	0	0
프로통산			1	1	0	0	0	0	0

장경진 (張敬珍) 광양제철고 1983.08.31

리그	연도	소속	출장	교체	득점	도움	파울	경고	퇴장
BC	2002	전남	0	0	0	0	0	0	0
	2004	전남	2	1	0	0	1	0	0
	2005	인천	14	2	1	0	17	2	0
	2006	인천	27	1	0	0	53	5	0
	2007	인천	29	5	3	0	62	3	0
	2008	광주상	12	1	0	0	15	6	0
	2009	광주상	13	10	0	0	14	0	0
	2011	인천	14	7	0	0	20	5	0
	2012	광주	6	3	0	0	8	2	0
	합계		117	30	4	0	190	23	0
프로통산			117	30	4	0	190	23	0

장기봉 (張基奉) 중앙대 1977.07.08

리그	연도	소속	출장	교체	득점	도움	파울	경고	퇴장
BC	2000	부산	0	0	0	0	0	0	0
	2001	부산	1	1	0	0	1	0	0
	합계		1	1	0	0	1	0	0
프로통산			1	1	0	0	1	0	0

장기정 (張起淨) 전주대 1971.06.27

리그	연도	소속	출장	교체	득점	도움	파울	경고	퇴장
BC	1994	버팔로	1	1	0	0	2	0	0
	합계		1	1	0	0	2	0	0
프로통산			1	1	0	0	2	0	0

장남석 (張南錫) 중앙대 1983.04.18

리그	연도	소속	출장	교체	득점	도움	파울	경고	퇴장
BC	2006	대구	36	23	9	4	39	3	0
	2007	대구	16	13	2	2	20	1	0
	2008	대구	29	21	11	4	44	2	0
	2009	대구	15	7	0	0	18	3	0
	2010	대구	24	12	4	5	36	2	0
	2011	상주	16	4	3	4	29	1	0
	합계		136	80	29	19	186	12	0
프로통산			136	80	29	19	186	12	0

장대일 (張大一) 연세대 1975.03.09

리그	연도	소속	출장	교체	득점	도움	파울	경고	퇴장
BC	1998	천안	14	5	2	0	10	0	0
	1999	천안	21	10	3	2	41	4	0
	2000	성남	5	3	0	0	1	0	0
	2000	부산	11	1	0	0	9	1	0
	2001	부산	15	3	1	0	9	3	0
	2002	부산	5	3	0	0	2	0	0
	2003	부산	24	6	0	2	19	2	0
	합계		95	31	6	4	91	10	0
프로통산			95	31	6	4	91	10	0

장대희 (張大熙) 현대고 1994.04.19

리그	연도	소속	출장	교체	실점	도움	파울	경고	퇴장
클	2015	울산	3	0	1	0	0	0	0
	합계		3	0	1	0	0	0	0
프로통산			3	0	1	0	0	0	0

장동혁 (張東爀) 명지대 1983.05.20

리그	연도	소속	출장	교체	득점	도움	파울	경고	퇴장
BC	2006	전남	12	9	0	0	26	3	0
	2007	전남	8	6	0	0	21	2	0
	2008	전남	1	1	0	0	0	0	0
	합계		21	16	0	0	47	5	0
프로통산			21	16	0	0	47	5	0

장동현 (張東炫) 원주공고 1982.03.19

리그	연도	소속	출장	교체	득점	도움	파울	경고	퇴장
BC	2004	성남	4	4	1	0	5	0	0
	합계		4	4	1	0	5	0	0
프로통산			4	4	1	0	5	0	0

장민석 (張緡碩) 홍익대 1976.03.31

리그	연도	소속	출장	교체	득점	도움	파울	경고	퇴장
BC	1999	전북	13	13	1	0	17	1	0
	합계		13	13	1	0	17	1	0
프로통산			13	13	1	0	17	1	0

장백규 (張伯圭) 선문대 1991.10.09

리그	연도	소속	출장	교체	득점	도움	파울	경고	퇴장
챌	2014	대구	18	10	3	4	16	0	0
	2015	대구	29	26	2	7	16	1	0
	합계		47	36	5	11	32	1	0
프로통산			47	36	5	11	32	1	0

장상원 (張相元) 전주대 1977.09.30

리그	연도	소속	출장	교체	득점	도움	파울	경고	퇴장
BC	2003	울산	9	3	0	0	16	0	0
	2004	울산	14	13	1	0	21	1	0
	2005	울산	25	15	2	0	21	3	0
	2006	울산	30	20	2	0	25	4	0
	2007	울산	12	9	0	0	8	1	0
	2008	대구	10	9	0	0	6	2	0
	2009	대구	2	2	0	0	0	0	0
	합계		102	71	5	0	97	11	0
프로통산			102	71	5	0	97	11	0

장석민 (張錫珉) 초당대 1989.07.25

리그	연도	소속	출장	교체	득점	도움	파울	경고	퇴장
BC	2011	강원	1	1	0	0	0	0	0
	합계		1	1	0	0	0	0	0
프로통산			1	1	0	0	0	0	0

장석원 (張碩元) 단국대 1989.08.11

리그	연도	소속	출장	교체	득점	도움	파울	경고	퇴장
BC	2010	성남	3	3	0	0	0	0	0
	2011	성남	1	0	0	0	0	0	0
	2012	상주	2	2	0	0	1	0	0
	합계		6	5	0	0	1	0	0
클	2014	성남	20	6	0	0	15	2	0
	2015	성남	18	3	0	0	14	2	0
	합계		38	9	0	0	29	4	0
프로통산			44	14	0	0	30	4	0

장성욱 (張成旭) 한성대 1979.09.01

리그	연도	소속	출장	교체	득점	도움	파울	경고	퇴장
BC	2002	울산	0	0	0	0	0	0	0
	합계		0	0	0	0	0	0	0
프로통산			0	0	0	0	0	0	0

장성천 (張誠泉) 부산개성고 1989.05.05

리그	연도	소속	출장	교체	득점	도움	파울	경고	퇴장
BC	2008	제주	0	0	0	0	0	0	0
	합계		0	0	0	0	0	0	0
프로통산			0	0	0	0	0	0	0

장영훈 (張永勳) 경북산업대(경일대) 1972.02.04

리그	연도	소속	출장	교체	득점	도움	파울	경고	퇴장
BC	1992	포철	21	15	1	2	19	1	0
	1993	포철	27	19	4	2	31	2	0
	1994	포철	5	3	0	0	8	2	0
	1995	포항	17	14	3	1	23	1	0
	1996	포항	24	19	1	2	43	5	0
	1997	포항	28	10	4	3	42	3	0
	1998	포항	7	5	1	1	3	0	0
	1998	안양LG	5	4	0	0	6	2	0
	1999	안양LG	11	9	1	1	13	1	0
	합계		145	98	15	12	188	17	0
프로통산			145	98	15	12	188	17	0

장외룡 (張外龍) 연세대 1959.04.05

리그	연도	소속	출장	교체	득점	도움	파울	경고	퇴장
BC	1983	대우	15	0	0	1	26	1	0
	1984	대우	18	3	0	0	14	4	1
	1985	대우	20	0	0	0	17	3	0
	1986	대우	24	6	0	1	18	3	0
	합계		77	9	0	2	75	11	1
프로통산			77	9	0	2	75	11	1

장용익 (張勇翼) 수원대 1989.01.01

리그	연도	소속	출장	교체	득점	도움	파울	경고	퇴장
BC	2011	전남	0	0	0	0	0	0	0
	합계		0	0	0	0	0	0	0
프로통산			0	0	0	0	0	0	0

장우창 (張佑暢) 광운대 1978.10.18

리그	연도	소속	출장	교체	득점	도움	파울	경고	퇴장
BC	2004	인천	8	5	0	1	16	3	0

리그	연도	소속	출장	교체	득점	도움	파울	경고	퇴장
	2005	인천	12	8	0	0	12	1	0
	2006	부산	7	4	0	0	3	1	0
	합계		27	17	0	1	31	5	0
프로통산			27	17	0	1	31	5	0

장원석 (張原碩) 호남대 1986.04.16

리그	연도	소속	출장	교체	득점	도움	파울	경고	퇴장
BC	2009	인천	16	7	1	0	37	6	0
	2010	인천	10	5	0	0	26	5	0
	2011	인천	24	5	2	3	51	8	0
	2012	인천	1	1	0	0	3	1	0
	2012	제주	9	2	0	1	13	1	0
	합계		60	20	3	4	130	21	0
클	2013	제주	10	5	0	0	10	1	0
	합계		10	5	0	0	10	1	0
챌	2014	대전	31	9	1	4	33	4	0
	합계		31	9	1	4	33	4	0
프로통산			101	34	4	8	173	26	0

장윤호 (張潤鎬) 영생고 1996.08.25

리그	연도	소속	출장	교체	득점	도움	파울	경고	퇴장
클	2015	전북	10	7	2	0	20	2	0
	합계		10	7	2	0	20	2	0
프로통산			10	7	2	0	20	2	0

장은규 (張殷圭) 건국대 1992.08.15

리그	연도	소속	출장	교체	득점	도움	파울	경고	퇴장
클	2014	제주	22	5	0	0	51	7	0
	2015	제주	10	7	0	0	14	4	0
	합계		32	12	0	0	65	11	0
프로통산			32	12	0	0	65	11	0

장재완 (張在完) 고려대 1983.06.04

리그	연도	소속	출장	교체	득점	도움	파울	경고	퇴장
BC	2006	울산	0	0	0	0	0	0	0
	합계		0	0	0	0	0	0	0
프로통산			0	0	0	0	0	0	0

장재우 (張在佑) 숭실대 1988.01.07

리그	연도	소속	출장	교체	득점	도움	파울	경고	퇴장
BC	2010	인천	0	0	0	0	0	0	0
	합계		0	0	0	0	0	0	0
프로통산			0	0	0	0	0	0	0

장재학 (張在學) 중앙대 1967.01.15

리그	연도	소속	출장	교체	득점	도움	파울	경고	퇴장
BC	1989	포철	15	7	0	1	17	1	0
	1991	현대	10	6	0	0	8	0	0
	합계		25	13	0	1	25	1	0
프로통산			25	13	0	1	25	1	0

장정 (張政) 아주대 1964.05.05

리그	연도	소속	출장	교체	득점	도움	파울	경고	퇴장
BC	1987	럭금	26	3	0	0	46	4	0
	1988	럭금	7	1	0	0	8	0	0
	합계		33	4	0	0	54	4	0
프로통산			33	4	0	0	54	4	0

장조윤 (張朝潤) 보인정보산업고 1988.01.01

리그	연도	소속	출장	교체	득점	도움	파울	경고	퇴장
챌	2015	충주	11	10	1	0	4	0	0
	합계		11	10	1	0	4	0	0
BC	2007	전북	2	2	0	0	0	0	0
	합계		2	2	0	0	0	0	0
프로통산			13	12	1	0	4	0	0

장지현 (張地鉉) 성균관대 1975.04.11

리그	연도	소속	출장	교체	득점	도움	파울	경고	퇴장
BC	1999	수원	18	8	0	2	31	4	0
	2000	수원	30	13	3	0	70	4	1
	2001	수원	8	7	0	1	16	0	0
	2004	수원	2	0	0	0	4	0	0
	2005	수원	8	4	0	0	19	1	0
	2006	전북	15	10	3	0	41	3	0
	2007	전북	13	9	0	1	17	3	0
	합계		94	51	6	4	198	15	1
프로통산			94	51	6	4	198	15	1

장창순 (張暢純) 전북대 1962.09.01

리그	연도	소속	출장	교체	득점	도움	파울	경고	퇴장
BC	1985	상무	10	6	0	2	9	1	0
	1989	일화	9	10	0	0	2	0	0
	합계		19	16	0	2	11	1	0
프로통산			19	16	ㅊ	2	11	1	0

장철민 (張鐵民) 부산공대(부경대) 1972.05.19

리그	연도	소속	출장	교체	득점	도움	파울	경고	퇴장
BC	1995	전북	17	15	1	0	12	1	0
	1996	전북	5	5	1	0	3	0	0
	1997	울산	7	6	0	1	5	0	0
	1998	울산	26	22	4	6	33	2	0
	1999	울산	6	5	0	0	2	0	0
	2000	울산	26	19	1	2	12	0	0
	2001	울산	9	7	1	3	11	0	0
	2002	울산	6	6	0	0	9	0	0
	합계		102	85	8	12	87	3	0
프로통산			102	85	8	12	87	3	0

장철우 (張鐵雨) 아주대 1971.04.01

리그	연도	소속	출장	교체	득점	도움	파울	경고	퇴장
BC	1997	대전	32	5	2	3	33	3	0
	1998	대전	28	9	5	3	33	2	0
	1999	대전	30	9	8	5	39	4	1
	2000	대전	21	6	5	0	32	3	0
	2001	대전	31	2	1	1	69	5	0
	2002	대전	32	5	2	3	58	7	0
	2003	대전	40	3	0	1	66	6	0
	2004	대전	31	2	0	6	39	5	0
	2005	대전	29	6	0	0	54	5	0
	합계		274	47	23	22	423	40	1
프로통산			274	47	23	22	423	40	1

장태규 (張汰圭) 아주대 1976.04.25

리그	연도	소속	출장	교체	득점	도움	파울	경고	퇴장
BC	1999	부산	2	3	0	0	1	1	0
	2000	부산	0	0	0	0	0	0	0
	합계		2	3	0	0	1	1	0
프로통산			2	3	0	0	1	1	0

장학영 (張學榮) 경기대 1981.08.24

리그	연도	소속	출장	교체	득점	도움	파울	경고	퇴장
BC	2004	성남	16	8	0	0	13	1	0
	2005	성남	36	2	0	0	48	4	0
	2006	성남	42	1	2	3	60	1	0
	2007	성남	29	0	3	2	31	2	0
	2008	성남	37	1	1	1	45	3	0
	2009	성남	36	2	0	4	42	3	1
	2010	성남	15	0	3	1	17	2	0
	2012	부산	23	2	0	0	32	7	0
	합계		234	16	9	11	288	23	1
클	2013	부산	37	0	3	2	16	3	0
	2014	부산	33	4	0	3	23	2	0
	2015	성남	17	2	0	1	14	3	0
	합계		87	6	3	6	53	8	0
프로통산			321	22	12	17	341	31	1

장혁진 (張爀鎭) 대경대 1989.12.06

리그	연도	소속	출장	교체	득점	도움	파울	경고	퇴장
BC	2011	강원	8	7	0	0	8	0	0
	2012	강원	15	12	1	1	15	1	0
	합계		23	19	1	1	23	1	0
클	2014	상주	7	7	0	1	6	0	0
	합계		7	7	0	1	6	0	0
챌	2013	상주	10	10	1	0	13	0	0
	2014	강원	9	3	0	2	10	1	0
	2015	강원	29	11	2	2	43	6	0
	합계		48	24	3	4	66	7	0
프로통산			78	50	4	6	95	8	0

장현규 (張鉉奎) 울산대 1981.08.22

리그	연도	소속	출장	교체	득점	도움	파울	경고	퇴장
BC	2004	대전	22	6	2	0	31	2	0
	2005	대전	24	4	0	0	45	5	0
	2006	대전	36	7	0	0	52	3	0
	2007	대전	19	5	0	0	27	4	0
	2008	포항	22	3	1	0	38	3	0
	2009	광주상	29	7	3	2	24	0	0
	2010	광주상	21	2	0	0	23	2	0
	2010	포항	1	1	0	0	3	1	0
	2011	포항	5	2	0	0	4	1	0
	합계		179	37	6	2	247	21	0
프로통산			179	37	6	2	247	21	0

장현수 (張鉉洙) 용인대 1993.01.01

리그	연도	소속	출장	교체	득점	도움	파울	경고	퇴장
클	2015	수원	4	4	0	1	2	0	0
	합계		4	4	0	1	2	0	0
프로통산			4	4	0	1	2	0	0

장현우 (張現宇) 동북고 1993.05.26

리그	연도	소속	출장	교체	득점	도움	파울	경고	퇴장
클	2014	상주	0	0	0	0	0	0	0
	합계		0	0	0	0	0	0	0
챌	2015	상주	1	1	0	0	3	0	0
	합계		1	1	0	0	3	0	0
프로통산			1	1	0	0	3	0	0

장현호 (張現浩) 고려대 1972.10.14

리그	연도	소속	출장	교체	득점	도움	파울	경고	퇴장
BC	1995	포항	26	2	0	1	26	2	0
	1996	포항	26	4	0	0	31	2	1
	1997	포항	23	6	0	0	32	1	0
	2000	포항	10	2	0	0	10	3	0
	2001	성남	0	0	0	0	0	0	0
	합계		85	14	0	1	99	8	1
프로통산			85	14	0	1	99	8	1

장형곤 (張炯坤) 경희고 1961.01.29

리그	연도	소속	출장	교체	득점	도움	파울	경고	퇴장
BC	1984	현대	1	1	0	0	2	0	0
	합계		1	1	0	0	2	0	0
프로통산			1	1	0	0	2	0	0

장형관 (張馨官) 인천대 1980.07.19

리그	연도	소속	출장	교체	득점	도움	파울	경고	퇴장
BC	2003	대구	14	12	0	0	10	2	0
	2004	대구	3	2	0	0	4	0	0
	합계		17	14	0	0	14	2	0
프로통산			17	14	0	0	14	2	0

장형석 (張亨碩) 성보고 1972.07.07

리그	연도	소속	출장	교체	득점	도움	파울	경고	퇴장
BC	1992	현대	12	9	1	0	10	1	0
	1993	현대	1	1	0	1	0	0	0
	1995	현대	3	1	0	0	7	1	0
	1996	울산	28	9	5	0	52	5	1
	1997	울산	25	1	1	2	46	6	0
	1998	울산	18	13	0	0	30	2	0
	1999	울산	21	5	1	0	33	1	0
	1999	안양LG	10	4	0	1	18	3	0
	2002	부천SK	17	10	0	0	19	3	0
	합계		135	53	8	4	215	22	1
프로통산			135	53	8	4	215	22	1

쟈스민 (Jasmin Mujdza) 크로아티아 1974.03.02

리그	연도	소속	출장	교체	득점	도움	파울	경고	퇴장
BC	2002	성남	16	5	0	0	25	0	0
	합계		16	5	0	0	25	0	0
프로통산			16	5	0	0	25	0	0

전경준 (全慶埈) 경북산업대(경일대) 1973.09.10

리그	연도	소속	출장	교체	득점	도움	파울	경고	퇴장
BC	1993	포철	8	7	0	1	5	0	0
	1994	포철	2	2	0	0	1	0	0
	1995	포항	19	19	0	1	13	3	0

	1996	포항	32	25	5	3	36	1	0
	1997	포항	33	18	2	3	33	3	0
	1998	포항	23	18	2	2	16	0	0
	1999	포항	10	7	0	0	10	0	0
	1999	부천SK	17	15	2	4	17	1	0
	2000	부천SK	38	37	7	13	24	4	1
	2001	부천SK	30	28	3	3	18	0	1
	2002	전북	32	13	4	3	33	3	0
	2003	전북	25	18	2	4	32	1	0
	2004	전북	11	11	1	0	6	0	0
	2005	전북	7	7	0	0	5	1	0
	합계		287	225	28	37	249	17	2
프로통산			287	225	28	37	249	17	2

전경진 (全景鎭) 한양대 1976.02.10

리그	연도	소속	출장	교체	득점	도움	파울	경고	퇴장
BC	2000	성남	2	2	0	0	1	0	0
	합계		2	2	0	0	1	0	0
프로통산			2	2	0	0	1	0	0

전경택 (田坰澤) 성균관대 1970.06.20

리그	연도	소속	출장	교체	득점	도움	파울	경고	퇴장
BC	1997	대전	22	5	0	0	36	2	0
	1998	대전	27	5	0	0	39	3	0
	1999	대전	5	4	0	0	7	1	0
	합계		54	14	0	0	82	6	0
프로통산			54	14	0	0	82	6	0

전광진 (全光眞) 명지대 1981.06.30

리그	연도	소속	출장	교체	득점	도움	파울	경고	퇴장
BC	2004	성남	19	9	0	1	43	3	0
	2005	성남	9	7	0	0	11	0	0
	2006	광주상	34	14	0	4	38	3	1
	2007	광주상	25	6	0	2	43	12	0
	2008	성남	9	6	0	0	10	2	0
	2009	성남	23	4	0	0	27	4	1
	2010	성남	32	7	2	4	34	8	0
	합계		151	53	2	11	206	32	2
프로통산			151	53	2	11	206	32	2

전광철 (全光哲) 경신고 1982.07.16

리그	연도	소속	출장	교체	득점	도움	파울	경고	퇴장
BC	2001	울산	1	1	0	0	0	0	0
	2002	울산	1	1	0	0	3	0	0
	합계		2	2	0	0	3	0	0
프로통산			2	2	0	0	3	0	0

전광환 (田廣煥) 울산대 1982.07.29

리그	연도	소속	출장	교체	득점	도움	파울	경고	퇴장
클	2013	전북	19	7	0	0	17	1	0
	합계		19	7	0	0	17	1	0
챌	2014	부천	20	4	0	0	24	1	0
	2015	부천	33	2	0	0	21	5	0
	합계		53	6	0	0	45	6	0
BC	2005	전북	0	0	0	0	0	0	0
	2006	전북	18	3	0	0	35	3	0
	2007	전북	23	6	0	4	37	2	0
	2008	전북	4	1	0	0	4	1	0
	2009	광주상	28	15	0	0	15	2	0
	2010	광주상	26	5	0	0	28	1	0
	2010	전북	1	0	0	0	0	0	0
	2011	전북	7	1	0	0	10	1	0
	2012	전북	31	2	0	1	33	1	0
	합계		138	33	0	5	162	11	0
프로통산			210	46	0	5	224	18	0

전기성 (全基成) 광주대 1993.04.29

리그	연도	소속	출장	교체	득점	도움	파울	경고	퇴장
챌	2015	서울E	1	0	0	0	1	0	0
	합계		1	0	0	0	1	0	0
프로통산			1	0	0	0	1	0	0

전덕찬 (全德燦) 계성고 1963.05.05

리그	연도	소속	출장	교체	득점	도움	파울	경고	퇴장
BC	1984	대우	1	1	0	0	1	0	0
	1986	대우	1	1	0	0	0	0	0
	합계		2	2	0	0	1	0	0
프로통산			2	2	0	0	1	0	0

전만호 (田萬浩) 대구공고 1967.01.07

리그	연도	소속	출장	교체	득점	도움	파울	경고	퇴장
BC	1990	대우	1	1	0	0	1	1	0
	합계		1	1	0	0	1	1	0
프로통산			1	1	0	0	1	1	0

전명근 (田明根) 호남대 1990.04.30

리그	연도	소속	출장	교체	득점	도움	파울	경고	퇴장
챌	2013	광주	10	9	0	0	8	0	0
	합계		10	9	0	0	8	0	0
프로통산			10	9	0	0	8	0	0

전민관 (全珉寬) 고려대 1990.10.19

리그	연도	소속	출장	교체	득점	도움	파울	경고	퇴장
챌	2013	부천	13	1	0	1	12	2	0
	2014	부천	1	1	0	0	0	0	0
	합계		14	2	0	1	12	2	0
프로통산			14	2	0	1	12	2	0

전민광 (全珉洸) 중원대 1993.01.17

리그	연도	소속	출장	교체	득점	도움	파울	경고	퇴장
챌	2015	서울E	18	7	1	1	14	1	0
	합계		18	7	1	1	14	1	0
프로통산			18	7	1	1	14	1	0

전병수 (全昞壽) 동국대 1992.03.14

리그	연도	소속	출장	교체	득점	도움	파울	경고	퇴장
챌	2015	강원	8	8	0	0	16	0	0
	합계		8	8	0	0	16	0	0
프로통산			8	8	0	0	16	0	0

전보훈 (全寶訓) 숭실대 1988.03.10

리그	연도	소속	출장	교체	득점	도움	파울	경고	퇴장
BC	2011	대전	5	5	0	0	6	0	0
	합계		5	5	0	0	6	0	0
프로통산			5	5	0	0	6	0	0

전봉성 (全峰星) 경운대 1985.03.18

리그	연도	소속	출장	교체	득점	도움	파울	경고	퇴장
BC	2008	전남	0	0	0	0	0	0	0
	합계		0	0	0	0	0	0	0
프로통산			0	0	0	0	0	0	0

전상대 (田相大) 숭실대 1982.04.10

리그	연도	소속	출장	교체	득점	도움	파울	경고	퇴장
BC	2006	경남	2	2	0	0	2	0	0
	2008	대구	0	0	0	0	0	0	0
	합계		2	2	0	0	2	0	0
프로통산			2	2	0	0	2	0	0

전상욱 (全相昱) 단국대 1979.09.22

리그	연도	소속	출장	교체	실점	도움	파울	경고	퇴장
BC	2005	성남	0	0	0	0	0	0	0
	2006	성남	3	1	2	0	0	0	0
	2008	성남	0	0	0	0	0	0	0
	2009	성남	3	0	2	0	0	0	0
	2010	부산	26	0	36	0	1	4	0
	2011	부산	21	0	23	0	1	5	0
	2012	부산	32	0	34	0	1	2	0
	합계		85	1	97	0	3	11	0
클	2013	성남	38	1	41	0	1	1	0
	2014	성남	3	0	6	0	0	0	0
	2015	성남	6	0	7	0	0	3	0
	합계		47	1	54	0	1	4	0
프로통산			132	2	151	0	4	15	0

전상훈 (田尙勳) 연세대 1989.09.10

리그	연도	소속	출장	교체	득점	도움	파울	경고	퇴장
BC	2011	대전	4	0	0	0	4	0	0
	합계		4	0	0	0	4	0	0
클	2014	경남	0	0	0	0	0	0	0
	합계		0	0	0	0	0	0	0
챌	2013	경찰	2	2	0	0	1	0	0
	2015	경남	26	9	0	1	21	3	0
	합계		28	11	0	1	22	3	0
프로통산			32	11	0	1	26	3	0

전성찬 (全成贊) 광운대 1987.12.27

리그	연도	소속	출장	교체	득점	도움	파울	경고	퇴장
BC	2011	성남	24	7	3	2	38	4	0
	2012	성남	6	6	0	0	6	0	0
	합계		30	13	3	2	44	4	0
프로통산			82	51	3	3	90	8	0
클	2013	성남	0	0	0	0	0	0	0
	2013	부산	10	9	0	0	10	0	0
	2014	부산	17	16	0	0	14	0	0
	2015	부산	24	12	0	1	20	3	0
	합계		51	37	0	1	44	3	0
승	2015	부산	1	1	0	0	2	1	0
	합계		1	1	0	0	2	1	0

전영수 (全榮秀) 성균관대 1963.02.19

리그	연도	소속	출장	교체	득점	도움	파울	경고	퇴장
BC	1986	현대	22	14	1	7	16	1	0
	1989	유공	12	11	1	1	7	0	0
	1990	유공	6	4	1	1	3	0	0
	1991	유공	3	3	0	0	4	0	0
	합계		43	32	3	9	30	1	0
프로통산			43	32	3	9	30	1	0

전우근 (全雨根) 인천대 1977.02.25

리그	연도	소속	출장	교체	득점	도움	파울	경고	퇴장
BC	1999	부산	18	6	1	2	28	4	0
	2000	부산	29	12	6	1	45	1	0
	2001	부산	35	13	8	2	53	1	1
	2002	부산	23	7	1	1	32	3	0
	2003	부산	27	13	2	1	30	1	0
	2004	광주상	19	17	1	0	30	0	0
	2005	광주상	8	7	0	0	10	0	0
	2006	부산	10	10	1	2	19	0	0
	2007	부산	21	17	1	0	24	1	0
	2008	부산	1	1	0	0	1	0	0
	합계		191	103	21	9	272	11	1
프로통산			191	103	21	9	272	11	1

전운선 (全雲仙) 국민대 1960.12.23

리그	연도	소속	출장	교체	실점	도움	파울	경고	퇴장
BC	1984	국민	15	0	26	0	0	0	0
	합계		15	0	26	0	0	0	0
프로통산			15	0	26	0	0	0	0

전원근 (全源根) 고려대 1986.11.13

리그	연도	소속	출장	교체	득점	도움	파울	경고	퇴장
BC	2009	강원	28	4	1	2	31	1	0
	2010	대구	3	1	0	0	7	3	0
	합계		31	5	1	2	38	4	0
프로통산			31	5	1	2	38	4	0

전인석 (田仁錫) 고려대 1955.09.25

리그	연도	소속	출장	교체	득점	도움	파울	경고	퇴장
BC	1984	대우	18	3	0	0	17	0	0
	1985	대우	13	2	0	0	21	1	0
	합계		31	5	0	0	38	1	0
프로통산			31	5	0	0	38	1	0

전재복 (全在福) 경희대 1972.11.05

리그	연도	소속	출장	교체	득점	도움	파울	경고	퇴장
BC	1996	수원	27	10	0	1	33	1	0
	1997	수원	6	3	0	0	9	0	0
	합계		33	13	0	1	42	1	0
프로통산			33	13	0	1	42	1	0

전재운 (全才雲) 울산대 1981.03.18

리그	연도	소속	출장	교체	득점	도움	파울	경고	퇴장
BC	2002	울산	22	14	3	3	21	2	0
	2003	울산	26	23	2	4	12	3	0
	2004	울산	20	16	1	2	24	4	0

	2005	수원	10	9	1	2	6	1	0
	2005	전북	10	6	0	1	21	1	0
	2006	전북	4	3	1	0	4	2	0
	2007	제주	23	11	3	2	23	4	0
	2008	제주	26	18	2	2	24	6	0
	2009	제주	17	17	0	0	7	1	0
	합계		158	117	13	16	142	24	0
프로통산			158	117	13	16	142	24	0

전재호 (田在浩) 홍익대 1979.08.08

리그	연도	소속	출장	교체	득점	도움	파울	경고	퇴장
BC	2002	성남	3	3	0	0	4	1	0
	2003	성남	31	6	0	0	74	5	0
	2004	인천	30	4	1	2	49	3	1
	2005	인천	35	3	1	1	49	6	0
	2006	인천	14	5	0	0	24	3	0
	2007	인천	31	5	0	3	41	4	1
	2008	인천	24	5	1	0	39	3	0
	2009	인천	31	4	0	3	48	11	0
	2010	인천	26	3	0	2	37	2	0
	2011	인천	21	4	1	1	29	5	0
	2012	부산	3	3	0	0	1	0	0
	2012	강원	13	1	0	0	18	5	0
	합계		262	46	4	12	413	48	2
클	2013	강원	26	13	2	3	32	6	1
	합계		26	13	2	3	32	6	1
승	2013	강원	2	2	0	0	3	1	0
	합계		2	2	0	0	3	1	0
프로통산			290	61	6	15	448	55	3

전종선 (全鐘善) 서울체고 1962.02.15

리그	연도	소속	출장	교체	득점	도움	파울	경고	퇴장
BC	1983	유공	3	1	0	0	0	0	0
	1984	유공	11	6	0	1	4	0	0
	1985	유공	5	2	0	1	2	0	0
	합계		19	9	0	2	6	0	0
프로통산			19	9	0	2	6	0	0

전준형 (田俊亨) 용문중 1986.08.28

리그	연도	소속	출장	교체	득점	도움	파울	경고	퇴장
BC	2009	경남	4	1	0	0	5	0	0
	2010	경남	23	4	2	1	23	5	0
	2011	인천	9	3	0	0	8	0	0
	2012	인천	11	4	0	0	14	1	0
	합계		47	12	2	1	50	6	0
클	2013	인천	8	2	0	0	10	1	0
	합계		8	2	0	0	10	1	0
챌	2014	광주	8	2	0	0	8	1	0
	합계		8	2	0	0	8	1	0
프로통산			63	16	2	1	68	8	0

전차식 (全且植) 동래고 1959.09.27

리그	연도	소속	출장	교체	득점	도움	파울	경고	퇴장
BC	1983	포철	13	2	0	0	8	1	0
	1984	포철	16	1	0	0	10	0	0
	1985	포철	21	0	0	1	13	1	0
	1986	포철	24	2	0	2	25	2	0
	합계		74	5	0	3	56	4	0
프로통산			74	5	0	3	56	4	0

전태현 (全泰現) 울산대 1986.08.18

리그	연도	소속	출장	교체	실점	도움	파울	경고	퇴장
BC	2009	제주	5	1	13	0	1	0	0
	2010	제주	0	0	0	0	0	0	0
	2011	제주	7	1	9	0	0	1	0
	2012	제주	15	1	19	0	1	1	0
	합계		27	3	41	0	2	2	0
클	2013	제주	7	0	8	0	0	1	0
	2015	제주	0	0	0	0	0	0	0
	합계		7	0	8	0	0	1	0
챌	2014	안산	14	1	19	0	2	0	0
	2015	안산	17	0	21	0	0	1	0
	합계		31	1	40	0	2	1	0
프로통산			65	4	89	0	4	4	0

전현석 (田鉉錫) 울산대 1974.03.29

리그	연도	소속	출장	교체	득점	도움	파울	경고	퇴장
BC	1997	전북	16	13	1	3	11	3	0
	1998	전북	13	13	2	1	7	2	0
	1999	전북	19	20	3	3	10	1	0
	2000	전북	12	12	0	1	6	2	0
	합계		60	58	6	8	34	8	0
프로통산			60	58	6	8	34	8	0

전현욱 (田鉉煜) 전주대 1992.03.16

리그	연도	소속	출장	교체	득점	도움	파울	경고	퇴장
클	2015	수원	0	0	0	0	0	0	0
	합계		0	0	0	0	0	0	0
프로통산			0	0	0	0	0	0	0

전현재 (全玄載) 광운대 1992.07.12

리그	연도	소속	출장	교체	득점	도움	파울	경고	퇴장
챌	2015	서울E	0	0	0	0	0	0	0
	합계		0	0	0	0	0	0	0
프로통산			0	0	0	0	0	0	0

전현철 (全玄哲) 아주대 1990.07.03

리그	연도	소속	출장	교체	득점	도움	파울	경고	퇴장
BC	2012	성남	22	20	3	0	15	0	0
	합계		22	20	3	0	15	0	0
클	2013	전남	30	26	6	1	8	1	0
	2014	전남	21	19	2	0	13	0	0
	2015	전남	20	19	1	0	7	0	0
	합계		71	64	9	1	28	1	0
프로통산			93	84	12	1	43	1	0

전형섭 (全亨涉) 성균관대 1990.02.21

리그	연도	소속	출장	교체	득점	도움	파울	경고	퇴장
챌	2014	대구	0	0	0	0	0	0	0
	합계		0	0	0	0	0	0	0
프로통산			0	0	0	0	0	0	0

전홍석 (全弘錫) 선문대 1989.03.25

리그	연도	소속	출장	교체	득점	도움	파울	경고	퇴장
BC	2011	울산	0	0	0	0	0	0	0
	2012	울산	0	0	0	0	0	0	0
	합계		0	0	0	0	0	0	0
클	2013	울산	0	0	0	0	0	0	0
	합계		0	0	0	0	0	0	0
프로통산			0	0	0	0	0	0	0

정경구 (鄭敬九) 서울시립대 1970.10.01

리그	연도	소속	출장	교체	득점	도움	파울	경고	퇴장
BC	1995	전북	25	21	0	0	21	0	0
	1996	전북	21	18	1	2	18	0	0
	1997	전북	21	19	4	0	18	1	0
	1998	전북	21	19	0	1	34	3	0
	합계		88	77	5	3	91	4	0
프로통산			88	77	5	3	91	4	0

정경호 (鄭暻鎬) 울산대 1980.05.22

리그	연도	소속	출장	교체	득점	도움	파울	경고	퇴장
BC	2003	울산	38	38	5	4	28	2	0
	2004	울산	18	7	3	1	36	4	0
	2005	광주상	27	11	4	1	30	0	1
	2006	광주상	19	6	4	1	15	1	0
	2007	울산	23	14	2	0	25	2	0
	2007	전북	11	2	2	3	12	1	0
	2008	전북	32	20	5	2	31	4	0
	2009	강원	11	6	2	0	11	0	0
	2010	강원	26	8	3	1	20	4	0
	2011	강원	11	7	0	1	9	3	0
	2012	대전	22	7	0	0	18	2	1
	합계		238	126	30	14	235	23	2
프로통산			238	126	30	14	235	23	2

정경호 (鄭卿浩) 청구고 1987.01.12

리그	연도	소속	출장	교체	득점	도움	파울	경고	퇴장
BC	2006	경남	23	19	1	1	21	1	0
	2007	경남	30	25	0	0	24	3	0
	2009	전남	9	5	1	2	7	0	0
	2010	광주상	25	18	0	2	13	3	0
	2011	상주	11	1	0	2	19	3	0
	2012	제주	5	4	0	0	6	2	0
	합계		103	72	2	7	90	12	0
챌	2013	광주	17	15	0	0	23	1	0
	합계		17	15	0	0	23	1	0
프로통산			120	87	2	7	113	13	0

정광민 (丁光珉) 명지대 1976.01.08

리그	연도	소속	출장	교체	득점	도움	파울	경고	퇴장
BC	1998	안양LG	35	8	11	1	68	1	0
	1999	안양LG	38	15	8	7	49	4	0
	2000	안양LG	34	23	13	3	26	2	0
	2001	안양LG	16	15	0	2	11	3	0
	2002	안양LG	14	7	2	1	14	1	0
	2007	서울	8	5	0	0	6	2	0
	2007	대구	2	3	0	0	2	0	0
	합계		147	76	34	14	176	13	0
프로통산			147	76	34	14	176	13	0

정광석 (鄭光錫) 성균관대 1970.12.01

리그	연도	소속	출장	교체	득점	도움	파울	경고	퇴장
BC	1993	대우	26	2	0	1	44	4	1
	1994	대우	14	5	1	0	18	0	0
	1997	부산	26	15	2	1	19	1	0
	1998	부산	13	5	0	0	13	1	0
	합계		79	27	3	2	94	6	1
프로통산			79	27	3	2	94	6	1

정규민 (鄭奎民) 서해고 1995.04.01

리그	연도	소속	출장	교체	득점	도움	파울	경고	퇴장
챌	2014	고양	0	0	0	0	0	0	0
	합계		0	0	0	0	0	0	0
프로통산			0	0	0	0	0	0	0

정규진 (政圭振) 상지대 1989.06.20

리그	연도	소속	출장	교체	득점	도움	파울	경고	퇴장
BC	2011	대전	0	0	0	0	0	0	0
	합계		0	0	0	0	0	0	0
프로통산			0	0	0	0	0	0	0

정근희 (鄭根熹) 건국대 1988.12.08

리그	연도	소속	출장	교체	득점	도움	파울	경고	퇴장
BC	2011	전남	1	0	0	0	0	0	0
	2012	전남	4	0	0	0	6	1	0
	합계		5	0	0	0	6	1	0
클	2013	전남	2	2	0	0	2	0	0
	합계		2	2	0	0	2	0	0
챌	2014	충주	0	0	0	0	0	0	0
	합계		0	0	0	0	0	0	0
프로통산			7	2	0	0	8	1	0

정기동 (鄭基東) 청주상고 1961.05.13

리그	연도	소속	출장	교체	실점	도움	파울	경고	퇴장
BC	1983	포철	11	0	14	0	0	0	0
	1984	포철	15	0	28	0	0	1	0
	1985	포철	10	0	10	0	0	0	0
	1986	포철	32	0	36	0	0	1	0
	1987	포철	16	2	17	0	1	0	0
	1988	포철	18	0	24	0	0	0	0
	1989	포철	14	0	12	0	0	0	0
	1990	포철	7	0	5	0	0	0	0
	1991	포철	12	1	14	0	2	0	0
	합계		135	3	160	0	3	2	0
프로통산			135	3	160	0	3	2	0

정기운 (鄭氣云) 광운대 1992.07.05

리그	연도	소속	출장	교체	득점	도움	파울	경고	퇴장
챌	2015	수원fc	35	29	6	4	17	2	0
	합계		35	29	6	4	17	2	0
승	2015	수원fc	0	0	0	0	0	0	0

리그	연도	소속	출장	교체	득점	도움	파울	경고	퇴장
	합계		0	0	0	0	0	0	0
프로통산			35	29	6	4	17	2	0

정길용 (鄭吉容) 광운대 1975.06.21

리그	연도	소속	출장	교체	실점	도움	파울	경고	퇴장
BC	2000	안양LG	7	0	10	0	2	0	0
	2001	안양LG	0	0	0	0	0	0	0
	합계		7	0	10	0	2	0	0
프로통산			7	0	10	0	2	0	0

정다슬 (鄭 다슬) 한양대 1987.04.18

리그	연도	소속	출장	교체	득점	도움	파울	경고	퇴장
BC	2011	제주	0	0	0	0	0	0	0
	합계		0	0	0	0	0	0	0
챌	2013	안양	23	10	3	0	30	4	0
	2014	안양	7	6	0	0	1	0	0
	2015	안양	0	0	0	0	0	0	0
	합계		30	16	3	0	31	4	0
프로통산			30	16	3	0	31	4	0

정다운 (鄭다운) 대구예술대 1989.07.13

리그	연도	소속	출장	교체	득점	도움	파울	경고	퇴장
클	2013	수원	0	0	0	0	0	0	0
	합계		0	0	0	0	0	0	0
프로통산			0	0	0	0	0	0	0

정다훤 (鄭多煊) 충북대 1987.12.22

리그	연도	소속	출장	교체	득점	도움	파울	경고	퇴장
BC	2009	서울	0	0	0	0	0	0	0
	2011	경남	32	8	0	4	41	8	0
	2012	경남	29	9	0	0	48	4	0
	합계		61	17	0	4	89	12	0
클	2013	경남	34	5	1	0	73	9	0
	2014	제주	34	5	1	0	55	4	0
	2015	제주	25	4	2	0	38	8	0
	합계		93	14	4	0	166	21	0
프로통산			154	31	4	4	255	33	0

정대교 (政代敎) 영남대 1992.04.27

리그	연도	소속	출장	교체	득점	도움	파울	경고	퇴장
챌	2014	대구	13	13	0	1	10	1	0
	2015	대구	0	0	0	0	0	0	0
	합계		13	13	0	1	10	1	0
프로통산			13	13	0	1	10	1	0

정대선 (鄭大善) 중앙대 1987.06.27

리그	연도	소속	출장	교체	득점	도움	파울	경고	퇴장
BC	2010	울산	18	13	1	1	17	3	0
	2011	울산	10	8	1	0	9	1	0
	2011	경남	11	11	1	1	4	0	0
	2012	경남	7	6	1	0	7	1	0
	합계		46	38	4	2	37	5	0
클	2013	경남	10	10	0	0	8	1	0
	합계		10	10	0	0	8	1	0
챌	2014	안양	25	20	2	1	33	3	0
	합계		25	20	2	1	33	3	0
프로통산			81	68	6	3	78	9	0

정대세 (鄭大世) 일본조선대 1984.03.02

리그	연도	소속	출장	교체	득점	도움	파울	경고	퇴장
클	2013	수원	23	10	10	2	42	6	0
	2014	수원	28	16	7	1	55	2	0
	2015	수원	21	10	6	5	42	2	0
	합계		72	36	23	8	139	10	0
프로통산			72	36	23	8	139	10	0

정대훈 (鄭大勳) 포철공고 1977.12.21

리그	연도	소속	출장	교체	득점	도움	파울	경고	퇴장
BC	1999	포항	26	21	5	4	26	4	0
	2000	포항	8	7	0	0	3	1	0
	2001	포항	8	8	0	0	10	2	0
	2003	대구	0	0	0	0	0	0	0
	합계		42	36	5	4	39	7	0
프로통산			42	36	5	4	39	7	0

정동복 (鄭東福) 연세대 1962.01.22

리그	연도	소속	출장	교체	득점	도움	파울	경고	퇴장
BC	1986	현대	11	8	0	0	9	1	0
	1987	현대	16	9	2	1	17	0	0
	1988	현대	6	4	0	2	4	0	0
	1989	현대	30	21	1	0	37	3	0
	1990	현대	22	16	6	1	23	1	0
	1991	현대	4	4	0	1	6	0	0
	1992	현대	2	3	0	0	2	0	0
	합계		91	65	9	5	98	5	0
프로통산			91	65	9	5	98	5	0

정동진 (鄭東珍) 조선대 1990.06.06

리그	연도	소속	출장	교체	득점	도움	파울	경고	퇴장
챌	2013	광주	1	1	0	0	0	0	0
	합계		1	1	0	0	0	0	0
프로통산			1	1	0	0	0	0	0

정동호 (鄭東浩) 부경고 1990.03.07

리그	연도	소속	출장	교체	득점	도움	파울	경고	퇴장
클	2014	울산	20	6	0	1	24	3	0
	2015	울산	28	1	2	4	40	7	0
	합계		48	7	2	5	64	10	0
프로통산			48	7	2	5	64	10	0

정명오 (鄭明五) 아주대 1986.10.29

리그	연도	소속	출장	교체	득점	도움	파울	경고	퇴장
BC	2009	경남	7	6	0	0	10	0	0
	2010	경남	1	1	0	0	0	0	0
	2012	전남	22	8	0	0	24	6	0
	합계		30	15	0	0	34	6	0
프로통산			30	15	0	0	34	6	0

정민 (鄭珉) 조선대 1970.11.29

리그	연도	소속	출장	교체	득점	도움	파울	경고	퇴장
BC	1993	대우	1	1	0	0	1	0	0
	합계		1	1	0	0	1	0	0
프로통산			1	1	0	0	1	0	0

정민교 (鄭敏敎) 배재대 1987.04.22

리그	연도	소속	출장	교체	실점	도움	파울	경고	퇴장
챌	2013	안양	7	1	13	0	0	1	0
	2014	안양	0	0	0	0	0	0	0
	합계		7	1	13	0	0	1	0
프로통산			7	1	13	0	0	1	0

정민무 (鄭旻武) 포철공고 1985.03.03

리그	연도	소속	출장	교체	득점	도움	파울	경고	퇴장
챌	2013	고양	17	13	3	1	28	4	0
	2014	고양	16	15	1	1	21	3	0
	합계		33	28	4	2	49	7	0
프로통산			33	28	4	2	49	7	0

정민우 (鄭珉優) 호남대 1992.12.01

리그	연도	소속	출장	교체	득점	도움	파울	경고	퇴장
챌	2014	수원fc	31	22	8	5	26	3	0
	2015	수원fc	20	19	2	0	24	3	0
	합계		51	41	10	5	50	6	0
승	2015	수원fc	2	2	1	0	1	0	0
	합계		2	2	1	0	1	0	0
프로통산			53	43	11	5	51	6	0

정민형 (鄭敏亨) 한국국제대 1987.05.14

리그	연도	소속	출장	교체	득점	도움	파울	경고	퇴장
BC	2011	부산	6	4	0	0	6	0	0
	2012	부산	2	2	0	0	0	0	0
	합계		8	6	0	0	6	0	0
프로통산			8	6	0	0	6	0	0

정산 (鄭山) 경희대 1989.02.10

리그	연도	소속	출장	교체	실점	도움	파울	경고	퇴장
BC	2009	강원	0	0	0	0	0	0	0
	2010	강원	0	0	0	0	0	0	0
	2011	성남	1	0	3	0	0	0	0
	2012	성남	19	0	21	0	0	1	0
	합계		20	0	24	0	0	1	0
클	2013	성남	0	0	0	0	0	0	0
	2014	성남	0	0	0	0	0	0	0
	2015	성남	0	0	0	0	0	0	0
	합계		0	0	0	0	0	0	0
프로통산			20	0	24	0	0	1	0

정상남 (丁祥楠) 연세대 1975.09.07

리그	연도	소속	출장	교체	득점	도움	파울	경고	퇴장
BC	1998	포항	2	2	0	0	3	0	0
	1999	포항	8	5	3	0	8	0	0
	합계		10	7	3	0	11	0	0
프로통산			10	7	3	0	11	0	0

정상모 (鄭相摸) 울산대 1975.02.24

리그	연도	소속	출장	교체	득점	도움	파울	경고	퇴장
BC	1998	천안	11	7	1	0	14	0	0
	1999	천안	0	0	0	0	0	0	0
	합계		11	7	1	0	14	0	0
프로통산			11	7	1	0	14	0	0

정상훈 (鄭相勳) 성균관대 1985.03.22

리그	연도	소속	출장	교체	득점	도움	파울	경고	퇴장
BC	2008	경남	6	4	0	0	7	1	0
	합계		6	4	0	0	7	1	0
프로통산			6	4	0	0	7	1	0

정서운 (鄭署運) 서남대 1993.12.08

리그	연도	소속	출장	교체	득점	도움	파울	경고	퇴장
클	2015	대전	11	10	0	0	7	1	0
	합계		11	10	0	0	7	1	0
프로통산			11	10	0	0	7	1	0

정석근 (鄭石根) 아주대 1977.11.25

리그	연도	소속	출장	교체	득점	도움	파울	경고	퇴장
BC	2000	부산	10	9	1	0	5	2	0
	2001	부산	2	2	0	0	1	0	0
	2003	광주상	1	1	0	0	0	0	0
	합계		13	12	1	0	6	2	0
프로통산			13	12	1	0	6	2	0

정석민 (鄭錫珉) 인제대 1988.01.27

리그	연도	소속	출장	교체	득점	도움	파울	경고	퇴장
BC	2010	포항	5	3	1	0	7	1	0
	2011	포항	8	4	2	0	6	2	0
	2012	제주	3	3	0	0	1	0	0
	합계		16	10	3	0	14	3	0
클	2013	대전	36	14	4	1	49	4	0
	2015	전남	26	18	0	0	27	3	0
	합계		62	32	4	1	76	7	0
챌	2014	대전	33	2	5	2	55	6	0
	합계		33	2	5	2	55	6	0
프로통산			111	44	12	3	145	16	0

정석화 (鄭錫華) 고려대 1991.05.17

리그	연도	소속	출장	교체	득점	도움	파울	경고	퇴장
클	2013	부산	32	20	0	1	20	2	0
	2014	부산	26	19	1	0	14	3	0
	2015	부산	24	19	2	1	11	1	0
	합계		82	58	3	2	45	6	0
승	2015	부산	1	1	0	0	0	0	0
	합계		1	1	0	0	0	0	0
프로통산			83	59	3	2	45	6	0

정선호 (鄭先皓) 동의대 1989.03.25

리그	연도	소속	출장	교체	득점	도움	파울	경고	퇴장
클	2013	성남	1	1	0	0	0	0	0
	2014	성남	28	6	2	2	30	5	0
	2015	성남	31	14	1	0	23	4	0
	합계		60	21	3	2	53	9	0
프로통산			60	21	3	2	53	9	0

정섭의 (鄭燮義) 전주농전 1954.12.20

리그	연도	소속	출장	교체	득점	도움	파울	경고	퇴장
BC	1983	국민	12	5	0	0	11	1	0
	1984	국민	10	1	0	0	10	0	0
	합계		22	6	0	0	21	1	0
프로통산			22	6	0	0	21	1	0

정성교 (鄭聖較) 연세대 1960.05.30

리그	연도	소속	출장	교체	실점	도움	파울	경고	퇴장
BC	1983	대우	15	0	14	0	0	0	0
	1984	대우	11	0	14	0	0	0	0
	1986	대우	12	0	16	0	1	0	0
	1987	대우	16	1	11	0	2	1	0
	1988	대우	8	1	12	0	0	0	0
	1989	대우	8	0	11	0	1	0	0
	합계		70	2	78	0	4	1	0
프로통산			70	2	78	0	4	1	0

정성룡 (鄭成龍) 서귀포고 1985.01.04

리그	연도	소속	출장	교체	실점	도움	파울	경고	퇴장
BC	2004	포항	0	0	0	0	0	0	0
	2005	포항	0	0	0	0	0	0	0
	2006	포항	26	0	27	0	1	1	0
	2007	포항	16	1	18	0	1	1	0
	2008	성남	34	0	29	0	0	1	0
	2009	성남	36	0	41	0	1	1	1
	2010	성남	30	0	28	0	2	2	0
	2011	수원	31	0	32	0	1	2	0
	2012	수원	33	0	38	0	0	1	0
	합계		206	1	213	0	6	9	1
클	2013	수원	34	0	41	1	0	0	0
	2014	수원	34	0	33	0	1	1	0
	2015	수원	22	0	23	0	0	2	0
	합계		90	0	97	1	1	3	0
프로통산			296	1	310	1	7	12	1

정성민 (鄭成民) 광운대 1989.05.02

리그	연도	소속	출장	교체	득점	도움	파울	경고	퇴장
BC	2011	강원	13	9	1	0	4	0	0
	2012	강원	25	17	5	3	17	1	0
	합계		38	26	6	3	21	1	0
클	2013	경남	1	1	0	0	1	0	0
	합계		1	1	0	0	1	0	0
챌	2013	충주	14	1	6	1	16	3	0
	2014	충주	30	15	7	0	29	2	0
	2015	경남	18	9	0	0	12	5	0
	합계		62	25	13	1	57	10	0
프로통산			101	52	19	4	79	11	0

정성원 (鄭盛元) 제주대 1976.05.26

리그	연도	소속	출장	교체	득점	도움	파울	경고	퇴장
BC	2000	수원	0	0	0	0	0	0	0
	합계		0	0	0	0	0	0	0
프로통산			0	0	0	0	0	0	0

정성진 (鄭聖鎭) 단국대 1964.07.06

리그	연도	소속	출장	교체	실점	도움	파울	경고	퇴장
BC	1990	현대	1	0	3	0	0	0	0
	1991	현대	6	0	7	0	0	0	0
	1992	현대	4	1	7	0	1	2	0
	합계		11	1	17	0	1	2	0
프로통산			11	1	17	0	1	2	0

정성천 (鄭性天) 성균관대 1971.05.30

리그	연도	소속	출장	교체	득점	도움	파울	경고	퇴장
BC	1997	대전	30	1	5	2	37	2	0
	1998	대전	28	17	5	1	37	2	0
	1999	대전	27	22	2	2	42	2	0
	2000	대전	31	16	6	1	61	3	0
	2001	대전	5	5	0	0	7	1	0
	합계		121	61	18	6	184	10	0
프로통산			121	61	18	6	184	10	0

정성호 (鄭成浩) 대륜중 1986.04.07

리그	연도	소속	출장	교체	득점	도움	파울	경고	퇴장
BC	2007	서울	1	0	0	0	0	0	0
	2008	서울	1	0	0	0	0	0	0
	합계		2	0	0	0	0	0	0
프로통산			2	0	0	0	0	0	0

정성훈 (鄭聖勳) 인천대 1968.09.14

리그	연도	소속	출장	교체	득점	도움	파울	경고	퇴장
BC	1993	포철	2	2	0	0	2	0	0
	1994	유공	7	6	0	0	2	0	0
	1995	유공	4	2	0	0	3	1	0
	1996	수원	29	2	0	0	42	3	0
	1997	수원	27	1	0	0	38	3	0
	1998	수원	20	7	0	0	36	3	0
	합계		89	20	0	0	123	10	0
프로통산			89	20	0	0	123	10	0

정성훈 (丁成勳) 경희대 1979.07.04

리그	연도	소속	출장	교체	득점	도움	파울	경고	퇴장
BC	2002	울산	24	21	2	3	32	3	0
	2003	울산	15	15	0	1	20	2	0
	2004	대전	13	13	2	0	17	0	0
	2005	대전	5	5	1	0	6	1	0
	2006	대전	26	18	8	1	38	2	0
	2007	대전	19	15	3	0	30	2	1
	2008	부산	31	16	8	4	48	6	0
	2009	부산	16	10	8	1	17	4	0
	2010	부산	31	22	11	4	66	7	0
	2011	전북	27	24	5	6	29	1	0
	2012	전북	14	12	2	2	14	3	0
	2012	전남	13	9	3	2	12	1	0
	합계		234	180	53	24	329	32	1
클	2013	대전	6	4	2	0	6	0	0
	2013	경남	10	11	1	0	16	1	0
	합계		16	15	3	0	22	1	0
프로통산			250	195	56	24	351	33	1

정수남 (鄭壽男) 중동고 1960.07.05

리그	연도	소속	출장	교체	득점	도움	파울	경고	퇴장
BC	1984	한일	16	6	0	0	11	1	0
	1985	한일	10	9	1	1	3	0	0
	합계		26	15	1	1	14	1	0
프로통산			26	15	1	1	14	1	0

정수종 (鄭壽鍾) 수원고 1987.05.01

리그	연도	소속	출장	교체	득점	도움	파울	경고	퇴장
BC	2006	전북	10	6	0	0	8	2	0
	2007	전북	6	0	0	0	6	1	0
	2008	전북	3	1	0	0	3	1	0
	2009	전북	3	3	0	0	3	0	0
	합계		22	10	0	0	20	4	0
프로통산			22	10	0	0	20	4	0

정수호 (鄭修昊 / 정현윤) 한양대 1990.04.09

리그	연도	소속	출장	교체	득점	도움	파울	경고	퇴장
BC	2012	전남	2	0	0	0	1	0	0
	합계		2	0	0	0	1	0	0
챌	2013	안양	11	1	2	0	13	2	0
	2014	안양	4	0	0	0	2	0	0
	합계		15	1	2	0	15	2	0
프로통산			17	1	2	0	16	2	0

정승용 (鄭昇勇) 동북고 1991.03.25

리그	연도	소속	출장	교체	득점	도움	파울	경고	퇴장
BC	2011	경남	5	4	0	1	12	1	0
	2012	서울	1	1	0	0	2	1	0
	합계		6	5	0	1	14	2	0
클	2013	서울	1	1	0	0	0	0	0
	2014	서울	0	0	0	0	0	0	0
	합계		1	1	0	0	0	0	0
프로통산			7	6	0	1	14	2	0

정승현 (鄭昇炫) 현대고 1994.04.03

리그	연도	소속	출장	교체	득점	도움	파울	경고	퇴장
클	2015	울산	18	8	0	0	24	1	0
	합계		18	8	0	0	24	1	0
프로통산			18	8	0	0	24	1	0

정안모 (鄭按模) 인천대 1989.03.17

리그	연도	소속	출장	교체	득점	도움	파울	경고	퇴장
BC	2012	대구	1	1	0	0	0	0	0
	합계		1	1	0	0	0	0	0
프로통산			1	1	0	0	0	0	0

정연웅 (鄭然雄) 충남기계공고 1992.08.31

리그	연도	소속	출장	교체	득점	도움	파울	경고	퇴장
BC	2011	대전	1	1	0	0	2	0	0
	합계		1	1	0	0	2	0	0
프로통산			1	1	0	0	2	0	0

정영총 (鄭永寵) 한양대 1992.06.24

리그	연도	소속	출장	교체	득점	도움	파울	경고	퇴장
클	2015	제주	17	15	0	0	15	1	0
	합계		17	15	0	0	15	1	0
프로통산			17	15	0	0	15	1	0

정영호 (鄭鈴湖) 서울시립대 1968.08.15

리그	연도	소속	출장	교체	득점	도움	파울	경고	퇴장
BC	1990	일화	29	5	0	0	55	3	0
	1991	일화	17	3	0	2	23	0	0
	1992	일화	26	3	0	0	43	5	0
	1993	일화	22	16	1	0	32	2	0
	1994	일화	20	3	0	0	29	1	0
	1995	전남	8	1	0	0	10	2	0
	1996	전남	8	4	0	0	12	4	0
	합계		130	35	1	2	204	17	0
프로통산			130	35	1	2	204	17	0

정영훈 (丁永勳) 동의대 1975.05.01

리그	연도	소속	출장	교체	득점	도움	파울	경고	퇴장
BC	2001	대전	28	13	3	2	38	8	0
	2002	대전	21	16	2	2	18	3	0
	2003	대전	1	1	0	0	1	0	0
	2004	대구	7	8	1	2	2	0	0
	합계		57	38	6	6	59	11	0
프로통산			57	38	6	6	59	11	0

정용대 (鄭容臺) 일본조선대 1978.02.04

리그	연도	소속	출장	교체	득점	도움	파울	경고	퇴장
BC	2001	포항	4	2	0	0	5	2	0
	합계		4	2	0	0	5	2	0
프로통산			4	2	0	0	5	2	0

정용환 (鄭龍煥) 고려대 1960.02.10

리그	연도	소속	출장	교체	득점	도움	파울	경고	퇴장
BC	1984	대우	22	1	0	0	20	0	0
	1985	대우	2	0	0	0	1	0	0
	1986	대우	3	1	1	0	4	0	0
	1987	대우	19	0	1	1	22	0	0
	1988	대우	11	1	0	0	12	0	0
	1989	대우	9	0	0	1	14	0	0
	1990	대우	8	3	0	0	7	0	0
	1991	대우	33	1	2	0	40	0	0
	1992	대우	35	2	2	2	44	3	0
	1993	대우	6	3	2	0	11	2	0
	1994	대우	20	5	1	0	14	1	0
	합계		168	17	9	4	189	6	0
프로통산			168	17	9	4	189	6	0

정용훈 (鄭湧勳) 대신고 1979.03.11

리그	연도	소속	출장	교체	득점	도움	파울	경고	퇴장
BC	1998	수원	26	19	3	3	24	1	0
	1999	수원	2	2	0	0	0	0	0
	2002	수원	16	12	0	0	17	0	0
	2003	수원	20	16	2	0	15	1	0
	합계		64	49	5	3	56	2	0
프로통산			64	49	5	3	56	2	0

정우성 (鄭宇星) 중앙대 1986.06.19

리그	연도	소속	출장	교체	득점	도움	파울	경고	퇴장
BC	2009	대구	0	0	0	0	0	0	0
	합계		0	0	0	0	0	0	0
프로통산			0	0	0	0	0	0	0

정우승 (鄭雨承) 단국대 1984.03.14

리그	연도	소속	출장	교체	득점	도움	파울	경고	퇴장
BC	2007	경남	2	0	0	0	2	0	0

	2008	경남	4	3	0	0	2	1	0
	합계		6	3	0	0	4	1	0
프로통산			6	3	0	0	4	1	0

정우영 (鄭宇榮) 고려대 1971.12.08

리그	연도	소속	출장	교체	득점	도움	파울	경고	퇴장
BC	1994	현대	6	6	0	1	1	0	0
	1995	현대	0	0	0	0	0	0	0
	1998	울산	3	2	0	0	8	1	0
	합계		9	8	0	1	9	1	0
프로통산			9	8	0	1	9	1	0

정우인 (鄭愚仁) 경희대 1988.02.01

리그	연도	소속	출장	교체	득점	도움	파울	경고	퇴장
BC	2011	광주	23	5	1	0	50	4	0
	2012	광주	34	6	1	0	62	15	0
	합계		57	11	2	0	112	19	0
챌	2013	광주	18	4	0	0	26	1	0
	2014	강원	28	5	1	1	43	6	0
	2015	강원	11	3	1	0	24	4	0
	합계		57	12	2	1	93	11	0
프로통산			114	23	4	1	205	30	0

정우재 (鄭宇宰) 예원예술대 1992.06.28

리그	연도	소속	출장	교체	득점	도움	파울	경고	퇴장
클	2014	성남	2	2	0	0	1	1	0
	합계		2	2	0	0	1	1	0
챌	2015	충주	26	4	1	1	23	2	0
	합계		26	4	1	1	23	2	0
프로통산			28	6	1	1	24	3	0

정우진 (鄭禹鎭) 전주대 1969.01.20

리그	연도	소속	출장	교체	득점	도움	파울	경고	퇴장
BC	1996	부천SK	15	10	2	0	12	2	0
	1997	부천SK	6	5	0	0	1	1	0
	1997	전북	8	8	1	0	5	0	0
	1998	전북	4	4	0	0	8	0	0
	합계		33	27	3	0	26	3	0
프로통산			33	27	3	0	26	3	0

정운 (鄭澐 / 정부식) 명지대 1989.06.30

리그	연도	소속	출장	교체	득점	도움	파울	경고	퇴장
BC	2012	울산	0	0	0	0	0	0	0
	합계		0	0	0	0	0	0	0
프로통산			0	0	0	0	0	0	0

정웅일 (鄭雄一) 연세대 1962.11.05

리그	연도	소속	출장	교체	득점	도움	파울	경고	퇴장
BC	1986	대우	4	2	0	0	4	0	0
	합계		4	2	0	0	4	0	0
프로통산			4	2	0	0	4	0	0

정원서 (鄭源緖) 동아대 1959.04.16

리그	연도	소속	출장	교체	득점	도움	파울	경고	퇴장
BC	1983	포철	4	3	0	0	1	0	0
	합계		4	3	0	0	1	0	0
프로통산			4	3	0	0	1	0	0

정유석 (鄭裕錫) 아주대 1977.10.25

리그	연도	소속	출장	교체	실점	도움	파울	경고	퇴장
BC	2000	부산	22	4	28	0	1	1	0
	2001	부산	35	0	46	0	2	0	0
	2002	부산	27	1	43	0	1	2	0
	2003	부산	8	0	17	0	0	1	0
	2004	광주상	14	1	13	0	0	0	0
	2005	광주상	24	0	33	0	1	1	0
	2006	부산	34	0	48	0	3	4	0
	2007	부산	26	1	36	0	0	0	0
	2008	부산	7	0	9	0	0	2	0
	2009	부산	1	1	2	0	0	0	0
	2011	울산	7	0	7	0	0	1	0
	합계		205	8	282	0	8	12	0
프로통산			205	8	282	0	8	12	0

정윤길 (鄭允吉) 호남대 1976.10.23

리그	연도	소속	출장	교체	득점	도움	파울	경고	퇴장
BC	1999	전남	4	3	0	0	10	0	0
	합계		4	3	0	0	10	0	0
프로통산			4	3	0	0	10	0	0

정윤성 (鄭允成) 수원공고 1984.06.01

리그	연도	소속	출장	교체	득점	도움	파울	경고	퇴장
BC	2003	수원	11	9	1	1	18	1	0
	2004	수원	0	0	0	0	0	0	0
	2005	광주상	30	24	6	1	49	3	0
	2006	광주상	16	14	0	0	21	1	0
	2007	수원	2	1	0	0	5	0	0
	2007	경남	14	8	6	3	24	1	0
	2008	경남	14	11	1	2	18	3	0
	2009	전남	15	12	3	2	17	3	0
	2010	전남	22	17	4	3	27	3	1
	2011	전남	8	5	0	1	17	1	0
	합계		132	101	21	13	196	16	1
프로통산			132	101	21	13	196	16	1

정의도 (鄭義道) 연세대 1987.04.08

리그	연도	소속	출장	교체	실점	도움	파울	경고	퇴장
BC	2009	성남	1	1	0	0	0	0	0
	2010	성남	1	0	3	0	0	0	0
	합계		2	1	3	0	0	0	0
챌	2013	수원fc	11	1	18	0	0	0	0
	합계		11	1	18	0	0	0	0
프로통산			13	2	21	0	0	0	0

정인호 (鄭寅浩) 중앙대 1971.03.21

리그	연도	소속	출장	교체	득점	도움	파울	경고	퇴장
BC	1994	유공	8	4	0	0	3	1	0
	1995	유공	21	6	0	0	41	3	0
	1996	부천SK	0	0	0	0	0	0	0
	합계		29	10	0	0	44	4	0
프로통산			29	10	0	0	44	4	0

정인환 (鄭仁煥) 연세대 1986.12.15

리그	연도	소속	출장	교체	득점	도움	파울	경고	퇴장
BC	2006	전북	10	4	0	0	12	3	0
	2007	전북	13	2	1	1	45	6	0
	2008	전남	21	2	0	2	23	7	0
	2009	전남	9	5	0	0	13	2	0
	2010	전남	21	2	3	0	34	7	0
	2011	인천	24	2	2	1	43	6	0
	2012	인천	38	0	4	1	41	7	0
	합계		136	17	10	5	211	38	0
클	2013	전북	25	2	4	0	28	3	0
	2014	전북	18	3	0	0	19	2	0
	합계		43	5	4	0	47	5	0
프로통산			179	22	14	5	258	43	0

정일영

리그	연도	소속	출장	교체	득점	도움	파울	경고	퇴장
BC	1984	국민	1	0	0	0	0	0	0
	합계		1	0	0	0	0	0	0
프로통산			1	0	0	0	0	0	0

정재곤 (鄭在坤) 연세대 1976.03.17

리그	연도	소속	출장	교체	득점	도움	파울	경고	퇴장
BC	1999	포항	16	7	3	0	23	1	0
	2000	포항	4	4	0	0	5	2	0
	합계		20	11	3	0	28	3	0
프로통산			20	11	3	0	28	3	0

정재권 (鄭在權) 한양대 1970.11.05

리그	연도	소속	출장	교체	득점	도움	파울	경고	퇴장
BC	1994	대우	14	8	1	2	18	1	0
	1995	대우	25	14	5	1	53	2	0
	1996	부산	31	8	8	6	46	4	0
	1997	부산	28	14	6	5	41	3	0
	1998	부산	29	6	8	8	51	4	0
	1999	부산	20	17	0	0	21	0	0
	2000	포항	20	17	2	1	29	1	0
	2001	포항	12	9	0	0	14	0	0
	합계		179	93	30	23	273	15	0
프로통산			179	93	30	23	273	15	0

정재성 (鄭在星) 홍익대 1992.02.21

리그	연도	소속	출장	교체	득점	도움	파울	경고	퇴장
클	2015	대전	2	2	0	0	0	0	0
	합계		2	2	0	0	0	0	0
프로통산			2	2	0	0	0	0	0

정재열 (鄭在烈) 연세대 1972.08.10

리그	연도	소속	출장	교체	득점	도움	파울	경고	퇴장
BC	1995	전북	0	0	0	0	0	0	0
	1996	전북	0	0	0	0	0	0	0
	합계		0	0	0	0	0	0	0
프로통산			0	0	0	0	0	0	0

정재용 (鄭宰溶) 고려대 1990.09.14

리그	연도	소속	출장	교체	득점	도움	파울	경고	퇴장
챌	2013	안양	16	8	0	1	24	4	0
	2014	안양	25	10	6	2	40	6	0
	2015	안양	29	13	0	0	33	3	0
	합계		70	31	6	3	97	13	0
프로통산			70	31	6	3	97	13	0

정재원 (鄭載園) 제주중앙고 1993.08.16

리그	연도	소속	출장	교체	득점	도움	파울	경고	퇴장
클	2013	전북	0	0	0	0	0	0	0
	합계		0	0	0	0	0	0	0
프로통산			0	0	0	0	0	0	0

정재윤 (鄭載潤) 홍익대 1981.05.28

리그	연도	소속	출장	교체	득점	도움	파울	경고	퇴장
BC	2004	서울	0	0	0	0	0	0	0
	합계		0	0	0	0	0	0	0
프로통산			0	0	0	0	0	0	0

정정석 (鄭井碩) 건국대 1988.01.20

리그	연도	소속	출장	교체	득점	도움	파울	경고	퇴장
BC	2010	포항	1	1	0	0	0	0	0
	합계		1	1	0	0	0	0	0
프로통산			1	1	0	0	0	0	0

정정수 (鄭正洙) 고려대 1969.11.20

리그	연도	소속	출장	교체	득점	도움	파울	경고	퇴장
BC	1994	현대	29	25	3	0	17	4	0
	1995	현대	25	18	2	2	27	2	0
	1996	울산	21	19	4	1	19	3	0
	1997	울산	19	11	0	5	35	7	0
	1998	울산	34	25	6	9	53	5	0
	1999	울산	26	17	4	7	22	1	0
	2000	울산	29	17	7	2	23	3	0
	2001	울산	31	13	7	5	32	2	0
	2002	울산	9	9	0	0	8	0	0
	합계		223	154	33	31	236	27	0
프로통산			223	154	33	31	236	27	0

정조국 (鄭조국) 대신고 1984.04.23

리그	연도	소속	출장	교체	득점	도움	파울	경고	퇴장
BC	2003	안양LG	32	25	12	2	37	3	0
	2004	서울	30	22	8	2	42	2	0
	2005	서울	26	22	3	1	41	1	0
	2006	서울	27	25	6	3	45	2	0
	2007	서울	19	13	5	1	35	4	0
	2008	서울	21	13	9	5	34	4	0
	2009	서울	25	21	7	1	26	2	0
	2010	서울	29	23	13	4	26	1	0
	2012	서울	17	17	4	0	12	2	0
	합계		226	181	67	19	298	21	0
클	2014	서울	2	2	0	0	0	0	0
	2015	서울	11	10	1	1	4	0	0
	합계		13	12	1	1	4	0	0
챌	2013	경찰	24	9	9	2	29	3	1
	2014	안산	12	11	7	1	12	1	0
	합계		36	20	16	3	41	4	1
프로통산			275	213	84	23	343	25	1

정종관 (鄭鍾寬) 숭실대 1981.09.09

리그	연도	소속	출장	교체	득점	도움	파울	경고	퇴장
BC	2004	전북	16	16	0	1	6	0	0
	2005	전북	24	8	4	2	27	4	0
	2006	전북	17	7	0	1	27	3	0
	2007	전북	22	10	2	4	18	2	0
	합계		79	41	6	8	78	9	0
프로통산			79	41	6	8	78	9	0

정종선 (鄭鍾先) 연세대 1966.03.20

리그	연도	소속	출장	교체	득점	도움	파울	경고	퇴장
BC	1985	포철	1	1	0	0	0	0	0
	1989	현대	18	2	0	0	20	1	0
	1990	현대	28	2	0	0	33	3	0
	1991	현대	32	4	0	0	39	1	0
	1992	현대	38	0	1	1	40	2	1
	1993	현대	13	2	0	0	13	1	0
	1994	현대	20	1	0	0	19	0	0
	1995	전북	32	2	0	1	46	7	0
	1996	전북	26	1	0	0	39	3	0
	1997	전북	33	0	0	0	22	2	0
	1998	안양LG	30	6	0	0	21	5	1
	합계		271	21	1	2	292	25	2
프로통산			271	21	1	2	292	25	2

정종수 (鄭種洙) 고려대 1961.03.27

리그	연도	소속	출장	교체	득점	도움	파울	경고	퇴장
BC	1984	유공	23	1	0	1	23	2	0
	1985	유공	5	0	0	2	8	1	0
	1986	유공	9	1	0	0	20	0	0
	1987	유공	28	0	1	1	45	2	1
	1988	유공	23	1	0	0	30	2	0
	1989	유공	17	0	0	0	24	2	0
	1990	현대	8	1	0	1	13	0	0
	1991	현대	29	4	0	1	37	6	0
	1992	현대	29	4	1	4	34	3	1
	1993	현대	29	4	0	0	34	3	0
	1994	현대	24	7	1	1	27	2	0
	1995	현대	1	1	0	0	0	0	0
	합계		225	24	3	11	295	23	2
프로통산			225	24	3	11	295	23	2

정종식

리그	연도	소속	출장	교체	득점	도움	파울	경고	퇴장
BC	1984	대우	1	1	0	0	0	0	0
	1985	대우	1	0	0	0	2	0	0
	합계		2	1	0	0	2	0	0
프로통산			2	1	0	0	2	0	0

정주영 (丁主榮) 배재대 1979.05.03

리그	연도	소속	출장	교체	득점	도움	파울	경고	퇴장
BC	2002	울산	1	1	0	0	1	0	0
	합계		1	1	0	0	1	0	0
프로통산			1	1	0	0	1	0	0

정주완 (鄭朱完) 중앙대 1974.03.08

리그	연도	소속	출장	교체	득점	도움	파울	경고	퇴장
BC	1998	전북	8	6	0	0	6	1	0
	합계		8	6	0	0	6	1	0
프로통산			8	6	0	0	6	1	0

정주일 (鄭柱佚) 조선대 1991.03.06

리그	연도	소속	출장	교체	득점	도움	파울	경고	퇴장
챌	2014	부천	15	9	0	1	18	1	0
	합계		15	9	0	1	18	1	0
프로통산			15	9	0	1	18	1	0

정준연 (鄭俊硯) 광양제철고 1989.04.30

리그	연도	소속	출장	교체	득점	도움	파울	경고	퇴장
BC	2008	전남	3	3	0	0	1	0	0
	2009	전남	6	3	0	0	14	2	0
	2010	전남	22	9	0	2	34	3	0
	2011	전남	17	5	0	1	26	1	0
	2012	전남	11	1	0	0	20	3	0
	합계		59	21	0	3	95	9	0
클	2013	전남	23	6	1	1	28	3	0
	2015	광주	26	5	0	0	29	7	0
	합계		49	11	1	1	57	10	0
챌	2014	광주	30	5	0	0	28	4	0
	합계		30	5	0	0	28	4	0
승	2014	광주	2	0	0	0	1	0	0
	합계		2	0	0	0	1	0	0
프로통산			140	37	1	4	181	23	0

정지안 (鄭至安) 대구대 1989.06.17

리그	연도	소속	출장	교체	득점	도움	파울	경고	퇴장
클	2013	성남	0	0	0	0	0	0	0
	합계		0	0	0	0	0	0	0
프로통산			0	0	0	0	0	0	0

정찬일 (丁粲佾) 동국대 1991.04.27

리그	연도	소속	출장	교체	득점	도움	파울	경고	퇴장
챌	2014	강원	7	7	0	1	15	1	0
	2015	강원	13	9	1	1	9	2	0
	합계		20	16	1	2	24	3	0
프로통산			20	16	1	2	24	3	0

정창근 (丁昌根) 황지중 1983.08.10

리그	연도	소속	출장	교체	득점	도움	파울	경고	퇴장
BC	1999	안양LG	1	1	0	0	0	0	0
	합계		1	1	0	0	0	0	0
프로통산			1	1	0	0	0	0	0

정철운 (鄭喆云) 광운대 1986.07.30

리그	연도	소속	출장	교체	득점	도움	파울	경고	퇴장
BC	2009	강원	6	4	0	0	3	0	0
	2010	강원	11	4	0	0	3	1	0
	합계		17	8	0	0	6	1	0
프로통산			17	8	0	0	6	1	0

정철호 (鄭喆鎬) 서울시립대 1968.12.01

리그	연도	소속	출장	교체	득점	도움	파울	경고	퇴장
BC	1991	일화	5	5	0	0	4	0	0
	1992	일화	4	3	0	0	5	0	0
	1993	일화	3	2	0	0	4	0	0
	1995	전북	10	3	0	0	13	5	0
	1996	전북	2	2	0	0	0	0	0
	합계		24	15	0	0	26	5	0
프로통산			24	15	0	0	26	5	0

정태영 (鄭泰榮) 한양대 1956.08.04

리그	연도	소속	출장	교체	득점	도움	파울	경고	퇴장
BC	1984	럭금	14	4	0	0	5	0	0
	1985	럭금	13	2	0	0	11	1	0
	합계		27	6	0	0	16	1	0
프로통산			27	6	0	0	16	1	0

정필석 (鄭弼釋) 단국대 1978.07.23

리그	연도	소속	출장	교체	득점	도움	파울	경고	퇴장
BC	2001	부천SK	5	6	0	0	10	1	0
	2003	부천SK	4	4	0	0	3	0	0
	합계		9	10	0	0	13	1	0
프로통산			9	10	0	0	13	1	0

정한호 (政韓浩) 조선대 1970.06.04

리그	연도	소속	출장	교체	득점	도움	파울	경고	퇴장
BC	1994	버팔로	5	6	0	0	0	0	0
	합계		5	6	0	0	0	0	0
프로통산			5	6	0	0	0	0	0

정해성 (鄭海成) 고려대 1958.03.04

리그	연도	소속	출장	교체	득점	도움	파울	경고	퇴장
BC	1984	럭금	10	2	0	1	12	4	0
	1985	럭금	16	5	0	0	23	2	0
	1986	럭금	30	0	0	1	48	5	0
	1987	럭금	13	1	0	0	21	3	0
	1988	럭금	21	2	1	0	27	1	1
	1989	럭금	28	5	1	2	43	3	0
	합계		118	15	2	4	174	18	1
프로통산			118	15	2	4	174	18	1

정해원 (丁海遠) 연세대 1959.07.01

리그	연도	소속	출장	교체	득점	도움	파울	경고	퇴장
BC	1983	대우	13	3	4	1	19	3	0
	1984	대우	23	3	5	4	18	0	0
	1985	대우	17	1	7	1	17	1	1
	1986	대우	26	2	10	0	29	2	0
	1987	대우	28	1	6	4	48	4	0
	1988	대우	10	2	1	0	18	2	0
	1989	대우	24	11	1	1	29	3	0
	1990	대우	12	11	0	0	14	0	0
	1991	대우	1	1	0	0	0	0	0
	합계		154	35	34	11	192	15	1
프로통산			154	35	34	11	192	15	1

정헌식 (鄭軒植) 한양대 1991.03.03

리그	연도	소속	출장	교체	득점	도움	파울	경고	퇴장
챌	2014	강원	12	1	0	0	20	4	0
	합계		12	1	0	0	20	4	0
프로통산			12	1	0	0	20	4	0

정혁 (鄭赫) 전주대 1986.05.21

리그	연도	소속	출장	교체	득점	도움	파울	경고	퇴장
BC	2009	인천	16	13	1	1	31	5	0
	2010	인천	29	9	4	4	55	9	0
	2011	인천	15	8	1	2	25	3	1
	2012	인천	23	14	2	1	27	5	0
	합계		83	44	8	8	138	22	1
클	2013	전북	28	5	2	3	55	9	0
	2014	전북	19	7	3	0	44	3	0
	합계		47	12	5	3	99	12	0
챌	2015	안산	19	16	1	1	15	3	0
	합계		19	16	1	1	15	3	0
프로통산			149	72	14	12	252	37	1

정현철 (鄭鉉哲) 동국대 1993.04.26

리그	연도	소속	출장	교체	득점	도움	파울	경고	퇴장
챌	2015	경남	14	10	1	0	19	4	0
	합계		14	10	1	0	19	4	0
프로통산			14	10	1	0	19	4	0

정현호 (丁玄浩) 건국대 1974.02.13

리그	연도	소속	출장	교체	득점	도움	파울	경고	퇴장
BC	1996	안양LG	21	10	0	0	39	3	0
	1997	안양LG	4	3	0	0	5	1	0
	1998	안양LG	5	5	0	0	5	0	0
	1999	안양LG	10	1	1	0	32	1	0
	2000	안양LG	5	5	0	0	2	0	0
	합계		45	24	1	0	83	5	0
프로통산			45	24	1	0	83	5	0

정형준 (丁瀅準) 숭실대 1986.04.26

리그	연도	소속	출장	교체	득점	도움	파울	경고	퇴장
BC	2010	대전	3	2	0	0	3	1	0
	합계		3	2	0	0	3	1	0
프로통산			3	2	0	0	3	1	0

정호정 (鄭好正) 광운대 1988.09.01

리그	연도	소속	출장	교체	득점	도움	파울	경고	퇴장
BC	2010	성남	0	0	0	0	0	0	0
	2011	성남	10	0	0	0	15	1	0
	2012	상주	15	7	0	0	12	1	0
	합계		25	7	0	0	27	2	0
클	2015	광주	28	7	0	0	18	2	0
	합계		28	7	0	0	18	2	0
챌	2013	상주	6	2	0	0	1	0	0
	2014	광주	28	3	0	2	22	2	0
	합계		34	5	0	2	23	2	0
승	2014	광주	0	0	0	0	0	0	0
	합계		0	0	0	0	0	0	0
프로통산			87	19	0	2	68	6	0

정호진 (鄭豪鎭) 동의대 1984.05.30

리그	연도	소속	출장	교체	득점	도움	파울	경고	퇴장
BC	2007	대구	1	1	0	0	0	0	0

리그	연도	소속	출장	교체	득점	도움	파울	경고	퇴장
	합계		1	1	0	0	0	0	0
프로통산			1	1	0	0	0	0	0

정홍연 (鄭洪然) 동의대 1983.08.18

리그	연도	소속	출장	교체	득점	도움	파울	경고	퇴장
BC	2006	제주	29	8	1	0	35	2	0
	2007	제주	21	10	0	0	15	2	0
	2009	부산	0	0	0	0	0	0	0
	2010	포항	11	0	1	2	14	3	0
	2011	포항	10	4	0	0	8	1	0
	2012	포항	12	6	0	1	15	2	0
	합계		83	28	2	3	87	10	0
클	2013	포항	1	0	0	0	0	0	0
	2013	전남	4	1	0	0	5	2	0
	합계		5	1	0	0	5	2	0
챌	2014	부천	30	3	0	1	19	5	0
	2015	부천	18	9	1	0	7	2	0
	합계		48	12	1	1	26	7	0
프로통산			136	41	3	4	118	19	0

정후균 (鄭候均) 조선대 1961.02.21

리그	연도	소속	출장	교체	득점	도움	파울	경고	퇴장
BC	1984	국민	5	5	0	0	0	0	0
	합계		5	5	0	0	0	0	0
프로통산			5	5	0	0	0	0	0

정훈 (鄭勳) 동아대 1985.08.31

리그	연도	소속	출장	교체	득점	도움	파울	경고	퇴장
BC	2008	전북	13	5	0	1	22	4	0
	2009	전북	26	10	2	0	69	9	0
	2010	전북	14	11	0	0	35	6	0
	2011	전북	22	9	0	1	49	8	0
	2012	전북	34	11	0	1	65	8	0
	합계		109	46	2	3	240	35	0
클	2014	상주	5	4	0	0	10	1	0
	2014	전북	2	2	0	0	3	2	0
	2015	전북	20	13	0	1	27	2	0
	합계		27	19	0	1	40	5	0
챌	2013	상주	19	15	0	1	26	3	0
	합계		19	15	0	1	26	3	0
승	2013	상주	2	2	0	0	2	0	0
	합계		2	2	0	0	2	0	0
프로통산			157	82	2	5	308	43	0

정훈찬 (鄭薰贊) 능곡고 1993.07.24

리그	연도	소속	출장	교체	득점	도움	파울	경고	퇴장
BC	2012	전남	2	2	0	0	2	0	0
	합계		2	2	0	0	2	0	0
프로통산			2	2	0	0	2	0	0

제니아 (Yevgeny Zhirov) 러시아 1969.01.10

리그	연도	소속	출장	교체	득점	도움	파울	경고	퇴장
BC	1994	LG	4	2	0	1	6	1	0
	합계		4	2	0	1	6	1	0
프로통산			4	2	0	1	6	1	0

제영진 (諸泳珍) 경일대 1975.03.10

리그	연도	소속	출장	교체	득점	도움	파울	경고	퇴장
BC	1998	울산	12	13	1	0	15	1	0
	1999	울산	2	2	1	0	0	0	0
	2000	울산	12	12	1	1	6	2	0
	합계		26	27	3	1	21	3	0
프로통산			26	27	3	1	21	3	0

제용삼 (諸龍三) 한성대 1972.01.25

리그	연도	소속	출장	교체	득점	도움	파울	경고	퇴장
BC	1998	안양LG	33	20	10	4	57	4	0
	1999	안양LG	15	15	1	1	14	1	0
	2000	안양LG	11	11	1	0	4	1	0
	합계		59	46	12	5	75	6	0
프로통산			59	46	12	5	75	6	0

제이드 (Jade Bronson North) 호주 1982.01.07

리그	연도	소속	출장	교체	득점	도움	파울	경고	퇴장
BC	2009	인천	9	1	0	0	7	1	0
	합계		9	1	0	0	7	1	0
프로통산			9	1	0	0	7	1	0

제이미 (Jamie Cureton) 영국 1975.08.28

리그	연도	소속	출장	교체	득점	도움	파울	경고	퇴장
BC	2003	부산	21	12	4	1	20	2	0
	합계		21	12	4	1	20	2	0
프로통산			21	12	4	1	20	2	0

제이훈 (Ceyhun Eris) 터키 1977.05.15

리그	연도	소속	출장	교체	득점	도움	파울	경고	퇴장
BC	2008	서울	8	7	1	0	13	1	0
	합계		8	7	1	0	13	1	0
프로통산			8	7	1	0	13	1	0

제임스 (Augustine James) 나이지리아 1984.01.18

리그	연도	소속	출장	교체	득점	도움	파울	경고	퇴장
BC	2003	부천SK	13	12	1	0	20	1	0
	합계		13	12	1	0	20	1	0
프로통산			13	12	1	0	20	1	0

제제 (Zeze Gomes) 브라질

리그	연도	소속	출장	교체	득점	도움	파울	경고	퇴장
BC	1984	포철	9	3	4	2	14	1	0
	합계		9	3	4	2	14	1	0
프로통산			9	3	4	2	14	1	0

제종현 (諸鐘炫) 숭실대 1991.12.06

리그	연도	소속	출장	교체	실점	도움	파울	경고	퇴장
클	2015	광주	8	0	11	0	0	1	0
	합계		8	0	11	0	0	1	0
챌	2013	광주	5	0	4	0	0	1	0
	2014	광주	24	0	17	0	0	2	0
	합계		29	0	21	0	0	3	0
승	2014	광주	2	0	2	0	0	0	0
	합계		2	0	2	0	0	0	0
프로통산			39	0	34	0	0	4	0

제칼로 (Jose Carlos Ferreira) 브라질 1983.04.24

리그	연도	소속	출장	교체	득점	도움	파울	경고	퇴장
BC	2004	울산	19	6	14	1	55	6	0
	2005	울산	9	2	5	0	32	8	0
	2006	전북	24	11	6	1	57	10	0
	2007	전북	21	11	8	0	51	7	1
	2008	전북	7	6	1	0	9	1	0
	합계		80	36	34	2	204	32	1
프로통산			80	36	34	2	204	32	1

제파로프 (Jeparov Server) 우즈베키스탄 1982.10.03

리그	연도	소속	출장	교체	득점	도움	파울	경고	퇴장
BC	2010	서울	18	7	1	7	24	4	0
	2011	서울	15	5	0	1	21	2	0
	합계		33	12	1	8	45	6	0
클	2013	성남	31	16	6	2	37	7	0
	2014	성남	24	9	7	3	26	2	0
	2015	울산	22	13	6	3	17	2	0
	합계		77	38	19	8	80	11	0
프로통산			110	50	20	16	125	17	0

제펠손 (Jefferson Gama Rodrigues) 브라질 1981.01.26

리그	연도	소속	출장	교체	득점	도움	파울	경고	퇴장
BC	2006	대구	3	3	0	0	2	0	0
	합계		3	3	0	0	2	0	0
프로통산			3	3	0	0	2	0	0

제프유 (Yu, Ji Young) 미국 1978.10.30

리그	연도	소속	출장	교체	득점	도움	파울	경고	퇴장
BC	2000	울산	3	3	0	0	3	0	0
	2001	부천SK	2	2	0	0	2	0	0
	합계		5	5	0	0	5	0	0
프로통산			5	5	0	0	5	0	0

젠토이 (Lajos Zentai) 헝가리 1966.08.02

리그	연도	소속	출장	교체	득점	도움	파울	경고	퇴장
BC	1991	LG	23	9	1	0	25	2	0
	합계		23	9	1	0	25	2	0
프로통산			23	9	1	0	25	2	0

젤리코 (Zeljko Simović) 유고슬라비아 1967.02.02

리그	연도	소속	출장	교체	득점	도움	파울	경고	퇴장
BC	1994	대우	3	1	1	0	6	1	0
	합계		3	1	1	0	6	1	0
프로통산			3	1	1	0	6	1	0

젤리코 (Zeljko Vyjeta) 유고슬라비아 1967.01.01

리그	연도	소속	출장	교체	득점	도움	파울	경고	퇴장
BC	1994	LG	9	8	3	0	2	1	0
	합계		9	8	3	0	2	1	0
프로통산			9	8	3	0	2	1	0

조광래 (趙廣來) 연세대 1954.03.19

리그	연도	소속	출장	교체	득점	도움	파울	경고	퇴장
BC	1983	대우	15	1	2	1	28	3	0
	1984	대우	13	6	1	1	23	1	0
	1985	대우	5	1	0	2	12	1	0
	1986	대우	9	2	0	0	19	1	0
	1987	대우	4	3	0	0	7	1	0
	합계		46	13	3	4	89	7	0
프로통산			46	13	3	4	89	7	0

조규승 (曺圭承) 선문대 1991.10.30

리그	연도	소속	출장	교체	득점	도움	파울	경고	퇴장
클	2013	대전	2	2	0	0	4	0	0
	합계		2	2	0	0	4	0	0
프로통산			2	2	0	0	4	0	0

조규태 (曺圭泰) 고려대 1957.01.18

리그	연도	소속	출장	교체	실점	도움	파울	경고	퇴장
BC	1985	할렐	3	1	5	0	0	0	0
	합계		3	1	5	0	0	0	0
프로통산			3	1	5	0	0	0	0

조긍연 (趙兢衍) 고려대 1961.03.18

리그	연도	소속	출장	교체	득점	도움	파울	경고	퇴장
BC	1985	포철	14	9	2	1	23	1	0
	1986	포철	27	14	8	1	29	0	0
	1987	포철	20	19	3	2	14	1	0
	1988	포철	15	12	5	0	13	1	0
	1989	포철	39	11	20	1	41	2	0
	1990	포철	13	8	0	1	16	1	0
	1991	포철	15	15	0	1	10	1	0
	1992	현대	10	10	1	0	7	0	0
	합계		153	98	39	7	153	7	0
프로통산			153	98	39	7	153	7	0

조나탄 (Jonathan Aparecido da Silva Vilela) 브라질 1990.03.2

리그	연도	소속	출장	교체	득점	도움	파울	경고	퇴장
챌	2014	대구	29	17	14	2	56	1	0
	2015	대구	39	4	26	6	77	4	0
	합계		68	21	40	8	133	5	0
프로통산			68	21	40	8	133	5	0

조남현 (趙南眩) 전북대 1981.09.20

리그	연도	소속	출장	교체	득점	도움	파울	경고	퇴장
BC	2005	전북	7	6	0	0	9	0	0
	합계		7	6	0	0	9	0	0
프로통산			7	6	0	0	9	0	0

조네스 (Jonhes Elias Pinto Santos) 브라질 1979.09.28

리그	연도	소속	출장	교체	득점	도움	파울	경고	퇴장
BC	2007	포항	14	11	4	0	33	1	0
	합계		14	11	4	0	33	1	0
프로통산			14	11	4	0	33	1	0

조덕제 (趙德濟) 아주대 1965.10.26

리그	연도	소속	출장	교체	득점	도움	파울	경고	퇴장
BC	1988	대우	18	4	1	1	25	2	0
	1989	대우	39	5	1	4	71	3	0
	1990	대우	20	14	0	2	18	1	0

리그	연도	소속	출장	교체	득점	도움	파울	경고	퇴장
	1991	대우	33	14	2	0	32	1	0
	1992	대우	24	6	2	0	38	5	0
	1993	대우	29	0	0	1	29	2	0
	1994	대우	35	0	2	2	33	4	0
	1995	대우	15	3	2	1	15	3	1
	합계		213	46	10	11	261	21	1
프로통산			213	46	10	11	261	21	1

조동건 (趙東建) 건국대 1986.04.16

리그	연도	소속	출장	교체	득점	도움	파울	경고	퇴장
BC	2008	성남	12	11	4	4	9	1	0
	2009	성남	39	16	8	5	57	2	0
	2010	성남	18	14	2	1	29	1	0
	2011	성남	32	13	8	2	39	0	0
	2012	수원	20	18	2	2	22	2	0
	합계		121	72	24	14	156	6	0
클	2013	수원	25	15	5	4	18	3	0
	2014	수원	4	4	0	1	0	0	0
	2014	상주	19	6	3	1	22	0	0
	합계		48	25	8	6	40	3	0
챌	2015	상주	14	11	6	0	11	1	0
	합계		14	11	6	0	11	1	0
프로통산			183	108	38	20	207	10	0

조란 (Zoran Milosević) 유고슬라비아 1975.11.23

리그	연도	소속	출장	교체	득점	도움	파울	경고	퇴장
BC	1999	전북	30	2	0	0	53	6	0
	2000	전북	18	13	0	0	18	1	1
	2001	전북	18	4	1	0	22	1	0
	합계		66	19	1	0	93	8	1
프로통산			66	19	1	0	93	8	1

조란 (Zoran Sprko Rendulić) 세르비아 1984.05.22

리그	연도	소속	출장	교체	득점	도움	파울	경고	퇴장
BC	2012	포항	15	2	0	0	34	4	0
	합계		15	2	0	0	34	4	0
프로통산			15	2	0	0	34	4	0

조란 (Zoran Vukcević) 유고슬라비아 1972.02.07

리그	연도	소속	출장	교체	득점	도움	파울	경고	퇴장
BC	1993	현대	10	10	1	0	6	0	0
	합계		10	10	1	0	6	0	0
프로통산			10	10	1	0	6	0	0

조란 (Zoran Durisić) 유고슬라비아 1971.04.29

리그	연도	소속	출장	교체	득점	도움	파울	경고	퇴장
BC	1996	울산	24	20	4	2	39	4	0
	합계		24	20	4	2	39	4	0
프로통산			24	20	4	2	39	4	0

조란 (Zoran Novaković) 유고슬라비아 1975.08.22

리그	연도	소속	출장	교체	득점	도움	파울	경고	퇴장
BC	1998	부산	6	5	0	0	9	1	0
	1999	부산	9	8	0	0	18	1	0
	합계		15	13	0	0	27	2	0
프로통산			15	13	0	0	27	2	0

조르단 (Wilmar Jordan Gil) 콜롬비아 1990.10.17

리그	연도	소속	출장	교체	득점	도움	파울	경고	퇴장
BC	2011	경남	10	7	3	2	17	2	0
	2012	경남	22	19	2	0	31	1	0
	합계		32	26	5	2	48	3	0
클	2013	성남	2	2	0	0	0	0	0
	합계		2	2	0	0	0	0	0
프로통산			34	28	5	2	48	3	0

조르징요 (Jorge Xavier de Sousa) 브라질 1991.01.05

리그	연도	소속	출장	교체	득점	도움	파울	경고	퇴장
클	2015	성남	11	7	1	0	12	3	0
	합계		11	7	1	0	12	3	0
프로통산			11	7	1	0	12	3	0

조만근 (趙萬根) 한양대 1977.11.28

리그	연도	소속	출장	교체	득점	도움	파울	경고	퇴장
BC	1998	수원	3	3	0	0	4	0	0
	1999	수원	2	1	0	1	3	0	0
	2002	수원	2	2	0	0	2	0	0
	합계		7	6	0	1	9	0	0
프로통산			7	6	0	1	9	0	0

조민국 (曺敏國) 고려대 1963.07.05

리그	연도	소속	출장	교체	득점	도움	파울	경고	퇴장
BC	1986	럭금	12	0	5	2	12	3	0
	1987	럭금	19	1	0	0	16	3	0
	1988	럭금	10	1	0	0	15	2	0
	1989	럭금	9	1	1	2	8	1	0
	1990	럭금	23	6	1	3	17	3	0
	1991	LG	32	4	6	2	31	7	1
	1992	LG	34	1	2	2	23	3	0
	합계		139	14	15	11	122	22	1
프로통산			139	14	15	11	122	22	1

조민우 (趙民宇) 동국대 1992.05.13

리그	연도	소속	출장	교체	득점	도움	파울	경고	퇴장
챌	2014	강원	3	3	0	0	3	0	0
	합계		3	3	0	0	3	0	0
프로통산			3	3	0	0	3	0	0

조민혁 (趙珉赫) 홍익대 1982.05.05

리그	연도	소속	출장	교체	득점	도움	파울	경고	퇴장
BC	2005	부천SK	0	0	0	0	0	0	0
	2006	제주	0	0	0	0	0	0	0
	2007	전남	0	0	0	0	0	0	0
	2008	전남	0	0	0	0	0	0	0
	합계		0	0	0	0	0	0	0
프로통산			0	0	0	0	0	0	0

조민형 (曺民亨) 전주기전대학교 1993.04.07

리그	연도	소속	출장	교체	득점	도움	파울	경고	퇴장
챌	2014	수원fc	0	0	0	0	0	0	0
	합계		0	0	0	0	0	0	0
프로통산			0	0	0	0	0	0	0

조범석 (曺帆奭) 신갈고 1990.01.09

리그	연도	소속	출장	교체	득점	도움	파울	경고	퇴장
BC	2011	인천	6	3	0	0	10	0	0
	합계		6	3	0	0	10	0	0
프로통산			6	3	0	0	10	0	0

조병국 (曺秉局) 연세대 1981.07.01

리그	연도	소속	출장	교체	득점	도움	파울	경고	퇴장
BC	2002	수원	23	2	3	1	38	1	1
	2003	수원	29	5	0	1	47	1	0
	2004	수원	14	2	1	0	32	3	0
	2005	성남	12	12	0	0	2	0	0
	2006	성남	40	0	0	1	47	5	0
	2007	성남	26	1	1	0	38	3	0
	2008	성남	25	0	0	1	37	3	0
	2009	성남	26	1	2	0	50	14	0
	2010	성남	30	2	0	0	49	5	0
	합계		225	25	7	4	340	35	1
프로통산			225	25	7	4	340	35	1

조병득 (趙炳得) 명지대 1958.05.26

리그	연도	소속	출장	교체	실점	도움	파울	경고	퇴장
BC	1983	할렐	15	0	19	0	0	0	0
	1984	할렐	28	0	35	0	0	0	0
	1985	할렐	19	1	25	0	0	0	0
	1987	포철	18	2	24	0	1	0	0
	1988	포철	6	0	1	0	0	0	0
	1989	포철	25	0	35	1	0	0	0
	1990	포철	23	0	23	0	1	0	0
	합계		134	3	162	1	2	0	0
프로통산			134	3	162	1	2	0	0

조병영 (趙炳瑛) 안동대 1966.01.22

리그	연도	소속	출장	교체	득점	도움	파울	경고	퇴장
BC	1988	럭금	18	1	1	0	27	1	0
	1989	럭금	17	13	0	0	13	0	0
	1990	럭금	1	0	0	0	4	0	0
	1991	LG	13	5	0	1	12	2	1
	1992	LG	15	9	1	0	19	1	0
	1993	LG	23	4	0	0	34	5	1
	1994	LG	15	2	0	0	28	2	0
	1995	LG	18	3	0	0	36	6	0
	1996	안양LG	33	6	0	0	48	7	1
	1997	안양LG	25	16	1	0	56	5	0
	합계		178	59	3	1	277	29	3
프로통산			178	59	3	1	277	29	3

조상원 (趙相圓) 호남대 1976.05.06

리그	연도	소속	출장	교체	실점	도움	파울	경고	퇴장
BC	1999	전북	3	0	3	0	0	0	0
	2000	전북	0	0	0	0	0	0	0
	2001	전북	1	1	2	0	0	0	0
	합계		4	1	5	0	0	0	0
프로통산			4	1	5	0	0	0	0

조상준 (曺祥準) 대구대 1988.07.24

리그	연도	소속	출장	교체	실점	도움	파울	경고	퇴장
BC	2011	광주	0	0	0	0	0	0	0
	합계		0	0	0	0	0	0	0
챌	2013	경찰	4	3	1	0	0	1	0
	합계		4	3	1	0	0	1	0
프로통산			4	3	1	0	0	1	0

조석재 (趙錫宰) 건국대 1993.03.24

리그	연도	소속	출장	교체	득점	도움	파울	경고	퇴장
챌	2015	충주	36	18	19	5	44	6	0
	합계		36	18	19	5	44	6	0
프로통산			36	18	19	5	44	6	0

조성규 (趙星奎) 동국대 1959.05.22

리그	연도	소속	출장	교체	득점	도움	파울	경고	퇴장
BC	1984	한일	9	4	1	2	8	1	0
	1985	한일	21	4	3	4	25	0	0
	1986	한일	18	5	2	5	20	3	0
	합계		48	13	6	11	53	4	0
프로통산			48	13	6	11	53	4	0

조성래 (趙成來) 홍익대 1979.08.10

리그	연도	소속	출장	교체	득점	도움	파울	경고	퇴장
BC	2004	성남	9	5	0	0	17	2	0
	합계		9	5	0	0	17	2	0
프로통산			9	5	0	0	17	2	0

조성윤 (趙成閏) 숭실대 1984.04.26

리그	연도	소속	출장	교체	득점	도움	파울	경고	퇴장
BC	2005	인천	2	1	0	0	1	0	0
	2006	광주상	0	0	0	0	0	0	0
	합계		2	1	0	0	1	0	0
프로통산			2	1	0	0	1	0	0

조성준 (趙聖俊) 청주대 1990.11.27

리그	연도	소속	출장	교체	득점	도움	파울	경고	퇴장
챌	2013	안양	24	20	4	2	35	4	0
	2014	안양	22	17	4	2	25	3	0
	2015	안양	36	26	2	3	29	3	0
	합계		82	63	10	7	89	10	0
프로통산			82	63	10	7	89	10	0

조성준 (趙星俊) 주엽공고 1988.06.07

리그	연도	소속	출장	교체	득점	도움	파울	경고	퇴장
BC	2007	전북	3	0	0	1	12	2	0
	2008	전북	8	2	0	0	18	5	0
	합계		11	2	0	1	30	7	0
프로통산			11	2	0	1	30	7	0

조성진 (趙成鎭) 유성생명과학고 1990.12.14

리그	연도	소속	출장	교체	득점	도움	파울	경고	퇴장
클	2014	수원	37	0	0	0	50	3	0
	2015	수원	29	2	3	0	56	11	0
	합계		66	2	3	0	106	14	0
프로통산			66	2	3	0	106	14	0

조성환 (趙星桓) 초당대 1982.04.09

리그	연도	소속	출장	교체	득점	도움	파울	경고	퇴장

리그	연도	소속	출장	교체	득점	도움	파울	경고	퇴장
BC	2001	수원	32	3	0	0	45	5	0
	2002	수원	23	2	2	0	47	5	0
	2003	수원	19	6	0	0	25	6	0
	2004	수원	19	6	1	0	27	3	0
	2005	수원	6	3	0	0	12	1	0
	2005	포항	4	2	0	0	8	1	0
	2006	포항	28	2	0	0	71	9	0
	2007	포항	27	1	0	0	43	7	1
	2008	포항	18	0	1	0	22	8	0
	2010	전북	11	0	2	0	28	3	0
	2011	전북	27	0	1	1	34	12	0
	2012	전북	9	1	0	1	15	3	0
	합계		223	26	7	2	377	63	1
클	2015	전북	17	4	0	0	17	7	0
	합계		17	4	0	0	17	7	0
프로통산			240	30	7	2	394	70	1

조성환 (趙成煥) 아주대 1970.10.16

리그	연도	소속	출장	교체	득점	도움	파울	경고	퇴장
BC	1993	유공	16	4	0	1	17	4	0
	1994	유공	33	11	1	1	50	5	0
	1997	부천SK	32	5	0	4	86	8	0
	1998	부천SK	9	9	0	0	13	0	0
	1999	부천SK	35	0	0	6	101	5	1
	2000	부천SK	43	0	1	3	91	5	0
	2001	부천SK	31	0	2	2	65	9	0
	2003	전북	31	5	0	2	82	12	0
	합계		230	34	4	19	505	48	1
프로통산			230	34	4	19	505	48	1

조세권 (趙世權) 고려대 1978.06.26

리그	연도	소속	출장	교체	득점	도움	파울	경고	퇴장
BC	2001	울산	28	2	0	0	25	7	0
	2002	울산	27	4	0	0	41	6	0
	2003	울산	39	2	1	1	57	7	0
	2004	울산	32	1	0	0	45	8	0
	2005	울산	31	2	0	0	63	5	0
	2006	울산	22	7	0	1	40	6	0
	2007	전남	1	1	0	0	1	0	0
	합계		180	19	1	2	272	39	0
프로통산			180	19	1	2	272	39	0

조셉 (Jozsef Somogyi) 헝가리 1968.05.23

리그	연도	소속	출장	교체	득점	도움	파울	경고	퇴장
BC	1994	유공	25	11	3	3	28	3	0
	1995	유공	21	8	3	5	25	4	0
	1996	부천SK	35	9	12	6	70	10	0
	1997	부천SK	24	8	1	3	37	4	0
	합계		105	36	19	17	160	21	0
프로통산			105	36	19	17	160	21	0

조수철 (趙秀哲) 우석대 1990.10.30

리그	연도	소속	출장	교체	득점	도움	파울	경고	퇴장
클	2013	성남	0	0	0	0	0	0	0
	2014	인천	6	4	1	0	3	0	0
	2015	인천	27	6	2	1	28	4	0
	합계		33	10	3	1	31	4	0
프로통산			33	10	3	1	31	4	0

조수혁 (趙秀赫) 건국대 1987.03.18

리그	연도	소속	출장	교체	실점	도움	파울	경고	퇴장
BC	2008	서울	2	0	1	0	0	0	0
	2010	서울	0	0	0	0	0	0	0
	2011	서울	1	0	1	0	0	0	0
	2012	서울	0	0	0	0	0	0	0
	합계		3	0	2	0	0	0	0
클	2013	인천	0	0	0	0	0	0	0
	2014	인천	0	0	0	0	0	0	0
	2015	인천	10	2	4	0	0	2	0
	합계		10	2	4	0	0	2	0
프로통산			13	2	6	0	0	2	0

조시마 (Josimar de Carvalho Ferreira) 브라질 1972.04.09

리그	연도	소속	출장	교체	득점	도움	파울	경고	퇴장
BC	2000	포항	4	4	0	1	4	0	0
	합계		4	4	0	1	4	0	0
프로통산			4	4	0	1	4	0	0

조엘손 (Joelson Franca Dias) 브라질 1988.05.29

리그	연도	소속	출장	교체	득점	도움	파울	경고	퇴장
챌	2014	강원	19	17	6	0	26	0	0
	합계		19	17	6	0	26	0	0
프로통산			19	17	6	0	26	0	0

조영민 (趙永玟) 동아대 1982.08.20

리그	연도	소속	출장	교체	득점	도움	파울	경고	퇴장
BC	2005	부산	1	1	0	0	0	0	0
	2006	부산	12	7	0	1	12	3	0
	2007	부산	1	1	0	0	1	0	0
	합계		14	9	0	1	13	3	0
프로통산			14	9	0	1	13	3	0

조영우 (曺永雨) 전북대 1973.02.19

리그	연도	소속	출장	교체	득점	도움	파울	경고	퇴장
BC	1995	전북	6	5	1	0	0	0	0
	합계		6	5	1	0	0	0	0
프로통산			6	5	1	0	0	0	0

조영준 (曺泳俊) 경일대 1985.05.23

리그	연도	소속	출장	교체	득점	도움	파울	경고	퇴장
BC	2008	대구	0	0	0	0	0	0	0
	2009	대구	0	0	0	0	0	0	0
	2010	대구	0	0	0	0	0	0	0
	합계		0	0	0	0	0	0	0
프로통산			0	0	0	0	0	0	0

조영증 (趙榮增) 중앙대 1954.08.18

리그	연도	소속	출장	교체	득점	도움	파울	경고	퇴장
BC	1984	럭금	28	2	9	4	28	1	0
	1985	럭금	5	1	1	1	8	0	0
	1986	럭금	12	0	4	0	15	1	0
	1987	럭금	7	2	0	0	2	0	0
	합계		52	5	14	5	53	2	0
프로통산			52	5	14	5	53	2	0

조영철 (曺永哲) 학성고 1989.05.31

리그	연도	소속	출장	교체	득점	도움	파울	경고	퇴장
클	2015	울산	2	2	0	0	0	0	0
	합계		2	2	0	0	0	0	0
프로통산			2	2	0	0	0	0	0

조영훈 (趙榮勳) 동국대 1989.04.13

리그	연도	소속	출장	교체	득점	도움	파울	경고	퇴장
BC	2012	대구	10	7	0	0	12	2	0
	합계		10	7	0	0	12	2	0
클	2013	대구	26	2	1	1	37	2	0
	합계		26	2	1	1	37	2	0
챌	2014	대구	7	2	1	0	9	0	0
	2015	대구	27	4	0	1	30	7	0
	합계		34	6	1	1	39	7	0
프로통산			70	15	2	2	88	11	0

조용기 (曺龍起) 아주대 1983.08.28

리그	연도	소속	출장	교체	득점	도움	파울	경고	퇴장
BC	2006	대구	0	0	0	0	0	0	0
	합계		0	0	0	0	0	0	0
프로통산			0	0	0	0	0	0	0

조용민 (趙庸珉) 광주대 1992.01.15

리그	연도	소속	출장	교체	득점	도움	파울	경고	퇴장
챌	2014	수원fc	6	6	1	0	0	0	0
	합계		6	6	1	0	0	0	0
프로통산			6	6	1	0	0	0	0

조용석 (曺庸碩) 경상대 1977.07.14

리그	연도	소속	출장	교체	득점	도움	파울	경고	퇴장
BC	2000	전남	16	11	1	0	22	1	0
	2001	전남	3	3	0	0	6	0	0
	합계		19	14	1	0	28	1	0
프로통산			19	14	1	0	28	1	0

조용태 (趙容泰) 연세대 1986.03.31

리그	연도	소속	출장	교체	득점	도움	파울	경고	퇴장
BC	2008	수원	17	17	2	3	10	0	0
	2009	수원	9	9	1	0	7	0	0
	2010	광주상	15	11	3	1	9	0	0
	2011	상주	12	11	1	0	7	0	0
	2011	수원	2	3	0	0	1	0	0
	2012	수원	12	12	1	1	5	0	0
	합계		67	63	8	5	39	0	0
클	2013	수원	14	12	1	1	10	0	0
	2014	경남	1	1	0	0	1	0	0
	2015	광주	22	22	2	2	9	0	0
	합계		37	35	3	3	20	0	0
챌	2014	광주	17	14	2	0	10	0	0
	합계		17	14	2	0	10	0	0
승	2014	광주	2	2	1	0	0	0	0
	합계		2	2	1	0	0	0	0
프로통산			123	114	14	8	69	0	0

조용형 (趙容亨) 고려대 1983.11.03

리그	연도	소속	출장	교체	득점	도움	파울	경고	퇴장
BC	2005	부천SK	34	1	0	0	33	6	0
	2006	제주	35	0	0	0	44	8	0
	2007	성남	19	11	0	0	15	0	0
	2008	제주	31	1	0	1	33	4	1
	2009	제주	23	0	1	0	37	4	0
	2010	제주	15	2	0	0	28	1	0
	합계		157	15	1	1	190	23	1
프로통산			157	15	1	1	190	23	1

조우석 (趙祐奭) 대구대 1968.10.08

리그	연도	소속	출장	교체	득점	도움	파울	경고	퇴장
BC	1991	일화	37	6	3	4	42	2	0
	1992	일화	13	10	0	2	9	1	0
	1994	일화	15	9	0	2	16	5	0
	1995	일화	13	8	1	1	14	2	0
	1996	천안	20	8	1	1	23	1	0
	1997	천안	29	8	0	2	47	5	0
	1998	천안	27	7	1	1	21	2	0
	합계		154	56	6	13	172	18	0
프로통산			154	56	6	13	172	18	0

조우실바 (Jorge Santos Silva) 브라질 1988.02.23

리그	연도	소속	출장	교체	득점	도움	파울	경고	퇴장
BC	2008	대구	2	2	0	0	0	0	0
	합계		2	2	0	0	0	0	0
프로통산			2	2	0	0	0	0	0

조우진 (趙佑鎭) 포철공고 1987.07.07

리그	연도	소속	출장	교체	득점	도움	파울	경고	퇴장
BC	2011	광주	11	11	0	1	3	0	0
	2012	광주	9	9	1	0	3	1	0
	합계		20	20	1	1	6	1	0
클	2013	대구	3	3	0	0	0	0	0
	합계		3	3	0	0	0	0	0
프로통산			23	23	1	1	6	1	0

조우진 (趙佑辰) 한남대 1993.11.25

리그	연도	소속	출장	교체	득점	도움	파울	경고	퇴장
챌	2015	서울E	0	0	0	0	0	0	0
	합계		0	0	0	0	0	0	0
프로통산			0	0	0	0	0	0	0

조원광 (趙源光) 한양중 1985.08.23

리그	연도	소속	출장	교체	득점	도움	파울	경고	퇴장
BC	2008	인천	4	5	0	0	4	0	0
	합계		4	5	0	0	4	0	0
프로통산			4	5	0	0	4	0	0

조원득 (趙元得) 단국대 1991.06.21

리그	연도	소속	출장	교체	득점	도움	파울	경고	퇴장
클	2015	대전	7	4	0	0	7	1	0
	합계		7	4	0	0	7	1	0

프로통산			7	4	0	0	7	1	0

조원희 (趙源熙) 배재고 1983.04.17

리그	연도	소속	출장	교체	득점	도움	파울	경고	퇴장
BC	2002	울산	1	1	0	0	1	0	0
	2003	광주상	23	12	2	0	32	3	0
	2004	광주상	21	8	0	0	14	2	0
	2005	수원	29	13	0	1	39	2	0
	2006	수원	27	3	0	1	23	3	0
	2007	수원	19	1	0	1	39	4	0
	2008	수원	35	1	1	1	89	9	0
	2010	수원	26	3	1	0	41	2	0
	합계		181	42	4	4	278	25	0
클	2014	경남	12	1	0	1	16	2	0
	합계		12	1	0	1	16	2	0
챌	2015	서울E	38	0	5	3	41	4	0
	합계		38	0	5	3	41	4	0
프로통산			231	43	9	8	335	31	0

조윤환 (趙允煥) 명지대 1961.05.24

리그	연도	소속	출장	교체	득점	도움	파울	경고	퇴장
BC	1985	할렐	14	0	0	0	21	2	0
	1987	유공	20	9	3	1	28	2	0
	1988	유공	21	0	0	0	24	4	1
	1989	유공	30	3	5	6	44	2	0
	1990	유공	17	3	1	2	38	2	2
	합계		102	15	9	9	155	12	3
프로통산			102	15	9	9	155	12	3

조인형 (趙仁衡) 인천대 1990.02.01

리그	연도	소속	출장	교체	득점	도움	파울	경고	퇴장
클	2013	울산	3	3	0	0	0	0	0
	2014	울산	1	1	0	0	3	0	0
	합계		4	4	0	0	3	0	0
챌	2015	수원fc	5	5	0	0	7	0	0
	합계		5	5	0	0	7	0	0
프로통산			9	9	0	0	10	0	0

조일수 (趙日秀) 춘천고 1972.11.05

리그	연도	소속	출장	교체	득점	도움	파울	경고	퇴장
BC	1991	일화	3	3	0	0	2	0	0
	1993	일화	4	5	1	0	1	0	0
	1994	일화	3	3	0	0	0	0	0
	1996	천안	5	2	0	0	7	0	0
	1997	천안	18	15	1	1	22	2	0
	합계		33	28	2	1	32	2	0
프로통산			33	28	2	1	32	2	0

조재민 (趙在珉) 중동고 1978.05.22

리그	연도	소속	출장	교체	득점	도움	파울	경고	퇴장
BC	2001	수원	3	2	0	0	2	1	0
	2002	수원	4	3	0	0	10	3	0
	2003	수원	6	5	0	0	14	1	0
	2004	수원	5	3	0	0	7	1	0
	2005	수원	11	6	0	0	15	2	0
	2006	수원	6	2	0	0	8	2	0
	2007	대전	17	11	0	0	30	2	0
	합계		52	32	0	0	86	12	0
프로통산			52	32	0	0	86	12	0

조재성 (趙載晟) 관동대 1972.05.25

리그	연도	소속	출장	교체	득점	도움	파울	경고	퇴장
BC	1995	일화	1	1	0	0	1	1	0
	합계		1	1	0	0	1	1	0
프로통산			1	1	0	0	1	1	0

조재용 (趙在勇) 연세대 1984.04.21

리그	연도	소속	출장	교체	득점	도움	파울	경고	퇴장
BC	2007	경남	7	6	0	0	4	0	0
	2009	경남	9	3	0	0	9	0	0
	2010	광주상	3	1	0	0	2	0	0
	2011	상주	1	0	0	0	3	0	0
	2012	경남	8	4	0	0	6	1	0
	합계		28	14	0	0	24	1	0
클	2013	경남	0	0	0	0	0	0	0
	합계		0	0	0	0	0	0	0
프로통산			28	14	0	0	24	1	0

조재진 (曺宰溱) 대신고 1981.07.09

리그	연도	소속	출장	교체	득점	도움	파울	경고	퇴장
BC	2000	수원	5	4	0	0	10	0	0
	2001	수원	3	3	0	0	0	0	0
	2003	광주상	31	8	3	3	57	5	0
	2004	수원	8	7	1	0	9	0	0
	2008	전북	31	7	10	3	57	4	0
	합계		78	29	14	6	133	9	0
프로통산			78	29	14	6	133	9	0

조재철 (趙載喆) 아주대 1986.05.18

리그	연도	소속	출장	교체	득점	도움	파울	경고	퇴장
BC	2010	성남	33	16	4	2	37	4	0
	2011	성남	33	13	0	5	33	1	0
	2012	경남	17	12	2	1	17	2	0
	합계		83	41	6	8	87	7	0
클	2013	경남	30	21	0	2	40	4	0
	합계		30	21	0	2	40	4	0
챌	2014	안산	32	7	7	1	35	4	0
	2015	안산	21	19	0	3	21	1	0
	2015	경남	6	3	1	0	7	2	0
	합계		59	29	8	4	63	7	0
프로통산			172	91	14	14	190	18	0

조재현 (趙宰賢) 부경대 1985.05.13

리그	연도	소속	출장	교체	득점	도움	파울	경고	퇴장
BC	2006	부산	8	8	0	0	5	0	0
	합계		8	8	0	0	5	0	0
프로통산			8	8	0	0	5	0	0

조정현 (曺丁鉉) 대구대 1969.11.12

리그	연도	소속	출장	교체	득점	도움	파울	경고	퇴장
BC	1992	유공	18	12	4	2	27	2	0
	1993	유공	24	11	4	1	44	4	1
	1994	유공	29	8	7	9	49	3	0
	1995	유공	17	8	3	1	29	3	0
	1996	부천SK	34	13	8	4	59	5	0
	1997	부천SK	6	3	0	0	15	0	0
	1998	부천SK	35	19	9	5	54	4	0
	1999	전남	12	12	0	0	16	1	0
	2000	포항	13	12	1	1	22	0	0
	합계		188	98	36	23	315	22	1
프로통산			188	98	36	23	315	22	1

조제 (Dorde Vasić) 유고슬라비아 1964.05.02

리그	연도	소속	출장	교체	득점	도움	파울	경고	퇴장
BC	1994	일화	8	8	0	0	4	1	0
	합계		8	8	0	0	4	1	0
프로통산			8	8	0	0	4	1	0

조종화 (趙鍾和) 고려대 1974.04.04

리그	연도	소속	출장	교체	득점	도움	파울	경고	퇴장
BC	1997	포항	6	4	0	0	2	0	0
	1998	포항	5	6	0	0	1	0	0
	2002	포항	5	1	0	0	5	0	0
	합계		16	11	0	0	8	0	0
프로통산			16	11	0	0	8	0	0

조준재 (趙儁宰) 홍익대 1990.08.31

리그	연도	소속	출장	교체	득점	도움	파울	경고	퇴장
챌	2014	충주	14	6	1	2	11	0	0
	합계		14	6	1	2	11	0	0
프로통산			14	6	1	2	11	0	0

조준현 (曺準鉉) 한남대 1989.09.26

리그	연도	소속	출장	교체	득점	도움	파울	경고	퇴장
클	2013	제주	0	0	0	0	0	0	0
	합계		0	0	0	0	0	0	0
챌	2013	충주	3	2	0	0	3	0	0
	합계		3	2	0	0	3	0	0
프로통산			3	2	0	0	3	0	0

조준호 (趙俊浩) 홍익대 1973.04.28

리그	연도	소속	출장	교체	실점	도움	파울	경고	퇴장
BC	1999	포항	20	0	30	0	1	1	0
	2000	포항	30	0	38	0	3	1	1
	2001	포항	11	1	13	0	0	0	0
	2002	포항	6	0	7	0	0	0	0
	2003	포항	2	1	3	0	0	0	0
	2004	부천SK	36	0	36	0	0	0	0
	2005	부천SK	36	0	31	0	0	0	0
	2006	제주	33	2	33	0	0	0	0
	2007	제주	15	1	17	0	0	0	0
	2008	제주	27	3	29	0	0	0	0
	2009	대구	14	1	29	0	1	2	0
	2010	대구	0	0	0	0	0	0	0
	합계		230	9	266	0	5	4	1
프로통산			230	9	266	0	5	4	1

조지훈 (趙志焄) 연세대 1990.05.29

리그	연도	소속	출장	교체	득점	도움	파울	경고	퇴장
BC	2011	수원	1	1	0	0	0	0	0
	2012	수원	11	11	0	1	6	1	0
	합계		12	12	0	1	6	1	0
클	2013	수원	20	18	1	1	15	3	0
	2014	수원	16	16	0	0	10	4	0
	2015	수원	4	4	0	1	0	1	0
	합계		40	38	1	2	25	8	0
프로통산			52	50	1	3	31	9	0

조진수 (趙珍洙) 건국대 1983.09.02

리그	연도	소속	출장	교체	득점	도움	파울	경고	퇴장
BC	2003	전북	2	2	0	0	0	0	0
	2004	전북	0	0	0	0	0	0	0
	2005	전북	5	5	0	0	10	1	0
	2006	전북	23	20	1	1	52	4	0
	2007	제주	24	9	3	3	53	4	0
	2008	제주	30	10	3	2	51	3	0
	2009	울산	20	17	2	1	20	4	0
	2010	울산	6	5	0	1	7	0	0
	합계		110	68	9	8	193	16	0
챌	2014	수원fc	8	8	0	0	5	0	0
	합계		8	8	0	0	5	0	0
프로통산			118	76	9	8	198	16	0

조진호 (趙眞浩) 경희대 1973.08.02

리그	연도	소속	출장	교체	득점	도움	파울	경고	퇴장
BC	1994	포철	16	11	2	0	25	2	0
	1995	포항	13	11	2	0	21	2	0
	1996	포항	16	12	1	0	14	2	0
	1999	포항	21	13	2	3	35	3	0
	2000	부천SK	26	26	6	3	30	2	0
	2001	성남	21	20	2	2	23	3	0
	2002	성남	6	6	0	0	13	1	0
	합계		119	99	15	8	161	15	0
프로통산			119	99	15	8	161	15	0

조징요 (Jorge Claudio) 브라질 1975.10.01

리그	연도	소속	출장	교체	득점	도움	파울	경고	퇴장
BC	2002	포항	3	2	0	0	4	1	0
	합계		3	2	0	0	4	1	0
프로통산			3	2	0	0	4	1	0

조찬호 (趙澯鎬) 연세대 1986.04.10

리그	연도	소속	출장	교체	득점	도움	파울	경고	퇴장
BC	2009	포항	11	11	3	6	6	0	0
	2010	포항	16	13	1	2	10	0	0
	2011	포항	26	23	4	2	18	0	0
	2012	포항	20	17	6	4	20	3	0
	합계		73	64	14	14	54	3	0
클	2013	포항	34	30	9	1	23	1	0
	2014	포항	3	2	0	0	6	0	0
	2015	포항	13	12	0	1	6	0	0
	2015	수원	6	6	2	2	5	1	0

	합계		56	50	11	4	40	2	0
프로통산			129	114	25	18	94	5	0

조창근 (趙昌根) 동아고 1964.11.07

리그	연도	소속	출장	교체	득점	도움	파울	경고	퇴장
BC	1993	대우	6	7	1	0	1	0	0
	1994	대우	3	3	0	0	0	0	0
	합계		9	10	1	0	1	0	0
프로통산			9	10	1	0	1	0	0

조철인 (趙哲仁) 영남대 1990.09.15

리그	연도	소속	출장	교체	득점	도움	파울	경고	퇴장
챌	2014	안양	1	1	0	0	0	0	0
	합계		1	1	0	0	0	0	0
프로통산			1	1	0	0	0	0	0

조태우 (趙太羽) 아주대 1987.01.19

리그	연도	소속	출장	교체	득점	도움	파울	경고	퇴장
챌	2013	수원fc	28	2	1	0	34	5	1
	2014	수원fc	16	2	0	0	19	1	0
	합계		44	4	1	0	53	6	1
프로통산			44	4	1	0	53	6	1

조태천 (曺太千) 청구고 1956.07.19

리그	연도	소속	출장	교체	득점	도움	파울	경고	퇴장
BC	1983	포철	14	4	1	2	6	0	0
	1984	포철	18	8	0	1	8	0	0
	합계		32	12	1	3	14	0	0
프로통산			32	12	1	3	14	0	0

조한범 (趙韓範) 중앙대 1985.03.28

리그	연도	소속	출장	교체	득점	도움	파울	경고	퇴장
BC	2008	포항	2	2	0	0	1	0	0
	2009	포항	1	1	0	0	0	0	0
	2009	대구	5	3	0	0	5	1	0
	합계		8	6	0	0	6	1	0
프로통산			8	6	0	0	6	1	0

조향기 (趙香氣) 광운대 1992.03.23

리그	연도	소속	출장	교체	득점	도움	파울	경고	퇴장
챌	2015	서울E	6	6	1	0	3	0	0
	합계		6	6	1	0	3	0	0
프로통산			6	6	1	0	3	0	0

조현 (趙賢) 동국대 1974.02.24

리그	연도	소속	출장	교체	득점	도움	파울	경고	퇴장
BC	1996	수원	16	12	1	0	24	1	0
	1997	수원	12	13	1	0	16	2	0
	1998	수원	7	6	0	0	8	0	0
	1999	수원	19	17	2	1	28	2	0
	2000	수원	3	3	0	0	2	0	0
	2001	울산	4	4	0	0	8	0	0
	합계		61	55	4	1	86	5	0
프로통산			61	55	4	1	86	5	0

조현두 (趙顯斗) 한양대 1973.11.23

리그	연도	소속	출장	교체	득점	도움	파울	경고	퇴장
BC	1996	수원	29	11	7	2	36	2	0
	1997	수원	32	13	7	2	70	3	0
	1998	수원	14	6	0	3	30	2	0
	1999	수원	20	17	4	2	24	0	0
	2000	수원	19	14	0	4	30	1	0
	2001	수원	7	7	1	0	5	2	0
	2002	수원	14	14	1	3	19	0	0
	2003	전남	3	3	0	0	0	0	0
	2003	부천SK	25	10	5	3	47	5	0
	2004	부천SK	26	13	3	2	60	4	0
	2005	부천SK	18	13	0	3	26	3	0
	합계		207	121	28	24	347	22	0
프로통산			207	121	28	24	347	22	0

조현우 (趙賢祐) 선문대 1991.09.25

리그	연도	소속	출장	교체	실점	도움	파울	경고	퇴장
클	2013	대구	14	0	22	0	0	0	0
	합계		14	0	22	0	0	0	0
챌	2014	대구	15	0	21	0	0	1	0
	2015	대구	41	1	49	1	0	2	0
	합계		56	1	70	1	0	3	0
프로통산			70	1	92	1	0	3	0

조형익 (趙亨翼) 명지대 1985.09.13

리그	연도	소속	출장	교체	득점	도움	파울	경고	퇴장
BC	2008	대구	32	28	1	5	18	1	0
	2009	대구	32	17	6	0	44	5	0
	2010	대구	30	9	9	4	38	8	0
	2011	대구	17	8	1	2	37	4	0
	합계		111	62	17	11	137	18	0
클	2013	대구	27	21	1	5	34	3	0
	합계		27	21	1	5	34	3	0
챌	2014	대구	31	20	3	3	35	1	0
	합계		31	20	3	3	35	1	0
프로통산			169	103	21	19	206	22	0

조형재 (趙亨在) 한려대 1985.01.08

리그	연도	소속	출장	교체	득점	도움	파울	경고	퇴장
BC	2006	제주	5	4	1	1	3	1	0
	2007	제주	12	12	0	0	2	0	0
	2008	제주	27	18	1	3	34	5	0
	2009	제주	11	8	2	1	4	1	0
	합계		55	42	4	5	43	7	0
프로통산			55	42	4	5	43	7	0

조호연 (趙皓衍) 광운대 1988.06.05

리그	연도	소속	출장	교체	득점	도움	파울	경고	퇴장
클	2014	상주	0	0	0	0	0	0	0
	합계		0	0	0	0	0	0	0
챌	2013	상주	0	0	0	0	0	0	0
	합계		0	0	0	0	0	0	0
프로통산			0	0	0	0	0	0	0

조홍규 (曺弘圭) 상지대 1983.07.24

리그	연도	소속	출장	교체	득점	도움	파울	경고	퇴장
BC	2006	대구	12	1	0	0	27	4	0
	2007	대구	27	8	0	1	41	4	0
	2008	대구	6	2	0	0	5	2	0
	2009	포항	7	3	0	0	12	1	0
	2010	포항	4	2	0	0	8	1	0
	2011	대전	8	4	1	0	8	2	0
	합계		64	20	1	1	101	14	0
프로통산			64	20	1	1	101	14	0

존 (Jon Olav Hjelde) 노르웨이 1972.04.30

리그	연도	소속	출장	교체	득점	도움	파울	경고	퇴장
BC	2003	부산	16	2	0	0	22	3	1
	합계		16	2	0	0	22	3	1
프로통산			16	2	0	0	22	3	1

존자키 (John Jaki) 나이지리아 1973.07.10

리그	연도	소속	출장	교체	득점	도움	파울	경고	퇴장
BC	2000	전북	3	4	0	0	3	0	0
	합계		3	4	0	0	3	0	0
프로통산			3	4	0	0	3	0	0

졸리 (Zoltan Sabo) 유고슬라비아 1972.05.26

리그	연도	소속	출장	교체	득점	도움	파울	경고	퇴장
BC	2000	수원	22	1	0	0	37	6	0
	2001	수원	24	1	0	1	45	11	1
	2002	수원	2	1	0	0	5	0	1
	합계		48	3	0	1	87	17	2
프로통산			48	3	0	1	87	17	2

좌준협 (左峻協) 전주대 1991.05.07

리그	연도	소속	출장	교체	득점	도움	파울	경고	퇴장
클	2013	제주	2	0	0	0	6	1	0
	2014	제주	0	0	0	0	0	0	0
	합계		2	0	0	0	6	1	0
챌	2014	안산	4	2	0	0	4	0	0
	2015	안산	15	12	0	0	17	2	0
	합계		19	14	0	0	21	2	0
프로통산			21	14	0	0	27	3	0

죠다쉬 (Idarko Cordas) 크로아티아 1976.12.16

리그	연도	소속	출장	교체	득점	도움	파울	경고	퇴장
BC	2001	포항	3	2	0	0	3	1	0
	합계		3	2	0	0	3	1	0
프로통산			3	2	0	0	3	1	0

죠이 (Joilson Rodrigues da Silva) 브라질 1976.12.08

리그	연도	소속	출장	교체	득점	도움	파울	경고	퇴장
BC	2000	성남	30	19	7	1	50	2	0
	합계		30	19	7	1	50	2	0
프로통산			30	19	7	1	50	2	0

주경철 (周景喆) 영남대 1965.02.22

리그	연도	소속	출장	교체	득점	도움	파울	경고	퇴장
BC	1988	럭금	4	2	0	0	4	0	0
	1989	럭금	27	21	4	3	21	3	0
	1990	럭금	7	6	0	0	7	0	0
	1991	유공	10	7	0	0	14	1	0
	1994	버팔로	35	9	2	7	38	3	0
	1995	LG	7	5	0	1	9	0	0
	합계		90	50	6	11	93	7	0
프로통산			90	50	6	11	93	7	0

주광선 (朱廣先) 전주대 1991.04.13

리그	연도	소속	출장	교체	득점	도움	파울	경고	퇴장
챌	2015	부천	7	7	0	0	5	0	0
	합계		7	7	0	0	5	0	0
프로통산			7	7	0	0	5	0	0

주광윤 (朱光潤) 고려대 1982.10.23

리그	연도	소속	출장	교체	득점	도움	파울	경고	퇴장
BC	2003	전남	13	13	1	0	5	0	0
	2004	전남	7	6	0	1	7	1	0
	2005	전남	15	12	1	0	27	3	0
	2006	전남	31	28	5	2	35	6	0
	2007	전남	19	19	2	1	14	2	0
	2008	전남	18	14	0	0	22	2	0
	2009	전남	16	16	2	1	12	3	0
	2010	광주상	16	12	0	1	26	4	0
	2011	상주	4	4	0	1	3	0	0
	합계		139	124	11	7	151	21	0
프로통산			139	124	11	7	151	21	0

주기환 (朱基煥) 경일대 1981.12.20

리그	연도	소속	출장	교체	득점	도움	파울	경고	퇴장
BC	2005	전북	0	0	0	0	0	0	0
	합계		0	0	0	0	0	0	0
프로통산			0	0	0	0	0	0	0

주닝요 (Aselmo Vendrechovski Junior) 브라질 1982.09.16

리그	연도	소속	출장	교체	득점	도움	파울	경고	퇴장
BC	2010	수원	13	6	3	2	16	2	0
	합계		13	6	3	2	16	2	0
프로통산			13	6	3	2	16	2	0

주닝요 (Junio Cesar Arcanjo) 브라질 1983.01.11

리그	연도	소속	출장	교체	득점	도움	파울	경고	퇴장
BC	2011	대구	17	11	2	2	19	4	0
	합계		17	11	2	2	19	4	0
프로통산			17	11	2	2	19	4	0

주민규 (周敏圭) 한양대 1990.04.13

리그	연도	소속	출장	교체	득점	도움	파울	경고	퇴장
챌	2013	고양	26	15	2	1	38	1	0
	2014	고양	30	8	5	1	67	5	0
	2015	서울E	40	17	23	7	66	5	0
	합계		96	40	30	9	171	11	0
프로통산			96	40	30	9	171	11	0

주성환 (朱性奐) 한양대 1990.08.24

리그	연도	소속	출장	교체	득점	도움	파울	경고	퇴장
BC	2012	전남	17	16	2	1	12	1	0
	합계		17	16	2	1	12	1	0
프로통산			17	16	2	1	12	1	0

주세종 (朱世鐘) 건국대 1990.10.30

리그	연도	소속	출장	교체	득점	도움	파울	경고	퇴장

리그	연도	소속	출장	교체	득점	도움	파울	경고	퇴장
BC	2012	부산	1	1	0	0	0	0	0
	합계		1	1	0	0	0	0	0
클	2013	부산	0	0	0	0	0	0	0
	2014	부산	22	11	2	5	41	5	0
	2015	부산	35	3	3	6	60	7	0
	합계		57	14	5	11	101	12	0
승	2015	부산	1	0	0	0	5	0	0
	합계		1	0	0	0	5	0	0
프로통산			59	15	5	11	106	12	0

주승진 (朱承進) 전주대 1975.03.12

리그	연도	소속	출장	교체	득점	도움	파울	경고	퇴장
BC	2003	대전	38	1	0	3	65	8	0
	2004	대전	26	2	1	2	60	1	0
	2005	대전	32	6	0	0	87	5	0
	2006	대전	32	4	2	3	69	5	0
	2007	대전	23	7	0	0	52	4	0
	2008	대전	11	2	0	0	15	1	0
	2008	부산	18	1	0	1	31	2	0
	2009	부산	6	3	0	0	9	0	1
	합계		186	26	3	9	388	26	1
프로통산			186	26	3	9	388	26	1

주앙파울로 (Joao Paulo da Silva Araujo) 브라질 1988.06.02

리그	연도	소속	출장	교체	득점	도움	파울	경고	퇴장
BC	2011	광주	30	27	8	1	35	1	0
	2012	광주	40	40	8	7	47	5	0
	합계		70	67	16	8	82	6	0
클	2013	대전	35	17	6	3	44	2	0
	2014	인천	5	5	0	0	1	0	0
	합계		40	22	6	3	45	2	0
프로통산			110	89	22	11	127	8	0

주영만 (朱榮萬) 국민대 1961.04.01

리그	연도	소속	출장	교체	득점	도움	파울	경고	퇴장
BC	1984	국민	17	1	0	0	15	0	0
	합계		17	1	0	0	15	0	0
프로통산			17	1	0	0	15	0	0

주영재 (朱英宰) 호주 John Paul College 1990.07.12

리그	연도	소속	출장	교체	득점	도움	파울	경고	퇴장
BC	2011	성남	0	0	0	0	0	0	0
	합계		0	0	0	0	0	0	0
프로통산			0	0	0	0	0	0	0

주영호 (周永昊) 숭실대 1975.10.24

리그	연도	소속	출장	교체	득점	도움	파울	경고	퇴장
BC	1998	전남	7	6	0	0	3	3	0
	1999	전남	27	13	0	0	37	4	0
	2000	전남	34	4	0	0	59	6	0
	2001	전남	20	2	0	0	38	2	0
	2002	전남	19	3	2	2	33	3	0
	2003	전남	19	6	0	0	42	2	0
	2004	전남	6	2	0	0	16	2	0
	2007	전남	0	0	0	0	0	0	0
	합계		132	36	2	2	228	22	0
프로통산			132	36	2	2	228	22	0

주용국 (朱龍國) 경희대 1970.01.27

리그	연도	소속	출장	교체	득점	도움	파울	경고	퇴장
BC	1996	수원	0	0	0	0	0	0	0
	합계		0	0	0	0	0	0	0
프로통산			0	0	0	0	0	0	0

주용선 (朱容善) 동아대 1974.03.03

리그	연도	소속	출장	교체	득점	도움	파울	경고	퇴장
BC	1997	전남	1	1	0	0	0	0	0
	합계		1	1	0	0	0	0	0
프로통산			1	1	0	0	0	0	0

주익성 (朱益成) 태성고 1992.09.10

리그	연도	소속	출장	교체	득점	도움	파울	경고	퇴장
챌	2014	대전	2	2	0	0	0	0	0
	합계		2	2	0	0	0	0	0
프로통산			2	2	0	0	0	0	0

주인배 (朱仁培) 광주대 1989.09.16

리그	연도	소속	출장	교체	득점	도움	파울	경고	퇴장
BC	2012	경남	1	1	0	0	1	0	0
	합계		1	1	0	0	1	0	0
프로통산			1	1	0	0	1	0	0

주일태 (朱一泰) 수원대 1991.11.28

리그	연도	소속	출장	교체	득점	도움	파울	경고	퇴장
챌	2013	부천	3	2	0	0	3	1	0
	2014	부천	4	4	0	0	2	1	0
	합계		7	6	0	0	5	2	0
프로통산			7	6	0	0	5	2	0

주재덕 (周載德) 연세대 1985.07.25

리그	연도	소속	출장	교체	실점	도움	파울	경고	퇴장
BC	2006	경남	0	0	0	0	0	0	0
	2007	경남	1	0	1	0	0	0	0
	2009	전북	0	0	0	0	0	0	0
	합계		1	0	1	0	0	0	0
프로통산			1	0	1	0	0	0	0

주현우 (朱眩吁) 동신대 1990.09.12

리그	연도	소속	출장	교체	득점	도움	파울	경고	퇴장
클	2015	광주	28	25	0	1	14	1	0
	합계		28	25	0	1	14	1	0
프로통산			28	25	0	1	14	1	0

주현재 (周鉉宰) 홍익대 1989.05.26

리그	연도	소속	출장	교체	득점	도움	파울	경고	퇴장
BC	2011	인천	0	0	0	0	0	0	0
	2012	인천	4	3	0	0	4	0	0
	합계		4	3	0	0	4	0	0
챌	2013	안양	11	10	1	0	12	1	0
	2014	안양	16	15	3	1	28	2	1
	2015	안양	36	17	4	3	50	6	0
	합계		63	42	8	4	90	9	1
프로통산			67	45	8	4	94	9	1

주호진 (朱浩眞) 인천대 1981.01.01

리그	연도	소속	출장	교체	득점	도움	파울	경고	퇴장
BC	2004	인천	1	0	0	0	0	1	0
	2005	인천	0	0	0	0	0	0	0
	합계		1	0	0	0	0	1	0
프로통산			1	0	0	0	0	1	0

주홍렬 (朱洪烈) 아주대 1972.08.02

리그	연도	소속	출장	교체	득점	도움	파울	경고	퇴장
BC	1995	전남	14	14	0	0	11	1	0
	1996	전남	17	10	0	1	30	3	0
	1997	전남	3	1	1	0	6	1	0
	1998	전남	10	7	0	0	16	4	0
	1999	천안	2	2	0	0	0	0	0
	합계		46	34	1	1	63	9	0
프로통산			46	34	1	1	63	9	0

줄루 (Carlos Eduardo Alves Albina) 브라질 1983.08.18

리그	연도	소속	출장	교체	득점	도움	파울	경고	퇴장
BC	2010	포항	1	1	0	0	0	0	0
	합계		1	1	0	0	0	0	0
프로통산			1	1	0	0	0	0	0

지경득 (池炅得) 배재대 1988.07.18

리그	연도	소속	출장	교체	득점	도움	파울	경고	퇴장
BC	2011	인천	4	3	0	0	3	1	0
	2012	대전	40	31	2	1	28	1	0
	합계		44	34	2	1	31	2	0
클	2013	대전	9	10	0	0	3	0	0
	합계		9	10	0	0	3	0	0
챌	2014	충주	12	12	0	3	6	0	0
	합계		12	12	0	3	6	0	0
프로통산			65	56	2	4	40	2	0

지네이 (Ednet Luis de Oliveira) 브라질 1981.02.14

리그	연도	소속	출장	교체	득점	도움	파울	경고	퇴장
BC	2006	대구	26	14	4	1	63	2	0
	합계		26	14	4	1	63	2	0
프로통산			26	14	4	1	63	2	0

지넬손 (Dinelson dos Santos Lima) 브라질 1986.02.04

리그	연도	소속	출장	교체	득점	도움	파울	경고	퇴장
BC	2012	대구	26	21	3	5	32	2	0
	합계		26	21	3	5	32	2	0
프로통산			26	21	3	5	32	2	0

지뉴 (Claudio Wanderley Sarmento Neto) 브라질 1982.11.03

리그	연도	소속	출장	교체	득점	도움	파울	경고	퇴장
BC	2009	경남	8	4	0	0	23	1	0
	합계		8	4	0	0	23	1	0
프로통산			8	4	0	0	23	1	0

지동원 (池東沅) 광양제철고 1991.05.28

리그	연도	소속	출장	교체	득점	도움	파울	경고	퇴장
BC	2010	전남	26	3	8	4	43	3	0
	2011	전남	13	4	3	1	13	1	0
	합계		39	7	11	5	56	4	0
프로통산			39	7	11	5	56	4	0

지병주 (池秉珠) 인천대 1990.03.20

리그	연도	소속	출장	교체	득점	도움	파울	경고	퇴장
클	2015	인천	1	1	0	0	2	1	0
	합계		1	1	0	0	2	1	0
챌	2014	대구	0	0	0	0	0	0	0
	합계		0	0	0	0	0	0	0
프로통산			1	1	0	0	2	1	0

지아고 (Tiago Cipreste Pereira) 브라질 1980.02.01

리그	연도	소속	출장	교체	득점	도움	파울	경고	퇴장
BC	2004	대전	9	6	3	1	31	2	0
	합계		9	6	3	1	31	2	0
프로통산			9	6	3	1	31	2	0

지안 (Barbu Constantin) 루마니아 1971.05.16

리그	연도	소속	출장	교체	득점	도움	파울	경고	퇴장
BC	1997	수원	6	4	2	0	3	1	0
	합계		6	4	2	0	3	1	0
프로통산			6	4	2	0	3	1	0

지오바니 (Jose Thomaz Geovane de Oliveira) 브라질 1985.08.05

리그	연도	소속	출장	교체	득점	도움	파울	경고	퇴장
BC	2008	대구	12	8	3	2	7	0	0
	합계		12	8	3	2	7	0	0
프로통산			12	8	3	2	7	0	0

지우 (Martins Ferreira Givanilton) 브라질 1991.04.13

리그	연도	소속	출장	교체	득점	도움	파울	경고	퇴장
챌	2015	강원	18	9	9	5	10	2	0
	합계		18	9	9	5	10	2	0
프로통산			18	9	9	5	10	2	0

지쿠 (Ianis Alin Zicu) 루마니아 1983.10.23

리그	연도	소속	출장	교체	득점	도움	파울	경고	퇴장
BC	2012	포항	15	12	6	0	12	1	0
	2012	강원	17	1	9	4	20	2	0
	합계		32	13	15	4	32	3	0
클	2013	강원	27	3	6	3	42	3	0
	합계		27	3	6	3	42	3	0
승	2013	강원	2	2	0	0	2	0	0
	합계		2	2	0	0	2	0	0
프로통산			61	18	21	7	76	6	0

진경선 (陳慶先) 아주대 1980.04.10

리그	연도	소속	출장	교체	득점	도움	파울	경고	퇴장
BC	2003	부천SK	4	1	0	0	10	2	0
	2006	대구	17	3	1	0	51	4	0
	2007	대구	27	8	0	2	58	4	0
	2008	대구	34	0	0	5	52	4	0
	2009	전북	26	0	0	1	53	6	0

	2010	전북	29	5	0	0	63	8	0
	2011	전북	7	4	0	0	13	2	0
	2012	전북	22	2	1	1	38	6	0
	합계		166	23	2	9	338	36	0
클	2013	강원	35	5	1	1	55	7	0
	2014	경남	23	5	1	1	32	4	0
	합계		58	10	2	2	87	11	0
챌	2015	경남	22	3	0	0	31	2	0
	합계		22	3	0	0	31	2	0
승	2013	강원	2	0	0	0	2	0	0
	2014	경남	2	0	0	0	3	0	0
	합계		4	0	0	0	5	0	0
프로통산			250	36	4	11	461	49	0

진대성 (晋大星) 전주대 1989.09.19

리그	연도	소속	출장	교체	득점	도움	파울	경고	퇴장
BC	2012	제주	1	1	0	0	1	0	0
	합계		1	1	0	0	1	0	0
클	2013	제주	0	0	0	0	0	0	0
	2014	제주	19	19	3	0	4	0	0
	2015	제주	11	9	2	1	8	0	0
	합계		30	28	5	1	12	0	0
프로통산			31	29	5	1	13	0	0

진민호 (陳珉虎) 덕산중 1985.08.12

리그	연도	소속	출장	교체	득점	도움	파울	경고	퇴장
BC	2005	부산	0	0	0	0	0	0	0
	합계		0	0	0	0	0	0	0
프로통산			0	0	0	0	0	0	0

진성욱 (陳成昱) 대건고 1993.12.16

리그	연도	소속	출장	교체	득점	도움	파울	경고	퇴장
BC	2012	인천	2	2	0	0	2	0	0
	합계		2	2	0	0	2	0	0
클	2014	인천	26	25	6	0	25	3	0
	2015	인천	27	27	4	1	31	3	0
	합계		53	52	10	1	56	6	0
프로통산			55	54	10	1	58	6	0

진순진 (陳順珍) 상지대 1974.03.01

리그	연도	소속	출장	교체	득점	도움	파울	경고	퇴장
BC	1999	안양LG	11	9	1	0	11	0	0
	2000	안양LG	6	3	0	0	12	3	0
	2002	안양LG	18	10	6	0	36	2	0
	2003	안양LG	40	28	10	2	67	3	0
	2004	대구	27	25	7	3	33	2	0
	2005	대구	28	27	7	1	33	3	0
	2006	전남	1	1	0	0	2	0	0
	합계		131	103	31	6	194	13	0
프로통산			131	103	31	6	194	13	0

* 실점: 2000년 1 / 통산 1

진장상곤 (陳章相坤) 경희대 1958.06.20

리그	연도	소속	출장	교체	득점	도움	파울	경고	퇴장
BC	1983	국민	3	1	0	0	4	0	0
	1984	현대	27	3	0	2	18	0	0
	1985	현대	20	1	0	0	22	1	0
	1986	현대	29	3	0	0	46	2	0
	1987	현대	16	5	0	0	12	3	0
	1988	현대	15	0	0	1	20	0	0
	1989	현대	18	8	0	0	24	1	0
	합계		128	21	0	3	146	7	0
프로통산			128	21	0	3	146	7	0

진창수 (秦昌守) 도쿄조선고 1985.10.26

리그	연도	소속	출장	교체	득점	도움	파울	경고	퇴장
챌	2013	고양	33	26	5	3	57	3	0
	2015	고양	39	20	7	6	60	2	0
	합계		72	46	12	9	117	5	0
프로통산			72	46	12	9	117	5	0

질베르 (Gilbert Massock) 카메룬 1977.06.05

리그	연도	소속	출장	교체	득점	도움	파울	경고	퇴장
BC	1997	안양LG	4	4	0	0	14	0	0
	합계		4	4	0	0	14	0	0
프로통산			4	4	0	0	14	0	0

질베르토 (Fortunato Gilberto Valdenesio) 브라질 1987.07.11

리그	연도	소속	출장	교체	득점	도움	파울	경고	퇴장
클	2015	광주	6	5	1	0	19	1	0
	합계		6	5	1	0	19	1	0
프로통산			6	5	1	0	19	1	0

짜시오 (Jacio Marcos de Jesus) 브라질 1989.07.30

리그	연도	소속	출장	교체	득점	도움	파울	경고	퇴장
클	2014	부산	6	6	0	0	3	1	0
	합계		6	6	0	0	3	1	0
프로통산			6	6	0	0	3	1	0

찌아고 (Thiago Elias do Nascimento Sil) 브라질 1987.06.09

리그	연도	소속	출장	교체	득점	도움	파울	경고	퇴장
클	2013	인천	19	19	1	3	8	0	0
	합계		19	19	1	3	8	0	0
프로통산			19	19	1	3	8	0	0

찌아고 (Thiago Gentil) 브라질 1980.04.08

리그	연도	소속	출장	교체	득점	도움	파울	경고	퇴장
BC	2005	대구	30	15	6	0	40	1	0
	합계		30	15	6	0	40	1	0
프로통산			30	15	6	0	40	1	0

찌코 (Dilmar dos Santos Machado) 브라질 1975.01.26

리그	연도	소속	출장	교체	득점	도움	파울	경고	퇴장
BC	2001	전남	23	8	8	1	31	4	1
	2002	전남	12	9	3	0	17	3	0
	2003	전남	4	2	0	0	7	0	0
	합계		39	19	11	1	55	7	1
프로통산			39	19	11	1	55	7	1

차건명 (車建明) 관동대 1981.12.26

리그	연도	소속	출장	교체	득점	도움	파울	경고	퇴장
BC	2009	제주	2	1	0	0	8	1	0
	합계		2	1	0	0	8	1	0
프로통산			2	1	0	0	8	1	0

차광식 (車光植) 광운대 1963.05.09

리그	연도	소속	출장	교체	득점	도움	파울	경고	퇴장
BC	1986	한일	19	0	0	0	11	0	0
	1988	럭금	7	5	0	0	3	0	0
	1989	럭금	35	3	1	2	22	1	0
	1990	럭금	29	6	1	1	9	1	0
	1991	LG	23	8	0	0	11	0	0
	1992	LG	7	3	0	0	6	1	0
	합계		120	25	2	3	62	3	0
프로통산			120	25	2	3	62	3	0

차귀현 (車貴鉉) 한양대 1975.01.12

리그	연도	소속	출장	교체	득점	도움	파울	경고	퇴장
BC	1997	대전	17	12	3	1	24	1	0
	1998	대전	8	11	0	0	4	0	0
	1999	전남	15	16	1	0	12	0	0
	합계		40	39	4	1	40	1	0
프로통산			40	39	4	1	40	1	0

차기석 (車奇錫) 서울체고 1986.12.26

리그	연도	소속	출장	교체	득점	도움	파울	경고	퇴장
BC	2005	전남	0	0	0	0	0	0	0
	합계		0	0	0	0	0	0	0
프로통산			0	0	0	0	0	0	0

차두리 (車두리) 고려대 1980.07.25

리그	연도	소속	출장	교체	득점	도움	파울	경고	퇴장
클	2013	서울	30	7	0	3	25	2	0
	2014	서울	28	5	0	2	29	3	0
	2015	서울	24	5	2	2	23	6	0
	합계		82	17	2	7	77	11	0
프로통산			82	17	2	7	77	11	0

차상광 (車相光) 한양대 1963.05.31

리그	연도	소속	출장	교체	실점	도움	파울	경고	퇴장
BC	1986	럭금	7	1	7	0	1	0	0
	1987	럭금	15	1	19	0	0	0	0
	1988	럭금	16	0	17	0	0	0	0
	1989	럭금	32	1	31	0	0	1	0
	1990	럭금	28	0	23	0	0	1	0
	1991	LG	36	3	43	0	0	1	0
	1992	포철	33	0	32	0	1	0	0
	1993	포철	7	0	8	0	0	0	0
	1994	유공	22	0	21	0	1	0	0
	1995	LG	15	0	21	0	0	0	0
	1996	부천SK	1	0	1	0	0	0	0
	1997	천안	14	1	17	0	0	0	0
	합계		226	7	240	0	3	3	0
프로통산			226	7	240	0	3	3	0

차상해 (車相海) 중동고 1965.10.20

리그	연도	소속	출장	교체	득점	도움	파울	경고	퇴장
BC	1989	럭금	22	16	6	4	22	0	0
	1991	대우	7	7	0	0	7	0	0
	1992	대우	1	1	0	0	1	0	0
	1992	포철	16	9	4	2	40	4	0
	1993	포철	27	19	10	2	33	1	0
	1994	포철	21	16	3	1	16	0	0
	1995	대우	10	8	1	0	15	3	0
	1995	유공	12	6	1	1	18	2	0
	1996	부천SK	11	10	1	0	8	0	0
	1996	안양LG	3	3	0	0	2	0	0
	합계		130	95	26	10	162	10	0
프로통산			130	95	26	10	162	10	0

차석준 (車錫俊) 동국대 1966.08.24

리그	연도	소속	출장	교체	득점	도움	파울	경고	퇴장
BC	1989	유공	29	9	0	1	37	1	0
	1990	유공	19	5	0	0	23	3	0
	1991	유공	20	9	1	1	19	1	0
	1992	유공	16	5	2	0	34	2	0
	1993	유공	12	7	0	1	10	2	0
	1994	유공	12	6	0	1	17	0	0
	1995	유공	4	0	0	0	5	2	0
	합계		112	41	3	4	145	11	0
프로통산			112	41	3	4	145	11	0

차종윤 (車鐘允) 성균관대 1981.09.25

리그	연도	소속	출장	교체	득점	도움	파울	경고	퇴장
BC	2004	성남	1	1	0	0	2	0	0
	합계		1	1	0	0	2	0	0
프로통산			1	1	0	0	2	0	0

차준엽 (車俊燁) 조선대 1992.02.20

리그	연도	소속	출장	교체	득점	도움	파울	경고	퇴장
챌	2014	수원fc	6	5	0	0	4	0	0
	합계		6	5	0	0	4	0	0
프로통산			6	5	0	0	4	0	0

차철호 (車哲昊) 영남대 1980.05.08

리그	연도	소속	출장	교체	득점	도움	파울	경고	퇴장
BC	2003	포항	2	2	0	0	1	0	0
	2004	포항	11	11	0	0	11	0	0
	2005	광주상	5	5	0	0	3	0	0
	2006	광주상	12	10	1	0	11	0	0
	2007	포항	1	1	0	0	1	0	0
	합계		31	29	1	0	27	0	0
프로통산			31	29	1	0	27	0	0

차치치 (Frane Cacić) 크로아티아 1980.06.25

리그	연도	소속	출장	교체	득점	도움	파울	경고	퇴장
BC	2007	부산	10	7	1	0	12	1	0
	합계		10	7	1	0	12	1	0
프로통산			10	7	1	0	12	1	0

차태영 (車泰泳) 울산대 1991.02.06

리그 연도 소속 출장 교체 득점 도움 파울 경고 퇴장

챌	2015	경남	2	2	0	0	0	0	0
	합계		2	2	0	0	0	0	0
프로통산			2	2	0	0	0	0	0

차희철 (車喜哲) 여주상고 1966.11.24

리그	연도	소속	출장	교체	득점	도움	파울	경고	퇴장
BC	1984	유공	22	10	1	3	10	0	0
	1985	유공	12	5	0	3	8	0	0
	1988	유공	13	8	1	0	13	1	0
	1989	유공	34	13	1	2	33	2	0
	1990	유공	15	13	0	0	9	1	0
	1991	유공	1	1	0	0	0	0	0
	합계		97	50	3	8	73	4	0
프로통산			97	50	3	8	73	4	0

차디 (Dragan Cadikovski) 마케도니아 1982.01.13

리그	연도	소속	출장	교체	득점	도움	파울	경고	퇴장
BC	2009	인천	20	14	5	1	27	4	0
	2010	인천	4	4	0	0	3	0	0
	합계		24	18	5	1	30	4	0
프로통산			24	18	5	1	30	4	0

천대환 (千大桓) 아주대 1980.12.06

리그	연도	소속	출장	교체	득점	도움	파울	경고	퇴장
BC	2003	성남	2	2	0	0	2	1	0
	2004	성남	4	3	0	0	5	0	0
	2005	성남	7	1	0	0	10	1	0
	합계		13	6	0	0	17	2	0
프로통산			13	6	0	0	17	2	0

천병호 (千秉浩) 중앙대 1958.08.10

리그	연도	소속	출장	교체	득점	도움	파울	경고	퇴장
BC	1983	국민	12	5	0	0	3	1	0
	합계		12	5	0	0	3	1	0
프로통산			12	5	0	0	3	1	0

천성권 (千成權) 단국대 1976.09.26

리그	연도	소속	출장	교체	득점	도움	파울	경고	퇴장
BC	2000	부산	3	3	0	0	3	0	0
	합계		3	3	0	0	3	0	0
프로통산			3	3	0	0	3	0	0

천정희 (千丁熙) 한양대 1974.06.23

리그	연도	소속	출장	교체	득점	도움	파울	경고	퇴장
BC	1997	울산	12	4	0	1	18	1	0
	1998	울산	30	9	0	1	17	1	0
	1999	울산	10	3	0	0	12	1	0
	2000	울산	21	7	0	1	12	2	0
	합계		73	23	0	3	59	5	0
프로통산			73	23	0	3	59	5	0

천제훈 (千制訓) 한남대 1985.07.13

리그	연도	소속	출장	교체	득점	도움	파울	경고	퇴장
BC	2006	서울	6	5	1	0	11	0	0
	2007	서울	1	1	0	0	1	0	0
	2008	서울	1	0	0	0	0	0	0
	2009	광주상	2	2	0	0	1	1	0
	2010	광주상	1	1	0	0	0	0	0
	합계		11	9	1	0	13	1	0
프로통산			11	9	1	0	13	1	0

최강희 (崔康熙) 우신고 1959.04.12

리그	연도	소속	출장	교체	득점	도움	파울	경고	퇴장
BC	1983	포철	3	0	0	0	2	0	0
	1984	현대	26	1	0	2	17	1	0
	1985	현대	21	0	0	2	23	0	0
	1986	현대	31	1	0	3	47	1	0
	1987	현대	25	0	3	6	28	3	0
	1988	현대	20	1	0	2	27	1	0
	1989	현대	9	0	0	0	11	1	0
	1990	현대	13	1	2	3	19	2	1
	1991	현대	37	5	5	4	43	2	0
	1992	현대	20	6	0	0	14	1	0
	합계		205	15	10	22	231	12	1
프로통산			205	15	10	22	231	12	1

최거룩 (崔거룩) 중앙대 1976.06.26

리그	연도	소속	출장	교체	득점	도움	파울	경고	퇴장
BC	1999	부천SK	21	13	1	0	26	5	0
	2000	부천SK	27	4	0	0	37	5	1
	2001	부천SK	19	2	1	0	18	1	1
	2002	부천SK	17	7	0	0	37	5	0
	2003	부천SK	3	0	1	0	9	2	1
	2003	전남	20	2	0	2	31	5	0
	2004	전남	17	0	0	0	40	7	0
	2005	대전	13	0	0	0	27	2	0
	2006	대전	12	8	0	0	27	3	0
	2007	대전	16	7	0	0	33	6	0
	합계		165	43	3	2	285	41	3
프로통산			165	43	3	2	285	41	3

최건택 (崔建澤) 중앙대 1965.03.23

리그	연도	소속	출장	교체	득점	도움	파울	경고	퇴장
BC	1988	현대	14	11	1	1	19	0	0
	1989	현대	15	13	1	1	18	0	0
	합계		29	24	2	2	37	0	0
프로통산			29	24	2	2	37	0	0

최경복 (崔景福) 광양제철고 1988.03.13

리그	연도	소속	출장	교체	득점	도움	파울	경고	퇴장
BC	2007	전남	2	2	0	0	1	0	0
	2008	전남	9	8	0	0	9	1	0
	합계		11	10	0	0	10	1	0
프로통산			11	10	0	0	10	1	0

최경식 (崔景植) 건국대 1957.02.01

리그	연도	소속	출장	교체	득점	도움	파울	경고	퇴장
BC	1983	유공	5	3	0	0	1	0	0
	1984	국민	26	4	0	0	21	0	0
	1985	포철	12	0	1	0	14	1	0
	합계		43	7	1	0	36	1	0
프로통산			43	7	1	0	36	1	0

최광수 (崔光洙) 동의대 1979.09.25

리그	연도	소속	출장	교체	득점	도움	파울	경고	퇴장
BC	2002	부산	12	9	1	0	14	1	0
	2003	부산	2	2	0	0	2	0	0
	합계		14	11	1	0	16	1	0
프로통산			14	11	1	0	16	1	0

최광지 (崔光志) 광운대 1963.06.05

리그	연도	소속	출장	교체	득점	도움	파울	경고	퇴장
BC	1986	현대	4	3	1	0	2	0	0
	1987	현대	5	4	0	0	4	1	0
	1989	현대	7	0	1	0	13	0	0
	1990	현대	5	5	0	0	6	0	0
	합계		21	12	2	0	25	1	0
프로통산			21	12	2	0	25	1	0

최광훈 (崔光勳) 인천대 1982.11.03

리그	연도	소속	출장	교체	득점	도움	파울	경고	퇴장
BC	2004	인천	0	0	0	0	0	0	0
	합계		0	0	0	0	0	0	0
프로통산			0	0	0	0	0	0	0

최광희 (崔光熙) 울산대 1984.05.17

리그	연도	소속	출장	교체	득점	도움	파울	경고	퇴장
BC	2006	울산	3	3	0	0	0	0	0
	2007	전북	2	2	0	0	1	0	0
	2008	부산	12	10	3	0	18	2	0
	2009	부산	4	1	0	0	1	1	0
	2010	부산	6	6	0	1	3	0	0
	2011	부산	13	9	0	0	4	0	0
	2012	부산	36	22	0	3	21	2	0
	합계		76	53	3	4	48	5	0
클	2014	부산	8	6	0	2	10	0	0
	2015	부산	24	14	1	0	16	3	0
	합계		32	20	1	2	26	3	0
챌	2013	경찰	33	4	2	1	30	5	0
	2014	안산	20	7	0	5	22	5	0
	합계		53	11	2	6	52	10	0
승	2015	부산	2	0	0	0	3	0	0
	합계		2	0	0	0	3	0	0
프로통산			163	84	6	12	129	18	0

최규환 (崔奎奐) 홍익대 1987.03.28

리그	연도	소속	출장	교체	실점	도움	파울	경고	퇴장
챌	2013	충주	15	0	26	0	1	1	0
	합계		15	0	26	0	1	1	0
프로통산			15	0	26	0	1	1	0

최근식 (崔根植) 건국대 1981.04.25

리그	연도	소속	출장	교체	득점	도움	파울	경고	퇴장
BC	2006	대전	2	2	0	0	2	0	0
	2007	대전	9	9	0	0	11	0	0
	2008	대전	17	8	0	1	41	4	0
	합계		28	19	0	1	54	4	0
프로통산			28	19	0	1	54	4	0

최기봉 (崔基奉) 서울시립대 1958.11.13

리그	연도	소속	출장	교체	득점	도움	파울	경고	퇴장
BC	1983	유공	16	0	0	0	12	1	0
	1984	유공	28	0	0	0	19	1	0
	1985	유공	15	0	0	0	18	1	0
	1986	유공	33	0	0	0	20	4	0
	1987	유공	32	0	0	0	18	1	0
	합계		124	0	0	0	87	8	0
프로통산			124	0	0	0	87	8	0

최기석 (崔記碩) 한남대 1986.03.28

리그	연도	소속	출장	교체	득점	도움	파울	경고	퇴장
BC	2006	제주	9	9	0	0	2	1	0
	2007	제주	3	1	0	0	4	1	0
	2008	부산	7	8	0	0	7	2	0
	2009	부산	4	4	0	0	2	0	0
	2010	울산	0	0	0	0	0	0	0
	합계		23	22	0	0	15	4	0
프로통산			23	22	0	0	15	4	0

최낙민 (崔洛玟) 경기대 1989.05.27

리그	연도	소속	출장	교체	득점	도움	파울	경고	퇴장
챌	2013	부천	27	20	4	2	17	0	0
	2014	부천	1	1	0	0	3	0	0
	합계		28	21	4	2	20	0	0
프로통산			28	21	4	2	20	0	0

최남철 (崔南哲) 관동대 1977.11.15

리그	연도	소속	출장	교체	득점	도움	파울	경고	퇴장
BC	2000	수원	1	1	0	0	4	1	0
	합계		1	1	0	0	4	1	0
프로통산			1	1	0	0	4	1	0

최대식 (崔大植) 고려대 1965.01.10

리그	연도	소속	출장	교체	득점	도움	파울	경고	퇴장
BC	1988	대우	13	12	0	0	21	0	0
	1989	대우	10	10	0	0	5	0	0
	1990	럭금	29	2	4	7	26	3	0
	1991	LG	38	17	0	4	35	0	0
	1992	LG	34	19	1	6	33	3	0
	1993	LG	31	8	2	4	24	1	1
	1994	LG	12	4	0	4	7	0	0
	1995	LG	22	12	1	3	22	3	1
	합계		189	84	8	28	173	10	2
프로통산			189	84	8	28	173	10	2

최덕주 (崔德柱) 중앙대 1960.01.03

리그	연도	소속	출장	교체	득점	도움	파울	경고	퇴장
BC	1984	한일	19	3	7	1	19	1	0
	1985	포철	8	8	0	1	5	0	0
	합계		27	11	7	2	24	1	0
프로통산			27	11	7	2	24	1	0

최동필 (崔東弼) 인천대 1971.03.25

리그	연도	소속	출장	교체	득점	도움	파울	경고	퇴장
BC	1997	대전	10	9	1	0	10	1	0
	1998	대전	15	14	2	1	20	3	0

	1999	대전	13	14	0	1	11	0	0
	2000	대전	3	4	0	0	2	1	0
	합계		41	41	3	2	43	5	0
프로통산			41	41	3	2	43	5	0

최동혁 (崔東爀) 우석대 1993.12.25

리그	연도	소속	출장	교체	득점	도움	파울	경고	퇴장
챌	2015	안양	1	1	0	0	1	1	0
	합계		1	1	0	0	1	1	0
프로통산			1	1	0	0	1	1	0

최동호 (崔東昊) 아주대 1968.08.12

리그	연도	소속	출장	교체	득점	도움	파울	경고	퇴장
BC	1993	현대	24	6	0	0	41	5	0
	1994	현대	31	4	3	0	40	2	0
	1995	현대	33	1	0	1	40	1	1
	1996	울산	30	6	0	3	41	3	1
	1997	울산	23	3	0	0	45	4	0
	1998	울산	34	10	0	0	63	6	0
	1999	울산	33	0	0	0	48	4	1
	합계		208	30	3	4	318	25	3
프로통산			208	30	3	4	318	25	3

최명훈 (崔明訓) 숭실대 1993.01.03

리그	연도	소속	출장	교체	득점	도움	파울	경고	퇴장
클	2014	서울	0	0	0	0	0	0	0
	합계		0	0	0	0	0	0	0
챌	2015	수원fc	4	5	0	0	3	0	0
	합계		4	5	0	0	3	0	0
프로통산			4	5	0	0	3	0	0

최무림 (崔茂林) 대구대 1979.04.15

리그	연도	소속	출장	교체	실점	도움	파울	경고	퇴장
BC	2002	울산	4	0	5	0	0	0	0
	2003	울산	0	0	0	0	0	0	0
	2004	울산	0	0	0	0	0	0	0
	2005	울산	10	0	10	0	0	0	0
	2007	광주상	16	1	29	0	0	3	0
	2008	울산	6	0	7	0	0	1	0
	2009	울산	0	0	0	0	0	0	0
	2010	울산	0	0	0	0	0	0	0
	2011	울산	1	0	2	0	0	0	0
	합계		37	1	53	0	0	4	0
프로통산			37	1	53	0	0	4	0

최문식 (崔文植) 동대부고 1971.01.06

리그	연도	소속	출장	교체	득점	도움	파울	경고	퇴장
BC	1989	포철	17	13	6	1	6	0	0
	1990	포철	20	19	2	2	8	1	0
	1991	포철	18	15	1	1	9	0	0
	1992	포철	31	21	6	2	15	3	0
	1993	포철	13	4	5	1	13	0	0
	1994	포철	19	9	6	6	7	1	0
	1995	포항	6	4	1	0	2	1	0
	1998	포항	36	26	6	2	24	1	0
	1999	전남	33	11	7	3	16	0	0
	2000	전남	32	14	4	5	15	1	0
	2001	수원	12	9	0	1	6	0	0
	2002	부천SK	27	12	3	1	15	0	0
	합계		264	157	47	25	136	8	0
프로통산			264	157	47	25	136	8	0

최배식 (崔培植) 학성고 1982.05.15

리그	연도	소속	출장	교체	득점	도움	파울	경고	퇴장
BC	2001	울산	3	2	0	0	4	1	0
	2003	광주상	8	8	0	1	4	0	0
	합계		11	10	0	1	8	1	0
프로통산			11	10	0	1	8	1	0

최병도 (催炳壽) 경기대 1984.01.18

리그	연도	소속	출장	교체	득점	도움	파울	경고	퇴장
BC	2006	인천	9	2	0	0	12	3	0
	2007	인천	9	7	0	0	18	1	0
	2008	광주상	16	0	0	0	15	2	0
	2009	광주상	1	1	0	0	1	0	0
	2010	인천	2	3	0	0	0	0	0
	합계		37	13	0	0	46	6	0
챌	2013	고양	30	3	1	0	27	6	0
	2014	고양	34	2	1	2	11	2	0
	2015	부천	33	1	0	1	28	4	0
	합계		97	6	2	3	66	12	0
프로통산			134	19	2	3	112	18	0

최병호 (崔炳鎬) 충북대 1983.11.23

리그	연도	소속	출장	교체	득점	도움	파울	경고	퇴장
BC	2006	경남	0	0	0	0	0	0	0
	2007	경남	0	0	0	0	0	0	0
	합계		0	0	0	0	0	0	0
프로통산			0	0	0	0	0	0	0

최보경 (崔普慶) 동국대 1988.04.12

리그	연도	소속	출장	교체	득점	도움	파울	경고	퇴장
BC	2011	울산	0	0	0	0	0	0	0
	2012	울산	7	2	0	0	17	2	0
	합계		7	2	0	0	17	2	0
클	2013	울산	29	23	0	3	34	5	0
	2014	전북	19	8	0	1	18	2	0
	2015	전북	26	10	0	0	40	7	0
	합계		74	41	0	4	92	14	0
프로통산			81	43	0	4	109	16	0

최봉균 (崔逢均) 한양대 1991.06.24

리그	연도	소속	출장	교체	득점	도움	파울	경고	퇴장
챌	2014	고양	0	0	0	0	0	0	0
	합계		0	0	0	0	0	0	0
프로통산			0	0	0	0	0	0	0

최봉진 (崔鳳珍) 1992.04.06

리그	연도	소속	출장	교체	실점	도움	파울	경고	퇴장
클	2015	광주	13	0	17	0	0	1	0
	합계		13	0	17	0	0	1	0
챌	2015	경남	0	0	0	0	0	0	0
	합계		0	0	0	0	0	0	0
프로통산			13	0	17	0	0	1	0

최상국 (崔相國) 청주상고 1961.02.15

리그	연도	소속	출장	교체	득점	도움	파울	경고	퇴장
BC	1983	포철	16	1	2	4	15	0	0
	1984	포철	23	3	4	1	28	2	0
	1985	포철	20	3	2	2	24	0	0
	1986	포철	19	3	2	4	20	1	0
	1987	포철	30	7	15	8	29	3	0
	1988	포철	11	3	2	1	23	1	0
	1989	포철	8	3	2	0	14	2	0
	1990	포철	19	6	3	0	18	1	0
	1991	포철	13	10	0	2	20	0	0
	합계		159	39	32	22	191	10	0
프로통산			159	39	32	22	191	10	0

최상현 (崔相賢) 연세대 1984.03.18

리그	연도	소속	출장	교체	득점	도움	파울	경고	퇴장
BC	2009	대구	4	4	0	0	5	1	0
	합계		4	4	0	0	5	1	0
프로통산			4	4	0	0	5	1	0

최상훈 (崔相勳) 국민대 1971.09.28

리그	연도	소속	출장	교체	득점	도움	파울	경고	퇴장
BC	1994	포철	3	3	0	0	6	2	0
	1995	포항	2	2	0	0	0	0	0
	1996	포항	2	2	1	0	4	0	0
	1997	안양LG	3	3	0	0	2	1	0
	합계		10	10	1	0	12	3	0
프로통산			10	10	1	0	12	3	0

최석도 (崔錫道) 중앙대 1982.05.01

리그	연도	소속	출장	교체	득점	도움	파울	경고	퇴장
BC	2005	대구	1	1	0	0	1	1	0
	2006	대구	2	1	0	0	0	0	0
	합계		3	2	0	0	1	1	0
프로통산			3	2	0	0	1	1	0

최선걸 (崔善傑) 서울시립대 1973.03.27

리그	연도	소속	출장	교체	득점	도움	파울	경고	퇴장
BC	1998	울산	4	4	0	0	5	0	0
	1999	울산	1	1	0	0	2	0	0
	2000	전남	17	9	3	2	41	1	0
	2001	전남	23	12	2	1	50	5	0
	합계		45	26	5	3	98	6	0
프로통산			45	26	5	3	98	6	0

최성국 (崔成國) 고려대 1983.02.08

리그	연도	소속	출장	교체	득점	도움	파울	경고	퇴장
BC	2003	울산	27	22	7	1	30	5	0
	2004	울산	19	10	1	4	19	2	0
	2005	울산	16	14	1	3	26	4	0
	2006	울산	35	13	9	4	40	3	0
	2007	성남	28	20	3	2	36	3	0
	2008	성남	26	24	7	3	8	3	0
	2009	광주상	28	5	9	3	41	2	0
	2010	광주상	24	4	4	2	43	5	1
	2010	성남	4	3	0	1	4	1	0
	2011	수원	12	9	1	2	11	2	0
	합계		219	124	42	25	258	30	1
프로통산			219	124	42	25	258	30	1

최성민 (崔晟旼) 동국대 1991.08.20

리그	연도	소속	출장	교체	득점	도움	파울	경고	퇴장
클	2014	경남	3	2	0	0	5	1	0
	합계		3	2	0	0	5	1	0
챌	2015	경남	9	4	0	1	9	1	0
	2015	부천	2	2	0	0	1	0	0
	합계		11	6	0	1	10	1	0
승	2014	경남	0	0	0	0	0	0	0
	합계		0	0	0	0	0	0	0
프로통산			14	8	0	1	15	2	0

최성용 (崔成勇) 고려대 1975.12.25

리그	연도	소속	출장	교체	득점	도움	파울	경고	퇴장
BC	2002	수원	11	2	0	0	10	1	0
	2003	수원	23	5	0	0	17	2	0
	2004	수원	35	6	1	4	51	3	0
	2005	수원	23	8	0	0	28	5	0
	2006	수원	12	10	0	1	9	0	0
	2007	울산	9	8	0	0	3	0	0
	합계		113	39	1	5	118	11	0
프로통산			113	39	1	5	118	11	0

최성현 (崔星玄) 호남대 1982.05.02

리그	연도	소속	출장	교체	득점	도움	파울	경고	퇴장
BC	2005	수원	2	2	0	0	4	1	0
	2006	광주상	1	1	0	0	2	1	0
	2008	수원	8	6	0	0	6	0	0
	2009	수원	10	5	0	0	14	1	0
	2010	제주	1	1	0	0	1	0	0
	합계		22	15	0	0	27	3	0
프로통산			22	15	0	0	27	3	0

최성호 (崔聖鎬) 동아대 1969.07.17

리그	연도	소속	출장	교체	득점	도움	파울	경고	퇴장
BC	1992	일화	1	1	0	0	0	0	0
	1993	일화	2	3	0	0	0	0	0
	1995	일화	7	8	4	0	5	0	0
	1996	천안	6	6	0	0	7	1	0
	1997	수원	4	4	0	0	0	1	0
	합계		20	22	4	0	12	2	0
프로통산			20	22	4	0	12	2	0

최성환 (崔誠桓) 전주대 1981.10.06

리그	연도	소속	출장	교체	득점	도움	파울	경고	퇴장
BC	2005	대구	15	5	0	0	59	9	0
	2006	대구	29	4	2	2	69	10	0
	2007	수원	3	3	0	0	4	0	0
	2008	수원	8	1	0	0	20	5	0

	2009	수원	14	4	0	0	22	5	0
	2010	수원	12	8	0	0	16	2	0
	2011	수원	21	11	0	0	33	9	0
	2012	수원	0	0	0	0	0	0	0
	2012	울산	4	1	0	0	6	2	0
	합계		106	37	2	2	229	42	0
클	2013	울산	1	1	0	0	0	1	0
	합계		1	1	0	0	0	1	0
챌	2014	광주	5	1	0	0	6	2	0
	2015	경남	28	6	1	0	33	6	1
	합계		33	7	1	0	39	8	1
프로통산			140	45	3	2	268	51	1

최순호 (崔淳鎬) 광운대 1962.01.10

리그	연도	소속	출장	교체	득점	도움	파울	경고	퇴장
BC	1983	포철	2	1	2	0	3	0	0
	1984	포철	24	0	14	6	25	1	0
	1985	포철	5	1	2	0	3	1	0
	1986	포철	9	2	1	2	8	0	0
	1987	포철	16	7	2	5	23	0	0
	1988	럭금	11	0	1	2	16	0	0
	1989	럭금	9	0	0	1	17	1	0
	1990	럭금	8	4	1	2	7	1	0
	1991	포철	16	11	0	1	3	1	0
	합계		100	26	23	19	105	5	0
프로통산			100	26	23	19	105	5	0

최승범 (崔勝範) 홍익대 1974.09.23

리그	연도	소속	출장	교체	득점	도움	파울	경고	퇴장
BC	2000	안양LG	1	1	0	0	2	0	0
	합계		1	1	0	0	2	0	0
프로통산			1	1	0	0	2	0	0

최승인 (崔承仁) 동래고 1991.03.05

리그	연도	소속	출장	교체	득점	도움	파울	경고	퇴장
클	2013	강원	10	10	2	1	5	1	0
	합계		10	10	2	1	5	1	0
챌	2014	강원	20	21	2	2	19	1	0
	2015	강원	31	20	11	3	34	4	0
	합계		51	41	13	5	53	5	0
승	2013	강원	2	1	2	0	2	0	0
	합계		2	1	2	0	2	0	0
프로통산			63	52	17	6	60	6	0

최승호 (最勝湖) 예원예술대 1992.03.31

리그	연도	소속	출장	교체	득점	도움	파울	경고	퇴장
챌	2014	충주	24	11	0	3	22	5	0
	2015	충주	32	16	1	1	17	3	0
	합계		56	27	1	4	39	8	0
프로통산			56	27	1	4	39	8	0

최연근 (崔延瑾) 중앙대 1988.04.01

리그	연도	소속	출장	교체	득점	도움	파울	경고	퇴장
BC	2011	성남	0	0	0	0	0	0	0
	합계		0	0	0	0	0	0	0
프로통산			0	0	0	0	0	0	0

최영근 (崔永根) 한양대 1972.07.16

리그	연도	소속	출장	교체	득점	도움	파울	경고	퇴장
BC	1998	부산	8	3	0	0	16	1	0
	1999	부산	6	6	0	0	1	0	0
	합계		14	9	0	0	17	1	0
프로통산			14	9	0	0	17	1	0

최영남 (崔永男) 아주대 1984.07.27

리그	연도	소속	출장	교체	득점	도움	파울	경고	퇴장
BC	2010	강원	13	2	1	2	7	0	0
	합계		13	2	1	2	7	0	0
프로통산			13	2	1	2	7	0	0

최영일 (崔英一) 동아대 1966.04.25

리그	연도	소속	출장	교체	득점	도움	파울	경고	퇴장
BC	1989	현대	29	3	0	0	62	4	0
	1990	현대	21	5	0	0	26	2	0
	1991	현대	34	5	0	0	59	6	0
	1992	현대	37	6	1	0	50	1	0
	1993	현대	35	0	0	1	40	1	0
	1994	현대	17	1	0	1	27	7	0
	1995	현대	33	0	0	1	49	5	0
	1996	울산	31	0	2	2	60	7	0
	1997	부산	16	3	0	0	29	2	0
	1998	부산	8	1	0	1	13	1	1
	2000	안양LG	5	4	0	0	2	1	0
	합계		266	28	3	6	417	37	1
프로통산			266	28	3	6	417	37	1

최영일 (崔永一) 관동대 1984.03.10

리그	연도	소속	출장	교체	득점	도움	파울	경고	퇴장
BC	2007	서울	0	0	0	0	0	0	0
	합계		0	0	0	0	0	0	0
프로통산			0	0	0	0	0	0	0

최영준 (崔榮峻) 건국대 1991.12.15

리그	연도	소속	출장	교체	득점	도움	파울	경고	퇴장
BC	2011	경남	17	6	0	1	25	3	0
	2012	경남	35	9	0	1	39	3	0
	합계		52	15	0	2	64	6	0
클	2013	경남	18	10	0	0	22	3	0
	2014	경남	21	11	0	2	21	1	0
	합계		39	21	0	2	43	4	0
챌	2015	안산	20	11	1	0	12	4	0
	합계		20	11	1	0	12	4	0
승	2014	경남	2	1	0	1	5	1	0
	합계		2	1	0	1	5	1	0
프로통산			113	48	1	5	124	15	0

최영준 (崔榮俊) 연세대 1965.08.16

리그	연도	소속	출장	교체	득점	도움	파울	경고	퇴장
BC	1988	럭금	22	0	0	0	18	0	0
	1989	럭금	27	2	0	1	19	2	0
	1990	럭금	23	0	1	0	23	0	0
	1991	LG	37	5	0	1	34	1	0
	1992	LG	27	4	1	0	52	3	0
	1993	LG	27	0	1	0	39	3	0
	1994	LG	14	3	0	0	14	3	0
	1995	현대	21	2	1	1	12	0	0
	1996	울산	12	3	0	1	12	2	0
	합계		210	19	4	4	223	14	0
프로통산			210	19	4	4	223	14	0

최영회 (崔永回) 고려대 1960.02.14

리그	연도	소속	출장	교체	득점	도움	파울	경고	퇴장
BC	1984	한일	26	2	0	0	19	1	0
	1985	한일	21	0	3	2	14	0	0
	1986	한일	16	0	1	0	8	0	0
	합계		63	2	4	2	41	1	0
프로통산			63	2	4	2	41	1	0

최영훈 (崔榮勳) 이리고 1981.03.18

리그	연도	소속	출장	교체	득점	도움	파울	경고	퇴장
BC	2000	전북	2	2	0	0	0	0	0
	2001	전북	5	5	0	0	2	0	0
	2002	전북	6	7	0	0	7	1	0
	2003	전북	23	23	1	1	22	1	0
	2004	전북	21	15	1	0	16	1	0
	2005	전북	2	2	0	0	1	1	0
	2006	전북	21	13	0	3	36	2	0
	2007	인천	5	5	0	0	3	0	0
	2008	인천	3	2	0	0	6	0	0
	합계		88	74	2	4	93	6	0
프로통산			88	74	2	4	93	6	0

최영희 (崔營喜) 아주대 1969.02.26

리그	연도	소속	출장	교체	득점	도움	파울	경고	퇴장
BC	1992	대우	17	13	1	0	7	1	0
	1993	대우	11	11	0	0	4	1	0
	1994	대우	14	1	2	0	18	0	0
	1995	대우	10	9	0	0	6	1	0
	1996	부산	12	7	0	0	5	0	0
	1997	전남	9	7	0	0	17	2	0
	1998	전남	3	2	0	0	6	0	0
	합계		76	50	3	0	63	5	0
프로통산			76	50	3	0	63	5	0

최오백 (崔午百) 광주대 1992.03.10

리그	연도	소속	출장	교체	득점	도움	파울	경고	퇴장
챌	2015	서울E	7	7	0	1	4	0	0
	합계		7	7	0	1	4	0	0
프로통산			7	7	0	1	4	0	0

최왕길 (崔王吉) 한라대 1987.01.08

리그	연도	소속	출장	교체	득점	도움	파울	경고	퇴장
BC	2011	대전	1	1	0	0	0	0	0
	합계		1	1	0	0	0	0	0
프로통산			1	1	0	0	0	0	0

최용길 (崔溶吉) 연세대 1965.03.15

리그	연도	소속	출장	교체	득점	도움	파울	경고	퇴장
BC	1986	한일	12	9	1	0	9	0	0
	합계		12	9	1	0	9	0	0
프로통산			12	9	1	0	9	0	0

최용수 (崔龍洙) 연세대 1973.09.10

리그	연도	소속	출장	교체	득점	도움	파울	경고	퇴장
BC	1994	LG	35	10	10	7	31	2	0
	1995	LG	28	1	11	2	38	5	0
	1996	안양LG	22	7	5	3	21	2	0
	1999	안양LG	27	5	14	4	48	2	0
	2000	안양LG	34	10	14	10	62	6	0
	2006	서울	2	2	0	0	2	0	0
	합계		148	35	54	26	202	17	0
프로통산			148	35	54	26	202	17	0

최우재 (崔佑在) 중앙대 1990.03.27

리그	연도	소속	출장	교체	득점	도움	파울	경고	퇴장
클	2013	강원	16	4	0	0	25	6	0
	합계		16	4	0	0	25	6	0
챌	2014	강원	15	8	1	0	15	4	0
	2015	강원	8	3	0	0	5	0	0
	합계		23	11	1	0	20	4	0
승	2013	강원	1	0	0	0	3	0	0
	합계		1	0	0	0	3	0	0
프로통산			40	15	1	0	48	10	0

최원권 (崔源權) 동북고 1981.11.08

리그	연도	소속	출장	교체	득점	도움	파울	경고	퇴장
BC	2000	안양LG	4	3	0	0	1	0	0
	2001	안양LG	22	21	0	1	23	0	0
	2002	안양LG	20	10	0	2	27	3	0
	2003	안양LG	25	15	2	1	38	3	0
	2004	서울	19	8	1	2	41	3	0
	2005	서울	11	7	0	0	19	2	0
	2006	서울	14	4	0	3	19	3	0
	2007	서울	33	4	0	2	60	3	0
	2008	서울	20	9	0	3	38	4	0
	2009	광주상	26	2	5	5	27	6	0
	2010	광주상	24	8	3	0	29	6	0
	2011	제주	15	9	0	0	21	1	0
	2012	제주	27	11	0	0	31	7	0
	합계		260	111	11	19	374	41	0
클	2013	제주	2	2	0	0	3	1	0
	2013	대구	12	2	0	0	16	2	0
	합계		14	4	0	0	19	3	0
챌	2014	대구	15	1	1	0	16	4	0
	2015	대구	2	0	0	0	1	0	0
	합계		17	1	1	0	17	4	0
프로통산			291	116	12	19	410	48	0

최원우 (崔原友) 포철공고 1988.10.13

리그	연도	소속	출장	교체	득점	도움	파울	경고	퇴장
BC	2007	경남	1	1	0	0	1	0	0
	2008	광주상	2	2	0	0	1	0	0

	2010	경남	1	1	0	0	1	0	0
	합계		4	4	0	0	3	0	0
프로통산			4	4	0	0	3	0	0

최원욱 (崔源旭) 숭실대 1990.04.27

리그	연도	소속	출장	교체	득점	도움	파울	경고	퇴장
BC	2011	서울	0	0	0	0	0	0	0
	합계		0	0	0	0	0	0	0
챌	2013	경찰	1	1	0	0	4	0	0
	합계		1	1	0	0	4	0	0
프로통산			1	1	0	0	4	0	0

최월규 (崔月奎) 아주대 1973.06.28

리그	연도	소속	출장	교체	득점	도움	파울	경고	퇴장
BC	1996	부산	22	20	2	0	12	0	0
	1997	부산	3	3	0	0	3	0	0
	2000	부천SK	3	3	0	0	0	0	0
	합계		28	26	2	0	15	0	0
프로통산			28	26	2	0	15	0	0

최유상 (崔楡尙) 관동대 1989.08.25

리그	연도	소속	출장	교체	득점	도움	파울	경고	퇴장
챌	2015	서울E	4	3	2	0	3	0	0
	합계		4	3	2	0	3	0	0
프로통산			4	3	2	0	3	0	0

최윤겸 (崔允謙) 인천대학원 1962.04.21

리그	연도	소속	출장	교체	득점	도움	파울	경고	퇴장
BC	1986	유공	10	1	0	0	18	1	0
	1987	유공	27	7	1	0	40	4	0
	1988	유공	11	1	0	1	11	1	0
	1989	유공	30	6	1	0	45	3	0
	1990	유공	21	2	0	0	41	2	0
	1991	유공	37	12	1	0	63	3	0
	1992	유공	26	10	2	0	45	3	0
	합계		162	39	5	1	263	17	0
프로통산			162	39	5	1	263	17	0

최윤열 (崔潤烈) 경희대 1974.04.17

리그	연도	소속	출장	교체	득점	도움	파울	경고	퇴장
BC	1997	전남	29	6	0	1	72	6	0
	1998	전남	31	3	0	0	105	8	0
	1999	전남	21	5	1	0	46	3	0
	2000	전남	0	0	0	0	0	0	0
	2000	안양LG	7	3	0	0	13	1	0
	2001	안양LG	22	2	0	0	58	6	1
	2002	안양LG	27	7	0	0	48	0	0
	2003	포항	34	6	2	0	51	5	0
	2004	대전	13	0	0	0	27	2	0
	2005	대전	26	1	1	0	56	7	0
	2006	대전	20	2	1	0	42	3	0
	2007	대전	20	2	0	0	37	4	0
	합계		250	37	5	1	555	45	1
프로통산			250	37	5	1	555	45	1

최윤호 (崔允浩) 아주대 1974.09.15

리그	연도	소속	출장	교체	득점	도움	파울	경고	퇴장
BC	1997	부산	10	10	0	0	8	0	0
	합계		10	10	0	0	8	0	0
프로통산			10	10	0	0	8	0	0

최은성 (崔殷誠) 인천대 1971.04.05

리그	연도	소속	출장	교체	실점	도움	파울	경고	퇴장
BC	1997	대전	35	2	46	0	0	0	0
	1998	대전	33	1	55	0	1	2	0
	1999	대전	32	0	55	0	1	0	1
	2000	대전	33	0	46	0	2	1	1
	2001	대전	33	0	42	0	0	0	0
	2002	대전	25	0	35	0	0	1	0
	2003	대전	37	1	39	0	1	2	0
	2004	대전	32	0	30	0	1	1	0
	2005	대전	33	1	26	0	2	1	0
	2006	대전	39	0	41	0	3	1	0
	2007	대전	32	1	36	0	0	1	0
	2008	대전	31	1	39	0	0	0	0
	2009	대전	28	0	35	0	0	2	0
	2010	대전	13	0	25	1	0	1	0
	2011	대전	28	1	53	0	0	0	0
	2012	전북	34	1	36	0	1	4	0
	합계		498	9	639	1	12	17	2
클	2013	전북	31	1	32	0	0	0	0
	2014	전북	3	1	3	0	0	0	0
	합계		34	2	35	0	0	0	0
프로통산			532	11	674	1	12	17	2

최익형 (崔翼馨) 고려대 1973-08-05

리그	연도	소속	출장	교체	득점	도움	파울	경고	퇴장
BC	1999	전남	0	0	0	0	0	0	0
	합계		0	0	0	0	0	0	0
프로통산			0	0	0	0	0	0	0

최인석 (崔仁碩) 경일대 1979.08.07

리그	연도	소속	출장	교체	득점	도움	파울	경고	퇴장
BC	2002	울산	4	3	0	0	4	1	0
	합계		4	3	0	0	4	1	0
프로통산			4	3	0	0	4	1	0

최인영 (崔仁榮) 서울시립대 1962.03.05

리그	연도	소속	출장	교체	실점	도움	파울	경고	퇴장
BC	1983	국민	2	0	4	0	0	0	0
	1984	현대	22	0	26	0	0	0	1
	1985	현대	4	1	3	0	0	0	0
	1986	현대	17	0	14	0	0	1	0
	1987	현대	13	1	20	0	0	1	0
	1988	현대	4	0	7	0	1	0	0
	1989	현대	27	1	32	0	0	1	0
	1990	현대	10	0	11	0	1	1	0
	1991	현대	30	1	17	0	2	0	0
	1992	현대	28	2	26	0	1	3	0
	1993	현대	12	2	8	0	0	0	0
	1994	현대	6	0	6	0	0	0	0
	1995	현대	1	1	0	0	0	0	0
	1996	울산	0	0	0	0	0	0	0
	합계		176	9	174	0	5	7	1
프로통산			176	9	174	0	5	7	1

최인창 (崔仁暢) 한양대 1990.04.11

리그	연도	소속	출장	교체	득점	도움	파울	경고	퇴장
챌	2013	부천	10	9	1	0	7	2	0
	2014	부천	31	20	4	2	70	5	0
	합계		41	29	5	2	77	7	0
프로통산			41	29	5	2	77	7	0

최인후 (崔仁厚) 동북고 1995.05.04

리그	연도	소속	출장	교체	득점	도움	파울	경고	퇴장
챌	2014	강원	0	0	0	0	0	0	0
	2015	경남	7	7	0	0	0	0	0
	합계		7	7	0	0	0	0	0
프로통산			7	7	0	0	0	0	0

최재수 (崔在洙) 연세대 1983.05.02

리그	연도	소속	출장	교체	득점	도움	파울	경고	퇴장
BC	2004	서울	7	7	0	0	5	0	0
	2005	서울	17	6	1	1	29	6	0
	2006	서울	11	3	0	0	15	4	0
	2007	서울	1	0	0	0	1	0	0
	2008	광주상	26	14	0	4	33	3	0
	2009	광주상	18	9	3	3	21	2	0
	2010	울산	28	17	0	6	36	7	0
	2011	울산	40	6	1	11	44	8	0
	2012	울산	11	6	1	1	13	0	0
	2012	수원	19	12	1	1	19	5	0
	합계		178	80	7	27	216	35	0
클	2013	수원	26	7	0	0	34	7	0
	2014	수원	10	2	0	0	8	1	1
	2015	수원	5	2	0	1	8	1	0
	2015	포항	11	3	2	0	15	5	0
	합계		52	14	2	1	65	14	1
프로통산			230	94	9	28	281	49	1

최재영 (崔宰榮) 홍익대 1983.07.14

리그	연도	소속	출장	교체	득점	도움	파울	경고	퇴장
BC	2005	광주상	2	2	0	0	1	0	0
	2009	성남	2	1	0	0	5	0	0
	합계		4	3	0	0	6	0	0
프로통산			4	3	0	0	6	0	0

최재영 (崔在榮) 홍익대 1983.09.22

리그	연도	소속	출장	교체	득점	도움	파울	경고	퇴장
BC	2006	제주	9	8	0	1	12	1	0
	2007	제주	1	1	0	0	2	1	0
	합계		10	9	0	1	14	2	0
프로통산			10	9	0	1	14	2	0

최재은 (崔宰銀) 광운대 1988.06.08

리그	연도	소속	출장	교체	득점	도움	파울	경고	퇴장
BC	2010	인천	2	2	0	0	4	0	0
	합계		2	2	0	0	4	0	0
프로통산			2	2	0	0	4	0	0

최재혁 (崔宰赫) 통진종고 1964.09.17

리그	연도	소속	출장	교체	득점	도움	파울	경고	퇴장
BC	1984	현대	8	5	2	0	7	0	0
	1985	현대	15	9	0	3	15	1	0
	1986	현대	10	6	0	1	5	0	0
	합계		33	20	2	4	27	1	0
프로통산			33	20	2	4	27	1	0

최정민 (崔禎珉) 중앙대 1977.10.07

리그	연도	소속	출장	교체	득점	도움	파울	경고	퇴장
BC	2000	부천SK	3	2	0	0	2	1	0
	2001	부천SK	17	3	1	0	26	1	0
	2002	부천SK	12	4	0	0	21	2	0
	2003	부천SK	20	3	0	0	32	3	0
	합계		52	12	1	0	81	7	0
프로통산			52	12	1	0	81	7	0

최정한 (崔正漢) 연세대 1989.06.03

리그	연도	소속	출장	교체	득점	도움	파울	경고	퇴장
클	2014	서울	7	7	1	1	8	1	0
	2015	서울	0	0	0	0	0	0	0
	합계		7	7	1	1	8	1	0
프로통산			7	7	1	1	8	1	0

최정호 (崔貞鎬) 한양대 1978.04.06

리그	연도	소속	출장	교체	득점	도움	파울	경고	퇴장
BC	2001	전남	0	0	0	0	0	0	0
	합계		0	0	0	0	0	0	0
프로통산			0	0	0	0	0	0	0

최종덕 (崔鍾德) 고려대 1954.06.24

리그	연도	소속	출장	교체	득점	도움	파울	경고	퇴장
BC	1983	할렐	16	2	1	1	7	0	0
	1984	할렐	25	1	3	0	18	1	1
	1985	럭금	17	3	1	0	11	1	0
	합계		58	6	5	1	36	2	1
프로통산			58	6	5	1	36	2	1

최종범 (崔鍾範) 영남대 1978.03.27

리그	연도	소속	출장	교체	득점	도움	파울	경고	퇴장
BC	2001	포항	4	4	0	0	2	0	1
	2002	포항	17	14	0	0	16	0	0
	2003	포항	30	12	1	1	45	3	0
	2004	포항	10	6	0	1	9	2	0
	2005	광주상	30	7	2	2	47	3	0
	2006	광주상	11	8	0	1	9	0	0
	2008	포항	0	0	0	0	0	0	0
	2009	대구	4	4	0	0	2	0	0
	합계		106	55	3	5	130	8	1
프로통산			106	55	3	5	130	8	1

최종학 (崔種學) 서울대 1962.05.10

리그	연도	소속	출장	교체	득점	도움	파울	경고	퇴장
BC	1984	현대	3	2	0	0	2	0	0

	1985	현대	1	0	0	0	2	0	0
	합계		4	2	0	0	4	0	0
프로통산			4	2	0	0	4	0	0

최종혁 (崔鍾赫) 호남대 1984.09.03

리그	연도	소속	출장	교체	득점	도움	파울	경고	퇴장
BC	2007	대구	17	11	0	2	27	5	0
	2008	대구	16	13	0	0	10	1	0
	2009	대구	18	8	0	0	20	6	0
	합계		51	32	0	2	57	12	0
프로통산			51	32	0	2	57	12	0

최종호 (崔鍾鎬) 고려대 1968.04.07

리그	연도	소속	출장	교체	득점	도움	파울	경고	퇴장
BC	1991	LG	1	1	0	0	0	0	0
	1992	LG	1	1	0	0	1	0	0
	합계		2	2	0	0	1	0	0
프로통산			2	2	0	0	1	0	0

최종환 (崔鍾桓) 부경대 1987.08.12

리그	연도	소속	출장	교체	득점	도움	파울	경고	퇴장
BC	2011	서울	8	5	1	0	14	1	0
	2012	인천	13	11	1	0	20	1	0
	합계		21	16	2	0	34	2	0
클	2013	인천	21	0	0	2	43	2	0
	2014	인천	30	11	3	1	38	1	1
	합계		51	11	3	3	81	3	1
챌	2015	상주	14	8	0	0	12	3	0
	합계		14	8	0	0	12	3	0
프로통산			86	35	5	3	127	8	1

최지훈 (崔智薰) 경기대 1984.09.20

리그	연도	소속	출장	교체	득점	도움	파울	경고	퇴장
BC	2007	인천	7	5	0	0	5	1	0
	합계		7	5	0	0	5	1	0
프로통산			7	5	0	0	5	1	0

최진규 (崔軫圭) 동국대 1969.05.11

리그	연도	소속	출장	교체	득점	도움	파울	경고	퇴장
BC	1995	전북	33	1	1	4	18	4	0
	1996	전북	36	2	1	0	23	3	0
	1997	전북	24	13	0	2	38	3	0
	1998	전북	17	5	0	2	13	1	0
	1999	전북	3	1	0	0	3	2	0
	합계		113	22	2	8	95	13	0
프로통산			113	22	2	8	95	13	0

최진수 (崔進樹) 현대고 1990.06.17

리그	연도	소속	출장	교체	득점	도움	파울	경고	퇴장
BC	2010	울산	7	6	1	0	3	0	0
	2011	울산	1	1	0	0	0	0	0
	2012	울산	4	4	0	0	0	0	0
	합계		12	11	1	0	3	0	0
챌	2013	안양	31	14	6	8	47	10	0
	2014	안양	31	6	5	8	55	11	0
	2015	안양	34	16	1	7	39	6	0
	합계		96	36	12	23	141	27	0
프로통산			108	47	13	23	144	27	0

최진욱 (崔珍煜) 관동대 1981.08.17

리그	연도	소속	출장	교체	득점	도움	파울	경고	퇴장
BC	2004	울산	0	0	0	0	0	0	0
	합계		0	0	0	0	0	0	0
프로통산			0	0	0	0	0	0	0

최진철 (崔眞喆) 숭실대 1971.03.26

리그	연도	소속	출장	교체	득점	도움	파울	경고	퇴장
BC	1996	전북	29	5	1	1	70	6	0
	1997	전북	21	1	2	0	67	6	0
	1998	전북	27	8	8	2	53	5	0
	1999	전북	35	16	9	6	56	3	0
	2000	전북	32	1	3	0	57	7	0
	2001	전북	25	5	0	0	44	6	0
	2002	전북	24	3	0	1	39	5	0
	2003	전북	33	2	1	1	85	7	0
	2004	전북	21	0	2	0	45	11	0
	2005	전북	30	2	1	0	58	9	0
	2006	전북	20	3	1	0	36	5	0
	2007	전북	15	2	0	0	22	5	1
	합계		312	48	28	11	632	75	1
프로통산			312	48	28	11	632	75	1

최진한 (崔震瀚) 명지대 1961.06.22

리그	연도	소속	출장	교체	득점	도움	파울	경고	퇴장
BC	1985	럭금	5	3	0	0	5	0	0
	1986	럭금	23	8	4	3	45	3	0
	1987	럭금	29	10	2	1	38	5	0
	1988	럭금	23	7	4	1	26	1	0
	1989	럭금	38	15	5	4	65	3	0
	1990	럭금	27	5	6	5	37	0	0
	1991	LG	6	5	0	1	5	1	0
	1991	유공	18	8	12	0	17	2	0
	1992	유공	17	11	2	1	25	1	0
	합계		186	72	35	16	263	16	0
프로통산			186	72	35	16	263	16	0

최진호 (崔診護) 관동대 1989.09.22

리그	연도	소속	출장	교체	득점	도움	파울	경고	퇴장
BC	2011	부산	12	10	1	0	6	1	0
	2012	부산	7	7	1	0	2	0	0
	합계		19	17	2	0	8	1	0
클	2013	강원	22	16	6	1	11	3	0
	합계		22	16	6	1	11	3	0
챌	2014	강원	33	13	13	9	23	1	0
	2015	강원	26	19	1	0	15	3	0
	합계		59	32	14	9	38	4	0
승	2013	강원	2	1	0	1	5	0	0
	합계		2	1	0	1	5	0	0
프로통산			102	66	22	11	62	8	0

최창수 (崔昌壽) 영남대 1955.11.20

리그	연도	소속	출장	교체	득점	도움	파울	경고	퇴장
BC	1983	포철	10	5	1	0	3	0	0
	1984	포철	6	4	0	0	2	1	0
	합계		16	9	1	0	5	1	0
프로통산			16	9	1	0	5	1	0

최창용 (崔昌鎔) 연세대 1985.09.17

리그	연도	소속	출장	교체	득점	도움	파울	경고	퇴장
BC	2008	수원	3	2	0	0	3	1	0
	합계		3	2	0	0	3	1	0
프로통산			3	2	0	0	3	1	0

최창환 (崔昌煥) 광운대 1962.08.09

리그	연도	소속	출장	교체	득점	도움	파울	경고	퇴장
BC	1985	현대	3	3	0	0	3	0	0
	합계		3	3	0	0	3	0	0
프로통산			3	3	0	0	3	0	0

최철순 (崔喆淳) 충북대 1987.02.08

리그	연도	소속	출장	교체	득점	도움	파울	경고	퇴장
BC	2006	전북	23	2	0	1	39	4	1
	2007	전북	19	5	0	1	36	4	0
	2008	전북	36	1	0	1	63	7	0
	2009	전북	27	5	0	1	51	6	0
	2010	전북	21	0	0	0	49	7	0
	2011	전북	23	2	1	1	39	8	0
	2012	전북	12	2	0	0	13	1	0
	2012	상주	10	0	1	0	17	2	0
	합계		171	17	2	5	307	39	1
클	2014	상주	4	0	0	0	1	1	0
	2014	전북	30	1	0	2	39	5	0
	2015	전북	29	1	0	0	40	5	0
	합계		63	2	0	2	80	11	0
챌	2013	상주	29	3	0	2	37	6	0
	합계		29	3	0	2	37	6	0
승	2013	상주	2	0	0	0	3	0	0
	합계		2	0	0	0	3	0	0
프로통산			265	22	2	9	427	56	1

최철우 (崔喆宇) 고려대 1977.11.30

리그	연도	소속	출장	교체	득점	도움	파울	경고	퇴장
BC	2000	울산	12	7	5	0	15	2	0
	2001	울산	8	8	0	0	13	0	0
	2002	포항	27	21	4	1	29	0	0
	2003	포항	21	16	4	1	31	0	0
	2004	부천SK	5	5	0	1	2	0	0
	2005	부천SK	25	15	6	0	37	1	0
	2006	제주	24	13	4	1	28	3	0
	2007	전북	12	7	1	0	14	1	0
	2008	부산	9	7	0	0	12	2	0
	합계		143	99	24	4	181	9	0
프로통산			143	99	24	4	181	9	0

최철주 (崔澈柱) 광양농고 1961.05.26

리그	연도	소속	출장	교체	득점	도움	파울	경고	퇴장
BC	1984	현대	1	1	0	0	0	0	0
	1985	현대	2	0	2	0	0	0	0
	합계		3	1	2	0	0	0	0
프로통산			3	1	2	0	0	0	0

최철희 (崔哲熙) 동아대 1961.10.03

리그	연도	소속	출장	교체	득점	도움	파울	경고	퇴장
BC	1984	국민	18	15	1	0	12	0	0
	합계		18	15	1	0	12	0	0
프로통산			18	15	1	0	12	0	0

최청일 (崔青一) 연세대 1968.04.25

리그	연도	소속	출장	교체	득점	도움	파울	경고	퇴장
BC	1989	일화	13	11	1	1	15	0	0
	1990	일화	17	15	2	1	15	0	0
	1991	일화	7	8	0	0	2	0	0
	1991	현대	1	1	0	0	3	0	0
	1992	현대	6	6	0	1	9	0	0
	1993	현대	13	8	0	1	15	2	0
	1994	현대	3	2	0	1	2	1	0
	1996	전남	6	6	0	0	9	3	1
	합계		66	57	3	5	70	6	1
프로통산			66	57	3	5	70	6	1

최치원 (崔致遠) 연세대 1993.06.11

리그	연도	소속	출장	교체	득점	도움	파울	경고	퇴장
클	2015	전북	1	1	0	0	1	0	0
	합계		1	1	0	0	1	0	0
챌	2015	서울E	8	8	1	1	11	1	0
	합계		8	8	1	1	11	1	0
프로통산			9	9	1	1	12	1	0

최태섭 (崔台燮) 성균관대 1962.01.12

리그	연도	소속	출장	교체	득점	도움	파울	경고	퇴장
BC	1985	한일	1	1	0	0	0	0	0
	합계		1	1	0	0	0	0	0
프로통산			1	1	0	0	0	0	0

최태성 (崔泰成) 신한고 1977.06.16

리그	연도	소속	출장	교체	득점	도움	파울	경고	퇴장
BC	1997	부산	2	2	0	0	2	0	0
	1998	부산	7	6	0	0	3	0	0
	2002	부산	0	0	0	0	0	0	0
	합계		9	8	0	0	5	0	0
프로통산			9	8	0	0	5	0	0

최태욱 (崔兌旭) 부평고 1981.03.13

리그	연도	소속	출장	교체	득점	도움	파울	경고	퇴장
BC	2000	안양LG	16	16	1	3	9	0	0
	2001	안양LG	31	9	0	3	21	3	0
	2002	안양LG	22	13	2	1	6	0	0
	2003	안양LG	36	17	3	5	16	2	0
	2004	인천	23	11	5	3	29	1	0
	2006	포항	25	19	2	2	17	0	0
	2007	포항	19	11	1	1	5	0	0
	2008	전북	26	20	4	3	24	1	0
	2009	전북	32	16	9	12	30	1	0

	2010	전북	15	9	2	6	15	0	0
	2010	서울	16	10	6	2	19	0	0
	2011	서울	13	13	0	3	10	0	0
	2012	서울	28	29	2	7	11	0	0
	합계		302	193	37	51	212	8	0
클	2013	서울	10	11	0	0	0	0	0
	2014	울산	1	1	0	0	0	0	0
	합계		11	12	0	0	0	0	0
프로통산			313	205	37	51	212	8	0

최태진 (崔泰鎭) 고려대 1961.05.14

리그	연도	소속	출장	교체	득점	도움	파울	경고	퇴장
BC	1985	대우	21	1	1	2	37	1	0
	1986	대우	26	5	4	2	32	1	1
	1987	대우	6	5	0	0	6	0	0
	1988	대우	22	4	5	1	29	2	0
	1989	럭금	34	2	3	0	37	3	0
	1990	럭금	29	1	4	2	31	2	0
	1991	LG	26	5	1	1	24	2	0
	1992	LG	17	10	0	0	14	0	0
	합계		181	33	18	8	210	11	1
프로통산			181	33	18	8	210	11	1

최필수 (崔弼守) 성균관대 1991.06.20

리그	연도	소속	출장	교체	실점	도움	파울	경고	퇴장
챌	2014	안양	2	0	2	0	0	0	0
	2015	안양	34	0	44	0	0	1	0
	합계		36	0	45	0	0	1	0
프로통산			36	0	46	0	0	1	0

최한욱 (崔漢旭) 선문대 1981.03.02

리그	연도	소속	출장	교체	득점	도움	파울	경고	퇴장
BC	2004	대구	5	3	0	1	9	0	0
	2005	대구	1	1	0	0	1	0	0
	합계		6	4	0	1	10	0	0
프로통산			6	4	0	1	10	0	0

최현 (崔炫) 중앙대 1978.11.07

리그	연도	소속	출장	교체	실점	도움	파울	경고	퇴장
BC	2002	부천SK	26	0	40	0	1	1	0
	2003	부천SK	13	1	24	0	0	1	0
	2004	부천SK	0	0	0	0	0	0	0
	2005	부천SK	0	0	0	0	0	0	0
	2006	제주	7	2	7	0	0	0	0
	2007	제주	16	1	19	0	0	4	0
	2008	경남	0	0	0	0	0	0	0
	2008	부산	4	0	3	0	0	0	0
	2009	부산	33	2	46	0	0	5	0
	2010	부산	1	0	1	0	0	0	0
	2011	대전	5	0	13	0	0	0	0
	2012	대전	8	1	12	0	0	1	0
	합계		113	7	165	0	1	12	0
프로통산			113	7	165	0	1	12	0

최현연 (崔玹蓮) 울산대 1984.04.16

리그	연도	소속	출장	교체	득점	도움	파울	경고	퇴장
BC	2006	제주	17	14	0	3	21	4	0
	2007	제주	20	11	3	0	19	1	0
	2008	제주	26	17	2	1	22	0	0
	2009	제주	17	10	1	4	31	3	0
	2010	포항	5	5	0	0	5	0	0
	2012	경남	26	20	1	1	29	3	0
	합계		111	77	7	9	127	11	0
클	2013	경남	17	9	0	1	19	5	0
	2014	경남	1	0	0	0	1	0	0
	합계		18	9	0	1	20	5	0
프로통산			129	86	7	10	147	16	0

최현태 (崔玹態) 동아대 1987.09.15

리그	연도	소속	출장	교체	득점	도움	파울	경고	퇴장
BC	2010	서울	22	16	0	0	21	3	0
	2011	서울	28	10	1	0	26	4	0
	2012	서울	27	11	0	1	36	4	0
	합계		77	37	1	1	83	11	0
클	2013	서울	14	10	0	1	11	1	0
	2014	서울	17	14	0	0	16	1	0
	합계		31	24	0	1	27	2	0
챌	2015	상주	26	17	2	1	23	1	0
	합계		26	17	2	1	23	1	0
프로통산			134	78	3	3	133	14	0

최형준 (崔亨俊) 경희대 1980.06.04

리그	연도	소속	출장	교체	득점	도움	파울	경고	퇴장
BC	2003	부천SK	14	2	0	0	23	1	2
	2004	부천SK	1	0	0	0	1	1	0
	2005	대전	4	3	0	0	10	1	0
	합계		19	5	0	0	34	3	2
프로통산			19	5	0	0	34	3	2

최호정 (崔皓程) 관동대 1989.12.08

리그	연도	소속	출장	교체	득점	도움	파울	경고	퇴장
BC	2010	대구	17	2	0	0	27	6	0
	2011	대구	8	7	0	0	5	1	0
	2012	대구	31	4	4	0	47	5	0
	합계		56	13	4	0	79	12	0
클	2013	대구	25	2	1	3	22	6	0
	2014	상주	27	7	0	1	36	3	0
	합계		52	9	1	4	58	9	0
챌	2015	상주	18	0	0	1	13	1	0
	2015	대구	5	1	1	0	5	0	0
	합계		23	1	1	1	18	1	0
프로통산			131	23	6	5	155	22	0

최호주 (崔浩周) 단국대 1992.03.10

리그	연도	소속	출장	교체	득점	도움	파울	경고	퇴장
클	2015	포항	0	0	0	0	0	0	0
	합계		0	0	0	0	0	0	0
프로통산			0	0	0	0	0	0	0

최홍식 (崔洪植) 강릉상고 1959.09.06

리그	연도	소속	출장	교체	득점	도움	파울	경고	퇴장
BC	1984	유공	10	8	1	1	7	0	0
	1985	할렐	15	8	0	1	3	0	0
	합계		25	16	1	2	10	0	0
프로통산			25	16	1	2	10	0	0

최효진 (崔孝鎭) 아주대 1983.08.18

리그	연도	소속	출장	교체	득점	도움	파울	경고	퇴장
BC	2005	인천	34	7	1	2	65	4	0
	2006	인천	36	6	4	1	59	5	0
	2007	포항	26	10	3	1	44	5	0
	2008	포항	26	3	2	3	42	4	0
	2009	포항	27	2	2	2	59	7	0
	2010	서울	34	1	3	4	58	9	0
	2011	상주	30	9	2	2	34	3	0
	2012	상주	23	2	0	1	33	5	0
	2012	서울	6	5	0	0	10	0	0
	합계		242	45	17	16	404	42	0
클	2013	서울	24	20	0	2	14	3	0
	2014	서울	13	3	0	1	15	2	0
	2015	전남	27	3	2	0	33	5	0
	합계		64	26	2	3	62	10	0
프로통산			306	71	19	19	466	52	0

최훈 (崔勳) 건국대 1977.10.22

리그	연도	소속	출장	교체	득점	도움	파울	경고	퇴장
BC	1999	전남	1	1	0	0	0	0	0
	합계		1	1	0	0	0	0	0
프로통산			1	1	0	0	0	0	0

추성호 (秋性昊) 동아대 1987.08.26

리그	연도	소속	출장	교체	득점	도움	파울	경고	퇴장
BC	2010	부산	4	2	1	0	6	0	0
	2011	부산	11	4	1	0	6	4	0
	합계		15	6	2	0	12	4	0
프로통산			15	6	2	0	12	4	0

추운기 (秋云基) 한양대 1978.04.03

리그	연도	소속	출장	교체	득점	도움	파울	경고	퇴장
BC	2001	전북	22	19	1	3	10	1	0
	2002	전북	32	25	3	1	19	0	0
	2003	전북	31	30	2	4	24	2	0
	2004	전북	10	10	1	0	8	0	0
	2005	전북	13	13	0	1	8	0	0
	2006	전북	6	5	0	0	3	1	0
	2007	제주	5	4	0	0	6	2	1
	합계		119	106	7	9	78	6	1
프로통산			119	106	7	9	78	6	1

추정현 (鄒正賢) 명지대 1988.01.28

리그	연도	소속	출장	교체	득점	도움	파울	경고	퇴장
BC	2009	강원	2	2	0	0	1	0	0
	합계		2	2	0	0	1	0	0
프로통산			2	2	0	0	1	0	0

추종호 (秋種浩) 건국대 1960.01.22

리그	연도	소속	출장	교체	득점	도움	파울	경고	퇴장
BC	1984	현대	26	2	3	0	18	0	0
	1985	현대	10	6	0	1	3	2	0
	1986	유공	14	5	3	2	13	1	0
	1987	유공	7	6	0	0	3	0	0
	합계		57	19	6	3	37	3	0
프로통산			57	19	6	3	37	3	0

추평강 (秋平康) 동국대 1990.04.22

리그	연도	소속	출장	교체	득점	도움	파울	경고	퇴장
클	2013	수원	14	14	0	0	7	1	0
	합계		14	14	0	0	7	1	0
프로통산			14	14	0	0	7	1	0

치치 (Mion Varella Costa) 브라질 1982.06.17

리그	연도	소속	출장	교체	득점	도움	파울	경고	퇴장
BC	2009	대전	11	5	1	0	23	0	0
	합계		11	5	1	0	23	0	0
프로통산			11	5	1	0	23	0	0

치프리안 (Ciprian Vasilache) 루마니아 1983.09.14

리그	연도	소속	출장	교체	득점	도움	파울	경고	퇴장
챌	2014	강원	13	11	0	1	17	2	0
	2014	충주	13	10	0	0	18	3	0
	합계		26	21	0	1	35	5	0
프로통산			26	21	0	1	35	5	0

카를로스 (Carlos Eduardo Costro da Silva) 브라질 1982.04.23

리그	연도	소속	출장	교체	득점	도움	파울	경고	퇴장
BC	2003	전북	13	13	3	0	7	1	0
	합계		13	13	3	0	7	1	0
프로통산			13	13	3	0	7	1	0

카사 (Filip Kasalica) 세르비아 몬테네그로 1988.12.17

리그	연도	소속	출장	교체	득점	도움	파울	경고	퇴장
클	2014	울산	12	8	0	2	23	5	0
	2015	울산	2	2	0	0	3	1	0
	합계		14	10	0	2	26	6	0
프로통산			14	10	0	2	26	6	0

카송고 (Jean-Kasongo Banza) DR콩고 1974.06.26

리그	연도	소속	출장	교체	득점	도움	파울	경고	퇴장
BC	1997	전남	4	5	0	0	7	3	0
	1997	천안	1	1	0	0	2	1	0
	합계		5	6	0	0	9	4	0
프로통산			5	6	0	0	9	4	0

카시오 (Cassio Vargas Barbosa) 브라질 1983.11.25

리그	연도	소속	출장	교체	득점	도움	파울	경고	퇴장
챌	2013	광주	2	2	0	0	7	1	0
	합계		2	2	0	0	7	1	0
프로통산			2	2	0	0	7	1	0

카이오 (Kaio Felipe Goncalves) 브라질 1987.07.06

리그	연도	소속	출장	교체	득점	도움	파울	경고	퇴장
클	2014	전북	32	27	9	1	42	6	0
	2015	수원	21	13	4	0	14	3	0

리그	연도	소속	출장	교체	득점	도움	파울	경고	퇴장
	합계		53	40	13	1	56	9	0
프로통산			53	40	13	1	56	9	0

카자란 폴란드 1961.10.28

리그	연도	소속	출장	교체	득점	도움	파울	경고	퇴장
BC	1992	유공	2	2	0	0	3	0	0
	합계		2	2	0	0	3	0	0
프로통산			2	2	0	0	3	0	0

카파제 (Timur Tajhirovich Kapadze) 우즈베키스탄 1981.09.05

리그	연도	소속	출장	교체	득점	도움	파울	경고	퇴장
BC	2011	인천	30	10	5	3	53	4	0
	합계		30	10	5	3	53	4	0
프로통산			30	10	5	3	53	4	0

칼라일미첼 (Carlyle Mitchell) 트리니다드토바고 1987.08.08

리그	연도	소속	출장	교체	득점	도움	파울	경고	퇴장
챌	2015	서울E	29	3	4	0	32	8	0
	합계		29	3	4	0	32	8	0
프로통산			29	3	4	0	32	8	0

칼레 (Zeljko Kalajdzić) 세르비아 1978.05.11

리그	연도	소속	출장	교체	득점	도움	파울	경고	퇴장
BC	2007	인천	12	4	0	0	31	4	0
	합계		12	4	0	0	31	4	0
프로통산			12	4	0	0	31	4	0

칼렝가 (N'Dayi Kalenga) DR콩고 1978.09.29

리그	연도	소속	출장	교체	득점	도움	파울	경고	퇴장
BC	1999	천안	7	8	0	1	13	0	0
	합계		7	8	0	1	13	0	0
프로통산			7	8	0	1	13	0	0

캄포스 (Jeaustin Campos) 코스타리카 1971.06.30

리그	연도	소속	출장	교체	득점	도움	파울	경고	퇴장
BC	1995	LG	12	7	2	4	7	2	0
	1996	안양LG	7	6	0	1	10	2	0
	합계		19	13	2	5	17	4	0
프로통산			19	13	2	5	17	4	0

케빈 (Kevin Julienne Henricus Oris) 벨기에 1984.12.06

리그	연도	소속	출장	교체	득점	도움	파울	경고	퇴장
클	2013	전북	31	17	14	5	59	4	0
	2015	인천	35	15	6	4	75	8	0
	합계		66	32	20	9	134	12	0
BC	2012	대전	37	15	16	4	128	11	0
	합계		37	15	16	4	128	11	0
프로통산			103	47	36	13	262	23	0

케빈 (Kevin Hatchi) 프랑스 1981.08.06

리그	연도	소속	출장	교체	득점	도움	파울	경고	퇴장
BC	2009	서울	11	6	0	2	24	2	1
	합계		11	6	0	2	24	2	1
프로통산			11	6	0	2	24	2	1

코난 (Goran Petreski) 마케도니아 1972.05.23

리그	연도	소속	출장	교체	득점	도움	파울	경고	퇴장
BC	2001	포항	33	21	10	2	48	2	0
	2002	포항	31	12	12	4	50	4	0
	2003	포항	40	29	10	3	54	4	1
	2004	포항	37	24	6	3	35	2	0
	합계		141	86	38	12	187	12	1
프로통산			141	86	38	12	187	12	1

코놀 (Serguei Konovalov) 우크라이나 1972.03.01

리그	연도	소속	출장	교체	득점	도움	파울	경고	퇴장
BC	1996	포항	13	11	0	1	15	0	0
	1997	포항	26	10	12	1	44	3	0
	1998	포항	13	8	2	1	22	0	0
	합계		52	29	14	3	81	3	0
프로통산			52	29	14	3	81	3	0

코니 (Robert Richard Cornthwaite) 호주 1985.10.24

리그	연도	소속	출장	교체	득점	도움	파울	경고	퇴장
BC	2011	전남	21	0	3	2	28	7	2
	2012	전남	31	6	3	1	47	10	0
	합계		52	6	6	3	75	17	2
클	2013	전남	22	17	1	0	11	3	1
	2014	전남	21	13	2	1	10	2	0
	합계		43	30	3	1	21	5	1
프로통산			95	36	9	4	96	22	3

코로만 (Ognjen Koroman) 세르비아 1978.09.19

리그	연도	소속	출장	교체	득점	도움	파울	경고	퇴장
BC	2009	인천	12	3	3	2	11	3	0
	2010	인천	15	9	1	1	15	2	0
	합계		27	12	4	3	26	5	0
프로통산			27	12	4	3	26	5	0

코마젝 (Komazec Nikola) 세르비아 1987.11.15

리그	연도	소속	출장	교체	득점	도움	파울	경고	퇴장
클	2014	부산	1	1	0	0	0	0	0
	합계		1	1	0	0	0	0	0
프로통산			1	1	0	0	0	0	0

코바 (Kovacec Ivan) 크로아티아 1988.06.27

리그	연도	소속	출장	교체	득점	도움	파울	경고	퇴장
클	2015	울산	17	7	6	6	7	1	0
	합계		17	7	6	6	7	1	0
프로통산			17	7	6	6	7	1	0

콜리 (Coly Papa Oumar) 세네갈 1975.05.20

리그	연도	소속	출장	교체	득점	도움	파울	경고	퇴장
BC	2001	대전	18	5	0	0	35	6	1
	2002	대전	29	3	1	0	53	7	0
	2003	대전	20	16	0	0	17	3	0
	합계		67	24	1	0	105	16	1
프로통산			67	24	1	0	105	16	1

쿠벡 (Frantisek Koubek) 체코 1969.11.06

리그	연도	소속	출장	교체	득점	도움	파울	경고	퇴장
BC	2000	안양LG	13	9	6	0	9	0	0
	2001	안양LG	20	19	3	0	11	0	0
	합계		33	28	9	0	20	0	0
프로통산			33	28	9	0	20	0	0

쿠키 (Silvio Luis Borba de Silva) 브라질 1971.04.30

리그	연도	소속	출장	교체	득점	도움	파울	경고	퇴장
BC	2002	전북	2	2	0	0	0	0	0
	합계		2	2	0	0	0	0	0
프로통산			2	2	0	0	0	0	0

쿠키 (Andrew Cooke) 영국 1974.01.20

리그	연도	소속	출장	교체	득점	도움	파울	경고	퇴장
BC	2003	부산	22	2	13	0	88	6	0
	2004	부산	27	3	8	0	68	10	2
	합계		49	5	21	0	156	16	2
프로통산			49	5	21	0	156	16	2

쿤티치 (Zoran Kuntić) 유고슬라비아 1967.03.23

리그	연도	소속	출장	교체	득점	도움	파울	경고	퇴장
BC	1993	포철	7	5	1	1	11	0	0
	합계		7	5	1	1	11	0	0
프로통산			7	5	1	1	11	0	0

크리스 (Cristiano Espindola Avalos Passos) 브라질 1977.12.27

리그	연도	소속	출장	교체	득점	도움	파울	경고	퇴장
BC	2004	수원	1	1	0	0	2	1	0
	합계		1	1	0	0	2	1	0
프로통산			1	1	0	0	2	1	0

크리즈만 (Sandi Krizman) 크로아티아 1989.08.17

리그	연도	소속	출장	교체	득점	도움	파울	경고	퇴장
클	2014	전남	8	7	0	0	8	1	0
	합계		8	7	0	0	8	1	0
프로통산			8	7	0	0	8	1	0

클라우디 (Ngon A Djam Claude Parfait) 카메룬 1980.01.24

리그	연도	소속	출장	교체	득점	도움	파울	경고	퇴장
BC	1999	천안	4	4	0	0	7	0	0
	합계		4	4	0	0	7	0	0
프로통산			4	4	0	0	7	0	0

타라바이 (Edison Luis dos Santos) 브라질 1985.12.09

리그	연도	소속	출장	교체	득점	도움	파울	경고	퇴장
챌	2015	서울E	35	18	18	3	75	7	0
	합계		35	18	18	3	75	7	0
프로통산			35	18	18	3	75	7	0

타이슨 (Fabian Caballero) 스페인 1978.01.31

리그	연도	소속	출장	교체	득점	도움	파울	경고	퇴장
BC	2007	대전	6	6	0	0	9	0	0
	합계		6	6	0	0	9	0	0
프로통산			6	6	0	0	9	0	0

탁준석 (卓俊錫) 고려대 1978.03.24

리그	연도	소속	출장	교체	득점	도움	파울	경고	퇴장
BC	2001	대전	27	26	3	4	25	3	0
	2002	대전	14	14	1	0	13	0	0
	2003	대전	2	2	0	0	0	0	0
	합계		43	42	4	4	38	3	0
프로통산			43	42	4	4	38	3	0

태현찬 (太現贊) 중앙대 1990.09.14

리그	연도	소속	출장	교체	득점	도움	파울	경고	퇴장
BC	2012	경남	2	2	0	0	0	0	0
	합계		2	2	0	0	0	0	0
프로통산			2	2	0	0	0	0	0

테드 (Tadeusz Swiatek) 폴란드 1961.11.08

리그	연도	소속	출장	교체	득점	도움	파울	경고	퇴장
BC	1989	유공	18	7	1	0	16	2	0
	1990	유공	20	3	1	3	19	0	0
	1991	유공	34	5	5	3	34	3	0
	합계		72	15	7	6	69	5	0
프로통산			72	15	7	6	69	5	0

테하 (Alex Barboza de Azevedo Terra) 브라질 1982.09.02

리그	연도	소속	출장	교체	득점	도움	파울	경고	퇴장
BC	2012	대전	21	14	4	1	21	1	0
	합계		21	14	4	1	21	1	0
프로통산			21	14	4	1	21	1	0

토니 (Antonio Franja) 크로아티아 1978.06.08

리그	연도	소속	출장	교체	득점	도움	파울	경고	퇴장
BC	2007	전북	11	11	3	1	15	3	0
	2008	전북	3	2	0	1	1	0	0
	합계		14	13	3	2	16	3	0
프로통산			14	13	3	2	16	3	0

토다 (Kazuyuki Toda) 일본 1977.12.30

리그	연도	소속	출장	교체	득점	도움	파울	경고	퇴장
BC	2009	경남	7	5	0	0	4	2	0
	합계		7	5	0	0	4	2	0
프로통산			7	5	0	0	4	2	0

토마스 (Tomas Janda) 체코 1973.06.27

리그	연도	소속	출장	교체	득점	도움	파울	경고	퇴장
BC	2001	안양LG	1	1	0	0	0	0	0
	합계		1	1	0	0	0	0	0
프로통산			1	1	0	0	0	0	0

토미 (Tommy Mosquera Lozono) 콜롬비아 1976.09.27

리그	연도	소속	출장	교체	득점	도움	파울	경고	퇴장
BC	2003	부산	11	6	4	1	41	1	0
	합계		11	6	4	1	41	1	0
프로통산			11	6	4	1	41	1	0

토미치 (Dorde Tomić) 세르비아 몬테네그로 1972.11.11

리그	연도	소속	출장	교체	득점	도움	파울	경고	퇴장
BC	2004	인천	9	9	0	1	11	1	0
	합계		9	9	0	1	11	1	0
프로통산			9	9	0	1	11	1	0

토체프 (Slavchev Toshev) 불가리아 1960.06.13

리그	연도	소속	출장	교체	실점	도움	파울	경고	퇴장

BC	1993	유공	9	1	5	0	1	0	0
	합계		9	1	5	0	1	0	0
프로통산			9	1	5	0	1	0	0

투무 (Tomou Bertin Bayard) 카메룬 1978.08.08

리그	연도	소속	출장	교체	득점	도움	파울	경고	퇴장
BC	1997	포항	4	1	4	0	11	1	0
	합계		4	1	4	0	11	1	0
프로통산			4	1	4	0	11	1	0

티아고 (Tiago Alves Sales) 브라질 1993.01.12

리그	연도	소속	출장	교체	득점	도움	파울	경고	퇴장
클	2015	포항	25	24	4	3	12	6	0
	합계		25	24	4	3	12	6	0
프로통산			25	24	4	3	12	6	0

티아고 (Tiago Jorge Honorio) 브라질 1977.12.04

리그	연도	소속	출장	교체	득점	도움	파울	경고	퇴장
BC	2009	수원	15	9	4	0	47	3	0
	합계		15	9	4	0	47	3	0
프로통산			15	9	4	0	47	3	0

티아고 (Thiago Jefferson da Silva) 브라질 1985.05.27

리그	연도	소속	출장	교체	득점	도움	파울	경고	퇴장
클	2013	전북	14	13	1	2	4	0	0
	합계		14	13	1	2	4	0	0
프로통산			14	13	1	2	4	0	0

파그너 (Jose Fagner Silva da Luz) 브라질 1988.05.25

리그	연도	소속	출장	교체	득점	도움	파울	경고	퇴장
BC	2011	부산	11	2	6	0	28	6	0
	2012	부산	25	23	2	1	35	7	0
	합계		36	25	8	1	63	13	0
클	2013	부산	31	26	8	1	23	5	1
	2014	부산	34	19	10	3	23	3	1
	합계		65	45	18	4	46	8	2
프로통산			101	70	26	5	109	21	2

파브리시오 (Fabricio da Silva Cabral) 브라질 1981.09.16

리그	연도	소속	출장	교체	득점	도움	파울	경고	퇴장
BC	2005	성남	3	3	1	0	4	0	0
	합계		3	3	1	0	4	0	0
프로통산			3	3	1	0	4	0	0

파브리시오 (Fabricio Eduardo Souza) 브라질 1980.01.04

리그	연도	소속	출장	교체	득점	도움	파울	경고	퇴장
BC	2009	성남	15	14	0	1	20	1	0
	2010	성남	11	8	5	2	18	6	0
	합계		26	22	5	3	38	7	0
프로통산			26	22	5	3	38	7	0

파비아노 (Fabiano Ferreira Gadelha) 브라질 1979.01.09

리그	연도	소속	출장	교체	득점	도움	파울	경고	퇴장
BC	2008	포항	0	0	0	0	0	0	0
	합계		0	0	0	0	0	0	0
프로통산			0	0	0	0	0	0	0

파비안 (Fabijan Komljenović) 크로아티아 1968.01.16

리그	연도	소속	출장	교체	득점	도움	파울	경고	퇴장
BC	2000	포항	7	7	0	0	9	0	0
	합계		7	7	0	0	9	0	0
프로통산			7	7	0	0	9	0	0

파비오 (Jose Fabio Santos de Oliveira) 브라질 1987.06.13

리그	연도	소속	출장	교체	득점	도움	파울	경고	퇴장
클	2013	대구	2	2	0	0	6	1	0
	합계		2	2	0	0	6	1	0
프로통산			2	2	0	0	6	1	0

파비오 (Neves Florentino Fabio) 브라질 1986.10.04

리그	연도	소속	출장	교체	득점	도움	파울	경고	퇴장
클	2015	광주	37	30	2	1	31	2	0
	합계		37	30	2	1	31	2	0
챌	2014	광주	26	20	10	2	30	1	0
	합계		26	20	10	2	30	1	0
승	2014	광주	2	2	0	0	1	0	0
	합계		2	2	0	0	1	0	0
프로통산			65	52	12	3	62	3	0

파비오 (Fabio Rogerio Correa Lopes) 브라질 1985.05.24

리그	연도	소속	출장	교체	득점	도움	파울	경고	퇴장
BC	2010	대전	13	10	5	1	33	1	0
	합계		13	10	5	1	33	1	0
프로통산			13	10	5	1	33	1	0

파비오 (Fabio Junior dos Santos) 브라질 1982.10.06

리그	연도	소속	출장	교체	득점	도움	파울	경고	퇴장
BC	2005	전남	9	9	0	1	8	0	0
	합계		9	9	0	1	8	0	0
프로통산			9	9	0	1	8	0	0

파비오 (Fabio Pereira da Silva) 브라질 1982.03.21

리그	연도	소속	출장	교체	득점	도움	파울	경고	퇴장
BC	2005	전남	7	3	0	0	16	3	0
	합계		7	3	0	0	16	3	0
프로통산			7	3	0	0	16	3	0

파비오 (Joao Paulo di Fabio) 브라질 1979.02.10

리그	연도	소속	출장	교체	득점	도움	파울	경고	퇴장
BC	2008	부산	15	0	0	1	25	3	0
	2009	부산	10	2	0	1	14	1	0
	합계		25	2	0	2	39	4	0
프로통산			25	2	0	2	39	4	0

파비오 (Fabio Luis Santos de Almeida) 브라질 1983.08.02

리그	연도	소속	출장	교체	득점	도움	파울	경고	퇴장
BC	2009	울산	5	5	1	1	6	0	0
	합계		5	5	1	1	6	0	0
프로통산			5	5	1	1	6	0	0

파울로 (Paulo Cesar da Silva) 브라질 1976.01.02

리그	연도	소속	출장	교체	득점	도움	파울	경고	퇴장
BC	2002	성남	4	3	0	1	16	2	0
	합계		4	3	0	1	16	2	0
프로통산			4	3	0	1	16	2	0

파울링뇨 (Marcos Paulo Paulini) 브라질 1977.03.04

리그	연도	소속	출장	교체	득점	도움	파울	경고	퇴장
BC	2001	울산	28	20	13	2	37	1	0
	2002	울산	35	28	8	5	43	2	0
	합계		63	48	21	7	80	3	0
프로통산			63	48	21	7	80	3	0

패트릭 (Partrik Camilo Cornelio da Sil) 브라질 1990.07.19

리그	연도	소속	출장	교체	득점	도움	파울	경고	퇴장
클	2013	강원	11	8	1	1	16	2	0
	합계		11	8	1	1	16	2	0
프로통산			11	8	1	1	16	2	0

패트릭 (Patrick Villars) 가나 1984.05.21

리그	연도	소속	출장	교체	득점	도움	파울	경고	퇴장
BC	2003	부천SK	11	3	0	0	23	4	0
	합계		11	3	0	0	23	4	0
프로통산			11	3	0	0	23	4	0

펑샤오팅 (Feng Xiaoting) 중국 1985.10.22

리그	연도	소속	출장	교체	득점	도움	파울	경고	퇴장
BC	2009	대구	20	2	0	0	12	3	0
	2010	전북	12	0	0	0	10	1	0
	합계		32	2	0	0	22	4	0
프로통산			32	2	0	0	22	4	0

페드로 (Pedro Bispo Moreira Junior) 브라질 1987.01.29

리그	연도	소속	출장	교체	득점	도움	파울	경고	퇴장
클	2013	제주	29	13	17	0	56	3	0
	합계		29	13	17	0	56	3	0
프로통산			29	13	17	0	56	3	0

페라소 (Walter Osvaldo Perazzo Otero) 아르헨티나 1962.08.02

리그	연도	소속	출장	교체	득점	도움	파울	경고	퇴장
BC	1994	대우	2	2	0	0	1	0	0
	합계		2	2	0	0	1	0	0
프로통산			2	2	0	0	1	0	0

페레이라 (Josiesley Perreira Rosa) 브라질 1979.02.21

리그	연도	소속	출장	교체	득점	도움	파울	경고	퇴장
BC	2008	울산	10	12	0	2	21	3	0
	합계		10	12	0	2	21	3	0
프로통산			10	12	0	2	21	3	0

페르난데스 (Rodrigo Fernandes) 브라질 1978.03.03

리그	연도	소속	출장	교체	득점	도움	파울	경고	퇴장
BC	2003	전북	29	25	3	4	15	0	0
	합계		29	25	3	4	15	0	0
프로통산			29	25	3	4	15	0	0

페르난도 (Luis Fernando Acuna Egidio) 브라질 1977.11.25

리그	연도	소속	출장	교체	득점	도움	파울	경고	퇴장
BC	2007	부산	9	8	0	1	18	1	0
	합계		9	8	0	1	18	1	0
프로통산			9	8	0	1	18	1	0

페르난도 (Luiz Fernando Pereira da Silva) 브라질 1985.11.25

리그	연도	소속	출장	교체	득점	도움	파울	경고	퇴장
BC	2007	대전	15	15	1	1	42	2	0
	합계		15	15	1	1	42	2	0
프로통산			15	15	1	1	42	2	0

페트로 (Sasa Petrović) 유고슬라비아 1966.12.31

리그	연도	소속	출장	교체	실점	도움	파울	경고	퇴장
BC	1996	전남	24	0	33	0	2	3	0
	1997	전남	8	0	9	0	0	0	0
	합계		32	0	42	0	2	3	0
프로통산			32	0	42	0	2	3	0

펠리피 (Felipe Barreto Adao) 브라질 1985.11.26

리그	연도	소속	출장	교체	득점	도움	파울	경고	퇴장
챌	2014	안양	23	20	3	0	34	3	0
	합계		23	20	3	0	34	3	0
프로통산			23	20	3	0	34	3	0

펠리피 (Felipe Azevedo dos Santos) 브라질 1987.01.10

리그	연도	소속	출장	교체	득점	도움	파울	경고	퇴장
BC	2010	부산	9	8	3	0	15	1	0
	2011	부산	5	5	0	1	6	0	0
	합계		14	13	3	1	21	1	0
프로통산			14	13	3	1	21	1	0

펠릭스 (Felix Nzeina) 카메룬 1980.12.11

리그	연도	소속	출장	교체	득점	도움	파울	경고	퇴장
BC	2005	부산	24	22	2	1	50	4	0
	합계		24	22	2	1	50	4	0
프로통산			24	22	2	1	50	4	0

포섹 (Peter Fousek) 체코 1972.08.11

리그	연도	소속	출장	교체	득점	도움	파울	경고	퇴장
BC	2001	전남	2	2	0	0	3	0	0
	합계		2	2	0	0	3	0	0
프로통산			2	2	0	0	3	0	0

포포비치 (Lazar Popović) 세르비아 1983.01.10

리그	연도	소속	출장	교체	득점	도움	파울	경고	퇴장
BC	2009	대구	13	9	2	0	21	3	0
	합계		13	9	2	0	21	3	0
프로통산			13	9	2	0	21	3	0

푸마갈리 (Jose Fernando Fumagalli) 브라질 1977.10.05

리그	연도	소속	출장	교체	득점	도움	파울	경고	퇴장
BC	2004	서울	17	13	2	0	22	2	0
	합계		17	13	2	0	22	2	0
프로통산			17	13	2	0	22	2	0

프랑코 (Pedro Filipe Antunes Matias Silva Franco) 포르투갈 1974.04.18

리그	연도	소속	출장	교체	득점	도움	파울	경고	퇴장
BC	2005	서울	19	2	2	0	29	4	0
	합계		19	2	2	0	29	4	0
프로통산			19	2	2	0	29	4	0

프랑크 (Frank Lieberam) 독일 1962.12.17

리그	연도	소속	출장	교체	득점	도움	파울	경고	퇴장
BC	1992	현대	19	2	1	1	12	4	1
	합계		19	2	1	1	12	4	1
프로통산			19	2	1	1	12	4	1

프랭크 (Mendes Braga Fauver Frank) 브라질 1994.09.14

리그	연도	소속	출장	교체	득점	도움	파울	경고	퇴장
챌	2015	경남	6	6	0	0	3	0	0
	합계		6	6	0	0	3	0	0
프로통산			6	6	0	0	3	0	0

프론티니 (Carbs Esteban Frontini) 브라질 1981.08.19

리그	연도	소속	출장	교체	득점	도움	파울	경고	퇴장
BC	2006	포항	29	26	8	4	65	7	0
	2007	포항	9	7	0	0	12	1	0
	합계		38	33	8	4	77	8	0
프로통산			38	33	8	4	77	8	0

플라마 (Flamarion Petriv de Abreu) 브라질 1976.10.16

리그	연도	소속	출장	교체	득점	도움	파울	경고	퇴장
BC	2004	대전	17	2	0	0	37	3	0
	합계		17	2	0	0	37	3	0
프로통산			17	2	0	0	37	3	0

플라비오 (Flavio) 브라질 1959.01.01

리그	연도	소속	출장	교체	득점	도움	파울	경고	퇴장
BC	1985	포철	1	1	0	0	1	0	0
	합계		1	1	0	0	1	0	0
프로통산			1	1	0	0	1	0	0

플라타 (Anderson Daniel Plata Guillen) 콜롬비아 1990.11.08

리그	연도	소속	출장	교체	득점	도움	파울	경고	퇴장
클	2013	대전	21	7	1	1	56	4	0
	합계		21	7	1	1	56	4	0
프로통산			21	7	1	1	56	4	0

피아퐁 (Piyapong Pue-On) 태국 1959.11.14

리그	연도	소속	출장	교체	득점	도움	파울	경고	퇴장
BC	1984	럭금	5	1	4	0	0	0	0
	1985	럭금	21	4	12	6	10	1	0
	1986	럭금	17	4	2	0	7	0	1
	합계		43	9	18	6	17	1	1
프로통산			43	9	18	6	17	1	1

필립 (Filip Filipov) 불가리아 1971.01.31

리그	연도	소속	출장	교체	득점	도움	파울	경고	퇴장
BC	1992	유공	6	0	0	0	13	1	0
	1993	유공	7	3	0	0	7	0	0
	1998	부천SK	26	12	0	0	52	7	0
	1999	부천SK	11	5	0	0	7	4	0
	합계		50	20	0	0	79	12	0
프로통산			50	20	0	0	79	12	0

핑구 (Erison Carlos dos Santos Silva) 브라질 1980.05.22

리그	연도	소속	출장	교체	득점	도움	파울	경고	퇴장
BC	2008	부산	24	13	0	0	19	1	0
	합계		24	13	0	0	19	1	0
프로통산			24	13	0	0	19	1	0

핑팡 (Rodrigo Pimpao Vianna) 브라질 1987.10.23

리그	연도	소속	출장	교체	득점	도움	파울	경고	퇴장
클	2013	수원	1	1	0	0	1	0	0
	합계		1	1	0	0	1	0	0
프로통산			1	1	0	0	1	0	0

하강진 (河康鎭) 숭실대 1989.01.30

리그	연도	소속	출장	교체	실점	도움	파울	경고	퇴장
BC	2010	수원	14	0	18	0	1	1	0
	2011	성남	30	0	43	0	0	2	0
	2012	성남	23	0	35	0	0	0	0
	합계		67	0	96	0	1	3	0
클	2013	경남	7	0	14	0	0	0	0
	합계		7	0	14	0	0	0	0
챌	2014	부천	13	0	18	0	0	1	0
	합계		13	0	18	0	0	1	0
프로통산			87	0	128	0	1	4	0

하광운 (河光云) 단국대 1972.03.21

리그	연도	소속	출장	교체	득점	도움	파울	경고	퇴장
BC	1995	전남	0	0	0	0	0	0	0
	합계		0	0	0	0	0	0	0
프로통산			0	0	0	0	0	0	0

하금진 (河今鎭) 홍익대 1974.08.16

리그	연도	소속	출장	교체	득점	도움	파울	경고	퇴장
BC	1997	대전	26	3	1	0	52	5	0
	1998	대전	13	5	0	0	23	1	0
	합계		39	8	1	0	75	6	0
프로통산			39	8	1	0	75	6	0

하기윤 (河基允) 금호고 1982.03.10

리그	연도	소속	출장	교체	득점	도움	파울	경고	퇴장
BC	2002	전남	0	0	0	0	0	0	0
	2003	광주상	0	0	0	0	0	0	0
	합계		0	0	0	0	0	0	0
프로통산			0	0	0	0	0	0	0

하대성 (河大成) 부평고 1985.03.02

리그	연도	소속	출장	교체	득점	도움	파울	경고	퇴장
BC	2004	울산	2	2	0	0	1	0	0
	2005	울산	0	0	0	0	0	0	0
	2006	대구	18	15	0	0	33	5	0
	2007	대구	25	10	2	2	52	3	0
	2008	대구	31	12	5	2	44	3	0
	2009	전북	30	22	2	2	45	7	1
	2010	서울	33	8	8	3	58	10	0
	2011	서울	18	9	6	2	29	2	0
	2012	서울	39	8	5	7	51	8	0
	합계		196	86	28	18	313	38	1
클	2013	서울	29	4	3	2	50	6	0
	합계		29	4	3	2	50	6	0
프로통산			225	90	31	20	363	44	1

하리 (Castilo Vallejo Harry German) 콜롬비아 1974.05.14

리그	연도	소속	출장	교체	득점	도움	파울	경고	퇴장
BC	2000	수원	5	4	1	0	7	0	1
	2000	부산	10	8	1	2	5	1	0
	2001	부산	34	3	5	5	52	6	1
	2002	부산	23	3	5	5	32	3	1
	2003	부산	27	11	4	2	51	5	0
	2004	성남	8	6	0	0	10	0	0
	2006	경남	28	18	1	4	54	4	0
	합계		135	53	17	18	211	19	3
프로통산			135	53	17	18	211	19	3

하명훈 (河明勳) 명지대 1971.05.18

리그	연도	소속	출장	교체	득점	도움	파울	경고	퇴장
BC	1994	LG	1	1	0	1	1	0	0
	1995	LG	5	5	0	0	1	0	0
	합계		6	6	0	1	2	0	0
프로통산			6	6	0	1	2	0	0

하밀 (Brendan Hamill) 호주 1992.09.18

리그	연도	소속	출장	교체	득점	도움	파울	경고	퇴장
BC	2012	성남	8	8	1	0	9	2	0
	합계		8	8	1	0	9	2	0
프로통산			8	8	1	0	9	2	0

하상수 (河相秀) 아주대 1973.07.25

리그	연도	소속	출장	교체	득점	도움	파울	경고	퇴장
BC	1996	부산	6	3	0	1	7	0	0
	합계		6	3	0	1	7	0	0
프로통산			6	3	0	1	7	0	0

하석주 (河錫舟) 아주대 1968.02.20

리그	연도	소속	출장	교체	득점	도움	파울	경고	퇴장
BC	1990	대우	24	12	4	3	36	0	0
	1991	대우	34	10	7	5	36	1	0
	1992	대우	29	6	5	2	40	3	0
	1993	대우	11	3	0	0	14	3	0
	1994	대우	16	3	4	2	17	1	0
	1995	대우	34	2	7	3	40	4	0
	1996	부산	26	5	11	2	46	3	0
	1997	부산	13	6	4	3	7	0	0
	2001	포항	31	0	3	2	46	6	0
	2002	포항	34	3	0	3	60	4	0
	2003	포항	6	6	0	0	5	0	0
	합계		258	56	45	25	347	25	0
프로통산			258	56	45	25	347	25	0

하성룡 (河成龍) 금호고 1982.02.03

리그	연도	소속	출장	교체	득점	도움	파울	경고	퇴장
BC	2002	전남	3	3	0	0	2	0	0
	2003	전남	2	2	0	0	2	0	0
	합계		5	5	0	0	4	0	0
프로통산			5	5	0	0	4	0	0

하성민 (河成敏) 부평고 1987.06.13

리그	연도	소속	출장	교체	득점	도움	파울	경고	퇴장
BC	2008	전북	10	6	0	1	19	1	0
	2009	전북	0	0	0	0	0	0	0
	2010	부산	1	1	0	0	1	0	0
	2011	전북	1	0	0	0	2	1	0
	2012	상주	26	7	0	2	47	9	0
	합계		38	14	0	3	69	11	0
클	2013	전북	1	1	0	0	2	0	0
	2014	울산	17	5	0	1	35	5	0
	2015	울산	28	9	0	0	39	8	0
	합계		46	15	0	1	76	13	0
챌	2013	상주	13	6	0	2	22	2	0
	합계		13	6	0	2	22	2	0
프로통산			97	35	0	6	167	26	0

하성용 (河誠容) 광운대 1976.10.05

리그	연도	소속	출장	교체	득점	도움	파울	경고	퇴장
BC	2000	울산	20	2	1	0	37	2	0
	2001	울산	3	0	0	0	1	0	0
	2002	울산	9	4	0	0	14	0	0
	2003	울산	5	5	0	0	5	0	0
	합계		37	11	1	0	57	2	0
프로통산			37	11	1	0	57	2	0

하성준 (河成俊) 중대부속고 1963.08.15

리그	연도	소속	출장	교체	득점	도움	파울	경고	퇴장
BC	1989	일화	28	14	1	2	35	3	0
	1990	일화	17	6	1	0	19	0	0
	1991	일화	38	6	1	2	61	2	0
	1992	일화	38	3	1	2	63	3	0
	1993	일화	25	7	1	0	22	3	0
	1994	일화	31	2	1	1	31	2	0
	1995	일화	29	5	1	1	39	4	0
	1996	천안	27	5	0	0	24	2	0
	합계		233	48	7	8	294	19	0
프로통산			233	48	7	8	294	19	0

하용우 (河龍雨) 경희대 1977.04.30

리그	연도	소속	출장	교체	득점	도움	파울	경고	퇴장
BC	2000	포항	10	7	0	0	10	2	0
	합계		10	7	0	0	10	2	0
프로통산			10	7	0	0	10	2	0

하은철 (河恩哲) 성균관대 1975.06.23

리그	연도	소속	출장	교체	득점	도움	파울	경고	퇴장
BC	1998	전북	21	16	7	2	28	3	0
	1999	전북	32	31	10	0	23	0	0
	2000	울산	23	12	5	1	29	0	0
	2001	울산	3	3	0	0	1	0	0
	2001	전북	2	2	0	0	0	0	0
	2003	전북	0	0	0	0	0	0	0
	2003	대구	12	12	3	0	10	0	0
	2004	대구	7	6	1	0	8	0	0
	합계		100	82	26	3	99	3	0
프로통산			100	82	26	3	99	3	0

하인호 (河仁鎬) 인천대 1989.10.10

리그	연도	소속	출장	교체	득점	도움	파울	경고	퇴장
BC	2012	경남	0	0	0	0	0	0	0
	합계		0	0	0	0	0	0	0
챌	2015	고양	26	3	1	1	45	4	0
	합계		26	3	1	1	45	4	0
프로통산			26	3	1	1	45	4	0

하재훈 (河在勳) 조선대 1965.08.15

리그	연도	소속	출장	교체	득점	도움	파울	경고	퇴장
BC	1987	유공	20	3	0	1	18	2	0
	1988	유공	15	1	0	3	27	1	0
	1989	유공	11	3	0	0	11	0	0
	1990	유공	18	10	3	4	22	2	0
	1991	유공	25	18	1	1	15	1	0
	1992	유공	21	13	0	1	37	3	0
	1993	유공	23	19	1	1	13	3	0
	1994	유공	6	4	0	0	3	0	0
	합계		139	71	5	11	146	12	0
프로통산			139	71	5	11	146	12	0

하재훈 (河在勳) 동국대 1984.10.03

리그	연도	소속	출장	교체	득점	도움	파울	경고	퇴장
BC	2009	강원	18	1	0	1	8	2	0
	2010	강원	11	2	0	1	6	0	0
	합계		29	3	0	2	14	2	0
프로통산			29	3	0	2	14	2	0

하정헌 (河廷憲) 우석대 1987.10.14

리그	연도	소속	출장	교체	득점	도움	파울	경고	퇴장
챌	2013	수원fc	16	16	4	0	32	7	0
	2014	수원fc	14	14	2	0	13	3	0
	2015	안산	13	9	2	0	23	5	0
	합계		43	39	8	0	68	15	0
BC	2010	강원	17	12	2	1	27	2	0
	2011	강원	5	5	1	0	6	1	0
	합계		22	17	3	1	33	3	0
프로통산			65	56	11	1	101	18	0

하쨍요 (Luciano Ferreira Gabriel) 브라질 1979.10.18

리그	연도	소속	출장	교체	득점	도움	파울	경고	퇴장
BC	2005	대전	22	22	2	4	41	1	1
	합계		22	22	2	4	41	1	1
프로통산			22	22	2	4	41	1	1

하태균 (河太均) 단국대 1987.11.02

리그	연도	소속	출장	교체	득점	도움	파울	경고	퇴장
BC	2007	수원	18	13	5	1	33	1	0
	2008	수원	6	6	0	0	9	4	0
	2009	수원	12	11	2	1	21	1	0
	2010	수원	15	13	2	0	23	1	0
	2011	수원	19	18	3	1	19	3	1
	2012	수원	31	29	6	0	25	0	0
	합계		101	90	18	3	130	10	1
클	2014	상주	11	6	4	0	18	1	0
	2014	수원	3	3	0	0	3	1	0
	합계		14	9	4	0	21	2	0
챌	2013	상주	19	14	8	4	33	2	0
	합계		19	14	8	4	33	2	0
승	2013	상주	1	1	0	0	0	0	0
	합계		1	1	0	0	0	0	0
프로통산			135	114	30	7	184	14	1

하파엘 (Rafael Costa dos Santos) 브라질 1987.08.23

리그	연도	소속	출장	교체	득점	도움	파울	경고	퇴장
클	2014	서울	9	9	0	0	9	3	0
	합계		9	9	0	0	9	3	0
프로통산			9	9	0	0	9	3	0

하파엘 (Raphael Assis Martins Xavier) 브라질 1992.03.28

리그	연도	소속	출장	교체	득점	도움	파울	경고	퇴장
챌	2014	충주	2	1	0	0	0	0	0
	합계		2	1	0	0	0	0	0
프로통산			2	1	0	0	0	0	0

하피냐 (Rafael dos Santos de Oliveira) 브라질 1987.06.30

리그	연도	소속	출장	교체	득점	도움	파울	경고	퇴장
BC	2012	울산	17	13	6	2	23	2	0
	합계		17	13	6	2	23	2	0
클	2013	울산	24	8	11	4	45	3	0
	2014	울산	12	8	1	1	20	0	0
	합계		36	16	12	5	65	3	0
프로통산			53	29	18	7	88	5	0

하피냐 (Lima Pereira Rafael) 브라질 1993.04.01

리그	연도	소속	출장	교체	득점	도움	파울	경고	퇴장
클	2015	대전	7	8	0	0	3	0	0
	합계		7	8	0	0	3	0	0
프로통산			7	8	0	0	3	0	0

한경인 (韓京仁) 명지대 1987.05.28

리그	연도	소속	출장	교체	득점	도움	파울	경고	퇴장
BC	2011	경남	23	19	2	0	13	0	0
	2012	대전	12	11	1	0	5	1	0
	합계		35	30	3	0	18	1	0
클	2013	대전	6	6	2	0	7	1	0
	2014	상주	9	8	0	0	4	2	0
	합계		15	14	2	0	11	3	0
챌	2015	상주	1	1	0	0	0	0	0
	합계		1	1	0	0	0	0	0
프로통산			51	45	5	0	29	4	0

한교원 (韓教元) 조선이공대 1990.06.15

리그	연도	소속	출장	교체	득점	도움	파울	경고	퇴장
BC	2011	인천	29	22	3	2	40	2	0
	2012	인천	28	10	6	2	52	4	0
	합계		57	32	9	4	92	6	0
클	2013	인천	36	14	6	2	64	8	0
	2014	전북	32	20	11	3	44	1	0
	2015	전북	26	16	1	4	15	3	1
	합계		94	50	18	9	123	12	1
프로통산			151	82	27	13	215	18	1

한그루 (韓그루) 단국대 1988.04.29

리그	연도	소속	출장	교체	득점	도움	파울	경고	퇴장
BC	2011	성남	4	4	0	0	1	1	0
	2012	대전	9	8	0	0	11	1	0
	합계		13	12	0	0	12	2	0
클	2013	대전	5	5	0	0	4	0	0
	합계		5	5	0	0	4	0	0
프로통산			18	17	0	0	16	2	0

한길동 (韓吉童) 서울대 1963.01.15

리그	연도	소속	출장	교체	득점	도움	파울	경고	퇴장
BC	1986	럭금	20	6	0	0	16	1	0
	1987	럭금	16	5	0	3	12	0	0
	합계		36	11	0	3	28	1	0
프로통산			36	11	0	3	28	1	0

한덕희 (韓德熙) 아주대 1987.02.20

리그	연도	소속	출장	교체	득점	도움	파울	경고	퇴장
BC	2011	대전	16	6	1	2	26	3	0
	2012	대전	14	12	0	0	22	4	0
	합계		30	18	1	2	48	7	0
클	2013	대전	20	14	0	1	31	2	0
	2015	대전	4	2	0	0	6	1	0
	합계		24	16	0	1	37	3	0
챌	2014	안산	8	7	0	0	5	2	0
	2015	안산	23	10	0	0	36	4	0
	합계		31	17	0	0	41	6	0
프로통산			85	51	1	3	126	16	0

한동원 (韓東元) 남수원중 1986.04.06

리그	연도	소속	출장	교체	득점	도움	파울	경고	퇴장
BC	2002	안양LG	1	1	0	0	0	0	0
	2003	안양LG	4	4	0	0	3	1	0
	2004	서울	4	3	0	0	2	0	0
	2005	서울	3	3	0	0	0	0	0
	2006	서울	21	13	5	1	20	2	0
	2007	성남	15	15	1	0	7	0	0
	2008	성남	26	23	6	1	27	2	0
	2009	성남	26	24	7	1	14	2	0
	2011	대구	14	13	0	0	8	1	0
	2012	강원	7	7	1	0	3	0	0
	합계		121	106	20	3	84	8	0
클	2013	강원	8	8	0	0	4	0	0
	합계		8	8	0	0	4	0	0
챌	2013	안양	2	2	0	0	0	0	0
	합계		2	2	0	0	0	0	0
프로통산			131	116	20	3	88	8	0

한동진 (韓動鎭) 상지대 1979.08.25

리그	연도	소속	출장	교체	실점	도움	파울	경고	퇴장
BC	2002	부천SK	9	0	15	0	0	2	0
	2003	부천SK	31	1	45	0	3	1	0
	2004	부천SK	0	0	0	0	0	0	0
	2005	광주상	3	0	3	0	0	0	0
	2006	광주상	15	1	18	0	0	0	0
	2007	제주	6	0	8	0	1	0	0
	2008	제주	12	3	13	0	0	0	0
	2009	제주	14	1	11	0	0	1	0
	2010	제주	1	0	5	0	0	0	0
	2011	제주	1	1	0	0	0	0	0
	2012	제주	30	0	37	0	2	1	1
	합계		122	7	155	0	6	5	1
클	2013	제주	0	0	0	0	0	0	0
	합계		0	0	0	0	0	0	0
프로통산			122	7	155	0	6	5	1

한문배 (韓文培) 한양대 1954.03.22

리그	연도	소속	출장	교체	득점	도움	파울	경고	퇴장
BC	1984	럭금	27	4	6	2	25	2	0
	1985	럭금	21	3	0	2	19	1	0
	1986	럭금	27	5	1	0	37	3	0
	합계		75	12	7	4	81	6	0
프로통산			75	12	7	4	81	6	0

한병용 (韓炳容) 건국대 1983.11.27

리그	연도	소속	출장	교체	득점	도움	파울	경고	퇴장
BC	2006	수원	12	7	0	0	15	1	0
	2007	수원	2	2	0	0	1	0	0
	합계		14	9	0	0	16	1	0
프로통산			14	9	0	0	16	1	0

한봉현 (韓鳳顯) 학성고 1981.12.04

리그	연도	소속	출장	교체	득점	도움	파울	경고	퇴장
BC	2000	울산	0	0	0	0	0	0	0
	2001	울산	2	2	0	0	0	0	0
	2003	광주상	1	1	0	0	2	0	0
	합계		3	3	0	0	2	0	0

프로통산			3	3	0	0	2	0	0

한빛 (韓빛) 건국대 1992.03.17

리그	연도	소속	출장	교체	득점	도움	파울	경고	퇴장
챌	2014	고양	16	15	1	0	16	2	0
	합계		16	15	1	0	16	2	0
프로통산			16	15	1	0	16	2	0

한상건 (韓相健) 영등포공고 1975.01.22

리그	연도	소속	출장	교체	득점	도움	파울	경고	퇴장
BC	1994	포철	1	1	0	0	0	0	0
	합계		1	1	0	0	0	0	0
프로통산			1	1	0	0	0	0	0

한상구 (韓相九) 충남대 1976.08.15

리그	연도	소속	출장	교체	득점	도움	파울	경고	퇴장
BC	1999	안양LG	11	8	0	0	14	2	0
	2000	안양LG	29	4	0	0	30	2	0
	2001	안양LG	4	2	0	0	3	2	0
	2003	광주상	40	8	3	3	31	4	0
	2004	서울	13	8	0	1	17	2	0
	합계		97	30	3	4	95	12	0
프로통산			97	30	3	4	95	12	0

한상민 (韓相旻) 천안농고 1985.03.10

리그	연도	소속	출장	교체	득점	도움	파울	경고	퇴장
BC	2009	울산	9	9	0	0	6	1	0
	합계		9	9	0	0	6	1	0
프로통산			9	9	0	0	6	1	0

한상수 (韓尙樹) 충북대 1977.02.27

리그	연도	소속	출장	교체	실점	도움	파울	경고	퇴장
BC	1999	부산	6	4	4	0	0	0	0
	2000	부산	3	3	0	0	0	0	0
	합계		9	7	4	0	0	0	0
프로통산			9	7	4	0	0	0	0

한상열 (韓相烈) 고려대 1972.09.24

리그	연도	소속	출장	교체	득점	도움	파울	경고	퇴장
BC	1997	수원	23	17	3	1	22	0	1
	1998	수원	6	6	0	0	7	2	0
	1999	수원	0	0	0	0	0	0	0
	합계		29	23	3	1	29	2	1
프로통산			29	23	3	1	29	2	1

한상운 (韓相云) 단국대 1986.05.03

리그	연도	소속	출장	교체	득점	도움	파울	경고	퇴장
BC	2009	부산	31	23	3	5	32	4	0
	2010	부산	31	12	7	5	33	1	0
	2011	부산	32	14	9	8	34	2	0
	2012	성남	16	11	1	1	12	1	0
	합계		110	60	20	19	111	8	0
클	2013	울산	34	21	8	8	36	3	0
	2014	울산	12	5	2	2	7	0	0
	2014	상주	17	5	0	4	14	3	0
	합계		63	31	10	14	57	6	0
챌	2015	상주	29	19	7	6	21	3	0
	합계		29	19	7	6	21	3	0
프로통산			202	110	37	39	189	17	0

한상학 (韓尙學) 숭실대 1990.07.16

리그	연도	소속	출장	교체	득점	도움	파울	경고	퇴장
챌	2014	충주	6	5	1	0	10	2	0
	합계		6	5	1	0	10	2	0
프로통산			6	5	1	0	10	2	0

한상혁 (韓祥赫) 배재대 1991.11.19

리그	연도	소속	출장	교체	득점	도움	파울	경고	퇴장
클	2015	대전	0	0	0	0	0	0	0
	합계		0	0	0	0	0	0	0
챌	2014	대전	0	0	0	0	0	0	0
	합계		0	0	0	0	0	0	0
프로통산			0	0	0	0	0	0	0

한상현 (韓相睍) 성균관대 1991.08.25

리그	연도	소속	출장	교체	득점	도움	파울	경고	퇴장
클	2015	성남	0	0	0	0	0	0	0
	합계		0	0	0	0	0	0	0
챌	2014	부천	1	1	0	0	0	0	0
	합계		1	1	0	0	0	0	0
프로통산			1	1	0	0	0	0	0

한석종 (韓石種) 숭실대 1992.07.19

리그	연도	소속	출장	교체	득점	도움	파울	경고	퇴장
챌	2014	강원	21	10	0	1	25	2	0
	2015	강원	25	12	4	1	34	7	0
	합계		46	22	4	2	59	9	0
프로통산			46	22	4	2	59	9	0

한설 (韓雪) 동의대 1983.07.15

리그	연도	소속	출장	교체	득점	도움	파울	경고	퇴장
BC	2006	부산	7	7	0	0	6	1	0
	2008	광주상	1	1	0	0	0	0	0
	합계		8	8	0	0	6	1	0
프로통산			8	8	0	0	6	1	0

한성규 (韓成圭) 광운대 1993.01.27

리그	연도	소속	출장	교체	득점	도움	파울	경고	퇴장
클	2015	수원	0	0	0	0	0	0	0
	합계		0	0	0	0	0	0	0
프로통산			0	0	0	0	0	0	0

한승엽 (韓承燁) 경기대 1990.11.04

리그	연도	소속	출장	교체	득점	도움	파울	경고	퇴장
클	2013	대구	26	22	3	1	43	4	0
	합계		26	22	3	1	43	4	0
챌	2014	대구	8	8	0	0	13	0	0
	합계		8	8	0	0	13	0	0
프로통산			34	30	3	1	56	4	0

한연수 (韓練洙) 동국대 1966.11.17

리그	연도	소속	출장	교체	득점	도움	파울	경고	퇴장
BC	1989	일화	6	4	0	0	7	1	0
	합계		6	4	0	0	7	1	0
프로통산			6	4	0	0	7	1	0

한연철 (韓煉哲) 고려대 1972.03.30

리그	연도	소속	출장	교체	득점	도움	파울	경고	퇴장
BC	1997	울산	2	2	0	0	3	0	0
	합계		2	2	0	0	3	0	0
프로통산			2	2	0	0	3	0	0

한영구 (韓英九) 호남대 1987.11.16

리그	연도	소속	출장	교체	득점	도움	파울	경고	퇴장
챌	2013	고양	11	5	0	0	6	0	0
	합계		11	5	0	0	6	0	0
프로통산			11	5	0	0	6	0	0

한영국 (韓榮國) 국민대 1964.11.26

리그	연도	소속	출장	교체	득점	도움	파울	경고	퇴장
BC	1993	현대	6	0	0	0	4	0	0
	1994	현대	8	1	0	0	6	2	0
	합계		14	1	0	0	10	2	0
프로통산			14	1	0	0	10	2	0

한영수 (韓英洙) 전북대 1960.08.14

리그	연도	소속	출장	교체	득점	도움	파울	경고	퇴장
BC	1985	유공	19	3	4	1	19	0	0
	1986	유공	10	6	0	0	4	0	0
	1987	유공	3	3	1	0	1	0	0
	합계		32	12	5	1	24	0	0
프로통산			32	12	5	1	24	0	0

한용수 (韓龍洙) 한양대 1990.05.05

리그	연도	소속	출장	교체	득점	도움	파울	경고	퇴장
BC	2012	제주	23	6	0	1	33	4	0
	합계		23	6	0	1	33	4	0
프로통산			23	6	0	1	33	4	0

한유성 (韓侑成) 경희대 1991.06.09

리그	연도	소속	출장	교체	득점	도움	파울	경고	퇴장
클	2014	전남	0	0	0	0	0	0	0
	2015	전남	1	0	0	0	0	1	0
	합계		1	0	0	0	0	1	0
프로통산			1	0	0	0	0	1	0

한의권 (韓義權) 관동대 1994.06.30

리그	연도	소속	출장	교체	득점	도움	파울	경고	퇴장
클	2014	경남	11	11	0	1	11	0	0
	2015	대전	18	6	3	1	41	4	0
	합계		29	17	3	2	52	4	0
챌	2015	경남	10	6	0	1	13	3	0
	합계		10	6	0	1	13	3	0
승	2014	경남	2	2	0	0	0	0	0
	합계		2	2	0	0	0	0	0
프로통산			41	25	3	3	65	7	0

한일구 (韓壹九) 고려대 1987.02.18

리그	연도	소속	출장	교체	실점	도움	파울	경고	퇴장
BC	2010	서울	0	0	0	0	0	0	0
	2011	서울	2	0	4	0	1	0	0
	2012	서울	0	0	0	0	0	0	0
	합계		2	0	4	0	1	0	0
클	2013	서울	0	0	0	0	0	0	0
	2014	서울	0	0	0	0	0	0	0
	합계		0	0	0	0	0	0	0
프로통산			2	0	4	0	1	0	0

한재만 (韓載滿) 동국대 1989.03.20

리그	연도	소속	출장	교체	득점	도움	파울	경고	퇴장
BC	2010	제주	7	6	0	1	2	0	0
	2011	제주	1	1	0	0	0	0	0
	합계		8	7	0	1	2	0	0
프로통산			8	7	0	1	2	0	0

한재식 (韓在植) 명지대 1968.03.17

리그	연도	소속	출장	교체	득점	도움	파울	경고	퇴장
BC	1990	포철	1	1	0	0	0	0	0
	합계		1	1	0	0	0	0	0
프로통산			1	1	0	0	0	0	0

한재웅 (韓載雄) 부평고 1984.09.28

리그	연도	소속	출장	교체	득점	도움	파울	경고	퇴장
BC	2003	부산	1	1	0	0	0	0	0
	2004	부산	4	4	0	0	4	0	0
	2005	부산	13	11	2	0	8	1	0
	2007	부산	1	1	0	0	3	0	1
	2008	부산	2	2	0	0	1	0	0
	2008	대전	13	13	1	1	20	3	0
	2009	대전	19	15	3	1	22	2	0
	2010	대전	23	8	3	1	36	5	0
	2011	대전	24	12	3	1	33	6	0
	2012	전남	24	12	0	1	27	4	0
	합계		124	79	12	5	154	21	1
클	2013	인천	3	3	0	0	0	0	0
	2014	울산	7	7	0	1	4	0	0
	합계		10	10	0	1	4	0	0
프로통산			134	89	12	6	158	21	1

한정국 (韓正局) 한양대 1971.07.19

리그	연도	소속	출장	교체	득점	도움	파울	경고	퇴장
BC	1994	일화	25	15	1	1	34	4	0
	1995	일화	11	9	2	0	9	1	0
	1996	천안	34	21	1	3	31	3	0
	1999	천안	6	5	0	1	7	1	0
	1999	전남	14	13	2	1	15	1	0
	2000	전남	4	4	0	0	2	0	0
	2001	대전	15	13	1	3	24	2	0
	2002	대전	26	19	0	2	38	2	0
	2003	대전	28	17	3	1	55	2	1
	2004	대전	19	16	2	1	20	1	0
	합계		182	132	12	13	235	17	1
프로통산			182	132	12	13	235	17	1

한정화 (韓廷和) 안양공고 1982.10.31

리그	연도	소속	출장	교체	득점	도움	파울	경고	퇴장
BC	2001	안양LG	11	11	0	0	5	1	0
	2002	안양LG	7	9	1	0	3	1	0
	2003	안양LG	2	2	0	0	0	0	0

리그	연도	소속	출장	교체	득점	도움	파울	경고	퇴장
	2004	광주상	1	1	0	0	0	0	0
	2005	광주상	1	1	0	0	0	0	0
	2007	부산	29	23	4	2	22	1	0
	2008	부산	26	14	2	1	36	1	0
	2009	대구	20	17	0	2	14	0	0
	합계		97	78	7	5	80	4	0
프로통산			97	78	7	5	80	4	0

한제광 (韓濟光) 울산대 1985.03.18

리그	연도	소속	출장	교체	득점	도움	파울	경고	퇴장
BC	2006	전북	2	1	0	0	3	0	0
	합계		2	1	0	0	3	0	0
프로통산			2	1	0	0	3	0	0

한종성 (韓鐘聲) 성균관대 1977.01.30

리그	연도	소속	출장	교체	득점	도움	파울	경고	퇴장
BC	2002	전북	14	2	0	0	22	2	0
	2003	전북	24	10	0	2	45	4	0
	2004	전북	8	5	0	0	12	0	0
	2005	전남	6	5	0	0	7	1	0
	합계		52	22	0	2	86	7	0
프로통산			52	22	0	2	86	7	0

한종우 (韓宗佑) 상지대 1986.03.17

리그	연도	소속	출장	교체	득점	도움	파울	경고	퇴장
챌	2013	부천	27	6	2	0	29	10	0
	2014	부천	6	3	0	0	9	0	0
	합계		33	9	2	0	38	10	0
프로통산			33	9	2	0	38	10	0

한주영 (韓周怜) 고려대 1976.06.10

리그	연도	소속	출장	교체	득점	도움	파울	경고	퇴장
BC	2000	전북	1	1	0	0	0	0	0
	합계		1	1	0	0	0	0	0
프로통산			1	1	0	0	0	0	0

한지호 (韓志皓) 홍익대 1988.12.15

리그	연도	소속	출장	교체	득점	도움	파울	경고	퇴장
BC	2010	부산	9	9	0	0	6	1	0
	2011	부산	32	26	4	4	30	4	0
	2012	부산	44	20	6	3	47	2	0
	합계		85	55	10	7	83	7	0
클	2013	부산	28	17	5	1	23	1	0
	2014	부산	22	14	0	0	24	3	0
	2015	부산	20	16	2	0	14	1	0
	합계		70	47	7	1	61	5	0
승	2015	부산	1	1	0	0	1	0	0
	합계		1	1	0	0	1	0	0
프로통산			156	103	17	8	145	12	0

한창우 (韓昌祐) 동아대 1965.10.25

리그	연도	소속	출장	교체	득점	도움	파울	경고	퇴장
BC	1988	대우	9	1	0	0	4	0	0
	합계		9	1	0	0	4	0	0
프로통산			9	1	0	0	4	0	0

한창우 (韓昌祐) 광운대 1966.12.05

리그	연도	소속	출장	교체	득점	도움	파울	경고	퇴장
BC	1989	현대	5	5	0	0	6	2	0
	1991	현대	24	18	2	0	28	2	0
	1992	현대	19	17	0	0	27	1	0
	합계		48	40	2	0	61	5	0
프로통산			48	40	2	0	61	5	0

한태유 (韓泰酉) 명지대 1981.03.31

리그	연도	소속	출장	교체	득점	도움	파울	경고	퇴장
BC	2004	서울	25	4	0	0	49	4	0
	2005	서울	22	11	3	1	52	9	0
	2006	서울	28	23	0	2	42	5	0
	2007	광주상	30	8	1	0	55	5	0
	2008	광주상	23	5	1	0	56	8	0
	2008	서울	2	2	0	0	2	0	0
	2009	서울	10	3	0	1	23	3	0
	2010	서울	8	7	0	0	10	5	0
	2011	서울	3	1	0	0	2	0	0
	2012	서울	26	15	0	0	21	3	0
	합계		177	79	5	4	312	42	0
클	2013	서울	15	12	0	0	7	2	0
	2014	서울	0	0	0	0	0	0	0
	합계		15	12	0	0	7	2	0
프로통산			192	91	5	4	319	44	0

한태진 (韓台鎭) 1961.04.08

리그	연도	소속	출장	교체	실점	도움	파울	경고	퇴장
BC	1983	포철	1	0	4	0	0	0	0
	합계		1	0	4	0	0	0	0
프로통산			1	0	4	0	0	0	0

한홍규 (韓洪奎) 성균관대 1990.07.26

리그	연도	소속	출장	교체	득점	도움	파울	경고	퇴장
챌	2013	충주	29	7	5	3	63	5	0
	2014	충주	32	30	7	1	45	5	0
	2015	안산	12	6	1	0	18	4	0
	합계		73	43	13	4	126	14	0
프로통산			73	43	13	4	126	14	0

한효혁 (韓孝赫) 동신대 1989.12.12

리그	연도	소속	출장	교체	득점	도움	파울	경고	퇴장
챌	2013	광주	2	2	0	0	1	0	0
	합계		2	2	0	0	1	0	0
프로통산			2	2	0	0	1	0	0

함민석 (咸珉奭) 아주대 1985.08.03

리그	연도	소속	출장	교체	득점	도움	파울	경고	퇴장
BC	2008	인천	0	0	0	0	0	0	0
	2012	강원	0	0	0	0	0	0	0
	합계		0	0	0	0	0	0	0
프로통산			0	0	0	0	0	0	0

함상헌 (咸相憲) 서울시립대 1971.03.20

리그	연도	소속	출장	교체	득점	도움	파울	경고	퇴장
BC	1994	대우	9	8	2	0	12	2	0
	1995	포항	1	1	0	0	1	0	0
	1995	LG	18	16	2	0	16	5	0
	1996	안양LG	17	15	2	1	15	3	0
	1997	안양LG	26	15	2	2	44	8	0
	1998	안양LG	2	3	0	0	2	0	0
	합계		73	58	8	3	90	18	0
프로통산			73	58	8	3	90	18	0

함준영 (咸儁渶) 원광대 1986.03.15

리그	연도	소속	출장	교체	득점	도움	파울	경고	퇴장
BC	2009	인천	0	0	0	0	0	0	0
	합계		0	0	0	0	0	0	0
프로통산			0	0	0	0	0	0	0

함현기 (咸鉉起) 고려대 1963.04.26

리그	연도	소속	출장	교체	득점	도움	파울	경고	퇴장
BC	1986	현대	35	3	17	2	34	1	0
	1987	현대	29	10	1	2	26	0	0
	1988	현대	23	5	10	5	28	1	0
	1989	현대	13	4	0	0	21	0	0
	1990	현대	28	8	3	3	27	1	0
	1991	현대	5	5	0	0	2	0	0
	1991	LG	10	8	0	0	1	0	0
	1992	LG	18	14	0	1	12	0	0
	합계		161	57	31	13	151	3	0
프로통산			161	57	31	13	151	3	0

허건 (許建) 관동대 1988.01.03

리그	연도	소속	출장	교체	득점	도움	파울	경고	퇴장
챌	2013	부천	18	10	5	2	25	3	0
	합계		18	10	5	2	25	3	0
프로통산			18	10	5	2	25	3	0

허기수 (許起洙) 명지대 1965.01.05

리그	연도	소속	출장	교체	득점	도움	파울	경고	퇴장
BC	1989	현대	20	8	1	0	23	1	0
	1990	현대	19	5	1	0	22	2	0
	1991	현대	2	1	0	0	1	0	0
	1992	현대	9	7	1	1	7	1	0
	합계		50	21	3	1	53	4	0
프로통산			50	21	3	1	53	4	0

허기태 (許起泰) 고려대 1967.07.13

리그	연도	소속	출장	교체	득점	도움	파울	경고	퇴장
BC	1990	유공	7	1	0	0	12	1	0
	1991	유공	34	2	1	0	39	2	0
	1992	유공	37	5	2	0	52	2	0
	1993	유공	33	1	2	1	31	3	0
	1994	유공	34	0	2	2	26	4	0
	1995	유공	34	3	3	0	21	2	0
	1996	부천SK	31	3	0	0	34	1	0
	1997	부천SK	22	3	0	0	44	6	0
	1998	수원	11	3	0	0	10	0	0
	1999	수원	3	2	0	0	4	2	0
	합계		246	23	10	3	273	23	0
프로통산			246	23	10	3	273	23	0

허범산 (許範山) 우석대 1989.09.14

리그	연도	소속	출장	교체	득점	도움	파울	경고	퇴장
BC	2012	대전	8	6	1	0	11	2	0
	합계		8	6	1	0	11	2	0
클	2013	대전	29	15	0	5	53	6	0
	2014	제주	1	1	0	0	1	0	0
	2015	제주	16	11	0	1	23	6	0
	합계		46	27	0	6	77	12	0
프로통산			54	33	1	6	88	14	0

허영석 (許榮碩) 마산공고 1993.04.29

리그	연도	소속	출장	교체	득점	도움	파울	경고	퇴장
BC	2012	경남	2	2	0	0	0	0	0
	합계		2	2	0	0	0	0	0
챌	2015	경남	3	2	0	0	4	0	0
	합계		3	2	0	0	4	0	0
프로통산			5	4	0	0	4	0	0

허영철 (許榮哲) 한남대 1992.09.07

리그	연도	소속	출장	교체	득점	도움	파울	경고	퇴장
클	2015	대전	2	1	0	0	0	0	0
	합계		2	1	0	0	0	0	0
프로통산			2	1	0	0	0	0	0

허인무 (許寅戊) 명지대 1978.04.14

리그	연도	소속	출장	교체	득점	도움	파울	경고	퇴장
BC	2001	포항	0	0	0	0	0	0	0
	합계		0	0	0	0	0	0	0
프로통산			0	0	0	0	0	0	0

허재녕 (許財寧) 아주대 1992.05.14

리그	연도	소속	출장	교체	득점	도움	파울	경고	퇴장
클	2015	광주	3	3	0	0	5	1	0
	합계		3	3	0	0	5	1	0
프로통산			3	3	0	0	5	1	0

허재원 (許宰源) 광운대 1984.07.01

리그	연도	소속	출장	교체	득점	도움	파울	경고	퇴장
BC	2006	수원	1	1	0	0	0	0	0
	2008	광주상	7	6	0	0	3	1	0
	2009	수원	6	3	0	0	8	1	0
	2010	수원	2	1	1	0	1	1	0
	2011	광주	29	7	1	1	45	8	0
	2012	제주	36	2	2	2	57	5	0
	합계		81	20	4	3	114	16	0
클	2013	제주	23	4	1	0	24	2	0
	합계		23	4	1	0	24	2	0
챌	2014	대구	33	2	3	2	31	8	0
	2015	대구	27	2	2	1	15	2	0
	합계		60	4	5	3	46	10	0
프로통산			164	28	10	6	184	28	0

허정무 (許丁茂) 연세대 1955.01.13

리그	연도	소속	출장	교체	득점	도움	파울	경고	퇴장
BC	1984	현대	23	3	3	2	37	3	0
	1985	현대	5	0	1	0	7	0	0
	1986	현대	11	2	1	3	15	1	0

리그	연도	소속	출장	교체	득점	도움	파울	경고	퇴장
	합계		39	5	5	5	59	4	0
프로통산			39	5	5	5	59	4	0

허제정 (許齊廷) 건국대 1977.06.02

리그	연도	소속	출장	교체	득점	도움	파울	경고	퇴장
BC	2000	포항	11	6	0	2	6	1	0
	2001	포항	27	18	1	1	18	2	0
	2002	포항	10	10	2	2	6	1	0
	합계		48	34	3	5	30	4	0
프로통산			48	34	3	5	30	4	0

허청산 (許靑山) 명지대 1986.12.26

리그	연도	소속	출장	교체	득점	도움	파울	경고	퇴장
BC	2011	수원	0	0	0	0	0	0	0
	합계		0	0	0	0	0	0	0
프로통산			0	0	0	0	0	0	0

허태식 (許泰植) 동래고 1961.01.06

리그	연도	소속	출장	교체	득점	도움	파울	경고	퇴장
BC	1985	포철	3	3	0	0	0	0	0
	1986	포철	22	5	1	2	18	1	0
	1987	포철	1	1	0	0	0	0	0
	1991	포철	1	1	0	0	0	0	0
	합계		27	10	1	2	18	1	0
프로통산			27	10	1	2	18	1	0

허화무 (許華武) 중앙대 1970.04.05

리그	연도	소속	출장	교체	득점	도움	파울	경고	퇴장
BC	1996	안양LG	1	1	0	0	1	0	0
	합계		1	1	0	0	1	0	0
프로통산			1	1	0	0	1	0	0

허훈구 (許訓求) 선문대 1983.06.25

리그	연도	소속	출장	교체	득점	도움	파울	경고	퇴장
BC	2006	전북	6	3	0	0	9	1	0
	2007	전북	1	0	0	0	1	0	0
	합계		7	3	0	0	10	1	0
프로통산			7	3	0	0	10	1	0

헙슨 (Robson Souza dos Santos) 브라질 1982.08.19

리그	연도	소속	출장	교체	득점	도움	파울	경고	퇴장
BC	2006	대전	6	6	1	0	3	0	0
	합계		6	6	1	0	3	0	0
프로통산			6	6	1	0	3	0	0

헤나또 (Renato Netson Benatti) 브라질 1981.10.17

리그	연도	소속	출장	교체	득점	도움	파울	경고	퇴장
BC	2008	전남	13	2	1	0	11	0	0
	합계		13	2	1	0	11	0	0
프로통산			13	2	1	0	11	0	0

헤나우도 (Renaldo Lopes da Cruz) 브라질 1970.03.19

리그	연도	소속	출장	교체	득점	도움	파울	경고	퇴장
BC	2004	서울	11	6	1	1	23	2	0
	합계		11	6	1	1	23	2	0
프로통산			11	6	1	1	23	2	0

헤나토 (Renato) 브라질 1976.06.15

리그	연도	소속	출장	교체	득점	도움	파울	경고	퇴장
BC	2001	부산	0	0	0	0	0	0	0
	합계		0	0	0	0	0	0	0
프로통산			0	0	0	0	0	0	0

헤나토 (Renato Medeiros de Almeida) 브라질 1982.02.04

리그	연도	소속	출장	교체	득점	도움	파울	경고	퇴장
BC	2010	강원	4	4	0	0	4	0	0
	합계		4	4	0	0	4	0	0
프로통산			4	4	0	0	4	0	0

헤난 (Henan Faria Silveira) 브라질 1987.04.03

리그	연도	소속	출장	교체	득점	도움	파울	경고	퇴장
챌	2015	강원	22	10	8	3	15	1	0
	합계		22	10	8	3	15	1	0
BC	2012	전남	11	6	1	1	8	3	0
	합계		11	6	1	1	8	3	0
프로통산			33	16	9	4	23	4	0

헤이날도 (Reinaldo da Cruz Olvira) 브라질 1979.03.14

리그	연도	소속	출장	교체	득점	도움	파울	경고	퇴장
BC	2010	수원	4	4	0	0	3	0	0
	합계		4	4	0	0	3	0	0
프로통산			4	4	0	0	3	0	0

헤이날도 (Reinaldo de Souza) 브라질 1980.06.08

리그	연도	소속	출장	교체	득점	도움	파울	경고	퇴장
BC	2005	울산	8	9	0	0	12	0	0
	합계		8	9	0	0	12	0	0
프로통산			8	9	0	0	12	0	0

헤이날도 (Reinaldo Elias da Costa) 브라질 1984.06.13

리그	연도	소속	출장	교체	득점	도움	파울	경고	퇴장
BC	2008	부산	10	9	0	1	18	1	0
	합계		10	9	0	1	18	1	0
프로통산			10	9	0	1	18	1	0

헤이네르 (Reiner Ferreira Correa Gomes) 브라질 1985.11.17

리그	연도	소속	출장	교체	득점	도움	파울	경고	퇴장
클	2014	수원	17	2	0	0	19	0	0
	합계		17	2	0	0	19	0	0
프로통산			17	2	0	0	19	0	0

헤지스 (Regis Ferjandes Silva) 브라질 1976.09.22

리그	연도	소속	출장	교체	득점	도움	파울	경고	퇴장
BC	2006	대전	11	11	0	0	11	1	0
	합계		11	11	0	0	11	1	0
프로통산			11	11	0	0	11	1	0

헨릭 (Henrik Jorgensen) 덴마크 1966.02.12

리그	연도	소속	출장	교체	실점	도움	파울	경고	퇴장
BC	1996	수원	5	0	7	0	0	0	0
	합계		5	0	7	0	0	0	0
프로통산			5	0	7	0	0	0	0

현광우 (玄光宇) 선문대 1988.02.05

리그	연도	소속	출장	교체	득점	도움	파울	경고	퇴장
BC	2011	제주	0	0	0	0	0	0	0
	합계		0	0	0	0	0	0	0
프로통산			0	0	0	0	0	0	0

현기호 (玄基鎬) 연세대 1960.05.12

리그	연도	소속	출장	교체	득점	도움	파울	경고	퇴장
BC	1983	대우	7	3	1	3	7	0	0
	1984	대우	18	5	1	3	18	1	0
	1985	대우	18	3	2	0	27	0	0
	1986	대우	15	8	1	0	15	0	0
	1987	대우	2	2	0	0	1	0	0
	합계		60	21	5	6	68	1	0
프로통산			60	21	5	6	68	1	0

현영민 (玄泳民) 건국대 1979.12.25

리그	연도	소속	출장	교체	득점	도움	파울	경고	퇴장
BC	2002	울산	15	3	1	4	34	4	0
	2003	울산	32	3	1	2	59	8	1
	2004	울산	27	2	1	1	42	6	0
	2005	울산	38	1	0	4	66	4	0
	2007	울산	35	1	0	4	58	6	1
	2008	울산	30	3	0	6	62	5	0
	2009	울산	30	3	1	10	42	7	0
	2010	서울	33	6	1	5	49	7	0
	2011	서울	27	5	1	4	34	4	0
	2012	서울	18	6	1	0	27	2	1
	합계		285	33	7	40	473	53	3
클	2013	서울	1	0	0	0	2	1	0
	2013	성남	30	1	1	4	42	7	0
	2014	전남	32	3	1	7	46	10	0
	2015	전남	29	1	0	2	28	6	0
	합계		92	5	2	13	118	24	0
프로통산			377	38	9	53	591	77	3

호나우도 (Ronaldo Marques Sereno) 브라질 1962.03.14

리그	연도	소속	출장	교체	득점	도움	파울	경고	퇴장
BC	1994	현대	26	10	6	5	47	5	0
	합계		26	10	6	5	47	5	0
프로통산			26	10	6	5	47	5	0

호니 (Roniere Jose da Silva Filho) 브라질 1986.04.23

리그	연도	소속	출장	교체	득점	도움	파울	경고	퇴장
챌	2014	고양	21	20	2	1	7	0	0
	합계		21	20	2	1	7	0	0
프로통산			21	20	2	1	7	0	0

호니 (Ronieli Gomes dos Santos) 브라질 1991.04.25

리그	연도	소속	출장	교체	득점	도움	파울	경고	퇴장
BC	2011	경남	10	7	1	0	19	3	0
	2012	경남	6	6	0	0	6	1	0
	합계		16	13	1	0	25	4	0
프로통산			16	13	1	0	25	4	0

호드리고 (Rodrigo Leandro da Costa) 브라질 1985.09.17

리그	연도	소속	출장	교체	득점	도움	파울	경고	퇴장
클	2013	부산	18	17	2	2	29	1	0
	합계		18	17	2	2	29	1	0
프로통산			18	17	2	2	29	1	0

호드리고 (Rodrigo Domingos dos Santos) 브라질 1987.01.25

리그	연도	소속	출장	교체	득점	도움	파울	경고	퇴장
챌	2014	부천	31	6	11	2	77	2	0
	2015	부천	36	12	11	4	64	9	0
	합계		67	18	22	6	141	11	0
프로통산			67	18	22	6	141	11	0

호드리고 (Jose Luiz Rodrigo Carbone) 브라질 1974.03.17

리그	연도	소속	출장	교체	득점	도움	파울	경고	퇴장
BC	1999	전남	8	7	1	2	6	0	0
	합계		8	7	1	2	6	0	0
프로통산			8	7	1	2	6	0	0

호드리고 (Rodrigo Marcos Marques da Silva) 브라질 1977.08.0

리그	연도	소속	출장	교체	득점	도움	파울	경고	퇴장
BC	2003	대전	17	11	0	0	26	3	0
	2004	대전	7	6	0	0	11	0	0
	합계		24	17	0	0	37	3	0
프로통산			24	17	0	0	37	3	0

호드리고 (Rodrigo Batista da Cruz) 브라질 1983.02.02

리그	연도	소속	출장	교체	득점	도움	파울	경고	퇴장
클	2013	제주	3	3	0	0	2	1	0
	합계		3	3	0	0	2	1	0
프로통산			3	3	0	0	2	1	0

호마 (Paulo Marcel Pereira Merabet) 브라질 1979.02.28

리그	연도	소속	출장	교체	득점	도움	파울	경고	퇴장
BC	2004	전북	23	18	7	2	37	7	0
	합계		23	18	7	2	37	7	0
프로통산			23	18	7	2	37	7	0

호마링요 (Jefferson Jose Lopes Andrade) 브라질 1989.11.14

리그	연도	소속	출장	교체	득점	도움	파울	경고	퇴장
챌	2014	광주	10	6	1	0	22	1	0
	합계		10	6	1	0	22	1	0
프로통산			10	6	1	0	22	1	0

호물로 (Romulo Marques Macedo) 브라질 1980.04.03

리그	연도	소속	출장	교체	득점	도움	파울	경고	퇴장
BC	2008	제주	27	10	10	2	67	7	1
	2009	부산	28	22	6	1	56	3	0

리그	연도	소속	출장	교체	득점	도움	파울	경고	퇴장
	2010	부산	3	3	1	0	2	0	0
	합계		58	35	17	3	125	10	1
프로통산			58	35	17	3	125	10	1

호베르또 (Roberto Cesar Zardim Rodrigues) 브라질 1985.12.19

리그	연도	소속	출장	교체	득점	도움	파울	경고	퇴장
클	2013	울산	18	15	1	4	16	1	0
	합계		18	15	1	4	16	1	0
프로통산			18	15	1	4	16	1	0

호벨치 (Robert de Pinho de Souza) 브라질 1981.02.27

리그	연도	소속	출장	교체	득점	도움	파울	경고	퇴장
BC	2012	제주	13	11	3	0	19	0	0
	합계		13	11	3	0	19	0	0
프로통산			13	11	3	0	19	0	0

호샤 브라질 1961.08.30

리그	연도	소속	출장	교체	득점	도움	파울	경고	퇴장
BC	1985	포철	16	9	5	5	8	0	0
	1986	포철	24	10	7	2	11	1	0
	합계		40	19	12	7	19	1	0
프로통산			40	19	12	7	19	1	0

호성호 (扈成鎬) 중앙대 1962.11.04

리그	연도	소속	출장	교체	실점	도움	파울	경고	퇴장
BC	1986	현대	16	0	9	0	0	0	0
	1987	현대	18	1	20	0	2	1	0
	1988	현대	3	0	6	0	0	0	0
	1989	현대	1	0	4	0	0	0	0
	합계		38	1	39	0	2	1	0
프로통산			38	1	39	0	2	1	0

호세 (Jose Roberto Alves) 브라질 1954.10.20

리그	연도	소속	출장	교체	득점	도움	파울	경고	퇴장
BC	1983	포철	5	5	0	0	1	0	0
	합계		5	5	0	0	1	0	0
프로통산			5	5	0	0	1	0	0

호세 (Alex Jose de Paula) 브라질 1981.09.13

리그	연도	소속	출장	교체	득점	도움	파울	경고	퇴장
BC	2003	포항	9	8	1	0	13	1	0
	합계		9	8	1	0	13	1	0
프로통산			9	8	1	0	13	1	0

호세 (Jose Luis Villanueva Ahumada) 칠레 1981.11.05

리그	연도	소속	출장	교체	득점	도움	파울	경고	퇴장
BC	2007	울산	5	4	1	0	13	0	0
	합계		5	4	1	0	13	0	0
프로통산			5	4	1	0	13	0	0

호제리오 (Rogerio Prateat) 브라질 1973.03.09

리그	연도	소속	출장	교체	득점	도움	파울	경고	퇴장
BC	1999	전북	29	0	2	0	97	13	1
	2000	전북	34	0	0	0	82	9	0
	2001	전북	30	2	2	0	98	8	2
	2002	전북	31	1	0	0	83	9	0
	2003	대구	34	1	2	0	87	9	1
	합계		158	4	6	0	447	48	4
프로통산			158	4	6	0	447	48	4

호제리오 (Rogrio dos Santos Conceiao) 브라질 1984.09.20

리그	연도	소속	출장	교체	득점	도움	파울	경고	퇴장
BC	2009	경남	10	0	0	0	22	5	0
	합계		10	0	0	0	22	5	0
프로통산			10	0	0	0	22	5	0

홍광철 (洪光喆) 한성대 1974.10.09

리그	연도	소속	출장	교체	득점	도움	파울	경고	퇴장
BC	1997	대전	21	7	0	2	26	4	0
	1998	대전	13	6	0	0	11	0	0
	2001	대전	13	8	0	1	14	2	0
	2002	대전	12	5	0	0	14	4	1
	2003	대전	6	1	0	0	9	1	0
	합계		65	27	0	3	74	11	1
프로통산			65	27	0	3	74	11	1

홍도표 (洪到杓) 영남대 1973.07.24

리그	연도	소속	출장	교체	득점	도움	파울	경고	퇴장
BC	1996	포항	1	1	0	0	0	0	0
	1997	포항	16	16	4	0	14	2	0
	1998	천안	7	1	0	0	17	2	0
	1999	천안	32	12	1	5	64	5	0
	2000	성남	13	4	0	1	23	3	0
	2001	성남	18	10	0	1	39	2	0
	2002	성남	8	9	0	0	5	1	0
	2003	성남	2	1	0	0	4	0	0
	2004	성남	2	2	0	0	3	1	0
	합계		99	56	5	7	169	16	0
프로통산			99	56	5	7	169	16	0

홍동현 (洪東賢) 숭실대 1991.10.30

리그	연도	소속	출장	교체	득점	도움	파울	경고	퇴장
클	2014	부산	17	14	0	1	20	6	0
	2015	부산	5	5	1	0	6	1	0
	합계		22	19	1	1	26	7	0
승	2015	부산	1	0	0	0	3	2	0
	합계		1	0	0	0	3	2	0
프로통산			23	19	1	1	29	9	0

홍명보 (洪明甫) 고려대 1969.02.12

리그	연도	소속	출장	교체	득점	도움	파울	경고	퇴장
BC	1992	포철	37	7	1	0	34	3	0
	1993	포철	12	1	1	0	8	1	0
	1994	포철	17	2	4	2	10	3	0
	1995	포항	31	1	1	2	19	4	0
	1996	포항	34	13	7	3	37	3	0
	1997	포항	6	3	0	0	9	1	0
	2002	포항	19	2	0	1	19	6	1
	합계		156	29	14	8	136	21	1
프로통산			156	29	14	8	136	21	1

홍복표 (洪福杓) 광운대 1979.10.28

리그	연도	소속	출장	교체	득점	도움	파울	경고	퇴장
BC	2003	광주상	4	4	0	0	5	0	0
	합계		4	4	0	0	5	0	0
프로통산			4	4	0	0	5	0	0

홍상준 (洪尙儁) 건국대 1990.05.10

리그	연도	소속	출장	교체	실점	도움	파울	경고	퇴장
BC	2012	대전	0	0	0	0	0	0	0
	합계		0	0	0	0	0	0	0
클	2013	대전	16	0	30	0	1	0	0
	합계		16	0	30	0	1	0	0
챌	2014	강원	0	0	0	0	0	0	0
	2015	강원	2	0	2	0	0	0	0
	합계		2	0	2	0	0	0	0
프로통산			18	0	32	0	1	0	0

홍석민 (洪錫敏) 영남대 1961.01.06

리그	연도	소속	출장	교체	득점	도움	파울	경고	퇴장
BC	1984	포철	9	7	2	0	4	1	0
	1985	상무	18	11	6	2	18	0	0
	합계		27	18	8	2	22	1	0
프로통산			27	18	8	2	22	1	0

홍성요 (洪性耀) 건국대 1979.05.26

리그	연도	소속	출장	교체	득점	도움	파울	경고	퇴장
BC	2004	전남	9	5	1	0	22	3	0
	2005	광주상	15	4	0	0	23	3	0
	2006	광주상	8	7	0	0	16	1	0
	2007	전남	13	6	0	0	30	8	0
	2008	부산	20	6	0	0	42	12	0
	2009	부산	15	2	0	0	37	9	1
	2010	부산	21	5	2	0	38	6	0
	2011	부산	7	3	0	0	5	1	1
	합계		108	38	3	0	213	43	2
프로통산			108	38	3	0	213	43	2

홍성호 (洪性號) 연세대 1954.12.20

리그	연도	소속	출장	교체	득점	도움	파울	경고	퇴장
BC	1983	할렐	16	2	0	0	11	1	0
	1984	할렐	14	3	0	0	8	0	0
	1985	할렐	10	2	0	0	15	1	0
	합계		40	7	0	0	34	2	0
프로통산			40	7	0	0	34	2	0

홍순학 (洪淳學) 연세대 1980.09.19

리그	연도	소속	출장	교체	득점	도움	파울	경고	퇴장
BC	2003	대구	14	9	1	1	15	2	0
	2004	대구	27	15	0	7	47	6	1
	2005	대구	23	7	2	4	27	1	0
	2007	수원	18	9	0	1	27	2	0
	2008	수원	17	4	2	0	31	5	0
	2009	수원	14	7	0	1	11	3	0
	2010	수원	12	8	0	0	7	1	0
	2011	수원	12	2	0	1	23	4	0
	2012	수원	14	4	0	0	12	4	0
	합계		151	65	5	15	200	28	1
클	2013	수원	15	5	0	2	25	4	0
	2014	수원	0	0	0	0	0	0	0
	합계		15	5	0	2	25	4	0
챌	2015	고양	12	11	0	1	13	2	0
	합계		12	11	0	1	13	2	0
프로통산			178	81	5	18	238	34	1

홍연기 (洪淵麒) 단국대 1975.09.25

리그	연도	소속	출장	교체	득점	도움	파울	경고	퇴장
BC	1998	부산	1	1	0	0	4	0	0
	합계		1	1	0	0	4	0	0
프로통산			1	1	0	0	4	0	0

홍정남 (洪正男) 제주상고 1988.05.21

리그	연도	소속	출장	교체	실점	도움	파울	경고	퇴장
BC	2007	전북	0	0	0	0	0	0	0
	2008	전북	6	0	9	0	0	0	0
	2009	전북	0	0	0	0	0	0	0
	2010	전북	2	2	3	0	0	0	0
	2011	전북	0	0	0	0	0	0	0
	2012	전북	0	0	0	0	0	0	0
	합계		8	2	12	0	0	0	0
클	2014	상주	14	0	20	0	1	1	0
	2015	전북	2	0	4	0	0	0	0
	합계		16	0	24	0	1	1	0
챌	2013	상주	2	0	3	0	0	0	0
	합계		2	0	3	0	0	0	0
승	2013	상주	0	0	0	0	0	0	0
	합계		0	0	0	0	0	0	0
프로통산			26	2	39	0	1	1	0

홍정호 (洪正好) 조선대 1989.08.12

리그	연도	소속	출장	교체	득점	도움	파울	경고	퇴장
BC	2010	제주	21	2	1	1	15	3	0
	2011	제주	16	0	0	1	19	1	1
	2012	제주	9	1	0	0	6	3	0
	합계		46	3	1	2	40	7	1
클	2013	제주	11	5	1	0	8	3	1
	합계		11	5	1	0	8	3	1
프로통산			57	8	2	2	48	10	2

홍종경 (洪鍾境) 울산대 1973.05.11

리그	연도	소속	출장	교체	득점	도움	파울	경고	퇴장
BC	1996	천안	4	2	0	0	12	1	0
	1997	천안	8	5	0	1	16	0	1
	1998	천안	17	4	0	3	28	2	0
	1999	천안	0	0	0	0	0	0	0
	합계		29	11	0	4	56	3	1
프로통산			29	11	0	4	56	3	1

홍종원 (洪鍾元) 청주상고 1956.08.04

리그	연도	소속	출장	교체	득점	도움	파울	경고	퇴장
BC	1984	럭금	2	2	0	1	0	0	0

		합계	2	2	0	1	0	0	0
프로통산			2	2	0	1	0	0	0

홍주빈 (洪周彬) 동의대 1989.06.07

리그	연도	소속	출장	교체	득점	도움	파울	경고	퇴장
BC	2012	전북	0	0	0	0	0	0	0
		합계	0	0	0	0	0	0	0
챌	2013	충주	3	3	1	0	5	0	0
		합계	3	3	1	0	5	0	0
프로통산			3	3	1	0	5	0	0

홍주영 (洪柱榮) 고려대 1963.01.25

리그	연도	소속	출장	교체	득점	도움	파울	경고	퇴장
BC	1986	현대	3	1	0	0	2	0	0
		합계	3	1	0	0	2	0	0
프로통산			3	1	0	0	2	0	0

홍주완 (洪周完) 순천고 1979.06.07

리그	연도	소속	출장	교체	득점	도움	파울	경고	퇴장
BC	2004	부천SK	2	2	0	0	0	0	0
		합계	2	2	0	0	0	0	0
프로통산			2	2	0	0	0	0	0

홍진기 (洪眞基) 홍익대 1990.10.20

리그	연도	소속	출장	교체	득점	도움	파울	경고	퇴장
BC	2012	전남	20	6	1	2	25	4	0
		합계	20	6	1	2	25	4	0
클	2013	전남	30	5	2	2	34	6	0
	2014	전남	12	5	0	1	18	2	0
	2015	전남	6	2	0	0	5	1	0
		합계	48	12	2	3	57	9	0
프로통산			68	18	3	5	82	13	0

홍진섭 (洪鎭燮) 대구대 1985.10.14

리그	연도	소속	출장	교체	득점	도움	파울	경고	퇴장
BC	2008	전북	20	15	2	1	31	2	0
	2009	성남	9	8	0	0	18	2	0
	2011	성남	17	16	2	1	23	3	0
		합계	46	39	4	2	72	7	0
프로통산			46	39	4	2	72	7	0

홍진호 (洪進浩) 경상대 1971.11.01

리그	연도	소속	출장	교체	득점	도움	파울	경고	퇴장
BC	1994	LG	10	6	0	0	16	4	0
	1995	LG	0	0	0	0	0	0	0
		합계	10	6	0	0	16	4	0
프로통산			10	6	0	0	16	4	0

홍철 (洪喆) 단국대 1990.09.17

리그	연도	소속	출장	교체	득점	도움	파울	경고	퇴장
BC	2010	성남	22	7	2	0	30	2	0
	2011	성남	24	4	4	2	29	4	1
	2012	성남	30	13	2	2	43	6	1
		합계	76	24	8	4	102	12	2
클	2013	수원	34	11	2	10	42	4	0
	2014	수원	29	4	0	0	37	7	0
	2015	수원	30	6	0	3	30	1	0
		합계	93	21	2	13	109	12	0
프로통산			169	45	10	17	211	24	2

홍태곤 (洪兌坤) 홍익대 1992.05.05

리그	연도	소속	출장	교체	득점	도움	파울	경고	퇴장
챌	2014	광주	5	5	0	0	1	1	0
		합계	5	5	0	0	1	1	0
프로통산			5	5	0	0	1	1	0

황교충 (黃敎忠) 한양대 1985.04.09

리그	연도	소속	출장	교체	실점	도움	파울	경고	퇴장
BC	2010	포항	4	0	4	0	0	0	0
	2011	포항	1	1	2	0	0	0	0
	2012	포항	0	0	0	0	0	0	0
		합계	5	1	6	0	0	0	0
클	2013	포항	0	0	0	0	0	0	0
		합계	0	0	0	0	0	0	0
챌	2014	강원	21	1	23	0	2	3	0
	2015	강원	14	0	25	0	1	4	0
		합계	35	1	48	0	3	7	0
프로통산			40	2	54	0	3	7	0

황규룡 (黃奎龍) 광운대 1971.03.12

리그	연도	소속	출장	교체	득점	도움	파울	경고	퇴장
BC	1992	대우	22	7	0	0	20	2	0
	1993	대우	30	4	1	0	40	1	0
	1994	대우	8	0	0	1	7	1	0
	1995	대우	3	2	0	0	1	0	0
	1997	안양LG	12	3	0	1	13	0	0
		합계	75	16	1	2	81	4	0
프로통산			75	16	1	2	81	4	0

황규범 (黃圭範) 경희고 1989.08.30

리그	연도	소속	출장	교체	득점	도움	파울	경고	퇴장
챌	2013	고양	7	3	0	0	7	2	1
	2014	고양	26	7	0	0	60	8	0
	2015	고양	29	8	0	2	46	7	0
		합계	62	18	0	2	113	17	1
프로통산			62	18	0	2	113	17	1

황규환 (黃圭煥) 동북고 1986.06.18

리그	연도	소속	출장	교체	득점	도움	파울	경고	퇴장
BC	2005	수원	13	10	0	2	25	3	0
	2006	수원	4	3	0	0	4	0	0
	2007	대전	4	4	0	0	5	0	0
		합계	21	17	0	2	34	3	0
프로통산			21	17	0	2	34	3	0

황금성 (黃金星) 초당대 1984.04.26

리그	연도	소속	출장	교체	득점	도움	파울	경고	퇴장
BC	2006	대구	2	1	0	0	2	1	0
		합계	2	1	0	0	2	1	0
프로통산			2	1	0	0	2	1	0

황도연 (黃渡然) 광양제철고 1991.02.27

리그	연도	소속	출장	교체	득점	도움	파울	경고	퇴장
BC	2010	전남	7	2	0	0	9	1	0
	2011	전남	10	5	1	1	10	1	0
	2012	대전	10	4	0	0	9	3	0
		합계	27	11	1	1	28	5	0
클	2013	전남	3	0	0	0	2	0	0
	2013	제주	18	4	0	0	25	0	0
	2014	제주	12	6	0	0	13	3	0
		합계	33	10	0	0	40	3	0
챌	2015	서울E	34	2	1	0	19	1	0
		합계	34	2	1	0	19	1	0
프로통산			94	23	2	1	87	9	0

황득하 (黃得夏) 안동대 1965.06.08

리그	연도	소속	출장	교체	득점	도움	파울	경고	퇴장
BC	1996	전북	7	7	0	0	4	0	0
	1997	전북	4	5	0	0	0	0	0
		합계	11	12	0	0	4	0	0
프로통산			11	12	0	0	4	0	0

황무규 (黃舞奎) 경기대 1982.08.19

리그	연도	소속	출장	교체	득점	도움	파울	경고	퇴장
BC	2005	수원	3	3	0	0	4	0	0
		합계	3	3	0	0	4	0	0
프로통산			3	3	0	0	4	0	0

황병주 (黃炳柱) 숭실대 1984.03.05

리그	연도	소속	출장	교체	득점	도움	파울	경고	퇴장
BC	2007	대전	1	1	0	0	6	0	0
	2008	대전	11	6	1	0	17	6	0
		합계	12	7	1	0	23	6	0
프로통산			12	7	1	0	23	6	0

황보관 (皇甫官) 서울대 1965.03.01

리그	연도	소속	출장	교체	득점	도움	파울	경고	퇴장
BC	1988	유공	23	2	7	5	31	3	0
	1989	유공	8	2	2	1	7	0	0
	1990	유공	7	4	0	0	5	0	0
	1991	유공	22	7	3	2	28	2	0
	1992	유공	35	10	6	4	45	2	0
	1993	유공	18	2	2	3	32	1	0
	1994	유공	28	7	15	7	32	2	2
	1995	유공	30	6	9	5	36	2	0
		합계	171	40	44	27	216	12	2
프로통산			171	40	44	27	216	12	2

황보원 (Huang Bowen, 黃博文) 중국 1987.07.13

리그	연도	소속	출장	교체	득점	도움	파울	경고	퇴장
BC	2011	전북	20	5	2	1	37	5	0
	2012	전북	9	4	1	2	6	1	0
		합계	29	9	3	3	43	6	0
프로통산			29	9	3	3	43	6	0

황부철 (黃富喆) 아주대 1971.01.20

리그	연도	소속	출장	교체	득점	도움	파울	경고	퇴장
BC	1996	부산	3	2	0	0	5	1	0
		합계	3	2	0	0	5	1	0
프로통산			3	2	0	0	5	1	0

황상필 (黃相弼) 동국대 1981.02.01

리그	연도	소속	출장	교체	득점	도움	파울	경고	퇴장
BC	2003	광주상	2	2	0	0	3	0	0
		합계	2	2	0	0	3	0	0
프로통산			2	2	0	0	3	0	0

황석근 (黃石根) 고려대 1960.09.03

리그	연도	소속	출장	교체	득점	도움	파울	경고	퇴장
BC	1983	유공	2	2	0	0	0	0	0
	1984	한일	24	2	5	1	17	0	0
	1985	한일	14	3	2	1	15	0	0
	1986	한일	18	6	1	4	12	0	0
		합계	58	13	8	6	44	0	0
프로통산			58	13	8	6	44	0	0

황선일 (黃善一) 건국대 1984.07.29

리그	연도	소속	출장	교체	득점	도움	파울	경고	퇴장
BC	2006	울산	1	1	0	0	0	0	0
	2008	울산	5	4	0	0	5	1	0
		합계	6	5	0	0	5	1	0
프로통산			6	5	0	0	5	1	0

황선필 (黃善弼) 중앙대 1981.07.14

리그	연도	소속	출장	교체	득점	도움	파울	경고	퇴장
BC	2004	대구	20	2	0	0	38	2	0
	2005	대구	11	2	0	1	22	5	0
	2006	대구	24	7	0	0	39	3	0
	2007	대구	13	5	2	0	13	0	0
	2008	대구	31	11	1	0	26	3	0
	2009	광주상	8	4	0	0	11	2	0
	2010	광주상	13	5	0	0	10	4	0
	2011	전남	1	0	0	0	0	0	0
	2012	부산	1	1	0	0	0	0	0
		합계	122	37	3	1	159	19	0
프로통산			122	37	3	1	159	19	0

황선홍 (黃鮮洪) 건국대 1968.07.14

리그	연도	소속	출장	교체	득점	도움	파울	경고	퇴장
BC	1993	포철	1	1	0	0	1	0	0
	1994	포철	14	7	5	3	24	2	0
	1995	포항	26	6	11	6	58	4	0
	1996	포항	18	2	13	5	30	4	0
	1997	포항	1	1	0	1	2	0	0
	1998	포항	3	1	2	1	14	0	0
	2000	수원	1	0	0	0	3	0	0
		합계	64	18	31	16	132	10	0
프로통산			64	18	31	16	132	10	0

황성민 (黃聖珉) 한남대 1991.06.23

리그	연도	소속	출장	교체	실점	도움	파울	경고	퇴장
챌	2013	충주	19	0	30	0	1	0	0
	2014	충주	21	0	32	0	1	1	0
	2015	충주	33	0	57	0	0	2	0
		합계	73	0	119	0	2	3	0
프로통산			73	0	119	0	2	3	0

황세하 (黃世夏) 건국대 1975.06.26

리그	연도	소속	출장	교체	실점	도움	파울	경고	퇴장
BC	1998	대전	3	1	7	0	1	1	0
	1999	대전	0	0	0	0	0	0	0
	합계		3	1	7	0	1	1	0
프로통산			3	1	7	0	1	1	0

황수남 (黃秀南) 1993.02.22

리그	연도	소속	출장	교체	득점	도움	파울	경고	퇴장
챌	2015	충주	5	2	0	0	2	0	0
	합계		5	2	0	0	2	0	0
프로통산			5	2	0	0	2	0	0

황순민 (黃順旻) 일본 가미무라고 1990.09.14

리그	연도	소속	출장	교체	득점	도움	파울	경고	퇴장
BC	2012	대구	11	11	0	0	8	1	0
	합계		11	11	0	0	8	1	0
클	2013	대구	30	23	6	1	23	3	0
	합계		30	23	6	1	23	3	0
챌	2014	대구	33	14	5	5	32	3	0
	2015	대구	10	10	0	1	4	0	0
	합계		43	24	5	6	36	3	0
프로통산			84	58	11	7	67	7	0

황승주 (黃勝周) 한양중 1972.05.09

리그	연도	소속	출장	교체	득점	도움	파울	경고	퇴장
BC	1995	현대	1	1	0	0	1	0	0
	1996	울산	13	6	1	0	19	1	0
	1997	울산	20	12	1	0	29	3	0
	1998	울산	38	9	1	7	62	7	0
	1999	울산	36	4	0	3	58	4	0
	2000	울산	34	5	0	4	59	4	0
	2001	울산	34	3	0	1	43	3	0
	2002	전북	6	5	0	0	7	0	0
	합계		182	45	3	15	278	22	0
프로통산			182	45	3	15	278	22	0

황승회 (黃勝會) 경북산업대(경일대) 1970.06.18

리그	연도	소속	출장	교체	득점	도움	파울	경고	퇴장
BC	1993	대우	1	0	0	0	0	0	0
	합계		1	0	0	0	0	0	0
프로통산			1	0	0	0	0	0	0

황신영 (黃信永) 동북고 1994.04.04

리그	연도	소속	출장	교체	득점	도움	파울	경고	퇴장
챌	2015	부천	16	17	1	0	6	0	0
	합계		16	17	1	0	6	0	0
프로통산			16	17	1	0	6	0	0

황연석 (黃淵奭) 대구대 1973.10.17

리그	연도	소속	출장	교체	득점	도움	파울	경고	퇴장
BC	1995	일화	30	19	9	3	48	3	0
	1996	천안	28	22	4	4	26	3	0
	1997	천안	34	14	6	5	55	1	0
	1998	천안	23	10	4	0	40	2	0
	1999	천안	29	8	8	4	77	2	0
	2000	성남	31	26	5	1	42	2	0
	2001	성남	28	26	6	2	46	3	0
	2002	성남	30	31	8	3	26	1	0
	2003	성남	37	33	5	6	49	1	0
	2004	인천	12	12	2	0	13	0	0
	2005	인천	18	18	1	0	10	0	0
	2006	대구	28	23	6	3	37	2	0
	2007	대구	20	18	0	1	18	0	0
	합계		348	260	64	32	487	20	0
프로통산			348	260	64	32	487	20	0

황영우 (黃永瑀) 동아대 1964.02.20

리그	연도	소속	출장	교체	득점	도움	파울	경고	퇴장
BC	1987	포철	20	17	4	0	15	0	0
	1988	포철	18	19	2	2	10	0	0
	1989	포철	19	14	0	1	26	0	0
	1990	포철	11	11	2	0	11	0	0
	1991	LG	26	21	5	2	23	0	0
	1992	LG	10	9	1	2	10	0	0
	1993	LG	7	8	1	0	6	1	0
	합계		111	99	15	7	101	1	0
프로통산			111	99	15	7	101	1	0

황의조 (黃義助) 연세대 1992.08.28

리그	연도	소속	출장	교체	득점	도움	파울	경고	퇴장
클	2013	성남	22	14	2	1	24	3	0
	2014	성남	28	20	4	0	23	1	0
	2015	성남	34	4	15	3	42	4	0
	합계		84	38	21	4	89	8	0
프로통산			84	38	21	4	89	8	0

황인범 (黃仁範) 충남기계공고 1996.09.20

리그	연도	소속	출장	교체	득점	도움	파울	경고	퇴장
클	2015	대전	14	7	4	1	16	2	0
	합계		14	7	4	1	16	2	0
프로통산			14	7	4	1	16	2	0

황인성 (黃仁星) 동아대 1970.04.05

리그	연도	소속	출장	교체	득점	도움	파울	경고	퇴장
BC	1995	전남	28	19	4	1	23	3	0
	1996	전남	1	1	0	0	0	0	0
	1997	전남	9	10	0	1	2	0	0
	1998	부천SK	7	8	1	0	4	1	0
	합계		45	38	5	2	29	4	0
프로통산			45	38	5	2	29	4	0

황인수 (黃仁洙) 대구대 1977.11.20

리그	연도	소속	출장	교체	득점	도움	파울	경고	퇴장
BC	2000	성남	13	8	2	2	11	0	0
	2001	성남	6	6	0	0	3	0	0
	2001	수원	3	3	0	0	6	0	0
	합계		22	17	2	2	20	0	0
프로통산			22	17	2	2	20	0	0

황인호 (黃仁浩) 대구대 1990.03.26

리그	연도	소속	출장	교체	득점	도움	파울	경고	퇴장
클	2013	제주	2	2	0	0	1	0	0
	합계		2	2	0	0	1	0	0
프로통산			2	2	0	0	1	0	0

황일수 (黃一秀) 동아대 1987.08.08

리그	연도	소속	출장	교체	득점	도움	파울	경고	퇴장
BC	2010	대구	30	19	4	5	23	0	0
	2011	대구	32	29	4	3	26	5	0
	2012	대구	40	26	6	8	42	3	0
	합계		102	74	14	16	91	8	0
클	2013	대구	32	16	8	4	46	7	0
	2014	제주	31	13	7	3	23	1	0
	합계		63	29	15	7	69	8	0
챌	2015	상주	19	18	2	4	7	0	0
	합계		19	18	2	4	7	0	0
프로통산			184	121	31	27	167	16	0

황재만 (黃在萬) 고려대 1953.01.24

리그	연도	소속	출장	교체	득점	도움	파울	경고	퇴장
BC	1984	할렐	1	1	0	0	0	0	0
	합계		1	1	0	0	0	0	0
프로통산			1	1	0	0	0	0	0

황재원 (黃載元) 아주대 1981.04.13

리그	연도	소속	출장	교체	득점	도움	파울	경고	퇴장
BC	2004	포항	14	7	2	0	10	1	0
	2006	포항	12	1	2	0	28	5	0
	2007	포항	32	1	2	1	42	4	0
	2008	포항	21	0	1	0	27	4	0
	2009	포항	23	4	1	1	57	7	0
	2010	포항	9	1	0	0	23	5	0
	2010	수원	9	1	2	0	11	2	0
	2011	수원	9	1	0	0	10	2	0
	2012	성남	9	2	1	0	18	4	0
	합계		138	18	11	2	226	34	0
클	2013	성남	0	0	0	0	0	0	0
	합계		0	0	0	0	0	0	0
챌	2015	충주	23	9	2	0	18	8	0
	합계		23	9	2	0	18	8	0
프로통산			161	27	13	2	244	42	0

황재필 (黃載弼) 연세대 1973.09.09

리그	연도	소속	출장	교체	득점	도움	파울	경고	퇴장
BC	1996	전남	2	2	0	0	2	0	0
	합계		2	2	0	0	2	0	0
프로통산			2	2	0	0	2	0	0

황재훈 (黃載訓) 건국대 1986.03.10

리그	연도	소속	출장	교체	득점	도움	파울	경고	퇴장
클	2013	부산	5	3	0	0	5	1	0
	2014	부산	5	3	0	0	7	3	0
	합계		10	6	0	0	12	4	0
BC	2010	포항	1	1	0	0	0	0	0
	2011	대전	14	3	1	1	15	2	1
	2011	부산	11	1	0	0	13	2	0
	2012	부산	0	0	0	0	0	0	0
	합계		26	5	1	1	28	4	1
프로통산			36	11	1	1	40	8	1

황재훈 (黃在君 / 황병인) 진주고 1990.11.25

리그	연도	소속	출장	교체	득점	도움	파울	경고	퇴장
BC	2011	상주	4	0	0	0	5	0	0
	2012	상주	1	1	0	0	0	0	0
	2012	경남	1	1	0	0	0	0	0
	합계		6	2	0	0	5	0	0
챌	2014	충주	5	5	0	0	4	0	0
	2015	수원fc	13	3	0	0	18	2	0
	합계		18	8	0	0	22	2	0
승	2015	수원fc	2	0	0	0	2	0	0
	합계		2	0	0	0	2	0	0
프로통산			26	10	0	0	29	2	0

황정만 (黃晸萬) 숭실대 1978.01.05

리그	연도	소속	출장	교체	득점	도움	파울	경고	퇴장
BC	2000	수원	0	0	0	0	0	0	0
	합계		0	0	0	0	0	0	0
프로통산			0	0	0	0	0	0	0

황정연 (黃正然) 고려대 1953.03.13

리그	연도	소속	출장	교체	득점	도움	파울	경고	퇴장
BC	1983	할렐	13	1	0	1	17	1	0
	1984	할렐	25	0	0	2	33	2	0
	1985	할렐	21	0	0	0	25	1	0
	합계		59	1	0	3	75	4	0
프로통산			59	1	0	3	75	4	0

황지수 (黃智秀) 호남대 1981.03.27

리그	연도	소속	출장	교체	득점	도움	파울	경고	퇴장
BC	2004	포항	26	2	1	1	48	2	0
	2005	포항	31	2	1	0	65	2	0
	2006	포항	34	3	0	2	88	8	0
	2007	포항	31	5	1	0	78	5	0
	2008	포항	25	2	0	1	43	3	0
	2009	포항	18	3	0	0	39	2	0
	2012	포항	29	12	0	1	47	2	0
	합계		194	29	3	5	408	24	0
클	2013	포항	29	3	1	2	67	8	0
	2014	포항	21	8	1	1	31	7	0
	2015	포항	30	19	0	4	48	2	0
	합계		80	30	2	7	146	17	0
프로통산			274	59	5	12	554	41	0

황지웅 (黃祉雄 / 황명규) 동국대 1989.04.30

리그	연도	소속	출장	교체	득점	도움	파울	경고	퇴장
BC	2012	대전	20	14	0	0	18	2	0
	합계		20	14	0	0	18	2	0
클	2013	대전	8	4	3	0	8	2	0
	2015	대전	21	16	0	3	24	0	0
	합계		29	20	3	3	32	2	0
챌	2014	대전	28	24	1	4	13	0	0
	합계		28	24	1	4	13	0	0
프로통산			77	58	4	7	63	4	0

황지윤 (黃智允) 아주대 1983.05.28

리그	연도	소속	출장	교체	득점	도움	파울	경고	퇴장
BC	2005	부천SK	0	0	0	0	0	0	0
	2006	제주	8	3	0	0	6	1	0
	2007	제주	30	7	2	0	32	5	0
	2008	대구	31	2	2	0	29	3	0
	2009	대전	28	1	1	0	33	8	0
	2010	대전	23	4	1	0	30	7	0
	2011	상주	1	1	0	0	0	0	0
	합계		121	18	6	0	130	24	0
프로통산			121	18	6	0	130	24	0

황지준 (黃智俊) 광주대 1990.02.23

리그	연도	소속	출장	교체	득점	도움	파울	경고	퇴장
챌	2013	광주	1	1	0	0	0	0	0
	합계		1	1	0	0	0	0	0
프로통산			1	1	0	0	0	0	0

황진산 (黃鎭山) 현대고 1989.02.25

리그	연도	소속	출장	교체	득점	도움	파울	경고	퇴장
BC	2008	울산	0	0	0	0	0	0	0
	2009	대전	4	2	0	0	7	0	0
	2010	대전	18	16	0	2	15	4	0
	2011	대전	31	18	2	2	31	2	0
	2012	대전	9	9	0	0	11	0	0
	합계		62	45	2	4	64	6	0
클	2013	대전	18	10	1	4	20	2	0
	합계		18	10	1	4	20	2	0
챌	2014	대전	21	17	1	2	11	2	0
	합계		21	17	1	2	11	2	0
프로통산			101	72	4	10	95	10	0

황진성 (黃辰成) 포철공고 1984.05.05

리그	연도	소속	출장	교체	득점	도움	파울	경고	퇴장
BC	2003	포항	19	16	1	5	19	1	0
	2004	포항	24	20	3	2	17	0	0
	2005	포항	30	24	2	2	30	3	0
	2006	포항	23	16	4	5	47	1	0
	2007	포항	23	17	2	4	37	2	0
	2008	포항	24	22	2	4	35	1	0
	2009	포항	18	13	4	7	26	4	0
	2010	포항	25	16	5	5	35	2	0
	2011	포항	30	21	6	9	58	5	0
	2012	포항	41	11	12	8	63	6	0
	합계		257	176	41	51	367	25	0
클	2013	포항	22	13	6	7	34	1	0
	합계		22	13	6	7	34	1	0
프로통산			279	189	47	58	401	26	0

황철민 (黃哲民) 동의대 1978.11.20

리그	연도	소속	출장	교체	득점	도움	파울	경고	퇴장
BC	2002	부산	23	15	2	2	26	3	0
	2003	부산	16	9	0	2	12	0	0
	2004	부산	2	2	0	0	0	0	0
	합계		41	26	2	4	38	3	0
프로통산			41	26	2	4	38	3	0

황현수 (黃賢秀) 오산고 1995.07.22

리그	연도	소속	출장	교체	득점	도움	파울	경고	퇴장
클	2014	서울	0	0	0	0	0	0	0
	2015	서울	0	0	0	0	0	0	0
	합계		0	0	0	0	0	0	0
프로통산			0	0	0	0	0	0	0

황호령 (黃虎領) 동국대 1984.10.15

리그	연도	소속	출장	교체	득점	도움	파울	경고	퇴장
BC	2007	제주	3	1	0	0	4	1	0
	2009	제주	1	1	0	0	0	0	0
	합계		4	2	0	0	4	1	0
프로통산			4	2	0	0	4	1	0

황훈희 (黃勳熙) 성균관대 1987.04.06

리그	연도	소속	출장	교체	득점	도움	파울	경고	퇴장
BC	2011	대전	3	3	0	0	1	0	0
	합계		3	3	0	0	1	0	0
챌	2014	충주	4	3	0	0	2	0	0
	합계		4	3	0	0	2	0	0
프로통산			7	6	0	0	3	0	0

황희훈 (黃熙訓) 건국대 1979.09.20

리그	연도	소속	출장	교체	득점	도움	파울	경고	퇴장
챌	2013	고양	0	0	0	0	0	0	0
	합계		0	0	0	0	0	0	0
프로통산			0	0	0	0	0	0	0

후고 아르헨티나 1968.01.24

리그	연도	소속	출장	교체	득점	도움	파울	경고	퇴장
BC	1993	대우	3	2	0	0	9	0	0
	합계		3	2	0	0	9	0	0
프로통산			3	2	0	0	9	0	0

후치카 (Branko Hucika) 크로아티아 1977.07.10

리그	연도	소속	출장	교체	득점	도움	파울	경고	퇴장
BC	2000	울산	1	1	0	0	1	0	0
	합계		1	1	0	0	1	0	0
프로통산			1	1	0	0	1	0	0

훼이종 (Jefferson Marques da Conceicao) 브라질 1978.08.21

리그	연도	소속	출장	교체	득점	도움	파울	경고	퇴장
BC	2004	대구	29	13	11	2	81	4	0
	2005	성남	5	4	1	0	13	1	0
	합계		34	17	12	2	94	5	0
프로통산			34	17	12	2	94	5	0

히카도 (Ricardo Weslei Campelo) 브라질 1983.11.19

리그	연도	소속	출장	교체	득점	도움	파울	경고	퇴장
BC	2009	제주	26	21	6	1	43	5	0
	합계		26	21	6	1	43	5	0
프로통산			26	21	6	1	43	5	0

히카르도 (Bueno da Silva Ricardo) 브라질 1987.08.15

리그	연도	소속	출장	교체	득점	도움	파울	경고	퇴장
클	2015	성남	16	15	2	1	9	1	0
	합계		16	15	2	1	9	1	0
프로통산			16	15	2	1	9	1	0

히카르도 브라질 1965.03.24

리그	연도	소속	출장	교체	득점	도움	파울	경고	퇴장
BC	1994	포철	11	3	0	0	12	1	0
	합계		11	3	0	0	12	1	0
프로통산			11	3	0	0	12	1	0

히카르도 (Ricardo Campos da Costa) 브라질 1976.06.08

리그	연도	소속	출장	교체	득점	도움	파울	경고	퇴장
BC	2000	안양LG	14	11	2	1	22	3	0
	2001	안양LG	33	4	8	2	63	6	0
	2002	안양LG	33	5	1	3	46	3	1
	2003	안양LG	36	6	6	4	50	4	1
	2004	서울	31	22	1	1	61	6	0
	2005	성남	28	16	1	1	52	4	0
	2006	성남	23	10	0	2	44	3	0
	2006	부산	10	7	0	1	12	2	0
	합계		208	81	19	15	350	31	2
프로통산			208	81	19	15	350	31	2

히칼도 (Ricardo Nuno Queiros Nascimento) 포르투갈 1974.04.19

리그	연도	소속	출장	교체	득점	도움	파울	경고	퇴장
BC	2005	서울	28	11	4	14	34	7	0
	2006	서울	30	18	3	6	38	9	0
	2007	서울	13	4	1	3	20	7	0
	합계		71	33	8	23	92	23	0
프로통산			71	33	8	23	92	23	0

히칼딩요 (Alves Pereira Ricardo) 브라질 1988.08.08

리그	연도	소속	출장	교체	득점	도움	파울	경고	퇴장
클	2015	대전	7	6	0	1	13	0	0
	합계		7	6	0	1	13	0	0
프로통산			7	6	0	1	13	0	0

히칼딩요 (Oliveira Jose Ricardo Santos) 브라질 1984.05.19

리그	연도	소속	출장	교체	득점	도움	파울	경고	퇴장
BC	2007	제주	12	8	3	2	15	0	0
	2008	제주	5	5	0	1	3	2	0
	합계		17	13	3	3	18	2	0
프로통산			17	13	3	3	18	2	0

힝키 (Paulo Roberto Rink) 독일 1973.02.21

리그	연도	소속	출장	교체	득점	도움	파울	경고	퇴장
BC	2004	전북	16	11	2	2	45	2	0
	합계		16	11	2	2	45	2	0
프로통산			16	11	2	2	45	2	0

Section 7

2015년 경기기록부

제1조 (목적)_ 본 대회요강은 (사)한국프로축구연맹(이하 '연맹')이 K LEAGUE CLASSIC(이하 'K리그 클래식')을 효율적으로 운영하기 위하여 대회 및 경기 운영에 관한 사항을 규정함을 목적으로 한다.

제2조 (용어의 정의)_ 본 대회요강에서 '대회'라 함은 정규 라운드(1~33R)와 스플릿 라운드(34~38R)를 모두 말하며, '클럽'이라 함은 연맹의 회원단체인 축구단을, '팀'이라 함은 해당 클럽의 팀을, '홈 클럽'이라 함은 홈경기를 개최하는 클럽을 지칭한다.

제3조 (명칭)_ 본 대회명은 '현대오일뱅크 K리그 클래식 2015'로 한다.

제4조 (주최, 주관)_ 본 대회는 연맹이 주최(대회를 총괄하여 책임지는 자)하고, 홈 클럽이 주관(주최자의 위임을 받아 대회를 운영하는 자)한다. 홈 클럽의 주관권은 제3자에게 양도할 수 없다.

제5조 (참가 클럽)_ 본 대회 참가 클럽(팀)은 총 12팀(전북 현대 모터스, 수원 삼성 블루윙즈, FC서울, 포항 스틸러스, 제주 유나이티드, 울산 현대, 전남 드래곤즈, 부산 아이파크, 성남FC, 인천 유나이티드, 대전 시티즌, 광주FC)이다.

제6조 (일정)_

1. 본 대회는 2015.03.07(토) ~ 11.29(일) 개최하며, 경기일정(대진)은 미리 정한 경기일정표에 의한다.

구분		일정	방식	Round	팀수	경기수	장소
정규 라운드		3.07(토)~ 10.04(일)	3Round robin	33R	12팀	198경기 (팀당33)	홈 클럽 경기장
스플릿 라운드	그룹A	10.17(토) ~ 11.29(일)	1Round robin	5R	상위 6팀	15경기 (팀당5)	
	그룹B				하위 6팀	15경기 (팀당5)	
계						228경기 (팀당38)	

※본 대회 경기일정은 부득이한 사정에 따라 변경될 수 있음.

2. 스플릿 라운드(34~38R) 경기일정은 홈경기수 불일치를 최소화하고 대진의 공정성을 확보하기 위해 정규 라운드(1~33R) 홈경기 수 및 대진을 고려하여 최대한 보완되도록 생성하며, 스플릿 라운드 홈 3경기 배정 우선순위는 다음과 같다.
   1) 정규 라운드 홈경기를 적게 개최한 클럽(정규 라운드 홈 16경기)
   2) 정규 라운드 성적 상위 클럽

제7조 (대회방식)_

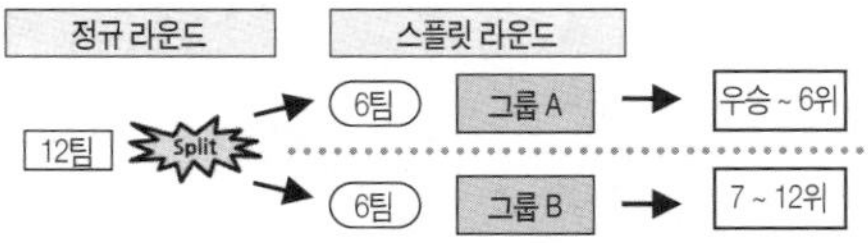

1. 12팀이 3Round robin(33라운드) 방식으로 정규 라운드 경쟁을 벌인다.
2. 정규 라운드(1~33R) 성적을 적용하여 6팀씩 2개 그룹(그룹 A, 그룹 B)로 분할한다.
3. 분할 후 그룹 A, 그룹 B는 6팀씩 1Round robin(각 5라운드) 방식으로 별도 운영한다.
4. 최종 순위는 정규 라운드 성적을 포함하여 그룹 A에 속한 팀이 우승~6위, 그룹 B에 속한 팀이 7~12위로 결정한다.

제8조 (경기장)_

1. 모든 클럽은 최상의 상태에서 홈경기를 실시할 수 있도록 경기장을 유지·관리할 책임이 있다.
2. 본 대회는 원칙적으로 축구전용경기장에서 개최되어야 한다.
3. 경기장은 법령이 정하는 시설 안전기준을 충족하여야 한다.
4. 홈 클럽은 경기장을 방문하는 관람객을 위해 관중상해보험에 가입하여야 하며, 보험증권을 연맹에 경기 개최 전에 제출하여야 한다. 홈 클럽이 기타 경기장에서 K리그 경기를 개최하고자 할 경우에도 마찬가지다.
5. 각 클럽은 경기장 시설(물)에 대해 연맹의 승인을 득하여야 한다.
6. 경기장은 연맹의 경기장 시설 기준을 준수하여야 하며, 다음 각 호의 조건을 충족하여야 한다.
   1) 그라운드는 천연잔디구장으로 길이 105m, 너비 68m를 권고한다.
   2) 공식 경기의 잔디 길이는 2~2.5cm로 유지되어야 하며, 전체에 걸쳐 동일한 길이여야 한다.
   3) 그라운드 외측 주변에는 원칙적으로 축구전용경기장의 경우는 5m 이상, 육상경기겸용경기장의 경우 1.5m 이상의 잔디 부분이 확보되어야 한다.
   4) 골포스트 및 바는 흰색의 둥근 모양(직경 12cm)의 철제 관으로 제작되고, 원칙적으로 고정식이어야 한다. 또한 볼의 반발력에 영향을 줄 수 있는 비철제 보강재 사용을 금한다.
   5) 골네트는 원칙적으로 흰색(연맹의 승인을 득한 경우는 제외)이어야 하며, 골네트는 골대 후방에 폴을 세워 안전한 방법으로 부착하여야 한다. 폴은 골대와 구별되는 어두운 색상이어야 한다.
   6) 코너 깃발은 연맹이 지정한 것을 사용하여야 한다.
   7) 각종 라인은 국제축구연맹(이하 'FIFA') 또는 아시아축구연맹(이하 'AFC')이 정한 규격에 따라야 하며, 라인 폭은 12cm로 선명하고 명료하게 그려야 한다.(원칙적으로 페인트 방식으로 한다)
7. 필드(그라운드 및 그 주변 부분)에는 경기 운영에 영향을 주거나 선수에게 위험의 우려가 있는 것을 방치 또는 설치해서는 안 된다.
8. 공식경기에서 그라운드에 물을 뿌리는 경우, 강ㄱ;징 잔체에 걸쳐 균등하게 해야 한다. 단, 그라운드 사전 훈련(하프타임 제외) 및 경기 진행 중에는 그라운드에 물을 뿌릴 수 없다.
9. 경기장 관중석은 좌석수 10,000석 이상을 충족하여야 한다. 이에 미달할 경우, 연맹의 사전 승인을 득하여야 한다.
10. 홈 클럽은 상대 클럽을 응원하는 관중을 위해 경기 개최 일주일 전까지 원정 클럽이 요청한 적정 수의 좌석을 원정팀과 협의하여 결정한다. 또한, 원정 클럽 관중을 위한 전용출입문, 화장실, 매점 시설 등을 독립적으로 사용할 수 있도록 마련하여야 한다.
11. 경기장은 다음 항목의 부대시설을 갖추도록 권고한다.
    1) 운영 본부실 2) 양 팀 선수대기실(냉·난방 및 냉·온수 가능)
    3) 심판대기실(냉·난방 및 냉·온수 가능) 4) 실내 워밍업 지역
    5) 경기감독관석 및 매치코디네이터석 6) 경기기록석
    7) 의무실 8) 도핑검사실(냉·난방 및 냉·온수 가능)
    9) 통제실, 경찰 대기실, 소방 대기실 10) 실내 기자회견장
    11) 기자실 및 사진기자실 12) 중계방송사룸(TV중계스태프용)
    13) VIP룸 14) 기자석 15) 장내방송 시스템 및 장내방송실
    16) TV중계 및 라디오 중계용 방송 부스
    17) 동영상 표출이 가능한 대형 전광판 18) 출전선수명단 게시판
    19) 태극기, 대회기, 연맹기, 양 클럽 깃발을 게재할 수 있는 게양대
    20) 입장권 판매소 21) 종합 안내소 22) 관중을 위한 응급실
    23) 화장실 24) 식음료 및 축구 관련 상품 판매소
    25) TV카메라 설치 공간 26) TV중계차 주차장 공간
    27) 케이블 시설 공간 28) 전송용기자재 등 설치 공간
    29) 믹스드 존(Mixed Zone) 30) 기타 연맹이 정하는 시설, 장비

제9조 (조명장치)_

1. 경기장에는 평균 1,200lux 이상 조도를 가진 조명 장치를 설치하여 조명의 밝음을 균일하게 유지하여야 한다. 또한 정전에 대비하여 1,000lux 이상의 조도를 갖춘 비상조명 장치를 구비하여야 한다.
2. 홈 클럽은 경기장 조명 장치의 이상 유·무를 사전에 확인하여 장애를 미연에 방지하는 한편, 고장 시 신속하게 수리할 수 있도록 모든 조치와 최선의 노력을 다하여야 한다.

제10조 (벤치)_

1. 팀 벤치는 원칙적으로 다음 요건을 충족하여야 한다.

1) FIFA가 정한 규격의 기술지역(테크니컬에어리어) 내에 설치하여야 한다.
2) 벤치 터치라인으로부터 5m 이상 떨어지는 한편 그 끝이 하프라인으로부터 8m 떨어지는 위치에 설치하여야 한다.
3) 투명한 재질의 지붕을 갖추고 있어야 하며, 최소 20인 이상 앉을 수 있는 좌석이 준비되어야 한다. (다만, 관중의 시야를 방해해서는 안 된다)
2. 홈 팀 벤치는 본부석에서 그라운드를 향해 좌측에 설치하여야 한다.
3. 홈, 원정 팀 벤치에는 팀명을 표기한 안내물을 부착하여야 한다.
4. 제4의 심판(대기심판) 벤치를 준비하여야 하며, 다음 요건을 충족하여야 한다.
1) 벤치 터치라인으로부터 5m 이상 떨어지는 그라운드 중앙에 설치하여야 한다. 단, 방송사의 요청 시에는 카메라 위치에 방해가 되지 않는 위치에 설치하여야 한다.
2) 투명한 재질의 지붕을 갖추고 있어야 한다.(다만, 관중의 시야를 방해해서는 안 된다)
3) 대기심판 벤치 내에는 최소 3인 이상 앉을 수 있는 좌석과 테이블이 준비되어야 한다.

제11조 (의료시설)_ 홈 클럽은 선수단, 관계자, 관중 등을 위해 경기개시 90분 전부터 경기종료 후 모든 관중 및 관계자가 퇴장할 때까지 의료진(의사, 간호사, 1급 응급구조사)과 특수구급차를 반드시 대기시켜야 한다. 이를 위반할 경우, 본 대회요강 제35조 3항에 의한다.

제12조 (경기장에서의 고지)_
1. 홈 클럽은 경기장에서 다음 각 항목 사항을 전광판 및 장내 아나운서(멘트)를 통해 고지하여야 한다.
1) 공식 대회명칭(반드시 지정된 방식 및 형태에 맞게 전광판 노출)
2) 선수, 심판 및 경기감독관 소개 3) 대회방식 및 경기방식
4) K리그 선수 입장곡(K리그 앤섬 'Here is the Glory' BGM)
5) 선수 및 심판 교체 6) 득점자 및 득점시간(득점 직후에)
7) 추가시간(전·후반 전광판 고지 및 장내아나운서 멘트 동시 실시)
8) 다른 공식경기의 중간 결과 및 최종 결과
9) 관중 수(후반전 15~30분 발표)
10) 상기 1~10호 이외 연맹이 지정하는 사항
11) 경기 중, 경기정보 전광판 표출(양팀 출전선수명단, 경고, 퇴장, 득점)
2. 홈 클럽은 경기 전·후 및 하프타임에 다음 각 항목 사항을 실시하는 것이 가능하다.
1) 다음 경기예정 및 안내 2) 연맹의 사전 승인을 얻은 광고 선전
3) 음악방송 4) 팀 또는 선수에 관한 정보 안내
5) 상기 1~4호 이외 연맹의 승인을 얻은 사항

제13조 (홈 경기장에서의 경기개최)_ 각 클럽은 홈경기의 과반 이상을 홈 경기장에서 실시하여야 한다. 다만, 이사회의 승인을 얻은 경우는 제외된다.

제14조 (경기장 점검)_
1. 홈 클럽이 기타 경기장에서 경기를 개최하고자 할 경우 해당 경기 개최 30일 전까지 연맹에 시설 점검을 요청하여 경기장 실사를 받아야 하며, 이때 제출하여야 하는 서류는 다음과 같다.
1) 경기장 시설 현황 2) 홈 경기 안전계획서
2. 연맹의 보완 지시가 있을 경우 이에 대한 이행 결과를 경기 개최 15일 전까지 서면 보고하여야 한다.
3. 연맹은 서면보고접수 후 재점검을 통해 문제점 보완이 미흡하다고 판단될 경우 경기 개최를 불허한다. 이 경우 홈 클럽은 연고지역 내에서 「법령」「K리그 경기장 시설기준」에 부합하는 타 경기장(대체구장)을 선정하여 상기 1항, 2항의 절차에 따라 연맹의 승인을 받아야 한다.
3. 홈 클럽이 원하는 경기장에서 경기개최가 불가능하다고 판단될 경우, 본 대회요강 제17조 2항에 따른다. (연맹 규정 제3장 30조 2항)
4. 상기 3항을 이행하지 않는 클럽은 본 대회요강 제19조 1항에 따른다.(연맹 규정 제3장 32조 1항)

제15조 (악천후의 경우 대비조치)_
1. 홈 클럽은 강설 또는 강우 등 악천후의 경우에도 홈경기를 개최할 수가 있도록 최선의 노력을 다하여야 한다.
2. 악천후로 인하여 경기개최가 불가능하다고 판단될 경우, 경기감독관은 경기개최 3시간 전까지 경기개최 중지를 결정하여야 한다.

제16조 (경기중지 결정)_
1. 경기 전 또는 경기 중 중대한 불상사 등으로 경기를 계속하기 어려운 사태가 발생하였을 경우, 주심은 경기감독관에게 경기중지를 요청할 수 있으며, 경기감독관은 동 요청에 의거하여 홈 클럽 및 원정 클럽 관계자의 의견을 참고한 후 경기중지를 결정할 수 있다.
2. 상기 1항의 경우 또는 관중의 난동 등으로 경기장의 질서 유지가 어려운 경우, 경기감독관은 주심의 경기중지 요청이 없더라도 경기중지를 결정할 수 있다.
3. 경기감독관은 경기중지 결정을 내린 후, 지체 없이 그 사유를 연맹에 보고하여야 한다.

제17조 (재경기)_
1. 경기가 악천후, 천재지변 등 불가항력에 의하여 경기개최 불능 또는 중지(중단)되었을 경우, 재경기는 원칙적으로 익일 동일 경기장에서 개최한다. 단, 연기된 경기가 불가피한 사유로 다시 연기될 경우 개최일시 및 장소는 연맹이 정하여 추후 공시한다.
2. 경기장 준비부족, 시설미비 등 점검 미비에 따른 홈 클럽의 귀책사유로 인하여 경기개최 불능 또는 중지(중단)되었을 경우, 재경기는 원정 클럽의 홈 경기장에서 개최한다.
3. 재경기 방식에 대해서는 다음 각 호에 의한다.
1) 이전 경기에서 양 클럽의 득실차가 없을 때는 90분간 재경기를 실시한다.
2) 이전 경기에서 양 클럽의 득실차가 있을 때는 중지 시점에서부터 잔여 시간만의 재경기를 실시한다.
4. 재경기 시, 앞 항 1호의 경우 이전 경기에서 발생된 경고, 퇴장 기록만이 인정되며 선수교체는 팀당 최대 3명까지 가능하다. 앞 항 2호의 경우 이전 경기에서 발생된 모든 기록이 인정되며 선수교체는 이전 경기를 포함하여 3명까지 할 수 있다.
5. 재경기 시 이전 경기에서 발생된 경고 및 퇴장은 유효하며, 경고 및 퇴장에 대한 처벌(징계)은 경기순서대로 연계 적용한다.

제18조 (귀책사유가 있는 클럽의 비용 보상)_
1. 홈 클럽의 귀책사유에 의해 경기개최 불능 또는 중지(중단)되었을 경우, 홈 클럽은 원정 클럽에 교통비 및 숙식비를 보상하여야 한다.
2. 원정 클럽의 귀책사유에 의해 경기개최 불능 또는 중지(중단)되었을 경우, 원정 클럽은 홈 클럽에 발생한 경기준비 비용 및 입장권 환불 수수료, 교통비 및 숙식비를 보상하여야 한다.
3. 상기 1항, 2항과 관련하여 천재지변 등 불가항력에 의한 경우는 제외한다.

제19조 (패배로 간주되는 경우)_
1. 경기개최 거부 또는 속행 거부 등(경기장 질서문란, 관중의 난동 포함) 어느 한 클럽의 귀책사유로 인하여 경기개최 불능 또는 중지(중단)되었을 경우, 그 귀책사유가 있는 클럽이 0 : 3 패배한 것으로 간주한다.
2. 무자격 선수가 출장한 것이 경기 중 또는 경기 후 발각되어 경기종료 후 48시간 이내에 상대 클럽으로부터 이의가 제기된 경우, 무자격 선수가 출장한 클럽이 0 : 3 패배한 것으로 간주한다. 다만, 경기 중 무자격 선수가 출장한 것이 발각되었을 경우, 해당 선수를 퇴장시키고 경기는 속행한다.
3. 상기 1항, 2항에 따라 어느 한 클럽의 0 : 3 패배를 결정한 경우에도 양 클럽 선수의 개인기록(출장, 경고, 퇴장, 득점, 도움 등)은 그대로 인정한다.
4. 상기 2항의 무자격 선수는 연맹 미등록 선수, 경고누적 또는 퇴장으로 인하여 출전이 정지된 선수, 상벌위원회 징계, 외국인 출전제한 규정을 위반한 선수 등 그 시점에서 경기출전 자격이 없는 모든 선수를 의미한다.

제20조 (대회 중 잔여경기 포기)_ 대회 중 잔여 경기를 포기하는 경우, 다음 각 항에 의한다.
1. 대회 전체 경기수의 3분의 2 이상을 수행하였을 경우, 지난 경기 결과를 그대로 인정하고, 잔여 경기는 포기한 클럽이 0 : 3 패배한 것으로 간주한다.
2. 대회 전체 경기 수의 3분의 2 이상을 수행하지 못했을 경우, 포기한 클럽과의 경기 결과를 모두 무효 처리한다.

제21조 (경기결과 보고)_ 모든 경기결과의 보고는 경기감독관 보고서, 심판 보고

서, 경기기록지에 의한다.

제22조 (경기규칙)_ 본 대회의 경기는 FIFA 및 KFA의 경기규칙에 따라 실시되며, 특별한 사항이 발생 시에는 연맹이 결정한다.

제23조 (경기시간 준수)_

1. 본 대회는 90분(전·후반 각 45분) 경기를 실시한다.
2. 모든 클럽은 미리 정해진 경기시작 시간(킥오프 타임)과 경기 중 휴식시간(하프타임)을 반드시 준수하여야 한다. 하프타임 휴식은 15분을 초과할 수 없으며, 양 팀 출전선수는 후반전 출전을 위해 후반전 개시 3분 전(하프타임 12분)까지 심판진과 함께 대기 장소에 집결하여야 한다.
3. 경기시작 시간과 하프타임 시간을 준수하지 않아 경기가 지연될 경우, 귀책사유가 있는 해당 클럽에 제재금(100만 원 이상)을 부과할 수 있다. 동일 클럽이 위반 행위를 반복할 경우, 직전에 부과한 제재금의 2배를 부과할 수 있다.

제24조 (승점)_ 본 대회의 승점은 승자 3점, 무승부 1점, 패자 0점을 부여한다.

제25조 (순위결정)_

1. 정규 라운드(1~33R) 순위는 승점 → 득실차 → 다득점 → 다승 → 승자승 → 벌점 → 추첨 순서로 결정한다.
2. 최종순위 결정방식은 다음과 같다.
   1) 정규 라운드(1~33R) 성적을 적용하여 6팀씩 2개 그룹(그룹 A, 그룹 B)로 분할한다.
   2) 분할 후 그룹 A, 그룹 B는 별도 운영되며, 정규 라운드 성적을 포함하여 그룹 A에 속한 팀이 우승~6위, 그룹 B에 속한 팀이 7~12위로 결정한다. (승점 → 득실차 → 다득점 → 다승 → 승자승 → 벌점 → 추첨 순서)
   3) 그룹 B 팀의 승점이 그룹 A 팀보다 높더라도 최종 순위는 7~12위 내에서 결정된다.
3. 벌점에 대한 기준은 다음과 같다.
   1) 경고 및 퇴장 관련 벌점: ① 경고 1점 ② 경고 2회 퇴장 2점
      ③ 직접 퇴장 3점 ④ 경고 1회 후 퇴장 4점
   2) 상벌위원회 징계 관련 벌점: ① 제재금 100만 원당 3점
      ② 출장정지 1경기당 3점
   3) 코칭스태프 및 팀 스태프 퇴장, 클럽(임직원 포함)에 부과된 징계는 팀 벌점에 포함한다.
4. 개인기록 순위결정:
   1) 개인기록순위 결정은 본 대회(1~40R) 성적으로 결정한다.
   2) 득점(Goal) 개인기록순위 결정의 우선 순서는 다음과 같다.
      ① 최다득점선수 ② 출장경기가 적은 선수 ③ 출장시간이 적은 선수
   3) 도움(Assist) 개인기록순위 결정의 우선 순서는 다음과 같다.
      ① 최다도움선수 ② 출장경기가 적은 선수 ③ 출장시간이 적은 선수

제26조 (시상)_

1. 본 대회의 단체상 및 개인상 시상내역은 다음과 같다.

구분		시상내역	비고
단체상	우승	상금 500,000,000원 +트로피+메달	
	준우승	상금 200,000,000원 +상패	
	페어플레이	상금 10,000,000원 +상패	각 팀 페어플레이 평점
개인상	최다득점선수	상금 5,000,000원 +상패	대회 개인기록
	최다도움선수	상금 3,000,000원 +상패	대회 개인기록

2. 페어플레이 평점은 다음과 같다.
   1) 페어플레이 평점은 각 클럽이 본 대회에서 받은 총 벌점을 해당 팀 경기수로 나눈 것으로 평점이 낮은 팀이 페어플레이상을 수상한다.
   2) 벌점에 대한 기준은 상기 제25조 3항에 따른다.
   3) 페어플레이 평점이 2개 팀 이상 동일할 경우, 성적 상위팀이 수상한다.
3. 우승 트로피 보관 및 각종 메달 수여는 다음과 같다.
   1) 우승 클럽(팀)에 본 대회 우승 트로피가 수여되며, 우승 트로피를 1년 동안 보관할 수 있다. 수여된 우승 트로피가 연맹에 반납되기 전까지 우승 트로피의 관리(보관, 훼손, 분실 등)에 대한 모든 책임은 해당 클럽(팀)에 있다.
   2) 전년도 우승 클럽(팀)은 우승 트로피를 정규 라운드(26R) 종료 후 연맹에 반납하여야 한다.
   3) 연맹은 아래와 같이 메달을 수여한다.
      ① 우승: 35개의 우승메달 ② 기타 기념메달

제27조 (출전자격)_

1. 연맹 규정 제2장 4조에 의거하여 연맹 등록이 완료된 선수만이 경기에 출전할 자격을 갖는다.
2. 연맹 규정 제2장 5조에 의거하여 연맹 등록이 완료된 코칭스태프 및 팀 스태프 중 출전선수명단에 등재된 자만이 벤치에 착석할 수 있으며, 경기 중 기술지역에서의 선수지도행위는 1명만이 할 수 있다.(통역 1명 대동 가능)
3. 제재 중인 지도자(코칭스태프, 팀 스태프 포함)는 다음 항목을 준수하여야 한다.
   1) 출장정지 제재 중이거나 경기 중 퇴장 조치된 지도자는 관중석, 선수대기실을 제외한 지역에 대해 출입이 제한되며, 그라운드에서 사전 훈련 및 경기 중 어떠한 지도(지시) 행위도 불가하다. 다만, 경기 종료 후 개최되는 공식기자회견에는 참석할 수 있다.
   2) 징계 중인 지도자(원정 팀 포함)가 경기를 관전하고자 할 경우, 홈 클럽은 본부석 쪽에 좌석을 제공하여야 하며, 해당 지도자의 안전을 위한 조치를 하여야 한다.
   3) 상기 제1호를 위반할 경우, 연맹 상벌규정 유형별 징계기준 제8조 가.항 (3호)에 해당하는 제재를 부과할 수 있다.

제28조 (출전선수명단 제출의무)_

1. 홈 클럽과 원정 클럽은 경기개시 90분 전까지 경기감독관에게 출전선수명단을 제출하여 승인을 받아야 하며, 출전선수 스타팅 포메이션(Starting Formation)을 별지로 함께 제출하여야 한다.
2. 출전선수명단에는 출전선수, 코칭스태프 및 팀 스태프 명단, 유니폼 색상이 포함되어야 하며, 제출된 인원만이 해당 경기 출전과 팀 벤치 착석 및 기술지역 출입, 선수 지도를 할 수 있다. 단, 출전선수명단에 등재할 수 있는 코칭스태프 및 팀 스태프의 수는 최대 8명(주치의, 통역 제외)까지로 한다.
3. 출전선수명단 승인(경기감독관 서명) 후에는 변경이 불가능하며, 승인 후 변경할 경우 선수 교체로 간주한다.
4. 본 대회의 출전선수명단은 18명을 원칙으로 하며, 다음 사항을 반드시 준수하여야 한다.
   1) 골키퍼(GK)는 반드시 국내 선수이어야 하며, 후보 골키퍼(GK)는 반드시 1명이 포함되어야 한다.
   2) 외국인선수의 경우, 출전선수명단에 3명까지 등록할 수 있으며 3명까지 경기 출장이 가능하다. 단, AFC 가맹국 국적의 외국인선수는 1명에 한하여 추가 등록과 출전이 가능하다.
   3) 23세 이하(1992.01.01 이후 출생자) 국내선수는 출전선수명단에 최소 2명 이상 포함(등록)되어야 한다. 만일 23세 이하 국내선수가 포함되어 있지 않을 경우, 해당 인원만큼 출전선수명단에서 제외한다. (즉, 23세 이하 국내선수가 1명 포함될 경우 출전선수명단은 17명으로 하며, 전혀 포함되지 않을 경우 출전선수명단은 16명으로 한다.)
   4) 클럽에 등록된 23세 이하 국내선수 1명 이상이 KFA 각급 대표팀 선수로 소집(소집일~해산일)될 경우, 해당 클럽에 한해 소집 기간 동안 개최되는 경기에 의무선발출전 규정(상기 4조)을 적용하지 않으며, 차출된 선수의 수(인원)만큼 엔트리 등록 규정도 적용하지 않는다.

U23선수 각급대표 소집	출전선수 명단(엔트리) U23선수 포함 인원	출전선수 명단(엔트리) 등록가능 인원	U23선수 의무선발 출전	선수교체 가능인원	비고
0명	0명	16명	0명	2명	
	1명	17명	1명	3명	U23선수 의무선발 출전을 하지 않을 경우, 선수교체 가능인원 2명으로 제한
	2명 이상	18명	1명	3명	
1명	0명	17명	0명	3명	
	1명 이상	18명	0명	3명	
2명 이상	0명	18명	0명	3명	

5. 순연 경기 및 재경기(90분 재경기에 한함)의 출전선수명단은 다시 제출하여야 한다.

제29조 (선수교체)_

1. 본 대회의 선수 교체는 경기감독관이 승인한 출전선수명단에 의해 후보선수 명단 내에서만 가능하다.
2. 선수 교체는 90분 경기에서 3명까지 가능하다. 단, 본 대회요강 제28조 4항-4) 호에 의거, 23세 이하 국내선수가 선발출전하지 않을 경우 해당 클럽은 2명까지 선수교체가 가능하다. 이를 위반할 경우 제19조 2항~4항에 따른다.

제30조 (출전정지)_

1. 본 대회에서 경고누적에 의한 출전정지 및 퇴장(경고 2회 퇴장, 직접 퇴장, 경고 1회 후 직접 퇴장)에 의한 출전정지는 최종 라운드(1~40R)까지 연계 적용한다.
2. 경고누적에 의한 출전정지는 경고누적 3회 때마다 다음 1경기가 출전정지된다.
3. 1경기 경고2회 퇴장에 의한 출전정지는 다음 1경기가 출전 정지되며, 제재금은 일백만 원(1,000,000원)이 부과된다. 이 경고는 누적에 산입되지 않는다.
4. 직접 퇴장에 의한 출전정지는 다음 2경기가 출전 정지되며, 제재금은 일백이십만 원(1,200,000원)이 부과된다.
5. 경고 1회 후 직접 퇴장에 의한 출전정지는 다음 2경기가 출전 정지되며, 제재금은 일백오십만 원(1,500,000원)이 부과된다. 경고 1회는 유효하며, 누적에 산입된다.
6. 제재금은 출전 가능경기 1일전까지 반드시 해당자 명의로 납부하여야 한다. 이를 위반할 경우, 경기 출전이 불가하다. 출전 가능경기가 남아있지 않을 경우, 본 대회 종료 15일 이내에 납부하여야 한다.
7. 상벌위원회 징계로 인한 출전정지는 시즌 및 대회에 관계없이 연계 적용한다.

제31조 (유니폼)_

1. 본 대회는 반드시 연맹이 승인한 유니폼을 착용해야 한다.
2. 선수 번호(배번은 1번~99번으로 한정하며, 배번 1번은 GK에 한함)는 출전선수명단에 기재된 선수 번호와 일치하여야 하며, 배번의 식별이 가능하도록 명확하게 표시되어 있어야 한다.
3. 팀의 주장은 주장인 것을 명확하게 표시하는 완장을 착용하여야 한다.
4. 경기에 참가하는 모든 클럽은 제1유니폼과 제2유니폼을 필히 지참해야 한다. 경기에 출전하는 양 클럽의 유니폼 색상이 동일할 경우, 원정 클럽이 교체 착용하는 것을 원칙으로 하되, 그래도 색상 식별이 명확하지 않을 경우에는 경기감독관의 결정에 따른다. 이 경우 홈 클럽도 경기감독관의 결정에 따라 교체 착용하여야 한다.
5. 동절기 방한용 내피 상의 또는 하의(타이즈)를 착용하고자 할 때는 유니폼(상·하의) 색상과 동일한 색상을 착용하여야 한다. 이를 위반할 경우 경기출장이 불가하다.
6. 스타킹과 발목밴드(테이핑)는 동일 색상(계열)이어야 한다. 이를 위반할 경우 경기출장이 불가하다.

제32조 (사용구)_ 본 대회의 공식 사용구는 아디다스 '커넥스트15 OMB(adidas conext15 OMB)로 한다.

제33조 (인터뷰 실시)

1. 양 클럽 감독은 경기개시 60분~20분 전까지 미디어(취재기자에 한함)와 약식 인터뷰를 실시하여야 한다.
2. 홈 클럽은 경기종료 후 15분 이내에 공식 기자회견을 개최하여야 한다. 단, 중계방송사의 요청이 있을 경우 공식 기자회견 이전에 그라운드에서도 플래시 인터뷰를 우선 실시하여야 하며, 플래시 인터뷰 이후 실내 기자회견을 개최한다. 제재 중인 지도자(코칭스태프 및 팀스태프 포함)도 경기 종료 후 실시되는 공식 기자회견 및 플래시 인터뷰에 참석하여야 한다.
3. 모든 기자회견은 연맹이 지정한 인터뷰 배경막(백드롭)을 배경으로 실시하여야 한다.
4. 인터뷰 대상은 미디어가 요청하는 선수와 양 클럽 감독으로 한다.
5. 인터뷰를 실시하지 않거나 참가하지 않을 경우, 해당 클럽과 선수, 감독에게 제재금(50만 원 이상)을 부과할 수 있다.
6. 홈 클럽은 공동취재구역인 믹스드 존(Mixed Zone)을 반드시 마련하여야 하고, 양 클럽 선수단은 경기종료 후 믹스드 존을 통과하여 이동하여야 하며, 미디어의 인터뷰 요청에 최대한 협조하여야 한다.
7. 인터뷰에서는 경기의 판정이나 심판과 관련하여 일체의 부정적인 언급이나 표현을 할 수 없으며, 위반 시 다음 각 호에 의한다.
   1) 각 클럽 소속 선수, 코칭스태프, 팀 스태프, 임직원 등 모든 관계자에게 적용되며, 위반할 시 상벌규정 유형별 징계기준 제2조 가.항 혹은 나.항을 적용하여 제재를 부과한다.
   2) 공식 인터뷰뿐만 아니라 대중에게 공개될 수 있는 어떠한 경로를 통한 언급이나 표현에도 적용된다.
8. 경기 후 미디어 부재로 공식 기자회견을 개최하지 않은 경우, 홈 팀 홍보담당자는 양 클럽 감독의 코멘트를 경기 종료 1시간 이내에 각 언론사에 배포한다.

제34조 (중계방송협조)_

1. 본 대회의 경기 중계방송 시 카메라나 중계석 위치 확보, 방송 인터뷰를 위해 모든 클럽은 중계 방송사와 연맹의 요청에 최대한 협조한다.
2. 사전에 지정된 경기시간은 방송사의 요청에 따라 변경될 수 있다.

제35조 (경기장 안전과 질서유지)

1. 홈 클럽은 경기개시 180분 전부터 경기종료 후 모든 관중 및 관계자가 퇴장할 때까지 선수, 팀 스태프, 심판을 비롯한 전 관계자와 관중의 안전 및 질서 유지에 대한 의무와 책임이 있다.
2. 홈 클럽은 상기 1항의 의무 실시를 위해 최선의 노력을 다해야 하며, 경기장 안전 및 질서를 어지럽히는 관중에 대해 그 입장을 제한하고 강제 퇴장시키는 등의 적정한 조치를 취할 수 있다.
3. 연맹, 홈 또는 원정 클럽, 선수, 코칭스태프 및 팀 스태프, 관계자를 비방하는 사안이나, 경기진행 및 안전에 지장을 줄 수 있는 모든 사안에 대해서는 경기감독관의 지시에 의해 관련 클럽은 즉각 이를 시정 조치하여야 한다. 만일, 경기감독관의 지시에도 불구하고 시정 조치되지 않을 경우 상벌규정 유형별 징계기준 제5조 마.항에 의거, 해당 클럽에 제재를 부과할 수 있다.
4. 관중의 소요, 난동으로 인하여 경기 진행에 문제가 발생하거나, 선수, 심판, 코칭스태프 및 팀 스태프를 비롯한 관중의 안전과 경기장 질서 유지에 문제가 발생할 경우에는 관련 클럽이 사유를 불문하고 그에 대한 일체의 책임을 부담한다.

제36조 (홈경기 관리책임자, 홈경기 안전책임자 선정 및 경기장 안전요강)_ 모든 클럽은 경기장 안전 및 원활한 진행을 위해 홈경기 관리책임자 및 홈경기 안전책임자를 선정하여 연맹에 보고하여야 하며, 아래의 경기장 안전요강을 숙지하여 실행하고 관중에게 사전 공지 또는 고지하여야 한다. 또한 홈경기 관리책임자 및 홈경기 안전책임자는 경기감독관 및 매치코디네이터의 업무 및 지시 사항에 대해 최대한 협조하여야 한다.

1. 반입금지물: 경기장에 입장하려는 사람 또는 입장한 사람은 홈경기 관리책임자 및 홈경기 안전책임자가 특별히 필요사항에 의해 허락했을 경우를 제외하고 다음 각 호에 명시된 것을 가지고 입장할 수 없다.
   1) 경기장 관리자에 의해 반입을 금지하고 있는 것
   2) 정치적, 사상적, 종교적인 주의 또는 주장 또는 관념을 표시하거나 또는 연상시키고 혹은 대회의 운영에 지장을 미칠 우려가 있는 게시판, 간판, 현수막, 플래카드, 문서, 도면, 인쇄물 등
   3) 연맹의 승인을 득하지 않은 특정의 회사 또는 영리기업의 광고를 목적으로 하여 특정의 회사명, 제품명 등을 표시한 것 (특정 회사, 제품 등을 연상시키는 것 포함)
   4) 그 외 경기운영 또는 진행을 방해하여 타인에게 불편을 주거나 또는 위험하게 하거나 혹은 그러한 우려가 있거나 또는 운영담당·보안담당, 경비종사원이 위험성을 인정하는 것
2. 금지행위: 경기장에 입장하려는 사람 또는 입장한 사람은 홈경기 관리책임자 및 홈경기 안전책임자가 특별히 필요사항에 의해 허락했을 경우를 제외하고는 다음 각 호에 명시되는 행위를 해서는 안 된다.
   1) 경기장 관리자에 의해 금지되고 있는 행위
   2) 정당한 입장권 또는 통행증을 소지하지 않고 입장하는 것
   3) 항의 집회, 데모 등 대회의 원활한 운영을 저해할 우려가 있는 행위
   4) 알코올, 약물 그 외 물질을 소유 및 복용한 상태로 경기장에 입장하는 행위 또는 경기장에 이러한 물질을 방치해 두어 이것들의 영향에 의해 경기운영 또는 타인의 행위 등을 저해하는 행위 (알코올 등의영향에 의해 정상적인

행위를 할 수 없는 우려가 있는 상태일 경우 입장 불가)

5) 해당 경기장(시설) 및 관련 장소에서 권유, 연설, 집회, 포교 등의 행위

6) 정해진 장소 외에서 차량을 운전하거나 주차하는 것

7) 상행위, 기부금 모집, 광고물의 게시 등의 행위

8) 정해진 장소 외에 쓰레기 및 오물을 폐기하는 것

9) 연맹의 승인 없이 영리목적으로 경기장면, 식전행사, 관객 등을 사진 또는 비디오로 촬영하는 것

10) 연맹의 승인 없이 대회의 음성, 영상의 전부 또는 일부를 인터넷 및 미디어를 통해 전달하는 것

11) 경기운영 또는 진행을 방해하여 타인에게 폐를 끼치거나 또는 위험을 미치거나 혹은 그러한 우려가 있으면서 경비종사원이 위험성을 인정한 행위

3. 경기장 관련: 경기장에 입장하려는 사람 또는 입장한 사람은 다음 각 호에 명시하는 사항에 준수하여야 한다.

1) 입장권, 신분증, 통행증 등의 제시가 요구되었을 때는 이것을 제시해야 함

2) 안전 확보를 위해 수화물, 소지품 등의 검사가 요구되었을 때는 이것에 따라야 함

3) 사건·사고가 발생하거나 또는 발생 우려가 예상되는 경우, 경비 종사원 또는 치안 당국의 지시, 안내, 유도 등에 따라 행동할 것

4. 입장거부 또는 퇴장명령

1) 홈경기 관리책임자 및 홈경기 안전책임자는 상기 1항, 2항, 3항의 경기장 안전요강을 위반한 사람의 입장을 거부하여 경기장으로부터의 퇴장을 명할 수 있으며, 상기 1항에 의거하여 반입금지물 몰수 등 필요한 조치를 취할 수 있다.

2) 홈경기 관리책임자 및 홈경기 안전책임자는 전항에 해당하는 사람 중에서 특히 고의, 상습으로 확인된 사람에 대해서는 이후 개최되는 연맹 주최의 공식경기에 입장을 거부할 수 있다.

3) 홈경기 관리책임자 및 홈경기 안전책임자에 의해 입장이 거부되거나 경기장에서 퇴장을 받았던 사람은 입장권 구입 대금의 환불을 요구할 수 없다.

5. 권한의 위임: 홈경기 관리책임자는 특정 시설에 대해 그 권한을 타인에게 위임할 수 있다.

6. 안전 가이드라인 준수: 모든 클럽은 연맹이 정한 'K리그 안전가이드라인'을 준수하여야 한다.

제37조 (기타 유의사항)_ 각 클럽은 아래의 사항을 숙지하고 준수하여야 한다.

1. 모든 취재 및 방송중계 활동을 위한 미디어 관련 입장자는 2015년도 미디어 가이드라인에 따라 입장하여야 하며 이를 준수하여야 한다.

2. 경기에 참가하는 선수단(코칭스태프, 팀 스태프 포함)은 경기시작 100분전에 경기장에 도착하여야 한다.

3. 오픈경기는 본 경기 개최 1시간(60분)전까지 반드시 종료되어야 하며, 연맹에 사전 승인을 받아야 한다.

4. 선수는 신체보호를 위해 반드시 정강이 보호대를 착용하고 경기에 임해야 한다.

5. 경기 중 클럽의 임원, 코칭스태프, 팀 스태프, 선수는 경기장 내에서 흡연을 할 수 없으며, 이를 위반할 경우 퇴장 조치한다.

6. 시상식에는 연맹이 지정한 클럽(팀)과 수상 후보자가 반드시 참석하여야 한다.

7. 체육진흥투표권(스포츠토토 등) 발매 이상 징후 대응경보 발생 시, 경기시작 90분전 대응 미팅에 관계자(경기감독관, 매치코디네이터, 양 클럽 관계자 및 감독) 등이 참석하여야 한다.

제38조 (부칙)_ 본 대회요강에 명시되지 않은 사항은 연맹 규정에 의거하여 결정 및 시행한다.

3월 07일 15 : 00 맑음 전주 월드컵 관중 23,810명
주심_ 김종혁 부심_ 손재선·김성일 대기심_ 김상우 감독관_ 전인석

전북 2 1 전반 0 / 1 후반 0 **0 성남**

퇴장	경고	파울	ST(유)	교체	선수명	배번	위치	위치	배번	선수명	교체	ST(유)	파울	경고	퇴장
0	0	0	0		권순태	1	GK	GK	29	박준혁		0	0	0	0
0	0	1	3(2)		이주용	32	DF	DF	17	박태민		0	2	0	0
0	0	0	0		김기희	4	DF	DF	20	윤영선		0	0	0	0
0	1	2	1		김형일	3	DF	DF	5	임채민		0	1	0	0
0	0	1	1(1)		최철순	25	DF	DF	6	김태윤	9	0	0	0	0
0	0	2	0		이호	5	MF	MF	7	김철호		0	2	0	0
0	0	1	4(3)		이재성	17	MF	MF	22	이종원		2(1)	2	0	0
0	0	0	2(1)	24	에닝요	8	MF	MF	8	김두현		2(2)	2	0	0
0	0	0	0		한교원	7	MF	MF	16	황의조		1(1)	1	0	0
0	0	0	3(3)	6	레오나르도	10	MF	MF	18	김성준	2	1	0	0	0
0	0	1	5(3)		에두	9	FW	FW	11	히카르도	13	0	1	0	0
0	0	0	0		홍정남	21			1	전상욱		0	0	0	0
0	0	0	0	후44	최보경	6			2	곽해성	후35	0	0	0	0
0	0	0	0		이규로	29			24	장석원		0	0	0	0
0	0	0	0		문상윤	47	대기	대기	14	정선호		0	0	0	0
0	0	0	0		이승현	11			13	김동희	후22	0	0	0	0
0	0	1	1	후20	유창현	24			9	김동섭	후41	0	0	0	0
0	1	9	20(13)			0			0			6(4)	11	0	0

● 전반 38분, 에두 PK-L-G (득점: 에두) 오른쪽
● 후반 38분 에두 GAL L-ST-G (득점: 에두) 왼쪽

3월 07일 14 : 00 맑음 인천 전용 관중 8,012명
주심_ 김희곤 부심_ 노태식·장준모 대기심_ 김영수 감독관_ 김수현

인천 2 1 전반 1 / 1 후반 1 **2 광주**

퇴장	경고	파울	ST(유)	교체	선수명	배번	위치	위치	배번	선수명	교체	ST(유)	파울	경고	퇴장
0	0	0	0		유현	1	GK	GK	1	제종현		0	0	0	0
0	1	1	0		박대한	25	DF	DF	17	이종민		1(1)	0	0	0
0	0	1	0		김대중	15	DF	DF	4	정준연		0	0	0	0
0	0	0	0		요니치	20	DF	DF	26	안영규		0	1	0	0
0	0	1	0		권완규	2	DF	DF	33	정호정		3	1	0	0
0	1	5	0		김원식	4	MF	MF	40	이찬동		1	3	1	0
0	1	3	1(1)		김도혁	7	MF	MF	5	임선영		1(1)	3	0	0
0	0	1	0	26	김동석	22	MF	MF	10	파비오	19	2(1)	0	0	0
0	0	2	0	16	이천수	10	MF	FW	22	조용태	16	0	0	0	0
0	0	2	2(1)	24	김인성	11	MF	FW	11	김호남		0	0	0	0
0	0	2	1		케빈	19	FW	FW	9	질베르토	7	0	5	0	0
0	0	0	0		조수혁	21			31	권정혁		0	0	0	0
0	0	0	0		김대경	17			7	여름	후39	0	0	0	0
0	0	0	0		김진환	5			12	김성현		0	0	0	0
0	0	2	0	후0	조수철	26	대기	대기	14	이으뜸		0	0	0	0
0	0	0	0	후0	이성우	16			16	송승민	후24	0	0	0	0
0	0	0	0	후43	박세직	24			18	권영호		0	0	0	0
0	0	0	0		이진욱	27			19	박선홍	후46	0	0	0	0
0	3	20	4(2)			0			0			8(3)	13	1	0

● 전반 13분 이천수 PAL 내 ~ 김도혁 GAL L-ST-G (득점: 김도혁, 도움: 이천수) 왼쪽
● 후반 46분 정준연 GAR L자책골 (득점: 정준연) 오른쪽
● 전반 32분 김대중 GA 정면 내 R 자책골 (득점: 김대중) 가운데
● 후반 48분 이종민 GA 정면 L-ST-G (득점: 이종민) 가운데

3월 07일 16 : 00 맑음 부산 아시아드 관중 9,082명
주심_ 김동진 부심_ 정해상·윤광열 대기심_ 이민후 감독관_ 김진의

부산 1 0 전반 0 / 1 후반 0 **0 대전**

퇴장	경고	파울	ST(유)	교체	선수명	배번	위치	위치	배번	선수명	교체	ST(유)	파울	경고	퇴장
0	0	0	0		이범영	1	GK	GK	31	오승훈		0	1	1	0
0	1	5	0		유지훈	33	MF	DF	30	송주한		0	1	0	0
0	0	1	0		닐손주니어	25	DF	DF	33	윤원일		0	0	0	0
0	0	0	2		이경렬	6	DF	DF	3	윤신영		0	2	0	0
0	0	1	0		노행석	5	DF	DF	4	윤준성		0	2	0	0
0	0	3	0		유지노	15	MF	MF	28	황지웅		0	2	0	0
0	0	4	2(1)		주세종	24	MF	MF	7	김종국		0	2	0	0
0	0	1	0	23	김용태	20	MF	MF	20	안상현	27	0	2	1	0
0	0	1	0		전성찬	22	MF	MF	14	서명원	22	1	1	0	0
0	0	2	5(2)	10	베르손	11	FW	FW	19	김찬희	11	0	2	0	0
0	0	2	2(1)	7	박용지	9	FW	FW	10	아드리아노		1	1	0	0
0	0	0	0		이창근	21			1	박주원		0	0	0	0
0	0	0	0	후46	김찬영	23			2	조원득		0	0	0	0
0	0	0	0		최광희	77			5	서명식		0	0	0	0
0	0	0	0		정석화	14	대기	대기	27	박재우	후40	0	0	0	0
0	0	0	0		이규성	13			22	이현호	후32	0	0	0	0
0	0	1	1	후39	한지호	7			12	유연승		0	0	0	0
0	1	0	4(3)	후14	웨슬리	10			11	히칼딩요	후0	0	1	0	0
0	2	21	16(7)			0			0			2	17	2	0

● 후반 36분 유지훈 PAL ↷ 웨슬리 GA 정면 H-ST-G (득점: 웨슬리, 도움: 유지훈) 왼쪽

3월 08일 14 : 00 맑음 광양 전용 관중 12,608명
주심_ 송민석 부심_ 양병은·곽승순 대기심_ 김대용 감독관_ 김형남

전남 1 0 전반 0 / 1 후반 1 **1 제주**

퇴장	경고	파울	ST(유)	교체	선수명	배번	위치	위치	배번	선수명	교체	ST(유)	파울	경고	퇴장
0	0	0	0		김병지	1	GK	GK	1	김호준		0	0	0	0
0	1	3	0		현영민	13	DF	DF	2	정다훤		2(1)	2	1	0
0	0	0	1(1)		김동철	20	DF	DF	15	알렉스		0	0	0	0
0	0	0	0		방대종	15	DF	DF	4	오반석		1	0	0	0
0	0	1	1(1)		최효진	2	DF	DF	19	이용		0	4	1	0
0	0	0	0		김평래	12	MF	MF	23	양준아		0	0	0	0
0	0	0	0	18	김영욱	14	MF	MF	14	윤빛가람		2	1	0	0
0	0	2	1	17	레안드리뉴	7	MF	MF	10	송진형	18	1	1	0	0
0	0	1	4(1)		안용우	11	FW	FW	33	배기종	16	0	3	1	0
0	0	3	0	9	이종호	8	FW	FW	9	김현	17	2(1)	2	0	0
0	0	1	4(2)		스테보	10	FW	FW	20	까랑가		1(1)	4	0	0
0	0	0	0		김민식	21			21	김경민		0	0	0	0
0	0	0	0		김태호	3			25	강준우		0	0	0	0
0	0	0	0		이재억	19			3	김상원		0	0	0	0
0	0	0	1(1)	후25	이창민	18	대기	대기	6	허범산		0	0	0	0
0	0	0	0		이지민	24			16	김영신	후23	1	1	0	0
0	0	1	2	후11	오르샤	17			17	진대성	후14	0	1	0	0
0	0	0	0	후39	전현철	9			18	박수창	후43	0	0	0	0
0	1	12	14(6)			0			0			10(3)	19	3	0

● 후반 34분 안용우 PAR 내 EL ~ 스테보 GA 정면 내 R-ST-G (득점: 스테보, 도움: 안용우) 가운데
● 후반 6분 정다훤 PAR 내 L-ST-G (득점: 정다훤) 오른쪽

3월 08일 14 : 00 맑음 수원 월드컵 관중 17,573명
주심_ 김성호 부심_ 이정민·방기열 대기심_ 이동준 감독관_ 김정식

수원 0 | 0 전반 0 / 0 후반 1 | **1 포항**

퇴장	경고	파울	ST(유)	교체	선수명	배번	위치	위치	배번	선수명	교체	ST(유)	파울	경고	퇴장
0	0	0	0		노동건	21	GK	GK	1	신화용		0	0	0	0
0	2	0	0		오범석	4	DF	DF	13	김원일		2	3	2	0
0	1	1	0		조성진	5	DF	DF	24	배슬기		0	2	1	0
0	0	1	0		민상기	39	DF	DF	2	박선용		1	3	1	0
0	0	1	1(1)		홍 철	33	DF	DF	22	김대호		1	0	1	0
0	0	1	0		김은선	6	MF	MF	9	황지수		0	0	0	0
0	0	2	2	7	권창훈	22	MF	MF	28	손준호		4(1)	1	0	0
0	0	1	4(2)		레 오	11	MF	FW	8	라자르	12	1(1)	0	0	0
0	0	1	0	30	산토스	10	MF	FW	10	모리츠	6	1	2	0	0
0	0	1	0		염기훈	26	MF	FW	16	심동운		2	0	0	0
0	0	1	3(1)	18	정대세	14	FW	FW	39	이광혁	18	0	1	0	0
0	0	0	0		이상욱	31			21	김진영		0	0	0	0
0	0	1	0	후0	신세계	30			6	김준수	후37	0	0	0	0
0	0	0	0		양상민	3			5	김태수		0	0	0	0
0	0	0	0	후30	이상호	7	대기	대기	12	김승대	후10	0	2	0	0
0	0	0	0		백지훈	20			7	티아고		0	0	0	0
0	0	0	0		장현수	19			18	고무열	후10	2(1)	1	1	0
0	0	0	2	후19	카이오	18			11	박성호		0	0	0	0
0	3	11	12(4)			0			0			14(3)	15	6	0

- 후반 27분 손준호 PAR R-ST-G (득점: 손준호) 오른쪽

3월 14일 14 : 00 맑음 서울 월드컵 관중 32,516명
주심_ 김상우 부심_ 이정민·곽승순 대기심_ 고형진 감독관_ 강창구

서울 1 | 0 전반 0 / 1 후반 2 | **2 전북**

퇴장	경고	파울	ST(유)	교체	선수명	배번	위치	위치	배번	선수명	교체	ST(유)	파울	경고	퇴장
0	0	0	0		김용대	1	GK	GK	1	권순태		0	0	0	0
0	0	1	0		차두리	5	DF	DF	32	이주용		3	3	0	0
0	0	0	1		이웅희	3	DF	DF	4	김기희		0	2	1	0
0	0	3	1		김진규	6	DF	DF	3	김형일		0	2	0	0
0	0	1	0	20	김치우	7	DF	DF	25	최철순		0	1	2	0
0	0	1	0		고명진	22	MF	MF	5	이 호		0	3	1	0
0	0	0	1		오스마르	4	MF	MF	11	이승현	20	0	2	0	0
0	0	0	1(1)	11	고요한	13	MF	MF	8	에닝요	6	2(1)	2	0	0
0	0	1	1		고광민	27	MF	MF	17	이재성		0	1	0	0
0	0	3	1(1)	40	윤일록	17	MF	MF	7	한교원	10	1(1)	1	0	0
0	0	1	1(1)		김현성	18	FW	FW	9	에 두		4(3)	0	0	0
0	0	0	0		유상훈	31			21	홍정남		0	0	0	0
0	1	1	0	후16	김원균	20			18	윌킨슨		0	0	0	0
0	0	0	0		최정한	15			29	이규로		0	0	0	0
0	0	0	0		이상협	29	대기	대기	6	최보경	후42	0	0	0	0
0	0	0	1(1)	후24	몰리나	11			10	레오나르도	후14	0	0	0	0
0	0	0	0	후32	심제혁	40			23	김동찬		0	0	0	0
0	0	0	0		정조국	36			20	이동국	후14	0	1	0	0
0	1	12	8(4)			0			0			10(5)	18	4	0

- 후반 34분 김현성 GAL 내 R-ST-G (득점: 김현성) 오른쪽
- 후반 18분 에두 GA 정면 L-ST-G (득점: 에두) 왼쪽
- 후반 25분 레오나르도 GAL ~ 에닝요 GA 정면 R-ST-G (득점: 에닝요, 도움: 레오나르도) 왼쪽

3월 08일 16 : 00 맑음 울산 문수 관중 12,786명
주심_ 고형진 부심_ 이규환·노수용 대기심_ 우상일 감독관_ 한병화

울산 2 | 2 전반 0 / 0 후반 0 | **0 서울**

퇴장	경고	파울	ST(유)	교체	선수명	배번	위치	위치	배번	선수명	교체	ST(유)	파울	경고	퇴장
0	0	0	0		김승규	1	GK	GK	1	김용대		0	0	0	0
0	0	2	1		정동호	2	DF	DF	5	차두리		0	1	0	0
0	0	2	0		임창우	13	DF	DF	3	이웅희		0	0	0	0
0	0	0	0		김치곤	22	DF	DF	6	김진규		1(1)	3	0	0
0	0	0	0		이재성	15	DF	DF	7	김치우		2(1)	0	0	0
0	0	1	1	4	마스다	6	MF	MF	4	오스마르		1(1)	1	0	0
0	0	2	0		하성민	8	MF	MF	22	고명진		0	1	1	0
0	0	2	0	27	따르따	11	MF	MF	23	김민혁	11	0	3	0	0
0	0	0	2(1)		김태환	16	MF	MF	17	윤일록	40	0	1	0	0
0	0	1	3(1)		제파로프	10	MF	MF	10	에벨톤	29	0	0	0	0
0	0	2	3(3)	9	양동현	18	FW	FW	36	정조국		3(2)	0	0	0
0	0	0	0		송유걸	21			31	유상훈		0	0	0	0
0	0	0	0		이명재	24			28	김동우		0	0	0	0
0	0	0	0		김근환	39			29	이상협	후39	0	0	0	0
0	0	1	0	후31	구본상	4	대기	대기	27	고광민		0	0	0	0
0	0	0	0		카 사	3			11	몰리나	후0	0	1	1	0
0	0	0	1(1)	후42	안현범	27			40	심제혁	후16	0	4	1	0
0	0	0	0	후21	김신욱	9			18	김현성		0	0	0	0
0	0	13	11(6)			0			0			7(5)	15	3	0

- 전반 22분 따르따 PAL 내 EL ↷ 양동현 GA 정면 내 H-ST-G (득점: 양동현, 도움: 따르따) 가운데
- 전반 35분 양동현 GAR ~ 제파로프 PK지점 R-ST-G (득점: 제파로프, 도움: 양동현) 왼쪽

3월 14일 14 : 00 맑음 수원 월드컵 관중 10,207명
주심_ 이민후 부심_ 노수용·이규환 대기심_ 송민석 감독관_ 한진원

수원 2 | 1 전반 0 / 1 후반 1 | **1 인천**

퇴장	경고	파울	ST(유)	교체	선수명	배번	위치	위치	배번	선수명	교체	ST(유)	파울	경고	퇴장
0	0	0	0		노동건	21	GK	GK	1	유 현		0	0	0	0
0	0	1	0		신세계	30	DF	DF	25	박대한		0	0	0	0
0	0	0	0		조성진	5	DF	DF	15	김대중		1(1)	1	0	0
0	0	2	0		민상기	39	DF	DF	20	요니치		0	0	0	0
0	0	0	0		양상민	3	DF	DF	2	권완규		1(1)	2	0	0
0	0	2	1(1)		김은선	6	MF	MF	4	김원식	17	0	3	1	0
0	0	0	1	20	권창훈	22	MF	MF	7	김도혁		0	3	0	0
0	0	1	0	26	레 오	11	MF	MF	26	조수철		0	3	0	0
0	0	1	2(1)		고차원	12	MF	MF	16	이성우	11	0	0	0	0
0	0	2	1(1)	14	산토스	10	MF	MF	24	박세직	10	0	0	0	0
0	0	3	3(3)		카이오	18	FW	FW	19	케 빈		2(1)	1	0	0
0	0	0	0		이상욱	31			21	조수혁		0	0	0	0
0	0	0	0		구자룡	15			28	백승원		0	0	0	0
0	0	0	0		최재수	2			5	김진환		0	0	0	0
0	0	0	0		이상호	7	대기	대기	22	김동석		0	0	0	0
0	0	0	1(1)	후11	백지훈	20			17	김대경	후28	0	1	0	0
0	0	0	1(1)	후19	염기훈	26			10	이천수	후7	2(1)	0	0	0
0	0	0	0	후36	정대세	14			11	김인성	후7	1(1)	3	0	0
0	0	12	10(8)			0			0			7(5)	17	1	0

- 전반 10분 산토스 PK-R-G (득점: 산토스) 왼쪽
- 후반 47분 정대세 MF 정면 ~ 염기훈 PAL 내 L-ST-G (득점: 염기훈, 도움: 정대세) 가운데
- 후반 28분 조수철 PAL TL 드로잉 ↷ 김인성 GA 정면 H-ST-G (득점: 김인성, 도움: 조수철) 오른쪽

3월 14일 16 : 00 맑음 탄천 종합 관중 6,521명
주심_ 김대용 부심_ 정해상·윤광열 대기심_ 김동진 감독관_ 하재훈

성남 0 0 전반 0 / 0 후반 0 **0 전남**

퇴장	경고	파울	ST(유)	교체	선수명	배번	위치	위치	배번	선수명	교체	ST(유)	파울	경고	퇴장
0	0	0	0		박 준 혁	29	GK	GK	1	김 병 지		0	0	0	0
0	0	0	0		박 태 민	17	DF	DF	13	현 영 민		2(1)	2	0	0
0	0	0	0		윤 영 선	20	DF	DF	15	방 대 종		0	1	0	0
0	0	0	0		임 채 민	5	DF	DF	20	김 동 철		0	1	0	0
0	1	4	2		김 태 윤	6	DF	DF	2	최 효 진		0	2	0	0
0	0	1	1		이 종 원	22	MF	MF	12	김 평 래		1(1)	0	0	0
0	0	3	1		김 성 준	18	MF	MF	18	이 창 민		1	0	0	0
0	0	2	0		김 두 현	8	MF	MF	9	전 현 철	24	0	2	0	0
0	0	2	1(1)	19	황 의 조	16	MF	FW	8	이 종 호		5(3)	2	0	0
0	0	1	1(1)	13	남 준 재	23	MF	FW	11	안 용 우		2(2)	3	0	0
0	0	3	1		히카르도	11	FW	FW	10	스 테 보	17	3(3)	1	0	0
0	0	0	0		전 상 욱	1			21	김 민 식		0	0	0	0
0	0	0	0		곽 해 성	2			3	김 태 호		0	0	0	0
0	0	0	0		이 태 희	25			6	이 지 남		0	0	0	0
0	0	0	0		김 철 호	7	대기	대기	7	레안드리뉴		0	0	0	0
0	0	0	0		정 선 호	14			14	김 영 욱		0	0	0	0
0	0	1	1(1)	후0	김 동 희	13			17	오 르 샤	후38	1	1	0	0
0	0	0	0	후31	루 카 스	19			24	이 지 민	후11	0	0	0	0
0	1	17	8(3)			0			0			15(1[illegible]	15	0	0

3월 15일 14 : 15 맑음 포항 스틸야드 관중 19,227명
주심_ 이동준 부심_ 손재선·장준모 대기심_ 정동식 감독관_ 김용세

포항 2 0 전반 1 / 2 후반 3 **4 울산**

퇴장	경고	파울	ST(유)	교체	선수명	배번	위치	위치	배번	선수명	교체	ST(유)	파울	경고	퇴장
0	0	0	0		신 화 용	1	GK	GK	1	김 승 규		0	0	1	0
0	0	1	0		박 선 용	2	DF	DF	2	정 동 호		0	0	0	0
0	0	0	0		배 슬 기	24	DF	DF	13	임 창 우		0	2	1	0
0	0	1	0		김 준 수	6	DF	DF	22	김 치 곤	39	0	1	1	0
0	1	0	0		김 대 호	22	DF	DF	15	이 재 성		0	0	0	0
0	1	2	0		황 지 수	9	MF	MF	6	마 스 다		1(1)	1	0	0
0	0	0	2(1)	11	김 태 수	5	MF	MF	8	하 성 민		0	0	0	0
0	0	1	2(1)		라 자 르	8	FW	MF	11	따 르 따	27	0	0	1	0
0	1	0	2(2)		손 준 호	28	FW	MF	16	김 태 환	9	0	0	0	0
0	0	0	3(1)	7	심 동 운	16	FW	MF	10	제파로프		2(2)	0	0	0
0	0	1	0	26	고 무 열	18	FW	FW	18	양 동 현		2(1)	1	0	0
0	0	0	0		김 진 영	21			21	송 유 걸		0	0	0	0
0	0	0	0		박 선 주	27			24	이 명 재		0	0	0	0
0	0	0	0		문 창 진	19			39	김 근 환	전27	0	1	0	0
0	0	0	0		이 광 혁	39	대기	대기	4	구 본 상		0	0	0	0
0	0	0	0	후40	조 찬 호	26			20	이 창 용		0	0	0	0
0	0	0	2(2)	후22	티 아 고	7			27	안 현 범	후40	0	1	1	0
0	0	0	0	후19	박 성 호	11			9	김 신 욱	후11	1(1)	1	0	0
0	3	6	11(7)			0			0			6(5)	8	5	0

- ●후반 2분 심동운 PA 정면 ~ 손준호 PK 우측지점 R-ST-G (득점: 손준호, 도움: 심동운) 오른쪽
- ●후반 32분 고무열 PAL 내 → 티아고 GAR R-ST-G (득점: 티아고, 도움: 고무열) 오른쪽
- ●전반 46분 정동호 PAL → 제파로프 PK지점 L-ST-G (득점: 제파로프, 도움: 정동호) 오른쪽
- ●후반 17분 마스다 PA 정면 R-ST-G (득점: 마스다) 왼쪽
- ●후반 21분 양동현 GAR 내 EL R-ST-G (득점: 양동현) 가운데
- ●후반 33분 따르따 (대기) MF 정면 H~ 김신욱 PA 정면 R-ST-G (득점: 김신욱, 도움: 따르따 (대기)) 오른쪽

3월 15일 14 : 00 맑음 대전 월드컵 관중 11,857명
주심_ 우상일 부심_ 최민병·방기열 대기심_ 매호영 감독관_ 한병화

대전 0 0 전반 1 / 0 후반 1 **2 광주**

퇴장	경고	파울	ST(유)	교체	선수명	배번	위치	위치	배번	선수명	교체	ST(유)	파울	경고	퇴장
0	0	0	0		오 승 훈	31	GK	GK	1	제 종 현		0	0	0	0
0	0	0	0	20	송 주 한	30	DF	DF	17	이 종 민		0	2	0	0
0	0	2	0		윤 원 일	33	DF	DF	4	정 준 연		0	1	1	0
0	0	1	1		윤 신 영	3	DF	DF	26	안 영 규		2(1)	2	1	0
0	0	0	0		박 재 우	27	DF	DF	33	정 호 정		1	0	0	0
0	0	1	0		서 명 식	5	MF	MF	40	이 찬 동		1	1	0	0
0	0	0	0	28	유 연 승	12	MF	MF	5	임 선 영	14	1	0	0	0
0	0	2	0		김 종 국	7	MF	MF	7	여 름		2	2	0	0
0	0	1	0	19	서 명 원	14	MF	FW	22	조 용 태	10	2(1)	2	0	0
0	1	1	0		아드리아노	10	FW	FW	11	김 호 남		5(2)	2	0	0
0	0	4	3		히칼딩요	11	FW	FW	9	질베르토	16	1	2	0	0
0	0	0	0		박 주 원	1			31	권 정 혁		0	0	0	0
0	0	0	0		조 원 득	2			10	파 비 오	후32	0	0	0	0
0	0	1	0	후6	안 상 현	20			13	허 재 녕		0	0	0	0
0	0	0	0		이 현 호	22	대기	대기	14	이 으 뜸	후43	0	1	0	0
0	0	1	0	전38	황 지 웅	28			16	송 승 민	후17	0	1	0	0
0	0	0	0		황 인 범	13			3	김 영 빈		0	0	0	0
0	0	1	0	후19	김 찬 희	19			30	주 현 우		0	0	0	0
0	1	15	4			0			0			15(4)	16	2	0

- ●전반 33분 김호남 C,KL ↷ 안영규 GAL H-ST-G (득점: 안영규, 도움: 김호남) 오른쪽
- ●후반 40분 이종민 PAR ↷ 김호남 GAL R-ST-G (득점: 김호남, 도움: 이종민) 왼쪽

3월 15일 16 : 00 맑음 제주 월드컵 관중 15,047명
주심_ 김종혁 부심_ 노태식·김성일 대기심_ 김희곤 감독관_ 전인석

제주 0 0 전반 0 / 0 후반 0 **0 부산**

퇴장	경고	파울	ST(유)	교체	선수명	배번	위치	위치	배번	선수명	교체	ST(유)	파울	경고	퇴장
0	0	0	0		김 호 준	1	GK	GK	1	이 범 영		0	0	0	0
0	0	1	0		정 다 훤	2	DF	MF	33	유 지 훈		1	2	0	0
0	0	0	1		알 렉 스	15	DF	DF	6	이 경 렬		0	0	0	0
0	0	1	1		오 반 석	4	DF	DF	25	닐손주니어		0	3	0	0
0	0	2	0		이 용	19	DF	DF	5	노 행 석		1	0	0	0
0	0	1	1		양 준 아	23	MF	MF	15	유 지 노		0	1	0	0
0	0	0	2		윤빛가람	14	MF	MF	24	주 세 종		1(1)	3	0	0
0	0	2	1(1)		송 진 형	10	MF	MF	22	전 성 찬		2	0	0	0
0	0	1	4(1)		로 페 즈	7	FW	MF	20	김 용 태	14	0	0	0	0
0	0	1	2	33	김 현	9	FW	FW	11	베 르 손	10	2(1)	4	0	0
0	0	1	4(2)	11	까 랑 가	20	FW	FW	9	박 용 지	7	1	0	0	0
0	0	0	0		김 경 민	21			21	이 창 근		0	0	0	0
0	0	0	0		강 준 우	25			23	김 찬 영		0	0	0	0
0	0	0	0		김 상 원	3			77	최 광 희		0	0	0	0
0	0	0	0		허 범 산	6	대기	대기	14	정 석 화	후44	0	0	0	0
0	0	0	0		김 영 신	16			13	이 규 성		0	0	0	0
0	0	0	0	후34	배 기 종	33			7	한 지 호	후34	0	0	0	0
0	0	0	1	후24	강 수 일	11			10	웨 슬 리	후24	1	0	0	0
0	0	10	17(4)			0			0			9(2)	13	0	0

3월 21일 14 : 00 맑음 울산 문수 관중 5,233명
주심_ 김성호 부심_ 이정민·김성일 대기심_ 박병진 감독관_ 김정식

울산 0 0 전반 0 / 0 후반 0 **0 전남**

퇴장	경고	파울	ST(유)	교체	선수명	배번	위치	위치	배번	선수명	교체	ST(유)	파울	경고	퇴장
0	0	0	0		김 승 규	1	GK	GK	1	김 병 지		0	0	0	0
0	0	2	0		정 동 호	2	DF	DF	13	현 영 민		1	0	0	0
0	0	0	2		임 창 우	13	DF	DF	20	김 동 철		0	2	1	0
0	0	0	1(1)		김 근 환	39	DF	DF	15	방 대 종		0	1	0	0
0	1	2	0		이 재 성	15	DF	DF	2	최 효 진		0	2	1	0
0	0	4	0	4	마 스 다	6	MF	MF	12	김 평 래		1(1)	1	0	0
0	0	1	1		하 성 민	8	MF	MF	14	김 영 욱		1	0	0	0
0	0	1	0	9	따 르 따	11	MF	MF	8	이 종 호	24	0	1	0	0
1	0	2	0		김 태 환	16	MF	MF	7	레안드리뉴	5	0	2	0	0
0	0	2	0	7	제파로프	10	MF	MF	11	안 용 우	17	3(1)	0	0	0
0	0	4	1		양 동 현	18	FW	FW	10	스 테 보		2(2)	2	0	0
0	0	0	0		송 유 걸	21			30	한 유 성		0	0	0	0
0	0	0	0		이 명 재	24			3	김 태 호		0	0	0	0
0	0	0	0		유 준 수	17			5	임 종 은	후24	0	0	0	0
0	0	0	0	후41	구 본 상	4	대기	대기	9	전 현 철		0	0	0	0
0	0	0	0		이 창 용	20			16	정 석 민		0	0	0	0
0	0	0	0	후44	고 창 현	7			17	오 르 샤	후35	0	1	1	0
0	0	0	2	후23	김 신 욱	9			24	이 지 민	후42	1	0	0	0
1	1	18	7(1)			0			0			9(4)	12	3	0

3월 21일 14 : 00 맑음 부산 아시아드 관중 5,038명
주심_ 송민석 부심_ 손재선·노수용 대기심_ 이민후 감독관_ 하재훈

부산 2 2 전반 2 / 0 후반 1 **3 광주**

퇴장	경고	파울	ST(유)	교체	선수명	배번	위치	위치	배번	선수명	교체	ST(유)	파울	경고	퇴장
0	0	0	0		이 범 영	1	GK	GK	1	제 종 현		0	0	0	0
0	1	2	0		유 지 훈	33	MF	DF	17	이 종 민		1(1)	0	0	0
0	0	1	0		이 경 렬	6	DF	DF	4	정 준 연		0	1	0	0
0	0	0	0	23	닐손주니어	25	DF	MF	26	안 영 규		0	5	0	0
0	0	0	1		노 행 석	5	DF	DF	33	정 호 정		1	1	0	0
0	0	0	0		유 지 노	15	MF	DF	14	이 으 뜸		0	1	0	0
0	0	2	2(2)		주 세 종	24	MF	MF	5	임 선 영		1(1)	5	0	0
0	0	1	0		전 성 찬	22	MF	FW	10	파 비 오	3	0	1	0	0
0	0	2	0	77	김 용 태	20	MF	MF	7	여 름	22	0	2	0	0
0	0	2	0	10	베 르 손	11	FW	FW	11	김 호 남		2(1)	0	0	0
0	0	0	1		박 용 지	9	FW	FW	16	송 승 민	30	1(1)	2	0	0
0	0	0	0		김 기 용	41			31	권 정 혁		0	0	0	0
0	0	1	0	후38	김 찬 영	23			9	질베르토		0	0	0	0
0	0	0	0	후33	최 광 희	77			22	조 용 태	후46	1	0	0	0
0	0	0	0		배 천 석	18	대기	대기	13	허 재 녕		0	0	0	0
0	0	0	0		이 규 성	13			3	김 영 빈	후38	0	1	0	0
0	0	0	0		한 지 호	7			37	박 일 권		0	0	0	0
0	0	1	2(1)	후16	웨 슬 리	10			30	주 현 우	후41	0	0	0	0
0	1	12	6(3)			0			0			7(4)	19	0	0

- 전반 6분 주세종 MFL TL FK R-ST-G (득점: 주세종) 오른쪽
- 전반 23분 제종현 GA 정면 내 자책골 (득점: 제종현) 오른쪽
- 전반 3분 이종민 PAR TL FK↷ 임선영 GAR 내 H-ST-G (득점: 임선영, 도움: 이종민) 오른쪽
- 전반 15분 이종민 MF 정면 FK R-ST-G (득점: 이종민) 왼쪽
- 후반 35분 파비오 AKL ~ 김호남 GAL R-ST-G (득점: 김호남, 도움: 파비오) 오른쪽

3월 21일 16 : 00 맑음 제주 월드컵 관중 5,948명
주심_ 고형진 부심_ 장준모·이규환 대기심_ 김대용 감독관_ 김수현

제주 5 3 전반 0 / 2 후반 0 **0 대전**

퇴장	경고	파울	ST(유)	교체	선수명	배번	위치	위치	배번	선수명	교체	ST(유)	파울	경고	퇴장
0	0	0	0		김 호 준	1	GK	GK	31	오 승 훈		0	0	0	0
0	0	1	1(1)		김 영 신	16	DF	DF	5	서 명 식		0	0	0	0
0	0	1	0	2	알 렉 스	15	DF	DF	30	송 주 한	2	0	0	0	0
0	0	1	1	3	오 반 석	4	DF	DF	3	윤 신 영		0	2	1	0
0	0	0	0		김 수 범	22	DF	DF	27	박 재 우		0	0	0	0
0	0	3	0		양 준 아	23	MF	MF	7	김 종 국		0	1	0	0
0	0	0	0	6	윤빛가람	14	MF	MF	13	황 인 범		2(1)	4	0	0
0	0	2	1(1)		송 진 형	10	MF	MF	20	안 상 현		0	0	0	0
0	0	2	3(1)		로 페 즈	7	MF	MF	22	이 현 호	19	0	1	0	0
0	0	0	2(1)		배 기 종	33	MF	FW	11	히칼딩요	14	2	0	0	0
0	0	1	4(3)		강 수 일	11	FW	FW	10	아드리아노		4	1	0	0
0	0	0	0		김 경 민	21			1	박 주 원		0	0	0	0
0	0	0	0		이 용	19			6	김 기 수		0	0	0	0
0	1	1	0	후29	김 상 원	3			29	김 상 필		0	0	0	0
0	0	0	0	전26	정 다 훤	2	대기	대기	2	조 원 득	후0	0	0	0	0
0	0	0	0	후11	허 범 산	6			28	황 지 웅		0	0	0	0
0	0	0	0		진 대 성	17			14	서 명 원	전35	4(1)	1	1	0
0	0	0	0		까 랑 가	20			19	김 찬 희	후0	2	2	0	0
0	1	12	12(7)			0			0			14(2)	12	2	0

- 전반 8분 배기종 AKR ~ 강수일 PK 우측지점 R-ST-G (득점: 강수일, 도움: 배기종) 오른쪽
- 전반 18분 강수일 MFL ~ 로페즈 PAR 내 R-ST-G (득점: 로페즈, 도움: 강수일) 오른쪽
- 전반 32분 윤빛가람 자기측 MF 정면 ~ 배기종 PA 정면 내 R-ST-G (득점: 배기종, 도움: 윤빛가람) 오른쪽
- 후반 4분 로페즈 PAL 내 EL ~ 송진형 GAL R-ST-G (득점: 송진형, 도움: 로페즈) 왼쪽
- 후반 26분 로페즈 AK 정면 ~ 김영신 AKL L-ST-G (득점: 김영신, 도움: 로페즈) 오른쪽

3월 22일 14 : 00 맑음 포항 스틸야드 관중 16,674명
주심_ 김동진 부심_ 윤광열·최민병 대기심_ 김종혁 감독관_ 강창구

포항 2 1 전반 0 / 1 후반 1 **1 서울**

퇴장	경고	파울	ST(유)	교체	선수명	배번	위치	위치	배번	선수명	교체	ST(유)	파울	경고	퇴장
0	1	0	0		신 화 용	1	GK	GK	31	유 상 훈		0	0	0	0
0	0	0	1		김 원 일	13	DF	DF	7	김 치 우		0	2	0	0
0	0	4	0		배 슬 기	24	DF	DF	28	김 동 우	6	0	0	0	0
0	0	1	1		박 선 용	2	DF	DF	3	이 웅 희		0	2	0	0
0	1	2	0		박 선 주	27	DF	DF	27	고 광 민		1(1)	2	0	0
0	0	2	0		황 지 수	9	MF	MF	4	오스마르		0	1	0	0
0	1	2	1		손 준 호	28	MF	MF	29	이 상 협	11	1(1)	1	0	0
0	0	0	2(1)	11	라 자 르	8	FW	MF	22	고 명 진		0	2	1	0
0	0	0	2(2)		김 승 대	12	FW	MF	23	김 민 혁	19	0	2	0	0
0	0	1	0	16	조 찬 호	26	FW	MF	13	고 요 한		0	4	1	0
0	0	0	0	5	고 무 열	18	FW	FW	18	김 현 성		2(1)	2	0	0
0	0	0	0		김 진 영	21			1	김 용 대		0	0	0	0
0	0	0	0		김 준 수	6			6	김 진 규	후31	0	0	0	0
0	0	0	0		이 남 규	33			34	박 용 우		0	0	0	0
0	0	0	0	후41	김 태 수	5	대기	대기	15	최 정 한		0	0	0	0
0	0	0	0		티 아 고	7			19	윤 주 태	후5	2(2)	1	0	0
0	0	1	0	후25	심 동 운	16			11	몰 리 나	후14	2	0	0	0
0	0	1	1	후21	박 성 호	11			14	박 희 성		0	0	0	0
0	3	14	8(3)			0			0			8(5)	19	2	0

- 전반 31분 조찬호 MFR TL ↷ 김승대 PK 우측지점 R-ST-G (득점: 김승대, 도움: 조찬호) 왼쪽
- 후반 11분 황지수 MF 정면 ~ 김승대 PK지점 R-ST-G (득점: 김승대, 도움: 황지수) 왼쪽
- 후반 41분 몰리나 PAL 내 ~ 윤주태 GAL R-ST-G (득점: 윤주태, 도움: 몰리나) 오른쪽

3월 22일 14:00 맑음 탄천 종합 관중 8,369명
주심_ 김희곤 부심_ 노태식·곽승순 대기심_ 김상우 감독관_ 김형남

성남 1 | 0 전반 1 / 1 후반 2 | **3 수원**

퇴장	경고	파울	ST(유)	교체	선수명	배번	위치	위치	배번	선수명	교체	ST(유)	파울	경고	퇴장
0	0	0	0		박준혁	29	GK	GK	21	노동건		0	0	0	0
0	0	0	1		박태민	17	DF	DF	30	신세계		0	2	0	0
0	1	2	0		윤영선	20	DF	DF	39	민상기		0	2	0	0
0	0	2	0		임채민	5	DF	DF	33	홍 철		1	0	0	0
0	1	2	0		김태윤	6	DF	DF	5	조성진		1(1)	4	0	0
0	0	0	0	7	김동희	13	MF	MF	4	오범석		1	1	1	0
0	0	2	1		이종원	22	MF	MF	7	이상호		2(2)	1	0	0
0	0	0	1(1)	14	김두현	8	MF	MF	10	산토스	3	1(1)	0	0	0
0	0	1	0		김성준	18	MF	MF	13	서정진	11	0	1	0	0
0	0	0	1(1)		황의조	16	FW	MF	26	염기훈		3(2)	1	0	0
0	0	0	1	19	히카르도	11	FW	FW	14	정대세	18	0	3	0	0
0	0	0	0		전상욱	1			31	이상욱		0	0	0	0
0	0	0	0		곽해성	2			15	구자룡		0	0	0	0
0	0	0	0		장석원	24			3	양상민	후44	0	0	0	0
0	0	0	0	후11	김철호	7	대기	대기	2	최재수		0	0	0	0
0	0	0	1	후25	정선호	14			20	백지훈		0	0	0	0
0	0	0	0		성봉재	30			11	레 오	후33	0	1	0	0
0	0	1	0	후11	루카스	19			18	카이오	후29	1(1)	1	1	0
0	2	10	6(2)			0			0			10(7)	17	2	0

- 후반 24분 황의조 PK-R-G (득점: 황의조) 가운데
- 전반 46분 염기훈 AKR FK L-ST-G (득점: 염기훈) 왼쪽
- 후반 5분 정대세 PAL ~ 염기훈 GAL L-ST-G (득점: 염기훈, 도움: 정대세) 오른쪽
- 후반 47분 이상호 PAL 내 ↷ 카이오 GA 정면 H-ST-G (득점: 카이오, 도움: 이상호) 왼쪽

3월 22일 16:00 맑음 인천 전용 관중 9,039명
주심_ 이동준 부심_ 정해상·박상준 대기심_ 우상일 감독관_ 김진의

인천 0 | 0 전반 0 / 0 후반 0 | **0 전북**

퇴장	경고	파울	ST(유)	교체	선수명	배번	위치	위치	배번	선수명	교체	ST(유)	파울	경고	퇴장
0	0	0	0		유 현	1	GK	GK	1	권순태		0	0	0	0
0	0	1	1		박대한	25	DF	DF	32	이주용		0	0	0	0
0	0	0	0		김대중	15	DF	DF	16	조성환		0	2	1	0
0	0	1	0		요니치	20	DF	DF	18	윌킨슨		0	2	0	0
0	2	3	0		권완규	2	DF	DF	4	김기희		1	0	0	0
0	0	2	1		김원식	4	MF	MF	5	이 호	23	0	2	1	0
0	0	1	0		조수철	26	MF	MF	17	이재성		0	0	0	0
0	0	0	0	7	김동석	22	MF	MF	8	에닝요		4(1)	0	1	0
0	0	0	2	16	이천수	10	MF	MF	10	레오나르도	20	0	1	0	0
0	1	4	0	3	김인성	11	MF	MF	7	한교원	11	1	0	0	0
0	1	0	3(1)		케 빈	19	FW	FW	9	에 두		0	2	0	0
0	0	0	0		조수혁	21			21	홍정남		0	0	0	0
0	0	0	0		김진환	5			3	김형일		0	0	0	0
0	1	0	0	후28	김용환	3			6	최보경		0	0	0	0
0	0	0	0	후13	김도혁	7	대기	대기	47	문상윤		0	0	0	0
0	0	0	2(1)	후18	이성우	16			11	이승현	후24	0	0	0	0
0	0	0	0		박세직	24			23	김동찬	후30	0	0	0	0
0	0	0	0		김대경	17			20	이동국	후9	3(2)	0	0	0
0	5	12	9(2)			0			0			9(3)	9	3	0

4월 04일 14:00 맑음 서울 월드컵 관중 22,155명
주심_ 김성호 부심_ 정해상·방기열 대기심_ 이동준 감독관_ 김용세

서울 1 | 0 전반 0 / 1 후반 0 | **0 제주**

퇴장	경고	파울	ST(유)	교체	선수명	배번	위치	위치	배번	선수명	교체	ST(유)	파울	경고	퇴장
0	0	0	0		김용대	1	GK	GK	1	김호준		0	0	0	0
0	0	0	0		차두리	5	DF	DF	2	정다훤		0	1	0	0
0	0	1	2(1)		이웅희	3	DF	DF	15	알렉스		0	1	0	0
0	0	2	0		김진규	6	DF	DF	4	오반석		0	2	1	0
0	0	0	0		김치우	7	DF	DF	22	김수범		1(1)	2	1	0
0	0	0	0		오스마르	4	MF	MF	23	양준아		1	3	0	0
0	0	1	0	10	고요한	13	MF	MF	14	윤빛가람		1(1)	0	0	0
0	0	2	2(2)		고명진	22	MF	MF	10	송진형		1	1	0	0
0	1	0	2(2)		몰리나	11	FW	FW	7	로페즈		4(1)	1	0	0
0	0	1	2(2)	91	김현성	18	FW	FW	9	김 현	18	2	2	1	0
0	0	0	1	8	윤일록	17	FW	FW	20	까랑가	11	0	1	0	0
0	0	0	0		유상훈	31			21	김경민		0	0	0	0
0	0	0	0		황현수	24			19	이 용		0	0	0	0
0	0	0	0		고광민	27			27	김봉래		0	0	0	0
0	0	0	0		이상협	29	대기	대기	37	장은규		0	0	0	0
0	0	0	0	후31	이석현	8			33	배기종		0	0	0	0
0	0	0	1(1)	후12	에벨톤	10			18	박수창	후41	0	0	0	0
0	0	1	0	후0	박주영	91			11	강수일	전8	4(3)	1	0	0
0	1	8	10(8)			0			0			14(6)	15	3	0

- 후반 44분 에벨톤 GA 정면 내 R-ST-G (득점: 에벨톤) 오른쪽

4월 04일 14:00 흐림 수원 월드컵 관중 10,708명
주심_ 우상일 부심_ 윤광열·장준모 대기심_ 김동진 감독관_ 김일호

수원 2 | 1 전반 0 / 1 후반 1 | **1 부산**

퇴장	경고	파울	ST(유)	교체	선수명	배번	위치	위치	배번	선수명	교체	ST(유)	파울	경고	퇴장
0	0	0	0		노동건	21	GK	GK	1	이범영		0	0	0	0
0	0	3	0		신세계	30	DF	MF	33	유지훈		1(1)	2	0	0
0	0	2	0		조성진	5	DF	DF	6	이경렬		0	1	1	0
0	0	1	2(2)		민상기	39	DF	DF	23	김찬영		0	3	0	0
0	0	3	1(1)		홍 철	33	DF	MF	15	유지노		0	1	1	0
0	1	2	1(1)		김은선	6	MF	DF	25	닐손주니어	22	0	0	0	0
0	1	1	1(1)		염기훈	26	MF	MF	24	주세종		0	2	2	0
0	0	0	0	18	권창훈	22	MF	MF	14	정석화		0	1	0	0
0	0	3	1(1)	13	레 오	11	MF	FW	10	웨슬리		2(1)	2	0	0
0	0	0	0	7	산토스	10	MF	FW	18	배천석		3(2)	1	0	0
0	1	3	3(2)		정대세	14	FW	FW	9	박용지	7	0	2	0	0
0	0	0	0		이상욱	31			21	이창근		0	0	0	0
0	0	0	0		구자룡	15			5	노행석		0	0	0	0
0	0	0	0		최재수	2			22	전성찬	후0	0	0	0	0
0	0	0	0	후26	서정진	13	대기	대기	77	최광희		0	0	0	0
0	0	0	0		백지훈	20			19	김진규		0	0	0	0
0	0	2	2(1)	전10	이상호	7			7	한지호	후37	0	1	0	0
0	0	0	1	후16	카이오	18			8	윤동민		0	0	0	0
0	3	20	12(9)			0			0			6(4)	16	4	0

- 전반 20분 염기훈 MFR FK ↷ 민상기 GAL 내 H-ST-G (득점: 민상기, 도움: 염기훈) 왼쪽
- 후반 48분 김은선 GAR R-ST-G (득점: 김은선) 왼쪽
- 후반 29분 이범영 자기측 GAL FK ↷ 웨슬리 PAR 내 L-ST-G (득점: 웨슬리, 도움: 이범영) 가운데

4월 04일 14:00 흐리고 비 전주 월드컵 관중 16,638명
주심_ 김종혁 부심_ 노수용·이규환 대기심_ 매호영 감독관_ 김형남

전북 1 0 전반 0 / 1 후반 0 **0 포항**

퇴장	경고	파울	ST(유)	교체	선수명	배번	위치	위치	배번	선수명	교체	ST(유)	파울	경고	퇴장
0	0	0	0		권 순 태	1	GK	GK	1	신 화 용		0	0	0	0
0	0	2	0		이 주 용	32	DF	DF	13	김 원 일		0	0	0	0
0	0	0	0		조 성 환	16	DF	DF	24	배 슬 기		0	2	1	0
0	0	0	0		김 형 일	3	DF	DF	2	박 선 용		0	2	0	0
0	0	2	1		김 기 희	4	DF	DF	27	박 선 주		0	2	0	0
0	0	0	0	6	정 훈	13	MF	MF	9	황 지 수	5	1	0	0	0
0	0	1	0		이 재 성	17	MF	MF	28	손 준 호		2(1)	1	0	0
0	0	1	0	20	문 상 윤	47	MF	FW	8	라 자 르	10	0	5	0	0
0	0	0	4(1)	7	레오나르도	10	MF	FW	12	김 승 대		0	0	0	0
0	0	0	4(2)		에 닝 요	8	MF	FW	26	조 찬 호	7	2(1)	1	0	0
0	0	1	2(1)		에 두	9	FW	FW	18	고 무 열		3(3)	3	0	0
0	0	0	0		홍 정 남	21			21	김 진 영		0	0	0	0
0	0	0	0	후44	최 보 경	6			22	김 대 호		0	0	0	0
0	0	0	0		이 규 로	29			5	김 태 수	후17	0	0	0	0
0	0	1	0	후22	한 교 원	7	대기	대기	10	모 리 츠	후27	0	2	1	0
0	0	0	0		유 창 현	24			7	티 아 고	후36	2	0	0	0
0	0	0	0		김 동 찬	23			16	심 동 운		0	0	0	0
0	0	1	1(1)	후8	이 동 국	20			11	박 성 호		0	0	0	0
0	0	9	12(5)			0			0			10(5)	18	2	0

● 후반 26분 이동국 PAR ↷ 에두 GAL L-ST-G (득점: 에두, 도움: 이동국) 왼쪽

4월 04일 16:00 흐리고 비 대전 월드컵 관중 1,441명
주심_ 이민후 부심_ 이정민·김성일 대기심_ 송민석 감독관_ 한진원

대전 1 1 전반 2 / 0 후반 2 **4 성남**

퇴장	경고	파울	ST(유)	교체	선수명	배번	위치	위치	배번	선수명	교체	ST(유)	파울	경고	퇴장
0	0	0	0		오 승 훈	31	GK	GK	29	박 준 혁		0	0	0	0
0	0	1	0	43	유 연 승	12	DF	DF	17	박 태 민		0	0	0	0
0	1	1	0		윤 원 일	33	DF	DF	20	윤 영 선		1	1	0	0
0	0	3	0		윤 준 성	4	DF	DF	5	임 채 민		1	1	0	0
0	0	3	1		조 원 득	2	DF	DF	2	곽 해 성		1	0	0	0
0	0	0	0		윤 신 영	3	MF	MF	14	정 선 호	18	2	0	0	0
0	0	0	2(2)		아드리아노	10	MF	MF	7	김 철 호		0	6	1	0
0	0	1	1		서 명 원	14	MF	MF	13	김 동 희		4(3)	1	1	0
0	0	0	0	7	안 상 현	20	MF	MF	8	김 두 현	10	7(4)	0	0	0
0	0	2	0	37	황 지 웅	28	MF	MF	19	루 카 스		0	2	0	0
0	1	3	1		사 싸	9	FW	FW	16	황 의 조	11	5(3)	1	0	0
0	0	0	0		박 주 원	1			1	전 상 욱		0	0	0	0
0	0	0	0		서 명 식	5			28	유 청 윤		0	0	0	0
0	0	0	0	후28	이 강 진	43			6	김 태 윤		0	0	0	0
0	0	0	0		황 인 범	13	대기	대기	18	김 성 준	후13	0	0	0	0
0	1	2	3(2)	후0	김 종 국	7			10	조르징요	후23	0	0	0	0
0	0	0	0		김 영 승	15			9	김 동 섭		0	0	0	0
0	0	0	2(2)	후9	정 서 운	37			11	히카르도	후34	0	0	0	0
0	3	16	10(6)			0			0			21(1(	12	2	0

● 전반 11분 황지웅 AK 정면 ~ 아드리아노 AK 내 R-ST-G (득점: 아드리아노, 도움: 황지웅) 오른쪽
● 전반 17분 김두현 GAL L-ST-G (득점: 김두현) 왼쪽
● 전반 20분 김두현 C,KL ↷ 황의조 GAL 내 H-ST-G (득점: 황의조, 도움: 김두현) 왼쪽
● 후반 13분 김동희 PAR EL ↷ 김두현 GAR 내 H-ST-G (득점: 김두현, 도움: 김동희) 오른쪽
● 후반 15분 김성준 MFL ↷ 김두현 GAR R-ST-G (득점: 김두현, 도움: 김성준) 오른쪽

4월 05일 14:00 흐림 울산 문수 관중 4,824명
주심_ 김대용 부심_ 노태식·박상준 대기심_ 김희곤 감독관_ 김진의

울산 2 1 전반 0 / 1 후반 0 **0 광주**

퇴장	경고	파울	ST(유)	교체	선수명	배번	위치	위치	배번	선수명	교체	ST(유)	파울	경고	퇴장
0	1	0	0		김 승 규	1	GK	GK	1	제 종 현		0	0	0	0
0	0	0	0		이 명 재	24	DF	DF	17	이 종 민		3(2)	1	0	0
0	0	3	0		임 창 우	13	DF	DF	4	정 준 연		1	0	0	0
0	0	1	0		김 근 환	39	DF	DF	26	안 영 규		0	1	0	0
0	0	0	0		이 재 성	15	DF	DF	14	이 으 뜸	33	1	1	0	0
0	0	0	1(1)		마 스 다	6	MF	MF	40	이 찬 동		1	4	1	0
0	1	2	0		하 성 민	8	MF	MF	7	여 름		1	1	0	0
0	1	3	0	22	따 르 따	11	MF	MF	5	임 선 영		1(1)	0	0	0
0	0	0	2(1)	27	제파로프	10	MF	FW	22	조 용 태	10	2(1)	0	0	0
0	0	4	6(2)		김 신 욱	9	MF	FW	11	김 호 남		7(7)	0	0	0
0	0	3	3(2)	4	양 동 현	18	FW	FW	9	질베르토	16	2(2)	2	0	0
0	0	0	0		송 유 걸	21			31	권 정 혁		0	0	0	0
0	0	0	0	후38	김 치 곤	22			3	김 영 빈		0	0	0	0
0	0	0	0		유 준 수	17			10	파 비 오	후18	2(1)	1	0	0
0	0	0	0	후24	구 본 상	4	대기	대기	13	허 재 녕		0	0	0	0
0	0	0	0		이 창 용	20			16	송 승 민	후11	1(1)	2	0	0
0	0	0	0		고 창 현	7			30	주 현 우		0	0	0	0
0	1	1	0	후15	안 현 범	27			33	정 호 정	후11	0	0	0	0
0	4	17	12(6)			0			0			22(1[illegible]	13	1	0

● 전반 15분 정준연 GAR L 자책골 (득점: 정준연) 오른쪽
● 후반 8분 이명재 PAL ↷ 김신욱 GAL H-ST-G (득점: 김신욱, 도움: 이명재) 오른쪽

4월 05일 16:00 흐리고 비 광양 전용 관중 4,336명
주심_ 김상우 부심_ 손재선·최민병 대기심_ 고형진 감독관_ 한병화

전남 1 0 전반 0 / 1 후반 0 **0 인천**

퇴장	경고	파울	ST(유)	교체	선수명	배번	위치	위치	배번	선수명	교체	ST(유)	파울	경고	퇴장
0	0	0	0		김 병 지	1	GK	GK	1	유 현		0	0	0	0
0	0	1	0		현 영 민	13	DF	DF	25	박 대 한	28	0	0	0	0
0	0	1	0		김 동 철	20	DF	DF	15	김 대 중		0	4	0	0
0	0	0	0		방 대 종	15	DF	DF	20	요 니 치		0	1	0	0
0	0	1	1(1)		최 효 진	2	DF	DF	17	김 대 경		0	1	0	0
0	0	2	0		김 평 래	12	MF	MF	4	김 원 식		1	4	1	0
0	0	1	0	9	오 르 샤	17	MF	MF	26	조 수 철		4	1	0	0
0	0	2	4(3)	14	이 종 호	8	MF	MF	22	김 동 석	27	1	0	0	0
0	0	0	0	18	정 석 민	16	MF	MF	24	박 세 직	10	0	0	0	0
0	0	0	2(1)		안 용 우	11	MF	MF	11	김 인 성		1	1	0	0
0	0	1	2(2)		스 테 보	10	FW	FW	19	케 빈		3	5	0	0
0	0	0	0		김 민 식	21			21	조 수 혁		0	0	0	0
0	0	0	0		임 종 은	5			5	김 진 환		0	0	0	0
0	0	0	0		레안드리뉴	7			28	백 승 원	후33	0	2	1	0
0	0	0	1	후13	전 현 철	9	대기	대기	14	김 재 웅		0	0	0	0
0	0	0	0	후46	김 영 욱	14			16	이 성 우		0	0	0	0
0	0	0	2(1)	후23	이 창 민	18			27	이 진 욱	후26	1	0	0	0
0	0	0	0		이 지 민	24			10	이 천 수	후0	0	1	0	0
0	0	9	12(8)			0			0			11	20	2	0

● 후반 28분 이종호 AKL R-ST-G (득점: 이종호) 왼쪽

4월 11일 14:00 맑음 대전 월드컵 관중 3,780명
주심_ 김종혁 부심_ 장준모·윤광열 대기심_ 우상일 감독관_ 김일호

대전 1 0 전반 1 / 1 후반 0 **1 울산**

퇴장	경고	파울	ST(유)	교체	선수명	배번	위치	위치	배번	선수명	교체	ST(유)	파울	경고	퇴장
0	0	0	0		박주원	1	GK	GK	1	김승규		0	0	0	0
0	0	0	0		김기수	6	DF	DF	24	이명재	22	0	2	0	0
0	0	0	1		김상필	29	DF	DF	13	임창우		1	2	0	0
0	0	1	1(1)		윤신영	3	DF	DF	39	김근환		0	2	0	0
0	0	0	0		윤준성	4	DF	DF	15	이재성		0	0	0	0
0	0	1	0		조원득	2	DF	MF	4	구본상		1(1)	4	0	0
0	0	1	5(2)	28	아드리아노	10	MF	MF	8	하성민		0	0	1	0
0	0	0	0		김종국	7	MF	MF	11	따르따		2(1)	1	0	0
0	0	1	1(1)		안상현	20	MF	MF	10	제파로프	7	1(1)	1	1	0
0	0	1	3(1)	13	서명원	14	MF	FW	9	김신욱		0	3	0	0
0	0	2	2(1)		사싸	9	FW	FW	18	양동현	17	3(3)	0	0	0
0	0	0	0		오승훈	31	대기	대기	21	송유걸		0	0	0	0
0	0	0	0		김창현	26			22	김치곤	후38	0	0	0	0
0	0	0	0		김영승	15			17	유준수	후29	0	0	0	0
0	0	0	0		유연승	12			6	마스다		0	0	0	0
0	0	0	0	후42	황인범	13			20	이창용		0	0	0	0
0	0	1	0	후31	황지웅	28			27	안현범		0	0	0	0
0	0	0	0		정서운	37			7	고창현	후18	2(1)	0	0	0
0	0	8	13(6)			0			0			10(7)	15	2	0

● 후반 20분 서명원 AK 정면 R-ST-G (득점: 서명원) 왼쪽

● 전반 44분 제파로프 PAL FK ↷ 양동현 GA 정면 H-ST-G (득점: 양동현, 도움: 제파로프) 오른쪽

4월 11일 14:00 맑음 탄천 종합 관중 3,135명
주심_ 이동준 부심_ 정해상·이규환 대기심_ 김대용 감독관_ 강창구

성남 1 0 전반 0 / 1 후반 0 **0 부산**

퇴장	경고	파울	ST(유)	교체	선수명	배번	위치	위치	배번	선수명	교체	ST(유)	파울	경고	퇴장
0	0	0	0		박준혁	29	GK	GK	21	이창근		0	0	0	0
0	0	1	1(1)		박태민	17	DF	DF	23	김찬영		0	2	0	0
0	0	0	0		윤영선	20	DF	DF	25	닐손주니어	2	1(1)	1	0	0
0	0	0	0		임채민	5	DF	DF	5	노행석		1	2	1	0
0	0	0	0		곽해성	2	DF	MF	6	이경렬		0	0	0	0
0	0	0	0		정선호	14	MF	MF	22	전성찬	9	2(1)	1	0	0
0	0	2	0		김철호	7	MF	MF	20	김용태		1	0	0	0
0	0	1	0	8	김성준	18	MF	MF	15	유지노		1(1)	1	0	0
0	1	4	3(2)	11	김동섭	9	MF	FW	77	최광희		3(1)	1	0	0
0	0	2	0	10	루카스	19	MF	FW	18	배천석	8	3(2)	0	0	0
0	0	2	3		황의조	16	FW	FW	7	한지호		3	0	0	0
0	0	0	0		전상욱	1	대기	대기	1	이범영		0	0	0	0
0	0	0	0		이태희	25			30	안세희		0	0	0	0
0	0	0	0		장석원	24			2	박준강	후36	0	0	0	0
0	0	0	2(1)	후12	김두현	8			19	김진규		0	0	0	0
0	0	0	0		김동희	13			14	정석화		0	0	0	0
0	1	2	0	후0	조르징요	10			9	박용지	후19	1	1	0	0
0	0	0	1(1)	후28	히카르도	11			8	윤동민	후40	0	0	0	0
0	2	14	10(5)			0			0			16(6	9	1	0

● 후반 33분 히카르도 PK-R-G (득점: 히카르도) 오른쪽

4월 11일 16:00 맑음 제주 월드컵 관중 6,078명
주심_ 김희곤 부심_ 손재선·곽승순 대기심_ 이민후 감독관_ 한진원

제주 1 0 전반 0 / 1 후반 0 **0 포항**

퇴장	경고	파울	ST(유)	교체	선수명	배번	위치	위치	배번	선수명	교체	ST(유)	파울	경고	퇴장
0	0	0	0		김호준	1	GK	GK	1	신화용		0	0	0	0
0	0	0	1(1)		정다훤	2	DF	DF	13	김원일		0	0	0	0
0	0	0	1(1)		알렉스	15	DF	DF	24	배슬기		0	0	0	0
0	0	1	0		오반석	4	DF	DF	27	박선주		1	3	0	0
0	0	1	0		김수범	22	DF	DF	22	김대호		0	2	0	0
0	0	2	0		양준아	23	MF	MF	5	김태수		0	0	0	0
0	0	0	0		윤빛가람	14	MF	MF	28	손준호		3(1)	1	0	0
0	0	2	1	17	로페즈	7	MF	FW	8	라자르	39	0	0	0	0
0	0	0	4(1)	16	송진형	10	FW	FW	12	김승대		3(2)	0	0	0
0	0	1	2(2)	33	김현	9	FW	FW	16	심동운	26	1(1)	2	0	0
0	0	1	0		강수일	11	FW	FW	18	고무열	11	2(2)	1	0	0
0	0	0	0		김경민	21	대기	대기	21	김진영		0	0	0	0
0	0	0	0		김봉래	27			2	박선용		0	0	0	0
0	0	0	1	후23	김영신	16			9	황지수		0	0	0	0
0	0	0	0		장은규	37			39	이광혁	전36	0	0	0	0
0	1	0	1	후0	배기종	33			7	티아고		0	0	0	0
0	0	0	0		박수창	18			26	조찬호	후21	0	1	0	0
0	0	0	0	후45	진대성	17			11	박성호	후28	0	2	1	0
0	1	8	11(5)			0			0			10(6)	12	1	0

● 후반 24분 정다훤 GAR R-ST-G (득점: 정다훤) 오른쪽

4월 12일 14:00 흐림 인천 전용 관중 9,767명
주심_ 송민석 부심_ 노태식·노수용 대기심_ 박병진 감독관_ 하재훈

인천 1 0 전반 1 / 1 후반 0 **1 서울**

퇴장	경고	파울	ST(유)	교체	선수명	배번	위치	위치	배번	선수명	교체	ST(유)	파울	경고	퇴장
0	0	0	0	21	유현	1	GK	GK	1	김용대		0	0	0	0
0	1	2	0		박대한	25	DF	DF	7	김치우		0	0	0	0
0	0	1	0		김대중	15	DF	DF	4	오스마르		0	2	0	0
0	0	0	1(1)		요니치	20	DF	DF	6	김진규		0	1	0	0
0	0	0	0		권완규	2	DF	DF	5	차두리		1	2	0	0
0	0	1	0	8	김진환	5	MF	MF	34	박용우	8	0	1	0	0
0	2	1	1(1)		조수철	26	MF	MF	22	고명진		1	1	0	0
0	0	1	0		김동석	22	MF	MF	13	고요한	17	0	0	0	0
0	0	2	3(2)	27	이천수	10	MF	FW	10	에벨톤	18	2(2)	1	0	0
0	0	5	2(2)		김인성	11	MF	FW	11	몰리나		0	2	1	0
0	1	3	3		케빈	19	FW	FW	91	박주영		1(1)	1	0	0
0	0	0	0	후50	조수혁	21	대기	대기	31	유상훈		0	0	0	0
0	0	0	0		이윤표	77			3	이웅희		0	0	0	0
0	0	0	0		용재현	13			28	김동우		0	0	0	0
0	0	0	0	후42	안진범	8			27	고광민		0	0	0	0
0	0	0	0		박세직	24			8	이석현	후37	0	0	0	0
0	0	0	1(1)	후33	이진욱	27			17	윤일록	후20	0	0	0	0
0	0	0	0		진성욱	18			18	김현성	후32	1(1)	0	0	0
0	4	16	11(7)			0			0			6(4)	11	1	0

● 후반 4분 케빈 GA 정면 ↷ 김인성 GAL 내 R-ST-G (득점: 김인성, 도움: 케빈) 왼쪽

● 전반 9분 박주영 PK-R-G (득점: 박주영) 왼쪽

4월 12일 14 : 00 흐림 광양 전용 관중 6,486명
주심_ 고형진 부심_ 이정민·방기열 대기심_ 김성호 감독관_ 김용세

전남 1 1 전반 1 / 0 후반 0 **1 수원**

퇴장	경고	파울	ST(유)	교체	선수명	배번	위치	위치	배번	선수명	교체	ST(유)	파울	경고	퇴장
0	0	0	0		김병지	1	GK	GK	21	노동건		0	0	0	0
0	1	2	0		현영민	13	DF	DF	4	오범석		0	2	1	0
0	0	1	0		김동철	20	DF	DF	39	민상기	34	1(1)	1	0	0
0	0	2	0		방대종	15	DF	DF	3	양상민		1(1)	1	0	0
0	0	3	0		최효진	2	DF	DF	33	홍철		1(1)	1	0	0
0	0	0	2		김평래	12	MF	MF	6	김은선		1	1	0	0
0	0	0	0	9	김영욱	14	MF	MF	26	염기훈		1	1	0	0
0	0	0	1(1)		이창민	18	MF	MF	22	권창훈		2(2)	0	0	0
0	1	5	1(1)	5	이종호	8	FW	MF	11	레오	13	0	0	0	0
0	0	2	2(2)		스테보	10	FW	MF	10	산토스	7	0	1	0	0
0	0	0	2(2)	7	안용우	11	FW	FW	18	카이오		2(1)	0	0	0
0	0	0	0		김민식	21	대기	대기	31	이상욱		0	0	0	0
0	0	0	0	후41	임종은	5	대기	대기	34	연제민	후22	0	0	0	0
0	0	0	0	후35	레안드리뉴	7	대기	대기	30	신세계		0	0	0	0
0	0	0	1(1)	후14	전현철	9	대기	대기	2	최재수		0	0	0	0
0	0	0	0		정석민	16	대기	대기	13	서정진	후7	1	1	0	0
0	0	0	0		오르샤	17	대기	대기	7	이상호	후15	2	0	0	0
0	0	0	0		이지민	24	대기	대기	14	정대세		0	0	0	0
0	2	15	9(7)			0			0			12(6)	9	1	0

● 전반 35분 김영욱 PK 좌측지점 ~ 이종호 GA 정면 L-ST-G (득점: 이종호, 도움: 김영욱) 오른쪽

● 전반 25분 염기훈 C.KR ↷ 양상민 GA 정면 내 H-ST-G (득점: 양상민, 도움: 염기훈) 왼쪽

4월 12일 16 : 00 흐림 목포 축구센터 관중 3,064명
주심_ 김동진 부심_ 김성일·최민병 대기심_ 김상우 감독관_ 전인석

광주 2 1 전반 2 / 1 후반 1 **3 전북**

퇴장	경고	파울	ST(유)	교체	선수명	배번	위치	위치	배번	선수명	교체	파울	ST(유)	경고	퇴장
0	0	0	0		권정혁	31	GK	GK	1	권순태		0	0	1	0
0	0	0	0		이종민	17	DF	DF	32	이주용		1	2	0	0
0	0	0	0		정준연	4	DF	DF	3	김형일		1	0	0	0
0	1	2	0		김영빈	3	DF	DF	16	조성환		0	0	0	0
0	0	0	0		정호정	33	DF	DF	4	김기희		1	0	0	0
0	0	4	0		이찬동	40	MF	MF	6	최보경		2	0	0	0
0	0	1	0		여름	7	MF	MF	47	문상윤	8	4	1	0	0
0	0	0	0	10	임선영	5	MF	MF	17	이재성		2	0	0	0
0	0	0	2(2)	12	조용태	22	MF	MF	10	레오나르도	23	1	3(2)	0	0
0	0	0	0	30	안성남	34	MF	MF	7	한교원		1	1(1)	1	0
0	0	7	0		질베르토	9	FW	FW	20	이동국	9	0	2	0	0
0	0	0	0		제종현	1	대기	대기	21	홍정남		0	0	0	0
0	0	0	0		오도현	6	대기	대기	18	윌킨슨		0	0	0	0
0	0	0	1(1)	후반7	파비오	10	대기	대기	29	이규로		0	0	0	0
0	0	0	1(1)	후반4	김성현	12	대기	대기	13	정훈		0	0	0	0
0	0	0	0		이으뜸	14	대기	대기	8	에닝요	후반1	1	2	1	0
0	0	0	0		안영규	26	대기	대기	23	김동찬	후반2	2	0	0	0
0	0	0	1	후반7	주현우	30	대기	대기	9	에두	후반1	1	1	0	0
0	1	14	5(4)			0			0			17	12(3)	3	0

● 전반 21분 여름 MF정면 ∩ 조용태 GAR L-ST-G (득점:조용태, 도움:여름)왼쪽

● 후반 45분 김기희 GA 정면 자책골 (득점:김기희)가운데

● 전반 41분 이재성 AK정면 ~ 레오나르도 GAL L-ST-G (득점:레오나르도, 도움:이재성)왼쪽

● 전반 45분 한교원 PK지점 L-ST-G (득점:한교원)가운데

● 후반 9분 한교원 PAR ~ 레오나르도 GAL R-ST-G (득점:레오나르도, 도움:한교원)왼쪽

4월 15일 19 : 00 맑음 부산 아시아드 관중 2,038명
주심_ 고형진 부심_ 노태식·이정민 대기심_ 김종혁 감독관_ 김형남

부산 1 0 전반 0 / 1 후반 2 **2 전북**

퇴장	경고	파울	ST(유)	교체	선수명	배번	위치	위치	배번	선수명	교체	ST(유)	파울	경고	퇴장
0	0	0	0		이창근	21	GK	GK	1	권순태		0	0	0	0
0	0	1	0		김찬영	23	DF	DF	32	이주용		0	1	0	0
0	0	1	0		닐손주니어	25	DF	DF	18	윌킨슨		0	0	0	0
0	0	5	1		노행석	5	DF	DF	16	조성환		0	0	0	0
0	0	0	0		유지노	15	MF	DF	29	이규로		2	2	0	0
0	0	0	0		박준강	2	MF	MF	4	김기희		3(1)	5	1	0
0	0	1	1(1)		주세종	24	MF	MF	13	정훈	20	0	3	0	0
0	0	1	1	77	홍동현	26	MF	MF	8	에닝요	10	0	1	0	0
0	0	0	4(3)	10	한지호	7	FW	MF	17	이재성		0	1	0	0
0	0	2	1(1)		배천석	18	FW	MF	7	한교원	22	1	0	0	0
0	0	3	2(2)	11	박용지	9	FW	FW	9	에두		0	1	0	0
0	0	0	0		이범영	1	대기	대기	21	홍정남		0	0	0	0
0	0	0	0		이경렬	6	대기	대기	6	최보경		0	0	0	0
0	0	0	0	후38	최광희	77	대기	대기	26	이재명		0	0	0	0
0	0	0	0		김진규	19	대기	대기	47	문상윤		0	0	0	0
0	0	0	0		윤동민	8	대기	대기	10	레오나르도	후7	1(1)	1	0	0
0	0	1	0	후29	웨슬리	10	대기	대기	22	이상협	후28	0	1	0	0
0	0	0	1(1)	후43	베르손	11	대기	대기	20	이동국	후7	5(2)	1	1	0
0	0	15	11(8)			0			0			12(4)	17	2	0

● 후반 6분 주세종 PAL TL FK→ 박용지 GAL L-ST-G (득점: 박용지, 도움: 주세종) 왼쪽

● 후반 32분 에두 GAR → 이동국 GA 정면 내 R-ST-G (득점: 이동국, 도움: 에두) 가운데

● 후반 41분 레오나르도 AKR FK R-ST-G (득점: 레오나르도) 오른쪽

4월 15일 19 : 30 맑음 포항 스틸야드 관중 5,731명
주심_ 우상일 부심_ 이규환·최민병 대기심_ 송민석 감독관_ 김진의

포항 4 1 전반 0 / 3 후반 1 **1 전남**

퇴장	경고	파울	ST(유)	교체	선수명	배번	위치	위치	배번	선수명	교체	ST(유)	파울	경고	퇴장
0	0	0	0		신화용	1	GK	GK	21	김민식		0	0	0	0
0	0	2	1		김원일	13	DF	DF	2	최효진		0	0	1	0
0	0	2	0		배슬기	24	DF	DF	20	김동철		0	1	0	0
0	0	1	0		김대호	22	DF	DF	5	임종은		0	0	0	0
0	0	1	0		박선용	2	DF	DF	3	김태호	14	0	1	0	0
0	0	0	0	9	김태수	5	MF	MF	12	김평래	24	0	0	0	0
0	0	2	5(3)		손준호	28	MF	MF	18	이창민		5	2	0	0
0	0	0	1(1)		김승대	12	FW	FW	17	오르샤	7	2	1	1	0
0	0	0	1(1)		문창진	19	FW	FW	8	이종호		1(1)	1	0	0
0	0	1	1(1)	11	이광혁	39	FW	FW	11	안용우		0	0	0	0
0	1	0	5(2)	26	티아고	7	FW	FW	9	전현철		3	1	0	0
0	0	0	0		김진영	21	대기	대기	30	한유성		0	0	0	0
0	0	0	0		박선주	27	대기	대기	6	이지남		0	0	0	0
0	0	0	0		이재원	15	대기	대기	7	레안드리뉴	후16	0	1	0	0
0	0	0	0	후35	황지수	9	대기	대기	14	김영욱	전37	1(1)	1	0	0
0	0	1	0	후26	조찬호	26	대기	대기	16	정석민		0	0	0	0
0	0	0	0		고무열	18	대기	대기	22	고병욱		0	0	0	0
0	0	1	0	후39	박성호	11	대기	대기	24	이지민	후22	0	0	0	0
0	1	11	14(8)			0			0			12(2	9	2	0

● 전반 32분 손준호 AK 정면 ~ 문창진 PAL 내 L-ST-G (득점: 문창진, 도움: 손준호) 오른쪽

● 후반 15분 손준호 GAL 내 R-ST-G (득점: 손준호) 왼쪽

● 후반 17분 박선용 PAR ~ 손준호 PK 우측지점 R-ST-G (득점: 손준호, 도움: 박선용) 왼쪽

● 후반 32분 김승대 GAR R-ST-G (득점: 김승대) 가운데

● 후반 48분 김영욱 AKR R-ST-G (득점: 김영욱) 오른쪽

4월 15일 19:30 맑음 울산 문수 관중 3,401명
주심_ 김동진 부심_ 정해상·곽승순 대기심_ 임정수 감독관_ 강창구

울산 1 1 전반 0 / 0 후반 1 **1 수원**

퇴장	경고	파울	ST(유)	교체	선수명	배번	위치	위치	배번	선수명	교체	ST(유)	파울	경고	퇴장
0	0	0	0		김승규	1	GK	GK	21	노동건		0	0	0	0
0	0	1	0		이명재	24	DF	DF	4	오범석		0	1	0	0
0	0	2	1(1)		임창우	13	DF	DF	5	조성진		0	2	1	0
0	0	1	0		김근환	39	DF	DF	3	양상민		0	2	0	0
0	0	1	0		이재성	15	DF	DF	33	홍 철		0	0	0	0
0	0	0	1(1)	4	마스다	6	MF	MF	6	김은선		0	2	0	0
0	0	5	0		하성민	8	MF	MF	19	장현수	20	2(2)	1	0	0
0	0	2	1	9	따르따	11	MF	MF	22	권창훈		1	0	0	0
0	0	4	0		김태환	16	MF	MF	11	레 오	26	0	0	0	0
0	0	2	2(1)		제파로프	10	MF	MF	10	산토스	14	0	1	0	0
0	0	0	1(1)	27	양동현	18	FW	FW	18	카이오		1(1)	1	1	0
0	0	0	0		송유걸	21			31	이상욱		0	0	0	0
0	0	0	0		정승현	5			34	연제민		0	0	0	0
0	0	0	0		정동호	2			30	신세계		0	0	0	0
0	0	0	0	후17	구본상	4	대기	대기	15	구자룡		0	0	0	0
0	0	0	0		고창현	7			20	백지훈	후36	0	0	0	0
0	0	0	0	후26	안현범	27			26	염기훈	후0	0	1	0	0
0	1	0	1	후16	김신욱	9			14	정대세	후12	1	2	0	0
0	1	18	7(4)			0			0			5(3)	13	2	0

● 전반 45분 김태환 PAL내 EL ∩ 임창우 GAR내 H-ST-G (득점: 임창우, 도움: 김태환) 가운데

● 후반 21분 염기훈 PAL ∩ 카이오 GA 정면 H-ST-G (득점: 카이오, 도움: 염기훈)오른쪽

4월 15일 19:30 맑음 탄천 종합 관중 1,902명
주심_ 김성호 부심_ 장준모·방기열 대기심_ 임원택 감독관_ 김수현

성남 0 0 전반 0 / 0 후반 0 **0 인천**

퇴장	경고	파울	ST(유)	교체	선수명	배번	위치	위치	배번	선수명	교체	ST(유)	파울	경고	퇴장
0	0	0	0		박준혁	29	GK	GK	21	조수혁		0	0	0	0
0	1	3	0		박태민	17	DF	DF	25	박대한		0	2	1	0
0	0	1	0		윤영선	20	DF	DF	5	김진환		0	0	0	0
0	0	0	1		임채민	5	DF	DF	20	요니치		0	1	0	0
0	0	0	1(1)		곽해성	2	DF	DF	2	권완규		2	0	0	0
0	0	3	0		정선호	14	MF	MF	4	김원식		0	2	1	0
0	0	6	2(2)		김철호	7	MF	MF	8	안진범	18	1	0	0	0
0	0	2	0		김두현	8	MF	MF	22	김동석		0	4	1	0
0	0	0	0	11	김동섭	9	MF	MF	10	이천수	17	2(1)	0	0	0
0	1	3	1(1)	13	조르징요	10	MF	MF	24	박세직	11	2(2)	0	0	0
0	0	3	4		황의조	16	FW	FW	19	케 빈		3(2)	2	0	0
0	0	0	0		전상욱	1			31	이태희		0	0	0	0
0	0	0	0		이태희	25			13	용재현		0	0	0	0
0	0	0	0		장석원	24			15	김대중		0	0	0	0
0	0	0	0		김성준	18	대기	대기	14	김재웅		0	0	0	0
0	0	0	0	후41	김동희	13			17	김대경	후34	0	0	0	0
0	0	0	0		루카스	19			11	김인성	후6	0	0	1	0
0	0	1	0	후0	히카르도	11			18	진성욱	후26	0	2	0	0
0	2	22	9(4)			0			0			10(5)	13	4	0

4월 15일 19:30 흐림 서울 월드컵 관중 7,186명
주심_ 김희곤 부심_ 손재선·김성일 대기심_ 이동준 감독관_ 김정식

서울 1 0 전반 0 / 1 후반 0 **0 대전**

퇴장	경고	파울	ST(유)	교체	선수명	배번	위치	위치	배번	선수명	교체	ST(유)	파울	경고	퇴장
0	0	0	0		유상훈	31	GK	GK	1	박주원		0	0	0	0
0	0	0	0		고광민	27	DF	DF	6	김기수		0	1	0	0
0	0	0	0		오스마르	4	DF	DF	29	김상필		0	0	0	0
0	0	1	0		이웅희	3	DF	DF	3	윤신영		0	0	0	0
0	0	0	1		고요한	13	DF	DF	4	윤준성		1	1	0	0
0	0	0	2(1)		고명진	22	MF	DF	2	조원득	22	0	0	0	0
0	0	0	1(1)	6	이상협	29	MF	MF	10	아드리아노		1(1)	2	0	0
0	0	0	3(2)		윤일록	17	MF	MF	7	김종국	37	0	1	0	0
0	0	1	2(2)		에벨톤	10	MF	MF	20	안상현		2	4	2	0
0	0	0	2(1)	18	윤주태	19	MF	MF	14	서명원		2(1)	3	0	0
0	1	3	0	34	박주영	91	FW	FW	9	사 싸	11	0	1	0	0
0	0	0	0		김용대	1			31	오승훈		0	0	0	0
0	0	0	0	후25	김진규	6			15	김영승		0	0	0	0
0	0	0	0		심상민	21			22	이현호	후25	0	0	0	0
0	0	1	0	후33	박용우	34	대기	대기	13	황인범		0	0	0	0
0	0	0	0		최정한	15			28	황지웅		0	0	0	0
0	0	0	0		심제혁	40			11	히칼딩요	후29	0	0	0	0
0	0	1	2(1)	후0	김현성	18			37	정서운	후35	1(1)	0	0	0
0	1	7	13(8)			0			0			7(3)	13	2	0

● 후반 17분 윤일록 PAR 내 ↷ 김현성 GAR 내 H-ST-G (득점: 김현성, 도움: 윤일록) 왼쪽

4월 15일 19:30 맑음 제주 월드컵 관중 3,013명
주심_ 김상우 부심_ 노수용·윤광열 대기심_ 김우성 감독관_ 한병화

제주 2 1 전반 0 / 1 후반 1 **1 광주**

퇴장	경고	파울	ST(유)	교체	선수명	배번	위치	위치	배번	선수명	교체	ST(유)	파울	경고	퇴장
0	0	0	0		김호준	1	GK	GK	31	권정혁		0	0	0	0
0	0	0	1		김봉래	27	DF	DF	33	정호정		2(2)	1	0	0
0	0	0	0		알렉스	15	DF	DF	4	정준연		0	1	0	0
0	0	1	1		오반석	4	DF	DF	26	안영규		0	3	0	0
0	0	1	0		이 용	19	DF	DF	14	이으뜸	17	1	1	0	0
0	1	3	0		장은규	37	MF	MF	40	이찬동		0	0	0	0
0	0	4	0		윤빛가람	14	MF	MF	7	여 름		0	1	1	0
0	0	0	1(1)	10	김영신	16	MF	MF	10	파비오		2(1)	0	0	0
0	0	2	3(2)	18	배기종	33	FW	MF	30	주현우		0	2	0	0
0	0	0	5(3)		로페즈	7	FW	MF	34	안성남	22	0	1	0	0
0	0	1	2(1)	9	강수일	11	FW	FW	9	질베르토	12	1(1)	0	0	0
0	0	0	0		김형록	41			1	제종현		0	0	0	0
0	0	0	0		허범산	6			3	김영빈		0	0	0	0
0	0	0	0		양준아	23			6	오도현		0	0	0	0
0	0	1	2(2)	후9	송진형	10	대기	대기	12	김성현	후35	0	2	0	0
0	0	0	0	후37	박수창	18			13	허재녕		0	0	0	0
0	0	0	0		진대성	17			17	이종민	후18	0	0	0	0
0	1	1	1(1)	후26	김 현	9			22	조용태	전34	0	0	0	0
0	2	14	16(10)			0			0			6(4)	12	1	0

● 전반 15분 배기종 MF 정면 ~ 강수일 PK 우측지점 R-ST-G (득점: 강수일, 도움: 배기종) 오른쪽

● 후반 13분 배기종 GAL 내 R-ST-G (득점: 배기종) 왼쪽

● 후반 4분 여름 PAL ↷ 질베르토 GA 정면 내 H-ST-G (득점: 질베르토, 도움: 여름) 오른쪽

4월 18일 15:00 맑음 수원 월드컵 관중 26,250명
주심_ 김종혁 부심_ 노태식·최민병 대기심_ 김상우 감독관_ 김용세

수원 5 1 전반 1 / 4 후반 0 **1 서울**

퇴장	경고	파울	ST(유)	교체	선수명	배번	위치	위치	배번	선수명	교체	ST(유)	파울	경고	퇴장
0	0	0	0		노동건	21	GK	GK	1	김용대		0	0	0	0
0	0	0	0	30	오범석	4	DF	DF	27	고광민		0	1	0	0
0	1	1	0	34	조성진	5	DF	DF	3	이웅희		0	0	0	0
0	0	0	1		양상민	3	DF	DF	6	김진규		1	3	1	0
0	0	1	1		홍 철	33	DF	DF	5	차두리	10	0	0	0	0
0	0	2	0		김은선	6	MF	MF	4	오스마르		0	2	0	0
0	0	0	1(1)		염기훈	26	MF	MF	22	고명진		1(1)	2	1	0
0	0	0	0	18	권창훈	22	MF	MF	13	고요한		1(1)	1	0	0
0	0	4	3(3)		이상호	7	MF	FW	17	윤일록		3(2)	1	0	0
0	0	2	0		서정진	13	MF	FW	11	몰리나	19	2(1)	0	0	0
0	0	0	4(3)		정대세	14	FW	FW	18	김현성	91	1	0	0	0
0	0	0	0		정성룡	1			31	유상훈		0	0	0	0
0	0	1	0	전42	신세계	30			7	김치우		0	0	0	0
0	0	0	0	후26	연제민	34			29	이상협		0	0	0	0
0	0	0	0		고차원	12	대기	대기	34	박용우		0	0	0	0
0	0	0	0		백지훈	20			19	윤주태	후26	0	0	0	0
0	0	0	0		레 오	11			10	에벨톤	전46	0	0	0	0
0	0	0	2	후33	카이오	18			91	박주영	후0	0	0	0	0
0	1	11	12(7)			0			0			9(5)	10	2	0

- ●전반 22분 정대세 GAR H ↷ 이상호 GA 정면 내 H-ST-G (득점: 이상호, 도움: 정대세) 왼쪽
- ●후반 3분 정대세 AKR ~ 염기훈 GAL L-ST-G (득점: 염기훈, 도움: 정대세) 왼쪽
- ●후반 7분 염기훈 C.KR ↷ 이상호 GA 정면 H-ST-G (득점: 이상호, 도움: 염기훈) 왼쪽
- ●후반 22분 정대세 PAL 내 R-ST-G (득점: 정대세) 왼쪽
- ●후반 44분 염기훈 HL 정면 ~ 정대세 GA 정면 R-ST-G (득점: 정대세, 도움: 염기훈) 오른쪽
- ●전반 43분 몰리나 PA 정면 FK L-ST-G (득점: 몰리나) 오른쪽

4월 18일 14:00 맑음 전주 월드컵 관중 13,120명
주심_ 이동준 부심_ 정해상·김성일 대기심_ 박병진 감독관_ 김일호

전북 1 0 전반 0 / 1 후반 0 **0 제주**

퇴장	경고	파울	ST(유)	교체	선수명	배번	위치	위치	배번	선수명	교체	ST(유)	파울	경고	퇴장
0	0	0	0		권순태	1	GK	GK	1	김호준		0	0	0	0
0	0	2	0		이주용	32	DF	DF	4	오반석		1	2	0	0
0	0	2	1		조성환	16	DF	DF	15	알렉스		1	1	1	0
0	0	2	0		김형일	3	DF	DF	2	정다휜		0	0	0	0
0	0	1	0		김기희	4	DF	DF	22	김수범		0	2	0	0
0	1	2	0		최보경	6	MF	MF	23	양준아	37	1	2	0	0
0	0	1	1		이재성	17	MF	MF	14	윤빛가람		1	0	0	0
0	0	1	4(2)	22	레오나르도	10	MF	MF	10	송진형	34	0	0	0	0
0	0	1	1(1)	8	한교원	7	MF	FW	7	로페즈		3(2)	1	0	0
0	1	0	4(4)		에 두	9	MF	FW	11	강수일	33	1	0	0	0
0	0	0	3		이동국	20	FW	FW	9	김 현		3(2)	3	0	0
0	0	0	0		홍정남	21			21	김경민		0	0	0	0
0	0	0	0		윌킨슨	18			19	이 용		0	0	0	0
0	0	0	0		이규로	29			27	김봉래		0	0	0	0
0	0	0	0		정 훈	13	대기	대기	16	김영신		0	0	0	0
0	0	1	0	후34	에닝요	8			37	장은규	후32	0	1	0	0
0	1	1	0	후34	이상협	22			34	정영총	후36	0	0	0	0
0	0	0	0		김동찬	23			33	배기종	후17	2(1)	0	0	0
0	3	14	14(7)			0			0			13(5)	12	1	0

- ●후반 12분 한교원 PAR ~ 레오나르도 PK 좌측지점 L-ST-G (득점: 레오나르도, 도움: 한교원) 가운데

4월 18일 16:00 비 목포 축구센터 관중 1,158명
주심_ 송민석 부심_ 이정민·곽승순 대기심_ 김동진 감독관_ 하재훈

광주 0 0 전반 0 / 0 후반 0 **0 성남**

퇴장	경고	파울	ST(유)	교체	선수명	배번	위치	위치	배번	선수명	교체	ST(유)	파울	경고	퇴장
0	0	0	0		권정혁	31	GK	GK	29	박준혁		0	0	0	0
0	0	2	0		이종민	17	DF	DF	17	박태민		0	2	0	0
0	0	3	0		정준연	4	DF	DF	20	윤영선		0	1	0	0
0	1	1	0		안영규	26	DF	DF	5	임채민		0	2	1	0
0	0	3	0		정호정	33	DF	DF	2	곽해성		1(1)	2	0	0
0	1	4	0	6	이찬동	40	MF	MF	14	정선호		1(1)	0	0	0
0	0	2	1	19	여 름	7	MF	MF	18	김성준		1(1)	1	0	0
0	0	0	0		임선영	5	MF	MF	10	조르징요		1	0	0	0
0	0	0	1		주현우	30	MF	MF	30	성봉재	16	0	5	0	0
0	0	0	1(1)		조용태	22	MF	MF	19	루카스	8	0	1	0	0
0	1	3	1	10	질베르토	9	FW	FW	11	히카르도	13	0	1	1	0
0	0	0	0		제종현	1			1	전상욱		0	0	0	0
0	0	0	0		김영빈	3			25	이태희		0	0	0	0
0	0	1	0	후32	오도현	6			24	장석원		0	0	0	0
0	0	1	1(1)	후9	파비오	10	대기	대기	8	김두현	후0	0	0	0	0
0	0	0	0		김성현	12			13	김동희	후35	0	0	0	0
0	0	0	0	후43	박선홍	19			22	이종원		0	0	0	0
0	0	0	0		박일권	37			16	황의조	후0	0	0	0	0
0	3	20	5(2)			0			0			4(3)	15	2	0

4월 19일 14:00 비 인천 전용 관중 2,352명
주심_ 이민후 부심_ 손재선·이규환 대기심_ 우상일 감독관_ 한진원

인천 1 0 전반 1 / 1 후반 0 **1 울산**

퇴장	경고	파울	ST(유)	교체	선수명	배번	위치	위치	배번	선수명	교체	ST(유)	파울	경고	퇴장
0	0	0	0		조수혁	21	GK	GK	1	김승규		0	0	0	0
0	0	2	1(1)		김대경	17	DF	DF	24	이명재		1(1)	1	0	0
0	0	0	0		김대중	15	DF	DF	13	임창우		0	0	0	0
0	0	2	1		요니치	20	DF	DF	39	김근환		0	1	0	0
0	0	0	0		권완규	2	DF	DF	15	이재성		0	2	1	0
0	0	2	1		김원식	4	MF	MF	4	구본상		1(1)	3	1	0
0	0	0	1(1)		조수철	26	MF	MF	8	하성민		0	1	0	0
0	1	1	0	8	김동석	22	MF	MF	27	안현범	5	3(1)	1	0	0
0	0	1	2(2)	18	이천수	10	MF	MF	10	제파로프	6	2(1)	3	0	0
0	0	2	2(1)		김인성	11	MF	MF	16	김태환		2(1)	0	0	0
0	0	1	0	24	케 빈	19	FW	FW	18	양동현	9	0	1	0	0
0	0	0	0		이태희	31			21	송유걸		0	0	0	0
0	0	0	0		용재현	13			5	정승현	후27	0	2	0	0
0	0	0	0		김진환	5			2	정동호		0	0	0	0
0	0	0	0	후0	안진범	8	대기	대기	6	마스다	후31	0	1	0	0
0	0	0	0		김재웅	14			11	따르따		0	0	0	0
0	0	0	2(2)	후33	박세직	24			7	고창현		0	0	0	0
0	0	0	1(1)	후22	진성욱	18			9	김신욱	후38	0	0	0	0
0	1	11	11(8)			0			0			9(5)	16	2	0

- ●후반 41분 박세직 AK 정면 FK L-ST-G (득점: 박세직) 오른쪽
- ●전반 18분 김근환 PK 우측지점 ~ 김태환 GAL R-ST-G (득점: 김태환, 도움: 김근환) 오른쪽

4월 19일 16 : 00 비 부산 아시아드 관중 1,598명
주심_ 김성호 부심_ 윤광열·방기열 대기심_ 김희곤 감독관_ 김수현

부산 0 | 0 전반 0 / 0 후반 2 | **2 전남**

퇴장	경고	파울	ST(유)	교체	선수명	배번	위치	위치	배번	선수명	교체	ST(유)	파울	경고	퇴장
0	0	0	0		이 창 근	21	GK	GK	1	김 병 지		0	0	0	0
0	0	0	0	5	김 찬 영	23	DF	DF	13	현 영 민		1	2	1	0
0	0	2	0		닐손주니어	25	DF	DF	20	김 동 철		0	1	1	0
0	0	3	0		이 경 렬	6	DF	DF	5	임 종 은		0	2	0	0
0	0	3	0		유 지 노	15	MF	DF	2	최 효 진		0	2	0	0
0	0	1	0		박 준 강	2	MF	MF	16	정 석 민		2(1)	3	0	0
0	0	1	4(1)		주 세 종	24	MF	MF	18	이 창 민	7	0	1	0	0
0	0	1	0	11	홍 동 현	26	MF	MF	14	김 영 욱	6	1	0	0	0
0	1	4	2(2)		웨 슬 리	10	FW	MF	11	안 용 우	27	2(1)	0	0	0
0	0	2	0		배 천 석	18	FW	MF	8	이 종 호		2	1	0	0
0	0	0	1(1)	7	박 용 지	9	FW	FW	10	스 테 보		1(1)	2	0	0
0	0	0	0		이 범 영	1			30	한 유 성		0	0	0	0
0	0	1	0	전4	노 행 석	5			6	이 지 남	후35	0	0	0	0
0	0	0	0		최 광 희	77			7	레안드리뉴	후9	0	0	0	0
0	0	0	0		전 성 찬	22	대기	대기	9	전 현 철		0	0	0	0
0	0	0	0		윤 동 민	8			17	오 르 샤		0	0	0	0
0	0	0	0	후17	한 지 호	7			24	이 지 민		0	0	0	0
0	0	0	0	후27	베 르 손	11			27	이 슬 찬	후46	0	0	0	0
0	1	18	7(4)			0			0			9(3)	14	2	0

●후반 21분 이종호 GAR EL ~ 스테보 GA 정면 내 R-ST-G (득점: 스테보, 도움: 이종호) 가운데
●후반 41분 안용우 PA 정면 내 L-ST-G (득점: 안용우) 왼쪽

4월 19일 16 : 00 흐림 대전 월드컵 관중 1,800명
주심_ 김대용 부심_ 노수용·장준모 대기심_ 고형진 감독관_ 김정식

대전 0 | 0 전반 1 / 0 후반 1 | **2 포항**

퇴장	경고	파울	ST(유)	교체	선수명	배번	위치	위치	배번	선수명	교체	ST(유)	파울	경고	퇴장
0	0	0	0		박 주 원	1	GK	GK	1	신 화 용		0	0	0	0
0	0	1	0		김 기 수	6	DF	DF	13	김 원 일		1	2	0	0
0	0	0	0		김 상 필	29	DF	DF	24	배 슬 기		0	0	0	0
0	0	0	0		윤 신 영	3	DF	DF	22	김 대 호		1(1)	2	0	0
0	0	2	0		조 원 득	2	DF	DF	2	박 선 용	15	0	3	1	0
0	0	4	2	22	히칼딩요	11	MF	MF	5	김 태 수		0	0	0	0
0	0	0	0	28	서 명 원	14	MF	MF	28	손 준 호		5(2)	2	0	0
0	0	0	0	13	김 종 국	7	MF	FW	12	김 승 대		0	1	0	0
0	0	1	3(1)		정 서 운	37	MF	FW	19	문 창 진		2(2)	2	0	0
0	0	0	3(2)		사 싸	9	MF	FW	39	이 광 혁	9	1(1)	0	0	0
0	0	1	1		아드리아노	10	FW	FW	7	티 아 고	18	6(3)	0	0	0
0	0	0	0		오 승 훈	31			21	김 진 영		0	0	0	0
0	0	0	0		김 영 승	15			27	박 선 주		0	0	0	0
0	0	0	0		정 재 성	39			15	이 재 원	후42	0	0	0	0
0	1	1	0	후29	황 인 범	13	대기	대기	9	황 지 수	후35	0	0	0	0
0	0	0	2(2)	후16	황 지 웅	28			26	조 찬 호		0	0	0	0
0	0	0	0		김 창 현	26			18	고 무 열	후30	0	2	0	0
0	0	0	1(1)	후0	이 현 호	22			11	박 성 호		0	0	0	0
0	1	10	12(6)			0			0			16(9)	14	1	0

●전반 43분 티아고 PAR 내 EL ~ 문창진 PK 우측지점 L-ST-G (득점: 문창진, 도움: 티아고) 오른쪽
●후반 11분 문창진 PAR 내 EL ~ 티아고 PAR L-ST-G (득점: 티아고, 도움: 문창진) 왼쪽

4월 25일 15 : 00 맑음 인천 전용 관중 5,407명
주심_ 고형진 부심_ 정해상·방기열 대기심_ 서동진 감독관_ 김형남

인천 1 | 1 전반 1 / 0 후반 0 | **1 포항**

퇴장	경고	파울	ST(유)	교체	선수명	배번	위치	위치	배번	선수명	교체	ST(유)	파울	경고	퇴장
0	0	0	0		조 수 혁	21	GK	GK	1	신 화 용		0	0	0	0
0	0	2	1		박 대 한	25	DF	DF	13	김 원 일		1	1	0	0
0	0	0	1(1)		김 진 환	5	DF	DF	6	김 준 수		0	1	0	0
0	0	0	0		요 니 치	20	DF	DF	22	김 대 호	27	0	3	0	0
0	0	1	0		권 완 규	2	DF	DF	2	박 선 용		0	0	0	0
0	0	6	2		김 원 식	4	MF	MF	5	김 태 수		0	2	0	0
0	0	0	0		조 수 철	26	MF	MF	28	손 준 호		0	0	0	0
0	0	0	0	14	안 진 범	8	MF	FW	12	김 승 대	11	0	0	0	0
0	0	1	2(1)	24	이 천 수	10	MF	FW	19	문 창 진		1(1)	2	0	0
0	0	2	0	18	김 인 성	11	MF	FW	39	이 광 혁		2(2)	1	0	0
0	1	3	1(1)		케 빈	19	FW	FW	7	티 아 고	16	4(2)	0	0	0
0	0	0	0		이 태 희	31			21	김 진 영		0	0	0	0
0	0	0	0		김 대 중	15			27	박 선 주	후12	0	2	0	0
0	1	1	0	후14	김 재 웅	14			15	이 재 원		0	0	0	0
0	0	0	0		김 대 경	17	대기	대기	9	황 지 수		0	0	0	0
0	0	0	0		이 성 우	16			16	심 동 운	후31	1	0	0	0
0	0	0	0	후41	박 세 직	24			8	라 자 르		0	0	0	0
0	0	0	0	후27	진 성 욱	18			11	박 성 호	후38	0	0	0	0
0	2	16	7(3)			0			0			9(5)	12	0	0

●전반 16분 김진환 GAR 내 EL H-ST-G (득점: 김진환) 오른쪽
●전반 39분 문창진 GAR ~ 티아고 PA 정면 내 L-ST-G (득점: 티아고, 도움: 문창진) 왼쪽

4월 25일 16 : 00 맑음 울산 문수 관중 3,259명
주심_ 김희곤 부심_ 노수용·최민병 대기심_ 이민후 감독관_ 하재훈

울산 1 | 0 전반 1 / 1 후반 0 | **1 부산**

퇴장	경고	파울	ST(유)	교체	선수명	배번	위치	위치	배번	선수명	교체	ST(유)	파울	경고	퇴장
0	0	0	0		김 승 규	1	GK	GK	1	이 범 영		0	0	0	0
0	0	4	1(1)		정 동 호	2	DF	DF	15	유 지 노		0	0	0	0
0	0	0	0		임 창 우	13	DF	DF	6	이 경 렬		1	2	1	0
0	0	0	0		김 근 환	39	DF	DF	5	노 행 석		0	2	0	0
0	0	1	1		정 승 현	5	DF	DF	2	박 준 강	77	0	0	0	0
0	1	4	1		구 본 상	4	MF	DF	4	김 종 혁		0	1	0	0
0	0	1	0		하 성 민	8	MF	MF	24	주 세 종		0	1	1	0
0	0	0	0	18	따 르 따	11	MF	MF	22	전 성 찬		1	2	0	0
0	0	0	0		김 태 환	16	MF	MF	10	웨 슬 리		3(3)	3	0	0
0	0	0	1(1)	7	제파로프	10	MF	FW	11	베 르 손	18	2(2)	1	0	0
0	0	0	4(2)		김 신 욱	9	FW	MF	7	한 지 호	9	1(1)	0	0	0
0	0	0	0		송 유 걸	21			21	이 창 근		0	0	0	0
0	0	0	0		김 치 곤	22			30	안 세 희		0	0	0	0
0	0	0	0		이 명 재	24			32	구 현 준		0	0	0	0
0	0	0	0		마 스 다	6	대기	대기	26	홍 동 현		0	0	0	0
0	0	0	1	후28	고 창 현	7			77	최 광 희	전20	0	1	0	0
0	0	0	0		안 현 범	27			18	배 천 석	후34	0	0	0	0
0	0	0	1(1)	후11	양 동 현	18			9	박 용 지	전27	2(1)	0	0	0
0	1	10	10(5)			0			0			10(7)	13	2	0

●후반 43분 고창현 C.KR ↷ 김신욱 GA 정면 H-ST-G (득점: 김신욱, 도움: 고창현) 왼쪽
●전반 43분 웨슬리 PAL 내 R-ST-G (득점: 웨슬리) 오른쪽

4월 26일 14 : 00 맑음 탄천 종합 관중 2,969명
주심_ 김동진 부심_ 노태식·이규환 대기심_ 김종혁 감독관_ 김진의

성남 1 0 전반 1 / 1 후반 0 **1 제주**

퇴장	경고	파울	ST(유)	교체	선수명	배번	위치	위치	배번	선수명	교체	ST(유)	파울	경고	퇴장
0	0	0	0		박 준 혁	29	GK	GK	21	김 경 민		0	0	0	0
0	0	4	0		박 태 민	17	DF	DF	4	오 반 석		0	1	0	0
0	1	1	0		윤 영 선	20	DF	DF	15	알 렉 스		0	0	0	0
0	0	0	0		임 채 민	5	DF	DF	2	정 다 훤	3	0	1	0	0
0	0	2	0		곽 해 성	2	DF	DF	27	김 봉 래		0	1	0	0
0	0	1	1		이 종 원	22	MF	MF	23	양 준 아		1	3	0	0
0	0	0	1(1)	7	김 성 준	18	MF	MF	14	윤빛가람	37	1	1	0	0
0	0	0	5(1)		조르징요	10	MF	MF	7	로 페 즈		6(4)	0	0	0
0	0	0	0	11	남 준 재	23	MF	FW	33	배 기 종	30	1(1)	2	0	0
0	0	0	0	8	루 카 스	19	MF	FW	34	정 영 총		1	2	0	0
0	0	0	3		황 의 조	16	FW	FW	11	강 수 일		3(1)	0	0	0
0	0	0	0		전 상 욱	1			45	김 인 석		0	0	0	0
0	0	0	0		이 태 희	25			22	김 수 범		0	0	0	0
0	0	0	0		장 석 원	24			3	김 상 원	전24	1(1)	1	0	0
0	0	1	2(2)	후0	김 두 현	8	대기	대기	16	김 영 신		0	0	0	0
0	0	0	0		김 동 희	13			37	장 은 규	후11	1	0	0	0
0	0	0	0	후0	김 철 호	7			13	김 선 우		0	0	0	0
0	0	2	0	후16	히카르도	11			30	심 광 욱	후26	1(1)	0	0	0
0	1	11	12(4)			0			0			16(8)	12	0	0

● 후반 18분 김두현 PK-R-G (득점: 김두현) 오른쪽

● 전반 34분 배기종 AKR ~ 로페즈 AK 정면 R-ST-G (득점: 로페즈, 도움: 배기종) 왼쪽

4월 26일 14 : 00 맑음 광양 전용 관중 6,772명
주심_ 김상우 부심_ 손재선·곽승순 대기심_ 매호영 감독관_ 강창구

전남 2 1 전반 1 / 1 후반 0 **1 전북**

퇴장	경고	파울	ST(유)	교체	선수명	배번	위치	위치	배번	선수명	교체	ST(유)	파울	경고	퇴장
0	0	0	0		김 병 지	1	GK	GK	1	권 순 태		0	0	0	0
0	1	3	0		이 슬 찬	27	DF	DF	32	이 주 용		1	4	1	0
0	0	0	0		임 종 은	5	DF	DF	3	김 형 일		1	0	0	0
0	1	3	0		이 지 남	6	DF	DF	16	조 성 환		0	1	1	0
0	0	2	0		최 효 진	2	DF	DF	4	김 기 희		0	0	0	0
0	0	1	0		김 동 철	20	MF	MF	5	이 호	7	0	1	1	0
0	0	0	1	26	정 석 민	16	MF	MF	13	정 훈		0	2	0	0
0	0	0	1	17	이 종 호	8	MF	MF	10	레오나르도	22	2(2)	1	0	0
0	0	0	4(2)		이 창 민	18	MF	MF	17	이 재 성		2(1)	0	0	0
0	0	1	2	24	안 용 우	11	MF	MF	8	에 닝 요	9	1	1	0	0
0	0	2	3(1)		스 테 보	10	FW	FW	20	이 동 국		5(3)	0	0	0
0	0	0	0		한 유 성	30			21	홍 정 남		0	0	0	0
0	0	0	0		레안드리뉴	7			18	윌 킨 슨		0	0	0	0
0	0	0	0		전 현 철	9			29	이 규 로		0	0	0	0
0	0	2	0	전16	오 르 샤	17	대기	대기	6	최 보 경		0	0	0	0
0	0	0	0		이 재 억	19			7	한 교 원	후24	0	1	0	0
0	0	0	0	후31	이 지 민	24			22	이 상 협	후27	1(1)	1	1	0
0	0	0	0	후39	오 영 준	26			9	에 두	후9	2(1)	0	0	0
0	2	14	11(3)			0			0			15(8)	12	4	0

● 전반 21분 오르샤 PAR 내 ~ 이창민 GA 정면 내 R-ST-G (득점: 이창민, 도움: 오르샤) 왼쪽
● 후반 17분 스테보 AKR → 이창민 PK지점 R-ST-G (득점: 이창민, 도움: 스테보) 왼쪽

● 전반 41분 이재성 GA 정면 내 H-ST-G (득점: 이재성) 오른쪽

4월 26일 14 : 00 맑음 목포 축구센터 관중 2,409명
주심_ 우상일 부심_ 장준모·강동호 대기심_ 김성호 감독관_ 한진원

광주 1 1 전반 1 / 0 후반 0 **1 서울**

퇴장	경고	파울	ST(유)	교체	선수명	배번	위치	위치	배번	선수명	교체	ST(유)	파울	경고	퇴장
0	0	0	0		권 정 혁	31	GK	GK	31	유 상 훈		0	0	0	0
0	0	0	1		이 종 민	17	DF	MF	27	고 광 민		1	0	0	0
0	0	2	0		정 준 연	4	DF	DF	3	이 웅 희		0	1	0	0
0	0	1	0		안 영 규	26	DF	DF	4	오스마르		1(1)	1	0	0
0	0	1	2(1)		정 호 정	33	DF	DF	26	김 남 춘	6	0	0	0	0
0	0	1	0	6	허 재 녕	13	MF	MF	7	김 치 우		0	0	0	0
0	0	1	2		여 름	7	MF	MF	34	박 용 우		0	2	0	0
0	0	2	0		임 선 영	5	MF	MF	13	고 요 한		1(1)	0	0	0
0	0	1	1(1)		주 현 우	30	MF	MF	23	김 민 혁	29	0	2	0	0
0	0	1	1(1)	12	조 용 태	22	MF	FW	11	몰 리 나		2(1)	2	0	0
0	0	0	3(2)	19	파 비 오	10	FW	FW	18	김 현 성		1(1)	5	0	0
0	0	0	0		제 종 현	1			1	김 용 대		0	0	0	0
0	0	0	0		김 영 빈	3			6	김 진 규	후0/10	0	0	0	0
0	1	3	0	후0	오 도 현	6			29	이 상 협	후36	0	0	0	0
0	0	0	0	후33	김 성 현	12	대기	대기	15	최 정 한		0	0	0	0
0	0	0	0		이 으 뜸	14			19	윤 주 태		0	0	0	0
0	0	0	0	후45	박 선 홍	19			10	에 벨 톤	후10	0	1	0	0
0	0	0	0		박 일 권	37			17	윤 일 록		0	0	0	0
0	1	13	10(5)			0			0			6(4)	14	0	0

● 전반 22분 조용태 GAR ~ 파비오 GA 정면 L-ST-G (득점: 파비오, 도움: 조용태) 오른쪽

● 전반 40분 김치우 GAL ~ 고요한 GAR 내 R-ST-G (득점: 고요한, 도움: 김치우) 오른쪽

4월 26일 16 : 00 맑음 수원 월드컵 관중 11,792명
주심_ 송민석 부심_ 이정민·윤광열 대기심_ 이동준 감독관_ 한병화

수원 1 0 전반 0 / 1 후반 2 **2 대전**

퇴장	경고	파울	ST(유)	교체	선수명	배번	위치	위치	배번	선수명	교체	ST(유)	파울	경고	퇴장
0	0	0	0		정 성 룡	1	GK	GK	1	박 주 원		0	0	0	0
0	0	1	0		홍 철	33	DF	DF	6	김 기 수		0	2	1	0
0	0	0	1		양 상 민	3	DF	DF	29	김 상 필		0	1	0	0
0	0	1	0		연 제 민	34	DF	DF	4	윤 준 성		0	0	0	0
0	1	2	0		신 세 계	30	DF	DF	7	김 종 국		0	2	1	0
0	0	1	2(1)		김 은 선	6	MF	MF	28	황 지 웅		0	2	0	0
0	0	0	2(1)		염 기 훈	26	MF	MF	20	안 상 현		0	2	1	0
0	0	2	1(1)	16	권 창 훈	22	MF	MF	12	유 연 승		0	1	1	0
0	0	3	1	14	백 지 훈	20	MF	MF	14	서 명 원	37	0	0	0	0
0	0	1	1	12	서 정 진	13	MF	FW	9	사 싸	3	1(1)	3	1	0
0	0	1	6(2)		카 이 오	18	FW	FW	10	아드리아노		4(4)	1	1	0
0	0	0	0		노 동 건	21			31	오 승 훈		0	0	0	0
0	0	0	0		구 자 룡	15			15	김 영 승		0	0	0	0
0	0	0	0		장 현 수	19			3	윤 신 영	후34	0	0	0	0
0	0	0	1	후38	조 지 훈	16	대기	대기	13	황 인 범		0	0	0	0
0	0	0	3(1)	후16	고 차 원	12			37	정 서 운	전42/11	0	0	0	0
0	0	0	0		레 오	11			11	히칼딩요	후13	0	3	0	0
0	1	1	3(1)	후0	정 대 세	14			22	이 현 호		0	0	0	0
0	2	13	21(7)			0			0			5(5)	17	6	0

● 후반 38분 염기훈 PK-L-G (득점: 염기훈) 왼쪽

● 후반 2분 유성기 PAL TL FK ↷ 아드리아노 GAL H-ST-G (득점: 아드리아노, 도움: 유성기) 오른쪽
● 후반 36분 히칼딩요 센터서클 ~ 아드리아노 GAL L-ST-G (득점: 아드리아노, 도움: 히칼딩요) 가운데

5월 02일 14 : 00 맑음 서울 월드컵 관중 18,441명
주심_ 이동준 부심_ 윤광열·박상준 대기심_ 박병진 감독관_ 김수현

서울 1 | 1 전반 1 / 0 후반 0 | **1 성남**

퇴장	경고	파울	ST(유)	교체	선수명	배번	위치	위치	배번	선수명	교체	ST(유)	파울	경고	퇴장
0	0	0	0		유 상 훈	31	GK	GK	29	박 준 혁		0	0	0	0
0	1	2	1		김 치 우	7	DF	DF	17	박 태 민		0	2	0	0
0	0	0	0		이 웅 희	3	DF	DF	20	윤 영 선		0	3	1	0
0	0	1	0		김 남 춘	26	DF	DF	5	임 채 민		0	2	1	0
0	0	1	0		차 두 리	5	DF	DF	2	곽 해 성		0	0	0	0
0	0	1	1		오스마르	4	MF	MF	14	정 선 호	18	2(1)	0	0	0
0	0	1	1	19	이 상 협	29	MF	MF	7	김 철 호		1	0	0	0
0	0	1	0		고 요 한	13	MF	MF	23	남 준 재	13	4(1)	0	0	0
0	1	2	0	34	윤 일 록	17	FW	MF	8	김 두 현		3(2)	0	0	0
0	0	3	0		몰 리 나	11	FW	MF	19	루 카 스	10	0	0	0	0
0	1	2	2(2)	14	김 현 성	18	FW	FW	16	황 의 조		1(1)	2	0	0
0	0	0	0		김 용 대	1			1	전 상 욱		0	0	0	0
0	0	0	0	후38	박 용 우	34			25	이 태 희		0	0	0	0
0	0	0	0		심 상 민	21			6	김 태 윤		0	0	0	0
0	0	0	0		김 동 우	28	대기	대기	18	김 성 준	후21	1	0	0	0
0	0	0	0		에 벨 톤	10			13	김 동 희	후47	0	0	0	0
0	1	1	0	후29	박 희 성	14			10	조르징요	후0	0	1	0	0
0	0	0	0	후28	윤 주 태	19			11	히카르도		0	0	0	0
0	4	15	5(2)			0			0			12(5)	10	2	0

- 전반 4분 몰리나 C,KR ↷ 김현성 GAL 내 H-ST-G (득점: 김현성, 도움: 몰리나) 왼쪽
- 전반 33분 임채민 자기측HLR ↷ 남준재 GA 정면 L-ST-G (득점: 남준재, 도움: 임채민) 왼쪽

5월 02일 15 : 00 맑음 전주 월드컵 관중 30,410명
주심_ 우상일 부심_ 정해상·노수용 대기심_ 김동진 감독관_ 김정식

전북 2 | 0 전반 0 / 2 후반 0 | **0 수원**

퇴장	경고	파울	ST(유)	교체	선수명	배번	위치	위치	배번	선수명	교체	ST(유)	파울	경고	퇴장
0	0	0	0		권 순 태	1	GK	GK	21	노 동 건		0	0	0	0
0	0	0	1(1)		이 재 명	26	DF	DF	30	신 세 계		1	0	0	0
0	0	1	0		김 형 일	3	DF	DF	5	조 성 진		1(1)	5	1	0
0	1	2	0		조 성 환	16	DF	DF	3	양 상 민		2	2	1	0
0	0	0	0		김 기 희	4	DF	DF	33	홍 철		0	1	0	0
0	1	3	0	13	최 보 경	6	MF	MF	6	김 은 선	18	0	2	0	0
0	0	2	0		이 재 성	17	MF	MF	26	염 기 훈		2(2)	0	0	0
0	0	0	4(1)	7	레오나르도	10	MF	MF	22	권 창 훈		1(1)	1	0	0
0	0	1	4(2)		에 닝 요	8	MF	MF	7	이 상 호	20	0	1	0	0
0	0	0	2(1)		에 두	9	FW	MF	12	고 차 원	13	0	1	1	0
0	0	0	2(1)	22	이 동 국	20	FW	FW	14	정 대 세		2(1)	0	0	0
0	0	0	0		홍 정 남	21			1	정 성 룡		0	0	0	0
0	0	0	0		윌 킨 슨	18			2	최 재 수		0	0	0	0
0	0	0	0		이 주 용	32			34	연 제 민		0	0	0	0
0	0	0	0	후30	정 훈	13	대기	대기	13	서 정 진	후5	0	0	0	0
0	0	0	0	후30	한 교 원	7			20	백 지 훈	후32	0	0	0	0
0	0	0	0		김 동 찬	23			11	레 오		0	0	0	0
0	0	0	0	후40	이 상 협	22			18	카 이 오	후22	1(1)	0	0	0
0	2	9	13(6)			0			0			10(6)	13	3	0

- 후반 19분 에두 GAR 내 EL L-ST-G (득점: 에두) 왼쪽
- 후반 24분 레오나르도 PAR FK R-ST-G (득점: 레오나르도) 오른쪽

5월 03일 14 : 00 흐림 대전 월드컵 관중 3,219명
주심_ 김상우 부심_ 손재선·이규환 대기심_ 김영수 감독관_ 김용세

대전 1 | 1 전반 2 / 0 후반 0 | **2 인천**

퇴장	경고	파울	ST(유)	교체	선수명	배번	위치	위치	배번	선수명	교체	ST(유)	파울	경고	퇴장
0	0	0	0		박 주 원	1	GK	GK	21	조 수 혁		0	0	0	0
0	1	2	1		김 기 수	6	DF	DF	25	박 대 한		1(1)	1	0	0
0	0	1	0		김 상 필	29	DF	DF	5	김 진 환		0	0	1	0
0	0	0	0		윤 준 성	4	DF	DF	20	요 니 치		0	1	0	0
0	0	2	0		김 종 국	7	DF	DF	2	권 완 규		2(1)	0	0	0
0	0	1	0	22	황 지 웅	28	MF	MF	4	김 원 식		3(2)	2	0	0
0	0	2	0		안 상 현	20	MF	MF	22	김 동 석	15	0	1	0	0
0	0	0	1(1)		유 연 승	12	MF	MF	26	조 수 철		1	0	0	0
0	0	0	1	19	서 명 원	14	MF	MF	10	이 천 수		2	2	1	0
0	1	2	4(2)		사 싸	9	FW	MF	11	김 인 성	16	1(1)	1	0	0
0	0	1	1(1)	11	아드리아노	10	FW	FW	18	진 성 욱	24	1(1)	1	0	0
0	0	0	0		한 상 혁	32			31	이 태 희		0	0	0	0
0	0	0	0		조 원 득	2			13	용 재 현		0	0	0	0
0	0	0	0		윤 신 영	3			15	김 대 중	후42	0	0	0	0
0	0	0	1	후24	이 현 호	22	대기	대기	8	안 진 범		0	0	0	0
0	0	0	0		정 서 운	37			7	김 도 혁		0	0	0	0
0	0	1	1(1)	후0	히칼딩요	11			16	이 성 우	후20	1(1)	3	0	0
0	0	1	1	후0	김 찬 희	19			24	박 세 직	후26	0	1	0	0
0	2	13	11(5)			0			0			12(7)	13	2	0

- 전반 16분 아드리아노 GA 정면 내 R-ST-G (득점: 아드리아노) 가운데
- 전반 10분 김인성 GAL R-ST-G (득점: 김인성) 왼쪽
- 전반 45분 박대한 PAL 내 R-ST-G (득점: 박대한) 왼쪽

5월 03일 13 : 30 흐림 광주 월드컵 관중 3,117명
주심_ 김희곤 부심_ 노태식·최민병 대기심_ 송민석 감독관_ 한병화

광주 3 | 2 전반 1 / 1 후반 1 | **2 전남**

퇴장	경고	파울	ST(유)	교체	선수명	배번	위치	위치	배번	선수명	교체	ST(유)	파울	경고	퇴장
0	0	0	0		권 정 혁	31	GK	GK	1	김 병 지		0	0	0	0
0	0	2	0		이 종 민	17	DF	DF	13	현 영 민		0	2	0	0
0	1	1	1(1)		김 영 빈	3	DF	DF	5	임 종 은		0	0	0	0
0	0	0	0		안 영 규	26	DF	DF	20	김 동 철	15	0	2	1	0
0	0	0	0		정 호 정	33	DF	DF	2	최 효 진		0	1	0	0
0	0	0	1		이 찬 동	40	MF	MF	16	정 석 민		0	0	0	0
0	0	2	0		여 름	7	MF	MF	12	김 평 래	7	0	0	0	0
0	0	3	2(1)		임 선 영	5	MF	MF	14	김 영 욱	9	1(1)	0	0	0
0	0	2	2(1)	11	송 승 민	16	MF	MF	18	이 창 민		0	2	0	0
0	0	0	1	30	조 용 태	22	MF	MF	11	안 용 우		0	0	0	0
0	0	2	5(3)	6	파 비 오	10	FW	FW	10	스 테 보		3(2)	1	0	0
0	0	0	0		제 종 현	1			21	김 민 식		0	0	0	0
0	0	0	0	후18	오 도 현	6			6	이 지 남		0	0	0	0
0	0	0	0		질베르토	9			7	레안드리뉴	후9	1(1)	2	0	0
0	0	0	0	후41	김 호 남	11	대기	대기	9	전 현 철	후26	1(1)	2	0	0
0	0	0	0		이 으 뜸	14			15	방 대 종	전32	0	0	0	0
0	0	0	0		박 선 홍	19			17	오 르 샤		0	0	0	0
0	1	0	0	후15	주 현 우	30			24	이 지 민		0	0	0	0
0	2	12	12(6)			0			0			6(5)	12	1	0

- 전반 14분 이종민 C,KL ↷ 김영빈 GAR 내 H-ST-G (득점: 김영빈, 도움: 이종민) 오른쪽
- 전반 18분 송승민 PAR 내 ~ 파비오 PK지점 L-ST-G (득점: 파비오, 도움: 송승민) 가운데
- 후반 22분 임선영 AKL R-ST-G (득점: 임선영) 왼쪽
- 전반 26분 김영욱 PK지점 R-ST-G (득점: 김영욱) 가운데
- 후반 45분 현영민 C,KL ↷ 전현철 GAR 내 H-ST-G (득점: 전현철, 도움: 현영민) 오른쪽

5월 05일 14 : 00 맑음 제주 월드컵 관중 20,013명
주심_ 김성호 부심_ 장준모·지승민 대기심_ 김대용 감독관_ 김일호

제주 2 　 0 전반 1 / 2 후반 0 　 **1 울산**

퇴장	경고	파울	ST(유)	교체	선수명	배번	위치	위치	배번	선수명	교체	ST(유)	파울	경고	퇴장
0	0	0	0		김경민	21	GK	GK	1	김승규		0	0	0	0
0	0	1	0	30	오반석	4	DF	DF	2	정동호		0	3	1	0
0	0	1	0		알렉스	15	DF	DF	13	임창우		0	1	1	0
0	0	2	2		김수범	22	DF	DF	39	김근환		1	0	0	0
0	0	0	0		김봉래	27	DF	DF	5	정승현		0	1	0	0
0	0	3	0		양준아	23	MF	MF	6	마스다		2(1)	1	0	0
0	0	0	2(1)		윤빛가람	14	MF	MF	8	하성민		0	2	1	0
0	0	1	3(2)		로페즈	7	FW	MF	16	김태환		0	4	0	0
0	0	3	1	9	배기종	33	FW	MF	10	제파로프		2(1)	0	1	0
0	0	0	0	37	정영총	34	FW	MF	11	따르따	27	3	2	0	0
0	1	0	1(1)		강수일	11	FW	FW	9	김신욱		1	1	0	0
0	0	0	0		김인석	45			21	송유걸		0	0	0	0
0	0	0	0		김상원	3			17	유준수		0	0	0	0
0	0	0	0	후32	심광욱	30			24	이명재		0	0	0	0
0	0	0	0		김영신	16	대기	대기	4	구본상		0	0	0	0
0	0	0	0	후9	장은규	37			27	안현범	후26	0	0	0	0
0	0	0	0		박수창	18			7	고창현		0	0	0	0
0	0	0	0	후36	김현	9			18	양동현		0	0	0	0
0	1	11	9(4)			0			0			9(2)	15	4	0

- 후반 1분 로페즈 AK 정면 ~ 강수일 PK지점 R-ST-G (득점: 강수일, 도움: 로페즈) 오른쪽
- 후반 43분 로페즈 GAL → 윤빛가람 PK지점 L-ST-G (득점: 윤빛가람, 도움: 로페즈) 왼쪽
- 전반 7분 제파로프 AK 정면 FK L-ST-G (득점: 제파로프) 왼쪽

5월 05일 14 : 00 맑음 포항 스틸야드 관중 15,853명
주심_ 이민후 부심_ 이정민·곽승순 대기심_ 박진호 감독관_ 한진원

포항 1 　 0 전반 1 / 1 후반 1 　 **2 부산**

퇴장	경고	파울	ST(유)	교체	선수명	배번	위치	위치	배번	선수명	교체	ST(유)	파울	경고	퇴장
0	0	0	0		신화용	1	GK	GK	1	이범영		0	0	0	0
0	0	1	0		김원일	13	DF	DF	6	이경렬		0	0	0	0
0	0	2	0		김준수	6	DF	DF	25	닐손주니어	5	0	0	0	0
0	1	1	0		박선주	27	DF	DF	4	김종혁		0	1	0	0
0	0	1	1		박선용	2	DF	MF	15	유지노		0	2	0	0
0	0	0	0	8	김태수	5	MF	MF	33	유지훈	32	0	0	0	0
0	0	3	2		손준호	28	MF	MF	22	전성찬		1(1)	1	1	0
0	0	0	2(1)		김승대	12	FW	MF	24	주세종		0	1	0	0
0	0	0	2	11	문창진	19	FW	FW	7	한지호	9	1(1)	1	0	0
0	0	0	1		이광혁	39	FW	FW	18	배천석		0	3	0	0
0	0	1	1	10	티아고	7	FW	FW	77	최광희		1	4	0	0
0	0	0	0		김진영	21			21	이창근		0	0	0	0
0	0	0	0		이재원	15			5	노행석	전4	1(1)	3	0	0
0	0	0	0		황지수	9			32	구현준	후38	0	0	0	0
0	0	0	1	후6	모리츠	10	대기	대기	20	김용태		0	0	0	0
0	0	0	0		심동운	16			14	정석화		0	0	0	0
0	0	0	1(1)	후27	라자르	8			8	윤동민		0	0	0	0
0	0	1	2(1)	후15	박성호	11			9	박용지	후36	0	0	0	0
0	1	10	13(3)			0			0			4(3)	16	1	0

- 후반 39분 박성호 PA 정면 내 L-ST-G (득점: 박성호) 왼쪽
- 전반 16분 주세종 MFL TL FK↷ 노행석 GA 정면 H-ST-G (득점: 노행석, 도움: 주세종) 왼쪽
- 후반 21분 한지호 PAR 내 R-ST-G (득점: 한지호) 오른쪽

5월 09일 14 : 00 맑음 광주 월드컵 관중 2,884명
주심_ 고형진 부심_ 방기열·박상준 대기심_ 이민후 감독관_ 김진의

광주 0 　 0 전반 0 / 0 후반 2 　 **2 수원**

퇴장	경고	파울	ST(유)	교체	선수명	배번	위치	위치	배번	선수명	교체	ST(유)	파울	경고	퇴장
0	0	0	0		제종현	1	GK	GK	1	정성룡		0	0	1	0
0	0	1	3(2)		이종민	17	DF	DF	33	홍철		0	1	0	0
0	0	0	0		정준연	4	DF	DF	3	양상민		0	0	0	0
0	0	1	0		안영규	26	DF	DF	5	조성진		1(1)	1	0	0
0	0	3	0		정호정	33	DF	DF	4	오범석		0	3	0	0
0	0	1	0		이찬동	40	MF	MF	20	백지훈		0	2	1	0
0	0	1	0	19	여름	7	MF	MF	22	권창훈		2(1)	2	0	0
0	0	1	1		임선영	5	MF	MF	26	염기훈		0	0	0	0
0	0	1	0		송승민	16	MF	MF	7	이상호	13	0	0	0	0
0	0	0	1(1)	11	조용태	22	MF	MF	12	고차원	11	0	1	0	0
0	0	0	0	6	파비오	10	FW	FW	14	정대세	18	1	3	0	0
0	0	0	0		권정혁	31			21	노동건		0	0	0	0
0	0	0	0		김영빈	3			15	구자룡		0	0	0	0
0	0	1	0	후25	오도현	6			30	신세계		0	0	0	0
0	0	0	0		질베르토	9	대기	대기	16	조지훈		0	0	0	0
0	0	1	0	후12	김호남	11			13	서정진	후18	0	1	0	0
0	0	0	1	후41	박선홍	19			11	레오	후7	1(1)	2	0	0
0	0	0	0		주현우	30			18	카이오	후31	1(1)	0	0	0
0	0	11	6(3)			0			0			6(4)	16	2	0

- 후반 16분 레오 GA 정면 내 R-ST-G (득점: 레오) 가운데
- 후반 23분 염기훈 GAR 내 EL ~ 조성진 GAL R-ST-G (득점: 조성진, 도움: 염기훈) 왼쪽

5월 09일 14 : 00 맑음 광양 전용 관중 4,642명
주심_ 김동진 부심_ 이정민·곽승순 대기심_ 임원택 감독관_ 김수현

전남 0 　 0 전반 0 / 0 후반 0 　 **0 대전**

퇴장	경고	파울	ST(유)	교체	선수명	배번	위치	위치	배번	선수명	교체	ST(유)	파울	경고	퇴장
0	0	0	0		김병지	1	GK	GK	1	박주원		0	0	0	0
0	0	1	0		현영민	13	DF	DF	30	송주한		0	1	0	0
0	0	0	1(1)		방대종	15	DF	DF	29	김상필		0	1	0	0
0	0	2	2(1)		임종은	5	DF	DF	3	윤신영		0	2	0	0
0	0	2	3		최효진	2	DF	DF	7	김종국		0	1	0	0
0	0	2	0		김평래	12	MF	MF	28	황지웅	13	1	1	0	0
0	0	0	0	7	정석민	16	MF	MF	20	안상현		0	0	0	0
0	0	1	2(1)	24	오르샤	17	MF	MF	12	유연승	43	0	3	1	0
0	0	0	1	14	이창민	18	MF	MF	37	정서운	19	2(1)	1	0	0
0	0	0	3(1)		안용우	11	MF	FW	14	서명원		1	0	0	0
0	0	0	3(1)		스테보	10	FW	FW	10	아드리아노		1(1)	3	0	0
0	0	0	0		김민식	21			31	오승훈		0	0	0	0
0	0	2	2(1)	후7	레안드리뉴	7			2	조원득		0	0	0	0
0	0	0	0		전현철	9			6	김기수		0	0	0	0
0	0	0	0	후40	김영욱	14	대기	대기	43	이강진	후11	0	0	0	0
0	0	0	0		이재억	19			13	황인범	후35	0	0	0	0
0	0	0	1(1)	후18	이지민	24			15	김영승		0	0	0	0
0	0	0	0		이슬찬	27			19	김찬희	후29	0	1	0	0
0	0	10	18(7)			0			0			5(2)	14	1	0

5월 09일 16 : 00 맑음 인천 전용 관중 8,178명
주심_ 송민석 부심_ 노수용 · 최민병 대기심_ 김희곤 감독관_ 김정식

인천 1 0 전반 0 / 1 후반 0 **0 제주**

퇴장	경고	파울	ST(유)	교체	선수명	배번	위치	위치	배번	선수명	교체	ST(유)	파울	경고	퇴장
0	0	0	0		조 수 혁	21	GK	GK	21	김 경 민		0	0	0	0
0	0	1	0		박 대 한	25	DF	DF	23	양 준 아		0	0	0	0
0	0	0	0		김 진 환	5	DF	DF	15	알 렉 스		0	0	0	0
0	1	1	0		요 니 치	20	DF	DF	22	김 수 범		1(1)	1	0	0
0	0	1	1		권 완 규	2	DF	DF	3	김 상 원		1	2	0	0
0	1	2	0		김 원 식	4	MF	MF	37	장 은 규	27	0	2	1	0
0	0	3	0		조 수 철	26	MF	MF	14	윤빛가람		0	1	1	0
0	0	2	0	22	김 도 혁	7	MF	MF	7	로 페 즈		0	2	0	0
0	0	1	1	16	이 천 수	10	MF	FW	33	배 기 종	9	0	1	0	0
0	0	2	2(1)		김 인 성	11	MF	FW	34	정 영 총	30	2(1)	2	0	0
0	0	3	2(1)	15	케 빈	19	FW	FW	11	강 수 일		2(1)	0	0	0
0	0	0	0		유 현	1			45	김 인 석		0	0	0	0
0	0	0	0	후32	김 대 중	15			27	김 봉 래	후36	0	0	0	0
0	0	0	0		김 대 경	17			6	허 범 산		0	0	0	0
0	0	1	1(1)	후9	김 동 석	22	대기	대기	16	김 영 신		0	0	0	0
0	0	0	0	후15	이 성 우	16			30	심 광 욱	후16	0	1	0	0
0	0	0	0		박 세 직	24			18	박 수 창		0	0	0	0
0	0	0	0		진 성 욱	18			9	김 현	후9	4(2)	2	0	0
0	2	17	7(3)			0			0			10(5)	14	2	0

● 후반 22분 김동석 AKL L-ST-G (득점: 김동석) 왼쪽

5월 10일 14 : 00 맑음 울산 문수 관중 7,012명
주심_ 김종혁 부심_ 노태식 · 윤광열 대기심_ 이동준 감독관_ 김형남

울산 1 0 전반 0 / 1 후반 2 **2 전북**

퇴장	경고	파울	ST(유)	교체	선수명	배번	위치	위치	배번	선수명	교체	ST(유)	파울	경고	퇴장
0	0	0	0		김 승 규	1	GK	GK	1	권 순 태		0	0	0	0
0	1	2	0		정 동 호	2	DF	DF	25	최 철 순		0	0	0	0
0	0	0	0		임 창 우	13	DF	DF	18	윌 킨 슨		0	0	0	0
0	0	1	0		김 근 환	39	DF	DF	3	김 형 일		0	1	0	0
0	0	1	0		정 승 현	5	DF	DF	4	김 기 희		1(1)	0	0	0
0	1	2	1(1)		구 본 상	4	MF	MF	13	정 훈		0	2	0	0
0	0	0	3(1)		마 스 다	6	MF	MF	6	최 보 경		0	1	0	0
0	0	0	0	7	제파로프	10	MF	MF	10	레오나르도	22	4(4)	0	0	0
0	0	1	0	27	김 태 환	16	MF	MF	17	이 재 성		3(1)	1	0	0
0	0	4	1		양 동 현	18	FW	MF	7	한 교 원	20	1	0	0	0
0	0	3	2(2)		김 신 욱	9	FW	FW	9	에 두	8	3(2)	1	0	0
0	0	0	0		송 유 걸	21			21	홍 정 남		0	0	0	0
0	0	0	0		유 준 수	17			32	이 주 용		0	0	0	0
0	0	0	0		이 명 재	24			26	이 재 명		0	0	0	0
0	0	0	0		이 창 용	20	대기	대기	28	최 치 원		0	0	0	0
0	0	0	1(1)	후37	고 창 현	7			8	에 닝 요	후30	1	0	0	0
0	0	0	2	후13	안 현 범	27			22	이 상 협	후46	0	0	0	0
0	0	0	0		카 사	3			20	이 동 국	후7	2(1)	0	0	0
0	2	14	10(5)			0			0			15(9)	6	0	0

● 후반 22분 양동현 GAR H ↷ 마스다 PA 정면 R-ST-G (득점: 마스다, 도움: 양동현) 왼쪽

● 후반 19분 이동국 PK-R-G (득점: 이동국) 오른쪽

● 후반 23분 이동국 GAL ~ 에두 PK 좌측지점 L-ST-G (득점: 에두, 도움: 이동국) 오른쪽

5월 10일 14 : 00 맑음 부산 아시아드 관중 9,123명
주심_ 김대용 부심_ 정해상 · 이규환 대기심_ 김성호 감독관_ 강창구

부산 0 0 전반 0 / 0 후반 1 **1 서울**

퇴장	경고	파울	ST(유)	교체	선수명	배번	위치	위치	배번	선수명	교체	ST(유)	파울	경고	퇴장
0	0	0	0		이 범 영	1	GK	GK	31	유 상 훈		0	0	0	0
0	0	1	0		김 종 혁	4	DF	MF	7	김 치 우		0	0	0	0
0	1	2	0		이 경 렬	6	DF	DF	3	이 웅 희		1(1)	0	0	0
0	0	2	0		노 행 석	5	DF	DF	26	김 남 춘		0	0	0	0
0	0	3	1		유 지 노	15	MF	DF	4	오스마르		1(1)	1	0	0
0	1	2	2(1)		유 지 훈	33	MF	MF	5	차 두 리		0	2	0	0
0	0	0	0		주 세 종	24	MF	MF	34	박 용 우	29	0	1	0	0
0	0	0	0	14	전 성 찬	22	MF	MF	13	고 요 한		1	2	0	0
0	0	0	4(2)		한 지 호	7	FW	MF	22	고 명 진		1(1)	4	0	0
0	0	1	0	8	배 천 석	18	FW	FW	11	몰 리 나	10	0	0	0	0
0	0	0	2(1)	9	최 광 희	77	FW	FW	18	김 현 성	36	0	1	0	0
0	0	0	0		이 창 근	21			1	김 용 대		0	0	0	0
0	0	0	0		안 세 희	30			28	김 동 우		0	0	0	0
0	0	0	0		닐손주니어	25			27	고 광 민		0	0	0	0
0	0	0	0	후41	정 석 화	14	대기	대기	29	이 상 협	후23	0	0	0	0
0	0	0	0		김 용 태	20			17	윤 일 록		0	0	0	0
0	0	1	3(1)	후28	윤 동 민	8			10	에 벨 톤	후35	0	0	0	0
0	0	0	0	후18	박 용 지	9			36	정 조 국	후0	1	1	0	0
0	2	12	12(5)			0			0			5(3)	12	0	0

● 후반 8분 차두리 GAR EL ~ 고명진 GAL내 EL L-ST-G (득점: 고명진, 도움: 차두리) 가운데

5월 10일 16 : 00 맑음 포항 스틸야드 관중 6,214명
주심_ 우상일 부심_ 손재선 · 장준모 대기심_ 김상우 감독관_ 하재훈

포항 2 1 전반 0 / 1 후반 2 **2 성남**

퇴장	경고	파울	ST(유)	교체	선수명	배번	위치	위치	배번	선수명	교체	ST(유)	파울	경고	퇴장
0	0	0	0		신 화 용	1	GK	GK	1	전 상 욱		0	0	0	0
0	0	2	0		김 원 일	13	DF	DF	17	박 태 민		0	2	0	0
0	0	3	0		배 슬 기	24	DF	DF	24	장 석 원		0	2	1	0
0	1	3	0	15	박 선 주	27	DF	DF	5	임 채 민		0	2	0	0
0	0	3	0		박 선 용	2	DF	MF	25	이 태 희	2	0	2	0	0
0	0	5	0		황 지 수	9	MF	MF	14	정 선 호		0	1	0	0
0	1	2	2(2)		손 준 호	28	MF	MF	7	김 철 호		1	3	1	0
0	1	0	1	39	모 리 츠	10	FW	MF	8	김 두 현		2	0	0	0
0	0	3	3(2)	11	문 창 진	19	FW	MF	23	남 준 재	11	0	1	1	0
0	0	0	2(2)		조 찬 호	26	FW	FW	10	조르징요		1(1)	3	0	0
1	0	5	1		고 무 열	18	FW	FW	9	김 동 섭	19	0	1	0	0
0	0	0	0		김 진 영	21			21	정 산		0	0	0	0
0	0	0	0	후43	이 재 원	15			28	유 청 윤		0	0	0	0
0	0	0	0		김 태 수	5			2	곽 해 성	후11	0	0	0	0
0	0	0	0		티 아 고	7	대기	대기	4	이 요 한		0	0	0	0
0	0	0	1(1)	후0	이 광 혁	39			18	김 성 준		0	0	0	0
0	0	0	0		라 자 르	8			19	루 카 스	후0	1(1)	0	0	0
0	0	0	0	후46	박 성 호	11			11	히카르도	후25	2(2)	1	0	0
1	3	26	10(7)			0			0			7(4)	18	3	0

● 전반 16분 손준호 PK-R-G (득점: 손준호) 왼쪽

● 후반 24분 고무열 MFL ~ 이광혁 PAL 내 L-ST-G (득점: 이광혁, 도움: 고무열) 가운데

● 후반 45분 히카르도 PAR 내 ~ 조르징요 GAL 내 L-ST-G (득점: 조르징요, 도움: 히카르도) 왼쪽

● 후반 47분 곽해성 PAR ↷ 히카르도 GAL 내 H-ST-G (득점: 히카르도, 도움: 곽해성) 오른쪽

5월 16일 14 : 00 맑음 수원 월드컵 관중 11,217명
주심_ 김희곤 부심_ 이정민 · 이규환 대기심_ 서동진 감독관_ 강창구

수원 1 0 전반 0 / 1 후반 0 **0 제주**

퇴장	경고	파울	ST(유)	교체	선수명	배번	위치	위치	배번	선수명	교체	ST(유)	파울	경고	퇴장
0	0	0	0		정 성 룡	1	GK	GK	21	김 경 민		0	0	0	0
0	0	0	0		신 세 계	30	DF	DF	4	오 반 석		0	1	1	0
0	0	0	0	39	연 제 민	34	DF	DF	15	알 렉 스		0	0	0	0
0	0	0	0		구 자 룡	15	DF	DF	22	김 수 범		0	2	0	0
0	0	0	0		양 상 민	3	DF	DF	27	김 봉 래		0	1	0	0
0	0	4	1		오 범 석	4	MF	MF	6	허 범 산		0	0	0	0
0	0	0	2(2)		염 기 훈	26	MF	MF	14	윤빛가람		2(2)	0	0	0
0	0	1	1(1)	20	권 창 훈	22	MF	MF	7	로 페 즈		1	3	0	0
0	1	0	1		이 상 호	7	MF	FW	20	까 랑 가	17	1	1	0	0
0	0	2	3(2)		고 차 원	12	MF	FW	34	정 영 총	30	0	0	0	0
0	0	2	3(2)	14	카 이 오	18	FW	FW	11	강 수 일		1	1	0	0
0	0	0	0		노 동 건	21			41	김 형 록		0	0	0	0
0	0	0	0		홍 철	33			19	이 용		0	0	0	0
0	1	0	0	후44	민 상 기	39			37	장 은 규		0	0	0	0
0	0	0	0		박 종 진	17	대기	대기	16	김 영 신		0	0	0	0
0	0	0	1	후16	백 지 훈	20			30	심 광 욱	전4/18	1(1)	3	0	0
0	0	0	0		레 오	11			18	박 수 창	후24	1	0	0	0
0	0	1	0	후28	정 대 세	14			17	진 대 성	후0	0	1	0	0
0	2	10	12(7)			0			0			7(3)	13	1	0

● 후반 11분 염기훈 PAR FK L-ST-G (득점: 염기훈) 가운데

5월 16일 14 : 00 맑음 서울 월드컵 관중 17,819명
주심_ 김상우 부심_ 손재선 · 방기열 대기심_ 임정수 감독관_ 하재훈

서울 3 2 전반 0 / 1 후반 0 **0 전남**

퇴장	경고	파울	ST(유)	교체	선수명	배번	위치	위치	배번	선수명	교체	ST(유)	파울	경고	퇴장
0	0	0	0		유 상 훈	31	GK	GK	1	김 병 지		0	0	0	0
0	0	0	0		김 치 우	7	DF	DF	13	현 영 민		0	1	0	0
0	1	1	0		김 동 우	28	DF	DF	5	임 종 은		1	2	0	0
0	0	1	0		김 남 춘	26	DF	DF	20	김 동 철		0	1	0	0
0	0	0	0		차 두 리	5	DF	DF	2	최 효 진	27	0	3	1	0
0	0	0	0		오스마르	4	MF	MF	16	정 석 민		2	0	0	0
0	0	0	0		고 명 진	22	MF	MF	12	김 평 래	17	0	1	0	0
0	0	1	0	29	고 요 한	13	MF	MF	14	김 영 욱		0	1	0	0
0	0	0	1(1)	11	에 벨 톤	10	FW	MF	7	레안드리뉴	11	0	1	0	0
0	0	5	0		윤 일 록	17	FW	MF	18	이 창 민		2	2	0	0
0	1	1	0	91	김 현 성	18	FW	FW	10	스 테 보		2(1)	0	0	0
0	0	0	0		김 용 대	1			30	한 유 성		0	0	0	0
0	0	0	0		이 웅 희	3			6	이 지 남		0	0	0	0
0	0	0	0		고 광 민	27			11	안 용 우	전44	1	2	0	0
0	0	0	0		박 용 우	34	대기	대기	17	오 르 샤	후8	0	0	0	0
0	0	5	0	전21	이 상 협	29			19	이 재 억		0	0	0	0
0	0	0	0	후32	몰 리 나	11			24	이 지 민		0	0	0	0
0	0	1	2(2)	후16	박 주 영	91			27	이 슬 찬	전41	0	4	1	0
0	2	15	3(3)			0			0			8(1)	18	2	0

● 전반 12분 차두리 PK지점 H ↷ 에벨톤 GA 정면 H-ST-G (득점: 에벨톤, 도움: 차두리) 가운데
● 전반 31분 김동철 GA 정면 내 L자책골 (득점: 김동철) 가운데
● 후반 30분 박주영 GAR R-ST-G (득점: 박주영) 가운데

5월 16일 15 : 00 맑음 전주 월드컵 관중 13,722명
주심_ 이민후 부심_ 장준모 · 최민병 대기심_ 우상일 감독관_ 김용세

전북 2 2 전반 1 / 0 후반 0 **1 대전**

퇴장	경고	파울	ST(유)	교체	선수명	배번	위치	위치	배번	선수명	교체	ST(유)	파울	경고	퇴장
0	0	0	0		권 순 태	1	GK	GK	1	박 주 원		0	0	0	0
0	0	2	0	13	최 철 순	25	DF	DF	30	송 주 한		0	1	0	0
0	0	0	0		윌 킨 슨	18	DF	DF	29	김 상 필		0	1	0	0
0	1	3	1(1)		김 형 일	3	DF	DF	3	윤 신 영		0	1	0	0
0	0	0	0		김 기 희	4	DF	DF	2	조 원 득	6	0	0	1	0
0	0	3	0		최 보 경	6	MF	MF	14	서 명 원		0	2	0	0
0	0	2	1		이 재 성	17	MF	MF	20	안 상 현		0	0	0	0
0	0	0	3(3)		레오나르도	10	MF	MF	7	김 종 국		1	0	0	0
0	0	0	3	11	에 닝 요	8	MF	MF	28	황 지 웅	15	0	1	0	0
0	0	1	4(2)		에 두	9	FW	FW	10	아드리아노		3(3)	2	1	0
0	0	2	1(1)	24	이 동 국	20	FW	FW	9	사 싸	37	1	0	0	0
0	0	0	0		홍 정 남	21			32	한 상 혁		0	0	0	0
0	0	0	0		김 영 찬	30			5	서 명 식		0	0	0	0
0	0	2	0	전32	정 훈	13			6	김 기 수	전40	0	1	1	0
0	0	0	0		장 윤 호	34	대기	대기	12	유 연 승		0	0	0	0
0	0	2	0	후16	이 승 현	11			13	황 인 범		0	0	0	0
0	0	0	0		김 동 찬	23			15	김 영 승	후12	0	0	0	0
0	0	1	1(1)	후24	유 창 현	24			37	정 서 운	후28	2(1)	1	0	0
0	1	18	14(8)			0			0			7(4)	10	3	0

● 전반 21분 에닝요 PAL FK ↷ 이동국 GA 정면 H-ST-G (득점: 이동국, 도움: 에닝요) 오른쪽
● 전반 29분 에두 MFR → 레오나르도 PA 정면 내 R-ST-G (득점: 레오나르도, 도움: 에두) 가운데
● 전반 11분 황지웅 (대기) PK지점 ~ 아드리아노 PK지점 R-ST-G (득점: 아드리아노, 도움: 황지웅 (대기)) 왼쪽

5월 16일 16 : 00 맑음 탄천 종합 관중 3,528명
주심_ 김대용 부심_ 노수용 · 곽승순 대기심_ 김동진 감독관_ 한진원

성남 1 0 전반 0 / 1 후반 0 **0 울산**

퇴장	경고	파울	ST(유)	교체	선수명	배번	위치	위치	배번	선수명	교체	ST(유)	파울	경고	퇴장
0	1	0	0		전 상 욱	1	GK	GK	1	김 승 규		0	0	1	0
0	0	3	0		박 태 민	17	DF	DF	2	정 동 호	24	0	0	0	0
0	0	0	0		윤 영 선	20	DF	DF	13	임 창 우		0	2	0	0
0	0	1	0		임 채 민	5	DF	DF	39	김 근 환		0	1	0	0
0	0	0	0		곽 해 성	2	DF	DF	17	유 준 수		0	1	0	0
0	0	0	4(3)		정 선 호	14	MF	MF	6	마 스 다		0	3	0	0
0	1	2	2(1)		김 철 호	7	MF	MF	8	하 성 민		0	5	0	0
0	0	1	1	13	남 준 재	23	FW	MF	27	안 현 범	11	0	2	0	0
0	0	0	2	18	김 두 현	8	MF	MF	10	제파로프		1(1)	0	0	0
0	0	2	2(1)		조르징요	10	FW	MF	7	고 창 현	9	1	1	0	0
0	0	0	0	11	성 봉 재	30	FW	FW	18	양 동 현		1(1)	4	1	0
0	0	0	0		정 산	21			21	송 유 걸		0	0	0	0
0	0	0	0		유 청 윤	28			5	정 승 현		0	0	0	0
0	0	0	0		이 요 한	4			20	이 창 용		0	0	0	0
0	0	0	1(1)	후38	김 성 준	18	대기	대기	24	이 명 재	후13	0	0	0	0
0	0	0	0		이 종 원	22			11	따 르 따	후18	0	3	1	0
0	0	1	0	후16	김 동 희	13			19	김 승 준		0	0	0	0
0	0	0	1	전34	히카르도	11			9	김 신 욱	후34	0	1	0	0
0	2	10	13(6)			0			0			3(2)	23	3	0

● 후반 39분 김동희 PAR ~ 정선호 PAR L-ST-G (득점: 정선호, 도움: 김동희) 왼쪽

5월 17일 14 : 00 맑음 광주 월드컵 관중 2,114명
주심_ 김성호 부심_ 정해상·김성일 대기심_ 송민석 감독관_ 김일호

광주 0 0 전반 0 / 0 후반 0 **0 포항**

퇴장	경고	파울	ST(유)	교체	선수명	배번	위치	위치	배번	선수명	교체	ST(유)	파울	경고	퇴장
0	0	0	0		권정혁	31	GK	GK	1	신화용		0	0	0	0
0	0	1	1(1)		이종민	17	DF	DF	13	김원일		0	2	1	0
0	1	1	0		정준연	4	DF	DF	24	배슬기		2(1)	1	0	0
0	0	0	0		안영규	26	DF	DF	3	김광석		0	1	0	0
0	1	2	0		정호정	33	DF	DF	15	이재원		0	1	0	0
0	1	4	1		이찬동	40	MF	MF	5	김태수		0	2	0	0
0	1	1	0	6	여름	7	MF	MF	10	모리츠	11	0	3	0	0
0	0	0	1		임선영	5	MF	MF	19	문창진		1(1)	0	1	0
0	0	1	2(1)		송승민	16	FW	FW	8	라자르	16	0	0	0	0
0	0	1	0	10	조용태	22	MF	FW	7	티아고	26	2	2	0	0
0	0	0	0	11	주현우	30	MF	FW	39	이광혁		0	1	0	0
0	0	0	0		제종현	1			21	김진영		0	0	0	0
0	0	0	0		김영빈	3			6	김준수		0	0	0	0
0	0	0	0	후15	오도현	6			2	박선용		0	0	0	0
0	0	0	1	후31	파비오	10	대기	대기	26	조찬호	후38	0	0	0	0
0	0	0	0	후37	김호남	11			16	심동운	전10	3(2)	1	0	0
0	0	0	0		이으뜸	14			35	최호주		0	0	0	0
0	0	0	0		류범희	25			11	박성호	후14	1	0	0	0
0	4	11	6(2)			0			0			9(4)	14	2	0

5월 17일 14 : 00 맑음 부산 아시아드 관중 4,052명
주심_ 이동준 부심_ 노태식·윤광열 대기심_ 김동진 감독관_ 한병화

부산 1 1 전반 0 / 0 후반 2 **2 인천**

퇴장	경고	파울	ST(유)	교체	선수명	배번	위치	위치	배번	선수명	교체	ST(유)	파울	경고	퇴장
0	0	0	0		이범영	1	GK	GK	1	유현		0	0	0	0
0	1	1	0		김종혁	4	DF	DF	25	박대한		3(1)	4	1	0
0	1	2	0		닐손주니어	25	DF	DF	5	김진환		1(1)	1	0	0
0	1	2	0		노행석	5	DF	DF	20	요니치		1	1	0	0
0	0	2	0		유지노	15	MF	DF	2	권완규		1	6	0	0
0	1	2	1		구현준	32	MF	MF	4	김원식		0	1	0	0
0	0	0	0		주세종	24	MF	MF	22	김동석	7	0	1	0	0
0	0	0	1(1)	8	전성찬	22	MF	MF	26	조수철		0	0	0	0
0	0	0	0		한지호	7	FW	MF	10	이천수	17	1(1)	1	0	0
0	0	3	1(1)	9	배천석	18	FW	MF	11	김인성		1(1)	2	0	0
0	0	1	2(1)		김용태	20	FW	FW	18	진성욱	19	2(1)	2	0	0
0	0	0	0		이창근	21			21	조수혁		0	0	0	0
0	0	0	0		안세희	30			28	백승원		0	0	0	0
0	0	0	0		최광희	77			77	이윤표		0	0	0	0
0	0	0	0		이규성	13	대기	대기	17	김대경	후30	0	0	0	0
0	0	0	0		정석화	14			7	김도혁	후0	1	4	0	0
0	0	1	0	후16	윤동민	8			24	박세직		0	0	0	0
0	0	2	1	후16	박용지	9			19	케빈	후0	2(1)	1	0	0
0	4	16	6(3)			0			0			13(6)	24	1	0

- ●전반 12분 요니치 PA 정면 내 H 자책골 (득점: 요니치) 왼쪽
- ●후반 3분 이천수 PK-R-G (득점: 이천수) 가운데
- ●후반 24분 김진환 PAL 내 R-ST-G (득점: 김진환) 오른쪽

6월 10일 19 : 00 맑음 대전 월드컵 관중 958명
주심_ 김상우 부심_ 김성일·최민병 대기심_ 이민후 감독관_ 김수현

대전 1 0 전반 0 / 1 후반 2 **2 서울**

퇴장	경고	파울	ST(유)	교체	선수명	배번	위치	위치	배번	선수명	교체	ST(유)	파울	경고	퇴장
0	0	0	0		박주원	1	GK	GK	31	유상훈		0	0	0	0
0	0	0	0		송주한	30	DF	DF	3	이웅희		0	1	0	0
0	0	0	0	43	김상필	29	DF	DF	34	박용우		0	0	0	0
0	0	0	0		윤준성	4	DF	DF	28	김동우		1	0	0	0
0	1	0	0		이정근	38	DF	MF	7	김치우		0	2	0	0
0	1	1	0		안상현	20	MF	MF	27	고광민		2(1)	0	0	0
0	0	1	2(1)		황인범	13	MF	MF	4	오스마르		1	0	0	0
0	0	0	1		김종국	7	MF	MF	22	고명진	11	1	0	0	0
0	0	0	1	10	이현호	22	FW	MF	13	고요한	10	0	1	0	0
0	0	2	1		서명원	14	FW	FW	36	정조국	19	0	0	0	0
0	0	3	0	12	황지웅	28	FW	FW	91	박주영		3(2)	2	1	0
0	0	0	0		오승훈	31			1	김용대		0	0	0	0
0	0	0	0	전0	이강진	43			26	김남춘		0	0	0	0
0	0	0	0		서명식	5			29	이상협		0	0	0	0
0	0	0	0		허영철	23	대기	대기	10	에벨톤	후39	1(1)	0	0	0
0	0	0	0		이광진	8			11	몰리나	후0	3(2)	0	0	0
0	0	0	1(1)	후30	유연승	12			19	윤주태	후6	1(1)	1	0	0
0	0	0	2(2)	후7	아드리아노	10			18	김현성		0	0	0	0
0	2	7	8(4)			0			0			13(7)	7	1	0

- ●후반 35분 김종국 C.KR ~ 황인범 PAR 내 R-ST-G (득점: 황인범, 도움: 김종국) 오른쪽
- ●후반 43분 몰리나 PAL ↷ 에벨톤 GAR H-ST-G (득점: 에벨톤, 도움: 몰리나) 왼쪽
- ●후반 44분 박주영 MF 정면 ~ 윤주태 PAL R-ST-G (득점: 윤주태, 도움: 박주영) 왼쪽

5월 23일 16 : 00 맑음 전주 월드컵 관중 13,543명
주심_ 김동진 부심_ 정해상·김성일 대기심_ 김희곤 감독관_ 김진의

전북 1 0 전반 0 / 1 후반 0 **0 인천**

퇴장	경고	파울	ST(유)	교체	선수명	배번	위치	위치	배번	선수명	교체	ST(유)	파울	경고	퇴장
0	1	0	0		권순태	1	GK	GK	1	유현		0	0	0	0
0	0	2	1		이주용	32	DF	DF	25	박대한		0	2	1	0
0	0	0	0		윌킨슨	18	DF	DF	5	김진환		0	2	0	0
0	0	0	0		김형일	3	DF	DF	20	요니치		0	1	0	0
0	0	1	0		김기희	4	DF	DF	2	권완규		0	5	1	0
0	1	3	0		최보경	6	MF	MF	4	김원식	18	1	0	0	0
0	1	2	0	13	문상윤	47	MF	MF	7	김도혁	22	0	0	0	0
0	0	0	0	10	에닝요	8	MF	MF	26	조수철		2(1)	2	0	0
0	0	0	0	17	유창현	24	MF	MF	24	박세직	10	1(1)	0	0	0
1	0	0	0		한교원	7	MF	MF	11	김인성		2	2	0	0
0	0	3	2(1)		에두	9	FW	FW	19	케빈		0	6	0	0
0	0	0	0		홍정남	21			21	조수혁		0	0	0	0
0	0	0	0		조성환	16			15	김대중		0	0	0	0
0	0	0	0		이재명	26			17	김대경		0	0	0	0
0	0	0	0	후34	정훈	13	대기	대기	16	이성우		0	0	0	0
0	0	2	0	후16	이재성	17			22	김동석	전32	1(1)	1	0	0
0	0	0	1	후7	레오나르도	10			10	이천수	후0	1	0	0	0
0	0	0	0		이동국	20			18	진성욱	후22	0	0	0	0
1	3	13	4(1)			0			0			8(3)	21	2	0

- ●후반 3분 에두 PK-L-G (득점: 에두) 왼쪽

6월 13일 18:00 흐리고 비 수원 월드컵 관중 7,563명
주심_ 김성호 부심_ 노태식·장준모 대기심_ 우상일 감독관_ 김형남

수원 1   1 전반 1 / 0 후반 0   **1 성남**

퇴장	경고	파울	ST(유)	교체	선수명	배번	위치	위치	배번	선수명	교체	ST(유)	파울	경고	퇴장
0	0	0	0		노동건	21	GK	GK	29	박준혁		0	0	1	0
0	0	1	2(2)		양상민	3	DF	DF	17	박태민		0	2	0	0
0	0	0	0		구자룡	15	DF	DF	20	윤영선		0	1	1	0
0	1	2	0		조성진	5	DF	DF	24	장석원		0	2	0	0
0	0	1	0	16	신세계	30	DF	DF	2	곽해성		0	1	0	0
0	0	2	0		오범석	4	MF	MF	8	김두현	22	1(1)	1	0	0
0	0	2	1(1)		권창훈	22	MF	MF	7	김철호		0	1	0	0
0	0	1	1(1)	10	이상호	7	MF	MF	23	남준재		1(1)	1	0	0
0	0	2	1	33	고차원	12	MF	MF	18	김성준	11	1	2	1	0
0	0	0	0		서정진	13	MF	MF	10	조르징요	14	0	0	0	0
0	0	4	1(1)		정대세	14	FW	FW	16	황의조		2	2	0	0
0	0	0	0		이상욱	31			1	전상욱		0	0	0	0
0	0	0	0	후24	홍철	33			28	유청윤		0	0	0	0
0	0	0	0		곽희주	29			4	이요한		0	0	0	0
0	0	0	0		최재수	2	대기	대기	13	김동희		0	0	0	0
0	0	0	1	후0	조지훈	16			22	이종원	후33	0	0	0	0
0	0	0	2(2)	후8	산토스	10			14	정선호	후0	1	1	0	0
0	0	0	0		레오	11			11	히카르도	후16	0	0	0	0
0	1	15	9(7)			0			0			6(2)	14	3	0

- 전반 34분 정대세 GAR 내 R-ST-G (득점: 정대세) 왼쪽
- 전반 41분 곽해성 GAR ~ 김두현 GA 정면 R-ST-G (득점: 김두현, 도움: 곽해성) 오른쪽

5월 24일 14:00 맑음 광주 월드컵 관중 1,869명
주심_ 우상일 부심_ 노수용·이정민 대기심_ 이민후 감독관_ 김용세

광주 0   0 전반 0 / 0 후반 1   **1 부산**

퇴장	경고	파울	ST(유)	교체	선수명	배번	위치	위치	배번	선수명	교체	ST(유)	파울	경고	퇴장
0	0	0	0		권정혁	31	GK	GK	1	이범영		0	0	0	0
0	0	3	1(1)		이종민	17	DF	DF	4	김종혁		0	1	1	0
0	0	2	0		정준연	4	DF	DF	6	이경렬		0	0	1	0
0	1	1	0	3	안영규	26	DF	DF	5	노행석		0	3	0	0
0	0	2	0		정호정	33	DF	MF	15	유지노		2(1)	0	0	0
0	1	0	0		이찬동	40	MF	MF	33	유지훈		0	3	0	0
0	0	2	2(1)	6	여름	7	MF	MF	24	주세종		3(2)	2	0	0
0	0	1	0		임선영	5	MF	MF	22	전성찬	10	1	1	0	0
0	0	2	2		송승민	16	FW	FW	9	박용지	7	0	0	0	0
0	1	3	1(1)		김호남	11	MF	FW	8	윤동민	11	0	0	0	0
0	0	1	0	10	주현우	30	MF	FW	20	김용태		1	1	0	0
0	0	0	0		제종현	1			21	이창근		0	0	0	0
0	0	1	0	후29	김영빈	3			30	안세희		0	0	0	0
0	0	0	0	후46	오도현	6			13	이규성		0	0	0	0
0	0	2	1	후16	파비오	10	대기	대기	77	최광희		0	0	0	0
0	0	0	0		이으뜸	14			7	한지호	후14	0	0	0	0
0	0	0	0		박선홍	19			10	웨슬리	후38	0	0	0	0
0	0	0	0		조용태	22			11	베르손	후25	2(1)	0	1	0
0	3	20	7(3)			0			0			9(4)	11	3	0

- 후반 44분 주세종 MFR FK ↷ 유지노 GAR H-ST-G (득점: 유지노, 도움: 주세종) 왼쪽

5월 25일 14:00 맑음 울산 문수 관중 7,145명
주심_ 이동준 부심_ 장준모·이규환 대기심_ 송민석 감독관_ 김일호

울산 2   2 전반 1 / 0 후반 1   **2 포항**

퇴장	경고	파울	ST(유)	교체	선수명	배번	위치	위치	배번	선수명	교체	ST(유)	파울	경고	퇴장
0	0	0	0		송유걸	21	GK	GK	1	신화용		0	0	0	0
0	0	0	0		정동호	2	DF	DF	3	김광석		1	0	0	0
0	0	0	0		임창우	13	DF	DF	13	김원일		0	1	0	0
0	0	0	0		김근환	39	DF	DF	27	박선주		0	2	0	0
0	0	0	0		유준수	17	DF	DF	2	박선용		0	1	0	0
0	0	1	0		하성민	8	MF	MF	5	김태수		0	0	0	0
0	1	3	0		구본상	4	MF	MF	28	손준호		0	0	0	0
0	0	3	0	7	제파로프	10	MF	FW	12	김승대		3(1)	0	0	0
0	0	1	0	27	김태환	16	MF	FW	19	문창진	11	2(1)	1	0	0
0	0	1	2(1)	3	김신욱	9	FW	FW	16	심동운	9	1(1)	0	0	0
0	0	1	4(2)		양동현	18	FW	FW	7	티아고	39	3(1)	1	1	0
0	0	0	0		장대희	41			21	김진영		0	0	0	0
0	0	0	0		김영삼	34			15	이재원		0	0	0	0
0	0	0	0		정승현	5			24	배슬기		0	0	0	0
0	0	0	0		마스다	6	대기	대기	9	황지수	후23	0	1	0	0
0	0	1	0	후19	고창현	7			39	이광혁	후10	1(1)	1	0	0
0	0	0	0	후36	안현범	27			10	모리츠		0	0	0	0
0	1	2	0	후27	카사	3			11	박성호	후41	0	0	0	0
0	2	13	6(3)			0			0			11(5)	8	1	0

- 전반 10분 양동현 PK 우측지점 L-ST-G (득점: 양동현) 오른쪽
- 전반 32분 제파로프 C,KR ↷ 양동현 GA 정면 내 H-ST-G (득점: 양동현, 도움: 제파로프) 왼쪽
- 전반 14분 손준호 HL 정면 ↷ 티아고 PAL 내 L-ST-G (득점: 티아고, 도움: 손준호) 오른쪽
- 후반 7분 김승대 AK 내 R-ST-G (득점: 김승대) 왼쪽

5월 23일 15:00 맑음 제주 월드컵 관중 8,543명
주심_ 고형진 부심_ 노태식·곽승순 대기심_ 김성호 감독관_ 김정식

제주 3   2 전반 0 / 1 후반 2   **2 전남**

퇴장	경고	파울	ST(유)	교체	선수명	배번	위치	위치	배번	선수명	교체	ST(유)	파울	경고	퇴장
0	1	1	0		김경민	21	GK	GK	1	김병지		0	0	0	0
0	0	1	0		알렉스	15	DF	DF	27	이슬찬		0	1	0	0
0	0	0	1(1)		오반석	4	DF	DF	5	임종은		0	0	0	0
0	0	1	0	19	김수범	22	DF	DF	15	방대종		0	1	0	0
0	0	0	1		김봉래	27	DF	DF	24	이지민		0	2	0	0
0	0	1	0		장은규	37	MF	MF	20	김동철	7	0	0	0	0
0	0	0	4(1)		윤빛가람	14	MF	MF	14	김영욱	9	2(1)	3	0	0
0	0	1	1	23	김영신	16	MF	MF	18	이창민		4	1	0	0
0	0	0	4(2)		진대성	17	FW	FW	17	오르샤		6(2)	0	0	0
0	0	2	5(2)	18	강수일	11	FW	FW	10	스테보		2	2	0	0
0	0	3	5(2)		로페즈	7	FW	FW	11	안용우		2(1)	0	0	0
0	0	0	0		김인석	45			30	한유성		0	0	0	0
0	0	0	1(1)	후36	이용	19			3	김태호		0	0	0	0
0	0	0	0		김상원	3			6	이지남		0	0	0	0
0	0	0	1	후11	양준아	23	대기	대기	7	레안드리뉴	전26/12	2(2)	3	0	0
0	0	0	0		허범산	6			9	전현철	후23	0	0	0	0
0	0	0	0		심광욱	30			12	김평래	후40	0	0	0	0
0	0	0	1(1)	후37	박수창	18			16	정석민		0	0	0	0
0	1	10	24(10)			0			0			18(6)	13	0	0

- 전반 9분 진대성 AKR ~ 강수일 PA 정면 내 R-ST-G (득점: 강수일, 도움: 진대성) 오른쪽
- 전반 13분 강수일 GAL 내 L-ST-G (득점: 강수일) 오른쪽
- 후반 43분 윤빛가람 C,KL ↷ 이용 GAR 내 H-ST-G (득점: 이용, 도움: 윤빛가람) 오른쪽
- 후반 1분 오르샤 AKL R-ST-G (득점: 오르샤) 오른쪽
- 후반 31분 오르샤 PAL 내 ↷ 레안드리뉴 GA 정면 H-ST-G (득점: 레안드리뉴, 도움: 오르샤) 오른쪽

5월 30일 14 : 00 흐리고 비 포항 스틸야드 관중 5,772명
주심_ 김희곤 부심_ 노태식·곽승순 대기심_ 고형진 감독관_ 김일호

포항 2 0 전반 1 / 2 후반 0 **1 대전**

퇴장	경고	파울	ST(유)	교체	선수명	배번	위치	위치	배번	선수명	교체	ST(유)	파울	경고	퇴장
0	0	0	0		신화용	1	GK	GK	1	박주원		0	0	0	0
0	0	0	0		김광석	3	DF	DF	30	송주한		0	0	0	0
0	0	2	0		배슬기	24	DF	DF	29	김상필		0	0	0	0
0	1	2	1(1)		박선주	27	DF	DF	3	윤신영	2	0	0	0	0
0	1	0	2		박선용	2	DF	DF	7	김종국		0	1	0	0
0	0	0	2	7	황지수	9	MF	MF	12	유연승	24	4(3)	2	1	0
0	0	0	2(1)		손준호	28	MF	MF	13	황인범	17	2(2)	1	0	0
0	0	0	1(1)		김승대	12	FW	MF	14	서명원		0	3	0	0
0	0	0	8(5)		모리츠	10	FW	MF	20	안상현		0	3	1	0
0	0	0	3(1)	11	조찬호	26	FW	MF	43	이강진		0	1	0	0
0	0	0	3(1)	39	고무열	18	FW	FW	37	정서운		0	1	0	0
0	0	0	0		김진영	21			32	한상혁		0	0	0	0
0	0	0	0		이재원	15			26	김창현		0	0	0	0
0	0	0	0		김원일	13			5	서명식		0	0	0	0
0	0	0	0		김태수	5	대기	대기	24	박영수	후32	0	0	0	0
0	0	0	2(2)	후33	이광혁	39			2	조원득	전41	0	1	0	0
0	1	1	2(2)	후24	티아고	7			17	김성수	후46	0	0	0	0
0	0	0	3(2)	후9	박성호	11			23	허영철		0	0	0	0
0	3	5	29(16)			0			0			6(5)	13	2	0

●후반 31분 티아고 PK 우측지점 H ↷ 박성호 GAL 내 L-ST-G (득점: 박성호, 도움: 티아고) 왼쪽
●후반 48분 김승대 PAL 내 ~ 이광혁 GAL EL L-ST-G (득점: 이광혁, 도움: 김승대) 왼쪽
●전반 45분 김종국 MFR ~ 황인범 AKR L-ST-G (득점: 황인범, 도움: 김종국) 왼쪽

5월 30일 14 : 00 흐림 광주 월드컵 관중 3,096명
주심_ 김상우 부심_ 장준모·서무희 대기심_ 정동식 감독관_ 강창구

광주 1 1 전반 0 / 0 후반 0 **0 제주**

퇴장	경고	파울	ST(유)	교체	선수명	배번	위치	위치	배번	선수명	교체	ST(유)	파울	경고	퇴장
0	0	0	0		권정혁	31	GK	GK	1	김호준		0	0	0	0
0	1	2	1(1)		이종민	17	DF	DF	4	오반석		0	0	0	0
0	1	0	0		정준연	4	DF	DF	15	알렉스	22	0	0	0	0
0	0	2	0		김영빈	3	DF	DF	19	이 용		0	0	0	0
0	0	0	0		이으뜸	14	DF	DF	27	김봉래		0	1	1	0
0	0	3	0		이찬동	40	MF	MF	37	장은규		0	3	1	0
0	0	3	2(1)		여 름	7	MF	MF	14	윤빛가람		0	1	1	0
0	0	0	3	34	임선영	5	MF	MF	16	김영신	7	0	0	0	0
0	0	1	2(1)	22	송승민	16	FW	FW	17	진대성	30	1	2	0	0
0	0	2	1		김호남	11	MF	FW	11	강수일		0	0	0	0
0	0	0	1	6	파비오	10	MF	FW	18	박수창		1	1	0	0
0	0	0	0		제종현	1			21	김경민		0	0	0	0
0	0	0	1(1)	후13	오도현	6			22	김수범	전12	0	0	0	0
0	0	0	0		송성범	20			3	김상원		0	0	0	0
0	0	0	1	후25	조용태	22	대기	대기	23	양준아		0	0	0	0
0	0	0	0		주현우	30			6	허범산		0	0	0	0
0	0	0	0	후45	안성남	34			30	심광욱	후24	0	0	0	0
0	0	0	0		박일권	37			7	로페즈	전39	1	1	1	0
0	2	13	12(4)			0			0			3	9	4	0

●전반 3분 이종민 PK-R-G (득점: 이종민) 왼쪽

5월 30일 16 : 00 흐림 광양 전용 관중 4,073명
주심_ 김성호 부심_ 최민병·김영하 대기심_ 박영록 감독관_ 하재훈

전남 3 1 전반 0 / 2 후반 1 **1 부산**

퇴장	경고	파울	ST(유)	교체	선수명	배번	위치	위치	배번	선수명	교체	ST(유)	파울	경고	퇴장
0	0	0	0		김병지	1	GK	GK	1	이범영		0	0	0	0
0	0	1	1(1)		현영민	13	DF	DF	6	이경렬		1(1)	2	0	0
0	0	1	0		임종은	5	DF	DF	4	김종혁	14	0	0	0	0
0	1	1	0		방대종	15	DF	DF	5	노행석		0	2	1	0
0	0	2	4(2)		최효진	2	DF	MF	22	전성찬		0	0	0	0
0	0	0	0	20	정석민	16	MF	MF	24	주세종		0	4	1	0
0	0	0	0	12	이창민	18	MF	MF	33	유지훈		2(1)	0	0	0
0	0	3	2		오르샤	17	MF	MF	15	유지노		0	1	0	0
0	0	0	2(1)	8	전현철	9	MF	FW	20	김용태	9	0	0	0	0
0	0	0	3(3)		안용우	11	MF	FW	8	윤동민	10	0	0	0	0
0	0	2	4(3)		스테보	10	FW	FW	7	한지호		4(1)	2	0	0
0	0	0	0		한유성	30			21	이창근		0	0	0	0
0	0	0	0		이지남	6			30	안세희		0	0	0	0
0	0	0	0	후23	이종호	8			77	최광희		0	0	0	0
0	0	0	0	후7	김평래	12	대기	대기	14	정석화	후0	1	0	0	0
0	0	0	0	후36	김동철	20			9	박용지	후26	0	1	0	0
0	0	0	0		고병욱	22			10	웨슬리	전11	1	2	0	0
0	0	0	0		이슬찬	27			18	배천석		0	0	0	0
0	1	10	16(10)			0			0			9(3)	14	2	0

●전반 27분 오르샤 PAL 내 ~ 스테보 GAR R-ST-G (득점: 스테보, 도움: 오르샤) 왼쪽
●후반 4분 스테보 PK-R-G (득점: 스테보) 오른쪽
●후반 35분 안용우 PK 우측지점 L-ST-G (득점: 안용우) 오른쪽
●후반 1분 유지훈 PAL L-ST-G (득점: 유지훈) 왼쪽

5월 31일 14 : 00 맑음 탄천 종합 관중 8,116명
주심_ 이동준 부심_ 이정민·이규환 대기심_ 우상일 감독관_ 한병화

성남 2 0 전반 0 / 2 후반 1 **1 전북**

퇴장	경고	파울	ST(유)	교체	선수명	배번	위치	위치	배번	선수명	교체	ST(유)	파울	경고	퇴장
0	1	0	0		전상욱	1	GK	GK	1	권순태		0	0	0	0
0	0	1	0		박태민	17	DF	DF	25	최철순		0	1	0	0
0	0	1	0		윤영선	20	DF	DF	16	조성환		0	3	1	0
0	1	1	0		임채민	5	DF	DF	3	김형일	32	0	2	0	0
0	0	1	1(1)	22	곽해성	2	DF	DF	4	김기희		1	1	0	0
0	1	3	1		정선호	14	MF	MF	5	이 호		1(1)	2	0	0
0	0	1	3(3)		김두현	8	MF	MF	13	정 훈		2(2)	1	1	0
0	0	2	2(1)	13	남준재	23	MF	MF	17	이재성		3(2)	2	1	0
0	0	0	3(1)		김성준	18	MF	MF	10	레오나르도	8	2	0	0	0
0	1	1	1	11	조르징요	10	MF	MF	24	유창현	20	1(1)	0	0	0
0	1	2	7(3)		황의조	16	FW	FW	9	에 두		1	2	0	0
0	0	0	0		박준혁	29			21	홍정남		0	0	0	0
0	0	0	0		이태희	25			18	윌킨슨		0	0	0	0
0	0	0	0		장석원	24			32	이주용	후30	0	0	0	0
0	0	0	0		이요한	4	대기	대기	47	문상윤		0	0	0	0
0	0	2	0	후0	이종원	22			11	이승현		0	0	0	0
0	0	0	1(1)	후20	김동희	13			8	에닝요	후20	0	0	0	0
0	0	0	1(1)	후31	히카르도	11			20	이동국	후10	2	1	0	0
0	5	15	20(11)			0			0			13(6)	15	3	0

●후반 35분 김두현 C.KL ↷ 황의조 GAL 내 H-ST-G (득점: 황의조, 도움: 김두현) 왼쪽
●후반 40분 황의조 GAL 내 R-ST-G (득점: 황의조) 왼쪽
●후반 4분 유창현 GA 정면 내 R-ST-G (득점: 유창현) 오른쪽

5월 31일 14 : 00 맑음 인천 전용 관중 10,704명
주심_ 김대용 부심_ 노수용·방기열 대기심_ 서동진 감독관_ 김용세

인천 1 0 전반 1 / 1 후반 0 **1 수원**

퇴장	경고	파울	ST(유)	교체	선수명	배번	위치	위치	배번	선수명	교체	ST(유)	파울	경고	퇴장
0	0	0	0		유현	1	GK	GK	1	정성룡		0	0	0	0
0	0	1	0	24	박대한	25	DF	DF	3	양상민		2(1)	1	0	0
0	0	1	0		김진환	5	DF	DF	39	민상기		0	1	0	0
0	0	1	0		요니치	20	DF	DF	5	조성진		0	1	1	0
0	1	2	3		권완규	2	DF	DF	30	신세계		0	1	0	0
0	1	6	1(1)		김원식	4	MF	MF	22	권창훈		1(1)	0	0	0
0	0	4	2(1)		김도혁	7	MF	MF	16	조지훈	10	1	0	0	0
0	0	0	1(1)		조수철	26	MF	MF	12	고차원	29	2(2)	0	0	0
0	0	2	1	18	이천수	10	MF	MF	7	이상호		1	1	0	0
0	0	1	0	17	김인성	11	MF	MF	13	서정진	11	0	1	0	0
0	0	2	1		케빈	19	FW	FW	14	정대세		2(2)	3	0	0
0	0	0	0		이태희	31			21	노동건		0	0	0	0
0	0	0	0		이윤표	77			2	최재수		0	0	0	0
0	0	0	0	후19	김대경	17			29	곽희주	후45	0	0	0	0
0	0	0	0		김재웅	14	대기	대기	15	구자룡		0	0	0	0
0	0	0	0		이성우	16			17	박종진		0	0	0	0
0	0	0	1(1)	후39	박세직	24			10	산토스	후14	0	0	0	0
0	0	2	0	후27	진성욱	18			11	레오	후30	1	1	0	0
0	2	22	10(4)			0			0			10(6)	10	1	0

● 후반 9분 케빈 AKR H ↷ 조수철 PK 우측지점 R-ST-G (득점: 조수철, 도움: 케빈) 왼쪽

● 전반 31분 양상민 AK 정면 FK L-ST-G (득점: 양상민) 왼쪽

5월 31일 16 : 00 맑음 서울 월드컵 관중 18,413명
주심_ 송민석 부심_ 정해상·김성일 대기심_ 김동진 감독관_ 한진원

서울 0 0 전반 0 / 0 후반 0 **0 울산**

퇴장	경고	파울	ST(유)	교체	선수명	배번	위치	위치	배번	선수명	교체	ST(유)	파울	경고	퇴장
0	0	0	0		유상훈	31	GK	GK	1	김승규		0	0	0	0
0	0	1	2		김치우	7	MF	DF	2	정동호		0	1	0	0
0	0	0	1(1)		오스마르	4	DF	DF	13	임창우		0	1	0	0
0	1	1	0		김동우	28	DF	DF	39	김근환		0	0	0	0
0	0	2	0		이웅희	3	DF	DF	17	유준수		1(1)	1	0	0
0	1	1	0		차두리	5	MF	MF	4	구본상		3(1)	2	1	0
0	0	1	0		박용우	34	MF	MF	8	하성민	6	0	0	0	0
0	0	0	0		고명진	22	MF	MF	16	김태환	11	1(1)	3	1	0
0	0	2	2(2)	36	윤주태	19	FW	MF	10	제파로프		1	0	0	0
0	0	1	1	13	윤일록	17	FW	MF	3	카사	9	0	1	0	0
0	0	2	2(2)	40	박주영	91	FW	FW	18	양동현		1	0	0	0
0	0	0	0		김용대	1			31	이희성		0	0	0	0
0	0	0	0		고광민	27			5	정승현		0	0	0	0
0	0	0	0		이상협	29			34	김영삼		0	0	0	0
0	0	1	1(1)	후0	고요한	13	대기	대기	6	마스다	전25	1(1)	0	0	0
0	0	0	0	후31	심제혁	40			11	따르따	후13	1	1	0	0
0	0	0	0		몰리나	11			7	고창현		0	0	0	0
0	0	0	1(1)	후18	정조국	36			9	김신욱	후40	0	0	0	0
0	2	12	10(7)			0			0			9(4)	10	2	0

6월 03일 19 : 00 맑음 부산 아시아드 관중 1,521명
주심_ 김동진 부심_ 노태식·곽승순 대기심_ 매호영 감독관_ 김용세

부산 1 1 전반 0 / 0 후반 0 **0 울산**

퇴장	경고	파울	ST(유)	교체	선수명	배번	위치	위치	배번	선수명	교체	ST(유)	파울	경고	퇴장
0	1	0	0		이범영	1	GK	GK	1	김승규		0	0	0	0
0	0	1	1		안세희	30	DF	DF	2	정동호		0	1	0	0
0	0	2	0		이경렬	6	DF	DF	13	임창우	5	0	2	1	0
0	0	0	0		유지노	15	DF	DF	39	김근환		0	1	0	0
0	0	2	1	77	유지훈	33	DF	DF	17	유준수		0	0	0	0
0	0	0	1		주세종	24	MF	MF	4	구본상		1	1	0	0
0	1	1	1(1)		정석화	14	MF	MF	6	마스다		2	2	0	0
0	0	0	1		박용지	9	MF	MF	16	김태환		0	1	0	0
0	0	0	0	22	김용태	20	MF	MF	11	따르따	7	0	3	0	0
0	0	1	3(3)		웨슬리	10	MF	MF	10	제파로프	9	2	0	0	0
0	0	2	3(2)		배천석	18	FW	FW	18	양동현		2	2	0	0
0	0	0	0		이창근	21			31	이희성		0	0	0	0
0	0	0	0		이청웅	17			5	정승현	후42	0	1	0	0
0	0	0	0		김종혁	4			34	김영삼		0	0	0	0
0	1	0	1	후30	최광희	77	대기	대기	8	하성민		0	0	0	0
0	0	0	0		이규성	13			19	김승준		0	0	0	0
0	0	1	0	후15	전성찬	22			7	고창현	후23	0	1	1	0
0	0	0	0		한지호	7			9	김신욱	후4	1(1)	0	0	0
0	3	10	12(6)			0			0			8(1)	15	2	0

● 전반 19분 웨슬리 GAL L-ST-G (득점: 웨슬리) 오른쪽

6월 03일 19 : 00 맑음 광양 전용 관중 4,460명
주심_ 김대용 부심_ 정해상·김성일 대기심_ 김우성 감독관_ 김정식

전남 1 1 전반 0 / 0 후반 2 **2 광주**

퇴장	경고	파울	ST(유)	교체	선수명	배번	위치	위치	배번	선수명	교체	ST(유)	파울	경고	퇴장
0	0	0	0		김병지	1	GK	GK	31	권정혁		0	0	0	0
0	0	0	0		이슬찬	27	DF	DF	17	이종민		0	0	0	0
0	0	1	0		임종은	5	DF	DF	3	김영빈		1(1)	1	0	0
0	0	1	0	19	방대종	15	DF	DF	26	안영규	20	1	1	0	0
0	0	2	1		최효진	2	DF	DF	14	이으뜸		1	3	0	0
0	1	3	0		김평래	12	MF	MF	40	이찬동		1	1	1	0
0	0	1	0	14	정석민	16	MF	MF	7	여름		1(1)	0	0	0
0	0	4	0		오르샤	17	MF	MF	5	임선영		2(1)	2	0	0
0	0	2	1	22	이종호	8	MF	FW	16	송승민		4(2)	1	0	0
0	0	1	0		안용우	11	MF	MF	11	김호남	22	0	1	0	0
0	0	3	1(1)		스테보	10	FW	MF	10	파비오	6	2	0	0	0
0	0	0	0		한유성	30			1	제종현		0	0	0	0
0	0	0	0		전현철	9			6	오도현	후36	0	0	0	0
0	0	0	0		현영민	13			20	송성범	후33	0	0	1	0
0	0	0	0	후29	김영욱	14	대기	대기	22	조용태	후3	1(1)	0	0	0
0	1	3	0	후23	이재억	19			30	주현우		0	0	0	0
0	0	0	0		김동철	20			34	안성남		0	0	0	0
0	0	0	0	후37	고병욱	22			37	박일권		0	0	0	0
0	2	21	3(1)			0			0			14(6)	10	2	0

● 전반 2분 안용우 PAR 내 ↷ 스테보 GA 정면 H-ST-G (득점: 스테보, 도움: 안용우) 오른쪽

● 후반 22분 여름 PA 정면 R-ST-G (득점: 여름) 왼쪽

● 후반 42분 이으뜸 C,KR ↷ 김영빈 GAL 내 H-ST-G (득점: 김영빈, 도움: 이으뜸) 왼쪽

6월 03일 19 : 30 맑음 포항 스틸야드 관중 7,219명
주심_ 김상우 부심_ 최민병·김영하 대기심_ 박진호 감독관_ 김수현

포항 0 | 0 전반 0 / 0 후반 0 | **0 전북**

퇴장	경고	파울	ST(유)	교체	선수명	배번	위치	위치	배번	선수명	교체	ST(유)	파울	경고	퇴장
0	0	0	0		신화용	1	GK	GK	1	권순태		0	1	1	0
0	0	0	0		김광석	3	DF	DF	25	최철순		0	0	0	0
0	0	2	0		배슬기	24	DF	DF	18	윌킨슨		1(1)	0	0	0
0	1	0	0		박선주	27	DF	DF	16	조성환		0	2	1	0
0	0	3	1		김준수	6	DF	DF	4	김기희		0	1	0	0
0	0	2	0		황지수	9	MF	MF	6	최보경		1	2	0	0
0	1	4	2(1)		손준호	28	MF	MF	5	이호	11	0	2	0	0
0	0	0	2(1)		김승대	12	FW	MF	10	레오나르도	22	2(2)	0	0	0
0	0	1	2(2)	11	모리츠	10	FW	MF	17	이재성		0	1	0	0
0	0	1	0	39	심동운	16	FW	MF	8	에닝요	9	1	1	0	0
0	0	0	1	26	고무열	18	FW	FW	20	이동국		1	1	0	0
0	0	0	0		김진영	21	대기	대기	21	홍정남		0	0	0	0
0	0	0	0		이재원	15			32	이주용		0	0	0	0
0	0	0	0		김원일	13			47	문상윤		0	0	0	0
0	0	0	0		김태수	5			11	이승현	후30	0	1	0	0
0	0	0	0	후17	이광혁	39			23	김동찬		0	0	0	0
0	0	0	0	후39	조찬호	26			22	이상협	후40	1(1)	0	0	0
0	0	1	1	후17	박성호	11			9	에두	후16	1	3	0	0
0	2	14	9(4)			0			0			8(4)	15	2	0

6월 03일 19 : 30 맑음 대전 월드컵 관중 1,240명
주심_ 송민석 부심_ 이정민·이규환 대기심_ 이동준 감독관_ 김형남

대전 1 | 0 전반 2 / 1 후반 0 | **2 수원**

퇴장	경고	파울	ST(유)	교체	선수명	배번	위치	위치	배번	선수명	교체	ST(유)	파울	경고	퇴장
0	0	0	0		박주원	1	GK	GK	1	정성룡		0	0	0	0
0	0	1	0		송주한	30	DF	DF	2	최재수		0	1	0	0
0	0	0	0		김상필	29	DF	DF	15	구자룡		0	1	1	0
0	1	1	0		이강진	43	DF	DF	5	조성진		0	0	0	0
0	0	1	0		김기수	6	DF	DF	4	오범석		0	3	0	0
0	0	0	0	37	서명원	14	MF	MF	22	권창훈		2(2)	0	0	0
0	0	0	1		이정근	38	MF	MF	20	백지훈	29	0	0	0	0
0	0	1	0	22	서명식	5	MF	MF	13	서정진		1	2	0	0
0	1	3	0	35	김창현	26	MF	MF	10	산토스	7	3(3)	1	0	0
0	0	3	1(1)		아드리아노	10	FW	MF	26	염기훈		2(1)	0	0	0
0	1	2	1		황인범	13	FW	FW	14	정대세	32	3(2)	1	0	0
0	0	0	0		오승훈	31	대기	대기	21	노동건		0	0	0	0
0	0	0	0		윤준성	4			33	홍철		0	0	0	0
0	0	0	0	후27	이형진	35			29	곽희주	후36	0	0	0	0
0	0	0	0		김성수	17			16	조지훈		0	0	0	0
0	0	0	0		박영수	24			7	이상호	후32	0	1	0	0
0	1	2	0	후20	이현호	22			12	고차원		0	0	0	0
0	0	0	0	후0	정서운	37			32	방찬준	후45	0	0	0	0
0	4	14	3(1)			0			0			11(8)	10	1	0

- 후반 24분 아드리아노 PK-R-G (득점: 아드리아노) 왼쪽
- 전반 24분 염기훈 PK-L-G (득점: 염기훈) 가운데
- 전반 36분 최재수 GAL ~ 산토스 GA 정면 내 R-ST-G (득점: 산토스, 도움: 최재수) 왼쪽

6월 03일 19 : 30 맑음 서울 월드컵 관중 5,023명
주심_ 우상일 부심_ 장준모·박인선 대기심_ 박병진 감독관_ 조영증

서울 1 | 1 전반 0 / 0 후반 0 | **0 인천**

퇴장	경고	파울	ST(유)	교체	선수명	배번	위치	위치	배번	선수명	교체	ST(유)	파울	경고	퇴장
0	0	0	0		유상훈	31	GK	GK	1	유현		0	0	0	0
0	0	2	1		이웅희	3	DF	DF	25	박대한		0	1	1	0
0	0	2	1(1)		박용우	34	DF	DF	77	이윤표		0	2	0	0
0	0	3	0		김동우	28	DF	DF	20	요니치		0	1	0	0
0	0	0	0		차두리	5	MF	DF	2	권완규		0	2	0	0
0	0	0	0		고광민	27	MF	MF	5	김진환		1	3	1	0
0	0	0	1		오스마르	4	MF	MF	7	김도혁		2(1)	1	0	0
0	0	1	0	29	고명진	22	MF	MF	26	조수철		0	1	0	0
0	0	0	1		고요한	13	MF	MF	17	김대경	19	1(1)	1	0	0
0	0	2	1(1)	18	정조국	36	FW	MF	24	박세직	11	2	2	0	0
0	0	2	1		박주영	91	FW	FW	18	진성욱	27	0	1	0	0
0	0	0	0		김용대	1	대기	대기	31	이태희		0	0	0	0
0	0	0	0		김남춘	26			13	용재현		0	0	0	0
0	0	0	0		심상민	21			14	김재웅		0	0	0	0
0	0	0	0	후25/19	이상협	29			16	이성우		0	0	0	0
0	0	0	0		몰리나	11			11	김인성	후20	0	2	0	0
0	0	0	1(1)	후30	김현성	18			27	이진욱	후35	0	0	0	0
0	0	0	0	후47	윤주태	19			19	케빈	후13	1	0	0	0
0	0	12	7(3)			0			0			7(2)	17	2	0

- 전반 15분 정조국 GA 정면 R-ST-G (득점: 정조국) 가운데

6월 03일 20 : 00 맑음 제주 월드컵 관중 4,472명
주심_ 이민후 부심_ 노수용·방기열 대기심_ 박영록 감독관_ 김진의

제주 4 | 2 전반 1 / 2 후반 2 | **3 성남**

퇴장	경고	파울	ST(유)	교체	선수명	배번	위치	위치	배번	선수명	교체	ST(유)	파울	경고	퇴장
0	0	0	0		김호준	1	GK	GK	1	전상욱		0	0	0	0
0	0	2	0		오반석	4	DF	DF	22	이종원		0	1	0	0
0	1	0	0		양준아	23	DF	DF	20	윤영선		1(1)	4	1	0
0	0	1	1		김수범	22	DF	DF	24	장석원		0	1	0	0
0	0	3	0		김상원	3	DF	DF	17	박태민		0	1	1	0
0	0	1	0	25	허범산	6	MF	MF	7	김철호		0	3	0	0
0	0	3	2(2)		윤빛가람	14	MF	MF	14	정선호		0	1	0	0
0	0	2	2		박수창	18	FW	MF	18	김성준	8	0	4	0	0
0	0	1	1		로페즈	7	FW	MF	23	남준재	11	0	1	0	0
0	0	2	2(1)	27	진대성	17	FW	MF	13	김동희	4	2	1	0	0
0	0	1	1	9	강수일	11	FW	FW	16	황의조		3(3)	1	0	0
0	0	0	0		김경민	21	대기	대기	29	박준혁		0	0	0	0
0	0	0	0	후38	강준우	25			34	한상현		0	0	0	0
0	0	0	0	후33	김봉래	27			28	유청윤		0	0	0	0
0	0	0	0		김영신	16			27	강진욱		0	0	0	0
0	0	0	0		김선우	13			8	김두현	후0	1	0	0	0
0	0	0	0		심광욱	30			4	이요한	후46	0	0	0	0
0	0	0	1(1)	후43	김현	9			11	히카르도	후8	1	0	0	0
0	1	16	10(4)			0			0			8(4)	18	2	0

- 전반 29분 박수창 AKL ~ 윤빛가람 GAL R-ST-G (득점: 윤빛가람, 도움: 박수창) 오른쪽
- 전반 41분 로페즈 PAL ~ 진대성 PAR R-ST-G (득점: 진대성, 도움: 로페즈) 오른쪽
- 후반 9분 강수일 GAR ~ 윤빛가람 GA 정면 R-ST-G (득점: 윤빛가람, 도움: 강수일) 왼쪽
- 후반 46분 김현 PK 우측지점 R-ST-G (득점: 김현) 왼쪽
- 전반 31분 양준아 GAL 내 L자책골 (득점: 양준아) 왼쪽
- 후반 32분 박태민 MFR ~ 황의조 PA 정면 R-ST-G (득점: 황의조, 도움: 박태민) 왼쪽
- 후반 44분 김두현 MFR FK↷ 윤영선 PK지점 H-ST-G (득점: 윤영선, 도움: 김두현) 왼쪽

6월 06일 19 : 00 맑음 전주 월드컵 관중 13,286명
주심_ 고형진 부심_ 노수용·곽승순 대기심_ 정동식 감독관_ 전인석

전북 1 　0 전반 1 / 1 후반 1　 **2 서울**

퇴장	경고	파울	ST(유)	교체	선수명	배번	위치	위치	배번	선수명	교체	ST(유)	파울	경고	퇴장
0	0	0	0		홍 정 남	21	GK	GK	31	유 상 훈		0	0	1	0
0	0	1	0		조 성 환	16	DF	DF	3	이 웅 희		0	2	0	0
0	1	2	0		김 형 일	3	DF	DF	34	박 용 우		0	4	0	0
0	0	1	0	10	김 기 희	4	DF	DF	28	김 동 우		0	3	0	0
0	0	2	0		이 주 용	32	MF	MF	7	김 치 우		4(4)	2	0	0
0	0	0	0		최 철 순	25	MF	MF	27	고 광 민		1(1)	0	0	0
0	0	3	1		최 보 경	6	MF	MF	4	오스마르		0	3	0	0
0	0	2	0		이 재 성	17	MF	MF	22	고 명 진	29	2(1)	0	0	0
0	0	2	1	11	문 상 윤	47	MF	MF	13	고 요 한		0	2	0	0
0	0	0	0	20	이 상 협	22	FW	FW	36	정 조 국	17	3(3)	0	0	0
0	1	4	0		에 두	9	FW	FW	91	박 주 영	11	5(5)	1	0	0
0	0	0	0		김 태 호	31			1	김 용 대		0	0	0	0
0	0	0	0		윌 킨 슨	18			26	김 남 춘		0	0	0	0
0	0	0	0		정 훈	13			5	차 두 리		0	0	0	0
0	0	1	0	후15	이 승 현	11	대기	대기	29	이 상 협	후33	0	0	0	0
0	0	0	0		에 닝 요	8			11	몰 리 나	후43	0	0	0	0
0	0	0	2	후0	레오나르도	10			17	윤 일 록	후18	0	2	0	0
0	0	0	2(1)	후0	이 동 국	20			18	김 현 성		0	0	0	0
0	2	18	6(1)			0			0			15(14	19	1	0

● 후반 27분 이재성 PAR 내 ~ 이동국 PA 정면 R-ST-G (득점: 이동국, 도움: 이재성) 오른쪽

● 전반 44분 정조국 MF 정면 ~ 박주영 AK 정면 L-ST-G (득점: 박주영, 도움: 정조국) 왼쪽

● 후반 7분 고광민 PAR 내 ~ 김치우 AKR R-ST-G (득점: 김치우, 도움: 고광민) 왼쪽

6월 06일 19 : 00 맑음 대전 월드컵 관중 1,092명
주심_ 이동준 부심_ 장준모·방기열 대기심_ 박필준 감독관_ 하재훈

대전 0 　0 전반 0 / 0 후반 0　 **0 부산**

퇴장	경고	파울	ST(유)	교체	선수명	배번	위치	위치	배번	선수명	교체	ST(유)	파울	경고	퇴장
0	0	0	0		박 주 원	1	GK	GK	1	이 범 영		0	0	0	0
0	1	1	0		송 주 한	30	DF	DF	30	안 세 희		3(1)	3	0	1
0	0	1	0		김 상 필	29	DF	DF	6	이 경 렬		0	1	0	0
0	1	1	0		이 강 진	43	DF	DF	15	유 지 노		0	0	0	0
0	0	1	1		이 정 근	38	DF	DF	33	유 지 훈		0	1	1	0
0	0	2	1(1)		안 상 현	20	MF	MF	24	주 세 종		3(2)	3	0	0
0	0	1	1	24	황 인 범	13	MF	MF	14	정 석 화		0	1	0	0
0	0	1	1		김 종 국	7	MF	MF	9	박 용 지	77	0	0	0	0
0	0	2	4(2)		아드리아노	10	FW	MF	20	김 용 태	5	0	0	0	0
0	0	1	1(1)	37	서 명 원	14	FW	MF	10	웨 슬 리	7	0	2	0	0
0	0	1	1(1)	22	황 지 웅	28	FW	FW	18	배 천 석		2(1)	1	0	0
0	0	0	0		오 승 훈	31			21	이 창 근		0	0	0	0
0	0	0	0		윤 준 성	4			5	노 행 석	후24	0	0	0	0
0	0	0	0		서 명 식	5			4	김 종 혁		0	0	0	0
0	0	0	0		유 연 승	12	대기	대기	77	최 광 희	후32	0	0	0	0
0	0	0	0	후47	박 영 수	24			13	이 규 성		0	0	0	0
0	0	0	2(1)	후23	이 현 호	22			22	전 성 찬		0	0	0	0
0	1	1	1(1)	후30	정 서 운	37			7	한 지 호	후37	1	1	0	0
0	3	13	13(7)			0			0			9(4)	13	1	1

6월 06일 19 : 00 맑음 인천 전용 관중 3,026명
주심_ 김상우 부심_ 노태식·이규환 대기심_ 임정수 감독관_ 김형남

인천 1 　1 전반 2 / 0 후반 0　 **2 전남**

퇴장	경고	파울	ST(유)	교체	선수명	배번	위치	위치	배번	선수명	교체	ST(유)	파울	경고	퇴장
0	0	0	0		유 현	1	GK	GK	1	김 병 지		0	1	0	0
0	1	1	1(1)		용 재 현	13	DF	DF	13	현 영 민		0	0	0	0
0	0	1	0	77	김 진 환	5	DF	DF	5	임 종 은		0	0	1	0
0	0	0	1(1)		요 니 치	20	DF	DF	6	이 지 남	15	0	3	1	0
0	0	0	0		권 완 규	2	DF	DF	3	김 태 호		0	0	0	0
0	0	4	1		김 원 식	4	MF	MF	16	정 석 민		1	1	0	0
0	0	0	0		김 도 혁	7	MF	MF	12	김 평 래		1(1)	1	0	0
0	0	2	0		조 수 철	26	MF	MF	18	이 창 민	20	1(1)	1	1	0
0	0	0	3(3)	18	이 천 수	10	MF	FW	17	오 르 샤		2(2)	0	0	0
0	0	3	1(1)	16	김 인 성	11	MF	FW	8	이 종 호		2(1)	3	0	0
0	0	2	3(2)		케 빈	19	FW	FW	22	고 병 욱	11	1(1)	1	0	0
0	0	0	0		이 태 희	31			30	한 유 성		0	0	0	0
0	0	0	0	전32	이 윤 표	77			9	전 현 철		0	0	0	0
0	0	0	0		김 동 석	22			11	안 용 우	후18	0	0	0	0
0	0	0	0		김 대 경	17	대기	대기	14	김 영 욱		0	0	0	0
0	0	0	0		김 재 웅	14			15	방 대 종	후49	0	0	0	0
0	0	0	0	후28	이 성 우	16			20	김 동 철	후39	0	0	0	0
0	0	1	1	후40	진 성 욱	18			24	이 지 민		0	0	0	0
0	1	14	11(8)			0			0			8(6)	11	3	0

● 전반 43분 이천수 PAL ↷ 케빈 GA 정면 내 H-ST-G (득점: 케빈, 도움: 이천수) 오른쪽

● 전반 8분 이창민 PAR ↷ 이종호 GA 정면 H-ST-G (득점: 이종호, 도움: 이창민) 가운데

● 전반 20분 이창민 PAR ~ 오르샤 GAL R-ST-G (득점: 오르샤, 도움: 이창민) 왼쪽

6월 07일 16 : 00 맑음 울산 문수 관중 5,826명
주심_ 우상일 부심_ 이정민·최민병 대기심_ 서동진 감독관_ 한진원

울산 2 　1 전반 0 / 1 후반 0　 **0 제주**

퇴장	경고	파울	ST(유)	교체	선수명	배번	위치	위치	배번	선수명	교체	ST(유)	파울	경고	퇴장
0	0	0	0		김 승 규	1	GK	GK	1	김 호 준		0	0	0	0
0	1	1	1(1)		정 동 호	2	DF	DF	4	오 반 석		0	0	0	0
0	0	1	1	5	김 영 삼	34	DF	DF	23	양 준 아		0	1	0	0
0	0	0	0		김 근 환	39	DF	DF	22	김 수 범	16	1	2	1	0
0	1	1	1		유 준 수	17	DF	DF	3	김 상 원		0	0	0	0
0	1	4	1(1)		하 성 민	8	MF	MF	6	허 범 산		1(1)	0	0	0
0	0	4	0		구 본 상	4	MF	MF	14	윤빛가람		3(1)	2	0	0
0	0	1	0	6	김 승 준	19	MF	MF	18	박 수 창		2(2)	1	0	0
0	0	1	1(1)		김 태 환	16	MF	FW	7	로 페 즈		2(1)	3	1	0
0	0	2	3(3)		김 신 욱	9	FW	FW	17	진 대 성	9	0	0	0	0
0	0	4	1(1)	11	양 동 현	18	FW	FW	11	강 수 일	34	2(1)	0	0	0
0	0	0	0		이 희 성	31			21	김 경 민		0	0	0	0
0	0	0	0	후31	정 승 현	5			25	강 준 우		0	0	0	0
0	0	0	0	후35	마 스 다	6			28	배 재 우		0	0	0	0
0	0	0	0		고 창 현	7	대기	대기	16	김 영 신	후19	0	0	0	0
0	0	0	0		이 영 재	32			37	장 은 규		0	0	0	0
0	0	1	0	후44	따 르 따	11			34	정 영 총	후33	0	0	0	0
0	0	0	0		안 현 범	27			9	김 현	후0	1	0	0	0
0	3	20	9(7)			0			0			12(6	9	2	0

● 전반 7분 김태환 GAR ~ 양동현 PK지점 R-ST-G (득점: 양동현, 도움: 김태환) 오른쪽

● 후반 10분 김신욱 PK-R-G (득점: 김신욱) 왼쪽

6월 07일 17 : 00 맑음 탄천 종합 관중 2,330명
주심_ 김동진 부심_ 김성일·송봉근 대기심_ 송민석 감독관_ 김정식

성남 0 | 0 전반 0 / 0 후반 2 | **2 포항**

퇴장	경고	파울	ST(유)	교체	선수명	배번	위치	위치	배번	선수명	교체	ST(유)	파울	경고	퇴장
0	0	0	0		박준혁	29	GK	GK	1	신화용		0	0	0	0
0	0	1	0		박태민	17	DF	DF	3	김광석		0	0	0	0
0	0	2	0		윤영선	20	DF	DF	24	배슬기		0	3	1	0
0	0	1	0		임채민	5	DF	DF	2	박선용		1(1)	2	0	0
0	0	1	0		곽해성	2	DF	DF	27	박선주	6	1	1	0	0
0	1	4	1		정선호	14	MF	MF	9	황지수	5	2(1)	0	0	0
0	0	2	0	18	김철호	7	MF	MF	28	손준호		1(1)	3	0	0
0	0	1	2(2)	11	남준재	23	MF	FW	12	김승대		2(1)	1	0	0
0	0	1	3(1)		김두현	8	MF	FW	10	모리츠		2(1)	1	0	0
0	0	0	1(1)	19	조르징요	10	MF	FW	7	티아고	39	1(1)	1	0	0
0	1	2	3		황의조	16	FW	FW	18	고무열		3(3)	3	0	0
0	0	0	0		전상욱	1			21	김진영		0	0	0	0
0	0	0	0		유청윤	28			6	김준수	후32	0	1	0	0
0	0	0	0		장석원	24			5	김태수	후45	0	0	0	0
0	0	0	0	후20	김성준	18	대기	대기	35	최호주		0	0	0	0
0	0	0	0		이종원	22			39	이광혁	후13	1	0	0	0
0	0	0	1	후38	루카스	19			26	조찬호		0	0	0	0
0	0	0	0	후15	히카르도	11			11	박성호		0	0	0	0
0	2	15	11(4)			0			0			14(9)	16	1	0

● 후반 15분 모리츠 자기 측 MFR TL ↷ 고무열 GAR R-ST-G (득점: 고무열, 도움: 모리츠) 왼쪽
● 후반 34분 손준호 MF 정면 ~ 고무열 GAL R-ST-G (득점: 고무열, 도움: 손준호) 오른쪽

6월 07일 18 : 00 맑음 수원 월드컵 관중 6,538명
주심_ 이민후 부심_ 손재선·양재용 대기심_ 임원택 감독관_ 김수현

수원 0 | 0 전반 0 / 0 후반 1 | **1 광주**

퇴장	경고	파울	ST(유)	교체	선수명	배번	위치	위치	배번	선수명	교체	ST(유)	파울	경고	퇴장
0	0	0	0		정성룡	1	GK	GK	31	권정혁		0	0	0	0
0	0	2	0		최재수	2	DF	DF	17	이종민		0	2	0	0
0	0	1	0		구자룡	15	DF	DF	4	정준연		0	4	2	0
0	0	0	0		양상민	3	DF	DF	3	김영빈		0	0	0	0
0	0	1	0		오범석	4	DF	DF	14	이으뜸		1(1)	1	0	0
0	0	2	2		권창훈	22	MF	MF	26	안영규		0	0	0	0
0	0	0	1	33	백지훈	20	MF	MF	7	여름		0	3	0	0
0	0	1	1	11	서정진	13	MF	MF	5	임선영		1	0	0	0
0	0	0	0	7	산토스	10	MF	FW	16	송승민		1	3	1	0
0	0	0	1(1)		염기훈	26	MF	MF	11	김호남	30	1(1)	1	1	0
0	0	4	1(1)		정대세	14	FW	MF	10	파비오	6	0	1	0	0
0	0	0	0		노동건	21			1	제종현		0	0	0	0
0	0	0	0	후0	홍철	33			6	오도현	후27	0	0	0	0
0	0	0	0		곽희주	29			20	송성범		0	0	0	0
0	0	0	0		조지훈	16	대기	대기	22	조용태		0	0	0	0
0	0	1	0	후12	이상호	7			30	주현우	전24/37	1(1)	1	0	0
0	0	0	0		고차원	12			34	안성남		0	0	0	0
0	0	1	0	후27	레오	11			37	박일권	후48	0	0	0	0
0	0	13	6(2)			0			0			5(3)	16	4	0

● 후반 33분 양상민 GA 정면 내 자책골 (득점: 양상민) 왼쪽

6월 17일 19 : 00 비 전주 월드컵 관중 4,928명
주심_ 이동준 부심_ 장준모·김계용 대기심_ 임정수 감독관_ 하재훈

전북 2 | 0 전반 1 / 2 후반 0 | **1 울산**

퇴장	경고	파울	ST(유)	교체	선수명	배번	위치	위치	배번	선수명	교체	ST(유)	파울	경고	퇴장
0	0	0	0		권순태	1	GK	GK	31	이희성	1	0	0	0	0
0	0	1	2(1)	47	이재명	26	DF	DF	34	김영삼		0	2	1	0
0	0	1	1(1)		조성환	16	DF	DF	24	이명재		1(1)	3	0	0
0	1	1	1		김영찬	30	DF	DF	22	김치곤	39	0	1	0	0
0	0	1	1(1)		최철순	25	DF	DF	17	유준수		1(1)	0	0	0
0	0	2	0		정훈	13	MF	MF	4	구본상		2(2)	1	1	0
0	0	1	1(1)	28	장윤호	34	MF	MF	8	하성민		0	3	0	0
0	0	0	5(3)		레오나르도	10	MF	MF	16	김태환		1	1	0	0
0	0	1	4	22	에닝요	8	MF	MF	19	김승준		0	1	0	0
0	0	0	2(1)		에두	9	FW	FW	9	김신욱		1	0	0	0
0	0	1	2(1)		이동국	20	FW	FW	18	양동현	11	1(1)	2	0	0
0	0	0	0		홍정남	21			1	김승규	전35	0	0	0	0
0	0	0	0		김기희	4			13	임창우		0	0	0	0
0	0	1	0	후28	최치원	28			39	김근환	후25	0	1	0	0
0	0	0	1(1)	후35	문상윤	47	대기	대기	6	마스다		0	0	0	0
0	0	0	0		이승렬	27			14	서용덕		0	0	0	0
0	0	0	0		김동찬	23			7	고창현		0	0	0	0
0	0	1	0	후41	이상협	22			11	따르따	후37	0	0	0	0
0	1	11	20(10)			0			0			7(5)	15	2	0

● 후반 12분 에두 GAL L-ST-G (득점: 에두) 오른쪽
● 후반 31분 에닝요 C,KR ↷ 이재명 GAR 내 H-ST-G (득점: 이재명, 도움: 에닝요) 왼쪽
● 전반 47분 이명재 PAL TL ↷ 양동현 GAR H-ST-G (득점: 양동현, 도움: 이명재) 왼쪽

6월 17일 19 : 30 흐리고 비 대전 월드컵 관중 763명
주심_ 고형진 부심_ 노수용·김영하 대기심_ 김우성 감독관_ 전인석

대전 0 | 0 전반 0 / 0 후반 0 | **0 광주**

퇴장	경고	파울	ST(유)	교체	선수명	배번	위치	위치	배번	선수명	교체	ST(유)	파울	경고	퇴장
0	0	0	0		박주원	1	GK	GK	31	권정혁		0	0	0	0
0	0	1	0	28	서명식	5	DF	DF	17	이종민		0	2	0	0
0	0	0	0		이강진	43	DF	DF	3	김영빈		0	0	0	0
0	0	0	0		윤준성	4	DF	DF	33	정호정		0	2	1	0
0	0	1	1		이정근	38	DF	DF	14	이으뜸		1(1)	2	0	0
0	0	1	0	3	안상현	20	MF	MF	26	안영규	40	0	1	1	0
0	0	0	0		황인범	13	MF	MF	7	여름		1	3	0	0
0	0	0	0		김종국	7	MF	MF	5	임선영		2	3	0	0
0	0	3	0	8	유연승	12	FW	FW	16	송승민		4(2)	1	0	0
0	0	1	1		서명원	14	FW	MF	22	조용태	30	0	1	0	0
0	1	5	2(1)		아드리아노	10	FW	MF	10	파비오	34	2(1)	2	0	0
0	0	0	0		오승훈	31			1	제종현		0	0	0	0
0	0	0	0	후36	윤신영	3			6	오도현		0	0	0	0
0	0	0	0		조원득	2			20	송성범		0	0	0	0
0	0	0	0		송주한	30	대기	대기	30	주현우	후0	2	1	0	0
0	0	0	1	후7	이광진	8			34	안성남	후36	1	0	0	0
0	0	0	0		정서운	37			37	박일권		0	0	0	0
0	0	0	0	후9	황지웅	28			40	이찬동	후20	0	3	0	0
0	1	12	5(1)			0			0			13(4)	21	2	0

6월 17일 19 : 00 흐리고 비 광양 전용 관중 1,460명
주심_ 우상일 부심_ 이정민·곽승순 대기심_ 박진호 감독관_ 김일호

전남 2 1 전반 1 / 1 후반 0 **1 성남**

퇴장	경고	파울	ST(유)	교체	선수명	배번	위치	위치	배번	선수명	교체	ST(유)	파울	경고	퇴장
0	0	0	0		김 병 지	1	GK	GK	29	박 준 혁		0	0	0	0
0	0	2	0		현 영 민	13	DF	DF	2	곽 해 성		0	0	0	0
0	0	0	0		임 종 은	5	DF	DF	20	윤 영 선		0	0	0	0
0	1	0	0		방 대 종	15	DF	DF	24	장 석 원		0	0	0	0
0	1	4	0		김 태 호	3	DF	DF	17	박 태 민		0	0	0	0
0	0	1	0	7	정 석 민	16	MF	MF	7	김 철 호		0	3	0	0
0	0	2	1		김 평 래	12	MF	MF	14	정 선 호	13	2(1)	1	0	0
0	0	0	3(2)		오 르 샤	17	FW	MF	18	김 성 준		3(1)	1	0	0
0	0	2	1	20	이 종 호	8	FW	MF	23	남 준 재	11	2(1)	3	1	0
0	0	1	2(2)	14	안 용 우	11	FW	MF	8	김 두 현		2	3	0	0
0	0	1	4(3)		스 테 보	10	FW	FW	16	황 의 조		3	0	0	0
0	0	0	0		김 민 식	21			1	전 상 욱		0	0	0	0
0	0	0	0		이 지 남	6			4	이 요 한		0	0	0	0
0	0	0	0	후10	레안드리뉴	7			28	유 청 윤		0	0	0	0
0	0	0	0		전 현 철	9	대기	대기	22	이 종 원		0	0	0	0
0	0	0	0	후47	김 영 욱	14			13	김 동 희	후29	2(1)	0	0	0
0	0	0	0	후37	김 동 철	20			19	루 카 스		0	0	0	0
0	0	0	0		이 지 민	24			11	히카르도	후16	1(1)	0	0	0
0	2	13	11(7)			0			0			15(5)	11	1	0

- ●전반 8분 오르샤 MFL R-ST-G (득점: 오르샤) 오른쪽
- ●후반 14분 스테보 PK-R-G (득점: 스테보) 왼쪽
- ●전반 37분 남준재 PAL → 김성준 PA 정면 내 R-ST-G (득점: 김성준, 도움: 남준재) 오른쪽

6월 17일 19 : 30 흐림 포항 스틸야드 관중 4,288명
주심_ 김성호 부심_ 손재선·강동호 대기심_ 정동식 감독관_ 김형남

포항 0 0 전반 1 / 0 후반 1 **2 인천**

퇴장	경고	파울	ST(유)	교체	선수명	배번	위치	위치	배번	선수명	교체	ST(유)	파울	경고	퇴장
0	0	0	0		신 화 용	1	GK	GK	1	유 현		0	1	0	0
0	0	1	0		김 광 석	3	DF	DF	25	박 대 한		0	0	0	0
0	0	1	0		김 원 일	13	DF	DF	5	김 진 환		0	0	0	0
0	0	1	0		박 선 용	2	DF	DF	20	요 니 치		0	1	1	0
0	0	1	0	16	박 선 주	27	DF	DF	2	권 완 규		0	1	0	0
0	0	0	0		황 지 수	9	MF	MF	4	김 원 식		0	4	0	0
0	0	1	3(2)		손 준 호	28	MF	MF	22	김 동 석		1(1)	1	0	0
0	0	1	1		김 승 대	12	FW	MF	26	조 수 철		2	0	0	0
0	0	0	1	11	모 리 츠	10	FW	MF	23	윤 상 호	17	1(1)	2	0	0
0	0	0	0	7	조 찬 호	26	FW	MF	11	김 인 성	77	0	4	0	0
0	0	1	0		고 무 열	18	FW	FW	19	케 빈	18	2(2)	2	0	0
0	0	0	0		김 진 영	21			31	이 태 희		0	0	0	0
0	0	0	0		김 준 수	6			77	이 윤 표	후28	0	0	0	0
0	0	0	0		이 재 원	15			7	김 도 혁		0	0	0	0
0	0	0	0		김 태 수	5	대기	대기	17	김 대 경	후20	0	1	0	0
0	0	0	4(2)	후17	티 아 고	7			14	김 재 웅		0	0	0	0
0	0	1	1	후34	심 동 운	16			10	이 천 수		0	0	0	0
0	0	1	0	후24	박 성 호	11			18	진 성 욱	후45	0	0	0	0
0	0	9	10(4)			0			0			6(4)	17	1	0

- ●전반 5분 윤상호 PAL EL ~ 김동석 PK 우측 지점 R-ST-G (득점: 김동석, 도움: 윤상호) 오른쪽
- ●후반 22분 김동석 C,KR ↷ 케빈 GA 정면 H-ST-G (득점: 케빈, 도움: 김동석) 가운데

6월 17일 19 : 30 흐림 서울 월드컵 관중 4,267명
주심_ 김희곤 부심_ 노태식·장종필 대기심_ 서동진 감독관_ 김진의

서울 0 0 전반 0 / 0 후반 0 **0 부산**

퇴장	경고	파울	ST(유)	교체	선수명	배번	위치	위치	배번	선수명	교체	ST(유)	파울	경고	퇴장
0	0	0	0		유 상 훈	31	GK	GK	1	이 범 영		0	0	0	0
0	2	1	0		이 웅 희	3	DF	DF	33	유 지 훈		1(1)	1	0	0
0	1	1	2(1)		박 용 우	34	DF	DF	6	이 경 렬		2(1)	2	0	0
0	0	0	1		김 동 우	28	DF	DF	5	노 행 석		0	2	0	0
0	0	1	1		김 치 우	7	MF	DF	15	유 지 노		0	2	1	0
0	0	2	1		고 광 민	27	MF	MF	4	김 종 혁	14	0	0	0	0
0	0	1	1		오스마르	4	MF	MF	10	웨 슬 리		2(1)	2	0	0
0	0	0	3	10	고 명 진	22	MF	MF	22	전 성 찬		0	0	0	0
0	0	1	1(1)	11	고 요 한	13	MF	MF	77	최 광 희	20	0	0	0	0
0	0	1	0	19	정 조 국	36	FW	MF	7	한 지 호	9	1	1	0	0
0	0	0	2(1)		박 주 영	91	FW	FW	18	배 천 석		2(1)	1	0	0
0	0	0	0		김 용 대	1			21	이 창 근		0	0	0	0
0	0	0	0		김 남 춘	26			2	박 준 강		0	0	0	0
0	0	0	0		이 상 협	29			23	김 찬 영		0	0	0	0
0	0	0	0	후46	에 벨 톤	10	대기	대기	14	정 석 화	후39	1(1)	0	0	0
0	0	1	1	후16	몰 리 나	11			20	김 용 태	후7	0	0	0	0
0	0	0	0		윤 일 록	17			13	이 규 성		0	0	0	0
0	0	0	0	후16	윤 주 태	19			9	박 용 지	후46	1	0	0	0
0	3	9	13(3)			0			0			10(5)	11	1	0

6월 17일 20 : 00 비 제주 월드컵 관중 1,274명
주심_ 김동진 부심_ 김성일·이규환 대기심_ 박병진 감독관_ 김용세

제주 3 1 전반 1 / 2 후반 3 **4 수원**

퇴장	경고	파울	ST(유)	교체	선수명	배번	위치	위치	배번	선수명	교체	ST(유)	파울	경고	퇴장
0	0	0	0		김 호 준	1	GK	GK	21	노 동 건		0	0	1	0
0	0	1	0		오 반 석	4	DF	DF	2	최 재 수	30	0	0	0	0
0	1	1	0		알 렉 스	15	DF	DF	15	구 자 룡		0	0	0	0
0	0	3	1		김 수 범	22	DF	DF	29	곽 희 주		1(1)	3	0	0
0	0	1	0		김 상 원	3	DF	DF	4	오 범 석		0	1	0	0
0	1	3	0	9	허 범 산	6	MF	MF	20	백 지 훈	14	0	0	0	0
0	0	1	0		윤빛가람	14	MF	MF	33	홍 철		3(1)	1	0	0
0	0	0	0		양 준 아	23	MF	MF	12	고 차 원		3	0	0	0
0	0	4	7(4)		로 페 즈	7	FW	MF	10	산 토 스		7(5)	1	0	0
0	0	0	0	17	김 영 신	16	FW	MF	22	권 창 훈		3(2)	0	0	0
0	1	3	1(1)	10	박 수 창	18	FW	FW	11	레 오	3	2(1)	0	0	0
0	0	0	0		김 경 민	21			31	이 상 욱		0	0	0	0
0	0	0	0		강 준 우	25			3	양 상 민	후12	0	0	0	0
0	0	0	0		김 봉 래	27			30	신 세 계	후37	0	0	0	0
0	0	0	0		장 은 규	37	대기	대기	25	한 성 규		0	0	0	0
0	0	0	0	후36	송 진 형	10			24	고 민 성		0	0	0	0
0	0	2	1	후0	진 대 성	17			16	조 지 훈		0	0	0	0
0	0	0	0	후17	김 현	9			14	정 대 세	후24	2(1)	1	0	0
0	3	19	10(5)			0			0			21(11)	7	1	0

- ●전반 25분 허범산 MF 정면 FK ~ 박수창 MF 정면 R-ST-G (득점: 박수창, 도움: 허범산) 왼쪽
- ●후반 7분 김상원 PAL 내 H ~ 로페즈 GAL L-ST-G (득점: 로페즈, 도움: 김상원) 오른쪽
- ●후반 41분 로페즈 PK-R-G (득점: 로페즈) 오른쪽
- ●전반 46분 산토스 PA 정면 L-ST-G (득점: 산토스) 오른쪽
- ●후반 1분 홍철 C,KR ↷ 산토스 GAL 내 H-ST-G (득점: 산토스, 도움: 홍철) 왼쪽
- ●후반 9분 홍철 PAL ~ 권창훈 GAL L-ST-G (득점: 권창훈, 도움: 홍철) 왼쪽
- ●후반 36분 홍철 C,KR ↷ 곽희주 GAR 내 H-ST-G (득점: 곽희주, 도움: 홍철) 왼쪽

6월 20일 19:00 흐림 부산 아시아드 관중 1,467명
주심_ 김종혁 부심_ 장준모·이규환 대기심_ 고형진 감독관_ 김정식

부산 1 0 전반 2 / 1 후반 0 **2 포항**

퇴장	경고	파울	ST(유)	교체	선수명	배번	위치	위치	배번	선수명	교체	ST(유)	파울	경고	퇴장
0	0	0	0		이범영	1	GK	GK	1	신화용		0	0	0	0
0	0	0	0		이경렬	6	DF	DF	3	김광석		1	0	0	0
0	0	0	0		노행석	5	DF	DF	24	배슬기		0	0	0	0
0	0	2	2(1)		유지노	15	DF	DF	2	박선용	15	0	3	0	0
0	0	0	0		유지훈	33	DF	DF	6	김준수		0	2	0	0
0	0	3	0	22	김종혁	4	MF	MF	5	김태수		0	1	1	0
0	0	3	1		주세종	24	MF	MF	28	손준호		1	3	1	0
0	0	0	0	23	김용태	20	MF	FW	12	김승대		1(1)	1	1	0
0	0	3	2		웨슬리	10	MF	FW	19	문창진	16	1(1)	1	0	0
0	0	0	0	77	한지호	7	MF	FW	7	티아고	26	1	1	0	0
0	0	3	3(2)		배천석	18	FW	FW	18	고무열		1(1)	2	0	0
0	0	0	0		이창근	21			21	김진영		0	0	0	0
0	0	1	0	후35	김찬영	23			15	이재원	후18	0	0	0	0
0	0	0	0		박준강	2			9	황지수		0	0	0	0
0	1	1	0	후0	전성찬	22	대기	대기	10	모리츠		0	0	0	0
0	0	0	0		정석화	14			26	조찬호	후12	1	1	0	0
0	0	1	1	전15	최광희	77			16	심동운	후36	1(1)	0	0	0
0	0	0	0		윤동민	8			11	박성호		0	0	0	0
0	1	17	9(3)			0			0			8(4)	15	3	0

● 후반 5분 주세종 PAR FK ↷ 배천석 GAL 내 H-ST-G (득점: 배천석, 도움: 주세종) 왼쪽

● 전반 2분 배슬기 GAR 내 H ↷ 고무열 GA 정면 내 R-ST-G (득점: 고무열, 도움: 배슬기) 왼쪽

● 전반 44분 손준호 HLR ↷ 문창진 GA 정면 내 L-ST-G (득점: 문창진, 도움: 손준호) 오른쪽

6월 20일 19:00 흐림 광양 전용 관중 2,794명
주심_ 김동진 부심_ 손재선·방기열 대기심_ 김성호 감독관_ 한진원

전남 2 2 전반 0 / 0 후반 0 **0 서울**

퇴장	경고	파울	ST(유)	교체	선수명	배번	위치	위치	배번	선수명	교체	ST(유)	파울	경고	퇴장
0	0	0	0		김병지	1	GK	GK	31	유상훈		0	0	0	0
0	0	0	0		현영민	13	DF	DF	26	김남춘	11	0	1	0	0
0	1	3	1(1)		임종은	5	DF	DF	34	박용우		0	0	0	0
0	0	1	0	15	이지남	6	DF	DF	28	김동우		0	1	0	0
0	0	4	0		김태호	3	DF	MF	7	김치우		1	1	0	0
0	0	2	1		김평래	12	MF	MF	27	고광민		0	2	0	0
0	0	5	1	14	김동철	20	MF	MF	4	오스마르		2(1)	2	0	0
0	0	0	1(1)		오르샤	17	MF	MF	22	고명진		1	0	0	0
0	0	3	0		이종호	8	MF	MF	13	고요한		0	2	0	0
0	1	3	1	11	이슬찬	27	MF	FW	19	윤주태	91	0	2	0	0
0	0	1	3(1)		스테보	10	FW	FW	36	정조국	10	3	0	0	0
0	0	0	0		김민식	21			1	김용대		0	0	0	0
0	0	0	0		레안드리뉴	7			24	황현수		0	0	0	0
0	0	0	0		전현철	9			29	이상협		0	0	0	0
0	0	0	1(1)	후36	안용우	11	대기	대기	10	에벨톤	후23	2(1)	0	0	0
0	0	1	0	후30	김영욱	14			11	몰리나	후0	3(1)	1	0	0
0	1	1	0	후42	방대종	15			18	김현성		0	0	0	0
0	0	0	0		이지민	24			91	박주영	후0	1	0	0	0
0	3	24	9(4)			0			0			13(3)	12	0	0

● 전반 31분 오르샤 MFR ↷ 임종은 GA 정면 H-ST-G (득점: 임종은, 도움: 오르샤) 오른쪽

● 전반 33분 이종호 MFR TL ↷ 오르샤 GAL H-ST-G (득점: 오르샤, 도움: 이종호) 오른쪽

6월 20일 16:00 비 탄천 종합 관중 1,593명
주심_ 김상우 부심_ 윤광열·최민병 대기심_ 이동준 감독관_ 김형남

성남 1 0 전반 1 / 1 후반 0 **1 광주**

퇴장	경고	파울	ST(유)	교체	선수명	배번	위치	위치	배번	선수명	교체	ST(유)	파울	경고	퇴장
0	0	0	0		박준혁	29	GK	GK	31	권정혁		0	0	0	0
0	0	1	1		이종원	22	DF	DF	17	이종민		0	2	0	0
0	0	0	1(1)		윤영선	20	DF	DF	4	정준연		0	1	0	0
0	0	1	0		장석원	24	DF	DF	3	김영빈		1(1)	2	1	0
0	1	2	0	2	박태민	17	DF	DF	14	이으뜸		1(1)	1	1	0
0	0	1	1(1)		김두현	8	MF	MF	40	이찬동		1(1)	2	0	0
0	0	0	0		정선호	14	MF	MF	7	여 름		1	2	1	0
0	0	1	0	13	남준재	23	MF	MF	5	임선영	34	0	3	0	0
0	0	4	1(1)		김성준	18	MF	FW	16	송승민		3(1)	2	0	0
0	0	1	0	11	김동섭	9	MF	MF	30	주현우	37	1	1	0	0
0	0	2	3(2)		황의조	16	FW	MF	10	파비오	6	0	1	0	0
0	0	0	0		전상욱	1			1	제종현		0	0	0	0
0	0	0	0		유청윤	28			6	오도현	후0	0	1	0	0
0	0	0	0	후28	곽해성	2			12	김성현		0	0	0	0
0	0	0	0		이요한	4	대기	대기	26	안영규		0	0	0	0
0	0	1	1(1)	후8	김동희	13			33	정호정		0	0	0	0
0	0	0	0		루카스	19			34	안성남	후47	0	0	0	0
0	0	0	2(2)	전33	히카르도	11			37	박일권	후43	0	0	0	0
0	1	14	10(8)			0			0			8(4)	18	3	0

● 후반 40분 김두현 C.KL ↷ 황의조 GAL 내 R-ST-G (득점: 황의조, 도움: 김두현) 왼쪽

● 전반 27분 송승민 GAL L-ST-G (득점: 송승민) 왼쪽

6월 21일 18:00 맑음 울산 문수 관중 2,542명
주심_ 이민후 부심_ 노수용·김성일 대기심_ 김우성 감독관_ 김수현

울산 1 0 전반 0 / 1 후반 1 **1 인천**

퇴장	경고	파울	ST(유)	교체	선수명	배번	위치	위치	배번	선수명	교체	ST(유)	파울	경고	퇴장
0	0	0	0		김승규	1	GK	GK	1	유 현		0	0	0	0
0	0	2	0		정동호	2	DF	DF	25	박대한		0	0	0	0
0	0	0	1(1)	13	이명재	24	DF	DF	5	김진환		1(1)	2	0	0
0	0	0	0		김치곤	22	DF	DF	20	요니치		0	1	0	0
1	0	0	0		유준수	17	DF	DF	2	권완규		1	4	1	0
0	0	0	0		마스다	6	MF	MF	4	김원식		2	1	0	0
0	0	1	0		하성민	8	MF	MF	22	김동석	7	1	1	0	0
0	0	1	0		김태환	16	MF	MF	26	조수철		2(2)	2	0	0
0	0	2	0	5	따르따	11	MF	MF	23	윤상호	24	0	0	0	0
0	0	1	5(3)		김신욱	9	MF	MF	11	김인성		2(1)	1	0	0
0	0	0	1	14	양동현	18	FW	FW	19	케 빈		2(1)	3	1	0
0	0	0	0		장대희	41			21	조수혁		0	0	0	0
0	0	0	0	후23	임창우	13			77	이윤표		0	0	0	0
0	0	4	1(1)	전16	정승현	5			7	김도혁	전42/17	1(1)	1	0	0
0	0	0	0		김승준	19	대기	대기	17	김대경	후39	0	0	0	0
0	0	0	0		이창용	20			14	김재웅		0	0	0	0
0	0	0	0	후37	서용덕	14			24	박세직	후7	1	0	0	0
0	0	0	0		고창현	7			18	진성욱		0	0	0	0
1	0	11	8(5)			0			0			13(6)	16	2	0

● 후반 33분 정동호 PAL ↷ 김신욱 GAL H-ST-G (득점: 김신욱, 도움: 정동호) 왼쪽

● 후반 17분 김진환 GA 정면 내 H-ST-G (득점: 김진환) 가운데

6월 21일 18 : 00 맑음 수원 월드컵 관중 16,141명
주심_ 우상일 부심_ 정해상·이정민 대기심_ 김희곤 감독관_ 김진의

수원 2 1 전반 1 / 1 후반 1 **2 전북**

퇴장	경고	파울	ST(유)	교체	선수명	배번	위치	위치	배번	선수명	교체	ST(유)	파울	경고	퇴장
0	0	0	0		정성룡	1	GK	GK	1	권순태		0	0	0	0
0	0	1	0		최재수	2	DF	DF	26	이재명		1	2	0	0
0	0	1	1		구자룡	15	DF	DF	16	조성환		0	0	0	0
0	0	0	0		양상민	3	DF	DF	3	김형일		1(1)	0	0	0
0	1	2	1	12	오범석	4	DF	DF	25	최철순		0	3	0	0
0	0	1	1		조성진	5	MF	MF	13	정훈	20	0	1	0	0
0	0	0	0	22	홍철	33	MF	MF	6	최보경		1(1)	4	1	0
0	0	0	4(1)	13	이상호	7	MF	MF	17	이재성		1(1)	1	0	0
0	0	2	6(4)		산토스	10	MF	MF	10	레오나르도		3(2)	0	1	0
0	0	1	3(1)		염기훈	26	MF	MF	8	에닝요	11	3	0	0	0
0	0	5	2		정대세	14	FW	FW	9	에두	23	2(2)	1	0	0
0	0	0	0		노동건	21			21	홍정남		0	0	0	0
0	0	0	0		연제민	34			30	김영찬		0	0	0	0
0	0	0	0		신세계	30			32	이주용		0	0	0	0
0	0	0	0		백지훈	20	대기	대기	11	이승현	후25	2(1)	0	0	0
0	0	0	1(1)	후13	권창훈	22			23	김동찬	후25	1	0	0	0
0	0	0	0	후33	서정진	13			22	이상협		0	0	0	0
0	0	0	0	후44	고차원	12			20	이동국	후13	1(1)	0	0	0
0	1	13	19(7)			0			0			16(9)	12	2	0

- 전반 25분 정대세 AK 정면 ~ 산토스 GAL L-ST-G (득점: 산토스, 도움: 정대세) 오른쪽
- 후반 47분 염기훈 GA 정면 H~ 산토스 GAR 내 R-ST-G (득점: 산토스, 도움: 염기훈) 오른쪽
- 전반 20분 에두 GAL 내 L-ST-G (득점: 에두) 왼쪽
- 후반 28분 이동국 MFL ~ 레오나르도 AK 정면 R-ST-G (득점: 레오나르도, 도움: 이동국) 왼쪽

6월 21일 19 : 00 맑음 대전 월드컵 관중 1,439명
주심_ 김대용 부심_ 노태식·곽승순 대기심_ 박병진 감독관_ 강창구

대전 2 1 전반 0 / 1 후반 2 **2 제주**

퇴장	경고	파울	ST(유)	교체	선수명	배번	위치	위치	배번	선수명	교체	ST(유)	파울	경고	퇴장
0	1	0	0		박주원	1	GK	GK	1	김호준		0	0	0	0
0	0	2	0	30	서명식	5	DF	DF	4	오반석		3	2	0	0
0	0	0	0	3	이강진	43	DF	DF	15	알렉스		0	3	0	0
0	0	1	0		윤준성	4	DF	DF	22	김수범		0	2	1	0
0	0	0	0		이정근	38	DF	DF	27	김봉래		0	1	1	0
0	0	1	0		안상현	20	MF	MF	6	허범산	18	0	3	1	0
0	0	0	2(1)		황인범	13	MF	MF	14	윤빛가람		2(1)	1	0	0
0	1	4	2		김종국	7	MF	MF	23	양준아		2	0	1	0
0	0	1	2(1)		황지웅	28	FW	FW	7	로페즈		4(2)	1	0	0
0	0	0	1(1)	12	서명원	14	FW	FW	16	김영신	10	0	0	0	0
0	0	1	5(3)		아드리아노	10	FW	FW	9	김현	37	2(1)	3	0	0
0	0	0	0		오승훈	31			21	김경민		0	0	0	0
0	0	0	0	전6	윤신영	3			25	강준우		0	0	0	0
0	0	0	1	후29	송주한	30			3	김상원		0	0	0	0
0	1	2	6(1)	전45	유연승	12	대기	대기	37	장은규	후42	0	0	0	0
0	0	0	0		이광진	8			10	송진형	후0	1(1)	0	0	0
0	0	0	0		정서운	37			8	심영성		0	0	0	0
0	0	0	0		박영수	24			18	박수창	후12	1(1)	2	0	0
0	3	12	19(7)			0			0			15(6)	18	4	0

- 전반 9분 아드리아노 PAR FK R-ST-G (득점: 아드리아노) 왼쪽
- 후반 47분 아드리아노 PAL 내 ~ 유성기 PA 정면 내 R-ST-G (득점: 유성기, 도움: 아드리아노) 왼쪽
- 후반 22분 로페즈 PK-R-G (득점: 로페즈) 가운데
- 후반 30분 박수창 GA 정면 내 R-ST-G (득점: 박수창) 오른쪽

6월 27일 19 : 00 포항 스틸야드 관중 6,275명
주심_ 이동준 부심_ 이정민·방기열 대기심_ 김동진 감독관_ 김정식

포항 2 2 전반 0 / 0 후반 1 **1 광주**

퇴장	경고	파울	ST(유)	교체	선수명	배번	위치	위치	배번	선수명	교체	ST(유)	파울	경고	퇴장
0	0	0	0		신화용	1	GK	GK	31	권정혁		0	1	0	0
0	0	0	0		김광석	3	DF	DF	17	이종민		1	2	1	0
0	0	0	0		김원일	13	DF	DF	4	정준연	33	0	0	0	0
0	0	1	1(1)		김대호	22	DF	DF	26	안영규		2(2)	0	0	0
0	0	2	0		이재원	15	DF	DF	14	이으뜸		1(1)	2	0	0
0	0	4	0		황지수	9	MF	MF	40	이찬동		0	2	0	0
0	0	4	1(1)		손준호	28	MF	MF	10	파비오		3(2)	0	0	0
0	0	0	2(1)		김승대	12	FW	MF	5	임선영	25	1	0	0	0
0	0	0	1(1)	11	문창진	19	FW	FW	16	송승민		3(1)	0	0	0
0	0	1	0	5	심동운	16	FW	MF	30	주현우	19	2(1)	1	0	0
0	1	1	3	18	티아고	7	FW	MF	34	안성남		1(1)	0	0	0
0	0	0	0		김진영	21			1	제종현		0	0	0	0
0	0	0	0		박선용	2			6	오도현		0	0	0	0
0	0	0	0		배슬기	24			19	박선홍	후42	0	0	0	0
0	0	0	0	후29	김태수	5	대기	대기	20	송성범		0	0	0	0
0	0	0	0		모리츠	10			25	류범희	후29	1	2	1	0
0	0	2	0	후0	고무열	18			33	정호정	후38	0	0	0	0
0	0	0	0	후45	박성호	11			37	박일권		0	0	0	0
0	1	15	8(4)			0			0			15(8)	10	2	0

- 전반 8분 손준호 PK-R-G (득점: 손준호) 왼쪽
- 전반 20분 황지수 AKL ~ 문창진 PAL 내 L-ST-G (득점: 문창진, 도움: 황지수) 오른쪽
- 후반 21분 이으뜸 C.KR ↷ 안영규 GA 정면 H-ST-G (득점: 안영규, 도움: 이으뜸) 오른쪽

6월 27일 19 : 00 흐림 울산 문수 관중 3,136명
주심_ 고형진 부심_ 정해상·박인선 대기심_ 김대용 감독관_ 김용세

울산 0 0 전반 0 / 0 후반 1 **1 성남**

퇴장	경고	파울	ST(유)	교체	선수명	배번	위치	위치	배번	선수명	교체	ST(유)	파울	경고	퇴장
0	0	0	0		김승규	1	GK	GK	29	박준혁		0	0	1	0
0	0	1	1		정동호	2	DF	DF	22	이종원		0	2	1	0
0	0	3	0	39	이명재	24	DF	DF	20	윤영선		0	0	0	0
0	0	0	1		김치곤	22	DF	DF	24	장석원		0	1	0	0
0	0	3	0		정승현	5	DF	DF	2	곽해성		2(1)	0	0	0
0	1	2	0		하성민	8	MF	MF	7	김철호	18	1(1)	1	0	0
0	1	0	2(1)		마스다	6	MF	MF	14	정선호		1	2	0	0
0	0	2	0	14	따르따	11	MF	MF	23	남준재	4	0	0	0	0
0	0	1	1		김태환	16	MF	MF	8	김두현		1(1)	0	0	0
0	0	3	1(1)		김신욱	9	FW	MF	19	루카스	13	0	2	0	0
0	0	1	3(1)	4	양동현	18	FW	FW	16	황의조		3(1)	2	0	0
0	0	0	0		장대희	41			1	전상욱		0	0	0	0
0	0	0	0	후37	김근환	39			28	유청윤		0	0	0	0
0	0	0	0		김영삼	34			25	이태희		0	0	0	0
0	0	0	0		이창용	20	대기	대기	3	심우연		0	0	0	0
0	0	0	0		김승준	19			13	김동희	후9	1(1)	0	0	0
0	0	0	0	후34	구본상	4			4	이요한	후40	0	0	0	0
0	0	1	1(1)	후14	서용덕	14			18	김성준	후21	3(1)	1	1	0
0	2	17	10(4)			0			0			12(6)	11	3	0

- 후반 25분 곽해성 PAR EL ↷ 김성준 GA 정면 H-ST-G (득점: 김성준, 도움: 곽해성) 오른쪽

6월 27일 19 : 00 맑음 부산 아시아드 관중 1,896명
주심_ 송민석 부심_ 손재선·최민병 대기심_ 우상일 감독관_ 하재훈

부산 1 1 전반 1 / 0 후반 2 **3 제주**

퇴장	경고	파울	ST(유)	교체	선수명	배번	위치	위치	배번	선수명	교체	ST(유)	파울	경고	퇴장
0	0	0	0		이범영	1	GK	GK	1	김호준		0	0	0	0
0	0	1	0		이경렬	6	DF	DF	23	양준아		0	0	0	0
0	0	1	0	30	노행석	5	DF	DF	4	오반석		0	0	0	0
0	0	0	0		유지노	15	DF	DF	25	강준우		0	0	0	0
0	0	3	1		유지훈	33	DF	DF	3	김상원		2(1)	1	0	0
0	0	2	1(1)		주세종	24	MF	DF	27	김봉래	2	1(1)	1	0	0
0	0	0	0	20	전성찬	22	MF	MF	6	허범산		0	4	1	0
0	0	1	1(1)	8	이규성	13	MF	MF	14	윤빛가람		1	1	1	0
0	1	5	1		웨슬리	10	FW	MF	16	김영신		3(1)	0	0	0
0	1	4	1(1)		최광희	77	FW	MF	7	로페즈	10	1	1	0	0
0	0	1	1		배천석	18	FW	FW	9	김 현	18	2(1)	4	0	0
0	0	0	0		이창근	21			21	김경민		0	0	0	0
0	0	0	0		김찬영	23			19	이 용		0	0	0	0
0	0	0	0	후27	안세희	30			2	정다훤	후4	0	0	0	0
0	0	0	0		박준강	2	대기	대기	37	장은규		0	0	0	0
0	0	0	0	후18	김용태	20			10	송진형	후0	1(1)	0	0	0
0	0	0	0		정석화	14			18	박수창	후25	0	2	0	0
0	0	0	0	후18	윤동민	8			34	정영총		0	0	0	0
0	2	18	6(3)			0			0			11(5)	14	2	0

- 전반 3분 웨슬리 PAL 내 ~ 이규성 PA 정면 내 R-ST-G (득점: 이규성, 도움: 웨슬리) 왼쪽
- 전반 45분 김봉래 PAR 내 R-ST-G (득점: 김봉래) 왼쪽
- 후반 13분 송진형 PA 정면 내 ~ 김상원 PAL 내 R-ST-G (득점: 김상원, 도움: 송진형) 오른쪽
- 후반 42분 송진형 PA 정면 ~ 김영신 GAR L-ST-G (득점: 김영신, 도움: 송진형) 왼쪽

6월 27일 17 : 00 맑음 서울 월드컵 관중 39,328명
주심_ 김성호 부심_ 노수용·윤광열 대기심_ 이민후 감독관_ 한병화

서울 0 0 전반 0 / 0 후반 0 **0 수원**

퇴장	경고	파울	ST(유)	교체	선수명	배번	위치	위치	배번	선수명	교체	ST(유)	파울	경고	퇴장
0	0	0	0		김용대	1	GK	GK	1	정성룡		0	0	0	0
0	0	0	0		김치우	7	MF	DF	2	최재수	22	0	4	1	0
0	1	1	0		이웅희	3	DF	DF	15	구자룡		0	1	1	0
0	0	0	1		박용우	34	DF	DF	29	곽희주	3	0	1	0	0
0	0	0	0		김동우	28	DF	DF	30	신세계		3(1)	1	0	0
0	0	0	0		고광민	27	MF	MF	5	조성진		0	2	0	0
0	0	1	1		오스마르	4	MF	MF	33	홍 철		0	0	0	0
0	1	2	0	10	고명진	22	MF	MF	7	이상호	11	0	1	0	0
0	0	1	0	11	고요한	13	MF	MF	10	산토스		4(1)	1	0	0
0	0	0	1	19	정조국	36	FW	MF	26	염기훈		2	1	0	0
0	0	2	2(2)		박주영	91	FW	FW	14	정대세		2(1)	1	0	0
0	0	0	0		양한빈	38			21	노동건		0	0	0	0
0	0	0	0		차두리	5			34	연제민		0	0	0	0
0	0	0	0		이상협	29			3	양상민	후13	0	0	0	0
0	0	0	2(1)	후24	몰리나	11	대기	대기	22	권창훈	후0	1	1	0	0
0	0	0	0	후36	에벨톤	10			13	서정진		0	0	0	0
0	0	0	0		윤일록	17			12	고차원		0	0	0	0
0	0	0	1	후11	윤주태	19			11	레 오	후39	0	0	0	0
0	2	7	8(3)			0			0			12(3)	14	2	0

6월 28일 18 : 00 맑음 인천 전용 관중 3,466명
주심_ 김종혁 부심_ 장준모·이규환 대기심_ 박진호 감독관_ 김일호

인천 2 1 전반 0 / 1 후반 0 **0 대전**

퇴장	경고	파울	ST(유)	교체	선수명	배번	위치	위치	배번	선수명	교체	ST(유)	파울	경고	퇴장
0	0	0	0		유 현	1	GK	GK	1	박주원		0	0	0	0
0	0	1	0		박대한	25	DF	DF	5	서명식		0	1	0	0
0	0	0	0		김진환	5	DF	DF	30	송주한		0	1	0	0
0	0	0	0		요니치	20	DF	DF	4	윤준성		0	0	0	0
0	1	4	0		백승원	28	DF	DF	38	이정근		1	2	0	0
0	1	3	1		김원식	4	MF	MF	13	황인범		1	1	0	0
0	0	1	2(1)		김동석	22	MF	MF	17	김성수	28	0	0	0	0
0	0	2	3(1)	7	조수철	26	MF	MF	37	정서운	24	0	1	0	0
0	0	3	1(1)	15	박세직	24	MF	FW	10	아드리아노		0	0	0	1
0	0	1	3(3)	17	김인성	11	MF	FW	12	유연승		2	1	0	0
0	0	1	2(2)		케 빈	19	FW	FW	23	허영철		0	0	0	0
0	0	0	0		조수혁	21			31	오승훈		0	0	0	0
0	0	0	0	후24	김대중	15			28	황지웅	전31/39	0	1	0	0
0	0	0	0	후38	김대경	17			2	조원득		0	0	0	0
0	0	0	0	후20	김도혁	7	대기	대기	35	이형진		0	0	0	0
0	0	0	0		윤상호	23			39	정재성	후0	0	0	0	0
0	0	0	0		이성우	16			26	김창현		0	0	0	0
0	0	0	0		진성욱	18			24	박영수	후19	0	0	0	0
0	2	16	12(8)			0			0			4	8	0	1

- 전반 13분 조수철 GA 정면 L-ST-G (득점: 조수철) 가운데
- 후반 29분 케빈 MF 정면 ~ 김인성 GAR R-ST-G (득점: 김인성, 도움: 케빈) 오른쪽

6월 28일 19 : 00 맑음 전주 월드컵 관중 13,602명
주심_ 김희곤 부심_ 노태식·박상준 대기심_ 김상우 감독관_ 김수현

전북 2 0 전반 2 / 2 후반 0 **2 전남**

퇴장	경고	파울	ST(유)	교체	선수명	배번	위치	위치	배번	선수명	교체	ST(유)	파울	경고	퇴장
0	0	0	0		권순태	1	GK	GK	21	김민식		0	0	0	0
0	0	1	0		최철순	25	DF	DF	13	현영민		0	2	0	0
0	0	1	0	34	윌킨슨	18	DF	DF	6	이지남		0	1	0	0
0	0	0	0	32	조성환	16	DF	DF	5	임종은		0	1	0	0
0	0	0	0		김기희	4	DF	DF	2	최효진		0	1	1	0
0	0	1	1		최보경	6	MF	MF	20	김동철		0	1	0	0
0	0	0	3(1)		이재성	17	MF	MF	12	김평래		1	2	0	0
0	0	0	3		레오나르도	10	MF	MF	16	정석민	14	1(1)	0	0	0
0	0	1	0	8	이승현	11	MF	FW	17	오르샤	11	4(1)	2	0	0
0	1	1	5(3)		에 두	9	FW	FW	10	스테보		2(2)	1	0	0
0	0	2	5		이동국	20	FW	FW	8	이종호	7	4(1)	1	0	0
0	0	0	0		홍정남	21			30	한유성		0	0	0	0
0	0	0	0		김형일	3			3	김태호		0	0	0	0
0	0	2	0	후0	이주용	32			7	레안드리뉴	후43	0	0	0	0
0	0	0	0		정 훈	13	대기	대기	9	전현철		0	0	0	0
0	0	0	1(1)	후32	장윤호	34			11	안용우	후36	0	0	0	0
0	1	0	0	후11	에닝요	8			14	김영욱	후43	0	0	0	0
0	0	0	0		이승렬	27			26	오영준		0	0	0	0
0	2	9	18(5)			0			0			12(5)	12	1	0

- 후반 32분 레오나르도 PAR FK↷ 이재성 GAR H-ST-G (득점: 이재성, 도움: 레오나르도) 오른쪽
- 후반 34분 장윤호 AKL L-ST-G (득점: 장윤호) 오른쪽
- 전반 12분 오르샤 GAL R-ST-G (득점: 오르샤) 오른쪽
- 전반 21분 현영민 PAR FK↷ 이종호 GAR H-ST-G (득점: 이종호, 도움: 현영민) 왼쪽

7월 01일 19 : 30 맑음 인천 전용 관중 1,623명
주심_ 정동식 부심_ 노태식·송봉근 대기심_ 김성호 감독관_ 강창구

인천 1 1 전반 0 / 0 후반 0 **0 광주**

퇴장	경고	파울	ST(유)	교체	선수명	배번	위치	위치	배번	선수명	교체	ST(유)	파울	경고	퇴장
0	1	1	0		유현	1	GK	GK	31	권정혁		0	0	0	0
0	0	1	0		박대한	25	DF	DF	17	이종민		2(2)	0	0	0
0	0	0	0		김진환	5	DF	DF	3	김영빈		0	2	1	0
0	0	1	0		요니치	20	DF	DF	33	정호정		1	1	0	0
0	1	1	1(1)		권완규	2	DF	DF	14	이으뜸		1	2	2	0
0	0	2	0		김원식	4	MF	MF	40	이찬동		0	0	0	0
0	0	0	0	15	김동석	22	MF	MF	7	여름		1	2	0	0
0	0	2	0	7	안진범	8	MF	MF	10	파비오	6	3	0	0	0
0	0	1	1(1)	18	박세직	24	MF	FW	16	송승민		1	2	0	0
0	0	3	1		김인성	11	MF	FW	30	주현우	11	1	0	0	0
0	1	2	3(3)		케빈	19	FW	FW	34	안성남	26	2(1)	2	0	0
0	0	0	0		조수혁	21			1	제종현		0	0	0	0
0	0	0	0	후25	김대중	15			4	정준연		0	0	0	0
0	0	0	0		백승원	28			6	오도현	후37	1(1)	1	0	0
0	0	0	0		김용환	3	대기	대기	11	김호남	후17	1	0	0	0
0	0	1	0	후46	김도혁	7			25	류범희		0	0	0	0
0	0	0	0		김대경	17			26	안영규	후34	0	0	0	0
0	0	0	1(1)	후33	진성욱	18			37	박일권		0	0	0	0
0	3	15	7(6)			0			0			14(4)	12	3	0

- 전반 35분 케빈 MF 정면 R-ST-G (득점: 케빈) 오른쪽

7월 01일 19 : 00 맑음 전주 월드컵 관중 8,120명
주심_ 김동진 부심_ 노수용·윤광열 대기심_ 고형진 감독관_ 한병화

전북 2 1 전반 1 / 1 후반 0 **1 부산**

퇴장	경고	파울	ST(유)	교체	선수명	배번	위치	위치	배번	선수명	교체	ST(유)	파울	경고	퇴장
0	0	0	0		권순태	1	GK	GK	1	이범영		0	0	0	0
0	0	2	0		이주용	32	DF	DF	33	유지훈	2	0	3	1	0
0	0	1	0		김형일	3	DF	DF	6	이경렬		0	1	0	0
0	0	0	0		김기희	4	DF	DF	30	안세희		0	2	0	0
0	0	0	1		최철순	25	DF	DF	15	유지노		0	2	1	0
0	0	1	1(1)		최보경	6	MF	MF	24	주세종		1(1)	1	0	0
0	0	1	1(1)		이재성	17	MF	MF	20	김용태		0	0	0	0
0	0	2	2(1)	27	장윤호	34	MF	MF	13	이규성	22	1(1)	1	0	0
0	0	1	2(1)	16	레오나르도	10	MF	FW	18	배천석		0	3	0	0
0	0	0	1(1)	11	문상윤	47	MF	FW	8	윤동민	14	0	1	0	0
0	0	1	7(5)		이동국	20	FW	FW	77	최광희		1(1)	0	0	0
0	0	0	0		홍정남	21			21	이창근		0	0	0	0
0	0	0	0	후48	조성환	16			23	김찬영		0	0	0	0
0	0	0	0		윌킨슨	18			2	박준강	후18	0	0	0	0
0	0	0	0		박원재	19	대기	대기	14	정석화	후22	0	0	0	0
0	0	0	0		정훈	13			22	전성찬	후34	0	0	0	0
0	0	0	0	후25	이승현	11			19	김진규		0	0	0	0
0	0	0	2(1)	후25	이승렬	27			29	김지민		0	0	0	0
0	0	9	17(11)			0			0			3(3)	14	2	0

- 전반 32분 문상윤 AK 정면 → 이동국 PA 정면 내 R-ST-G (득점: 이동국, 도움: 문상윤) 오른쪽
- 후반 43분 이동국 PK-R-G (득점: 이동국) 가운데
- 전반 40분 이규성 PAR EL ~ 최광희 PK 우측지점 L-ST-G (득점: 최광희, 도움: 이규성) 오른쪽

7월 01일 19 : 00 맑음 광양 전용 관중 3,460명
주심_ 김상우 부심_ 정해상·김성일 대기심_ 송민석 감독관_ 김진의

전남 0 0 전반 0 / 0 후반 0 **0 포항**

퇴장	경고	파울	ST(유)	교체	선수명	배번	위치	위치	배번	선수명	교체	ST(유)	파울	경고	퇴장
0	0	0	0		김병지	1	GK	GK	1	신화용		0	0	0	0
0	0	0	0		현영민	13	DF	DF	3	김광석		0	0	0	0
0	0	0	0		임종은	5	DF	DF	24	배슬기		0	1	0	0
0	0	0	0		이지남	6	DF	DF	22	김대호		0	3	0	0
0	0	4	0		이슬찬	27	DF	DF	6	김준수		0	1	1	0
0	0	1	0		김평래	12	MF	MF	5	김태수	9	0	1	1	0
0	1	1	1	20	김영욱	14	MF	MF	28	손준호		0	6	0	0
0	0	0	1	9	오르샤	17	FW	FW	12	김승대	10	0	0	0	0
0	1	1	1(1)		이종호	8	FW	FW	19	문창진		0	1	0	0
0	0	0	2(2)	22	안용우	11	FW	FW	16	심동운		1(1)	1	0	0
0	0	1	3		스테보	10	FW	FW	7	티아고	11	2	0	0	0
0	0	0	0		김민식	21			21	김진영		0	0	0	0
0	0	0	0		김태호	3			15	이재원		0	0	0	0
0	0	0	0	후30	전현철	9			13	김원일		0	0	0	0
0	0	0	0		방대종	15	대기	대기	9	황지수	후33	0	0	0	0
0	0	0	0	후46	김동철	20			10	모리츠	후27	0	1	0	0
0	0	0	0	후30	고병욱	22			26	조찬호		0	0	0	0
0	0	0	0		이지민	24			11	박성호	후12	0	0	0	0
0	2	8	8(3)			0			0			3(1)	15	2	0

7월 01일 19 : 30 맑음 수원 월드컵 관중 7,128명
주심_ 김대용 부심_ 손재선·최민병 대기심_ 김종혁 감독관_ 하재훈

수원 3 2 전반 1 / 1 후반 0 **1 울산**

퇴장	경고	파울	ST(유)	교체	선수명	배번	위치	위치	배번	선수명	교체	ST(유)	파울	경고	퇴장
0	0	0	0		정성룡	1	GK	GK	1	김승규		0	0	0	0
0	0	3	0		오범석	4	DF	DF	2	정동호		0	2	1	0
0	0	0	0	3	곽희주	29	DF	DF	24	이명재	19	0	0	0	0
0	0	0	0		구자룡	15	DF	DF	22	김치곤		0	3	1	0
0	0	2	1		홍철	33	DF	DF	5	정승현		0	1	0	0
0	0	1	0		조성진	5	MF	MF	4	구본상		0	4	2	0
0	0	4	2(2)		고차원	12	MF	MF	8	하성민		0	0	0	0
0	0	1	2(2)		권창훈	22	MF	MF	16	김태환		0	1	0	0
0	0	0	2(1)	34	산토스	10	MF	MF	14	서용덕	13	1(1)	1	0	0
0	0	1	0		염기훈	26	MF	FW	9	김신욱		2(1)	1	0	0
0	0	1	3(3)	7	정대세	14	FW	FW	18	양동현		2	3	0	0
0	0	0	0		노동건	21			41	장대희		0	0	0	0
0	0	0	0	후40	연제민	34			13	임창우	후22	0	0	0	0
0	0	1	0	후27	양상민	3			34	김영삼		0	0	0	0
0	0	0	0	후30	이상호	7	대기	대기	20	이창용		0	0	0	0
0	0	0	0		서정진	13			6	마스다		0	0	0	0
0	0	0	0		장현수	19			11	따르따		0	0	0	0
0	0	0	0		레오	11			19	김승준	후22	1	0	0	0
0	0	14	10(8)			0			0			6(2)	16	4	0

- 전반 18분 염기훈 PAL ↷ 권창훈 GA 정면 H-ST-G (득점: 권창훈, 도움: 염기훈) 오른쪽
- 전반 43분 정대세 PA 정면 FK R-ST-G (득점: 정대세) 오른쪽
- 후반 13분 정대세 AKR R-ST-G (득점: 정대세) 오른쪽
- 전반 38분 서용덕 PAL FK ↷ 김신욱 GA 정면 H-ST-G (득점: 김신욱, 도움: 서용덕) 오른쪽

7월 01일 19:30 맑음 탄천 종합 관중 2,725명
주심_ 이민후 부심_ 이정민·방기열 대기심_ 김희곤 감독관_ 김일호

성남 3 1 전반 0 / 2 후반 1 **1 대전**

퇴장	경고	파울	ST(유)	교체	선수명	배번	위치	위치	배번	선수명	교체	ST(유)	파울	경고	퇴장
0	0	0	0		박 준 혁	29	GK	GK	1	박 주 원		0	0	0	0
0	0	1	0		이 종 원	22	DF	DF	5	서 명 식		0	1	0	0
0	0	1	1(1)		윤 영 선	20	DF	DF	30	송 주 한		0	0	0	0
0	1	1	2		장 석 원	24	DF	DF	4	윤 준 성		0	0	1	0
0	0	1	0		곽 해 성	2	DF	DF	38	이 정 근		0	1	0	0
0	0	1	1(1)		김 두 현	8	MF	MF	13	황 인 범	39	1(1)	1	0	0
0	1	2	2(1)		김 철 호	7	MF	MF	17	김 성 수	35	0	1	0	0
0	1	2	2(1)	4	남 준 재	23	MF	MF	7	김 종 국		0	0	0	0
0	0	2	1	14	김 성 준	18	MF	FW	37	정 서 운	26	0	1	0	0
0	0	2	1	13	루 카 스	19	MF	FW	12	유 연 승		3(1)	1	0	0
0	0	3	4(3)		황 의 조	16	FW	FW	28	황 지 웅		1	0	0	0
0	0	0	0		전 상 욱	1			31	오 승 훈		0	0	0	0
0	0	0	0		유 청 윤	28			23	허 영 철		0	0	0	0
0	0	0	0		이 태 희	25			2	조 원 득		0	0	0	0
0	0	0	0	후38	이 요 한	4	대기	대기	27	박 재 우		0	0	0	0
0	0	0	0		강 진 욱	27			35	이 형 진	후37	0	0	0	0
0	0	0	0	후21	정 선 호	14			39	정 재 성	후46	0	0	0	0
0	0	1	0	후29	김 동 희	13			26	김 창 현	후12	0	2	0	0
0	3	17	14(7)			0			0			5(2)	8	1	0

●전반 36분 황의조 PAR 내 ~ 남준재 GAL 내 L-ST-G (득점: 남준재, 도움: 황의조) 왼쪽
●후반 1분 김두현 MFR TL FK↷ 윤영선 GAR H-ST-G (득점: 윤영선, 도움: 김두현) 왼쪽
●후반 13분 황의조 AKL R-ST-G (득점: 황의조) 왼쪽
●후반 22분 유성기 PAL 내 ~ 황인범 GAL L-ST-G (득점: 황인범, 도움: 유성기) 왼쪽

7월 01일 20:00 맑음 제주 월드컵 관중 4,527명
주심_ 우상일 부심_ 장준모·이규환 대기심_ 이동준 감독관_ 김형남

제주 2 1 전반 1 / 1 후반 3 **4 서울**

퇴장	경고	파울	ST(유)	교체	선수명	배번	위치	위치	배번	선수명	교체	ST(유)	파울	경고	퇴장
0	0	0	0		김 호 준	1	GK	GK	1	김 용 대		0	0	0	0
0	0	1	0		오 반 석	4	DF	DF	21	심 상 민	22	0	1	0	0
0	0	0	0		강 준 우	25	DF	DF	3	이 웅 희		1(1)	1	0	0
0	0	0	0		양 준 아	23	DF	DF	28	김 동 우		1	0	0	0
0	0	1	0	2	김 봉 래	27	MF	DF	27	고 광 민		1	1	1	0
0	1	3	0		김 수 범	22	MF	MF	4	오스마르		1(1)	1	0	0
0	0	2	1(1)	18	장 은 규	37	MF	MF	29	이 상 협	13	0	0	0	0
0	0	0	0		김 선 우	13	MF	MF	11	몰 리 나		4(3)	0	0	0
0	1	3	0		김 상 원	3	FW	FW	17	윤 일 록		2(1)	1	0	0
0	1	1	0	10	정 영 총	34	FW	FW	10	에 벨 톤		5(3)	0	0	0
0	0	2	1(1)		김 현	9	FW	FW	91	박 주 영	18	3(2)	0	0	0
0	0	0	0		김 경 민	21			38	양 한 빈		0	0	0	0
0	0	0	0		이 용	19			34	박 용 우		0	0	0	0
0	1	2	0	후6	정 다 훤	2			20	김 원 균		0	0	0	0
0	0	0	0		심 영 성	8	대기	대기	13	고 요 한	후0	0	1	1	0
0	0	2	0	후0	송 진 형	10			22	고 명 진	후32	0	0	0	0
0	0	0	0		김 영 신	16			18	김 현 성	후25	1(1)	1	0	0
0	0	0	1(1)	후28	박 수 창	18			19	윤 주 태		0	0	0	0
0	4	17	3(3)			0			0			19(1	7	2	0

●전반 21분 김상원 GAR → 김현 PK지점 R-ST-G (득점: 김현, 도움: 김상원) 가운데
●후반 35분 김현 PAR 내 ~ 박수창 GAL R-ST-G (득점: 박수창, 도움: 김현) 왼쪽
●전반 9분 심상민 MFL ↷ 에벨톤 PK지점 H-ST-G (득점: 에벨톤, 도움: 심상민) 오른쪽
●후반 4분 박주영 GAL 내 L-ST-G (득점: 박주영) 왼쪽
●후반 32분 몰리나 MFL FK↷ 김현성 GAR H-ST-G (득점: 김현성, 도움: 몰리나) 오른쪽
●후반 39분 몰리나 PK-L-G (득점: 몰리나) 오른쪽

7월 04일 19:00 맑음 포항 스틸야드 관중 12,359명
주심_ 고형진 부심_ 장준모·곽승순 대기심_ 이민후 감독관_ 김정식

포항 0 0 전반 1 / 0 후반 0 **1 수원**

퇴장	경고	파울	ST(유)	교체	선수명	배번	위치	위치	배번	선수명	교체	ST(유)	파울	경고	퇴장
0	0	0	0		신 화 용	1	GK	GK	1	정 성 룡		0	0	0	0
0	0	1	0		김 광 석	3	DF	DF	4	오 범 석		0	3	0	0
0	0	1	1		배 슬 기	24	DF	DF	34	연 제 민		0	1	0	0
0	0	1	0		김 대 호	22	DF	DF	15	구 자 룡	29	0	0	0	0
0	0	3	1		김 준 수	6	DF	DF	33	홍 철		0	2	0	0
0	0	1	0		황 지 수	9	MF	MF	5	조 성 진		0	0	0	0
0	0	4	2(2)		손 준 호	28	MF	MF	13	서 정 진		0	2	0	0
0	0	1	1(1)		신 진 호	4	FW	MF	7	이 상 호	20	0	3	0	0
0	0	2	0	12	모 리 츠	10	FW	MF	22	권 창 훈		0	0	0	0
0	0	1	0	39	조 찬 호	26	FW	MF	12	고 차 원	26	0	0	0	0
0	0	2	0	11	고 무 열	18	FW	FW	14	정 대 세		4(1)	4	0	0
0	0	0	0		김 진 영	21			21	노 동 건		0	0	0	0
0	0	0	0		이 재 원	15			29	곽 희 주	후22	0	0	0	0
0	0	0	0		김 원 일	13			30	신 세 계		0	0	0	0
0	0	0	0		김 태 수	5	대기	대기	20	백 지 훈	후44	1	0	0	0
0	0	0	0	후12	김 승 대	12			26	염 기 훈	후8	0	0	0	0
0	0	0	2(2)	후12	이 광 혁	39			10	산 토 스		0	0	0	0
0	0	2	0	후29	박 성 호	11			11	레 오		0	0	0	0
0	0	19	7(5)			0			0			5(1)	15	0	0

●전반 32분 이상호 AKR → 정대세 PAR 내 R-ST-G (득점: 정대세, 도움: 이상호) 오른쪽

7월 04일 19:00 맑음 부산 아시아드 관중 1,374명
주심_ 김성호 부심_ 노태식·이규환 대기심_ 김대용 감독관_ 한진원

부산 0 0 전반 1 / 0 후반 0 **1 성남**

퇴장	경고	파울	ST(유)	교체	선수명	배번	위치	위치	배번	선수명	교체	ST(유)	파울	경고	퇴장
0	0	0	0		이 범 영	1	GK	GK	29	박 준 혁		0	0	0	0
0	1	1	0		이 경 렬	6	DF	DF	22	이 종 원		1(1)	4	0	0
0	1	3	4(2)		안 세 희	30	DF	DF	20	윤 영 선		0	1	0	0
0	0	0	0		박 준 강	2	DF	DF	24	장 석 원		0	0	0	0
0	0	1	1(1)		유 지 훈	33	DF	DF	2	곽 해 성		0	0	0	0
0	0	0	0		주 세 종	24	MF	MF	7	김 철 호		1	3	0	0
0	1	2	3(1)	77	김 진 규	19	MF	MF	14	정 선 호	17	0	0	0	0
0	0	1	0		이 규 성	13	MF	MF	13	김 동 희		0	2	0	0
0	0	2	0	8	웨 슬 리	10	FW	MF	8	김 두 현	4	2(2)	1	0	0
0	0	0	3(2)		김 용 태	20	FW	MF	19	루 카 스	30	0	3	0	0
0	0	2	2(1)	11	배 천 석	18	FW	FW	16	황 의 조		2	1	0	0
0	0	0	0		이 창 근	21			1	전 상 욱		0	0	0	0
0	0	0	0		김 종 혁	4			28	유 청 윤		0	0	0	0
0	0	0	0	후29	최 광 희	77			3	심 우 연		0	0	0	0
0	0	0	0		전 성 찬	22	대기	대기	17	박 태 민	후22	0	1	0	0
0	0	0	0		정 석 화	14			27	강 진 욱		0	0	0	0
0	0	1	3(1)	후14	엘리아스	11			4	이 요 한	후27	0	0	0	0
0	0	0	0	후23	윤 동 민	8			30	성 봉 재	후38	0	1	0	0
0	3	13	16(8)			0			0			6(3)	17	0	0

●전반 38분 김두현 PK-R-G (득점: 김두현) 오른쪽

7월 04일 19 : 00 맑음 제주 월드컵 관중 6,182명
주심_ 이동준 부심_ 노수용·윤광열 대기심_ 김동진 감독관_ 김수현

제주 0 | 0 전반 0 / 0 후반 0 | **0 인천**

퇴장	경고	파울	ST(유)	교체	선수명	배번	위치	위치	배번	선수명	교체	ST(유)	파울	경고	퇴장
0	0	0	0		김 호 준	1	GK	GK	1	유 현		0	0	0	0
0	0	0	0		오 반 석	4	DF	DF	25	박 대 한		0	1	0	0
0	0	0	0		양 준 아	23	DF	DF	5	김 진 환		0	2	0	0
0	0	2	1		정 다 훤	2	DF	DF	20	요 니 치		0	1	0	0
0	1	2	1		김 상 원	3	DF	DF	2	권 완 규		0	0	0	0
0	0	1	2(1)	13	허 범 산	6	MF	MF	4	김 원 식		0	1	0	0
0	0	0	4(1)		윤빛가람	14	MF	MF	22	김 동 석		2(1)	0	0	0
0	0	0	1(1)	34	송 진 형	10	FW	MF	8	안 진 범	26	0	2	1	0
0	0	1	2(1)	18	김 영 신	16	FW	MF	24	박 세 직	18	1	0	0	0
0	0	0	6(1)		로 페 즈	7	FW	MF	11	김 인 성		3(1)	1	0	0
0	0	0	4		김 현	9	FW	FW	19	케 빈		5(2)	1	0	0
0	0	0	0		김 경 민	21			21	조 수 혁		0	0	0	0
0	0	0	0		이 용	19			15	김 대 중		0	0	0	0
0	0	0	0		강 준 우	25			28	백 승 원		0	0	0	0
0	0	0	0		김 봉 래	27	대기	대기	26	조 수 철	후26	0	1	0	0
0	0	0	0	후31	김 선 우	13			7	김 도 혁		0	0	0	0
0	0	0	0	후26	정 영 총	34			17	김 대 경		0	0	0	0
0	0	0	1	후0	박 수 창	18			18	진 성 욱	후31	1	0	0	0
0	1	6	22(5)			0			0			12(4)	10	1	0

7월 05일 18 : 00 맑음 서울 월드컵 관중 11,587명
주심_ 김종혁 부심_ 정해상·최민병 대기심_ 서동진 감독관_ 김일호

서울 1 | 1 전반 1 / 0 후반 0 | **1 광주**

퇴장	경고	파울	ST(유)	교체	선수명	배번	위치	위치	배번	선수명	교체	ST(유)	파울	경고	퇴장
0	0	0	0		김 용 대	1	GK	GK	31	권 정 혁		0	0	0	0
0	1	1	0		김 치 우	7	DF	DF	17	이 종 민		1(1)	3	1	0
0	0	1	1(1)		이 웅 희	3	DF	DF	3	김 영 빈		0	0	0	0
0	1	1	1		김 동 우	28	DF	DF	26	안 영 규		0	1	0	0
0	0	1	0		고 광 민	27	DF	DF	33	정 호 정		0	0	0	0
0	0	2	1		오스마르	4	MF	MF	40	이 찬 동		0	2	0	0
0	0	0	0	18	고 요 한	13	MF	MF	7	여 름		0	0	0	0
0	0	0	1		몰 리 나	11	MF	MF	10	파 비 오	6	2	0	0	0
0	0	3	2(2)		윤 일 록	17	FW	FW	16	송 승 민		2	2	0	0
0	0	1	2(1)	22	에 벨 톤	10	FW	MF	11	김 호 남	4	0	2	1	0
0	0	2	1	19	박 주 영	91	FW	MF	30	주 현 우	34	0	0	0	0
0	0	0	0		양 한 빈	38			1	제 종 현		0	0	0	0
0	0	0	0		박 용 우	34			4	정 준 연	후40	0	1	0	0
0	0	0	0		차 두 리	5			6	오 도 현	후20	0	0	0	0
0	0	0	0		심 상 민	21	대기	대기	19	박 선 홍		0	0	0	0
0	0	0	0	후12	고 명 진	22			22	조 용 태		0	0	0	0
0	0	0	2	후19	김 현 성	18			25	류 범 희		0	0	0	0
0	0	0	1(1)	후33	윤 주 태	19			34	안 성 남	후18	0	0	0	0
0	2	12	12(5)			0			0			5(1)	11	2	0

● 전반 30분 윤일록 PAL H-ST-G (득점: 윤일록) 가운데

● 전반 26분 이종민 PK지점 PK-R-G (득점: 이종민) 왼쪽

7월 05일 19 : 00 맑음 광양 전용 관중 4,370명
주심_ 송민석 부심_ 이정민·방기열 대기심_ 우상일 감독관_ 강창구

전남 2 | 1 전반 0 / 1 후반 1 | **1 울산**

퇴장	경고	파울	ST(유)	교체	선수명	배번	위치	위치	배번	선수명	교체	ST(유)	파울	경고	퇴장
0	0	0	0		김 병 지	1	GK	GK	1	김 승 규		0	0	0	0
0	0	1	0		현 영 민	13	DF	DF	2	정 동 호		0	0	0	0
0	1	2	1		임 종 은	5	DF	DF	13	임 창 우		0	0	0	0
0	0	2	1		이 지 남	6	DF	DF	22	김 치 곤		0	0	0	0
0	0	2	2(1)		이 슬 찬	27	DF	DF	39	김 근 환		0	0	0	0
0	0	0	0		정 석 민	16	MF	MF	6	마 스 다	20	1	0	0	0
0	0	1	0		김 평 래	12	MF	MF	8	하 성 민	32	0	0	1	0
0	1	1	3(3)	14	오 르 샤	17	FW	MF	16	김 태 환		0	3	0	0
0	1	3	2(1)	9	이 종 호	8	FW	MF	14	서 용 덕	19	1	1	0	0
0	0	0	1(1)		안 용 우	11	FW	MF	10	제파로프		2(1)	1	0	0
0	0	4	1		스 테 보	10	FW	FW	9	김 신 욱		0	2	0	0
0	0	0	0		김 민 식	21			41	장 대 희		0	0	0	0
0	0	0	0		김 태 호	3			5	정 승 현		0	0	0	0
0	0	0	0		레안드리뉴	7			34	김 영 삼		0	0	0	0
0	0	0	0	후40	전 현 철	9	대기	대기	20	이 창 용	후31	0	1	1	0
0	0	0	0	후46	김 영 욱	14			32	이 영 재	후37	0	1	0	0
0	0	0	0		방 대 종	15			11	따 르 따		0	0	0	0
0	0	0	0		김 동 철	20			19	김 승 준	후31	0	0	0	0
0	3	16	11(6)			0			0			4(1)	9	2	0

● 전반 19분 오르샤 PAL 내 ~ 안용우 PA 정면 내 L-ST-G (득점: 안용우, 도움: 오르샤) 오른쪽

● 후반 22분 스테보 PAR ↷ 이종호 GA 정면 H-ST-G (득점: 이종호, 도움: 스테보) 오른쪽

● 후반 39분 제파로프 PK-L-G (득점: 제파로프) 왼쪽

7월 05일 19 : 00 흐리고 비 대전 월드컵 관중 2,557명
주심_ 박진호 부심_ 손재선·김성일 대기심_ 김상우 감독관_ 김용세

대전 3 | 1 전반 2 / 2 후반 2 | **4 전북**

퇴장	경고	파울	ST(유)	교체	선수명	배번	위치	위치	배번	선수명	교체	ST(유)	파울	경고	퇴장
0	0	0	0		박 주 원	1	GK	GK	1	권 순 태		0	0	0	0
0	0	0	0		안 상 현	20	DF	DF	19	박 원 재		1(1)	0	0	0
0	0	0	0	22	윤 준 성	4	DF	DF	18	윌 킨 슨		1	1	0	0
0	0	2	0		김 태 봉	55	DF	DF	4	김 기 희		0	1	0	0
0	0	0	2		이 정 근	38	DF	DF	25	최 철 순		1(1)	5	0	0
0	0	2	1(1)		황 인 범	13	MF	MF	6	최 보 경	20	0	0	0	0
0	0	2	0	7	손 설 민	71	MF	MF	17	이 재 성		2(1)	0	0	0
0	0	0	3(2)	12	고 민 혁	88	MF	MF	34	장 윤 호	24	1	3	0	0
0	0	0	2		이 현 승	99	FW	MF	10	레오나르도		3	1	0	0
0	0	0	3(1)		한 의 권	73	FW	MF	47	문 상 윤	13	0	1	0	0
0	0	4	1		황 지 웅	28	FW	FW	9	에 두		3(2)	1	0	0
0	0	0	0		오 승 훈	31			21	홍 정 남		0	0	0	0
0	0	1	1	후14	유 연 승	12			16	조 성 환		0	0	0	0
0	0	0	0		김 성 수	17			32	이 주 용		0	0	0	0
0	0	0	0		허 영 철	23	대기	대기	13	정 훈	후10	0	2	0	0
0	1	1	0	후22	김 종 국	7			24	유 창 현	후10	0	3	0	0
0	0	0	0		이 광 진	8			27	이 승 렬		0	0	0	0
0	0	0	1(1)	후37	이 현 호	22			20	이 동 국	전28	4(3)	1	1	0
0	1	12	14(5)			0			0			16(8)	19	1	0

● 전반 27분 황지웅 PAL TL ~ 황인범 PAL R-ST-G (득점: 황인범, 도움: 황지웅) 오른쪽

● 후반 9분 고민혁 PK-R-G (득점: 고민혁) 왼쪽

● 후반 35분 황인범 MF 정면 ~ 한의권 PAL 내 L-ST-G (득점: 한의권, 도움: 황인범) 오른쪽

● 전반 6분 이재성 PAR 내 EL ~ 에두 PK 우측 지점 L-ST-G (득점: 에두, 도움: 이재성) 왼쪽

● 전반 33분 문상윤 GAR ~ 이동국 GA 정면 R-ST-G (득점: 이동국, 도움: 문상윤) 가운데

● 후반 15분 에두 GAR L-ST-G (득점: 에두) 오른쪽

● 후반 49분 에두 GAR ~ 이동국 GAL 내 R-ST-G (득점: 이동국, 도움: 에두) 왼쪽

7월 08일 19 : 00 흐림 전주 월드컵 관중 8,907명
주심_ 이민후 부심_ 이정민·곽승순 대기심_ 김희곤 감독관_ 한진원

전북 1 0 전반 0 / 1 후반 1 **1 광주**

퇴장	경고	파울	ST(유)	교체	선수명	배번	위치	위치	배번	선수명	교체	ST(유)	파울	경고	퇴장
0	0	0	0		권 순 태	1	GK	GK	31	권 정 혁		0	0	0	0
0	0	4	1(1)		이 주 용	32	DF	DF	4	정 준 연		0	1	0	0
0	0	0	1		김 기 희	4	DF	DF	3	김 영 빈		0	0	0	0
0	1	1	1		조 성 환	16	DF	DF	26	안 영 규		0	1	0	0
0	0	0	0		최 철 순	25	DF	DF	14	이 으 뜸		1(1)	1	1	0
0	0	3	0	6	정 훈	13	MF	MF	40	이 찬 동		0	2	0	0
0	0	3	1		이 재 성	17	MF	MF	7	여 름		1	1	0	0
0	1	2	2	10	이 승 렬	27	MF	MF	10	파 비 오		2(1)	1	0	0
0	0	3	1(1)	9	유 창 현	24	MF	FW	16	송 승 민		1(1)	2	0	0
0	0	1	3(2)		한 교 원	7	MF	MF	25	류 범 희	22	0	0	0	0
0	1	2	6(3)		이 동 국	20	FW	MF	30	주 현 우	6	0	0	0	0
0	0	0	0		홍 정 남	21			1	제 종 현		0	0	0	0
0	0	0	0		윌 킨 슨	18			6	오 도 현	후30	0	0	0	0
0	0	0	0		이 재 명	26			19	박 선 홍		0	0	0	0
0	0	1	1(1)	후23	최 보 경	6	대기	대기	22	조 용 태	전42/33	1(1)	1	0	0
0	0	0	0		이 승 현	11			33	정 호 정	후39	0	0	0	0
0	0	0	1	후9	레오나르도	10			34	안 성 남		0	0	0	0
0	0	0	1(1)	후16	에 두	9			37	박 일 권		0	0	0	0
0	3	20	19(9)			0			0			6(4)	10	1	0

- 후반 6분 이주용 AKL R-ST-G (득점: 이주용) 오른쪽
- 후반 28분 이으뜸 PAL ~ 조용태 GAL R-ST-G (득점: 조용태, 도움: 이으뜸) 왼쪽

7월 08일 19 : 30 흐리고 비 수원 월드컵 관중 7,209명
주심_ 우상일 부심_ 노태식·윤광열 대기심_ 정동식 감독관_ 김수현

수원 1 0 전반 0 / 1 후반 0 **0 전남**

퇴장	경고	파울	ST(유)	교체	선수명	배번	위치	위치	배번	선수명	교체	ST(유)	파울	경고	퇴장
0	0	0	0		정 성 룡	1	GK	GK	1	김 병 지		0	0	0	0
0	0	1	1		오 범 석	4	DF	DF	27	이 슬 찬		1(1)	3	0	0
0	0	2	0		연 제 민	34	DF	DF	15	방 대 종	22	0	0	0	0
0	0	1	0	29	구 자 룡	15	DF	DF	6	이 지 남		0	1	0	0
0	0	0	0	30	홍 철	33	DF	DF	3	김 태 호		0	2	1	0
0	0	4	1		조 성 진	5	MF	MF	12	김 평 래		0	1	0	0
0	0	1	2(1)		서 정 진	13	MF	MF	20	김 동 철		0	2	0	0
0	0	2	5(2)		산 토 스	10	MF	MF	16	정 석 민	18	0	1	0	0
0	0	0	1	20	이 상 호	7	MF	FW	7	레안드리뉴		1	1	0	0
0	0	0	3(1)		염 기 훈	26	MF	FW	11	안 용 우		1	3	0	0
0	0	2	2		정 대 세	14	FW	FW	9	전 현 철	10	0	0	0	0
0	0	0	0		노 동 건	21			21	김 민 식		0	0	0	0
0	0	0	0	후21	곽 희 주	29			10	스 테 보	후20	0	0	0	0
0	0	0	0	후46	신 세 계	30			14	김 영 욱		0	0	0	0
0	0	1	0	후21	백 지 훈	20	대기	대기	18	이 창 민	후20	0	0	0	0
0	0	0	0		고 차 원	12			19	이 재 억		0	0	0	0
0	0	0	0		장 현 수	19			22	고 병 욱	후31	0	0	0	0
0	0	0	0		방 찬 준	32			24	이 지 민		0	0	0	0
0	0	14	15(4)			0			0			3(1)	14	1	0

- 후반 23분 염기훈 PAL ↷ 서정진 GAR 내 R-ST-G (득점: 서정진, 도움: 염기훈) 가운데

7월 08일 19 : 30 맑음 탄천 종합 관중 6,054명
주심_ 김대용 부심_ 노수용·김성일 대기심_ 송민석 감독관_ 김진의

성남 1 0 전반 0 / 1 후반 1 **1 서울**

퇴장	경고	파울	ST(유)	교체	선수명	배번	위치	위치	배번	선수명	교체	ST(유)	파울	경고	퇴장
0	0	0	0		박 준 혁	29	GK	GK	1	김 용 대		0	0	0	0
0	0	2	0		이 종 원	22	DF	MF	21	심 상 민		0	2	0	0
0	0	1	0		윤 영 선	20	DF	DF	3	이 웅 희		1(1)	1	0	0
0	0	0	0		장 석 원	24	DF	DF	34	박 용 우		0	0	0	0
0	0	0	1		곽 해 성	2	DF	DF	26	김 남 춘		0	1	0	0
0	0	1	1		정 선 호	14	MF	MF	5	차 두 리		0	1	0	0
0	0	3	0		김 철 호	7	MF	MF	4	오스마르		0	1	0	0
0	0	0	1	4	남 준 재	23	MF	MF	22	고 명 진		4(1)	1	0	0
0	0	0	1	33	김 두 현	8	MF	MF	13	고 요 한	11	0	1	0	0
0	0	2	2	31	루 카 스	19	MF	FW	17	윤 일 록	10	1	1	0	0
0	1	2	6(5)		황 의 조	16	FW	FW	18	김 현 성	91	1	1	0	0
0	0	0	0		정 산	21			38	양 한 빈		0	0	0	0
0	0	0	0		유 청 윤	28			6	김 진 규		0	0	0	0
0	0	0	0		심 우 연	3			27	고 광 민		0	0	0	0
0	0	0	0	후22	장 학 영	33	대기	대기	29	이 상 협		0	0	0	0
0	0	0	0	후44	이 요 한	4			11	몰 리 나	후15	1	0	0	0
0	0	0	0		김 동 희	13			10	에 벨 톤	후42	0	0	0	0
0	0	0	0	후32	박 용 지	31			91	박 주 영	후11	1(1)	0	0	0
0	1	11	12(5)			0			0			9(3)	10	0	0

- 후반 37분 이종원 자기측 MFL ↷ 황의조 GAL L-ST-G (득점: 황의조, 도움: 이종원) 오른쪽
- 후반 33분 박주영 GA 정면 R-ST-G (득점: 박주영) 왼쪽

7월 08일 19 : 30 비 울산 문수 관중 1,524명
주심_ 김동진 부심_ 장준모·이규환 대기심_ 이동준 감독관_ 김형남

울산 4 1 전반 1 / 3 후반 0 **1 대전**

퇴장	경고	파울	ST(유)	교체	선수명	배번	위치	위치	배번	선수명	교체	ST(유)	파울	경고	퇴장
0	0	0	0		김 승 규	1	GK	GK	1	박 주 원		0	0	0	0
0	0	3	0		정 동 호	2	DF	DF	20	안 상 현		0	3	0	0
0	0	3	1		이 명 재	24	DF	DF	12	유 연 승		2(2)	1	0	0
0	0	0	1(1)		김 치 곤	22	DF	DF	55	김 태 봉		2(1)	1	0	0
0	1	3	0		임 창 우	13	DF	DF	38	이 정 근		0	0	0	0
0	1	1	1(1)		구 본 상	4	MF	MF	17	김 성 수	35	0	1	0	0
0	0	3	1		이 창 용	20	MF	MF	71	손 설 민		1	4	2	0
0	0	2	3(1)	10	김 태 환	16	MF	MF	8	이 광 진	23	0	2	0	0
0	0	1	3(2)	14	김 승 준	19	MF	FW	99	이 현 승		0	1	0	0
0	0	3	2(1)	6	이 영 재	32	MF	FW	73	한 의 권		1(1)	1	0	0
0	0	2	5(3)		김 신 욱	9	FW	FW	28	황 지 웅	22	2(2)	0	0	0
0	0	0	0		장 대 희	41			31	오 승 훈		0	0	0	0
0	0	0	0		정 승 현	5			36	공 용 석		0	0	0	0
0	0	0	0		김 근 환	39			23	허 영 철	후38	0	0	0	0
0	0	0	0		김 영 삼	34	대기	대기	35	이 형 진	후46	0	0	0	0
0	0	0	0	후35	마 스 다	6			37	정 서 운		0	0	0	0
0	0	1	0	후38	서 용 덕	14			26	김 창 현		0	0	0	0
0	0	0	0	후46	제파로프	10			22	이 현 호	후33	0	0	0	0
0	2	22	17(9)			0			0			8(6)	14	2	0

- 전반 12분 이영재 MF 정면 ~ 김승준 PAR 내 R-ST-G (득점: 김승준, 도움: 이영재) 오른쪽
- 후반 21분 김신욱 PA 정면 ~ 김승준 PAL 내 L-ST-G (득점: 김승준, 도움: 김신욱) 왼쪽
- 후반 39분 정동호 PAR ~ 김신욱 PA 정면 내 R-ST-G (득점: 김신욱, 도움: 정동호) 가운데
- 후반 46분 김태환 PAR 내 EL ↷ 김신욱 GA 정면 내 R-ST-G (득점: 김신욱, 도움: 김태환) 가운데
- 전반 44분 김태봉 PAR R-ST-G (득점: 김태봉) 오른쪽

7월 08일 19 : 30 비 포항 스틸야드 관중 3,354명
주심_ 김종혁 부심_ 손재선·최민병 대기심_ 김성호 감독관_ 한병화

포항 3 1 전반 0 / 2 후반 4 **4 제주**

퇴장	경고	파울	ST(유)	교체	선수명	배번	위치	위치	배번	선수명	교체	ST(유)	파울	경고	퇴장
0	0	0	0		신화용	1	GK	GK	1	김호준		0	0	1	0
0	0	0	0		김광석	3	DF	DF	4	오반석		0	2	0	1
0	1	2	0		배슬기	24	DF	DF	23	양준아		0	0	1	0
0	0	2	1(1)		김준수	6	DF	DF	2	정다훤		1(1)	2	0	0
0	1	1	0	15	김대호	22	DF	DF	22	김수범		1	0	0	0
0	0	4	0	16	김태수	5	MF	MF	6	허범산		0	2	1	0
0	0	1	1(1)		손준호	28	MF	MF	14	윤빛가람		3(1)	0	0	0
0	0	1	1		신진호	4	FW	MF	10	송진형	27	2(2)	1	0	0
0	0	1	4(1)		김승대	12	FW	FW	30	심광욱	19	1(1)	2	1	0
0	0	0	0	39	조찬호	26	FW	FW	7	로페즈	18	5(1)	0	0	0
0	0	1	4(2)		고무열	18	FW	FW	9	김 현		0	3	0	0
0	0	0	0		김진영	21			21	김경민		0	0	0	0
0	0	0	0		김원일	13			19	이 용	후32	0	0	1	0
0	0	1	1	후16	이재원	15			27	김봉래	후34	0	1	0	0
0	0	0	0		황지수	9	대기	대기	28	배재우		0	0	0	0
0	0	0	2(1)	후27	심동운	16			13	김선우		0	0	0	0
0	0	0	0	후10	이광혁	39			18	박수창	후46	0	0	0	0
0	0	0	0		박성호	11			8	심영성		0	0	0	0
0	2	14	14(6)			0			0			13(6)	13	5	1

- 전반 25분 김준수 GA 정면 R-ST-G (득점: 김준수) 가운데
- 후반 24분 오반석 GA 정면 내 R 자책골 (득점: 오반석) 가운데
- 후반 31분 손준호 PK-R-G (득점: 손준호) 가운데

- 후반 5분 로페즈 PAR 내 ~ 윤빛가람 AK 내 R-ST-G (득점: 윤빛가람, 도움: 로페즈) 오른쪽
- 후반 6분 심광욱 AKL ~ 송진형 GAL L-ST-G (득점: 송진형, 도움: 심광욱) 왼쪽
- 후반 7분 로페즈 PK 우측지점 L-ST-G (득점: 로페즈) 왼쪽
- 후반 26분 로페즈 (대기) AKL ~ 송진형 PK 우측지점 R-ST-G (득점: 송진형, 도움: 로페즈 (대기)) 오른쪽

7월 08일 19 : 30 흐림 인천 전용 관중 2,006명
주심_ 김상우 부심_ 정해상·방기열 대기심_ 고형진 감독관_ 하재훈

인천 3 0 전반 1 / 3 후반 0 **1 부산**

퇴장	경고	파울	ST(유)	교체	선수명	배번	위치	위치	배번	선수명	교체	ST(유)	파울	경고	퇴장
0	0	0	0		유 현	1	GK	GK	21	이창근		0	0	0	0
0	0	1	0		박대한	25	DF	DF	2	박준강		0	2	0	0
0	1	3	0		김진환	5	DF	DF	5	노행석		2(2)	2	0	0
0	0	0	1		요니치	20	DF	DF	6	이경렬		1(1)	1	0	0
0	0	2	2(1)		권완규	2	DF	DF	15	유지노		1	4	0	0
0	1	4	1		김원식	4	MF	MF	13	이규성	8	0	0	0	0
0	0	1	1(1)		김동석	22	MF	MF	19	김진규		2(1)	2	1	0
0	0	2	0	26	안진범	8	MF	MF	24	주세종		0	1	0	0
0	0	1	2(1)		박세직	24	MF	FW	14	정석화	10	1(1)	1	0	0
0	1	2	0	18	이천수	10	MF	FW	9	김동섭		2(2)	0	0	0
0	0	3	1	33	케 빈	19	FW	FW	20	김용태	11	0	1	0	0
0	0	0	0		조수혁	21			1	이범영		0	0	0	0
0	0	0	0		김대중	15			30	안세희		0	0	0	0
0	0	0	0		백승원	28			32	구현준		0	0	0	0
0	0	1	0	후5	조수철	26	대기	대기	22	전성찬		0	0	0	0
0	0	0	0		김도혁	7			8	윤동민	후22	2(1)	0	0	0
0	0	1	1(1)	후22	이효균	33			10	웨슬리	후30	1(1)	1	0	0
0	1	2	0	후11	진성욱	18			11	엘리아스	후30	0	0	0	0
0	4	23	9(4)			0			0			12(9)	15	1	0

- 후반 24분 박세직 C.KR ↷ 권완규 GAR 내 H-ST-G (득점: 권완규, 도움: 박세직) 왼쪽
- 후반 28분 박세직 GA 정면 H-ST-G (득점: 박세직) 오른쪽
- 후반 31분 진성욱 PAL 내 ~ 이효균 GA 정면 L-ST-G (득점: 이효균, 도움: 진성욱) 왼쪽

- 전반 8분 주세종 C.KR ↷ 이경렬 GA 정면 H-ST-G (득점: 이경렬, 도움: 주세종) 오른쪽

7월 11일 19 : 00 비 제주 월드컵 관중 1,011명
주심_ 김상우 부심_ 노태식·이규환 대기심_ 김대용 감독관_ 강창구

제주 0 0 전반 1 / 0 후반 2 **3 전북**

퇴장	경고	파울	ST(유)	교체	선수명	배번	위치	위치	배번	선수명	교체	ST(유)	파울	경고	퇴장
0	0	0	0		김호준	1	GK	GK	1	권순태		0	0	0	0
0	0	1	0	40	이 용	19	DF	DF	25	최철순		0	1	0	0
0	1	1	0		강준우	25	DF	DF	18	윌킨슨		0	0	0	0
0	1	2	0		정다훤	2	DF	DF	3	김형일		0	0	0	0
0	0	4	0	30	김수범	22	MF	DF	4	김기희	32	1	0	0	0
0	0	0	1(1)		김상원	3	MF	MF	6	최보경		1	2	1	0
0	0	1	1		허범산	6	MF	MF	13	정 훈		0	1	1	0
0	1	0	1(1)		윤빛가람	14	MF	MF	11	이승현	10	0	2	0	0
0	0	0	3(1)	18	송진형	10	FW	MF	17	이재성		4(3)	1	0	0
0	0	0	2		로페즈	7	FW	MF	7	한교원		1	0	0	0
0	0	1	2(2)		김 현	9	FW	FW	24	유창현	23	1(1)	2	0	0
0	0	0	0		김경민	21			21	홍정남		0	0	0	0
0	1	2	0	후17	백동규	40			32	이주용	전45	1	2	0	0
0	0	0	0		김봉래	27			26	이재명		0	0	0	0
0	0	0	0		김선우	13	대기	대기	34	장윤호		0	0	0	0
0	0	0	0		심영성	8			10	레오나르도	후11	4(2)	0	0	0
0	0	0	0	후32	심광욱	30			27	이승렬		0	0	0	0
0	0	0	0	후10	박수창	18			23	김동찬	후16	1(1)	0	0	0
0	4	12	10(5)			0			0			14(7)	11	2	0

- 전반 20분 이재성 C.KL ↷ 유창현 GAL 내 H-ST-G (득점: 유창현, 도움: 이재성) 왼쪽
- 후반 11분 이재성 GA 정면 R-ST-G (득점: 이재성) 오른쪽
- 후반 45분 강준우 GAL R 자책골 (득점: 강준우) 오른쪽

7월 11일 19 : 00 비 울산 문수 관중 2,450명
주심_ 김성호 부심_ 손재선·윤광열 대기심_ 우상일 감독관_ 김정식

울산 0 0 전반 1 / 0 후반 0 **1 광주**

퇴장	경고	파울	ST(유)	교체	선수명	배번	위치	위치	배번	선수명	교체	ST(유)	파울	경고	퇴장
0	0	0	0		김승규	1	GK	GK	31	권정혁		0	0	0	0
0	0	0	0		정동호	2	DF	DF	17	이종민		0	0	0	0
0	0	0	0	6	이명재	24	DF	DF	3	김영빈		0	1	0	0
0	0	1	1		김치곤	22	DF	DF	26	안영규		0	2	0	0
0	0	1	1(1)		임창우	13	DF	DF	14	이으뜸		2	3	1	0
0	0	2	2(1)		구본상	4	MF	MF	40	이찬동		1(1)	2	1	0
0	1	1	0		이창용	20	MF	MF	7	여 름		0	0	0	0
0	0	2	2		제파로프	10	MF	MF	10	파비오	22	0	0	0	0
0	0	0	1(1)	18	김승준	19	MF	FW	16	송승민		1(1)	0	0	0
0	0	2	2(1)		김태환	16	MF	MF	11	김호남	33	2(2)	2	0	0
0	0	2	2(2)	44	김신욱	9	FW	MF	30	주현우	6	1	1	0	0
0	0	0	0		장대희	41			1	제종현		0	0	0	0
0	0	0	0		김근환	39			4	정준연		0	0	0	0
0	0	0	0		김영삼	34			6	오도현	후6	0	2	0	0
0	0	0	0		하성민	8	대기	대기	22	조용태	후43	0	0	0	0
0	0	0	2	후0	마스다	6			33	정호정	후30	0	0	0	0
0	0	0	0	후31	코 바	44			34	안성남		0	0	0	0
0	0	1	3(2)	후0	양동현	18			37	박일권		0	0	0	0
0	1	12	16(8)			0			0			7(4)	13	2	0

- 전반 17분 김호남 AK 정면 R-ST-G (득점: 김호남) 왼쪽

7월 11일 19:00 흐림 서울 월드컵 관중 17,913명
주심_ 송민석 부심_ 이정민·방기열 대기심_ 김동진 감독관_ 김용세

서울 1 1 전반 1 / 0 후반 2 **3 포항**

퇴장	경고	파울	ST(유)	교체	선수명	배번	위치	위치	배번	선수명	교체	ST(유)	파울	경고	퇴장
0	0	0	0		김용대	1	GK	GK	1	신화용		0	0	0	0
0	0	2	1		김치우	7	MF	DF	3	김광석		0	0	0	0
0	0	1	0		김동우	28	DF	DF	24	배슬기		0	1	0	0
0	0	0	0		박용우	34	DF	DF	2	박선용	13	0	1	0	0
0	0	0	1(1)		이웅희	3	DF	DF	15	이재원		1	0	0	0
0	1	3	3(1)		차두리	5	MF	MF	4	신진호		4(2)	1	0	0
0	0	1	0		오스마르	4	MF	MF	28	손준호		0	2	0	0
0	1	1	0	19	고명진	22	MF	FW	11	박성호	9	3(1)	1	0	0
0	0	3	1(1)	10	고요한	13	MF	FW	12	김승대		0	0	0	0
0	0	0	4(4)	11	정조국	36	FW	FW	16	심동운		6(3)	3	1	0
0	0	0	2		박주영	91	FW	FW	39	이광혁	18	1	1	0	0
0	0	0	0		양한빈	38			21	김진영		0	0	0	0
0	0	0	0		김진규	6			13	김원일	후43	0	0	0	0
0	0	0	0		고광민	27			14	박준희		0	0	0	0
0	0	0	0	후29	에벨톤	10	대기	대기	9	황지수	후9	0	0	0	0
0	0	0	0	후13	몰리나	11			5	김태수		0	0	0	0
0	0	0	0		윤일록	17			7	티아고		0	0	0	0
0	0	1	1	후19	윤주태	19			18	고무열	후0	0	0	0	0
0	2	12	13(7)			0			0			15(6)	10	1	0

● 전반 46분 차두리 GA 정면 R-ST-G (득점: 차두리) 왼쪽

● 전반 21분 김승대 GAL ~ 박성호 GA 정면 내 R-ST-G (득점: 박성호, 도움: 김승대) 가운데
● 후반 19분 김승대 PAL 내 ~ 신진호 PAL R-ST-G (득점: 신진호, 도움: 김승대) 오른쪽
● 후반 37분 심동운 GAR EL R-ST-G (득점: 심동운) 오른쪽

7월 12일 18:00 비 인천 전용 관중 2,725명
주심_ 김희곤 부심_ 장준모·곽승순 대기심_ 김종혁 감독관_ 한병화

인천 0 0 전반 0 / 0 후반 1 **1 성남**

퇴장	경고	파울	ST(유)	교체	선수명	배번	위치	위치	배번	선수명	교체	ST(유)	파울	경고	퇴장
0	0	0	0		유현	1	GK	GK	29	박준혁		0	0	0	0
0	0	0	0		박대한	25	DF	DF	22	이종원	33	0	1	0	0
0	0	1	0		김대중	15	DF	DF	20	윤영선		0	1	1	0
0	0	1	0		요니치	20	DF	DF	24	장석원		0	1	0	0
0	0	1	0		권완규	2	DF	DF	2	곽해성		1(1)	1	0	0
0	1	4	0		김원식	4	MF	MF	14	정선호		1	1	0	0
0	0	0	0		김동석	22	MF	MF	7	김철호		0	1	0	0
0	1	0	2		조수철	26	MF	MF	23	남준재		2(2)	3	0	0
0	0	1	2(2)	18	박세직	24	MF	MF	8	김두현		3(1)	1	0	0
0	0	3	2(1)	3	김인성	11	MF	MF	19	루카스	4	1	0	0	0
0	0	1	2(2)	33	케빈	19	FW	FW	31	박용지	13	0	2	0	0
0	0	0	0		조수혁	21			21	정산		0	0	0	0
0	0	0	0		윤주열	6			28	유청윤		0	0	0	0
0	0	0	0	후29	김용환	3			17	박태민		0	0	0	0
0	0	0	0		김대경	17	대기	대기	33	장학영	후41	0	0	0	0
0	0	0	0		김도혁	7			4	이요한	후30	0	1	0	0
0	0	1	0	후19	이효균	33			13	김동희	후24	2	0	0	0
0	0	1	4(2)	후11	진성욱	18			26	문창현		0	0	0	0
0	2	14	12(7)			0			0			10(4)	13	1	0

● 후반 4분 박용지 PAL ~ 김두현 GAR R-ST-G (득점: 김두현, 도움: 박용지) 오른쪽

7월 12일 19:00 흐림 대전 월드컵 관중 1,404명
주심_ 고형진 부심_ 정해상·최민병 대기심_ 박필준 감독관_ 김진의

대전 2 1 전반 1 / 1 후반 2 **3 전남**

퇴장	경고	파울	ST(유)	교체	선수명	배번	위치	위치	배번	선수명	교체	ST(유)	파울	경고	퇴장
0	0	0	0		오승훈	31	GK	GK	1	김병지		0	0	0	0
0	0	1	2		유연승	12	DF	DF	13	현영민		0	1	0	0
0	0	0	0		윤준성	4	DF	DF	6	이지남		0	0	0	0
0	0	0	0		김태봉	55	DF	DF	5	임종은		1	1	0	0
0	0	0	0		이정근	38	DF	DF	2	최효진		0	0	0	0
0	0	2	0	22	황인범	13	MF	MF	12	김평래	7	0	0	0	0
0	0	1	0		안상현	20	MF	MF	16	정석민	24	1	2	0	0
0	0	1	1(1)		황지웅	28	MF	MF	17	오르샤		9(3)	2	0	0
0	0	2	4(2)		완델손	77	MF	MF	8	이종호	27	2	1	0	0
0	0	1	0		한의권	73	MF	MF	11	안용우		2	0	0	0
0	1	1	2		고민혁	88	FW	FW	10	스테보		5(4)	4	1	0
0	0	0	0		박주원	1			21	김민식		0	0	0	0
0	0	0	0		조원득	2			7	레안드리뉴	전19	2(2)	2	1	0
0	0	0	0		김창현	26			9	전현철		0	0	0	0
0	0	0	0		이형진	35	대기	대기	15	방대종		0	0	0	0
0	0	0	0		김성수	17			20	김동철		0	0	0	0
0	0	0	0		이광진	8			24	이지민	후19	2	1	1	0
0	0	0	1	전33	이현호	22			27	이슬찬	후19	1	1	0	0
0	1	9	10(3)			0			0			25(9)	15	3	0

● 전반 12분 한의권 AKR ~ 완델손 GAR L-ST-G (득점: 완델손, 도움: 한의권) 가운데
● 후반 15분 이현호 MFR ~ 완델손 AK 정면 L-ST-G (득점: 완델손, 도움: 이현호) 오른쪽

● 전반 26분 오르샤 PAL FK R-ST-G (득점: 오르샤) 오른쪽
● 후반 35분 오르샤 MFL ↷ 스테보 PK지점 H-ST-G (득점: 스테보, 도움: 오르샤) 오른쪽
● 후반 45분 레안드리뉴 MFR ~ 스테보 GAR L-ST-G (득점: 스테보, 도움: 레안드리뉴) 오른쪽

7월 12일 19:00 비 부산 아시아드 관중 1,248명
주심_ 이동준 부심_ 노수용·김성일 대기심_ 이민후 감독관_ 김일호

부산 1 0 전반 0 / 1 후반 1 **1 수원**

퇴장	경고	파울	ST(유)	교체	선수명	배번	위치	위치	배번	선수명	교체	ST(유)	파울	경고	퇴장
0	0	0	0		이범영	1	GK	GK	1	정성룡		0	0	0	0
0	0	0	0		이경렬	6	DF	DF	4	오범석		0	1	0	0
0	0	0	0		노행석	5	DF	DF	34	연제민		0	1	0	0
0	0	2	1		유지노	15	DF	DF	15	구자룡		0	0	0	0
0	0	0	1	33	박준강	2	DF	DF	33	홍철		0	3	0	0
0	0	1	1(1)		주세종	24	MF	MF	5	조성진		1	5	1	0
0	0	0	1		김진규	19	MF	MF	13	서정진	22	0	0	0	0
0	0	1	1		정석화	14	MF	MF	10	산토스	20	1	2	0	0
0	0	1	0	11	웨슬리	10	FW	MF	7	이상호	12	1(1)	2	0	0
0	0	1	2(1)	8	김동섭	9	FW	MF	26	염기훈		0	0	0	0
0	0	0	0		배천석	18	FW	FW	14	정대세		3	2	0	0
0	0	0	0		이창근	21			21	노동건		0	0	0	0
0	0	0	0		안세희	30			29	곽희주		0	0	0	0
0	0	1	1	전25	유지훈	33			2	최재수		0	0	0	0
0	0	0	0		이규성	13	대기	대기	12	고차원	후38	0	1	0	0
0	0	0	0		김용태	20			22	권창훈	후0	2(2)	0	0	0
0	0	0	1	후23	엘리아스	11			16	조지훈		0	0	0	0
0	0	0	0	후26	윤동민	8			20	백지훈	후19	1	0	0	0
0	0	7	9(2)			0			0			9(3)	17	1	0

● 후반 31분 주세종 PK-R-G (득점: 주세종) 오른쪽

● 후반 18분 권창훈 PAL 내 L-ST-G (득점: 권창훈) 오른쪽

7월 25일 19:00 흐리고 비 서울 월드컵 관중 10,454명
주심_ 이민후 부심_ 노태식·이규환 대기심_ 고형진 감독관_ 김형남

서울 2 | 0 전반 0 / 2 후반 0 | **0 인천**

퇴장	경고	파울	ST(유)	교체	선수명	배번	위치	위치	배번	선수명	교체	ST(유)	파울	경고	퇴장
0	0	0	0		유상훈	31	GK	GK	1	유 현		0	0	0	0
0	0	1	2		심상민	21	MF	DF	25	박대한		0	1	1	0
0	1	1	0		이웅희	3	DF	DF	5	김진환		0	0	0	0
0	0	0	2		김진규	6	DF	DF	20	요니치		0	0	0	0
0	0	1	1(1)		김남춘	26	DF	DF	2	권완규		1	0	0	0
0	0	0	1	5	고광민	27	MF	MF	14	이슬기		0	3	0	0
0	0	0	2(1)		오스마르	4	MF	MF	7	김도혁		0	1	0	0
0	0	0	0	2	이석현	8	MF	MF	26	조수철	3	4(2)	1	0	0
0	1	1	2(2)		몰리나	11	MF	MF	24	박세직	33	1(1)	0	0	0
0	0	2	2	19	심제혁	40	FW	MF	11	김인성		3(1)	2	0	0
0	0	1	3(1)		박주영	91	FW	FW	19	케 빈	18	2	1	0	0
0	0	0	0		김용대	1			21	조수혁		0	0	0	0
0	0	0	1(1)	후33	차두리	5			15	김대중		0	0	0	0
0	0	0	0		박용우	34			28	백승원		0	0	0	0
0	0	0	0		고요한	13	대기	대기	3	김용환	후40	0	0	0	0
0	0	0	1	후16	다카하기	2			17	김대경		0	0	0	0
0	0	0	0		윤일록	17			33	이효균	후26	2	0	0	0
0	0	1	2	후0	윤주태	19			18	진성욱	후23	0	0	0	0
0	2	8	19(6)			0			0			13(4)	9	1	0

- 후반 19분 고광민 PAR → 몰리나 PA 정면 L-ST-G (득점: 몰리나, 도움: 고광민) 오른쪽
- 후반 37분 박주영 GA 정면 내 R-ST-G (득점: 박주영) 가운데

7월 25일 19:00 맑음 울산 문수 관중 6,610명
주심_ 이동준 부심_ 정해상·방기열 대기심_ 박진호 감독관_ 김일호

울산 0 | 0 전반 0 / 0 후반 0 | **0 성남**

퇴장	경고	파울	ST(유)	교체	선수명	배번	위치	위치	배번	선수명	교체	ST(유)	파울	경고	퇴장
0	0	0	0		김승규	1	GK	GK	29	박준혁		0	0	0	0
0	0	2	2(1)		정동호	2	DF	DF	33	장학영		0	2	0	0
0	0	0	1		유준수	17	DF	DF	6	김태윤		0	1	0	0
0	0	0	0		김치곤	22	DF	DF	24	장석원		0	1	0	0
0	0	2	0		임창우	13	DF	DF	2	곽해성		1	0	0	0
0	1	1	0		하성민	8	MF	MF	14	정선호		1	0	0	0
0	0	1	1	6	이창용	20	MF	MF	7	김철호	10	0	1	0	0
0	0	0	0	4	이영재	32	MF	MF	23	남준재	18	1	2	0	0
0	0	0	3(3)		코 바	44	MF	MF	8	김두현		4(2)	1	0	0
0	1	3	1		김태환	16	MF	MF	31	박용지	13	1(1)	1	0	0
0	0	4	2(1)	9	양동현	18	FW	FW	16	황의조		4(3)	0	0	0
0	0	0	0		장대희	41			21	정 산		0	0	0	0
0	0	0	0		김근환	39			28	유청윤		0	0	0	0
0	0	0	0		김영삼	34			17	박태민		0	0	0	0
0	0	0	0	후18	구본상	4	대기	대기	4	이요한		0	0	0	0
0	0	0	0	후44	마스다	6			18	김성준	후45	1(1)	0	0	0
0	0	0	0		김승준	19			13	김동희	후26	0	0	0	0
0	0	0	1	후13	김신욱	9			10	레이나	후15	1(1)	5	1	0
0	2	13	11(5)			0			0			14(8)	14	1	0

7월 25일 19:00 맑음 포항 스틸야드 관중 6,328명
주심_ 김대용 부심_ 노수용·김성일 대기심_ 김희곤 감독관_ 김수현

포항 0 | 0 전반 0 / 0 후반 0 | **0 광주**

퇴장	경고	파울	ST(유)	교체	선수명	배번	위치	위치	배번	선수명	교체	ST(유)	파울	경고	퇴장
0	0	0	0		신화용	1	GK	GK	41	최봉진		0	0	1	0
0	0	3	1(1)		김광석	3	DF	DF	17	이종민		0	2	0	0
0	0	2	1(1)		김원일	13	DF	DF	3	김영빈		0	0	0	0
0	1	2	1(1)	26	김대호	22	DF	DF	26	안영규		0	2	0	0
0	0	1	0		박선용	2	DF	DF	33	정호정		0	0	0	0
0	0	3	0	39	황지수	9	MF	MF	40	이찬동		0	2	0	0
0	0	2	2		손준호	28	MF	MF	7	여 름		1	2	0	0
0	0	3	2		신진호	4	FW	MF	10	파비오	6	0	0	0	0
0	0	0	1(1)		김승대	12	FW	MF	16	송승민		0	3	1	0
0	0	1	2	16	티아고	7	FW	MF	11	김호남		0	1	0	0
0	0	0	0		고무열	18	FW	FW	36	까시아노	30	1(1)	2	0	0
0	0	0	0		김진영	21			1	제종현		0	0	0	0
0	0	0	0	후23	최재수	26			4	정준연		0	0	0	0
0	0	0	0		이재원	15			6	오도현	후24/22	0	0	0	0
0	0	0	0		김태수	5	대기	대기	19	박선홍		0	0	0	0
0	0	1	1	후30	이광혁	39			22	조용태	후30	0	1	0	0
0	0	0	1	후3	심동운	16			30	주현우	후10	1	0	0	0
0	0	0	0		박성호	11			38	다니엘		0	0	0	0
0	1	18	12(4)			0			0			3(1)	15	2	0

7월 26일 19:00 맑음 전주 월드컵 관중 31,192명
주심_ 김종혁 부심_ 장준모·최민병 대기심_ 김상우 감독관_ 하재훈

전북 2 | 0 전반 1 / 2 후반 0 | **1 수원**

퇴장	경고	파울	ST(유)	교체	선수명	배번	위치	위치	배번	선수명	교체	ST(유)	파울	경고	퇴장
0	0	0	0		권순태	1	GK	GK	1	정성룡		0	0	0	0
0	1	1	0	16	이주용	32	DF	DF	4	오범석		0	3	0	0
0	0	1	0		윌킨슨	18	DF	DF	34	연제민		0	1	0	0
0	1	2	0		김기희	4	DF	DF	15	구자룡		0	2	2	0
0	0	1	0		최철순	25	DF	DF	33	홍 철		0	2	0	0
0	0	1	1	8	최보경	6	MF	MF	5	조성진		1	2	0	0
0	0	0	0	23	이 호	5	MF	MF	12	고차원		1	0	0	0
0	0	0	3(2)		이재성	17	MF	MF	10	산토스	20	2(2)	0	0	0
0	1	1	3(3)		레오나르도	10	MF	MF	22	권창훈	3	5(4)	3	0	0
0	0	0	0		한교원	7	MF	MF	26	염기훈		1	0	0	0
0	0	1	6(2)		이동국	20	FW	FW	13	서정진	8	0	0	0	0
0	0	0	0		홍정남	21			21	노동건		0	0	0	0
0	0	0	0		김형일	3			30	신세계		0	0	0	0
0	0	0	0	후44	조성환	16			3	양상민	후39	0	0	0	0
0	0	0	0		정 훈	13	대기	대기	14	조찬호		0	0	0	0
0	0	0	2(2)	후12	루이스	8			20	백지훈	후29	0	0	0	0
0	0	0	0		이승현	11			16	조지훈		0	0	0	0
0	0	0	0	전34	김동찬	23			8	일리안	후26	1(1)	0	0	0
0	3	8	15(9)			0			0			11(7)	13	2	0

- 후반 37분 김동찬 GAR ~ 루이스 PK 우측지점 R-ST-G (득점: 루이스, 도움: 김동찬) 왼쪽
- 후반 42분 루이스 MF 정면 ~ 이재성 AKR L-ST-G (득점: 이재성, 도움: 루이스) 왼쪽
- 전반 12분 염기훈 PAL EL ~ 산토스 PAL R-ST-G (득점: 산토스, 도움: 염기훈) 왼쪽

7월 26일 19 : 00 맑음 부산 아시아드 관중 3,247명
주심_ 우상일 부심_ 손재선·윤광열 대기심_ 송민석 감독관_ 강창구

부산 2 0 전반 1 / 2 후반 0 **1 대전**

퇴장	경고	파울	ST(유)	교체	선수명	배번	위치	위치	배번	선수명	교체	ST(유)	파울	경고	퇴장
0	0	0	0		이범영	1	GK	GK	31	오승훈		0	1	0	0
0	0	3	2(1)		유지훈	33	DF	DF	77	완델손		3	5	1	0
0	0	1	1		이경렬	6	DF	DF	5	실바		0	1	0	0
0	0	2	0		유지노	15	DF	DF	29	김상필		0	0	0	0
0	0	0	2(2)		최광희	77	DF	DF	55	김태봉		1	0	0	0
0	0	2	0	19	전성찬	22	MF	MF	20	안상현		0	2	0	0
0	0	2	1		주세종	24	MF	MF	71	손설민	11	0	1	0	0
0	1	3	0		이규성	13	MF	MF	88	고민혁	72	0	0	0	0
0	0	0	2(2)	14	김용태	20	FW	FW	73	한의권		1(1)	0	0	0
0	1	1	4(1)		웨슬리	10	FW	FW	99	이현승		0	0	0	0
0	0	0	4(2)	99	김동섭	9	FW	FW	28	황지웅	81	0	1	0	0
0	0	0	0		이창근	21			32	한상혁		0	0	0	0
0	0	0	0		김종혁	4			72	금교진	후13	1(1)	0	0	0
0	0	0	0		박준강	2			12	유연승		0	0	0	0
0	0	0	1	후9	정석화	14	대기	대기	38	이정근		0	0	0	0
0	0	0	2(1)	후0	김진규	19			11	하피냐	후30	1(1)	0	0	0
0	0	0	0		엘리아스	11			81	공태하	후0	0	0	0	0
0	0	2	1(1)	후24	빌	99			22	이현호		0	0	0	0
0	2	16	20(10)			0			0			7(3)	11	1	0

● 후반 10분 정석화 PAR 내 ~ 웨슬리 PK지점 R-ST-G (득점: 웨슬리, 도움: 정석화) 오른쪽
● 후반 24분 이규성 PAL 내 ~ 김진규 GAR R-ST-G (득점: 김진규, 도움: 이규성) 오른쪽
● 전반 20분 이현승 MF 정면 ~ 한의권 PA 정면 내 L-ST-G (득점: 한의권, 도움: 이현승) 왼쪽

7월 26일 19 : 00 맑음 광양 전용 관중 5,409명
주심_ 김동진 부심_ 이정민·곽승순 대기심_ 김성호 감독관_ 한진원

전남 3 2 전반 1 / 1 후반 0 **1 제주**

퇴장	경고	파울	ST(유)	교체	선수명	배번	위치	위치	배번	선수명	교체	ST(유)	파울	경고	퇴장
0	0	0	0		김병지	700	GK	GK	21	김경민		0	0	0	0
0	1	1	0		현영민	13	DF	DF	40	백동규		0	4	0	0
0	0	0	0	15	임종은	5	DF	DF	23	양준아		0	2	0	0
0	0	2	0		이지남	6	DF	DF	3	김상원		0	0	0	0
0	0	0	0		최효진	2	DF	DF	22	김수범		0	1	0	0
0	0	1	2(1)		정석민	16	MF	MF	6	허범산	99	2(1)	1	0	0
0	0	0	2	11	이창민	18	MF	MF	14	윤빛가람		2(2)	2	1	0
0	0	0	1(1)		김영욱	14	MF	MF	18	박수창	30	2	0	0	0
0	0	0	2(2)		오르샤	17	FW	FW	7	로페즈		1(1)	0	0	0
0	0	1	3		스테보	10	FW	FW	20	까랑가		1(1)	4	0	0
0	0	2	2(1)	20	이종호	8	FW	FW	9	김현	10	0	1	0	0
0	0	0	0		김민식	21			45	김인석		0	0	0	0
0	0	0	0		레안드리뉴	7			25	강준우		0	0	0	0
0	0	0	2(1)	전26	안용우	11			27	김봉래		0	0	0	0
0	0	1	0	전26	방대종	15	대기	대기	37	장은규		0	0	0	0
0	0	0	0	후41	김동철	20			10	송진형	후17	0	1	1	0
0	0	0	0		이지민	24			30	심광욱	후33	0	0	0	0
0	0	0	0		이슬찬	27			99	시로	후0	1(1)	1	0	0
0	1	8	14(6)			0			0			9(6)	17	2	0

● 전반 4분 오르샤 MFL TL ↷ 이종호 GAL H-ST-G (득점: 이종호, 도움: 오르샤) 오른쪽
● 전반 28분 오르샤 GAR R-ST-G (득점: 오르샤) 가운데
● 후반 8분 오르샤 PAL FK R-ST-G (득점: 오르샤) 가운데
● 전반 22분 윤빛가람 AK 정면 FK R-ST-G (득점: 윤빛가람) 왼쪽

8월 12일 19 : 00 흐림 광주 월드컵 관중 1,539명
주심_ 김상우 부심_ 노태식·방기열 대기심_ 박병진 감독관_ 김정식

광주 0 0 전반 0 / 0 후반 0 **0 전남**

퇴장	경고	파울	ST(유)	교체	선수명	배번	위치	위치	배번	선수명	교체	ST(유)	파울	경고	퇴장
0	0	0	0		최봉진	41	GK	GK	21	김민식		0	0	0	0
0	1	1	0		이종민	17	DF	DF	27	이슬찬		0	1	0	0
0	0	0	0		김영빈	3	DF	DF	6	이지남		0	0	0	0
0	0	0	0		안영규	26	DF	DF	5	임종은		0	1	0	0
0	0	0	1		이으뜸	14	DF	DF	2	최효진		0	1	0	0
0	0	1	0	33	이찬동	40	MF	MF	20	김동철		1(1)	1	0	0
0	0	1	0		여름	7	MF	MF	14	김영욱		0	5	1	0
0	0	1	0	30	파비오	10	MF	MF	18	이창민	10	2(2)	3	0	0
0	1	3	0		송승민	16	MF	FW	17	오르샤		1	2	0	0
0	0	4	1		김호남	11	MF	FW	11	안용우	15	1(1)	0	0	0
0	0	1	1	5	까시아노	36	FW	FW	9	전현철	8	3(3)	0	0	0
0	0	0	0		제종현	1			1	김병지		0	0	0	0
0	0	2	0	후30	임선영	5			8	이종호	후21	0	1	1	0
0	0	0	0		송성범	20			10	스테보	후29	0	0	0	0
0	0	0	0		조용태	22	대기	대기	13	현영민		0	0	0	0
0	0	1	0	후39	주현우	30			15	방대종	후37	0	0	0	0
0	0	0	0	후21	정호정	33			16	정석민		0	0	0	0
0	0	0	0		다니엘	38			24	이지민		0	0	0	0
0	2	15	3			0			0			8(7)	15	2	0

8월 12일 19 : 00 흐림 전주 월드컵 관중 11,754명
주심_ 고형진 부심_ 정해상·송봉근 대기심_ 정동식 감독관_ 김진의

전북 2 0 전반 0 / 2 후반 0 **0 부산**

퇴장	경고	파울	ST(유)	교체	선수명	배번	위치	위치	배번	선수명	교체	ST(유)	파울	경고	퇴장
0	0	0	0		권순태	1	GK	GK	1	이범영		0	0	0	0
0	0	1	0	19	옹동균	35	DF	DF	6	이경렬		0	0	0	0
0	0	1	0		윌킨슨	18	DF	DF	4	김종혁		2(1)	1	0	0
0	0	1	0		김형일	3	DF	DF	2	박준강		0	1	0	0
0	0	3	0		최철순	25	DF	DF	33	유지훈		0	1	0	0
0	0	2	0		정훈	13	MF	MF	24	주세종		1	2	0	0
0	1	3	0	33	장윤호	34	MF	MF	71	김익현		0	2	0	0
0	0	2	1		루이스	8	MF	MF	13	이규성		3(2)	2	0	0
0	0	0	5(4)		레오나르도	10	MF	FW	10	웨슬리	99	0	1	0	0
0	0	1	0	23	한교원	7	MF	FW	77	최광희	19	1(1)	0	0	0
0	0	0	3(1)		이동국	20	FW	FW	9	김동섭	14	1	0	0	0
0	0	0	0		홍정남	21			21	이창근		0	0	0	0
0	0	0	0		김영찬	30			23	김찬영		0	0	0	0
0	0	1	0	후0	박원재	19			32	구현준		0	0	0	0
0	0	0	0		이호	5	대기	대기	22	전성찬		0	0	0	0
0	0	0	0	후22	김동찬	23			19	김진규	후27	1	0	0	0
0	0	1	0	후12	이근호	33			14	정석화	후16	0	0	0	0
0	0	0	0		우르코베라	9			99	빌	후36	0	1	0	0
0	1	16	9(5)			0			0			9(4)	11	0	0

● 후반 40분 유지훈 GAR 내 R 자책골 (득점: 유지훈) 오른쪽
● 후반 44분 김동찬 PAL ~ 레오나르도 AKL R-ST-G (득점: 레오나르도, 도움: 김동찬) 왼쪽

8월 12일 19 : 30 맑음 인천 전용 관중 5,229명
주심_ 김성호 부심_ 윤광열·최민병 대기심_ 김동진 감독관_ 김일호

인천 0 0 전반 0 / 0 후반 2 **2 포항**

퇴장	경고	파울	ST(유)	교체	선수명	배번	위치	위치	배번	선수명	교체	ST(유)	파울	경고	퇴장
0	0	0	0		유 현	1	GK	GK	1	신화용		0	0	0	0
0	0	1	0		박대한	25	DF	DF	3	김광석		1	0	0	0
0	0	1	0		김진환	5	DF	DF	13	김원일		0	3	0	0
0	0	1	0		요니치	20	DF	DF	26	최재수		1	0	0	0
0	0	1	2(1)		권완규	2	DF	DF	2	박선용		0	0	0	0
0	2	2	0		김원식	4	MF	MF	9	황지수	12	0	2	0	0
0	1	1	0		조수철	26	MF	MF	4	신진호		3(3)	3	1	0
0	0	1	0		김동석	22	MF	MF	28	손준호		2(1)	0	0	0
0	0	1	3(2)	11	이천수	10	MF	FW	8	라자르	11	1	1	0	0
0	0	0	1(1)	15	진성욱	18	MF	FW	7	티아고		4	1	1	0
0	1	4	0	17	케 빈	19	FW	FW	18	고무열	16	2(2)	2	0	0
0	0	0	0		조수혁	21			21	김진영		0	0	0	0
0	0	0	0	후22	김대중	15			22	김대호		0	0	0	0
0	0	0	0	후37	김대경	17			24	배슬기		0	0	0	0
0	0	0	0		김도혁	7	대기	대기	5	김태수		0	0	0	0
0	0	0	0	후12	김인성	11			12	김승대	후21	1(1)	0	0	0
0	0	0	0		박세직	24			16	심동운	후36	1	0	0	0
0	0	0	0		이효균	33			11	박성호	후21	1(1)	2	1	0
0	4	13	6(4)			0			0			17(8)	14	3	0

- 후반 43분 신진호 PAL FK R-ST-G (득점: 신진호) 왼쪽
- 후반 45분 김승대 GAL R-ST-G (득점: 김승대) 가운데

8월 12일 19 : 00 맑음 수원 월드컵 관중 17,148명
주심_ 이민후 부심_ 이정민·이규환 대기심_ 이동준 감독관_ 한병화

수원 2 1 전반 0 / 1 후반 1 **1 대전**

퇴장	경고	파울	ST(유)	교체	선수명	배번	위치	위치	배번	선수명	교체	ST(유)	파울	경고	퇴장
0	0	0	0		노동건	21	GK	GK	31	오승훈		0	0	0	0
0	0	1	0		오범석	4	DF	DF	72	금교진		0	1	0	0
0	0	2	0		연제민	34	DF	DF	5	실 바		1(1)	0	0	0
0	0	2	0	20	곽희주	29	DF	DF	29	김상필		0	1	0	0
0	0	2	2(1)		양상민	3	DF	DF	55	김태봉		0	2	1	0
0	1	3	1(1)		조성진	5	MF	MF	20	안상현		0	3	1	0
0	0	0	4(1)		고차원	12	MF	MF	88	고민혁		0	1	0	0
0	0	4	2(1)		산토스	10	MF	MF	12	유연승	99	1(1)	0	0	0
0	0	1	3(2)	22	이상호	7	MF	FW	77	완델손		2(1)	1	0	0
0	0	1	3(2)		염기훈	26	MF	FW	11	하피냐	10	0	0	0	0
0	0	0	1(1)	8	서정진	13	FW	FW	73	한의권	14	1(1)	2	0	0
0	0	0	0		이상욱	31			1	박주원		0	0	0	0
0	0	0	0		신세계	30			43	이강진		0	0	0	0
0	0	0	0		전현욱	23			4	윤준성		0	0	0	0
0	0	1	1	후36	백지훈	20	대기	대기	7	김종국		0	0	0	0
0	0	0	1(1)	후18	권창훈	22			99	이현승	후6	0	0	0	0
0	0	0	0		조찬호	14			10	닐 톤	전21	1(1)	3	1	0
0	0	1	0	후14	일리안	8			14	서명원	후31	0	0	0	0
0	1	18	18(10)			0			0			6(5)	14	3	0

- 전반 12분 조성진 GA 정면 내 R-ST-G (득점: 조성진) 왼쪽
- 후반 29분 권창훈 AK 내 L-ST-G (득점: 권창훈) 왼쪽
- 후반 13분 완델손 PA 정면 FK L-ST-G (득점: 완델손) 왼쪽

8월 12일 19 : 30 맑음 탄천 종합 관중 6,119명
주심_ 송민석 부심_ 손재선·노수용 대기심_ 우상일 감독관_ 김용세

성남 1 0 전반 1 / 1 후반 0 **1 제주**

퇴장	경고	파울	ST(유)	교체	선수명	배번	위치	위치	배번	선수명	교체	ST(유)	파울	경고	퇴장
0	0	0	0		박준혁	29	GK	GK	1	김호준		0	0	0	0
0	1	1	1(1)		장학영	33	DF	DF	4	오반석		0	1	0	0
0	0	0	0		윤영선	20	DF	DF	40	백동규		0	1	0	0
0	0	0	1		김태윤	6	DF	DF	2	정다훤		0	0	0	0
0	0	1	1		곽해성	2	DF	DF	3	김상원		0	1	0	0
0	0	0	0	18	정선호	14	MF	MF	23	양준아		0	1	0	0
0	0	1	1(1)		김철호	7	MF	MF	14	윤빛가람		0	2	1	0
0	0	1	2(1)		레이나	10	MF	FW	10	송진형	6	1	1	0	0
0	0	0	1(1)	13	김두현	8	MF	FW	7	로페즈		3(3)	1	0	0
0	0	0	0	11	박용지	31	MF	FW	20	까랑가	27	0	2	0	0
0	0	1	5(3)		황의조	16	FW	FW	99	시 로	9	2(2)	2	0	0
0	0	0	0		정 산	21			21	김경민		0	0	0	0
0	0	0	0		장석원	24			25	강준우		0	0	0	0
0	0	0	0		박태민	17			27	김봉래	후31	0	0	0	0
0	0	0	2(1)	후0	김성준	18	대기	대기	6	허범산	후23	2	2	1	0
0	0	0	0	후31	김동희	13			16	김영신		0	0	0	0
0	0	0	2(1)	후25	이상협	11			18	박수창		0	0	0	0
0	0	0	0		남준재	23			9	김 현	후42	1(1)	0	0	0
0	1	5	16(9)			0			0			9(6)	14	2	0

- 후반 38분 황의조 AKR ~ 레이나 AK 정면 L-ST-G (득점: 레이나, 도움: 황의조) 왼쪽
- 전반 15분 까랑가 PK지점 가슴패스 로페즈 GAL R-ST-G (득점: 로페즈, 도움: 까랑가) 오른쪽

8월 12일 19 : 30 비 울산 문수 관중 3,480명
주심_ 김희곤 부심_ 장준모·김계용 대기심_ 김종혁 감독관_ 한진원

울산 1 0 전반 0 / 1 후반 2 **2 서울**

퇴장	경고	파울	ST(유)	교체	선수명	배번	위치	위치	배번	선수명	교체	ST(유)	파울	경고	퇴장
0	0	0	0		김승규	1	GK	GK	31	유상훈		0	0	0	0
0	0	1	1		정동호	2	DF	MF	21	심상민		0	2	0	0
0	0	0	0	86	이명재	24	DF	DF	3	이웅희	34	0	0	0	0
0	0	2	0		김치곤	22	DF	DF	6	김진규		0	0	0	0
0	1	2	0		이재성	15	DF	DF	26	김남춘		1(1)	0	0	0
0	0	0	0	9	구본상	4	MF	MF	5	차두리		0	2	1	0
0	0	1	2(1)		이창용	20	MF	MF	4	오스마르		1	1	0	0
0	0	2	0		하성민	8	MF	MF	2	다카하기	13	0	1	0	0
0	0	0	3(2)	11	코 바	44	MF	MF	11	몰리나		6(5)	1	1	0
0	0	2	0		김태환	16	MF	FW	25	아드리아노	19	1(1)	2	0	0
0	0	0	2		양동현	18	FW	FW	91	박주영		2(2)	1	0	0
0	0	0	0		장대희	41			1	김용대		0	0	0	0
0	0	0	0		유준수	17			27	고광민		0	0	0	0
0	0	0	0		김영삼	34			34	박용우	후33	0	0	0	0
0	0	0	0		마스다	6	대기	대기	13	고요한	후33	1(1)	0	0	0
0	0	0	0	후28	조영철	11			8	이석현		0	0	0	0
0	0	0	0	후40	에벨톤	86			40	심제혁		0	0	0	0
0	0	2	2(2)	후15	김신욱	9			19	윤주태	후40	0	1	0	0
0	1	12	10(5)			0			0			12(1	11	2	0

- 후반 21분 정동호 PAR ↷ 김신욱 GA 정면 H-ST-G (득점: 김신욱, 도움: 정동호) 오른쪽
- 후반 8분 이웅희 GA 정면 ~ 김남춘 PK 좌측지점 R-ST-G (득점: 김남춘, 도움: 이웅희) 오른쪽
- 후반 30분 박주영 MF 정면 ~ 아드리아노 PA 정면 내 R-ST-G (득점: 아드리아노, 도움: 박주영) 왼쪽

8월 15일 19:00 흐림 대전 월드컵 관중 6,393명
주심_ 김종혁 부심_ 장준모·최민병 대기심_ 김상우 감독관_ 김정식

대전 0 0 전반 1 / 0 후반 1 **2 성남**

퇴장	경고	파울	ST(유)	교체	선수명	배번	위치	위치	배번	선수명	교체	ST(유)	파울	경고	퇴장
0	0	0	0		오승훈	31	GK	GK	29	박준혁		0	0	0	0
0	0	0	2		금교진	72	DF	DF	33	장학영		0	1	0	0
0	0	0	0		실바	5	DF	DF	20	윤영선		0	1	0	0
0	0	1	0		윤준성	4	DF	DF	6	김태윤		0	1	0	0
0	0	0	0		김태봉	55	DF	DF	25	이태희		0	3	0	0
0	0	0	0		안상현	20	MF	MF	7	김철호		0	4	0	0
0	0	0	0	99	고민혁	88	MF	MF	8	김두현	14	0	5	0	0
0	1	1	0	28	손설민	71	MF	MF	23	남준재	31	2(1)	3	0	0
0	0	0	3(1)		완델손	77	FW	MF	18	김성준		0	3	1	0
0	0	1	4(1)		닐톤	10	FW	MF	10	레이나	11	0	1	0	0
0	0	2	0	11	한의권	73	FW	FW	16	황의조		3(2)	3	0	0
0	0	0	0		박주원	1			1	전상욱		0	0	0	0
0	0	0	0		김상필	29			24	장석원		0	0	0	0
0	0	0	0		김종국	7			17	박태민		0	0	0	0
0	0	0	0	후27	이현승	99	대기	대기	14	정선호	후30	1	0	0	0
0	0	2	1	후23	하피나	11			13	김동희		0	0	0	0
0	0	1	0	후21	황지웅	28			31	박용지	후16	0	2	1	0
0	0	0	0		서명원	14			11	이상협	후41	0	0	0	0
0	1	8	10(2)			0			0			6(3)	27	2	0

●전반 17분 이태희 PAR 내 EL ↷ 황의조 GAR 내 R-ST-G (득점: 황의조, 도움: 이태희) 오른쪽
●후반 15분 김두현 자기측 MF 정면 ↷ 황의조 PAL 내 R-ST-G (득점: 황의조, 도움: 김두현) 오른쪽

8월 15일 19:00 맑음 포항 스틸야드 관중 15,328명
주심_ 우상일 부심_ 이정민·노태식 대기심_ 박병진 감독관_ 강창구

포항 3 1 전반 0 / 2 후반 0 **0 전북**

퇴장	경고	파울	ST(유)	교체	선수명	배번	위치	위치	배번	선수명	교체	ST(유)	파울	경고	퇴장
0	0	0	0		신화용	1	GK	GK	1	권순태		0	1	0	0
0	0	1	1(1)		김광석	3	DF	DF	25	최철순		0	1	1	0
0	0	2	0		김원일	13	DF	DF	18	윌킨슨	23	0	0	0	0
0	0	0	1(1)	22	최재수	26	DF	DF	3	김형일		1	2	0	0
0	0	0	0		박선용	2	DF	DF	4	김기희		0	1	0	0
0	0	1	0	16	황지수	9	MF	MF	5	이호		0	2	0	0
0	1	2	2		신진호	4	MF	MF	17	이재성		1	0	0	0
0	0	5	2		손준호	28	MF	MF	33	이근호	9	1	1	0	0
0	1	4	4(3)		라자르	8	FW	MF	10	레오나르도		6(3)	0	0	0
0	0	0	2(2)	12	티아고	7	FW	MF	11	이승현	8	0	2	0	0
0	0	1	2(2)		고무열	18	FW	FW	20	이동국		3(1)	2	0	0
0	0	0	0		김진영	21			21	홍정남		0	0	0	0
0	0	0	1(1)	후36	김대호	22			30	김영찬		0	0	0	0
0	0	0	0		배슬기	24			19	박원재		0	0	0	0
0	0	0	0		이광혁	39	대기	대기	6	최보경		0	0	0	0
0	0	0	2(2)	후15	김승대	12			8	루이스	후8	0	0	0	0
0	0	0	1	후25	심동운	16			23	김동찬	후31	2	0	0	0
0	0	0	0		박성호	11			9	우르코베라	후21	1	0	0	0
0	2	16	18(12)			0			0			15(4)	12	1	0

●전반 20분 최재수 AKR FK L-ST-G (득점: 최재수) 왼쪽
●후반 44분 심동운 AK 정면 ~ 김승대 PK 우측지점 R-ST-G (득점: 김승대, 도움: 심동운) 오른쪽
●후반 47분 신진호 C,KR ↷ 김대호 GAL 내 H-ST-G (득점: 김대호, 도움: 신진호) 왼쪽

8월 15일 19:00 맑음 광양 전용 관중 6,715명
주심_ 정동식 부심_ 손재선·정해상 대기심_ 김희곤 감독관_ 김형남

전남 0 0 전반 0 / 0 후반 2 **2 인천**

퇴장	경고	파울	ST(유)	교체	선수명	배번	위치	위치	배번	선수명	교체	ST(유)	파울	경고	퇴장
0	0	0	0		김병지	1	GK	GK	21	조수혁		0	0	1	0
0	0	0	1		현영민	13	DF	DF	2	권완규		0	1	0	0
0	0	0	0		이지남	6	DF	DF	77	이윤표		0	1	0	0
0	0	3	0		임종은	5	DF	DF	20	요니치		0	0	1	0
0	0	1	0		최효진	2	DF	MF	25	박대한		0	2	0	0
0	0	0	0	18	정석민	16	MF	MF	17	김대경		0	1	0	0
0	0	1	0		김영욱	14	MF	MF	26	조수철	7	0	1	0	0
0	1	1	3		오르샤	17	FW	MF	22	김동석		1(1)	2	0	0
0	0	0	0	27	이종호	8	FW	FW	23	윤상호	24	2	1	0	0
0	0	0	0	11	이지민	24	FW	FW	10	이천수	18	1(1)	2	1	0
0	0	1	2(1)		스테보	10	FW	FW	33	이효균		0	2	1	0
0	0	0	0		김민식	21			1	유현		0	0	0	0
0	0	0	0		전현철	9			15	김대중		0	0	0	0
0	0	0	1(1)	후5	안용우	11			13	용재현		0	0	0	0
0	0	0	0		방대종	15	대기	대기	14	이슬기		0	0	0	0
0	1	1	0	후13	이창민	18			7	김도혁	후45	0	0	0	0
0	0	0	0		김동철	20			24	박세직	후36	0	0	0	0
0	0	1	1	후27	이슬찬	27			18	진성욱	후16	2(2)	3	0	0
0	2	9	8(2)			0			0			6(4)	16	4	0

●후반 22분 이효균 GAL 내 ~ 진성욱 GA 정면 내 R-ST-G (득점: 진성욱, 도움: 이효균) 가운데
●후반 37분 박세직 GAR ~ 진성욱 GA 정면 내 R-ST-G (득점: 진성욱, 도움: 박세직) 오른쪽

9월 28일 17:00 흐림 서울 월드컵 관중 17,061명
주심_ 정동식 부심_ 노태식·김계용 대기심_ 우상일 감독관_ 김수현

서울 3 1 전반 1 / 2 후반 0 **1 광주**

퇴장	경고	파울	ST(유)	교체	선수명	배번	위치	위치	배번	선수명	교체	ST(유)	파울	경고	퇴장
0	0	0	0		유상훈	31	GK	GK	41	최봉진		0	0	0	0
0	0	0	3(1)		차두리	5	MF	DF	17	이종민		1	1	0	0
0	0	0	0		이웅희	3	DF	DF	4	정준연		0	2	0	0
0	0	0	0		박용우	34	DF	DF	3	김영빈		0	0	0	0
0	0	1	1(1)		김동우	28	DF	DF	14	이으뜸	37	1(1)	0	0	0
0	0	1	0		고광민	27	MF	MF	40	이찬동		0	2	0	0
0	0	2	2(1)		오스마르	4	MF	MF	10	파비오	26	1	0	0	0
0	0	1	0	23	몰리나	11	MF	MF	5	임선영		0	1	0	0
0	0	1	1	8	다카하기	2	MF	MF	16	송승민		4(2)	0	0	0
0	0	1	2		아드리아노	25	FW	MF	11	김호남		3(3)	0	0	0
0	0	2	1(1)	18	박주영	91	FW	FW	30	주현우	36	1(1)	0	0	0
0	0	0	0		김용대	1			31	권정혁		0	0	0	0
0	0	0	0		김진규	6			6	오도현		0	0	0	0
0	0	0	0		심상민	21			13	허재녕		0	0	0	0
0	0	0	0	후38	이석현	8	대기	대기	19	박선홍		0	0	0	0
0	0	0	0	후41	김민혁	23			26	안영규	후0	0	1	0	0
0	0	0	0	후0	김현성	18			36	까시아노	후19	0	0	0	0
0	0	0	0		윤주태	19			37	박일권	전41	0	2	1	0
0	0	9	10(4)			0			0			11(7)	9	1	0

●전반 31분 몰리나 GAL ~ 박주영 GA 정면 R-ST-G (득점: 박주영, 도움: 몰리나) 가운데
●후반 3분 오스마르 GA 정면 L-ST-G (득점: 오스마르) 왼쪽
●후반 32분 몰리나 MFR FK ↷ 김동우 GA 정면 H-ST-G (득점: 김동우, 도움: 몰리나) 오른쪽

●전반 27분 송승민 AKR 백패스~ 김호남 GAR R-ST-G (득점: 김호남, 도움: 송승민) 오른쪽

8월 16일 19 : 00 흐리고 비 부산 아시아드 관중 4,353명
주심_ 김동진 부심_ 이규환·노수용 대기심_ 이민후 감독관_ 한병화

부산 2 2 전반 1 / 0 후반 1 **2 울산**

퇴장	경고	파울	ST(유)	교체	선수명	배번	위치	위치	배번	선수명	교체	ST(유)	파울	경고	퇴장
0	1	0	0		이범영	1	GK	GK	1	김승규		0	0	0	0
0	0	2	1(1)		박준강	2	DF	DF	2	정동호		0	0	0	0
0	0	3	0		김종혁	4	DF	DF	13	임창우		1(1)	0	0	0
0	1	1	0		이경렬	6	DF	DF	22	김치곤		0	2	1	0
0	0	1	1(1)	15	구현준	32	DF	DF	17	유준수		0	1	0	1
0	0	0	0	13	김진규	19	MF	MF	8	하성민	4	0	1	0	0
0	0	4	2(1)		주세종	24	MF	MF	20	이창용		0	2	0	0
0	0	0	0		김익현	71	MF	MF	32	이영재	6	0	0	0	0
0	0	2	0	14	윤동민	8	FW	MF	44	코바		3(3)	1	0	0
0	0	2	3(1)		김동섭	9	FW	MF	16	김태환		0	1	0	0
0	0	2	4(3)		웨슬리	10	FW	FW	18	양동현	9	1(1)	1	0	0
0	0	0	0		이창근	21			41	장대희		0	0	0	0
0	0	0	0		김찬영	23			39	김근환		0	0	0	0
0	0	2	0	후12	유지노	15			34	김영삼		0	0	0	0
0	0	0	1(1)	후35	이규성	13	대기	대기	6	마스다	후0	0	0	0	0
0	0	0	0	후16	정석화	14			4	구본상	후0	0	1	0	0
0	0	0	0		최광희	77			86	에벨톤		0	0	0	0
0	0	0	0		빌	99			9	김신욱	후27	0	0	0	0
0	2	19	12(8)			0			0			5(5)	10	1	1

- 전반 19분 웨슬리 PK-R-G (득점: 웨슬리) 가운데
- 전반 26분 김진규 AK 정면 ~ 웨슬리 PA 정면 L-ST-G (득점: 웨슬리, 도움: 김진규) 왼쪽
- 전반 42분 김태환 MF 정면 ~ 양동현 PAR 내 R-ST-G (득점: 양동현, 도움: 김태환) 왼쪽
- 후반 25분 양동현 PA 정면 내 ~ 코바 PAL 내 R-ST-G (득점: 코바, 도움: 양동현) 오른쪽

8월 19일 19 : 00 흐림 전주 월드컵 관중 14,912명
주심_ 김희곤 부심_ 윤광열·최민병 대기심_ 김동진 감독관_ 강창구

전북 2 0 전반 0 / 2 후반 1 **1 전남**

퇴장	경고	파울	ST(유)	교체	선수명	배번	위치	위치	배번	선수명	교체	ST(유)	파울	경고	퇴장
0	0	0	0		권순태	1	GK	GK	1	김병지		0	0	0	0
0	0	3	0		박원재	19	DF	DF	13	현영민		0	1	1	0
0	0	0	0		윌킨슨	18	DF	DF	5	임종은		0	1	0	0
0	0	0	0		김기희	4	DF	DF	6	이지남		0	0	0	0
0	0	0	0		최철순	25	DF	DF	2	최효진	17	0	0	0	0
0	0	1	1(1)	23	이호	5	MF	DF	20	김동철		0	3	0	0
0	0	2	0		이재성	17	MF	DF	27	이슬찬		0	1	1	0
0	0	0	1	34	루이스	8	MF	MF	18	이창민	14	1(1)	0	0	0
0	0	0	10(7)		레오나르도	10	MF	FW	11	안용우		0	1	0	0
0	0	0	3(1)	9	한교원	7	MF	FW	8	이종호	16	3(2)	2	0	0
0	0	0	2(2)		이근호	33	FW	FW	10	스테보		3(1)	1	0	0
0	0	0	0		홍정남	21			21	김민식		0	0	0	0
0	0	0	0		김형일	3			9	전현철		0	0	0	0
0	0	0	0		이주용	32			14	김영욱	후31	0	1	0	0
0	0	1	0	후32	장윤호	34	대기	대기	15	방대종		0	0	0	0
0	0	0	0		이승현	11			16	정석민	후35	0	0	0	0
0	0	1	1(1)	후0	김동찬	23			17	오르샤	후0	1(1)	0	0	0
0	0	0	2	후23	우르코베라	9			24	이지민		0	0	0	0
0	0	8	20(12)			0			0			8(5)	11	2	0

- 후반 40분 이근호 GAL 내 L-ST-G (득점: 이근호) 오른쪽
- 후반 46분 레오나르도 PK-R-G (득점: 레오나르도) 오른쪽
- 후반 8분 안용우 PAL ↷ 이종호 GA 정면 R-ST-G (득점: 이종호, 도움: 안용우) 오른쪽

8월 19일 19 : 00 흐림 부산 아시아드 관중 4,382명
주심_ 김성호 부심_ 이정민·방기열 대기심_ 정동식 감독관_ 김정식

부산 2 0 전반 1 / 2 후반 3 **4 서울**

퇴장	경고	파울	ST(유)	교체	선수명	배번	위치	위치	배번	선수명	교체	ST(유)	파울	경고	퇴장
0	0	0	0		이범영	1	GK	GK	31	유상훈		0	0	0	0
0	1	3	1		유지훈	33	DF	MF	21	심상민		1	4	0	0
0	1	3	1(1)		김종혁	4	DF	DF	3	이웅희		0	1	0	0
0	0	1	0		김찬영	23	DF	DF	6	김진규		2	0	0	0
0	0	0	0		최광희	77	DF	DF	26	김남춘	34	1(1)	1	0	0
0	1	1	0		주세종	24	MF	MF	27	고광민		0	2	0	0
0	0	0	0	19	김익현	71	MF	MF	4	오스마르		2	0	0	0
0	0	0	2(2)		이규성	13	MF	MF	2	다카하기	8	2(1)	1	0	0
0	0	1	2	14	전성찬	22	MF	MF	11	몰리나		0	1	0	0
0	0	0	1	9	빌	99	FW	FW	25	아드리아노		4(4)	3	0	0
0	1	4	5(1)		웨슬리	10	FW	FW	91	박주영	19	2(2)	1	0	0
0	0	0	0		이창근	21			1	김용대		0	0	0	0
0	0	0	0		유지노	15			34	박용우	후31	0	0	0	0
0	0	0	0		구현준	32			13	고요한		0	0	0	0
0	0	0	0	후13	김진규	19	대기	대기	8	이석현	후36	0	1	0	0
0	0	1	0	전36	정석화	14			40	심제혁		0	0	0	0
0	0	0	0		윤동민	8			14	박희성		0	0	0	0
0	0	0	0	전46	김동섭	9			19	윤주태	후40	1(1)	0	0	0
0	4	14	12(4)			0			0			15(9)	15	0	0

- 후반 29분 웨슬리 PK-R-G (득점: 웨슬리) 가운데
- 후반 43분 김진규 C.KL ↷ 김종혁 GAL 내 H-ST-G (득점: 김종혁, 도움: 김진규) 오른쪽
- 전반 33분 심상민 PAL 내 ↷ 아드리아노 GA 정면 H-ST-G (득점: 아드리아노, 도움: 심상민) 왼쪽
- 후반 4분 다카하기 AK 정면 R-ST-G (득점: 다카하기) 왼쪽
- 후반 41분 아드리아노 MFL ~ 윤주태 AKR R-ST-G (득점: 윤주태, 도움: 아드리아노) 왼쪽
- 후반 46분 아드리아노 PK-R-G (득점: 아드리아노) 오른쪽

8월 16일 19 : 00 비 제주 월드컵 관중 4,348명
주심_ 이동준 부심_ 윤광열·방기열 대기심_ 고형진 감독관_ 하재훈

제주 2 2 전반 1 / 0 후반 3 **4 수원**

퇴장	경고	파울	ST(유)	교체	선수명	배번	위치	위치	배번	선수명	교체	ST(유)	파울	경고	퇴장
0	0	0	0		김호준	1	GK	GK	21	노동건		0	0	0	0
0	0	1	2		오반석	4	DF	DF	4	오범석		1	1	1	0
0	0	1	0		백동규	40	DF	DF	34	연제민		0	1	0	0
0	1	2	2(1)		정다훤	2	DF	DF	15	구자룡		0	1	0	0
0	0	0	0		김상원	3	DF	DF	3	양상민	30	0	0	0	0
0	0	0	1(1)		양준아	23	MF	MF	20	백지훈	24	1	0	0	0
0	1	1	4(2)		송진형	10	MF	MF	22	권창훈		2(2)	2	0	0
0	0	1	2	34	시로	99	FW	MF	7	이상호		2(1)	0	0	0
0	0	0	2(1)		로페즈	7	FW	MF	26	염기훈		0	2	0	0
0	0	0	1	16	까랑가	20	FW	MF	14	조찬호	12	4(3)	1	0	0
0	0	2	1(1)	18	김현	9	FW	FW	13	서정진		0	0	0	0
0	0	0	0		김경민	21			31	이상욱		0	0	0	0
0	0	0	0		강준우	25			30	신세계	후0	0	1	0	0
0	0	0	0		김봉래	27			12	고차원	후22	1	1	1	0
0	0	0	0		허범산	6	대기	대기	16	조지훈		0	0	0	0
0	0	3	0	후0	김영신	16			24	고민성	후46	0	0	0	0
0	0	0	0	후2	박수창	18			19	장현수		0	0	0	0
0	0	0	1(1)	후33	정영총	34			10	산토스		0	0	0	0
0	2	11	16(7)			0			0			11(6)	10	2	0

- 전반 22분 로페즈 AKL ~ 송진형 PK 우측지점 R-ST-G (득점: 송진형, 도움: 로페즈) 왼쪽
- 전반 35분 김상원 PAL 내 ~ 김현 PK 좌측지점 L-ST-G (득점: 김현, 도움: 김상원) 왼쪽
- 전반 38분 조찬호 GAL L-ST-G (득점: 조찬호) 왼쪽
- 후반 10분 염기훈 PAL 내 EL ~ 조찬호 GAR R-ST-G (득점: 조찬호, 도움: 염기훈) 가운데
- 후반 14분 조찬호 PAR 내 ↷ 이상호 GAL 내 H-ST-G (득점: 이상호, 도움: 조찬호) 가운데
- 후반 19분 조찬호 PAR 내 ~ 권창훈 AK 정면 L-ST-G (득점: 권창훈, 도움: 조찬호) 오른쪽

8월 19일 19 : 30 흐림 인천 전용 관중 3,021명
주심_ 고형진 부심_ 장준모·이규환 대기심_ 김종혁 감독관_ 한진원

인천 1 0 전반 0 / 1 후반 0 **0 제주**

퇴장	경고	파울	ST(유)	교체	선수명	배번	위치	위치	배번	선수명	교체	ST(유)	파울	경고	퇴장
0	0	0	0		조 수 혁	21	GK	GK	1	김 호 준		0	0	0	0
0	0	3	1		박 대 한	25	DF	DF	4	오 반 석		2(1)	2	1	0
0	0	0	0		이 윤 표	77	DF	DF	40	백 동 규		1	1	0	0
0	0	1	0		권 완 규	2	DF	DF	2	정 다 훤		0	0	0	0
0	0	0	1		김 대 경	17	DF	DF	27	김 봉 래	3	0	1	0	0
0	0	1	1(1)		김 원 식	4	MF	MF	23	양 준 아		1(1)	4	1	0
0	0	0	0		조 수 철	26	MF	MF	14	윤빛가람		1	1	0	0
0	1	1	0	7	김 동 석	22	MF	FW	10	송 진 형	18	2	0	0	0
0	0	0	1(1)		박 세 직	24	MF	FW	7	로 페 즈		0	2	0	0
0	0	1	0	18	윤 상 호	23	MF	FW	34	정 영 총		2	3	0	0
0	0	2	0	19	이 효 균	33	FW	FW	99	시 로	20	1	0	0	0
0	0	0	0		유 현	1			21	김 경 민		0	0	0	0
0	0	0	0		김 대 중	15			25	강 준 우		0	0	0	0
0	0	0	0		용 재 현	13			3	김 상 원	후9	0	2	0	0
0	0	0	0	후35	김 도 혁	7	대기	대기	16	김 영 신		0	0	0	0
0	0	0	0		안 진 범	8			6	허 범 산		0	0	0	0
0	0	2	3(3)	후0	진 성 욱	18			18	박 수 창	후21	1	1	0	0
0	0	1	0	후12	케 빈	19			20	까 랑 가	후30	0	0	0	0
0	1	12	7(5)			0			0			11(2)	17	2	0

● 후반 23분 진성욱 GA 정면 R-ST-G (득점: 진성욱) 가운데

8월 19일 19 : 30 흐림 울산 문수 관중 4,520명
주심_ 이민후 부심_ 손재선·송봉근 대기심_ 송민석 감독관_ 김용세

울산 1 0 전반 1 / 1 후반 0 **1 포항**

퇴장	경고	파울	ST(유)	교체	선수명	배번	위치	위치	배번	선수명	교체	ST(유)	파울	경고	퇴장
0	0	0	0		김 승 규	1	GK	GK	1	신 화 용		0	0	0	0
0	1	3	0		정 동 호	2	DF	DF	3	김 광 석		1(1)	2	0	0
0	0	0	1		임 창 우	13	DF	DF	13	김 원 일		0	1	0	0
0	0	0	1		김 근 환	39	DF	DF	26	최 재 수		0	4	1	0
0	0	0	0	16	이 명 재	24	DF	DF	22	김 대 호		0	2	0	0
0	0	0	1		하 성 민	8	MF	MF	9	황 지 수	12	1(1)	1	0	0
0	0	0	0		마 스 다	6	MF	MF	4	신 진 호		1	3	0	0
0	0	1	1	34	에 벨 톤	86	MF	MF	28	손 준 호	39	0	2	0	0
0	0	0	4(3)	9	코 바	44	MF	FW	8	라 자 르	5	1	1	0	0
0	0	0	2(1)		제파로프	10	MF	MF	16	심 동 운		2(2)	1	0	0
0	0	1	2(1)		양 동 현	18	FW	MF	18	고 무 열		3(2)	1	0	0
0	0	0	0		송 유 걸	21			21	김 진 영		0	0	0	0
0	0	0	0	후38	김 영 삼	34			15	이 재 원		0	0	0	0
0	0	0	0		구 본 상	4			24	배 슬 기		0	0	0	0
0	0	0	0		이 창 용	20	대기	대기	5	김 태 수	후24	0	0	0	0
0	1	1	0	후19	김 태 환	16			39	이 광 혁	후38	1(1)	1	0	0
0	0	0	0		김 승 준	19			12	김 승 대	후17	0	1	0	0
0	0	1	2(2)	후12	김 신 욱	9			11	박 성 호		0	0	0	0
0	2	7	14(7)			0			0			10(7)	20	1	0

● 후반 21분 제파로프 MF 정면 FK L-ST-G (득점: 제파로프) 왼쪽

● 전반 17분 심동운 GAR 내 EL ~ 고무열 GAL 내 L-ST-G (득점: 고무열, 도움: 심동운) 왼쪽

8월 19일 19 : 00 흐림 광주 월드컵 관중 1,216명
주심_ 박병진 부심_ 노수용·김계용 대기심_ 이동준 감독관_ 전인석

광주 1 1 전반 1 / 0 후반 1 **2 대전**

퇴장	경고	파울	ST(유)	교체	선수명	배번	위치	위치	배번	선수명	교체	ST(유)	파울	경고	퇴장
0	0	0	0		최 봉 진	41	GK	GK	1	박 주 원		0	0	1	0
0	0	3	1		이 종 민	17	DF	DF	72	금 교 진		0	1	0	0
0	0	0	0		정 준 연	4	DF	DF	5	실 바		0	0	0	0
0	0	0	0		안 영 규	26	DF	DF	29	김 상 필		0	0	0	0
0	0	1	0		정 호 정	33	DF	DF	55	김 태 봉		0	1	0	0
0	0	1	0	5	이 찬 동	40	MF	MF	20	안 상 현		0	1	1	0
0	0	1	0	3	여 름	7	MF	MF	7	김 종 국		0	3	0	0
0	0	2	2(1)		파 비 오	10	MF	MF	71	손 설 민		1	2	1	0
0	0	0	1	38	조 용 태	22	MF	MF	81	공 태 하	43	0	1	0	0
0	0	0	1		김 호 남	11	MF	FW	10	닐 톤	73	1	1	0	0
0	0	2	2(2)		까시아노	36	FW	FW	77	완 델 손		5(4)	2	0	0
0	0	0	0		제 종 현	1			31	오 승 훈		0	0	0	0
0	0	0	0	후35	김 영 빈	3			4	윤 준 성		0	0	0	0
0	0	0	0	후27	임 선 영	5			43	이 강 진	후45	0	0	0	0
0	0	0	0		이 으 뜸	14	대기	대기	99	이 현 승		0	0	0	0
0	0	0	0		주 현 우	30			11	하 피 나		0	0	0	0
0	0	0	0		박 일 권	37			12	유 연 승		0	0	0	0
0	0	0	1	후21	다 니 엘	38			73	한 의 권	전40	0	2	0	0
0	0	10	8(3)			0			0			7(4)	14	3	0

● 전반 37분 조용태 AKR ~ 까시아노 GAR R-ST-G (득점: 까시아노, 도움: 조용태) 오른쪽

● 전반 22분 김종국 자기측 MF 정면 ↷ 완델손 PK지점 L-ST-G (득점: 완델손, 도움: 김종국) 왼쪽

● 후반 31분 김태봉 MFR → 완델손 GAR R-ST-G (득점: 완델손, 도움: 김태봉) 오른쪽

8월 19일 19 : 30 흐림 수원 월드컵 관중 7,418명
주심_ 김상우 부심_ 노태식·정해상 대기심_ 우상일 감독관_ 김일호

수원 0 0 전반 1 / 0 후반 0 **1 성남**

퇴장	경고	파울	ST(유)	교체	선수명	배번	위치	위치	배번	선수명	교체	ST(유)	파울	경고	퇴장
0	0	0	0		노 동 건	21	GK	GK	29	박 준 혁		0	0	1	0
0	0	2	0		오 범 석	4	DF	DF	33	장 학 영		1(1)	0	1	0
0	0	1	3(2)		연 제 민	34	DF	DF	20	윤 영 선		0	2	0	0
0	0	1	1		구 자 룡	15	DF	DF	6	김 태 윤		0	1	0	0
0	0	4	0	33	신 세 계	30	DF	DF	25	이 태 희		0	2	0	0
0	0	1	2(1)		백 지 훈	20	MF	MF	7	김 철 호		0	2	0	0
0	0	1	7(3)		권 창 훈	22	MF	MF	8	김 두 현	13	0	0	0	0
0	0	0	1	7	산 토 스	10	MF	MF	23	남 준 재	22	1(1)	1	0	0
0	0	4	3(2)		염 기 훈	26	MF	MF	10	레 이 나		2(1)	2	0	0
0	0	0	0	12	조 찬 호	14	MF	MF	31	박 용 지	11	0	0	0	0
0	0	1	1(1)		서 정 진	13	FW	FW	16	황 의 조		3(2)	0	0	0
0	0	0	0		이 상 욱	31			1	전 상 욱		0	0	0	0
0	0	0	1	전24	홍 철	33			24	장 석 원		0	0	0	0
0	0	0	1	후26	고 차 원	12			17	박 태 민		0	0	0	0
0	0	0	0		조 지 훈	16	대기	대기	14	정 선 호		0	0	0	0
0	0	0	0		고 민 성	24			22	이 종 원	후0	1	1	1	0
0	0	0	0		장 현 수	19			13	김 동 희	후20	0	1	0	0
0	0	0	3(1)	후11	이 상 호	7			11	이 상 협	후30	1	1	0	0
0	0	15	23(10)			0			0			9(5)	13	3	0

● 전반 47분 레이나 GAL EL ↷ 남준재 GAR H-ST-G (득점: 남준재, 도움: 레이나) 왼쪽

8월 22일 19:00 맑음 수원 월드컵 관중 13,253명
주심_ 김종혁 부심_ 장준모·이정민 대기심_ 고형진 감독관_ 김진의

수원 3 1 전반 1 / 2 후반 0 **1 울산**

퇴장	경고	파울	ST(유)	교체	선수명	배번	위치	위치	배번	선수명	교체	ST(유)	파울	경고	퇴장
0	0	0	0		노동건	21	GK	GK	1	김승규		0	0	0	0
0	0	0	0		오범석	4	DF	DF	2	정동호		0	1	0	0
0	0	1	0		연제민	34	DF	DF	13	임창우		1	1	1	0
0	0	0	0		구자룡	15	DF	DF	22	김치곤		1(1)	1	1	0
0	0	1	0		홍 철	33	DF	DF	34	김영삼	20	0	2	0	0
0	0	0	0	3	백지훈	20	MF	MF	4	구본상		1(1)	3	1	0
0	0	0	1		고차원	12	MF	MF	6	마스다		0	2	0	0
0	0	3	1(1)		이상호	7	MF	MF	86	에벨톤	27	0	1	0	0
0	1	2	2(2)		권창훈	22	MF	MF	44	코 바		2(1)	0	0	0
0	0	0	2(2)	26	조찬호	14	MF	MF	10	제파로프	18	1(1)	2	0	0
0	1	1	2(1)	13	일리안	8	FW	FW	9	김신욱		0	0	0	0
0	0	0	0		이상욱	31			21	송유걸		0	0	0	0
0	0	1	0	후28	양상민	3			24	이명재		0	0	0	0
0	0	0	0		장현수	19			39	김근환		0	0	0	0
0	0	0	0		조지훈	16	대기	대기	20	이창용	후21	0	0	0	0
0	0	0	0		산토스	10			19	김승준		0	0	0	0
0	0	0	0	후0	염기훈	26			27	안현범	후38	0	0	0	0
0	0	0	0	후36	서정진	13			18	양동현	후26	0	0	0	0
0	2	9	8(6)			0			0			6(4)	13	3	0

- 전반 31분 권창훈 PK-L-G (득점: 권창훈) 오른쪽
- 후반 8분 오범석 MFR ↷ 이상호 PA 정면 내 R-ST-G (득점: 이상호, 도움: 오범석) 오른쪽
- 후반 27분 권창훈 GAL 내 L-ST-G (득점: 권창훈) 오른쪽
- 전반 39분 제파로프 C,KR ↷ 김치곤 GA 정면 내 H-ST-G (득점: 김치곤, 도움: 제파로프) 오른쪽

8월 22일 19:00 흐림 서울 월드컵 관중 17,986명
주심_ 김동진 부심_ 정해상·노태식 대기심_ 김대용 감독관_ 하재훈

서울 2 1 전반 0 / 1 후반 0 **0 대전**

퇴장	경고	파울	ST(유)	교체	선수명	배번	위치	위치	배번	선수명	교체	ST(유)	파울	경고	퇴장
0	0	0	0		유상훈	31	GK	GK	1	박주원		0	0	0	0
0	0	0	1(1)		심상민	21	MF	DF	43	이강진		0	0	0	0
0	0	0	0		이웅희	3	DF	DF	5	실 바		0	1	0	0
0	0	1	0		김진규	6	DF	DF	29	김상필	99	0	0	0	0
0	0	1	0		김남춘	26	DF	MF	55	김태봉		0	0	0	0
0	0	1	0	27	차두리	5	MF	MF	72	금교진		3(2)	1	1	0
0	0	2	1(1)		오스마르	4	MF	MF	7	김종국		1(1)	1	0	0
0	0	2	2	13	다카하기	2	MF	MF	71	손설민		0	2	0	0
0	0	1	1		몰리나	11	MF	FW	77	완델손		1(1)	2	0	0
0	0	1	0	19	심제혁	40	FW	FW	10	닐 톤	16	2	1	0	0
0	0	0	4(3)		박주영	91	FW	FW	11	하피냐	73	0	0	0	0
0	0	0	0		김용대	1			31	오승훈		0	0	0	0
0	0	0	0		박용우	34			4	윤준성		0	0	0	0
0	0	0	0	후44	고광민	27			16	이광훈	후17	0	1	0	0
0	0	0	0		이석현	8	대기	대기	99	이현승	후8	3(1)	0	0	0
0	0	0	0	후25	고요한	13			22	이현호		0	0	0	0
0	0	0	2(2)	후0	윤주태	19			12	유연승		0	0	0	0
0	0	0	0		박희성	14			73	한의권	후0	1	3	0	0
0	0	9	11(7)			0			0			11(5)	12	1	0

- 전반 46분 몰리나 C,KR ↷ 오스마르 GA 정면 H-ST-G (득점: 오스마르, 도움: 몰리나) 왼쪽
- 후반 46분 몰리나 AK 내 ~ 윤주태 PAL 내 R-ST-G (득점: 윤주태, 도움: 몰리나) 오른쪽

8월 22일 19:00 맑음 탄천 종합 관중 8,179명
주심_ 정동식 부심_ 손재선·윤광열 대기심_ 이민후 감독관_ 한진원

성남 1 0 전반 0 / 1 후반 0 **0 부산**

퇴장	경고	파울	ST(유)	교체	선수명	배번	위치	위치	배번	선수명	교체	ST(유)	파울	경고	퇴장
0	0	0	0		전상욱	1	GK	GK	21	이창근		0	0	0	0
0	0	1	0		장학영	33	DF	DF	32	구현준		1(1)	2	0	0
0	1	1	0		윤영선	20	DF	DF	6	이경렬		0	1	2	0
0	0	0	0		김태윤	6	DF	DF	5	노행석	17	0	2	0	0
0	0	1	0		이태희	25	DF	DF	15	유지노		0	1	0	0
0	0	1	0		김철호	7	MF	MF	71	김익현		0	2	0	0
0	0	1	1(1)	22	김두현	8	MF	MF	19	김진규		2(2)	2	0	0
0	0	4	1(1)	13	남준재	23	MF	MF	13	이규성		1(1)	1	0	0
0	0	1	3(2)		김성준	18	MF	FW	10	웨슬리		2(2)	0	0	0
0	1	1	1(1)	14	레이나	10	MF	FW	8	윤동민	14	0	0	0	0
0	1	1	4(2)		황의조	16	FW	FW	20	김용태	11	1	1	0	0
0	0	0	0		정 산	21			1	이범영		0	0	0	0
0	0	0	0		장석원	24			17	이청웅	후27	0	0	0	0
0	0	0	0		박태민	17			2	박준강		0	0	0	0
0	0	0	0	후47	정선호	14	대기	대기	14	정석화	후21	1	0	0	0
0	0	0	0	후36	이종원	22			22	전성찬		0	0	0	0
0	0	0	3(3)	후18	김동희	13			37	김태연		0	0	0	0
0	0	0	0		이상협	11			11	엘리아스	후29	1	1	0	0
0	3	12	13(10)			0			0			9(6)	13	2	0

- 후반 21분 김성준 AK 정면 ~ 김동희 PAR 내 R-ST-G (득점: 김동희, 도움: 김성준) 왼쪽

8월 22일 19:00 흐림 전주 월드컵 관중 23,113명
주심_ 이동준 부심_ 노수용·김계용 대기심_ 김상우 감독관_ 김용세

전북 0 0 전반 0 / 0 후반 1 **1 인천**

퇴장	경고	파울	ST(유)	교체	선수명	배번	위치	위치	배번	선수명	교체	ST(유)	파울	경고	퇴장
0	0	0	0		권순태	1	GK	GK	1	유 현		0	0	1	0
0	1	2	0		이주용	32	DF	MF	25	박대한		1	1	0	0
0	0	0	0		김기희	4	DF	DF	77	이윤표		0	0	1	0
0	0	1	1		김영찬	30	DF	DF	20	요니치		0	0	0	0
0	0	0	0		최철순	25	DF	DF	2	권완규		0	2	1	0
0	0	0	1	8	정 훈	13	MF	MF	4	김원식		0	1	1	0
0	0	1	2(2)		이재성	17	MF	MF	7	김도혁		1	5	0	0
0	0	0	2(1)		레오나르도	10	MF	MF	26	조수철		1	1	0	0
0	0	1	1(1)		한교원	7	MF	MF	24	박세직	18	0	0	0	0
0	0	2	1(1)	23	이근호	33	MF	MF	23	윤상호	11	0	1	0	0
0	0	4	2(2)	20	우르코베라	9	FW	FW	19	케 빈		7(5)	2	0	0
0	0	0	0		홍정남	21			21	조수혁		0	0	0	0
0	0	0	0		김형일	3			15	김대중		0	0	0	0
0	0	0	0		장윤호	34			17	김대경	후42	0	0	0	0
0	1	0	0	후10	루이스	8	대기	대기	8	안진범		0	0	0	0
0	0	0	0		이승현	11			11	김인성	전14/17	2(1)	4	0	0
0	0	0	1(1)	후26	김동찬	23			18	진성욱	후5	0	0	0	0
0	0	0	4(3)	후10	이동국	20			33	이효균		0	0	0	0
0	2	11	15(11)			0			0			12(6)	17	4	0

- 후반 20분 케빈 PAR EL ~ 김인성 GA 정면 내 L-ST-G (득점: 김인성, 도움: 케빈) 왼쪽

8월 23일 19 : 00 흐림 광주 월드컵 관중 2,635명
주심_ 우상일 부심_ 최민병 · 송봉근 대기심_ 김성호 감독관_ 김수현

광주 0 0 전반 0 / 0 후반 1 **1 제주**

퇴장	경고	파울	ST(유)	교체	선수명	배번	위치	위치	배번	선수명	교체	ST(유)	파울	경고	퇴장
0	0	0	0		최 봉 진	41	GK	GK	1	김 호 준		0	0	0	0
0	0	3	0		이 종 민	17	DF	DF	25	강 준 우	6	0	1	0	0
0	0	1	0		김 영 빈	3	DF	DF	40	백 동 규		0	2	0	0
0	0	1	0		안 영 규	26	DF	DF	2	정 다 훤		0	1	0	0
0	0	0	0	33	이 으 뜸	14	DF	DF	3	김 상 원		0	2	0	0
0	1	1	0		이 찬 동	40	MF	MF	23	양 준 아		0	1	0	0
0	0	0	0	7	임 선 영	5	MF	MF	14	윤빛가람		1(1)	0	0	0
0	0	1	1		파 비 오	10	MF	FW	10	송 진 형		2(2)	1	0	0
0	0	0	1(1)		송 승 민	16	MF	FW	34	정 영 총	99	0	3	0	0
0	0	1	1	38	김 호 남	11	MF	FW	7	로 페 즈		0	1	1	0
0	0	1	1		까시아노	36	FW	FW	20	까 랑 가		4(2)	5	0	0
0	0	0	0		제 종 현	1			21	김 경 민		0	0	0	0
0	0	0	0		정 준 연	4			27	김 봉 래	후42	1(1)	0	0	0
0	0	0	0	후41	여 름	7			28	배 재 우		0	0	0	0
0	0	0	0		주 현 우	30	대기	대기	16	김 영 신		0	0	0	0
0	0	0	0	후10	정 호 정	33			6	허 범 산	후23	0	0	0	0
0	0	0	0		박 일 권	37			18	박 수 창		0	0	0	0
0	0	1	0	후41	다 니 엘	38			99	시 로	후13/27	0	2	1	0
0	1	10	4(1)			0			0			8(6)	19	2	0

●후반 35분 로페즈 AKL ~ 송진형 GAR R-ST-G (득점: 송진형, 도움: 로페즈) 오른쪽

8월 23일 19 : 00 흐림 광양 전용 관중 4,184명
주심_ 송민석 부심_ 이규환 · 방기열 대기심_ 박병진 감독관_ 한병화

전남 0 0 전반 0 / 0 후반 0 **0 포항**

퇴장	경고	파울	ST(유)	교체	선수명	배번	위치	위치	배번	선수명	교체	ST(유)	파울	경고	퇴장
0	0	0	0		김 병 지	1	GK	GK	1	신 화 용		0	0	0	0
0	0	0	0		현 영 민	13	DF	DF	3	김 광 석		0	1	0	0
0	0	1	1		임 종 은	5	DF	DF	13	김 원 일		0	3	1	0
0	1	1	0		이 지 남	6	DF	DF	26	최 재 수		0	0	0	0
0	0	1	0		이 슬 찬	27	DF	DF	2	박 선 용		0	1	0	0
0	0	0	0	20	정 석 민	16	MF	MF	5	김 태 수	39	1(1)	2	0	0
0	0	1	1		김 영 욱	14	MF	MF	4	신 진 호		1	1	1	0
0	0	1	2		오 르 샤	17	FW	MF	28	손 준 호	11	0	1	1	0
0	0	3	1		이 종 호	8	FW	FW	12	김 승 대		3(1)	0	0	0
0	0	0	1	9	안 용 우	11	FW	FW	7	티 아 고	16	0	0	0	0
0	1	1	0	18	스 테 보	10	FW	FW	18	고 무 열		3(1)	0	0	0
0	0	0	0		김 민 식	21			21	김 진 영		0	0	0	0
0	0	0	0		김 태 호	3			22	김 대 호		0	0	0	0
0	0	0	0	후39	전 현 철	9			24	배 슬 기		0	0	0	0
0	0	0	0	후30	이 창 민	18	대기	대기	9	황 지 수		0	0	0	0
0	0	0	0		이 재 억	19			39	이 광 혁	후36	0	2	0	0
0	0	0	0	후11	김 동 철	20			16	심 동 운	후18	2(1)	0	0	0
0	0	0	0		이 지 민	24			11	박 성 호	후6	0	1	0	0
0	2	9	6			0			0			10(4)	12	3	0

8월 29일 19 : 00 맑음 인천 전용 관중 5,598명
주심_ 김희곤 부심_ 이규환 · 최민병 대기심_ 송민석 감독관_ 김수현

인천 2 2 전반 1 / 0 후반 0 **1 대전**

퇴장	경고	파울	ST(유)	교체	선수명	배번	위치	위치	배번	선수명	교체	ST(유)	파울	경고	퇴장
0	0	0	0		유 현	1	GK	GK	1	박 주 원		0	0	0	0
0	0	0	0		박 대 한	25	DF	DF	43	이 강 진		1(1)	0	0	0
0	1	0	0		이 윤 표	77	DF	DF	29	김 상 필		1(1)	0	0	0
0	0	0	0		요 니 치	20	DF	DF	55	김 태 봉		0	1	0	0
0	1	3	0		권 완 규	2	DF	DF	72	금 교 진		0	0	0	0
0	0	4	0		김 원 식	4	MF	MF	20	안 상 현	81	0	0	0	0
0	0	1	0		조 수 철	26	MF	MF	7	김 종 국		1(1)	3	0	0
0	0	1	0	22	김 도 혁	7	MF	MF	88	고 민 혁	28	0	1	0	0
0	0	1	2(2)	18	이 천 수	10	MF	FW	71	손 설 민		0	0	0	0
0	0	1	2(2)		김 인 성	11	MF	FW	73	한 의 권		2(2)	3	0	0
0	0	4	3(2)	33	케 빈	19	FW	FW	99	이 현 승	11	1	0	0	0
0	0	0	0		조 수 혁	21			31	오 승 훈		0	0	0	0
0	0	0	0		김 대 중	15			4	윤 준 성		0	0	0	0
0	0	0	0		김 대 경	17			5	실 바		0	0	0	0
0	1	0	0	후18	김 동 석	22	대기	대기	27	박 재 우		0	0	0	0
0	0	0	0		박 세 직	24			11	하 피 냐	후38	0	0	0	0
0	1	1	1(1)	후18	진 성 욱	18			28	황 지 웅	후17	2(1)	0	0	0
0	0	1	0	후42	이 효 균	33			81	공 태 하	후34	0	0	0	0
0	4	17	8(7)			0			0			8(6)	8	0	0

●전반 11분 케빈 GAL 내 EL R-ST-G (득점: 케빈) 왼쪽
●전반 35분 이천수 AK 정면 FK R-ST-G (득점: 이천수) 왼쪽

●전반 9분 한의권 GAL R-ST-G (득점: 한의권) 오른쪽

8월 29일 19 : 00 맑음 광주 월드컵 관중 1,759명
주심_ 김성호 부심_ 노태식 · 방기열 대기심_ 이동준 감독관_ 강창구

광주 1 1 전반 0 / 0 후반 2 **2 울산**

퇴장	경고	파울	ST(유)	교체	선수명	배번	위치	위치	배번	선수명	교체	ST(유)	파울	경고	퇴장
0	0	0	0		최 봉 진	41	GK	GK	1	김 승 규		0	0	0	0
0	1	1	2(1)	4	이 종 민	17	DF	DF	2	정 동 호		1(1)	0	0	0
0	0	0	0		김 영 빈	3	DF	DF	13	임 창 우		1(1)	0	1	0
0	0	2	0		안 영 규	26	DF	DF	22	김 치 곤		0	1	0	0
0	0	0	0		정 호 정	33	DF	DF	17	유 준 수		0	0	0	0
0	0	2	1		이 찬 동	40	MF	MF	8	하 성 민	20	0	1	1	0
0	0	3	0		여 름	7	MF	MF	6	마 스 다		0	3	0	0
0	0	2	2(1)		파 비 오	10	MF	MF	16	김 태 환	86	0	2	0	0
0	0	2	0		송 승 민	16	MF	MF	44	코 바		1	0	0	0
0	0	0	1(1)	18	김 호 남	11	MF	FW	18	양 동 현	4	0	2	0	0
0	1	2	0	30	까시아노	36	FW	FW	9	김 신 욱		2(2)	0	0	0
0	0	0	0		제 종 현	1			21	송 유 걸		0	0	0	0
0	0	0	0	후33	정 준 연	4			24	이 명 재		0	0	0	0
0	0	0	0		이 으 뜸	14			4	구 본 상	후46	0	0	0	0
0	0	0	0	후42	권 영 호	18	대기	대기	20	이 창 용	후15	0	0	0	0
0	0	1	0	후25	주 현 우	30			32	이 영 재		0	0	0	0
0	0	0	0		박 일 권	37			86	에 벨 톤	후41	0	0	0	0
0	0	0	0		다 니 엘	38			11	조 영 철		0	0	0	0
0	2	15	6(3)			0			0			5(4)	9	2	0

●전반 36분 이종민 AK 정면 FK R-ST-G (득점: 이종민) 오른쪽

●후반 5분 코바 PAL CK ~ 정동호 PAL TL R-ST-G (득점: 정동호, 도움: 코바) 오른쪽
●후반 24분 김태환 PAR ↷ 김신욱 GA 정면 H-ST-G (득점: 김신욱, 도움: 김태환) 가운데

8월 29일 19 : 00 맑음 부산 아시아드 관중 2,351명
주심_ 박병진 부심_ 정해상·송봉근 대기심_ 우상일 감독관_ 김용세

부산 1 1 전반 1 / 0 후반 0 **1 전남**

퇴장	경고	파울	ST(유)	교체	선수명	배번	위치	위치	배번	선수명	교체	ST(유)	파울	경고	퇴장
0	0	0	0		이창근	21	GK	GK	1	김병지		0	0	0	0
0	0	2	0		구현준	32	DF	DF	13	현영민		0	0	0	0
0	1	3	1(1)		김종혁	4	DF	DF	15	방대종		0	1	0	0
0	1	3	1		노행석	5	DF	DF	5	임종은		3(1)	1	0	0
0	0	1	0		박준강	2	DF	DF	27	이슬찬		0	3	1	0
0	0	3	1		주세종	24	MF	MF	20	김동철		0	3	0	0
0	0	0	0		전성찬	22	MF	MF	16	정석민	18	2	0	0	0
0	0	0	2(1)	13	김진규	19	MF	FW	17	오르샤	24	1	2	0	0
0	1	3	3(2)		웨슬리	10	FW	FW	8	이종호		0	1	0	0
0	0	4	2	11	배천석	18	FW	FW	11	안용우		2(1)	1	0	0
0	0	0	2(2)		정석화	14	FW	FW	10	스테보		2(2)	2	0	0
0	0	0	0		이범영	1			21	김민식		0	0	0	0
0	0	0	0		유지훈	33			3	김태호		0	0	0	0
0	0	0	0		이청웅	17			9	전현철	후41	1	0	0	0
0	0	1	0	후35	이규성	13	대기	대기	14	김영욱		0	0	0	0
0	0	0	0		김익현	71			18	이창민	후7/9	0	0	0	0
0	0	0	1	후30	엘리아스	11			19	이재억		0	0	0	0
0	0	0	0		윤동민	8			24	이지민	후41	0	1	0	0
0	3	20	13(6)			0			0			11(4)	15	1	0

● 전반 3분 전성찬 PAL 내 EL → 정석화 GA 정면 내 L-ST-G (득점: 정석화, 도움: 전성찬) 왼쪽

● 전반 12분 스테보 PK-R-G (득점: 스테보) 오른쪽

8월 30일 17 : 00 맑음 탄천 종합 관중 12,187명
주심_ 이민후 부심_ 장준모·이정민 대기심_ 김동진 감독관_ 한병화

성남 0 0 전반 1 / 0 후반 0 **1 전북**

퇴장	경고	파울	ST(유)	교체	선수명	배번	위치	위치	배번	선수명	교체	ST(유)	파울	경고	퇴장
0	0	0	0		박준혁	29	GK	GK	1	권순태		0	0	0	0
0	0	1	0		장학영	33	DF	DF	19	박원재		0	3	0	0
0	1	1	0		윤영선	20	DF	DF	18	윌킨슨		0	1	0	0
0	0	0	0		김태윤	6	DF	DF	4	김기희		0	2	1	0
0	0	4	0		이태희	25	DF	DF	25	최철순		1	2	0	0
0	0	3	0	14	김철호	7	MF	MF	6	최보경		0	3	0	0
0	0	2	0	31	김두현	8	MF	MF	17	이재성	13	1	1	0	0
0	0	0	1(1)	13	남준재	23	MF	MF	33	이근호	10	1	0	0	0
0	0	0	0		김성준	18	MF	MF	8	루이스	23	1(1)	2	0	0
0	0	2	3(3)		레이나	10	MF	MF	7	한교원		0	1	0	0
0	0	0	4(3)		황의조	16	FW	FW	20	이동국		6(4)	1	0	0
0	0	0	0		전상욱	1			21	홍정남		0	0	0	0
0	0	0	0		장석원	24			3	김형일		0	0	0	0
0	0	0	0		박태민	17			13	정 훈	후12	1(1)	1	0	0
0	0	0	0	후36	정선호	14	대기	대기	34	장윤호		0	0	0	0
0	0	0	0	후17	김동희	13			10	레오나르도	후13	2(1)	1	0	0
0	0	0	1	후27	박용지	31			23	김동찬	후42	1	0	0	0
0	0	0	0		루카스	19			9	우르코베라		0	0	0	0
0	1	13	9(7)			0			0			14(7)	18	1	0

● 전반 28분 이동국 PK-R-G (득점: 이동국) 왼쪽

8월 29일 19 : 00 맑음 제주 월드컵 관중 8,379명
주심_ 김상우 부심_ 손재선·김계용 대기심_ 김종혁 감독관_ 김일호

제주 2 1 전반 0 / 1 후반 1 **1 서울**

퇴장	경고	파울	ST(유)	교체	선수명	배번	위치	위치	배번	선수명	교체	ST(유)	파울	경고	퇴장
0	0	0	0		김호준	1	GK	GK	31	유상훈		0	0	0	0
0	0	2	0		백동규	40	DF	MF	21	심상민	27	0	0	0	0
0	0	0	0		오반석	4	DF	DF	3	이웅희		2	2	0	0
0	0	3	0	27	강준우	25	DF	DF	6	김진규	19	0	0	0	0
0	0	1	0		정다훤	2	MF	DF	26	김남춘		0	1	0	0
0	1	1	0		김상원	3	MF	MF	5	차두리		1	0	0	0
0	0	0	1	6	양준아	23	MF	MF	4	오스마르		3(1)	0	0	0
0	0	0	2(2)		윤빛가람	14	MF	MF	2	다카하기	13	1	0	0	0
0	0	0	3(1)		송진형	10	MF	MF	11	몰리나		0	0	0	0
0	0	1	2	18	정영총	34	FW	FW	25	아드리아노		3(2)	1	0	0
0	0	2	2		까랑가	20	FW	FW	91	박주영		1	2	0	0
0	0	0	0		김경민	21			1	김용대		0	0	0	0
0	0	0	0	후36	김봉래	27			34	박용우		0	0	0	0
0	0	0	0		배재우	28			27	고광민	후0	0	0	0	0
0	0	1	0	후22	허범산	6	대기	대기	29	이상협		0	0	0	0
0	0	0	0		김영신	16			13	고요한	후26	0	0	0	0
0	0	0	0	후39	박수창	18			40	심제혁		0	0	0	0
0	0	0	0		시 로	99			19	윤주태	후29	0	0	0	0
0	1	11	10(3)			0			0			11(3	6	0	0

● 전반 39분 윤빛가람 PAL R-ST-G (득점: 윤빛가람) 오른쪽

● 후반 18분 송진형 AKL L-ST-G (득점: 송진형) 오른쪽

● 후반 10분 아드리아노 PK-R-G (득점: 아드리아노) 오른쪽

8월 30일 19 : 00 맑음 포항 스틸야드 관중 14,341명
주심_ 고형진 부심_ 윤광열·노수용 대기심_ 정동식 감독관_ 김진의

포항 0 0 전반 0 / 0 후반 0 **0 수원**

퇴장	경고	파울	ST(유)	교체	선수명	배번	위치	위치	배번	선수명	교체	ST(유)	파울	경고	퇴장
0	0	0	0		신화용	1	GK	GK	21	노동건		0	0	0	0
0	0	3	0		배슬기	24	DF	DF	4	오범석		1	2	0	0
0	0	2	0		김원일	13	DF	DF	34	연제민		0	2	0	0
0	0	0	0		김준수	6	DF	DF	15	구자룡		0	2	0	0
0	0	3	0		최재수	26	DF	DF	33	홍 철		0	2	1	0
0	0	4	0		황지수	9	MF	MF	20	백지훈	5	0	0	0	0
0	0	1	1		김태수	5	MF	MF	26	염기훈		1(1)	0	0	0
0	0	4	2(1)		박준희	14	MF	MF	7	이상호		0	0	0	0
0	0	0	2(1)	12	라자르	8	FW	MF	22	권창훈		1	0	0	0
0	0	0	4(2)	16	티아고	7	MF	MF	14	조찬호	12	0	3	1	0
0	0	1	1	18	이광혁	39	MF	FW	8	일리안	18	0	2	0	0
0	0	0	0		김진영	21			31	이상욱		0	0	0	0
0	0	0	0		김광석	3			3	양상민		0	0	0	0
0	0	0	0		이재원	15			5	조성진	후28	0	1	1	0
0	0	3	1	전44	고무열	18	대기	대기	12	고차원	후9	1(1)	1	0	0
0	0	0	0	후32	심동운	16			13	서정진		0	0	0	0
0	0	0	0	후22	김승대	12			10	산토스		0	0	0	0
0	0	0	0		박성호	11			18	카이오	후14	0	1	0	0
0	0	21	11(4)			0			0			4(2)	16	3	0

9월 09일 19 : 00 맑음 광양 전용 관중 2,802명
주심_ 김동진 부심_ 노태식·김계용 대기심_ 김성호 감독관_ 하재훈

전남 1 0 전반 1 / 1 후반 0 **1 성남**

퇴장	경고	파울	ST(유)	교체	선수명	배번	위치	위치	배번	선수명	교체	ST(유)	파울	경고	퇴장
0	0	0	0		김민식	21	GK	GK	29	박준혁		0	0	0	0
0	0	2	0		현영민	13	DF	DF	33	장학영		0	1	0	0
0	1	1	0		임종은	5	DF	DF	20	윤영선		0	3	1	0
0	0	2	0		이지남	6	DF	DF	6	김태윤		0	3	0	0
0	0	1	0	11	김태호	3	DF	DF	25	이태희		0	0	0	0
0	0	0	0	16	김동철	20	MF	MF	14	정선호	19	0	1	0	0
0	0	0	0		김영욱	14	MF	MF	7	김철호		1(1)	1	1	0
0	0	0	1		레안드리뉴	7	MF	MF	23	남준재	13	1(1)	3	0	0
0	0	2	8(3)		오르샤	17	FW	MF	18	김성준		2	0	0	0
0	0	0	2	12	스테보	10	FW	MF	31	박용지	22	3(2)	0	0	0
0	1	2	4(1)		이종호	8	FW	FW	10	레이나		2(1)	3	0	0
0	0	0	0		김병지	1			1	전상욱		0	0	0	0
0	0	0	0		전현철	9			24	장석원		0	0	0	0
0	0	0	1(1)	후0	안용우	11			17	박태민		0	0	0	0
0	0	1	0	후22	김평래	12	대기	대기	22	이종원	후46	0	0	0	0
0	0	0	0		방대종	15			3	심우연		0	0	0	0
0	0	1	2	전32	정석민	16			13	김동희	후29	0	1	0	0
0	0	0	0		이슬찬	27			19	루카스	후36	0	0	0	0
0	2	12	18(5)			0			0			9(5)	16	2	0

- 후반 25분 오르샤 PAL FK R-ST-G (득점: 오르샤) 오른쪽
- 전반 28분 레이나 PAL FK ↷ 남준재 GA 정면 내 H-ST-G (득점: 남준재, 도움: 레이나) 오른쪽

9월 09일 19 : 00 맑음 부산 아시아드 관중 1,562명
주심_ 우상일 부심_ 최민병·이규환 대기심_ 김희곤 감독관_ 김형남

부산 2 1 전반 1 / 1 후반 1 **2 수원**

퇴장	경고	파울	ST(유)	교체	선수명	배번	위치	위치	배번	선수명	교체	ST(유)	파울	경고	퇴장
0	0	0	0		이창근	21	GK	GK	21	노동건		0	0	0	0
0	0	1	0		구현준	32	DF	DF	4	오범석		2(1)	4	0	0
0	0	1	1(1)		이경렬	6	DF	DF	34	연제민		0	2	0	0
0	1	1	0		노행석	5	DF	DF	15	구자룡		0	0	0	0
0	0	1	0		박준강	2	DF	DF	3	양상민		2	1	0	0
0	0	0	2(2)		전성찬	22	MF	MF	20	백지훈		1(1)	0	0	0
0	0	4	3(1)		주세종	24	MF	MF	14	조찬호	12	1(1)	0	0	0
0	0	0	0	71	김진규	19	MF	MF	7	이상호		1(1)	1	1	0
0	0	0	0	77	윤동민	8	FW	MF	10	산토스	16	2(1)	0	0	0
0	0	2	3(1)		배천석	18	FW	MF	26	염기훈		2(1)	1	0	0
0	0	0	2(2)	13	정석화	14	FW	FW	13	서정진	18	0	0	0	0
0	0	0	0		이범영	1			1	정성룡		0	0	0	0
0	0	0	0		유지훈	33			19	장현수		0	0	0	0
0	0	0	0		이청웅	17			25	한성규		0	0	0	0
0	0	0	0	후20	김익현	71	대기	대기	16	조지훈	후25	0	0	1	0
0	0	0	1	후38	이규성	13			23	전현욱		0	0	0	0
0	0	0	0	후10	최광희	77			12	고차원	후6	2(1)	0	0	0
0	0	0	0		엘리아스	11			18	카이오	전25	0	3	0	0
0	1	10	12(7)			0			0			13(7)	12	2	0

- 전반 40분 주세종 C.KL ↷ 이경렬 GA 정면 내 몸 맞고 골 (득점: 이경렬, 도움: 주세종) 가운데
- 후반 16분 배천석 GAR ~ 정석화 GAL R-ST-G (득점: 정석화, 도움: 배천석) 가운데
- 전반 10분 이상호 GAR 내 R-ST-G (득점: 이상호) 오른쪽
- 후반 33분 조지훈 PAR 내 ~ 오범석 GAR R-ST-G (득점: 오범석, 도움: 조지훈) 오른쪽

9월 09일 19 : 30 맑음 울산 문수 관중 17,108명
주심_ 정동식 부심_ 손재선·지승민 대기심_ 고형진 감독관_ 강창구

울산 2 1 전반 0 / 1 후반 0 **0 전북**

퇴장	경고	파울	ST(유)	교체	선수명	배번	위치	위치	배번	선수명	교체	ST(유)	파울	경고	퇴장
0	0	0	0		장대희	41	GK	GK	21	홍정남		0	0	0	0
0	1	0	0		정동호	2	DF	DF	32	이주용		3(1)	1	0	0
0	0	0	0		김태환	16	DF	DF	3	김형일		0	0	0	0
0	0	2	1		김치곤	22	DF	DF	30	김영찬		0	0	0	0
0	0	0	0		유준수	17	DF	DF	25	최철순		0	1	0	0
0	1	1	0	20	구본상	4	MF	MF	6	최보경		1	0	0	0
0	0	1	0		마스다	6	MF	MF	34	장윤호	8	0	1	0	0
0	0	2	1	86	안현범	27	MF	MF	10	레오나르도		4(2)	0	0	0
0	0	1	4(2)		코바	44	MF	MF	23	김동찬	20	1	0	0	0
0	0	2	1(1)	5	양동현	18	FW	MF	33	이근호		0	0	0	0
0	0	1	1(1)		김신욱	9	FW	FW	9	우르코 베라	47	5	2	0	0
0	0	0	0		송유걸	21			31	김태호		0	0	0	0
0	0	0	0	후10	정승현	5			16	조성환		0	0	0	0
0	0	0	0		이명재	24			19	박원재		0	0	0	0
0	0	0	0	후39	이창용	20	대기	대기	47	문상윤	후28	1	0	0	0
0	0	0	0		김승준	19			7	한교원		0	0	0	0
0	0	0	0		이영재	32			8	루이스	후10	1(1)	0	0	0
0	0	0	0	후28	에벨톤	86			20	이동국	후10	1	0	0	0
0	2	10	8(4)			0			0			17(4	5	0	0

- 전반 37분 코바 PAL 내 EL ~ 김신욱 GA 정면 내 L-ST-G (득점: 김신욱, 도움: 코바) 가운데
- 후반 38분 PAR 내 EL ~ 코바 GAL L-ST-G (득점: 코바) 왼쪽

9월 09일 19 : 30 맑음 서울 월드컵 관중 9,566명
주심_ 김종혁 부심_ 장준모·송봉근 대기심_ 김우성 감독관_ 김정식

서울 0 0 전반 0 / 0 후반 0 **0 포항**

퇴장	경고	파울	ST(유)	교체	선수명	배번	위치	위치	배번	선수명	교체	ST(유)	파울	경고	퇴장
0	0	0	0		유상훈	31	GK	GK	1	신화용		0	0	0	0
0	0	0	0	5	심상민	21	MF	DF	24	배슬기		0	0	0	0
0	0	0	0		이웅희	3	DF	DF	13	김원일		0	3	0	0
0	0	1	0		김진규	6	DF	DF	6	김준수		0	1	0	0
0	1	2	0		김남춘	26	DF	DF	26	최재수		0	3	0	0
0	0	2	0		고광민	27	MF	MF	9	황지수	28	0	3	0	0
0	0	0	1		오스마르	4	MF	MF	5	김태수		0	1	0	0
0	0	2	0	8	고요한	13	MF	MF	4	신진호		3(2)	3	0	0
0	0	3	1		몰리나	11	MF	FW	11	박성호	8	1	1	0	0
0	0	2	3(2)		아드리아노	25	FW	MF	17	강상우	18	1	2	0	0
0	0	1	1(1)	19	박희성	14	FW	MF	16	심동운		1	0	0	0
0	0	0	0		김용대	1			21	김진영		0	0	0	0
0	0	0	0		박용우	34			3	김광석		0	0	0	0
0	0	1	0	후25	차두리	5			15	이재원		0	0	0	0
0	0	1	0	후36	이석현	8	대기	대기	28	손준호	후0	0	4	1	0
0	0	0	0		다카하기	2			7	티아고		0	0	0	0
0	0	0	0		윤일록	17			18	고무열	후15	1	3	1	0
0	0	0	2(2)	후13	윤주태	19			8	라자르	후35	1	1	0	0
0	1	15	8(5)			0			0			8(2)	25	2	0

9월 09일 19 : 00 맑음 광주 월드컵 관중 1,419명
주심_ 송민석 부심_ 윤광열·김성일 대기심_ 박진호 감독관_ 한진원

광주 1 — 0 전반 0 / 1 후반 0 — **0 인천**

퇴장	경고	파울	ST(유)	교체	선수명	배번	위치	위치	배번	선수명	교체	ST(유)	파울	경고	퇴장
0	0	0	0		최봉진	41	GK	GK	1	유현		0	0	0	0
0	0	0	0	14	정준연	4	DF	DF	25	박대한		0	1	0	0
0	0	0	0		김영빈	3	DF	DF	77	이윤표		0	0	0	0
0	0	1	0		안영규	26	DF	DF	20	요니치		0	0	0	0
0	0	0	0		정호정	33	DF	DF	13	용재현		0	0	0	0
0	1	3	0		이찬동	40	MF	MF	4	김원식		1(1)	4	0	0
0	0	1	0		임선영	5	MF	MF	7	김도혁		1	3	0	0
0	1	1	0	30	파비오	10	MF	MF	22	김동석	15	0	2	0	0
0	0	1	0		송승민	16	MF	MF	11	김인성		2(1)	0	0	0
0	0	0	3(2)	6	김호남	11	MF	MF	10	이천수	16	0	2	1	0
0	0	1	1		까시아노	36	FW	FW	19	케빈		2(1)	0	0	0
0	0	0	0		권정혁	31			21	조수혁		0	0	0	0
0	0	0	0	후30	오도현	6			15	김대중	후29	0	0	0	0
0	0	0	0	전15	이으뜸	14			28	백승원		0	0	0	0
0	0	0	0		박선홍	19	대기	대기	26	조수철		0	0	0	0
0	0	0	1	후40	주현우	30			24	박세직	후30	0	0	0	0
0	0	0	0		박일권	37			16	이성우	후15/24	0	0	0	0
0	0	0	0		다니엘	38			33	이효균		0	0	0	0
0	2	8	5(2)			0			0			6(3)	12	1	0

● 후반 12분 이찬동 PAR ↷ 김호남 GAR R-ST-G (득점: 김호남, 도움: 이찬동) 오른쪽

9월 09일 19 : 30 맑음 대전 월드컵 관중 2,055명
주심_ 이동준 부심_ 이정민·노수용 대기심_ 박병진 감독관_ 김일호

대전 2 — 2 전반 3 / 0 후반 1 — **4 제주**

퇴장	경고	파울	ST(유)	교체	선수명	배번	위치	위치	배번	선수명	교체	ST(유)	파울	경고	퇴장
0	0	0	0		박주원	1	GK	GK	1	김호준		0	0	0	0
0	0	1	0		이강진	43	DF	DF	4	오반석		0	0	0	0
0	0	0	0		실바	5	DF	DF	40	백동규		0	1	0	0
0	0	0	0	72	유연승	12	DF	DF	2	정다훤		0	2	1	0
0	0	0	3(1)		김태봉	55	DF	DF	3	김상원		0	1	1	0
0	0	0	0	81	안상현	20	MF	MF	23	양준아	6	1	1	0	0
0	0	1	1(1)		김종국	7	MF	MF	14	윤빛가람		1(1)	1	0	0
0	0	0	0	88	손설민	71	MF	FW	10	송진형		2	2	0	0
0	0	1	4(1)		완델손	77	FW	FW	7	로페즈		9(6)	1	0	0
0	1	2	0		이현승	99	FW	FW	16	김영신	13	0	0	0	0
0	0	3	1(1)		한의권	73	FW	FW	20	까랑가	25	3(2)	3	1	0
0	0	0	0		오승훈	31			21	김경민		0	0	0	0
0	0	0	0	후0	금교진	72			25	강준우	후39	0	0	0	0
0	0	0	0		김상필	29			28	배재우		0	0	0	0
0	0	2	2(1)	전25	고민혁	88	대기	대기	6	허범산	후7	0	2	0	0
0	0	0	0		하피냐	11			13	송수영	후20	0	0	0	0
0	0	0	1	후27	공태하	81			34	정영총		0	0	0	0
0	0	0	0		서명원	14			99	시로		0	0	0	0
0	1	10	12(5)			0			0			16(9)	14	3	0

● 전반 29분 완델손 GAR ~ 김태봉 PAR R-ST-G (득점: 김태봉, 도움: 완델손) 오른쪽
● 전반 47분 고민혁 PAL 내 ~ 김종국 AK 내 R-ST-G (득점: 김종국, 도움: 고민혁) 왼쪽
● 전반 10분 까랑가 GAL R-ST-G (득점: 까랑가) 왼쪽
● 전반 21분 윤빛가람 AK 정면 ~ 로페즈 PAR 내 R-ST-G (득점: 로페즈, 도움: 윤빛가람) 오른쪽
● 전반 41분 송진형 HLL ~ 로페즈 GAL 내 L-ST-G (득점: 로페즈, 도움: 송진형) 왼쪽
● 후반 14분 송진형 AK 정면 ~ 로페즈 PK 우측지점 R-ST-G (득점: 로페즈, 도움: 송진형) 왼쪽

9월 12일 15 : 05 흐리고 비 전주 월드컵 관중 26,433명
주심_ 고형진 부심_ 노태식·김계용 대기심_ 매호영 감독관_ 김수현

전북 3 — 1 전반 0 / 2 후반 0 — **0 서울**

퇴장	경고	파울	ST(유)	교체	선수명	배번	위치	위치	배번	선수명	교체	ST(유)	파울	경고	퇴장
0	0	0	0		권순태	1	GK	GK	1	김용대		0	0	0	0
0	0	1	0		박원재	19	DF	MF	5	차두리		1(1)	1	1	0
0	0	2	0		김형일	3	DF	DF	3	이웅희		0	3	1	0
0	1	0	0		김기희	4	DF	DF	6	김진규		0	1	0	0
0	0	2	1(1)		최철순	25	DF	DF	26	김남춘		0	0	0	0
0	1	1	0	30	최보경	6	MF	MF	27	고광민		1(1)	0	0	0
0	0	2	0	10	이근호	33	MF	MF	4	오스마르		0	2	1	0
0	0	1	1(1)	13	이재성	17	MF	MF	13	고요한	11	0	0	0	0
0	1	3	0		루이스	8	MF	MF	2	다카하기	34	1	0	0	0
0	0	1	0		한교원	7	MF	FW	25	아드리아노		2	1	0	0
0	0	1	1(1)		이동국	20	FW	FW	17	윤일록	19	2	1	0	0
0	0	0	0		홍정남	21			31	유상훈		0	0	0	0
0	0	1	0	후33	김영찬	30			34	박용우	후22	0	0	0	0
0	0	0	0		윌킨슨	18			21	심상민		0	0	0	0
0	0	0	0	후10	정훈	13	대기	대기	8	이석현		0	0	0	0
0	0	0	0		이승현	11			11	몰리나	후0	0	0	0	0
0	0	0	3(1)	후17	레오나르도	10			14	박희성		0	0	0	0
0	0	0	0		김동찬	23			19	윤주태	후0	2(1)	1	0	0
0	3	15	6(4)			0			0			9(3)	10	3	0

● 전반 19분 이재성 AK 정면 ~ 이동국 GA 정면 내 R-ST-G (득점: 이동국, 도움: 이재성) 왼쪽
● 후반 8분 한교원 GAR 내 ~ 이재성 GAR 내 L-ST-G (득점: 이재성, 도움: 한교원) 왼쪽
● 후반 46분 정훈 PAR ↷ 레오나르도 PAL R-ST-G (득점: 레오나르도, 도움: 정훈) 왼쪽

9월 12일 14 : 00 포항 스틸야드 관중 4,874명
주심_ 박병진 부심_ 최민병·이규환 대기심_ 우상일 감독관_ 김용세

포항 2 — 1 전반 0 / 1 후반 1 — **1 성남**

퇴장	경고	파울	ST(유)	교체	선수명	배번	위치	위치	배번	선수명	교체	ST(유)	파울	경고	퇴장
0	1	0	0		신화용	1	GK	GK	29	박준혁		0	0	0	0
0	1	1	0		배슬기	24	DF	DF	33	장학영		1	0	0	0
0	1	2	0		김원일	13	DF	DF	6	김태윤		0	0	0	0
0	0	3	0		김준수	6	DF	DF	24	장석원		0	1	0	0
0	0	1	1		최재수	26	DF	DF	25	이태희		1(1)	2	0	0
0	0	2	1	12	김태수	5	MF	MF	22	이종원	16	1	1	0	0
0	0	2	1(1)		신진호	4	MF	MF	7	김철호		0	0	0	0
0	0	3	0		손준호	28	MF	MF	23	남준재	14	0	2	0	0
0	0	2	0	11	라자르	8	FW	MF	18	김성준		0	1	0	0
0	1	1	2(2)	16	티아고	7	MF	MF	31	박용지	13	0	1	0	0
0	0	2	3(1)		고무열	18	MF	FW	10	레이나		1	1	0	0
0	0	0	0		김진영	21			1	전상욱		0	0	0	0
0	0	0	0		김광석	3			3	심우연		0	0	0	0
0	0	0	0		이재원	15			17	박태민		0	0	0	0
0	0	0	0		황지수	9	대기	대기	14	정선호	후34	0	0	0	0
0	0	0	0	후35	심동운	16			13	김동희	후15	0	2	0	0
0	0	1	0	후24	김승대	12			19	루카스		0	0	0	0
0	0	0	0	후24	박성호	11			16	황의조	후15	1(1)	1	0	0
0	4	20	8(4)			0			0			5(2)	12	0	0

● 전반 11분 티아고 C.KR ↷ 고무열 GA 정면 내 H-ST-G (득점: 고무열, 도움: 티아고) 왼쪽
● 후반 30분 김태윤 GA 정면 내 R 자책골 (득점: 김태윤) 가운데
● 후반 19분 황의조 PK 우측지점 R-ST-G (득점: 황의조) 왼쪽

9월 12일 16 : 00 맑음 수원 월드컵 관중 11,372명
주심_ 김성호 부심_ 장준모·방기열 대기심_ 정동식 감독관_ 김형남

수원 1 | 1 전반 0 / 0 후반 0 | **0 인천**

퇴장	경고	파울	ST(유)	교체	선수명	배번	위치	위치	배번	선수명	교체	ST(유)	파울	경고	퇴장
0	0	0	0		정 성 룡	1	GK	GK	1	유 현		0	0	0	0
0	0	0	1	3	장 현 수	19	DF	DF	25	박 대 한		0	3	1	0
0	0	1	0		연 제 민	34	DF	DF	77	이 윤 표		1	2	0	0
0	0	1	0		구 자 룡	15	DF	DF	20	요 니 치		1	1	0	0
0	0	0	0		홍 철	33	DF	DF	2	권 완 규		0	3	0	0
0	1	2	1(1)		조 성 진	5	MF	MF	4	김 원 식	7	1	2	1	0
0	0	0	1		염 기 훈	26	MF	MF	26	조 수 철		0	1	0	0
0	0	1	2(1)		이 상 호	7	MF	MF	22	김 동 석		0	2	0	0
0	0	1	3(1)	18	산 토 스	10	MF	MF	23	윤 상 호	10	0	1	0	0
0	0	1	0		고 차 원	12	MF	MF	11	김 인 성	24	1	0	0	0
0	0	4	3(1)	22	일 리 안	8	FW	FW	19	케 빈		6(3)	2	0	0
0	0	0	0		노 동 건	21			21	조 수 혁		0	0	0	0
0	0	0	0	후31	양 상 민	3			13	용 재 현		0	0	0	0
0	0	0	1	후22	권 창 훈	22			15	김 대 중		0	0	0	0
0	0	0	0		조 지 훈	16	대기	대기	7	김 도 혁	후22	0	0	0	0
0	0	0	0		조 찬 호	14			24	박 세 직	후5	1	0	0	0
0	0	0	0		백 지 훈	20			10	이 천 수	후16	0	1	0	0
0	0	0	1(1)	후35	카 이 오	18			33	이 효 균		0	0	0	0
0	1	11	13(5)			0			0			11(3)	18	2	0

●전반 39분 장현수 PAR TL ↷ 산토스 GA 정면 H-ST-G (득점: 산토스, 도움: 장현수) 왼쪽

9월 13일 16 : 30 맑음 제주 월드컵 관중 5,372명
주심_ 김희곤 부심_ 정해상·송봉근 대기심_ 송민석 감독관_ 김진의

제주 2 | 0 전반 0 / 2 후반 2 | **2 울산**

퇴장	경고	파울	ST(유)	교체	선수명	배번	위치	위치	배번	선수명	교체	ST(유)	파울	경고	퇴장
0	0	0	0		김 호 준	1	GK	GK	1	김 승 규		0	0	0	0
0	1	1	0		오 반 석	4	DF	DF	16	김 태 환		0	1	1	0
0	0	1	0		백 동 규	40	DF	DF	24	이 명 재	5	0	2	1	0
0	0	0	0	15	강 준 우	25	DF	DF	22	김 치 곤		0	0	0	0
0	0	2	2(1)		정 다 훤	2	MF	DF	17	유 준 수		1(1)	0	0	0
0	0	1	1		김 상 원	3	MF	MF	20	이 창 용		0	2	1	0
0	0	4	0		양 준 아	23	MF	MF	6	마 스 다		1(1)	0	0	0
0	0	0	1(1)		윤빛가람	14	MF	MF	27	안 현 범		1(1)	1	0	0
0	0	0	1(1)	34	송 진 형	10	FW	MF	44	코 바	10	1	0	0	0
0	0	2	3	99	로 페 즈	7	FW	FW	18	양 동 현	86	2(1)	0	0	0
0	0	3	2(2)		까 랑 가	20	FW	FW	9	김 신 욱		3(1)	2	0	0
0	0	0	0		김 경 민	21			41	장 대 희		0	0	0	0
0	1	1	0	후32	알 렉 스	15			34	김 영 삼		0	0	0	0
0	0	0	0		배 재 우	28			5	정 승 현	후43	0	0	0	0
0	0	0	0		허 범 산	6	대기	대기	32	이 영 재		0	0	0	0
0	0	0	0		송 수 영	13			10	제파로프	후33	1(1)	0	0	0
0	0	0	0	후41	정 영 총	34			86	에 벨 톤	후37	0	0	0	0
0	0	0	0	후47	시 로	99			13	임 창 우		0	0	0	0
0	2	15	10(5)			0			0			10(6)	8	3	0

●후반 24분 윤빛가람 GAL → 까랑가 GAR R-ST-G (득점: 까랑가, 도움: 윤빛가람) 오른쪽
●후반 27분 송진형 PK 우측지점 ~ 까랑가 PA 정면 내 L-ST-G (득점: 까랑가, 도움: 송진형) 오른쪽
●후반 14분 코바 C.KL ↷ 유준수 GAR 내 H-ST-G (득점: 유준수, 도움: 코바) 오른쪽
●후반 50분 제파로프 AK 정면 FK L-ST-G (득점: 제파로프) 왼쪽

9월 13일 14 : 00 맑음 광주 월드컵 관중 1,544명
주심_ 이동준 부심_ 노수용·이정민 대기심_ 임정수 감독관_ 한병화

광주 0 | 0 전반 0 / 0 후반 0 | **0 부산**

퇴장	경고	파울	ST(유)	교체	선수명	배번	위치	위치	배번	선수명	교체	ST(유)	파울	경고	퇴장
0	0	0	0		최 봉 진	41	GK	GK	21	이 창 근		0	0	0	0
0	0	0	0	17	박 일 권	37	DF	DF	32	구 현 준		0	0	0	0
0	0	3	0		김 영 빈	3	DF	DF	6	이 경 렬		0	0	0	0
0	0	0	0		정 호 정	33	DF	DF	5	노 행 석		0	1	0	0
0	0	0	0		이 으 뜸	14	DF	DF	2	박 준 강		0	0	0	0
0	0	1	0		안 영 규	26	MF	MF	22	전 성 찬		0	3	1	0
0	0	0	0		임 선 영	5	MF	MF	24	주 세 종		0	1	0	0
0	0	2	1(1)	19	파 비 오	10	MF	MF	13	이 규 성	19	1(1)	2	0	0
0	1	1	1		송 승 민	16	MF	FW	10	웨 슬 리		2(2)	0	0	0
0	1	1	1		김 호 남	11	MF	FW	18	배 천 석		2(2)	1	0	0
0	1	3	0	6	까시아노	36	FW	FW	14	정 석 화	11	1(1)	2	0	0
0	0	0	0		제 종 현	1			41	김 기 용		0	0	0	0
0	0	0	0		정 준 연	4			33	유 지 훈		0	0	0	0
0	0	0	2	후21	오 도 현	6			4	김 종 혁		0	0	0	0
0	0	0	0		허 재 녕	13	대기	대기	71	김 익 현		0	0	0	0
0	0	0	0	후10	이 종 민	17			19	김 진 규	후21	0	2	1	0
0	0	0	0	후42	박 선 홍	19			77	최 광 희		0	0	0	0
0	0	0	0		주 현 우	30			11	엘리아스	후34	0	1	1	0
0	3	11	5(1)			0			0			6(6)	13	3	0

9월 13일 16 : 00 맑음 광양 전용 관중 4,037명
주심_ 김상우 부심_ 윤광열·손재선 대기심_ 김영수 감독관_ 강창구

전남 1 | 0 전반 1 / 1 후반 0 | **1 대전**

퇴장	경고	파울	ST(유)	교체	선수명	배번	위치	위치	배번	선수명	교체	ST(유)	파울	경고	퇴장
0	0	0	0		김 병 지	1	GK	GK	31	오 승 훈		0	0	0	0
0	0	0	1		현 영 민	13	DF	DF	43	이 강 진		0	0	1	0
0	0	3	1		김 동 철	20	DF	DF	4	윤 준 성		0	1	1	0
0	0	1	0		방 대 종	15	DF	DF	30	안 세 희		0	1	0	0
0	0	4	2		이 슬 찬	27	DF	DF	55	김 태 봉		0	0	0	0
0	0	0	2(1)		김 평 래	12	MF	MF	72	금 교 진		1	1	0	0
0	1	3	0		레안드리뉴	7	MF	MF	7	김 종 국		0	3	0	0
0	0	0	2(1)	24	오 르 샤	17	FW	MF	73	한 의 권		3(1)	5	1	0
0	0	1	0	11	전 현 철	9	FW	MF	81	공 태 하	11	0	1	0	0
0	0	2	3(1)		이 종 호	8	FW	FW	77	완 델 손		0	3	0	0
0	0	0	2(1)	14	스 테 보	10	FW	FW	14	서 명 원	20	1(1)	3	1	0
0	0	0	0		김 민 식	21			1	박 주 원		0	0	0	0
0	0	0	0		최 효 진	2			29	김 상 필		0	0	0	0
0	0	0	0		홍 진 기	4			20	안 상 현	후29	0	0	0	0
0	0	0	0		이 지 남	6	대기	대기	88	고 민 혁		0	0	0	0
0	0	1	3	전31	안 용 우	11			11	하 피 나	후25/22	0	1	0	0
0	0	0	1(1)	후27	김 영 욱	14			22	이 현 호	후33	0	0	0	0
0	0	0	0	후36	이 지 민	24			16	이 광 훈		0	0	0	0
0	1	15	17(5)			0			0			5(2)	19	4	0

●후반 12분 이종호 GA 정면 내 H-ST-G (득점: 이종호) 왼쪽
●전반 11분 서명원 AK 정면 R-ST-G (득점: 서명원) 왼쪽

9월 19일 14 : 00 맑음 인천 전용 관중 5,951명
주심_ 김동진 부심_ 노태식·송봉근 대기심_ 최대우 감독관_ 김정식

인천 2 1 전반 0 / 1 후반 1 **1 부산**

퇴장	경고	파울	ST(유)	교체	선수명	배번	위치	위치	배번	선수명	교체	ST(유)	파울	경고	퇴장
0	1	0	0		조수혁	21	GK	GK	21	이창근		0	1	0	0
0	0	1	0		박대한	25	DF	DF	32	구현준		0	1	0	0
0	0	0	0		김진환	5	DF	DF	6	이경렬		1(1)	0	0	0
0	0	2	0		요니치	20	DF	DF	5	노행석		0	1	0	0
0	0	2	1(1)		권완규	2	DF	DF	2	박준강	77	0	1	0	0
0	0	2	0		김원식	4	MF	MF	20	김용태		0	1	1	0
0	1	2	1	6	김동석	22	MF	MF	24	주세종		0	2	0	0
0	0	2	0		김도혁	7	MF	MF	13	이규성	8	0	0	0	0
0	0	3	1(1)	18	박세직	24	MF	FW	10	웨슬리		3(1)	2	1	0
0	1	4	0	77	김인성	11	MF	FW	18	배천석		2(1)	2	0	0
0	0	4	6(5)		케빈	19	FW	FW	14	정석화	11	1	1	0	0
0	0	0	0		이태희	31			1	이범영		0	0	0	0
0	0	0	0	후44	이윤표	77			33	유지훈		0	0	0	0
0	0	0	0		용재현	13			17	이청웅		0	0	0	0
0	0	0	0	후24	와다	6	대기	대기	71	김익현		0	0	0	0
0	0	0	0		안진범	8			77	최광희	후21	0	0	0	0
0	0	2	0	후19	진성욱	18			8	윤동민	후12	1	1	0	0
0	0	0	0		이효균	33			11	엘리아스	후39	0	0	0	0
0	3	24	9(7)			0			0			8(3)	13	2	0

●전반 46분 김동석 PAL FK ↷ 케빈 GA 정면 내 H-ST-G (득점: 케빈, 도움: 김동석) 왼쪽
●후반 6분 김도혁 PAL 내 ~ 박세직 GAL L-ST-G (득점: 박세직, 도움: 김도혁) 오른쪽
●후반 28분 구현준 C,KR ↷ 이경렬 GAL H-ST-G (득점: 이경렬, 도움: 구현준) 왼쪽

9월 19일 17 : 00 맑음 울산 문수 관중 18,031명
주심_ 우상일 부심_ 최민병·양재용 대기심_ 김우성 감독관_ 하재훈

울산 3 1 전반 2 / 2 후반 0 **2 전남**

퇴장	경고	파울	ST(유)	교체	선수명	배번	위치	위치	배번	선수명	교체	ST(유)	파울	경고	퇴장
0	0	0	0		김승규	1	GK	GK	21	김민식		0	0	0	0
0	1	0	0		김태환	16	DF	DF	13	현영민		0	0	0	0
0	0	2	1		정동호	2	DF	DF	5	임종은	15	0	0	0	0
0	0	3	0	10	김치곤	22	DF	DF	6	이지남		1(1)	0	0	0
0	0	2	1		유준수	17	DF	DF	2	최효진		0	1	0	0
0	0	1	1	5	구본상	4	MF	MF	16	정석민		1	4	0	0
0	0	0	3(3)		마스다	6	MF	MF	12	김평래		0	2	1	0
0	0	2	1(1)	15	안현범	27	MF	FW	17	오르샤	7	3	0	0	0
0	0	0	2(1)		코바	44	MF	FW	8	이종호		3(2)	0	0	0
0	0	3	1(1)		양동현	18	FW	FW	11	안용우	27	1(1)	2	0	0
0	0	2	4(2)		김신욱	9	FW	FW	10	스테보		4(3)	1	0	0
0	0	0	0		장대희	41			1	김병지		0	0	0	0
0	0	0	0		이명재	24			7	레안드리뉴	후29	2(2)	1	0	0
0	0	0	0	후40	이재성	15			14	김영욱		0	0	0	0
0	0	0	0		이영재	32	대기	대기	15	방대종	전33	0	0	0	0
0	0	0	0	후48	제파로프	10			20	김동철		0	0	0	0
0	0	0	0		에벨톤	86			24	이지민		0	0	0	0
0	0	0	0	후31	정승현	5			27	이슬찬	후41	0	0	0	0
0	1	15	14(8)			0			0			15(9)	11	1	0

●전반 25분 안현범 PAL ↷ 김신욱 GAR H-ST-G (득점: 김신욱, 도움: 안현범) 오른쪽
●후반 9분 김신욱 MFL ~ 마스다 PAL R-ST-G (득점: 마스다, 도움: 김신욱) 오른쪽
●후반 19분 코바 PAL 내 EL ↷ 김신욱 GA 정면 내 H-ST-G (득점: 김신욱, 도움: 코바) 가운데
●전반 5분 이종호 PAL ~ 스테보 PK 우측지점 R-ST-G (득점: 스테보, 도움: 이종호) 왼쪽
●전반 11분 스테보 PK-R-G (득점: 스테보) 왼쪽

9월 19일 16 : 00 맑음 제주 월드컵 관중 7,127명
주심_ 정동식 부심_ 손재선·김계용 대기심_ 박진호 감독관_ 한진원

제주 0 0 전반 1 / 0 후반 0 **1 포항**

퇴장	경고	파울	ST(유)	교체	선수명	배번	위치	위치	배번	선수명	교체	ST(유)	파울	경고	퇴장
0	0	0	0		김호준	1	GK	GK	1	신화용		0	0	0	0
0	0	0	0		오반석	4	DF	DF	3	김광석		0	1	0	0
0	0	0	1		백동규	40	DF	DF	24	배슬기		1	0	0	0
0	0	3	0		정다훤	2	DF	DF	6	김준수		0	3	0	0
0	1	1	0		김상원	3	DF	DF	26	최재수		0	0	1	0
0	0	1	0	99	양준아	23	MF	MF	9	황지수	14	0	3	0	0
0	0	1	2		윤빛가람	14	MF	MF	28	손준호		3(1)	5	0	0
0	0	1	1		송진형	10	MF	FW	11	박성호	15	1(1)	1	0	0
0	0	1	0	13	정영총	34	FW	MF	12	김승대		0	2	0	0
0	0	1	1(1)		로페즈	7	FW	MF	4	신진호		2	0	1	0
0	0	1	1	9	까랑가	20	FW	MF	18	고무열	16	2	1	0	0
0	0	0	0		김경민	21			21	김진영		0	0	0	0
0	0	0	0		강준우	25			2	박선용		0	0	0	0
0	0	0	0		배재우	28			15	이재원	후41	0	0	0	0
0	0	0	0		허범산	6	대기	대기	14	박준희	후28	0	0	0	0
0	0	1	2	후0	송수영	13			16	심동운	후35	0	0	0	0
0	0	0	1(1)	후38	시로	99			17	강상우		0	0	0	0
0	0	1	2	후11	김현	9			8	라자르		0	0	0	0
0	1	12	11(2)			0			0			9(2)	16	2	0

●전반 39분 손준호 PK-R-G (득점: 손준호) 오른쪽

9월 19일 16 : 00 맑음 탄천 종합 관중 4,666명
주심_ 고형진 부심_ 장준모·곽승순 대기심_ 김영수 감독관_ 김일호

성남 2 1 전반 0 / 1 후반 1 **1 광주**

퇴장	경고	파울	ST(유)	교체	선수명	배번	위치	위치	배번	선수명	교체	ST(유)	파울	경고	퇴장
0	0	0	0		박준혁	29	GK	GK	41	최봉진		0	0	0	0
0	0	0	0		장학영	33	DF	DF	4	정준연		0	1	0	0
0	1	2	0		윤영선	20	DF	DF	3	김영빈		0	2	0	0
0	0	0	0		김태윤	6	DF	DF	33	정호정	6	0	0	0	0
0	0	2	2(1)		이태희	25	DF	DF	14	이으뜸		2(1)	0	0	0
0	0	2	0		김철호	7	MF	MF	26	안영규		1	2	1	0
0	1	2	0	13	정선호	14	MF	MF	40	이찬동		1	0	0	0
0	0	1	0	31	남준재	23	MF	MF	5	임선영		1	1	0	0
0	0	3	3		김성준	18	MF	MF	16	송승민		6(2)	1	0	0
0	0	5	0	24	레이나	10	MF	MF	11	김호남		1(1)	1	0	0
0	0	1	4(3)		황의조	16	FW	FW	10	파비오	30	1	1	0	0
0	0	0	0		전상욱	1			31	권정혁		0	0	0	0
0	0	0	0	후41	장석원	24			6	오도현	후24	0	0	0	0
0	0	0	0		곽해성	2			13	허재녕		0	0	0	0
0	0	0	0		이종원	22	대기	대기	19	박선홍		0	0	0	0
0	0	0	1(1)	후12	김동희	13			30	주현우	후15/36	0	0	0	0
0	1	0	0	후12	박용지	31			36	까시아노	후37	0	0	0	0
0	0	0	0		심우연	3			37	박일권		0	0	0	0
0	3	18	10(5)			0			0			13(4	9	1	0

●전반 38분 남준재 PAL 내 ~ 황의조 AK 내 R-ST-G (득점: 황의조, 도움: 남준재) 오른쪽
●후반 33분 박용지 MF 정면 ~ 김동희 PA 정면 내 R-ST-G (득점: 김동희, 도움: 박용지) 왼쪽
●후반 3분 이으뜸 PAL → 김호남 GAL R-ST-G (득점: 김호남, 도움: 이으뜸) 왼쪽

9월 19일 15 : 05 맑음 수원 월드컵 관중 29,046명
주심_ 이동준 부심_ 이정민·노수용 대기심_ 임정수 감독관_ 김진의

수원 0 　 0 전반 3 / 0 후반 0 　 **3 서울**

퇴장	경고	파울	ST(유)	교체	선수명	배번	위치	위치	배번	선수명	교체	ST(유)	파울	경고	퇴장
0	0	0	0		정 성 룡	1	GK	GK	31	유 상 훈		0	0	0	0
0	1	2	1(1)	3	오 범 석	4	DF	MF	27	고 광 민		1	1	0	0
0	1	3	1(1)		연 제 민	34	DF	DF	28	김 동 우		0	1	0	0
0	0	0	0		구 자 룡	15	DF	DF	34	박 용 우		1	0	0	0
0	0	1	1		홍 철	33	DF	DF	26	김 남 춘		0	1	0	0
0	0	1	1(1)		조 성 진	5	MF	MF	5	차 두 리		1(1)	4	1	0
0	0	0	1(1)		염 기 훈	26	MF	MF	4	오스마르		0	1	0	0
0	0	0	0		이 상 호	7	MF	MF	11	몰 리 나		3	1	0	0
0	0	0	4(3)		권 창 훈	22	MF	MF	2	다카하기	13	0	3	1	0
0	0	0	1(1)	10	고 차 원	12	MF	FW	25	아드리아노	19	3(3)	3	1	0
0	0	1	0	18	일 리 안	8	FW	FW	17	윤 일 록	36	0	1	0	0
0	0	0	0		이 상 욱	31			1	김 용 대		0	0	0	0
0	0	0	0	후37	양 상 민	3			6	김 진 규		0	0	0	0
0	0	0	0		장 현 수	19			21	심 상 민		0	0	0	0
0	0	0	0		백 지 훈	20	대기	대기	8	이 석 현		0	0	0	0
0	0	0	0		조 찬 호	14			13	고 요 한	후19	0	0	0	0
0	0	0	2(1)	후22	산 토 스	10			19	윤 주 태	후33	1	1	0	0
0	0	0	3(1)	후0	카 이 오	18			36	정 조 국	후26	0	0	0	0
0	2	8	15(10)			0			0			10(4)	17	3	0

● 전반 20분 아드리아노 PK-R-G (득점: 아드리아노) 왼쪽
● 전반 40분 몰리나 C.KL ↷ 아드리아노 GAR 내 H-ST-G (득점: 아드리아노, 도움: 몰리나) 오른쪽
● 전반 42분 차두리 PAR 내 R-ST-G (득점: 차두리) 왼쪽

9월 20일 16 : 00 맑음 전주 월드컵 관중 16,582명
주심_ 박병진 부심_ 정해상·이규환 대기심_ 서동진 감독관_ 한병화

전북 3 　 2 전반 0 / 1 후반 1 　 **1 대전**

퇴장	경고	파울	ST(유)	교체	선수명	배번	위치	위치	배번	선수명	교체	ST(유)	파울	경고	퇴장
0	0	0	0		권 순 태	1	GK	GK	31	오 승 훈		0	0	0	0
0	0	2	0		박 원 재	19	DF	DF	27	박 재 우		0	0	0	0
0	0	0	0		윌 킨 슨	18	DF	DF	29	김 상 필		0	3	1	0
0	0	0	0		김 기 희	4	DF	DF	30	안 세 희		0	0	0	0
0	1	5	1		최 철 순	25	DF	DF	55	김 태 봉		0	1	0	0
0	1	2	1(1)		장 윤 호	34	MF	MF	72	금 교 진		0	3	0	0
0	0	0	0	23	이 재 성	17	MF	MF	7	김 종 국		1	3	0	0
0	0	1	2(1)	9	이 근 호	33	MF	MF	73	한 의 권		1	3	0	0
0	0	0	0		루 이 스	8	MF	MF	81	공 태 하	10	0	0	0	0
0	0	0	2(1)		한 교 원	7	MF	FW	77	완 델 손	88	0	2	0	0
0	0	1	3(3)	10	이 동 국	20	FW	FW	14	서 명 원	99	3(2)	1	0	0
0	0	0	0		홍 정 남	21			1	박 주 원		0	0	0	0
0	0	0	0		김 영 찬	30			5	실 바		0	0	0	0
0	0	0	0		이 주 용	32			2	조 원 득		0	0	0	0
0	0	0	0		문 상 윤	47	대기	대기	99	이 현 승	후18	1	0	0	0
0	0	0	2	후13	레오나르도	10			88	고 민 혁	전40	1	1	0	0
0	0	1	0	후29	김 동 찬	23			11	하 피 냐		0	0	0	0
0	0	0	1	후23	우르코베라	9			10	닐 톤	전25	1(1)	0	0	0
0	2	12	12(6)			0			0			8(3)	17	1	0

● 전반 5분 이근호 PAR 내 EL ~ 이동국 GA 정면 R-ST-G (득점: 이동국, 도움: 이근호) 가운데
● 전반 27분 루이스 AK 정면 ~ 이근호 GA 정면 R-ST-G (득점: 이근호, 도움: 루이스) 왼쪽
● 후반 12분 이동국 GAL ~ 장윤호 PAL 내 L-ST-G (득점: 장윤호, 도움: 이동국) 왼쪽
● 후반 8분 서명원 GA 정면 R-ST-G (득점: 서명원) 왼쪽

9월 23일 19 : 00 비 광양 전용 관중 1,865명
주심_ 박병진 부심_ 정해상·김계용 대기심_ 박진호 감독관_ 김수현

전남 0 　 0 전반 1 / 0 후반 1 　 **2 수원**

퇴장	경고	파울	ST(유)	교체	선수명	배번	위치	위치	배번	선수명	교체	ST(유)	파울	경고	퇴장
0	0	0	0		김 병 지	1	GK	GK	1	정 성 룡		0	0	0	0
0	0	0	0		현 영 민	13	DF	DF	4	오 범 석		0	0	0	0
0	1	1	0	4	방 대 종	15	DF	DF	34	연 제 민		0	1	0	0
0	0	2	0		이 지 남	6	DF	DF	15	구 자 룡		1	2	0	0
0	0	1	0		최 효 진	2	DF	DF	33	홍 철		2	0	0	0
0	0	1	0		김 평 래	12	MF	MF	5	조 성 진		0	2	1	0
0	0	1	1	9	정 석 민	16	MF	MF	26	염 기 훈		1(1)	1	0	0
0	0	0	5		오 르 샤	17	FW	MF	10	산 토 스	6	1	0	0	0
0	0	4	2		이 종 호	8	FW	MF	22	권 창 훈	19	4(2)	0	0	0
0	0	1	1(1)	14	레안드리뉴	7	FW	MF	12	고 차 원	3	0	0	0	0
0	0	1	2(1)		스 테 보	10	FW	FW	18	카 이 오		3(1)	1	1	0
0	0	0	0		김 민 식	21			31	이 상 욱		0	0	0	0
0	0	0	0	후11	홍 진 기	4			3	양 상 민	후41	0	0	0	0
0	0	0	0	후26	전 현 철	9			19	장 현 수	후44	0	0	0	0
0	0	1	0	후36	김 영 욱	14	대기	대기	20	백 지 훈		0	0	0	0
0	0	0	0		김 동 철	20			16	조 지 훈		0	0	0	0
0	0	0	0		이 지 민	24			6	김 은 선	후30	1	0	0	0
0	0	0	0		이 슬 찬	27			8	일 리 안		0	0	0	0
0	1	13	11(2)			0			0			13(4)	7	2	0

● 전반 45분 염기훈 PAL ~ 카이오 PK지점 L-ST-G (득점: 카이오, 도움: 염기훈) 오른쪽
● 후반 5분 권창훈 PK지점 L-ST-G (득점: 권창훈) 오른쪽

9월 23일 19 : 00 비 광주 월드컵 관중 2,233명
주심_ 김희곤 부심_ 최민병·송봉근 대기심_ 매호영 감독관_ 김용세

광주 1 　 1 전반 1 / 0 후반 1 　 **2 전북**

퇴장	경고	파울	ST(유)	교체	선수명	배번	위치	위치	배번	선수명	교체	ST(유)	파울	경고	퇴장
0	0	0	0		최 봉 진	41	GK	GK	1	권 순 태		0	0	0	0
0	0	2	0		정 준 연	4	DF	DF	32	이 주 용		0	2	1	0
0	0	0	0		김 영 빈	3	DF	DF	3	김 형 일		0	3	0	0
0	0	0	0		안 영 규	26	DF	DF	16	조 성 환	18	0	2	1	0
0	0	0	0		이 으 뜸	14	DF	DF	25	최 철 순		0	1	0	0
0	0	3	0		오 도 현	6	MF	MF	6	최 보 경		1	2	0	0
0	0	3	0	17	이 찬 동	40	MF	MF	34	장 윤 호		2(1)	2	0	0
0	0	1	1(1)	36	임 선 영	5	MF	MF	33	이 근 호		2(1)	2	0	0
0	0	1	1(1)	30	송 승 민	16	MF	MF	9	우르코베라	10	1	1	0	0
0	0	0	1(1)		김 호 남	11	MF	MF	7	한 교 원	8	0	1	0	0
0	0	3	0		파 비 오	10	FW	FW	20	이 동 국		2(2)	1	1	0
0	0	0	0		제 종 현	1			21	홍 정 남		0	0	0	0
0	0	0	0		허 재 녕	13			18	윌 킨 슨	후38	0	0	0	0
0	0	0	0	후43	이 종 민	17			19	박 원 재		0	0	0	0
0	0	0	0		박 선 홍	19	대기	대기	8	루 이 스	후25	0	0	0	0
0	0	0	0		김 의 신	28			10	레오나르도	후14	1(1)	0	0	0
0	0	0	0	후18	주 현 우	30			23	김 동 찬		0	0	0	0
0	0	2	0	후20	까시아노	36			11	이 승 현		0	0	0	0
0	0	15	3(3)			0			0			9(5)	17	3	0

● 전반 35분 임선영 MF 정면 → 김호남 GAL R-ST-G (득점: 김호남, 도움: 임선영) 오른쪽
● 전반 37분 한교원 MFR ~ 이동국 PK 우측지점 R-ST-G (득점: 이동국, 도움: 한교원) 오른쪽
● 후반 45분 레오나르도 PA 정면 ~ 이동국 AK 정면 L-ST-G (득점: 이동국, 도움: 레오나르도) 오른쪽

9월 23일 19 : 00 비 부산 아시아드 관중 1,837명
주심_ 김성호 부심_ 장준모·이규환 대기심_ 송민석 감독관_ 김진의

부산 0 0 전반 0 / 0 후반 2 **2 제주**

퇴장	경고	파울	ST(유)	교체	선수명	배번	위치	위치	배번	선수명	교체	ST(유)	파울	경고	퇴장
0	0	0	0		이 창 근	21	GK	GK	1	김 호 준		0	0	0	0
0	0	1	0		구 현 준	32	DF	DF	4	오 반 석		0	2	0	0
0	1	2	0		이 경 렬	6	DF	DF	40	백 동 규		0	4	0	0
0	0	0	1(1)		이 청 웅	17	DF	DF	2	정 다 훤		0	0	0	0
0	0	1	0		박 준 강	2	DF	DF	28	배 재 우		0	2	1	0
0	0	2	2(1)		전 성 찬	22	MF	MF	23	양 준 아	37	0	1	0	0
0	1	5	2(1)		주 세 종	24	MF	MF	14	윤빛가람		0	0	0	0
0	0	1	0	14	이 규 성	13	MF	MF	10	송 진 형		2	1	0	0
0	0	1	3(3)		웨 슬 리	10	FW	FW	7	로 페 즈	9	4(3)	0	0	0
0	0	2	0	20	배 천 석	18	FW	FW	13	송 수 영	34	2(1)	0	0	0
0	0	1	0	29	최 광 희	77	FW	FW	20	까 랑 가		6(3)	0	0	0
0	0	0	0		이 범 영	1			21	김 경 민		0	0	0	0
0	0	0	0		유 지 훈	33			25	강 준 우		0	0	0	0
0	0	0	0		노 행 석	5			27	김 봉 래		0	0	0	0
0	0	0	0	후7	김 용 태	20	대기	대기	37	장 은 규	후31	0	2	1	0
0	0	1	0	후7	정 석 화	14			99	시 로		0	0	0	0
0	0	2	0	후31	김 지 민	29			34	정 영 총	후36	0	0	0	0
0	0	0	0		엘리아스	11			9	김 현	후41	0	0	0	0
0	2	19	8(6)			0			0			14(7)	12	2	0

- 후반 5분 윤빛가람 C.KR ↷ 까랑가 GAL H-ST-G (득점: 까랑가, 도움: 윤빛가람) 오른쪽
- 후반 10분 송진형 MF 정면 ↷ 까랑가 GAR R-ST-G (득점: 까랑가, 도움: 송진형) 가운데

9월 23일 19 : 30 흐림 대전 월드컵 관중 1,886명
주심_ 고형진 부심_ 노태식·이정민 대기심_ 우상일 감독관_ 강창구

대전 0 0 전반 0 / 0 후반 1 **1 포항**

퇴장	경고	파울	ST(유)	교체	선수명	배번	위치	위치	배번	선수명	교체	ST(유)	파울	경고	퇴장
0	0	0	0		오 승 훈	31	GK	GK	1	신 화 용		0	0	0	0
0	0	1	0		이 강 진	43	DF	DF	24	배 슬 기		2(1)	2	0	0
0	0	0	0	27	김 상 필	29	DF	DF	13	김 원 일		0	2	0	0
0	0	0	1		안 세 희	30	DF	DF	2	박 선 용		0	3	0	0
0	0	0	0		김 태 봉	55	DF	DF	15	이 재 원		1(1)	3	0	0
0	0	3	0		금 교 진	72	MF	MF	9	황 지 수	14	0	2	0	0
0	0	1	0		김 종 국	7	MF	MF	28	손 준 호		1	3	0	0
0	0	5	1		한 의 권	73	MF	FW	11	박 성 호	18	0	3	1	0
0	1	2	1	10	손 설 민	71	MF	MF	12	김 승 대		2(1)	1	0	0
0	1	3	0	88	이 현 승	99	MF	MF	4	신 진 호		1	2	1	0
0	1	3	2(1)		서 명 원	14	FW	MF	7	티 아 고	16	3(1)	0	0	0
0	0	0	0		박 주 원	1			21	김 진 영		0	0	0	0
0	0	0	0		실 바	5			6	김 준 수		0	0	0	0
0	0	0	0	후26	박 재 우	27			3	김 광 석		0	0	0	0
0	0	0	0		공 태 하	81	대기	대기	14	박 준 희	후46	0	0	0	0
0	0	0	0	후39	고 민 혁	88			16	심 동 운	후14	0	0	0	0
0	0	0	0		하 피 냐	11			18	고 무 열	후0	0	0	0	0
0	1	0	2	후16	닐 톤	10			8	라 자 르		0	0	0	0
0	4	18	7(1)			0			0			10(4)	21	2	0

- 후반 15분 박선용 PAR TL ↷ 김승대 PK지점 R-ST-G (득점: 김승대, 도움: 박선용) 오른쪽

9월 23일 19 : 30 흐림 서울 월드컵 관중 8,792명
주심_ 김동진 부심_ 윤광열·방기열 대기심_ 정동식 감독관_ 한진원

서울 0 0 전반 1 / 0 후반 0 **1 성남**

퇴장	경고	파울	ST(유)	교체	선수명	배번	위치	위치	배번	선수명	교체	ST(유)	파울	경고	퇴장
0	0	0	0		유 상 훈	31	GK	GK	1	전 상 욱		0	0	1	0
0	0	1	0	5	심 상 민	21	MF	DF	33	장 학 영		0	2	1	0
0	0	1	0		김 동 우	28	DF	DF	20	윤 영 선		1	2	0	0
0	0	2	0	91	박 용 우	34	DF	DF	6	김 태 윤		0	3	1	0
0	0	0	1		김 남 춘	26	DF	DF	25	이 태 희		0	2	0	0
0	0	0	0	13	고 광 민	27	MF	MF	7	김 철 호		0	2	0	0
0	0	5	1(1)		오스마르	4	MF	MF	18	김 성 준		1(1)	1	0	0
0	0	1	5(1)		몰 리 나	11	MF	MF	23	남 준 재	24	0	0	0	0
0	0	2	1		다카하기	2	MF	MF	10	레 이 나	22	0	0	0	0
0	0	1	6(2)		아드리아노	25	FW	MF	31	박 용 지	8	2(1)	0	0	0
0	0	0	0		윤 일 록	17	FW	FW	16	황 의 조		2	2	0	0
0	0	0	0		김 용 대	1			21	정 산		0	0	0	0
0	0	0	0		이 웅 희	3			24	장 석 원	후0	0	1	0	0
0	0	0	0	후0	차 두 리	5			2	곽 해 성		0	0	0	0
0	0	0	0		이 석 현	8	대기	대기	22	이 종 원	후23	1	0	0	0
0	0	1	0	후26	고 요 한	13			13	김 동 희		0	0	0	0
0	0	0	2(1)	후15	박 주 영	91			8	김 두 현	후27	0	0	0	0
0	0	0	0		윤 주 태	19			3	심 우 연		0	0	0	0
0	0	14	16(5)			0			0			7(2)	15	3	0

- 전반 29분 장학영 MFL ↷ 박용지 PAR L-ST-G (득점: 박용지, 도움: 장학영) 왼쪽

9월 23일 19 : 30 흐림 인천 전용 관중 4,566명
주심_ 김종혁 부심_ 손재선·노수용 대기심_ 성덕효 감독관_ 김형남

인천 1 1 전반 1 / 0 후반 1 **2 울산**

퇴장	경고	파울	ST(유)	교체	선수명	배번	위치	위치	배번	선수명	교체	ST(유)	파울	경고	퇴장
0	0	0	0		유 현	1	GK	GK	1	김 승 규		0	0	0	0
0	0	1	1(1)		박 대 한	25	DF	DF	16	김 태 환		0	0	0	0
0	0	1	0		이 윤 표	77	DF	DF	2	정 동 호		0	0	0	0
0	0	0	0		요 니 치	20	DF	DF	15	이 재 성		0	0	0	0
0	0	2	1		권 완 규	2	DF	DF	17	유 준 수		0	0	0	0
0	0	2	0		김 원 식	4	MF	MF	4	구 본 상	20	1(1)	0	0	0
0	0	2	0		김 동 석	22	MF	MF	6	마 스 다		0	1	0	0
0	0	3	0		김 도 혁	7	MF	MF	27	안 현 범	86	0	2	0	0
0	0	0	0	18	박 세 직	24	MF	MF	44	코 바	10	1	0	0	0
0	0	0	0	33	윤 상 호	23	MF	FW	18	양 동 현		1(1)	3	1	0
0	0	2	5(5)	5	케 빈	19	FW	FW	9	김 신 욱		4(1)	2	0	0
0	0	0	0		조 수 혁	21			41	장 대 희		0	0	0	0
0	0	0	0	후47	김 진 환	5			13	임 창 우		0	0	0	0
0	0	0	0		용 재 현	13			24	이 명 재		0	0	0	0
0	0	0	0		백 승 원	28	대기	대기	20	이 창 용	전23	0	0	0	0
0	0	0	0		안 진 범	8			32	이 영 재		0	0	0	0
0	1	1	0	후12	진 성 욱	18			10	제파로프	후41	0	0	0	0
0	0	0	0	후29	이 효 균	33			86	에 벨 톤	후29	0	1	0	0
0	1	14	7(6)			0			0			7(3)	9	1	0

- 전반 38분 박대한 MFL ↷ 케빈 GAR H-ST-G (득점: 케빈, 도움: 박대한) 오른쪽
- 전반 5분 구본상 PAL L-ST-G (득점: 구본상) 오른쪽
- 후반 50분 김태환 PAR EL ↷ 김신욱 GA 정면 H-ST-G (득점: 김신욱, 도움: 김태환) 오른쪽

10월 04일 14:00 맑음 포항 스틸야드 관중 8,117명
주심_ 김상우 부심_ 정해상·곽승순 대기심_ 박필준 감독관_ 하재훈

포항 2 1 전반 0 / 1 후반 0 **0 부산**

퇴장	경고	파울	ST(유)	교체	선수명	배번	위치	위치	배번	선수명	교체	ST(유)	파울	경고	퇴장
0	0	0	0		신화용	1	GK	GK	1	이범영		0	0	0	0
0	0	1	1		김광석	3	DF	DF	33	유지훈		0	1	1	0
0	0	0	0		배슬기	24	DF	DF	6	이경렬		0	1	0	0
0	1	3	0		김준수	6	DF	DF	4	김종혁		0	2	0	0
0	0	2	0		김대호	22	DF	DF	77	최광희		0	0	0	0
0	0	2	1	5	황지수	9	MF	MF	22	전성찬		0	2	0	0
0	0	2	1(1)		손준호	28	MF	MF	24	주세종		0	1	0	0
0	0	2	1(1)		신진호	4	MF	MF	20	김용태	7	0	1	0	0
0	0	1	3(2)		김승대	12	FW	FW	10	웨슬리		2(1)	3	1	0
0	0	1	0	8	심동운	16	MF	FW	99	빌	9	0	2	0	0
0	1	2	3(3)	7	고무열	18	MF	FW	14	정석화	2	0	0	0	0
0	0	0	0		김진영	21			21	이창근		0	0	0	0
0	0	0	0		박선용	2			17	이청웅		0	0	0	0
0	0	0	0		이재원	15			2	박준강	後40	0	1	0	0
0	0	0	0	後43	김태수	5	대기	대기	71	김익현		0	0	0	0
0	0	0	0	後38	티아고	7			7	한지호	後11	0	2	0	0
0	0	0	0		강상우	17			11	엘리아스		0	0	0	0
0	0	0	1	後32	라자르	8			9	김동섭	後11	0	0	0	0
0	2	16	11(7)			0			0			2(1)	16	2	0

- 전반 3분 황지수 HL 정면 ~ 고무열 PK 우측 지점 R-ST-G (득점: 고무열, 도움: 황지수) 가운데
- 후반 31분 황지수 HL 정면 → 김승대 PA 정면 내 R-ST-G (득점: 김승대, 도움: 황지수) 오른쪽

10월 04일 14:00 맑음 대전 월드컵 관중 1,955명
주심_ 송민석 부심_ 장준모·김계용 대기심_ 임정수 감독관_ 김형남

대전 0 0 전반 0 / 0 후반 0 **0 울산**

퇴장	경고	파울	ST(유)	교체	선수명	배번	위치	위치	배번	선수명	교체	ST(유)	파울	경고	퇴장
0	0	0	0		오승훈	31	GK	GK	1	김승규		0	0	0	0
0	0	2	0		이강진	43	DF	DF	16	김태환		0	2	1	0
0	0	0	0		김상필	29	DF	DF	2	정동호		0	5	1	0
0	1	1	0		안세희	30	DF	DF	15	이재성	5	0	1	0	0
0	0	0	0		김태봉	55	DF	DF	17	유준수		1	1	0	0
0	1	2	0		김병석	8	MF	MF	20	이창용		1	0	0	0
0	0	0	2(1)	27	김종국	7	MF	MF	6	마스다		1(1)	4	0	0
0	0	0	1(1)		금교진	72	MF	MF	27	안현범	32	1	3	0	0
0	0	0	0		공태하	81	MF	MF	44	코바		3(1)	0	0	0
0	0	0	2(1)	77	이현승	99	FW	MF	18	양동현	86	2(1)	2	0	0
0	0	2	1	10	한의권	73	MF	FW	9	김신욱		5(2)	2	0	0
0	0	0	0		박주원	1			41	장대희		0	0	0	0
0	0	0	0		실바	5			5	정승현	後0	0	1	0	0
0	0	0	0	後39	박재우	27			24	이명재		0	0	0	0
0	0	0	0		유연승	12	대기	대기	13	임창우		0	0	0	0
0	0	0	0		하피냐	11			32	이영재	後43	1	0	0	0
0	0	0	3(1)	後16	완델손	77			19	김승준		0	0	0	0
0	0	0	1(1)	後4	닐톤	10			86	에벨톤	後23	1(1)	1	0	0
0	2	7	10(5)			0			0			16(6)	22	2	0

10월 04일 14:00 맑음 탄천 종합 관중 11,608명
주심_ 우상일 부심_ 노태식·최민병 대기심_ 정동식 감독관_ 강창구

성남 1 0 전반 0 / 1 후반 0 **0 인천**

퇴장	경고	파울	ST(유)	교체	선수명	배번	위치	위치	배번	선수명	교체	ST(유)	파울	경고	퇴장
0	0	0	0		박준혁	29	GK	GK	21	조수혁	31	0	0	0	0
0	0	1	0		박태민	17	DF	DF	25	박대한		0	2	0	0
0	0	0	0	3	윤영선	20	DF	DF	77	이윤표		0	2	0	0
0	0	0	0		장석원	24	DF	DF	20	요니치		0	2	0	0
0	0	0	0		곽해성	2	DF	DF	2	권완규		0	0	0	0
0	0	1	1(1)		김철호	7	MF	MF	22	김동석		0	0	0	0
0	0	0	1		김성준	18	MF	MF	7	김도혁		1	7	1	0
0	0	0	0	13	남준재	23	MF	MF	23	윤상호	24	0	2	0	0
0	1	2	1		레이나	10	MF	MF	17	김대경	33	0	1	0	0
0	0	0	0	8	박용지	31	MF	MF	11	김인성		0	2	0	0
0	0	2	2(2)		황의조	16	FW	FW	19	케빈		3(2)	3	0	0
0	0	0	0		정산	21			31	이태희	後34	0	0	0	0
0	0	0	0	後49	심우연	3			15	김대중		0	0	0	0
0	0	0	0		이태희	25			13	용재현		0	0	0	0
0	0	0	0		정선호	14	대기	대기	4	김원식		0	0	0	0
0	0	1	1(1)	後30	김두현	8			8	안진범		0	0	0	0
0	0	0	0	後38	김동희	13			24	박세직	後9	0	0	0	0
0	0	0	0		루카스	19			33	이효균	後41	0	0	0	0
0	1	7	6(4)			0			0			4(2)	21	1	0

- 후반 37분 김두현 GAR ~ 황의조 GA 정면 R-ST-G (득점: 황의조, 도움: 김두현) 왼쪽

10월 04일 14:00 맑음 서울 월드컵 관중 20,192명
주심_ 고형진 부심_ 이규환·송봉근 대기심_ 매호영 감독관_ 한병화

서울 3 0 전반 1 / 3 후반 1 **2 전남**

퇴장	경고	파울	ST(유)	교체	선수명	배번	위치	위치	배번	선수명	교체	ST(유)	파울	경고	퇴장
0	0	0	0		유상훈	31	GK	GK	21	김민식		0	0	0	0
0	0	1	0		차두리	5	MF	DF	4	홍진기		0	1	0	0
0	0	0	0		이웅희	3	DF	DF	6	이지남		0	1	0	0
0	0	2	1		박용우	34	DF	DF	20	김동철	10	1(1)	5	0	0
0	0	1	0		김동우	28	DF	MF	24	이지민		0	2	0	0
0	0	0	0		고광민	27	MF	MF	27	이슬찬		2(2)	4	1	0
0	0	2	1(1)		오스마르	4	MF	MF	14	김영욱		0	3	1	0
0	0	2	2		몰리나	11	MF	MF	12	김평래		0	0	1	0
0	1	2	1	8	다카하기	2	MF	MF	7	레안드리뉴	2	0	1	0	0
0	0	1	3(2)	40	아드리아노	25	FW	FW	9	전현철	17	2(1)	1	0	0
0	1	2	1(1)	19	김현성	18	FW	FW	8	이종호		3(3)	0	0	0
0	0	0	0		김용대	1			1	김병지		0	0	0	0
0	0	0	0		김진규	6			2	최효진	後33	0	0	0	0
0	0	0	0		심상민	21			10	스테보	後40	0	0	0	0
0	0	1	2	後27	이석현	8	대기	대기	13	현영민		0	0	0	0
0	0	0	0		김민혁	23			15	방대종		0	0	0	0
0	0	0	0	後47	심제혁	40			16	정석민		0	0	0	0
0	0	1	1(1)	後19	윤주태	19			17	오르샤	後16	0	0	0	0
0	2	15	12(5)			0			0			8(7)	18	3	0

- 후반 10분 몰리나 C,KR ↷ 오스마르 GA 정면 내 H-ST-G (득점: 오스마르, 도움: 몰리나) 오른쪽
- 후반 23분 고광민 PAL ↷ 윤주태 GAL 내 H-ST-G (득점: 윤주태, 도움: 고광민) 오른쪽
- 후반 43분 몰리나 PAL ↷ 아드리아노 GAR R-ST-G (득점: 아드리아노, 도움: 몰리나) 왼쪽
- 전반 33분 이종호 GA 정면 R-ST-G (득점: 이종호) 가운데
- 후반 41분 김영욱 AKL ~ 이종호 PA 정면 R-ST-G (득점: 이종호, 도움: 김영욱) 오른쪽

10월 04일 14 : 00 맑음 광주 월드컵 관중 2,905명
주심_ 김성호 부심_ 손재선·김성일 대기심_ 서동진 감독관_ 김일호

광주 2 | 1 전반 2 / 1 후반 2 | **4 수원**

퇴장	경고	파울	ST(유)	교체	선수명	배번	위치	위치	배번	선수명	교체	ST(유)	파울	경고	퇴장
0	0	0	0		최봉진	41	GK	GK	1	정성룡		0	0	0	0
0	0	1	1		이종민	17	DF	DF	4	오범석		0	2	0	0
0	1	1	0	26	정준연	4	DF	DF	34	연제민	29	0	1	0	0
0	0	2	0		김영빈	3	DF	DF	3	양상민		1(1)	0	0	0
0	0	0	0		주현우	30	DF	DF	33	홍철	15	0	0	0	0
0	1	2	2		이찬동	40	MF	MF	5	조성진		1	3	0	0
0	0	2	1		파비오	10	MF	MF	26	염기훈		2	2	0	0
0	0	1	3(3)	19	임선영	5	MF	MF	10	산토스	7	6(5)	1	0	0
0	0	1	2(1)		송승민	16	MF	MF	22	권창훈		0	1	0	0
0	0	0	2(2)		김호남	11	MF	MF	12	고차원		0	2	0	0
0	0	2	0	22	까시아노	36	FW	FW	8	일리안		2(1)	2	0	0
0	0	0	0		제종현	1			31	이상욱		0	0	0	0
0	0	0	0		오도현	6			15	구자룡	후11	0	0	0	0
0	0	0	0		허재녕	13			19	장현수		0	0	0	0
0	0	0	0	후38	박선홍	19	대기	대기	29	곽희주	후28	1(1)	0	0	0
0	0	0	0	후9	조용태	22			20	백지훈		0	0	0	0
0	0	0	0	후9	안영규	26			13	서정진		0	0	0	0
0	0	0	0		박일권	37			7	이상호	후38	0	0	0	0
0	2	12	11(6)			0			0			13(8)	14	0	0

- 전반 46분 송승민 GAR 내 R-ST-G (득점: 송승민) 오른쪽
- 후반 16분 송승민 GAR H→ 임선영 GAL 내 R-ST-G (득점: 임선영, 도움: 송승민) 왼쪽
- 전반 8분 산토스 PK-R-G (득점: 산토스) 오른쪽
- 전반 18분 염기훈 PAL ~ 산토스 PK지점 R-ST-G (득점: 산토스, 도움: 염기훈) 오른쪽
- 후반 6분 염기훈 MFR FK↷ 양상민 GAR H-ST-G (득점: 양상민, 도움: 염기훈) 왼쪽
- 후반 26분 염기훈 MFL FK↷ 산토스 GAR H-ST-G (득점: 산토스, 도움: 염기훈) 왼쪽

10월 04일 14 : 00 맑음 제주 월드컵 관중 6,817명
주심_ 김종혁 부심_ 노수용·이정민 대기심_ 이동준 감독관_ 김정식

제주 3 | 2 전반 0 / 1 후반 2 | **2 전북**

퇴장	경고	파울	ST(유)	교체	선수명	배번	위치	위치	배번	선수명	교체	ST(유)	파울	경고	퇴장
0	0	0	0		김호준	1	GK	GK	1	권순태		0	0	0	0
0	0	3	0		오반석	4	DF	DF	19	박원재	3	0	1	0	0
0	0	1	0		백동규	40	DF	DF	18	윌킨슨		0	0	0	0
0	0	4	0		정다훤	2	DF	DF	4	김기희		1	1	0	0
0	0	1	0	9	배재우	28	DF	DF	25	최철순		0	1	0	0
0	0	1	0	15	양준아	23	MF	MF	6	최보경	23	0	0	0	0
0	0	3	3(1)		윤빛가람	14	MF	MF	7	한교원	8	0	0	0	0
0	0	1	3	13	송진형	10	FW	MF	10	레오나르도		5(2)	0	0	0
0	1	3	5(2)		로페즈	7	MF	MF	17	이재성		1	0	1	0
0	0	1	3(3)		김상원	3	FW	MF	33	이근호		4(3)	0	0	0
0	1	3	3		까랑가	20	FW	FW	20	이동국		5(3)	1	0	0
0	0	0	0		김경민	21			21	홍정남		0	0	0	0
0	0	0	0		강준우	25			3	김형일	후42	0	0	0	0
0	0	0	0		김봉래	27			47	문상윤		0	0	0	0
0	0	0	1(1)	후18	알렉스	15	대기	대기	8	루이스	전24	3(2)	0	0	0
0	0	0	0		김영신	16			34	장윤호		0	0	0	0
0	0	0	0	후37	송수영	13			14	박희도		0	0	0	0
0	0	1	0	후41	김현	9			23	김동찬	후37	0	0	0	0
0	2	22	18(7)			0			0			19(1	4	1	0

- 전반 1분 까랑가 PAL ~ 김상원 GAL L-ST-G (득점: 김상원, 도움: 까랑가) 오른쪽
- 전반 16분 로페즈 PAR ↷ 김상원 PK 좌측지점 R-ST-G (득점: 김상원, 도움: 로페즈) 오른쪽
- 후반 43분 까랑가 MF 정면 ~ 로페즈 PAR 내 R-ST-G (득점: 로페즈, 도움: 까랑가) 왼쪽
- 후반 14분 이동국 PAL ↷ 이근호 GAR R-ST-G (득점: 이근호, 도움: 이동국) 왼쪽
- 후반 25분 박원재 PAL ↷ 이근호 GAR 내 H-ST-G (득점: 이근호, 도움: 박원재) 오른쪽

10월 17일 15 : 00 맑음 전주 월드컵 관중 18,324명
주심_ 김동진 부심_ 장준모·김계용 대기심_ 우상일 감독관_ 강창구

전북 0 | 0 전반 0 / 0 후반 1 | **1 포항**

퇴장	경고	파울	ST(유)	교체	선수명	배번	위치	위치	배번	선수명	교체	ST(유)	파울	경고	퇴장
0	0	0	0		권순태	1	GK	GK	1	신화용		0	0	0	0
0	1	3	1		최철순	25	DF	DF	3	김광석		0	0	0	0
0	1	1	1(1)		윌킨슨	18	DF	DF	24	배슬기		0	4	1	0
0	0	2	0		김형일	3	DF	DF	6	김준수		0	4	0	0
0	0	2	0		김기희	4	DF	DF	22	김대호		0	4	1	0
0	0	1	0	30	최보경	6	MF	MF	9	황지수	16	0	2	1	0
0	0	1	1(1)		이재성	17	MF	MF	5	김태수	11	0	1	0	0
0	0	1	0	10	루이스	8	MF	MF	28	손준호		1(1)	4	0	0
0	0	2	3(2)		이근호	33	MF	FW	12	김승대		1(1)	1	0	0
0	0	2	0	23	한교원	7	MF	FW	4	신진호		2(1)	7	0	0
0	0	2	5(3)		이동국	20	FW	FW	7	티아고	17	4(2)	0	0	0
0	0	0	0		홍정남	21			21	김진영		0	0	0	0
0	0	0	0	후43	김영찬	30			2	박선용		0	0	0	0
0	0	0	0		박원재	19			13	김원일		0	0	0	0
0	0	0	0		이호	5	대기	대기	16	심동운	후21	1(1)	0	0	0
0	0	0	0		문상윤	47			17	강상우	후0	1(1)	0	0	0
0	0	1	1	후10	레오나르도	10			8	라자르		0	0	0	0
0	0	0	0	후19	김동찬	23			11	박성호	후41	0	0	0	0
0	2	18	12(7)			0			0			10(7)	27	3	0

- 후반 48분 김승대 GAR ~ 신진호 GAL L-ST-G (득점: 신진호, 도움: 김승대) 왼쪽

10월 18일 14 : 00 맑음 수원 월드컵 관중 11,656명
주심_ 이민후 부심_ 노태식·송봉근 대기심_ 고형진 감독관_ 한진원

수원 0 | 0 전반 1 / 0 후반 0 | **1 제주**

퇴장	경고	파울	ST(유)	교체	선수명	배번	위치	위치	배번	선수명	교체	ST(유)	파울	경고	퇴장
0	0	0	0		정성룡	1	GK	GK	1	김호준		0	0	0	0
0	0	3	0	29	오범석	4	DF	DF	40	백동규		0	2	1	0
0	0	0	0		연제민	34	DF	DF	4	오반석		1(1)	1	0	0
0	0	0	0		구자룡	15	DF	DF	2	정다훤		0	1	0	0
0	0	3	2		양상민	3	DF	DF	28	배재우		0	0	0	0
0	0	2	0		조성진	5	MF	MF	15	알렉스	25	0	0	0	0
0	0	0	2(2)		염기훈	26	MF	MF	14	윤빛가람		0	2	1	0
0	0	0	5(2)		산토스	10	MF	MF	10	송진형	27	1(1)	0	0	0
0	0	0	1(1)		권창훈	22	MF	FW	3	김상원	9	0	1	0	0
0	0	0	0	13	고차원	12	MF	FW	7	로페즈		1	3	1	0
0	0	0	1	18	일리안	8	FW	FW	20	까랑가		1(1)	4	1	0
0	0	0	0		노동건	21			45	김인석		0	0	0	0
0	0	0	0	후37	곽희주	29			25	강준우	후40	0	1	1	0
0	0	0	0		신세계	30			27	김봉래	후25	0	0	0	0
0	0	0	0		백지훈	20	대기	대기	23	양준아		0	0	0	0
0	0	0	0		이상호	7			99	시로		0	0	0	0
0	0	0	1	후0	서정진	13			19	서동현		0	0	0	0
0	0	1	3(3)	후0	카이오	18			9	김현	후17	1(1)	0	0	0
0	0	9	15(8)			0			0			5(4)	15	5	0

- 전반 40분 윤빛가람 C,KL ↷ 오반석 GA 정면 H-ST-G (득점: 오반석, 도움: 윤빛가람) 가운데

10월 18일 16:00 맑음 탄천 종합 관중 7,529명
주심_ 김희곤 부심_ 정해상·노수용 대기심_ 김성호 감독관_ 김정식

성남 1 1 전반 0 / 0 후반 2 **2 서울**

퇴장	경고	파울	ST(유)	교체	선수명	배번	위치	위치	배번	선수명	교체	ST(유)	파울	경고	퇴장
0	0	0	0		박준혁	29	GK	GK	31	유상훈		0	0	1	0
0	0	0	0		장학영	33	DF	MF	5	차두리		1	0	0	0
0	0	0	0		윤영선	20	DF	DF	3	이웅희		1	2	0	0
0	0	0	0		김태윤	6	DF	DF	4	오스마르		0	2	0	0
0	0	2	0		이태희	25	DF	DF	28	김동우	13	0	2	0	0
0	0	2	0		김철호	7	MF	MF	27	고광민		0	1	0	0
0	0	1	1(1)		김성준	18	MF	MF	34	박용우		0	0	0	0
0	0	1	1(1)	13	남준재	23	MF	MF	11	몰리나	19	0	1	0	0
0	0	0	3(2)	22	김두현	8	MF	MF	2	다카하기		1	0	0	0
0	0	1	2(1)	2	박용지	31	MF	FW	25	아드리아노		3(2)	3	0	0
0	0	2	4(3)		황의조	16	FW	FW	17	윤일록	40	1	0	0	0
0	0	0	0		전상욱	1			1	김용대		0	0	0	0
0	0	0	0		장석원	24			6	김진규		0	0	0	0
0	0	0	0	후14	곽해성	2			21	심상민		0	0	0	0
0	0	0	0		정선호	14	대기	대기	8	이석현		0	0	0	0
0	0	0	2	후23	이종원	22			13	고요한	후13	2(2)	0	0	0
0	1	1	0	후38	김동희	13			40	심제혁	후50	0	0	0	0
0	0	0	0		루카스	19			19	윤주태	후30	2(1)	0	0	0
0	1	10	13(8)			0			0			11(5)	11	1	0

●전반 1분 황의조 PAR → 김성준 GA 정면 R-ST-G (득점: 김성준, 도움: 황의조) 왼쪽
●후반 41분 오스마르 PAR 내 H→ 고요한 PK 지점 R-ST-G (득점: 고요한, 도움: 오스마르) 오른쪽
●후반 46분 윤주태 PAR ↷ 아드리아노 GAL 내 H-ST-G (득점: 아드리아노, 도움: 윤주태) 왼쪽

10월 17일 14:00 맑음 부산 아시아드 관중 1,187명
주심_ 박병진 부심_ 이정민·방기열 대기심_ 송민석 감독관_ 김일호

부산 0 0 전반 1 / 0 후반 0 **1 광주**

퇴장	경고	파울	ST(유)	교체	선수명	배번	위치	위치	배번	선수명	교체	ST(유)	파울	경고	퇴장
0	0	0	0		이범영	1	GK	GK	41	최봉진		0	0	0	0
0	0	1	2		구현준	32	DF	DF	17	이종민		1(1)	2	0	0
0	0	1	1		이청웅	17	DF	DF	3	김영빈		0	0	0	0
0	0	1	0		이경렬	6	DF	DF	26	안영규		0	2	0	0
0	0	0	0		박준강	2	DF	DF	33	정호정		0	0	0	0
0	0	1	1(1)	20	김익현	71	MF	MF	40	이찬동		1	2	0	0
0	1	1	0		주세종	24	MF	MF	7	여름		1	1	1	0
0	0	1	0		김진규	19	MF	MF	5	임선영	6	1	0	0	0
0	0	3	1		웨슬리	10	FW	MF	16	송승민		2(1)	2	0	0
0	0	1	0	11	김동섭	9	FW	MF	11	김호남	10	1	3	0	0
0	0	0	0	77	정석화	14	FW	FW	22	조용태	30	1(1)	1	0	0
0	0	0	0		이창근	21			31	권정혁		0	0	0	0
0	0	0	0		김종혁	4			6	오도현	후35	0	0	0	0
0	0	0	0	후31	최광희	77			10	파비오	후39	0	0	0	0
0	0	1	0	후11	김용태	20	대기	대기	14	이으뜸		0	0	0	0
0	0	0	0		윤동민	8			19	박선홍		0	0	0	0
0	0	0	0	후35	엘리아스	11			20	송성범		0	0	0	0
0	0	0	0		빌	99			30	주현우	후30	0	1	0	0
0	1	11	5(1)			0			0			8(3)	14	1	0

●전반 42분 이종민 MFR ↷ 송승민 GA 정면 R-ST-G (득점: 송승민, 도움: 이종민) 오른쪽

10월 17일 16:00 맑음 인천 전용 관중 1,883명
주심_ 이동준 부심_ 윤광열·이규환 대기심_ 김종혁 감독관_ 김진의

인천 2 1 전반 0 / 1 후반 2 **2 울산**

퇴장	경고	파울	ST(유)	교체	선수명	배번	위치	위치	배번	선수명	교체	ST(유)	파울	경고	퇴장
0	0	0	0		이태희	31	GK	GK	1	김승규		0	0	0	0
0	1	1	0		용재현	13	DF	DF	2	정동호		1(1)	2	0	0
0	0	0	0		김대중	15	DF	DF	24	이명재		0	1	1	0
0	0	0	0		요니치	20	DF	DF	5	정승현		0	1	0	0
0	0	0	0		권완규	2	DF	DF	13	임창우		1(1)	1	0	0
0	1	3	2(1)		김원식	4	MF	MF	20	이창용	4	0	2	0	0
0	1	2	0		윤상호	23	MF	MF	8	하성민	11	1(1)	3	0	0
0	0	3	0		안진범	8	MF	MF	27	안현범	44	0	0	0	0
0	0	1	2(2)	18	박세직	24	MF	MF	19	김승준		0	0	0	0
0	0	2	1(1)		김대경	17	MF	MF	32	이영재		4(4)	1	0	0
0	0	2	0	19	이효균	33	FW	FW	9	김신욱		3(3)	0	0	0
0	0	0	0		유현	1			41	장대희		0	0	0	0
0	0	0	0		이윤표	77			34	김영삼		0	0	0	0
0	0	0	0		박대한	25			39	김근환		0	0	0	0
0	0	0	0		이슬기	14	대기	대기	6	마스다		0	0	0	0
0	0	0	0	후34	김인성	11			4	구본상	후31	0	1	0	0
0	0	0	1(1)	후13	진성욱	18			44	코바	후9	3(2)	0	0	0
0	0	0	1(1)	후11/1	케빈	19			11	조영철	후40	0	0	0	0
0	3	14	7(6)			0			0			13(12	12	1	0

●전반 17분 박세직 PK-L-G (득점: 박세직) 왼쪽
●후반 35분 김대경 PAL 내 ~ 진성욱 PA 정면 내 R-ST-G (득점: 진성욱, 도움: 김대경) 왼쪽
●후반 10분 이영재 PAR 내 ~ 정동호 GAR 내 R-ST-G (득점: 정동호, 도움: 이영재) 오른쪽
●후반 33분 코바 C.KL ↷ 김신욱 GA 정면 내 H-ST-G (득점: 김신욱, 도움: 코바) 가운데

10월 18일 14:00 맑음 대전 월드컵 관중 1,097명
주심_ 정동식 부심_ 손재선·최민병 대기심_ 김상우 감독관_ 한병화

대전 1 0 전반 0 / 1 후반 0 **0 전남**

퇴장	경고	파울	ST(유)	교체	선수명	배번	위치	위치	배번	선수명	교체	ST(유)	파울	경고	퇴장
0	0	0	0		오승훈	31	GK	GK	21	김민식		0	0	0	0
0	0	0	0		이강진	43	DF	DF	4	홍진기	5	0	0	0	0
0	0	0	0		김상필	29	DF	DF	15	방대종		0	1	0	0
0	0	4	0	27	한덕희	15	DF	DF	20	김동철		0	0	0	0
0	0	0	1(1)		김태봉	55	DF	MF	24	이지민		0	1	0	0
0	0	0	1		김병석	8	MF	MF	16	정석민	9	1	3	1	0
0	0	1	3		김종국	7	MF	MF	7	레안드리뉴		2(1)	2	0	0
0	0	1	2(1)	10	금교진	72	MF	MF	2	최효진		1	0	0	0
0	0	0	1	81	서명원	14	FW	FW	8	이종호		4(1)	0	0	0
0	0	2	3		완델손	77	FW	FW	11	안용우		4(1)	4	1	0
0	1	3	1(1)		한의권	73	FW	FW	10	스테보	26	1(1)	0	0	0
0	0	0	0		박주원	1			1	김병지		0	0	0	0
0	0	0	0		실바	5			3	김태호		0	0	0	0
0	0	0	0	후32	박재우	27			5	임종은	전12	0	1	1	0
0	0	0	0		고민혁	88	대기	대기	6	이지남		0	0	0	0
0	0	0	0		하피냐	11			9	전현철	후23	0	0	0	0
0	0	0	0	후44	공태하	81			13	현영민		0	0	0	0
0	0	0	3(1)	후20	닐톤	10			26	오영준	후45	0	0	0	0
0	1	11	15(4)			0			0			13(4)	12	3	0

●후반 37분 김태봉 AKL R-ST-G (득점: 김태봉) 왼쪽

10월 24일 14 : 00 흐림 포항 스틸야드 관중 5,214명
주심_ 송민석 부심_ 정해상·윤광열 대기심_ 이동준 감독관_ 김형남

포항 2 2 전반 1 / 0 후반 0 **1 제주**

퇴장	경고	파울	ST(유)	교체	선수명	배번	위치	위치	배번	선수명	교체	ST(유)	파울	경고	퇴장
0	0	0	0		신 화 용	1	GK	GK	1	김 호 준		0	0	0	0
0	0	0	0		김 광 석	3	DF	DF	4	오 반 석		0	0	0	0
0	0	1	1		김 원 일	13	DF	DF	40	백 동 규	29	0	0	0	0
0	1	2	0		김 준 수	6	DF	DF	2	정 다 훤		0	3	2	0
0	1	2	0		김 대 호	22	DF	DF	28	배 재 우		1	3	1	0
0	0	0	0	17	황 지 수	9	MF	MF	15	알 렉 스		0	3	0	0
0	0	0	1(1)	11	김 태 수	5	MF	MF	14	윤빛가람		1	1	0	0
0	1	2	2(2)		손 준 호	28	MF	MF	23	양 준 아	9	0	0	0	0
0	0	1	2		김 승 대	12	FW	FW	10	송 진 형	27	0	2	0	0
0	0	1	1		신 진 호	4	FW	FW	7	로 페 즈		0	1	0	0
0	0	2	2(1)	16	고 무 열	18	FW	FW	19	서 동 현		2(2)	3	0	0
0	0	0	0		김 진 영	21			21	김 경 민		0	0	0	0
0	0	0	0		박 선 용	2			25	강 준 우		0	0	0	0
0	0	0	0		이 재 원	15			27	김 봉 래	후20	1	0	0	0
0	0	0	0	후41	심 동 운	16	대기	대기	99	시 로		0	0	0	0
0	0	2	3(3)	후10	강 상 우	17			29	권 순 형	후35	0	0	0	0
0	0	0	0		라 자 르	8			13	송 수 영		0	0	0	0
0	0	0	0	후30	박 성 호	11			9	김 현	후12	1	2	0	0
0	3	13	12(7)			0			0			6(2)	18	3	0

- 전반 14분 신진호 C.KR ↷ 김태수 GAR H-ST-G (득점: 김태수, 도움: 신진호) 왼쪽
- 전반 33분 손준호 PA 정면 R-ST-G (득점: 손준호) 왼쪽
- 전반 19분 로페즈 MFR ↷ 서동현 PA 정면 내 H-ST-G (득점: 서동현, 도움: 로페즈) 오른쪽

10월 24일 16 : 00 맑음 탄천 종합 관중 6,865명
주심_ 김상우 부심_ 손재선·김계용 대기심_ 박병진 감독관_ 하재훈

성남 0 0 전반 0 / 0 후반 0 **0 수원**

퇴장	경고	파울	ST(유)	교체	선수명	배번	위치	위치	배번	선수명	교체	ST(유)	파울	경고	퇴장
0	0	0	0		박 준 혁	29	GK	GK	1	정 성 룡		0	0	0	0
0	0	0	0		장 학 영	33	DF	DF	4	오 범 석		0	3	1	0
0	0	0	1(1)		윤 영 선	20	DF	DF	34	연 제 민	3	0	2	0	0
0	0	0	0		장 석 원	24	DF	DF	15	구 자 룡		1(1)	1	0	0
0	0	1	0		이 태 희	25	DF	DF	33	홍 철		1	2	0	0
0	0	1	1		김 철 호	7	MF	MF	5	조 성 진		1	1	0	0
0	0	0	0		정 선 호	14	MF	MF	26	염 기 훈		0	1	0	0
0	0	3	0	31	남 준 재	23	MF	MF	10	산 토 스	13	5(3)	2	0	0
0	0	1	2(1)	8	김 성 준	18	MF	MF	7	이 상 호		0	3	1	0
0	0	2	1		레 이 나	10	MF	MF	14	조 찬 호	22	3(1)	1	0	0
0	0	0	4(3)		황 의 조	16	FW	FW	18	카 이 오		2(2)	0	0	0
0	0	0	0		전 상 욱	1			21	노 동 건		0	0	0	0
0	0	0	0		곽 해 성	2			29	곽 희 주		0	0	0	0
0	0	0	0		김 태 윤	6			3	양 상 민	후0	0	0	0	0
0	0	0	2(1)	후18	김 두 현	8	대기	대기	20	백 지 훈		0	0	0	0
0	0	0	1	후0	박 용 지	31			42	박 현 범		0	0	0	0
0	0	0	0		김 동 희	13			22	권 창 훈	후6	2(1)	0	0	0
0	0	0	0		루 카 스	19			13	서 정 진	후29	0	0	0	0
0	0	8	12(6)			0			0			15(8)	16	2	0

10월 25일 16 : 00 맑음 서울 월드컵 관중 24,262명
주심_ 우상일 부심_ 노태식·최민병 대기심_ 이민후 감독관_ 김용세

서울 0 0 전반 0 / 0 후반 0 **0 전북**

퇴장	경고	파울	ST(유)	교체	선수명	배번	위치	위치	배번	선수명	교체	ST(유)	파울	경고	퇴장
0	0	0	0		유 상 훈	31	GK	GK	1	권 순 태		0	0	0	0
0	1	1	0		차 두 리	5	MF	DF	18	윌 킨 슨		0	0	0	0
0	0	0	1(1)		이 웅 희	3	DF	DF	6	최 보 경		0	1	1	0
0	0	1	0		박 용 우	34	DF	DF	4	김 기 희		0	2	0	0
0	0	1	1		김 동 우	28	DF	MF	19	박 원 재		1	0	0	0
0	0	1	0		고 광 민	27	MF	MF	29	이 규 로		2	1	0	0
0	0	1	0		오스마르	4	MF	MF	5	이 호	10	0	2	1	0
0	0	0	2(2)		고 요 한	13	MF	MF	34	장 윤 호		2(1)	5	0	0
0	0	1	1(1)	11	다카하기	2	MF	MF	17	이 재 성		0	1	0	0
0	1	1	0		아드리아노	25	FW	FW	33	이 근 호	8	0	2	0	0
0	1	2	1	19	윤 일 록	17	FW	FW	20	이 동 국		4(1)	0	0	0
0	0	0	0		김 용 대	1			21	홍 정 남		0	0	0	0
0	0	0	0		김 남 춘	26			3	김 형 일		0	0	0	0
0	0	0	0		심 상 민	21			32	이 주 용		0	0	0	0
0	0	0	0		이 석 현	8	대기	대기	47	문 상 윤		0	0	0	0
0	0	0	1(1)	후20	몰 리 나	11			8	루 이 스	후25	1(1)	0	0	0
0	0	0	0		김 현 성	18			10	레오나르도	후12	0	0	1	0
0	0	0	1	후20	윤 주 태	19			23	김 동 찬		0	0	0	0
0	3	9	8(5)			0			0			10(3)	14	3	0

10월 24일 14 : 00 맑음 대전 월드컵 관중 1,007명
주심_ 김종혁 부심_ 이규환·노수용 대기심_ 김희곤 감독관_ 김일호

대전 2 0 전반 1 / 2 후반 0 **1 부산**

퇴장	경고	파울	ST(유)	교체	선수명	배번	위치	위치	배번	선수명	교체	ST(유)	파울	경고	퇴장
0	0	0	0		오 승 훈	31	GK	GK	21	이 창 근		0	0	0	0
0	0	1	0		이 강 진	43	DF	DF	32	구 현 준		0	2	0	0
0	0	0	0		김 상 필	29	DF	DF	6	이 경 렬		0	1	0	0
0	1	1	0		한 덕 희	15	DF	DF	23	김 찬 영		0	0	0	0
0	0	2	0		김 태 봉	55	DF	DF	2	박 준 강		0	1	0	0
0	0	1	1		김 병 석	8	MF	MF	13	이 규 성		0	1	1	0
0	0	0	2(1)		김 종 국	7	MF	MF	19	김 진 규	71	2	1	0	0
0	0	2	0	10	금 교 진	72	MF	MF	24	주 세 종		1	2	0	0
0	0	0	2(2)	81	서 명 원	14	FW	FW	7	한 지 호	14	1(1)	1	0	0
0	0	2	3(1)		완 델 손	77	FW	FW	25	이 정 협	28	1(1)	1	0	0
0	1	1	0	99	한 의 권	73	FW	FW	77	최 광 희		2	1	0	0
0	0	0	0		박 주 원	1			1	이 범 영		0	0	0	0
0	0	0	0		실 바	5			33	유 지 훈		0	0	0	0
0	0	0	0		박 재 우	27			17	이 청 웅		0	0	0	0
0	0	0	0		고 민 혁	88	대기	대기	71	김 익 현	후18	0	2	2	0
0	0	0	0	후23	이 현 승	99			28	이 주 용	후17	0	2	0	0
0	0	1	0	후41	공 태 하	81			18	배 천 석		0	0	0	0
0	0	2	0	후5	닐 톤	10			14	정 석 화	후32	1(1)	0	0	0
0	2	13	8(4)			0			0			8(3)	15	3	0

- 후반 16분 닐톤 MFR TL ↷ 서명원 GA 정면 H-ST-G (득점: 서명원, 도움: 닐톤) 오른쪽
- 후반 20분 김태봉 자기측 HLL TL ↷ 서명원 PAL 내 R-ST-G (득점: 서명원, 도움: 김태봉) 오른쪽
- 전반 26분 이정협 MFR → 한지호 PAR 내 R-ST-G (득점: 한지호, 도움: 이정협) 오른쪽

10월 25일 14:00 맑음 광양전용 관중 1,306명
주심_ 김동진 부심_ 이정민·방기열 대기심_ 김영수 감독관_ 김수현

전남 2 1 전반 2 / 1 후반 3 **5 울산**

퇴장	경고	파울	ST(유)	교체	선수명	배번	위치	위치	배번	선수명	교체	ST(유)	파울	경고	퇴장
0	0	0	0		김민식	21	GK	GK	1	김승규		0	0	0	0
0	0	1	0	27	현영민	13	DF	DF	16	김태환		0	2	0	0
0	0	3	0		이지남	6	DF	DF	13	임창우		0	0	0	0
0	0	0	0		임종은	5	DF	DF	5	정승현		0	2	1	0
0	0	1	1(1)		최효진	2	DF	DF	24	이명재		0	0	0	0
0	0	3	0	17	김영욱	14	MF	MF	4	구본상	20	0	2	1	0
0	0	0	0		김평래	12	MF	MF	6	마스다		1(1)	4	0	0
0	0	1	0		안용우	11	FW	MF	44	코바		10(5)	0	0	0
0	1	2	3(2)	16	레안드리뉴	7	FW	MF	32	이영재	8	2(1)	0	0	0
0	0	0	5(2)		이종호	8	FW	MF	19	김승준	27	0	0	0	0
0	0	2	3(3)		스테보	10	FW	FW	9	김신욱		4(2)	0	0	0
0	0	0	0		김병지	1			41	장대희		0	0	0	0
0	0	0	0		방대종	15			34	김영삼		0	0	0	0
0	0	1	0	후20	정석민	16			20	이창용	후41	0	0	0	0
0	0	0	1(1)	후11	오르샤	17	대기	대기	8	하성민	후37	0	1	0	0
0	0	0	0		김동철	20			27	안현범	후29	0	1	0	0
0	0	0	0		이지민	24			18	양동현		0	0	0	0
0	0	0	0	후30	이슬찬	27			10	제파로프		0	0	0	0
0	1	14	13(9)			0			0			17(9)	12	2	0

- 전반 34분 스테보 PK-R-G (득점: 스테보) 왼쪽
- 후반 35분 최효진 AKR R-ST-G (득점: 최효진) 오른쪽

- 전반 4분 김신욱 GAR ~ 이영재 PK 우측지점 L-ST-G (득점: 이영재, 도움: 김신욱) 가운데
- 전반 41분 김신욱 PK-R-G (득점: 김신욱) 오른쪽
- 후반 17분 코바 PAL 내 L-ST-G (득점: 코바) 오른쪽
- 후반 23분 김신욱 PK지점 ~ 코바 PAL 내 R-ST-G (득점: 코바, 도움: 김신욱) 오른쪽
- 후반 48분 코바 PAL 내 L-ST-G (득점: 코바) 오른쪽

11월 07일 15:00 흐리고 비 서울 월드컵 관중 23,308명
주심_ 박병진 부심_ 장준모·이규환 대기심_ 김동진 감독관_ 김진의

서울 4 2 전반 0 / 2 후반 3 **3 수원**

퇴장	경고	파울	ST(유)	교체	선수명	배번	위치	위치	배번	선수명	교체	ST(유)	파울	경고	퇴장
0	0	0	0		유상훈	31	GK	GK	1	정성룡		0	0	0	0
0	0	0	0		심상민	21	MF	DF	30	신세계		1(1)	1	0	0
0	0	3	0		이웅희	3	DF	DF	34	연제민	29	0	0	0	0
0	1	0	0		박용우	34	DF	DF	3	양상민		0	1	1	0
0	1	1	0		김남춘	26	DF	DF	33	홍철		0	0	0	0
0	0	1	1		고광민	27	MF	MF	5	조성진		0	4	0	0
0	0	0	0		오스마르	4	MF	MF	26	염기훈		0	1	0	0
0	0	1	1(1)	2	고요한	13	MF	MF	22	권창훈		2(1)	1	0	0
0	0	0	1	11	이석현	8	MF	MF	12	고차원	10	2(1)	1	0	0
0	0	2	8(7)	40	윤주태	19	FW	MF	13	서정진		4	0	0	0
0	0	1	3(2)		윤일록	17	FW	FW	18	카이오	19	2(2)	0	0	0
0	0	0	0		김용대	1			21	노동건		0	0	0	0
0	0	0	0		황현수	24			29	곽희주	후0	0	2	0	0
0	0	0	0		김민혁	23			15	구자룡		0	0	0	0
0	0	0	0	후36	다카하기	2	대기	대기	20	백지훈		0	0	0	0
0	0	0	0	후15	몰리나	11			42	박현범		0	0	0	0
0	0	4	0	후40	심제혁	40			19	장현수	후30	1	1	0	0
0	0	0	0		김현성	18			10	산토스	후8	1(1)	0	0	0
0	2	13	14(10)			0			0			13(6)	12	1	0

- 전반 28분 윤주태 GAL L-ST-G (득점: 윤주태) 가운데
- 전반 46분 윤주태 PA 정면 내 R-ST-G (득점: 윤주태) 가운데
- 후반 10분 윤일록 AK 정면 ~ 윤주태 PAR 내 R-ST-G (득점: 윤주태, 도움: 윤일록) 오른쪽
- 후반 17분 고요한 HL 정면 윤주태 GAL L-ST-G (득점: 윤주태, 도움: 고요한) 오른쪽

- 후반 11분 염기훈 PAL TL FK ↷ 산토스 GA 정면 H-ST-G (득점: 산토스, 도움: 염기훈) 왼쪽
- 후반 19분 권창훈 GA 정면 L-ST-G (득점: 권창훈) 오른쪽
- 후반 45분 산토스 PAL ~ 신세계 MF 정면 R-ST-G (득점: 신세계, 도움: 산토스) 왼쪽

10월 25일 16:00 맑음 광주 월드컵 관중 1,062명
주심_ 고형진 부심_ 장준모·송봉근 대기심_ 정동식 감독관_ 김정식

광주 0 0 전반 0 / 0 후반 0 **0 인천**

퇴장	경고	파울	ST(유)	교체	선수명	배번	위치	위치	배번	선수명	교체	ST(유)	파울	경고	퇴장
0	0	0	0		제종현	1	GK	GK	1	유현		0	0	0	0
0	1	1	1	28	이종민	17	DF	DF	25	박대한		0	2	0	0
0	0	0	0		김영빈	3	DF	DF	77	이윤표		0	1	0	0
0	0	1	1		송성범	20	DF	DF	20	요니치		0	0	0	0
0	0	3	0		이으뜸	14	DF	DF	2	권완규		0	1	0	0
0	1	1	0	6	허재녕	13	MF	MF	30	김경민		0	2	1	0
0	0	2	1		여름	7	MF	MF	23	윤상호		0	1	1	0
0	0	1	0		임선영	5	MF	MF	8	안진범	13	1(1)	1	0	0
0	0	1	1(1)		송승민	16	MF	MF	17	김대경	18	0	0	0	0
0	0	1	0		김호남	11	MF	MF	11	김인성	24	0	0	0	0
0	0	1	0	10	조용태	22	FW	FW	19	케빈		0	4	0	0
0	0	0	0		최봉진	41			31	이태희		0	0	0	0
0	0	0	0		박선홍	19			13	용재현	후42	0	0	0	0
0	0	0	0	후41	오도현	6			44	지병주		0	0	0	0
0	1	2	1	후0	파비오	10	대기	대기	6	와다		0	0	0	0
0	0	0	0		안영규	26			24	박세직	전38	0	0	0	0
0	0	0	0	후35	김의신	28			18	진성욱	후15	0	1	0	0
0	0	0	0		이찬동	40			33	이효균		0	0	0	0
0	3	14	5(1)			0			0			1(1)	13	2	0

11월 08일 14:00 맑음 제주 월드컵 관중 5,124명
주심_ 정동식 부심_ 노수용·송봉근 대기심_ 김상우 감독관_ 강창구

제주 0 0 전반 1 / 0 후반 0 **1 전북**

퇴장	경고	파울	ST(유)	교체	선수명	배번	위치	위치	배번	선수명	교체	ST(유)	파울	경고	퇴장
0	0	0	0		김호준	1	GK	GK	1	권순태		0	0	1	0
0	0	1	0		오반석	4	DF	DF	25	최철순		1	0	0	0
0	0	1	1		백동규	40	DF	DF	18	윌킨슨		0	1	0	0
0	0	0	0		김봉래	27	DF	DF	3	김형일		0	1	1	0
0	1	1	0		배재우	28	DF	DF	4	김기희		1	1	0	0
0	0	2	1		윤빛가람	14	MF	MF	13	정훈	5	0	1	0	0
0	0	1	0		알렉스	15	MF	MF	6	최보경		1	3	0	0
0	0	0	2(1)	9	진대성	17	FW	MF	33	이근호		4	0	0	0
0	1	2	1(1)		로페즈	7	FW	MF	7	한교원	8	4(2)	1	1	0
0	1	3	3	29	송진형	10	FW	MF	17	이재성		1(1)	0	0	0
0	1	2	2(1)		서동현	19	FW	FW	20	이동국	22	0	1	0	0
0	0	0	0		김경민	21			21	홍정남		0	0	0	0
0	0	0	0		허범산	6			32	이주용		0	0	0	0
0	0	0	0		양준아	23			34	장윤호		0	0	0	0
0	0	0	2	후37	권순형	29	대기	대기	5	이호	후46	0	0	0	0
0	0	0	0		시로	99			22	서상민	후11	0	2	1	0
0	0	0	0		김영신	16			8	루이스	후34	1(1)	0	0	0
0	1	2	1	후16	김현	9			23	김동찬		0	0	0	0
0	5	15	13(3)			0			0			13(4)	11	4	0

- 전반 47분 이재성 GAR 내 R-ST-G (득점: 이재성) 오른쪽

11월 08일 16 : 00 비 포항 스틸야드 관중 6,151명
주심_ 이동준 부심_ 이정민·방기열 대기심_ 고형진 감독관_ 한진원

포항 0 0 전반 0 / 0 후반 0 **0 성남**

퇴장	경고	파울	ST(유)	교체	선수명	배번	위치	위치	배번	선수명	교체	ST(유)	파울	경고	퇴장
0	0	0	0		신화용	1	GK	GK	29	박준혁		0	0	0	0
0	0	0	1(1)		김광석	3	DF	DF	33	장학영		0	2	0	0
0	0	2	1		배슬기	24	DF	DF	20	윤영선		1(1)	2	0	0
0	0	0	0		박선용	2	DF	DF	24	장석원		0	2	0	0
0	2	2	0		최재수	26	DF	DF	17	박태민		0	2	0	0
0	0	3	1(1)	11	황지수	9	MF	MF	14	정선호		1	0	1	0
0	0	1	1	8	김태수	5	MF	MF	8	김두현	13	0	0	0	0
0	1	3	2(1)		손준호	28	MF	MF	23	남준재	7	0	1	0	0
0	0	1	0		김승대	12	FW	MF	18	김성준		0	3	0	0
0	0	2	2		신진호	4	FW	MF	10	레이나	31	0	2	0	0
0	0	0	1(1)	7	고무열	18	FW	FW	16	황의조		1	0	0	0
0	0	0	0		김진영	21			1	전상욱		0	0	0	0
0	0	0	0		김원일	13			25	이태희		0	0	0	0
0	0	0	0		이재원	15			6	김태윤		0	0	0	0
0	0	0	0		심동운	16	대기	대기	7	김철호	후0	0	2	0	0
0	0	0	1(1)	후29	티아고	7			31	박용지	후14	0	0	0	0
0	0	0	0	후9	라자르	8			13	김동희	후31	0	0	0	0
0	0	0	0	후42	박성호	11			19	루카스		0	0	0	0
0	3	14	10(5)			0			0			3(1)	16	1	0

11월 07일 14 : 00 비 광양전용 관중 628명
주심_ 송민석 부심_ 김영하·김계용 대기심_ 서동진 감독관_ 김용세

전남 2 2 전반 0 / 0 후반 1 **1 광주**

퇴장	경고	파울	ST(유)	교체	선수명	배번	위치	위치	배번	선수명	교체	ST(유)	파울	경고	퇴장
0	0	0	0		김민식	21	GK	GK	1	제종현		0	0	0	0
0	0	1	0		현영민	13	DF	DF	33	정호정		0	0	0	0
0	1	1	0		방대종	15	DF	DF	3	김영빈		1	1	1	0
0	0	1	0		홍진기	4	DF	DF	20	송성범	6	1	1	0	0
0	1	1	0		최효진	2	DF	DF	14	이으뜸		0	1	0	0
0	1	2	1	12	김영욱	14	MF	MF	26	안영규		0	1	1	0
0	1	3	3		정석민	16	MF	MF	7	여름		2(1)	2	1	0
0	0	0	1		오르샤	17	MF	MF	5	임선영		2(1)	0	0	0
0	1	6	2(2)		이종호	8	MF	MF	16	송승민		0	4	0	0
0	0	0	0	27	안용우	11	MF	MF	10	파비오	19	3	2	0	0
0	1	0	4(1)		스테보	10	FW	FW	30	주현우	18	0	0	0	0
0	0	0	0		한유성	30			41	최봉진		0	0	0	0
0	0	0	0	후34	김평래	12			6	오도현	후0	0	1	0	0
0	0	0	0		이재억	19			13	허재녕		0	0	0	0
0	0	0	0		이지민	24	대기	대기	18	권영호	후28	0	0	0	0
0	0	0	0		오영준	26			19	박선홍	후34	0	0	0	0
0	0	1	1	후0	이슬찬	27			28	김의신		0	0	0	0
0	0	0	0		서민환	28			37	박일권		0	0	0	0
0	6	16	12(3)			0			0			9(2)	13	3	0

- 전반 15분 안용우 C.KR ↷ 이종호 GA 정면 내 H-ST-G (득점: 이종호, 도움: 안용우) 가운데
- 전반 41분 스테보 MFR TL ~ 이종호 AKL L-ST-G (득점: 이종호, 도움: 스테보) 오른쪽
- 후반 36분 박선홍 MFL ~ 임선영 PAL 내 L-ST-G (득점: 임선영, 도움: 박선홍) 오른쪽

11월 07일 16 : 00 흐리고 비 울산문수 관중 7,147명
주심_ 우상일 부심_ 노태식·박상준 대기심_ 매호영 감독관_ 김수현

울산 2 2 전반 0 / 0 후반 1 **1 대전**

퇴장	경고	파울	ST(유)	교체	선수명	배번	위치	위치	배번	선수명	교체	ST(유)	파울	경고	퇴장
0	0	0	0		김승규	1	GK	GK	31	오승훈		0	0	0	0
0	1	4	0		김태환	16	DF	DF	43	이강진		0	0	0	0
0	0	0	1		임창우	13	DF	DF	29	김상필		0	0	0	0
0	0	1	2(1)		정승현	5	DF	DF	15	한덕희		0	0	0	0
0	0	2	1	34	이명재	24	DF	DF	55	김태봉		0	0	0	0
0	1	1	1	8	구본상	4	MF	MF	8	김병석		3(3)	0	0	0
0	0	2	0		마스다	6	MF	MF	7	김종국		1	1	0	0
0	0	1	2(2)		코바	44	MF	MF	72	금교진	99	1(1)	0	0	0
0	0	0	4(1)	20	이영재	32	MF	FW	14	서명원		2	3	0	0
0	0	1	1(1)		김승준	19	MF	FW	77	완델손		5(2)	0	0	0
0	0	1	6(3)		김신욱	9	FW	FW	10	닐톤	27	4(3)	3	0	0
0	0	0	0		장대희	41			1	박주원		0	0	0	0
0	0	0	0	후28	김영삼	34			5	실바		0	0	0	0
0	0	0	0	후37	이창용	20			27	박재우	후28	0	0	0	0
0	0	0	0	후47	하성민	8	대기	대기	19	윤준하		0	0	0	0
0	0	0	0		김치곤	22			99	이현승	전32/1	0	0	0	0
0	0	0	0		에벨톤	86			81	공태하		0	0	0	0
0	0	0	0		유준수	17			11	하피나	후33	1(1)	0	0	0
0	2	13	18(8)			0			0			17(10	7	0	0

- 전반 14분 이명재 PAL EL ~ 김승준 GAL 내 R-ST-G (득점: 김승준, 도움: 이명재) 오른쪽
- 전반 25분 코바 C.KL ↷ 김신욱 GA 정면 내 H-ST-G (득점: 김신욱, 도움: 코바) 가운데
- 후반 41분 김병석 GA 정면 R-ST-G (득점: 김병석) 오른쪽

11월 08일 14 : 00 흐리고 비 인천전용 관중 2,393명
주심_ 김성호 부심_ 최민병·강동호 대기심_ 최대우 감독관_ 한병화

인천 0 0 전반 0 / 0 후반 0 **0 부산**

퇴장	경고	파울	ST(유)	교체	선수명	배번	위치	위치	배번	선수명	교체	ST(유)	파울	경고	퇴장
0	0	0	0		이태희	31	GK	GK	1	이범영		0	0	0	0
0	0	1	0		김창훈	43	DF	DF	33	유지훈		0	0	0	0
0	0	0	0		김대중	15	DF	DF	6	이경렬		0	2	0	0
0	1	1	0		요니치	20	DF	DF	4	김종혁		0	0	0	0
0	1	2	0	25	지병주	44	DF	DF	15	유지노		0	1	0	0
0	1	1	0		용재현	13	MF	MF	17	이청웅		0	2	0	0
0	0	3	0		김동석	22	MF	MF	13	이규성	24	0	0	0	0
0	0	0	0		윤상호	23	MF	MF	19	김진규	26	1	1	0	0
0	0	4	0	19	진성욱	18	MF	FW	7	한지호	2	2	0	0	0
0	0	1	1		박세직	24	MF	FW	25	이정협		2	1	0	0
0	0	3	2(1)	28	이효균	33	FW	FW	77	최광희		0	0	0	0
0	0	0	0		유현	1			21	이창근		0	0	0	0
0	0	0	0		김진환	5			2	박준강	후22	0	0	1	0
0	0	0	0	후24	박대한	25			26	홍동현	후9	0	0	0	0
0	0	0	0		이슬기	14	대기	대기	24	주세종	후31	0	0	0	0
0	0	0	0		김원식	4			20	김용태		0	0	0	0
0	0	1	1	후36	백승원	28			14	정석화		0	0	0	0
0	0	1	1(1)	후14	케빈	19			11	엘리아스		0	0	0	0
0	3	18	5(2)			0			0			5	7	1	0

11월 21일 15 : 00 흐림 전주 월드컵 관중 28,460명
주심_ 김종혁 부심_ 장준모·윤광열 대기심_ 박병진 감독관_ 김형남

전북 1 0 전반 0 / 1 후반 1 **1 성남**

퇴장	경고	파울	ST(유)	교체	선수명	배번	위치	위치	배번	선수명	교체	ST(유)	파울	경고	퇴장
0	0	0	0		권순태	1	GK	GK	29	박준혁		0	0	0	0
0	1	2	0		박원재	19	DF	DF	33	장학영		0	1	0	0
0	0	1	2(2)		김형일	3	DF	DF	20	윤영선		1(1)	2	0	0
0	0	2	1(1)		김기희	4	DF	DF	6	김태윤		0	2	0	0
0	0	2	0		최철순	25	DF	DF	25	이태희		1	2	0	0
0	0	4	0		정훈	13	MF	MF	22	이종원		1	1	0	0
0	0	2	0		이재성	17	MF	MF	14	정선호		1	1	0	0
0	0	0	4(1)	23	루이스	8	MF	MF	23	남준재	13	0	3	0	0
0	0	1	2(1)	20	레오나르도	10	MF	MF	8	김두현	31	1(1)	1	0	0
0	0	0	0	22	한교원	7	MF	MF	10	레이나		1(1)	1	0	0
0	0	1	0		이근호	33	FW	FW	16	황의조		6(1)	1	0	0
0	0	0	0		홍정남	21			1	전상욱		0	0	0	0
0	0	0	0		윌킨슨	18			2	곽해성		0	0	0	0
0	0	0	0		최보경	6			24	장석원		0	0	0	0
0	0	0	0		장윤호	34	대기	대기	4	이요한		0	0	0	0
0	1	3	1(1)	후12	서상민	22			31	박용지	후32	2(2)	1	0	0
0	0	0	4(2)	후21	김동찬	23			13	김동희	후10	0	0	0	0
0	0	1	1	후12	이동국	20			19	루카스		0	0	0	0
0	2	19	15(8)			0			0			14(6)	16	0	0

● 후반 36분 서상민 GAR R-ST-G (득점: 서상민) 왼쪽

● 후반 27분 레이나 PAR ~ 황의조 PAR 내 L-ST-G (득점: 황의조, 도움: 레이나) 왼쪽

11월 21일 16 : 00 흐림 제주 월드컵 관중 4,479명
주심_ 김동진 부심_ 이정민·방기열 대기심_ 매호영 감독관_ 하재훈

제주 1 1 전반 1 / 0 후반 0 **1 서울**

퇴장	경고	파울	ST(유)	교체	선수명	배번	위치	위치	배번	선수명	교체	ST(유)	파울	경고	퇴장
0	0	0	0		김호준	1	GK	GK	1	김용대		0	0	0	0
0	0	1	1		오반석	4	DF	MF	21	심상민	23	0	2	0	0
0	1	1	1(1)		알렉스	15	DF	DF	26	김남춘		0	0	0	0
0	1	4	0		백동규	40	DF	DF	34	박용우		0	2	0	0
0	1	6	1		정다훤	2	MF	DF	28	김동우		0	1	0	0
0	1	2	1(1)	27	허범산	6	MF	MF	27	고광민		0	0	0	0
0	0	1	0	18	양준아	23	MF	MF	4	오스마르		1(1)	3	1	0
0	0	1	2(1)		권순형	29	MF	MF	11	몰리나	13	1	0	0	0
0	0	0	2		윤빛가람	14	MF	MF	2	다카하기		1(1)	2	0	0
0	0	0	2(1)		서동현	19	FW	FW	25	아드리아노		1	5	0	0
0	0	2	0	17	정영총	34	FW	FW	17	윤일록	19	3(2)	2	0	0
0	0	0	0		김경민	21			31	유상훈		0	0	0	0
0	0	0	0		강준우	25			3	이웅희		0	0	0	0
0	0	0	0	후33	김봉래	27			8	이석현		0	0	0	0
0	0	0	0		배세현	24	대기	대기	13	고요한	후25	1	1	0	0
0	0	0	0		김영신	16			23	김민혁	후44	0	0	0	0
0	0	0	0	후28	진대성	17			19	윤주태	후25	0	3	0	0
0	0	1	1	후14	박수창	18			18	김현성		0	0	0	0
0	4	19	11(4)			0			0			8(4)	21	1	0

● 전반 7분 윤빛가람 MFL ~ 권순형 MF 정면 R-ST-G (득점: 권순형, 도움: 윤빛가람) 오른쪽

● 전반 19분 윤일록 GAR ~ 다카하기 PK 우측지점 R-ST-G (득점: 다카하기, 도움: 윤일록) 오른쪽

11월 22일 14 : 00 맑음 수원 월드컵 관중 14,745명
주심_ 김상우 부심_ 노태식·최민병 대기심_ 정동식 감독관_ 김형남

수원 2 0 전반 1 / 2 후반 0 **1 포항**

퇴장	경고	파울	ST(유)	교체	선수명	배번	위치	위치	배번	선수명	교체	ST(유)	파울	경고	퇴장
0	1	0	0		정성룡	1	GK	GK	1	신화용		0	0	0	0
0	1	2	0	30	오범석	4	DF	DF	3	김광석		0	0	0	0
0	1	2	0	15	곽희주	29	DF	DF	24	배슬기		0	3	1	0
0	0	1	1(1)		조성진	5	DF	DF	6	김준수		1(1)	2	0	0
0	0	2	0		홍철	33	DF	DF	22	김대호		2(1)	4	1	0
0	0	1	1(1)		권창훈	22	MF	MF	9	황지수		0	2	0	0
0	1	1	0		백지훈	20	MF	MF	5	김태수	11	1(1)	1	0	0
0	0	1	3(1)	42	산토스	10	MF	MF	4	신진호		0	5	0	0
0	0	4	1		염기훈	26	MF	FW	12	김승대		1	1	0	0
0	0	1	0		이상호	7	MF	FW	17	강상우	8	5(3)	0	0	0
0	0	0	1		카이오	18	FW	FW	18	고무열	16	0	1	0	0
0	0	0	0		노동건	21			31	강현무		0	0	0	0
0	0	0	0	후0	신세계	30			14	박준희		0	0	0	0
0	0	0	0	후31	구자룡	15			15	이재원		0	0	0	0
0	0	0	0		고차원	12	대기	대기	16	심동운	후0	0	1	0	0
0	0	0	0	후36	박현범	42			7	티아고		0	0	0	0
0	0	0	0		장현수	19			8	라자르	후19	0	0	0	0
0	0	0	0		일리안	8			11	박성호	후32	1	0	0	0
0	4	15	7(3)			0			0			11(6)	20	2	0

● 후반 8분 염기훈 PAL TL ↷ 권창훈 GAR L-ST-G (득점: 권창훈, 도움: 염기훈) 오른쪽

● 후반 29분 조성진 GAL R-ST-G (득점: 조성진) 오른쪽

● 전반 7분 신진호 PAL TL FK ↷ 김준수 GA 정면 H-ST-G (득점: 김준수, 도움: 신진호) 왼쪽

11월 21일 14 : 00 흐림 대전 월드컵 관중 1,427명
주심_ 송민석 부심_ 김계용·곽승순 대기심_ 서동진 감독관_ 김진의

대전 0 0 전반 1 / 0 후반 1 **2 인천**

퇴장	경고	파울	ST(유)	교체	선수명	배번	위치	위치	배번	선수명	교체	ST(유)	파울	경고	퇴장
0	0	0	0		오승훈	31	GK	GK	31	이태희		0	0	0	0
0	0	0	0		이강진	43	DF	DF	25	박대한		0	3	0	0
0	0	0	0	10	김상필	29	DF	DF	77	이윤표		0	1	0	0
0	0	1	0	27	한덕희	15	DF	DF	20	요니치		0	0	0	0
0	0	0	1		김태봉	55	DF	DF	2	권완규		0	1	0	0
0	0	1	0		윤신영	3	DF	MF	4	김원식		0	2	0	0
0	0	0	1		김병석	8	MF	MF	7	김도혁	6	1(1)	2	1	0
0	0	0	0	88	김종국	7	MF	MF	23	윤상호		0	5	0	0
0	0	1	1		금교진	72	MF	MF	24	박세직	18	0	1	0	0
0	0	0	7(4)		완델손	77	FW	MF	27	이진욱	17	1(1)	0	0	0
0	1	3	2(1)		한의권	73	FW	FW	19	케빈		3(2)	3	2	0
0	0	0	0		박주원	1			1	유현		0	0	0	0
0	0	0	0		실바	5			15	김대중		0	0	0	0
0	0	0	0	후38	박재우	27			43	김창훈		0	0	0	0
0	0	0	3(1)	전24	고민혁	88	대기	대기	6	와다	후35	1(1)	0	0	0
0	0	1	3(1)	전15	닐톤	10			17	김대경	후0	0	0	0	0
0	0	0	0		공태하	81			18	진성욱	후12	0	4	0	0
0	0	0	0		하피나	11			33	이효균		0	0	0	0
0	1	7	18(7)			0			0			6(5)	22	3	0

3

● 전반 12분 이진욱 PAR 내 R-ST-G (득점: 이진욱) 오른쪽

● 후반 42분 와다 AKR R-ST-G (득점: 와다) 오른쪽

11월 22일 14 : 00 맑음 광주 월드컵 관중 3,036명
주심_ 김희곤 부심_ 노수용·김성일 대기심_ 박진호 감독관_ 김일호

광주 0 0 전반 0 / 0 후반 1 **1 울산**

퇴장	경고	파울	ST(유)	교체	선수명	배번	위치	위치	배번	선수명	교체	ST(유)	파울	경고	퇴장
0	0	0	0		최 봉 진	41	GK	GK	41	장 대 희		0	0	0	0
0	1	4	0		정 준 연	4	DF	DF	16	김 태 환		0	2	0	0
0	1	1	0		김 영 빈	3	DF	DF	5	정 승 현		0	2	0	0
0	0	1	1		권 영 호	18	DF	DF	22	김 치 곤	20	0	1	0	0
0	0	1	0		이 으 뜸	14	DF	DF	24	이 명 재		0	2	0	0
0	0	4	0		오 도 현	6	MF	MF	4	구 본 상		0	0	0	0
0	0	4	0		여 름	7	MF	MF	6	마 스 다		0	2	0	0
0	0	0	1	10	박 선 홍	19	MF	MF	44	코 바	8	3(2)	1	0	0
0	0	0	4(2)		송 승 민	16	MF	MF	32	이 영 재		1(1)	2	0	0
0	0	0	1	22	김 호 남	11	MF	MF	19	김 승 준	14	1	1	0	0
0	0	0	0		주 현 우	30	FW	FW	9	김 신 욱		3(1)	1	0	0
0	0	0	0		제 종 현	1			21	송 유 걸		0	0	0	0
0	0	0	0	후13/37	파 비 오	10			34	김 영 삼		0	0	0	0
0	0	0	0		허 재 녕	13			20	이 창 용	후43	0	0	0	0
0	0	0	0		이 종 민	17	대기	대기	8	하 성 민	후46	1	0	0	0
0	0	0	0		송 성 범	20			7	고 창 현		0	0	0	0
0	0	0	0	후39	조 용 태	22			14	서 용 덕	후41	1(1)	1	0	0
0	0	0	0	후29	박 일 권	37			17	유 준 수		0	0	0	0
0	2	15	7(2)			0			0			10(5)	15	0	0

●후반 8분 코바 MF 정면 FK R-ST-G (득점: 코바) 왼쪽

11월 22일 14 : 00 맑음 부산 구덕 관중 6,079명
주심_ 고형진 부심_ 이규환·송봉근 대기심_ 박필준 감독관_ 한진원

부산 1 0 전반 0 / 1 후반 1 **1 전남**

퇴장	경고	파울	ST(유)	교체	선수명	배번	위치	위치	배번	선수명	교체	ST(유)	파울	경고	퇴장
0	0	0	0		이 범 영	1	GK	GK	21	김 민 식		0	0	0	0
0	0	0	1(1)		유 지 훈	33	DF	DF	13	현 영 민		0	1	1	0
0	0	0	1		이 경 렬	6	DF	DF	4	홍 진 기		0	0	0	0
0	0	1	2		김 종 혁	4	DF	DF	15	방 대 종		0	0	0	0
0	0	0	0	7	유 지 노	15	DF	DF	2	최 효 진		0	1	0	0
0	1	5	0		이 청 웅	17	MF	MF	20	김 동 철		1	2	1	0
0	0	0	1		이 규 성	13	MF	MF	16	정 석 민	12	0	4	1	0
0	0	2	3	8	홍 동 현	26	MF	FW	24	이 지 민	26	3(2)	1	0	0
0	0	4	2(1)		웨 슬 리	10	FW	FW	9	전 현 철	25	1	0	0	0
0	0	0	0	24	이 정 협	25	FW	FW	27	이 슬 찬		2(2)	3	1	0
0	1	3	0		최 광 희	77	FW	FW	17	오 르 샤		2(2)	0	0	0
0	0	0	0		이 창 근	21			30	한 유 성		0	0	0	0
0	0	0	0		박 준 강	2			6	이 지 남		0	0	0	0
0	0	0	0		김 태 연	37			12	김 평 래	후43	0	1	0	0
0	0	0	3(2)	전10	주 세 종	24	대기	대기	19	이 재 억		0	0	0	0
0	0	0	0		전 성 찬	22			25	안 수 현	후27	0	1	0	0
0	1	3	1	전29	한 지 호	7			26	오 영 준	후37	0	0	0	0
0	0	0	1	후26	윤 동 민	8			28	서 민 환		0	0	0	0
0	3	18	15(4)			0			0			9(6)	14	4	0

●후반 32분 주세종 AKL FK R-ST-G (득점: 주세종) 오른쪽
●후반 35분 이지민 GAL 내 L-ST-G (득점: 이지민) 왼쪽

11월 29일 14 : 00 흐리고 비 수원 월드컵 관중 13,738명
주심_ 김동진 부심_ 노수용·곽승순 대기심_ 매호영 감독관_ 강창구

수원 2 0 전반 0 / 2 후반 1 **1 전북**

퇴장	경고	파울	ST(유)	교체	선수명	배번	위치	위치	배번	선수명	교체	ST(유)	파울	경고	퇴장
0	0	0	0		정 성 룡	1	GK	GK	1	권 순 태		0	0	0	0
0	1	2	0		신 세 계	30	DF	DF	32	이 주 용		1	2	0	0
0	0	4	0		곽 희 주	29	DF	DF	18	윌 킨 슨		0	0	0	0
0	0	2	0		조 성 진	5	DF	DF	4	김 기 희		1(1)	2	1	0
0	0	3	0		홍 철	33	DF	DF	25	최 철 순		1	2	0	0
0	0	0	3(1)	15	권 창 훈	22	MF	MF	13	정 훈	22	1	0	0	0
0	0	2	1		백 지 훈	20	MF	MF	33	이 근 호		4(1)	0	0	0
0	0	0	1	42	산 토 스	10	MF	MF	47	문 상 윤		0	5	0	0
0	0	1	2(1)		염 기 훈	26	MF	MF	17	이 재 성		3(1)	3	0	0
0	0	2	2		이 상 호	7	MF	MF	7	한 교 원	10	3(1)	1	1	0
0	0	0	3(2)		카 이 오	18	FW	FW	27	이 승 렬	8	1	0	0	1
0	0	0	0		이 상 욱	31			21	홍 정 남		0	0	0	0
0	0	0	0		오 범 석	4			3	김 형 일		0	0	0	0
0	0	0	0	후44	구 자 룡	15			5	이 호		0	0	0	0
0	0	0	0		장 현 수	19	대기	대기	8	루 이 스	후12	1(1)	1	0	0
0	1	0	0	후19	박 현 범	42			10	레오나르도	후12	2	0	0	0
0	0	0	0		서 정 진	13			22	서 상 민	후21	0	0	0	0
0	0	0	0		일 리 안	8			23	김 동 찬		0	0	0	0
0	2	16	12(4)			0			0			18(5)	16	2	1

●후반 21분 염기훈 MF 정면 FK L-ST-G (득점: 염기훈) 왼쪽
●후반 41분 카이오 GAR L-ST-G (득점: 카이오) 왼쪽
●후반 39분 이재성 GAL 내 R-ST-G (득점: 이재성) 왼쪽

11월 29일 14 : 00 맑음 포항 스틸야드 관중 12,381명
주심_ 우상일 부심_ 장준모·송봉근 대기심_ 박필준 감독관_ 한병화

포항 2 1 전반 0 / 1 후반 1 **1 서울**

퇴장	경고	파울	ST(유)	교체	선수명	배번	위치	위치	배번	선수명	교체	ST(유)	파울	경고	퇴장
0	1	0	0		신 화 용	1	GK	GK	31	유 상 훈		0	0	0	0
0	0	2	0		김 광 석	3	DF	MF	21	심 상 민	23	1	1	0	0
0	1	1	0		배 슬 기	24	DF	DF	3	이 웅 희		0	0	0	0
0	1	2	1(1)	2	최 재 수	26	DF	DF	34	박 용 우		0	3	1	0
0	0	0	0		김 대 호	22	DF	DF	28	김 동 우		0	0	0	0
0	0	3	0		황 지 수	9	MF	MF	27	고 광 민		0	1	0	0
0	0	0	1	19	김 태 수	5	MF	MF	4	오스마르		0	0	0	0
0	0	9	0		손 준 호	28	MF	MF	13	고 요 한		0	6	0	0
0	0	0	1		김 승 대	12	FW	MF	8	이 석 현	11	0	1	0	0
0	0	1	2(1)	23	티 아 고	7	FW	FW	25	아드리아노		0	4	1	0
0	0	2	3(2)		강 상 우	17	FW	FW	19	윤 주 태	18	2(1)	0	0	0
0	0	0	0		이 준 희	25			1	김 용 대		0	0	0	0
0	0	0	0	후35	박 선 용	2			26	김 남 춘		0	0	0	0
0	0	0	0		김 원 일	13			29	이 상 협		0	0	0	0
0	0	1	1(1)	후20	유 제 호	23	대기	대기	11	몰 리 나	후0	2(1)	0	0	0
0	0	0	0	후39	문 창 진	19			23	김 민 혁	후24	0	1	1	0
0	0	0	0		라 자 르	8			40	심 제 혁		0	0	0	0
0	0	0	0		이 재 원	15			18	김 현 성	후40	0	0	0	0
0	3	21	9(5)			0			0			5(2)	17	3	0

●전반 16분 최재수 AK 정면 FK L-ST-G (득점: 최재수) 오른쪽
●후반 46분 강상우 PA 정면 내 L-ST-G (득점: 강상우) 오른쪽
●후반 35분 몰리나 GA 정면 L-ST-G (득점: 몰리나) 오른쪽

11월 29일 14 : 00 비 탄천 종합 관중 3,224명
주심_ 김성호 부심_ 김계용·양재용 대기심_ 임정수 감독관_ 김수현

성남 2 1 전반 1 / 1 후반 0 **1 제주**

퇴장	경고	파울	ST(유)	교체	선수명	배번	위치	위치	배번	선수명	교체	ST(유)	파울	경고	퇴장
0	1	0	0		박준혁	29	GK	GK	21	김경민		0	0	0	0
0	0	2	0		장학영	33	DF	DF	4	오반석		1(1)	0	0	0
0	1	0	0		윤영선	20	DF	DF	15	알렉스	25	1(1)	1	0	0
0	0	0	0		김태윤	6	DF	DF	27	김봉래		0	1	0	0
0	0	0	1(1)		이태희	25	DF	DF	28	배재우	14	1	1	0	0
0	0	1	0		정선호	14	MF	MF	24	배세현	34	0	2	0	0
0	0	1	1	18	이종원	22	MF	MF	29	권순형		4(1)	4	0	0
0	0	4	0	31	남준재	23	MF	MF	10	송진형		4(2)	1	0	0
0	0	1	1(1)		김두현	8	MF	FW	16	김영신		2(1)	1	1	0
0	0	0	2(2)	24	레이나	10	MF	FW	17	진대성		5(2)	0	0	0
0	0	0	6(4)		황의조	16	FW	FW	19	서동현		0	2	0	0
0	0	0	0		전상욱	1			31	전태현		0	0	0	0
0	0	0	0		박태민	17			25	강준우	후0	0	0	0	0
0	0	0	0	후46	장석원	24			37	장은규		0	0	0	0
0	0	1	1	후16	김성준	18	대기	대기	14	윤빛가람	후20	1(1)	0	0	0
0	0	1	1(1)	후16	박용지	31			34	정영총	후5	0	0	0	0
0	0	0	0		김동희	13			18	박수창		0	0	0	0
0	0	0	0		루카스	19			9	김현		0	0	0	0
0	2	11	13(9)			0			0			19(9)	13	1	0

●전반 9분 김두현 MFL ~ 황의조 GAL L-ST-G (득점: 황의조, 도움: 김두현) 오른쪽
●후반 43분 박용지 PAR 내 ~ 이태희 GAR R-ST-G (득점: 이태희, 도움: 박용지) 가운데

●전반 32분 김봉래 PAR 내 ~ 진대성 AK 내 R-ST-G (득점: 진대성, 도움: 김봉래) 왼쪽

11월 28일 14 : 00 맑음 광주 월드컵 관중 2,508명
주심_ 김상우 부심_ 손재선·강동호 대기심_ 김우성 감독관_ 하재훈

광주 2 1 전반 0 / 1 후반 1 **1 대전**

퇴장	경고	파울	ST(유)	교체	선수명	배번	위치	위치	배번	선수명	교체	ST(유)	파울	경고	퇴장
0	1	0	0		제종현	1	GK	GK	1	박주원		0	0	0	0
0	0	1	1		이종민	17	DF	DF	43	이강진	29	0	0	0	0
0	0	1	0		정준연	4	DF	DF	27	박재우		0	1	0	0
0	0	1	0		안영규	26	DF	DF	55	김태봉		1	3	1	0
0	0	3	0		이으뜸	14	DF	DF	3	윤신영		0	0	0	0
0	0	3	0	29	허재녕	13	MF	MF	8	김병석		0	1	0	0
0	1	2	1(1)		여름	7	MF	MF	88	고민혁	5	1	0	0	0
0	1	1	2(2)	18	박선홍	19	MF	MF	99	이현승		1(1)	1	0	0
0	0	2	1		송승민	16	MF	FW	10	닐톤	81	0	1	0	0
0	0	1	2(2)		김호남	11	MF	FW	77	완델손		2(2)	3	1	0
0	0	2	0	12	주현우	30	FW	FW	73	한의권		0	2	0	0
0	0	0	0		권정혁	31			41	김다솔		0	0	0	0
0	0	1	0	후38	김성현	12			5	실바	후49	0	0	0	0
0	0	1	0	후44	권영호	18			29	김상필	후29	0	0	0	0
0	0	0	0		송성범	20	대기	대기	2	조원득		0	0	0	0
0	0	0	0		조용태	22			17	김성수		0	0	0	0
0	0	0	0		김의신	28			81	공태하	후12	3(2)	1	1	0
0	0	0	0	후39	마철준	29			11	하피나		0	0	0	0
0	3	19	7(5)			0			0			8(5)	13	3	0

●전반 7분 송승민 PK지점 H→김호남 PK 좌측 지점 R-ST-G (득점: 김호남, 도움: 송승민) 가운데
●후반 10분 주현우 PAL ↷박선홍 PA 정면 내 R-ST-G (득점: 박선홍, 도움: 주현우) 가운데

●후반 46분 완델손 GAL R-ST-G (득점: 완델손) 가운데

11월 28일 14 : 00 흐림 인천 전용 관중 2,304명
주심_ 박병진 부심_ 김성일·지승민 대기심_ 박진호 감독관_ 김용세

인천 0 0 전반 0 / 0 후반 1 **1 전남**

퇴장	경고	파울	ST(유)	교체	선수명	배번	위치	위치	배번	선수명	교체	ST(유)	파울	경고	퇴장
0	0	0	0		유현	1	GK	GK	30	한유성		0	0	1	0
0	0	1	1		박대한	25	DF	DF	4	홍진기		0	3	1	0
0	0	0	0		이윤표	77	DF	DF	20	김동철		0	1	0	0
0	0	0	0		요니치	20	DF	DF	15	방대종		0	2	0	0
0	0	1	0		권완규	2	DF	DF	2	최효진		1(1)	2	0	0
0	1	2	1		김원식	4	MF	MF	12	김평래	19	0	2	0	0
0	0	0	1(1)	15	김동석	22	MF	MF	26	오영준		1	0	0	0
0	0	0	0	6	윤상호	23	MF	FW	17	오르샤		0	1	0	0
0	0	1	0	18	박세직	24	MF	FW	9	전현철	27	1(1)	0	0	0
0	0	0	0		김인성	11	MF	FW	24	이지민	18	0	1	0	0
0	0	1	1		이효균	33	FW	FW	10	스테보		1(1)	1	0	0
0	0	0	0		이태희	31			21	김민식		0	0	0	0
0	0	0	0	후41	김대중	15			6	이지남		0	0	0	0
0	0	0	0		백승원	28			18	이창민	후44	1(1)	0	0	0
0	0	0	0		용재현	13	대기	대기	19	이재억	후40	0	0	0	0
0	0	0	0	후28	와다	6			27	이슬찬	후33	1(1)	0	0	0
0	0	0	0		이진욱	27			28	서민환		0	0	0	0
0	1	6	4(1)			0			0			6(5)	13	2	0

●후반 7분 이지민 GAL EL ~ 최효진 GA 정면 내 L-ST-G (득점: 최효진, 도움: 이지민) 가운데

11월 28일 14 : 00 맑음 울산 문수 관중 3,275명
주심_ 정동식 부심_ 이정민·방기열 대기심_ 서동진 감독관_ 김진의

울산 2 0 전반 1 / 2 후반 0 **1 부산**

퇴장	경고	파울	ST(유)	교체	선수명	배번	위치	위치	배번	선수명	교체	ST(유)	파울	경고	퇴장
0	0	0	0		장대희	41	GK	GK	1	이범영		0	0	0	0
0	0	2	1(1)		김태환	16	DF	DF	33	유지훈		0	1	0	0
0	0	3	0		이창용	20	DF	DF	6	이경렬		0	0	1	0
0	0	3	0		정승현	5	DF	DF	4	김종혁		0	0	0	0
0	0	3	0		이명재	24	DF	DF	2	박준강		0	1	0	0
0	0	1	1(1)		구본상	4	MF	MF	17	이청웅		0	2	0	0
0	0	0	0	7	마스다	6	MF	MF	13	이규성		1	0	0	0
0	1	3	3(1)		코바	44	MF	MF	22	전성찬	24	1	1	0	0
0	0	0	5(3)	8	이영재	32	MF	FW	10	웨슬리		2(1)	4	2	0
0	0	0	1(1)	14	김승준	19	MF	FW	26	홍동현	7	2(2)	2	1	0
0	0	0	6(5)		김신욱	9	FW	FW	14	정석화	8	0	1	0	0
0	0	0	0		송유걸	21			21	이창근		0	0	0	0
0	0	0	0		김근환	39			32	구현준		0	0	0	0
0	0	0	0		김영삼	34			71	김익현		0	0	0	0
0	0	0	0	후27	하성민	8	대기	대기	24	주세종	후23	1(1)	0	0	0
0	0	0	0	후45	고창현	7			29	김지민		0	0	0	0
0	0	0	0	후27	서용덕	14			7	한지호	후10	0	1	0	0
0	0	0	0		유준수	17			8	윤동민	후17	0	1	0	0
0	1	15	17(12)			0			0			7(4)	14	4	0

●후반 9분 김승준 PK 우측지점 R-ST-G (득점: 김승준) 오른쪽
●후반 48분 김태환 PAR EL ↷김신욱 GAL 내 H-ST-G (득점: 김신욱, 도움: 김태환) 왼쪽

●전반 19분 홍동현 PAL FK R-ST-G (득점: 홍동현) 오른쪽

제1조 (목적)_ 본 대회요강은 (사)한국프로축구연맹(이하 '연맹')이 K LEAGUE CHALLENGE(이하 'K리그 챌린지')를 효율적으로 운영하기 위하여 대회 및 경기 운영에 관한 사항을 규정함을 목적으로 한다.

제2조 (용어의 정의)_ 본 대회요강에서 '대회'라 함은 정규 라운드(44R)를 말하며, '클럽'이라 함은 연맹의 회원단체인 축구단을, '팀'이라 함은 해당 클럽의 팀을, '홈 클럽'이라 함은 홈경기를 개최하는 클럽을 지칭한다.

제3조 (명칭)_ 본 대회명은 '현대오일뱅크 K리그 챌린지 2015'로 한다.

제4조 (주최, 주관)_ 본 대회는 연맹이 주최(대회를 총괄하여 책임지는 자)하고, 홈 클럽이 주관(주최자의 위임을 받아 대회를 운영하는 자)한다. 홈 클럽의 주관권은 제3자에게 양도할 수 없다.

제5조 (참가 클럽)_ 본 대회 참가 클럽(팀)은 총 11팀(경남FC, 상주 상무, 안산 경찰청, 강원FC, FC안양, 수원FC, 대구FC, 고양 Hi FC, 충주 험멜, 부천FC, 서울 이랜드)이다.

제6조 (일정 및 대회방식)_ 본 대회는 2015.03.21(토) ~ 2015.11.29(일) 개최하며, 경기일정(대진)은 미리 정한 경기일정표에 의한다.

구분		일정	방식	Round	팀수	경기수	장소
정규 라운드		3.21(토)~11.22(일)	4Round robin	44R	11팀	220경기 (팀당 40)	홈 클럽 경기장
플레이오프	준PO, PO	11.25(수)~11.29(일)	토너먼트	2R	3팀(정규 라운드순위 2~4위)	2경기	
계						222경기 (팀당 40~42경기)	

※본 대회 경기일정은 부득이한 사정에 따라 변경될 수 있음.

제7조(대회방식)_

1. 11팀이 4Round robin(44라운드) 방식으로 정규 라운드 경쟁을 벌인다.
2. 정규 라운드(1~44R) 성적을 기준으로 1위팀은 K리그 클래식 자동승격, 2위부터 4위까지는 챌린지 플레이오프를 실시하여 승자가 K리그 클래식 11위팀과 승강 플레이오프를 치른다.
3. 챌린지 플레이오프 방식(준PO, PO)은 정규 라운드 3위와 4위가 3위팀 홈에서 준PO(단판 경기)를 실시하고 90분 경기 무승부 시 2위팀을 승자로 한다. 챌린지 플레이오프 승자는 승강 플레이오프에 진출한다.
4. 최종 순위 결정은 제25조에 의한다.

제8조 (경기장)_

1. 모든 클럽은 최상의 상태에서 홈경기를 실시할 수 있도록 경기장을 유지·관리할 책임이 있다.
2. 본 대회는 원칙적으로 축구전용경기장에서 개최되어야 한다.
3. 경기장은 법령이 정하는 시설 안전기준을 충족하여야 한다.
4. 홈 클럽은 경기장을 방문하는 관람객을 위해 관중상해보험에 가입하여야 하며, 보험증권을 연맹에 경기 개최 전에 제출하여야 한다. 홈 클럽이 기타 경기장에서 K리그 경기를 개최하고자 할 경우에도 마찬가지다.
5. 각 클럽은 경기장 시설(물)에 대해 연맹의 승인을 득하여야 한다.
6. 경기장은 연맹의 경기장 시설 기준을 준수하여야 하며, 다음 각 호의 조건을 충족하여야 한다.
   1) 그라운드는 천연잔디구장으로 길이 105m, 너비 68m를 권고한다.
   2) 공식 경기의 잔디 길이는 2~2.5cm로 유지되어야 하며, 전체에 걸쳐 동일한 길이여야 한다.
   3) 그라운드 외측 주변에는 원칙적으로 축구전용경기장의 경우는 5m 이상, 육상경기겸용경기장의 경우 1.5m 이상의 잔디 부분이 확보되어야 한다.
   4) 골포스트 및 바는 흰색의 둥근 모양(직경 12cm)의 철제 관으로 제작되고, 원칙적으로 고정식이어야 한다. 또한 볼의 반발력에 영향을 줄 수 있는 비철제 보강재 사용을 금한다.
   5) 골네트는 원칙적으로 흰색(연맹의 승인을 득한 경우는 제외)이어야 하며, 골네트는 골대 후방에 폴을 세워 안전한 방법으로 부착하여야 한다. 폴은 골대와 구별되는 어두운 색상이어야 한다.
   6) 코너 깃발은 연맹이 지정한 것을 사용하여야 한다.
   7) 각종 라인은 국제축구연맹(이하 'FIFA') 또는 아시아축구연맹(이하 'AFC')이 정한 규격에 따라야 하며, 라인 폭은 12cm로 선명하고 명료하게 그려야 한다.(원칙적으로 페인트 방식으로 한다)
7. 필드(그라운드 및 그 주변 부분)에는 경기 운영에 영향을 주거나 선수에게 위험의 우려가 있는 것을 방치 또는 설치해서는 안 된다.
8. 공식경기에서 그라운드에 물을 뿌리는 경우, 갼ㄱ;징 전체에 걸쳐 균등하게 해야 한다. 단, 그라운드 사전 훈련(하프타임 제외) 및 경기 진행 중에는 그라운드에 물을 뿌릴 수 없다.
9. 경기장 관중석은 좌석수 10,000석 이상을 충족하여야 한다. 이에 미달할 경우, 연맹의 사전 승인을 득하여야 한다.
10. 홈 클럽은 상대 클럽을 응원하는 관중을 위해 경기 개최 일주일 전까지 원정 클럽이 요청한 적정 수의 좌석을 원정팀과 협의하여 결정한다. 또한, 원정 클럽 관중을 위한 전용출입문, 화장실, 매점 시설 등을 독립적으로 사용할 수 있도록 마련하여야 한다.
11. 경기장은 다음 항목의 부대시설을 갖추도록 권고한다.
   1) 운영 본부실 2) 양 팀 선수대기실(냉·난방 및 냉·온수 가능)
   3) 심판대기실(냉·난방 및 냉·온수 가능) 4) 실내 워밍업 지역
   5) 경기감독관석 및 매치코디네이터석 6) 경기기록석
   7) 의무실 8) 도핑검사실(냉·난방 및 냉·온수 가능)
   9) 통제실, 경찰 대기실, 소방 대기실 10) 실내 기자회견장
   11) 기자실 및 사진기자실 12) 중계방송사룸(TV중계스태프용)
   13) VIP룸 14) 기자석 15) 장내방송 시스템 및 장내방송실
   16) TV중계 및 라디오 중계용 방송 부스
   17) 동영상 표출이 가능한 대형 전광판 18) 출전선수명단 게시판
   19) 태극기, 대회기, 연맹기, 양 클럽 깃발을 게재할 수 있는 게양대
   20) 입장권 판매소 21) 종합 안내소 22) 관중을 위한 응급실
   23) 화장실 24) 식음료 및 축구 관련 상품 판매소
   25) TV카메라 설치 공간 26) TV중계차 주차장 공간
   27) 케이블 시설 공간 28) 전송용기자재 등 설치 공간
   29) 믹스드 존(Mixed Zone) 30) 기타 연맹이 정하는 시설, 장비

제9조 (조명장치)_

1. 경기장에는 평균 1,200lux 이상 조도를 가진 조명 장치를 설치하여 조명의 밝음을 균일하게 유지하여야 한다. 또한 정전에 대비하여 1,000lux 이상의 조도를 갖춘 비상조명 장치를 구비하여야 한다.
2. 홈 클럽은 경기장 조명 장치의 이상 유·무를 사전에 확인하여 장애를 미연에 방지하는 한편, 고장 시 신속하게 수리할 수 있도록 모든 조치와 최선의 노력을 다하여야 한다.

제10조 (벤치)_

1. 팀 벤치는 원칙적으로 다음 요건을 충족하여야 한다.
   1) FIFA가 정한 규격의 기술지역(테크니컬에어리어) 내에 설치하여야 한다.
   2) 벤치 터치라인으로부터 5m 이상 떨어지는 한편 그 끝이 하프라인으로부터 8m 떨어지는 위치에 설치하여야 한다.
   3) 투명한 재질의 지붕을 갖추고 있어야 하며, 최소 20인 이상 앉을 수 있는 좌석이 준비되어야 한다. (다만, 관중의 시야를 방해해서는 안 된다)
2. 홈 팀 벤치는 본부석에서 그라운드를 향해 좌측에 설치하여야 한다.
3. 홈, 원정 팀 벤치에는 팀명을 표기한 안내물을 부착하여야 한다.
4. 제4의 심판(대기심판) 벤치를 준비하여야 하며, 다음 요건을 충족하여야 한다.
   1) 벤치 터치라인으로부터 5m 이상 떨어지는 그라운드 중앙에 설치하여야 한다. 단, 방송사의 요청 시에는 카메라 위치에 방해가 되지 않는 위치에 설치하여야 한다.
   2) 투명한 재질의 지붕을 갖추고 있어야 한다.(다만, 관중의 시야를 방해해서는 안 된다)
   3) 대기심판 벤치 내에는 최소 3인 이상 앉을 수 있는 좌석과 테이블이 준비되어야 한다.

제11조 (의료시설)_ 홈 클럽은 선수단, 관계자, 관중 등을 위해 경기개시 90분 전부터 경기종료 후 모든 관중 및 관계자가 퇴장할 때까지 의료진(의사, 간호사, 1급 응급구조사)과 특수구급차를 반드시 대기시켜야 한다. 이를 위반할 경우,

본 대회요강 제35조 3항에 의한다.

제12조 (경기장에서의 고지)_

1. 홈 클럽은 경기장에서 다음 각 항목 사항을 전광판 및 장내 아나운서(멘트)를 통해 고지하여야 한다.
   1) 공식 대회명칭(반드시 지정된 방식 및 형태에 맞게 전광판 노출)
   2) 선수, 심판 및 경기감독관 소개 3) 대회방식 및 경기방식
   4) K리그 선수 입장곡(K리그 앤섬 'Here is the Glory' BGM)
   5) 선수 및 심판 교체 6) 득점자 및 득점시간(득점 직후에)
   7) 추가시간(전·후반 전광판 고지 및 장내아나운서 멘트 동시 실시)
   8) 다른 공식경기의 중간 결과 및 최종 결과
   9) 관중 수(후반전 15~30분 발표)
   10) 상기 1~10호 이외 연맹이 지정하는 사항
   11) 경기 중, 경기정보 전광판 표출(양팀 출전선수명단, 경고, 퇴장, 득점)
2. 홈 클럽은 경기 전·후 및 하프타임에 다음 각 항목 사항을 실시하는 것이 가능하다.
   1) 다음 경기예정 및 안내 2) 연맹의 사전 승인을 얻은 광고 선전
   3) 음악방송 4) 팀 또는 선수에 관한 정보 안내
   5) 상기 1~4호 이외 연맹의 승인을 얻은 사항

제13조 (홈 경기장에서의 경기개최)_ 각 클럽은 홈경기의 과반 이상을 홈 경기장에서 실시하여야 한다. 다만, 이사회의 승인을 얻은 경우는 제외된다.

제14조 (경기장 점검)_

1. 홈 클럽이 기타 경기장에서 경기를 개최하고자 할 경우 해당 경기 개최 30일 전까지 연맹에 시설 점검을 요청하여 경기장 실사를 받아야 하며, 이때 제출하여야 하는 서류는 다음과 같다.
   1) 경기장 시설 현황 2) 홈 경기 안전계획서
2. 연맹의 보완 지시가 있을 경우 이에 대한 이행 결과를 경기 개최 15일 전까지 서면 보고하여야 한다.
3. 연맹은 서면보고접수 후 재점검을 통해 문제점 보완이 미흡하다고 판단될 경우 경기 개최를 불허한다. 이 경우 홈 클럽은 연고지역 내에서 「법령」「K리그 경기장 시설기준」에 부합하는 타 경기장(대체구장)을 선정하여 상기 1항, 2항의 절차에 따라 연맹의 승인을 받아야 한다.
3. 홈 클럽이 원하는 경기장에서 경기개최가 불가능하다고 판단될 경우, 본 대회요강 제17조 2항에 따른다. (연맹 규정 제3장 30조 2항)
4. 상기 3항을 이행하지 않는 클럽은 본 대회요강 제19조 1항에 따른다.(연맹 규정 제3장 32조 1항)

제15조 (악천후의 경우 대비조치)_

1. 홈 클럽은 강설 또는 강우 등 악천후의 경우에도 홈경기를 개최할 수가 있도록 최선의 노력을 다하여야 한다.
2. 악천후로 인하여 경기개최가 불가능하다고 판단될 경우, 경기감독관은 경기 개최 3시간 전까지 경기개최 중지를 결정하여야 한다.

제16조 (경기중지 결정)_

1. 경기 전 또는 경기 중 중대한 불상사 등으로 경기를 계속하기 어려운 사태가 발생하였을 경우, 주심은 경기감독관에게 경기중지를 요청할 수 있으며, 경기감독관은 동 요청에 의거하여 홈 클럽 및 원정 클럽 관계자의 의견을 참고한 후 경기중지를 결정할 수 있다.
2. 상기 1항의 경우 또는 관중의 난동 등으로 경기장의 질서 유지가 어려운 경우, 경기감독관은 주심의 경기중지 요청이 없더라도 경기중지를 결정할 수 있다.
3. 경기감독관은 경기중지 결정을 내린 후, 지체 없이 그 사유를 연맹에 보고하여야 한다.

제17조 (재경기)_

1. 경기가 악천후, 천재지변 등 불가항력에 의하여 경기개최 불능 또는 중지(중단)되었을 경우, 재경기는 원칙적으로 익일 동일 경기장에서 개최한다. 단, 연기된 경기가 불가피한 사유로 다시 연기될 경우 개최일시 및 장소는 연맹이 정하여 추후 공시한다.
2. 경기장 준비부족, 시설미비 등 점검 미비에 따른 홈 클럽의 귀책사유로 인하여 경기개최 불능 또는 중지(중단)되었을 경우, 재경기는 원정 클럽의 홈 경기장에서 개최한다.
3. 재경기 방식에 대해서는 다음 각 호에 의한다.
   1) 이전 경기에서 양 클럽의 득실차가 없을 때는 90분간 재경기를 실시한다.
   2) 이전 경기에서 양 클럽의 득실차가 있을 때는 중지 시점에서부터 잔여 시간만의 재경기를 실시한다.
4. 재경기 시, 앞 항 1호의 경우 이전 경기에서 발생된 경고, 퇴장 기록만이 인정되며 선수교체는 팀당 최대 3명까지 가능하다. 앞 항 2호의 경우 이전 경기에서 발생된 모든 기록이 인정되며 선수교체는 이전 경기를 포함하여 3명까지 할 수 있다.
5. 재경기 시 이전 경기에서 발생된 경고 및 퇴장은 유효하며, 경고 및 퇴장에 대한 처벌(징계)은 경기순서대로 연계 적용한다.

제18조 (귀책사유가 있는 클럽의 비용 보상)_

1. 홈 클럽의 귀책사유에 의해 경기개최 불능 또는 중지(중단)되었을 경우, 홈 클럽은 원정 클럽에 교통비 및 숙식비를 보상하여야 한다.
2. 원정 클럽의 귀책사유에 의해 경기개최 불능 또는 중지(중단)되었을 경우, 원정 클럽은 홈 클럽에 발생한 경기준비 비용 및 입장권 환불 수수료, 교통비 및 숙식비를 보상하여야 한다.
3. 상기 1항, 2항과 관련하여 천재지변 등 불가항력에 의한 경우는 제외한다.

제19조 (패배로 간주되는 경우)_

1. 경기개최 거부 또는 속행 거부 등(경기장 질서문란, 관중의 난동 포함) 어느 한 클럽의 귀책사유로 인하여 경기개최 불능 또는 중지(중단)되었을 경우, 그 귀책사유가 있는 클럽이 0 : 3 패배한 것으로 간주한다.
2. 무자격 선수가 출장한 것이 경기 중 또는 경기 후 발각되어 경기종료 후 48시간 이내에 상대 클럽으로부터 이의가 제기된 경우, 무자격 선수가 출장한 클럽이 0 : 3 패배한 것으로 간주한다. 다만, 경기 중 무자격 선수가 출장한 것이 발각되었을 경우, 해당 선수를 퇴장시키고 경기는 속행한다.
3. 상기 1항, 2항에 따라 어느 한 클럽의 0 : 3 패배를 결정한 경우에도 양 클럽 선수의 개인기록(출장, 경고, 퇴장, 득점, 도움 등)은 그대로 인정한다.
4. 상기 2항의 무자격 선수는 연맹 미등록 선수, 경고누적 또는 퇴장으로 인하여 출전이 정지된 선수, 상벌위원회 징계, 외국인 출전제한 규정을 위반한 선수 등 그 시점에서 경기출전 자격이 없는 모든 선수를 의미한다.

제20조 (대회 중 잔여경기 포기)_ 대회 중 잔여 경기를 포기하는 경우, 다음 각 항에 의한다.

1. 대회 전체 경기수의 3분의 2 이상을 수행하였을 경우, 지난 경기 결과를 그대로 인정하고, 잔여 경기는 포기한 클럽이 0 : 3 패배한 것으로 간주한다.
2. 대회 전체 경기 수의 3분의 2 이상을 수행하지 못했을 경우, 포기한 클럽과의 경기 결과를 모두 무효 처리한다.

제21조 (경기결과 보고)_ 모든 경기결과의 보고는 경기감독관 보고서, 심판 보고서, 경기기록지에 의한다.

제22조 (경기규칙)_ 본 대회의 경기는 FIFA 및 KFA의 경기규칙에 따라 실시되며, 특별한 사항이 발생 시에는 연맹이 결정한다.

제23조 (경기시간 준수)_

1. 본 대회는 90분(전·후반 각 45분) 경기를 실시한다.
2. 모든 클럽은 미리 정해진 경기시작 시간(킥오프 타임)과 경기 중 휴식시간(하프타임)을 반드시 준수하여야 한다. 하프타임 휴식은 15분을 초과할 수 없으며, 양 팀 출전선수는 후반전 출전을 위해 후반전 개시 3분 전(하프타임 12분)까지 심판진과 함께 대기 장소에 집결하여야 한다.
3. 경기시작 시간과 하프타임 시간을 준수하지 않아 경기가 지연될 경우, 귀책사유가 있는 해당 클럽에 제재금(100만 원 이상)을 부과할 수 있다. 동일 클럽이 위반 행위를 반복할 경우, 직전에 부과한 제재금의 2배를 부과할 수 있다.

제24조 (승점)_ 본 대회의 승점은 승자 3점, 무승부 1점, 패자 0점을 부여한다.

제25조 (순위결정)_

1. 정규 라운드(1~44R) 순위는 승점 → 득실차 → 다득점 → 다승 → 승자승 → 벌점 → 추첨 순서로 결정한다.
2. 최종순위 결정 방식은 다음과 같다.
   1) 최종순위는 정규라운드(1~44R) 성적에 따라 결정한다. 단, 정규 라운드 2위~4위 팀은 챌린지 플레이오프 결과에 따라 최종순위를 결정한다.
   2) 챌린지 플레이오프 승리(승강 플레이오프 진출) 팀을 2위로 한다.
   3) 챌린지 플레이오프에서 패한(승강 플레이오프 진출 실패) 팀을 4위로 한다.
3. 벌점에 대한 기준은 다음과 같다.
   1) 경고 및 퇴장 관련 벌점
   ① 경고 1점 ② 경고 2회 퇴장 2점 ③ 직접 퇴장 3점

④ 경고 1회 후 퇴장 4점

2) 상벌위원회 징계 관련 벌점

① 제재금 100만 원당 3점 ② 출전정지 1경기당 3점

3) 코칭스태프 및 팀 스태프 퇴장, 클럽(임직원 포함)에 부과된 징계는 팀 벌점에 포함한다.

4. 개인기록 순위결정

1) 개인기록순위 결정은 본 대회(1~44R) 성적으로 결정한다.

2) 득점(Goal) 개인기록순위 결정의 우선 순서는 다음과 같다.

① 최다득점선수 ② 출전경기가 적은 선수 ③ 출전시간이 적은 선수

3) 도움(Assist) 개인기록순위 결정의 우선 순서는 다음과 같다.

① 최다도움선수 ② 출전경기가 적은 선수 ③ 출전시간이 적은 선수

제26조 (시상)_ 본 대회의 단체상 및 개인상 시상내역은 다음과 같다.

구분		시상내역		비고
단체상	우승	상금 100,000,000원	+ 트로피	
개인상	최다득점선수	상금 3,000,000원	+ 상패	대회 개인기록
	최다도움선수	상금 1,500,000원	+ 상패	대회 개인기록

제27조 (출전자격)_

1. 연맹 규정 제2장 4조에 의거하여 연맹 등록이 완료된 선수만이 경기에 출전할 자격을 갖는다.
2. 연맹 규정 제2장 5조에 의거하여 연맹 등록이 완료된 코칭스태프 및 팀 스태프 중 출전선수명단에 등재된 자만이 벤치에 착석할 수 있으며, 경기 중 기술지역에서의 선수지도행위는 1명만이 할 수 있다.(통역 1명 대동 가능)
3. 제재 중인 지도자(코칭스태프, 팀 스태프 포함)는 다음 항목을 준수하여야 한다.

1) 출전정지 제재 중이거나 경기 중 퇴장 조치된 지도자는 관중석, 선수대기실을 제외한 지역에 대해 출입이 제한되며, 그라운드에서 사전 훈련 및 경기 중 어떠한 지도(지시) 행위도 불가하다. 다만, 경기종료 후 개최되는 공식기자회견에는 참석할 수 있다.

2) 징계 중인 지도자(원정 팀 포함)가 경기를 관전하고자 할 경우, 홈 클럽은 본부석 쪽에 좌석을 제공하여야 하며, 해당 지도자의 안전을 위한 조치를 하여야 한다.

3) 상기 제1호를 위반할 경우, 상벌규정 유형별 징계기준 제8조 가.항 (3호)에 해당하는 제재를 부과할 수 있다.

제28조 (출전선수명단 제출의무)_

1. 홈 클럽과 원정 클럽은 경기개시 90분 전까지 경기감독관에게 출전선수명단을 제출하여 승인을 받아야 하며, 출전선수 스타팅 포메이션(Starting Formation)을 별지로 함께 제출하여야 한다.
2. 출전선수명단에는 출전선수, 코칭스태프 및 팀 스태프 명단, 유니폼 색상이 포함되어야 하며, 제출된 인원만이 해당 경기 출전과 팀 벤치 착석 및 기술지역 출입, 선수 지도를 할 수 있다. 단, 출전선수명단에 등재할 수 있는 코칭스태프 및 팀 스태프의 수는 최대 8명(주치의, 통역 제외)까지로 한다.
3. 출전선수명단 승인(경기감독관 서명) 후에는 변경이 불가능하며, 승인 후 변경할 경우 선수 교체로 간주한다.
4. 본 대회의 출전선수명단은 18명을 원칙으로 하며, 다음 사항을 반드시 준수하여야 한다.

1) 골키퍼(GK)는 반드시 국내 선수이어야 하며, 후보 골키퍼(GK)는 반드시 1명이 포함되어야 한다.

2) 외국인선수의 경우, 출전선수명단에 3명까지 등록할 수 있으며 3명까지 경기 출장이 가능하다. 단, AFC 가맹국 국적의 외국인선수는 1명에 한하여 추가 등록과 출전이 가능하다.

3) 22세 이하(1993.01.01 이후 출생자) 국내선수는 출전선수명단에 최소 2명 이상 포함(등록)되어야 한다. 만일 22세 이하 국내선수가 포함되어 있지 않을 경우, 해당 인원만큼 출전선수명단에서 제외한다. (즉, 22세 이하 국내선수가 1명 포함될 경우 출전선수명단은 17명으로 하며, 전혀 포함되지 않을 경우 출전선수명단은 16명으로 한다.)

4) 출전선수명단에 포함된 22세 이하 선수 1명은 반드시 의무선발출전을 해야 한다. 만일 22세 이하 선수가 의무선발출전을 하지 않을 경우, 선수교체 가능인원은 2명으로 제한한다.(29조 2항 참조)

5) 단, 군/경 팀은 위 3항 4항에 적용받지 않으며, 군/경팀과 경기 시 그 상대팀도 위 3항 4항에 한시적으로 적용받지 않는다.

4) 클럽에 등록된 22세 이하 선수 1명 이상이 KFA 각급 대표팀 선수로 소집(소집일~해산일)될 경우, 해당 클럽에 한해 소집 기간 동안 개최되는 경기에 의무선발출전 규정(상기 4조)을 적용하지 않으며, 차출된 선수의 수(인원)만큼 엔트리 등록 규정도 적용하지 않는다.

U22선수 각급대표 소집	출전선수 명단(엔트리)		U22선수 의무선발 출전	선수교체 가능인원	비고
	U22선수 포함 인원	등록가능 인원			
0명	0명	16명	0명	2명	
	1명	17명	1명	3명	U22선수 의무선발 출전을 하지 않을 경우, 선수교체 가능인원 2명으로 제한
	2명 이상	18명	1명	3명	
1명	0명	17명	0명	3명	
	1명 이상	18명	0명	3명	
2명 이상	0명	18명	0명	3명	

5. 순연 경기 및 재경기(90분 재경기에 한함)의 출전선수명단은 다시 제출하여야 한다.

제29조 (선수교체)_

1. 본 대회의 선수 교체는 경기감독관이 승인한 출전선수명단에 의해 후보선수 명단 내에서만 가능하다.
2. 선수 교체는 90분 경기에서 3명까지 가능하다. 단, 본 대회요강 제28조 4항-4)호에 의거, 22세 이하 국내선수가 선발출전하지 않을 경우 해당 클럽은 2명까지 선수교체가 가능하다. 이를 위반할 경우 제19조 2항~4항에 따른다.

제30조 (출전정지)_

1. 본 대회에서 경고누적에 의한 출전정지 및 퇴장(경고 2회 퇴장, 직접 퇴장, 경고 1회 후 직접 퇴장)에 의한 출전정지는 최종 라운드(1~35R)까지 연계 적용한다.
2. 경고누적에 의한 출전정지는 경고누적 3회 때마다 다음 1경기가 출전정지된다.
3. 1경기 경고2회 퇴장에 의한 출전정지는 다음 1경기가 출전 정지되며, **제재금은 오십만 원(500,000원)**이 부과된다. 이 경고는 누적에 산입되지 않는다.
4. 직접 퇴장에 의한 출전정지는 다음 2경기가 출전 정지되며, **제재금은 칠십만 원(700,000원)**이 부과 된다.
5. 경고 1회 후 직접 퇴장에 의한 출전정지는 다음 2경기가 출전 정지되며, **제재금은 일백만 원(1,000,000원)**이 부과된다. 경고 1회는 유효하며, 누적에 산입된다.
6. 제재금은 출전 가능경기 1일전까지 반드시 해당자 명의로 납부하여야 한다. 이를 위반할 경우, 경기 출전이 불가하다. 출전 가능경기가 남아 있지 않을 경우, 본 대회 종료 15일 이내에 납부하여야 한다.
7. 상벌위원회 징계로 인한 출전정지는 시즌 및 대회에 관계없이 연계 적용한다.

제31조 (유니폼)_

1. 본 대회는 반드시 연맹이 승인한 유니폼을 착용해야 한다.
2. 선수 번호(배번은 1번~99번에 한정하며, 배번 1번은 GK에 한함)는 출전선수명단에 기재된 선수 번호와 일치하여야 하며, 배번의 식별이 가능하도록 명확하게 표시되어 있어야 한다.
3. 팀의 주장은 주장인 것을 명확하게 표시하는 완장을 착용하여야 한다.
4. 경기에 출전하는 양 클럽의 유니폼은 연맹이 사전에 지정한 유니폼을 착용해야 한다. 단, 부득이한 사정으로 유니폼 변경이 필요한 경우 연맹의 사전 승인을 득하여야 한다.
5. 동절기 방한용 내피 상의 또는 하의(타이즈)를 착용하고자 할 때는 유니폼(상·하의) 색상과 동일한 색상을 착용하여야 한다. 이를 위반할 경우 경기출전이 불가하다.
6. 스타킹과 발목밴드(테이핑)는 동일 색상(계열)이어야 한다. 이를 위반할 경우 경기출전이 불가하다.

제32조 (사용구)_ 본 대회의 공식 사용구는 아디다스 '커넥스트15 OMB(adidas conext15 OMB)로 한다.

제33조 (인터뷰 실시)_

1. 양 클럽 감독은 경기개시 60분~20분전까지 미디어(취재기자에 한함)와 약식 인터뷰를 실시하여야 한다.
2. 홈 클럽은 경기종료 후 15분 이내에 공식 기자회견을 개최하여야 한다. 단, 중계방송사의 요청이 있을 경우, 공식 기자회견 이전에 그라운드에서도 플래시 인터뷰를 우선 실시하여야 하며, 플래시 인터뷰 이후 실내기자회견을 개최한다. 제재 중인 지도자(코칭스태프 및 팀 스태프 포함)도 경기 종료 후 실시되는

공식 기자회견 및 플래시인터뷰에 참석하여야 한다.

3. 모든 기자회견은 연맹이 지정한 인터뷰 배경막(백드롭)을 배경으로 실시하여야 한다.
4. 인터뷰 대상은 미디어가 요청하는 선수와 양 클럽 감독으로 한다.
5. 인터뷰를 실시하지 않거나 참가하지 않을 경우, 해당 클럽과 선수, 감독에게 제재금(50만 원 이상)을 부과할 수 있다.
6. 홈 클럽은 공동취재구역인 믹스드 존(Mixed Zone)을 반드시 마련하여야 하고, 양 클럽 선수단은 경기종료 후 믹스드 존을 통과하여 이동하여야 하며, 미디어의 인터뷰 요청에 최대한 협조하여야 한다.
7. 인터뷰에서는 경기의 판정이나 심판과 관련하여 일체의 부정적인 언급이나 표현을 할 수 없으며, 위반 시 다음 각 호에 의한다.
   1) 각 클럽 소속 선수, 코칭스태프, 팀 스태프, 임직원 등 모든 관계자에게 적용되며, 위반할 시 상벌규정 유형별 징계기준 제2조 가.항 혹은 나.항을 적용하여 제재를 부과한다.
   2) 공식 인터뷰뿐만 아니라 대중에게 공개될 수 있는 어떠한 경로를 통한 언급이나 표현에도 적용된다.
8. 경기 후 미디어 부재로 공식 기자회견을 개최하지 않은 경우, 홈팀 홍보담당자는 양 클럽 감독의 코멘트를 경기 종료 1시간 이내에 각 언론사에 배포한다.

제34조 (중계방송협조)_ 본 대회의 경기 중계방송 시 카메라나 중계석 위치 확보, 방송 인터뷰를 위해 모든 클럽은 중계 방송사와 연맹의 요청에 최대한 협조한다.

제35조 (경기장 안전과 질서유지)_

1. 홈 클럽은 경기개시 180분 전부터 경기종료 후 모든 관중 및 관계자가 퇴장할 때까지 선수, 팀 스태프, 심판을 비롯한 전 관계자와 관중의 안전 및 질서 유지에 대한 의무와 책임이 있다.
2. 홈 클럽은 앞 항의 의무 실시를 위해 최선의 노력을 다해야 하며, 경기장 안전 및 질서를 어지럽히는 관중에 대해 그 입장을 제한하고 강제 퇴장시키는 등의 적정한 조치를 취할 수 있다.
3. 연맹, 홈 또는 원정 클럽, 선수, 코칭스태프 및 팀 스태프, 관계자를 비방하는 사안이나, 경기진행 및 안전에 지장을 줄 수 있는 모든 사안에 대해서는 경기감독관의 지시에 의해 관련 클럽은 즉각 이를 시정 조치하여야 한다. 만일, 경기감독관의 지시에도 불구하고 시정 조치되지 않을 경우 상벌규정 유형별 징계기준 제5조 마.항에 의거, 해당 클럽에 제재를 부과할 수 있다.
4. 관중의 소요, 난동으로 인하여 경기 진행에 문제가 발생하거나 선수, 심판, 코칭스태프 및 팀 스태프를 비롯한 관중의 안전과 경기장 질서 유지에 문제가 발생할 경우에는 관련 클럽이 사유를 불문하고 그에 대한 일체의 책임을 부담한다.

제36조 (홈 경기 관리 책임자 선정 및 경기장 안전요강)_ 모든 클럽은 경기장 안전 및 원활한 진행을 위해 홈경기 관리책임자 및 홈경기 안전책임자를 선정하여 연맹에 보고하여야 하며, 아래의 경기장 안전요강을 숙지하여 실행하고 관중에게 사전 공지 또는 고지하여야 한다. 또한 홈경기 관리책임자 및 홈경기 안전책임자는 경기감독관 및 매치코디네이터의 업무 및 지시 사항에 대해 최대한 협조하여야 한다.

1. 반입금지물: 경기장에 입장하려는 사람 또는 입장한 사람은 홈경기관리책임자가 특별히 필요 사항에 의해 허락했을 경우를 제외하고 다음 각 호에 명시된 것을 가지고 입장할 수 없다.
   1) 경기장 관리자에 의해 반입을 금지하고 있는 것
   2) 정치적, 사상적, 종교적인 주의 또는 주장 또는 관념을 표시하거나 또는 연상시키고 혹은 대회의 운영에 지장을 미칠 우려가 있는 게시판, 간판, 현수막, 플래카드, 문서, 도면, 인쇄물 등
   3) 연맹의 승인을 득하지 않은 특정의 회사 또는 영리기업의 광고를 목적으로 하여 특정의 회사명, 제품명 등을 표시한 것 (특정 회사, 제품 등을 연상시키는 것 포함)
   4) 그 외 경기운영 또는 진행을 방해하여 타인에게 불편을 주거나 또는 위험하게 하거나 혹은 그러한 우려가 있거나 또는 운영담당·보안담당, 경비종사원이 위험성을 인정하는 것
2. 금지행위: 경기장에 입장하려는 사람 또는 입장한 사람은 홈경기관리책임자가 특별히 필요 사항에 의해 허락했을 경우를 제외하고는 다음 각 호에 명시되는 행위를 해서는 안 된다.
   1) 경기장 관리자에 의해 금지되고 있는 행위
   2) 정당한 입장권 또는 통행증을 소지하지 않고 입장하는 것
   3) 항의 집회, 데모 등 대회의 원활한 운영을 저해할 우려가 있는 행위
   4) 알코올, 약물 그 외 물질을 소유 및 복용한 상태로 경기장에 입장하는 행위 또는 경기장에 이러한 물질을 방치해 두어 이것들의 영향에 의해 경기운영 또는 타인의 행위 등을 저해하는 행위 (알코올 등의 영향에 의해 정상적인 행위를 할 수 없는 우려가 있는 상태일 경우 입장 불가)
   5) 해당 경기장(시설) 및 관련 장소에서 권유, 연설, 집회, 포교 등의 행위
   6) 정해진 장소 외에서 차량을 운전하거나 주차하는 것
   7) 상행위, 기부금 모집, 광고물의 게시 등의 행위
   8) 정해진 장소 외에 쓰레기 및 오물을 폐기하는 것
   9) 연맹의 승인 없이 영리목적으로 경기장면, 식전행사, 관객 등을 사진 또는 비디오로 촬영하는 것
   10) 연맹의 승인 없이 대회의 음성, 영상의 전부 또는 일부를 인터넷 및 미디어를 통해 전달하는 것
   11) 경기운영 또는 진행을 방해하여 타인에게 폐를 끼치거나 또는 위험을 미치거나 혹은 그러한 우려가 있으면서 경비종사원이 위험성을 인정한 행위
3. 경기장 관련: 경기장에 입장하려는 사람 또는 입장한 사람은 다음 각 호에 명시하는 사항에 준수하여야 한다.
   1) 입장권, 신분증, 통행증 등의 제시가 요구되었을 때는 이것을 제시해야 함
   2) 안전 확보를 위해 수화물, 소지품 등의 검사가 요구되었을 때는 이것에 따라야 함
   3) 사건·사고가 발생하거나 또는 발생 우려가 예상되는 경우, 경비 종사원 또는 치안 당국의 지시, 안내, 유도 등에 따라 행동할 것
4. 입장거부 또는 퇴장명령
   1) 홈경기관리책임자는 상기 1항, 2항, 3항의 경기장 안전요강을 위반한 사람의 입장을 거부하여 경기장으로부터의 퇴장을 명할 수 있으며, 상기 1항에 의거하여 반입금지물 몰수 등 필요한 조치를 취할 수 있다.
   2) 홈경기관리책임자는 전항에 해당하는 사람 중에서 특히 고의, 상습으로 확인된 사람에 대해서는 이후 개최되는 연맹 주최의 공식경기에 입장을 거부할 수 있다.
   3) 홈경기관리책임자에 의해 입장이 거부되거나 경기장에서 퇴장을 받았던 사람은 입장권 구입 대금의 환불을 요구할 수 없다.
5. 권한의 위임: 홈경기관리책임자는 특정 시설에 대해 그 권한을 타인에게 위임할 수 있다.
6. 안전 가이드라인 준수: 모든 클럽은 연맹이 정한 'K리그 안전가이드라인'을 준수하여야 한다.

제37조 (기타 유의사항)_ 각 클럽은 아래의 사항을 숙지하고 준수하여야 한다.

1. 모든 취재 및 방송중계 활동을 위한 미디어 관련 입장자는 2015년도 미디어 가이드라인에 따라 입장하여야 하며 이를 준수하여야 한다.
2. 경기에 참가하는 선수단(코칭스태프, 팀 스태프 포함)은 경기시작 100분전에 경기장에 도착하여야 한다.
3. 오픈경기는 본 경기 개최 1시간(60분)전까지 반드시 종료되어야 하며, 연맹의 사전 승인을 받아야 한다.
4. 선수는 신체보호를 위해 반드시 정강이 보호대를 착용하고 경기에 임해야 한다.
5. 경기 중 클럽의 임원, 코칭스태프, 팀 스태프, 선수는 경기장 내에서 흡연을 할 수 없으며, 이를 위반할 경우 퇴장 조치한다.
6. 시상식에는 연맹이 지정한 클럽(팀)과 수상 후보자가 반드시 참석하여야 한다.
7. 체육진흥투표권(스포츠토토 등) 발매 이상 징후 대응경보 발생 시, 경기시작 90분전 대응 미팅에 관계자(경기감독관, 매치코디네이터, 양 클럽 관계자 및 감독) 등이 참석하여야 한다.

제38조 (부칙)_ 본 대회요강에 명시되지 않은 사항은 연맹 규정에 의거하여 결정 및 시행한다.

3월 21일 14 : 00 맑음 안양 종합 관중 10,147명
주심_ 김영수 부심_ 지승민·서무희 대기심_ 김우성 감독관_ 전인석

안양 3 3 전반 0 / 0 후반 0 **0 수원FC**

퇴장	경고	파울	ST(유)	교체	선수명	배번	위치	위치	배번	선수명	교체	ST(유)	파울	경고	퇴장
0	0	0	0		김선규	31	GK	GK	21	이인수		0	0	0	0
0	0	1	0		베리	29	DF	DF	17	김창훈		0	1	0	0
0	0	1	0		백동규	30	DF	DF	19	오광진		0	2	0	0
0	0	2	0		안동혁	5	DF	MF	7	김서준	13	0	0	0	0
0	1	1	0		김태봉	22	DF	MF	15	김정빈		1(1)	1	0	0
0	0	2	1		최진수	8	MF	MF	16	권용현		0	3	0	0
0	0	2	1(1)		김선민	17	MF	DF	24	김부관	14	0	3	1	0
0	0	4	1	15	조성준	7	MF	MF	30	임성택		1(1)	0	0	0
0	0	2	3(1)		주현재	16	MF	MF	9	자파		2	0	0	0
0	0	2	4(3)	42	이효균	28	FW	DF	10	김한원		1	1	0	0
0	0	2	1(1)		안성빈	11	FW	FW	33	정기운	18	1	0	0	0
0	0	0	0		최필수	21			43	이상기		0	0	0	0
0	0	0	0		가솔현	3			2	임하람		0	0	0	0
0	0	0	0		구대영	90			14	이준호	후0	0	0	0	0
0	0	0	0	후42	박태수	15	대기	대기	13	배신영	후10	2(1)	0	1	0
0	0	1	1	후12	정재용	42			37	이관표		0	0	0	0
0	0	0	0		김대한	13			6	조인형		0	0	0	0
0	0	0	0		박승렬	14			18	정민우	후0	0	1	0	0
0	1	20	12(6)			0			0			8(3)	12	2	0

- ●전반 24분 최진수 C.KR ↷ 이효균 GAR 내 H-ST-G (득점: 이효균, 도움: 최진수) 왼쪽
- ●전반 28분 최진수 자기측 MF 정면 ↷ 안성빈 PAL 내 L-ST-G (득점: 안성빈, 도움: 최진수) 오른쪽
- ●전반 39분 이효균 PAR 내 ~ 주현재 GA 정면 내 R-ST-G (득점: 주현재, 도움: 이효균) 가운데

3월 21일 14 : 00 맑음 부천 종합 관중 12,332명
주심_ 서동진 부심_ 김경민·김계용 대기심_ 박영록 감독관_ 김일호

부천 2 1 전반 0 / 1 후반 1 **1 대구**

퇴장	경고	파울	ST(유)	교체	선수명	배번	위치	위치	배번	선수명	교체	ST(유)	파울	경고	퇴장
0	0	0	0		이기현	18	GK	GK	21	조현우		0	0	0	0
0	0	0	0		최병도	5	DF	DF	8	허재원		0	0	0	0
0	0	0	0		강지용	6	DF	DF	6	문진용		0	2	0	0
0	0	1	1		이학민	14	DF	DF	20	이원재		0	0	0	0
0	0	2	1(1)		정홍연	55	DF	DF	22	이준희		0	4	0	0
0	1	2	6(3)		이민우	10	MF	MF	88	세르징요		0	2	0	0
0	0	1	1	8	김영남	13	MF	MF	14	문기한	9	0	1	0	0
0	0	1	0		이현승	88	MF	MF	19	신창무		2(1)	3	1	0
0	0	0	2(2)		공민현	9	FW	MF	10	황순민	4	1	3	0	0
0	0	1	0	99	호드리고	11	FW	MF	28	에델	17	0	0	0	0
0	0	3	2		김륜도	20	FW	FW	7	조나탄		2(1)	3	0	0
0	0	0	0		류원우	1			1	이양종		0	0	0	0
0	0	0	0		전광환	2			29	류재문		0	0	0	0
0	0	0	0	후44	안일주	4			4	이종성	후35	0	0	0	0
0	0	0	0		주광선	7	대기	대기	11	레오		0	0	0	0
0	0	0	0	후21	송원재	8			9	장백규	후8	0	1	0	0
0	0	0	0		박용준	15			17	노병준	후8	2(1)	0	1	0
0	0	1	0	후9/4	알미르	99			33	정대교		0	0	0	0
0	1	12	13(6)			0			0			7(3)	19	2	0

- ●전반 31분 정홍연 AKR FK L-ST-G (득점: 정홍연) 왼쪽
- ●후반 41분 공민현 PAL 내 ~ 이민우 AK 내 R-ST-G (득점: 이민우, 도움: 공민현) 왼쪽
- ●후반 24분 세르징요 PAR ~ 조나탄 GA 정면 R-ST-G (득점: 조나탄, 도움: 세르징요) 오른쪽

3월 21일 16 : 00 맑음 상주 시민 관중 4,244명
주심_ 매호영 부심_ 김영하·박인선 대기심_ 박진호 감독관_ 한진원

상주 3 0 전반 1 / 3 후반 0 **1 강원**

퇴장	경고	파울	ST(유)	교체	선수명	배번	위치	위치	배번	선수명	교체	ST(유)	파울	경고	퇴장
0	0	0	0		양동원	31	GK	GK	1	황교충		0	0	0	0
0	0	1	1		이용	2	DF	DF	77	백종환		1	2	1	0
0	0	0	0		박진포	3	DF	DF	6	박용호		0	1	0	0
0	0	2	0		여성해	6	DF	DF	20	김오규		0	3	0	0
0	0	4	0		곽광선	22	DF	DF	5	이완		0	0	0	0
0	0	3	2(1)		김성환	5	MF	MF	8	이우혁	32	0	4	0	0
0	1	1	2		임상협	11	MF	MF	7	장혁진		0	3	0	0
0	0	1	2(1)	25	권순형	14	MF	MF	11	서보민	10	1(1)	2	0	0
0	0	0	1	29	황일수	17	MF	MF	12	벨루소		1	1	0	0
0	0	0	0		이승기	9	FW	MF	15	신영준		1	1	0	0
0	0	0	2(1)	16	이정협	18	FW	FW	19	김동기	14	1(1)	3	0	0
0	0	0	0		윤평국	41			23	강성관		0	0	0	0
0	0	0	0		최종환	23			3	이재훈		0	0	0	0
0	0	0	0		안재훈	55			4	정우인		0	0	0	0
0	0	0	0	후39	최현태	16	대기	대기	57	김윤호		0	0	0	0
0	0	0	0		박경익	27			32	손설민	후31	0	1	0	0
0	0	3	1(1)	후0	박기동	25			14	전병수	후31	0	0	0	0
0	0	0	0	후13	배일환	29			10	최진호	후15	0	2	0	0
0	1	15	11(4)			0			0			5(2)	23	1	0

- ●후반 4분 박진포 PAL ↷ 박기동 GA 정면 H-ST-G (득점: 박기동, 도움: 박진포) 왼쪽
- ●후반 12분 황일수 PAR ↷ 이정협 GAL H-ST-G (득점: 이정협, 도움: 황일수) 오른쪽
- ●후반 34분 김성환 PK-R-G (득점: 김성환) 오른쪽
- ●전반 36분 김동기 PA 정면 내 R-ST-G (득점: 김동기) 오른쪽

3월 22일 13 : 30 맑음 충주 종합 관중 3,925명
주심_ 임원택 부심_ 양병은·송봉근 대기심_ 박필준 감독관_ 김용세

충주 0 0 전반 1 / 0 후반 0 **1 고양**

퇴장	경고	파울	ST(유)	교체	선수명	배번	위치	위치	배번	선수명	교체	ST(유)	파울	경고	퇴장
0	0	0	0		황성민	1	GK	GK	1	강진웅		0	0	0	0
0	0	0	0		박요한	11	DF	DF	12	이상돈		0	0	0	0
0	0	0	0		이택기	23	DF	DF	22	황규범		0	3	0	0
0	0	0	0		이용기	20	DF	DF	25	송한기		0	0	0	0
0	0	1	1(1)		정우재	2	DF	DF	26	안현식		0	1	1	0
0	0	0	2	7	노연빈	8	MF	MF	7	이도성		0	2	2	0
0	0	1	1		오승범	21	MF	MF	8	김준태		0	2	0	0
0	0	0	0	27	심진의	17	MF	FW	20	오기재		2	2	0	0
0	0	2	4		김병오	35	FW	MF	24	김유성	9	0	4	0	0
0	0	0	0	9	박지민	10	FW	MF	11	박정훈	17	1	1	0	0
0	0	2	3		김정훈	28	FW	FW	19	윤석희	16	1(1)	1	0	0
0	0	0	0		이정래	79			21	이승규		0	0	0	0
0	0	0	0		김용찬	16			5	오주호		0	0	0	0
0	0	0	0		황수남	18			14	하인호		0	0	0	0
0	1	2	1(1)	전29	최승호	7	대기	대기	9	서형승	후46	0	0	0	0
0	0	0	0		임진욱	19			16	진창수	후0	1	1	0	0
0	0	1	2	후0	마르싱유	27			17	이광재	후24	0	0	0	0
0	1	9	14(2)			0			0			5(1)	17	3	0

- ●전반 7분 김유성 GAL H ↷ 윤석희 GAR 내 R-ST-G (득점: 윤석희, 도움: 김유성) 오른쪽

3월 22일 16:00 맑음 창원 축구센터 관중 4,205명
주심_ 정동식 부심_ 강동호·장종필 대기심_ 임정수 감독관_ 한병화

경남 0 0 전반 0 / 0 후반 0 **0 안산**

퇴장	경고	파울	ST(유)	교체	선수명	배번	위치	위치	배번	선수명	교체	ST(유)	파울	경고	퇴장
0	0	0	0		손정현	31	GK	GK	1	전태현		0	0	0	0
0	0	0	0		전상훈	12	DF	DF	18	김병석	25	1(1)	2	1	0
0	0	0	0		박지수	28	DF	DF	4	신형민		1	1	0	0
0	0	0	0		최성환	6	MF	DF	5	안재준		1	1	0	0
0	1	1	0		최성민	2	DF	DF	17	신광훈		0	1	0	0
0	0	1	0		진경선	7	MF	MF	7	이용래		2	1	0	0
0	0	2	0		정현철	20	MF	MF	6	정혁		2(1)	0	1	0
0	0	0	0	27	송수영	10	MF	MF	30	송창호	8	1	0	0	0
0	1	2	3	17	한의권	22	MF	MF	11	고경민		2(1)	0	0	0
0	0	4	0		스토야노비치	9	FW	MF	16	박종진	14	0	1	0	0
0	0	0	0	4	김영욱	18	FW	FW	20	서동현		0	3	0	0
0	0	0	0		김교빈	1			21	이진형		0	0	0	0
0	0	0	0	후39	이상현	27			2	배승진		0	0	0	0
0	0	0	0		김봉진	25			25	박희철	후36	0	0	0	0
0	0	0	0		임창균	19	대기	대기	27	한덕희		0	0	0	0
0	0	0	0		손형준	14			9	이재권		0	0	0	0
0	0	0	2(2)	후20	이호석	4			8	조재철	후0	1	0	0	0
0	0	0	0	후28	정성민	17			14	박희도	후18	1(1)	0	0	0
0	2	10	5(2)			0			0			12(4)	10	2	0

3월 28일 14:00 맑음 수원 종합 관중 4,460명
주심_ 박필준 부심_ 강동호·양재용 대기심_ 정동식 감독관_ 김정식

수원FC 3 0 전반 0 / 3 후반 2 **2 부천**

퇴장	경고	파울	ST(유)	교체	선수명	배번	위치	위치	배번	선수명	교체	ST(유)	파울	경고	퇴장
0	0	0	0		이상기	43	GK	GK	18	이기현		0	0	0	0
0	0	2	0		임하람	2	DF	DF	5	최병도		0	0	0	0
0	0	0	0		김창훈	17	DF	DF	6	강지용		0	2	0	0
0	1	4	2		김정빈	15	MF	DF	14	이학민		0	2	1	0
0	0	0	2		임성택	30	MF	DF	55	정홍연		0	0	0	0
0	0	1	0		황재훈	31	DF	MF	4	안일주	99	0	0	0	0
0	0	2	2(1)	13	이관표	37	MF	MF	88	이현승	19	1(1)	1	0	0
0	0	0	2(1)	16	조인형	6	MF	MF	10	이민우	8	2(1)	1	0	0
0	0	2	7(3)		자파	9	FW	FW	9	공민현		2(1)	2	0	0
0	1	2	2(1)		김한원	10	DF	FW	11	호드리고		4(4)	0	0	0
0	0	1	0	33	정민우	18	FW	FW	20	김륜도		0	1	0	0
0	0	0	0		박형순	23			1	류원우		0	0	0	0
0	0	0	0		이준호	14			2	전광환		0	0	0	0
0	0	0	1	후36	배신영	13			8	송원재	후21	1	1	0	0
0	0	0	0	후20	권용현	16	대기	대기	22	유대현		0	0	0	0
0	0	0	0		김부관	24			15	박용준		0	0	0	0
0	0	0	0		김종우	36			19	유준영	후30	1	0	0	0
0	0	0	1(1)	후26	정기운	33			99	알미르	후6	5(4)	1	0	0
0	2	14	19(7)			0			0			16(11)	11	1	0

- 후반 16분 자파 PK-R-G (득점: 자파) 오른쪽
- 후반 31분 임성택 PAL 내 → 정기운 PK지점 R-ST-G (득점: 정기운, 도움: 임성택) 오른쪽
- 후반 47분 김정빈1 AKL ↷ 자파 GA 정면 H-ST-G (득점: 자파, 도움: 김정빈1) 왼쪽
- 후반 4분 최병도 PAL ~ 호드리고 GA 정면 L-ST-G (득점: 호드리고, 도움: 최병도) 가운데
- 후반 41분 호드리고 PA 정면 R-ST-G (득점: 호드리고) 오른쪽

3월 28일 14:00 맑음 고양 종합 관중 3,083명
주심_ 박진호 부심_ 지승민·김계용 대기심_ 김영수 감독관_ 김수현

고양 0 0 전반 0 / 0 후반 1 **1 경남**

퇴장	경고	파울	ST(유)	교체	선수명	배번	위치	위치	배번	선수명	교체	ST(유)	파울	경고	퇴장
0	0	0	0		강진웅	1	GK	GK	31	손정현		0	0	0	0
0	0	0	1(1)		이상돈	12	DF	DF	12	전상훈		0	1	0	0
0	1	1	2(1)		황규범	22	DF	DF	28	박지수		0	0	0	0
0	0	0	2	5	송한기	25	DF	DF	6	최성환		1	2	0	0
0	0	0	1(1)		안현식	26	DF	DF	2	최성민		1(1)	0	0	0
0	1	2	4		김준태	8	MF	MF	7	진경선		0	2	0	0
0	0	2	0		박정훈	11	MF	MF	14	손형준	3	0	2	0	0
0	0	1	1(1)	31	진창수	16	MF	MF	10	송수영		1	0	0	0
0	0	1	0		김유성	24	MF	MF	11	김슬기	20	0	0	0	0
0	0	2	1		오기재	20	FW	FW	9	스토야노비치		4(2)	2	1	0
0	0	0	1(1)	9	윤석희	19	FW	FW	4	이호석	22	1	1	0	0
0	0	0	0		이승규	21			1	김교빈		0	0	0	0
0	0	0	0	후36	오주호	5			3	김준엽	후25	1	1	0	0
0	0	0	0		하인호	14			20	정현철	후9	0	2	1	0
0	0	0	0		박태형	15	대기	대기	19	임창균		0	0	0	0
0	0	1	2(1)	후20	홍순학	31			22	한의권	후0	3	1	0	0
0	0	1	0	후0	서형승	9			17	정성민		0	0	0	0
0	2	11	15(6)			0			0			12(3)	14	2	0

- 후반 39분 최성민 GAR EL ↷ 스토야노비치 GA 정면 H-ST-G (득점: 스토야노비치, 도움: 최성민) 왼쪽

3월 29일 12:00 흐림 잠실 관중 4,342명
주심_ 매호영 부심_ 곽승순·송봉근 대기심_ 임정수 감독관_ 전인석

서울E 1 1 전반 0 / 0 후반 1 **1 안양**

퇴장	경고	파울	ST(유)	교체	선수명	배번	위치	위치	배번	선수명	교체	ST(유)	파울	경고	퇴장
0	0	0	0		김영광	1	GK	GK	31	김선규		0	0	0	0
0	1	1	0		김민제	2	DF	DF	29	베리		0	0	0	0
0	0	0	1		윤성열	8	DF	DF	30	백동규		0	0	1	0
0	0	2	0		황도연	14	DF	DF	5	안동혁		0	2	0	0
0	0	2	1		칼라일미첼	5	DF	DF	22	김태봉		1(1)	0	0	0
0	0	3	1		신일수	28	MF	MF	8	최진수		2	2	0	0
0	0	2	0		조원희	4	MF	MF	17	김선민		2(1)	1	0	0
0	1	1	3(3)		김재성	7	MF	MF	14	박승렬	7	3(2)	3	0	0
0	0	0	1		김성주	21	FW	MF	16	주현재	42	1	2	0	0
0	0	0	5(1)	11	보비	10	FW	FW	28	이효균		1	4	0	0
0	0	0	0	18	라이언존슨	9	FW	FW	11	안성빈		2(2)	0	0	0
0	0	0	0		김현성	41			21	최필수		0	0	0	0
0	0	0	0		오창현	17			3	가솔현		0	0	0	0
0	0	0	0		이정필	6			90	구대영		0	0	0	0
0	0	0	0		김창욱	26	대기	대기	15	박태수		0	0	0	0
0	0	0	0		이재안	19			42	정재용	후33	0	0	0	0
0	0	0	0	후37	주민규	18			13	김대한		0	0	0	0
0	0	0	0	후23	타라바이	11			7	조성준	후15	0	2	0	0
0	2	11	12(4)			0			0			12(6)	16	1	0

- 전반 37분 김재성 PK-R-G (득점: 김재성) 가운데
- 후반 4분 김선민 PAL 내 L-ST-G (득점: 김선민) 오른쪽

3월 29일 14:00 맑음 대구 스타디움 관중 20,157명
주심_ 박병진 부심_ 이규환·장종필 대기심_ 임원택 감독관_ 김형남

대구 2 1 전반 1 / 1 후반 0 **1 강원**

퇴장	경고	파울	ST(유)	교체	선수명	배번	위치	위치	배번	선수명	교체	ST(유)	파울	경고	퇴장
0	0	0	0		조현우	21	GK	GK	1	황교충		0	0	0	0
0	0	0	1		허재원	8	DF	DF	5	이 완		0	2	0	0
0	0	2	0	14	세르징요	88	DF	DF	6	박용호		1(1)	0	1	0
0	0	0	0		이원재	20	DF	DF	20	김오규		0	1	0	0
0	0	1	2		이준희	22	MF	DF	77	백종환		0	1	1	0
0	0	0	1	7	황순민	10	MF	MF	8	이우혁		1	3	0	0
0	0	1	2		이종성	4	MF	MF	16	한석종	14	2(1)	1	0	0
0	0	0	0		최원권	81	MF	MF	11	서보민		3(1)	1	0	0
0	0	0	0	17	장백규	9	FW	MF	19	김동기	57	2(1)	0	0	0
0	0	6	3(3)		에 델	28	FW	MF	15	신영준	10	2(1)	1	0	0
0	0	0	2(1)		레 오	11	FW	FW	12	벨루소		5(3)	1	0	0
0	0	0	0		이양종	1			23	강성관		0	0	0	0
0	0	0	0		문진용	6			3	이재훈		0	0	0	0
0	0	0	0		류재문	29			4	정우인		0	0	0	0
0	0	0	0	후29	문기한	14	대기	대기	25	김용진		0	0	0	0
0	0	0	0		신창무	19			57	김윤호	후29	0	0	0	0
0	0	0	0	후20	노병준	17			10	최진호	후15	1	0	0	0
0	1	4	0	후0	조나탄	7			14	전병수	후35	1	0	0	0
0	1	14	11(4)			0			0			18(8)	11	2	0

● 전반 16분 이종성 PAR 내 ~ 레오 PK 우측지점 R-ST-G (득점: 레오, 도움: 이종성) 왼쪽
● 후반 32분 에델 PK 좌측지점 L-ST-G (득점: 에델) 가운데
● 전반 20분 벨루소 GAR 내 R-ST-G (득점: 벨루소) 오른쪽

3월 29일 16:00 맑음 안산 와스타디움 관중 10,094명
주심_ 박영록 부심_ 김성일·서무희 대기심_ 김우성 감독관_ 김진의

안산 1 0 전반 0 / 1 후반 0 **0 충주**

퇴장	경고	파울	ST(유)	교체	선수명	배번	위치	위치	배번	선수명	교체	ST(유)	파울	경고	퇴장
0	0	0	0		전태현	1	GK	GK	1	황성민		0	0	0	0
0	0	3	0		박희철	25	DF	DF	11	박요한		0	1	0	0
0	1	1	0		신형민	4	DF	DF	23	이택기		0	0	0	0
0	0	2	0		안재준	5	DF	DF	20	이용기		0	2	1	0
0	0	1	0		신광훈	17	DF	DF	2	정우재		0	2	0	0
0	0	1	0		이용래	7	MF	MF	7	최승호		1	0	0	0
0	0	1	0	6	배승진	2	MF	MF	21	오승범	31	0	1	0	0
0	0	1	0	30	박희도	14	MF	MF	28	김정훈	17	1(1)	0	0	0
0	0	1	2(1)	8	고경민	11	MF	FW	35	김병오		0	1	0	0
0	0	3	1		박종진	16	MF	FW	10	박지민	15	1	0	0	0
0	0	1	1(1)		서동현	20	FW	FW	19	임진욱		1(1)	0	0	0
0	0	0	0		이진형	21			13	박청효		0	0	0	0
0	0	0	0		한덕희	27			16	김용찬		0	0	0	0
0	0	0	0		이재권	9			5	노형구		0	0	0	0
0	0	0	0	후6	송창호	30	대기	대기	31	박진수	후25	0	0	0	0
0	0	0	0	후33	조재철	8			3	이현창		0	0	0	0
0	0	0	2	후6	정 혁	6			17	심진의	후19	1	0	0	0
0	0	0	0		윤준하	10			15	조석재	후29	0	0	0	0
0	1	15	6(2)			0			0			5(2)	7	1	0

● 후반 13분 송창호 PAR ↷ 서동현 GA 정면 내 H-ST-G (득점: 서동현, 도움: 송창호) 왼쪽

4월 04일 14:00 흐림 속초 종합 관중 7,051명
주심_ 정동식 부심_ 양병은·곽승순 대기심_ 박영록 감독관_ 하재훈

강원 4 0 전반 0 / 4 후반 0 **0 부천**

퇴장	경고	파울	ST(유)	교체	선수명	배번	위치	위치	배번	선수명	교체	ST(유)	파울	경고	퇴장
0	1	0	0		황교충	1	GK	GK	1	류원우		0	0	0	0
0	1	4	0		이재훈	3	DF	DF	5	최병도		0	1	1	0
0	0	0	0		박용호	6	DF	DF	6	강지용		0	1	0	0
0	0	0	0		정우인	4	DF	DF	14	이학민		0	1	0	0
0	1	2	1		백종환	77	DF	DF	55	정홍연	2	0	1	0	0
0	0	0	1		이우혁	8	MF	MF	88	이현승		1(1)	1	0	0
0	1	4	1		이한샘	33	MF	FW	9	공민현		1(1)	1	1	0
0	0	0	1(1)	9	서보민	11	MF	FW	10	이민우	7	1(1)	0	0	0
0	1	2	5(3)		벨루소	12	MF	FW	11	호드리고		1(1)	1	1	0
0	1	1	0	25	최진호	10	MF	FW	20	김륜도		1(1)	0	0	0
0	0	1	2	22	김동기	19	FW	FW	99	알미르		1(1)	3	0	0
0	0	0	0		강성관	23			18	이기현		0	0	0	0
0	0	0	0		이 완	5			2	전광환	후37	0	1	0	0
0	0	0	0	후45	김용진	25			22	유대현		0	0	0	0
0	0	0	0		한석종	16	대기	대기	7	주광선	후24	0	0	0	0
0	0	0	0		손설민	32			8	송원재		0	0	0	0
0	0	0	2(2)	후0	최승인	9			19	유준영		0	0	0	0
0	6	14	13(6)			0			0			6(6)	11	3	0

● 후반 9분 이우혁 HL 정면 ~ 최승인 GAR R-ST-G (득점: 최승인, 도움: 이우혁) 왼쪽
● 후반 27분 최승인 PK지점 L-ST-G (득점: 최승인) 가운데
● 후반 33분 김동기 AKR ~ 벨루소 GAR 내 R-ST-G (득점: 벨루소, 도움: 김동기) 오른쪽
● 후반 48분 벨루소 PK-R-G (득점: 벨루소) 왼쪽

4월 04일 14:00 흐림 잠실 관중 2,508명
주심_ 임원택 부심_ 지승민·양재용 대기심_ 박진호 감독관_ 강창구

서울E 1 1 전반 0 / 0 후반 1 **1 대구**

퇴장	경고	파울	ST(유)	교체	선수명	배번	위치	위치	배번	선수명	교체	ST(유)	파울	경고	퇴장
0	0	0	0		김영광	1	GK	GK	21	조현우		0	0	0	0
0	0	1	0		김민제	2	DF	DF	22	이준희		0	0	0	0
0	0	2	0		윤성열	8	DF	DF	8	허재원		0	0	0	0
0	0	0	1(1)		황도연	14	DF	DF	20	이원재		0	0	0	0
0	0	0	0		칼라일미첼	5	DF	DF	81	최원권		2(1)	1	0	0
0	0	2	1		조원희	4	MF	MF	88	세르징요		0	1	0	0
0	0	2	0		김재성	7	MF	MF	4	이종성	14	0	1	0	0
0	0	1	1(1)		김성주	21	MF	MF	9	장백규	17	0	1	0	0
0	0	3	3(3)	22	주민규	18	MF	MF	28	에 델		1	3	0	0
0	2	2	0		이재안	19	FW	MF	11	레 오		2(2)	0	0	0
0	0	0	0	28	라이언존슨	9	FW	FW	7	조나탄		7(6)	3	0	0
0	0	0	0		김현성	41			1	이양종		0	0	0	0
0	0	0	0		오창현	17			6	문진용		0	0	0	0
0	0	0	0		이정필	6			29	류재문		0	0	0	0
0	0	0	0		김창욱	26	대기	대기	14	문기한	후15	0	1	0	0
0	0	1	1	후15	신일수	28			10	황순민		0	0	0	0
0	0	0	0		최오백	23			17	노병준	후0	2(1)	0	0	0
0	0	0	0	후33	전민광	22			18	김진혁		0	0	0	0
0	2	14	7(5)			0			0			14(10)	11	0	0

● 전반 19분 김재성 MFR TL FK ↷ 황도연 GAL H-ST-G (득점: 황도연, 도움: 김재성) 왼쪽
● 후반 48분 문기한 PAR 내 H ↷ 노병준 GA 정면 R-ST-G (득점: 노병준, 도움: 문기한) 왼쪽

4월 04일 16:00 흐리고 비 안양 종합 관중 2,103명
주심_ 김우성 부심_ 김영하·강동호 대기심_ 박병진 감독관_ 김정식

안양 1 1 전반 0 / 0 후반 2 **2 고양**

퇴장	경고	파울	ST(유)	교체	선수명	배번	위치	위치	배번	선수명	교체	ST(유)	파울	경고	퇴장
0	0	0	0		김선규	31	GK	GK	1	강진웅		0	0	0	0
0	0	2	1(1)		베리	29	DF	DF	12	이상돈		1(1)	0	0	0
0	0	0	1		백동규	30	DF	DF	22	황규범		0	0	0	0
0	0	1	3(1)		안동혁	5	DF	DF	5	오주호		2(1)	2	0	0
0	0	0	0		김태봉	22	DF	DF	26	안현식		0	1	0	0
0	0	0	2		최진수	8	MF	MF	8	김준태		2(2)	1	0	0
0	1	0	1(1)		김선민	17	MF	MF	11	박정훈	10	0	2	0	0
0	0	1	1		조성준	7	MF	MF	7	이도성		1	0	0	0
0	0	1	3	90	주현재	16	MF	MF	24	김유성	17	3(1)	3	0	0
0	0	2	3(2)		이효균	28	FW	FW	20	오기재		0	3	1	0
0	1	3	4(1)	42	안성빈	11	FW	FW	19	윤석희	9	1	0	0	0
0	0	0	0		최필수	21			23	여명용		0	0	0	0
0	0	0	0		가솔현	3			15	박태형		0	0	0	0
0	0	0	1(1)	후35	구대영	90			14	하인호		0	0	0	0
0	0	0	0		박태수	15	대기	대기	17	이광재	후32	0	0	0	0
0	0	0	0	후26	정재용	42			10	김지웅	후24	1(1)	0	1	0
0	0	0	0		김대한	13			9	서형승	전39	3(3)	0	0	0
0	2	10	20(7)			0			0			14(9)	12	2	0

- 전반 22분 안성빈 GAL L-ST-G (득점: 안성빈) 가운데
- 후반 11분 김준태 C.KL ↷ 김유성 GAL H-ST-G (득점: 김유성, 도움: 김준태) 오른쪽
- 후반 36분 김지웅 PK 우측지점 R-ST-G (득점: 김지웅) 오른쪽

4월 05일 14:00 흐리고 비 충주 종합 관중 596명
주심_ 임정수 부심_ 박인선·김계용 대기심_ 매호영 감독관_ 김수현

충주 0 0 전반 0 / 0 후반 2 **2 수원FC**

퇴장	경고	파울	ST(유)	교체	선수명	배번	위치	위치	배번	선수명	교체	ST(유)	파울	경고	퇴장
0	0	0	0		황성민	1	GK	GK	21	이인수		0	0	0	0
0	0	2	1(1)		박요한	11	DF	DF	2	임하람		0	4	1	0
0	0	0	1		이택기	23	DF	DF	17	김창훈		0	0	0	0
0	0	0	2(2)		이용기	20	DF	MF	15	김정빈		1(1)	0	0	0
0	0	1	1		정우재	2	DF	MF	30	임성택	33	1(1)	0	0	0
0	0	0	1		최승호	7	MF	DF	31	황재훈		0	1	0	0
0	1	2	0	31	오승범	21	MF	MF	37	이관표	7	1(1)	1	0	0
0	0	1	2	27	김정훈	28	MF	MF	6	조인형	16	0	0	0	0
0	0	1	2		김병오	35	FW	FW	9	자파		1(1)	1	0	0
0	0	0	4	15	박지민	10	FW	DF	10	김한원		0	0	0	0
0	0	0	2		임진욱	19	FW	FW	18	정민우		4(1)	3	0	0
0	0	0	0		박청효	13			23	박형순		0	0	0	0
0	0	0	0		김용찬	16			19	오광진		0	0	0	0
0	0	0	0		황재원	24			7	김서준	후45	0	0	0	0
0	0	0	0	후24	마르싱유	27	대기	대기	13	배신영		0	0	0	0
0	0	0	1	후21	박진수	31			16	권용현	후0	1	2	0	0
0	0	0	0		양상준	30			24	김부관		0	0	0	0
0	0	0	2(2)	후14	조석재	15			33	정기운	후17	1	0	0	0
0	1	7	19(5)			0			0			10(5)	12	1	0

- 후반 15분 임성택 GA 정면 내 R-ST-G (득점: 임성택) 왼쪽
- 후반 20분 정기운 PAL 내 → 자파 GAR R-ST-G (득점: 자파, 도움: 정기운) 오른쪽

4월 05일 16:00 비 창원 축구센터 관중 3,005명
주심_ 김영수 부심_ 서무희·송봉근 대기심_ 박필준 감독관_ 전인석

경남 1 0 전반 1 / 1 후반 2 **3 상주**

퇴장	경고	파울	ST(유)	교체	선수명	배번	위치	위치	배번	선수명	교체	ST(유)	파울	경고	퇴장
0	0	0	0		손정현	31	GK	GK	31	양동원		0	0	0	0
0	0	0	0	20	전상훈	12	MF	DF	2	이용		1	2	0	0
0	1	2	1(1)		박지수	28	MF	DF	3	박진포		0	2	0	0
0	0	1	1(1)		최성환	6	DF	DF	6	여성해		2(1)	1	0	0
0	0	3	0		최성민	2	DF	DF	55	안재훈		1	1	0	0
0	1	3	1(1)	23	이호석	4	FW	MF	5	김성환		3(2)	2	0	0
0	0	1	1(1)		진경선	7	MF	MF	11	임상협	29	0	0	0	0
0	1	0	2(1)		송수영	10	MF	MF	14	권순형		2(2)	1	0	0
0	0	1	0	22	임창균	19	MF	MF	20	한상운	17	0	0	0	0
0	0	1	0		김준엽	3	DF	FW	18	이정협		2	1	0	0
0	0	5	0		스토야노비치	9	FW	FW	25	박기동	26	3(1)	1	0	0
0	0	0	0		김교빈	1			41	윤평국		0	0	0	0
0	0	0	0		우주성	15			22	곽광선		0	0	0	0
0	0	0	0		최인후	24			23	최종환		0	0	0	0
0	0	1	1(1)	후0	정현철	20	대기	대기	16	최현태		0	0	0	0
0	0	1	0	후0	한의권	22			17	황일수	후10	0	0	0	0
0	0	0	0	후43	고대서	23			26	김도엽	후21	1(1)	1	0	0
0	0	0	0		김영욱	18			29	배일환	후31	0	0	0	0
0	3	19	7(6)			0			0			15(7)	12	0	0

- 후반 20분 송수영 MFL TL FK ↷ 최성환 GAR 내 EL H-ST-G (득점: 최성환, 도움: 송수영) 왼쪽
- 전반 32분 권순형 MFL FK ↷ 여성해 GA 정면 내 H-ST-G (득점: 여성해, 도움: 권순형) 왼쪽
- 후반 41분 김성환 PK-R-G (득점: 김성환) 왼쪽
- 후반 46분 이정협 MFL ~ 김도엽 PK 우측지점 L-ST-G (득점: 김도엽, 도움: 이정협) 왼쪽

4월 15일 19:00 맑음 속초 종합 관중 513명
주심_ 매호영 부심_ 지승민·이영운 대기심_ 김동인 감독관_ 한진원

강원 0 0 전반 1 / 0 후반 0 **1 고양**

퇴장	경고	파울	ST(유)	교체	선수명	배번	위치	위치	배번	선수명	교체	ST(유)	파울	경고	퇴장
0	0	0	0		황교충	1	GK	GK	1	강진웅		0	0	0	0
0	1	2	0		이재훈	3	DF	DF	12	이상돈		1(1)	2	0	0
0	0	2	0		박용호	6	DF	DF	22	황규범		0	4	0	0
0	0	1	0		정우인	4	DF	DF	15	박태형		1	2	1	0
0	0	0	0		김오규	20	DF	DF	26	안현식		0	0	0	0
0	0	3	0	32	이우혁	8	MF	MF	7	이도성		5(1)	1	0	0
0	1	2	0		장혁진	7	MF	MF	8	김준태		0	2	1	0
0	0	0	0	9	신영준	15	MF	MF	16	진창수	10	0	2	0	0
0	0	4	1	22	벨루소	12	MF	MF	24	김유성	17	3(2)	2	0	0
0	0	1	1(1)		최진호	10	MF	FW	20	오기재		0	1	0	0
1	0	2	0		김동기	19	FW	FW	19	윤석희	9	1(1)	1	0	0
0	0	0	0		강성관	23			21	이승규		0	0	0	0
0	0	0	0		김용진	25			14	하인호		0	0	0	0
0	0	0	0		박상진	13			5	오주호		0	0	0	0
0	0	0	0		이한샘	33	대기	대기	17	이광재	후25	1	0	0	0
0	0	0	0	후8	손설민	32			10	김지웅	후36	1	1	0	0
0	0	2	0	후0	최승인	9			9	서형승	후0	0	2	0	0
1	2	19	2(1)			0			0			13(5)	20	2	0

- 전반 32분 김유성 GAL R-ST-G (득점: 김유성) 오른쪽

4월 15일 19:00 맑음 상주 시민 관중 752명
주심_ 박영록 부심_ 강동호·김계용 대기심_ 서동진 감독관_ 김일호

상주 3 1 전반 0 / 2 후반 2 **2 서울E**

퇴장	경고	파울	ST(유)	교체	선수명	배번	위치	위치	배번	선수명	교체	ST(유)	파울	경고	퇴장
0	0	0	0		양동원	31	GK	GK	1	김영광		0	0	0	0
0	1	1	2		이 용	2	DF	DF	2	김민제		0	1	0	0
0	0	0	0	23	박진포	3	DF	DF	8	윤성열		1	1	0	0
0	0	2	1(1)		여성해	6	DF	DF	14	황도연		0	0	0	0
0	0	3	0		곽광선	22	DF	DF	5	칼라일미첼		1(1)	1	0	0
0	0	2	2(2)		김성환	5	MF	MF	28	신일수		0	3	2	0
0	0	0	3(3)		임상협	11	MF	MF	4	조원희		2	1	0	0
0	1	2	2(1)		권순형	14	MF	MF	26	김창욱	15	0	1	0	0
0	0	0	4(1)	9	황일수	17	MF	FW	7	김재성		0	1	0	0
0	0	1	2(1)		이정협	18	FW	FW	21	김성주	10	1(1)	0	0	0
0	0	1	2(2)	20	박기동	25	FW	FW	18	주민규	9	1(1)	1	1	0
0	0	0	0		윤평국	41	대기	대기	41	김현성		0	0	0	0
0	0	1	0	후0	최종환	23			17	오창현		0	0	0	0
0	0	0	0		안재훈	55			6	이정필		0	0	0	0
0	0	0	0		최현태	16			24	전기성		0	0	0	0
0	0	1	0	후19	한상운	20			10	보 비	후25	0	0	0	0
0	0	0	0		배일환	29			9	라이언존슨	후40	0	1	0	0
0	0	0	2(1)	후7	이승기	9			15	조향기	후49	0	0	0	0
0	2	14	20(12)			0			0			6(3)	11	3	0

- 전반 6분 이정협 PAL ↷ 임상협 GAL 내 H-ST-G (득점: 임상협, 도움: 이정협) 가운데
- 후반 9분 이승기 GAR ~ 박기동 GA 정면 R-ST-G (득점: 박기동, 도움: 이승기) 왼쪽
- 후반 44분 권순형 MFL ↷ 여성해 GAR H-ST-G (득점: 여성해, 도움: 권순형) 왼쪽
- 후반 6분 김재성 MFR ↷ 주민규 GAR R-ST-G (득점: 주민규, 도움: 김재성) 왼쪽
- 후반 27분 김재성 MFR FK↷ 칼라일미첼 GA 정면 H-ST-G (득점: 칼라일미첼, 도움: 김재성) 왼쪽

4월 15일 19:30 맑음 수원 종합 관중 546명
주심_ 박병진 부심_ 박상준·양재용 대기심_ 최대우 감독관_ 하재훈

수원FC 2 0 전반 1 / 2 후반 1 **2 안산**

퇴장	경고	파울	ST(유)	교체	선수명	배번	위치	위치	배번	선수명	교체	ST(유)	파울	경고	퇴장
0	0	0	0		이인수	21	GK	GK	1	전태현		0	0	0	0
0	1	2	0		블라단	5	DF	DF	25	박희철		0	4	0	0
0	0	3	1(1)		김창훈	17	DF	DF	4	신형민		3(3)	0	0	0
0	1	3	1(1)		이준호	14	DF	DF	5	안재준		0	0	0	0
0	0	2	0	10	오광진	19	DF	DF	17	신광훈		0	3	1	0
0	0	3	3		배신영	13	MF	MF	7	이용래		0	1	0	0
0	1	1	0	16	김부관	24	FW	MF	6	정 혁	2	1	2	0	0
0	0	2	0		김종우	36	MF	MF	30	송창호	14	2(2)	3	0	0
0	0	2	2(2)		이관표	37	MF	MF	11	고경민		3(1)	3	0	0
0	0	4	0	9	조인형	6	FW	MF	16	박종진	8	0	3	0	0
0	0	0	4(2)		정기운	33	FW	FW	20	서동현		2(1)	2	0	0
0	0	0	0		박형순	23	대기	대기	21	이진형		0	0	0	0
0	0	0	0		임하람	2			2	배승진	후18	0	1	0	0
0	0	0	0		김정빈	15			9	이재권		0	0	0	0
0	0	0	0	후15	권용현	16			27	한덕희		0	0	0	0
0	0	1	3	후10	자 파	9			15	박현범		0	0	0	0
0	0	0	1(1)	후25	김한원	10			8	조재철	후18	1	0	0	0
0	0	0	0		정민우	18			14	박희도	후35	0	0	0	0
0	3	23	15(7)			0			0			12(7)	22	1	0

- 후반 28분 권용현 PAL ~ 정기운 GAR 내 R-ST-G (득점: 정기운, 도움: 권용현) 오른쪽
- 후반 43분 김한원 MFL FK R-ST-G (득점: 김한원) 오른쪽
- 전반 25분 정혁 PAL FK↷ 신형민 GA 정면 내 H-ST-G (득점: 신형민, 도움: 정혁) 가운데
- 후반 39분 조재철 MFR FK↷ 신형민 GA 정면 H-ST-G (득점: 신형민, 도움: 조재철) 오른쪽

4월 15일 19:30 흐림 부천 종합 관중 711명
주심_ 박진호 부심_ 김영하·장종필 대기심_ 홍창기 감독관_ 전인석

부천 0 0 전반 0 / 0 후반 0 **0 충주**

퇴장	경고	파울	ST(유)	교체	선수명	배번	위치	위치	배번	선수명	교체	ST(유)	파울	경고	퇴장
0	0	0	0		류원우	1	GK	GK	13	박청효		0	0	0	0
0	0	0	0		전광환	2	DF	DF	11	박요한		0	2	1	0
0	0	0	1		최병도	5	DF	DF	23	이택기		1	1	0	0
0	0	0	0		강지용	6	DF	DF	20	이용기		0	0	0	0
0	0	0	0		이학민	14	DF	DF	2	정우재		0	0	0	0
0	0	3	4(2)	22	이민우	10	MF	MF	7	최승호	21	3(2)	1	1	0
0	0	1	0		이현승	88	MF	MF	31	박진수		1	0	0	0
0	0	1	0	99	공민현	9	FW	MF	28	김정훈	27	2	2	0	0
0	1	2	3(2)		호드리고	11	FW	FW	30	양상준	35	0	1	0	0
0	0	1	2(1)	19	박용준	15	FW	FW	99	조석재		0	2	0	0
0	0	2	1		김륜도	20	MF	FW	19	임진욱		1(1)	0	0	0
0	0	0	0		이기현	18	대기	대기	1	황성민		0	0	0	0
0	0	0	0		정홍연	55			3	이현창		0	0	0	0
0	0	0	0		주광선	7			24	황재원		0	0	0	0
0	0	0	0		송원재	8			27	마르싱유	후30	0	0	1	0
0	0	0	0	후39	유대현	22			21	오승범	후22	0	0	0	0
0	0	0	0	후18	유준영	19			35	김병오	후11	0	0	0	0
0	0	2	3(2)	후0	알미르	99			10	박지민		0	0	0	0
0	1	12	14(7)			0			0			8(3)	9	3	0

4월 18일 14:00 맑음 안산 와스타디움 관중 1,620명
주심_ 우상일 부심_ 지승민·서무희 대기심_ 박필준 감독관_ 전인석

안산 2 0 전반 1 / 2 후반 1 **2 서울E**

퇴장	경고	파울	ST(유)	교체	선수명	배번	위치	위치	배번	선수명	교체	ST(유)	파울	경고	퇴장
0	0	0	0		전태현	1	GK	GK	1	김영광		0	0	0	0
0	0	1	1		박희철	25	DF	DF	2	김민제		0	2	0	0
0	0	2	2(1)		신형민	4	DF	DF	8	윤성열		0	0	0	0
0	0	0	2(1)		안재준	5	DF	DF	14	황도연		0	0	0	0
0	0	1	0		신광훈	17	DF	DF	6	이정필		0	4	1	0
0	0	1	0	30	이용래	7	MF	MF	4	조원희		2	0	1	0
0	0	2	4(2)	15	정 혁	6	MF	MF	26	김창욱	19	0	1	0	0
0	0	0	0	14	조재철	8	MF	MF	7	김재성		1(1)	0	0	0
0	0	1	3(2)		고경민	11	MF	FW	21	김성주	9	0	3	0	0
0	0	1	2(1)		박종진	16	MF	FW	10	보 비		2(2)	0	1	0
0	1	4	1		서동현	20	FW	FW	18	주민규		5(4)	1	0	0
0	0	0	0		이진형	21	대기	대기	41	김현성		0	0	0	0
0	0	0	0		배승진	2			17	오창현		0	0	0	0
0	0	0	0		이재권	9			20	양기훈		0	0	0	0
0	0	0	0		한덕희	27			24	전기성		0	0	0	0
0	0	0	0	후38	박현범	15			19	이재안	후10	0	0	0	0
0	0	0	1(1)	후7	송창호	30			9	라이언존슨	후30	1(1)	0	0	0
0	0	0	0	후44	박희도	14			15	조향기		0	0	0	0
0	1	13	16(8)			0			0			11(8)	11	3	0

- 후반 12분 고경민 PAR 내 R-ST-G (득점: 고경민) 왼쪽
- 후반 21분 신형민 PK-R-G (득점: 신형민) 왼쪽
- 전반 7분 김영근 MFL FK↷ 주민규 GA 정면 R-ST-G (득점: 주민규, 도움: 김영근) 가운데
- 후반 33분 라이언존슨 PAR 내 H ↷ 주민규 PA 정면 내 L-ST-G (득점: 주민규, 도움: 라이언존슨) 왼쪽

4월 15일 19:30 맑음 대구 스타디움 관중 837명
주심_ 박필준 부심_ 서무희·송봉근 대기심_ 김완태 감독관_ 김용세

대구 2   2 전반 2 / 0 후반 0   **2 안양**

퇴장	경고	파울	ST(유)	교체	선수명	배번	위치	위치	배번	선수명	교체	ST(유)	파울	경고	퇴장
0	0	0	0		조현우	21	GK	GK	31	김선규		0	0	0	0
0	1	4	0		박성용	5	DF	DF	3	가솔현		1	2	1	0
0	0	1	0		허재원	8	DF	DF	30	백동규		0	2	1	0
0	0	0	0		이원재	20	DF	DF	5	안동혁		0	2	0	0
0	1	2	0		이준희	22	MF	DF	22	김태봉		1(1)	0	0	0
0	1	1	2		류재문	29	MF	MF	8	최진수		1	2	0	0
0	0	1	0	14	세르징요	88	MF	MF	17	김선민		0	0	0	0
0	1	3	1		레오	11	MF	MF	14	박승렬	90	0	1	0	0
0	0	1	1(1)	17	장백규	9	FW	MF	16	주현재		1	1	0	0
0	0	0	1(1)	10	에델	28	FW	FW	11	안성빈	7	2(1)	0	0	0
0	0	0	3(2)		조나탄	7	FW	FW	28	이효균	9	3	2	0	0
0	0	0	0		이양종	1			21	최필수		0	0	0	0
0	0	0	0		문진용	6			35	유종현		0	0	0	0
0	0	0	0		감한솔	3			90	구대영	후28	0	0	0	0
0	0	0	0	후9	문기한	14	대기	대기	15	박태수		0	0	0	0
0	0	0	0	후36	황순민	10			7	조성준	후0	1	0	0	0
0	0	0	0		신창무	19			9	이동현	후39	0	1	0	0
0	0	1	3	후20	노병준	17			13	김대한		0	0	0	0
0	4	14	11(4)			0			0			10(2)	13	2	0

- 전반 2분 에델 MFR ↷ 장백규 GAL 내 R-ST-G (득점: 장백규, 도움: 에델) 가운데
- 전반 46분 에델 GAL ~ 조나탄 GA 정면 R-ST-G (득점: 조나탄, 도움: 에델) 가운데
- 전반 33분 김태봉 PAL 내 L-ST-G (득점: 김태봉) 오른쪽
- 전반 45분 주현재 AKR 백패스~ 안성빈 AK 내 L-ST-G (득점: 안성빈, 도움: 주현재) 가운데

4월 19일 14:00 비 충주 종합 관중 514명
주심_ 서동진 부심_ 강동호·양재용 대기심_ 박병진 감독관_ 한병화

충주 1   0 전반 0 / 1 후반 1   **1 안양**

퇴장	경고	파울	ST(유)	교체	선수명	배번	위치	위치	배번	선수명	교체	ST(유)	파울	경고	퇴장
0	0	0	0		박청효	13	GK	GK	31	김선규		0	0	0	0
0	0	0	0		박요한	11	DF	DF	3	가솔현		0	2	0	0
0	0	0	0		이택기	23	DF	DF	30	백동규		0	1	0	0
0	0	0	0	24	이용기	20	DF	DF	90	구대영		0	2	1	0
0	0	1	1(1)	16	정우재	2	DF	DF	22	김태봉		0	0	0	0
0	0	0	1		최승호	7	MF	MF	8	최진수		1	2	0	0
0	0	0	1(1)		오승범	21	MF	MF	17	김선민		3(2)	0	0	0
0	0	1	5		김병오	35	MF	MF	14	박승렬	7	1	1	0	0
0	0	0	2	28	임진욱	19	MF	MF	5	안동혁	16	0	1	0	0
0	0	2	4(2)		조석재	99	FW	FW	11	안성빈		4(2)	5	1	0
0	0	2	4(2)		마르싱유	27	FW	FW	28	이효균	9	3	4	0	0
0	0	0	0		황성민	1			21	최필수		0	0	0	0
0	0	0	0		이현창	3			35	유종현		0	0	0	0
0	0	1	0	전42	황재원	24			16	주현재	후21	0	0	0	0
0	0	1	0	후8	김용찬	16	대기	대기	15	박태수		0	0	0	0
0	0	0	0		노형구	5			7	조성준	후0	0	2	0	0
0	0	0	2	후30	김정훈	28			9	이동현	후39	0	1	0	0
0	0	0	0		박지민	10			13	김대한		0	0	0	0
0	0	8	20(6)			0			0			12(4)	21	2	0

- 후반 11분 조석재 GA 정면 내 R-ST-G (득점: 조석재) 왼쪽
- 후반 26분 최진수 PA 정면 ~ 안성빈 PA 정면 내 L-ST-G (득점: 안성빈, 도움: 최진수) 왼쪽

4월 18일 16:00 맑음 부천 종합 관중 1,172명
주심_ 김우성 부심_ 박상준·박인선 대기심_ 매호영 감독관_ 김형남

부천 3   0 전반 0 / 3 후반 1   **1 상주**

퇴장	경고	파울	ST(유)	교체	선수명	배번	위치	위치	배번	선수명	교체	ST(유)	파울	경고	퇴장
0	0	0	0		류원우	1	GK	GK	31	양동원		0	0	0	0
0	0	0	0		전광환	2	DF	DF	2	이용		1(1)	1	1	0
0	0	0	0		최병도	5	DF	DF	3	박진포		0	0	1	0
0	1	2	0		강지용	6	DF	DF	6	여성해		0	1	0	0
0	0	2	1		이학민	14	DF	DF	55	안재훈	22	0	0	0	0
0	0	2	0	7	송원재	8	MF	MF	5	김성환		0	3	0	0
0	0	1	1	10	유대현	22	FW	MF	11	임상협	25	0	0	0	0
0	1	3	2(1)		이현승	88	MF	MF	14	권순형		0	2	0	0
0	0	2	3(2)		호드리고	11	FW	MF	29	배일환		1(1)	1	0	0
0	0	1	0	55	김륜도	20	MF	FW	9	이승기		2(1)	0	0	0
0	1	2	0		알미르	99	FW	FW	18	이정협	17	0	2	0	0
0	0	0	0		이기현	18			41	윤평국		0	0	0	0
0	0	0	0	후30	정홍연	55			22	곽광선	전17	0	3	2	0
0	0	0	0		이희찬	17			23	최종환		0	0	0	0
0	0	0	0	후19	주광선	7	대기	대기	17	황일수	후15	1(1)	0	0	0
0	0	0	2	후42	이민우	10			34	김대열		0	0	0	0
0	0	0	0		박용준	15			25	박기동	후0	0	2	0	0
0	0	0	0		유준영	19			26	김도엽		0	0	0	0
0	3	15	9(3)			0			0			5(4)	15	4	0

- 후반 6분 호드리고 PK-R-G (득점: 호드리고) 왼쪽
- 후반 41분 알미르 MFR ~ 호드리고 PAR 내 R-ST-G (득점: 호드리고, 도움: 알미르) 왼쪽
- 후반 44분 이학민 자기측MFR TL ↷ 이현승 AKR 오버헤드킥 R-ST-G (득점: 이현승, 도움: 이학민) 왼쪽
- 후반 39분 이용 PAR ~ 배일환 GA 정면 내 R-ST-G (득점: 배일환, 도움: 이용) 왼쪽

4월 20일 20:00 맑음 고양 종합 관중 509명
주심_ 임정수 부심_ 김영하·송봉근 대기심_ 박진호 감독관_ 김진의

고양 0   0 전반 0 / 0 후반 2   **2 대구**

퇴장	경고	파울	ST(유)	교체	선수명	배번	위치	위치	배번	선수명	교체	ST(유)	파울	경고	퇴장
0	0	0	0		강진웅	1	GK	GK	21	조현우		0	0	0	0
0	0	1	0		이상돈	12	DF	DF	5	박성용		0	1	0	0
0	0	1	0		황규범	22	DF	DF	8	허재원		0	0	0	0
0	0	1	0		박태형	15	DF	DF	20	이원재		0	2	0	0
0	0	0	0		안현식	26	DF	MF	22	이준희		2(2)	2	1	0
0	0	3	1		이도성	7	MF	MF	29	류재문		0	3	0	0
0	0	0	3		김준태	8	MF	MF	88	세르징요	14	0	1	0	0
0	0	3	1	10	진창수	16	MF	MF	11	레오		1	2	0	0
0	0	3	1(1)		김유성	24	MF	FW	9	장백규	19	0	0	0	0
0	0	1	4(2)	17	오기재	20	FW	FW	28	에델	17	1	2	0	0
0	0	0	0	9	윤석희	19	FW	FW	7	조나탄		5(2)	4	0	0
0	0	0	0		이승규	21			1	이양종		0	0	0	0
0	0	0	0		하인호	14			6	문진용		0	0	0	0
0	0	0	0		오주호	5			3	감한솔		0	0	0	0
0	0	1	2(1)	후22	이광재	17	대기	대기	14	문기한	후21	0	2	0	0
0	0	0	1	후32	김지웅	10			10	황순민		0	0	0	0
0	1	1	2	후0	서형승	9			19	신창무	후44	0	0	0	0
0	1	15	15(4)			0			0			9(4)	19	1	0

- 후반 28분 조나탄 MF 정면 FK R-ST-G (득점: 조나탄) 왼쪽
- 후반 36분 조나탄 PA 정면 내 ~ 노병준 AKR R-ST-G (득점: 노병준, 도움: 조나탄) 왼쪽

4월 19일 16 : 00 비 창원 축구센터 관중 827명
주심_ 임원택 부심_ 김계용·장종필 대기심_ 박영록 감독관_ 강창구

경남 1 0 전반 2 / 1 후반 0 **2 수원FC**

퇴장	경고	파울	ST(유)	교체	선수명	배번	위치	위치	배번	선수명	교체	ST(유)	파울	경고	퇴장
0	0	0	0		손 정 현	31	GK	GK	21	이 인 수		0	0	0	0
0	0	1	0		전 상 훈	12	MF	DF	5	블 라 단		0	2	1	0
0	0	1	0		박 지 수	28	MF	DF	14	이 준 호		0	1	0	0
0	1	2	2(1)		최 성 환	6	DF	DF	17	김 창 훈		0	0	0	0
0	0	1	2		우 주 성	15	DF	FW	8	김 혁 진	16	1	1	0	0
0	1	1	1(1)	4	정 현 철	20	MF	MF	13	배 신 영		4(4)	1	0	0
0	0	0	1(1)		진 경 선	7	MF	MF	36	김 종 우	2	3(2)	1	0	0
0	0	1	4(1)		한 의 권	22	FW	MF	37	이 관 표		1	0	0	0
0	1	1	0	19	김 준 엽	3	DF	FW	9	자 파		2(1)	1	0	0
0	0	0	0	9	김 영 욱	18	FW	DF	10	김 한 원		0	2	0	0
0	0	2	3		송 수 영	10	MF	FW	33	정 기 운	18	0	2	0	0
0	0	0	0		최 봉 진	21			23	박 형 순		0	0	0	0
0	0	0	0		최 성 민	2			2	임 하 람	후45	0	0	0	0
0	0	0	0		김 봉 진	25			15	김 정 빈		0	0	0	0
0	0	0	0		손 형 준	14	대기	대기	16	권 용 현	후25	1	1	0	0
0	1	1	0	후28	이 호 석	4			24	김 부 관		0	0	0	0
0	0	1	1(1)	후0	임 창 균	19			31	황 재 훈		0	0	0	0
0	0	1	1(1)	후0	스토야노비치	9			18	정 민 우	후25	0	1	0	0
0	4	13	15(6)			0			0			12(7)	13	1	0

- 후반 41분 임창균 MF 정면 ~ 스토야노비치 PAR L-ST-G (득점: 스토야노비치, 도움: 임창균) 왼쪽
- 전반 33분 정기운 PK 좌측지점 ~ 김종우 GAR R-ST-G (득점: 김종우, 도움: 정기운) 왼쪽
- 전반 41분 이준호 MFR ↷ 배신영 GAR H-ST-G (득점: 배신영, 도움: 이준호) 왼쪽

4월 25일 14 : 00 맑음 속초 종합 관중 939명
주심_ 박필준 부심_ 김영하·박인선 대기심_ 임원택 감독관_ 김수현

강원 1 0 전반 0 / 1 후반 1 **1 안산**

퇴장	경고	파울	ST(유)	교체	선수명	배번	위치	위치	배번	선수명	교체	ST(유)	파울	경고	퇴장
0	1	0	0		황 교 충	1	GK	GK	1	전 태 현		0	0	0	0
0	0	1	0		이 재 훈	3	DF	DF	25	박 희 철		0	1	1	0
0	1	2	0		정 우 인	4	DF	DF	4	신 형 민		1(1)	1	0	0
0	0	3	1		김 오 규	20	DF	DF	5	안 재 준		0	2	2	0
0	0	0	0		백 종 환	77	DF	DF	27	한 덕 희		0	1	0	0
0	0	1	2		이 한 샘	33	MF	MF	15	박 현 범	6	0	0	0	0
0	0	2	1	12	손 설 민	32	MF	MF	30	송 창 호		3(1)	2	0	0
0	0	2	4(2)		장 혁 진	7	MF	MF	8	조 재 철	2	0	0	0	0
0	0	2	3(1)	25	서 보 민	11	FW	MF	11	고 경 민		1(1)	0	0	0
0	0	0	1	9	김 윤 호	57	FW	MF	16	박 종 진		2	0	0	0
0	0	1	4(3)		최 진 호	10	FW	FW	20	서 동 현		0	1	0	0
0	0	0	0		강 성 관	23			21	이 진 형		0	0	0	0
0	0	0	0	후36	김 용 진	25			2	배 승 진	후9	1(1)	1	2	0
0	0	0	0		박 용 호	6			9	이 재 권		0	0	0	0
0	0	0	0		한 석 종	16	대기	대기	28	좌 준 협		0	0	0	0
0	0	2	2(1)	후25	벨 루 소	12			22	유 호 준		0	0	0	0
0	0	0	2(2)	후18	최 승 인	9			6	정 혁	후9	1(1)	1	0	0
0	0	0	0		이 한 음	22			14	박 희 도		0	0	0	0
0	2	16	20(9)			0			0			9(5)	10	5	0

- 후반 46분 김용진 PAR 내 H ↷ 최승인 GA 정면 R-ST-G (득점: 최승인, 도움: 김용진) 오른쪽
- 후반 11분 송창호 PAL R-ST-G (득점: 송창호) 오른쪽

4월 25일 14 : 00 맑음 잠실 관중 2,175명
주심_ 박병진 부심_ 양재용·장종필 대기심_ 임정수 감독관_ 김일호

서울E 0 0 전반 0 / 0 후반 0 **0 부천**

퇴장	경고	파울	ST(유)	교체	선수명	배번	위치	위치	배번	선수명	교체	ST(유)	파울	경고	퇴장
0	0	0	0		김 영 광	1	GK	GK	1	류 원 우		0	0	0	0
0	1	1	0		김 민 제	2	DF	DF	2	전 광 환		0	1	0	0
0	0	0	1		윤 성 열	8	DF	DF	5	최 병 도		0	1	1	0
0	0	0	0		황 도 연	14	DF	DF	6	강 지 용		1	1	0	0
0	0	3	0		신 일 수	28	DF	MF	8	송 원 재	7	1(1)	0	0	0
0	0	0	2(1)		조 원 희	4	MF	DF	22	유 대 현		0	2	0	0
0	0	2	0		김 성 주	21	MF	MF	88	이 현 승		4(1)	0	0	0
0	0	0	4(3)		김 재 성	7	MF	FW	11	호드리고		2(1)	1	0	0
0	0	2	2(1)	15	라이언존슨	9	FW	FW	15	박 용 준	10	0	1	0	0
0	0	0	0	19	보 비	10	FW	MF	20	김 륜 도		1	1	0	0
0	0	2	1(1)	11	주 민 규	18	FW	FW	99	알 미 르		1(1)	1	0	0
0	0	0	0		김 현 성	41			18	이 기 현		0	0	0	0
0	0	0	0		오 창 현	17			3	박 재 홍		0	0	0	0
0	0	0	0		이 정 필	6			17	이 희 찬		0	0	0	0
0	0	0	0		김 창 욱	26	대기	대기	7	주 광 선	후16	0	1	0	0
0	0	0	1(1)	후28	이 재 안	19			10	이 민 우	후0	0	1	0	0
0	0	2	2(1)	후26	타라바이	11			16	황 신 영		0	0	0	0
0	0	0	0	후43	조 향 기	15			19	유 준 영		0	0	0	0
0	1	12	13(8)			0			0			10(4)	11	1	0

4월 26일 14 : 00 맑음 수원 종합 관중 765명
주심_ 박진호 부심_ 양병은·서무희 대기심_ 서동진 감독관_ 김정식

수원FC 1 0 전반 0 / 1 후반 1 **1 상주**

퇴장	경고	파울	ST(유)	교체	선수명	배번	위치	위치	배번	선수명	교체	ST(유)	파울	경고	퇴장
0	0	0	0		이 인 수	21	GK	GK	31	양 동 원		0	0	0	0
0	0	0	1(1)		블 라 단	5	DF	DF	2	이 용		1	1	1	0
0	0	2	2(1)		이 준 호	14	DF	DF	3	박 진 포		0	1	0	0
0	0	0	0		김 창 훈	17	DF	DF	6	여 성 해		0	2	0	0
0	0	2	0	30	김 혁 진	8	FW	DF	89	최 호 정		1	0	0	0
0	1	3	0		배 신 영	13	MF	MF	5	김 성 환	25	0	4	1	0
0	0	0	0	24	김 종 우	36	MF	MF	11	임 상 협		0	5	0	0
0	0	2	0		이 관 표	37	MF	MF	14	권 순 형		1	1	0	0
0	0	4	4(3)		자 파	9	FW	MF	17	황 일 수	23	1	0	0	0
0	0	0	2		김 한 원	10	DF	FW	18	이 정 협		3(1)	3	0	0
0	0	0	1	18	정 기 운	33	FW	FW	20	한 상 운	29	0	2	0	0
0	0	0	0		이 상 기	43			41	윤 평 국		0	0	0	0
0	0	0	0		임 하 람	2			23	최 종 환	후0	2(2)	0	0	0
0	0	0	0		김 정 빈	15			44	김 경 민		0	0	0	0
0	0	0	1(1)	후31	김 부 관	24	대기	대기	29	배 일 환	후38	0	1	0	0
0	0	0	1(1)	후9	임 성 택	30			34	김 대 열		0	0	0	0
0	0	0	0		황 재 훈	31			25	박 기 동	후12	3(3)	1	0	0
0	1	5	2(2)	후16	정 민 우	18			27	박 경 익		0	0	0	0
0	2	18	14(9)			0			0			12(6)	21	2	0

- 후반 36분 이관표 MFR ~ 이준호 GAR EL R-ST-G (득점: 이준호, 도움: 이관표) 오른쪽
- 후반 18분 박기동 GAL 내 L-ST-G (득점: 박기동) 왼쪽

4월 25일 14:00 맑음 대구 스타디움 관중 4,127명
주심_ 김영수 부심_ 지승민·김계용 대기심_ 매호영 감독관_ 전인석

대구 2 0 전반 0 / 2 후반 1 **1 충주**

퇴장	경고	파울	ST(유)	교체	선수명	배번	위치	위치	배번	선수명	교체	ST(유)	파울	경고	퇴장
0	0	0	0		조 현 우	21	GK	GK	13	박 청 효		0	0	0	0
0	0	0	0		박 성 용	5	DF	DF	11	박 요 한		0	3	0	0
0	0	2	0		허 재 원	8	DF	DF	23	이 택 기		1	0	0	0
0	0	2	1(1)		이 원 재	20	DF	DF	5	노 형 구	24	0	2	0	0
0	0	2	1(1)		이 준 희	22	MF	DF	16	김 용 찬		0	1	0	0
0	0	0	1(1)		류 재 문	29	MF	MF	7	최 승 호		0	0	0	0
0	0	2	0	14	세르징요	88	MF	MF	3	이 현 창		0	1	0	0
0	0	3	0		레 오	11	MF	MF	35	김 병 오		3	0	0	0
0	0	1	1	19	장 백 규	9	FW	MF	28	김 정 훈	19	0	0	0	0
0	0	0	0	17	에 델	28	FW	FW	99	조 석 재		3(1)	1	0	0
0	0	4	3(1)		조 나 탄	7	FW	FW	27	마르싱유	17	3(1)	1	0	0
0	0	0	0		이 양 종	1			1	황 성 민		0	0	0	0
0	0	0	0		문 진 용	6			18	황 수 남		0	0	0	0
0	0	0	0		감 한 솔	3			24	황 재 원	후26	0	0	0	0
0	0	1	0	후0	문 기 한	14	대기	대기	4	엄 진 태		0	0	0	0
0	0	0	0	후37	신 창 무	19			17	심 진 의	후25	1	0	0	0
0	0	0	0		김 현 수	25			19	임 진 욱	후18	2(1)	0	0	0
0	0	1	3(2)	후0	노 병 준	17			10	박 지 민		0	0	0	0
0	0	18	10(6)			0			0			13(3)	9	0	0

- ●후반 13분 문기한 C,KR ↷ 노병준 GA 정면 H-ST-G (득점: 노병준, 도움: 문기한) 오른쪽
- ●후반 20분 장백규 PAL 내 H→ 이준희 AKL R-ST-G (득점: 이준희, 도움: 장백규) 오른쪽
- ●후반 32분 임진욱 PAR ~ 조석재 GAR R-ST-G (득점: 조석재, 도움: 임진욱) 가운데

5월 02일 14:00 맑음 수원 종합 관중 931명
주심_ 김종혁 부심_ 이정민·김경민 대기심_ 김영수 감독관_ 전인석

수원FC 1 0 전반 2 / 1 후반 3 **5 서울E**

퇴장	경고	파울	ST(유)	교체	선수명	배번	위치	위치	배번	선수명	교체	ST(유)	파울	경고	퇴장
0	0	0	0		이 인 수	21	GK	GK	1	김 영 광		0	0	0	0
0	1	5	0		블 라 단	5	DF	DF	2	김 민 제	17	0	2	0	0
0	0	1	1(1)		이 준 호	14	DF	DF	8	윤 성 열		0	0	0	0
0	0	1	0		김 창 훈	17	DF	DF	14	황 도 연		0	0	0	0
0	0	0	0		배 신 영	13	MF	DF	5	칼라일미첼		1(1)	0	0	0
0	0	0	3(1)		권 용 현	16	FW	MF	4	조 원 희		1(1)	2	0	0
0	0	0	0	22	임 성 택	30	FW	MF	28	신 일 수		1	2	0	0
0	0	0	1	33	김 종 우	36	MF	MF	7	김 재 성		2(2)	1	0	0
0	1	2	1		이 관 표	37	MF	FW	19	이 재 안	21	1(1)	2	0	0
0	0	1	3(3)		자 파	9	FW	FW	11	타라바이		3(2)	3	0	0
0	0	0	4		김 한 원	10	DF	FW	18	주 민 규	26	1(1)	1	0	0
0	0	0	0		박 형 순	23			41	김 현 성		0	0	0	0
0	0	0	0		임 하 람	2			17	오 창 현	후24	1	1	0	0
0	0	0	0		김 정 빈	15			20	양 기 훈		0	0	0	0
0	0	0	1(1)	후0	최 명 훈	22	대기	대기	26	김 창 욱	후21	0	0	0	0
0	0	0	0		김 부 관	24			21	김 성 주	후16	2(2)	0	0	0
0	0	0	0		정 민 우	18			10	보 비		0	0	0	0
0	0	0	0	후0	정 기 운	33			9	라이언존슨		0	0	0	0
0	2	10	14(6)			0			0			13(10)	14	0	0

- ●후반 15분 정기운 AKR H ↷ 권용현 AK 정면 L-ST-G (득점: 권용현, 도움: 정기운) 오른쪽
- ●전반 1분 김재성 C,KR ↷ 칼라일미첼 GAR H-ST-G (득점: 칼라일미첼, 도움: 김재성) 오른쪽
- ●전반 20분 타라바이 PA 정면 내 ~ 김재성 AK 내 R-ST-G (득점: 김재성, 도움: 타라바이) 오른쪽
- ●후반 11분 주민규 AK 내 ~ 조원희 GA 정면 L-ST-G (득점: 조원희, 도움: 주민규) 오른쪽
- ●후반 27분 김재성 AK 정면 FK R-ST-G (득점: 김재성) 오른쪽
- ●후반 31분 김창욱 PAR ~ 김영근 PAR L-ST-G (득점: 김영근, 도움: 김창욱) 왼쪽

4월 26일, 16:00 맑음 안양 종합 관중 3,073명
주심_ 박영록 부심_ 박상준·송봉근 대기심_ 김우성 감독관_ 김용세

안양 0 0 전반 0 / 0 후반 0 **0 경남**

퇴장	경고	파울	ST(유)	교체	선수명	배번	위치	위치	배번	선수명	교체	ST(유)	파울	경고	퇴장
0	0	0	0		최 필 수	21	GK	GK	31	손 정 현		0	0	0	0
0	1	1	0		베 리	29	DF	DF	2	최 성 민	12	1	0	0	0
0	1	1	1		백 동 규	30	DF	DF	6	최 성 환		0	2	0	0
0	0	1	0		김 태 봉	22	DF	DF	15	우 주 성		0	2	0	0
0	0	0	1		구 대 영	90	DF	MF	3	김 준 엽		0	2	1	0
0	0	4	0		박 태 수	15	MF	MF	25	김 봉 진		1	2	0	0
0	0	0	2		안 성 빈	11	FW	MF	7	진 경 선		0	2	0	0
0	0	0	1(1)		김 선 민	17	MF	FW	22	한 의 권		3(1)	1	0	0
0	0	0	1	5	조 성 준	7	MF	MF	19	임 창 균		0	2	0	0
0	0	7	2(1)		주 현 재	16	MF	MF	27	이 상 현	28	2	3	0	0
0	0	0	0	8	이 효 균	28	FW	FW	9	스토야노비치	18	1	0	0	0
0	0	0	0		김 선 규	31			1	김 교 빈		0	0	0	0
0	0	0	0		가 솔 현	3			28	박 지 수	후44	0	0	0	0
0	0	0	0		유 종 현	35			12	전 상 훈	후39	0	0	0	0
0	0	1	0	후35	안 동 혁	5	대기	대기	20	정 현 철		0	0	0	0
0	0	1	0	후22	최 진 수	8			4	이 호 석		0	0	0	0
0	0	0	0		김 대 한	13			13	신 학 영		0	0	0	0
0	0	0	0		박 승 렬	14			18	김 영 욱	후23	0	0	0	0
0	2	16	8(2)			0			0			8(1)	16	1	0

5월 02일 16:00 흐림 속초 종합 관중 922명
주심_ 임정수 부심_ 서무희·양병은 대기심_ 박진호 감독관_ 김형남

강원 0 0 전반 0 / 0 후반 0 **0 안양**

퇴장	경고	파울	ST(유)	교체	선수명	배번	위치	위치	배번	선수명	교체	ST(유)	파울	경고	퇴장
0	0	0	0		황 교 충	1	GK	GK	21	최 필 수		0	0	0	0
0	0	2	0		이 재 훈	3	DF	DF	29	베 리		0	1	0	0
0	1	4	0		정 우 인	4	DF	DF	3	가 솔 현		0	2	0	0
0	0	1	0		박 용 호	6	DF	DF	22	김 태 봉		0	1	1	0
0	0	2	0		백 종 환	77	DF	DF	90	구 대 영		0	0	0	0
0	1	1	0		이 한 샘	33	MF	MF	8	최 진 수		2(2)	3	1	0
0	0	0	0	17	손 설 민	32	MF	FW	11	안 성 빈		4	3	1	0
0	0	0	1(1)		장 혁 진	7	MF	MF	17	김 선 민		1	2	0	0
0	1	4	0		벨 루 소	12	FW	FW	7	조 성 준		0	0	0	0
0	0	0	0	15	최 승 인	9	FW	MF	16	주 현 재	42	1(1)	3	1	0
0	1	1	1(1)		최 진 호	10	FW	FW	28	이 효 균	15	1	4	1	0
0	0	0	0		홍 상 준	41			31	김 선 규		0	0	0	0
0	0	0	0		김 용 진	25			35	유 종 현		0	0	0	0
0	0	0	0		이 동 재	18			5	안 동 혁		0	0	0	0
0	0	1	1(1)	후0	정 찬 일	17	대기	대기	15	박 태 수	후33	0	0	0	0
0	0	0	0		김 윤 호	57			42	정 재 용	후25	0	0	0	0
0	0	0	0		서 보 민	11			13	김 대 한		0	0	0	0
0	0	0	0	후25	신 영 준	15			14	박 승 렬		0	0	0	0
0	4	16	3(3)			0			0			9(3)	19	5	0

5월 02일 14:00 맑음 대구 스타디움 관중 2,615명
주심_ 김성호 부심_ 곽승순·장종필 대기심_ 박영록 감독관_ 김진의

대구 1 | 0 전반 0 / 1 후반 0 | **0 경남**

퇴장	경고	파울	ST(유)	교체	선수명	배번	위치	위치	배번	선수명	교체	ST(유)	파울	경고	퇴장
0	0	0	0		조현우	21	GK	GK	31	손정현		0	0	0	0
0	0	1	0		박성용	5	DF	DF	2	최성민		1	0	0	0
0	0	0	1		허재원	8	DF	DF	6	최성환	27	1	3	1	0
0	1	3	1		이원재	20	DF	DF	15	우주성		1	1	0	0
0	1	3	0		이준희	22	MF	MF	12	전상훈	28	0	0	0	0
0	0	0	0		류재문	29	MF	MF	25	김봉진		1	2	0	0
0	0	1	0	14	세르징요	88	MF	MF	7	진경선		0	1	0	0
0	0	2	2(1)		레오	11	MF	FW	22	한의권		1	2	0	0
0	1	2	0	25	장백규	9	FW	MF	19	임창균		3	1	0	0
0	0	4	1(1)	17	에델	28	FW	MF	4	이호석	9	3	0	0	0
0	0	3	5(4)		조나탄	7	FW	FW	18	김영욱		3(1)	2	0	0
0	0	0	0		이양종	1			21	최봉진		0	0	0	0
0	0	0	0		문진용	6			28	박지수	후10	0	0	0	0
0	0	0	0		감한솔	3			27	이상현	후27	0	1	0	0
0	0	0	2	후0	문기한	14	대기	대기	20	정현철		0	0	0	0
0	0	0	0		신창무	19			30	차태영		0	0	0	0
0	0	0	0	후47	김현수	25			14	손형준		0	0	0	0
0	0	0	1(1)	후15	노병준	17			9	스토야노비치	후10	1(1)	2	1	0
0	3	19	13(7)			0			0			15(2)	15	2	0

●후반 40분 류재문 PA 정면 ~ 조나탄 GAR R-ST-G (득점: 조나탄, 도움: 류재문) 오른쪽

5월 09일 14:00 맑음 충주 종합 관중 2,013명
주심_ 김우성 부심_ 양재용·장종필 대기심_ 박영록 감독관_ 한진원

충주 3 | 2 전반 0 / 1 후반 1 | **1 강원**

퇴장	경고	파울	ST(유)	교체	선수명	배번	위치	위치	배번	선수명	교체	ST(유)	파울	경고	퇴장
0	0	0	0		황성민	1	GK	GK	1	황교충		0	0	0	0
0	1	1	0		박요한	11	DF	DF	3	이재훈		0	2	0	0
0	0	0	0	5	이택기	23	DF	DF	20	김오규		0	1	0	0
0	0	1	0		이용기	20	DF	DF	6	박용호	9	0	0	0	0
0	0	3	0		김용찬	16	DF	DF	77	백종환		0	2	1	0
0	0	0	1	4	오승범	21	MF	MF	33	이한샘		1	4	2	0
0	0	1	1		이현창	3	MF	MF	11	서보민		1(1)	0	0	0
0	0	1	4(2)		김병오	35	MF	MF	7	장혁진		1	1	0	0
0	0	2	1	19	김정훈	28	MF	FW	12	벨루소		3(1)	1	0	0
0	0	2	3(2)		조석재	99	FW	FW	19	김동기		1	0	0	0
0	0	3	4		마르싱유	27	FW	FW	10	최진호	25	1(1)	0	0	0
0	0	0	0		박청효	13			23	강성관		0	0	0	0
0	0	0	0		황수남	18			25	김용진	후22	0	1	0	0
0	0	0	0	후33	노형구	5			18	이동재		0	0	0	0
0	0	0	0	후42	엄진태	4	대기	대기	16	한석종		0	0	0	0
0	0	0	0		심진의	17			57	김윤호		0	0	0	0
0	1	0	0	후24	임진욱	19			9	최승인	후0	1(1)	1	0	0
0	0	0	0		양상준	30			15	신영준		0	0	0	0
0	2	14	14(4)			0			0			9(4)	13	3	0

●전반 12분 김용찬 MFL ↷ 조석재 PK지점 H-ST-G (득점: 조석재, 도움: 김용찬) 왼쪽
●전반 17분 김병오 GAL L-ST-G (득점: 김병오) 왼쪽
●후반 40분 조석재 PAR 내 R-ST-G (득점: 조석재) 왼쪽
●후반 6분 벨루소 PK-R-G (득점: 벨루소) 왼쪽

5월 03일 16:00 흐림 고양 종합 관중 906명
주심_ 서동진 부심_ 김계용·송봉근 대기심_ 박영록 감독관_ 하재훈

고양 1 | 1 전반 0 / 0 후반 0 | **0 부천**

퇴장	경고	파울	ST(유)	교체	선수명	배번	위치	위치	배번	선수명	교체	ST(유)	파울	경고	퇴장
0	0	0	0		강진웅	1	GK	GK	1	류원우		0	0	0	0
0	0	5	0		이상돈	12	DF	DF	2	전광환		0	1	1	0
0	0	3	0		하인호	14	DF	DF	6	강지용		1	1	1	0
0	0	2	1		오주호	5	DF	DF	14	이학민		0	1	1	0
0	0	1	0		안현식	26	DF	MF	8	송원재	7	1	2	1	0
0	0	1	0		이도성	7	MF	MF	22	유대현		1	2	0	0
0	0	2	1		김준태	8	MF	MF	88	이현승		3(1)	3	0	0
0	1	3	5(3)		진창수	16	MF	FW	10	이민우	19	3(2)	1	0	0
0	0	1	1		김유성	24	MF	FW	15	박용준	3	1(1)	1	0	0
0	0	2	0	31	오기재	20	FW	DF	20	김륜도		2	1	0	0
0	0	1	1(1)	17	윤석희	19	FW	FW	99	알미르		4(3)	3	0	0
0	0	0	0		이승규	21			18	이기현		0	0	0	0
0	0	0	0		황규범	22			3	박재홍	후28	0	0	0	0
0	0	0	1	후20	홍순학	31			5	최병도		0	0	0	0
0	0	0	0	후34	박정훈	11	대기	대기	17	이희찬		0	0	0	0
0	0	0	0		김지웅	10			7	주광선	후9	1(1)	2	0	0
0	0	1	0	전8/11	이광재	17			16	황신영		0	0	0	0
0	1	22	10(4)			0			0			17(8)	18	4	0

●전반 28초 진창수 GAL EL ~ 윤석희 PK지점 L-ST-G (득점: 윤석희, 도움: 진창수) 오른쪽

5월 09일 16:00 맑음 수원 종합 관중 738명
주심_ 정동식 부심_ 김영하·지승민 대기심_ 매호영 감독관_ 김일호

수원FC 2 | 1 전반 0 / 1 후반 0 | **0 고양**

퇴장	경고	파울	ST(유)	교체	선수명	배번	위치	위치	배번	선수명	교체	ST(유)	파울	경고	퇴장
0	0	0	0		박형순	23	GK	GK	1	강진웅		0	0	0	0
0	0	1	2(2)		이준호	14	DF	DF	12	이상돈		0	0	0	0
0	0	0	0		김창훈	17	DF	DF	14	하인호		0	2	0	0
0	0	2	0		김서준	7	MF	DF	5	오주호		0	2	0	0
0	1	4	0		김정빈	15	DF	DF	26	안현식		1	2	0	0
0	0	0	0	30	권용현	16	FW	MF	7	이도성		1(1)	1	0	0
0	0	0	0	33	김부관	24	FW	MF	8	김준태		5(1)	1	1	0
0	0	3	1(1)		김종우	36	MF	MF	11	박정훈		1	1	0	0
0	0	1	2(2)		이관표	37	MF	MF	16	진창수	9	0	0	0	0
0	1	4	4(4)	11	자파	9	FW	FW	17	이광재	31	0	1	0	0
0	0	0	1		김한원	10	DF	FW	24	김유성		2	3	1	0
0	0	0	0		이인수	21			21	이승규		0	0	0	0
0	0	0	0		김혁진	8			22	황규범		0	0	0	0
0	0	0	0		배신영	13	대기	대기	31	홍순학	후9	1(1)	0	0	0
0	0	1	1(1)	후21	임성택	30			9	서형승	후33	0	0	0	0
0	0	0	0	후41	박종찬	11			13	박성호		0	0	0	0
0	2	16	11(10)			0			0			11(3)	13	2	0

●전반 40분 자파 PA 정면 내 R-ST-G (득점: 자파) 왼쪽
●후반 3분 자파 PK-R-G (득점: 자파) 오른쪽

5월 05일 14 : 00 맑음 안산 와스타디움 관중 6,187명
주심_ 매호영 부심_ 강동호·양재용 대기심_ 박병진 감독관_ 강창구

안산 0 0 전반 0 / 0 후반 3 **3 상주**

퇴장	경고	파울	ST(유)	교체	선수명	배번	위치	위치	배번	선수명	교체	ST(유)	파울	경고	퇴장
0	0	0	0		전 태 현	1	GK	GK	1	김 근 배		0	0	0	0
0	0	1	0	29	박 희 철	25	DF	DF	3	박 진 포		0	1	0	0
0	0	1	1		신 형 민	4	DF	DF	6	여 성 해		2(1)	3	0	0
0	0	1	0		안 재 준	5	DF	DF	22	곽 광 선		1	0	0	0
0	0	1	0		신 광 훈	17	DF	DF	23	최 종 환		0	1	0	0
0	0	1	0		송 창 호	30	MF	MF	11	임 상 협	26	2	1	0	0
0	0	1	0	6	이 재 권	9	MF	MF	14	권 순 형		2	1	0	0
0	0	1	3(1)		박 희 도	14	MF	MF	16	최 현 태	5	1	0	0	0
0	0	1	3(1)		고 경 민	11	MF	MF	29	배 일 환	25	3	3	0	0
0	0	1	1(1)	15	박 종 진	16	MF	FW	18	이 정 협		2(2)	2	0	0
0	1	1	0		서 동 현	20	FW	FW	20	한 상 운		2(2)	0	0	0
0	0	0	0		이 진 형	21			41	윤 평 국		0	0	0	0
0	0	0	0		한 덕 희	27			89	최 호 정		0	0	0	0
0	0	0	0		좌 준 협	28			5	김 성 환	후33	0	0	0	0
0	0	0	0	후15	박 현 범	15	대기	대기	28	이 후 권		0	0	0	0
0	0	0	0		조 재 철	8			17	황 일 수		0	0	0	0
0	1	1	1	후0	정 혁	6			25	박 기 동	후23	3(3)	0	0	0
0	0	0	1	후33	한 홍 규	29			26	김 도 엽	후17	2(2)	1	0	0
0	2	11	10(3)			0			0			20(10)	13	0	0

- 후반 4분 배일환 (대기) HL 정면 ~ 한상운 MF 정면 L-ST-G (득점: 한상운, 도움: 배일환 (대기)) 왼쪽
- 후반 24분 한상운 PAR ~ 박기동 PAR 내 L-ST-G (득점: 박기동, 도움: 한상운) 오른쪽
- 후반 48분 김도엽 PAL 내 R-ST-G (득점: 김도엽) 오른쪽

5월 10일 14 : 00 맑음 거제 공설 광중 4,058명
주심_ 박진호 부심_ 강동호·박인선 대기심_ 임정수 감독관_ 전인석

경남 2 2 전반 1 / 0 후반 2 **3 서울E**

퇴장	경고	파울	ST(유)	교체	선수명	배번	위치	위치	배번	선수명	교체	ST(유)	파울	경고	퇴장
0	0	0	0		손 정 현	31	GK	GK	1	김 영 광		0	0	0	0
0	0	1	0		전 상 훈	12	MF	DF	17	오 창 현	9	0	0	0	0
0	0	0	0		박 지 수	28	MF	DF	8	윤 성 열		0	1	0	0
0	0	1	0		최 성 환	6	DF	DF	14	황 도 연		0	0	0	0
0	0	0	2(2)		우 주 성	15	DF	DF	5	칼라일미첼		0	1	0	0
0	1	5	4(4)	10	이 호 석	4	MF	MF	4	조 원 희		2(1)	1	0	0
0	0	1	2(2)		진 경 선	7	MF	MF	28	신 일 수	26	0	3	1	0
0	0	0	1		이 상 현	27	DF	MF	7	김 재 성		2	0	0	0
0	1	3	0	23	한 의 권	22	FW	FW	19	이 재 안		1	0	0	0
0	0	0	0	17	임 창 균	19	MF	FW	11	타라바이	21	3(1)	4	1	0
0	0	1	4(4)		김 영 욱	18	FW	FW	18	주 민 규		3(1)	2	1	0
0	0	0	0		김 교 빈	1			41	김 현 성		0	0	0	0
0	0	0	0		최 성 민	2			6	이 정 필		0	0	0	0
0	0	0	0		김 준 엽	3			15	조 향 기		0	0	0	0
0	0	0	0		정 현 철	20	대기	대기	26	김 창 욱	후0	0	1	0	0
0	1	1	0	후8	고 대 서	23			21	김 성 주	후48	0	0	0	0
0	0	1	0	후26	송 수 영	10			10	보 비		0	0	0	0
0	0	0	0	전37	정 성 민	17			9	라이언존슨	후20	0	0	0	0
0	3	14	13(12)			0			0			11(3)	13	3	0

- 전반 7분 임창균 C.KR ↷ 우주성 GAR 내 H-ST-G (득점: 우주성, 도움: 임창균) 오른쪽
- 전반 42분 한의권 PAR 내 EL ~ 김영욱 GAL R-ST-G (득점: 김영욱, 도움: 한의권) 오른쪽

- 전반 5분 조원희 PA 정면 R-ST-G (득점: 조원희) 왼쪽
- 후반 28분 김재성 MF 정면 → 주민규 PA 정면 R-ST-G (득점: 주민규, 도움: 김재성) 왼쪽
- 후반 37분 김재성 MFR FK ↷ 타라바이 GA 정면 H-ST-G (득점: 타라바이, 도움: 김재성) 오른쪽

5월 09일 14 : 00 맑음 상주 시민 관중 1,067명
주심_ 박병진 부심_ 양병은·송봉근 대기심_ 서동진 감독관_ 김용세

상주 0 0 전반 1 / 0 후반 1 **2 대구**

퇴장	경고	파울	ST(유)	교체	선수명	배번	위치	위치	배번	선수명	교체	ST(유)	파울	경고	퇴장
0	0	0	0		김 근 배	1	GK	GK	21	조 현 우		0	0	0	0
0	0	0	0		이 용	2	DF	DF	5	박 성 용		0	2	0	0
0	0	2	0		박 진 포	3	DF	DF	8	허 재 원		0	1	0	0
0	0	1	0		여 성 해	6	DF	DF	20	이 원 재		1	1	0	0
0	1	1	0		곽 광 선	22	DF	MF	16	김 동 진		0	1	1	0
0	0	0	1	11	김 성 환	5	MF	MF	29	류 재 문		1	1	0	0
0	0	0	1		권 순 형	14	MF	MF	88	세르징요	14	0	1	0	0
0	1	1	1	16	최 종 환	23	MF	MF	11	레 오		0	3	2	0
0	0	0	0		배 일 환	29	MF	FW	9	장 백 규	19	1	0	0	0
0	0	1	3(1)		이 정 협	18	FW	FW	28	에 델	17	2(1)	3	0	0
0	0	2	1(1)	25	한 상 운	20	FW	FW	7	조 나 탄		3(2)	1	0	0
0	0	0	0		양 동 원	31			1	이 양 종		0	0	0	0
0	0	0	0		박 경 익	27			6	문 진 용		0	0	0	0
0	0	0	0		최 호 정	89			3	감 한 솔		0	0	0	0
0	0	0	1	후0	임 상 협	11	대기	대기	14	문 기 한	후8	0	1	0	0
0	0	1	0	후25	최 현 태	16			19	신 창 무	후39	0	0	0	0
0	1	2	1(1)	후6	박 기 동	25			18	김 진 혁		0	0	0	0
0	0	0	0		김 도 엽	26			17	노 병 준	후12	0	0	0	0
0	3	11	9(3)			0			0			8(3)	15	3	0

- 전반 22분 장백규 PAR TL FK ↷ 조나탄 GA 정면 H-ST-G (득점: 조나탄, 도움: 장백규) 왼쪽
- 후반 32분 조나탄 GAL 내 L-ST-G (득점: 조나탄) 왼쪽

5월 13일 19 : 00 맑음 안산 와스타디움 관중 667명
주심_ 박영록 부심_ 박상준·김계용 대기심_ 박진호 감독관_ 김정식

안산 1 0 전반 1 / 1 후반 0 **1 대구**

퇴장	경고	파울	ST(유)	교체	선수명	배번	위치	위치	배번	선수명	교체	ST(유)	파울	경고	퇴장
0	1	0	0		이 진 형	21	GK	GK	21	조 현 우		0	0	0	0
0	0	0	0		송 창 호	30	DF	DF	5	박 성 용		0	2	0	0
0	0	1	2(2)		배 승 진	2	DF	DF	8	허 재 원		1(1)	1	0	0
0	1	3	0		안 재 준	5	DF	DF	20	이 원 재		0	0	0	0
0	0	5	0		신 광 훈	17	DF	MF	16	김 동 진		3(1)	3	1	0
0	0	1	1(1)		신 형 민	4	MF	MF	29	류 재 문		2	2	0	0
0	1	2	1(1)	7	정 혁	6	MF	MF	88	세르징요	14	0	8	1	0
0	0	1	3(2)		고 경 민	11	MF	MF	22	이 준 희		0	2	1	0
0	0	1	0	16	한 덕 희	27	MF	FW	9	장 백 규		2(2)	1	0	0
0	0	1	1(1)		박 희 도	14	FW	FW	28	에 델	17	1	2	0	0
0	0	1	2(1)		서 동 현	20	FW	FW	7	조 나 탄		1	1	0	0
0	0	0	0		전 태 현	1			1	이 양 종		0	0	0	0
0	0	3	0	후9	이 용 래	7			6	문 진 용		0	0	0	0
0	0	0	0		조 재 철	8			3	감 한 솔		0	0	0	0
0	0	0	0		박 현 범	15	대기	대기	14	문 기 한	후13	0	0	1	0
0	0	0	2	후9	박 종 진	16			19	신 창 무		0	0	0	0
0	0	0	0		박 희 철	25			18	김 진 혁		0	0	0	0
0	0	0	0		좌 준 협	28			17	노 병 준	후24	2(2)	0	0	0
0	3	19	12(8)			0			0			12(6)	22	4	0

- 후반 34분 서동현 GA 정면 R-ST-G (득점: 서동현) 왼쪽

- 전반 46분 장백규 C.KL ↷ 허재원 GA 정면 H-ST-G (득점: 허재원, 도움: 장백규) 오른쪽

5월 10일 16 : 00 맑음 부천 종합 관중 1,592명
주심_ 김영수 부심_ 서무희·김경민 대기심_ 김희곤 감독관_ 한병화

부천 0 0 전반 0 / 0 후반 1 **1 안산**

퇴장	경고	파울	ST(유)	교체	선수명	배번	위치	위치	배번	선수명	교체	ST(유)	파울	경고	퇴장
0	0	0	0		류원우	1	GK	GK	21	이진형		0	0	0	0
0	0	1	1(1)		전광환	2	DF	DF	25	박희철		0	1	1	0
0	0	1	1		최병도	5	DF	DF	2	배승진		0	0	0	0
0	0	0	0		강지용	6	DF	DF	5	안재준		0	2	0	0
0	0	2	0		이학민	14	DF	DF	17	신광훈		1(1)	3	1	0
0	1	3	0	10	송원재	8	MF	MF	30	송창호		0	0	1	0
0	0	1	2		이현승	88	MF	MF	4	신형민		0	2	0	0
0	0	1	1(1)	15	공민현	9	FW	MF	14	박희도	6	1(1)	1	0	0
0	0	1	3(2)		호드리고	11	FW	MF	8	조재철	16	3(3)	2	0	0
0	0	1	0		김륜도	20	MF	MF	27	한덕희	11	1	2	0	0
0	0	4	1	16	알미르	99	FW	FW	20	서동현		2	4	0	0
0	0	0	0		이기현	18			1	전태현		0	0	0	0
0	0	0	0		박재홍	3			16	박종진	후19	0	0	0	0
0	0	0	0		주광선	7			28	좌준협		0	0	0	0
0	0	0	0		유대현	22	대기	대기	15	박현범		0	0	0	0
0	0	0	3(1)	후17	이민우	10			22	유호준		0	0	0	0
0	0	0	2(1)	후10	박용준	15			6	정 혁	후41	0	0	0	0
0	0	0	0	후30	황신영	16			11	고경민	후19	1	0	0	0
0	1	15	14(6)			0			0			9(5)	17	3	0

● 후반 8분 서동현 GAL ~ 박희도 PK 좌측지점 R-ST-G (득점: 박희도, 도움: 서동현) 오른쪽

5월 13일 19 : 30 흐림 잠실 관중 1,478명
주심_ 서동진 부심_ 양병은·서무희 대기심_ 김영수 감독관_ 김용세

서울E 2 1 전반 1 / 1 후반 3 **4 강원**

퇴장	경고	파울	ST(유)	교체	선수명	배번	위치	위치	배번	선수명	교체	ST(유)	파울	경고	퇴장
0	0	0	0		김영광	1	GK	GK	23	강성관		0	0	0	0
0	0	1	0	9	오창현	17	DF	DF	3	이재훈		0	0	1	0
0	0	0	0		윤성열	8	DF	DF	20	김오규		0	1	0	0
0	0	1	0		황도연	14	DF	DF	25	김용진	6	0	2	0	0
0	0	0	2		칼라일미첼	5	DF	DF	77	백종환	14	1(1)	0	0	0
0	1	2	1		조원희	4	MF	MF	16	한석종		1(1)	1	1	0
0	0	0	1	10	신일수	28	MF	MF	57	김윤호	11	2(1)	3	0	0
0	0	3	1(1)		김재성	7	MF	MF	7	장혁진		1	2	0	0
0	0	0	0	21	이재안	19	FW	FW	15	신영준		3(1)	1	0	0
0	0	1	7(5)		타라바이	11	FW	FW	9	최승인		4(4)	0	0	0
0	0	2	4(3)		주민규	18	FW	FW	10	최진호		2(2)	0	0	0
0	0	0	0		김현성	41			1	황교충		0	0	0	0
0	0	0	0		조향기	15			6	박용호	후24	0	0	0	0
0	0	0	0		양기훈	20			18	이동재		0	0	0	0
0	0	0	0		김창욱	26	대기	대기	12	벨루소		0	0	0	0
0	0	0	2(1)	후6	김성주	21			11	서보민	후17	1(1)	0	0	0
0	0	0	1	후27	보 비	10			19	김동기		0	0	0	0
0	0	0	2(1)	후13	라이언존슨	9			14	전병수	후44	0	1	0	0
0	1	10	21(11)			0			0			15(11	11	2	0

● 전반 46분 타라바이 GA 정면 H-ST-G (득점: 타라바이) 왼쪽
● 후반 49분 김영근 MF 정면 ~ 주민규 AK 내 R-ST-G (득점: 주민규, 도움: 김영근) 왼쪽

● 전반 29분 장혁진 PAR 내 ~ 김윤호 PK 우측지점 R-ST-G (득점: 김윤호, 도움: 장혁진) 오른쪽
● 후반 4분 신영준 C.KR ~ 한석종 GA 정면 R-ST-G (득점: 한석종, 도움: 신영준) 오른쪽
● 후반 10분 백종환 MF 정면 L-ST-G (득점: 백종환) 오른쪽
● 후반 21분 서보민 PAL ~ 최승인 GAL L-ST-G (득점: 최승인, 도움: 서보민) 왼쪽

5월 13일 19 : 00 맑음 창원 축구센터 관중 1,688명
주심_ 임정수 부심_ 지승민·김경민 대기심_ 정동식 감독관_ 김형남

경남 0 0 전반 0 / 0 후반 1 **1 충주**

퇴장	경고	파울	ST(유)	교체	선수명	배번	위치	위치	배번	선수명	교체	ST(유)	파울	경고	퇴장
0	0	0	0		손정현	31	GK	GK	1	황성민		0	0	0	0
0	0	0	1		김봉진	25	MF	DF	11	박요한		0	1	0	0
0	0	0	2		우주성	15	DF	DF	5	노형구		0	1	0	0
0	0	0	0		최성환	6	DF	DF	20	이용기		0	0	0	0
0	0	0	1(1)	12	최성민	2	MF	DF	16	김용찬	7	0	0	0	0
0	0	0	0		진경선	7	MF	MF	21	오승범		1	0	0	0
0	0	0	0	27	정현철	20	DF	MF	3	이현창		0	0	0	0
0	0	3	0		김준엽	3	MF	MF	35	김병오		1	2	0	0
0	0	2	3	17	송수영	10	MF	MF	28	김정훈	17	0	0	0	0
0	0	2	4(3)		김영욱	18	FW	FW	99	조석재		1	1	0	0
0	0	0	2		한의권	22	FW	FW	27	마르싱유	4	0	3	0	0
0	0	0	0		최봉진	21			13	박청효		0	0	0	0
0	0	0	0	후0	이상현	27			18	황수남		0	0	0	0
0	0	0	0		박지수	28			7	최승호	후5	1(1)	0	0	0
0	0	0	0	후26	전상훈	12	대기	대기	4	엄진태	후40	0	0	0	0
0	0	0	0		고대서	23			17	심진의	후28	0	0	0	0
0	0	0	0		신학영	13			10	박지민		0	0	0	0
0	0	0	1	후13	정성민	17			30	양상준		0	0	0	0
0	0	7	14(4)			0			0			4(1)	8	0	0

● 후반 31분 최승호 MFL L-ST-G (득점: 최승호) 오른쪽

5월 13일 19 : 00 맑음 안양 종합 관중 1,313명
주심_ 매호영 부심_ 박인선·양재용 대기심_ 박병진 감독관_ 김수현

안양 1 0 전반 0 / 1 후반 1 **1 부천**

퇴장	경고	파울	ST(유)	교체	선수명	배번	위치	위치	배번	선수명	교체	ST(유)	파울	경고	퇴장
0	0	0	0		최필수	21	GK	GK	1	류원우		0	0	0	0
0	0	0	1(1)		베 리	29	DF	DF	2	전광환		0	0	0	0
0	1	0	0		가솔현	3	DF	DF	5	최병도		1(1)	1	0	0
0	0	0	0		김태봉	22	DF	DF	6	강지용		0	2	0	0
0	0	0	0		구대영	90	DF	DF	14	이학민		0	1	0	0
0	0	1	1(1)		최진수	8	MF	MF	8	송원재	13	0	4	0	0
0	0	0	0	16	김종성	6	MF	MF	88	이현승		1(1)	2	0	0
0	0	3	2		김선민	17	MF	FW	11	호드리고	3	1(1)	2	0	0
0	0	1	1	5	박승렬	14	FW	FW	15	박용준	9	0	0	0	0
0	0	2	0		조성준	7	FW	MF	20	김륜도		0	4	0	0
0	0	3	3(2)	35	이효균	28	FW	FW	99	알미르		0	2	0	0
0	0	0	0		김선규	31			18	이기현		0	0	0	0
0	0	0	0	후38	유종현	35			3	박재홍	후39	0	0	0	0
0	0	0	0		백동규	30			7	주광선		0	0	0	0
0	0	0	0	후13	안동혁	5	대기	대기	13	김영남	후30	0	1	0	0
0	0	0	0		박태수	15			22	유대현		0	0	0	0
0	0	0	1(1)	후31	주현재	16			9	공민현	후0	2(1)	2	0	0
0	0	0	0		김대한	13			10	이민우		0	0	0	0
0	1	10	9(5)			0			0			5(4)	21	0	0

● 후반 45분 안동혁 PK지점 ~ 주현재 GAL L-ST-G (득점: 주현재, 도움: 안동혁) 오른쪽

● 후반 28분 이현승 MFL FK R-ST-G (득점: 이현승) 오른쪽

5월 13일 20 : 00 흐림 고양종합 관중 357명
주심_ 임원택 부심_ 강동호·장종필 대기심_ 김우성 감독관_ 전인석

고양 0 　0 전반 1 / 0 후반 4　 **5 상주**

퇴장	경고	파울	ST(유)	교체	선수명	배번	위치	위치	배번	선수명	교체	ST(유)	파울	경고	퇴장
0	0	0	0		강진웅	1	GK	GK	1	김근배		0	0	0	0
0	0	0	0		이상돈	12	DF	DF	2	이 용		1(1)	0	0	0
0	0	0	0		하인호	14	DF	DF	3	박진포		0	2	0	0
0	0	1	0	17	오주호	5	DF	DF	22	곽광선		0	0	0	0
0	0	3	0	22	안현식	26	DF	DF	89	최호정		0	0	0	0
0	0	1	0		안동은	6	MF	MF	5	김성환	14	1(1)	2	0	0
0	1	3	2		이도성	7	MF	MF	11	임상협		2(2)	0	0	0
0	0	2	1		박정훈	11	MF	MF	16	최현태		1(1)	1	0	0
0	0	2	0	10	진창수	16	MF	MF	17	황일수		1(1)	2	0	0
0	0	0	1		오기재	20	FW	FW	15	이창훈	29	0	1	0	0
0	0	4	1(1)		김유성	24	FW	FW	25	박기동	20	2(1)	1	1	0
0	0	0	0		이승규	21			31	양동원		0	0	0	0
0	1	2	0	후16	황규범	22			23	최종환		0	0	0	0
0	0	0	1(1)	후25	김지웅	10	대기	대기	44	김경민		0	0	0	0
0	0	0	0		서형승	9			14	권순형	후24	1(1)	0	0	0
0	0	3	1	후0	이광재	17			29	배일환	후0	2(1)	1	0	0
0	2	21	7(2)			0			0			11(9)	10	1	0

● 전반 43분 김성환 PK-R-G (득점: 김성환) 왼쪽
● 후반 7분 임상협 GA 정면 → 박기동 GA 정면 R-ST-G (득점: 박기동, 도움: 임상협) 오른쪽
● 후반 30분 황일수 PAR ~ 배일환 GAL 내 L-ST-G (득점: 배일환, 도움: 황일수) 왼쪽
● 후반 43분 한상운 PAR FK L-ST-G (득점: 한상운) 왼쪽
● 후반 47분 임상협 GAL H-ST-G (득점: 임상협) 오른쪽

5월 16일 18 : 00 맑음 잠실 관중 1,638명
주심_ 정동식 부심_ 김영하·박상준 대기심_ 박영록 감독관_ 김정식

서울E 4 　1 전반 0 / 3 후반 0　 **0 충주**

퇴장	경고	파울	ST(유)	교체	선수명	배번	위치	위치	배번	선수명	교체	ST(유)	파울	경고	퇴장
0	0	0	0		김영광	1	GK	GK	1	황성민		0	0	0	0
0	0	0	0		김재성	7	DF	DF	11	박요한		0	0	0	0
0	0	1	1(1)		윤성열	8	DF	DF	5	노형구		0	1	0	0
0	0	2	0		황도연	14	DF	DF	20	이용기		0	1	1	0
0	0	0	0	20	칼라일미첼	5	DF	DF	3	이현창		3	0	0	0
0	0	0	1		조원희	4	MF	MF	21	오승범		0	2	0	0
0	1	1	1(1)		김성주	21	MF	MF	7	최승호		1	1	0	0
0	0	1	2		김창욱	26	MF	MF	19	임진욱	17	0	0	0	0
0	0	3	1(1)		보 비	10	FW	MF	28	김정훈	35	1	0	0	0
0	0	4	3(3)		타라바이	11	FW	FW	99	조석재	10	1	1	1	0
0	0	3	3(2)	9	주민규	18	FW	FW	27	마르싱유		3(1)	1	0	0
0	0	0	0		김현성	41			13	박청효		0	0	0	0
0	0	0	0		전민광	22			18	황수남		0	0	0	0
0	0	0	0		이정필	6			35	김병오	전45	0	0	0	0
0	0	0	0	전26	양기훈	20	대기	대기	4	엄진태		0	0	0	0
0	0	0	0		이재안	19			17	심진의	후10	0	0	0	0
0	0	0	0		최오백	23			10	박지민	후17	2	0	0	0
0	0	0	0	후35	라이언존슨	9			30	양상준		0	0	0	0
0	1	15	12(8)			0			0			11(1)	7	2	0

● 전반 34분 김영근 PAL 내 ↷ 주민규 GAR H-ST-G (득점: 주민규, 도움: 김영근) 왼쪽
● 후반 3분 김영근 GAL ~ 타라바이 GA 정면 내 R-ST-G (득점: 타라바이, 도움: 김영근) 왼쪽
● 후반 8분 노형구 GAR L자책골 (득점: 노형구) 오른쪽
● 후반 12분 타라바이 PK-R-G (득점: 타라바이) 오른쪽

5월 16일 16 : 00 맑음 안산 와스타디움 관중 1,163명
주심_ 박병진 부심_ 양병은·송봉근 대기심_ 매호영 감독관_ 김수현

안산 1 　0 전반 0 / 1 후반 1　 **1 고양**

퇴장	경고	파울	ST(유)	교체	선수명	배번	위치	위치	배번	선수명	교체	ST(유)	파울	경고	퇴장
0	0	0	0		이진형	21	GK	GK	1	강진웅		0	0	0	0
0	0	4	0	28	박희철	25	DF	DF	14	하인호		0	2	0	0
0	0	1	0		배승진	2	DF	DF	22	황규범		0	5	0	0
0	0	1	0		안재준	5	DF	DF	5	오주호		1	2	0	0
0	0	1	0		신광훈	17	DF	DF	6	안동은		0	2	0	0
0	0	0	0		신형민	4	MF	MF	7	이도성		0	0	0	0
0	0	0	0	10	송창호	30	MF	MF	8	김준태		1	0	0	0
0	0	1	2(1)		조재철	8	MF	MF	11	박정훈	17	3(2)	1	0	0
0	0	2	0		이용래	7	MF	MF	16	진창수	9	2(1)	1	0	0
0	1	0	1	14	한덕희	27	MF	FW	20	오기재		0	0	0	0
0	0	2	3(2)		서동현	20	FW	FW	24	김유성	10	2	3	0	0
0	0	0	0		전태현	1			23	여명용		0	0	0	0
0	0	0	0		최영준	26			3	김성식		0	0	0	0
0	0	0	0		박현범	15			12	이상돈		0	0	0	0
0	0	0	0	후24	좌준협	28	대기	대기	31	홍순학		0	0	0	0
0	0	0	0		유호준	22			9	서형승	후41	0	0	0	0
0	0	3	0	후36	윤준하	10			10	김지웅	후23	0	0	0	0
0	0	1	1(1)	후7	박희도	14			17	이광재	후31	1(1)	2	0	0
0	1	16	7(4)			0			0			10(4)	18	0	0

● 후반 36분 조재철 AK 정면 ~ 서동현 GAL L-ST-G (득점: 서동현, 도움: 조재철) 오른쪽
● 후반 32분 김지웅 PAR ~ 이광재 GAL 내 EL L-ST-G (득점: 이광재, 도움: 김지웅) 왼쪽

5월 17일 14 : 00 맑음 상주 시민 관중 976명
주심_ 박진호 부심_ 서무희·김경민 대기심_ 서동진 감독관_ 김형남

상주 3 　2 전반 1 / 1 후반 1　 **2 안양**

퇴장	경고	파울	ST(유)	교체	선수명	배번	위치	위치	배번	선수명	교체	ST(유)	파울	경고	퇴장
0	0	0	0		김근배	1	GK	GK	21	최필수		0	0	0	0
0	0	0	0		박진포	3	DF	DF	29	베 리		0	3	1	0
0	1	1	0		곽광선	22	DF	DF	3	가솔현		0	1	0	0
0	0	0	0		최종환	23	DF	DF	22	김태봉		0	0	0	0
0	0	1	0		최호정	89	DF	DF	90	구대영		0	2	0	0
0	0	0	2(1)		임상협	11	MF	MF	8	최진수	42	0	0	0	0
0	0	1	1(1)	4	권순형	14	MF	MF	6	김종성		0	1	0	0
0	0	1	1(1)		최현태	16	MF	FW	7	조성준	17	0	0	0	0
0	0	0	2(1)	25	황일수	17	MF	MF	16	주현재	5	2(1)	0	0	0
0	0	0	4(2)		이정협	18	FW	FW	11	안성빈		3(1)	5	0	0
0	0	1	2	15	배일환	29	FW	FW	19	고경민		3(2)	0	0	0
0	0	0	0		윤평국	41			31	김선규		0	0	0	0
0	0	0	0	후35	강민수	4			35	유종현		0	0	0	0
0	0	0	0		한상운	20			30	백동규		0	0	0	0
0	0	0	0		이후권	28	대기	대기	5	안동혁	후34	0	0	0	0
0	0	0	0	후26	이창훈	15			17	김선민	후26	1	0	0	0
0	0	1	0	후0	박기동	25			42	정재용	전41	2	2	0	0
0	0	0	0		김도엽	26			28	이효균		0	0	0	0
0	1	6	12(6)			0			0			11(4)	14	1	0

● 전반 19분 최현태 GAL ~ 이정협 GA 정면 R-ST-G (득점: 이정협, 도움: 최현태) 오른쪽
● 전반 46분 권순형 PAR FK ~ 최현태 AK 정면 R-ST-G (득점: 최현태, 도움: 권순형) 오른쪽
● 후반 28분 권순형 PK-R-G (득점: 권순형) 가운데
● 전반 9분 안성빈 PAR ~ 고경민 GA 정면 R-ST-G (득점: 고경민, 도움: 안성빈) 왼쪽
● 후반 14분 주현재 PAL ↷ 고경민 GAR 내 H-ST-G (득점: 고경민, 도움: 주현재) 왼쪽

5월 17일 16 : 00 맑음 대구 스타디움 관중 1,355명
주심_ 김우성 부심_ 지승민·박인선 대기심_ 임정수 감독관_ 전인석

대구 1 　 1 전반 3 / 0 후반 1 　 **4 수원FC**

퇴장	경고	파울	ST(유)	교체	선수명	배번	위치	위치	배번	선수명	교체	ST(유)	파울	경고	퇴장
0	0	0	0		조현우	21	GK	GK	21	이인수		0	0	0	0
0	0	1	1	17	박성용	5	DF	DF	5	블라단		0	1	1	0
0	0	0	0		허재원	8	DF	DF	14	이준호		1	1	0	0
0	1	2	0		이원재	20	DF	DF	17	김창훈		1	0	0	0
0	1	4	0		이준희	22	MF	MF	7	김서준		4(2)	2	0	0
0	0	2	0		류재문	29	MF	MF	13	배신영	36	3(1)	0	0	0
0	0	1	1(1)	14	세르징요	88	MF	DF	15	김정빈		0	0	1	0
0	0	0	1		레오	11	MF	FW	16	권용현		1(1)	1	0	0
0	0	0	4(2)		장백규	9	FW	FW	30	임성택	24	0	1	0	0
0	0	1	2	10	에델	28	MF	MF	37	이관표	2	1(1)	2	1	0
0	0	3	6(4)		조나탄	7	FW	FW	9	자파		3(3)	0	0	0
0	0	0	0		이양종	1			23	박형순		0	0	0	0
0	0	0	0		문진용	6			2	임하람	후13	0	0	0	0
0	0	0	0		감한솔	3			8	김혁진		0	0	0	0
0	1	2	2(1)	전42	문기한	14	대기	대기	24	김부관	후37	1	0	0	0
0	0	1	0	후18	황순민	10			36	김종우	후40	1(1)	0	0	0
0	0	0	0		신창무	19			18	정민우		0	0	0	0
0	0	0	1	후0	노병준	17			33	정기운		0	0	0	0
0	3	17	18(8)			0			0			16(9)	8	3	0

- ●전반 32분 조나탄 PK 우측지점 R-ST-G (득점: 조나탄) 가운데
- ●전반 18분 김서준 MFL TL FK ↷ 자파 GA 정면 내 H-ST-G (득점: 자파, 도움: 김서준) 가운데
- ●전반 23분 권용현 GAR ~ 배신영 GA 정면 내 L-ST-G (득점: 배신영, 도움: 권용현) 가운데
- ●전반 35분 권용현 PK지점 백패스~ 자파 GAR EL R-ST-G (득점: 자파, 도움: 권용현) 오른쪽
- ●후반 22분 임성택 PAL 내 ~ 김서준 PAL R-ST-G (득점: 김서준, 도움: 임성택) 오른쪽

5월 18일 19 : 00 맑음 속초 종합 관중 732명
주심_ 김영수 부심_ 강동호·김계용 대기심_ 임원택 감독관_ 김진의

강원 0 　 0 전반 0 / 0 후반 1 　 **1 경남**

퇴장	경고	파울	ST(유)	교체	선수명	배번	위치	위치	배번	선수명	교체	ST(유)	파울	경고	퇴장
0	0	0	0		강성관	23	GK	GK	31	손정현		0	0	0	0
0	0	2	1(1)		김오규	20	DF	DF	5	배효성		0	1	0	0
0	0	1	1		이한샘	33	DF	DF	6	최성환	28	0	0	0	0
0	0	0	0	6	김용진	25	DF	DF	12	전상훈		1	0	0	0
0	0	3	0		백종환	77	DF	DF	15	우주성		0	0	0	0
0	0	2	0		한석종	16	MF	MF	3	김준엽		2	3	0	0
0	0	2	2		장혁진	7	MF	MF	4	이호석		1(1)	2	0	0
0	1	2	0	11	김윤호	57	MF	MF	7	진경선		1(1)	4	0	0
0	0	0	4(2)		신영준	15	FW	FW	9	스토야노비치		2(2)	3	0	0
0	0	1	1		최승인	9	FW	FW	10	송수영	18	0	1	0	0
0	0	0	1	12	최진호	10	FW	FW	19	임창균	20	1	0	0	0
0	0	0	0		황교충	1			1	김교빈		0	0	0	0
0	0	1	0	후33	박용호	6			27	이상현		0	0	0	0
0	0	0	0		이동재	18			28	박지수	후35	0	0	0	0
0	0	0	0		정찬일	17	대기	대기	13	신학영		0	0	0	0
0	0	0	0		이한음	22			20	정현철	후32	0	1	0	0
0	0	0	1(1)	후29	서보민	11			23	고대서		0	0	0	0
0	0	0	1(1)	후22	벨루소	12			18	김영욱	후0	1	1	0	0
0	1	14	12(5)			0			0			9(4)	16	0	0

- ●후반 35분 김준엽 MFR ~ 이호석 MFL L-ST-G (득점: 이호석, 도움: 김준엽) 왼쪽

5월 23일 14 : 00 맑음 부천 종합 관중 1,674명
주심_ 임원택 부심_ 박상준·송봉근 대기심_ 박진호 감독관_ 한진원

부천 1 　 1 전반 1 / 0 후반 1 　 **2 경남**

퇴장	경고	파울	ST(유)	교체	선수명	배번	위치	위치	배번	선수명	교체	ST(유)	파울	경고	퇴장
0	0	0	0		류원우	1	GK	GK	31	손정현		0	0	0	0
0	0	0	1(1)		전광환	2	DF	DF	5	배효성		0	1	0	0
0	0	0	1(1)		최병도	5	DF	DF	6	최성환		0	3	0	0
0	0	1	0		강지용	6	DF	DF	12	전상훈	28	0	0	0	0
0	0	0	1		이학민	14	DF	DF	15	우주성		2	1	1	0
0	2	1	3(1)		김영남	13	MF	FW	3	김준엽		2(1)	2	0	0
0	0	2	2(1)	7	이현승	88	MF	FW	4	이호석	27	2	1	0	0
0	0	0	1	10	호드리고	11	FW	MF	7	진경선		0	0	0	0
0	0	2	0	9	박용준	15	FW	MF	23	고대서	20	1(1)	2	0	0
0	0	0	0		김륜도	20	MF	FW	9	스토야노비치		5(4)	1	0	0
0	0	0	3(1)		알미르	99	FW	MF	19	임창균		0	0	0	0
0	0	0	0		이기현	18			21	최봉진		0	0	0	0
0	0	0	0		정홍연	55			27	이상현	후36	0	0	0	0
0	0	0	0	후40	주광선	7			24	최인후		0	0	0	0
0	0	0	0		유대현	22	대기	대기	28	박지수	후4	0	0	0	0
0	0	1	3	후23	이민우	10			20	정현철	후0	0	4	1	0
0	0	1	0	후0	공민현	9			10	송수영		0	0	0	0
0	0	0	0		유준영	19			18	김영욱		0	0	0	0
0	2	8	15(5)			0			0			12(6)	15	2	0

- ●전반 11분 이현승 AK 정면 FK R-ST-G (득점: 이현승) 왼쪽
- ●전반 38분 스토야노비치 PK-R-G (득점: 스토야노비치) 왼쪽
- ●후반 15분 임창균 C.KL ↷ 스토야노비치 GAL 내 H-ST-G (득점: 스토야노비치, 도움: 임창균) 오른쪽

5월 23일 16 : 00 맑음 충주 종합 관중 2,230명
주심_ 서동진 부심_ 강동호·김계용 대기심_ 김영수 감독관_ 하재훈

충주 3 　 1 전반 2 / 2 후반 1 　 **3 상주**

퇴장	경고	파울	ST(유)	교체	선수명	배번	위치	위치	배번	선수명	교체	ST(유)	파울	경고	퇴장
0	1	0	0		황성민	1	GK	GK	1	김근배		0	0	0	0
0	1	0	0		박요한	11	DF	DF	2	이용		1(1)	1	0	0
0	0	2	0	18	노형구	5	DF	DF	3	박진포		1(1)	2	0	0
0	0	1	0		이용기	20	DF	DF	22	곽광선		0	1	0	0
0	0	1	0		이현창	3	DF	DF	89	최호정		1	0	0	0
0	0	0	1		오승범	21	MF	MF	11	임상협	29	1(1)	0	0	0
0	0	1	1		최승호	7	MF	MF	14	권순형		2(1)	0	0	0
0	0	2	0	27	엄진태	4	MF	MF	15	이창훈	25	1	0	0	0
0	0	0	3(2)		김병오	35	FW	MF	16	최현태		0	3	0	0
0	0	4	1(1)	17	양상준	30	FW	FW	18	이정협		5(3)	1	0	0
0	0	2	3(2)		조석재	99	FW	FW	20	한상운	26	2	0	0	0
0	0	0	0		이영창	26			31	양동원		0	0	0	0
0	0	0	0	후7	황수남	18			4	강민수		0	0	0	0
0	0	0	0		정우재	2			23	최종환		0	0	0	0
0	0	0	0		김정훈	28	대기	대기	5	김성환		0	0	0	0
0	0	0	1(1)	후27	심진의	17			29	배일환	후22	0	1	0	0
0	0	1	0	전36	마르싱유	27			25	박기동	후17	1(1)	0	0	0
0	0	0	0		박지민	10			26	김도엽	후0	2(2)	1	0	0
0	2	14	10(6)			0			0			17(10)	10	0	0

- ●전반 43분 양상준 AKR ~ 김병오 AKR R-ST-G (득점: 김병오, 도움: 양상준) 왼쪽
- ●후반 14분 김병오 PAL 내 EL ~ 조석재 GA 정면 내 R-ST-G (득점: 조석재, 도움: 김병오) 오른쪽
- ●후반 29분 김병오 PAL 내 R-ST-G (득점: 김병오) 왼쪽
- ●전반 12분 이정협 GAL H ↷ 임상협 PK지점 R-ST-G (득점: 임상협, 도움: 이정협) 오른쪽
- ●전반 33분 이정협 PAL 내 ~ 권순형 AK 내 R-ST-G (득점: 권순형, 도움: 이정협) 오른쪽
- ●후반 31분 박진포 GA 정면 내 R-ST-G (득점: 박진포) 왼쪽

5월 23일 14 : 00 맑음 고양 종합 관중 1,611명
주심_ 박필준 부심_ 지승민 · 김경민 대기심_ 임정수 감독관_ 전인석

고양 2 1 전반 2 / 1 후반 2 **4 서울E**

퇴장	경고	파울	ST(유)	교체	선수명	배번	위치	위치	배번	선수명	교체	ST(유)	파울	경고	퇴장
0	0	0	0		강진웅	1	GK	GK	1	김영광		0	0	0	0
0	0	1	0	22	김성식	3	DF	DF	7	김재성		1(1)	1	0	0
0	1	3	0		안동은	6	DF	DF	8	윤성열		1(1)	0	0	0
0	0	0	1		이상돈	12	DF	DF	14	황도연		0	1	0	0
0	0	3	1		하인호	14	DF	DF	28	신일수		0	2	1	0
0	1	5	0		이도성	7	MF	MF	4	조원희		1(1)	3	0	0
0	0	2	0		김준태	8	MF	MF	21	김성주		3(3)	3	0	0
0	0	0	0	17	박정훈	11	MF	MF	26	김창욱		2(2)	1	0	0
0	0	2	2(2)		진창수	16	MF	FW	10	보비	23	1(1)	2	0	0
0	0	0	2		오기재	20	FW	FW	11	타라바이	22	1	2	0	0
0	0	1	1(1)		김유성	24	FW	FW	18	주민규	9	1(1)	0	0	0
0	0	0	0		여명용	23			41	김현성		0	0	0	0
0	0	0	0	後16	황규범	22			20	양기훈		0	0	0	0
0	0	0	0		홍순학	31	대기	대기	6	이정필		0	0	0	0
0	0	0	0		김지웅	10			19	이재안		0	0	0	0
0	0	0	1	後12	이광재	17			23	최오백	後34	0	0	0	0
0	2	17	8(3)			0			0			11(10)	15	1	0

- 전반 31분 오기재 PAR 내 ~ 김유성 PA 정면 내 R-ST-G (득점: 김유성, 도움: 오기재) 왼쪽
- 후반 42분 진창수 PK 우측지점 R-ST-G (득점: 진창수) 오른쪽
- 전반 26분 김재성 MFR FK↷ 주민규 GAR H-ST-G (득점: 주민규, 도움: 김재성) 왼쪽
- 전반 37분 조원희 MF 정면 L-ST-G (득점: 조원희) 오른쪽
- 후반 2분 주민규 MF 정면 ~ 김영근 MF 정면 L-ST-G (득점: 김영근, 도움: 주민규) 오른쪽
- 후반 10분 김영근 PAR L-ST-G (득점: 김영근) 왼쪽

5월 24일 18 : 00 맑음 안양 종합 관중 1,232명
주심_ 정동식 부심_ 김영하 · 장종필 대기심_ 김우성 감독관_ 강창구

안양 0 0 전반 1 / 0 후반 0 **1 안산**

퇴장	경고	파울	ST(유)	교체	선수명	배번	위치	위치	배번	선수명	교체	ST(유)	파울	경고	퇴장
0	0	0	0		최필수	21	GK	GK	21	이진형		0	0	0	0
0	0	1	1(1)		베리	29	DF	DF	30	송창호		1	0	0	0
0	1	1	0		가솔현	3	DF	DF	2	배승진		0	1	0	0
0	0	0	1		김태봉	22	DF	DF	5	안재준		0	1	0	0
0	0	0	0		구대영	90	DF	DF	28	좌준협	6	0	2	1	0
0	0	1	1		정재용	42	MF	MF	4	신형민		0	2	0	0
0	1	1	1(1)		김종성	6	MF	MF	27	한덕희	25	0	1	0	0
0	0	0	2	35	조성준	7	FW	MF	8	조재철	18	0	1	0	0
0	1	3	1(1)	5	주현재	16	MF	MF	7	이용래		0	2	1	0
0	0	1	1(1)	28	안성빈	11	FW	FW	14	박희도		2(1)	4	0	0
0	0	2	2		고경민	19	FW	FW	20	서동현		1	1	0	0
0	0	0	0		김선규	31			1	전태현		0	0	0	0
0	0	0	0	後42	유종현	35			25	박희철	後26	0	0	0	0
0	0	0	0		백동규	30			15	박현범		0	0	0	0
0	0	1	2(2)	後31	안동혁	5	대기	대기	22	유호준		0	0	0	0
0	0	0	0		박태수	15			6	정혁	後0	0	2	0	0
0	0	0	0		이동현	9			10	윤준하		0	0	0	0
0	0	0	0	後23	이효균	28			18	김병석	後0	0	2	0	0
0	3	11	12(6)			0			0			4(1)	19	2	0

- 전반 22분 조재철 PAL → 박희도 GAR 내 R-ST-G (득점: 박희도, 도움: 조재철) 오른쪽

5월 24일 16 : 00 맑음 수원 종합 관중 1,580명
주심_ 박영록 부심_ 서무희 · 양재용 대기심_ 박병진 감독관_ 한병화

수원FC 2 2 전반 0 / 0 후반 1 **1 강원**

퇴장	경고	파울	ST(유)	교체	선수명	배번	위치	위치	배번	선수명	교체	ST(유)	파울	경고	퇴장
0	0	0	0		이인수	21	GK	GK	1	황교충		0	0	0	0
0	0	0	0		임하람	2	DF	DF	3	이재훈		0	3	0	0
0	0	1	0		블라단	5	DF	DF	20	김오규		0	2	0	0
0	1	3	0		이준호	14	DF	DF	25	김용진		1(1)	1	1	0
0	1	1	0		김서준	7	MF	DF	77	백종환		0	3	0	0
0	0	0	2(1)		배신영	13	MF	MF	16	한석종	8	1	1	0	0
0	0	5	0	33	권용현	16	FW	MF	11	서보민		2(1)	0	0	0
0	0	2	2(1)		임성택	30	FW	MF	57	김윤호	12	1(1)	1	0	0
0	0	1	2	18	이관표	37	MF	FW	15	신영준	33	4(3)	1	0	0
0	0	1	5(2)		자파	9	FW	FW	9	최승인		2(1)	3	2	0
0	0	0	0		김한원	10	DF	FW	10	최진호		0	1	0	0
0	0	0	0		박형순	23			23	강성관		0	0	0	0
0	0	0	0		오광진	19			6	박용호		0	0	0	0
0	0	0	0		김혁진	8			33	이한샘	後16	0	2	1	0
0	0	0	0		김부관	24	대기	대기	8	이우혁	後32	1	1	0	0
0	0	0	0		조인형	6			17	정찬일		0	0	0	0
0	0	1	1(1)	後15	정민우	18			22	이한음		0	0	0	0
0	0	0	0	後40	정기운	33			12	벨루소	後16	3(2)	0	0	0
0	2	15	12(5)			0			0			15(9)	19	4	0

- 전반 20분 자파 AK 정면 ~ 임성택 GAL R-ST-G (득점: 임성택, 도움: 자파) 오른쪽
- 전반 45분 김서준 GAR ~ 배신영 GA 정면 R-ST-G (득점: 배신영, 도움: 김서준) 오른쪽
- 후반 26분 서보민 MFR ~ 벨루소 AK 내 R-ST-G (득점: 벨루소, 도움: 서보민) 오른쪽

5월 30일 18 : 00 맑음 잠실 관중 2,720명
주심_ 박병진 부심_ 이정민 · 장종필 대기심_ 서동진 감독관_ 김수현

서울E 2 0 전반 0 / 2 후반 0 **0 수원FC**

퇴장	경고	파울	ST(유)	교체	선수명	배번	위치	위치	배번	선수명	교체	ST(유)	파울	경고	퇴장
0	1	0	0		김영광	1	GK	GK	21	이인수		0	0	0	0
0	0	0	0		김재성	7	DF	DF	2	임하람		1	2	1	0
0	0	1	0		윤성열	8	DF	DF	5	블라단		1(1)	2	0	0
0	0	0	0		황도연	14	DF	DF	14	이준호		3(1)	1	0	0
0	0	0	0	20	신일수	28	DF	MF	7	김서준		0	1	0	0
0	0	1	0		조원희	4	MF	MF	13	배신영		2	0	0	0
0	0	0	1		김성주	21	MF	FW	16	권용현		2(1)	4	0	0
0	0	1	0		김창욱	26	MF	FW	30	임성택	33	0	0	0	0
0	0	1	1(1)		보비	10	FW	FW	9	자파	24	5(2)	1	0	0
0	1	5	3(1)	9	타라바이	11	FW	DF	10	김한원		0	2	1	0
0	0	3	4(3)		주민규	18	FW	MF	18	정민우	6	0	2	0	0
0	0	0	0		김현성	41			23	박형순		0	0	0	0
0	0	2	0	前13	양기훈	20			15	김정빈		0	0	0	0
0	0	0	0		이정필	6			24	김부관	後31	1	0	0	0
0	0	0	0		이재안	19	대기	대기	37	이관표		0	0	0	0
0	0	0	0		최오백	23			6	조인형	後15	1(1)	2	0	0
0	0	0	0		전민광	22			11	박종찬		0	0	0	0
0	0	2	0	後26	라이언존슨	9			33	정기운	前40	1(1)	1	0	0
0	2	16	9(5)			0			0			17(7)	18	2	0

- 후반 3분 타라바이 PK-R-G (득점: 타라바이) 왼쪽
- 후반 48분 김영근 HL 정면 ~ 주민규 PA 정면 내 L-ST-G (득점: 주민규, 도움: 김영근) 가운데

5월 30일 14 : 00 흐리고 비 안양 종합 관중 873명
주심_ 김영수 부심_ 박상준·양재용 대기심_ 박필준 감독관_ 김진의

안양 1 0 전반 1 / 1 후반 0 **1 대구**

퇴장	경고	파울	ST(유)	교체	선수명	배번	위치	위치	배번	선수명	교체	ST(유)	파울	경고	퇴장
0	0	0	0		최필수	21	GK	GK	21	조현우		0	0	0	0
0	0	3	2		베리	29	DF	DF	22	이준희		0	1	0	0
0	0	3	0		백동규	30	DF	DF	8	허재원		0	1	1	0
0	0	1	1(1)		김태봉	22	DF	DF	5	박성용		1(1)	1	1	0
0	0	1	0		구대영	90	DF	DF	4	이종성		1	3	1	0
0	0	0	0	15	김종성	6	MF	MF	29	류재문		2(1)	2	0	0
0	0	2	0		정재용	42	MF	MF	88	세르징요	28	1	2	0	0
0	0	1	4(2)		안동혁	5	MF	MF	9	장백규	17	2	2	0	0
0	0	2	4(2)		주현재	16	FW	MF	14	문기한		1	1	0	0
0	0	0	2(1)		조성준	7	FW	MF	11	레오		0	0	1	0
0	1	1	2(1)	28	안성빈	11	FW	FW	7	조나탄		2	0	0	0
0	0	0	0		김선규	31			1	이양종		0	0	0	0
0	0	0	0		유종현	35			16	김동진		0	0	0	0
0	0	0	0		김기태	24			2	금교진		0	0	0	0
0	1	1	0	후0	박태수	15	대기	대기	10	황순민		0	0	0	0
0	0	0	0		김대한	13			28	에델	후18	0	1	0	0
0	0	0	0		박승렬	14			17	노병준	후5	2(1)	1	0	0
0	0	0	1(1)	후37	이효균	28			18	김진혁		0	0	0	0
0	2	15	16(8)			0			0			12(3)	15	4	0

●후반 17분 주현재 GA 정면 내 R-ST-G (득점: 주현재) 가운데

●전반 9분 장백규 PAL TL ↷ 류재문 GA 정면 내 R-ST-G (득점: 류재문, 도움: 장백규) 왼쪽

5월 30일 16 : 00 맑음 속초 종합 관중 549명
주심_ 매호영 부심_ 박인선·송봉근 대기심_ 임정수 감독관_ 전인석

강원 1 0 전반 0 / 1 후반 2 **2 상주**

퇴장	경고	파울	ST(유)	교체	선수명	배번	위치	위치	배번	선수명	교체	ST(유)	파울	경고	퇴장
0	1	0	0		황교충	1	GK	GK	31	양동원		0	0	0	0
0	0	5	1(1)		이재훈	3	DF	DF	2	이용		1(1)	3	0	0
0	1	2	0		김오규	20	DF	DF	3	박진포		0	3	1	0
0	0	0	1		김용진	25	DF	DF	22	곽광선		1	1	0	0
0	0	4	3		백종환	77	DF	DF	89	최호정		0	2	0	0
0	0	0	2		한석종	16	MF	MF	11	임상협	5	1	0	0	0
0	1	1	0	7	정찬일	17	MF	MF	16	최현태		1	0	0	0
0	0	0	1(1)	15	김윤호	57	MF	MF	23	최종환	15	0	2	0	0
0	0	2	5(3)		벨루소	12	FW	MF	29	배일환		3(1)	1	0	0
0	0	5	2(1)	10	전병수	14	FW	FW	18	이정협		4(2)	0	0	0
0	0	1	2(1)		서보민	11	FW	FW	25	박기동	20	1(1)	1	0	0
0	0	0	0		홍상준	41			21	박지영		0	0	0	0
0	0	0	0		박용호	6			4	강민수		0	0	0	0
0	0	0	0	후19	장혁진	7			5	김성환	후17	0	1	0	0
0	0	0	0		이우혁	8	대기	대기	20	한상운	후0	1(1)	0	0	0
0	0	0	0	후38	신영준	15			15	이창훈	후30	0	0	0	0
0	0	0	0		이한음	22			17	황일수		0	0	0	0
0	0	0	1(1)	후19	최진호	10			26	김도엽		0	0	0	0
0	3	20	18(8)			0			0			13(6)	14	1	0

●후반 27분 최진호 GAR 내 R-ST-G (득점: 최진호) 오른쪽

●후반 23분 배일환 GAR 백패스~ 이정협 PA 정면 내 R-ST-G (득점: 이정협, 도움: 배일환) 가운데

●후반 35분 한상운 MFR FK L-ST-G (득점: 한상운) 왼쪽

5월 31일 14 : 00 맑음 삼천포 종합 관중 4,488명
주심_ 김우성 부심_ 곽승순·김계용 대기심_ 정동식 감독관_ 김정식

경남 0 0 전반 1 / 0 후반 0 **1 고양**

퇴장	경고	파울	ST(유)	교체	선수명	배번	위치	위치	배번	선수명	교체	ST(유)	파울	경고	퇴장
0	0	0	0		손정현	31	GK	GK	23	여명용		0	0	1	0
0	0	1	0		배효성	5	DF	DF	3	김성식		0	2	1	0
0	1	1	0		최성환	6	DF	DF	26	안현식		0	0	0	0
0	0	0	1		우주성	15	DF	DF	12	이상돈		1	1	0	0
0	1	2	0		김준엽	3	MF	DF	14	하인호		2	2	1	0
0	0	1	0	2	전상훈	12	MF	MF	7	이도성	30	1	0	0	0
0	0	0	0	22	이호석	4	MF	MF	8	김준태		1(1)	1	0	0
0	1	3	1		진경선	7	MF	MF	11	박정훈		2(1)	1	0	0
0	0	1	4(3)		송수영	10	MF	MF	16	진창수		2	3	0	0
0	0	2	1		스토야노비치	9	FW	FW	20	오기재		0	3	1	0
0	0	0	1	18	임창균	19	FW	FW	24	김유성	31	0	2	0	0
0	0	0	0		김교빈	1			1	강진웅		0	0	0	0
0	0	2	0	후0	최성민	2			22	황규범		0	0	0	0
0	0	0	0		최인후	24	대기	대기	30	여효진	후30	0	0	0	0
0	0	0	0		박지수	28			31	홍순학	후18	2(2)	2	1	0
0	0	0	0		손형준	14			17	이광재		0	0	0	0
0	3	13	8(3)			0			0			11(4)	17	5	0

●전반 39분 진창수 PAL 내 ~ 박정훈 PK 우측지점 R-ST-G (득점: 박정훈, 도움: 진창수) 오른쪽

5월 31일 16 : 00 맑음 충주 종합 관중 1,733명
주심_ 박진호 부심_ 최민병·지승민 대기심_ 박영록 감독관_ 김형남

충주 0 0 전반 1 / 0 후반 0 **1 부천**

퇴장	경고	파울	ST(유)	교체	선수명	배번	위치	위치	배번	선수명	교체	ST(유)	파울	경고	퇴장
0	0	0	0		박청효	13	GK	GK	1	류원우		0	0	1	0
0	0	1	1(1)		정우재	2	DF	DF	2	전광환		0	2	0	0
0	0	1	0		이택기	23	DF	DF	5	최병도		2(1)	0	0	0
0	0	0	0		이용기	20	DF	DF	6	강지용		0	0	0	0
0	0	0	1		이현창	3	DF	DF	14	이학민		1	0	0	0
0	0	1	2		오승범	21	MF	MF	22	유대현	55	0	1	0	0
0	0	0	1		최승호	7	MF	MF	88	이현승		1(1)	1	0	0
0	0	1	2(1)	28	심진의	17	MF	FW	9	공민현		1(1)	7	0	0
0	1	1	2	19	김병오	35	MF	FW	11	호드리고		2(1)	6	0	0
0	0	1	3(3)	27	박지민	10	FW	FW	15	박용준	19	0	0	0	0
0	0	1	4(1)		조석재	99	FW	MF	20	김륜도		0	2	1	0
0	0	0	0		황성민	1			23	강훈		0	0	0	0
0	0	0	0		노형구	5			55	정홍연	후26	0	0	0	0
0	0	0	0		김용찬	16			7	주광선		0	0	0	0
0	0	1	2(2)	후20	김정훈	28	대기	대기	10	이민우		0	0	0	0
0	0	0	0	후32	임진욱	19			16	황신영		0	0	0	0
0	0	0	1	후0	마르싱유	27			19	유준영	전19/99	1(1)	0	0	0
0	0	0	0		엄진태	4			99	알미르	후10	0	2	0	0
0	1	8	19(8)			0			0			8(5)	21	2	0

●전반 11분 호드리고 AKL ~ 공민현 AKR R-ST-G (득점: 공민현, 도움: 호드리고) 왼쪽

6월 03일 19 : 00 맑음 안산 와스타디움 관중 445명
주심_ 임원택 부심_ 지승민·배일수 대기심_ 성덕효 감독관_ 한진원

안산 0 0 전반 0 / 0 후반 2 **2 강원**

퇴장	경고	파울	ST(유)	교체	선수명	배번	위치	위치	배번	선수명	교체	ST(유)	파울	경고	퇴장
0	0	0	0		이 진 형	21	GK	GK	41	홍 상 준		0	0	0	0
0	0	1	0		송 창 호	30	DF	DF	3	이 재 훈		0	2	0	0
0	0	1	0		배 승 진	2	DF	DF	20	김 오 규		1	0	0	0
0	0	1	0		안 재 준	5	DF	DF	25	김 용 진		0	0	0	0
0	0	0	0		신 광 훈	17	DF	DF	77	백 종 환		1(1)	5	0	0
0	1	1	0		신 형 민	4	MF	MF	33	이 한 샘		0	4	0	0
0	0	0	1(1)		한 덕 희	27	MF	MF	17	정 찬 일	8	0	0	0	0
0	0	4	0	18	조 재 철	8	MF	MF	57	김 윤 호		0	2	0	0
0	1	2	1		이 용 래	7	MF	FW	12	벨 루 소	10	5(2)	0	0	0
0	0	0	2(1)	15	정 혁	6	MF	FW	14	전 병 수	9	3	3	0	0
0	0	0	1	14	서 동 현	20	FW	FW	11	서 보 민		3(2)	1	0	0
0	0	0	0		전 태 현	1			23	강 성 관		0	0	0	0
0	0	3	1	전29	박 희 도	14			6	박 용 호		0	0	0	0
0	0	0	0		박 희 철	25			7	장 혁 진		0	0	0	0
0	0	0	0	후16	박 현 범	15	대기	대기	8	이 우 혁	후11	0	0	0	0
0	0	0	0		유 호 준	22			15	신 영 준		0	0	0	0
0	0	0	0		윤 준 하	10			9	최 승 인	후21	1(1)	3	0	0
0	0	0	0	후14	김 병 석	18			10	최 진 호	후44	0	0	0	0
0	2	13	6(2)			0			0			14(6)	20	0	0

- 후반 6분 서보민 MF 정면 R-ST-G (득점: 서보민) 오른쪽
- 후반 31분 백종환 자기측HLR ~ 최승인 PAR 내 L-ST-G (득점: 최승인, 도움: 백종환) 가운데

6월 03일 19 : 00 맑음 상주 시민 관중 937명
주심_ 박필준 부심_ 장종필·이영운 대기심_ 최대우 감독관_ 전인석

상주 4 2 전반 1 / 2 후반 1 **2 경남**

퇴장	경고	파울	ST(유)	교체	선수명	배번	위치	위치	배번	선수명	교체	ST(유)	파울	경고	퇴장
0	0	1	0		김 근 배	1	GK	GK	31	손 정 현		0	0	0	0
0	0	2	0		이 용	2	DF	DF	5	배 효 성	10	0	1	0	0
0	0	1	1		박 진 포	3	DF	DF	28	박 지 수		0	2	1	0
0	0	2	0		곽 광 선	22	DF	DF	15	우 주 성		0	1	0	0
0	0	0	0		최 호 정	89	DF	DF	2	최 성 민		0	1	0	0
0	0	0	1(1)		김 성 환	5	MF	MF	12	전 상 훈		0	2	0	0
0	0	1	2		권 순 형	14	MF	MF	14	손 형 준		1	0	0	0
0	0	0	0	4	이 창 훈	15	MF	MF	7	진 경 선		1	2	0	0
0	0	2	0	25	황 일 수	17	MF	MF	24	최 인 후	19	0	0	0	0
0	0	2	3(3)	11	이 정 협	18	FW	FW	4	이 호 석		1(1)	2	1	0
0	0	1	2(1)		한 상 운	20	FW	FW	18	김 영 욱	9	1(1)	2	0	0
0	0	0	0		윤 평 국	41			21	최 봉 진		0	0	0	0
0	0	0	0	후32	강 민 수	4			13	신 학 영		0	0	0	0
0	0	1	0	후20	임 상 협	11			19	임 창 균	후0	1(1)	0	0	0
0	0	0	0		최 현 태	16	대기	대기	20	정 현 철		0	0	0	0
0	0	0	0		최 종 환	23			23	고 대 서		0	0	0	0
0	0	0	2(2)	후8	박 기 동	25			10	송 수 영	후36	0	0	0	0
0	0	0	0		김 도 엽	26			9	스토야노비치	후0	0	0	0	0
0	0	13	11(7)			0			0			5(3)	13	2	0

- 전반 17분 한상운 자기측HLR ↷ 이정협 GAL L-ST-G (득점: 이정협, 도움: 한상운) 오른쪽
- 전반 34분 한상운 MF 정면 ~ 이정협 PA 정면 L-ST-G (득점: 이정협, 도움: 한상운) 오른쪽
- 후반 1분 이창훈 PAR 내 ~ 이정협 PA 정면 내 L-ST-G (득점: 이정협, 도움: 이창훈) 왼쪽
- 후반 33분 김성환 PK-R-G (득점: 김성환) 왼쪽
- 전반 32분 이호석 PK-R-G (득점: 이호석) 왼쪽
- 후반 5분 임창균 PAL FK R-ST-G (득점: 임창균) 오른쪽

6월 03일 19 : 30 흐림 대구 스타디움 관중 739명
주심_ 서동진 부심_ 서무희·설귀선 대기심_ 최광호 감독관_ 한병화

대구 1 1 전반 1 / 0 후반 1 **2 고양**

퇴장	경고	파울	ST(유)	교체	선수명	배번	위치	위치	배번	선수명	교체	ST(유)	파울	경고	퇴장
0	0	0	0		조 현 우	21	GK	GK	23	여 명 용		0	0	0	0
0	0	3	1		박 성 용	5	DF	DF	12	이 상 돈		0	0	0	0
0	0	1	0		허 재 원	8	DF	DF	14	하 인 호		2(2)	1	0	0
0	0	1	0		이 종 성	4	DF	DF	30	여 효 진		0	1	0	0
0	0	2	0		김 동 진	16	MF	DF	26	안 현 식		0	0	0	0
0	0	2	0		류 재 문	29	MF	MF	7	이 도 성		2(1)	1	0	0
0	0	1	1(1)	14	세르징요	88	MF	MF	8	김 준 태	3	2(1)	1	0	0
0	0	0	2		레 오	11	MF	MF	11	박 정 훈		2(1)	2	0	0
0	0	1	1(1)	18	장 백 규	9	FW	MF	16	진 창 수	17	2(1)	0	0	0
0	0	2	0	17	에 델	28	FW	FW	20	오 기 재		0	2	1	0
0	0	1	3		조 나 탄	7	FW	FW	24	김 유 성		2(1)	2	0	0
0	0	0	0		이 양 종	1			1	강 진 웅		0	0	0	0
0	0	0	0		이 준 희	22			22	황 규 범		0	0	0	0
0	0	0	0		금 교 진	2	대기	대기	3	김 성 식	후22	0	1	0	0
0	0	1	0	후0	문 기 한	14			31	홍 순 학		0	0	0	0
0	0	0	0		신 창 무	19			17	이 광 재	후36	1	0	0	0
0	0	15	8(2)			0			0			13(7)	11	1	0

- 전반 18분 조나탄 GAR ~ 장백규 GAL 내 L-ST-G (득점: 장백규, 도움: 조나탄) 왼쪽
- 전반 41분 진창수 AKR R-ST-G (득점: 진창수) 왼쪽
- 후반 9분 김준태 (대기) PAL TL ↷ 박정훈 GA 정면 R-ST-G (득점: 박정훈, 도움: 김준태 (대기)) 왼쪽

6월 03일 19 : 30 맑음 수원 종합 관중 420명
주심_ 정동식 부심_ 송봉근·김지욱 대기심_ 김영수 감독관_ 김일호

수원FC 2 1 전반 1 / 1 후반 2 **3 충주**

퇴장	경고	파울	ST(유)	교체	선수명	배번	위치	위치	배번	선수명	교체	ST(유)	파울	경고	퇴장
0	0	0	0		이 인 수	21	GK	GK	1	황 성 민		0	0	0	0
0	0	0	2		임 하 람	2	DF	DF	2	정 우 재		0	0	0	0
0	0	0	0		블 라 단	5	DF	DF	23	이 택 기		1	0	0	0
0	0	1	1(1)		이 준 호	14	DF	DF	5	노 형 구		0	0	0	0
0	0	0	3(2)	11	김 혁 진	8	FW	DF	11	박 요 한		0	1	0	0
0	1	1	3(3)	18	김 정 빈	15	MF	MF	21	오 승 범		1(1)	0	0	0
0	0	1	2(1)		권 용 현	16	FW	MF	3	이 현 창		0	1	0	0
0	0	2	1(1)		김 종 우	36	MF	MF	28	김 정 훈	19	1	2	0	0
0	0	2	1(1)		이 관 표	37	MF	MF	35	김 병 오		2(2)	4	0	0
0	0	1	1		김 한 원	10	DF	FW	27	마르싱유	17	1	1	0	0
0	0	0	1(1)	30	정 기 운	33	FW	FW	99	조 석 재	7	4(2)	1	0	0
0	0	0	0		박 형 순	23			13	박 청 효		0	0	0	0
0	0	0	0		김 서 준	7			20	이 용 기		0	0	0	0
0	0	0	0		배 신 영	13			16	김 용 찬		0	0	0	0
0	0	0	1(1)	후31	임 성 택	30	대기	대기	7	최 승 호	후37	0	0	0	0
0	0	0	0		황 재 훈	31			19	임 진 욱	후42	0	0	0	0
0	0	1	1(1)	후17	박 종 찬	11			10	박 지 민		0	0	0	0
0	0	1	1(1)	후18	정 민 우	18			17	심 진 의	후0	3(2)	1	0	0
0	1	10	18(13)			0			0			13(7)	11	0	0

- 전반 27분 김혁진 GAL EL ~ 이관표 GA 정면 L-ST-G (득점: 이관표, 도움: 김혁진) 오른쪽
- 후반 32분 권용현 GAR 내 EL H-ST-G (득점: 권용현) 오른쪽
- 전반 21분 오승범 PAL 내 R-ST-G (득점: 오승범) 왼쪽
- 후반 4분 조석재 GAL 내 R-ST-G (득점: 조석재) 왼쪽
- 후반 12분 김병오 PAL 내 ↷ 조석재 GAR 내 H-ST-G (득점: 조석재, 도움: 김병오) 오른쪽

6월 03일 19 : 30 맑음 부천 종합 관중 757명
주심_ 임정수 부심_ 김계용·양재용 대기심_ 김덕철 감독관_ 하재훈

부천 0 0 전반 0 / 0 후반 3 **3 서울E**

퇴장	경고	파울	ST(유)	교체	선수명	배번	위치	위치	배번	선수명	교체	ST(유)	파울	경고	퇴장
0	0	0	0		류원우	1	GK	GK	1	김영광		0	0	0	0
0	0	0	0		전광환	2	DF	DF	7	김재성		0	1	0	0
0	0	1	0		강지용	6	DF	DF	8	윤성열		1	0	0	0
0	0	0	1(1)		이학민	14	DF	DF	14	황도연		0	0	0	0
0	0	0	0		정홍연	55	DF	DF	20	양기훈		0	0	0	0
0	0	0	1	13	유대현	22	MF	MF	4	조원희		1	1	0	0
0	0	1	4(2)	10	이현승	88	MF	MF	21	김성주		3	0	0	0
0	0	2	1(1)		공민현	9	FW	MF	26	김창욱		2	2	0	0
0	0	2	2		호드리고	11	FW	FW	10	보비	19	2(1)	4	0	0
0	0	1	3(2)	99	황신영	16	FW	FW	11	타라바이		3(2)	0	0	0
0	1	2	1		김륜도	20	MF	FW	18	주민규	9	7(3)	1	0	0
0	0	0	0		이기현	18			41	김현성		0	0	0	0
0	0	0	0		최병도	5			15	조향기		0	0	0	0
0	0	0	0		주광선	7			6	이정필		0	0	0	0
0	0	0	1(1)	후12	김영남	13	대기	대기	19	이재안	후34	0	0	0	0
0	0	1	1	후26	이민우	10			23	최오백		0	0	0	0
0	0	0	0		유준영	19			22	전민광		0	0	0	0
0	0	0	2(1)	후7	알미르	99			9	라이언존슨	후26	1(1)	1	0	0
0	1	10	17(8)			0			0			20(7)	10	0	0

- 후반 2분 보비 GAR EL ~ 주민규 PK 우측지점 R-ST-G (득점: 주민규, 도움: 보비) 오른쪽
- 후반 13분 주민규 AK 정면 R-ST-G (득점: 주민규) 오른쪽
- 후반 15분 타라바이 PAR 내 ~ 주민규 PA 정면 내 R-ST-G (득점: 주민규, 도움: 타라바이) 왼쪽

6월 06일 19 : 00 맑음 상주 시민 관중 1,128명
주심_ 김우성 부심_ 서무희·김영하 대기심_ 송민석 감독관_ 김진의

상주 1 0 전반 0 / 1 후반 0 **0 부천**

퇴장	경고	파울	ST(유)	교체	선수명	배번	위치	위치	배번	선수명	교체	ST(유)	파울	경고	퇴장
0	0	0	0		양동원	31	GK	GK	18	이기현		0	0	0	0
0	0	1	0		이용	2	DF	DF	2	전광환		0	2	0	0
0	0	2	0		박진포	3	DF	DF	5	최병도		0	0	0	0
0	1	1	0		강민수	4	DF	DF	6	강지용		0	1	0	0
0	0	0	0		최호정	89	DF	DF	14	이학민		0	0	0	0
0	0	0	0	9	임상협	11	MF	MF	22	유대현		1	0	0	0
0	0	0	2		권순형	14	MF	MF	88	이현승	7	2(2)	3	0	0
0	0	1	2(1)		최현태	16	MF	FW	9	공민현	16	1	2	1	0
0	0	1	1	26	배일환	29	MF	FW	11	호드리고		5(2)	2	0	0
0	0	0	0	25	이정협	18	FW	MF	20	김륜도		0	1	0	0
0	1	3	2(2)		한상운	20	FW	FW	99	알미르		1	3	0	0
0	0	0	0		김근배	1			1	류원우		0	0	0	0
0	0	0	0		곽광선	22			55	정홍연		0	0	0	0
0	0	0	0		김성환	5			7	주광선	후34	0	0	0	0
0	0	1	1	후0	이승기	9	대기	대기	13	김영남		0	0	0	0
0	0	0	0		최종환	23			10	이민우		0	0	0	0
0	0	1	2	후11	박기동	25			16	황신영	후21	0	0	0	0
0	0	0	0	후35	김도엽	26			19	유준영		0	0	0	0
0	2	11	10(3)			0			0			10(4)	14	1	0

- 후반 36분 최현태 GA 정면 L-ST-G (득점: 최현태) 오른쪽

6월 06일 19 : 00 맑음 양산 종합 관중 3,022명
주심_ 박영록 부심_ 지승민·박인선 대기심_ 서동진 감독관_ 김용세

경남 1 1 전반 1 / 0 후반 0 **1 안양**

퇴장	경고	파울	ST(유)	교체	선수명	배번	위치	위치	배번	선수명	교체	ST(유)	파울	경고	퇴장
0	0	0	0		손정현	31	GK	GK	21	최필수		0	0	0	0
0	0	1	0		김준엽	3	DF	DF	29	베리		0	0	0	0
0	0	0	0	12	박지수	28	DF	DF	30	백동규		0	2	0	0
0	1	2	0		최성환	6	DF	DF	22	김태봉		0	1	1	0
0	1	1	0		우주성	15	MF	DF	90	구대영		0	0	0	0
0	0	1	0		진경선	7	MF	MF	15	박태수		3	3	0	0
0	0	0	0		손형준	14	MF	MF	42	정재용		5(2)	1	0	0
0	0	1	4(1)		이호석	4	MF	MF	5	안동혁	28	1	3	0	0
0	0	1	1(1)	23	임창균	19	MF	FW	16	주현재		3	0	0	0
0	0	0	4(3)	20	송수영	10	FW	FW	11	안성빈	7	1(1)	2	0	0
0	1	3	4(1)		스토야노비치	9	FW	FW	19	고경민		2	1	1	0
0	0	0	0		최봉진	21			25	남지훈		0	0	0	0
0	0	0	0	후0	전상훈	12			35	유종현		0	0	0	0
0	0	0	0		최인후	24			7	조성준	후12	1	0	0	0
0	0	0	0		이상현	27	대기	대기	8	최진수		0	0	0	0
0	0	1	0	후35	고대서	23			14	박승렬		0	0	0	0
0	0	0	0	후38	정현철	20			13	김대한		0	0	0	0
0	0	0	0		한의권	22			28	이효균	후36	0	1	0	0
0	3	11	13(6)			0			0			16(3)	14	2	0

- 전반 34분 임창균 PAR 내 ↷ 스토야노비치 GAL H-ST-G (득점: 스토야노비치, 도움: 임창균) 왼쪽
- 전반 45분 고경민 PA 정면 ~ 안성빈 PA 정면 내 R-ST-G (득점: 안성빈, 도움: 고경민) 왼쪽

6월 06일 19 : 00 맑음 속초 종합 관중 637명
주심_ 박병진 부심_ 김계용·장종필 대기심_ 김영수 감독관_ 김일호

강원 1 1 전반 1 / 0 후반 1 **2 대구**

퇴장	경고	파울	ST(유)	교체	선수명	배번	위치	위치	배번	선수명	교체	ST(유)	파울	경고	퇴장
0	0	0	0		홍상준	41	GK	GK	21	조현우		0	0	0	0
0	0	1	0		이재훈	3	DF	DF	4	이종성		2	3	1	0
0	0	1	0		김오규	20	DF	DF	13	조영훈		0	1	1	0
0	0	2	0		김용진	25	DF	DF	20	이원재		0	0	0	0
0	0	2	1		백종환	77	DF	MF	22	이준희		1(1)	2	0	0
0	1	3	1		이한샘	33	MF	MF	29	류재문		0	1	0	0
0	0	3	0	7	김윤호	57	MF	MF	88	세르징요		0	1	0	0
0	0	3	1(1)	17	전병수	14	MF	MF	11	레오		1(1)	0	0	0
0	0	2	1	12	최진호	10	FW	FW	14	문기한	19	0	2	0	0
0	0	0	3(1)		서보민	11	FW	FW	17	노병준		3(2)	4	0	0
0	0	1	3		최승인	9	FW	FW	7	조나탄		3(1)	2	0	0
0	0	0	0		황교충	1			1	이양종		0	0	0	0
0	0	0	0		박용호	6			5	박성용		0	0	0	0
0	0	0	0	후34	장혁진	7			16	김동진		0	0	0	0
0	0	0	0		이우혁	8	대기	대기	10	황순민		0	0	0	0
0	0	0	2(1)	후23	정찬일	17			19	신창무	후46	0	0	0	0
0	0	0	0		한석종	16			9	장백규		0	0	0	0
0	0	0	1	후34	벨루소	12			18	김진혁		0	0	0	0
0	1	18	13(3)			0			0			10(5)	16	2	0

- 전반 10분 최승인 AKL ~ 서보민 MF 정면 R-ST-G (득점: 서보민, 도움: 최승인) 오른쪽
- 전반 16분 류재문 MFL ↷ 레오 PAR 내 R-ST-G (득점: 레오, 도움: 류재문) 왼쪽
- 후반 29분 노병준 PK-R-G (득점: 노병준) 왼쪽

6월 07일 19 : 00 맑음 고양 종합 관중 396명
주심_ 박진호 부심_ 노태식·강동호 대기심_ 임정수 감독관_ 한병화

고양 2 　 2 전반 0 / 0 후반 3 　 **3 수원FC**

퇴장	경고	파울	ST(유)	교체	선수명	배번	위치	위치	배번	선수명	교체	ST(유)	파울	경고	퇴장
0	1	0	0		여 명 용	23	GK	GK	23	박 형 순		0	0	0	0
0	1	1	0		여 효 진	30	DF	DF	2	임 하 람		0	1	0	0
0	1	1	0		안 현 식	26	DF	DF	5	블 라 단		0	1	0	0
0	0	0	0		이 상 돈	12	DF	DF	14	이 준 호		0	2	1	0
0	1	3	1	22	하 인 호	14	DF	MF	7	김 서 준		0	2	0	0
0	0	1	0		이 도 성	7	MF	MF	13	배 신 영		2(1)	2	0	0
0	0	2	3(1)		김 준 태	8	MF	FW	16	권 용 현	33	1	1	0	0
0	0	1	2(1)		박 정 훈	11	MF	FW	30	임 성 택	8	0	1	0	0
0	0	0	3(3)		진 창 수	16	MF	DF	31	황 재 훈		0	5	0	0
0	0	2	2(1)		이 광 재	17	FW	MF	37	이 관 표	11	1	1	1	0
0	0	1	1(1)	3	홍 순 학	31	FW	FW	9	자 파		4(3)	0	0	0
0	0	0	0		강 진 웅	1			21	이 인 수		0	0	0	0
0	0	0	0	후32	김 성 식	3			25	김 윤 재		0	0	0	0
0	1	1	0	후14	황 규 범	22	대기	대기	8	김 혁 진	후0	1(1)	1	0	0
0	0	0	0		서 형 승	9			15	김 정 빈		0	0	0	0
0	0	0	0		배 해 민	18			36	김 종 우		0	0	0	0
0	5	13	12(7)			0			0			9(5)	17	2	0

- 전반 33분 진창수 GA 정면 R-ST-G (득점: 진창수) 왼쪽
- 전반 41분 진창수 PAL ~ 박정훈 PA 정면 내 R-ST-G (득점: 박정훈, 도움: 진창수) 오른쪽
- 후반 13분 자파 PK-R-G (득점: 자파) 오른쪽
- 후반 36분 정기운 GA 정면 H~ 자파 GA 정면 R-ST-G (득점: 자파, 도움: 정기운) 왼쪽
- 후반 46분 박종찬 GA 정면 R-ST-G (득점: 박종찬) 오른쪽

6월 07일 19 : 00 맑음 충주 종합 관중 1,793명
주심_ 매호영 부심_ 장준모·노수용 대기심_ 박필준 감독관_ 전인석

충주 3 　 0 전반 1 / 3 후반 1 　 **2 안산**

퇴장	경고	파울	ST(유)	교체	선수명	배번	위치	위치	배번	선수명	교체	ST(유)	파울	경고	퇴장
0	0	0	0		황 성 민	1	GK	GK	1	전 태 현		0	0	0	0
0	1	2	0		정 우 재	2	DF	DF	30	송 창 호		1	2	0	0
0	0	0	0		이 택 기	23	DF	DF	4	신 형 민		0	1	1	0
0	0	0	0		황 수 남	18	DF	DF	5	안 재 준		1(1)	1	0	0
0	0	2	0		박 요 한	11	DF	DF	17	신 광 훈		0	0	0	0
0	0	2	1		오 승 범	21	MF	MF	7	이 용 래		4(2)	3	1	0
0	0	0	2(2)		이 현 창	3	MF	MF	15	박 현 범	22	1	1	0	0
0	0	1	1(1)	19	김 정 훈	28	MF	MF	18	김 병 석	23	1(1)	1	0	0
0	0	2	1(1)		김 병 오	35	MF	MF	6	정 혁		3(1)	1	0	0
0	0	1	1	17	마르싱유	27	FW	MF	27	한 덕 희		0	1	0	0
0	0	1	4(2)	7	조 석 재	99	FW	FW	10	윤 준 하	24	0	1	0	0
0	0	0	0		박 청 효	13			31	김 대 호		0	0	0	0
0	0	0	0		노 형 구	5			23	강 종 국	후36	0	1	0	0
0	0	0	0		김 용 찬	16			24	강 승 조	후8	0	1	0	0
0	0	0	0	후44	최 승 호	7	대기	대기	26	최 영 준		0	0	0	0
0	0	0	0	후30	임 진 욱	19			22	유 호 준	후15	0	2	1	0
0	0	0	0		박 지 민	10			28	좌 준 협		0	0	0	0
0	0	0	4(3)	후0	심 진 의	17			25	박 희 철		0	0	0	0
0	1	11	14(9)			0			0			11(5)	16	3	0

- 후반 12분 김정훈 GA 정면 ~ 이현창 GAR R-ST-G (득점: 이현창, 도움: 김정훈) 왼쪽
- 후반 22분 이현창 자기측 MF 정면 ↷ 조석재 PK지점 L-ST-G (득점: 조석재, 도움: 이현창) 왼쪽
- 후반 39분 이현창 AKL ~ 심진의 PA 정면 내 R-ST-G (득점: 심진의, 도움: 이현창) 오른쪽
- 전반 33분 이용래 C.KR ↷ 안재준 GAR H-ST-G (득점: 안재준, 도움: 이용래) 왼쪽
- 후반 27분 이용래 AK 내 FK L-ST-G (득점: 이용래) 왼쪽

6월 10일 19 : 00 맑음 안산 와스타디움 관중 516명
주심_ 김영수 부심_ 송봉근·장종필 대기심_ 박병진 감독관_ 하재훈

안산 0 　 0 전반 0 / 0 후반 0 　 **0 부천**

퇴장	경고	파울	ST(유)	교체	선수명	배번	위치	위치	배번	선수명	교체	ST(유)	파울	경고	퇴장
0	0	0	0		전 태 현	1	GK	GK	18	이 기 현		0	0	0	0
0	0	2	0		박 희 철	25	DF	DF	2	전 광 환		1(1)	0	0	0
0	0	2	0		배 승 진	2	DF	DF	5	최 병 도		1	0	0	0
0	0	2	0		안 재 준	5	DF	DF	6	강 지 용	55	0	1	0	0
0	0	0	0		신 광 훈	17	DF	DF	14	이 학 민		0	1	0	0
0	0	0	0		박 현 범	15	MF	MF	13	김 영 남		3(3)	2	0	0
0	0	1	0		좌 준 협	28	MF	MF	22	유 대 현		1(1)	2	0	0
0	0	3	1	29	한 덕 희	27	MF	MF	88	이 현 승	99	1	1	0	0
0	0	0	0	10	송 창 호	30	MF	FW	9	공 민 현		2(1)	3	0	0
0	0	1	0	6	강 승 조	24	MF	FW	11	호드리고		6(3)	0	0	0
0	1	0	2(1)		김 병 석	18	FW	FW	20	김 륜 도		3(3)	1	0	0
0	0	0	0		김 대 호	31			23	강 훈		0	0	0	0
0	0	1	1	후25	정 혁	6			55	정 홍 연	후31	0	0	0	0
0	1	3	0	후11	윤 준 하	10			7	주 광 선		0	0	0	0
0	0	0	0		최 영 준	26	대기	대기	10	이 민 우		0	0	0	0
0	0	0	0		유 호 준	22			16	황 신 영	후40	1	0	0	0
0	0	1	0	후44	한 홍 규	29			19	유 준 영		0	0	0	0
0	0	0	0		김 성 현	3			99	알 미 르	후18/16	0	0	0	0
0	2	16	4(1)			0			0			19(12	11	0	0

6월 10일 19 : 00 맑음 충주 종합 관중 936명
주심_ 박필준 부심_ 지승민·서무희 대기심_ 임원택 감독관_ 강창구

충주 1 　 1 전반 1 / 0 후반 1 　 **2 서울E**

퇴장	경고	파울	ST(유)	교체	선수명	배번	위치	위치	배번	선수명	교체	ST(유)	파울	경고	퇴장
0	0	0	0		황 성 민	1	GK	GK	1	김 영 광		0	0	0	0
0	0	0	1		정 우 재	2	DF	DF	7	김 재 성		1	0	0	0
0	0	0	0		이 택 기	23	DF	DF	8	윤 성 열		0	0	0	0
0	0	1	3(2)		황 수 남	18	DF	DF	14	황 도 연		0	1	0	0
0	0	0	1(1)		박 요 한	11	DF	DF	20	양 기 훈		0	0	0	0
0	0	0	1(1)		오 승 범	21	MF	MF	4	조 원 희		2(1)	1	0	0
0	0	2	3(1)		이 현 창	3	MF	MF	21	김 성 주		1(1)	0	0	0
0	0	2	0	30	김 정 훈	28	MF	MF	26	김 창 욱	19	2	0	0	0
0	0	3	2		김 병 오	35	MF	FW	10	보 비		3(2)	0	1	0
0	0	0	0	17	마르싱유	27	FW	FW	11	타라바이		3(2)	1	0	0
0	0	3	2(2)		조 석 재	99	FW	FW	18	주 민 규		6(2)	2	0	0
0	0	0	0		박 청 효	13			41	김 현 성		0	0	0	0
0	0	0	0		노 형 구	5			15	조 향 기		0	0	0	0
0	0	0	0		김 용 찬	16			16	오 규 빈		0	0	0	0
0	0	0	0		최 승 호	7	대기	대기	19	이 재 안	후15/9	0	0	0	0
0	0	4	1	전32	양 상 준	30			23	최 오 백		0	0	0	0
0	0	0	0		박 지 민	10			22	전 민 광		0	0	0	0
0	0	0	2	후0	심 진 의	17			9	라이언존슨	후43	0	0	0	0
0	0	15	16(7)			0			0			18(8	5	1	0

- 전반 6분 오승범 자기측HLL ↷ 조석재 GAL 내 L-ST-G (득점: 조석재, 도움: 오승범) 오른쪽
- 전반 42분 김재성 GAR EL ~ 보비 PAR 내 R-ST-G (득점: 보비, 도움: 김재성) 왼쪽
- 후반 44분 라이언존슨 GAL 내 H ↷ 주민규 GA 정면 내 H-ST-G (득점: 주민규, 도움: 라이언존슨) 가운데

6월 10일 19:30 맑음 수원 종합 관중 546명
주심_ 서동진 부심_ 손재선·김계용 대기심_ 매호영 감독관_ 한진원

수원FC 0 0 전반 1 / 0 후반 0 **1 경남**

퇴장	경고	파울	ST(유)	교체	선수명	배번	위치	위치	배번	선수명	교체	ST(유)	파울	경고	퇴장
0	0	0	0		이인수	21	GK	GK	31	손정현		0	1	1	0
0	0	4	0		임하람	2	DF	DF	5	배효성		0	0	0	0
0	0	2	2(1)		블라단	5	DF	DF	6	최성환		0	0	0	0
0	1	2	3(3)		김서준	7	MF	DF	15	우주성		1(1)	1	0	0
0	1	2	1		김혁진	8	DF	MF	4	이호석	18	0	1	0	0
0	0	0	4(2)		배신영	13	MF	MF	7	진경선		0	3	0	0
0	1	2	2(1)	33	권용현	16	FW	MF	20	정현철		1(1)	0	0	0
0	0	0	1(1)		황재훈	31	DF	MF	10	송수영	27	0	1	0	0
0	0	2	2(2)	24	김종우	36	MF	MF	3	김준엽		0	3	0	0
0	0	1	5(4)		자파	9	FW	FW	19	임창균	22	1	0	0	0
0	0	3	2	11	정민우	18	FW	FW	17	정성민		1	3	2	0
0	0	0	0		박형순	23			1	김교빈		0	0	0	0
0	0	0	0		김윤재	25			24	최인후		0	0	0	0
0	0	0	0		김정빈	15			27	이상현	후20	0	2	0	0
0	0	0	0		최명훈	22	대기	대기	12	전상훈		0	0	0	0
0	0	0	0	후13	김부관	24			14	손형준		0	0	0	0
0	0	0	3(1)	후21	박종찬	11			22	한의권	후0	0	1	0	0
0	0	1	4(2)	후0	정기운	33			18	김영욱	후7	0	0	0	0
0	3	19	29(17)			0			0			4(2)	16	3	0

●전반 44분 정현철 AK 정면 L-ST-G (득점: 정현철) 오른쪽

6월 10일 20:00 흐림 고양 종합 관중 249명
주심_ 정동식 부심_ 이정민·양재용 대기심_ 이동준 감독관_ 김일호

고양 1 1 전반 0 / 0 후반 0 **0 강원**

퇴장	경고	파울	ST(유)	교체	선수명	배번	위치	위치	배번	선수명	교체	ST(유)	파울	경고	퇴장
0	0	0	0		여명용	23	GK	GK	1	황교충		0	0	0	0
0	0	0	0		김성식	3	DF	DF	3	이재훈		0	4	1	0
0	0	0	0		안현식	26	DF	DF	20	김오규		0	1	0	0
0	0	1	0		이상돈	12	DF	DF	25	김용진		3(1)	1	0	0
0	0	0	0		하인호	14	DF	DF	77	백종환		0	0	1	0
0	1	2	0	9	이도성	7	MF	MF	33	이한샘		0	4	0	0
0	0	0	2(1)		김준태	8	MF	MF	57	김윤호	10	1	1	0	0
0	0	2	1		박정훈	11	MF	MF	17	정찬일	9	1(1)	1	0	0
0	0	1	4(2)	31	진창수	16	MF	FW	12	벨루소		2	1	0	0
0	1	1	1(1)		오기재	20	FW	FW	11	서보민		4(2)	0	0	0
0	0	3	4(3)		김유성	24	FW	FW	14	전병수	7	1(1)	3	0	0
0	0	0	0		강진웅	1			23	강성관		0	0	0	0
0	0	0	0		오주호	5			2	최우재		0	0	0	0
0	0	2	0	후25	홍순학	31	대기	대기	7	장혁진	후8	0	2	0	0
0	2	3	0	후35	서형승	9			16	한석종		0	0	0	0
0	0	0	0		배해민	18			18	이동재		0	0	0	0
0	4	15	12(7)			0			0			12(5)	18	2	0

●전반 20분 김유성 GAR R-ST-G (득점: 김유성) 가운데

6월 10일 19:30 맑음 안양 종합 관중 583명
주심_ 임정수 부심_ 이규환·강동호 대기심_ 박진호 감독관_ 전인석

안양 1 0 전반 5 / 1 후반 0 **5 상주**

퇴장	경고	파울	ST(유)	교체	선수명	배번	위치	위치	배번	선수명	교체	ST(유)	파울	경고	퇴장
0	0	0	0		최필수	21	GK	GK	1	김근배		0	0	0	0
0	0	1	0		베리	29	DF	MF	2	이용		2	1	0	0
0	0	3	0		백동규	30	DF	MF	3	박진포	23	0	0	0	0
0	0	2	1		안동혁	5	DF	DF	4	강민수		0	0	0	0
0	1	4	0		구대영	90	DF	DF	22	곽광선		0	4	0	0
0	0	0	1	42	최진수	8	MF	DF	89	최호정		0	1	1	0
0	0	0	0		박태수	15	MF	MF	5	김성환		4(3)	3	1	0
0	0	3	0		안성빈	11	FW	MF	9	이승기	26	4(2)	0	0	0
0	0	2	2		주현재	16	MF	MF	16	최현태		1(1)	1	0	0
0	1	3	1	7	이효균	28	FW	FW	11	임상협		3(1)	0	0	0
0	0	1	3(3)	9	고경민	19	FW	FW	25	박기동	17	2(1)	0	0	0
0	0	0	0		남지훈	25			41	윤평국		0	0	0	0
0	0	0	0		유종현	35			23	최종환	후9	0	0	0	0
0	0	0	0		가솔현	3			14	권순형		0	0	0	0
0	0	0	0		김종성	6	대기	대기	15	이창훈		0	0	0	0
0	0	1	1	전37	정재용	42			17	황일수	후32	0	0	0	0
0	0	2	2(1)	후11	조성준	7			20	한상운		0	0	0	0
0	0	1	1	후35	이동현	9			26	김도엽	후5	0	0	0	0
0	2	23	12(4)			0			0			16(8)	10	2	0

●후반 20분 고경민 PK-R-G (득점: 고경민) 왼쪽

●전반 4분 임상협 GAL 내 R-ST-G (득점: 임상협) 오른쪽
●전반 14분 김성환 GAL 내 L-ST-G (득점: 김성환) 가운데
●전반 21분 임상협 PAL 내 ~ 김성환 AKL R-ST-G (득점: 김성환, 도움: 임상협) 오른쪽
●전반 24분 김성환 PAL 내 H ↷ 이승기 AK 내 R-ST-G (득점: 이승기, 도움: 김성환) 왼쪽
●전반 31분 임상협 GAR ~ 이승기 GA 정면 R-ST-G (득점: 이승기, 도움: 임상협) 오른쪽

6월 13일 19:00 흐리고 비 상주 시민 관중 682명
주심_ 박병진 부심_ 곽승순·김계용 대기심_ 서동진 감독관_ 전인석

상주 4 2 전반 0 / 2 후반 0 **0 충주**

퇴장	경고	파울	ST(유)	교체	선수명	배번	위치	위치	배번	선수명	교체	ST(유)	파울	경고	퇴장
0	0	0	0		김근배	1	GK	GK	1	황성민		0	0	0	0
0	0	1	0	55	강민수	4	DF	DF	2	정우재	11	0	1	0	0
0	0	0	0		곽광선	22	DF	DF	23	이택기		1	0	0	0
0	0	1	1		최호정	89	DF	DF	18	황수남		0	1	0	0
0	0	1	0		이용	2	MF	DF	16	김용찬		0	2	1	0
0	0	2	1(1)		박진포	3	MF	MF	21	오승범		0	5	1	0
0	0	1	3(2)		김성환	5	MF	MF	3	이현창		2	1	0	0
0	0	0	5(2)	17	임상협	11	MF	MF	19	임진욱		2(1)	4	0	0
0	0	0	4(1)		권순형	14	MF	MF	35	김병오		3	0	0	0
0	0	3	1(1)	25	이승기	9	FW	FW	10	박지민	24	1	1	0	0
0	0	0	5(3)		한상운	20	FW	FW	99	조석재	17	0	1	0	0
0	0	0	0		양동원	31			13	박청효		0	0	0	0
0	0	0	0		최종환	23			5	노형구		0	0	0	0
0	0	0	0	후21	안재훈	55			11	박요한	전39	0	1	1	0
0	0	0	0	후37	황일수	17	대기	대기	7	최승호		0	0	0	0
0	0	0	0		배일환	29			24	황재원	후18	0	1	0	0
0	0	0	0		이창훈	15			27	마르싱유		0	0	0	0
0	0	0	2	후27	박기동	25			17	심진의	후26	1	0	0	0
0	0	9	22(10)			0			0			10(1)	18	3	0

●전반 7분 한상운 GAL L-ST-G (득점: 한상운) 오른쪽
●전반 9분 강민수 자기측 HLR ↷ 임상협 GA 정면 L-ST-G (득점: 임상협, 도움: 강민수) 왼쪽
●후반 14분 이용 PAR ~ 한상운 GAL L-ST-G (득점: 한상운, 도움: 이용) 왼쪽
●후반 44분 황일수 GAR ~ 김성환 GAR R-ST-G (득점: 김성환, 도움: 황일수) 오른쪽

6월 13일 19:00 흐림 안양 종합 관중 1,052명
주심_ 임원택 부심_ 김영하·장종필 대기심_ 정동식 감독관_ 김진의

안양 0 0 전반 0 / 0 후반 1 **1 서울E**

퇴장	경고	파울	ST(유)	교체	선수명	배번	위치	위치	배번	선수명	교체	ST(유)	파울	경고	퇴장
0	0	0	0		최 필 수	21	GK	GK	1	김 영 광		0	0	0	0
0	0	1	0		가 솔 현	3	DF	DF	7	김 재 성		0	1	0	0
0	0	2	0		베 리	29	DF	DF	8	윤 성 열		0	0	0	0
0	1	3	0		백 동 규	30	MF	DF	14	황 도 연		0	2	0	0
0	1	0	1(1)		김 태 봉	22	DF	DF	20	양 기 훈		0	2	1	0
0	0	0	1	5	구 대 영	90	DF	MF	4	조 원 희		2(1)	2	1	0
0	0	1	3(3)	16	최 진 수	8	MF	MF	21	김 성 주		2(1)	1	0	0
0	1	1	0		박 태 수	15	MF	MF	26	김 창 욱	9	1	1	0	0
0	0	1	0		정 재 용	42	FW	FW	10	보 비		2(1)	0	0	0
0	0	1	3		안 성 빈	11	FW	FW	11	타라바이		3(2)	0	0	0
0	0	0	1(1)		고 경 민	19	FW	FW	18	주 민 규		2(1)	0	0	0
0	0	0	0		남 지 훈	25			25	이 범 수		0	0	0	0
0	0	0	0		유 종 현	35			15	조 향 기		0	0	0	0
0	0	0	1(1)	후37	안 동 혁	5			22	전 민 광		0	0	0	0
0	0	0	0		김 종 성	6	대기	대기	16	오 규 빈		0	0	0	0
0	0	0	0		박 승 렬	14			23	최 오 백		0	0	0	0
0	1	1	0	후30	주 현 재	16			13	조 우 진		0	0	0	0
0	0	0	0		김 대 한	13			9	라이언존슨	후25	3(1)	1	0	0
0	4	11	10(6)			0			0			15(7)	10	2	0

● 후반 44분 타라바이 PK-R-G (득점: 타라바이) 오른쪽

6월 14일 19:00 맑음 부천 종합 관중 511명
주심_ 매호영 부심_ 박인선·지승민 대기심_ 박필준 감독관_ 김수현

부천 2 1 전반 1 / 1 후반 0 **1 고양**

퇴장	경고	파울	ST(유)	교체	선수명	배번	위치	위치	배번	선수명	교체	ST(유)	파울	경고	퇴장
0	0	0	0		이 기 현	18	GK	GK	23	여 명 용		0	0	0	0
0	0	0	0		전 광 환	2	DF	DF	26	안 현 식		0	1	0	0
0	1	4	0		최 병 도	5	DF	DF	30	여 효 진		0	2	0	0
0	0	1	1		강 지 용	6	DF	DF	12	이 상 돈		0	1	0	0
0	0	1	0	8	이 학 민	14	DF	DF	14	하 인 호		0	3	0	0
0	1	1	0		김 영 남	13	MF	MF	31	홍 순 학		1	1	0	0
0	0	2	1		유 대 현	22	MF	MF	8	김 준 태		2	0	0	0
0	0	2	1(1)	99	이 현 승	88	MF	MF	16	진 창 수		3(1)	0	0	0
0	0	4	1		공 민 현	9	FW	MF	17	이 광 재	22	1	2	0	0
0	1	4	5(2)	55	호드리고	11	FW	FW	20	오 기 재		1	1	0	0
0	0	1	3(3)		김 륜 도	20	FW	FW	24	김 유 성	18	1(1)	2	0	0
0	0	0	0		강 훈	23			1	강 진 웅		0	0	0	0
0	0	0	0	후43	정 홍 연	55			3	김 성 식		0	0	0	0
0	0	0	0		주 광 선	7	대기	대기	22	황 규 범	전37	0	1	0	0
0	0	1	0	전45	송 원 재	8			15	박 태 형		0	0	0	0
0	0	0	0		황 신 영	16			18	배 해 민	후33	0	0	0	0
0	3	21	12(6)			0			0			9(2)	14	0	0

● 전반 18분 김륜도 GAL 내 L-ST-G (득점: 김륜도) 왼쪽
● 후반 33분 호드리고 PK-R-G (득점: 호드리고) 왼쪽
● 전반 41분 황규범 MFR → 김유성 PK 좌측지점 R-ST-G (득점: 김유성, 도움: 황규범) 왼쪽

6월 14일 19:00 흐림 창원 축구센터 관중 662명
주심_ 박진호 부심_ 강동호·송봉근 대기심_ 임정수 감독관_ 한병화

경남 0 0 전반 0 / 0 후반 0 **0 강원**

퇴장	경고	파울	ST(유)	교체	선수명	배번	위치	위치	배번	선수명	교체	ST(유)	파울	경고	퇴장
0	0	0	0		손 정 현	31	GK	GK	23	강 성 관		0	0	0	0
0	0	1	0		배 효 성	5	DF	DF	3	이 재 훈		0	1	0	0
0	0	1	0		최 성 환	6	DF	DF	20	김 오 규		0	0	0	0
0	0	0	1		우 주 성	15	DF	DF	25	김 용 진	8	1(1)	1	0	0
0	0	0	0		김 준 엽	3	MF	DF	77	백 종 환		0	0	0	0
0	0	3	1		이 호 석	4	MF	MF	33	이 한 샘		0	0	0	0
0	0	0	0		진 경 선	7	MF	MF	7	장 혁 진		1	2	0	0
0	0	0	3	24	임 창 균	19	MF	MF	16	한 석 종		2	1	0	0
0	0	2	0		정 현 철	20	MF	FW	11	서 보 민		5(1)	0	0	0
0	0	1	2(1)	11	송 수 영	10	FW	FW	19	김 동 기	9	1	3	0	0
0	0	3	1	18	스토야노비치	9	FW	FW	15	신 영 준	10	3(1)	2	0	0
0	0	0	0		최 봉 진	21			1	황 교 충		0	0	0	0
0	0	0	0		전 상 훈	12			2	최 우 재		0	0	0	0
0	0	0	0	후27	최 인 후	24			57	김 윤 호		0	0	0	0
0	0	0	0		박 지 수	28	대기	대기	8	이 우 혁	후0	1	1	0	0
0	0	0	0		손 형 준	14			9	최 승 인	후23	0	0	0	0
0	0	0	1	후15	김 슬 기	11			10	최 진 호	후33	1	0	0	0
0	0	0	0	후47	김 영 욱	18			12	벨 루 소		0	0	0	0
0	0	11	9(1)			0			0			15(3)	11	0	0

6월 15일 19:30 흐림 대구 스타디움 관중 537명
주심_ 김우성 부심_ 서무희·양재용 대기심_ 송민석 감독관_ 김정식

대구 3 0 전반 0 / 3 후반 0 **0 안산**

퇴장	경고	파울	ST(유)	교체	선수명	배번	위치	위치	배번	선수명	교체	ST(유)	파울	경고	퇴장
0	0	0	0		조 현 우	21	GK	GK	1	전 태 현		0	0	0	0
0	0	3	0		이 종 성	4	DF	DF	25	박 희 철		0	0	0	0
0	1	2	0		조 영 훈	13	DF	DF	2	배 승 진		0	2	0	0
0	1	1	0		이 원 재	20	DF	DF	5	안 재 준		0	4	0	0
0	0	0	1		이 준 희	22	MF	DF	17	신 광 훈		0	2	0	0
0	0	2	0		류 재 문	29	MF	MF	7	이 용 래		1	1	0	0
0	0	1	2(2)	2	세르징요	88	MF	MF	4	신 형 민		1(1)	0	0	0
0	0	1	2(1)		레 오	11	MF	MF	27	한 덕 희	6	1	3	0	0
0	0	3	1	10	문 기 한	14	MF	MF	18	김 병 석		3	0	0	0
0	1	0	1	28	노 병 준	17	FW	MF	24	강 승 조		1	0	0	0
0	1	1	4(4)		조 나 탄	7	FW	FW	14	박 희 도	10	0	4	0	0
0	0	0	0		이 양 종	1			31	김 대 호		0	0	0	0
0	0	0	0		박 성 용	5			6	정 혁	후33	0	0	0	0
0	0	0	0	후44	금 교 진	2			15	박 현 범		0	0	0	0
0	0	0	0	후38	황 순 민	10	대기	대기	22	유 호 준		0	0	0	0
0	0	0	0	후38	에 델	28			10	윤 준 하	후23	0	0	0	0
0	0	0	0		장 백 규	9			28	좌 준 협		0	0	0	0
0	0	0	0		김 진 혁	18			30	송 창 호		0	0	0	0
0	4	14	11(7)			0			0			7(1)	16	0	0

● 후반 9분 레오 GAL ~ 세르징요 PAL 내 R-ST-G (득점: 세르징요, 도움: 레오) 오른쪽
● 후반 29분 노병준 AK 내 H ↷ 세르징요 PAL 내 R-ST-G (득점: 세르징요, 도움: 노병준) 오른쪽
● 후반 32분 레오 PAR 내 R-ST-G (득점: 레오) 왼쪽

6월 20일 16 : 00 비 대구 스타디움 관중 504명
주심_ 박필준 부심_ 강동호·김계용 대기심_ 김우성 감독관_ 김일호

대구 2 1 전반 0 / 1 후반 0 **0 부천**

퇴장	경고	파울	ST(유)	교체	선수명	배번	위치	위치	배번	선수명	교체	ST(유)	파울	경고	퇴장
0	0	0	0		조현우	21	GK	GK	18	이기현		0	0	0	0
0	0	1	1		허재원	8	DF	DF	2	전광환		2	1	0	0
0	0	0	0		조영훈	13	DF	DF	14	이학민	16	0	1	0	0
0	0	3	1		이종성	4	DF	DF	55	정홍연		0	1	1	0
0	1	1	0		이준희	22	MF	MF	8	송원재		0	2	1	0
0	0	2	0		류재문	29	MF	MF	13	김영남	7	0	0	0	0
0	0	2	2	28	세르징요	88	MF	MF	22	유대현		0	2	1	0
0	0	0	0	2	레오	11	MF	FW	88	이현승	10	1	1	0	0
0	0	3	2(1)		문기한	14	MF	FW	9	공민현		1	4	0	0
0	1	2	1(1)	10	노병준	17	FW	DF	20	김륜도		1	2	0	0
0	0	0	5(4)		조나탄	7	FW	FW	99	알미르		4(2)	3	1	0
0	0	0	0		이양종	1			23	강훈		0	0	0	0
0	0	0	0		박성용	5			6	강지용		0	0	0	0
0	0	0	0	후36	금교진	2			7	주광선	후5	1(1)	2	0	0
0	0	0	0	후42	황순민	10	대기	대기	10	이민우	후0	3	0	0	0
0	0	0	0	후45	에델	28			15	박용준		0	0	0	0
0	0	0	0		장백규	9			16	황신영	후23	2(1)	0	0	0
0	0	0	0		김진혁	18			19	유준영		0	0	0	0
0	2	14	12(6)			0			0			15(4)	19	4	0

●전반 42분 조나탄 PAR ~ 노병준 PAR 내 R-ST-G (득점: 노병준, 도움: 조나탄) 오른쪽
●후반 16분 문기한 MF 정면 H→ 조나탄 GAR R-ST-G (득점: 조나탄, 도움: 문기한) 왼쪽

6월 20일 19 : 00 비 잠실 관중 2,494명
주심_ 박진호 부심_ 박상준·양재용 대기심_ 박병진 감독관_ 전인석

서울E 2 1 전반 0 / 1 후반 3 **3 상주**

퇴장	경고	파울	ST(유)	교체	선수명	배번	위치	위치	배번	선수명	교체	ST(유)	파울	경고	퇴장
0	0	0	0		김영광	1	GK	GK	1	김근배		0	0	1	0
0	1	3	1	22	김민제	2	DF	DF	4	강민수		0	0	0	0
0	0	1	0		윤성열	8	DF	DF	22	곽광선	55	0	1	0	0
0	1	1	0		황도연	14	DF	DF	89	최호정		0	1	0	0
0	0	2	0		양기훈	20	DF	MF	2	이용		0	1	1	0
0	0	0	0	9	김창욱	26	MF	MF	3	박진포		0	1	0	0
0	0	1	2		김성주	21	MF	MF	5	김성환		1(1)	2	0	0
0	0	1	3(2)		김재성	7	MF	MF	11	임상협		3(1)	2	0	0
0	0	3	0		보비	10	MF	MF	16	최현태	18	0	0	0	0
0	0	4	2(2)		타라바이	11	FW	FW	9	이승기	14	3(1)	0	0	0
0	0	5	5(5)		주민규	18	FW	FW	20	한상운		1	2	0	0
0	0	0	0		이범수	25			31	양동원		0	0	0	0
0	0	0	0		조향기	15			23	최종환		0	0	0	0
0	0	0	0	후43	전민광	22			55	안재훈	후30	0	0	0	0
0	0	0	0		오규빈	16	대기	대기	14	권순형	후36	1	0	0	0
0	0	0	0		최오백	23			17	황일수		0	0	0	0
0	0	0	0		조우진	13			18	이정협	후0	2(1)	2	0	0
0	0	2	0	후17	라이언존슨	9			25	박기동		0	0	0	0
0	2	23	13(9)			0			0			11(4)	12	2	0

●전반 13분 주민규 GAR 내 R-ST-G (득점: 주민규) 오른쪽
●후반 26분 윤성열 HLR TL ↷ 주민규 PAR 내 R-ST-G (득점: 주민규, 도움: 윤성열) 오른쪽
●후반 1분 이정협 AK 정면 ~ 이승기 GAR R-ST-G (득점: 이승기, 도움: 이정협) 오른쪽
●후반 8분 이용 PAR ↷ 이정협 GA 정면 L-ST-G (득점: 이정협, 도움: 이용) 왼쪽
●후반 12분 이정협 MFR ~ 임상협 GAR R-ST-G (득점: 임상협, 도움: 이정협) 오른쪽

6월 20일 19 : 00 맑음 속초 종합 관중 608명
주심_ 임정수 부심_ 서무희·박인선 대기심_ 매호영 감독관_ 하재훈

강원 3 3 전반 0 / 0 후반 1 **1 수원FC**

퇴장	경고	파울	ST(유)	교체	선수명	배번	위치	위치	배번	선수명	교체	ST(유)	파울	경고	퇴장
0	0	0	0		강성관	23	GK	GK	21	이인수		0	0	0	0
0	0	3	0		이재훈	3	DF	DF	2	임하람		1	3	0	0
0	0	1	0		김오규	20	DF	DF	5	블라단		1	2	1	0
0	0	1	0		이한샘	33	DF	MF	7	김서준		0	1	0	0
0	0	1	0		백종환	77	DF	FW	8	김혁진	24	0	0	0	0
0	1	2	1		한석종	16	MF	MF	13	배신영	33	0	0	0	0
0	0	1	0		이우혁	8	MF	DF	14	이준호	31	0	3	1	0
0	1	4	2	57	장혁진	7	MF	DF	15	김정빈		0	2	0	0
0	0	0	1		서보민	11	FW	FW	16	권용현		2(1)	3	1	0
0	0	3	4(3)	15	최승인	9	FW	MF	37	이관표		1	1	0	0
0	0	2	4(2)	10	벨루소	12	FW	FW	9	자파		3	1	0	0
0	0	0	0		황교충	1			23	박형순		0	0	0	0
0	0	0	0		최우재	2			25	김윤재		0	0	0	0
0	0	0	0		이동재	18			24	김부관	후0	0	0	0	0
0	1	4	0	후33	김윤호	57	대기	대기	31	황재훈	후24	0	2	0	0
0	0	0	0	후39	신영준	15			36	김종우		0	0	0	0
0	1	0	1(1)	후21	최진호	10			18	정민우		0	0	0	0
0	0	0	0		전병수	14			33	정기운	후16	1(1)	0	0	0
0	4	22	13(6)			0			0			9(2)	18	3	0

●전반 8분 이우혁 C.KR ↷ 최승인 GAL H-ST-G (득점: 최승인, 도움: 이우혁) 왼쪽
●전반 23분 벨루소 PA 정면 내 R-ST-G (득점: 벨루소) 오른쪽
●전반 42분 최승인 자기측 MFR ~ 벨루소 PAR 내 R-ST-G (득점: 벨루소, 도움: 최승인) 가운데
●후반 5분 김서준 HL 정면 ~ 권용현 AK 정면 R-ST-G (득점: 권용현, 도움: 김서준) 왼쪽

6월 21일 19 : 00 맑음 안산 와스타디움 관중 769명
주심_ 정동식 부심_ 양병은·지승민 대기심_ 이동준 감독관_ 한병화

안산 0 0 전반 0 / 0 후반 0 **0 안양**

퇴장	경고	파울	ST(유)	교체	선수명	배번	위치	위치	배번	선수명	교체	ST(유)	파울	경고	퇴장
0	0	0	0		전태현	1	GK	GK	21	최필수		0	0	0	0
0	0	1	0		박희철	25	DF	DF	3	가솔현		0	1	0	0
0	1	3	1(1)		신형민	4	DF	DF	29	베리		0	0	0	0
0	0	1	2		안재준	5	DF	MF	22	김태봉		0	0	0	0
0	0	1	1		신광훈	17	DF	MF	90	구대영		1	1	1	0
0	0	1	0		박현범	15	MF	MF	8	최진수		0	2	0	0
0	0	3	0		이용래	7	MF	DF	15	박태수		3(2)	1	0	0
0	1	2	1		강승조	24	MF	MF	42	정재용	28	3(2)	0	0	0
0	0	0	1(1)	8	정혁	6	MF	FW	7	조성준		0	2	1	0
0	0	1	2		박희도	14	FW	FW	11	안성빈	5	0	5	0	0
0	0	0	2(1)	27	김병석	18	FW	FW	19	고경민		6(4)	4	1	0
0	0	0	0		김대호	31			31	김선규		0	0	0	0
0	0	0	0	전30/10	조재철	8			30	백동규		0	0	0	0
0	0	0	0	후5	윤준하	10			35	유종현		0	0	0	0
0	0	0	0		송창호	30	대기	대기	5	안동혁	후20	0	0	0	0
0	0	0	0		배승진	2			6	김종성		0	0	0	0
0	0	0	0		좌준협	28			9	이동현		0	0	0	0
0	0	2	0	후26	한덕희	27			28	이효균	후34	1	0	0	0
0	2	15	10(3)			0			0			14(8)	16	3	0

Section 7 2015 경기기록부

6월 21일 19:00 맑음 고양 종합 관중 305명
주심_ 서동진 부심_ 김영하·송봉근 대기심_ 임원택 감독관_ 김용세

고양 2 2 전반 0 / 0 후반 2 **2 충주**

퇴장	경고	파울	ST(유)	교체	선수명	배번	위치	위치	배번	선수명	교체	ST(유)	파울	경고	퇴장
0	0	0	0		강진웅	1	GK	GK	1	황성민		0	0	0	0
0	0	1	0		박태형	15	DF	DF	11	박요한		1	1	0	0
0	0	1	0		여효진	30	DF	DF	23	이택기		1	1	0	0
0	0	0	1		이상돈	12	DF	DF	5	노형구		0	2	1	0
0	1	1	1		하인호	14	DF	DF	16	김용찬		0	1	0	0
0	0	4	1		이도성	7	MF	MF	21	오승범		1	2	1	0
0	0	2	1(1)		김준태	8	MF	MF	3	이현창	7	1	1	0	0
0	0	0	2(1)	22	진창수	16	MF	MF	17	심진의		0	1	0	0
0	0	0	0	18	홍순학	31	MF	MF	35	김병오		4(1)	4	0	0
0	0	2	4(2)		오기재	20	FW	FW	27	마르싱유	30	2	1	0	0
0	0	2	1(1)		김유성	24	FW	FW	99	조석재	24	1(1)	2	1	0
0	0	0	0		여명용	23			13	박청효		0	0	0	0
0	0	0	0		김성식	3			18	황수남		0	0	0	0
0	0	0	0	후45	황규범	22	대기	대기	4	엄진태		0	0	0	0
0	0	0	0		서형승	9			7	최승호	후22	0	0	0	0
0	0	0	0	후34	배해민	18			30	양상준	후7	0	0	0	0
0	1	13	11(5)			0			0			11(2)	16	3	0

● 전반 23분 홍순학 AK 정면 ~ 오기재 AKL L-ST-G (득점: 오기재, 도움: 홍순학) 오른쪽
● 전반 27분 이도성 PA 정면 내 ~ 김유성 PA 정면 내 R-ST-G (득점: 김유성, 도움: 이도성) 오른쪽
● 후반 32분 김병오 PA 정면 FK R-ST-G (득점: 김병오) 왼쪽
● 후반 38분 김병오 PAL ↷ 황재원 GAR H-ST-G (득점: 황재원, 도움: 김병오) 왼쪽

6월 27일 19:00 맑음 창원 축구센터 관중 1,448명
주심_ 정동식 부심_ 김성일·송봉근 대기심_ 서동진 감독관_ 한진원

경남 1 1 전반 1 / 0 후반 1 **2 부천**

퇴장	경고	파울	ST(유)	교체	선수명	배번	위치	위치	배번	선수명	교체	ST(유)	파울	경고	퇴장
0	0	0	0		손정현	31	GK	GK	18	이기현		0	0	0	0
0	0	0	0		배효성	5	DF	DF	2	전광환		0	0	0	0
0	0	0	1		최성환	6	DF	DF	5	최병도		0	0	0	0
0	0	2	1		우주성	15	DF	DF	6	강지용		0	0	0	0
0	0	1	0		진경선	7	MF	DF	14	이학민		2(1)	2	0	0
0	0	1	1	3	김슬기	11	MF	MF	13	김영남	55	1(1)	1	0	0
0	0	2	2(1)		전상훈	12	MF	MF	22	유대현		0	1	0	0
0	0	0	0	17	임창균	19	MF	MF	88	이현승		0	0	0	0
0	1	2	0		정현철	20	MF	FW	9	공민현	99	2	3	0	0
0	0	2	1(1)		스토야노비치	9	FW	FW	11	호드리고		2	1	1	0
0	0	1	2(2)	28	송수영	10	FW	FW	20	김륜도		3(2)	1	0	0
0	0	0	0		김교빈	1			23	강훈		0	0	0	0
0	0	0	'1	후0	김준엽	3			55	정홍연	후39	0	0	0	0
0	0	0	0		이상현	27			7	주광선		0	0	0	0
0	0	0	1	후38	박지수	28	대기	대기	10	이민우		0	0	0	0
0	0	0	0		이호석	4			15	박용준		0	0	0	0
0	0	0	0		손형준	14			16	황신영		0	0	0	0
0	0	0	0	후16	정성민	17			99	알미르	후14	0	0	0	0
0	1	11	10(4)			0			0			10(4)	9	1	0

● 전반 52초 임창균 AK 내 ~ 스토야노비치 GA 정면 R-ST-G (득점: 스토야노비치, 도움: 임창균) 왼쪽
● 전반 40분 김륜도 PK지점 백헤딩패스 ↷ 이학민 GAR R-ST-G (득점: 이학민, 도움: 김륜도) 오른쪽
● 후반 37분 김영남 AKL R-ST-G (득점: 김영남) 오른쪽

6월 27일 19:00 맑음 고양 종합 관중 381명
주심_ 김우성 부심_ 서무희·양재용 대기심_ 박진호 감독관_ 강창구

고양 2 1 전반 1 / 1 후반 0 **1 안양**

퇴장	경고	파울	ST(유)	교체	선수명	배번	위치	위치	배번	선수명	교체	ST(유)	파울	경고	퇴장
0	1	0	0		여명용	23	GK	GK	21	최필수		0	0	0	0
0	0	1	0		박태형	15	DF	DF	3	가솔현		0	2	0	0
0	1	0	0		여효진	30	DF	DF	29	베리		0	2	0	0
0	1	1	0		이상돈	12	DF	DF	22	김태봉		0	2	1	0
0	1	4	1(1)		황규범	22	DF	DF	5	안동혁		1	6	0	0
0	0	0	0		이도성	7	MF	MF	8	최진수	9	1(1)	0	0	0
0	0	0	0	3	김준태	8	MF	MF	15	박태수		3	4	0	0
0	0	2	2(2)		진창수	16	FW	MF	42	정재용		3(2)	3	0	0
0	1	3	0	18	홍순학	31	FW	FW	13	김대한	16	1	1	1	0
0	0	1	2		오기재	20	MF	FW	7	조성준		0	1	1	0
0	0	1	3(2)		김유성	24	FW	FW	28	이효균	11	4(3)	0	0	0
0	0	0	0		강진웅	1			31	김선규		0	0	0	0
0	0	0	0	후39	김성식	3			35	유종현		0	0	0	0
0	0	0	0		오주호	5	대기	대기	6	김종성		0	0	0	0
0	0	0	0		서형승	9			16	주현재	후29	0	0	0	0
0	0	0	1	후31	배해민	18			18	최동혁		0	0	0	0
0	5	13	9(5)			0			0			13(6)	21	3	0

● 전반 18분 진창수 PA 정면 R-ST-G (득점: 진창수) 왼쪽
● 후반 22분 김유성 PK-R-G (득점: 김유성) 오른쪽
● 전반 43분 이효균 GA 정면 내 R-ST-G (득점: 이효균) 가운데

6월 27일 19:00 맑음 충주 종합 관중 899명
주심_ 임원택 부심_ 지승민·장종필 대기심_ 임정수 감독관_ 김진의

충주 1 0 전반 1 / 1 후반 0 **1 대구**

퇴장	경고	파울	ST(유)	교체	선수명	배번	위치	위치	배번	선수명	교체	ST(유)	파울	경고	퇴장
0	0	0	0		황성민	1	GK	GK	21	조현우		0	0	0	0
0	0	1	0		박요한	11	DF	DF	8	허재원		0	0	0	0
0	0	0	0		이택기	23	DF	DF	13	조영훈		0	0	0	0
0	0	0	1	5	황수남	18	DF	DF	4	이종성		1	1	0	0
0	0	2	2(2)		정우재	2	DF	MF	16	김동진		1	0	0	0
0	0	0	0		최승호	7	MF	MF	29	류재문		0	2	0	0
0	0	3	1		이현창	3	MF	MF	88	세르징요	25	0	1	0	0
0	0	1	0	27	양상준	30	MF	MF	11	레오		2(1)	2	0	0
0	0	2	2(1)		김병오	35	MF	MF	14	문기한	20	2(2)	1	0	0
0	0	0	1		심진의	17	FW	FW	28	에델	9	2(2)	1	0	0
0	0	0	1(1)	24	조석재	99	FW	FW	7	조나탄		6(1)	2	0	0
0	0	0	0		박청효	13			1	이양종		0	0	0	0
0	0	0	0		김용찬	16			20	이원재	후45	0	0	0	0
0	0	0	0		엄진태	4			2	금교진		0	0	0	0
0	0	0	2(1)	후0	마르싱유	27	대기	대기	10	황순민		0	0	0	0
0	0	0	0		박지민	10			25	김현수	후32	0	0	0	0
0	0	0	0	후41	노형구	5			9	장백규	후13	1	1	0	0
0	0	0	1(1)	후27	황재원	24			18	김진혁		0	0	0	0
0	0	9	11(6)			0			0			15(6)	11	0	0

● 후반 15분 정우재 GA 정면 L-ST-G (득점: 정우재) 오른쪽
● 전반 13분 문기한 MFR ~ 조나탄 PA 정면 내 R-ST-G (득점: 조나탄, 도움: 문기한) 왼쪽

6월 28일 19:00 맑음 안산 와스타디움 관중 1,056명
주심_ 박병진 부심_ 강동호·김계용 대기심_ 박필준 감독관_ 전인석

안산 0 (0 전반 0 / 0 후반 1) **1 서울E**

퇴장	경고	파울	ST(유)	교체	선수명	배번	위치	위치	배번	선수명	교체	ST(유)	파울	경고	퇴장
0	0	0	0		전태현	1	GK	GK	1	김영광		0	0	0	0
0	0	0	1	9	송창호	30	DF	DF	7	김재성		0	1	0	0
0	0	0	2(1)		신형민	4	DF	DF	8	윤성열		1	0	0	0
0	1	3	1		안재준	5	DF	DF	14	황도연		0	3	0	0
0	0	2	0		배승진	2	DF	DF	5	칼라일미첼		0	0	0	0
0	0	3	2	10	좌준협	28	MF	MF	4	조원희		0	1	0	0
0	0	0	1		최영준	26	MF	MF	21	김성주		1	1	0	0
0	0	0	0	25	강승조	24	MF	MF	22	전민광	26	1	3	0	0
0	0	0	1		한덕희	27	MF	MF	10	보비		2(2)	0	0	0
0	0	0	5(2)		김병석	18	MF	FW	11	타라바이	9	1(1)	5	1	0
0	0	2	1		박희도	14	FW	FW	18	주민규		3(2)	4	0	0
0	0	0	0		김대호	31			25	이범수		0	0	0	0
0	0	0	0		박현범	15			3	전현재		0	0	0	0
0	0	0	0	후8	박희철	25			20	양기훈		0	0	0	0
0	0	0	0		유호준	22	대기	대기	26	김창욱	후21	0	1	0	0
0	0	0	0	후34	이재권	9			23	최오백		0	0	0	0
0	0	0	0		한홍규	29			15	조향기		0	0	0	0
0	1	2	0	후24	윤준하	10			9	라이언존슨	후27	0	1	0	0
0	2	12	14(3)			0			0			9(5)	20	1	0

●후반 13분 보비 PAR ~ 주민규 PA 정면 내 R-ST-G (득점: 주민규, 도움: 보비) 오른쪽

6월 28일 19:00 맑음 수원 종합 관중 922명
주심_ 매호영 부심_ 양병은·김영하 대기심_ 이민후 감독관_ 김형남

수원FC 1 (0 전반 0 / 1 후반 0) **0 상주**

퇴장	경고	파울	ST(유)	교체	선수명	배번	위치	위치	배번	선수명	교체	ST(유)	파울	경고	퇴장
0	0	0	0		박형순	23	GK	GK	1	김근배		0	0	0	0
0	1	4	0	25	임하람	2	DF	DF	4	강민수		0	2	1	0
0	0	1	0		블라단	5	DF	DF	22	곽광선		0	0	0	0
0	1	0	0		오광진	19	DF	DF	89	최호정		0	2	0	0
0	0	0	0		김서준	7	MF	MF	2	이용		0	2	1	0
0	0	0	0		배신영	13	MF	MF	3	박진포		1(1)	1	1	0
0	0	2	1(1)		권용현	16	FW	MF	11	임상협	29	1	2	0	0
0	1	4	0	33	김부관	24	FW	MF	14	권순형		3(3)	1	1	0
0	0	0	0		황재훈	31	DF	MF	16	최현태	15	0	0	0	0
0	0	1	3(1)		이관표	37	MF	FW	9	이승기		3(1)	0	0	0
0	0	0	2	22	자파	9	FW	FW	25	박기동	17	1(1)	2	0	0
0	0	0	0		이인수	21			31	양동원		0	0	0	0
0	0	0	0	후23	김윤재	25			23	최종환		0	0	0	0
0	0	0	0		김혁진	8			55	안재훈		0	0	0	0
0	0	0	0		김정빈	15	대기	대기	5	김성환		0	0	0	0
0	0	0	1	후30	최명훈	22			17	황일수	후21	0	0	0	0
0	0	0	0		김종우	36			15	이창훈	후15	0	2	0	0
0	0	0	0	후36	정기운	33			29	배일환	후35	0	1	0	0
0	3	12	7(2)			0			0			9(6)	15	4	0

●후반 47분 이관표 PAR FK L-ST-G (득점: 이관표) 오른쪽

7월 01일 19:00 맑음 안산 와스타디움 관중 304명
주심_ 박필준 부심_ 박상준·박인선 대기심_ 성덕효 감독관_ 김용세

안산 0 (0 전반 1 / 0 후반 0) **1 경남**

퇴장	경고	파울	ST(유)	교체	선수명	배번	위치	위치	배번	선수명	교체	ST(유)	파울	경고	퇴장
0	0	0	0		전태현	1	GK	GK	31	손정현		0	0	0	0
0	0	0	0		송창호	30	DF	DF	5	배효성		0	3	1	0
0	0	1	0		신형민	4	DF	DF	6	최성환	28	0	1	0	0
0	0	1	0	14	박희철	25	DF	DF	15	우주성		0	1	0	0
0	0	3	0		배승진	2	DF	MF	3	김준엽		0	2	0	0
0	0	3	3(1)	9	유호준	22	MF	MF	7	진경선		0	2	1	0
0	0	1	1		한덕희	27	MF	MF	12	전상훈		0	2	0	0
0	0	1	2		강승조	24	MF	MF	14	손형준		0	0	0	0
0	1	1	2		최영준	26	MF	MF	19	임창균	17	1	0	0	0
0	0	1	5(2)		김병석	18	MF	FW	9	스토야노비치	18	1	2	0	0
0	0	0	1	23	윤준하	10	FW	FW	11	김슬기		1(1)	1	0	0
0	0	0	0		이진형	21			21	최봉진		0	0	0	0
0	0	0	0		박현범	15			2	최성민		0	0	0	0
0	0	0	2	후0	박희도	14			28	박지수	후0	0	1	0	0
0	0	0	0		좌준협	28	대기	대기	4	이호석		0	0	0	0
0	0	0	0		조재철	8			10	송수영		0	0	0	0
0	0	1	0	후32	강종국	23			17	정성민	후22	0	0	0	0
0	0	1	1	후8	이재권	9			18	김영욱	후25	0	0	0	0
0	1	14	17(3)			0			0			3(1)	15	2	0

●전반 10분 전상훈 PAL ~ 김슬기 GAR 내 R-ST-G (득점: 김슬기, 도움: 전상훈) 오른쪽

7월 01일 19:00 맑음 상주 시민 관중 1,173명
주심_ 김영수 부심_ 강동호·장종필 대기심_ 임원택 감독관_ 김수현

상주 0 (0 전반 0 / 0 후반 0) **0 고양**

퇴장	경고	파울	ST(유)	교체	선수명	배번	위치	위치	배번	선수명	교체	ST(유)	파울	경고	퇴장
0	0	0	0		김근배	1	GK	GK	1	강진웅		0	0	0	0
0	0	0	0		강민수	4	DF	DF	15	박태형		1	0	0	0
0	0	3	1		곽광선	22	DF	DF	30	여효진		0	0	0	0
0	0	2	2		안재훈	55	DF	DF	12	이상돈		0	0	0	0
0	1	1	0		이용	2	DF	DF	22	황규범	14	0	2	0	0
0	1	3	2		김성환	5	MF	MF	7	이도성		1(1)	3	0	0
0	0	0	0		임상협	11	MF	MF	8	김준태		2(1)	1	0	0
0	0	1	1(1)	17	권순형	14	MF	MF	16	진창수	3	1(1)	0	0	0
0	0	0	1	25	최종환	23	MF	MF	31	홍순학	18	0	1	0	0
0	0	1	4(2)		이승기	9	FW	FW	20	오기재		0	0	0	0
0	0	1	3(1)	26	한상운	20	FW	FW	24	김유성		1(1)	4	0	0
0	0	0	0		윤평국	41			21	이승규		0	0	0	0
0	0	0	0		박경익	27			3	김성식	후42	0	0	0	0
0	0	0	0		김경민	44			5	오주호		0	0	0	0
0	0	0	0		최현태	16	대기	대기	14	하인호	후27	1	0	0	0
0	0	0	1	후16	황일수	17			9	서형승		0	0	0	0
0	0	2	5(1)	후0	박기동	25			18	배해민	후0	1	1	0	0
0	2	14	20(5)			0			0			8(4)	12	0	0

7월 01일 19 : 30 맑음 부천 종합 관중 671명
주심_ 박진호 부심_ 지승민 · 양재용 대기심_ 박병진 감독관_ 김정식

부천 2 | 0 전반 0 / 2 후반 2 | **2 수원FC**

퇴장	경고	파울	ST(유)	교체	선수명	배번	위치	위치	배번	선수명	교체	ST(유)	파울	경고	퇴장
0	0	0	0		이기현	18	GK	GK	23	박형순		0	0	0	0
0	0	1	0	55	전광환	2	DF	DF	5	블라단		0	0	0	0
0	1	2	0		최병도	5	DF	DF	19	오광진		0	1	0	0
0	0	3	0		강지용	6	DF	DF	25	김윤재	17	1(1)	0	1	0
0	0	0	0		이학민	14	DF	MF	7	김서준		1	2	0	0
0	0	0	3		김영남	13	MF	MF	13	배신영		2(1)	1	0	0
0	1	2	3(1)	8	유대현	22	MF	FW	16	권용현		1	3	0	0
0	0	1	3(2)		공민현	9	MF	DF	31	황재훈		0	1	0	0
0	0	1	3(1)	16	호드리고	11	FW	MF	37	이관표		0	1	0	0
0	0	4	1		김륜도	20	FW	FW	6	조인형	22	1	1	0	0
0	0	0	4(1)		알미르	99	FW	FW	33	정기운		3(2)	2	0	0
0	0	0	0		강훈	23			21	이인수		0	0	0	0
0	0	1	0	후37	정홍연	55			17	김창훈	후42	0	1	1	0
0	0	1	1	후0	송원재	8			8	김혁진		0	0	0	0
0	0	0	0		이민우	10	대기	대기	15	김정빈		0	0	0	0
0	0	0	0		박용준	15			22	최명훈	후0/11	1	1	0	0
0	0	1	0	후40	황신영	16			36	김종우		0	0	0	0
0	0	0	0		유준영	19			11	박종찬	후37	0	0	0	0
0	2	17	18(5)			0			0			10(4)	14	2	0

● 후반 6분 호드리고 PK-R-G (득점: 호드리고) 왼쪽
● 후반 47분 알미르 PAR 내 ~ 공민현 GAR 내 R-ST-G (득점: 공민현, 도움: 알미르) 왼쪽

● 후반 13분 이관표 PAR TL FK ↷ 김윤재 GA 정면 H-ST-G (득점: 김윤재, 도움: 이관표) 오른쪽
● 후반 34분 이관표 PAL ↷ 정기운 GA 정면 내 R-ST-G (득점: 정기운, 도움: 이관표) 왼쪽

7월 01일 19 : 30 맑음 안양 종합 관중 678명
주심_ 서동진 부심_ 김영하 · 김계용 대기심_ 김덕철 감독관_ 전인석

안양 2 | 0 전반 0 / 2 후반 2 | **2 강원**

퇴장	경고	파울	ST(유)	교체	선수명	배번	위치	위치	배번	선수명	교체	ST(유)	파울	경고	퇴장
0	0	0	0		최필수	21	GK	GK	1	황교충		0	0	0	0
0	1	2	0		가솔현	3	DF	DF	3	이재훈		1	1	0	0
0	0	2	0		백동규	30	DF	DF	6	박용호		2(2)	1	0	0
0	0	1	1		구대영	90	DF	DF	33	이한샘		0	2	0	0
0	0	2	1		안동혁	5	DF	DF	77	백종환		1(1)	2	0	0
0	1	4	3(3)		최진수	8	MF	MF	16	한석종		2	2	0	0
0	0	0	4(3)		고경민	19	MF	MF	7	장혁진		0	4	1	0
0	0	3	0		김종성	6	MF	MF	8	이우혁	22	1	2	0	0
0	0	2	2(2)	17	조성준	7	FW	FW	15	신영준	57	2(1)	0	0	0
0	0	0	3(1)	16	김대한	13	FW	FW	9	최승인		3(3)	1	0	0
0	0	3	2(1)	11	이효균	28	FW	FW	12	벨루소	19	1(1)	1	0	0
0	0	0	0		김선규	31			23	강성관		0	0	0	0
0	0	0	0		베리	29			2	최우재		0	0	0	0
0	0	0	0		박태수	15			25	김용진		0	0	0	0
0	0	1	1	후16	주현재	16	대기	대기	57	김윤호	후25	0	0	0	0
0	0	0	0	후38	김선민	17			22	이한음	후40	0	0	0	0
0	0	0	1(1)	후16	안성빈	11			19	김동기	후0	2(2)	0	0	0
0	0	0	0		박승렬	14			14	전병수		0	0	0	0
0	2	20	18(11)			0			0			15(10	16	1	0

● 후반 17분 최진수 MF 정면 ~ 고경민 GAL L-ST-G (득점: 고경민, 도움: 최진수) 오른쪽
● 후반 24분 고경민 GAR H-ST-G (득점: 고경민) 가운데

● 후반 13분 신영준 (대기) MFR ↷ 김동기 PA 정면 내 H-ST-G (득점: 김동기, 도움: 신영준 (대기)) 왼쪽
● 후반 20분 백종환 AKR R-ST-G (득점: 백종환) 왼쪽

7월 01일 19 : 30 맑음 대구 스타디움 관중 1,060명
주심_ 임정수 부심_ 서무희 · 양병은 대기심_ 매호영 감독관_ 한진원

대구 1 | 0 전반 0 / 1 후반 0 | **0 서울E**

퇴장	경고	파울	ST(유)	교체	선수명	배번	위치	위치	배번	선수명	교체	ST(유)	파울	경고	퇴장
0	0	0	0		조현우	21	GK	GK	1	김영광		0	0	0	0
0	0	0	0		허재원	8	DF	DF	7	김재성		0	2	0	0
0	0	4	0		조영훈	13	DF	DF	8	윤성열		2	0	0	0
0	0	0	0		이종성	4	DF	DF	14	황도연		2	0	0	0
0	0	2	0		이준희	22	MF	DF	5	칼라일미첼		1	2	0	0
0	0	0	0		류재문	29	MF	MF	4	조원희		1(1)	1	0	0
0	0	0	0	28	세르징요	88	MF	MF	21	김성주		0	0	0	0
0	0	1	1		레오	11	MF	MF	22	전민광	26	1(1)	0	0	0
0	0	2	2(1)		문기한	14	MF	MF	10	보비	23	3(1)	0	0	0
0	0	1	3(2)		노병준	17	FW	FW	9	라이언존슨	15	2(1)	2	0	0
0	0	1	4(1)		조나탄	7	FW	FW	18	주민규		2(1)	1	0	0
0	0	0	0		이양종	1			25	이범수		0	0	0	0
0	0	0	0		이원재	20			24	전기성		0	0	0	0
0	0	0	0		금교진	2			20	양기훈		0	0	0	0
0	0	0	0		황순민	10	대기	대기	26	김창욱	후12	0	0	0	0
0	0	0	0	후37	에델	28			23	최오백	후39	0	0	0	0
0	0	0	0		장백규	9			15	조향기	후27	1	1	0	0
0	0	0	0		김진혁	18			2	김민제		0	0	0	0
0	0	11	10(4)			0			0			15(5	9	0	0

● 후반 45분 노병준 자기측 HL 정면 ~ 조나탄 GAR R-ST-G (득점: 조나탄, 도움: 노병준) 왼쪽

7월 04일 19 : 00 맑음 속초 종합 관중 1,205명
주심_ 매호영 부심_ 지승민 · 송봉근 대기심_ 박필준 감독관_ 김형남

강원 3 | 2 전반 1 / 1 후반 0 | **1 서울E**

퇴장	경고	파울	ST(유)	교체	선수명	배번	위치	위치	배번	선수명	교체	ST(유)	파울	경고	퇴장
0	0	0	0		강성관	23	GK	GK	1	김영광		0	0	0	0
0	0	3	0		이재훈	3	DF	DF	2	김민제		0	0	0	0
0	0	2	0	2	서명식	26	DF	DF	8	윤성열		0	0	0	0
0	0	0	1		이한샘	33	DF	DF	14	황도연	9	0	0	0	0
0	0	0	0		백종환	77	DF	DF	5	칼라일미첼		0	1	1	0
0	0	0	0	16	이우혁	8	MF	MF	4	조원희		2(1)	1	0	0
0	1	1	1(1)		서보민	11	MF	MF	21	김성주		2(1)	1	0	0
0	0	1	3(1)		김윤호	57	MF	MF	26	김창욱		0	1	0	0
0	0	0	1	12	최승인	9	FW	MF	7	김재성		0	1	0	0
0	0	0	1(1)		최진호	10	FW	FW	11	타라바이		2	3	1	0
0	0	1	3(3)		헤난	89	FW	FW	18	주민규		3	1	0	0
0	0	0	0		황교충	1			41	김현성		0	0	0	0
0	0	0	0	후29	최우재	2			24	전기성		0	0	0	0
0	0	1	0	후25	한석종	16			20	양기훈		0	0	0	0
0	0	0	0		이동재	18	대기	대기	10	보비		0	0	0	0
0	0	0	0		이한음	22			22	전민광		0	0	0	0
0	0	0	0		신영준	15			15	조향기		0	0	0	0
0	0	0	1(1)	후21	벨루소	12			9	라이언존슨	후38	1	0	0	0
0	1	9	11(7)			0			0			10(2	9	2	0

● 전반 3분 이우혁 C.KR ↷ 헤난 GAL 내 H-ST-G (득점: 헤난, 도움: 이우혁) 오른쪽
● 전반 13분 헤난 GAR 내 EL R-ST-G (득점: 헤난) 오른쪽
● 후반 45분 벨루소 GAL L-ST-G (득점: 벨루소) 왼쪽

● 전반 21분 조원희 PA 정면 R-ST-G (득점: 조원희) 오른쪽

7월 04일 19:00 맑음 수원 종합 관중 1,080명
주심_ 박병진 부심_ 강동호·장종필 대기심_ 박영록 감독관_ 김진의

수원FC 0 | 0 전반 0 / 0 후반 0 | **0 안양**

퇴장	경고	파울	ST(유)	교체	선수명	배번	위치	위치	배번	선수명	교체	ST(유)	파울	경고	퇴장
0	0	0	0		박형순	23	GK	GK	21	최필수		0	0	0	0
0	1	2	1		임하람	2	DF	DF	29	베리		1	1	0	0
0	0	3	1(1)		블라단	5	DF	DF	30	백동규		2(1)	1	0	0
0	0	0	0		오광진	19	DF	DF	16	주현재		0	2	0	0
0	0	1	3(1)		김서준	7	MF	DF	90	구대영		0	0	0	0
0	0	1	2	22	배신영	13	MF	MF	6	김종성		1	1	0	0
0	1	3	4(1)		권용현	16	FW	MF	17	김선민	8	2(1)	0	0	0
0	0	1	2(1)	18	김부관	24	FW	FW	19	고경민		1(1)	1	0	0
0	0	1	0		황재훈	31	DF	MF	42	정재용		2(1)	2	0	0
0	0	0	0	36	이관표	37	MF	FW	11	안성빈	5	3(3)	4	0	0
0	0	1	4(1)		정기운	33	FW	FW	13	김대한	7	2	0	0	0
0	0	0	0		이인수	21			31	김선규		0	0	0	0
0	0	0	0		김윤재	25			3	가솔현		0	0	0	0
0	0	0	0		김혁진	8			5	안동혁	후31	0	1	0	0
0	0	0	0		김정빈	15	대기	대기	7	조성준	후0	0	0	0	0
0	0	2	1	후39	최명훈	22			8	최진수	후21	1	0	0	0
0	0	1	1	후0	김종우	36			9	이동현		0	0	0	0
0	0	0	0	후22	정민우	18			14	박승렬		0	0	0	0
0	2	16	19(5)			0			0			15(7)	13	0	0

7월 04일 19:00 흐림 고양 종합 관중 446명
주심_ 임원택 부심_ 양병은·김영하 대기심_ 서동진 감독관_ 하재훈

고양 1 | 1 전반 0 / 0 후반 2 | **2 안산**

퇴장	경고	파울	ST(유)	교체	선수명	배번	위치	위치	배번	선수명	교체	ST(유)	파울	경고	퇴장
0	0	0	0		강진웅	1	GK	GK	1	전태현		0	0	0	0
0	0	1	0		김성식	3	DF	DF	30	송창호		0	1	1	0
0	0	3	0		여효진	30	DF	DF	4	신형민		1(1)	1	0	0
0	0	1	0		이상돈	12	DF	DF	5	안재준		0	2	1	0
0	0	0	1		하인호	14	DF	DF	2	배승진		0	1	1	0
0	0	0	0	31	이도성	7	MF	MF	28	좌준협	17	0	1	0	0
0	2	2	0		김준태	8	MF	MF	15	박현범		2(1)	0	0	0
0	0	1	4		진창수	16	FW	MF	18	김병석		0	3	0	0
0	0	2	1		오기재	20	MF	MF	9	이재권	10	3(1)	3	1	0
0	0	0	1(1)	9	배해민	18	FW	MF	8	조재철	29	1(1)	3	0	0
0	0	2	2(2)	22	김유성	24	FW	FW	14	박희도		0	1	1	0
0	0	0	0		여명용	23			21	이진형		0	0	0	0
0	0	0	0		김성훈	4			17	신광훈	후0	0	3	1	0
0	0	0	0		오주호	5			22	유호준		0	0	0	0
0	0	0	1(1)	후36	황규범	22	대기	대기	10	윤준하	후39	0	2	1	0
0	0	1	0	후32	홍순학	31			26	최영준		0	0	0	0
0	0	0	1	후15	서형승	9			24	강승조		0	0	0	0
0	0	0	0		박성호	13			29	한홍규	후13	1(1)	1	0	0
0	2	13	11(4)			0			0			8(5)	22	7	0

- 전반 8분 김유성 PK-R-G (득점: 김유성) 오른쪽
- 후반 15분 김병석 PAR 내 ~ 신형민 AK 정면 R-ST-G (득점: 신형민, 도움: 김병석) 오른쪽
- 후반 27분 이재권 GAR EL ~ 박현범 GA 정면 내 R-ST-G (득점: 박현범, 도움: 이재권) 가운데

7월 05일 20:00 맑음 충주 종합 관중 1,117명
주심_ 김영수 부심_ 서무희·김계용 대기심_ 임정수 감독관_ 전인석

충주 1 | 0 전반 0 / 1 후반 1 | **1 경남**

퇴장	경고	파울	ST(유)	교체	선수명	배번	위치	위치	배번	선수명	교체	ST(유)	파울	경고	퇴장
0	0	0	0		황성민	1	GK	GK	31	손정현		0	0	0	0
0	0	1	0	11	노연빈	8	DF	DF	5	배효성	28	0	1	1	0
0	1	2	0		이택기	23	DF	DF	6	최성환		0	2	0	0
0	0	1	0		노형구	5	DF	DF	15	우주성		0	2	0	0
0	0	1	0		정우재	2	DF	MF	3	김준엽		3	4	1	0
0	0	1	1	3	최승호	7	MF	MF	7	진경선	4	0	2	0	0
0	0	0	1		오승범	21	MF	MF	12	전상훈		0	2	1	0
0	0	1	0	24	마르싱유	27	MF	MF	22	송주한		0	3	0	0
0	0	1	1		김병오	35	MF	MF	10	송수영	19	1	0	0	0
0	0	0	0		심진의	17	FW	FW	11	김슬기		1	2	0	0
0	0	1	1		조석재	99	FW	FW	17	정성민		1	2	1	0
0	0	0	0		박청효	13			1	김교빈		0	0	0	0
0	1	1	0	후21	박요한	11			27	이상현		0	0	0	0
0	0	0	0		황수남	18			28	박지수	후0	2(2)	1	1	0
0	0	1	0	후37	이현창	3	대기	대기	4	이호석	후39	1	0	0	0
0	0	0	0		김규남	33			14	손형준		0	0	0	0
0	2	1	1(1)	후21	황재원	24			18	김영욱		0	0	0	0
0	0	0	0		엄진태	4			19	임창균	후19	3(1)	0	0	0
0	4	12	5(1)			0			0			12(3)	21	5	0

- 후반 36분 심진의 PAR ↷ 황재원 GA 정면 H-ST-G (득점: 황재원, 도움: 심진의) 왼쪽
- 후반 44분 우주성 PAR ~ 박지수 AKR R-ST-G (득점: 박지수, 도움: 우주성) 왼쪽

7월 05일 19:30 흐림 대구 스타디움 관중 1,216명
주심_ 정동식 부심_ 박상준·양재용 대기심_ 김대용 감독관_ 한병화

대구 2 | 2 전반 0 / 0 후반 2 | **2 상주**

퇴장	경고	파울	ST(유)	교체	선수명	배번	위치	위치	배번	선수명	교체	ST(유)	파울	경고	퇴장
0	0	0	0		조현우	21	GK	GK	1	김근배		0	0	0	0
0	0	0	2(1)		허재원	8	DF	DF	4	강민수		0	0	0	0
0	0	0	0		조영훈	13	DF	DF	55	안재훈		2	4	0	0
0	0	1	0	20	이종성	4	DF	DF	89	최호정		0	0	0	0
0	1	2	1		이준희	22	MF	MF	3	박진포		1(1)	1	0	0
0	0	0	1(1)		류재문	29	MF	MF	11	임상협		1	3	0	0
0	0	1	0	28	세르징요	88	MF	MF	14	권순형	25	0	0	0	0
0	0	2	2(1)		레오	11	MF	MF	16	최현태	15	1(1)	2	0	0
0	0	1	1(1)		문기한	14	MF	MF	23	최종환		1	0	0	0
0	1	2	4(2)		노병준	17	FW	FW	9	이승기		1	1	0	0
0	0	2	6(4)		조나탄	7	FW	FW	20	한상운	17	4(2)	2	0	0
0	0	0	0		이양종	1			41	윤평국		0	0	0	0
0	0	0	0	후13	이원재	20			6	여성해		0	0	0	0
0	0	0	0		김동진	16			22	곽광선		0	0	0	0
0	0	0	0		금교진	2	대기	대기	17	황일수	후16	0	1	0	0
0	0	0	0		황순민	10			27	박경익		0	0	0	0
0	0	0	0		장백규	9			15	이창훈	후16	1(1)	0	0	0
0	0	1	1	후25	에델	28			25	박기동	전36	2(1)	1	0	0
0	2	12	18(10)			0			0			14(6)	15	0	0

- 전반 31분 문기한 PK지점 ~ 노병준 GAL L-ST-G (득점: 노병준, 도움: 문기한) 오른쪽
- 전반 36분 노병준 AK 내 ~ 조나탄 GAR L-ST-G (득점: 조나탄, 도움: 노병준) 왼쪽
- 후반 21분 박진포 AK 내 L-ST-G (득점: 박진포) 가운데
- 후반 42분 이창훈 PK-R-G (득점: 이창훈) 왼쪽

7월 08일 19 : 00 비 속초 종합 관중 525명
주심_ 박병진 부심_ 강동호·양재용 대기심_ 최대우 감독관_ 김용세

강원 0 0 전반 1 / 0 후반 0 **1 충주**

퇴장	경고	파울	ST(유)	교체	선수명	배번	위치	위치	배번	선수명	교체	ST(유)	파울	경고	퇴장
0	0	0	0		강성관	23	GK	GK	1	황성민		0	0	0	0
0	0	4	0		이재훈	3	DF	DF	11	박요한	3	0	2	0	0
0	0	1	0		서명식	26	DF	DF	23	이택기		0	2	0	0
0	0	0	0		이한샘	33	DF	DF	5	노형구		0	0	0	0
0	0	3	1		백종환	77	DF	DF	2	정우재		0	1	0	0
0	0	0	0	7	이우혁	8	MF	MF	8	노연빈		0	4	1	0
0	0	0	4(3)		서보민	11	MF	MF	21	오승범		1(1)	0	0	0
0	1	3	1		김윤호	57	MF	MF	7	최승호		1(1)	0	0	0
0	0	0	1	91	최승인	9	FW	FW	35	김병오		1	0	0	0
0	0	1	2(1)	12	최진호	10	FW	FW	17	심진의	33	0	1	0	0
0	0	0	2(1)		헤난	89	FW	FW	99	조석재	10	4(2)	1	0	0
0	0	0	0		황교충	1			13	박청효		0	0	0	0
0	0	0	0		박용호	6			3	이현창	후33	0	0	0	0
0	0	0	0		한석종	16			4	엄진태		0	0	0	0
0	0	0	0		이동재	18	대기	대기	33	김규남	후40	0	0	1	0
0	0	1	0	후16	장혁진	7			10	박지민	후44	0	0	0	0
0	0	0	1(1)	후16	지우	91			6	양세운		0	0	0	0
0	0	1	0	후31	벨루소	12			18	황수남		0	0	0	0
0	1	14	12(6)			0			0			7(4)	11	2	0

●전반 37분 오승범 PAR 내 ~ 조석재 PA 정면 내 R-ST-G (득점: 조석재, 도움: 오승범) 오른쪽

7월 08일 19 : 00 흐림 창원 축구센터 관중 659명
주심_ 서동진 부심_ 지승민·장종필 대기심_ 매호영 감독관_ 김일호

경남 0 0 전반 0 / 0 후반 1 **1 대구**

퇴장	경고	파울	ST(유)	교체	선수명	배번	위치	위치	배번	선수명	교체	ST(유)	파울	경고	퇴장
0	0	0	0		손정현	31	GK	GK	21	조현우		0	0	0	0
0	0	2	0		최성환	6	DF	DF	8	허재원		1(1)	0	0	0
0	0	2	1	14	최성민	2	DF	DF	13	조영훈		0	1	0	0
0	0	0	0		우주성	15	DF	DF	4	이종성		1(1)	1	0	0
0	0	0	0		진경선	7	MF	MF	16	김동진	10	1(1)	1	0	0
0	0	1	0		김준엽	3	MF	MF	29	류재문		2(1)	0	0	0
0	0	0	1		전상훈	12	MF	MF	88	세르징요	28	0	1	0	0
0	0	1	0		송주한	22	MF	MF	11	레오		2(1)	0	0	0
0	0	0	1	17	최인후	24	MF	MF	14	문기한	18	2(1)	3	0	0
0	0	2	0	27	김슬기	11	FW	FW	17	노병준		3	1	0	0
1	0	1	0		김영욱	18	FW	FW	7	조나탄		2(1)	1	0	0
0	0	0	0		최봉진	21			1	이양종		0	0	0	0
0	0	0	0		배효성	5			20	이원재		0	0	0	0
0	0	0	1(1)	후0	이상현	27			22	이준희		0	0	0	0
0	0	0	0	후17	손형준	14	대기	대기	2	금교진		0	0	0	0
0	0	0	0		임창균	19			10	황순민	후28	1	0	0	0
0	0	0	0		송수영	10			28	에델	후0	1(1)	1	0	0
0	0	0	1(1)	후22	정성민	17			18	김진혁	후44	0	0	0	0
1	0	9	5(2)			0			0			16(8)	10	0	0

●후반 49분 황순민 PAL FK~ 류재문 PA 정면 L-ST-G (득점: 류재문, 도움: 황순민) 오른쪽

7월 08일 19 : 00 흐림 안산 와스타디움 관중 804명
주심_ 박영록 부심_ 서무희·송봉근 대기심_ 김영수 감독관_ 전인석

안산 1 1 전반 0 / 0 후반 0 **0 수원FC**

퇴장	경고	파울	ST(유)	교체	선수명	배번	위치	위치	배번	선수명	교체	ST(유)	파울	경고	퇴장
0	0	0	0		전태현	1	GK	GK	23	박형순		0	0	0	0
0	0	1	2(1)		송창호	30	DF	DF	2	임하람		0	2	1	0
0	1	1	0		신형민	4	DF	DF	5	블라단		0	2	1	0
0	0	0	0		안재준	5	DF	DF	14	이준호		1	4	0	0
0	0	5	0		배승진	2	DF	DF	19	오광진		0	1	0	0
0	0	0	0	7	유호준	22	MF	MF	7	김서준		2(2)	1	0	0
0	0	2	0	29	박현범	15	MF	MF	13	배신영	17	2	3	0	0
0	0	1	0		이재권	9	MF	MF	24	김부관	37	1(1)	2	0	0
0	0	3	1(1)	19	강승조	24	MF	MF	36	김종우		3	3	0	0
0	0	0	1		김병석	18	FW	FW	18	정민우	8	0	0	0	0
0	0	0	1		박희도	14	FW	FW	33	정기운		3(2)	0	0	0
0	0	0	0		이진형	21			21	이인수		0	0	0	0
0	0	0	1	후13	이용래	7			17	김창훈	후33	0	0	0	0
0	0	0	0		박희철	25			8	김혁진	후6	1(1)	0	0	0
0	0	0	0	후44	김신철	19	대기	대기	15	김정빈		0	0	0	0
0	0	0	0		최영준	26			22	최명훈		0	0	0	0
0	0	0	0		좌준협	28			31	황재훈		0	0	0	0
0	1	2	1	후18	한홍규	29			37	이관표	후6	0	0	0	0
0	2	15	7(2)			0			0			13(6)	18	2	0

●전반 35분 강승조 AKR FK R-ST-G (득점: 강승조) 오른쪽

7월 08일 19 : 30 흐림 부천 종합 관중 573명
주심_ 임정수 부심_ 양병은·박인선 대기심_ 임원택 감독관_ 강창구

부천 1 0 전반 0 / 1 후반 1 **1 안양**

퇴장	경고	파울	ST(유)	교체	선수명	배번	위치	위치	배번	선수명	교체	ST(유)	파울	경고	퇴장
0	0	0	0		이기현	18	GK	GK	21	최필수		0	0	0	0
0	0	0	0		전광환	2	DF	DF	3	가솔현		0	0	0	0
0	0	2	0		최병도	5	DF	DF	29	베리		0	1	0	0
0	0	1	0		강지용	6	DF	DF	5	안동혁		3(1)	1	1	0
0	1	4	0		이학민	14	DF	DF	90	구대영		0	1	0	0
0	0	1	0	91	김영남	13	MF	MF	15	박태수		0	5	0	0
0	0	3	1	8	유대현	22	MF	MF	8	최진수		2	1	0	0
0	0	1	1	90	공민현	9	MF	MF	17	김선민		1	1	0	0
0	0	3	6(5)		호드리고	11	FW	FW	11	안성빈	19	3(1)	3	0	0
0	0	0	0		김륜도	20	FW	FW	14	박승렬	16	1	0	0	0
0	0	3	3(2)		알미르	99	FW	FW	9	이동현	28	2(1)	3	1	0
0	0	0	0		강훈	23			31	김선규		0	0	0	0
0	0	0	0		정홍연	55			35	유종현		0	0	0	0
0	0	3	0	후28	송원재	8			16	주현재	후0	3(1)	1	0	0
0	0	0	0		황신영	16	대기	대기	42	정재용		0	0	0	0
0	0	0	0		유준영	19			13	김대한		0	0	0	0
0	0	1	3(2)	후0	임경현	90			19	고경민	후31	0	0	0	0
0	0	1	1(1)	후10	루키안	91			28	김동기	후26	2	0	0	0
0	1	23	15(10)			0			0			17(4)	17	2	0

●후반 28분 호드리고 PK지점 H→ 알미르 PA 정면 내 L-ST-G (득점: 알미르, 도움: 호드리고) 오른쪽

●후반 15분 최진수 MF 정면 FK↷ 안성빈 GA 정면 내 R-ST-G (득점: 안성빈, 도움: 최진수) 왼쪽

7월 08일 19:30 흐림 잠실 관중 1,021명
주심_ 박필준 부심_ 박상준·김계용 대기심_ 박진호 감독관_ 김정식

서울E 2 0 전반 0 / 2 후반 0 **0 고양**

퇴장	경고	파울	ST(유)	교체	선수명	배번	위치	위치	배번	선수명	교체	ST(유)	파울	경고	퇴장
0	0	0	0		김영광	1	GK	GK	23	여명용		0	0	0	0
0	1	2	0		김재성	7	DF	DF	3	김성식		1	3	1	0
0	0	1	0		윤성열	8	DF	DF	30	여효진		0	1	0	0
0	0	0	2		황도연	14	DF	DF	12	이상돈		1	2	1	0
0	0	0	0	20	칼라일미첼	5	DF	DF	14	하인호		0	2	0	0
0	0	1	1		조원희	4	MF	MF	7	이도성		2(1)	1	0	0
0	0	3	2		김성주	21	MF	MF	15	박태형		0	1	0	0
0	0	1	1		김창욱	26	MF	MF	20	오기재		5	4	0	0
0	0	2	2		보비	10	MF	FW	16	진창수	22	2(1)	2	0	0
0	0	2	5(3)	27	타라바이	11	FW	FW	18	배해민	9	1	1	0	0
0	0	1	3(3)		주민규	18	FW	FW	24	김유성		2(1)	0	0	0
0	0	0	0		김현성	41			1	강진웅		0	0	0	0
0	0	0	0		김민제	2			5	오주호		0	0	0	0
0	1	1	0	전8	양기훈	20	대기	대기	22	황규범	후30	0	0	0	0
0	0	0	0		조향기	15			31	홍순학		0	0	0	0
0	0	0	0		전민광	22			9	서형승	후13	1	1	0	0
0	2	14	16(6)			0			0			15(3)	18	2	0

●후반 29분 타라바이 PK-R-G (득점: 타라바이) 오른쪽
●후반 44분 윤성열 GAL EL ~ 주민규 PA 정면 내 R-ST-G (득점: 주민규, 도움: 윤성열) 오른쪽

7월 11일 19:00 흐림 수원 종합 관중 878명
주심_ 매호영 부심_ 양병은·박인선 대기심_ 임정수 감독관_ 김수현

수원FC 2 0 전반 0 / 2 후반 2 **2 대구**

퇴장	경고	파울	ST(유)	교체	선수명	배번	위치	위치	배번	선수명	교체	ST(유)	파울	경고	퇴장
0	1	1	0		박형순	23	GK	GK	21	조현우		0	0	1	0
0	0	0	0		임하람	2	DF	DF	8	허재원		1(1)	2	0	0
0	0	1	2	15	이준호	14	DF	DF	13	조영훈		0	1	0	0
0	0	1	1(1)		김창훈	17	DF	DF	4	이종성		1	1	0	0
0	1	1	0	24	오광진	19	DF	MF	22	이준희		0	1	1	0
0	0	1	0		김혁진	8	FW	MF	29	류재문		0	5	0	0
0	0	2	3(2)		권용현	16	FW	MF	88	세르징요	28	0	0	1	0
0	0	1	2(1)		김종우	36	MF	MF	11	레오		1(1)	3	0	0
0	0	2	3		이관표	37	MF	MF	14	문기한	10	2(1)	1	0	0
0	0	2	3(2)		김재웅	99	MF	FW	17	노병준	20	1(1)	0	0	0
0	0	0	3(2)	9	박종찬	11	FW	FW	7	조나탄		5(4)	2	0	0
0	0	0	0		이인수	21			1	이양종		0	0	0	0
0	0	0	0		김윤재	25			20	이원재	후7	0	0	0	0
0	0	0	0		김서준	7			2	금교진		0	0	0	0
0	0	1	0	후0	김정빈	15	대기	대기	10	황순민	후25	1	0	0	0
0	0	0	3(1)	후0	김부관	24			9	장백규		0	0	0	0
0	0	0	1	후24	자파	9			28	에델	후0	1	3	0	0
0	0	0	0		정기운	33			18	김진혁		0	0	0	0
0	2	13	21(9)			0			0			13(8)	19	3	0

●후반 45분 자파 PAL 내 ~ 권용현 GA 정면 내 R-ST-G (득점: 권용현, 도움: 자파) 가운데
●후반 47분 김혁진 PAL ~ 김재웅 MF 정면 R-ST-G (득점: 김재웅, 도움: 김혁진) 오른쪽
●후반 34분 레오 GAR R-ST-G (득점: 레오) 오른쪽
●후반 38분 허재원 PK-R-G (득점: 허재원) 오른쪽

7월 11일 19:00 맑음 안양 종합 관중 1,369명
주심_ 정동식 부심_ 김영하·송봉근 대기심_ 서동진 감독관_ 김형남

안양 2 1 전반 1 / 1 후반 0 **1 충주**

퇴장	경고	파울	ST(유)	교체	선수명	배번	위치	위치	배번	선수명	교체	ST(유)	파울	경고	퇴장
0	0	0	0		최필수	21	GK	GK	1	황성민		0	0	0	0
0	0	0	1		가솔현	3	DF	DF	11	박요한	24	0	0	0	0
0	0	1	0		베리	29	DF	DF	23	이택기		0	2	0	0
0	0	0	0		주현재	16	DF	DF	5	노형구		1(1)	0	0	0
0	1	2	1		구대영	90	DF	DF	2	정우재		0	0	0	0
0	0	1	3(1)	15	김선민	17	MF	MF	7	최승호	3	1	1	0	0
0	0	2	1(1)		정재용	42	MF	MF	21	오승범		1(1)	2	0	0
0	1	5	1(1)		안성빈	11	MF	MF	8	노연빈		1	0	0	0
0	0	0	1	8	김대한	13	MF	FW	35	김병오		3(2)	0	0	0
0	0	1	0	28	이동현	9	FW	FW	77	김도형	17	3(1)	0	0	0
0	0	0	3(2)		고경민	19	FW	FW	99	조석재		1(1)	1	0	0
0	0	0	0		김선규	31			13	박청효		0	0	0	0
0	0	0	0		유종현	35			3	이현창	후17	1(1)	1	0	0
0	0	0	0		안동혁	5			4	엄진태		0	0	0	0
0	0	1	2(1)	전39	최진수	8	대기	대기	17	심진의	후21	0	0	0	0
0	0	0	1(1)	후32	박태수	15			10	박지민		0	0	0	0
0	0	0	0		박승렬	14			24	황재원	후26	0	0	0	0
0	0	0	3(1)	전39	김동기	28			18	황수남		0	0	0	0
0	2	13	17(8)			0			0			12(7	7	0	0

●전반 44분 김선민 GAL R-ST-G (득점: 김선민) 오른쪽
●후반 24분 주현재 HLR ~ 고경민 PAR 내 R-ST-G (득점: 고경민, 도움: 주현재) 왼쪽
●전반 30분 조석재 GAL L-ST-G (득점: 조석재) 오른쪽

7월 12일 19:00 비 잠실 관중 1,215명
주심_ 김우성 부심_ 강동호·김경민 대기심_ 임원택 감독관_ 한진원

서울E 1 1 전반 1 / 0 후반 0 **1 경남**

퇴장	경고	파울	ST(유)	교체	선수명	배번	위치	위치	배번	선수명	교체	ST(유)	파울	경고	퇴장
0	0	0	0		김영광	1	GK	GK	31	손정현		0	0	1	0
0	1	2	1		김재성	7	DF	DF	3	김준엽		2(2)	1	0	0
0	0	1	0		윤성열	8	DF	DF	6	최성환		1	2	0	0
0	0	0	1(1)		황도연	14	DF	DF	15	우주성		1(1)	0	0	0
0	0	1	0		양기훈	20	DF	MF	22	송주한		0	2	1	0
0	1	1	1(1)		조원희	4	MF	MF	7	진경선	25	1	3	0	0
0	0	0	3(3)		김성주	21	MF	MF	14	손형준		1	0	0	0
0	0	0	2(2)	9	김창욱	26	MF	MF	35	류범희	5	3(2)	0	0	0
0	0	1	2(1)		보비	10	MF	MF	19	임창균		6(3)	1	0	0
0	1	2	2(2)		타라바이	11	FW	FW	11	김슬기		2(1)	0	0	0
0	0	1	2(2)		주민규	18	FW	FW	10	송수영	49	1(1)	2	0	0
0	0	0	0		김현성	41			1	김교빈		0	0	0	0
0	0	0	0		김민제	2			27	이상현		0	0	0	0
0	0	0	0		조향기	15			12	전상훈		0	0	0	0
0	0	0	0		조우진	13	대기	대기	5	배효성	후46	0	0	0	0
0	0	0	0		전민광	22			25	김봉진	후33	0	1	1	0
0	0	0	0	후27	라이언존슨	9			26	허영석		0	0	0	0
0	0	0	0		최유상	27			49	프랭크	후16	3(3)	0	0	0
0	3	9	14(12)			0			0			21(13	12	3	0

●전반 4분 김영근 PAL 내 L-ST-G (득점: 김영근) 왼쪽
●전반 6분 임창균 AK 정면 R-ST-G (득점: 임창균) 왼쪽

7월 12일 19 : 00 비 상주 시민 관중 719명
주심_ 박진호 부심_ 지승민 · 장종필 대기심_ 박병진 감독관_ 하재훈

상주 2 | 2 전반 0 / 0 후반 0 | **0 안산**

퇴장	경고	파울	ST(유)	교체	선수명	배번	위치	위치	배번	선수명	교체	ST(유)	파울	경고	퇴장
0	0	0	0		김근배	1	GK	GK	1	전태현		0	0	0	0
0	0	2	0		강민수	4	DF	DF	30	송창호		0	2	0	0
0	1	1	0		곽광선	22	DF	DF	4	신형민		1	0	0	0
0	0	2	0		최호정	89	DF	DF	5	안재준		0	3	0	0
0	0	0	1		이 용	2	MF	DF	17	신광훈		0	1	1	0
0	0	1	2(1)		박진포	3	MF	MF	22	유호준	7	0	0	0	0
0	1	1	0		김성환	5	MF	MF	15	박현범	9	1(1)	0	0	0
0	0	1	4(4)	17	임상협	11	MF	MF	2	배승진		0	3	1	0
0	0	1	1(1)		한상운	20	MF	MF	24	강승조	29	1	0	0	0
0	0	0	1	18	이승기	9	FW	MF	18	김병석		1(1)	5	0	0
0	0	0	0	16	박기동	25	FW	FW	14	박희도		1(1)	4	1	0
0	0	0	0		박지영	21			21	이진형		0	0	0	0
0	0	0	0		박경익	27			29	한홍규	후34	0	1	1	0
0	0	0	0		안재훈	55			7	이용래	전19	2(2)	1	0	0
0	0	1	1(1)	후19	최현태	16	대기	대기	8	조재철		0	0	0	0
0	0	1	1	후35	황일수	17			9	이재권	후3	0	1	0	0
0	0	0	0		이창훈	15			10	윤준하		0	0	0	0
0	0	1	2(1)	후10	이정협	18			26	최영준		0	0	0	0
0	2	12	13(8)			0			0			7(5)	21	4	0

- 전반 2분 박기동 PAR ~ 임상협 GA 정면 R-ST-G (득점: 임상협, 도움: 박기동) 왼쪽
- 전반 14분 최호정 GA 정면 ~ 임상협 GA 정면 R-ST-G (득점: 임상협, 도움: 최호정) 왼쪽

7월 13일 19 : 30 흐림 부천 종합 관중 534명
주심_ 김영수 부심_ 서무희 · 박상준 대기심_ 박영록 감독관_ 전인석

부천 3 | 0 전반 1 / 3 후반 1 | **2 강원**

퇴장	경고	파울	ST(유)	교체	선수명	배번	위치	위치	배번	선수명	교체	ST(유)	파울	경고	퇴장
0	0	0	0		이기현	18	GK	GK	1	황교충		0	0	0	0
0	0	0	0		전광환	2	DF	DF	3	이재훈		0	2	0	0
0	0	0	0		최병도	5	DF	DF	2	최우재		0	2	0	0
1	0	1	0		강지용	6	DF	DF	33	이한샘		0	1	2	0
0	0	1	1		정홍연	55	DF	DF	77	백종환		0	1	0	0
0	0	0	1	90	김영남	13	MF	MF	8	이우혁	16	0	2	0	0
0	1	2	0		유대현	22	MF	MF	11	서보민		1	1	0	0
0	0	5	1(1)		공민현	9	MF	MF	7	장혁진		2(1)	2	0	0
0	0	0	1	91	호드리고	11	FW	FW	15	신영준	6	1(1)	0	0	0
0	0	1	0		김륜도	20	FW	FW	10	최진호	91	1	0	0	0
0	0	2	0	16	알미르	99	FW	FW	89	헤 난		5(3)	3	0	0
0	0	0	0		강 훈	23			23	강성관		0	0	0	0
0	0	0	0		송원재	8			6	박용호	후10	0	1	0	0
0	0	0	0		이민우	10			16	한석종	후24	2	0	0	0
0	0	1	0	후1	황신영	16	대기	대기	18	이동재		0	0	0	0
0	0	0	0		유준영	19			14	전병수		0	0	0	0
0	0	0	5(3)	전46	임경현	90			91	지 우	후24	0	0	0	0
0	0	1	1(1)	전46	루키안	91			12	벨루소		0	0	0	0
1	1	14	10(5)			0			0			12(5)	15	2	0

- 후반 12분 임경현 MFL FK R-ST-G (득점: 임경현) 왼쪽
- 후반 30분 임경현 GA 정면 내 L-ST-G (득점: 임경현) 오른쪽
- 후반 34분 루키안 PAR ↷ 공민현 GAR H-ST-G (득점: 공민현, 도움: 루키안) 왼쪽

- 전반 16분 신영준 AKR FK L-ST-G (득점: 신영준) 오른쪽
- 후반 45분 서보민 AK 정면 ~ 장혁진 GA 정면 R-ST-G (득점: 장혁진, 도움: 서보민) 오른쪽

7월 25일 19 : 00 비 고양 종합 관중 250명
주심_ 박병진 부심_ 지승민 · 장종필 대기심_ 박영록 감독관_ 김용세

고양 2 | 1 전반 1 / 1 후반 2 | **3 부천**

퇴장	경고	파울	ST(유)	교체	선수명	배번	위치	위치	배번	선수명	교체	ST(유)	파울	경고	퇴장
0	0	0	0		여명용	23	GK	GK	18	이기현		0	0	0	0
0	0	0	2(1)		이상돈	12	DF	DF	2	전광환		0	0	0	0
0	0	1	1(1)		박태형	15	DF	DF	5	최병도		0	0	0	0
0	0	0	0		황규범	22	DF	DF	14	이학민		0	0	0	0
0	1	1	0		여효진	30	DF	DF	55	정홍연		0	0	0	0
0	0	1	0	17	이도성	7	MF	MF	8	송원재	91	0	4	0	0
0	0	2	4(4)		김준태	8	MF	MF	13	김영남	28	2	2	0	0
0	0	2	1(1)		오기재	20	MF	FW	9	공민현		1(1)	3	0	0
0	0	0	2(1)		김유성	24	FW	FW	11	호드리고		3(2)	2	0	0
0	0	2	1(1)		진창수	16	FW	MF	10	이민우	90	3(2)	1	0	0
0	0	0	1	9	배해민	18	FW	FW	20	김륜도		2(2)	0	0	0
0	0	0	0		이승규	21			23	강 훈		0	0	0	0
0	0	0	0		김성식	3			28	최성민	후34	0	1	0	0
0	0	0	0		김성훈	4	대기	대기	7	주광선		0	0	0	0
0	0	0	1(1)	후21	서형승	9			90	임경현	후0	2(1)	3	0	0
0	0	1	2(2)	후0	이광재	17			15	박용준		0	0	0	0
0	1	10	15(12)			0			0			13(8)	16	0	0

- 전반 29분 김준태 AKR FK L-ST-G (득점: 김준태) 가운데
- 후반 44분 진창수 C,KR ↷ 서형승 GAR H-ST-G (득점: 서형승, 도움: 진창수) 가운데

- 전반 22분 이학민 MFR ↷ 김륜도 GAL H-ST-G (득점: 김륜도, 도움: 이학민) 오른쪽
- 후반 5분 김륜도 PAL 내 EL ~ 호드리고 GA 정면 내 R-ST-G (득점: 호드리고, 도움: 김륜도) 가운데
- 후반 9분 호드리고 PAR EL → 루키안 GA 정면 내 R-ST-G (득점: 루키안, 도움: 호드리고) 왼쪽

7월 25일 19 : 30 맑음 대구 스타디움 관중 4,286명
주심_ 박필준 부심_ 김영하 · 송봉근 대기심_ 김우성 감독관_ 전인석

대구 0 | 0 전반 1 / 0 후반 0 | **1 강원**

퇴장	경고	파울	ST(유)	교체	선수명	배번	위치	위치	배번	선수명	교체	ST(유)	파울	경고	퇴장
0	0	0	0		조현우	21	GK	GK	23	강성관		0	0	0	0
0	0	1	0		허재원	8	DF	DF	3	이재훈		0	2	0	0
0	1	1	1		조영훈	13	DF	DF	26	서명식	2	0	0	0	0
0	0	0	1(1)		이종성	4	DF	DF	4	정우인		1(1)	2	0	0
0	0	1	1	9	이준희	22	MF	DF	77	백종환		0	1	0	0
0	0	0	0		류재문	29	MF	MF	8	이우혁		3(2)	2	0	0
0	0	4	2	28	세르징요	88	MF	MF	16	한석종		0	1	0	0
0	0	1	0		레 오	11	MF	MF	7	장혁진		2(1)	0	0	0
0	0	1	2	10	문기한	14	MF	FW	12	벨루소	10	3(2)	0	0	0
0	0	1	2		노병준	17	FW	FW	11	서보민		2(1)	0	0	0
0	0	0	3(1)		조나탄	7	FW	FW	89	헤 난	9	2(1)	0	0	0
0	0	0	0		이양종	1			1	황교충		0	0	0	0
0	0	0	0		이원재	20			2	최우재	후25	0	0	0	0
0	0	0	0		김동진	16			57	김윤호		0	0	0	0
0	0	0	0	후20	황순민	10	대기	대기	18	이동재		0	0	0	0
0	0	0	0	후36	장백규	9			22	이한음		0	0	0	0
0	0	0	2	후11	에 델	28			10	최진호	후15	1	0	0	0
0	0	0	0		김진혁	18			9	최승인	후30	0	1	1	0
0	1	10	14(2)			0			0			14(8	9	1	0

- 전반 23분 이우혁 C,KL ↷ 정우인 GAL 내 H-ST-G (득점: 정우인, 도움: 이우혁) 오른쪽

7월 26일 19:00 맑음 안양 종합 관중 1,239명
주심_ 서동진 부심_ 양병은·박인선 대기심_ 고형진 감독관_ 한병화

안양 2 0 전반 0 / 2 후반 1 **1 안산**

퇴장	경고	파울	ST(유)	교체	선수명	배번	위치	위치	배번	선수명	교체	ST(유)	파울	경고	퇴장
0	0	0	0		최필수	21	GK	GK	1	전태현		0	0	1	0
0	1	3	0		가솔현	3	DF	DF	30	송창호		3	0	0	0
0	0	0	0		베리	29	DF	DF	18	김병석		2(1)	1	0	0
0	0	2	2	16	안동혁	5	DF	DF	5	안재준		1(1)	2	0	0
0	0	1	0		구대영	90	DF	DF	2	배승진		0	2	1	0
0	0	1	2(1)		김종성	6	MF	MF	4	신형민		1(1)	0	0	0
0	0	0	0		최진수	8	MF	MF	7	이용래		0	2	0	0
0	0	1	1(1)		김선민	17	MF	MF	9	이재권		1	1	1	0
0	0	1	0	11	조성준	7	MF	MF	24	강승조	27	0	2	0	0
0	0	0	1(1)	42	김동기	28	FW	MF	14	박희도	23	1(1)	1	0	0
0	0	1	4(2)		고경민	19	MF	FW	10	윤준하	6	1	1	0	0
0	0	0	0		김선규	31			21	이진형		0	0	0	0
0	0	0	0		유종현	35			23	강종국	후31	0	0	0	0
0	0	0	0	후15	주현재	16			8	조재철		0	0	0	0
0	0	0	0		박태수	15	대기	대기	22	유호준		0	0	0	0
0	0	1	0	후21	정재용	42			27	한덕희	후23	0	0	0	0
0	0	0	0	후40	안성빈	11			26	최영준		0	0	0	0
0	0	0	0		이동현	9			6	정혁	후23	3(2)	1	0	0
0	1	11	10(5)			0			0			13(6)	13	3	0

- 후반 18분 조성준 PAR ↷ 고경민 GAL H-ST-G (득점: 고경민, 도움: 조성준) 왼쪽
- 후반 22분 고경민 PK-R-G (득점: 고경민) 왼쪽
- 후반 39분 정혁 AK 내 L-ST-G (득점: 정혁) 오른쪽

7월 26일 19:00 맑음 진주 종합 관중 5,214명
주심_ 정동식 부심_ 박상준·김계용 대기심_ 박진호 감독관_ 김진의

경남 0 0 전반 0 / 0 후반 0 **0 수원FC**

퇴장	경고	파울	ST(유)	교체	선수명	배번	위치	위치	배번	선수명	교체	ST(유)	파울	경고	퇴장
0	0	0	0		손정현	31	GK	GK	23	박형순		0	0	0	0
0	0	1	0	28	최성환	6	DF	DF	2	임하람		0	0	0	0
0	0	1	3(1)		류범희	35	DF	DF	17	김창훈		0	0	0	0
0	0	1	1(1)		우주성	15	DF	DF	19	오광진		0	0	0	0
0	0	2	1		진경선	7	MF	MF	7	김서준	24	0	1	0	0
0	0	0	0	25	손형준	14	MF	MF	13	배신영		1	1	0	0
0	0	0	2(1)		임창균	19	MF	FW	16	권용현	18	1	0	0	0
0	0	1	0		송주한	22	MF	DF	31	황재훈		0	0	0	0
0	0	0	0		김준엽	3	MF	FW	36	김종우	33	0	2	0	0
0	0	1	0		김슬기	11	FW	MF	99	김재웅		3	3	1	0
0	0	0	0	49	정성민	17	FW	FW	9	자파		2(1)	0	0	0
0	0	0	0		김교빈	1			21	이인수		0	0	0	0
0	0	0	0		배효성	5			25	김윤재		0	0	0	0
0	0	0	0		전상훈	12			3	김혁진		0	0	0	0
0	0	0	0	후26	박지수	28	대기	대기	15	김정빈		0	0	0	0
0	0	0	0	후7	김봉진	25			24	김부관	후10	1	0	0	0
0	0	0	3	후7	프랭크	49			18	정민우	후37	0	0	0	0
0	0	0	0		유준영	2			33	정기운	후24	1	0	0	0
0	0	7	10(3)			0			0			9(1)	7	1	0

7월 27일 19:00 흐림 충주 종합 관중 1,239명
주심_ 임정수 부심_ 강동호·양재용 대기심_ 매호영 감독관_ 김정식

충주 4 1 전반 0 / 3 후반 1 **1 상주**

퇴장	경고	파울	ST(유)	교체	선수명	배번	위치	위치	배번	선수명	교체	ST(유)	파울	경고	퇴장
0	1	0	0		황성민	1	GK	GK	1	김근배		0	0	0	0
0	0	1	0		노연빈	8	DF	DF	4	강민수		0	0	0	0
0	0	0	0		이택기	23	DF	DF	55	안재훈		1	1	0	0
0	0	0	1		황재원	24	DF	DF	89	최호정		1	0	0	0
0	0	1	1		정우재	2	DF	MF	2	이용		1	1	0	0
0	1	6	0	7	이현창	3	MF	MF	3	박진포	25	0	1	0	0
0	0	2	0		오승범	21	MF	MF	5	김성환	16	2(1)	0	0	0
0	0	0	5(3)	4	김도형	77	MF	MF	11	임상협		3(2)	1	0	0
0	0	2	2(2)		김병오	35	MF	MF	14	권순형	15	1	0	0	0
0	0	1	0	17	마르싱유	27	FW	FW	9	이승기		3	1	0	0
0	0	1	4(2)		조석재	99	FW	FW	20	한상운		1	3	1	0
0	0	0	0		박청효	13			41	윤평국		0	0	0	0
0	0	0	0		김용찬	16			6	여성해		0	0	0	0
0	0	0	0		노형구	5			33	김지웅		0	0	0	0
0	0	0	0	후47	최승호	7	대기	대기	16	최현태	후21	2(1)	1	0	0
0	0	1	0	후35	심진의	17			29	배일환		0	0	0	0
0	0	0	0		박지민	10			15	이창훈	후16	1(1)	0	0	0
0	0	0	1(1)	후40	엄진태	4			25	박기동	후0	4(1)	1	0	0
0	2	15	14(8)			0			0			20(6)	10	1	0

- 전반 31분 김도형 GAR R-ST-G (득점: 김도형) 왼쪽
- 후반 19분 김도형 PAR ↷ 조석재 GA 정면 내 H-ST-G (득점: 조석재, 도움: 김도형) 오른쪽
- 후반 42분 조석재 PAL 내 ~ 김병오 GA 정면 L-ST-G (득점: 김병오, 도움: 조석재) 가운데
- 후반 45분 조석재 GA 정면 R-ST-G (득점: 조석재) 왼쪽
- 후반 37분 임상협 GA 정면 R-ST-G (득점: 임상협) 오른쪽

8월 01일 19:00 맑음 수원 종합 관중 1,044명
주심_ 김우성 부심_ 양재용·김경민 대기심_ 김동진 감독관_ 전인석

수원FC 1 1 전반 0 / 0 후반 2 **2 부천**

퇴장	경고	파울	ST(유)	교체	선수명	배번	위치	위치	배번	선수명	교체	ST(유)	파울	경고	퇴장
0	0	0	0		이인수	21	GK	GK	1	류원우		0	0	1	0
0	1	2	0	25	임하람	2	DF	DF	2	전광환		0	1	1	0
0	0	1	0		김창훈	17	DF	DF	5	최병도		1	2	0	0
0	0	1	0		오광진	19	DF	DF	14	이학민		0	2	0	0
0	0	4	2(1)		권용현	16	FW	DF	55	정홍연		0	0	0	0
0	1	1	0		황재훈	31	DF	MF	13	김영남	91	1(1)	1	0	0
0	0	2	1(1)	8	김종우	36	MF	MF	22	유대현		0	1	0	0
0	0	0	1	13	이관표	37	MF	MF	9	공민현		1(1)	2	0	0
0	1	2	2		김재웅	99	MF	FW	11	호드리고	8	0	1	0	0
0	0	2	5(2)		자파	9	FW	FW	16	황신영	90	0	0	0	0
0	0	1	4(2)		정기운	33	FW	FW	20	김륜도		4(3)	2	0	0
0	0	0	0		박형순	23			18	이기현		0	0	0	0
0	0	0	1(1)	후33	김윤재	25			28	최성민		0	0	0	0
0	0	0	0		김혁진	3			27	유창균		0	0	0	0
0	0	0	0		김서준	7	대기	대기	8	송원재	후10	0	1	0	0
0	1	1	0	후21	시시	8			90	임경현	전22	3(1)	5	1	0
0	0	1	1	후0	배신영	13			10	이민우		0	0	0	0
0	0	0	0		박종찬	11			91	루키안	후0	2(1)	1	1	0
0	4	18	17(7)			0			0			12(7)	19	4	0

- 전반 14분 김재웅 MF 정면 ~ 김종우 AK 정면 R-ST-G (득점: 김종우, 도움: 김재웅) 왼쪽
- 후반 17분 이학민 MFR ↷ 김륜도 GAL H-ST-G (득점: 김륜도, 도움: 이학민) 오른쪽
- 후반 36분 루키안 PK-R-G (득점: 루키안) 가운데

8월 01일 19:00 흐림 안산 와스타디움 관중 1,403명
주심_ 김영수 부심_ 김계용·강동호 대기심_ 정동식 감독관_ 김일호

안산 0 0 전반 0 / 0 후반 0 **0 대구**

퇴장	경고	파울	ST(유)	교체	선수명	배번	위치	위치	배번	선수명	교체	ST(유)	파울	경고	퇴장
0	0	0	0		전태현	1	GK	GK	21	조현우		0	0	0	0
0	0	1	1	8	송창호	30	DF	DF	4	이종성		1	5	1	0
0	0	1	1(1)		김병석	18	DF	DF	8	허재원		0	2	0	0
0	1	1	1		안재준	5	DF	DF	20	이원재		1(1)	3	1	0
0	0	1	0		신형민	4	DF	MF	22	이준희		1	0	0	0
0	0	1	5(1)	32	정혁	6	MF	MF	29	류재문		1	0	0	0
0	0	0	1(1)		박현범	15	MF	MF	88	세르징요		5(2)	4	0	0
0	0	2	0		한덕희	27	MF	MF	11	레오		2(1)	1	0	0
0	0	1	1		최영준	26	MF	MF	14	문기한	9	1	1	0	0
0	0	0	4		박희도	14	MF	FW	17	노병준	28	0	2	1	0
0	0	1	1	23	윤준하	10	FW	FW	7	조나탄		4	3	0	0
0	0	0	0		이진형	21			1	이양종		0	0	0	0
0	0	0	0		강승조	24			5	박성용		0	0	0	0
0	0	0	0	후31	조재철	8			16	김동진		0	0	0	0
0	0	0	0		유호준	22	대기	대기	23	신희재		0	0	0	0
0	0	1	0	후37	강종국	23			10	황순민		0	0	0	0
0	1	1	0	후42	하정헌	32			9	장백규	후35	0	0	0	0
0	0	0	0		좌준협	28			28	에델	후16	1(1)	0	0	0
0	2	11	15(3)			0			0			17(5)	21	3	0

8월 02일 19:00 흐림 고양 종합 관중 450명
주심_ 매호영 부심_ 송봉근·김영하 대기심_ 박필준 감독관_ 한진원

고양 0 0 전반 2 / 0 후반 2 **4 상주**

퇴장	경고	파울	ST(유)	교체	선수명	배번	위치	위치	배번	선수명	교체	ST(유)	파울	경고	퇴장
0	0	0	0		여명용	23	GK	GK	31	양동원		0	0	0	0
1	0	1	0		김성식	3	DF	DF	4	강민수		0	3	0	0
0	0	0	0		김성훈	4	MF	DF	6	여성해		0	3	0	0
0	0	2	1		오주호	5	DF	DF	22	곽광선		0	0	0	0
0	1	1	0		박태형	15	DF	MF	2	이용		0	3	1	0
0	0	0	0		이상돈	12	MF	MF	11	임상협		3(1)	0	0	0
0	0	1	1(1)		이도성	7	MF	MF	15	이창훈	29	2(2)	0	0	0
0	0	0	3(2)	10	김준태	8	MF	MF	16	최현태	10	0	0	0	0
0	0	1	2(1)		진창수	16	FW	MF	27	박경익		0	1	1	0
0	0	1	1	9	김유성	24	FW	FW	9	이승기	20	0	1	0	0
0	0	0	2(1)	17	오기재	20	FW	FW	25	박기동		1	1	0	0
0	0	0	0		강진웅	1			1	김근배		0	0	0	0
0	0	0	0	후40	박정수	10			23	최종환		0	0	0	0
0	0	0	0		김훈성	33			89	최호정		0	0	0	0
0	0	0	1	후27	서형승	9	대기	대기	5	김성환		0	0	0	0
0	0	0	2(1)	후17	이광재	17			29	배일환	후32	0	0	0	0
0	0	0	0		배해민	18			10	조동건	후16	2(1)	3	0	0
1	1	7	13(6)			0			0			8(4)	15	2	0

- 전반 20분 진창수 GAR R 자책골 (득점: 진창수) 왼쪽
- 전반 29분 이용 PAR 내 ~ 이창훈 GAR 내 R-ST-G (득점: 이창훈, 도움: 이용) 왼쪽
- 후반 20분 박기동 PAL ↷ 조동건 GA 정면 H-ST-G (득점: 조동건, 도움: 박기동) 오른쪽
- 후반 30분 박기동 AKR ~ 임상협 PA 정면 R-ST-G (득점: 임상협, 도움: 박기동) 오른쪽

8월 02일 19:00 맑음 속초 종합 관중 517명
주심_ 임정수 부심_ 장종필·박인선 대기심_ 서동진 감독관_ 김진의

강원 1 1 전반 1 / 0 후반 0 **1 경남**

퇴장	경고	파울	ST(유)	교체	선수명	배번	위치	위치	배번	선수명	교체	ST(유)	파울	경고	퇴장
0	0	0	0		강성관	23	GK	GK	31	손정현		0	0	0	0
0	0	0	0		이재훈	3	DF	DF	3	김준엽		0	0	0	0
0	0	1	0		서명식	26	DF	DF	6	최성환		0	1	0	0
0	0	2	0		이한샘	33	DF	DF	15	우주성		1	1	0	0
0	0	1	0		백종환	77	DF	DF	22	송주한		0	3	0	0
0	1	3	2(2)		이우혁	8	MF	MF	7	진경선	13	0	0	0	0
0	1	2	0	16	정우인	4	MF	MF	33	김선우		0	1	1	0
0	0	0	2(2)		장혁진	7	MF	MF	35	류범희		3(3)	1	0	0
0	0	1	3(2)	10	신영준	15	FW	MF	19	임창균	28	4(2)	1	1	0
0	0	1	2		서보민	11	FW	MF	11	김슬기	49	2	0	0	0
0	0	0	2(2)	9	헤난	89	FW	FW	18	김영욱		2(1)	0	0	0
0	0	0	0		황교충	1			1	김교빈		0	0	0	0
0	0	0	0		최우재	2			28	박지수	후45	0	0	0	0
0	0	2	0	후0	한석종	16			12	전상훈		0	0	0	0
0	0	0	0		이동재	18	대기	대기	5	배효성		0	0	0	0
0	0	0	0		안성남	34			13	신학영	전7	1	1	0	0
0	0	1	0	후20	최진호	10			10	루아티		0	0	0	0
0	0	0	0	후34	최승인	9			49	프랭크	후34	1(1)	0	0	0
0	2	14	11(8)			0			0			14(7	9	2	0

- 전반 19분 서보민 MFL ~ 신영준 GAL L-ST-G (득점: 신영준, 도움: 서보민) 오른쪽
- 전반 21분 김슬기 PAR ↷ 김영욱 GAL H-ST-G (득점: 김영욱, 도움: 김슬기) 오른쪽

8월 03일 19:30 흐림 잠실 관중 2,560명
주심_ 박진호 부심_ 박상준·서무희 대기심_ 박병진 감독관_ 강창구

서울E 1 0 전반 0 / 1 후반 0 **0 안양**

퇴장	경고	파울	ST(유)	교체	선수명	배번	위치	위치	배번	선수명	교체	ST(유)	파울	경고	퇴장
0	0	0	0		김영광	1	GK	GK	21	최필수		0	0	0	0
0	0	0	0		김태은	32	DF	DF	3	가솔현		0	2	0	0
0	0	0	0		윤성열	8	DF	DF	29	베리		0	1	0	0
0	0	0	0		황도연	14	DF	DF	16	주현재		0	0	0	0
0	0	1	3		칼라일미첼	5	DF	DF	90	구대영		0	1	0	0
0	0	0	2		조원희	4	MF	MF	6	김종성	28	1	1	1	0
0	0	1	1(1)		김성주	21	MF	MF	8	최진수	11	0	1	0	0
0	0	1	0		김창욱	26	MF	MF	17	김선민		2(1)	1	0	0
0	0	2	0	30	보비	10	MF	MF	42	정재용		1	2	0	0
0	0	1	1	20	타라바이	11	FW	MF	14	박승렬	7	0	2	0	0
0	0	5	5(2)		주민규	18	FW	FW	19	고경민		2(1)	1	0	0
0	0	0	0		이범수	25			31	김선규		0	0	0	0
0	0	0	0		김민제	2			35	유종현		0	0	0	0
0	0	0	0	후32	양기훈	20			5	안동혁		0	0	0	0
0	0	0	0		전민광	22	대기	대기	7	조성준	후0	1	0	0	0
0	0	0	0	후45	최치원	30			11	안성빈	후20	0	0	0	0
0	0	0	0		라이언존슨	9			13	김대한		0	0	0	0
0	0	0	0		최유상	27			28	김동기	후36	1	0	0	0
0	0	11	12(3)			0			0			8(2)	12	1	0

- 후반 15분 조원희 MF 정면 ~ 주민규 GAR L-ST-G (득점: 주민규, 도움: 조원희) 왼쪽

8월 08일 19:00 맑음 수원 종합 관중 1,383명
주심_ 서동진 부심_ 지승민·박인선 대기심_ 고형진 감독관_ 전인석

수원FC 3 (0 전반 1 / 3 후반 0) **1 서울E**

퇴장	경고	파울	ST(유)	교체	선수명	배번	위치	위치	배번	선수명	교체	ST(유)	파울	경고	퇴장
0	0	0	0		박형순	23	GK	GK	1	김영광		0	1	0	1
0	0	2	1		김창훈	17	DF	DF	32	김태은		0	1	0	0
0	0	0	0	3	오광진	19	DF	DF	8	윤성열		0	1	2	0
0	1	1	3(2)		김서준	7	MF	DF	14	황도연		0	0	0	0
0	1	1	1(1)		김정빈	15	DF	DF	5	칼라일미첼		0	3	0	0
0	0	0	3(1)		권용현	16	MF	MF	4	조원희		1(1)	1	0	0
0	0	0	2(1)	8	김부관	24	MF	MF	21	김성주		1	1	0	0
0	0	0	3(1)		김종우	36	MF	MF	26	김창욱	10	1	1	1	0
0	0	1	4(3)		김재웅	99	MF	MF	7	김재성		0	2	0	0
0	1	2	7(5)	33	자파	9	FW	FW	11	타라바이	2	1(1)	3	0	0
0	0	2	2(1)		김한원	10	DF	FW	18	주민규		2(1)	3	0	0
0	0	0	0		이인수	21			41	김현성		0	0	0	0
0	0	0	0		김윤재	25			2	김민제	후21	0	0	0	0
0	1	1	0	후38	김혁진	3			20	양기훈		0	0	0	0
0	0	2	1(1)	후18	시시	8	대기	대기	30	최치원		0	0	0	0
0	0	0	0		배신영	13			10	보비	후0	1	0	0	0
0	0	0	0		이관표	37			9	라이언존슨		0	0	0	0
0	0	1	0	후34	정기운	33			27	최유상		0	0	0	0
0	4	13	27(16)			0			0			7(3)	17	3	1

- 후반 21분 자파 PK-R-G (득점: 자파) 오른쪽
- 후반 29분 김종우 PA 정면 내 ~ 자파 PA 정면 내 R-ST-G (득점: 자파, 도움: 김종우) 오른쪽
- 후반 47분 김재웅 PK-R-G (득점: 김재웅) 왼쪽
- 전반 11분 주민규 AK 내 ~ 조원희 PAR 내 L-ST-G (득점: 조원희, 도움: 주민규) 왼쪽

8월 08일 19:00 흐림 충주 종합 관중 761명
주심_ 박진호 부심_ 서무희·김경민 대기심_ 김영수 감독관_ 하재훈

충주 1 (0 전반 1 / 1 후반 1) **2 고양**

퇴장	경고	파울	ST(유)	교체	선수명	배번	위치	위치	배번	선수명	교체	ST(유)	파울	경고	퇴장
0	0	0	0		황성민	1	GK	GK	23	여명용		0	0	0	0
0	1	2	0		노연빈	8	DF	DF	12	이상돈		0	0	0	0
0	0	0	0		이택기	23	DF	DF	22	황규범		0	1	0	0
0	1	1	1		황재원	24	DF	DF	26	안현식		0	1	0	0
0	0	0	1		정우재	2	DF	DF	30	여효진		0	1	0	0
0	0	1	0	7	이현창	3	MF	MF	7	이도성		3(2)	2	1	0
0	0	1	0		오승범	21	MF	MF	8	김준태		2(1)	2	0	0
0	0	1	3(2)		마르싱유	27	MF	MF	10	박정수		2(1)	0	0	0
0	0	1	4(3)	17	김병오	35	MF	FW	16	진창수		3(1)	4	0	0
0	0	0	0	77	장조윤	88	FW	FW	24	김유성	17	2	1	0	0
0	2	2	0		조석재	99	FW	FW	20	오기재	9	3(2)	2	0	0
0	0	0	0		박청효	13			21	이승규		0	0	0	0
0	0	0	0		박요한	11			15	박태형		0	0	0	0
0	0	0	0		노형구	5	대기	대기	33	김훈성		0	0	0	0
0	0	0	0		황수남	18			9	서형승	후27	0	1	0	0
0	0	0	0	후17	최승호	7			17	이광재	후32	0	2	0	0
0	4	9	9(5)			0			0			15(7)	17	1	0

- 후반 15분 마르싱유 MFR ↷ 김병오 GAL 내 H- ST-G (득점: 김병오, 도움: 마르싱유) 오른쪽
- 전반 33분 오기재 GAL ~ 박정수 GAR 내 R-ST-G (득점: 박정수, 도움: 오기재) 오른쪽
- 후반 13분 김유성 MF 정면 ~ 진창수 PAL 내 L-ST-G (득점: 진창수, 도움: 김유성) 오른쪽

8월 08일 19:30 흐림 대구 스타디움 관중 1,035명
주심_ 김우성 부심_ 양재용·장종필 대기심_ 임정수 감독관_ 강창구

대구 2 (1 전반 1 / 1 후반 3) **4 안양**

퇴장	경고	파울	ST(유)	교체	선수명	배번	위치	위치	배번	선수명	교체	ST(유)	파울	경고	퇴장
0	0	0	0		조현우	21	GK	GK	21	최필수		0	0	0	0
0	0	0	0	10	허재원	8	DF	DF	29	베리		0	1	0	0
0	0	2	0		조영훈	13	DF	DF	35	유종현	3	0	0	0	0
0	0	0	1(1)	17	이원재	20	DF	DF	5	안동혁		0	1	0	0
0	0	1	1		이준희	22	MF	DF	90	구대영		0	1	0	0
0	0	1	1	9	류재문	29	MF	MF	6	김종성		0	1	0	0
0	1	2	2(2)		세르징요	88	MF	MF	17	김선민		3(3)	0	0	0
0	0	3	0		레오	11	MF	MF	7	조성준	16	1(1)	1	0	0
0	2	5	0		문기한	14	MF	MF	13	김대한	11	1	0	0	0
0	0	0	1(1)		에델	28	FW	FW	19	고경민		1(1)	0	0	0
0	1	1	4(1)		조나탄	7	FW	FW	28	김동기		2(1)	2	1	0
0	0	0	0		이양종	1			31	김선규		0	0	0	0
0	0	0	0		박성용	5			3	가솔현	후30	0	0	0	0
0	0	0	0		감한솔	3			24	김기태		0	0	0	0
0	0	0	0		신희재	23	대기	대기	8	최진수		0	0	0	0
0	0	0	0	후38	황순민	10			16	주현재	후36	0	0	0	0
0	0	0	0	전37	장백규	9			11	안성빈	후10	2(2)	1	0	0
0	0	0	0	후30	노병준	17			9	이동현		0	0	0	0
0	4	15	10(5)			0			0			10(8)	8	1	0

- 전반 42분 장백규 PAL ~ 에델 PK 좌측지점 L-ST-G (득점: 에델, 도움: 장백규) 오른쪽
- 후반 6분 세르징요 AKR H ↷ 조나탄 PAR 내 R-ST-G (득점: 조나탄, 도움: 세르징요) 왼쪽
- 전반 27분 김대한 PAL 내 ~ 김선민 PA 정면 R-ST-G (득점: 김선민, 도움: 김대한) 오른쪽
- 후반 18분 고경민 PK-R-G (득점: 고경민) 가운데
- 후반 21분 구대영 MFL ~ 안성빈 AKL L-ST-G (득점: 안성빈, 도움: 구대영) 오른쪽
- 후반 36분 김동기 GAR ~ 안성빈 GA 정면 R-ST-G (득점: 안성빈, 도움: 김동기) 오른쪽

8월 08일 19:00 맑음 부천 종합 관중 1,031명
주심_ 박필준 부심_ 송봉근·김영하 대기심_ 매호영 감독관_ 김진의

부천 0 (0 전반 0 / 0 후반 1) **1 안산**

퇴장	경고	파울	ST(유)	교체	선수명	배번	위치	위치	배번	선수명	교체	ST(유)	파울	경고	퇴장
0	0	0	0		류원우	1	GK	GK	21	이진형		0	0	1	0
0	1	1	0		전광환	2	DF	DF	27	한덕희	32	0	2	0	0
0	0	1	0		안일주	4	DF	DF	4	신형민		0	2	0	0
0	0	1	1(1)		최병도	5	DF	DF	5	안재준		0	1	1	0
0	0	2	1		이학민	14	DF	DF	2	배승진		0	2	0	0
0	0	1	1	90	송원재	8	MF	MF	26	최영준		0	1	0	0
0	0	2	0		김영남	13	MF	MF	15	박현범	9	1	0	0	0
0	0	1	2		유대현	22	MF	MF	14	박희도		4(2)	0	0	0
0	1	3	0	16	공민현	9	FW	MF	6	정혁		3(1)	0	0	0
0	0	1	1(1)	91	박용준	15	FW	MF	18	김병석		0	2	0	0
0	0	2	1(1)		김륜도	20	FW	FW	10	윤준하	23	0	1	1	0
0	0	0	0		강훈	23			1	전태현		0	0	0	0
0	0	0	0		최성민	28			23	강종국	후40	0	1	1	0
0	0	0	0		정홍연	55			22	유호준		0	0	0	0
0	1	2	2(1)	후1	임경현	90	대기	대기	9	이재권	후0	1	0	1	0
0	0	0	0		이민우	10			28	좌준협		0	0	0	0
0	0	1	1(1)	후29	황신영	16			32	하정헌	후26	1(1)	2	0	0
0	0	0	2	후0	루키안	91			30	송창호		0	0	0	0
0	3	18	12(5)			0			0			10(4)	14	5	0

- 후반 32분 박희도 PK-R-G (득점: 박희도) 오른쪽

8월 09일 19 : 00 맑음 상주 시민 관중 862명
주심_ 정동식 부심_ 김계용·박상준 대기심_ 박병진 감독관_ 한병화

상주 0 — 0 전반 2 / 0 후반 1 — **3 강원**

퇴장	경고	파울	ST(유)	교체	선수명	배번	위치	위치	배번	선수명	교체	ST(유)	파울	경고	퇴장
0	0	0	0		양 동 원	31	GK	GK	19	이 상 기	23	0	0	0	0
0	0	0	0		이 용	2	DF	DF	3	이 재 훈		0	1	1	0
0	0	1	0		강 민 수	4	DF	DF	20	김 원 균		0	1	0	0
0	0	0	0		여 성 해	6	DF	DF	33	이 한 샘		0	0	0	0
0	1	2	1	27	곽 광 선	22	DF	DF	77	백 종 환		1	1	0	0
0	1	2	0	25	김 성 환	5	MF	MF	34	안 성 남	26	0	2	0	0
0	0	1	1(1)		임 상 협	11	MF	MF	16	한 석 종		0	3	2	0
0	0	2	3(1)		권 순 형	14	MF	MF	7	장 혁 진		4(1)	0	0	0
0	0	2	1		이 창 훈	15	MF	FW	15	신 영 준	57	3(2)	1	1	0
0	0	0	0		한 상 운	20	MF	FW	11	서 보 민		1(1)	3	0	0
0	0	0	1(1)	29	조 동 건	10	FW	FW	89	헤 난		3(2)	1	0	0
0	0	0	0		박 지 영	21			23	강 성 관	후18	0	0	0	0
0	0	0	0		최 종 환	23			26	서 명 식	후45	0	0	0	0
0	0	0	0		최 호 정	89			57	김 윤 호	후37	0	0	0	0
0	0	0	0		최 현 태	16	대기	대기	14	전 병 수		0	0	0	0
0	0	1	0	전25	박 경 익	27			91	지 우		0	0	0	0
0	1	0	2(2)	후0	박 기 동	25			12	벨 루 소		0	0	0	0
0	0	0	0	후26	배 일 환	29			9	최 승 인		0	0	0	0
0	3	11	9(5)			0			0			12(6)	13	4	0

- 전반 1분 서보민 MF 정면 FK R-ST-G (득점: 서보민) 오른쪽
- 전반 17분 신영준 PK-L-G (득점: 신영준) 왼쪽
- 후반 48분 서보민 GAR ~ 장혁진 GA 정면 L-ST-G (득점: 장혁진, 도움: 서보민) 오른쪽

8월 12일 19 : 00 흐림 창원 축구센터 관중 960명
주심_ 매호영 부심_ 김경민·지승민 대기심_ 김우성 감독관_ 하재훈

경남 0 — 0 전반 0 / 0 후반 1 — **1 안산**

퇴장	경고	파울	ST(유)	교체	선수명	배번	위치	위치	배번	선수명	교체	ST(유)	파울	경고	퇴장
0	0	0	0		손 정 현	31	GK	GK	21	이 진 형		0	0	0	0
0	0	1	0		배 효 성	5	DF	DF	27	한 덕 희		0	3	1	0
0	0	0	0		김 준 엽	3	DF	DF	4	신 형 민		0	1	0	0
0	1	2	3(1)		우 주 성	15	DF	DF	2	배 승 진		0	3	0	0
0	0	0	0		송 주 한	22	DF	DF	30	송 창 호		2	1	0	0
0	0	1	1(1)		김 선 우	33	MF	MF	15	박 현 범		0	0	0	0
0	0	3	0	18	신 학 영	13	MF	MF	6	정 혁	26	0	1	0	0
0	0	0	4(2)		류 범 희	35	MF	MF	8	조 재 철	32	0	0	0	0
0	0	1	1(1)	49	김 슬 기	11	MF	MF	14	박 희 도	20	1(1)	0	0	0
0	0	0	4(1)	9	임 창 균	19	FW	MF	18	김 병 석		3(2)	2	0	0
0	0	0	9(4)		루 아 티	10	FW	FW	10	윤 준 하		1	0	0	0
0	0	0	0		김 교 빈	1			1	전 태 현		0	0	0	0
0	0	0	0		최 성 환	6			20	서 동 현	후34	1	1	0	0
0	0	0	0		전 상 훈	12			23	강 종 국		0	0	0	0
0	0	0	0		정 현 철	20	대기	대기	22	유 호 준		0	0	0	0
0	0	2	1	후22	프 랭 크	49			26	최 영 준	후0	0	1	1	0
0	1	1	1	후19	스토야노비치	9			32	하 정 헌	후14	1(1)	1	0	0
0	0	0	1	후37	김 영 욱	18			25	박 희 철		0	0	0	0
0	2	11	25(10)			0			0			9(4)	14	2	0

- 후반 16분 윤준하 GAL ~ 김병석 GA 정면 R-ST-G (득점: 김병석, 도움: 윤준하) 가운데

8월 12일 19 : 00 맑음 상주 시민 관중 825명
주심_ 김대용 부심_ 곽승순·양재용 대기심_ 임정수 감독관_ 강창구

상주 1 — 1 전반 0 / 0 후반 1 — **1 서울E**

퇴장	경고	파울	ST(유)	교체	선수명	배번	위치	위치	배번	선수명	교체	ST(유)	파울	경고	퇴장
0	0	0	0		김 근 배	1	GK	GK	25	이 범 수		0	0	0	0
0	0	2	2		강 민 수	4	DF	DF	32	김 태 은		1(1)	2	0	0
0	0	1	0		여 성 해	6	DF	DF	2	김 민 제		1	1	0	0
0	0	1	1		최 호 정	89	DF	DF	14	황 도 연		0	0	0	0
0	0	3	0		이 용	2	MF	DF	5	칼라일미첼		0	1	1	0
0	0	2	3(3)		김 성 환	5	MF	MF	20	양 기 훈		3(1)	0	0	0
0	0	1	1		최 현 태	16	MF	MF	7	김 재 성		0	1	0	0
0	1	3	0		최 종 환	23	MF	MF	30	최 치 원	21	1(1)	1	0	0
0	0	0	3(2)	18	조 동 건	10	FW	MF	4	조 원 희		2	0	0	0
0	0	0	2(2)	26	임 상 협	11	FW	FW	10	보 비		0	1	0	0
0	0	2	1	20	배 일 환	29	FW	FW	18	주 민 규		2	1	0	0
0	0	0	0		윤 평 국	41			41	김 현 성		0	0	0	0
0	0	0	0		곽 광 선	22			22	전 민 광		0	0	0	0
0	0	0	0		박 경 익	27			21	김 성 주	후15	2(2)	1	0	0
0	0	0	0	후38	한 상 운	20	대기	대기	26	김 창 욱		0	0	0	0
0	0	0	0		유 수 현	42			28	신 일 수		0	0	0	0
0	0	0	0	후6	이 정 협	18			9	라이언존슨		0	0	0	0
0	0	0	2(1)	후22	김 도 엽	26			11	타라바이		0	0	0	0
0	1	15	15(8)			0			0			12(5)	9	1	0

- 전반 16분 임상협 GA 정면 R-ST-G (득점: 임상협) 오른쪽
- 후반 14분 주민규 PA 정면 ~ 최치원 PAR R-ST-G (득점: 최치원, 도움: 주민규) 오른쪽

8월 12일 19 : 00 맑음 속초 종합 관중 438명
주심_ 서동진 부심_ 강동호·서무희 대기심_ 박진호 감독관_ 전인석

강원 1 — 1 전반 1 / 0 후반 0 — **1 부천**

퇴장	경고	파울	ST(유)	교체	선수명	배번	위치	위치	배번	선수명	교체	ST(유)	파울	경고	퇴장
0	0	0	0		이 상 기	19	GK	GK	1	류 원 우		0	0	0	0
0	0	1	1(1)		서 명 식	26	DF	DF	4	안 일 주		0	1	1	0
0	0	2	0		김 원 균	20	DF	DF	6	강 지 용		0	0	0	0
0	0	4	0		이 한 샘	33	DF	DF	14	이 학 민		0	1	1	0
0	0	0	0	3	백 종 환	77	DF	DF	55	정 홍 연		0	0	0	0
0	1	3	0		안 성 남	34	MF	MF	8	송 원 재	16	0	5	0	0
0	0	1	0	57	이 우 혁	8	MF	MF	13	김 영 남		1(1)	0	0	0
0	0	1	1(1)	7	지 우	91	MF	MF	22	유 대 현		0	2	0	0
0	0	2	0		신 영 준	15	FW	FW	11	호드리고		1(1)	1	0	0
0	0	3	1(1)		서 보 민	11	FW	FW	15	박 용 준	90	0	2	0	0
0	0	0	3		헤 난	89	FW	FW	20	김 륜 도	91	0	3	1	0
0	0	0	0		강 성 관	23			18	이 기 현		0	0	0	0
0	0	0	0	후22	이 재 훈	3			5	최 병 도		0	0	0	0
0	0	0	1	후15	김 윤 호	57			28	최 성 민		0	0	0	0
0	0	0	0		이 동 재	18	대기	대기	90	임 경 현	후15	1(1)	1	1	0
0	0	0	0	후15	장 혁 진	7			10	이 민 우		0	0	0	0
0	0	0	0		벨 루 소	12			16	황 신 영	후45	0	0	0	0
0	0	0	0		최 승 인	9			91	루 키 안	후0	1	3	0	0
0	1	17	7(3)			0			0			4(3)	19	4	0

- 전반 17분 지우 PK-R-G (득점: 지우) 왼쪽
- 전반 30분 김영남 PA 정면 R-ST-G (득점: 김영남) 왼쪽

8월 12일 19:00 맑음 안양 종합 관중 932명
주심_ 박필준 부심_ 김성일·박인선 대기심_ 최광호 감독관_ 김수현

안양 3 | 0 전반 0 / 3 후반 0 | **0 고양**

퇴장	경고	파울	ST(유)	교체	선수명	배번	위치	위치	배번	선수명	교체	ST(유)	파울	경고	퇴장
0	0	0	0		최 필 수	21	GK	GK	23	여 명 용		0	0	0	0
0	1	2	0		가 솔 현	3	DF	DF	12	이 상 돈		0	1	0	0
0	0	1	0		베 리	29	DF	DF	22	황 규 범		0	1	0	0
0	0	1	0		안 동 혁	5	DF	DF	26	안 현 식		1	4	1	0
0	0	1	0		구 대 영	90	DF	DF	30	여 효 진		0	0	0	0
0	0	1	1(1)		박 태 수	15	MF	MF	7	이 도 성		1	1	0	0
0	0	2	3(1)		김 선 민	17	MF	MF	8	김 준 태	17	1	0	0	0
0	0	0	0	8	안 성 빈	11	MF	MF	10	박 정 수		2	3	1	0
0	0	0	3(2)	7	김 대 한	13	MF	FW	16	진 창 수	33	0	0	0	0
0	0	1	4(3)	42	고 경 민	19	FW	FW	24	김 유 성		1	3	0	0
0	0	2	4(2)		김 동 기	28	FW	FW	20	오 기 재		1	1	0	0
0	0	0	0		김 선 규	31			21	이 승 규		0	0	0	0
0	0	0	0		유 종 현	35			15	박 태 형		0	0	0	0
0	0	0	0		주 현 재	16	대기	대기	33	김 훈 성	후0	1(1)	0	0	0
0	0	2	2(2)	후25	최 진 수	8			9	서 형 승		0	0	0	0
0	0	0	0		이 하 늘	33			17	이 광 재	후40	0	0	0	0
0	1	13	17(11)			0			0			8(1)	14	2	0

- 후반 9분 안성빈 GAR ~ 고경민 GA 정면 R-ST-G (득점: 고경민, 도움: 안성빈) 가운데
- 후반 17분 안성빈 MFR ~ 고경민 GAR R-ST-G (득점: 고경민, 도움: 안성빈) 왼쪽
- 후반 44분 조성준 PAR 내 → 김선민 GA 정면 R-ST-G (득점: 김선민, 도움: 조성준) 왼쪽

8월 12일 19:00 맑음 충주 종합 관중 757명
주심_ 김영수 부심_ 김영하·박상준 대기심_ 성덕효 감독관_ 김형남

충주 1 | 0 전반 2 / 1 후반 1 | **3 수원FC**

퇴장	경고	파울	ST(유)	교체	선수명	배번	위치	위치	배번	선수명	교체	ST(유)	파울	경고	퇴장
0	0	0	0		황 성 민	1	GK	GK	21	이 인 수		0	0	0	0
0	1	3	1(1)		노 연 빈	8	DF	DF	2	임 하 람		0	2	1	0
0	0	1	0		이 택 기	23	DF	DF	17	김 창 훈		1	1	0	0
0	1	4	3(1)		황 재 원	24	DF	DF	19	오 광 진		0	2	0	0
0	0	2	1(1)		정 우 재	2	DF	MF	8	시 시		1(1)	2	0	0
0	1	1	0		최 승 호	7	MF	DF	15	김 정 빈	33	1(1)	1	0	0
0	1	0	0		오 승 범	21	MF	FW	16	권 용 현		3(2)	3	0	0
0	0	1	2		마르싱유	27	MF	FW	24	김 부 관	10	3(2)	3	0	0
0	0	0	1	17	김 병 오	35	MF	MF	36	김 종 우		1	5	0	0
0	0	2	1(1)	5	박 지 민	10	FW	MF	99	김 재 웅		5(2)	5	1	0
0	0	1	0	88	김 도 형	77	FW	FW	9	자 파	11	3(1)	0	0	0
0	0	0	0		이 영 창	26			23	박 형 순		0	0	0	0
0	0	0	0		박 요 한	11			3	김 혁 진		0	0	0	0
0	0	2	0	후5	노 형 구	5			13	배 신 영		0	0	0	0
0	0	0	0		이 현 창	3	대기	대기	37	이 관 표		0	0	0	0
0	0	1	2(2)	전46	심 진 의	17			10	김 한 원	후24	0	0	0	0
0	0	0	3(3)	후10	장 조 윤	88			11	박 종 찬	후40	0	0	0	0
0	0	0	0		김 정 훈	28			33	정 기 운	후32	0	0	0	0
0	4	18	14(9)			0			0			18(9)	24	2	0

- 후반 21분 정우재 MFL ~ 심진의 AKL R-ST-G (득점: 심진의, 도움: 정우재) 왼쪽
- 전반 30분 김종우 C,KL → 김재웅 PA 정면 L-ST-G (득점: 김재웅, 도움: 김종우) 오른쪽
- 전반 43분 시시 HLR ~ 김부관 AKL R-ST-G (득점: 김부관, 도움: 시시) 오른쪽
- 후반 33분 김재웅 GAR R-ST-G (득점: 김재웅) 왼쪽

8월 15일 19:00 맑음 안산 와스타디움 관중 1,812명
주심_ 김우성 부심_ 김성일·양재용 대기심_ 박필준 감독관_ 김진의

안산 0 | 0 전반 0 / 0 후반 1 | **1 충주**

퇴장	경고	파울	ST(유)	교체	선수명	배번	위치	위치	배번	선수명	교체	ST(유)	파울	경고	퇴장
0	0	0	0		이 진 형	21	GK	GK	1	황 성 민		0	0	0	0
0	0	1	0		한 덕 희	27	DF	DF	11	박 요 한		0	1	0	0
0	0	0	0		신 형 민	4	DF	DF	5	노 형 구		0	2	0	0
0	1	1	0		안 재 준	5	DF	DF	24	황 재 원		1	0	0	0
0	0	3	1		배 승 진	2	DF	DF	2	정 우 재		1(1)	2	1	0
0	0	1	0	14	최 영 준	26	MF	MF	3	이 현 창		2	1	0	0
0	0	1	0		박 현 범	15	MF	MF	21	오 승 범		1(1)	2	0	0
0	0	1	1(1)	32	김 병 석	18	MF	FW	77	김 도 형	17	2	0	0	0
0	1	0	1		이 재 권	9	MF	MF	4	엄 진 태		0	2	1	0
0	0	0	1	20	조 재 철	8	MF	FW	27	마르싱유	35	1	1	0	0
0	0	1	1		윤 준 하	10	FW	FW	99	조 석 재	88	3(1)	2	0	0
0	0	0	0		전 태 현	1			26	이 영 창		0	0	0	0
0	0	0	1	후16	서 동 현	20			16	김 용 찬		0	0	0	0
0	0	2	2	후16	박 희 도	14			23	이 택 기		0	0	0	0
0	0	0	0		유 호 준	22	대기	대기	88	장 조 윤	후30	1(1)	1	0	0
0	0	0	0		박 희 철	25			35	김 병 오	후19	0	2	0	0
0	0	0	0		좌 준 협	28			17	심 진 의	후46	0	0	0	0
0	1	2	0	후30	하 정 헌	32			28	김 정 훈		0	0	0	0
0	3	13	8(1)			0			0			12(4)	16	2	0

- 후반 29분 오승범 MFL ↷ 조석재 PK 좌측지점 H-ST-G (득점: 조석재, 도움: 오승범) 왼쪽

8월 15일 19:00 맑음 안양 종합 관중 1,132명
주심_ 김대용 부심_ 서무희·강동호 대기심_ 김영수 감독관_ 김일호

안양 2 | 0 전반 0 / 2 후반 0 | **0 경남**

퇴장	경고	파울	ST(유)	교체	선수명	배번	위치	위치	배번	선수명	교체	ST(유)	파울	경고	퇴장
0	0	0	0		최 필 수	21	GK	GK	31	손 정 현		0	0	0	0
0	1	0	0		유 종 현	35	DF	DF	3	김 준 엽		0	0	0	0
0	0	0	2		베 리	29	DF	DF	5	배 효 성		0	0	0	0
0	0	2	1		안 동 혁	5	DF	DF	28	박 지 수		0	0	0	0
0	0	0	0		구 대 영	90	DF	DF	12	전 상 훈		0	2	0	0
0	0	0	1(1)		박 태 수	15	MF	MF	22	송 주 한	20	0	1	1	0
0	0	1	3(2)	8	김 선 민	17	MF	MF	33	김 선 우		1	0	0	0
0	0	2	1(1)	16	조 성 준	7	MF	MF	35	류 범 희		2(1)	1	0	0
0	0	1	2(2)	11	김 대 한	13	MF	MF	11	김 슬 기	19	0	0	0	0
0	0	0	1(1)		고 경 민	19	FW	MF	49	프 랭 크	18	0	0	0	0
0	0	3	3(2)		김 동 기	28	FW	FW	10	루 아 티		3(2)	4	0	0
0	0	0	0		김 선 규	31			1	김 교 빈		0	0	0	0
0	0	0	0		김 기 태	24			20	정 현 철	후0	0	2	0	0
0	0	2	2(1)	후18	주 현 재	16			8	고 재 성		0	0	0	0
0	0	0	0	후39	최 진 수	8	대기	대기	19	임 창 균	후25	1	0	0	0
0	0	0	0		김 종 성	6			13	신 학 영		0	0	0	0
0	0	0	0		정 재 용	42			9	스토야노비치		0	0	0	0
0	0	0	0	후0	안 성 빈	11			18	김 영 욱	후5	0	0	0	0
0	1	11	16(10)			0			0			7(3)	10	1	0

- 후반 13분 고경민 GAR R-ST-G (득점: 고경민) 왼쪽
- 후반 23분 김선민 C,KR ↷ 주현재 GAL H-ST-G (득점: 주현재, 도움: 김선민) 왼쪽

8월 16일 19 : 00 비 부천 종합 관중 914명
주심_ 매호영 부심_ 박상준·김지욱 대기심_ 김성호 감독관_ 한진원

부천 3 0 전반 1 / 3 후반 0 **1 서울E**

퇴장	경고	파울	ST(유)	교체	선수명	배번	위치	위치	배번	선수명	교체	ST(유)	파울	경고	퇴장
0	0	0	0		류 원 우	1	GK	GK	25	이 범 수		0	0	0	0
0	0	0	0		전 광 환	2	DF	DF	32	김 태 은	10	0	1	1	0
0	0	1	0		최 병 도	5	DF	DF	8	윤 성 열		0	0	0	0
0	0	0	0		강 지 용	6	DF	DF	14	황 도 연		0	0	0	0
0	0	1	3(1)		이 학 민	14	DF	DF	5	칼라일미첼		0	1	1	0
0	0	2	3(2)		송 원 재	8	MF	MF	20	양 기 훈		0	2	0	0
0	1	2	0	28	김 영 남	13	MF	MF	4	조 원 희		1	0	0	0
0	0	1	2(1)	16	유 대 현	22	MF	MF	30	최 치 원	21	1(1)	2	0	0
0	0	3	2(1)		공 민 현	9	FW	MF	7	김 재 성		2(1)	3	0	0
0	0	0	1(1)	11	박 용 준	15	FW	FW	11	타라바이		3(2)	6	0	0
0	0	1	2(1)		루 키 안	91	FW	FW	18	주 민 규	9	0	0	0	0
0	0	0	0		이 기 현	18			41	김 현 성		0	0	0	0
0	0	0	0	후42	최 성 민	28			2	김 민 제		0	0	0	0
0	0	0	0		정 홍 연	55			21	김 성 주	후19	0	2	2	0
0	0	0	0		주 광 선	7	대기	대기	26	김 창 욱		0	0	0	0
0	0	0	0		이 민 우	10			28	신 일 수		0	0	0	0
0	0	0	3(3)	전25	호드리고	11			9	라이언존슨	후15	2(2)	0	0	0
0	0	1	3(3)	후0	황 신 영	16			10	보 비	후36	0	0	0	0
0	1	12	19(13)			0			0			9(6)	17	4	0

●후반 10분 루키안 GAR → 황신영 GAL L-ST-G (득점: 황신영, 도움: 루키안) 왼쪽
●후반 20분 루키안 PAR 내 EL ↷ 이학민 GAR R-ST-G (득점: 이학민, 도움: 루키안) 오른쪽
●후반 38분 이학민 PAR → 호드리고 GAR R-ST-G (득점: 호드리고, 도움: 이학민) 오른쪽
●전반 39분 조원희 MFL ~ 타라바이 AKL R-ST-G (득점: 타라바이, 도움: 조원희) 오른쪽

8월 16일 19 : 00 흐리고 비 고양 종합 관중 819명
주심_ 임정수 부심_ 김영하·지승민 대기심_ 성덕효 감독관_ 전인석

고양 3 1 전반 0 / 2 후반 3 **3 대구**

퇴장	경고	파울	ST(유)	교체	선수명	배번	위치	위치	배번	선수명	교체	ST(유)	파울	경고	퇴장
0	0	0	0		여 명 용	23	GK	GK	21	조 현 우		0	0	0	0
0	0	0	0		이 상 돈	12	DF	DF	5	박 성 용	3	0	0	0	0
0	1	2	1		황 규 범	22	DF	DF	13	조 영 훈		0	2	0	0
0	1	2	2(1)		박 태 형	15	DF	DF	20	이 원 재		0	1	0	0
0	0	4	0		여 효 진	30	DF	MF	22	이 준 희		2(1)	1	0	0
0	1	1	0		이 도 성	7	MF	MF	77	이 광 진	23	0	1	0	0
0	0	0	2(1)		김 준 태	8	MF	MF	4	이 종 성		1(1)	3	0	0
0	2	4	0		박 정 수	10	MF	MF	11	레 오		4	1	0	0
0	0	1	0	17	진 창 수	16	FW	FW	9	장 백 규		1(1)	0	0	0
0	0	3	0	9	김 유 성	24	FW	FW	28	에 델		6(5)	2	1	0
0	0	0	4(4)		오 기 재	20	FW	FW	18	김 진 혁	25	2(1)	2	0	0
0	0	0	0		이 승 규	21			1	이 양 종		0	0	0	0
0	0	0	0		김 성 식	3			6	문 진 용		0	0	0	0
0	0	0	0		김 훈 성	33	대기	대기	3	감 한 솔	전39	0	0	1	0
0	0	0	1	후36	서 형 승	9			23	신 희 재	후43	0	0	0	0
0	1	0	1(1)	후20	이 광 재	17			10	황 순 민		0	0	0	0
0	6	17	11(7)			0			0			16(9)	13	2	0

●전반 1분 오기재 PA 정면 내 R-ST-G (득점: 오기재) 왼쪽
●후반 44분 이광재 GA 정면 내 R-ST-G (득점: 이광재) 왼쪽
●후반 50분 오기재 GA 정면 L-ST-G (득점: 오기재) 가운데
●후반 2분 이준희 GA 정면 R-ST-G (득점: 이준희) 왼쪽
●후반 13분 장백규 GAL EL ~ 에델 GA 정면 내 L-ST-G (득점: 에델, 도움: 장백규) 왼쪽
●후반 52분 에델 GA 정면 L-ST-G (득점: 에델) 가운데

8월 17일 19 : 30 맑음 수원 종합 관중 1,178명
주심_ 박진호 부심_ 곽승순·이영운 대기심_ 최대우 감독관_ 김용세

수원FC 3 2 전반 0 / 1 후반 2 **2 강원**

퇴장	경고	파울	ST(유)	교체	선수명	배번	위치	위치	배번	선수명	교체	ST(유)	파울	경고	퇴장
0	0	0	0		박 형 순	23	GK	GK	19	이 상 기		0	0	0	0
0	0	1	0		임 하 람	2	DF	DF	3	이 재 훈		0	2	0	0
0	0	0	2		김 창 훈	17	DF	DF	20	김 원 균		0	3	0	0
0	0	0	0	10	오 광 진	19	DF	DF	33	이 한 샘		0	1	0	0
0	0	3	1(1)		김 서 준	7	MF	DF	77	백 종 환	26	0	1	0	0
0	0	1	0		시 시	8	MF	MF	34	안 성 남		0	3	1	0
0	0	3	1		김 정 빈	15	DF	MF	16	한 석 종		1	1	1	0
0	1	2	4(3)		권 용 현	16	FW	MF	8	이 우 혁	89	0	0	0	0
0	0	2	1	33	김 부 관	24	FW	FW	15	신 영 준	91	0	2	0	0
0	0	2	4(1)	37	김 종 우	36	MF	FW	12	벨 루 소		0	2	0	0
0	0	1	4(3)		자 파	9	FW	FW	9	최 승 인		1	2	1	0
0	0	0	0		이 인 수	21			23	강 성 관		0	0	0	0
0	0	0	0		김 혁 진	3			26	서 명 식	후22	0	2	0	0
0	0	0	0		배 신 영	13			57	김 윤 호		0	0	0	0
0	0	0	0	후47	이 관 표	37	대기	대기	18	이 동 재		0	0	0	0
0	0	1	0	후18	김 한 원	10			91	지 우	후12	3(2)	1	1	0
0	0	0	0		박 종 찬	11			89	헤 난	전39	2(2)	0	0	0
0	0	0	2(2)	후26	정 기 운	33			10	최 진 호		0	0	0	0
0	1	16	19(10)			0			0			7(4)	20	4	0

●전반 12분 김종우 C,KR ↷ 자파 GA 정면 H-ST-G (득점: 자파, 도움: 김종우) 왼쪽
●전반 32분 김부관 AK 내 ~ 권용현 PAL 내 L-ST-G (득점: 권용현, 도움: 김부관) 왼쪽
●후반 33분 권용현 PAL 내 EL ~ 정기운 GAL R-ST-G (득점: 정기운, 도움: 권용현) 가운데
●후반 3분 한석종 GAR H ↷ 헤난 GAL 내 EL H-ST-G (득점: 헤난, 도움: 한석종) 왼쪽
●후반 14분 지우 GA 정면 내 R-ST-G (득점: 지우) 가운데

8월 22일 19 : 00 흐림 안산 와스타디움 관중 1,057명
주심_ 성덕효 부심_ 서무희·김지욱 대기심_ 박진호 감독관_ 김형남

안산 2 1 전반 1 / 1 후반 1 **2 고양**

퇴장	경고	파울	ST(유)	교체	선수명	배번	위치	위치	배번	선수명	교체	ST(유)	파울	경고	퇴장
0	0	0	0		이 진 형	21	GK	GK	23	여 명 용		0	0	0	0
0	0	1	1		김 병 석	18	DF	DF	12	이 상 돈		0	1	0	0
0	2	2	0		배 승 진	2	DF	DF	22	황 규 범		0	2	0	0
0	0	0	0		안 재 준	5	DF	DF	26	안 현 식		1(1)	0	0	0
0	1	2	0		한 덕 희	27	DF	DF	30	여 효 진		0	2	0	0
0	0	0	0		신 형 민	4	MF	MF	7	이 도 성	9	2	0	1	0
0	0	1	0		박 현 범	15	MF	MF	8	김 준 태		1	2	0	0
0	1	3	0		박 희 도	14	MF	FW	16	진 창 수		3(2)	3	0	0
0	0	1	2(1)	10	이 재 권	9	MF	FW	24	김 유 성		4(3)	2	0	0
0	0	2	0	22	조 재 철	8	MF	MF	20	오 기 재	31	1(1)	0	0	0
0	0	1	5(3)		서 동 현	20	FW	FW	17	이 광 재	18	2(1)	2	0	0
0	0	0	0		김 대 호	31			21	이 승 규		0	0	0	0
0	0	1	2(2)	후0/26	윤 준 하	10			3	김 성 식		0	0	0	0
0	0	1	1(1)	후9	유 호 준	22			14	하 인 호		0	0	0	0
0	0	0	0	후43	최 영 준	26	대기	대기	31	홍 순 학	후23	1(1)	1	0	0
0	0	0	0		강 종 국	23			33	김 훈 성		0	0	0	0
0	0	0	0		박 희 철	25			9	서 형 승	후41	0	0	0	0
0	0	0	0		좌 준 협	28			18	배 해 민	후23	1(1)	0	0	0
0	4	15	11(7)			0			0			16(10	15	1	0

●전반 18분 김병석 MF 정면 ~ 서동현 PA 정면 내 L-ST-G (득점: 서동현, 도움: 김병석) 오른쪽
●후반 10분 서동현 MF 정면 ~ 윤준하 GAL L-ST-G (득점: 윤준하, 도움: 서동현) 오른쪽
●전반 11분 이광재 PAL 내 R-ST-G (득점: 이광재) 오른쪽
●후반 8분 김유성 PK-R-G (득점: 김유성) 오른쪽

8월 22일 19 : 00 흐림 상주 시민 관중 958명
주심_ 매호영 부심_ 양재용·강동호 대기심_ 임정수 감독관_ 전인석

상주 0 0 전반 0 / 0 후반 0 **0 수원FC**

퇴장	경고	파울	ST(유)	교체	선수명	배번	위치	위치	배번	선수명	교체	ST(유)	파울	경고	퇴장
0	0	0	0		김 근 배	1	GK	GK	23	박 형 순		0	0	0	0
0	0	1	1		강 민 수	4	DF	DF	2	임 하 람		0	3	0	0
0	0	0	0		여 성 해	6	DF	DF	17	김 창 훈		1	1	0	0
0	0	2	0		최 호 정	89	DF	MF	8	시 시		1(1)	0	0	0
0	0	0	0		이 용	2	MF	DF	15	김 정 빈		3	2	0	0
0	0	3	1(1)	10	김 성 환	5	MF	FW	16	권 용 현		1	2	0	0
0	0	4	1		최 현 태	16	MF	FW	24	김 부 관	3	1	1	0	0
0	0	0	0		최 종 환	23	MF	MF	36	김 종 우	37	0	1	0	0
0	0	2	2(1)	15	한 상 운	20	FW	MF	99	김 재 웅		1	3	1	0
0	0	2	1		이 정 협	18	FW	FW	9	자 파	33	4(3)	1	0	0
0	0	3	0	11	박 기 동	25	FW	DF	10	김 한 원		1	1	0	0
0	0	0	0		양 동 원	31			21	이 인 수		0	0	0	0
0	0	0	0		이 후 권	28			25	김 윤 재		0	0	0	0
0	0	0	0		안 재 훈	55			3	김 혁 진	후18	0	0	0	0
0	0	2	1	전37	임 상 협	11	대기	대기	7	김 서 준		0	0	0	0
0	0	0	0		권 순 형	14			13	배 신 영		0	0	0	0
0	0	0	2	후36	조 동 건	10			37	이 관 표	후33	1(1)	1	0	0
0	0	1	1	후18	이 창 훈	15			33	정 기 운	후23	1	0	0	0
0	0	20	10(2)			0			0			15(5)	16	1	0

8월 22일 19 : 30 맑음 잠실 관중 1,699명
주심_ 김영수 부심_ 김성일·김영하 대기심_ 김우성 감독관_ 강창구

서울E 0 0 전반 0 / 0 후반 0 **0 강원**

퇴장	경고	파울	ST(유)	교체	선수명	배번	위치	위치	배번	선수명	교체	ST(유)	파울	경고	퇴장
0	0	0	0		김 영 광	1	GK	GK	19	이 상 기		0	0	0	0
0	1	1	1(1)		김 태 은	32	DF	DF	3	이 재 훈		0	0	0	0
0	0	1	0		윤 성 열	8	DF	DF	20	김 원 균		0	0	0	0
0	1	1	1		양 기 훈	20	DF	DF	33	이 한 샘		0	2	1	0
0	0	0	0		전 민 광	22	MF	DF	26	서 명 식		0	1	0	0
0	0	0	1	26	신 일 수	28	MF	MF	34	안 성 남		0	1	0	0
0	1	2	1		김 재 성	7	DF	MF	57	김 윤 호	7	1	3	1	0
0	0	2	2	9	최 치 원	30	MF	MF	8	이 우 혁		1	2	1	0
0	0	2	2		보 비	10	MF	FW	15	신 영 준	11	0	0	0	0
0	0	1	2(1)		타라바이	11	FW	FW	91	지 우	9	2(2)	1	1	0
0	1	2	1(1)	23	주 민 규	18	FW	FW	89	헤 난		2(2)	0	0	0
0	0	0	0		이 범 수	25			23	강 성 관		0	0	0	0
0	0	0	0		김 민 제	2			2	최 우 재		0	0	0	0
0	0	0	0		구 대 엽	33			25	김 용 진		0	0	0	0
0	0	2	0	후19	김 창 욱	26	대기	대기	7	장 혁 진	후13	0	0	0	0
0	0	0	0	후20	최 오 백	23			9	최 승 인	후28	0	0	0	0
0	0	0	0	후38	라이언존슨	9			12	벨 루 소		0	0	0	0
0	0	0	0		최 유 상	27			11	서 보 민	전28	5(2)	1	0	0
0	4	14	11(3)			0			0			11(6)	11	4	0

8월 23일 19 : 00 흐림 부천 종합 관중 2,101명
주심_ 최대우 부심_ 박인선·이영운 대기심_ 김대용 감독관_ 김일호

부천 2 0 전반 0 / 2 후반 0 **0 충주**

퇴장	경고	파울	ST(유)	교체	선수명	배번	위치	위치	배번	선수명	교체	ST(유)	파울	경고	퇴장
0	0	0	0		류 원 우	1	GK	GK	1	황 성 민		0	0	0	0
0	0	1	0		전 광 환	2	DF	DF	11	박 요 한	88	0	0	0	0
0	0	0	0		최 병 도	5	DF	DF	23	이 택 기		1(1)	0	0	0
0	1	2	1		강 지 용	6	DF	DF	5	노 형 구		0	3	1	0
0	0	0	2		이 학 민	14	DF	DF	2	정 우 재	3	0	0	0	0
0	1	3	0	4	송 원 재	8	MF	MF	8	노 연 빈		2	1	0	0
0	0	0	0	90	김 영 남	13	MF	MF	21	오 승 범		1(1)	1	0	0
0	0	1	1(1)		공 민 현	9	MF	MF	7	최 승 호		3(1)	0	0	0
0	1	3	5(1)		호드리고	11	FW	FW	27	마르싱유		2(1)	0	0	0
0	0	1	0	91	황 신 영	16	FW	FW	77	김 도 형	28	0	2	0	0
0	0	2	2(2)		김 륜 도	20	FW	FW	99	조 석 재		3(2)	2	0	0
0	0	0	0		이 기 현	18			26	이 영 창		0	0	0	0
0	0	0	0	후34	안 일 주	4			3	이 현 창	후35	1(1)	0	0	0
0	0	0	0		최 성 민	28			18	황 수 남		0	0	0	0
0	0	0	0		정 홍 연	55	대기	대기	4	엄 진 태		0	0	0	0
0	0	0	0		유 대 현	22			28	김 정 훈	후25	1	0	0	0
0	1	2	0	후22	임 경 현	90			88	장 조 윤	후19	3(2)	0	0	0
0	0	0	1(1)	후0	루 키 안	91			30	양 상 준		0	0	0	0
0	4	15	12(5)			0			0			17(9)	9	1	0

- ●후반 3분 김륜도 PAR ~ 공민현 PK지점 R-ST-G (득점: 공민현, 도움: 김륜도) 오른쪽
- ●후반 48분 이학민 PAR 내 ~ 루키안 GA 정면 R-ST-G (득점: 루키안, 도움: 이학민) 왼쪽

8월 23일 19 : 30 흐림 대구 스타디움 관중 901명
주심_ 박필준 부심_ 곽승순·박상준 대기심_ 김상우 감독관_ 김정식

대구 3 3 전반 0 / 0 후반 0 **0 경남**

퇴장	경고	파울	ST(유)	교체	선수명	배번	위치	위치	배번	선수명	교체	ST(유)	파울	경고	퇴장
0	0	0	0		조 현 우	21	GK	GK	31	손 정 현		0	0	0	0
0	0	3	0		이 준 희	22	DF	DF	15	우 주 성		0	1	0	0
0	0	1	0		조 영 훈	13	DF	DF	5	배 효 성		0	2	0	0
0	0	1	1(1)		이 원 재	20	DF	DF	22	송 주 한	28	1	0	0	0
0	1	1	0		이 종 성	4	DF	MF	12	전 상 훈	19	1	0	0	0
0	0	4	0		류 재 문	29	MF	MF	3	김 준 엽		2	1	0	0
0	0	3	1	88	문 기 한	14	MF	MF	33	김 선 우		1	2	0	0
0	0	0	0	17	장 백 규	9	MF	MF	13	신 학 영		0	1	0	0
0	0	0	1(1)		에 델	28	MF	MF	11	김 슬 기		1	1	0	0
0	0	0	1	77	레 오	11	MF	MF	35	류 범 희		0	1	1	0
0	0	4	5(2)		조 나 탄	7	FW	FW	10	루 아 티	9	0	2	1	0
0	0	0	0		이 양 종	1			21	김 형 록		0	0	0	0
0	0	0	0		문 진 용	6			28	박 지 수	전35	0	0	0	0
0	0	0	0		감 한 솔	3			2	유 준 영		0	0	0	0
0	0	0	0	후37	세르징요	88	대기	대기	19	임 창 균	후0	5(3)	0	0	0
0	0	1	0	후23	이 광 진	77			23	고 대 서		0	0	0	0
0	0	0	0	후42	노 병 준	17			49	프 랭 크		0	0	0	0
0	0	0	0		김 진 혁	18			9	스토야노비치	후16	0	2	0	0
0	1	18	9(4)			0			0			11(3)	13	2	0

- ●전반 9분 조나탄 MF 정면 ~ 에델 PAL 내 R-ST-G (득점: 에델, 도움: 조나탄) 오른쪽
- ●전반 15분 문기한 MFL FK ↷ 이원재 PK 좌측지점 H-ST-G (득점: 이원재, 도움: 문기한) 왼쪽
- ●전반 31분 조나탄 PK 우측지점 R-ST-G (득점: 조나탄) 왼쪽

8월 26일 19:00 흐림 창원 축구센터 관중 613명
주심_ 서동진 부심_ 김성일·이영운 대기심_ 김영수 감독관_ 전인석

경남 1 　 0 전반 0 / 1 후반 0 　 **0 상주**

퇴장	경고	파울	ST(유)	교체	선수명	배번	위치	위치	배번	선수명	교체	ST(유)	파울	경고	퇴장
0	0	0	0		손 정 현	31	GK	GK	31	양 동 원		0	0	0	0
0	0	1	0		우 주 성	15	DF	DF	2	이 용		0	0	0	0
0	2	3	0		배 효 성	5	DF	DF	3	박 진 포		1	1	0	0
0	0	1	1		최 성 환	6	DF	DF	4	강 민 수		0	1	0	0
0	0	0	0		김 준 엽	3	DF	DF	6	여 성 해		1	1	0	0
0	1	3	0	22	손 형 준	14	MF	MF	11	임 상 협	5	0	2	0	0
0	0	1	0		김 선 우	33	MF	MF	14	권 순 형		0	0	0	0
0	0	3	2(2)	27	류 범 희	35	MF	MF	16	최 현 태	15	1	0	0	0
0	0	1	1	28	임 창 균	19	MF	MF	29	배 일 환		3	2	0	0
0	0	4	2(1)		스토야노비치	9	FW	FW	10	조 동 건		3(1)	1	0	0
0	0	1	4(2)		루 아 티	10	FW	FW	18	이 정 협	25	1	1	0	0
0	0	0	0		김 형 록	21			41	윤 평 국		0	0	0	0
0	0	0	0	후7	박 지 수	28			22	곽 광 선		0	0	0	0
0	0	0	0	후28	이 상 현	27			24	장 현 우		0	0	0	0
0	0	0	0	후11	송 주 한	22	대기	대기	5	김 성 환	후24	1	0	0	0
0	0	0	0		유 준 영	2			23	최 종 환		0	0	0	0
0	0	0	0		김 슬 기	11			15	이 창 훈	후17	1(1)	0	0	0
0	0	0	0		프 랭 크	49			25	박 기 동	후7	2	1	0	0
0	3	18	10(5)			0			0			14(2)	10	0	0

● 후반 13분 스토야노비치 PK-R-G (득점: 스토야노비치) 가운데

8월 26일 19:00 흐림 속초 종합 관중 623명
주심_ 김대용 부심_ 강동호·박인선 대기심_ 박필준 감독관_ 한진원

강원 2 　 0 전반 0 / 2 후반 0 　 **0 안산**

퇴장	경고	파울	ST(유)	교체	선수명	배번	위치	위치	배번	선수명	교체	ST(유)	파울	경고	퇴장
0	0	0	0		이 상 기	19	GK	GK	21	이 진 형		0	0	0	0
0	0	2	1(1)		이 재 훈	3	DF	DF	25	박 희 철		0	1	0	0
0	0	1	0		김 원 균	20	DF	DF	4	신 형 민		0	2	0	0
0	0	0	1(1)		이 한 샘	33	DF	DF	5	안 재 준		1(1)	2	1	0
0	0	1	0	2	이 한 음	22	DF	DF	17	신 광 훈		0	2	1	0
0	0	1	1		한 석 종	16	MF	MF	26	최 영 준	28	0	0	0	0
0	0	6	1(1)		장 혁 진	7	MF	MF	15	박 현 범	30	1(1)	2	0	0
0	0	0	2(2)		서 보 민	11	MF	MF	8	조 재 철		3(1)	3	0	0
0	0	0	1(1)	12	최 진 호	10	FW	MF	18	김 병 석		4(1)	1	0	0
0	0	0	5(3)		지 우	91	FW	FW	22	유 호 준		2	2	0	0
0	0	2	0	14	헤 난	89	FW	FW	10	윤 준 하	20	1(1)	2	0	0
0	0	0	0		강 성 관	23			31	김 대 호		0	0	0	0
0	0	0	0	후22	최 우 재	2			23	강 종 국		0	0	0	0
0	0	0	0		정 우 인	4			20	서 동 현	후10	1	0	0	0
0	0	0	0		안 성 남	34	대기	대기	13	박 세 환		0	0	0	0
0	0	0	0		김 윤 호	57			28	좌 준 협	후38	0	0	0	0
0	0	1	1(1)	후0	벨 루 소	12			3	김 성 현		0	0	0	0
0	0	1	0	후36	전 병 수	14			30	송 창 호	후25	0	0	0	0
0	0	15	13(10)			0			0			13(5)	17	2	0

● 후반 44분 지우 PK-R-G (득점: 지우) 왼쪽
● 후반 50분 지우 MFL ~ 벨루소 GAL L-ST-G (득점: 벨루소, 도움: 지우) 가운데

8월 26일 19:00 맑음 충주 종합 관중 1,592명
주심_ 임정수 부심_ 지승민·김지욱 대기심_ 매호영 감독관_ 김수현

충주 2 　 1 전반 0 / 1 후반 2 　 **2 안양**

퇴장	경고	파울	ST(유)	교체	선수명	배번	위치	위치	배번	선수명	교체	ST(유)	파울	경고	퇴장
0	0	0	0		황 성 민	1	GK	GK	21	최 필 수		0	0	0	0
0	0	0	0		박 요 한	11	DF	DF	35	유 종 현		0	1	0	0
0	0	2	0		노 형 구	5	DF	DF	29	베 리		1(1)	0	0	0
0	0	0	1		황 재 원	24	DF	DF	5	안 동 혁	10	0	0	0	0
0	0	2	0		정 우 재	2	DF	DF	90	구 대 영		1	1	0	0
0	1	1	0		노 연 빈	8	MF	MF	15	박 태 수		0	5	0	0
0	0	2	0		오 승 범	21	MF	MF	17	김 선 민		2	0	0	0
0	1	4	4(2)	27	김 병 오	35	MF	FW	11	안 성 빈	7	1	3	0	0
0	0	0	2(1)	17	김 도 형	77	MF	FW	13	김 대 한	16	0	1	0	0
0	0	1	2(1)	4	장 조 윤	88	FW	MF	19	고 경 민		0	1	0	0
0	0	1	1(1)		조 석 재	99	FW	FW	28	김 동 기		3(1)	0	0	0
0	0	0	0		이 영 창	26			31	김 선 규		0	0	0	0
0	0	0	0		이 현 창	3			3	가 솔 현		0	0	0	0
0	0	0	0		이 용 기	20			16	주 현 재	후0	1(1)	3	1	0
0	0	0	0	후31	엄 진 태	4	대기	대기	6	김 종 성		0	0	0	0
0	0	0	0		김 정 훈	28			7	조 성 준	후18	1(1)	1	0	0
0	0	0	0	후33	심 진 의	17			14	박 승 렬		0	0	0	0
0	0	0	0	후42	마르싱유	27			10	김 효 기	후25	0	0	0	0
0	2	13	10(5)			0			0			10(4)	16	1	0

● 전반 38분 조석재 GAR 내 EL ~ 장조윤 GAL 내 R-ST-G (득점: 장조윤, 도움: 조석재) 왼쪽
● 후반 17분 김도형 PAR 내 ~ 조석재 GA 정면 R-ST-G (득점: 조석재, 도움: 김도형) 왼쪽
● 후반 20분 박태수 GA 정면 백패스~ 베리 GAL 내 R-ST-G (득점: 베리, 도움: 박태수) 왼쪽
● 후반 43분 김동기 GA 정면 ~ 조성준 GA 정면 R-ST-G (득점: 조성준, 도움: 김동기) 왼쪽

8월 26일 19:30 흐림 부천 종합 관중 641명
주심_ 박진호 부심_ 서무희·양재용 대기심_ 성덕효 감독관_ 김용세

부천 0 　 0 전반 0 / 0 후반 1 　 **1 대구**

퇴장	경고	파울	ST(유)	교체	선수명	배번	위치	위치	배번	선수명	교체	ST(유)	파울	경고	퇴장
0	0	0	0		류 원 우	1	GK	GK	21	조 현 우		0	0	1	0
0	0	2	0		전 광 환	2	DF	DF	22	이 준 희		0	1	0	0
0	0	0	0		최 병 도	5	DF	DF	13	조 영 훈		0	3	0	0
0	0	0	0		이 학 민	14	DF	DF	20	이 원 재		0	1	0	0
0	0	0	0		정 홍 연	55	DF	DF	4	이 종 성		2(1)	3	0	0
0	0	0	0		안 일 주	4	MF	MF	29	류 재 문		0	1	0	0
0	0	0	1(1)	20	유 대 현	22	MF	MF	14	문 기 한	18	0	1	1	0
0	0	0	0	99	임 경 현	90	MF	MF	9	장 백 규	17	0	2	0	0
0	0	0	3(1)		호드리고	11	FW	MF	28	에 델	3	0	1	0	0
0	0	0	0	9	황 신 영	16	FW	MF	11	레 오		2(2)	2	0	0
0	0	2	1(1)		루 키 안	91	FW	FW	7	조 나 탄		8(4)	4	0	0
0	0	0	0		이 기 현	18			1	이 양 종		0	0	0	0
0	0	0	0		최 성 민	28			6	문 진 용		0	0	0	0
0	0	0	0		송 원 재	8			3	감 한 솔	후40	0	0	0	0
0	0	0	0		김 영 남	13	대기	대기	88	세르징요		0	0	0	0
0	0	2	2	후0	공 민 현	9			77	이 광 진		0	0	0	0
0	1	1	0	후17	김 륜 도	20			17	노 병 준	후16	2(1)	0	0	0
0	0	2	0	후12	알 미 르	99			18	김 진 혁	후49	0	0	0	0
0	1	9	7(3)			0			0			14(8)	19	2	0

● 후반 33분 이준희 PAL ↷ 조나탄 GA 정면 H-ST-G (득점: 조나탄, 도움: 이준희) 오른쪽

8월 26일 20:00 흐림 고양 종합 관중 479명
주심_ 김우성 부심_ 곽승순·장종필 대기심_ 최대우 감독관_ 강창구

고양 2 0 전반 1 / 2 후반 0 **1 서울E**

퇴장	경고	파울	ST(유)	교체	선수명	배번	위치	위치	배번	선수명	교체	ST(유)	파울	경고	퇴장
0	0	0	0		여명용	23	GK	GK	1	김영광		0	0	0	0
0	0	2	1		하인호	14	DF	DF	32	김태은		1(1)	0	0	0
0	0	3	0		황규범	22	DF	DF	8	윤성열		0	1	0	0
0	1	1	1(1)		안현식	26	DF	DF	28	신일수	15	0	0	0	0
0	1	2	1(1)		여효진	30	DF	DF	5	칼라일미첼		0	0	0	0
0	0	0	2		김준태	8	MF	MF	4	조원희		0	1	0	0
0	1	2	1(1)		박정수	10	MF	MF	21	김성주		3(1)	1	1	0
0	0	0	0		오기재	20	MF	MF	26	김창욱	10	1	2	0	0
0	0	1	1(1)	15	진창수	16	FW	MF	2	김민제		2	4	0	0
0	0	0	2(1)		김유성	24	FW	FW	11	타라바이		2(1)	1	1	0
0	1	1	2	9	이광재	17	FW	FW	9	라이언존슨	7	0	1	0	0
0	0	0	0		이승규	21	대기	대기	25	이범수		0	0	0	0
0	0	0	0		이상돈	12			7	김재성	후15	0	0	0	0
0	0	0	0	후36	박태형	15			33	구대엽		0	0	0	0
0	0	0	5(3)	후0	서형승	9			15	조향기	후32	0	0	0	0
0	0	0	0		배해민	18			10	보비	후15	0	1	0	0
0	4	12	16(8)			0			0			9(3)	12	2	0

● 후반 5분 김준태 C.KR ↷ 서형승 GA 정면 내 H-ST-G (득점: 서형승, 도움: 김준태) 오른쪽
● 후반 13분 박정수 GA 정면 내 R-ST-G (득점: 박정수) 가운데
● 전반 2분 김영근 C.KL ↷ 타라바이 GAL H-ST-G (득점: 타라바이, 도움: 김영근) 오른쪽

8월 29일 19:00 맑음 창원 축구센터 관중 1,012명
주심_ 매호영 부심_ 박인선·장종필 대기심_ 김우성 감독관_ 김정식

경남 1 0 전반 0 / 1 후반 0 **0 충주**

퇴장	경고	파울	ST(유)	교체	선수명	배번	위치	위치	배번	선수명	교체	ST(유)	파울	경고	퇴장
0	0	0	0		손정현	31	GK	GK	1	황성민		0	0	0	0
0	0	0	0		우주성	15	DF	DF	11	박요한	7	0	0	0	0
0	0	1	0		송주한	22	DF	DF	23	이택기		0	1	0	0
0	1	2	0		최성환	6	DF	DF	24	황재원		2(1)	1	0	0
0	0	2	0		김준엽	3	DF	DF	2	정우재		1	0	0	0
0	0	1	1	14	고대서	23	MF	MF	8	노연빈		1	2	0	0
0	0	2	5(1)		김선우	33	MF	MF	21	오승범	3	0	2	0	0
0	0	0	0	28	김슬기	11	MF	MF	35	김병오		5	4	0	0
0	0	0	2	35	임창균	19	MF	MF	27	마르싱유	17	1	0	0	0
0	0	0	1		스토야노비치	9	FW	FW	88	장조윤		0	0	0	0
0	1	3	4(3)		루아티	10	FW	FW	99	조석재		1	1	0	0
0	0	0	0		김형록	21	대기	대기	26	이영창		0	0	0	0
0	0	0	0	후30	박지수	28			3	이현창	후16	0	1	0	0
0	0	0	0		이상현	27			20	이용기		0	0	0	0
0	0	0	1(1)	후0	손형준	14			5	노형구		0	0	0	0
0	0	0	0		유준영	2			17	심진의	후14	2	0	0	0
0	0	0	0	후13	류범희	35			7	최승호	후22	0	0	0	0
0	0	0	0		김영욱	18			28	김정훈		0	0	0	0
0	2	11	14(5)			0			0			13(1)	12	0	0

● 후반 2분 김선우 AK 내 ~ 루아티 GAR 내 R-ST-G (득점: 루아티, 도움: 김선우) 오른쪽

8월 29일 19:30 맑음 잠실 관중 1,762명
주심_ 박필준 부심_ 지승민·이영운 대기심_ 박진호 감독관_ 김형남

서울E 2 0 전반 0 / 2 후반 2 **2 안산**

퇴장	경고	파울	ST(유)	교체	선수명	배번	위치	위치	배번	선수명	교체	ST(유)	파울	경고	퇴장
0	1	1	0		김영광	1	GK	GK	21	이진형		0	0	0	0
0	0	0	0		김재성	7	DF	DF	30	송창호		0	0	0	0
0	0	0	0		윤성열	8	DF	DF	4	신형민		0	0	0	0
0	0	0	0	2	황도연	14	DF	DF	5	안재준		0	3	0	0
0	0	2	1		칼라일미첼	5	DF	DF	17	신광훈		0	1	0	0
0	1	3	1(1)	9	신일수	28	MF	MF	26	최영준	2	1(1)	0	0	0
0	0	1	2(1)		김성주	21	MF	MF	15	박현범		1	1	0	0
0	0	1	1		조원희	4	MF	MF	14	박희도		2(1)	2	0	0
0	1	2	1	23	최치원	30	MF	MF	27	한덕희	8	0	2	0	0
0	0	0	2(1)		보비	10	FW	MF	18	김병석	22	0	2	0	0
0	0	1	3(3)		주민규	18	FW	FW	20	서동현		2(1)	4	0	0
0	0	0	0		이범수	25	대기	대기	31	김대호		0	0	0	0
0	0	0	0		김태은	32			23	강종국		0	0	0	0
0	0	0	0		양기훈	20			24	강승조		0	0	0	0
0	0	0	0		김창욱	26			22	유호준	후23	0	0	0	0
0	0	2	0	후22	최오백	23			8	조재철	후46	1	0	0	0
0	0	0	0	후38	김민제	2			2	배승진	후50	0	0	0	0
0	0	0	1(1)	후22	라이언존슨	9			13	박세환		0	0	0	0
0	3	13	12(7)			0			0			7(3)	15	0	0

● 후반 39분 최오백 AKR ~ 라이언존슨 GAL L-ST-G (득점: 라이언존슨, 도움: 최오백) 오른쪽
● 후반 49분 라이언존슨 PAL H ↷ 주민규 GAR R-ST-G (득점: 주민규, 도움: 라이언존슨) 왼쪽
● 후반 17분 김병석 AKR ~ 최영준 AK 정면 R-ST-G (득점: 최영준, 도움: 김병석) 오른쪽
● 후반 48분 서동현 PK-R-G (득점: 서동현) 오른쪽

8월 30일 19:00 맑음 수원 종합 관중 5,688명
주심_ 최대우 부심_ 박상준·김지욱 대기심_ 김대용 감독관_ 전인석

수원FC 0 0 전반 0 / 0 후반 0 **0 고양**

퇴장	경고	파울	ST(유)	교체	선수명	배번	위치	위치	배번	선수명	교체	ST(유)	파울	경고	퇴장
0	0	0	0		박형순	23	GK	GK	23	여명용		0	0	0	0
0	0	2	0		임하람	2	DF	DF	14	하인호		0	5	0	0
0	1	2	0		김창훈	17	DF	DF	22	황규범		0	2	0	0
0	0	4	0	37	시시	8	MF	DF	26	안현식		0	0	0	0
0	0	2	1(1)		김정빈	15	DF	DF	30	여효진		0	1	0	0
0	0	2	1		권용현	16	FW	MF	7	이도성	17	1(1)	1	0	0
0	0	0	1(1)	3	김부관	24	FW	MF	8	김준태		3(2)	4	1	0
0	1	1	1(1)	33	김종우	36	MF	MF	10	박정수		1	2	1	0
0	1	1	0		김재웅	99	MF	FW	16	진창수	18	3(1)	2	0	0
0	1	3	1		자파	9	FW	FW	24	김유성		4(2)	5	0	0
0	0	1	3(3)		김한원	10	DF	FW	20	오기재		1	3	1	0
0	0	0	0		이인수	21	대기	대기	21	이승규		0	0	0	0
0	0	0	0		오광진	19			12	이상돈		0	0	0	0
0	0	1	1(1)	후30	김혁진	3			15	박태형		0	0	0	0
0	0	0	0		김서준	7			17	이광재	후28	0	0	0	0
0	0	0	0		배신영	13			18	배해민	후42	1	0	0	0
0	4	19	9(7)			0			0			14(6)	25	3	0

8월 30일 19:00 맑음 상주 시민 관중 839명
주심_ 성덕효 부심_ 곽승순·강동호 대기심_ 임정수 감독관_ 한진원

상주 2 2 전반 1 / 0 후반 0 **1 대구**

퇴장	경고	파울	ST(유)	교체	선수명	배번	위치	위치	배번	선수명	교체	ST(유)	파울	경고	퇴장
0	0	0	0		김근배	1	GK	GK	21	조현우		0	0	0	0
0	0	0	0		이용	2	DF	DF	22	이준희	3	0	3	1	0
0	0	1	0		박진포	3	DF	DF	13	조영훈		0	2	0	0
0	0	0	1		여성해	6	DF	DF	20	이원재		0	1	0	0
0	0	1	0		곽광선	22	DF	DF	4	이종성		1	1	0	0
0	1	2	1		김성환	5	MF	MF	29	류재문		0	2	0	0
0	0	3	0		이승기	9	MF	MF	88	세르징요	77	1	2	0	0
0	0	2	2(1)	4	임상협	11	MF	MF	9	장백규	17	0	0	0	0
0	0	0	0	29	이창훈	15	MF	MF	28	에델		0	0	0	0
0	0	0	4(2)	16	한상운	20	MF	MF	11	레오		0	0	0	0
0	0	3	2(1)		박기동	25	FW	FW	7	조나탄		4(3)	3	0	0
0	0	0	0		양동원	31			1	이양종		0	0	0	0
0	0	1	0	후40	강민수	4			6	문진용		0	0	0	0
0	0	0	0		김오규	30			3	감한솔	후38	0	0	0	0
0	0	0	0	후19	최현태	16	대기	대기	77	이광진	후10	0	1	0	0
0	0	2	1	후9	배일환	29			19	신창무		0	0	0	0
0	0	0	0		조동건	10			17	노병준	후16	2(1)	1	0	0
0	0	0	0		김도엽	26			18	김진혁		0	0	0	0
0	1	15	11(4)			0			0			8(4)	16	1	0

●전반 12분 한상운 MFR FK L-ST-G (득점: 한상운) 왼쪽
●전반 44분 박기동 GAL ~ 한상운 GA 정면 L-ST-G (득점: 한상운, 도움: 박기동) 왼쪽
●전반 39분 조나탄 PK-R-G (득점: 조나탄) 왼쪽

8월 31일 19:00 흐림 안양 종합 관중 1,082명
주심_ 김영수 부심_ 김영하·김경민 대기심_ 송민석 감독관_ 하재훈

안양 0 0 전반 0 / 0 후반 0 **0 부천**

퇴장	경고	파울	ST(유)	교체	선수명	배번	위치	위치	배번	선수명	교체	ST(유)	파울	경고	퇴장
0	0	0	0		최필수	21	GK	GK	1	류원우		0	0	0	0
0	1	4	0		유종현	35	DF	DF	2	전광환		2(2)	1	1	0
0	0	1	0		베리	29	DF	DF	5	최병도		0	0	0	0
0	0	2	0		주현재	16	DF	DF	6	강지용	55	0	2	1	0
0	0	4	0		구대영	90	DF	DF	14	이학민		0	0	0	0
0	0	0	0		김종성	6	MF	MF	4	안일주	91	0	1	0	0
0	1	3	1	42	최진수	8	MF	MF	8	송원재		1	0	0	0
0	1	1	0		조성준	7	MF	MF	13	김영남		2(1)	1	0	0
0	0	0	0	17	김대한	13	MF	FW	9	공민현		0	1	0	0
0	0	0	2(2)		고경민	19	FW	FW	15	박용준	11	0	0	0	0
0	0	0	0	10	김동기	28	FW	FW	20	김륜도		2(2)	2	1	0
0	0	0	0		김선규	31			18	이기현		0	0	0	0
0	0	0	0		가솔현	3			55	정홍연	후26	0	1	1	0
0	0	0	0		안동혁	5			22	유대현		0	0	0	0
0	0	0	0	후14	김선민	17	대기	대기	90	임경현		0	0	0	0
0	0	1	1	후35	정재용	42			11	호드리고	후0	2(1)	0	0	0
0	0	0	0		박승렬	14			91	루키안	후3	0	0	0	0
0	0	0	1	전21	김효기	10			99	알미르		0	0	0	0
0	3	16	5(2)			0			0			9(6)	9	4	0

9월 05일 14:00 흐림 안산 와스타디움 관중 752명
주심_ 박진호 부심_ 장종필·박인선 대기심_ 매호영 감독관_ 강창구

안산 2 2 전반 2 / 0 후반 0 **2 상주**

퇴장	경고	파울	ST(유)	교체	선수명	배번	위치	위치	배번	선수명	교체	ST(유)	파울	경고	퇴장
0	0	0	0		이진형	21	GK	GK	1	김근배		0	0	0	0
0	0	1	1(1)		송창호	30	DF	DF	2	이용	23	0	3	1	0
0	0	1	1(1)		신형민	4	DF	DF	3	박진포		0	1	0	0
0	0	3	0		안재준	5	DF	DF	4	강민수		0	0	0	0
0	0	1	1		신광훈	17	DF	DF	22	곽광선		0	1	0	0
0	0	0	0	15	최영준	26	MF	MF	14	권순형		3(1)	2	1	0
0	0	2	1		한덕희	27	MF	MF	15	이창훈		2(2)	4	0	0
0	1	1	1(1)	2	조재철	8	MF	MF	16	최현태	6	0	1	0	0
0	0	1	0	18	강승조	24	MF	MF	20	한상운	11	0	1	0	0
0	0	2	1(1)		박희도	14	MF	MF	26	김도엽		3(1)	1	0	0
0	0	1	1(1)		서동현	20	FW	FW	25	박기동		1	1	0	0
0	0	0	0		전태현	1			31	양동원		0	0	0	0
0	1	2	0	후7	김병석	18			6	여성해	후11	0	0	0	0
0	0	0	0	후34	배승진	2			30	김오규		0	0	0	0
0	0	0	0	후42	박현범	15	대기	대기	11	임상협	후0	1(1)	1	1	0
0	0	0	0		박희철	25			23	최종환	후20	0	1	0	0
0	0	0	0		유호준	22			34	김대열		0	0	0	0
0	0	0	0		박세환	13			10	조동건		0	0	0	0
0	2	15	7(5)			0			0			10(5)	17	3	0

●전반 14분 신광훈 자기측MFR TL ↷ 박희도 PAR 내 L-ST-G (득점: 박희도, 도움: 신광훈) 왼쪽
●전반 38분 송창호 MF 정면 R-ST-G (득점: 송창호) 왼쪽
●전반 22분 박진포 PAL 내 ~ 김도엽 PAL 내 R-ST-G (득점: 김도엽, 도움: 박진포) 오른쪽
●전반 27분 박기동 AKL → 이창훈 GAL L-ST-G (득점: 이창훈, 도움: 박기동) 오른쪽

9월 05일 17:00 흐림 부천 종합 관중 708명
주심_ 임정수 부심_ 곽승순·이영운 대기심_ 박필준 감독관_ 김형남

부천 1 0 전반 0 / 1 후반 0 **0 경남**

퇴장	경고	파울	ST(유)	교체	선수명	배번	위치	위치	배번	선수명	교체	ST(유)	파울	경고	퇴장
0	0	0	0		류원우	1	GK	GK	31	손정현		0	0	0	0
0	0	1	0		전광환	2	DF	DF	15	우주성		0	0	0	0
0	0	1	0		최병도	5	DF	DF	6	최성환		0	0	0	1
0	0	0	0		강지용	6	DF	DF	22	송주한		0	2	0	0
0	0	0	0		이학민	14	DF	DF	3	김준엽		0	1	1	0
0	0	3	0		안일주	4	MF	MF	25	김봉진		0	3	0	0
0	0	2	3(1)		김영남	13	MF	MF	33	김선우		1	0	0	0
0	0	3	2(1)		공민현	9	MF	MF	35	류범희	8	0	2	0	0
0	0	1	1(1)	99	호드리고	11	FW	MF	11	김슬기	19	0	0	0	0
0	0	0	0	20	박용준	15	FW	FW	18	김영욱		2(2)	0	0	0
0	0	1	1(1)	90	루키안	91	FW	FW	9	스토야노비치	28	0	1	0	0
0	0	0	0		이기현	18			21	김형록		0	0	0	0
0	0	0	0		정홍연	55			28	박지수	전41	0	3	0	0
0	0	0	0		송원재	8			8	고재성	후36	0	0	0	0
0	0	0	0		유대현	22	대기	대기	12	전상훈		0	0	0	0
0	0	1	0	후29	임경현	90			19	임창균	후18	1	0	0	0
0	0	1	0	후0	김륜도	20			14	손형준		0	0	0	0
0	0	1	0	후8	알미르	99			17	정성민		0	0	0	0
0	0	15	7(4)			0			0			4(2)	12	1	1

●후반 14분 김영남 PAL FK R-ST-G (득점: 김영남) 오른쪽

9월 05일 16:00 비 충주 종합 관중 652명
주심_ 김대용 부심_ 서무희·김경민 대기심_ 성덕효 감독관_ 전인석

충주 1 1 전반 2 / 0 후반 1 **3 서울E**

퇴장	경고	파울	ST(유)	교체	선수명	배번	위치	위치	배번	선수명	교체	ST(유)	파울	경고	퇴장
0	0	0	0		황성민	1	GK	GK	1	김영광		0	0	0	0
0	1	1	0		박요한	11	DF	DF	32	김태은		1	2	1	0
0	0	2	0		이택기	23	DF	DF	8	윤성열		0	1	0	0
0	1	2	1		황재원	24	DF	DF	14	황도연		0	2	0	0
0	1	2	0		이현창	3	DF	DF	5	칼라일미첼		1(1)	1	0	0
0	0	2	0	5	엄진태	4	MF	MF	4	조원희		3(2)	1	0	0
0	0	0	1(1)		오승범	21	MF	MF	30	최치원	21	0	2	0	0
0	0	1	0		노연빈	8	MF	MF	7	김재성		3(1)	2	0	0
0	0	0	4(1)		김정훈	28	FW	MF	10	보비		0	3	0	0
0	0	0	5(1)		마르싱유	27	FW	FW	11	타라바이	2	2(1)	1	0	0
0	0	0	2	17	장조윤	88	FW	FW	18	주민규	9	3(2)	1	0	0
0	0	0	0		이영창	26	대기	대기	25	이범수		0	0	0	0
0	0	1	0	후26	노형구	5			2	김민제	후35	0	0	0	0
0	0	0	0		이용기	20			22	전민광		0	0	0	0
0	0	0	0		최승호	7			26	김창욱		0	0	0	0
0	0	0	2(2)	후32	심진의	17			21	김성주	후6	0	0	0	0
0	0	0	0		양상준	30			23	최오백		0	0	0	0
0	3	11	15(5)			0			0			13(7)	16	1	0

- 전반 25분 오승범 AK 정면 L-ST-G (득점: 오승범) 오른쪽
- 전반 6분 보비 PAR ↷ 주민규 GA 정면 H-ST-G (득점: 주민규, 도움: 보비) 왼쪽
- 전반 8분 주민규 AKR ~ 김재성 AK 정면 R-ST-G (득점: 김재성, 도움: 주민규) 왼쪽
- 후반 14분 보비 AK 정면 ~ 칼라일미첼 GA 정면 R-ST-G (득점: 칼라일미첼, 도움: 보비) 오른쪽

9월 06일 14:00 흐림 속초 종합 관중 771명
주심_ 김우성 부심_ 양재용·김지욱 대기심_ 최대우 감독관_ 김진의

강원 4 0 전반 1 / 4 후반 0 **1 안양**

퇴장	경고	파울	ST(유)	교체	선수명	배번	위치	위치	배번	선수명	교체	ST(유)	파울	경고	퇴장
0	0	0	0		이상기	19	GK	GK	21	최필수		0	0	0	0
0	0	0	0		이재훈	3	DF	DF	35	유종현		0	0	0	0
0	0	0	0		김원균	20	DF	DF	3	가솔현		0	1	0	0
0	0	1	1		이한샘	33	DF	DF	5	안동혁	9	0	3	0	0
0	0	1	0		백종환	77	DF	DF	90	구대영		0	0	0	0
0	0	2	1	16	이우혁	8	MF	MF	6	김종성		0	2	1	0
0	1	2	0	89	장혁진	7	MF	MF	17	김선민		4(2)	1	0	0
0	0	3	0	12	안성남	34	MF	FW	11	안성빈	42	2(1)	1	0	0
0	0	3	1(1)		서보민	11	FW	FW	13	김대한	16	0	0	0	0
0	0	0	6(4)		지우	91	FW	MF	19	고경민		0	3	0	0
0	0	3	5(4)		최승인	9	FW	FW	10	김효기		2(2)	3	1	0
0	0	0	0		강성관	23	대기	대기	31	김선규		0	0	0	0
0	0	0	0		최우재	2			29	베리		0	0	0	0
0	0	0	0		김용진	25			24	김기태		0	0	0	0
0	0	0	1(1)	후42	한석종	16			16	주현재	후11	0	1	0	0
0	0	0	0		김윤호	57			15	박태수		0	0	0	0
0	0	0	3(3)	후9	벨루소	12			42	정재용	후21	1(1)	0	0	0
0	0	0	2(1)	후0	헤난	89			9	이동현	후36	0	0	0	0
0	1	15	20(14)			0			0			9(6)	15	2	0

- 후반 21분 서보민 AKR ~ 최승인 PA 정면 내 R-ST-G (득점: 최승인, 도움: 서보민) 왼쪽
- 후반 32분 지우 PAL ↷ 최승인 GAR 내 EL H-ST-G (득점: 최승인, 도움: 지우) 오른쪽
- 후반 34분 지우 PAR 내 → 벨루소 GAR R-ST-G (득점: 벨루소, 도움: 지우) 왼쪽
- 후반 48분 한석종 PA 정면 내 R-ST-G (득점: 한석종) 왼쪽
- 전반 28분 안동혁 PAR EL ↷ 김효기 GAL 내 H-ST-G (득점: 김효기, 도움: 안동혁) 가운데

9월 06일 14:00 흐림 대구 스타디움 관중 939명
주심_ 박병진 부심_ 지승민·김성일 대기심_ 김영수 감독관_ 한병화

대구 1 0 전반 2 / 1 후반 0 **2 수원FC**

퇴장	경고	파울	ST(유)	교체	선수명	배번	위치	위치	배번	선수명	교체	ST(유)	파울	경고	퇴장
0	0	0	0		조현우	21	GK	GK	23	박형순		0	0	0	0
0	0	1	1		김동진	16	DF	DF	2	임하람		0	2	0	0
0	0	0	0		조영훈	13	DF	DF	17	김창훈		0	1	0	0
0	1	2	0		이원재	20	DF	DF	19	오광진		0	0	0	0
0	0	3	0		이종성	4	DF	MF	8	시시	13	1	0	0	0
0	1	3	1	17	류재문	29	MF	DF	15	김정빈		0	2	0	0
0	0	0	0	3	이광진	77	MF	FW	16	권용현		2(2)	1	0	0
0	0	1	1(1)		레오	11	MF	FW	24	김부관	30	2(1)	1	0	0
0	1	6	1	9	문기한	14	MF	MF	36	김종우	7	1	1	1	0
0	0	3	1(1)		에델	28	MF	MF	99	김재웅		2(1)	3	0	0
0	0	0	4(3)		조나탄	7	FW	FW	33	정기운		4(3)	1	0	0
0	0	0	0		이양종	1	대기	대기	21	이인수		0	0	0	0
0	0	0	0		박성용	5			14	이준호		0	0	0	0
0	0	0	0	후22	감한솔	3			25	김윤재		0	0	0	0
0	0	0	0		세르징요	88			3	김혁진		0	0	0	0
0	0	1	0	후38	장백규	9			7	김서준	후36	0	0	0	0
0	0	0	0	후8	노병준	17			13	배신영	후24	2(1)	0	0	0
0	0	0	0		김진혁	18			30	임성택	후21	1	2	0	0
0	3	20	9(5)			0			0			15(8)	14	1	0

- 후반 10분 레오 PAR ↷ 에델 GAR H-ST-G (득점: 에델, 도움: 레오) 오른쪽
- 전반 7분 김부관 PAR 내 EL ~ 정기운 GAR R-ST-G (득점: 정기운, 도움: 김부관) 가운데
- 전반 17분 김종우 MF 정면 ~ 정기운 PA 정면 R-ST-G (득점: 정기운, 도움: 김종우) 오른쪽

9월 09일 19:00 맑음 충주 종합 관중 791명
주심_ 최대우 부심_ 곽승순·이영운 대기심_ 최광호 감독관_ 김진의

충주 0 0 전반 2 / 0 후반 0 **2 강원**

퇴장	경고	파울	ST(유)	교체	선수명	배번	위치	위치	배번	선수명	교체	ST(유)	파울	경고	퇴장
0	0	0	0		황성민	1	GK	GK	19	이상기		0	0	0	0
0	1	1	0		노연빈	8	DF	DF	3	이재훈		0	2	0	0
0	1	0	0		이용기	20	DF	DF	20	김원균		0	0	0	0
0	0	0	0		노형구	5	DF	DF	33	이한샘		0	2	0	0
0	0	0	0		엄진태	4	DF	DF	77	백종환		1	0	1	0
0	0	1	1	31	최승호	7	MF	MF	8	이우혁		0	0	0	0
0	0	1	0		오승범	21	MF	MF	7	장혁진		0	2	1	0
0	0	1	1		마르싱유	27	MF	MF	17	정찬일	12	0	0	0	0
0	0	1	0	17	김정훈	28	MF	FW	11	서보민		2(1)	3	0	0
0	0	0	0	88	조석재	99	FW	FW	91	지우	89	5(3)	1	0	0
0	0	0	6(3)		김도형	77	FW	FW	9	최승인	57	1(1)	2	0	0
0	0	0	0		이영창	26	대기	대기	23	강성관		0	0	0	0
0	0	0	0		황수남	18			2	최우재		0	0	0	0
0	0	0	0		이택기	23			25	김용진		0	0	0	0
0	0	0	0	후28	박진수	31			16	한석종		0	0	0	0
0	0	3	0	후18	심진의	17			57	김윤호	후46	0	0	0	0
0	0	0	2(1)	후6	장조윤	88			12	벨루소	후10	1	1	0	0
0	0	0	0		임진욱	19			89	헤난	후26	1(1)	0	0	0
0	2	8	10(4)			0			0			11(6)	13	2	0

- 전반 9분 서보민 PAR ~ 최승인 AK 내 R-ST-G (득점: 최승인, 도움: 서보민) 오른쪽
- 전반 46분 장혁진 MFR ~ 지우 GAR R-ST-G (득점: 지우, 도움: 장혁진) 왼쪽

9월 09일 19 : 00 맑음 상주 시민 관중 2,682명
주심_ 임정수 부심_ 서무희·박상준 대기심_ 김덕철 감독관_ 김용세

상주 1 — 0 전반 2 / 1 후반 0 — **2 안양**

퇴장	경고	파울	ST(유)	교체	선수명	배번	위치	위치	배번	선수명	교체	ST(유)	파울	경고	퇴장
0	0	0	0		양동원	31	GK	GK	21	최필수		0	0	0	0
0	1	3	0		강민수	4	DF	DF	3	가솔현		0	2	1	0
0	1	2	0		여성해	6	DF	DF	15	박태수		0	0	0	0
0	1	1	0	20	최종환	23	DF	DF	35	유종현		0	2	0	0
0	0	1	0		김오규	30	DF	DF	90	구대영		0	0	1	0
0	1	4	2(2)		김성환	5	MF	MF	7	조성준		1	0	0	0
0	0	0	0	29	임상협	11	MF	MF	8	최진수		2	0	0	0
0	1	2	1		이창훈	15	MF	MF	16	주현재		0	3	0	0
0	0	0	2	25	최현태	16	MF	MF	17	김선민	42	0	1	1	0
0	1	2	2		김도엽	26	MF	FW	19	고경민	10	1(1)	0	0	0
0	0	1	4		조동건	10	FW	FW	28	김동기	29	2(2)	0	0	0
0	0	0	0		윤평국	41			31	김선규		0	0	0	0
0	0	0	0		곽광선	22			29	베리	후27	0	0	0	0
0	0	0	0		김창훈	43			42	정재용	후17	0	0	0	0
0	0	0	0	후9	한상운	20	대기	대기	9	이동현		0	0	0	0
0	0	0	1(1)	후15	배일환	29			10	김효기	후22	1	1	0	0
0	0	0	0		유수현	42			11	안성빈		0	0	0	0
0	1	0	2(1)	후0	박기동	25			13	김대한		0	0	0	0
0	7	16	14(4)			0			0			7(3)	9	3	0

- 후반 16분 김성환 GA 정면 L-ST-G (득점: 김성환) 왼쪽
- 전반 26분 김동기 GA 정면 R-ST-G (득점: 김동기) 왼쪽
- 전반 47분 고경민 PK-R-G (득점: 고경민) 왼쪽

9월 09일 19 : 30 맑음 잠실 관중 1,343명
주심_ 매호영 부심_ 장종필·김지욱 대기심_ 유선호 감독관_ 한병화

서울E 0 — 0 전반 1 / 0 후반 1 — **2 대구**

퇴장	경고	파울	ST(유)	교체	선수명	배번	위치	위치	배번	선수명	교체	ST(유)	파울	경고	퇴장
0	0	0	0		김영광	1	GK	GK	21	조현우		0	0	0	0
0	0	1	0		김재성	7	DF	DF	16	김동진		0	2	0	0
0	0	0	0		윤성열	8	DF	DF	13	조영훈		0	1	1	0
0	0	1	0		황도연	14	DF	DF	20	이원재		1	0	0	0
0	1	4	0		칼라일미첼	5	DF	MF	4	이종성		0	2	1	0
0	0	0	3(1)		조원희	4	MF	MF	11	레오		2	1	0	0
0	0	0	2(1)	9	김성주	21	MF	MF	29	류재문		1(1)	2	0	0
0	0	1	1	23	최치원	30	MF	MF	88	세르징요		0	4	0	0
0	0	3	1(1)		타라바이	11	FW	MF	14	문기한	18	0	1	0	0
0	0	1	2(2)	2	보비	10	MF	FW	28	에델		4(3)	1	0	0
0	1	2	1(1)		주민규	18	FW	FW	7	조나탄	17	5(3)	2	0	0
0	0	0	0		이범수	25			1	이양종		0	0	0	0
0	0	0	0	후33	김민제	2			5	박성용		0	0	0	0
0	0	0	0		양기훈	20			3	감한솔		0	0	0	0
0	0	0	0		전민광	22	대기	대기	77	이광진		0	0	0	0
0	0	0	0		김창욱	26			19	신창무		0	0	0	0
0	0	0	0	후0	최오백	23			17	노병준	후40	2(1)	0	0	0
0	0	0	1	후23	라이언존슨	9			18	김진혁	후46	0	0	0	0
0	2	13	11(6)			0			0			15(8)	16	2	0

- 전반 37분 류재문 GAL L-ST-G (득점: 류재문) 왼쪽
- 후반 36분 조나탄 GAR EL ~ 에델 GA 정면 R-ST-G (득점: 에델, 도움: 조나탄) 가운데

9월 09일 19 : 00 맑음 안산 와스타디움 관중 573명
주심_ 김영수 부심_ 김영하·양재용 대기심_ 박영록 감독관_ 전인석

안산 0 — 0 전반 0 / 0 후반 1 — **1 수원FC**

퇴장	경고	파울	ST(유)	교체	선수명	배번	위치	위치	배번	선수명	교체	ST(유)	파울	경고	퇴장
0	0	0	0		이진형	21	GK	GK	23	박형순		0	0	0	0
0	0	3	0		송창호	30	DF	DF	2	임하람		0	1	1	0
0	0	1	1		신형민	4	DF	DF	17	김창훈		0	0	0	0
0	0	0	1(1)		배승진	2	DF	DF	19	오광진		0	1	0	0
0	0	4	0		신광훈	17	DF	MF	8	시시		0	2	0	0
0	0	2	1		한덕희	27	MF	DF	15	김정빈		0	1	0	0
0	1	4	0	26	박현범	15	MF	FW	16	권용현	3	1	3	0	0
0	0	3	3(2)	28	조재철	8	MF	FW	24	김부관	10	1(1)	3	0	0
0	1	3	0		강승조	24	MF	MF	36	김종우		2(1)	2	0	0
0	0	0	0	22	박세환	13	MF	MF	99	김재웅		2(1)	0	0	0
0	1	2	2		서동현	20	FW	FW	33	정기운	9	1	1	0	0
0	0	0	0		전태현	1			21	이인수		0	0	0	0
0	0	0	0		강종국	23			3	김혁진	후30	0	2	0	0
0	1	5	0	후6	유호준	22			7	김서준		0	0	0	0
0	0	1	0	후13	최영준	26	대기	대기	30	임성택		0	0	0	0
0	0	0	0		안재준	5			37	이관표		0	0	0	0
0	0	0	0	후42	좌준협	28			9	자파	후0	3(2)	0	0	0
0	0	0	0		박희철	25			10	김한원	후43	0	0	0	0
0	4	28	8(3)			0			0			10(5)	16	1	0

- 후반 35분 오광진 PAL ↷ 김부관 PA 정면 내 발리슛 R-ST-G (득점: 김부관, 도움: 오광진) 오른쪽

9월 09일 20 : 00 맑음 고양 종합 관중 631명
주심_ 성덕효 부심_ 강동호·김경민 대기심_ 홍창기 감독관_ 김수현

고양 2 — 0 전반 0 / 2 후반 1 — **1 경남**

퇴장	경고	파울	ST(유)	교체	선수명	배번	위치	위치	배번	선수명	교체	ST(유)	파울	경고	퇴장
0	0	0	0		여명용	23	GK	GK	31	손정현		0	0	0	0
0	0	2	1		하인호	14	DF	DF	15	우주성		1	2	0	0
0	0	1	0		황규범	22	DF	DF	28	박지수		0	0	0	0
0	0	0	0		안현식	26	DF	DF	22	송주한	20	0	0	0	0
0	0	1	1(1)		여효진	30	DF	DF	27	이상현		0	0	0	0
0	0	3	2		이도성	7	MF	MF	14	손형준		0	0	0	0
0	0	1	3(2)		김준태	8	MF	MF	33	김선우		0	1	0	0
0	0	0	1		오기재	20	MF	MF	8	고재성		2(1)	2	0	0
0	0	1	1	9	진창수	16	FW	MF	35	류범희	2	2(2)	1	0	0
0	0	1	0	11	이광재	17	FW	FW	19	임창균	25	3(2)	1	1	0
0	0	1	2(2)		김유성	24	FW	FW	18	김영욱		2	1	0	0
0	0	0	0		이승규	21			21	김형록		0	0	0	0
0	0	0	0		이상돈	12			25	김봉진	후33	0	1	0	0
0	0	0	0		박태형	15	대기	대기	2	유준영	후17	0	2	0	0
0	0	1	2(1)	후0	서형승	9			20	정현철	전21	0	2	0	0
0	1	2	1(1)	후26	박정훈	11			23	고대서		0	0	0	0
0	1	14	14(7)			0			0			10(5)	13	1	0

- 후반 34분 김준태 C.KR ↷ 서형승 GA 정면 내 H-ST-G (득점: 서형승, 도움: 김준태) 왼쪽
- 후반 43분 황규범 MFR ↷ 박정훈 GA 정면 R-ST-G (득점: 박정훈, 도움: 황규범) 오른쪽
- 후반 24분 임창균 PAR 내 ↷ 고재성 GAR R-ST-G (득점: 고재성, 도움: 임창균) 오른쪽

9월 12일 14 : 00 비 대구 스타디움 관중 609명
주심_ 김우성 부심_ 박인선·박상준 대기심_ 임정수 감독관_ 하재훈

대구 1 1 전반 1 / 0 후반 0 **1 충주**

퇴장	경고	파울	ST(유)	교체	선수명	배번	위치	위치	배번	선수명	교체	ST(유)	파울	경고	퇴장
0	0	0	0		조현우	21	GK	GK	1	황성민		0	0	0	0
0	0	2	0		김동진	16	MF	DF	11	박요한		0	0	0	0
0	0	0	0		조영훈	13	DF	DF	23	이택기		0	1	0	0
0	0	1	0	3	이원재	20	DF	DF	24	황재원		0	2	2	0
0	0	2	1		이종성	4	DF	DF	8	노연빈		0	0	0	0
0	0	0	1	18	레오	11	MF	MF	7	최승호		1	2	0	0
0	0	2	2		류재문	29	MF	MF	21	오승범		3(1)	1	1	0
0	0	3	1(1)		세르징요	88	MF	MF	28	김정훈		2(2)	1	0	0
0	0	0	0	17	문기한	14	MF	FW	27	마르싱유	5	1	0	0	0
0	0	1	4(1)		에델	28	FW	MF	77	김도형	19	1(1)	2	0	0
0	0	2	3(2)		조나탄	7	FW	FW	99	조석재	88	3(1)	1	0	0
0	0	0	0		이양종	1			26	이영창		0	0	0	0
0	0	0	0		박성용	5			18	황수남		0	0	0	0
0	0	0	0	후29	감한솔	3			5	노형구	후26	0	0	0	0
0	0	0	0		이광진	77	대기	대기	31	박진수		0	0	0	0
0	0	0	0		신창무	19			19	임진욱	후42	0	0	0	0
0	0	0	1(1)	후17	노병준	17			88	장조윤	후21	1	1	0	0
0	0	0	0	후42	김진혁	18			33	김규남		0	0	0	0
0	0	13	13(5)			0			0			12(5)	11	3	0

- 전반 32분 김동진 PAL ~ 에델 GAL R-ST-G (득점: 에델, 도움: 김동진) 왼쪽
- 전반 2분 박요한 PAR ~ 김정훈 PA 정면 내 R-ST-G (득점: 김정훈, 도움: 박요한) 왼쪽

9월 12일 16 : 00 맑음 부천 종합 관중 716명
주심_ 김대용 부심_ 지승민·김지욱 대기심_ 김영수 감독관_ 전인석

부천 2 0 전반 0 / 2 후반 1 **1 상주**

퇴장	경고	파울	ST(유)	교체	선수명	배번	위치	위치	배번	선수명	교체	ST(유)	파울	경고	퇴장
0	0	0	0		류원우	1	GK	GK	1	김근배		0	0	0	0
0	0	0	1		최병도	5	DF	DF	2	이용		0	0	1	0
0	0	2	0		강지용	6	DF	DF	22	곽광선		0	0	0	0
0	0	1	0		이학민	14	DF	DF	30	김오규		0	1	1	0
0	0	0	0	22	정홍연	55	DF	DF	89	최호정		1	0	0	0
0	0	2	0		안일주	4	MF	MF	5	김성환		2(1)	1	0	0
0	0	1	0	91	송원재	8	MF	MF	8	서상민	15	0	0	0	0
0	0	0	2(2)		김영남	13	MF	MF	11	임상협	26	2(1)	1	0	0
0	0	4	0	11	공민현	9	FW	MF	14	권순형		3(2)	0	0	0
0	0	1	0		김륜도	20	FW	MF	29	배일환	10	1(1)	1	0	0
0	0	3	0		알미르	99	FW	FW	25	박기동		1	2	1	0
0	0	0	0		강훈	23			21	박지영		0	0	0	0
0	1	2	0	후18	유대현	22			6	여성해		0	0	0	0
0	0	0	0		임경현	90			27	박경익		0	0	0	0
0	0	0	0		이민우	10	대기	대기	15	이창훈	후0	1	1	0	0
0	1	3	3(3)	후0	호드리고	11			16	최현태		0	0	0	0
0	0	0	0		박용준	15			26	김도엽	후25	5(3)	0	0	0
0	0	0	0	후18	루키안	91			10	조동건	후19	1	0	0	0
0	2	19	6(5)			0			0			17(8)	7	3	0

- 후반 1분 알미르 GAL ~ 호드리고 GAR L-ST-G (득점: 호드리고, 도움: 알미르) 왼쪽
- 후반 25분 호드리고 PAR 내 ~ 김영남 PAR 내 R-ST-G (득점: 김영남, 도움: 호드리고) 왼쪽
- 후반 47분 김성환 PK-R-G (득점: 김성환) 오른쪽

9월 13일 14 : 00 맑음 속초 종합 관중 1,712명
주심_ 박진호 부심_ 김영하·장종필 대기심_ 우상일 감독관_ 김일호

강원 2 0 전반 0 / 2 후반 2 **2 고양**

퇴장	경고	파울	ST(유)	교체	선수명	배번	위치	위치	배번	선수명	교체	ST(유)	파울	경고	퇴장
0	0	0	0		이상기	19	GK	GK	23	여명용		0	0	0	0
0	0	4	1(1)		이재훈	3	DF	DF	12	이상돈		0	0	0	0
0	1	1	0		김원균	20	DF	DF	14	하인호		1	1	0	0
0	0	1	0		이한샘	33	DF	DF	26	안현식		0	0	0	0
0	0	1	0		서명식	26	DF	DF	30	여효진		1	0	0	0
0	0	2	0	16	이우혁	8	MF	MF	7	이도성	11	2(1)	0	0	0
0	0	1	0	89	장혁진	7	MF	MF	8	김준태		1(1)	1	0	0
0	0	0	1(1)	12	정찬일	17	MF	MF	10	박정수		0	3	0	0
0	0	1	5		서보민	11	FW	FW	16	진창수		3(3)	3	1	0
0	0	1	6(4)		지우	91	FW	FW	20	오기재	9	1	0	0	0
0	0	2	5(3)		최승인	9	FW	FW	24	김유성		2(1)	1	0	0
0	0	0	0		강성관	23			21	이승규		0	0	0	0
0	0	0	0		최우재	2			22	황규범		0	0	0	0
0	0	0	0		김용진	25	대기	대기	15	박태형		0	0	0	0
0	0	0	1	후34	한석종	16			9	서형승	후16	1	3	0	0
0	0	0	0		안성남	34			11	박정훈	후35	0	0	0	0
0	1	14	19(9)			0			0			12(6)	12	1	0

- 후반 10분 이우혁 C,KR ↷ 벨루소 GA 정면 H-ST-G (득점: 벨루소, 도움: 이우혁) 왼쪽
- 후반 29분 최승인 GA 정면 R-ST-G (득점: 최승인) 오른쪽
- 후반 18분 서형승 GAR EL ~ 진창수 GAR 내 R-ST-G (득점: 진창수, 도움: 서형승) 오른쪽
- 후반 25분 김유성 PAR ↷ 진창수 GA 정면 H-ST-G (득점: 진창수, 도움: 김유성) 왼쪽

9월 13일 16 : 00 맑음 안양 종합 관중 1,291명
주심_ 김동진 부심_ 강동호·김경민 대기심_ 매호영 감독관_ 김정식

안양 3 1 전반 2 / 2 후반 0 **2 수원FC**

퇴장	경고	파울	ST(유)	교체	선수명	배번	위치	위치	배번	선수명	교체	ST(유)	파울	경고	퇴장
0	1	0	0		최필수	21	GK	GK	23	박형순		0	0	0	0
0	0	3	0		유종현	35	DF	DF	2	임하람		0	3	0	0
0	0	2	0		베리	29	DF	DF	17	김창훈		1(1)	0	0	0
0	0	1	0	10	주현재	16	DF	DF	19	오광진	10	0	1	0	0
0	1	1	0		구대영	90	DF	MF	8	시시	33	0	1	0	0
0	0	1	1(1)		조성준	7	MF	MF	15	김정빈		2	3	0	0
0	1	4	3(2)		최진수	8	MF	FW	16	권용현		1	0	0	0
0	0	0	0	19	박태수	15	MF	FW	24	김부관		2	1	0	0
0	0	5	1(1)		김선민	17	MF	MF	36	김종우		2(1)	0	0	0
0	0	0	0	11	김대한	13	MF	MF	99	김재웅		2	6	0	0
0	1	4	1		김동기	28	FW	FW	9	자파		2(2)	1	0	0
0	0	0	0		김선규	31			21	이인수		0	0	0	0
0	0	0	0		가솔현	3			14	이준호		0	0	0	0
0	0	0	0		김기태	24			3	김혁진		0	0	0	0
0	0	0	0		정재용	42	대기	대기	7	김서준		0	0	0	0
0	0	1	1(1)	전41	김효기	10			37	이관표		0	0	0	0
0	0	3	0	전27	안성빈	11			10	김한원	후10	2(1)	1	0	0
0	1	1	1	전27	고경민	19			33	정기운	후18	1(1)	0	0	0
0	5	26	8(5)			0			0			15(6)	17	0	0

- 전반 36분 최진수 AKL FK R-ST-G (득점: 최진수) 왼쪽
- 후반 3분 김효기 GAL H-ST-G (득점: 김효기) 왼쪽
- 후반 29분 김재웅 GAL 내 H 자책골 (득점: 김재웅) 왼쪽
- 전반 11분 김정빈 GAR ~ 자파 GA 정면 내 R-ST-G (득점: 자파, 도움: 김정빈) 가운데
- 전반 20분 김종우 GAL ↷ 자파 GA 정면 H-ST-G (득점: 자파, 도움: 김종우) 가운데

9월 14일 19:00 맑음 창원 축구센터 관중 628명
주심_ 최대우 부심_ 김성일·이영운 대기심_ 정동식 감독관_ 한진원

경남 0 0 전반 0 / 0 후반 0 **0 서울E**

퇴장	경고	파울	ST(유)	교체	선수명	배번	위치	위치	배번	선수명	교체	ST(유)	파울	경고	퇴장
0	0	0	0		손 정 현	31	GK	GK	1	김 영 광		0	0	0	0
0	0	0	0		우 주 성	15	DF	DF	32	김 태 은		2	0	0	0
0	1	1	1		전 상 훈	12	DF	DF	8	윤 성 열		1	0	0	0
0	0	2	1		박 지 수	28	DF	DF	14	황 도 연		0	0	0	0
0	0	0	0		김 준 엽	3	DF	DF	5	칼라일미첼		1	0	0	0
0	0	0	3(2)		정 성 민	17	MF	MF	4	조 원 희		2	1	0	0
0	0	0	2		김 선 우	33	MF	MF	21	김 성 주	11	0	0	0	0
0	0	1	1	35	김 슬 기	11	MF	MF	22	전 민 광		0	1	0	0
0	0	0	6(2)		고 재 성	8	MF	MF	7	김 재 성		0	2	1	0
0	0	0	1		임 창 균	19	MF	FW	10	보 비		2(1)	1	0	0
0	0	3	1		스토야노비치	9	FW	FW	18	주 민 규		1	0	0	0
0	0	0	0		김 형 록	21			25	이 범 수		0	0	0	0
0	0	0	0		정 현 철	20			2	김 민 제		0	0	0	0
0	0	0	0		최 인 후	24			20	양 기 훈		0	0	0	0
0	0	0	0		손 형 준	14	대기	대기	11	타라바이	후25	1	0	0	0
0	0	0	0		유 준 영	2			26	김 창 욱		0	0	0	0
0	0	2	0	후12	류 범 희	35			30	최 치 원		0	0	0	0
0	0	0	0		프 랭 크	49			9	라이언존슨		0	0	0	0
0	1	9	16(4)			0			0			10(1)	5	1	0

9월 19일 14:00 맑음 고양 종합 관중 756명
주심_ 김성호 부심_ 서무희·이영운 대기심_ 송민석 감독관_ 김형남

고양 1 0 전반 1 / 1 후반 0 **1 수원FC**

퇴장	경고	파울	ST(유)	교체	선수명	배번	위치	위치	배번	선수명	교체	ST(유)	파울	경고	퇴장
0	0	0	0		여 명 용	23	GK	GK	21	이 인 수		0	0	0	0
0	0	0	1		이 상 돈	12	DF	DF	2	임 하 람	10	0	3	1	0
0	0	1	0		하 인 호	14	DF	DF	14	이 준 호		2	2	1	0
0	0	2	0		안 현 식	26	DF	DF	17	김 창 훈		1	1	0	0
0	0	1	0		여 효 진	30	DF	MF	7	김 서 준		0	4	1	0
0	0	1	2	9	김 준 태	8	MF	MF	8	시 시		0	1	0	0
0	2	5	1		박 정 수	10	MF	DF	15	김 정 빈		0	2	0	0
0	0	2	0		오 기 재	20	MF	FW	16	권 용 현		2(1)	1	0	0
0	0	1	3(2)	7	박 정 훈	11	FW	FW	24	김 부 관		2	0	0	0
0	0	4	2(2)		진 창 수	16	FW	MF	36	김 종 우	13	3(2)	0	0	0
0	1	1	4(2)		김 유 성	24	FW	FW	9	자 파	33	1	1	0	0
0	0	0	0		이 승 규	21			23	박 형 순		0	0	0	0
0	0	0	0		황 규 범	22			3	김 혁 진		0	0	0	0
0	0	1	0	후11	이 도 성	7	대기	대기	13	배 신 영	후32	1	0	0	0
0	0	0	0		박 태 형	15			30	임 성 택		0	0	0	0
0	0	0	0	후32	서 형 승	9			37	이 관 표		0	0	0	0
0	3	19	13(6)			0			0			12(3)	15	3	0

●후반 21분 김유성 GA 정면 내 R-ST-G (득점: 김유성) 가운데

●전반 6분 김서준 MFL ↷ 권용현 PA 정면 내 L-ST-G (득점: 권용현, 도움: 김서준) 오른쪽

9월 19일 14:00 맑음 안산 와스타디움 관중 1,011명
주심_ 매호영 부심_ 지승민·김지욱 대기심_ 박병진 감독관_ 김수현

안산 1 0 전반 0 / 1 후반 0 **0 강원**

퇴장	경고	파울	ST(유)	교체	선수명	배번	위치	위치	배번	선수명	교체	ST(유)	파울	경고	퇴장
0	0	0	0		이 진 형	21	GK	GK	19	이 상 기		0	0	0	0
0	1	1	1(1)		송 창 호	30	DF	DF	3	이 재 훈		1(1)	4	0	0
0	1	1	1		신 형 민	4	DF	DF	20	김 원 균		0	1	0	0
0	0	4	0		배 승 진	2	DF	DF	33	이 한 샘		0	2	0	0
0	1	0	0		신 광 훈	17	DF	DF	77	백 종 환	26	0	2	0	0
0	1	2	0	32	최 영 준	26	MF	MF	16	한 석 종		0	1	0	0
0	0	2	1		강 승 조	24	MF	MF	7	장 혁 진	89	0	1	1	0
0	0	0	3(2)	23	김 병 석	18	MF	MF	34	안 성 남	11	0	0	0	0
0	0	1	1	22	조 재 철	8	MF	FW	12	벨 루 소		2(2)	1	0	0
0	1	5	0		한 덕 희	27	MF	FW	91	지 우		2(2)	0	0	0
0	0	0	5(3)		박 희 도	14	FW	FW	9	최 승 인		1	2	0	0
0	0	0	0		김 대 호	31			23	강 성 관		0	0	0	0
0	0	0	0		박 희 철	25			2	최 우 재		0	0	0	0
0	0	0	0		안 재 준	5			26	서 명 식	후20	0	0	0	0
0	0	0	0	후50	유 호 준	22	대기	대기	4	정 우 인		0	0	0	0
0	0	0	1(1)	후17	하 정 헌	32			10	최 진 호		0	0	0	0
0	0	0	0	후39	강 종 국	23			11	서 보 민	후0	1	1	0	0
0	0	0	0		박 세 환	13			89	헤 난	후26	0	0	0	0
0	5	16	13(7)			0			0			7(5)	15	1	0

●후반 46분 강종국 AK 정면 H ↷ 하정헌 PAR 내 R-ST-G (득점: 하정헌, 도움: 강종국) 오른쪽

9월 19일 16:00 맑음 충주 종합 관중 753명
주심_ 성덕효 부심_ 강동호·장종필 대기심_ 서동진 감독관_ 강창구

충주 2 2 전반 0 / 0 후반 0 **0 부천**

퇴장	경고	파울	ST(유)	교체	선수명	배번	위치	위치	배번	선수명	교체	ST(유)	파울	경고	퇴장
0	0	0	0		황 성 민	1	GK	GK	1	류 원 우		0	0	0	0
0	0	2	0		노 연 빈	8	DF	DF	2	전 광 환		0	0	0	0
0	0	0	1		이 택 기	23	DF	DF	5	최 병 도	90	1	0	0	0
0	1	2	0	20	노 형 구	5	DF	DF	6	강 지 용		2	0	0	0
0	0	1	0		엄 진 태	4	DF	DF	14	이 학 민		0	1	0	0
0	0	1	2(1)	31	최 승 호	7	MF	MF	4	안 일 주		0	0	0	0
0	0	1	0		오 승 범	21	MF	MF	8	송 원 재		0	1	0	0
0	0	3	1		김 정 훈	28	MF	MF	13	김 영 남		3	1	0	0
0	0	0	3(3)		임 진 욱	19	FW	FW	9	공 민 현	91	0	1	0	0
0	0	1	3(1)		조 석 재	99	FW	FW	15	박 용 준	99	0	3	0	0
0	0	0	3(1)	35	김 도 형	77	FW	FW	20	김 륜 도		2	1	0	0
0	0	0	0		이 영 창	26			18	이 기 현		0	0	0	0
0	0	0	0		박 요 한	11			28	최 성 민		0	0	0	0
0	0	0	0	후26	이 용 기	20			22	유 대 현		0	0	0	0
0	0	0	0	후38	박 진 수	31	대기	대기	90	임 경 현	후0	2	1	1	0
0	0	0	0		김 규 남	33			10	이 민 우		0	0	0	0
0	0	0	0		장 조 윤	88			91	루 키 안	후0	0	0	0	0
0	0	0	0	후45	김 병 오	35			99	알 미 르	전26	0	2	0	0
0	1	11	13(6)			0			0			10	11	1	0

●전반 7분 엄진태 PAR ↷ 임진욱 GA 정면 H-ST-G (득점: 임진욱, 도움: 엄진태) 왼쪽

●전반 28분 김도형 GAR ~ 임진욱 GA 정면 L-ST-G (득점: 임진욱, 도움: 김도형) 왼쪽

9월 20일 16 : 00 흐림 잠실 관중 2,025명
주심_ 송민석 부심_ 윤광열·김경민 대기심_ 김영수 감독관_ 김용세

서울E 1 0 전반 0 / 1 후반 0 **0 상주**

퇴장	경고	파울	ST(유)	교체	선수명	배번	위치	위치	배번	선수명	교체	ST(유)	파울	경고	퇴장
0	0	0	0		김 영 광	1	GK	GK	1	김 근 배		0	0	0	0
0	0	0	0		김 태 은	32	DF	DF	3	박 진 포		0	0	0	0
0	0	0	0		윤 성 열	8	DF	DF	4	강 민 수		1	1	0	0
0	0	1	0		황 도 연	14	DF	DF	22	곽 광 선		0	0	0	0
0	1	3	0		칼라일미첼	5	DF	DF	30	김 오 규		0	0	0	0
0	0	2	1		조 원 희	4	MF	MF	5	김 성 환	16	1	1	0	0
0	0	1	1	26	김 재 성	7	MF	MF	8	서 상 민		2	2	0	0
0	0	2	0		전 민 광	22	MF	MF	9	이 승 기	15	2(1)	1	0	0
0	0	3	0		김 민 제	2	MF	MF	11	임 상 협	34	2	0	0	0
0	0	2	2(1)		보 비	10	FW	MF	26	김 도 엽		2(2)	0	0	0
0	0	2	2	11	주 민 규	18	FW	FW	25	박 기 동		2(1)	0	0	0
0	0	0	0		이 범 수	25			31	양 동 원		0	0	0	0
0	0	0	0		김 성 주	21			27	박 경 익		0	0	0	0
0	0	0	0		양 기 훈	20			55	안 재 훈		0	0	0	0
0	0	1	1(1)	후30	타라바이	11	대기	대기	15	이 창 훈	후26	0	0	0	0
0	1	3	0	후28	김 창 욱	26			16	최 현 태	후9	3	3	0	0
0	0	0	0		이 재 안	19			23	최 종 환		0	0	0	0
0	0	0	0		라이언존슨	9			34	김 대 열	후12	0	2	1	0
0	2	20	7(2)			0			0			15(4)	10	1	0

●후반 2분 김민제 PAL 내 ~ 보비 GAL 내 L-ST-G (득점: 보비, 도움: 김민제) 가운데

9월 20일 16 : 00 맑음 안양종합 관중 1,195명
주심_ 김희곤 부심_ 김성일·김영하 대기심_ 최대우 감독관_ 전인석

안양 0 0 전반 0 / 0 후반 2 **2 대구**

퇴장	경고	파울	ST(유)	교체	선수명	배번	위치	위치	배번	선수명	교체	ST(유)	파울	경고	퇴장
0	0	0	0		최 필 수	21	GK	GK	21	조 현 우		0	0	0	0
0	0	1	0		유 종 현	35	DF	MF	16	김 동 진		0	0	0	0
0	0	1	0		베 리	29	DF	DF	13	조 영 훈		1	0	0	0
0	0	1	0		조 성 준	7	DF	DF	20	이 원 재		0	1	1	0
0	0	2	0		안 성 빈	11	DF	DF	4	이 종 성		0	1	1	0
0	1	2	2		최 진 수	8	MF	MF	11	레 오		0	0	0	0
0	0	0	0		박 태 수	15	MF	MF	29	류 재 문		0	3	0	0
0	0	1	1(1)		김 선 민	17	MF	MF	88	세르징요		2	3	0	0
0	0	2	0	9	정 재 용	42	MF	MF	14	문 기 한	19	1(1)	1	1	0
0	0	4	2(1)		김 효 기	10	FW	FW	28	에 델	18	1(1)	2	0	0
0	0	1	0	6	김 동 기	28	FW	FW	7	조 나 탄	9	10(7)	3	0	0
0	0	0	0		김 선 규	31			1	이 양 종		0	0	0	0
0	0	0	0		가 솔 현	3			8	허 재 원		0	0	0	0
0	0	0	0		김 기 태	24			3	감 한 솔		0	0	0	0
0	0	0	1	후29	김 종 성	6	대기	대기	10	황 순 민		0	0	0	0
0	0	0	0		이 태 영	23			19	신 창 무	후43	0	0	0	0
0	0	0	0		김 대 한	13			9	장 백 규	후50	0	0	0	0
0	0	1	0	후19	이 동 현	9			18	김 진 혁	후47	0	0	0	0
0	1	16	6(2)			0			0			15(9)	14	3	0

●후반 13분 레오 MFR ~ 조나탄 GAR R-ST-G (득점: 조나탄, 도움: 레오) 오른쪽
●후반 33분 류재문 MF 정면 ~ 조나탄 PA 정면 내 R-ST-G (득점: 조나탄, 도움: 류재문) 오른쪽

9월 23일 19 : 00 비 창원 축구센터 관중 311명
주심_ 김영수 부심_ 서무희·김경민 대기심_ 김완태 감독관_ 김일호

경남 1 0 전반 0 / 1 후반 0 **0 부천**

퇴장	경고	파울	ST(유)	교체	선수명	배번	위치	위치	배번	선수명	교체	ST(유)	파울	경고	퇴장
0	0	0	0		손 정 현	31	GK	GK	1	류 원 우		0	0	0	0
0	1	1	0		우 주 성	15	DF	DF	2	전 광 환		0	0	0	0
0	0	3	0		전 상 훈	12	DF	DF	5	최 병 도		2(1)	1	0	0
0	0	1	0		박 지 수	28	DF	DF	6	강 지 용		1(1)	2	0	0
0	1	2	0		김 준 엽	3	DF	DF	14	이 학 민		0	1	0	0
0	1	1	1		정 성 민	17	MF	MF	4	안 일 주		0	1	0	0
0	1	0	0		김 선 우	33	MF	MF	8	송 원 재	9	2	0	0	0
0	0	1	2(2)	49	고 재 성	8	MF	MF	13	김 영 남		0	2	0	0
0	0	0	0	6	류 범 희	35	MF	FW	11	호드리고		2(1)	2	0	0
0	0	0	2(2)	30	임 창 균	19	MF	FW	16	황 신 영	99	1(1)	0	0	0
0	1	6	1		스토야노비치	9	FW	FW	20	김 륜 도	91	0	2	0	0
0	0	0	0		김 형 록	21			18	이 기 현		0	0	0	0
0	0	0	0	후43	최 성 환	6			7	주 광 선		0	0	0	0
0	0	0	0		이 상 현	27			22	유 대 현		0	0	0	0
0	0	0	0		손 형 준	14	대기	대기	9	공 민 현	후30	0	0	0	0
0	0	0	0	후32	차 태 영	30			10	이 민 우		0	0	0	0
0	0	0	0		신 학 영	13			91	루 키 안	후13	2	0	0	0
0	0	1	0	후15	프 랭 크	49			99	알 미 르	후0	2(2)	0	0	0
0	5	16	6(4)			0			0			12(6)	11	0	0

●후반 27분 임창균 PAL 내 L-ST-G (득점: 임창균) 오른쪽

9월 23일 19 : 30 흐림 수원종합 관중 714명
주심_ 임정수 부심_ 김성일·김지욱 대기심_ 김기현 감독관_ 전인석

수원FC 2 2 전반 0 / 0 후반 1 **1 충주**

퇴장	경고	파울	ST(유)	교체	선수명	배번	위치	위치	배번	선수명	교체	ST(유)	파울	경고	퇴장
0	0	0	0		이 인 수	21	GK	GK	1	황 성 민		0	0	0	0
0	0	0	0		이 준 호	14	DF	DF	8	노 연 빈		1(1)	3	0	0
0	0	0	0		김 창 훈	17	DF	DF	23	이 택 기		0	1	0	0
0	0	2	0		오 광 진	19	DF	DF	20	이 용 기		0	0	0	0
0	1	1	1	5	시 시	8	MF	DF	4	엄 진 태		0	1	0	0
0	0	3	3(2)		권 용 현	16	FW	MF	7	최 승 호	31	0	2	0	0
0	0	1	1(1)	24	임 성 택	30	FW	MF	21	오 승 범		0	2	0	0
0	0	2	2		김 종 우	36	MF	MF	28	김 정 훈	24	1	2	0	0
0	0	1	2(1)		이 관 표	37	MF	FW	19	임 진 욱	35	0	1	1	0
0	0	0	2(1)	18	자 파	9	FW	FW	99	조 석 재		2	0	0	0
0	0	0	0		김 한 원	10	DF	FW	77	김 도 형		4(2)	0	0	0
0	0	0	0		박 형 순	23			26	이 영 창		0	0	0	0
0	0	0	0	후44	블 라 단	5			3	이 현 창		0	0	0	0
0	0	0	0		김 혁 진	3			18	황 수 남		0	0	0	0
0	0	0	0		김 서 준	7	대기	대기	31	박 진 수	후14	0	2	0	0
0	0	0	0		김 정 빈	15			35	김 병 오	후0	0	0	0	0
0	0	0	0	후20	김 부 관	24			88	장 조 윤		0	0	0	0
0	1	2	0	후0	정 민 우	18			24	황 재 원	후27	0	2	0	0
0	2	12	11(5)			0			0			8(3)	16	1	0

●전반 18분 오광진 PAL 내 EL → 자파 PA 정면 R-ST-G (득점: 자파, 도움: 오광진) 오른쪽
●전반 23분 자파 GAL ~ 임성택 GAR 내 R-ST-G (득점: 임성택, 도움: 자파) 오른쪽
●후반 39분 오승범 PAR → 김도형 PAR 내 R-ST-G (득점: 김도형, 도움: 오승범) 오른쪽

9월 23일 19 : 30 비 대구 스타디움 관중 1,815명
주심_ 이동준 부심_ 양재용·이영운 대기심_ 김우성 감독관_ 김정식

대구 5 2 전반 0 / 3 후반 1 **1 상주**

퇴장	경고	파울	ST(유)	교체	선수명	배번	위치	위치	배번	선수명	교체	ST(유)	파울	경고	퇴장
0	0	0	0		조현우	21	GK	GK	31	양동원		0	0	0	0
0	0	1	0		김동진	16	DF	DF	4	강민수	6	0	0	0	0
0	0	2	0		조영훈	13	DF	DF	22	곽광선		0	1	1	0
0	0	1	0		허재원	8	DF	DF	30	김오규		0	1	1	0
0	0	3	0		이준희	22	MF	MF	2	이 용		0	0	0	0
0	0	2	1(1)		류재문	29	MF	MF	3	박진포		0	0	0	0
0	1	3	2(1)	19	세르징요	88	MF	MF	9	이승기		3(2)	0	0	0
0	1	2	2(1)		레 오	11	MF	MF	16	최현태	20	0	1	1	0
0	1	3	2(1)	9	문기한	14	MF	FW	11	임상협		2(2)	0	1	0
0	0	1	0	17	에 델	28	FW	FW	15	이창훈		2(1)	2	1	0
0	0	1	6(4)		조나탄	7	FW	FW	25	박기동	26	2(1)	0	1	0
0	0	0	0		이양종	1			41	윤평국		0	0	0	0
0	0	0	0		박성용	5			6	여성해	전38	1	1	1	0
0	0	0	0		감한솔	3			23	최종환		0	0	0	0
0	1	3	0	후25	신창무	19	대기	대기	5	김성환		0	0	0	0
0	0	0	0	후45	장백규	9			20	한상운	후12	0	0	1	0
0	0	0	0	후42	노병준	17			29	배일환		0	0	0	0
0	0	0	0		김진혁	18			26	김도엽	전37	3(2)	0	0	0
0	4	22	13(8)			0			0			13(8)	6	8	0

- 전반 33분 세르징요 GAR 내 EL R-ST-G (득점: 세르징요) 왼쪽
- 전반 45분 문기한 PA 정면 FK R-ST-G (득점: 문기한) 왼쪽
- 후반 11분 조영훈 자기측 PA 정면 내 ↷ 조나탄 PK 좌측지점 R-ST-G (득점: 조나탄, 도움: 조영훈) 왼쪽
- 후반 15분 문기한 자기측 MF 정면 → 조나탄 PAL 내 R-ST-G (득점: 조나탄, 도움: 문기한) 왼쪽
- 후반 48분 장백규 PAR 내 ~ 조나탄 PA 정면 내 R-ST-G (득점: 조나탄, 도움: 장백규) 오른쪽
- 후반 23분 이승기 GA 정면 R-ST-G (득점: 이승기) 가운데

9월 23일 19 : 30 맑음 잠실 관중 680명
주심_ 서동진 부심_ 박상준·장종필 대기심_ 김연승 감독관_ 하재훈

서울E 1 0 전반 0 / 1 후반 1 **1 안산**

퇴장	경고	파울	ST(유)	교체	선수명	배번	위치	위치	배번	선수명	교체	ST(유)	파울	경고	퇴장
0	0	0	0		김영광	1	GK	GK	21	이진형		0	0	0	0
0	0	2	0	21	김태은	32	DF	DF	18	김병석		0	1	0	0
0	0	1	1		윤성열	8	DF	DF	2	배승진		0	4	0	0
0	0	0	0		황도연	14	DF	DF	5	안재준		0	0	0	0
0	0	3	0		칼라일미첼	5	DF	DF	27	한덕희		0	0	0	0
0	0	0	0		조원희	4	MF	MF	22	유호준		2	1	0	0
0	0	2	2(1)		김재성	7	MF	MF	24	강승조		0	3	1	0
0	0	2	2		전민광	22	MF	MF	19	김신철	32	2(1)	2	0	0
0	0	0	0	11	김민제	2	MF	MF	8	조재철		1(1)	0	0	0
0	0	0	1	9	보 비	10	FW	MF	14	박희도		1	0	0	0
0	0	2	2		주민규	18	FW	FW	20	서동현		1(1)	2	0	0
0	0	0	0		이범수	25			31	김대호		0	0	0	0
0	0	0	0	후42	김성주	21			10	윤준하		0	0	0	0
0	0	0	0		양기훈	20			23	강종국		0	0	0	0
0	0	1	1(1)	후20	타라바이	11	대기	대기	25	박희철		0	0	0	0
0	0	0	0		김창욱	26			32	하정헌	후18	0	1	1	0
0	0	0	0		이재안	19			13	박세환		0	0	0	0
0	0	0	1(1)	후31	라이언존슨	9			34	이준호		0	0	0	0
0	0	13	10(3)			0			0			7(3)	14	2	0

- 후반 50분 타라바이 PK-R-G (득점: 타라바이) 왼쪽
- 후반 37분 PAL ↷ 서동현 GAR H-ST-G (득점: 서동현) 왼쪽

9월 23일 20 : 00 흐림 고양 종합 관중 305명
주심_ 최대우 부심_ 지승민·곽승순 대기심_ 김동인 감독관_ 한병화

고양 1 0 전반 0 / 1 후반 0 **0 안양**

퇴장	경고	파울	ST(유)	교체	선수명	배번	위치	위치	배번	선수명	교체	ST(유)	파울	경고	퇴장
0	0	0	0		여명용	23	GK	GK	21	최필수		0	0	0	0
0	0	0	0		이상돈	12	DF	DF	3	가솔현		1	1	0	0
0	0	0	1(1)		하인호	14	DF	DF	29	베 리		0	0	0	0
0	0	3	0		안현식	26	DF	DF	16	주현재		2	2	0	0
0	0	2	0		여효진	30	DF	DF	90	구대영		0	3	1	0
0	1	1	0		이도성	7	MF	MF	8	최진수		0	1	0	0
0	0	0	3	15	김준태	8	MF	MF	17	김선민		2	1	1	0
0	1	2	2		오기재	20	MF	MF	11	안성빈	35	1	2	0	0
0	0	1	1(1)		진창수	16	FW	MF	13	김대한	7	1(1)	1	0	0
0	0	0	0		이광재	17	FW	FW	19	고경민		1(1)	0	0	0
0	0	1	2(1)	9	김유성	24	FW	FW	28	김동기	10	0	1	1	0
0	0	0	0		이승규	21			25	남지훈		0	0	0	0
0	0	0	0		황규범	22			35	유종현	후31	1	0	0	0
0	0	0	0	후28	박태형	15	대기	대기	6	김종성		0	0	0	0
0	0	0	0	후40	서형승	9			7	조성준	후14	0	0	0	0
0	0	0	0		배해민	18			14	박승렬		0	0	0	0
0	2	10	9(3)			0			0			9(2)	12	3	0

- 후반 13분 하인호 MFL R-ST-G (득점: 하인호) 오른쪽

10월 03일 16 : 00 맑음 부천 종합 관중 4,104명
주심_ 김동진 부심_ 박인선·김지욱 대기심_ 매호영 감독관_ 김진의

부천 1 0 전반 0 / 1 후반 0 **0 고양**

퇴장	경고	파울	ST(유)	교체	선수명	배번	위치	위치	배번	선수명	교체	ST(유)	파울	경고	퇴장
0	0	0	0		류원우	1	GK	GK	23	여명용		0	0	0	0
0	0	1	0		전광환	2	DF	DF	14	하인호		0	2	0	0
0	1	1	0		강지용	6	DF	DF	22	황규범		0	1	0	0
0	0	0	2		이학민	14	DF	DF	26	안현식		1	1	0	0
0	0	4	0		안일주	4	DF	DF	30	여효진		0	2	0	0
0	1	3	0		송원재	8	MF	MF	7	이도성		1	3	1	0
0	0	1	1		김영남	13	MF	MF	8	김준태		2(2)	0	0	0
0	0	0	2	91	임경현	90	MF	MF	10	박정수		1	1	1	0
0	0	2	4	16	공민현	9	FW	FW	16	진창수		2(1)	1	0	0
0	1	6	2(2)		호드리고	11	FW	FW	17	이광재	9	0	1	0	0
0	0	2	1(1)		김륜도	20	FW	FW	24	김유성	11	2	2	0	0
0	0	0	0		이기현	18			21	이승규		0	0	0	0
0	0	0	0		최병도	5			15	박태형		0	0	0	0
0	0	0	0		주광선	7	대기	대기	11	박정훈	후33	0	1	0	0
0	0	0	0		유대현	22			9	서형승	후8	1(1)	1	0	0
0	0	0	0	후35	황신영	16			18	배해민		0	0	0	0
0	3	20	12(3)			0			0			10(4)	16	2	0

- 후반 47분 김영남 MFR ~ 김륜도 GAR R-ST-G (득점: 김륜도, 도움: 김영남) 왼쪽

10월 03일 14:00 맑음 안양 종합 관중 1,051명
주심_ 박진호 부심_ 양재용·이영운 대기심_ 정동식 감독관_ 김용세

안양 3 1 전반 2 / 2 후반 2 **4 서울E**

퇴장	경고	파울	ST(유)	교체	선수명	배번	위치	위치	배번	선수명	교체	ST(유)	파울	경고	퇴장
0	0	0	0		최필수	21	GK	GK	1	김영광		0	0	0	0
0	0	0	0		유종현	35	DF	DF	7	김재성		0	3	1	0
0	0	1	0		베리	29	DF	DF	8	윤성열		0	0	0	0
0	0	2	4		안성빈	11	DF	DF	14	황도연		0	0	0	0
0	0	0	0		주현재	16	DF	DF	5	칼라일미첼		0	1	1	0
0	0	0	2	9	최진수	8	MF	MF	4	조원희		2(1)	1	0	0
0	1	2	1		정재용	42	MF	MF	22	전민광		0	0	0	0
0	0	0	2(1)	90	조성준	7	MF	MF	26	김창욱		0	3	0	0
0	0	2	1	15	박승렬	14	MF	FW	11	타라바이	9	5(4)	3	0	0
0	0	1	5(5)		고경민	19	MF	MF	10	보비	23	0	2	0	0
0	0	2	2(1)		김효기	10	FW	FW	18	주민규	2	1	1	0	0
0	0	0	0		김선규	31			25	이범수		0	0	0	0
0	0	0	0		가솔현	3			2	김민제	후29	3(2)	0	0	0
0	0	0	0	후31	구대영	90			20	양기훈		0	0	0	0
0	0	0	0		김종성	6	대기	대기	21	김성주		0	0	0	0
0	0	2	0	후6	박태수	15			30	최치원		0	0	0	0
0	0	0	0		김대한	13			23	최오백	후21	0	1	0	0
0	0	0	2(1)	후36	이동현	9			9	라이언존슨	후45	0	0	0	0
0	1	12	19(8)			0			0			11(7)	15	2	0

●전반 11분 안성빈 PAR ↷ 김효기 GAL L-ST-G (득점: 김효기, 도움: 안성빈) 왼쪽
●후반 16분 고경민 PK-R-G (득점: 고경민) 오른쪽
●후반 40분 김효기 MF 정면 ~ 이동현 GAL R-ST-G (득점: 이동현, 도움: 김효기) 오른쪽
●전반 19분 김재성 MFL FK ↷ 타라바이 GA 정면 H-ST-G (득점: 타라바이, 도움: 김재성) 오른쪽
●전반 32분 타라바이 PA 정면 내 R-ST-G (득점: 타라바이) 왼쪽
●후반 26분 타라바이 MF 정면 R-ST-G (득점: 타라바이) 가운데
●후반 43분 김민제 PAL 내 L-ST-G (득점: 김민제) 왼쪽

10월 03일 16:00 맑음 창원 축구센터 관중 986명
주심_ 김대용 부심_ 강동호·지승민 대기심_ 박필준 감독관_ 김수현

경남 1 1 전반 0 / 0 후반 3 **3 대구**

퇴장	경고	파울	ST(유)	교체	선수명	배번	위치	위치	배번	선수명	교체	ST(유)	파울	경고	퇴장
0	0	0	0		손정현	31	GK	GK	21	조현우		0	0	0	0
0	0	1	0		우주성	15	DF	DF	8	허재원		0	1	0	0
0	0	0	0		전상훈	12	DF	DF	13	조영훈	22	0	0	0	0
0	0	0	1		박지수	28	DF	DF	4	이종성		0	2	0	0
0	0	0	0	22	최성환	6	DF	MF	16	김동진		0	1	0	0
0	0	1	1		정성민	17	MF	MF	29	류재문		0	0	0	0
0	0	1	0		김선우	33	MF	MF	88	세르징요		2(1)	1	0	0
0	0	3	2(1)	27	고재성	8	MF	MF	3	감한솔	9	0	0	0	0
0	1	1	1	10	류범희	35	MF	MF	19	신창무	17	0	2	0	0
0	0	1	4		임창균	19	MF	FW	28	에델		4(2)	2	1	0
0	0	3	1(1)		스토야노비치	9	FW	FW	7	조나탄		11(7)	0	0	0
0	0	0	0		김교빈	1			1	이양종		0	0	0	0
0	0	0	0	후19	송주한	22			20	이원재		0	0	0	0
0	0	1	0	후15	이상현	27			22	이준희	후36	0	0	0	0
0	0	0	0		신학영	13	대기	대기	77	이광진		0	0	0	0
0	0	0	0		유준영	2			9	장백규	후11	0	0	0	0
0	0	0	1(1)	후32	루아티	10			17	노병준	후11	0	0	0	0
0	0	0	0		강종국	32			18	김진혁		0	0	0	0
0	1	12	11(3)			0			0			17(16	9	1	0

●전반 15분 임창균 자기측HLL ~ 스토야노비치 PK 좌측지점 R-ST-G (득점: 스토야노비치, 도움: 임창균) 가운데
●후반 31분 이종성 PAR 내 ~ 조나탄 GAR R-ST-G (득점: 조나탄, 도움: 이종성) 왼쪽
●후반 40분 노병준 C.KR ↷ 조나탄 PA 정면 내 R-ST-G (득점: 조나탄, 도움: 노병준) 왼쪽
●후반 47분 에델 PK 우측지점 R-ST-G (득점: 에델) 왼쪽

10월 04일 14:00 맑음 수원 종합 관중 989명
주심_ 김우성 부심_ 김영하·김경민 대기심_ 최대우 감독관_ 한진원

수원FC 2 0 전반 0 / 2 후반 1 **1 안산**

퇴장	경고	파울	ST(유)	교체	선수명	배번	위치	위치	배번	선수명	교체	ST(유)	파울	경고	퇴장
0	0	0	0		박형순	23	GK	GK	21	이진형		0	0	0	0
0	0	0	1		이준호	14	DF	DF	30	송창호		0	1	0	0
0	1	2	1		김창훈	17	DF	DF	2	배승진		0	2	0	0
0	0	2	0		오광진	19	DF	DF	5	안재준		0	1	0	0
0	0	4	0	13	시시	8	MF	DF	17	신광훈		1(1)	4	1	0
0	0	2	2(2)		권용현	16	FW	MF	25	박희철		0	1	0	0
0	0	1	0	24	임성택	30	FW	MF	26	최영준		1	0	1	0
0	0	0	5(4)		김종우	36	MF	MF	4	신형민		0	2	0	0
0	0	2	1		이관표	37	MF	MF	28	좌준협	3	2(1)	1	0	0
0	1	1	0		김한원	10	DF	FW	29	한홍규		2(2)	1	0	0
0	0	0	2	18	정기운	33	FW	FW	13	박세환	34	1	2	0	0
0	0	0	0		이인수	21			31	김대호		0	0	0	0
0	0	0	0		블라단	5			34	이준호	후0	0	1	0	0
0	0	0	0		김서준	7	대기	대기	3	김성현	후43	0	0	0	0
0	0	1	2(2)	후35	배신영	13			6	정혁		0	0	0	0
0	2	15	14(8)			0			0			7(4)	16	2	0

●후반 3분 권용현 PAR ↷ 정민우 GA 정면 내 H-ST-G (득점: 정민우, 도움: 권용현) 왼쪽
●후반 42분 김종우 GAR 내 몸맞고 골 (득점: 김종우) 오른쪽
●후반 18분 한홍규 GA 정면 R-ST-G (득점: 한홍규) 왼쪽

10월 04일 16:00 맑음 춘천 송암 2,147
주심_ 박병진 부심_ 박상준·장종필 대기심_ 성덕효 감독관_ 전인석

강원 0 0 전반 1 / 0 후반 1 **2 상주**

퇴장	경고	파울	ST(유)	교체	선수명	배번	위치	위치	배번	선수명	교체	ST(유)	파울	경고	퇴장
0	0	0	0		이상기	19	GK	GK	21	박지영		0	0	0	0
0	0	3	0		이재훈	3	DF	DF	35	권진영	13	0	2	0	0
0	0	0	0	26	김원균	20	DF	DF	43	김창훈		0	0	0	0
0	0	2	0		이한샘	33	DF	DF	55	안재훈		0	0	1	0
0	0	0	4(1)		최우재	2	DF	DF	89	최호정		0	0	0	0
0	0	0	0	25	안성남	34	MF	MF	14	권순형		2(1)	0	0	0
0	1	2	0		한석종	16	MF	MF	24	장현우	19	2(2)	3	0	0
0	0	0	1	12	헤난	89	MF	MF	27	박경익		3(2)	5	0	0
0	0	0	3(1)		지우	91	FW	MF	32	박준태	44	5	1	0	0
0	0	1	0		서보민	11	FW	MF	42	유수현		1	2	0	0
0	0	3	2(2)		최승인	9	FW	FW	26	김도엽		6(5)	3	0	0
0	0	0	0		황교충	1			1	김근배		0	0	0	0
0	0	0	3(2)	후19	김용진	25			33	김지웅		0	0	0	0
0	0	1	0	전16	서명식	26			44	김경민	후20	0	0	0	0
0	0	0	0		김윤호	57	대기	대기	7	이현웅		0	0	0	0
0	0	0	0		정찬일	17			12	박승일		0	0	0	0
0	0	0	0		최진호	10			13	한경인	후40	0	0	0	0
0	0	0	3(1)	후10	벨루소	12			19	송제헌	후12	3(1)	2	0	0
0	1	12	16(7)			0			0			22(11	18	1	0

●전반 6분 박경익 HLL ↷ 김도엽 PA 정면 내 R-ST-G (득점: 김도엽, 도움: 박경익) 오른쪽
●후반 44분 송제헌 MFL TL ~ 김도엽 PAR 내 R-ST-G (득점: 김도엽, 도움: 송제헌) 왼쪽

10월 20일 19:00 흐림 안양 종합 관중 651명
주심_ 고형진 부심_ 김영하·이영운 대기심_ 성덕효 감독관_ 전인석

안양 2 | 0 전반 1 / 2 후반 0 | **1 상주**

퇴장	경고	파울	ST(유)	교체	선수명	배번	위치	위치	배번	선수명	교체	ST(유)	파울	경고	퇴장
0	0	0	0		최필수	21	GK	GK	41	윤평국		0	0	0	0
0	0	0	0		가솔현	3	DF	DF	2	이용		1(1)	0	0	0
0	0	1	0		유종현	35	DF	DF	3	박진포		0	2	0	0
0	1	2	0		주현재	16	DF	DF	22	곽광선	4	0	0	0	0
0	0	1	0		안성빈	11	DF	DF	30	김오규		1(1)	1	0	0
0	1	5	0		김종성	6	MF	MF	5	김성환		1	1	0	0
0	0	0	1(1)	15	조성준	7	MF	MF	9	이승기	10	1	1	1	0
0	0	0	1(1)	28	최진수	8	MF	MF	15	이창훈		3(1)	3	0	0
0	0	1	2(2)		김선민	17	MF	MF	26	김도엽		2(1)	0	0	1
0	0	5	5(2)	9	김효기	10	FW	MF	34	김대열		0	1	0	0
0	1	2	0		정재용	42	FW	FW	25	박기동	20	0	1	0	0
0	0	0	0		남지훈	25			31	양동원		0	0	0	0
0	0	0	0		김남탁	4			4	강민수	전14	0	3	2	0
0	0	0	0		구대영	90			6	여성해		0	0	0	0
0	0	0	0	후39	박태수	15	대기	대기	20	한상운	후12	2(1)	0	0	0
0	0	0	0		김대한	13			32	박준태		0	0	0	0
0	0	0	0	후48	이동현	9			42	유수현		0	0	0	0
0	1	2	0	후18	김동기	28			10	조동건	후29	0	1	0	0
0	4	19	9(6)			0			0			11(5)	14	3	1

- 후반 5분 김효기 GA 정면 H-ST-G (득점: 김효기) 왼쪽
- 후반 27분 김동기 AKL ~ 김효기 PAL 내 R-ST-G (득점: 김효기, 도움: 김동기) 오른쪽
- 전반 5분 이승기 PAL 내 ~ 이창훈 AK 정면 R-ST-G (득점: 이창훈, 도움: 이승기) 오른쪽

10월 07일 19:00 흐림 춘천 송암 1,341
주심_ 서동진 부심_ 박인선·지승민 대기심_ 김대용 감독관_ 하재훈

강원 1 | 0 전반 1 / 1 후반 0 | **1 수원FC**

퇴장	경고	파울	ST(유)	교체	선수명	배번	위치	위치	배번	선수명	교체	ST(유)	파울	경고	퇴장
0	0	0	0		황교충	1	GK	GK	21	이인수		0	0	0	0
0	0	1	0		최우재	2	DF	DF	2	임하람		0	1	0	0
0	0	1	0		서명식	26	DF	DF	5	블라단		0	2	0	0
0	1	3	0		이한샘	33	DF	DF	14	이준호		1	1	1	0
0	0	6	1(1)		백종환	77	DF	DF	19	오광진	15	0	1	0	0
0	0	0	1(1)	16	이우혁	8	MF	MF	7	김서준		1	2	0	0
0	0	0	4(2)		장혁진	7	MF	MF	8	시시		1	2	1	0
0	0	0	2	91	김윤호	57	MF	FW	16	권용현		3(3)	3	0	0
0	0	0	1		서보민	11	FW	FW	24	김부관	30	1(1)	3	0	0
0	0	3	0		최진호	10	FW	MF	36	김종우		3(2)	0	0	0
0	0	2	1(1)	17	최승인	9	FW	FW	18	정민우	33	3(2)	1	0	0
0	0	0	0		강성관	23			23	박형순		0	0	0	0
0	0	0	0		이재훈	3			25	김윤재		0	0	0	0
0	0	0	0		김용진	25			13	배신영		0	0	0	0
0	1	1	0	후42	정찬일	17	대기	대기	15	김정빈	후0	0	1	1	0
0	1	2	0	전28	한석종	16			30	임성택	후32	1	0	0	0
0	0	0	0		벨루소	12			37	이관표		0	0	0	0
0	0	0	2(1)	후19	지우	91			33	정기운	후36	0	1	0	0
0	3	19	12(6)			0			0			14(8)	18	3	0

- 후반 31분 최승인 MFR H ↷ 지우 AK 내 R-ST-G (득점: 지우, 도움: 최승인) 왼쪽
- 전반 17분 김종우 MF 정면 ↷ 김부관 PAL 내 R-ST-G (득점: 김부관, 도움: 김종우) 오른쪽

10월 07일 19:00 맑음 충주 종합 관중 675명
주심_ 매호영 부심_ 장종필·이영운 대기심_ 김우성 감독관_ 전인석

충주 0 | 0 전반 2 / 0 후반 0 | **2 경남**

퇴장	경고	파울	ST(유)	교체	선수명	배번	위치	위치	배번	선수명	교체	ST(유)	파울	경고	퇴장
0	0	0	0		황성민	1	GK	GK	31	손정현		0	0	0	0
0	0	0	1		엄진태	4	DF	DF	15	우주성		0	0	0	0
0	0	2	1		이택기	23	DF	DF	5	배효성		0	1	0	0
0	0	1	0		이용기	20	DF	DF	12	전상훈		0	1	0	0
0	0	0	1		정우재	2	DF	DF	3	김준엽		0	1	0	0
0	0	1	2		노연빈	8	MF	MF	17	정성민		1	2	1	0
0	1	3	0		오승범	21	MF	MF	33	김선우		2(2)	1	0	0
0	0	0	0	24	김정훈	28	MF	MF	8	고재성	35	0	2	0	0
0	0	0	1(1)	19	마르싱유	27	FW	MF	19	임창균	28	1	0	0	0
0	0	1	2(2)	88	조석재	99	FW	FW	10	루아티	2	1	2	0	0
0	1	1	2(2)		김도형	77	FW	FW	9	스토야노비치		2(2)	3	0	0
0	0	0	0		이영창	26			1	김교빈		0	0	0	0
0	0	0	0		이현창	3			28	박지수	후27	0	1	0	0
0	0	0	0		황수남	18			22	송주한		0	0	0	0
0	0	0	0		박진수	31	대기	대기	2	유준영	후37	0	0	0	0
0	0	0	1(1)	후0	임진욱	19			13	신학영		0	0	0	0
0	0	0	0	후38	장조윤	88			35	류범희	후27	0	0	0	0
0	0	0	1(1)	후21	황재원	24			32	강종국		0	0	0	0
0	2	9	12(7)			0			0			7(4)	14	1	0

- 전반 17분 임창균 MF 정면 FK ↷ 스토야노비치 GA 정면 내 R-ST-G (득점: 스토야노비치, 도움: 임창균) 왼쪽
- 전반 24분 고재성 (대기) AKR ~ 김선우 AK 정면 R-ST-G (득점: 김선우, 도움: 고재성 (대기)) 왼쪽

10월 07일 19:30 흐림 잠실 관중 1,034명
주심_ 임정수 부심_ 김영하·강동호 대기심_ 박필준 감독관_ 김일호

서울E 1 | 1 전반 1 / 0 후반 0 | **1 고양**

퇴장	경고	파울	ST(유)	교체	선수명	배번	위치	위치	배번	선수명	교체	ST(유)	파울	경고	퇴장
0	0	0	0		김영광	1	GK	GK	23	여명용		0	0	0	0
0	0	0	0		김태은	32	DF	DF	14	하인호		1	4	0	0
0	0	0	0		윤성열	8	DF	DF	22	황규범		0	2	1	0
0	0	1	0		황도연	14	DF	DF	26	안현식		1	2	0	0
0	0	1	0		양기훈	20	DF	DF	30	여효진		0	0	0	0
0	0	2	0		조원희	4	MF	MF	7	이도성	8	0	0	0	0
0	0	1	0	9	전민광	22	MF	MF	10	박정수		1	2	1	0
0	0	0	0	21	김창욱	26	MF	MF	20	오기재		0	3	0	0
0	0	2	3(2)		타라바이	11	FW	FW	11	박정훈		3(3)	0	0	0
0	0	2	1(1)	23	보비	10	MF	FW	16	진창수		3(1)	1	0	0
0	0	2	0		주민규	18	FW	FW	18	배해민	9	2(2)	0	0	0
0	0	0	0		이범수	25			21	이승규		0	0	0	0
0	0	0	0		김민제	2			15	박태형		0	0	0	0
0	0	1	0	후10	최오백	23	대기	대기	8	김준태	후0	0	1	0	0
0	0	0	0	후19	김성주	21			9	서형승	후26	1	0	0	0
0	0	0	0		최치원	30			17	이광재		0	0	0	0
0	0	12	4(3)			0			0			12(6)	15	2	0

- 전반 31분 윤성열 자기측 MFL ↷ 타라바이 PK지점 R-ST-G (득점: 타라바이, 도움: 윤성열) 왼쪽
- 전반 28분 진창수 GAL H ↷ 배해민 GA 정면 R-ST-G (득점: 배해민, 도움: 진창수) 가운데

10월 07일 19 : 30 흐림 대구 스타디움 관중 987명
주심_ 성덕효 부심_ 곽승순·김성일 대기심_ 최대우 감독관_ 강창구

대구 1 　1 전반 0 / 0 후반 0　 **0 안산**

퇴장	경고	파울	ST(유)	교체	선수명	배번	위치	위치	배번	선수명	교체	ST(유)	파울	경고	퇴장
0	0	0	0		조현우	21	GK	GK	21	이진형		0	0	0	0
0	0	0	0		허재원	8	DF	DF	25	박희철		0	1	1	0
0	1	1	0		조영훈	13	DF	DF	4	신형민		0	2	0	0
0	0	2	0		이종성	4	DF	DF	5	안재준		1(1)	1	0	0
0	0	0	1(1)		김동진	16	MF	DF	30	송창호		1	2	0	0
0	0	0	0		류재문	29	MF	MF	32	하정헌		3(1)	3	0	0
0	1	2	1		세르징요	88	MF	MF	28	좌준협		2(1)	0	0	0
0	0	0	3(1)		레오	11	MF	MF	26	최영준	2	0	0	0	0
0	0	0	0	19	문기한	14	MF	MF	17	신광훈		0	1	0	0
0	0	1	0	17	에델	28	FW	FW	29	한홍규		0	4	0	0
0	0	2	3(1)		조나탄	7	FW	FW	24	강승조	34	1(1)	1	1	0
0	0	0	0		이양종	1			31	김대호		0	0	0	0
0	0	0	0		이원재	20			34	이준호	후48	0	0	0	0
0	0	0	0		이준희	22	대기	대기	2	배승진	후42	0	0	0	0
0	0	2	0	후34	신창무	19			13	박세환		0	0	0	0
0	0	0	0		장백규	9			3	김성현		0	0	0	0
0	2	10	8(3)			0			0			8(4)	15	2	0

● 전반 37분 문기한 MFR TL FK ↷ 조나탄 GAL 내 H-ST-G (득점: 조나탄, 도움: 문기한) 왼쪽

10월 10일 14 : 00 흐림 고양 종합 관중 341명
주심_ 김대용 부심_ 양재용·박인선 대기심_ 박진호 감독관_ 김정식

고양 0 　0 전반 0 / 0 후반 1　 **1 안산**

퇴장	경고	파울	ST(유)	교체	선수명	배번	위치	위치	배번	선수명	교체	ST(유)	파울	경고	퇴장
0	0	0	0		여명용	23	GK	GK	21	이진형		0	0	0	0
0	1	4	1		하인호	14	DF	DF	30	송창호		0	0	0	0
0	0	0	0		박태형	15	DF	DF	4	신형민		0	1	1	0
0	0	1	1(1)		안현식	26	DF	DF	5	안재준		0	2	1	0
0	0	1	0		여효진	30	DF	DF	2	배승진		0	2	0	0
0	0	0	2(1)		김준태	8	MF	MF	17	신광훈		0	1	0	0
0	0	2	2		이도성	7	MF	MF	28	좌준협	34	1(1)	2	0	0
0	0	0	0	9	오기재	20	MF	MF	26	최영준		0	0	0	0
0	0	1	4(2)		박정훈	11	FW	MF	24	강승조		1(1)	2	0	0
0	0	1	2	33	진창수	16	FW	MF	32	하정헌	13	2(2)	2	0	0
0	0	1	4(3)	17	배해민	18	FW	FW	29	한홍규		1	1	0	0
0	0	0	0		강진웅	1			31	김대호		0	0	0	0
0	0	0	0		이상돈	12			34	이준호	후26	0	2	0	0
0	0	0	0		홍순학	31	대기	대기	3	김성현		0	0	0	0
0	0	0	1(1)	후39	김훈성	33			13	박세환	후47	0	0	0	0
0	0	1	2(2)	후19	서형승	9			6	정혁		0	0	0	0
0	1	12	19(10)			0			0			5(4)	15	2	0

● 후반 12분 하정헌 GAR R-ST-G (득점: 하정헌) 왼쪽

10월 10일 14 : 00 맑음 창원 축구센터 관중 521명
주심_ 박필준 부심_ 곽승순·김성일 대기심_ 임정수 감독관_ 전인석

경남 2 　1 전반 0 / 1 후반 2　 **2 안양**

퇴장	경고	파울	ST(유)	교체	선수명	배번	위치	위치	배번	선수명	교체	ST(유)	파울	경고	퇴장
0	0	0	0		손정현	31	GK	GK	31	김선규		0	1	0	1
0	1	1	2(2)		우주성	15	DF	DF	3	가솔현		0	0	0	0
0	0	0	3	2	전상훈	12	DF	DF	29	베리		0	1	0	0
0	0	1	0		배효성	5	DF	DF	16	주현재		1(1)	1	0	0
0	0	3	0		김준엽	3	DF	DF	90	구대영	7	0	0	0	0
0	0	2	1(1)		고재성	8	MF	MF	8	최진수		2(1)	0	0	0
0	0	0	1(1)		김선우	33	MF	MF	42	정재용		1	2	0	0
0	1	3	1		조재철	86	MF	FW	11	안성빈		0	0	0	0
0	0	0	0	4	류범희	35	MF	MF	14	박승렬	17	1	0	0	0
0	0	2	1(1)	28	임창균	19	MF	FW	19	고경민	9	1	1	0	0
0	0	3	3(1)		루아티	10	FW	FW	10	김효기		5(4)	3	0	0
0	0	0	0		김교빈	1			21	최필수		0	0	0	0
0	0	0	0		송주한	22			35	유종현		0	0	0	0
0	0	0	0	후21	박지수	28			7	조성준	후0	3(2)	0	0	0
0	0	0	0		신학영	13	대기	대기	13	김대한		0	0	0	0
0	0	0	0	후30	유준영	2			17	김선민	후0	0	0	0	0
0	0	1	0	후21	이호석	4			9	이동현	후8	0	0	0	0
0	0	0	0		스토야노비치	9			28	김동기		0	0	0	0
0	2	16	12(6)			0			0			14(8	9	0	1

● 전반 29분 임창균 AKR ~ 고재성 PA 정면 내 L-ST-G (득점: 고재성, 도움: 임창균) 오른쪽
● 후반 45분 우주성 PK-R-G (득점: 우주성) 왼쪽
● 후반 25분 조성준 PAR 내 ↷ 김효기 GAL H-ST-G (득점: 김효기, 도움: 조성준) 왼쪽
● 후반 38분 김효기 GAL ~ 조성준 PK 좌측지점 R-ST-G (득점: 조성준, 도움: 김효기) 오른쪽

10월 10일 16 : 00 흐리고 비 잠실 관중 964명
주심_ 김영수 부심_ 김경민·김지욱 대기심_ 성덕효 감독관_ 김형남

서울E 4 　3 전반 1 / 1 후반 1　 **2 충주**

퇴장	경고	파울	ST(유)	교체	선수명	배번	위치	위치	배번	선수명	교체	ST(유)	파울	경고	퇴장
0	0	0	0		김영광	1	GK	GK	1	황성민		0	0	0	0
0	0	2	1(1)		김재성	7	DF	DF	3	이현창		1	1	0	0
0	1	1	1(1)		칼라일미첼	5	DF	DF	23	이택기		0	0	0	0
0	0	1	0		양기훈	20	DF	DF	20	이용기		0	5	1	0
0	1	2	0	8	김민제	2	DF	DF	11	박요한	4	0	0	1	0
0	0	1	1		조원희	4	MF	MF	8	노연빈		1(1)	2	1	0
0	0	0	1(1)		전민광	22	MF	MF	7	최승호	31	0	0	0	0
0	0	0	1(1)		김성주	21	MF	MF	28	김정훈		2	4	0	0
0	0	2	1(1)	26	타라바이	11	FW	FW	19	임진욱		2	2	0	0
0	0	0	2(2)	9	최유상	27	MF	FW	99	조석재		2(1)	0	0	0
0	0	3	2		주민규	18	FW	FW	22	노재승	77	0	0	0	0
0	0	0	0		이범수	25			26	이영창		0	0	0	0
0	0	0	0		김태은	32			4	엄진태	전39	1	0	0	0
0	0	0	0	후0	윤성열	8			24	황재원		0	0	0	0
0	0	0	0	후36	김창욱	26	대기	대기	77	김도형	전19	5(1)	2	0	0
0	0	0	0		최치원	30			31	박진수	후20	0	1	0	0
0	0	0	0		보비	10			35	김병오		0	0	0	0
0	0	3	0	후23	라이언존슨	9			27	마르싱유		0	0	0	0
0	2	15	10(7)			0			0			14(3)	17	3	0

● 전반 13분 김재성 MFR FK ↷ 칼라일미첼 GA 정면 H-ST-G (득점: 칼라일미첼, 도움: 김재성) 왼쪽
● 전반 16분 양기훈 GAR 내 ~ 타라바이 GA 정면 내 L-ST-G (득점: 타라바이, 도움: 양기훈) 가운데
● 전반 29분 주민규 GA 정면 H → 최유상 GA 정면 L-ST-G (득점: 최유상, 도움: 주민규) 가운데
● 후반 17분 주민규 GAL ~ 김성주 PA 정면 내 L-ST-G (득점: 김성주, 도움: 주민규) 오른쪽
● 전반 22분 최승호 (대기) MF 정면 ~ 김도형 GAL R-ST-G (득점: 김도형, 도움: 최승호 (대기)) 오른쪽
● 후반 27분 조석재 PK-R-G (득점: 조석재) 왼쪽

10월 11일 14:00 흐림 부천 종합 관중 1,043명
주심_ 최대우 부심_ 강동호·이영운 대기심_ 김우성 감독관_ 한병화

부천 4 0 전반 0 / 4 후반 2 **2 강원**

퇴장	경고	파울	ST(유)	교체	선수명	배번	위치	위치	배번	선수명	교체	ST(유)	파울	경고	퇴장
0	0	0	0		류원우	1	GK	GK	1	황교충		0	1	1	0
0	0	0	0		전광환	2	DF	DF	2	최우재		0	0	0	0
0	0	1	0		강지용	6	DF	DF	26	서명식		0	0	0	0
0	1	1	0		이학민	14	DF	DF	25	김용진		0	2	1	0
0	0	0	0		안일주	4	DF	DF	77	백종환		0	2	0	0
0	0	0	0	22	송원재	8	MF	MF	16	한석종	9	0	3	0	0
0	0	1	1		김영남	13	MF	MF	7	장혁진		0	1	0	0
0	0	2	3(1)	91	임경현	90	MF	MF	57	김윤호	91	1(1)	3	0	0
0	0	3	3(3)		공민현	9	FW	FW	11	서보민		2(1)	0	0	0
0	0	1	1		호드리고	11	FW	FW	10	최진호	12	0	0	0	0
0	0	2	1(1)		김륜도	20	FW	FW	89	헤난		2(1)	1	0	0
0	0	0	0		이기현	18			19	이상기		0	0	0	0
0	0	0	0		최병도	5			3	이재훈		0	0	0	0
0	0	0	1(1)	후34	유대현	22			18	이동재		0	0	0	0
0	0	0	0		이민우	10	대기	대기	17	정찬일		0	0	0	0
0	0	0	0		황신영	16			9	최승인	후18	0	0	0	0
0	0	0	1(1)	후15	루키안	91			12	벨루소	후10	1(1)	0	0	0
0	0	0	0		알미르	99			91	지우	후5	2(2)	0	0	0
0	1	11	11(7)			0			0			8(6)	13	2	0

- 후반 7분 임경현 PAL 내 → 공민현 GA 정면 내 H-ST-G (득점: 공민현, 도움: 임경현) 오른쪽
- 후반 22분 서명식 PA 정면 내 L자책골 (득점: 서명식) 가운데
- 후반 25분 김영남 MF 정면 ~ 공민현 PA 정면 내 R-ST-G (득점: 공민현, 도움: 김영남) 오른쪽
- 후반 33분 김륜도 GAL 내 L-ST-G (득점: 김륜도) 가운데
- 후반 31분 서보민 PAL ~ 지우 GAL R-ST-G (득점: 지우, 도움: 서보민) 왼쪽
- 후반 39분 헤난 MF 정면 → 벨루소 PAR 내 R-ST-G (득점: 벨루소, 도움: 헤난) 왼쪽

11월 11일 19:00 맑음 상주 시민 관중 2,239명
주심_ 우상일 부심_ 장준모·노수용 대기심_ 서동진 감독관_ 전인석

상주 2 2 전반 2 / 0 후반 3 **5 수원FC**

퇴장	경고	파울	ST(유)	교체	선수명	배번	위치	위치	배번	선수명	교체	ST(유)	파울	경고	퇴장
0	0	0	0		양동원	31	GK	GK	23	박형순		0	0	0	0
0	0	0	0		이용	2	DF	DF	2	임하람	17	0	1	1	0
0	0	0	0		박진포	3	DF	DF	5	블라단		0	3	0	0
0	0	1	1(1)		강민수	4	DF	DF	14	이준호		0	2	0	0
0	0	0	0		김오규	30	DF	MF	7	김서준		1	2	0	0
0	0	1	5(2)		이승기	9	MF	MF	16	권용현		1(1)	2	0	0
0	1	1	2(1)		임상협	11	MF	MF	30	임성택		5(3)	3	0	0
0	0	1	0	26	이창훈	15	MF	DF	31	황재훈	19	0	2	1	0
0	0	1	1		최현태	16	MF	MF	36	김종우		1(1)	4	0	0
0	0	0	2(1)	7	한상운	20	MF	MF	99	김재웅	13	0	4	0	0
0	0	2	5(1)	17	조동건	10	FW	FW	9	자파		3(1)	0	0	0
0	0	0	0		윤평국	41			21	이인수		0	0	0	0
0	0	0	0		여성해	6			17	김창훈	후25	0	1	0	0
0	0	0	0		최종환	23			19	오광진	후11	0	1	0	0
0	0	0	0		김성환	5	대기	대기	13	배신영	후41	0	0	0	0
0	0	1	0	후0	이현웅	7			15	김정빈		0	0	0	0
0	0	0	3(1)	후26	황일수	17			28	김현태		0	0	0	0
0	1	1	1	후13	김도엽	26			33	정기운		0	0	0	0
0	2	9	20(7)			0			0			11(6)	25	2	0

- 전반 15분 이승기 GAL R-ST-G (득점: 이승기) 가운데
- 전반 28분 임상협 GAL L-ST-G (득점: 임상협) 왼쪽
- 전반 23분 자파 PK-R-G (득점: 자파) 오른쪽
- 전반 43분 자파 GAR ~ 임성택 GAL 내 L-ST-G (득점: 임성택, 도움: 자파) 왼쪽
- 후반 10분 자파 GA 정면 ↷ 권용현 GAL L-ST-G (득점: 권용현, 도움: 자파) 오른쪽
- 후반 19분 자파 PAR ~ 김종우 GA 정면 R-ST-G (득점: 김종우, 도움: 자파) 왼쪽
- 후반 42분 임성택 GA 정면 내 R-ST-G (득점: 임성택) 가운데

10월 17일 14:00 맑음 상주 시민 관중 1,674명
주심_ 임정수 부심_ 지승민·박인선 대기심_ 김영수 감독관_ 김형남

상주 2 2 전반 0 / 0 후반 1 **1 부천**

퇴장	경고	파울	ST(유)	교체	선수명	배번	위치	위치	배번	선수명	교체	ST(유)	파울	경고	퇴장
0	1	0	0		양동원	31	GK	GK	1	류원우		0	1	1	0
0	0	0	0		이용	2	DF	DF	2	전광환		0	2	1	0
0	0	1	2(2)		박진포	3	DF	DF	6	강지용		0	0	0	0
0	0	0	0		곽광선	22	DF	DF	14	이학민		0	0	0	0
0	0	2	0		김오규	30	DF	DF	4	안일주		1	1	0	0
0	0	1	0		이승기	9	MF	MF	8	송원재		0	2	1	0
0	0	1	0	5	이창훈	15	MF	MF	13	김영남	22	0	0	0	0
0	0	3	1(1)		김도엽	26	MF	MF	90	임경현	91	2(1)	1	0	0
0	0	2	2(2)	4	배일환	29	MF	FW	9	공민현	99	2(1)	0	0	0
0	1	3	0		김대열	34	MF	FW	11	호드리고		2(1)	4	0	0
0	0	1	2(1)	25	조동건	10	FW	FW	20	김륜도		0	1	0	0
0	0	0	0		윤평국	41			23	강훈		0	0	0	0
0	0	2	0	후11	강민수	4			5	최병도		0	0	0	0
0	0	0	0		최종환	23			22	유대현	후6	0	0	0	0
0	0	1	0	후36	김성환	5	대기	대기	10	이민우		0	0	0	0
0	0	0	0		이현웅	7			16	황신영		0	0	0	0
0	0	0	0		한상운	20			91	루키안	전33	0	3	0	0
0	0	2	0	후32	박기동	25			99	알미르	후10	0	2	0	0
0	2	19	7(6)			0			0			7(3)	17	3	0

- 전반 8분 박진포 PK-R-G (득점: 박진포) 왼쪽
- 전반 32분 이승기 C.KR ↷ 조동건 GAR 내 H-ST-G (득점: 조동건, 도움: 이승기) 오른쪽
- 후반 15분 이학민 GAR ~ 호드리고 GAR 내 L-ST-G (득점: 호드리고, 도움: 이학민) 오른쪽

10월 17일 14:00 맑음 원주 관중 1,681명
주심_ 성덕효 부심_ 양재용·서무희 대기심_ 박필준 감독관_ 김용세

강원 3 2 전반 1 / 1 후반 2 **3 충주**

퇴장	경고	파울	ST(유)	교체	선수명	배번	위치	위치	배번	선수명	교체	ST(유)	파울	경고	퇴장
0	0	0	0	21	이상기	19	GK	GK	1	황성민		0	0	0	0
0	0	2	0		이재훈	3	DF	DF	4	엄진태		0	2	0	0
0	1	2	2(1)		이한샘	33	DF	DF	24	황재원		0	1	0	0
0	0	0	0		김용진	25	DF	DF	20	이용기		0	0	0	0
0	0	0	0		백종환	77	DF	DF	2	정우재		0	1	0	0
0	0	0	1(1)		정우인	4	MF	MF	3	이현창	31	0	0	0	0
0	0	0	2(1)	9	정찬일	17	MF	MF	21	오승범		1(1)	1	0	0
0	0	1	3(1)		서보민	11	MF	MF	35	김병오		3(2)	2	1	0
0	0	0	6(3)	10	벨루소	12	FW	MF	27	마르싱유	17	1	0	0	0
0	0	1	5(4)		지우	91	FW	FW	99	조석재	19	2	0	0	0
0	0	0	9(3)		헤난	89	FW	FW	77	김도형		4(3)	0	0	0
0	0	0	0	후19	김근배	21			26	이영창		0	0	0	0
0	0	0	0		최우재	2			7	최승호		0	0	0	0
0	0	0	0		한석종	16			23	이택기		0	0	0	0
0	0	0	0		이동재	18	대기	대기	31	박진수	후46	0	0	0	0
0	0	0	0		김윤호	57			19	임진욱	후33	0	0	0	0
0	0	0	0	후38	최진호	10			17	심진의	후25	2(2)	0	0	0
0	0	0	0	후28	최승인	9			28	김정훈		0	0	0	0
0	1	6	28(14)			0			0			13(8	7	1	0

- 전반 16분 벨루소 C.KR ↷ 이한샘 GAL 내 H-ST-G (득점: 이한샘, 도움: 벨루소) 왼쪽
- 전반 43분 벨루소 PAR 내 R-ST-G (득점: 벨루소) 오른쪽
- 후반 44분 김용진 AK 내 가슴패스 헤난 AK 내 R-ST-G (득점: 헤난, 도움: 김용진) 왼쪽
- 전반 36분 김도형 GAR EL R-ST-G (득점: 김도형) 왼쪽
- 후반 9분 오승범 AK 정면 R-ST-G (득점: 오승범) 왼쪽
- 후반 33분 조석재 PAR 내 ~ 김병오 PAL 내 L-ST-G (득점: 김병오, 도움: 조석재) 오른쪽

10월 18일 14:00 맑음 대구 스타디움 관중 1,188명
주심_ 서동진 부심_ 김경민·장종필 대기심_ 김영수 감독관_ 김수현

대구 2 1 전반 1 / 1 후반 2 **3 고양**

퇴장	경고	파울	ST(유)	교체	선수명	배번	위치	위치	배번	선수명	교체	ST(유)	파울	경고	퇴장
0	0	0	0		조현우	21	GK	GK	1	강진웅		0	0	0	0
0	0	0	0	17	허재원	8	DF	DF	12	이상돈		0	0	0	0
0	1	2	0		조영훈	13	DF	DF	14	하인호		1	1	0	0
0	2	3	0		이종성	4	DF	DF	26	안현식		0	1	0	0
0	0	0	1(1)		김동진	16	MF	DF	30	여효진		0	1	1	0
0	0	2	0		류재문	29	MF	MF	7	이도성		0	1	0	0
0	0	2	0		세르징요	88	MF	MF	8	김준태		1(1)	1	0	0
0	0	1	2(1)		레오	11	MF	MF	10	박정수	9	1	0	0	0
0	0	1	0	9	문기한	14	MF	FW	11	박정훈		2(1)	2	1	0
0	0	2	6(3)		에델	28	FW	FW	16	진창수		2(2)	6	0	0
0	0	2	8(5)		조나탄	7	FW	FW	20	오기재	15	3(1)	2	0	0
0	0	0	0		이양종	1	대기	대기	21	이승규		0	0	0	0
0	0	0	0		이원재	20			22	황규범		0	0	0	0
0	0	0	0		감한솔	3			15	박태형	후31	0	0	0	0
0	0	0	0		이광진	77			9	서형승	후24	0	1	0	0
0	0	0	0		신창무	19			18	배해민		0	0	0	0
0	3	15	17(10)			0			0			10(5)	16	2	0

- 전반 5분 조나탄 GAL 오버헤드킥 R-ST-G (득점: 조나탄) 왼쪽
- 후반 9분 에델 GAR R-ST-G (득점: 에델) 왼쪽
- 전반 25분 하인호 PAL TL ↷ 오기재 GAR H-ST-G (득점: 오기재, 도움: 하인호) 오른쪽
- 후반 17분 진창수 C.KL ↷ 김준태 GAR 내 L-ST-G (득점: 김준태, 도움: 진창수) 오른쪽
- 후반 28분 박정훈 PK-R-G (득점: 박정훈) 오른쪽

10월 18일 16:00 맑음 잠실 관중 1,351명
주심_ 매호영 부심_ 김성일·곽승순 대기심_ 김대용 감독관_ 전인석

서울E 1 0 전반 4 / 1 후반 0 **4 수원FC**

퇴장	경고	파울	ST(유)	교체	선수명	배번	위치	위치	배번	선수명	교체	ST(유)	파울	경고	퇴장
0	0	0	0		김영광	1	GK	GK	23	박형순		0	0	0	0
0	0	1	0		김재성	7	DF	DF	5	블라단		0	5	2	0
0	0	0	1		칼라일미첼	5	DF	DF	17	김창훈		1(1)	1	1	0
0	0	1	1		황도연	14	DF	MF	13	배신영		1(1)	2	0	0
0	0	0	1		윤성열	8	DF	FW	24	김부관	16	0	0	0	0
0	0	3	2(2)		조원희	4	MF	FW	30	임성택	33	3(2)	0	0	0
0	0	2	0	26	전민광	22	MF	DF	31	황재훈		0	4	0	0
0	0	2	2	9	김성주	21	MF	MF	36	김종우		3(1)	2	1	0
0	0	2	0	10	최유상	27	MF	MF	99	김재웅		0	2	0	0
0	0	2	4(4)		타라바이	11	FW	FW	9	자파	18	2(2)	0	0	0
0	0	0	2(1)		주민규	18	FW	DF	10	김한원		0	3	1	0
0	0	0	0		이범수	25	대기	대기	21	이인수		0	0	0	0
0	0	0	0		김태은	32			2	임하람		0	0	0	0
0	0	0	0		양기훈	20			19	오광진		0	0	0	0
0	0	0	0	후29	김창욱	26			7	김서준		0	0	0	0
0	0	0	0		최치원	30			16	권용현	후27	0	1	0	0
0	0	1	1(1)	후8	보비	10			18	정민우	후19	0	1	0	0
0	0	0	0	후20	라이언존슨	9			33	정기운	후34	1	0	0	0
0	0	14	14(8)			0			0			11(7)	21	5	0

- 후반 41분 김창욱 MFL ~ 주민규 PA 정면 내 R-ST-G (득점: 주민규, 도움: 김창욱) 왼쪽
- 전반 11분 김종우 MFL ~ 배신영 PAL 내 R-ST-G (득점: 배신영, 도움: 김종우) 왼쪽
- 전반 14분 자파 PK 우측지점 ~ 임성택 GA 정면 내 R-ST-G (득점: 임성택, 도움: 자파) 가운데
- 전반 41분 자파 PK-R-G (득점: 자파) 왼쪽
- 전반 42분 김부관 PK 우측지점 ~ 자파 PK 좌측지점 R-ST-G (득점: 자파, 도움: 김부관) 왼쪽

10월 19일 19:00 맑음 안산 와스타디움 관중 1,735명
주심_ 박진호 부심_ 박상준·강동호 대기심_ 최대우 감독관_ 김용세

안산 2 2 전반 1 / 0 후반 1 **2 경남**

퇴장	경고	파울	ST(유)	교체	선수명	배번	위치	위치	배번	선수명	교체	ST(유)	파울	경고	퇴장
0	0	0	0		이진형	21	GK	GK	31	손정현		0	0	0	0
0	1	2	0		박희철	25	DF	DF	15	우주성		0	0	0	0
0	0	0	0		신형민	4	DF	DF	5	배효성		0	1	0	0
0	0	0	0		배승진	2	DF	DF	22	송주한		0	3	1	0
0	0	1	3(1)		송창호	30	DF	DF	3	김준엽		0	1	0	0
0	0	2	2(2)	3	신광훈	17	MF	MF	86	조재철	24	2	2	0	0
0	1	2	1		좌준협	28	MF	MF	33	김선우		2	1	1	0
0	0	0	0	13	최영준	26	MF	MF	8	고재성	18	0	0	0	0
0	0	2	0		강승조	24	MF	MF	19	임창균		5(2)	1	0	0
0	0	6	1	34	하정헌	32	MF	MF	4	이호석	13	0	0	0	0
0	1	2	0		한홍규	29	FW	FW	10	루아티		3(2)	2	0	0
0	0	0	0		김대호	31	대기	대기	1	김교빈		0	0	0	0
0	0	0	1	후37	이준호	34			6	최성환		0	0	0	0
0	0	0	0	후47	김성현	3			12	전상훈		0	0	0	0
0	0	1	0	후33	박세환	13			24	최인후	후41	0	0	0	0
0	0	0	0		정혁	6			28	박지수		0	0	0	0
0	3	18	8(3)			0			0			12(4)	11	2	0

- 전반 21분 강승조 PAR FK~ 송창호 AK 내 R-ST-G (득점: 송창호, 도움: 강승조) 왼쪽
- 전반 24분 강승조 MF 정면 ~ 신광훈 MFL R-ST-G (득점: 신광훈, 도움: 강승조) 오른쪽
- 전반 6분 이호석 MFL ↷ 루아티 PK 우측지점 H-ST-G (득점: 루아티, 도움: 이호석) 오른쪽
- 후반 24분 송주한 PAL 내 ~ 임창균 PA 정면 내 R-ST-G (득점: 임창균, 도움: 송주한) 오른쪽

10월 24일 14:00 맑음 거제 공설 관중 2,556명
주심_ 김우성 부심_ 박인선·장종필 대기심_ 임정수 감독관_ 전인석

경남 0 0 전반 0 / 0 후반 0 **0 강원**

퇴장	경고	파울	ST(유)	교체	선수명	배번	위치	위치	배번	선수명	교체	ST(유)	파울	경고	퇴장
0	1	1	0		손정현	31	GK	GK	21	김근배		0	0	0	0
0	0	1	0		우주성	15	DF	DF	2	최우재		0	2	0	0
0	1	1	0		전상훈	12	DF	DF	20	김원균		0	3	0	0
0	0	1	0		배효성	5	DF	DF	33	이한샘		0	2	0	0
0	0	0	1		김준엽	3	DF	DF	77	백종환		0	1	0	0
0	0	0	0	8	신학영	13	MF	MF	4	정우인		1	5	1	0
0	0	0	1		정성민	17	MF	MF	7	장혁진		0	2	0	0
0	0	1	1		조재철	86	MF	MF	11	서보민		4(1)	3	0	0
0	0	0	3(1)		임창균	19	MF	FW	12	벨루소	10	1(1)	0	0	0
0	0	1	2(1)		김영욱	18	FW	FW	89	헤난	9	1	0	0	0
0	0	3	2(1)	32	루아티	10	FW	FW	91	지우		3(2)	1	0	0
0	0	0	0		김교빈	1	대기	대기	23	강성관		0	0	0	0
0	0	0	0		최성환	6			25	김용진		0	0	0	0
0	0	0	0	후39	최인후	24			26	서명식		0	0	0	0
0	0	0	0		유호준	34			17	정찬일		0	0	0	0
0	0	0	2	후0/24	고재성	8			10	최진호	후23	0	0	0	0
0	0	0	0		허영석	26			9	최승인	후10	2	0	0	0
0	2	9	12(3)			0			0			12(4)	19	1	0

10월 24일 16 : 00 맑음 안양 종합 관중 906명
주심_ 최대우 부심_ 지승민·김경민 대기심_ 서동진 감독관_ 강창구

안양 1 0 전반 0 / 1 후반 0 **0 충주**

퇴장	경고	파울	ST(유)	교체	선수명	배번	위치	위치	배번	선수명	교체	ST(유)	파울	경고	퇴장
0	0	0	0		최 필 수	21	GK	GK	1	황 성 민		0	0	0	0
0	0	1	0		가 솔 현	3	DF	DF	8	노 연 빈		0	1	0	0
0	1	0	0		유 종 현	35	DF	DF	24	황 재 원		0	1	1	0
0	0	0	0		안 성 빈	11	DF	DF	5	노 형 구		0	0	0	0
0	0	0	0		주 현 재	16	DF	DF	2	정 우 재		0	0	0	0
0	0	1	0	8	김 종 성	6	MF	MF	7	최 승 호	3	1(1)	1	0	0
0	0	0	2(1)		정 재 용	42	MF	MF	21	오 승 범		0	2	0	0
0	1	2	0	7	박 승 렬	14	MF	MF	19	임 진 욱		1(1)	2	0	0
0	0	3	2		김 선 민	17	MF	MF	28	김 정 훈	17	0	1	0	0
0	1	1	4(1)		김 효 기	10	FW	FW	99	조 석 재	4	3(1)	0	0	0
0	0	3	1	90	김 동 기	28	FW	FW	77	김 도 형		4(4)	1	1	0
0	0	0	0		남 지 훈	25			26	이 영 창		0	0	0	0
0	0	1	0	후16	구 대 영	90			4	엄 진 태	후46	0	0	0	0
0	0	1	1(1)	후0	조 성 준	7			3	이 현 창	후31	0	0	0	0
0	0	0	0	후31	최 진 수	8	대기	대기	31	박 진 수		0	0	0	0
0	0	0	0		이 동 현	9			17	심 진 의	후16	1(1)	2	0	0
0	0	0	0		김 대 한	13			10	박 지 민		0	0	0	0
0	0	0	0		박 태 수	15			27	마르싱유		0	0	0	0
0	3	13	10(3)			0			0			10(8)	11	2	0

- 후반 45분 김효기 PK-R-G (득점: 김효기) 가운데

10월 25일 14 : 00 맑음 수원 종합 관중 1,589명
주심_ 김성호 부심_ 김영하·김지욱 대기심_ 박진호 감독관_ 한병화

수원FC 0 0 전반 1 / 0 후반 1 **2 대구**

퇴장	경고	파울	ST(유)	교체	선수명	배번	위치	위치	배번	선수명	교체	ST(유)	파울	경고	퇴장
0	0	0	0		이 인 수	21	GK	GK	21	조 현 우	1	0	0	0	0
0	0	2	1		임 하 람	2	DF	DF	16	김 동 진		0	2	1	0
0	0	0	0		이 준 호	14	DF	DF	55	안 재 훈		2(1)	1	0	0
0	0	4	1(1)	15	오 광 진	19	DF	DF	4	이 종 성		0	1	1	0
0	1	1	1(1)		시 시	8	MF	MF	22	이 준 희		1(1)	1	0	0
0	0	0	0	24	배 신 영	13	MF	MF	89	최 호 정		0	0	0	0
0	0	1	1		권 용 현	16	FW	MF	88	세르징요		1	7	0	0
0	2	2	2(1)		임 성 택	30	FW	MF	11	레 오		1	2	0	0
0	0	1	2		김 재 웅	99	MF	MF	29	류 재 문		3(3)	2	0	0
0	0	0	4(3)		자 파	9	FW	FW	28	에 델	14	5(2)	3	0	0
0	0	1	1	17	김 한 원	10	DF	FW	7	조 나 탄	18	10(5)	4	0	0
0	0	0	0		박 형 순	23			1	이 양 종	후34	0	0	0	0
0	0	0	0	전35	김 창 훈	17			20	이 원 재		0	0	0	0
0	0	0	0	후19	김 정 빈	15			3	감 한 솔		0	0	0	0
0	0	1	2	전41	김 부 관	24	대기	대기	10	황 순 민		0	0	0	0
0	0	0	0		정 민 우	18			14	문 기 한	후39	0	0	0	0
0	0	0	0		정 기 운	33			9	장 백 규		0	0	0	0
0	3	13	15(6)			0			0			23(12)	23	2	0

- 전반 32분 류재문 PK 좌측지점 L-ST-G (득점: 류재문) 가운데
- 후반 17분 이준희 GAL R-ST-G (득점: 이준희) 왼쪽

10월 25일 16 : 00 맑음 잠실 관중 1,629명
주심_ 김대용 부심_ 박상준·양재용 대기심_ 성덕효 감독관_ 김진의

서울E 1 0 전반 0 / 1 후반 0 **0 부천**

퇴장	경고	파울	ST(유)	교체	선수명	배번	위치	위치	배번	선수명	교체	ST(유)	파울	경고	퇴장
0	0	0	0		김 영 광	1	GK	GK	18	이 기 현		0	0	0	0
0	1	1	0		전 민 광	22	DF	DF	2	전 광 환		0	1	0	0
0	0	2	0		칼라일미첼	5	DF	DF	5	최 병 도		1	1	0	0
0	0	0	1		양 기 훈	20	DF	DF	6	강 지 용		0	2	0	0
0	0	0	0		김 태 은	32	DF	DF	14	이 학 민		0	1	0	0
0	0	2	0		조 원 희	4	MF	MF	4	안 일 주		1(1)	2	1	0
0	0	0	1(1)		김 창 욱	26	MF	MF	13	김 영 남	10	1(1)	1	1	0
0	0	1	0		김 성 주	21	MF	FW	9	공 민 현	99	0	2	0	0
0	1	3	0	10	김 재 성	7	MF	FW	11	호드리고		1	1	0	0
0	0	0	6(3)	8	타라바이	11	FW	MF	20	김 륜 도		1(1)	1	0	0
0	0	1	3(3)		주 민 규	18	FW	FW	91	루 키 안	22	1(1)	2	0	0
0	0	0	0		이 범 수	25			23	강 훈		0	0	0	0
0	0	0	0	후42	윤 성 열	8			22	유 대 현	후35	0	0	0	0
0	0	0	0		최 치 원	30			90	임 경 현		0	0	0	0
0	0	0	0		이 재 안	19	대기	대기	10	이 민 우	후43	0	0	0	0
0	0	0	0		최 유 상	27			16	황 신 영		0	0	0	0
0	0	0	0	후35	보 비	10			77	김 신 철		0	0	0	0
0	0	0	0		라이언존슨	9			99	알 미 르	후22	0	0	0	0
0	2	10	11(7)			0			0			6(4)	14	2	0

- 후반 40분 타라바이 GA 정면 L-ST-G (득점: 타라바이) 왼쪽

10월 26일 19 : 00 맑음 상주 시민 관중 917명
주심_ 박필준 부심_ 곽승순·김성일 대기심_ 매호영 감독관_ 한진원

상주 4 3 전반 0 / 1 후반 1 **1 고양**

퇴장	경고	파울	ST(유)	교체	선수명	배번	위치	위치	배번	선수명	교체	ST(유)	파울	경고	퇴장
0	0	0	0		양 동 원	31	GK	GK	1	강 진 웅		0	0	0	0
0	0	1	0		이 용	2	DF	DF	22	황 규 범		0	3	0	0
0	1	1	0		박 진 포	3	DF	DF	14	하 인 호	12	0	0	0	0
0	0	3	0		여 성 해	6	DF	DF	26	안 현 식		0	0	0	0
0	0	1	0		김 오 규	30	DF	DF	30	여 효 진		1(1)	2	0	0
0	2	2	0		김 성 환	5	MF	MF	7	이 도 성	18	1	2	0	0
0	0	2	1	32	이 승 기	9	MF	MF	8	김 준 태		1	3	0	0
0	0	0	1	17	한 상 운	20	MF	MF	10	박 정 수		1	0	0	0
0	0	2	4(3)		배 일 환	29	MF	FW	11	박 정 훈		2(2)	0	0	0
0	0	2	0		김 대 열	34	MF	FW	16	진 창 수	24	3(1)	1	0	0
0	1	1	3(3)	16	조 동 건	10	FW	FW	20	오 기 재		1	0	0	0
0	0	0	0		윤 평 국	41			21	이 승 규		0	0	0	0
0	0	0	0		최 종 환	23			12	이 상 돈	후0	1	0	0	0
0	0	0	0		이 현 웅	7			15	박 태 형		0	0	0	0
0	0	0	0	후32	최 현 태	16	대기	대기	9	서 형 승		0	0	0	0
0	0	0	1(1)	후42	황 일 수	17			18	배 해 민	후0	1	0	0	0
0	1	2	0	후17	박 준 태	32			24	김 유 성	후37	0	0	0	0
0	0	0	0		박 기 동	25			17	이 광 재		0	0	0	0
0	5	17	10(7)			0			0			12(4)	11	0	0

- 전반 3분 한상운 GAL ~ 조동건 GAR R-ST-G (득점: 조동건, 도움: 한상운) 오른쪽
- 전반 34분 김성환 MF 정면 H~ 배일환 GAR R-ST-G (득점: 배일환, 도움: 김성환) 왼쪽
- 전반 37분 한상운 GAL EL ↷ 조동건 GAR 내 H-ST-G (득점: 조동건, 도움: 한상운) 가운데
- 후반 46분 박진포 GAL ~ 황일수 GA 정면 R-ST-G (득점: 황일수, 도움: 박진포) 왼쪽
- 후반 32분 배일환 GA 정면 H 자책골 (득점: 배일환) 오른쪽

10월 31일 14:00 맑음 부천 종합 관중 639명
주심_ 매호영 부심_ 김성일·장종필 대기심_ 김우성 감독관_ 김형남

부천 0 0 전반 1 / 0 후반 0 **1 안양**

퇴장	경고	파울	ST(유)	교체	선수명	배번	위치	위치	배번	선수명	교체	ST(유)	파울	경고	퇴장
0	0	0	0		류원우	1	GK	GK	21	최필수		0	0	0	0
0	0	0	0		전광환	2	DF	DF	3	가솔현		0	0	0	0
0	0	3	0		최병도	5	DF	DF	29	베리		0	0	0	0
0	1	3	0		강지용	6	DF	DF	11	안성빈		1(1)	1	0	0
0	0	3	0		이학민	14	DF	DF	90	구대영		0	0	1	0
0	0	0	0	22	안일주	4	MF	MF	17	김선민	15	1	1	0	0
0	0	0	0		송원재	8	MF	MF	42	정재용		0	1	0	0
0	0	1	1		공민현	9	FW	MF	16	주현재		2(1)	1	0	0
0	0	2	0		호드리고	11	FW	MF	18	최동혁	8	0	1	1	0
0	0	0	2(1)		김륜도	20	MF	FW	10	김효기		2(1)	7	0	0
0	0	2	1	10	루키안	91	FW	FW	28	김동기	7	1(1)	1	0	0
0	0	0	0		이기현	18			1	박지영		0	0	0	0
0	0	0	0		주광선	7			24	김기태		0	0	0	0
0	0	1	5(4)	전21	유대현	22			6	김종성		0	0	0	0
0	0	0	0		임경현	90	대기	대기	7	조성준	전23	1(1)	0	0	0
0	0	1	1	후14	이민우	10			8	최진수	후15	3(3)	0	0	0
0	0	0	0		황신영	16			15	박태수	후38	0	0	0	0
0	0	0	0		알미르	99			9	이동현		0	0	0	0
0	1	16	10(5)			0			0			11(8)	13	2	0

- 전반 17분 김선민 PAR 내 ~ 김동기 PK 우측 지점 R-ST-G (득점: 김동기, 도움: 김선민) 오른쪽

10월 31일 13:40 맑음 충주 종합 관중 648명
주심_ 서동진 부심_ 곽승순·이영운 대기심_ 박필준 감독관_ 김정식

충주 0 0 전반 0 / 0 후반 0 **0 안산**

퇴장	경고	파울	ST(유)	교체	선수명	배번	위치	위치	배번	선수명	교체	ST(유)	파울	경고	퇴장
0	0	0	0		황성민	1	GK	GK	21	이진형		0	0	0	0
0	0	3	0		노연빈	8	DF	DF	2	배승진		0	3	0	0
0	0	0	1(1)		황재원	24	DF	DF	4	신형민		1	1	0	0
0	1	1	0		노형구	5	DF	DF	5	안재준		2(1)	1	0	0
0	0	2	0		정우재	2	DF	MF	30	송창호		0	1	0	0
0	0	0	0		최승호	7	MF	MF	28	좌준협		0	3	0	0
0	0	1	1	31	오승범	21	MF	MF	26	최영준	25	2	0	0	0
0	1	2	2(1)		김병오	35	MF	MF	17	신광훈		0	0	1	0
0	0	2	1(1)	27	김정훈	28	MF	FW	32	하정헌		2	1	1	0
0	1	3	2(1)	10	조석재	99	FW	FW	13	박세환	34	0	1	0	0
0	0	1	2(1)		김도형	77	FW	FW	24	강승조		1(1)	1	0	0
0	0	0	0		이영창	26			31	김대호		0	0	0	0
0	0	0	0		김한빈	14			34	이준호	후14	0	2	1	0
0	0	0	2(1)	후27	박진수	31	대기	대기	3	김성현		0	0	0	0
0	0	0	0		엄진태	4			25	박희철	후44	0	0	0	0
0	0	0	0	후35	박지민	10			6	정혁		0	0	0	0
0	3	15	11(6)			0			0			8(2)	14	3	0

10월 31일 16:00 맑음 대구 스타디움 관중 3,081명
주심_ 김상우 부심_ 강동호·박인선 대기심_ 임정수 감독관_ 전인석

대구 3 1 전반 1 / 2 후반 2 **3 서울E**

퇴장	경고	파울	ST(유)	교체	선수명	배번	위치	위치	배번	선수명	교체	ST(유)	파울	경고	퇴장
0	0	0	0		조현우	21	GK	GK	1	김영광		0	0	0	0
0	0	2	1	9	조영훈	13	DF	DF	22	전민광		0	0	0	0
0	0	1	0		안재훈	55	DF	DF	5	칼라일미첼		0	1	0	0
0	0	0	0		이종성	4	DF	DF	20	양기훈		0	1	0	0
0	0	1	0		이준희	22	MF	DF	32	김태은		0	1	1	0
0	0	2	1(1)		최호정	89	MF	MF	4	조원희		2(2)	0	0	0
0	1	2	2(2)	14	세르징요	88	MF	MF	26	김창욱		1	1	0	0
0	0	2	1	18	레오	11	MF	MF	21	김성주	2	0	2	0	0
0	0	0	1(1)		류재문	29	MF	MF	7	김재성		0	0	0	0
0	0	2	1		에델	28	FW	FW	11	타라바이	9	3(2)	6	0	0
0	0	3	6(3)		조나탄	7	FW	FW	18	주민규	8	2(2)	2	1	0
0	0	0	0		이양종	1			41	김현성		0	0	0	0
0	0	0	0		이원재	20			8	윤성열	후41	0	0	0	0
0	0	0	0		감한솔	3			2	김민제	후37	0	0	0	0
0	0	0	0		황순민	10	대기	대기	19	이재안		0	0	0	0
0	0	0	1	후44	문기한	14			27	최유상		0	0	0	0
0	0	0	0	후30	장백규	9			10	보비		0	0	0	0
0	0	0	0	후42	김진혁	18			9	라이언존슨	후47	0	0	0	0
0	1	15	14(7)			0			0			8(6)	14	2	0

- 전반 20분 에델 AK 정면 ~ 류재문 GAR R-ST-G (득점: 류재문, 도움: 에델) 가운데
- 후반 4분 에델 PAR ~ 세르징요 GAR R-ST-G (득점: 세르징요, 도움: 에델) 왼쪽
- 후반 50분 조현우 PK지점 ~ 최호정 GAL 내 R-ST-G (득점: 최호정, 도움: 조현우) 왼쪽
- 전반 42분 전민광 PAL 내 ~ 타라바이 GAR 내 R-ST-G (득점: 타라바이, 도움: 전민광) 오른쪽
- 후반 7분 타라바이 (대기) GAL ~ 주민규 GAL 내 L-ST-G (득점: 주민규, 도움: 타라바이 (대기)) 왼쪽
- 후반 27분 김재성 MFR ~ 주민규 PA 정면 내 R-ST-G (득점: 주민규, 도움: 김재성) 왼쪽

11월 01일 14:00 흐림 상주 시민 관중 649명
주심_ 성덕효 부심_ 박상준·김경민 대기심_ 최대우 감독관_ 하재훈

상주 1 0 전반 0 / 1 후반 0 **0 경남**

퇴장	경고	파울	ST(유)	교체	선수명	배번	위치	위치	배번	선수명	교체	ST(유)	파울	경고	퇴장
0	0	0	0		양동원	31	GK	GK	1	김교빈		0	0	0	0
0	0	0	1(1)		이용	2	DF	DF	15	우주성		1	1	0	0
0	0	1	1		박진포	3	DF	DF	5	배효성		0	0	0	0
0	0	1	0		강민수	4	DF	DF	22	송주한		1(1)	3	1	0
0	0	0	0		여성해	6	DF	DF	3	김준엽		0	0	0	0
0	0	0	0	25	이창훈	15	MF	MF	86	조재철	24	1(1)	0	0	0
0	0	0	1	17	최현태	16	MF	MF	33	김선우		1(1)	1	0	0
0	0	0	1		한상운	20	MF	MF	17	정성민	34	0	0	0	0
0	0	1	0		배일환	29	MF	MF	19	임창균		7	0	0	0
0	0	1	0		김대열	34	MF	FW	18	김영욱		3(1)	1	0	0
0	0	0	3(2)	30	조동건	10	FW	FW	30	차태영	35	0	0	0	0
0	0	0	0		윤평국	41			21	김형록		0	0	0	0
0	0	0	0		최종환	23			6	최성환		0	0	0	0
0	0	2	0	후29	김오규	30			24	최인후	후31	0	0	0	0
0	0	0	0		이현웅	7	대기	대기	35	류범희	후0	1	2	0	0
0	0	1	2(1)	후0	황일수	17			8	고재성		0	0	0	0
0	0	0	0		유수현	42			34	유호준	후21	0	2	1	0
0	0	4	0	후14	박기동	25			26	허영석		0	0	0	0
0	0	11	9(4)			0			0			15(4)	10	2	0

- 후반 13분 한상운 PAR → 조동건 GAR 내 R-ST-G (득점: 조동건, 도움: 한상운) 오른쪽

11월 01일 14:00 맑음 파주 스타디움 관중 905명
주심_ 김영수 부심_ 지승민·김지욱 대기심_ 박진호 감독관_ 김일호

고양 2 1 전반 3 / 1 후반 1 **4 강원**

퇴장	경고	파울	ST(유)	교체	선수명	배번	위치	위치	배번	선수명	교체	ST(유)	파울	경고	퇴장
0	0	0	0	21	강 진 웅	1	GK	GK	21	김 근 배		0	0	0	0
0	1	1	1(1)		이 상 돈	12	DF	DF	3	이 재 훈		0	3	0	0
0	0	3	0		황 규 범	22	DF	DF	33	이 한 샘		0	0	0	0
0	1	1	1		안 현 식	26	DF	DF	20	김 원 균		0	4	0	0
0	0	0	0		여 효 진	30	DF	DF	77	백 종 환		2(1)	2	1	0
0	0	1	0		김 준 태	8	MF	MF	4	정 우 인		0	6	0	0
0	0	2	0		박 정 수	10	MF	MF	17	정 찬 일		1(1)	2	0	0
0	0	1	0		오 기 재	20	MF	MF	11	서 보 민	16	0	1	1	0
0	0	0	1		박 정 훈	11	FW	FW	12	벨 루 소		1(1)	4	0	0
0	0	1	3(1)		진 창 수	16	FW	FW	89	헤 난		4(2)	2	0	0
0	0	0	1(1)	24	배 해 민	18	FW	FW	91	지 우	15	4(3)	0	0	0
0	0	0	0	후23	이 승 규	21			23	강 성 관		0	0	0	0
0	0	0	0		하 인 호	14			25	김 용 진		0	0	0	0
0	0	0	0		박 태 형	15	대기	대기	16	한 석 종	후22	0	2	0	0
0	0	0	0		서 형 승	9			57	김 윤 호		0	0	0	0
0	0	0	2	후0	김 유 성	24			22	이 한 음		0	0	0	0
0	2	10	9(3)			0			0			12(8)	26	2	0

●전반 11분 이상돈 PAR FK R-ST-G (득점: 이상돈) 왼쪽
●후반 14분 김원균 자기측 MFL R 자책골 (득점: 김원균) 가운데

●전반 25분 헤난 PAL ↷ 정찬일 GAR L-ST-G (득점: 정찬일, 도움: 헤난) 왼쪽
●전반 29분 지우 PK-R-G (득점: 지우) 왼쪽
●전반 43분 지우 GAL ~ 벨루소 GAR R-ST-G (득점: 벨루소, 도움: 지우) 오른쪽
●후반 12분 정찬일 MF 정면 ~ 지우 GA 정면 R-ST-G (득점: 지우, 도움: 정찬일) 왼쪽

11월 07일 14:00 흐리고 비 수원 종합 관중 617명
주심_ 임정수 부심_ 곽승순·양재용 대기심_ 김상우 감독관_ 김형남

수원FC 1 0 전반 2 / 1 후반 0 **2 안양**

퇴장	경고	파울	ST(유)	교체	선수명	배번	위치	위치	배번	선수명	교체	ST(유)	파울	경고	퇴장
0	0	0	0		이 인 수	21	GK	GK	21	최 필 수		0	0	0	0
0	0	1	0		블 라 단	5	DF	DF	3	가 솔 현		0	2	0	0
0	1	1	0		이 준 호	14	DF	DF	29	베 리		1	2	0	0
0	0	0	1(1)		김 창 훈	17	DF	DF	11	안 성 빈		0	1	1	0
0	0	1	2	33	배 신 영	13	MF	DF	90	구 대 영		0	1	0	0
0	1	2	1		권 용 현	16	FW	MF	8	최 진 수		0	2	0	0
0	0	1	1(1)	2	김 종 우	36	MF	MF	17	김 선 민	15	1(1)	5	0	0
0	0	5	2		김 재 웅	99	MF	MF	16	주 현 재		1	2	0	0
0	0	0	4(3)		자 파	9	FW	MF	42	정 재 용		2(1)	0	0	0
0	1	1	5(4)		김 한 원	10	DF	FW	10	김 효 기	7	2(2)	1	0	0
0	1	1	0	3	정 민 우	18	FW	MF	13	김 대 한	9	1	2	0	0
0	0	0	0		박 형 순	23			1	박 지 영		0	0	0	0
0	0	1	0	후44	임 하 람	2			35	유 종 현		0	0	0	0
0	1	1	0	후28	김 혁 진	3			6	김 종 성		0	0	0	0
0	0	0	0		김 서 준	7	대기	대기	15	박 태 수	후34	0	1	1	0
0	0	0	0		시 시	8			18	최 동 혁		0	0	0	0
0	0	0	0		김 정 빈	15			7	조 성 준	후0	0	1	0	0
0	0	0	1(1)	후0	정 기 운	33			9	이 동 현	후13	1	2	0	0
0	5	15	17(10)			0			0			9(4)	22	2	0

●후반 24분 자파 GA 정면 H-ST-G (득점: 자파) 가운데

●전반 2분 김선민 AK 정면 L-ST-G (득점: 김선민) 오른쪽
●전반 24분 최진수 HLR FK ↷ 김효기 PK지점 R-ST-G (득점: 김효기, 도움: 최진수) 왼쪽

11월 07일 14:00 비 잠실 관중 1,872명
주심_ 최대우 부심_ 지승민·이영운 대기심_ 박필준 감독관_ 김일호

서울E 0 0 전반 0 / 0 후반 1 **1 경남**

퇴장	경고	파울	ST(유)	교체	선수명	배번	위치	위치	배번	선수명	교체	ST(유)	파울	경고	퇴장
0	0	0	0		김 영 광	1	GK	GK	31	손 정 현		0	0	0	0
0	0	1	0		전 민 광	22	DF	DF	6	최 성 환		0	0	0	0
0	0	0	2(1)	10	칼라일미첼	5	DF	DF	5	배 효 성		0	0	0	0
0	0	0	0		황 도 연	14	DF	MF	22	송 주 한		0	0	1	0
0	0	0	0		김 태 은	32	DF	MF	3	김 준 엽		2	2	0	0
0	0	1	0		조 원 희	4	MF	MF	86	조 재 철		1(1)	0	0	0
0	0	1	0	2	김 창 욱	26	MF	MF	33	김 선 우		0	1	0	0
0	0	0	1		김 성 주	21	MF	MF	17	정 성 민		1	0	0	0
0	0	0	0		김 재 성	7	MF	MF	8	고 재 성	35	2(2)	1	0	0
0	1	2	3(3)		타라바이	11	FW	FW	19	임 창 균	20	3(1)	2	0	0
0	0	3	4(3)	9	주 민 규	18	FW	FW	26	허 영 석		2	2	0	0
0	0	0	0		김 현 성	41			1	김 교 빈		0	0	0	0
0	0	0	0		양 기 훈	20			12	전 상 훈		0	0	0	0
0	0	0	0	후31	김 민 제	2			24	최 인 후		0	0	0	0
0	0	0	0		윤 성 열	8	대기	대기	20	정 현 철	후45	0	0	0	0
0	0	0	0		최 유 상	27			13	신 학 영		0	0	0	0
0	0	0	0	후31	보 비	10			35	류 범 희	후32	0	0	0	0
0	0	0	0	후37	라이언존슨	9			32	강 종 국		0	0	0	0
0	1	8	10(7)			0			0			11(4	8	1	0

●후반 24분 조재철 PAL 내 R-ST-G (득점: 조재철) 왼쪽

11월 07일 16:00 비 상주 시민 관중 512명
주심_ 김우성 부심_ 박인선·김지욱 대기심_ 김영수 감독관_ 김정식

상주 1 0 전반 1 / 1 후반 1 **2 충주**

퇴장	경고	파울	ST(유)	교체	선수명	배번	위치	위치	배번	선수명	교체	ST(유)	파울	경고	퇴장
0	0	0	0		양 동 원	31	GK	GK	26	이 영 창		0	0	0	0
0	0	2	1		박 진 포	3	DF	DF	8	노 연 빈		0	2	0	0
0	0	1	0		강 민 수	4	DF	DF	24	황 재 원		0	0	0	0
0	0	2	0		최 종 환	23	DF	DF	5	노 형 구		0	1	0	0
0	0	2	0		김 오 규	30	DF	DF	14	김 한 빈		0	4	0	0
0	0	0	0	17	김 성 환	5	MF	MF	7	최 승 호		0	1	0	0
0	0	0	5(2)		한 상 운	20	MF	MF	21	오 승 범		0	3	0	0
0	0	1	1	9	김 도 엽	26	MF	MF	35	김 병 오		4(1)	1	0	0
0	0	1	3(1)	25	배 일 환	29	MF	MF	27	마르싱유	17	0	1	0	0
0	1	2	2		김 대 열	34	MF	FW	10	박 지 민	88	2(1)	1	0	0
0	0	1	2(1)		조 동 건	10	FW	FW	77	김 도 형	31	1(1)	0	0	0
0	0	0	0		윤 평 국	41			79	이 정 래		0	0	0	0
0	0	0	0		여 성 해	6			23	이 택 기		0	0	0	0
0	0	1	0	전37	이 승 기	9			4	엄 진 태		0	0	0	0
0	0	0	0		임 상 협	11	대기	대기	3	이 현 창		0	0	0	0
0	0	0	0		최 현 태	16			31	박 진 수	후47	0	0	0	0
0	0	0	1	후0	황 일 수	17			17	심 진 의	후40	0	0	0	0
0	0	1	1(1)	후20	박 기 동	25			88	장 조 윤	후26	0	1	0	0
0	1	14	16(5)			0			0			7(3)	15	0	0

●후반 35분 황일수 C.KL ↷ 조동건 GA 정면 H-ST-G (득점: 조동건, 도움: 황일수) 왼쪽

●전반 26분 마르싱유 PAR ~ 박지민 GAR R-ST-G (득점: 박지민, 도움: 마르싱유) 오른쪽
●후반 30분 김병오 PA 정면 R-ST-G (득점: 김병오) 가운데

11월 08일 14 : 00 흐리고 비 원주 관중 1,447명
주심_ 박진호 부심_ 김성일·장종필 대기심_ 매호영 감독관_ 전인석

강원 3 1 전반 2 / 2 후반 0 **2 대구**

퇴장	경고	파울	ST(유)	교체	선수명	배번	위치	위치	배번	선수명	교체	ST(유)	파울	경고	퇴장
0	0	0	0		강 성 관	23	GK	GK	21	조 현 우		0	0	0	0
0	0	0	0		서 명 식	26	DF	DF	16	김 동 진		0	2	0	0
0	0	0	0		이 한 샘	33	DF	DF	55	안 재 훈		1	0	0	0
0	0	0	0		김 원 균	20	DF	DF	4	이 종 성		0	0	0	0
0	0	2	2		백 종 환	77	DF	MF	22	이 준 희	13	0	0	0	0
0	0	1	0	16	정 우 인	4	MF	MF	89	최 호 정		2(1)	1	0	0
0	0	2	1		정 찬 일	17	MF	MF	29	류 재 문		3(2)	2	0	0
0	0	0	1(1)		서 보 민	11	MF	MF	11	레 오	18	1	2	0	0
0	0	0	4(2)	57	벨 루 소	12	FW	MF	14	문 기 한	9	0	1	0	0
0	1	2	8(6)		헤 난	89	FW	FW	28	에 델		1	1	0	0
0	0	1	6(3)		지 우	91	FW	FW	7	조 나 탄		5(2)	2	1	0
0	0	0	0		김 근 배	21			1	이 양 종		0	0	0	0
0	0	0	0		김 용 진	25			13	조 영 훈	후19	0	0	0	0
0	0	1	0	후0	한 석 종	16			20	이 원 재		0	0	0	0
0	0	0	0	후39	김 윤 호	57	대기	대기	3	감 한 솔		0	0	0	0
0	0	0	0		최 승 인	9			19	신 창 무		0	0	0	0
0	0	0	0		신 영 준	15			9	장 백 규	후19	0	1	0	0
0	1	9	22(12)			0			0			13(5)	12	1	0

- 전반 18분 벨루소 GAR R-ST-G (득점: 벨루소) 오른쪽
- 후반 13분 서명식 HL 정면 ~ 지우 AK 정면 R-ST-G (득점: 지우, 도움: 서명식) 왼쪽
- 후반 14분 지우 PAL ↷ 헤난 GAR 내 H-ST-G (득점: 헤난, 도움: 지우) 오른쪽
- 전반 2분 문기한 MF 정면 ~ 조나탄 PAR 내 R-ST-G (득점: 조나탄, 도움: 문기한) 왼쪽
- 전반 37분 조나탄 PAR EL ↷ 류재문 PAL 내 R-ST-G (득점: 류재문, 도움: 조나탄) 오른쪽

11월 08일 16 : 00 흐림 안산 와스타디움 관중 618명
주심_ 박필준 부심_ 이규환·김경민 대기심_ 김동진 감독관_ 하재훈

안산 0 0 전반 1 / 0 후반 1 **2 부천**

퇴장	경고	파울	ST(유)	교체	선수명	배번	위치	위치	배번	선수명	교체	ST(유)	파울	경고	퇴장
0	0	0	0		이 진 형	21	GK	GK	1	류 원 우		0	0	0	0
0	1	6	2(1)		송 창 호	30	DF	DF	5	최 병 도		1(1)	4	0	0
0	0	0	1(1)		신 형 민	4	DF	DF	14	이 학 민		0	2	0	0
0	0	2	0		안 재 준	5	DF	MF	8	송 원 재		0	1	0	0
0	0	0	0		배 승 진	2	DF	MF	13	김 영 남		2(1)	0	0	0
0	0	0	0	25	좌 준 협	28	MF	DF	22	유 대 현		0	0	0	0
0	0	1	2		최 영 준	26	MF	FW	9	공 민 현		2	3	0	0
0	0	1	2(1)		신 광 훈	17	MF	MF	10	이 민 우	26	6(3)	2	0	0
0	2	1	0		강 승 조	24	MF	FW	11	호드리고	16	0	1	0	0
0	0	0	1		하 정 헌	32	MF	DF	20	김 륜 도		0	1	0	0
0	0	2	2(1)		한 홍 규	29	FW	FW	91	루 키 안		5(4)	3	0	0
0	0	0	0		김 대 호	31			18	이 기 현		0	0	0	0
0	0	0	0		박 세 환	13			2	전 광 환		0	0	0	0
0	0	0	0		김 성 현	3			7	주 광 선		0	0	0	0
0	1	3	1(1)	전25	박 희 철	25	대기	대기	26	이 후 권	후44	0	0	0	0
0	0	0	0		이 준 호	34			16	황 신 영	전27/99	2	0	0	0
0	0	0	0		정 혁	6			77	김 신 철		0	0	0	0
0	4	16	11(5)			0			0			18(9)	17	0	0

- 전반 8분 루키안 MF 정면 ~ 이민우 PA 정면 내 R-ST-G (득점: 이민우, 도움: 루키안) 왼쪽
- 후반 38분 김영남 MFL → 루키안 GAR R-ST-G (득점: 루키안, 도움: 김영남) 오른쪽

11월 14일 14 : 00 흐림 창원 축구센터 관중 972명
주심_ 이동준 부심_ 곽승순·장종필 대기심_ 매호영 감독관_ 김진의

경남 0 0 전반 0 / 0 후반 0 **0 고양**

퇴장	경고	파울	ST(유)	교체	선수명	배번	위치	위치	배번	선수명	교체	ST(유)	파울	경고	퇴장
0	0	0	0		손 정 현	31	GK	GK	1	강 진 웅		0	0	0	0
0	1	3	1		최 성 환	6	DF	DF	14	하 인 호		0	1	0	0
0	0	1	1		전 상 훈	12	DF	DF	22	황 규 범		0	0	0	0
0	0	1	0		배 효 성	5	DF	DF	26	안 현 식		0	1	0	0
0	0	0	0		김 준 엽	3	DF	DF	30	여 효 진		0	1	1	0
0	0	0	0		김 선 우	33	MF	MF	8	김 준 태		1	3	1	0
0	0	2	1		정 성 민	17	MF	MF	10	박 정 수	15	0	1	0	0
0	1	1	0	13	조 재 철	86	MF	MF	20	오 기 재		0	0	0	0
0	0	3	0	26	고 재 성	8	MF	FW	11	박 정 훈	9	0	1	1	0
0	1	2	2(1)		임 창 균	19	FW	FW	16	진 창 수		3(1)	2	0	0
0	0	1	3(2)	35	루 아 티	10	FW	FW	24	김 유 성		1	0	0	0
0	0	0	0		김 형 록	21			21	이 승 규		0	0	0	0
0	0	0	0		송 주 한	22			3	김 성 식		0	0	0	0
0	0	0	0		정 현 철	20	대기	대기	15	박 태 형	후10	0	0	0	0
0	0	1	0	후27	류 범 희	35			9	서 형 승	후36	0	0	0	0
0	0	0	0	후33	신 학 영	13			17	이 광 재		0	0	0	0
0	3	15	8(3)			0			0			5(1)	10	3	0

11월 14일 16 : 00 흐림 상주 시민 관중 857명
주심_ 송민석 부심_ 김성일·지승민 대기심_ 김영수 감독관_ 전인석

상주 3 1 전반 0 / 2 후반 0 **0 안산**

퇴장	경고	파울	ST(유)	교체	선수명	배번	위치	위치	배번	선수명	교체	ST(유)	파울	경고	퇴장
0	1	0	0		윤 평 국	41	GK	GK	21	이 진 형	31	0	0	0	0
0	0	1	0		강 민 수	4	DF	DF	25	박 희 철		0	3	0	0
0	0	4	0		여 성 해	6	DF	DF	4	신 형 민		1	0	0	0
0	0	0	0		김 오 규	30	DF	DF	5	안 재 준		0	1	0	0
0	0	1	1(1)		이 용	2	MF	DF	2	배 승 진		1	3	1	0
0	0	2	0		박 진 포	3	MF	MF	30	송 창 호		2(1)	2	0	0
0	0	0	4(1)		이 승 기	9	MF	MF	26	최 영 준		1	0	0	0
0	0	2	1		김 대 열	34	MF	MF	28	좌 준 협	13	1	1	0	0
0	0	1	4(2)	10	박 기 동	25	FW	MF	17	신 광 훈		0	3	0	0
0	0	2	3(1)	11	김 도 엽	26	FW	FW	29	한 홍 규		2	2	1	0
0	0	0	2	17	배 일 환	29	FW	FW	32	하 정 헌		1	4	1	0
0	0	0	0		양 동 원	31			31	김 대 호	후19	0	0	0	0
0	0	0	0		권 진 영	35			34	이 준 호		0	0	0	0
0	0	0	0		김 성 환	5	대기	대기	3	김 성 현		0	0	0	0
0	0	2	0	후29	임 상 협	11			13	박 세 환	후23	0	1	0	0
0	0	0	0		이 창 훈	15			6	정 혁		0	0	0	0
0	1	15	15(5)			0			0			9(1)	20	3	0

- 전반 30분 김오규 자기측 MFR ↷ 박기동 GAR R-ST-G (득점: 박기동, 도움: 김오규) 오른쪽
- 후반 5분 이승기 C.KL ↷ 김도엽 GA 정면 H-ST-G (득점: 김도엽, 도움: 이승기) 가운데
- 후반 39분 이승기 자기측 MF 정면 ↷ 황일수 GA 정면 내 R-ST-G (득점: 황일수, 도움: 이승기) 가운데

11월 14일 14:00 흐림 충주 종합 관중 929명
주심_ 김종혁 부심_ 이정민·양재용 대기심_ 서동진 감독관_ 한진원

충주 1 1 전반 1 / 0 후반 0 **1 대구**

퇴장	경고	파울	ST(유)	교체	선수명	배번	위치	위치	배번	선수명	교체	ST(유)	파울	경고	퇴장
0	0	0	0		이영창	26	GK	GK	21	조현우		0	0	0	0
0	0	0	0		노연빈	8	DF	DF	16	김동진		0	0	0	0
0	0	0	2(1)		황재원	24	DF	DF	13	조영훈		0	0	0	0
0	1	1	0	23	노형구	5	DF	DF	4	이종성		0	3	0	0
0	1	3	1(1)		김한빈	14	DF	MF	11	레오		3(1)	0	0	0
0	0	1	1(1)		최승호	7	MF	MF	88	세르징요		3(1)	3	0	0
0	0	1	0		오승범	21	MF	MF	29	류재문		2(1)	1	0	0
0	0	5	1(1)		김병오	35	MF	MF	89	최호정		1(1)	0	0	0
0	0	0	1(1)	17	마르싱유	27	MF	MF	9	장백규	14	2(1)	1	0	0
0	1	3	1	10	조석재	99	FW	FW	28	에델		3(1)	2	0	0
0	0	0	2(1)		김도형	77	FW	FW	7	조나탄		5(2)	2	0	0
0	0	0	0		이정래	79			1	이양종		0	0	0	0
0	0	0	0		정우재	2			8	허재원		0	0	0	0
0	0	0	0		이현창	3			20	이원재		0	0	0	0
0	0	0	0		엄진태	4	대기	대기	55	안재훈		0	0	0	0
0	0	0	0	후44	이택기	23			19	신창무		0	0	0	0
0	0	0	0	후41	심진의	17			14	문기한	후32	1	1	1	0
0	0	1	0	후29	박지민	10			18	김진혁		0	0	0	0
0	3	15	9(6)			0			0			20(8)	13	1	0

● 전반 29분 조석재 MF 정면 ~ 김병오 PAL 내 L-ST-G (득점: 김병오, 도움: 조석재) 오른쪽
● 전반 28분 조나탄 GAR R-ST-G (득점: 조나탄) 오른쪽

11월 15일 14:00 흐림 안양 종합 관중 2,101명
주심_ 김희곤 부심_ 박상준·박인선 대기심_ 김대용 감독관_ 하재훈

안양 1 1 전반 0 / 0 후반 2 **2 강원**

퇴장	경고	파울	ST(유)	교체	선수명	배번	위치	위치	배번	선수명	교체	ST(유)	파울	경고	퇴장
0	0	0	0		최필수	21	GK	GK	23	강성관		0	0	0	0
0	0	0	0		가솔현	3	DF	DF	5	이완		0	0	0	0
0	0	0	0		베리	29	DF	DF	33	이한샘		1(1)	1	0	0
0	1	2	0		주현재	16	DF	DF	20	김원균		0	3	0	0
0	1	2	1		구대영	90	DF	DF	77	백종환		1	1	2	0
0	0	2	0		김종성	6	MF	MF	4	정우인	15	0	1	0	0
0	0	2	2(1)	19	최진수	8	MF	MF	17	정찬일		2(1)	0	0	0
0	0	0	3(1)		김선민	17	MF	MF	16	한석종		1	3	0	0
0	0	2	3(2)		정재용	42	MF	FW	11	서보민		3(2)	0	0	0
0	0	0	0	35	조성준	7	MF	FW	89	헤난		4(2)	0	0	0
0	0	2	2(1)		김효기	10	FW	FW	12	벨루소	9	3(1)	0	0	0
0	0	0	0		박지영	1			19	이상기		0	0	0	0
0	0	1	1	후41	유종현	35			25	김용진		0	0	0	0
0	0	0	0		정다슬	20			26	서명식		0	0	0	0
0	0	0	0		이태영	23	대기	대기	7	장혁진		0	0	0	0
0	0	0	0		최동혁	18			9	최승인	후32	1	0	0	0
0	0	0	0		김대한	13			15	신영준	후0	4(2)	0	0	0
0	2	13	12(5)			0			0			20(9)	9	2	0

● 전반 11분 김선민 AK 정면 R-ST-G (득점: 김선민) 오른쪽
● 후반 29분 헤난 PAR R-ST-G (득점: 헤난) 왼쪽
● 후반 46분 신영준 PA 정면 내 ~ 헤난 GAL R-ST-G (득점: 헤난, 도움: 신영준) 오른쪽

11월 15일 16:00 흐림 부천 종합 관중 1,519명
주심_ 김상우 부심_ 강동호·김지욱 대기심_ 박진호 감독관_ 김수현

부천 0 0 전반 0 / 0 후반 0 **0 수원FC**

퇴장	경고	파울	ST(유)	교체	선수명	배번	위치	위치	배번	선수명	교체	ST(유)	파울	경고	퇴장
0	0	0	0		류원우	1	GK	GK	23	박형순		0	0	0	0
0	0	1	0		최병도	5	DF	DF	2	임하람		0	0	0	0
0	0	1	0		강지용	6	DF	DF	5	블라단		1(1)	0	0	0
0	0	0	0		이학민	14	DF	DF	14	이준호		0	1	0	0
0	0	1	0		송원재	8	MF	DF	19	오광진		0	0	0	0
0	1	2	1(1)		김영남	13	MF	MF	8	시시	17	3(1)	1	1	0
0	0	1	1(1)		유대현	22	DF	FW	16	권용현		1(1)	1	0	0
0	1	4	2(2)		공민현	9	FW	FW	30	임성택		1	0	0	0
0	0	2	2	91	이민우	10	MF	MF	36	김종우	18	1	1	0	0
0	1	4	2(2)		호드리고	11	FW	MF	99	김재웅		3(2)	4	1	0
0	0	1	1	26	김륜도	20	FW	FW	9	자파	33	0	1	0	0
0	0	0	0		이기현	18			21	이인수		0	0	0	0
0	0	0	0		전광환	2			17	김창훈	후45	0	0	0	0
0	0	0	0	후42	이후권	26			7	김서준		0	0	0	0
0	0	0	0		황신영	16	대기	대기	13	배신영		0	0	0	0
0	0	0	0		김신철	77			15	김정빈		0	0	0	0
0	0	1	3(2)	후6	루키안	91			18	정민우	후29	1	1	0	0
0	0	0	0		알미르	99			33	정기운	후29	0	1	1	0
0	3	18	12(8)			0			0			11(5)	11	3	0

11월 22일 14:00 흐림 고양 종합 관중 585명
주심_ 김대용 부심_ 강동호·김경민 대기심_ 최대우 감독관_ 김용세

고양 2 1 전반 2 / 1 후반 3 **5 충주**

퇴장	경고	파울	ST(유)	교체	선수명	배번	위치	위치	배번	선수명	교체	ST(유)	파울	경고	퇴장
0	0	0	0		강진웅	1	GK	GK	26	이영창		0	1	0	0
0	0	0	2		이상돈	12	DF	DF	8	노연빈		1	2	1	0
0	1	1	0		황규범	22	DF	DF	24	황재원		0	1	0	0
0	1	0	0		박태형	15	DF	DF	4	엄진태		1	4	0	0
1	0	2	0		안현식	26	DF	DF	14	김한빈		0	0	0	0
0	1	5	2(2)		김준태	8	MF	MF	7	최승호		0	0	0	0
0	0	1	0		박정수	10	MF	MF	21	오승범		0	0	0	0
0	0	2	0		오기재	20	MF	MF	35	김병오	2	0	1	0	0
0	0	0	2(1)	3	진창수	16	FW	MF	27	마르싱유		2(2)	2	0	0
0	0	0	1	9	이광재	17	FW	FW	99	조석재	31	4(3)	3	0	0
0	0	1	3(2)		김유성	24	FW	FW	77	김도형	10	4(3)	0	0	0
0	0	0	0		이승규	21			79	이정래		0	0	0	0
0	0	0	0	후32	김성식	3			23	이택기		0	0	0	0
0	0	0	0		하인호	14	대기	대기	3	이현창		0	0	0	0
0	0	0	0		김훈성	33			31	박진수	후44	1(1)	0	0	0
0	0	0	0	후0	서형승	9			2	정우재	후25	0	0	0	0
1	3	12	10(5)			0			0			13(9)	14	1	0

● 전반 18분 김유성 PK-R-G (득점: 김유성) 왼쪽
● 후반 15분 김유성 PK-R-G (득점: 김유성) 오른쪽
● 전반 4분 조석재 MFL ↷ 마르싱유 GAR R-ST-G (득점: 마르싱유, 도움: 조석재) 왼쪽
● 전반 11분 김도형 PA 정면 ~ 조석재 PAL 내 R-ST-G (득점: 조석재, 도움: 김도형) 오른쪽
● 후반 7분 조석재 GAL L-ST-G (득점: 조석재) 오른쪽
● 후반 21분 조석재 PAL 내 R-ST-G (득점: 조석재) 오른쪽
● 후반 36분 김도형 GA 정면 R-ST-G (득점: 김도형) 가운데

11월 22일 14:00 흐림 안산 와스타디움 관중 712명
주심_ 김영수 부심_ 장종필·김지욱 대기심_ 김우성 감독관_ 한병화

안산 1 1 전반 1 / 0 후반 1 **2 안양**

퇴장	경고	파울	ST(유)	교체	선수명	배번	위치	위치	배번	선수명	교체	ST(유)	파울	경고	퇴장
0	0	0	0		이 진 형	21	GK	GK	21	최 필 수		0	0	0	0
0	0	0	0		박 희 철	25	DF	DF	3	가 솔 현		2(2)	0	0	0
0	1	1	1		신 형 민	4	DF	DF	29	베 리		0	3	0	0
0	0	4	0		안 재 준	5	DF	DF	11	안 성 빈		0	2	0	0
0	0	2	1(1)		송 창 호	30	DF	DF	23	이 태 영	15	0	1	0	0
0	2	3	1		배 승 진	2	MF	MF	7	조 성 준	13	0	0	0	0
0	0	3	0		최 영 준	26	MF	MF	8	최 진 수		4(2)	0	1	0
0	1	2	0		신 광 훈	17	MF	MF	17	김 선 민	6	1	0	0	0
0	1	1	2(1)		강 승 조	24	MF	MF	42	정 재 용		0	2	1	0
0	0	0	1(1)	28	하 정 헌	32	MF	FW	10	김 효 기		1	4	1	0
0	0	1	2(2)	13	한 홍 규	29	FW	MF	19	고 경 민		4(2)	2	0	0
0	0	0	0		김 대 호	31			25	남 지 훈		0	0	0	0
0	0	0	0		이 준 호	34			35	유 종 현		0	0	0	0
0	0	1	3(2)	전22/6	좌 준 협	28			6	김 종 성	후44	0	0	0	0
0	0	0	0	후25	박 세 환	13	대기	대기	15	박 태 수	후0	0	0	0	0
0	0	0	0		김 성 현	3			18	최 동 혁		0	0	0	0
0	0	0	0	후41	정 혁	6			13	김 대 한	후14	0	1	0	0
0	5	18	11(7)			0			0			12(6)	15	3	0

- 전반 27분 강승조 PK-R-G (득점: 강승조) 가운데
- 전반 12분 최진수 PAL ↷ 가솔현 GA 정면 내 H-ST-G (득점: 가솔현, 도움: 최진수) 왼쪽
- 후반 27분 고경민 PK-R-G (득점: 고경민) 왼쪽

11월 22일 14:00 흐림 수원 종합 관중 1,038명
주심_ 김성호 부심_ 박상준·박인선 대기심_ 서동진 감독관_ 강창구

수원FC 3 1 전반 1 / 2 후반 0 **1 경남**

퇴장	경고	파울	ST(유)	교체	선수명	배번	위치	위치	배번	선수명	교체	ST(유)	파울	경고	퇴장
0	0	0	0		박 형 순	23	GK	GK	31	손 정 현		0	0	0	0
0	0	1	0		블 라 단	5	DF	DF	28	박 지 수		0	3	1	0
0	0	1	0		이 준 호	14	DF	DF	5	배 효 성		0	1	1	0
0	0	2	0		김 창 훈	17	DF	DF	22	송 주 한		1(1)	0	0	0
0	0	3	0		김 서 준	7	MF	DF	3	김 준 엽		0	1	0	0
0	0	1	1		시 시	8	MF	MF	13	신 학 영	17	1	2	0	0
0	0	0	0	10	김 정 빈	15	DF	MF	33	김 선 우		6(3)	1	0	0
0	0	2	1(1)		권 용 현	16	FW	MF	24	최 인 후	35	0	0	0	0
0	0	0	3(3)	3	임 성 택	30	FW	MF	27	이 상 현		2(1)	0	0	0
0	0	1	0		김 종 우	36	MF	FW	10	루 아 티		2(1)	2	0	0
0	0	1	3(1)	18	자 파	9	FW	FW	26	허 영 석	23	2(2)	1	0	0
0	0	0	0		이 인 수	21			1	김 교 빈		0	0	0	0
0	0	0	0		임 하 람	2			12	전 상 훈		0	0	0	0
0	0	0	0	후29	김 혁 진	3			20	정 현 철		0	0	0	0
0	0	0	0		배 신 영	13	대기	대기	8	고 재 성		0	0	0	0
0	0	1	3(3)	후0	김 한 원	10			17	정 성 민	후10	0	1	0	0
0	0	0	2(2)	후22	정 민 우	18			35	류 범 희	후10	0	2	1	0
0	0	0	0		정 기 운	33			23	고 대 서	후20	1(1)	0	0	0
0	0	13	13(10)			0			0			15(9)	14	3	0

- 전반 10분 김종우 PA 정면 내 ↷ 임성택 GAL R-ST-G (득점: 임성택, 도움: 김종우) 왼쪽
- 후반 4분 권용현 MF 정면 ~ 임성택 PAL 내 R-ST-G (득점: 임성택, 도움: 권용현) 왼쪽
- 후반 42분 정민우 GA 정면 R-ST-G (득점: 정민우) 가운데
- 전반 19분 박지수 MF 정면 ~ 이상현 PA 정면 내 R-ST-G (득점: 이상현, 도움: 박지수) 오른쪽

11월 22일 14:00 흐림 대구 스타디움 관중 13,031명
주심_ 우상일 부심_ 지승민·이영운 대기심_ 박병진 감독관_ 전인석

대구 1 1 전반 1 / 0 후반 0 **1 부천**

퇴장	경고	파울	ST(유)	교체	선수명	배번	위치	위치	배번	선수명	교체	ST(유)	파울	경고	퇴장
0	0	0	0		조 현 우	21	GK	GK	1	류 원 우		0	0	1	0
0	1	0	0		허 재 원	8	DF	DF	5	최 병 도		0	1	0	0
0	0	1	0		조 영 훈	13	DF	DF	6	강 지 용		0	2	0	0
0	1	0	2(1)		이 종 성	4	DF	DF	14	이 학 민		0	2	0	0
0	0	2	1	14	최 호 정	89	MF	MF	8	송 원 재	26	1(1)	1	0	0
0	0	2	1		김 동 진	16	MF	MF	13	김 영 남		1(1)	3	1	0
0	1	2	0		류 재 문	29	MF	DF	22	유 대 현		0	2	0	0
0	0	1	0	17	세르징요	88	MF	FW	9	공 민 현	10	1(1)	2	0	0
0	0	2	5(2)	18	레 오	11	MF	FW	11	호드리고		1(1)	3	1	0
0	1	5	1		에 델	28	FW	MF	20	김 륜 도		0	2	0	0
0	0	1	6(3)		조 나 탄	7	FW	FW	91	루 키 안		2(1)	3	0	0
0	0	0	0		이 양 종	1			18	이 기 현		0	0	0	0
0	0	0	0		이 원 재	20			2	전 광 환		0	0	0	0
0	0	0	0		감 한 솔	3			26	이 후 권	후0	1	1	0	0
0	0	0	0	후32	문 기 한	14	대기	대기	16	황 신 영		0	0	0	0
0	0	0	0		장 백 규	9			10	이 민 우	후31	0	0	0	0
0	0	1	1	후17	노 병 준	17			77	김 신 철		0	0	0	0
0	0	0	0	후43	김 진 혁	18			99	알 미 르		0	0	0	0
0	4	17	17(6)			0			0			7(5)	22	3	0

- 전반 23분 허재원 MFL ↷ 레오 PA 정면 내 L-ST-G (득점: 레오, 도움: 허재원) 오른쪽
- 전반 18분 호드리고 PAR 내 R-ST-G (득점: 호드리고) 왼쪽

11월 22일 14:00 흐림 원주 관중 2,779명
주심_ 이동준 부심_ 김영하·양재용 대기심_ 임정수 감독관_ 김수현

강원 4 3 전반 2 / 1 후반 2 **4 서울E**

퇴장	경고	파울	ST(유)	교체	선수명	배번	위치	위치	배번	선수명	교체	ST(유)	파울	경고	퇴장
0	1	0	0	23	이 상 기	19	GK	GK	41	김 현 성		0	0	0	0
0	0	1	0		이 완	5	DF	DF	2	김 민 제		0	1	0	0
0	1	4	0		이 한 샘	33	DF	DF	22	전 민 광		0	0	0	0
0	1	2	1(1)		김 원 균	20	DF	DF	20	양 기 훈		0	3	1	0
0	0	0	1		서 보 민	11	DF	DF	24	전 기 성		0	1	0	0
0	0	1	0	16	이 동 재	18	MF	MF	26	김 창 욱		2(1)	1	0	0
0	0	1	0		정 찬 일	17	MF	MF	30	최 치 원	7	0	1	0	0
0	0	1	0	7	김 윤 호	57	MF	MF	19	이 재 안		2(1)	0	0	0
0	0	1	5(2)		최 승 인	9	FW	MF	27	최 유 상		2(2)	1	0	0
0	0	1	2(2)		헤 난	89	FW	FW	10	보 비	11	0	0	0	0
0	0	2	6(4)		지 우	91	FW	FW	15	조 향 기	18	2(2)	2	0	0
0	0	0	0	후32	강 성 관	23			25	이 범 수		0	0	0	0
0	0	0	0		김 용 진	25			33	구 대 엽		0	0	0	0
0	0	0	0		최 우 재	2			4	조 원 희		0	0	0	0
0	0	1	2(2)	전17	한 석 종	16	대기	대기	7	김 재 성	전39	1	0	0	0
0	0	1	1(1)	후0	장 혁 진	7			23	최 오 백		0	0	0	0
0	0	0	0		신 영 준	15			11	타라바이	후13	1	0	0	0
0	0	0	0		이 한 음	22			18	주 민 규	후19	2(1)	0	0	0
0	3	16	18(12)			0			0			12(7)	10	1	0

- 전반 23분 한석종 PK-R-G (득점: 한석종) 가운데
- 전반 26분 헤난 MFR ↷ 최승인 PA 정면 R-ST-G (득점: 최승인, 도움: 헤난) 왼쪽
- 전반 45분 서보민 MFL FK↷ 한석종 GAR 내 H-ST-G (득점: 한석종, 도움: 서보민) 오른쪽
- 후반 10분 헤난 GAL 내 오버헤드킥 R-ST-G (득점: 헤난) 가운데
- 전반 16분 이재안 PK-R-G (득점: 이재안) 오른쪽
- 전반 29분 최치원 C.KL ↷ 조향기 GA 정면 R-ST-G (득점: 조향기, 도움: 최치원) 오른쪽
- 후반 28분 이재안 MFR ↷ 최유상 GA 정면 내 H-ST-G (득점: 최유상, 도움: 이재안) 왼쪽
- 후반 39분 주민규 PK 좌측지점 L-ST-G (득점: 주민규) 왼쪽

11월 25일 19:00 비 수원 종합 관중 1,240명
주심_ 고형진 부심_ 윤광열·최민병·김종혁,김희곤 대기심_ 박병진 감독관_ 전인석

수원FC 3 2 전반 2 / 1 후반 1 **3 서울E**

퇴장	경고	파울	ST(유)	교체	선수명	배번	위치	위치	배번	선수명	교체	ST(유)	파울	경고	퇴장
0	0	0	0		박형순	23	GK	GK	1	김영광		0	0	0	0
0	0	2	1(1)		블라단	5	DF	DF	2	김민제	15	0	0	0	0
0	0	1	0		이준호	14	DF	DF	22	전민광		1(1)	0	0	0
0	0	1	2(1)		김창훈	17	DF	DF	5	칼라일미첼		1(1)	1	1	0
0	1	1	1(1)	2	시시	8	MF	DF	32	김태은		0	1	0	0
0	0	0	1		권용현	16	FW	MF	21	김성주		5(1)	1	0	0
0	0	0	2(2)		임성택	30	FW	MF	4	조원희		0	1	0	0
0	0	0	2(2)	10	황재훈	31	DF	MF	8	윤성열		1(1)	0	0	0
0	0	2	6(4)		김종우	36	MF	MF	7	김재성		3(1)	3	0	0
0	0	2	3(1)		김재웅	99	MF	FW	10	보비	18	1(1)	3	0	0
0	0	0	3(3)		자파	9	FW	FW	11	타라바이		1(1)	2	0	0
0	0	0	0		이인수	21	대기	대기	41	김현성		0	0	0	0
0	0	1	0	후33	임하람	2			20	양기훈		0	0	0	0
0	0	0	0		배신영	13			19	이재안		0	0	0	0
0	0	0	0		김정빈	15			26	김창욱		0	0	0	0
0	0	0	0	후40	김한원	10			15	조향기	후40	0	0	0	0
0	0	0	0		정민우	18			18	주민규	후15	0	1	0	0
0	0	0	0		정기운	33			27	최유상		0	0	0	0
0	1	10	21(15)			0			0			13(7)	13	1	0

- 전반 20분 김종우 PAR → 자파 PK지점 R-ST-G (득점: 자파, 도움: 김종우) 오른쪽
- 전반 47분 임성택 GAL L-ST-G (득점: 임성택) 왼쪽
- 후반 10분 김영광 자기측 GA 정면 내 자책골 (득점: 김영광) 오른쪽
- 전반 33분 타라바이 PK-R-G (득점: 타라바이) 오른쪽
- 전반 43분 조원희 AK 내 ~ 윤성열 PA 정면 R-ST-G (득점: 윤성열, 도움: 조원희) 오른쪽
- 후반 4분 김재성 C.KR ↷ 전민광 GAL R-ST-G (득점: 전민광, 도움: 김재성) 왼쪽

11월 28일 14:00 맑음 대구 스타디움 관중 1,824명
주심_ 송민석 부심_ 노태식·이규환·김대용,김영수 대기심_ 최대우 감독관_ 전인석

대구 1 1 전반 1 / 0 후반 1 **2 수원FC**

퇴장	경고	파울	ST(유)	교체	선수명	배번	위치	위치	배번	선수명	교체		ST(유)	경고	퇴장
0	0	0	0		조현우	21	GK	GK	23	박형순			0	0	0
0	1	3	0		이준희	22	DF	DF	2	임하람			0	0	0
0	0	0	0		허재원	8	DF	DF	5	블라단			파울	0	0
0	1	1	0	9	조영훈	13	DF	DF	14	이준호			0	0	0
0	0	5	1		감한솔	3	DF	DF	19	오광진			1	0	0
0	1	4	0		김동진	16	MF	MF	13	배신영	33		1	0	0
0	0	5	2		문기한	14	MF	FW	16	권용현	18		1	0	0
0	0	1	0		이광진	77	MF	FW	30	임성택			4	0	0
0	1	2	0		레오	11	FW	MF	36	김종우			1	0	0
0	1	5	1	20	신창무	19	FW	MF	99	김재웅			1	1	0
0	0	4	2(2)	18	노병준	17	FW	FW	9	자파	17		0	0	0
0	0	0	0		이양종	1	대기	대기	21	이인수			4	0	0
0	1	1	1(1)	후39	이원재	20			17	김창훈	후35		2	0	0
0	0	0	0		안재훈	55			7	김서준			0	0	0
0	0	0	0		최호정	89			15	김정빈			0	0	0
0	0	0	0	후35	장백규	9			31	황재훈			0	0	0
0	0	0	0		김현수	25			18	정민우	후26		0	0	0
0	0	0	0	후33	김진혁	18			33	정기운	후10		0	1	0
0	6	31	7(3)			0			0				0	2	0

0

- 전반 40분 문기한 MF 정면 ↷ 노병준 GA 정면 L-ST-G (득점: 노병준, 도움: 문기한) 왼쪽
- 전반 19분 배신영 GAL L-ST-G (득점: 배신영) 왼쪽
- 후반 34분 블라단 MFR H ↷ 자파 PAR R-ST-G (득점: 자파, 도움: 블라단) 오른쪽

현대오일뱅크 K리그 승강 플레이오프 대회요강

제1조 (목적)_ 본 대회요강은 2013년 K LEAGUE CLASSIC 11위 클럽(이하 '클래식'클럽)과 K LEAGUE CHALLENGE 플레이오프 승자 클럽(이하 챌린지'클럽) 간의 승강 플레이오프를 효율적으로 운영하기 위하여 대회 및 경기 운영에 관한 사항을 규정함을 목적으로 한다.

제2조 (용어의 정의)_ 본 대회요강에서 '클럽'이라 함은 연맹의 회원단체인 축구단을, '홈 클럽'이라 함은 홈경기를 개최하는 클럽을 지칭한다.

제3조 (명칭)_ 본 대회명은 '2015 현대오일뱅크 K리그 승강 플레이오프'로 한다.

제4조 (주최, 주관)_ 본 대회는 연맹이 주최(대회를 총괄하여 책임지는 자)하고, 홈 클럽이 주관(주최자의 위임을 받아 대회를 운영하는 자)한다. 연맹은 경기의 주관권을 각 홈구단 클럽에 위탁하며 홈 클럽의 주관권은 제3자에게 양도할 수 없다.

제5조 (승강 플레이오프)_ 클래식 클럽과 챌린지 클럽은 승강 플레이오프를 실시하여 그 승자가 2016년 클래식 리그에 참가하고 패자는 2016년 챌린지 리그에 참가한다.

제6조 (일정)_ 본 대회는 2015.12.02(수), 12.05(토) 양일간 개최하며, 경기일정(대진)은 아래의 경기일정표에 의한다.

구분		경기일	경기시간	대진	장소
승강 플레이오프	1차전	12.02 (수)	19:00	챌린지 PO 승자 vs 클래식 11위	챌린지 PO 승자 홈경기장
	2차전	12.05 (토)	14:00	CLASSIC 12위 vs CHALLENGE 1위	클래식 11위 홈경기장

※본 대회 경기일정은 조정될 수 있음.

제7조 (경기 개시 시간)_ 경기 시간은 사전에 연맹이 지정한 경기시간에 의한다.

제8조 (대회방식)_

1. 본 대회 방식은 클래식 클럽과 챌린지 클럽 간 Home & Away 방식에 의해 2경기가 실시되며, 1차전 홈경기는 챌린지 클럽 홈에서 개최한다.
2. 승강 플레이오프는 1차전, 2차전 각 90분(전/후반 45분) 경기를 개최한다.
3. 1, 2차전이 종료된 시점에서 승리수가 많은 팀을 승자로 한다.
4. 1, 2차전이 종료된 시점에서 승리수가 같은 경우에는 다음 순서에 의해 승자를 결정한다.
   1) 1, 2차전 90분 경기 합산 득실차
   2) 합산 득실차가 동일한 경우, 원정 다득점(원정득점 2배) 적용
   3) 합산 득실차와 원정경기 득점이 동일할 경우, 연장전(전/후반15분) 개최(연장전은 원정 다득점 미적용)
   4) 연장전 무승부 시, 승부차기로 승리팀 최종 결정(PK방식 각 클럽 5명씩 승패가 결정되지 않을 경우, 6명 이후는 1명씩 승패가 결정날 때까지)

제9조 (경기장)_

1. 모든 클럽은 최상의 상태에서 홈경기를 실시할 수 있도록 경기장을 유지·관리할 책임이 있다.
2. 본 대회는 원칙적으로 축구전용경기장에서 개최되어야 한다.
3. 경기장은 법령이 정하는 시설 안전 기준을 충족하여야 한다.
4. 홈 클럽은 경기장을 방문하는 관람객을 위해 관중상해보험에 가입해야 하며, 보험증권을 연맹에 경기 개최 전에 제출하여야 한다. 홈 클럽이 기타 경기장에서 K리그 경기를 개최하고자 할 경우에도 마찬가지다.
5. 각 클럽은 경기장 시설(물)에 대해 연맹의 승인을 득하여야 한다.
6. 경기장은 연맹의 경기장 시설 기준을 준수하여야 하며, 다음 각 호의 조건을 충족하여야 한다.
   1) 그라운드는 천연잔디구장으로 길이 105m, 너비 68m를 권고한다.
   2) 공식 경기의 잔디 길이는 2~2.5mm로 유지되어야 하며, 전체에 걸쳐 동일한 길이여야 한다.
   3) 그라운드 외측 주변에는 원칙적으로 축구전용경기장의 경우는 5m 이상, 육상경기겸용경기장의 경우 1.5m 이상의 잔디 부분이 확보되어야 한다. (따라서 육상경기겸용경기장의 경우는 가로 108m 이상, 세로 71m 이상의 잔디 부분 확보)
   4) 골포스트 및 바는 흰색의 둥근 모양(직경 12cm)의 철제 관으로 제작되고, 원칙적으로 고정식이어야 한다. 또한 볼의 반발력에 영향을 줄 수 있는 비

철제 보강재 사용을 금한다.

5) 코너 깃발은 연맹이 지정한 것을 사용하여야 한다.

6) 각종 라인은 국제축구연맹(이하 'FIFA') 또는 아시아축구연맹(이하 'AFC')이 정한 규격에 따라야 하며, 라인 폭은 12cm로 선명하고 명료하게 그려야 한다.(원칙적으로 페인트 방식으로 한다)

7. 필드(그라운드 및 그 주변 부분)에는 경기 운영에 영향을 주거나 선수에게 위험의 우려가 있는 것을 방치 또는 설치해서는 안 된다.

8. 그라운드에 물을 뿌리는 경우, 경기장 전체에 걸쳐 균등하게 해야 한다. 단, 그라운드 사전 훈련(하프타임 제외) 및 경기 진행 중에는 그라운드에 물을 뿌릴 수 없다.

9. 경기장 관중석은 클래식 구단의 경우, 좌석수 10,000석 이상, 챌린지 구단의 경우 좌석수 7,000석 이상을 충족하여야 한다. 이에 미달할 경우, 연맹의 사전 승인을 득하여야 한다.

10. 홈 클럽은 상대 클럽을 응원하는 관중을 위해 대진 확정일로부터 경기 전일까지 원정 클럽이 요청한 적정 수의 좌석을 원정팀과 협의하여 결정한다. 또한 원정 클럽 관중을 위한 전용 출입문, 화장실, 매점 시설 등을 독립적으로 사용할 수 있도록 마련하여야 한다.

11. 경기장은 다음 항목의 부대시설을 갖추도록 권고한다.

1) 운영 본부실　2) 양 팀 선수대기실(냉·난방 및 냉·온수 가능)
3) 심판대기실(냉·난방 및 냉·온수 가능)　4) 실내 워밍업 지역
5) 경기감독관석 및 매치코디네이터석　6) 경기기록석
7) 의무실　8) 도핑검사실(냉·난방 및 냉·온수 가능)
9) 통제실, 경찰 대기실, 소방 대기실　10) 실내 기자회견장
11) 기자실 및 사진기자실　12) 중계방송사룸(TV중계스태프용)
13) VIP룸　14) 기자석
15) 장내방송 시스템 및 장내방송실
16) TV중계 및 라디오 중계용 방송 부스
17) 동영상 표출이 가능한 대형 전광판　18) 출전선수명단 게시판
19) 태극기, 대회기, 연맹기, 양 클럽 깃발을 게재할 수 있는 게양대
20) 입장권 판매소　21) 종합 안내소　22) 관중을 위한 응급실
23) 화장실　24) 식음료 및 축구 관련 상품 판매소
25) TV카메라 설치 공간　26) TV중계차 주차장 공간
27) 케이블 시설 공간　28) 전송용기자재 등 설치 공간
29) 믹스드 존(Mixed Zone)　30) 기타 연맹이 정하는 시설, 장비

제10조 (조명장치)_

1. 경기장에는 그라운드 어떠한 장소에도 평균 1,200lux 이상 조도를 가진 조명장치를 설치하여 조명의 밝음을 균일하게 유지하여야 한다. 또한 정전에 대비하여 1,000lux 이상의 조도를 갖춘 비상조명 장치를 구비하여야 한다.

2. 홈 클럽은 경기장 조명 장치의 이상 유·무를 사전에 확인하여 장애를 미연에 방지하는 한편, 고장 시 신속하게 수리할 수 있도록 모든 조치와 최선의 노력을 다하여야 한다.

제11조 (벤치)_

1. 팀 벤치는 원칙적으로 다음 요건을 충족하여야 한다.

1) FIFA가 정한 규격의 기술지역(테크니컬에어리어) 내에 설치하여야 한다.

2) 벤치 터치라인으로부터 5m 이상 떨어지는 한편 그 끝이 하프라인으로부터 8m 떨어지는 위치에 설치하여야 한다.

3) 투명한 재질의 지붕을 갖추고 있어야 하며, 최소 20인 이상 앉을 수 있는 좌석이 준비되어야 한다. (다만, 관중의 시야를 방해해서는 안 된다)

2. 홈 팀 벤치는 본부석에서 그라운드를 향해 좌측에 설치하여야 한다.

3. 홈, 원정 팀 벤치에는 팀명을 표기한 안내물을 부착하여야 한다.

4. 제4의 심판(대기심판) 벤치를 준비하여야 하며, 다음 요건을 충족하여야 한다.

1) 벤치 터치라인으로부터 5m 이상 떨어지는 그라운드 중앙에 설치하여야 한다. 단, 방송사의 요청 시에는 카메라 위치에 방해가 되지 않는 위치에 설치하여야 한다.

2) 투명한 재질의 지붕을 갖추고 있어야 한다.(다만, 관중의 시야를 방해해서는 안 된다)

3) 대기심판 벤치 내에는 최소 3인 이상 앉을 수 있는 좌석과 테이블이 준비되어야 한다.

제12조 (의료시설)_ 홈 클럽은 선수단, 관계자, 관중 등을 위해 경기개시 90분 전부터 경기종료 후 모든 관중 및 관계자가 퇴장할 때까지 의료진(의사, 간호사, 1급 응급구조사)과 특수구급차를 반드시 대기시켜야 한다. 이를 위반할 경우, 본 대회요강 제29조 3항에 의한다.

제13조 (경기장에서의 고지)_

1. 홈 클럽은 경기장에서 다음 각 항목 사항을 전광판 및 장내 아나운서(멘트)를 통해 고지하여야 한다.

1) 공식 대회명칭(반드시 지정된 방식 및 형태에 맞게 전광판 노출)
2) 선수, 심판 및 경기감독관 소개　3) 대회방식 및 경기방식
4) K리그 선수 입장곡(K리그 앤섬 'Here is the Glory' BGM)
5) 선수 및 심판 교체　6) 득점자 및 득점시간(득점 직후에)
7) 추가시간　8) 다른 공식경기의 중간 결과 및 최종 결과
9) 관중 수(후반전 15~30분 발표)　10) 앞 항 이외 연맹이 지정하는 사항
11) 경기 중, 경기정보 전광판 표출(양 팀 출전선수명단, 경고, 퇴장, 득점)

2. 홈 클럽은 경기 전·후 및 하프타임에 다음 각 항목 사항을 실시하는 것이 가능하다.

1) 다음 경기예정 및 안내　2) 연맹의 사전 승인을 얻은 광고 선전
3) 음악방송　4) 팀 또는 선수에 관한 정보 안내
5) 앞 항 이외 연맹의 승인을 얻은 사항

제14조 (악천후의 경우 대비조치)_

1. 홈 클럽은 강설 또는 강우 등 악천후의 경우에도 홈경기를 개최할 수가 있도록 최선의 노력을 다하여야 한다.

2. 악천후로 인하여 경기개최가 불가능하다고 판단될 경우, 경기감독관은 경기개최 3시간 전까지 경기개최 중지를 결정하여야 한다.

제15조 (경기중지 결정)_

1. 경기 전 또는 경기 중 중대한 불상사 등으로 경기를 계속하기 어려운 사태가 발생하였을 경우, 주심은 경기감독관에게 경기중지를 요청할 수 있으며, 경기감독관은 동 요청에 의거하여 홈 클럽 및 원정 클럽 관계자의 의견을 참고한 후 경기중지를 결정할 수 있다.

2. 앞 항의 경우 또는 관중의 난동 등으로 경기장의 질서 유지가 어려운 경우, 경기감독관은 주심의 경기중지 요청이 없더라도 경기중지를 결정할 수 있다.

3. 경기감독관은 경기중지 결정을 내린 후, 지체 없이 그 사유를 연맹에 보고하여야 한다.

제16조 (재경기)_

1. 경기가 악천후, 천재지변 등 불가항력에 의하여 경기개최 불능 또는 중지(중단)되었을 경우, 재경기는 원칙적으로 익일 동일 경기장에서 개최한다. 단, 연기된 경기가 불가피한 사유로 다시 연기될 경우 개최일시 및 장소는 연맹이 정하여 추후 공시한다.

2. 경기장 준비부족, 시설미비 등 점검 미비에 따른 홈 클럽의 귀책사유로 인하여 경기개최 불능 또는 중지(중단)되었을 경우, 재경기는 원정 클럽의 홈 경기장에서 개최한다.

3. 재경기 방식에 대해서는 다음 각 호에 의한다.

1) 이전 경기에서 양 클럽의 득실차가 없을 때는 90분간 재경기를 실시한다.

2) 이전 경기에서 양 클럽의 득실차가 있을 때는 중지 시점에서부터 잔여 시간만의 재경기를 실시한다.

4. 재경기 시, 앞 항 1호의 경우 이전 경기에서 발생된 경고, 퇴장 기록만이 인정되며 선수교체는 팀당 최대 3명까지 가능하다. 앞 항 2호의 경우 이전 경기에서 발생된 모든 기록이 인정되며 선수교체는 이전 경기를 포함하여 3명까지 할 수 있다.

5. 재경기 시, 이전 경기에서 발생된 경고 및 퇴장은 유효하며, 경고 및 퇴장에 대한 처벌(징계)은 경기순서대로 연계 적용한다.

6. 심판은 교체 배정할 수 있다.

제17조 (귀책사유가 있는 클럽의 비용 보상)_

1. 홈 클럽의 귀책사유에 의해 경기개최 불능 또는 중지(중단)되었을 경우, 홈 클럽은 원정 클럽에 교통비 및 숙식비를 보상하여야 한다.

2. 원정 클럽의 귀책사유에 의해 경기개최 불능 또는 중지(중단)되었을 경우, 원정 클럽은 홈 클럽에 발생한 경기준비 비용 및 입장권 환불 수수료, 교통비 및 숙식비를 보상하여야 한다.

3. 앞 1항, 2항과 관련하여 천재지변 등 불가항력에 의한 경우는 제외한다.

제18조 (패배로 간주되는 경우)_

1. 경기개최 거부 또는 속행 거부 등(경기장 질서문란, 관중의 난동 포함) 어느 한 클럽의 귀책사유로 인하여 경기개최 불능 또는 중지(중단)되었을 경우, 그 귀책사유가 있는 클럽이 0 : 3 패배한 것으로 간주한다.
2. 무자격 선수가 출장한 것이 경기 중 또는 경기 후 발각되어 경기종료 후 48시간 이내에 상대 클럽으로 부터 이의가 제기된 경우, 무자격 선수가 출장한 클럽이 0 : 3 패배한 것으로 간주한다. 다만, 경기 중 무자격 선수가 출장한 것이 발각되었을 경우, 해당 선수를 퇴장시키고 경기는 속행한다.
3. 앞 1항, 2항에 따라 어느 한 클럽의 0 : 3 패배를 결정한 경우에도 양 클럽 선수의 개인기록(출장, 경고, 퇴장, 득점, 도움 등)은 그대로 인정한다.
4. 앞 2항의 무자격 선수는 연맹 미등록 선수, 경고누적 또는 퇴장으로 인하여 출전이 정지된 선수, 상벌위원회 징계, 외국인 출전제한 규정을 위반한 선수 등 그 시점에서 경기출전 자격이 없는 모든 선수를 의미한다.

제19조 (경기규칙)_ 본 대회의 경기는 FIFA 및 KFA의 경기규칙에 따라 실시되며, 특별한 사항이 발생 시에는 연맹이 결정한다.

제20조 (경기시간 준수)_

1. 본 대회는 90분(전·후반 각 45분) 경기를 실시한다.
2. 모든 클럽은 미리 정해진 경기시작 시간(킥오프 타임)과 경기 중 휴식시간(하프타임)을 반드시 준수하여야 한다. 하프타임 휴식은 15분을 초과할 수 없으며, 양 팀 출전선수는 후반전 출전을 위해 후반전 개시 3분 전(하프타임 12분)까지 심판진과 함께 대기 장소에 집결하여야 한다.
3. 경기시작 시간과 하프타임 시간을 준수하지 않아 경기가 지연될 경우, 귀책사유가 있는 해당 클럽에 제재금(100만 원 이상)을 부과할 수 있다. 동일 클럽이 위반 행위를 반복할 경우, 직전에 부과한 제재금의 2배를 부과할 수 있다.

제21조 (출전자격)_

1. 연맹 규정 제2장 4조에 의거하여 연맹 등록이 완료된 선수만이 경기에 출전할 자격을 갖는다.
2. 연맹 규정 제2장 5조에 의거하여 연맹 등록이 완료된 코칭스태프 및 팀 스태프 중 출전선수명단에 등재된 자만이 벤치에 착석할 수 있으며, 경기 중 기술지역에서의 선수지도행위는 1명만이 할 수 있다.(통역 1명 대동 가능)
3. 제재 중인 지도자(코칭스태프, 팀 스태프 포함)는 다음 항목을 준수하여야 한다.
   1) 출장정지 제재 중이거나 경기 중 퇴장 조치된 지도자는 관중석, 선수대기실을 제외한 지역에 대해 출입이 제한되며, 그라운드에서 사전 훈련 및 경기 중 어떠한 지도(지시) 행위도 불가하다. 다만, 경기종료 후 개최되는 공식기자회견에는 참석할 수 있다.
   2) 징계 중인 지도자(원정 팀 포함)가 경기를 관전하고자 할 경우, 홈 클럽은 본부석 쪽에 좌석을 제공하여야 하며, 해당 지도자의 안전을 위한 조치를 하여야 한다.
   3) 상기 제1호를 위반할 경우, 연맹 상벌 규정 제12조에 해당하는 제재를 부과할 수 있다.

제22조 (출전선수명단 제출의무)_

1. 홈 클럽과 원정 클럽은 경기개시 90분 전까지 경기감독관에게 출전선수명단을 제출하여 승인을 받아야 한다.
2. 출전선수명단에는 출전선수, 코칭스태프 및 팀 스태프 명단, 유니폼 색상이 포함되어야 하며, 제출된 인원만이 해당 경기 출전과 팀 벤치 착석 및 기술지역 출입, 선수 지도를 할 수 있다. 단, 출전선수명단에 등재할 수 있는 코칭스태프 및 팀 스태프의 수는 최대 8명(주치의, 통역 제외)까지로 한다.
3. 출전선수명단 승인(경기감독관 서명) 후에는 변경이 불가능하며, 승인 후 변경할 경우 선수 교체로 간주한다.
4. 본 대회의 출전선수명단은 18명을 원칙으로 하며, 다음 사항을 반드시 준수하여야 한다.
   1) 골키퍼(GK)는 반드시 국내 선수이어야 하며, 후보 골키퍼(GK)는 반드시 1명이 포함되어야 한다.
   2) 외국인선수의 경우, 출전선수명단에 3명까지 등록할 수 있으며 3명까지 경기 출장이 가능하다. 단, AFC 가맹국 국적의 외국인선수는 1명에 한하여 추가 등록과 출전이 가능하다.
   3) K리그 클래식 대회요강 제28조 4항 3~5호(23세 이하 국내선수 출전선수명단 포함 및 의무선발출전) 및 K리그 챌린지 대회요강 제28조 4항 3~6호(22세 이하 국내선수 출전선수명단 포함 및 의무 선발 출전)는 미적용한다.
5. 순연 경기 및 재경기(90분 재경기에 한함)의 출전선수명단은 다시 제출하여야 한다.

제23조 (선수교체)_

1. 본 대회의 선수 교체는 경기감독관이 승인한 출전선수명단에 의해 후보선수 명단 내에서만 가능하다.
2. 선수 교체는 90분 경기에서 3명까지 가능하다. 연장전은 최대 2명을 교체할 수 있다.
3. 승부차기는 선수 교체가 허용되지 않는다. 단, 연장전에 허용된 최대수(2명)의 교체를 다하지 못한 팀이 승부차기를 행할 때, 골키퍼(GK)가 부상을 이유로 임무를 계속할 수 없다면 교체할 수 있다.

제24조 (출전정지)_

1. K리그 클래식 및 챌린지에서 받은 경고, 퇴장에 의한 출전정지는 연계 적용하지 않는다.
2. 승강 플레이오프 1차전에서 받은 퇴장(경고 2회 퇴장 포함)은 다음경기 (2차전)에 출전정지 적용 된다.
3. 1경기 경고 2회 퇴장에 의한 출전정지는 다음 경기(승강PO 2차전) 출전 정지되며, 제재금은 일백만원(1,000,000원)이 부과된다.
4. 직접 퇴장에 의한 출전정지는 다음 경기(승강PO 2차전)에 적용되며, 제재금은 일백이십만원(1,200,000원)이 부과된다.
5. 경고1회 후 직접 퇴장에 의한 출전정지는 다음 경기(승강PO 2차전)에 적용되며, 제재금은 일백오십만원(1,500,000원)이 부과된다.
6. 제재금은 본 대회 종료 15일 이내에 납부하여야 한다.
7. 대한축구협회 및 한국프로축구연맹 상벌위원회에서 받은 출전정지 징계는 연계 적용한다.

제25조 (유니폼)_

1. 본 대회는 반드시 연맹이 승인한 유니폼을 착용해야 한다.
2. 선수 번호(배번은 1번~99번으로 한정하며, 배번 1번은 GK에 한함)는 출전선수명단에 기재된 선수 번호와 일치하여야 하며, 배번의 식별이 가능하도록 명확하게 표시되어 있어야 한다.
3. 팀의 주장은 주장인 것을 명확하게 표시하는 완장을 착용하여야 한다.
4. 경기에 참가하는 모든 클럽은 제1유니폼과 제2유니폼을 필히 지참해야 한다. 경기에 출전하는 양 클럽의 유니폼 색상이 동일할 경우, 원정 클럽이 교체 착용하는 것을 원칙으로 하되, 그래도 색상 식별이 명확하지 않을 경우에는 경기감독관의 결정에 따른다. 이 경우 홈 클럽도 경기감독관의 결정에 따라 교체 착용하여야 한다.
5. 동절기 방한용 내피 상의 또는 하의(타이즈)를 착용하고자 할 때는 유니폼(상·하의) 색상과 동일한 색상을 착용하여야 한다. 이를 위반할 경우 경기출장이 불가하다.
6. 스타킹과 발목밴드(테이핑)는 동일 색상(계열)이어야 한다. 이를 위반할 경우 경기출장이 불가하다.

제26조 (사용구)_ 본 대회의 공식 사용구는 아디다스 '커넥스트15 OMB(adidas conext15 OMB)'로 한다.

제27조 (인터뷰 실시)_

1. 양 클럽 감독은 경기개시 60분~20분전까지 미디어(취재기자에 한함)와 약식 인터뷰를 실시하여야 한다.
2. 홈 클럽은 경기종료 후 15분 이내에 공식기자회견을 개최하여야 한다. 또한, 중계방송사의 요청이 있을 경우 공식기자회견 이전에 그라운드에서도 플래시 인터뷰를 우선 실시하여야 하며, 플래시 인터뷰 이후 공식기자회견을 개최한다. 제재 중인 지도자(코칭스태프 및 팀 스태프 포함)도 경기 종료 후 실시되는 공식 기자회견 및 플래시인터뷰에 참석해야 한다.
3. 모든 기자회견은 연맹이 지정한 인터뷰 배경막(백드롭)을 배경으로 실시하여야 한다.
4. 인터뷰 대상은 미디어가 요청하는 선수와 양 클럽 감독으로 한다.
5. 인터뷰를 실시하지 않거나 참가하지 않을 경우, 해당 클럽과 선수, 감독에게 제재금(50만 원 이상)을 부과할 수 있다.
6. 홈 클럽은 공동취재구역인 믹스드 존(Mixed Zone)을 반드시 마련하여야 하고,

양 클럽 선수단은 경기종료 후 믹스드 존을 통과하여 이동하여야 하며, 미디어의 인터뷰 요청에 최대한 협조하여야 한다.

7. 인터뷰에서는 경기의 판정이나 심판과 관련하여 일체의 부정적인 언급이나 표현을 할 수 없으며, 위반 시 다음 각 호에 의한다.
   1) 각 클럽 소속 선수, 코칭스태프, 팀 스태프, 임직원 등 모든 관계자에게 적용되며, 위반할 시 상벌규정 유형별 징계기준 제2조 가.항 혹은 나.항을 적용하여 제재를 부과한다.
   2) 공식 인터뷰뿐만 아니라 대중에게 공개될 수 있는 어떠한 경로를 통한 언급이나 표현에도 적용된다.
8. 경기 후 미디어 부재로 공식기자회견을 개최하지 않은 경우, 홈 팀 홍보담당자는 양 클럽 감독의 코멘트를 경기 종료 1시간 이내에 각 언론사에 배포한다.

제28조 (중계방송협조)_

1. 시합의 TV방송권 및 라디오 방송권은 K리그에 귀속된다.
2. 본 대회의 경기 중계방송 시 카메라나 중계석 위치 확보, 방송 인터뷰를 위해 모든 클럽은 중계 방송사와 연맹의 요청에 최대한 협조한다.
3. 사전에 지정된 경기시간은 방송사의 요청에 따라 변경될 수 있다.

제29조 (경기장 안전과 질서유지)_

1. 홈 클럽은 경기개시 180분 전부터 경기종료 후 모든 관중 및 관계자가 퇴장할 때까지 선수, 팀 스태프, 심판을 비롯한 전 관계자와 관중의 안전 및 질서 유지에 대한 의무와 책임이 있다.
2. 홈 클럽은 앞 항의 의무 실시를 위해 최선의 노력을 다해야 하며, 경기장 안전 및 질서를 어지럽히는 관중에 대해 그 입장을 제한하고 강제 퇴장시키는 등의 적정한 조치를 취할 수 있다.
3. 연맹, 홈 또는 원정 클럽, 선수, 코칭스태프 및 팀 스태프, 관계자를 비방하는 사안이나, 경기진행 및 안전에 지장을 줄 수 있는 모든 사안에 대해서는 경기감독관의 지시에 의해 관련 클럽은 즉각 이를 시정 조치하여야 한다. 만일, 경기감독관의 지시에도 불구하고 시정 조치되지 않을 경우 상벌규정 유형별 징계기준 제5조 마.항에 의거, 해당 클럽에 제재를 부과할 수 있다.
4. 관중의 소요, 난동으로 인하여 경기 진행에 문제가 발생하거나, 선수, 심판, 코칭스태프 및 팀 스태프를 비롯한 관중의 안전과 경기장 질서 유지에 문제가 발생할 경우에는 관련 클럽이 사유를 불문하고 그에 대한 일체의 책임을 부담한다.

제30조 (홈경기 관리책임자, 홈경기 안전책임자 선정 및 경기장 안전요강)_ 모든 클럽은 경기장 안전 및 원활한 진행을 위해 홈경기 관리책임자 및 홈경기 안전책임자를 선정하여 연맹에 보고하여야 하며, 아래의 경기장 안전요강을 숙지하여 실행하고 관중에게 사전 공지 또는 고지하여야 한다. 또한 홈경기 관리책임자 및 홈경기 안전책임자는 경기감독관 및 매치코디네이터의 업무 및 지시 사항에 대해 최대한 협조하여야 한다.

1. 반입금지물: 경기장에 입장하려는 사람 또는 입장한 사람은 홈경기 관리책임자 및 홈경기 안전책임자가 특별히 필요사항에 의해 허락했을 경우를 제외하고 다음 각 호에 명시된 것을 가지고 입장할 수 없다.
   1) 경기장 관리자에 의해 반입을 금지하고 있는 것
   2) 정치적, 사상적, 종교적인 주의 또는 주장 또는 관념을 표시하거나 또는 연상시키고 혹은 대회의 운영에 지장을 미칠 우려가 있는 게시판, 간판, 현수막, 플래카드, 문서, 도면, 인쇄물 등
   3) 연맹의 승인을 득하지 않은 특정의 회사 또는 영리기업의 광고를 목적으로 하여 특정의 회사명, 제품명 등을 표시한 것 (특정 회사, 제품 등을 연상시키는 것 포함)
   4) 그 외 경기운영 또는 진행을 방해하여 타인에게 불편을 주거나 또는 위험하게 하거나 혹은 그러한 우려가 있거나 또는 운영담당·보안담당, 경비종사원이 위험성을 인정하는 것
2. 금지행위: 경기장에 입장하려는 사람 또는 입장한 사람은 홈경기 관리책임자 및 홈경기 안전책임자가 특별히 필요사항에 의해 허락했을 경우를 제외하고는 다음 각 호에 명시되는 행위를 해서는 안 된다.
   1) 경기장 관리자에 의해 금지되고 있는 행위
   2) 정당한 입장권 또는 통행증을 소지하지 않고 입장하는 것
   3) 항의 집회, 데모 등 대회의 원활한 운영을 저해할 우려가 있는 행위
   4) 알코올, 약물 그 외 물질을 소유 및 복용한 상태로 경기장에 입장하는 행위 또는 경기장에 이러한 물질을 방치해 두어 이것들의 영향에 의해 경기운영 또는 타인의 행위 등을 저해하는 행위 (알코올 등의 영향에 의해 정상적인 행위를 할 수 없는 우려가 있는 상태일 경우 입장 불가)
   5) 해당 경기장(시설) 및 관련 장소에서 권유, 연설, 집회, 포교 등의 행위
   6) 정해진 장소 외에서 차량을 운전하거나 주차하는 것
   7) 상행위, 기부금 모집, 광고물의 게시 등의 행위
   8) 정해진 장소 외에 쓰레기 및 오물을 폐기하는 것
   9) 연맹의 승인 없이 영리목적으로 경기장면, 식전행사, 관객 등을 사진 또는 비디오로 촬영하는 것
   10) 연맹의 승인 없이 대회의 음성, 영상의 전부 또는 일부를 인터넷 및 미디어를 통해 전달하는 것
   11) 경기운영 또는 진행을 방해하여 타인에게 폐를 끼치거나 또는 위험을 미치거나 혹은 그러한 우려가 있으면서 경비종사원이 위험성을 인정한 행위
3. 경기장 관련: 경기장에 입장하려는 사람 또는 입장한 사람은 다음 각 호에 명시하는 사항에 준수하여야 한다.
   1) 입장권, 신분증, 통행증 등의 제시가 요구되었을 때는 이것을 제시해야 함
   2) 안전 확보를 위해 수화물, 소지품 등의 검사가 요구되었을 때는 이것에 따라야 함
   3) 사건·사고가 발생하거나 또는 발생 우려가 예상되는 경우, 경비 종사원 또는 치안 당국의 지시, 안내, 유도 등에 따라 행동할 것
4. 입장거부 또는 퇴장명령
   1) 홈경기 관리책임자 및 홈경기 안전책임자는 상기 1항, 2항, 3항의 경기장 안전요강을 위반한 사람의 입장을 거부하여 경기장으로부터의 퇴장을 명할 수 있으며, 상기 1항에 의거하여 반입금지물 몰수 등 필요한 조치를 취할 수 있다.
   2) 홈경기 관리책임자 및 홈경기 안전책임자는 전항에 해당하는 사람 중에서 특히 고의, 상습으로 확인된 사람에 대해서는 이후 개최되는 연맹 주최의 공식경기에 입장을 거부할 수 있다.
   3) 홈경기 관리책임자 및 홈경기 안전책임자에 의해 입장이 거부되거나 경기장에서 퇴장을 받았던 사람은 입장권 구입 대금의 환불을 요구할 수 없다.
5. 권한의 위임_ 홈경기 관리책임자는 특정 시설에 대해 그 권한을 타인에게 위임할 수 있다.
6. 안전 가이드라인 준수: 모든 클럽은 연맹이 정한 'K리그 안전가이드라인'을 준수하여야 한다.

제31조 (기타 유의사항)_ 각 클럽은 아래의 사항을 숙지하고 준수하여야 한다.

1. 양 클럽 감독 및 선수 1명(연맹 지정)은 사전에 연맹이 지정한 미디어 데이에 반드시 참석해야 한다. 미디어 데이에 참석하지 않을 경우, 연맹 규정 제7장 8조에 해당하는 제재를 부과할 수 있다.
2. 모든 취재 및 방송중계 활동을 위한 미디어 관련 입장자는 2013년도 미디어 가이드라인에 따라 입장하여야 하며 이를 준수하여야 한다.
3. 경기에 참가하는 선수단(코칭스태프, 팀 스태프 포함)은 경기시작 100분전에 경기장에 도착하여야 한다.
4. 오픈경기는 본 경기 개최 1시간(60분)전까지 반드시 종료되어야 하며, 연맹의 사전 승인을 받아야 한다.
5. 선수는 신체보호를 위해 반드시 정강이 보호대를 착용하고 경기에 임해야 한다.
6. 경기 중 클럽의 임원, 코칭스태프, 팀 스태프, 선수는 경기장 내에서 흡연을 할 수 없으며, 이를 위반할 경우 퇴장 조치한다.
7. 체육진흥투표권(스포츠토토 등) 발매 이상 징후 대응경보 발생 시, 경기시작 90분전 대응 미팅에 관계자(경기감독관, 매치코디네이터, 양 클럽 관계자 및 감독) 등이 참석하여야 한다.

제32조 (마케팅 권리)_

1. 모든 상업적 권리는 연맹이 보유한다.
2. 홈경기 개최에 필요한 관련 제작물은 홈경기를 개최하는 해당 구단이 제작한다.
3. 본 대회를 활용한 모든 상업 활동은 본 규정에 따라 연맹의 사전 승인을 득해야 한다.

제33조 (부칙)_ 본 대회요강에 명시되지 않은 사항은 연맹 규정에 의거하여 결정 및 시행한다.

현대오일뱅크 K리그 승강 플레이오프 경기기록부

12월 02일 19:00 흐림 수원 종합 관중 2,347명
주심_ 이동준 부심_ 노수용·곽승순·매호영·박진호 대기심_ 임정수 감독관_ 전인석

수원FC 1 0 전반 0 / 1 후반 0 **0 부산**

퇴장	경고	파울	ST(유)	교체	선수명	배번	위치	위치	배번	선수명	교체	ST(유)	파울	경고	퇴장
0	0	0	0		박형순	23	GK	GK	1	이범영		0	0	0	0
1	0	2	0		임하람	2	DF	MF	33	유지훈		1	1	1	0
0	0	1	1(1)		블라단	5	DF	DF	6	이경렬		1	1	0	0
0	1	2	1		이준호	14	DF	DF	4	김종혁		0	2	0	0
0	0	0	4(1)		시시	8	MF	DF	2	박준강		1	1	1	0
0	0	1	0		권용현	16	FW	DF	17	이청웅		0	2	1	0
0	0	4	1	18	임성택	30	FW	MF	13	이규성	19	0	1	0	0
0	0	2	0		황재훈	31	DF	MF	22	전성찬	71	0	2	1	0
0	0	0	0	17	김종우	36	MF	FW	10	웨슬리	8	1	0	0	0
0	0	2	0		김재웅	99	MF	MF	26	홍동현		0	3	2	0
0	0	0	3(2)	13	자파	9	FW	MF	77	최광희		0	3	0	0
0	0	0	0		이인수	21			21	이창근		0	0	0	0
0	0	0	1(1)	후9	김창훈	17			32	구현준		0	0	0	0
0	0	0	0		오광진	19			19	김진규	후5	1(1)	1	0	0
0	0	0	0		김서준	7	대기	대기	71	김익현	후25	0	2	0	0
0	0	0	0	후49	배신영	13			7	한지호		0	0	0	0
0	0	1	2(1)	후34	정민우	18			8	윤동민	후35	0	0	0	0
0	0	0	0		정기운	33			14	정석화		0	0	0	0
1	1	15	13(6)			0			0			5(1)	19	6	0

●후반 40분 자파 GA 정면 → 정민우 GAR 내 R-ST-G (득점: 정민우, 도움: 자파) 오른쪽

12월 05일 16:00 흐림 부산 구덕 6,135
주심_ 우상일 부심_ 김성일·장준모·김종혁·김희곤 대기심_ 정동식 감독관_ 전인석

부산 0 0 전반 0 / 0 후반 2 **2 수원FC**

퇴장	경고	파울	ST(유)	교체	선수명	배번	위치	위치	배번	선수명	교체	ST(유)	파울	경고	퇴장
0	0	0	0		이범영	1	GK	GK	23	박형순		0	0	0	0
0	1	4	1		유지훈	33	DF	DF	5	블라단		1	1	0	0
0	1	4	0		이경렬	6	DF	DF	14	이준호		0	0	0	0
0	1	4	0	15	김종혁	4	DF	DF	17	김창훈		0	1	0	0
0	0	1	0	7	박준강	2	DF	MF	8	시시	13	0	1	0	0
0	0	1	0		이청웅	17	MF	MF	16	권용현	18	1	1	0	0
0	0	5	0		주세종	24	MF	MF	30	임성택		2(1)	4	0	0
0	0	1	0	14	이규성	13	MF	MF	31	황재훈		0	0	0	0
0	1	4	3(3)		웨슬리	10	FW	MF	36	김종우	10	0	2	0	0
0	0	1	1(1)		빌	99	FW	MF	99	김재웅		1	4	1	0
0	0	0	2		최광희	77	FW	FW	9	자파		3(1)	2	1	0
0	0	0	0		이창근	21			21	이인수		0	0	0	0
0	0	0	0		구현준	32			19	오광진		0	0	0	0
0	0	1	0	후27	유지노	15			7	김서준		0	0	0	0
0	0	0	0		김진규	19	대기	대기	13	배신영	후45	0	0	0	0
0	0	0	0		엘리아스	11			10	김한원	후39	0	0	0	0
0	0	1	1(1)	후15	한지호	7			18	정민우	후31	0	0	0	0
0	0	0	0	후45	정석화	14			33	정기운		0	0	0	0
0	4	27	8(5)			0			0			8(2)	16	2	0

●후반 35분 김종우 MFL ~ 임성택 PAL 내 R-ST-G (득점: 임성택, 도움: 김종우) 오른쪽
●후반 49분 자파 PA 정면 내 R-ST-G (득점: 자파) 가운데

하나은행 K리그 올스타전 2015 Team 최강희 vs Team 슈틸리케

• 2015년 7월 17일 (금) 19:30 • 장소 : 안산 와~스타디움 • 관중: 24,772명

Team 최강희 3 : 3 Team 슈틸리케

감독_ 최강희	김병지(GK)	선수	권순태(후 0 정성룡)	감독_ 슈틸리케
레오나르도(전26) 주민규 (도움: 윤빛가람) (후15) 김호남(후18)	오스마르(후 0 윤영선) 요니치 차두리(후 0 최효진) 홍철 김두현(후 0 황지웅) 김승대(후 8 주민규) 레오나르도(후 8 김호남) 신형민(후 0 손준호) 윤빛가람 이동국		김형일(후 10 정승현) 이경렬 임창우(후 0 정동호) 최철순 고요한(후 0 황의조) 권창훈(후 10 조수철) 염기훈 주세종 김신욱(후 16 이정협) 이종호	염기훈(전 10) 황의조(도움: 염기훈) (후 13) 이종호(후 26)

제1조 (대회명)_ 본 대회는 '2015 아디다스 K리그 주니어'라 한다.

제2조 (주최, 주관, 후원)_ 본 대회는 사단법인 대한축구협회(이하 '협회')와 사단법인 한국프로축구연맹(이하 '연맹')이 공동 주최하며, 주관은 해당 팀 프로구단(이하 '구단')이며, 아디다스 코리아에서 후원한다.

제3조 (대회조직위원회 구성)_ 본 대회의 원활한 운영을 위해 주최 측은 대회운영본부(이하 '운영본부')를 별도로 구성한다.

제4조 (대회기간, 일자, 장소, 대회방식)_

1. 대회기간: 3월 21일 ~ 11월 14일 (고등부 후기리그 왕중왕전 개최 유무 및 방식 미정으로 추후 일정 변경 가능성 있음)
2. 대회일자: 토요일 개최를 원칙으로 하며, 경기시간은 14시 기준으로 하며 혹서기(6~9월)에는 16시를 기준으로 한다. 단, 전/후기 각 마지막 라운드의 모든 경기는 반드시 동일한(지정된) 일자와 시간에 실시해야 한다.
3. 대회장소: FIFA 경기규칙에 준하는 경기장으로 구단 연고지역 내에서 개최하는 것을 원칙으로 한다. 천연 잔디 구장 개최를 원칙으로 하되, 사전 운영본부의 승인을 득할 경우 인조 잔디구장의 개최도 가능하다.
4. 경우에 따라 일정 및 장소는 변경될 수 있으며, 팀 사정으로 인한 일정 변경 시 양 구단의 합의 후 반드시 경기 7일전까지 운영본부의 승인을 얻어야 한다.
5. 대회방식: 조별 전/후기 리그 2Round robin[총 220경기(팀당 20경기)]

참가팀		참가팀명 (학교명)
22개팀	A조 11팀	인천(인천대건고), 수원(매탄고), 서울(오산고), 제주(제주유나이티드 U-18), 강원(강릉제일고), 안양(안양공고), 성남(풍생고), 고양(고양HiFC U-18), 수원FC(수원FC U-18), 부천(부천FC1995 U-18), 안산(안산경찰청FC U-18)
	B조 11팀	광주(금호고), 전남(광양제철고), 포항(포항제철고), 울산(현대고), 상주(용문고), 부산(개성고), 경남(진주고), 대전(충남기계공고), 전북(전주영생고), 대구(현풍고), 충주(충주상고)

제5조 (참가팀, 선수, 지도자의 자격)_

1. 본 대회의 참가자격은 2015년도 협회에 등록을 필한 U-18 클럽팀(고교팀 포함)과 선수, 임원, 지도자에 한한다. 단, 지도자의 경우 협회 지도자 자격증 2급 이상을 취득한 자에 한해 참가가 가능하다.
2. 징계 중인 지도자 및 임원은 리그 참가 신청이 가능하나, 경기 중 벤치 착석과 선수 지도(지도자의 경우)는 징계해제 이후부터 할 수 있다.
3. 징계 중인 선수의 경우 대회기간 중징계가 해제되는 선수에 한해 참가를 신청할 수 있다. 단, 벤치 착석 및 경기 출전은 징계해제 이후부터 할 수 있다.
4. 지도자와 임원은 시기에 상관없이 등록 승인을 받은 후 참가신청을 할 수 있다.
5. 지도자 및 임원은 중복으로 참가신청을 할 수 없다.(팀 단장의 중복 신청만 허용한다)

제6조 (선수의 등록 및 리그 참가신청)_

1. 정기 등록은 매년 1월부터 3월 중 협회가 지정하는 기간에 실시한다.
2. 추가 등록은 5월과 7월에 실시한다(토, 일요일, 법정 공휴일, 근로자의 날 제외).
3. 선수는 협회가 지정한 정기 등록 기간(1~3월 중) 및 5, 7월에 추가 등록한 후 리그 참가신청을 하여야 한다.
4. 등록기간 중 등록 승인을 받았으나 리그 참가신청을 하지 못한 선수는 매월 초(4월부터 10월 이내, 기준 협회 근무일 3일간) 내에 리그 참가신청이 가능하다.
5. 선수의 리그 출전은 리그 참가신청 승인을 받은 날로부터 2일 이후부터 경기에 출전할 수 있다.
6. 선수는 팀당 18명 이상 리그 참가신청을 하여야 한다.
7. 리그 참가신청 시 유니폼 번호는 1번부터 99번까지 가능하며 중복되지 않아야 한다. 선수는 리그 참가신청 이후 유니폼 번호를 변경할 수 없다. 단, 선수의 이적이나 탈퇴로 인해 유니폼 번호가 결번될 경우 추가로 리그 참가신청을 하는 선수는 비어 있는 번호를 사용할 수 있다.

제7조 (선수 활동의 개시)_

1. 이적 선수는 동일 시·도 내의 팀으로 이적할 경우에는 최종 출전일을 기준으로 3개월 이후, 타 시·도의 팀으로 이적할 경우에는 최종 출전일을 기준으로 6개월 이후에 경기 출전이 가능하다. 타 시·도 이적 후 출전 제한 기간 내에 동일 시·도의 팀으로 이적할 경우에는 최종 출전일을 기준으로 6개월을 경과해야 한다.
2. 연령초과 및 유급 선수는 유급 직전 연도에 최종 출전한 경기일 이후부터 등록 당해 연도에 출전 가능하다.
3. 해체된 팀의 선수는 참가 승인을 받은 날로부터 2일 이후부터 경기에 출전할 수 있다. 해체된 팀의 선수가 다른 팀으로 이적할 경우, 시기에 상관없이 등록 승인을 받은 후 대회 참가신청이 가능하며, 참가 승인을 받은 날로부터 2일 이후부터 경기에 출전할 수 있다.
4. 해외의 학교 또는 팀으로 그 소속을 옮긴 선수가 귀국하여 원래의 국내 소속팀으로 복귀할 경우, 시기에 상관없이 등록 승인을 받은 후 리그 참가신청이 가능하며, 참가 승인을 받은 날로부터 2일 이후 경기에 출전할 수 있다.
5. 외국인 선수는 대한축구협회 등록규정에 의거하여 선수등록 후 리그 참가신청이 가능하다.
6. 신규 등록(최초 등록) 선수는 리그 참가 승인일로부터 2일 이후에 경기에 출전할 수 있다.
7. 위 1항에서 6항까지의 규정은 본 대회에만 해당되며, 방학 중 전국 대회를 포함한 다른 대회의 이적 선수 출전 규정은 해당 대회의 규정에 따른다.

제8조 (경기규칙)_ 본 대회는 FIFA(국제축구연맹, 이하'FIFA') 경기규칙에 준하여 실시하며, 특별한 사항은 운영본부가 결정한다.

제9조 (경기시간)_

1. 본 대회의 경기 시간은 전·후반 각 45분으로 하고, 필요시 전·후반 각 15분의 연장전을 실시하며, 하프타임 휴식시간은 '10분 전후'로 하되15분을 초과하지 않으며, 원활한 경기 진행을 위해 운영본부의 통제에 따라야 한다.

제10조 (공식 사용구)_ 본 대회의 공식 사용구는 '낫소 프리미엄 패트리어트'로 한다.

제11조 (순위결정 및 왕중왕전 진출)_

1. 본 대회 승점은 승 3점, 무 1점, 패 0점으로 한다.
2. 본 대회 순위결정은 리그 최종성적을 기준으로 승점을 우선으로 하되, 승점이 같은 경우 골득실차 → 다득점 → 승자승(승점 → 골 득실차 순서로 비교) → 페어플레이점수 → 추첨 순서로 정한다. 단, 3개팀 이상 다득점까지 동률일 경우 승자승을 적용하지 않고 페어플레이점수 → 추첨 순서로 순위를 결정한다.

> ※ 페어플레이 점수 부여 방식: 벌점 누계가 낮은 팀이 상위 순위에 위치함
> : 선수는 경고 1점, 경고누적 퇴장 2점, 직접퇴장 3점의 벌점을 부여
> : 지도자 및 임원 퇴장 시에는 각 벌점 4점 부여
> : 징계위원회 회부에 따른 결정 사항에 따라 경고 1점, 출전정지 1경기당 2점의 벌점 부여
> (기간으로 부여되는 경우 1개월 기준으로 4경기 출전정지로 간주함)
> : 위 사항은 선수 및 지도자 개인별로 각각 적용됨
> : 상벌소위원회에 의해 결정된 팀 경고는 5점의 벌점 부여

3. 전/후기 리그 각각 승점을 부여한다.(전기리그 승점이 후기리그에 연계되지 않음)
4. 순위결정에 의해 A조 1~4위, B조 1~4위팀(총 8팀)이 전기리그 왕중왕전에 자동 진출한다. '후기리그 왕중왕전' 개최 유무 및 방식, 왕중왕전 진출팀 수 등은 추후 별도 공지한다.

제12조 (선수의 출전 및 교체)_

1. 본 대회의 경기에 참가하는 팀은 출전 선수 명단을 해당 팀에서 대한축구협회 인터넷 등록 사이트(joinkfa.com)로 접속하여 출력 후, 경기 개시 60분 전까지 출전 선수 18명(선발 출전 11명과 교체 대상 7명)의 명단과 KFA 선수 등록증(AD카드)을 해당 리그운영 경기감독관에게 제출해야 함을 원칙으로 한다.
   1) 선발 출전선수 11명은 KFA 선수 등록증(AD카드)을 소지하고 장비 검사를 받아야 한다.
   2) 경기 중 교체 선수는 본인의 KFA 선수 등록증(AD카드)을 직접 감독관 또는 대기심판에게 제출하여 교체 승인을 받은 후 교체하여야 한다.
   3) KFA 선수 등록증(AD카드)를 제출하지 않은 선수는 해당 경기에 출전할 수 없다.

2. 선수교체는 팀당 7명 이내로 하되, 경기 개시 전에 제출된 교체 대상 선수(7명)에 한한다.
3. 팀이 출전선수 명단을 제출한 후 선발 출전 선수를 교체하고자 할 경우,
 1) 위 2항에 제출된 교체대상 선수 7명 중 경기 개시 전까지 '리그운영감독관 승인하에' 교체할 수 있다.
 2) 이 경우 선수 교체로 간주하지 않는다.
 3) 경기 개시 전 선발 출전 선수와 교체 선수가 바뀐 것을 주심에게 알리지 않았을 경우에는 FIFA 경기규칙서 '규칙3 – 위반과 처벌' 규정에 따른다.
4. 다음과 같은 조건의 선수가 경기에 출전하였을 경우에는 즉시 퇴장조치한 후(교체 불가) 경기는 계속 진행하며, 해당 팀의 지도자에 대해서는 리그징계위원회에 회부한다.
 1) 참가 신청서 명단에는 있으나 출전 선수 명단에 없는 선수
 2) 이적 후 출전 정지 기간 미경과 선수 3) 징계기간 미경과 선수
 4) 유급선수의 경우 유급 직전연도 리그 출전일이 미경과한 선수
 5) 연령초과의 세 번째 출전선수(제7조 2항 연령초과 및 유급선수의 경기출전 규정 위반)
5. 단, 4.의 2), 3), 4), 5)의 경우 본 대회에서는 팀 승점을 3점 감점하고 왕중왕전에서는 몰수패 처리한다.

제13조 (벤치 착석 대상)_

1. 경기 중 벤치에 앉을 수 있는 사람은 리그 참가 신청 명단에 기재된 지도자 및 선수, 임원(축구부장, 트레이너, 의무, 행정 등)에 의한다.
2. 임원의 경우 벤치 착석은 가능하나 지도는 불가하다.
3. 지도자, 임원은 반드시 자격증 또는 KFA 선수 등록증(AD카드)을 패용하고 팀 벤치에 착석하여야 한다.
4. 징계 중인 지도자, 임원, 선수는 징계 해제 이후부터 벤치에 착석할 수 있다.
5. 경기 중 팀 벤치에서의 전자통신기기를 사용한 의사소통은 불가하다.

제14조 (경기 운영)_

1. 홈 팀은 다음과 같은 경기 시설, 풀품, 인력을 준비해야 할 의무가 있다.
 1) 시설: 경기장라인, 코너깃대 및 코너깃발, 팀 벤치, 본부석/의무석(의자, 책상, 텐트), 스코어보드(팀명, 점수판), 의료인석 대기석, 선수/심판 대기실, 골대/골망, 화장실, 팀 연습장(워밍업 공간)
 2) 물품: 시합구, 볼펌프, 들것, 교체판, 스태프 조끼, 리그 현수막, 벤치팀명 부착물, 구급장비가 구비된 구급차
 3) 인력: 경기운영 보조요원, 안전/시설담당, 의료진, 볼보이, 들것요원
2. 홈 팀은 경기 중 또는 경기 전·후에 선수, 코칭스태프, 심판을 비롯한 전 관계자와 관중의 안전 및 질서 유지에 대한 의무와 책임이 있다.

제15조 (응급치료비 보조)_

1. 경기 중 발생한 부상선수에 대한 치료비는 구단 명의의 공문으로 중앙운영본부원회로 신청한다.
2. 최초 부상일로부터 발생시 20일 이내 신청하여야 하며, 기한 내 신청하지 않은 팀 또는 단체는 지원 대상에서 제외된다.
3. 경기 당일 발생한 응급치료비에 한하여 200,000원까지만 지원한다.
4. 제출서류: 1) 해당 팀 소속 구단 명의 공문 1부
 2) 해당선수가 출전한 경기의 리그운영감독관 보고서 사본 1부
 ※리그운영감독관 보고서에 있는 부상선수 발생 보고서에 기재된 선수에 한하여 치료비 지급
 3) 진료영수증 원본
 4) 해당선수 소속 구단 계좌사본(지도자 명의의 계좌 사본 제출은 불가하고 학부모 계좌 사본 제출 시 가족관계증명서 제출)

제16조 (재경기 실시)_

1. 불가항력적인 사유(필드 상황, 날씨,, 정전에 의한 조명 문제 등)로 인해 경기 중단 또는 진행이 불가능하게 된 경기를 '순연경기'라 하고, 순연된 경기의 개최를 '재경기'라 한다.
2. 재경기는 중앙 조직위원회 또는 운영본부가 결정하는 일시, 장소에서 실시한다.
3. 득점차가 있을 때는 중단 시점에서부터 잔여 시간만의 재경기를 갖는다.
 1) 출전선수 및 교체대상 선수의 명단은 순연경기 중단 시점과 동일하여야 한다.
 2) 선수교체는 순연경기를 포함하여 팀당 7명 이내로 한다.
 3) 순연경기에서 발생된 모든 기록(득점, 도움, 경고, 퇴장 등)은 유효하다.
4. 득점차가 없을 때는 전·후반 경기를 새로 시작한다.
 1) 출전선수 및 교체대상 선수의 명단은 순연경기와 동일하지 않아도 된다.
 2) 선수교체는 순연경기와 관계없이 팀당 7명 이내로 한다.
 3) 경기기록은 순연경기에서 발생된 경고, 퇴장 기록만 인정한다.
5. 경고(2회 누적 포함), 퇴장, 징계 등 출전정기 대상자는 경기번호의 변동에 관계없이 가장 가까운 일정의 경기 순서대로 연계 적용한다.
6. 심판은 교체 배정할 수 있다.

제17조 (경고)_

1. 경기 중 경고 2회로 퇴장당한 선수는 다음 1경기에 출전하지 못한다.
2. 경기 중 1회 경고를 받은 선수가 경고 없이 바로 퇴장을 당할 경우, 다음 1경기에 출전하지 못하며, 당초에 받은 경고는 그대로 누적된다.
3. 경고를 1회 받은 선수가 다른 경기에서 경고 2회로 퇴장당했을 경우, 퇴장 당시 받은 경고 2회는 경고 누적 횟수에서 제외된다.
4. 본 대회에서 서로 다른 경기에서 각 1회씩 2회 누적하여 경고를 받은 선수는 다음 1경기에 출전할 수 없다.
5. 4항에서 말하는 다음경기라 함은 경기번호의 변동에 관계없이 가장 가까운 일정의 경기를 말한다.
6. 본 대회에서 받은 경고는 왕중왕전에 연계되지 않는다.
7. 선수가 본 리그 기간 중 이적하더라도 이미 받은 경고는 새로 이적한 팀에서 연계 적용된다.
8. 전기리그에서 받은 경고는 후기리그로 연계되지 않는다.

제18조 (퇴장)_

1. 경기 도중 퇴장 당한 선수, 지도자, 임원은 다음 1경기에 출전하지 못한다.
2. 퇴장 사유의 경중에 따라 중앙 조직위원회는 잔여 경기의 출전금지 횟수를 결정할 수 있다.
3. 본 대회에서 당한 퇴장은 왕중왕전에 연계 적용된다.
4. 경기 도중 선수들을 터치라인 근처로 불러 모아 경기를 중단시키는 지도자 또는 임원은 즉시 퇴장 조치하고, 리그 징계 위원회에 회부 한다.
5. 주심의 허락 없이 경기장에 무단 입장하거나, 시설 및 기물 파괴, 폭력 조장 및 선동, 오물투척 등 질서 위반행위를 한 지도자와 임원은 즉시 퇴장 조치하고 리그 징계 위원회에 회부 한다.
6. 경기 도중 퇴장 당한 선수가 본 리그 기간 중 이적하더라도 본 리그에서는 퇴장의 효력이 그대로 연계 적용된다.
7. 위 항에서 말하는 다음경기라 함은 경기번호의 변동에 관계없이 가장 가까운 일정의 경기를 말한다.
8. 전기리그에서 받은 퇴장은 후기리그로 연계되지 않는다.

제19조 (몰수)_ ※ 용어 변경: 변경 전 – 실격, 변경 후 – 몰수

1. 몰수라 함은 경기 결과에 관계없이 해당 경기에 대한 팀의 자격 상실을 말한다.
2. 다음 경우에 해당하는 팀은 몰수 처리한다.
 1) 팀이 일정표상의 경기 개시 시각 15분전까지 경기장에 도착하지 않을 경우. 단, 천재지변 등 불가피한 사유는 제외한다.
 2) 등록은 하였으나 리그 참가신청서 명단에 없는 선수가 출전했을 경우.
 3) 경기 당일 첫 번째 경기를 갖는 팀의 경우 일정표 상에 명시된 경기 개시 시간 15분 전까지 KFA 선수 등록증(AD카드) 소지자가 7명 미만일 경우 해당 경기 몰수 처리 한다.
 4) 경기 당일 첫 번째 경기 이후 경기를 갖는 팀의 경우 앞 경기 종료 15분 전까지 KFA 선수 등록증(AD 카드) 소지자가 7명 미만일 경우 해당경기 몰수 처리 한다.
 5) 경기 도중 심판 판정 또는 기타 사유로 팀이 경기를 지연하거나 집단으로 경기장을 이탈한 뒤 감독관 등으로부터 경기 재개 통보를 받은 후 3분 이내에 경기에 임하지 않을 경우.
 6) 위 '마'의 경기 지연 또는 경기장 이탈 행위를 한 팀이 3분 이내에 경기에 임했으나 경기 재개 후 재차 경기를 지연하거나 집단으로 경기장을 이탈한 뒤, 감독관 등으로부터 경기 재개 통보를 받은 후 주어진 3분 중에서 잔여 시간 내에 경기를 재개하지 않을 경우
 7) 등록하지 않은 선수가 경기에 출전한 경우

8) 다른 선수의 KFA 선수 등록증(AD카드)을 제출 후 경기에 참가시킨 경우
9) 그 외의 경기 참가 자격 위반 행위나 경기 포기 행위를 할 경우
3. 해당 경기 몰수 팀에 대해서는 패 처리하며, 상대팀에게는 스코어 3 : 0 승리로 처리한다. 또한 본 대회에서는 승점 3점을 준다. 단, 세 골 차 이상으로 승리했거나 이기고 있었을 경우에는 해당 스코어를 그대로 인정한다.
4. 몰수 처리 경기라 하더라도 득점, 경고, 퇴장 등 양 팀 선수 개인의 경기 기록은 인정한다.

제20조 (실격)_ ※ 용어 변경 : 변경 전 – 몰수, 변경 후 – 실격
1. 실격이라 함은 본 대회 모든 경기에 대한 팀의 자격 상실을 말한다.
2. 다음 경우에 해당하는 팀은 실격으로 처리한다.
1) 참가 신청 후 본 대회 전체 일정에 대한 불참 의사를 밝힌 경우
2) 본 대회의 잔여 경기를 더 이상 치를 수 없는 상황이 발생한 경우
3) 본 대회에서 몰수를 2회 당한 경우
3. 대회 전체경기 수의 1/2 이상을 수행하지 않았을 때, 실격팀이 발생한 경우에는 실격팀과의 잔여 경기를 허용하지 않으며 대회에서 얻은 승점 및 스코어를 모두 무효 처리한다. 단, 대회 전체경기 수의 1/2 이후에 실격팀이 발생한 경우에는 이전 경기결과를 인정하고, 잔여경기는 3:0으로 처리한다.
4. 실격 팀과의 경기라 하더라도 출전, 득점, 경고, 퇴장 등 양 팀 선수 개인의 경기 기록은 인정한다.

제21조 (징계 회부 사항)_
1. 징계기간 미경과 선수가 출전하였을 경우.
2. 징계중인 지도자가 팀 벤치 또는 공개된 장소에서 지도 행위를 했을 경우.
3. 경기 중 지도자 또는 임원이 벤치 이외의 장소에서 팀을 지도했을 경우.
4. 경기 중 앰프를 사용한 응원을 했을 경우.
5. 몰수 또는 실격 행위를 했을 경우.
6. 등록 또는 리그 참가 신청과 관련한 문제로 인해 징계 심의가 필요한 경우.
7. 근거 없이 경기 진행에 지장을 주는 항의를 하였다고 판단될 경우.
8. 기타 대회 중 발생한 경기장 질서문란 행위 및 경기 중 또는 경기 후에라도 심각한 반칙행위나 불법행위가 적발되어 징계 심의가 필요하다고 인정되는 경우.
9. 유급선수가 유급 직전 년도에 최종 출전한 경기일이 경과하지 않은 상태에서 출전하였을 경우.
10. 경기 중 폭언, 폭설(욕설), 인격모독, 성희롱 행위를 한 지도자, 임원, 선수의 경우
11. 이적 후 출전 정지기간 미경과 선수가 출전하였을 경우.
12. 3명 이상의 연령초과선수를 출전시킨 경우(조기입학으로 인하여 유급한 자는 제외)

제22조 (시상)_ 본 대회의 시상 내역은 다음과 같으며, 전/후기 리그 조별 각각 시상한다.
1. 단체상: 우승, 준우승, 3위, 페어플레이팀상
※ 그린카드상은 KFA 기준에 따라 KFA 시상식을 통해 별도 시상.
2. 개인상: 최우수선수상, 득점상, 수비상, GK상, 지도자상(감독, 코치)
3. 득점상의 경우 다득점 선수 - 출전경기수가 적은선수 - 출전시간이 적은 선수 순으로 한다.
4. 득점상의 경우 3명 이상일 때는 시상을 취소한다.
5. 대회 중 퇴장조치 이상의 징계를 받은 선수 및 지도자는 경중에 따라 시상에서 제외될 수 있다.
6. 본 대회 및 왕중왕전에서 실격 이상의 팀징계를 받을 경우 모든 시상 및 포상에 대한 지급대상에서 제외될 수 있으며, 또한 환수조치 할 수 있다.
7. 특별한 사유가 발생할 경우 시상 내역이 변경될 수 있으며, 시상에 관련한 사항은 운영본부 결정에 의한다.

제23조 (도핑)_
1. 도핑방지규정은 선수의 건강보호와 공정한 경기운영을 위함이며, 협회에 등록된 선수 및 임원은 한국도핑방지위원회[www.kada-ad.or.kr]의 규정을 숙지하고 준수할 의무가 있다.
2. 본 대회 기간 중 한국도핑방지위원회(이하 'KADA')에서 불특정 지목되어진 선수는 KADA에서 시행하는 도핑검사 절차를 반드시 준수해야 한다.
3. 본 대회 전 또는 기간 중 치료를 위해 금지약물을 복용할 경우, KADA의 지침에 따라 해당 선수는 치료 목적 사용면책(이하'TUE') 신청서를 작성/제출해야 한다.
4. 협회 등록 소속 선수 및 관계자 (감독, 코치, 트레이너, 팀의무, 기타임원 등 모든 관계자)는 항상 도핑을 방지할 의무가 있으며, 본 규정에 따라 KADA의 도핑검사 절차에 어떠한 방식으로도 관여할 수 없다.
5. 도핑검사 후 금지물질이 검출 된 경우 KADA의 제재 조치를 따라야 한다.

제24조 (기타)_
1. 참가신청서 제출 시 주 유니폼과 보조유니폼을 구분 제출하여야 하며, 경기 출전 시 각 팀은 주 유니폼과 보조 유니폼을 필히 지참해야 한다. 양팀 주 유니폼의 색상이 동일할 때는 원정팀이 보조 유니폼을 착용한다. 이럴 경우에도 색상 구분이 명확하지 않을 경우 홈팀이 보조 유니폼을 착용한다.
2.경기에 출전하는 선수의 상하 유니폼 번호는 반드시 참가신청서에 기재된 것과 동일하여야 한다. 동일하지 않을 경우 해당 선수는 참가 신청서에 기재된 번호가 새겨진 유니폼으로 갈아입고 출전해야 한다. 이를 위반하는 선수는 해당 경기에 출전할 수 없다. 참가신청서의 번호와 다른 번호의 유니폼을 착용하여 이를 지적받고도 정정하지 않을 경우 선수는 해당경기의 출전을 금한다. 단, 유니폼의 선수 배번은 명확히 식별할 수 있도록 제작한다.
3. 경기에 출전하는 모든 선수들(선발 11명 외 교체선수 포함)은 KFA 선수 등록증(AD카드)을 지참하여 경기 출전 전 리그감독관에게 확인 및 제출해야 한다. KFA 선수 등록증(AD카드)을 지참하지 않았을 시, 해당 선수는 경기에 출전하지 못한다. 교체 선수는 본인의 KFA 선수 등록증(AD카드)을 지참 후 감독관에게 직접 제출하여 교체 승인 후 교체되어야 한다.
4. 출전선수는 신체 보호를 위해 반드시 정강이 보호대(Shin Guard)를 착용하고 경기에 임해야 한다.
5. 기능성 의류를 입고 출전할 때는, 상 · 하 유니폼과 각각 동일한 색상을 입어야 한다.
6. 경기에 출전하는 팀의 주장 선수는 완장을 차고 경기에 출전하여야 한다.
7. 지도자는 신분확인을 위해 지도자 자격증(2급 이상)을 반드시 소지해야 한다.
8. 대회에 참가하는 모든 선수는 참가팀에서 반드시 의료적으로 신체에 이상이 없는 선수(심장 질환 및 호흡기 질환 등 의료학적 이상이 없는 선수)를 출전시켜야 하며, 문제가 발생할 경우 해당 팀에서 모든 책임을 감수하여야 한다.
9. 참가팀은 의무적으로 선수보호를 위한 보험에 가입하여야 하며, 기타 안전대책을 강구하여 반드시 시행해야 한다. 소속 선수들의 안전을 위해 경기 참가 전에 건강상태 등을 점검하여야 한다.
10. 경기와 관련한 제소는 육하원칙에 의해 팀 대표자 명의로 공문을 작성하여 경기 종료 후 48시간 이내에 하여야 하며, 경기 중 제소는 허용하지 않으며, 심판 판정에 대한 제소는 대상에서 제외 한다.
11. 리그에 참가하는 팀은 반드시 리그운영규정을 확인하고 숙지해야 할 의무가 있다. 미 확인(숙지)에 따른 불이익은 해당팀이 감수하여야 한다.
12. 대회운영은 협회 국내대회승인 및 운영규정에 의거하여 실시한다.

제25조 (마케팅 권리)_
1. 본 대회 마케팅과 관련된 모든 권리는 운영본부에 있으며, 미 승인된 마케팅의 활동은 금지한다.
2.참가팀은 운영본부의 상업적 권리 사용에 대해 적극 협조하여야 한다.

제26조 (부칙)_
1. 본 대회규정에 명시되지 않은 사항은 운영본부의 결정 및 전국 초중고 축구리그 운영 규정에 의한다.
2.대회 중 징계사항은 대회운영본부의 확인 후, 초중고 리그 징계위원회의 결정에 의한다.

2015 아디다스 K리그 주니어 경기일정표

경기일자	시간	대진	장소
2015.08.22	17:00	고양 0.1 강원	중산구장
2015.08.22	16:00	서울 3.2 인천	챔피언스파크
2015.08.22	16:00	제주 0.0 수원	걸매B구장
2015.08.22	16:00	안산 2.3 부천	원시운동장
2015.08.22	16:00	수원FC 1.1 안양	수원W보조
2015.08.22	16:00	전북 0.1 전남	전주W보조
2015.08.22	16:00	부산 4.3 상주	개성고
2015.08.22	16:00	대구 1.2 경남	현풍고
2015.08.22	16:00	울산 1.2 포항	서부B구장
2015.08.22	16:00	충주 0.1 광주	충주상고
2015.08.29	16:00	서울 4.0 고양	챔피언스파크
2015.08.29	16:00	안양 1.1 안산	석수체육공원
2015.08.29	16:00	인천 1.0 강원	송도LNG
2015.08.29	16:00	부천 0.1 제주	부천종합보조
2015.08.29	16:00	수원 0.0 성남	수원클럽하우스
2015.08.29	16:00	부산 0.5 포항	개성고
2015.08.29	16:00	대전 1.0 전북	충남기계공고
2015.08.29	16:00	상주 1.0 대구	상주국민
2015.08.29	16:00	경남 1.2 충주	진주공설
2015.08.29	16:00	광주 1.3 울산	금호고
2015.09.05	16:00	성남 3.1 서울	성남1종합
2015.09.05	16:00	고양 1.4 제주	중산구장
2015.09.05	16:00	강원 0.2 수원	강릉강남축구공원
2015.09.05	16:00	인천 3.1 부천	인천축구전용경기장
2015.09.05	16:00	안산 0.2 수원FC	와동인조구장
2015.09.05	16:00	전남 1.0 대전	송죽구장
2015.09.05	16:00	포항 3.0 상주	양덕스포츠타운
2015.09.05	16:00	대구 0.4 광주	현풍고
2015.09.05	16:00	울산 1.1 부산	서부B구장
2015.09.05	16:00	충주 1.1 전북	충주상고
2015.09.12	17:00	고양 2.2 안산	대화구장
2015.09.12	16:00	강원 3.3 안양	강릉강남축구공원
2015.09.12	16:00	부천 0.1 성남	오정대공원
2015.09.12	16:00	수원FC 1.4 서울	수원W보조
2015.09.12	16:00	제주 0.0 인천	걸매B구장
2015.09.12	16:00	대전 3.2 충주	충남기계공고
2015.09.12	16:00	포항 4.2 전남	양덕스포츠타운
2015.09.12	16:00	상주 1.0 광주	상주국민
2015.09.12	16:00	울산 3.1 대구	서부B구장
2015.09.12	16:00	전북 4.1 경남	전주W보조
2015.09.18	16:00	경남 1.5 울산	진주모덕
2015.09.19	16:00	부산 3.2 대전	개성고
2015.09.19	16:00	서울 1.1 제주	챔피언스파크
2015.09.19	16:00	성남 1.1 강원	탄천변구장
2015.09.19	16:00	안양 1.0 부천	석수체육공원
2015.09.19	15:00	인천 2.0 수원FC	송도LNG
2015.09.19	10:00	수원 2.0 고양	수원W보조
2015.09.19	16:00	전북 0.5 포항	전주W보조
2015.09.19	16:00	광주 2.0 전남	금호고
2015.09.19	16:00	상주 1.1 충주	상주국민
2015.10.03	14:00	성남 3.0 고양	성남1종합
2015.10.03	14:00	부천 3.3 강원	오정대공원
2015.10.03	14:00	안산 0.3 서울	와동인조구장
2015.10.03	15:00	안양 0.0 인천	석수체육공원
2015.10.03	14:00	수원FC 1.5 수원	수원W보조
2015.10.03	14:00	충주 1.1 부산	충주상고
2015.10.03	14:00	대구 2.5 대전	현풍고
2015.10.03	14:00	포항 4.1 경남	양덕스포츠타운
2015.10.03	14:00	울산 2.0 전북	서부B구장
2015.10.03	14:00	전남 1.0 상주	송죽구장
2015.10.10	14:00	제주 3.1 성남	걸매B구장
2015.10.10	14:00	부천 0.2 수원FC	오정대공원
2015.10.10	14:00	수원 4.1 안산	수원W보조
2015.10.10	14:00	서울 0.0 강원	챔피언스파크
2015.10.10	14:00	고양 2.2 안양	중산구장
2015.10.10	14:00	경남 0.1 광주	진주공설
2015.10.10	14:00	전남 2.1 대구	송죽구장
2015.10.10	14:00	전북 0.2 부산	전주W보조
2015.10.10	14:00	충주 1.2 포항	충주상고
2015.10.10	14:00	대전 3.3 울산	충남기계공고
2015.10.24	14:00	수원FC 1.3 고양	수원W보조
2015.10.24	14:00	부천 0.2 서울	오정대공원
2015.10.24	15:00	안양 2.3 성남	석수체육공원
2015.10.24	14:00	인천 1.0 수원	승기구장(천연)
2015.10.24	14:00	안산 0.2 제주	와동인조구장
2015.10.24	14:00	상주 1.1 경남	상주시민보조
2015.10.24	14:00	부산 4.1 전남	개성고
2015.10.24	14:00	광주 3.2 전북	금호고
2015.10.24	14:00	대구 1.1 충주	현풍고
2015.10.24	14:00	포항 5.0 대전	양덕스포츠타운
2015.10.31	14:00	성남 3.4 인천	탄천변구장
2015.10.31	14:00	강원 6.0 안산	강릉제일고
2015.10.31	14:00	제주 4.2 수원FC	걸매B구장
2015.10.31	14:00	고양 1.1 부천	중산구장
2015.10.31	14:00	수원 4.0 안양	수원W보조
2015.10.31	14:00	대구 1.3 부산	현풍고
2015.10.31	14:00	울산 3.1 상주	서부B구장
2015.10.31	14:00	광주 2.2 포항	금호고
2015.10.31	14:00	전남 3.2 충주	송죽구장
2015.10.31	14:00	대전 1.3 경남	충남기계공고
2015.11.07	14:00	서울 0.0 안양	챔피언스파크
2015.11.07	14:00	제주 1.0 강원	걸매B구장
2015.11.07	14:00	안산 0.9 인천	원시운동장
2015.11.07	14:00	수원FC 4.1 성남	여기산공원
2015.11.07	14:00	부천 0.0 수원	오정대공원
2015.11.07	14:00	대전 2.1 상주	충남기계공고
2015.11.07	14:00	충주 1.3 울산	충주상고
2015.11.07	14:00	경남 2.2 전남	진주공설
2015.11.07	14:00	전북 1.3 대구	전주W보조
2015.11.07	14:00	부산 1.1 광주	개성고
2015.11.14	14:00	수원 0.0 서울	수원W보조
2015.11.14	14:00	안양 2.1 제주	석수체육공원
2015.11.14	14:00	강원 0.0 수원FC	강릉제일고
2015.11.14	14:00	인천 1.0 고양	송도LNG

경기일자	시간	대진	장소
2015.11.14	14:00	성남 3 : 1 안산	탄천종합운동장
2015.11.14	14:00	경남 2 : 1 부산	진주공설
2015.11.14	14:00	포항 4 : 1 대구	양덕스포츠타운
2015.11.14	14:00	광주 2 : 1 대전	금호고
2015.11.14	14:00	전남 2 : 5 울산	송죽구장
2015.11.14	14:00	상주 1 : 1 전북	상주국민

2015 아디다스 K리그 주니어 리그 팀 순위

A조

순위	팀명	경기수	승점	승	무	패	득점	실점	득실차
1	인천	10	23	8	1	1	23	6	17
2	서울	10	23	7	2	1	15	4	11
3	수원	10	19	6	1	3	20	9	11
4	안양	10	18	5	3	2	19	8	11
5	성남	10	18	5	3	2	16	10	6
6	제주	10	17	4	5	1	17	8	9
7	부천	10	9	2	3	5	7	12	-5
8	강원	10	7	3	2	5	9	11	-2
9	안산	10	6	1	3	6	5	16	-11
10	고양	10	5	1	2	7	5	25	-20
11	수원FC	10	1	0	1	9	7	34	-27

B조

순위	팀명	경기수	승점	승	무	패	득점	실점	득실차
1	울산	10	21	6	3	1	23	11	12
2	포항	10	20	6	2	2	16	7	9
3	전남	10	18	5	3	2	17	9	8
4	부산	10	18	6	0	4	20	16	4
5	광주	10	17	5	2	3	21	17	4
6	경남	10	15	4	3	3	17	15	2
7	전북	10	14	4	2	4	11	16	-5
8	상주	10	11	3	2	5	13	17	-4
9	충주	10	9	2	3	5	14	22	-8
10	대전	10	6	1	3	6	6	17	-11
11	대구	10	4	1	1	8	13	24	-11

2015 아디다스 K리그 주니어 득점 순위

순위	선수명	팀명	득점	경기수	교체수	경기당 득점
1	권기표	포항	12	15	8	0.80
2	박형민	인천	12	18	8	0.67
3	이건희	경남	10	14	4	0.71
4	이윤환	부천	9	14	5	0.64
5	김문수	안양	9	16	10	0.56
6	손민우	광주	9	16	3	0.56
7	지원근	충주	9	17	8	0.53
8	강영웅	부산	9	20	18	0.45
9	전세진	수원	9	20	11	0.45
10	한찬희	전남	8	10	2	0.80
11	김정민	광주	8	13	4	0.62
12	오인표	울산	8	15	5	0.53
13	조상현	서울	8	20	11	0.40
14	이의형	제주	7	15	10	0.47
15	이준기	충주	7	17	8	0.41
16	이형경	울산	7	18	15	0.39
17	김보섭	인천	7	18	3	0.39
18	김무건	제주	6	10	5	0.60
19	홍승기	강원	6	11	1	0.55
20	박하빈	울산	6	13	11	0.46
21	심재민	안산	6	13	1	0.46
22	이지용	포항	6	14	11	0.43
23	송진규	수원	6	16	5	0.38
24	어정원	부산	6	19	13	0.32
25	이동경	울산	6	19	7	0.32

2015 아디다스 K리그 주니어 도움 순위

순위	선수명	팀명	도움	경기수	교체수	경기당 도움
1	이진현	포항	10	17	5	0.59
2	한찬희	전남	7	10	2	0.70
3	허 익	서울	7	15	10	0.47
4	이동경	울산	7	19	7	0.37
5	최병근	안양	6	10	4	0.60
6	이제호	인천	6	19	5	0.32
7	김동현	포항	5	11	7	0.45
8	김진야	인천	5	11	4	0.45
9	백승우	제주	5	13	10	0.38
10	황재정	대전	5	13	8	0.38
11	최익진	전남	5	14	6	0.36
12	이진환	부산	5	15	6	0.33
13	이희균	광주	5	19	13	0.26
14	최정훈	수원	5	20	18	0.25
15	최범경	인천	5	20	3	0.25
16	박하빈	울산	4	13	11	0.31
17	김민석	성남	4	14	7	0.29
18	이주헌	부산	4	14	4	0.29
19	오인표	울산	4	15	5	0.27
20	이재준	전북	4	17	11	0.24
21	이준호	충주	4	17	4	0.24
22	엄원상	광주	4	19	13	0.21
22	어정원	부산	4	19	13	0.21

그룹 E	경기	승	무	패	득	실	득실	승점
KASHIWA REYSOL (JPN)	6	3	2	1	14	9	5	11
전북 현대 모터스 (KOR)	6	3	2	1	14	6	8	11
SHANDONG LUNENG FC (CHN)	6	2	1	3	13	17	-4	7
BECAMEX BINH DUONG (VIE)	6	1	1	4	6	15	-9	4

그룹 F	경기	승	무	패	득	실	득실	승점
GAMBA OSAKA (JPN)	6	3	1	2	10	7	3	10
성남FC (KOR)	6	3	1	2	7	5	2	10
BURIRAM UNITED (THA)	6	3	1	2	12	7	5	10
GUANGZHOU R&F (CHN)	6	1	1	4	3	13	-10	4

그룹 G	경기	승	무	패	득	실	득실	승점
BEIJING GUOAN (CHN)	6	3	2	1	6	3	3	11
수원 삼성 블루윙즈 (KOR)	6	3	2	1	11	8	3	11
BRISNANE ROAR (AUS)	6	2	1	3	7	9	-2	7
URAWA RED DIAMONDS (JPN)	6	1	1	4	5	9	-4	4

그룹 H	경기	승	무	패	득	실	득실	승점
GUANGZHOU EVERGRANDE (CHN)	6	3	1	2	9	9	0	10
FC서울 (KOR)	6	2	3	1	5	4	1	9
WESTERN SYDNEY WANDERERS (AUS)	6	2	2	2	9	7	2	8
KASHIMA ANTLERS (JPN)	6	2	0	4	10	13	-3	6

• 16강(1차전)	전북 현대 모터스	1 : 1	BEIJING GUOAN
05.19	김기희 13'	득점자	Batalla 85' (PK)
전주월드컵경기장, 한국			관중: 12,409

• 16강(1차전)	수원 삼성 블루윙즈	2 : 3	KASHIWA REYSOL
05.19	염기훈 1' 정대세 59'	득점자	Barada Akimi 12' Leandro Montera Da Silva 29', 56'
수원월드컵경기장, 한국			관중: 12,409

• 16강(1차전)	성남FC	2 : 1	GUANGZOU EVERGRANDE
05.20	조르징요 23' 김두현 90+5' (PK)	득점자	Huang Bowen 42'
탄천 종합운동장, 한국			관중: 13,792

• 16강(1차전)	FC서울	1 : 3	GAMBA OSAKA
05.20	윤주태 90+2'	득점자	Usami Takashi 63', 86' Yonekura Koki 74'
서울월드컵경기장, 한국			관중: 10,607

• 16강(2차전)	BEIJING GUOAN	0 : 1	전북 현대 모터스
05.26		득점자	에두 12'
Beijing Workers Stadium, Beijing, CHINA PR			관중: 43,526

• 16강(2차전)	KASHIWA REYSOL	1 : 2	수원 삼성 블루윙즈
05.26	KOBAYASHI YUSUKE 65'	득점자	정대세 26' 구자룡 54'
Hitachi Kashiwa Stadium, Kashiwa, JAPAN			관중: 9,142

• 16강(2차전)	GUANGZOU EVERGRANDE	2 : 0	성남FC
05.27	Goulart Pereira 27'(Pk), 57'	득점자	
Guangzhou Tianhe Sport Center, Guangzhou, CHINA PR			관중: 48,761

• 16강(2차전)	GAMBA OSAKA	3 : 2	FC서울
	Anderson Patric Aguiar Oliveira 16' Kurata Shu 45' Lins Lima De Brito 86'	득점자	윤주태 58', 90+2'
Expo '70 Stadium, Osaka, JAPAN			관중: 9,597

• 8강(1차전)	전북 현대 모터스	0 : 0	GAMBA OSAKA
08.26		득점자	
전주월드컵경기장, 한국			관중: 23,633

• 8강(2차전)	GAMBA OSAKA	3 : 2	전북 현대 모터스
09.16	Anderson Patric Aguiar Oliveira 14' Kurata Shu 76' Yonekura Koki 90+3'	득점자	레오나르도 13' 우르코 베라 88'
Expo '70 Stadium, Osaka, JAPAN			관중: 9,284

2015년 A매치 경기

*경기 시간: 현지시간 기준

• 친선경기 2015년 01월 04일(일) 20시 00분 • 장소 : 호주 시드니 퍼텍 스타디움

	한국	2 : 0	사우디아라비아	
감독_ 울리	김진현 (GK)(후1분 김승규)	선수	Waleed (GK)	감독_ Aurelian Cosmin
슈틸리케(독일)	김주영		Alabid(후24분 Alshehri)	Olaroiu(루마니아)
	김진수(후1분 이명주)		Albassas(후18분 Bakshwn)	
이정협(후46분)	김창수		Aldawasari(후39분 Almuwallad)	Hawasawi
	박주호		Alfarj	(후22분)(자책)
	장현수		Almuwallad(후20분 Fallatah)	
	구자철(후1분 남태희)		Alshahranz	
	손흥민(후44분 김민우)		Hawasawi	
	한국영		Kariri(후36분 Hazazi)	
	이근호(후1분 한교원)		Othman(후24분 Almarshadi)	
	조영철(후27분 이정협)		alshahranz	

• 2015 AFC 아시안컵 조별리그A조 1차전 2015년 01월 10일(토) 16시 00분 • 장소 : 호주 캔버라 캔버라 스타디움

	한국	1 : 0	오만	
감독_ 울리	김진현 (GK)	선수	Ali Al Habsi (GK)	감독_ Paul le Guen
슈틸리케(독일)	김주영		Abdul sallam Al Mukhaini	(프랑스)
조영철(전45분)	김진수		Ali Sulaiman Al busaidi	
	김창수(전19분 차두리)		Jaber Al Owaisi(후28분 Mohsin Al Khaldi)	
	박주호		Mohammed Al-Musalami	
	장현수		Ahmed Mubarak	
	구자철		Eid Al-Farsi	
	기성용		Abdul Aziz Al-Maqbali	
	손흥민		Mohamed Ali siyabi(후41분 Said Al Razaiqi)	
	이청용(후33분 한교원)		Qasim Said(전20분 Imad Al Hosni)	
	조영철(후26분 이정협)		Raed Saleh	

• 2015 AFC 아시안컵 조별리그A조 2차전 2015년 01월 13일(화) 18시 00분 • 장소 : 호주 캔버라 캔버라 스타디움

	한국	1 : 0	쿠웨이트	
감독_ 울리	김승규 (GK)	선수	Hameed Youssef (GK)	감독_ Nabil Maaloul
슈틸리케(독일)	김영권		Ali Almaqseed	(튀니지)
남태희(전36분)	김진수		Amer Almatoug Alfadhel	Cris Wondolowski
	박주호		Fahad Awad Shaheen	(전3, 후15)
	장현수		Mesaed Alenzi	
	차두리		Sultan Alenezi(후19분 Bader Al Almotawaa)	
	기성용		Abdulaziz Alenezi	
	김민우(후31분 이정협)		Abdullah Al Buraiki(후30분 Faisal Zayed Alharbi)	
	남태희(후41분 한국영)		Fahad Alhajeri	
	이명주(후1분 조영철)		Fahed Al Ebrahim	
	이근호		Yousef Naser(후31분 Faisal Alenezi)	

• 2015 AFC 아시안컵 조별리그A조 3차전 2015년 01월 17일(토) 19시 00분 • 장소 : 호주 브리즈번 브리즈번 스타디움

	한국	1 : 0	호주	
감독_ 울리	김진현 (GK)	선수	Mathew Ryan (GK)	감독_ Ange Postecoglou
슈틸리케(독일)	곽태휘		Aziz Behich	(호주)
이정협(전33분)	김영권		Ivan Franjic	
	김진수		Matthew Spiranovic	
	김창수		Trent Sainsbury	
	박주호(전41분 한국영)		James Troisi(후 15분 Mathew Leckie)	
	구자철(전39분 손흥민)		Mark Milligan	
	기성용		Massimo Luongo	
	한교원(후31분 장현수)		Matt Mckay(후26분 Tim Cahill)	
	이근호		Nathan Burns(후26분 Robbie Kruse)	
	이정협		Tomi Juric	

• 2015 AFC 아시안컵 8강전 2015년 01월 22일(목) 18시 30분 • 장소 : 호주 멜버른 렉탱귤러 스타디움

	한국	2 : 0	우즈베키스탄	
감독_ 울리	김진현 (GK)	선수	Ignattiy Nesterov (GK)	감독_ Mirdjalal Kasimov
슈틸리케(독일)	곽태휘		Anzur Ismailov	(우즈베키스탄)
손흥민	김영권		Shavkatjon Mulladjanov	
	김진수		Shukhrat Mukhammadiev	

(연전14분)	김창수(후25분 차두리)		Vitaliy Denisov	
(연후15분)	박주호		Azizbek Haydarov	
	기성용		Lutfulla Turaev(후40분 Jamshid Iskanderov)	
	남태희		Odil Akhmedov(전30분 Timur Kapadze)	
	손흥민		Sanjar Tursunov(연전15분 Igor Sergeev)	
	이근호(연후6분 장현수)		Sardor Rashidov	
	이정협(후34분 한국영)		Bakhodir Nasimov	

• 2015 AFC 아시안컵 4강전　2015년 01월 26일(월) 20시 00분　• 장소 : 호주 시드니 스타디움 오스트레일리아

한국 2 : 0 이라크

감독_ 울리 슈틸리케(독일)	김진현 (GK)	선수	Jalal Hassan Hachim (GK)	감독_ Radhi Swadi (이라크)
이정협(전20분)	곽태휘		Ahmed Ibrahim	
김영권(후5분)	김영권		Dhurgham Ismael	
	김진수		Salam Shakir	
	박주호		Waleed Salim Al-Lami	
	차두리		Ahmed Yaseen Gheni(후18분 Ali Adnan Kadhim)	
	기성용(후44분 한국영)		Alaa Abdulzehra(후32분 Marwan Hussein)	
	남태희(후36분 장현수)		Amjed Kalaf Al-Muntafik	
	손흥민		Osamah Jabbar Shafeeq(후18분 Mahdi Kamil Shiltagh)	
	한교원(후1분 이근호)		Saad Abdulameer	
	이정협		Younus Mahmood	

• 2015 AFC 아시안컵 결승　2015년 01월 31일(토) 20시 00분　• 장소 : 호주 시드니 스타디움 오스트레일리아

한국 1 : 2 호주

감독_ 울리 슈틸리케(독일)	김진현 (GK)	선수	Mathew Ryan (GK)	감독_ Ange Postecoglou (호주)
손흥민(후45분)	곽태휘		Ivan Franjic(후29분 Matt Mckay)	Massimo Luongo(전45분)
	김영권		Jason Davidson	James Troisi(연전15분)
	김진수		Matthew Spiranovic	
	박주호(후26분 한국영)		Trent Sainsbury	
	장현수		Mark Milligan	
	차두리		Massimo Luongo	
	기성용		Mathew Leckie	
	남태희(후18분 이근호)		Mile Jedinak	
	손흥민		Robbie Kruse(후26분 James Troisi)	
	이정협(후 42분 김주영)		Tim Cahill(후18분 Tomi Juric)	

• 친선경기　2015년 03월 27일(금) 20시 00분　• 장소 : 대한민국 대전 월드컵 경기장

한국 1 : 1 우즈베키스탄

감독_ 울리 슈틸리케(독일)	김승규 (GK)	선수	SUYUNOV Eldorbek (GK)	감독_ Mirdjalal Kasimov (우즈베키스탄)
구자철(전15분)	곽태휘		ISMAILOV Anzur	
	김기희		MULLADJANOV Shavkatjon(후1분)	
	윤석영(후26분 박주호)		FILIPOSYAN Artyom)	
	정동호(전42분 김창수)		SHORAKHMEDOV Akmal	
	구자철		AKHMEDOV Odil(후35분 TURAEV Lutfulla)	
	김보경		DJEPAROV Server(후43분 NURMATOV Shakhzodbek)	
	손흥민(후16분 남태희)		KHAYDAROV Azizbek	
	이재성(후41분 한교원)		SAYFIEV Farrukh	
	한국영		KUZIBOEV Zokhir(후27분 SHODIEV Vokhid)	
	이정협(전31분 기성용)		RASHIDOV Sardor(후30분 MIRZAEV Sardor)	
			SALOMOV Shavkat(후1분 TURSUNOV Sanjar)	

• 친선경기　2015년 03월 31일(화) 20시 00분　• 장소 : 대한민국 서울 월드컵 경기장

한국 1 : 0 뉴질랜드

감독_ 울리 슈틸리케(독일)	김진현 (GK)	선수	Stefan MARINOVIC (GK)	감독_ Anthony Hudson (미국)
이재성(후41분)	김영권		Deklan WYNNE	
	김주영(후1분 곽태휘)		Michael BOXALL	
	차두리(전43분 김창수)		Storm ROUX	
	기성용		Themistoklis TZIMOPOULOS	
	남태희(후38분 김보경)		Bill TUILOMA(후36분 Benjamin VAN DEN BROEK)	
	박주호		Clayton LEWIS	
	손흥민(후19분 이재성)		(후8분 Joel STEVENS) (후17분 Louis FENTON)	
	한교원(후1분 구자철)		Marco ROJAS(후33분 Moses DYER)	
	한국영		Michael McGLINCHEY	
	지동원(후27분 이정협)		Christopher WOOD	

			Ryan DE VRIES(후1분 Tyler BOYD)	

• 친선경기 2015년 06월 11일(목) 20시 00분 • 장소 : 말레이시아 콸라룸푸르 샤알람 스타디움

한국 3 : 0 UAE

감독_ 울리 슈틸리케(독일)	김승규 (GK)	선수	KHALID EISA (GK)	감독_ Mahdi Ali Redha (UAE)
염기훈(전44분)	곽태휘		AMER Abdulrahman(후1분 ISMAIL Alhammandi)	
이용재(후14분)	김진수		AMER Omar(후1분 MOHAMED Alakberi)	
이정협(후45분)	정동호		MOHNAD Salem(후1분 SAEED Alkatheeri)	
	손흥민		WALID Abbas	
	염기훈		ABDELAZIZ Sanqour	
	이재성		AHMED Khalil(후1분 MAJED Hassan)	
	장현수		KHAMIS Esmaeel(후22분 HABIB Al Frdan)	
	정우영		OMAR Abdulrahman	
	한국영		BANDAR Al Ahbabi	
	이용재		ISMAIL Ahmed	

• 2018 FIFA 러시아 월드컵 2차예선 G조 1차전 2015년 06월 16일(화) 19시 00분 • 장소 : 태국 방콕 라자망갈라 국립 경기장

한국 2 : 0 미얀마

감독_ 울리 슈틸리케(독일)	김승규 (GK)	선수	VANLAL HRUAI (GK)	감독_ Mahdi Ali Redha (UAE)
이재성(전35분)	곽태휘		AUNG ZAW	
손흥민(후23분)	김진수(후16분 정동호)		KHIN MAUNG LWIN	
	김창수		WIN MIN HTUT	
	손흥민		ZAW MIN TUN(후21분 ZAW LIN)	
	염기훈(후39분 이청용)		DAVID HTAN(후1분 MIN MIN THU)	
	이재성		SUAN LAM MANG	
	장현수		YAN AUNG KYAW	
	정우영		KYAW KO KO	
	한국영		KYAW ZAYAR WIN(후15분 HEIN ZAR AUNG)	
	이정협(후33분 이용재)		NANDA LIN KYAW CHIT	

• 2015 EAFF 동아시안컵 풀리그 1차전 2015년 08월 02일(일) 21시 00분 • 장소 : 중국 우한 스포츠 센터

한국 2 : 0 중국

감독_ 울리 슈틸리케(독일)	김승규 (GK)	선수	WANG DALEI (GK)	감독_ Alain Perrin (프랑스)
김승대(전45분)	김영권		CAI HUIKANG	
이종호(후12분)	김주영		FENG XIAOTING	
	임창우		JI XIANG	
	홍철		REN HANG	
	권창훈		WANG YONGPO(후29분 LIU JIANYE)	
	김승대		WU XI	
	이재성(후34분 이용재)		YU HAI(후18분 YU DABAO)	
	이종호(후44분 정우영)		ZHENG ZHI	
	장현수		GAO LIN(후1분 SUN KE)	
	이정협(후39분 김신욱)		WU LEI	

• 2015 EAFF 동아시안컵 풀리그 2차전 2015년 08월 05일(수) 18시 20분 • 장소 : 중국 우한 스포츠 센터

한국 1 : 1 일본

감독_ 울리 슈틸리케(독일)	김승규 (GK)	선수	NISHIKAWA SHUSAKO (GK)	감독_ Vahid Halilhodžić (유고슬라비아)
장현수 (전26분)(PK)	김기희		EENDO WATARU	
	김영권		MAKINO TOMOAKI	
	이주용(후19분 홍철)		MORISHIGE MASATO	
	정동호		OTA KOSUKE	
	김민우		FUJITA MAOYUKI	
	이용재		SHIBASAKI GAKU	
	장현수(후35분 권창훈)		YAMAGUCHI HOTARU	
	정우영		KOHROGI SHINZOH(후33분 USAMI TAKASHI)	
	주세종(후19분 이재성)		KURATA SHU(후43분 KAWAMATA KENGO)	
	김신욱		NAGAI KENSUKE(후25분 ASANO TAKUMA)	

• 2015 EAFF 동아시안컵 풀리그 3차전 2015년 08월 09일(일) 17시 10분 • 장소 : 중국 우한 스포츠 센터

한국 0 : 0 북한

감독_ 울리 슈틸리케(독일)	김승규 (GK)	선수	리명국 (GK)	감독_ 김창복(북한)
	김기희		강국철	
	김영권		리영철	
	이주용		심현진	

	임창우(후41분 정동호)		장국철	
	권창훈		로학수(후20분 박현일)	
	김승대		리철명	
	이재성(후43분 김신욱)		서경진	
	이종호(후21분 정우영)		정일관	
	장현수		리혁철	
	이정협		홍금성(전38분 서현욱)	

• 2018 FIFA 러시아 월드컵 2차예선 G조 2차전　2015년 09월 03일(목) 20시 00분　• 장소 : 대한민국 화성 종합 경기타운

한국　8 : 0　라오스

감독_ 울리 슈틸리케(독일)	권순태 (GK)	선수	SENGDALAVONG (GK)	감독_ Darby Stephen David(잉글랜드)
이청용(전9분)	김영권		HANEVILA	
손흥민 (전12분, 후29분, 후44분)	장현수		PHOMMAPANYA	
권창훈 (전29분, 후30분)	홍정호		PINKEO	
석현준(후13분)	홍철(후24분 김진수)		SIBOUNHUANG	
이재성(후45+3분)	권창훈		SOUKSAVATH(후34분 PHOMSOUVANH)	
	기성용		BOUNTATHIP	
	손흥민		KHOCHALERN	
	이청용(후32분 이재성)		SOULIYAVONG(후38분 WAENVONGSOTH)	
	정우영		KHANTHAVONG(후15분 VONGCHIENGKHAM)	
	석현준(후17분 황의조)		SAYAVUTTHI	

• 2018 FIFA 러시아 월드컵 2차예선 G조 3차전　2015년 09월 08일(화) 17시 00분　• 장소 : 레바논 사이다 무니시팔 스타디움

한국　3 : 0　레바논

감독_ 울리 슈틸리케(독일)	김승규 (GK)	선수	ABBAS HASSAN (GK)	감독_ Radulovic Miodrag (유고슬라비아)
장현수(전22분) (PK)	곽태휘		ALI HAMAM	
권창훈(후15분)	김영권		BILAL CHEIKH EL NAJJARINE	
	김진수		JOAN OUMARI	
	장현수(후35분 임창우)		WALID ISMAIL	
	구자철(후1분 이재성)		YOUSSEF MOHAMAD	
	권창훈		ABBAS ATWI(후1분 MOHAMAD ZEIN EL ABIDINE TAHAN)	
	기성용		HASSAN MAATOUK	
	이청용		MAYTHAM FAOUR(후1분 AHMAD MOGHRABI)	
	정우영		MOHAMAD HAIDAR	
	석현준(후31분 황의조)		RODA ANTAR(후12분 HASSAN CHAITO)	

• 2018 FIFA 러시아 월드컵 2차예선 G조 4차전　2015년 10월 08일(목) 17시 55분　• 장소 : 쿠웨이트 쿠웨이트시티 쿠웨이트 S.C 스타디움

한국　1 : 0　쿠웨이트

감독_ 울리 슈틸리케(독일)	김승규 (GK)	선수	SULAIMAN ABDULGHAFOOR (GK)	감독_ Nabil Maaloul (튀니지)
구자철(전13분)	곽태휘		FAHAD ALHAJERI	
	김영권		FAHAD AWAD SHAHEEN(후26분 ABDULAZIZ ALENEZI)	
	박주호		FAISAL ZAYED ALHARBI	
	장현수		SAIF A S S ALHASHAN(후11분 YOUSEF NASER)	
	구자철		SYLTAN ALENEZI	
	권창훈(후43분 이재성)		ABDULLAH AL BURAIKI (후9분 KHALED EBRAHIM HAJIAH)	
	기성용		ALI ALMAQSEED	
	남태희(후18분 한국영)		FAHED AL EBRAHIM	
	정우영		MESAED ALENZI	
	석현준(후31분 지동원)		BADER AL ALMOTAWAA	

• 친선경기　2015년 10월 13일(화) 20시 00분　• 장소 : 서울 월드컵 경기장

한국　3 : 0　자메이카

감독_ 울리 슈틸리케(독일)	정성룡 (GK)	선수	Andre BLAKE (GK)	감독_ Winfried Schafer (독일)
지동원(전35)	김기희		Adiran MARIAPPA	
기성용(후12분)	김진수(후41분 박주호)		Lance LAING	
황의조(후18분)	김창수		Rosario HARRIOTT(후27분 Jermaine WOOZENCROFT)	
	홍정호(후12분 곽태휘)		Upston EDWARDS	
	기성용(후44분 남태희)		Errol STEVENS(후33분 Ricardo MORRIS)	
	이재성(후25분 구자철)		Shaun CUMMINGS	
	정우영(후41분 장현수)		Darren MATTOCKS(후41분 Michael SEATON)	
	한국영		Deshorn BROWN(후1분 Joel GRANT)	
	황의조		Giles BARNES	
	지동원(후33분 권창훈)		Simon DAWKINS(후44분 Allan OTTEY)	

• 2018 FIFA 러시아 월드컵 2차예선 G조 5차전 2015년 11월 12일(목) 20시 00분 • 장소 : 대한민국 수원 월드컵 경기장

한국 4 : 0 미얀마

감독_ 울리	김승규 (GK)	선수	KYAW Zin Phyo (GK)	감독_ Gerd Zeise(독일)
슈틸리케(독일)	곽태휘		DAVID Htan(후33분 NAY Lin Tun)	
이재성(전18분)	김영권		KYAW Zin Lwin(후15분 THIHA Zaw)	
구자철(전30분)	김진수		NANDA Kyaw	
장현수(후37분)	장현수		PHYO Ko Ko Thein	
남태희(후41분)	구자철(후32분 남태희)		ZAW Min Tun	
	기성용		KYAW Min Oo	
	이재성(후41분 석현준)		KYI Lin(후43분 SUAN Lam Mang)	
	정우영		YAN Aung Kyaw	
	지동원		KYAW Ko Ko	
	황의조(후18분 손흥민)		THET Naing	

• 2018 FIFA 러시아 월드컵 2차예선 G조 6차전 2015년 11월 17일(화) 19시 00분 • 장소 : 라오스 비엔티엔 내셔널 스포츠 콤플렉스 스타디움

한국 5 : 0 라오스

감독_ 울리	권순태 (GK)	선수	PHOUTPASONG SENGDALAVONG (GK)	감독_ Darby Stephen
슈틸리케(독일)	곽태휘		KHAMLA PINKEO	David(잉글랜드)
기성용	김기희(후41분 윤영선)		KHAMPOUMY HANEVILAY	
(전3분, PK)	김창수		MOUKDA SOUKSAVATH	
(전33분)	박주호		SAYNAKHONEVIENG PHOMMAPANYA	
손흥민	기성용		(후34분 PIYAPHONG PATHAMMAVONG)	
(전35분, 후23분)	남태희(후31분 김영권)		THOTNILATH SIBOUNHUANG	
석현준	손흥민		PASEUTHSACK SOULIYAVONG	
(전44분)	이재성		PHOUTTHASAY KHOCHALERN	
	한국영		SOUKSAKHONE BOUNTATHIP	
	석현준(후17분 이청용)		(후15분 PHOUTHONE NINALAY)	
			KHAMPHENG SAYAVUTTHI	
			SITTHIDETH KHANTHAVONG	
			(후26분 SOUKCHINDA NATPHASOUK)	

2015년 U-23 경기

*경기 시간: 현지시간 기준

• 2015 킹스컵 풀리그 1차전 2015년 02월 01일(일) 16시 00분 • 장소 : 태국 나콘라차시마

한국 U-22 2 : 0 우즈베키스탄 U-22

감독_ 최문식	김동준 (GK)	선수	AKAML (GK)	감독_
대행(한국)	송주훈		ABBOSBEK	Shukhrat Maqsudov
	심상민		SARDOR	(우즈베키스탄)
송주훈(전23분)	연제민		TOKHIRJON	
	이지민		ABDULLOKH	
	김선우(전40분 강상우)		ALISHER(후1분 DIYORJON)	
	김승준		JAKHONGIR(후22분 JALOLIDDIN)	
	문창진(후12분 이명재)		MUHSINJON	
	이우혁		SARDOR	
	이창민(후44분 이영재)		IGOR(후36분)	
	한의권		JAMSHID	

• 2015 킹스컵 풀리그 2차전 2015년 02월 04일(수) 16시 00분 • 장소 : 태국 나콘라차시마

한국 U-22 2 : 0 온두라스 U-22

감독_ 최문식	김동준 (GK)	선수	EDRICK (GK)	감독_ Jorge Jiménez
대행(한국)	박동진		CARLOS	(온두라스)
이창민(전26분)	송주훈		DANERI	
이우혁(후40분)	심상민		JHONATAN	
	연제민		ALBERTH	
	우주성		DEVRON(후24분 MARVIN	
	이명재(후29분 강상우)		JEFFRI	
	김승준(후20분 한의권)		JHOW(후32분 DEIBY)	
	이우혁		JOHN PAUL(후1분 ORENTAL)	
	이창민(후30분 이영재)		KEVIN	
	김현		JOSE	

• 2015 킹스컵 풀리그 3차전 2015년 02월 07일(토) 19시 00분 • 장소 : 태국 나콘라차시마

한국 U-22 0 : 0 태국 U-22

감독_ 최문식 대행(한국)	이창근 (GK)	선수	Kawin (GK)	감독_ Kiatisuk Senamuang(태국)
	박동진(전42분 한의권)		Kroekrit	
	송주훈		Perapat	
	심상민		Suttinun	
	연제민		Adul(후15분 Sarach)	
	우주성		Atit	
	이명재		Chanathip	
	김승준		Pinyo(후27분 Prakit)	
	이영재(후8분 김선우)		Tanaboon	
	이우혁		Mongkol(후18분 Thitphan)	
	김현(후30분 강상우)		Pokklaw	

• 2016 AFC U-23 챔피언십 예선 H조 1차전 2015년 03월 27일(금) 17시 30분 • 장소 : 인도네시아 자카르타 겔로라 붕 카르노 스타디움

한국 U-22 5 : 0 브루나이 U-22

감독_ 신태용(한국)	이창근 (GK)	선수	AHSAUDDIN (GK)	감독_ Ng Heng Seng Stephen(싱가포르)
이영재(전3분)	심상민		ANAK SALAU	
정승현(전29분)	연제민		MD K SUHAIMI	
김현(전39분)(P)	우주성		MOHD ASNAWI SALAU	
권창훈(후12분)(P)	정승현		MOHD NUR AZEES	
장현수(후31분)	권창훈(후30분 문창진)		AK YUA INDERA PUTERA	
	안현범(후28분 이광혁)		MD IKHMAL BIN DAMIT	
	이영재		MOHD HAJI HASSAN(후8분 AT TAWWAB)	
	이창민		MUHD SAIFUL A ADIS(후22분 MD AIMMIL)	
	장현수		NADZRI HAJI ERWAN	
	김현(후37분 이한도)		MD SHAFIE BIN HAJI (후33분 MD AIMMILMD MUHAIMIN ROSMALE)	

• 2016 AFC U-23 챔피언십 예선 H조 2차전 2015년 03월 29일(일) 21시 00분 • 장소 : 인도네시아 자카르타 겔로라 붕 카르노 스타디움

한국 U-22 3 : 0 동티모르 U-22

감독_ 신태용(한국)	구성윤 (GK)	선수	MAXANCHES (GK)	감독_ Takuma Koga (일본)
	감한솔		AGOSTINHO	
	서영재		CANDIDO(후11분 J.OLIVEIRA)	문창진
	연제민		FILIPE	(전17분)(P)
	홍병옥		VICTOR	(후반2분)
	강상우		BARBOSA	김승준(전44분)
	문창진(후28분 권창훈)		FONSECA(후38분 J.SANTOS)	
	유인수		MAGNO	
	이광혁		R. GAMA(후11분 GONCALVES)	
	이찬동(후16분 이창민)		REIS	
	김승준(후25분 이한도)		H. MARTINS	

• 2016 AFC U-23 챔피언십 예선 H조 3차전 2015년 03월 31일(화) 17시 30분 • 장소 : 인도네시아 자카르타 겔로라 붕 카르노 스타디움

한국 U-22 4 : 0 인도네시아 U-22

감독_ 신태용(한국)	이창근 (GK)	선수	M NASTIR (GK)	감독_ Aji Santoso (인도네시아)
정승현(후7분)	심상민		H Y PRANATA	
이찬동(후26분)	연제민		M ABDUH(후11분 A R RAMA)	
김승준(후38분)	우주성		M LESTUSEN	
이창민(후42분)	정승현		P G JUNI	
	안현범(후1분 김승준)		A A SETYANO(후25분 E D DARMONO)	
	이영재(후38분 문창진)		A NUFIANDANI	
	이찬동		I U ARMAIYN	
	이창민		P O SITANGGANG	
	장현수		ZULFIADI	
	김현(후21분 이한도)		M H N SYAIFULLOHA P NUGROHO (후16분 A P NUGROHO)	

• 친선경기 2015년 05월 09일(토) 19시 00분 • 장소 : 베트남 하노이 미딘 경기장

한국 U-22 0 : 0 베트남 U-23

감독_ 신태용(한국)	김동준 (GK)	선수	PHAM VAN TIEN (GK)	감독_ Toshiya Miura (일본)
	박동진		BUI TIEN DUNG	
	서영재(후19분 국태정)		NGUYEN MINH TUNG(후40분 NGUYEN HUY HUNG)	

	최규백		QUE NGOC HAI(후32분 PHAM DUC HUY)	
	홍병옥(후1분 김대호)		VU NGOC THINH(후1분 PHAM MANH HUNG)	
	이영재(후16분 박정수)		HO NGOC THANG	
	이현성(후44분 이상민)		NGO HOANG THINH(후21분 DO DUY MANH)	
	장현수(후44분 명준재)		NGUYEN HUU DUNG	
	김승준(후32분 문준호)		TRAN PHI SON(전44분 NGUYEN CONG PHUONG)	
	박인혁		VO HUI TUAN(후25분 NGUYEN VAN TUAN)	
	이현일(후30분 김현욱)		MAC HONG QUAN(후38분 LE THANH BINH)	

• 친선경기　2015년 05월 13일(수) 15시 00분　• 장소 : 베트남 하노이 통낫 경기장

한국 U-22　1 : 0　캄보디아 U-23

감독_ 신태용(한국)	임민혁 (GK)	선수	Um Sereirath (GK) (후40분 Peng Bunchay)	감독_ 이태훈(한국)
	국태정(후1분 서영재)		Chhin Chheoun	
이영재(후5분)	김대호(후1분 박동진)		Khek Khemarin(후1분 Soeuy Visal)	
	임동혁(후1분 최규백)		Nen Sothearoth	
	장순혁(후1분 이현성)		Nub Tola	
	명준재(후1분 김현욱)		Hoy Phallin(후23분 Tit Dina)	
	문준호(후1분 장현수)(후19분 이현일)		Phoung Soksana(전35분 Keo Sopheng)	
	박정수		(후30분 Keo Sokngon)	
	이상민(후1분 이영재)		Rous Samoeun(후33분 Sam Oeun Pidor)	
	이정빈(후1분 박인혁)		Sok Shanrasmey(후30분 Ol Ravy)	
	김승준		Sos Suhana	
			Park Mony Udom	

• 친선경기　2015년 06월 11일(목) 21시 00분　• 장소 : 프랑스 게뇽 장 라비유 스타디움

한국 U-22　1 : 1　프랑스 U-21

감독_ 신태용(한국)	구성윤 (GK)	선수	HASSEN Mouez (GK)	감독_ Pierre Mankowski (프랑스)
	심상민(전27분 서영재)		BAKAYOKO Tiemoue	
문창진(후17분)	연제민		CONTE Antoine	HALLER Sebastien (전26분)
	이슬찬(후33분 박동진)		HALLER Sebastien	
	최봉원		JEAN Corentin	
	김민태		LAPORTE Aymeric	
	이광혁(전34분 문창진)		LENGLET Clement	
	이찬동		MENDY Benjamin	
	이창민(전21분 최경록)(후37분 이현성)		RABIOT Adrien	
	장현수(후13분 류승우)		TOLISSO Corentin	
	김현(후13분 유인수)		WALTER Remi	

• 친선경기　2015년 06월 14일(일) 05시 30분　• 장소 : 튀니지 튀니스 스타드 올림피크 엘 멘자

한국 U-22　2 : 0　튀니지 U-22

감독_ 신태용(한국)	김동준 (GK)	선수		
	김동수			
문창진 (전37분) (후15분)	박동진(후22분 이슬찬)			
	서영재(전45분 심상민)			
	정승현			
	김민태			
	유인수			
	이현성(전45분 이찬동)			
	장현수(전45분 류승우)			
	최경록(전36분 문창진)			
	박인혁(후22분 박동진)			

• vs 호주 U-22대표 친선경기 2경기　2015년 10월 09일(금) 17시 10분　• 장소 : 대한민국 화성 종합경기타운

한국 U-22　2 : 0　호주 U-22

감독_ 신태용(한국)	김동준 (GK)	선수	JACK DUNCAN (GK)	감독_ Aurelo Vidmar (호주)
	송주훈(후13분 정승현)		GIANCARLO GALLIFUOCO	
지언학(전8분)	심상민(후34분 구현준)		JASON GERIA	
연제민(전27분)	연제민		KENNETH DOUGAL(후35분 CAMERON BURGESS)	
	이슬찬(후34분 감한솔)		JACKSON IRIVINE(후35분 CHRISTOPHER NAUMOFF)	
	류승우(후13분 이영재)		MUSTAFA AMINI(후35분 SCOTT GALLOWAY)	
	이찬동(후13분 김민태)		RYAN EDWARDS(후35분 CHRISTOPHER IKONOMIDIS)	
	최경록		STEVEN UGARKOVIC	
	박인혁(후34분 김승준)		ADAM TAGGART(후35분 AWER MABIL)	
	지언학(후34분 김현)		ANDREW HOOLE	

	황희찬(후34분 유인수)		CONNOR PAIN(후35분 STEFAN MAUK)	

• vs 호주 U-22대표 친선경기 1경기　2015년 10월 12일(월) 19시 00분　• 장소 : 대한민국 이천 종합운동장

한국 U-22　2 : 1　호주 U-22

감독_ 신태용(한국)	이창근 (GK) (후1분 김형근)	선수	AARON LENNOX (GK)	감독_ Aurelio Vidmar (호주)
류승우 (후4분)	감한솔(후1분 이슬찬)		BRAD SMITH(후27분 KENNETH DOUGALL)	ANDREW HOOLE (후43분)
	구현준(후28분 심상민)		CAMERON BURGESS	AARON LENNOX (후37분, 자책)
	박동진(후29분 연제민)		GIANCARLO GALLIFUOCO(후1분 JACKSON IRVINE)	
	정승현(후1분 송주훈)		SCOTT GALLOWAY	
	김민태(후34분 이찬동)		CHRISTOPHER IKONOMID(후26분 CONNOR PAIN)	
	김승준(후1분 최경록)		CHRISTOPHER NAUMOFF(후26분 MUSTAFA AMINI)	
	유인수(후13분 지언학)		STEVEN UGARKOVIC(후27분 RYAN EDWARDS)	
	이영재(후1분 황희찬)		ADAM TAGGART(후36분 AWER MABIL)	
	한성규(후1분 류승우)		ANDREW HOOLE	
	김현(후1분 박인혁)		STEFAN MAUK	

• 중국 4개국 친선대회 풀리그 1차전　2015년 11월 11일(수) 17시 00분　• 장소 : 중국 우한 스포츠 센터

한국 U-22　0 : 1　모로코 U-22

감독_ 신태용(한국)	구성윤 (GK)	선수	AHMED REDA (GK)	감독_ Hassan Benabicha(모로코)
	심상민(후10분 구현준)		ALAE-EDDINE(후15분 FAHD)	A KARIM((전28분)
	이슬찬		M HAMZA	
	정승현		SAMY	
	최봉원(후1분 홍정운)		YAHYA	
	권창훈		A IBRAHIM	
	김민태		B ISMAIL	
	여봉훈(후25분 지언학)		EL MAHDI(후15분 EL MAHDI)	
	이영재(후1분 류승우)		K HAMZA	
	김현		M MOHAMED(후22분 ANASS)	
	박인혁(후41분 유인수)		A KARIM(후44분 SAAD)	

• 중국 4개국 친선대회 풀리그 2차전　2015년 11월 13일(금) 17시 00분　• 장소 : 중국 우한 스포츠 센터

한국 U-22　2 : 2　콜롬비아 U-22

감독_ 신태용(한국)	이창근 (GK)	선수	Q ROJAS (GK)	
지언학(전17분) 박용우(전37분)	감한솔(후25분 이슬찬)		BALANTA(후1분 GARCIA)	NIETO(후23분) MARTINEZ(후36분)
	구현준		MACHADO	
	정승현		MENDOZA	
	홍정운(후25분 연제민)		PEREZ	
	류승우		ARBOLEDA(후1분 NIETO)	
	박용우(후29분 김민태)		GONZALEZ(후15분 RODRIGUEZ)	
	유인수(후15분 여봉훈)		LOAIZA	
	이영재		ROMANA(후1분 CARDONA)	
	지언학(후25분 최경록)		ANGULO(후44분 PALACIO)	
	김현(후25분 박인혁)		VARGAS(후15분 MARTINEZ)	

• 중국 4개국 친선대회 풀리그 3차전　2015년 11월 15일(일) 20시 30분　• 장소 : 중국 우한 스포츠 센터

한국 U-22　1 : 1　중국 U-22

감독_ 신태용(한국)	구성윤 (GK)	선수	DU JIA	감독_ FU BO(중국)
박용우(후31분)	심상민		MI HAOLUN	MI HAOLUN(후40분)
	연제민		SHI KE	
	이슬찬		WANG TONG	
	권창훈		YANG KUO	
	김민태		LI YUANYI	
	류승우		LIAO LISHENG(후1분 WANG QIUMING)	
	박용우		LIU BINBIN(후1분 XIE PENGFEI)	
	지언학(후18분 이영재)		WU XINGHAN(후33분 CHANG FEIYA)	
	최경록		XU XIN	
	박인혁(후32분 김현)		ZHANG YUNING(후44분 JIN YANGYANG)	

3라운드

• 2015년 4월 11일(토) • 장소 : 상주시민운동장

상주 상무 0 : 1 경주 한수원

	윤평국, 김경민(後8 안재훈), 김대열, 박경익, 최종환, 최현태(後14 이후권), 최호정, 김도엽, 배일환, 송제헌, 한경인(後22 박승일)	선수	황한준, 김규태, 김재훈, 김태은, 최영광, 한영구, 조주영(後8 김창대), 조준재(後43 김민수), 김본광, 최인창, 한상혁(後8 박정민)	최영광(後20)

• 2015년 4월 11일(토) • 장소 : 부천종합운동장

부천축구클럽1995 1 : 0 김해시청

이현승(전20)	류원우, 강지용(後44 송원재), 이학민, 전광환(後24 정홍연), 최병도, 이현승, 공민현, 김륜도, 알미르, 이민우(後34 유대현), 호드리고	선수	양진웅, 배현준, 이세주(後30 이행수), 주인배, 김도관, 김용한(後12 박임수), 이경식, 이인화, 장주영, 최정용, 이관용(後21 이제길)	

• 2015년 4월 11일(토) • 장소 : 서울올림픽주경기장

서울 이랜드 2 : 0 선문대

김영근(전27) 주민규(後43)	김영광, 김민제, 오창현, 칼라일 미첼, 황도연, 김영근, 김재성, 김창욱, 조원희(後44 신일수), 라이언존슨(後44 조향기), 보비(後20 주민규)	선수	김영호, 강윤호, 김종국, 이정열, 연제운, 유종성(後15 김재길), 이상훈, 이성재(後26 권순규), 백승일(後36 임규상), 이혁주, 탁우선	

• 2015년 4월 11일(토) • 장소 : 고양종합운동장

고양 Hi FC 3 : 2 인천대

서형승(전39) 오기재(後44, 연후7)	여명용, 오주호, 이상돈(연전8 하인호), 황규범, 김준태, 박태형, 오기재, 이도성, 진창수(後14 이광재), 김유성(연전14 박성호), 서형승(後21 김지웅)	선수	박대한, 김동민, 변정석, 고영민(後30 이원일), 김경태, 김동곤, 노성민, 이정빈(연전1 김재표), 임정빈(後26 김강국), 김정호, 최솔(後6 홍정률)	이정빈(전32, 後18)

• 2015년 4월 11일(토) • 장소 : 충주종합운동장

충주 험멜 2 : 0 경희대

임진욱(後9) 조석재(後43)	박청효, 박요한, 이택기, 이현창, 황재원, 마르싱유(後20 김정훈), 박진수(後28 오승범), 최승호, 박지민(後40 조석재), 양상준, 임진욱	선수	지승학, 박정수, 이상하(後44 이민수), 고승범, 박인혁, 안정훈, 오준혁, 유진석, 장정빈(後44 이원준), 백승훈(後23 한준규), 이정훈	

• 2015년 4월 11일(토) • 장소 : 안양종합운동장

FC안양 2 : 0 우석대

박승렬(전34) 안동혁(전36)	최필수, 가솔현, 구대영, 박태수, 유종현, 김선민(後17 조성준), 모세스(後42 김남탁), 박승렬, 안동혁(後23 김종성), 김대한, 이동현	선수	임종국, 김건창, 신준휘, 김연왕, 이상훈, 이주영(後1 정상호), 정하윤(後23 임수민), 최승헌, 김광현, 송영직(後36 조영민), 유창수	

• 2015년 4월 11일(토) • 장소 : 속초종합운동장

강원FC 2 : 1 경남FC

이한샘(後34) 신영준(後45+4)	강성관, 김오규, 백종환, 이재훈, 이한샘, 정우인, 한석종(後1 장혁진), 김동기(後23 김동기), 벨루소, 신영준, 최진호(後1 최승인)	선수	손정현, 박지수, 우주성, 전상훈, 정현철, 최성환, 임창균(後26 이호석), 진경선, 김영욱, 송수영(後37 김준엽), 한의권	한의권(後39)

• 2015년 4월 11일(토) • 장소 : 대구스타디움

대구FC 3 : 0 청주FC

조나탄 (전24, 後41, 後42)	조현우, 이원재, 이준희, 허재원, 감한솔, 류재문, 세르징요(後1 문기한), 황순민(後5 에델), 노병준, 레오(後23 신창무), 조나탄	선수	김덕수, 강민우, 이준형, 이지훈, 김건우(後10 김석원), 문두윤, 문정주, 박준하, 양훈진(後9 남궁정), 엄강호(後31 최규환), 최유상	

• 2015년 4월 11일(토) • 장소 : 수원종합운동장

수원FC 1 : 2 울산현대미포조선

김창훈(전24)	이인수, 김창훈, 임하람, 권용현(後24 김혁진), 김정빈(後1 배신영), 이관표, 임성택, 황재훈, 김한원, 자파, 정민우(後15 정기운)	선수	구상민, 강태욱, 박한수, 오윤석, 이인재, 정경호, 정현식, 한건용, 곽래승(後8 이주형, 김정주(後30 곽성찬), 정종희(後37 임장원)	김정주(전8) 곽래승(전12)

• 2015년 4월 11일(토) • 장소 : 안산와스타디움

안산 경찰청 2 : 0 숭실대

서동현(전34) 조재철(後36)	이진형, 배승진, 안재준, 정혁(後28 신형민), 박희도, 송창호(後33 고경민), 이용래, 이재권, 조재철, 한덕희, 서동현(後19 박현범)	선수	최진백, 강성진, 박대권, 이진영, 박지우, 심지훈, 양성식, 유지민(後39 윤선호), 은성수, 이건희(後13 박성부), 한남규(後42 김양모)	

• 2015년 4월 29일(수) • 장소 : 서울월드컵경기장

FC서울 3 : 0 경주 한수원

심제혁(전33) 정조국(후39, 후41)	유상훈, 김남춘, 김동우, 심상민, 고광민, 박용우(후41 몰리나), 이상협, 박희성(후23 정조국), 심제혁, 윤주태, 최정한(후31 김민혁)	선수	황한준, 김규태, 김태은, 최영광, 한영구, 유만기(후12 김창대), 조주영(후28 김영남), 조준재(후1 최인창), 김민수, 김본광, 박정민	

• 2015년 4월 29일(수) • 장소 : 인천축구전용구장

인천 유나이티드 2 : 0 부천축구클럽1995

케빈(전4) 김진환(후9)	조수혁, 권완규, 김진환, 요니치, 김원식, 박대한(후37 용현진), 박세직(후16 진성욱), 안진범(전35 김재웅), 조수철, 이성우, 케빈	선수	류원우, 강지용, 이학민(후1 유대현), 전광환, 송원재, 이현승, 주광선, 김륜도, 알미르(후12 황신영), 유준영, 호드리고(전45 박용준)	

• 2015년 4월 29일(수) • 장소 : 대구스타디움

대구FC 1 : 3 포항 스틸러스

이원재(후41)	조현우, 이원재, 이준희, 조영훈, 허재원, 감한솔(후23 레오), 류재문, 세르징요(후11 문기한), 에델(후1 노병준), 장백규, 조나탄	선수	신화용, 김원일, 김준수, 박선용, 박선주, 김태수(후44 황지수), 문창진, 손준호, 김승대, 이광혁(후32 모리츠), 티아고(후13 심동운)	문창진(후10) 심동운(후18) 모리츠(후45)

• 2015년 4월 29일(수) • 장소 : 울산 문수 축구경기장

울산 현대 1 (6 POS 5) 1 서울 이랜드

양동현(후7)	김승규, 김근환, 임창우, 정동호, 정승현, 고창현(연전1 김승준), 마스다, 안현범, 하성민(후25 구본상), 양동현(후34 김태환), 카사(후28 김신욱)	선수	김영광, 김민제, 신일수, 칼라일 미첼, 황도연, 김재성, 김창욱(후36 김영근)(연후9 라이언존슨), 윤성열, 조원희, 이재안(후43 보비), 주민규(연전1 타라바이)	주민규(후19)

• 2015년 4월 29일(수) • 장소 : 부산 아시아드 경기장

부산 아이파크 2 : 3 강원FC

노행석(후4) 웨슬리(후21)	이범영, 김종혁(후21 박용지), 노행석, 유지노, 이경렬, 김용태, 유지훈, 주세종, 홍동현(전35 한지호), 베르손(후1 윤동민), 웨슬리	선수	강성관, 김오규, 박용호, 백종환, 이재훈, 이한샘, 장혁진, 정찬일(후12 한석종), 신영준(후12 김윤호), 최승인(후43 서보민), 최진호	최승인(전20, 전31) 신영준(전34)

• 2015년 4월 29일(수) • 장소 : 고양 종합운동장

고양 Hi FC 0 : 1 전북 현대 모터스

	강진웅, 안현식, 이상돈, 하인호, 김준태, 박태형, 오기재(연후1 홍순학), 이도성, 진창수(후27 박정훈), 김유성(연전10 서형승), 이광재(후30 김지웅)	선수	홍정남, 김영찬, 윌킨슨, 문상윤, 이규로, 이승현, 이주용, 이호(연전1 정훈), 김동찬(후7 에두), 유창현(후22 에닝요), 이상협(후22 레오나르도)	에두(연전 7)

• 2015년 4월 29일(수) • 장소 : 안산 와스타디움

안산 경찰청 1 (3 POS 4) 1 충주 험멜

서동현(후20)	전태현, 배승진(후1 안재준), 신형민, 정혁, 박종진(후15 서동현), 박현범(연전8 좌준협), 박희도, 송창호, 이재권, 조재철(전36 고경민), 한덕희	선수	황선민, 김용천, 박요한, 이택기, 황수남, 오승범, 최승호, 박지민(전6 마르싱유)(연전14 심진의), 양상준(후15 김병오), 임진욱, 조석재(후36 황재원)	마르싱유(후41)

• 2015년 4월 29일(수) • 장소 : 대전 월드컵 경기장

대전 시티즌 1 : 0 광주FC

김영승(후15)	오승훈, 서명식(후29 박영수), 송주한, 윤신영, 조원득, 김영승, 정서운, 정재성(후1 김창현), 황인범, 이현호, 히칼딩요(전45 남윤재)	선수	제종현, 김영빈, 류범희, 안영규, 정준연, 박선홍, 박일권(후19 송승민), 이으뜸, 이찬동, 허재녕(후19 파비오), 질베르토(후27 임선영)	

• 2015년 4월 29일(수) • 장소 : 부산 구덕 운동장

부산교통공사 0 : 1 성남FC

	김정인, 김관식, 김종수(후1 박동훈), 조재용, 권지민, 김경춘, 이용승, 이재광, 박승민, 장순규, 표하진(후24 문종운)(후41 김창수)	선수	전상욱, 강진욱(후22 김두현), 김태윤, 이요한, 장석원, 김동희(후44 유청윤), 김성준, 이종원, 이태희, 김동섭, 히카르도(후30 황의조)	황의조(후38)

• 2015년 4월 29일(수) • 장소 : 제주 월드컵 경기장

제주 유나이티드 4 : 1 FC안양

윤빛가람(전25) 김현(전39, 후6) 정영총(후24)	김경민, 김봉래, 김수범, 알렉스, 오반석, 심광욱, 양준아(후12 김영신), 윤빛가람(후32 김선우), 정영총, 김현, 로페즈(후27 심영성)	선수	최필수, 가솔현(후14 주현재), 김남탁(후1 조성준), 백동규, 유종현, 김종성, 박승렬, 안동혁, 정재용, 김대한(후34 최동혁), 이동현	이동혁(전36)

• 2015년 5월 13일(수) • 장소 : 수원 월드컵 경기장

수원 삼성 블루윙즈 3 (3 POS 4) 3 전남 드래곤즈

정대세(전27, 후14) 이상호(연전11)	정성룡, 민상기, 오범석, 조성진, 홍철, 권창훈(후33 조지훈), 레오(후11 카이오), 백지훈, 서정진, 염기훈(후17 이상호), 정대세(연후3 양상민)	선수	김병지, 김동철(전45 이창민), 방대종(전35 이지남), 이슬찬, 이지민(연전2 김영욱), 임종은, 최효진(후26 안용우), 김평래, 레안드리뉴, 오르샤, 전현철	오르샤(후17) 안용우(후42) 임종은(연후2)

16강전

• 2015년 6월 24일(수) • 장소 : 울산 문수 축구경기장

울산 현대 3 : 2 대전 시티즌

유준수(전44) 김신욱(연전6, 연후1)	김승규, 김근환, 김영삼(연전15 하성민), 임창우(후29 정동호), 정승현, 구본상, 따르따(후19 김태환), 서용덕, 이창용, 김승준(후37 김신욱), 유준수	선수	오승훈, 박영수(후1 황지웅), 서명식(연전10 조원득), 송주한, 윤주성, 이정근, 김종국, 안상현, 유성기, 정서운(후45 김성수), 정재성(후1 아드리아노)	아드리아노(후25) 황지웅(연전8)

• 2015년 6월 24일(수) • 장소 : 포항 스틸야드

포항 스틸러스 2 : 1 전북 현대 모터스

심동운(전22) 박성호(후40)	신화용, 김광석, 김준수, 박선용, 배슬기(후23 김원일), 김태수, 문창진(후17 박성호), 손준호, 고무열, 김승대, 심동운(후30 황지수)	선수	권순태, 김영찬, 윌킨슨, 김기희, 이승현, 이주용, 정훈(후23 이재성), 최보경, 이동국, 이승렬(후7 레오나르도), 장윤호(후7 에두)	이동국(후45)

• 2015년 6월 24일(수) • 장소 : 화성 종합 경기타운 주경기장

화성FC 1 : 2 FC서울

	정민교, 김종수, 이현민, 남광현, 박태웅, 오주현, 정명오, 김동욱(후29 이정환), 김형필, 정대선(후20 강인준), 정헌식(후2 박성진)	선수	김용대, 김남춘, 김원균, 심상민, 이웅희, 박용우(후24 고명진), 이상협, 박희성(후36 윤주태), 에벨톤(후15 몰리나), 윤일록, 최정한	에벨톤(전45) 김남춘(후26, 자책) 윤주태(후45)

• 2015년 6월 24일(수) • 장소 : 속초 종합 운동장

강원FC 0 : 1 울산현대미포조선

	강성관, 백종환, 이재훈, 이한샘, 최우재, 서보민(후15 신영준), 이우혁(후38 전병수), 장혁진, 한석종, 벨루소(후15 최진호), 최승인	선수	구상민, 강태욱, 박한수, 여인혁, 오윤석, 이인재, 이주형(후38 정종희), 정경호, 정현식(전13 김대광), 곽래승(후43 곽성찬), 김정주	박한수(후34)

• 2015년 6월 24일(수) • 장소 : 천안 축구센터

천안시청 0 : 1 인천 유나이티드

	김지성, 고래세(후25 조건우), 신현호, 이종민(후44 이경만), 송한복, 이주영, 조이록(후14 이강연), 박동혁, 이진호, 인준연, 한지성	선수	조수혁, 권완규, 김진환, 요니치, 김원식, 박대한, 박세직, 조수철(후41 김대중), 김대경(후12 진성욱), 김인성, 김재웅(전41 김도혁)	김진환(후39)

• 2015년 6월 24일(수) • 장소 : 충주 종합운동장

충주 험멜 1 : 4 전남 드래곤즈

노형구(전15)	황성민, 김용찬, 노형구, 박요한, 이택기, 마르싱유(후1 심진의), 오승범, 최승호(후30 이현창), 김병오, 양상준, 조석재(후25 황재원)	선수	김병지, 이슬찬, 이지남, 임종은, 현영민(후41 이지민), 김평래, 정석민, 안용우, 오르샤(후34 최효진), 이종호(후31 레안드리뉴), 전현철	전현철(전17, 후29) 안용우(전22) 이종호(전45)

• 2015년 6월 24일(수) • 장소 : 탄천 종합운동장

성남FC 2 : 1 영남대

황의조(연전2)	전상욱, 유청윤, 이요한, 장석원, 김동희(연전4 곽해성), 김성준, 이종원, 이태희, 루카스(후32 정선호), 성봉재(후19 황의조), 히카르도(후26 김두현)	선수	김형근, 손민재, 이상한, 차태주(후34 임진우), 김기만, 김현태, 박세진(후27 이순민), 최광수(연후1 김경훈), 이상기(후44 김경준), 이중서, 주한성	손민재(전38, 자책) 주한성(후15)

• 2015년 6월 24일(수) • 장소 : 대전 한밭 종합운동장

코레일 1 : 2 제주 유나이티드

윤정민(전43)	정의도, 김상현, 김태호, 송준호, 윤정민, 박경민, 이재관(전30 김태오), 최동일, 김동욱, 김영민(후21 김동엽), 조형익(후32 김형운)	선수	김호준, 김봉래, 김수범, 알렉스, 오반석, 박수창, 양준아(후34 김상원), 윤빛가람, 정영총(후1 송진형), 허범산(후8 로페즈), 김현	김현(전45) 송진형(후23)

8강전

• 2015년 7월 22일(수) • 장소 : 광양 축구 전용 경기장

	전남 드래곤즈	1 : 0	울산현대미포조선	
이종호(후22)	김병지, 이지남, 임종은, 최효진(후20 이슬찬), 현영민, 레안드리뉴(후10 정석민), 이창민, 스테보(후40 전현철), 안용우, 오르샤, 이종호	선수	구상민, 강태욱, 박한수, 이인재, 임장원(후29 김대광), 홍지표, 이형수(후6 변웅), 정경호(후27 이주형), 한경용, 김정주, 정서운	

• 2015년 7월 22일(수) • 장소 : 서울 월드컵 경기장

	FC서울	2 : 1	포항 스틸러스	
박주영(전25, 후23)	유상훈, 김남춘, 김진규, 김치우, 이웅희, 차두리, 오스마르, 이석현(후14 몰리나), 고요한(후39 박용우), 박주영, 윤일록(후30 윤주태)	선수	신화용, 김광석, 김대호, 배슬기, 이재원, 손준호, 신진호, 김승대(후39 티아고), 박성호, 심동운(후31 박선주), 이광혁(후17 고무열)	김대호(전22)

• 2015년 7월 22일(수) • 장소 : 탄천 종합운동장

	성남FC	1 : 2	울산 현대	
황의조(전34)	박준혁, 곽해성, 윤영선(후23 김태윤), 장석원, 김두현, 김철호, 이종원(연전8 박태민), 정선호, 남준재(후43 레이나), 루카스(후11 박용지), 황의조	선수	김승규, 김치곤, 임창우, 정동호, 구본상(후1 마스다), 김태환, 이창용(연전12 김영삼), 하성민, 김승준(후18 코바), 김신욱(연전7 양동현), 유준수	김태환(전25) 코바(연전4)

• 2015년 7월 22일(수) • 장소 : 제주 월드컵 경기장

	제주 유나이티드	0 : 2	인천 유나이티드	
	김호준, 김수범(후29 김상원), 백동규, 오반석, 송진형(후37 박수창), 양준아(후29 허범산), 윤빛가람, 정다훤(연전15 김봉래), 김현, 까랑가, 로페즈	선수	유현, 권완규, 김진환, 요니치, 김동석(연후11 김대중), 김원식, 박대한, 박세직(후45 이효균), 조수철(연전8 김도혁), 김인성, 케빈(후28 진성욱)	권완규(연전1) 김도혁(연후2)

4강전

• 2015년 10월 14일(수) • 장소 : 울산 문수 축구경기장

	울산 현대	1 : 2	FC서울	
코바(후23)	김승규, 임창우, 정동호, 구본상, 김태환, 마스다, 김신욱, 양동현(후42 조영철), 에벨톤(후21 안현범), 유준수, 코바(후37 제파로프)	선수	유상훈, 김남춘, 김동우, 차두리, 고광민, 다카하기(후26 고요한), 몰리나, 박용우, 오스마르, 아드리아노, 윤일록(후38 김현성)	다카하기(전38) 아드리아노(후9)

• 2015년 10월 14일(수) • 장소 : 인천 축구 전용 경기장

	인천 유나이티드	2 : 0	전남 드래곤즈	
윤상호(연전1) 케빈(연후9)	유현, 권완규, 요니치, 이윤표, 김도혁, 김원식, 박대한(연후13 용재현), 윤상호(연전15 김대중), 김대경(후17 진성욱), 김인성(연전14 박세직), 케빈	선수	김병지, 김동철(연전5 레안드리뉴), 이지남, 최효진, 현영민(연전10 이슬찬), 홍진기, 김영욱(후45 안용우), 김평래, 스테보, 오르샤, 이종호(연전15 임종은)	

결승전

• 2015년 10월 31일(토) • 장소 : 서울 월드컵 경기장

	FC서울	3 : 1	인천 유나이티드	
다카하기(전33) 아드리아노(후43) 몰리나(후45)	유상훈, 김동우, 이웅희, 차두리, 고광민, 다카하기, 몰리나, 박용우, 오스마르, 아드리아노, 윤일록(후22 김현성)	선수	유현, 권완규, 요니치, 이윤표, 김도혁(후7 용재현), 박대한, 박세직(후16 이효균), 윤상호, 김대경, 김인성(후7 진성욱), 케빈	이효균(후27)

Section 8

시 존 별 기 타 기 록

역대 시즌별 팀 순위

역대 대회방식 변천사

역대 승점제도 변천사

신인선수선발 제도 변천사

외국인 선수 보유 및 출전한도 변천사

역대 관중 기록

K리그 BC | K리그 클래식 | K리그 챌린지 | 승강 플레이오프

역대 시즌별 개인상 수상자

역대 시즌별 팀 순위

연도	구분	대회명		1위	2위	3위	4위	5위	6위	7위
1983	정규리그	83 수퍼리그		할렐루야 6승 8무 2패	대우 6승 7무 3패	유공 5승 7무 4패	포항제철 6승 4무 6패	국민은행 3승 2무 11패		
1984	정규리그	84 축구대제전 수퍼리그	전기	유공 9승 2무 3패	대우 9승 2무 3패	현대 6승 6무 2패	할렐루야 5승 4무 5패	럭키금성 5승 3무 6패	포항제철 3승 5무 6패	한일은행 3승 4무 7패
			후기	대우 8승 4무 2패	현대 7승 4무 3패	포항제철 7승 2무 5패	할렐루야 5승 5무 4패	유공 4승 7무 3패	한일은행 2승 7무 5패	럭키금성 3승 3무 8패
			챔피언결정전	대우 1승 1무	유공 1무 1패					
1985	정규리그	85 축구대제전 수퍼리그		럭키금성 10승 7무 4패	포항제철 9승 7무 5패	대우 9승 7무 5패	현대 10승 4무 7패	유공 7승 5무 9패	상무 6승 7무 8패	한일은행 3승 10무 8패
1986	정규리그	86 축구대제전	춘계	포항제철 3승 6무 1패	럭키금성 3승 5무 2패	유공 4승 2무 4패	대우 4승 2무 4패	한일은행 3승 3무 4패	현대 2승 4무 4패	
			추계	럭키금성 7승 2무 1패	현대 5승 4무 1패	대우 6승 4패	유공 3승 3무 4패	포항제철 2승 2무 6패	한일은행 1승 1무 8패	
			챔피언결정전	포항제철 1승 1무	럭키금성 1무 1패					
	리그컵	86 프로축구 선수권대회		현대 10승 3무 3패	대우 7승 2무 7패	유공 4승 7무 5패	포항제철 6승 1무 9패	럭키금성 4승 5무 7패		
1987	정규리그	87 한국프로축구 대회		대우 16승 14무 2패	포항제철 16승 8무 8패	유공 9승 9무 14패	현대 7승 12무 13패	럭키금성 7승 7무 18패		
1988	정규리그	88 한국프로축구 대회		포항제철 9승 9무 6패	현대 10승 5무 9패	유공 8승 8무 8패	럭키금성 6승 11무 7패	대우 8승 5무 11패		
1989	정규리그	89 한국프로축구 대회		유공 17승 15무 8패	럭키금성 15승 17무 8패	대우 14승 14무 12패	포항제철 13승 14무 13패	일화 6승 21무 13패	현대 7승 15무 18패	
1990	정규리그	90 한국프로축구 대회		럭키금성 14승 11무 5패	대우 12승 11무 7패	포항제철 9승 10무 11패	유공 8승 12무 10패	현대 6승 14무 10패	일화 7승 10무 13패	
1991	정규리그	91 한국프로축구 대회		대우 17승 18무 5패	현대 13승 16무 11패	포항제철 12승 15무 13패	유공 10승 17무 13패	일화 13승 11무 16패	LG 9승 15무 16패	
1992	정규리그	92 한국프로축구 대회		포항제철 13승 9무 8패	일화 10승 14무 6패	현대 13승 6무 11패	LG 8승 13무 9패	대우 7승 14무 9패	유공 7승 8무 15패	
	리그컵	92 아디다스컵		일화 7승 3패	LG 5승 5패	포항제철 5승 5패	유공 6승 4패	현대 4승 6패	대우 3승 7패	
1993	정규리그	93 한국프로축구 대회		일화 13승 11무 6패	LG 10승 11무 9패	현대 10승 10무 10패	포항제철 8승 14무 8패	유공 7승 13무 10패	대우 5승 15무 10패	
	리그컵	93 아디다스컵		포항제철 4승 1패	현대 4승 1패	대우 3승 2패	LG 2승 3패	일화 2승 3패	유공 5패	
1994	정규리그	94 하이트배 코리안리그		일화 15승 9무 6패	유공 14승 9무 7패	포항제철 13승 11무 6패	현대 11승 13무 6패	LG 12승 7무 11패	대우 7승 6무 17패	전북버팔로 3승 5무 22패
	리그컵	94 아디다스컵		유공 3승 2무 1패	LG 3승 2무 1패	대우 2승 3무 1패	일화 2승 2무 2패	현대 1승 3무 2패	전북버팔로 2승 4패	포항제철 1승 2무 3패
1995	정규리그	95 하이트배 코리안리그	전기	일화 10승 3무 1패	현대 7승 5무 2패	포항 7승 5무 2패	대우 5승 3무 6패	유공 4승 4무 6패	전남 4승 2무 8패	전북 4승 10패
			후기	포항 8승 5무 1패	유공 5승 5무 4패	현대 4승 7무 3패	전북 5승 4무 5패	전남 4승 5무 5패	LG 3승 6무 5패	일화 3승 6무 5패
			참피온	일화 1승 2무	포항 2무 1패					
	리그컵	95 아디다스컵		현대 5승 2무	일화 3승 4무	대우 2승 3무 2패	전북 2승 2무 3패	유공 2승 2무 3패	LG 1승 3무 3패	포항 1승 3무 3패
1996	정규리그	96 라피도컵 프로축구대회	전기	울산 11승 3무 2패	포항 10승 5무 1패	수원 9승 3무 4패	부천 5승 5무 6패	전북 5승 4무 7패	전남 5승 3무 8패	부산 4승 3무 9패
			후기	수원 9승 6무 1패	부천 8승 4무 4패	포항 7승 5무 4패	부산 5승 6무 5패	천안 6승 3무 7패	전남 4승 6무 6패	전북 5승 3무 8패
			참피온	울산 1승 1패	수원 1승 1패					
	리그컵	96 아디다스컵		부천 5승 2무 1패	포항 3승 3무 2패	부산 3승 3무 2패	울산 3승 2무 3패	천안 3승 2무 3패	수원 3승 2무 3패	전북 2승 3무 3패
1997	정규리그	97 라피도컵 프로축구대회		부산 11승 4무 3패	전남 10승 6무 2패	울산 8승 6무 4패	포항 8승 6무 4패	수원 7승 7무 4패	전북 6승 8무 4패	대전 3승 7무 8패
	리그컵	97 아디다스컵		부산 4승 4무 1패	전남 3승 5무 1패	울산 3승 5무 1패	천안 3승 5무 1패	부천 3승 4무 2패	수원 2승 5무 2패	포항 2승 4무 3패
		97 프로스펙스컵	A조	포항 4승 4무	전남 4승 4무	안양 2승 4무 2패	울산 2승 2무 4패	전북 2무 6패		
			B조	부산 5승 2무 1패	수원 5승 1무 2패	부천 3승 3무 2패	천안 3승 1무 4패	대전 1무 7패		
			4강전	부산 2승 1무	포항 1승 1무 1패	전남 1패	수원 1패			

8위	9위	10위	11위	12위	13위	14위	15위	16위
국민은행 1승 4무 9패								
국민은행 2승 4무 8패								
할렐루야 3승 7무 11패								
LG 2승 4무 8패								
대우 4승 2무 8패								
전남 1승 3무 3패								
안양 4승 3무 9패	**천안** 2승 5무 9패							
안양 4승 5무 7패	울산 5승 11패							
안양 2승 3무 3패	**전남** 1승 2무 5패							
천안 2승 7무 9패	**안양** 1승 8무 9패	**부천** 2승 5무 11패						
대전 1승 4무 4패	**전북** 1승 4무 4패	**안양** 6무 3패						

연도	구분	대회명		1위	2위	3위	4위	5위	6위	7위
1998	정규리그	98 현대컵 K-리그	일반	**수원** 12승 6패	**울산** 11승 7패	**포항** 10승 8패	**전남** 9승 9패	**부산** 10승 8패	**전북** 9승 9패	**부천** 9승 9패
			PO	**수원** 1승 1무	**울산** 1승 1무 2패	**포항** 2승 1패	**전남** 1패			
	리그컵	98 필립모리스 코리아컵		**부산** 8승 1패	**부천** 6승 3패	**안양** 5승 4패	**수원** 5승 4패	**천안** 5승 4패	**대전** 3승 6패	**전북** 3승 6패
		98 아디다스 코리아컵	A조	**울산** 5승 3패	**안양** 4승 4패	**수원** 6승 2패	**대전** 3승 5패	**부산** 2승 6패		
			B조	**부천** 6승 2패	**포항** 4승 4패	**전남** 3승 5패	**전북** 4승 4패	**천안** 3승 5패		
			4강전	**울산** 2승 1무	**부천** 1승 1무 1패	**포항** 1패	**안양** 1패			
1999	정규리그	99 바이코리아컵 K-리그	일반	**수원** 21승 6패	**부천** 18승 9패	**전남** 17승 10패	**부산** 14승 13패	**포항** 12승 15패	**울산** 12승 15패	**전북** 12승 15패
			PO	**수원** 2승	**부산** 3승 2패	**부천** 2패	**전남** 1패			
	리그컵	99 아디다스컵		**수원** 3승	**안양** 3승 1패	**전남** 1승 1패	**포항** 2승 1패	**울산** 1패	**천안** 1패 [공동6위]	**대전** 1패 [공동6위]
		99 대한화재컵	A조	**수원** 5승 3패	**부산** 5승 3패	**부천** 4승 4패	**대전** 3승 5패	**포항** 3승 5패		
			B조	**울산** 5승 3패	**천안** 5승 3패	**전북** 4승 4패	**안양** 4승 4패	**전남** 2승 6패		
			4강전	**수원** 2승 1무	**부산** 1승 1무 1패	**천안** 1무[공동3위]	**울산** 1무[공동3위]			
2000	정규리그	2000 삼성 디지털 K-리그	일반	**안양** 19승 8패	**성남** 18승 9패	**전북** 15승 12패	**부천** 16승 11패	**수원** 14승 13패	**부산** 11승 16패	**전남** 12승 15패
			PO	**안양** 2승	**부천** 2승 3패	**성남** 1승 1패	**전북** 1패			
	리그컵	2000 아디다스컵		**수원** 3승	**성남** 2승 1패	**전남** 1승 1패	**안양** 1승 1패	**대전** 1패	**울산** 1승 1패	**부산** 1승 1패
		2000 대한화재컵	A조	**부천** 6승 2패	**포항** 4승 4패	**전북** 3승 5패	**수원** 4승 4패	**안양** 3승 5패		
			B조	**전남** 6승 2패	**성남** 4승 4패	**울산** 5승 3패	**부산** 3승 5패	**대전** 2승 6패		
			4강전	**부천** 2승	**전남** 1승 1패	**포항** 1패	**성남** 1패			
2001	정규리그	2001 포스코 K-리그		**성남** 11승 12무 4패	**안양** 11승 10무 6패	**수원** 12승 5무 10패	**부산** 10승 11무 6패	**포항** 10승 8무 9패	**울산** 10승 6무 11패	**부천** 7승 14무 6패
	리그컵	아디다스컵 2001	A조	**수원** 5승 3패	**성남** 5승 3패	**포항** 4승 4패	**안양** 3승 5패	**전남** 3승 5패		
			B조	**부산** 6승 2패	**전북** 5승 3패	**대전** 4승 4패	**울산** 3승 5패	**부천** 2승 6패		
			4강전	**수원** 2승 1무	**부산** 1승 1무 1패	**성남** 1무	**전북** 1패			
2002	정규리그	2002 삼성 파브 K-리그		**성남** 14승 7무 6패	**울산** 13승 8무 6패	**수원** 12승 9무 6패	**안양** 11승 7무 9패	**전남** 9승 10무 8패	**포항** 9승 9무 9패	**전북** 8승 11무 8패
	리그컵	아디다스컵 2002	A조	**수원** 4승 4패	**성남** 5승 3패	**부천** 4승 4패	**전북** 4승 4패	**포항** 3승 5패		
			B조	**안양** 7승 1패	**울산** 5승 3패	**전남** 3승 5패	**대전** 3승 5패	**부산** 2승 6패		
			4강전	**성남** 2승 1무	**울산** 1승 1무 1패	**수원** 1패	**안양** 1패			
2003	정규리그	삼성 하우젠 K-리그 2003		**성남** 27승 10무 7패	**울산** 20승 13무 11패	**수원** 19승 15무 10패	**전남** 17승 20무 7패	**전북** 18승 15무 11패	**대전** 18승 11무 15패	**포항** 17승 13무 14패
2004	정규리그	삼성 하우젠 K-리그 2004	전기	**포항** 6승 5무 1패	**전북** 5승 5무 2패	**울산** 5승 5무 2패	**수원** 5승 3무 4패	**서울** 3승 7무 2패	**전남** 3승 6무 3패	**광주상무** 3승 6무 3패
			후기	**수원** 7승 2무 3패	**전남** 6승 4무 2패	**울산** 6승 3무 3패	**인천** 4승 5무 3패	**서울** 4승 5무 3패	**부산** 4승 4무 4패	**대구** 4승 4무 4패
			PO	**수원** 2승 1무	**포항** 1승 1무 1패	**울산** 1패	**전남** 1패			
	리그컵	삼성 하우젠컵 2004		**성남** 6승 4무 2패	**대전** 5승 5무 2패	**수원** 4승 7무 1패	**전북** 5승 4무 3패	**울산** 4승 5무 3패	**전남** 5승 1무 6패	**포항** 4승 3무 5패
2005	정규리그	삼성 하우젠 K-리그 2005	전기	**부산** 7승 4무 1패	**인천** 7승 3무 2패	**울산** 7승 1무 4패	**포항** 6승 3무 3패	**서울** 5승 4무 3패	**성남** 4승 4무 4패	**부천** 4승 4무 4패
			후기	**성남** 8승 3무 1패	**부천** 8승 2무 2패	**울산** 6승 3무 3패	**대구** 6승 3무 3패	**인천** 6승 3무 3패	**포항** 5승 4무 3패	**대전** 4승 4무 4패
			PO	**울산** 2승 1패	**인천** 2승 1패	**성남** 1패	**부산** 1패			
	리그컵	삼성 하우젠컵 2005		**수원** 7승 4무 1패	**울산** 6승 5무 1패	**포항** 4승 8무	**부천** 5승 3무 4패	**서울** 5승 2무 5패	**인천** 4승 3무 5패	**대구** 4승 3무 5패

8위	9위	10위	11위	12위	13위	14위	15위	16위
	대전 6승 12패	**천안** 5승 13패						
울산 3승 6패	**포항** 4승 5패	**전남** 3승 6패						
대전 9승 18패	**안양** 10승 17패	**천안** 10승 17패						
부천 1패	**전북** 1패	**부산** 1패						
대전 10승 17패	**포항** 12승 15패	**울산** 8승 19패						
포항 1패	**부천** 1패[공동9위]	**전북** 1패[공동9위]						
전남 6승 10무 11패	**전북** 5승 10무 12패	**대전** 5승 10무 12패						
부천 8승 8무 11패	**부산** 6승 8무 13패	**대전** 1승 11무 15패						
안양 14승 14무 16패	**부산** 13승 10무 21패	**광주상무** 13승 7무 24패	**대구** 7승 16무 21패	**부천** 3승 12무 29패				
성남 4승 3무 5패	**부산** 2승 8무 2패	**대구** 3승 3무 6패	**대전** 2승 6무 4패	**부천** 1승 8무 3패	**인천** 2승 3무 7패			
광주상무 3승 5무 4패	**성남** 3승 5무 4패	**부천** 3승 5무 4패	**대전** 4승 2무 6패	**전북** 3승 3무 6패	**포항** 2승 3무 7패			
대구 2승 9무 1패	**인천** 3승 6무 3패	**광주상무** 4승 2무 6패	**부천** 2승 6무 4패	**서울** 2승 4무 6패	**부산** 2승 4무 6패			
대전 2승 8무 2패	**수원** 3승 5무 4패	**전남** 3승 5무 4패	**전북** 2승 3무 7패	**대구** 2승 3무 7패	**광주상무** 1승 3무 8패			
수원 3승 5무 4패	**서울** 3승 4무 5패	**전남** 4승 1무 7패	**광주상무** 3승 2무 7패	**전북** 2승 3무 7패	**부산** 3무 9패			
성남 3승 5무 4패	**전남** 3승 5무 4패	**대전** 3승 4무 5패	**광주상무** 3승 3무 6패	**전북** 2승 5무 5패	**부산** 2승 4무 6패			

연도	구분	대회명		1위	2위	3위	4위	5위	6위	7위
2006	정규리그	삼성 하우젠 K-리그 2006	전기	**성남** 10승 2무 1패	**포항** 6승 4무 3패	**대전** 4승 7무 2패	**서울** 3승 7무 3패	**전남** 2승 10무 1패	**부산** 4승 4무 5패	**전북** 3승 7무 3패
			후기	**수원** 8승 3무 2패	**포항** 7승 4무 2패	**서울** 6승 5무 2패	**대구** 6승 3무 4패	**울산** 5승 5무 3패	**인천** 5승 4무 4패	**전남** 5승 3무 5패
			PO	**성남** 3승	**수원** 1승 2패	**포항** 1패	**서울** 1패			
	리그컵	삼성 하우젠컵 2006		**서울** 8승 3무 2패	**성남** 6승 4무 3패	**경남** 7승 1무 5패	**대전** 5승 6무 2패	**울산** 6승 3무 4패	**전북** 6승 2무 5패	**전남** 6승 2무 5패
2007	정규리그	삼성 하우젠 K-리그 2007	일반	**성남** 16승 7무 3패	**수원** 15승 6무 5패	**울산** 12승 9무 5패	**경남** 13승 5무 8패	**포항** 11승 6무 9패	**대전** 10승 7무 9패	**서울** 8승 13무 5패
			PO	**포항** 5승	**성남** 2패	**수원** 1패	**울산** 1승 1패	**경남** 1패	**대전** 1패	
	리그컵	삼성 하우젠컵 2007	A조	**울산** 5승 4무 1패	**인천** 6승 1무 3패	**대구** 4승 1무 5패	**전북** 3승 3무 4패	**포항** 2승 5무 3패	**제주** 2승 2무 6패	
			B조	**서울** 6승 3무 1패	**수원** 5승 2무 3패	**광주상무** 3승 3무 4패	**부산** 2승 5무 3패	**대전** 2승 5무 3패	**경남** 1승 4무 5패	
			PO	**울산** 2승	**서울** 1승 1패	**수원** 1승 1패	**인천** 1승 1패	**전남** 1패	**성남** 1패	
2008	정규리그	삼성 하우젠 K-리그 2008	일반	**수원** 17승 3무 6패	**서울** 15승 9무 2패	**성남** 15승 6무 5패	**울산** 14승 7무 5패	**포항** 13승 5무 8패	**전북** 11승 4무 11패	**인천** 9승 9무 8패
			PO	**수원** 1승 1무	**서울** 1승 1무 1패	**울산** 2승 1패	**전북** 1승 1패	**성남** 1패	**포항** 1패	
	리그컵	삼성 하우젠컵 2008	A조	**수원** 6승 3무 1패	**부산** 5승 1무 4패	**서울** 4승 2무 4패	**경남** 3승 4무 3패	**제주** 2승 3무 5패	**인천** 2승 3무 5패	
			B조	**전북** 5승 4무 1패	**성남** 6승 1무 3패	**울산** 4승 4무 2패	**대전** 4승 2무 4패	**대구** 3승 2무 5패	**광주상무** 3무 7패	
			PO	**수원** 2승	**전남** 2승 1패	**포항** 1승 1패	**전북** 1패	**성남** 1패	**부산** 1패	
2009	정규리그	2009 K-리그	일반	**전북** 17승 6무 5패	**포항** 14승 11무 3패	**서울** 16승 5무 7패	**성남** 13승 6무 9패	**인천** 11승 10무 7패	**전남** 11승 9무 8패	**경남** 10승 10무 8패
			챔피언십	**전북** 1승 1무	**성남** 3승 1무 1패	**포항** 1패	**전남** 1승 1패	**서울** 1패	**인천** 1패	
	리그컵	피스컵 코리아 2009	A조	**성남** 3승 2무	**인천** 2승 2무 1패	**대구** 2승 1무 2패	**전남** 2승 1무 2패	**대전** 2승 3패	**강원** 1승 4패	
			B조	**제주** 3승 1무	**부산** 2승 2무	**전북** 1승 1무 2패	**경남** 1승 1무 2패	**광주상무** 1무 3패		
			PO	**포항** 4승 1무 1패	**부산** 3승 1무 2패	**울산** 2승 2패[공동3위]	**서울** 2승 1무 1패[공동3위]	**성남** 1승 1패[공동5위]	**인천** 1무 1패[공동5위]	**제주** 2패[공동5위]
2010	정규리그	쏘나타 K리그 2010	일반	**서울** 20승 2무 6패	**제주** 17승 8무 3패	**전북** 15승 6무 7패	**울산** 15승 5무 8패	**성남** 13승 9무 6패	**경남** 13승 9무 6패	**수원** 12승5무11패
			챔피언십	**서울** 1승 1무	**제주** 1승 1무 1패	**전북** 2승 1패	**성남** 1승 1패	**울산** 1패	**경남** 1패	
	리그컵	포스코컵 2010	A조	**전북** 3승 1무	**경남** 3승 1패	**수원** 2승 2패	**전남** 1승 1무 2패	**강원** 4패		
			B조	**서울** 2승 2무	**제주** 2승 1무 1패	**울산** 1승 2무 1패	**성남** 3무 1패	**광주상무** 2무 2패		
			C조	**부산** 3승 1패	**대구** 2승 2패	**포항** 1승 2무 1패	**인천** 1승 1무 2패	**대전** 1승 1무 2패		
			본선토너먼트	**서울** 3승	**전북** 2승 1패	**경남** 1승 1패[공동3위]	**수원** 1승 1패[공동3위]	**부산** 1패 [공동5위]	**대구** 1패 [공동5위]	**제주** 1패 [공동5위]
2011	정규리그	현대오일뱅크 K리그 2011	일반	**전북** 18승 9무 3패	**포항** 17승 8무 5패	**서울** 16승 7무 7패	**수원** 17승 4무 9패	**부산** 13승 7무 10패	**울산** 13승 7무 10패	**전남** 11승 10무 9패
			챔피언십	**전북** 2승	**울산** 2승 2패	**포항** 1패	**수원** 1승 1패	**서울** 1패	**부산** 1패	
	리그컵	러시앤캐시컵 2011	A조	**포항** 4승 1패	**경남** 3승 1무 1패	**성남** 2승 2무 1패	**인천** 1승 2무 2패	**대구** 1승 2무 2패	**대전** 1무 4패	
			B조	**부산** 4승 1패	**울산** 4승 1패	**전남** 3승 1무 1패	**강원** 1승 1무 3패	**상주** 1승 무 4패	**광주** 1승 4패	
			본선토너먼트	**울산** 3승	**부산** 2승	**경남** 1승 1패 [공동3위]	**수원** 1패 [공동3위]	**제주** 1패 [공동5위]	**포항** 1패 [공동5위]	**서울** 1패 [공동5위]
2012	정규리그	현대오일뱅크 K리그 2012	일반	**서울** 19승 7무 4패	**전북** 17승 8무 5패	**수원** 15승 8무 7패	**울산** 15승 8무 7패	**포항** 15승 5무 10패	**부산** 12승 10무 8패	**제주** 11승 10무 9패
			그룹A	**서울** 10승 2무 2패	**포항** 8승 3무 3패	**전북** 5승 5무 4패	**제주** 5승 5무 4패	**수원** 5승 5무 4패	**울산** 3승 6무 5패	**경남** 2승 4무 8패
			그룹B							
			최종	**서울** 29승 9무 6패	**전북** 22승 13무 9패	**포항** 23승 8무 13패	**수원** 20승 13무 11패	**울산** 18승 14무 12패	**제주** 16승 15무 13패	**부산** 13승 14무 17패

8위	9위	10위	11위	12위	13위	14위	15위	16위
수원 3승 7무 3패	**울산** 3승 6무 4패	**인천** 2승 8무 3패	**대구** 2승 7무 4패	**광주상무** 2승 7무 4패	**경남** 3승 4무 6패	**제주** 1승 6무 6패		
부산 5승 3무 5패	**성남** 4승 5무 4패	**제주** 4승 4무 5패	**경남** 4승 1무 8패	**대전** 3승 3무 7패	**전북** 2승 4무 7패	**광주상무** 3승 1무 9패		
제주 6승 2무 5패	**포항** 6승 1무 6패	**부산** 4승 2무 7패	**광주상무** 4승 2무 7패	**수원** 2승 6무 5패	**대구** 2승 6무 5패	**인천** 1승 4무 8패		
전북 9승 9무 8패	**인천** 8승 9무 9패	**전남** 7승 9무 10패	**제주** 8승 6무 12패	**대구** 6승 6무 14패	**부산** 4승 8무 14패	**광주상무** 2승 6무 18패		
경남 10승 5무 11패	**전남** 8승 5무 13패	**제주** 7승 7무 12패	**대구** 8승 2무 16패	**부산** 5승 7무 14패	**대전** 3승 12무 11패	**광주상무** 3승 7무 16패		
울산 9승 9무 10패	**대전** 8승 9무 11패	**수원** 8승 8무 12패	**광주상무** 9승 3무 16패	**부산** 7승 8무 13패	**강원** 7승 7무 14패	**제주** 7승 7무 14패	**대구** 5승 8무 15패	
수원 2패[공동5위]								
부산 8승9무11패	**포항** 8승9무11패	**전남** 8승8무12패	**인천** 8승7무13패	**강원** 8승6무14패	**대전** 5승7무16패	**광주상무** 3승10무15패	**대구** 5승4무19패	
울산 1패 [공동5위]								
경남 12승 6무 12패	**제주** 10승 10무 10패	**성남** 9승 8무 13패	**광주** 9승 8무 13패	**대구** 8승 9무 13패	**인천** 6승 14무 10패	**상주** 7승 8무 15패	**대전** 6승 9무 15패	**강원** 3승 6무 21패
전북 1패 [공동5위]								
경남 12승 4무 14패	**인천** 10승 10무 10패	**대구** 10승 9무 11패	**성남** 10승 7무 13패	**전남** 7승 8무 15패	**대전** 7승 7무 16패	**광주** 6승 9무 15패	**상주** 7승 6무 17패	**강원** 7승 4무 19패
부산 1승 4무 9패								
	인천 7승 6무 1패	**강원** 7승 3무 4패	**전남** 6승 6무 2패	**대구** 6승 4무 4패	**대전** 6승 4무 4패	**광주** 4승 6무 4패	**성남** 4승 3무 7패	**상주** 14패
경남 14승 8무 22패	**인천** 17승 16무 11패	**대구** 16승 13무 15패	**전남** 13승 14무 17패	**성남** 14승 10무 20패	**대전** 13승 11무 20패	**강원** 14승 7무 23패	**광주** 10승 15무 19패	**상주** 7승 6무 31패

연도	구분	대회명		1위	2위	3위	4위	5위	6위	7위
2013	클래식/정규리그	현대오일뱅크 K리그 클래식 2013	일반	**포항** 14승 7무 5패	**울산** 14승 6무 6패	**전북** 14승 6무 6패	**서울** 13승 7무 6패	**수원** 12승 5무 9패	**인천** 11승 8무 7패	**부산** 11승 8무 7패
			그룹A	**포항** 7승 4무 1패	**울산** 8승 1무 3패	**서울** 4승 4무 4패	**전북** 4승 3무 5패	**수원** 3승 3무 6패	**부산** 3승 3무 6패	**인천** 1승 6무 5패
			그룹B							
			최종	**포항** 21승 11무 6패	**울산** 22승 7무 9패	**전북** 18승 9무 11패	**서울** 17승 11무 10패	**수원** 15승 8무 15패	**부산** 14승 10무 14패	**인천** 12승 14무 12패
	챌린지/정규리그	현대오일뱅크 K리그 챌린지 2013		**상주** 23승 8무 4패	**경찰** 20승 4무 11패	**광주** 16승 5무 14패	**수원FC** 13승 8무 14패	**안양** 12승 9무 14패	**고양** 10승 11무 14패	**부천** 8승 9무 18패
	승강 PO	현대오일뱅크 K리그 승강 플레이오프 2013		**상주** 1승 1패	**강원** 1승 1패					
2014	클래식/정규리그	현대오일뱅크 K리그 클래식 2014	일반	**전북** 20승 8무 5패	**수원** 16승 10무 7패	**포항** 16승 7무 10패	**서울** 13승 11무 9패	**제주** 13승 11무 9패	**울산** 13승 8무 12패	**전남** 13승 6무 14패
			그룹A	**전북** 4승 1무 0패	**수원** 3승 0무 1패	**서울** 2승 2무 1패	**제주** 1승 1무 3패	**포항** 0승 3무 2패	**울산** 0승 3무 2패	
			그룹B							**부산** 3승 1무 1패
			최종	**전북** 24승 9무 5패	**수원** 19승 10무 9패	**서울** 15승 13무 10패	**포항** 16승 10무 12패	**제주** 14승 12무 12패	**울산** 14승 9무 15패	**전남** 13승 11무 14패
	챌린지/정규리그	현대오일뱅크 K리그 챌린지 2014	일반	**대전** 20승 10무 6패	**안산** 16승 11무 9패	**강원** 16승 6무 14패	**광주** 13승 12무 11패	**안양** 15승 6무 15패	**수원FC** 12승 12무 12패	**대구** 13승 8무 15패
			PO	**광주** 2승	**안산** 1패	**강원** 1패				
			최종	**대전** 20승 10무 6패	**광주** 15승 12무 11패	**안산** 16승 11무 10패	**강원** 16승 6무 15패	**안양** 15승 6무 15패	**수원FC** 12승 12무 12패	**대구** 13승 8무 15패
	승강 PO	현대오일뱅크 K리그 승강 플레이오프 2014		**광주** 1승 1무	**경남** 1무 1패					
2015	클래식/정규리그	현대오일뱅크 K리그 클래식 2015	일반	**전북** 21승 5무 7패	**수원** 17승 9무 7패	**포항** 15승 11무 7패	**성남** 14승 12무 7패	**서울** 15승 9무 9패	**제주** 13승 7무 13패	**인천** 12승 9무 12패
			그룹A	**포항** 3승 1무 1패	**서울** 2승 2무 1패	**수원** 2승 1무 2패	**성남** 1승 3무 1패	**전북** 1승 2무 2패	**제주** 1승 1무 3패	
			그룹B							**울산** 4승 1무 0패
			최종	**전북** 22승 7무 9패	**수원** 19승 10무 9패	**포항** 18승 12무 8패	**서울** 17승 11무 10패	**성남** 15승 15무 8패	**제주** 14승 8무 16패	**울산** 13승 14무 11패
	챌린지/정규리그	현대오일뱅크 K리그 챌린지 2015	일반	**상주** 20승 7무 13패	**대구** 18승 13무 9패	**수원FC** 18승 11무 11패	**서울E** 16승 13무 11패	**부천** 15승 10무 15패	**안양** 13승 15무 12패	**강원** 13승 12무 15패
			PO	**수원FC** 1승 1무 0패	**대구** 0승 0무 1패	**서울E** 0승 1무 1패				
			최종	**상주** 20승 7무 13패	**수원FC** 19승 12무 11패	**대구** 18승 13무 10패	**서울E** 16승 14무 11패	**부천** 15승 10무 15패	**안양** 13승 15무 12패	**강원** 13승 12무 15패
	승강 PO	현대오일뱅크 K리그 승강 플레이오프 2015		**수원FC** 2승 0무 0패	**부산** 0승 0무 2패					

8위	9위	10위	11위	12위	13위	14위	15위	16위
성남 11승 7무 8패	**제주** 10승 9무 7패	**전남** 6승 11무 9패	**경남** 4승 10무 12패	**대구** 4승 8무 14패	**강원** 2승 9무 15패	**대전** 2승 8무 16패		
강원 6승 3무 3패	**성남** 6승 2무 4패	**제주** 6승 1무 5패	**대전** 5승 3무 4패	**경남** 4승 3무 5패	**대구** 2승 6무 4패	**전남** 3승 2무 7패		
성남 17승 9무 12패	**제주** 16승 10무 12패	**전남** 9승 13무 16패	**경남** 8승 13무 17패	**강원** 8승 12무 18패	**대구** 6승 14무 18패	**대전** 7승 11무 20패		
충주 7승 8무 20패								
인천 8승 6무 14패	**부산** 7승 12무 14패	**성남** 7승 10무 16패	**경남** 6승 13무 14패	**상주** 6승 11무 16패				
성남 2승 3무 0패	**전남** 1승 3무 1패	**상주** 1승 2ㅜ 2패	**경남** 1승 2무 2패	**인천** 0승 3무 2패				
부산 10승 13무 15	**성남** 9승 13무 16패	**인천** 8승 16무 14패	**경남** 7승 15무 16패	**상주** 7승 13무 18패				
고양 11승 14무 11패	**충주** 6승 16무 14패	**부천** 6승 9무 21패						
고양 11승 14무 11패	**충주** 6승 16무 14패	**부천** 6승 9무 21패						
인천 13승 12무 13패	**전남** 12승 13무 13패	**광주** 10승 12무 16패	**부산** 5승 11무 22패	**대전** 4승 7무 27패				
광주 2승 1무 2패	**전남** 2승 1무 2패	**인천** 1승 3무 1패	**대전** 2승 0무 3패	**부산** 0승 2무 3패				
인천 13승 12무 13패	**전남** 12승 13무 13패	**광주** 10승 12무 16패	**부산** 5승 11무 22패	**대전** 4승 7무 27패				
고양 11승 14무 11패	**충주** 6승 16무 14패	**부천** 6승 9무 21패						
고양 13승 10무 17패	**경남** 10승 13무 17패	**안산** 9승 15무 16패	**충주** 10승 11무 19패					

역대 대회방식 변천사

연도	정규리그			리그컵	
	대회명	방식	경기수(참가팀)	대회명(방식)	경기수(참가팀)
1983	83 수퍼리그	단일리그	40경기 (5팀)	-	-
1984	84 축구대제전 수퍼리그	전후기리그, 챔피언결정전	114경기 (8팀)	-	-
1985	85 축구대제전 수퍼리그	단일리그	84경기 (8팀)	-	-
1986	86 축구대제전	춘계리그, 추계리그, 챔피언결정전	62경기 (6팀)	86 프로축구선수권대회	40경기 (5팀)
1987	87 한국프로축구대회	단일리그	80경기 (5팀)	-	-
1988	88 한국프로축구대회	단일리그	60경기 (5팀)	-	-
1989	89 한국프로축구대회	단일리그	120경기 (6팀)	-	-
1990	90 한국프로축구대회	단일리그	90경기 (6팀)	-	-
1991	91 한국프로축구대회	단일리그	120경기 (6팀)	-	-
1992	92 한국프로축구대회	단일리그	92경기 (6팀)	92 아디다스컵(신설)	30경기 (6팀)
1993	93 한국프로축구대회	단일리그	90경기 (6팀)	93 아디다스컵	15경기 (6팀)
1994	94 하이트배 코리안리그	단일리그	105경기 (7팀)	94 아디다스컵	21경기 (7팀)
1995	95 하이트배 코리안리그	전후기리그, 챔피언결정전	115경기 (8팀)	95 아디다스컵	28경기 (8팀)

연도	정규리그			리그컵	
	대회명	방식	경기수(참가팀)	대회명(방식)	경기수(참가팀)
1996	96 라피도컵 프로축구대회	전후기리그, 챔피언결정전	146경기 (9팀)	96 아디다스컵	36경기 (9팀)
1997	97 라피도컵 프로축구대회	단일리그	90경기(10팀)	97 아디다스컵	45경기(10팀)
				97 프로스펙스컵(조별리그)	44경기(10팀)
1998	98 현대컵 K-리그	단일리그, 4강결승 (준플레이오프, 플레이오프, 챔피언결정전 등 5경기)	95경기(10팀)	98 필립모리스코리아컵	45경기(10팀)
				98 아디다스코리아컵(조별리그)	44경기(10팀)
1999	99 바이코리아컵 K-리그	단일리그, 4강결승 (준플레이오프, 플레이오프, 챔피언결정전 등 5경기)	140경기(10팀)	99 대한화재컵(조별리그)	44경기(10팀)
				99 아디다스컵(토너먼트)	9경기(10팀)
2000	2000 삼성 디지털 K-리그	단일리그, 4강결승 (준플레이오프, 플레이오프, 챔피언결정전 등 5경기)	140경기(10팀)	2000 대한화재컵(조별리그)	43경기(10팀)
				2000 아디다스컵(토너먼트)	9경기(10팀)
2001	2001 포스코 K-리그	단일리그(3라운드)	135경기(10팀)	아디다스컵 2001(조별리그)	44경기(10팀)
2002	2002 삼성 파브 K-리그	단일리그(3라운드)	135경기(10팀)	아디다스컵 2002(조별리그)	44경기(10팀)
2003	삼성 하우젠 K-리그 2003	단일리그(4라운드)	264경기(12팀)	-	-
2004	삼성 하우젠 K-리그 2004	전후기리그, 4강결승(전기우승 - 통합차상위전, 후기우승 - 통합최상위전, 챔피언결정전)	160경기(13팀)	삼성 하우젠컵 2004	78경기(13팀)
2005	삼성 하우젠 K-리그 2005	전후기리그, 4강결승(전기우승 - 통합차상위전, 후기우승 - 통합최상위전, 챔피언결정전)	160경기(13팀)	삼성 하우젠컵 2005	78경기(13팀)
2006	삼성 하우젠 K-리그 2006	전후기리그, 4강결승(전기우승 - 통합차상위전, 후기우승 - 통합최상위전, 챔피언결정전)	186경기(14팀)	삼성 하우젠컵 2006	91경기(14팀)
2007	삼성 하우젠 K-리그 2007	6강플레이오프, 준플레이오프, 플레이오프, 챔피언결정전	188경기(14팀)	삼성 하우젠컵 2007(조별리그)	65경기(14팀)
2008	삼성 하우젠 K-리그 2008	6강플레이오프, 준플레이오프, 플레이오프, 챔피언결정전	188경기(14팀)	삼성 하우젠컵 2008(조별리그)	65경기(14팀)
2009	2009 K-리그	6강플레이오프, 준플레이오프, 플레이오프, 챔피언결정전	216경기(15팀)	피스컵 코리아2009(조별리그)	39경기(15팀)
2010	쏘나타 K리그 2010	6강플레이오프, 준플레이오프, 플레이오프, 챔피언결정전	216경기(15팀)	포스코컵 2010(조별리그)	37경기(15팀)
2011	현대오일뱅크 K리그 2011	6강플레이오프, 준플레이오프, 플레이오프, 챔피언결정전	246경기(16팀)	러시앤캐시컵 2011(조별리그)	37경기(16팀)
2012	현대오일뱅크 K리그 2012	단일리그 / 상하위 스플릿리그(그룹A, 그룹B)	352경기(16팀)	-	-
2013	현대오일뱅크 K리그 클래식 2013	1부리그 단일리그 / 상하위 스플릿리그(그룹A, 그룹B)	266경기(14팀)	-	-
	현대오일뱅크 K리그 챌린지 2013	2부리그 단일리그	140경기 (8팀)		
	현대오일뱅크 K리그 승강 플레이오프 2013	승강 플레이오프	2경기 (2팀)		
2014	현대오일뱅크 K리그 클래식 2014	1부리그 단일리그 / 상하위 스플릿리그(그룹A, 그룹B)	228경기(12팀)	-	-
	현대오일뱅크 K리그 챌린지 2014	2부리그 단일리그	182경기(10팀)		
	현대오일뱅크 K리그 승강 플레이오프 2014	승강 플레이오프	2경기 (2팀)		
2015	현대오일뱅크 K리그 클래식 2015	1부리그 단일리그 / 상하위 스플릿리그(그룹A, 그룹B)	228경기(12팀)	-	-
	현대오일뱅크 K리그 챌린지 2015	2부리그 단일리그	222경기(11팀)		
	현대오일뱅크 K리그 승강 플레이오프 2015	승강 플레이오프	2경기 (2팀)		

역대 승점제도 변천사

연도	대회	승점현황
1983	수퍼리그	90분승 2점, 무승부 1점
1984	축구대제전 수퍼리그	90분승 3점, 득점무승부 2점, 무득점무승부 1점
1985	축구대제전 수퍼리그	90분승 2점, 무승부 1점
1986	축구대제전	
	프로축구선수권대회	
1987	한국프로축구대회	
1988	한국프로축구대회	
1989	한국프로축구대회	
1990	한국프로축구대회	
1991	한국프로축구대회	
1992	한국프로축구대회	
	아디다스컵	90분승 3점, 무승부 시 승부차기 (승 1.5점, 패 1점), 연장전 없음
1993	한국프로축구대회	90분승 4점, 무승부 시 승부차기 (승 2점, 패 1점), 연장전 없음
	아디다스컵	90분승 2점, 무승부 시 승부차기 승 2점
1994	하이트배 코리안리그	90분승 3점, 무승부 1점
	아디다스컵	
1995	하이트배 코리안리그	
	아디다스컵	
1996	라피도컵 프로축구대회	
	아디다스컵	
1997	라피도컵 프로축구대회	
	아디다스컵	
	프로스펙스컵(조별리그)	
1998	현대컵 K-리그	90분승 3점, 연장승 2점, 승부차기 승 1점
	필립모리스코리아컵	
	아디다스코리아컵(조별리그)	
1999	바이코리아컵 K-리그	
	대한화재컵(조별리그)	
	아디다스컵(토너먼트)	
2000	삼성 디지털 K-리그	
	대한화재컵(조별리그)	
	아디다스컵(토너먼트)	
2001	포스코 K-리그	90분승 3점, 무승부 1점
	아디다스컵(조별리그)	90분승 3점, 연장승 2점, 승부차기 승 1점
2002	삼성 파브 K-리그	90분승 3점, 무승부 1점
	아디다스컵(조별리그)	90분승 3점, 연장승 2점, 승부차기 승 1점
2003	삼성 하우젠 K-리그	90분승 3점, 무승부 1점
2004	삼성 하우젠 K-리그	
	삼성 하우젠컵	
2005	삼성 하우젠 K-리그	
	삼성 하우젠컵	
2006	삼성 하우젠 K-리그	
	삼성 하우젠컵	
2007	삼성 하우젠 K-리그	
	삼성 하우젠컵(조별리그)	
2008	삼성 하우젠 K-리그	90분승 3점, 무승부 1점
	삼성 하우젠컵(조별리그)	
2009	K-리그	
	피스컵 코리아(조별리그)	
2010	쏘나타 K리그	
	포스코컵(조별리그)	
2011	현대오일뱅크 K리그	
	러시앤캐시컵(조별리그)	
2012	현대오일뱅크 K리그	
2013	현대오일뱅크 K리그 클래식	
	현대오일뱅크 K리그 챌린지	
2014	현대오일뱅크 K리그 클래식	
	현대오일뱅크 K리그 챌린지	
2015	현대오일뱅크 K리그 클래식	
	현대오일뱅크 K리그 챌린지	

신인선수선발 제도 변천사

연도	방식
1983~1987	자유선발
1988~2001	드래프트
2002~2005	자유선발
2006~2012	드래프트
2013~2015	드래프트+자유선발
2016~	자유선발

외국인 선수 보유 및 출전한도 변천사

연도	등록인원	출전인원	비고
1983~1993	2	2	
1994	3	2	출전인원은 2명으로 하되 대표선수 차출에 비례하여 3명 이상 차출 시 3명 출전가능
1995	3	3	
1996~2000	5	3	1996년부터 외국인 GK 출전제한 (1996년 전 경기 출전, 1997년 2/3 출전, 1998년 1/3 출전 가능) 1999년부터 외국인 GK 영입금지
2001~2002	7	3	월드컵 지원으로 인한 대표선수 차출로 한시적 운영
2003~2004	5	3	
2005	4	3	
2006~2008	3	3	
2009~	3+1	3+1	아시아 쿼터(1명) 시행

역대 관중 기록 _ K리그 BC(1983~2012년)

연도	경기수(경기일)	총관중수	평균 관중수	우승팀	비고
1983	40 (20)	419,478	20,974	할렐루야	
1984	114 (58)	536,801	9,255	대우	챔피언결정전 포함
1985	84 (42)	226,486	5,393	럭키금성	
1986	102 (53)	179,752	3,392	포항제철	챔피언결정전 포함
1987	78	341,330	4,376	대우	총 80경기 중 부산 기권승 2경기 제외
1988	60	360,650	6,011	포항제철	
1989	120	778,000	6,483	유공	
1990	90	527,850	5,865	럭키금성	
1991	121	1,480,127	12,232	대우	올스타전 포함
1992	123	1,353,573	11,005	포항제철	챔피언결정전, 올스타전 포함
1993	105	851,190	8,107	일화	
1994	126	893,217	7,089	일화	
1995	144	1,516,514	10,531	일화	챔피언결정전, 올스타전 포함
1996	182	1,911,347	10,502	울산 현대	챔피언결정전 포함
1997	180	1,218,836	6,771	부산 대우	올스타전포함
1998	185	2,179,288	11,780	수원 삼성	플레이오프, 올스타전 포함
1999	195(191)	2,752,953	14,413	수원 삼성	수퍼컵, 올스타전, 플레이오프 포함
2000	194(190)	1,909,839	10,052	안양 LG	수퍼컵, 올스타전, 플레이오프 포함
2001	181	2,306,861	12,745	성남 일화	수퍼컵, 올스타전 포함
2002	181	2,651,901	14,651	성남 일화	수퍼컵, 올스타전 포함
2003	265	2,448,868	9,241	성남 일화	올스타전 포함
2004	240	2,429,422	10,123	수원 삼성	수퍼컵, 올스타전 포함
2005	240	2,873,351	11,972	울산 현대	수퍼컵, 올스타전 포함
2006	279	2,455,484	8,801	성남 일화	수퍼컵, 올스타전 포함
2007	254	2,746,749	10,814	포항 스틸러스	
2008	253	2,945,400	11,642	수원 삼성	
2009	256	2,811,561	10,983	전북 현대	올스타전 포함
2010	254	2,735,904	10,771	FC서울	올스타전 포함
2011	283	3,030,586	10,709	전북 현대	
2012	352(338)	2,419,143	7,157	FC서울	올스타전 포함, 인천 무관중 경기 제외, 상주 기권경기 제외
합계		51,292,461			

- 1999, 2000 아디다스컵 5경기 기준
- 1일 2경기 또는 3경기 시 1경기로 평균처리

역대 관중 기록 _ K리그 클래식

연도	경기수	총관중수	평균 관중수	우승팀	비고
2013	266	2,036,413	7,656	포항 스틸러스	
2014	228	1,808,220	7,931	전북 현대	
2015	228	1,760,243	7,720	전북 현대	
합계		5,604,876			

역대 관중 기록 _ K리그 챌린지

연도	경기수	총관중수	평균 관중수	우승팀	비고
2013	140	235,846	1,685	상주 상무	
2014	182	221,799	1,219	대전 시티즌	
2015	222	356,474	1,606	상주 상무	
합계		814,119			

역대 관중 기록 _ 승강 플레이오프

연도	경기수	총관중수	평균 관중수	승격팀	비고
2013	2	10,550	5,275	상주 상무	클래식 13위팀 vs 챌린지 1위팀

2014	2	4,636	2,318	광주FC	클래식 11위팀 vs 챌린지 2~4위 플레이오프 진출팀
2015	2	8,482	4,241	수원FC	
합계		23,668			

역대 시즌별 개인상 수상자

구분	감독상	MVP	득점상	도움상	감투상	모범상	베스트 11				심판상	우수 GK상	수비상	신인 선수상	특별상
							GK	DF	MF	FW					
1983	함흥철 (할렐)	박성화 (할렐)	박윤기 (유공)	박창선 (할렐)	이강조 (유공)	이춘석 (대우)	조병득 (할렐)	박성화(할렐) 김철수(포철) 장외룡(대우) 이강조(유공)	조광래(대우) 박창선(할렐)	박윤기(유공) 이길용(포철) 이춘석(대우) 김용세(유공)		조병득 (할렐)			* **인기상**: 조광래(대우) * **응원상**: 국민은행
1984	장운수 (대우)	박창선 (대우)	백종철 (현대)	렌스베르겐 (현대)	정용환 (대우)	조영증 (럭금)	오연교 (유공)	정용환(대우) 박경훈(포철) 박성화(할렐) 정종수(유공)	박창선(대우) 허정무(현대) 조영증(럭금)	최순호(포철) 이태호(대우) 백종철(현대)	나윤식	오연교 (유공)			
1985	박세학 (럭금)	한문배 (럭금)	피아퐁 (럭금)	피아퐁 (럭금)	김용세 (유공)	최강희 (현대)	김현태 (럭금)	장외룡(대우) 한문배(럭금) 최강희(현대) 김철수(포철)	박상인(할렐) 이흥실(포철) 박항서(럭금)	김용세(유공) 피아퐁(럭금) 강득수(럭금)	최길수	김현태 (럭금)		이흥실 (포철)	
1986	최은택 (포철)	이흥실 (포철) 최강희 (현대)	정해원 (대우) 함현기 (현대)	강득수 (럭금) 전영수 (현대)	민진홍 (유공)	박성화 (포철)	김현태 (럭금)	조영증(럭금) 김평석(현대) 최강희(현대) 박노봉(대우)	조민국(럭금) 이흥실(포철) 윤성효(한일)	김용세(유공) 정해원(대우) 함현기(현대)	심건택	김현태 (럭금) 호성호 (현대)		함현기 (현대)	정해원(대우)
1987	이차만 (대우)	정해원 (대우)	최상국 (포철)	최상국 (포철)	최기봉 (유공)	박노봉 (대우)	김풍주 (대우)	최기봉(유공) 정용환(대우) 박경훈(포철) 구상범(럭금)	김삼수(현대) 노수진(유공) 이흥실(포철)	최상국(포철) 정해원(대우) 김주성(대우)	박경인	조병득 (포철)		김주성 (대우)	
1988	이회택 (포철)	박경훈 (포철)	이기근 (포철)	김종부 (포철)	최진한 (럭금) 손형선 (대우)	최강희 (현대)	오연교 (현대)	최강희(현대) 최태진(대우) 손형선(대우) 강태식(포철)	최진한(럭금) 김상호(포철) 황보관(유공)	이기근(포철) 함현기(현대) 신동철(유공)	이도하	오연교 (현대)		황보관 (유공)	
1989	김정남 (유공)	노수진 (유공)	조긍연 (포철)	이흥실 (포철)	조긍연 (포철)	강재순 (현대)	차상광 (럭금)	임종헌(일화) 조윤환(유공) 최윤겸(유공) 이영익(럭금)	이흥실(포철) 조덕제(대우) 강재순(현대)	윤상철(럭금) 조긍연(포철) 노수진(유공)		차상광 (럭금)		고정운 (일화)	
1990	고재욱 (럭금)	최진한 (럭금)	윤상철 (럭금)	최대식 (럭금)	최태진 (럭금)	이태호 (대우)	유대순 (유공)	최영준(럭금) 이재희(대우) 최태진(럭금) 임종헌(일화)	최진한(럭금) 이흥실(포철) 최대식(럭금)	윤상철(럭금) 이태호(대우) 송주석(현대)	길기철	유대순 (유공)		송주석 (현대)	
1991	비츠케이 (대우)	정용환 (대우)	이기근 (포철)	김준현 (유공)	최진한 (유공)	정용환 (대우)	김풍주 (대우)	정용환(대우) 박현용(대우) 테드(유공)	김현석(현대) 이영진(LG) 김주성(대우) 최강희(현대) 이상윤(일화)	이기근(포철) 고정운(일화)	이상용		박현용 (대우)	조우석 (일화)	
1992	이회택 (포철)	홍명보 (포철)	임근재 (LG)	신동철 (유공)	박창현 (포철)	이태호 (대우)	사리체프 (일화)	홍명보(포철) 이종화(일화) 박정배(LG)	신홍기(현대) 김현석(현대) 신태용(일화) 박태하(포철) 신동철(유공)	박창현(포철) 임근재(LG)	노병일		사리체프 (일화)	신태용 (일화)	
1993	박종환 (일화)	이상윤 (일화)	차상해 (포철)	윤상철 (LG)	윤상철 (LG)	최영일 (현대)	사리체프 (일화)	최영일(현대) 이종화(일화) 유동관(포철)	김판근(대우) 신태용(일화) 김동해(LG) 이상윤(일화) 김봉길(유공)	차상해(포철) 윤상철(LG)	김광택		이종화 (일화)	정광석 (대우)	
1994	박종환 (일화)	고정운 (일화)	윤상철 (LG)	고정운 (일화)	이광종 (유공)	정종수 (현대)	사리체프 (일화)	안익수(일화) 유상철(현대) 홍명보(포철) 허기태(유공)	신태용(일화) 고정운(일화) 황보관(유공)	윤상철(LG) 라데(포철) 김경래(버팔로)	박해용		사리체프 (일화)	최용수 (LG)	

구분	감독상	MVP	득점상	도움상	베스트 11				최우수 주심상	최우수 부심상	신인선수상	특별상	판타스틱 플레이어상
					GK	DF	MF	FW					
1995	박종환 (일화)	신태용 (일화)	노상래 (전남)	아미르 (대우)	사리체프 (일화)	최영일(현대) 홍명보(포항) 허기태(유공)	신태용(일화) 고정운(일화) 김현석(현대) 김판근(LG) 아미르(대우)	황선홍(포항) 노상래(전남)	심판상_ 김진옥		노상래(전남)		
1996	고재욱 (울산)	김현석 (울산)	신태용 (천안)	라 데 (포항)	김병지 (울산)	윤성효(수원) 김주성(부산) 허기태(부천SK)	신태용(천안) 바데아(수원) 홍명보(포항) 하석주(부산) 김현석(울산)	라데(포항) 세르게이 (부천SK)	김용대	김회성	박건하(수원)		
1997	이차만 (부산)	김주성 (부산)	김현석 (울산)	데니스 (수원)	신범철 (부산)	김주성(부산) 마시엘(전남) 안익수(포항)	김현석(울산) 신진원(대전) 김인완(전남) 이진행(수원) 정재권(부산)	마니치(부산) 스카첸코 (전남)	이재성	곽경만	신진원(대전)		
1998	김 호 (수원)	고종수 (수원)	유상철 (울산)	정정수 (울산)	김병지 (울산)	안익수(포항) 마시엘(전남) 이임생(부천SK)	고종수(수원) 유상철(울산) 백승철(포항) 안정환(부산) 정정수(울산)	사사(수원) 김현석(울산)	한병화	김회성	이동국(포항)	김병지(울산)	
1999	김 호 (수원)	안정환 (부산)	샤 샤 (수원)	변재섭 (전북)	이운재 (수원)	신홍기(수원) 김주성(부산) 마시엘(전남) 강철(부천SK)	서정원(수원) 고종수(수원) 데니스(수원) 고정운(포항)	안정환(부산) 사사(수원)	한병화	김용대	이성재(부천SK)	이용발(부천SK)	
2000	조광래 (안양LG)	최용수 (안양LG)	김도훈 (전북)	안드레 (안양LG)	신의손 (안양LG)	강철(부천SK) 이임생(부천SK) 김현수(성남) 마시엘(전남)	안드레(안양LG) 신태용(성남) 전경준(부천SK) 데니스(수원)	최용수(안양LG) 김도훈(전북)	이상용	곽경만	양현정(전북)	이용발(부천SK) 조성환(부천SK)	
2001	차경복 (성남)	신태용 (성남)	산드로 (수원)	우르모브 (부산)	신의손 (안양LG)	우르모브(부산) 김현수(성남) 김용희(성남) 이영표(안양LG)	신태용(성남) 서정원(수원) 송종국(부산) 남기일(부천SK)	우성용(부산) 산드로(수원)	김진옥	김계수	송종국(부산)	신의손(안양LG) 이용발(부천SK)	
2002	차경복 (성남)	김대의 (성남)	에드밀 손(전북)	이천수 (울산)	이운재 (수원)	김현수(성남) 김태영(전남) 최진철(전북) 홍명보(포항)	신태용(성남) 이천수(울산) 안드레(안양LG) 서정원(수원)	김대의(성남) 유상철(울산)	권종철	원창호	이천수(울산)	김기동(부천SK) 이용발(전북)	
2003	차경복 (성남)	김도훈 (성남)	김도훈 (성남)	에드밀손 (전북)	서동명 (울산)	최진철(전북) 김태영(전남) 김현수(성남) 산토스(포항)	이관우(대전) 이성남(성남) 신태용(성남) 김남일(전남)	김도훈(성남) 마그노(전북)	권종철	김선진	정조국(안양LG)		
2004	차범근 (수원)	나드손 (수원)	모 따 (전남)	홍순학 (대구)	이운재 (수원)	산토스(포항) 유경렬(울산) 무 사 (수원) 곽희주(수원)	김동진(서울) 따바레즈(포항) 김두현(수원) 김대의(수원)	나드손(수원) 모따(전남)	이상용	원창호	문민귀(포항)	김병지(포항) 조준호(부천SK) 신태용(성남)	
2005	장외룡 (인천)	이천수 (울산)	마차도 (울산)	히칼도 (서울)	김병지 (포항)	조용형(부천SK) 김영철(성남) 임중용(인천) 유경렬(울산)	이천수(울산) 김두현(성남) 이 호 (울산) 조원희(수원)	박주영(서울) 마차도(울산)	이영철	원창호	박주영(서울)	조준호(부천SK) 김병지(포항)	
2006	김학범 (성남)	김두현 (성남)	우성용 (성남)	슈바 (대전)	박호진 (수원)	마 토 (수원) 김영철(성남) 장학영(성남) 최진철(전북)	김두현(성남) 이관우(수원) 백지훈(수원) 뽀뽀(부산)	우성용(성남) 김은중(서울)	이영철	안상기	염기훈(전북)	김병지(서울) 최은성(대전) 이정래(경남)	
2007	파리아스 (포항)	따바레즈 (포항)	까보레 (경남)	따바레즈 (포항)	김병지 (서울)	마 토 (수원) 황재원(포항) 장학영(성남) 아 디 (서울)	따바레즈(포항) 이관우(수원) 김기동(포항) 김두현(성남)	까보레(경남) 이근호(대구)	이상용	강창구	하태균(수원)	김병지(서울) 김영철(성남) 김용대(성남) 장학영(성남) 염동균(전남)	
2008	차범근 (수원)	이운재 (수원)	두 두 (성남)	브라질리 아(울산)	이운재 (수원)	아 디 (서울) 마 토 (수원) 박동혁(울산) 최효진(포항)	기성용(서울) 이청용(서울) 조원희(수원) 김형범(전북)	에 두 (수원) 이근호(대구)	고금복	손재선	이승렬(서울)	백민철(대구)	
2009	최강희 (전북)	이동국 (전북)	이동국 (전북)	루이스 (전북)	신화용 (포항)	김형일(포항) 황재원(포항) 최효진(포항) 김상식(전북)	최태욱(전북) 기성용(서울) 에닝요(전북) 김정우(성남)	이동국(전북) 데닐손(포항)	최광보	원창호	김영후(강원)	김영광(울산) 김병지(경남)	이동국 (전북)
2010	박경훈 (제주)	김은중 (제주)	유병수 (인천)	구자철 (제주)	김용대 (서울)	최효진(서울) 아 디 (서울) 사 샤 (성남) 홍정호(제주)	구자철(제주) 에닝요(전북) 몰리나(성남) 윤빛가람(경남)	김은중(제주) 데 얀 (서울)	최명용	정해상	윤빛가람 (경남)	김용대(서울) 김병지(경남) 백민철(대구)	구자철 (제주)
2011	최강희 (전북)	이동국 (전북)	데 얀 (서울)	이동국 (전북)	김영광 (울산)	박원재(전북) 곽태휘(울산) 조성환(전북) 최철순(전북)	염기훈(수원) 윤빛가람(경남) 하대성(서울) 에닝요(전북)	이동국(전북) 데 얀 (서울)	최광보	김정식	이승기(광주)		이동국 (전북)
2012	최용수 (서울)	데 얀 (서울)	데 얀 (서울)	몰리나 (서울)	김용대 (서울)	아 디 (서울) 곽태휘(울산) 정인환(인천) 김창수(부산)	몰리나(서울) 황진성(포항) 하대성(서울) 이근호(울산)	데 얀 (서울) 이동국(전북)	최명용	김용수	이명주(포항)	김병지(경남) 김용대(서울)	데얀 (서울)
2013 클래식	황선홍 (포항)	김신욱 (울산)	데 얀 (서울)	몰리나 (서울)	김승규 (울산)	아 디 (서울) 김치곤(울산) 김원일(포항) 이 용 (울산)	고무열(포항) 이명주(포항) 하대성(서울) 레오나르도(전북)	데 얀 (서울) 김신욱(울산)	유선호	손재선	**영플레이어상**: 고무열(포항)	권정혁(인천)	김신욱 (울산)
2013 챌린지	박항서 (상주)	이근호 (상주)	이근호 (상주)	염기훈 (경찰/ 수원)*	김호준 (상주/ 제주)*	최철순(상주) 김형일(상주/포항)* 이재성(상주) 오범석(경찰)	염기훈(경찰/수원)* 이호(상주) 최진수(안양) 김영후(경찰/강원)*	이근호(상주) 알렉스(고양)					

구분		감독상	MVP	득점상	도움상	베스트 11 GK	베스트 11 DF	베스트 11 MF	베스트 11 FW	최우수 주심상	최우수 부심상	신인선수상	특별상	판타스틱 플레이어상
2014	클래식	최강희 (전북)	이동국 (전북)	산토스 (수원)	이승기 (전북)	권순태 (전북)	홍 철 (수원) 김주영(서울) 윌킨슨(전북) 차두리(서울)	임상협(부산) 고명진(서울) 이승기(전북) 한교원(전북)	이동국(전북) 산토스(수원)	최명용	노태식	**영플레이어상:** 김승대(포항)	김병지(전남)	이동국 (전북)
	챌린지	조진호 (대전)	아드리아노(대전)	아드리아노(대전)	최진호 (강원)	박주원 (대전)	이재권(안산) 허재원(대구) 윤원일(대전) 임창우(대전)	김호남(광주) 이용래(안산) 최진수(안양) 최진호(강원)	아드리아노(대전) 알렉스(강원)					
2015	클래식	최강희 (전북)	이동국 (전북)	김신욱 (울산)	염기훈 (수원)	권순태 (전북)	홍 철 (수원) 요니치(인천) 김기희(전북) 차두리(서울)	염기훈(수원) 이재성(전북) 권창훈(수원) 송진형(제주)	이동국(전북) 아드리아노(서울)			**영플레이어상** 이재성(전북)	신화용(포항) 오스마르(서울)	이동국 (전북)
	챌린지	조덕제 (수원FC)	조나탄 (대구)	조나탄 (대구)	김재성 (서울E)	조현우 (대구)	박진포(상주) 신형민(안산) 강민수(상주) 이 용 (상주)	고경민(안양) 이승기(상주) 조원희(서울E) 김재성(서울E)	조나탄(대구) 주민규(서울E)					

* 시즌 중 전역.

K LEAGUE ANNUAL REPORT 2016
2016 K리그 연감 : 1983~2015

엮은이 | (사) 한국프로축구연맹
펴낸이 | 김종수
펴낸곳 | 한울엠플러스(주)

초판 1쇄 인쇄 | 2016년 2월 25일
초판 1쇄 발행 | 2016년 3월 5일

주소 | 10881 경기도 파주시 광인사길 153 한울시소빌딩 3층
전화 | 031-955-0655
팩스 | 031-955-0656
홈페이지 | www.hanulmplus.kr
등록번호 | 제406-2015-000143호

ISBN 978-89-460-6143-9 03690
* 책값은 겉표지에 표시되어 있습니다.